교회 교의학 II/2

제4권 하나님에 관한 교의 — 제2권 2부

칼 바르트 지음 · 황정욱 옮김

대한기독교서회

교회교의학 Ⅱ/2

2007년 6월 30일 초판 1쇄
2019년 12월 15일 초판 3쇄

지은이/칼 바르트
옮긴이/황정욱
펴낸이/서진한
펴낸곳/대한기독교서회
편집책임/김인자

등록/1967년 8월 26일 제1967-000002호
주소/서울시 강남구 테헤란로 103길 14(삼성동)
전화/편집 553-0873~4 영업 553-3343
팩스/편집 3453-1639 영업 555-7721
e-mail/cls1890@chol.com
　　　　edit1890@chol.com
http://www.clsk.org

책번호/1433
ISBN 978-89-511-0937-9 94230
ISBN 978-89-511-0575-3 (전13권)

Die Kirchliche Dogmatik Ⅱ/2
by Karl Barth
tr. by Hwang, Jung Uck
ⓒ of the German original version 1986, 1987 by Theologischer Verlag Zürich
All rights reserved.
Korean Translation Copyright
ⓒ 2007 by Hwang, Jung Uck
Published by The Christian Literature Society of Korea
Printed in Korea

이 책의 한국어판 저작권은
Theologischer Verlag와의 독점 계약으로 대한기독교서회에 있습니다.
저작권법에 의해 보호를 받는 저작물이므로
무단 전재와 무단 복제를 금합니다.

*책값은 뒤표지에 있습니다.

하나님에 관한 교의

❈ 제2권 2부 ❈

런던 영국 및 외국 성서 공회에

감사의 표시로서 헌정함

서문

　내가 10년 전에 이 『교회교의학』 I/1권의 서론 종결부에서 전체 계획을 암시하면서 야고보서 4:15의 "하나님이 원하면 우리는 산다."라는 말로써 끝맺었을 때, 당시에 그렇게 말하는 것이 얼마나 적절한지 예상치 못했다. 1년 후 우리는 제3 제국 가운데서 독일의 교회 투쟁에 처하게 되었고, 거기서부터 유럽의 일과 지구상의 일들 전체가 더욱더 급속도로 우리가 오늘날 처해 있는 위기를 향해 달려갔다. 내가 1932년에 생각했던 것처럼 이 비상한 10년 간에 교의학에만 몰두할 수는 없었다. 그러나 교의학은 이 시간 동안 내내 나와 동반했고, 나로 하여금 거듭하여 내가 근본적으로, 주로 무엇을 생각해야 하는지를 알게 하였다. 현재 부분의 교정쇄 몇몇은 밤 시간에 스위스 연방 초소에서 교정되었다. 나는 한 동지가 우정의 의도로 나에게 그것이 "사육제 삐라"인지 물었던 것을 이야기할 수 있다. 이 물음을 어떻게 이해해야 하는지 바젤에서 물어 보라. 나는 추측컨대 이 『교회교의학』의 9 내지 10권 중에서 네 번째 권을 "여러 가지 사건과 그렇게 많은 난관을 거치면서" 집필, 출판할 수 있게 된 것에 대해 진심으로 감사한다.

　이 작품 및 그것의 개별적 부분들의 분량에 대해 이미 많은 말이 있었다는 것은 이해할 만하다. 성서는 더 줄여서 표현될 수 있다는 것은 인정한다. 그러나 교의학이 그 목적에 봉사하려면, 나는 내 자신도, 또 내가 아는 동시대인들도 성서 안에서 훨씬 줄여서 말해진 것을 아무 상세한 고찰 없이, 그러므로 어쩔 수 없이 공간과 시간을 요구하는 고찰 없이 그대로 평가할 수가 없음을 안다. 내가 내 자신에게 요구해야 하는 것보다 더 큰 인내가 결국은 내 독자가 되고자 하는 사람들에게도 요구되지는 않았다. 그들과 내 자신을 위로하기 위하여 한 마디 역사적 회고를 하겠다: 슐라이에르마허가 그의 『신앙론』 초판의 탈고를 향해 매진하고 있을 때, 그는 1822년 9월 7일 그의 친구 트베스텐(Twesten)에게 "나는 이 책을 볼 때마다 그 부피를 보고 한숨을 쉰다."고 썼다. 나는 내 교의학이 이미 지금 슐라이에르마허의 『신앙론』보다 몇 배나 두껍다는 것을 안다. 그럼에도 불구하고 나는 내 교의학을 위해서 트베스텐이 1823년 3월 9일 슐라이에르마허의 말에 대답한 것을 소개하겠다: "당신이 걱정하는 책의 두께를 후회하지 마시오. 두께는 대부분의 사람이 이해하기 위해서는 불가피합니다. 그리고 당신을 이해하기 위해서 보다 작은 부피로도 충분할 소수의 사람들은 확실히 당신의 모든 해명을 감사히 받을 것입니다."(G. Heinrici, *D. August Twesten nach Tagebüchern und Briefen*, 1889, 377, 379f. 참조) 우리가 모든 것을 올바로 이해하고 서술하려 하면 모든 것이 이처럼 해명을 필요로 한다! 내가 중요한 부분에서 오히려 너무 설명이 부족할지 누가 알겠는가?

이 책의 특별한 내용 때문에 나는 이전의 장에서 그러했던 것보다 교의학 진술들의 해석학적 배경을 더욱 분명히 드러내야만 했다. 이제 이런 이유 때문에 다시금 작은 인쇄된 부분들을 심히 증면하고 확장해야만 했다. 단점은 분명하다. 그러나 그것은 피할 수 없었다. 나는 여기서도 역사적 일화를 소개함으로써 위로를 받고자 한다:『이론적-실천적 신학』(*Theoretica-Practica Theologia*)을 1698년에 이 책의 작은 인쇄체보다 더 작은 활자로 인쇄하게 했던 네덜란드의 페트루스 판 마스트리히트(Petrus van Mastricht, 1630-1710)는 서문에서 그의 독자들에게 냉담하게 이렇게 시작했다: "만일 이것이 눈의 시력에 장애가 된다면, 나는 이것이 약간의 노력만으로 젊은이의 경우 눈의 날카로움으로, 늙은이의 경우 안경을 통해 보완되리라고 생각했다."*

그러나 이 책의 내용에 대한 생각은 나에게 모든 기쁨 외에 훨씬 큰 걱정을 안겨 준다. 내가 이 신론(하나님에 관한 교의) 제1권의 첫 부분에서보다 여기에서 신학적 전통의 터를 훨씬 더 많이 벗어나야만 했기 때문에 이 책은 특별한 책이다. 나는 예정론 자체에서 칼빈으로부터 멀어지기보다는 그의 곁에 머무르고 싶었다. 그리고 내가 윤리의 근거를 설정함에서도 기꺼이 익숙해진 길에서 떠나지 않았더라면! 그러나 그것은 불가능했고 불가능하다. 내가 이 문제에 관해 성서로 하여금 내게 말하게 하고 내가 듣고자 하는 바를 오래 사고할수록, 더욱더 항거할 수 없게 새로운 생각이 나를 압도하였다. 그러나 이제 나는 새로운 생각으로 끝나게 될 것인지, 아니면 그것의 근거와 그 결과가 다른 몇몇 문제까지도 조명하게 될지 긴장해야만 한다. 바로 이런 문제를 고려해서 이 책에서 신·구약성서의 일정한 구절들이 그처럼 확장된 주제 일탈에서 표현되어야 했다. 그 밖에 나는 내가 말하고자 하는 바가 이런 저런 독자에게는 본문보다는 이 주제 일탈에서 보다 분명해졌으리라고 생각한다.

이 책이 반년 전에 출간된 내 친구 투르나이젠(Eduard Thurneysen)의 책(*Der Jakobusbrief in Predigten*)과 피셔(Wihelm Vischer)의 책(*Das Christuszeugnis des Alten Testamentes*, 2. Bd.) 곁에 놓일 수 있게 된 것은 좋은 일이다. 세 책은 모두 전혀

---

* 라틴어 인용문들은 우리말 고딕체로 표시하였다. 헬라어 인용문들은 우리말 **변형서체**로 표식하고, 프랑스어 인용문에는 프랑스어라고, 네덜란드어 인용문에는 네덜란드어라고 표식하였다.

상호 독립적으로 탄생했고, 그 입장이 서로 다르기는 하지만, 그 의도와 내용에서 상호 보완적이다. 학파를—도대체 스승이 어디 있는가?—의미 있게 언급할 수 없는 이때에 진지한 신학적 합의가 다시 가능하다는 것은 결코 자명하지 않기 때문에, 우리는 이 악한 시대에도 옛 바젤의 전방 초소에서 그렇게 방해받지 않고 이런 합의를 실증할 수 있다는 것은 좋은 일이라고 감사히 말한다.

그 동안에도 나는 교회교의학의 창조론을 이미 집필하고 있다. 세계 사건들이 초래할 수 있는 모든 것을 고려해서, 또 늙어 가는 나의 나이를 고려해서 만일 내가 이제 새로이 진지하게 저 "야고보의 조건" 아래서 미래의 모든 계획을 세울 수 있다면 더 나을 것이다.

바젤, 1942년 성령 강림절에

차 례

서 문 / 7

-하나님에 관한 교의-

제7장 하나님의 은혜의 선택

§32 올바른 하나님의 은혜의 선택론의 과제 ······················15
    1. 선택론의 방향 / 15
    2. 선택론의 근거 설정 / 47
    3. 교의학에서 선택론의 위치 / 90

§33 예수 그리스도의 선택 ··107
    1. 선택하는 자요 선택받은 자 예수 그리스도 / 107
    2. 예수 그리스도의 선택에서 하나님의 영원한 의지 / 161

§34 공동체의 선택 ··213
    1. 이스라엘과 교회 / 213
    2. 하나님의 심판과 자비 / 223
    3. 하나님의 약속의 들음과 믿음 / 253
    4. 사라지는 인간과 오는 인간 / 280

§35 개인의 선택 ··330
    1. 예수 그리스도와 약속, 그리고 그것을 받는 자 / 330

2. 선택받은 자와 버림받은 자 / 367

3. 선택받은 자에 대한 결정 / 443

4. 버림받은 자에 대한 결정 / 487

제8장 하나님의 계명

§36 신론의 과제로서의 윤리학 ·········553
1. 하나님의 계명과 윤리 문제 / 553
2. 신학적 윤리학의 길 / 587

§37 하나님의 요구로서의 계명 ·········596
1. 하나님의 요구의 근거 / 596
2. 하나님의 요구의 내용 / 611
3. 하나님의 요구의 형태 / 631

§38 하나님의 결정으로서의 계명 ·········682
1. 하나님의 결정의 주권성 / 682
2. 하나님의 결정의 확정성 / 714
3. 하나님의 결정의 선함 / 762

§39 하나님의 심판으로서의 계명 ·········788
1. 하나님의 심판의 전제 / 788
2. 하나님의 심판 수행 / 797
3. 하나님의 심판 의도 / 819

찾아보기 ·········839
1. 성서 구절 / 839
2. 인명과 고유명사 / 856
3. 개념 / 859

제 7 장

하나님의 은혜의 선택

§32
올바른 하나님의 은혜의 선택론의 과제

선택론은 복음의 총체이다. 왜냐하면 하나님이 인간을 선택하고 그러므로 또한 인간을 위해서 자유 안에서 사랑하는 분이라는 것—이것은 이제껏 말할 수 있고 들을 수 있는 것 가운데 가장 최선의 것이기 때문이다. 선택론은 예수 그리스도의 인식 안에 근거를 두고 있다. 왜냐하면 그리스도는 동시에 선택하는 하나님이며 선택받은 인간이기 때문이다. 그러므로 선택론은 신론에 속한다. 왜냐하면 하나님이 인간을 선택함으로써 인간에 대해서 결정할 뿐 아니라 본래적으로 자기 자신에 대해 결정하기 때문이다. 선택론의 기능은 하나님의 모든 길과 역사의 시작으로서 영원하고 자유롭고 항구적인 은혜를 기초적으로 증언함에 있다.

1. 선택론의 방향

우리는 하나님 인식과 하나님의 현실에 관한 가르침에서부터 출발한다. 우리는 하나님이 하나님을 통해 인식되고 그가 자유 안에서 사랑하는 자로서 살아 있다, 즉 통일성과 그의 완전함의 부요함 안에서 살아 있다는 높고도 명백한 사실을 배우려고 노력하였다. 우리는 그리스도교 신론의 첫 부분에서 이성의 공리에서도, 경험 자료에서도 출발하지 않았다. 이런 자료들에서 끌어낸 신론은 그것이 그렇게 하는 정도에 따라서 그 대상이 진실로 하나님이 아니라 인간의 실체화된 자화상이라는 것을 드러낼 것이다. 우리가 교리사의 이전 역사와의 대결에서 한 단계 이상 끊임없이 이런 신론의 유혹에 저항해야 했다. 우리는 하나님이 자기 자신에 관해 자신의 인식과 자신의 현실에 관해 말했던 것과 그의 자기 인식에 따라서 말하고 있는 것에서 출발했다. 이런 것은 교회의 존재와 근거의 기록으로서 성서 안에서 우리에게 증언되어 있으며, 그런 한에서 도달될 수 있고 이해될 수 있는 것이다. 우리는 가능한 한 엄격히 하나님의 자기 증언 자체를 받아들이고 반복하는 것에 국한하였다. 우리는 이미 우리의 물음을 가능한 한 엄격히 성서 안에 증언되고 있는 하나님의 계시의 답변들을 통하여 응답받으려 하였다. 우리는 여기서 고대와 근대 교회의 음성들에도 감사히 귀를 기울였다. 그러나 우리는 그 음성들을 부단히 교회 안에서 홀로 지배할 수 있는 저 음성에 의하여 재보았다.

그리고 우리는 그 음성들을 따를 수 있든지 없든지 간에 그것들에게서 가르침을 받아서 그것들을 다만 모든 진리의 근원이요 규범으로서 교회 안에서 지배하는 저 음성을 보다 잘 듣고 이해하게 하는 데만 봉사하게 하였다. 따라서 우리는 하나님 인식과 현실에서 저 높음과 명백함을 발견하게 되었고, 이 문제에서 무엇이 순수하고 올바른 가르침인가를 진술하게 되었다.

우리가 하나님에 관해 하나님 자신에 의해 가르침을 받은 저 지배하는 음성은 바로 예수 그리스도의 음성이었다. 우리는 거듭하여 이 이름에 봉착함이 없이는 우리가 지나온 길에서 한 발도 걸을 수가 없었다. '이 이름'이란 그러나 다만 그 안에서 하나님이 우리에게 자신을 인식하게 하고 우리를 위해 존재하는, 따라서 그가 자신 안에서 또한 이 이름으로 표현되는 것과는 다른 본성을 가지는, 그러므로 이 이름이 하나님의 이름이 아니라 다만 하나님과는 결국 다른 신적 행사의 이름이기 때문에 이 이름은 단순한 매체로서 궁극적으로 포기될 수도 있는 그런 한 칭호나 형식이나 형태를 의미하지는 않는다. 오히려 우리는 실질적으로 거듭하여 이 이름에 봉착하였고 봉착해야만 했다. 바로 이 이름은 우리가 다루어야 했던 대상, 문제 자체로서 우리에게 점차적으로 드러난다. 우리가 회피해야 했던 모든 오류 자료들은 다음과 같은 망각성이나 자의성에 그 공통점이 있다. 즉 사람들은 교회 안에서도 거듭하여 예수 그리스도 없이, 그를 지나치거나 그를 뛰어넘어서 하나님을 직시하고 파악하며, 하나님을 표시하고, 하나님에 관해 말하고자 한다. 신학이 어떤 핑계하에서든 이 이름을 퇴치할 때, 더 이상 이 이름으로 시작하려 하지 않고 오히려 소위 보다 나은 혹은 보다 자명한 일반적인 전제로써 시작하려 할 때(마치 이 이름이 다만 하나님 인식, 말씀의 연장인 듯이, 마치 모든 하나님 인식과 모든 말씀의 근원, 뿌리가 아닌 듯이, 마치 그 이름이 하나님의 말씀 자체가 아닌 듯이)―혹은 신학이 이 이름으로 끝나려 하지 않고 그 안에 포함되고 그 안에서 열려지는바 특수한 것에 대한 소위 독자적인, 일반적인 결과로서 끝나려고 할 때마다(마치 이 나무에서 분리될 수 있는 열매가 있는 듯이, 마치 하나님의 일에는 적어도 추가적으로 저 특수한 것과 독립해서 인식되고 표현될 수 있는 일반적인 것이 있는 듯이!) 언제나 하나님은 인간의 실체화된 자화상에 의해서 구축당한다. 우리가 이 이름에 고착하고 성서에 증언된 대로 그를 처음이며 마지막이 되게 함에 따라 우리 길 위의 모든 암흑과 모호성이 밝아졌다. 우리가 예수 그리스도의 이름이 우리 사고 안에서 자신을 우리 모든 사고의 시작과 끝임을 주장하도록 허용할 때에는 언제나 하나님은 우리가 하나님에 관해 말하려 할 때마다 외견상 절망적으로 사로잡히는 모든 환상과 착각에 대항해서 자신을 주장한다. 우리는 하나님의 사랑과 자유의 완전성을 성찰하고 숙고할 때 언제나 거듭하여 모든 것이 예수 그리스도가 완전한 분, 하나님의 사랑과 자유의 충만으로 나타났다는 사실로써 해명되고 정리되었던 것을 기억한다. 그 충만 안에서 모든 하나님의 완전함은 하나님 이상도 이하도 아니다. 우리가 성서의 증언에 고착함으로써 우리는 이런 방향으로 인도되고 이 방향을 고집하지 않을 수 없었다. 왜냐하면 구약성서와 신약성서는 하나님에 관한 증언으로서 이 이름에 관한 증언, 이 이름 안에 포함되어 있고 서술되어 있으며 그로부터 분리될 수 없는, 그 이름에 선행하지도 뒤따르지도 않으며, 오히려 그 이름에서 시작하고 계속하고 목표에 도달하는 하나님의 충만에 관한 증언이기 때문이다.

이제 바로 이것이 우리의 지금까지의 길에서 결정적인 결과이고, 하나님 인식과 현실에 관한 가르침 전체의 요체라면, 이것은 그리스도교의 신론이 지금껏 진술된 것으로써는 아직 종결될 수 없다는 것을 말하는 것이다. 그리스도교 신론의 과제는 그리스도교 교회에서 들어야 하고 말해야 하는 모든 것의 주체를 표현하고 설명하는 것이다. 이제 이 주체가 오직 예수 그리스도의 이름 안에서 우리에게 알려져 있음이 진실이라면, 그 주제가 온전히 그 안에 내포되어 있다면, 이 주제 자체를 그런 것으로 표현하고 설명하기를 고집하는 것이 불가능하다. 이것이 우리가 지금까지 하려고 시도하던 것이다. 그러나 우리는 어떤 본질적인 것을 간과하고 은폐하게 될 것이다. 만일 우리가 교회가 이 주체의 역사, 창조자요 화해자요 구원자인 하나님의 행위로서 들어야 하고 선포해야 할 내용에만 당장 집착하려고 한다면 그리스도교 선포의 규범으로서의 하나님 말씀을 고찰함에 있어서 치명적인 허점이 생기게 될 것이다. 만일 우리가 다만 '하나님'을—이제는 근거를 지닌, 비판적으로 해명된 방식으로 '하나님'을, 그러나 다만 논리적으로 배타적으로만 '하나님'을—말하는 것으로 족하다고 생각한다면, 우리는 아직 올바르게(즉 교회 안에서 성서의 근거 위에서 올바르다는 의미에서) '하나님'을 말하기를 배우지는 못한 것이 될 것이다. 예수 그리스도 안에서 신성의 충만이(골 2:9) 육화된 것이 진실이라면 온전한 완전성 안에서 주체인 하나님 자신은(그 완전성 안에서 주체는 하나님이 아닌 것과 구별되며 스스로 존재한다.) 검증되거나 확립될 수도, 표현될 수도 없다. 신론이 너무나 정직하게, 너무나 현명하게, 너무나 문자적으로 다만 신론이 되고자 한다면, 신론이 이런 추상을 포기하지 않고 그것의 그리스도교성을 입증하려고 한다면, 신론이 그 자체의 내용의 진실성에 힘입어 그것의 외견상—그러나 다만 외견상—주어진 한계를 넘어서려고 하지 않는다면, 최고의 적절성은 최악의 부적절성으로 변할 수밖에 없을 것이며, 지금껏 이 주체에 관해 말해진 모든 것이 후에는 다시금 암흑에 싸이게 될 것이고, 새로운 암흑이 이후에 사실 이 주체의 역사에 관해 말해져야 할 모든 것 위에 처음부터 덮이게 될 것이 틀림없다. 신론은 그리스도교 신론으로서 신론이 이 주체를(주체의 인식과 설명 자체에 대해 말해야 할 것을 넘어서) 그것의 내적 본성, 의지, 존재에 힘입어서 한 타자와 무관하지 않고 오히려 일정한 관계 속에 있는 그런 주체로 알림으로써 주체인 하나님을 표현하고 설명하는 일을 속행해야 하고 종결지어야 한다. 이 관계의 대상, 하나님 밖에 있는 이 타자가 그의 현실의 일부분을 이루거나 혹은 그와 유사한 것처럼이 아니다. 그러므로 하나님이 이 관계를 강요받고 이 타자에 구속당하고 강요당하는 것처럼이 아니다. 우리는 하나님에게 외부로부터 부가되는 이런 구속에 대해서는 말할 수 없다는 것을 자주 보았고 확정했다. 하나님은 사랑이다. 그러나 또한 그는 완전한 자유이다. 즉 저런 관계 없이도, 그 밖의 타자 없이도 사랑이다. 그러나 그는 사실, 그의 사랑의 자유로운 결정 안에서, 그가 이 관계 안에서, 타자와의 이 특정한 관계 안에 있음에서 하나님이다. 우리가 하나님을 인식하려 하고 하나님에 대해 올바르게 말하려면 이런 그의 결정 배후로 돌아갈 수 없다. 이것은 우리가 하나님만을 말하려고 하고, 하나님에 대해 말하려고 함으로써 그의 자유를 고려하면서, 그러나 그 때문에 그가 이룩한 자유로운 결정을 고려하면서 즉시 저 관계에 대해 말해야 한다는 것을 인정하려 하지 않는 그릇된 추상된 신론이다. 이 관계가 하나님의 일정한 행태에 근거하는 한(우리는 하나님에 대해 말할 때 한 순간도 결코 그 행태를 인정하기를 포기할 수 없는데) 이 관계는 주체인 하나님 자신에 귀속하며 또한 개념의 좁은 의미에서의 신론에 속한다. 우리가 그의 실제적인 행태를 주시하지 않았다면, 그리고 그의 행태에서부터 어떻게 그가 자기 자신을 인식하게 하며, 그가 자신 안에서, 그의 모든 행위 안에서 무엇인가를 배우지 못했다면, 어찌 우리가 하나님의 인식과 현실에 대해 무엇인가를 말할 수 있었겠는가? 그러나 하나님은 실제로 다만 일정한 행태 안에서만 하나님이라는 사실이 분명해져야만 하겠다. 우리가 하나님의 행태에서부터 하나님 인식과 [하나님의] 현실에 관하여 배워야 할 바를 배우려고 시도하였다면, 우리가 거듭하여 그의 계시 및 그의 역사 전체를 고려하면서 그를 직시하고 파악하려 하였다면, 우리는 확고한 토대 위에서 움직인 것이다. 왜냐하면 하나님의 이런 행태는 우연한, 취소 가능한, 잠정적인 것이 아니기 때문이다. 오히려 하나님은 그가 바로 그렇게 행동함에서 우리를 구속한다. 왜냐하면 그는 또한 우리에 의해서 전적으로 바로 그렇게 행동함에서 구속당하기를 원하기 때문이며, 우리가 이런 그의 행태에서 그의 자유로운, 그러나 또한 궁극적 결정과 관계하기 때문이다. 우리는 자의적인 사변에 빠지지 않고서는 이 결정을 추상할 수 없다. 그러나 우리는 이 결정에 대해서 침묵해서도 안 된다. 오히려 이 결정이 내려진 후 비록 이 결정은 하나님 자신이 아니라 저 관계에 관계될지라도 궁극적으로 하나님 자신에 속하는 것이다. 이 결정은 이 결정 없이가 아니라 오직 이 결정 안에서만 그의 현실인 그의 현실에 속한다. 이 결정은 그의 현실에 그렇게 관계지어져 있으므로 우리는 어떤 논리적인 객관성에 의해서도 이 관계지어진 것을 우리의 하나님 인식의 요소로서 드러나게 함에 있어서 장애를 받을 수 없다. 우리가 지금까지 했던 것처럼 이미 하나님 자신에 관하여서 그를 언제나 이런 그의 행태 안에서 고찰함이 없이는, 이런 그의 행태를 통하여 우리의 물음과 답변을 규정하게 함이 없이는 올바르게 말할 수 없었던 것 같이, 하나님이 여기서 취하는 행태, 또 그의 역사가 결정받게 되는 그의 행태가 그 자신에게 속하고 그와는 결코 분리될 수 없다는 것이 먼저 분명해지지 않았다면 우리는 하나님의 역사에 대해서 정확히, 확고한 근거 위에서 말할 수 없을 것이다. 바로 그렇기 때문에 이 하나님의 행태 문제는 신론의 범위 안에 특별히, 독자적으로 수용되어야 한다. 모든 것을 지배하고 제약하는 주체인 하나님은 그리스도교 신론이 이 개념의 자명한 논리적 의미를 넘어서 다음의 관계에 대해 말할 때에야 비로소 충분히 표현, 서술될 수 있다: 하나님 자신은 실제로 이 관계 속으로 들어섰으며, 그가 이 관계 안에 들어선 이후에는 이 관계 밖에서는 더 이상 하나님이려고 하지 않으며, 그러므로 또한 더 이상 하나님이 아니며, 그러므로 이 관계 안에서만 그는 오직 하나님으로 경배받을 수 있다. 예수 그리스도 안에 거함이(골 1:19) 하나님의 충만을 기쁘게 하는 일이었다면 그 다음 조처가 그리스도교 신론에서는 불가피하다. 그러므로 이 조처가 어느 방향으로 일어날 것인가는 곧 분명해진다.

예수 그리스도는 그가 인간에게로 향함에서 하나님이다: 보다 정확히 말하자면, 그가 한 인간 나사렛 예수로 대표된 인간 백성에게로 향함에서, 그가 이 백성과 계약을 맺음에서, 그가 이 백성 가운데 있음과 이 백성에게 행동함에서 하나님이다. 예수 그리스도는 이런 행태를 위한 하나님의 결정이다. 그는 이 신적(神的) 행태 자신이다. 의심할 바 없이 외부를 향한 하나님의 행태이다: 왜냐하면 이 인간과 그로써 대표되는 인간 백성은 피조물이며 하나님이 아니기 때문이다. 그러나 취소할 수 없이 취해진 하나님의 행태이다. 즉 그가 그 행태를 취하려 했고 취한 후에는 그 행태 없이는 더 이상 하나님일 수 없을 것이며, 그 행태 안에서 그가 자기 자신을 규정했으므로 이 규정됨은 이제 그 자신의 모든 것과 마찬가지로 그에게 속하게 된다. 하나님은 아버지 오른편에 앉아 있는 아들 없이는 하나님일 수 없을 것이다. 그러나 이 아들은 참된 아버지일 뿐 아니라, 나사렛 예수라고 불린다. 그는 참된 인간이며, 그런 한에서 그 안에서, 그를 통하여 그와 같이 하나님과 연합되고 신적 호의의 대상이 되는 인간 백성의 대표이다. 우리가 오직 예수 그리스도 안에서만 하나님을 인식하고 가진다는 것은 또한 우리가 오직 인간 나사렛 예수와 더불어서만, 그로써 대표되는 인간 백성과 더불어서만 하나님을 인식하고 가질 수 있음을 의미한다. 이 인간 없이, 이 백성 없이는 하나님은 다른 낯선 신(神)이 될 것이다. 그는 그리스도교적 인식에 따르면 결코 하나님일 수 없다. 그리스도교적 인식에 따르면 현실적인 하나님은 오직 이렇게 향함에서만 하나님이다. 이 인간을 향함에서, 그 안에서 그를 통하여 그의 백성으로 연합된 다른 인간들에게로 향함에서만!

하나님이 더 이상 보류하거나 우회해서는 안 될 저 사실 안에서 관계를 맺고 있는 타자는 그러므로 단순히, 직접적으로 창조된 세상 자체는 아니다. 물론 하나님은 이 세상과 관계를 가지고, 세상에 대해서, 세상과 함께 행동하고, 하나님과 세상 사이에는 역사가 있다. 그러나 이 역사는 독자적인 의미가 없다. 이 역사는 하나님과 저 한 인간과 그의 백성 사이에 일어나는 저 원(原) 역사 때문에 일어난다. 이 역사는 원역사가 일어나는 공간이다. 이 역사는 원역사가 그 목표에 도달함으로써 그 목표에 도달한다. 그리고 이것은 인간 자체와 인류 전체에 해당된다. 더 이상 제쳐놓을 수 없는 하나님의 저 파트너는 이념으로서의 '인간'도 아니고 '인류'도 아니며 어떤 다수, 혹은 소수의 개별인의 총체도 아니고, 오히려 한 인간 예수이고 그로써 대표되는 인간 백성이며, 그 다음에 비로소 그로 말미암아 '인간'이고 '인류'이며, 나머지 우주 전체이다. 또한 인간 자연과 인간 역사의 일반적인 것은 독자적 의미를 소유함이 없이, 그 가운데서 벌어지는 하나님과 저 한 인간과 그의 백성으로서의 인간들 사이의 원역사를 주시한다. 이 특수한 것을 위하여 저 일반적인 것, 즉 세상과 인간이 있다. 이 특수한 것 안에서 저 일반적인 것이 그 의미를 가지고 의미를 성취한다. 이 특수한 것은 더 이상 제쳐놓을 수 없는 하나님의 대상이고, 하나님 밖의 타자이다. 하나님은 저 행태 안에서 이 타자에게 향한다. 이 행태는 우리가 즉시 그것을 생각함이 없이는 '하나님'이라는 말을 발설할 수도 발설해서도 안 될 정도로 그 자신의 현실에 결부되어 있다. 그러므로 우리는 즉시 또한 나사렛 예수와 그의 인간 백성을 생각해야 한다. 그리스도에 대한 행태는 하나님이 단번에 결정한 행태이니, 그는 어느 경우에든 우리를 그 행태에 구속하고 또한 그는 어떤 경우에도 우리에 의해서 그 행태에 구속당하기를 원한다. 그는 자기 자신을 그의 영원한 아들의 인격 안에서 이 인간 나사렛 예수와 일치시켰고, 그 안에서 그를 통하여 이 백성과 결합시켰다. 그는 예수 그리스도의 아버지이며, 따라서 그의 영원한 아들의 영원한 아버지일 뿐 아니라, 그런 분으로서 이 시간적 인간의 영원한 아버지이며, 그의 왕이며 머리인 이 인간으로 대표되는 이 백성의 영원한 아버지, 소유자, 주(主), 구원자이다. 그러므로 그 자신의 결정을 통해 이루어진 이 규정됨 안에서 하나님은 그리스도교 교회 안에서 들을 수 있고 말할 수 있는 모든 것의 주체이다. 그러므로 이런 무대 위에서, 이런 전조(前兆) 아래서 그의 행위 전체가 일어난다. 그의 행위는 그런 것으로서 물론 보다 큰 영역을 가진다. 하나님이 보다 큰 영역 안에서 향하는 타자는 실로 창조된 세상 전체, '인간'과 '인류'이다. 그러나 하나님으로부터 일어나는 모든 것은 이 무대 위에서 이 전조 아래서 일어나며, 모든 것이 이 시작에서부터, 모든 것이 이 목표를 향해, 모든 것이 이 질서 안에서, 모든 것이 이 의미에서, 모든 것이 여기서 기초를 설정하고 방향을 제시하면서 실현되는 원형, 모델, 혹은 체계에 따라서 일어난다. 하나님으로부터 일어나는 모든 것은 '예수 그리스도 안에서', 즉 하나님이 그의 아들과 인간 나사렛 예수와의 일치 속에서 자기 자신과 그의 백성, 즉 저 한 인간 안에서 그의 일원들이 된 그의 인간 백성 사이에 체결했고 유지하고 통치하는 계약의 확증 안에서 일어난다. 하나님이 외부와 가지는 관계, 피조물과 인간 '일반'과의 관계의 전체 역사 밑에 깔려 있고 따라서 그 역사의 목표를 이루는 원역사가 이 계약의 역사이다. 이 원역사, 그러므로 이 계약은 하나님이 그의 자유로운 사랑의 결정에 의하여 하나님이고자 하고 그 안에서 하나님이 되는 행태이다. 이 행태는 그리스도교의 신(神) 개념 자체와 떼어놓을 수 없다. 그 개념이 그리스도교적 신 개념이려면 우리는 이 행태를 하나님 개념과 함께 이해해야만 한다. 그러므로 우리는 이 하나님의 행태를 신론의 제2부의 주제로 삼아야 한다.

그러나 여기에서 우리가 이 특별한 대상에 접근할 때 드러나는 두 개의 문제군, 한 진리의 두 측면이 있음을 인정해야 한다.

우선 분명한 것은 하나님이 그가 이 계약을 체결하고 유지하고 통치함의 결정에서, '예수 그리스도 안에서의' 결정에서 그 편에서 어떤 특정한 일을 행하고 완수한다는 점이다. 인간에게로, 이 인간 나사렛 예수에게로 그리고 그로 대표되는 인간 백성에게로 향함은(이 향함에서 그의 결정은 이루어지는데) 신적인 '주권 행위'이다. 우리는 이 행위를 그런 것으로 특징짓기 위해서 그의 본성의 온갖 속성들 중에서 몇 가지를 끌어내어 말한다: 이 행위는 그의 자비와 정의, 그의 불변성과 전능의 증거이다. 이런 온갖 완전함 속에 살아 있는 주 하나님은 이 계약의 체결자요 통치자로서 행동한다. 그는 자신을 이 계약의 주로 세운다. 그러므로 그는 자유로운 설립자이다. 그는 이 계약에 내용을 부여하고 그것의 질서를 정한다. 그는 그것을 유지한다. 그는 그것을 그 목표로 이끌고 그것을 모든 면에서 통치한다. 그의 결정에 근거하여 그가 이 계약을 체결하는 파트너가 있고, 또한 이 결정에 근거하여 이 파트너가 누구인가, 또한 이 결정에 근거하여 그와의 계약에서 이 파트너에게 어떤 일이 일어날 것인가가 결정된다. 그가 파트너를 원함으로써 이 계약이 성립한다. 그가 파트너로 결정한 자, 그가 이 계약의 동지이다. 그리고 그가 원하는 일이 이 계약에서 일어난다. 우리는 이 관점에서 신적 전향에 관해 말할 수 있는 모든 것을 이 장 머리에 제목으로 쓰여 있는 개념으로 요약한다: '은혜의 선택' 개념, 즉 하나님의 은혜의 선택의 개념. 하나님은 그의 은혜 가운데 선택하고, 이로써 인간을 향하고 저 계약을 세우고 유지하고 통치한다. 이 말은 ἐχλογὴ χάροτος(롬 11:5)을 번역한 말로서 우리가 우선 특히 독일어를 사용하는 개혁 교회의 전통에서 차용한 이 개념에 우리가 지금까지 이해했고 설명했던 하나님의 본성이 어떻게 반영되는지 주목하라: 중요한 것은 하나님의 은혜와 사랑이다. 그리고 하나님의 선택과 그러므로 자유가 문제이다.

우리는 첫 번째 것, 즉 '은혜'를 먼저 언급해야 할 것이다. 하나님이 저렇게 인간을 향하고, 이렇게 계약을 체결하고, '예수 그리스도 안에서' 그의 원(原) 결정을 내렸다는 것, 이것이 은혜이다. 자기 자신으로 충분하고 자기 자신 안에서도 고독으로 괴로워할 필요가 없는 하나님이 그의 전적인 신적 영광 안에서 한 타자와 함께하기를 원하고, 그를 그의 영광의 증인으로 삼기를 원하는 것, 이것이 일반적으로 말해서 하나님의 본성인 사랑의 증거, 사랑의 넘침이다. 하나님의 이 사랑이 그의 은혜이다. 이 사랑은 가장 비천한 낮춤의 형태 안에서의 사랑이다. 이 사랑은 타자 편에서의 권리 주장이나 공적 없이 일어난다. 이 사랑은 실제로 넘쳐흐르는, 자유로운, 강요받지 않은, 제약받지 않은 사랑이다. 그리고 우리는 곧 첨가해야 한다: 이 사랑은 자신이 받아들인 타자의 궁핍을 자기 것으로 여기고, 타자의 곤궁을 자기 일로 삼아서 그 곤궁과 맞서는 방식으로 타자를 향하고 자신을 낮추는 자비로운 사랑이다. 우리는 곧 첨가해야 한다: 이 사랑은 타자를 멸하지 않고 오히려 타자에게 여지를 허락하고, 실존 자체를 위하여, 타자에 의해 정해진 목표를 위하여 타자의 실존을 원하는 인내하는 사랑이다. 그러나 여기서 우선 저 첫 번째 개념, 은혜에서 멈추는 것이 의미 있다: 예수 그리스도 안에서 하나님의 결정은 '은혜로운' 결정이다. 하나님은 이 결정을 내림으로써 높은 곳에서 아래로 내려온다. 그는 이 결정으로써 그가 필요로 하지 않고, 그가 속박당하지 않는 그런 일, 그가 오직 자기 자신에게만 의무를 지울 수 있는, 그러나 실제로 자신에게 의무를 지운 그런 일을 행한다. 그는 저 계약을 체결함으로써 자유 안에서 자기 자신을 선행자로, 선행으로 만든다. 우리는 이 행위의 '주권성'은 이미 은혜 개념 안에 들어 있다는 것을 본다. 여기서 은혜가 처음이자 마지막이기 때문에 하나님은 암시된 총체적인 방식으로 '예수 그리스도 안에서' '주'(主)이다. 그러나 다른 동기가 이 개념과 함께 전면으로 드러나며 이것은 여기서 또한 전면에 있어야 한다. 그것은 '예수 그리스도 안에서' 신적 '선행'이다. 그것은 하나님의 사랑이다. 하나님이 그의 높음에 참여하지 못하는, 하나님에 대한 타자성 안에서 비천함 속에 있는 타자와 함께 높음에서부터 내려와 친교를 근거짓는 것, 이것이 선행을 의미한다. 하나님이 은혜를 나타냄으로써 그는 구원자요 조력자임을 입증한다. 그는 자유로운 주로서 이렇게 한다. 그러나 이런 주권 행사는 선할 뿐 아니라 친절하고 선을 중계하고 함께 나눈다. 하나님의 은혜의 선택론은 '복음'의 총합이다. 이것이 예수 그리스도라 불리는 기쁜 소식의 총괄 개념이다.

이 개념의 다른 구성 요소는 이 때문에 변할 수 없고 변해서도 안 된다. '선택' — 이것은 우선 '은혜'가 무엇을 의미하는가를 다만 강조하고 설명하기 위함이다: 하나님은 그의 사랑 안에서 타자를 자기 자신과의 친교를 위해 선택한다. 이것은 무엇보다도 하나님이 이 타자를 위하여 자기 자신을 선택함을 의미한다. 하나님은 자기 자신으로 만족할 수 있을지라도 자기 자신으로 만족하지 않도록 스스로에게 결정을 내린다. 그는 자기 자신에게 저 넘침, 저 전향, 저 낮춤의 결정을 내린다. 그는 자기 자신을 선행으로 만든다. 그리고 그가 이렇게 함으로써 그는 한 타자를 그의 사랑의 대상으로 선택하고, 이제 더 이상 이 타자 없이가 아니라 그와 함께, 그와 함께 계약 안에 있기 위하여 그 타자를 자기 자신에게로 끌어들인다. 그러나 선택 개념 안에 이제 실로 보다 분명히 신적 본성의 또 다른 요소, 즉 '자유'가 반영된다. 자유 안에서 하나님은 영원히 사랑하는 분이다. 은혜는 은혜이고, 하나님이 아무에게도 은혜의 빚을 지지 않은 것, 아무도 그것을 받을 자격이 없다는 것, 은혜가 그것을 받는 자 편에서는 권리 주장의 대상일 수 없다는 것, 은혜가 그의 의지의 결정이요 결단이라는 것─이것을 선택 개념은 말한다. 또다시: 하나님은 자기 자신을 선택의 하나님으로 선택한다. 그는 그의 영광 안에서 홀로 있으려 하지 않고 오히려 하늘과 땅, 그리고 양자 사이에서 인간을 그의 영광의 증인으로 삼기를 선택한다. 하나님은 또한 이런 그의 사랑의 길, 그의 영광의 증언을 세우는 길을 선택한다. 그는 피조물, 인간, 인류를 그가 거기서 자비롭고자 하는 영역으로 선택한다. 그는 그러나 그의 피조물과 인류의 존재 때문에 그 이상으로 자비롭고자 함에 있어 속박당하지 않는다. 그는 이 영역 안에서 '선택한다.' 그는 나사렛의 인간을 그의 아들 안에서 자기 자신과의 존재의 일치를 위하여 '선택한다.' 그는 아들을 통하여, 아들 안에서 그의 인간 백성을 '선택한다.' 그러므로 그는 그의 모든 행위의 일체 근거와 의미를 '선택한다.' 그는 선택한다, 즉 그는 그의 일체 행위에 있어서 언제나 자유롭다. 그는 그가 행하는 것을 행한다. 그러나 그가 그것을 해야 한다든지 그것을 '그렇게' 해야만 할 이유는 없다. 그에 대해서 어떤 요구도 성립하지 않는다. 그의 은혜에 앞서서 어떤 무엇도, 영원한, 시간적인, 원래적인, 혹은 후에 성립한 어떤 무엇도 없다. 그의 은혜는 언제나 그것을 나타냄에 있어서, 일체 행위에 있어서 '자유로운' 은혜이다. 구원자 조력자가 '주'라는 것, 그가 타자를 받아들이는 때 그 일이 무한한 '주권성' 안에서 일어난다는 것─이것이 은혜의 선택 개념의 다른 구성 요소로서 선택이라는 말을 말해 준다. 어찌 선택이 이 개념의 복음적 성격을 제약함을 의미할 수 있으랴? 선택이라는 말은 이 개념 안에서 요약적으로 들릴 수 있는 기쁜 소식은 그 소식이 바로 우리의 생명과 모든 생명의 진정한 주의 의지인 구원을 선포하기 때문에 기쁜 것임을 분명히 상기시킨다. 이 맥락에서 개념 안에 표현된 진리는 우리가 이 7장에서 다루게 될 특별한 대상이다.

그러나 좁은 의미에서의 신론(神論)의 필수적인 보완으로서 인간 예수로 대표되는 백성과의 계약 안에서의 하나님의 행태론은 은혜의 선택론에서 끝나지 않는다. 하나님이 그의 자유로운 은혜 안에서 행동함으로써 그는 그의 계약의 파트너로부터 무엇인가를 '원하고 기대하고 요구한다.' 어떤 권리 주장에 의해서 제약받지 않는 그의 행위의 위엄에는 그가 자기편에서 주장해야 할 일정한 권리의 무제약성이 상응한다. 하나님이 그의 자유로운 사랑 안에서 인간과 만남으로써, '예수 그리스도 안에서' 그에 의해 결정되고 무대요 전조로서 그의 모든 행위의 기초가 된 바와 같이 그가 인간의 동료가 됨으로써, 그는 하나님으로서 그의 절대적 탁월성에 의거하여, 그가 이 관계 안에서 자신의 파트너에 대해서 궁극적인 발언을 해야 한다는 사실 때문에 필연적으로 그 파트너의 심판자가 된다. 우리는 여기서 가장 넓은 의미에서 이 표현을 사용한다: 하나님은 그의 계약 동지에게는 그가 그를 통하여 심판받고 그에 따라서 그가 자신을 심판해야 하는 그런 존재자가 된다. 하나님은 계약 동지에게는 그 자신의 존재와 행위의 옳고 그름, 선악의 기준, 척도가 된다. 하나님은 그를 이 계약에서 파트너로 정했고 창조했다. 하나님은 그를 그것을 위해 선택했고 불렀다. 하나님은 그를 그런 자로서 책임을 지운다. 하나님이 그를 이로써 책임 지우지 않는다면 어떻게 그가 행하는 대로 그를 그 자신에게로 이끌 수 있으랴? 하나님은 이 책임을 그의 온 실존의 의미로 만든다. 하나님은 그에게 자신의 길이 또한 그에게도 홀로 갈 수 있는 길임을 보여 준다. 하나님은 그에게 자신의 질서를 계시하고, 자신이 질서를 지키기 위해 늘 깨어 있음으로써 그에게 질서를 호소하며, 그를 질서 안에 붙든다. 그는 그의 사랑과 은혜를 실천함 속에서 진정으로 이렇게 행한다. 우리는 그러므로 또한 여기서 복음과 관계한다. 그러나 이제는 복음이 언제나 또한 율법의 형태를 가진다는 의미에서 그렇다. 이것이 그 안에서 하나님이 선택하는 은혜의, 자유의, 주권성의 실천적 의미이다. 선택받는 자는 이로써 한 주를 얻는다. 은혜는 다만 받거나 체험되기만을 원치는 않는다. 은혜는 올바르게 받아지고 체험됨으로써, 은혜는 선행으로 작용함으로써 지배하려 한다. 그러나 하나님이 계약의 주로서 이 계약의 동지에게 명령함으로써 은혜는 지배한다. 이것이 근본적으로 '예수 그리스도 안에' 있는, 그의 백성 안에, 백성과 함께하는 하나님의 삶에 대해 말할 수 있는 또 다른 점이다. 이 인식은 하나님의 은혜와 은혜의 선택에 근거한 신적 행위를 일체 고찰함에 있어서 우리가 늘 염두에 두어야 할 사실이다. 은혜의 지배, 주장이 없는 은혜는 없다. 곧 또한 '윤리'가 될 수 없는 교의학은 없다. 근본적으로 신적 은혜와 신적 주장의 맥락에 관한 것은 우리가 다음 장에서('신학적 윤리'의 기초를 설정함과 동시에) '하나님의 계명'이라는 제목하에 다루게 될 것이다. 먼저 우리 앞에(이 두 번째 것과 긴밀하게 연관되어) 놓인 주제는 '하나님의 은혜의 선택'이다.

우리가 이 주제에 착수함으로써 들어서는 신학적 영역은 교회사에서는 '예정론'이라는 이름으로 알려져 있다. 우리는 모든 다른 것에 앞서서 다음 사실을 분명히 확립할 필요가 있다: 우리가 여기서 몰두해야 할 진리, 그러므로 예정론의 진리는 아무리 세부적으로 이해해야 한다고 할지라도, 그리고 외견상 모순되는 면과 동기들을 우리에게 보여 준다고 할지라도, 궁극적으로 어느 경우든지 '복음의 총체'이다. 이 절의 유도명제는 바로 이것을 확립함으로써 시작한 것이다. 그 진리는 복음이다: '좋은' 소식, 기쁘고 격려하고 위로하고 도움이 되는 소식. 그러므로 첫째로 이것으로 지시되는 공포, 경악, 곤경, 위험의 반명제에 대하여 중립적인 진리도 아니고, 선과 악의 차이와는 무관한 어떤 사실에 대한 단순한 교훈, 단순한 계몽이 그 내용을 이루는 어떤 이론도 아니다. 이것의 내용은 물론 교훈이고 계몽이다. 그러나 이것이 우리에게 기쁨을 선포함으로써 그러하다. 그러므로 이것은 기쁨 소식과 공포 소식의 혼합물도, 구원 소식과 재앙 소식의 혼합물도 아니다. 이것은 원래 궁극적으로는 변증법적이 아니라 비변증법적이다. 이것은 단숨에 선한 것과 악한 것, 도움과 멸망, 생명과 죽음을 선포하지는 않는다. 이것은 물론 한 그림자를 던진다. 우리는 이 면을 간과하지 않을 것이며, 간과해서도 안 될 것이다. 그러나 이 진리 자체는 빛이지 어둠이 아니다. 그러므로 우리는 단숨에 문제의 저 다른 면에 대해 말할 수는 없을 것이다. 저 다른 면에 따라서라도 이 진리의 궁극적 언어는 결코 위협, 정죄, 형벌, 한계 설정, 간격 유지가 아니다. 이것은 이 모든 것 없이는 표현될 수 없다. 이 진리의 '아니'를 듣지 못할 때 그것의 '예'도 들을 수 없다. 그러나 이 진리는 '예'를 위해서 '아니'를 말하며, 그 자체를 위해서 말하지는 않는다. 그러므로 이 진리는 그 본질에 있어, 그것의 첫 번째와 마지막 말에 있어 예를 말하며 아니오를 말하지 않는다.

이것은 처음부터 확립하는 것이 필요하다. 왜냐하면 '예정론'으로서 하나님의 은혜의 선택론은 그 역사의 흐름 속에서 '여명' 속으로 떨어졌기 때문이다. 이 여명은 너무나 강해져서 우리는 '은혜의 선택' 혹은 '예정'이라는 말만 해도 듣는 자 혹은 독자에게서는 일정한 연상을 일으킨다는 것을 예견해야만 한다. 이 연상 때문에 모든 것이 혼란에 빠질 수밖에 없고, 우리가 여기서 다루어야 하는 이 커다란 진리에 대한 필요한 인식이 불가능해진다: 그 연상들이란 이 가르침의 '격한 비인간성'에 대한 반감(Max Weber, *Ges. Aufs. z. Rel. Soz.* Bd. I. 1922, 93), 혹은 그것의 변증법적이고 양면적인 위협에 대한 반감, 혹은 이보다 더 나쁜 것인데, 저 처음에 말한 것, 즉 이 가르침은 단순히 중립적인 이론이라는 견해이다. 우리가 예정론의 역사를 일별한다면, 예정론이 그것의 위대한 그리고 철저한 대변자들에 의해서 어떻게 주장되었던가를 본다면 이런 연상들이 전적으로 무근거하다고 말할 수는 없을 것이다. 여기에는 저 여명이 지배한다. 실제로 여기서는 너무나 많은 것이 말해졌기 때문에 혼란이 생길 수 있었고, 여기서 말해져야 할 것이 거부되었으며, 말해져야 할 것이 선의에서일지라도 치명적으로 왜곡되었고, 말해져야 할 것에 대해서 끊임없는 몰이해와 냉담함이 생겨났다. "내가 지옥으로 떨어진다고 해도, 그런 하나님(칼빈의 예정론이 가르친 하나님!)은 결단코 내게 존경을 강요할 수 없을 것이다!"라고 존 밀턴(John Milton)은 외쳤다.(M. Weber, a.a.O. 91에 의하면) 또 얼마나 많은 사람들이 그와 유사한 말을 크게 혹은 조용히 발설했던가! 그러므로 전통적 예정론의 고전적 형태—예를 들어 근래에 로레인 뵈트너(Loraine Boettner, *The Reformed Doctrine of Predestination*, 1932)에 의해서 시도된 것과 같은 칼빈의 예정론—를 가능한 완벽하게 서술하는 것은 우리 앞에 놓여진 과제일 수 없을 것이다. 오히려 우리에게는 어떤 전승에 대해서도 그것이 아무리 훌륭할지라도 '비판적' 과제가 주어진다. 다른 방식으로 이미 신론의 제1권에서 그랬던 것 같이 이 과제는 사실 자체에서부터 생긴다. 이 가르침의 빛이 빛을 발하려면 저 여명이 파괴되어야 한다. 그러므로 이 장 전체의 비판적 논란에서는 결정적으로 이것이 중요하게 될 것이다. 그리고 우리는 여기서 아무리 일찍이, 아무리 깊이 있게 고전적 전통을 포함한 모든 전통에 대해서 이의를 제기한다고 하여도 지나치지 않을 것이다. 오히려 이것이야말로 이 가르침의 고전적 전통의 기초를 이루고 있는 본래적이고 정당하고 필연적인 의도에 정당화하려는 시도이다. 그러나 우리는 은혜의 선택론은 분명히 '복음'으로 이해되어야 하며, 예와 아니오 저편에 중립적으로 있지 않으며, 아니오가 아니라 예이며, 예와 아니오가 아니라 그 본질에 있어, 근원에 있어 그 진술의 전망에 있어 예를 말한다는 명제를 여기서 출발해야 할 가장 이른 점, 가장 깊은 점으로 삼는다.

은혜의 선택은 복음의 총합이다.—여기서 그렇게 극단적으로 말해야 한다. 다른 말로 하자면, 은혜의 선택은 복음 전체, 복음의 핵이다. 그것은 모든 좋은 소식의 총괄 개념이다. 은혜의 선택은 그리스도교 교회 내에서 그런 것으로서 이해되기를 원하고, 인정받기를 원한다. 하나님이 그의 본질에 있어서 자유 안에서 사랑하는 분으로서 하나님이라는 것—이것은 하나님이 그의 은혜 안에서 선택하고, 그가 한 사람 나사렛 예수, 그리고 그로 대표되는 인간 백성과의 저 계약에서 행동함으로써 인간을 향한다는, 이런 그의 본성의 진리에 관련된 사실 안에서 우리에게 향해진 선한 것으로 드러난다. 창조자, 화해자, 구속자로서의 그의 역사 전체의 모든 기쁨, 모든 선행, 모든 신적 선함, 이와 더불어 진정으로 선한 것, 선포된 복음의 약속 전체는, 하나님이 그의 은혜의 영원한 선택의 하나님이라는 사실 안에 근거를 가지며, 그 안에 포함되어 있다. 이 선택의 빛에서부터 복음 전체가 빛이 된다. 여기서 예를 말함으로써 모든 신적 약속이 예와 아멘이 된다.(고후 1:20) 여기서 우리에게 격려, 위안, 도움이 말해짐으로써 전체적으로 그 일이 일어난다. 우리가 거기서 만날 수 있는 모든 수수께끼와 이의는, 우리가 여기서 실제로 들어야 하고 말해야 할 것과의 맥락 속에서 볼 때, 그런 것이기를 중지하고 정반대로 변한다. 오히려 여기에 실제로 여명이 지배한다면, 우리가 여기서 두려워하거나 다만 절반쯤만 기뻐해야 한다면, 그러나 절반은 두려워해야 한다면, 혹은 여기서 중립적 사실에 대한 단순한 중립적인 설명 이상의 것을 들을 수도 말할 수도 없다면, 우리는 또한 선포된 복음을 더 이상 그런 것으로 듣고 이해할 수 없다는 것이 결정된 셈이다. 그렇다면 또한 거기에 여명이 지배하게 될 것이 분명하다.

예정론의 위대한 대변자들도 교회 역사에 있어서 하나님의 은혜의 선택의 진리의 기초를 이루는 적극적인 성격을 어쨌든 일정한 핵심 명제로서 분명히 표현했다. 아우구스틴(Augustin)의 정의를 들어보자: "이 성도의 예정은 구원받을 자를 확실히 구원하는 하나님의 은혜의 예지와 준비 외에 다른 것이 아니다."(De dono persev. 14, 35) 루터에 의하면 예정은 "하나님이 누구를, 어떤 자들을 미리 말한 그리고 제공된 자비를 얻게 하고 참여시키기를 원하는가 하는 그의 계획에 따라서 결정하는 하나님의 의지"이다.(De servo arb. 1525 W.A. 18, 684, 35) 그러나 또한 칼빈도 확증한다: 예정론은 "아무런 결실도 없이 지성을 피곤하게 만드는 억지를 부리는 현학적인 사변이 아니라 경건 훈련을 위해 매우 적절한 논구이다. 즉 이것은 믿음을 올바르게 세워 주고, 우리를 겸손으로 일깨우며, 우리를 향한 하나님의 무한한 선함에 대해 감격하도록 우리를 고양하고, 그의 선함을 칭송하도록 고무한다. 하나님의 영이 우리 마음에 각인하는 저 선택이 하나님의 영원한 변하지 않는 선의에 있다는 것, 그러므로 세상의 어떤 폭풍, 사탄의 어떤 조롱, 육신의 어떤 연약함에도 굴복하지 않는다는 것을 들을 때보다 더 믿음을 세워 주기에 적합한 것은 없다. 우리가 하나님의 가슴에서 이유를 발견할 때 우리는 결국 우리 구원을 확신하게 된다. 이렇게 우리는 그리스도에게서 나타난 생명을 믿음으로 인식함으로써 같은 믿음으로 그 샘에서 생명수가 흘러나오는 머리에서 멀리 있음을 통찰할 수 있게 된다."(*De aet. Dei. praed.* 1552, *C. R.* 8, 260) 예정론이 어떤 관점에서는 무서운 결정을 말하는 것도 같다.(*Instit.* III 23, 7) "두렵게 하는 저 암흑 속에서 이 가르침의 유익뿐 아니라 가장 달콤한 열매가 얻어진다. 그의 영원한 선택이 우리에게 알려지기까지는 하나님의 값없는 자비에서 우리 구원이 흘러나온다는 것을 분명히 확신할 수 없다."(*Instit.* III 21, 1) 나는 의도적으로 선택론에 대해서 적극적으로 말하는 구절들만을 인용했다. 모든 구절들은 그 맥락에서 또한 선택과 함께 평행하는 비선택, 곧 유기(遺棄)에 대해서 말하기 때문이다. 그러나 선택에 평행하는 이 두 번째 동기에 직면해서, 그것에도 불구하고 이것들은 선택론 자체에, 그리고 전체적으로 구원적, 복음적 성격을 부여한다. "예정, 그리스도 안에서의 우리의 선택에 대한 고찰은 경건한 인간들에게는 달콤한, 즐겁고 말할 수 없는 위안으로 가득하다."(*Irische Religionsartikel* von 1615, E. F. Karl Müller, 528에서 재인용) 예정론은 개별적으로는 저 두 번째 동기를 고려하여 해석되어야 하지만, 어느 경우에든지 바로 이런 성격으로 이해되어야 한다. 루터교의 『일치 신조』는 이 일에 있어서 올바른 가르침의 기준을 바로 여기에서 본다면 의심할 여지없이 정당하다: "회개하지 않게 하거나 인간 마음속에 절망을 자아내고 확고히 만드는 것은 하나님의 영원한 예정론을 결코 참되고 건전하게 판단하는 것도 아니고 합법적으로 사용하는 것도 아닐 것이다. 성서는 우리에게 이 가르침을 이와 다르게 제시하지도 않는다. 그러므로 예정론은 우리로 하여금 계시된 하나님 말씀을 믿음으로 받아들이도록 하며, 회개하도록 충고하고, 경건하게 살도록 권유한다.(*Sol. decl.* XI 12) 저 가르침은 우리에게 참된 위로의 풍성한 자료를 제공한다."(43) 예정론의 선포가 가지는 결과가 위로 대신에 절망 혹은 그릇된 안전이라면 "예정 조항은 하나님의 의지에 따라서 규범으로서가 아니라 눈먼 인간 이성의 판단에 따라서, 또 악마의 충동과 사주에 의해서 사악하고 왜곡되게 가르쳐진다는 것"은 확실하다.(91) "우리에게서 성서를 통해서 저 위로가 무력화되거나 약탈당한다면 성령의 생각과 마음에 반하여 성서가 해설되고 이해된다는 것은 보다 확실하다."(92) 다만 오해 때문에, 혹은 어떤 위험스러운 결과를 염두에 둘 때에만 칼빈이나 칼빈주의자들에 대항하여 이렇게 말할 수 있다. 이들도 이렇게 말할 수 있었을 것이고, 사실 또한 그렇게 말했다. 우리는 그들이 오해를 피하기 위해 보다 분명히 그렇게 말했기를 바랄 따름이다.

  복음 자체가, 또 광범한 의미에서 어느 정도 개요적 의미에서의 복음이 이 일에서 실제로 모든 사고와 발언의 기원과 목표여야 한다는 것이, 이미 선택 개념이 성서의 증언에서 맡은 역할을 일별해 볼 때 드러난다. 선택 개념은 구약성서에서 야웨와 그의 백성 이스라엘 사이의 관계를 나타내기 위한 기본 범주이다. 그의 선택에서부터, 그리고 그의 역사를 구성하는 선택의 결과에서부터, 하나님으로부터 그의 백성에게 발생하는 모든 좋은 일이 따른다. 그의 선택은 어느 정도 이 백성에게 일어난 그리고 개별적으로는 거듭하여 새로이 일어나는 기초적 선이다. 유기에 직면하여, 그리고 복음에 대한 이스라엘의 고집에 따라서 우선 결정된 유기에도 불구하고, 이스라엘의 선택이라는 이 기초적 선을 확증하는 것이 바로 신약성서에서 이 일을 가장 상세히 다룬 부분, 즉 로마서 9-11장의 얽힌 길의 출발점이요 목표이다. 이 장에서 외견상 방해하고 양립할 수 없는 듯한 요소들에서도 고려하고 인정해야 할 것은: 그 요소들도, 그리고 바로 그것이 궁극적으로는 이스라엘에(그리스도를 십자가에 못박은 이스라엘에!) 대한 하나님의 시인을 증언한다는 것을 간과해서는 안 된다는 것이다. 우리는 이 궁극적인 말에서부터 이 요소들을 이해할 때에만 그것을 올바르게 이해하는 것이다. 그러므로 선택을 건드리는 신약성서의 기타 구절들의 내용과 목표는 실제로 언제나 하나님의 선행을 증언함이며, 보다 정확히 말하자면, 모든 하나님의 선행의 궁극적이고 결정적인 전제를 증언함이다. 그들이 선택되었다는 사실은 그리스도인들에게 그들이 갱신된 참 이스라엘, 모든 약속에 참여하는 하나님 백성이라는 것(벧전 2:9), 그들이 성화 속에 구원받기 위해 부름받았다는 것(살후 2:13), 그들이 하나님에 의해 부름받고, 의롭게 되고, 이미 영화롭게 되었다는 것(롬 8:30), 그들에게 하나님 나라의 신비가 계시되었다는 것(막 4:11), 그들이 예수 그리스도의 아버지 하나님을 통해 축복받았다는 사실을 설명해 준다.(엡 1:3f.) 그들에게 은혜가 주어지며, 그들에게 이것이 일어난 이유는 그들이 하나님의 은혜의 선택을 통해 은혜에로 부름받았기 때문이다. 신약성서에서 선택이란 하나님이 제자직으로, 사도직으로, 공동체로 부름이다: 제자직이 공동체를 구성하는 한에서 제자직으로, 공동체가 사도직을 통해서 구성되는 한에서 공동체로. 어쨌든 간에 선택은 메시아의 미래 구원에 참여하도록 결정함이다. 구원은 확실히 은혜의 선택과 결부시킴이 정당하다. 구원은 출애굽기 32:32의 하나님이 기입하는 '책', 혹은 시편 69:29에 의하면 분명히 '살아 있는 자의 책', 혹은 신약성서적 표현에 따르면 '생명의 책'이다.(빌 4:3, 계 3:5, 17:8, 20:12, 15) 사람은 이 책 속에 적혀 있을 수 없다. 사람은 여기서 삭제될 수 없다. 그러나 이 책은 두 난(欄)으로 이루어져 있지 않고 한 난으로만 되어 있다. 또한 로마서 8:28, 9:11, 에베소서 1:11 등에서 사용된 하나님의 πρόθεσις 의지 개념은 구원을 위한 '선택'에ー그러나 바로 이것 자체에 결부되며, 그것과 평행되는 비선택 내지 유기(遺棄)에는 결부되지 않는다. 사람들이 저 '생명의 책'이 마치 죽음의 난도 포함하는 것처럼 말하기 시작했을 때, 하나님의 선택과 하나님의 유기를 마치 두 개의 상호 종속된, 동질의 동급의 하나님의 행위인 것처럼 말하기 시작했을 때, 사람들이 하나님의 선택과 유기를 마치 하나의 공통된 상위 개념하에 있는 것처럼 보고 이해하기 시작했을 때, 문제는 복잡해지기 시작했다.

이것은 본질적으로 볼 때 아우구스틴에게 있어서는 이미 성서의 증언에 대한 일탈을 의미하는 것이다. 그는 왜 일부 사람들은 믿고 구원을 받으나 다른 사람들은 믿지 않고 저주를 받는가라는 물음에 대한 답변을 찾는다. 그는 이 답변을(추측컨대 로마서 9장의 일정한 구절과 연결 속에서) 이중의, 즉 평행적이고 양면적인 하나님의 원(原) 결정의 사실에서 발견한다: "많은 사람들이 진리의 말씀을 듣는다. 그러나 어떤 사람들은 믿으나 어떤 사람들은 반대한다. 그러므로 전자는 믿기를 의지하지만 후자는 믿기를 의지하지 않는다. 누가 이것을 모르겠는가? 누가 이것을 부인하겠는가? 그러나 어떤 자들에게는 주에 의해서 의지가 예비되지만, 어떤 자들에게는 예비되지 않는다. 그의 자비에서 무엇이 생기고, 그의 심판에서 무엇이 생기는지 구별해야 한다.(*De praed. sanc.* 6, 11) 그러므로 그가 가르치는 모든 자들은 자비에 의해 가르치며, 그가 가르치지 않는 자는 심판에 의해 가르치지 않는다는 것이 아니라면, 왜 모든 사람들을 가르쳐서 그리스도에게 오도록 하지 않는가?(*ibid.* 8, 14) 우리는 하나님의 자비가 주어지는 자들에게는 그것이 거저 주어지는 것을 알며, 자비가 주어지지 않는 자들에게는 의로운 심판에 의해 그것이 주어지지 않음을 안다."(*Ep.* 217, 5, 16) 하나님의 자비와 정의가 믿는 자와 믿지 않는 자들에 대한 하나님의 행위에서 작용한다는 것은 확실히 옳다. 그러나 하나님의 본성의 통일성에 비추어서 이 두 개의 신적 완전성을 하나님의 두 행위로 이처럼 분할하는 것이 적절한가 하는 물음이 제기되어야 한다.―마치 한 행위에서는 오직 하나님의 자비가, 다른 행위에서는 오직 그의 정의만이 작용하는 것처럼 보이기 때문이다. 그리고 어떤 성서적, 내적 정당성에 의해서 이 두 행위가 아우구스틴에 의해서 이렇게 결합되는지(마치 하나님이 저기서 행하고 여기서 행하는 것을 공통적으로 보고 이해하는 것이 이 결합의 전제로서 가능한 것처럼) 무엇보다도 물어야 할 것이다. 어쨌든 하나님의 선택과 유기를 성서는 이처럼 평행성 안에서 보지 않으며, 선포하지 않는다.

아우구스틴이 여기서 다행하게도 거리낌을 느낀다는 것은 그가 이 두 행위를 또한 개념적으로 한 공통 분모 아래 두기를 전반적으로 회피한다는 데서 나타난다. 그는 "예정"을 언제나(혹은 거의 언제나) "은혜로의 예정"으로(이 정의는 페트루스 롬바르두스[Petrus Lombardus]에 의해서 *Sent. I dist.* 40 A에 수용되었다.), 그러므로 "생명으로의" 예정으로 이해한다. "예정"은 적극적으로 선택에 있고 "유기"를 내포하지 않는다. 또한 토마스 아퀴나스도 개념적으로 이것을 유지했다. 그에 의하면 예정은 "하나님 안에 선재하는 영원한 생명으로의 옮김의 결정"(*S. th.* I *qu.* 23 *art. Ic*) 혹은 그의 후대 정의에 의하면 "하나님의 은혜에 의해서 시간 안에서 되어져야 할 일들에 관한 영원 전부터의 결정"이다.(*S. th.* III *qu* 24 *art. Ic*) 우리는 그러나 그에게서도 아우구스틴과 같은 병렬을 발견한다: "하나님은 그가 예정한 어떤 자들에 관해서 자비로 용서함으로써, 그가 버린 어떤 자들에 관해서는 정의에 의해 처벌함을 통해서 그의 선함을 표현하기를 원하였다."(*qu.* 23 *art.* 5 *ad* 3) 그러나 아우구스틴보다는 더 분명하게 그에게서는 유기가 실질적으로 예정과는 별개의 것으로서 간주되면서도 어느 정도 그 그늘에서 이해된다. 14세기에 리미니의 그레고리(Gregor von Rimini)와 위클리프(John Wicleff)와 같은 엄격한 '예정론자들'도 유기를 그렇게 이해했다.

그러나 이미 7세기의 세빌랴의 이시도르(Isidor von Sevilla)와 9세기의 고트샬크(Gottschalk)는 형식적으로 아우구스틴과는 다르게 가르쳤다: "안식을 위한 선택의 예정이든지 사망을 위한 유기의 예정이든지 예정은 이중적이다.(Isidor, *sent*. 2,6,1) 하나님이 모든 선택받은 자들을 오직 그의 거저 주는 은혜로써 생명으로 예정한 것 같이 … 그렇게 또한 버림받은 자들을 그의 정의의 의로운 심판을 통해 영원한 사망의 형벌로 예정하였다."(Hinkmar, *De praed*. 5에 의하면 고트샬크는 이렇게 말했다.) 예정은 여기서 선택과 유기의 상위 개념이 되었다. 종교개혁자들도 이런 어법을 인수했다. 예정은 루터의 『노예 의지론』(*De servo arbitrio*), 츠빙글리의 『섭리론』(*De providentia*), 칼빈의 글들 속에서 명백히 '이중' 예정을 의미한다. 선택과 유기가 이제 '예정'에 의해서 표현되는 종(種)의 두 가지 속(屬)으로 이해된다는 의미에서 이중적이다. 아마도 사람들은 루터에게서뿐 아니라 칼빈에게서도 이 일이 저런 불균형으로, 즉 적극적이고 복음적인 구성 부분이 다른 부분의 비중을 초과하는 식으로 서술되는 구절들을 발견하게 된다. 이것은 분명코 이미 토마스 아퀴나스에게도 필연적인 것으로 생각되었다. 그러나 특별히 칼빈에 대해 말할 수 있는 것은 그가 어쨌든 교리적으로 엄격히 가르칠 때는 선택과 유기 개념을 치명적으로 평행해서 놓지 않을 수 없다고 생각하였다: "하나님은 그의 영원한 호의(그 이유는 다른 것에 의존하지 않는다.)에 의해서 구원으로 예정한 것으로 여겨진, 값없이 그의 양자로 삼기에 합당한 어떤 자들을 그의 영으로써 조명하여 그리스도 안에서 제공되는 생명을 받게 하고, 다른 믿지 않는 자들은 내버려두어서 믿음의 빛을 받지 못하여 어둠 속에 남도록 하였다는 것을 고백할 필요가 있다."(*De aet. Dei praed. C. R.* 8, 261f.) 그러므로 『그리스도교 강요』 속에 있는 유명한 정의도 이렇다: "우리는 예정을 하나님이 각 인간이 되기 원하는 바를 스스로 결정한 그의 영원한 결정이라고 부른다. 모든 사람이 동등한 조건으로 창조되지 않았기 때문이다. 어떤 인간들에게는 영원한 생명이, 어떤 인간들에게는 영원한 저주가 미리 정해진다. 그러므로 각자가 어느 한편의 종말에 이르도록 결정된 것에 따라서 우리는 생명으로 혹은 사망으로 예정되었다고 말한다."(III 21, 5) 많은 이전의 개혁파 신학자들이 '은혜의 선택' 개념 옆에 '진노의 선택' 개념을 놓아야 한다고 생각하였다면 이것은 심히 칼빈적이었으나 동시에 매우 치명적이었다. 주목할 점은 아르미니우스파도 그들이 열렬히 주장한 개선 시도에도 불구하고 이런 의미에서의 '이중' 예정 개념을 넘어서지 못했다는 것이다: "하나님의 예정은 그의 선한 의지에 따라서 세상적 시간 전에 그의 아들 예수 그리스도 안에서 믿는 자들을 선택하고, 자녀로 입양하고, 의롭게 하고, 그들이 믿음 안에 인내하면, 영원히 영광스럽게 만들고, 반면 믿지 않고 고집스런 자들은 버리고, 눈멀게 하고, 완고하게 만들고, 그들이 고집 안에 계속 버틴다면 영원히 저주하기로 결정한 신적 결정이다."(Ph. a Limborch, *Theol. chr.* 1686, IV 1, 5)

반면에 예정을 정의함에 있어 하나님의 유기를 물론 배제하지는 않지만 그러나 또한 독자적인 진리로서 포함하지도 않고, 자기 곁에 있는 것으로 보지도 않으며, 오히려 적극적으로 선택이 무엇인가를 말하는 것으로 만족한 것은 도르트레히트(Dordrecht) 노회(1619)의 결정의 장점에 속한다: "하나님은 세상의 기초가 놓여지기 전에 자신의 잘못으로 원래의 완전함에서부터 죄와 멸망으로 타락한 온 인류 가운데서 그의 의지의 자유로운 선의에 따라서, 순전한 은혜로써 다른 자들보다 더 낫거나 더 합당하지는 않으며, 도리어 다른 자들과 함께 공통된 비참 속에 던져진 '어떤 일정한 인간의 무리를 그리스도 안에서 구원으로 선택' 했으니, 하나님은 그리스도를 영원 전부터 모든 선택된 자들의 중보자요 머리로, 구원의 기초로 결정했으며, 또한 그로 하여금 '그들을 구원하게 하고', 그의 말씀과 영을 통해 효과적으로 그와의 친교 속으로 부르고 이끌며, 그에 대한 참된 믿음을 선사하고, 의롭게 하고, 거룩하게 하고, 그의 아들과의 친교 속에 굳게 머문 자들을 결국 영화롭게 하기로 결정한 '하나님의 불변하는 계획'이다. 이것은 그의 자비를 드러내고, 그의 영광스러운 은혜의 풍성함을 칭송하게 함이다."(I 7) 우리가 이 조항을 어떻게 대하든지 간에 확실한 것은 이런 형태의 예정론은 다시금 복음적 선포의 성격을 얻었다는 것이다. 복음적 성격은 예정론이 동시에 동등하게 은총과 진노, 구원과 유기를 말하는 모든 그런 정의에서는 사라진다.

칼빈의 예정론의 실질적 비중을 벗어날 수 없었던 칼빈의 일부 겁많은 동시대인들이 예정론의 위험스런 오해 가능성 때문에 큰 걱정을 하면서, 예정론은 일종의 비전적 지혜로서 신중하고 사려 있게 신학자들 사이에만 유보되어야 하고 백성 사이에는 가르쳐져서는 안 된다는 견해를 말했을 때, 칼빈은 그들에게 강력히 답변했다: "진정한 신중성은 모든 하나님의 참된 종들에 의해 증언된 진리를 매장하는 데 있는 것이 아니라 천상의 교사의 학교에서 배운 것을 냉정하게 경외심을 가지고, 그러나 또한 공개적으로 고백함에 있다."(*De aet. Dei praed. C. R.* 8, 347) "하나님이 계시하는 것을 해로운 지식이라고 회피하는 것은" 올바른 그리스도교적 소박함이 아니다.(*ibid.* 264) "우리에게 성서에서 계시된 것은 그런 것으로서 필요하고 유익하며 모든 사람이 알 만한 가치가 있다. 따라서 믿는 자들에게도 예정론은 결코 유보되어서는 안 된다."(*Instit.* III 21, 3) "하나님을 합당하게 경배하기 위해서 경건을 선포해야 하듯이, 들을 귀를 지닌 자가 자기 안에서가 아니라, 하나님 안에서 하나님의 은혜를 자랑하도록 하기 위해서 예정을 선포해야 한다."(*De aet. Dei praed. ibid.* 327) 칼빈은 옳았다. 그러나 만일 그의 예정 이해가 덜 추상적이었다면, 그것이 성서의 증언에 보다 상응했더라면, 그러므로 그것이 엄격히 복음적인 이해였더라면 그는 이 옳은 것을 보다 명확히 그리고 보다 강력히 말할 수 있었을 것이다. 그러나 어쨌든 그의 예정론은 이중 예정론으로서 두 가지 행위의 평형을 확립하는 가운데서 그렇지 않다. 저 평형 속에서 이 이론은 자연과학적으로 본다면 어떤 의미에서 중립적으로 말한다. 이 이론은 하나님의 예와 하나님의 아니오를 구별하지 않는다. 그것은 하나님의 예를 위해 유리하게 판정하지 않는다. 그것은 같은 수준에서 인간에 대한 하나님의 예 곁에 역시 결정적인 하나님의 아니오를 기재한다. 이 이론이 하나님의 아니오가 보다 강력하게, 그리고 결국은 그것만이 들리도록 하는 것을 어떻게 막을 수 있으랴? 이 이론이 결국은 다만 $\delta\nu\sigma\alpha\gamma\gamma\dot{\epsilon}\lambda\iota\text{o}\nu$(나쁜 소식)으로 이해되고 그런 것으로서 (내적 정당성을 가지고서!) 거부됨을 피할 수 있으랴? 그러므로 칼빈이 당시 논박했던 같은 염려스러운 충고가 150년 후 베렌펠스(Samuel Werenfels)를 통해서 — 마치 아무 일도 일어나지 않았던 것 같이 — 최신의 지혜로서 등장할 수 있었고, 그 이래로 모든 얼치기들의 "공통 견해"로서의 권위를 얻게 되었다.

이것이 기본 요구이니, 예정론을 서술하는 경우 이것에 재어 보아야 하고, 또한 우리도 여기에 굴복해야 한다: 예정론은 마치 하나님이 전혀 다르게는 선택하지 않고 전혀 다르게 버리지는 않는 듯이, 마치 하나님의 이 두 행위가 어떤 상하의 질서 안에 있지 않은 것 같이, (소극적으로) 하나님의 선택과 유기에 대해서 말해서는 안 된다. 이 상하 질서는 (적극적으로) 이 가르침 안에 포함된 그리고 선포되어야 할 복음이 전체의 어조로서 들릴 수 있도록, 어찌되었든 간에 여기서도 그리고 바로 여기서 하나님의 자유로운 은혜에 관한 말씀이 주선율로서, 전체 발설의 본래적 의미로서 표현되고 들릴 수 있도록, 그렇게 극단적으로 가시화되어야 한다. 여기서 그 가르침이 성서적으로 그러므로 계시에 맞게 이해되었는지를 입증해야 한다. 그렇게 이해되는 경우에만 이 가르침은 칼빈이 정당하게 변호한 바 완전한 교회 공공성에 대한 권리를 주장할 수 있다. 이 가르침이 그렇게 이해되지 않는다면 그것은 신학자들의 비전적 지혜로서 아무 의미를 가질 수 없거나 오히려 매우 위험한 의미를 가질 따름이다.

이 명제는 다만 이 명제에 근거한 예정론 안에서 그것의 맥락 속에서만 증명될 수 있을 따름이다. 우리가 여기서 우선적으로 입증해야 할 것은 이 명제를 어느 정도 작업가설로서 서두에 놓아야 할 당위성과 필요성이다.

우리는 우선 이 가르침에 관한 모든 진지한 견해들은 그것의 핵심, 그것이 선포하고 확립하게 된 본래적 관심이, 이 가르침이 하나님의 은혜를 그것의 전적인 자유와 그것의 신성 안에서 표현함에 있다는 것에 일치한다는 것을 확정지을 수 있다. 하나님이 선택함으로써 하나님은 그 자체로서 거룩하고 의로운 그의 호의에 의해서 결정한다. 그리고 한결같고, 전능하고, 영원한 그가 선택하기 때문에 그가 결정함에 있어서 그의 호의와 이 결정 자체는 모든 다른 결정, 모든 피조물의 결정과는 무관하고, 그의 결정은 모든 피조물의 결정에 앞서고, 그 결정은 모든 피조물의 자기 결정에 대해서 미리 결정함, prae-destinatio가 된다. 은혜, 하나님의 향함과 낮춤은(그것에 근거해서 인간들이 하나님에게 속하며, 하나님이 이 인간들에게 속한다.) 제공된 것으로서 받은 것과 같으며, 자신을 계시하고 화해하는 것으로서 믿음 안에서 붙잡고, 믿음 안에서 효과적인 하나님의 행동, 하나님의 의지와 역사, 하나님의 통치, 그의 전적 주권성 안에서의 하나님 자신과 같다. 피조물 편에서 어떤 요청, 어떤 공적, 어떤 현재하는 혹은 추후 만들어질 수 있는 조건도 이 은혜를 요구하고 필연적으로 만들 수 없다. 그러나 이 은혜 피조물 편에서의 어떤 항의나 저항을 통해서도 저지될 수 없고, 불가능해지거나 무효화될 수 없다. 이 은혜는 그 자체로서 존재하고 자체를 통해서 필연적으로 작용한다. 이 은혜에 대해서는 피조물의 어떤 자만도 또한 자기 희생도 없다. 이 은혜는 피조물에게 절대적 능력과 확실성을 가지고 절대적 기적으로 일어난다. 이 은혜는 피조물이 자신의 완전한 무력함과 합당치 않음을 인식함 가운데서만, 이 은혜의 능력과 권위를 전적으로 신뢰함 속에서만, 그러므로 자기 자신에 대해 제멋대로 절망함을 완전히 포기하는 경우에만 받아들여질 수 있다. 피조물이 자신에게 약속하거나 취할 수 없는 것은, 그것이 그에게 주어질 때, 피조물은 또한 자신에게 그것을 거부할 수도 없고 또한 더 이상 포기하려 할 수도 없다. 피조물이 은혜를 받아들이고 시인하는 결정이 하나님의 선(先) 결정 안에서 이루어짐으로써 그 결정은 하나님에 대해서 피조물의 공로로 관철될 수도 없고, 피조물에 의해서 취소될 수도 없다. 그의 결정은 이 하나님의 선결정의 실천으로서 은혜의 자유에 대한 칭송이다: 우리 자신의 의지와 수행의 장려함과 그러나 또한 비천함으로부터 은혜의 독자성에 대한 칭송, 그의 은혜가 우리 자신의 의지와 수행을 처리하기 위해 그것들에 앞서는 은혜의 주권성에 대한 칭송. 예정론에 대한 모든 진지한 견해들은 어쨌든(다소간에 정확하게 그리고 다행히도, 다소간에 세부적으로는 논리정연하게) 이 인식을 지향한다: 하나님의 은혜의 '자유'를. 우리는 보다 단순하게 이렇게 말할 수도 있다: 그런 견해들은 은혜가 '은혜'로 이해됨을 지향한다. 제약당하고 구속당하는 은혜, 자유롭지 않은, 자유로이 선택하지 않는 은혜가 무슨 은혜인가? 혹은 보다 단순하게 이렇게 말할 수 있다: 그것들은 모두가 은혜로운 하나님의 '신성'을 고백함을 지향한다. 그의 은혜가 그의 본래적인 자유로운 호의가 아니면서도 어떤 의미에서는 은혜로워야 하는 신(神)은 어떤 신인가?

"인간 안에 그를 구원으로 결정짓는 무엇이 있든지 간에, 은혜로의 준비까지도 모든 것이 예정 속에 포괄된다. 왜냐하면 은혜로의 준비도 하나님의 도움 없이는 이루어질 수 없다."(Thomas Aquinas, *S. th.* I qu. 23, art. 5c) 확실한 것은 "하나님이 우리를 선택했으니 즉 우리가 그를 알기도 전에뿐 아니라, 우리가 태어나기도 전에, 그리고 세상이 창조되기 전에 우리를 선택했다는 것, 그리고 그가 그의 무상의 호의로써 우리를 선택했고 다른 데서 그 이유를 찾지 않았다는 것, 그가 스스로 이 계획을 생각했고 그가 합당하게 우리에 의해 칭송을 받기 위해서 우리가 그것을 알아야 한다는 것이다. 그러나 그에게 합당한 영광은 이것 없이는 돌려질 수 없다."…(프랑스어, Calvin, *Congrég. sur l'Election ét.* 1562, *C. R.* 8, 103) 우리는 "하나님의 것을 하나님에게 돌려야 한다."(*De aet. Dei praed.* 1552, *C. R.* 8, 261) 세상이 스스로를 창조하지 못한 것 같이 우리는 "마음의 자기 운동"에 의해서는 하나님과의 친교에로 결정되지 못한다.(*ibid.* 299) "하나님이 그의 경배자들을 사랑하기 위해서는 그들이 지금까지 모든 좋은 것을 결핍했다면 무상의 사랑으로써 사랑을 받기에 합당치 않은 자들에 앞장서고 그들이 후에 사랑으로써 따르도록 만드는 것이 필요하다. 하나님은 이 첫 번째 은혜를 그가 원하는 자들에게 준다."(*Ibid.* 306) "하나님이 스스로 이 계획을 생각했다고 그가 말할 때, 즉 내가 이것을 할 마음이 났다고 말하기 위해서 그가 자신 밖으로 벗어나지 않았고, 여기 저기에 눈을 던지지 않았다고 말할 때."(프랑스어, *Congrég.* 1562, *ib.* 95) "주는 매우 분명하게 선포한다: 인간에게 은혜를 베풀어 주어야 할 근거를 그들 자신 안에 가지고 있지 않으나 오직 자신의 자비에 의해서 그 근거를 얻는다. 그러므로 그 인간들의 구원은 그의 일이다. 하나님이 당신의 구원을 스스로 결정하는데 왜 당신은 자신에게로 내려오는가? 그가 당신에게 그의 한 자비를 부여하는데 왜 당신은 자신의 공적으로 달려가는가? 하나님이 당신의 사고를 그의 자비 안에 가두는데 왜 당신은 당신의 행위를 되돌아보는가?"(*Instit.* III 22, 6) 바로 이런 음조는 고(古) 개혁파 교의학 안에서 계속 울린다: "하나님은 가장 자유로운 능력의 신이며, 홀로 진정으로 의무가 없는 신이다. 그러므로 하나님은 자신이 기뻐하는 것을 그의 백성에게서 행했고, 그러므로 그의 피조물들을 그가 원하는 대로 예정하였다. 어떤 이성적인 피조물에게도 하나님에게 호의를 자아낼 수 있는 것은 없다. 그러나 하나님 자신은 그의 아들 안에서 그가 원하는 자들에게 자비를 보였고 받아들였다. 또한 하나님은 어느 누구에게도 의무가 없으니 주고자 하는 자에게는 의무가 있는 것도 아니다."(Polanus, *Synt. Theol. chr.* 1609 *col.* 1561f.) 그러나 또한 일치 신조 역시 같은 강도를 가지고 가르친다: "하나님의 자비와 그리스도의 공적만이 신적 선택의 원인이 아니라 우리 자신 안에도 하나님이 우리를 영원한 생명으로 선택하게 하는 어떤 원인이 있다는 것"은 오류이다.(*Ep.* XI 20 vgl. *Sol. decl.* XI 88) "우리가 영원한 생명으로 선택됨은 우리의 능력이나 의에 의해서가 아니라 그리스도의 공로와 자기 자신을 부인할 수 없는 하늘 아버지의 자비로운 뜻에 의거한다."(*Sol. decl.* XI 75) 크벤슈테트(Quenstedt)에게도 선택의 "동인"은 "삼위일체 하나님의 자유로이 결정하는 의지이며(*Theol. did. pol.* 1685 III c2 sect. I th. 9), 내적 동인은 모든 인간적 공적을 전적으로 배제하고, 내지는 하나님의 은혜를 통해서거나, 혹은 자연 능력으로 행해졌거나 간에 행위, 공적의 이름으로 오는 모든 것을 배제하는 순전히 값없는 하나님의 은혜이다. 하나님은 우리를 행위에 따라서가 아니라 그의 순전한 은혜로써 선택했다. 다소 간에 선택에 합당한 조건 자체만을 고려하든, 혹은 하나님의 뜻들 통해서 믿음을 추가로 고려하든 간에 믿음 자신도 여기에 충분하지 못하다. 왜냐하면 이들 중 어느 것도 선택의 결정도, 하나님으로 하여금 이런 결정을 행하도록 움직이거나 강요하는 원인도 될 수 없고, 그 결정은 하나님의 순수한 은혜로 돌려져야 하기 때문이다."(*ib. th.* 10)

예정론에 대한 모든 진지한 견해들은 우리가 하나님의 이 자유로운 결정에 있어서 신비, 즉 그 근거가 우리에게 감추어진, 추적할 수 없는 하나님의 결단, 결정과 관계한다는 데서도 또한 일치한다. 우리는 그가 선택할 때에 조언하도록 초대되지 않았으며, 우리는 추후에도 이것 때문에 하나님에게 답변을 요구하거나 책임을 물을 수 없다. 하나님의 의지는 '왜?'를 알지 못한다. 그의 의지는 전적으로 '그러므로'이며, 모든 '그러므로' 중의 '그러므로'이다. 그의 의지는 그런 것으로 나타나고 발생한다. 그의 의지는 그런 것으로서 인식되고 존경받고 추종되기를 원한다. 만일 우리가 이 선택의 의미와 정당성에 대해 물음을 던진다면, 우리가 여기서 결정하고 선택하는 것은 하나님이라는 사실로써 이 선택이 미리 대답되어 있음을 인정하려 하지 않는다면, 우리는 은혜의 선택으로서의, 거룩하고 의롭고, 한결같고 전능하고 영원한 하나님의 호의에 따른 결정으로서의 이 선택의 본질에 반해서, 그러므로 하나님의 본성과 존재에 반해서 항거하는 것이 될 것이다.

"그러므로 신적 의지의 근거를 찾는 것 같이 예정의 근거를 추궁해야 한다."(Thomas Aquinas. *S. th*. I qu. 23, *art*. 5c) 루터는 이 사실을 인식하였기에 에라스무스에 대항하여 그의 진노를 발했다: "왜 불평하는가? 누가 그의 의지에 대항하겠는가? 이것은 이성이 파악할 수도 없고, 감당할 수도 없는 것이다. 이것은 재능이 탁월하고 수많은 세기 동안에 걸쳐서 인정받은 수많은 인간들을 불쾌하게 했다. 이들은 하나님이 인간적 법에 따라서 행하고 그들에게 옳게 비치는 것을 행하든지, 아니면 신이기를 중단하기를 요구한다. 주권의 신비는 그에게 유익이 되지 못할 것이다. 구두 수선공 혹은 허리띠 제조자를 심판대에 세우기를 요구하듯이, 그는 신이 왜 존재하는가, 혹은 의의 어떤 형상도 가지지 않은 것을 신은 왜 의지하거나 행하는가를 변명한다. 유스티니안 법전이나 혹은 아리스토텔레스의 윤리학 제5권이 정의한 것을 말하고 행하는 한에서 옳고 선하다고 믿는 것처럼, 신은 육신이 그런 영광을 받기에 합당하다고 여기지 않는다. 만물의 창조자의 위엄은 그의 창조물의 하나 앞에 물러나야 하고, 저 코리키우스의 동굴은 그의 구경꾼들을 두려워해야 한다. 그러므로 저주의 응보를 피할 수 없는 자를 저주하는 것은 불합리하다. 그리고 이 불합리성 때문에 신이 자신이 원하는 자를 불쌍히 여기고, 자신이 원하는 자를 완고케 하는 것은 그릇된 것이 분명하다. 오히려 그를 질서에로 돌이키고 우리의 판단으로는 저주받아 마땅한 자가 아니라면 누구라도 저주하지 않아야 하는 법을 제정하는 것이 필요하다."(*De servo arb. W. A.* 18, 729, 13) 칼빈은 은혜의 선택의 신비를 이렇게 지시하였다: "우리에게는 이해될 수 없는 하나님의 신비를 경배하는 것이 문제이다. 이것 없이 우리는 신앙의 원리들을 맛볼 수 없다. 우리는 우리의 지혜가 언제나 겸손에서 시작되어야 한다는 것을 알기 때문이다. 저 겸손은 하나님의 심판을 평가하기 위해서 우리가 결코 우리의 저울을 가지고 와서는 안 되고, 우리가 그 일의 심판자나 판정관이 되려고 해서는 안 되며, 그러나 우리가 우리 영의 왜소함을 보면서, 우리가 변변찮고 우둔함을 보면서 절제해야 하고, 하나님을 높이고 (우리가 성서에 의해 가르침을 받은 대로) '주여, 너무나 깊은 심연이어서 아무도 당신의 계획을 말할 수 없습니다'라고 말해야 함을 내포한다."(프랑스어, 엡 1:3f. 설교, *C. R.* 51, 260f.) "감탄으로서 종결지어지는 것 외에 어떤 다른 지식도 우리를 돕지 못한다. 우리를 비웃을 자는 비웃어라, 하나님은 하늘로부터 우리 어리석음을 시인할 것이며, 천사들은 갈채를 보낼 것이다."(*De aet. Dei praed. C. R.* 8, 292) 칸트(I. Kant)가 이 문제에 관해 말한 것도 여기서 또한 교훈적인 간접적 확증으로 인용될 수 있을 것이다: "천상의 은혜가 일의 공적에 따라서가 아니라 무조건적인 계획을 통해서 한 인간에게는 도움을 승인하고 다른 인간에게는 도움을 거부하도록 인간 안에서 작용하며, 우리 인류의 일부가 복락으로, 다른 일부가 영원한 저주로 선택된다는 것은 하나님의 정의에 대해서 이해할 수 없게 만들며, 이것은 기껏해야 한 지혜에 연결되어야 할 것이다. 그 지혜의 규칙은 우리에게는 전적으로 하나의 신비이다.

어떻게 도덕적 선 혹은 악이 세상 안에 있고, 어떻게 악에서 선이 태어나고, 어떤 인간 안에서 선이 만들어지는지 하는 신비에 관해서, 혹은 만일 이 일이 일부 인간에게서는 일어나고 다른 자들은 거기서 제외된다면 왜 그런지 그 신비에 관해서, 그 신비가 각 인간의 도덕적 삶의 역사에 관한 한 하나님은 우리가 그것을 이해하지 못하기 때문에 아무것도 계시하지 않았고 아무것도 계시할 수 없다."(『이성의 한계 안에서의 종교』[Rel. innerh. d. Grenzen d. bloßen Vernunft] 1793 ed. K. Vorländer, 166) 그리고 그는 다른 곳에서 보다 무뚝뚝하게 말한다: "이 신앙 자체는 마치 그것이 그런 특별한 능력과 신비한(혹은 마술적) 영향을 가져서 우리가 아는 한 그 신앙이 실로 단순히 역사적으로 간주될지라도 우리가 그 신앙과 그 신앙에 결부된 감정에 몰두한다면 그 신앙은 온 인간을 근본적으로 보다 나은 인간으로(새로운 인간으로) 만들 수 있는 것처럼 생각된다면, 인간의 도덕적 상태를 포함한 모든 것이 하나님의 무조건적 계획으로 끝나는 곳에서 이 신앙 자체는 직접 하늘로부터(역사적 신앙과 더불어 그 신앙 아래서) 전달된 것으로, 주입된 것으로 간주되어야 한다: '하나님은 원하는 자에게 자비를 베풀고, 원하는 자를 완고하게 만든다' 는 이 계획은 문자적으로 받아들일 때 인간 이성의 "죽음의 춤"이다."(a.a.O., 139)

이제 우리는 예정론의 모든 진지한 견해들이 은혜의 선택 안에서의 하나님의 자유의 신비에 대한 고백을 전적으로 하나님이 이런 그의 '자유의 신비' 속에서도 그 자신에게 합당한 일을 행한다는 고백, 즉 그의 '정의' 에 대한 고백과 조화시키며 그 고백으로써 근거지으려 한다는 점을 모든 진지한 견해들 사이의 제3의 접촉점 및 공통점으로 든다. 하나님이 은혜의 선택 안에서 행한 것을 고찰함에 있어서 거듭하여 "오 인간아, 네가 누구이기에 하나님과 다투려고 하느냐"(롬 9:20)는 말을 기억해야 한다면, 하나님의 주권성을 인정해야 하고 그의 선택의 탐구 불가성을, 어떤 '무엇 때문에?' 에 의해서도 회피될 수 없는 '그렇기 때문에' 를 존중해야 한다면, 우리는 바로 이로써―여기서 실제로 이 행위의 주체로서 하나님을 염두에 둔다면―모든 정의와 올바름의 원천과 보고를, 지혜를 존중하는 것이다. 그 지혜 앞에서 우리의 느끼고 생각하는 항의들은 마치 우리가 답답한 사실 앞에 서 있는 것 같이, 마치 여기서 우리의 토론이 폭력을 통하여, '보다 고차원적인' 폭력에 의해, 그러나 오직 폭력을 통해서 중단되는 것 같이 침묵해야만 한다. 아니, 여기서 우리는 침묵해도 좋다. 여기서 우리는 한 독재자의 자의에 굴복하는 것이 아니다. 여기서 우리의 굴종은 남아 있고 지속되는 내면의 고발과 항거와 결합되어 일어날 수 있는 것이 아니다. 오히려 여기서 우리가 자발적으로, 보다 나은 지식에 의해서 침묵하려 함이 중요하다. 이것은 우리의 입이 막혔기 때문이 아니라 그렇다면 우리의 침묵은 우리 의지도, 복종도 아닐 것이고, 그렇다면 침묵은 다만 저지되고 억압된 불복종 행위일 것이다.―우리의 귀가 모든 '무엇 때문에' 에 대해서 실제적으로 충족시키고 실제적으로 설득시키는 '그 때문에' 를 들었기 때문이며, 우리가 설복당했고 더 이상 아무것도 물을 것이 없기 때문이며, 하나님 자신이 그리고 그 안에서 지혜 자체, 정의 자체가 우리에게 자신을 알렸고, 우리에게 자신을 답변으로 주었기 때문이다. 하나님이 그의 자유 안에서 행한 것은 옳다. 그리고 그것이 그의 자유 안에서 행해짐으로써, 우리가 그것을 먼저 우리의 질서 개념에 재어 보고, 그것에 근거해서 올바른 것으로 인정함이 없이 그것이 옳다는 것이 우리에 의해서 인식과 인정을 받을 수 있고, 인식과 인정을 받아야 한다. 하나님은 무엇이 질서인가를 우리에게 가르침이 합당하다. 그러나 우리는 우리의 질서 개념을 그의 결정에 재어 보고 그로부터 무엇이 질서인가를 배움이 합당하다. 우리가 이것을 행함으로써 우리는 지성적 희생을 당하는 것이 아니다. 도리어 우리가 이것을 행함으로써 우리는 지혜롭게 된다: 확실히 주에 대한 경외가 지혜의 시작이기 때문이다. "오 인간아, 네가 누구이기에 하나님과 다투려고 하느냐?" 대답: 너는 바보이다! 네가 지혜롭게 되고 이 다툼을 중단할 때이다. 너는 그의 자유 안에 있는 하나님의 자유의 신비 안에서 유일하고 참된 의를 직관할 수 있고 경배할 수 있고, 그 직관과 경배 안에서 참으로 지혜로울 수 있다.

바로 문제의 이 면을 드러내려는 정당한 관심은 예정론 역사 안에서 허다한 시도로 이끌었다. 그 시도들은 우리가 개괄하려 하였던 바와 같은 가능한 형태의 필수적인 인식에 다만 손상을 가져다주었다. 사람들은 하나님이 그런 분으로서 그의 결정의 자유 안에서 의이며 이로써 또한 의의 교사라는 사실, 모든 지혜의 총화는 교사로서의 그의 말씀을 들음에 있다는 사실을 확립함으로써 만족하려 하지 않았다. 사람들은 그를 통하여 지혜의 가르침을 받기 전에 하나님에 관하여 지혜롭기를 원했다. 따라서 예정론 영역에서 하나님의 행위의 일정한 외적 조건들을 지시함으로써 하나님의 자유에 손상을 주는 것으로 끝난 기도들이 일어났다. 그 외적 조건에 비추어 볼 때 그의 선택의 권한과 그것의 올바름이 우리의 질서 개념에서 재어지고, 그것이 의롭고 그에게 합당한 것으로 인식될 수 없었다. 그러므로 침묵할 수 없었고, 그에게 귀를 기울일 수 없었다. 이런 모든 기도에서 칸트 같은 인물에게 그처럼 기이하고 꺼림칙하였던 하나님의 신비, 반대로 그것을 부정함은 루터와 같은 인물을 큰 흥분으로 몰아넣을 수 있었던 그 신비는 다소 간에 분명히 문제시되어야만 했다는 것은 자명하다. 우리가 9세기 고트샬크의 논쟁 이후 거듭하여 감행된 이 기도에 참여하지 않는다면 우리는 이것의 출현을 어쨌든 관철되어야 할 한 관심사가 있음에 대한 징조로 평가할 수 있고 평가해야만 한다. 그렇기 때문에 여기서 하나님의 은혜의 선택의 자유를 조금도 삭감하지 않고 하나님의 신비를 여하한 경우에도 지키려고 하였던, 그러나 다른 한편으로는 어느 누구보다도 시급하게 이 선택의 의를, 우리 편에서 유일한 참된 지혜의 행위로서의 선택을 정당하게 평가해야 할 필연성을 지시했던 '칼빈'에게 듣는다는 것은 더욱 흥미롭다. 칼빈은 하나님의 결정의 근거에 대한 물음을 우선 단순히 로마서 9:20의 말에 따라서 눌러 버리기를 좋아했다.—이것은 사실이고 정당하였다: "성령을 위해 쉬운 결정을 내리지 않으면서 이상하다고 보는 자들이 있다. 왜 이런 일이 이루어졌는가를 이해할 수 있도록 보다 분명하게 나에게 이 일을 말해 주기를 원한다. 내 친구여, 당신은 표적을 보지 않으면 결코 하나님에게 영광을 돌리려 하지 않을 만큼 오만하기 때문에 당신은 다른 학교를 찾아야 할 것이다. 그러나 성령의 학교 외에 다른 학교를 찾아라."(프랑스어, *Congrég. C. R.* 8, 108) "우리는 인간의 뻔뻔스러움을 안다. 그리고 자신 안에 그런 경험이 없는 자가 없다. 우리는 평화와 겸비 속에 사람들이 우리에게 설명한 모든 것을 받아들일 만큼 우리 영을 억제하기란 어렵다. 인간이 자신을 제어하기 전에 하나님에 의해서 꺾이는 것이 필요하다.… 이런 항변들은 하나님의 권위에 관한 말 한마디로써, 즉 그가 우리 위에서 어떤 우월성과 탁월성을 가져야 하는가에 대한 말로써 반박되어야 한다."(프랑스어, a.a.O. 104) "우리의 모든 심성을 삼키는 저 심오한 판단을 우리의 결정 아래 두려는 것은 부당하다.(*Instit.* III 23,1) 오직 그의 의지 안에 안식을 해야 한다. 주가 기뻐한, 그 이유가 우리를 비껴 가는 이 문제를 우리가 이해하기 위해서는 천 개의 이성으로도 충분하지 않다.(*De aet. Dei praed. C. R.* 8, 312) 의의 최고의 규범은 하나님의 의지이다. 그러므로 그가 원하는 것은 무엇이든지 의롭다고 간주해야 한다. 그러므로 사람들이 주가 왜 이렇게 했는지 불평할 때 이렇게 답변해야 한다: 그가 원했기 때문에 … 만일 그 이상으로 계속해서 당신이 왜 그가 원했는지를 물어 본다면, 하나님의 의지보다 위대하고 보다 심오한 무엇을 추구한다면, 아무것도 발견할 수 없다."(*Instit.* III 23, 2) 그러나 칼빈은 이로써 만족하지 않았다. 오히려 그는 로마서 9:20의 노선을 끝까지 걸어갔다: 그는 하나님이 그의 이성이 파악할 수 있는 것 이상을 할 수 있고 행해야만 한다는 것이 "성가시고 불쾌하게" 느껴지는 사람에게 "하나님의 이름은 너에게 무엇을 의미하는가."라고 외친다.(*De aet. Dei praed. C. R.* 8, 262) 바로 하나님의 이름은 우리에게 여기서 침묵함이 슬기롭다는 것을 보증한다: "절제가 어떤 지혜보다 탁월하니, 하나님 경외 아래 굴복한 절제는 그가 규정한 이해 방법 속에 들어간다."(*ib.* 8, 263) 그러므로 우리가 하나님에게서 독재자, 자의의 신과 상관하는 것이 아니라는 것을 분명히 말해야 한다: "우리는 그 스스로가 법인, 법에 얽매이지 않는 신을 생각하지는 않는다. … 하나님의 의지는 모든 악으로부터 벗어나 있을 뿐 아니라 완전한 최고의 규범, 모든 법 중의 법이다."(*Instit.* III 23, 2) "우리는 이 하나님의 의지에는 질서가 있으며 그렇기 때문에 모든 공정과 정의의 근원이라고 말한다."(프랑스어, *Congrég. C. R.* 8, 115) "만일 죽을 인간이 자신의 의지가 이성보다 앞서기 위하여 의지하고 명령한다고 선언한다면 나는 그 명령이 독재자적이라고 고백한다: 그러나 이것을 하나님에게 옮기는 것은 신성모독의 미친 짓이다. 마치 하나님 안에 인간처럼 욕망이 있는 것처럼, 아무것도 하나님에 의해 계산된다고 생각할 수 없다. 오히려 그의 의지가 이성 앞에서 효력을 얻기 위해서 이 명예를 그의 의지에 부여함이 타당하다. 왜냐하면 그는 모든 의의 원천이며 규범이기 때문이다." 하나님의 의지를 질서 잡힌 의지와 절대적 의지로 구별함은 두려움으로써 피해야 할 신성모독이다. "그러나 나는 하나님 안에는 아무런 무질서한 것이 없으며, 오히려 그로부터 하늘과 땅에 있어서 모든 질서가 흘러나온다고 주장한다. 그러므로 우리가 하나님의 의지가 모든 이성을 능가하도록 그 의지를 최고도로 끌어올린다면 우리는 그가 최고의 이성으로써가 아니면 어느 것도 의지하지 않는다고 상상할 필요는 없다. 그러나 우리는 단순히 그가 그의 권리로써 그만한 능력을 가진다고 느낀다. 그러므로 우리는 그의 손짓만으로 만족해야 한다. … 그의 계획의 어떤 이유도 하나님에게 확실하지 않다는 이런 끔찍한 생각이 내 머리에 떠오른 적이 있는가? 내가 하나님을 불구하고 놀라운 계획으로 만물을 지배하고 유도하는 온 세상의 주재자로 설정한다면 그가 우연히 이리 저리 이끌리는가, 아니면 그가 나의 말에서 취한 것을 맹목적 경솔함에 의해서 행하는가?… 주는 그의 영광의 원인을 그의 모든 행위에서 가진다. 즉 이것이 보편적인 목표이다.…"(*De aet. praed.* Dei. *C. R.* 8, 310f.) 그러므로 결론적으로 "예정은 감추어진, 그러나 탓할 수 없는 의의 분배일 뿐이다."(*Instit.* III 23,8)

우리는 예정론의 이해에서 세 가지 공통적인 점들(물론 그 이상을 언급할 수도 있을 것이지만), 즉 하나님의 은혜의 선택에서 '그의 자유, 신비, 의'를 강조하였다. 그 이유는 우리가 이 공통점에 비추어서(그들에 의해서 개별적으로 그렇게 해석된) 도그마의 대변자들에게 한 가지 물음을 억제할 수 없기 때문이다. 우리는 이 문제를 계속하여 여러 가지 형태로 다루게 될 것이다. 우리는 지금 이 문제를 우선 이렇게 제기한다: 이 도그마의 대변자들이 그리스도교 신학자로서 하나님의 은혜의 선택 안에서 그의 자유, 신비, 의에 대해서, 그러므로 삼위일체 하나님, 예수 그리스도 안에서 성서를 통해서 계시된, 우리에게 성서 안에서 증언된 아버지에 대해 말했는지 — 그러므로 인간적 발상에 의해서 인간 자신의 절대화된 영상으로서 어떤 최고의 속성을 갖춘 '최고 존재'를 생각하고 그의 소위 자유, 소위 신비, 소위 의에 대해서 말하지 않았는지 물어 보아도 좋은가? 우리는 이 문제를 예정론의 진지한 대변자들을 고려하면서 전체적으로 긍정적으로, 그들의 의도에 관련해서 무조건적으로 긍정적으로 답변할 기회를 가지리라는 것은 의심할 여지가 없다. 우리가 염두에 두고 있는 신학자들은 그리스도교 신학을 원했고, 그들의 예정론은 그들이 주장한 각기 특수 형태 속에서도 그때마다 성서 해석이고자 했고, 삼위일체 하나님의 계시에 대한 증언이고자 했다. 그러므로 제멋대로 상상한 최고 존재에 대해 제멋대로의 사변하고자 한 것이 아니라, 예수 그리스도가 자기 아버지라고 불렀고, 예수 그리스도를 자기 아들이라고 불렀던 분에 대해 복종적으로 책임지고자 했다! 우리가 그들의 이런 의도를 신뢰하면서, 다음과 같이 계속할 때 우리는 그들과 일치한다고 느낀다: 만일 하나님의 은혜의 선택 안에서 그의 자유, 신비, 의가 '그리스도교 신학적으로' 이해되어야 한다면, 그것이 그렇게 이해될 때에만 교회가 가르치고 들어야 하는 진리라면, 이로써 우리는 선택론 안에서 실제로 '복음의 종합'과 관계한다는 것이 결정된 것이다. 이것이 지금 결론적으로 전개되어야 할 것이다.

　우리는 은혜의 선택 개념을 자유로이 형성하지 않았다. 우리는 이로써 그의 다른 선택에 선행해서 인간 예수 및 그 안에서 대표되는 백성의 실존을 영원히 의지함 속에서 성취된 하나님의 '선택'을 표현했다. 그러므로 이 신적인 원초적 근본 행위의 본질을 이해하고 해명하기 위해서 그것이 하나의 선택이라는 형식적 특성에 머물러서는 안 된다. 우리는 선택 개념을 어느 정도 절대화하고 그러므로 은혜의 선택의 자유, 신비, 의를 절대적으로 설정된 최고 선택의 규정, 속성으로 해석하고, 이 최고 선택 자체에서 하나님의 현실을 찾으려는 유혹에 저항해야 한다. 그렇지 않으면 우리가 해서는 안 될 일을 한 셈이다. 그렇지 않으면(이런 속성을 가진) 최고 존재를 상상하고 구성한 것이 되고, 이 존재에 대한 서술이 어떻게 복음이 될 수 있을지 물론 예측할 수 없다. 순전한 선택의 자유 내지 전적으로 자유로운 선택이 그 자체로서 하나님에 대해 말할 수 있는 본래적, 궁극적인 것이라면 이 자유를 자의로부터, 그의 신비를 이런 자의의 암흑으로부터 구별하고, 그의 의를 단순한 주장이 아닌 다른 형태로 관철한다는 것은 어려울 것이다. 하나님이 자기 멋대로 사는 독재자가 아니고 맹목적 운명도 아니고, 모든 존재의 수수께끼의 총체와는 다른 것임을 분명히 드러내는 것은 어려울 것이다. 우리는 절대화된 하나님의 선택 내지 자유 개념과 이와 더불어 비그리스도교적 신 개념의 영향이 예정론 역사 안에서, 여기 저기서 어느 정도 발언의 명확성을 모호하게 만들었다는 것을 거의 부인할 수 없다. 그 반면에 우리는 문제시되는 하나님의 선택은, 예수 그리스도 안에서 완성된 그러므로 하나님 아들의 파송을 목표로 하는 하나님 안에서의 신적 의지의 결정으로서, 삼위일체 하나님의 "외부를 향한 자발적인 내적"(opus in ternum ad extra) 역사로서, 원래적으로 '은혜'의 성격을 갖는다는 사실에서 출발해야 한다. 그 자유는 신적이며 절대적이다. 그러나 절대적인 자유 자체가 아니라, 자유 안에서 '사랑하는 분'의 자유이다. 선택의 자유 내지 자유로운 선택의 총괄 개념으로서가 아니라 그런 분으로서의 하나님은 여기서 일어나는 선택의 주체이다. 만일 우리가 이 선택의 근거를 하나님의 '사랑' — 하나님의 '자유로운' 사랑 안에서, 그렇지 않다면 그것은 그의 것이 아니니, 그러나 하나님의 자유로운 '사랑' 안에서! — 외에 다른 곳에서 찾으려 한다면, 우리는 이 선택과 관계하는 것이 아닐 것이고, 예수 그리스도 안에서 이루어진 하나님의 의지의 결정과 상관하는 것이 아닐 것이고, 그것을 지나쳐서 소위 하나님의 보다 깊은 심연을 꿰뚫어 보는 것일 것이다. 이 선택 안에서 일어나는 것은 어느 경우에든 하나님이 '우리를 위한다'는 것이다. 우리를 위하며 이와 더불어 그가 창조한, 그와 구별되는, 그러나 그를 통하여 존립하는 '세상'을 위한다. 그가 자기 아들의 파송을 의도하면서 선택을 수행한다는 것은 어느 경우든 하나님이 아들 안에서, 그를 통하여 세상을 돌아본다는 것, 그가 창조와 보존을 넘어서 스스로 세상에 헌신하고 세상을 위하여, 세상 안에서 역사함으로써(기적 중의 기적!), 그의 본질이며 그 덕분에 세상이 존립하는 근거인 친교 의지를 세상에 대해서 온갖 기대와 요구를 능가하면서 실증한다는 것을 의미한다. 우리가 이 돌아봄을 선택이라고 부른다면 우리는 이로써 다만 이것이 그의 '사랑'의 실증이라는 것을 강조하려는 것이다. 만일 돌아봄이 선택이 아니라면 그것이 사랑일까? — 인격적 하나님의 사랑이며 그런 것으로서 참된 사랑. 돌아봄은 선택하는 사랑으로서 어느 경우에든 증오가 아니고 무관심이 아니라 사랑이다. 이처럼 하나님은 그의 사랑을 실증한다: "하나님이 세상을 이처럼 사랑하셔서 독생자를 주셨으니, 누구든지 그를 믿으면 멸망하지 않고 영생을 얻을 것이다."(요 3:16) 그의 독생자의 이런 헌신과 아들이 의도한 구원을 실현케 하는 믿음이 하나님의 선택 안에서 내적으로 어떻게 관계되든지 간에 확실한 사실은 하나님이 이 선택 안에서(그가 스스로 이 행위를 선택하였으니 세상 안에서 인간 예수를 그리고 그 안에서 인류를 그의 행위의 대상으로 선택함으로써) '세상을 사랑했고', 이 선택이 행위이니, 이 행위 안에서 하나님은 세상에 무관심하지 않았고 적대적으로 만나지 않으며 오히려 가장 높게 가장 깊게(그의 독생자의 헌신 안에서) 이 예수를 위하고, 그 안에서 인류를 위하고, 그러므로 세상을 위한다. 하나님이 세상 없이, 세상을 적대하여 존재하기를 원하지 않는다는 것에 대해서는 그의 선택에 대해 말할 때보다 더 분명하고 더 강력하게 말할 수는 없다. 이 선택에 대해 말한다는 것은 필연적으로 '복음'에 대해 말한다는 것을 의미한다. 이 선택을 가르침으로써 하나님이 자신 스스로를 피조물의 친구요 은인으로 규정하고, 친구가 됨으로써 스스로 그의 피조물에 대한 최고의 극단적인 돌아봄을 결정했다는 것이 어느 경우에든 결정적으로, 근본적으로 모든 발설의 의미와 요체로 표현되어야 한다. '이처럼', 이 선택의 형태로 하나님은 결정했다. 바로 그렇게 이루어진 하나님의 결정에 관한 소식은 '기쁜' 소식이다. 이런 의미에서 이 소식은 어느 경우든 전달되어야 한다: 하나님이 선택한 것을 은폐하지 않고(여기서 무엇을 은폐할 수 있겠는가?), 하나님이 세상을 사랑하는 방식을 다른 방식으로, 구별 없는 보편적 사랑으로(그것은 사랑이 아니다.) 해석하지 않고, 또한 하나님이 이처럼, 이런 그의 선택의 형태로 세상을 사랑한 것을 묵과하거나 모호하게 만들지 말고. 이런 형태로만 예수 그리스도 안에서 내려진 하나님의 결정의 소식은 실제로 온 세상에 전달되는 기쁜 소식이다. 세상에 하나님의 사랑에 대한 저항이 있다는 것, 이 세상의 본질이 바로 항거에 있다는 것은 또한 사실이다. "그를 믿는 자는 모두 멸망하지 않는다."고 말함으로써 간접적으로는 분명히 이 사실이 지시되었다. 그리고 하나님의 의지와 힘이 이 항거를 꺾기 때문에, 이 항거가 내어 준 아들에 대한 믿음으로써 중지되는 않을 때 하나님의 사랑은 해로울 수밖에 없기 때문에, 선택은 이런 필연성 속에서 항거하는 세상에 대한 비선택, 유기가 되어야 하기 때문에, 그런 한에서 하나님이 그렇게 결정한(그의 긍정의 부정으로서, 그의 전능한 비의지의 역사로서) 그의 의지에 대립하는 저주가 있다. 하나님의 긍정, 의지 그 자체는 그러나 구원이며 저주가 아니다. 하나님의 선택 자체는 그의 피조물에 대한 부정이 아니라 긍정을 성취한다. 그의 선택에 대해 듣는 것은 어느 경우든 하나님이 결정하고 발설한 '예'를 듣는 것을 의미한다. 우리는 하나님의 선택 외에 다른 것에 대해 듣기 위해서 예를 들어서 운명의 맹목적 선택, 혹은 우리 자신의 판단의 소위 명민한 선택에 대해 들을 수 있다. 그러나 우리는 하나님의 '예'를 들음 없이 하나님의 선택을 들을 수 없다. 우리가 이 '예'를 들을 수 없고, 그에게 복종할 수 없고, 하나님이 시인한 자들이기를 원할 수 없다는 것은 이 선택과 그 의미에 직면하여, 만일 우리가 실제로 그것을 듣는다면, 가능성이 아니라 불가능성이고, 그 의미가 무의미로 전도됨이고, 하나님의 비의지, 비선택의 심연으로의 추락이다. 그리고 만일 피조물이 이 추락 속에서조차 하나님을 피할 수 없다면, 이 심연 속에서도 하나님의 손안에 있고 그의 결정의 대상이라면, 이것은 피조물이 하나님에 의해서 그것으로 던져졌거나 떨어지게 되었음을 의미하지 않으며, 따라서 하나님은 그들을 적대해서가 아니라 그들을 위하여 결정하는 분이며, 피조물은 그의 사랑에서 영락한 것이며, 피조물이 하나님의 선택을 기억할 때마다, 지옥 속에서라도 오직 하나님의 사랑과 은혜만을 기억할 수 있다. 우리 저항의 의지와 힘에 의해 하나님의 의지와 힘이 아무런 제한을 받지 않을지라도, 우리에게는 이 항거 가운데서라도 하나님에 의해 우리에게 예정된 일이 일어날지라도, 우리에게 일어나는 일은 우리에 대한 예정, 그의 결정의 성격을 바꾸어 놓지 못한다: 우리는 그 결정 안에서 항상 다만 그의 사랑의 결정만을 발견할 것이니, 그러므로 그의 선택의 선포, 가르침 안에서 언제나 다만 '복음'의 선포만을 들을 수 있을 것이다.

우리는 여기서부터 다시 세 가지 점을 되돌아본다. 우리는 예정론의 상이한 주장자들이 그것들을 강조함에서 일치한다는 것을 발견하였다.

은혜 선택의 복음적 이해에서부터 볼 때 하나님의 행위 안에서 그의 '자유'는 무엇을 의미하는가? 하나님이 은혜에서 그의 피조물에 선행하는 분이고 인간은 언제나 결단함으로써 따를 수밖에 없고, 그 편에서는 요구하거나 제약하거나 근거를 놓으며 앞장설 수 없다는 것은 피조물에 대한 궁극적인, 가혹한 비하를 내포한다. 하나님이 이렇게 행한다면 피조물은 하나님에 대해서 어떤 가치도, 그 자신 안에 놓인 어떤 선한 것도 제시하고 보여 줄 것이 없다. 피조물은 피조물로서의 본성, 실존의 모든 선한 것을 오직 하나님에게만 빚지고 있는데, 바로 이 선한 것 때문에 하나님에 의해 선택받기를 요구할 수 없다는 규정 아래만 있는 것은 아니다. 그의 피조성 그 자체의 선함은 하나님 앞에서 헛되고 아무것도 아니며, 피조물은 그의 피조성을 하나님 앞에서 잘못 사용하여 상실했으며, 저 선한 것을 오용했고 감사하지 않았기 때문에 피조물은 분명코 그의 고발 아래 있다. 그래서 이 배은망덕 때문에 하나님의 선택을 기대할 수 없는 것처럼 보인다. 하나님의 선택의 자유는 피조물이 하나님에 대해서 그의 피조성의 한계 안에서 있을 뿐 아니라, 그의 죄의 한계 안에 처해 있음을 의미한다. 피조물은 하나님 앞에서 보잘것없을 뿐 아니라 버림받아 마땅하다. 피조물은 하나님의 사랑에 반하여 항거하고 있으니, 그 항거 안에서 하나님의 사랑은 그에게 파멸이 되고 하나님과의 친교는 그에게 결정적으로 심판과 재난이 될 따름이다. 이것이야말로 그에게 향한 은혜의 자유가 피조물에게 의미하는 것이다: 이것은 하나님의 이런 자유에 대한 인식과 더불어 요청되는 자기 인식이다. 하나님이 그의 자유로운 선택의 근거 위에서 자비로움으로써 피조물이 처해 있는 예정이 그의 곤궁의 깊음 속에 반영된다. 이로써 주어진 극단성 속에서 피조물이 자신의 선택을 얻기 위한 수단으로 혹은 추후에라도 보상하기 위한 수단으로 생각하는 모든 행위를 포기해야 한다. 그러나 하나님의 자유는 이 행위를 위한 자유이고 그의 은총의 자유이기 때문에, 이것이 하나님의 자유가 피조물을 위한 이런 그의 행위에서 의미하는 모든 것은 아니다. 은혜는 그의 피조물에 대한 신적 사랑의 '그럼에도 불구하고'이다. 이 '그럼에도 불구하고'에 그의 선택의 본질이 있다. 선택은 선택이다. 선택은 은혜이고 그러므로 자유롭다. 만일 하나님의 사랑이 자유롭지 않다면 피조물에 대한 사랑이 어떻게 사랑이며, 신적이랴? 그러나 선택은 은혜, 총애, 호의이다. 하나님은 은혜 속에서 그의 피조물에게 '아니'가 아니라 '그래'라고 말한다. 피조물이 이 '그래'에 대한 권리 요구를 가짐이 없이, 하나님은 스스로 '그래'를 말한다. 하나님은 그러므로 자유 안에서 '그래'를 말한다. 그러나 하나님은 그가 말하는 것을 자유 안에서 사랑하는 분으로서 말한다. 그는 '아니'가 아니라 '그래'를 말한다. 그는 우리의 '아니'를 능가하는 '그럼에도 불구하고'를 말한다. 하나님은 그의 사랑에 대한 피조물의 항거가 그에게 아무 장애를 의미하지 않는다는 점에서도 자유롭다. 그는 이 항거를 분쇄하고 그럼으로써 그의 피조물을 그의 사랑에서 영락하도록 함으로 만족하지 않는다는 점에서도 자유롭다. 그는 그것으로 만족할 수도 있었다. 그러나 그는 그래서는 안 된다. 그의 자유로운 은혜 안에서 그는 그것을 원치 않고 행하지 않는다. 하나님은 피조물을 그것이 물리쳤으나 피할 수 없는 그의 손 아래서 멸망하도록 그렇게 그의 피조물과의 친교에 대한 그의 의지를 실천할 만큼 자유로운 것만이 아니다. 그는 오히려 그의 피조물을 자신의 항거로 인하여 빠져들어 간 이 멸망에서 빼어내고 피조물에게 항거에도 불구하고 그의 사랑의 적극적인 본래적인 의미이며 목표인 구원과 삶을 줄 수 있을 만큼 자유롭고, 그의 손은 전능하다. 하나님은 바로 그의 은혜의 선택 안에서 이것을 택하고, 이것을 행한다. 그는 '그래'를 택하며 피조물의 행태에 비추어 볼 때 불가피한 듯한 '아니'를 택하지 않는다. 은혜는 피조물의 행동 때문에 필연적으로 심판이 되는 듯 보일지라도 그는 은혜를 심판이 아니라 은혜로 택한다. 피조물은 외견상 불가피하게 영락할지라도, 하나님의 의지는 외견상 그의 의지의 비성취에서, 그러므로 피조물의 정죄, 그의 멸망에서 끝난 듯할지라도, 그는 그의 사랑의 의미의 비성취가 아니라 성취를 택한다. 하나님의 사랑이 좌절할 수밖에 없는 어떤 불가피한 것은 없다. 그러므로 하나님은 그의 피조물에 대한 형벌이 아니라 받아 마땅하지 않은 보상을 택하고, 그의 죽음이 아니라 그의 상실된 생명을 택하고, 그의 비존재가 아니라 그의 불가능해진 존재를 택한다. 그는 선택한다: 그는 피조물에게나 자신에게 그렇게 택해야 할 책임은 없다. 그러나 그는 그렇게 택한다. 이것은 그의 피조물에 대한 하나님의 자유를 의미한다. 그러므로 그의 자유가 피조물의 마지막 가장 힘든 비하를 뜻할지라도 그 자유는 피조물이 절망에 몰리는 것을 의미하는 것이 아니라, 유일한 부분으로서 그에게 남아 있는 듯한 자기 자신에 대한 절망이 제멋대로의 행위로서 금지되고 무익한 것으로서 증오되고 무의미한 것이 되어 불가능해진다는 것을 의미한다. 하나님이 절망하지 않는 곳에서 피조물은 절망할 수 없다. 그리고 은혜, 은혜의 선택의 자유는 하나님이 자기 피조물에 절망하지 않음을 의미한다. 그는 절망하지 않을 뿐 아니라 그 자신의 영광의 풍요로움 안에서 그에게 향하고 그를 받아들인다! 하나님의 주권성은 그의 피조물이 그를 피할 수 있음에만 있는 것이 아니라 피조물의 그의 저주 속에서도 그의 뜻을 수행할 수 있다는 데서 확증된다. 그의 주권성은 그것을 넘어서 하나님이 피조물에게 해야 할 마지막 말, 그의 의지의 적극적 목표는 분명코 그의 복락이라는 것에서 확증된다: 그의 주권성은 그가 그의 피조물을 저주에서 빼내고 복락을 결정하는 '그럼에도 불구하고'에서 확증된다. 피조물 자신의 결정 없이 그것에 반하여, 그의 그릇된 결정을 전도함에서, 하나님의 선결정을 통하여 그의 결정을 새로이 규정함에서. 하나님의 주권성이 이렇게 그의 은혜의 선택의 자유에서 확증됨으로써 이것은 피조물에게는 비하일 뿐 아니라—차라리 그에게 실제로 비하를 의미하는 이 비하는 동시에 높임을 의미해야 한다. 하나님에 의해 버림받지 않은 자는 결코 쓰러질 수 없고 스스로 쓰러지게 할 수 없다. 하나님은 그의 자유 안에서 그 인간이 서도록, 멸망하지 않고 구원받도록, 죽지 않고 살도록 결정했다. 그가 이것을 얻을 수 없다면 이것이 그에게 하나님의 자유 안에서 주어진다. 그 자신은 하나님에 대해 관철시킬 수 있는, 자기 스스로를 도울 수 있는 자유를 가지지 않았다면 하나님은 그의 자유 안에서 그를 옹호하고, 바로 그 안에서 그는 하나님을 위한 참 자유를, 실로 하나님의 의지의 목표를 위한 자유를, 즉 그에게 복종하고 그를 통해서 살 자유를 가진다. 그가 하나님의 은혜를 통해서 선택되었다는 것은 그러므로 그 자신이 그를 향해 제기된 고발의 위협으로부터, 그의 입증된 죄의 저주로부터, 이 저주가 초래하는 포로 상태로부터, 이 저주가 지향하는 목표로서의 죽음으로부터 자유롭게 됨과, 하나님이 그의 배은망덕을 간과한 후에 그가 하나님에게 더 이상 거부할 수 없는 감사를 위해서, 그가 어떤 공적도 없이 인정받는 봉사를 위해서, 이제 비로소 소생하고 그 깊음 속에 아무 한계를 가질 수 없는 기쁨을 위해 자유롭게 됨을 의미한다. 이 모든 것은 하나님 외에는 도움을 얻지 못하는, 다만 하나님의 은혜 자체에만 의존할 수밖에 없는 비천해진 자를 위한 하나님의 은혜의 자유를 의미한다. 이것이야말로 그가 하나님의 선택에서 만나게 되는 비할 데 없는 한량없는 선이다. 그리고 이것이 그것을 들은 모든 인간을 위한 선이니, 이것은 하나님의 은혜의 선택론이 진술될 때마다 궁극적 언어로서 진술되어야 한다.

우리는 계속해서 묻는다: 개신교적인 은혜의 선택 이해에서 볼 때 이 하나님의 행동의 자유의 신비는 무엇을 의미하는가? 하나님의 의지가 그의 은혜 안에서 아무런 '왜'를 알지 못하며, 그의 결정이 그의 선의에 근거해 있고, 그러므로 우리를 위해서 불가해하며, 우리가 하나님을 그의 결정 때문에 답변을 요구하려고 한다면, 하나님 자신을 문제삼고 부인하게 된다는 것은 피조물이 은혜로운 하나님 앞에 스스로 굴복해야 한다는 것을 내포한다. 하나님의 신비 앞에 설 때 피조물은 침묵해야 한다: 침묵을 위해서가 아니라 들음을 위해서(피조물은 침묵하는 한에서만 들을 수 있기 때문에), 또한 들음을 위해서가 아니라 복종하기 위해서 침묵해야 한다. 복종 안에서 들음은 그 의미가 있고 그 목표에 도달한다. 자유로운 은혜는 우리가 복종으로 전환하기를 목표한다. 이것을 위해 은혜는 우리를 자유롭게 만들고, 이것 때문에 은혜는 신비로서, 그 위에 더 높은 것이 없는 법정으로서, 또 다른 이에게 상소할 수 없는 판결로서, 그것의 정확성은 다른 결정의 기준에서 검증될 수 없는 결정으로서 우리와 만난다. 왜냐하면 그 결정은 결정한 분 때문에 자체적으로 올바른 결정이기 때문이다. 하나님의 선택은 바로 이런 불가측량성 속에서 우리의 복종을 요구한다. 피조물이 그의 선택 안에서, 선택과 함께 복종하도록 (우리를 적대하는 고발에 대한, 우리에게 내려진 저주에 대한, 우리가 그 그늘 아래 살고 있는 죽음에 대한 고려 없이) 요구되지 않는 경우에, 하나님의 선택은 우리에게 선포되지 않은 것이며, 그것은 우리와 무관한 것이 되며, 피조물의 선택은 다만 그의 공상에 지나지 않는 것이 될 것이다. 은혜의 선택은 바로 이 모든 것으로부터 우리를 자유롭다고 선언하였다. 바로 이것과 더불어서 은혜의 선택은 우리에게 우리가 복종할 수 없다는, 하나님이 우리에게 제시한 요청이 지나치다는 등의 모든 핑계를 차단한다. 하나님은 그의 요청에서 우리 자신을 요구하지 않는다. 오히려 그는 우리에 대한 은혜 안에서 결정하고, 우리에게 약속한 것을 우리가 인정하기를 요구한다. 우리는 우리 능력을 발휘하도록 권유받은 것이 아니라, 그의 은혜의 능력 안에 살도록 권유받았다. 그러나 우리가 하나님의 전능한 불가측량한 '그러므로'와 만남으로써, 우리는 그렇게 권유받았다. 그 '그러므로'는 그것의 불가측량 속에서 우리의 퇴로를 차단하면서 앞으로 나아가게 한다: 하나님의 의지의 적극적인 의미와는 다른 무엇에 의해서(하나님의 의지에 의해 우리는 구원받고 살아야 하며, 우리의 자기 규정은 그것의 예정에 종속되어 있으니) 우리는 이제는 더 이상 양육받기를 원하지 않는다. 모든 다른 것은 우리가 더 이상 돌이켜 붙잡을 수 없는 지나간 것이다. 은혜의 신비가 우리의 삶 가운데 단절적으로, 역동적으로 서 있음으로써 하나님의 의지가 우리의 성화임이 결정되었다. 이것이야말로 이 신비가 피조물을 위해 의미하는 바이다. 그러나 이것이 전부는 아니다. 우리는 은혜의 선택의 신비가 복종을 요청한다는 것을 강조해야만 한다. 왜냐하면 그것은 살아 있는, 그리고 살게 만드는 하나님의 신비이며, 우리가 냉담한 공포 속에서 혹은 확신 속에서라도 마주해야 할 돌같이 군림하는 우상의 신비가 아니기 때문이다. 그러나 이제 다른 것이 보다 강력하게 말해지고 강조되어야 한다: 하나님의 선택의 신비가 그렇게 요청하면서, 그렇게 재촉하면서 역동적으로 그의 삶 안에 있음으로써 피조물이 봉착하는 것은 참으로 은혜, 호의, 총애이다. 이 일이 일어남으로써 하나님은 참으로 그에게 '그래'를 말한다. '하나님'이 '그래'를 말한다. 그러므로 그것은 그의 확신 안에서 무조건인 '그래', 피조물의 모든 자기 규정에 선행하는, 그리고 그의 자기 규정의 모든 변화를 넘어서 지속되는 '그래'이다. 즉 피조물은 어느 경우에든 그 예정 아래 살 수 있다. 그 '그래'는 우리를 움직이게 만들지만 우리를 불안에 떨어지게 하지는 않는다. 불안의 영역은 하나님의 은혜의 선택의 영역이다: 하나님의 사랑에 저항하는 피조물의 영역. 피조물이 이 항거로 스스로를 포기함으로써 그리고 이제 오직 가능하고 참된 지주를 포기한 후에 헛되이 다른 지주를 추구함으로써 피조물은 불안하고 불안할 수밖에 없다. 피조물이 이 저항을 통해서 신뢰할 수 없게 됨으로써 이제 자기 자신에 의지하려 함으로써 불안하다. 그러나 피조물은 하나님의 은혜를 통해서 바로 이 불안의 영역을 벗어났다. 그리고 이것이야말로 이 선택의 신비가 피조물에게 의미하는 바이다. 즉 피조물이 안식에 옮겨졌다. 결정과 복종의 안식으로 옮겨졌다. 왜냐하면 이것은 살아 있고, 살게 만드는 하나님의 신비이기 때문이다. 그러나 참으로 안식으로. 왜냐하면 그것은 그가 받아들인 피조물에게 자신의 영속성의 몫을 허락하는 영속적 하나님의 신비이기 때문이다. '그분'이 피조물에게 '그래'를 말함으로써, '그래'가 그에게 말해져 '있다': '만약에'나 '그러나' 없이, 뒷생각이나 유보 없이, 잠정적으로가 아니라 궁극적으로, 반쯤이 아니라 온전히, 일시적으로가 아닐 영원한 신실성 안에서. 이 '그래'가 유효한지 유효하지 않은지 하는 물음, 우리가 이 '그래'를 어쨌든 획득할 수 있을지에 대한 염려, 거듭하여 가시화되는바, 자력으로는 이 '그래'로부터 결코 살 수 없다는 가능성에 직면한 절망이—이 모든 것은 하나님의 선택이 일어남으로써 더 이상 존재하지 않고 오히려—지나간 것으로서 다만 피조물 뒤에 있을 뿐이다. 확실히 하나님이 이 '그래'를 말했고, 하나님이 하나님인 한에서 피조물은 긍정받았고, 피조물은 '그래'로부터의 삶 외에는 다른 삶을 가지지 않는다. 하나님의 은혜의 선택을 통해서 피조물로부터 요청되는 복종이란 하나님에 의해 선택받고 이로써 긍정된 피조물이 살도록 허락받은 것 외에 다른 무엇이겠는가? 따라서 이 선택으로써 피조물에게 내려진 결정은, 압도적인 운명의 낯선 법 아래 놓인 피조물이 이 법의 요구에 대한 자신의 부족함 의식 때문에 괴로워하며 쉼 없이 이 법을 이행해야 한다는 것을 의미할 수는 없다. 하나님의 '그래'를 통해서 그의 삶의 법이 세워질 뿐 아니라, 동시에 성취된 후에 무엇이 또 이루어져야 하는가? 바로 그렇게 결정된 삶을 살고 그러므로 평안히 사는 일만이 남아 있다. 그에게는 다만 피조물이 이 긍정된 삶을 살 수 있다는 신비의 사실 앞에서 감탄, 경외에 찬 경악만이 있을 뿐이다. 어떤 한가한 감탄도 아니며, 또한 다시금 불안으로 반전할 그런 감탄도 아니! 우리의 모든 문제를 미리 답변하고, 우리의 모든 염려를 미리 제거한, 자신에 대한 모든 절망을 미리 그 자신을 통해, 즉 우리를 위한 그의 개입을 통해 무의미하게 만든 하나님에 대한 감탄이다. 하나님은 그의 개입에서 우리의 부족함을 미리 예견하였고, 그의 개입을 통해서 우리에게 또한 온전한 충족을 부여하였다! 하나님은 그의 선택 때문에 스스로 책임지는 일 없이 그는 피조물에게 그의 실존에 대한 책임을 이제 진정으로 그에게 위탁하도록 허락하고 명령한다. 그는 우리가 그의 행동의 이유에 대해 묻도록 허락함 없이 그의 선택으로써 우리 문제를 처리함으로써 우리는 우리 모든 행동에 대한 처분이 내려졌고, 그것은 우리에 의해서 내려진 것이 아니라 다만 그렇게 내려진 것으로 인정되어야 할 필요가 있다는 점을 고려해야 한다. 하나님이 그의 선택으로써 자신을 우리 경배의 대상으로 만듦으로써 우리에게 향한 모든 요청이, 우리가 그에게 이 경배를 진정으로 드려야 한다는 이 한 가지 안에 내포되었다. 하나님의 선택이 이 선택과 더불어 단호히 복종을 요청받은 피조물에게 의미하는 바는 안식이다. 피조물은 이 요청과 더불어 자신을 정당화하기를, 변호하고 구원하기를 중지했다. 피조물은 침묵할 수 있고, 이 신비 앞에서 잠잠해도 좋다. 피조물은 서두르면서 이 신비의 기쁜 계시를 기다린다. 이 두 번째 관점하에서도 하나님의 은혜의 선택 속에서 비할 데 없는 무한한 선이 그에게 일어난다:

즉 그 선택이 하나님의 신비이며, 우리가 이 조치를 검토함이 없이 선택 안에서 우리에 대해 조치했다는 사실, 오히려 우리는 이 선택을 다만 일어난 것으로 인정할 수 있다는 사실에서도. 바로 이것이 그것에 관해 들을 수 있는 모든 인간을 위한 선이다.—이것은 여하한 경우에도 하나님의 은혜의 선택론이 발설되는 경우 궁극적인 말로 선언되어야 한다.

그리고 이제 우리는 세 번째로 묻는다: 개신교적 은혜의 선택 이해에서 볼 때 이 사건의 신적 '의'(義)는 무엇을 의미하는가? 신적 의는 우선 분명히 하나님이 이런 행위에서 그의 피조물에 대해 심판한다는 것을 의미한다: 이에 대한 권리와 통찰을, 실로 홀로 권한과 통찰을 가진 그. 신적 의는 하나님이 이런 행위에서 질서를 창조함을 의미한다: 모든 질서의 원천이며 규범인 그. 그 자신이 질서이니 그 질서에 재어 볼 때 모든 다른 질서는 언제나 이미 무질서가 된다. 신적 의는 하나님이 그의 피조물에 대해 자신의 권위를 주장함을 의미한다: 자신의 지혜에 따라서 알며 실로, 그에게 합당한 것이 무엇인지를 홀로 아는 그. 따라서 또한 하나님의 선택의 의에 대한 지식은 또 다시, 우리가 우리 한계를 지시받음을 의미한다. 누가 두려워할 필요가 없는 자로서 하나님의 심판대 앞에 나설 수 있는가? 누가 그와 흥정하며 무엇이 질서인지에 대해 논쟁하겠는가? 누가 자기 판단을 가진 그의 지혜를 앞설 수 있으며, 혹은 추후에라도 그 지혜가 확증되는 것을 발견하려 할 수 있는가? 우리가 그의 자유의 신비 앞에서 침묵해야만 할 뿐 아니라 또한 침묵해도 좋다는 것을 알려면, 우리가 그 앞에서 실제로 침묵하려 한다면, 이 의지는 그 앞에서 자신이 불의하다는 것을 인식하며, 자기 자신 안에 자신을 정당화하거나 평계할 아무 근거가, 하나님이 사면할 아무 근거가, 하나님으로 하여금 그들을 선택하게 할 아무 근거가 없다는 것을 발견하는 그런 자의 고백이 될 것이다. 하나님의 선택의 의는 그것이 우리에게 그런 것으로서 인식될 때, 우리가 자력으로는 비선택의, 즉 버림받음의 영역에 설 수밖에 없음을 상기할 수밖에 없다. 하나님의 선택 안에서 인식된 그의 의는 거듭하여 피조물에게, 피조물이 이 선택 안에서 그에게 주어진 하나님의 사랑과는 모순되고 그 사랑에 합당하지 못하다는 사실을 설득시킨다. 인식된 바 하나님의 은혜의 선택의 의는 피조물에게는 그 자신이 빠졌던 나락, 자력으로는 벗어날 수 없는 나락을 주목함을 의미한다. 그러나 다시금 이것이 전부는 아니다. 우리를 전적으로 굴복시키는 하나님의 의, 하나님이 피조물에 대해 자신의 권위를 주장하고 관철시키는 이 의는, 그가 이 피조물을 선택함으로써 그를 향한 하나님의 은혜, 호의, 총애로 나타난다. 하나님은 선택함으로써 자신의 의를 등한시하거나 보류하거나 약화시키지 않고, 오히려 주저치 않고 관철시키며 확증시킴을 통해서 자기 피조물에 대해 자비로우며, 그를 받아들이며, 불쌍하고 궁핍한 피조물에게 자신의 것을 주며, 그에게 권한을 선사하고, 그에게 돌아갈 것을 확보한다. 피조물이 자신의 책임인 저 타락에서 중지당하고, 그러므로 저 나락에서 보호받고 구원받는 것, 피조물이 그의 공적 없이, 공적에 반하여 전적으로 자신의 한계를 지시받고, 하나님의 조치와 능력을 통해 살 수 있게 된 것—이것은 하나님의 지혜의 판단에 따르면 그에게 속한 그의 것, 그의 권리이기 때문이다. 그리고 바로 이것이 하나님이 그에게 합당하다고 여기는 것, 그러므로 진실로 그에게 합당한 것이다. 바로 이런 방식으로 그는 그의 피조물에 대해 자신을 주장하고 관철하려 한다. 바로 이것이 그가 창조하고 세운 올바른 질서이다. 그는 자비로움으로써 자기 피조물과 맞선다. 그는 죄를 보지 않고 용서함으로써 죄에 복수한다. 그는 우리의 항거의 몰이해를, 우리의 모든 이성보다 높으며, 바로 이로써 참된, 신적 이성으로 드러나는 평화로써 극복한다. 그러므로 그의 선택 안에서 하나님의 의는 의로운 심판자로서 자기 피조물의 영락 자체를 보고, 그것을 명예롭게 만들고, 피조물의 항거에도 불구하고 그에게 의를 선사한다는 것을 의미한다. 하나님의 의란, 피조물이 그 자신의 원수로서 스스로 멸망하는 것을 하나님이 허락하지 않음을 의미한다. 하나님은 그의 피조물에 대한 그 자신의 일차적 권한이, 그리고 이로써 이 피조물의 진정한 삶의 권한이 무효화되지 않도록 돌본다. 그는 그의 피조물을 자신의 소유물로 돌본다. 하나님은 피조물의 최선을 구함으로써 자기 자신의 영예를 크게 만든다. 그의 자비와 구별되어서는 안 되는, 그러므로 그가 그의 자비 때문에 부정할 필요가 없는 이 왕적 의(義)에 따라서 하나님은 그의 자유의 신비 속에서 그의 피조물에게 저 '그래'를 말한다. 바로 이것이 이 '그래'를 복종의 요청으로서 그처럼 마음을 움직이게 만들고, 확실한 신뢰의 근거로서(피조물은 그 신뢰의 근거 안에서 살 수 있다.) 그처럼 흔들리지 않게 만든다. 이 '그래'는 우리에 대한 고발을 제거하고, 하나님으로 하여금 고발할 수 없도록 만든다. 이 '그래'는 그의 행동의 합당성의 계시이니, 이 계시 안에서 우리는 이 '그래'를 근거 있는 것으로 인식할 수 있고, 받아들이고, 선한 것으로—그가 우리에게 행한 선한 일로 감수할 수 있다. 이 '그래'는 그것에 대해 들을 수 있는 모든 인간에게는 비할 데 없고 무한히 좋은 것이다. 그리고 하나님의 은혜의 선택론이 올바르게 복음적으로 발설되려면, 바로 이 좋은 것은 이 세 번째 관점 아래서도 어느 경우에든지 궁극적인 말로 발설되어야만 한다.

그러므로 이것들이 예정론의 세 가지 기본 개념들을 이해함의 조건들이다. 우리는 예정론의 계속적 연구와 서술을 위해 그 개념들을 우선적으로 가시화해야만 했다. 선택론은 복음의 총화이다.

2. 선택론의 근거 설정

예정론은 어디서 오는가? 이것이 우리가 이제 직면하는 두 번째 예비적인 문제이다. 즉 어떤 진리와 현실이 우리 눈앞에 있는가? 어떤 지식이 우리로 하여금 이 문제에서 사고하고 발설하도록 강요하고, 그것의 특성 안에서 일정한 사고와 발설을 하도록 요청하는가? 어떤 인상이 이 교의에서 표현되고자 하며 표현되어야 하는가? 어떤 특별한 관심사가 고무하고 움직이고 형성하는 능력을, 이 교의를 가능하고 필연적인 것으로 만들도록, 이 교의에 이런 형상을 부여하도록 허락하고 명령, 지시하는 능력을 가지는가?

이 물음을 바로 여기서 특별히 신중하게 솔직하게 제기할 만한 동기가 있다. 즉 모든 예정론의 견해들은 의식적이든 무의식적이든 간에 어느 곳인가를 주시한다. 그러나 사람들은 여기서 매우 여러 다른 편을 바라볼 수 있다. 이에 따라서 이 교의는 매우 상이한 형상을 가지게 될 것이다. 예정론과 더불어 그러나 또한 나머지 전체 교의학이, 그리고 교의학과 더불어서 교의학을 통해서 가르침을 받는 교회의 선포가 상이한 형상을 가질 것이다. 이미 고찰 첫 부분에서, 그리스도교 교의 전체를 위해서 매우 중대한, 그러나 또한 매우 손상 입을 수 있는 부분을 다루고 있음이 우리에게는 분명해졌다. 그리고 이제 바로 여기서 교회교의학의 기본 규칙을 기억함이 필요하다: 그리스도교 가르침의 개별적인 부분들은 자기 자신을 듣고 가르치는 교회에 부과된바 성서 안에서 증언된 신적 자기 계시에 대한 자기 책임의 일부분으로서 이해하고 입증할 수 있을 때, 정당한 근거를 가지고 올바르게 전개되고 서술된다는 것. 그러므로 또한 선택론도 다만 하나님이 자기 자신에 대해서 말했고 말하는 것에 대한 해석의 형태로서만 정당하게 이해되고 서술될 수 있다. 선택론은 하나님의 말씀을 바라보고 그의 진리, 현실을 염두에 두는 외에는 다른 곳을 바라보아서는 안 된다. 선택론은 다만 이런 그의 말 안에서 자기 자신을 나타내는 하나님의 인식 속에서만 그 근거와 그 필연성을 가지려 할 수 있다. 선택론은 다만 이 말의 인상만을 표출하려고 할 수 있다. 선택론은 다만 한 관심만을 만족시키려 하며 그러므로 또한 그것에서만 자극과 운동과 형태를 얻을 수 있다: 즉 이 말이 자기 스스로를 교회의 근거로, 교회가 살아야 할 양식으로 만들었음에 근거하여 그리스도교 교회 안에서는 어느 경우에든 이 말이 청취되어야 하고 관철되어야 한다는 것. 우리가 이 문제에서 저 보편 규칙을 적용함이 무엇을 의미하는지 일반적으로 이해하기에 앞서서 몇 가지 일정한 방어 운동을 수행함이 필요하다.

1. 우선 외견상으로는 자명하지만 그러나 오늘날 일반적으로 인정받지 못한 어떤 것: 선택론을 전개함에 있어서 주제와 프로그램을 진술함에 있어서 교회 '전승'을 통해서 그것들을 미리 규정하게 해서는 안 된다. 최선의 교회 전승도 선택론 문제에서는 동기와 보조 수단은 될 수 있었던 교의학적 노력의 대상, 규범이 될 수는 없다. 오히려 아무리 최선의 교회 전승이라도 이 문제에서는 그것이 어디서 왔는지, 어느 정도에서 이 관점에서 보조 수단으로서 적합한지 여부를 물어야 한다.

사람들이 선택론 문제에서 오늘날 '개혁파' 신학의 일정한 방향에 호소해야 한다는 것은 매우 주목할 만하다. 예정론이 다른 교리들보다도 개혁파 교회의, 혹은 16, 17세기의 개혁파 신학의 얼굴을 형성했고, 다른 교회와 구별되게 했다는 것은 알려진 역사적 사실이다. 예정론은 개혁파 신학으로 하여금 특히 진지하게 이 교리를 다루도록 할 수 있다. 그러나 개혁파 신학은 예정 교리를 근거지을 수 없다. 선택론이 개혁파 교회성과 신학의 저 역사적 특성을 그런 것으로서 관철시키고 가능한 한 그의 역사적 형태로, 그러므로 옛 개혁파의 예정론을 가능한 한 정확하게 반복하는 형태로 그 특성을 새로이 소생시키려 함으로써는 어떤 선택론도 자기 자신을 그리스도교적으로는 물론이요 개혁파적으로도 이해시키거나 입증할 수 없다. 이미 언급한 뵈트너(Loraine Boettner)의 책이 "이 책의 목적은 … 개혁파 신앙 내지 칼빈주의로 알려진 저 거대한 체계를 재수립하고 이것이야말로 의심의 여지없이 성서와 이성의 가르침이라는 것을 보여 주려는 데 있다."라는 말로써 시작한다면, 그리고 저자가 그 다음으로 자신을 "유보 없는 칼빈주의자"라고 소개함으로써 자신을 추천해야 한다고 믿는다면, 그는 이로써 자신에게 나쁜 의미의 스콜라 철학적 과제, 개혁파 교의학의 근본 원칙과는 전혀 낯선 과제를 부과했다는 것을 말해야 한다. 칼빈 체계의 재생은 교회사, 교리사에서는 필수적이고 보람있고 교훈적인 과제가 된다. 그러나 그것은 그리스도교 개혁파 교리를 진술하는 과제와 혼동되거나 혼합되어서는 안 된다. 개혁파 교리는 칼빈주의를 재생하는 형태로는 진술될 수 없다. 이 문제에서 성서에게 묻는 일은, 성서의 가르침이 칼빈의 그것과 동일하다는 것을 추후 입증하기 위해서 — '이성'에 문의하는 일과 더불어서! — 의미를 가지는 것만이 아니다. 그 개념의 보다 역사적인 것 이상의 의미에서 '칼빈주의'는 인간적으로 좋고 존경할 만한 사항일 수 있다. 그러나 엄밀하게 그리스도교 신학적으로 이해하건대 '루터주의'라는 것이 존재할 수 없듯이, '칼빈주의'란 없다. 그리스도교 가르침의 대상과 규범으로서의 '칼빈주의'는 없다. 우리는 칼빈과 옛 개혁파 교회가 예정론을 진지하게 진술했다는 사실과 그들이 예정론을 진술함에 있어서 취한 일정한 형태를 바로 이 문제를 지시하는 것으로서, 또 이 문제를 다룸에 높이 존경하고 평가해야 할 공헌으로서 받아들이고, 언제나 염두에 두어야 한다. 그러나 우리는 칼빈과 함께 그가 갔던 곳으로 가고, 그와 함께 그가 나왔던 곳에서부터 나옴으로써 그에게 합당한 존경을 표할 것이다. 그러나 그 자신의 엄숙한 선서에 의하면 이 장소는 그 자신이 아니고, 또한 그의 체계도 아니고, 오히려 그의 체계 안에서 오직 해석된 성서이다. 우리는 — 칼빈의 해석에 의해서 가르침을 받으려 하지 않지는 않으나, 결코 '유보 없는 칼빈주의자'로서가 아니라 — 새로이 성서 앞에 서려고 하며, 오직 최종 법정으로서의 성서 앞에서 책임지려고 한다. 현대적 신칼빈주의는 이미 형식적으로는 모든 종교개혁자들 가운데 바로 칼빈에 의해서 가장 날카롭게 거부된바 가톨릭 교회의 전통 원리를 부당하게 재도입하려는 것을 의미한다. 우리는 바로 칼빈에 대한 신실함에서, 예정론이 옛 개혁파 교회의 담보였다는 사실에서 출발해서는 안 되며, 결코 그것이 당시 진술되었던 그 특수한 형태에서 출발해서도 안 된다.

2. 우리는 선택론의 올바른 이해를 위해 그 근거를 설정하는 것을 그것의 교육적 가치와 그것의 교육적 목회적 효용성을 인식한다고 생각하는 것과 혼동해서는 안 된다. 우리는 그것에 근거해서 그리고 아마도 불가피하게 그것에 전가해야 한다고 생각하는 가치와 효용성에 따라서 선택론을 파악하고 진술하기 위해 이 가치와 효용성을

염두에 두어서는 안 된다. 순서는 반대가 되어야 한다: 그 가치와 효용성과 독립되는 바 하나님의 계시 안에 있는 그것의 근거를 물어야 한다. 이 근거에서부터 선택론이 파악되어야 하고 진술되어야 한다. 그리고 이때 어느 정도에서 선택론이 교육적으로, 교훈적으로 가치가 있고 유용한가가 드러나게 될 것이다.

칼빈은 바로 그의 『그리스도교 강요』에서 예정론을 서술하는 서두에서(III 21, 1) 세 가지를 이 "교리의 유용성으로, 가장 달콤한 열매로서 강조했다": 예정론은 우리가 하나님의 자유로운 긍휼을 전적으로 신뢰하도록 가르치며, 우리에게 하나님의 영광을 그것의 완전한 크기로 보여 주며, 우리를 참된 겸손(humilitas)으로 이끈다. 우리는 이 점에서 칼빈에게 확실히 정당성을 부여할 수 있다. 오텐(Heinrich Otten)은 이렇게 쓰고 있다: "이 교화의 동기에 관해 말한다는 것은 예정론에서 칼빈의 본래적 관심을 표현하는 것을 의미한다."(*Calvins theol. Anschauung von der Praedestination* 1938, 34) 그러나 이 '본래적 관심' 자체 속에 교의학에 있어서 오류의 근원이 감추어져 있다. 왜냐하면 첫째로 '본래적 관심' 자체는 그 의도와 강조점이 시간과 더불어 현저히 바뀔 수 있기 때문이다. 즉 칼빈 다음 시대에는 하나님의 말씀에 대한 경외심이 점점 소멸하고, 체계적인 독단이 득세함으로써 칼빈의 유용성들이 형식적인 교육적, 교훈적 공리가 되었다.(그 공리들은 그런 것으로서 지속적인 비중과 근거로서의 권위를 요청했다.) 그 결과 예정론은 이제 그 공리들로부터 그 면모와 그 형상을 가져야만 했다. 하나님의 영광은 베자(Beza)와 고마루스(Gomarus)에게서 하나님이 만물에 대해 홀로 활동함의 총괄 개념이 되었다. 하나님의 긍휼에 대한 전적인 신뢰는 웨스트민스터 신조에서 선택받은 자들의 전적인 구원 확신이 되었다. 저 겸손은 전 개혁파 영역 안에서는 하나님 앞에서 보잘것없는, 지상에서 다만 그만큼 더 확실하게 활동하는 그리스도교 세계 시민의 본래적인, 가장 실천적인, 점차로 다만 너무나 실천적인 생의 감정이 되었다. 이런 그리스도교 세계 시민은 베버(M. Weber) 등에 의해 개혁파 선택론의 본래적 목표요 효과로서 서술된 바와 같다. 예정론이 처음부터 이런 결과의 관점 하에서 착상되고 전개되었다면 예정론은 어떻게 되어야 했겠는가? 아마도 그리스도인들과 신학자들은 특히 곤란하고 신비스럽고 대담한, 보통의 인간적 사고와는 상반되는 교리들에 대해 자연스런 공감을 가지며, 여기서부터 예정론에 대해서 적극적인 관심을 가지는 것이 중요할 것이다. 예정론은 경우에 따라서는 이런 어느 정도 미학적인 관점하에서도 추천될 수 있다는 것을 어찌 부인할 수 있겠는가? 그러나 이 관점, 예정론이 경우에 따라서 자아낼 수 있는 이 형식적인 쾌락이 예정론 전개의 지배적 동기가 된다면 어떻게 되겠는가? 뵈트너(L. Boettner)는 — 추측컨대 변증적 관점에서 — 예정론을 다음과 같은 이유에서 합당하다고 생각하는 경향을 다분히 보인다. "비그리스도교 종교 가운데 이슬람교에는 일종의 예정론을 믿는 수백 만의 사람들이 있고, 이러저러한 형태의 숙명론이 여러 이교 국가에서 관철되고 있고, 영국, 독일, 미국에서는 기계론적이고 결정론적 철학이 그처럼 큰 영향력을 가진다."(a.a.O. 2) 어쨌든간에 어떤 신학 저자가 자신의 고백에 따라서 그런 이상을 가지고 이 문제에 접근한다면 예사롭지가 않은 일이다. 이런 종류의 모든 근거에도 불구하고 확실히 이로써 '예' 가 너무나 쉽사리 '아니' 가 되고, 자칭 근거가 너무나 쉽사리 반증으로 바뀔 수 있는 쪽으로 가는 것이다. 예정론의 가치와 효용성에 대한 판단들은 매우 상이하게 내려질 수 있고, 따라서 역사 속에서 매우 상이하게 내려졌다. 칼빈과 그의 추종자들이 순전히 달콤한 열매만을 보았을 때 16, 17세기 루터파들과 다른 사람들은 다만 구원 확신에 대한, 책임 의식에 대한 위험만을 보았으며, 혹은 다만 스토아주의, 마니교, 정적주의, 방종주의로의 명백한 변질을 보았다. 뵈트너가 기뻐했던바 칼빈적으로 이해된 예정론과 이슬람교의 그것 사이의 소위 근친성은 옛 루터파에게는 칼빈주의자들을 동방의 적그리스도의 은밀한 추종자들로 낙인찍을 근거가 되었다. 또한 칼빈주의자들이 예정론의 패러독스에서 미학적으로 적지 않게 교화되었을 때에 루터파는 그것의 패러독스를 예정론을 분개하여 거부하는 계기로 삼았다. 그런 가치 판단과 공감의 토대 위에 어떤 집도 지을 수 없다. 여기서 근본적으로 그러므로 전적으로 자제하고 하나님 말씀에 근거한 교리의 가치와 효용성으로 하여금 스스로 변호하도록 하는 것이 좋을 것이다.

3. 선택론을 추정의 혹은 실제적 '경험'의 자료 위에 근거를 두는 것은 첫 번째 두 가지 가능성들보다 훨씬 진지하게, 그러나 보다 확실하게 거부되어야 한다. 이 경험이란 한편으로는 복음을 교회를 통해서 듣는 그런 인간들과 복음을 전혀 듣지 못한 자들 사이의 가시적 대립과 다른 한편으로는 복음을 복종 속에서 자기 구원을 위해서 듣는 자들과 분명히 다만 저항함으로써, 혹은 어떤 성공 없이 그러므로 결국 자신의 멸망을 위해 듣는 자들 사이의 가시적 대립을 관찰하는 것과 관계된다. 복음을 외적으로든 내적으로든 들을 수 없는 인간들이 있는 듯하다는 사실을 어떻게 설명할 수 있을까? 또한 이것이 사실이라면 다른 인간들이 복음을 실제로 듣는 듯하다는 다른 관찰을 이해하기 위해서는 이것은 어찌되는가? 이 물음에 대한 대답은(여기서 혹은 이후에) 인증한 그리고 펼친 성서를 통해서 주어진다: 하나님이 선택한 자들과 버린 자들이 있다. 그러나 이것은 이런 경험을 통해 지시된 물음으로써, 즉 경험상으로 근거지어진 전제를 가지고 성서에 접근할 수 있는가, 그리고 그것의 진술을 이 물음의 답변으로서, 그러나 특히 이 물음 근저에 있는 전제들의 확증으로서 이해해도 좋은가라는 물음이다. 복음에 대한 인간의 외적, 내적 관계에 관한 우리의 관찰과 판단이 실제로 그렇게 심오하여서 우리가 인지한 이런 인간들의 구분에서 성서가 증언한 바 하나님의 은혜의 선택의 결정을 재인식할 수 있다는 말인가? 저 관찰이 우리에게 그렇게 의미심장한 것으로 자신을 관철할 수 있다면! 우리가 여기서 측정하려는 척도가 그렇게 정확하고 유용할 수 있다면! 그러나 여기서 얻어지는 판단은 우선 우리의 판단이며, 하나님의 판단이 아니다. 그리고 우리는 성서에서 우리에게 증언된 은혜의 선택의 신적 판단을 무조건 이 외적 판단에서부터 어느 정도 그것의 신적 확증으로서 이해할 권한이 없다. 우리에게 이 하나님의 판단이 중요하다면—그리고 우리가 이 신적 판단에 접근하려면 그것이 중요해야 한다.—우리는 성서를 우리 자신의 판단에 따라 전제된 사실의 해석을 위해서 인용해서는 안 될 것이며, 우리는 우리가 바라는 사실 그 자체를 우리 경험의 영역에서가 아니라, 성서 안에서 내지는 성서 안에 증언된 하나님의 자기 계시에서 찾으려고 해야 할 것이다.

우리는 이미 '아우구스틴'이 분명히 소위 말하는 경험의 물음을 어떻게 시작했는지 보았다. 여기서 어쨌든 조심해야 할 것은 특별히 '칼빈'이다. 나는 그가 그의 예정론을 의식적 경험 위에 근거를 두었다고 말하고 싶지는 않다. 그는 그러나 예정론을 분명히 이런 경험을 지시함으로써 뒷받침했으므로, 다음의 사실은 거의 오인할 수 없다: 그가 예정론을 주장할 때의 열정과 감정의 상당 부분, 그리고 이것이 일어났던 방향은 이런 경험에 의해 결정되어 있었으니, 이런 경험은 그것의 순수성에 심각한 영향을 미쳤음이 분명하다. 특히 1552년의 『하나님의 영원한 예정에 관하여』라는 글에서 그는 인간들이 본래 복음과의 상이한 관계 속에(그 상이성은 그들에게 상이하게 내려진 하나님의 결정을 통해서만 설명될 수 있는데) 처해 있다는 주장의 근거를 세울 필요가 있을 때 "경험의 설득", 혹은 "가르침", 혹은 "증거"를, "분명히 나타나다" 혹은 "분명히 확증되다"라고 언급하곤 했다.(예를 들어서 *C. R.* 8, 261, 275, 292, 298, 317) 그러나 우리는 『그리스도교 강요』에서도 다음의 말을 읽게 된다: "만일 같은 설교를 백 명의 인간에게 선포한다면, 20명은 그것을 기꺼운 신앙의 순종으로써 받아들이지만, 다른 자들은 그것을 무가치하다고 간주하거나, 비웃거나, 욕하거나 증오한다.(III, 24, 12) 경험은 하나님은 자신에게로 초대하는 자들이 회개하기를 원하니, 그러므로 모든 자들의 마음을 감화시키지 않는다고 가르친다."(III, 24, 15) 그리고 거기서 예정론의 모든 서술은 방법상 너무나 암시 풍부한 말로써 시작된다: "생명의 계약이 모든 인간들에게 공평하게 선포되지 않으며, 그것이 선포된 자들 가운데서도 선포가 지속적으로 혹은 같은 정도로 받아들여지지 않는다. 이 다양성 속에 하나님의 판단의 놀라운 깊이가 알려진다. 의심의 여지없이 이 다양성은 하나님의 영원한 선택 결정에 봉사한다. 만일 하나님의 손짓에 의해서 구원이 어떤 자들에게는 자유로이 제공되는 반면에 다른 자들은 그것에 접근하는 것이 저지되는 일이 일어나는 것이 분명하다면, 즉시 중대하고 어려운 문제가 발생하는데, 이 문제는 경건한 마음들이 선택과 예정에 관해서 적절하게 믿는 바를 확정된 것으로 간주할 때에만 설명될 수 있다."(III, 21, 1) 그리고 나서 이 물음에 대해서 그 유명한 정의가 물론 전격적으로 답변한다: "모든 자들이 공평하게 창조된 것이 아니라, 어떤 자는 영원한 구원으로, 어떤 자들은 영원한 저주로 예정되었다."(III, 21, 5) 여기서 칼빈을 특히 흥분시키고 그의 이론 형성에 결정적인 사실은 이 모든 진술의 어조에 따르자면, 교회와 복음이 전혀 도달하지 못한 이교 세계 사이의 대립이 아니었다: 이런 문제가 그의 예정론의 맥락 속에서 특히 그를 몰두하게 했다고 말할 수 없다. 그러나 또한 복음이 언제나 수많은 인간들에게 외적으로 도달했으며, 내적으로도 그들을 정복한 듯 보인다는 긍정적인 관찰도 아니었다. 하나님 말씀을 듣고 믿는 교회의 감사하는 마음의 사실이 확실히 지나치게 강하게 발언되었다. 칼빈은 이 사실을 전면으로 옮겨 놓고 본래 여기서부터 사고하고 싶어하는 것이 분명하다. 그러나 그가 이 맥락에서 또한 이 적극적인 것을 경험적 사실로서 이해하기 때문에 그는 고통과 분노를 자아내는 저항, 무관심, 위선, 자기 기만의 다른 경험적 사실에 의해서 이 적극적인 것이 한정되어 있음을 보지 않을 수 없다. 하나님 말씀은 그것을 듣는 많은 사람들에 의해서(80%에 의해서) 소극적으로 받아들여지고 있다. 그리고 바로 이 한정하는 경험, 저 적극적인 면과 경쟁하는 이 소극적인 면은 분명코 칼빈이 관찰했다고 생각한 결정적인 것이며, 공리적 확실성으로써 주어져 있는 전제이니, 여기서부터 칼빈에게는 중대하고 어려운 문제들이 발생한다. 그는 이 문제들이 성서가 선택에 관해 가르친 것을 통해 답변되었다고 보며 이 문제에 대해서 그 자신은 소위 성서에서 얻어진 선택론으로써 대답해야 한다고 믿는다. 그는 교회 내의 인간들을 볼 때, 그들에게 선포된 복음에 대한 그들의 존재, 언어, 행위에서 성서가 하나님의 선택 외에 하나님의 버림과 완고케 함으로 서술한 바를 그들에게서 재발견할 수 있다. 확실히 그는 이 인간들과 그들의 양태를 다만 그가 교회의 살아 있는 신앙에서, 또한 그 자신의 개인적 신앙에서 감사히 하나님의 선택의 적극적 결과로 볼 수 있다고 믿는 것에 대한 다른 면으로 본다. 그는 또한 만일 어떤 믿는 자가 저 하나님에 의해 버림받아서 완고하게 된 자들에 속하지 않는다면 그것은 그 믿는 자 자신의 공적이 아니라는 것도 분명히 안다: "만일 누군가 이 다양성은 그들의 사악성과 도착성에서 기인한다고 답변한다면 나는 만족하지 않을 것이다. 왜냐하면 전자의 (믿는 자의) 자연은 하나님이 그의 선함으로 그의 자연을 교정하지 않았다면 같은 악으로 가득할 것이기 때문이다. 그러므로 바울의 물음이 도와주지 않으면 우리는 언제나 혼란을 느낄 것이다: 누가 너를 구별하는가?(고전 4:7) 이 말에 의해서 그는 어떤 자가 다른 자를 능가하는 것은 그들 자신의 능력 때문이 아니라 오직 하나님의 은총 때문이라는 것을 의미한다."(III, 24, 12) 그리고 그는 한 인간의 선택은 어떤 경험적 사실에서부터 전적 확실성을 가지고 파악될 수 없다는 것을 잘 아는 것 같이, 또한 일정한 인간들을 하나님이 버렸다는 분명한 단서는 없으며 따라서 이러저러한 인간들이 버림받았음을 분명히 알 도리가 없다는 것도 안다. 그는 아우구스틴을(*De corr. et gratia* 14, 45) 인용하여 고백한다: "우리는 누가 예정된 자의 숫자에 들어가는지 혹은 들어가지 않는지 알지 못한다."(III, 23, 14) 그는 주님이 자기 인간들을 안다는 것을 알고 거듭하여 고백한다. 그럼에도 불구하고 그 칼빈은 하나님에 의해서 버림받은 자들이 아니라면 이 세상에서 그처럼 우울하게도 다수를 이루는 우둔한 자들, 거짓말쟁이들, 사악한 자들, 우직하고 세련된 바보들, 무뢰한들, 온갖 악한들, 모든 형태의 악당들, 그러므로 하나님이 버렸고 완고케 했다고 극도로 의심할 여지가 있는 자들을 특별히 잘 인식할 수 있다고, 특히 반항적인 신학자들에게서 절대적 확신에 가까운 자신감을 가지고 이런 모습을 인식할 수 있다고 믿는다는 것이 너무나 분명하다. 그것 때문에 그와 다투려고 하는 것은 너무 좁스러울 것이다. 그리고 칼빈이 한 번 보았던 것을 어떤 이유에서든 보지 못한 자는 그럴 권한이 없을 것이다. 인간의 실존에서(그리고 교회의 실존에서 보다 날카롭게, 신학적 실존에서 가장 날카롭게) 모든 복음 선포와 대립해서 악명 높게 만연된 저 심각한 불법의 바다에 대한 고통스러운 감수성, 예민함이 이 종교개혁자의 성격에 속한다. 누가 이런 성격이(물론 아마도 그의 분노에 의해 조건지어진 것일지라도) 그의 위대한 성격에 속하지 않는다고 주장할 수 있으랴? 사람들은 또한 칼빈의 시대는 반종교개혁 시대라는 것을 생각하라: 그 시대에 거의 기도되지 않은 교회 개혁에 대한 모든 세속적, 종교적 폭력의 발흥 때문에, 소위 개혁된 교회 내에 고통스러운 취약점들, 무사려성, 왜곡된 관행들 때문에, 이 개혁 운동과 더불어 일어난 모든 제멋대로의, 무사려한, 위험한 부차적 운동들 때문에 한 영리하고 단호한 인간은 동시대의 인간 다수에 대해 절망감과 경악심을 가지고 경계하고 외면하게 되었다. 언제 어디에 칼빈이 확실히 그런 것으로 경험하였다고 믿었던 사실이 두드러지지 않은 적이 있던가? 언제 어디서 교회 영역에서 사람들이 100% 거부감을 가지고 만날 수밖에 없는 80%의 쓸모 없는 자들의 무리와 '올바른' 자들의 작은 무리 사이의 대립과 놀라운 수적 불균형이 두드러지지 않은 적이 있는가? 칼빈이 이 후자를 전체의 20%로 계산할 수 있다고 믿었다면 그는 비교적 온건한 편이었다! 그러나 우리가 그에게 모든 것을 양보한다면, 그러므로 그의 주목을 끄는 경험 자체가 실제로 무근거한 것이 아니라 도리어 어느 방식으로든 관철된다는 것을 인정해야 한다면, 이런 경험은 언제나 다만 인간적 권위와 중요성을 요청할 수 있을 뿐이라고 답변해야 할 것이다. 어떤 이론적, 실천적 결론들이 그 경험에서 나오든 간에—칼빈 자신의 전제에 따르자면 그 경험은 계시의 성격을 요청할 수 없었고 없으며, 그 경험은 그것에서부터 성서를 문의하고 설명할 수 있는 그런 공리로서는 적합할 수 없었고, 할 수 없다. 성서에 대한 복종 속에 있는 선택론이 교회와 세상의 대립을 통해서, 참 교회와 거짓 교회의 대립을 통해서 제기된 문제들에—이 문제들이 우리들을 괴롭히기를—대해 대답할 말이 있는지 의문이 제기되며, 이것은 단순히 이미 결정된 것으로 전제될 수 없다. 우리의 경험상(像)에 따르면, 그리스도교와 이교 세계가 관계하고 칼빈을 특별히 인상깊게 만든 경험상에 따르면, 작은 무리의 의로운 자들과 큰 무리의 악당들이 교회 공간 안에서 관계하듯이 그렇게 성서에 따르면 하나님의 선택과 유기(遺棄)가 관계하는지 의문이 제기된다. 이 경험상의 확실한 통계가 칼빈의 경우처럼 그처럼 지혜롭고 단호한 직관의 감정에 의해 강화되어서 하나님의 은혜의 선택에 대한 숙고의 출발점을 이룰 수 있는 때, 성서는 더 이상 성서가 말하고자 하는 것을 자유로이 말할 수 없다. 그때 성서는 인간에 의해 질문받은 것을 대답할 수 있을 뿐이다. 그러나 성서는 우리에게 그것의 답변을 통해서 올바른 물음을 제기할 것이다. 칼빈은 "성서를 펴기도 전에 출발점에서 이미 결정을 내렸으니, 이 결정은 예정론의 성격을—성서의 답변과는 무관하게—경험에서 제기된 문제로써 확정지었다."(H. Otten, a.a.O. 29) 그러나 이것은 일어나서는 안 되는 일이다. 그렇지 않다면 치명적 위험이 숨어 있다.—그리고 칼빈은 그 위험을 피하지 못했다.—즉 탐구하고 서술되어야 할 하나님의 선택이 해당되는 신학 사상가의 근거 있고 존경할 만한, 그럼에도 불구하고 인간적인 선택과 너무나 유사하게 되며, 여기서 나타나는 선택하는 하나님은 선택하지만 주로 버리는 신학자와 너무나 유사할 것이다. 하나님이 행하는 것, 그의 본성은 이 문제에서 우리 경험의 적극적, 소극적 경험상과 과연, 그리고 어느 정도나 관계되는지는, 이 교리의 유용성과 마찬가지로, 이 교리가 이러한 상들을 고려함이 없이, 기존의 그런 상들을 가능한 한 접어 둠으로써, 하나님 자신의 말씀의 근거 위에서 형태를 얻을 때, 비로소 답변될 수 있다. 그전에는 그렇지 않다!

이렇게 한정지은 것에 즉시 보다 확정적인, 내실 있는 성격을 부여하는 것이 필요하다.

선택론이 소위 말하는 혹은 실제적인 경험적 사실에 근거한다면 이것은 분명히 실질적으로 선택론을 '인간 일반에 비추어서' 근거짓는다는 것을 의미한다. 사람들은 선택론을 인간 개인 전체에 대한 하나님의 상이한 그리고 차별적인 행태를 서술하는 것으로 이해한다: 하나님이(일부는 다소간에 전적으로 그 자신의 감추어진 호의에 따라서, 후자는 그에 대한 인간들의 행태를 어느 정도 고려하여) 이 인간 개인 전체를 두 부류로 구분하고, 일부는 구원하고 행복케 하려는 목적과 결과를 가지고, 일부는 멸망시키고 저주받게 하려는 목적과 결과를 가지고 전자는 선택하고 후자는 선택하지 않고 버리는 행태. 사람들은 그러므로 하나님의 선택과 인간의 선택받음을(그리고 양자의 부정적인 반대편을) 어느 정도 하나님과 각 개인 사이에 존립하는 사적 관계의 질서로서 이해한다. 그러므로 사람들은 한편으로는 하나님을 개개인에 대한 그의 사적 관계에 비추어서 고려하며, 다른 한편으로는 각 개인을 하나님에 대한 그의 사적 관계에 비추어서 고려할 수 있고 고려해야 한다. 하나님의 행동이 이 사적 관계의 충만 속에서 그 자체로 우리 경험의 대상이 될 수 없을지라도 선택받음 혹은 선택받지 못함 속에서 처해 있는 개개인은 경험 대상으로서 적어도 문제가 될 수 있다. 그들 사이에 존립하는 바 복음과의 관계에서의 차이, 이교도와 그리스도인의 차이, 악한 그리스도인과 선한 그리스도인의 차이는 하나님에 대한 그들의 사적 관계를 묻게 만드는 동기가 될 수 있고, 적어도 이런(그 양태에 따라서 확실히 상세히 서술할 수 없는) 사적 관계의 성립을 확정하고 그것에 비추어서 하나님의 선택과 인간의 선택받음을(그리고 양자의 부정적 반대편을) 말할 수 있는 동기가 될 수 있다. 사람들은 선택론의 경험적 근거에 관해서 신중을 기했을 때에도 자명하게, 선택론은 어느 경우든 하나님과 개개인 사이의 사적 관계와, 하나님과 인간 개인 사이에 내려진 결정의 적극적 혹은 소극적 성격과 관련된다고 전제하였다. 선택론은 똑같이 실존하는, 그리고 고찰되어야 할 전체 개인들과 하나님과의 관계를 은혜 혹은 저주로서 결정짓는 사건의 처음이자 마지막 의미를 나타내고 서술해야 한다는 것이다. 선택론은 어느 정도 하나님의 피조물로서 하나님의 선택에 예속된 인간들에 관한 가르침의, 하나님과의 관계 속에 결정된바 구원 혹은 멸망, 생명 혹은 죽음으로의 결말이자 시작에 관한 가르침의 처음이자 마지막 말이라는 것이다. 그러므로 선택론은 올바로 이해된, 즉 하나님과의 관계를 적절하게 고려하는 인간론의 처음이자 마지막 말이라는 것이다.

이제 하나님과 개개인 사이의 이런 사적 관계가 있고, 이 관계 속에서 저 처음이자 마지막 신적 결정이 사실 존재한다는 것은 부정할 수 없을 것이다. 하나님이 각 개인의 하나님이요 주님으로서 그들에 대해 우월하지 않다면, 이들을 위해서 하나님과의 관계에서 사실 처음이자 마지막 결정을 내리지 않는다면 어찌 하나님이 되며 피조물의 주님이겠는가? 또한 하나님의 선택은 하나님과 모든 개별 인간들 사이의 온갖 관계의 질서가 되며, 이 관계 속에서 내려지는 결정과는 필연적 관계에 있다는 것을 부정할 수 없다. 어찌 달리 될 수 있겠는가? 선택은 우리의 첫 번째 항목의 결과에 따르면 어쨌든 간에 그의 피조물 인간에 대해서 예수 그리스도 안에서 이루어진 하나님의 결정이니, 이 결정에 따라서 하나님은 이 피조물 없이가 아니라, 오직 그 피조물과 더불어 그의 자유로운 사랑 안에서 그 피조물에 연대한 분으로 하나님이 되고자 한다. 이 피조물, 인간은 그러나 구체적으로 각 개인의 충만 속에서 존재한다. 그러므로 하나님의 선택은 사실 하나님과 모든 개인 사이의 모든 사적 관계를 결정하고 질서짓는다. 그 관계에서 무엇이 나오는가 않는가는 하나님의 선택에서 결정된다. 그러나 하나님의 선택 그 자체가 이미 결정된 저 사적 관계 자체와 동일하다고는 아직 말해지지 않았다. 사람들은 이것을 너무나 자명하게 전제하였다. 그러나 이것은 전혀 자명하지 않다. 오히려 이것에 관해 물어야 한다: 선택하는 하나님 자신이 그 스스로를 계시하였듯이, 또 성서 안에서 증언되었듯이, 이제 실제로 그렇게 단순하게 그의 결정 안에서 이러저러하게 고정된 바 인간 개인의 대립물인가? 하나님을 개별 인간에 비추어 바라보며 그가 이 인간들을 선택했고 저 인간들을 선택하지 않았는가를 묻는 것이 합당한가? 그리고 거꾸로 하나님에 비추어 개별 인간들 자신이 그에 의해서 선택되었는지 혹은 버림받았는지를 관찰하는 것이 합당한가? 이때 사람들이 그분 스스로 계시한 대로, 성서에서 증언된 대로 선택하는 하나님을 염두에 둔다면 이 개념이 정당화될 수 있는가? 이 하나님의 선택이 사실 모든 인간에게 관계되고, 그의 선택에서 인간 모두에 대한 그의 의지가 결정되었다는 것은 물을 필요도 없다. 그러나 그의 선택이 이 때문에 미리 주어지고 존립하는 모든 인간의 운명으로 이해되어야 하는지, 모든 개별 인간들을 이 결정됨으로부터, 즉 이미 '선택된 자' 혹은 '버림받은 자'로 이해하는 것이 의미 있고 가능한지 의문이 생긴다. 이 결정됨에 근거해서 그렇다! 하나님의 선택을 통한 결정은 인간 삶의 궁극적인 신비이다. 그러나 이것은 인간 삶이 이 결정됨에서부터 유래하고, 상응하는 결정을 이미 받았음을 의미하지는 않는다. 각 개인에 대해 하나님의 선택이 가지는 결정적인 의미에서부터, 선택이 그에게 이미 전달된, 그에게 미리 내재하는 성격이며, 그러므로 그의 존재에 결속되어 있다고 결론 내려지는 것은 아니다. 선택이 하나님의 자유로운 사랑의 행위, 인간 개인을 염두에 두고, 관계하고, 결정하는 행위로서 그 때문에 인간이 즉각 미리부터 선택받은 자 혹은 버림받은 자가 될 필요는 없다. 하나님의 은혜의 선택은 성서에 의하면 확실한 목적이 있는, 윤곽이 있는 신적 행위이며, 그것의 직접적 본래적 대상은 전적으로 개별 인간 전체가 아니라 각 개인이며, 비로소 그 안에서 그를 통해 부름받은 결속된 인간 백성이며, 이 백성 안에서 하나님과의 사적 관계 속에 있는 개별 인간들 전체이다. 오직 저 한 인간 안에서 하나님의 결정에 인간적 운명이 상응한다. 엄밀한 의미에서 오직 그만이 '선택받은'(그리고 '버림받은') 것으로 이해되고 표시될 수 있다. 다른 모든 인간들은 그 안에서 그렇게 이해되며 개별적으로 그들 자체 안에서가 아니다. 거듭해서 그렇듯이 자명하게 예정론을 일반적 인간학의 처음이자 마지막 말로서 이해하고 진술하는 것은 좋을 수 없다. 차라리 이 관점에서도 모든 소위 말하는 자명성을 지나쳐서 근원, 즉 하나님의 자기 계시와 성서의 증언으로 되돌아가서, 선택하는 하나님이 인류 전체와 대립하고 또한 인류 전체가 선택하는 하나님과 대립하고 대결하는 특정한 형태를 분명히 인식하는 것이 필요하고 좋을 것이다. 저 대립의 특정한 형태를 고려함이 없다면 인간 일반에 대해 주시하는 일, 하나님과 개개인 사이의 저 사적 관계에 대해 주시하는 일은 성급한 일이 될 것이다. 이런 것을 주시할 경우 선택이 무엇이며, 실제로 모든 인간들에게 그리고 각 사적 관계를 위해서 무엇을 의미하는지는 우리에게 완전히 숨겨질 수도 있다.

우리는 여기서 이미 선택론 전체의 주요 문제 속으로 깊이 개입하는 이 물음을 제기해야 한다. 왜냐하면 예정론을 어떤 경험들에 근거를 설정하는 것이 하나님의 선택이 인간 실존의 직접적 규정이라는 소위 자명한 전제에 그 뿌리를 가지고 있기 때문이다. 우리가 이런 상념에서 벗어난다면 이교도와 그리스도인, 악한 그리스도인과 선한 그리스도인의 존재로부터 이러저러하게 하나님 은혜의 선택을 추론하려는 유혹, 선택론을 경험적 사실로부터 우리에게 발생하는 저 물음에 대한 답변으로서 이해하고 형성하려는 유혹은 무근거한 것이 될 것이다.

4. 두 번째 진지하게 다루어야 할, 그러나 그렇기 때문에 더욱 거부해야 할 것은 그 자신의 법칙에 따라서 만물과 모든 피조적 사건을 지배하고 취소할 수 없게 인도하는, 그래서 인간의 구원과 멸망을 주관하는 '전능 의지'로서의 신 개념으로부터 선택론의 근거를 설정하려는 것이다. praedestinatio, 즉 예정, 선결정 개념은 모호하지 않은 것이 아니다. 성서 개념 πρόθεσις(결정), πρόγνωσις(예지), προορισμός(예정) 역시 그 문맥에서 분리시킬 때는 모호하지 않은 것이 아니다. 누가 혹은 무엇이 시간적으로 논리적으로 모든 다른 것에 우월하고, '앞서며', 오른편으로 혹은 왼편으로의 인간적 결정에 '앞서'는가? 우리는 또한 하나님은 이런 의미에서 모든 다른 것에 '앞서고', 그는 절대적 수위(首位) 자체임을 부인할 수 없다. 그는 그의 선택에서도 그렇다. 그가 그렇지 않다면 어떻게 하나님이랴? 그는 전능자이며 그의 전능 안에서 자유롭다. 이 점에서는 어떤 삭감도 있을 수 없다. 그러나 이제 여기서 마치 하나님이 추상적으로 항거할 수 없게 작용하는 전능, 자유, 주권 자체인 것처럼 생각하는 오류가 발생할 수 있다. 그리고 선택에 관해서는 마치 그것이 오직 이 자유로운 전능의 출현 형태인 것처럼, 그러므로 선택론에서는 온 세상에 대해 우월한 존재, 그러므로 그의 작용에서 필연적인 존재의 표상에서부터 인간의 적극적 혹은 소극적인 최종 운명에 관해서도 논리적 결론을 이끌어 내는 것이 문제이고, 인간들의 영원한 구원 혹은 멸망이 피조 공간에서 발생하는 모든 일들처럼 이 가장 필연적인 존재의 올바른 의지 결정에로 환원되어야 한다고 확정짓는 것이 문제인 것처럼 생각하는 오류가 발생할 수 있다. 그런 경우 예정은 하나님 이름으로 선포되는 자유와 필연의 원리를 통해서 세워져 있고 관철되는 세상 질서 내의 한 부분 요소일 뿐이다. 그런 경우 예정론은 결정론적 세계관의 한 부분 요소일 뿐이다. 우리는 이것에 반해서 비결정론의 편으로 기울지 않도록 주의해야 한다. 그러나 우리는 하나님이 저 항거할 수 없는 전능과 동일시된다면 그는 충분히 규정, 표현된 것이 아니며, 신 규정이 추상적으로 제기된다면, 항거할 수 없는 전능이 하나님의 본성이 발견되는 처음이자 마지막이 되어야 한다면, 이로써 규정, 서술되는 것은 결코 하나님이 아니라는 사실을 관철시켜야 한다. 그러나 우리는 또한 이런 추상화가 관철되지 않거나 의도되지 않는 경우, 만일 선택이 미리 하나님의 세상 통치라는 소위 상위적 현실의 틀 안에서 이런 일반적인 신적 행위의 한 특수 행위로서 이해된다면 선택이 올바로 이해되었는지 물어야 한다. 이것이 논리적으로 매우 편하다는 것은 분명하다. 그러나 이것이 내용적으로 정확한지, 오히려 우리가 하나님의 은혜의 선택으로부터 하나님

의 세상 통치를 이해해야 하지 않을지 물어야 한다. 은혜의 선택뿐 아니라 하나님이 그리고 어떤 맹목적으로 결정하고 규정하는 무엇이 세상을 통치하고 세상이 그를 통해서 실제로 지배받는다는 사실도 아마도, 만일 하나님이 선택하는 하나님으로서, 주님으로서, 저 포괄적 사건의 주체로 인식되고 가시화되었을 경우 비로소 믿을 수 있게 되고 통찰될 수 있을 것이다. 하나님은 아마도 바로 선택하는 분으로 전능한 하나님이며, 그 반대는 아니다!

여기서 반대해야 할 전형적인 견해는 토마스 아퀴나스의 예정론이다. 그의 예정론은 내용적으로 확실히 결정론적 성격을 가지고 있기 때문에 반대해야 한다. 우리가 여기서 문제삼고 있는바 그 예정론의 방법론적 위험은 그렇기 때문에 더욱 분명히 드러난다. 토마스에 의하면 예정론은 다만 하나님의 '섭리' 론의 맥락에 속한다. 섭리는 하나님의 지식과 의지를 통해서 이루어지는바 만물을 그가 정한 목표를 향해 질서짓고 인도함이다. 만물은 하나님의 지식과 의지, 그리고 그의 섭리에 "보편적으로뿐 아니라 또한 특별하게" 종속되어 있고(*S. theol.* I qu. 22 *art.* 2 c), 또한 자유 의지와 선악 사이에 자신의 인간적 섭리를 지닌 인간도 그것에 종속되어 있다.(*ib.* ad 4) '예정'은 "섭리의 일부"이다. 예정은 특별히 인간이 그 스스로의 능력으로는 도달할 수 없는 영원한 삶의 초자연적 목표로 인간을 질서짓고 인도함이다. 인간은 마치 화살이 궁수(弓手)에 의해 쏘아지듯이 그 곳으로 보내지는 (transmittitur) 일이 발생해야 한다. 그리고 전체 세상사와 마찬가지로 또한 이 특별한 사건에 대해서도 하나님 안에 이미 존재하는 "근거"(ratio)가 있다. "이성적 피조물을 영원한 삶의 목표로 보냄의 이유", 일반 섭리의 이 특수 경우가 예정이다.(qu. 23 art. 1 c) 이 관점 아래서—창조자가 그의 피조물들 가운데 한 특별한 피조물에 대해 가지는 특별한, 그러나 다른 모든 것들과 원칙적으로 형식적으로 한 계열에 속하는 의도를 서술하는 것이 문제이므로—토마스는 또한 예정론의 전체 문제를 세부적으로 다루었고 해결하려고 노력했다. 토마스는 때로는 은혜 개념은 그 자체로 예정의 정의에 속하지 않으나, 은혜가 여기서 하나님의 행위의 특별한 작용, 특별한 의미인 한에서만 그러하다고 분명히 말할 수 있다.(*qu.* 23, *art.* 3 ad 4) 오직 하나님의 전능과 자유 의지의 관점 아래서만 보나벤투라(Bonaventura)도 예정을 말했다: "하나님의 의지는 모든 형상과 운동의 최초의, 최고의 이유이다. 지고한 통치자의 궁정에서 명령되거나 허락되지 않는 것은 어떤 것이라도 모든 피조물의 온 광대한 영역에서 드러나거나 지각될 수 없다."(*Breviloq.* I 9) 하나님의 보편적인 세상 통치, 이것이 상위 명제이다: "하나님의 의지가 가장 유효하기 때문에 아무도 어떤 것을 그의 의지의 협력 없이는 성취할 수 없으며, 아무도 그의 의지가 정당하게 포기하지 않는 한 타락하거나 범죄할 수 없다." 보나벤투라에 의하면 예정, 이것이 하위 명제이다. 츠빙글리도 바로 그렇게 가르쳤다: "예정, 자유 의지, 공적에 관한 보편적 문제는 섭리에 결부된다."(*Comm. de vera et falsa relig.* 1525, ed. Schuler u. Schulth. 3. Bd. 163) "섭리는 예정의 부모와 같다.(*ib.* 282) (미리 질서를 잡음 외에 다른 것이 아닌) 예정은 섭리에서 태어나고 섭리 자체이다."(*ib.* 283)

이제 우리는 칼빈은 어쨌든 방법상 의도에 의하면 이런 전통과 단절했고, 『그리스도교 강요』 제 1권 16-18장에서 창조론에 연결해서 섭리론을 다루었고, 비로소 3권 21-24장에서 예수 그리스도 안에서 나타났고 작용하는 하나님의 은혜의 전달에 관한 부분의 정점에서 예정론을 다루었다는 것을 높이 평가해야 한다. 그러나 우리는 섭리론에서 반대로 왜 거기서는 예정론이—그러나 그 특성에서 이해된 예정론—관철되지 않는지 물어야만 하는 것 같이, 칼빈이 예정론 부분에서 논증을 하고 주장을 진술한 것에 대해서 세부적으로 계속하여 물어야 할 것이다: 그가 이렇게 구분함으로써 옳게 출발한 단단이 과연 실제적으로 관철되었는지, 혹은 그의 예정론을 지배하는 결정적 관점들이 이제 다시금 앞에서 일반적으로 획득된바 하나님의 의지 관철 및 일반적인 전능의 이념에서부터 유래하는 것인지를. 비록 칼빈은 『그리스도교 강요』 2판(1539 cap. 14,1)에서 주목할 만하게도 예정론을 섭리론보다 앞에 두기는 했지만, 예정론이 섭리론에 종속되어서는 안 될 뿐 아니라 그것보다 위에 놓여야 한다고 믿었던 것 같지는 않다.(이에 관해 Heinz Otten, a.a.O. 99-100 참조)

따라서 정통주의에서 칼빈을 아주 충실하게 추종한다고 생각하는 경우에조차 거꾸로 예정론을 섭리론 아래 종속시키는 일이 발생하는 것은 놀라운 일이 아니다. 이제 예정론은 많은 사람의 경우 신론 다음에 바로 진술되어, 어떤 의미에서는 전체 교의학 체계의 정점에 놓여지게 되었다. 그러나 정확히 주목한다면, 일반 섭리는 그런 것으로서 비로소 후에 언급되고 전개되지만 '일반 결정' (decretum generale)의 제목 아래 실제로는 이미 전제되어 있고 예정론 이해를 위한 도식을 이룬다는 것을 즉시 깨닫게 된다.(예를 들어서 Polanus, *Synt. theol. chr.* 1609 *col.* 1559, Wolleb, *Chr. Theol. Comp.* 1626 I cap. 4) 이미 폴라누스에게서(*col.* 1560) 토마스의 "예정은 섭리의 일부분"이라는 명제가 다시금 분명히 나타났고, 다른 한편으로 이미 그에게서 예정론 자체를 하나님에 의해 선택 혹은 버림받은 인간들에 대한 행위와 특별한 목표를 포함하는 하나님의 세상 통치의 포괄적 이론으로 이해하는 것을 가능케 만드는 예정 개념의 분열 조짐이 나타났다. 그래서 타락 전 예정론자 고마루스(Fr. Gomarus)는 예정 개념의 분열을 주장했다: "만물에 관계되고, 하나님의 전체적 결정인 일반적 예정과 사물 각각에 관계되고, 그의 영원하고 보편적인 결정의 부분으로 존재하는 특수 예정"이 있다.(*Disp. de div. hom. praed.* th. 15 op. III 1644) 그리고 고마루스는 "예정"을(분명히 롬 8:29와 엡 1:5의 προορίζειν 을) 특별히 하나님의 "선택"(eligere)으로 이해한 것이 아니라 일반적으로, 그리고 추상적으로 하나님의 "결정"(decernere) 자체로 이해하려 했다.(*ib.* coroll. 1) 이제 그러므로 예정론 속에 지배 개념으로서 일반적인 절대적으로 자유로운 하나님의 섭리 개념이 추가되었다. 사람들은 예를 들어 타락 후 예정론적인 글 *Synopsis purior. Theol.*(Leiden 1624)에서처럼 예정론을 보다 나중에, 외견상 예수 그리스도의 화해 사업의 근거를 설정하기 위해 다룰 때에도 원칙적으로 달리 생각하지 않았다. 거기에도 이렇게 쓰여 있다: "이 예정에 관한 말은 보다 일반적으로 선한 일 혹은 악한 일에 있어 하나님의 섭리 행위에 대해서 … 혹은 확실하고 초자연적인 목표로 개인들을 정돈함에 관하여 적용된다."(*Disp.* 24, 4) 근대에 들어 뵈트너가 옛 개혁파의 예정론을 변호한 것 가운데서 주목할 점은, 그가 달리 할 수는 없었던 것처럼, 예정론이 하나님의 절대적인, 무조건적인, 전체 창조와는 무관한, 다만 그의 영원한 결정에 근거한 의지 계획이라는 주장으로 시작하는 것이다. 하나님 밖에 있는 모든 것은 그의 이런 결정에 의해 포괄되어 있다. 만물은 그 존재와 존재 유지를 하나님의 의지와 능력에 빚지고 있다.(*The ref. doctr. of Pred.* 1932, 13) 만물은 다만 하나님이 그의 영광을 과시하는 데 사용하는 매개로만 존재할 뿐이다. 예정론은 이 인식을 인간 구원의 가르침에 적용하는 것일 따름이다.(14) 하나님은 세상 창조 때에, 나폴레옹처럼 이성적이고 지성적인 인간이 러시아 원정에(!) 앞서 계획을 세웠듯이 계획을 가졌다. 그는 이 계획을 수행했다. 이것을 시인함은 예정을 시인하는 것이 되고, 하나님이 크든 작든 만물을 이 계획에 따라서 행한다는 것, 이것이야말로 올바른 칼빈파의 예정 고백이다. 예정은 보다 정확히 말하자면 이 거부할 수 없이, 변경할 수 없이 수행되어야 하는 계획의 선택이다. 세계의 전체 역사는 그러므로 이 계획의 수행 외에 다른 것이 아니다.(20f.) "세상 역사가 하나님 나라의 건설을, 하나님 영광의 드러남을 향해 진행되고 있고, 자기 자신이 하나님의 무한한 사랑과 은혜의 대상들 중 하나임을 아는 것보다 무엇이 그리스도인에게 더 큰 만족과 기쁨을 줄 수 있겠는가?"(25) 우리가 모든 사고하는 인간들과 더불어 우리의 삶이 지배받고 있다는 것을 인정함으로써,—우리는 세상에 태어나기를 원했는지 아닌지 질문받은 것이 아니며, 우리가 언제 어디서 무엇으로, 20세기에 혹은 홍수 이전에, 백인으로 혹은 흑인으로, 아메리카에서, 혹은 중국에서 태어날 것인지 질문받지 않았다.—우리는 그리스도인으로서 하나님을 세상의 다른 것처럼 만물을 지배하고 결정하는 분으로 인식하며, 우리가 이 진리 인식에 머무른다면 우리는 이로써 칼빈주의의 입장을 취하는 것이다.(30) 하나님이 그의 본성에 상응하는 모든 것을 할 수 있다는 것과 그의 소유물인 피조물과, 그러므로 또한 인간들을 그가 기뻐하는 대로 처리할 수 있고 처리한다는 것은 그의 주권에 상응한다: 그들이 가진 것, 혹은 가지지 못한 것, 되어야 할 것 혹은 되어서는 안 될 모든 일에 관해서.(36) 만물은 하나님이 자신을 위해, 그리고 이로써 만물을 위해 정한 목표를 향해서 일정하게 일어난다: "구름에서 떨어지는 모든 빗방울과 모든 눈송이, 움직이는 모든 벌레, 자라나는 모든 식물, 공중에 떠도는 모든 먼지는 일정한 원인과 결과를 가지며, 모든 것이 사건 사슬의 한 고리이며 그렇게 많은 큰 역사적 사건들은 외견상 중요치 않은 사물들에서 결정이 된다."(37) 하나님이 각 존재를 그 본성에 따라서, 그리고 하나님 자신의 의지에 따라서 처리한다.(38) 그리고 이제 우리가 하나님이 예정했고 그러므로 오류 없이 실천에 옮기는 모든 것을 또한 오류 없이 미리 안다는 것을 고려한다면, 일어나는 모든 일은 하나님에 의해 예정된 대로 정확히 일어난다고 말해야 한다.(42f.) 그러므로 이런 기초 위에서 뵈트너가 예정론을 진술하려고 시도했다! 그가 이로써 칼빈을 추종한다고 상상해서는 안 될 것이다. 너무나 분명히 칼빈의 예정론의 맥락은 적어도 전혀 다른 방향을 지시한다. 그러나 뵈트너는 예를 들어 고마루스에 의해 시행된 것과 같은 옛 개혁파의 방법을 충실하게 재현했고, 이로써 또한 토마스의 방법을 복구시켰다. 물론 여기서 하나님의 자유와 전능, 그의 지배와 조치의 주권성에 대해서 말한 것 자체를 의심하는 것은 불가능하다. 또한 뵈트너도 하나님의 세계 지배에 대해 어쨌든 말해야 할 바에 관해서, 세계 지배의 확정성에 관해서 그것이 탁월한 능력 행위임을 좀 진부하게, 그러나 내용적으로는 매우 정확하게, 훌륭하게 말했다. 그러나 우리는 그에게서, 그리고 전체적으로 두 가지 물음에 대한 답변이 없음을 아쉬워한다. 즉 1) 어디서부터, 그리고 어떤 주체에 비추어 이 모든 것이 본래 말해져야 하는가? 이 명제들이 유대인, 혹은 이슬람교도, 혹은 스토아주의자가 이 점에서 말할 수 있는 내용과 어떻게 구별되는가? 하나님의 은혜는 하나님의 세계 지배를 표시, 서술함에서도 다만 부수적이고 종속적인 역할을, 다른 것 옆에서 하나의 신적 행동 방식의 역할을 가질 따름인가? 만일 그렇다면 이런 발언을 하는 우리는 과연, 어느 한에서 그리스도교 고백의 공간 안에 있는가? 2) 이 모든 것이 예정과 무슨 관계가 있는가? 여기서나 저기서나 하나님의 주권적 의지가 문제이고, 저기서는 그것이 일반적으로, 여기서는 특수하게 적용된다는 형식적 일치는, 한 종(種)을 유(類)에서 도출하듯이, 예정론을 단순히 섭리론에서—하나의 그 그리스도교적 성격에 있어서 결코 분명하지 못한, 그러므로 아마도 결코 완전하지 않은 섭리론에서!—도출하기 위해서 충분한가? 하나님이 선택함으로써(그 자신을 선택하는 분으로 계시하고 성서 안에 증언된 것과 같은 의미에서) 그가 의지하는 개별적인 일들 중 어떤 개별적인 일 이상은 일어나지 않는가? 우리는 여기서 오히려 스스로 그런 분으로 간주되고 이해되어야 하는 하나님의 모든 길과 역사의 시작에 처해 있지 않은가?(그런 하나님으로부터 또한 그의 세계 지배도 비로소 참으로 인식 가능하게 된다.) 다시금 우리는 말해야 한다: 여기서 그렇게 자명하지 않은 한 전제를 가지고 문제를 다루었다. 여기서 우리는 이것이 이 문제의 특수한 논리에도 일치하는지 검증함이 없이, 일반적인 것에서부터 특수한 것으로의 형식 논리 과정에 호소하였다. 사람들이 선택의 대상에 관해서 강요하는 경험을 따르듯이 그 주체에 관해서는 강요하는 사고의 필연성을 따른다. 하나는 다른 하나와 마찬가지로 자의적이고 이 대상에 부적합하다. 우리는 그러므로 이 관점에서도 너무나 자명하게 닫혀진 서류를 새로이 열어야 할 것이다.

필요한 경계 설정은 여기서도 즉시 내용적으로 일정한 성격을 얻을 수 있고 얻어야 한다. 우리는 앞에서 보았다: 우리가 선택론을 경험 사실에 근거한다면 이것은 선택론을 추상적으로 선택된 인간을 고려해서 근거를 세운다는 것을 의미한다. 이것에 전적으로 상응하여 선택론을 일반적으로나 특수하게, 세상 일반에서나 인간의 영원한 구원 혹은 저주에 관해서 역사하는 자유로운 하나님의 전능 의지에 대한 사고 필연성에 근거한다면, 이것은 선택론을 역시 추상적으로 선택하는 하나님을 고려하여 근거를 세운다는 것을 의미한다. 저기서 인간을 일반적으로, 다양성 속에 있는 많은 인간 개인들을 염두에 두는 것은 이 현상을 그들이 하나님에 의해서 선택 혹은 버림받았기 때문에 그들이 된 바가 되었다는 것으로써 설명하기 위해서인 것처럼, 또한 여기서는 하나님을 일반적으로, 다른 모든 것을 전적으로 지배하는 한 개인, 저 "최고의 지배자" 개념을 생각한다. 그것은 이 개념으로부터 철저히 논리적으로, 인간을 선택하고 행복하게 만들거나 혹은 그를 버리고 멸망케 만드는 모든 일이 하나님의 자유로운 능력에 속한다는 것을 추론하기 위함이다.

"위험은 일반적인 것 속에 숨어 있다!" 우리는 이편, 저편을 주의해야만 했다. 우리가 저기서 인간성에 대해 전제된 관념의 일반성을 문제삼아야 했다면, 여기서는 하나님에 대해 전제된 개념의 일반성을 문제삼아야 했다. 누가 우리에게 하나님의 자기 계시에 따라서, 그리고 성서의 증언에 따라서 그의 선택이 무엇을 의미하는지 그 의미를 하나님과 개별 인간들 사이의 소위 결정된 사적 관계에서 찾기를 허락하는가?라고 우리는 저기서 물어야 했다: 그리고 이제 여기서는 물어야 했다. 누가 우리에게 이 선택을 소위 그의 적나라한 주권성 안에서 신적인 하나님의 행위로서 해석하기를 허락하는가? 우리는 저기서 선택받은 인간에 대한 관념을, 그리고 여기서는 선택하는 하나님의 개념을(선택받는 인간과 선택하는 하나님은 그리스도교 선택론에서, 그러므로 그리스도교 교의학의 선택론에서 표준적일 것이다.) 똑같이 이미 출발점에서 그르쳤던 것이 아닌가? 사실 전통적인 예정론에서 그런 것처럼 이 두 가지 오류 사이에서 일종의 '상상적 경합'이 일어난다면, 그러므로 정확한 개념을 통한 부정확한 관념의 자체 가능한 교정이, 혹은 올바른 관념을 통한 부정확한 개념의 교정이 불가능해진 다면, 어떠한가? 만일 이 오류들 중 하나가 다른 오류를 필연적으로 부른다면, 양자에 동일한 근본적인 오류가 숨겨져 있다면, 어떠한가? 칼빈 자신이(로마서 9:14 주석, C. R. 49, 180) 한번 말한 것처럼, 예정론이 어느 누구도 한 발자국도 쉽게 빠져 나올 수 없는, 그리고—세상과 교회 속의 큰 무리를 제외하고—모든 역사에서 많은 지혜롭고 위대한 인물들이 가능한 한 멀리하고 싶어하는 '미로'가 되어야 했다는 것을 이상하게 여겨야 하는가? 예정론이 어쨌든 인간에 대한 올바른 관점과 하나님에 대한 올바른 개념에 근거하여 본래 되고자 하는 그런 빛을 던져 줄 수 없었다는 것을 이상하게 여겨야 할 것인가? 우리는 진정으로 여기서 매우 비판적 태도를 취해야 할 동기를 가진다.

선택의 주체, 선택하는 하나님은, 우리가 그의 자기 계시를 통해, 그것의 성서적 증언을 통해서 그의 개념이 규정되도록 한다면, 결코 세계 통치자 자신, 통치자 일반이 아니다. 따라서 우리는 선택을 단순히 그가 수행한 세계 통치의 기능들 중 하나를 이해하거나, 저 기본 원칙으로부터 얻어진 결론들, 응용된 것들 중 하나로 도출하거나 입증할 수 없다. 선택, '이' 선택의 주체, 그러므로 그리스도교 선택론이 고려해야 하는 주체는 결코 지상성(至上性), 전능, 제1 원인, 최고 필연성의 관점하에서 사고하고 체계적으로 구성할 수 있는 것과 같은 '신 일반'이 아니다. 이런 신 일반을 구성하려고 하는 절제되지 않은 사고가 항상 있다. 그리고 이런 절제되지 않은 사고의 결과는("절대적 권능"에 대한 모든 이론적 항거에도 불구하고!) 어쨌거나 언제나 구속되지 않는 신, "추상적으로" 자유로운 신일 것이다. 만일 두 개념에서 결정적인 사실, 즉 참 하나님이란 그의 자유와 사랑이 '추상적인' 절대성, '적나라한' 지상성과는 전적으로 무관한 그런 하나님이며, 오히려 그의 자유, 그의 사랑 안에서 특수하게 그러므로 일반적으로가 아니라 하나님이 되기를, 그런 분으로 지상적이고 전능하며 모든 다른 완전성의 소유자가 되기를 결정하고 자신을 구속했다는 것이 이해되지 않는다면, 사랑으로써 자유 개념을 보충하는 것 역시 아무것도 본질적으로 변화시키지 못한다. 그의 자기 계시에 적합하게 구속되어 있는 사고의 대상인 진정한 하나님은(그의 자기 계시와 그것의 성서적 증언에 의해서 진정한) 물론 큰 것으로부터 작은 것에 이르기까지 모든 사물과 모든 사건의 지상적 주님, 지배자이다. 그러므로 물론 그의 의지를 통하지 않고서는 효과적이거나 의미가 있거나 혹은 다만 실존하는 것은 그 외에는 아무것도 없다. 그러므로 그 현존과 소여가 미리부터 하나님 안에서 결정되지 않은 것은 아무것도 없다. 그러나 이로부터 우리가 다만 이런 전적으로 지배하는 존재의 개념을(이로써 하나님을 사고하기 위해서) 사고하기만 하면 된다는 결론이 나오지는 않는다. 오히려 이 개념 자체는 진정한 하나님에 대항하는 비신(非神), 우상 개념일 것이며, 우상 개념일 것이 분명하다. 우리가 하나님을 그에게 특징적인 저 결정됨, 속박 속에서, 그의 주권, 그의 주님 됨과 지배자 됨에서 파악할 때 진정한 하나님 개념을 비로소 파악하게 된다. 그러므로 그가 세상과의 관계에서 비로소 추후에 스스로 세상에 적응하면서 자신을 결정하고 속박하는 것이 아니라, 결정과 속박함으로써 그는 세상에 현존하며 행동한다. 그 이유는 그가 확실히 그의 영원한 의지의 결정 안에서 결정하였다면 그것은 그 자신의 영원한 본질에 특징적인 결정됨, 속박이기 때문이다. 그는 지배한다. 그러나 그가 지배한다는 사실이 그를 신적 통치자가 되게 하는 것이 아니다. 왜냐하면 신들과 우상들도 통치할 수 있기 때문이다. 그가 무한한 권력으로 무한한 영역에서 통치한다는 것이 그를 결코 신적 통치자가 되게 하지는 못한다: 하나님은 그런 일을 결코 하지 않는다. 무한한 영역 내에서 무한한 권력은 오히려 모든 비(非) 신적, 반(反) 신적 법정 정부의 특징이다. 하나님은 일정한 영역에서 일정한 권력으로 지배한다. 그의 지배가 '정해져 있고 속박받는다'는 것이 그를 신적 지배자가 되게 만든다. 자기 자신을 통해 결정되어 있고, 자기 자신에 속박되어 있으며, 이로써 실제로 정해졌고 속박받는다.—그리고 이것은 생각으로만 그의 자의 자체가 그의 신적 본질, 그러므로 그의 세계 통치의 원리인 것처럼 생각하는 것이 아니라, 그가 참으로 왕적 방식으로(그러므로 독재자의 방식으로가 아니라) 자기 자신을 '구체적으로' 결정했고 속박했다는 것이다. 그러므로 어떤 결정들을 그에게서 기대해야 하는 것이 아니라, 어느 경우든 그의 존재의 이 구체적인 결정, 속박, 그의 영원한 본성 안에서 내려진 원결정에 근거한, 다만 이 원결정의 경계에서, 그러므로 무한한 영역에서 이 선의 좌편 혹은 우편에 놓여 있는 그런 결정을 기대해야 한다. 사람들이 만물 위에 지배하는 하나님의 세계 통치에서 출발할 때, 그리고 이것에 특수 경우로서 하나님의 선택을 종속시켜야 한다고 생각할 때, 거의 피할 수 없는 이중적 위험이 있다: 1) 선택의 근거와 동일한 저 원결정과, 그리고 이로써 결정됨과 속박 속에 있는 영원한 신적 존재를 결코 인식하지 못한다. 그러므로 2) 저 원결정에서부터 내려지는 다른 하나님의 결정들의 선을 포착하지 못한다. 그때 사람들은 하나님의 세계 통치, 섭리 주재를 결국 실제적으로 다만 절대적 자의(恣意) 행위의 연속, 맥락으로 서술할 수 있을 것이고, 그러면 하나님의 예정도 그런 자의 행위로 서술하게 될 것이다. '예정'의 관념과 개념 안에서 하나님의 정해진, 속박받는, 그러므로 진정한 '신성'을 관조하고 파악하는 일이 적절하다면, 그리고 이 관조, 파악에서부터 이 진정한 하나님이 그런 분으로 진정한 '세계 통치자', 크고 작은 만물 위의 전능한 주권자, 그런 한에서 또한 참으로 '신 일반'이라는 것을 통찰할 수 있다면. 하나님이 그런 분이고 그런 분으로 인식되고 숭배받기를 원하기 때문에, 그렇기 위해서 선택의 주체에 대한 우리의 숙고는 자의적으로 세계 통치자 개념 자체에서 출발해서는 안 된다. 우리는 우선 먼저 이 통치자가 누구인지, 그가 그의 통치에서 무엇을 원하고 행하는지 알아야 한다. 그러나 그의 통치의 이 구체성은 선택의 직관, 파악에서 얻어진다. 바로 선택 속에서 하나님은 존재하는 분으로 자신을 계시하며 모든 신들과 우상들과 구별되는 분으로 계시한다. 그러므로 선택이 비로소 파생되었을 배후에 놓여 있는 보다 고차적 원리에서가 아니라 '선택' 자체에서 우리는 선택의 근거를 찾아야 한다. 하나님의 모든 다른 행동과 공통되는 어떤 것에서가 아니라, 바로 거기: 이 행동의 특성에서. 바로 거기서: 거기서부터 또한 하나님의 섭리와 세계 통치가, 그러나 비로소 하나님의 섭리가 아니라, 창조가—창조뿐만 아니라 진정으로 하나님의 모든 다른 행위 전체가 드러나고 납득될 수 있기 위해서.

이전 단락에서 비판된 것과 이 단락에서 비판을 필요로 하는 것 사이의 맥락은 자명한 듯하다. 예정론에서는 '특별하게 하나님과 인간' 이해가 문제이다: 하나님이 '참된' 하나님이며 인간이 '참된' 인간이 되는 특별한 관계 속에서. 이 특수성, 다만 이것만이 보편적인 것을 지향하고 보편적인 것을 내포한다. 선택에서는 궁극적으로는 전체 인류가, 그러므로 모든 개별적 인간이 문제이지만 내용적으로는 우선 전적으로 한 인간이 문제이고, 그 다음으로 그에게 속한, 그에 의해서 부름받은, 그 주변에 모인 인간 백성의 일정한 구성원이 문제이다. 그 인간 백성 자체는 인류와도 다수의 개별 인간과도 동일하지 않다. 그러므로 선택에서는 궁극적으로 하나님의 온전한 주권 행사가, 그의 전능한 세계 통치가, 그러나 내용적으로는 저 일정한 인간 및 그 안에서 대표되는 인간 백성과의 관계 속에 있는 하나님의 일정한 존재와 행위가 문제이다. 선택은 하나님이 그의 주님 됨, 주권 행사의 기본법이 되는 원결정을 이룩하는 하나님의 특별한 행태이다. 선택론은 그러므로 선택받는 인간에 관해서나 선택하는 하나님에 관해서나 보편적인 것, 인간적으로 신적으로 추상적인 것을 주목하는 것이 아니라 특수한 것, 참된 하나님과 참된 인간의 구체적인 것을 주목하고 거기서부터 일반적으로 하나님과 인간이 어떠한가를 보고 이해하는 한에서 올바로 근거지어진 것이다. 거기서부터이며 그 반대가 아니다!

우리는 이제 선택론의 근원에 대한 물음에 '적극적' 대답을 하려고 해야 한다. 두 가지가 마지막으로 언급되었고, 기각된 답변은 결정적인 진리 동기를 내포하기 때문에 진지하게 다루어야 한다. 첫째 단락에서의 고찰들은 이미 우리를 이런 결론에 도달하게 만들었다: 의심할 여지없이 선택은 어떻든 간에 하나님과 인간 사이의, 인간에 대한 그의 원초적 관심 속에 있는 하나님과 이 신적 관심에 의해서 원초적으로 결정됨 속에 있는 인간 사이의 모든 관계의 근거를 나타낸다. 이 관계를 결정함에서, 그 자신을 이렇게 규정함 속에서, 거기에서부터 인간을 결정함에서, 그 자신 안에서 결정되고 이루어진 원(原) 관계 속에서 하나님은 하나님이다. 바로 이 원관계는 그러므로 신론에 속한다. 신론은 이 원관계를 고려하면서 확장함이 없이는, 외부를 향한 하나님의 모든 활동에 선행하는, 그것을 특징짓는, 그리고 거기서부터 모든 활동이 나오는 하나님의 결정을 고려함이 없이는 완전하지 않을 것이다. 하나님은 그 결정에서 다른 사람에게, 바로 인간에게, 그의 인간에게 자기 자신을 내주었고, 이 결정에 근거해서 하나님은 바로 이것을 원했고, 행했고, 이 인간에게 자신을 내어 준 분이다. 선택론의 근거에 관해서 두 가지 마지막으로 언급되었고, 기각된 답변은, 그 답변들의 부정확한 형태를 도외시한다면, 그것들을 함께 취한다면, 선택론 문제에 주목케 만드는 장점이 있다: 선택의 주체로서의 '하나님'과 객체로서의 '인간'에 대해. 여기서 그 답변들은 그것들도 그 나름대로 여기서 기초적이고 표준적인 인식에서부터 왔으며, 또한 그것들도 그 나름대로 그리스도교 교회의 공간에서 주어졌다는 것을 드러낸다. 우리가 그것들의 부정확한 형태를 고려해서 선택론의 근거에 대한 답변으로 그것들을 기각해야 했을지라도, 그것들이 본질적으로 문제의 양축, 즉 하나님과 인간을 지시한다면 그 본질을 포기할 수 없다. 그 답변들은 이 문제의 양축을 그 특수성 속에서가 아니라, 성급하게 또 그리스도교 가르침의 순수성을 위해서는 위험하게, 인간에 대한 일반적인 관점 속에서, 하나님에 대한 일반적 개념 속에서 발견할 수 있다고 믿는 점에서 실패했다. 우리는 성서 내에 증언된 하나님의 자기 계시를 통해서 가르침을 받으려 함으로써 여기서 시작해야 한다.

성서가 하나님에 관해 말한다면 성서는 우리에게 우리의 시선과 생각을 자의대로 방황하여 어떤 높음 혹은 깊음에서 완전한 주권과 많은 다른 완전성을 갖춘 존재, 주님이며 율법 수여자이며 인간과 인간들의 심판자요 구원자인 존재를 확정하도록 허락하지 않는다. 성서가 하나님에 관해 말한다면, 성서는 우리 시선과 생각을 한 점으로 모으고, 이 점에서 인식되어야 할 것으로 모은다. 그러나 여기서는 다만 일인칭 단수로 족장들과 모세, 예언자들과 후에는 사도들에게 말 걸었던 분, 이 그의 일인칭 '나'에서 주권이며 모든 완전성이며 주권과 완전성을 지니고 계시하고 그런 분으로 인식되고 경배되고 존경되기를 원하는 분, 그의 말씀을 통하여 그의 백성 이스라엘을 창조하고 다른 백성들로부터 구별했고 후에는 그의 교회를 이스라엘과 모든 백성들로부터 구별했던 분, 처음에는 이스라엘로, 그 다음에는 교회로 불린 이 백성을 그의 의지와 행동으로써 통치하는 분을 인식해야 한다. 그는 이 백성의 주요 목자로서 또한 세계 지배자, 만물의 창조자요 모든 크고 작은 사건의 주재자이다. 그러나 그의 세계 통치는 다만 저 특별한 공간 안에서 그의 통치의 연장, 결과, 적용, 전개일 따름이다. 그는 저 특수한 것을 위해서 모든 일반적인 것을 행하고 거꾸로 저 특수한 것을 통해서, 그것 안에서, 그것과 함께 모든 일반적인 것을 행한다. 그의 자기 계시에 의하면 이것이 하나님이다.

우리가 보다 정확하게 주시하고 성서가 우리의 시선과 생각을 모으는 저 한 점에서 누구를, 무엇을 하나님으로 인식해야 하는가를, 그의 백성을 통치하고 먹이고 그의 백성을 위해서 온 세상을 창조하고 유지하고 그의 호의에 따라서—이 백성을 향한 의지에 따라서—인도하는 하나님은 누구이며 이름이 무엇인가를 묻는다면, 우리가 눈이 성서의 지시에 따라서 머무는 한 점, 생각이 성서의 지시에 따라서 진정으로 머물러야 하는 한 점에 대해 묻는다면, 성서는 우리를 성서의 처음에서부터, 끝에서부터 '예수 그리스도'라는 이름으로 이끄니, 이 이름에서 하나님이 저 백성에게 관심을 보이기로 결정한 것, 자기 자신을 이 백성의 주님, 목자로 정한 것, 이 백성을 "그의 백성과 그의 목장의 양떼"(시 100:3)로 정한 것이 인간적, 역사적 사건이 되었고, 이로써 선행하는 온 이스라엘 역사의 본질로서 뒤에 따라오는 전체 교회 역사의 희망으로 인식될 수 있었다. 하나님 자신이 저 이름 아래서 인간, 이 인간이 되었고, 그런 분으로 이 인간을 향해 질주하고 그로부터 오는 온 백성의 대변자가 되었다. 하나님 자신이 저 이름 아래서 이 백성의 파트너로 자신을 헌신하는 일을 영원부터 영원히 결의한 대로 시간 속에서 그러므로 우리 인간의 인식을 위해 실현했다. 하나님 자신이 저 이름 아래서 이 백성을 가지는 일이 이루어졌다. 그 자신이 가진 것보다 덜 가지지 않으며, 그가 자신에게 신실한 것 못지않게 그 백성에게 신실함을 맹세했고, 그가 그의 아들 안에서 자신을 사랑한 사랑 못지않게 그 백성에게 사랑을 주었다: 그의 뜻이 하늘에서 모든 시간적인 것을 선취하는 영원한 결정 안에서 이미 이루어진 것처럼 땅에서도 그의 뜻을 이루었다. 하나님 자신이 저 이름 아래서 이 이름을 지니는 특별한 백성을 '이방인의 빛'으로, 온 백성에게 희망으로, 약속으로, 초청으로, 부름으로, 또한 이로써 온 인류에게, 모든 개별 인간에게 물음으로, 권유로, 심판으로 세웠고 준비시켰다. 이 일이 저 이름 아래서 일어남으로써 하나님의 뜻이 일어났다. 그러므로 우리는 전적으로 온전히 이 사건에서 성서 내에 증언된 하나님의 자기 계시에 의해서 그의 실제적 의지, 이로써 그의 본성, 세계의 창조자, 통치자로서 그의 역사(役事)의 의미, 본질을 인식해야 한다. 그러므로 이 사건에서, 이 이름 아래서 드러난 것보다 더 심오한 하나님의 본성, 역사는 없다. 바로 이 이름을 지닌 분은 성서에 의해서 그의 '나' 안에서 모든 주권 모든 완전성의 개념을 드러내는 분이다. 우리 눈과 생각의 대상이 이 이름을 지닌 분이 되고, 눈과 생각이 예수 그리스도를 향함으로써, 하나님을 바라보며 하나님에게 매달린다.

우리가 그와 상관함으로써 우리는 '선택하는' 하나님과 상관한다. 선택은 분명히 어느 경우든 이 하나님의 계시, 이 행위, 세계 내 현존, 여기서 분출하는, 인식될 수 있는 영원한 결정, 영원한 자기 규정에 관해 말해야 할 처음 것, 근본적인 것, 결정적인 것이다. 이 자기 규정 그 자체는 하나님 자신인 자유로운 사랑의 확증으로서 하나님의 선택이다. 그가 이 규정됨에서만이 하나님이고자 하는 것이 하나님의 선택이다. 그가 인간에게 관심을 보이고, 하나님으로서 그의 파트너이고자 하고, 파트너가 되는 것이 선택이다. 그가 예수 그리스도라는 이름 아래 그의 백성의 역사의 본질을 이루고, 이로써 이 백성을 삶으로 불러내고, 자기 자신이 그 백성의 주님, 목자가 되는 것이 하나님의 선택이다. 그가 이 일회적 형태 안에서, 시간 안에서, 이 백성의 시간의 중간에서 모든 그의 시간을 위해 행동하고 이로써 창조된 온 시간에 의미와 내용이 되고 또 의미와 내용을 주고자 하는 것이 하나님의 선택이다. 그가 저 이름을 지닌 머리를 위해서 이 백성, 이 특수한 몸을 축복과 심판의 상징으로, 그의 사랑의 도구로서, 인간 일반을 향한, 모든 인간을 향한 관심의 표적으로 창조했고 세웠고 이 의도 안에서 그의 모든 시간 동안 그 백성과 행하는 것이 하나님의 선택이다. 바로 그의 행동과 그의 뜻의 이런 특수성 안에서, 그런 한에서 또한 그 스스로 정한 본성의 특수성 안에서 그는 '선택하는' 하나님이다. 그는 성서가 우리 눈과 생각을 향하게 하는 저 한 점에서 선택하는 자이다. 그는 그의 백성의 주님과 목자가 됨으로써 선택하는 분이다. 그는 예수 그리스도 안에서, 그의 독생자 안에서, 그러므로 영원부터 자신 안에서 선택하는 분이다. 거꾸로 우리가 누가 하나님이며 그의 선택이 무엇인가, 어느 한에서 그가 선택하는 하나님인가를 알고자 한다면, 우리는 모든 다른 것을 제치고, 곁눈질을 할 것 없이, 잡생각을 할 것 없이, 예수 그리스도라는 이름을, 그리고 그 안에서 결정된 하나님 백성의 존재와 역사를, 이 이름과 역사의 신적 신비를, 이 머리와 이 사랑의 신적 신비를 생각해야 한다.

이에 따라서 그러므로 성서는 인간에 대해 말할 때 우리 눈과 생각으로 하여금 어떤 스스로 선택한 폭과 거리 속으로 방황하는 것을 허락하지 않는다. 성서는 인간에 대한 추상적 총괄 개념과도, 또한 단순히 인류 전체와도, 또한 개별 인간 자신의 존재와 운명과도 상관하지 않는다.

성서는 우선 우리에게 이 백성 전체의 조상이며 대표인 아담에 관해 이야기한다. 그러나 성서의 보고의 계속적 흐름에서 보편적인 세계사도, 그것의 문제 자체도 염두에 두고 있지 않다는 것이 분명히 드러난다. 우리는 일반적인 인류의 번식과 확산을 다만 잠시 곁눈질해 볼 때 아담으로부터 곧 노아로, 노아로부터 아브라함으로, 아브라함으로부터 야곱-이스라엘로, 즉 분명한 의도로써 넓은 곳에서 좁은 데로 인도되며, 여기에 그러므로 다시 특수한 사실 속에는 성서가 인간에 관해 보고해야 하는 사건들이 반영된다. 그리고 이 사건들 때문에 성서는 인간에게 관심을 가지며 독자로 하여금 인간에게 관심을 가지게 하고자 한다. 저 족보에 속하는 각 인간은 인간 족속의 부단한 번식과 확산의 특별한 표본이기 때문에 혹은 그를 통해서 계속적으로 인류의 번식과 확산이 이루어지기 때문에 중요한 것이 아니라, 정반대로 그가 그의 아버지의 많은 아들 중 하나, 이 아버지의 많은 손자들 중 하나로서 이 물론 진행 중에 있는 사건 내에서 하나의 특별한 경우이기 때문에, 또 그 자신의 아들과 손자들 가운데서도 언제나 거듭하여 그런 특별한 경우가 있을 것이기 때문에 중요하다. 인류 자체의 저 번식과 확산의 온 사건은 이런 특수한 경우의 존재를 가능케 하고 실현시키기 위함이다. 아담으로부터 온 역사는 결국 거룩한 백성의 열두 지파의 조상으로서 '야곱-이스라엘'이라는 특별한 인간이 존재하는 것을 지향한다. 그 역사는 이 좁은 미래에서 그 의미와 필연성을 가지니, 따라서 돌이켜볼 때 결국은 혹은 우선은 아담 자신도 인류의 조상으로서가 아니라 특수한 첫 번 경우로서, 저 특별한 인간들의 반열에서 첫 인간으로서―특별히 그 역사가 야곱-이스라엘의 존재를 가능케 하기 때문에―중요하며 신·구약성서에서는 바로 인간이 된다.

이제 이 구별은 인간 야곱-이스라엘과 그의 후손에서 중단되는 것이 아니다: 그에게서부터 그의 이름으로 불리는 백성의 형태로 전체 내에 한 소인류와 같은 것이 있는 것이 아니다. 그런 것으로서 모든 그의 구성원 내에서 특수한 경우가 되며, 인류의 존재를 통해 목표되는 한 족속이 있는 것이 아니다. 지금 야곱-이스라엘로부터(아마도 차라리 아브라함-이삭-야곱의 순서로 말하는 편이 나을 것이다.) 도달된 것 혹은 차라리 나타난 것은 한 특수한 인간 '백성' 자신의 존재이다. 지금 분명히 저 많은 경우들 각각이 다만 전체의 존재 안에서만 그 의미를 가지며, 처음부터 발생한 구별에서는 개별자로서 이런 저런 개별 인간이 중요한 것이 아니라 이 개별자 안에서 다수가, 일정한 다수가, 필연적인 내적 맥락이, 자명한 상호 소속 관계가, 다수의 통일이 중요하며 중요할 것이다: 마치 모든 것이 한 백성 안에서 현실이 된 것처럼! 왜냐하면 혈연, 언어, 역사 공동체로서 '백성 이스라엘' 자체는 다만 인간 족속 안에서 이 특별한 다수의 표적일 뿐이다. 이 백성은 야곱의 백성, 혈연, 언어, 역사 공동체로서 자기 자신 안에서 일반적 인류 내에 있는 특수한 인류를 볼 수 있다고 믿을 때마다 자기 자신에 대해 착각하는 것이다. 이러한 의미의 백성이 존재하자마자 곧 다시금 자기 가운데서 구별이 시작되고, 이 백성의 모든 세대들과 지파들에서 분단이 이루어지고(이스마엘과 에서의 배제에서 예시되었고 할례의 계약 표시에서 인상적으로 시사되었다!) 계속적으로 자기 주변으로 구별을 확대하여, 그의 조상을 통해서 그 백성에게 약속된 특별한 나머지 부분을 계속적으로 축소시킬 것이다. 외견상 이것만이 당시 한 아담의 존재에서 결정되었고 시작된 구별을 취소시키는 결과가 된다. 언제나 이 백성은 살아 있고 언제나 다만 지향하는 백성의 표적으로서 살아 있다. 이 백성의 역사의 본래적 의미는 아담으로부터 족장들에 이르기까지 인간 족속의 번식과 확산의 선행하는 역사의 그것과 점점 더 유사해진다: 이스라엘은 우선은 거기서처럼 전체로서 한 특수한 경우의 존재를 예비하고 가능케 함으로써 백성으로서 산다. 그러므로 이 백성은 다시금 일정한 개별 인물을 향하여 산다. 이 인물은 누구인가? 구약성서를 이 역사 보고로 간주한다면 그 대답은 의심의 여지없이 우선은 다음과 같아야 한다: 다윗 왕이라는 인물의 강력한, 의로운 나라에서 야곱의 후손에게 주어진, 가나안 땅을 소유하리라는 약속이 외견상 능가될 수 없고(직접 이해할 때) 사실 후에도 더 이상 능가될 수 없었던 방식으로 성취되었다. 이스라엘은 이 한 인물을 배출하였고, 왕으로 얻음으로써 그의 모든 길의 목표에 있다. 이 백성은 이 왕을 향하여, 그의 백성이 되기 위하여, 그에게 복종하기 위하여 구약성서의 두 번째 기간에 살았다. 첫 번 기간이 이 백성, 다윗을 강력하고 의로운 왕으로 가지게 될 이 백성의 건립을 목적했다면, 이 백성을 건립한 것은 바로 이 왕을 목표했기 때문이다.

그러나 이제 놀랍게도 세 번째 기간이 시작된다. 세 번째 기간은 다윗으로부터 포로기까지 지속되며, 이미 광야를 통과하고 땅을 점령하는 대전환에서 그리고 결국 사울이라는 개인을 물리치는 역사에서 분명히 예고된 바와 같은 백성의 역사적 실존의 해체가 이제 그의 역사와 그 보도의 본래적 주제가 된다는 데 그 특성이 있다. 이스라엘에게 주어진 약속의 궁극적 성취는 다윗이라는 인물에게서 다만 약속의 반복이 될 뿐이고, 다윗의 나라도 나만 하나의 표적일 뿐이었다는 것은 분명하다. 다윗 자신은 마치 지금까지의 모든 길의 목표가 아닌 듯이 그의 모든 희망을 거는 것은 다윗의 자손이다. 그리고 이 다윗의 아들, 솔로몬이 왕위에 올라서 지혜와 영광으로써 지배하고 이로서 다윗이 행한 모든 것을 무색하게 함으로써, 그가 다윗에게 거부된 일, 즉 하나님의 성전을 지을 수 있게 됨으로써, 실제로 이제 비로소 약속이 정말로 성취되는 듯 보였다. 그러나 바로 이 소위 본래적인 것, 다윗의 은혜의 나라에 뒤따르는 영광의 나라는 그것의 신속한 도래로써 다윗이 물론 그의 아들을 위하여 스스로가 목표로서가 아니라 새로운 길의 시작으로서 이스라엘의 지금까지의 실존의 의미였다는 것을 강조했고—그것의 신속한 퇴거로써 또한 솔로몬도 다윗 자손의 모든 지혜와 영광을 나타내고 지시해야 했으나 자신은 약속된 기대되는 다윗의 자손이 아니라 다만 그의 대리인 역할을 할 뿐이라는 것을 강조했다. 그런 후에 저 해체가 돌이킬 수 없이 시작되었으니, 예언자들에 의해 중지된 것이 아니라 오히려 필연적이라고 부단히 예고되었고 선포되었다. 그 결과 결국 다시금 다윗의 자손이 가시화되었다: 마지막에서 두 번째 예루살렘의 왕으로서 다만 3개월간 통치한 후 느부갓네살에 의해 실각하고 바빌론으로 끌려간 여호야긴 혹은 여고니야, 그는 모든 면에서 다윗과는 결정적으로 대립되는 인물이다.—예레미야 22:24-30에서 그에 관해 쓴 것을 읽어 보라!—그에게서 이스라엘의 목표는 끝장나고, 이스라엘이 은혜로써 구별되었으나 이제는 진노로써 버림받은 것처럼 보인다. 그럼에도 그는 이제 무력하고 실각한, 나라 밖으로 끌려간 왕으로서, 그림자로서의 그의 이런 기능 안에서 그의 조상 다윗과 마찬가지로 다윗 왕조에 속한다. 그는 그 나름대로 솔로몬 못지않게 약속된 다윗 자손을 나타내었다. 따라서 이사야 49장 이하의 '하나님의 종'에 대한 가장 가능한 해석에 따르면, 이스라엘 자신과 불멸의 예언자 예레미야와 포로기의 어떤 무명의 예언자와 모든 예언자들뿐만 아니라 (그가 이 모든 것이 됨으로써!) 동일한 의미에서 이 유감스럽게도 실각한 그림자 왕 여고니야까지도 열왕기하 25:27 이하에서 의미심장하게 보도하는 바와 같이, 바빌론에서 에윌므로닥에 의해 사면을 받고 친절하게 대접을 받을 뿐 아니라 그와 더불어 있던 모든 다른 왕들의 자리보다 더 높은 자리를 받았다.

그러나 또한 이 인물은 포로기 초기에 존재한다: 자기 죄 때문에 징계를 받고 멸망한 백성의 대표로서의 다윗 자손은 와야 하고 기다려지는 그분은 여전히 아니다. 오히려 구약의 네 번째 기간이 시작된다: 이스라엘은 징계를 받고 멸망했으나 하나님에 의해 포기되지는 않았다. 오히려 저 이사야의 두 번째 부분에서 전에 약속한 보다 더 포괄적으로 새로운 약속이 주어졌다. 이스라엘은 유배에서 돌아올 것이다. 또 다시 다윗의 자손, 여고니야의 손자인 '스룹바벨'이 그 정점에 선다. 그러나 이스라엘이 이제는 더 이상 나라가 되지 않는 것 같이(이 표적은 주어졌고 반복되지 않는다!), 모든 것이 이 역사에서는 비슷하지만 아무것도 단순히 반복되지 않는 것 같이 스룹바벨도 더 이상 왕이 아니다. 예언자 학개를 통해서 다윗 자손에게 주어진 임무는 파괴된 성전을 "군대의 힘으로도 권력으로도 아니고, 오직 나의 영으로"(슥 4:6) 다시 건축하라는 것이다. 그 밖에 일곱 개의 대롱이 달린 촛대 주변에 있는 두 그루의 올리브 나무는 대제사장 여호수아 곁에 있는 왕을 다만 암시한다. 이제 이스라엘은 왕 없는 백성이 된 것처럼 보인다. 이스라엘은 한 백성인가? 이제 정말로 모든 약속은 철회되지 않았는가? 그러나 우리는 달리 물어야 한다: 다윗 자손 스룹바벨은 다만 왕위 계승자로서 대제사장 곁에 본유의 직무 없이 비정치적으로 다만 성전 재건만을 수행함으로써 이 모든 것의 '가장 분명한' 표징이 되는 것이 아닌가? 그는 바로 이로써 아주 정치적으로 다윗과 솔로몬도 증언해야 했고, 직접 정치 권력을 소유한 자로서 다만 불분명하게 증언할 수밖에 없었던 것, 그들의 뒤에 오는 다윗 후손의 정치 권력자가 부정했던 사실을 증언하지 않는가? 곧 하나님 자신이(문자적으로도, 실제로도) 이 백성의 왕이 되고 인간은 하나님 대신 다만 그의 파괴된 지상적 지성소를 회복하도록 부름받았다는 사실. 이스라엘이 팔레스틴에 주거하는 유대 집단인 지금 아마도 가시적으로 이 왕 아래서 진정한 하나님 백성으로 통일되지 않았는가? 이스라엘이 이 백성이 될 수 있다는 이것이야말로 이 네 번째 기간을 시작하는 약속이다.—또 약속된 다윗의 자손이 태어남으로써 이 기간은 끝난다: 약속된 다윗의 자손은 한 인물 안에 다윗, 솔로몬, 여고니야와 스룹바벨을 통합한 분이며 그들 이상이다! 모든 앞에 있었던 일에 따르면 모든 약속들을 단번에 실현시키기 위해서 지금 다윗의 자손으로 왕위에 오르는 분은 오직 하나님 자신일 따름이다. 말씀—이스라엘을 창조했고 예언자적 심판자로, 위로자로 이스라엘을 동반했고 인도한 같은 말씀—이 말씀 자신이 육신이 되었고, 스스로 다윗의 자손이 되었다. 이 특수한 경우, 이것 때문에 아담으로부터 스룹바벨에 이르기까지 모든 저 잠정적인 경우들이 있어야만 했고, 이것 때문에 이스라엘이 인류로부터, 유다가 이스라엘로부터 나와야 했던 이 특수한 경우가 나타난 것이다. 하나님의 아들이었던 다윗의 자손, 메시아를 이교도에게 넘겨서 십자가에서 죽게 만든 이스라엘에 반하여 일어난 이 사건은, 하나님이 처음부터 저렇게 단절과 해체를 통해 의롭게 이스라엘에게 행했다는 것을 확증하였다. 그러나 하나님의 의는 인간의 불의에 반하여 산맥처럼 서 있기 때문에, 그럼에도 불구하고 이 사건은 이스라엘을 위하여, 그러나 또한 이교도를 위하여, 예수 그리스도의 십자가 처형에서 분명히 이스라엘의 공모자가 되었던 세상, 이로써 또한 이스라엘과 함께 살해될 수 없는, 철회될 수 없는, 다만 전적으로 실현되는, 예수 그리스도의 부활에서 그 실현이 가시화되는 약속에 참여자가 된 세상을 위하여 일어났다. 동일한 불복종의 죄 안에 빠진 유대인과 이교도는 이제 '너희는 내 백성이고 나 하나님은 다윗 자손의 인격 안에서 너희 왕이다' 라는 말을 들을 수 있다. 유대인과 이교도 가운데서 이 왕이 부르고 이 왕의 말을 듣는 자들이 바로 저 오랜 역사 속에서 그의 존재가 목표되었던 저 백성이다. '그' 인간이 이 왕의 인격 안에서—아담은 이 왕의 모범으로서 인간이 되었는데—등장한다: 전자는 하나님의 피조물이요 곧 하나님의 죄많은 피조물이며, 후자는 하나님의 아들이며 그러므로 다윗보다 더 강력하고 의로우며 솔로몬보다 더 지혜롭고 영광스러운 자이다. 또한 그는 여고니야와는 전혀 달리 치욕과 멸시를 당해야 하는 분. 그러나 또한 스룹바벨과는 전혀 달리 성전을 재건하는 분이다. 그 인간은 그의 고난과 승리에서 그의 날개 아래 죄인을 품어 주고 덮어 주고 자기 자신을 통해 구원하는 거룩한 분이다. 그의 백성의 약속과 희망의 성취이며, 이 백성의 존재와 역사의 의미이며, 이 백성의 한때 감추어진, 지금 드러난 왕이자 구원자인 그는 참 인간이다.

하나님의 아들로서 '백성'의 왕인 이 인간, 그는 '선택된' 인간이다. 그 안에서 그를 통해서 그의 신하이며, 이 백성의 구성원인 자들이 '선택되어' 있다. 이편에서도 하나님의 '선택'이 문제라는 것이 분명하다. 모든 저 인물들 중 누구도 자신을 특수한 경우, 저 반열 속의 한 지체, 저 기능들 중 어디에서도 그들 모두가 상호 함께 지시하고 준비해야 하는 특수한 경우의 표징이 되도록 스스로 정하지 않았다. 언제나 일반적인 것으로부터 물어야 한다: 왜 바로 이 경우와 저 경우인가? 왜 이들과 저 다른 것들이 아닌가? 언제나 다만 실제 사건, 이 특수한 경우들의 존재 자체가 이 물음의 답변이다. 그러나 선택은 이 인간들에 의해 내려지지 않고 오히려 그들에게 내려졌으며, 그러므로 그들을 보고서는 설명될 수 없다. 따라서 어떤 다른 영역에서가 아니라 바로 인류 내에서 이 일련의 사건들과 이런 특수한 경우들이 있어야 한다는 것—이것이 인간이 그 주체가 될 수 없는 선택의 사실이다. 그러므로 이 백성을 형성함이 동시에 이 사건들의 목표요 새로운 출발점이 되는데, 이 백성은 자신 스스로 이 위치와 기능을 선택한 것이 아니다: 이 백성이 이 위치와 기능을 자기 자신의 선택의 문제로서 이해하고 따라서 그렇게 처리하는 한, 그것들을 언제나 이미 상실한 것이다. 하나님이 이 사건에서 선택하는 분이라는 것은 저 무수한 인간들이 지속적으로 단절되고 떨어져 나감에서 나타난다. 이 일을 통해서 온 백성에게 주어진 약속은 무효가 되는 것이 아니라 오히려 확증된다: 어느 경우든 하나님이 선택한 온 백성은 그의 약속의 담지자, 수령자로 머물러 있을 것이다. 하나님이 이 사건에서 선택하는 분이라는 것은 약속이 지속적으로 성취되면서 거듭하여 새로운 약속이 되고 결국 성취가 이루어져 본래적인, 분명히 드러나는 약속이 되는 저 과정의 특이성에서 나타난다: 성취, 전체 사건의 의미는 하나님의 선택으로 남아 있어야 한다. 그리고 다만 미래적인 것의, 그 목표의 표징인 일련의 특수한 경우들이 이제 무한히가 아니라 한 특수한 경우를 통해서—또한 표징이 되는 한 특수한 경우를 통해서—제한되어 있다는 것이 하나님의 선택이다. 바로 이 특수한 경우가 본래적 성취가 됨으로써 동시에 분명해진 약속이 되며—그러나 표징으로서 동시에 표시된 것 자체이기도 하다.

한 선택된 분, 그 안에서 통일되고 그를 통해 대표되는 선택된 분, 선택된 자의 백성은, 우리가 그 인간에 관한 성서의 진술을 들을 때, 성서가 결국 우리 시선과 생각을 잠잠케 만드는 곳에서 가시화된다. 거기서 선택한 하나님이 가시화되는 것과 마찬가지로! 이 선택된 분은 하나님의 자기 계시에 의하면 인간이다. 하나님의 자기 계시에서는 자신을 계시하는 분이 하나님이기 때문에 또한 그 인간에 대해서도 결정적인 것이 말해졌다. 우리는 다시금 또한 말을 바꾸어야 한다: 만일 우리가 무엇이 선택인지, 하나님에 의해 선택된 인간 됨이 무엇인지를 알려면, 우리는 모든 것을 떠나서 곁눈질이나 딴 생각 없이 저기를 바라보아야 한다: 예수 그리스도의 이름을, 그리고 그 안에서 실현된, 그 시작과 종말이 이 이름의 신비에 포함되어 있는 이 백성의 실존과 역사를.

우리는 '하나님'에 대한 성서의 진술과 '인간'에 대한 진술이 이 한 곳에서 어떻게 만나는가를 본다. 하나님의 인간 선택에 관한 진술들은 이 한 곳에서 일어나는 일에 대한 진술로 이해되어야 하고 형성되어야 한다. 왜냐하면 이 곳에서 선택이 일어나기 때문이다. 이 일이 올바르게 일어났다면, 그리고 우리가 선택론을 어쨌든 성서의 증언에 따라서 하나님의 자기 계시 위에 근거를 두는 것이 합당하다고 간주한다면, 이제 '선택론의 근거'에 대한 물음, 우리가 여기서 어느 경우든 지켜야 하는 관점에 대한 물음은 긍정적으로 답변된 것이다. 우리가 이 잠정적인 개관에서 원칙적으로 정확하게 보았다면, 일단 선택론의 '필요성'은 결정된 셈이다: 우리는 이 문제를 연구하거나 하지 않을 자유도 없고, 하나님의 예정에 대한 인식을 진지하게 다루거나 다루지 않을 자유도 없다. 하나님의 자기 계시의 중심에서 일어나는 이것이 첫째로 선택이다. 우리는 여기서부터 모든 위대한 교회 교사들이 예정론을 진술함에 있어서 역점을 둔 것을 이해한다. 그리고 우리는 특별히 선택론이 처음부터 그처럼 현저한 역할을 하였던 개혁파 교회의 증언을 부끄러워하지 않을 것이다. 오히려 우리의 조상들이(전통적 강제 때문이거나 모방하고자 하는 마음 때문이 아니라 내적 필연성 때문에) 옳다고 믿으며, 그들의 발자취를 따라가는 것을 우리의 의무라고 믿는다. 우리가 이상의 개관에서 정확히 보았다면 우리가 선택론을 받아들이고 진술해야 하는 '형태'에 대해서도 원칙적으로 결정된 셈이다. 예정론의 전체 역사, 그리고 개혁파의 역사에 대해 하나의 교정책이 개입되었고, 하나의 척도가 가시화되었다. 예수 그리스도라는 이름은 하나님의 자기 계시에 따르면 초점을 이루는 것이니, 그 안에서 여기에 자신을 주장하는 진리의 두 개의 결정적인 광채, 즉 '선택하는 하나님'과 '선택받은 인간'이 합쳐져 하나가 된다. 그러므로 이 진리에 관한 모든 그리스도교의 가르침이 이 이름에서 와야 하고 그 이름을 향해 매진해야 하고 이 이름을 바라보아야 한다. 진리는 모든 그리스도교의 가르침처럼 어느 경우든 이 이름을 증언해야 한다. 이 이름은 그러므로 우리 앞에 놓인 길에서 어느 경우든 하나님이나 인간에 관한 어떤 추상적 전제들로 말미암아, 저 추상적 전제로부터 얻어진 어떤 추상적 결론으로 말미암아 다시 불분명하거나 모호해지지 않을 것이다. 오히려 이 길에서는 방금 시도한 개관에 따라서 하나님의 인간 선택에 관해서 예수 그리스도라는 이름에 내포되어 있는 전제들과 결론들을 확립하고 전개하는 것만이 문제가 될 수 있을 것이다. 우리가 그것을 고수하는 한에서 우리는 도그마적 연구와 서술을 하는 모든 장에서 확고한 토대 위에 서게 될 것이다. 즉 자의적인 사변의 토대가 아니라 교회에(그리고 특히 신학에) 부과된바 선포의 대상에 대한 답변과 책임의 토대 위에 서게 될 것이다. 교회 선포의 대상은 또한 교회의 실존의 근거이며 그의 진리의 척도이기도 하다.

우리는 예수 그리스도라는 이름을 선택론의 근거로 표현함으로써 혁신을 기도하는 것은 아니다. 아무리 유감스러운 방향 이탈이 저 추상화에서 발생했다고 할지라도, 교회와 신학은 언제나 일정한 신약성서의 증언 진술을 염두에 두었다. 이 진술들은 교회와 신학으로 하여금 선택의 인식은 예수 그리스도의 인식의 일정한 형태 외에 다른 것이 아니라는 것을 아주 분명하게 그리고 비효과적이지 않게 상기시켰다. 사람들은 특히 에베소서 1:4 이하를 읽었다: 하나님이 그 안에서(ἐν αὐτῷ) 우리를 (공동체를) 하나님 앞에서 거룩하고 흠없게 되도록 선택한 것은, 우리로 하여금 세상의 토대를 놓기 이전에(πρὸ καταβολῆς κόσμου), 그의 기뻐하는 뜻에 따라서(κατὰ τὴν εὐδοκίαν τοῦ θελήματος αὐτοῦ), 그러나 그 안에서 그를 통해, 그를 향하여(διὰ Ἰησοῦ Χριστοῦ εἰς αὐτὸν) 실현되어야 하는 바 하나님 자녀가 되도록 하기 위함이다. 그리고 다시금: 그 안에서(ἐν αὐτῷ ἐν ᾧ …) 우리는 상속자가 되었고, 모든 일을 그의 의지의 결정에(βουλῇ) 따라서 역사하는 분의 뜻대로 예정되었다. 이것은 이미 전에 그에게 희망을 두었던 우리가(τοὺς προηλπικότας ἐν Χριστῷ) 그의 영광을 찬양하도록 하려는 것이다.(엡 1:11) 그리고 다시금: 하나님이 그리스도 안에서 정한(ἣν ἐποίησεν) 영원한 계획에 따라서(κατὰ πρόθεσιν τῶν αἰώνων) 교회의 존재를 통해서 하늘에 있는 통치자들과 권세자들에게 하나님의 갖가지 지혜를 알게 하려고 하는 것이다. 그러므로 우리는 예수 그리스도 안에서 또한 그를 믿는 신뢰 안에서 확신을 가지고 담대하게 나아간다.(엡 3:10-11) 사람들은 로마서 8:28-29를 읽었다: "하나님이 미리 안 자들, 즉 그의 뜻대로 부름받은 자들은—προέγνω(미리 알았다)와 προώπισεν(미리 선택했다)는 두 개의 상이한 연속적 행위가 아니라 바울에 있어서 관행적인 계사 의 용법에 의하면 점증적 확실성을 가지고 서술된 동일한 하나님의 행위이다.—하나님이 그의 아들의 형상으로(즉 골 1:15에 의하면 그 자신의 아들인 형상으로) 동화되도록 미리 정하였으니 이것은 그가 많은 형제들 가운데 처음 난 자가 되게 하려는 것이다. 이렇게 예정된 자들을 그는 또한 불렀고, 의롭게 했고, 영화롭게 하였다." 이 모든 구절들은 분명히, 우리가 선택 혹은 예정 개념으로 표현된 현실에서 예수 그리스도라는 이름의 영역 밖이 아니라 그 안에, 이 이름으로 표현된바 참 하나님과 참 인간이 통일된 곳 안에 처해 있음을 말해 준다. 그러므로 예정론의 위대한 옹호자들은 선택의 인식에 대해 말할 때, 실제로 매우 명확하게 예수 그리스도를 지시하기를 주저치 않았다. 오직 토마스 아퀴나스만이 여기서 예외로 언급되어야 한다. 그는 에베소서 1:4를 인용하기는 하지만(*S. theol.* I *qu.* 23 *art.* 4 *s. c.*) 그의 해석에서는 이 구절 자체에는 아무런 주의를 기울이지 않았고, 매우 뒷 부분에 가서야(*S. th.* III *qu.* 24) 그리스도의 예정에 관해 다루었다.

토마스 이전에 아우구스틴은 전혀 달랐다. 우리가 예정론에 대해 그리스도론적으로 설명할 수 있는 것은 그 덕분이다. 우리는 해당 부분에서 상세히 아우구스틴에게로 다루게 될 것이다. 무엇보다도 후기 루터는 달랐다. 그는 "많은 이들이 부름받았으되 뽑힌 자는 적다."에서 이런 방향으로만 사고할 수 있다고 단호히 선언하였다: "우리는 섭리와 주권의 하나님을 방해해서는 안 된다. 왜냐하면 하나님은 불가해하기 때문이다. 그리고 인간이 분노하지 않는 것은 불가능하다. 즉 그는 이런 생각에서 절망에 빠지든가 아니면 불경건하고 불손해질 수밖에 없다. 그러나 하나님과 그의 뜻을 올바로 인식하는 자는 올바른 길을 가야 하며 분노하지 않고 오히려 나아진다. 그러나 옳은 길은 그가 말한 대로 주 그리스도이다: '아무도 나를 통하지 않고서는 아버지에게 가지 못한다.' 이제 아버지를 올바로 인식하고 그에게로 가려고 하는 자는 그리스도에게 나아오며 그를 인식한다. 즉 그리스도는 하나님의 아들이며 영원하고 전능한 하나님이라는 것을 배운다. 이제 하나님의 아들은 무엇을 하는가? 그는 우리를 위해서 인간이 된다. 그는 우리를 율법에서 해방시키기 위해서 율법 아래 자신을 내놓는다. 그는 우리 죄의 삯을 치르기 위해서 십자가에 달리고 십자가 위에서 죽는다. 그리고 죽은 자들 가운데서 다시 일어나는 것은 그의 부활을 통해서 우리가 영원한 생명으로 들어가게 만들고 영원한 죽음에 대항하도록 하기 위함이다. 그리고 하나님 오른편에 앉는 것은 우리를 대변하고 성령을 선사하고 성령으로 지배하고 모든 악마의 유혹에 대항하여 인도하고 그의 믿는 자들을 지키기 위함이다. 이것이 그리스도를 올바로 인식하는 것이다.—이제 이 인식이 진실로 확고히 마음속에 있을 때, 일어나 하늘로 올라가라. 하나님의 아들이 모든 일을 우리를 위해서 행했기 때문에, 그가 아버지의 뜻과 명령에 의해 행했으므로 우리 인간을 향한 하나님의 마음이 어떠한가를 판단하라. 이것이 진실이 아니라면 당신 자신의 이성이 당신을 강요하여 말하게 할 것이다: 하나님이 자신의 아들을 우리를 위하여 희생하였으므로 하나님은 인간에 대해 나쁘게 생각하지 않은 것은 분명하다. 하나님은 인간들이 멸망하기를 원치 않는다. 그는 인간들이 살 수 있도록 돕기 위해서 최고의 수단을 찾고 사용한다."(*Pred. üb. Matth.* 20, 1-16, *W. A.* 52, 140, 28) 그리고 멜랑히톤(Melanchthon)도 후기의 루터와 마찬가지이다: "선택에 관해서 이성이나 율법으로가 아니라 복음으로 판단해야 한다. 모든 구원받을 자들은 그리스도 때문에 선택되었다. 그러므로 우리가 그리스도에 대한 지식을 받아들이지 못하면 선택에 대해서 말할 수 없다. 우리는 칭의의, 선택의 다른 원인을 찾아서는 안 된다. … 우리는 그러므로 하나님이 그의 뜻을 알린 약속을 찾아야 한다. 또 말씀 밖에 은총에 관한 다른 뜻을 찾아서는 안 되고 하나님의 계획은 불변하다는 것을 알아야 한다. 그러므로 우리는 아들의 말을 들어야 한다."(*Loci* 1559 *C. R.* 21, 914) 멜랑히톤을 따라서 일치 신조는 이 내용을 엄숙히 공포했다: "예정은 하나님의 은밀한 계획에서가 아니라 하나님의 말씀에서 헤아려야 한다."(*Ep*. XI 5) 그러나 하나님 말씀은 "우리를 그리스도에게로 이끈다. 그는 생명 책이다.(*ib*. 6) 그러므로 예정에 관한 참된 의미는 그리스도의 복음에서 배워야 한다.(*ib*. 9) 하나님의 은밀한 예정은 그리스도에서, 그리고 결코 중보자 그리스도 밖에서는 판단해서는 안 된다."(*Sol. decl*. XI 65)

루터파는 칼빈과 칼빈주의자들에 대항해서 이것을 강조해야 한다고 믿었다. 그러나 그들은 이미 칼빈 자신에게서 다음과 같은 것을 읽을 수 있었을 것이다: "나는 인간들에게 하나님의 은밀한 선택을 지시함으로써, 그들로 하여금 거기서 구원을 애타게 기대하도록 하지는 않는다. 오히려 올바로 그리스도를 향하도록 명령한다. 그 안에 우리의 구원이 제시되어 있으니, 구원은 그 안에서가 아니라면 하나님 안에 감추어져 있다. 믿음의 밝은 길에 들어서지 않는 자에게는 누구나 하나님의 선택은 다만 존재적 미로일 따름이다. 그러므로 우리가 죄의 용서에 대해 확신하기 위해, 우리의 양심이 영원한 삶에 대한 확신에서 안식하기 위해서, 하나님 아버지를 담대하게 부르기 위해서는, 하나님은 세상 창조 전에 우리에 대해 결정한 것에서 출발해서는 안 되고, 그의 아버지다운 사랑으로 그리스도 안에서 우리에게 계시했고 나날이 복음을 통하여 그리스도 자신이 선포한다는 것에서 출발해야 한다. … 나는 그리스도야말로 모든 사람이 거쳐서 하늘 나라에 들어가야 하는 유일한 문임을 … 고백한다. 그러므로 여기서 조금이라도 빗나가는 자는 다만 미로를 통하여 방황하는 것이요, 저 하나님의 심오한 계획의 지성소에 감히 침입하여 침범하려는 자는 누구나 하나님으로부터 더욱 멀어질 따름이다.(*De aet. Dei praed*. 1552 C. R. 8, 306f.) 그리스도 안에서 우리에게 구원의 확신이 제시되어 있으므로, 이 삶의 근원을 지나쳐서(그 샘에서 물을 긷는 것이 쉽다.) 하나님의 감추어진 심연에서 삶을 추구하려고 하는 자는 부당하게, 그리스도 자신에게 불의를 행하는 것이다. … 자기 이름이 기록되어 있는 생명의 책을 멸하기를 원치 않는 한, 아무도 다른 곳에서 자신의 선택의 확신을 구해서는 안 된다. 그리스도는 우리에게는 하나님의 영원한, 감추어진 선택의 밝은 거울일 뿐 아니라, 또한 담보이다. 우리는 하나님이 이 거울에서 우리에게 보여 주는 생명을 믿음으로써 명상한다. 우리는 또한 믿음으로 이 담보를 받아들인다.(*ib*. 318) 그리스도는 우리에게 아버지의 이름을 드러낸다고 말해진다. 그 이유는 그가 우리 선택에 대한 지식을(이 지식은 복음의 소리로써 증언되었다.), 그의 영을 통해 우리 마음속에 새기기 때문이다.(*ib*. 319) 만일 우리가 그리스도 안에서 선택되었다면, 우리 스스로 안에서 혹은 아버지 하나님 안에서 (만일 우리가 아들을 떠나서 오로지 그만을 생각한다면) 우리의 선택에 관한 확신을 발견할 수 없다. 그러므로 그리스도는 우리의 선택을 명상하기에 합당한 거울이니, 그 안에서 우리는 그것을 오류 없이 명상할 수 있다."(*Instit*. III 24, 5) 또한 불링거(Bullinger)도 매우 분명하게 선언했다: "우리는 그리스도를 떠나서, 그들이 선택되었는가? 하나님은 영원 전에 그들에 관하여 무엇을 결정하였는가?를 묻는 자들을 배격한다. 만일 당신이 그리스도 안에서 선택되었음을 믿는다면, 복음의 선포를 들어야 하고, 그것을 믿어야 하고, 의심해서는 안 된다. 아버지는 그리스도 안에서 우리에게 … 그의 예정에 대한 영원한 뜻을 드러냈기 때문이다. 그러므로 무엇보다도, 우리에 대한 아버지의 사랑이 그리스도 안에서 우리에게 얼마나 드러났는가를 배우고 고려해야 한다. … 그러므로 그리스도는 우리가 우리의 예정을 명상하는 거울이다. 만일 우리가 그리스도와 교제한다면 그리고 그가 참 믿음 안에서 우리의 것이 되고 우리가 그의 것이 된다면, 생명 책에 우리가 기록되었다는 분명하고도 확고한 증거를 가지는 것이다."(*Conf. Helv. post*. 1566, art. 10)

우리는 이 본문들에 직면해서 개혁파 신학이 이 점에서 루터와 루터파에 의해 정리되도록 할 필요가 있었다고 말할 수 없을 것이다. 칼빈파와 루터파는 실제로 예정론 문제에서도 진정으로 신학적

인식의 대상을 이루어야 하는 성서의 중심점을 알고 있었다. 바로 칼빈은 이런 방향의 필요성을 주장하는 것으로 만족하지 않았고 아우구스틴이 제기한 바를 받아들여서ㅡ우리는 그 맥락에서 그 문제로 돌아올 것이다.ㅡ인간 나사렛 예수 안에서의 하나님 말씀의 성육신에서 소위 하나님의 선택함과 인간의 선택받음의 모든 원형, 진수와 관계하는 한에서 그리스도는 선택의 거울이라는 것을 보여 주려고 했다. 그리고 스코틀랜드 신앙고백(1561)은 이 점에서 조항 7과 8에서 우선 "왜 하나님은 인간이 되셨는가?"라는 물음에 대해 "하나님의 영원하고 불변하는 결정", 즉 예정을 지시함으로써 대답하며, 그 다음으로 "선택에 관하여"라는 제목하에 놀랍게도 아주 단순하게 예수 그리스도의 참 신성과 참 인간성에 관한, 중보자의 인격의 일체성 안에서의 양자의 필연성과 현실성에 관한 가르침을 진술한다. 루터파는 예정은 오직 그리스도 안에서 인식되어야 한다고 열심히 주장했고 칼빈파에 대항하여 저 명제를 공격적으로 주장해야 한다고 믿었지만, 개혁파들에 비해서는 예정의 그리스도론적 이해를 위해 노력을 덜 기울였다. 그러나 어떻든지 간에 한 가지 사실은 아우구스틴적이고 종교개혁자적으로 그리스도를 '선택의 거울'로서 지시함으로써 의심의 여지없이 분명해진다. 그리고 이것은 아무리 높이 평가해도 지나침이 없는 칼빈의 공로이다: 그는 다시금 매우 극적으로 선택의 특성을, 하나님이 선택하는 분으로서 선택받은 자들에 대결함에서 자유를 강조한다. 선택받은 자가 어느 경우든 그리스도 안에서, 그리스도 안에서만 선택되었기 때문에 선택받은 자들은 그들의 선택 문제에서 예수 그리스도를 바라보아야 한다면, 아무도 이 문제의 근거에 관해서 자기 자신을 바라볼 수 없다는 것이 궁극적으로 결정된 것이다: 어느 경우든지 아무도 자기 자신 안에서, 자기 자신을 위해, 결국 자기 스스로 선택된 것도 아니기 때문이고, 하나님의 선택의 근거는 인간 자신에게 결코 있지 않고 그러므로 거기서 볼 수도 없기 때문이다. 아우구스틴과 종교개혁자들이 그리스도 안에서의 우리의 선택을 지시함으로써 성서적 흐름에 의심할 바 없이 신실했고 정당했다면, 그리스도 안에서 우리의 선택을 지시하는 일은 이 문제에서 어느 경우든 '은혜'를, 구체적으로 하나님과 인간 사이의 '중보자'의 인격 안에서 나타난 은혜를 찬양하라는 간과할 수 없는 부름을 의미한다. 인간이나 그의 행위에서가 아니라 육신 안에서 스스로 하나님의 인격이 된 이 다른 인격에서, 그리고 외부로부터, 그 자신, 그의 행위와는 걸맞지 않게 그에게 다가오고 그에게 일어난 이 인격의 역사에서 인간은 그의 선택의 근거를 직관해야 한다. 자신의 결정을 가진 인간이 그 이전에, 그 없이, 그에 반하여, 그 자신이 아닌 다른 곳에서, 이 전적으로 다른 인격 안에서 그에게 내려진 결정을 따른다. 그리고 그가 이것을 인식함으로써 그 현실과 더불어 하나님의 선택의 의미와 본질, 즉 그것이 하나님의 선행의 진수임을 인식한다. 따라서 또한 선택론의 의미와 목적, 즉 그것이 복음의 총체임을 인식한다. 또한 아우구스틴과 칼빈도 선택론을 결국 이렇게 이해하려고 했다: 선택론에 따르자면 자기 결정을 가진 인간이 전적으로 하나님의 선결정 아래 서 있다는 것은 인간에게 좋다. 이런 한에서 우리가 선택론의 성서적 근거에 관해 확립한 것이 다음의 언급에서 관철된다: "하나님이 자기 자녀로 삼은 자들은 스스로 안에서 선택된 것이 아니라 그의 그리스도 안에서 선택되었다고 한다. 왜냐하면 만일 그가 그들을 사랑할 수 없었다면, 그들이 먼저 그에게 참여하는 자가 되지 않고서는 그는 그들을 그의 나라의 유산으로 영광스럽게 할 수 없었기 때문이다. 그러나 우리가 그 안에서 선택되었다면 우리는 자신 안에서 우리의 선택을 확신할 수 없을 것이다." (Calvin, *Instit.* III 24, 5) "우리 자신은 증오스러우며 하나님의 미움을 받기에 합당하다. 그러나 하나님은 우리를 자기 아들 안에서 보며 그러므로 우리를 사랑한다."(프랑스어, *Congr. sur l'élection éternelle*, 1562, *C. R.*

8, 95) "우리 구원이 확실하다는 것을 알자. 왜 그런가? 우리 구원은 하나님의 팔 안에 있기 때문이다. 우리가 그것을 어떻게 확신하는가? 하나님은 우리 주 예수의 팔 안에 위탁했기 때문이다. 그는 우리에게 우리를 선택한 아버지를 보였고 그의 뜻이 완전히 실현되도록 진척시키기를 원한다.(프랑스어, ib. 100) 우리는 믿음을 통하지 않고서는 우리 구원에 대해 확신할 수 없다는 것을 이해하자. 만일 어떤 인간이 내가 구원받았는가 저주받았는가 라고 말한다면, 이로써 그는 예수 그리스도를 통한 믿음에 의해서 하나님 안에서 확신을 가진다는 것을 알지 못한다는 것을 입증한다. 그러나 당신은 선택받았는지 알고 싶은가? 예수 그리스도를 보라. 믿음에 의해서 진실로 예수 그리스도 안에서 친교하는 자들은 하나님의 영원한 예정에 속해 있고 그들의 하나님의 자녀라는 것을 확신할 수 있다. 예수 그리스도 안에 있고 믿음에 의해 그의 몸의 지체인 자는 누구나 구원을 확신하며, 우리가 그것을 알고자 할 때 이 시간에 우리에게 감추어져 있어야 하는 것을 알기 위해서 하늘로 올라갈 필요는 없다. 그러나 여기에 우리에게 자신을 낮추는 하나님이 있다. 그는 우리에게 그의 아들 안에서 이 사실을 보인다: 마치 '내가 여기 있다, 나를 명상하라, 내가 너희를 내 자녀로 삼았는지를 알아라'고 말하는 듯이, 우리가 우리에게 복음을 통한 구원의 소식을 받을 때 거기서 우리는 하나님이 우리를 선택했다는 것을 알고 확신한다. 이같이 믿는 자들은 자신들의 구원을 의심해서는 안 된다. 오히려 그들은 복음의 선포에 의해서 믿음으로 부름을 받은 이래로 우리 주 예수 그리스도의 은총과 주의 이름으로 주가 믿는 자들에게 한 약속에 참여하고 있음을 확실한 일로 받아들여야 한다. 왜냐하면 우리 예수 그리스도는 이 두 가지의 기초이기 때문이다: 즉 구원의 약속과 세상 창조 이래 이루어진바 우리를 무상으로 선택한 일."(프랑스어, ib. 114)

그러나 실질적으로 매우 중요한 이런 언급은 저 모든 본문들에서(루터와 루터파에 있어서도!) 어떤 만족스럽지 못한 점을 내포한다. 왜냐하면 여기서 그처럼 열렬히 주장되었음에도 불구하고 다음의 문제들은 여전히 미결 상태이기 때문이다: 우리가 예수 그리스도 안에서 하나님의 선택을 인식해야 한다는 명제는 이 모든 교사들의 견해에 의하면 본래 신학적으로 진지하게 받아들여질 수 있는가? 이 명제는 이 문제에서 우리가 궁극적으로 매달려야 하는, 그것을 넘어서는 다른 말을 생각해서는 안 되는 처음이자 마지막 말을 내포하는가? 예수 그리스도 외에는 선택의 다른 근거가 없는가? 그러므로 또한 선택론 자체는 이 근거에만 관계해야 하고 그것만을 고려해야 하는가? 그리스도 안에서가 아니면 존재적으로 선택도 없고 선택하는 하나님도 없기 때문에 선택 문제에서 인식론적으로 다른 데서가 아니라 그리스도 안에만 매달려도 좋은 것인가? 혹은 저 명제는 다만 매우 시급히 관철되어야 할 목회 규칙으로, 의심과 절망에 떨어지지 않기 위해서 선택 문제에서 지켜야 하는 실천적 지시로 이해되어야 하는가? 예수 그리스도 안에서 하나님이 은혜로써 우리를 선택하고 그 사실이 가시적이 된다는 목회적(어느 정도 역사적-심리적) 진리 배후에는 신중함과 사랑을 위해 교회의 실천적 용도에서 배제해야 할, 부인할 수 없는, 그러나 또한 전적으로 묶이될 수 없는, 위험한, 그러므로 가려져야 할, 호기심 앞에서 일종의 독약처럼 보호되어야 할 고차적 진리가 있는가? 이 고차적이고 위험하고, 그러므로 실천적으로 은폐되어야 할 배후 진리에 의하면, 그리스도는 선택의 근거 위에서 신적 행동의 매체, 도구이고 그런 한에서 우리가 실제적으로 매달려야 할 선택의 계시이고, 그러나 그는 본래적으로 선택하는 하나님이 아니고, 오히려 이 사람, 저 사람을 구원하기로 실질적인 결정, 결단을 내리며, 그 다음으로 이를 위해 선택받은 자들을 그의 아들, 그의 말씀, 그의 영을 통해서 부르고 저 목표를 향해 이끌어 가기로 형식적 내지 기술적인 결정, 결단을 내리는 분은 하나님 아버지, 혹은 그의 존재, 의지, 행위에 선행하는 결정 속에 있는 삼위일체 하나님, 감추어진 하나님인가? 그러므로 우리는 하나님의 선택 자체 안에서 결국 본래적으로 예수 그리스도와 무관한, 그를 통해 단순히 수행되는, 그러나 예수 그리스도 안에서 내려진 신적 결정과 관계하는가? 우리가 매달려야 하는 예수 그리스도 안에서 내려진 신적 결정은 실질적으로 다른, 하위의, 종속적인 결정인 반면, 우리는 최초의 본래적 선택 결정을 스스로 존재하는 하나님의 존재의 신비, 그의 절대적 자유 안에서 성립한 결정의 신비에서 찾아야 하는가. ─혹은 차라리 저 목회적 훈계에 따라서 결코 찾아서는 안 되는가?

우리가 어떤 의미에서 사태의 이 두 번째 해석에 긍정해야 한다면, 신학적 진리와 우리가 그리스도에게 매달려야 한다는 목회적 규칙 사이에는 긴장이 성립하고 이로 인하여 후자의 호소력이 심히 위협당할 수밖에 없다. 오직 이 배후 진리의 존재에 대해 우연히 알지 못하거나 예감치 못한 자만이, 육신이 된 하나님의 아들에, 그의 말씀과 영에 매달려야 하고, 아버지 내지 영원한 신성의 숨겨진 뜻에 대해 물어서는 안 된다는 지시로 만족할 수 있을 것이다. 그것이 진리라면, 또 그것이 두 종류이고 저 숨겨진 진리에서 영원한 구원을 위해 결정적인 말씀이 말해졌다는 것을 안다면, 왜 그는 그것에 대해 물어서는 안 되는가? 이 절대적인, 예수 그리스도 안에서 내려진 결정과는 무관한, 이 사람, 저 사람의 구원에 관한 선행하는 이 신적 결정 같은 것이 있다면, 이런 의미에서 '절대적인' 결정의 존재를 다만 신학적으로만 예견해야 한다면, 무슨 권리로 선택의 근거로서 그것에 관한 물음이 기각되는가? 어떤 힘으로 이 물음이 효과적으로 억제될 수 있는가? 이 물음은 아무리 좋은 목회적 의도에도 불구하고 가장 적절하고 가장 필요하지 않은가? 이 물음은 청취되어야 하고 어떻든 답변되어야 하지 않는가? 그러나 물론 이 일이 일어난다면, 이런 의미에서 절대적인 결정에 대한 물음이 다시 제기된다면 어떤 불확실의 심연이 열려야만 하는가! 그렇다면 선택에 대한 생각은 예수 그리스도 뒤에, 그러므로 하나님의 계시 뒤에 높은 혹은 깊은 어디엔가 감추어진 하나님의 의지와 결정에 대한 생각이 되어야 한다. 그렇다면 우리는 하나님과 인간의 관계에 관한 처음과 마지막 물음에서 필연적으로 예수 그리스도 위에, 밖에 있는 하나님과 관계하며, 따라서 예수 그리스도와 무관한 관계 속에서 우리 자신과 관계하게 된다. 어떻게 하나님과 우리 자신에 대한 확실한 인식에, 이 관계의 의미와 본성에 대한 확실한 인식에 도달할 수 있는가? ─하나님이 선택한다는 명제와 함께 선포되는 바처럼 어떻게 하나님 손안에 전적으로 있는 것이 우리에게 좋다는 것에 대한 확실한 인식에 도달할 수 있는가? 토마스 아퀴나스의 글에서 거의 불가피하게 생길 수밖에 없는 이런 불확실성에 대해 개혁파 신학은 예수 그리스도는 선택의 거울이라는 명제로 방어하려 하였다. 선택에 대한 숙고는 중보자의 인격, 하나님의 말씀과 자기 계시에 대한 언급을 통해서 그 본성상 인간적 노력으로 도달할 수 없는 영역에서 파멸할 수밖에 없는 필연성으로부터 벗어나야 한다. 그 영역에서는 다만 바로 상반되는 내용의 주장들이 거듭하여 평행하여 제기될 따름이다. 그 주장들은 다만 인간 자신의 주장이며, 그런 것으로서 무력하고 변증법적이기 때문에 인간들은 그런 주장으로는 살 수가 없다. 그러나 인간은 하나님이 그의 창조자로서, 삶과 죽음에 대한 주님으로서 예수 그리스도 안에서 그를 위하여 발설한 주장으로 살 수 있다. 인간은 하나님의 선택을 확신할 수 있고, 선택하는 하나님을 가지는 것이 좋다는 사실을 확신할 수 있다. 그는 거기, 즉 육신이 된 하나님의 말씀 안에서 하나님과 자기 자신을 직관한다는 사실로써 하나님의 선택과 그의 선택받음을 기뻐할 수 있다. 하나님은 이 말씀을 통해, 하나님의 영을 통해 그것에 대해 가르치게 함으로써 육신이 된 말씀 안에서 이것을 가시화시켰다. 그러나 종교개혁자의 신학은 이런 언급과 더불어서 또한 하나님과 자기 자신에 대해 스스로 보고하려는 인간적 시도에 반하여 또한 이 신적 자기 계시의 영광, 권위를 관철시켰고 변호하였다. 주지하다시피 토마스 아퀴나스가 그런 일을 한 것은 교회의 가르침의 순수성과 능력을 손상시키기 위한 것은 아니었다. 종교개혁 신학은 성서적 증언의 사실에 대해 눈을 뜨고서, 신적 선택에 대해 숙고함에서 어느 경우든 어디에서 시작해야 하는가를 확립했다.

이제 종교개혁 신학이 그 자체로 정확하게 본 선(線)을 발전시켜서 그 결과 저 불확실성이 이로써 이 맥락에서 예수 그리스도 안에서의 신적 자기 계시의 영광과 권위를 문제시하는 일이 부정될 뿐 아니라 현실적으로 불가능해졌다고 말할 수만 있다면! 그러나 이런 그들의 언급에서 표현된 올바른 의도를 아무리 감사히 인정할지라도 말할 수 없는 것이 바로 이것이다. 저것을 아무리 뜨겁게, 긴급히 지시한다고 할지라도, 그 지시가 절대적인 하나님의 결정, 즉 예수 그리스도 안에서 내려진 영원한 하나님의 구원 결정과는 무관한 결정에 대한 전망을 실제적으로는 금지하나 이론적으로는 배제하지 않고 오히려 다소간 명확히 그 가능성을 개방시켜 놓는 한에서, 실제로는 모호하며, 신학적으로는 지탱될 수 없다. 예를 들어서 제2차 스위스 신앙고백 10항 본문에서 이것이 얼핏 드러난다: 불링거는 그 나름대로 진지하게 교회와 신학에서 물어야 하고, 듣고 고찰하고 가르쳐야 하는 것은 바로 예수 그리스도 자신이고, 우리는 예수 그리스도 저편에 있는 우리의 선택의 근거에 대해 물어서는 안 된다는 것을 확정짓는 것으로 만족했다. "이 일에 관해서 호기심에 사로잡혀 물을 것이 아니라, 차라리 바른 길로 하늘에 들어가도록 노력하는 것이 그대들의 본분이다." 그러나 이 문제에 관한 그의 첫 번째 결정적인 명제는 다음과 같다: "하나님은 영원 전부터 자유로이, 순전한 은혜로써 인간을 고려함이 없이, 그가 그리스도 안에서 구원하고자 하는 성도들을 예정 내지 선택했다." 그러므로 그에게서도 "그리스도 안에서 구원하고자 하는 의지에는 예정 혹은 선택"이 선행하며, 그리스도는 다만 선택받은 자들이 정해진 목표에 도달하기 위한 수단으로 신적 선택 의지의 기능일 따름이며, 그러나 선택하는 하나님 자신의 기능이 주어질 수 없다는 것이 드러난다. 아버지와 아들의 선택이 여하한 복음에 의하면 동일하다는 것, 우리가 에베소서 1:4에 의하면 그리스도 안에서 비로소 부름받고 구원받고 행복하게 되는 것이 아니라 이 모든 일을 위해 선택되었다는 것은 불링거에게서 언급되지 않았을 뿐 아니라, 비록 그가 후에 이 배후 진리로 돌아오지 않았을지라도 저 표현을 통해서 분명히 부정되었다. 불링거가 우리에게 "선택의 거울"로서의 그리스도를 지시함에서의 그 가상한 교회적 정열이 무슨 소용이 있는가? 저 전제 하에서는 그리스도는 다른 무엇이 될 수는 있을지라도 분명히 "선택의 거울"은 아니다. 우리 구원, 우리 소명, 구원, 지복(至福)의 결정적 근거에 관해서 우리에게는 불링거의 표현을 빌면, 금지에 반해서 은밀히 다른 방향에서 '사변하는' 외에 다른 길이 남아 있지 않다. 그러나 불링거에게서는 목회적 지혜로 인해 비교적 가려져 있던 것이 다른 데서는 완전히 명확히 드러난다. 그리고 후대의 루터파들이 이 점에 관해서는 칼빈과 칼빈주의자들을 특별히 질타해야 한다고 믿었기 때문에, 칼빈 전에 이미 루터 자신이 그리스도에 대한 지시를 그리스도와는 별도로 일어나는, 감추어진, 우리에 의해서 탐구될 수 없는, 그러나 그 때문에 덜 현실적이지 않은 신적 의지에 대한 일정한 지시와 연결시켰고, 이 의지에서 신적 선택의 궁극적, 본래적 현실을 보았다는 것을 상기시키는 것이 적절할 것이다. 루터는 만년에는 물론 이 사실을 더 이상 발언하지 않았다. 설교 단편에는 이 배후에 대한 흔적은 더 이상 인지될 수 없다. 오히려 그리스도를 지시하는 것만이 루터에게는 전부가 되었다. 그러나 우리는 노령의 루터가 여전히 1525년의 『노예 의지론』(*De servo arbitrio*)을 그의 최고의 저작물로 여겼고 그러므로 확실히 이론적으로는 포기하지 않았다는 것을 잊어서는 안 된다. 거기서 (W. A. 18, 689, 18) 우리는 매우 절박한 훈계를 발견한다: "저 감추어진 엄숙한 의지에 대해 논란해서는 안 되며, 또한 영원한 왜곡됨에 의해 필연적으로 언제나 그것에 대해 묻고 시험하는 인간적 무모성을 피해야 하고, 저 권위의 신비를 추궁하려 하지 않기 위해 그것을 억제해야 한다. 그 권위의 신비는 접근할 수 없고 근접할 수 없는 빛에 거한다." 거기서 숙고하는 인간에게 또한 적극적으로 매우 확실히 말한다: "그는 화육한 하나님, 십자가에 달린 그리스도를 다루어야 한다." 이 "화육한 하나님"은 예루살렘을 위해 우는 그분이다. 우리는 그가 말하는 것을 들었다: 너희는 원하지 않았다! "주권적 의지가 계획에 따라서 다른 인간들을 유기하고 배척하여 파멸하도록 할 때" … 우리는 그가 그들의 구원에 필요한 모든 것을 제공하는 것을 본다. 루터는 이 권위적 의지의 본질과 내용에 대한 물음을 거부했고 억제했다고 주장한다: "우리는 왜 그가 이렇게 하는가를 물어서는 안 된다. 오히려 이런 일을 할 수 있고 의지하는 하나님은 경배해야 한다." 그러나 이 물음을 거부할 수 있는가? 만일 "화육한 하나님"의 의지와는 다른 "권위적 의지"가 그 배후에, 그 위에 있다는 것을 확정하고 고집한다면, 어떻게 그를 향한 신뢰에 찬 전향이 있을 수 있으랴?(그리고 루터는 에라스무스와의 싸움에서 바로 이 "권위적 의지"를 전능하게 관철하는 것을 서술하는 데 그의 글 전체를 바쳤다!) 그것을 확정지음 자체는 그것과 결부된 모든 경고 및 금지에도 불구하고 하나님의 계시가 다만 상대적 진리임을 의미하지 않는가? 감추어진 하나님에 대한 물음은 모든 경고와 금지에도 불구하고 언젠가 본래적 하나님에 대한 물음으로 관철되지 않을까? 사람들이 저 경고와 금지에 상응해서 "화육한 하나님"에 매달리려고 할 때에도, 이 본래적 하나님의 선택에 대한 물음은 여전히 배후에서 사람들을 불안하게 하면서 남아 있지 않겠는가? 예수 그리스도에 대한 지시가 또 다른 "권위적 의지"를 확립하는 일을 실제적으로 수반하는 한, 필연적으로 어떤 인위적인 것을 내포하지 않는가? 같은 물음은 칼빈에게도 해당된다. 그가 한번 다음의 표현을 사용할 때 우리는 어떻게 생각해야 할 것인가?: "우리는 하나님이 우리를 선택하기로 결정했을 때 그 자신으로부터 시작하는 것을 본다. 그런데 우리가 저 거룩한 능력 안에서 결정되었음을 알게 하기 위해서, 그는 우리가 그리스도로부터 시작하기를 원한다." (*De aet. Dei praed.* 1552 *C. R.* 8, 319) 칼빈이 의미하는 바는 실로 분명하다: 그리스도는 "아버지에 의해 그에게 주어진 자들을 구원하기 위해서, 온 세상의 구원을 위해 결정되었다. 생명은 그들의 머리되는 분의 것이다.—그는 하나님이 값없는 은혜로 상속자로 양입한 그들을 선한 자들의 친교 속으로 받아들인다." (*ib.* 298) 선택의 근거 위에서, 그 목표에 도달하기 위해서 실현된 그리스도의 존재와 행동에서—그는 일정한 인간들에게 봉사하고, 그들의 삶이고, 그들을 받아들여서 그 자신이기도 하며 그 자신이 가진 온갖 선을 공유하도록 한다.—우리는 선택하는 하나님을 인식하여야 한다. 그런 한에서 하나님은 우리가 선택에 관하여는 그리스도로부터 시작할 것을 바란다. 그러나 하나님이 우리를 선택할 때, 즉 아버지가 우리를 아들에게 내어 줄 때, 그가 우리를 이 머리의 몸의 지체로 삼을 때, 그가 우리를 그의 상속자로 예정할 때, "그 자신으로부터"("그리스도로부터"와 구별해서!) 시작한다는 것은 무슨 의미인가? 그리스도의 존재와 역사에 분명히 선행하는, 그것보다 상위적인 gratuitum beneplacitum(거저 호의를 베풂)은 어떻게 되는가? 선택에 대한 물음은 바로 이 거저 "호의를 베푸는" 것에 대해 묻는 것이다. 이 물음은 그리스도를 이 호의를 수행한 분으로서 지시함으로서, "호의 베풂" 자체가 그리스도의 일로, 그리스도가 그러므로 또한 선택에서 결정된 신적 행위를 인간에게 수행하는 도구이지만 이미 선택의 주체로 이해되어야 할 때에만 답변될 수 있을 것이다. 그러나 칼빈도 그를 그렇게 이해하려 하지 않았다. 그리스도 자신에 의해 이루어진 제자 선택에 관한 구절 요한복음 13:8을 주석할 때 외견상 이런 이해에 접근한 듯하다. 우리는 거기서 다음과 같이 읽는다: "그는 아버지와 더불어 자신에게 선택의 권한이 있음을 주장한다. … 그리스도는 자신을 선택의 장본인으로 만든다." 그러나 그 다음에는 아무 결론이 없다. 바로 거기서 오히려 외견상 다르게 들리는 다른 요한복음 구절에서부터 분명한 결론을 내린다: "아버지가 선택받은 자들을 독생자에게 선사하기 전에는 아버지의 것이었다고 말한다." (*Instit.* III 22, 7) 칼빈은 이 선사에 선행하는 아버지의 선택 자체는 에베소서 1:4에 의하면 그리스도 안에서 일어난 것으로 이해될 수 있다는 것을 말하려 하지 않는다. 오히려 그는 분명히 정반대 주장을 한다: "그리스도에게 가는 자는 이미 그의 품안에서 아버지의 아들이 된 것이니, … 그들은 생명으로 예정되었고 그리스도에게 주어졌기 때문이다."(*De praed. C. R.* 8, 292) 칼빈주의 가르침은 그리스도에 대한 지시에도 불구하고 실질적으로는 감추어진 "아버지의 선택"에 대한 지시에 강점을 둘 수밖에 없었다. 그러나 어떻게 저 첫 번째 지시가 강력할 수 있었겠는가? 사람들이 저 지시를 인정한다고 할지라도, 그리스도 이전에, 배후에, 위에 계신 "자기 자신으로부터 시작하는 하나님에게서, 그의 마음속에서", 저 "거저 호의 베풂"에서 무엇이 참될 수 있는가에 대해 물으면서 은밀한 불안감을 가지고 그리스도를 지나치는 것을 어찌 피할 수 있었겠는가? 사람들이 계시에서 상대적인 진리가 아니라, 유보 없이, 뒷생각 없이 하나님의 본래적, 내면적 진리와 관계해야 한다는 것을 고집할 수 없었을 때, 계시가 은근히 멸시당하지 않을 수 있었겠는가?

16세기 말과 17세기 초에 주지하다시피 칼빈의 "절대적 결정론"을 부정하는 운동이 활발히 일어났다.

한편으로는 개혁파 교회 내에서 야곱 아르미니우스(Jakob Arminius)라는 이름으로 알려진 네덜란드의 항론파들(Remonstranten)의 항거가 발생했다.

우리는 이 당파가 제기했고, 도르트레히트(Dortrecht) 노회에서 다루어진 끝에 정죄당한 예정과 관련되는 문제에 관한 다섯 가지 항목에서 다음과 같은 주목할 만한 명제를 읽게 된다(I, 3): "중보자 그리스도는 선택의 집행자일뿐 아니라 선택 결정 자체의 근거이다." 그러나 우리는 이 명제가 진술되어 있는 그 문맥 때문에, 분명히 그 뒤에 있는 의도 때문에 유감스럽게도 이 명제를 기뻐할 수 없다. 도르트레히트 노회의 정통파 다수가 이 명제의 주목할 만한 문구 때문에 적어도 칼빈 내지 개혁파의 가르침의 양식을 통해서 매우 불충분하게 답변되었던 이 문제를 기억했더라면 좋았을 뻔했다고 말할 수 있을 따름이다. 그러나 다섯 조항에 깔려 있는 항론파 신학의 좋지 못한 전체 어조는 여기서 얻을 수도 있는 자극을 무시하게 하였고, 내지는 개혁자들에 의해 인수받은 견해를 경직화시켰다. 의심의 여지없이 이 항론파들은 한때 에라스무스가 루터에 반하여, 카스텔리오(Castellio)가 칼빈에 반하여 주장한 종교개혁 이해의 최후의 대변자들이었다. 사람들은 이 종교개혁 이해를 중세기의 반펠라기아니즘의 끈질긴 잔재 및 르네상스의 신인문주의 경향에서부터 이해할 수 있고, 해야 한다. 그리고 그들은 그런 자들로서 동일한 애매모호성에 의해 특징지어진 현대적 그리스도교의 첫 번째 대변자들이다. 그들은 첫 번째 신프로테스탄트들이니, 그들의 기본 결정에 이후에(17세기 말부터) 이 노선 위에서 발생한 모든 일이 연결되었다. 그런데 기본 결정이란 하나님 이해 및 하나님과 인간 간의 관계 이해에서, 그러므로 또한 그리스도교 교리 형성의 문제에서 어느 경우에나 인간, 즉 의롭고 합리적이고 그러므로 하나님과 인간에게 합당한 것에 대한 인간의 견해가 만물의 척도, 기준이어야 한다는 것이다. 이 기본 결정에서부터 항론파들은 칼빈의 절대적 결정론에 대항하였다: 그들은 하나님이 인간의 행태를 고려함이 없이 특별히 그들의 신앙 혹은 불신앙, 복종 혹은 불복종을 고려함이 없이, 다만 그의 자유로운 호의에 근거해서 그가 원하는 자를 선택하고 혹은 버린다는 것은 있을 수 없고, 그러므로 또한 그렇게 말해서도 안 된다고 주장했다. 차라리 하나님의 선택은 하나님이 영원부터 인간의 행태로서 예지하는 바를 적절히 고려함으로써 일어난다는 것이다: 즉 하나님은 인간들이 하나님의 예지에 의하여 그들의 자유를 어떻게 사용할 것인지를 믿을지 안 믿을지, 순종할지 불순종할지 고려하여 선택한다. 유감스럽게도 그 자체로 주목할 만한 "선택의 기초"로서의 그리스도 명제도 이 문맥에 속한다. 항론파들은 이 명제로 분명히 칼빈의 "선택의 거울"로서의 그리스도 명제를 능가하려 했고 수정하려 했다. 그들의 명제는 유감스럽게도 예수 그리스도가 하나님의 구원 결정의 주체일 뿐 아니라 또한 이 결정 저변에 놓여 있는 자유로운, 모든 피조물의 결정에 대하여 독립적인, 그것들에 전적으로 선행하는, 그것들을 전적으로 예정하는 선택이라는 의미로 이해되어서는 안 되고, 오히려 이 명제는 "노예 의지"를 부정하고 "자유 의지"를 지지하는 싸움에서 논제이다. 유감스럽게도 그들의 명제는 그 명제가 문자적으로 취할 때 의미할 수도 있는 것을 의미하지 않는다: 즉 칼빈이, 종교개혁자들이 은혜의 선택의 자유를 예찬한 것이 구체적으로 인격적으로 자유로이 선택하고 그의 피조물에게 행동하는 하나님 자신이고 그 뒤에, 위에, 다른 자가 없고 다른 선택이 없는 그런 예수 그리스도의 위엄을 예찬하는 데 있어야 한다. 이 명제는 "절대적 결정"에 반기를 듦으로써, 예수 그리스도의 권위를 위해서가 아니라 독자적 결정의 자유로써 예수 그리스도에 대립하는 인간의 권위를 위하여 싸운다. 유감스럽게도 이 명제는 항론파들의 다섯 조항의 맥락에서 읽을 때 다만, 그리스도가 하나님의 '구원 질서'의 진수임을 의미할 따름이다: 그 안에서 인간에게 하나님의 은혜가 제공되고 그에 대한 신앙 혹은 불신앙에서 그들에게—하나님의 예지에 따라서, 그러나 그들 자신의 자유 안에서—하나님의 은혜가 도움이 되는지 아닌지가 결정된다. 항론파들은 그리스도가 선택하는 하나님이라는 것을 말하지 않았다. 그들은 이것을 말하려고 할 수도 없었다. 오히려 그들이 말하려 했고 또한 저 명제로 말했던 것은, 하나님의 선택은 본래 문자적 의미로는 없고, 도리어 의로운 이성적인 구원 질서의 제정만이 있다는 것이다. 물론 그리스도는 구원 질서의 진수요 결정적인 수단으로 간주되어야 하지만, 그것을 넘어서 이 구원 질서의 척도에 따라서 인간들이 피조물로서의 자유를 사용함에 근거해서 각 인간들의 운명에 관한 하나님의 예지만이 있을 뿐이다. 우리는 문자적으로는 매우 흥미로운 저 명제가 다만 이런 형태로, 즉 기초를 뒤흔드는 오류로 칼빈 정통주의와 특별히 도르트레히트 노회에 비쳤다는 것, 이 명제가 항론파들의 입에서 은혜의 선택의 신비를 보다 정확하게, 보다 그리스도교적으로 표현하지 못했고 오히려 그것을 부정하려는 시도, 하나님의 예정을 종교적 세상 질서와 같은 것으로 만들려는 시도가 되었다는 것을 재앙이라고 말할 수 있을 것이다.

    물론 사람들은 도르트레히트에서 이 명제의 의미심장함을 단순히 오인했거나 그것을 놓고 논쟁하지 않았던 것은 아니었다. 오히려 65차 회의에서(1619년 1월 22일) 이 문제 때문에 칼빈 정통주의의 불굴의 대변자인 고마루스(Franz Gomarus)와 브레멘(Bremen)의 전권 위원 대표인 마르티니(Matthias Martini) 사이에는 심지어 충돌이 일어났으며, 거의 위험한 수준에 도달할 뻔했다. 선택 결정에 뒤따르고 그리스도 안에서 실현되어야 할 구원 결정에 관한 칼빈 정통주의의 명제를 수정하여 영국 측은 에베소서 1:4를 이렇게 해석했다: '그리스도는 그의 인간적 본성에 따라서 선택받은 자들 중 첫 번이다.' 스위스 측은 이렇게 해석했다: '그리스도는 선택받은 자들에게 주어지는 축복의 기초이다.' 그러나 마르티니는 이를 넘어서 그리스도는 선택의 탁월한 장본인이기 때문에 그는 선택의 기초 자체이며, 어떤 개인들의 선택이 있음에 대한 원인, "선택받을 만한 공로의 원인"임을 말하려 했다. 반면에 그는 선택의 원인 자체, 이러이러한 특정한 인간들의 선택의 원인을 분명히 그리스도가 아닌 다른 데서도 찾으려 했다. 그러므로 브레멘의 전권 위원들의 최종 소견서에는 이렇게 쓰여 있다: "하나님이 원하는 자에게 자비를 베푸는 한, 이 결정은 매우 자유롭다. 하나님의 진노를 진정시키고 인간을 화해시키는 중보자 그리스도 안에서 이루어졌으므로 또한 가장 의롭다. 이것은 구원의 은총의 선물, 영광의 계획으로서 가장 선하다." 팔츠(Pfalz) 대표가 칼빈의 가르침에서 어떤 것을 수정하려는 것이 부적절하기 때문에 브레멘의 입장을 단호히 거절했다면 그것은 우매했다. 네덜란드의 반(反) 항론파의 편에서 브레멘인들을 아르미니우스파라고 비난했다면 그것은 사실을 완전히 악의적으로 오인한 데 기인한 것이다. 유감스럽게도 우리는 브레멘인들의 견해가 아르미니우스의 근본 오류를 분명히 피하면서도 칼빈의 가르침을 실제로 교정할 수 있는 성격을 얻었고 또한 그들의 입장이 노회에도 필요한 것으로 비칠 수 있을 만한 정도까지 나아갔다고는 적극적으로 말할 수 없다. 물론 노회의 판결문은 하나님의 선택 의지를 "하나님이 일정한 수의 인간들을 영원 전부터 중보자로 정한 그리스도 안에서 구원으로 선택하려는 뜻"이라고 정의함으로써, 브레멘인의 입장을(여기서 이미 인용한 주요 정의 I, 7에서) 수용하려고 하였다. 그러나 다른 외국의 전권 위원들과 네덜란드의 지방 노회의 최종 소견서에서는, 전체적으로 정의 I, 7의 본문을 예나 지금이나 그리스도와 별개의 본래적인 선택 결정을 여기에 종속된, 그리스도를 그 내용으로 담고 있는 구원 결정보다 상위에 둔다는 취지에서 이해하였다는 것이 나타난다. 결국 영국인들은(I, 2) 우리의 선택으로써 결정된 모든 은총은 우리에게 "그리스도 때문에, 그리스도를 통해서, 그리스도 안에서가 아니라면" 제공되지 않는다는 의미에서만 그리스도가 "선택의 근거"임을 말하려 했고, 헤센(Hessen) 교회는(I, 2) "선택이 영원한 삶을 향하는 일반적 인간들에 대한 예정으로 간주되는" 의미에서만 이것을 말했고, 나사우(Nassau) 교회는(I, 2) "아버지가 선택한 자를 그에게 넘겨준 중보자 그리스도는(영원한 삶을 향하여 가는) 그들 가운데서 첫 번째 자리를 차지하며 나머지 일반인들의 토대가 된다."고 말했고, 엠덴(Emden) 교회는 그리스도는 선택 결정과 결정의 목표 사이에 있는 길이라고 말했다. 그리고 유감스럽게도 스위스인들은 {전권 위원은 취리히의 브라이팅거(J. J. Breitinger), 베른의 뤼티마이어(Markus Rütimeyer), 바젤의 베크(Sebast. Beck)와 마이어(Wolfgang Meyer), 샤프하우젠의 코흐(J. Conr. Koch)로 구성되었다.} 분명히 거부 의사를 표명했다: "비록 선택이 중보자 그리스도를 돌아본다고 할지라도(그 안에서 모든 인간이 구원과 은총으로 선택받았다.) 하나님은 우리가 선택받기 전에 그 안에서 존재하는 것처럼이 아니라, 그 안에 존재하고 그를 통하여 구원받도록 하기 위해서 우리를 선택한다."(I, 4) 사람들이 에베소서 1:4를 이렇게 해석함에 있어서 내지는 fundamentum(기초) 개념을 이같이 해석함에서 '그 안에서'(ἐν αὐτῷ)를 선택이 아니라, 영원부터 결정된 구원 질서 자체에만 관련지으려 했다는 점에서 항론파들과 너무나 정확히 일치했다는 것은 치명적이었다. 사람들은 항론파들에 대항하여 이 구원 질서 결정과 상이한 선택 결정을 주장함으로써 이렇게 했다. 바로 여기서 사람들은 한편으로는 그럴 의도도 없이 인간에 대한 하나님의 본래적 결정을 예수 그리스도 외에 다른 데서 찾으려 함으로써 이 구원 질서 결정을 무의미하게 만들었고, 그러나 또한 선택 결정을 그리스도 위에 뒤에 있는 저 신적 영역으로, 그리스도가 실제로 그리스도교적 진리로서 인식될 수 없고 이로써 그의 인식이 보장되지 않고, 사변적인 공리의 빛 속으로 옮겨지는 영역으로 옮김으로써 그것을 무의미하게 만들었다. 이로써 사람들은 미래의 신프로테스탄트들로 하여금 너무나 쉽사리 선택 결정을 어느 날인가 어둡고 불확실한 신비로서 포기하게 만들었고, 신비에 가득한 배후를 상실한 구원 결정을 항론파의 반펠라기우스파적 방식으로 이해하게 만들었다. 칼빈주의와 "선택의 기초"로서의 그리스도라는 항론파의 명제 사이의 운동을 고찰함으로써 얻어지는 것은 그러므로 다만 우리가 여기서도 옛 프로테스탄트 정통주의가 자기 의도, 지식에 반하여 스스로 무덤을 팠던 한 지점에 서 있다는 사실을 확립함에 있다.

여기서 우리의 관심을 끄는 관점들 가운데 보다 의미심장한 것은 17세기 루터파 신학이 "절대적 결정론"에 제기한 항변이다. 그 항변이 결국 인간은 만물의 척도라는 저 중세기의 인문주의적 공리의 의미로 이해되지 않았는지 물어 볼 수는 있어도, 여기서 이 항변의 동기를 형성한 것은 이런 공리가 아니었다. 오히려 어쨌든 그 의도와 단초에는, 신적 선택의 근거는 예수 그리스도 안에서 인식되어야 한다는 일반적인 종교개혁적 명제를(이 명제를 만년의 루터의 발언에서부터 특히 인상깊게 기억하게 된다.) 입증하려는 참되고도 필요한 노력이 숨어 있다는 것을 인정해야 한다. 단순히 목회적으로 이해될 수 있는 지시와는 달리 이 명제는 신학적으로 진지하게 받아들여야 하고, 이로써 그리스도 배후에, 위에서, 어떤 곳에서 은밀하게 일어나는 신적 선택에 대한 치명적인 예상이 차단되고, 이로써 저 지시는 단순히 계속 사고하기를 금하는 금지가 아니라, 오히려 이 문제의 궁극적, 본래적, 다른 것에 의해서 능가될 수 없는 진리에 대한 지시로 이해될 수 있었다. 일치 신조를 만든 루터교는 여전히 여기서 분명히 이런 방향으로 단순히 주장하거나 내지는 칼빈의 절대적 결정을 단순히 부정하는 수준을(이로써 루터파는 1525년의 루터의 입장마저도 포기했다!) 넘어서지 못하는 지경에 빠져 있었다. 일치 신조에서 "하나님은 그의 결정, 계획에 의해 …(그리스도를 통해 구원받아야 할) 모든 선택받은 개별 인간들을 예지하고, 선택하고 결정한다."(*Sol. decl.* XI 23)는 결정적인 구절을 읽게 되는데, 강조를 위해 앞에 놓인 praescivit(예지했다)(이 말로써 분명히 "선택하다"와 "결정하다"가 결정적으로 설명되고자 한다.)에서 이미(9세기의 절충주의자들의 발자취를 따라서) 사고하려는 방향이 예고되고 있다. 그러나 만일 "선택받은 자를 그리스도를 통해서 구원받을 자"로 표현한다면, 그리스도를 단순한 구원의 수단, 단순한 "결정의 집행자"로 이해하는 칼빈주의 입장을 어떻게 극복할 수 있을지 제대로 알 수 없다. 사람들이 그렇게 말하는 한, 1577년 베르겐(Bergen) 수도원에서 결의한 것이 1619년 도르트레히트에서 결의한 입장보다 무엇이 앞섰던가? 사람들은 정말로 선택 자체를 예수 그리스도에 근거한 것으로 보았는가? 이것은 분명히 루터파가 그와 같이 신앙고백을 성문화한 후에도 루터파 신학을 당연히 불안하게 만들었던 물음이었다. 이 물음을 계속해서 해결하기 위해서 이 문제에 대하여 그들은 상당한 노력을 기울였다. 그리고 그들이 과연 어느 정도(이 매우 정당한 물음을 다룸에서) 그 목표에 도달했는가 거기에서 그들의 노력이 평가되어야 하는 시금석이다. 우리는 다음에 루터파 '정통주의' 신학 초기의 게르하르트(J. Gerhard)와 말기의 크벤슈테트(A. Quenstedt)를 살펴보기로 한다.

루터파 정통주의 예정론은 그 출발점에서 주목할 만하게도, 예정 혹은 선택 개념 자체는 우선 일정한 상위 명제를 위해(그 명제 아래 예정 개념이 나중에 놓이게 된다.) 후퇴하는 특징을 가진다. 예정 개념이 들어가게 되는 일반적 틀은 루터파에서는 "만물에 대한 하나님의 보편적인 긍휼과 자비로운 의지에 관하여"(J. Gerhard, *Loci theol.* 1610f. VII cap. 4), 혹은 보다 짧게 "하나님의 보편적인 호의에 관하여" 이론이다.(Quenstedt., *Theol. did. pol.* 1685 III cap. 1) "아버지의 자비의 보편성"이 있다.(Quenstest, *ib.* sect. 1 th. 9) 논제의 주체는 "아들과 성령을 배제하지 않는 하나님 아버지이며, 우리를 향한 삼위일체 신은 사랑"이다.(th. 8) 논제의 대상은 죄에 빠진 온 인류이다: "타죄로 인해 비참해진 인간들, 한 사람의 예외도 없이, 아무도 제외되지 않고 그들 모두."(th. 9) 논제의 신 내적(神內的) 기초는 "하나님 아들의 개입이니 … 그는 영원 전부터 성령의 은밀한 계획 속에서 완전한 만족을 위하여 … 모든 인간들을 대신하여 … 자신을 바치고 스스로 책임졌다."(th. 10) 예정 자체가 하나님의 "선행하는 뜻"이다.(th. 5) 예정은 진지하게 의도되었다. 즉 그것은 외견상으로만 아니라 진정으로 정직하게, 긴급하게 인간 구원을 바란다.(th. 12) 예정은 또한 단순한 소원, "무력한 의지, 무능한 의지"가 아니라, "하나님이 인간들의 구원을 열렬히 바라고 충분하고도 효과적인 방법을 통해 진지하게 수행하고 이룩하고자 하는 유능한 의지이다. … 그의 힘이 미치는 한, 모든 인간을 똑같이 구원하기를 원한다."(th. 6) 예정은 실로 "절대적인" 것이 아니라 "정돈된" 것이다: "그 의지는 그리스도 안에 근거하고, 그것이 의도하는 목표와 수단에 따라서 결정된다."(th. 12) "이 하나님의 자비로운 의지는 인간 구원의 첫 번째 원리이다."(th. 13) 그들은 이 기본 논설을 제시함에서 디모데전서 2:4의 "하나님께서는 모든 사람이 다 도움을 얻고 진리를 알게 되기를 원한다", 로마서 11:32의 "하나님께서 모든 사람을 순종하지 않는 상태에 가두신 것은 그들에게 자비를 베푸시려는 것이다", 베드로후서 3:9의 "그분은 아무도 멸망하지 않고 모두 회개하는 데 이르기를 바라신다."와 같은 구절을 원용했다. 이 기본 논설을 게르하르트는 모든 인간들이 하나님 형상으로 창조되었다는 진술을 통해 확장하였다.

이 기본 논설의 기초 위에서 루터파는 본래적인 예정론을 형성한다. 하나님의 선택의 근거와 본질은 "하나님의 절대적인 계획"에서 찾아야 한다는 것에 대해서는 이제 이미 결정되었다: 하나님의 뜻은 전적으로 예수 그리스도 안에서 만인 구원을 향한 의지이다. 그러나 하나님은 영원부터 그의 예지에 현재적인 이중적인 사실, 즉 그리스도의 사역과 이 사역에 대한 신앙의 사실을 고려하여 선택한다: "그리스도에게서 수행되고 믿음으로 받아들여지게 될 만족을 고려해서."(J. Gerhard, cap. 8, 148) 영원한 선택은 정확하게 인간에게 구원이 제공되고 그들에 의해서 받아들여지는 시간적 사건에 상응한다: "하나님이 시간 속에서 행하는 것은 그가 영원 전부터 행하기로 결정한 것을 드러냄이다. 하나님이 시간 속에서 행하는 것, 그리고 그가 행하는 방법을 그는 영원 전부터 행하기로 결정하였다." 그러므로 시간 안에서 일어나는 그리스도의 사역을 고려하는 것이 하나님의 선택 결정 자체에 속하니, 선택 결정은 확실히 인간들에게 이 사역에서 구원을 제공하려는 하나님의 영원한 뜻 외에 다른 것이 아니다.(*ib.* 151) 그러나 하나님의 선택 결정 자체에는 또한 인간의 신앙을 고려하는 것도 속한다. 신앙 안에서 인간은 이 사역을 받아들이고 이 사역을 올바로 사용한다: "믿음을 고려해서." 왜냐하면 "그리스도의 공적은 신앙을 떠나서는 아무에게도 유용하지 않기 때문이다."(*ib.* cap. 9, 161) 하나님은 이 이중적이고, 시간 안에서 실현되어야 할 현실을 고려해서 영원부터 선택한다. 우리는 그의 "호의"는 실로 "보편적이고 진지하고 능력이 있지만", 그러나 그렇기 때문에 "절대적"이지는 않으며 오히려 그럼에도 불구하고 하나님의 "호의"로서 "정돈" 되어 있다고 듣는다. 그리고 하나님의 "호의"가 효과적이고 모든 인간들에 대하여 작용하게 되는 것은 바로 이 "질서" 안에서이다: 하나님은 어떤 인간에게 그의 호의가 베풀어져야 하는가라는 물음에 대해 답변함에서 그 자신이 결정한 길을, 그러므로 그리스도의 사역을, 그러므로 이 사역에 응하는 믿음을 고수한다. 그리스도의 사역은 이러이러한 인간에게서 믿음을 통해서 열매를 맺는다. 하나님의 예지에 따라서 믿음 안에서—물론 진지한 종말까지 인내하는 믿음 안에서(*ib.* 176)—이 사역을 올바로 유용하게 사용하는 자는 루터의 가르침에 따르면 하나님에 의해 영원부터 선택받은 자들이다. 크벤슈테트가 특이하게 표현한 대로 "선택의 순환"이 있다.(cap. 2, sect. 2, qu. 4, Thesis) 모든 인간을 위한 하나님의 영원한 구원 의지는 구체적으로 예수 그리스도를 통해서 믿음으로 부름받고 이 부름에 순종하게 될 자들을 향한다. 그런 한에서 그 의지는 선택하는 의지이다. 보다 자세한 설명은 다음과 같다(cap. 2, sect. 1): 모든 인간에 대한 하나님의 은총 의지는 구체적으로 "그리스도의 공적"을 통해 그리고 그 공적을 믿음으로써 받아들임을 통해서 정해지는 하나님의 뜻이다. 그런 것으로서 그의 의지는 선택하고, 인류 전체 내에서 구별하고 배제하는 의지이다.(th. 9-11) 그러나 그의 선택, 그의 뜻은 그의 예지, "궁극적으로 믿게 될 개인들에 대한 예지"를 통해서 정해져 있다.(th. 12) 이 개인들, "궁극적으로 세상의 구원자 그리스도를 믿게 될 자들은 누구나 영원한 삶으로 선택받은 자들이다."(th. 13) 그러므로 이 선택에서 하나님의 뜻은 하나님의 지식에 따라 정해지며, 그런 한에서 또한 하나님과는 다른 대상의 현실에 따라서 정해진다. 그러나 이 대상은 한편으로는 그리스도이며 다른 편으로는 성령에 의해 역사하는 믿음이다. 그러므로 선택은 로마서 9:16에 따라서 누군가의 의지나 행함에 달려 있는 것이 아니라, 하나님의 자비에 달려 있다는 것은 분명하다.(th. 10) 선택은 하나님의 영원한, 특수한, 불변적인 은총의 선택이라는 것은 분명하다.(th. 20) 단 절대적인 결정은 아니다! 즉 그것의 장본인인 하나님 자신이 스스로 기초를 제공한 "예지하고 예정한 그리스도의 공적"을 기뻐하는 한에서는 아니다. 하나님은 저 기뻐함 속에서 그가 원하는 자들을 선택한다.(sect. 2, qu. 3) 그리고 그의 선택이 다시금 그 자신에 의해 인간에게 선사된 믿음을 고려함을 통해서 또한 결정되는 한에서는 아니다. 인간은 믿음 안에서 "그리스도의 공적"을 자기 것으로 만든다.(sect. 2, qu. 4) 이로써 크벤슈테트는 펠라기아니즘뿐 아니라 '절대주의'를 피할 수 있기를 희망한다.(qu. 4, ekth. 5)

우리는 우선 에베소서 1:4의 그 "안에서"(ἐν αὐτῷ)를 여러모로 고려하는 선택 사상 이해를 위한 이런 시도의 진지성을 솔직히 인정해야 할 것이다. 루터파 정통주의의 예정론은 하나님의 구원 결정 배후에, 위에 있는 하나님의 절대적인 내용 없는 자유라는 저 공허한 점을(이 점은 종교개혁자 공통의 예정론을 그리고 특별히 이 점에서 너무나 보수적인 개혁파 정통주의의 예정론을 불구로 만들었다.) 제거하려는 근본적인 노력이며, 저 하나님의 원결정에 대한 지시를 실제로 그리스도에 대한 지시로 만들어 놓으려는 노력이다. 또한 루터파 정통주의 예정론은 이 원결정이 정말로 하나님의 은총임을 고수하려고 근본적으로 노력하였다. 여기서부터 일치 신조의 예정론을 되돌아볼 때 정통주의는 예정론 문제를 열렬히 붙잡아 앞으로 전진했다고 말해야 할 것이다. 또 우리가 여기서부터 도르트레히트 노회의 예정론을 살필 때, 정통주의는 이 전체 항목을 출발점에서 그리스도교적으로 표현하고자 하는 염려 때문에 도르트레히트 신조에 비하여 장점이 있다고 말해야 할 것이다. 또한 우리는 개혁파가 루터파에 의해서 적어도 자극을 받고 이 염려에 다른 방식으로 대처하지 않은 것에 대해 유감스럽게 생각해야 할 것이다. 그러나 개혁파 교회와 신학이 루터파의 길을 따르기를 그처럼 고집스럽게 거부하고 16세기 초의 만족스럽지 못한 위험한 교리 형태를 교정받는 대신에(루터파 내에서는 그 동안 그렇게 많은 열정과 신중함으로 이 위험을 제거했다.) 그것을 고수한 것에 대해 의아하게 생각한다면, 개혁파에서는 보다 나은 교정 시도가 이루어지지 않았음을 유감스럽게 생각할 수 있다. 그러나 어쨌든 루터파의 해결책이 그렇게 만족스럽지는 않았으므로 승승장구 관철될 수 없었다는 것을 인정해야 한다. 사실 개혁파 측에서는 선택의 기로에 섰을 때 절대적 결정론을 언제나 이 문제에서 종교개혁파의, 그리스도교의 관심사를 비교적 보다 잘 보장할 수 있는 이론으로 볼 수 있었다고 납득시킬 만한 이유들이 있다.

첫 번째 우려는 루터파의 출발점에 직면해서 즉시 야기된다. 우리는 선택론을 바로 서두에서 복음의 총체로, 신론 자체에 속하는 최초의 결정적인 표현으로, "모든 인간들에 대한 하나님의 호의"를 인식한 것의 표현으로 이해해야만 했다. 그러나 선택 사상을 처음부터 이런 의미로 해석하는 것과 그 사상을 미리부터 거기에서부터 연역하려 하는 것은 별개의 문제이다. 후자는 초기 루터파가 분명히 행했던 것이다. 저 "하나님의 보편적 호의", 저 "아버지 같은 자비의 보편성"은 그들에게 일반적인 진리, 예정론 내에서 전개되고 어느 경우든지 관철되어야 할 체계적인 원칙이 아닌가? 우리는 초기 종교개혁파와 칼빈파의 "절대적 결정"이 공헌한 점을 인정하지 않을 수 없다: 즉 "절대적 결정"은 하나님의 "아버지 같은 자비"를 넘어서 하늘의 하나님을, 그의 자비의 자유를 지시함으로써 하나님이 여하튼 행하고자 하는 바를 너무 성급하게 알려는 것을 저지하기에 적합하였다. 우리는 루터파가 하나님의 이 보편적인 구원 의지의 기초를 예수 그리스도 안에서, 삼위일체 안에서 영원 전부터 결정되었고 일어난바, 인류 구원을 위한 하나님 아들의 자기 희생에서 발견했다는 것을 간과하지 못한다. 그러나 우리는 그들의 말을 여기서 문자적으로 받아들일 수 있겠는가? 그들에게는 실제로 체계적인 원리로 이해된 바 하나님의 "호의" 자체가 아니라, 예수 그리스도가 중요한가? 저 기본 가르침에서 실제로 예수 그리스도, 모든 인간의 구원을 위한 그의 자기 희생의 영원하고도 시간적인 현실이 중요하다면, 루터의 진술에서 하나님 아들의 자기 희생의 이 '사법적' 성격의 역시 영원하고도 시간적인 현실은 어디에 있는가? 그가 멸망할 인간들을 찾고 구원하기 위해서 왔고 영원 전부터 그것을 결정하고 그 권한을 받은 것이 참이라면, 또한 그는 영원 전에 결정하고 시간 속에서 실현한 이런 그의 행위에 직면해서 인간들이 상호 분열하게 되는 분이고, 그는 그런 분으로서 하나님의 뜻의 실천자, 하나님의 호의 자체라는 것 역시 참이다. 모든 인간에 대한 하나님의 호의, 사랑이 무엇인가라는 문제가 제기된다. 이 문제는 물론 예수 그리스도의 현실 안에서 답변된 것이다. 그러나 이 문제는 이것에 의해 해결되어서는 안 되고, 그러므로 체계화되거나 원리로 승격되어서도 안 되고, "하나님의 보편적 호의"라는 선취적이고 저 현실을 은밀히 초월하는, 하나님에게 미리 의무를 지우는 명제를 통해서 제한되어서도 안 된다. 바로 복음은 이런 원리로 옮겨지고 변화되기에는 적합하지 않다. "그는 힘이 미치는 한, 모든 인간들을 똑같이 구원하기를 원한다."―이것이 원리로 옮겨지고 변화된 복음이다! 그러나 복음은 그 자체로는 아름다운 이런 원리로 옮겨지거나 변화될 수 없다. 왜냐하면 복음은 예수 그리스도의 신인적(神人的) 인격 안에서 복음이기 때문이다. 이 인격은 한 명제로 옮겨질 수 없다. 우리는 이 인격을 추상적으로 표현된 전제된 복음에서부터 이해하는 것이 아니라 이 인격에서부터 구체적 복음을 이해해야 한다. 우리는 이 인격에 '자유'를 허용해야 한다: 그 인격 안에서 계시되었고 활동적인 하나님의 '사랑'의 자유. 그렇다면 루터의 이해와는 전혀 달리, 선택 개념은(이 개념에서 복음은 인격으로 나타날 수 있다.) 이미 저 상위 명제 안에서―만일 그런 명제가 있다면―고려되었고 준비되었고 근거되어 있음이 틀림없다. 우리가 저 루터의 기본 가르침을 들었을 때, "저 아버지 같은 자비의 보편성"의 틀 안에서 그럼에도 불구하고 하나님의 선택이 이루어진다는 주장 이하를 기대하지 않는다.

앞서 서술된 하나님의 일반적인 구원 의지는 "보편적인 진지하고 능력 있는 의지"가 아닌가? 그렇다면 그것이 어떻게 선택하는 의지일 수 있는가? 그렇다면 그 의지는 처음부터 자체적으로 그의 대상에, 그러므로 인류 전체에 구속되어 있지 않았는가? 그렇다면 그의 자유는 어디 있는가? 루터파는 대답한다: 그것은 "절대적인" 의지가 아니라 "정돈된" 의지이다. 이것은 옳다. 그러나 그 의지가 질서를 세우고 스스로 이 질서에 매인다는 사실, 그러므로 그 의지가 이 질서의 틀 안에서 인류 전체와 상대한다는 사실로써는 분명히 하나님의 선택, 하나님이 자유로이 처리한, 완수한 인류 전체를 구분한 일에 대한 이해에 아직은 도달한 것이 아니고, 물론 끝난 일도 아니다. 그러나 루터파들은 마치 이로써 선택에 대한 이해가 끝난 것처럼 행동한다. 이것은 그들의 예정론의 목표이다. 우리가 자세히 본다면, 그들의 가르침은 하나님이 선택한다는 것에 대해 전혀 말하지 않는다. 오히려 하나님이 그의 일반적인 구원 의도를 이런 형상으로 실현하고자 결정했고 실현한다는 것을, 여기서 결과에서 필연적으로 인간들 가운데서 선발하게 된다는 것을 말한다: 하나님은 물론 영원 전부터 선택할 것을 안다. 하나님은 그의 구원 의도에 저 특수한 형태를 줌으로써 또한 선택을 인정한다. 그러나 하나님은 다만 추후적으로만 선택을 인정한다. 그럼에도 불구하고 하나님이 선택을 인정하는 한에서 그것은 엄밀히 말해서 그 자신의 선택이 아니다. 하나님의 자유로운 선택의 동기는 이 이해에서는 삭제되었다. 바로 이것이 그 밖의 차이점에도 불구하고, 모든 의도적인, 명백한 반펠라기아니즘에도 불구하고 도르트레히트에서 기각된 아르미니우스파의 주장과 공통적인 것이다. 그렇기 때문에 루터파의 이해는 칼빈파에 의해서 결정적으로 받아들여질 수 없었다. 예수 그리스도 안에서 계시된 하나님의 구원이 선택 근거가 인식되어야 할 곳이라는 것은 루터파의 이해에서는, 선택 결정이 구원의 결정 안에 흡수되어 사라짐을 의미한다. 외견상, 그러나 외견상으로만 남는 것은, 시간 속에서 모든 것이 하나님의 영원한 구원 결정, 하나님의 일반적 구원 의지의 특수 형태에 상응해서 성취되고, 여기서(정확히 말하자면: 하나님의 주도 없이) 선택이 이루어지리라는 것을 미리 앎, 즉 하나님의 예지에 대한 생각이다. 모든 것을 아는 하나님은 영원 전부터 그리스도의 공적을 직관하고 믿음을 직관하고, 이 이중적인 직관에 근거해서 영원 전부터 인간 구원을 원한다. 양자는 하나님에게 이중적 전망을 제공한다: 즉 그리스도의 공적은 그들에게 믿음 안에서 도움을 주고, 그들은 믿음 안에서 그리스도의 공적으로 도움을 얻는다. 이런 그의 의지는 하나님이 이 인간들을 선택함이다. 그럼에도 불구하고 사람들은 헛되이 묻는다: 온 인류를 위한 하나님의 저 일반적인 호의와 하나님의 호의가 그것에 힘입어 그리스도의 사역 및 그것에 대한 믿음에 속박되어 있는 하나님의 질서 사이의 중간에서 하나님이 이러이러한 인간들을 구원하고자 하는 하나님의 뜻의 본래적 의미가 무엇일 수 있을까? 그것은 어쨌든 더 이상 이런 인간들에 대해서 하나님이 자유로운, 구별하는, 선택하는 뜻일 수는 없다. "절대적 결정"이 부정되고 그 대신에 저 "아버지 같은 자비의 보편성"이 주장된 후에는 하나님에게 이런 의지 능력이 있다고 볼 수 없다. 하나님이 선택한다는 것은 루터파의 가르침에서는 다음 이상도, 이하도 의미할 수 없다: 즉 하나님이 미리 알고 있는바, 그의 정돈된 구원 의지의 틀 안에서 일어날 일을 먼저 원하고 시인한다는 것. 이것은 분명히 신적인, 자유로운 선택이 아니다. 루터파는 하나님이 예견한 그리스도의 사역뿐 아니라, 이 사역이 인간들에게 도달되고 효력을 거둘 수 있게 하는 그런 "예견된 믿음"은 전적으로 하나님의 자유로운 결정, 하나님 자신의 역사로 환원되어야 한다는 것을 강력히 주장했다. 그러나 바로 여기, 특히 "예견된 믿음" 개념에 위험한 딜레마가 성립할 수밖에 없다: 또한 이 "예견된 믿음"도 성령의 은총에, 그러므로 하나님의 뜻으로 진지하게 환원되었을 때, 하나님의 자유로운 선택이 전체 사건의 근거로서 물론 드러날 수 있었고, 이러이러한 인간들에게 믿음 안에서 그리스도의 사역이 도움이 될 때, 또 그들이 믿음 안에서 그것으로 도움을 받을 때, 그 사건이 하나님으로부터 온다는 것에 대해 결정되었고, 이 인간들은 이런 상태로 자신을 스스로 선택한 자들이 아니라, 진정으로 하나님의 선택받은 자들로서 이해되었다. 그러나 사람들은 벗어나고자 했던 칼빈의 절대주의에서 어떻게 벗어났는가? 아니면 사람들은 인간 편에서 믿음의 선물을 적어도 인간의 항거하지 않음에 의해 제약되고 제한되게 했으므로, 사람들은 성령의 은혜의 자유에 관해서 주저했다. 그럴 때 사람들은 '절대주의'에서 벗어났다. 그러나 그렇다면 펠라기아니즘에서는 어떻게 벗어나는가? 루터파 신학자들은 이런 제약과 제한을 주장하지 않았다. 그들은 오히려 이런 것을 '스콜라적', '교황파적' 오류라고 배격했다.(Quenstedt, sect. 2 qu. 4 antith. II) 그러나 그들은 이런 것을 주장하려 하지 않았다고 여기서 해명할 수 없었다. 그리고 그들이 다른 것, 인간에 대한 하나님 뜻의 무제약성도 말하려 하지 않았고 그러므로 절대주의에서 벗어나려 했다면, 어떻게 이런 것을 주장하지 않을 수 있었을까? 발설하지 않았지만 본의 아니게 결론은 필연적으로 "하나님은 영원 전부터 이러이러한 인간들이 항거하지 않을 것을 알고 그가 그들을 그런 자로 아는 것에 근거해서 그들을 선택한다."가 아니었던가? 칼빈주의자들은 이 발설하지 않은, 부정된, 그러나 실질적으로는 피할 수 없는 궁극적인 결론 때문에 "예견된 믿음" 명제와 루터파의 기타 모든 예정론을 결국 거부했다. 그들에 의하면 하나님과 인간 사이의 관계의 이 결정적인 점에서 하나님의 완전한 자유로운 은혜가 문제이다. 그들은 "절대적 결정"을 피하기 위해 종교개혁의 기본 이해를 이처럼 결국 위협할지도 모를 길을 걷기보다는 차라리 "절대적 결정"을 고집했다. 루터파들은 결정적인 구절에서 왜 하나님의 뜻을 하나님의 지식, 예견에 의해 제약되도록 하였으며, 만일 이 기본 관심, 즉 모든 펠라기아니즘에 대항하여 하나님의 자유로운 은총을 변호하는 일을 위협하려 하지 않았다면, 왜 "예견된 신앙" 개념을 등장시켜야 한다고 생각했는가? 그들이 이것을 개혁파에게 분명히 할 수 없었기 때문에, 개혁파는 암초(Skylla) 대신 소용돌이(Charybdis)를 택하고 그러므로 그들의 "절대적 결정"을 고집하기로 결정했으며, 그러므로 루터파의 예정론도 결실 있는 자극제가 되지 못했다. 사실 루터파 예정론은 그 의도대로라면 충분한 자극제가 될 만했다. 우리는 개혁파가 루터파에 대하여 불신을 고집한 것, 또 그들이 종교개혁 초기의 상응하는 해답을 고집한 것이 전적으로 무근거한 일이었다고 주장할 수 없다. 루터의 예정론은 사실 모호한 실험이었다. 전체 루터파 정통주의 신학이 예수회의 신의 "중간적 지식"(scientia media) 이론을 수용하는 것이 옳다고 생각했다는 것은 그 의도의 순수성을 적어도 의심스럽게 만들었다. 그들은 부분적으로 이 이론으로 칼빈의 "절대적 결정"을 공격할 수 있고 적극적으로는 루터의 예정론의 결정적인 점, 즉 "예견된 신앙" 개념을 설명할 수 있다는 근거를 명시했다. 그러나 저 예수회의 가르침은 특수한 형태의 하나님의 예지에 대해 말한다: 즉 하나님의 예지는 피조물의 행위가 하나님의 뜻의 결정에 선행하도록, 그러므로 하나님의 뜻이 그것들에 의해 제약받고 결정되도록 하는 방식으로 피조물의 자유로운 행위 자체를 그 대상으로 삼는다. 사람들이 하나님의 예지를 그리고 그의 특수한 대상으로서 "예견된 신앙"을 이렇게 이해할 수 있었고 이해하려 했다면, 종교개혁의 기본 이해는 사실상 끝난 것이었다. 그렇다면 루터의 가르침은 물론 새로운 펠라기아니즘을 위한 함정이 될 수도 있었다. 또 우리는 이 면에서 이미 멜랑히톤 이래 루터파 정통주의가 지녔던 일정한 취약성이 후대에 이 방향에서 드러났다는 것을 부인할 수 없다.

　그러나 다른 한편으로 우리는 무엇인가가 종교개혁 초기의 해답을 개선하기 위해서 사실 감행되어야만 했다는 것을 은폐해서는 안 될 것이다. 그러므로 루터의 예정론이 선택의 '그리스도론적' 기초를 관철시키려는 데 있었던 한, 우리는 적어도 루터의 '의도'를 수용해야만 할 것이다. 우리는 이 기초를 그렇게 성급하게, 그렇게 체계적으로 하나님의 일반적인 구원 의지와 동일시하지 않을 것이고, 또한 개별 인간에 대한 하나님의 뜻을 하나님이 그리스도 안에서 인간의 구원에 관하여 그리고 이것에 대한 인간의 믿음에 관하여 영원 전부터 예지한 바를 확증함으로 축소해서는 안 될 것이다. 또한 우리는 개혁파의 "절대적 결정론"에서 주장된바 실제로 선택하는 자유로운 신적 의지의 공간을 개방해 두어야 한다. 선택의 그리스도론적 근거를 입증함으로써 선택 자체와 하나님의 자유로운 은총이 궁극적으로 부인되도록 해서는 안 된다. 그러므로 바로 예수 그리스도가 이 공간을 점하고 있고 우리가 그 안에서 참 인간뿐 아니라 참 하나님과, 그러므로 선택받은 인간과 선택하는, 실제로 자유롭게 선택하는 하나님과 상관한다는 것을 지시해야 할 것이다. 이것이야말로 우리가 루터의 정확한 의도에 따라서 하나님의 공공연한 구원 결정 자체에서 하나님의 선택 결정을 인식해야 하는 경우 분명히 해야 할 점이다. 루터의 예정론이 결국 칼빈의 그것처럼 이 점을 분명히 하지 못했다는 것이 우리가 루터의 예정론에 항의해야 할 가장 중요한 이유이다. 루터의 예정론은 선택을 저 원리적으로 이해된 "아버지 같은 자비" 개념에서 도출했다. 루터의 예정론은 하나님 아들의 영원한 자기 희생을 이 신적 행태의 근거라고 주장했다. 그러나 루터의 예정론은 하나님 아들의 이 자기 희생을 영원한 선택의 행위로서 이해하고 그러므로 하나님 아들의 인격, 예수 그리스도를 이 행위의 주체로 알리는 것을 지체했다. 루터의 예정론이 이 일을 했더라면 개혁파의 "절대적 결정"론을 극복했을 것이고, 이로써 종교개혁 초기의 해답을 실제로 개선했을 것이다. 그리고 이 행위를 진정으로 선택으로, 자유로운 신적 결정으로 나타낼 수 있었을 것이고, 이 행위를 자비로운 의로운 심판자 예수 그리스도의 선택으로 나타낼 수 있었을 것이다. 그렇다면 이 예정론은 펠라기아니즘의 암초에 스스로 그렇게 접근하지는 않았을 것이다. 우리는 분명히 궁극적으로 예수 그리스도 앞에 서자. 우리가 선택하는 하나님 앞에 선다면 이런 방향에 대한 모든 욕망은 끝나게 될 것이다.

　그러므로 우리는 다음과 같이 확정지음으로써 이 역사적 개관을 끝맺으려 한다: 우리의 앞선 결과, 즉 선택론은 "추상적으로" 선택하는 하나님 개념으로도, 또한 선택받은 인간 개념으로도 안 된다. 구체적으로 예수 그리스도를 선택하는 하나님으로서, 선택받는 인간으로서 인식함으로써 시작해야 한다는 것—이 결과는 일반적으로 말해서, 실제로는 새로운 내용이 아니라, 다만 종교개혁 신학이 이 부분에서 언제나 매우 인상깊게 말했던 것을 확인한 것이고, 새로이 수용한 것이다. 유감스럽게도 종교개혁 신학은 이것이 단순히 목회적으로 이해되어야 할 지시와는 달리 신학적으로 진지하게 취해야 할 명제로 드러낼 수 있도록 말하지는 않았다. 그럼에도 불구하고 그 배후에는 그 진술에 반하여 "추상적으로" 선택하는 하나님 이해가 위협하고 있었다. 그 다음에 아르미니우스파와 루터파가 이 취약점을 주목하고 그것을 제거하려고 했을 때, 하나님의 선택 개념 자체가 공격받았고 은밀히 제거되었으며, 이로써 "추상적으로" 선택받은 내지는 그 편에서 하나님을 선택하는 인간 이해가—아르미니우스파에서는 가시적으로, 루터파에서는 그런 위험이 있었으니—새로이 접근해 왔다. 과제는 바로 이런 역사적 개관의 빛 안에서 또 다시 분명히 설정되었다: 우리는 종교개혁 명제를 받아들여야 한다. 그러나 우리는 종교개혁 명제가 양쪽 편으로 그 본래의 진지성을 얻도록 그렇게 근거를 제시하고 표현해야 할 것이다. 그러므로 예수 그리스도의 이름으로 선택하는 하나님에 관해서나 선택받은 인간에 관해서나 실제로 처음이자 마지막 말씀이 말해졌다는 것을 근거짓고 표현해야 한다.

3. 교의학에서 선택론의 위치

선택론이 전체 교의학 연구 과정에서 여기서 그것에 부여된 위치를 차지하는 것은 자명한 일이 아니다: 신론의 맥락 안에서 하나님의 행동에 관한 모든 다른, 개별적인 그리스도교 명제들 앞에. 내가 알기로는 이것은 지금까지 그렇게 지켜지지 않았다. 선택론을 실제로 모든 그리스도교 교리의 주체를 표시하기 위해 여기에 놓는 것이 적합한가? 세계와 인간 창조에 관해, 화해 역사 및 영원한 구속을 지향하는 이 역사의 목표에 관해 말하기 전에 선택론에 관해 말해도 좋고, 말해야 하는가?

우리는 하나님이 그 자신 안에서, 그가 하나님이고자 하는 원결정, 기본 결정에서, 그 자신 안에서, 그의 삼위일체적 본성 안에서, 영원부터 영원에까지 일어난 사건의 신비 안에서, 그의 아들 혹은 말씀 안에서 선택하는—자기 자신을 그리고 자신 안에서, 자신과 함께 그의 인간 백성을 선택하는 하나님이라는 사실을 근거로 해서 이 물음을 긍정했다. 하나님은 사랑일 뿐 아니라 사랑함으로써, 그의 전 존재를 규정하는 사랑의 행위 안에서 선택한다. 그리고 그의 사랑의 행위는 선택이므로 그 행위는 동시에 그의 자유의 행위이다. 그의 계시로부터, 그리고 그의 계시에서 드러나는 하나님의 역사로부터 그의 선택에 대한 지식이 아닌 지식이 나올 수 없다! 하나님이 영원부터 영원까지 선택하는 분임을 본래 그 기초로 포함하지 않는 그리스도교의 진리는 있을 수 없다! 만일 명제가 그리스도교 명제이고자 한다면 그 형태와 내용에서 이 하나님의 선택, 영원한 선택을 반영하지 않는 그리스도교 교리 명제는 없다: 선택에서, 선택에 의해서 하나님은 그의 인간들, 그의 인간 백성들 없이는 하나님이 되고자 하지 않으며 하나님이지 않다! 그렇기 때문에 선택론은 모든 다른 그리스도교 명제의 정점에 속한다. 그리고 하나님 자신이 바로 이 선택하는 분으로서만이 하나님이고자 하고 그러므로 또한 달리는 하나님이고자 하지 않으므로, 선택론은 신론 자체에 속한다. 하나님은 어느 하늘, 어느 심연에서도 어떤 다른 분이 될 수 없다. 그러므로 선택론의 특별한 내용, 동기가 신론에 결여되는 경우에는 모든 그리스도교 명제의 주체는 진정 그런 것으로 인식되거나 이해되지 못한 것이다.

이것 때문에 우리는 이 문제를 여기서, 바로 여기서 진술하게 된다. 그러나 물론 이것은 새로운 시도이다. 그렇기 때문에 우리는 신학적 전통에 직면해서 책임져야만 한다. 삼위일체론의 위치의 경우는 신학 전통이 거의 전적으로 일치하지만, 선택론의 위치는 그렇게 일치하지 않는다. 그러나 그 동안에 시도되었던바 선택론의 모든 위치 설정들이 여기서 제안되고 관철된 것과는 다르다는 점에서는 신학 전통이 적어도 일치한다. 그러므로 우리가 이 다른 위치 설정들을 논하고 이를 통해서 우리 자신의 설정을 자의의 혐의로부터 보호하는 것, 우리가 숙고한 것에서부터 다른 위치 설정들에 대해 잠깐 입장을 취하는 것이 타당하고 필요하다.

1. 첫눈에는 마치 우리가 17세기 개혁파 정통주의에서 어느 정도 고전적이 되어 버린 순서와 일치하거나 혹은 거의 접근한 것처럼 보인다: '예정론이 바로 신론 다음에 오고' 또한 창조론과 신앙고백과 교의학의 다른 모든 내용에 앞선다.

우리는 이 순서를 아일랜드 종교 신조(1615)와 웨스트민스터 신조(1647)에서, 그리고 신학자들 가운데서는 폴라누스(Polanus), 볼렙(Wolleb), 벤델린(Wendelin), 알팅(H. Alting), 하이다누스(A. Heidanus), 부르만(Fr. Burmann), 투레티니(Fr. Turrettini), 판 마스트리히트(P. van Mastricht), 판 틸(Sal. van Til) 등에게서 발견한다. 이 신학자들은 예정론을 사실 가장 분명히 눈에 띄는 전통의 줄기임을 고려해서 근래에 종종 개혁파 신학의 "중심 도그마"라고 불렀고, 이미 초기 개혁파 사람들은 때때로 이런 의미로 예정론을 말했다. 여기에 대해 다음과 같이 첨언해야 하겠다: 이 순서는 적어도 츠빙글리나 불링거, 칼빈 자신의 순서는 아니었다. 이 순서는 또한 대부분의 개혁파 신앙고백서의 순서가 아니었다. 또한 17세기의 전적으로 모든 개혁파 교의학자들이 여기에 동조한 것은 아니었다. 어쨌든 "중심 도그마"라는 개념을 마치 예정론이 초기 개혁파 사람들에게 일종의 사변의 열쇠인 듯 이해하는 것, 즉 예정론이 근본 명제이고 거기서부터 그들이 다른 도그마들을 어느 정도 연역하였다고 보는 것은 역사적 근거가 없다: 베자(Th. v. Beza)의 악평난 도식(Heppe, *Dogm. d. ev. ref. Kirche*, Neuausg. 1935, 119 참조)도 결코 이런 의도가 있던 것은 아니다: 그것은 차라리 다만(정확하든 부정확하든 간에) 모든 다른 도그마들과 예정론과의 조직신학적 연관성을 당시 유행하던 도식적 방법으로 보여 주려 했을 뿐이다. 그러나 결코 예정론을 다른 모든 도그마들의 도출 원리로 삼으려 한 것은 아니었다. 웨스트민스터 신조와 언급된 신학자들의 경우에도 예정론에서 전체 교의학을 연역했다고 말할 수 없다. 그들이 예정론을 직접적으로 신론에 연결하여 다른 모든 도그마들의 정점에 두었다는 것은 물론, 그러나 다만, 그들이 예정론을 일차적인 결정적인 말, 모든 다음에 오는 장에서도 지속적으로 고려되어야 할 말, 피조물과의 관계에서 하나님의 뜻에 관해 들어야 하고 말해야 할 말로 보았다는 것을 의미한다. 이런 맥락에서 예정론 논술을 읽을 때 우리는 차라리 그들이 예정론을 너무나 크게 고려했다기보다는 그 조직신학적 중대성에 비해서 너무나 작게 고려했다는 인상을 받게 될 것이다.

그러나 우리가 여기서 하는 것은 이 개혁파 전통의 노선에서 행해진 것과 동일한 것은 아니다. 우선 정확히 볼 때 신앙고백과 교의학의 본래적인 핵심 명제는 이 교리 전통에 의하면 선택론이 아니라, 선택론보다 상위에 있는 하나님의 결정 일반에 관한 명제이기 때문이다.

"하나님의 결정은 신적 의지의 내적 행위이니, 그는 이 행위에 의해서 시간 속에서 되어져야 할 일들에 관해서 영원 전부터 아주 자유로이, 확실히 결정했다."(Wolleb, *Chr. theol. comp.* 1626 I 3, 3) 사람들은 신론을 완료한 후에 이 하나님의 일반적인 결정을 확정하는 일로써 시작했다. 이제 사람들은 이 "일반적인 결정"에서 하나님의 의도는 그의 능력의 영광, 지혜, 선함을 알리는 것이라고 설명했다. 이 일반적인 결정의 틀 안에서 비로소 다음으로 "특별한 결정"을 말했으니, 천사의 예정은 인간의 예정에 우선하는데, 이 특별 결정의 의도는 "선택되거나 버림받아야 할 이성적인 피조물들 안에서" 재차 하나님이 자기 스스로 영화롭게 함으로 표현될 수 있다.(*ib.* I 4, 1 f.) 사람들은 선택론을 토마스 아퀴나스의 모범에 따라서 "섭리의 일부"로 이해했다. 이 신학자들이 섭리론 자체를 전개하는 것으로 시작하지 않고 섭리론을 철저히 창조론과의 맥락 속에서 명시적으로 진술하는 한에서, 이런 관점에서 체계적인 결론을 이끌어 내지는 않았다는 것은 그들이 좋은 본능을 지녔다는 증거였다. "일반적 결정에 관한" 저 가르침에서 섭리론이 본질적으로 이미 선취되었고 하나님이 절대적 세계 통치자라는 그것의 특수한 관점 아래서 예정론은 인간 구원에 관한 하나님의 의도에 관한 특수한 가르침으로서 성립하게 되었다.

우리는 이전에 이미 왜 우리가 이 사고 방식을 취할 수 없는가를 설명했다: 이 사고 방식은 최초의 세계와의 일반적인 관계 속에 있는 하나님을 그것의 일차적 소여로 고려하며, 그 다음으로 그의 선택을 이런 그의 일반적 세계 관계의 한 가능으로 이해한다. 반면에 우선 살아 있는 하나님을 그의 선택에서, 그러므로 예수 그리스도 안에서 세워진 인간과의 관계 안에서 그리고 거기서부터 그와 세계와의 일반적인 관계를, 그러므로 저 "일반적인 결정"을 파악하고 이해하는 것이 성서적으로나 그리스도교적으로 요청되는 것이다. 그러나 이것은 우리가 근접해 있는 것처럼 보이는 전통의 견해는 아니었다.—전통에 대한 우리의 또 다른 차이점은, 내가 아는 한, 아무도 선택론을 신론의 필수적 구성 요소로 파악하고 취급하려 하지 않았다는 데 있다.

이것은 우리 신론의 첫 부분에서 종종 언급한바 교부들과 스콜라 철학자들의 독특한 견해와 연관된다. 초기 개신교 정통주의도 이 견해를 새로이 수용하였다: 즉 이 견해에 따르면 하나님은 본래 순수한 즉자성, 단순성, 불변성, 무한성 등에 의해 모든 것이지만, 다만 살아 있는 신이 될 수 없고, 구체적 결정 안에 살아 있는 신이 될 수 없다. 이 견해에 따르면 하나님은 비본래적으로만, 그와 세계와의 관계 안에서 이러한 생명성을 소유하나 본질적으로는 소유하지 못하며, 그러므로 생명성은 근본적으로 그에게 다만 "전가될" 수 있을 따름이다. 반면에 사람들은 하나님의 본질, 그의 신성을 특이하게도 세상 내의 그의 생명력 있는 행동 위에서, 배후에서, 그의 부동성에서 찾아야 한다고 믿었다. 하나님이 "단순하고 무한한 존재자"로서 이런 "외부를 향한 내적 역사", 이런 내적 행동을 정의상 본래적으로 행할 능력이 있을 수 없음에도 불구하고, 사람들이 "외부를 향한 하나님의 외적 역사" 뿐 아니라,

또한 하나님의 결정을 고려해서 "외부를 향한 하나님의 내적 역사"를, 그러므로 신적 의지의, 신적 본질의 구체적 형태, 방향, 목표 설정을 말하려고 하고, 또한 결정 개념을 "신적 의지의 내적 행동"으로 규정하려고 하였다는 것은, 매우 다행스럽게도 앞뒤가 맞지 않은 결론이었다. 이 존재가 어떤 "외부를 향한 역사"를 행할 능력이 있어야 한다는 것이 이미 놀라운 일이었다. 그러나 그 존재가 어떻게 그 자체로서 이런 구체적인 결정을 할 능력이 있으랴? 사람들은 분명히 성서를 통해 하나님의 외적 행위를 용인할 뿐만 아니라, 하나님의 내적 행위도 용인하지 않을 수 없었다. 그러나 사람들은 구체적 결정 안에서 활동하고 입증되는 이 하나님의 외적 생명성과 내적 생명성을 인정함으로부터, 분명히 하나님 자신은 이 구체적 생명성 안에서, 그의 뜻이 이같이 정해짐(그것은 바로 그의 본질의 정해짐이기도 하다.) 안에서만 존재하고 그러므로 그렇게만 이해되기를 원한다는 결론을 이끌어 내려 하지 않았다. 사람들은 주목할 만하게도 또한 삼위일체론에서부터도 이런 결론을 강요받지 않았다. 사람들은 거기서 세 인격을, 그들의 상호 관계를, 외부를 향한 그들의 공통된 역사를 말했으되, 이 삼위일체적 존재가 순수하게 자신 안에 안식하는 혹은 움직여진 존재로서 존재하지 않고 인식될 수도 없다는 것, 하나님은 그러나 추상적으로 아버지, 아들, 성령이 아니며 이 삼위일체 신으로서 한 하나님이 아니라 사랑과 자유에 의해서 정해진 관계와 결정에서 모든 것이라는 사실. 하나님은 사랑과 자유로써 그의 삼위일체적 존재의 품안에서 영원부터 영원까지 자기 자신을 처리하는 분이라는 사실을 분명히 하지 못했다. 그러나 선택론에서는 바로 그의 본성의 정해짐, 그의 모든 완전성의 정해짐인 이런 그의 뜻의 정해짐이 문제이다. 그의 존재의 이런 내적 행위, 선택에 대해 말함이 없이 어떻게 하나님의 존재를 말할 수 있으랴? 하나님의 존재의 구체적 생명성을 말함이 없이 어떻게 선택을 말할 수 있으랴? 우리가 선택론을 신론의 한 구성 요소로 이해하고 취급함으로써 이 일체성에 영광을 돌리려 한다. 그러나 우리의 관심을 끄는 개혁파 전통의 대표자들도 분리시켜서는 안 될 것을 여기서 분리시켰다. 신의 본성론에도 손상이고 선택론에도 손상이다! 왜냐하면 신본성론에 대해서는 이와 같은 분리에서 그 자체로 살아 있지 않은 신의 상이 치명적으로 확정되는 결과가 되었기 때문이다. 그리고 선택론에 대해서는 이로부터 선택론이 하나님의 인격 자신이 바로 선택의 주체라는 것을 치명적으로 망각하는 결과가 되었기 때문이다.

그러므로 우리는 물론 이런 개혁파 전통의 근저에 놓여 있던 한 관심을 수용할 것을 생각한다: 우리는 개혁파 전통에서처럼 예정론의 기초적 의미를 다음에 오는 모든 것에 대한 도출 원리로서가 아니라, 차후에 단순히 해석되어야 할 근본 명제로서가 아니라—차후에 창조, 화해, 구속을 논해야 할 경우 그것은 선택 사상을 단순히 발전시키는 것 이상이다.—그러나 동시에 하나님의 계시된 영원한 존재와 함께 청취해야 할 말씀으로, 거기서 하나님이 하나님 되는 결정의 규정으로 인정한다. 그러나 우리는 이 관심을 인지함으로써 그렇게 의미심장한 개혁파 전통에서 그랬던 것보다 더 극단적으로 두 언급된 방향으로 진행시켜야 한다. 그런 한에서 우리는 또한 개혁파 전통과도 다른 특이한 길 위에 처해 있다.

2. 계속 언급되어야 할 모든 배열 방식은, 그것들이 저 처음 것들과는 달리 우선 창조와 섭리에 대해, 그리고 나서 비로소 상이한 간격을 두고 선택을 말하는 점에서 공통적이다. 이로써 우리는 옳다고 간주해야 하는 것으로부터 점점 더 멀어지고 있는 것이 분명하다. 그러나 세부적으로 그것에 대해서 주목하는 것은 보람이 있다. ─ 우리는 여기서 우선 신론 다음에 직접 그리스도론을 그리고 나서 창조론을 다루고 거기서부터 예정론을 다룬 흥미로운 소집단을 기억해야 한다.

츠빙글리가 *Fidei ratio*(1530)에서 그렇게 했다: 선택론은 그에게서 섭리론의 대단원을 종결시키는 결론을 이루고, 그러나 선택론 자체 앞에는 신론 및 삼위일체론과 함께 서술된 그리스도론이 먼저 왔다. 초기 루터파 가운데 후테루스(L. Hutterus)(*Comp. Loc. theol.* 1610)와 게르하르트(J. Gerhard)(*Loci theol.* 1610f.)도 그랬다: 이들 중에서 특히 후자는 하나님─그리스도─창조─예정의 직접적 연관성을 주목할 만하게 드러냈다. 반면에 후테루스의 배열은, 그가 창조론과 예정론 사이에서 죄론, 율법과 복음론, 칭의론을 집어넣는 한에서 언급하게 될 또 다른 전통의 영향을 받았음을 보여 준다. 마지막으로 개혁파 고백서 가운데 브레멘 일치 신조(1595)가 그랬다. 이 신조는 루터파에 대항하여 그 항목들을 그리스도─섭리─선택─성례전의 순서로 배열하였다.

이런 순서에도 어떤 객관적인 관점이 표준이 되었다고 가정할 수 있다면, 저 고전적 개혁파의 순서를 가져왔던 관점에서처럼, 창조가 아니라 (또한 창조에 영원히 그리고 시간적으로도 선행하는) 육신이 된 하나님의 말씀, 그리스도가 하나님의 행위(모든 행위 중의 행위!)라는 이 관점이 정확한 통찰이라고 보아야 할 것이다. 우리는 화육신론을 이전에, 즉 전체 교의학을 도입하는 하나님 말씀론의 중심 부분으로 다룸으로써 이 진리를 지시했다. 그러나 이제 그리스도론은 화육신론 내지 그리스도의 인격론일뿐 아니라 그리스도의 사역론, 즉 그의 낮아짐과 높임, 그의 삼중직론으로서 화해, 믿음, 칭의, 성화, 교회, 성례전에 관한 모든 가르침의 진수를 이룬다는 것을 우선 말해야 한다. 그런 한에서 그리스도론을 저 순서로써 표출하려고 한 모든 사람들은 의미 있게 사고했을 것이다. 당연히 이 두 번째 배열 방식에서 충분히 엄숙하게 그리스도론에 부여된 위치에서, 즉 신론 바로 다음에, 그러므로 창조론 다음에, 그러나 선택론의 형태로 그리스도론은 진술되어야 한다. 선택론은 올바로 이해할 때, 그 뿌리에서 그리스도론적으로 이해되고 전개되어야 한다. 그러나 이 두 번째 배열 방식의 옹호자들은 그리스도론으로부터 선택론을 채우고 형성하는 대신에, 이 위치에서 선택론을 그리스도론으로 대치했다. 만일 그리스도론의 근거 위에 선택론을 세우고 거기서부터 창조론과 섭리론으로 계속 나아갔더라면, 그리스도론을 앞에 놓는 것이 정당화될 수 있었고, 모든 것이 분명하게 이해될 수 있었을 것이다. 그러나 그 옹호자들은 그렇게 하지 않았다. 선택론은 그들에게는 오히려 유명한 토마스의 도식에 따라서 섭리론에 종속하는 것으로 보였다. 그러므로 그들은 이 배열로써 그리스도론을 앞에 놓음으로써 아무 유익을 얻을 수 없었다. 따라서 그 자체로 흥미로운 배열 방식은 우리로 하여금 추종할 수 없게 만든다.

이 배열 방식이 실제로 아무 유익이 없었다는 사실에 비추어서, 이 방식은 어떤 객관적 관점 아래서가 아니라 고대 교회의 도그마를 고려해서, 즉 니케아-칼케돈 신조의 순서를 고려해서 선정되었고, 다른 무엇보다도 개신교 교리의 정통성을 드러내려는 의도를 가지고 있었을 것이다. 이것도 의심할 여지없이 흥미 있는 관점이다. 그러나 이 순서는 객관적으로 볼 때 별로 만족스럽지 않고 어쨌든 그 옹호자들 자신에 의해서 명백하게 논증되거나 적용되지 않았다. 우리는 그 관점을 다르게 적용할 수 있을 것이다.

3. 이제 뒤에 따르는 모든 배열 방식들의 특별한 공통점은, 은혜의 선택이 분명히 신론으로부터 분리되어 창조론과 죄론 다음에 다루어지지만, 이로써 또한 분명히 섭리론과 분리되고 그 대신 화해론과의 특별한 관련 속에서 다루어진다는 것이다. 즉 선택론이 화해론의 처음에도, 마지막에도 그 중심에서도 주목해야 할 열쇠로 이해된다.—이 배열 방식의 원형은 교회론과의 관련 속에서 표현한 데서 발견된다.

츠빙글리가 교회에 관하여, 즉 가시적 교회 속에 숨겨진 참으로 확실히 믿는 자들의 교회, 그 자체로 홀로 하나님에게 그리고 자기 자신에게만 알려진 교회에 대해 말하는 곳에서 선택을 논한 한에서 그의 *Fidei ratio*가 여기서 두 번째로 언급되어야 한다. 이런 은밀한 의미에서의 교회는 츠빙글리에 의하면 "하나님의 뜻에 의해서 영원한 생명으로 예정된 선택받은 자들" 전체와 동일하다: 그러나 이 견해는 무엇보다도 그것이 청년 칼빈의 견해이기도 했다는 것 때문에 의미심장해졌다. 은혜의 선택은 그의 『그리스도교 강요』의 초판(1536)(그것은 주지하다시피 루터의 소교리 교육 지침서의 도식에 따라서 집필된 것이다.) 제2장 신앙론에서 사도 신조 제4항(칼빈의 계산에 따르면), 즉 "나는 교회를 믿는다"의 해설에서 나타난다. 이 "거룩한 가톨릭 교회"는 저 바울의 "하나님의 자비의 질서"(롬 8:30)와 동일한 것 같이, 칼빈에 의하면 "모든 선택받은 자들, 곧 모든 천사이나 인간들, 또한 인간들 가운데서 죽은 자들 혹은 지금까지 살아 있는 자들, 그리고 살아 있는 자들 가운데서 땅에서 행하는 자 혹은 이교도들 가운데 흩어져 있는 자들"과 동일하다. "하나님께서는 선택한 사람들을 부르시고, 또한 부르신 사람들을 의롭게 하시고, 의롭게 하신 사람들을 또한 영화롭게 하셨습니다." 이런 부름받고, 의롭게 되고 영화롭게 된 자들이 있는 곳에서—그들의 있을 곳은 교회이다.—하나님은 이 인간들이 태어나기 전에 하나님이 그들의 운명을 정해 준 그 영원한 선택을 선언한다. 칼빈은 이미 당시에 선택이란 "저 하나님의 한 변경할 수 없는 섭리"일 뿐만 아니라 또한 그들이 소명에서부터 영화롭게 됨에 이르는 저 선에서 하나님의 영에 의해 이끌린다는 점에서 하나님의 자녀로서 인식될 수 있게 되는—적어도 일정한 표징에서 인식될 수 있는—그런 자들의 존재를 근본적으로 규정하는 것이라고 설명했다. 우리가 가시적으로 교회로 만나게 되는 그것의 내부에는 또한 선택받지 못한 자들이, 즉 다만 외견상으로만 저 장소에 있는 그런 사람들이 있다는 것을 예상해야 한다면, 우리는 물론 신중을 기해야 하지만, 그러나 모든 사람들에 대해 최선의 것을 소망하여야 하며, 특히 선택과 신앙과 참된 교회의 통일성을(이 통일성은 어느 경우에나 참되고 유효하다.) 확고히 견지해야 한다. 칼빈은 이 통일성에 근거한 그리스도인의 확신을 당시 잊을 수 없게 표현했다: "교회가 하나님의 선택받은 백성이기 때문에, 진실로 그의 지체가 되는 자가 결국 멸망하거나 혹은 악한 삶으로 파멸하는 것은 불가능하다. 곧 그들의 구원은 확고하고 튼튼한 토대 위에 서 있기 때문에, 온 세상의 구조가 흔들릴지라도, 그 토대는 무너지거나 파괴될 수 없다. 우선, 교회는 하나님의 선택과 더불어 서 있다. 또한 영원한 지혜에 의해서가 아니라면 그것은 변하거나 몰락할 수 없다. 그러므로 그것은 흔들리거나 동요하거나 넘어질 수는 있으나 파괴될 수는 없다. 왜냐하면 주가 그의 손으로 받치고 있기 때문이다. 이것은 바울이 한 말이다(롬 11:29): 하나님의 선물과 부름은 후회가 없다. 두 번째로, 주는 선택하는 인간들을 자기 아들 그리스도에게 보호하도록 위탁하고 맡긴다. 이는 그들 가운데 아무도 파멸하지 않고 모두 최후의 날에 일어지기 위함이다.(요 6:39) 그들은 이처럼 선한 보호 아래서 방황하거나 타락할 수는 있어도, 확실히 멸망할 수 없다." 칼빈은 1537년의 『신앙 지침과 고백』(그가 쓴 첫 번 형태의 교리문답서)과 『그리스도교 강요』 개정판들에서 우리가 나중에 다루게 될 다른 여러 가지 순서들을 위해서 이 순서를 포기했다. 그러나 그는 1542년의 『교리문답서』 최종판에서는 다시 이 형태로 돌아왔다. 지금 신앙을 처음에, 율법을 두 번째 항에 배열한 한에서, 루터의 순서는 전체적으로 칼빈의 견해에 보다 상응하는 순서에 의해 대치된다. 그러나 여기서도 예정은 4항의(내지 3항) 해설과 연관되어서 나타난다: "가톨릭 교회란 무엇인가? 그것은 하나님이 영원한 삶으로 정하고 선택한 믿는 자들의 모임이다."(프랑스어) 다시금 로마서 8:30이 인용되고 해설되며 다시금 일정한 표징에서 인식될 수 있는 가시적인 하나님의 교회가 있다는 것이 확정된다: "우리가 믿는 본래적인 의미의 교회는 그러나 하나님이 구원하기 위해서 선택한 자들의 모임으로서, 완전히 눈으로 보이지는 않는다."(프랑스어) 우리는 하이델베르크 교리문답서의 54항에서 이 칼빈의 가르침의 반향을 발견한다.(이 문서에서 52항 외에 선택론이 분명히 언급되어 있는 유일한 부분이다.): "당신은 거룩한 보편적인 그리스도교 교회에 대해 무엇을 믿는가? 대답: 하나님의 아들이 온 인류 가운데서 선택된 공동체를 영원한 삶을 위해서 그의 영과 말씀을 통해서 참 신앙의 일치 속에서 세상 시작부터 종말까지 모으고, 보호하고, 유지하신다. 나는 이 공동체의 한 살아 있는 지체이며 영원히 그럴 것이다." 적어도 이 견해는 주목할 만하게도 만년의 멜랑히톤의 관심을 끌었고, 그로 하여금 공감케 했다. 어쨌든 그는 그의 *Loci* 최종판에서(1559)(이것은 1521년의 계획과는 차이가 있다.) 예정 항목을 교회론 바로 다음에 오게 했다. 그가 그의 방식대로 그 윤곽을 불명확하게 만들어서 예정의 제목 아래 실제로는 거의 소명에 대해서만 말했다고 할지라도(우리는 선택 문제에서 소명에 국한해야 하고 국한할 수 있다.), 그도 교회에 대한 신앙을 결국 참된 교회란 "하나님이 기적적으로 이 삶 속에서 보존하고, 지키고, 관리하는 선택받은 자들의 교회로 항상 있을" 것이라는 사실에 근거를 두려고 한다는 것이 전혀 드러나지 않는 것이 아니다. 우리는 아무도 선택 개념을 다소간에 고려하지 않고서는 교회 개념을 근본적으로 발전시킬 수 없었다고 말할 수 있다.

  우리는 이 세 번째 배열 방식을 위해서 확실히 이것을 말할 수 있고 말해야 한다: 이 방식은 성서와 직접 연계됨으로써 다른 것들보다 탁월하다. 선택 개념은 우리가 서론에서 확정지은 바에 따르면 구약성서에서 이스라엘, 신약성서에서 교회라고 불리는 하나님 백성 개념과 확실히 직접적으로, 불가분리하게 연관되어 있다. 하나님의 선택은 이 백성의 선택이며, 이 백성을 위한 선택이며, 전적으로 하나님과 인간의 관계를 위한 이 선택에서 결과한 모든 것이다. 이 관계 자체는 다시 이 이중적인, 그러나 동일한 백성의 삶의 틀 속에서 이루어진다. 그러나 선택과 교회 사이의 관계는 동시에 그처럼 긴밀하고 그처럼 포괄적이며 그러므로 전체 그리스도교 가르침을 위해서 본질적이기 때문에 전체 그리스도교 가르침을 그 맥락에서 이해하려는 시도에서는, 직접적으로 그리고 특별히 교회 자체를 논하는 곳에서가 아니라, 이 백성의 창조자, 주, 통치자인 하나님 자신을 논하는 곳에서 이미 선택에 주목하는 것이 바람직할 것이다. "선택받은 백성" 앞에는 "선택자 하나님"이 있으며, 칼빈이 그처럼 아름답게 서술한 저 선택의 확신, 참 교회 내지 그리스도의 몸으로 모인 참된 인류에게 있는 선택의 확신 앞에는 이 참된 인류를 창조했고 보존하는 참된 하나님의 자비와 정의가 있다. 그들의 확신은 바로 이 하나님에게서 그 근거와 대상을 갖는다. 사람들이 신앙의 확신에서부터 추후로 선택하는 하나님을 확신하는 것이 아니라 오직 선택하는 하나님에 대한 인식에서 자신의 신앙을 확신할 수 있다는 것이 바로 이 견해에서 적어도 애매해지기 쉬운 점이다.

이것이 칼빈의 견해가 아니라는 것은 자명하다. 그러나 멜랑히톤의 약간 맥빠진 진술 속에는 적어도 어딘가에 다음과 같은 생각이 엿보인다: 즉 선택 개념은 결국 다만 우리가 믿음 안에서 즐거워할 수 있는 일종의 위로의 반영일 따름이며, 그 개념은 "이 마지막 슬픈 시대에" "약해져 가는 교회"에 대해서, 교회는 결국 언제나 하나님에 의해 지탱되고 보존된다는 확신을 주기에 충분하다는 생각. 반면 하나님이 그의 자유로운 은혜 안에서 영원 전부터 교회를 교회가 소유한 것으로 규정했다는 것과 하나님이 교회에 대해 가지는 권한이 교회가 소유한 것에 상응한다는 것, 즉 교회 안에서 교회에 대해 선택하는 하나님의 주권은 현저히 뒷전으로 밀려 있다. 우리는 멜랑히톤이 말하는바 예정과 교회 간의 특별한 관계성의 빈약함에 직면해서 칼빈 자신이 그 동안에 보다 포괄적인 숙고를 발전시켜야 했으며, 이 숙고는 후대의 종교개혁자들에 의해서 보다(1에서 서술된 방식으로) 극단화될 수 있었다는 것을 이해할 수 있다.

우리는 이후에 교회론에서 확고한 근거 위에 서기 위해서는(그 근거는 그들에 대한 하나님의 영원한 선택의 근거 외에 다른 것이 아니다.), 그러므로 이 세 번째 배열 방식의 의도를 만족시키기 위해서는 그 이전에 이 하나님의 선택에 대한 전망으로, 즉 이미 교회의 주요 근거로서의 하나님에 대한 가르침으로 시작해야 한다.

4. 이제 언급되어야 할 세 가지 배열 방식은, 예정이 전체 화해론 혹은 구원론의 원리, 열쇠로서 서술되어야 한다는 점에서 상호 일치한다. 예정이 그렇다는 것은 물론 예

정을 특별히 하나님과 인간 사이의 화해가 사건이 되는 장소로서 교회에 관련시킨 자들의 견해이기도 했다. 그러나 이것은 다만 상이한 방식으로 가시화될 수 있었을 뿐이다.—첫 번째 가능성은 선택론을 직접 그리스도론 다음에 배열하고 거기서부터 믿는 자 개인 및 교회 내에서의 성령의 역사를 논하는 것이었다.

이것은 칼빈이 1537년의 교리문답서 초판에서, 그리고 그 이후에는 순교자 페트루스가 그의 *Loci communes*(1576)에서 선택한 길이다. 이 진술에 의하면 선택 신앙과 더불어 우리는 어느 정도 자비로운 하나님에서 출발하고 죄지은 인간에게서 끝나는 사건의 중심에 있다: 하나님의 선택과 인간의 선택받음에서부터 하나님이 베푸는 구원의 근거로서의 그리스도를 회고하면서, 또 그리스도인으로서의 상태와 이 구원이 우리에게 제공되고 베풀어지는 교회를 전망하면서. 나는 다만 이런 사고를 되풀이하는 후대의 진술만을 알고 있다: 후기 코케이우스파인 헤르만 비치우스(Hermann Witsius)의 교의학 *De oeconomia foederum*(『계약의 경륜』, 1693), 이 책의 두 번째 권은 하나님 안에 있는 그리스도의 기원, 그의 인격과 사역을 다루며, 세 번째 권은 *De foedere Dei cum electis*(『하나님과 선택받은 자들 간의 계약에 대해』)라는 제목하에 개인적 구원 질서에 관한 가르침을 로마서 8:30의 개념들을 확장하고 상술함으로써, 그러므로 선택에서부터 전개한다.

5. 이 특수한 관점의 틀 안에서 두 번째 가능성은, 선택론을 죄론에 직접, 혹은 간접으로 연결시키면서 그리스도론 및 구원론에 선행케 하는 것이었다. 그러므로 1항에서 언급된 순서에 의하여 전체 교의학과의 관계에서 선택론에 주어져야 할 위치를 전체 화해론과의 관계에서 역시 선택론에 부여한 것이다.

여기서도 우선 칼빈을 언급해야 한다: 이번에는 『프랑스 개신교 신조』(1559)의 초안의 저자로서의 칼빈. 이 신조는 일련의 개혁파 신조 문서들에게는 표준과 귀감이 되었으니, 본질적으로 존 녹스(John Knox)에 의해 집필된 『스코틀랜드 신조』(1560)와 『벨기에 신조』(1561), 불링거의 『스위스 2차 신조』(1562), 슈타포르트(Staffort)의 책이란 이름으로 알려진 『에른스트 프리드리히 폰 바덴 두르라하 변경 방백(Markgraf Ernst Friedrich von Baden-Durlach)의 신조』(1599), 그리고 1655년의 『왈도파 신조』의 귀감이 되었다. 스코틀랜드 신조에서는 선택론이 이미 보고한 대로 독창적으로 바로 그리스도론과 연결되어 있다. 개혁파 교의학 중에서는 *Leidener Synopsis pur. theol.*(1642)이 여기에 속한다. 이 책에서는 그러나 죄론 뒤에 또한 율법과 복음 및 구약과 신약성서의 관계에 대한 가르침이 선택론에 선행한다. 여기에는 1640년의 안톤 발레우스(Anton Waläus)의 *Loci communes*가 속한다. 이 책은 이런 방식의 독창성 혹은 자의성에 대해 상세히 논함이 없이, 어쨌든 이런 것을 명확하게, 납득할 만하게 설명함이 없이, 죄론 뒤에 우선 섭리론을 논하며, 그 다음에 비로소(우리 눈을 믿을 수 없다!) 신론에서 가장 먼데서부터 삼위일체론으로, 삼위일체론에서 바로 선택론으로, 그리고 나서 그리스도론과 구원론을 다룬다. 그리고 여기에 무엇보다 코케이우스(Joh. Coccejus)의 *Summa Theologiae*(1662)가 속한다. 이 책에서 "14항: 은총과 진노의 계획에 관해서"는 죄론에서 은혜론으로의 전환점을 이루지만 그리스도론과 선택론은 긴밀하게 연결되어 나타나지는 않는다. 이 순서는 그러나 일부 루터파에 의해서도 수용되었다. 즉 쾨니히(J. F. König)가 *Theologia positiva*(1664)에서, 그리고 루터파 정통주의 말기에 홀라츠(D. Hollaz)가 *Examen theol. acroam.*(1707)에서 이 방식을 따랐다. 특히 크벤슈테트는 *Theol. did. pol.*(1685)에서 이 문제에 있어서도 쾨니히의 순서를 정확히 따랐다. 이들 루터파들이 게르하르트의 선례를 따라서 예정론 앞에 "하나님의 보편적 선의"라는 저 특별한 가르침을 두었다는 것은, 그들이 전체 문맥상 예정론의 위치에 관해서 ― 확실히 루터파 진영에서는 매우 영향력이 큰 코케이유스의 연방 신학의 우회로를 거쳐서 ―『프랑스 개신교 신조』의 구조를, 또 그런 한에서 그들이 보통 때는 그처럼 반박했던 칼빈의 구조들 중 하나를 채택했다는 사실을 바꾸지 못한다.

6. 화해론의 열쇠로서 선택론을 이해하는 틀 안에서 세 번째 가능성은, 화해론으로 하여금 선택론에서 어느 정도 완성되도록 하며, 선택론을 중간에서 혹은 처음에 발설하는 대신에 궁극적인, 결정적인 말로서, 모든 선행하는 것을 추후로 조명해 주는 말로서 표현함에 있었다.

멜랑히톤은 분명히 그의 *Loci communes*의 초판(1521) 서문에서 고시한 "신학적 주제"의 도식에 의하면(그는 글에서는 자신은 이 도식을 따르지는 않았다.) 선택론을 이런 기능에서 이해하려고 했다. 그러나 이것은 무엇보다도 1539년과 1554년 사이에 나온 칼빈의『그리스도교 강요』개정판에서, 그리고 결국 최종판에서 선택론에 부여된 위치 및 기능이다. 그리스도론은 이제 이전에 죄, 율법, 구약과 신약성서 사이의 차이 및 통일성을 다룬 제2권 "구원자 하나님에 관하여"의 정점이자 결말부가 되었다. 그러나 제3권 "그리스도의 은혜를 인식하는 방법에 관하여"는 믿음 안에서 사건이 되는 성령의 역사로부터 시작하여 회개를 거쳐서 영원에 대한 소망을 포함하며, 시간적 제약성 안에 있는 그리스도인의 삶, 하나님의 칭의 안에 삶의 근거를 설정함, 그리스도인의 자유로서의 그것의 성격, 기도를 통한 삶의 유지, 그리고 결국 하나님의 은혜의 선택 안에 삶의 영원한 뿌리를 다룬다. 이것은 결국 삶의 영원한 목표로서의 죽은 자의 부활과 매우 인상깊게 대립한다. 제4권의 내용을 이루는 교회론은 이 전체에 비하여 작품 처음의 "제1권 창조자 하나님에 관하여"와 마찬가지로 독자적이 되었다. 그러나 우리는 그럼에도 불구하고 교회론뿐 아니라 신론과 선택론에서 정점에 도달하는 제2, 제3권 사이의 내적 관계, 그리고 또한 선택론 자체와의 관계가 이 휴지부를 통해 다만 더욱 분명해진다는 것을 말해야 할 것이다.

그러므로 칼빈의 입장을 특별히 평가하기 위해서 다음의 사실을 확정지어야 한다: 그는 선택론의 위치 및 기능에 대한 네 가지 상이한 견해를 함께 만들어 내었거나 스스로 시작했던 것은 사실이지만, 그러나 이 가운데는 사람들이 개혁파 교의학 내에서 고전적 표지라고 본 견해는 발견되지 않는다. 칼빈은 예정론을 신론과 직접적으로도 혹은 간접적으로도 연관짓지 않았다. 진지하게 다루어야 할 교리사가들조차도 동의했던 "일반적 의견"에 의하면 칼빈은 저 후대의 개혁파 신학자들도 행하지 못했던 일, 즉 선택론을 근본 명제로 다루었고 다른 교의학 전체를 거기서 도출했다고 하는데 이것은 완전히 망상이라고 해야 할 것이다. 니젤(W. Niesel)은 이것을 주장하는 자는 "여기서나 다른 곳에서나 칼빈의 신학을 정당하게 어떤 이유에서든 자신에게 편한 대로 구성하는 것이다."(*Die Theologie Calvins* 1938, 159) 그러나 칼빈의 신학 안에서 예정론의 기능이 근래에 저 전승된 오류와의 싸움에서 다시금 평가 절하된 것이 아닌가 하는 물음이 남는다.(P. Barth, Die Erwählungslehre in Calvins Institutio 1536, in: *Theol. Aufsätze* 1936, 432f.와 Heinz Otten, *Calvins theol. Anschauung von d. Praed.* 1938, 26에서, 그리고 니젤 자신에 의해서도) 칼빈은 적절한 곳에서 선택론에 대해 말했지만 "그러나 다른 문제 이상으로는 아니"라고 말할 수 있는가?(Niesel, *ibid.*) 그가 거기에 대해 말하는 구별과 거기서 말해지는 것은, 이 가르침이 앞뒤로 결정적인 빛을 전체에 비추어야 하기에는, 또 칼빈의 생각에 따르자면 분명히 비추어야 하기에는 너무나 의미심장하고 강조된 것이 아니겠는가? 칼빈은 선택론을 분명히 그런 것으로서 이해했거나 다루지는 않았다. 근본 명제와 다른 모든 명제들 사이에는 제3의 것이 있을 수 있고, 칼빈은 선택론을 바로 이 제3의 것으로 보았던 것 같다. 선택론은 그리스도인의 삶의 전체 현실에 대한 궁극적인(이로써 또한 첫 번째) 말로서, 그리스도인의 삶이 하나님의 자유로운 은혜에서 그것의 실존, 존속, 미래를 가진다는 것이다. 그러나 그리스도교 교리 전체가, 먼저 하나님에 대해서 그리고 후에 교회에 대해서 말할지라도, 본질적으로 그리스도인의 삶의 현실에 대한 문제이며, 하나님이 예수 그리스도 안에서 받아들인 인간의 삶에 대한 문제라면 어떻게 선택론을 전체 그리스도교 교리의 궁극적인 내지 첫 번째 말로서 이해하는 것을 피할 수 있으랴? 칼빈의『그리스도교 강요』가 주는 전체 인상을 말하라면, 후대 판에서, 그리고 특히 그 최종판에서 선택론에 부여한 위치를 보건대, 칼빈이 이 부분에서 어떤 질적으로 특별한 것, 중대한 것을 보고 말한다고 믿었다고 결론짓지 않을 수 없다.

우리는 칼빈의『그리스도교 강요』최종판에서의 배열이 실제 이상으로 큰 영향을 미치지 않은 것을 이상스럽게 생각할 수 있다. 분명히 최종판의 영향 아래, 내지 이 배열 방식을 이미 가졌던 1539년 이후 판들 중의 하나의 영향 아래 이 배열 방식은 1552년에 작성된 영국 교회 고백문의 기초가 된 39개 조항(원래는 42개 조항)과 *Conf. Rhaetica*(1562)에도 들어갔다. 개혁파 교의학자 중에는 오직 부카누스(W. Bucanus)의 *Institutiones theol.*(1602)만이 여기에 속한다. 그는 예정론과 종말론을 연결시킴에 있어서도 칼빈을 따랐다. 반면에 여기서도 일련의 루터파 신학자들을 언급할 수 있다: 즉 칼로프(Abr. Calov)의 방대한 *Systema loc. theol.*(1655f.)에서 예정론은 로마서 8:30에 따라서 구성된 그리스도—교회—성례전—개인적 구원 질서라는 큰 구조의 결말을 이룬다.(우리는 이 순서의 내용과 논리를 주목해야 한다.) 그것의 정점에서 칼로프는 예정론과는 외견상 떨어져서, 현실적으로는 그것과 구조적으로는 매우 인상깊게 대칭을 이루면서 저 하나님의 보편적 자비에 대한 저 루터파의 특수 교리를 표현했다. 바이어(J. W. Baier)는 그의 *Comp. theol. pos.*(1686)에서 그리스도—개인적 구원 질서—성례전—예정의 순서를 택했는데, 이것은 그러므로 그가 교회를 저 구조에서 빼내어 그것과는 별도로 다루었다는 점에서 칼로프와 구별된다. 그리고 소위 '합리적 정통주의'에 속하는 부데우스(J. F. Buddeus)는 그의 *Institutiones Theol. dogm.*(1723)에서 바이어와 유사하게 수정하여 이런 순서를 택했다. 선택론이 후대 루터파의 이런 구조에서 전체 교리 체계의 결론부로 더욱더 옮겨가는 듯 보이는 것은 매우 특이하다: 칼로프의 독창적인 구조에서 선택론 뒤에는 오직 그리스도인의 삶에서의 십자가의 특수 교리, 율법론, 종말론만이 나오며, 바이어와 부데우스에게서는 다만 교회와 국가론만이 나온다. 따라서 우리는 이들 신학자들이 선택론을 처음에 놓았더라면 그들의 의도가 역시 잘, 혹은 보다 낫게 실현되지 않았을까 하는 의문을 가지게 된다.

마지막으로 언급된 세 가지 시도를 받쳐 주는 조직신학적 의도는 분명히 동일하다. 이 시도에서는 어떻든 간에 하나님의 선택을 하나님과 인간 사이의 특수한 구원 사건을 지배하는 하나님의 현실로 이해한다. 그러므로 이 시도에서는 사람들이 선택을 교회와의 맥락에서 진술하려 할 때 말하려 했던 것을 풀어서 포괄적으로 말한다. 여기에 제시되는 세 가지 가능성들—화해론 중간에, 혹은 처음에, 혹은 끝에서 선택론을 진술하는 것—모두가 사용되었다는 사실, 그리고 우리가 칼빈을 이 모든 세 가지 방법에서(그리고 선택을 교회론과 한 맥락에서 보려는 이 세 가지 길의 출발점에서) 만난다는 사실은, 저 세 가지 길 중 어디에서 공통적인 의도가 가장 잘 관철되었는가, 내지는 세 가지 길 중 어느 것이 이 주제에 가장 잘 상응하는가 하는 물음을 결정하는 일보다 더 중요할 것이다. 우리는 이 모든 세 가지 가능성 중에서 선택함에 대해서(그러나 또한 세 가지 가능성을 반대하는 데 대해서도) 거의 같은 그럴 만한 이유를 제시할 수 있을 것이다

선택론은 사실 "개신교 은혜론의 궁극적인 필연적인 표현이다."(W. Niesel, a.a.O. 161) 이것은 세 번째 길을 지지하는 듯한 말이다. 우리는 선택론을 진술함으로써 또 한번 그리스도와 그리스도인 사이에 현실화된 모든 것의 신비와 그 신비의 의미를 되돌아보고 나타낸다. 그러나 이 세 번째 길의 필연성이 부데우스에 의해서 그렇게 배타적으로 주장되고 입증되었을지라도: "우리가 결과로부터만 하나님의 결정에 대해 판단할 수 있을 따름이다."(a.a.O. V 2,1) 이런 결정을 내릴 수 없다. 선택론이 궁극적인 말로서 이해되는 경우, 그것은 또한 최초의 말로 이해될 수 있고 그런 것으로 이해되어야 한다는 생각을 떨치기 어렵다. 자주 원용되는 로마서 8:30에서 선택은 최초의 말이다. 은혜론의 나머지 내용을 단순히 강조하는 것, 은혜가 자유로운 영원한, 신적 은혜라는 인식을 단순히 강조하는 것이 선택론은 확실히 아니다.—비록 선택론이 이런 구별, 강조를 사실 내포하기는 하지만. 또한 선택론은 결코 은혜에 대한 우리의 인식과 경험으로부터 얻어진 결론으로, 인식과 경험에서 얻어진 요구로 이해되어서도 안 된다. 여기서 어쨌든 iudicium ex eventu(결과로부터 판단) 개념은 의심스러운 듯하다. 1559년의 『그리스도교 강요』에서의 칼빈의 방법에 대해서도 이런 의심을 해볼 수 있다. 그러나 이 의심은 그가 같은 해 『프랑스 개신교 신조』에서 두 번째, 정반대의 방법, 즉 선택론이 전체의 처음에 놓여지는 방법을 적용함으로써 해소된다. 의심의 여지도 없이 칼빈은 궁극적인 말을 실제로는 최초의 말로서도 이해했다. 이것이 주제 배열에서 표현되어야 하는 경우, 칼빈이 1537년에 시도한 해결책(4항 참조), 즉 선택론이 그리스도론과 주관적인 구원 질서 사이의 중간에 왔던 방식이 더 낫지 않았는지를 물을 수 있다. 왜냐하면 그리스도와 선택의 맥락, 동시에 로마서 8:30의 방식이 어느 다른 여기서 고려될 수 있는 것에서보다 더 분명히 드러났기 때문이다. 그러나 다시금 우리는 이제 또한 『프랑스 개신교 신조』에서의 칼빈의 해결(5항 참조)을, 그리고 분명히 에베소서 1:4에 대한 고려에서

그리스도론을 올바로 도입하고, 입증하고, 열매 맺도록 만들기 위해서, 다른 한편으로는 전체 화해론을 선행한 죄론, 원죄론, "노예 의지"론에 대해서 분명히 구별하기 위해서 선택론을 그리스도론을 포함한 전체에 선행케 했던 자들 모두를 이해해야 할 것이다. 그러나 나머지 화해론과의 관계에서 선택론의 특별한 성격에 대한 인식이 이 모든 세 가지 길에서 드러난다. 우리는 여기서 결정해야 한다면, 우리는 저 첫 번째 방식, 즉 1537년에 칼빈이 주장한 해결책을 선호해야 할 것이다. 왜냐하면 이 해결책은 모든 시도에서 공통적인 것, 즉 하나님의 선택의 결정은 그리스도와 그리스도인 사이에 현실화된 사건이라는 의도를 가장 잘 표현하기 때문이다.

그러나 우리는 이 세 가지 가능성 중에서 결정하고 싶지는 않다. 선택론은 여기서 올바로 본 바와 같이 화해론의 궁극적인, 혹은 최초의, 혹은 중심적인 말이다. 화해론은 그리스도교 고백, 도그마 전체의 궁극적인, 혹은 최초의, 혹은 중심적인 말이다. 교의학 전체는 이것 외에 더 높거나 깊은 것, 본질적으로 다른 것을 말할 수 없다: 즉 "하나님은 그리스도 안에 있었고 세상을 자기 자신과 화해시켰다."(고후 5:19) 교의학 전체는 하나님 말씀의 가르침으로서 하나님의 계시로부터 얻어지는 그리스도교 인식의 본질을 이 사건을 끊임없이 완전히 지시함으로써만 서술할 수 없다. 이 사건은 그 자체로서 모든 진리 자체인 진리의 근원이기도 하다. 교의학은 하나님 말씀 안에서 우리에게 계시된 하나님의 역사의 시작과 종말을, 창조와 구속을 이 사건의 신비로부터만 이해하고 서술할 수 있다. 교의학이 그 실질적인 중심에서, 은혜에 관한 특수한 가르침에서 직접적으로 그리고 개별적으로 이 사건에 대해서 말하게 될 때, 교의학은 이 사건의 신비에 관해서, 처음부터 결국 오직 이 사건의 신비에 관해서만 말했음이 분명하다. 교의학이 만일 하나님의 본질과 완전성에 대해서 이 역사 전체의 중심을 인식함으로써가 아닌 다른 방식으로 알려고 한다면, 신적 역사 전체의 주체이며, 창조자, 화해자, 구원자인 하나님에 관해서 어떻게 말할 수 있겠는가? 저 중심은 그 역사의 시작과 목적을 내포하며 그것만이 그 역사의 시작과 목적을 인식케 할 수 있다. 이제 우리는 하나님 인식으로부터 그의 역사 전체 인식으로 옮겨가는 결정적인 도상에 있다. 그 중심이 무엇이며 또한 이 역사의 시작과 목적이 무엇인지, 하나님이 피조물을 향한 그의 행동 속에서 누구이고 무엇인지가 처음부터 여기서 어떻게 드러나지 않을 수 있으랴? 하나님은 저 중심 속에서 현실적으로, 분명히 드러난 대로 행동하는 분이다. 이 결정적인 말을 선취함이 없이, 화해론의 신비를 표시함이 없이 어떻게 이 하나님에 대해 올바르게 말할 수 있으랴? 어떻게 이 결정적인 말이 여기서 청취되지 않을 수 있으며, 이 신비가 이미 그 시작에서 주목받지 않을 수 있으랴? 이 말과 이 신비가 어떻게 비로소 나중에 인지될 수 있으랴? 그러나 화해론의 이 결정적인 말과 신비는 마지막으로 언급한바 우리 문제에 대한 세 가지(내지 네 가지) 해결책을 옹호한 모든 신학자들의 올바른 통찰에 의하면 바로 선택론이다. 그러나 이 기초 위에서 시도된 모든 배열 방식은, 선택론이 그런 틀에서는 필연적으로 부록적인 가르침의 성격을 가지게 된다는 문제를 안게 된다.

그러나 이것은 일단 그리스도와 특히 그리스도인(내지 교회)에 대해 언급하는 경우, 마치 어느 정도 망각되었던 것이 상기되어야 하고, 어떤 이유에서 지금껏 침묵되었던 것을 추후적으로 보충되어야 하는 것처럼 보일 수 있다. 즉 하나님은 그의 역사 전체 속에서 세상을 자신과 화해시키는 분으로서, 예수 그리스도 안에서 행동하는 분으로서―비로소 행동하는 분이 아니라 이미 의지하는 분으로서, 영원부터 예수 그리스도 안에 있는 이런 그의 존재로 결단된, 그 스스로를 통해서 결정된 하나님이 된다. 그리스도와 그의 인간들 사이에, 그리스도와 교회 사이에 있는 사건의 근거, 의미, 능력으로서 하나님의 영원성, 자유, 항구성은 전체적으로 볼 때 어느 의미에서 너무 늦게 표현되는 것이다. 어떻게 이것이 신빙성 있게 표현될 수 있겠는가? 하나님의 영원성에 대한 문제를 너무 늦게 다루어서는 안 된다. 하나님의 역사 전체의 의미와 의도인 저 사건이 하나님의 선택과 결정에 근거되어 있고 바로 그 때문에 다른 모든 사건과는 질적으로, 전적으로 구별되는 주권적 사건이라는 것은 아무리 일찍이 발설해도 결코 지나치지 않으며, 하나님의 완전한 행동 전체의 전제로서(그의 완전함 속에서 본래적으로 완전한 것으로서) 아무리 엄격히 인식되고 표현된다고 해도 지나치지 않다. 바로 이 때문에 우리는 선택론을―잘 이해한다면, 화해론의 결정적인 말, 신비로서, 예수 그리스도 안에서 일어난 선택에 관한 가르침으로서―그의 피조물에 대한 하나님의 행동에 대해서 말해야 할 저 모든 것의 시작에, 시작 전에 놓는다. 바로 그 때문에 우리는 선택론 하나님의 결정됨, 자기 결정으로, 그러므로 선택론을 신론의 구성 부분으로 이해한다.

그리고 다른 편으로는 저 모든 세 가지 가능성의 노선에서 선택론을 추후적으로 다룸은, 마치 화해론의 결정적인 말과 신비에 대해 미리 사고함이 없이도 적어도 창조와 죄에 대해 말할 수 있는 듯 보인다는 것을 의미한다. 그렇게 될 때 창조는 화해와 구속에 대해 상대적으로 독자적인, 자체적으로 현실적인, 존립하는, 그 자체로서 고찰되어야 할 전제의 성격을 가지게 된다. 마치 세상과 인간은 화해와 구속 안에 있는 저 하나님의 역사의 속행과 종결의 내적 필연성 없이도 창조되고 유지될 수 있는 듯한 인상을 얻는다. 그렇게 될 때 세상과 인간은 하나님의 선택과 결정 밖에서, 그리스도의 나라 밖에서 드러나게 된다. 그 옆에 있는 자연의 나라로 인하여 저 나라의 무제약성, 신성을 언제든지 문제시할 수 있을 한 영역의 상이 성립한다. 그리고 죄는 이 특수한 나라 안에서 발생하는 불운으로서 예견치 못한 돌발사의 성격을 가지게 된다: 즉 이로 인하여 하나님의 선한 창조가 갑자기 문제시되고 철저히 파괴되고 분쇄되며, 어떤 다른 세상이 생겨나게 될 그런 돌발사. 이런 경우 하나님 자신은 죄로 인하여 어느 의미에서 정지되고, 혼란에 빠지고, 어떤 특별한 '신의 세계'로 퇴치당하는 것처럼 비칠 것이다. 그러면 화해는 이 딜레마를 벗어나기 위한 비상 조치인 듯 보일 것이다: 어쨌든 유일한, 전능한 하나님에 적합한 신비로운 투쟁, 반신과 같은 존재와의 투쟁, 다른 세력에 대한 반작용. 그러나 하나님의 역사 전체에서는 유일한 하나님의 지배 행위가 문제가 된다. 그것은 자체적으로 매우 세분화되고 유동적이지만 전적으로 교란되지 않은, 중단되거나 파괴되지 않은, 단계적으로 그리고 모든 단계에서 부단히 성취되는 지배 행위이다. 그의 교란되지 않은 은혜와 진리 안에 있는 유일하고 전능한 하나님은 어떤 오류와 잘못 없이, 아무런 무능함, 중립성 없이 모든 것 속에서 모든 것을 통하여 그의 선한 의지를 일어나도록 만드는 분으로서 인식될 수 있고 인식되어야 한다. 그리스도의 나라는 다른 것 옆에 있는 나라로서가 (그렇다면 그것은 한 단순한 이념의 나라도 될 수 있을 것이다.) 아니라 모든 나라들 중의 나라로 인식될 수 있고 인식되어야 한다. 인간은 그가 어떠한 관점 아래서 고찰되든지 간에 ― 피조물로서, 죄인으로서 혹은 그리스도인으로서 ― 동일하게 하나님의 한 손에 의해 붙들린 것으로 이해될 수 있고 이해되어야 한다. 인간은 영원한 하나님의 결정 영역 밖에 있는 어떤 창조의 높음에, 그러나 또한 죄의 나락 속에, 그러므로 우리가 하나님의 영원한 결정을 그의 선택 은혜 속에서 인식해야 한다면, 이 은혜의 선택 영역 밖에 있지 않으며, 아버지와 아들 사이에서 영원 전부터 내려진 결정에 따른 하나님의 단호한 결정된 의지에 대해 결코 중립적이지 않다. 그러므로 우리는 그러나 하나님의 모든 길의 시작에서 선택을 보아야 할 것이고 선택론을 이에 따라서 취급해야 할 것이다. 우리는 이로써 특별히 칼빈의 여러 배열 방식에서 그를 움직였던 의도에 대해 불충실하지 않고 그것을 수용하고 관철시킬 수 있다고 믿는다.

  우리가 선택론에 이런 위치를 부여함으로써 선택론은 교회의 가르침 안에서 그것의 필수적인 기능을 얻게 된다: 하나님, 그의 역사, 그의 계시에 대한 성서 증언 내에서 은혜 선택 개념에 특유한 기능. 이스라엘에서부터 예수 그리스도를 거쳐 교회에 이르는 성서 역사의 길에서 드러나는 바대로 하나님이 우선 인간을 위해 자신을 선택한 후에 그가 인간을 선택하고 그를 자신을 위해 결정한다는 것 ― 이것은 분명히 예언서적 ― 사도적 증언의 한 동기가 아니라, 오히려 이것은 하나님 자신에 대한 증언에 포함되어서 이 증언의 다른 모든 동기들의 본질, 기초가 된다. 하나님 자신에 대한 성서적 증언은 전적으로 이 하나님이 스스로를 이스라엘과 교회의 주로, 그런 분으로서 일반 세상과 인간의 주로 규정했고 그것에 의해서 이스라엘과 교회의 부름, 세상과 인간 창조를 의지했다는 사실에 의해 특징지어진다. 이런 그의 자기 규정 속에서, 다만 이와 더불어 주어지는바 전도될 수 없는 질서 속에서만 하나님은 성서 안에서 하나님으로 증언되고, 성서에 따라서 하나님으로서 인식될 수 있다. 바로 이런 하나님의 자기 규정에 근거하여 그러나 성서의 증언에 의하면 또한 그의 모든 역사들도 그런 것이 된다. 이 자기 규정 안에서 그리고 다만 그 안에서 하나님은 창조자, 화해자, 구원자로서 인식되고 사랑받고 두려움을 받고 믿어지고 경배되기를 원한다. 성서의 증언 중 어떤 동기도 하나님의 자기 규정에서부터 이해되기를 원치 않는 것이 없고, 어떤 종교적, 세계관적 자의에 의해 이것 외의 다른 것에서부터 이해될 수 있는 것은 없다. 하나님의 자기 규정에 의하여 하나님은 전적으로 예수 그리스도 안에서 하나님이기를 원하며 그러므로 이스라엘과 교회의 주이기를 원하고 그런 분으로서 세상과 인간의 창조자, 화해자, 구원자이기를 원한다. 그런데 선택론은 바로 하나님의 이런 자기 규정에 관하여, 바로 이런 하나님의 원결정에 관하여 말한다.

    우리는 이 장의 첫 번째 절에서 선택론이 이것에 대해 말함으로써 복음의 총체를 포함하고 발설한다는 것을 확정했다. 바로 하나님이 영원 전부터 바로 이렇게 인간을 향함 안에서 하나님이기를 결정했다는 사실이 좋은, 최선의, 전적으로 유익한 소식이기 때문이다. 그리고 우리는 그 다음 두 번째 절에서 이 가르침의 인식 근거는 이 가르침의 실질 근거 이외의 다른 것일 수 없으니, 즉 예수 그리스도 이외의 다른 것일 수 없다는 것을 확정했다. 왜냐하면 바로 그가 이스라엘과 교회의 머리로서 저 하나님의 원결정의 내용, 그런 것으로서 그것의 진정한 계시이기 때문이다. 우리가 이렇게 이해된 선택론을 신론과 더불어 파악하고 신론의 통합적 구성 요소로서 다른 모든 가르침들의 정점에 놓음으로써 선택론은 하나님의 모든 길과 역사는 그의 은혜에 그 시작을 가진다는 증언이 된다. 이 증언은 여기서 그 다음에 뒤따르는 모든 것을 고려할 때 필수적이다. 저 자기 규정에 의하여 하나님은 원래부터 자비로운 하나님이다: 저 자기 규정은 확실히 인간을 향하는 그의 애정의 결정과 동일하고, 인간에 대한 이 하나님의 애정은 확실히 어느 경우에든지 그에게 닥칠 수 있는 것 중에서 가장 좋은 것이고, 예수 그리스도 자신은 확실히 이 애정의 현실이자 계시이고, 이 애정은 확실히 영원한 애정, 인간을 그의 전적인 시간성 안에서 감싸주는 애정이고, 이 애정은 자유롭고 그러므로 전적으로 하나님의 호의, 의지에 근거하여 있고, 이 애정은 항구적이고 그러므로 최소, 기만, 거절을 할 수 없다. 하나님은 이런 자비로운 하나님으로서 선택론에서 서술되어야 할 자기 규정에 의하면 거듭하여 자기 자신을 주장하는, 거듭하여 고려되고, 사고되어야 할 주체로, 그의 길과 역사의 시작에 있는 "신 자신"(Deus ipse)으로 있다. 그의 길과 역사는 그것의 시작에서, 그 주체에서부터, 어느 경우에든지, 모든 그의 형상과 단계에 있어서 은혜의 길과 역사이다. 그 길과 역사가 유래하는 하나님의 원결정은 하나님의 자기 결정으로서 다른 것에 의해서 능가되거나 폐기되거나 약화되거나 변경될 수 없다. 그의 길과 역사는 언제나, 어떤 관점에서나, 하나님이 영원부터 영원까지 그의 자유 안에서 바로 그 때문에 완전히 궁극적으로 인간을 향했다는 사실로부터 온다. 그의 길과 역사는 언제나 어떤 관점에서나, 참 하나님이며 동시에 참 인간이었고, 그런 존재이며, 그런 존재가 될 분으로서의 예수 그리스도로부터 온다. 그의 길과 역사는 언제나 어느 관점에서나 그것으로부터 규정된 것이어야 한다. 그리고 이것은 예외 없이 하나님의 모든 길과 역사에 해당된다. 피조된 자연 중에는 은혜로부터 그 존재, 그 본성, 그 존립을 얻지 않는 것이 없으며, 그 존재, 본성, 그 존립에서 은총을 통해서가 아니고는 달리 인식될 수 있는 것은 없다. 그러나 죄와 죽음, 악마와 지옥도—허용하는, 부정으로서 능력이 있는 하나님의 지식과 의지의 역사도 여기서 예외가 아니다. 왜냐하면 하나님의 지식과 의지는 부정으로서(그런 의미에서 허용하는) 능력이 있는 곳에서 자비롭다. 하나님의 종, 그러므로 그의 은혜의 종은 또한 하나님의 원수이다. 그리고 하나님, 또한 그러나 이런 그의 원수들까지도, 그들의 무상한 존재, 그들의 모든 헛된 역사가 하나님의 영원한, 자유로운, 불변하는 은혜의 도구로서의 그들의 봉사직에서 인식됨이 없이는 인식될 수 없다. 하나님은 그의 진노 가운데서도 자비롭다. 그리고 그의 진노도 은혜를 통하지 않고서는 그런 것으로 인식될 수 없다. 왜냐하면 처음에, 그의 원결정에서, 예수 그리스도 안에서, 그러므로 그분이 예수 그리스도 안에서 하나님으로서 인식될 수 있으며, 그러나 그 안에서 또한 진실로 "신 자신"으로 인식될 수 있으니, 그는 또한 죄와 악마를 허용함에서도, 또한 죽음과 지옥의 공포 속에서도 신 자신이기를 중단하지 않는다. 그는 자비롭고 무자비하지 않다. 죄와 죽음 가운데서도 그를 인식함은 악마의 지배하에서도, 지옥의 나락 속에서도 어느 경우라도 자비로운 하나님을 인식함을 뜻한다. 그리고 자비로운 하나님에 대한 지식 없이 죄와 악마, 죽음과 지옥에 대한 진정한, 진지한 인식이 있겠는가? 그러나 여기서 창조자, 화해자, 구원자로서의 그의 역사의 모든 자비, 승리는 예외가 아니다. 여기서 하나님의 은혜 없이, 그것을 통하지 않고서는, 그것을 칭송하는 목적 없이는 창조의 영광과 환희도, 성령의 조명과 인도를 받음도, 그 나라의 완성 때의 천사들과 축복받은 자들의 영광도, 높음도, 깊음도 있을 수 없다. 이제 교회의 가르침이 하나님 자신에 대해서뿐 아니라, 또한 그의 모든 길과 역사에 관하여, 그러나 하나님의 길과 역사에 관하여 말해야 함으로써, 교회의 가르침은 이 길과 역사가 처음부터 정해졌음을 기억해야 하고, 이 길과 역사가 확정지어졌음을 어느 경우든지, 전적으로 표현해야 한다. 교회의 가르침은 어디서도 자비로운 하나님 외에 다른 것에 대해 말하는 것처럼 해서는 안 된다. 교회 가르침은 어디서나 자비로운 신으로서 하나님에게 영광을 돌리고 증언해야 한다. 자비로운 하나님은 그러나 처음에 계신 신으로서 자기 자신을 규정한 분이다. 선택론에서는 특별히 이런 하나님을 문제 삼는다. 선택론은 그러므로 하나님의 모든 길과 역사의 시작으로서의 자비로운 신에 대하여 기초적으로 증언한다. 선택론은 은혜를 모든 다른 숙고와 담론의 출발점으로, 공통 분모로 표시한다. 이것은 이후에는 어떤 명제에서도 더 이상 망각되어서도 안 되고, 이후에 어느 명제에서도 관철되어야 할 것이다. 이 기초적 증언을 실천하는 일이 선택론의 특수 기능이다. 선택론이 이런 기능에서 능력을 발휘하기 위하여 우리는 전통과는 다소 편차를 두면서, 그러나 또한 상이한 형태로 관철되는 그것의 관심사를 수용하면서 선택론에 이런 위치를 허용하였다.

§33
예수 그리스도의 선택

은혜의 선택은 예수 그리스도 안에서의 하나님의 모든 길과 역사의 영원한 시작이다. 하나님은 예수 그리스도 안에서 자유로운 은혜로써 자기 자신을 죄 많은 인간을 위해서 결정했고, 죄 많은 인간을 자기 자신을 위해서 결정했으니, 따라서 인간의 타기(唾棄) 및 그에 따른 모든 결과를 스스로 담당하고 인간을 그 자신의 영광에 참여토록 선택했다.

1. 선택하는 자요 선택받은 자 예수 그리스도

하나님과 인간 사이에는 하나님이자 인간인 분, 예수 그리스도의 인격이 양자 사이를 중계하면서 서 있다. 그 안에서 하나님이 자신을 인간에게 계시한다. 그 안에서 인간은 하나님을 인식한다. 그 안에서 하나님은 인간 앞에 서 있고, 인간은 하나님 앞에 서 있다. 이것이 하나님의 영원한 뜻이며, 이것이 인간의 영원한, 하나님의 뜻에 상응하는 운명이다. 그 안에서 인간에 대한 하나님의 계획이 수립되었고, 인간에 대한 하나님의 심판이 성취되었고, 인간에 대한 하나님의 구원이 이루어졌고, 인간에 대한 하나님의 은사가 충만히 현존하고, 인간에 대한 하나님의 요구, 약속이 발설되었다. 그 안에서 하나님은 자신을 인간과 결합했다. 그러므로 인간은 그를 위해서 존재한다: 즉 인간은 인간에 대한 하나님의 역사의 무대인 세상과 더불어, 하나님에 대한 인간의 역사의 무대인 세상과 더불어, 예수 그리스도로부터, 그를 향해서 창조되었다. 하나님의 본성이 그의 본성인 것처럼, 인간의 본성은 원래 그의 본성이다. 그리고 그로부터, 그를 통하여, 그를 향해서 존재하지 않는 것은 없다. 그는 하나님의 '말씀'이니, 만물이 그 말씀의 진리 안에 포함되어 있고, 그것의 진리는 어떤 다른 말에 의해서 능가되거나 한정될 수 없다. 그는 하나님의 '결정'이니, 다른 모든 결정이 다만 이 한 결정의 실행을 위해서 도울 따름인 한에서 그 결정 뒤에, 그것 위에 보다 더 이른 것, 더 높은 것이 없고, 그 옆에 다른 것이 없다. 그는 하나님의 시작이니, 그 이전에는 하나님이 자기 자신 안에 가진 시작 외에는 다른 시작이 없으며, 따라서 아무도, 아무것도 하나님 자신 외의 다른 곳에서부터 올 수 없으며, 다른 시작을 회고할 수 없다. 그는 하나님의 선택이니, 그 선택을 제외하고, 그 선택 외에, 그 선택 옆에 하나님이 다른 선택을 내리지 않았다. 따라서 그 이전에, 그 외에, 그 옆에 하나님이 아무도 아무것도, 선택했거나 원하지 않았다. 그리고 바로 그는 하나님의 자유로운 은혜의 선택이다.(그러므로 또한 시작, 결정, 말씀이다.) 왜냐하면 하나님이 이것, 즉 그 안에서 스스로 인간이 되며, 그 안에서 스스로 인간과 중계하고 결합하는 일을 선택한다는 것은 하나님의 자유로운 은혜이기 때문이다. 하나님의 은혜가 하나님의 내면적인, 영원한 본질과 동일할 뿐 아니라, 하나님의 길과 역사에서 외부를 향한 능력이 있는 한에서, 예수 그리스도는 하나님의 자유로운 은혜이다. 바로 그렇기 때문에 그 이전에, 그 위에, 그 옆에, 그 외에 다른 하나님의 선택, 다른 시작, 결정, 말씀이 없다. 자유로운 은혜는 외부를 향한 하나님의 모든 길과 역사의 유일한 근거요 의미이다. 이 길과 역사는 어떤 '외부'를 얻을 수 있고, 필연적으로 만들 수 있고, 초래할 수 있으랴? 우선, 그의 모든 길과 역사의 전제 속에서, 하나님 자신을 통해서 그런 것으로서 의지되었고 제정되지 않은 '외부'는 없다. 그런 것으로서 하나님의 은혜의 선택 안에서 그 근거와 의미를 가지지 않은 '외부'는 없다. 바로 예수 그리스도는 그러나 스스로 하나님의 은혜의 선택이며 그러므로 하나님의 말씀, 결정, 시작이다.—저 만물을 포괄하는 방식으로, 모든 다른 말들, 결정, 시작들의 독자성을 포괄하는 방식으로.

　　우리는 이 명제들을 요한복음 1:1-2에 대한 간단한 주석으로 해설한다: "태초에 말씀이 계셨다. 그 말씀이 하나님과 함께 계셨다. 그 말씀은 하나님이셨다. 그는 태초에 하나님과 함께 계셨다."

　　"태초에 말씀이 계셨다." 이렇게 문장의 어순에 따라서 강조되어야 한다. 이 구절은 태초에 무엇이 있었는가를 말한다. 즉 태초에 말씀이 있었고 어떤 다른 것이 있었던 것이 아니다. 그러나 이 구절은 말씀에 대한 발설의 형태로 이것을 말한다: 말씀은 태초에 있었고 나중에 된 것이 아니었고, 하나님에 의해서 창조된, 그와는 다른 세상의 우주 안에서 다른 것 중 한 요소로서 추가된 것이 아니었다. 그러나 또한 이 말씀은 이 우주의 발전에서 최초의, 가장 오래된 지체일 뿐 아니라, 필로(Philo)가 그의 로고스에 대해 말한 대로, "기원을 가진 것 중 가장 오래된 자"만이 아니다. 또한 잠언 8:22에서 하나님의 지혜에 관한 말 "주는 오래 전에 그의 역사의 처음 열매인 나를 그의 행위의 시작으로서 창조하셨다"도 확실히 이렇게 이해될 수 없다. 왜냐하면 그 다음 23절은 분명히 이렇게 진술하기 때문이다: "영원 전부터, 세상이 시작되기도 전에 나는 만들어졌다." 또한 "피조물 중 처음 나신 분"(골 1:15)도 이렇게 이해될 수 없다. 왜냐하면 그 다음 16절은 이렇게 진술하기 때문이다: "만물이 그 안에서 창조되었다." 이로써 "처음 난 자"는 여러 창조된 현실들 가운데서 분명히 제외되기 때문이다. 이 구절들에서, 그리고 또한 요한복음의 "태초에"로써(혹은 요한1서 1:1, ἀπ᾽ ἀρχῆς) 분명히 말해진 것은, 모든 창조된 현실들 이전에, 그것들 위에 존재하는 말씀은 저 그 모든 것들 밖에 있는, 모든 생성과 모든 시간에 선행하는 그런 말씀으로서 하나님과 같으며, 그러므로 사람들이 4세기에 전적으로 정확히 해석한 바와 같이, 그가 없었던 때가 없었던 자라는 것, 이 말씀은 하나님에 의해서 창조된 것으로서 그와는 상이한 모든 것이 시작될 때에도, 그 시작과 더불어 존재했다는 것: 그러므로 이 영역에서 그의 영원 속에 포함되지 않은 시간이 없고, 그의 '편재' 속에 그 기원을 가지지 않은 공간이 없고, 그러므로 그에 의해 제한되지 않은 공간이 없으며, 그를 우회하거나 피할 가능성이 없다는 것이다. 하나님의 존재 외에, 옆에 이런 의미에서 "태초에" 존재하는 존재가 어디에 있는가?

여기에 대해서 두 번째 문장이 답한다: "그 말씀은 하나님과 함께 계셨다." 두 번째 문장에서 강조점은 분명히 이곳에 있다. 그래서 또한 이 문장도 말씀에 대한 진술을 이룬다. 이 문장은 사실 하나님 밖에, 곁에서 아무도 저 의미에서 "태초에" 있지 않았다는 것을 말한다. 그러나 말씀은 하나님 밖에, 옆에 있지 않았다. Πρὸς θεόν은 아우구스틴이 주장한 저 "유명한 당신은 당신을 향하여 나를 창조했다."의 의미에서 "하나님을 향하여"를 의미하지 않으며, 또한 "하나님과의 교제 안에서"(Th. Zahn)를 의미하지도 않는다. 양자는 저런 의미에서 "태초에" 있지 않은 존재에 대해서 말해질 수 있을 것이다. 정확히 말하자면 이것은 다만 이런 다른 존재에 대해서만 말해질 수 있을 것이다. 이 두 번째 문장이 첫 번째 문장에 모순되지 않고 그것을 설명하려면, πρός는 어떤 뉘앙스 없이 이해되어야 한다: 하나님과 함께 있었던 자, 하나님에 속하기 때문에, 하나님 자신의 방식으로 존재하면서 피조 현실 저편에 있는 자는 "태초에" 존재할 수 있었다. 말씀이 이런 의미에서 "하나님과 함께" 있었으므로 말씀은 "태초에" 있을 수 있었고, 말씀이 하나님과 함께 있었으므로 태초에 있었다. 그러나 말씀이 어찌 이런 의미에서 "하나님과 함께" 있을 수 있었는가? "하나님께 속하는" 혹은 "하나님의 방식으로 존재하는"은 무엇을 의미하는가?

여기에 대해서 세 번째 문장이 답한다. 이 문장의 주어는 앞의 두 문장의 진행에 따라서 다시금 "말씀"에서 찾아야 한다: "그리고 하나님이 말씀이셨다." 그러므로 이 문장은 이것을 말한다: 말씀은 하나님 자신이었다. 말씀은 신적 양태와 신적 본질에 전적으로 참여했다. θεός(하나님) 앞에 관사를 생략했기 때문에 말씀에 다만 비본래적 신성만이 전가된다고 할 수는 없다. 오히려 제2의 "그"(Er)의 양태와 본성, 즉 로고스의 본성이 먼저 언급된 자의 본성, 즉 하나님의 "그"와 동일시된다는 것, "하나님"의 신성이 "말씀"에도 전가된다. 여기서 우리는 우선 '말씀'(das Wort)이 정관사를 붙임으로써 실제 '하나님'(der Gott)처럼 "그"로 표시되어야 한다는 것을 전제한다. 이 전제가 정확하다는 것은 다음에서 필연적으로 드러난다. 이 전제가 정확하다면 여기서 또한 4세기의 주석 및 구별되어야 할 신적 인격, 프로소폰(Prosopon) 내지 히포스타시스들(Hypostasis)의 동일 본질(Homousie)론이 옳았던 셈이다. 그러므로 세 번째 문장으로써 도달한 사상의 전진은 이것이다: 말씀은 하나님과 함께, 하나님처럼 "태초에" 있을 수 있다. 왜냐하면 말씀은(아들의!) 인격으로서 그 나름으로 하나님(아버지의!) 인격과 함께 동일한 품위와 완전성 안에서 하나의 신적 본질에 참여하기 때문이다. 우리는 이 구절이 이처럼 소위 "정통"의 눈으로 읽을 때 의미가 있으며, 그 모든 말들이 그 자리에서 이해될 수 있다는 것을 인정해야 한다.

그러나 요한복음 1:1에서 그 술어들이 표시되고 있는 "말씀"은 무엇 혹은 누구인가? 이 개념은 요한복음 서론에서 아는 대로 오직 또 한번(14절) 반복되며, 요한복음의 다른 곳에서는 더 이상 나타나지 않는다. 이 개념은 전체 진술에서 명백하게 한 위치를(그 자리에는 후에 전혀 다른 무엇 내지는 전혀 다른 것이 나타나게 될 것이니) 잠정적으로 지켜 주는 대리자의 성격을 지닌다. 이 개념이 명백히 요한복음 1:1의 절대적 용법으로 나타나는 신약성서의 다른 구절들에서도 마찬가지이다: 요한계시록 19:13에서는 기수와 흰 말을 언급하는데, 그 기수가 머리에 쓴 왕관들 가운데 하나에는 그 자신 외에는 아무도 모르는(즉 이해하지 못하는) 이름이 적혀 있었으며, 이 읽을 수 있는, 그러나 그 자신만이 이해할 수 있는 이름, 즉 그 자신만이 풀 수 있는 이름은 "하나님의 말씀"이다. 그러므로 여기서도 이 개념은 흰 말을 탄 기수가 자기 자신에 대해 지닌 다른 본질적 개념을 대행하며 잠정적으로 은폐하고 있다. 이 본질적 개념은 그의 존재에서 성립하고 거기에서 표명된다. 요한복음 1:1에서 이 관계는 매우 분명하다: "말씀"은 오해할 여지없이 예수를 대신하고 있다. 그의 위치는 로고스에 부여된 술어들에 의해서 한정되고, 비워지고 확보되어야 한다. 그 예수가 태초에 있으며, 하나님과 함께 있으며, 그 스스로가 하나님이다. 이것이 요한복음 1:1에서 확정된 것이다. 왜 하필이면 이 개념을 통해서인가? 우리가 이 물음을 역사-기원학적으로 제기한다면 알다시피 필로의 로고스에서부터 만다이즘 이론의 인격적, 반(半) 인격적, 그리고 비(非) 인격적인 신 존재들에 이르기까지 뻗어 있는 무한한 가능성들 앞에 직면하게 된다. 이 가능성들 안에서 잃어버린 물방울을, 즉 제4 복음서 기자의 "자료"를 찾는 일은 아마도 영원히 헛수고로 끝날 것이다. 왜냐하면 우리는 복음서 기자가 어떤 일정한 형태로 널리 유포되어 있는, 모호한 개념을 인수했는지도 알지 못하고, 그가 이 개념을 어떻게 탈바꿈했는지도 모르며, 결국 다만 복음서 기자가 이 개념을 어디에선가 인수했다는 사실만을 확실히 알 따름이기 때문이다. 확실한 사실은 그가 예수에게 로고스의 칭호를 부여하는 영광을 돌리려 하지 않았으며, 오히려 로고스 개념에 대하여 이 개념을 몇 줄에 걸쳐서 예수의 술어로 사용하는 영광을 돌렸다는 것이다. 로고스 개념은 이런 술어 자체로써 이루어진 주석 외에는 어떤 다른 주석도 주지 않았다. 우리는 다만 이것만을 말할 수 있다: 이 개념이 이렇게 주석함으로써 이 본문에서는 이 개념의 가능한 의미들이 배제된다.(이 개념이 본질적으로, 일차적으로 인식론, 혹은 형이상학적 세계 설명의 원리를 표시한다고 할지라도) 요한복음 1:3(그리고 10절)에서 로고스에 의심의 여지없이 우주 생성적인 기능이 부여된다고 할지라도, 의심의 여지없이 이 의미 때문에 복음서 기자가 이 개념을 수용했던 것이 아니라, 오히려 3절과 10절에서 1-2절에서 말한 것을 강조하고 설명하기 위해서 이 의미를 상기시키고 있다. 그는 그런 의미로부터 무엇인가를 구성함이 없이 그것을 지나치고 있다. 그는 이 개념의 이런 내용을 스쳐감으로써 빠른 걸음으로 자기 자신의 목표를 향해 매진한다: 말씀은 생명, 예로부터 있어 온 어둠과의 싸움에서 인간들의 빛이었던(5, 9절) 생명을 지닌 자였다.(4절) 이 말씀이 육신이 되었다.(14절) 말씀은 아버지의 품속에 있었고, 그런 자로서 우리에게 알려지지 않은 하나님을 알게 만든 독생자 하나님이다.(18절) 요한복음의 로고스는 예수라는 사실을 제외하고서 정의될 수 있다: 그는 인간을 향한 하나님의 계시, 자기 전달의 원리, 신 내적(神內的) 근거이다. 제4 복음서 기자는 바로 이 점을 예수에게서 발견했다: 그는 빛이 되는 생명, 하나님의 계시, 신탁, 담론, 하나님이 자신을 우리에게 알리는 전달, 그러나 거기서 하나님 외에, 곁에 제2의 존재로서가 아니라 스스로가 하나님이다. 그러므로 계시일 뿐 아니라 계시 안에서 그것의 원리, 그것의 신 내적 근거요 그러므로 완전한, 절대적인 계시이다. 이것을 표시하기 위해서 복음서 기자는—어디서 그가 이 개념을 얻었든 그것이 그에게 어떤 뉘앙스를 주든지 간에—로고스에 대해 말했다. 우리는 '말씀'이라는 번역에서 멈출 수 있다. "신탁"은 헬라어에서 보듯이 남성 명사로서 2절의 내용을 예고하기 때문에 더 나을지도 모른다. 괴테(Goethe)의 『파우스트』(Faust)는 알다시피 "말씀을 그처럼 높이 평가할 수 없으며", "다르게 번역해야 한다."고 말한다: "나는 갑자기 방도를 찾았고 담대하게 태초에 행위가 있었다고 쓴다." 그러나 담대하게 이 말을 쓴 직후 악마가 나타났다! 말씀 혹은 신탁은 한 인격이 다른 인격에게 자신을 알리는 소박한, 그러나 진정한 형식이다. 말씀을 통해서 하나님도 자신을 인간에게 알린다. 그것이 하나님의 말씀이기 때문에 그것은 한 말씀이 아니라 그 말씀, 말씀 중의 말씀이라 불리며, 그러므로 그것에 이성, 의미, 능력 등도 부여될 필요도 없고, 모든 것을 말씀으로서 자체 안에 내포한다: 하나님과 인간을 연결시키는, 인격에서 인격으로 가는 하나님의 자기 전달로서. 복음서 기자가 말씀이 현존하고 주어졌고 말해졌음을 전제한다는 것에 주목하라. 그렇다는 것은 비로소 입증될 필요도 없고, 어디서부터도 드러날 수 없다. 요한복음 1:1에서 3회의 ἦν은 공리적 능력 이상을 가진다. 그것은 영원한 그리고 시간적인 사건을 지시한다: 시간의 형태 안에서 영원한 사건을, 영원의 내용을 지닌 시간적 사건을 지시한다. 바로 그렇기 때문에 3회의 ὁ λόγος(말씀)에는 어떤 강조점도 없고, 다른 곳에서 입증될 수 있는 이 개념의 이런 혹은 저런 의미에 고착함은 별 의미가 없다. 이 개념은 이름으로서 요한계시록 19장의 기수가 쓴 왕관 위에 새겨진 잘 읽을 수는 있으나 이해할 수 없는 각인처럼, 그 값이 방정식을 풀 때 비로소 드러나게 될 방정식의 x처럼 쓰여 있다. 요한복음 1:19에서 이 비유의 풀이가 시작된다. 그러나 요한복음 서론은 이 비유의 제기이다: 서론은 알려진 수, 즉 하나님, 세계, 인간, 증인(세례 요한!), 믿는 자들과의 관계에서 미지수에 대해 그 자리를 부여한다: 요한복음 1:1은 이 설정의 시작이다: 하나님이 있는 곳에, 즉 태초에 말씀이 있다: 그러므로 말씀은 하나님에 속해야 하며 그러므로 하나님 자신이다. 말씀은 거기에 존재하기 위해서는 하나님 이상도 이하도 될 필요가 없다. 그는 거기에 있고 그래서 그와 함께 하나님 자신이 있다. 이상이 1절의 주석이다.

    그 다음 구절은 이렇다: "이분은 태초에 하나님과 함께 계셨다." 이 말들이 1절의 요약이라는 주장은 전혀 설득력이 없다. 1절은 그런 요약을 필요로 하지 않으며, 2절에서 요약되었다는 주장은 납득할 수 없다. 그리고 1절의 세 번째 문장은 앞의 두 문장의 해설이기 때문에, 2절에서 앞의 두 문장을 반복한 것이 저 세 번째 문장을 설명해 준다고 생각할 수도 없다.(Th. Zahn의 견해처럼) 오히려 여기서는 슐라터(A. Schlatter)의 견해를 들어야 한다: 이분은 앞의 것을 지시하는 것이 아니라 뒤의 것을 지시하는 것으로 이해해야 한다. 이분은 계셨다는 표현은 서론에서 또 한번, 즉 세례 요한의 증언을 재현하는 매우 중요한 절정 부분에서(15-16절) 나온다: "이분이 내가 말한 그분입니다. 내 뒤에 오는 분을 나보다 앞선 분이라고 말한 것은 그분이 나에 앞서 처음 분이기 때문입니다. 우리는 모두 그의 충만한 데서 은혜 위에 은혜를 받았습니다." 서론의 나머지 내용은 복음서 기자가 세례 요한의 이런 증언을 수용했다는 것과 그가 자신을 저 증언과 동일시했다는 것을 분명히 입증한다. 2절에서 이것이 최초로 암시적으로 선취되면서 가시화되었다. 복음서 기자 그도(그 역시 "요한"으로서) "이분이 계셨다"는 것을 지시한다. 2절에서 이런 지시는 1절을 저 자리 매김으로 특징짓는다: 2절은 로고스 개념으로 한정 지어진 저 공간을 사실상 메우는 자를 지시한다. 그러므로 이 문장은 이것을 말한다: 이분, 그, 하나님으로서 표현된 자처럼 인격으로서 그렇게 알려질 필요가 없는 자, 그가 우리 모두에게 선포된 말씀이기 때문에 우리 모두가 아는 자―그가 태초에 하나님과 함께 있었다. 예수가 그였다. 그렇기 때문에 태초에 있었고 하나님에게 속한 말씀이 이미 말해졌음을 저 공리적 확실성 이상을 가지고서 고려할 수 있다. 그러므로 여기서 아무것도 영원 속에 투사되지는 않는다. 영원이 시간이 되었다. 즉 그러나 영원한 자가 시간적 존재, 신적 이름이 인간적 이름이 되었다. 이 이름에 대한 이야기이다. 그러므로 2절은 1절의 세 번째 문장에 속한다. 그러므로 이것은 반복되지 않는다. 2절은 1절과의 연관 속에서 앞의 것을 지시해서 말한다: 이분, 예수는 신적 본성에 참여하는 말씀이고,

이분은 이런 신적인 말씀으로서 정당하게 하나님에게 속하기 때문에 태초에 있었다. 그리고 2절은 뒤의 것을 지시하여 말한다: 말씀은 신적 본성에 참여한다. 즉 이분, 예수는 정당하게 하나님에게 속하기 때문에 태초에 있었던 자이다. 그러므로 복음서 기자는 그의 οὗτος ἦν(이분이 있었다.)라는 지시로써 다음 두 물음에 답변한다: 즉 누가 스스로 신적인 본성을 지니고 태초에 하나님과 함께 있었는가? 그리고 스스로 신적 본성을 지닌 그 누군가가 태초에 하나님과 함께 있었다는 것이 정확한가? 두 물음에 대한 답변은 다음과 같다: 그가 이분, 예수이다. 이 이름을 명명함은(이 구절에서 비로소 암시적으로) 태초에 하나님과 함께 실제로 있었던 자에 관한 명제이자 증거이다. 2절이 이렇게 예수라는 이름과 인격에 대한 지시로서 이해되어야 함으로써, 신적 본성에서 구별해야 할 두 인격이 동일시되는 1절의 세 번째 문장에 대한 이런 해석이 이론의 여지가 없게 되었다: 거기서 ὁ θεός(하나님)로 표시된 자 곁에 동일한 신성을 공유한 말씀(말씀이 이분, οὗτος이다.)이 등장했다.

3절과 10절의 αὐτοῦ는 그, 이분을 지시한다. 거기에서 만물, 우주가 그를 통해서 생성되었고 생성된 것 중에서 그 없이는 아무것도 이루어진 것이 없다고 하였다. 그리고 여기에서 요한복음 1:1-2의 특이한 진술은 신약성서의 증언에서는 보통 일반적인 성찰로 이어진다. 우리는 하나님 아들이—"추상적으로"가 아니라 "구체적으로" 예수 그리스도, 그의 몸인 교회의 머리인 자가—"모든 것 앞에 있고", "만물이 그 안에서 존속한다."고 골로새서 1:17에서 읽는다. 그 안에 형태를 취함, 혹은 그 안에 거주함은 [κατοικῆσαι … σωματικῶς(육신적으로 거함) 골 1:19; 2:9] 하나님이 모든 충만함을 머물게 하기를 기뻐함이다. 그러므로 고린도후서 4:4, 골로새서 1:15, 히브리서 1:3은 배타적으로 이해되어야 한다: 그는 하나님의 형상, 그의 영광의 광채, 그의 본성의 각인(刻印), 그리고 "무엇보다도" "지혜와 지식의 모든 보화가 숨겨져 있는"(골 2:2-3) 하나님의 신비, 영원 전부터 만물의 창조자인 하나님 안에 감추어진 신비이다.(엡 3:9) 바로 그렇기 때문에 그는 이제 또한 절대적으로, 배타적으로 "온 창조물 중 처음 난 자"이며(골 1:15) 그런 자로서 또한 "죽은 자들 중 처음 난 자임을 통해서" "만물에서 우선권을" 확증하였다.(고전 15:20; 골 1:18) 바로 그렇기 때문에 모든 근원과 모든 권세의 κεφαλή(머리)이며, 따라서 그를 통해서 일어나는 계시와 화해는 다만 만물, 땅과 하늘의 ἀνακεφαλαιοῦσθαι(회복)을 위함일 뿐이다.(엡 1:10) 바로 그러므로 "모든 것 중 모든 것을 성취하는 자"이며(엡 1:23), 따라서 시간 속에서 그의 출현과 행동은 필연적으로 "때의 충만"이라고 말해져야 한다.(갈 4:4, 엡 1:10) 히브리서 1:2에서(요 1:3과 10절에 유추해서) 하나님이 만물에 대한 상속자로 삼은 바로 그를 통해 하나님이 또한 세상을 창조했다고 말하고, 히브리서 1:3에서 그가 만물을 그의 능력의 말씀을 통해서 담당한다고(φέρων) 말하고, 골로새서 1:15에서 "그 안에서 하늘과 땅위에 있는, 보이는 것이나 보이지 않는 것이나 만물이 창조되었으며 … 만물이 그를 통해 그를 위해 창조되었다."고 말한다면, 이것은 원래적으로, 처음으로, 근원적으로 피조물로 향하고자 하는 하나님으로서의 그의 본성을 설명함이다.

이것이 옳다면 우리는 예수 그리스도의 이름과 인격에서 만물의 시작에서의, 그러므로 또한 우리 자신의 존재와 사고의 시작에서의, 그러므로 또한 하나님의 길과 행위에 대한 우리의 신앙의 근거에서의 하나님의 말씀, 결정, 선택을 인식하도록 부름받는 것이다. 혹은 거꾸로 말하자면: 바로 이 인격 안에서 태초에서의 하나님의 말씀, 결정, 선택을 인식하도록, 바로 여기서 우리가 만물의 목표, 근원에 관해서 궁극적으로 절대적으로 의지해야 하는 법정을 인식하도록 부름받는다. 이 법정은 단순히 하나님 같은 것이 아니라, 전적으로 하나님 자신이다. 왜냐하면 하나님 자신은 그의 모든 길과 행위에서 전적으로 이 이름을 지니고자 했고 실제로 지니기 때문이다: 우리 주 예수 그리스도의 아버지, 이 아버지의 아들, 이 아버지와 이 아들의 성령. 하늘 아래 있는 인간들에게 "우리가 구원받을 … 다른 이름"이 주어지지 않음으로써(행 4:12) 보다 방대한 일이 결정되었다: 예수의 이름으로 하늘과 땅과 땅 아래 있는 모든 것이 무릎을 꿇게 된다.(빌 2:10) 이것이 옳다면 하나님의 행위에 대한 우리의 사고와 말은 여기, 즉 이 이름보다 더 높은 곳에서는 시작할 수 없다. 우리는 "처음이자 마지막"이 되는 그분에게서 출발하지 않고서는 하나님 자신에 관해 올바르게 사고하고 말할 수 없다. 그는 영원 전부터 이 이름을 지니기를 선택했다. 예수 그리스도는 하나님 외에 실제로 존재하는 것에 대하여 하나님의 영원한 말씀, 하나님의 영원한 결정, 하나님의 영원한 시작이다.

우리는 하나님의 선택으로서 그와는 구별되어야 할 현실에 대한 하나님의 말씀, 결정, 시작을 하나님의 선택으로 이해해야 한다. 우리는 이로써 하나님의 모든 행위는 "내적으로나 외적으로나" 그의 자유, 그의 결정에 근거하며, 그 일이 시간 안에서 일어나는 한, 그의 영원한 결정, 시간을 근거짓고 지배하는 결정에 근거한다는 것을 말한다. 하나님이 선택한다. 이것은 모든 다른 존재와 사건에 전적으로 선행하는 일이다. 우리는 여기서 분명히 주어와 술어를 통해서 시간을 넘어서, 창조된 세상 및 그 역사의 맥락을 넘어서, 하나님이 자기 홀로 있는 그 공간을, 그의 자유로운 호의와 의지의 공간을 지시받는다: 이 공간은 영원을 뜻하니, 여기서부터 세상과 시간과 모든 그 내용들이 창조되었고, 지배되며 그러므로 규정받게 된다.

이 공간을 공허하게 불확정적으로 사고하고, 하나님 아버지, 아들, 성령을 선택할 수 있고, 실제로 선택하고, 여기서 다음과 같은 점에서만 다른 선택하는 주체와 구별되는(비록 최고의 신적 술어를 구비하기는 했지만) 어떤 주체로서 사고하려는 유혹이 크다. 즉 그 주체가 선택에서 전적으로 자유로우며, 그의 선택의 방식과 방향에 대해서 어떤 다른 존재에 변명할 의무가 없으며, 전적으로 의롭게 선택하는 주체로서 인정되어야 한다는 것. 여기서부터 나온 결론은, 그의 선택은 전적으로 무조건적인, 혹은 다만 그의 주체를 통해서만 제약받는 것이며 그러므로 그의 실제적인 선택은 "절대적 결정"으로 이해되어야 한다는 것이다. 그러나 예정론 역사에서 그렇게도 관행적이었던 이런 구조는 실제로는 우리가 그런 것으로 인식하고 저지해야 할 유혹인 듯하다. 우리는 모두가 그 대변자들에게 물어야 한다: 외부를 향한 하나님의 전체 행태와 존재에 관해서, 그가 창조한 피조물과의 관계에서 그의 선택보다 더 고차적이고 더 본래적인 것이 하나님 안에 있겠는가? 우리는 하나님이 피조물에 대한 대립에서, 그 외에 있는 만물과의 관계에서, 그가 영원 전부터 선택하고 피조물의 존재와 상태를(이 현존을 이루는 모든 것과 더불어) 결정함에서 전적으로 하나님이라는 것을 말해야 하지 않을까? 그렇다면 도대체 하나님의 선택은 태초의 하나님의 말씀, 결정과 어떻게 구별되어야 하는가? 우리는 그렇다면 그의 선택이 바로 태초의 이 말씀, 결정에 있다고 말해야 하지 않을까? 그리고 거꾸로, 태초의 그의 말씀, 결정이 그의 선택, 그의 자유로운 주체적인 자기 결정이고 모든 외적인 강요, 조건, 결정과는 무관하게 만물에 대한 그의 주권의 원초적인 행위임을 말해야 하지 않을까? 우리는 저 구조의 대변자들과 이 점에서 일치한다면, 우리는 물론 그들에게 계속해서 물어야 할 것이다: 태초의 하나님의 말씀, 결정은 그가 '예수 그리스도'의 이름을 취했고, 지니고 이 이름 자체가 태초의 그의 말씀, 결정이 되는 것이라는 점에서 우리는 또한 일치하는가? 이것이 옳다면, 우리는 어떻게 바로 이것이 그 근원에서, 그 본래적인, 모든 다른 것에 대해서 결정적인 진리, 능력 안에서 하나님의 선택이라는 중대한 명제를 피할 수 있겠는가? 하나님은 영원 전부터 자유로운 무조건적인 자기 결정 안에서 자신을 이 이름을 지니는 분으로 결정했다. 하나님의 선택이 이것이 아니라면 무엇이랴? 어떤 선택이 하나님이 예수인 말씀을 만물의 시초에 자기 곁에 두기를 선택했던 이 선택에 선행할 수 있으랴? 어떤 "절대적인 결정"을 통해서 이 "구체적인 결정"이 은밀하게 모든 공공연히 능가되고 문제시될 수 있으랴? 절대적 결정의 표상은 어디에 있는가? 하나님이 피조물의 존재와 현존을 결정한 선택이 어떻게 저 선택에 대해서 절대적으로, 독자적으로 이해될 수 있으며, 그 선택이 그가 (분명히 처음으로!) 자기 스스로 결정한, 즉 이런 그의 제약, 이 이름 아래 있는 존재, 예수 그리스도 안에 있는 그의 존재를 결정한 저 선택 안에 포함된 것으로 이해될 수 있으랴?

하나님의 선택은 원래, 본질적으로 요한복음 1:1-2에서 서술한 것처럼 말씀, 예수라고 불리는 이분이 태초에 그와 함께, 그와 똑같이, 신성 안에서 그와 하나가 됨에 대한 하나님의 결정이다. 바로 그렇기 때문에 선택은 그 자체로 은혜의 선택이다. 실로 그것이 그렇다는 것은 자명하지 않다. 그것이 그래야만 한다면, 하나님은 하나님이 아닐 것이고 자유롭지 않을 것이다. "인간이 무엇이기에 그가 그를 기억하시며, 사람의 아들이 무엇이기에 그가 그를 받아 주십니까?"(시 8:5) 영원한 하나님은 인간에게 저 이름을 필연적으로 지녀야만 하는 신이 되어야 할 의무는 없다. 그가 실제로 이 하나님이라는 것은 은혜이다. 인간은 이 은혜를 받을 만하지 않다. 이것은 그에게 다만 선사될 따름이다. 하나님이 자비롭다는 것, 그가 이 이름을 취함으로써 은혜를 받기에 합당치 않은 인간에게 자신을 내준다는 것, 이것이 바로 그의 선택, 그의 자유로운 결정이다. 이것은 하나님의 은혜의 선택이다. 자유로운 결정 안에서 하나님은 자기 스스로를 자유로이 처리하여 제약했다. 요한복음 1:1-2에 따르면 실제로 그런 것을 그렇게 되도록 의지함으로써, 빚이 없는 그가 인간에게 스스로 빚진 자가 되었다. 이것이 그렇다는 것이 은혜이다. 하나님이 이것을 그렇게 되도록 의지한 것이 은혜이다.

태초에, 이 우리 시간 이전에, 이 우리 공간 이전에, 창조 이전에, 그러므로 하나님과 구별되는 현실이 그의 사랑의 대상이 될 수 있기 전에, 그 현실이 그의 자유의 행위의 무대가 될 수 있기 전에, 하나님은 자기 자신 안에서(그의 사랑과 자유, 지식, 의지의 능력 안에서) 이 일을 선취했고, 이것을 아직 존재하지 않은 세상에 대한 그의 온 행동의 목표, 의미로 결정했다: 즉 그가 그의 아들 안에서 인간에게 자비롭고자, 자신을 그와 결속하고자 한 것. 그가 그의 아들을 인간을 내주어서 그 스스로 인간이 되어 은혜를 성취함으로써 인간과의 이 계약을 이루는 것이 태초에 아버지의 선택이었다. 저 계약이 현실을 얻기 위해서 은혜에 복종하고 그러므로 스스로를 내주고 인간이 되는 것이 태초에 아들의 선택이었다. 하나님의 일체성, 아버지와 아들의 일체성이 인간과의 이 계약을 통해서 교란되거나 파괴되지 않고 오히려 영광스럽게 됨으로써 하나님의 신성, 그의 자유와 그의 사랑의 신성이 아버지의 이런 헌신에서, 아들의 자기 희생에서 스스로 확증되고 입증되도록 한다는 것이 태초에 성령의 결정이었다. 이 선택이 태초에 있었다. 그리고 태초에 '예수 그리스도'는 이 선택의 주체요 대상이었다. 그는 하나님의 시작에 있지 않았다: 즉 하나님은 시초를 가지지 않는다. 그러나 그는 만물의 시초에, 그와는 다른 현실에 대한 하나님의 모든 행동의 시초에 있었다. 예수 그리스도는 이 현실에 관한 하나님의 선택이었다. 그는 인간을 향한 하나님의 은혜의 선택이었다. 그는 인간과 맺는 하나님의 계약의 선택이었다.

우리가 예정론 개념을 성서의 계약 혹은 언약, 저 자기 속박 개념으로 환원시킨다면, 코케이우스(Joh. Coccejus, S. Theol. 1662 c. 37, 2)의 중요한 통찰을 수용하는 것이다. 하나님은 저 자기 속박을 (창 9:14) 노아에게 지상에 있는 모든 생물과 맺은 계약으로서 알렸고, 하나님은 계약을(창 17:7f.) 아브라함 및 그의 후손들과의 계약으로서 알렸고, 후에는(사 55:3, 렘 32:40, 겔 16:60, 37:26, 또한 렘 50:5 참조) 이스라엘과 맺은 계약으로서 알렸다. 그것을 berith olam(영원한 계약)으로 표현함으로써 자기 속박은(이것은 여기서 전제된 시간 개념일 수도 있는데) 우발적이 아닌, 잠정적이 아닌, 하나님 자신에 의해서 세워진 필연적인 관계로서 특징지어진다. 자기 속박은 산의 존속보다도 항구적이다.(사 54:10) 하나님은 스스로 자기 속박을 서약했다.(창 22:16, 출 32:13, 사 45:23, 54:9, 62:8, 시 110:4, 히 6:13) 미가 5:3에서 메시아에 대해 이렇게 말할 수 있다: "그의 근원은 아득한 옛날로 거슬러 올라간다."(또한 사 9:7, 단 7:13f. 참조) 그는 유대인들이 아는 대로 영원히 "존재한다."(요 12:34 참조) 히브리서 7:16 이하에 의하면(시 110:4 참조) 그는 "파괴될 수 없는 생명의 능력을 따라서" "영원한 제사장"이 되었다. "영원한 성령을 통해서 그는 자기 자신을 하나님께 흠없이 바쳤다." (히 9:14) 아브라함이 있기 전에 그가 있었고, 아브라함은 그의 날을 보게 될 것을 기뻐했다.(요 8:56f.) 또한 εὐδόκησα(마 3:17), εὐδόκησεν(골 1:19), διέθετο(눅 22:29), προέθετο(엡 1:9)는 이러한 하나님의 시간 이전을 지시한다. 그러나 예수의 이름, 인격과 명확히 연결해서 선택에 관해 언급하는 신약성서의 구절들이 다루고 있는 현실로부터 이 모든 것을 실질적으로 구분하는 것은 가능하지 않다. 에베소서 1:3-5에서는 이전에 "하늘 위의 공간에서" "그리스도 안에서 우리에게 베풀어진 호의와 특별한 복을 하나님께서 창세 전에 우리를 그리스도 안에서 택하여 주셨습니다. 그리고 하나님의 기뻐하시는 뜻대로 예수 그리스도로 말미암아 우리를 하나님의 자녀로 예정하셔서"가 직접 전후로 연결되어 있다. 그리고 에베소서 1:9-11에서는 일반적인 사실("그리스도 안에서 미리 세우신 하나님이 기뻐하는 뜻을 따라 … 모든 것을 그리스도 안에서 그분을 머리로 하여 통일"시키는 것)과 특수한 사실("모든 것을 자기가 뜻하시는 대로 행하시는 하나님께서 자기의 계획을 따라 예정하셔서 그리스도 안에서 우리를 상속자로 삼으셨습니다.")이 연결되어 있다. 우리는 이 구절과 에베소서 3:11에서, 하나님의 "찬양"과 영원한 "계획"의 호의의 구체적 형태는 "예정, 선택"이니, 하나님이 우리 주 예수 그리스도 안에서 그의 영원한 계획을 세워 그 선택의 계시가 교회의 존재가 될 것임(엡 3:10)을 추론한다. 그리고 거꾸로 우리의 구원, 소명으로서 지금 우리에게 일어나는 일은 하나님의 계획과 은혜로서 "영원 전에 예수 그리스도 안에서" 선사되었음에 근거해서(딤후 1:9), 그리스도가 흠없고 더럽혀지지 않은 어린양으로서 "창세 전에" 예지되었음에 근거해서(벧전 1:20, 계 13:8 참조), 대사제로서의 그의 고난이 "창세 때로부터" 필연적이었다는 것에(히 9:26) 근거해서 일어난다. "이 예수가 버림을 받으신 것은 하나님께서 정하신 계획을 따라 미리 알고 계신 대로 된 일이지만, 여러분은 그를 무법자들의 손을 빌어서 십자가에 못박아 죽였습니다."(행 2:23) "당신의 손과 계획이 미리 예정하여 일어나도록 한 것을 행하기 위하여" 헤롯과 빌라도는 이방인과 이스라엘 백성과 한 패가 되어 하나님의 거룩한 종 예수에게 대적하였다.(행 4:27f.) 다시금 예수가(요 17:5 참조) 영화롭기를 간구한 그 영광은 바로 세상이 있기 전에 그가 아버지 곁에서 가졌던 영광이었다. 이 모든 구절에서 모든 역사에 선행하는 하나님의 이런 뜻과 결정을 언급함으로써, 특히 "영원 전"과 "창세 이전 혹은 창세부터"라는 어법으로써 하나님의 영원성 혹은 "오직" 창조의 시작만을 그러므로 우리 세상과 시간의 시작만을 지시하는 것이냐는 중요하지 않다. 확실한 것은 이 모든 구절에서 "밖을 향한" 하나님의 모든 길과 역사의 시초를 지시한다는 것이다. 그리고 확실한 것은 이 모든 구절은 이 시초를 예수 그리스도라는 이름으로 표현한다는 것이다. 그의 인격은 분명히 스스로 이미 하나님의 원결정과 은혜의 결정의 내용이 된 후로 우리 세상과 시간 안에서 하나님의 원결정과 은혜의 결정의 수행자가 되었다.

  예정 교리는 그러므로 단순하고도 포괄적으로 다음과 같은 명제로 표현된다: 하나님의 예정은 예수 그리스도의 선택이다. 선택 개념은 그러나 이중적인 것에 대해 말한다: 선택하는 자와 선택받은 자. 따라서 예수 그리스도라는 이름은 이중적인 것을 내포한다: 그렇게 불리는 자가 참 하나님이며 동시에 참 인간이다. 이에 따라서 예정 교리의 저 단순한 양식은 우선 두 명제로 구분된다: 즉 예수 그리스도는 '선택하는 하나님'이며, '선택받은 인간'이다.

  그가 하나님인 한에서 선택의 능동적인 결정이 분명히 ― 그리고 이것이 먼저! ― 그에게 일어나야 한다. 그가 또한 인간으로서 선택한다는 것, 즉 신앙 안에서 하나님을 선택한다는 것이 아니다. 그러나 이 일은 그의 선택받음에서, 그러므로 그의 존재의 원래적, 기초적 결정으로서의 하나님의 선택에서부터 결과한다.

  그가 인간인 한에서 그에게는 우선 선택받음의 수동적인 결정이 있어야 한다. 확실히 그는 또한 하나님으로서 선택받았다: 그의 아버지의 선택받은 자. 그러나 그가 아버지의 아들로서 특별한 선택을 필요로 하지 않기 때문에, 여기에 곧 다음과 같이 부

언해야 한다: 인간과의 일체성 속에서 인간과 맺은 하나님의 계약을 성취하기 위해 선택된 하나님의 아들. 그러므로 선택함은 일차적으로는 예수 그리스도의 존재에 대한 신적인 결정이며, 선택받음은 일차적으로 예수 그리스도의 존재에 관한 인간적인 결정이다.

예수 그리스도는 선택하는 하나님이다. 이것이 우리가 시작해야 할 명제이다. 왜냐하면 이 명제는 그 내용상 근본 명제의 성격과 권위를 가지고 있고, 예수 그리스도가 선택받은 인간이라는 다른 명제는 다만 이 첫 번째 명제로부터만 이해될 수 있기 때문이다.

우리는 예정론의 전승된 양식과의 관계에서 이 첫 번째 명제의 비판적 의미를 주목해야 한다. 특별히 이 명제는 "절대적 결정"의 표상을 구축하고 대치한다. 이 표상으로써 선택하는 하나님에 대한 물음이 답변된다. 이 표상은 그 근거와 방향에서 인간에게나 하나님 외의 모든 존재에게나 알려지지 않은, 그의 결정에서 전능하고 공격받을 수 없는 호의에 대해 말한다. 이것의 본성에 대해서는 결국 그것이 신적이며 그러므로 전적으로 표준적이고 권위적이고 능력이 있다고 말할 수 있을 따름이다. 예수 그리스도의 이름은 바로 이 빈 자리에 속한다. 성서의 증언에 따르면, 첫 번의, 본래적인, 다른 결정을 능가하는, 그 자체로 완결되는 하나님의 결정이 표시되고 언급되어야 할 자리에서 다만 신비스러운 몸짓으로 답변할 수는 없다. 예정론이 그 첫 번째, 모든 다음의 것을 결정짓는 명제에서 다만 "절대적인 결정"에 대해서만 말할 수 있을 뿐이라면 예정론이 어찌 "어둡게" 되지 않을 수 있으랴? 우리는 요한복음 1:1-2에 의지하며, 예수 그리스도를 선택하는 하나님으로 이해하려 함으로써 이 전통으로부터 간격을 둔다.

예수 그리스도는 태초에 하나님 곁에 있었다. 그는 하나님의 영원한 지식과 의지를 고려하여 만물이 태초에 하나님의 계획과 결정 속에 있었다고 말할 수 있는 것처럼 그렇게 하나님 곁에 있었던 것이 아니다. 영원 전부터 결정된 인간의 아들과의 일체성 속에 있는 하나님의 아들과, 이 일체성을 위해서 창조된 세계, 영원 전부터 결정된바 하나님과의 친교 속에 있는 의지된 세계 역사는 별개이다. 그것을 통해 만물이 생성된 하나님 말씀과 하나님 말씀을 통해서 생성된 사물은 별개이다. 하나님의 영원한 은혜의 선택과 이 은혜의 선택 안에 근거한, 그 능력 안에서 결정된, 그것에 대한 회고 속에 결정된 창조, 화해, 구속은 별개이다. 하나님이 인간에 관하여 그의 시간 이전의 영원 속에서 자기 자신과 더불어 세운 영원한 계약과, 하나님과 인간 사이의 계약은 별개이다. 시간 속에서 그것의 수립과 수행은 저 계약 안에서 결정되었다. 그러므로 우리는 말할 수 있고 말해야 한다: 모든 피조물과 그 온 역사가 하나님의 계획과 결정 안에서 하나님과 함께 있었듯이 예수 그리스도는 또한 태초에 하나님 곁에 있었다. 그러나 그는 그것만이 아니었다: 그는 동시에 "모든 피조물의 첫 열매"로서 그러하였다.(골 1:

15) 그는 스스로 하나님의 계획과 결정이, 모든 피조물과 그 모든 역사에 관하여 내용적으로 결정된 하나님의 결정이 됨으로써 그러하였다. 인간에 대한 하나님의 애정의 표시로서 하나님의 은혜의 선택을 포괄하고 의미하는 모든 것은, 그것에서 결과하는 모든 것, 그 결과에서 전제된 모든 것은, 그것이 이 내용적으로 결정된 하나님의 결정이라는 것, 예수 그리스도가 하나님의 은혜의 선택이라는 사실에 의해서 결정되고 제약된다.

　그러므로 그는 하나님의 호의의 한 대상일 뿐 아니라(그런 경우 그 곁에 다른 자들도 있을 수 있을 것이다.), 또한 그는 스스로가 이 호의, 행동 속에 있는 하나님의 의가 됨으로써 이 호의의 대상이다. 그는 하나님의 자유의 조치요 도구일 뿐 아니라, 우선적으로, 본래적으로 하나님의 자유가 "외부를" 향해 작용하는 한에서 이 자유 자신이다. 그는 하나님의 신비 중의 신비가 됨으로써, 그 신비의 계시가 다른 자가 아닌 자기 자신의 계시가 됨으로써, 하나님의 신비의 계시인 것만이 아니다. 그는 우선적으로 하나님의 인간 사이의 평화가 됨으로써 양자 사이의 화해자인 것만이 아니다. 따라서 그는 선택된 자일뿐 아니라 스스로 선택하는 자이다. 따라서 그의 선택은 우선적으로 능동적으로 이해되어야 한다. 확실히 그는 또한 아버지에 의해서 인간과의 일체, 동형상을 위하여 내어준 바 된 하나님 아들로서 선택되었다. 확실히 그는 홀로 선택하는 것이 아니라 아버지와 성령의 선택과의 친교 안에서 선택한다. 그러나 그는 선택한다! 그가 하나님 아들로서 행하는 복종은 참 복종으로서 자기 자신의, 신적으로 자유로운 결정이며, 그 자신의 자유로운 선택은 아버지와 성령의 선택과 같다. 그 자신의 선택은 그 자신의 선택받음에 정확하게 상응한다. 삼위일체 하나님의 평화 속에서 그는 저 선택의 원래적인 객체일 뿐 아니라 원래적인 주체이다. 그리고 오직 이 평화 안에서만 그는 또한 그 개체일 수 있으니, 즉 전적으로 그의 의지가 아니라 아버지의 뜻을 수행할 수 있고, 인간으로서 선택하면서 하나님의 선택을 확증할 것이고, 어느 정도 반복할 것이다. 이 모든 것은, 그가 하나님의 선택에 원래적으로 참여한다는 데, 하나님의 선택이 또한 자기 자신의 선택이라는 데, 그 자신도 저 만물의 시작을 놓았고, 하나님과 인간 사이의 계약이 세워지게 되는 저 결정을 스스로 수행하며, 아버지, 성령과 함께 그도 선택하는 하나님이라는 데 근거한다. 만일 그가 그렇지 않다면, 우리가 선택에 관하여, 그러므로 하나님의 뜻의 원결정, 근본 결정에 관하여 예수 그리스도를 지나쳐서 하나님 아버지에 관하여, 혹은 아마도 성령에 관하여 물어야 한다면, 이 결정은 어떻게 우리에게 명백해질 수 있겠는가? 이 결정이 수행된 곳에서가 아니라면 어디서 이것이 우리에게 드러날 수 있겠는가? 그렇다면 우리는 하나님의 선택에서 하나님의 분명한 은혜를 포착하고 시인하는 대신에 "절대적 결정"에 대해 사변하는 것에 의존하게 될 것이다. 그렇다면 우리는 하나님의 예정을 믿을 때, 누구의 손에 우리를 의탁해야 할지 알 수 없을 것이다. 이 예정은 우리에게 하나님의 예정으로서, 또한 아버지와 성령의 예정으로서 오직 아들 안에서 드러나기 때문에, 우리는 오직 아들을 믿음으로써만 또한 아버지, 성령을, 따라서 하나님의 선택을 믿을 수 있기 때문에, 이 예정의 주체로서 또한 아들을, 바로 하나님의 아들을 아는 것이 중요하다. 예수 그리스도가 다만 선택된 자이고 또한 우선적으로 선택하는 자가 아니라면, 우리는 하나님의 선택에 관해서, 우리의 선택받음에 관해서 무엇을 알 수 있으랴? 이제 그러나 우리는 예수 그리스도에 관해서 이것보다 더 확실한 것은 알 수 없다: 그는 아버지에 대한 자유로운 복종 안에서 인간이 되기를, 그런 자로서 하나님의 뜻을 행하기를 선택하였다. 하나님이 또한 우리를 선택한다면, 이 예수 그리스도의 선택 안에서, 이 선택과 함께이며, 이 아들의 자유로운 복종 안에서, 복종과 함께이다. 바로 그가 분명히 하나님과 우리 사이에 세워져야 할 계약에 대한 하나님의 결정의―아버지, 아들, 성령의 결정의―구체적인, 분명한 형상이다. 바로 그 안에서 영원한 선택이 직접적으로 시간 안에서 일어나는바 우리 자신의 선택의 약속, 소명, 믿음으로의 부름, 우리를 위한 하나님의 개입의 약속이 되고, 우리가 하나님의 자녀라는 사실의 계시가 되고, 그러므로 하나님이 아버지라는 사실의 계시가 되고, 이 복종의 행위의 영, 예수 그리스도의 영, 우리를 위해 자녀 됨의 영이 이외의 다른 것이 아닌 성령의 전달이 된다. 우리가 하나님의 선택의 현실에 대해 묻는다면, 어찌 우리가 바로 이 복종을 수행하는 자, 전적으로 이 복종 행위가 되는 자를 일차적으로 이 선택의 주체로 보지 않을 수 있으랴?

그러므로 예수가 자신을 자기 제자를 선택하는 자로 표현하는 요한복음 13:18, 15:16, 19는 비본래적으로가 아니라, 본래적으로 이해해야 한다. 바로 요한복음은 여기서 분명히 종속을 통해 제거되어야 하고 제거될 수 있는 그런 경쟁을 알지 못한다. 물론 예수가 자기 스스로 아무것도 할 수 없다면(요 5:19, 30) 이것은 정확하게 "너희가 나 없이 아무것도 할 수 없다."(요 15:5)는 것과 상응한다. "당신의 것은 모두 나의 것입니다."(요 17:10)라는 발언은 또 다른 발언 "나의 것은 모두 아버지의 것입니다."와 같은 비중으로 대립한다. 그가 "보냄"을 받은 것 같이, 그는 "왔다." 그가 아버지 안에 있는 것 같이, 아버지가 그 안에 있다.(요 14:10) "아버지가 자기 자신 안에 생명을 지닌 것 같이, 그는 아들에게도 생명을 주어 자기 자신 안에 생명을 갖도록 하였다."(요 5:26) 아버지가 아들을 영화롭게 한 것같이(요 4:34), 그는 아버지를 영화롭게 한다.(요 17:1-5) 그를 보낸 자의 뜻을 행하는 것이 예수의 양식인 것 같이, 아버지가 그 안에 머무름으로써 아버지가 그의 일을 행한다.(요 14:10) 아버지가 그보다 클지라도(요 14:28) 아버지는 "그의 손안에 모든 것을" 맡겼고(요 3:35), 그에게 "모든 육체에 대한 권세를 주었다."(요 17:2) 단숨에 "하나님을 믿고 나를 믿어라!"고 말한다.(요 14:1) 예수에게 오는 자, 그는 아버지가 믿음을 준 것이 분명하며(요 6:65), 아버지로부터 듣고 배웠음이 분명하며(요 6:45), 아버지에 의해 이끌렸음이 분명하고(요 6:44), 그는 아버지에 의해서 예수에게 주어진 것이 분명하다.(요 6:36, 17:6, 9, 24) 그러나 다시금 예수는 길이고, 진리고, 생명이니, "아무도 그를 통하지 않고서는 아버지에게 올 수 없다."(요 14:6) 아버지가 정원사라면 그 예수는 참 포도나무이다.(요 15:1f.) 그러므로 그는 기도한다: "아버지, 아버지께서 내게 주신 사람들도 내가 있는 곳에 나와 함께 있게 하여서 내게 주신 영광을 그들도 보게 하여 주시기를 빕니다."(요 17:24) 이런 맥락에서 볼 때 저 예수 자신에게로 전가된 제자 선택도 그에게 위임되어 대리적으로 인수된 기능으로서뿐 아니라 하나님의 주권 행위로서 이해할 것이다. 이 주권 행위에서 또한 예수 그리스도의 행위이기도 한 하나님의 원결정, 근본 결정이 특별히 투명해진다. 그러므로 또한 공관복음서들에서 일상적인 "추종"의 권유 뒤에는 마태복음 11:27의 명제, 즉 아들이 계시하여 주고자 하는 사람만이 아버지를 알 수 있다는 명제가 있다. 이 명제는 또 다른 명제, 즉 아들은 다만 아버지의 계시를 통해서만 인식될 수 있다는 명제에 의해서 다시 제약받는 것이 아니라 오히려 의미 있게 설명된다. 그러나 또한 그리스도에 관해서 그가 자기를 "비우고" "낮춘다"(빌 2:7f.), 자신을 내준다(갈 1:4, 딤전 2:6), 자신을 넘긴다(갈 2:20, 엡 5:2), 자신을 바친다(히 7:27, 9:14)고 말하는 곳에서, 그리고 그의 복종에 대해 말하는 곳에서(빌 2:8, 히 5:8) 자기 자신의 실존과 또한 하나님과 인간 사이의 계약을 근거짓는 그의 신적인 자발성 및 활동성의 반영을 주목해야 할 것이다.

그러므로 토마스 아퀴나스처럼 말하는 것은 충분하지가 않다: "그리스도의 인격 안에서 두 본성의 연합은 하나님의 영원한 예정 아래 들어간다. 그리고 그리스도도 이런 이유 때문에 예정되었다고 말해진다." (*S. thel.* III *qu.* 24 *art.* Ic) 예수 그리스도는 그의 신성으로나 인간성으로나 실제로 "예정된 자", 처음으로 선택된 자이기도 하다는 것은 물론 진실이다. 그러나 토마스는 그리스도의 선택을 이 수동적인 관계에, 그리스도의 인간적 본성에 국한하여 인식하려고 했다: "예정은 그 자신 혹은 신적 본성에 따라서가 아니라, 인간적 본성에 따라서 그리스도의 인격에 돌려진다.(*ib.* ad. 2) 예정은 다만 인간적 본성 때문에 그리스도에게 해당된다.(*ib.* art. 2c) 그의 예정과 은총을 통해서 우리의 예정이 드러나는 한에서, 그는 예정과 은총의 빛이라 말해진다." (*ib.* art. 3 s. c.) 우리는 아버지와 아들 사이의 관계에 관한 요한의 증언을 고려할 때 이 명제들에 나타난 제약을 인정할 수 없을 것이다. 예수 그리스도가 하나님의 아들이라는 것이 실로 선택에 근거하는 것이 아니라, 그가 그런 자로서 또한 인간이라는 것, 그가 그런 자로서 요한복음의 개념에 따라서 "파송되었다"는 것, 그가 그런 자로서 세상에서 아버지의 신명(神名)을 지니는 자라는 것이 선택에 근거한다. 영원한 어떤 선택도 필요치 않은 그리스도의 신성과 그의 선택받은 인간성 사이에는 토마스가 간과한 제3의 것이 있으니, 이것은 바로 태초에 하나님 곁에 있는 예수의 존재, 그에게서 신성을 충만히 거하도록 하는 저 하나님의 은총의 행위, 하나님이 자기 자신과 맺은, 그러므로 영원한 저 계약, 하나님이 인간을 위해서 스스로 맹세한 저 서약이다. 그러나 바로 이 제3의 것은 다만 수동적으로 "하나님의 영원한 예정" 아래 포함될 수는 없다. 인간 예수가 하나님의 선택을 우선 다만 받을 수 있는 것이 확실한 것 같이, 또한 영원한 아들이 저 하나님의 은총의 행위에서, 저 하나님이 자신과 맺은 계약, 아버지에 의해서 계약의 수행을 위해 선택, 결정, 파송된 것이 확실한 것 같이, 이것 역시 확실하다. 그러나 그와 아버지가 신적 이름과 신적 영광의 저 경쟁 없는 일체 속에서 하나라면, 분명히 또한 아들은 인간의 아들로 예정하는 "영원한 신적 예정"의 능동적 주체, 스스로 선택하는 하나님이며 그럼으로써만 무제약적인 신적 권위 안에서 또한 선택받은 자, 하나님의 예정에 예속된 자, 자유 안에서 아버지에게 복종하는 아들이며―그럼으로써만 이에 근거해서 또한 하나님의 뜻을 세상에서 세우고 성취하는 인간의 아들이다. 우리가 토마스가 말하려고 한 것만을 말한다면, 우리는 인간 예수의 선택만을 알고 그러나 저 선택에 선행하는 하나님의 아들의 선택받음, 자기 선택을 알지 못한다면, 은혜의 선택을 다시금 예수 그리스도의 인격과는 해체된, 우리가 그것의 현실을 전혀 알지 못하는 그런 하나님의 신비로 만든 셈이 되고, 그럴 때 우리는 그런 신비를 결코 믿을 수 없을 것이고 그 신비에 대항해서 어떤 "절대적 결정"의 허구를 통해서 필요한 지식을 얻으려 할 것이 분명하다. 그럴 경우 예정은 예수 그리스도의 신인(神人)적 인격 안에서 실현된, 우리에게 계시된 계약보다 고차적인 어떤 것으로, 계약 배후에 있는 무엇으로 있을 뿐만 아니라, 또한 예정은 그 본성에서 이 인격에 대해서 어떤 다른 것, 우리가 결코 신적인 것으로 인식할 수 없는 은밀한 조치가 될 것이니, 우리는 이것에 우리를 의탁하기를 우리 자신에게 요구할 수 없을 것이고 또한 그런 요구가 결코 바람직할 수 없을 것이다. 왜냐하면 하나님의 자유로운 결정에 대한 신뢰는, 그 결정이 우리에게 하나님의 결정으로 분명해질 수 있고 실제로 분명해지는 것에 달려 있기 때문이다; 그 결정이 우리에게 예수 그리스도 자신의 결정으로 분명해질 수 없고 분명해지지 않는다면, 그것은 우리에게 하나님의 결정으로 분명해질 수 없다. 그러나 이 결정이—토마스의 예정론과 많은 다른 사람들의 예정론에 따르면 결국 그런 것이 아니라면, 우리가 예수 그리스도의 신인적 인격의 현실을 다만 하나님의 예정 속에 포함되는 신적 역사의 하나로만 이해하고, 그러나 모든 역사 중의 역사로, 만물의 시초에 있어서 하나님의 말씀과 결정의 내용으로, 그러므로 예정 자체의 명백한 신비로는 이해할 수 없다면, 어찌 그 결정이 우리에게 예수 그리스도의 결정으로 분명해질 수 있으랴? 우리가 이 선택에서 하나님의 아들의 영원한(수동적이고 능동적인) 선택을 재인식할 수 있다면, 그러므로 우리가 예수 그리스도 안에서 직접 선택하는 하나님과 관계한다는 것이 우리에게 확실할 때에만, 우리 자신에게 향한 하나님의 은혜를 통한 우리 자신의 선택이 인간 예수의 선택에서 우리에게 드러난다는 것, 그러므로 이 선택이 우리에게는 "예정의 빛"이 된다는 것이 비로소 신빙할 만한 명제가 된다. 그렇지 않다면, 우리가 선택에서 우리 자신과 결속되거나 우리에게 책임을 지지 않는, 우리에게 자비롭지 않은 그런 하나님의 뜻과 관계하는 것이 아닌지 하는 물음이 여전히 미결 상태로 남을 것이다. 인간 예수의 선택에서 우리에게 실제로 우리의 선택이 분명해진다면—그리고 신약성서가 이 인간을 우리의 중보자, 머리, 제사장으로 선택함에 대해서 언급하고, 그의 수난과 죽음의 예정을 말할 때 이것을 의미하는데—이것은 우리가 그 안에서 실제로 선택받은 자가 아니라, 선택하는 하나님과, 태초에 하나님 곁에 있었던 말씀과 결정과 관계하기 때문이며, 사자나 천사가 아니라(사 63:9) 그 자신과 그러므로 우리의 구원자와 관계하기 때문이며, 그러므로 진정으로 그러나 또한 홀로 신뢰할 만한 우리의 선택의 증인과 관계하기 때문이다.

아우구스틴은 토마스와 그 이후의 많은 다른 사람들이 예수 그리스도의 선택에 관해 오직 저 두 번째, 수동적인 의미로, 그러므로 오직 인간 예수에 관해서만 말한 것만을 또한 말했다. 우리 자신도 그것을 또한 말해야 할 것이다. 그러나 아우구스틴은—그리고 우리는 이 점에서 그를 우선 따라야 할 것이다.—우선 높은 곳을 우러러보았다: 예수 그리스도의 신인적 인격의 성육신, 현실이 세상 기초가 세워지기 전에, 모든 다른 현실들이 존재하기 전에 하나님의 은총의 영원한 계획이 되었던 곳으로, 그러나 하나님의 은총의 영원한 계획이, 모든 세계 현실에 선행하여 예수 그리스도의 신인적 인격의 현실과 동일한 곳으로, 영원한 하나님이 이 인격을 미리 보고 미리 정할 뿐 아니라 또한 스스로 시간 속에서 그것의 계시의 전제로서 이 인격이 된 곳으로. 아우구스틴은 "거짓이 없으신 하나님께서 영원 전부터 약속하여 주신 영원한 생명의 희망"(딛 1:2)이라는 말씀에 직면해서 자신에게 물었다: 어떻게 하나님이 영원 전에는 결코 존재한 적이 없는 인간들에게 향하는 약속을 영원 전에 줄 수 있었을까? 그리고 이에 대해 답변한다: "시간 속에서 있게 될 일이, 그(하나님) 자신의 영원 안에서, 그리고 그의 동일하게 영원한 말씀에서 이미 예정에 의해 확정되었다."(*De civ. Dei* XII 16) 아우구스틴이 하나님의 영원한 말씀을 그후에 시간 안에서 있을 것이 이미 확정되는 궁극적 권위로 표시할 때, 그는 하나님의 영원한 말씀의 존재 그 자체를 생각하지는 않았을 것이다. 왜냐하면 그는 이로써 시간적인 존재 자체를 하나님 안에서 영원히 선재하는 것으로 표현했을 것이기 때문이다. 이것은 그와는 전적으로 거리가 먼 생각이다.(그리고 그는 같은 구절에서 이것을 명백히 부정했을 것이다.) 그러나 그가 영원한 말씀을 요한복음 1:1-2가 언급하는, 그리고 거기서 예수와 동일한 것으로 표현되는 태초의 말씀, 결정으로 이해했다면, 그러므로 "그의 동일하게 영원한 말씀에서"가 "그의 화육해야 할 말씀에서"와 같은 의미라면 그의 명제는 납득할 수 있고 옳고 중요하다. 이 말씀 안에서 아직 존재하지 않은 인간들에게 영원한 시간 전에 영원한 생명이 약속될 수 있었고, 그것 안에서 그들에게 실제로 생명이 약속되었다.

그러나 아우구스틴은 여기서 불러서 들어야 할 고대 교회의 증인들 가운데 유일한 인물이거나 최고(最古)의 인물은 아니다. 아타나시우스는 그 이전에, 심지어 그보다는 더욱 충실하게 다음과 같이 말하였다: "구원자에 의해서 우리에게 주어진 은혜는 사도가 말한 대로(딛 2:11) 최근에 나타났다. 그리고 그의 도래와 더불어 우리에게 부여되었다. 그러나 그 은혜는 우리가 생성되기도 전에, 혹은 차라리 세상의 기초가 세워지기도 전에 예비되었다. 그리고 그 이유는 선하고 놀랄 만하다. 하나님이 우리의 사정을 몰랐던 것 같이 보이지 않기 위해서 후에 우리를 위해 결정했다는 것은 합당치 않다. 그의 말씀을 통해 우리를 창조한 만물의 하나님은 우리 사정을 우리보다 더 잘 알았고, 우리가 처음에 의로운 후에는 그의 계명을 위반할 것과 불순종 때문에 낙원에서 추방될 것을 미리 알았다. 그렇기 때문에 그는 인간에 대한 친절과 선함 가운데서 그가 우리를 창조한 그의 말씀 안에서 구원의 질서를 예비했다. 이것은 우리가 뱀에 의해 기만을 당하고 타락할지라도, 그 자신이 우리를 위해 모든 길의 시작으로 만들어졌고, 형제들 중의 처음 난 자가 되고, 그 자신이 처음 열매로서 죽은 자들 가운데서 일어난다면, 우리가 궁극적으로 죽지 않고 말씀 안에서 우리에게 예비된 구원과 구속을 소유함으로써 부활하며 불멸하도록 하기 위함이다. 그러므로 그 자신이 말한 대로 우리가 그 안에서 미리 예비되지 않았다면, 어떻게 우리가 생성되기 전에 우리를 선택했겠는가? 그리고 아들 자신이 시간 전에 기초되었고 우리를 위해서 구원의 질서를 인수하지 않았다면, 어떻게 그가 인간이 창조되기 전에 그가 우리를 아들로 예정했겠는가? 혹은 주 자신이 우리에 대한 모든 심판의 운명을 우리를 위해서 육신으로 담당함으로써 우리가 결국 그 안에서 아들의 권세를 얻을 수 있도록 하기 위한 계획을 가지기 위하여 시간 전에 기초되지 않았다면, 어떻게 사도가 부언한 대로, "예정된 자로서 유산에 참여했겠는가?"(엡 1:11) 그리고 우리를 위해 정해진 은혜가 그리스도 안에 위탁되어 있지 않다면, 우리가 아직 존재하지 않았고 시간 안에서 비로소 생성되었는데 어떻게 우리가 영원한 시간 전에 무엇을 받을 수 있었던가? 그러므로 그는 각자가 그의 행위, 행실에 따라서 판단받게 될 심판의 때에도 말한다: "내 아버지께 복을 받은 사람들아, 와서 창세 이래로 너희를 위해서 준비된 나라를 차지하여라."(마 25:34) 우리가 마치 그 위에 세워진 것 같이, 마치 잘 맞추어진 돌들같이 그의 생명과 그의 은혜에 참여하기 위해서 세상 이전에 기초된 주 안에서가 아니라면, 어떻게 그리고 누구 안에서 그 나라가 우리가 존재하기도 전에 준비되었겠는가? 그러나 이 일은 … 우리가 이미 말한 대로 짧은 죽음에서 부활하여 영원히 살 수 있기 위해서 일어났다. 시간 전에 우리에게 그리스도 안에서 생명과 구원의 희망이 예비되지 않았다면 이 일은 지상적 존재로서 우리에게는 불가능했을 것이다. 분명히 우리 육신 안에 거주했고 그 육신 안에서 모든 길의 시작으로서 그의 역사를 위해 세워진 말씀 자신은 그 안에서 수행되는 아버지의 뜻처럼 그렇게 기초되어졌음이 분명하다. … 즉 '시간 전에', '땅이 생기기 전에', '산들이 고정되기 전에', '샘이 솟아나기 전에.' 이것은 땅과 산들과 현상 세계의 형상들이 현존하는 시간의 종말에 사라질지라도 우리는 이것들처럼 낡아 스러지는 것이 아니라 그 후에도 살도록 하기 위함이다. 왜냐하면 우리는 이전에도 우리의 삶이 그리스도 예수 안에 근거지어졌고 예비되었던 것 같이, 단순히 순간적인 삶을 살도록 허락받은 것이 아니라 이후에도 언제나 그리스도 안에서 살도록 허락받았기 때문이다. 그리고 우리의 삶이 주 외에 다른 것에 근거한다는 것은 있을 수 없다. 주는 시간 전에 있었고 그를 통해 시간도 생겨났으니 이것은 우리도 그 안에 있는 것과 같은 영원한 생명을 물려받기 위함이다. 왜냐하면 하나님은 선하기 때문이다. 그러나 그는 언제나 선하기 때문에 그는 우리의 무력한 자연이 그의 도움과 구원을 필요로 하기를 원했다. 한 집을 지으려고 계획한 현명한 건축가가 집이 지어진 후에 손상을 입는 경우에 집을 어떻게 다시 복구할 수 있을 것인가를 즉시 숙고하고 이런 것을 고려하여 대비하며 복구에 필요한 자재를 목수에게 조달하며 이렇게 집을 건축하기 전에 이미 그것을 복구할 준비를 하는 것 같이, 우리가 존재하기 전에 우리의 구원의 회복이 그리스도 안에서 기초되었으니, 이것은 우리가 그 안에서 또한 새로이 창조될 수 있기 위함이다. 이것을 위한 결정과 계획은 시간 전에 세워졌으나, 그 일은 그것의 필요가 생겼고, 구원자가 도래했을 때 이루어졌다. 왜냐하면 주 자신은 우리를 영원한 생명으로 받아들임으로써 하늘에서 모든 사람의 자리를 대신할 것이기 때문이다."(*Or. II c. Arianos cap.* 75-77)

아타나시우스는 영원한 말씀 혹은 아들 자신의 존재와 선택받은 인간 예수의 현실 및 그의 선택 안에 내포된 그를 믿는 인간들의 선택 사이에서 제3의 것을 보았다. 이것은 분명한 듯하다. 그는 인간 예수의 선택과 우리의 선택, 이것이 내포하는 모든 은혜와 은혜의 선물이 그가 언제나 거듭 말하듯이, 아버지의 영원과는 구별되지 않는 말씀 혹은 아들의 영원 속에 '근거되어' 있음을 보았다. 그러므로 그는 이 하나님의 영원한 말씀 혹은 아들이 그의 영원성을 손상하지 않으면서 선택받은 인간 예수를 위하는, 그리고 그 안에 포함된바 그를 믿는 자들의 선택을 위하는 결정내렸다고 전가했다. 그는 토마스와는 달리, 한편으로는 삼위일체 하나님의 순수한 존재에 대한 사고를, 다른 한편으로는 구체적인 하나님이 의지하고 성취한 시간적인 구원사에 대한 사고를, 또한 그것을 넘어서 삼위일체 하나님 품안에서 내려진 구체적인 구원 계획에 대한 사고를, 그러므로 저 요한복음이 말하는바 예수와 동일하며 태초에 하나님 곁에 있었던 로고스에 대해 사고했고, 이로써 하나님의 결정에 관한 진정한 그리스도교적 개념을 사고했다. 아타나시우스에게 있어서 신적 결정, 예정, 선택은 곧 만물의 시초에, 하나님과 그와는 다른 현실 사이의 관계의 시초에 내려진 결정이니, 그 주체는 삼위일체 하나님이며—아버지, 성령과 더불어 또한 하나님의 아들—그러나 그 객체는 특별히 인간의 아들로 결정되어 있는 하나님의 아들, 그런 자로서 모든 신적 선택의 영원한 근거가 되는 선재하는 신인(神人) 예수 그리스도이다.

우리는 이 그토록 결실 많은 통찰이 예정론의 후대 역사에서 우선은 효과가 없었다는 것을 확정할 수 있을 따름이다. 이 통찰은 예정론에 전혀 다른 모습을 줄 수도 있었을 것이다. 토마스 아퀴나스

뿐 아니라 종교개혁자들도 이것을 전혀 간과했다. 그들도 예수 그리스도가 우리를 위한 "선택의 빛" 혹은 "거울"이라고 잘 말했다. 그러나 그들은 예수 그리스도 자신은 그의 인간성으로는 처음 선택받은 자라는 것을 지시함으로써 이것을 입증하는 것으로 만족했다. 그들은 토마스가 그랬듯이 역시 전적으로 이것을 입증하는 것에만 국한했다. 이 입증이 에베소서 1:4의 ἐν αὐτῷ(그 안에서)를 설명하기에는 불충분할 수 있다는 것을 그들은 간과했다. 그들은 또한 우리는 예수 그리스도를 처음으로 선택받은 자, 따라서 모든 다른 인간들의 머리, 즉 선택하는 하나님이 그가 선택한 모든 인간들에 대해 결정한 것을 수행하기 위해서 하나님 자신이 선택한 수단으로 보아야 하기 때문에 우리 자신의 선택에 관하여 예수 그리스도에게 의존해야 한다고 말하는 것이 우리 자신의 선택에 대한 신앙의 확신을 입증하기에는 충분하지 않다는 것과 결정적인 목회적 지시가 될 수 없다는 것을 간과했다. 이런 지식이 단순한 의혹이 아니라 우리에게는 결정적인 물음이 되는 다음의 물음의 유혹에 대하여 어떤 도움이 되겠는가? 곧 우리 자신이 하나님이 그의 선택받은 자들을 이런 그가 처음 선택한 수단을 통해 돕기로 결정했는데, 그런 도움을 받을 자들에 속하였는가? 우리 자신이 이 선택받은 자들 가운데 속했는가? 예수 그리스도 배후에, 위에 있는 선택하는 하나님은 그와는 동일하지 않기 때문에, 태초에 하나님 곁에 이분(요 1:2) 외에 또 다른 자, 혹은 다른 무엇이, 곧 이것에 구속받지 않는, 이것에 의해 규정받지 않는 신적 호의의 결정이 있다고 예견해야 하기 때문에, 우리의 시선이 결정적인 요소에 관해서, 즉 선택 자체에 관해서, 선택하는 하나님에 관해서 예수 그리스도를 향할 수 없다면, 저 지식이 우리에게 무슨 도움이 되겠는가? 종교개혁자들이나 그들 다음에 개신교 양쪽 종파의 정통주의자들이 그랬듯이 사람들이 우리에게 이 최고 법정의 감추어진 결정에 직면해서 진정해야 한다고, 그것을 신비로 존중해야 한다고 요구한다면, 그것이 무슨 소용인가? 칼빈주의자들이 우리에게 그것이 하나님의 결정으로서 불가해한, 그러나 확실히 의롭고 충분한 이유를 가진다고 주장한다면, 루터파들이 이 결정은 인류에 대한 하나님의 보편적인 친절함을 통해서 우리를 위해 확실히 정해져 있는 것이라고 우리를 거든다면, 그것이 무슨 소용인가? 예수 그리스도 자신이 우리를 선택하는 하나님이라는 것이 사실이 아니라면, 우리는 이 모든 진정의 시도에도 불구하고 하나님 말씀 외에 다른 곳을, 그리스도의 구유와 십자가의 은밀함 외에 다른 것을, 그의 부활의 계시 외에 다른 계시를 지시받는 셈이며, 하나님의 주권과 신비에 대한 모든 진지한 말들과 하나님의 아버지다운 자비에 대한 호의적인 말들도 우리가 우리 자신의 선택에 관하여 불안해야 한다는 사실을 바꿀 수 없다. 왜냐하면 우리는 이 모든 것을 통해서 전혀 안심할 수 없기 때문이다. 어떻게 우리가 우리 자신의 선택에 관해서 하나님 말씀 외에 다른 것으로 안심할 수 있겠는가? 예수 그리스도가 선택하는 하나님이 아니고 선택, 따라서 우리 자신의 선택도 결코 실제가 아니라 다만 선택하는 하나님이—다른 곳에서, 다른 방식으로 선택하는 하나님이 자신의 선택받은 자들—그의 다른 곳에서 다른 방식으로 선택받은 자들에 대해 결정한 바를 성취하기 위하여 선택한 수단에 지나지 않는다면, 하나님이 말씀이 어떻게 이 문제에서 우리를 안심시킬 수 있겠는가? 특별히 칼빈이 이 문제를 답변하지 않았을 뿐 아니라, 분명히 문제로 느끼거나 인식하지 못했다는 것이 그의 예정론에 대해 제기될 수 있는 결정적인 이의이다. 그의 선택하는 하나님은 "계시된 신"으로서 "감추어진 신", 영원한 하나님이 아니라 "감추어진 신 자체"이다. 칼빈의 예정론의 다른 모든 문제들은 이 근본적 결함에서 기인한다: 그가 하나님과 예수 그리스도를 결국 분리시켰다는 것, 그가 태초에 하나님 곁에 되었던 바를 예수 그리스도가 아니라 다른 곳에서 찾아야 한다는 것, 그가 하나님의 은혜의 선택에 대해서 그처럼 강력하게, 인상깊게 고백함에도 불구하고 예수 그리스도 안에서 나타난 하나님의 은혜를 결국 간과했다는 것. 도르트레히트(Dortrecht) 노회도 여기 있는 문제를 답변하지 않았거나 오히려 칼빈이 제시한 불충분한 답변을 또 다시 확증하고 강조했다는 것과, 다른 편으로는 네덜란드의 항론파, 다른 편으로는 루터파들이 이 문제점을 느끼고 답변했으나 유감스럽게도, 하나님의 선택 개념, 하나님의 자유로운 영원한 결정은 변경되니 하나님이 세운 종교적 세계 질서라는 전혀 다른 개념이 그것에 대치된다고 답변했으므로, 은혜의 선택은 하나님의 선택으로서 결국 부정되었다. 심지어 항론파의 경우 새로운 인문주의적 펠라기아니즘을 명백히 도입하면서 이렇게 답변했던 것이다. 그리고 여기서 신프로테스탄티즘이 유래한다. 17세기 개신교 신학은 코케이유스(Coccejus)가 시작한 것을 제외하고는 전반적으로 이 딜레마를 벗어나지 못했다.

내가 아는 정통주의 교의학자들 가운데서 이 딜레마를 벗어나는 명제를 발설한 사람은 오직 폴라누스(Polanus) 뿐이다. 그는 우선 에베소서 1:4에 관해서 분명하다: "하나님은 아버지로서 우리를 선택한 것이 아니다. 그 이유는 선택은 아버지의 인격의 고유한 일이 아니기 때문이다. 오히려 하나님으로서 선택한 것이니, 선택은 모든 거룩한 삼위일체 신에(그 머리가 아버지이다.) 공통된 일이기 때문이다."(*Synt. Theol. chr.* 1609 col. 1574) 그는 이 명제를 다른 명제와 연결한다: "선택의 주체, 그 안에서 우리를 선택하는 분은, 신도, 인간도 아니고, 오히려 신-인간이요 우리의 중보자인 그리스도이다. 우리가 선택받는 수단이 필요하다. 그 이유는 그가 아니고서는 선택하는 하나님과 선택받는 인간 사이에 합일이 이루어질 수 없기 때문이다. 이처럼 그리스도는 하나님과 선택받은 자가 연합되는 사슬이다."(col. 1596) 그러므로 도르트레히트에서 일부 부정되고, 일부 명백히 재해석된 이 명제는 폴라누스에게는 자명하다: "그리스도의 선택은 천사들과 인간들의 선택의 기초요 토대이다."(col. 1570) 그러므로 그의 주요 정의는 이렇다: "그리스도의 영원한 선택은, 하나님이 그의 독생자를 영원 전부터, 또한 그의 인간적 본성에 있어서 하나님의 아들, 천사들과 인간들의 머리, 하나님과 인간, 천사들 사이의 중보자가 되도록 결정한 예정이다." (col. 1568f.) 우리는 단순히 이 명제들이 아타나시우스의 저 사상적 높이에 다시 도달했다고 말할 수는 없다. 그러기에는 이것은 너무나 일반적이고 불명확하다. 그러나 우리는 폴라누스가 저 아타나시우스의 명제를 알았고 심지어 상세히 인용했다는 사실에 직면해서(col. 1596f.), 그리고 그가 중보자 예수 그리스도를(구원자 개념으로부터 이 개념을 현저히 구별함으로써(col. 1569f.)] 신적 선택의 본래적인, 일차적인 대상으로 표시했다는 사실에 직면해서(그리고 이것을 분명히 삼위일체 전체의 역사로 특징지었다.), 그는 저 높이를 염두에 두었고, 적어도 아타나시우스의 방향으로 사고하려고 시도했다는 점을 오인할 수 없다.

그리고 이것은 다른 정통주의 교의학의 예정론에 대해서는―루터파와 코케이유스 및 그의 학파의 불확실한 해결 시도를 제외하고는―토마스와 종교개혁자들의 예정론에 대해서와 마찬가지로 이렇게 말할 수 없다. 개혁파의 예정론은 항론파, 루터파에 대항하여 "선택의 효율적, 추진적 근거", 하나님의 의지를 움직이는 근거는 하나님 자신 밖에서가 아니라 오직 그의 자유로운 호의에서 찾을 수 있다는 명제를 정당하게 변호했다: 즉 하나님이 예견한 창조적 현실에서가 아니고, 그러므로 인간의 선한 의지에서가 아니고, 인간이 하나님의 은혜를 사용함에서가 아니고, 어떤 신앙의 공적적 행위에서가 아니고, 그러나 또한 그의 신앙 자체에서가 아니고, 그의 기도와 그의 인내, 인류의 품위나 또한 그리스도의 공적, 즉 인간 예수가 행한 복종 자체에서도 아니다. 이 모든 것은 하나님의 선택의 작용,

결과나 근거는 아니다. 선택 자체는 은혜, 실로 그 근원과 근거를 다른 데가 아니라 오직 하나님에게만 두는 자유로운 은혜이다. "그러므로 우리의 선택과 그것과 결부된 모든 호의의 근거는 필연적으로 오직 하나님 안에 영원 전부터 존재한다."(폴라누스가 상세히 말한 대로, *ib*. col. 1575f.) 그러나 사람들은 이 필수적인 논쟁 명제의 정당성, 하나님의 자유로운 은혜에 대한 선포의 힘은, 은혜가 그 근원에서 하나님 안에서 구체적으로 결정되었고 성취되었다는 사실에 결부되어 있다는 것과, 우리가 은혜의 근거를 그것과 더불어 만물의 시작을 기억하면서 일반적인 그러므로 공허한 신적 자의도, 인간에 대한 하나님의 일반적이고도 공허한 친절함을 생각하는 대신에 바로 예수 그리스도를 생각할 수 있고 생각해야만 한다는 것을 깨닫지 못했다. 선택을 자유로운 은혜로 서술하고 납득시키고자 한다면, 그것을 또 다시 하나님의 유일한 역사로 표시하는 것은 충분하지 않다. 그러나 개혁과 정통주의의 예정론은 선택하는 하나님의 뜻을 움직이는 근거에 대해 말할 때 이렇게 말한다: "아버지가 아들을 선택하기 전에, 아버지 안에서 누군가를 선택하려는 의지가 선행했다."(Walaeus, *Loci comm*. 1640, 381; *Syn. pur. Theol*. vom Leiden 1624 Disp. 24, 25 참조) 다만 이 "선행하는 의지가 그의 의로 말미암아 그들에게 직접적으로 영원한 구원을 결정하는 일에서 저해당하기 때문에, 하나님의 의를 만족시키는 중보자를 그들에게 정해 주었으며" 그리고 우리의 선택이 실제로 이 중보자의 선택을 통해서 조건지어지는 한에서만 우리의 선택은 그의 선택을 뒤따르고, 그러므로 우리는 "그리스도 안에서" 선택되었다. 사람들은 "어떤 확실한 고려를, 머리인 그리스도와 선택받은 자들 사이의 상호 관계"를 말했다.(*Leidener Synopse* 25, 27) 그러나 사람들은 분명히 구별했다: "구원받을 우리에 관한 결정은 목적을 향한 예정이지만, 우리에게 머리로 주어지게 될 그리스도에 관한 결정은 수단에 관한 예정이다."(Wolleb, *Theol. chr. comp*. 1626 I cap. 4, 9) 사람들은 심지어 이렇게 말할 수 있었다: "그리스도는 선택의 기초요 수여될 구원의 토대이니, 우리는 구원받도록 선택되었으며, 결국 그리스도는 우리의 선택 후 선택받은 것으로 이해된다.(Walaeus, *ib*. 380) 선택받은 자들은 그리스도의 것이기 전에 아버지의 것이었다."(*ib*. 381) 사람들이 여기에서는 "시간적 질서가 아니라 우선 순위"의 문제라고("동일한 선택 행위에서 선택받은 자들이 그리스도에게, 그리스도는 선택받은 자들에게 주어졌기 때문이다." *ib*. 382) 철학적인 논평을 한다고 해서 무슨 소용이 있었는가? 만일 이 질서에서 상위 권위가 아버지의 선택이고 예수 그리스도의 선택은 그러나 다만 아버지의 선택 결정을 실천에 옮기기 위한 것이라면, 아버지의 선택 자체가 예수 그리스도의 선택, 하나님의 아들을 인간의 아들로 수동적, 능동적 선택하는 일이고, 그 안에서 그를 믿는 자들을 선택하는 것이라면, 저 상위 권위의 결정에 대한 물음은 불가피하게 되고 우리는 "그리스도 안에" 있는 것이 아니라, 기껏해야 "그리스도를 위해" 선택된 것이다. 그렇다면 그리스도는 "선택의 기초"가 아니라—이것은 도르트레히트 노회에서도 브레멘(Bremen) 교회의 저 소심한 그리고 급속히 철회된 반발을 제외하고는 모든 측에 의해서, 모든 어조로 거부되었다.—기껏해야 "구원의 기초"가 된다. 그러나 우리가 선택의 결정을 수행하기 위해서 아버지에 의해 그에게 위탁된 자들에 속해 있고, 그가 그들의 머리가 되었기 때문에 이것이 실제적인지, 즉 그것이 우리의 경우인지, 그리스도가 우리에게 "구원의 기초"가 되는지—하나님과 인간 사이의 전적인 관계를 위해서 전적으로 결정적인 이 물음은 예정 교리에 의해 답변된 것이 아니라 비로소 매우 세밀한 형태로 제기되었다: 그래서 하나님의 저 은밀한 결정 자체에 대한 소위 말하는 지식에 호소하거나, 혹은 자신의 신앙, 내적인 영의 증거 혹은 심지어(행위로부터 어떤 사람의 신앙을 그리고 또한 간접적으로는 그의 선택을 확신할 수 있다고 그릇 이해한 "실천적 삼단 논법"에 의해) 신앙의 어떤 행위에 호소하거나 외에는 긍정적으로 답변할 수 있는 다른 가능성은 남아 있지 않은 듯하다. 사람들은 그리스도는 다만 "선택의 일차적 수단"이라고 들어야 했기 때문에 이 문제에서, 하나님의 선택과 선택하는 하나님에 관해서 그리스도에게 의지할 수 없었다. 선택 자체와 선택하는 하나님은 "선택의 효율적 동인"의 자유로운 신성에 대한 순수한 열정 때문에 더 이상 자세히 규정될 수 없는 신적 호의의 구름 속으로 사라졌다. 그리고 사람들이 여기에 대해 침묵하도록 권고할수록, 사람들이 '하나님'을 인상깊게, 신비스럽게 말할수록, 다시금 '인간'을 말해야 하고 말할 수 있는 위험이 더욱 다가오고, 반격하고자 나섰던 적, 즉 옛 세미펠라기아니즘과 새로운 세미펠라기아니즘의 처지를 더욱 염려하게 되었다. 은혜를 올바로 말하기 위해서 그리스도에 관해 말하기를 거부함으로써, 선택을 보충하는 것이 신앙이라는 것을 통찰할 수 없게 되었고, 사람들이 예수 그리스도를 지나서 하나님과 교제할 수 있다고 생각할 때마다, 그러므로 믿음에의 호소를 들을 수 없을 때마다, 언제나 제시되는 다른 보충물들을 실험해야만 했다. 한편으로는 결국 그리스도 없는 예정론의 그늘에서 개혁파 신비주의가 생겼다는 것은 이해할 만하다. 개혁파 신비주의의 고전적 증인은 테르슈테겐(G. Tersteegen)으로 예수 그리스도의 이름을 암시조차도 하지 않은 채 하나님을 "현존하는", "자족적인 존재"로 칭송하였다. 또한 동일한 예정론의 그늘에서 개혁파의 "세상 내적" 금욕 및 근면의 윤리가 생겼다는 것은 이해할 만하다. 이러한 윤리는 오랫동안 칼빈주의를—예를 들어서 벤자민 프랭클린(Benjamin Franklin)에게서 구현되어—역사적으로 승승장구하도록 했다. 이 발전에서 그리스도교적으로 좋고 위대한 것은 어쨌든 개혁파 정통주의 예정론 자체로부터 나온 결과가 아니라 오히려 그리스도교적, 성서적 예정론의 요소들로부터 얻은 결론이다. 그 요소들은 개혁파 예정론에서 억제되어 있었으나 이제 이런 억압에도 불구하고 여전히 살아 있었다. 바울의 ἐν αὐτῷ(그 안에서)는 선택받은 중보자론의 축약된 형태로도 실제적으로 그렇게 진술될 수 있었다는 것, "절대적 결정"의 은밀한 배후는 실제로는 은폐되어 있다는 것, 인간들은 이제 그들의 선택 및 그들의 구원에 관하여 전적으로 예수 그리스도에게 의지하도록 촉구받았다는 것, 그들에게 혹은 그들 중 많은 이들에게 신비주의와 도덕으로의 도피 가능성은—이것은 "절대적 결정"론에서 볼 때 불가피한 결론처럼 보이는데—실제로 단절되었다는 것은 분명하다. 이런 다행스러운 비일관성이 실제로 생기지 않았다면 개혁파 교회는 어떻게 되었겠는가? 사람들이 개혁파 교회의 명예를 우선적으로 이런 현상에서 찾지 말기를! 그 현상들은 다만 왜곡된 발단에서 나온 결론으로, "절대적 결정"론의 결론으로만 설명될 수 있을 뿐이다. 다행스러운 비일관의 가능성 때문에 저 그릇된 발단을 그 자체로 인식하는 것과 그러므로 그런 발단을 영속화하지 않고 미래를 위해 교정하는 것이 저해되지 않기를, 즉 "절대적 결정"론이 태초에 하나님 곁에 있었던 저 말씀에 관한 이론에 의해 대치하는 것이 저해되지 않기를!

그리고 17세기 중엽에 이미 옛 개혁파 교의학에서 이를 위한 의미심장한 시도가 이루어졌다: 바로 코케이유스와 그의 추종자들에 의해서. 이 사람이 브레멘 신학 학파 출신이라는 것은 우연이 아니다. 이미 도르트레히트 노회에서는 브레멘 교회에 의해 잠정적으로는 무익한 이의가 제기되었다. 이 문제에서 코케이유스의 공적은 우선, 그가 이미 암시한 대로, 성서를 주목할 경우에는 결코 분리시켜서는 안 되었을 것을 다시 함께 보았고, 그것들을 결합시켜 놓았다: 즉 하나님의 영원한 은혜의 선택과 하나님의 영원한 구원 계획: 하나님이 "계약의 중보자를 배제하지 않고 믿음을 통해서 자기 자신의 의와 구원의 상속자를 결정한 궁극적 의지"로서 하나님의 언약 혹은 계약 결정.(S. Theol. 1662 cap. 33, 7) 코케이유스는 이 결정을 예정과 동일한 것으로 이해했다.(ib. 37, 2) 부르만(F. Burmann)도 이렇게 말했다: "하나님은 계약을 통해 은혜를 베풀 계획을 세웠다. 상속자에 관한 계약은 하나님에 의해 계약의 중보자, 보증인 없이 이루어진 것이 아니니, 그에게 먼저 나라가 수여되었다."(Syn. Theol. 1678 I, 38, 23) 이 명제에서는 첫눈에는 의심스럽게 보일 수도 있다: 여기서도 선택의 직접 대상이 정의와 구원의 상속자로 정해진 선택받은 자들에게서 볼 수 있는 것이 아닌지, 여기서도 의견은 예수 그리스도의 선택은 다만 어느 한도에서만 필연적으로 저것에 속한다는 것이 아닌지? "계약의 중보자 없이가 아니라? 동시에 그리스도를 머리요 독생자로, 그들을 그리스도의 지체요 형제로 정했다."(Coccejus, 37, 31) 부르만(a.a.O.)과 마스트리히트(P. van Mastricht, Theor. Pract. Theol. 1698 III 3, 8)와 같은 후대인들은 선택의 대상을 "총체적 신비적 그리스도, 곧 그의 모든 제자들과 함께 하는 그리스도"로 이해했다. 현실적으로 그들이 그것들을 어떤 순서로 생각했는지는 코케이유스나 그의 후계자들에게서 아주 분명하다: "먼저 머리로서의 그리스도가 있고, 그 다음으로 그의 지체로서의 우리."(Burmann, a.a.O.) 이미 코케이유스 자신은(ib. 33, 16f.) 언약론을 다음의 세 부분으로 전개했다: "계약의 첫 번째 부분은 하나님이 자기 독생자를 주기로 결정한 것이고, 그가 육신, 아브라함과 여인의 씨, 구원받을 인간들의 형제, 또한 성화하는 자가 되고, 성화받는 자들이 모두 한 분에게서 나오도록 그를 육신 속으로 보내기로 결정한 것이다."(요 3:16, 히 2:11) 언약의 둘째 부분은 신적 "보증자에 대한 믿음을 통해 의롭게 하려는 의지", 곧 요한복음 3:16에 지시된 질서이니, 그를 믿는 자는 멸망하지 않고 영원한 생명을 얻게 되는 것, "죄인을 보증인과 결합하는 보증인의 영을 통해 죄인과 보증인의 교제"이다. 이 보증인의 영의 첫 번 역사는 믿음이다. 그 다음 언약의 세 번째 부분은 "의의 상속자들의 지정", 요한복음 3:17에 의하면 세상에 온 하나님의 아들을 통해서 구원받을, 로마서 8:29에 의하면 처음 난 자의 형제에 속할, 갈라디아서 3:9에 의하면 그를 믿는 믿음 안에서 의롭다 함을 받는 이방인에 속할 자들을 영원히 성별함이다. 따라서 코케이유스는 결정적인 구절에서 매우 명백하게 말할 수 있다: "이 결정을 통하여 저 위로와 사랑뿐 아니라 또한 영광의 온전한 경륜이 열렸다는 것은 분명하다. 이 경륜을 통하여 아버지는 영광과 신적 이름의 보증인이 되었고, 자기 아들에게 나라와 부가 주어졌으며, 아들은 지혜로서(즉 인간 속에서 영화롭게 되고자 한 창조자 하나님의 지혜가 드러날 수 있는) 구원의 기초를 놓는 자, 그의 백성의 제사장, 왕, 주, 한 마디로 말해서 야웨의 수호 천사, 하나님의 영광을 회복하는 자, 선포자로 기름 부음을 받고 제정되었다."(ib. 34, 22) 그러므로 코케이유스에 의하면(37, 31) 에베소서 1:4의 "그 안에서"는 이중적 의미로 이해될 수 있다: "예지된 자로서의 그리스도와 함께와 선택하는 자로서의 그리스도를 통해, 그와 함께." 그의 의하면 "예수 그리스도 안에서 계획하였다."(엡 3:11)도 이렇게 이해되어야 한다. 예수 선택에 관한 요한복음의 구절들도 그렇다. "내게 청하여라. 내가 네게 뭇 백성을 유산으로 주겠다. 땅 이 끝에서 저 끝까지 네 것이 되게 하겠다."(시 2:8)도 그렇다. "아버지께서 죽은 사람들을 일으켜 살리시는 것 같이, 아들도 자기가 원하는 사람을 살리신다."(요 5:21)도 그렇다. 코케이유스는 주목할 만하게도 "우리가 너희에게 피리를 불어도 너희는 춤을 추지 않았고 …"(마 11:17)도 그렇게 이해하려 했다. 요약한다면 코케이유스는 1) 선택 결정이 구원 결정과 동일하다고 보았고, 2) 구원 결정은 일차적으로 아들의 파송과 아들의 백성을 향해 있으며, 3) 아버지와 성령처럼 하나님의 아들은 신적 주체로서 이 구원 결정에 참여하고 있으며 그 스스로 "선택된 자"이고 "선택하는 자"라는 것을 깨달았다. 이 세 가지 명제로서, 칼빈의 "절대적 결정론", 즉 불확정된, 구체적으로는 표현되지 않은 신적 호의를 선택의 본래적 근거로서 생각하는 것이 극복되었고 제거되었으며 선택 사상의 그리스도교적 이해를 얻게 되었다. 즉 특히 첫 번째 명제가 아주 엄격히 사고되고 아주 엄격히 관철된다면. 그러나 코케이유스와 그의 제자들에의 결함은, 그들이 선택 결정과 구원 결정의 동일성을 주장하였으되, 가능한 일임에도 불구하고 선택론을 위해서 유효하게 만들지 못했다는 것이다. 거기서 발견된 것은 이 학파의 예정론 위에 비추는 빛과 같으되, 그들의 예정론은 이 발견에 의해 지원받지 않음으로써 그 윤곽들이 효과적으로, 가시적으로 다른 개혁파 정통주의의 예정론의 그것과 구별되지를 못한다. 그래서 코케이유스는 신학사에서 시간 속에서 실현된 하나님의 계약의 은혜에 대한 소위 말하는 구원사적 해명을 발견한 자로는 유명하고 영향력이 있으나 개혁파 예정론의 중대한 교정책을 발견한 자로는 유명하지 않게 되었다. 그러므로 한편으로는 슈렝크(G. Schrenk, *Gottesreich und Bund im älteren Protestantismus* 1923)와 같은 코케이유스 전문가도 예정론에 대한 코케이유스의 사상의 폭을 거의 주목하지 못한 듯하며(예를 들어서 114쪽), 다른 한편으로는 슈바이처(Alex. Schweizer)와 같은 예정론 역사 전문가도 코케이유스와 그의 제자들을 완전히 간과할 수 있었던 것이 가능했고 또한 이해할 만하다. 그들의 제안은 실제로 17세기 개혁파 신학의 면모를 이 관점에서 바꾸지 못했다. 우리는 다만 이것이 언제나 가능했다는 것을 확인할 수 있을 뿐이다.

예수 그리스도의 선택은 하나님의 영원한 선택과 결정이다. 우리의 첫 번째 명제는 예수 그리스도는 선택하는 하나님이라는 것이다. 우리는 그 외에 다른 자에 대해 물어서는 안 된다. 우리는 신성의 깊음 속에서 그 외에 다른 자를 만나지 못할 것이다. 신성 자체는 없다. 그것은 아버지, 아들, 성령의 신성이다. 그러나 아버지는 예수 그리스도의 아버지이고, 성령은 이 아버지의 영이고 예수 그리스도의 영이다. "절대적 결정"은 없다. 예수 그리스도의 뜻과 다른 하나님의 뜻은 없다. 그러므로 예수 그리스도는 우리의 "예정의 현시, 거울"인 것만이 아니다. 그는 우리 자신의 선택이—그의 선택과 함께, 그리고 그의 선택이 하나님의 다른 감추어진 뜻을 통해 성취된 것 같이(그러나 아마도 성취되지 않았다!)—그 자신의 선택을 통해 우리에게 다만 알려지고 구현되었다는 점에서 그런 것이 아니다. 오히려 그는 우리에게 우리의 선택을 그를 통해, 하나님의 뜻으로서 그의 뜻을 통해 성취된 것으로 계시한다. 그는 우리에게, 바로 그가 우리를 선택함을 말한다. 우리는 우리의 역사적 실존의 전면에서 확신을 가지고 그에게 의지해도 좋고 의지해야 한다. 왜냐하면 모든 역사의 영원한 배후에도, 태초에도 하나님에게는 그를 통해 이루어진 결정 외에는 다른 결정이 내려지지 않았고, 다른 말이 말해지지 않았고, 다른 결정이 유효하지 않기 때문이다. 우리는 그를 믿고 그의 말을 듣고 그의 결정에 의지하면서, 누구도 의문을 제기할 수 없는 확신을 가지고 우리 자신이 하나님에 의해 선택되었다고 알면 된다.

예수 그리스도는 선택받은 인간이다. 이 두 번째 명제에서 우리는 전통적인 예정론을 다시 만난다. 그러나 그것의 그리스도론 명제는, 예수 그리스도가 그의 인간성으로는 선택받은 자라는 것, 그의 신성에 의해서 모든 다른 자들의 주, 머리로 정해졌고 세움을 받았고, 모든 신적 선택의 기관, 도구, 모든 다른 선택받은 자들을 위한 선택의 거울이 된다는 것이다.

우리의 첫 번째 명제 없이는 두 번째 명제도 확고하게 주장될 수 없다: 예수 그리스도는 어디에서 다른 모든 선택받은 자들의 주, 머리가 될 권위, 전권을 얻게 되는가? 그가 다만 선택의 대상이고 스스로 그 주체가 아니라면, 그가 다만 선택받은 피조물이고 우선적으로, 무엇보다 선택하는 자가 아니라면, 이 다른 자들이 "그 안에서" 선택받은 것이 어떻게 가능하며, 어떻게 이 다른 자들이 그들 자신의 선택을 처음 선택받은 자로서 그 안에서 직관할 수 있고 그의 선택에서 그들 자신의 선택을 확신할 수 있는가? 사람들은 단순한 피조물에 대해서 분명히 진지하고 엄격한 의미에서, 다른 피조물들이 "그 안에서" 선택받았다고, 그가 그들의 주요 머리라고, 그들이 그의 선택을 그들 자신의 선택으로 확신할 수 있고 확신해야 한다고 말할 수는 없다. 단순한 피조물이 어떻게 이런 방식으로 다른 자들 위에서, 다른 자들을 위해서 하나님 앞에 설 수 있으랴? 성서가 인간 예수 그리스도에 관해 증언하듯이, 이 인간이 다른 자들 위에서, 다른 자들을 위해서 하나님 앞에 서는 것이 참이라면, 이 인간은 피조물일 뿐 아니라 동시에 창조물이며, 피조물로서 그가 선택받음에 창조자로서의 그 자신의 선택이 선행되어 있어야 한다. 그렇다면 그는 동시에 선택받은 인간이요 선택하는 하나님이어야 한다. 따라서 이 두 번째 명제는 저 첫 번째 명제에 근거하며, 이미 이 두 번째 명제 때문에 첫 번째 명제는 결코 부정되거나 침묵되어서는 안 된다.

바로 이런 그의 문맥 때문에 이 두 번째 명제는 그러나 또한 보다 정확하게 표현되어야 한다. 이 명제는 하나님의 영원한 결정 자체는 모든 세계 현실 앞에서, 우리 시간 안의 모든 존재, 사건 앞에서, 이 우리의 시간 앞에, 하나님의 시간 이전의 영원 속에서 이 한 피조물 존재를, 인간 나사렛 예수를, 그의 삶과 죽음, 그의 낮아짐과 높아짐, 그의 복종과 공로에서의 그의 역사를 그 대상, 그 내용으로 가지며, 이 결정은 이 피조물의 존재 속에서, 존재와 더불어서 하나님과 인간 사이의 계약의 성취를, 모든 인간의 구원을 그 대상, 내용으로 가진다는 것을 말한다. 이 기능 속에 있는 이 인간이 하나님의 영원한 선택과 예정의 대상이다. 그러므로 예수 그리스도는 하나님의 한 선택받은 자인 것이 아니라 오로지 선택받은 자이다. 그는 선택받은 자로서 처음부터(영원 전부터!) 다른 선택받은 자들과 나란히 있는 것이 아니라, 근원적으로 본래 선택받은 자로서 그들 위에, 앞에 있다. 처음부터(영원 전부터!) 다른 선택받은 자들은 그 곁에, 그 밖에 있는 것이 아니라, 오히려 에베소서 1:4에 의하면, 오직 그 "안에서" 있다. "그 안에서"란 그와 함께, 그와의 친교 속에서, 그와 더불어를 의미하는 것만이 아니다. "그 안에서"란 또한 그를 통해서, 그가 선택받은 자로서 그들을 위해서 존재할 수 있고 행할 수 있는 것을 통하여를 의미하는 것만이 아니다. "그 안에서"란 그의 인격 안에서, 그의 의지 안에서, 그 자신의 신적 선택 안에서, 하나님이 모든 인간에 대해서 실행하고자 하는 근본 결정 안에서를 의미한다. 이 때문에 그는 모든 다른 선택받은 자들의 반열에서 벗어나며, 바로 이 때문에―비로소 이 때문에!―그는 또한 다시금 그들과 결합된다: 그는 선택받은 인간으로서 그 자신의 인간성 안에서 그들 모두를 선택하는 하나님 자신이다. 그가(하나님으로서) 자기 자신을(인간으로서) 원함으로써 그는 또한 그들을 원한다. 따라서 그들은 "그 안에서" 선택받았다: 그의 선택받음 안에서, 선택받음과 함께. 그러므로 그의 선택받음은 그들의 선택받음과 구별된다: 단순히 모범으로서, 원형으로서, 단순히 그들의 선택의 계시, 거울로서만이 아니다. 이 모든 것을 예수 그리스도의 선택받음에 대해 물론 말해야 한다: 그러나 이를 넘어서 또한 이것을 말해야 한다. 즉 근원적인, 포괄적인 선택받음이란, 스스로가 선택하는 자가 되는 그분이 매우 특이하게도 선택받음이다. 이 선택받음은 우주적으로 의미심장하고도 효과적인 선택받음이다. 다른 선택받은 자에 대해서는, 그의 선택받음 안에서, 그것과 더불어 다른 자들도 선택받았다고 말할 수 없다. 그러나 예수 그리스도에 대해서는 다른 모든 선택받은 자들을 고려해서 이것을 말할 수 있다. 따라서 그는 선택받은 자로서 모든 다른 선택받은 자들의 주요 머리이고, 그들의 선택의 계시요 거울이고, 모든 신적 선택의 기관이요 도구이다. 따라서 그의 선택받음은 이제 물론 또한 모든 선택받음에 대해서 또한 모범적이다. 따라서 우리는 그를 이제 사실 선택하는 자뿐만이 아니라 또한 선택받은 인간으로서 인식해야 한다.

요한복음 1:1-2의 기본 구절이 인간 예수에 대해서 말할 때 이 구절은 이미 자명하게 또한 예수 그리스도가 선택받은 자라는 이 두 번째 명제를 내포한다. 그의 파송받음, 아버지의 뜻과 역사(役事)를 그가 행함, 아버지가 그 자신과 그에게 속한 인간들을 주관함에 대해 언급하는 요한복음의 전제 구절은 사실의 이 측면을 지시한다. 그러나 지금까지 인용한 신약성서의 말들 중에서 어느 말이 예수 그리스도를 이 인간, 그러므로 하나님과 구별되는 피조물로서, 저 태초의 하나님의 결정으로서 표시할 때에 또한 예수 그리스도의 선택의 이 두 번째, 수동적인 의미를 가시화하지 않겠는가? 우리는 "당신은 나를 창세 전부터 사랑하셨다."(요 17:24)는 말을 들을 때 이 선택의 두 번째 의미가 또한 특별히 드러나며, 또한 누가복음 9:35와 23:35에서는 아주 분명히 드러난다. 이 누가복음 구절에서 공통적인 것은, "그리스도가 그의 고난과의 연관 속에서, 우선은 고난의 길 직전에 변모할 때에 "내가 선택한 아들", 그러고 나서 그의 십자가에 달린 모습에서 "선택받은 하나님의 그리스도"로 표현된다는 것이다."(G. Schrenk, *Theol. W.B. zum N.T.* IV 194, 11f.) 그러나 또한 요한복음 17:24도 의심의 여지없이 특별히 고난의 역사를 염두에 두고 있다. 우리는 사도행전 2:23, 4:27 이하, 베드로전서 1:20, 히브리서 9:14, 요한계시록 13:8을 그 옆에 둘 때는 이 지시를 충분히 주목할 수 없을 것이다. 또한 야웨가 붙드는 저 종, 그의 영혼이 기뻐하여 그의 영을 그 위에 둔 선택받은 자, 그래서 그가 뭇 백성들 가운데 진리를 전달하도록 한 자(사 42:1), 또한 뭇 백성들의 빛으로 만들어진 "인류를 위한 계약의 중보자"(사 42:6, 49:8)에 대하여 제2 이사야서의 절정에서 이렇게 말한다: "그는 폭력을 휘두르지 않았고, 거짓말도 하지 않았지만, 사람들은 그에게 불경건한 사람들 곁에 무덤을, 악인들 곁에 그의 묻힐 자리를 주었다. 그러나 주께서는 그를 병들게 하기를 기뻐하셨다. 그가 그의 생명을 속죄 제물로 여기면, 그가 자손을 볼 것이며 오래오래 살 것이다. 주께서 세우신 뜻을 그가 이루어 드릴 것이다."(사 53:9-10) 확실히 여기에 속하는 구절 히브리서 2:11 이하도 이 절정을—고난을 위한 선택—특별히 고려하면서 이해되어야 한다: "거룩하게 하시는 분과 거룩하게 되는 사람들은 모두 한 근원에서 났습니다. 그러므로 예수께서는 그들을 형제 자매라고 부르시기를 부끄러워하지 않으셨습니다. 그러므로 그는 '내가 주의 이름을 내 형제자매들에게 선포하며, 회중 가운데서 주님을 찬미하겠습니다.' 하고 말씀하시고, 또 '나는 그를 신뢰하겠습니다.' 하고 말씀하시고, '보십시오, 내가 여기에 있습니다. 또 하나님께서 내게 주신 자녀들이 여기에 있습니다.' 하고 말씀하셨습니다. 이 자녀들은 피와 살을 가진 사람들이기에 그도 역시 피와 살을 가졌습니다. 그것은 그가 죽음을 겪으시고서 죽음의 세력을 쥐고 있는 자, 곧 악마를 멸하시고 …." "보라, 이 사람이다."(요 19:5)

전통적 예정론의 위대한 대변자들은 예수 그리스도의 수동적 선택에 관하여 다음과 같은 인식을 발전시켰는데, 우리도 또한 이것에서 시작해야 한다. 왜냐하면 그것은 정확하게 받아들인다면 여기서 계속해서 보고 말해야 할 모든 것을 내포하기 때문이다: 우리는 인간 예수의 예정에서 예정이 언제 어디서나 뜻하는 바가 무엇인가를 인식한다: 즉 오직 하나님의 자유로운 은혜를 통하여 인간을 받아들이고 영접함. 그를 하나님의 아들로 선택함에 선행하는 공로도 없고, 이전에, 그 자체로 이미 존립하는 선함도 없고, 그의 선택을 초래하고 선택의 조건이 된 인간 예수의 기도나 믿음의 생활은 없다. 하나님의 말씀의 역사를 통하여, 성령을 통하여 그는 죄 없이 수태되었고 출생했고, 하나님의 아들이 되었다: 오직 하나님의 은혜로써. 그가 그리스도가 된 것처럼 우리는 그리스도인이 된다. 그가 우리의 머리가 된 것처럼 우리는 그의 몸과, 그의 지체가 된다. 그가 우리의 믿음의 대상이 된 것처럼 우리는 그를 믿는 자들이 된다. 인간적 본성이 높여져서 하나님과 친교를 이루게 되는 것, 인간적 본성이 하나님의 자유로운 은혜를 통하여 이 높여짐에 참여하는 것을 우리는 이 선택받은 인간 예수에게서 직관해야 한다. 더구나 그를 통하여 우리에게 이 높여짐이 계시되고 선포된다. 왜냐하면 하나님이 이 인간에 대해 결정한 것과 더불어, 하나님은 또한 바로 이 인간이 우리 자신의 높여짐의 원인, 도구가 되어야 한다는 것을 결정했다.

이런 맥락에서 아우구스틴(*De praed. sanct.* 15)은 예정의 그리스도론 이해를 위하여 그의 두 번째 중요한 기여를 하였다. 그것은 "예정과 은혜의 아주 밝은 빛, 곧 구원자, 하나님과 인간의 중보자 인간 그리스도"이다. 이 인간은 인간으로서 어떤 자신의 행위, 신앙에 선행하는 행위로써 하나님의 아들, 그럼으로써 우리의 중보자, 구원자가 되었던가? "이렇게 대답하기를 바란다: 저 인간이 아버지와 같이 영원한 말씀에 의해서 하나님 아들로서의 인격의 통일 속으로 받아들여졌으니—그가 무엇을 통해 이것을 획득했던가? 어떤 선이—그것이 무엇이든—그에게서부터 먼저 나왔던가? 그가 이 모방할 수 없는 탁월함에 이르기 위해서 무엇을 먼저 행했고, 믿었고 구했던가? 그 인간이 존재하기 시작하는 순간부터, 하나님의 유일한 아들이 되기 시작한 것은, 그가 말씀을 행하고 말씀을 취함을 통해서가 아니었던가?" 바로 여기에서 우리는 진지하게 자신에게 물어야 한다: 오 인간아, 너는 누구이기에 하나님과 다투려는가?(롬 9: 20) 그리고 여기에 대한 답변을 들어야 한다: 저 예수가 인간인 것처럼 너도 인간이다. "그러나 저 인간은 은혜로써 그러한 품성과 위대함을 가진다. 그러므로 우리의 머리에서 은혜의 근원 자체가 우리에게 나타나야 하고 거기서부터 은혜가 그에게 속한 모든 사람의 분수에 따라서 모두에게 부어진다. 그리스도인이 되는 모든 인간은 그가 믿기 시작한 때로부터(은혜를 통해서 저 인간이 처음부터 그리스도가 되었으니) 이 은혜를 통하여, 그의 지체가 된다. 저 인간이 태어난 같은 영에 의해 이 인간이 다시 태어났다. 영을 통해 저 인간이 죄가 없게 되었으니, 같은 영을 통해서 우리 가운데서 죄의 용서가 일어난다. … 그러므로 성도의 예정은 성도들 중 가장 거룩한 자에게서 가장 밝게 드러나는 것이다. 진리의 말씀을 옳게 이해하는 자가 이 예정을 부인할 수 있으랴? 하나님의 아들이 인간이 된 한에서, 영광의 주 자신이 예정되었다는 것을 우리는 배웠다." 아우구스틴이 여기서 로마서 1:4를 언급한 것은 불행하다. 그 이유는 여기서 전제되는바 ὁρισθέντος υἱοῦ θεοῦ의 불가타 번역 "하나님의 아들로 예정된 자"는 별로 정확하지 않기 때문이다. 그러나 그가 다음과 같이 말하는 한, 여기서 해당되는 성서 구절에 비추어 그는 정당하다: "그러므로 육신적으로는 다윗의 아들이 되는 예수가 그럼에도 불구하고 능력으로 성화의 영에 의해서 하나님의 아들이 되도록 예정되었다. … 인간 본성을 이렇게 위대하고 탁월하게 극도로 높인 것은, 그것이 더 이상 높여질 곳이 없기 위하여, 또한 신성 자체가 십자가에서 죽을 정도로 육신의 약함을 지닌 인간 본성을 취함보다 우리를 위해서 더 이상 낮아질 곳이 없게 하기 위하여 예정되었다." 어찌 예수를 고려할 때 우리에게 부여되는 은혜도 은혜로 그러므로 예정으로 이해되어야 하지 않겠는가? "저 분이 우리의 머리가 되도록 예정된 것처럼, 많은 우리는 그의 지체가 되도록 예정되었다. … 우리가 믿는 그리스도를 우리를 위해 만든 저 분은 우리를 그리스도를 믿도록 만들었다. 저 분은 인간에게서 예수에 대한 믿음의 시작하고 완성되도록 했으니, 그분은 인간을 믿음의 시작이요 완성자로 만들었다."(히 12:2) 아우구스틴은 『견인의 은총론』 24, 67에서(또한 *Tract. in Joann*. 105, 5-7과 *Sermo* 174, 2 참조) 이와 비슷하게 발언했다: "중보자 예수 자신보다 더 분명한 예정의 실례가 없다. … 예정을 올바로 인식하고자 하는 모든 믿는 자는 그에게 주목해야 하고 그 안에서 또한 자기 자신을 발견해야 한다. 나는 그 안에 참된 인간성, 즉 우리의—말씀인 하나님이 그들을 자신의 독생자 안에서 받아들임으로써—높여진 본성이 있음을 믿고 고백하는 믿는 자를 말한다. 그러므로 그는 저 분뿐 아니라 우리까지도 예정했으니, 그 이유는 그가 우리의 머리가 되도록 하기 위해서 그 안에서, 그리고 우리가 그의 몸이 되도록 하기 위해서 우리 안에서 우리의 선행해야 할 공적이 아니라, 그의 미래의 행위를 미리 보았기 때문이다."

아우구스틴은 펠라기우스와 펠라기우스파들에 적대하여 이 모든 말을 했다. 이와 결부해서 그는 우리를 위한 예수 그리스도의 예정의 의미를 근본적으로, 우리가 거기서 모든 인간적 공로의 주장에 대립해서 은혜의 자유를 분명히 해야 한다는 것을 보았다는 것이다. 만일 그 다음에 토마스 아퀴나스가 사상을 적극적 표현으로 바꿨다면, 이것은 아우구스틴이 암묵적으로 말했던 것을 왜곡한 것이 아니라 다만 명시화한 것뿐이다: "그리스도의 예정과 은혜를 통해서 우리의 예정이 현시되는 한, 그는 예정과 은혜의 빛이라 말해진다."(*S. Theol*. III *qu*. 24 *art*. 3 *s.c*.) 우리는 이 명제의 제한 자체에 대해 항의할 수는 있으나, 이 명제는 그 제한 속에서 정확하고 아우구스틴이 공격적으로 말했던 것을 보완하는 것으로 중요하다: 예수 그리스도의 선택은 실제로 우리 자신의 선택의 계시이다. 그의 선택 안에서 우리 자신의 선택이 인식될 수 있고 인식되어야 한다. "그리스도의 예정은, 한 인간이 무엇을 위해 예정되는가 하는 점에서 우리 예정의 모범이다. … 즉 그는 본성적으로 하나님의 아들이 되도록 예정되었다. 그러나 우리는, 참여를 통해서 본성적인 아들 됨과의 유사성을 부여받는 것인 양입을 통해 아들이 되도록 예정되었다."(*ib. qu. 24 art.* 3 *c*) 그리고 여기서 "현시"와 "모범"으로는 너무나 말을 하지 않은 것이 아닌가를 묻는다면, 우리는 *qu. 24 art.* 4에서, 하나님이 예수 그리스도를 통해서 우리 구원을 획득함으로써 그러므로 예수 그리스도의 화육신과 더불어서 우리의 구원을 영원 전부터 결정한 한에서 그리스도의 예정은 우리의 예정의 원인이라고 칭해져야 한다고 가르침을 받는다: "우리 구원의 원인이 되기 위하여." 확실히 이것으로는 충분하지 않다. 유감스럽게도 토마스도 형식상의 명료성에도 불구하고 "우리의 예정은 하나님의 단순한 의지에 달려 있다."(*qu.* 24, *vid.* 2)는 명제 위에 근거하고 그러므로 칼빈처럼 절대적 결정의 토대 위에 있다. 그는 심지어 이런 엄청난 명제를 감행한다: "만일 그리스도가 육신을 입지 않았다면, 하나님은 인간이 다른 원인을 통해 구원받도록 예정했을 것이다."(*ib. ad.* 3) 이에 반해 우리는 우리의 첫 번째 명제의 필연성을 고수한다: 예수 그리스도가 우리의 선택의 실제 근거, 어디로부터도 의문시될 수 없는 실제 근거가 될 때에만. 그는 두 번째 명제에 의하면 또한 우리의 선택의 인식 근거가 될 수 있고 그러므로 우리 자신의 선택에 대한 확신을 줄 수 있다. 그러나 또 다시 토마스는 이 한계 내에서 정확하게 보았고 말했다: 인간 예수의 선택으로 이해되는 예수 그리스도의 선택은 우리를 위해서는, 이 선택과 더불어(우리는 그 선택 안에서! 라고 말한다.) 우리 자신의 선택이 영원 전부터 현실이 되고 인식 가능한 진리가 된다는 적극적 의미를 가진다.

우리는 아우구스틴과 토마스와 같은 맥락에서 칼빈을 만날 수 있다. "예수 그리스도는 하나님이 그의 선함의 무한한 보고라고 선언한 거울이요 원형이다. 그는 교회의 주이기 때문이다. 우리가 하나님이 그의 열등한 지체들 안에서 어떻게 역사하는지 알고자 한다면 우리는 그로부터 시작해야 한다. — 여기에 참 하나님이요 참 인간인 예수 그리스도가 있다. 그러나 이 인간적 본성은 놀라운 권위로 높여졌다. 하나님이며 인간인 예수 그리스도는 어쨌든 하나님의 아들이기 때문이다. 나는 유일한 아들, 천성적 아들이라 말한다. 예수 그리스도 안에 있는 인간성은 무엇을 받을 자격이 있었는가? 그것은 아담의 족속에서 나오기 때문이다. 그는 다윗의 씨에서 출생해야만 했다. 그렇지 않다면 그는 우리의 구원자가 아닐 것이다. 그는 그의 어머니에 의해 신비스럽게 수태되었으되 어쨌든 다윗, 아브라함, 아담의 족속에서 나왔다. 그가 거룩하게 되고 우리와 같이 부패하지 않게 된 것은 하나님의 놀랍고도 탁월한 은혜로부터이다. 그러나 어쨌든 우리가 예수 그리스도의 인간성을 생각한다면 그것은 천사들도 지배하게 될, 모든 무릎이 그 앞에 굴복할 분이라고 말해질 만큼 영광스런 지위로 높여질 만한 자격이 없다: 우리가 우리 주 안에 있는 하나님의 그런 은혜를 생각할 때 우리 각자는 하나님은 그의 나라에서 추방되고 버림받았던 나를 선택했다는 것을 인식하기 위해서 우리 자신 속으로 들어갈 필요가 있다. 나는 내 자신 속에 그가 기뻐할 만한 아무것도 가지지 않았다. 그럼에도 불구하고 그는 나를 그에게 속한 사람으로 선택했다. 우리는 이런 은혜를 칭송하기 위해 그 은혜를 알아야 하지 않겠는가?"(프랑스어, *Congrég. sur l'électi. ét.* 1562 *C. R.* 8, 108f.; *De aet. Dei praed.* 1552 *ib.* 306f.; *Instit.* III 22, 1 참조)

이 인식은 정확하고 중요하다. 그러나 우리는 이 인식이 전통적 예정론의 위대한 대변자들에 의해서 제공된 형태로는 여기서 보고 생각해야 할 모든 것을 온전히 포괄한다고 말할 수 없다. 우리는 예수 그리스도를 예정의 대상으로서, 그러므로 선택받은 인간으로서, 진정으로 하나님의 모든 길과 역사의 시작으로 이해해야 한다. 이것이 여기서 보다 분명히 발설되어야 할 첫 번째 점이다. 두 번째 점은 인간 예수의 선택은 특별히 그를 고난으로 선택함이며 그러므로 이런 형태 속에서 하나님의 은혜의 선택의 기본 행위라는 것이다. 그리고 세 번째 점은, 예수 그리스도의 선택은 우리의 선택을 포괄하고 우리의 선택은 그의 선택 속에 근거하기 때문에 우리가 우리 자신의 선택을 인간 예수의 선택에서 직시해야 한다는 것과, 우리가 '그 안에'에 있고, 하나님의 선택의 객체일 뿐 아니라 우선적으로 주체가 되는 그를 통해서 선택된 한에서 '그와 함께 동시에' 선택되었다는 것이다. 우리는 전통에 의해 우리에게 제공된 인식이 이런 보다 넓은 맥락에서 열매를 맺을 수 있도록, 예수 그리스도의 수동적 선택의 현실에 대해서, 신적 예정의 대상으로서의 예수 그리스도에 대해서 숙고해 보아야 한다.

아우구스틴과 그의 제자들은 인간 예수가 그 자신을 선택하는 하나님에게 자신이 선택을 받을 만한, 자신의 선택을 필연적인 것으로 만들기 위해 아무것도 행할 것이 없다는 것을 올바르게 강조하였다. 그는 오직 하나님의 은혜로써 하나님의 아들이 되었다. 이것이 그렇다는 것은 이 인간이 하나님에 대해 가지는 절대적인 감사와 복종, 자기 자신을 하나님에게 내어 맡기는 그 자세에서 분명히 파악된다. 이처럼 피조물은 하나님 앞에서 산다: 피조물의 자유는 독자적으로 자신이 하나님 앞에 전적으로 빚진 자임을 인식하고 고백함에 있다. 이제 이 인간 예수는 하나님의 영원한 결정의 대상으로서 하나님의 모든 길과 역사의 시작, '창조의 첫 열매'이다. 처음으로 그 안에서, 하나님이 그와는 구별되는 타자를 그의 피조물로서 의지하고 세우는 일이 발생한다. 하나님이 외부를 향한 어떤 특별한 길과 역사를, 어떤 창조를 필요로 하지 않고 그의 삼위일체적 존재의 내면적 영광, 그의 자유, 그의 사랑으로 만족할 수 있는 한에서, 하나님의 뜻이 이같이 정해진 것, 예정의 이런 내용은 이미 은혜라는 것을 주목하라. 하나님이 이것에 만족하지 않는다는 것, 그의 내면적 영광이 흘러 넘쳐서 외면적이 된다는 것, 그가 창조를 원하고 그의 온 창조의 첫 열매로서 인간 예수를 원한다는 것, 이것은 은혜, 탁월한 선함, 불가해하게 온순한 낮춤이며, 첫 열매인 인간 예수에게서 이것이 은혜라는 사실이 처음으로 밝히 드러난다. 그러나 하나님의 뜻이 이처럼 정해짐은, 이 타자, 그의 피조물에 관한 그의 첫 번 생각과 결정이 그의 아들에게서 이 피조물의 존재를 자기 자신의 존재로 만들기를 선택하는 것이고, 인간의 아들 예수를 자기 자신의 아들이라 불리기로 하고 아들이 되도록 선택하는 것인 한에서, 탁월한 은혜이다. 이 타자에 대한 그의 주권을 가지고서, 이 타자의 피조적 독자성에도 불구하고 하나님은 태초에 자신의 아버지 됨을, 그리고 피조물의 자녀 됨을 의지하고 결정하고 세웠다. 이것은 선함과 낮아짐 이상이다. 이것은 자기 희생이다. 이렇게 하나님의 내면적 영광이 흘러 넘친다. 그의 영광은 영원 전부터 피조물에게 자신을 전달하기를, 피조물과의 내밀한 계약을, 그 자신을 위해서가 아니라 피조물을 위해서 피조물과의 연합을 생각하고 원한다. 하나님은 바로 은혜롭게 되는 데 그의 영광을 둔다. 인간 예수의 선택에서 하나님이 그렇게 은혜롭게 되는 것이 결정되었다. "하나님이 세상을 이처럼 사랑하므로 독생자를 주셨다."(요 3:16) — 우리는 이제 이미 첫 번째 중요한 선상에서 모든 선택받음은 인간 예수의 선택에 비추어 실제로 어느 한에서 다만 자유로운 은혜로 표시되어야 하는가를 이해한다. 인간 예수는 하나님의 선택받은 자이다. 하나님은 누구를 선택하든 '그 안에서' 선택한다. 그처럼이 아니라, 그의 인격 안에서, 그의 뜻을 통해서, 그의 선택을 통해서. 그러므로 하나님이 누구를 선택하든지 하나님으로부터 은총을 받은 자가 선택한다. 그의 선택받음은 다시금 은혜, 그를 선택하는 자의 은혜에의 참여, 그의 피조성에의 참여(그것은 이미 은혜이다.), 그의 자녀 됨에 참여 외에 다른 무엇일 수 있으랴? 그의 선택받음은 근본적으로 인간 예수로부터이고 그를 통해서 선택받음으로써 간접적으로 하나님의 낮아짐과 자가 헌신을 통해 의지되었고 세워진 태초와 동일하다. 그것은 '우리 주 예수 그리스도의 은혜'이다.

그러나 이제 선택받은 인간 예수는 고난받고 죽도록 정해졌다. 그러므로 신약성서에서는 우리가 본 대로 그의 구별과 파송이 또한 그의 선택으로 이해된다. '그 안에서' 피조물에게로 향하는 하나님의 자유로운 은혜는 처음부터(영원 전부터!) 이 형태를 가진다. 빌립보서 2:6-7에 따르면 그의 신적 존재 양태를 포기한 하나님의 아들이 결단한 것은 죽음, 십자가상의 죽음에 이르기까지 복종이다. 그리고 바로 이 결단이 만물의 시초에 하나님이 결정한 내용이다. 말씀이 육신이 되었다.(요 1:14) 이런 양식의 성탄절 사신은 이미 성금요일 사신을 내포한다. "모든 육신은 풀과 같기" 때문이다. 인간 예수가 선택받음은 그러므로 진노가 불붙었고, 판결이 언도되고, 형벌이 집행되고, 기각이 이루어짐을 의미한다. 영원 전부터 이렇게 결정되었다. 영원 전부터 심판이 예견되었다: 하나님의 내면적 영광이 흘러 넘침으로써, 하나님이 그의 피조물을 저 불가해한 낮아짐에서 받아들임으로써, 그가 완전한 자기 헌신으로 스스로 피조물이 되려 함으로써. 인간 예수의 선택은 실로 목적론적으로 하나님의 적극적 의지에 따라서 선한 창조물, 곧 그의 형상대로 창조되고 그의 형상으로(그의 거울로!) 지정된 인간의 선택을 내포한다. 바로 이와 함께 인간 예수의 선택은 그러나 또한 필연적으로 사탄, 하나님에 의해 선택되지 않은(그리고 다만 이 부정에 의해서만 존재하는!) 가능성의 총화로서 하나님에 대항하는 천사, 그의 창조와 그의 규정을 오해하고 오용하는 피조물, 하나님과 같이 되고자 하고, 하나님이 되기를 열망하는 피조물을 버림이다. 사탄(그리고 사탄에게 근거를 둔 악, 곧 악마적인 것의 나라 전체)은 인간 예수의(그리고 그 안에서 선한 창조의, 그 안에서 하나님의 형상대로, 형상으로 창조된 인간의) 선택의 빛, 옆에 하나님의 결정 속에서 버림의 대상으로서 필연적으로 존재하는 그림자이다. 인간의 타락은 사탄의(오직 신적 부정의 능력 안에서, 그러나 실제로 하나님의 결정과 뜻에 근거하는) 존재, 능력과 활동에 대해서 증언한다. 인간 타락에서 인간은 사탄의 욕망을 자기 것으로 만든다. 인간 자신, 그 자체는 사탄과 대립하고 그의 나라에 직면하여 그의 피조적 자유 안에서, 하나님이 그의 신적 자유로써 기각한 것을 기각할 능력이 없다. 곧 인간은 유혹에 직면해서 자신이 하나님의 형상으로 창조되고 규정된 것의 선함을 주장할 수 없다. 선택받은 인간 예수는 이것을 행한다.(마 4:1-11) 그러나 인간 자신은 언제나 창세기 3장에서처럼 아담이 행한 것을 행할 것이다. 그러므로 인간 자신은 하나님의 결정과 뜻에 따라서 시험과 유혹을 받고 언제나 버림을 받는다. 하나님은 그의 피조성을 멸시하고 모욕하는 피조물에게 오직 진노로써 답할 따름이니, 인간은 진노 아래 있다. 인간은 신적 부정의 능력에 내던져져서 죽음을 당해야 한다. 그러나 하나님은 바로 이 인간 자신을 인간 예수의 선택에서, 그의 선택과 더불어서 영원 전부터 사랑했고, 그 자신과의 계약을 위해 선택했다! 시험하는 자, 유혹하는 자의 속삭임에 대해 무력한 그, 실제로 시험당하고 유혹당한 자로서 하나님의 원수가 되었고 그러므로 버림을 받은 그, 죽음을 당해야 마땅한 그를! 하나님은 한 인간 예수 안에서 하나님 자신처럼 사탄을 버릴 능력이 있는 자를 모든 다른 사람들 자리에, 정점에 세운다. 그러므로 그는 인간 창조와 규정의 신적 선함을 포기하지 않고, 오히려 옹호하며 마태복음 4장에서처럼 또한 하나님이 '그 안에서' 선택하는 모든 인간들을 위하여, 이것을 스스로 행하지 않으며 행할 수 없는 인간 자체를 위하여 실제로 행한다. 그러나 하나님은 그들을 사랑하기 때문에, 그들 모두가 당한 버림, 그들 위에 떨어진 하나님의 진노, 그들 모두가 죽어야 하는 죽음을, 영원 전부터 그가 담당하도록 하였다. 하나님은 그 안에서 그들을 사랑하고 선택하며, 그를 그들의 정점에, 그들 자리에 세운다. 하나님은 영원 전부터 한 복종하는 자로 하여금 불순종하는 모든 사람이 받아 마땅한 벌을, 하나님의 의를 위해서 당해야만 하였던 벌을 받도록 정했다. 그렇다. 그에게 요구된, 그리고 실천된 복종은, 다른 사람들에 대한 하나님의 버림을 기꺼이 스스로 담당하고, 다른 사람이 당해야 마땅한 벌을 기꺼이 받고자 하는 의지이다. 자기 자신을 위해서가 아니라 그들을 위해서, 인간 자신을 위해서 그는 선택받았고, 자신을 위해서가 아니라 인간 자신을 위해서 하나님이 인간을 창조하고 지정한 것의 선함을 옹호한다. 이 인간, 선택한 인간이 그 안에서 선택받은 모든 인간들을 위하여, 하나님으로부터 사랑받는 아담의 자손들과 동료를 위하여 행하기로 예정되어 있는 일, 곧 사탄을 막아내고 승리하는 일은, 그가 하나님의 의를 그들 대신 자기 자신에 적대하여 관철되도록 하는 데서 성립해야 한다. 그렇기 때문에 그는 창세로부터 '도살당하는 어린양'이다. 그러므로 십자가에 달린 예수는 보이지 않는 '하나님의 형상'이다.—이 인간 예수의 선택에 근거해서 다른 인간들의 선택이 있다면, 우리는 두 번째로 이것을 오직 자유로운 은혜로 이해해야 한다는 것, 그리고 왜 그렇게 이해해야 하는가를 보게 된다. '그 안에서', 즉 그를 통하여 선택받은 자들, 그러므로 그의 은혜에 참여하는 자들은 자기 자신 안에서 다만 멸망한 죄인을 발견하는 자들, 자기 자신을 다만 "악마에 의해 억눌린 자들"(행 10:38)로 인식할 수밖에 없는 자들이다. 그들은 그가 없으며 그의 밖에서는, 즉 그가 그들의 정점에, 그들 대신에 서지 않는다면, 그들이 그 안에서 선택받지 않았다면, 버림받은 자로 머물 수밖에 없고, 그들 자신의 범죄를 고백해야만 한다. 예수 그리스도에 대한 하나님의 영원한 사랑은 이 범죄자들을 의도하고 원한다. 그런 자가 되기를 원하지 않는 자는 이 사랑을 알지 못할 것이다. 버림받은 자들의 정점에서, 그들 대신에 선택받은 인간은 그 편에서 오직 버림받은 자들만을 선택할 것이다! 복음은 이와 관련해서, 인간의 아들이 멸망당하는 것을 찾고 구원하기 위해서 왔다고(눅 19:10), 건강한 자가 아니라 병든 자들이 그를 필요로 한다고(막 2:17), 하늘에서는 회개할 필요가 없는 아흔아홉 명의 의인보다는 회개하는 한 죄인에 대하여 더 큰 기쁨이 있다고(눅 15:7) 분명히 말한다. 누가 선택받은 인간인가? 어느 경우에든 죽었으나 살아난 자, 잃어버렸으나 다시 찾은 자이다.(눅 15:32) 그러나 선택받은 인간 예수가 고난받고 죽어야 한다는 것은 바로 하나님이—그 스스로가 이 인간이 됨으로써—자신이 그의 원수가 된 인간을 위해 책임을 지고 그 인간의 행동 전체 결과, 즉 그의 버림받음과 죽음을 자신의 것으로 만드는 것을 의미할 따름이다. 이것이 하나님의 자기 헌신에서 이루어진 일이다. 그의 은혜는 이렇게 극단적이다. 하나님은 의가 관철되도록 해야 하고 그렇기를 원한다: 즉 그의 창조의 영광, 그를 위해 창조되고 예정된 인간의 영예, 따라서 자기 자신의 영예가 그에 의해서 부정된, 그의 부정의 능력을 통해서만 존재하는 사탄의 그림자 세계의 침해에 대항하여 수호되기를 원한다. 하나님은 인간 타락 때에 일어나는 일, 즉 그의 적극적 의지의 영역 속으로 이 그림자 세계가 침입하는 것을 방관할 수 없고 방관하기를 원치 않는다. 거꾸로 그는 사탄 및 그로부터 나오고 유래하는 모든 일을 버림받는 것으로써 종결지어야 한다. 이처럼 하나님은 인간 자신을 버려야 하고 버리기를 원한다. 그리고 그는 그렇게 한다. 그러나 그는 선택받은 인간 예수의 인격 안에서 이 일을 한다. 하나님은 그 안에서 인간 자신을 사랑한다. 그러므로 그는 모든 다른 인간들의 정점으로, 그들 대신에 그를 선택한다. 이제 하나님의 진노, 심판, 형벌이 그를 향한다. 그러므로 그 자신의 아들인 그 자신을! 하나님이 '그 안에서' 사랑하고 선택하는 자들이 아니라 그를, 불순종하는 자들이 아니라 그를! 어째서 그들은 아닌가? 의로운 하나님이, 영원한 심판자가 불가해하게 자기 자신을 심판받는 자로 만들고 불순종하는 자들을 위하여 개입함은 어째서인가? 그것은 그의 의가 자비로운, 완전한 의이기 때문이다. 이 불순종하는 자들의 죄가 그를 모욕하기만 하는 것이 아니라 그들의 곤궁으로서 동정을 유발하기 때문이다. 그가 그 인간들이 굴복하고 속박당해 있는 사탄의 존재의 이유, 사탄의 권세, 작용을 그 자신의 결정과 의지의 소극적인 권세 안에서 잘 알기 때문이다. 그는 사탄에 대한 그들의 무능력에서 그들의 책임을, 그러나 이 책임 안에서 또한 그들의 무능력을 보기 때문이다. 그는 사탄을 물리칠 능력을 가지지 못한 자들, 사탄에게 귀를 기울이고 복종한 자들은 사탄과 함께 또한 마땅히 버림받아야 할 것이지만, 그것을 감당하고 감수할 능력은 더욱 없다는 것을 잘 알기 때문이다. 그는 영원 전부터 "우리가 어떻게 지어진 자인가"를 알기 때문이다.(시 103:14) 그렇기 때문에 그는 스스로 그의 아들 안에서 우리를 위해 개입한다. 그렇기 때문에 그는 우리를 위하여 이것 이상을 행한다. 그는 우리에 대해서 이것을 행할 의무가 없다. 그가 우리를 사탄에 넘긴 것이 아니라 우리 자신이 우리 자신의 당연한 무능력 안에서 사탄에게 넘겼으며, 이로써 하나님의 진노와 버림에 넘겨졌기 때문이다. 그러나 그는 우리를 그의 아들 안에서 영원 전부터 사랑했고 선택했기 때문에, 우리가 그의 아들 안에서 영원 전부터 그가 자비를 베푸는 이런 죄인으로서 그의 눈앞에 있기 때문에 그는 이렇게 행한다.―하나님이 인간 예수 안에서 선택하는 모든 인간을 위한 자유로운 은혜의 본질은, 그가 이 예수 안에서 심판자 하나님이 그 스스로 심판받는 자의 자리를 취하기 때문에 그의 죄책, 형벌로부터 완전히 사면 선언을 받는 것에 있다. 하나님의 진노, 사탄 및 그의 온 나라를 물리침은 더 이상 그에게 해당되지 않는다. 거꾸로 하나님의 진노와 사탄을 물리침, 하나님 자신이 그를 위해 신적 의를 자유로이 관철시킴은 그로 하여금 자유롭게 만들었다. 그가 그 안에서 선택받았으니, '그 안에서', 즉 하나님의 아들이 그를 위해 죽는 죽음 안에서 그 스스로 죄인으로서 죽었고, 피조물적 독자성에 참여하기 위해서, 더 나가서 창조물이 은혜로서 하나님의 자녀 권세에 참여하기 위해서 철저히 성화되었고, 구별되었고, 깨끗하게 되었다. 이것을 위해서 인간 예수의 선택 안에서 영원 전부터 그도 선택받았다.

    이제는 선택받은 인간 예수에 대해서(그는 은혜를 통해서 그가 되었으며 그의 은혜는 많은 사람들의 자유케 함이 되는 데 있다는 것 외에) 오직 이것만을 말해야 한다: 그가 하나님의 뜻을 행할 태세 안에서 하나님에게 늘 충실한 것 같이 하나님은 그에게 그의 자비 안에서 늘 충실하다. 양편 모두가 항구적 자세이다: 하나님 편에서는 그가 그의 선택받은 자를 굴복시킨 심판 안에서 은혜를, 그를 삼키는 진노의 불길 안에서 사랑을, 그에게 해당하는 버림 가운데서 선택을 고집한다. 인간 편에서는 하나님에 대한 복종을, 오직 하나님을 향해 호소를, 그의 뜻의 의로움을 신뢰함을 고집한다. 이 하나님과 인간의 고집의 일치 속에서 우리는 인간 예수의 선택받음의 본래적 신비를 인식해야 할 것이다. 이 이중적 집요함 속에 하나님의 영화롭게 함뿐만 아니라 인간의 구원도 근거하는데, 이것들이 함께 하나님이 뜻하는 계약의 목표와 의미, 그러므로 이 인간의 선택의 목표, 의미를 이룬다. 이 이중적 집요함 안에서 사탄에게 정지와 반항과 종료가 명해진다: 사탄이 반항했던 하나님 편에서, 그리고 그가 정복했던 인간 편에서. 이중적 집요함 안에서 하나님에 의해 말씀이 말해지고, 인간에 의해 대답이 주어진다. 이것들은 함께 하나님의 모든 길과 행위에서 뜻한 결정을 표현하고 바로 그러므로 이미 태초의 그의 결정과 뜻의 내용을 이룬다. 신적 집요함의 말씀은 예수를 죽은 자들 가운데서 일깨우고 높이고 아버지 오른편에 앉힘이다. 이로써 하나님은 그의 선택받은 인간을 죽음을 당하나 죽음에 붙들릴 수 없는, 그의 죽음으로써 사망을 죽여야 하는 그 자신의 아들로 확증하기 때문이다. 이로써 하나님은 그의 선택받은 인간의 희생에서 일어난바 사탄의 유혹에 대립하는 그의 적극적 창조 의지를 정당화를 계시한다. 여기서 하나님의 내적 영광의 흘러 넘침이 사건이 되는 역사의 결정적 사건이 일어난다. 여기에서 하나님의 모든 길과 행위가 향해 가는 완성으로서의 하나님 나라의 건설이 성립한다. 그러나 인간적 집요함의 답변은 예수가 자신의 뜻과는 상반되게 하나님의 준엄한 뜻을 옳다고 시인하는 기도이니, 그는 기도에서 하나님 앞에서 자기에게 속한 사람들을 위해 변호하며, 자기에게 속한 사람들에게 기도하는 법을 가르치며, 그들의 입술에 올려놓는다. 이로써 그는 자기 자신을 그들을 위해서 버림받았고 또한 하나님으로부터 버림받은 자로서, 선택받은 자가 되는 하나님의 아들로서 입증하기 때문이다. 이로써 그는 사제요 제물이 되기를 기꺼이 받아들이고 그러므로 그 편에서 하나님의 거룩한 진노의 유익함을 시인한다. 여기서 그는 하나님에 의해서 결정되고 시작된 창조의 역사에서 그의 피조물로서의 직무를 성취한다. 여기서 그는 모든 선택받은 자들의 정점에서, 그들 대신에 하나님에 의해서 세워진 왕으로서, 선택받은 자들의 머리요 주로서 자신을 확증하고, 그의 인격 안에서 하나님 나라로서 자신을 확증한다. 예수의 부활에서 신적 집요함이, 예수의 기도에서 인간적 집요함이 그의 선택의 의미와 목표를 이룸으로써, 이 선택은 분명히 하나님의 창조뿐 아니라 또한 창조를 수반하고 위협하는 모든 문제점에 선행하는 하나님의 결정의 내용이 된다. 인간 예수의 부활과 기도는 곧 이 문제점의 극복과 해결, 사탄에 대한 하나님의 주권의 관철, 하나님의 적극적 창조 의지의 정당화와 승리를 뜻한다. 여기서부터 볼 때 우리는 그의 선택받음을 결코 충분히 포괄적으로 만물의 시작으로서 이해할 수 없을 것이다.—이 인간이 하나님의 선택받은 자라면, 그러므로 모든 선택받음의 근거인 자유로운 은혜가 이 인간 안에서 결정되고 일어난 신적, 인간적 집요의 현실, 인간 예수의 부활과 기도의 현실이라면— "그 안에서" 선택받은 자들에 관해서 이런 일이 따르게 된다: 즉 그들의 선택받음은 구체적으로 그에 대한 믿음에서 성립한다. 하나님의 모든 길과 행위가 되는, 따라서 이미 하나님의 예정의 대상과 내용이 되는 신적 집요함과 인간적 집요함은 선택받은 인간 예수의 신비이다. 그 안에서 일어났고 현실적으로 그들을 위해 일어났다는 사실에 "그 안에서" 선택받은 자들이 의지하고 거기에 신뢰를 두고, 그것으로 위로를 받고 기뻐한다. 이것은 언제나 새롭고 어느 경우에나 그들의 능력이요 지혜가 된다. 그들이 "그 안에서" 선택받음으로써 그들은 오로지 그를 믿도록 선택되었다: 즉 그를 그들을 위해 죽고 그러나 또한 부활한 하나님의 아들로서 사랑하고, 그를 하나님과 그들 사이의 화해의 사제요 제물로서 숭배하고, 그를 하나님의 칭의로서(이것은 그들 자신의 칭의도 된다.) 인정하고, 그를 그들의 정점에, 그들 대신에 선 자로서. 그들의 머리요 주로서, 모든 나라 위에 있는 나라, 하나님 나라로 존경하도록 선택되었다. 이것은 이 인간 예수에 대한 사랑, 이 숭배, 이 인정, 이 존경 속에서 자신의 삶을 살기 위함이다: 그들의 버림받음은 그의 버림받음에서, 그의 버림받음과 더불어, 그들 자신의 뒤로, 아래로 버려졌다. 예수를 믿음은 그의 부활, 그의 기도를 눈앞에, 마음속에 간직함을 뜻한다. 그리고 바로 이것은 선택받음을 뜻한다. 바로 이것을 행한 인간은 "그 안에서" 하나님의 은혜의 선택의 대상이다.

여기가 17세기 개혁파 정통주의 신학 내에서의 한 유명한 논쟁에 대하여 보고하고 입장을 취할 자리인 듯하다: 즉 소위 말하는 타락 전 예정설과 타락 후 예정설에 대한 논쟁. 이 논쟁은 당시 매우 일반적이었고 근본적인 논쟁으로는 이해되지 않았으며 그러므로(칼빈파와 아르미니우스파 사이의 대립처럼) 교파 분열을 가져오는 것으로 느껴지고 이해되지는 않았다. 오히려 사람들이 "어떤 상호간의 사랑과 형제애의 실실 없이"(A. Heidanus, *Corp. Theol. chr.* 1686 I, 217) 학파적 대립으로서 함께 이야기할 수 있는 그런 대립으로 이해되었다. 이 논쟁은 또한 도르트레히트 노회에서도(분명히 타락 후 예정설로 기울어지는 경향을 보이면서) 미결 상태로 남게 되었고, 후에 상이한 중재 시도를 거쳐서 점차로 진정되었다. 이 논쟁은 첫눈에는 예수 그리스도의 선택이라는 특수한 문제와는 무관한 듯 보인다. 그러나 이 자리에서 이 논쟁이 바로 우리의 문맥 속에서 확인되는 사실들을 통해서 밝히 드러나듯이 이 논쟁에 대한 기억은 우리의 길에 빛을 줄 수 있다. 이 논쟁을 여기서 서술하는 것이 의미가 있다.

17세기 타락 전 예정설과 타락 후 예정설 사이의 논쟁에서도 문제는 예정의 대상에 관한 것이다.(H. Heppe, *Dogm. d. ev. ref. Kirche*, 1935, 129f.; A. Schweizer, *Protest. Centraldogmen* 1856 II, 43f., 181f. 참조) 문제는 이렇다: 인간이 하나님에 의해서 영원 전부터 선택되었거나—그렇게 저 신학의 전제들에 대해 동일한 의미로 동일한 비중을 가지고 물어야 했다.—버림받았다고 말할 때 어떤 인간을 의미하는가? 하나님은 그의 영원한 선택시에 인간 자체, 아직 창조되지 않았으나 비로소 창조될 인간, 타락하지는 않았으나 그의 타락이 하나님이 허락하는 인간의 행위가 될 그런 인간만을 염두에 두었는가? 아니면 그 인간은 이미 창조된 인간이고 하나님이 허락하고 인간 자신이 성취한 타락의 상태 안에 처한 인간인가? 그 인간은 선택받은 혹은 버림받은 인간인가, "창조될 수 있고 타락할 수 있는 인간"인가, 혹은 "창조되고 타락한 인간"인가? 결국 대립은 이런 공식으로 옮겨졌다.

우리는 우선 타락 전 예정설의 입장을 현재화해 본다. 이 학설의 유명한 대변인은 베자(Beza), 부카누스(Bucanus), 고마루스(Gomarus), 마코비우스(Maccovius), 하이다누스(Heidanus), 부르만(Burmann)이었다. 이 입장은 17세기에서 18세기로 넘어가는 전환기에 수학자 나우데우스(Philipp Naudaeus)에 의해서 또 다시 강력하게 수용되었다. 우리가 칼빈을 타락 전 예정론자로 간주해야 할지는 결정하기 어렵다.(이에 관해서 Heinz Otten, a.a.O. 91f. 참조) 우리들은 실로 그의 주요 정의를 이런 방향에서 이해할 수 있다: "모든 사람이 같은 운명으로 창조된 것이 아니라, 어떤 사람에게는 영원한 생명이, 다른 사람에게는 영원한 저주가 예정되었다. 그러므로 각자가 두 가지 목적 중 어떤 목적으로 창조되었느냐에 따라서 그는 생명 혹은 죽음으로 예정되었다고 우리는 말한다."(Instit. III 21, 5) 『그리스도교 강요』 III 23, 7은 더 분명히 이런 방향을 지시하는 듯하다: "하나님은 인간을 창조하기 전에 인간이 어떤 종말을 맞이할 것인가를 예지했다는 것과, 그리고 그는 자신의 의지를 통해 그렇게 결정했기 때문에 그것을 예지했다는 것을 부정할 수 없다." 여기서 칼빈이 저 물음에 보듯이 이것 아니면 저것의 양자 택일을 염두에 두었는지는 결정할 수 없다. 이것은 츠빙글리에도 해당된다. 사람들은 츠빙글리를 특히 "섭리론"의 5장 서두 때문에 여기서 언급하곤 한다. 물론 개연적 결론은, 만일 그들에게 추후에 물어볼 수 있었다면, 츠빙글리와 칼빈이(그러나 또한 『노예 의지론』의 루터도!) 이편에 속해 있음을 발견했으리라는 것이다. 17세기의 의미에서 본래적 타락 전 예정설의 명제는 부카누스(W. Bucanus)에게서는 다음과 같다: "예정 결정은 무엇인가? 그것을 통해 하나님은—그가 인간을 창조하기 전에, 이미 인간을 무엇 때문에 창조하려 하는가를 확정지음으로써—그 자신의 권리와 순수한 의지를 통해, 그에 의해서 창조될 인간들 가운데 어떤 인간들을 그의 선함과 자비의 그릇과 대상이, 다른 인간들을 그의 진노, 그의 의로운 복수의 그릇, 대상이 되게 함으로써 그의 영광에 봉사하도록 결정하였다. … 그리고 이 결정은 인간들에 의존함이 없이, 그것을 관철하는 원인들 자체를 스스로 조달한다. 예정의 유일한 원인은 아주 자비롭고 아주 의로운 주는 이렇게 영화롭게 되기를 원한다는 데 있다." 타락 전 예정설 신학의 기본 사고는 이것이다: 하나님이 원초적인 근본 의도를 가졌고 가지고 있다는 데 있다: 이 의도는 우선 그의 모든 다른 개별적 의도와는 무관하게, 그러므로 또한 세상과 인간을 창조하려는 그의 의도와도 무관하고 인간의 타락을 허용하려는 다른 의도와는 무관하게 주시되고 평가되어야 한다. 하나님의 이 최초의 본래적 의도는 단순히, 어떤 인간들을 구원하고, 다른 인간들을 저주함으로써 자기 자신과 자신의 영광을, 특별히 그의 자비와 정의를 인간들 가운데, 인간들에게 드러내는 데 있다. 하나님의 이 본래적인 뜻과 결정을 실현하기 위해서 하나님이 평소에 뜻하는 바 모든 것이 유일하게 모든 것을 연결하는 수단으로서 이 신적 뜻과 결정에 종속되어 있다. 하나님이 이렇게 자신을 계시하기로 결정했기 때문에 또한 인간은 이 목적을 위해 봉사하도록 창조되어야 한다는 것이 함께 결정되었다. 그러므로 인간은 실로 자신의 책임 때문이지만 어쨌든 전적으로 확실하게 죄로 떨어지도록, 그리고 이로써 어떤 사람들의 구원을 통해서 하나님의 자비를, 다른 사람들의 저주를 통해서 하나님의 정의를 드러나게 만드는 수단이 되는 그런 처지에 빠지도록 창조되어야 한다. 하나님의 이런 결정을 수행할 목적을 위해서 아담, 그리고 아담 안에서 모든 인간들은 실제로 이 처지에 떨어져야 하고 그러므로 실제로 죄에 떨어져야 한다. 그리고 다시금 하나님의 이런 결정을 수행할 목적을 위해서 개별 인간들은—하나님이 모든 인간들의 타죄의 허용을 한 아담 안에서 결정하기 전에, 그가 무죄의 상태 안에 있는 아담의 원래적 존재를 결정하기 전에, 이미 그가 아담과 세상의 창조를, 그리고 이와 더불어 모든 이런 인간들의 창조를 결정하기도 전에 이미 그렇게 정해졌으니!—구원 아니면 저주를 받도록 의도되어야 했으며, 그러므로 하나님의 자기 계시의 한 가지 가능성 아니면 또 다른 가능성을 위해 의도되어야 했다. "의도에서 첫 번째 것은 실행에서 마지막 일이다: 거꾸로 실행에서 마지막 일은 의도에서 첫 번째 것이다." 선택받은 자들을 구원함에서 그의 자비를 계시함과 버림받은 자들을 저주함에서 그의 정의를 계시함은 그 실현에서 최종적인 일이다. 바로 그렇기 때문에 그 계시는 하나님의 결정과 의도에서 최초의 일이었음이 분명하다. 그러므로 타락 전 예정론자는 타죄는 불가피하고 하나님의 뜻 없이가 아니라 오히려 하나님의 뜻에 의하여 일어나야 했다고 말할 뿐만 아니라—타락 후 예정론자들도 이것은 말하였다.―타죄와 창조가 어째서 일어나야 했는가를 안다. 그는 하나님은 그의 자비와 정의를 알리기를 원했기 때문에 타죄와 창조가 하나님의 계획과 의도 안에 있으며 일어나야 했다는 것을 말한다. 그는 하나님의 이런 원초적 근본 의지 자체 안에서 저 계시를 위해 필수적인 이런 사람의 선택과 저런 인간의 버림, 이와 더불어 창조와 타죄가 결정되었다는 것을 안다. 즉 그는 하나님이 인간 자신을, 그러므로 모든 개별적 인간을 영원 전부터 그 자신의 영광의 계시를 위하여 이런, 혹은 저런 가능성으로 예정했으니 선택 혹은 버렸으며 인간 자신을―그러므로 모든 개별 인간을―하나님이 그를 이러한 혹은 저러한 예정 안에서(그것이 자비의 계시이든, 혹은 정의의 계시이든 간에) 그의 영광의 계시 수단이 되도록 창조했고 아담의 인격 안에서 죄 안에 떨어지게 했다는 것을 안다.

  타락 전 예정론의 견해에 의할지라도 악은 악이기를 중단하지 않고, 죄는 죄이기를 중단하지 않고, 인간의 책임은 그의 실제적 책임이기를 중단하지 않는다는 것을 주목하라. 타락 전 예정론자는 하나님이 왜 그것을 허용했고 그런 한에서 원했는가를 안다: 그의 견해에 의하면 악에 대한 하나님의 조치는 어느 의미에서 그의 원초적 계획 속에 교란물로 들어온 새로운 요소와 추후적으로 대결하는 것으로서가 아니라, 오히려 그의 원래적 질서의 한 요소로서 드러내야 하고 이해되어야 한다. 타락 전 예정론자는 하나님의 계획의 실현에서 내지는 하나님이 지배하는 창조 역사의 진행 속에서 모든 개별적인 것을, 이에 상응하여 하나님의 영원한 전체 의도 안에서 모든 개별적인 것을 그 자체로 그 개별적 맥락 속에서가 아니라, 오로지 모든 계획들 중의 저 한 신적 계획에서부터 이해되기를 바라고, 이 하나님의 원계획이 모든 개별적인 것 안에서 인식되고 존경받기를 원한다. 그러므로 타락 전 예정론자에 의하면 하나님이 인간을 죄에 떨어지게 만들 목적으로 창조했다고 말할 수 없다. 또한 하나님은 인간을 저주하거나 어떤 사람들을 자비로써 구원하기 위한 목적으로 죄에 빠지게 만들었다고 말할 수 없다. 오히려 이 모든 개별적 "수단들"은 함께 "유일"한 수단을 이룬다. 그것은 그 목적에 의해서 그런 것으로서 인식되어야 하고 그런 목적 속에서 또한 그의 영원한 근거와 의미가 인식되어야 한다: 하나님은 세상과 인간을 창조했고, 인간의 타락을 허용했고, 죄에는 전반적 저주가 뒤따르게 하고, 그 다음에 전반적 저주 가운데서 일부 사람을 자비로써 구원했으니, 이는 이 모든 일을 통하여 모든 일 속에서 자기 자신을 자비롭고 의로운 자로서 영화롭게 하기 위함이다. 저 개별적인 것 중 어느 것도 자기 목적이 아니며, 저 개별적인 것들 중의 마지막 지체로서 개별 인간의 영원한 구원이나 영원한 저주도 아니다. 오히려 사람들이 전도서 16:4를 이해하고 즐겨 인용한 대로 Omnia fecit propter se ipsum: 하나님은 영원 전부터 모든 일을 자기 자신을 위해서 행했고 의지했다. "하나님은 그가 자연적 필연성을 가지고 움직여지는 최고의 사랑할 만한 선이다. 그러므로 하나님은 바로 자기 자신과 자신의 영광을 향하여 움직여진다. 그는 자신의 자비와 의가 그것(즉 그의 영광)에 의해 비추어지기를 원하기 때문에, 그는 바로 죄인의 구원 내지 저주를 통하지 않고서는 이런 결과를 낼 수가 없었다."(Heidan, a.a.O. 221) 하나님의 결정 안에서 인간의 영원한 구원 혹은 타락은 오직 이 기능만을 가진다! 그의 영원한 구원 혹은 타락이 하나님의 결정 안에서 이 필수적 기능을 (그러나 다만 이 기능만을) 가지기 때문에 인간은 죄인이어야 하며, 죄인이기 때문에, 우선적으로 인간이어야 한다. 그러므로 예정의 대상은 하나님이 그의 영원한 선택 안에서 염두에 두고 있는 인간, 창조될 수 있고 타락할 수 있는 인간이다.

  타락 전 예정설의 기본 성격은 이와 같다. 우리는 이것을 잠정적으로 철저한 유신론적 일원론의 체계로 표현할 수 있다. 우리는 확실히 이 체계의 거대하고 대담한 논리성과 명료성 때문에 우리의 경탄을 금할 수 없다.

우리는 타락 전 예정설에 타락 후 예정설의 입장을 대립시킨다. 이 입장은 아르미니우스파나 루터파에 대한 어떤 양보도 거부한 엄격한 칼빈파 진영에서도 언제나 지배적인 견해였으며, 특히 도르트레히트 노회에서는 타락 전 예정설은 거부되지는 않았지만 타락 후 예정설에 비하여 다만 사적인 견해, 특수 이론으로 간주되었다. 또한 타락 후 예정론자도 하나님의 저 근원적인 계획을 알고 있다: 자기 자신을 계시하고 영화롭게 하려는 그의 영원한 결정을. 그에 의할지라도 창조도 악도 우연히 출현한 것이 아니라 하나님의 작용하는 의지를 통해 창조가, 하나님의 허락하는 의지를 통해 악이 나타난 것이다. 그러므로 그에게도 타락은 하나님에 의해 결정된 불가피한 사건이다. 그러나 그는 타락 전 예정론자처럼 저 근원적 계획의 내용을 안다고 생각하지 않으며, 창조와 타락에 관한 하나님의 결정의 왜?를 안다고는 생각하지 않는다. 오히려 그는 하나님의 이런 결정의 이유는 결국 알 수 없고 탐구할 수 없다고 고백한다. 어쨌든 그는 타락이 하나님의 자비와 정의를 계시하기 위해서 일어나야 했다고 말하지 않는다. 그는 인간과 세상의 창조를 이 이중적 계시의 의도로써 설명하지 않고 오히려 일반적으로 "창조자의 능력, 지혜, 선함의 전달, 전이"로 설명한다.(F. Turrettini, *Instit. Theol. el. 1679 L.IV qu. 9*, 22) 그리고 그는 예정 결정 자체를 이런 혹은 다른 근거에 의한(그리고 저 일정한 계획에 근거하지 않은) 창조와 타락의 결정에 종속되는 것으로 알려고 한다. 비로소 예정 결정 자체에서 그는 특별히 자신의 자비와 정의를 계시하려는 하나님의 의도를, 이로써 어떤 사람들을 사면하고 어떤 사람들을 저주하는 하나님의 의도를 발견한다. 확실히 하나님은 죄, 그러므로 죄인의 존재 없이는 그의 자비와 정의를 드러낼 수 없다. 그러나 그는 죄의 존재, 죄인으로서 인간의 존재, 그의 존재 일반을 거기서부터 설명할 수는 없고 설명해서도 안 된다. 우리는 하나님이 선택과 버림을 통해 자비와 정의를 드러내려 하기 때문에 그는 또한 타락과 창조를 원했다고 말해서는 안 된다. 오히려 우리는 죄에 떨어져야 했던 자인 인간을 원했던 하나님, 창조자로서 이미 그들의 존재를 원했던 하나님은 이 인간들 가운데서 어떤 사람들은 자비로 구원하고, 어떤 사람들은 모든 사람이 받아 마땅한 형벌을 받게 하기를 원한다고만 말해야 한다. 확실히 하나님은 구원받을 자와 형벌을 받을 자를 선택함에서 전적으로 자유롭다. 확실히 선택을 함에서 전자나 후자의 크거나 작은 죄가 선택의 근거로 고려될 수 없고, 또한 어떤 사람들은 행하였으나 다른 사람은 행하지 못한 선행의 공적이 선택의 근거가 될 수 없다. 왜냐하면 전자나 후자 모두가 실로 하나님의 결정과 뜻에 의하여 똑같이 죄인들이기 때문이다. 그러나 우리는 그들이 창조된 것처럼 그들이 죄인이 되었고 죄인이라는 이 사실을 예정 결정 자체와 결부시켜서는 안 되고, 이 결정에서부터 도출해서도 안 된다. 우리는 타락과 창조 자체에서 전적으로 (하나님의 영광의 계시를 위하여) 선택받은 자들과 버림받은 자들로 구분되는 인류를 염두에 두었다고 말해서는 안 된다. 우리는 예정 결정을, 창조와 타락이 불가해한 일체성 안에서 하나님의 영원한 결정인 한에서만 창조, 타락의 결정과 관련되는 일로 이해해야 한다. 그리고 예정 결정은 창조와 타락 결정에(물론 시간적으로가 아니라 질서상으로) 뒤따르는 것으로, 저 결정과 관련되는 것, 저 결정을 전제하는 것으로 이해되어야 한다. "하나님의 자비"의 계시는 이미 현존하는 "비참"을 전제하고, "하나님의 의"의 계시는 이미 존재하는 "불의"를 전제한다. 그리고 다시금 양자는 이 이중적 계시가 적용될 수 있는 하나님의 피조물의 존재를, 그러므로 이 피조물의 창조를 전제한다. 우리는 또한 이중적 계시는 일정한 수단을 통해, 즉 그리스도를 통해, 소명과 칭의, 성화의 길에서, 이것이 생명으로 혹은 죽음으로 작용함을 통해서 일어난다고 말할 수 있다. 그러나 이 수단은 죄와 죄많은, 불의한, 불결한 인간을 전제한다. 그러므로 창조와 죄는 "예정의 대상에서 먼저 성취되어야 할 조건들이다. 즉 인간이 창조되지 않았고 타락하지 않았다면, 예정은 실행될 수 없었다."(F. Turrettini, a.a.O. IV qu. 9, 20f.) "실행에서 마지막 일이 되는 것은 의도에 있어서 첫 번째 것이 되어야 한다." 이 명제를 타락 전 예정론적으로 적용하는 것에 대하여 이렇게 이의를 제기한다: "인간의 구원 내지 정죄에서 자비와 의의 드러냄은 전혀 인간 일반에 대한 통치에서 궁극적 목표가 아니라, 다만 일정한 관점에서 타락한 인간에 대한 통치에 관해서만 그렇다. 궁극적 목표는 인간의 창조와 타락을 통해 하나님의 영광을 보편적으로 드러냄이었다." 선택 결정은 죄많은 인간의 규정에 관계되는 결정들 가운데서만 첫 번째의, 최상의 결정일 따름이지만, 그러나 하나님의 모든 결정 일반 가운데서는 첫 번째 최상의 결정은 아니다. 창조, 타락과 구원 사이에는 필연적인 연관과 종속 관계는 없다. "아무도 죄로 인해 발생한 균열과 큰 간극을 간파할 수 없다. 죄는 창조 질서를 단절시켰고, 구속 경륜에 여지를 주었다. 죄는 자연에 반하고, 구원에 비추어 볼 때—우연적이 아니라면—수단도 아니다."(F. Turrettini, a.a.O. IV qu 9, 23) 이중 경륜에 관한 하나님의 의도의 통일성에 대하여 몇몇 사람은 다만 이 정도는 말할 수 있다고 생각한다: 즉 하나님은 우선 "인간 안에서 자유 의지가 무엇을 할 수 있는가"를 보이려 했으나 다음에는 "그의 은혜의 선행이 무엇을 할 수 있는가"를 보이려 했다.(*Syn, pur. Theol.* 1624 Disp. 24, 23) 혹은 이것은 하나님의 이중적 영광, 즉 처음에는 율법에 따라서, 다음으로는 복음에 따라서 영광을 계시함을 의미한다.(H. Heidegger, *Corp. theol.* 1700 V 34, Heppe, 130에서 재인용)

타락 전 예정설에 대한 공격은 다음과 같은 방향으로 진행되었다(F. Turrettini, a.a.O. IV qu. 9, 9-14 참조): 1. "창조될 수 있고 타락할 수 있는 인간"은 "비존재자"이다. 그러나 예정은 이미 비존재에서 존재로 옮겨진, 실존하는 존재와 관계한다. 예정은 그의 실존의 일정한 양태와 관계한다. 그러므로 예정의 대상은 "창조될 수 있고 타락할 수 있는 인간"일 수 없다. 2. "창조될 수 있고 타락할 수 있는 인간 개념" 아래는 또한 현실적으로는 창조되지 않았고 따라서 또한 타락하지 않은 인간들도 속할 수 있을 것이다: 즉 그들의 실존이 다만 가능성에 지나지 않는 그런 인간들. 그러나 예정은 실제로 창조되고 타락한 인간과 관계한다. 그러므로 예정의 대상은 "창조될 수 있고 타락할 수 있는 인간"이 될 수 없다. 3. "창조될 수 있고 타락할 수 있는 인간"은 선택될 수도 없고 버림받을 수도 없다. 선택 혹은 버림의 대상이 될 수 있는 가능성은 하나님의 선택하는 자비와 기각하는 정의에 상응하여 다만 "창조되고 타락한 인간"에게만 속한 특성을 전제한다. 그러므로 저런 인간은 예정의 대상이 될 수 없다. 4. "창조될 수 있고 타락할 수 있는 인간"이 예정의 대상이라면 창조와 타락은 예정의 수단이 될 것이다. 그러나 성서에는 창조와 타락이 그런 것으로 표현되지 않는다. 인간은 반드시 선택 혹은 버림을 받지 않고서도 창조될 수 있었고 타락할 수 있었다. 창조와 타락은 "자연적 섭리 질서"에 속한다. 그러나 인간의 구원과 버림은 "초자연적 섭리 질서"의 특수한 내용을 이룬다. 하나님이 우선 인간들의 영원한 구원 혹은 타락을 결정하고 그 다음에 비로소 그들의 실존, 아담 안에서의 타락을 조처했다고 생각하는 것은 부조리하다. 예정에서부터 볼 때 창조와 타락은 "수단"으로서가 아니라, 다만 "필수 조건"으로서만 필수적이다: 병자는 실로 인간으로서의 그의 존재를 떠나서는, 그의 병을 떠나서는 치유받을 수 없다. 그러나 분명히 그의 존재와 병은 그의 치유의 수단이 아니다. 5. "창조될 수 있고 타락할 수 있는 인간"에 관한 타락 전 예정설의 견해는, 일정한 인간들이 하나님이 보기에 저주받을 만한 상태 속에 존재하기도 전에 하나님이 그들을 버렸다. 즉 하나님이 그들을 그런 자로서 버릴 수 있기 위해서 버릴 만하게 만들었다고 하는 불가능한 명제를 함축하기 때문에, "비방을 받을 수밖에" 없다.

다른 한편 타락 후 예정론자는 적극적으로 다음과 같이 말하려 했다(F. Turrettini, a.a.O. IV qu. 9, 15-19 참조): 1. 하나님은 그를 시간 안에서 만나게 될 자로서 안다. 바로 그런 상태 속에서 인간은 영원한 예정의 대상이다. 요한복음 15:19에 "내가 너희를 세상 가운데서 선택했다."고 한다. 그러므로 시간 안에서 소명의 대상이 되는 "죄인인 인간"은 또한 영원한 선택의 대상이다. 2. 인간의 선택은 "그리스도 안에서" 일어난다. 그러나 그리스도 안에서 영원 전부터 선택받은 자들은 "그를 통해서 속량받고 성화되어야" 한다. 그러므로 영원 전부터 선택받은 인간은 "타락한 인간" 자신이다. 3. 바울은 로마서 9:21에서 토기장이가 $\psi \acute{u} \rho \alpha \mu \alpha$, 동종의 "덩어리" 가운데서 그가 좋은 뜻대로 영광의 그릇과 치욕의 그릇을 빚는다고 말한다. 이 덩어리에는 이삭과 이스마엘, 야곱과 에서가 모두 속한다. 그리고 하나님의 자비와 진노를 통해서 상이한 행동이 그들에 대해 결정해졌기 때문에 그들은 죄와 비참의 무리, "타락한 무리"인 것이 분명하고, 그러므로 "타락한 인간"이 하나님의 이중 예정의 대상인 것이 분명하다. 하나님이 어떤 사람들은 구원을 위해, 어떤 사람들은 타락하도록 창조했다는 것이 아니라, 그들을 그렇게 예비했다고 로마서 9:22 이하는 말한다. 그리고 이것은 하나님이 이 무리와 저 무리를 신체적으로 결정함을 통해서가 아니라 어떤(물론 불가해한) 윤리적 판단을 통해서 그들 사이에서 선택했다는 것을 의미한다. 하나님은 영원 전부터 선택하였으되 창조되고 타락한 인간을 고려하여 선택하였다. 4. 로마서 9:22 이하에 대한 공통적 이해에 따르면 하나님의 예정의 결정적 동기는 자비와 정의이다. 자비와 정의는 필연적으로 예정의 시간적 성취에서뿐 아니라 예정의 영원한 의도에서도 타락한 인간을 그 대상으로 가져야 한다. 그렇지 않다면 자비는 자비가 아니라 "어떤 무한한 선(善)"일 것이고, 정의는 정의가 아니라 "절대적 권능"일 것이다. 예정은 하나님의 영원한 자비와 정의의 행위로서 "창조되고 타락한 인간"과 관계된다.

이것이 타락 후 예정설의 견해이다. 우리는 첫눈에 이 견해에 대해서도 일정한 장점이 있음을 부인할 수 없을 것이다: 즉 이 견해는 비록 전체적으로 조직적 완결성과 명료성이 부족하다고 할지라도 타락 전 예정설에 비해서 세부적으로 예정설의 논리적, 도덕적 난점들에 대해 보다 정당하기 때문이다. 그렇기 때문에 우리는 거듭해서 제기되는바 교회에서 예정 교리 전체가 유용 가능한가 하는 문제를 고려할 때, 타락 전 예정설이 아니라 타락 후 예정설이 칼빈 도그마의 공식적 해석이 되었다는 것은 잘 납득할 만하다. 또한 타락 전 예정설은 가톨릭 교회와 루터파와 아르미니우스파와 다른 칼빈 교리의 적대자들로부터 타락 후 예정설보다 더욱 심하게 공격을 받았고 거부되었다는 것과, 타락 후 예정론의 주장들이 이 공동의 적대자들에 의해서 그들에게 특별히 혐오스러운 타락 전 예정설을 공격하기 위해서 사용될 수 있었고 사용되었다는 것을 이해할 수 있다. 그러나 이것은 타락 후 예정설이 실질적으로는 이 공동의 적대자들에게 어느 정도 가깝다는 것을 뜻하지는 않는다. 타락 후 예정설도 저 공동의 적대자들에 대해서는 내용적으로 최소한의 양보도 하고 있지 않으며, 적대자들과의 관계에서는 실제로 다만 동일한 고백의 토대 위에서의 하나의 변형으로 평가될 수 있다. 우리는 이미 인용한 타락 전 예정론자 하이다누스(Heidanus)의 다정한 말과 타락 후 예정론자 투레티니(Turrettini)의 역시 다정한 말을 견주어 볼 수 있다: "이 문제에서 신학자들의 이견이 아무리 있을지라도, 양측에서 신앙의 기초는 변함이 없다. 그리고 그들은 똑같이 펠라기우스파와 세미펠라기우스파와의 해로운 오류에 대항한다. … 그들은 하나님을 상호 같고 다르지 않은 인간들과 대립시킴에서 일치한다. 이런 인간들의 구별은 오로지 하나님에게 달렸으니—이러한 토대에서 모든 이단자들은 벗어난다."(a.a.O. IV qu. 9, 4) 유감스럽게도 우리는 현재의 문맥에서 볼 때에 타락 전 예정론자와 타락 후 예정론자들은 공통적으로 그들로 하여금—그리고 그들과 더불어 우리까지도—제기하게 만든바 "예정의 대상"에 관한 문제의 핵심에 대한 결정적인 통찰을 결핍하고 있음을 첨언하지 않을 수 없다.

　　마지막으로 17세기 말경 논쟁을 종식시킨 중재적 이론들 중 하나를 인지하는 것도 도움이 될 것이다. 이를 위해서 우리는 판 마스트리히트(P. van Mastricht)의 설명을 택한다.(*Theor. Pract. Theol.* 1699 III cap. 2, 12 f.) 그에 의하면 우리는 이 논쟁에서 개관을 얻고 결정을 내리기 위해서 인간에 관한 하나님의 한 결정 속에서 네 가지 상이한 신적 행위를 개념적으로 구별해야 한다. 즉 1. "자비와 응보하는 의의 영광을 드러내려는 의도." 이 첫 번 행동을 고려할 때 예정의 대상은 의심의 여지없이 타락 전 예정론자들처럼 창조될 수 있고 타락 가능한 인간으로 표현되어야 한다. 이 결정에서 창조와 타락의 결정은 의심의 여지없이 아직 전제되어 있지 않기 때문이다. 그러므로 그 대상은 아직은 "창조되고 타락한 인간"일 수가 없다. 2. 모든 인간에게 동일하게 해당되는 "인간들을 창조하고 타락토록 허용하는 결정." 이 두 번째 행위를 고려할 때 예정의 대상은 역시 타락 전 예정설의 의미에서 "창조되어야 하고 타락할 인간"으로 표현되어야 한다. 이 두 번째 행위는 창조와 타락 결정 자체와 동일하지만 그러나 바로 그렇기 때문에 아직은 "창조되고 타락한 인간"이 그 대상으로 이해될 수 없고 오히려 시간 속에서의 그것의 미래적 현실로 이해될 수 있다. 3. 어떤 사람들은 하나님의 자비를 영화롭게 하기 위해서, 다른 사람들은 그의 정의를 영화롭게 하기 위해서 정해지고 구별되는 것은 본래적인 선택 결정의 근거 위에서다. 이 세 번째 결정을 고려할 때 이제는 타락 후 예정론자들이 정당하다: 본래적 결정 자체 안에서 하나님의 의도, 결정의 대상이 되는 인간은 "창조되고 타락한 인간" 이외의 다른 자일 수 없다. 4. 어떤 사람의 "선택", 다른 사람의 "버림"에 상응하는 수단, 길에 관한 하나님의 의도. 이 수단과 길이 인간을 위해 생각되었고 결정된 한에서, 인간은 이 네 번째 행위에서부터 "선택받고 버림받은 인간"으로 표현되어야 할 것이다. 그는 그런 자로서 "창조되고 타락한 인간"이며 따라서 여기서도 타락 후 예정론자들이 정당하다.—판 마스트리히트는 그의 판정 아래 진행된 양편의 토론을 다음과 같이 서술한다: 타락 후 예정론자가 타락 전 예정론자에 대항하여 요한복음 15:19와 로마서 9:21을 인용하여 선택받은 혹은 버림받은 인간이 "창조되고 타락한 인간"임을 증명하고자 한다면, 그는 실로 언급한 것 중 세 번째와 네 번째 행위에 관해서는(여기에 관해서는 저 성서 구절들도 언급한다.) 옳고, 특히 "선택"과 "유기"의 좁은 의미에 관해서는 옳지만, 그러나 또한 저 첫 번째와 두 번째 행위가 예정에 속하는 한, 그의 예정 개념은 너무 협소하며, 이 첫 번째와 두 번째 행위에 비추어서는 그가 옳지 않다고 그에게 답변할 수 있다. 그러나 거꾸로 타락 전 예정론자가 타락 후 예정론자에 대하여 그가 신적 의도에 관하여 창조와 타락에 대한 공허한 개념을 가지고 있다고 이의를 제기한다고 하자. 타락 전 예정론자는 여기에서 넓은 의미에서 예정의 신적 의도가 "은총과 의의 드러남"에 있다고 말하고자 한다면 그는 옳다고 말해져야 할 것이다. 예정의 의도의 대상은 사실 "창조될 수 있고 타락할 수 있는 인간"이다. 그러나 그럼에도 불구하고 하나님의 본래적 "선택과 유기"의 대상은 "창조될 수 있고 타락할 수 있는 인간"이 아니라 타락 후 예정론자가 여기서 옳게 말한 것 같이 "창조되고 타락한 인간"이다.—

이 중재 안은 확실히 혜안 있는 견해라는 칭찬을 받을 만하다. 그러나 양측이 이렇게 해서 화해되고 교정을 받았으나 양측의 이전의 진정한 대변자들이 어쨌든 이 판정으로 만족할 수 있을지 물어 보아야 할 것이다. 이 판정에 의하면 타락 전 예정론자는 선택과 유기라는 결정적 개념에 관해서 부당하였으며, 타락 후 예정론자는 그들에게는 결정적인 두 경륜의 구별의 문제에 관해서 부당하였다. 따라서 양측은 각자에게 가장 중대하였던 문제에서 부당하였다고 말해짐으로써 그들은 정당하다고 입증되었다. 바로 이 점을 고려할 때 우리는 판 마스트리히트가 이 문제를 자기 자신에게나 양측에 대해서나 경홀히 다루지 않는 한에서 그를 진정한 중재자로 인정할 수 있을 것이다. 그리고 그의 제안은 확실히 양측에 의해서도 부인되지 않은 양 방향의 맥락, 내면적 통일성을 체계적으로 밝혀 주는 공로를 세웠고, 이로써 양자 사이의 신앙적 차이를 운운하거나 이 논쟁이 교회를 분리시킬 정도로 중대하다고 말할 수 없다는 것을 입증하였다.

이제 우리는 이 논쟁을 평가를 시도하려고 하는데, 이 중재 시도의 빛에서 드러나는 양 입장의 (그리고 또한 당시 그들 사이에 시도되었던 중재안들의) 공통적인 전제들을 분명히 기억하는 것이 좋을 것이다. 의심의 여지없이 당시의 개혁파 정통주의의 모든 방향은 모두가 진지하게 칼빈주의의 다음 관심사에 도움을 주려 하였다: 즉 모든 그리스도교적 지혜와 진리 인식의 시작으로서 은총 안에서 자유로운 하나님의 자유로운 은혜와 그의 주권을 드러내는 일. 여기서 타락 전 예정론자들뿐 아니라 또한 폴라누스(Polanus), 볼렙(Wolleb) 같은 탁월한 타락 후 예정론자들과 또한 세기말에 투레티니까지도, 비록 타락 후 예정론자들의 견해에 의하면 예정론은 일러야 죄론 뒤에 나올 수 있다고 보았음에도 불구하고, 예정론을 바로 신론 다음에, 모든 다른 명제들 앞에 놓았다는 점을 주목하라. 분명히 그들에게는 모든 다른 것에 선행하여 이 도그마를 다룸으로써 모든 다른 것을 저 하나님의 은혜의 주권의 관점 아래 놓으려는 필요성이 그처럼 강하였다. 그러나 칼빈 도그마의 이 논란할 수 없는 그리스도교적 핵심을 제외하고 또한 당시의 방향에서 다른 몇몇 덜 확고한 공통된 전제들도 주목해야 한다.

타락 전 예정론자, 타락 후 예정론자, 그리고 중재론자들은 첫째로, 그들의 논란의 주제가 되는 "예정의 대상", 즉 선택 혹은 버림받은 인간이 직접적으로 아담의 족속 중에서 일부 선택되고, 일부 버림받은 인간 개체들 다수와 동일하다는 점에서 일치한다. 두 방향은, 그리고 개혁파 신학 전체는(그리고 고대 신학 일반은) 오로지 이 개체들 자신에 대해서만 관심을 가졌다. 이 개체들의 일부를 선택함에서 인간 예수 그리스도는 선택받은 자들 중 첫 번째로서 이러한 불가피한 역할을 담당한다. 그는 그들 중 다른 사람을 버림에는 상관이 없다. 그러나 "예정의 대상"에 관한 문제에서 사람들의 시선은 그를 성급히 지나쳐서 우리 다른 사람들, 인간 개체 갑 혹은 을에게서 진정한 목표에 도달한다. 그가 "창조될 수 있든지 창조되었든지, 타락할 수 있든지 타락했든지" 간에, 이 "인간" 갑 혹은 을이 "예정의 대상"이다.

둘째로, 모든 방향들은 예정, 그러므로 이 개체의 선택이나 버림이 하나님의 영원한 결정 안에서 안정된 체계를 세움을 뜻한다는 점에서 일치한다. 이 체계는 시간 안에서 이 인간 개체의 삶의 역사를 통해 어느 정도로만 충족되고 확증될 수 있다. 예정론은 하나님의 자유로운 은혜를 기쁜 소식으로 선포하는 것이 아니라, 하나님이 영원 전부터 자비롭고자 하는 자에게 자비롭고 또한 그가 버리고자 하는 자를 영원 전부터 버리며, 이 한계 안에서 각 인간 개체들이 살아야 한다는 내용을 중립적으로 전달, 선포한다. 타락 전 예정론자들은 인간 개인이 영원히 선택받거나 버림받는 이 체계는 모든 체계들 중의 체계이며, 이 체계는 하나님의 유일한 근원적인 계획과 동일하다는 것을 말한다. 타락 후 예정론자들은 창조와 타락의 결정의 형태로 된 계획과 체계 앞에, 그 외에 또 다른 계획과 체계가 있음을 주장한다. 그러나 저 체계는 어느 경우든 영원 전부터 안정되고 불변하게 존립하며, 따라서 개인들뿐 아니라 저 체계의 원조인 하나님 자신까지도 그것을 영원 속에 수립한 이후에는 시간 속에서 그것에 구속되어 있으며, 따라서(안정된 것으로 생각되는 만물의 저 형태 이전과의 관계에서) 인간 편에서나 하나님 편에서나 아무 새로운 것도 해 아래 있을 수 없다는 것—이것이 양측이 똑같이 전제하고 주장하는 바이다.

셋째로, 모든 방향들은, 하나님이 모든 인간 개인들의 삶의 역사와 그 목표를 선취하는 안정된 저 체계를 수립함에서 똑같이, 똑같은 의미로, 같은 역점을 두고서, 어느 면에서나 완전히 균등하게 여기서는 '예'를 저기서는 '아니'를 말하고 그러므로 이 사람들은 받아들이고 저 사람들은 버린다는 점에서 일치한다. 타락 후 예정론자들이 창조 결정을 고려하여서 하나님이 그의 영광을 계시함에서 일반적인 내지는 더 이상 정확히 규정될 수 없는 그의 의도가 있음을 말할 수 있다면, 그들이 예정 결정 자체에 대해 언급할 때는, 또한 그들은 전적으로 대칭적으로 창조되었고 타락한 인간을 고려하는 하나님의 의도를 말한다. 즉 어떤 사람들에게는 그의 자비를, 다른 사람들에게는 그의 정의를 입증하고자 하는 것이다. 여기서 하나님의 자비는 보편적으로 부패한 무리 가운데서 일정한 숫자의 개인들을 절대적으로 선택하는 데로 기울고 그렇게 이끌며, 하나님의 정의는 그들을 버리도록 기울고 이끈다. 이런 하나님의 이중적 의지를 통해 일단 세워진 체계 내에서 어떤 추후적 변화도 있을 수 없는 것 같이 하나님의 안에 있는 이 두 경향 사이의 균형이 동요하거나 중지되는 것은 있을 수 없다. 두 경향 모두가 그것의 절대적 균형 안에서 하나님의 의지를 이루어서 그 자신을 영화롭게 하며, 따라서 하나님의 영광은 전적으로 선택받은 자들의 유한한 복락에서나 버림받은 자들의 유한한 저주에서나 똑같이 크다.

네 번째로 그리고 무엇보다도, 모든 방향은—모든 다른 것의 근거를 은밀히 주면서—어떤 사람들을 선택하고 어떤 사람들을 버림 사이에서 결정적인 신적 호의에 대한, 그러므로 영원 전부터 시간을 위해 정해진 체계의 구체적 설계를 위해서 결정적인 신적 호의에 관한 저 견해에서 일치한다. 즉 이 신적 회의는 전적으로 "절대적 결정"으로서, 신적 자유 행위로서 이해되어야 하며, 그것의 근거와 의미는 우리에게는 절대적으로 감추어져 있으며 우리는 이 은폐 속에 있는 이 행위를 거룩한 것으로 간주하고 경배해야 한다. 이 "절대적 결정"은(타락 전 예정론의 견해에 의하면) "창조될 수 있고 타락할 수 있는 인간"에 대한 신적 조처인 것 같이, 또한(타락 후 예정론의 견해에 의하면) "창조되고 타락한 인간"에 대한 신적 조처이다. 이 두 견해 뒤에는(각기 다른 자리에서, 그러나 실제적으로는 같은 결과를 가지면서) 절대적인 하나님 자신, 자신을 속박하지 않고 속박당하지 않는 하나님의 상이 있으며, 다윗의 자손과의 일체성 속에서 자기 자신을 속박하고 그렇게 속박당하는 하나님 아들의 상, 예수 그리스도 안에 있는 하나님의 상이 있는 것이 아니다.

이것들이 우리의 지금까지의 숙고에 의하면 그리스도교적으로 자명하지 않은, 그리스도교적으로는 오히려 매우 문제가 많은 타락 전 예정설과 타락 후 예정설의 공통의 전제들이다. 우리가 당시의 방향에 정당하려면 우리는 그들에게 공통적인 문제 있는 전제들을 평가해야 할 것이다. 우선 그것들에 대한 우리의 물음은 다만, 어느 한에서 그것들이 이 전제의 토대 위에서, 한계 안에서 저 논란의 여지없이 그리스도교적인 칼빈 도그마의 관심사에 봉사했는가 혹은 그렇지 못했는가이다.

우리는 첫째로 타락 전 예정설의 구조가 한편에는 자비, 다른 편에는 정의 사이에서의 하나님의 결정을, 이로써 하나님의 자유로운 은혜를 그렇게 논리적으로, 무조건적으로 모든 그리스도교적 인식의 정점으로 옮겨 놓은 점에서 탁월한 점이 있다는 것을 인정해야 한다. 하나님이 자신의 영광을 계시하려는 의지가 그처럼 그의 자비와 정의를 계시하기 위한 의지로 이해된다면, 저 "그는 자기 자신을 위해서 모든 것을 만들었음"이 여기서부터 설명된다면, 그러므로 "하나님 자신"이 처음부터 자비와 정의의 하나님으로 이해된다면, 타락 전 예정설은 이런 출발점을 선택함에서, 첫눈에는 전체적으로 볼 때 사변적으로 보이는 듯할지라도, 그렇게 사변적이 아니다. 타락 전 예정설이 이 출발점을 선택하고 그것을 그렇게 무조건적으로 그런 것으로 관철시킴으로써 어쨌든 성서의 하나님을 바라보려 하였다는 사실은 부인할 수 없다. 영원히 선택하고 버리는 분을 바로 이런 하나님의 특이한 완전성의 외견 아래서 보는 것과 이제 또한 창조자의 작용하는 의지, 타락에 대해서까지도 지배하는 자의 허용하는 의지를 자비롭고 의로운 이런 하나님의 의지로 이해하려는 것, 이것은 사변적 신학의 기도가 아니라(저 세기의 정통주의를 지배하는 신 개념을 생각한다면) 차라리 모든 사변적 신학에 대한 공격과 같은 것이다. 타락 전 예정론자를 유신론적 일원론자로 이해하려 한다면, 어쨌든 다음을 인정해야 한다: 그들이 의도하였던 것은 성서적 그리스도교적 일원론이었다. 우리는 그들이 이 자리에서 너무 많은 것을 알려고 했다고 비난할 수 있을까? 차라리 우리는 그들이 분명코 일단 성서의 신 개념으로 시작하려고 했다면 이런 방향에서 조금 더 많이 알아야만 했다고 비난해야 할 것이다. 그들은 분명히 성서의 자비와 정의 개념을 추후에 추상적으로 사용함으로써 나쁜 의미에서 사변적이 되었다. 그들은 하나님 자신을 이 두 가지 완전성의 적용에 관계되는 저 신비한 선택에서 추구함으로써 사변적이 되었다. 그들은 이 신적 완전성, 그러므로 하나님 자신의 성서적 구체적 형상에서부터 출발하지 않았던 점에서 사변적이 되었다. 그러나 그들이 이 출발점을 선택했을 때, 그들이 "초자연적 예정의 경륜", 즉 자비와 정의의 질서를 모든 다른 신적 질서에 대해, 시간 안에서의 모든 그 질서의 실현을 위해 첫째가는 최상의, 표준적이고 결정적인 질서로서 관철시키려 하였을 때, 그들은—그들에게서 이것을 망각해서는 안 된다.—분명히 예정론의 그리스도교적 성격을 관철시키는 방향으로 움직였다. 이 반면에 타락 후 예정론자가 특수한 "자연적 섭리의 경륜"을 분리 내지는 고립시킴은 의심의 여지없이 보다 약한, 자유로운 은혜를 찬양함에 별 도움이 되지 않는 기도이며, 유감스럽게도 그런 찬양을 상대화시키고 제약하는 기도이다. 하이델베르크 교리 문답처럼(문항 26번) 하늘과 땅의 창조자 하나님에 대한 신앙을 "우리 주 예수 그리스도의 영원한 아버지께서 … 그의 아들 예수 그리스도를 위해 나의 하나님, 나의 아버지가 되셨다."고 요약 고백하는 자는 창조와 섭리의 경륜을 은혜와 예정의 경륜과는 분리되는 첫 번째 경륜으로 만들 수 없다. 그는 저 첫 번째 경륜을 어쨌든 타락 후 예정론자의 이론으로 둘러싸인 저 일정한 암흑으로 감쌀 수 없다. 하나님이 자비와 정의로 결정할 수 있기 전에 인간 개인들의 상응하는 성향과 특히 그들의 존재가 실현되어야 했다는 타락 후 예정론자들의 논리적 경험론적 이의는 매우 좋게 들린다. 그리고 하나님이 우선 인간들의 영원한 구원과 타락에 대해서, 그리고 그들의 존재와 타락에 대해서 조처했을 것이라는 가정의 불합리성에 대한 그들의 분노는 매우 건전하게, 그리고 찬동할 만하게 들린다: 그러나 우리는 이것이 영적인 이의, 신앙의 논리가 아니라는 것, 영원한 하나님의 신성, 그에게서 마지막 것이 실제로 첫 번째 것이 될 수 있으리라는 가능성을 너무나 고려하지 않았다는 것, 인간적 합리적 질서의 기준들이 하나님에 대해서 너무나 자명하게 적용되고 있다는 것을 오인할 수 없다. 진행 중에 있는 자연과 세계 역사 안에 어디에선가 또한 이스라엘과 예수 그리스도와 교회의 역사가 진행되고 있다는 것은 성서적 세계상, 역사상이 아니다. 오히려 모든 시간적 사건의 틀과 기초는 성서에 따라서 하나님과 인간들—아담으로부터 노아를 거쳐서 아브라함에까지, 야곱으로부터 다윗을 거쳐 그리스도, 그리고 그를 믿는 모든 자들에까지—사이의 계약의 역사이다. 이 틀 안에서 또한 자연 및 세상 역사 전체도 그것의 특수한 역할을 담당한다: 비록 논리적, 경험적으로는 의심의 여지없이 모든 일이 거꾸로 진행되어야 함에도 불구하고 거꾸로가 아니다. 타락 전 예정론자들은 여기서 성서적 세계상과 역사상에서부터 영원한 결정에 관한 결론을 이끌어 내려고 하였다. 타락 후 예정론자들은 구원의 실현에 관해서 성서의 세계상과 역사상의 순서를 고수하였지만, 그러나 저 결론을 시도하지 않았으며, 하나님의 영원한 결정에 관하여 말하자면 보다 이성적인 질서를 주장했으니, 그러므로 저 두 경륜을 분리하여, 예정 질서를 섭리 질서에 종속시켰다. 그들은 여기서 "자연적 섭리의 경륜"을 보다 정확히 규정하기를 시도하지 않았다. 그 결과 그들의 가르침에서 최상의 자리에 이는 저 모호한 "절대적 결정" 옆에 두 번째 경륜에 대한 가르침 전체를 뒤덮는 제2의 어둠이 생겼으니, 즉 인간과 세상을 창조했고 인간의 타락을 허락한 하나님은 누구, 혹은 무엇인가 하는 물음이다. 이런 구별이 원칙적으로 이해되었을 때, 그리고 그것을 고집해야 한다면, 후대는 여기서 더 많은 정보를 묻지 않을 수 없었다. 그들은 이 정보를 창조와 섭리의 역사 안에(우리는 자연, 이성 안에라고 또한 말할 수 있다.) 하나님의 특수한 보편적 선함, 전능, 지혜가 있고, 구원의 역사 안에서의 하나님의 자비와 정의가 특수한 무엇으로서 여기에 상응한다고 하는 신앙에서 발견하지 않을 수 없었다. 타락 후 예정설의 구조는 신학을 후대에 자연신학과 계시신학으로 분열시킴을 적어도 조장하였다. 이것은 그 이론을(언제나 저 일반적인 전제 안에서) 우선은 덜 운이 없는 것으로 나타나게 하는 것이다.

그러나 공통적인 전제의 틀 안에서 타락 후 예정설의 견해에 대해서도 그것에 고유한 장점을 부정할 수 없을 것이다. 여기서 두 가지 것이 현저하게 나타난다.

1. 우리가 두 가지 방향에서처럼, 예정이 일정한 개인들의 선택과 버림을 두 가지 의도의 저 안정성, 저 균형 속에서 미리 정하는 하나님의 자유로운 호의의 결정으로 이해해야 한다는 점에서 출발한다면, 하나님을 보거나 인간을 볼 때에도 타락 후 예정론자들에게서 이 결정은 첫 번째, 최상의 결정도, 모든 결정 중 결정도, 전적으로 하나님과는 구별되는 세상과 인간 현실에 관한 하나님의 결정이 아니라고 듣는 것은 어느 정도 마음에 편안함을 준다. 저 일반적 전제에 따르자면 타락 전 예정설이 무엇을 의미하는지 생각하라: 타락 전 예정설에 의하면, 하나님의 관심이 하나님 자신 내지는 그의 영광의 계시에 대한 관심이 아닌 한에서, 하나님의 관심은 전적으로 저 인간 개인들 자신을, 그들의 복락 혹은 저주에 있는 그들의 최후 목표를, 이 목표를 향한 그들의 질주를 향해 있다. 하늘과 땅의 창조라는 엄청난 기구, 타락의 허용, 그리고 거기서 결과하는 세상 속의 악의 지배라는 은밀한 계획, 그러나 또한 세상 속의 예수 그리스도의 출현, 그의 역사, 교회의 건립과 유지, 그리고 이 구원 역사와 더불어 나타난 일부를 부르고, 일부를 완고하게 만든 모든 결과들은 전적으로 이 한 목표, 즉 개인 갑을 천국으로, 개인 을을 지옥으로 보내기 위함이다. 삼위일체 하나님은(그가 우선 자기 자신에

집착하지 않는 한) 세상과 인간을 향함에서 이런 일에, 오직 이런 일에만 몰두한다. 그러나 이것은(언제나 전체가 그리고 이 최종 목표가 오직 하나님의 자기 영화를 위해서만 필요하고 현실적이 된다는 유보 조건 아래서) 인간이, 실로 인간 개인 갑과 을이 능가할 수 없는 정도로 만물의 중점과 척도가 된다는 것을 의미한다. 어떤 시각이 열리고, 어떤 극단이 이 지점에서 서로 맞닿는가? 하이다누스와 또한 그의 사위 부르만(Fr. Burmann)과 같은 유명한 코케이유스파가 동시에 타락 전 예정론을 주장하는 칼빈주의자이자 데카르트파였다는 것은 우연일까? 이런 사고와 체계 전체의 신학적 기초가 동요하고 있었다면, 그 신학적인 것 배후에 인간학적인 것이 드러나고 본래 의도했던 것으로서 은밀히, 결국에는 가서 공공연히 그 자리를 대신했다면, 어떠한가? 바로 하이다누스와 부르만은 초기 개혁파 신학자들에 속한다. 그들에게서 이런 방향으로의 전환의 징조가 실제로 나타나기 시작했다. 타락 전 예정설은 하나님의 행위 전체와 인간 개인들 사이를 그렇게 경탄스럽게 직접 관련지음으로써 이런 방향 전환을 예비할 수 있었고, 실제로 예비했다는 것은 오인할 수 없다. 반면에 타락 후 예정론은—다른 관점에서 동일한 발전에 물론 또한 기여했으니—세상에 대한, 세상에서의 하나님의 통치를 그렇게 원칙적으로, 그렇게 완전히 저 목적의 성취에서 해소되도록 하지 않았다는 점에서 적어도 그런 경향을 억제할 수 있었다. 타락 후 예정설이 창조 결정과 타락 결정을 예정 결정에 우선하게 함으로써, 적어도 소극적으로나마, 인간 개인이 사고할 수 있는 하나님에 대한 모든 사상이 그런 것으로서 자동적으로 자기 자신에 대한 이 개인의 사고가 되는 일을 저지할 수 있었다. 또한 하나님이 자기 자신의 영광을 열망하는 저 거룩한 이기심에 대한 경배가 즉각, 직접적으로 예정받은 인간의 역시 거룩한 이기심의 발동을, 천국에 들어가고자 하는 욕망의 발동, 혹은 지옥에 떨어질까 두려워하는 공포의 발동을 야기하는 것을 저지했다. 우리 자신의 이해에 대한 생각과 직접 관계가 없고, 이런 생각에서 도출될 수 없고 오히려 이 생각과 무관하고 심지어 우월하게 대립하여 있는바, 하나님, 그의 통치, 그의 역사에 대한 이런 사상을 위한 여지가 열려 있는 한에서, 이런 착상 어디엔가 도사리고 있는바, 관계를 전도하여 하나님을 인간, 즉 개인 갑 혹은 을을 위해서 하나님이 되고, 그 개인이 원하는 것을 얻기 위해서, 그가 두려워하는 것을 피하기 위해서 그의 처분에 맡겨져 있는 존재로 이해할 수 있는 가능성—이런 경향은 타락 후 예정론자들이 예정 결정에 선행하는 창조와 타락 결정을 기억함을 통해서 적어도 저지될 수 있었다. 우리는 타락 후 예정론자들이 이런 안전장치를 사용한 방식을 운이 좋다고 간주할 수 없을 것이다. 구속의 나라 위에 창조와 섭리의 독자적 나라가 있음을 지시하는 안전장치로서는 위협하는 인본주의를 지속적으로는 저지할 수 없었다. 거꾸로, 저 창조와 섭리의 나라의 독자성을 강조하면 할수록, 이후에 하나님의 도움으로써 인간이 자신을 영화롭게 한다는 선포가 이루어질 수 있었던 기반이 공고하게 되었다. 저 공통적 전제의 틀 안에서는 이런 방향으로의 일탈에 대한 효과적인 안전장치가 없다. 그러나 우리는 타락 후 예정론자가 하나님의 저 첫 번째, 독자적인 결정을 기억한 것, 하나님과 인간 개인의 구원 혹은 멸망 사이의 경직된 상관 관계를 이완시킨 것은 (저 신학의 공통적 전제 내에서) 저 방향으로 일탈할 위험에 대하여 지체시킬 기능을 가질 수 있었고, 실제로 가졌다는 것을 시인해야 한다. 그러나 이 이완시킴은 또한 타락 전 예정설의 해석에 따르면 바로 선택받은 자 혹은 버림받은 자가 될 인간, 그의 전체 존재에서 그에게 예정된 이편 혹은 저편으로의 달음질의 완수만을 앞에 두고 있는 인간을 고려할 때 일정한 유화(宥和)를 의미할 수도 있었다. 타락 후 예정론자는 예정 결정 외에 또한 다른 하나님의 신비에 대해 알게 됨으로써 적어도 이론적으로는 인간이 선택받은 자 혹은 버림받은 자라는 사실 외에 인간의 또 다른 신비를 안다. 그에게는 인간은 또한(그리고 심지어 우선) 하나님의 피조물이니, 그런 자로서 하나님에 대해서 빚지게 되었다. 이로써 인간에 대한 개념을 유화시킨 것은 위험스러웠다. 그리고 결국 그것은 효과적일 수 없었다. 실제로는 타락 후 예정론자도 인간을 저 이중적인 규정 안에서만 알 따름이었다. 사람들이 그것을 중지하였을 때, 저 이론적으로 가능한 인간론의 유화가 특수한, 첫 번째 항목에서부터 설계되어야 할 인간론의 형태로 실제가 되게 했을 때, 사람들은 이미 그리스도교적 인간론을 상대화시키고 결국 해체시키고야 말 자연적인 인간론을 향하여 가고 있었다. 그러므로 사람들은 17세기말까지는 이 이론적으로 가능한 바 인간론의 유화를 실제로 적용하기를 중단하였다. 그러므로 우리는 타락 후 예정론이 공통의 전제 내에서 인간이 어떻게, 어느 한에서 선택받은 자 혹은 버림받은 자인가? 하는 문제를 개방시켜 놓은 장점을, 인간을 선택받은 자 혹은 버림받은 자로 고정되게 규정한 것을(한 불행하게 선택된 지점에서부터) 이런 규정의 피안을 전망함을 통해서 문제시한 장점을 가졌다고 말할 수 있을 따름이다.

2. 타락 후 예정론의 다른 명백한 장점은 물론 세상 속의 타락과 악의 현실에 대한 그것이 보다 유보적인 자세를 취함에 있다. 타락 후 예정설도 이 현실을 하나님의 영원한 의지와 결정으로 돌리며, 이 자리에서 이원론의 책임으로 돌리려 하지는 않는다. 그러나 그것은 악의 허용 결정을 예정 결정과 구별한다. 그는 악의 허용을 하나님이 그의 선택과 버림의 수행을 위해서 원했고, 설정한 수단들 중 하나로 이해하지 않고, 오히려 다만 그가 이 그의 행위를 위해 실제로 사용한 하나의 수단으로 이해했다. 하나님은 세상과 인간을 이미 창조하고 나서는 그의 의지를 통해 창조되고 그의 의지대로 타락한 인간에 대해, 그의 피조됨과 타락을 이용하여 저 이중적인 규정의 척도에 따라서 행동한 것과는 다른 방식으로 악을 허용했다. 이에 따라서 하나님의 결정들을 차별하여 이해하고 보아야 한다. 비록 그것들은 하나님 안에서 하나일지라도 상호 연관지어서도 안 되고 상호로부터 도출되어서도 안 된다. 오히려 이 결정들이 우리에게는 해명될 수 없는 방식으로 병행하고 있고 함께 하나님의 거룩한 의지라는 이 사실, 바로 이것이—그의 기뻐함에 따라 좌우편으로 결정함에 관한 하나님의 자유와 더불어서—타락 후 예정론자들의 견해에 의하면 하나님의 신비이다. 타락 전 예정설이 칼빈주의자들에게 거듭하여 던져진 비난, 즉 그들은 하나님을 "죄의 장본인"으로 이해했고 적어도 그 동기를 주었다는 비난에 대해서 그의 대응하는 명제로써 보다 대담하게 주장했지만, 그러나 또한 심하고 위험하게 발언했다. 타락 전 예정론자들에게는 무엇보다도 하나님의 주권이 중요했으니, 따라서 그들은 이원론에 대해서 다만 최소한 개방하려는 위험에 비하여 악의 신비를 해체하는 위험, 그러므로 실제로 비합리적인 것을 합리화하려는 위험, 그것을 소위 신적 세계 질서의 구성 요소로 만들려 하고, 필연성으로, 자연의 일부분으로 만들려 하는 위험을 과소 평가했다. 타락 후 예정론자에게는 분명히 이 두 번째 위험이 보다 더 큰 위험으로 보였다. 그렇기 때문에 악은(이미 창조처럼) 그들의 체계에서 보다 많은 수수께끼를, 보다 더 헤아릴 수 없는 암흑을 내포한다. 타락 후 예정론자는 악의 질서를 우리 구원의 질서에 포함시키는 대신 그것에서 분리시킴으로써, 원수는 악한 원수이고 그의 권세는 실제적 권세이고 따라서 우리의 구원은 진정한 구원이라는 것을 보다 잘, 어쨌든 더 분명하게 말할 수 있다. 그는 우리의 구원과 더불어서 윤리적인 심판이, 하나님의 전능이 승리하게 된다는 것과 하나님은 아무도, 심지어는 그로부터 버림받은 자들까지도 악한 대로 결정하지 않았다는 것을 보다 확실히 말

할 수 있다. 우리는 타락 후 예정설이 공통의 전제 안에서 하나님과 인간 사이의 사건은 자연 과정이 아니며 더구나 어떤 메카니즘적 과정이 아니라는 것을 보다 잘 보여 줄 수 있었다는 것을 인정해야 한다. 타락 전 예정론자들도 이것을 참으로 여기지는 않으려 했다. 그러나 타락 후 예정론자들은 타락 전 예정론자보다는 더 잘, 왜 이것이 참이 아닌가를 보여 줄 수 있었다. 그들은 하나님에게서 신비(악을 허용하는 신비)를 그의 자비, 정의를 계시하려는 그의 의지와는 무관한 그런 신비로서 남게 함으로써, 악에 사로잡힌 인간, 악을 관철하는 인간이 하나님에 대해 숭배의 책임이 있다는 것을 보다 잘 지시할 수 있었고, 악이 인간의 선택 혹은 버림 때문에 하나님의 의도 안에 있다는 사실에서부터 인간이 이끌어 내려 했을 모든 변명을 보다 잘 봉쇄할 수가 있었다.

사람들은 이 모든 "찬반"을 종합할 때, 첫눈에는 근본적인 중립 내지는 무관심을 결단하고 싶어 한다. 왜냐하면 양편에 공통적인 전제들 안에서는 근거와 대립 근거의 무게가 거의 균형을 유지하는 것 같이 보이기 때문이다. 사람들이 17세기 말 이래 행했던 것 같이, 양편에 신학적으로 공통적이었던 것으로 거슬러 올라가서 거기서부터 일종의 기분과 취향에 따라서 이편 혹은 저편을 위해서 찬동을 선언할 수 있을 것이고, 마스트리히트의 중재안이 보여 주었듯이, 양쪽의 입장들이 화해 불가능한 것이 아니라 오히려 경우에 따라서는 통일될 수 있었다는 것으로 자위할 수도 있을 것이다. 나는 이것이 가능하다고는 생각하지 않는다. 우리가 이 논쟁을 실제로 이해했다면, 이 논쟁의 판정에서 "미결정"은 원칙적인 것일 수 없다: 이것은 어떤 결정의 포기를 의미할 수 없고, 오히려 다만 이 논쟁은 당시에 사람들이 싸웠던 토양 위에서는 종결될 수 없고, 저 토양 위에서는 또한 우리에 의해서도 운좋게 종결될 수 없을 것이라는 것을 확정지을 수밖에 없음을 의미할 따름이다. 그러나 이것은 이 논쟁이 우리와 어느 정도 상관하고 우리도 우리의 위치에서 어떤 결정을 내리도록 부름받았음을 배제하지 않는다. "예정의 대상", 선택받은 인간에 대한 물음은 이제 한번은 우리의 물음이다. 그리고 우리도 이 물음이 16세기에 만족스럽게 답변되었다고는 볼 수 없다. 그러므로 우리는 17세기의 물음을 불필요한 것으로 포기하거나 자의적으로 답변하도록 내맡길 수 없다. 또한 우리는 상이한 방향들에서 신학적으로 공통적인 것으로 거슬러 올라갈 수도 없다. 왜냐하면 이것은—우리에게도 표준적인 칼빈주의 도그마의 기본 관심사를 제외하고, 그리고 이 관심사에 대한 우리의 이해에서부터 볼 때!—우리에게는 문제가 되었기 때문이다. 우리가 다른 전제들에 근거해서 당시 제기했던 물음에 대한 답을 찾을 때, 당시의 답변들이 우리의 답이 될 수는 없을지라도, 그것들이 우리에게는 아무래도 상관없다고 할 수 없었으므로, 우리는 당시에, 그리고 우리에게는 불확실해진 당시의 신학적 통일 속에서 어느 쪽이 상대적으로 보다 정당했는지를 물어 보아야만 했다. 우리는 여기서 어디에 구애됨이 없이 감정과 기호에 따라서 판단한다고 생각할 이유도 없고, 또한 당시 사람들이 경우에 따라서 이러저러한 방식으로 중재를 했다는 것으로 만족한다고 생각할 이유도 없다. 당시의 기반 위에서 경우에 따라서 양측 입장을 취할 수 있었다는 것을 안다고 해서 우리가 이런 역사를 통해 교훈을 받을 수 있는 것은 아니다. 우리는 저 기반 위에서는 두 입장이 그 나름대로 필연적이었다고, 그러나 또한 양자는 실제로 다만 "경우에 따라서", 즉 어쩔 수 없는 사정 아래서 수용되고, 다만 "경우에 따라서"만 상호 통합될 수 있었다고 확신한다. 우리가 알아야 하는 것은 이것이다: 두 입장들 중 어느 편이 당시의 전제들의 문제점 안에서—그것이 당시나 오늘에도 정당한 물음에 대하여 다른 토대 위에서 주어져야 하는 답변을 보다 더 분명히 예비했기에, 따라서 우리가 이 다른 토대를 수용하고 그것에 접속하고,

당시의 논쟁에서 스스로 결정할 수 있고 따라서 이런 과거의 교회 신학과의 냉담한 불연속선 안에서가 아니라, 연속선(우리를 과거와 결합시키는 끈, 과거를 파괴하지 않고 수용하는 끈) 안에서 계속적으로 생각할 수 있다는 의미에서 — 보다 정당성을 가졌는가?

우리가 이렇게 묻는다면, 당시에 타락 전 예정론자들이 상대적으로 많은 정당성을("우선 고려해야 할 것을 고려한 후에" 그리고 "간과해야 할 것을 간과한 가운데") 가졌다는 답변이 불가피할 것이다. 우리가 타락 전 예정론자에게 이의를 제기한 것과 우리도 그에게 이의를 제기해야 했던 것은(이것은 타락 후 예정론자들의 상대적 권리이기도 하다.) 결국 그들 입장이 지닌 일정한 위험들을 지시하는 것으로 끝난다. 그들의 완고한 신중심주의 배후에 어딘가에는 역시 고집스러운 인본주의로 뒤바뀔 위험이 도사리고 있다. 타락 전 예정설이 실제로 인본주의로 뒤바뀐 것을 예비했다는 것은 적어도 매우 개연성이 있다고 말할 수 있다. 그리고 그들이 창조, 죄, 구원을 하나님의 영광의 계시라는 통일된 관점 아래서 함께 전망한 것 배후에는 어디엔가에 악의 문제를 상대화하고 하나님과 인간의 모든 관계를 일종의 대립 없는 자연 과정으로 해체하려는 위험이 도사리고 있다. 그러나 어떤 입장이 위험하다는 것은, 아직 그것이 그릇되다는 것을 말하는 것은 아니고, 더구나 그 반대 입장이 옳다는 것도 아니다. 그리고 이제 바로 여기서, 타락 전 예정설은 저 네 가지 공통적 전제들의 치명적인 토대 위에서 있었기 때문에, 바로 그렇기 때문에 타락 전 예정설의 명백한 위험들은 정확히 볼 때에 실제적인 위험이며, 미래의 불편한 역사를 예비할 수 있었고 실제로 예비했다는 것을 지시할 수 있다. "예정의 대상"이 추상적으로 이해된 인간 개인이라면, 하나님의 원초적인 의도를 그의 선택과 버림에서 발견하려는 것은 물론 매우 위험할 것이다. 예정이 모든 시간적 현실의 저 안정된 체계를 영원히 세움에 있고 이 체계 속에서 하나님의 선택과 버림이 평형을 유지한다면, 하나님의 주권 사상을 무조건적으로 관철하는 것은 위험할 것이다. 그럴 경우에 타락과 악은 하나님이 의지한 선한 종말의 목적을 위하여 필연적으로 예지되어 설정된 수단으로 이해될 것이다. "절대적 결정"이 하나님의 예정의 근거에 대해서 말해야 할 최종의 말이라면, 하나님을 그가 일정한 수의 인간 개인들을 거부할 수 없게 천국을 위해 예정하고 일정한 수의 다른 자들을 거부할 수 없게 지옥을 위해서 예정함에서 그의 영광의 계시를 보고 계획하고 완수하는 자, 그렇기 때문에 온 세상을 창조했고 죄와 악마의 존재를 허용했고, 그런 한에서 원했던 자 그러므로 소위 이런 선행하는 행동과 함께 단숨에 또한 구원의 역사를 수행했던 자로서 이해하는 것은 매우 위험하다. 구원의 역사는 그런 것으로서 만물에 대한 저 영원한 결정에 의하여 부름과 완고케 함을 의미하고, 선택과 버림의 수단이 되어야 한다. 양자는 흔들릴 수 없이 안정되고, 양자는 부동의 평형을 유지하고, 또한 양자는 똑같이 하나님의 감추어진, 전적으로 익명의, 그 자체로 폐쇄된 호의를 수행함으로 이해된다. 다음 사실은 전적으로 정확하다.— 그리고 이것이 타락 후 예정론의 상대적 정당성을 근거 짓는다: 저 전제가 유효하다면, 타락 전 예정론자의 하나님의 모습은 악마의 모습이 될 수도 있다. 따라서 우리는 가톨릭교도들, 루터파, 아르미니우스파, 그리고 또한 많은 개혁파 사람들이 경악하면서 이 가르침으로부터 등을 돌린 것을 이해할 수 있다. 그러나 우리는 분명히 해두어야 한다: 이런 위험, 이 경악스러운 인상을 일깨운 것은 저 전제들의 기초 위에서 감행된 타락 전 예정설의 명제이다. 저 전제들에 결부된 타락 전 예정설은, 일종의 지성적 파렴치함에 의해 우리를 매혹하고 감동시킬 수 있고 어느 정도 이런 성격을 실제로 가졌던 시도이다.(예를 들어서 마코비우스 학파에서 그렇듯이) 그러나 저 전제들이 모든 고대 신학과 또한 17세기의 타락 전 예정론자들에게 물론 그러했듯이 그렇게 필연적이고 확고한 경우에만 이 위험은 타락 전 예정설의 명제에 불리할 것이다.

이제 그러나 잠깐 타락 전 예정설을 이 배경과, 또 그것에 의해 영향을 받은 모든 요소들로부터 분리시키고 해체시켜서 생각해 보자: 문제는 세상에, 세상 안에서, 인간에게, 인간을 위해 일어난 역사, 이로써 세상과 인간의 기원, 목표, 의미를 그의 사랑에서 우월한 하나님의 영원한 결정으로 이해하는 것이다. 이 하나님이 자기 자신을, 그러므로—그는 모든 영광의 총화이므로—그의 영광을 전달하고 계시하려고 한다는 것이 그의 창조의 원초적 근본적 의도이다. 그리고 모든 사물은 그의 창조이기 때문에, 그러므로 그는 만물의 주이기 때문에, 이런 그의 원초적 근본적 의지는 만물의 시작, 시간 안에서 미래적인 모든 것이 미리 결정되고 담겨져 있는 영원한 현실이다. 그러나 만물의 시작으로서 이런 그의 원초적, 근본적 의지 속에서 하나님은 어떤 것을, 이것이나 저것을 원한 것이 아니라 인간을 원한다: 인간의 이념, 인간성, 많고 다양하고 인간 개인들이 아니라 오히려 "추상적으로" 만물이 아니라 "구체적으로" 만물을 원한다. 하나님은 인간을, 그의 인간을, 그의 선택받은 인간을 원하는데, 그의 영광의 증인, 따라서 그의 사랑의 대상이 되게 하려는 의도를 가지고서 인간을 원한다. 하나님은 그 안에서 또한 인간성을, 그러나 그 안에서 또한 우리가 인간 이념이라고 부를 수 있는 것을 원하고—그러나 바로 그 안에서 그리고 그렇기 때문에 우선적으로 본래적으로 직접적으로 그를, 그에 의해 선택받은 이런 그의 인간을 원한다. 이런 그의 선택받은 인간은—그리고 하나님은 그와 함께 이것을 원한다.—그의 영광의 증인으로서 하나님이 적극적으로 하나님이라는 것, 하나님이 의지하는 것과 또한 하나님이 아닌 것과 하나님이 의지하지 않는 것을 동시에 계시하고 확증하고 입증하게 된다. 적극적으로가 아니라, 제한하면서 분리하면서, 거부하면서, 소극적으로 후자를: 하나님의 제2의 '그래'로서가 아니라, 하나님의 '그래'에 상응하는, 다만 그런 것으로서만 이런 상응과 대립 안에서만 신적인 '아니'로서, 하나님의 '그래'의 필연적 한계를 이루는 '아니'로서 계시하고 확증한다. 하나님은 확실히 그가 아니고 의지하지 않는 모든 것으로부터 하나님으로서 영원히 자기 구별을 하면서 스스로 살아가는 것 같이, 하나님은 확실히 하나님이며 하나님이 아닌 것이 아니다. 하나님 자신은 이런 의미에서 존재하고 존재하지 않으며 원하고 원하지 않기 때문에, 하나님은 그가 창조한 세상 안에서 또한 그의 사랑의 대상, 그의 영광의 증인을 이런 이중적 의도로 증인으로: 그의 '그래'와 의지의 증인으로, 그리고 그의 '아니'와 그의 비의지의 증인으로 원하고 정하였으니, 이것은 하나님이 실제로 그와의 계약 안에서 살고 실존하기 위함이고, 그에게서 하나님의 온 영광이 드러나기 위함이다. 이 인간이 타락하고 죄짓는 것이 하나님의 뜻이 아니고, 하나님이 원하지 않는 죄가 이런 그의 선택받은 인간들을 통해서도 부정되고 기각되고 배제되는 것, 이런 그의 선택받은 인간도 하나님에 의해 부정된 것을 부정하고 이로써 하나님의 '그래'를 영광스럽게 하고 선포하는 것이 하나님의 뜻이다. 이러한 그의 온전한 영광을 위하여, 인간과의 계약의 완전성을 위하여, 그러므로 또한 그의 사랑의 완전성을 위하여 하나님은—이 인간의 악, 타락, 범죄를 원하거나 시인하는 것이 아니라(그 인간이 그의 선택받은 자라면 그렇게 되지는 않을 것이다!) 그를 죄인, 즉 죄의 짐을 진 자, 죄의 저주와 비참으로 억눌린 자, 그 자신처럼 이러한 대립 속에 처해 있는 자, 죄에 대해 '아니'를 말해야 할 필요 속에서 자기 자신의 동반자가 되는 자, 그 자신과 함께 '아니'를 말하고 이로써 자기 자신의 '그래'를 역설하도록 정해진 자로서 원하고 시인한다. 그러나 하나님 자신이 저 자기 구별에서, 그가 아닌 것,

그가 원치 않는 것을 배격함에서 그와 대결했듯이, 이 인간은 이것을 위하여 하나님에 의해서 부정된 것과 실제로 대결해야 한다. 그러나 하나님이 부정한 것, 그러므로 악과의 이런 대결은 이 인간에게는 ― 그가 확실히 하나님이 아니고 그러므로 전능하지 않으므로 ― 다음을 의미할 따름이다: 즉 그는 세력, 즉 인간인 그를 능가하는 세력으로서 악과 대결하고 있다. 그러므로 그에게는 악의 극복은 하나님에게서처럼 자명한 일이 아니다. 악의 극복은 그에게는 사건, 역사의 내용이 되어야 한다. 곤궁과 그것의 제거의 역사, 죽음과 부활의 역사, 심판과 사면의 역사, 패배와 승리의 역사. 하나님 자신에게서는 단순한, 직접적인, 한 순간도 의문시될 수 없는 어둠에 대한 빛의 승리가 되는 것, 이것이 피조적 공간 안에서, 그러므로 인간에게는 ― 하나님은 인간을 그의 영광의 증인으로 가지기를 원했으므로 ― 이런 역사 형태를 가져야 하고, 이것은 시간 안에서, 저 길에서 사건이 되어야 했다. 하나님이 인간을, 그의 선택받은 인간을 원함으로써 하나님은 이 길을, 그러므로 인간이 저 악의 세력과 대결함을 원하고, 그러므로 인간을 이 세력에 의해 시련받는 자, 그가 인간이고 하나님이 아니기 때문에, 스스로는 이 세력을 감당할 수 없고 그것에 굴복당하는 자로서 원하고, 하나님은 자신이 인간을 이 굴복에서 도와주어야 하고 도와주려 하는 자, 이 굴복에서 인간에게 오직 승리를 줄 수 있고 주려는 자가 되기를 바라며, 그러므로 인간이 그의 은혜로써 살게 되기를 원하고, 그의 은혜에 전적으로 의지하는 인간을 원한다. 하나님이 이런 인간을 원하는 것은, 인간이 그를 통해 죄의 지배로부터 해방된 자로서, 그를 통해 죄에 뒤따르는 죽음에서 구출된 자로서, 인간이 저 길을 가려면 하나님 자신이 그를 위해 옹호하고 개입해야 하고 개입하려 할 그런 인간으로서 하나님의 영광을 선포하기 위함이다. 그러므로 하나님은 물론 "타락할 수 있는 인간"을 원한다. 이것은 그가 타락하게 하기 위함이 아니라, 그가 타락한 인간으로서 그의 온 영광의 증인이 되기 위함이다. 그리고 이 "타락할 수 있는 인간"을 원하고 선택한 것은 타락을 위해서가 아니라, 그 자신의 능력의 행위를 통해서 타락으로부터 일어나고 부활하게 하려는 것이고, 시간 안에서, 그의 창조의 공간 안에서 그의 영원한 자기 구별을 입증하기 위함이다. 그의 선택받은 인간을 미리 정함이 하나님의 영원한 은혜의 선택, 하나님이 그의 창조 행위를 시작하기 전에, 영원 전부터 인간에게, 인류에게, 저 개별 인간에게 그리고 온 창조물에 대해 스스로 생각하고 결정한 모든 선행의 총괄 개념이다. 하나님의 '그래'와 그러므로 또한 하나님의 '아니'의 담지자, 대표로 예정된 인간, 죄와 죽음에 대한 승리를 위해 예정된 인간, 그러므로 또한 하나님의 심판을 감당하기 위해 예정된 인간의 존재가 하나님의 약속, 말씀이니, 이 말씀 안에서 영원 전부터 선택하는 하나님은 온 인류와 각 개별 인간과 대결하며, 이 말씀 안에서 그의 선택하는 의지가 우리와 만나고 그 말씀을 통해 그가 우리와 담판한다.

    이것이 고대 신학의 문제성 있는 전제들로부터 해리되고 정화된 타락 전 예정설의 이론이다. 우리는 어쨌든 저런 배경으로부터 해리된 모습을 한 순간 상상할 수 있다. 그 이론의 결정적인 의도와 명제들이 가시화될 수 있을 것이다: 하나님과 우리 사이의 관계 문제에서 말해져야 할 처음이자 마지막 말로서의 하나님의 우월성에는 어떤 단절이 일어나서는 안 된다. 그러나 이 우월성은 성서적인 하나님의, 그러므로 심판을 하나 또한 자비로운, 자비롭고 그렇기 때문에 심판하는 하나님의 우월성으로 이해되어야 한다. 이것에 대한 생각은 인간의 처음이자 마지막, 유일하나 또한 실제적인 위로요 훈계가 되어야 한다. 죄지은 인간은 자신을 하나님의 사랑의 대상으로서, 그의 영광의 증인으로서 이해해야 한다. 즉 그는 전적으로 하나님의 은혜로 산다는 것을 이해해야 한다. 은혜로 산다는 것은, 하나님 자신이 그를 위해 죄에 대항하여 개입한다는 것을 의미한다. 인간은 스스로는 죄를 극복할 수 없으나 하나님은 저 그의 선택받은 인간의 존재를 통해서 그 안에 있는 죄를 극복할 것을 약속했다. 그러므로 그는 이 선택받은 인간 안에서, 이 인간과 함께 그에게 주어진 약속에서 살아야 한다.

우리는 문제성 있는 전제들로부터 해리된 이런 타락 전 예정설 이론에 대해서, 그것이 두 방향에 공통적인 칼빈의 관심사를 적극적으로 수용하고 인정했다고 말해야 할 것이다. 그리고 우리는 그것이 역사적 타락 전 예정설이 물론 위협받고 있던 저 위험들에 노출되어 있다고는 말할 수 없다. 이렇게 이해된 타락 전 예정설의 신은 저 거룩한 이기심 때문에 그의 영광을 계시함에 관심을 가지는 것이 아니다.(인간은 이 영광에 대해 하나님의 자기 목적의 단순한 도구가 된다.) 오히려 이 하나님은 인간을 사랑하고 그의 사랑 안에서 그 인간을 자기 자신의 동반자로 만들며 그를 자신의 '그래'에 참여시키고 '그래'를 위하여 또한 그의 '아니'에도 참여시킨다. 그러므로 이 하나님은 그를 저 대립 속에 세우고 자기 자신이 이 대립의 극복자가 된다. 이렇게 이해된 타락 전 예정설의 신은 그러나 또한 인간의, 즉 인간 개인의 저 거룩한 이기심에 도전하지도 않는다. 왜냐하면 인간 개인이 신적 영광의 계시의 궁극적 목표가 된다고는 말할 수 없기 때문이다. 인간 개인에게는 차라리 하나님의 한 선택받은 인간 안에서 그에게 주어진 약속을 붙잡는 것만이 남아 있고, 그러므로 그 자신의 복락을 그에게 개인적으로 설정된 목표에서가 아니라 저 다른 인간, 하나님의 선택받은 인간의 승리와 복락에의 참여에서 찾고 발견하는 것만이 남아 있기 때문이다. 다시금 이렇게 이해된 타락 전 예정설의 신은 악마 같은 얼굴을 가졌다고 책망받을 수 없다: 그의 계획과 의지가 이런 그의 선택받은 인간 안에서 있게 될 악의 부정을 목표함으로써, 그리고 그가 그의 창조물에게 이런 그의 선택받은 인간 안에서 그 의미와 목적을 부여함으로써, 그가 그의 창조물, 혹은 그의 창조물의 일부를 악의 지배 영역으로 정했다고 말할 수는 없다. 이런 한 선택받은 인간 안에서 창조 영역 내에서의 악의 지배를 미리 부정한 그는 이 한 선택받은 인간 안에서 악의 지배를 다만 승리로써 맞서는 세력으로서, 암흑의 파괴된 나라로서 드러나게 할 따름이다. 그리고 이렇게 이해된 타락 전 예정설의 신은, 악을 실행할 때에 하나님이 악도 원했다는 것으로 위로받고 그것으로써 자신을 변명하고자 하는 경솔함, 이런 많이 두려워하는 경솔함을 도발할 수 없다. 하나님은 악을 의지했지만, 그러나 다만 거룩하고 의로운 비의지 안에서만이니, 하나님은 비의지의 증인으로 인간을, 그의 선택받은 인간을 창조했고 불렀으며, 비의지를 실행하기 위해서 이 인간의 역사는 하나님 자신이 신이 되고 신이 되지 않지 않는 그런 영원한 자기 결정에 상응해서 일어난다. 만일 누군가 하나님이 이렇게 의지한 악을 알면서, 혹은 모르면서 실행한다면, 그는 책임을 벗어나는 것일까? 하나님이 세워 준 인간의 존재는—그의 존재 안에서 하나님은 우리를 위해 악을 부정했다.—누구에게 고발되고 심판을 받아야 하겠는가? 우리로 하여금 계속하여 죄 짓도록 허락하는 것은 죄를 해소하는 하나님의 은혜는 아닐 것이다.

그러므로 타락 전 예정설은 모든 것이 유효하려면, 그의 역사적 면모가 날카롭게 교정되고 보완됨으로써 이해되어야 한다: 그러므로 모든 것이 유효하려면 예정의 개별적 목적뿐 아니라 선택과 버림이라는 선행 체계의 안정과 평형을, 또한 무엇보다도 "절대적 결정"의 우상을 진정으로 포기하고, 그 대신 선택받은 인간 예수 그리스도를 신적 예정의 본래적 대상으로 인식해야 한다. 그러나 그것의 근본 사상을 제거함이 없이 저 전제들을 또한 포기하는 것, "타락할 수 있는 인간"의 명제를 실질적으로 변경함이 없이 그리스도론적 방향에서 정확히 서술할 수 있고, 그의 입장을 완전 무결하게 관철하기 위해서 그것을 이렇게 수정하고 보완해야 한다는 것은, 타락 후 예정설에 대한 타락 전 예정설의 결정적인 장점이다. 타락 전 예정설은 사람들이 대담하다고 감탄할 수 있는 어떤 것, 칼빈의 관심을 철저히 관철한 것으로 인정해야 하고, 그것의 엄격함과 위험성 때문에—저 토대 위에—불가능한 것으로 느끼고 거부해야 하는 어떤 것을 말함으로써, 실로 저 문제성 있는 전제들을 위협한다. 타락 전 예정설은 저 전제들의 기반 위에서는 불리할 수밖에 없었고, 사랑받기보다는 두려움을 받는 과격파들. 아웃사이더들의 대담한 사적 견해로 오인될 수밖에 없었다. 그것을 관철하고 인정하려면 너무나 긴급하게 전체를 새로이 기초 설정할 필요가 있을 것이다. 그러나 이것이 이제 실질적으로—그리고 이로써 결국 역사적으로도—그것의 장점이 될 것이다: 그것은 당시의, 저 전제들에 얽매인 형태 속에서 전진도 후퇴도 할 수 없을지라도 앞으로 밀고 나갔다.

타락 후 예정설이 앞으로 밀고 나갔다고는 말할 수 없다. 타락 후 예정설은 다만 타락 전 예정설의 위험에서 자양분을 받은 반대 견해였다. 그것이 이 위험을 발견했다는 것이 그의 공로이고, 그런 한에서 그의 이의는 그의 훌륭한 권리였다. 우리는 이미 그의 결정적인 논거들이 신앙의 논거가 아니라 논리학과 도덕의 논거들이었다는 것을 깨달았다. 이것은 "창조되고 타락한 인간"이라는 그의 명제는, 타락 전 예정론자들이 공통의 관심사를 대변함에서 전진적으로 말하려 했던 것을 능가한 것이 아니라, 그것에 못 미친 것이고, 개선한 것이 아니라 약화시킨 것임과 관련이 있다. 타락 후 예정론자들은 타락 전 예정론자들에 대항하여, 그들의 위험을 지적하면서 그들의 명제를 거부함으로써 오랫동안 변호할 수 없었던 것을 변호했다. 그러나 타락 전 예정론자들은 만물의 시초에 모든 세상과 역사 이전에, 하나님의 영원한 계획 안에서 선택하는 하나님과 선택받은 인간이 있었으니, 실로 자비롭고 의로운 하나님과 이 하나님에 대립하는, 영원 전부터 죄인이요 멸망한 인간으로서의 "타락할 수 있는 인간"이 있었다는 것을 말하려 했다. 그들은 타락 전 예정설이 이런 전제들로부터 벗어나서 말해야 했을 것을 확실히 말하지 않았고, 그들의 전제 위에서 또한 말할 수 없었다: 즉 영원 전부터 선택하고 자비롭고 의로운 하나님이요 영원 전부터 선택받은 "타락할 수 있는 인간"이 바로 예수 그리스도라고 한다는 것. 그러나 우리는 타락 전 예정설이 이런 방향을 지시하는 것으로서 이해되고, 보완되고, 수정될 수 있다는 것과 바로 이 방향으로 보완, 수정되기를 호소한다는 것을 부인할 수 없다. 이것은 타락 후 예정설에 대해서는 말할 수 없는 것이다. 타락 후 예정설은 오히려 예정 결정 앞에, 위에 다른 결정, 즉 창조와 섭리 결정을, 그리고 제2의 결정, 즉 타락 결정을 놓음으로써, 그리고 이 둘과 예정 결정을 그것의 내적 맥락 안에서 보는 것과 이해하는 것을 금함으로써, 이 방향으로 열릴 수 있는 모든 문들을 닫았다. 타락 후 예정설에 의하면 만물의 시초에 하나님과 인간 사이의 관계에 관해서 (이 관계는 후에 하나님에 의해서 실제적으로, 궁극적으로 의지된 것으로서 드러난다.) 어둡고 불확정적이고 중립적인 이런 두 가지 하나님의 결정이 있었으니, 이 결정 속에서 하나님은 하나님으로서 존중을 받아야 할 것이지만, 여기서 우리가 이 두 가지 결정 속에서 자신을 이후에 저 실제적이고 궁극적인 관계 안에서 참된 신으로서 드러내고 계시하는 그런 하나님을 인식해야 한다는 것은 단순한 주장에 머물게 된다. 우리는 처음의 문맥에서부터, 어떻게 예정 이해가 거듭하여, 예정을 일반적인 신적 세계 질서의 틀 안에 놓았던 것, 예정을 토마스 아퀴나스의 분명한 지시에 따라서 단순히 "섭리의 부분"으로 이해하려 했던 것에 의해서 영향을 받았던가를 기억한다. 확실히 원래적인 칼빈주의나 종교개혁 신학 일반이, 구원 획득의 물음과 더불어 바로 이 "섭리의 부분"의 특별한 의미가 중세 신학에서는 서지 못했던 새로운 빛 속에 놓이게 되었음을 의미했다. 그러나 타락 전 예정설은 이를 넘어서 토마스 이래로 강제 표상이 되어 버린 틀을 파괴하려는 희망에 찬 시도를, 예정과 섭리의 관계를 전도시키려는 시도를, 즉 섭리를 예정에서만 이해하려는 시도를 의미했다. 이 시도에 반해서 타락 후 예정설은 종교개혁 신학에 의해 문제시되었으나 극복되지 못한 전통을 수호했다. 타락 후 예정설은 어느 정도 토마스의 저 명제를 윤허했다: 그것은 이로써 칼빈의 도그마를 심도 있고 집중적으로 이해하기를 포기했다. 그것은 이 도그마를 보다 잘 이해하는 데 아무 기여를 한 것이 없었다. 도르트레히트 노회에서도 그러했던 것 같이 타락 후 예정설은 이 도그마를 다만 그것의 전승된 형태로 반복할 뿐이었다. 타락 후 예정설은 두려움과 경고와 안전 장치를 가졌다. 그러나 공통적 신앙의 이해를 적극적으로 속행하는 명제들을 진술할 수 없었다. 그것은 다만 보수적이었다. 그러므로 타락 전 예정설에 대한 그것의 논거들도 본래적인 신앙의 논거일 수 없었다. 그리고 타락 전 예정설이 의지에 반하여 공통적인 신학적 전제들을 의문시하고 위태롭게 함으로써 그것들을 뒤흔들어 놓은 반면에, 그것들은 타락 후 예정설에 의해서 실제로 또 다시 확증되었다. 우리가 본 대로, 타락 후 예정설은 예정의 개인주의적 목적뿐 아니라 그 체계의 경직성도, 그것의 이중적 내용의 평형도, "절대적 결정" 안에 그것의 근원의 신비도 이완시켰다. 이 모든 것은 예정의 경륜에 선행하는 "자연 섭리의 경륜"에 대한 지시를 통해서였다. 이런 지시는 전체 예정의 경륜 위에 있는 하나님의 뜻에 대한 전망을 적어도 이론적으로 가능케 했다. 그러나 이런 이완이(실천적 의미를 얻으려면) 다만 불행만을 초래할 따름이었다면, 즉 자연신학으로 이끌 수 있었다면, 그것은 이론적으로는 어쨌든 저 전제들의 문제점을 또 다시 은폐하고, 열의 발발을 저지하고, 기초 위에 계속적으로 숙고하는 일을 불필요하게 만드는 효과를 얻어야만 했다. 그러나 이것은 좋은 의술이 아니다. 개혁파 신학이 이런 식의 안정을 시인으로써, 결국—그러나 너무 늦었을 때—저 전제들을 포기해야만 할 때까지 그것들을 계속 끌고 가기로 결정했다. 즉 계몽주의의 태양은 여기서와 다른 곳에서, 도그마의 본질이(사람들이 거기서부터 계속 사고하기를 오랫동안 지연했다.) 그것의 전승된 신학적 틀의 유지를 위한 순전히 보수적 두려움 때문에 상실되었으며, 차라리 그것을 주장하는 자들에게도 낯선 것이 되어서 그들이 그 신학적 틀과 더불어 그것 자체까지도 더 이상 진지하게 받아들일 수 없었고, 변호할 수 없게 되었다는 것을 드러냈다. 타락 전 예정설의 제안을 기각하는 전 과정도 17세기 신학에서 그렇게 특징적인 피로 현상에 속할 것이다. 이 피로는 그 다음 18세기 초 계몽주의에 대항하여 17세기 신학을 그렇게 무력하게 만들었으니, 이 현상 안에서 이 신학은 신학적 계몽과 그것의 해체의 싹을 내포하였다. 신학적 계몽이 바로 신앙으로부터의 사고를 피로하게 만드는 것이라면, 이런 사고는 그런 것으로서 피곤해짐에 따라서 필연적으로 불신앙으로부터의 사고가 될 수밖에 없었다. 타락 전 예정론자들의 사상은, 우리가 그들의 주장에 대해서 어떤 이의를 제기한다고 할지라도, 어쨌든 그 객관적 내용에서 신앙에 근거한 지치지 않는 사고였고, 17세기 신학을 위한 희망에 가득한 제안이었다. 그들의 제안이 17세기 신학을 이끌 수 있었다면, 18세기 초에는 신학이 아마도 전혀 달라졌을 것이고, 그 신학이 해체되지는 않았을 것이다. 이 제안이 이를 위해서 실제적으로 일어난 것보다도 훨씬 더 밀고 나갔어야 했다. 타락 전 예정설은 전승된 전제들을 의지에 반하여 동요시켰지만 그러나 의식적으로 그것을 공격하거나 파괴하지 않음으로써, 저 피로에 자신도 동참하였고, 그의 적수에 대해서 설득력을 가질 수 없었으며, 저 학문적 방향을 감수함으로써 만족해야 했다. 그러므로 타락 전 예정설은 예정론 역사 안에서 자신의 단초에 상응할 발전을 이룩하지 못했고 그러므로 또한 신학 전체를 위해서 그 단초에서 볼 때는 그랬어야 하지만, 유익한 자극제가 될 수 없었다. 그럼에도 불구하고 타락 전 예정설은 그 단초에서 칼빈의 도그마의 본질에서부터 전진했다는 사실은 변함이 없다. 그 전진은 그 자체로서 교훈적이며, 그 단초에 접속하는 것은 가치가 있는 일이다. 타락 후 예정설에 대해서는 바로 이것을 말할 수 없다. 우리는 타락 후 예정론자들에게서는 결국 다만 칼빈과 16세기의 다른 예정론 교사들에게서 역시 혹은 보다 잘 배울 수 있는 것만을 들을 수 있을 따름이다. 타락 후 예정론자들은 거기서 남는 문제들을 답변하고자 예정의 대상에 관한 물음을 보다 잘 답변함에 아무런 기여도 하지 못했다. 그들은 타락 전 예정론자들에 의한 답변이 공통적 전제들을 확고히 고수함으로써 만족할 수 있기에는 너무나 위험하다는 것만을 지시했을 뿐이다. 그러나 그들은 다른 보다 나은 답변으로 타락 전 예정론자들의 답변을 능가할 수 없었다.

2. 예수 그리스도의 선택에서 하나님의 영원한 의지

우리는 예수 그리스도의 선택에 관하여, 요한복음 1:1 이하에서 출발하여 두 개의 명제를 세웠고, 전개했다. 첫 번째 명제는 예수 그리스도는 선택하는 하나님이라는 것이었다. 이 명제는 영원한 은혜의 선택의 주체에 대한 물음에 답변하였다. 그리고 두 번째 명제는 예수 그리스도는 선택받은 인간이라는 것이었다. 이 명제는 영원한 은혜의 선택의 대상에 대한 물음에 답변하였다. 엄밀히 말해서 이 두 명제 속에 예정 도그마 전체가 포함되어 있다. 여기에 대해서 더 이상 말해야 할 모든 것은 이 두 명제로써 말해진 것을 전개하고 적용하는 것이어야 할 것이다. 두 명제는 확실히 한 예수 그리스도를 말하고, 확실히 하나님과 인간이 예수 그리스도 안에서 이 둘, 즉 다시 해체될 수 없는 상호 일체성, 그것의 완성을 주시해야 할 상호 일체성 안에서 선택하는 자요 선택받은 자인 것 같이, 두 명제는 해체될 수 없는 일체를 이룬다. 태초에 하나님 곁에 이 한 분, 예수 그리스도가 있었다. 그리고 바로 이것이 예정이다. 이 개념의 모든 내용과 관계들은 원래 그 안에 있고 거기서부터 이해되어야 한다. 그러나 여기서 진술된 예정론의 그리스도론적 근거, 출발 명제의 필요성과 유효 범위에 대해서 신중하게 설명할 필요가 없다고 하기에는 우리는 이제 전통적 궤도에서 너무나 멀리 벗어났다.

1. 우리는 인식론적으로 확정된 사실로 시작한다. 우리의 명제는 하나님의 영원한 의지는 예수 그리스도의 선택이다. 이 명제로써 우리는, 예정의 주체와 객체(선택하는 하나님과 선택받은 인간)를 규정함에서 결국 이 두 실체를 알려지지 않은 자로서 다루는 모든 예정 해석으로부터 우리 자신을 구별한다. 왜냐하면 선택하는 하나님은 그의 전능, 지혜, 정의, 자비에 따라서 자유로이 처리하는 최고의 존재이고, 그에게는 만물에

대한 지배뿐 아니라 무엇보다도 우리 인간에 대하여 규정할 절대적 권리와 권세가 있다고 말한다면, 이 하나님은 결국 근본적으로 우리에게는 알려지지 않은 실체이다. 그리고 다른 한편으로 선택받은 인간이 하나님의 영원한 호의를 얻은 인간이요, 하나님이 영원 전부터 자기 자신과의 친교를 위해 예정한 인간이라고 말한다면, 이 인간도 결국 근본적으로 우리에게는 알려지지 않은 실체이다. 아무리 탁월한 예정 도그마의 변호자, 교사들의 이론일지라도 이 이중의 암흑에 가려져 있고, 이 도그마는 아무리 철저히 표현할지라도 바로 이것, 즉 우리가 양편으로는 실제로 커다란 암흑과 관계하며 관계해야 한다는 사실을 선포하기 위한 것임을 오인할 수 없다. 예수 그리스도의 선택에서 하나님의 영원한 의지에 관한 우리의 명제는 이것에 대립해서, 우리가 이 이중적 암흑의 존재를 부정한다는 것을 의미한다.

이 대립에서는 인간에 관한 하나님의 영원한 의지 안에 있는 그의 자유의 신비가 문제가 아니다. 우리도 이 신비, 즉 인간이 하나님의 영원한 의지를 통하여 그 자신의 신비 속에 수용됨을 통해서 이루어지는 하나님의 신비와 인간의 신비와 상관한다. 문제는 이 신비의 성격이니, 이 하나의 그리고 이중의 신비가 불가해한 빛 혹은 불가해한 암흑인가 하는 문제이다. 그러므로 우리가 이 빛에서 우리에게 알려진 하나님의 권위를 인정해야 하는가 혹은 알려지지 않은 하나님의 권위를 인정하고 존중해야 하는가—그리고 다시금 이 하나님의 권위에 대응하는 인간이 우리에게 알려져 있는가 알려지지 않았는가가 문제이다. 예정 도그마의 역사는 이제 참으로, 우리가 선택의 신비에서 암흑이 아니라 빛과 상관한다는 사실, 선택하는 하나님과 선택받은 인간이 우리에게 알려져 있으며 알려지지 않은 것이 아니라는 사실을 확정하는 큰 싸움에 의해서 점철되고 있다. 그러나 우리가 이제 감행하고자 하고 우리의 명제로써 이미 감행한 이 걸음을 감행하지 않는 한, 즉 우리가 하나님의 영원한 예정에서 양쪽으로 한 이름, 한 인격과 관계하고, 양편으로 같은 이름과 같은 인격, 즉 바로 예수 그리스도와 상관한다는 것을 인정하지 않는 한, 이 사실은 확정될 수 없었고 확정될 수 없다. 그렇지 않으면 개념의 주체가 아니면 객체가—그리고 보통은 양자가—언제나 다시금 저 암흑 속에서 망각되고, 언제나 이 암흑을 확정지음으로써 이 문제에 관해서 궁극적이고 결정적인 말을 해야 할 필요가 생길 것이다. 우리는 이런 유희를 더 이상 함께할 수 없다. 그것은(종종 그렇듯이) 무서운 혹은 또한 즐거운 전율을 자아내지만 그러나 결국은 신앙을 세우기보다는 분열과 파괴만을 초래할 수 있는 참되지 않고, 불쾌하고, 어쨌든 심히 비그리스도교적인 신비극이다. 우리가 여기서 문제가 되는 양자 중 한 쪽 혹은 다른 쪽에 관해서—보통은 양자 모두에 관해서—암흑 속으로 이끌리고 암흑 속에 방치되는 한, 우리가 누가 결국 선택하는 하나님이고 누가 선택받은 인간인지 알 수 없고, 알아서는 안 되고, 결코 거기에 대해 물어서는 안 되는 한에서, 우리가 신비 앞에 침묵하고 경배하고 겸비해야 한다고 우리에게 거듭거듭 강조하는 것으로는 충분하지 않기 때문이다. 올바로 침묵하고 경배하고 겸비하기 위해서는 우리가 누구와, 무엇과 상관하는지 알아야 한다. 신비가 그 자체로서 우리에게 드러나야 한다. 즉 이 신비는 우리로 하여금 일정한 침묵, 경배, 겸비하게 할 수 있는 능력과 권위를 가진 일정한 성격을 가져야 한다. 그렇지 않으면 우리가 빈틈을 우리 스스로 메우고, 우리가 알려지지 않은 것을 우리 스스로 우리에게 알게 만들려 하고, 우리가 독자적으로 그것에 이 이름, 저 이름 혹은 개념을 부여하는 것이 불가피하다. 우리는 이런 현실 혹은 저런 현실 속에서 독자적으로 이 신비를 탐구하지 않을 수 없고, 자기 투영된 하나님 상과 인간 상 앞에서 침묵, 경배, 겸비 속으로 빠지지 않을 수 없다. 우리에게 이 암흑을 지시하는 자는 이 침묵, 경배, 겸비를 확실히 의도하지 않았지만, 그러나 전통적 예정 도그마의 대변자들이 그랬듯이, 그가 우리에게 신비의 올바른 형태를 보여 주기를 거부하는 한, (우리는 올바른, 독자적이 아니라 이 형태에 의해서 요청된 정적, 경배, 겸비로써 이 신비의 형태와 대면할 수 있고 해야만 할 것인데) 우리는 침묵하지 않을 수 없고, 경배하지 않을 수 없고, 겸비하지 않을 수 없을 것이다.

우리가 본 대로, 종종 사람들이 그것을 감행하기 직전까지 갔음에도 불구하고, 우리가 지금 진행하고자 하는바, 선택하는 하나님과 선택받은 인간의 올바른 형태를 향해 전진하는 일은 오랫동안 감행되지 않았다는 것은 커다란 역사적 수수께끼이다. 예정론이 이런 상황하에서, 사람들이 그것에 도처에서 부여하려 했고 부여해야 했던 근본적인 의미를 주장하거나 관철할 수 없었던 것, 그것이 오히려 좌로나 우로 치명적으로 발전할 계기를 마련해 주었거나 혹은 일종의 거침돌로서 도외시되었다는 것은 수수께끼가 아니다. 즉 예정론은 그리스도교 신앙의 근거에 대한 숙고에 불이익이 되었으니, 여기서 알려지지 않은 하나님과 알려지지 않은 인간에 대한 저 신비극이 궁극적이고 유일한 가능성이 되기 위해서는, 숙고는 여기서 근본적으로 시작될 수 없을 것이고, 필연적으로 위태로울 수밖에 없다.

그러나 우리가 여기서 전진과 갱신을 감행한다는 사실이, 그것이 감행되어도 좋은지 우리 자신에게 물어 볼 충분한 계기가 되는가? 우리가 여기서 정당한가? 예수 그리스도의 선택이 예정 도그마의 본질이라는 우리의 명제가 이제 다시 하나의 자의, 침해가 될 수도 있지 않은가? 이 명제로써 저 이중의 암흑이 제거된다는 것, 이 명제에 의하면 알려지지 않은 하나님과 알려지지 않은 인간이 하나의 인물이 된다는 것, 양자가 상호 한 이름, 한 인격의 이름을 얻으며, 따라서 우리가 여기서 누구 앞에 침묵하고 경배하고 겸비해야 하는지 알게 된다는 것—바로 이것은(예정론의 역사를 돌이켜볼 때) 놀라운 빛을 비춰 줌을 의미한다. 그러므로 우리는 여기서 위험한 것은 없는지, 우리가 여기서 얻을 수 없는 것을 취하지 않았는지 물어야 한다. 우리가 예수 그리스도가 선택하는 하나님이요 선택받은 인간이라는 것과 그러므로 우리가 이 신비에 관해 계속 말해야 할 모든 것이 이 이름에 근거한다는 것을 어디서 아는가? 우리가 옛날의 예정론 대변자들에게, 그들이 어디서 결국 알려지지 않은 하나님과 결국 알려지지 않은 인간에 관해서 알았는지를 묻는다면, 우리는 우선 매우 분명히 여기서 하나님과 인간에 관한 그리스도교적 이해의 고백보다는 존재의 근원과 전개에 관한 일정한 철학적 고찰 작업을 재발견하게 된다. 그들은 원인과 결과, 무한과 유한, 영원과 시간, 이념과 현상에 대해 숙고함으로써, 혹은 이런 숙고의 논리적 적용의 결과 우선 알려지지 않은 하나님의 권위적으로 결정하는 의지와 결국 알려지지 않은 인간이 결정되었다는 사실에 봉착했다. 그러나 우리는 그들도 성서를 신중하게 읽었다는 것, 그들이 자신들의 예정론으로써 로마서 9-11장과 다른 예정론 구절들을 우리처럼 잘 주석할 수 있다고 믿었다는 것, 그들이 분명히 성서를 통해서도 우리가 지금 실행하는바 이 방향으로 전진하도록 자극을 받거나 요청받지 않았다는 것, 오히려 그들은 성서를 통해서도(또한 엡 1:4와 유사 구절을 통해) 만물의 시초에 하나님과 인간에 관해 이중의 암흑이 있음을 가정한 것을 확증받았다는 것을 간과할 수 없다. 왜 그들이 이 일을 했고 할 수 있었는가 하는 이유와 우리는 어째서 이것을 더 이상 할 수 없고 또 해서는 안 되는가 하는 이유는 매우 깊은 데 있으며, 그들이 성서에서 유래하지 않은 일정한 사고 도식에 매어 있었고, 그것의 도움을 받아서, 그리고 그것에 얽매어 또한 성서를 읽었다는 이 사실만이 (우리는 그런 도식에서 벗어났던 반면에) 여기서 이유로, 어쨌든 결정적인 이유로 간주될 수 없다. 우리가 어디서 어떻게 성서에서 선택하는 하나님과 선택받은 인간을, 그러므로 하나님의 선택의 현실 전체를 인식해야 하는가 하는 문제에 대한 결정은 오히려 성서 읽기 자체에서 내려진다. 우리는 이 현실에서 출발해야 하고, 이 현실은 선택에 대한 우리 자신의 숙고와 담론의 대상을 이루어야 한다.

　직접적으로 분명하게 하나님의 선택 혹은 예정에 대해 말하는 성서 구절들은 비교적 많지 않다. 사람들은 거듭하여 거기서 출발해야 할 것이다. 그러나 이 구절들은 무엇에 관해 말하고, 우리는 그 구절들을 통하여 어느 방향을 바라보도록 요청받는가? 우선 문제는 이 구절들이 말하는 주제가 이 구절들에서 한번 나타나기 때문에 하나님과 인간 사이의 사건에 대한 다른 모든 진술들 속에서 필수적인 배경으로 함께 고려되어서는 안 되는가, 성서에서 인간에 대한 하나님의 행동으로 증언되어 있는 어떤 무엇을 이 배경에서가 아니고 달리, 선택받은 인간에 대한 선택하는 하나님의 행동에서부터가 아니고 달리 이해할 수 있는가이다. 이런 해석적 문제를 고려함에서 우리는 예정론의 모든 고전적 대변자들과 의견의 일치를 이루는 듯하다. 이 개념의 내용을 고려할 때 달리 될 수가 없다: 이 개념은 성서에서 하나님과 인간에 대해서 말하고 있는 모든 것을 포괄하는, 언제나 어디서나, 그러므로 그 개념이 직접 나타나지 않는 곳에서도 함께 고려되어야 할 근본 개념에 속한다. 성서의 영원한 하나님은 선택하는 하나님이다. 그가 지나치고 유기하고 진노하고 혹은 인간을 단순히 자신의 목적을 이루기 위한 도구로 사용할 때에도 선택하면서 행동한다. 그리고 시간적 인간은(어떻게 이해하든지) 하나님에 의해 선택받은 인간이다: 이스마엘과 에서도, 파라오도, 사울도, 고레스도, 가룟 유다도, 그리고 멀고 가까운 이교도들과 이교도 민족들도 어쨌든 잠재적으로 선택받았고, 어쨌든 하나님의 선택의 증인으로서, 선택받은 인간의 증인으로서 선택받았다. 하나님에 의해 버림받았거나 혹은 단순히 이용당한 인간들도 그들 나름대로 선택받았다. 그리고 다른 한편으로 우리는 또한 예정론의 고전적 대변자들이나 우리가 성서에서 우리에게 창조, 화해, 구속의 신적 역사로서 증언된 것에 관하여, 다소간의 확실성을 가지고 예수 그리스도의 이름과 인격을 하나님의 모든 말과 행동의 중심과 완성, 그리고 본래적 의미로, 하나님의 모든 의도들의 목표로 이해했다는 점에서 그들과 일치한다. 사람들은 이 점에서 아우구스틴과 칼빈이, 그리고 토마스 아퀴나스가 그 나름대로 행했던 것보다 더 높이 예수 그리스도를 세울 수 없고, 하나님의 역사에서 그의 중심적이고 목적론적 기능을 더 분명하게 강조할 수 없다. 그러나 예정과 그리스도론 사이의 관계 문제에서 길이 갈라진다. 여기서부터 저기로 한 선: 고대로부터 잘 인식된바 하나님의 시간적 역사로서의 그리스도론적 중심과 목표에서부터 그들에 의해 잘 인식된바 하나님의 선택에서 이 역사의 영원한 전제에 이르는 선, 예정론이 그리스도론에서부터 설명되어야 하고 예수 그리스도는 동시에 예정의 진수로서 이해되어야 한다는 것을 의미하는 선이 있는가? 계시의 증언을 올바로 들을 경우 시간 안에서의 하나님의 역사의 중심에서부터 또한 그 역사의 영원한 전제를 이해하는 것을 중단할 수 있는가? 그래서 어쨌든 예정론의 옛 대변자들은 이 선을 긋지 않았다: 그들은 이렇게 동일시하려 하지 않았다. 예수 그리스도 안에 그의 중심을 둔 하나님의 역사와 이 역사의 영원한 전제는 그들에게는 별개였다. 확실히 그들은 저 영원한 전제에서 하나님, 삼위일체 하나님 외의 다른 자를 인식하려 하지 않았으니 이 하나님을 그의 역사 안에서 인식한 것과 다르게 이 하나님을 인식하려 했다: 이 하나님을 그의 시간적 행위의 형태 속에서는 인식하지 않았고, 저 이름과 저 인격과 분리해서 인식했고, 그를 예수 그리스도와 동일한 것으로는 인식하지 않았다. 확실히 그들은 거기서 또한 이미 영원한 예정의 원래적 대상으로서 인간을, 그러나 또한 보편적인 인간을 보았다.—그것이 인류 전체이든, 인간 개체의 집합이든 간에, 그러나 어쨌든 예수 그리스도와는 동일하지 않은 인간을 보았다. 그리고 확실히 그들은 한 선이 여기서 저기로: 하나님의 역사의 영원한 전제로부터 예수 그리스도 안에 있는 그 중심과 목표를 향해 가는 것을 보았다. 그러나 이 선은 그들의 성서 이해에 의하면 거꾸로 그어져야 했다. 영원한 예정은 하나님의 역사의 중심과 목표, 시간에 비해 일차적이고 독자적인 것이어야 한다: 시간 안에서, 예수 그리스도 안에서 사건이 되었던 것과는 또 다른 하나님과 인간의 대립. 그들에 의하면 하나님과 인간 사이의 이 두 번째 결정 및 그 결정이 내포하는 모든 일은 저 첫 번째 결정에서 비로소 결과되어야 했다. 이로써 선택하는 하나님은 누구인가와 선택받은 인간은 누구인가 하는 물음에 대한 구체적인 답변은 불가능해졌고, 예정론에서 저 이중적인 암흑이 필연적이 되었다. 예수 그리스도의 인격 없이는 우리에게는 또한 삼위일체 하나님도 어떤 얼굴도, 어떤 언어도 가지지 못하고, 그는 여전히 우리에게는 알려지지 않은 하나님이다. 그리고 우리가 선택하는 하나님을 알지 못한다면 우리는 누구에게 의존해야 하는가? 선택받은 인간에 대해 말할 경우, 이 인간이 어찌 우리에게는 알려지지 않은 자가 아닐 수 있겠는가? 그러나 어쨌든 간에, 옛 신학은 이런 사실들을 성서의 계시 증언으로부터 간파했다고 믿었다.

우리가 옛 신학에 이 점에서 이의를 제기하려고 할 때, 그들의 주석이 이 문제에서 보편적인 해석학의 결정의 경향을 따른다는 것을 보았다고 생각하기 때문에, 우리는 이렇게 한다. 이 해석학적 결정은 그 자체로서 공격받을 만하고, 우리는 그것을 따를 수 없다. 옛 신학자들 중에서 가장 우수한 자들은 우리에게, 성서의 계시 증언의 내용을 이루는 부르고, 칭의하고, 성화하는 말씀 안에서 진지하게 하나님의 말씀을 발견하도록 가르쳤다. 그 말씀 외에, 위에, 뒤에는 다른 말씀은 없고, 우리는 영원히 그 말씀에 의존해야 할 모든 동기가 있다. 이 말씀은 우리를 영원히 자신에 속박하는데, 우리는 영원히 이 말씀을 신뢰해야 한다. 그러므로 이 말씀은 우리로 하여금 자신을 지나쳐서 듣도록 허락하지 않는다. 이 말씀은 우리에게 그 자신 안에서 계시되는 것 외에 하나님과 인간에 관해서 다른 관념을 허락하지 않는다. 이 말씀은 우리의 사고를 이 관념으로 모으고, 우리를 이 관념에 고착시킨다. 이 말씀은 우리에게 모든 교란에 대해 경고한다. 이 말씀은 위의 모든 물음을 그 자신을 통해 만족시키려 한다. 왜냐하면 이 말씀은 이것을 실제로 할 수 있고, 이 말씀 외에는 다른 만족이 없기 때문이다. 하나님의 일 전체는 하나님의 이 말씀 안에 포함되어 있고, 그 안에서 계시되었으니, 하나님의 역사에 대한 어떤 깊은 인식도 바로 그의 말씀 안에서가 아닌 다른 곳에는 근거하지 않고, 그러므로 하나님의 역사에 대한 어떤 인식도 그의 말씀의 깊음이 아닌 깊음으로는 우리를 인도할 수 없을 것이다. 또한 옛 신학자들 중 가장 우수한 자들은 우리에게—그들은 또한 전승된 예정 교리의 고전적 대변자들이었다.—모든 면으로 완전하고 능가될 수 없는 이 하나님의 말씀을 예수 그리스도의 이름과 인격 아래서, 그 안에서 성취된 바 참 신성과 참 인간성의 통일에서, 그리고 그를 통해서 이 통일 안에서 일어난 행위에서 찾아야 하고, 확실히 발견하게 될 것이라고 가르쳤다. 다시금 그들은 우리에게, 하나님과 인간 인식에 관해서 예수 그리스도의 인식으로부터 조금이라도 벗어나는 것에 대해 긴급히 경고했다: 우로도 좌로도 치우쳐서는 안 되고, 다른 신, 다른 인간에 대해서 꿈꾸어서도 안 되고. 예수 그리스도를 직관함을 통해서 외에는 하나님과 인간을 다르게 알려고 해서도 안 된다. 어찌 우리가 특히 신약성서의 위대한 말씀들—그 말씀을 통해서 또한 구약성서도 철저히 조명을 받으니, 예수 그리스도에게는 하늘과 땅의 모든 권세가 주어졌고, 하나님은 그 예수 그리스도 안에서 하늘과 땅의 만물을 총괄하기로 결정했고, 예수 그리스도 안에서 지혜와 지식의 모든 보화가 숨겨져 있고, 예수 그리스도 외에는 다른 이에게 구원이 없으며, 그 이름 외에 다른 이름이 인간 구원을 위해 주어져 있지 않고, 예수 그리스도는 우리 믿음의 시작자요 완성자라는 것 — 모든 이런 분명한 개별적 증언들과 신구약성서 전체의 메시아 증언을, 옛 신학자들이 이 본문들을 대했을 때 실제로 했던 것보다 더 진지하게 받을 수 있으며, 보다 더 분명하게 해석할 수 있으랴?

그러나 그들이 필요한 만큼 지속적으로 본문들에 관심을 보였는지, 그들이 자신들의 지시들, 우리가 빚지고 있고 충분히 주목해야 할 그런 지시들에 대해서 언제나 충실했는지, 그들이 예정의 문제에 관하여, 사람들이 기대한 대로 그것들에 그렇게 충실했는지 물어야 한다. 우리는 이 물음을 부정해야 한다. 그들이 성서에서 선택하는 하나님 혹은 선택받은 인간, 혹은 양자에 관하여 명백히 다루는 저 구절들을 만났을 때, 그리고 이 구절들에서 하나님의 영원하고 흔들리지 않는 결정에 관하여, 이 결정을 통해서 정해진 인간들에 관하여 읽었을 때, 그들에게는 이 개념과 더불어 주목할 만하게도 갑자기 부르고, 의롭게 하고, 거룩하게 만드는 하나님 말씀 저편에, 배후에 있는 높은 곳 혹은 심연에 대한 전망이 열리는 것처럼 보였다. 그들은 이 말씀을 충분히 하나님과 인간에 관한 모든 지식의 근원이요 척도로 찬양해도 충분하지 않았을 것이다.

그러나 그들에게는 여기서 갑자기 예수 그리스도도 간과하고 하나님과 인간을 인간 안에서 이루어진 일체성에서가 아니라 다른 방식으로 이해할 필요가 있는 듯 보였다. 갑자기 영원한 삶의 영원성과는 또 다른 영원이 있다고 말해졌다. 그들은 다른 때에는 시간 안에 말해지고 육신이 된 하나님 말씀 안에서 이루어진 그 영원한 삶의 계시, 현재, 선물을 크게, 명백하게 증언했으며, 그들은 예수 그리스도 안에 있는 이 신비의 선포, 계시를 다른 때는 신약성서의 분명한 본문으로써 다만 확증할 따름이었으나, 그런 신비 외에 또 다른 신비가 영원성 안에 있다고 주장했다. 다른 때에는 교회가 그 현실과 지식 위에 세워졌고 전적으로 그것에 묶여 있다고 말해졌으나, 선택하는 하나님과 선택받은 인간에 관하여 갑자기 또 다른 현실, 또 다른 지식이 있다고 말해졌다. 다른 때에는 교회가 그 위에 세워진 성서의 계시 증언에 따라서 다른 질서를 인정함은 교회로서는 전혀 불가능하다는 것이 확정지어진 것처럼 보였지만, 이제 갑자기 영원한 예정의 영역 안에 전적으로 다른 질서의 상이 생겼다. 그리고 이것은 어떤 잠정적인 물음이 아니라, 옛 신학자들이 너무나 잘 아는 대로, 모든 것의 시초에 관한 물음이며, 시간적 영원 속에서 내려진 그리고 전 시간에 대해서도 그것을 넘어서 시간 이후의 영원에까지도 규범이 되는, 복락 혹은 저주를, 삶과 죽음을 결정하는 조치를 인식하는 문제이고, 하나님 나라가 창조와 인간의 존재, 유지, 역사, 운명에 대해 뜻하는 바와 더불어서 하나님 통치의 본래적 질서를 인식하는 문제이다. 바로 여기에 진정으로 현실적이고 시급한 문제가 있다: 하나님으로 인하여 우리가 무엇이 되어야 하며, 무엇이 될 것인가? 이 문제를 답변함에서 고대 신학은 평소에는 그렇게 강하게 선포하였던 그것의 해석학적인 원칙에서, 평소에는 그렇게 강하게 준수하였던 이 원칙을 적용하는 것에서 면제되었다고 생각했고, 제지당했다고 본 것은 매우 의미심장한 일이다. 그러나 이것은 의심할 여지없이 일어난 일이다. 그리고 여기서 고대 신학자들이 그들 자신이 제시한 성서 증언의 맥락을 고수해야 할 필요에도 불구하고 거기서 벗어난 것은 놀라운 일이며, 오히려 그들이 여기서 이 맥락을 넘어서려 하고 이 맥락 전체에 낯설고 이로써 자신의 평소의 증언에도 낯선 하나의 구조를, 성서적 증언을 그 민감한 구절에서, 즉 그 출발점에서부터 문제삼게 만드는 구조를 예정론으로 진술하려고 하는 것은 놀라운 일이다. 예정에 대해서 직접적으로 말하는 저 성서 구절들에 대한 양심적인 주석의 결과 필연적으로 이런 길을 갈 수밖에 없었다고 주장할 수는 없다. 그런 구절들은 모든 다른 구절들처럼 성서 전체와의 맥락에서, 즉 성서의 내용으로서의 하나님의 말씀에 대한 이해 안에서 읽혀져야 한다. 이 구절들의 주석은, 읽는 자가 그 본문들을 주석함에서도 그 본문이 처해 있고 읽혀지기를 원하는 그 문맥에 충실하고자 결심했는지 혹은 아닌지에 달렸다. 철학적 유혹도 고대 신학자들로 하여금 저 길을 가도록 강요할 수 없었다. 그들은 다른 점들에서는 충분히 강력하게 그것에 저항했다. 그들이 이 부분에서 그것에 굴복한 것은 불가피한 일이 아니었다. 사람들이 성서적 노선을 벗어나기로 미리 결정했기 때문에, 도입된 인간적 사고 도식은 여기서도 다만 위험스러울 따름이었다.

이것으로부터 이후의 모든 것이 나올 수밖에 없었던 바로 이 결정에는 우리가 동참할 수 없다. 우리는 이러한 결정으로 이끌었던 원인들을 여기서 더 이상 추적할 수 없다. 또한 우리는 그 궁극적 원인을 알 필요도 없다. 우리는 다만 그 결정이 일단 내려졌다는 것과 많은 통찰력 있는 인간들의 눈에 감추어져 있었다는 것을 확인할 따름이다. 그리고 우리는 그것을 인정할 수 없으며 오히려 달리 판단해야 한다는 것을 확인할 따름이다. 우리는 저 고대 신학의 일반적인 해석학적 결정에 우리 자신의 결정을 대립시킨다: 우리는 선택에 관하여 직접적으로 다루는 성서 구절들을 주석함에 있어서 우리가 성서 주석을 함에 있어서 언제나 바라보아야 하는 것과 같은 방향으로 바라보아야 한다. 우리는 성서의 내용을 이루는바, 우리를 부르는 말씀 자체가 모든 면으로 완전하고 능가될 수 없는 말씀이고, 신과 인간에 대한 모든 지식을 남김없이 계시하는 하나님의 말씀이라는 것에 주목해야 한다. 우리는 이 말씀으로부터 한 걸음도 멀어질 필요가 없으니, 그 이유는 이 말씀은 그 자체 안에 신과 인간에 대한, 그들의 관계와 그 질서에 대한 모든 필요한, 바람직한 정보가 충만하기 때문이다. 그러므로 우리는 스스로 어느 곳에서도, 어떤 핑계로도 예수 그리스도의 인식으로부터 면제되거나 강제로 제지당해서는 안 된다. 우리는 여기서 왜 이렇게 할 수 있고, 해야 하는가? 우리가 지금 이런 명제를 주장해야 한다면, 우리는 대부분의 저런 신학자들과 일치하게 될 것이다:

즉 성서가 인간의 성화라고 부르는 것이 예수 그리스도가 단번에 성취한 성화 외에 다른 것이 아니라는 명제, 혹은 성서가 교회라고 부르는 것이 예수 그리스도 안에 그의 천상적인 머리를, 그러므로 그것의 주체를 가지는 지상적 몸의 삶 외에 다른 것이 아니라는 명제, 혹은 성서가 우리의 희망이라고 부르는 것이 그리스도를 믿는 자들로 하여금 영원한 삶으로 들어가게 하는 의로운 심판을 위해 오는 예수 그리스도의 재림 외에 다른 것이 아니라는 명제. 우리는 묻는다: 같은 성서가 예정 혹은 선택이라고 부르는 것을 이해하고 해석해야 하는 경우, 왜, 어떤 권한으로 갑자기 예수 그리스도 없는 명제가 이루어질 수 있단 말인가? 우리는 여기서 갑자기 다른 방향으로 바라볼 수 있는 가능성을 어디서 얻는가? 우리가 다른 경우에는 고대 신학자들과 일치 속에서 이렇게 할 수 없다고 의식하는 반면에, 우리가 어떻게 해서 갑자기 이렇게 행할 수 있는 입장에 도달하게 되는가? 초시간적, 시간 이후적 영원에 관해서는, 현재 있고, 앞으로 있을 일에 관해서는 예수 그리스도 없이 사고하는 것이 우리에게 정당하게 금지되는 반면에, 우리가 시간 이전적 영원을, 그러므로 예정 영역을, 태초에 하나님에게 있었던 일을 갑자기 예수 그리스도 없이 사고할 수 있다는 말인가? 예수 그리스도는 있었고 있으며 있을 자인가, 혹은 아닌가? 그러나 그가 만일 그렇다면, 어디서부터 "그는 있었다"를 끝까지 사고하지 말아야 할 필연성이, 혹은 차라리 만물의 실제적 시초인 신에게로 돌아갈 수 있는 가능성이 나오는가? 즉 어디서 예정, 하나님의 영원한 은혜의 선택을 그로 인하여 그 안에서 일어난 것으로 이해할 수 있는 가능성이 나오는가? 영원한 선택 개념이 어찌 우리에게 예수 그리스도 외에 다른 현실을 지시할 수 있단 말인가? 그는 우리의 성화인 것처럼, 교회의 머리인 것처럼, 우리의 희망인 것처럼, 또한 한 분 안에서 선택하는 하나님, 선택받은 인간이 되어야 한다. 성서의 전체 내용이 기대 속에서 예시하든, 기억 속에 회고하든 간에 하나님의 자기 계시로서 지시하는 이 이름, 이 인격을 떠나서, 성서에서의 선택이 무엇이 될 수 있으며, 무엇을 의미할 수 있겠는가? 성서와는 다른 문맥 속에서만 선택, 영원한 신적 결정의 개념은 다른 곳을 지시할 수 있고, 알려지지 않은 신, 알려지지 않은 인간이라는 이중적 암흑을 지시할 수 있을 것이다. 이 문제에서 고대 신학자들의 해석학적 결정은 우리에게 납득될 수 없다. 그러나 우리가 달리 결정한다면, 우리는 이로써 어떤 비상한 일을 한다는 생각에서가 아니라, 가장 단순하고 명백한 일을 한다는 생각에서 이렇게 하는 것이다: 고대 신학자들이 평소에 다룬 방법에 따르면 유일한 가능성으로 남게 되는 일. 바로 그렇기 때문에 우리는 여기서 자의적으로 갱신을 하려 한다는, 우리가 사람들이 알 수 없는 무엇을 안다고 생각한다는 비난은 기각되어야 한다. 우리는 고대 신학자들도 영양을 섭취했고 또한 섭취한다고 주장한 그 근원에서부터 예수 그리스도가 선택하는 하나님이고, 선택받은 인간이라는 것을 안다. 그러나 그들은 이 부분에서는 분명히 그 근원에서 영양을 얻지 않았고 오히려 자의적으로 거기서 멀어졌다. 이런 옛날의 자의를 교정하는 것이 우리 명제의 취지이다. 우리의 명제가 고대 신학의 예정론에 어둠이 지배하는 곳에 실제로 빛을 가져오기에 적합하다 할지라도, 그 빛은 우리가 자의적으로 붙붙인 빛이 아니라, 우리에게 평소 어디에서나 주어진 빛, 우리가 말 아래 둘 아무런 이유도 없는 그런 빛이다.

우리는 우리의 명제를 지원하기 위해서 존 녹스(John Knox)와 그의 동역자들이 1560년의 『스코틀랜드 신앙고백서』 7, 8항에서 전개하지는 못했지만 어쨌든 분명하게 드러내었던 의도를 받아들인다. 그리스도론과 선택론은 이 고백서에서 어느 정도 평행되는 것으로 간주되며, 그렇기 때문에 공통적으로 다루어진다: 하나님의 동일한 영원하고 불변하는 결정 안에서 한편으로는 "그리스도 예수 안에서의 신성과 인간성 사이의 놀라운 결합"이, 다른 편으로는 우리의 구원이 그 근원과 근거를 가진다. 따라서 7항은 "왜 하나님이 인간이 되셨는가?"라는 물음에 대해서 아주 간단히 단순하게 이 결정을 지시함으로써 답변한다. 저 결정을 염두에 두면서 예수 그리스도의 선택이 전면에 있다는 것이 8항에서 드러난다. 8항은 "선택에 관하여"라는 제목하에 개별인의 선택 내지 버림에 이르기까지 칼빈의 예정론의 일반적인 내용이 다만 에베소서 1:4를 인용하는 형식으로만 진술한다. 그러나 이를 위해서 왜 예수 그리스도가 우리의 머리, 형제, 목자, 메시아, 구원자가 되기 위해서 우리가 받아 마땅한 형벌을 우리를 위해 담당하고, 우리를 위해 죽음을 극복하기 위해서 참 하나님과 참 인간이 동시에 되어야만 했는가를 상세하게 전개한다. 저 영원하고 불변하는 결정의 다른 내용으로서 우리의 선택 혹은 버림에 대해서 말해져야 할 것은 고백서가 의미하는 바로는, 예수 그리스도의 세움, 저 영원하고 불변하는 결정 안에서 결정된바 참 하나님과 참 인간으로서의 존재에 관해서 말해져야 할 것으로서 분명히 이미 말해졌다. 그 고백서가 2, 3항에서 보통 그러하듯이 독자적인 죄론을 전개하는 대신에 타락의 문제를 인간에게 원래적으로 주어진 운명에 관한 가르침의 부록으로서만, 그리고 원죄 문제를 다만 성령에 의해 이루어진 신앙에 관한 가르침의 전제로서만 진술하는 것은 확실히 우연이 아니다. 그 자체로 고찰해서가 아니라, 다만 이런 맥락에서만 존 녹스는 죄의 사실을 이해하려고 했다. 인간이 하나님에 반한다는 것은 중요하고 심각하게 다루어야 할 사실이다. 그러나 보다 중요하고 심각한 것은 하나님이 예수 그리스도 안에서 인간을 위한다는 또 다른 사실이다. 그리고 다만 이 두 번째 사실에서부터만 저 첫 번째 사실이 얼마나 중요하고 심각한지를 인식할 수 있다. 『스코틀랜드 신앙고백서』에서 이런 죄에 관한 특이한 견해가 저 역시 특이한, 그리스도론적 예정 이해와 내적 연관 속에 있다는 것은 오인될 수 없다.

우리 시대에 은혜의 선택론의 그리스도론적 의미와 근거를 아주 새롭게 주목하게 하고 예수 그리스도를 특히 하나님의 선택(그리고 버림)의 원래적인, 결정적인 대상으로 매우 명백하게 납득할 수 있게 하는 것은 모리(Pierre Maury)의 훌륭한 강연 "선택과 믿음"(Election et foi) 덕분이다. 이 강연은 1936년 제네바에서 열린 "국제 칼빈주의 신학 대회"(프랑스어)에서 행해졌다.(이 강연은 *Foi et Vie* 1936, 4/5 월호에 게재되었다. 독어판: "Erwählung und Glaube", *Theol. Studien Heft* 8, 1940) 우리는 전적으로 예정 문제만을 다룬 저 대회의 문서들에서, 모리의 서술이 역사적으로 매우 흥미로우나, 실질적으로는 전통적인 문제 제기 속에서 맴돌며, 이 문제의 난관에 의해서 거의 절망적으로 억눌려 있는 다른 연구들과 얼마나 현격한 차이를 보이는가를 확인할 수 있다.

종교개혁 시대와 우리 시대에 나온 이 두 개의 목소리를 제외하고는 우리의 명제를 위해서 다만 저 첫 번 단락에서 인용했던바, 아타나시우스, 아우구스틴, 코케이유스에게서 산발적으로—그 문맥에서 볼 때는 물론 매우 의미심장하지만—나타나는 견해들을 원용할 수 있고, 타락 전 예정론자와 타락 후 예정론자 사이의 논쟁에 비추어서 이런 해결의 불가피성을 원용할 수 있고, 마지막으로 그리스도를 "선택의 거울"로 이해하는 종교개혁적인, 그러나 심화와 보완을 필요로 하는 명제를 원용할 수 있을 따름이다. 우리의 명제를 위한 온갖 역사적인 자극과 심지어 요청은 물론 있으나, 부인할 수 없는 것은 우리가 이렇게 진술함으로써 어느 의미에서 고독한 길을 간다는 사실이다. 이것이 그렇다는 것, 자명한 사실이 마치 새로운 일을 기도하거나 하는 듯이 진술되고 주장되어야 한다는 것은 진정으로 기이한 일이다.

2. 우리는 모든 전통과 성서의 증언과 더불어 예정을 영원한, 그러므로 모든 시간과 시간의 내용에 선행하는 결정으로, 신적인, 그러므로 하나님의 전능에 의해 담당되고 그의 항존성(그의 '불변성')을 통해 특징지어지는바 시간 및 그것의 모든 내용에 대한 결정으로 이해한다. 우리는 전통의 강력한 대변자들, 특히 17세기의 타락 전 예정론자들과 더불어 예정을 만물의 시초로서, 즉 하나님의 영원한 존재 외에는 그 자체 안에는 다른 시초가 선행하지 않는, 그러므로 하나님과 그로부터 구별되는 현실 사이의 관계에서 어떤 시작도 선행하지 않는 그런 시초로서 이해한다. 오히려 이 시초는 이 관계 자체의 시작이니, 이 관계 안에서 일어나는 다른 모든 것이 실질적으로 다만 뒤따라 올 따름이고, 모든 다른 것이 이 시초로부터 유래하고, 그것으로 소급된다. 우리는 예정을 제외하고는 하나님의 영원한 의지를 다만 하나님이 그 안에서 영원 전부터 영원까지 자신을 시인하고 확증하는 저 행위로만 인식한다. 우리는 예정에 선행하는 하나님의 영원한 의지를 부정하려는 것을, 그러므로 하나님을 세상과의 관계 속으로 해체하려는 것을, 그를 세상에 속박된 것으로 간주하려는 것을 조심해야 한다. 우리는 예정, 은혜의 선택 개념으로써, 하나님이 자유 안에서(그가 자유를 잃음으로써가 아니라 그것을 실증함으로써!) 자신을 세상에 속박했다고 말한다. 그러므로 우리는 예정 개념으로써 하나님이 원래적으로 자기 자신을 의지하고, 시인하고 확증한다는 의미에서 그 스스로 자유로운 하나님의 영원한 의지를 고백한다. 오로지 이로써 표현된 하나님의 행위 안에서만, 하나님과 세상 및 우리와의 관계가 결정되고 질서지어지는 행위 안에서 우리는 하나님이 온 세상 전에 자기 자신 안에 가지고 있는 주권과 영광 안에 있는 하나님 자신을 인식하기 때문이다. 그러므로 우리는 예정 개념으로써 전통과 일치되게 호의의 탐구될 수 없는 권위를 고백한다. 하나님은 이 권위 안에서 세상과 우리를 영원부터 영원까지 주관할 권한과 능력을 가지며, 이 권위 안에서 하나님은 그러나 신으로서 실제로 세상과 인간을 주관했다. 그러므로 그의 영원한 의지가 실제로 처음이자 마지막이 되며, 세상 및 우리 자신에 대한 모든 우리의 생각은 이 의지로써 시작되고 끝마쳐져야

한다.

그러나 이제 하나님의 영원한 의지의 이 호의가 우리에게는 그의 암흑 속에서 신적인 것으로 경악하고 경배해야 할 어떤 암흑이 아니라는 것을, 이 호의가 우리에게는 이 물음을 확증하는 공허한 '그러므로!' 라고 답할 수밖에 없는 '어째서?' 를 의미하지 않는다는 것을, 이 호의에 대해 주장된 지혜, 긍휼, 정의는 단순한 주장일 필요가 없다는 것을 말함으로써, 우리는 전통으로부터 멀어진다. 우리에게 시간 안에서 하나님의 계시로서 그러므로 모든 것에 대한 진리의 계시로서 알려진 것이 만물의 시초에 하나님의 영원한 계획, 결정으로 있었다는 것을 우리는 적극적으로 말해야 하기 때문에, 우리는 모든 것에 '아니' 라고 말한다. 바로 이것이 신적 호의의 빛이다. 바로 이것이, 우리의 물음표를 파기할 뿐더러 '어째서' 에 답변하는 '그러므로' 의 내용이다. 바로 이것이 그런 것으로서 자신을 그런 것으로 주장할 뿐 아니라 그런 것으로 드러내고 알리고 명백하게 만드는 하나님의 지혜, 긍휼, 정의이다. 그러므로 우리는 우리가 지혜롭고, 자비롭고, 의로운 하나님의 호의에 전적으로 굴복해야 한다면, 우리가 이 호의에 실제로 굴복하고 우리를 내맡길 수 있다면, 우리가 무엇을 해야 할는지 알 수 있다. 예정하는 하나님의 자유에 대한 적극적인 이해는(이 이해에 따르면 이 자유는 자신을 우리의 인식에 대해 폐쇄하지 않으며 오히려 개방한다.) 우리로 하여금 전통으로부터 벗어나게 만들고, 우리의 명제로써 새로운 일을 기도하게 한다. 우리 명제의 핵심은, 우리가 예정에 관해서도 하나님의 계시 자체로부터 멀어질 수 없고 또한 멀어질 필요가 없다는 인식에 있다. 왜냐하면 바로 하나님의 계시 안에서 우리에게 또한 예정이 계시되어 있으니 곧 감추어진 것이 아니라 열려 있기 때문이다. 그는 우리에게 자신을 계시하는 하나님, 그런 자로서 선택하는 하나님이다. 하나님의 시간 전의 영원한 의지는, 바로 그런 것으로서 자신을 시간 속에서 드러내고, 시간 안에서 작용하는 하나님의 시간 초월적인 영원한 의지이다. 우리는 바로 후자 속에서 또한 전자를 인식해야 한다. 그리고 하나님의 영원이 하나이고, 하나님 자신이 한 분이고, 그가 전적으로 인식되거나 아니면 전혀 인식될 수 없는 것 같이, 그러므로 또한 이 일이 한 번 일어날 때, 즉시 전적으로 인식되고 인식될 수 있는 것 같이, 우리는 바로 후자 안에서 또한 전자도 인식할 수 있다. 그러나 이것은 하나님의 계시의 사실에 의해서 지탱되지 않는다면 그 자체 안에 어떤 능력을 가지지 않은 추가적인, 파생적인 사변이니, 계시 사실은 그 자체로서 온전성의 성격을 가지고, 그 자체로서 모든 영원의 형태를—왜냐하면 하나의 영원한 신을 드러나게 하기 때문에—가지고, 그 사실은 하나님의 영원한 의지가 무엇인지, 또한 그가 무엇이었고 무엇이 될 것인지를 우리 눈앞에 제시함으로써, 하나님은 자신뿐 아니라 우리도 만족시키며, 그러므로 우리가 게으르게 그것에 대해 우리 눈을 닫지 않는 한, 우리가 용기 있게 다른 교훈을 찾음으로써 그것으로부터 멀어지려 하지 않는 한, 그의 의지의 의미, 방향, 본성에 관해서 어떤 공백도 우리에게는 남지 않는다. 하나님의 호의가 이것이며 다른 것이 아니라는 것, 그것이 우리에게 그런 것으로 비친다는 것, 그것이 전적으로 하나님의 계시 속에서 우리 눈앞에 제시되는 성격, 형태, 내용을 가진다는 것, 그것들이 계시 안에서 우리에게 감추어져 있지 않고 실제로 눈앞에 있다는 것, 이것은 확실히 신적 호의의 신비이다. 그리고 확실히 이 신비에 대해서, 우리가 이런 그의 성격, 그의 형상, 그의 내용을 그 충만함 가운데서 인식하는지, 하나님의 호의가 우리의 신뢰, 우리의 복종을 발견하는지 하는 물음에서 신앙의 신비가 제기된다. 그러나 바로 이것은 신적 호의의 신비이며, 우리의 신앙의 결단의 신비는 이 신비와 관계된다. 문제는 하나님의 의지, 즉 그의 전적인, 그러므로 그의 시간 이전의 영원한, 그러므로 또한 그의 예정하는 의지의 계시와 또한 그 의지의 인식이다. 우리에게는 이런 면에서 또한 하나님을 인식 속에 경배하고, 존경하고, 사랑하는 것이 문제이다. 이런 면에서 또한, 이 신비가 빛이 되는 것이, 우리가 새로이 어둠으로, 소위 말하는 신적인 어둠으로 가는 것이 아니라 우리가 어둠에서 빛으로 가는 것이 문제이다. 우리가 그의 영원한 호의와 의지의 계시로서 하나님의 계시에 매달린다면, 우리가 계시에서 하나님의 자유를 인정한다면, (그는 자유 안에서 우리에 대해 그것을 알리고 확증했는데) 우리는 그에게서 만물의 시초로서 영원한 아들의 인격 속에서 인간의 아들에, 멸망한 인간의 아들에 자신을 양보하고자 하는, 그의 영원한 아들의 인격 안에서 스스로 이 멸망한 인간의 아들이 되고자 하는 결정을 발견한다. 하나님에게 태초에, 즉 모든 피조물의 존재, 가능성과 현실에 선행하는 하나님의 결정 안에는 첫 번째 것으로서 그것의 실천이 예수 그리스도라 불리는 결정이 있다. 그러나 이 결정 자체, 주체적으로나 객체적으로나 완전한 결정, 선택하는 하나님과 선택받는 인간 예수 그리스도, 그리고 그 통일성 안에 있는 양자, 그러므로 인간의 아들에 전적으로 양보한 하나님의 아들, 하나님의 아들에 전적으로 속박되어 있는 인간의 아들, 하나님의 자유로운 사랑의 능력 안에 성취되고 봉인된 은혜의 계약, 하나님에 의해서 아무 고려 없이 개방적으로 세워지고 아무 유보 없이 신실하게 서약된 은혜의 계약이야말로 첫 번째 결정, 추후의 모든 것을 위해 기초를 놓은 결정, 하나님과 그로부터 구별되는 현실 사이의 결정이다. 바로 이 결정은 하나님의 모든 지혜와 전능의 총괄 개념이다. 이 지혜와 전능 안에서 하나님은 이 다른 현실을 의지했고, 존재로 불렀다. 바로 이 결정은 하나님과 이 다른 현실 사이의 관계 안에서의 모든 질서와 모든 권한의 척도요 근원이다. 바로 이 결정은 또한 이 현실에 대한 예정된, 거부할 수 없이 유효하고 오류 없이 효과적인 목표 설정이다. 이 결정은 하나님의 영원한 의지이다! 예수 그리스도가 우리가 그의 계시 안에서 인식하는 하나님의 의지가 됨으로써, 우리가 예수 그리스도를 계시의 내용으로 진지하게 받아들임으로써, 우리는 그를 하나님의 영원한 의지로 인식하고 우리는 땅에서나 하늘에서나, 시간 안에서나 시간 이전이나, 혹은 시간 이후에나 하나님의 어떤 다른 의지를 추구하는 것이 저지된다. 이 의지는 하나님의 의지이니, 하나님 자신이 그 의지를 고집하기 때문에, 하나님 자신이 우리에게 그 의지를 고집하도록 허락하고 명령하기 때문에, 우리는 이 의지를 고집할 수 있다. 그러므로 이 결정은 어둡지 않고 밝다. 바로 이 결정 안에서 우리는 영원한 하나님을 승인해야 할 뿐 아니라 그의 큰 능력으로 말미암아 두려워해야 한다. 또한 우리는 이 결정 안에서 그를 그의 전적인 불가해성 속에서 우리에게 그의 지혜, 자비, 정의를 그런 것으로서 실제로 알게 만드는 자로서, 자신을 모든 것 되는 분으로서 알리는 자로서 인식하고 사랑하고 찬양할 수 있다. 하나님의 영광은 비치며, 설득하며 그들 자신의 찬양을 촉구하면서 그러므로 어떤 "지성의 희생"을 요구함이 없이, 우리의 믿음을 일깨우면서 이런 그의 자유의 숭고한 행위 안에서 넘쳐흐른다. 영원 전부터 자신을 양보하기로 결정하고, 아버지, 성령과 함께 멸망한 인간의 아들, 이 멸망한 인간의 아들과의 통일을 위해서 자기 자신을 선택한 하나님의 아들, 영원 전부터 아버지, 아들, 성령의 선택의 대상이었던 하나님의 아들, 하나님과 인간의 영원한 함께 있음의 현실이 구체적인 결정이다. 그 결정의 내용은 한 이름을 가지며, 한 인격이다. 그 이름은 예수 그리스도이며, 그러므로 어떤 "절대적 결정"이 아니다.

  우리는 하나님의 선택에 대한 이런 이해가 그것의 신비에 대한 불법적인 합리화, 단순화를 의미한다고는 말할 수 없다.
  이러저러하게 결정하는 하나님의 저 탐구할 수 없는 자유 및 탐구할 수 없는 근거에서 이렇게든 저렇게든 결정되는 인간에 대한 표상은 그런 것으로서 그리스도인의 생의 신비에 대한 올바른 견해, 해체되어서는 안 될 견해일 수는 없다. 우리는 오히려 거꾸로 말해야 한다: 이것은 하나님과 인간에 관한 매우 신비스럽고, 매우 고무적인 견해이면서 그 나름대로 또한 매우 진정시키는 견해이다. 그러나 이런 견해는 하나님과 인간에 관한 그리스도교적 이해와는 무관하다. 이런 견해는 근본적으로 자연신학적이며, 비그리스도교적 "종교" 역사에서는 너무나 잘 알려진 견해이다. 미지의 것이 인간을 관장하였고 인간이 그런 알려지지 않은 방식으로 관장되는 존재라는 생각에 두려워하고 평안을 느끼는 것은 인간에게는 매우 당연하다. 이것은 구속력이 없는 생각이며, 우리의 사고나 우리의 의지를 궁극적으로 우리를 구속하는 모든 요구로부터 안일하게 해방시킴을 의미한다. 그러므로 이런 생각은 이미 어느 정도 상이한, 기호와 취미에 따라 선택되어야 할 생의 관념, 생의 자세에 대한 배경으로서 추천된다. 이런 생각은 너무나 당연한 생각이기 때문에, 이것을 이해하기 위해 하나님의 계시를 실제로 필요로 하지 않으며, 따라서 이 생각을 "신비스럽다"고 말함으로써 근본적으로, 즉 "신비"라는 말의 엄격한 개념을 전제함에 의해서, 너무나 많은 것이 말해진 듯하다. 바로 이 사상이 그리스도교 예정론에서, 그리고 그리스도교 가르침에서 중대한 위치를 점할 수 있었다는 것은 근본적으로 매우 모순적인 사건이다. 그리고 이 사상이 이런 중대한 위치를 점한다는 것, 바로 이 사상이 특별한 그리스도교적 성물(聖物)로서 존경받아야 하고, 해체되지 않도록 보호받아야 한다는 것은 정당한 요구라고 이해하기 어려운 듯하다. 그 반대를 기대하거나 요구해야 하지 않을까?: 즉 이 사상을 진지하게 그리스도교적으로 숙고해 본다면, 이 사상이 공격받아 마땅하고 실제로 해체되어야 한다. 혹은 거기서부터 모든 것이 유래하는, 근본적으로 처음이자 궁극적인 진리로서의 "절대적 결정"에 관한 이런 사상에서 두려움과 평안을 느끼는 것보다 더 비그리스도교적이고 반그리스도교적인 것이 있을 수 있을까?

다른 한편으로는 또한, 예수 그리스도 안에서의 하나님 인식은(이것이 우리의 명제에 따르면 인식될 수 없는 "절대적 결정" 대신에 등장한다.) 신비가 아닐 수 없다. 그러므로 이 명제, 그러므로 전승된 예정론에 대한 정확한 서술 및 교정에 대한 제안 전체는 예정론을 합리화하기 위한 시도로 이해될 수 있다. 우리의 삶이 예수 그리스도 안에, 그러므로 하나님 안에 감추어져 있다는 것, 태초에(만물의 시초에, 그리고 우리 자신의 시초에) 하나님, 이 일자(一者)가 선택하는 신으로, 그리고 선택받은 인간으로 있다는 것, 하나님과 인간 사이의 관계 전체(그리고 하나님과 그로부터 구별되는 현실 사이의 이 관계 전체 안에서) 원래적으로 예수 그리스도 안에서의 하나님과 인간 사이의 관계라는 것, 그리고 우리가 전적으로 그 안에서 우리의 부분을 찾고 발견해야 한다는 것, 하나님과 우리의 친교, 우리에 대한 하나님의 선택, 우리가 하나님에 의해 선택받음은 예수 그리스도에 대한 믿음이라는 생각은 물론 분명한 생각이다. 이런 생각은 우리로 하여금 하나님의 예정에 대해 인식하고, 선택하는 하나님과 선택받은 인간에 대해 인식하고, 우리 자신의 선택에 대해 인식하고, 그리고 우리의 삶의 기원과 목적 전체에 대해 인식하도록 허락하고 명령한다: 즉 거울로써가 아니라 그 현실에서, 어두운 배후에서 모든 것이 다시 전혀 다르게 될 수도 있다는 위협적인 유보 아래서가 아니라, 이 문제에서는 전면이나 배후나 하나이고, 우리가 인식할 수 있는 전면에서 또한 배후도 인식할 수 있다는 확신 안에서 인식하도록 허락하고 명령한다. 그러나 이 생각이 빛을 퍼지게 한다면 그것은 자연의 빛이나 자기 자신과 양해하려는 인간 이성의 어떤 논리적이거나 도덕적인 숙고의 빛이 아니라, 계시의 빛, 하나님의 빛이다. 하나님이 그의 영원한 아들 자신 안에서 인간의 아들이 되고자 하였고, 그의 문제를 자기 자신의 문제로 삼으려 했다는 것과, 이 의지가 하나님의 영원한 의지이고 만물의 시초, 따라서 우리 자신의 시초를 이루는 하나님의 의지라는 것과, 우리가 태어나기도 전에, 세상이 있기도 전에 하나님의 이 의지의 예정 아래 이미 서 있었다는 것, 하나님이 세상을 원함으로써 하나님의 이 사랑이 태초부터 모든 것 위에 있는 그의 나라라는 것—이 생각은 우리에게는 가깝지 않고 매우 멀며, 이것은 자신의 능력이나 노력으로는 어떤 인간 마음속으로도 들어오지 않으며, 그것은 모든 사상들 가운데서 가장 생각할 수 없는 것이며, 성령의 기적을 통해서만 믿음 안에서 생각할 수 있는 사상이다. 우리가 그것을 인식함으로써, 그것이 우리에게 계시됨으로써, 그런 것으로서 우리 앞에 서 있는 신비, 언제나 새로이 신비로서 자기를 알리고 특징짓는 신비가 있다면, 그것은 바로 이런 신비이다. 어디에선가 우리가 이 신비를 어떤 합리화의 시도를 통해서 벗겨내지 않으려 조심한다면, 또 우리가 그러나 또한 우리의 생각과 뜻에서 신비 그 자체에 의해서 도전을 받음으로써 무책임에서 벗어나게 되고, 그러므로 자유롭게 선택하거나 발견한 모든 삶의 관념 및 자세로부터 벗어나게 된다면, 그것은 바로 여기서다. 그리고 어디에선가라면, 우리는 바로 여기서, 어떤 신비가 아니라 그리스도교 신비와 상관한다고 말할 수 있고, 말할 수 있어야 할 것이다. 우리는 어떤 사상이나 삶의 신비 앞에 처해 있는 것이 아니라 그리스도교 메시지, 그리스도교 믿음의 중심 앞에 서 있다. 우리는 그것을 올바로 인식함으로써 경배와 존경을 받아 마땅한 신비 앞에 서 있다. 이 신비는 그런 것으로서 고찰되고 취급되기에 합당하다. 그러므로 이런 관점에서 본다면 우리가 전승된 예정론에서는 "절대적 결정"을 말했던 곳에서 예수 그리스도의 선택의 "구체적 결정"을 말해야 한다고 통찰한다면, 염려할 아무 이유도 없다.

그러나 이런 통찰이 자리를 잡을 수 있고 있어야 한다면, 그러므로 고대 예정론의 전제하에서 우선 이 첫 번째의, 기초적인 가르침이—즉 하나님의 결정의 성격에 관한 특별한 가르침—고쳐진다면, 이것은 하나님의 선택에 대한 물음, 시간 및 그 내용을 그러므로 또한 우리 자신의 실존을 예정하고 지배하는 영원한 의지에 대한 물음이 어쨌든 헛되지 않다는 것을 의미한다. 그 물음은 원칙적으로 답변 불가능한 물음이 아니고, 그런 것으로 남아 있도록 정해진 그런 물음이 아니다. 그 물음에 대해서 사람들은 신비스럽게 고개 갸우뚱하기, 어깨 움찔하기, 손을 내젓기가 특히 경건하다고 생각할지 몰라도, 그런 것은 적합하지 않다! 고대 예정론이 모든 사고와 숙고의 처음이자 마지막 정점에서 인간을 한 요소와—즉 하나님의 저 탐구할 수 없는 자유와—대결시킨다는 것—이것이 고대 예정론의 틀 안에서 "절대적 결정"에 관한 가르침의 특이성이며, 특이한 걸림돌이다. 이 요소에 대해서는 인간의 물음은 다만 정지될 수밖에 없으며, 그의 생각은 다만 길을 잃고 방황할 따름이다. 만일 우리가 그럼에도 불구하고 계속 사고하려 한다면, 절대적 결정에 대해서 결국 신비주의나 혹은 도덕으로의 도피, 즉 자기가 선택한 거룩, 우상 숭배와 행위적 의(義)로의 도피만이 있을 따름이다. "절대적 결정"의 인식에서 붙을 수 있는 불은—만일 거기서 오히려 모든 불을 끄지 않는다면—신앙의 불이 아니라 다만 종교의 불일 따름이다. 그러나 예수 그리스도의 선택의 "절대적 결정"은 직접적으로 우리가 신앙으로 부름받음을 의미한다. 이런 절대적 결정이 하나님의 계시의 내용 자체가 됨으로써, 그것은 우리의 물음을 미리 결정된 내용으로 채워진 물음으로 만든다. 이런 절대적 결정이 진정한 그리스도교의 신비가 됨으로써—이것과 비교할 때 소위 말하는 "절대적 결정"의 신비는 진부한 신비, 건전하거나 혹은 오히려 건전하지 못한 인간 이성의 발견물이다.—이 선택 결정은 진실로 비로소 이제 우리로 하여금 물음을 제기하도록 만든다. 일단 "절대적 결정"으로 만족한 자는 더 이상 묻지 않고 오히려 우리가 아무것도 알 수 없다는 것을 안다고 믿는다. 그러나 그것의 특유한 두려움과 평안을 내포한 이런 지식은 모든 알려는 호기심, 모든 진정한 솔직한 물음의 종언이다. 예수 그리스도의 선택의 신비의 인식과 함께 진정한 솔직한 물음이 시작된다. 왜냐하면 우리는 이 신비에서 한 법정과 대결하기 때문이다. 우리는 이 법정에 대해 우리 스스로 가르칠 수 없고 오히려 그것에 대해 가르침을 받아야 하고, 우리는 실제로 그 법정으로부터 가르침을 받으며, 우리는 언제나 새로운 가르침을 기대해야 한다. 예수 그리스도의 선택의 신비는 진정한 답변이다. 그러므로 그 신비에 대해서 진정한 알려는 호기심이 있고, 그러므로 이 신비는 진정한 물음을 요구하고 일깨운다. 진정하다는 것은 필연적으로, 불가피하게, 우리 자신을 전적으로 요구하고 지배한다는 것을 의미한다. 따라서 우리는 우리의 물음과 더불어 일어서고 쓰러지며, 우리는 묻거나 묻지 않을, 알거나 알려 하지 않을 자유를 가지는 것이 아니다. 진정하다는 것은 비(非) 아카데믹하다는 것을 뜻한다. 우리가 답변과 직면하게 될 때, 우리가 주어진 답변에 직면해서 물음을 시작할 때만, 이런 물음이 있으며, 그 다음에는 더 이상 물음을 중단할 수 없게 된다. 예수 그리스도의 선택, 결국 그것만이 진정한 물음을 요청하고 일깨우는 이런 답변의 성격을 지닌다. 그렇기 때문에 결국 예수 그리스도의 선택만이 그러하다. 왜냐하면 평소에 우리로 하여금 물음을 야기할 수 있는 모든 다른 신비들은 결국 "절대적 결정"의 신비로, 그러므로 알려지지 않은 하나님과 알려지지 않은 인간의 신비로 소급되고 또 소급시키기 때문이다. 이 신비에 대해서 우리의 물음은 결국 죽을 수밖에 없다. 그러나 예수 그리스도의 선택은 우리가 거듭해서 알아야 하고, 우리가 거듭해서 물어야 하는 사건이다. 왜냐하면 거기서 전적으로 모든 것에 대해서, 그리고 결국 우리 자신에 대해서 결정되었기 때문이고, 그것이 모든 것이 유래하는 시초이고, 거기서부터 우리의 존재 혹은 비존재, 우리의 삶 혹은 죽음이 미리 정해졌기 때문이고, 그것은 우리 자신이 이렇게든 저렇게든 성취해야 하는 예정이기 때문이고, 평소에 우리와 관계되는 모든 일이 개방적으로든 은밀하게든 일차적으로, 근본적으로 그리스도의 선택이 우리와 관계된다는 사실을 통해 성격지어져 있기 때문이다. 우리는 하나님의 선택이 무엇인지, 우리의 선택받음이 무엇인지 많은 것을 알 필요는 없다. 그러나 그것이 일차적으로 본래적으로 이것이라는 것은 알아야 한다. 그러므로 우리는 많은 것을 물을 필요는 없다. 그러나 우리는 이 한 가지를 물어야 한다. 우리는 이 한 가지에 대해서는 실제로 또한 언제나 거듭 무지한 자들이다. 이 한 가지는 거듭해서 우리 앞에 그런 것으로 서 있는 신비이니, 우리는 그 신비를 풀려고 하기를 중단하게 될 것이다. 여기에서는 실제로 적절한 때에 한 번 그 목적에 도달하고 나면 더 이상 필요하지 않게 될 어떤 교훈도 없다. 오히려 어떤 교훈이 있다면 우리는 거듭하여 그것을 필요로 하게 된다. 그 교훈이 목적에 도달한다면, 그것은 우리를 시초로 되돌려 보낸다. 그러나 예수 그리스도의 선택은 다시금 우리가 알 수 있고 그러므로 또한 물을 수 있는 사건이다. 그의 선택은 우리에게서 저 게으른 불가지론의 불안과 평안을 빼앗는다. 그의 선택은 그것의 영원성의 손상을 받지 않으면서 역사이다: 다른 역사들 가운데서 스스로 하나의 역사이며, 자기를 증언하는 영원이다. 그의 선택은 그런 것으로서 말해졌고, 들려졌고, 받아들여졌고, 배울 수 있는 말씀이다. 그것은 침묵하지 않고 말한다. 그것은 형식이 없지 않고 형상을 지닌다. 그것은 한 이름을 지닌, 한 인격의 존재에서 성립하는 하나님의 결정이다. 바로 그렇기 때문에 그것은 답변, 영원하고 신적인 답변, 그러나 공허하지 않고 어둡지 않은 답변이며, 물음의 단순한 반복이 아니라 그것의 성취이다. 태초에 하나님 곁에 누가 무엇이 있는가? 답변은 그가 바로 이분이라고 말한다. 따라서 이 답변에 대해서 우리의 생각은 길을 잃고 방황할 필요가 없으며, 신비주의나 도덕으로의 도피는 불필요하다. 이 답변은 우리를 가르치고 이로써 자동적으로 모든 자기 교육을 퇴치한다. 우리는 그렇지 않다면 자신에 대해서 교육을 할 수도 있지만, 그 결과 모든 우리의 물음은 죽게 될 따름이다.

우리는 신앙의 물음과 인식, 신앙의 교훈과 가르침에 대해 말한다! 신앙의 물음은 진정한 물음, 결코 평정에 도달하지 못하지만 그러나 결코 공허하지 않고 처음부터 언제나 새로이 그에게 주어진 답변에 의해 규정된, 내용과 방향을 얻는 물음이다. 신앙은 누구를 믿는지를 알며, 바로 그렇기 때문에 거듭해서 알려고 한다. 그리고 사람들이 예수 그리스도의 선택을 믿을 수 있고, 그의 선택이 요구하고 일깨우는 것이 필연적으로 신앙, 그 자체 안에 또한 하나님 복종을 내포하는 하나님 신뢰라는 것—이것이 "절대적 결정"과 예수 그리스도의 선택 사이의 가장 심오한 본래적 차이이다. 사람들은 "절대적 결정"을 믿을 수 없다. 사람들은 절대적 결정을 다만 응시할 따름이고, 그 다음에는 그것을 망각할 수밖에 없으며, 자신의 종교적 필요를 다른 데서 자의적으로 만족시키기를 추구하게 된다. 사람들은 절대적 결정을 신뢰할 수 없게 되고, 그것에 대한 절대적 신뢰가 무엇을 의미할 수 있는지 알 수 없다. 그러므로 예수 그리스도의 선택이 "절대적 결정"을 대신하게 된다면 그것은 예정론의 결정적인 변화를 뜻한다. 우리는 그때 비로소 하나님의 선택을 진정으로 믿을 수 있다는 것을 지시할 수 있고, 말할 수 있다. 우리는 "절대적 결정"의 전제 아래는 로마서 8:30-31의 저 "황금의 사슬"의 첫 번째, 결정적인 요소는 신앙의 대상이 아니라 기껏해야 신비 제의, 신비극의 대상이라는 것을 간과해서는 안 된다. 선택과 신앙은 소명과 신앙, 칭의와 신앙, 성화와 신앙, 하나님과 신앙이 루터의 말대로 상호 일체를 이루듯이, 같은 질서 안에서 일체를 이룬다는 것은, 우리가 그것들을 원래적으로, 결정적으로 예수 그리스도의 선택으로 이해할 때 비로소 분명해진다.

3. 예수 그리스도 안에서의 하나님의 영원한 의지는 그에 의해서 창조되고 그에게서 이탈한 인간을 위해서 자기 자신을 내어 주려는 그의 의지이다. 이것은 성서에 의하면, 하나님의 아들의 성육신에서, 그의 고난과 죽음에서, 죽은 자들로부터의 부활에서 일어난 일이다. 바로 이것이 우리가 하나님의 영원한 예정의 내용으로 이해해야 할 것이다. 만물의 시초로서 하나님의 은혜의 선택은 그의 영원한 결정 안에서의 하나님의 자기 헌신이다. 그의 자기 헌신이란: 하나님이—그리고 이것은 비로소 실제로 일어난 것이 아니라 하나님의 영원한 예정이다.—그 자신의 아들을 내주었다. 하나님이 말씀을 말했다. 하나님은 말씀과 함께 자신을 내주었고 포기했고 목숨을 내걸었다: 인간, 그에 의해 창조되고 그에게서 이탈한 인간을 위해서. 이것이 그의 영원한 의지이다. 우리는 우선 어느 한에서 예정론의 역사에서 거듭하여 인식되었고 발언되었던 것처럼 이 의지가 이중적인지, 어느 한에서 이 의지가 '그래'와 '아니'를 내포하는지, 그러므로 어느 한에서 하나님의 영원한 예정이 "이중 예정"인지 근본적으로 이해해야 한다.

하나님은 예수 그리스도의 선택에서 무엇을 선택했는가? 우리는 예정의 내용에 관한 이 물음에 대해서 이미 지금까지의 고찰에서 한 마디 말로가 아니라 언제나 다만 두 마디 말로써 답변할 수 있었다: 하나님이 선택했고, 하나님이 결정했고, 무엇보다도 자기 자신에 대해서 규정했다. 하나님은 그의 아들을 주고 파송하기로 결정했다. 하나님은 그의 말씀을 말하기로 결정했다. 그 자신에게 아들이 아버지에게 복종하게 된 저 시초가 있다. 하나님 자신 안에서 그의 의지가 저런 형태로 구체화되었고, 그의 전존재가 저렇게 결정되었다. 하나님의 온전한 자유와 온전한 사랑은 이 결정, 예수 그리스도의 선택과 동일하게 되었다. 이것이 한 가지이다. 그러나 또 다른 것은 이것이다: 즉 하나님은 인간을, 이 인간을 선택했고, 그에 관해 결정했다. 하나님은 자신의 아들이 다윗의 아들로서의 삶을 살도록 결정했다. 그는 그의 말씀이 인간 세상 안에 선포되도록 결정했다. 따라서 이분, 예수 그리스도는 태초에 하나님 곁에 있었다. 그러므로 신적 의지가 형상을 얻고 구체화되었으니 이로써 하나님은 더 이상 자기 스스로 홀로 있는 것이 아니고 다른 자, 곧 이 인간이 그의 의지 속으로 함께 받아들여져서 하나님 자신과는 다른 결정의 새로운 대상이 되었다. 이 결정, 예수 그리스도의 선택에는 선택하는 하나님뿐 아니라 선택받은 인간도 속한다. 그러므로 예수 그리스도의 선택에서의 하나님의 영원한 의지에는 두 가지 면이 있다. 그러므로 그가 예정과 동일하기 때문에 그는 본래 그 스스로 이중 예정이다. 우리는 그가 첫 번째와 두 번째 사이의 상이성 문제로, 첫 번째와 두 번째 사이의 관계로 되돌아올 것이다. 우리는 우선 그가 이미 여기서 실제로 그의 근원에서 영원 전부터 첫째요 둘째, 이중 예정이라는 것을 확정짓는 것으로 만족하자. 우리가 하나님은 자기 스스로 인간과의 친교를 선택했다고 고백할 때 인식하고 말하는 것과, 하나님이 인간을 위해서 자기 자신과의 친교를 선택했다고 고백하는 것은 별개의 문제이다. 양자는 하나님의 선택과 관계된다. 그러나 선택의 대상이 이중적이고 상이한 것처럼 또한 그 내용도 그렇다. 하나님에게는, 스스로 자신을 인간과의 친교를 위해 규정한다는 것과, 인간을 자기 자신과의 친교를 위해 규정한다는 것은 전혀 다른 것을 의미한다. 양자는 인간을 위한 하나님의 자기 헌신이다. 그러나 두 번째 것이 분명히 인간을 위한 선물을 뜻한다면 첫 번째는 확실히, 하나님이 자기 자신을 위해 무엇인가를 주거나 조달하는 것을 의미하지는 않는다. 하나님이 인간에게 자기 자신에 대한 몫을 허락하면서 무엇을 자기 자신에게 주고 조달할 수 있는가? 여기서 문제시되는 것은 다만, 하나님이 자기 자신을, 그의 신성, 신으로서의 그의 능력, 그의 소유를 문제시함을 의미할 따름이라는 것이다. 인간에게는 하나님이 그를 위해 자기 자신을 내어 주고 그의 하나님이 되고자 한다는 것이 확실히 무한한 이득이요 전대미문의 상승을 의미한다면, 하나님이 스스로 이와 같은 계약을 체결하기를 결정한다는 것은 하나님에게는 어쨌든 치욕을 의미할 것이다. 인간이 얻기만 하는 반면, 하나님은 잃을 따름이다. 그러나 바로 이것이 하나님의 영원한 예정의 내용, 이중 내용이다. 왜냐하면 예정은 예수 그리스도의 선택과 동일하기 때문이다: 인간이 얻기 위해서 하나님은 잃으려 한다. 인간에게는 확실한 구원이요, 하나님 자신에게는 확실한 위험이다!

우리가 예정론에서 언제나 이중적인 것, 언제나 선택과 버림, 복락으로의 예정과 저주로의 예정을 말했던 것이 옳다면, 우리는 지금 이렇게 말할 수 있다: 하나님의 영원한 의지인 예수 그리스도의 선택에서 하나님은 인간에게 첫 번째 것, 즉 선택과 복락과 생명을 주기로 생각했고, 자기 자신에게는 두 번째 것, 즉 버림과 저주와 죽음을 주기로 생각했다. 하나님에게서 만물의 시초인 그의 호의가 또한 부정(否定)의 위험과 위협을 의미한다면, 인간의 아들이 된 하나님의 아들은 이 신적 호의를 표출하고 신적 호의 자체이기 때문에, 이 일에서의 위험과 위협은 하나님의 아들이, 그러므로 하나님 자신이 스스로 감당한 부분이다.

우리는 이 문제의 부정적인 면에 대해서 이 맥락에서 먼저 말해야 한다. 정말로 하나님의 영원한 예정 안에서 첫 번째 일은, 하나님이 인간의 친구, 파트너로 자기 자신을 선택했다는 것과 자기 자신을 위하여 인간과의 친교를 선택했다는 것이다. 하나님이 예수 그리스도 자신 안에서 인간의 아들이 되고자 함으로써 무엇을 선택했는가? 그가 그 일을 위해 자신을 내어 줌으로써 그 자신이 확실히 무엇인가를 포기했으니, 즉 그가 그것을 원하지 않으므로 악의 세계일 수밖에 없는 온 세상으로부터 침해 불가성을 포기했다. 하나님은 스스로 그가 원하지 않는 것의 모든 가능성과 현실로부터, 즉 그에게 항거하는 모든 의지의 존재와 능력으로부터, 모든 악의 잠재력으로부터 전적으로 침해 불가능하다. 그 안에는 암흑은 없고 빛만이 있다. 그러나 하나님의 영원한 의지가 자신과의 계약의 파트너로 삼은 인간, 예수 그리스도 안에서 하나님이 영원 전부터 그와 하나 되기를 선택한 그런 인간, 이 인간은 악에 의해 미혹당하고 악의 책임이 있는 자이며, 악을 성취하고 악의 모든 결과에 영락한 인간이다. 인간은 하나님에 의해서 하나님의 영광의 도구로 창조되었으니, 그가 하나님의 선한 창조물일지라도 오직 피조물이며 하나님이 아니라는 사실로써 하나님의 영광이 위협받는다. 하나님이 자신의 영광을 찬송하고 또 그 영광이 또한 그의 선한 도구에 의해서 찬양받아야 하는 것이 합당한 것처럼, 하나님의 영광이 이 선한 도구에 의해서 합당하게 찬양받을 것인가? 오직 이 인간 자신에게만, 어느 경우든 매우 불확실한 이 문제의 대변자에게, 어느 경우든 극도로 위협당하고, 이로써 그 자신을 위협하는 자기 의지의 봉사자에게 자기 자신을 내어 준다는 것이 하나님에게는 무엇을 뜻할 수 있었는가? 우리가 한 순간이라도 아직 타락하지 않고 아직 무죄한 인간을 상상해 보는 불가능한 일을 시도한다면, 그에 대해서 적어도 이렇게 말해야 한다: 그는 하나님 자신이 아니기 때문에, 하나님의 영광을 위해 살아야 하는 그의 소명을 성취하는 일이 어쨌든 그의 피조물로서의 자유와 결단의 문제이기 때문에, 전혀 하나님과는 다르고, 하나님처럼 우월하지 않고, 불가능한 것, 배제된 것의 한계에, 하나님의 뜻에 반대하는 것의 한계에 서 있다. 이 반대에 참여함이 그에게 금지되어 있는 한, 그가 하나님 말씀에서 살 수 있고 살아야 하는 한, 그것은 그에게는 불가능하고 배제되어 있다. 그러나 그가 이것을 할 것인가? 하나님이 자신에 의해 창조된 인간을 그의 원래적 순결함에서 받아들이려 함으로써(하나님은 자신을 인간의 신으로, 인간과의 연대를 결정함을 통해) 하나님은 어떤 위험 속으로 자신을 몰아갔던가! 이 인간이(그의 존재를 우리는 전혀 상상할 수 없다.) 이 계약에서 모든 것을 획득했다면, 하나님 자신은 이미 그와의 계약에서 모든 것을 잃어야 했다. 그러나 하나님의 영원한 의지가 상관하는 인간은 이 인간이 아니다.—차라리 그는 하나님에 의해 선하게 창조된 인간, 그러나 그로부터 이탈한 인간이다. 그러므로 하나님은 실제로 더 많은 것을 "모험한다." 그의 영원한 계약의 파트너는 위험에 처해 있을 뿐만 아니라 위험에 굴복한 인간이다: 그에게서 불가능한 것이 가능해졌고, 비현실적인 것이 현실적이 되었고, 악의 성취가 사건이 되었다. 사탄에게 귀를 기울였고 저 한계를 지키지 못했고, 하나님의 명령을 주목하지 않았고, 하나님 말씀과는 다르게 살려고 했고 이로써 그의 존재의 의미를 희생하려 했고, 하나님에게 영광을 돌리지 않고 오히려 실제로 치욕 거리를 만들었고, 창조자의 배신자, 원수, 반대자가 되었던 것이 인간이다. 하나님은 인간에게 다만 진노를 쏟을 수밖에 없었다. 인간의 아내는 하와라고 하고 그의 첫 아들은 가인이라고 한다. 인간은 하나님의 일련의 특별한 관심에 대해서 거듭하여 새로운 반항으로써 답하고, 결국 하나님의 메시아를 십자가에 못박는다. 거기서 인간은 좀 나은 경우를 베드로, 좀 심한 경우를 유다라 한다. 하나님은 예수 그리스도의 선택에서 바로 이 인간을 선택했고, 그와의 친교를 선택했다. 이 계약에서 선택하는 하나님의 파트너는 멸망한 인간의 아들이다. 우리는 지금 아직 이것이 이 인간에게 무엇을 뜻하는지 말하지 않는다. 이것이 하나님에게는 중대한 치욕을 뜻한다는 것, 하나님이 이로써 위험과 위협 속으로 들어갈 뿐 아니라 악의 실제적인 공격과 개입에 노출된다는 것은 확실하다. 하나님 자신이 이 인간이 된다는 것은 인간이 연루되어 있는 자기 자신에 대한 반항에 대한 책임이 자신에게 있음을 선언한다는 것, 하나님이 자신에 대한 이런 반항이 다만 불행과 파멸을 초래할 따름이라는 창조의 법칙에 스스로 굴복하는 것, 그러므로 그가 스스로 인간이 처해 있는 진노의 심판의 대상이 된다는 것, 그가 스스로 인간이 받아 마땅한 버림에 굴복했고, 스스로 그로부터 이탈한 인간의 몫이어야 할 저주와 죽음과 지옥을 맛본다는 것 외에 다른 무엇을 의미할 수 있겠는가? 하나님이 예수 그리스도 안에서 인간을 선택함으로써 무슨 영광, 기쁨, 승리를 선택했는가? 그 스스로 거기서부터 완전히 자유로운 것, 그가 그것에 대해 진실로 아무런 욕망도 가질 수 없는 바로 그것 말고 무엇이 그 선택에서 그에게 나올 수 있었겠는가? 즉 암흑, 하나님 앞에서 죄인으로서, 그의 형벌을 받는 자로서의 우리 존재의 불가능성. 하나님이 인간과의 친교를 선택함으로써 자기 자신을 위해 무엇을 선택했는가 알려고 한다면, 우리는 그가 우리의 버림을 선택했다고 답할 수밖에 없다. 그는 버림을 자기 몫으로 만들었다. 그는 버림의 모든, 가장 쓰라린 결과를 감당했고 감수했다. 그러므로 그는 이런 자신의 선택을 위해서, 그러므로 인간을 위해서 자기 자신을 전적으로 진지하게 문제삼았다. 그는 우리의 고난을 자기 자신의 고난으로 선택했다.(우리가 죄인으로서 그에게, 그 앞에서, 그로부터 당해야만 했던 고난) 그래서 그의 선택은 은혜의 선택, 사랑의 선택, 자기 자신을 내어 주는 선택, 그가 선택한 자를 위해서 자신을 포기하고 낮추는 선택. 그는 자기를 배신한 유다를 제자로 선택한다. 그는 빌라도의 판결을 세상에 대한 그의 심판의 계시로 선택한다. 그는 골고다의 십자가를 그의 보좌로 선택한다. 그는 요셉의 뜰에 있는 무덤을 살아 있는 하나님으로서의 그의 존재의 처소로 선택한다. 그러므로 이처럼 하나님은 세상을 사랑했다. 이처럼 그의 사랑은 영원 전부터 이기적이지 않은, 진정한 사랑이었다. 그리고 우리가 거꾸로, 하나님의 영원한 결정 안에 포함된 버림이 무엇인지 ― 예정론에서만 언급될 수 있는 버림 ― 알고자 한다면, 우리는 여기를 바라보아야 한다: 즉 하나님이 그의 아들 안에서 자기 자신을 위하여 인간과의 친교를 선택함으로써 자기 자신을 위해서 그의 아들 안에서 선택한 것을 바라보아야 한다. 그러고 나서 우리는 전적으로 하나님이 그의 아들을 인간의 아들로 정함으로써 스스로 취한 것이 무엇인지, 그의 아들 안에서 그 자신의 몫이 무엇이었는지, 그와 인간 사이의 계약에서 그가 얻은 것이 무엇인지를 주시해야 한다. 그는 거기서부터 무슨 이득을 기대할 수 있었겠는가? 그가 이 계약에서 얻은 이득은 다만 인간에게 떨어져야 했을 것이 그에게 떨어졌다는 것, 그러므로 그 스스로 치욕을 자초했고, 곤궁을 예비했다는 것 외에 실제로 무엇이었던가? 하나님이 이것을 행했다는 사실에서 우리는 그가 영원 전부터 무엇을 의지했던가를 인식해야 한다. 하나님이 영원 전부터 우리를 위해 고난을 당하려 했다는 사실에서 우리는 하나님의 예정의 부정적인 면을 직시해야 한다. 하나님이 결정한, 실로 영원 전부터 결정한, 하나님의 호의 안에 근거를 가지며, 영원 전부터 현실적인 그의 예정이 우리에게 드러나려면, 여기가 아니고 어디서 우리가 하나님의 예정을 직시할 것인가?

여담: 하나님이 인간의 버림을 영원 전부터 스스로 담당하고 감수하기를 결정했다는 것은 그가 인간을 참조하고자 함으로써 하나님이 인간을 내맡기기로 결정한 위험을 고려할 때, 그리고 그가 인간의 타락의 허용을 통해서 인간을 내맡기기로 결정한 더 큰 위험을 고려할 때 처음부터 하나님을 정당화하는 것이다. 우리는 하나님이 인간을 피조물로서, 그러므로 그 자신과 다르게 유혹받을 수 있는 존재로서 저 한계점에 세웠고, 그를 악과 대결시켰다고 비난할 수 없다. 악은 하나님 자신에게는 그의 신적 본성 때문에 불가능하나 인간에게는 다만 그에게 말해진 하나님의 말씀과 금령을 통해서만 배제될 수 있었다. 우리는 또한 하나님이 타락을, 즉 악마의 유혹이 압도함과 인간의 죄책이 사건화됨을 저지하지 않고 일어나도록 했기 때문에 하나님을 비난할 수 없다. 이미 하나님의 영원한 결정 안에서 이 모든 일은 그의 피조물에 대한 불의를 의미하지 않았다. 왜냐하면 하나님은 같은 영원한 결정 안에서 모든 위험과 모든 곤궁을 자기 자신의 위험과 곤궁이 되도록 결정했기 때문이다. 그의 피조물 스스로 자기 의지에 따라서 이 위험에 내맡겨졌고, 다시금 피조물은 자기 의지에 따라서 실제로 이 곤궁에 빠지고자 했다. 사탄의 유혹과 자신의 책임에 의해 죄에 빠졌고, 영원 전부터 하나님에 의해서 포기되지 않고 지킴을 받은 것은, 그에 의해 창조된 그리고 이렇게 위협당하는 인간이다. 그는 또한 바로 이런 부정적인 규정 속에서도 하나님이 그의 아들 안에서 영원 전부터 사랑했던 인간이다. 하나님은 영원 전부터 그의 아들 안에서 이런 인간을 위해 자신을 내어 주었다. 실은 인간이 저 위험 아래서 고난을 당해야 했지만, 하나님은 인간을 위해서 변호하고, 그를 위해서 짐을 지고 고난을 당하기 위해서 자신을 내어 주었다. 인간이 저 한계에서 하나님의 피조물로서, 또 그의 말씀의 청취자로서 행해야 하나 행하지 못한 것에 대한 인간의 책임은 남아 있다. 그러나 무엇보다도 하나님이 인간을 창조했고, 그의 타락을 저지하지 않음으로써 스스로 넘겨받은 책임은 더욱 남아 있다. 인간은 그에게 너무 많은 것을 요구한 하나님을 고발함으로써 자기 자신의 책임을 떨쳐 버릴 수 없다. 왜냐하면 인간에게 요구된 것보다는 하나님이 자기 자신을 위해서 스스로에게 요구한 것이 훨씬 크기 때문이다: 하나님은 인간을 위해서 자신에게 궁극적인 것, 모든 것을 요구하였으니, 인간을 향한 하나님의 요구는 결국 다만, 그가 이런 자로서 살아야 한다는 데 있다. "당신은 내게 말합니다: 어찌하여 하나님께서는 사람을 책망하실 수 있는가? 누가 하나님의 뜻을 거역할 수 있다는 말인가? 오 인간아, 사람이 무엇이기에 하나님과 시비를 가리려 하는가?"(롬 9:19f.) 대답: 당신은 하나님이 영원 전부터 자신의 뜻 아래 ─ 당신에게는 이상하겠지만 ─ 굴복함으로써 자기 아들 안에서 자기 자신을 내맡긴 인간이다. 하나님은 영원 전부터 인간의 이렇게 이상한 위험과 곤궁을 스스로의 것으로 떠맡음으로써 자신을 소외시켰다. 당신은 하나님에 대해서 고발할 근거가 전혀 없는 인간이다. 인간은 고발하려

면 자기 자신만을 고발할 수 있을 따름이다. 당신은 하나님과 시비를 가리려 했다면, 하나님이 당신을 위해서 모든 비난을 자기 자신이 받았는데도 그런 인간으로 살려고 하지 않는다면, 그러므로 당신이 하나님에 대한 감사에서 살려고 하지 않는다면, 당신은 하나님의 비난을 받아 마땅한 인간이다.

하나님의 예정의 부정적인 면, 유혹, 죄, 그리고 인간의 필연적인 형벌과의 대결이 하나님이 스스로 받았던 일의 몫이 됨으로써, 이 부분은 인간의 몫이 아니라는 말이 된다. 그러므로 예정에서 또한 '아니'가 발설되는 한, 어쨌든 예정은 인간을 향한 '아니'가 아니다. 예정이 또한 배척과 버림인 한, 예정은 인간의 배척과 버림이 아니다. 예정이 또한 저주와 죽음을 목표로 하는 한, 예정은 인간 저주와 죽음을 지향하지는 않는다. 인간이 이미 피조물로서의 불신실함 속에서, 그리고 죄많은 피조물로서 그의 입증된 불충함 속에서 하나님을 위해서는 무익하며 하나님의 계약 동지로서 신뢰할 수 없기 때문에, 인간은 이 모든 일을 당할 만하고 당해야 하는 것이 분명하다. 하나님은 인간을 영원 전부터 그와의 계약으로부터 배제할 수 있었다. 하나님은 그를 그 자신에게 맡기고 완전히 추락하도록 할 수 있었다. 하나님은 그를 전혀 원하지 않을 수 있었고, 그의 자유의 문제 때문에 그를 전혀 창조하지 않으려 할 수도 있었다. 하나님은 자기 자신으로, 그의 내적 삶의 저촉할 수 없는 영광과 복락으로 만족할 수 있었다. 그는 이렇게 하지 않았다. 그는 인간을 자신의 계약 동지로 선택했다. 그는 자기 아들 안에서 자기 자신을 인간의 계약 동지로 선택했다. 이것은 그가 인간의 불신실함과 불충함을 간과하려 했고, 그가 인간 존재 안에서 현실화된바 악의 발생 전체를 자기 창조 영역 내에서 감수하려 했다는 것을 뜻하지는 않는다. 그러나 이것은 하나님이 그의 위엄에 대한 이런 모욕과 교란을, 자기 업적을 이렇게 황폐화한 것을, 그 행위자에게 보복함으로써가 아니라, 필연적인 보복을, 필연적인 심판의 결과를 스스로 감당함으로써 회복하려 했다는 뜻이다. 하나님은 자기 스스로 필연적으로 버림받아야 할, 필연적으로 저주와 죽음을 당해야 할 인간을 위하여 중재하려 했고, 그 자신의 마음을 자신의 진노로 인하여 상처받게 하려 하였다.

하나님의 진노가 인간을 향하게 된다면, 인간을 파멸시키고 말소시킬 따름일 것이다. 태초에 하나님의 영원한 결정은 의롭고 자비로운 하나님의, 즉 그의 의 안에서 자비롭고 그의 자비 안에서 의로운 하나님의 결정이었다. 하나님은 악을 그 자체로서 진지하게 받아들이려 했고, 그러므로 그런 것으로서 심판하고 정죄하고 그 행위자를 버리고 저주하고 죽음에 넘겨주려고 했다는 점에서 의로웠다. 그러나 그는 이 악을 행하는 자를 그 자신의 가슴속에 품었고, 그러므로 그의 버림과 저주와 죽음을 자신의 버림, 저주, 죽음이 되게 하려 했다는 점에서 자비로웠다. 의롭고 자비로운 하나님의 결정에 예수 그리스도 안에서 이루어진 죄인의 칭의, 죄의 용서가 근거한다. 죄인의 칭의는 하나님이 죄를 진지하게 다루지 않는다든지 혹은 인간을 행위자로서 책임을 묻지 않는다는 것을 의미하지는 않는다. 그러나 칭의는 하나님이 이렇게 함으로써 자신을 죄인과 연대함을 선포하고 죄의 필연적 결과에 관해서 스스로 인간을 대신하고 그러므로 인간이 당해야 하는 벌을 스스로 당한다는 것을 뜻한다. 이것은 하나님이 용서한다는 뜻이 아니다. 그러나 칭의는 하나님이 용서할 수 없는 행위가 자초해야만 하는 고통을 자신의 고통으로 삼는다는 것을 뜻한다. 예정이 '아니'를 발설하는 한, 버림을 뜻하는 한, 바로 예수 그리스도 안에서의 죄인의 칭의가 예정의 내용이다. 예정은 또한 이런 면에서 영원한 예정, 그러므로 뒤집을 수 없는, 철회할 수 없는 예정이다. 그러므로 버림은 결코 인간의 몫, 일이 될 수 없다. 골고다에서 일어난 것은 교환이다. 하나님은 골고다에서 범법자의 십자가를 자신의 보좌로 선택했고, 하나님의 아들이 인간의 아들이 당해야 하는 고난을 당했다. 이 교환은 영원 전에 잡힌 하나님의 결심의 실행이고, 하나님의 영원한 의지의 발생이기 때문에, 이 일은 단번에 일어났다. 그러나 이 교환이 하나님의 영원한 의지를 실행함에서 단번에 일어났기 때문에 이 교환은 더 이상 철회되어서는 안 되고, 예수 그리스도 안에 있는 자들에게는(롬 8:1) 아무런 저주도ㅡ현실적으로 아무것도ㅡ없다. 그렇기 때문에 하나님의 예정에 대한 믿음 자체는 인간이 버림받지 않음에 대한 신앙, 그가 버림받음에 대한 불신앙을 뜻한다. 인간은 버림받지 않았다. 하나님의 영원한 결정 안에서 하나님 자신이 자기 아들 안에서 버림받았다. 하나님의 자기 희생은 그가 자기 아들을 내주었고, 보냈음에 있고, 여기서 성취되었다: 우리가 버림받지 않기 위해서 그의 아들이 버림받았다. 예정은 하나님이 자신의 불이익을 위해서 영원 전부터 결정한바 인간에 대한 기각(棄却)으로부터의 사면 선고를 뜻한다. 사면 선고 안에서 하나님은 스스로 자신을 사면당한 자 대신에 패배자, 버림받은 자, 기각당한 자로 규정한다: 세상 처음부터 도살당하는 저 어린양으로 규정한다. 그러므로 여기에는 어떤 신적 배후도, "절대적 결정"도, 신적 호의의 신비도 없다. 만일 그런 것이 있다면 예정은 또한 인간의 기각도 될 수 있고 그렇게 불릴 수 있을 것이다. 오히려 우리가 신적 호의의 깊은 곳, 내면을 통찰할 때, 예정은 인간의 버림받지 않음을 뜻한다. 왜냐하면 예정은 하나님의 아들의 버림이기 때문이고, 또한 예정은 사실 또한 하나님의 필연적인 진노의 계시의 예정이기 때문이다. 하나님은 그 진노의 계시의 현실을 예수 그리스도 안에서 자신의 고난이 되도록 했으니, 그러므로 우리는 우리에 대해 결정된 바에 대해서 다만 불신앙, 불복종, 배은망덕으로써만, 하나님의 예정을 완전히 오해함으로써만 그의 고난을 다시금 우리 자신이 당해야 할 일로 간주할 수 있을 따름이다. 하나님의 예정에 대한 믿음, 복종, 감사하는 마음으로써, 그것의 신비에 대한 올바른 인식 안에서 우리는 예정 속에는 결코 인간의 버림은, 우리 자신의 버림도 또 다른 인간의 버림도 결정되어 있지 않음을 볼 수 있을 것이다. 그것은 우리가 그럴 만한 일을 했기 때문이 아니라, 오히려 하나님이 인간의 버림을 원치 않았기 때문에, 하나님이 우리 대신 자기 아들의 버림을 원했기 때문이다.

신앙 안에 있는 우리가 우리 자신의 버림받음을 믿을 수 없다는 것은 우리가 모든 예정론의 통찰력 있는 대변자들과 일치하는 점이다. 아우구스틴도, 칼빈도, 칼빈주의자들도 언제나, 우리가 믿음 안에서 선택받았고 그러므로 버림받지 않는다는 것을 고수해야 하고 고수할 수 있다는 것을 말했다. 그러나 만일 하나님의 예정을 믿음으로써 우리가 믿을 수 있는 것이 예수 그리스도의 선택이라는 것이 분명하지 않다면, 어느 한에서 이것이 근거 있는 통찰이며 그러므로 이것이 관철될 수 있는 조언인지 납득할 수 없다. 우리는 "절대적 결정"을 믿을 수 없다. 그렇지 않으면 그것에 대한 "믿음"은 우리에게 확실히 우리가 선택받았고 버림받지 않았다는 확신을 줄 수 없거나 혹은 허용하지 않을 것이다. 그러나 또한 신(神)에 대한 보편적인 믿음, 혹은 더 구체적으로 정의의 신 혹은 자비의 신에 대한 믿음도 이 문제에서 우리에게 별로 도움을 주지 못할 것이다. 어떤 논리, 혹은 도덕으로써 우리가 하나님에게 신의 결정에서 인간의 버림을 배제하도록 만드는 이런 정의와 자비를 전가할 수 있을 것인가? 우리에 대한 하나님의 결정이 예수 그리스도 안에서의 그의 자기 헌신의 결정과 일치하거나 혹은 차라리 전적으로 이 결정 속에 포함되어 있을 때에만, 이것이 그렇다고 말할 수 있을 따름이다. 그럴 때 우리는 물론 그것을 말해야 한다. 그럴 때 하나님에 대한 고백과 하나님의 정의 및 자비에 대한 고백에서 물론 필연적으로 또 다른 고백이 뒤따른다: 즉 우리가 하나님에 의해 버림받은 자가 될 수 있다는 두려움에는 어떤 근거도, 동기도 없다. 예수 그리스도 안에서의 하나님의 자기 헌신 안에서, 하나님이 버림을 자신에게 일어나도록 원했기 때문에 버림은 우리와 상관이 없다는 것이 분명하고, 하나님이 그 일을 스스로 감당했기 때문에 버림받는 일은 우리에게서 면제되었음이 분명하다. 우리가 예수 그리스도 안에서의 하나님의 자기 헌신을 믿음으로써 우리가 또한 하나님의 예정을 믿을 수 있고 믿어야 한다면, 우리는 이제 우리 자신과 모든 인간의 버림받지 않음을 믿을 수 있고, 우리는 인간의 버림받음을 다만 불신앙의 어두운 대상으로, 모든 거짓 신앙, 즉 그것은 참이 아니므로 하나님이 계시하지 않은 것에 대한 믿음, 하나님이 결정하지 않았고 그의 결정에서 배제한 것에 대한 왜곡된 믿음의 객관적 상관 개념으로만 이해할 수 있을 뿐이다. 그러므로 우리가 고대인들이 필연적으로 예정 신앙의 적극적인 성격 내지는 확실히 소극적이지 않은 성격에 대해서 정당하게 말하려 한 것을 말하고자 할 때, 우리는 하나님의 영원한 의지와 예수 그리스도의 선택을—여기서 우리는 고대인들과 구별되는데—분리시키지 말고 두어야 한다.

우리는 이제 같은 현실의 또 다른 면을 보도록 하자. 하나님은 예수 그리스도의 선택에서 무엇을 선택했는가? 우리는 말했다: 자기 자신을 위해서 인간과의 친교만이 아니라, 또한 인간을 위해서 하나님 자신과의 친교를 선택했고, 그러므로 자기 헌신의 결정 안에서 버림을 위해서 자기 자신의 희생만을 선택한 것이 아니라 또한 그와의 계약 속에서 살도록 하기 위해서 기적적으로 인간을 높임과 그에게 이 계약의 생의 친교 안에서의 구원과 영광을 선사하는 것을 선택했다. 하나님이 자기 자신 안의 존재로 만족하지 않고 오히려 자기 자신 밖으로 손을 뻗어서 자기 자신 이상을 원함으로써 만물의 저 시초를 원하고 설정하게 되는 저 원결정은 다만 그의 영광의 넘쳐흐름일 따름이고, 하나님이 자기 자신 안에 가지고 있는, 그리고 하나님 자신이기도 한 선(善)을 계시하고 전달함에 있을 따름이다. 그렇지 않다면 하나님은 하나님이 아닐 것이다. 우리는 이것을 다르게 말하려 한다면, 우리는 하나님을 하나님으로 이해하지 못할 것이다. 하나님 안에는 암흑이 없기 때문에 그가 선택하고 의지하는 것도 암흑일 수 없고, 또한 빛과 암흑 사이의 중립적인 것일 수 없으며, 그 목적과 그 의도에서 오직 빛, 굴절되지 않은 빛일 따름이다. "하나님이 행하는 것은 잘 된 것이다." 우리는 언제나 거듭, 하나님이 그의 모든 선택과 의지에서 원래 그리고 궁극적으로 자기 자신을 의지한다는 것, 하나님의 모든 의지와 선택은 원래 성령의 친교 안에 있는 아버지와 아들의 사랑의 결정이라는 것에서 출발해야 한다. 그러므로 그것의 내용이 어찌 선하지 않으며, 영광, 새로운, 특별한, 신적인 영광이 아닐 수 있으랴? 그러나 하나님은 저 원결정에서 자기 자신을 선택할뿐더러, 그가 자신을 선택함으로써 동시에 이 타자, 인간을 선택한다. 그래서 인간은 신적 영광의 넘쳐흐름의 외적 동기요 대상이 된다. 하나님의 선함과 선행은 그를 향해 있다. 하나님은 이 운동에서 그 자신 외에 제2의 신을 선택, 의지한 것이 아니라, 그와는 다른 존재를 선택, 의지했으되, 이 존재를 그의 피조물, 대상으로 선택, 의지했고, 그와는 전혀 다른 이 존재를 그의 영광에 참여하도록 정했다. 이 존재는 그 영광에 그 기원을 두게 된다. 하나님은 이 존재로 하여금 그 영광의 광채 안에서 그 광채를 지는 자로서 존재하도록 정했다: 즉 그의 전적 타자성 안에서 하나님의 선을 계시받고 전달받도록 정했다. 이것이 하나님의 원결정 안에서 인간을 위해 부여되고 정해진 것이다. 하나님은 인간을 복락에 도달하도록 의지했고, 선택했다. 인간의 복락은 그의 창조자의 넘쳐흐르는 영광을 증언할 수 있음에 있다. 하나님은 영원한 삶의 약속과 더불어 인간을 의지했고, 선택했다. 인간의 영원한 삶은 하나님의 넘쳐흐르는 영광의 증인으로 사는 데 있다. 이런 규정 안에서 인간은 태초에 하나님의 결정 안에서 하나님 자신과 함께 존재한다.

  우선 다음을 확정하자: 여기서 우리는 예정의 적극적 내용과 관계한다. 그러므로 예정의 '그래'와 예정의 일차적인, 본래적인 것, 예정의 의미와 목적과 관계한다. 왜냐하면 하나님이 인간을 이런 규정으로써 의지, 선택했다는 것, 하나님이 그를 그의 영광의 증인으로, 그러므로 복락과 영원한 삶으로 예정했다는 것은 동시에 필연적으로 그가 위험과 곤궁으로 예정되었음을 의미하였기 때문이다. 하나님은 인간을 그의 한계 내에서, 그의 자유를 사용함으로써, 혹은 차라리 오용함으로써 하나님을 치욕스럽게 만들 수 있었고, 그렇게 만들었던 피조물로서 의지, 선택했다. 그러므로 하나님의 결정 안에는 그의 유혹의 위험성과 그의 타락의 한계점이 포함되어 있었다. 그것들은 그 나름대로 역시 하나님의 의지, 선택의 대상이었다. 이것은 또한 진실이다. 이 두 번째 것이 마치 앞서 가는 혹은 뒤따라오는 그림자처럼 첫 번째 것을 동반한다. 하나님이 저 그의 영광의 넘쳐흐름을 결정함으로써 그는 필연적으로 또한, 그 자신 안에서, 아버지, 아들, 성령의 삶으로서의 그의 내면적 삶 안에서 아무런 유혹과 혼란에 흔들리지 않고 그 자신 안에 어떤 대립도 없는 그의 영광이 빛과 암흑이 구분되는 대립 영역으로 들어감을 결정한다. 이 영역에서 하나님이 의지하는 것, 그러므로 그의 선이 그가 원치 않는 것으로서 악과 구분되고, 거기서 그러므로 악에게 선의 존재를 통해서 일종의 존재 가능성과 존재의 현실이 허용되고 마련되며, 거기서 악은 일종의 독자적인 능력으로, 사탄으로 등장할 수 있고 등장한다. 악은 다만 불가능한 것의 존재 가능성만을, 비현실적인 것의 현실 가능성만을, 무력한 것의 독자적 능력만을 가질 수 있을 따름이다. 그러나 악은 그런 것으로서 이런 것을 가질 수 있고, 가져야 한다. 어떻게 하나님이 그의 영광의 넘쳐흐름을 결정할 수 있었으며, 이런 영광의 그림자를 함께 의지, 선택함이 없이, 그 그림자에게—그 자신 안에서가 아니라, 그의 영광이 외적으로 넘쳐흐름이 이 영역 안에서—극복되고 물러서는 그림자로서의 그의 존재를 허용하고 마련함이 없이, 그러므로 또한 그것의 존재를 그의 결정 속에 함께 포함시킴 없이, 어떻게 그가 피조물인 인간을 이 일의 증인으로 의지, 선택할 수 있었는가? 이런 의미에서 "허용된" 악이 없는 세상과 인간은 세상과 인간이 아닐 것이며, 따라서 태초의 하나님의 결정도 이런 "허용"을 포함하지 않는 그런 것이 아닐 것이다. 그러나 양자가 전혀 다른 높이에서 그리고 전혀 다른 의미에서 하나님의 뜻인 것은 분명한 듯하다. 하나님이 적극적으로 의지하고 선택하는 것은 오직 그의 영광의 넘쳐흐름, 그러므로 인간의 복락과 영원한 삶이다. 하나님은 또한 그의 유혹과 타락의 허용으로써, 그러므로 또한 악의 "허용"으로써 어떤 다른 것을 원치 않는다. 그러므로 하나님의 악의 의지는 하나님 안에 어떤 독자적인 근거를 가지지 않는다. 여기서 비추거나 혹은 갑자기 켜지는 독자적인 빛 같은 것이 하나님 안에 있는 것이 아니다. 하나님은 다만 그의 영광의 이 빛을 자기 자신만을 위해 보유하려 하지 않고 자기 자신 밖에도 비추게 하기를 원하고, 바로 인간을 그 일의 증인으로 정하고자 하기 때문에 악을 원할 따름이다. 마치 악이 하나님의 창조물인 듯, 신적인 기원을 가지거나 혹은 하나님 자신 안에 어떤 상응하는 것이 있는 듯, 악이나 혹은 악을 행하는 자가 원용할 수 있는 어떤 것도 하나님 안에는, 그러므로 또한 어떤 것도 외부를 향한 하나님의 의지, 선택 안에는 없다. 하나님은 악을 다만 물러서는, 도주하는 그림자로서만 의지할 따름이다: 그것은 하나님이 유일한 빛, 자기 자신의 빛을 비추기를 원하기 때문이고, 그가 이 빛을 드러내고 전달하기를 원하기 때문이다. 그러므로 하나님이 인간에게 영원 전부터 주고자 했던 선과 그가 같은 영원한 결정 안에서 허용하고 그런 한에서 함께 원했던 악의 위험과 시련 사이의 관계는 결코 균형이 아니라 불균형으로만 상정될 수 있다. 악의 독자성과 품위의 표상이—그런 것은 악에게는 인정될 수 없는 것인데—하나님의 경륜 안에서 생길 수 있는 한에서, 우리가 하나님의 의지에서 전자를 "일차적인 것"으로, 후자를 "이차적인 것" 혹은 전자를 "본래적인 것"으로, 후자를 "비본래적인 것"으로 표현한다면, 그것은 너무 지나친 표현이고, 부정확한 말이다. 악에 있어서 독자성과 품위라고 하는 것은 다만 하나님의 경륜에서 배제된, 이 경륜을 통해서 이미 척결된 존재의 그것, 즉 비존재의 독자성과 품위일 것이다. 이 비존재는 창조의 공간 내에 있는 존재와 필연적으로 대립하고 맞대응하고, 그러나 이 대립, 맞대응에서가 아니고는, 언제나 부정하는 영과는 달리, 어떤 근거도 의미도 가지지 않는다. 우리가 하나님의 예정의 내용에 대해 묻는다면, 우리는 어떤 높음이나 깊음에서도, 악을 행하기로, 이 영, 혹은 차라리 비(非) 영의 지배를 받기로, 이 지배에서부터 고통을 받기로 예정된 인간의 이런 예정과 만나지 못할 것이다. 인간의 실제적 예정, 즉 하나님의 영광의 증인으로, 그러므로 복락과 영원한 삶으로의 예정인 그의 예정의 심연의 가장자리에서가 아니고서는 실현될 수 없다 할지라도, 그의 예정의 심연은 다만 '아니'의 심연일 따름이니, 이 '아니'는 하나님의 예정의 '그래'를 통해 물론 가시화되고, 그런 한에서 하나의 무서운 생으로 일깨워지며, 이 '그래'를 통해서 곧 반박되고 극복될 것이다. 하나님을 말하는 자는 언제나 창조자, 화해자, 구원자를 말하며, 그 반대를 말하지 않는다. 설령 그가 심판자를 말하고, 하나님의 거룩함과 진노를 말할지라도, 확실히 다른 것을, 그 반대를 말할 수 없다. 그는 하나님이 같은 방식으로, 균형 있게 선과 악을, 삶과 죽음을, 그 자신의 영광과 그것의 어두워짐을 인간의 목표로 정한다고 말할 수 없다. 그는 두려움과 떨림 안에서 저 심연에 대해 말할 수 있고 말해야 하고 말할 것이다: 그는 악을 그 나름대로—다만 그 나름대로—하나님의 영원한 결정의 근거에서 있을 수 있는 것으로 진지하게 다룰 것이다. 그러나 그는 이 결정의 이중성을 이원성으로 만들어 놓지 않을 것이고, 그러므로 다만 실제로 창조자, 화해자, 구원자로서의 하나님에 대해서만 말할 것이다. 그로부터는 오직 선한 선물만을 기대할 수 있는 그런 하나님에 대해서 말할 것이다. 전통적 예정론에 그처럼 부담을 주는바 하나님이 균등하게 한편으로는 복락을, 다른 편으로는 저주를 결정하고 발설한다는 표상을 우리는 여기서 강력히 반박해야 한다.

그러나 이런 강력한 반대는, 하나님이 저 균형 속에서 구원과 저주를 원하는 것을 불가능하게 만들, 그러므로 이중 예정의 대칭적인 이해를 배제하게 만들 그런 하나님의 사랑에 대한 어떤 선입견에서 유래하는 것은 아니다. 우리는 어디서 하나님에게, 그가 사랑 안에서 같은 진지함을 가지고 태초부터, 영원 전부터 저주하고 사면하며, 죽이고 살리며, 선택하고 버리지 못하도록 규정할 권한을 가진다는 말인가? 우리는 이런 류의 이의에 대해서 고대 예정론을 오늘도 수호해야 한다. 그러나 하나님의 의지가 예수 그리스도의 선택에서 이중적인 의지이지만, 그러나 확실히 이원적 의지는 아니고, 확실히 똑같이 인간의 삶과 죽음을, 인간의 복락과 그 반대를 지향하는 의지는 아니라는 이의에 대해서는 고대 예정론이 수호되어서는 안 된다. 예수 그리스도의 선택에서 볼 때, 그리고 우리가 거기서 하나님의 의지와 선택을 인식하고자 할 때, 저 똑같이 인간의 복락과 저주를 지향하는 하나님의 '사랑'도 자의적인 견해로 표현되어야 한다: 이 견해는 하나님에게 이런 사랑의 권한을 전적으로 거부하려는 견해만큼이나 자의적이다. 하나님에게 거꾸로 전적으로 이 약간 어두운 사랑을 부여하고자 했던 자들은 어디서 그런 지식을 가진다고 믿었는가? 확실히 예수 그리스도를 직시하고 인식함에서는 아니며, 확실히 그의 선택 안에서의 하나님의 영원한 의지를 인식함에서는 아니다! 우리가 여기서 달리 생각한다면, 저 하나님의 이중 의지의 평형 이론에 대해 반대해야 한다. 왜냐하면 우리는 악과 죽음으로 인간을 예정함에 관해서, 하나님이 저 예정을 그의 큰 자비로써 자신의 몫으로 만들어 스스로 고난을 받았고, 그러므로 우리에게서 저 예정을 제거했고, 그것을 우리의 예정으로서는 단호히 부정했다는 것 외에는, 전혀 다른 지식을 가지지 않기 때문이다. 우리가 하나님의 영원한 의지를 예수 그리스도 안에서 일어난 이런 제거와 부정에서, 즉 하나님의 아들이 우리를 위해 종의 형상을 취했고 십자가에서 죽기까지 복종했다는 사실에서 인식하기 때문에, 우리가 이로써 시간 안에서 일어난 하나님의 의지보다 더 높고 더 이른 것을 알지 못하기 때문에, 우리는 인간의 생명과 복락을 목표하는 하나님의 적극적 의지와 인간으로 하여금 사탄에게 유혹받는 자로, 자신에 대해 빚진 자가 되도록 정하는 하나님의 허락하는 의지 사이에서는 어떤 균형이 아니라 오로지 저 불균형만을 본다. 즉 이 불균형 속에서 첫 번째 의지는 유효한 '그래'이고 두 번째 의지는 다만 이 '그래'를 통해서 제약받는, 그러나 또한 처음부터 무효화된 '아니'이며, 전자는 하나님의 역사(役事)의 도래하는 형상이고 후자는 지나가는 형상이다. 우리가 여기서 하나님 혹은 인간에 대해서 자의적인 선입견을 가지고 판단을 내린다면 그것은 확실히 사태를 주제넘게 서술하는 꼴이 될 것이다. 그러나 하나님이 인간에 대해 말한 판단에 근거해서—우리가 거기서 하나님의 원래적인, 궁극적인 결정을 인식하고, 그런 것으로서 인정한다면—모든 다른 서술이 배제되기 때문에 이 서술은 확실히 정확한, 홀로 가능한 서술이 될 것이다. 그럴 때 우리는 하나님의 영원한 선택을 오른편, 왼편으로의 선택으로 분열시켜 사고할 자유는 더 이상 없다. 아마도 하나님이 왼편으로 선택할 수도 있을 것이다. 그러나 하나님은 인간을 이런 선택의 대상으로 삼지 않았고, 자기 자신을 그 대상으로 삼으려 했다. 하나님은 하나님의 영광의 무대로 정해진 세상 안에서 불가피하게 위협하는, 실제로 지배하게 된, 권세를 행사하는 악에 대한 염려를, 이 지배의 결과 아래서의 고통을, 그러므로 악한 인간에 대한 정죄를 인간으로부터 제거했고, 스스로 감당했다. 그렇기 때문에 우리는 악의 모든 영역에서, 그러나 또한 악을 향한, 악을 저 허락의 형태로 긍정하는 하나님의 의지에 어떤 독자성을 부여할 수 없다. 우리는 예수 그리스도 안에서 이 모든 것이 다만 극복된 것으로, 물러나고 도주하는 것으로, 제거된 것으로, 넘쳐흐르는 영광의 적극적 의지 안에서 직시하고 인식할 수 있다. 바로 예수 그리스도 안에서 이루어진 일이 태초에 하나님에게서 이루어진 것이다. 그리고 바로 그렇기 때문에 태초에 하나님의 이 결정 안에서 인간에게는 오직 하나님의 완전한 본성에 상응하는 예정만이 남는다: 하나님의 나라, 복락, 생명으로의 예정. 모든 다른 예정은 오직 죄와 오류에서 기원한,

그러나 하나님의 계시에 의해서 반박당한 가짜 예정일 따름이고, 하나님의 예정이 아니고, 하나님의 영원한 예정 안에서 이루어진 예정이 아니다. 인간이 저 다른 예정 아래로 들어가고자 한다면, 그가 스스로를 죄와 죽음으로 예정된 것으로 이해하고자 한다면, 하나님이 자기 자신에게 유보한 것을 스스로 취해야 할 것이다. 하나님이 악과의 대립을 자신에게 유보했다면, 인간에게는 오직 하나님이 그에게로 돌린 것을 받아들일 가능성만 남아 있다. 그러나 이것은 그 자신의 영광 이상도 이하도 아니다. 하나님은 인간을 분명히, 유보 조건 없이, 삭감 없이 자신의 영광을 위하여, 그것의 광채를 지니는 자로 선택했고 정했다. 이것이, 그리고 이것만이 우리가 예수 그리스도 안에 있는 인간에 관해서 직관할 수 있고, 인식할 수 있는 것이다. 인간의 아들이 골고다의 십자가에서 하나님의 영원한 아들과의 일체 속에 고난받은 것을—그는 그런 자로서 세상의 죄를 위한 제물이다.—그는 다만 그 다음에 올 부활과 승천과 하나님 오른편에 앉음의 영광으로 가는 길에서만, 불가피한 통과 절차로써 감당한다. 왜냐하면 이 모든 일은 하나님의 아들을 영화롭게 하는 것이 아니기 때문이다. 그는 이런 것을 필요로 하지 않으며, 하나님의 결정에 따라서 오히려 낮아짐을 감수했고, 이런 영화롭게 됨을 겪는 것이 아니라 차라리 그의 신성의 능력으로써 그렇게 되도록 작용하고 완수한다. 이 모든 일은 다윗의 아들을 영화롭게 함이다: 심판에서 그를 칭의함, 죽음으로부터 그를 구원함, 하나님과의 생명의 친교로 그를 높임, 그를 위한 영원한 삶의 존재 형태로 그를 옷 입힘, 그의 복락을 개시함. 이것이 예수 그리스도 안에서 시간 안에 일어난 것과 같은 하나님과 인간 사이의 기적적인 교환에서, 그리스도가 이미 만물의 시초라는 사실에 근거해서 인간의 몫이 된 일이다. 그리고 이것이 우리가 예수 그리스도 안에서 계시된 하나님의 의지를 영원한 의지로서 신뢰할 때, 하나님의 예정 안에서 인간의 몫으로 인식해야 하는 것이다. 하나님은 자기 편에서 포기가 없지 않으나, 인간에게 속한 몫을 인간에게 부여하는 것이 분명하다. 우리가 그렇게 말해도 좋다면, 창조 공간 안에는 하나님의 고유한 영광, 선함, 복락은 없다. 하나님은 여기서 그의 것을, 자기 자신과 그의 신성의 모든 특권들을 내주었다: 인간 예수에게, 그리고 그 안에서 그의 피조물에게 주었다. 혹은 이렇게 말할 수 있다: 하나님은 그의 창조 공간에서, 전적으로 인간 예수에게, 그리고 그 안에서 그의 피조물에게 계시하고 전달한 것 안에서 바로 자신의 영광, 선함, 복락을 가진다. 이것은 확실하다: 하나님은 그의 넘쳐흐르는 영광 안에서 전적으로 선사하는 사랑, 자기 것을 구하지 않고 다른 자의 것을 구하는 사랑이다. 하나님의 아들이 잃어버린 인간의 아들을 위하여 스스로 감당하는 전적 낮아짐에 상응해서, 잃어버린 인간의 아들에게는 이런 신적 은총을 통해 전적으로 높아짐이 부여된다. 그리고 바로 이 높아짐이 분명히 예수 그리스도 안에서 성취된 하나님의 행동에서, 그러므로 이미 하나님의 영원한 결정에서 결정적인 것이다. 예정하는 하나님은 바로 이 나중 것을 목표한다. 그는 이 나중 것을 원한다. 그는 자명하게 또한 낮아짐도 원한다:

인간을 위하여, 인간의 저주를 제거하기 위하여, 모든 의가 성취되고 이 길을 끝까지 가기 위하여 자기 자신의 낮아짐. 그러나 하나님은 한 가지와의 맥락에서, 이 한 가지를 위하여 인간의 높아짐을 원한다: 즉 이 인간이 정당하게 그 자신의 영광, 선함, 복락의 상속자가 되고, 자신과의 생명의 친교로 들어오게 하는 것. 우리는 계시와 화해의 일에서 드러난 이 질서를 또한 하나님의 예정의 질서로서 주목하고 존경해야 할 것이다. 우리는 하나님이 우리에게서 무엇을 제거하려 했는지 알아야 한다. 우리는 그러나 또한 하나님이 우리에게 무엇을 주려 했는지를 더욱 알아야 한다. 그리고 우리는 전자를 다만 하나님이 그것을 우리에게서 빼앗으려 했고 빼앗아 갔기 때문에 우리에게서 지나간 것으로서, 그 언저리에서 우리가 제지당한 심연으로서 알려고 할 따름이다: 그러나 우리는 마치 그 심연이 여전히 우리 자신의 자리인 것 같이, 이 심연 속을 응시할 수 없다. 우리의 자리는 그리스도가 하나님 오른편에 앉아서 우리를 대변하는 하늘에 있다. 우리는 아담이 타락했다는 것, 다윗이 죄짓고 베드로가 부인하고 유다가 배신한 것을 한 저울판에, 그리고 예수 그리스도의 부활을 다른 저울판에 놓을 수 없다. 왜냐하면 전자가 중대할지라도, 그것은 저 후자의 사실에 의해 상각되었으며, 전자는 후자를 통해서 옛 것, 지나간 것이 되었기 때문이다. 그러므로 하나님의 예정에 대한 생각은 우리 안에 공포와 기쁨이 뒤섞인 감정을 자아낼 수 없다. 우리가 일부 약속에, 일부 위협에 직면해 있다면 그런 감정이 생길지 모른다. 그러나 하나님의 예정에 대한 생각은 다만 기쁨, 순전한 기쁨만을 자아낼 따름이다. 그 이유는 하나님의 예정 안에서는 돌이킬 수 있는 것도 아니고, 체계도 아닌 질서가 발생한다.(만일 그것이 체계라면, 우리는 그 체계의 요소들을 나란히 고찰해야 할 것이다.) 그 질서란 오히려 하나님이 가고자 하는 길을 가기 위한 의지이니 우리는 그 길의 목표에서, 즉 하나님 자신이 우리에게서 위협을 제거한 후에 그 자신이 우리의 구원이 됨에서, 하나님의 영광이 빛남을 본다. 이 목표를 고려할 때 오직 기쁨만이 있다: 그리고 오직 이 목표만이 우리와 관계하기 때문에, 즉 하나님의 은혜만이 우리와 관계하고, 그러나 하나님이 스스로 감당하기 위하여 우리에게서 먼저 빼앗아야 했고, 빼앗으려 했고, 빼앗은 것은 우리와 무관하기 때문에, 우리는 하나님의 예정 안에서 이 목표를 바라보아야 한다. 이것은 낙관주의와 상관이 없다. 문제는 복종하고 불복종하지 않는 것, 감사하며 방자하지 않는 것이다. 복종과 감사하는 마음으로 우리는 하나님의 이중 예정을 다만 기뻐할 따름이다.

"이중" 예정에 대한 이런 해석은, 예수 그리스도의 선택이 우리가 그 안에서 하나님의 예정을 이해해야 하는 괄호라는 것, 그러므로 우리가 선택하는 하나님에 관해서뿐 아니라 선택받은 인간에 관해서 왼편이나 오른편을 바라보지 않고 직접 예수 그리스도를 바라보기로 결심하였고, 그 결심에 머무르는 것에 달려 있다. 선택하는 하나님이 아버지에 의해 사랑받고 아버지를 사랑하는 아들인가, 이런 자로서 만물의 시초, 예정의 주체인가? 그리고 선택받은 인간, 즉 만물의 시초요 예정의 객체는 베

베들레헴의 구유에서 태어났고, 골고다의 십자가에서 죽었고, 셋째 날에 다시 일어난 나사렛 예수인가? 그렇다면 이중 예정은 다만 저 질서 안에서만, 하나님의 빼앗음과 하나님의 주심 사이, 혹은 하나님의 낮아짐과 인간의 높임 사이의 저 불균형 관계에서만, 그러므로 버림과 선택 사이의 불균형 관계에서만 이해될 수 있다. 신약성서의 증언에 따르자면 예수 그리스도 안에서 일어난 계시와 화해 안에서의 관계는 이런 것임을 우리는 부정할 수 없을 것이다. 그러나 우리는 이 관계에서 또한 하나님의 예정 안에서의 관계도 직시, 파악해야 하는가? 혹은 우리는 여기서 실제로 다른 곳을 바라보아야 하는가? 전통적 예정론은 우리로 하여금 여기서 다른 곳을 바라보도록 길들여 왔다. 전통적 예정론은 하나님의 예정을 저 괄호 안에서 보거나 이해하지 않았다. 그럴 때 선택 결정과 버림 결정 사이의 관계는 전혀 다른 것이 되고, 이 양자 결정은 어느 정도 자동적으로 저 평형 관계로 되돌아가야 한다는 것은 자명하다. 우리가 예수 그리스도 안에서 일어난 계시와 화해를 주목하는 외에는, 이중 예정 내에서의 관계를 우리가 서술했던 것처럼 서술할 아무 근거도 없다. 다만 이 한 가지 근거가 동시에 우리가 이 문제에서 모든 다른 생각들을 고려함이 없이 지켜야만 하는 명령이 아닌지 물을 수 있다. 혹은 차라리 어떤 다른 생각들이 우리에게서 이 한 가지 근거의 명령의 진지성을 앗아갈 만큼 충분한지 물을 수 있다. 이 마지막 물음이 만족스럽게 답변될 수 없다면, 우리는 좋든 나쁘든 간에 여기에 제시된 이중 예정관을 결단해야 할 것이다.

4. 하나님의 영원한 의지는 예수 그리스도의 선택과 동일하기 때문에 하나님과 인간 사이에 일어나는 역사, 만남, 결정의 형태로 되는 하나님의 행동이다. 우리는 이미 하나님의 영원한 예정에서 살아 있는 하나님과 상관한다. 하나님은 영원 전부터 자기 자신 안에 살아 있는 분이다. 곧 하나님은 아버지, 아들, 성령으로서의 그의 내적 관계 안에서 영원 전부터 행동함으로써, 그가 자기 자신을 의지하고 자기 자신을 앎으로써, 그가 사랑함으로써, 그가 그의 우월한 자유를 사용함으로써, 그가 그 자유를 그리고 그 자유 안에서 자신을 확증함으로써, 그는 존재한다. 하나님은 자기 자신 안에 안식한다는 것은, 하나님의 존재가 결정이라는 것을 배제하는 것이 아니라 포함한다. 그러므로 하나님은 외적으로 행동하거나 행동하기를 결단함으로써―그는 다른 방식으로 또한 이런 외부를 향한 그의 존재 안에서도 살아 있는 분이 될 것이다.―비로소 살게 되는 것이 아니라 외부를 향한 그의 전 존재와 행동은 다만 그의 내면적 존재와 행동, 그 자신의 내면적 생명력의 넘쳐흐름, 그가 그 안에서 그 자신이 되는 결정의 외적 공시일 뿐이다. 하나님 자신 안에서의 이 공시의 근원은 예정이다. 예정은 하나님이 자기 자신 안에서 그 나름대로 행동인 것 못지않게, 그리고 다른 방식으로 세계 내에서 하나님의 일 전체가 행동인 것 못지않게 행동이다. 예정은 하나에서 다른 것으로 넘어감이다: 하나님이 자기 자신 안에 존재함에서부터 창조물의 주로서의 존재로 넘어감. 어떻게 그것이 역시 행동이요 사건이 아니겠는가? 우리는 어떤 권리로 예정 안의 하나님을 살아 있는 신으로 이해하지 않을 수 있겠는가? 만물의 예정이 되는 하나님의 영원한 의지는 영원 전부터 그의 결정 안에서 의지했고, 알았던, 그런 한에서 모든 외적 사건에

선행하며, 그 앞에서, 그에게는 이미 현실적인 자신과 인간 사이의 역사, 만남, 결정의 형태로 된 하나님의 삶이다.

따라서 태초에 하나님 곁에 예수 그리스도의 이름과 인격이 있었다는 것이 정확하다면, 우리는 그렇게 말해야 한다. 그의 의지는 인간 나사렛 예수와 그 자신의 아들, 혹은 말씀과의 일체라는 구체적 행태로 인간을 위해 자기 자신을 내어 줌이었다. 이 시초는 그런 것으로서 생명이다: 곧 한 역사, 만남, 결정의 삶이다. 하나님의 영원한 선택 안에는 선택의 사건이 있었다. 그것의 결과는 성서에서 우리에게 증언된 저 인간의 존재에서 드러난다. 이 인간은 하나님의 호의의 대상이었다. 왜 하필 그가? 확실히 여기가 하나님의 선택의 자유를 존경해야 할 곳이다. 그 자유는 바로 여기서 완수되었으니, 그 결과가 그것의 의미, 그것의 거룩함, 의에 대한 분명한 증언으로서 우리 눈앞에 있다. 따라서 여기서 합당한바 하나님의 자유로운 조치에 대한 존경은 오직 이 선택의 주체로서의 하나님의 자유로운 사랑을 인식함에서만 가능하다. 하나님의 호의에 대한 이런 존경이 여기서 우리에게 요청되는 것이고, 우리에게 여기서 허용되는 것이다. 태초에 하나님의 예정에서 확증된 하나님의 생명은 우리가 이 예정의 내용을 고려해서 즉시 말해야 하고 말할 수 있는 것처럼, 그의 사랑의 생명이다. 그리고 이 사랑이 자유 안에서 일어난다는 것은 만물의 시초에 저 하나님의 내적 생명력의 흘러넘침의 의미와 능력으로서 그의 사랑이 있었다는 것을 제한하는 것이 아니고, 문제삼는 것이 아니고, 오히려 확증한다. 선택받은 인간의 아들이 하나님 자신의 아들이요, 하나님 자신, 자기 헌신 속의 하나님이라면, 우리가 다른 무엇을 말할 수 있으랴? 이 선택받은 자는 분명히, 선택하는 자에게 무엇이 문제이고, 그가 누구인가를 증언한다. 그는 선택하는 자를 변호한다: 실로 경험에 의해서, 다만 선택하는 자는 그를 변호한다는 사실에, 인간의 아들은 하나님의 아들과의 일체가 되었다는 사실에 근거해서. 이 인간의 아들은 인간에게 자신을 낮추는, 인간을 자기 자신에게로 끌어올리는 하나님의 은혜를 변호한다. 그는 자기 자신을 변호하는 것이 아니라 하나님의 자비를 변호한다. 그러므로 그는 하나님의 사랑의 자유를 증언하지만, 그러나 분명히 이로써 더욱 더 그의 사랑의 깊이, 고유성을 증언한다. 하나님과 인간이 거기서 함께 시작하는 것이 아니라 하나님 홀로 거기서 인간에게 시작한다. 거기서 하나님의 행동은 무조건적인 우위성을 가졌다. 거기서 하나님이 우선 행동했다는 사실에 근거해서만 인간이 행동할 수가 있었고, 자명하게 다만 이 하나님의 행동에 대한 인간적 책임의 행태로만 인간이 행동할 수 있었다. 하나님은 그의 영원한 결정에서 주(主)이다. 그리고 그는 이 결정을 수행함에서 주가 될 것이다. 하나님이 결정하며, 그의 결정에 인간의 결정의 가능성과 현실이 뒤따른다. 그러나 다시금 하나님의 주도권은 그것의 우월성 때문에 어두운 것이 아니라 그것의 생각과 방향에 있어서 전적으로 밝다. 하나님은 인간을 필요로 하지 않는다. 그러나 하나님은 인간 없이 있기를 원치 않는다. 그는 인간을 받아들이려 한다. 하나님은 자기 자신의 전제일 뿐 아니라 인간의 전제이기도 하다. 그러나 그는 실제로 또한 그러하다. 하나님은 인간을 자기 자신의 우월한 전제 속에 포함시켰다. 하나님이 행동함에 있어서의 무조건적 우월성은 그것이 다만 인간에 대한 우월성인 한에서 제약받고 있다.─그것은 무(無)에 대한 우월성이 아니다. 그렇지 않다면 그것이 어떻게 우월성이겠는가? 그러므로 하나님은 그 자신의 전적인 존엄성을(그리고 이것이 영원한 예정 행위의 의미이다.) 영원 전부터 이 특정한 대상과의 이 특정한 관계 속에 둔다. 인간의 하나님이 되는 것이 하나님을 구속하고 책임을 지운다.

하나님이 예정의 주체인 한 이것이 예정에서의 하나님의 행동이다. 그러나 그것은 여기서 끝나지 않는다. 이로써 하나님과 인간 사이의 역사, 만남, 결정이 시작된다. 선택의 수행에서 선택받은 인간의 존재를 시인하게 되고, 이 인간의 선택받음에서 하나님의 선택이 인간의 믿음을 부르고 일깨우고, 또한 인간적 결정으로서 이 믿음과 만나고 답변을 하는 상응이 있게 된다. 선택하는 하나님 자신은 인간을 대상으로 만든다. 한편 인간은 인간 편에서 하나님을 선택하고, 이로써 선택받은 인간으로서 자신을 확증할 수 있게 된다. 인간은 믿음 안에서 하나님의 자기 헌신을 그 이중적 의미에서 받아들일 것이고, 이 자기 헌신의 근거에서 그 자신의 삶을 가질 수 있을 것이다. 그러므로 하나님의 영원한 선택 행위에서 원래적으로 이루어지고 정당한 현실이 되는 피조물의 자율성은 전적으로 단순하나 또한 포괄적이다. 우리는 이 행위에서 하나님의 자유와 주권을 아무리 강조해도 지나칠 수 없다. 우리는 이 행위는 은혜의 선택, 신적 호의의 결정과 주도권에 관한 것이고, 하나님은 선택하는 분으로서 그에 의해서 선택받은 자에 대해서 무조건적인 우월성을 지닌다는 것을 아무리 강조해도 지나치지 않는다. 우리가 하나님의 선택에서는 원래 예수 그리스도의 인격 안에서의 하나님과 인간 사이의 관계가 문제가 된다는 것을 염두에 둔다면, 우리는 이 방향에서 너무 멀리 갈 수가 없으며, 너무 많이 말할 수 없다. 누가 시작하는가? 누가 거듭해서 앞서 가는가? 누가 결정하는가? 누가 거기서 지배하는가? 하나님, 언제나 하나님이다! 하나님은 자신과 인간 사이의 일체성을 근거짓고 유지한다. 그는 이 인간을 자신 앞에 존재하도록 일깨우고, 그를 자기 종으로 부른다. 그의 아들 안에서의 그 자신이 이 인간의 인격이다. 그는 그를 자기 아들로 인식하고 확증하고 축복한다. 그는 그를 자기 말씀으로 만든다. 그는 그를 인간의 유혹과 죄 아래서 스스로 고난을 당함에 참여하도록, 유혹과 죄에 뒤따르는 분열과 진노의 심판 아래 고난을 당함에 참여하도록 허락한다. 그는 그에게 또한 그의 의도 선사하고, 그를 죽은 자들 가운데서 일깨우고, 그를 자기 자신의 영광으로 옮겨 놓는다. 인간은 그러나 여기서 다만 기도하고 따르고 복종할 따름이며, 그렇게 하기를 원한다. 하나님의 아들과의 일체가 되도록 받아들여진 인간의 아들은, 하늘 아버지의 영광이 확장됨에서만 오직 그의 영광을 가질 수 있을 것이고, 가지려 한다. 그는 저 일체로 받아들여졌던 것처럼 그의 사명을 받아들일 따름이고, 그에게 부과된 고난의 동참을 받아들일 따름이고, 결국 또한 높은 곳으로부터의 자신에 대한 확증을, 자신의 높여짐과 영화롭게 됨을 받아들일 따름이고, 또한 받아들이려 한다. "내 뜻이 아니라 당신의 뜻이 이루어지기를!" 그러므로 확실히 신율(神律)이, 하나님의 통치가 전체적으로 깔려 있다. 예수 그리스도는 스스로 세워진 하나님 나라이다. 그리고 바로 이 나라의 세움, 자기 자신과 그의 피조물 사이의 이런 관계의 수립은 처음부터 하나님의 뜻이고, 하나님의 예정의 내용이다. 그러나 우리는 이 나라의 세움의 뜻은 하나님의 모든 독선적인 자기애(自己愛)와는 달리 외부를 향한 사랑, 그의 피조물을 위한 하나님의 자기 희생이라는 것을 아무리 강조해도 지나치지 않는다. 하나님은 그와는 구별되는 현실과의 관계에서도(그리고 원래 인간과의 관계에서도) 전적으로 자기 자신을 의지한다. 이런 그의 의지에서, 만물과 모든 사건의 예정으로서 자기 스스로를 넘쳐흐름으로 규정하는 것은 아마도 그 자신의 영광이다. 하나님이 큰 일에서나 작은 일에서나 전적으로 자기 자신을 의지하고 성취하고 계시한다는 것에 외부를 향한 하나님의 의지와 일의 선함이 달려 있다. 그러나 그는 자기 자신 안에서만 자기 자신을 의지하고 성취하고 계시하는 것이 아니라, 또한 자기 자신을 내어줌으로써, 그러므로 그와는 다른 피조물의 현실을 그런 것으로서 의지하고 인정함으로써, 자기 자신 옆에 있는 이 현실에 그 자체의 고유한 독자적 공간을 주고 허용함으로써, 자기 자신을 의지하고 성취하고 계시한다. 확실히 저 고유한 독자성은 그의 신함을 통해 이 피조물의 현실에 선사되고 허락된 것이다. 그가 만일 자기 자신의 고유한 독자성 옆에 또 다른 고유한 독자성을 원하고 허락한다면, 그는 하나님이 아닐 것이다. 모든 고유한 독자성은 다만 악마적인 것일 따름이다. 그런 것은 다만 악한 것일 뿐이니, 악이란 그 자체의 고유한 독자성을 하나님으로부터 받은 것이 아니고, 받을 수도 없다. 영원 전부터 악의 독자성은 부정되었다. 그러나 하나님이 영원 전부터 자기 자신을 내어 주고 전달하고 계시하려고 하였던 피조물―이 피조물에게 하나님은 이로써 또한 고유한 독자성을 주기로 결정했다: 이 것은 피조물이 그 없이 독자성을 가지기 위함이 아니요, 또한 그에 반하여 그것을 가지기 위함도 아니다. 오히려 이것은 피조물이 하나님을 위하여, 그의 나라 밖에서 아니라 그의 나라 안에서, 그의 주권과 경쟁하기 위해서가 아니라 그것을 확증하고 영화롭게 하기 위해서, 그의 사랑의 주권을 확증하고 영화롭게 하기 위해서 독자성을 가지려는 것이다. 그의 사랑은 기계적인 권세를 행사하려 하지 않으며, 움직여질 수 없는 것을 외부로부터 움직이려 하지 않으며, 꼭두각시나 노예를 지배하려 하지 않는다. 오히려 그 사랑은 신실한 종과 친구들 속에서, 단순히 그들의 굴종이 아니라 그들의 복종에서 그들 자신이 그를 향해 자유로이 결단함에서 승리하려 한다. 그에 의해서 선택받은 자가 그 자신을 다시금 선택할 수 있고 선택하려 하는 것이 하나님의 영원한 은혜의 선택의 의미와 능력이다. 다시금 우리는 하나님의 모든 길과 일들의 시초에 하나님의 영원한 결정 속에 그와 그의 피조물 사이의 관계, 예수 그리스도 안에서 사건과 계시가 되었던 그 관계가 들어 있다는 것을 염두에 둔다면, 또한 이런 관점에서도 너무 지나치게 말한 것도 아니고, 아무리 확실하게 말해도 지나치다고 할 수 없다. 하나님 편에서 무슨 일이 일어나는가? 정말로 어떤 운명적인 지배와 조처가 아니라, 피조물인 이 인간 예수의 유일한, 참으로 우월한 결정 안에서 그 형태와 구체성을 얻는 이런 결정이다. 그러나 이 인간은 하나님에 의해서 이렇게 저렇게 움직여지는 인형이 아니고, 하나님 말씀의 도구에 지나지 않는 메가폰이 아니다. 바로 이 인간 예수가 기도한다. 그는 말하고 행동하는데, 전혀 들어보지 못한 권위로써 말하고 행동한다. 이것이 그를 미친 사람으로 보이게 만들고, 결국 그가 신성 모독의 고발을 당하게 한다. 그는 자기 자신을 메시아, 하나님의 아들로 이해한다. 그는 자신을 키리오스(Kyrios)라고 부르게 하고, 그는 실제로 주(主)로서 행동한다. 그는 자신의 고난에 대해 말하되, 결코 그것을 외부로부터 그에게 부과된 필연적인 것으로 말하지 않으며, 오히려 그 자신은 스스로 고난을 원하고, 따라서 또한 그의 영광은 그에게는 모호한 기대와 희망 사항이 아니라 그가 선행하는 그의 낮아짐의 완성을 향해 걸어가듯이 같은 우월한 확신을 가지고서 향해 걸어가는 목표이다. 바로 저 완전한 복종에서, 바로 그가 전적으로 홀로 하나님을 선택함으로써 그는 전적으로 자유롭다. 유보 없이 세워진 하나님 나라의 증인으로서 그는—인간 예수—또한 참된 왕일 수 있고, 참된 왕이어야 한다. 처음에는 감추어졌으나 그 다음에는 드러난 왕이며, 사람들의 마음을 다스리는 왕이요, 또한 악마와 질병, 폭풍과 파도를 지배하고 심지어 죽음까지도 다스리는 왕이다. 언제나 왕이고 빌라도 앞에서도, 십자가 위에서도 왕이다. 여기서 이 인간은 다른 예언자들이 또한 행했던 바처럼 말씀과 행위로써 하나님의 통치를 증거한 것만이 아니라는 것이 예수 그리스도의 인격의 매우 놀라운 면이다. 예수도 이런 것을 행했다: 그러나 그는 이로써 자신을 위해 주권, 신적 통치권을 요구하고 행사했다. 예수 그리스도의 인격 안에서 인간에 대한 하나님의 자기 희생은 이렇게 완전한 것이 되었다: 즉 이 인격은 단순히 인간과 함께 행동하고, 단순히 인간을 움직이고, 이용하고, 단순히 마치 물건처럼 다루는 것이 아니라 오히려 인간을 주체로 격상시키고, 그를 진정한 자기 독자성을 얻도록 일깨우고, 자유롭게 만들고, 심지어 왕으로 만들어서 하나님 자신의 왕으로서의 주권이 그들에게서 구체적 형태를 얻도록 하고 드러나게 한다. 여기서 어떻게 경쟁이 가능할 수 있으며, 경쟁이 생길 수 있는가? 어떻게 여기서 신율과 자율의 싸움에 대한 물음이 제기될 수 있으랴? 어떻게 여기서 하나님이 시기할 수 있으며, 혹은 인간이 너무 많이 취할 수 있으랴? 유대의 당시대인들은 사태를 이렇게 판단해야 했고 따라서 모독당한 하나님의 이름으로 예수를 고발했고 정죄했다: 왜냐하면 그들은 왕으로 그들 앞에 서 있는 자에게서 하나님의 종을, 그리고 이 종의 형상에서 왕을 인식하지 못했고, 그들은 참 하나님뿐 아니라 또한 참 인간 예수 그리스도를 인식하지 못했고, 그들에게 하나님의 영원한 뜻이 숨겨져 있었기 때문이다. 이것—우리가 하나님의 계시에서 또는 하나님의 영원한 결정도 인식하고 인정한다면 계속해야 할 것이다.—바로 이것이 예수 그리스도 안에서의 시간적 사건일 뿐 아니라, 또한 이 사건에서 시간적으로 되어지고 계시된 하나님의 영원한 뜻이다: 즉 하나님의 영원한 뜻은 전적으로 하나님 나라의 증인이고, 그런 자로서 왕답게 자유로운 인간이요, 세상 죄를 짊어지고 이로써 죄를 극복한 유대의 사자요, 하나님에 대한 전적인, 겸비한, 헌신적인 책임감을 지닌 인간이다. 그는 이 책임 속에서, 하나님의 전적 우월성을 인정함에서 자기 독자적인, 창조 공간 내에서 우월적인 본성을, 따라서 하나님의 형상이 되는 인간이다. 하나님의 영원한 뜻은 진정한 인간적 자아 의식의 탄생 행위로서 기도 행위이다.(여기서 모든 자기 신뢰는 하나님 신뢰로 인하여 사라진다.) 이 행위에서 인식과 행동이 감행될 수 있고, 감행되어야 하고, 여기서 또한 인간 위에, 옆에, 아래에 있는 것에 대한 모든 것, 그를 유혹하고 위협하는 모든 것에 대한 두려움이 사라지고, 여기서 인간은 정당한, 필연적인, 그리고 또한 유효하고 결정적인 권위를 지니는 자가 되고, 여기서 인간은 섬기고자 함으로써 지배할 수 있다. 예수가 이 인간이었고, 예수가 태초부터 하나님의 선택받은 인간이었다면, 우리는 하나님의 영원한 뜻이 이 기도하는 인간의 삶을 지향한다고 말해야 한다. 이 인간이 태초에 하나님 곁에 있던 자이다. 하나님의 사랑은 이 인간을 의도하고 찾는다. 영원 전부터 결정된 하나님의 일 전체가 이 인간, 그의 존재에 적용된다.

그리고 우리가 이제 하나님의 영원한 결정 전체를 염두에 둔다면, 거기서 그 결정이 살아 있는 하나님의 결정이며, 따라서 그 결정은 신적으로 살아 있고, 스스로 그의 모든 길의 시초에서 살아 있는 하나님 자신이고, 그 결정은 하나님 품속에서 이런 사건, 즉 하나님과 인간 사이의 역사, 만남, 결정이다. 하나님은 인간을 선택하고, 이 인간의 선택됨은 그 자신이 하나님을 선택함으로써 이 하나님의 뜻 안에서 자유롭게 되고, 그 자신의 고유한 독자성을 하나님 앞에서 얻고 가지게 됨에서 실현된다. 여기서 모든 것은 하나님의 주권이요 주도권이다. 이 결정은 전적으로 은혜의 선택이다. 그러나 우월한 하나님의 결정, 이런 그의 은혜의 선택은(그 개념에는 두 파트너 간의 도치도 비교도 허락될 수 없다.) 전적으로 이런 내용을 가진다: 하나님이 인간을 선택하는 것은 그로 하여금 하나님을 선택하도록, 하나님이 그에게 자기 자신을 선사한다는 사실에 근거해서 그가 기도하도록 하고, 또한 그가 이 선택 행위에서, 또한 기도 행위 속에서 하나님 앞에서 자유롭게 존재하도록 인간을 일깨우고 부르기 위함이다. 인간은 하나님과 상이한, 그러나 평화와 기쁨 속에 그와 결속되어 있는 현실 자체이며, 전체 창조의 의미, 그 공간에서 실제로 자율을 가질 수 있고, 왕이 될 수 있고, 왕이 되어야 하는 존재이다.

우리는 이 맥락에서, 그렇게 이해된 하나님의 예정은 살아 있는 행위라는 점에 비중을 두어야 한다. 예정은 정말로 다만 행위로서만 이해될 수 있고, 서술될 수 있다. 왜냐하면 그것은 전적으로 행위이기 때문이다: 그런 것으로서 인간의 자율을 원하고 결정하는 하나님의 신율, 하나님의 이 선택, 인간의 이런 선택받음은 그 자체가 인간의 선택으로서 사건이 된다. 여기서 인간은 자기 자신을 선택하고 확증하고 실증할 수 있고 실증해야 한다. 우리는 이 맥락에서 어느 요소도 빼낼 수 없고, 그 자체만 고찰할 수 없다. 우리는 이 모든 것을 또한 한 체계로 묶을 수 없고, 그런 것으로 고찰할 수 없다. 우리는 예수 그리스도의 살아 있는 인격을 보는 외에는 이 모든 것을 전혀 다르게 볼 수 없다. 우리는 이 모든 것을 다만 전체적으로 하나님의 뜻이고, 그 안에 인간, 그의 뜻, 그의 결정, 그의 독자적 존재도 포함되어 있는 그런 사건으로 이해할 따름이다. 하나님의 이런 뜻은 전체적으로 태초에 하나님 곁에 있었다. 하나님의 이런 의지 행위가 예정이다.

이제 우리는 전투적으로 선포해야 한다: 예정은 하나님의 이런 의지 행위 자체이며, 그것의 추상도, 그것의 고착된 경직된 결과도 아니다. 그러므로 하나님의 예정을 통해서 정해진 세계 역사, 인간 존재는 살아 있는 역사, 만남, 사건이 되지만 반면에 예정 자체는 변하지 않는 것, 불변적인 것이 되는 것은 아니다. 예정의 형태로 일종의 죽음이 피조적 생명의 신적 법칙이 되는 것은 아니다.

우리는 여기서 전통적 예정론의 또 다른 한계 앞에 서 있다: 전통적 예정론은 그리스도교적이라기보다 이교적인 신론에서, 예정에서 완결된 조처를 본 것은 근거가 없지 않다. 곧 하나님은 영원 전부터 완결된 조처를 결정함으로써 시간에 대해 어느 정도 자신을 구속하고 고정시켰으며, 그는 그 자신의 불변성에 의해서 그 조처가 결정된 후 스스로 아무것도 변경할 수 없게 된다는 것이다. 어쨌든 옛 프로테스탄티즘에서 지배적인 "예정의 결정" 개념은 이미 그 자체로 이 방향으로 치명적으로 오해될 수 있었고, 실제로 오해되었다는 것은 분명하다. 누가 "결정" 개념에서 일종의 군사적 정치적 명령을 생각하지 않으며, 어떤 통치자의 뜻을 일정한 형태로 문서화하고 보존하고 표현하는 법, 정관, 규정을 생각하지 않으랴? 이제 인간 통치자의 결정은 언제나, 그것을 해석하고 적용함에서 그것의 문제를 아무리 존중할지라도 필연적으로 또한 입법자의 살아 있는 뜻을 물어야 하고, 또한 확실히 물을 수 있다는 속성을 가진다. 그리고 이런 결정은 또한 수정되거나 폐지될 수 있고, 다른 결정에 의해서 대치될 수 있으며, 조만간에 확실히 실제로 수정되고 대치된다는 속성을 가진다. 이런 인간적 결정은 필연적으로 죽은, 죽이는 문자가 될 필요는 없으며, 이것은 생명의 살아 있는 기관이 될 수도 있다. 그러나 사람들이 하나님의 결정을 말했을 때, 이것에 대해서는 서 두 가지 속성을(인간의 결정은 그 속성에 의하여 일정한 한계 내에서 살아 있는 기관이 될 수 있는데) 부정해야 한다고 쉽사리 생각하곤 하였다. 이 결정의 신성은, 그 결정 속의 하나님의 뜻이 어느 의미에서 강철, 콘크리트와 같은 것이 되었다는 데서 찾을 수 있었다. 따라서 그것의 문자를 넘어서 하나님의 뜻을 묻는 것이 불가능하고, 그 뜻을 변경하거나 폐지하려는 생각은 전혀 불가능하게 된다. 그러므로 이것은 하나님은 한번, 즉 그의 시간 이전의 영원 속에서, 그가 저 결정을 착상하고 세웠을 당시 원했다는 것을 의미할 수 있었다. 그 당시 하나님은 오른편과 왼편으로, 복락과 저주를, 삶과 죽음을 자신의 뜻에 따라 선택하고 결정했다. 바로 이 행위의 생명성은 "완료", 영원한 과거였다. 바로 저 행위, 하나님의 영원한 선택과 결정은 지금 시간 속에서 더 이상 일어나지 않는다. 하나님의 살아 있는 행위는 다만 저 결정의 수행하고 발생한 선택과 결정을 완수함에 있어서만 현재이다. 그러므로 시간 안에서 존재하는, 우리에게는 살아 있는 하나님은 다만 그의 예정을 실천, 완수함에서만 인식될 수 있고 의미가 있으나, 예정 자체에서는 인식될 수 없고 의미도 없다. 우리에게 예정 자체에서 그런 것으로 인식될 수 있는 것은 어느 의미에서 살아 있는 하나님, 그러므로 실천에서 의미 있고 능동적인 하나님의 기념비이다. 그는 거기서는 더 이상 우리에게는 살아 있지 않다. 하나님은 그의 살아 있음을 확증함으로써 거기서 자신을 포기했다. 그가 시간 안에서 행하는 것에서, 바로 거기서, 그의 시간 이전의 영원 속에서 그런 자로서 더 이상 존재하지 않는 한에서만 그는 우리에게 살아 있다. 시간적 현재 속에서 하나님의 모든 말과 행동은 다만 그의 영원한 결정에서 시작된, 그러나 지금 시간 안에서는 더 이상 독자적으로 울리지 않는, 잔향만 남은 음향의 여운일 따름이다. 바로 영원히 선택하는 하나님 자신만이 있었다. 하나님이 현재 있고 앞으로 있을 모든 일에 선행하게 되는 그 결정이 내려진 한에서만, 현재 있고 앞으로 있을 모든 일이 저 결정에 의해서 정해진 한에서만, 하나님은 있고 있을 따름이다. 그러나 하나님은 지금 시간 속에서 더 이상 정하지 않는다. 지금 시간 속에서는 다만 지나간 그의 결정을 통해서 모든 존재와 사건이 정해져 있을 따름이다. 하나님의 어떤 새로운, 더 이상의 결정은 없다. 영원 전부터 내려진 하나님의 결정과 선택의 형태로 이 문제를 이해할 경우 절대화된 죽음이 피조적 삶의 신적 법칙이 될 것이다. 태초에 하나님에게 있었던 물론 유효한, 능력 있는 문자일 것이다. 영원한 하나님은 그 법을 세움에서, 그가 모든 피조적 삶에 대해서 이 법을 효력과 권능을 부여하여 시간 속에 수립함으로써 충분했을 것이다. 지금 살 수 있는 것은 바로 이 문자의 효력과 권능에 의해서 사는 한에서만 그 문자로 인하여 사는 것일 것이다. 하나님 자신은 그러나 살아 있는 자로서 그의 이런 첫 번째의, 모든 것을 포괄하는 생명의 행위 뒤에는 어떤 의미에서 이 문자 뒤로 후퇴한 것이 될 것이고, 다시금 안식으로 들어간 것이 되고, 새로이 그 자신의 내적 삶으로 만족하게 된 것이 될 것이다. 그는 자기 피조물의 삶을 이런 자신의 문자의 통치에 맡기는 셈이 될 것이다. 그리고 그 자신은 피조물에 대해서 이런 자신의 문자에 자신을 속박한 셈이 될 것이다. 이것이 "결정" 개념을 하나님의 예정에 적용함으로부터 생길 수 있었고, 실제로 생긴 모습이다.

 의심할 여지없이 이렇게 이해된 이 개념은 세계 창조자와 세상의 운행을 구별하고, 한때 결정된 세상의 운행을 한가롭게 관망하는 신을 생각하고, 세상이 신에 의해 기초가 놓여진 후에는 자체의 법칙에 따라서 진행되고 발전한다고 생각하는 이신론(理神論)을 조장할 수 있었으며, 조장했다. 태초에 하나님의 뜻과 결정이 자체 안에 완결된 결정으로, 피조물의 삶을 다만 선행하는 결정으로, 그러나 그런 것으로서 더 이상 현재적인 것이 아닌 것으로 이해된다면, 하나님이 이 결정에서 결과하는 발전의 주관자라는 주장을 오랫동안 신빙할 만한 것으로 반복하는 것은 거의 불가능할 것이다. 저 예정이 그런 것으로서 더 이상 현실적이 아니라면 실제로 하나님도 더 이상 현실적이 아니고, 우리가 우리 이 발전 안에서 우리 위치에서 하나님을 믿도록 권유받는 것은 더 이상 아무 의미가 없다. 우리는 이때 하나님을 우리가 처해 있는 사건의 흐름 위에 있는 수수께끼 같은 권위와 능력의 원리로 생각할 수 있을 것이다. 이때 우리는 이 흐름의 시작의 어느 때인가 한번 세상과 우리의 삶이 그 법칙 아래 진행되도록 한 저 문자가 세워졌음이 분명하다고 인정할 수 있을 것이다. 이때 우리는 그러나 저 발전 안에서 다른, 상대적인, 그러나 어떻든지 간에 현실적인 실재를 찾아서 그것을 신뢰할 것이다. 저 문자와 그것의 실행 자체, 그리고 이 문자를 한번 고안해 냈고 선택하였을 가능성이 있는 그런 신(神)은 우리의 믿음을 자아낼 수 없으니, 한번 언급하고 결정하였으나 지금 여기서는 더 이상 선택하고 결정하는 자가 아닌 신은 신앙의 대상이 될 수 없다. 사람들은 오직 그의 결정과 선택에서 현재하는 하나님, 현실적으로 결정하고 선택하는 하나님만을 믿을 수 있다. 그가 그런 신이 아니고, 우리가 그러므로 그를 믿을 수 없다면, 신의 존재를 부정하는 것은 어렵지 않다. 혹은 우리가 그를 믿을 수 없고, 현실적으로 결정하고 선택하는 신으로 인식할 수 없다면, 신의 존재는 이미 부정되었다고 말할 수 있다.

그러나 여기서 매우 심각하게 위협하는 오해의 위험 때문에 "결정" 개념을 삭제하고 포기하는 것은 필요하지 않고 또한 현명하지 않을 것이다. 이 개념은 부정되어서는 안 되며 오히려 매우 진지하게 주시하고 인정해야 하는 한 사태를 나타낸다. 이 개념은 하나님이 만물의 시초에 자기 스스로 선택, 결정함에서의 그의 항존성, 신실성과 신빙성, 자유로운 사랑의 절대성과 궁극성을 말한다. 하나님은 이런 그의 선택과 결정에서 물론 변함이 없고, 변함이 없이 하나님이다. 그리고 우리는 단번에, 모든 시간과 모든 그 내용에 대해 유효하고 권위 있는 결정의 개념, 어떤 명령 개념을 생각함이 없이는 이런 그의 선택과 결정을 물론 생각할 수 없다. 그리고 영원히 단번에 세워진, 피조물의 삶에서 단순히 실행되어야 할 문자들의 표상은 여기서 쉽사리 포기할 수 없다. 하나님의 예정은 또한 이런 것이다. 그리고 그것은 분명히 또한 하나님이 자신에 대해서 스스로 취한 속박이며, 의무이다. 그는 완전히 자유롭게(이것은 그의 사랑의 자유이다.) 이 구속과 의무를 지키기로 결정했다. 여기서 너무 비율법적으로 사고하려는 자는, "결정" 개념에 대한 두려움 때문에 "절대적 결정"의 오류에 빠지지 않도록 주의하라. 사람들은 이 개념으로써 고대 예정론 체계 안에서 "결정" 이해에 있어서 너무나 큰 법칙성을 보완할 수 있고 보완해야 한다고 생각했다. 우리는 예정에서 피조적 삶을 지배하는 신적 자의적 권능이 아니라 하나님의 법을 인식해야만 한다. 그렇기 때문에 우리는 하나님의 결정과 결의로서 그의 영원한 의지를 말했고, 계속 그렇게 할 것이다.

그러나 우리는—그리고 여기서 우리는 옛 예정론과 거리를 둔다.—하나님의 결정이 죽은 것이 아니라 모든 인간의 결정보다 훨씬 생명력이 있는 것임을 생각해야 할 것이다. 태초에 하나님의 문자는 그것이 하나님의 전적인 항존성, 신실성, 신뢰성에 의해서 결정되어 세워졌기에 어떤 인간의 법 문자에 비할 바 없이 권위와 권능을 가진다. 그러나 어떤 인간이 만든 최선의 문자가 아무리 잘 해석되고 적용된다고 할지라도 그럴 수 없는 반면, 하나님의 문자는 동시에 영이며 생명이다. 하나님이 영원부터 정했고 결정했고 선택했다는 것은 물론 영원한 완료태의 무게를 가진다. 그것은 완성되었고 완결되었으며, 그것은 피조적 삶에 대한 예정으로서 실제로 피조적 삶 전체에 선행하며, 모든 사물과 모든 사건 이전에, 위에 강철보다 암석보다 더 굳건하게 있다. 그것은 그러나 하나님의 생명이며, 생명을 가짐으로써, 그것이 영원 전부터 정해져 있음으로써, 비할 데 없는 완료의 성격뿐 아니라 비할 데 없는 현재와 미래의 성격을 지닌다. 그러므로 그것이 시간 이전에 영원하기 때문에, 시간 전에 머물러 있지 않고 오히려 시간을 초월함으로써 시간을 동반하며(하나님의 영원은 오직 하나이기 때문에!), 시간 이후에도 영원으로서 시간을 넘어 지속된다. 그러므로 그것은 있었을 뿐 아니라 현재 있고, 앞으로 있을 것이다. 그것은 일어났다: 어떤 전복에 의해서도 그것이 일어났고, 단번에 일어났다는 사실이 약화될 수 없다. 그러나 이것은 일어났을 뿐 아니라 일어나고 일어날 것이다. 왜냐하면 이것이 모든 사건 일반의 원리요 본질이기 때문이다. 어찌 그것이 사건이 아닐 수 있으랴? 어떻게 그것이 일어나지 않을 수 있으랴? 어찌 그것이 사건의 한 완전성에는 몫을 가질 수 있으나 다른 것에는 몫을 가질 수 없으랴? 하나님의 예정이 어찌 다만 일어나기만 했고, 이후에는 더 이상 일어나지 않을 수 있으며, 이후에는 어떤 다른 사건에, 예정의 실행과 완수하는 일에 여지를 만들어 주고, 스스로는 그러나 지나가 버린, 죽은 것이 될 수 있으며, 그때 일어났던 사건이 될 수 있으랴? 우리가 하나님의 영원을 말할 때 "그때"는 무엇을 뜻하는가? 하나님의 영원에 또한 "언젠가"와 "후에"가 확실히 있는 한, 이것이 시간 자체의 부정이 아니라, 다만 시간의 한계의 부정인 한에서, 그것은 "이전에"도 의미한다. 그러나 바로 그렇기 때문에 "그때"는 여기서 "이전에"를 의미할 수 있을 뿐 아니라, 또한 우리가 하나님의 영원을 말한다면, 또한 이전의 것도, 바로 이전의 것을 현재적이고 미래적인 것으로 인식하고 관철해야 하고, 그러므로 우리가 하나님의 예정을 하나님의 완성된 사건, 그러나 그렇기 때문에 끝나지 않은 사건, 어디엔가 배후에 있는 사건이 아니라 완전히 효력을 가지고 오늘도 일어나는 사건으로서 인식하고 관철해야 한다. 하나님은 모든 시간 이전에, 그러나 모든 시간 이전뿐 아니라 모든 시간 위에, 모든 시간 안에서 예정하는 신이다. 그는 만물의 시초를 스스로 세우며, 의지하고 결정하고 선택하고 결정하고 구속하고(우리와 우선은 자기 자신을) 책임지우고, 또한 모든 피조적 삶을 지배하는 그의 법의 문자를 세운다. 그러므로 하나님이 한때 의지했으나, 그 다음에는 더 이상 의지하지 않았거나 혹은 다만 그의 의지의 결과만을 원했다는 식이 아니다. 오히려 여기서 사람들이 원인과 결과를 말하려 한다면, 하나님은 결과를 원함으로써 또한 원인을 의지하기를 중단하지 않는다고 말해야 한다. 하나님은 또한 원인에서도 살아 있는 신이 되기를 중단하지 않는다. 하나님은 단순한 여운이 되지 않는다. 그는 독자적인 소리와 음향이며, 그것으로 남아 있으며, 새로이 그것이 될 것이다. 하나님의 예정은 변함이 없고 변함없이 하나님의 행동이다. 이것이 우리가 이 면에서 옛 예정론에 대립하는 점이다. 옛 예정론은, 하나님의 자유에 다른 관점에서는 너무나 큰 비중을 두었던 반면, 하나님으로 하여금 자신의 예정에 스스로 사로잡히도록 했다는 의미에서 하나님의 자유에 너무나 가까이 접근했다.

반면에 우리는 "예정"이 "창조와 화해"처럼, "소명, 칭의, 성화, 영광"처럼 신적 행동을 표현한다는 것, 이 개념에 갑자기 어떤 완결된, 부동의 의미를 전가할 이유가 없다는 것을 기억해야 한다. 예정이 변함없으며, 변함없이 하나님의 행동이고, 바로 그런 것으로서 태초에 하나님에게 있다는 것을 보고 이해해야 한다. 우리는 하나님의 예정을 말할 때 한 영원한 사건을 말한다. 그러나 우리는 개념적 기억에 근거해서 이것을 말하는 것이 아니라, 예정 개념으로 표현된 현실의 분석이 우리에게 이 개념이 실제로 다만 한 사건을 말할 수 있을 따름이라는 것을 보여 주기 때문이고, 이 개념이 말하는 바 하나님의 선택과 인간의 선택받음이, 이 개념으로 표현된바 신률과 자율, 신적 주권과 인간의 믿음 사이의 긴밀한 연관이 결코 어떤 체계적인 연관이 아니기 때문에, 이 연관은 다만 그 자체로서 영이요 생명이며 구체적 사건인 한 법의 대상, 내용이기 때문이다. 어떤 역사의 도식과 프로그램이 아니라 하나님 자신의 의지와 결정 안에서의 일정한 일회적 사건이 예정의 현실이다. 그리고 이런 구체적 결정으로서, 이런 하나님의 영적 삶의 행위로서 예정은 모든 피조적 삶에 선행하는 법이다. 이 결정은 이런 그의 성격과 내용으로 인해서 결코 경직되거나 과거사가 될 수 없다. 이 결정은 하나님의 결정이기 때문에 항구적이고 유효하고 능력이 있을 수 있고, 있어야 한다. 그러나 하나님이 이 결정으로 하여금 구체적인 것이 되게 하고, 이런 내용을 부여하기를 기뻐했기 때문에, 이 결정은 사건이기를 중단할 수 없다.

그러므로 하나님과 인간 사이의 저 영원한 역사, 만남, 결정, 우리가 예정의 구체적인 내용을 그 안에서 인식해야 하는 복음의 내용은 단절되지 않고, 어떤 결과에서 중지되지 않는다. 만일 그렇다면 이 결과는 피조적 현실 공간 내에서의 모든 다른 시간적 역사들, 만남들, 결정들의 전제조건이 될 것이다. 저 역사, 만남, 결정이 그런 것으로서 시간의 시작과 더불어 중지된다면, 시간 속의 사건을 통해 어느 의미에서 대치되고 구축당할 수 있다면, 어떻게 그것이 영원한 역사, 만남, 결정일 수 있으랴? 그것 자체가 저 하나님의 영적 삶의 행위로서, 만물의 주(主)로서 이런 행위의 권한과 권능을 가진 분의 중단되지 않는, 지속적인 규정, 결정으로서 역사, 만남, 결정이 됨으로써, 그것은 모든 피조적 삶의 운동의 전제 조건이다. 이 전제는 서 있을 뿐 아니라 움직인다. 이것은 유효할 뿐 아니라 자신을 관철한다. 이 전제는 능력을 가질 뿐 아니라 능력을 행사한다. 그것은 일어났을 뿐 아니라 일어난다. 누가, 무엇이 변하지 않았고 불변하는가? 확실히 자유로운 사랑으로서의 그의 삼위일체적 본성 안에 있는 하나님이다. 그리고 하나님뿐 아니라, 그의 결정, 그의 기뻐함에 따른 인간 선택. 이것을 통해서 인간의 선택이 이루어졌고, 이로써 인간이 그를 다시 선택하게 되고, 이제 그의 편에서 그를, 하나님을 기쁘게 된다. 이 모든 일은 하나님 자신과 함께 그의 영원한 의지로서 변함이 없고 변할 수 없다. 모든 것은 시간적 사건에 대한 영원한 결정이다. 그러나 영원하다는 것은 죽지 않았고 살아 있음을 뜻한다. 바로 참으로 불변적인 것은 그러나 부동의 것일 수 없고, 오직 모든 것을 움직이는 것만이 그 자체 안에서 유동적이다. 하나님 자신에게서 만물의 시초가 역사, 만남, 결정이라는 사실은 변하지 않고 변할 수 없다. 이것이 예정이다. 우리는 이로써 실제로 일반적인 시간적 세상사의 흐름 속으로, 세상사가 거기서 그 의미와 목표에 도달하게 되는 그런 특별한 구원사 속으로 예정을 해체하지는 않는다. 태초에 하나님에게 있었던바 하나님과 인간 사이의 역사, 만남, 결정은 이것이나 저것과도 동일하지 않다. 그러나 그것은 저기, 보편적인 세상사 자체 속에 감추어져 있고, 특별한 구원사 자체 안에서 드러나는 비밀이다. 모든 생명의 신비는 살아 있는 생명을 창조하고 유지하고 지배하는 하나님의 존재이다. 세상 안의 모든 사건의 신비는 사건에 영원히 앞서는 하나님의 결정이다. 세상 안의 모든 다른 사건이 지향하는 것이 구원사이니, 이것을 위해서 모든 사건이 일어나야 한다: 즉 모든 것에 선행하는 하나님의 결정이, 그러므로 인간에 대한 하나님의 선택과 하나님에 의한 인간의 선택받음이 시간 속에서 가시화되고 크게 들리는 하나님 말씀의 형태로, 이스라엘과 교회의 형태로, 인간의 소명, 칭의, 성화, 영광의 형태로, 인간의 믿음, 사랑, 희망의 형태로 나타나게 된다. 바로 그렇기 때문에 우리는 이 모든 것 속에서 직접 또한 하나님의 예정, 하나님의 자유로운 사랑의 영원한 결정을 인식해야 하고, 이 모든 것 안에서 어떤 자기 법칙성도, 영원으로부터 시간적인 것의 해리(解離)도, 신적 조치에 대립하여 인간 행위와 경험, 인간 획득과 소유의 자기 주장도, 어떤 인간적 자랑도, 어떤 자의적인 권위 요청도 없고, 다만 추종과 겸비와 감사와 경배만이 있다. 바로 그렇기 때문에 그러나 또한 이런 관계에서 선택받은 자의 저 왕적인 자의식이 있다. 저 구원사에서 우리에게 영원한 예정이 드러나기 때문에 우리는 예정을 또한 세상 안의 모든 다른 사건의 신비로서 인정할 것이고, 그러므로 세상 안의 다른 모든 사건을 예정에 관한 우리의 지식의 지침에 따라서, 이해하지는 못할지라도, 전체적으로 개별적으로 직관하고 판단해야 할 것이다. 그러므로 하나님의 예정은 우리에게 원칙적으로 감추어져 있지 않다. 만일 예정이 우리가 도달할 수 없는 먼 거리에 우리 뒤에 놓여 있는 영원 속에 제정된 저 문자라면, 아마도 그럴 것이다. 그러나 예정은 우리와 관계되는, 그런 것으로서 우리 시간 가운데서 시간 이전의 영원의 먼 거리 안에서 일어나는 하나님의 영적 삶의 행위이다. 예정은 현재적 신비이고 그것은 구원사 안에서 현재 드러나는바 하나님과 인간 사이의 모든 시간적 역사, 만남, 결정의 신비이다. 예정은 영원히 시간 안에서 일어나며, 그것이 드러나면서 신비로 남아 있으며, 그런 것으로 인식될 수 있고 인식된다. 하나님 말씀이 선포되면서 예정은 일어난다. 예정은 이스라엘과 교회의 설립, 존재, 이끎에서 일어난다. 인간이 부름받고, 칭의받고, 성화되고, 영화롭게 됨으로써 예정은 일어난다. 우리가 믿음, 사랑, 희망으로 일깨워짐으로써 예정은 일어난다. 이 모든 것이 영원히 선택하고 태초에 자신의 자유로운 사랑을 실증하는 하나님의 행보 외에 다른 무엇인가? 그러나 우리가 그것을 직접 인식하지 못할 때도, 우리가 그것을 이해하지 못하고 다만 그것을 알되 보편적인 세상사 안에서 감추어진 현실로서(우리가 저 구원사 안에서 예정을 직접 인식하고 이해한 것에 근거해서) 인정할 뿐일 때에도 예정은 일어난다. 예정은 원칙적으로 결코 감추어져 있지 않다. 그러나 그것의 인식은 물론, 우리가 그것의 발생에 직접적으로나 간접적으로 참여함에 달려 있으니, 곧 우리가 예정이 관계하는 자라는 것에 달려 있다. 선택하는 하나님으로부터 선택받은 인간으로, 그리고 다시 선택받은 인간으로부터 선택하는 하나님에게로의 순환 운동 밖에서는 예정에 대해 인식할 수 없다. 예정이 이 순환 운동 자체이며, 이 순환 운동이 하나님의 결정이며, 하나님이 이 순한 운동을 원했고 영원 전부터 원했고, 거듭하여 원하는 마당에, 어떻게 그것이 가능하랴? 우리는 이 순환 운동, 그러므로 영원한 예정에 대해서 방관자가 될 수 없다. 우리가 그 순환 운동 안에가 아니라 밖에 있다면, 우리는 여기서 결코 아무것도 볼 수 없을 것이다. 우리는 예정을 최소한 우리 자신을 다만 더욱 근본적으로, 보다 진지하게 순환 운동 속에 이미 처해 있는 자들로서 처신하고 이해하도록 하는 권유, 초대로 이해할 수 있다. 우리가 이렇게 하는 정도에 따라서, 우리는 예정을 보다 분명하고 완전하게 보고 이해하도록, 직접적으로 간접적으로 권유받고 초대받는다.

예정의 이런 현실적 성격의 원칙적 의미는 분명한 듯하다. 그것이 변함이 없고 변함없이 하나님과 인간 사이의 역사, 만남, 결정이라면, 시간 안에서 하나님의 선택과 인간의 선택받음이 있고, 또한 하나님의 버림과 인간의 버림받음이 있다. 그러나 이 모든 것은 하나님이 이런 것에 의해 속박당하거나 묶여 있다는 것도 아니요, 그가 자신의 결정에 의해서 혹은 그의 첫 걸음에 의해 이에 상응하는 두 번째 발걸음을 옮기도록 속박당하고 혹은 두 번째 발걸음에 의해 세 번째 걸음을 옮기도록 속박당한다는 것이 아니다. 예정하는 하나님이 자유로울 뿐 아니라 자유롭게 머무르고, 그가 자신의 자유를 사용하기를 중단하지 않고 오히려 결정하기를 속행한다면, 시간 안에서 그가 영원히 결정을 속행함 속에서 실제로 지속적으로 새로운 결정이 있을 것을 예견해야 한다. 그렇다면 ― 성서는 우리에게 이 일을 이렇게 서술한다. ― 버림이 따르지 않는 선택이 없고, 선택이 따르지 않는 버림이 없다. 언제나 하나님은 그의 행위, 그의 길의 주로 있다. 언제나 그는 자신에 대해 동일하고 언제나 앞서 언급한 선택과 버림의 질서이다. 그러나 언제나 하나님은 또한 살아 있는 신이고, 언제나 그의 질서는 그런 것으로서 그의 생명을 통해 움직여지고, 언제나 그러므로 이 질서 안에서 전환과 변화가 가능할 수 있고, 현실적이 된다. 이런 것은 이스라엘과 교회 안에서도, 개별 인간의 삶에서도 단순한 현상으로서, 하나님 편에서는 필연적인 사물의 진행을 단순히 일시적으로 모호하게 하는 것으로 판단되어서는 안 될 것이고, 오히려 전환, 변화가 새롭게, 다르게, 모순되게 연이어 발생하는 데서 하나님의 예정의 필연성이 인식되어야 할 것이다: 그가 진노해야 할 때 자유롭게 사랑하고, 사랑해야 할 때 자유롭게 진노하는 하나님, 자유롭게 산 자를 죽이고 죽은 자를 살리며, 그것을 후회하고 또한 자신의 후회한 것을 후회하는 하나님의 뜻. 예정은 "고전적인 구절" 로마서 9-11장에 이렇게 서술되어 있다: 경직된 법으로 그것을 이해하는 것과는 합치될 수 없고, 다만 시간 안에서의 하나님의 영원한 행위를 표현하는 것으로 이해하는 것과 합치될 수 있다.

그러나 예정에 대한 이런 현실적인 이해는 전적으로 그것이 예수 그리스도의 선택과 동일하다는 것에 달려 있다. 우리가 거기서 출발하지 않는다면 이 점에서도 주장이 주장과 맞설 것이다: 만물의 시초로서 한 경직된 존재의 신성을 주장하는 것이 한 유동적 역사의 신성을 주장하는 것과 맞서고, 정태적 관점이 역동적 관점과 맞서고, 근본적으로 아마도 정적주의적 견해가 행동주의적 견해와 맞선다. 누가 옳은가? 둘 중 누가 참으로 신적인 것인지 어디서 결정할 것인가? 우리는 예정의 현실적인 이해 쪽으로 결정함에 있어서 예수 그리스도의 인격과 역사 속에서 인식된 예정이 의심의 여지없이 하나님과 인간 사이의 사건, 역사, 만남, 결정이라는 것 외에 다른 근거가 없다. 하나님의 선택과 인간의 선택받음, 하나님의 자기 낮춤과 하나님에 의한 인간의 높임, 하나님의 아들이요 인간의 아들인 예수 그리스도 안에서 현실화되고, 하나님의 영원한 결정으로 인식될 수 있는 바와 같은 하나님의 자기 헌신 전체, 우리가 거기서 예정 자체를 인식하고 이해할 수 있는 저 구원사—이 모든 것은 하나의 행위이거나 그렇지 않으면 그런 것이 아니다. 그것은 일정한, 형성된, 내용이 있는 행위이다. 이 행위가 이렇게 규정됨으로 인해서 영(靈)일 뿐 아니라 문자이기 때문에, 이 행위가 이렇게 규정됨으로 인해서 또한 법적 효력과 능력이 되기 때문에 행위는 하나님의 존재와 모순되지 않는다. 그렇기 때문에 우리는 여기서 정태주의자들에 대항해서 역동주의자들의 일을, 혹은 정적주의자들에 대항해서 행동주의자들의 일을 염려하도록 주의해야 한다. 그 자리에서 전자나 후자에 대해서 이의를 제기해야 할 것이다. 우리가 예수 그리스도를 영원히 살아 있는 하나님의 결정으로 이해함으로써 정적주의자, 정태주의자에 반대하는 것 같이, 우리는 예수 그리스도의 구체적인 인격에서 하나님의 결정의 신비를 인식함으로써 역동주의자와 행동주의자에 반대한다. 그러나 우리 문맥에서 필연적으로 또한 전자에 반대해야 한다. 사람들은 "절대적 결정"을 시간적 삶을 지배하는 생명 없는 영원한 규칙으로 생각할 수 있다. 사람들은 그러나 예수 그리스도를 시간적 삶을 다스리는 살아 있는 영원한 주로만 생각할 수 있다. 아버지가 아들을 사랑하고, 아들이 아버지에게 복종하고, 하나님이 이 사랑, 이 복종 안에서 인간에게 자신을 내어 주고, 인간을 그의 높은 곳으로 끌어올리기 위하여 인간의 비천함을 스스로 취한다는 것, 인간이 자신을 선택한 하나님을 자기 편에서 선택함으로써 이 사건 안에서 자유롭다는 것은, 그 자체로서 어떤 결과들의 정태적 원인으로 풀이될 수 없는 그런 역사이다. 이 역사가 시간 이전의 영원의 내용이라면, 이 영원은 시간 이전에 머물러 있을 수 없고, 영원은 그 자체로 시간 전이나 시간 안에 있고, 영원은 또한 시간 속에서도 다만 역사일 따름이다. 예수 그리스도가 누구이며 무엇인가는 이야기할 수 있을 따름이며, 어떤 체계로 간주되거나 서술될 수 없다. 예정이 예수 그리스도의 선택과 동일하다는 전제 아래서 예정의 현실성에 대한 명제는 논란의 여지가 없다. 여기서부터 이 명제는 또한 저 대립된 세계관들의 싸움과 같은 의미로 이해될 수 없다. 이 명제는 어떤 세계관도 옹호함이 없이 어떤 세계관에도 대립한다. 그것은 모든 세계관에 대립한다. 그러나 이 명제는 신학적으로 올바른 명제로서 다만 거기서부터, 예정이 예수 그리스도의 선택과 동일하다는 전제 아래서만 이해될 수 있다.

예정의 현실성의 명제는 1936년 제네바에서 열린 국제 칼빈주의 신학 대회(Congrès international de thèologie calviniste)에서 페터 바르트(Peter Barth)의 강연 "칼빈의 예정론의 성서적 기초"에서 칼빈을 수정하는 입장으로 분명히 피력되었다. 하나님의 심판과 자비에서 하나님의 자유는 이렇게 이해되어야 한다: "왕적 행위의 살아서 움직이는 하나님! 하나님의 손은 묶여 있지 않고 빛과 어둠을 창조하고 그의 거룩한 호의에 따라서 열고 닫으며, 묶고 푼다. … 성서 전체는 어느 순간에나 결정을 자유롭게 내리고, 결정에서 결정으로 움직이고, 삶과 죽음의 주로서 변함이 없고, 선택하고 버리며 추락시키고, 높이는 것이 그의 권세 안에 있는 하나님을 우리가 만나도록 하지 않는가? 하나님의 후회 개념은 하나님의 생각과 행동에 관한 성서적 표상에서부터 도외시될 수 없다. 하나님은 성서의 증언에 따르면 언제나 예측하지 못한 놀라운 전환으로 우리에게 자신의 초월적 권능을 알리는 자유를 유보한다. '주는 죽이고 살게 만든다. 그는 높은 곳으로 올리기도 하고 다시 끌어내리기도 한다.'(삼상 2:6) 성서는 동시에 우리에게 우리 인간에 대해서 신비스럽도록 생명력 있는 행동을 하는 하나님, 주를 보여 준다.―그는 자신이 원하는 바를 행할 수 있다. 성서는 우리에게 하나님이 긴급하게 우리를 찾음을 말하며, 하나님이 우리를 찾고 문을 두드리고, 돌이키기를 끈기 있게 기다림에 대해 말한다. 이것은 그러나 인간이 모든 현실에서 결정 안에 놓여짐을 뜻한다. 결말의 예정에 의해서도 우리는 우리 처지의 심각성을 벗어나지 못한다. '의지와 성취'는 하나님의 일이기 때문에 '두려움과 떨림으로 여러분의 복을 구하라'는 어느 현실에서도 언제나 유효하다. '원인' 개념이 인간의 의지에 대한 하나님의 의지의 관계를 서술함에 도입된 것은 분명히 치명적이다. 성서는 우리에게 우리가 만나는 하나님의 은혜의 수위성을 언제나 우리에 대한 하나님의 영적 행위로 보여 준다. 그 행위는 결코 그 실존성을 박탈당할 수 없고 인과 관계로 변질될 수 없다." 출애굽기 3:14는 이렇게 번역되어야 한다: 나는 존재할 자로서 존재할 것이다!―구속당하지 않고, 그의 심판의 자유와 그의 은혜의 자유에 있어서 탐구될 수 없는 신.(*De l'élection éternelle de Dieu*, Genf 1936, 21f., 70f. 참조)

이 생각은 제네바에서 주목할 만하게도 외면당하기도 했고, 공개적으로 반대에 부딪치기도 했다. 저 대회의 핵심을 이룬 정통 칼빈주의자들은 제안된바 칼빈의 사상을 교정하자는 안을 받아들일 수 없었다는 것은 처음부터 명확했다. 첫 번 부류에 속한 한 사람은 처음에는 약간 무기력하게 항변하기를 강연의 첫 부분이 그의 마음에 "들지 않았다"고 말했다. "그러나 보아라": "꼬리에 독이 들어 있다."(G. Oorthuys, 58) 토론 과정에서 언제나 똑같은 문제로 되돌아갔다. 칼빈주의 신학이 원하였던바, 성서 신학에서 결코 피해 갈 수 없는 저 하나님의 후회 개념을 어떻게 할 것인가? 이에 관하여 이 대회의 전자의 지배적인 방향의 다른 매우 유능한 대변자들은 다음과 같이 말했다: 우리는 칼빈에게서 주석가의 태도와 교의학자의 태도를 구별해야 한다. 왜냐하면 양자에게는 상이한 과제가 있기 때문이다. 주석가로서(예를 들어 에스겔 18:23의 해석에서: "나는 무신자들의 죽음을 기뻐하겠는가?") 칼빈은 하나님의 의지에 대한 기계적 주석을 공격했고, 하나님이 만인을 예외 없이 회개하도록 부르며, 일정한 징벌 위협 다음에 역시 일정한 은혜의 약속이 뒤따르도록 한다는 것을 솔직하게 인정할 수 있었다. 그러나 그는 교의학자로서 성서에 대한 똑같은 신실함을 가지고 이단에 대한 투쟁에서 이제 또한 선택받은 자를 돌아오게 하려는 하나님의 감추어진 결정의 명제를 진술할 수 있었다.(R. Grob, 68) 혹은: 하나님은 시간 속에서 후회와 변화의 가능성이 있고, 진노와 용서 사이에서 유동적일 수 있는 것처럼 영원 속에서는 부동적이다. 우리가 이것을 어떻게 조화시킬 수 있는가? 우리는 이것을 조화시킬 수 없다. 그러나 "그럼에도 불구하고(et tamen, and yet, und doch, et pourtant…)로써 신앙고백을 표명하는 것이 정통주의의 독특성이다. 그렇다, 하나님은 후회하고, 그리고 그는 후회하지 않는다. 그렇다, 하나님의 결정은 영원하고 하나님은 시간 속에서 변한다. 그리고 우리는 모른다."(프랑스어, A. Lecerf, 66f.) 우리는 이것을 문제 회피라고 불러야 할 것이다. 교의학 영역과 주석을 단순히 분리시키거나 혹은 영원과 시간을 분리시킴으로써, 이 두 영역으로부터 상호 모순되는 두 진술들 간에 해결 불가능한 긴장이 있음을 안일하게 확립하는 것으로는 여기서 아무 도움이 될 수 없다. 하나님의 영원한 결정 자체가 부동적이라면 그것은 한가한 손짓으로 털어 버릴 수 있는 지식 문제가 아니라 진지한 신앙 문제이다: 어떻게 "하나님 뜻에 대한 기계적인 해석"이 처음이자 마지막 말로서 자리를 차지할 수 없는가? 어떤 의미에서 시간에 대해서만 유효한, 하나님의 자체 활동적 행동에 관한 성서의 진술들이 저 영원한 하나님 현실에 대해서 진지하게 받아들여질 수 있겠는가? 이런 진술들은 하나님에 대해 진정으로 진지성을 가지는가 혹은 그렇지 않은가? 만일 이 진술들이 영원에서 진지성이 없다면 어떻게 그것을 가져야 하겠는가? 혹은 거꾸로 묻는다면: 어떤 권리로, 성서에 대한 어떤 진지성을 가지고 교의학자는(이단에 대한 필수적인 고백의 행위에서도) 하나님이 시간 속에서 어떻게 인간을 다루는가에 관하여 그 자신의 주석적 발견을, 하나님의 영원한 예정에 관한 전혀 다른 가르침 때문에 상대화하고 문제삼게 되는가? 누가 우리에게 하나님의 영원한 예정을 하나님의 시간적 행동 속에서가 아니라 다른 곳에서 찾고, 이 행동에서 드러나고 작용하는 경우를 제외하고 다르게 이해하도록 명하는가? 성서는 어떻든 이렇게 하도록 권유하지는 않는다. 이런 모순들을 우선 인위적으로 만들고, 이런 모순들을 단순히 지성적인 모순으로 다루도록 하고 결국 그 모순들을 "우리는 모른다"(프랑스어)는 말로써 해치우려는 것은 좋은 신학이 될 수 없다. 어쨌든 이 경우에 어떤 신학적 정당성을 가지고 이것을 수수께끼로 만들고, 어떤 신학적 정당성을 가지고 우리에게 그것을 그런 것으로 내버려두도록 요청할 수 있는지 이해할 수 없다.

그러나 저 토론에서 다른 견해를 가진 몇 사람은 현실적 예정에 관한 강연자의 명제가 중세 말기의 하나님의 "절대적 능력 명제, 법으로부터 자유로운 하나님" 명제로 되돌아가게 만든다고 비난했다.(M. J. Hommes, 63) "사람들은 일종의 유희에 참여한다. 사람들은 자비에 의해 올려지고 심판에 의해 내던져지며 결국 자신들이 어디에 있는지 알 수 없게 되고 만다."(프랑스어, J. Rilliet, 64) 이 물음에 대해서 강연자는 거듭 다음 사실을 확립함으로써 답변했다: 우리는 성서에서부터 "하나님은 우리 인간과의 신비에 가득한 살아 있는 관계 속으로 들어온다."는 것을 들어야 한다. 그러나 이 모호한 표현 속에 페터 바르트의 강연 및 그 강연의 그 자체로 옳은 결론 부분에 부담을 주는 딜레마가 숨어 있다. 이 신비에 가득한 살아 있는 관계가(이 관계가 인간의 편에서—인간의 믿음의 자유로운 행위 안에서—의미하는 바를 포함하여) 하나님의 예정의 성취라는 것, 그러므로 이 관계를 근거짓고 정하고 질서를 만드는 분도 하나님이라는 것으로 다 되는 것인가? 강연자는 의심할 여지없이 이 사실을 확립하려 했고, 이것을 또한 강한 말로 발설하였다. 그러나 사람이 그것을 고집하면 할수록 현실적 예정의 명제에 대하여 반대편에서 발설한 의문이 더욱더 제기되었다: 즉 인간이, 전통적 예정론에 의하면 경직된 조처 아래 놓이게 되는 대신에 하나님이 인간과 더불어 벌이는 완전히 혼란한 유희, 심판과 자비의 유희가 가정되는 것이 아닌가? 이 유희에서는 우리는 결국 하나님을 어떻게 대할 것인지 알 도리가 없지 않은가? 이 관계에서 하나님의 우월성을 정말로 고집한다면, 저 신비스러운, 살아 있는 관계를 확립함으로써는 이 의문에 대해서 답변된 것이 아니다. 우리는 또한 릴리에(J. Rilliet)의 탄식을(64쪽) 어느 정도 이해한다. 그는 하나님은 그의 자유로써 영원 전부터 인간 개인을 자기 것으로 삼아 시간 속에서 개인을 "항상, 그럼에도 불구하고"(프랑스어) 구원한다는 구속된, 고정된 자유 표상이 칼빈의 예정론의 미(美)와 능력을 이루었으나, 예정의 현실성 명제에 의해 그것이 박탈되어 버린다고 말했다.

이제 강연자도 이런 문제를 느끼게 된 듯하나 그의 강연 속에서, 그리고 더욱 분명히 결론에서 저 관계의 신비와 생명을 또한 인간이 하나님의 결정을 통해 그 앞에 놓이게 되는 결정의 "실존성" 속으로 옮겨 놓는 외에는 다른 길이 없다고 보았다. 하나님은 우리를 꼭두각시로 다루는 것이 아니라, 하나님에 의해 창조된 살아 있는 인간으로 다룬다. 그는 구원과 재난을 "우리 앞에 물음으로써" 내놓는다. 우리는 "하나님을 찾는 물음 앞에서" 생사의 기로에 서 있다. 우리의 삶에서 결정이 내려져야 하고, 분명히 우리 삶에서 내려지는 결정에는 하나님의 예정의 내적 운동이, 하나님의 후회의 가능성과 현실성이, 그러므로 저 관계의 전적 생명성이 상응한다. 그러나 이것은 분명히 현실적 예정의 명제로 인해 연루될 수 있는 딜레마의 다른 가능성이다. 예정이 인간에 대한 하나님의 유희가 아니라면, 그것이 "절대 능력"의 자의적 지배가 아니라면, 그것은 인간의 삶 속에서 그에 반해, 혹은 그를 위해 내려지는 결정에 대한 하나님의 통찰에 의해 그때그때 조건이 주어지는 하나님의 결정이다. 이럴 경우 칼빈의 가르침을 개선하는 대신에, 은혜를 전달하고 받음에서 하나님과 피조물의 협동에 관해 가르친 토마스의 매우 신비스러운 가르침을 개선하는 것이 아니라면, 루터의 "예견된 신앙" 이론을 개선하는 꼴이 될 것이다. 이 경우 예정하는 하나님은 그가 창조한 살아 있는 인간과 상관한다는 점에서 결정적으로 살아 있는 하나님이 될 것이다. 이 경우 예정의 특이한 현실적 결정의 성격은 예정이 인간의 실존적 성격과 관계한다는 사실을 통해 조건지어질 것이다. 페터 바르트가 이것을 말하려 하지 않았고 또한 의도할 수 없었다는 것은 명백하다. 그러나 이런 방향으로 나간 그의 설명 시도는 회의 참석자들에게 현실적 예정 명제를 설득시킬 수 없었을 뿐 아니라 참석자들이 분노하여(행 19:28f.) 두 시간 동안 고함을 지르고, 하나님의 영원한 뜻은 움직일 수 없는 이중 결정으로 끝난다고 주장했다는 것은 이해할 만하다.

이 전체 과정은 현실적 예정 명제가 순수 형식적으로 하나의 명제로서 끝났다는 것을 보여 주며, 이 명제 자체는 전통적인 대립 명제와 마찬가지로 결정론과 신인협동설의 이중 위험 아래 있다는 것을 보여 주기 때문에, 이 전제 과정은 심히 큰 교훈을 준다. 페터 바르트가 그랬던 것처럼, 우리는 실제로 칼빈을 교정함에서, 영원 전부터 냉각된, 그러므로 고정된 하나님의 결정 대신에 계속적으로 살아서 결정하는 주, 자유로운 주를 생각하는 것으로 멈출 수 없다. "하나님이 예정하는 것과 예정하게 되리라는 것은 동일하다"는 명제는 심히 아름답다. 그러나 이 명제는 둔스 스코투스(Duns Scotus)에게서 왔다.(Loofs, *Dogmengeschichte* 4. Aufl. 1906, 595에서 인용) 스코투스파의 이중 간계에 대립해서, 이 주가 자의적으로 결정하지도 않았고, 자신의 적수를 통해서 결정하게 된 것도 아니라는 것을 보여 주어야 한다. 그러나 이것을 보여 주기 위해서 일반적으로 하나님을, 일반적으로 인간을, 다시금 일반적으로 양자 사이의 관계의 신비와 삶을 지시하는 것으로 충분하지 않다. 여기서 일반적으로 머문다면, 또한 필연적으로 저 딜레마의 영역 속에 있게 된다.

저 대회의 토론에서 또한 (유감스럽게도 이 토론에는 참석하지 못한 모리[P. Maury]의 나중 강연을 제외하고는) 리가(Riga)에서 온 아브라몹스키(R. Abramowski) 목사는 현실적 예정 명제를 수용할 용의가 있다고 발언을 했다.(58쪽) 그러나 그는 또한 이 명제의 유일하게 가능한, 공고한 근거를 주지시키려고 하였다. 그러나 유감스럽게도 칼빈과 사람들뿐 아니라 강연자도 이 명제의 근거를 간과한 듯하다. 예정은 선택과 버림으로 "하나님의 구원 사역에 종속되는 양태"이며, 그렇게 이해되어야 하고 선포되어야 한다는 것, 예정은 구약성서에서는 이스라엘 백성과 엄밀한 관계 속에 있고, 신약성서에서는 역시 예수 그리스도와 엄밀한 관계 속에 있다는 것, 예정론은 그러므로 그리스도론, 구원론과 분리되어서는 안 된다는 것, 심판하고 구원하는 하나님에 대한 믿음은 하나님의 주권과의 직접적 관계가 아니고, 그러므로 하나님 및 그의 영광에 대한 열광주의와 혼동되어서는 안 되고 우리의 죄와 함께 그리스도의 십자가를 통해 부수어졌다는 것, 이것이 이 참석자가 표현하려고 했던 것인데, 아무런 반향을 얻지 못했다. 우리는 확실히 그의 표명에 대해 이의를 제기할 수 있다: 예정은 단순히 하나님의 구원 사역의 한 양태가 아니라 구원 사역의 양태이다: 예정은 단순히 그의 구원 활동의 한 양태가 아니라 외부를 향한 그의 구원 활동 양태이다. 예정은 외부를 향한 하나님의 활동 속에 들어 있을 뿐 아니라 그것에 앞서 있다. 여기서 제시되는 방향은 그러나 우리가 이 문제에서 실제 주목해야 하는 방향이다. 예정이 예수 그리스도의 선택과 동일하다는 것이 전제될 때, 현실적 예정 명제는 이의의 여지없이 근거를 가지게 되고, 좌파나 우파의 오해에 대해서도 안전하다. 이것을 통찰했을 때 예정은 시간 및 시간의 내용, 그리고 특히 인간 및 시간 속에 있는 인간들에게 문자로서 선행할 뿐 아니라(이 문자는 이런 제약 속에서는 다만 죽은 문자로만 이해될 따름이다.) 마치 구름이 광야의 이스라엘 백성에 앞장서듯이 영적인 삶의 행위로서 선행한다는 것, 예정이 하나님 품속에서 모든 시간 이전에 일어났고, 그러나 그렇기 때문에 모든 시간 단위에 앞서 일어난다는 것이 결정되어진다. 왜냐하면 예수 그리스도의 선택은 불변적이고 변함없이 역사이기 때문이다. 그것은 모든 시간 이전의 하나님의 영원한 뜻이며, 그러므로 시간 안에서 살아 있는 하나님의 영원한 뜻이다. 칼빈과 예정론의 다른 고전적 대변자들이 하나님의 영원한 뜻을 정태적으로 이해하기를 고집했던 것은, 그들이 하나님의 활동에 대하여 너무나 "비활성적인" 표상을 가졌기 때문이 아니다. 우리는 칼빈을 이것 때문에 비난할 수는 없을 것이다. 우리는 하나님의 후회에 관한 성서의 가르침을 보다 강조함으로써, 또 출애굽기 3:14를 새롭게 그리고 보다 낫게 번역함으로써 그들을 도울 수는 없다. 그들이 그것을 고집한 것은, 그들이 우리가 하나님의 뜻 자체, 그러므로 예정을 하나님의 활동 외에 다른 곳에서가 아니라, 그 활동의 중심과 목표에서, 그러므로 예수 그리스도의 인격과 역사에서 찾아야 하고 인식해야 한다는 것을 고수하지 않았던 것과 관계가 있다. 그것을 고수함으로써만이 하나님의 영원한 뜻은 결정적으로 살아 있는 하나님의 뜻으로 인식될 수 있고, 그의 뜻이 경직되어 죽은 문자가 된다는 저 주장은 확실히 그릇된 것이라고 선언될 수 있다. 이 점에서 옛 예정론에 대한 교정책은 결정적으로, 종교개혁자들이 여기서 고수하지 못한 이 점을 고집하는 데 있다: 즉 우리가 다른 데서가 아니라 예수 그리스도에게서 영원한 하나님을 인식해야 한다는 것. 거기서부터 현실적 예정의 명제는 자명한 것이 된다.

그러나 여기서부터 또한 우리는 더 이상 1936년도 대회의 토론이 휩싸여 들어갔던 저 딜레마에 빠지지 않을 것이다.

예정이 예수 그리스도의 선택과 동일하다면, 첫째로, 살아 있는 하나님의 계속적인 예정, 결정, 선택은 "절대적 권능"의 행사, 신성 편에서 피조물을 자의적으로 가지고 유희하는 것과 조금이라도 관계가 있다고 말할 수 없을 것이다. 이것이 그렇지 않다는 것은 제네바에서 페터 바르트에 의해서 주장되었으나 다만 주장일 뿐 입증되지 못했다.(혹은 인간에 대한 하나님의 결정의 우월성을 암암리에 희생함으로써만 입증되었다.) 예수 그리스도의 선택에서 하나님의 영원한 의지를 발견하지 못한다면, "절대적 결정"의 탐구 불가능한 자유 행위가 아니고 다른 어디서 그것을 발견하려는가? 이 행위에서 하나님의 주권으로 끝난다고 한다면, 그러나 이 행위를 동시에 살아서 계속되는 것으로, 한번만 일어난 것이 아니라 지속적으로 일어나는 것으로 이해한다면—예수 그리스도의 선택과의 동일함에서 이 행위를 이해하지 않고서— 하나님과 자신의 피조물과의 관계를 유희자와 장난감과의 관계와는 다르게, 그러므로 자의적으로 마음대로 달라지는 관계와는 다르게 이해하는 것을 어떻게 피해야 할지 알 수가 없다. 이 경우 우리는 예정의 현실성을 부정하려는 반대편의 경향을 이해할 수 있다. 이 경우 우리는 모든 시간 이전에 확정된 결정 표상에 대한 향수를 이해할 수 있다. 이런 결정에서 자유 행위의 절대성은 적어도 안식을 찾았다. 따라서 그 내용이 우리에게는 세부적으로 알려지지 않았을지라도, 우리는 적어도 어떤 정해진 것을 지켜야 한다는 것을 안다. 이런 경우 현실적으로 이해된 예정과 중세의 "절대적 권능" 사이의 구별이 관철될 수 있을지 정말로 알기 어렵거나 혹은 전혀 알 수가 없다. 그러나 예정이 예수 그리스도의 선택과 동일하다는 것을 볼 때, 그의 전적인 주권 안에서 스스로 결정하고, 질서를 정하고, 그런 한에서 매어 있는 하나님의 의지 표상은 즉시 중단된다. 예수 그리스도의 선택이 이루어진 역사는 어떤 하나의 역사가 아니라 특정한 내용과 돌이킬 수 없는 방향을 가지고 있다. 그 대신에 어떤 다른, 반대로 진행되는 역사는 있을 수 없다. 거기서 하나님의 의지는 완전히 명백하다. 그는 그 자신 안에서 자유롭다. 그러나 그의 자유 안에서 그는 인간을 위하여 자신과 인간 사이의 계약의 기초를 놓고 계약을 준수하기를 결단한다. 그는 이 계약을 인간의 아들과 맺고자 하고, 지키고자 하였으나, 잃어버린 인간의 아들의 죄를 부인하고 증오한다. 그러나 분명히 이 잃어버린 인간의 아들을 시인하고 사랑함에서 그는 인간과의 이 계약을 원하고 결정한다. 그는 악을 행한 자를 버리기로 결정한다. 그러나 그는 동시에 자신의 아들 안에서 자신이 인간의 아들과 일치하기를 결정함으로써, 인간의 필연적인 버림을 인간에게서 취하여 자신이 담당하기로 결정했다. 하나님은 그 자신으로는 그것을 받기에 합당하지 않은 인간을 원하고 시인하고 사랑한다. 그러나 하나님은 인간을 원하고 시인하고 사랑함으로써 그가 그런 불합당함에 머물기를 원하지 않고, 인간을 높이고자 하며, 자신의 은혜의 능력으로써 인간을 자신의 권위에 참여토록 하고자 한다. 그는 죄인의 죽음을 원하지 않고 오히려 회개하고 살기를 바란다. 그는 인간의 예정이, 인간이 자신에 대한 하나님의 뜻의 내용이 되는 역사 전체를 실현하게 하는 방식으로 성취되기를 원한다. 즉 인간이 모든 자칭 무죄로부터 빠져나와서 자기 죄의 깊은 심연 속으로, 그리고 다만 이 심연으로부터 다시 진정한 무죄, 의, 복락의 높이로 인도되어야 한다. 하나님 자신은 그의 길을 동반한다. 그 자신은 이 목표를 알고 그 목표에 불충실하지 않기 때문에, 이 길에서 그를 동반하는 인간에게는 결과에 대해 불확실함이 있을 수 없다. 하나님은 인간을 선택한 분이다. 인간이 그를 선택하는 다른 일은 바로 저 첫 번째 일에 뒤따를 따름이다. 하나님의 선택에는 필연적으로 인간의 선택이 뒤따른다. 그러므로 이 역사 속에는 단순히 어둡고 모호한 것은 아무것도 없다. 또한 역사의 신비, 즉 역사가 일어난다는 것, 하나님의 뜻이 실제로 인간에 대한 이런 긍정과 사랑이라는 것, 또한 물론 불가해한 하나님의 자유 행위 그 자체는 어둡지 않고 밝으며, 모호하지 않고 명료성 자체이다. 이 역사는 모든 질서의 총괄 개념이고 그러므로 어떤 현실성의 유희 자체와는 혼동되어서는 안 된다. 이 역사는 현실성 자체가 아니라 이 일정한 행위이다. 우리가 이제 이 역사가 중단되지 않고 하나님의 영원한 뜻으로서 시간 이전에 머물러 있지 않고 오히려 시간의 모든 단위에서 시간에 선행한다고 말한다면, 하나님이(그의 뜻이 이 역사이니) 그러므로 자기 자신의 포로된 자이거나 혹은 단번에 그에 의해 결정된 세계 운행의 포로된 자라고 말한다면, 이것을 마치 하나님이 그러므로 세계 운행을 가지고 유희한다거나 혹은 세계 운행 속에서 인간을 가지고 유희하는 것처럼, 그래서 우리가 하나님을 어떻게 대해야 하고 그로부터 무엇을 기대해야 할지 알 수 없는 것처럼 이해하는 것은 전혀 어리석다. 성서가 창조를 지배하는 하나님의 의지를 찰흙을 다루는 도예가의 뜻과 비교하고, 그러므로 한 노동자의 숙고된, 계획적인 뜻과 비교하되 그러나 노는 어린아이의 변덕스러운 뜻과 비교하지 않는다는 사실에서, 하나님의 기뻐함의 우월성이 마지막 비교에서—외견상, 그러나 다만 외견상—보다 낫게 보일지라도 우리는 깊은 의미를 깨닫는다. 하나님의 우월성은 기분, 우연, 자의의 우월성과는 무관하다. 우리는 오히려 하나님의 우월성의 계시에서, 변덕, 우연, 혹은 자의의 권능이 바로 초월적 권능이 아니라 하나님에 의해 거부되고 부인된 악의 영역에 속하고, 그 악은 그런 것으로서 무기력의 능력일 따름이라는 것을 배워야 한다. 하나님의 우월성, 그의 기뻐함의 우월성은, 그것이 그의 영원한 뜻의 내용을 이루는 역사 질서의 우월성이라는 점에서 현실적인 우월성이다. 우리가 그 자체로 정돈된 영원한 뜻을 살아 있는 하나님의 뜻으로, 그의 계속 진행되는, 거듭 갱신되는 영의 행위로서 이해함으로써 우리는 이 뜻을 법으로서, 또한 재해석될 수 없는, 혹은 다른 문자에 의해 대치될 수 없는 문자로 이해하며, 우리가 그의 뜻에 의해서 결정의 변천 속에서 이리저리 내던져진다는 것은 전혀 불가능하다. 바로 이 영원히 살아 있는 뜻을 인식한다는 것은 신뢰할 만한 인도, 어떤 어두운 속셈에 의해 의문시되지 않는 인도를 인식한다는 것을 뜻한다. 이 뜻에 직면해서 우리는 그것이 어떠한지 알 수 있고 알아야 한다. 우리는 그 뜻을 지킬 수 있다.

예정이 예수 그리스도의 선택과 동일하다면, 둘째로 또한 그의 결정이 내려지는 하나님의 자유는 그것에 상응하는 인간 결정의 실존성의 신비를 통해서 제약되어 있고 제한받는다는 것은 있을 수 없다. 그러므로 하나님과 인간 사이의 거듭 새로이 세워지는 형성되는 관계의 생명이 결국 두 가지 기원을, 즉 하나님의 결정에 한 기원을, 이것이 관계하게 될 인간의 상응하는 결정에 다른 기원을 가진다는 것은 불가능하다. 루터파의 예정론과 토마스의 예정론에 대해 연관시킬 수 있는 이런 상은, 페터 바르트가 제네바에서 현실적 예정론 명제를 개진하려 한 그런 의미는 아니었다. 당시 제네바에 모였던 칼빈주의자들이 이 면에서 덜 민감했던 것 같고, 보고에 대해 아무런 거리낌도 받지 않은 것 같다는 사실은 주목할 만하다. 그러나 우리가 예정의 현실성을 어느 의미에서 일반적인 성서적 진리로서, 그리고 성서의 증언의 중심을 고려해서 분명히 구체적으로는 주장하지 못한다면 이 상을 어떻게 피해야 할지 분명하지 않다. 하나님과 인간 사이의 관계에 대한 일반적 표상에서 우리가 이 관계를 살아 있는 것으로 이해하려고 한다면, 거의 필연적으로, 여기에 두 파트너가 실제적으로는 불평등한, 원칙적으로는 평등한 관계로 상호 관계를 맺고 있으며, 따라서 이 관계의 생명은 일방적인 신비로서 파악될 수 없고,—하나님이 인간에 월등하게 앞서 있을지라도—필연적으로 쌍방적인 신비로서, 그 신비가 하나님의 결정과 인간 결정의 신비로서 파악되어야 한다. 일반적으로 하나님과 인간, 그리고 저 중심을 추상한다면, 또한 성서 속에서 하나님과 인간은 매우 상이한, 그러나 각자 독자적인 능력과 권한을 가진 두 파트너로 나타난다. 우리가 이 관계를 어떤 보편적 의미로—"성서적" 보편적인 의미일지라도—염두에 둔다면, 신인협동설은(우리는 그런 것을 고백할 수 없으며, 그런 비난을 격렬하게 벗어 버리려 할 것이며, 이런 것에 대해 전혀 명백하지 않을 것인데) 이 관계를 서술함에서 언제나 튀어나온다. 즉 페터 바르트가 제네바에서 하려고 했던 것처럼(그리고 정당하게도 그렇게 하려고 했던 것처럼) 이 관계가 결정론적이 아니라 살아 있는 것임을 보여 주려고 한다면 언제나 그러하다. 우리는 거의 자동적으로, 그의 생명성은 하나님의 생명뿐 아니라 인간 파트너의 생명에도 감사해야 할 것이라는 고백에 도달하게 된다. 그러나 우리가 살아 있는 하나님의 영원한 뜻을 구체적으로 예수 그리스도의 선택에서 인식한다면, 딜레마의 이 다른 면은 불가능하다. 예수 그리스도의 선택에는 인간의 죄도 기도도 하나님의 결정에 상응하는 인간의 결정으로서 독자적인 신비의 성격을 지니는, 그런 것으로서 예정하는 하나님의 신비와 결정과 상호 작용의 관계 속에 있는 어떤 요소가 아니기 때문에, 예수 그리스도의 선택의 역사 속에는 신인협동설은 전혀 없다. 이 두 용서는 역사 속에서 작용하기는 한다.―그러나 어떻게? 죄는 다만 하나님의 은총에 의해 이 인간이 사면받은 규정이요, 실제로 이 인간에 의해 실현되거나 실행되지 않는 규정이다. 그러므로 이 인간에 해당되는 유기는 그의 죄에 대한 하나님의 응답이 아니라 죄 자체에 대한 하나님의 가혹한 답변이다. 죄는 그에 의해서가 아니라 모든 다른 인간들에 의해서 행해진 것이니, 여기서 이 답변의 잔혹함은 인간과 그의 아들의 일체성 안에서 하나님 자신에 의해 담당된다. 그러나 또한 이 인간은 죄를 행하지 않는다. 혹은 적극적으로: 그가 그 편에서 기도 안에서 하나님을 선택하고 복종 안에서 모든 다른 인간들의 죄의 형벌을 스스로 담당하는 것은 다만 그의 선택의 확증이며 그의 선택이 그의 무죄함과 그의 기도에 대한 하나님의 응답은 아니다. 인간은 이런 결정을 하도록 스스로를 정하지 않았으니 그는 예정되었다. 그는 이 결정으로써 다만 그가 인간의 아들이 된 하나님의 아들임을 선언한다. 그러나 이 면에서는 어떤 독자적인, 제2의, 어떤 인간적인 신비가 나타나지 않는다. 또한 이 면에서는 다만 한 가지 신적 신비만이, 즉 신적 전능의 신비만이 드러난다. 왜냐하면 이 신비는 인간에 대한 하나님의 은혜와 승리와 사랑의 신비이기 때문이고, 이 신비는 인간이 죄를 버림에서, 복종을 선택함에서 어느 정도 예정하는 하나님의 거울에 비친 모습이 될 수 있다는 것을 내포하기 때문이다. 이 전체 역사의 영광과 생명은 하나님의 영광과 생명이다. 확실히 이 역사는 하나님과 인간 사이의 역사이다. 확실히 또한 거기서 이중적인 인간의 결정이 내려진다. 그러나 이 결정이 어느 정도 타원의 이중 초점을 이루는 것이 아니라, 중심을 가진 원을, 그리고 중심을 반복하고 확증하게 된다. 우리가 예정을 이 역사와 동일한 것으로 이해할 때, 예정을 현실적으로 이해하는 것이 신인협동설의 방향으로 우리를 이끌어 갈 위험은 없다. 이 역사 안에는 하나님과 인간의 협력은 있을 것이다. 그러나 하나님의 작용에 의해서만 전적으로 성립될 수 있는 그런 협력만이 있다. 이 역사는 하나님의 은혜의, 그러므로 주권의 전적인 승리이다. 우리가 예정 문제에 이 면에서 전적으로 정당하려고 한다면, 우리는 그 내용이 이 역사의 구체적 형태 속에 있는 하나님의 영원한 뜻이라는 사실을 고수하는 것 외에 그 이상의 일을 할 수 없다. 페터 바르트에 의해 1936년 제네바에서 진술된 명제는 시인되어야 한다. 그러나 필연적으로 그리스도론적 근거를 제시함으로써(그것이 유일한 가능성이기 때문에), 그리고 이 근거에서부터 제네바에서 가시화된 딜레마에 대한 안전 장치를 얻음으로써! 이것이 우리가 저 논쟁에서 배워야 하는 것이다.

§34
공동체의 선택

은혜의 선택은 예수 그리스도의 선택으로서 동시에 하나님의 한 공동체의 영원한 선택이다. 공동체의 존재를 통해서 예수 그리스도는, 온 세상이 예수 그리스도를 믿는 믿음으로 부름받아야 한다는 것을 온 세상에 증언한다. 하나님의 이 한 공동체는 이스라엘이라는 형상으로 하나님의 심판을 표현하는 일에, 교회라는 형상으로 하나님의 자비를 표현하는 일에 봉사해야 한다. 공동체는 이스라엘의 형상으로 인간을 향한 약속을 듣도록 결정되었으며, 교회의 형상으로는 이 약속을 믿도록 결정되었다. 전자의 하나님의 선택받은 공동체에는 지나가는 형상이, 후자의 공동체에는 도래하는 형상이 주어져 있다.

1. 이스라엘과 교회

예수 그리스도가 확실히 인간과 모든 창조물의 영원히 살아 있는 시작이라면, 인간의 선택은 예수 그리스도 안에서의 선택이다. 선택은 "그 안에서" 선택함을 의미한다. 그리고 선택받음은 "그 안에서" 선택받았음을 의미한다. 예수 그리스도의 선택 옆에나 밖에가 아니라 그 안에 포함되어 실제로 "다른" 선택과 선택받음도 있다. 우리는 지속적으로 이 "다른", 그 안에 포함된 선택을 생각하지 않고는 예수 그리스도의 선택 자체에 대해서 말할 수 없었다. 예수 그리스도의 선택에서 결정된 하나님의 자기 헌신은 실질적으로는 인간 예수 그리스도에게 해당되지만, 목적론적으로는 하나님에 의해 창조되었고 하나님으로부터 이탈한 인간 자신에게 해당된다. 하나님의 영원한 사랑이 이 이름으로 모든 인간에 의해서 믿어져야 한다는 것을 각 사람에게 증언함으로써, 인간 예수 그리스도 안에서 하나님의 영원한 사랑이 이 인간, 이 인간 다수, 각각의 모든 사람에게 향해 있다. 선택하는 하나님의 길은 예수에 관한 증언의 길, 그에 대한 믿음의 길이다. 그래서 그의 선택에 포함된 "또 다른" 선택이 있다. 선택하는 하나님이 저 길 위에서 만나게 되는 많은 인간들(거기서는 아무도 제외되지 않는다.)의 선택.

그러나 이제 우리가 의지하고자 하는 성서는 고전적인 교회의 예정론과는 달리 그렇게 성급하게, 개별적이든 혹은 다수이든 간에, 예수 그리스도 안에서 선택받은 이

"많은" 인간들을 다루지 않았다. 성서도 물론 이렇게는 하지만(또한 우리는 그것을 중단하여서는 안 될 것이다.), 그러나 예수 그리스도의 선택에서부터 직접적으로 개별적인 믿는 자의 선택을 바라보는 것이 아니라(또한 우리도 이 점에서 성서를 따라야 할 것이다.) 우선 중간적인, 중계적인 선택을 바라본다. 이 선택의 주체는 예수 그리스도 안에 있는 하나님이며, 그 특별한 대상은 인간이되 그러나 개별적인, 혹은 다수의 사적 인간으로서의 인간들이 아니라 하나님에 의해 예수 그리스도 안에서 선택받은 공동체, 고유한 봉사를 위해 정해진, 이 봉사를 위한 능력을 갖추고 실행하도록 영원 전부터 정해진 공동체이다. 성서에 의하면 이 공동체의 삶과 기능이 예수 그리스도의 선택에 포함되어 있는 "다른" 선택의 일차적 대상이다. 비로소 거기서부터, 그리고 그것을 고려하면서 또한 개별적인 믿는 자의 선택을(전승은 이것을 너무나 성급하게 예정론의 문제로 다루었다.) 말할 수 있다. 우리는 이 "다른" 선택의 대상을 표시하기 위해서 '공동체' 개념을 선택한다. 왜냐하면 이 개념을 통해서 이스라엘의 현실뿐 아니라 교회의 현실도 표현되기 때문이다. 이 개념의 의미는—여기서는 다만 윤곽만을 표현한다면—이것이다: 공동체란 잠정적으로 특수한 방식으로 인간 예수의 자연적이고 역사적인 환경을 이루는 인간 공동 집단이다. 여기서 그것의 특수성은 온 세상에 대해서 자체의 존재를 통해서 예수를 위해 증언해야 하고, 온 세상을 예수를 믿도록 촉구해야 하는 데 있고, 그것의 잠정성은 이런 그의 직무, 사명에 의해서 자기 자신을 넘어서 모든 인간 집단을 지시하는 데 있다. 공동체는 인간 집단에 대한 증인이고 전령이다. 그러므로 이렇게 표현되어야 할 공동체는 어느 의미에서 예수 그리스도의 선택 속에서, 선택과 더불어서 일어난(그리고 일어나는!) "다른" 선택의 안쪽 원을 이룬다. 이 공동체가 한편으로는 인간 예수의 특별한 환경을, 저 안쪽 원을 이루지만, 다른 한편으로는 스스로 세상에 속하고 내지는 세상으로부터 선택받았고, 개별적 인간들로 구성되어 있음으로, 공동체의 선택은 그것의 파송, 기능을 고려할 때 실제로 중간적, 중계적인 선택으로 표시되어야 한다. 그것의 선택이(여기에 포함된) 예수 그리스도의 선택과 그를 믿었고 믿는, 그리고 믿을 자들의 선택 사이에서 중간이 되는 한에서 중간적이며, 예수 그리스도의 선택과 모든 믿는 자들의 선택 사이의 관계가 이 선택을 통해서 중계되고 제약되어 있는 한에서 중계적이다.

그러므로 독자적인 공동체 선택은 없다. 다만 유대교적인 혹은 로마 가톨릭적인 환상과 오만만이 공동체를 예수 그리스도를 지나쳐서 만물의 시초로 가져다 놓으려 할 수 있을 것이다. 공동체 선택을 자랑함은 언제나 다만 예수 그리스도를 자랑함, 그에 대한 증언의 자랑함일 따름이다. 공동체가 그의 주변 이상이 되려고 할 때, 중계 이상을 하려고 할 때, 공동체는 자신의 선택을 확실히 망각한 것이요 오인한 것이다. 그리고 공동체의 존재는 또한 세상에 대해서도 자기 목적으로서 이해될 수 없다. 공동체는 도움을 가장 필요로 하는 세상에 대해 봉사하기 위해서 세상으로부터 선택받았다. 그의 봉사는 세상에 대해 예수 그리스도를 증언하고 그를 믿도록 호소하는 데 있다. 공동체가 자기 자신을 위해 존재하고, 이 봉사를 중단하고 실제로 중계하지 않을 때, 자신의 선택을 망각하고 오인하는 것이다. 안쪽 원은 예수 그리스도 안에서 일어난(그리고 일어나는) 선택의 바깥 원과의 관계를 떠나서는 아무것도 아니다.

그러나 다시금 또한 이 바깥 원도 저 안쪽 원이 없이는 아무것도 아니며, 예수 그리스도 안에서 일어난, 그리고 일어나는 모든 선택은 공동체 선택을 통해서 중계되고, 제약, 한정되어 있다. 공동체는 그것의 중간적, 중계적 성격으로써 한 중보자 예수 그리스도 자신의 존재를 반영한다. 공동체는 세상에 대한 그것의 특수성으로써는 선택하는 하나님의 자유를, 세상에 대한 봉사에서는(그러므로 그것의 특수성의 잠정성으로는!) 사랑을 반영한다. 이 반영에 의해서만 예수 그리스도에 대해 증언하게 되고, 그에 대한 믿음을 호소하게 되고, 선택받은 개별인들이 믿게끔 된다. 선택받은 개별인들은 공동체 선택에 포함되어 있다. 즉 공동체 안에, 공동체를 통해서(그리고 또한 공동체를 위해서!) 선택받은 개별인들도 예수 그리스도의 선택 안에서, 더불어서 선택받았다. "교회 밖에는 구원이 없다!" 이 명제는 이미 예정론에, 신론에 속하는 명제이다.

선택하는 하나님과 선택받은 인간 예수가 하나인 것 같이, 공동체도 예수 그리스도 안에서 일어난, 일어나는 선택의 일차적 대상으로서 하나이다. 하나님의 예정의 빛에서 공동체에 대해 말해야 할 모든 것은 이런 일원성을 강조하는 것으로 귀결되어야 한다. 그러나 우리는 예수 그리스도의 선택과 동일시되어야 할 하나님의 예정을 이중예정으로 이해해야 했다. 즉 하나님의 자유로운 사랑의 원(原) 행위로서 이해해야 했다. 하나님은 이 자유로운 사랑의 원행위로서 자기 스스로를 위해서는 인간과의 친교를, 그러므로 심판의 감수를 선택하지만, 인간을 위해서는 자기 자신과의 친교를, 그러므로 그에 대한 자비의 영광을 선택한다. 그는 이 행위의 첫 번째 국면으로는 인간으로 하여금 자신의 약속을 듣도록 정하고, 두 번째 국면으로는 약속을 믿도록 정한다. 그는 인간으로 하여금 저기서는 옛, 지나가는 존재 형식을, 여기서는 새로운, 도래하는(그리고 지속적인) 존재 형식을 가지도록 정한다. 공동체 선택이 예수 그리스도의 선택에 포함되어 있다면, 그것이 예수 그리스도 안에서, 더불어서 하나님의 저 자유로운 사랑의 원행위의 대상이라면, 우리가 또한 그것의 선택 속에서 하나님의 영원한 뜻의 이중적(그리고 그 이중성 속에서 한) 방향과 봉착하게 되는 것 외에 다른 것을 기대해서는 안 된다. 그리고 이것은 또한 우리가 성서에 의하면 실제로 상관해야 할 문제이다.

하나님의 공동체와의 관계에서 예수 그리스도 자신은 누구이고 무엇인가? 우리는 이미 여기서 일치와 구별을 발견한다. 즉 그는 아브라함과 다윗의 약속된 아들이요, 이스라엘의 메시아이다. 그리고 그는 동시에 유대인과 이방인들로부터 부름받고 모인 교회의 머리요 주이다. 그는 양자로서 해체할 수 없는 일자이다. 그는 일자로서 상쇄될 수 없는 양자이다. 그는 교회의 머리로서 동시에 이스라엘의 메시아이며, 이스라엘의 메시아로서 교회의 주이다. 이 문제는 다음에서 전개되어야 한다. 우리는 우선 이 문제를 잠정적으로 개관해 보도록 하자.

예수 그리스도는 십자가에 달린 이스라엘의 메시아이다. 그는 그런 자로서 하나님이 인간과의 친교를 선택함으로써 스스로 감수한 심판의 진정한 증인이다. 그는 그런 자로서 하나님의 약속의 원래적인 청취자이다. 그는 그런 자로서 첫 인간의 형상의 사라짐을 시작하는 고난을 당하는 자이다. 그러나 그는 십자가에 달린 이스라엘의 메시아로서 교회의 은밀한 주이다. 하나님은 이런 그의 자기 헌신을 통해 그에 대한 자비에서 생명을 주기 위해서, 그의 약속을 믿도록 하기 위해서, 그의 공동체의 도래하는(그리고 지속적인) 형상으로 교회를 세운다.

그리고 예수 그리스도는 교회의 부활한 주이다. 그는 그런 자로서 자비의 진정한 증인이다. 하나님은 자비로써 인간을 자신과 친교하도록 선택함으로써 인간에게 그 자신의 영광을 돌린다. 그는 그런 자로서 믿는 자들의 원형이다. 그는 그런 자로서 새로운 인간 형상의 자비로운 도래를 승리로써 시작하는 자이다. 그러나 그는 교회의 부활한 주로서 또한 이스라엘의 계시된 메시아이다. 하나님은 이런 자신의 자기 헌신을 통해서 이스라엘을 그의 심판의 무대로, 그러나 또한 그의 약속의 청취자로서, 자비롭게 사라지도록 정해진 공동체의 형상으로서 확증한다.

예수 그리스도 자신의 이런 일원성과 이중 형상에는 공동체 및 그의 선택의 그것이 상응한다. 공동체는 하나님의 영원한 결정에 의하여 이스라엘 백성으로서(과거와 미래로, "그리스도 탄생 이전과 이후"로 이스라엘의 역사를 신장함으로써) 동시에 유대인과 이방인의 교회로서(성령 강림절에서 교회의 계시로부터 그리스도의 재림을 통한 그것의 완성에 이르기까지) 존재한다. 바로 이런 공동체의 이중적(그것의 구약성서에서의, 신약성서에서의) 존재 형식에 저 예수 그리스도 자신의 이중적 규정이 반영되고 반복된다. 공동체도 이스라엘과 교회로서 해체될 수 없는 하나이다. 공동체도 하나로서 상쇄될 수 없는 양자, 즉 이스라엘과 교회이다. 바로 교회로서 공동체는 이스라엘이고 이스라엘로서 교회이다. 이것이 이전에 그리스도론적으로 표현된 문제의 교회론적 표현 양식이다. 우리는 이 문제를 또한 이런 표현 양식으로 잠정적으로 개관해 보고자 한다.

이스라엘은 자기 하나님의 선택에 반항하는 유대 백성이다. 이스라엘이 인간을 향한 하나님의 사랑에 대해서 인간의 언짢음, 무능함, 합당치 않음을 드러낼지라도, 이스라엘은 하나님의 공동체이다. 이스라엘이 자신의 메시아 예수를 이방인에게 내주어 십자가에 달리게 함으로써 하나님 자신이 담당한 인간에 대한 신적 심판의 의(義)를 증언한다. 그리고 이스라엘은 성취된 약속을 이렇게 맞이함으로써 약속의 청취자로 머물렀을 뿐이고, 약속을 믿는 데 이르지는 못했다. 이스라엘의 존재 속에서 다만 옛 인간, 하나님과 대결하는 인간의 지나감을 드러낼 따름이다. 그러나 이스라엘은 하나님의 선택에 반항하는 유대 백성으로서 동시에 교회의 은밀한 근원이니, 교회 안에서만 하나님의 자비가 오직 하나님을 믿는 신앙을 통해서만 칭송받을 수 있고, 교회 안에서 신앙은 단순히 복종, 완전한 청취이고, 교회 안에서 새로운 인간의 도래는 다만 옛 인간의 지나감에서만 참이 된다.

  교회는 선택의 근거 위에서 부름받은 유대인과 이방인의 모임이다. 이 공동체가 죄인에 대해서 하나님의 호의, 기꺼움, 영광을 드러내는 한 교회는 하나님의 공동체이다. 예수, 십자가에 달린 이스라엘의 메시아가 자신을 부활에서 교회의 주로 입증함으로써, 교회는 인간에 대한 하나님의 자비를 인식할 수 있고, 고백할 수 있다. 그리고 교회가 하나님 말씀이 그것의 성취됨에서 그 말씀 청취자의 모든 반대보다 더 강하다는 것을 인식하고 고백하면서, 교회는 그것을 믿고 지키고 행할 수 있다. 교회는 그 존재로써 새로운 인간, 하나님에 의해 받아들여진 인간의 도래를 드러낼 수 있다. 그러나 교회는 그것의 선택의 근거 위에서 부름받은 유대인과 이방인의 모임으로서 또한 교회를 통해 확증되는 이스라엘의 계시된 운명이다. 즉 이스라엘은 하나님이 그 인격 안에서 모든 인간의 죄와 곤궁을 자신의 일로 만드는 그런 분을 드러내도록 선택되었으며, 하나님 말씀을 믿는 신앙보다 언제나 앞서 그의 말씀의 들음을 통해서 구별되며, 자신의 지나감을 통해서 새로운 도래하는 인간에게 자리를 마련해 주는 옛 인간의 형상으로 결정되었다.

  이스라엘은 자신의 선택에 반항하는 유대 백성이다. 교회는 자신의 선택의 근거 위에서 부름받은 유대인과 이방인의 모임이다. 우리는 이렇게 표현했고, 공동체 선택의 일원성이(한 예수 그리스도의 선택에 근거해서) 드러나려면, 이렇게 혹은 이와 비슷하게 표현되어야 한다. 그러므로 우리는 유대 백성을 "버림받은" 공동체, 교회를 "선택받은" 공동체라고 불러서는 안 된다. 선택 대상은 이스라엘 자체도 아니고 교회 자체도 아니고, 그 일원성 안에 있는 양자이다.(우리가 선택받은 이스라엘 혹은 선택받은 교회를 말한다면, "환유[換喩]적"으로 말한다는 것을 분명히 해야 한다.) 이스라엘과 교회라는 이중 형상을 가진 공동체는 예수 그리스도 안에서 선택받았다.(그의 "몸"!) 여기서나 저기서나 원래적으로 본질적으로 예수 그리스도가 확실히 선택하는 자요 선택받은 자인 것 같이, 우리가 여기서나 저기서나 그의 주변에 처해 있는 것이 확실하듯이, 선택의 영광, 선택의 근거로서 인간에 대한 하나님의 사랑, 하나님이 인간에 대한 사랑 안에서 영원 전부터 결정했고 체결한 예약의 무지개—이것은 모두 여기서나 저기서나 동일하다. 여기서 모든 것은 저기서와는 다른 형상을 가진다. 여기와 저기서 선택과 그것을 불가피하게 수반하는 버림 사이의 관계는 다르다. 그리고 이 다르다는 것은 바로 예수 그리스도 자신의 이중적 운명에 근거한다. 이 다르다는 것은 이스라엘의 형상이 선택받은 공동체의 본성을 그 구약성서적, 선택받은 인간 자신에 의해 결정된 제약성에서 드러내는 반면, 교회의 형상은 동일한 본성을 신약성서적 제약성에서, 선택하는 하나님 자신을 통해 결정된 제약성에서 드러낸다는 데 있다. 이 상쇄될 수 없는 그들 본성의 차별성은, 유대 백성이(예수 그리스도를 이방인에게 넘겨주어 죽임으로써) 자기 하나님에게 반항한 반면, 유대인과 이방인의 모임은(동일한 예수 그리스도에 대한 신앙 안에서) 자신들의 선택에 근거해서 부름받는다는 데 있다. 저기서 결정적인 것은, 인간이 선택하는 하나님으로부터 등을 돌림이며, 여기서 결정적인 것은 선택하는 하나님이 인간을 향하는 것이다. 이것이 선택받은 공동체의 두 형상, 두 극이다. 양자 사이에서 그들의 역사는(일방적인 방향으로! 여기서 저기로!) 움직여 한 계약의 무지개가 전체를 뒤덮는다. 그러므로 여기와 저기 사이의 대립이 아무리 현저하다고 해도 배타적인 것으로 표현되어서는 안 되고 유보적으로 표현되어야 한다. 이스라엘의 공동체 형상을 특징짓는 인간의 항거성 배후에는, 위에는 하나님의 버림이 있으되 그러나 또한 하나님의 선택이 있다. 하나님은 선택을 통해 버림을 자신이 담당하기로 결정했다. 그리고 교회의 공동체 형상을 특징짓는 하나님의 소명 배후에, 위에는 하나님의 선택이 있으되 그러나 그렇기 때문에 또한 하나님이 스스로 담당한 버림이 있다. 공동체의 두 형상의 상쇄될 수 없는 차별성을 주목해야 한다. 그러나 또한 바로 이 차별성을 통해서 또한 그들의 해체될 수 없는 일원성이 드러난다는 것도 주목해야 한다.

이제 선택받은 공동체의 차별성과 일원성은 다만 예수 그리스도 및 그의 선택에 대한 인식에서만, 즉 교회의 신앙에서만 인식될 수 있고, 실제로 인식된다는 것이 일의 본성에 속한다. 양자 위에 있는 계약의 무지개는 양자 사이의 중립적 장소도 관측 지점도 아니고, 이스라엘과 교회 사이에 일어나는 역사이다. 그러나 이 역사의 길은 예수 그리스도에 대한 인식의 길이다. 이 길은 이스라엘에서 교회로 이끈다. 그러므로 이 길은 다만 이 운동 속에서만, 즉 실천적으로, 교회에 의해서 한 선택받은 하나님의 공동체의 생명의 길로서 통찰되고, 서술되고, 이해될 수 있을 따름이다.

예수 그리스도 및 그의 선택에 대한 인식 안에서 이스라엘은 여기에 묘사된 그것의 이해에 따라서 드러난다. 자신의 선택에 반항하는, 자기 메시아를 오인하고 배척하는 이스라엘 자신은 자신을 교회와 더불어 하나님의 한 공동체로서 인식할 수 없고, 또한 이 한 공동체 내에서 교회의 그것과 구별하여 자기 자신의 선택의 특수한 형상을 인식할 수 없다. 이스라엘이, 교회의 부활한 주에게서, 자기 자신을 선택한 하나님을 인식할 때, 즉 이스라엘이 교회의 신앙에서 교회와 하나가 될 때, 그에게는 선택받은 온 공동체의 일원성이 이로써 드러나게 되고 또한 이 온 공동체의 첫 번째 형상으로서의 자기 자신의 위치와 기능이 드러나게 된다. 그때 이스라엘은 하나님의 사랑에 대한 인간의 언짢음, 무능함과 부적합함을 고백함으로써, 하나님의 자비만으로 충분하다는 것을 칭송함으로써, 온 교회에 선행할 것이다. 그때 자신의 메시아를 내주어 십자가에 달리게 한 이스라엘은 교회에 하나님이 그것을 감당하는 것을 자기 일로 만든 그 심판의 정의를 증언할 것이다. 그때 이스라엘은 교회에게 교회가 받은 것만을 선포할 수 있다는 것을 상기시킬 것이다. 그때 이스라엘은 지나가는 공동체의 형상으로서 도래하는 공동체의 현상인 교회에 자리를 양보할 것이다. 이스라엘이 예수 그리스도 안에서 자기 자신의 선택을 인식하고 믿을 때 이스라엘은 교회 안에서 살아날 것이고, 교회의 은밀한 근원으로, 교회를 하나님의 공동체로 만드는 감추어진 실체로 유지될 것이다.

이제 그러나 바로 예수 그리스도 및 그의 선택에 대한 인식 속에서 선택받은 공동체의 차이뿐 아니라 일원성도 교회 편에 의해 인식되고 인정되어야 하고, 인식, 인정된다. 예수 그리스도에 대한 불신앙만이 여기서 하나님이 결합해 놓은 것을 갈라놓으려 할 것이다. 선택에 근거한 소명이 일어나지 않았을 경우에만 한 공동체 내에서 교회의 특수한 형상이 유대 백성과의 이 일원성에 반대할 수 있고, 이스라엘과 교회의 일원성이 망각되고 부정될 수 있을 것이다. 이런 일이 일어날 때 교회는 교회가 아닐 것이다. 교회가 십자가에 달린 이스라엘의 메시아에게서 자기 자신의 선택을 인식할 때, 그러므로 교회가 신앙에서 이스라엘과 하나님을 알 때, 이로써 선택받은 온 공동체의 일원성이 드러나고, 이 일원성에서만 또한 이 전체의 두 번째 형상으로서의 교회의 자기 위치와 기능이 드러난다. 그때 교회는 죄많은 인간에 대한 하나님의 기꺼움, 준비 태세, 영광에 관한 사신으로서, 그의 자비의 현실에 관한 사신으로서 이스라엘을 위로하게 될 것이다. 그때 교회는 유대인들이―예수를 이방인에게 넘겨줌으로써―악하게 행했다고 생각한 것을 하나님이 회복시켰다는 것을 이스라엘에 증언할 것이다. 그때 교회는 이스라엘에게, 받은 약속이 온 세상에 선포되어도 좋다는 것을 상기시킬 것이다. 그때 교회는 도래하는 공동체의 형상으로서 지나가는 공동체 형상으로서의 이스라엘을 자신 안에 수용하게 될 것이고, 그러므로 멸망에서 보호할 것이다. 교회가 예수 그리스도 안에서 자기 자신의 선택을 인식하고 믿을 때 교회는 이스라엘의 운명을 드러낼 것이다. 즉 이스라엘이 육신이 된 하나님 아들의 백성으로 선택됨, 하나님의 말씀과 약속의 선물로써 특별히 구별됨, 진정하고 필연적인 앞장섬으로서의 그의 지나감.

그래서 여기서 서술된 바 이스라엘과 교회 사이의 일원성 및 차별성의 관계를 인식하는 것에 관한 한, 여기서나 저기서나 예수 그리스도 및 그 안에서 일어난 선택을 믿고 인식하는 것에 모든 것이 근거하고 모든 것이 달려 있다. 그런 한에서 여기서 말해진 모든 것은 자명하게 다만 신약성서의 공동체 형상으로서의 교회 편으로부터 말해질 수 있고 이해될 수 있다.

이처럼 일원성과 차별성 속에 있는 이스라엘과 교회는 하나님의 선택의 중간적, 중계적 대상이다.

우리는 이 절의 확정된 사실들을 로마서 9-11장을 연속적으로 주석함으로써 뒷받침한다. 우리의 연구와 진술은 이 9-11장만을 고려하는 것뿐만 아니라 성서 전체를 바라본다. 그러나 이 절의 주제에 상응해서 우리의 연구는 특별히 이 장들과 평행하는 것으로 성립되었고, 그렇게 이해되어야 한다. 그래서 또한 이 본문의 모든 요소들이 우리 자신의 명제로써 표명될 수 없는 것 같이, 이 본문으로부터 우리 자신의 모든 명제들이 입증되기를 기대해서는 안 된다. 그러나 우리의 진술은 전체적으로, 그 흐름과 그 형태에 있어 로마서 9-11장과 비교될 것이고, 로마서 9-11장에서 재어지기를 원한다. 예정론은 너무나 자주 이 "고전적 구절"과 연관지어 고려함 없이 진술되었다.

우리는 우선 로마서 9:1-5에서, 바울이 예수 그리스도에 의해 그에게 위탁된 사도직을 확실히 다만 교회와 이스라엘의 이름으로, 교회와 이스라엘을 위하여 행사할 수 있을 따름이라는 것을 알고 있다. 이 구절들은 선교사로서 사도행전에서 서술된 방식으로 언제나 우선 유대인에게 향하는 것이 자신의 사도적 업무에서 본질적이며 개인적으로 자신의 구원을 위해 필수적임을 보여 준다. 또한 유대인들에 대한 그의 권위 요청의 의미는, 그들로 하여금 이스라엘의 선택에 대해 착각하게 만들려는 데 있는 것이 아니라 오히려 그들 자신의 선택에 복종하도록 촉구하려는 데 있다. 더구나 그가 유대인에게 배척당하고 이교도들에게 가서 교회를 이루도록 호소한다면, 이것이 그가 그것 때문에 유대인들을 잊은 것이 아니라 그들을 이제 교회에서부터 더욱더 강하게 그들 자신의 선택받은 것에 대해 복종하도록 호소할 것임을 의미한다. 바울은 교회의 사도로서—구약성서적 개념의 의미로—이스라엘의 예언자가 될 수 있고, 되고자 한다. 다만 이런 자신의 직무의 일원성 안에서만 그는 교회를 모으려 하고, 다만 이스라엘과의 일원성 안에서만 교회가 스스로 모이는 것을 보고자 한다.

그러므로 그가 1-2절에서 로마 교회에 대해—저 배척당함에 직면해서—그의 "마음"을 뒤흔드는 "큰 슬픔", "끊임없는 고통"을 증언할 때, 그는 어떤 민족주의적 감정에서 말하는 것이 아니라 그의 파송의 내면적 중심에서부터 말한다. 그는 이로써 "그리스도 안에서 진리"를 말한다. 성령은 이런 그의 고난에 대한 지식을 함께 나누는 자이다. 그는 이 일에 있어서나 그가 복음을 선포함에 있어서나 "거짓말"을 하지 않는다. 복음은 이 선포 내용 전체를 구성하는 요소이다. 그의 "동족"(3절)의 불신앙은 그를 이들로부터 끊어 놓으려 한다. 그러나 이것은 성공할 수 없다. 그들은 여전히 그들의 불신앙 가운데서도 그의 "형제들"이다. 그의 믿음, 예수 그리스도에 대한 교회의 믿음은 그를 그들과 결합시킨다. 그들의 불신앙이 그에게 저 고통을 가져올지라도 그의 믿음은 그들을 놓치려 하지 않는다. 그 자신은 그들을 붙들면서, 거듭하여 그들에게 손을 내밀면서, 그들을 위해 기도하면서(롬 10:1) 다만 믿을 따름이다. 그러나 또한 그가 당하는 고통 자체도 그를 그들과 결합시켜 줄 따름이다. 그것은 이스라엘이 버린 자에게서(그리고 이스라엘은 그를 버리기를 고집하려 하는 듯한데) 이스라엘의 메시아를 인식한 이스라엘 사람의 고통이다.(롬 11:1) 그것은 이스라엘의 선택이 놀랍도록 궁극적으로 확증되는 것을, 그리고 이스라엘에 의해 끔찍하게 부정되는 것을 본 이스라엘 사람의 고통이다. 누가 이런 고통을 안고 있는 교회의 사도보다 더 이스라엘 사람일 수 있으랴? 그가 바로 그런 자이고, 그가 바로 불신앙의 이스라엘, 그에게 고통을 가하는 이스라엘과—그의 불신앙에도 불구하고가 아니라 그의 믿음을 통해서, 그의 고통에도 불구하고가 아니라 그의 고통을 통해서!—3절에 의하면 결합되었다. 그래서 그는 이 이스라엘이 회개하기만 한다면, 교회와 이스라엘의 일치가 성취되기만 한다면, 그 자신은 그리스도로부터 떨어지는 것을 감수할 수 있고, 그리스도에 있어서(예수 그리스도의 선택에 있어서) 자신의 몫을 포기할 수 있다. 그에게는—출애굽기 32:32와의 평행성이 두드러진다.—자신의 사도직은 그처럼 귀중하다. 그의 개인적 선택, 구원, 희망보다 더하다! 그의 사도직은 이스라엘의 이름으로 이스라엘을 위하는 봉사이다. 교회의 사활은 믿지 않는 이스라엘에 대하여 형제애를 가지고서 연대하느냐에 걸려 있다.

　　그러나 이 형제애와 연대는(4-5a절) 객관적으로, 믿음을 가진 바울이 그렇듯이 불신앙을 가진 저 "육으로 동족"도 이스라엘 사람, 곧 야곱에게 주어진 "하나님과 겨루는 자"라는 이름을 지니는 자가 되고, 이 이름에 따라서 실제로 하나님과 겨루는 자가 되기를 중단하지 않는다는 데 근거한다. 그가 자신의 믿음 안에서, 믿음으로써 그들과—믿는 자로서 진정한 이스라엘 사람이다!—결속되어 있고 책임을 느끼는 것 같이, 그들 편에서도 그에게는 자신들의 불신앙에도 불구하고, 교회의 신앙이 거기에 근거를 두고 있고, 거기서 양육받고 있는 모든 것을, 그리고 교회의 믿음을 가능하게 하고, 필연적이게 하고, 실제적으로 만드는 모든 것을 소유로 받은 하나님의 선택받은 공동체로 남아 있다. "보라, 하늘과 하늘 위의 하늘, 땅과 땅위의 모든 것이 다 주 너희 하나님의 것이다. 그런데 주께서는 오직 너희 조상에게만 마음을 쏟아 사랑하셨으며, 많은 백성 가운데서도 그들의 자손인 너희들을 오늘 이처럼 택하신 것이다."(신 10:14-15) 선택받은 하나님의 공동체가 또한 교회라는 다른 형상을 지니며, 이 다른 형상 속에서만 완성되리라는 것은 오늘도 여전히 전혀 변함이 없다. 공동체는 저기, 불신앙의 이스라엘에 그 근거와 시초를 둔다. 공동체는 그것의 교회의 형상에서 다만 자기 운명을 달성하는 이스라엘일 따름이다. 그러므로 공동체는 이스라엘이 하나님과 겨루는 자로 정해짐으로써 받았던 것에서 전적으로 산다. 공동체는 이스라엘의 "아들 신분"에서부터(출 4:22, 신 8:5, 호 11:1, 렘 31:9), 즉 아브라함의 족속을 구성하는바 후손으로부터 나오는 한 인간의 아들에 대한 하나님의 약속에서부터 산다. 이 약속은 축복이니, 이것의 "담보"는 이스라엘의 모든 아버지는 자기 아들에게서 발견할 수 있다. 교회는 예수 그리스도의 증인이 됨으로써 이 약속이 지켜졌고 성취되었다는 것을 안다. 그러나 예수 그리스도는 이스라엘에 주어진 이 약속의 성취이다. 교회는 이스라엘에 앞장서고 그 가운데 거하는 하나님의 "영광으로 살며, 그의 역사를 이끎에 있어서 은혜로써 일어나는, 그러나 또한 은혜로써 감추어진"(죽이고 살게 만드는!) 하나님의 자기 현현으로 산다. 이스라엘은 이 은혜의 현재를 볼 수 없고, 보아서는 안 된다. 교회는 이 현재를 봄으로써 산다.(요 1:14, 고후 4:6) 그러나 교회는 다른 것을 보는 것이 아니라 육신이 된 말씀에서 이스라엘에 선사된, 자기 자신을 선사하는 하나님의 영광을, 그러므로 유일한 하나님의 영광을 본다. 교회는 하나님과 이스라엘 사이에 이루어진 "계약 체결"에서 산다. 하나님과 이 백성의 인간들 사이에는 언제나 새로운 협정이 이루어지고, 상호 간의 책임이 부과된다. 여러 차례의 계약 체결은 계약이 얼마나 일방적으로 지켜지는가 보여 준다! 그리고 하나님의 위협이 이미 계약 체결시 현격하게 눈에 띈다면, 계약 성취 결과는 거의 규칙적으로 전적으로 상응하는 형벌 심판의 발생으로 종결되는 듯하다. 교회는 인간뿐 아니라 하나님에 의해 지켜지는 은혜의 계약의 순수하고 온전한 위로를 안다. 그러나 교회는 이로써 이스라엘과 맺은 많은 계약의 의미와 규정 외에 다른 무엇을 인식하는가? 교회는 거룩함의 관점에서 백성의 삶을 지배하는, 그들의 주의 거룩함으로 인하여 요청된바, 이스라엘에게 주어진 "입법"으로부터 산다. 교회의 법은 교회에 주어진 주에 대한 믿음이다. 그의 백성의 거룩함은 이 주의 거룩함을 통해서 만들어졌다. 교회는 이 믿음 안에서 복종함으로써, 이스라엘의 입법을 통해서 본래 요구되었던 바를 바로 행한다. 교회는 이스라엘에 허락되고 명령되었던 "경배"로 산다. 허락과 명령은 백성에게 주어진, 백성의 온 삶을 포괄하는 제사장 및 희생 규범에 있다. 교회는 영원한 대제사장과 단번에 드려진 그의 희생에 직면해서 영과 진리로 경배를 드린다. 이로써 성취되는 것이 바로 이스라엘에 허락되고 명령된 경배이다. 교회는 이스라엘에 주어진 "약속"으로 산다. 이 약속에 따르면 백성은 축복받게 되고 많게 되고, 땅을 차지하게 되고, 자기 왕 아래서 부유하고 강력하고 행복하게 되고, 결국 모든 백성들이 시온에서 통일되는 것을 보게 된다. 교회가 부활한 주에게 희망을 둠으로써 붙잡은 약속은 성령의 선물, 죄의 용서, 사탄의 세력들을 정복함, 죽은 자들의 부활, 하나님 나라에서 영원한 삶이 그것이다. 그러나 이로써 교회는 다만 이스라엘에 주어진 약속들을 붙잡은 것이다. 교회는 이스라엘의 "조상들"로부터, 영과 아브라함, 이삭, 야곱, 모세, 다윗, 엘리야의 친교로부터 산다. 그들은 하나님이 이 백성을 부르고 지키고 이끎에 대한 위대한 증인들이다. 교회는 안다. 그들이 그런 자들로서 전승에서 서술된바 구체적 역사적 형상 안에서 예수의 증인이고, 예수 때문에 이 백성이 하나님에 의해 부름받고 지켜지고 이끌렸다. 그러므로 바로 이스라엘의 조상들은 엄밀히 그렇게 칭해져야 할 "교회의 조상들"이다. 그리고 이제 이 모든 것 이전에, 이 모든 것 안에서 포괄적이고 결정적인 것으로서 말해야 할 것은: 그가 인간으로서 아브라함과 다윗의 자손이고 나사렛 예수라고 불리는 한, 교회는 "육신적으로 그리스도"의 존재로부터, 예수 그리스도로부터 산다는 것이다. 그럼에도 불구하고가 아니다! 그는 하나님의 영원한 아들일 뿐 아니라 또한 인간이라는 잠정적인 전제하에서가 아니다! 아니, 바로 그가 이스라엘 중 이스라엘인 한에서! 바울은 여기서 ὧν(그들의)이 아니라 ἐξ ὧν(그들로부터)을 말한다. 사람들이 메시아에 대해서도 그가 이스라엘에 "주어졌다"고 말할 수 있다면, 바로 여기에 마치 그가 이스라엘에 "속하여 있다"는 생각은 완전히 배제되었음이 분명하다. 그는 또한 교회에도 "속하여" 있지 않다. 오히려 하나님의 선택받은 전 공동체가 그에게 속하여 있다. 그러므로 바울은 그가 이스라엘 "에서" 나왔고 불에서 나오듯이 취해졌다고 말한다. 그러나 육신의 종의 형상을 취하는 것이 하나님의 말씀에 기뻐하는 바가 되었기 때문에 그는 이스라엘에서 나왔고 취해졌다. 헬라도 아니고, 로마도 아니고, 게르마니아도 아니고 이스라엘에서! 또한 이것은 이스라엘의 불신앙, 교회의 믿음과도 무관하다. 이스라엘의 불신앙에 의해서도 파괴될 수 없고, 또한 교회의 믿음 안에서도 부정될 수 없다. 오히려 큰 소리로 고백되어야 한다. "구원은 유대인으로부터 온다."(요 4:22) 교회가 유대인에 의해 버림받은 예수를 바라보며 고백함으로써 자신의 선택에 대한 이스라엘의 반항을 드러내고, 회당의 오만한 거짓, 민족주의적-율법적 메시아의 꿈을 부인한다.(구약성서의 예언자와 발맞추어!) 불손한 이방인들은 이 꿈 때문에 유대인들을 예로부터 시기했고, 이런 유의 꿈을 꾸려고 예로부터 너무나 현학적으로 시도했다. 그러나 교회는 이스라엘의 영원한 선택을 부인하지 않는다. 오히려 모든 불손한 이방인들에도 불구하고 이것을 주장하고 가르친다. 교회는 예수 그리스도를 고백함으로써, 이스라엘에 약속으로서 주어진 모든 것의 성취를 고백하고, 족장들의 모든 희망의, 모세와 예언자들의 모든 훈계와 경고의, 장막과 성전의 모든 희생 제사의, 이스라엘의 거룩한 책 안에 있는 모든 문자들의 본질을 고백한다. 교회는 이스라엘에게 예수 그리스도를 믿도록 부름으로써, 그로부터 이것 외에 다른 것은 바랄 수 없고 바라지 않을 것이다. 즉 이스라엘이 자신의 선택에 순종하는 마음으로 회개하고 그에게서 나오고 취해진 인간의 아들들의 감사하는 공동체가 되는 것. 그래서(이방인 그리스도인?) 누가의 사도행전의 유대인들을 향한 연설들도(행 2:14f., 3:12f., 4:8f., 7:1f., 18:5, 22:1f., 28:23) 이런 식으로 표명되었다.

이스라엘을 생각할 때 바울은 이것 때문에, 다만 이것 때문에 고통을 겪는다. 교회는 이것, 오직 이것을 이스라엘에 대해 비난할 수밖에 없다.(양자를 포괄하는 계약의 활 아래서!) 이스라엘은 너무나 자신답지 않다! 이스라엘은 교회와 함께, 그러므로 교회에 대해 자기 주장을 포기함을 통해 예수를 자신의 약속된 메시아로 고백함으로써 자신의 선택을 확증하려 하지 않는다. 여기서(하나님의 공동체 내에서!) 나타나는 대립은 실로 심각하다. "사람들의 모든 죄와 신성모독(이방인의 죄!)은 용서받을 것이다. 그러나 성령을 거슬려 말하는 자(이스라엘의 불신앙은 부활을 통해서 메시아로 입증된 자에 대해 이렇게 행한다!)는 이 세상에서도, 오는 세상에서도 용서받지 못한다."(마 12:31-32) 여기서 바울의 열심뿐 아니라 신약성서 전체의 열심이 이것 때문에 불탄다. 그러나 이 열심은 배제하는 것이 아니라 포용하며, 구축하는 것이 아니라 추구하며, 증오하는 것이 아니라 사랑한다는 것은 분명하다. 이스라엘에 근거를 둔 주의 집에 대한 열심이다. 그러므로 밖으로부터의 이스라엘의 선택을 오인하고 부정하는 반(反) 셈주의는 이 열심과(이 오인과 부정은 이 열심과 거리가 멀다!) 무관할 것이다. 그것은 이스라엘이 어떤 대가를 치르고라도 벗어나야 할, 저 용서받을 수 없는 죄를 이방인이 반복하는 셈이 될 것이다. 교회는 그런 일을 조금도 허용할 수 없다! 교회는 이스라엘 옆에서, 이스라엘에 반하여 독자적 삶을 살 수 없다. 교회는 이스라엘로 살며, 이스라엘은 그 안에 산다. 교회는 이스라엘의 운명인 하나님의 공동체의 삶의 실현이다.

그러므로 5절: "만물 위에 계시는 하나님은 찬송을 받으실 분이다. 아멘."(내가 이전에 옹호한 판독 ὢν ὁ ἐπὶ πάντων θεός는 만족스럽지 않다. "있는 자"를 "그리스도"와 연결시키는 것은 불가능하지 않다. 그러나 또한 개연성은 없다. 그러나 바울이 여기서 다른 데서 이러한 표현법을 사용한 것에 비추어 실질적으로 예수 그리스도에 대해서도 말하는 것은 자명하다.) 교회의 찬송은 만물의 하나님(롬 3:29)이며, 그렇기 때문에 만물 위에 있는 하나님, 이스라엘과 교회, 교회와 이스라엘을 포괄하는 공동체의 하나님에게 해당된다. 이 공동체 자체가 모든 믿는 자들, 곧 "유대인과 헬라인"의 (롬 1:16, 2:9f., 9:24) 모임인데 어떻게 그렇게 되지 않으랴? 교회는 유대인들 모두가 이 찬송에 동참하지는 않는다는 것에 대해, 교회가 이스라엘 백성 자신의 선택을 의문시함으로써, 저 불신앙자들의 탈락되고 뒤쳐지는 것으로 끝났다고 봄으로써 답변해서는 안 된다. 바로 만물 위에 있는 하나님은 또한—그리고 심지어 먼저!—불신앙 속에 탈락되고 뒤쳐져 있는 저 인간들의 하나님이다. 교회는 회당의 수수께끼를 다만, 살아 있는 이스라엘로서 회당의 불신앙에 대해서 선택받은 이스라엘의 신앙으로써 대응하는 것으로 답변하고, 그들 편에서 이 죽은 이스라엘의 이름으로 이스라엘을 위하여(죽은 자와 산 자를 지배하는 자로서, 롬 14:9) 또한 이 죽음의 형상에 직면해서도 하나님의 온 공동체의 살아 있는 머리가 되기를 중단하지 않는, 그러므로 또한 이 죽은 자들의 희망이 되기를 중단하지 않는 그분을 고백하는 것으로써 답변할 따름이다.

2. 하나님의 심판과 자비

한 인간 나사렛 예수의 영원한 선택에서 하나님은 자기 자신을 그로부터 이탈한, 죄지은, 그러므로 그의 의로운 심판에 따라서 멸망에 빠진 인간의 계약 동지로 만든다. 이 한 인간을 선택한 의도는, 그가 이 한 인간의 인격으로 인간을 변호하고, 그의 비참을 몸소당하고, 스스로 받아들이고, 자기 일로 만들고, 그를 자신의 정의와 복락, 능력으로써 옷 입히는 것으로 통해서, 바로 이 멸망한 인간을 구출하고, 그를 그의 나라에서 영원한 생명의 영광에 참여하도록 하려는 하나님의 뜻이다. 그래서 이 한 인간의 선택은 하나님의 심판과 자비를 이루기 위한 선택이다.

하나님의 선택받은 공동체는 선택받은 인간 예수 그리스도의 주변으로서 하나님의 영광이 거하는, 즉 이 예수가 그리스도(메시아)와 주로서 거하는 공간, 그러므로 그 안에서 하나님의 계약 의지, 멸망한 인간을 위한 그의 변호, 그의 심판과 자비가 인류 안에서 유효하게 성취되고 가시화되는 공간이다. 공동체는 예수 그리스도의 증거(자기 증거)에, 그리고 그 안에서 일어난 하나님의 행위에—온 세상의 증언과 호소를 위하여!—봉사하기 위해서 선택되었다. 하나님의 온 공동체가—이스라엘과 교회—확실히 예수 그리스도 안에서 선택되었다면, 이를 위하여 선택되었다. 확실히 예수 그리스도가 그 두 형상으로 공동체를 근거 짓고 구성하였다면, 확실히 그가 그들의 일체요 그들이 중심에 있다고 한다면, 온 공동체는 이 봉사를 위하여 존재한다. 언제나 공동체가 살아 있는 곳에서 공동체는 언제나 이것을 나타내기 위해서—그 중심에 있는 분의 능력과 위탁으로써—있을 것이다. 하나님의 심판과 자비를 나타내기 위하여.

선택받은 공동체 전체 내에서 이스라엘이 결정을 받은 특수한 봉사는 하나님이 인간을 벗어나게 한, 그리고 그가 한 인간 예수의 인격으로 스스로 체험하고자 하는 저 심판의 거울이 되는 것에 있다. 이스라엘이 예수 그리스도에 대한 신앙에서 자신의 선택에 순종한다면, 그러므로 교회로 오고, 그 안에서 살아나고, 거기서 자신의 운명의 목표에 도달한다면, 선택받은 공동체 전체 내에서 이 신적 고난의 인간적 원인에 대한 지식과, 그러므로 예수 그리스도 안에서 결정된 하나님의 자비에 대한 인간적 무능력과 불응, 불합당성의 인식, 예수 그리스도의 고난 속에서 인간에 대해 내려진 심판의 의에 대한 인식을 발설하는 이 일은 공동체의 일에 특별한 기여가 될 것이다. 교회는 이 기여를 필요로 한다. 교회는 또한 특수하게 이스라엘의 증언이 되는 것을 발설하지 않고서는, 예수 그리스도에 대한 증언, 그를 믿도록 외치는 호소를 선포할 수 없다. 예수 그리스도는 구원을 가져오는 그의 고난을 고백함 없이는, 즉 그가 인간을 대신하여 고난을 당하면서 짊어졌던 인간의 비참을 고백하지 않고서는 증언될 수 없다. 그러나 또한 이스라엘이—신적 심판의 거울로서—그 안에 살아 있는 한에서만 교회는 인간의 비참을 안다. 그것이 없을 때, 교회가 어떤 근거에서든, 어떤 형태로든 자신의 이스라엘적 기원으로부터 멀어질 때, 조만간 인간의 비참에 대한 증언과 확실히 또한 예수 그리스도의 십자가, 구원을 가져오는 고난에 대한 증언도 그 가운데서 능력을 잃게 될 것이고, 그러므로 교회는 세상에 대해서 이중으로 빚지는 대가를 치르게 될 것이다. 그러나 어떠한 능력이 그 가운데 남아 있게 될 것인가? 교회는 그때 무엇을 세상에 빚지지 않게 될 것인가? 그때 교회로서의 그의 성격과 임무는 상실될 위기에 놓일 것이다. "교회"라는 이름은 그때 소리와 연기가 될 위기에 놓일 것이다. 교회는 이스라엘의 특수한 봉사가 하나님의 공동체 안에서 일어나는 데 모든 관심을 기울인다.

하나님의 공동체의 이스라엘적 형상은 하나님이 그의 영원한 은혜의 선택 안에서 인간과의 친교를 선택함으로써 자신을 위해 무엇을 선택하는 것을 드러낸다. 그는 순종하는 백성이 아니라 반항하는 백성을 선택한다. 그는 그에게 무언가 줄 것이 있는 백성을 선택하는 것이 아니라 그로부터 모든 것을 받아야 하는 백성을 선택한다. 그는 자기 자신을 위하여 이 백성의 반항 아래 고난당하기를 선택한다. 그러나 스스로 그들의 저주 아래 고난당함을, 치욕과 또한 이 치욕 뒤에 따르는 죽음을 선택한다. 그는 소요를 일으키는 자들과 원수들로 괴로움을 당하고, 그리고 그들이 마땅히 당해야 할 몰락까지도 스스로 감수한다. 하나님은 다윗의 자손 예수의 인격으로 자신이 인간이 됨으로써 극단적으로 인간과의 친교를 입증하기를 선택함으로써—그가 바로 이스라엘의 살과 피를 입기 위해 이스라엘을 선택함으로써 이 이중적 질고를 스스로 선택한다. 하나님의 선택받은 온 공동체의 인간성이 무엇을 의미하는지, 하나님이 공동체와 같게 되기 위하여, 그들의 하나님이 되기 위하여, 무슨 대가를 치르는지는 공동체의 이스라엘적 형상에서 드러나게 된다. 그리고 이것뿐만 아니라 하나님의 선택하는 사랑이 대상으로 삼는 인간의 인간성은 일반적으로 무엇을 의미하는지가 거기서 드러난다.—하나님이 이런 그의 큰 사랑에 대해 지불한 대가는 그 자신을 저주거리로 만드는 것이다. 인간 위에 심판이 언도되었으나, 하나님이 그 심판을 가장 현실적으로 그리고 가장 유효하게 감당하고 겪었다. 인간이 그렇게만, 즉 하나님이 스스로 저 이중적 질고를 시인하고, 자기 자신을 저주거리로 만듦으로써만 멸망을 벗어났다는 사실에 직면해서, 인간의 선한 뜻, 그의 능력, 그의 권위가 무엇인가? 이것은 확실하다. 인간은 그에게 선고된 심판의 의를(바로 그렇게 이루어졌기 때문에!), 그러므로 그에게 언도된 판결의 진실을 더 이상 의심할 수 없을 것이다. 이 모든 것은 증언한다: 십자가에 달린(이스라엘에 의해 넘겨지고 이스라엘을 위해 십자가에 달린) 이스라엘의 메시아. 이제 하나님의 선택받은 온 공동체는 이 모든 것을 이제 그의 섬김으로써 증언해야 한다. 공동체는 이스라엘의 메시아의 공동체이고, 따라서 또한 이스라엘적 형상을 가진다는 사실과, 교회로서의 그의 형상 속에서 이스라엘이 다시 살아나고 존속할 수 있고 존속해야 한다는 사실에 힘입어 이것을 행할 수 있고 행한다. 공동체는 오직 하나님의 자비를 통해서만 도움을 받는 인간의 비참을 고백한다. 하나님의 불가해한 자비를 지시함으로써 공동체는 세상에 또한 이것을 지시한다. 즉 공동체는 스스로 멸망할 수밖에 없다는 것과 스스로는 멸망에서 벗어날 수 없다는 것. 이스라엘이 자신의 선택에 순종한다면, 이스라엘은 교회 속에서 다시 살아나고 존속함으로써 그의 사신의 이런 (소극적인) 면이 세상 끝 날까지 현실적이 된다는 보증이 될 것이다.

이제 하나님은 이스라엘이 자신의 선택에 순종하고, 교회 속으로 들어가고, 교회 안에서 이 특별한 봉사를 행하고, 그래서 공동체의 차별성이 그것의 일원성을 확증하는 것을 목표한다. 그러나 하나님은 이스라엘이 순종하기를 기다리지 않고 그로 하여금 봉사하도록 만든다. 이스라엘의 봉사는 그의 선택 속에, 선택과 더불어 결정되었고 성취되었다. 따라서 이스라엘이 자신의 선택에 순종하든 불순종하든 이스라엘은 그것에서 결코 벗어날 수 없다. 하나님은 이스라엘에게 하고자 하는 바를 이스라엘의 태도에 의존하게 하지 않는다. 오히려 이스라엘의 태도는 하나님이 그를 통해 하고자 하는 바에 의존하게 된다. 이스라엘의 태도가 어떤 종류든 간에 그것은 이스라엘의 선택 속에서, 선택과 더불어 이스라엘에 위탁되고 명령된 봉사를 실천함으로써 발생한다. 이스라엘의 태도는 교회 안에서 이루어지는 하나님의 공동체의 일에 도움을 주어야 한다. 그것은 예수 그리스도에 관해 증언해야 한다. 그것은 자신의 선택, 그리고 자신의 것과 함께 이스라엘의 선택을, 그러나 이것과 함께 또한 교회의 선택을 확증해야 한다.

만일 이스라엘이 자신의 선택에 순종하게 된다면 이런 그의 태도는 곧, 하나님의 심판에 관한 그의 특별한 증언은 하나님의 자비에 관한 교회의 증언의 배음(倍音)이 되며 그러므로 교회의 음성에 의해 뒤덮이고 (좋은 의미에서) 유화되어 한 선택받은 공동체의 찬양 속으로 흡수된다는 것을 의미할 것이다. 이스라엘의 증언은 조정된 분쟁에 대한, 찢기운 고발장에 대한, 용서받은 죄에 대한 회상으로서 하나님이 세상과 이룩한 화해의 소식을 문제 삼는 대신에, 그것에 결정적인 영향을 줄 것이다. 그때 이스라엘이 교회에 대해 하나님의 자비 안에서, 자비로써 인간에게 선고된 심판을 확대시키고 이로써 그들의 주의 십자가를 그들의 유일한 희망으로 교회의 눈앞에 제시함으로써, 교회 자신이 고백해야 하는 믿음을 공격함으로써가 아니라 확증함으로써, 교회를 거듭하여 위로하고 훈계하는 것이 이스라엘의 특별한 영광이 될 것이다.

이제 사실은 이스라엘 자신이 전체적으로 자신의 선택받음에 순종하지 않고 불순종하고 있다는 것이다. 이스라엘의 약속된 메시아는 오고, 그의 선택에 따라서 이스라엘에 의해 인도되고, 이스라엘을 위해서 십자가에 달린다. 그리고 그 메시아는 죽은 자들로부터 부활함에서 약속된 자로서 자신을 확증하고, 많은 이방인들에 의해서도 믿어진다. 그러나 이스라엘 자신은 전체적으로 그를 신뢰하지 않는다. 오히려 선택과 함께 그에게 주어진 약속이 성취되는 순간에도 이스라엘은 자신의 선택받음에 반항한다. 이스라엘은 교회의 고백에 동의하기를 거부하고 한 선택받은 하나님의 공동체 안에서 자신의 봉사를 거부한다. 이스라엘은 회당을 이루고 주장한다.(예루살렘의 몰락을 통해서 그의 역사의 종말의 확증됨에도 불구하고!) 마치 이스라엘이 교회 옆에서, 교회 밖에서 특별한 운명과 미래를 가지거나 한 듯이! 마치 이스라엘이 교회 옆에서, 밖에서 자신의 진정한 운명을 실현할 수 있거나 한 듯이! 이스라엘은 이로써 하나님의 공동체 가운데서 분열, 심연을 만든다.

그러나 이스라엘의 불신앙은 그것이 객관적으로 실제적으로 교회 옆에서, 밖에서 이같이 터무니없는 태도를 취할지라도 세상에 와서 십자가에 달린 메시아의 백성, 그러므로 교회의 은밀한(이스라엘에게는 여전히 감추어진) 주의 백성이라는 사실을 변경시킬 수 없다. 이스라엘은 그의 선택하는 하나님, 또한 그의 선택받은 공동체에서 벗어날 수 없고, 그러므로 그 공동체 안에서 그에게 맡겨진 봉사를 회피할 수 없다. 이스라엘은 이제 자신의 태도에 따라 이 봉사를 실천해야 한다. 이스라엘은 교회의 증언에 대해 다만 하나님의 적나라한 심판을, 다만 인간의 반항과 거기 뒤따르는 비참을, 형벌이 우리에게 내려지지 않도록 하나님이 그의 자비 안에서 스스로 선택한 판결과 형벌을, 다만 예수 그리스도의 구원을 가져오는 고난을 통해서 드러나고 처리되고 진멸된 암흑의 영역을, 자신의 타락 속에서 헛되이 하나님에 대해 항거하는 타락한 인간의 실존이 예수 그리스도 안에서의 하나님의 자비를 힘입어 전적으로 낙후되고 압도된 것임을 표현할 따름이다. 이렇게 이스라엘은 자신의 분파적 자기 주장으로 인하여 스스로를 벌한다. 그러나 이스라엘이 이로써 그가 그것을 위해 선택받은 그 임무를 수행한다는 사실은 변함이 없다. 이스라엘은 세상에 진정으로 바로 정확하게 그에게 요구된 증언을 한다. 인간이 무엇인지, 하나님이 그의 큰 사랑으로써 부담을 지는 것이 무엇인지, 하나님이 예수 그리스도가 그들로 인해, 그들을 위해 십자가에 달리게 된 바로 그 인간을 위해서 자기 스스로 담당한 저주가 무엇인지를—이 모든 것을 이스라엘은 불신앙 속에서 그의 불신앙에도 불구하고 회당의 유령 같은 형상 속에서도 드러낸다. 유대인의 존재는 주지하다시피 하나님 증명으로 충분하다. 우리는 말한다. 인간의 죄와 곤경의 깊이를 드러내 주며, 이로써 하나님이 그리스도 안에 있었고, 세상을 자신과 화해시킨 사건 속에서 하나님의 사랑의 불가해한 위대함을 드러내 주는 것으로 충분하다. 게토의 유대인들은 뜻에 반하여, 기쁨 없이, 빛도 없이 그를 내준다. 그들이 세상에 그들 위에 내려진 예수 그리스도의 십자가의 그림자 외에는 아무것도 증언할 것이 없음으로써 그들은 실제로 예수 그리스도를 증언하게 된다.

그러나 이제 그들 하나님이 예수 그리스도 안에서 인간을 위해서 그러므로 또한 그들을 위해서 정돈한 것을 다시 전복시킬 수 없다. 그들은 예수가 담당하고 짊어진 판결과 형벌, 그를 통해 척결된 사탄의 지배를, 그의 구원을 주는 고난을 통해서 극복된 타락한 인간의 존재에게 다시 힘을 줄 수 없다. 그들은 하나님의 영원한 계획에 따라서 다만 이 힘을 획득할 수 있으되 다시 곧 상실할 따름이다. 이 힘은 하나님의 영원한 결정에 따라서 그들에게 거부되고 박탈된다. 그들은 하나님이 원하고 성취한 심판에서 하나님의 의도에 반하는 의미를 줄 수 없다. 그들은 이 심판에서 하나님 자비를 거짓이라고 비난할 수 없다. 그들은 자신의 선택받음에 대해 반항함으로써 예수 그리스도의 선택과 그들 자신의 선택받음에 대립하여 궁극적으로 비중을 얻을 어떤 사실도 만들어 낼 수 없다. 예수 그리스도 안에 있는 하나님의 사랑과 구별되는 어떤 사실도, 하나님의 영원한 결정을 철회하게 만들 수 있는 어떤 사실도. 그들은 자기 자신을 불의로 만들 수는 있으나 하나님이 자기 아들을 희생함과 이로써 이루어진바 인간사의 질서를 불의로 만들 수 없다. 그들은 배은망덕할 수 있으나 그들로 하여금 감사하게 만든 근거나 계기를 폐기할 수는 없다. 그들이 그것의 기초가 되기 위해 선택받은 하나님의 공동체를 교란할 수는 있으나 파괴할 수는 없다. 그들은 자신들의 선택 속에서, 선택과 함께 선택받은 교회를 공격할 수는 있으나 전복할 수 없고, 그들 가운데서 그리고 이방인들로부터 불러 모여진 교회를 중단할 수 없고 교회의 사신을(그 대상은 그들 자신의 메시아요 그들 자신의 구원이다.) 헛되이, 거짓으로 만들 수는 없다. 그들은 예수 그리스도 안에서의 하나님의 자비에 대한 증언이 그들에게도 선언되고, 객관적으로 그들에게도 유효하다는 것을 저지할 수 없다. 그들은 그들에 의해 넘겨진 예수 그리스도가 그들을 위해서도 십자가에 달렸다는 사실을 변경할 수 없다. 그들은 이 인도의 죄를 또 한번, 과분하게도 바로 이 죄 가운데 그들 위에 있었고, 그들을 위해 일한 하나님의 손을 그들이 오인함으로써 확증할 수 있다. 그들은 자신들의 죄로 말미암아 온 세상을 위하여 그리고 또한 그들을 위하여 죄의 용서를 가져온 하나님의 손의 일을 추후에 무력하게 만들 수 없다. 그들은 자신들의 반항에도 불구하고 이 하나님의 능력의 영역 속에 있는 것을 저지할 수 없다. 그들은 그들의 유일한 희망을 부정할 수는 있으나 그 희망을 무효화시킬 수 없다. 그들은 예수 그리스도가 그들의 것―무엇보다도 그들의 것!―임을 부정할 수 없다. 그들에게는 그들에게 이로써 취소할 수 없게 주어진 약속이 존속함으로써 그들의 선택받음, 선택받은 하나님의 공동체에 소속됨이 입증되고 확증된다. 그것은 그들이 기피할 수 없는 그들의 봉사의 관점에서뿐 아니라, 또한 그들에게 향한 하나님의 은혜의 관점에서도 확증된다. 그들은 이 하나님의 은혜에 반항하지만 그것을 비현실적으로 만들 수 없다.

  교회가 한 선택받은 공동체의 완전한 형상으로서 규정되는 봉사는, 이스라엘이 자신의 선택받음에 순종하든 하지 않든, 어쨌든 하나님이 자신의 영광을 인간에게 향하는 자비의 거울이 되는 데 있다. 교회의 형상으로의 공동체는 부활한 주 예수 그리스도의 공동체이다. 교회가 유대인과 이방인으로부터 선택되고 부름받고 모여짐으로써 그의 임무는 예수의 죽음에서 인간에게 언도된 심판의 신적 의미에 대해 그가 아는 바를 선포함에 있고, 하나님에 의해서 예수 그리스도 안에서 받아들여진 인간에 대한 하나님의 기꺼움, 준비 태세, 영광을 증언함에 있다. 교회가 이 지식, 이 인식을 가지게 된 것은 그의 주, 십자가에 달린 이스라엘의 메시아의 부활 덕분이다. 교회의 봉사는 이스라엘의 그것과는 구별되는 특수한 것이 아니다. 곧 하나님의 공동체 안에서 이스라엘의 그것 외에 또 다른 봉사가 있는 것이 아니다. 오히려 교회의 봉사는 이스라엘의 봉사를 필수적인 보조 봉사로서 내포한다. 교회의 봉사는 이스라엘의 봉사를 수용하고, 그것의 기여를 필요로 하고 사용한다. 이스라엘이 교회 안에 살아 있는 한에서 하나님의 공동체의 봉사가 교회에 의해 실제로 실행되는 것 같이, 이스라엘 안에 십자가에 달린 메시아와 함께 교회가 살아 있는 한, 그의 부활과 함께 교회가 이스라엘로부터 나오는 한, 이스라엘의 운명이 교회의 형상 안에서 성취되는 한, 하나님의 공동체의 봉사는 이스라엘에 의해 실행된다. 이스라엘 그 자신은 하나님의 공동체의 봉사에 다만 저 반자의적인 몫을 가질 수 있을 따름이다. 이스라엘 자신은 공동체의 생명에 대한 이 몫을 거절할 수 없다는 데서, 하나님의 심판의 증인으로서 봉사해야 한다는 데서―불행하게도!―실제로 산다. 이스라엘은 다만 하나님의 심판에 대한 그의 특별한 증언이 교회의 증언의, 하나님의 자비에 관한 증언의 배음(倍音)이 됨으로써만 생명으로 구원받을 수 있다.

하나님의 공동체의 교회적 형상은, 하나님이 인간을 자기 자신과의 친교를 위하여 영원한 은혜의 선택 안에서 선택함으로써 그를 위해서 무엇을 선택하는가를 드러낸다. 그는 인간을 위하여 이타적으로 자신을 선사하는 전적인 사랑을 선택한다. 그는 그 자신의 본성의 보화로부터 의와 거룩함, 평화와 기쁨, 삶과 복락을 선택한다. 그는 인간을 위하여 자기 자신을 형제로 그러나 또한 인도자로 선택하고, 종으로 그러나 또한 주로서 선택하고, 치유자로 그러나 또한 왕으로 선택한다. 그러므로 그는 인간을 위하여 그 자신의 영광의 후광을 선택한다. 그는 유다-이스라엘의 살과 피를 자신의 장막으로 선택하고, 유대인과 이방인으로 이루어진 교회를 자신의 지성소로 삼기 위하여, 세상을 향한 그의 사랑을 알리기 위하여 선택함으로써 이를 행한다. 이 모든 일은 전적으로 우리를 위하여 일어난다. 하나님의 공동체는 궁극적인, 교회적 형상으로서, 선택하는 하나님의 뜻이 무엇인지, 하나님이 우리에게 무엇을 주었고, 주고, 줄 것인지, 무엇을 그에게서 기대할 수 있는지를 드러낸다. 이 하나님의 공동체는 인간에 대한 하나님의 원결정, 기본 결정이 그의 자비라는 것을 드러낸다. 하나님의 자비는 인간의 실존에 그의 마음으로 참여함이고, 그러므로 친밀하고 집중적으로 참여함이다. 이 하나님의 공동체는 하나님의 심판도 하나님의 자비에 의해, 그의 준엄함도 그의 선함에 의해, 그의 진노도 그의 사랑에 의해 감당되고 감싸졌음을 드러낸다. 인간에게 언도된(이스라엘의 임무에 따라서) 하나님의 심판이 우리에게 하나님의 자비를 통하지 않고서는 존재하기를 금한다면, 인간을 사로잡는(교회의 임무에 따라서) 하나님의 자비는 보다 날카롭게, 우리가 그를 심판자로서 사랑함이 없이, 그로부터 우리의 칭의를 기대함이 없이 그의 심판을 두려워하는 것을 금한다. 부활한 교회의 주―그가 자기를 그런 분으로서 계시함으로써 교회를 창조한 주―교회가 그로부터 믿음을 받았음으로써 교회가 신뢰하는 주가 이 모든 것을 증언한다. 그를 섬김 속에 있는 하나님의 공동체도 이 모든 것을 증언해야 한다. 이 공동체는 주로부터 부름을 받고 모인 교회, 유대인과 이방인으로 이루어진 이스라엘이라는 사실에 힘입어 이것을 행할 수 있고, 행한다. 이 공동체는 인간의 큰 비참에 직면해서 하나님의 보다 큰 은혜를 고백한다. 이 공동체는 세상에 무엇보다도 하나님의 자비를 증언함으로써 세상의 비참을 증언한다. 교회는 하나님의 적극적 사신을 세상에 전달하는 자이다. 이 사신 속에는 소극적인 것이 포함되어 있으니—필연적으로, 그러나 다만 종속적으로 포함되어 있다.

교회는 하나님의 선택받은 공동체의 완전한 형상이다. 이 형상에서 공동체의 일체성이 그 상이성 속에서도 드러난다. 이 형상에서 공동체는 인간 예수의 잠정적 주변으로서 그것의 중계적인 기능으로 들어가며, 세상을 향해 파송을 받는다. 이스라엘적 형상과 공동체의 교회적 형상의 관계는 예수의 십자가형과 그의 부활, 하나님의 심판과 그의 자비의 관계와 같다. 그러나 이로써 교회는 승천 내지 성령 강림절 기적과 더불어 시작된바, 유대인과 이방인으로부터 부름받은 모임보다 더 오랜 것임이 말해졌다. 하나님의 공동체는 저기서 은폐되어 이스라엘 안에서 살았던 후, 여기서 분명히 드러난다. 이 공동체는 이미 이스라엘 백성의 선택의 목표요 그러므로 근거이다. 그리고 이스라엘의 반항은, 그 가운데서 처음부터—이스라엘이 처음부터 나사렛 예수의 존재의 자연적인 뿌리가 됨으로써—그의 교회가 존재하고, 교회가 그 자신의 반항에도 불구하고 약속의 특별 계시 형태로, 특별한 축복, 특별한 부름, 인도, 성화, 요구, 특별한 믿음과 특별한 봉사, 복종의 형태로 또한 드러난다는 것을 변하게 할 수 없다. 이스라엘 안에서의 교회의 선재가 하나님의 심판을 나타내야 하는 그것의 특이한 운명을 폐기할 수 없다면, 이 이스라엘의 특이한 운명은 또한, 그 가운데서 일어난 저 특수한 사건에 힘입어서 이스라엘도 하나님의 자비의 증인이 되고, 그러므로 하나님의 공동체의 결정적 형상에, 세상을 향한 그 기능과 파송에, 처음부터 몫을 가졌다는 이 사실을 배제할 수 없고 배제하려 하지 않는다.

그러므로 이스라엘의 선택은 소극적으로, 이스라엘 자신이 어느 경우든 자신의 운명을 성취하고 하나님의 심판의 거울로서 봉사해야 한다는 사실을 통해 확증될 뿐 아니라, 또한 적극적으로 처음부터 그 가운데서 선재하며 예시된 교회를 통해서도 확증된다. 하나님은 이스라엘의 선택을 고려해서, 성서에 따르면, 세상 처음부터 선택의 형태로 인간들 가운데서 행동했다. 그리고 이스라엘의 선택의 근거 위에서, 선택을 거듭하여 계시하고 증언하기 위하여, 하나님은 그 가운데서 인간을 계속적으로 선택하여 특별한 지위와 임무를 가지게 한다. 즉 그는 이 백성을 자비의 대변자, 도구로 받아들였다. 그들의 존재는 저 이스라엘의 운명 자체를 변경시키지 못한다. 그들의 존재는 이 백성이 하나님의 심판의 거울로서 표현해야 하는 것이 무엇인가를 드러낸다. 스스로에게 맡겨진 것이 아니라, 하나님에 의해서 충심으로 받아들여진, 영원 전부터 고려되고 제한된 인간의 비참을—그 자신을 위해서 분노하는 하나님의 진노가 아니라 삼키는 그러나 파괴하지는 않고 정화하며, 구원하는 그의 사랑의 불. 바로 이런 의미에서 예수 그리스도의 십자가형은 하나님의 심판의 성취이다. 그리고 바로 이런 의미에서 교회의 사신의 소극적인 면은(예수 그리스도의 십자가에 대한 말로서) 세상 끝 날까지 현실적으로 남아 있게 될 것이다. 세상 시작부터 선택받은 자들의 존재, 그리고 선택받은 백성 이스라엘 내에서 이스라엘 가운데 교회의 선재는 이 사신이 처음부터 이런 의미에서 있었다는 것을 지시한다.

이스라엘 내에서, 그리고 이스라엘 가운데서 선택받은 자들의 존재는 이스라엘의 운명 전체를 바꾸어 놓지 못한다. 왜냐하면 이 선택받은 자들은 예외이기 때문이다. 그들은 이스라엘이 하나님의 심판을 계시함에 봉사해야 한다는 규칙을 폐기할 수 없다. 더구나 그들은 그들의 기능과 보냄에서도 다만 부분적으로만 이 규칙 이상을 지시하기 때문이다. 또한 이스라엘에서 그들은 너무나 시종일관 "버림받은 자"들과 대립하고 있기 때문이다. 그 버림받은 자들에게서 이 규칙은 명백히 확증되는 듯하다. 마지막으로 이스라엘의 역사의 흐름에서 그들의 범위는 점점 좁아지고 어쨌든 보이지 않게 되어서 결국은 한 인간 나사렛 예수의 인격으로 축소되기 때문이다. 그러므로 이스라엘 내에서의 교회의 선재적 삶은 엄밀히 말해서 다만 이스라엘의 미래인 이 한 인간의 인격에서부터, 일시적으로 이스라엘의 역사의 성격을 변화시킴 없이, 이 역사 위에 던져지는 빛에서 존립한다. 그리고 이 빛은 이 역사 속에서 예수 그리스도의 출현, 죽음, 부활에서 드러나게 될 공동체 형상의 어떤 개별적인, 단편적인, 모순된, 잠정적인 모형들을 드러나게 한다. 이스라엘 내에서의 교회의 선재적 삶은, 그의 역사 속에서 그때그때 인간의 죄에 대한 이의와 하나님의 심판의 조명과 선언, 믿음과 복종이 드러나는 데 있다. 이런 것들은 이 역사의 진행과 성격 자체를 통해서가 아니라 나사렛 예수의 인격 안에 있는 그 역사의 미래와 목표를 통해서, 그리고 그 인격의 현실 안에 있는 그의 교회의 존재에서 계시되고 확인된다. 그러므로 이스라엘 안에 있는 교회의 선재적 삶은 교회 자체에 관한 현실적인(성취를 통해서 현실적으로 입증된) 전망과 예언에 있다. 교회는 이스라엘 안에, 이스라엘 가운데서 저 선택받은 자들의 존재 속에서, 존재와 더불어 발생한다. 교회는 그들을 특별히 선택한 의도이다.

그러나 교회가 선택된 공동체의 완전한 형상으로서 보편적으로, 모순 없이, 지속적으로 하나님의 자비를 찬양하도록 정해져 있다면, 교회는 자기 자신을 이스라엘에서, 이스라엘로부터 저 선택받은 자들의 모형에서, 예견, 예언에서 재인식하기를 거부하지 않을 것이고, 그러므로 자신을 그들과 같은 처지에 있음을 거부하지 않을 것이다. 더구나 교회는 저 선택받은 자들의 존재에서, 존재와 함께 선택이 온 이스라엘에 의해 확증되었음을 이해하고 인정할 것이다. 그러므로 교회는 자신이 온 이스라엘과—이스라엘이 하나님의 공동체에 속해 있음에도 불구하고 그 소속됨이 전혀 다른 형상으로 나타날지라도—묶여 있으며, 책임이 있다고 볼 것이다. 더구나 교회는 그들 가운데서 그리스도를 믿는 이스라엘인들을 온 이스라엘의 선택의 살아 있는 증인으로 가지게 됨을 특별한 영광으로 여길 것이다. 그리고 결국 교회는 그 자신의 존재, 이스라엘과 이방인으로부터의 소명과 모임을 다만 이스라엘의 저 선택받은 자들과의 유비에서만 이해할 것이고, 교회는—그들의 유대인 지체와 이방인 지체로써—저들과 더불어 온 세상이 이스라엘과 더불어(이스라엘의 파송에 따라서!) 떨어진 심판에서 벗어났음과 또한 교회는 저들 못지않게 특별한 자비로써 부름받아 세상에(그러나 또한 온 세상에도!) 하나님의 압도적인 자비를 선포하게 되었음을 오인할 수 없다. 교회는 이스라엘의 회심을 기다린다. 그러나 교회는 이스라엘의 회심 때까지 이스라엘과 자기 자신을 포함하는 자비의 일원성을, 하나님의 공동체의 일원성을 고백하면서 기다릴 수 없다.

바울은 로마서 9:6a에서, 9:1-2에서 자신의 고난에 대해 말한 것은 마치 그가 하나님 말씀의 실패에 대해서(반항하는 유대인에 대해서) 슬퍼할 근거를 본 것처럼 이해되어서는 안 된다고 설명한다. "그러나 하나님의 말씀이—지속적인 유대인의 고집이라는 예견치 못한 사고로 인하여 거부되고 거짓말이라고 비난받아서—폐해지거나 한 것처럼!" 하나님은 실수하지 않으며, 패배당하지 않고, 아무 것도 취소할 것이 없다. 그의 말씀은 인간이 기만적으로 그를 대하고 스스로 불의에 빠지는 때에도 참되고 의로움을 유지한다. 그래서 바울은(의로운 이스라엘인으로서!) 이스라엘의 하나님의 항존성과 신실함에 대해—이스라엘을 위해 기뻐하기 위해—기뻐함이 없이 이스라엘에 대해(다시금 의로운 이스라엘인으로서!) 슬퍼할 수 없다. 바울은 이스라엘이, 예수 그리스도에게서 하나님의 공동체의 완전한 형상이, 그러나 이로써 또한 이스라엘 자신의 선택이 온 세상에 드러나는 순간에, 하나님의 공동체로부터 스스로 분리하고 게토로 빠지는 것에 대해 슬퍼한다. 그러나 그는 여기서도 자신의 선택이 확증되고, 이스라엘을 선택하는 하나님의 뜻이 실행됨에 대해 기뻐하지 않을 수 없다.

하나님의 말씀과 뜻에 따라서 아브라함의 족속에 속한 모든 자들, 이스라엘의 이름을 지닌 모든 자들이 교회의 지체가 된다는 것은 결코 아니다.(6b-7a절) 하나님의 한 선택받은 공동체의 지체는 그렇다! 이 족속 중 어느 누구에게서도 이것을 빼앗을 수 없고, 어느 누구도—가야바이거나 혹은 심지어 가룟 유다이거나—이것을 면할 수 없다. 모든 유대인들은 태어날 때부터 그 지체이다. 그러나 이스라엘에 감추어져 있고 예수 그리스도 안에서 계시된 교회의 지체는 아니다. 이것은 언제나 또 다른 것이니 세상 끝 날까지—그 이상이 아니라 모든 날들의 종말까지!—또 다른 것일 것이다. "이스라엘에서 나온 사람이 모두 이스라엘은 아니라." 올바른 이스라엘은 곧 교회에 편입됨을 통해서 이스라엘의 사명을, 교회의 찬양에 동참함을 통해서 하나님의 자비를 실현하는 이스라엘이다. 그러나 "이스라엘에서 나온" 모든 사람들이, 5절에서 예수 그리스도에 관해 말한 이스라엘은 아니다. 엄밀히 말해서 그만이 홀로 이스라엘이다.—그리고 다만 이스라엘의 예언자, 증인, 선구자인 그 안에서만 다른 선택받은 자들, 그 안에서, 그와 함께, 그를 인하여 특별히 선택받은 자들도 이스라엘이다. 아무도 천성적으로 이스라엘이 아니고, 아무도 그의 유대 혈통으로 인하여 그런 것이 아니고, 아무도 이 백성에 소속된 당연한 결과로서 그런 것이 아니다. 누구나 다만 이스라엘의 선택이 거기서 반복되고 확증되는 특별한 선택에 근거해서만 이스라엘이다. 이 특별한 선택이 이스라엘 안에 선재하는 교회를 구성한다. 의로운 영적인 이스라엘은 처음부터 오직 이 교회일 뿐이다! "아브라함의 후손이라고 해서 다 그의 후손이 아니다." "아브라함의 후손"이 된다는 것은 사소한 일이 아니다. 아브라함의 후손은 의심의 여지없이 자신의 선택에 상응하여 하나님의 자비의 덮개인 하나님의 심판의 거울이 되도록 정해진 하나님의 선택받은 백성이다. 그러나 하나님의 선택에 따라서 "이스라엘로부터 나오는" 한 의로운 이스라엘인을 예시하도록, 그래서 하나님의 자비를 칭송하도록 정해진 아브라함의 자손, 이스라엘 내의 감추어진 교회는 처음부터 아브라함의 후손 가운데서(도래하는 메시아처럼) 하나님의 특별한 선택에 의해 나온 자들이다. 그래서 이스라엘은 선택받은 백성이기 때문에 이것이 이스라엘 안에 하나님의 질서이다. 선택은 처음부터 그의 살아 있는 질서이다. 따라서 하나님의 질서에(6a절의 말에서 계시된) 견주어서, 바울의 관심을 끄는 저 교회의 사신에 대한 이스라엘의 반항 현상은 새로운 일이 아니다. 오히려 이것은 그렇게 심각하고 고통스러울지라도 이스라엘에게 이 질서를 준 살아 있는 하나님을 칭송하기 위한 새로운 계기가 된다.

"이삭 안에서 네 후손이 그들의 이름을 받게 될 것이다."(7b절) 즉 아브라함의 자손, 의로운 이스라엘인이라는 특별한, 거룩한 이름을. 이 말씀은 창세기 21:12의 인용이며, 그러므로 명백히 거기서 서술된바 이스마엘의 배척을 상기하게 한다. 이삭 안에서 아브라함의 선택이 반복, 확증된다. 비록 이스마엘이 아브라함의 아들이고 또한 헛되이 그런 것이 아닐지라도, 이스마엘에게는 아브라함의 선택이 반복, 확증되지 않는다. 8절에 의하면 저 창세기 구절은 말한다. "육신의 자녀가 하나님의 자녀가 아니라 약속의 자녀가 후손으로서 여겨진다." 이삭과 이스마엘 모두가 남자에 의해 생산되고, 여인에 의해 태어난 "육신의 자녀"이다. 선택받은 자나 버림받은 자 모두 이후에도 언제나 똑같이 "육신의 자녀"일 것이다. 그러나 그들은 하나님의 자녀가 아니고 이스라엘에서 나오는 하나님의 아들, 인간의 아들의 모형이 아니고, 하나님의 자비의 선포가 아니고, 7b절의 의미에서 아브라함의 자녀, 곧 그의 후손의 영적인 이름을 지닌 자가 아니다. 그들은 "약속의 자녀"로서 하나님의 자녀요 아브라함의 거룩한 자손이다. 즉 그들의 존재는(도래하는 메시아의 존재처럼) 그들의 "육신적" 기원과 무관하게 아브라함에게 그의 선택과 더불어 주어진 약속의 내용, 대상이 된다. 아브라함의 살과 피에서 취한 생명이 아니라 아브라함에게 주어진 약속의 진실과 능력으로 인한 생명이 하나님의 자녀, 이스라엘 안에 선재하는 교회의 생명이다. 이 약속의 자녀들은 "후손으로 여겨진다." 그들 안에서, 오직 그들 안에서만 후손들은 그들의 거룩한 이름과 성격을 받으며, 선택받은 이스라엘은 동시에 의로운 이스라엘이 된다. 이스라엘에서 때때로 일시적으로 교회를 건설함에서 하나님이 특별히 이 목적을 위해서 선택한 후손을 진정한, 모범적인, 예언자적 후손으로 "여기는" 하나님의 자유가 중요하다.(롬 4:3 등에 의하면 하나님이 아브라함의 믿음을 자신 앞에서 의로 "여긴" 것 같이) 하나님의 약속의 진실과 능력을 통해서 인도되고 생명을 얻게 된 자들은 아브라함을 선택했고, 아브라함이 있기 전에 예수 그리스도를 선택한 하나님의 선택받은 자들이다. 그들은 엄밀한, 본래적인 의미에서 하나님의 자녀, 아브라함의 자녀들이다. 다른 사람들이 아니라 그들이 그렇다. 그런 사람이 이삭이다.(9절) 그는 바울이 로마서 4:19에서 강조한 바대로(창 18:11 참조) 기적적으로 생산되고 기적적으로 출생한 아이가 됨으로써, 그는 그를 뒤이은 온 족속에게는 의미심장한, 특출난 모습으로 하나님의 자녀이다. "이삭"은 "웃음"을 뜻한다. 창세기 18:12 이하에서 분명히 상세하게 확정지은 대로, 아브라함에게 한 말 "내년 이맘때 내가(다시) 올 것이고 사라가 한 아들을 가질 것이다."(창 18:10)를 놓고서 인간적으로 계산하는 인간이라면(회의적으로) 웃을 수밖에 없다. 이것은 하나님의 약속의 말씀이니, 이 말씀에 따라서—훨씬 순수하게!—아브라함은 그의 선택에 근거해서 부름을 받고 그 땅으로 인도되었다. 이 약속의 말씀은 전혀 성취될 수 없거나, 아니면 다만 하나님의 약속의 말씀으로서 그 말씀의 진실과 능력에 근거해서 성취될 따름이다. 이런 분명한 의미에서 이삭은 하나님과 아브라함의 아이이다. 그도

"육신의 아이"이면서도 그의 존재는 순전히 하나님의 약속의 말씀의 성취이다. 따라서 그 안에서 아브라함의 선택이 반복되고 확증된다. 따라서 그 안에서 선재적 교회가 세워진다. 그래서 그는 또한 온 이스라엘의 선택의 증인이 된다.

갈라디아서 4:21-31의 평행절을 주목하라. 거기서도 아브라함의 두 아들, 한 아들은 "육신적으로" 여종 하갈에게서, 다른 아들은 자유로운 여자 사라에게서 약속에 근거해서 생산되고 태어났다. 그리고 거기서 분명히 말한다. 두 아들의 경우는 "계약", 그러나 두 가지 계약(δύο διαθῆκαι, 24절)과 관계된다. 하갈은 시내 산에서 체결된, 현재의, 지상의 예루살렘에서 실현된, 그 한계성이 있는 계약을 표현한다. "우리의 어머니" 사라, 기적적으로 어머니가 된 여인은 전자에 의해 다만 예시된, 그것의 한계를 벗어난, "천상의 예루살렘"에서 실현된 계약이다. "형제들아, 여러분은 이삭과 같이 약속의 자녀들입니다. … 우리는 여종의 자녀가 아니라 자유로운 여자의 자녀입니다."(28, 31절) 바울은 율법으로부터(21절), 성서로부터(22, 27, 30절) 이스라엘과 교회는 그들에게 공통적인 것("계약") 안에서 두 종류라는 것을 추론한다. 즉 교회는 아브라함의 약속을 특별한 선택의 근거 위에서 새롭게 직접적으로 받아들임을 통해서 이스라엘로부터 구별된다.

로마서 4:9-25의 평행절을 주목하라. 아브라함은 할례를 받기 전에, "유대인"이 되기 전에 먼저 믿었다. 그는 하나님과 자신, 그리고 그의 후손 사이의 계약의 표적인 할례를 "이방인들 내에서 신앙의 의의 봉인"으로서 받았다. 그래서 동시에 모든 믿는 자들, 즉 이방인들과 할례받은 자들 가운데서 믿는 자들의 아버지가 되었다.(10-11절) 그가 "세상의 상속자", 즉 "세상이 그들의 소유"가 될 것이라는 것은, 그에게나 그의 후손들에게나 διὰ νόμου, 즉 이스라엘 법을 세움을 통해서 그리고 그 법의 성취를 통해서 약속된 것이 아니라 "믿음의 의를 통해서", 즉 하나님의 판결에 힘입어서 이루어진 것이다. 그의 판결은 이 율법이 세워지기 전에, 율법 영역 안에서나 밖에서나 똑같이 효력을 가지는 것으로 아브라함은 이 판결을 신뢰하고 복종했다.(13절) 아브라함에게 주어진 약속이 인간에게 이런 하나님의 판결을 통해서 약속되고, 그 약속이 이에 상응해서 인간에 의해 믿음으로 받아들여질 때에, 약속은 "확고한" 것이 되고, 약속은 그것의 성취가 확실하다는 사실로 인하여 그 약속을 받은 자에게서 확증된다.(16절) 약속이 다만 이스라엘 법의 형태로 주어지고 받아들여지는 경우, 이 법을 성취하는 것이 인간의 저 희망을 요청할 권리의 근거가 되는 경우, "믿음은 근거 없는 것이 되고 약속 자체는 무력해졌다."(14절) 이스라엘 법 아래 서 있다는 것은 하나님의 진노의 영역 안에 있다는 것과 다를 바가 없다. 법이 있는 곳에(밝혀진, 정죄받은, 처벌의 위협을 받는) 범법이 있다. 법이 없는 곳에만—희망의 제약으로서가 아니라, 살아 있는 약속의 대치물로서가 아니라—그 곳에만 범법이 없고, 범법이 용서받는다.(15절) 그러나 이것은 약속이 아브라함에게 주어진 것과 같이 약속이 인간에게 주어진 경우이다. 곧 하나님의 우월한 판결을 통해서. 그리고 아브라함이 그 판결을 받아들인 것 같이 그렇게 인간에 의해서 받아들여지는 경우이다. 곧 믿음 안에서. 이것은 아브라함과 맺은 계약의 표적으로서 할례와 이스라엘 법 영역 안에서 일어날 수 있으나, 또한—같은 아브라함의 신앙의 발자취를 따라서—이 영역 밖에서도 일어날 수 있다. 아브라함은 "우리 모두의 아버지"이다.(사라가 갈 4:26에 의하면 같은 의미에서 "우리의 어머니"인 것처럼) 그는 창세기 17:5에 의하면 많은 백성들의 아버지이다.(16-17절) 그는 확실히 속에 대한 믿음 안에서 죽은 자들을 살리고, 없는 것을 존재하게 하는 하나님을 믿는다.(17절) 그가 모든 인간적 계산에 반하여 이런 믿음에서 확고했다는 것이 창세기 15:6에 의하면 그의—하나님의 판결에 상응하는—의로 "여김을 받았다."(18-21절) 성서가 아브라함에 대해 이렇게 말함으로써 성서는 분명히 그에 대해서만이 아니라 우리에 대해서도 말한다. 곧 우리 주 예수를 죽은 자들 가운데서 일깨운 분에 대한 교회의 믿음에 대해서. 아브라함은 이삭의 아버지로서 이스라엘의 아버지일 뿐 아니라, 또한 유대인과 이방인들 가운데서 선택받은 교회의 아버지이다.

따라서 하나님의 말씀(롬 9:6)은 불신의 회당 현상을 통해서 실제로 거짓임이 드러난 것이 아니라 확증되었다. 하나님은 성서의 증언에 따르자면 처음부터 이스라엘 안에서 선택했고 구별했고 갈라놓았다. 그는 교회와 이스라엘, 이스라엘과 교회를 처음부터 성별했고, 이로써 이스라엘의 선택을 확증했다.

이것은 로마서 9:10-13에서 한층 첨예화된 형태로 받아들여진 통찰이다. 여기에 한 아버지 이삭의 두 아들뿐 아니라(롬 4:1, 16에서 아브라함처럼, 지금 이삭은 "우리의 아버지"라 불린다.) 한 어머니 리브가의 두 아들, 곧 한 씨앗에서 나온 쌍둥이에 관한 이야기가 있다.(11절) 우리는 7-10절에 비추어서, 이삭이 어떤 자신의 장점 때문에 선택받았고 이스마엘은 어떤 자신의 죄책 때문에 배제되었는가를 아마도 물을 수 있을 것이다. 사람들은 후대의 백성 이스라엘에게서(그리고 또한 야곱에게서도) 칭찬할 만한 것을 많이 발견했고, 이스마엘에게서(그리고 또한 에서에게서도) 비난거리를 많이 발견하였다. 그러나 여기서 무엇을 칭찬하고 무엇을 비난해야 하든, 한 인간을 선택하고 또 다른 인간을 버린 것은 확실히 그것과 무관하다. 이것은 이스라엘 내에서 교회를 성별한 것이다. 여기서 무엇이 칭찬할 만하게 혹은 비난받을 만하게 나타날지라도, 그리고 실제로 그럴지라도, 교회의 성별이 이것과 무슨 상관인가? 야곱과 에서의 관계에서 완전히 분명해진 것은, 이런 방향으로의 설명은 다만 오류를 범할 수 있다는 것이다. 여기서 당사자의 선한 혹은 악한 행동이 결정의 근거로서 고려될 수 있기도 전에 결정은 양편으로 내려졌다는 것이 명백하다. "그들이 아직 태어나지 않았고 선도 악도 행하지 않았을 때 … 벌써 형이(그러므로 처음 태어난 자로서 적어도 자연법상 우선권을 요구할 수 있는 자) 아우를 섬길 것이라고 말해졌고."(11-12절, 창 25:23) 벌써 "내가 야곱을 사랑했고 에서를 미워했다."(13절, 말 1:2-3) 양자의 운명의 연관성은 12절의 표현에서 오인할 수 없으나 또한 13절의 보다 날카로운 말에서도 간과될 수 없다. 야곱의 하나님은 또한 에서의 하나님이다. 아브라함과 그의 온 족속을(양자가 속한!) 선택한 분의 뜻이 종을 주인과 연결하고, 미움받는 자를 사랑받는 자와 연결하고, 버림받은 자를 선택받은 자와 연결한다. 양자가 그들의 아버지 이삭의 한(비록 다를지라도) 축복을 받을 것이다. 공동체 내에서도 여기서 일어나는 일이 일어난다. 그러나 강조점은, 여기와 저기서는 서로 다른 일이 일어난다는 데 있으니, 즉 교회와 아브라함 족속 자체는 동일하지 않고, 교회는 오히려 이 족속의 역사와 더불어 곧 시작된 성별을 통해서 기초되고 세워진다는 것에 있다. 이 성별의 원리는 인간의 선한 행실의 자랑에 있는 것이 아니라, 온 아브라함 족속의 선택에서와 같이 하나님의 선한 뜻에 있다. 이 성별은 "선택에 근거한 예정에 근거해서, 곧(인간의) 행실에 근거해서가 아니라 부르는 자(의 뜻)에 근거해서" 이루어져야 한다.(11-12절) 이 선택받은 공동체가 선택 안에 머무름으로써, 선택이 이 족속 안에서 거듭거듭 일어나고 내지는 부름의 형태로 나타남으로써, 교회가 기초되고 세워지며, 이 족속의 선택이 확증된다. 우리는 이 두 번째 것도 망각해서는 안 된다. 바로 이 족속 안에서 거듭 배제를 의미하는 저 성별을 통해서 교회가 기초되고 하나님의 자유로운 조처를 통해서 세워진다. 이 족속 안에서 선택에 따라서 세운 하나님의 뜻이 지속되는 것은 또한 이 명예와 희망이 그 족속의 모든 지체들에게 지속적으로 유익이 되는 것을 의미한다. 그로부터 버림받은 자들도(그들을 배제하는 성별 때문에!) 포기된 것이 아니라 어느 때나 선택하는 하나님의 특별한 보호와 인도에 참여한다. 하갈이 광야로 추방당할 때 이스마엘이 죽음을 위협을 받았을 때 "하나님은 아이의 목소리를 들었다. 하늘에서 하나님의 천사가 하갈을 불렀다. 하갈아, 무슨 일이냐? 무서워하지 말아라. 하나님이 아이가 저기에 누워서 우는 소리를 들었다. 일어나라, 아이를 안고 그의 손을 꼭 잡아라. 내가 저 아이에게서 큰 민족이 나오게 하겠다. 그리고는 하나님은 그녀의 눈을 밝게 하니 하갈이 샘을 발견하고 … 하나님이 그 아이와 늘 함께 하였다. 아이가 자라서 광야에 살면서 활을 쏘는 사람이 되었다."(창 21:17-20) 그러므로 구약성서의 에서(에돔)도 결코 하나님으로부터 버림받은 자가 아니라 그 나름대로 하나님에 의해, 또 야곱의 백성에 의해 인정받은 한 계약 백성의 조상이다. 그의 족보는 창세기 36장과 역대기상 1장에 이스라엘의 족보와 함께 매우 상세하게 서술되고 있다. 우리는 선택에 대립해서 혹은 차라리 선택과의 관계에서 "버림"으로 서술되어야 할 그 일을 성서적으로 이해하기 위해서 이것을 잊어서는 안 된다. 그러나 첫 번째 일이 결정적이다. 선택받은 족속 안에서 하나님의 자유로운 선택에 의해서 교회가 기초 놓아지고 세워진다. 같은 선택에 의해서 이 족속 자체가 선택받은 족속이 된다. 은혜의 선택은 선택받은 자 쪽의 자연적인, 혹은 도덕적인 전제들에 구속되어 있지 않다. 선택의 근거는 오직 선택하는 하나님의 뜻에서만, 그의 계시에서만, 그의 부름의 사실에서만 찾아야 한다. 은혜의 특별한 선택은 믿음 안에서 받아들여지고 시인되기를 원하니, 오직 믿음 안에서만 받아들여지고 시인될 수 있다. 하나님이 자유로이 일부 인간들을 선택함으로써 다른 사람들을 배제한다. 성서에 의하면 언제나 이와 같이 하나님의 자유로운 선택으로 인하여 배제되는 이스라엘이 있다. 이스라엘 자체는 결코 교회와 동일하지 않았다. 그러므로 고집 센 회당의 현상은 새로운 일이 아니다. 그러므로 하나님 말씀은 이 현상으로 인하여 거짓이라고 비난받지 않는다.

그러나 하나님은 교회의 기초와 건립을 위해 선택되지 않은 나머지 이스라엘을 통해서 무엇을 뜻하는가? 하나님은 이스마엘을 통해서 무엇을 뜻했는가? 또 13절에 의하면 하나님이 "미워한" 에서를 통해서 무엇을 뜻했는가? 하나님은 오늘 고집 센 회당을 통해서 무엇을 뜻하는가? 이 물음의 답변은 14-29절에 주어진다.

"이제 우리가 무엇을 말하겠는가? 하나님에게 불의가 있는가"(14절) 독자로 하여금 숙고하도록 바울이 제기한 이 물음은 이스라엘을 선택하는 하나님의 추상적 의가 아니라 구체적 의를 묻는다. 이 하나님, 아브라함의 계약의 하나님은, 아브라함 족속 중에서 많은 사람을 그들의 자연적, 도덕적 전제를 고려함이 없이 저 특별한 선택에서 배제하는 그의 행동에서 불의한 것은 아닌가? 이런 식으로 처리하는 그의 의지는 자의적인, 불공정한 선호와 편견의 행위가 아닌가? 바울에게는 성서의 발설을 통해서 제기된바 물음과 더불어서 동시에 교회 밖에 머물러 있는 다수의 이스라엘의 현실적 문제가 눈앞에 있다는 것을 염두에 두자. 바울은 6-13절에서 성서에서부터 하나님은 이스라엘에서 분명히 오늘도 행하는 것처럼 옛날부터 그렇게 했다는 것, 그러므로 하나님의 항존성은 의심할 수 없다는 것을 설명했다. 이 한결같은 하나님에 의해서 옛날부터 행해진 행동에 비추어, 바로 이스마엘과 에서에 비추어, 그러므로 성서에서부터 이 한결같은 하나님의 의에 대한 물음이 제기된다면 어떠한가? 이 물음이 하나님이 분명히 현재에도 행하는 바를 고찰함에까지 관계가 된다면? 6절 이하에서 이런 현실을 고찰함을 용이하게 하기 위해서 성서를 펼쳤다면, 이 물음은 성서를 고찰함으로써 좀더 어려워진 것

같이 보인다. 바울이, 2절에 의하면, 이스라엘에 대해 품은 "슬픔"은 결국 이스라엘의 하나님이 그 자신의 말에 따라서 과거나 오늘이나 그렇게 변덕스럽고, 그에게 불의가 있다는 것 때문인가?

바울이 이 물음에 이런 경우 그에게(롬 3:4, 6, 6:2, 15, 7:7, 11:1, 11 참조) 습관적인, 두려운 μὴ γένοιτο(그렇지 않다.)를 대치하고 그러므로 성서를 고려함에 있어서나 현재의 삶을 고려함에서 하나님의 의를 고백하기를 고수한다면, 이것은 이 본문의 문맥을 볼 때, 이스라엘의 하나님은 6-13절에 서술된 행동에서 그 자신에 의해 세워진 질서에도 불구하고가 아니라 오히려 질서에 따라서, 그러므로 자의적으로가 아니라 자기 자신과의 깊은 일치 안에서 자기 자신에 합당하게, 그러므로 객관적 의미에서 의롭게 행동한다는 것이 그에게는 확고하다는 것을 의미한다. 그 증거는, 15절에 의하면, 모세에게 계시된, 하나님의 본성을 표현하는 하나님의 이름이다. 출애굽기 33:19에 의하면 "나는 내가 자비를 베푸는 자에게 자비를 베풀 것이고, 내가 불쌍히 여기는 자를 불쌍히 여길 것이다." 이것은 분명히 출애굽기 3:14의 보다 간단한 표현 "나는 스스로 내가 될 것이다"를 재표현한 것이다. 하나님의 본성은 그의 계시된 이름에 의하면, 그가 자기 자신을 자신의 미래를 통하여—실질적으로. 그가 자신의 존재를 자신의 미래적 존재를 통하여—그리고 보다 실질적으로, 그가 자신의 자비를 그의 미래적 자비를 통하여, 그의 동정을 자신의 미래적 동정을 통하여 갱신하고 확증하고 영화롭게 하는 데 있다. 바울에게 이런 하나님의 본성이 눈앞에 있기 때문에, 그는 저 행동에서 하나님 편에 불의가 있지 않은가라는 물음에 대해, 이 물음을 부조리한 것으로 물리치는 "그렇지 않다"로써 답한다. 저 행동은—그리고 오직 저 행동만!—계시된 이름과, 이 이름을 통해서 표시된 하나님의 본성에 일치한다. 그러나 바로 하나님의 이 본성은 그의 의이고 그러므로 모든 의의 척도, 총체이다. 그가 자유 안에 있고, 자기 자신을 통해 스스로 세우고 스스로를 주장하는 그런 무제약적인, 공격 불가한 자유 안에 다시금 있게 되리라는 것이 하나님의 본성이다. 하나님이 스스로 자기가 될 것이므로, 그는 결코 불의하거나 자의적이거나 변덕스럽지 않다. 바로 이것이 그의 의이다. 곧 그가 자신의 현존을 그의 미래를 통하여 갱신하고 확증하고 영화롭게 하는 것, 그가 현재의 그로서 그의 자유 안에서 세워진 오늘로부터 나와서 자기 자신을 새로 세우고 주장하는 자로서 다시금 그의 자유 안에서 세워지게 될 내일을 향해 걸어가는 것. 영원한 하나님은 시간과의 관계 속에서, 그가 사랑하고 창조한 인간과의 관계, 계약 속에서 이렇게 산다. 그러나 출애굽기 33:19는 보다 실질적으로 말한다. 하나님의 본성은 그가 자유 안에서 자비를 베풂으로써 다시 자비를 베풀 것이라는 데 있다. 하나님이 이렇게 함으로써 그러므로 그의 현재와 미래 사이의 연속성을 유지함으로써, 그는 인간으로 하여금 그에게 닥친 불의에 대해 탄식할 아무런 계기를 주지 않는다. 차라리 이것이 그의 의이다. 곧 그가 자비를 베푸는 자일 뿐 아니라 언제나 새로이 그러리라는 것, 그가 자비를 베풀기를 중단하지 않고 그가 자비를 베풂에서 행할 것을 통해서 그가 그의 자비 베풂에서 행하고 이미 행한 것이 참되다는 것을 증명하는 것. 하나님은 인간과의 계약에서, 예수 그리스도의 선택에서, 공동체의 선택에서 이렇게 산다. 그는 이 계약을 이렇게 기초를 놓고 갱신하고 확증하고 영화롭게 한다. 그러나 이 하나님의 본성은 6-13절에 서술된 하나님의 행동의 신비이다. 하나님이 아브라함을 선택한 것 같이, 그의 아들 가운데서 이삭을, 이삭의 아들 가운데서 야곱을 선택한다. 바로 하나님은 이렇게 모세도 선택한다. 그가 어제 자비를 베푼 것 같이, 그는 오늘도 그렇게 하고 내일도 그렇게 할 것이다. 그 자신의 미래를(보여야 할 자비) 통하여 그의 현재를(이미 보여준 자비) 갱신하고 확증하고 영화롭게 함이, 그리고 이로써 그의 창조 공간에서와 인간과의 계약에서 자신의 본성에 상응하는 그의 삶이 궁극적으로 그것의 완성된, 동시에 원래적인 형상으로 실현되고 드러날 것이다. 그 자신이 인간이 됨으로써 인간 예수를, 그 안에서 모든 인간을, 각 인간을 긍휼히 여기고, 인간의 짐을 짊어지고, 인간에게 자신의 영광으로 옷 입힘으로써, 그의 미래의 날이 열린다. 하나님이 인간이 받을 심판을 스스로 감당함을 통해서 자신의 의(그의 자비의 의!)를 새롭게 하고 확증하고 영화롭게 하게 될 이 한 인간의 날에 비추어서, 이 한 인간이 거기서 취해진 이스라엘은 "나는 스스로 내가 될 것이다"의 질서 아래 있으며, 그는 이스라엘 안에서 계속하여 교회를 분리한다. 이 질서를 불의하다고 비탄하고 고발할 수 있는 어떤 적절한 관점이 있으랴? 하나님이 이스라엘에게 자비를 베푸는 것은 그가 미래에 자비를 베푸는 것, 그러므로 이 한 인간과 그의 교회에 자비를 베푸는 것이고, 이 점에서 하나님은 의롭다. 하나님이 아브라함과 그의 온 족속에 대한 그의 특별한, 선택하는 자비에 뒤를 이어서 이스라엘 안에서 그의 교회에 대한 저 특별한, 선택하는 자비를 베푸는 데서 의롭다. 이런 결과는 저 시작을 새롭게 하고 확증하고 영화롭게 하기 위함이다. 바로 야곱을 사랑하고 에서를 미워함에서(13절) 하나님은 매우 의롭다.—그리고 해당된 인간의 자연적, 도덕적 전제들을 전혀 고려하지 않음에서(10-13절) 매우 의롭다. 누군가에게(그가 아브라함의 족속의 일원으로서 하나님의 자비에 참여하는 것을 넘어서) 저 특별한 자비가 베풀어진다면, 즉 그가 교회로 부름을 받는다면, "그것은 (사람의) 의지나 노력에 달려 있는 것이 아니라 하나님의 자비에 달려 있다."(16절) 이것은 모세에게 해당하고, 이삭과 야곱에 해당한다. 그것이 인간의 의지와 노력에 달려 있다면, 하나님은 불의할 것이고, 자기 자신과 일치하지 않을 것이다. 왜냐하면 이 경우 그는 그가 아브라함을 선택한 자유로운 자비 뒤에는 또 다른, 즉 이 인간적 의지와 노력을 통해 제약된 행동을 하게 될 것이기 때문이다. 하나님은 모든 다른 전제들을 고려함이 없이 그가 아브라함을 선택했던 것처럼, 그런 자유로운 자비 안에서 이삭과 야곱, 모세를 선택함으로써 의롭다.

그러나 이 물음에 대한 답변을 아직 하지 않았다. 하나님은 이스마엘, 에서, 교회로 부름받지 못한 온 이스라엘을 가지고 무엇을 행하려 하는가? "내가 에서를 미워했다."(13절)는 무슨 뜻인가? 하나님의 자비의 의에 관해서 말한 15-16절은 그에게도, 또한 다른 사람들에게도 해당되는가? 이것이 바울이 다음에서 실제로 말하려는 것이다. 15-16절에서 모세에 대해, 회고적으로 이삭과 야곱에 관해 말함으로써, 이 말은 17절 이하에서 이스마엘, 에서, 그리고 이스라엘 내에서 다른 모든 버림받은 자들에 비추어 말해야 할 것의 상위 명제를 이룬다. 또한 그들에 비추어 하나님의 행동의 의는 모든 의심을 뛰어넘는다. 왜냐하면 하나님의 이름은 "나는 스스로 내가 될 것이다" 혹은 "나는 내가 불쌍히 여기는 자를 불쌍히 여길 것이다"이기 때문이고, 하나님의 행동은 그들에 대해서도 이 이름 내지 이 이름으로 표시된 하나님의 본성에 상응하기 때문이다.

17절에 인용된바 파라오에게 한 하나님의 말씀은 δέ를 씀으로써 모세에게 한 말씀에(15절) 대립되는 것이 아니라, 근거를 설명하는 γάρ를 씀으로써 모세에게 한 말씀 옆에 놓인다. 다음의 말은 15-16절에 발언된 인식을 확증한다. 지금 예증되는 인물은 하필이면 모세의 호적수, 출애굽의 파라오이다. 전체 문맥이 언급하고 있는 그는 이스라엘과 무슨 관계가 있는가? 분명히 다만 이것이다. 곧 그는 이스라엘의 최악의 원수요 박해자이고, 바울이 한때 그리스도인을 박해하는 자 사울로서 있었던바, 현재의 회당이 사도적 공동체와의 관계에서 여전히 처해 있는 바의 올바른 모형이다. 그러나 이런 우회적 방법으로 그는 버림받고 고집 센 이스라엘의 대표로서 특별히 인상깊게 이 장면에 나타난다. 파라오가 서 있던 곳에 나머지 이스라엘이 서 있다. 그러나 문맥은 말한다. 그의 노력, 의지, 결심, 성취를 고려함 없이 이스라엘은 거기 서 있어야 한다. 15절의 의미에서 의로운 하나님이 거기에 이스라엘을 세웠다. 그리고 하나님이 이로써 뜻하고 행하는 바가 지금 출애굽의 파라오에 비추어 설명되어야 한다. 하나님의 모든 자비에 필연적으로 또 다른 자비가 뒤따르지는 않는다. ㅡ만일 그렇다면 어떻게 그것이 자비이며, 하나님의 자비이랴? 자비에 자비가 뒤따르는 것은 자비를 베푸는 자의 자유로운 결정 사항이다. 따라서 자비의 뒤따름이 중단될 수도 있다. 이것이 15절의 진리의 부정적인 면이다. 그리고 이 부정적인 면으로 이 진리가 이스마엘, 에서, 파라오에게 적용된다. 그러나 우선은 이것은 적극적으로, 이스라엘과의 역사적 관계에서 하나님이 원래 파라오에 대해서도 자비를 베푸는 일이 있음을 의미한다. 구약성서는 이것을 달리 표현하지 않는다. 17절에 인용된 말의 문맥은 이렇다. "내가 팔을 뻗어서 무서운 질병으로 너와 너의 백성을 쳤다면 너는 이미 세상에서 사라졌을 것이다. 그러나 네가 내 능력을 알기 위하여(70인역과 바울: 내가 너를 통하여 내 능력을 드러내기 위하여), 또 온 세상에 나의 이름을 알리려고 내가 너를 남겨 두었다."(바울은 그의 헬라어 역본에 따라서 읽었다. 내가 너를 "일으킨다.")(출 9:15-16) 하나님은 그의 눈앞에서 경고성 기적을 연이어 행하게 한다. 파라오는 때때로 자신의 죄책을 고백하기도 한다.(출 9:27, 10:16) 그는 또한 모세로 하여금 대도를 드리도록 요구하기도 한다.(8:8, 28, 9:28, 10:17) 그리고 모세는 실제로 거듭해서 그를 위해 기도한다.(8:12, 30, 9:33, 10:18) 그가 멸망하기 전에 거듭해서 그의 형벌은 실제로 중지되곤 한다. 이 모든 일은 결국 이스라엘 자신의 역사 속에서 하나님의 저 원래적 자비의 분명한 흔적으로 나타나는 것이다. 15절의 진리의 부정적인 측면에 따라서 파라오에게(이삭, 야곱, 모세와 달리) 일어난 일은 이 원래적인 자비를 또 다른 자비의 사건을 통해서 새롭게 하고 확증하고 영화롭게 하는 것이다. 하나님은 그에게 이 미래를 거부하기 위해서 그의 자유를 사용한다. 그러나 그의 자유는ㅡ잘 이해한다면!ㅡ이렇게 사용할 때에도 그의 자비의 자유이다. 그러므로 파라오는 모세에게 주어지는 것이 거부될지라도ㅡ모두가 같은 자유 안에서 발생하기 때문에ㅡ모세와 함께 같은 영역 안에 머물러 있다. 하나님의 저 원래적인 자비는 아무 이유도 없이가 아니라, 어떤 적극적인 의도에서 그에게 베풀어졌다. 그도 또한 저 이름을 지닌 하나님을 섬기는 기능을 가지며, 이와 결부된 명예와 희망에 참여한다. 하나님은 그를 그의 능력의 증인으로 만들고, 그의 운명을 통해 그의 이름을 온 땅에 선포하기 위해 그를 "살려 두고" "일으킨다." 로마서 1:16이 복음과, 고린도전서 1:18이 십자가의 말씀과, 고린도전서 1:24가 예수 그리스도 자신과 동일시한 "하나님의 능력"을 입증하는 것을 주목하라.ㅡ이스라엘 내에서 모든 버림받은 자들의 이 어두운 원형도 "하나님의 이름"을 선포함, 즉 하나님의 계시 안에서 일어나는 하나님의 자기 현재화, 자기 천명, 자기 확증을 선포함에 기여한다! 자신의 공동체를 선택함에서 하나님의 계획은 또한 파라오를 통해서도 수행된다. 실제로 모세를 통해서만이 아니다! 그의 미래의 날, 예수 그리스도의 날을 향해 가는 그의 행위의 도상에서 하나님은 파라오도 필요로 한다. 실제로 모세만이 아니다! 자기 공동체를 선택함에서 하나님의 계획은 그것의 성취에 관해서 실제로 인간의 의지와 노력에(모세의 의지와 노력에도!) 속박당하지 않는다는(16절) 것과, 하나님의 계획은 해당 인간을 통해서 어느 방식으로든 수행되어야 한다는 것을 나타내기 때문에, 파라오의 위치는 모세 곁에서 확고하다. 파라오는 모세와는 전혀 다른 방식으로 하나님의 의를 위하여, 실로 하나님의 자비의 의를 위하여 증언함으로써 그의 위치는 모세 곁에서 확고하다. 같은 의미에서 이스마엘도 이삭 곁에서, 에서도 야곱 곁에서, 오늘날 고집 센 회당이 교회 곁에서 위치가 확고하다.

"하나님께서는 긍휼히 여기고자 하는 자를 긍휼히 여기고, 완고하게 하고자 하는 자를 완고하게 한다."(18절) 이 말은 분명히 한편으로는 이삭, 야곱, 모세를 되돌아보며, 다른 편으로는 이스마엘, 에서, 파라오를 되돌아본다. 사람들이 이 말을 고전적인 예정론의 의미로 해석하기 전에, 여기서 이중으로 쓰인 "의지한다"가 갑자기 중립적으로, 즉 모호하게 자유로운 의지로, 곧 이 애매모호한 자유 안에서 때로는 여기로 때로는 저기로 향하는 의지로 이해될 수는 없다는 것을 주목했어야만 했을 것이다. 확실히 이 하나님의 의지는 자유롭다. 그러나 그렇기 때문에 그의 의지는 애매모호하지 않으며, 오히려 하나님의 이름을 통해(15절) 언명된 의미에서 정해진 것이다. 이런 의미에서 그의 의지는 확실히 저 이중적 방향을 가진다. 하나님은 두 면으로, 상이한 형태로라도 동일한 것을 의지한다. "긍휼을 베푼다"와 "완고하게 만든다"의 대립은 "의지한다", 곧 자신의 공동체를 선택함에서 하나님의 한 계획이라는 괄호 안에 있다. 이 계획은, 로마서 11:32가 아주 분명하게 말하게 될 것처럼, 그의 자비의 계획이다. 15-17절에 의하면 모세와 파라오는 이 계획을 수행해야 한다. 그들은 이것을 상이한 방식으로 수행한다. 그런 한에서 하나님의 한 의지는 상이한 모습을 가진다. 하나님은 모세를 그의 자비의 증인으로, 파라오를 심판의 증인으로 선택한다. 이 심판은 이 자비 안에서 필연적이 되고 성취된다. 그러므로 그는 모세를 자신의 능력과 이름의 자발적인 종으로, 파라오를 비자발적인 종으로 지정한다. 그는 모세에 대해서 자신의 자비를 새롭게 한다. 그는 파라오에게 이 갱신을 거부한다. 이것이 해당 인간에게는 개인적으로는 매우 상이한 것을 의미한다는 것, 하나님이 이렇게 저렇게 다루고 사용한다는 것은 자명하다. 그러나 여기서는 그것을 말하지는 않는다. 아마도 고전적 예정론의 결정적 오류는, 그것이—하나님의 일보다는 인간의 일에(인간의 유익을 위해서가 아니라!) 더 관심을 가지고—로마서 9:18의 의도를 모세와 파라오의 개인적 삶과 운명에서(롬 9:6f., 아브라함과 이삭의 여러 아들들의 운명에서처럼) 보려고 한 데 있다. 그러나 여기서 이야기는, 이스라엘 백성의 역사와 삶에서 그처럼 특징적인, 하나님의 예정으로 인한 이스라엘인의 삶과 운명의 상이성이 이스라엘의 선택과 하나님의 자비의 의에 모순되는 것이 아니라 상응한다는 것, 이스라엘의 역사와 삶의 영역 안에서는 거듭하여 이런 분리가 일어나야 한다는 것에 대한 것이다. 왜냐하면 이스라엘의 역사는 우선 십자가에 달린 그의 메시아의 기대의 역사이며, 또한 부활한 주의 교회의 역사이기 때문이고, 하나님은 영역 안에서 자기 자신과 인간을 의롭게 하려고 생각하며 실제로 의롭게 할 것이기 때문이다. 18절에서 ἐλεεῖν은 이스라엘에 대한 하나님의 적극적인 의도, 곧 이스라엘 가운데서 교회의 기초를 세우고 긍휼히 여김이 실행되고 드러나게 되는 특별한 자비, 자비의 갱신을, 그리고 하나님이 인간을 그의 미래의 날에, 곧 죽은 자들로부터 예수 그리스도의 부활의 때에 받아들이게 될 긍휼의 모형을 서술한다. Σκληρύνειν은 뻣뻣하게 하다, 딱딱하게 하다, 완고하게 하다, 돌같이 만들다(불가타 역: indurare) 등을 의미하며, 저 원래적인 긍휼의 중단, 저 특별한 새로운 긍휼의 중지를 서술한다. 여기서 이스라엘에 대한 하나님의 소극적인 의도가, 곧 이스라엘 그 자체의 구성, 하나님이 그의 미래의 날에—그가 자비를 수행하게 됨으로써—인간에 대해 행하게 할 심판의 모형이 실행된다. 그 자신이 이 심판을 이날에 인간을 위하여 받을 것이다. 그러므로 18절은 이렇게 해석되어야 한다. 하나님이 자기 공동체를 선택함에서 자비로운 계획이 그의 긍휼의 모형과 거울이 되도록 정한 자, 그의 우월한 행동의 선함과 그의 자유의 은혜를 드러내기 위하여 정한 자에게 하나님은 자신을 이런 계획을 가지고 실행하는 자로서 계시하고 자신을 선사함으로써, 그가 모세처럼 하나님의 친구로서 자발적으로 감사하는 마음으로, 복종하는 가운데 하나님의 축복 아래서 하나님의 뜻을 섬길 수 있도록 한다. 하나님이 자기 공동체를 선택함에서 그의 자비로운 계획이 그의 심판의 거울이 되도록 정하고, 하나님의 뜻과 성취에 대해 모든 인간적인 것의 무력함, 합당치 않음, 패배를 드러내도록, 하나님의 우월한 행동의 엄격함과 그의 은혜의 자유로움을 드러내기 위하여 지정한 자에게 하나님은 자신을 폐쇄하고 거부한다. 그래서 이 인간은 파라오처럼 하나님의 원수로서 비자발적으로, 배은망덕하게, 그러므로 그의 죄책 가운데서 하나님의 저주와 형벌 아래서 하나님의 뜻을 섬겨야만 한다.

바울이 19절에서 발언하고 20-22절에서 답변하는 물음은 도전적 물음이다. "당신은 나에게 말한다. 그렇다면 하나님이 책망할 것이 무엇인가? 누가 하나님의 뜻을 거역했단 말인가?" 우리는 이 물음을 이해하기 위해서 20절에서 취한 표현을 끌어들여야 한다. "당신은 나를 왜 이렇게 만들었습니까?" 이 물음은 너무나 자명하기 때문에 누가 바울에게 이 물음을 제기했는지, 혹은 바울은 이 물음이 여기서 제기될 수 있다고 예측하기 때문에 물음에 대해 답변하는지 숙고하는 것은 필요하지 않다. 분명히 이 물음은, 17-18절의 서술에 의하면, 인간의 뜻과 노력을 고려함 없이(16절), 그가 자신의 행위의 정당성, 가치, 유용성으로 제시할 만한 것을 존중함 없이, 하나님 자신을 통해서 자신을 그의 원수 가운데로 포함시키고, 자신이 하나님의 원수들 중 하나로 정해짐을 보는 인간의 변증이다. 그의 모든 의지와 노력이 전혀 고려될 수 없다면, 그가 하나님의 뜻과 행위를 통해서, 그가 어떻게 뜻하든, 어떻게 노력하든 파라오가 되었다면, 하나님이 그에 적대할 것이 무엇이 있겠는가? 그렇다면 그가 어찌 또 책임을 질 수 있으며, 고발당할 수 있으며, 처벌받을 수 있으랴? 그렇다면 어떤 동기로 그가 회개할 수 있으며, 하나님이 제공하는 은혜를 사용할 수 있으랴? 그가 하나님의 뜻과 행위에 아무리 최선을 다할지라도 항거할 수 있을까? 만일 그가 이렇게 할 수 없다면, 파라오가 되는 것이 무엇이 나쁜가?—바울이 18절에서 고전적 예정론의 해석에 따라서 실제로 하나님의 절대적인 처리 권한을 말했더라면, 이 물음은 의미가 없지 않을 것이다. 사람들이 이 전제에서부터 저 물음에 답변하기 위해, 저 변증을 물리치기 위해 제시한 모든 논거들이 너무나 약해서, 150년간의 토론 뒤에, 이 "예정에 대한 거듭나지 못한 인간의 불안"(Sam. Werenfels, *Opusc.* II, 135f.)을, 1700년에 다시금 한때 칼빈의 적수들, 또 그 이전에는 아우구스틴과 고트샬크의 적수들이 했던 것처럼 눈물나는 확신을 가지고서 운운할 수 있었다는 것은 이유가 없는 것이 아니었다. 만일 바울이 18절에서 "절대적 결정"을 선포했다면, 그가 20절 이하에서 한 답변도 이 물음에 대한 답변이 아닐 것이다. 그러나 바울은 18절에서 "절대적 결정"을 선포한 것이 아니다. 오히려 그는 자유로운 하나님의 자비로운 의지에 대해 말했다. 이에 비추어서 19절의 도전적 물음은 물론 무의미하다고 해야 할 것이다. 그 물음은 그의 자비 안에서 자유로운 하나님이 인간을 그의 심판의 증인으로 정하는 경우, 어떤 인간도 하나님에게 다음의 물음으로써 대항할 수 없기 때문에 무의미한 것이다. 곧 하나님이 그에게서 어떤 비난할 만한 것을 발견하는가? 왜 하나님이 그를 이렇게 만들었는가? "오 인간아, 네가 누구이기에 하나님과 겨루려는가?"(20a절) 바울이 이 도전적 물음에서 염두에 두고 있는 답변은 사람들이 종종 생각했던 것과 같지는 않다. 너는 다만 피조물이니, 하나님은 그의 창조자로서 자유로운 판단에 따라서 이렇게 혹은 저렇게 그를 다룰 수 있다! 확실히 하나님은 이렇게 "할 수 있다." 그러므로 확실히 인간은 하나님이 이렇게 다룰 "수 있는" 존재이다. 그러나 바울의 도전적 물음이 인간을 그의 자리에 놓은 것은 하나님의 불특정한 능력에 대해서는 아니다. 이로써 바울은 19절의 물음에 다만 새로운 활력과 빌미를 제공하는 셈이 될 것이다. 인간을 다룸에서 하나님의 "능력"은—거기에 대해서는 다만 인간의 겸비만이 합당한데—매우 특정한 것이다. 그 능력은 하나님이 예수 그리스도 안에서 인간을 고려하여 정한 결심을 통해 확립되었다. 20절의 반문 속에 감추어져 있는 답변은 이렇다. 네가 모세처럼 하나님의 친구든, 파라오처럼 하나님의 원수든지, 네가 이삭이든 혹은 이스마엘이라고, 야곱이든 혹은 에서라고 불리든지, 그리스도가 네 죄 때문에, 네 죄를 위하여, 하나님을 의롭게 하기 위해서 십자가에서 죽었고, 네 구원을 위해, 네 자신의 칭의를 위해 죽음에서 일으켜졌다.(롬 4:25) 이 인간은—예수 그리스도 안에서 일어난 이중적인 칭의에서 문제가 되는 인간, 이 이중적인 칭의와 대결하는 인간—19절의 도전적 물음을 제기할 수 없다. 하나님의 심판의 증인으로 선택받은 인간이 늘어놓는 변명을 만일 이 인간이 생각할 수 있다고 할지라도, 그의 입술에서 죽어 버릴 것이다. 하나님의 친구뿐 아니라 원수에게도, 하나님의 자발적인 종뿐 아니라 또한 그의 내키지 않는 종에게도 말해야 한다. "너는 이런 인간이며, 이런 인간으로서 하나님과 겨룰 수 없다. 너는 이 인간으로서 네가 누구든 네가 무엇이든지 자유로운 하나님의 자비로운 뜻을 통해서 현재의 네가 된 것이다. 너는 어느 경우든 감사할 동기가 있고, 어느 경우든 너의 배은망덕을 인식할 근거를 가지며, 어느 경우든 거기에 대해서 책임을 질 근거를 가지며, 어느 경우든 회개할 동기를 가지며, 어느 경우든 하나님에게 네 희망을, 네 희망을 오직 하나님에게만 걸 동기를 가진다. 하나님이 너를 어떻게 하든지, 네가 그의 자비로운 뜻의 빛 혹은 어둠 속에 처해 있든, 네가 하나님의 선함 자체를 증언하든지 혹은 그에 대한 인간의 무력과 불합당함을 그러므로 하나님의 심판의 엄격함을 증언해야 하든지 간에—너는 그렇게 할 동기가 있고, 그러므로 저런 도전적 물음을 제기할 동기가 없다." 바울은 예수 그리스도 안에서 일어난 하나님과 인간의 칭의에 관한 복음을 선포하고 관철시킴으로써 이 물음에 답한다.—그 다음 말은 그가 이렇게 이해되어야 함을 보여 줄 것이다. 예수 그리스도 안에서 의롭다 함을 받은 인간은 저 도전적 물음으로써 예수 그리스도 안에서 칭의를 받은 하나님과 만날 수 있다. 그는 모든 하나님의 책망을 받는다. 그가 하나님에게 대항하려 하지 않는다. 그가 무엇으로 예정되었든, 창조되었든지 간에, 그가 예속되어 있는 하나님의 손을 찬양한다.("예정에 대한 불안"은 고전적 예정론이 불특정 하나님, 불특정 인간과 대결한 것에 대한 형벌이었다. 바울은 이렇게 하지 않았다. 그러므로 그는 이런 "불안"을 두려워할 필요가 없었다.)

우리가 우선 19절의 물음을 반박하는 것의 복음적 의미를 주목한다면, 그리고 비유 자체를 특히 예레미야 18:1-10과 같은 구약성서의 예에서 사용된 것처럼 그렇게 이해한다면, 그리고 결국 확실히 범상하지 않게 δέ에 의해 도입되는 22-24절에서의 해석에 주목한다면, 20-21절에 뒤따르는 토기장이 비유가 전체 진술의 중심을 이룬다는 것이 분명해진다. 토기장이 비유는 우선 18절의 반복이요 확증이다. 하나님은 그의 자비 안에서 자유롭게 여기서는 자신을 열어 주고 저기서는 닫는다. 그는 자유롭게 그의 권능과 그의 이름을 모세를 통하여 이렇게, 파라오를 통해서 다르게 입증하고 선포하게 한다. 예수 그리스도 안에서 죄인을 불쌍히 여기는 하나님은 이 목표를 향한 그의 길을 드러내기 위하여, 그의 자비로운 계획의 증인으로서 "영광의 그릇"인 이스라엘 안의 교회와 그리고 그의 심판의 (그의 긍휼의 역사로서!) 증인으로서 "치욕의 그릇"인 이스라엘 자신을 필요로 한다. 하나님은 예수 그리스도의 증인으로서 그 나름대로 양자를 필요로 한다! 이스라엘의 하나님은 이렇게 그의 백성 안에서, 대해서 행동한다. 전능자의 변덕에 따라서가 아니라, 그의 이름과 본성에 상응하는 일정한 의도 속에서, 즉 예수 그리스도의 죽음을 통한 자신의 정당화를 위해서, 예수 그리스도의 부활을 통한 인간의 칭의를 위해서 행동하며, 이런 그의 미래의 날을 향한 자신의 길을 계시한다. 이스라엘이 그의 영광의 자리이고, 이 영광은 이스라엘의 영광이 아니라 그 자신의 영광이라는 것이 이 길에서 드러나야 한다. 그러나 토기장이의 이중적 행동은 이미 바울이 인용한 구약성서 구절들에서도 결코 평행, 대칭, 균형적으로 일어난 것이 아니니, 따라서 하나님은 무차별한 중심으로부터(시소의 원리에 따라서) 똑같이 진지하게, 같은 의미에서, 똑같이 궁극적으로—오른편으로나 왼편으로나 각각 영원하게—때로는 받아들이고, 때로는 버리고, 때로는 자신을 열고, 때로는 자신을 닫고, 때로는 긍휼을 베풀고, 때로는 완고해지는 것이 아니다. 오히려 양자가 모두 그의 행동이 됨으로써, 영광을 위한 그의 행위와 치욕을 위한 그의 행위는 전혀 별개의 문제이다. 양자는 돌이킬 수 없는 순서와 질서 안에 있다. 하나님이 오른편을 향해 '그래'를 말한다면, 그는 자기 자신을 위해 이렇게 하는 것이고, 이로써 그의 궁극적 의도를 발설한 것이고, 그가 예수 그리스도 안에서 실현되고 계시된 긍휼을 가지고 인간들 가운데서 행하고자 하는 바에 대해 말하는 것이다. 하나님이 왼편을 행해 '아니'를 말한다면, 그는 이로써 오른편을 행해 말하는 '그래' 때문에 이렇게 하는 것이고, 그는 이로써 그의 궁극적 의도를 수행하기 위한 길 위에 처해 있는 것이고, 이로써 그의 긍휼을 필연적으로 실현하고 계시하도록 만드는 것에 대해 말하는 것이다. 왜냐하면 그의 긍휼은 인간들 가운데서 일어나기 때문이다. 하나님의 한 행동의 양편 사이에 일어나는 것은 양편을 향한 신적 진지성에도 불구하고 매우 일관성이 없고 매우 불균형적이고 매우 비대칭적이다. 하나님의 의지의 빛과 강력한 불의지의 그늘이 여기서 상호 대립하여 있다. 어떻게 거기에 돌이킬 수 없는 순서와 질서가 지배하지 않겠는가? "그의 진노는 한 순간이나 그의 사랑은 일생토록 지속된다."(시 30:6) "내가 잠깐 분노하여 너를 버렸으나 큰 긍휼로 너를 다시 모을 것이다. 분노가 북받쳐서 나의 얼굴을 너에게서 잠시 가렸으나 나의 영원한 자비로 너에게 긍휼을 베풀었다."(사 54:7-8) "하늘이 땅위에 높은 것 같이, 주님을 두려워하는 사람에게는 그의 은혜도 크시도다. … 인생의 날이 풀과도 같고 피고 지는 들꽃과도 같아서, 바람이 한 번 지나가면 곧 시들어, 그 있던 자리조차 알 수 없다. 그러나 주는 주님을 두려워하는 사람을 긍휼히 여기신다."(시 103:11-12) 이것이 이스라엘의 하나님, 토기장이의 행동에서의 두 방향 사이의 관계이다. 이 관계를 오인하는 것이 20b절 물음의 오류이다. 빚어진 것은 이사야 29:16의 말대로 그를 빚은 자에게 "네가 나를 만들지 않았다"라고 말할 수 없고, 혹은 "왜 네가 나를 이렇게 만들었느냐"고 물을 수 없다. 그를 빚는 자의 권능이 아니라 그 취지, 경향, 권한이 그의 이런 언동을 금지한다. 인간 "무리"로부터 그들 곧 "영광의 그릇"이 취해졌으니, "치욕의 그릇"이 저 인간 "무리"의 무능력과 불합당성을 입증하기 위해서라면, 같은 손으로부터 나온 그들에 대해서 "영광의 그릇"은 하나님이 이 인간들에 대립해서 의지하고 의도하는 바가 무엇인지를 입증한다. 어찌 인간이 자신에 대한 하나님의 행위를 찬양하는 대신에 "치욕의 그릇"을 통해서, 물론 증언된바 자신의 무능력과 불합당성으로부터 이것을 절대화시키는, 하나님의 '그래'에 대해서 하나님의 '아니'를 경쟁시키는 권한과 필요성을 도출할 수 있으랴? 하나님의 '아니'는 다만 바로 '그래'를 위해서 발설된 것이기 때문이다. "치욕의 그릇"으로 예정된 자에게는 인간의 무능력과 불합당성을 증언함으로써—그는 본의 아니게 어느 경우든 이것을 증언해야 한다.—"영광의 그릇"으로 예정된 자의 증언을 자발적으로 뒷받침하는 외에 무엇이 남아 있겠는가? 그는 하나님 자신이 그의 '그래'를 그의 '아니'를 통해서 폐기하지 않고 뒷받침하는 것을 본다. 바로 이런 뒷받침하는 것이 하나님의 선택받은 공동체에서의 이스라엘의 사명이다. 이스라엘 자신은 "치욕의 그릇"이다. 그는 하나님의 심판의 증인이다. 그는 인간의 무능력과 불합당성을 구체화한다. 이스라엘을 통해 그 자신의 메시아가 십자가 처형을 받도록 넘겨진다. 그러나 이스라엘 가운데서 처음부터 교회가 하나님의 역사를 이 인간들에게 선포하는 포괄적이고 궁극적인 임무를 가지고 그와 대립한다. 교회는 그의 머리인 부활한 주로 인하여 "영광의 그릇", 하나님의 자비의 증인이 되고, 이 인간들을 받아들인 하나님의 선함의 구현이 된다. 이스라엘은 당신이 나를 왜 이렇게 만들었느냐고 물을 수 있겠는가? 그 자신이 교회인 이스라엘은 왜 그렇게 물을 수 없는가? 그는 이스라엘로서, "치욕의 그릇"으로서, 하나님의 심판의 증인으로서, 처음부터 교회를 자기 가운데 가지고 있기 때문에, 그가 하나님의 '아니'를 선포함으로써 교회 안으로 들어가도록 예정되었고, 그렇게 부름받고 있기 때문에, 이렇게 물을 수 없다. 그가 본의 아니게 어느 경우든 봉사해야 하는 때에 자발적으로 섬기도록 부름받는다. 이처럼 그가 하나님의 보다 위대한 '그래'를 선포하도록 부름받는다는 것은 처음부터 그에 대한 하나님의 칭의요, 하나님에 대한 그의 칭의이다. 이 부름은 이스라엘에 의해 부정될 수 없는 사실성 안에서 19절의 물음과 저 물음을 불가능하게 만드는 것이다. 이스마엘은 이삭에 의해서, 이삭은 야곱에 의해서, 파라오는 모세에 의해서, 현재의 회당은 바울에 의해서 부름을 받았다. 그들이 이 부름에 직면해서, 그들에게 크게 들리는 복음에 직면해서, 저 물음, 저 19절의 도전적 물음을 감히 반복할 수 있을까?

19-21절에 대한 이 해석이 유일한 해석이라는 것을 22-24절에서의 토기장이 비유에 대한 설명이 입증한다. 이것은 파격 구문의 의문문으로, 19-21절에서 이미 전체적으로 바울이 직접 답변하지 않은 다섯 개의 물음이 그의 진술 내용을 이루는 한에서 문체적으로는 19-21절과 잘 맞는다. 토기장이 비유는 수수께끼 같은 말을 진술한 듯하다. "그러나(이 비유의 이해와 관련해서) 하나님께서 진노를 보이시고 권능을 알게 하시기를 원하시면서도 멸망받게 되어 있는 진노의 그릇들에 대해서 꾸준히 참으시면서 너그럽게 대해 주시고 영광을 받도록 미리 자비하신 자비의 그릇들에 대하여 자기의 풍성하신 영광을 알게 하시고자 하셨다는 것이 어떻다는 말입니까? 하나님께서는 우리를 부르시되, 유대 사람 가운데서만이 아니라, 이방 사람 가운데서도 부르셨습니다." 전체 진술은 구분되어 있고 왼편에 대한 하나님의 행위와 오른편에 대한 그의 행위 사이의 23절의(결과적으로, 목적적으로 이해되어야 하는) καὶ ἵνα를 통해서 명료해진다. 목적에 준해서 진술된바 18절에서 "긍휼을 베풀다"와 "완고하게 만들다"의 순서, 21b에서 "영광으로"와 "치욕으로"의 순서가 이제 발생론적으로 전개되면서 뒤바뀌고, 외견상 무관하게 보이는 양자의 병렬이 목적론적으로 설명된다. 22-24절에서 이것은 분명하다. 바울은 추상적인 이중성으로 해석되어야 할 하나님의 의지와 행위의 내용에 대해서 말하는 것이 아니라, 하나님의 길에 대해서 말하고 있다. 즉 그가 일정한 순서와 질서에 따라서 그의 한 의도를 성취함에서 저 이중적인 것을 의지하고 행하는 길. 22-24절을 미리 고려하지 않는다면, 선행 구절에서 드러날 수 있는 딱딱한 인상, 즉 마치 하나님의 자비와 하나님의 완고함, "영광의 그릇"과 "치욕의 그릇"의 존재가 하나님의 두 가지 상이한 길의 두 목적인 것 같은 인상이 이제 궁극적으로 사라진다. 결정적인 문장 후반부(23절)의 주동사는 "알게 하다"이다. "자비의 그릇"이 있는 것이 아니라 하나님이 그의 영광의 풍성함을 그들에게 계시하는 것이 하나님의 단일한 길의 목표이며, 바로 이것의 계시를 위해서 또한 저 "자비의 그릇"도 필요로 한다. 따라서 문장의 전반부의 주요 내용은, "진노의 그릇"이

있다는 것, 하나님이 그 그릇들을 그런 것으로, 그러므로 멸망으로 준비했다는 것을 확정지음에 있는 것이 아니며, 또한 그가 그의 진노를 보이기 위해서, 그의 권능을 계시하기 위해서 이 일을 했다는 데 있는 것이 아니라, 오히려 하나님이 이 "진노의 그릇"을 큰 인내로써 감당했다는 데 있다. 이것은 "인내했다"가 여기서 주동사이기 때문만이 아니라, 무엇보다도 이 "인내했다"에 23절이 연결되고 있기 때문에 22절의 주요 내용이다. 하나님은 일부 사람을 통해서 그의 영광의 부요함을 드러내기 위해서 다른 일부를 감내했다. 이것이 토기장이 비유에 대한 바울의 해석이다. 하나님의 단일한 의지는 22절에 의하면 진노의 나타냄과 권능의 계시의 형상을 갖는다. 하나님은 자비로우면서 또한 인간 편에서 그가 봉착하는 왜곡됨 때문에—바울이 인용한 예레미야 50:25에 의하면 하나님은 "진노의 병기들을 꺼내 놓았다."—진노한다. 그리고 그가 자비로우면서 또한 그의 권능에서 자유로우니, 즉 인간의 무력함에 대립해서 자유롭다. 그가 이스라엘을 자비롭게 여기는 분으로서 예수 그리스도 안에서 성취하게 될 일은 또한 심판과 버림의 행위일 것이다. 그는 인간에게서 그의 일을 빼앗아 자기 손안에 취함으로써, 인간의 모든 의지와 거동에 대해서 이미(롬 1:18-19) 파멸적인 '아니'를 선언했다. 그는 온갖 모습으로 인간의 권리를 박탈하고, 그의 소유를 빼앗았다. 그러나 이런 진노 행위 속에 숨어서 그는 인간에 대해서 자비롭다. 바로 이 심판을 통해서—그 자신이 이 심판의 치욕과 곤고를 감당할 것이다.—그는 인간을 구원할 것이다. 이 목표를 향해 가는 이스라엘의 역사는 점점 증가되는 이 심판의 예고들일 따름이다. 그러므로 이 역사의 전체 흐름 속에서 "진노의 그릇"이 있다. 그들에게서 하나님의 '아니'가 나타나고 계시된다. 하나님의 '그래'는 이 '아니'에 감추어져서 이스라엘의 메시아의 고난과 죽음으로써 인간에게 말해질 것이다. 이스라엘은—그렇지 않다면 이스라엘이 아닐 것이다!—그의 선택 때문에, 그의 희망 때문에, 언제나 또한 "멸망으로 예비된 진노의 그릇"을 그 가운데 두어야만 한다. 이스라엘은 결국 유일한 "진노의 그릇"이 되어야 하며, 자기 메시아를 죽음에 내어 줌으로써 전체적으로 하나님의 심판의 증인이 되어야 한다. 그러나 이제 인간 부정은 22절에 의하면 하나님의 의지에서 어떤 독자적인, 궁극적인 의미가 없으며, 그러므로 또한 인간 부정을 드러내고 계시함도 하나님이 이스라엘에 대해 의지하고 행함에서 아무 독자적이고 궁극적인 의미가 없다. 바울이 염두에 둔 것은, 하나님은 '아니' 아래에 감추어져 있는 이스라엘의 역사의 목표에서 인간에게 '아니'가 아니라 '그래'를 말할 것이며, 죽임당한 예수를 무덤에 내버려두는 것이 아니라 죽은 자들 가운데서 일으키리라는 것이다. 이 목표에서 볼 때 저 "진노의 그릇"에 대한 결정적인 진술은, 하나님이 그들을 "큰 인내로써 감당하셨다"는 말로 끝나야 한다. 그는 그들에게 시간뿐 아니라 그들의 때에 생명도 허락했다. 그는 또한 헛되지만 그들의 참회와 회심을 기다렸다. 그러나 그는 보다 더 큰 일도 행했다. 그는 그들을 "진노의 그릇"으로 원했고, 사용하면서도 실제로는 그들을 감내했고, 그의 자비로운 의지와 거동의 목적 속으로 함께 받아들였다. 그러므로 그는 그들을 이유 없이 감내한 것이 아니다. 그는 인내로써 그들에게 시간을 허락했고, 헛되이 그들의 참회를 기다렸으니, 이 인내는 결코 공허한, 무의미한, 결국 환멸로서 끝나게 될 관용이 아니라, 하나님의 인내의 행위로서 지혜의 행위이다. 그가 자신의 아들 안에서 인간이 당할 버림을 감당함으로써 이스마엘, 에서, 파라오, 전 이스라엘의 버림받음이 결국 극복되었고, 한정되었으며, 하나님이 감당하는 버림으로써 규정되었다. "짊어지다"는 이 문맥에서 보다 정확히 말하자면, '운반하다', '데려오다'를 의미한다. 오는 자, 세상 죄를 짊어질 하나님의 어린양 때문에(요 1:29) "진노의 그릇"을 대하는 하나님의 인내는(롬 3:25-26) 가능하고 필수적이다. 이 데려옴은 이스라엘 역사의 비밀이며 또한 교회 옆에 회당의 존재의 비밀이기도 하다. 하나님은 그들을 인내하고, 그들의 회개를 기다릴 뿐 아니라, 그가 이렇게 함으로써 그들을 그의 진노와 자유의 표적으로서 원한다. 이 표적은 또한 그의 자비의 영속적인 표적이기도 하다. "세상의 어떤 권세도 유대교를 뿌리 뽑을 수 없다. 하나님의 인내가 진노의 그릇을 올해에도(눅 13:8) 참는 한, 유대인 자신은 멸절될 수 없다."(E. Peterson, *Die Kirche aus Juden und Heiden*, 1933, 34) 교회는 그 자체로는 불가해한 대립상을, 그의 희망의 성취 이후에도 그의 낡은 고집을 반복하고, 이렇게 자기 희망에 역행하는 이스라엘을 필요로 하지 않는가? 어쨌든 교회는 구약성서의 살아 있는 주석으로서 회당의 존재로부터 거듭하여 그들이 어느 "무리"에서(21절) 취해졌는지, 하나님의 은혜를 받은 인간이 어떤 인간인지를 배워야 한다. 그리고 이 인식에 비추어서 하나님이 어떤 분인지, 하나님이 인간을 위해서 인간을 높이기 위해서 얼마나 자신을 낮추었는지를 배워야 한다.

저 "진노의 그릇"을 인내함의 목표는 23절에 의하면 영광을 위해 예비된 "자비의 그릇"에서 하나님의 영광의 부요함을 계시함에 있다. 이 자비의 그릇은 24절에 의하면 분명히 유대인과 이방인으로 이루어진 교회와 동일시된다. 우리가 22, 23절을, 그리고 이 구절과 더불어 13-29절 전체 문맥을 교회를 선택함에서 하나님의 의에 대한 물음의 답변으로 올바로 이해하려 한다면, 22, 23절의 인과적, 목적적인 연결을 아무리 주목해도 지나치지 않다. 이 선택의 목적은 이제 분명히 지시된다. 하나님이 자비함으로써, 곧 그의 자비로 인해서, 진노하고 심판하고 처벌한다. 왜냐하면 그는 자비 없이는 진정으로, 유효하게 자비를 베푸는 분이 아닐 것이기 때문이다. 우리는 지금 하나님의 자비가 하나님의 영광(자기 자신을 확증하고 입증하는 본성)이라는 것을 분명히 체험한다. 그의 자비 안에서(그러므로 또한 인간을 칭의함이 없지 않은 가운데) 하나님은 진노를 계시함에서 그러했듯이, 자기 자신을 의롭게 한다. 여기에 또한 그의 자비의 계시가 뒤따른다. 이것에 진노의 계시가 선행해야 한다. 왜냐하면 이스라엘의 희망의 성취에서도, 예수 그리스도 안에서 인간을 높이기 위한 하나님의 자기 비하를 통해서 인간의 선택을 확증함에서도 그러할 것이고, 예수 그리스도 자신이 이 "길"이 될 것이기 때문이다. 그러나 예수 그리스도 자신이 이 "길"이 될 것이기 때문에, 그는 그 안에 그 목표를 지닌 이스라엘의 역사의 비밀이 된다. 바로 그렇기 때문에 "진노의 그릇"을 인내함은 '데려옴'으로 이해되어야 하고, 그 역사의 의미와 "자비의 그릇"의 의미는 하나님의 상이한 두 의도를 병치시켜 놓은 상태에서 바라보아서는 안 된다. "진노의 그릇"의 존재, 유일한 "진노의 그릇"인 "배신자" 가룟 유다에게서 구현화된 이스라엘의 존재는 어떤 자기 목적을 가지지 않는다. 이 이스라엘에 대한 하나님의 버림의 판결은 궁극적인 것이 아니며, 하나님의 온전한 말씀이 아니라 오히려 다만 장차 이 그림자-이스라엘 위에 계시되어야 할 그의 영광의 약속에 대한 서언이다. 이 궁극적이고 온전한 하나님의 말씀의 증인, 계시에서 반박할 여지없이 자기 자신을 변호하는 하나님의 영광의 증인이 23절에서 "자비의 그릇"이라고 불린다. 15, 18절에서 모세가 특별한 의미로 하나님의 자비의 대상으로 표시된 것과 같은 특별한 의미로 "자비의 그릇"이라 불린다. 그들은 21절에서 "명예스럽게 쓰일 그릇"이라고 불린다. "치욕스럽게 쓰일 그릇"도 이스라엘의 하나님의 손에서 나와서 그들의 특별한 위치와 기능에서 하나님의 미래의 영광을 위해, 그러므로 그의 자비를 위해 섬겨서는 안 된다고는 쓰여 있지 않다! 우리는 차라리 22, 23절의 문맥에서, 그들이 그 나름대로 실제로 이렇게 하고 있다는 것을 추론해야 한다. 진노의 현실적인 증인들은 간접적으로 필연적으로 또한 하나님의 자비의 증인이다. 그러나 저들이 그의 자비의 특별한, 본래적이고 직접적인 증인, 곧 예수 그리스도의 부활과 승천의 증인, 성령의 증인(처녀 마리아 안에서 그가 성령에 의해 수태됨을 받았으며, 그가 그의 사람들에게 나누어 주었으며 성령으로 인하여 그가 하나님이 아들이 되고 성령으로 인하여 인간들이 하나님의 자녀라 불릴 수 있고, 자녀가 될 수 있다.)이 아니라, 오히려 그들 이후에, 그들 옆에서 같은 "무리" 가운데서(21절) 취해진 "자비의 그릇", 예수 그리스도가 그러하듯이 "이스라엘 가운데서 나온"(6절) 이스라엘 사람들이 그 증인들이다. 이 증인들은 이 한 사람 안에서, 그와 더불어서 이스라엘의 선택을 적극적으로, 자발적으로 확증할 수 있다. 그들의 존재의 은혜의 증표는 이스라엘 안에 세워져 있으며, 이 은혜의 증표 아래서 이스라엘은 이제 "멸망을 위해 예정된" 회당의 모형일 뿐 아니라, 또한 하나님의 영광을 직시하고 증언하기 위해서, 그의 자비를 칭송하기 위해서 예비된 교회의 모형이다. 이 일을 위해서 정해진 이스라엘이 그의 파송의 정점에서 다윗의 자손이라는 한 원형적 인물에게로 축소된다면, 이스라엘은 이미 그 이전에 많은 사람들 안에(이 원형이 이스라엘의 중심에서부터 나옴으로써), 이스라엘의 소명과 희망을 가질 뿐 아니라 마음속에 간직하고 있는, 점차 작아져 가는 '남은 무리'를 이루고 있는 모든 아브라함의 자손과 다윗의 자손 안에서, 모든 예언자들과 하나님의 종들 안에서, 모든 가난한 자들과 의로운 자들 안에서 존재한다. 이 "자비의 그릇" 안에서 다윗의 자손 나사렛 예수와 함께 그를 통해서 부름받고 모인 자들의, 그를 믿는 자들의 교회가 선재한다. 그 안에서 교회를 만든 자는 그러므로 저 토기장이, "진노의 그릇"뿐 아니라 또한 "자비의 그릇"을 원하며, 다만 "자비의 그릇" 가운데서 하나님을 희생하면서 인간을 자랑하고자 하는 모든 입이 막히도록, 그들 가운데서 오직 그들을 통해서 하나님의 영광이 자랑되도록 하기 위해서 "진노의 그릇"을 원하는 이스라엘의 하나님일 따름이다. 이삭이 이스마엘이라는 인간을, 야곱이 에서라는 인간을, 모세가 파라오라는 인간을, 교회가 회당을 자기 옆에 둠으로써, 그들은 그들의 조상 아브라함의 약속의, 믿음의 진정한 자식들이다. 그러므로 선택받은 사도들을 통해서(물론 그들 가운데 가룟 유다도 있었지만) 설립되고 교회는 선택의 신비, 이스라엘 선택의 이중적 실현의 신비이다.—이 신비는 이미 드러나 있다.

그러나 이것은 비로소 24절에서 분명히 진술된다. "자비의 그릇"은(족장들, 모세, 다윗, 예언자들에게서 예시된 바) 일차적으로 죽은 자들 가운데서 일어난 주 예수 그리스도이며, 이차적으로는 그에 관한 복음을 통해서 부름받고 모인 사도적 교회이다. 22절 이하 대(大) 파격구의 결론은 이렇다. "… 그는 우리를 유대인 가운데서뿐 아니라 이방인 가운데서도 그런 자로서 불렀다." 이것은 6절과 23절 사이의 어휘를 너무나 협소하게 해석한 모든 자들에게는 매우 예기치 못한 결론이다. 호세아(23-25절 인용)와 이사야(27-29절 인용)를 통해 설명된 이 결론은, 바울이 하나님이 선택받은 백성 이스라엘에 대해 행하는 것에 대해 진술한 것의 목표요, 정점을 이룬다. 이 결론의 의미심장한 언어는 분명히, 하나님이 유일한 모형인 이스라엘을 대했던 그의 행태가 목표하였던 교회를 대하는 하나님의 길에서는 정확하게 이스라엘에 상응해서 두 가지 문제가 있다는 것을 말해 준다. 곧 교회로 부름받고 모인 것은 다만 아브라함의 자손으로서, 4-5절에서 진술된바 특권을 지닌 이스라엘의 후손으로서 배타적인 권한을 주장하고 이 권한을 그들의 믿음을 통해서 정당화하려는 듯 보이는 몇몇의 "자비의 그릇"만이, 몇몇 유대인만이 아니다. 아니, 그들과 함께 여기서 명백한 "진노의 그릇" 다수, 이방인, 곧 모압과 암몬, 이집트와 앗시리아의 영역에서 온 한 무리가 부름받았고 모이고 같은 신앙을 통해 의롭다 함을 받았다. 바로 저 "완고한" 백성 전체는(이스마엘에서 시작해서 사마리아의 왕들과 백성에, 그러나 결국 또한 다윗 족속과 예루살렘 자체에 이르기까지) 그의 선택받은 백성에 대한 하나님의 준엄한 심판으로 인하여 그 영역으로 구축당한 것처럼 보인다. 전자와 후자는 함께 하나님의 부름의 근거 위에서 교회를 이룬다고 24절은 말한다. 전자와 후자는 이스라엘의 역사의 종말과 목표에서 "자비의 그릇", 예수 그리스도의 부활의 증인, 성령을 받은 자요 그 도구이고, 하나님의 "풍성한 영광"의 소유자이다.(23절) 그러므로 교회의 기적은 지금 이스라엘의 역사가 그의 메시아의 내어줌, 예루살렘의 파괴로써 끝나면서 추후로 이스라엘 중 몇 사람이 회개하고, 아브라함이 또 다시 사라의 이미 죽은 몸에서(롬 4:19) 이삭을 낳을 수 있다는 것, 야곱과 그의 백성이 죽은 자들 가운데서 소수로 일으켜짐을 받아서 새로운 생명을 받았다는 것을 믿는다는 것에만 있는 것이 아니다. 교회의 기적은 또한 여기에 있다. 바로 바울은 화재에서 건져낸 것 같은 이스라엘에[그의 형제들보다도 야곱에게 사랑받은, 멸망했으나 보존된 베냐민 족속에(롬 11:1, 빌 3:5)], 자신의 소속함을 주지하다시피 특별히 자랑스럽게, 감사하면서 주장하였다. 유대 그리스도인의 존재는 하나님의 길의 폐기될 수 없는 연속성의 표지로서, 나사로의 부활을 혹은 차라리 죽은 자들로부터 인간 예수의 부활을 직접적으로 상기시키는 일로서 언제나 특별한 은혜의 표지로 남아 있을 것이다. 그리고 오직 가련하게도 영적이지 못한 사고를 하는 경우에만 유대 그리스도인은 자신의 이스라엘 출신을 부끄러워할 것이고, 혹은 이방인 그리스도인은 저들의 출신을 비난할 것이다. 유대 그리스도인이 된다는 것은 최고의, 씻을 수 없는 명예를 뜻한다. 그러나 결국 믿음에, 즉 이스라엘의 하나님, 모든 그의 죄를 그로부터 지워버린 하나님에 대한 지식에 도달한 유대인이 있었고 있다는 것에만 교회의 기적이 있는 것은 아니다. 오히려 뿐만 아니라 기적은 이방인, 많은 이방인이, 곧 이스라엘 곁에, 주변에 있는 백성들로부터, 그들 자신은 약속과 특별 취급에 대한 몫이 없고, 그의 메시아 예수는 그들에게는 전적인 이방인이 되는 그런 백성들로부터 많은 사람들이 이스라엘의 하나님에 대한 동일한 믿음으로 부름받았고 부름받고 있다는 데 있다. 그들도 하나님의 땅에서 온 사람들, 그의 창조물이며, 그의 통치 영역 안에 있다. 그들의 역사가 이스라엘의 역사와 접촉하는 한, 그들은 점차로 하나님의 역사의 빛 속으로, 때로는 또한 하나님의 약속의 빛 속으로 들어왔다. 그러나 그들은 일반적으로 다만 이스라엘의 역사의 어두운 이면을 이루었다. 이스라엘의 성화는 언제나 그들로부터 이스라엘의 성별이며, 이스라엘의 은혜는 언제나 그들의 무력과 적대 관계로부터 이스라엘의 보존이며, 이스라엘의 특별 취급은 언제나 그들로부터 이스라엘의 구별이었다. 하나님이 이스라엘을 사랑했다는 것은 언제나 그가 다른 백성들 자신을 사랑한 것이 아니라, 자기들의 길을 가게 한 것이고, 전반적으로는 다만 이스라엘에 대한 하나님의 진노의 도구로서만 그들을 자신의 역사에 참여케 했음을 뜻하는 듯하다. 모든 예외는 다만 규칙을 확증할 따름이다. 이스라엘은 선택되었으나 다른 백성들은 아니다. 그들은 결코 하나님의 자비에 저 "완고함"의 형태로(18절), "치욕의 그릇"으로서 혹은 "진노의 그릇"으로서 적극적으로든 소극적으로든 어떠한 몫도 가지지 못한 듯하다. 혹은 이 상(像)은 극단적으로 수정되어야 하는가? 구약성서 영역에서 이스라엘과 이방인의 병치는 전혀 다른 것을 의미하는가? 저 예외들은 현실적인 규칙을 나타냈는가? 하나님은 실제로 전혀 이스라엘을 위해서 잠정적으로 다른 백성들도 돌본 것이 아니라, 다른 백성을 위해서 특별한 방식으로 이스라엘을 돌본 것인가? 이스라엘의 특별한 부름은 다만 인간에 대한 하나님의 부름을 은폐하는 것이며, 이 은폐는 이 하나님의 부름이 온 세상 백성들에게 관계되는 하나님 공동체의 부름으로 드러날 것을 예비하는 것에 지나지 않았는가? 이스라엘에 주어진 약속은 모든 믿는 자들을 위한 약속인가? 이스라엘의 역사의 종말과 목표로부터 이 관계는 이렇게밖에는 달리 보거나 이해될 수 없다. 여기 교회 안에는 선택받은 백성들 중에서 소수의 사람들 외에 실제로 선택받지 못한 백성들 중에서 많은 사람들이 있기 때문이다. 그들은 저들처럼 부름받았고, 아브라함의 약속에 대한 믿음 안에서 저들처럼 아브라함의 자녀들로 부름받았다. 어떻게 이런 일이 일어나는가? 이방인들이 이스라엘의 메시아와 무슨 상관이 있는가? 결국 객관적인 근거로는 다만 본디오 빌라도의 형상으로 나타나는 것뿐이다. 그는 이스라엘에 의해서 이방인에게 죽임을 당하도록 넘겨졌으며 그들의 그릇된 판결에 따라서, 그리고 그들의 손에 의해서 실제로 죽임을 당했다. 그들은 그러므로 이스라엘의 악한 뜻의 집행인이자 동시에 이스라엘에 대한 하나님의 자비로운 뜻의 집행인 노릇을 하였다. 그럼으로써만 그들은 결정적인 순간에 이스라엘의 희망을 이루는 일에 구체적으로 참여했다. 어쨌든 일찍이 그들 중 한 사람이 예수의 죽음 직후 저 최초의 분명한 신앙고백, 죄의 고백을 말할 수 있었다. "진정으로 이 사람은 하나님의 아들이었습니다."(막 15:39) 사도들이 예수 그리스도의 부활을 통해서, 성령의 부음을 통해 새롭고 참된 이스라엘의 삶으로 일으켜지기 전에 이방인들은 이스라엘 역사의 긴 노정에서 궁극적인 발걸음을 내디뎠으며, 이방인의 고백으로써 그들은 이제 새로이 시작한다. 이렇게 예수의 죽음은 갈라진 것, 선택받은 자와 선택받지 못한 자를 하나로 만든다. 성소와 성전 앞뜰 사이의 휘장이 "위에서 아래까지 둘로 찢어졌다."고 바로 앞에서 말했다.(막 15:38) 이스라엘의 희망이 무너짐으로써 그것이 세워지고, 교회가 이스라엘의 은밀한 진수로서 태어났고, 부활절 아침에 일어난 일은 다만 이 일을 확증할 따름이다. 이스라엘의 메시아의 피에서 교회의 탄생, 이 피에서 이방인은 한때는 "그리스도와 상관없고, 이스라엘의 시민권에서 제외되고, 약속의 계약에 대하여서는 이방인이고, 세상에서 아무 희망 없이, 하나님 없이 지냈으나"(엡 2:12), "공동 상속인"이 되고, "함께 한 몸이 되고", 함께 약속을 받은 자가 된다.(엡 3:6) "그는 우리의 평화이다. 그는 유대 사람과 이방인 사이를 가르는 담을 자기 몸으로 허무셔서 원수된 것을 없애시고 … 이 둘을 자기 안에서 하나의 새 사람으로 만들기 위함이고 … 그는 원수된 것을 자기 자신 안에서 파괴한 후에 자기 몸을 십자가에 못박음을 통해서 둘을 하나님과 화해시키려는 것이다."(엡 2:14-16) "우리 모두는—유대인뿐 아니라 이방인도—그리스도로 말미암아 한 성령 안에서 아버지께로 나아가게 되었다."(엡 2:18) 그렇다는 것이 "하나님의 갖가지 지혜의 신비"이며(엡 3:10), 이것은 천사라도 그리스도의 교회에 직면해서 배워야 하는 신비이고, 이 신비는 사도와 신약성서의 사신의 중심 내용이요 하나님이 심판에서 실현한 자비에 관한 말씀의 중심 내용이다.

유대인과 이방인으로부터 교회가 부름받은 것에 관한 24절의 놀라운 결론은 무엇 때문인가? 페터손의 견해(a.a.O. 36f.)는 견지될 수 없다. "이 눈에 띄지 않는 연계사 뒤에 불신의 회당의 모든 비극과 고난이 감추어져 있다." 그리고 25절 이하의 성서 인용구는 "하나님의 준엄함을 느끼게 한다." 이것이 무슨 말인가? 전체 문맥에서는 처음부터, 그리고 또한 현재에도 수수께끼 같은 하나님의 이스라엘 통치의 정당성에 대해 묻고 있고, 그러므로 이스라엘이 경험해야 하였고 경험하고 있는 하나님의 준엄함의 의미에 대해서, 회당이 교회에 대립하여 있는 그 "비극과 고난"의 의미에 대해서 묻는다. 이 물음에 대해서 22-23절에서는, 한 이스라엘에 대한 하나님의 진노는 언제나 오직 그가 전자 가운데 예비해 두었던 다른 이스라엘에 대한 그의 자비에 종속되어 있어서 결국 후자로부터 교회의 형태로 나타나게 하기 위함이라는 것을 인식함으로써 답변되고 있다. 24절에 의하면 교회가 유대인과 이방인으로부터 부름받았다면, 이것은 이스라엘의 과거와 현재에 어떤 새로운 그림자가 아니라 새롭고 탁월한 빛을 던져 준다. 과거와 현재에 하나님의 진노 아래 있는 이스라엘의 죄가 무엇인지는 9:30에서 10:21까지 독자적으로 진술된다.—그러나(이것과 무관하게!) 이스라엘에 관한 하나님의 의에 대한 항의가 제기된 후에. 9:14 이하의 답변은 이렇다: 이스라엘 역사 안에서 하나님의 의는, 그가 이 백성에게 그의 자비를(그의 심판이 없지 않으나) 입증하려고 했고, 실제로 입증했다는 것에 있다. 바로 이 사실이 24절에서 확정된바 유대인과 이방인으로 이루어진 교회의 존재의 기적에서 드러난다. 그러므로 22-23절과의 문맥에서 24절의 결론은, 14, 19, 20절에서 제기된바, 마치 토기장이가 흙을 다루는 것처럼 이스라엘을 다루는 하나님에 대한 모든 항의가 무근거하다는 결정적인 사실을 인식하게 한다. 그 이유는 이스라엘의 하나님은 그의 진노 가운데서도 자비롭기를 중지하지 않으며, 그는 다만 더욱더 자비롭기 위해서 진노하기 때문이다. 하나님과 다투고자 하는 자가 누구인가? 어느 한에서 저 사실의 확정은 이런 사실을 인식하게 하는가? 24절의 확정은 뒤따라오는 25-29절의 구약성서 해설에 의하면 이중적으로 그렇게 한다.

24절이 이방인의 부름에 관해 말하는 한에서, 25-26절에서 언급하는바 이스라엘의 역사의 목표와 종말에 예수 그리스도 안에서 계시된 인간에 대한 자비의 전적 탁월성, 승리를 입증한다. 바울이 여기서 인용하는 호세아 2:25와 2:1의 말은 한때 "내 백성이 아니었던"(하나님에 의해서 그렇게 칭해졌으므로 분명히 하나님에게 버림을 받았다는 사실에 근거해서!) 한 백성이 같은 하나님에 의해서 "내 백성"으로 불리게 되고, 사랑받지 못한 여인이 그의 사랑받는 여인이 된다는 것을 말한다. 너희는 내 백성이 아니라는 판결이 통고되는 같은 장소에서 그들은 "사랑하는 하나님의 자식들"이라고 불릴 것이다. 이 예언이 관계하는 이 백성은 두 호세아 구절에서 이스라엘 백성이며 특별히 호세아 1:3-9에서 유다에 반해서 이스르엘, 로루하마(Lo Ruchama), 로암미(Lo Ammi)로 표현되고 특징지어진 북이스라엘 백성이다. 호세아 2:1-3은 버림받은 이스라엘의 대부분에 대해 말한다. "언젠가 이스라엘 자손의 수가 바닷가의 모래처럼 많아져서 얼마나 되는지, 아무도 되어 보거나 세어 볼 수 없을 때가 올 것이다. 그때에 사람들이 너희를 로암미라고 부르는 대신에 살아 계신 하나님의 자녀라고 부를 것이다. 그때가 되면 유다 자손과 이스라엘 자손이 통일을 이룩하여 한 통치자를 세우고 땅에서 번성할 것이다. 이스르엘의 날이 크게 번성할 것이다. 이제 너희 형제를 암미라고 하고, 자매를 루하마라고 불러라." 그리고 호세아 2:23에 의하면: "주님이 말씀하신다. 그날에 내가 하늘에 응답하고, 하늘은 땅에 응답하고, 땅은 곡식과 포도주와 올리브 기름에 응답하고, 이 먹을거리들은 이스르엘에 응답할 것이다. 그리고 내가 이스라엘을 이 땅에 심어서 나의 백성으로 키우고, 로루하마를 사랑하여 루하마가 되게 할 것이다. 로암미에게 '너는 암미나!' 하고 내가 말하면, 그가 나에게 '나의 하나님!' 하고 말할 것이다." 바울이 이 구절을 인용하면서 그가 어떻게 했는지 주목하라. 분명히 그는 이방인이 교회로 부름받음에서 버림받은 북이스라엘에 대한 이 구원 예언이 이루어진 것을 보고, 여기서 이스르엘의 위대한 날이 시작됨을 본다. 이방인들, 여러 민족들 중에서 믿는 자들, 야웨의 백성을 둘러싸고 있는 암흑은 버림받은 북쪽 지파들 로루하마와 로암미와는 전혀 다르다. 그들은 이제 모든 것을 새롭게 만드는 외침과 부름을 들었다. 나의 백성! 살아 있는 하나님의 자식들! 예언은 이렇게 멀리까지 미친다. 이스라엘의 역사의 종말과 목표에 있어서 호세아가 예고한 하나님의 자비 행위는 이처럼 탁월하고, 승리에 넘치고, 모든 것이 지향하는 영광의 계시의 기적은 이처럼 위대하다. 그러나 우리는 이방

2. 하나님의 심판과 자비   251

인을 교회로 부름을 통해서 저 예언이 놀랍게도 이루어진 것을 지시한 바울의 의도를 부정적으로 이스라엘에 적용해서는 안 된다. 마치 바울이 거기서 호세아의 인용구로서 버림받은 이스라엘에 대해 예언되었던 것이 이제 이스라엘이 아니라 그 대신에 믿는 이방인에게서 이루어졌으며, 이것은 이스라엘에는 더 이상 유효하지 않다고 말하려는 것처럼. 이 진술은 오히려 적극적으로 이렇게 된다. 버림받은 이스라엘에게 거기서 하나님의 후회의 예언, 그의 진노를 능가하는 자비의 예언, '아니'에 뒤따르는 '그래'의 예언이 주어졌으며, 이 예언은 이방인의 부름에서 이루어졌다. 언젠가 루하마와 암미로 불릴 로루하마와 로암미는 이제 그렇게 불렸다. 바울이 여기서 북이스라엘에 대한 예언이 이방인의 부름에서 이루어졌다고 본다고 진술한다면, 이것은 "큰 것에서 작은 것으로의" 추론이다. 하나님의 자비가 여전히 그의 저주와 유기의 판결 아래 있었던 이방인들에 대해서 이미 드러난 것처럼 이렇게 풍성하고 강력하다면, 그가 원래 자비를 약속한 사람들에 대해서는 얼마나 더 풍성하고 강력하겠는가? 우리는 단순히 호세아 인용문을 원래—그리고 그것의 포괄적인 성취에 힘입어서, 또한 결정적으로!—이스라엘을, 즉 저 다른 버림받은 이스라엘을 향한 예언의 반복으로 읽어야 하고, 이해해야 한다. 호세아 인용문은 이방인의 부름에 대해 말함으로써, 버림받은 이스라엘의 미래에 대해서도 말하며, 이방인의 부름이 사건이 된 후에 비로소 똑바로 이스라엘의 미래에 대해 말한다. 또한 이 인용문들은 이전에 인용된 창세기와 출애굽기의 구절들처럼, 진노와 치욕의 그릇에 대해서(이스라엘 역사는 그런 사건들로 매우 가득하다!) 말한다. 호세아에서는 이미 12지파 중에서 10지파가 요약적으로 이편에 속한다. 그러므로 또한 이 인용문은 회당의 수수께끼에 대해서, 이제는 다만 로루하마, 로암미라고 불릴 수밖에 없는 선택받은 백성에 대해서 말한다. 그러나 인용문은 이 백성에게 이렇게 은혜의 말씀을 제시하고 그에게 이로써, 하나님의 진노의 역사가 아니라 이스라엘에도 적용되는 자비의 역사가 될 미래를 약속한다. 이방인의 부름에서 이미 현재가 된, 버림받은 백성 이스라엘의 미래는 이스라엘의 하나님을 또한 이스마엘과 에서의 하나님으로, 파라오의 하나님으로도 정당화한다. 그의 선택받은 백성 속에서 버림받은 자들에게 이 약속을 주었고, 그의 선택받은 백성이 전혀 아니었던 자들 가운데서도 열 번 버림받은 자들에게서 이 약속을 성취한 하나님—이 하나님은 고발될 수 없고, 그의 자비의 기적을 볼 때 그의 신실함과 지혜로 말미암아 다만 칭송받을 수밖에 없다. 이스라엘은 이 기적을 인식하여야 하고, 그의 미래의 상으로서 그에게 주어진 위로에 의지해야 한다. 그러면 하나님의 불의를 비난할 아무런 근거도 더 이상 갖지 못할 것이다!

그러나 이제 24절의 결론은 다른 방식으로 하나님의 자비함 가운데서의 그의 의를 인식함에 도움을 준다. 24절은 유대인의 부름에 대해 말하며, 이로써 27-29절에 따라 이스라엘의 역사 목표와 종말에서 예수 그리스도에게 나타난 것이 인간의 공로가 아니라 하나님의 자비, 자연이 아니라 은혜, 필연이 아니라 자유임을 입증한다. 그렇지 않다면 그것이 어떻게 하나님의 의이며, 여기서 나타난 것으로 위로받을 수 있겠는가? 이사야 10:22-23과 1:9의 인용문은 이런 면으로 증명해 준다. 또한 이 구절들도 이스라엘에 대해서 주어지는 하나님의 은혜를 말한다는 것을 주목하라. 첫째 구절은 그 문맥에서 이렇다. "그날이 오면, 이스라엘 가운데서 남은 사람들과 야곱의 집안 가운데서 끌려간 사람들이 다시는 그들을 친 자에게 의지하지 않고 오직 이스라엘의 거룩하신 분인 주님만을 진심으로 의지할 것이다. 남은 사람들이 돌아올 것이다. 야곱의 자손 가운데서 남은 사람들이 전능하신 하나님께 돌아올 것이다. 이스라엘아, 네 백성이 바다의 모래처럼 많다고 하여도 그들 가운데서 오직 남은 사람들만이 돌아올 것이다. 너의 파멸이 공의로운 판결에 따라서 이미 결정되었다. 파멸이 이미 결정되었으니, 주, 곧 만군의 주께서 온 땅 안에서 심판을 행하실 것이다. 그러므로 주 만군의 하나님께서 이렇게 말씀하신다. '시온에 사는 나의 백성아, 앗시리아가 몽둥이를 들어 너를 때리고 이집트가 그랬듯이 철퇴를 들어 너에게 내리친다고 하여도 두려워하지 말아라. 머지않아 내가 분노를 그들에게 돌이켜서 그들을 멸망시키겠다.'"(사 10:20-25) 그리고 두 번째 구절은 모든 징벌과 환난에도 불구하고 여전히 배신하는 고집스러운 백성에 대한 저 탄식과 탄핵을(이런 것으로 이사야서는 시작되었다.) 위로로써 마무리짓고 있다. "딸 시온이 남아 있는 것이 포도원의 초막과 같으며 참외밭의 원두막 같고 망보는 탑과 같구나. 만군의 주께서 우리 가운데 얼마라도 살아 남게 하시지 않으셨다면 우리는 마치 소돔처럼 되고 고모라처럼 될 뻔하였다."(사 1:8-9) 이 은혜의 약속의 특별한 강조점이 분명하다. 이 구절은 호세아만큼 전 이스라엘의 미래를 고려하기보다는 차라리 개인의 현재에 초점을 맞춘다. 이 구절은 이스라엘의 남은 무리에 대해, 그것의 보존과 그의 미래 자체에 관해 말한다. 바울도 유대인 안에서 이 남은 무리 자체를 염두에 두고 있다. 24절은 그들이 교회로 부름받음에 대해 언급한다. 믿는 이방인들에게서처럼 그들에게서 예언이 성취되었다. 이사야는 그들의 존재를 "남은 무리"의 존재로서 "예언했다."(29절) 그것이 다만 남은 무리라는 것은 두 이사야 구절 중 어디에서도 강조되지 않았으며 또한 바울의 의미에서도 강조되어서는 안 된다. 여기서 결정적인 것은 적극적인 면이다. 이스라엘은 그의 타락에도 불구하고 받아 마땅한 멸망에서부터 구출받으며, 기적을 통해 회개하게 되고, 실제로 회개한다. 그 무리가 이스라엘이기 때문에 이스라엘로서 계속 살 수 있는 것이 아니라, 이스라엘로서 그의 하나님에 의해 구원받았기 때문에, 공의로운 파멸 결정 가운데서도 보존될 수 있다. 마치 소돔처럼 고모라처럼 될 뻔하였다! 그가 소돔이나 고모라처럼이 아니라 롯처럼 파멸에서 구출받았다는 것, 그에게 회개할 여지가 주어졌다는 것은 전적으로 하나님 덕분이며, 전적으로 그의 자비로운 태도 변경 때문이다. 유대인들이 교회로 부름받음도 이렇게 이해되어야 한다. 불길 속에서 이미 타고 있는 나무를 빼내는 것처럼(암 4:11, 슥 3:2)—이방인의 부름보다 얼마나 더 그렇겠는가? 분명히 이것은 순전히 하나님의 구원 행위이다. 온 세상에 저 하나님의 파멸 결정이 내려졌다. 여기서 작은 것에서 큰 것으로 추론이 가능하다. 부유한 유대인에게는 그들에게 이루어진 예언에 따라서 전적으로 모든 것이 하나님의 기적적인 자비에서 비롯한다면, 가난한 이방인에게는 얼마나 더욱 그러하겠는가? 유대인들은 그들에게 약속된 것 중 가장 위로가 되는 것에 의지함으로써, 자신의 부름받음에서 자신의 공로가 아니라 자비를, 인간의 자연이 아니라 하나님의 은혜를, 피조물의 필연이 아니라 창조자의 자유를 인식할 수 있다. 이 인식을 알리는 것이 교회 안에서 그들, 믿는 유대인의 사명이다. 그러나 또한 이 회개한 유대인과 회개하지 않은 유대인의 병립 속에서 하나님의 모든 길의, 유대인과 이방인과 함께하는 그의 길의 목표와 종말은 그의 자유로운 자비의 행위라는 것이 현실화되고 가시화되는 한에서, 회개한 유대인과 회개하지 않은 유대인의 병립, 이스라엘이 교회와 회당으로 분열됨은 이 인식을 다만 더욱 강조하고 심화할 따름이다. 그리고 여기서부터 뒤를 바라보면서 말해야 한다. 교회를 예비하기 위한, 교회의 모형으로서의 이스라엘의 사명은 언제나 이 구원받은, 다시금 구원받아야 할 남은 무리, 70인역이 이사야 1:9에서 번역했던 것처럼 아낌 받는 "씨앗"으로 존재하는 데 있다. 바울은 구체적으로 "다윗의 뿌리"이기도 한(계 22:16) 아브라함의 "씨앗"을 염두에 두면서 이것을 이해했다. 이스라엘은 하나님의 은혜로 살며, 살아 있음으로써 그 후손과 동일하며, 그 후손으로 인해 선택받았으며, 다시금 이 후손을 믿는 모든 사람들과, 이 후손에 대한 믿음으로 부름받게 될 모든 사람들과 동일하다. 이스라엘의 이 사명에서, 결국 이스라엘이 예수 그리스도 및 그의 교회와의 동일하다는 데서, 하나님이 이 백성에게 뜻했고 행했고, 뜻하고 행하는 것이 정당화될 수 있다.

3. 하나님의 약속의 들음과 믿음

한 인간 예수 그리스도의 영원한 선택에서 하나님은 스스로 그가 자기 자신과 인간 사이에 세우기로 결정한 계약의 증인이 되었고, 스스로 심판의 증인과 그가 인간을 향하여 쏟는 자비의 증인이 되었다. 하나님이 이 한 인간을 선택한 의도는, 인간이 이 인간 안에서, 이 인간을 통하여 그의 자기 증언을 자신의 삶에 유효한 약속으로 들을 수 있게 하려는 뜻이며, 인간이 이 한 인간 안에서 자신에게 말해진 것을 믿음 안에서 자기 자신에게 적용하고, 그것을 참되고 현실적인 것이 되게 하고, 그에게 말해진 그것에 의지하고, 그것으로써 살게 하려는 뜻이다.

하나님의 선택받은 공동체는 선택받은 인간 나사렛 예수의 주변으로서, 하나님의 영광이 거하는 곳, 즉 이 예수가 하나님의 약속으로서 인격적으로 나타나는 곳, 이 예수가 속한 것, 그를 믿는 곳, 그러므로 그 안에서 그를 통하여 하나님의 자기 증언, 인간을 위한 하나님의 선한 의지와 역사의 선포가 청취되고 믿어지는 곳이다. 공동체는 온 세상에 대해서(예수 그리스도를 서술하고 그 안에서 일어난바 하나님의 심판과 자비의 행위를 서술함으로써) 인간의 경청과 믿음을 기다리는 하나님의 약속에 봉사하기 위해 선택되었다. 온 공동체―이스라엘과 교회―는 예수 그리스도 안에서 선택되었고, 그 덕분에 자신의 존재, 두 형상의 통일과 차이가 생기게 된 것 같이, 이 약속 안에서 선택되었고, 이 약속을 섬기기 위해 세워졌다. 공동체가 어디에서 살든지 간에, 인간이 듣고 믿도록 부름받게 되는 저 하나님의 자기 증언을 위해 섬김 속에 산다.

그러나 하나님의 선택받은 공동체 전체 안에서 이스라엘의 특별한 봉사는 하나님의 약속을 들음, 받음, 취함에 있다. 하나님의 은혜의 말씀이 하나님의 공동체에 관계되는 한, 이스라엘은 하나님의 공동체이다. 이스라엘이 교회 안에서 살아남으로써 자신의 선택에 복종한다면, 공동체 전체 안에서 이것이 자신의 사명을 성취하기 위한 그의 특별한 기여가 될 것이다. 곧 하나님이 말한 말씀을 받을 준비 자세를 갖추도록, 그에게 말해진 것에 대해 주목하도록―인간이 자기 스스로 말할 수 있고 말하고자 하는 것과는 달리, 반대로―거듭 여지를 주는 것. 교회는 이 기여를 필요로 한다. 약속은 인간에 대한 언약으로 이해되지 않는 한 하나님의 자기 증언이 아니다. 약속은 들음 없이는 믿어질 수 없다. 믿음 자체는 다만 하나님의 말씀을 완전히, 순종적으로, 능동적으로 들음일 따름이다. 예수 그리스도 증언이 교회의 과제라면, 예수 그리스도는 하나님의 인격적 자기 증언으로 청취되었고, 언제나 새로이 청취되기 전에는 증언될 수 없다. 그러나 바로 그렇기 때문에 문장, 단어, 철자에 대해 이스라엘 식으로(유대식!) 주목하는 일이 교회 안에서 계속되어야 하고, 이것이 결코 자유로운 사변으로 바뀌거나 사변으로 끝나서는 안 된다. 반(反) 셈적, 혹은 비(非) 셈적으로 변한 교회는 조만간에 자기 신앙을 잃게 될 것이고, 그 신앙이 근거가 없어질 것이다. 그런 교회는 세상에 대해서—교회가 무엇을 믿어야 하는지를 자기 자신에게 말할 수 없는 것처럼—더 이상 할 말이 없을 것이다. 그런 교회는 독자적이고 제멋대로가 되는 만큼 교회로서는 끝나 버린 셈이다. 교회는 이스라엘의 특별한 봉사가 공동체 안에서 중단되는 것이 아니라, 신실하게 계속되어야 한다는 데 모든 관심을 둔다.

하나님의 공동체의 이스라엘적 형상은, 하나님이 그의 영원한 은혜의 선택 안에서 인간과의 친교를 선택함으로써 인간에 대해서 스스로 앞장서고 조치하고 주는 자의 위치로 들어갔다는 것을 드러낸다. 하나님은 자유로운 자, 지혜로운 자, 부유한 자를 선택한 것이 아니라 그가 선택한 자를 선택함을 통해 비로소 자유롭고 지혜롭고 부유하게 만든다. 그는 스스로 그들과 상관하는 말씀, 그들을 근본으로부터 가르치는 말씀, 그들을 처음으로 부르고 일으키는 말씀, 그들을 모든 그들의 행위에 앞서 자기 자신과 화해시키는 말씀의 존재 형식을 선택한다. 그는 그의 약속으로서 그들에게 오고, 그들 곁에 머무름으로써 그들을 위해 존재하고 살기를 선택한다. 그는 자신이 그들에 의해 들려지기를 선택한다. 이것이 하나님이 인간과의 친교를 극단적으로 성취하기 위하여 아브라함의 자손의 인격 안에서 스스로 인간이 되는 것을 선택함으로써, 그가 이스라엘의 살과 피임을 고백하기 위하여 이스라엘 백성을 선택함으로써, 스스로 선택하는 것이다. 하나님의 공동체의 이스라엘적 형상에서 나타나는 것은 하나님의 전 공동체의 인간성—하나님이 더불어 영원한 계약을 맺은 그 인간의 인간성 자체이다. 인간은 하나님을 따를 따름이다. 그러나 그는 하나님을 따를 수 있다. 인간은 하나님에게 예속될 수밖에 없다. 그러나 그는 하나님에게 예속될 수 있다. 그러므로 인간은 무엇보다 하나님에게 귀를 기울일 따름이다. 그러나 그는 그에게 귀를 기울일 수 있다. 이것이 바로 그의 인간성이니, 이것이 또한 무엇보다도 하나님에 대한 공동체의 위치에서 기초를 놓는 질서이다. 약속의 내용은(그것은 그의 심판 안에서도 존재하는 하나님의 자비에 대해 말한다!) 이 형식적인 것을 통해 확증된다. 즉 약속이 유래한 출처와 약속이 적용되는 대상 사이에는 관계의 전도가 있을 수 없고 다만 해체만이 있다. 이 모든 것은 왕의 모습이 아니라 종의 모습으로 나타난 이스라엘의 메시아, 십자가에 달린 그의 메시아를 증언한다. 그리고 바로 이 모든 것은 또한 하나님의 선택받은 공동체 전체를 섬김 속에서 증언해야 한다. 하나님의 선택받은 공동체는 그 자체로서 하나님에게 귀를 기울이는 공동체이다. 그것이 이스라엘의 메시아의 공동체이고, 따라서 또한 이스라엘의 형상을 지닌다는 것과, 또한 그것의 교회의 모습에서 이스라엘이 자기 목적에 도달하고 계속해서 살아갈 수 있다는 것에 힘입어서. 이 공동체가 믿음으로써 그것은 세상 모든 인간들에게 그들이 들도록 정해져 있고 그러므로 무엇보다 들어야 한다는 것을 지시한다. 왜냐하면 하나님은 말씀이고, 말씀을 가졌고, 인간은 하나님이 그에게 말해야 하는 것을 들음으로써 비로소 인간이 되기 때문이다. 이스라엘이 믿음 안에서 자기 선택에 복종한다면, 교회 안에서 이스라엘은, 공동체의 사신의 이 형식적 조건이 이루어지고 이루어져 있음에 대한 보증이 될 것이다.

이제 이스라엘에 대한 하나님의 목표와 의도가 분명히, 이스라엘이 이런 그의 특별한 봉사를 시작하고, 이로써 공동체의 차별성 속에서의 통일성을 증언하는 데 있고, 그러므로 이스라엘이 단순한 들음에서 믿음에 도달하는 데 있을지라도, 하나님은 이스라엘로 하여금 이렇게 봉사하게 하며, 결코 이스라엘의 믿음을 기다리지 않는다. 이렇게 봉사하게 함은, 이스라엘이 거기에 대해 어떻게 대치하는지와는 무관하게 이스라엘의 선택과 더불어서 결정되었고 성취되었다. 오히려 선택받은 이스라엘의 입장은 이렇게 봉사하도록 예정되어 있는 그의 사명을 실행에 옮기는 것 자체로 표명된다. 이스라엘이 하나님의 약속에 대한 믿음에 이르든 아니든, 이스라엘은 어쨌든 부정할 수 없으니, 오히려 그 약속을 들었음을 고백해야 한다. "이스라엘아 들어라!" 앞에서는 도피할 수 없다. 이스라엘은 약속을 듣는 자이다. 그런 자로서 이스라엘은 어느 경우든 예수 그리스도에 대해서, 예수 그리스도의 선택, 그 자신의 선택, 그러나 또한 교회의 선택에 대해서 증언해야 하고, 증언하게 될 것이다.

이스라엘이 믿고 이로써 자신의 선택에 대해 복종하게 된다면, 이것은 이스라엘이 교회 안에서, 교회와 더불어 그에게 말해진 것을 올바로 완전히 듣는다는 것을 뜻할 것이다. 그러면 교회 자체에 접근함이 없이, 이스라엘은 교회 안에서 참 이스라엘일 것이다. 그러면 하나님의 공동체를 근거 짓고 유지하는 하나님의 언약에 대한 상기를 통해서 교회를 거듭하여 경고하고 힘을 북돋아 주는 것은 이스라엘의 특별한 영예가 될 것이다. 그러면 그것의 특별한 기여로써 교회가 교회로 남도록 배려하는 것은 교회 안의 이스라엘("유대적" 요소)일 것이다. 이제 이스라엘 그 자체는 전체적으로 자신의 선택에 복종하지 않는다. 이스라엘이 약속 덕분에 자기 존재를 보존하게 되었다면, 그 약속은 성취된 약속이 된다. 말씀이 육신이 된다. 하나님은 그가 이전부터 말한 모든 것을 확증함에서 예수 그리스도의 죽음 및 부활로써 말한다. 의심할 여지없이 이스라엘은 듣는다. 지금 이스라엘은 어느 때보다 무지와 몰이해를 빙자할 수 없다. 그러나 이스라엘은 듣지만 그러나 믿지 않는다. 즉 그는 올바로 완전하게 듣기를 거부하고 그러므로 그에게 말해진 것을 자신에게 적용하고 거기에 의지하고, 하나님의 자비가 그에게 약속되었음에서 살려고 하기를 거부한다. 그는 바로 이 결정적인 점에서 부주의하게 부정확하게 듣는다. 마치 그 내용이 하나님의 자비가 아니라 모든 인간에 대한 하나님의 심판인 것처럼: 즉 그 약속이 인간에게 그것의 성취의 조건들을 스스로 염려하도록 촉구하는 것처럼, 그 약속이 인간에게 이런 염려를 명령함으로써 그것을 성취할 수 있는 권한을 보증하는 것처럼, 이스라엘은 그 약속을 들으며 그것과 더불어 산다. 이스라엘은 자기 스스로 하나님과의 올바른 관계에 놓을 수 있다고, 놓아야만 한다고 생각한다. 그는 들으나, 기꺼이 들었다면 마땅히 해야만 할 한 가지 일을 열심히 하지 않는다. 그러므로 그는 헛일을 한다. 그러므로 그는 믿는다면 결국 조명을 받게 되는 순간에 자기 명예를 더럽힌다. 그러므로 그는 자신의 이탈로써 그 없이는 존재할 수 없는 하나님의 한 공동체의 존재를 위협한다.

그러나 약속을 들음에서 믿음으로의 도상에서 이스라엘이 멈추어 있는 것은, 그가 이렇게 고집 부림에도 불구하고 예수 그리스도의 백성이라는 사실을 결코 변경할 수 없다. 선택하는 하나님과 선택받은 공동체는 또한 헛수고를 하는 이스라엘도 감싼다. 그는 저 고집에 빠짐을 통해서도 자기에게 주어진 임무를 수행해야 한다. 그는 교회의 신앙의 증언에 대해서 다만, 그가 듣는 인간 자신은 어떻게 되는가를 진술할 따름이다. 말씀의 씨앗이 떨어진 곳은 불모의 길, 밭의 돌과 엉겅퀴와 가시들 속이다. 시작은 있으나 속행이 없고, 현재는 있으나 미래가 없고, 물음은 있으나 대답이 없으니, 기회는 놓쳐 버렸다. 이렇게 이스라엘은 스스로를 징벌한다. 그러나 이스라엘은 하나님을 거짓말쟁이로 만들 수 없다. 이스라엘은 자신이 하기로 예정된 임무를 피할 수 없다. 그는 하나님을 위해 자신을 무용지물로 만들 수 없다. 아하수에로는 그 나름으로 또한 예수 그리스도의 증인이다. 그가 결정적인 시점에서 약속을 부주의하게 부정확하게 그러므로 왜곡되게 들을지라도 그는 듣는 것이다. 그가 약속에서 자신의 죽음을 들을지라도 죽은 자들의 뼈로 가득한 들판 위에 말해진 약속을 듣는 것이다. 그가 듣고 믿지 않을지라도 그는 분명히 모든 인간들과 함께 그도―그리고 그가 먼저―믿을 수 있는 분, 우리가 믿을 수 있고 믿어야 하는 유일한 분의 말을 듣는 것이다. 그는 말씀을 듣는 자로서 여하튼 믿어야 함에도 불구하고 믿음이 없다. 누구에 의해, 누구를 위해 예수 그리스도가 십자가에 달렸고, 왜 그가 십자가에 못 박혀야 했는가를, 세상과 교회가 어디서 배울 것인가? 만일―부활한 자에게서가 아니라면―하나님 말씀을 듣고, 들음에도 불구하고 여전히 믿음이 없는 회당에서가 아니라면. 유대인의 고집과 우수, 유대인의 변덕과 환상, 프라하의 유대인 묘지는―이 모든 것은 하나님 말씀을 무익하게 들음, 어쨌든 들음과 연관되기 때문에―객관적으로 실제적으로 모든 불신적인 이방인의 지혜를 합친 것보다, 복음에 관한 일부 소위 그리스도교 신앙의 이론과 실제보다 더 진정한 복음을 내포하는가? 이 증언을 주목하지 않는다면 이것은 세상과 교회에 좋지 않으나, 이것은 여기서 예수 그리스도에 대해 증언되는 것을 반증하지는 않는다.

그리고 이제 이스라엘의 불순종은 하나님의 약속의 내용과 범위를 전혀 바꿀 수 없다. 이스라엘은 이 불순종으로 고난을 당한다. 그러나 약속은 이스라엘에 의해 청취만 되고 믿어지지 않는다고 해서 해를 당하지 않는다. 하나님이 자신과 인간 사이에 세운 자비의 계약을 이스라엘은 계약 파기로서 폐할 수 없고, 그의 불신실함으로써 하나님의 신실함을 정반대로 뒤집어 놓을 수 없고, 하나님의 말씀을 통해 그에게 부어지는 영원한 총애, 즉 하나님의 신빙성, 그의 위로, 그의 훈계, 그의 희망을 무로 만들 수 없다. 약속은 고집 센 이스라엘에 대해서도 여전히 약속으로 남아 있다. 약속은 하나님의 취소할 수 없는, 반박할 수 없는 자기 증언으로서, 인간은 자신의 재앙을 위해 그것에 대한 믿음을 거부할 수는 있어도 불신앙으로 인하여 그것을 재앙의 사신으로 바꿀 수는 없다. 그러나 이스라엘은 또한 이 약속이 바로 그에게 주어졌고, 그에게 유효하다는 것, 예수 그리스도의 선택과 함께 그가 하나님의 선택받은 백성이고, 그가 인간 예수 안에, 그와 함께 하나님이 자신의 약속을 실현하고자 하는 영역이라는 것—하나님이 그로부터 믿음을 기대하고 또한 그의 믿음이 특별히 복종하는 선행으로써 열매 맺고 평화와 기쁨으로써 마무리지어지기를 기다린다는 사실을 전혀 변경할 수 없다. 이스라엘은 믿음의 창시자요 동시에 믿음의(믿음 안에서 들음이 온전하게 된다.) 대상이 되는 분이 그 가운데서 나오고, 그 안에서 그와 함께 교회는 말씀을 들을 뿐 아니라 믿음 안에서 말씀을 행하는 자들의 백성인 교회가 나오는 것을 방해할 수 없다. 그는 하나님의 공동체에서 탈퇴할 수 없고, 교회의 신앙의 증언으로서 저 공동체의 소리가 온 세상의 귀에도, 또 그의 귀에도 들리는 것을 저지할 수 없다. 그는 하나님의 은혜에 항거할 수 있으나 그 은혜를 원칙적으로나 실제적으로, 자체적으로나 그가 빚지고 있는 봉사에 비추어서, 은혜가 그에게 부어진 사실에 비추어서 진노로 바꿀 수 없다. 그는 하나님이 하나님, 그의 하나님이 되기를 중단할 정도로 하나님에게 접근할 수 없다.

하나님의 한 선택받은 공동체의 완전한 형상 안에서 교회의 섬김은 이스라엘의 입장과는 무관하게, 청취된 약속을 믿음으로써 약속을 주목함에 있다. 약속은 스스로 믿음을 만들어 냄으로써 약속이—유대인과 이방인에게서—믿음을 발견하는 곳에 교회가 있다. 믿음은, 인간에게—유대인과 이방인에게—하나님의 약속을 통해 하나님 자신에 의해 증언되는 그런 하나님의 자비에 신뢰를 두는 것을 뜻한다. 문제는 본질적인, 전적이고 총체적인 신뢰이다. 이 신뢰는 아무도 스스로 취할 수 없으나, 그것은 누구에게나 하나님이 예수를 죽은 자들로부터 일으킴에서 인간에게 자신의 영광을 드러내고 돌린 사실에 근거한다. 그러므로 중요한 것은 하나님에 의해 일깨워진 신뢰이다. 이 신뢰 안에서 인간은—유대인이거나 이방인이거나—그를 위해서 모든 것을 올바로 만들었고, 만들고, 만들 분으로서 하나님 자신에게 의지할 수 있다. 중요한 것은 인간이 이런 신뢰로써 인간 예수를 자신의 주로 삼는다는 것이다. 이것이 교회의 봉사이다. 곧 교회가 약속을 들음으로써 이 믿음으로 깨어나고, 이 믿음 안에서 살고, 이 믿음을 인간에 대한 하나님의 선한 뜻의 영원한 성취를 예비하는 시간적 사건으로서 온 세상에 증언하는 일. 교회는 약속을 들었고 언제나 거듭 듣는 한, 그러므로 또한 이스라엘의 사명이 그 가운데서 행해지고 계속되는 한 교회는 섬기는 것이다. 이스라엘 안에 교회가 살아 있는 한, 교회가 바로 그로부터 나오고, 그의 특별한 도움을 필요로 하는 한, 이스라엘의 목적이 교회의 형태로 성취되는 한, 또한 그 가운데서 그 가운데로부터 들음에서 믿음으로의 행보가 이루어지는 한에서 이스라엘도 섬기는 것이다. 이스라엘은 이 행보를 성취함으로써 그의 들음이 믿음으로 살아나고, 그 자신이 교회 안에서 살아남으로써 십자가에 달린 그의 메시아가 부활함에서 교회의 주로서 살아난 것처럼, 이스라엘은 산다. 이렇게 이스라엘은 공동체의 섬김에 있어 유익한 몫, 세상에 대한 그의 사명에 있어 유익한 몫을 얻는다. 그는 교회와 그의 봉사에 대해서—그는 항거에도 불구하고 그 봉사를 벗어날 수 없다!—무기력한 자기 주장, 믿음을 거부하는 단순한 들음을 선택함으로써 스스로 재앙을 선택해서는 안 된다!

하나님의 공동체의 교회적 형태는, 하나님이 그의 영원한 은혜의 선택을 통해 인간을 자신과 친교하도록 선택함으로써 이 인간을 그의 자녀 형제, 그의 측근 친구의 지위로 옮겨 놓는다는 것을 보여 준다. 그 지위는 폐지될 수 없다. 그는 인간에 대해서도 하나님이 되고자 한다. 하나님은 그에게 속한 것을 인간과 함께 나누고자 한다. 그가 할 수 있는 것은 인간에게도 유익이 된다. 아무도 아무것도 하나님만큼 인간에게 가까운 존재는 없고, 그로부터 인간을 떼어놓을 수 없다. 그리고 하나님과의 친교에서 인간의 모든 필요가 잠재워 모든 욕망을 뛰어넘어 위로받고 고양되고 영화롭게 된다. 이것이 바로 예수 그리스도의 부활에서 이루어진 약속에서 인간에게 약속된 것이고, 인간이—유대인이거나 이방인이거나—이 약속에 대한 믿음 안에서 붙잡을 수 있고 자신에게 적용할 수 있는 것이니, 그가 믿음 안에서 여기서 영양분을 섭취하고 이것으로 살아갈 수 있다. 여하튼 그가 믿음으로 부름받고 일깨워짐으로써 이 말로 할 수 없는 선물을 기대하고 받는다. 그리고 바로 이것이 하나님의 공동체가 그것의 궁극적인, 교회적 형태로 나타낼 수 있는 것이다. 이 공동체는 하나님의 약속이 오직 인간의 구원과 평화를 위하여 인간에 의해 믿어지도록 하기 위해서 그 약속이 청취되기를 단호히 요구한다는 것을 드러낸다. 이 공동체는 약속을 믿음으로써, 하나님이 인간을 기억하고, 그를 돕는 것에 자신의 명예를 두었다는 것을 드러낸다. 선행하는 분, 조치하는 분, 주는 분으로서 하나님의 말을 듣도록 우리에게 명령되었다면, 이로써 우리에게는 믿음 안에서 그의 보살핌으로 위로받고 그의 지시를 신뢰하고 그의 선물을 받아서 열매를 거둘 수 있도록 명령받은 것이다. 이 모든 것은 교회의 주가 하나님의 영광의 광채로서 부활한 것, 인간 예수를 믿는 믿음이 약속에 따라서 보상받고 승리를 얻는다는 것이다. 그리고 하나님의 선택받은 온 공동체는 이 모든 것을 그의 섬김 속에 증언해야 한다. 이 공동체는 그의 목소리를 듣고, 그를 성취된 하나님의 약속으로서 믿는다. 이 공동체는 예수 그리스도를 믿음으로써 하나님이 말하는 바를 올바로 정확하게 듣는다. 이 공동체는 믿음을 통해서 스스로 하나님의 성취된 약속이다.

교회는 그 안에서 공동체의 통일성과 사명이 드러나는 한, 공동체의 완전한 형상이다. 공동체는(인간 예수의 주변) 교회로서 여전히 밖에 있는 모든 사람들에 대한 그의 임무를 가지고서 예수와 세상 사이의 중간이요 중계자이다. 예수는 믿음을 통해 그의 사람들에 의해 받아들여지기를 바란다. 그의 사람들의 믿음을 통해 그의 말이 세상에서 들려지기를 원한다. 그리고 다시금 여전히 밖에 있는 자들이 그의 사람들을 통해 믿음으로 부름받기를 바란다. 그러나 이로써 우리는 이스라엘 안에 선재하는 교회와 만난다. 신앙과 교회는 이스라엘의 선택의 목표요 근거이다. 그리고 이에 따라서 하나님의 약속은 이미 이스라엘 안에서 들려졌을 뿐 아니라 또한 경우에 따라 믿어졌으며, 인간에게 약속된 모든 것이 이미 이스라엘 가운데서 그때그때 붙잡혔고 경험되었고 체험되었으며, 하나님은 이미 이스라엘 내에서 그의 자녀와 형제, 그의 측근과 친구를 가졌다. 이스라엘에 대한 하나님의 특별한 자비의 역사는 동시에 이 자비에 응하고자 한 믿음의 역사이다. 그 가운데서, 그 가운데로부터 일어나는 이 특별한 역사 속에서 또한 이스라엘은 신앙의 증인이요 공동체의 완전한 형태에 참여하는 자요, 세상에 대한 그의 기능과 사명에 참여하는 자이다.

이스라엘 안에 선재하고 결국 그 가운데서 나타나는, 하나님의 약속을 믿는 교회는 그의 선택을 적극적으로 확증해 준다. 믿는다는 것은 이스라엘 안에서 특별한 것을 뜻한다. 이스라엘의 선택에 복종하고 이스라엘에 주어진 약속의 말을 자발적으로 실천하는 자가 되는 것. 그리고 거꾸로 이스라엘 내에서 모든 특별한 선택은 믿음으로, 심판 속에서도 하나님의 자비에 대한 확신으로 선택받음이다. 이스라엘의 이러한 예정은 실로 그 가운데서 믿는 자들의 특별한 존재를 통해 바뀌지 않는다. 그러나 그의 예정은 거기서부터 그 빛을 받는다. 그의 종말이 드러난다. 약속은 믿어지기 위해서 청취되기를 원한다. 이런 의미에서, 이스라엘에 명령된 바 들음에서 믿음으로 가도록 정해져 있음에서 선택받은 온 공동체의 사역에 대한 이스라엘의 기여는 여전히 남아 있다.

이스라엘 내의 소수의 믿는 자들의 예외가 규칙을 폐하지 않음으로써(이스라엘은 전체적으로 들으나 믿지 않고 그러므로 그의 선택에 불순종한다.), 또한 이 소수도 다만 부분적으로 잠정적으로 믿는 자로 불릴 수 있음으로써, 그들에게 저 규칙을 마치 강조하듯이, 분명히 확증하는 것처럼, 많은 완고한 자들이 대치하고 있음으로써, 그들의 점점 줄어드는 듯함으로써, 이들을 다만 예수의 부활과 함께 드러나는 교회의 모형으로 칭할 수 있을 따름이다. 비로소 이런 그의 미래에서. 이스라엘의 역사 안에서 그때그때 이렇게 하나님 말씀을 들음이 있다는 것은, 예수의 인격 내에 있는 그 종말과 목표에서부터 오직 믿음으로서, 오직 올바르고 정확한 들음의 전망과 예언으로서 이해될 수 있고, 이스라엘 내에 선재하는 교회의 현실이다.

예수의 부활에 근거한 하나님의 약속을 믿는 교회는 여기서 이해하기 원하거나 않거나 하는 선택의 여지가 없다. 이 교회는 하나님의 자비를 믿는다. 그러므로 이 교회는 이스라엘의 역사에 놓인 빛을 본다. 이 교회는 그러므로 이스라엘 중의 저 소수의 특별한 들음에서 자기 자신의 믿음을 재인식할 것이고, 이들 소수에서 하나님에 의해 함께 선택받은 자들을 재발견할 것이다. 이 교회는 그러나 저 소수의 존재가 온 이스라엘의 선택과 이로써 하나님의 공동체에 속함을 적극적으로 확증한다는 인식에서 벗어날 수 없고, 이 인식을 자신들 가운데 있는 유대 그리스도인들에게 적용할 것이다. 그리고 무엇보다도 이 교회는 교회로서의 그 자신의 존재가 오직 이스라엘의 토대 위에서만, 오직—특별히 그들 가운데 이방인들은 이것을 고려해야 한다!—약속을 들음의 전제하에서만 가능하고 합법적일 수 있다는 점을 염두에 두어야 한다. 이 교회는 이 토대 위에서(이스라엘 자체와는 달리!) 그가 하나님으로부터 들은 것을 믿는다고 주장할 뿐 아니라 실제로 믿으며, 그러므로 세상과 이스라엘에 살아 있는 증거가 됨으로써(교회는 이를 위해 결정되었다.) 죽고 산다는 것을 의식할 것이다. 이 교회는 이스라엘의 회개를 기다린다. 그러나 이 교회는 그와 이스라엘에게 요구된, 그와 이스라엘에 제공된 믿음을 고백함으로써, 그러므로 하나님의 공동체의 통일성을 고백함으로써 이스라엘에 앞장서야 한다.

　　로마서 9:30이 로마서 9:14의 물음의 형태를 취한 것은 확실히 우연이 아니다. "이제 우리가 무슨 말을 하랴?" 우리가 하나님이 불의하다고 고발할 것인가?라고 저기서 말했다. 여기에 분명히, 우리가 이삭과 이스마엘, 야곱과 에서, 모세와 파라오라는 이스라엘의 수께끼 같은 이중적 존재에 직면해서 우리가 마땅히 말해야 할 것이 뒤따른다. 이것은 이스라엘의 역사의 목표를 인식함에서 얻어진다. 이것은 22-24절에서 유대인과 이방인으로 이루어진 교회의 형성과 존재에 대한 지시를 통해서 표현된 바와 같다. 이 목표에서 두 가지가 사건이 되었고, 계시가 되었다. 첫째로는 하나님의 의를 추구하지 않는 이방인들, 그들의 의지와 행함이 결코 하나님의 자비로운 의지의 성취와 사건을 지향하지 않는 그들, 하나님의 이런 뜻을 시인하거나 자신의 것으로 만들기는커녕 그의 뜻을 전혀 몰랐던 그들이 바로 하나님의 이런 뜻을 파악했고, 바로 하나님의 이 뜻으로 살 수 있다는 것. 이것은 무슨 말인가? 그들이 하나님의 의로써, 즉 메시아 예수의 출현과 죽음에서 완성되었고, 그의 부활에서 계시된 하나님의 자비로운 뜻으로서 삶으로써, 모든 사람이 실제로 그 믿음으로부터, 그 믿음과 더불어 살 수 있게 된다. 그의 뜻은 그에 대한 믿음으로부터, 믿음을 통해서 모든 인간에게 분명해진다. 어떤 출신도 이방인을 이 믿음을 갖기에 합당하게 만들지 못했다. 어떤 준비도 그들을 그런 능력을 갖추도록 하시 못했다. 어떤 역사적인 길도 그들로 하여금 어느 날 예수를 믿고, 이 믿음에서 하나님의 의를 실제로 파악하도록 이끌지 못했다. 그들은 인식함 없이 인식했고, 시인함 없이 시인했고, 신뢰할 수 없음에도 불구하고 신뢰했다. 그들은 어떤 전제도, 준비도, 전역사도 없이 단순히 이렇게 했다. 저 "부름"(24절)이 일어났고, 그들은 죽음의 무덤에서 일으켜진 자들의 자유로써 저 부름에 따랐다. 그것은 그들의 의지나 행함 때문이 아니라 하나님의 자비 때문이다. 이것은 우리가 또한 이삭, 야곱, 모세의 역사를 회고하면서 말해야 할 점이다. 이로써만 이들은 약속의 진정한 상속자요 지참인이 되었다. 그리고 이것이 오늘 온 교회의 존재에 대해 말해야 할 점이다. 교회는 그 모든 지체에 있어 이삭, 야곱, 모세와 함께, 부름을 받고 이 부름의 근원이 되고 언급하는 그분에 대한 믿음에서 그들의 생명을 발견한 자들의 모임이다. 자신의 뜻과 행함, 인간적 추구의 능력에 대한 모든 신뢰는 이 모임에서 사라지고, 이와 더불어서 또한 하나님의 의에 대한 모든 의심도 사라진다. 하나님의 의는 그의 자비이고, 이것은 이 과정에서 승리한다. 이 무능하고 합당치 않은 자들의 모임, 무덤에서 나온 자들의 모임, 믿음을 위한 모임은 이스라엘의 역사의 목표에서 사건이 계시가 된 한 가지 일이다.

또 다른 하나는(31절 이하) 이스라엘이(저 이방인들과 함께 믿음에 도달한 저 소수의 사람들을 제외하고 대다수의 이스라엘) 의의 법을 추구했으니, 즉 약속 아래 삶의 질서를 바로잡고 세우는 것에서, 율법과 성전에서, 선택받은 백성의 존재의 순수성과 거룩성에서, 그의 전승을 유지하고 돌보고 발전시킴에서 그의 모든 의지와 행함의 방향을 정했으나, 하나님의 의뿐만 아니라, 이 법이 의도하는 하나님의 자비로운 의지뿐만 아니라, 또한 이런 그것의 의미와 내용과 더불어 이 법 자체를 그르쳤고 실제로 위배했고, 성전을 더럽혔고, 이스라엘의 순수함과 거룩함을 파괴했고, 전통을 부정했다는 것이다. 31절 이하에 서술된 이스라엘에게는 30절에 언급한 이방인과 달리 그의 구원의 조건, 준비, 전 역사가 없지 않으며, 또한 이 모든 것에 상응하는 의지와 행함이 없지 않았다. 이스라엘은 율법을 가졌고, 그 법에 대해 정당하고자 노력했다. 그런 한에서 이스라엘을 향해 "그릇된 의지의 방향"을 (Lietzmann) 비난해서는 안 된다. "그들은 하나님에 대한 열심을 가졌다."고 바울은 로마서 10:2에서 분명히 확인했다. 율법의 소유가 그에게 아무 도움을 주지 못했다면, 그럼에도 불구하고 율법을 그르쳤다면, 이것은 분명히 이스라엘이 가진 모든 것이 이 모든 것이 의도하는 것과의 관계에서만, 이 모든 것에서 증언되는 하나님의 자비를 파악함에서만 살아 있는 소유물이 될 수 있고, 율법은 다만 이 관계에서만, 그리고 파악에서만, 즉 믿음 안에서만 준수되고 성취될 수 있기 때문이다. 그러나 이스라엘에게는 이런 것이 없었다. 32a절에 의하면 그에게는 그의 파송과 준비에 상응하는 행위들이 없지 않았다. 그러나 그에게는 모든 행위 중의 행위, 율법에서 명령된 모든 행위들과 더불어 근본적으로, 결정적으로 명령된 한 가지 행위가 없었다. 그에게는 그의 특별한 파송과 준비의 의미와 목표에 대한 적절한 관계가 없었다. 그에게는 하나님의 약속, 자비에 의지하지 않고, 약속된 성취를 향한 방향으로 스스로 의지하고 행하며, 그의 의지와 행함을 통해 약속의 성취를 이끌려고 하는 것이 없었다. 그러므로 그는 모든 것을 가졌으나 모든 것을 결핍했다. 하나님의 의지의 방향에 순종하고 인정함만이 그가 가진 율법에 일치할 수 있다면, 그에게는 인간적인 의지의 방향이 없지 않음으로써, 없지 않았기 때문에, 그는 모든 것을 결핍했다. 그에게 명령된 한 가지 믿음의 행위를 하지 않음이 이스라엘의 율법 위반이다. 32b-33절에 의하면 이로써 이스라엘은 바위에 부딪쳤고, 부수어졌고 영락했다. 이 바위는 이사야 28:16에 의하면 시온의 중심, 모든 이스라엘의 성전 제의와 율법 수행, 거룩한 백성의 온 삶의 토대를 이룬다. 모든 건축이 파괴되지 않으려면, 모든 것은 이 바위 위에 세워져야 하고, 소위 말하는 서는 것이 헛디뎌 쓰러짐이 아니려면 여기에서 서야만 한다. 이 바위, 이스라엘의 기초와 지주는 약속으로서 붙잡히기를 바라는 하나님의 자유로운 자비이다. 그것의 성취를 그 내용에 따라서 전적으로 하나님으로부터 기대해야 하며, 그러므로 인간적 의지와 행함으로써는 그것의 성취를 시도해서는 안 된다. 이스라엘의 기초와 지주는 그 자체로서 믿어지기를 바란다. 그 기초는 실로 하나님에 의해 놓여지고 그러므로 이스라엘의 역사의 움직일 수 없는 전제가 되는 바위이기를 중지하지 않는다. 그러나 이 바위가 이스라엘을 향해 등을 돌렸다. 이때 이 바위는 그에게 거침돌이 되었다. 이때 이스라엘은 그의 확실한 구원을 상실할 수밖에 없다. 시편 118:22에 의하면 열성은 있으나 결국 태만한 집짓는 사람들이 이 돌을 내버림으로써, 이스라엘이 그의 모든 행위에도 불구하고 한 가지, 그의 파송과 준비에 오직 부합하는 일에 태만함으로써, 그의 모든 행위, 그의 모든 성전 제사와 율법 수행은 죄책이 되고, 그는 모든 의지와 행함에도 불구하고 의롭다 함을 얻지 못하고 있다. 마치 이러한 사명과 준비를 갖지 못한 이방인처럼, 그리고 유감스럽게도 그런 사명이나 준비 없이 한 가지, 이스라엘의 율법에 상응하는 믿음의 행위를 행하는(롬 2:14f., 26f.), 하나님의 자유로운 자비에 의해 발견되어 이 자비와 그에게만 오직 영광을 돌리는 이방인과는 정반대로. 그리고 이것이 바로 이스라엘의 저 압도적, 특징적인 다수가 봉착하게 된 사실이다. 그들은, 이스라엘이 믿지 않음으로써, 이스라엘이 되고 그의 약속에 합당하게 되고 참여하고자 하는 모든 열심에도 불구하고, 그것이 이스라엘로서 오직 입증될 수 있고 확증될 수 있는 한 가지를 행하지 않았다. 그와 이스라엘과의 관계에서(그분에게서 저 이방인들은 하나님의 의, 자비로운 뜻을 효과적으로 만났다.) 이스라엘의 율법 위반이 사건과 예시가 되었다. 이스라엘은 예수 그리스도와의 관계에서, 그 자신에 의존했고, 그 자신의 의지와 행함으로써 약속을 성취해 보려고 했다는 것을 입증했다. 그는 믿음을 과소 평가했고, 믿음에 태만했고, 이로써 실제로 그의 약속과 약속 아래 있는 그의 삶의 질서를 유기했다. 그는 이로써 하나님의 선택받은 백성으로서의 자기 존재를 부정했고 의문시했다. 여기서부터 회상할 때 우리가 이스마엘과 에서와 파라오의 역사에 대해서 무슨 말을 할 수 있으랴? 우리는 확실히(9:16) 인간의 의지와 행함이 아니라 하나님의 자비에 모든 것이 달렸다는 것이 거기서부터 확증됨을 본다. 이스라엘에게는 인간적 의지와 행함이 결여되지 않는다. 그러나 바로 여기서 인간적 의지와 추구의 궁극적 행위로서 불신앙과, 하나님의 자비가 인간의 죄책보다 크지 않다면, 하나님의 자비를 배제시키고 말 인간적 죄책이 드러난다. 인간적 의지와 노력의 완수는 하나님이 인간에게 제시한 아무리 좋은 조건 아래서라도, 구원의 조건, 준비, 전역사를 가졌다고 해도, 결국, 하나님의 자비만이 하나님과 인간을 화해시키고 일치시키며, 이로써 인간을 구원에 참여케 만들 수 있다는 것을 입증할 따름이다. 그가 이스마엘, 에서, 파라오에게 실제로 했듯이 이스라엘에게 이렇게 행할 수 있는 하나님의 권한은, 이 이스라엘이 행하고 행하지 않음에 비추어, 의심의 여지가 없다. 그리고 하나님의 권한이 또한 이 이스라엘에 대해서도 그의 자비의 권한이고자 하며 실제로 그렇다면, 이 이스라엘이 행하고 행하지 않은 것에 비추어서, 그가 그 권한에서 영락하고, 그의 죄가 드러나고, 그 자신의 칭의가 박탈당함으로써, 그것만이 오직 그의 자비의 권한이라는 것은 의심의 여지가 없다.

    9:30-33의 프로그램적 진술의 이 두 번째 부분을 전개하고, 9:31-33을 설명해 주는 것이 10:1-21이다. 사람들이 이스라엘의 특별한 죄책의 서술을 그 내용으로 보는 것은 부당하지는 않다. 그러나 이 서술의 실제적인 관련성을 간과해서는 안 된다. 유대인과 이방인으로 이루어진 교회에, 교회를 위해서 사도는 이스라엘의 죄에 대해 말한다. 그는 예수 그리스도에 대한 믿음 안에서 선택받고 부름받고 의롭다 함을 받고 거룩해짐을 얻은 자들의 모임에 이스라엘의 죄에 관해 말한다. 이것은 그들 자신의 선택을 해석하고, 그들의 선택을 확정짓고, 이로써 그들의 선택이 그들의 의지나 노력에 달려 있는 것이 아니라 하나님의 자비에 달려 있다는 것을 증언하고, 그러므로 그들을 그들의 선택에 상응하는 믿음으로 부르기 위함이다. 그는 이스라엘의 죄를 통해서, 믿음이 없는 그들 자신의 최고의 최종적인 행위가 무엇이 될 수 있는가를 보여 주기 위해서, 교회에 이스라엘의 죄에 대해 말한다. 그는 이스라엘의 죄에 직면해서, 그리스도인들은 오직 하나님의 자비의 권한에 근거해서만 그리스도인이

된다는 것을 그들에게 상기시킨다. 그들과 이스라엘의 연대는 폐기되지 않고 오히려 "이스라엘에 반해" 말해진 것을 통해 확증된다. 그것은 이스라엘에 반해 말해지는 것이 아니라 선택받은 인간 자체에 반해서 말해진다.—그것은 선택하는 하나님을 위해, 그리고 이 우회로를 통해 또한 선택받은, 그리고 그의 선택에 전적으로 불신실한 이스라엘을 위해서도 말해진다.

로마서 10장이 이렇게 이해되어야 한다는 것은 로마서 11장의 속편에서부터만 아니라, 또한 10:1의 도입구에서 드러난다. 여기서 바울은 9:1-5의 자기 고백을 반복하면서 그의 소원과 기도가 이스마엘, 에서, 파라오의 역사를 속행하는 이스라엘을 떠난 것이 아니라 오히려 이스라엘을 향해 있다는 것과, 그가 교회의 사도로서 이스라엘의 예언자, 이스라엘의 구원을 염려하는 아브라함, 이삭, 야곱의 하나님의 종이 되고자 한다는 것을 선언한다. 그는 2절에서 회당의 불운한 회원들에게 그들이 하나님에 대한 열심을 가졌다는 것을 증언한다. 그는 이로써 그들에게 그들의 의지의 방향이 올바르다는 것을 증언하고, 이로써 간접적으로, 올바른 목표가 그들 앞에 있으며, 그들이 아브라함, 이삭, 야곱의 하나님을 알고, 그에게서 예수 그리스도의 아버지를 전적으로 알고, 그의 말씀을 듣는다는 것을 증언한다. 그들이 참 하나님의 백성이며, 참 하나님이 그들의 신이라는 것은 그들의 죄를 통해 폐기되지 않는다. 그것은 하나님의 선택에 근거하기 때문에 결코 폐기될 수 없다. 하나님과 이스라엘과의 계약에서 교회도 예수 그리스도 안에서 성취된, 하나님과 인간과의 영원한 계약을 인식할 것이다. 그래서 교회는 유대교를 위한 유대인들의 열심에서도 인간이 이 계약 속의 삶으로 예정되어 있음을 오인할 수 없을 것이다. 이스라엘의 열심은 그것의 왜곡됨 속에서도 헛된, 대상 없는 열심이 아니다. 이 열심은 예수 그리스도를 간과할지라도 여전히 이 백성의 성취된 약속인 그에 대해 증언한다. 이 열심은 그것의 공허함 속에서도 불신앙의 열심으로서 그가 실제로 상실한 충만에 대해 말한다. 그러나 이것은 이스라엘의 선택 위에 드리운 그림자이며, 이것은 하나님의 선택의 이 형태로써 하나님의 자비의 탁월성을 칭송하기 위해 드러나야만 하는 인간의 죄책이다. 오직 그의 왜곡됨 속에서만, 다만 예수 그리스도를 간과함에서만, 오직 이런 공허함에서만 유대인의 열심은 이것을 증언할 수 있다. "그들은 하나님을 위해 열심을 가지되 그러나 지식으로써가 아니다." 대상이, 아브라함, 이삭, 야곱의 하나님이 없지는 않다. 이분은 참된 하나님이다. 이분은 예수 그리스도의 아버지이고 그런 분으로서 인간을 위해 고려되고 주어지는 모든 구원의 총괄 개념이다. 그러나 그들은 그를 그런 분으로서 인식하지 않는다.(3절) 그를 향한 그들의 의지는 왜곡된, 전도된 의지이다. 바로 그들 자신의, 그들에게 고려되고 주어지는 구원의 반석에서 그들은 몰락한다. 그들은 이 하나님의 의를 인식하지 못한다. 그들은 그 의를 그의 자비로서 인식하지 못한다. 그들은 이 하나님을 그들을 위해 의지하고 행동하는 분으로서 시인하지 않는다. 그들은 자신들의 조건, 준비, 전역사가 그들로 하여금 전적으로 그에 의해 제약받도록 하게 하려는 것임을 오인한다. 그들은 자신들을 그 자체로 받아들이려는 그의 권한을 시인하기를 꺼려한다. 그들은 이것을 단순히 인정할 준비가 되어 있지 않다. 대신에 그들은 "그들 자신의 의를 세우기를" 추구한다. 그들은, 즉 약속의 삶의 질서를 스스로 성취함을 통해서(마치 그 질서는 믿음 안에서 순종할 따름인 은혜의 질서가 아닌 듯이) 약속의 성취에 합당할 수 있는, 그것의 성취에 대한 권한을 가질 수 있는 그런 자들로서 자신을 실증하고 확증하기를 추구한다. 그들은 하나님을 위하여 의지하고 행동할 수 있고, 해야 한다고 말한다. 그들은 하나님의 은총을 얻기 위하여 그에게 선사할 수 있다고 말한다. 그들은 완전한 복종을 바침으로부터 하나님이 그들에게 약속한 것을 성취한다는 반대 급부를 기대한다. 이로써 그들은 그러나 "하나님의 의에 굴복하지 않았고" 불순종했다. 이로써 그들은 완전히 그들의 하나님, 아브라함, 이삭, 야곱의 하나님에 대해 완전히 반항을 한다. 이 하나님의 약속은 전적으로 그 자신의 행위를 그 내용으로 하며, 약속의 성취는 반대 급부로서가 아니라 다만 그의 자유로운, 자비로운 조치로서 기대될 수 있고, 결코 요구될 수 없고 다만 받아들여질 따름이다. 이 하나님이 말하는 것은 다만 믿음 안에서만 시인될 수 있으며, 그가 행하는 것은 다만 믿음 안에서만 받아들여질 수 있다. 믿음이 없으면 이 하나님의 법은 그 중심에서 위반되는 것이고, 범해지는 것이다. 그 법이 열심히 읽혀지고 행해질수록, 이 한 가지 행위를 성취함에서 이 법이 요구하는 모든 행위들이 열심히 행하여질수록, 그만큼 더 끔찍하게 범해지는 것이다. 왜냐하면 모든 주의는 다만 결정적인 점에서의 부주의를, 모든 다른 행위들은 오직 저 한 가지 행위를 하지 않음을 은폐하려 하나 은폐할 수 없으며 오히려 실제로 확증하기 때문이다. 믿음이 없다면 인간에게는, 이스라엘의 경우에서처럼 그에게 하나님으로부터 모든 것이 말해졌고 주어져 있는 때에도 모든 것이 없는 것이다. 믿음의 결핍은 올바른 목표를 향한 올바른 길 위에 실제로 처해 있는 자들의 과오를 뜻한다. 그들이 올바른 목표를 향한 올바른 길 위에서 자신의 의를 세우려 함으로써 그들은 죄인이 되고, 다른 목표를 향한 다른 길 위에서는 전혀 가능하지 않은 것 같이 인간의 죄가 바로 그들에게서 사건이 되고 드러난다. 인간의 죄가 이렇게 사건이 되고 드러나기 위해서는 하나님의 선택을, 이스라엘을 필요로 한다.

이스라엘이 자기 자신의 의를 추구함으로써 율법을 범했고, 하나님의 의에 불순종했고, 이로써 하나님의 칭의를 상실했다는 명제를 입증하는 일, 선택받은 백성의 죄를 입증하는 것이(그리고 이로써 간접적으로 선택받은 인간에 대해서 하나님의 자비만이 족하다는 것을 입증함) 이제 4-13절에서 다음과 같이 이루어진다. 곧 이스라엘, 이 백성의 약속은 처음부터 예수 그리스도였으니 따라서 그가 그 질서 아래 살아야 했던 그 질서는 처음부터 믿음의 질서일 따름이었다는 것이 지시된다. 이스라엘이 믿는 대신 자신의 의를 세우려 함으로써 예수 그리스도를 거부해야만 했다. 그리고 이스라엘이 예수 그리스도를 거부함으로써 그는 그 자신의 의를 세우려는 노력에서 믿음을 거부했다는 것이 분명해졌다. 바로 이로써 그는 그에게 되어진 약속의 삶의 질서로서, 그가 자신의 선택에 따라서 그 아래 살아야 하는 규정으로서 율법을 지킨 것이 아니라 범했다. 바로 이로써 이스라엘은 인간이 그를 선택하는 하나님에 대한 반란자임을, 그리고 이로써 간접적으로 하나님의 자비는 그에 의해 선택받은 인간에 대한 홀로 족한 권능임을 드러냈다. 바로 이로써 그는—그리고 이것이 그의 선택의 특별한 기능인데—선택받은 인간은 전적으로 그를 선택하는 하나님의 자비에, 그리고 그에게 거듭 새로이 선포되어야 하고, 제공되어야 하고, 명령되어야 할 믿음에 의존한다는 것을 지시했다. 4-13절은 이 입증의 조건을 분명하게 한다.

4절은 문장 위치에 반대되게 "그리스도는 율법의 종말"이라고 번역되어야 하고, 또 그리스도 안에서 그리스도와 더불어 그의 하나님에 의해 이스라엘 백성에게 주어진 율법이 낡은 것이 되고, 시대에 뒤떨어진 것이 되고 제거되고 폐기되었다는 식으로 이해되어야 한다면, "그리스도"에 첨가된 "모든 믿는 자들의 의를 위하여"는 주목할 만하게도 어중간하게 되고, 이 문장이 전체 문맥을 갈라놓기에 그것의 의미의 해설을 차라리 포기하는 편이 낫게 될 것이다. 9:31은 이스라엘이 율법을 준수하기를 노력함으로써 율법을 그르쳤다는 것을 분명히 말하지 않았는가? 시온에 놓인 돌이 그에게 거침돌이 되었다고 9:32에서 선언하지 않았던가? 율법에 대한 그의 열심이(10:1) 분명히 하나님을 위한 열심으로 인정받지 않았는가? 바울은 다음 구절에서도 결코 율법에 반해서가 아니라 율법으로부터 논증하지 않았는가? 이 장 전체 어디에서(또한 바울의 신학 일반에서) 교회의 사도가 이스라엘의 율법을 그리스도를 통해 취소되고 무효화된 하나님의 선물로 보았다는 흔적을 발견할 수 있는가? 바울은 율법이 아니라, 2-3절에 의하면 불신앙에 의해 율법을 지식 없이 수용하고 적용함, 그것을 모독, 오용함에 대해 믿음의 의를 대립시켰다. 그는 로마서 3:31의 분명한 말에 따르면, 마태복음 5:17과 부합되게 율법을 그 설교와 더불어 폐지하려 한 것이 아니라 세우려 했다. 그리스도는 율법의 종말이 아니라 오히려 로마서 7:11 이하에 따라서 율법을 지배하고 이용하는 죄의 종말이라고 불려야 한다. 그런데 이 생각도 우리 문맥에 맞지 않으며 따라서 "율법의 목표"를 랍비적 개념 kelal에서 유추해서(아마도 이것을 번역해서) 율법의 다양한 내용에 대한 포괄적인 표현으로, 율법의 모든 요청들의 총계, 공통 분모를 나타내는 표현으로, 혹은 존재적으로는 율법의 진수, 그 하나로서, 혹은 실제적으로는 그것의 의미로서(그 의미에 힘입어 율법이 율법으로서 권위를 가지며 또한 직접적으로 그것의 성취를 향한 길이 된다.) 이해하는 길 외에 다른 방도가 없다. 율법의 kelal, "총괄적 요약"은 그를 믿는 모든 자를 의롭다 칭하기 위해 약속된, 그리고 이제 약속을 성취함으로써 나타난 메시아라고 교회의 사도는 이스라엘의 예언자로서의 그의 기능 속에서 말한다. 약속 아래 있는 삶의 질서로서의 율법에서 문제되는 것은 그, 오직 그뿐이다. 그가 이 질서를 해석한다. 그가 이 법을 지키고 이룬다. 그가 그것의 효력을 보증한다. 이 질서 아래서 복종하면서 산다는 것은 그를 믿는 것을 뜻한다. 이스라엘이 이를 행하지 않음으로써 그는 자신의 법을 위반하고 범한다. 그는 이 법의 kelal(완성)을 오인하고 이로써 그것을 세부적으로 준수하려는 모든 열심에도 불구하고 9:31에 의하면 전체를, 율법 자체를 그르친다. 그는 예로부터 규범적인, 이스라엘로서의 그의 온 존재를 근거짓는 자기 하나님의 한 의지 표시에 대해 빚지고 있다. 그는 어떤 새로운 계시에 대해서가 아니라 예로부터 그에게 말해진, 그에게 예로부터 들려진 이 자기 하나님의 한 말씀에 대해 불순종했다. 그는 자신의 선택의 근거에 대해 불순종했다. 그는 9:32-33에 의하면 시온에 놓인 모퉁이 돌에 걸렸다. 그러므로 그의 지식 결핍은(2-3절) 그가 당하는 불행일 뿐 아니라 그의 죄이다. 이제 5절과 6절 이하의 관계를(Peterson, 43f.), 마치 여기서 유대적 의의 개념과 그리스도교적 개념이 상호 대립되는 것처럼, 마치 여기서 "믿음으로 얻는 의"(6절)의 목소리가 모세의 목소리에 반해서 경쟁이나 하는 듯, 그래서 후자가 거짓말로 판명되어야 하는 듯 이해하는 것은 전혀 불가능하다. 이것은 바울이 6절 이하에서 다시금 모세의 기록된 말, 페터손 자신이 말한 것처럼 율법을 능동적으로 성취하라고 촉구하는 신명기 30:12 이하를 인용함으로 인해 불가능하다. 그러나 모세의 말(5절)을 이끄는 또 다른 방향을 지시한다. 바울은 율법으로 의를 행하는 인간은 그것을 통해 살 것이라는 이 말을 이 문맥에서(그리고 확실히 보다 난해한 평행절 갈라디아서 3:12에서도) 저 율법의 완성에서부터 이해했다. 율법으로부터 의를, 즉 율법에 표현된 하나님의 자비로운 뜻을 완수하는 인간은, 이 구절이 하나님이 그의 법에서 의도하고 원하는 자(그 인간 때문에 하나님이 이스라엘을 그의 이 법 아래 두었다.)로서 돌이켜 지시하는 자이다. 이 인간은 예로부터 감추어 있었으되 율법의 의미, 성취, 권위였고, 이제 모든 것으로서 드러났으니, 곧 이스라엘의 메시아이다. 모세가 그에 관해 기록한 것을 씀으로써, "의인화(擬人化)된 "믿음에 의한 의"의 발설"(Lietzmann)은 6절 이하 연결된 δέ에도 불구하고 저 첫 번째 모세의 말에 대한 항거로서는 이해될 수 없다. 누가 여기서 말하는가? 분명히 "의인화된" 이념이 아니라, 모세가 그에 대해 기록한바 그가 율법의 kelal로서, 즉 하나님 앞에서의 의, 그를 믿는 모든 자를 위한 하나님의 칭의로서 살게 될 것이라고 말한 그 분이 말한다. 그가 성취자의 의미와 권위이고 성취로의 길이 됨으로써, 그 자신이 하나님 앞에서의 의, 믿음을 통해 누구나가 받아야 하고 받을 수 있는 하나님의 칭의가 된다. 모세를 읽는 자는 그의 예언의 대상으로부터, 율법의 이 한 분 성취자로부터가 아니고서는 살아 있는 음성을 들을 수 없다. 이 음성은 그들(율법에 반해서가 아니라 율법 전체를 총괄해서, 그러므로 확증함으로써) 자신에게로 불러서 그 안에서, 그에 대한 믿음을 통해 그의 율법 성취에 몫을 얻도록 하며, 믿음을 통해서 그도 하나님 앞에서 의로운 자, 하나님을 통해 의롭다 함을 얻은 자가 되게 한다.

 6절 이하에서 이 살아 있는 믿음의 의의 음성을 통해서 울리는 것은 실제로 율법을 능동적으로 성취하라는 촉구이다. 그러므로 바울이 만일 이 음성에 말을 부여함으로써 율법에 귀를 기울이는 이스라엘 사람을 줄곧 따라다니며 큰 모세의 말로써 계속 말한다면 그것은 정상적이다. "너는 네 마음 속으로 누가 하늘에 올라가랴? 곧 그리스도를 끌어내리기 위해서, 혹은 누가 음부까지 내려가서 그리스도를 죽은 자들 가운데서 끌어 올려 오랴?" 이런 물음과 그에 상응하는 인간적 의지는 금지되어 있다. 새로운 계시를 통해서가 아니라 이스라엘에 다만 너무나 알려져 있고, 그에 의해 인정된 모세 법을 통해서! 이 율법의 범법자들은 이렇게 묻고 그에 상응해서 산다. 율법이 하나님의 백성을 묶어 놓는 것은 바로 메시아, 이스라엘의 희망이며, 이런 하늘이나 음부로의 돌진의 대상, 인간적 기술이나 노력으로써 이렇게 끌어내리고 끌어올리는 대상이 아니다. 그는 그를 믿는 모든 자에 대한 신적 칭의로서 신적 자비의 현시이다. 그는 끌어내려지거나 끌어올려지기를 원치 않는다. 그는 이스라엘에서 믿음을 발견하고자 한다. 마치 그 규정들이 이스라엘에 주어진 것이 그에게 그것의 준수와 실천을 통해 하나님에 대해 권리, 요구, 권한을 관철할 수 있기 위함이고, 자기 손을 강하게 만들어서 하나님의 신비를 통찰하고, 하나님으로 하여금 그의 약속을 실행에 옮기도록 강요하고, 그러므로 하나님의 약속 실행을 결국 이스라엘 자신의 인간적 노력과 공적의 결과로 만들고, 이스라엘을 위한 하나님의 법을 하나님을 위한 이스라엘의 법으로 재해석하기 위함인 것처럼 이해하는 것—이것은 이 법 자체를 통해서 죄로서 기각당하고 불가능해졌다. 그 자신의 증언에 따르면 그것의 성취자의 인격 안에 요약되어 있는 이 법은 이스라엘에게 하늘로, 음부로 헤매는 것을 금지하며, 신적 권위를 능가하려 하는 것, 이 메시아주의적 행동주의를 금지한다. 이 행동주의는 바로 선택받은 자들의 전형적인 죄이다. 이것은 그들이 빚져서는 안 될 자세이다. 이것은 바로 선택 자체에 대항하여 싸우기 때문이다. 이것은 선택받은 자들이 자기들의 선택받음 때문에 선택자 하나님을 잊어버리고 이로써 또한 그들의 선택받음을 문제시한다는 것을 뜻한다. 이것은 실제로 오고 있고, 온 메시아를 필연적으로 간과할 것이다. 이것은 그 메시아가 선택받은 자에 의해 하늘로부터, 혹은 음부로부터 데려온 자가 아닐 것이기 때문에 그를 배격할 것이다. 그들은 그들이 의도했고 찾았던 자를 그에게서 재발견하지 못할 것이다. 그리고 그들은 그를 바로 그의 실제적인 형상에서 오인할 것이다. 그들이 그들 자신의 선택에 낯설고 불합당한 것 같이, 그는 그들에게 낯설 것이고, 그는 그들에게는 하나님을 모독하는 새로운 계시를 가져오는 자가 될 것이다. 인격적인 믿음의 의, 율법의 kelal은 저것을 금함으로써 적극적으로 전혀 다른 것을 요청한다. 그는 "말씀이 네 입과 마음속에 있으니, 네게 가깝다."고 말한다.(8a절) 그가 요청하는가? 그는 자기 자신을 지시함으로써, 단순히 이것을 한다. 선택받은 자들에 대한 모든 실제적인 요청들, 그러나 또한 요청들이 그 아래 놓이게 되는 저 금지령은 다만, 하나님 말씀이 그들에게 가깝고 그들 입술에 놓여 있어서 그들 자신이 할 일은 다만 그것을 그들의 고백으로 발설하는 추후적인 일뿐이며, 그 말씀이 그들 마음속에 놓여 있어서 그들에게 기대되는 것은 다만 그들이 그 말씀을 믿는다는 추후적인 일뿐이라는 사실에서 도출될 수 있다. 이것이 율법이 그 요약인 예수 그리스도 안에서 생생하게 말함으로써 그들로부터 바라는 바이다. 자기 스스로를 선택받은 인간에게 제공하고 선사한 하나님의 자비의 의는, 그가 이 제공과 선물이 주어진 대상이며 그런 자로서 행동하기를 바란다. 그가 누구이고 무엇이든 간에 그는 하나님 말씀을 들었다. 하나님 말씀은 그 자신과 함께 산다. 그러므로 그는 그 말씀과 더불어, 그 말씀으로부터 살 수 있다. 이것이 율법의 의미요 진수이다. 그것은 인간으로부터 저 상응, 저 추종, 그의 입술과 마음의 추후적인 움직임을 요청한다. 이를 위해서 율법의 모든 개별적 요청과 계명들은 도우려 하고, 도움이 되려 한다. 바로 이것이 하나님의 법이 그의 선택받은 자들에게 요청하는 전부이기 때문에, 자신의 의를 세우려는 그들의 노력, 하늘과 음부로 헤매고 다니는 것, 하나님의 주권을 능가하려는 것은 다만 법의 위반이요 침해일 따름이다. 그러므로 하나님 말씀의 가까움에서 실현된 자비에 반대하는 것, 이 가까움을 부정하고 무시하는 것, 하나님의 자비를 서둘러 지나칠 뿐 아니라 인간에게 필요하고 인간을 돕는 이 한 분에게 반항하는 것은 불필요하고 결실 없는 행위요, 적극적으로 도착된 부패한 행위이다. 하나님의 법을 통해 저 추종을 명령받고 이 노력을 금지당한 선택받은 인간은, 지금 하나님에 대해 열심을 내면서, 그리스도를 배척하고 십자가에 못박았으며 또 지금 그의 부활과 승천 후에도 그의 행위의 의의 길, 하늘과 음부를 헤매는 길, 그러므로 행동적인 불신앙에 너무나 충실한 유대인이다.

바울은 이로써, 6-8a절에서 표현된 것처럼, 율법이 예로부터 이렇게 이스라엘에 말했다는 것을 보여 주는 것으로 끝나지 않는다. 의심의 여지없이 그의 생각은, 율법은 그렇게 했다는 것, 율법의 kelal에 언제나 이스라엘의 죄의 kelal이 상응했다는 것, 이스라엘에서 일어난 하나님의 법과 계명 위반은 결정적으로 이 죄와 책임, 하나님의 자비에 부응해서 이스라엘에 말해졌고, 그에 의해 청취된 하나님 말씀을 고백하고 믿는 대신에 자신의 의, 행위의 의를 위하여 헤매는 그릇된 선택에 있었다는 것이다. 그가 직접적으로 현재로부터, 현재를 위해서 말하면서도 8b절에서 다음과 같은 등식을 세운다면, 또한 역사적으로 말하는 것이라고 생각한다. 곧 하나님의 자비의 행위 속에서 우리에게 다가온 하나님 말씀은(추종과 감사의 행위에서 이 말씀을 고백하고 믿는 것이 계명 안에서, 전 율법과 더불어 이스라엘에게 요청된 유일하고도 또한 필수적인 일이다.) 사도에 의해서 교회에 선포된 믿음의 말씀과 같고, 인간이(객관적으로) 믿어야 하고 믿을 수 있는 예수 그리스도에 관한, 그리고(주관적으로) 예수 그리스도에 대한 믿음에 관한 사신과 동일하다. 인간은 이 믿음 안에서 하나님의 칭의에, 그리고 그것과 더불어 하나님의 현실적이고 완전한 구원에 참여할 수 있음을 확신할 수 있다. 또한 이 등식으로 말하는 것은, 예수 그리스도 안에서 실현된 하나님의 자비에 관한 사도의 사신은 새로운 계시가 아니다. 또한 이스라엘이 참여한 하나님의 옛 계시는 그 자체로서 사도에 의해서 선포되는 사신이다. 메시아 자신이 분명히 율법의 유일한, 성취된, 그리고 유효한 요청이라면, 이 사신의 근거 위에서 실천되어야 할 메시아에 대한 자세는 율법이 예로부터 요구한 모든 행위 중의 행위이다. 회당은 그 자신이 그 앞에서 책임을 느끼고 있는 법정과 어떤 새로이 등장한, 그들에게는 구속력이 없는 법정 사이에서 선택할 것이 없다. 회당은 그 자신에 의해서도 인정되는 법정에 대해서 실천과 실천하지 않음 사이에서 선택할 것이 없다. 회당이 이 결정에서 실수한 것이 그들의 죄이며, 믿지 않는 이스라엘의 책임이다.

우리는 9-13절에서 이 등식, 8절의 τοῦτ᾽ ἔστιν("이것은 … 이다")과 또한 6-7절의 두 번 τοῦτ᾽ ἔστιν의 설명을 듣는다. 우리는 이 설명이 그 자체로서도 단순히 그리스도교 세례 고백의 가장 짧은 표현일 가능성이 있고, 아마 실제로도 그러했다는 것을 주의해야 한다. 이 속성을 가진 이 설명문은 여기서 하나님이 이전에 은밀히 이스라엘에 대해 바랐던 이후 이스라엘에게 오늘 공개적으로 요구하는 것을 재표현한 것으로서, 이스라엘에 의해서 오늘도 예전처럼 그것의 이행을 거부당한 행위를 재표현한 것으로서 나타난다. 5절에 의하면 모세가 기술한바 인간이 율법을 통해서 요구된 의를 성취함으로써 살게 될 것이라는 데 대비해서, 9절에 통찰력 있는 독자의 정상적 자세로서는, 인간이(이 고백이 모세의 말을 통해서 그의 입에 넣어짐으로써) 예수가 주라는 것, 즉 율법이 의미하고 선포한 이 인간, 하나님이 그에게서, 그와 더불어 의도하는 모든 것의 목표와 총체로서 선택받은 백성 이스라엘에게 그의 율법을 통해 규정된 인간은 참된 신성의 모든 특성을 지니며, 그러므로—이 특성은 제2의 신에게는 속할 수 없으므로—참 하나님이라는 것을 그의 입으로 고백하는 일이다. 이것이 "주 예수"란 표현이 바울에게 여기서나 고린도전서 8:6, 빌립보서 2:11 등에서 의심의 여지없이, 아무 유보 없이 의미한 바이다. "예수는 주이다"란 "예수는 하나님"이라는 뜻이다. "주는 예수이다"라는 것은 "하나님은 예수"라는 뜻이다. 이스라엘은 이 인간을 고백하고, 그가 이룬 율법 성취를 그의 법을 통해서 그에게 선포된 하나님의 선물로, 그의 법을 통해서 약속된 하나님의 자기 희생으로, 그에게 오고 있는 그리고 이미 온 자신의 하나님으로서 고백해야 한다. 이스라엘은 그를 고백함으로써, 하나님의 왕적 통치를 고백해야 한다. 이스라엘은 이 인간 예수를 고백함으로써 하나님을 고백하고, 그의 왕적 통치를 고백하고, 율법 안에 기록된바 자기 백성에 대한 그의 권한 주장을 시인해야 한다. 하나님이 이 인간을 죽은 자들 가운데서 일으켰음을 이스라엘이 그의 마음으로 믿음에 근거해서 이렇게 해야 한다. 이 믿음이 모세의 말을 통해 그의 마음속에 새겨짐으로써, 그는 이 인간의 '생명'에 대해 말한다! 죽은 자들로부터 부활한 자로서의 예수의 생명은 그가 메시아, 곧 율법을 통해서 선포된 하나님의 의를 성취하고 스스로 그 의가 되는 자임을 입증한다. 그러므로 이스라엘은 하나님의 이런 자기 입증을 믿어야 한다! 그는 그의 하나님을 신뢰해야 한다. 그는 자신의 선택에 근거해서 자기 하나님에 대해 신뢰의 빚을 지고 있다. 신뢰는 하나님으로부터 약속되었고 하나님으로부터 발생한 사건을 통해서 그에게 쉽고도 자명한 것이 되었다! 하나님을 신뢰하는 자, 율법을 그것이 의도하고 바라는 대로 따르고 이루는 자는 구원을 받을 것이고, 이스라엘의 선택의 목표에 도달하게 되고, 선택받은 인간으로서 선택하는 하나님의 옳은 파트너가 되며, 이로써 선택하는 하나님에 의해서 선택받은 인간에게 수여되는 구원에 참여하게 된다. 선택받은 인간은(10절) 그가 죽은 자들로부터 인간 예수가 부활함에 근거하여 저 신뢰를 가짐으로써만, 하나님 앞에서 그의 의를, 율법의 근거 위에서 선택받은 자로서 자신의 올바른 위상을 이루고 확증할 수 있다. 이 신뢰는 이 인간을 그의 구주, 하나님으로 고백함으로써만 필연적으로 표현되는데, 이것은 인간을 외부에 대해 책임을 지우고 구속한다. 이 이중적 행위에서 선택받은 자는 자기 선택을 확정지어야 한다. 즉 그의 마음의 믿음에서 선택받은 자로서의 그의 품위를, 입의 고백으로 이 품위에 근거해서 그에게 주어지는 구원을 확정짓는다! 성서는 이 이중적 행위에 관해서, 그것의 필연성과 그것의 완전한 충분성에 관하여 분명하다. 그를(죽은 자들로부터 일으켜진 인간 예수를) 믿는 모든 자는(이스라엘에게 모세의 말을 통해 지시된 것처럼) 치욕을 당하지 않는다.(11절, 이사야 28:16에 의해) 곧 그는 율법에서 요구된 의를 충족시킬 것이고, 참된 이스라엘 사람이 된다. 그는 그의 부활을 통해서 확증된바 이 인간의 율법 성취에 몫을 얻는다. 그는 이 인간에 대한 믿음에서 하나님 앞에 서고, 그와 계약을 맺는 자가 된다. 마치 이 인간을 믿는 그에게 하나님으로부터 실제로 율법 성취가 전가되는 것에 의거해서, 그가 이 율법 성취를 스스로 이룬 것 같이. 7절에 따르면 복종하는 대신 마음대로 헤매고 다니며 "누가 음부로 내려가서 죽은 자들로부터 그리스도를 이끌어 올리랴?"고 묻는 자는 치욕을 당할 것이다. ─ 마치 그의 선택받은 인간을 확증하고 영화롭게 하기 위해서 하나님이 자신을 입증하는 것이 선택받은 인간의 기술과 노력의 문제인 것처럼, 마치 그가 그의 행위로서 하나님의 메시아를 비로소 의롭게 만들어야 하고 만들 수 있는 것처럼, 마치 메시아가 이런 기도의 대상이 되는 것처럼. 하나님의 진정한 메시아에 돌려지는 자세, 그러므로 선택받은 인간에게 실제로 합당하고 선택하는 하나님에 정당한 자세는 다만 이루어진 하나님의 자기 계시에 직면해서 마음의 믿음, 곧 약속되고 일어난바 죽은 자들로부터 예수의 부활이라는 순수한 하나님의 행위에 대한 신뢰일 따름이다. 이 신뢰, 이 믿음은 성서에 의하면 그것을 입증하는 자로 하여금 치욕을 당하게 하지 않을 것이다. 그리고 다른 편으로도 성서(12-13절)는 분명하다. "주 예수"를 고백함으로써 인간은 죽은 자들로부터 예수의 부활에 대한 그의 믿음을 근거로 해서, 그리고 이 믿음을 통해서 하나님 자신이 그들의 구원을 보증한 자들의 반열 속으로 들어가게 된다. 그들은 이런 그들의 미래를 선택하는 하나님과의 계약을 통해 완전한 확신으로 바라볼 수 있고 다가갈 수 있다. 회당이 오늘 교회의 입으로부터 이런 그에게는 낯선, 그에 의해서 신성모독으로 정죄당하고 배척당한 고백을 들을 때, 회당은 교회에 대하여 그들 자신의 거룩한 전통만을 고집해서는 안 된다. 이 전통은 이스라엘로 하여금 피조물을 창조자로, 인간을 신(神)으로 인식하고 부르고 경배하는 것을 허락하지 않을 것이다. 회당은, 이것이 하나의 헬라적 발상이고, 이교도의 황제 제의를 자의적으로 수용하고 응용한 것이며, 그러므로 회당에는 신의 법으로써 명령되지 않았고 오히려 금지되었다는 평계 아래 이 고백에 반대하고 벗어나서는 안 된다. "유대인과 헬라인 사이에는 아무 차이가 없다." 상황, 교회의 고백에 대한 유대인과 헬라인의 문제는 동일하다. 유대인이 지금 많은 헬라인들의 입으로 듣는 것은 그들에게도 상관하고, 마땅히 그의 고백이 되어야 한다. 만물 위에는 오직 한 주가 있으니 바로 인간 예수가 이 한 주이다. 그는 부요하다.(9:23 참조) 곧 하나님의 자비와 의의 수행자로서. 그는 인격적으로 하나님의 자비와 의로서, 신으로서 부요하다. 그를 그런 분으로서 부르는 모든 자들에게는 모든 축복과 구원의 진수요 총화이다. 그리고 그에 비해서 모든 사람들은 가난하여 하나님 앞에서 죄인으로서 모두가 그의 부(富)에 의존한다. 창조자를 피조물의 권력에 내어주는 야웨 신앙을 가진 회당 유대인들 못지않게 피조물을 창조자로 높이는 황제 제의를 가진 헬라인들도 ─ 그러나 전자도 후자에 못지 않다. 여기서나 저기서나 같은 오류, 같은 위험이 있다. 여기서나 저기서나 같은 진리, 같은 도움이 오로지 구원을 가져온다. 여기서는 유대인에게, 저기서는 헬라인에게 같은 약속이 유효하다. 피조물에 대한 창조자의 영광, 또한 창조자를 통한 피조물의 구원은 여기서나 저기서나, 예수가 주로서 인식되고 부름받는다는 데 있다. 죽은 자들로부터 예수 그리스도가 부활함을 통해서 참된 것으로 증언되고 사도를 통해 선포된 것, 곧 예수가 하나님이고 하나님이 예수라는 것이 참이 아니라면, 유대인에게나 헬라인에게나 오직 멸망만이 있을 것이고, 이 진리에 대한 고백이 없이는 유대인에게나 헬라인에게나 똑같이 멸망으로 끝날 수밖에 없을 것이다. 그러나 바울은 분명히, 이 고백이 또한 유대인에게도 구원의 유일한 가능성이라는 것을 말하려 하는 것만이 아니다. 그는 이 문맥에서 확실히 말하려 한다. 바로 우선 유대인에게. 유대인이 지금 교회의 입으로부터 이방인이 듣는 것과 같은 고백을 들을 때, 그는 피할 수 없을 것이고, 결코 이 고백에 반항하는 헬라의 황제 제의와 역시 그것에 반항하는 유대인의 야웨 신앙 사이의 평행선이 이루어져서는 안 될 것이다. 유대인은 즉시, 우선 이 재앙을 가져올 유사성으로부터 벗어나야 하고, 그들의 참된 창조자에 대해, 그의 약속과 그의 실현된 자비에 대해 모든 인간들의 구원을 가져올 평등 속으로, 하나님의 진정한 신성과 의에 대한 고백의 평등 속으로 들어가야 한다. 유대인은(13절) 이 고백에 관해서도 성서의 분명한 증언을 가지고 있다.(욜 3:5, 이것은 베드로의 성령 강림절 설교 사도행전 2:21에서 인용된 같은 구약성서 문맥의 결론이다.) "주의 이름을 부르는 자마다 구원을 얻을 것이다." 율법을 이룬 저 인간을 마음으로 믿고 이로써 자신을 이스라엘 사람으로서의 선택에 합당하게 하는 자는 이 인간 안에서 찬양하며 감사하며 기도하면서 제2의 신이 아니라 주 야웨, 이스라엘의 오직 참된 하나님을 부를 것이다. 그의 입술은 이 부름에서 저절로 열려서, 그가 이 인간에게서 그의 창조자를 만났으며, 분명히 그를 이방인처럼 피조물과 혼동할 수 없으며, 그에 대해서 권능이 없다는 것을 고백하게 된다. 주가 그렇게 자비로우므로, 주는 자신을 헛되이 찾았던 인간을 스스로 찾고 발견했기 때문에, 그는 주에게 의지할 수 있고 의지해야 한다. 이 인간을 야웨로, 세상의 주이기도 한 이스라엘의 하나님으로 고백하는 자는 마지막 때에, "주의 크고 두려운 날에" 구원을 받을 것이다. 그리고 모든 육신 위에 영을 부음을 통해서, 바로 그가 주의 이름을, 곧 그가 이 인간의 이름을 주의 이름으로서, 주의 이름을 이 인간의 이름으로서 부르고, 그래서 그의 구원에 참여하는 일이 일어날 것이다. 6절에 의하면 순종하는 대신 멋대로 헤매면서 "누가 하늘에 올라가서 그리스도를 끌어내리랴?"고 묻는 자는 구원을 받지 못할 것이다. 마치 하나님의 선택이 선택받은 인간을 이끌고자 하는 목표가 인간 자신에 의해 그 자신의 의의 결과, 결실로서 지향되어야 하고 지향될 수 있으며, 달성되어야 하고 달성될 수 있는 것처럼, 마치 인간이 하나님 자신에 의해 창조된 인간과의 가까움 대신에 그에 의해서 정복되어야 할 하나님과의 가까움에서 하나님의 메시아를 발견해야 하는 것처럼, 하나님의 진정한 메시아에 상응하는 선택받은 인간의 행위는 오직, 믿음으로부터 필연적으로 나오는 저 부름에서 사건이 될 저 고백에 있을 뿐이다. 이 행위, 오직 이 행위에서만 선택받은 인간은 구원을 얻을 것이다. 이것이 성서가 유대인에게 말하는 것이다. 그러므로 또한 그가 아니라, 바로 그가 처음으로 이 부름으로써, 그러므로 입의 고백을 통해서 응해야 할 것이다.

그러므로 9-13절에서 유대인에 대한 고발은 그들에 대해 더 이상의 언급이 없이 신랄해졌다. 그가 읽고, 그가 원용하고 싶어하는 성서는 인간이 멸망하지 않고 구원받게 되는 길을 지시함으로써 교회를 위해 변호한다. 교회를 위해서 그리고 이로써, 그가 이 길을 가기를 거부하는 한 자동적으로 그에 반해서 말한다. "그를 믿는 모든 자는 멸망하지 않을 것이다."(11절) "주의 이름을 부르는 자는 누구나 구원을 얻을 것이다."(13절) 성서는 그것을 읽는 자들에게 이것을 말한다. 그러므로 성서는 믿지 않는 자는 멸망할 것이고, 이 부름에 지체하는 자는 누구나 멸망할 것이라고 말한다. 그런데 회당 유대인은 믿지 않는다. 그는 이 부름에 지체한다. 그는 심지어 이 믿음과 이 고백에 대항해 싸운다. 이것은 그의 자명한 죄요 책임이다. 바울은 지금 16절에서 결론을 내릴 수 있다: "그러나 모든 사람이 순종하지는 않았다." 회당 유대인은 순종하는 자에 속하지 않는다. 이것은 그들 자신에 의해 인정되고 높이 평가된 권위에 의해서 확증되었다. 그들에게는 21절에 상기한 말이 해당된다: "온 종일 내가 불순종하고 반항하는 백성에게 내 손을 뻗쳤다."

그러나 이 결론은 아직 이루어지지 않은 특별한 고찰에 근거해서 분명히 내려질 것이다. 아마도 바울은 자신에게, 4-13절의 문맥에서 그리고 또한 9:30-10:3의 일반적인 진술에서 이미 그 낌새를 느낄 수 있는 물음을 제기한다. 주장되는바 신앙과 고백에 대한 유대인의 책임과 의무는 9-13절의 의미에서 실제로 존재하고, 주어져 있는가? 이 물음에 대해서 어쨌든 14절 이하에서 분명히 답변한다. 그리고 이 답에 근거해서 저 결론이 실제로 내려진다. 물음은 분명히 구체적으로 11절을 고려하면서 13절에서부터, 실질적으로는 신앙의 문제를 고려하면서 고백의 문제로부터 제기될 수 있다. 율법을 통해 유대인에게 요청되는 것은 결국 고백의 요구에서 첨예화되었다. 이것이 하나님이 유대인에게 바라는 것이다. 곧 이스라엘이 교회와 함께, 교회 안에서 흡수되어 이로써 이스라엘로서 자신을 입증하고, 자신의 선택을 확증하면서 예수를 주로 고백하는 것. 그러나 바울 자신은, 이 고백이 다만 신앙의 고백일 따름이라는 것을 알고, 이미 말했다. 믿음의 의는 10절에 의하면 교회 안에서 그의 고백에 동의함을 통해 얻어야 할 구원의 조건이다. 그러나 의롭게 만드는 믿음은 9절에 의하면 죽은 자들로부터 예수를 일으킴에서 하나님이 자신을 입증함에 대한 믿음이다. 예수가 어떻게 이 믿음 없이 주로 고백될 수 있을 것인가? 이 믿음 이외의 다른 것이 인간을 어떻게 교회로 이끌 수 있을 것인가? 이 조건은 어떠한가? 유대인은 실제로 이 조건이 그에게서 이루어졌다고, 내지는 그가 그 조건을 성취할 수 있다고 말할 수 있을까? 그러므로 그는 신앙고백을 지체한다면 책임을 묻는 것이 정당한가? "사람들이 믿은 적이 없는 분을 어떻게 부를 수 있는가(그러므로 그들이 어떻게 그를 주로 고백할 수 있는가)?"(14a절) 바울은 8절에서, 말씀이(그리고 그것의 내용은 죽은 자들로부터 일깨워짐을 통해서 하나님과 동일하다는 것이 입증된 인간 예수) 유대인들의 마음과 입에 "가깝다"는 것과, 그러므로 저 추가적인, 뒤따라오는 마음과 입의 움직임, 믿음과 고백은 똑같이 그에게 쉽고 자명해졌다는 것을 예견했다. 그러므로 그는 5절에서, 그리고 6-8절에 연결해서 인용된 모세의 말을 고려하면서 이것을 말했다. 그러나 그는 10절에서, 율법의 이 한 가지 요구가 구분되었다는 것과 믿음이 고백에 선행해야 한다는 것을 인정했다. 율법 자체가 그것의 성취로서 선포하는 그분을 마음으로 믿는 데 도달하지 않을 때, 또한 그를 부를 수 없고, 그를 향하여 입으로 고백할 수 없으며, 또한 교회 안에서 이스라엘이 흡수되는, 혹은 차라리 살아가는 일은 없을 것이다.

그러나 모세의 독자들이 믿음에(그리고 거기서 또한 고백에) 이르는 것은, 모세가 말하는 그분에게 귀를 기울일 수 있는가에 달렸다. "들은 적이 없는 분을 어떻게 믿겠습니까?"(14b절) 모세의 기록된 말 안에 있는 그의 현존이 어떻게 그의 독자에게서 힘을 얻을 수 있는가? 그래서 그들이 그것을 모세의 말로서만 읽는 것이 아니라, 이 말의 독자 안에서, 독자와 더불어, 8절에서 예견한 대로, 그들에게 믿음의 행위를 그들에게 명령된 추종하는 일로서 가르치고, 이와 함께 또한 그를 주로 고백하는 것을 쉽고도 자명하게 만든 그분의 음성을—저 살아 있는 분(5절), 부활한 예수 그리스도의 음성을—들을 수 있겠는가? 5절에 의하면 저 인간에 관해, 그가 올 것이고, 율법의 의를 성취하고, 이 의에 의하여 살 것이라는 것을 읽는 것과, 그에 관해, 그가 실제로 왔고 죽은 자들로부터 부활하여 살아 있음을 듣는 것은 별개의 일이다. 하나님의 계시에 관한 증언으로서의 성서와 기록된 것의 성취와 내용으로서의 하나님의 계시 자체는 별개이다.

유대인에게는 이 두 번째 것이 부족한가? 4-13절에 기록된 대로, 유대인이 성서를 원용함으로써 그렇게 말해진다면, 그에게는 아무것도 부족한 것이 없어야 한다. 그러나 그것이 그에게 부족하지 않다면, 그가 실제로 읽었을 뿐 아니라 그가 읽으면서 들었다면—성서에 기록되어 있는 것에 대해 들었다면—이것은 다시금, 그가 읽었던 대상이 한 음성을 가졌고, 이 음성이 그를 향해 커졌다는 것을 전제한다. "선포하는 자가 없이 어떻게 들을 수 있겠는가?"(14c절) 그들이 읽으면서 어떻게 들을 수 있는가—만일 기록되어 있음의 현재를 넘어서, 그것의 읽기를 넘어서 또 다른 사건이 일어난다면(곧 기록된 것이 "케리그마"로서, 그들에 해당되고 관계되는 사신으로서 그들과 만나고 전달되어, 그들이 그 케리그마를 벗어날 수 없게 되고, 그들이 기록된 것과 상관하고 해당되는 자들이 되고, 그런 자로서 믿어야 하고 고백해야 하는 일), 어떻게 읽은 것 내지는 모세가 관해 기록한 대상이 그들 가까이 다가올 수 있으며, 믿음과 그들의 고백을 필연적으로 만드는가?

그러나 바로 이 기록된 말씀의 케리그마화 사건은 결정적인 전제조건이 있다. 모세의 말 자체는 그것만으로 그의 독자들을 믿음과 고백으로 효과적으로 이끌기 위해서는, 독자를 위해 그것의 대상이 전적으로 이 믿음, 고백을 쉽게 만들면서 동시에 책임을 지울 정도로 가깝다는 것을 알리고, 가까움을 창조하기 위해서는, 분명히 충분하지 않다. 모세는 그것을 증언할 수 있으며, 그가 또한 유대인에 대해서도 이렇게 한다는 것을 유대인은 부인할 수 없다. 그러나 실제로 모세에 의해 증언된 것에 대한 선포가 그에게도 도달했는가? 그에게 모세-진리의 현실이, 그가 그것을 벗어날 수 없도록 그렇게 지시되었는가? 모세가 말한 대로 그렇다고, 저 인간이 죽은 자들로부터 부활해서 살아 있다고 말해졌는가? 그래서 그가 들음으로써 믿고 또한 고백할 수 있게 되었는가? "보내심을 받지 않고서 누가 그들에게 선포할 수 있는가?"(15a절) 파송, 이것이 저 성서에 기록된 것을 선포하는 사건의 결정적인 전제조건이며, 그러므로 들음의, 그러므로 믿음의, 그러므로 고백의 전제조건이다. 파송은 증언이 기록되고 읽음을 넘어서 증언된 계시와의 만남에 이르게 하기 위해서 필수적이다. 성서는 열려야 한다. 이것은 그러나 그것의 대상에서부터, 그것의 예언의 성취에 의해서만 일어날 수 있다. 그리고 4-13절에서 말한 것처럼 인간들에게 성서가 열려야 한다면, 이것은 이 인간들이, 기록된 말의 단순한 반복이 아니라 또한 이 말씀에 대한 인간적 자의에서 우러나온 것도 아니고, 바로 파송에 근거한 선포를 만났다는 것을 뜻한다. 선포는 성서의 말씀의 대상에서 위임에 따라 출발하며, 그러므로 성서의 말씀을 지배하지 않고 오히려 그것의 성취 자체를 지시하고, 이로써 이해되기 원하는 대로 해석함으로써 그것을 섬긴다. 선포는 전적으로 저 율법의 성취자의 도래와 죽은 자들로부터 그의 부활이 성서가 예언한 대로 일어났다는 기쁜 소식을 전달하는 과제를 이행한다. 아무도 바로 이 선포를 스스로 취할 수 없다. 이 선포는 그것이 일어났음에 근거할 수 있다. 이것은 다만 이 사건에서부터만 파송일 수 있다. 이 사건 자체는 스스로 자기 사자(使者)를 창조하고 그들을 선포자로 만든다. 이들은 성서를 그것의 의미에 따라서만이 아니라 그 의미의 능력 안에서, 곧 그 대상의 능력 안에서 해석하고, 성서의 증언에 봉사한다. 성서 자체는 증언이므로 바로 이 봉사를 요구한다. 이 파송에 근거한 선포에 대해서 성서 독자에게는 듣지 못함의 핑계가 있을 수 없고, 그러므로 또한 믿을 수 없음, 고백 못함의 핑계가 있을 수 없다. 파송에 근거한 선포에서 하나님 말씀은 성서 독자에게는 실제로 8절에 기록된 대로, 믿음, 고백을 전적으로 쉽게 만들면서 책임을 지운다. 선포를 통해 독자는 믿음에 이르는 길에, 그리고 믿음에서 고백에 이르는 길 위에 놓고, 중단 없이 그 길을 갈 수 있다.

바울은 이때까지 오직 묻기만 했다는 것을 주목해야 한다.—회당 유대인을 변명해 주기 위해서 물었다고 말할 수 있겠다.—이 모든 전제 조건은(이 전제 안에서는 어떤 지체도 그르칠 수 없다.) 유대인에게 해당되는? 그러므로 그는 교회와 더불어 고백해야 한다고 요구해야 하는가? 실제로 바울은 이 일련의 물음의 형태로 묻기만 한 것이 아니라 또한 대답을 했다. 그렇다, 이것이 그에게 요구되었다! 그렇다, 이 근거 있는, 정당한 요구에 대해서 유대인은 실제로 책임이 있고, 그들이 이것을 거부함으로써 이것에 대해 빚지고 있기 때문이다. 그가 그렇게 생각한다는 것을 이후의 결론을 위한 준비 구절(15b절)에서의 이사야 52:7의 인용구가 보여 준다. "기쁜 소식을(아마도 페터손처럼: 기쁜 소식으로서 좋은 것, 혹은 좋은 것으로서 기쁜 소식) 전하는 자들의 발이 얼마나 아름다운가." 이 구절에 의하면 성서 자체는 신앙(11절)과 고백(13절)의 필요성을, 또한 그 필요성을 설명하고 그것을 구속력 있게 말하고 청취되도록 만드는 케리그마를 예언한다. 성서는 유대인으로 하여금 파송에 근거한 선포의 사건, 예언된 것의 성취에 관한 선포에 대해 주목하도록 만들었음이 분명하다. 파송에 근거한 이 선포는 일어난 성취만이 아니라, 이미 성취의 예언과 함께, 유대인들이 맡아야만 했던 사항에 속했다. 15b절을 단순히 "복음 기자의 직업에 대한 장식적인 칭송"으로(Lietzmann) 이해하는 것은 있을 수 없다. 바울은 이 인용구로써 간접적으로, 저 전제 조건들 가운데의 최종적인 것이 성취되었고 주어졌다고 하는 불가결한 사실을 말했다. 이 인용문으로부터 전체 물음들이 전개되어야 하고 답변되어야 할 것이다. 파송에 근거한 선포는 회당 유대인에게도 있었다. 그러므로 그들은 들을 수 있고, 그러므로 그들은 믿을 수 있다. 그러므로 그들은 주의 이름을 부를 수 있고, 그러므로 교회와 더불어 고백할 수 있다. 그 다음의 말은 이것이 실제로 바울의 생각이라는 것을 보여 준다. 그러나 물론 그가 이 결정적인 문장을 다만 이런 예언서 인용의 형태로써만 진술하고, 그가 선행하는 물음을 외견상 그런 대로 내버려두고 답변하지 않는 것은 우연이 아니다. 그는 바로 그의 사고의 마지막, 결정적인 부분에 가서 교회의 사도직에 관하여, 그러므로 그 자신의 직무에 관하여 말했다. 그의 증명은 실질적으로 이 마지막 구절에서는 파송에 근거한, 부활한 예수 그리스도에게서 오고 창조되고 권위를 부여받고 합법화된 선포의 대변인으로서 자신의 존재를 속행하는 것으로 넘어간다. 바울은 이 마지막 결정적인 구절에서 더 이상 입증할 것이 없다. 그 대신 예언의 이 부분의 성취를 확증하기 위해서 모든 일을 해야 한다. 그는 결국 그의 인격으로써, 즉 그의 직무를 담당하는 자로서 단순히 존재한다. 유대인들이 실제로 믿을 수 있고 고백할 수 있는지의 물음에 대한 답변으로서. 그는 회심한 유대인으로서의 그의 경험을 가지고서가 아니라 자신의 사도직을 수행함에서 행동하는 인격을 가지고서 있다! 매우 흥미로운 사실은, 바울이 이런 그의 경험을 이 구절에서, 그리고 우리의 전체 문맥에서 관철시키지 않았다는 것, 차라리 성서 증명의 강도는 또한, 성서를 통해 입증된 것, 곧 그 자신이 그의 사도직으로써 유대인에게 예언되고, 이제 실제로 현존하는 좋은 소식의 효과적인 전달자가 되었다는 사실이, 오직 그 자신이 직무를 이행함으로써만 현실로서 입증될 수 있는 이 부분에서도 중단되지 않는다는 것이다.

이제 11절과 13절의 πᾶς("모든")을 수용하는 문장 16a절에 이르는 길이 자유롭다. 여기서 전체에 대한 결론이 처음으로 드러난다. "그러나 모든 사람이 복음에 순종하지는 않는다." 9-13절에서 계시적으로 말해진 것처럼, 그들이 성서의 말과 또한 하나님에게 복종하지 않았다는 것은, 그들이—이것을 받아들임으로써 행해야 할 "모든 사람"—복음에 복종하지 않았다는 점에서 끔찍한 현실이다.

이사야 52:7에 의하면 그들의 발이 아름답다고 하는 사자들은 그들에게도 왔다. 소식, 모세의 진리의 현실에 관한 좋은 소식이 그들에게도 전달되었다. 그것은 기록된 언어를 확인하는 행태로만이 아니라, 또한 자의적인 주장의 형태로 전달되는 것이 아니라, 오히려 그 소식을 정당화할 수 있는, 그러나 또한 정당화했던 것에 의해서 정당화된다. "사도직"에 의해 전달되는 "사신"으로서의 "복음". 이 복음은 그것이 진정한 것이 아니라는 의심과 함께 또한 그것을 듣지 못했거나 이해하지 못했다는 변명도 배제하는, 그러므로 믿거나 고백할 수 없다는 핑계를 불가능하게 만든다. 그래서 예수가 주라는 고백의 거부는 다만 불순종으로 이해되고, 그렇게 표현될 뿐이다. 이 고백의 요구 안에, 9-13절에 의하면, 율법의 모든 요구가 요약되어 있으니, 고백에서 율법 자체가 성취된다고 독자에게 규정되어 있다. 이 거부, 불신앙은 불행이 아니라 율법에 의해 금지되었고, 율법의 독자에게는 다만 범법으로서만 파악될 수 있는 행위이다.

그러나 바울은 자신의 전권으로써 이런 사실을 확립하는 것은 아니다. 오히려 그는 또한 사도적 전권으로 확립한 사실을, 회당 유대인이 그들 자신의 전제로부터, 그러므로 또한 성서로부터 정당하다고 인정하도록 하려고 한다. 16a절에서 내려진 결론을 16b-17절의 이사야 53:1 인용문과 그 해설이 강조한다. 바울에게 중요한 것은, 그가 회당을 부당함을 입증하기 위한 질타의(이로써 자비로운 하나님이 자기 자신을 이스라엘의 선택에서 정당하다는 것, 어느 한에서 정당한가를 보여 주기 위해서) 각 부분은 그 자체로 9:31의 명제, 곧 이스라엘은 율법을 충족시키지 못했다는 말의 반복이거나, 혹은 그에게는 시온에 놓인 돌이 거침돌이 되었다는 9:33의 명제의 반복이라는 사실이다. 그러므로 그는 지금 16a절에서 내려진 결론을 특별히 입증하기 위해서, 그 결론이 그의 발상이 아니라 성서에서 분명히 내려졌다는 것을 상기시킨다. 모든 예언의 성취에 관한 소식을 전하는 사자들은 불신앙에 부딪칠 것과, 신앙을 거부할 수 없게, 항거할 수 없게 필연적으로 만들고, 자신에게로 이끄는 선포와 이 선포를 들은 자들에 의해서 신앙이 실제로 거부된다고 하는 불가해한 대립이 있을 것이라고 예언되었다. 바울이 회당의 태도에 대해 가지는 경악은 신앙의 요구(11절), 고백의 요구(13절) 그리고 파송받은 사자들의 존재에 의한 이 요구의 정당화(15b절)와 마찬가지로 새로운 일이 아니다. 그는 그의 답변되지 않은 물음을 가지고서 회당에 대해 비난하고 있지만, 낯선 계시를 전달하는 자가 아니요 회당에 진실로 알려진 예언자의 말의 해석자, 증인이다. 그의 파송을 통해서 정당화되고 권위를 부여받은 복음의 전달자는(그의 형제를 위해 고난받는 하나님의 종!) 결국 소식을 전해 받는 대상으로부터 등을 돌려서, 그가 무엇을 위해서 보냄을 받았는가, 하나님이 이 복음을 그에게 위탁함으로써 복음을 어디에다 낭비하고 있는가, 이 복음이 원래 말하고자 하는 좋은 일이 전혀 무익하게 일어난 것이 아닌가 하는 물음을 제기하면서 그를 보낸 하나님에게로 향할 수밖에 없다. ─ 이런 일은 이미 한번 그랬으니, 이스라엘의 전 역사에 있어 결정적인 이 순간에도 다시금 그러하다는 점을 고려할 때, 당시에도 그리해야만 했다. "주여, 누가 우리의 전하는 말을 믿었습니까?"(16b절) 누가? 이 예언자의 물음 속에 놓여 있는 대답은 이러하다: 아무도 없다! 예언자는 이 물음으로써 자기 청중에 대한 완전한 고독을 고백한다. 하나님과 함께하는 자신의 고독을, 그러나 이로써 또한 그의 백성에 대한 하나님 자신의 고독과 하나님의 문제의 고독을. 그의 백성은 거부할 수 없게, 항거할 수 없게 믿도록 인도받고 요청 받은 때에 믿지 않는다. 이 백성은 하나님이 그에게 선한 일을 행했다는 것을 잊을 뿐 아니라 배격한다. 이것이 선택하는 하나님에 대한 그의 관계이다. 17절은 "18절로 넘어가는 중간 진술"

(Peterson, 50)도 아니고 또한 14-15절을 단순히 반복하는 것도(Lietzmann) 아니다. 이 구절의 이해는, 바울이 한편으로는 이 이사야 53:1의 설명에서, 한편으로는 저 구절의 소극적 내용, 예언자의 탄식과 고발에서 적극적인 순서를(그것의 위반에 대해서 거기서 탄식한다.) 추론하며, 다른 한편으로는 이 위반 자체, 그러므로 예언자의 탄식으로 분명히 돌아오지 않고 오히려 독자로 하여금 필연적인 결론을 보완하도록 위임한다는 사실 때문에 어려워질 따름이다. 그 결론이란, 이사야의 말에 의하면 당시 저 적극적 순서에 대해 범죄했으며, 지금 이스라엘 역사의 결정적인 순간에 다시금 범죄하고 있다는 것이다. 이것을 분명히 한다면, 이 구절은 이해가 되지 않는 것은 아니다. 이 적극적인 순서란 무엇인가? 그것은 예언자가 자신이 전한 소식에 대한 불신앙에 직면해서 하나님을 향해 물음을 던지며 탄식하고 있음에서 성립되었음을 알 수 있다. 여기서 나타나는 것은, 하나님은 이 소식에서부터 신앙이라는 필연적인 결과의 보증인이 되며, 따라서 이 맥락 자체는 엄격하고 필연적이라는 사실이다. "그러므로 믿음은 알림에서 생기고, 알림은 메시아의 말씀에서 생긴다."(17절) 예언자의 알림은(이사야 53:1에서 말하는 우리의 "알림") "우리의" 설교로서가 아니라 그들의 말로써, 이 관점에서는 모세와는 동등한 위치에 있는 예언자에 의해서 주어진 것으로서가 아니라, 그 대상으로부터 탁월한 생명력과 능력을 지닌다. 예언자의 말은 그 능력에 힘입어서는 저 믿음을 필연적으로 일으키지는 못한다. 그러나 예언자가 보냄을 받은 자로서, 그것이 그의 설교가 아니라 그에게 위탁된 소식이 됨으로써, 그 말은 그 대상이기도 한 그것을 위임한 자의 능력을, 그것의 내용이기도 한 그것의 근원의 능력을 가진다. 그 말은 약속된 그리스도의 말의 능력을 가진다. 이 말이 저 하나님의 종에 관한 좋은 소식을 전함으로써, 이 하나님의 종 자신이 그 말 안에서 말한다. 그러므로 그 말은 그것이 말해지는 모든 이들에게는 저 믿음, 마음의 신뢰를 가질 수 있는 필요 충분한 근거가 된다. 메시아의 말씀을 통해 옮겨지는, 예언자의 입술에 놓여진 선포와 그것을 듣는 자들의 불신앙―이것은 불가능한 대립이다. 이 선포가 울리는 곳에서는 오직 믿음만이 가능하다. 이제 우리는 문맥에서부터 여기에서는 발설되지 않은 바울의 생각을 보완해야 할 것이다. 그럼에도 불구하고 예언자가 하나님을 향하여 탄식하며 고발하는 물음을 던진다면: "주여, 누가 우리의 전하는 것을 믿었습니까?"(16b절) 이로써 이 분열, 불가능한 사실이 가능해짐은 16a절에서 말한 대로, 그리고 이사야의 구절 및 그것의 해설을 통해서 입증되는 것처럼, 하나님을 향한 불순종의 행위일 따름이라는 것이 결정된 셈이다. 오직 하나님은 이 불순종에 대해 심판자가 될 수 있다. 우리가 저 순서를 염두에 둔다면, 예언자를 청중으로부터 고립시켜 놓는 불신앙의 행위와 더불어 이 일, 곧 여기에 대해서 어떤 인간도 말할 수 없고, 오직 하나님만이 이 순서의 창시자요 보증인으로서 최종적인 해결의 말씀을 할 수 있는 일이 일어난다. 저 물음으로써 예언자는 이미 그의 고통스러운 고독 속에서 하나님의 선택받은 백성의 자명한 죄에 대한 하나님의 자비를 호소했다. 누가 믿는가? 인간 편에서 볼 때, 아무도 없다!고 말했다. 하나님이 자비로써 보편적인 불신앙 가운데서 믿음을 가지도록 부르고 일으켜 주는 자가 믿을 것이다.

그러므로 바울은 자신의 결론을, 곧 이스라엘이 자기 하나님에 대한 불순종과, 그에게 말해졌고 그에게 잘 알려진 말씀에 대한 불순종의 상태 안에서 처해 있다는 사실의 확립을 이 말씀의 내용으로서 이해하고자 원한다. 믿음과 고백의 요구와 함께, 약속의 구성 요소로서 모든 사람에게 들려질 수 있는 복음이 현존한다는 것과 더불어서 회당의 반대와 항거도 회당에 충분히 알려진 예언의 구성 요소이다. 기록된 것이 일어나고, 실제로 복음에서만 성취된다. 그리고 이사야가 그의 탄식과 고발에서 얼마나 참되게 말했는가는, 이사야가 당시의 이스라엘을 바라보면서 예언했던 결정적인 현재에서 바울이 다시금 그렇게 탄식하고 고발해야 한다는 것, 그가 선택받은 백성에 대하여 좋은 소식의 전달자로서 이사야처럼 고독하게 대립하여야 한다는 것에서 분명히 드러난다. 하나님이 그의 이스라엘 선택을 그리스도의 말씀에 의해 전달된 사도의 복음 선포를 통해 확증하는 것처럼, 또한 이스라엘도 자신의 선택받음, 이사야가 언급했던 이전의 백성과의 동일성을 확증한다. 바로 그의 불신앙의 불순종을 통하여! 분명히 우리는 정반대의 것을 말할 수 있고 말해야 한다. 이스라엘은 이전의 선택받은 백성을 향한 예언자의 말에 비추어 볼 때, 예수에 대한 불신앙, 고백의 지체라는 불순종의 성격을 확증한다. 이스라엘은 이로써 여전히 지금도, 예언자가 그들로부터 등을 돌려 하나님을 향해 묻고, 그의 자비를 간구하였던, 바로 그 백성임을 고백한다. 그러나 이것이 발설되지 않고 암시적으로 그침으로써, 이 부분에서 바울의 성서 인증의 결정적인 결과는 다른 것에 있는 듯하다. 즉 교회와 갈등 속에 회당에 모인 이스라엘의 부인할 수 없는 죄는 그 나름대로 예언 성취에 속하며, 그 끔찍함 속에서도 그의 선택의 확증이 된다는 사실. 바로 복음에 불순종하고 이로써 자신의 선택에 불충하는 백성은 그의 자비를 통해서 믿음으로 부름받고 일깨워진 교회의 뿌리로서 하나님의 선택받은 백성이었고 백성이다.

우리는 10장에서, 다음으로 오는 18-20절과 21절에서 내려진 두 번째 결말을 확실히 주로 17절로써 종결지어진 사고 흐름에서부터의 필연적인 결론으로, 추후적인 설명으로 이해할 수 있다. 그러나 우리는 이 설명도 단순한 반복 내지 강조가 아니라 이 설명과 무엇보다도 저 두 번째 결론(21절)이 전체를 또 한번 새로운 빛 속으로 옮겨 놓는다는 것을 주목해야 한다. 이것은 전체의 이해를 위해 빼놓을 수 없으며, 간과될 수 없다.

18절에서 "내가 말한다. 그들이 이것을 듣지 못했는가?"라고 묻는다면, 우선은 단순한 반복이라고 생각할 수도 있다. 유대인에게 요구된 믿음과 고백을 위해 들음이 필요하다는 것, 그러나 그들은 실제로 들을 수 있다는 것, 그들에게는 파송에 근거한 선포가 전해지지 않은 것이 아니라는 사실은 이미 14-15절에서 확정되었다. 그러나 18절에서 들을 수 있음의 문제는 답변이 지시하듯이, 14절의 그것과는 다른 문제이다. 14절에서는 어느 정도 실질적으로 말해졌다. 파송에 근거한 선포가 일어나는 곳에서 들을 수 있다. 이것은 파송에 근거한 선포가 실제로 유대인들에게도 도달했고, 사자들이 좋은 소식을 가지고 그들에게도 왔다는 전제 조건 아래 확정지어졌다. 18절에서 분명히 이 전제로 되돌아온다. 이 전제 조건이 이루어졌는가? 아니면 유대인들은, 율법이 언급하는 그분을 통한, 믿음을 필연적으로 만드는 그리스도의 말씀을 통한 율법에 대한 살아 있는 해석이 그들에게 도달하지 못했다는 정황에 의기해서 최후의 순간에 변명을 하는가? 시편 19:5의 인용으로써 주어지는 답변은 우선 우리에게, 파송 개념의 해설에서(15절) 보편적으로만 교회의 사도직을 생각할 뿐 아니라 특별히 바울 자신의 사도직을 생각하며, 따라서 바울이 저 구절에서 간접적으로 암묵적으로 자기 자신에 관해 말하고 있다는 것을 분명하게 하는 것이 가능할 뿐 아니라, 필수적이라는 것을 보여 준다. 18절의 답변은 사람들이 기대하는 것처럼, 갈라디아서 2:8에 표현된 바대로, 베드로와 다른 사도들에게 위탁된, 그리고 그들에 의해 수행되는 "할례의 사도직"도 있고, 이들을 통해서 유대인들도 실제로 그들이 믿음과 고백에 도달하기 위해서 물론 들어야만 했던 것을 들었다고는 말하지 않는다. 그 대신 바울이 "그들의 목소리가 온 땅에 퍼지고 그들의 말이(사람이 거주하는) 세상의 끝까지 퍼졌다"고 인용한다면,

그러므로 그가 모든 사람이 들은 것을 유대인들도 들었음이 분명하다는 사실 확립으로써 답변한다면, 그는 확실히 의식적으로 저 갈라디아서 2장에서 예견된 선교 활동의 분업을 무시하는 것이다. 그는 복음이 세상의 모든 백성들에게 선포되었기 때문에 유대인들도 복음을 들었음이 분명하다고 말한다. 그러므로 그는 그의 특수한 사도직, 이교 세계의 사도직을 암시한다. 그가 특별히 팔레스틴 외부에 흩어져 있는 회당을, 그러므로 "할례의 사도직" 영역 밖에 회당을 염두에 두기 때문에, 이렇게 말하는가? 우리는 그것을 고려할 수 있으며, 사도직 자체는 선교 활동의 저 실제적인 분업에도 불구하고 결정적으로 부활하여 아버지 오른편으로 올리어진 그리스도와 세상에 있는 열방 세계 사이의 관계를 성취하시키는 데 있는 것으로 보였다는 것을 생각해야 할 것이다. 그러나 유대인에 대한 선포는 독자적인 활동이 아니라 필연적으로 주와 백성들 사이의 관계 속에, 그리고 그것의 성취 속에 포함되는 것으로, 사도행전이 보여 주듯이, 실제적으로 이 관계 성취에 대한 최초의 필연적인 반작용으로 보였다. 바울은 여기 저기 백성들에게 가면서, 그는 또한 우선적으로 이 백성 사이에 흩어져 있는 유대인들에게 간다. 그러므로 그들도 온 땅에 울려 퍼진 소리를 들었다고 해야 한다. 그러나 우리는 이 인용문을 이해하기 위해서 아마도 이로써 확실히 표현된 사도들의 선교 활동에 대한 사고에 너무 집착해서는 안 된다. 오히려 선교 활동은 바울에게는 다만 그 활동과 별도로, 그것을 제약하고 근거지으면서 그것에 선행하는 한 사건의 작용이며 표식이다. 바울은 곧 올리어진 그리스도와 이방 세계 사이의 저 관계를, 그리고 또한 그것의 실현을 우선 직접적인 실현으로서, 그리고 인간을 통해 수행되어야 할 선교에서의 그것의 특별한 성취를 어느 의미에서 간접적인 실현의 형태로 이루어지는 저 관계의 필연적인 확증으로 이해했다. 마치 이 구원이 골고다의 십자가에서 최초로, 그리고 단번에 객관적으로 온 세상을 위해 일어난 것처럼, 예수 그리스도가 죽은 자들로부터 부활함으로써 그의 이름으로 결정된 구원은 우선 무엇보다도 객관적으로 온 세상에 알려졌다. 그러므로 세상에 사도직을 통해 "알림"으로서 전달되어야 하는 것은, 그들로 하여금 이미 현실적일 뿐 아니라 그들에게 이미 가시화되고 들려질 수 있게 된 것에 대해 추후적으로 주목하게 만드는 한에서 의미를 갖는다. 바울이 시편 19:5의 αὐτοί(그들)에서 우선 복음의 본래적인, 일차적인 전달자인 천사를 생각하지 않았을지 누가 알랴? 확실한 것은 그는 로마서에서(예를 들어서 1:13-16, 15:16-24) 현저하게 표출된 소망, 곧 복음의 사자로서 온 세상을 땅 끝까지 다니고자 하는 소망에도 불구하고 하나님 말씀에 선행하지 않고 다만 그 뒤를 따르고자 생각한다는 것과, 그가 그렇기 때문에 이 시편을 인용하면서 그와 다른 선교사들을 통해 선포되는 것을 다만 이차적으로 생각할 따름이라는 것이다. 17절에 언급된 그리스도의 말씀의 탁월성에서 그는 온 세상이 그것을 들었다는 것을 안다. 그러므로 그는 유대인들을 향해 그들이 이 말씀을 못 들었다고 주장할 수 없다고 말한다. 바울의 눈앞에 이미 유대인과 이방인으로 이루어진 교회는 완성된 현실로서 존재한다. 이 교회는 모든 천사와 온 세상 위에 능가하는 그리스도를 그의 천상의 머리로 가지고 있다. 어떻게 유대인들이 그리스도와 대면하지 않을 수 있으며, 그러므로 그의 말씀과 율법 성취에 관한 사신을 듣지 않았다고 할 수 있는가?

두 번째, 19-20절에 제기되고 답변된 보충 물음은 18절과 평행되게 진술된다. "그러나 내가 말한다. 이스라엘이 이해하지 못했는가?" 이 물음은 14-15절에는 나오지 않는다. 이것은 분명히 2-3절로 소급된다. 여기서 이스라엘의 죄는 필요한, 명령된 지식을 가지는 것을 지체하는 것으로 표시된다. 바로 저 형태의 사도의 고발이 지금 분명히 더 구체화되고 명료해지고 심화되고자 한다. 하나님의 의에 대한 유대인들의 무지는 어떠한가? 그들은 무지 가운데서 이것을 그들 자신의 의로써 대치하려고 하고, 그들에게 율법 성취로서 명령된 한 가지 것을 하지 않았다. 19-20절의 물음과 답변은 저 "무지"의 사실 확정을 철회하려는 의도를 가질 수 없다. 차라리 그 결과는 사실의 첨예화이다. 그들은 2-3절에 의하면 그들이 이해하지 못한 것을 잘 이해했다. 18절에 의하면 그들이 들으면서도 듣지 않았고 듣지 않으려 한 것처럼, 그들은 이해하면서도 이해하지 못했고, 그들은 이해하지 않기를 원했다. 그러나 19-20절에서 이 주장에 대한 증명은, 선행하는 일련의 물음에 대한 종결짓는 답변을 15절에서 이방인 사도 바울의 존재 자체에서 찾을 필요가 있다는 것을 보여 준다. 이 증명을 함에서 인용된 신명기 32:21과 이사야 65:1도 분명히, 18절에 언급된 사건의 수행 과정 속에서, 이방 세계 내에서의 복음 선포 가운데서 일어난 것을 지시한다. 그러므로 바울은 복음이 이해될 수 있다고 서술하거나 이해하도록 만들려고 하지 않는 것은 물론이고, 복음이 인간 일반에게, 그리고 특별히 유대인에게 이해될 수 있는 일인지에 대해서 토론하려는 것은 아니다. 그는 또한 18절에서 그것이 유대인에게 실제로 들려졌는지 더 이상 탐구하지도 않고, 다만 그것이 울려 퍼졌으므로 유대인일지라도 그것을 듣고자 하는 자는 들을 수 있다는 것을 확정하는 것으로 만족했다. 차라리 19-20절의 답변에서는 복음은 인간에게는 전혀 납득할 수 있는 것이 아님이 전제된다. 이 무지한, 하나님을 찾지 않고 그에 관해 묻지 않는 백성을 하나님은 지금, 그 자신이 온 세상에 퍼진 그의 말씀의 소리에 힘입어 그들에 의해 발견됨으로써, 이스라엘보다 선호했고, 이로써 그 백성을 이스라엘의 질투의 대상으로 만들었다. 바울은 이후에(11:11) 이 같이 하나님이 이스라엘을 질투하게 만듦으로 되돌아와서 이것이 이방인을 선호하게 된 취지임을 밝힐 것이다. 여기서 물론 그는 이스라엘이 실제로 이미 이 질투심에 사로잡혀 흔들렸다고는 생각하지 않는다. 만일 그렇다면 그의 선택은 더 이상 불신앙의 형태로가 아니라 믿음의 복종으로써 확증될 것이다. 바울은 이것이 이스라엘의 미래임을 확신한다. 그러나 이것은 그의 현재가 아니다. 그러므로 그는 다만, 이스라엘에게는 질투할 만한 객관적 동기가 주어졌고, 저 선호가 실제로 일어났다고 말한다. 무지한 자들, 하나님 말씀에 대해 무지한 자들이 이해한다! 하나님은 그를 찾지 않았던 자들에 의해 자신이 발견되도록 하였고, 그에 대해 묻지 않았던 자들에게 나타났다. 이것이 이방인을 교회로 부르고 돌아오게 함에서 일어난 사건이다. 이 이방인들이 복음을 어떻게 이해할 수 있었을까? 그들이 어디에서 그것을 위한 조건을 얻었는가? 복음의 이해를 위한 인간적 조건이 어떤 것일 수 있을까? 누가 스스로, 그의 자비에 대해 복음이 말한 하나님을 찾을 수 있으며 물을 수 있다는 말인가? 그러나 그들은 복음을 실제로 이해했다. 하나님은 자신을 발견하게 했고 드러냈다. 그들이 하나님의 자비의 기적을 통해서 믿음으로 부름받음으로써 이 일이 일어났다. 그들의 믿음, 교회 내의 그들의 존재는, 그들이 이해했다는 증거이다. 이것이 밖의 뭇백성의 세상에서 복음의 진행 능력에 의해 사건화된 것이다. 유대인이 이해하지 못했다고 주장할 수 있을까? 그가 자신의 무지를 무능력으로, 그러므로 불행으로 돌릴 수 있을까? 마치 이 무능력과 불행은 또한 이교도들의 무능력과 불행도 되지 않는 듯이! 그들은 유대인과 다르지 않게 복음에 의해 발견되었다. 그러나 복음을 통해 그들은 하나님에 의해 발견되었고, 그의 자기 계시에 참여하게 되었다. 바로 복음을 통해 그들은 저 무능력과 불행으로부터 벗어났다. 유대인들은 본래(그들의 선택을 통해서, 또 그들에게 주어지고 제시된 율법을 통해) 우선 저 기적에 참여하도록 예정된 것이 아니었던가? 그들은 하나님이 예로부터 그들에게서 그의 교회를 준비하기 위해서 행한 것에 의해서, 깨달을 수 있고, 하나님을 찾고 그에 관해 물을 수 있는 백성이 되도록 예정되었던 것이 아닌가? 이것이 일어나지 않았고, 일어나지 않는다면, 이것은 그들이 이해하지 못함에 그 이유가 있는 것은 아니다. 또한 그들이 듣지 못함에 그 이유가 있는 것도 아니다. 선교 사건, 유대인과 이교도들로 구성된 교회의 사실, 예수 그리스도의 부활에 뒤따르는 성령 강림절의 기적 사건은 이러한 변명들을 모조리 반박한다.

본문에 의해 규정된 대로 18절과 19-20절의 구체적인 이해를 받아들인다고 할 때, 이 구절들이 단순히 이전에 말해진 것을 반복한다고 말할 수 없을 것이다. 바울에게는 그가 10장에서 말하고자 한 것은 아마도 외견상 불필요하게 붙어 있는 듯한 이 구절들로써 적확하게 표현되었다. 어쩌면 앞의 말에서 느꼈을 수도 있는바, 단순히 성서에 박식하다는 인상은 여기서 사라진다. 그와 직접 만난 주로부터 받은 임무를 가지고 이방 세상으로 서둘러 달려간, 그리고 이 세상에서 그의 위임의 능력을 비로소 경험하고 이해하는 예수 그리스도의 사자의 삶은 여기서 아주 분명히, 거기서부터 논증이 전개되고, 이스라엘의 죄책의 명제가 증명되는 장소이다. 바울이 이방인 사도직을 담당한 자로서 직접적으로 참여하는 메시아 시대의 사건이 이렇게 강력하게 사도의 이런 고발의 영역 속으로 들어온다는 것과, 이로써 그의 고발을 특별히 인상깊게 만든다는 것이, 이 구절에서 새롭고 특별한 점이다. 그러나 우리는 이것을 보면서, 바울이 처음부터 선택했고 고수한 그의 노선에 여기서도 충실했다는 것을 간과해서는 안 된다: 곧 성서 증명은(그리고 그런 한에서 성서적으로 박식하다는 인상) 이 구절에서도 실제로 중단되지 않는다는 사실. 유대인들의 청취 가능성에 대해서나 이해 가능성에 대해서 자신의 선교 경험에서 얻어진 몇 가지 정보와 인상으로써 증명하거나 풍부하게 할 수도 있었을 것이니, 곧 18절에서는 그가 유대인을 위해 거듭해 쏟은 노고를, 19절에서는 그가 소아시아와 헬라의 이교도들 가운데서 그가 목격한 사실 몇 가지를 언급할 수도 있었을 것이다. 그러나 그런 일은 일어나지 않았다. 그는 다만 율법과 예언자를 인용하는 것으로 그쳤다. 이스라엘도 케리그마를 들었다는 이 사실과 그것을 잘 이해할 수 있었다는 사실은 이미 예언되었고, 또한 유대인들의 실제적인 불순종과 대립해서 그들의 들음과 이해의 가능성을 그처럼 슬프게도 드러내는 현재의 사건이(그가 이 일에 집중적으로 참여했다.) 예언되었다는 것—이것만이 여기서도 바울의 관심사이며, 이를 위해서 그는 현재와 현재에 대한 자신의 참여를 그처럼 결정적으로 그의 논증 속에서 이야기되게 한다. 그가 이렇게 하는 것은 고루한 생각이 아니다. 이것은 또한 바울이 거기서 유래한 신학적 전통에 의해서도 설명될 수 없다. 그는 성서 증명이 소위 모든 것이 되는 여기서처럼, 언제나 이렇게 치밀하게, 논리 정연하게 성서로써 인증한 적이 없다. 그는 의도한바 이스라엘의 죄책을 입증함으로써 그들의 선택, 곧 이 변명할 수 없는 백성, 실제로 불순종한 백성으로서의 그의 선택, 그를 자비롭게 여기는 분으로서 하나님을 통한 그의 선택을 부정하려 하지 않고, 오히려, 11장의 내용이 보여 주듯 그것을 주장하려고 하기 때문에, 그는 여기서 이렇게 하려 하고, 해야 한다. 그는 그것을 지향하고자 하기 때문에, 그는 여기서 모세와 예언자의 말에서—18절에는 또한 정경의 세 번째 부분이 언급되었다!—이스라엘에 말해진 하나님 말씀을 한 순간도 망각해서는 안 된다. 이스라엘의 죄책은 어떤 추상적인 신학적 숙고에 의해서나, 또한 어떤 교회의 경험에 의해서가 아니라 실제로 다만 성서로부터만 확정될 수 있고 증명될 수 있으므로, 또한 이로써 그의 선택이 부정되는 것이 아니라 확증된다. 오직 성서로부터만. 이스라엘이 오직 성서로부터, 즉 그들의 손에 있는 자신의 특별한 선택과 부름에 관한 문서로부터만 이스라엘로서 이렇게 고발당하고, 그들이 이 고발에 의해 실제로 타격을 받을 수 있기 때문만이 아니라,

결정적으로는 이스라엘을 고발하는 이 문서가 거기서부터 그에게 그의 하나님의 흔들리지 않는 신실성이 보증되는 장소이기 때문이고, 거기서부터 하나님의 자비가 죄많은 인간에게 얼마나 위대한가를, 죄많은 인간들에 대해 자비로운 하나님이 선택하는 분이라는 것을, 따라서 그의 선택이 언제나 그의 자비라는 것을 유대인뿐 아니라 모든 인간들에게 말해지기 때문이다. 이런 그의 진술의 목표를 확고히 견지하기 위해서 바울은 성서 말씀의 손잡이를 마지막 말까지 놓쳐서는 안 되었으며, 실제로 놓치지 않았다. 그러므로 주목할 만하게도, 그리고 당연하게도, 이 10장의 외견상의 랍비니즘은 이 장의 명제에도 불구하고 그것의 고유한 탁월한 복음적 성격을 수여함에 도움을 준다.

만일 우리가 이 장 전체와 세부, 내용과 형식을 이 의도의 빛에서가 아니라 달리 이해해야 한다면, 아직 논하지 않은 21절을 어떻게 설명해야 할지 알 수 없다. 사람들이 보통 말하듯이, 이 구절은 19, 20절의 인용문과 평행을 이루지는 않는다. 이사야 65:2는 더 이상 유대인의 이해 불가능성 문제에 관한 것이 아니다. 오히려 16절을 확증하는 가운데 하나님의 인내와 자비에 대응하는 그의 백성의 불순종과 반대에 대해 말하고 있다. 21절은 16a절의 확증으로서 실제로 전체를 성서에 의해 강조함에 있다. 이스라엘의 듣지 않음과 이해하지 못함이 아니라 다만 그의 들을 수 있고 이해할 수 있음에 직면해서 불가해한 그의 불순종, 그의 율법 위반, 그러므로 자기 하나님에 대한 그의 죄책만이, 우리가 교회에 대한 회당의 자세에 직면해서 확실히 할 수 있는 사실이다. 그러나 21절이 구약성서 본문에서도 20절의 바로 다음에 이어진다는 것과, 이 본문이 내용적으로 이미 내려진 바울의 결론을 반복하고 강조한다는 사실은 확실히, 바울로 하여금 바로 이 말로써 이 장을 종결짓도록 만든 유일한 근거는 아니다. 이 말이 이스라엘의 불순종과 반대에 관해서 말하기 때문만 아니라, 정확하게 말하자면 잠정적으로만 말하기 때문에, 그러나 결정적으로는 하나님이 그에 대해 행한 바에 관해서 말하기 때문에 그는 이렇게 종결한다. 하나님은 이 백성을 향하여 "종일 그의 손을 뻗쳤다." 이 백성에 대해서 하나님은 자신을 내어 주고, 그에게로 자신을 낮추고, 그에 대한 자신의 신실함을 거듭 입증하기에 피곤하지 않았고, 피곤해지지 않았다. 바로 이 백성을 긍휼히 여기는 분이 하나님이다. 이것이 그의 죄책을 확정짓는 것을 희석시키는가? 아니다. 그의 죄책은 바로 이 잠정적인 언급에서 보다 더 분명하고 신랄하게 확정될 따름이다. 그러나 이로써(그리고 이것에 관해 이 장에서 언급된다.) 그의 죄책은 하나님의 자비의 대상으로서, 그리고 또한 그럼으로써만 그의 심판, 그의 위협, 형벌의 대상으로서 표현된다. 그의 죄책은 이로써—다시금 예언의 내용으로서—현재 이루어진 성취의 빛 속으로 들어왔고, 이로써 그것의 끔찍함에도 불구하고 이스라엘의 선택에 반해서가 아니라 그것을 변호하여 말하는 그런 사실로서 이해되었다. 이스라엘이 하나님에 대해 빚을 짐으로써 그의 신실함을 비로소 올바로 영화롭게 해야 한다는 것, 이것이 *그의* 선택의 의미이다.

4. 사라지는 인간과 오는 인간

한 인간 나사렛 예수의 영원한 선택에서 하나님은 인간에게 자비를 베풀어 그의 심판에 은혜로운 종지부를 찍었고, 새로이 은혜로써 시작한다. 하나님은 그를 죽게 함으로써 참되게 살도록 한다. 하나님은 그를 사라지게 함으로써 참된 미래를 얻도록 한다. 이 한 인간의 선택의 의도는 하나님의 의로운 구원 의지로서, 이로써 인간의 곤궁을 근본적으로 제거하고, 같은 인간에게 최고의 호의를 보임으로써 하나님은 이 한 인간의 인격으로 그를 대신한다. 이것은 인간의 종말의 쓰라림을 그로부터 제하여 자신이 담당하며, 그러나 인간에게는 새로운 시작의 온전한 기쁨을 선사하기 위함이다. 그러므로 이 한 인간의 선택은 죽음과 생명, 사라짐과 새로운 도래를 위한 선택이다.

선택받은 인간 나사렛 예수의 주변으로서, 그러므로 하나님의 영광이 거하는 하나님의 선택받은 공동체도 또한 이중적인 형상, 사라지고 오는 형상, 죽음의 형상과 삶의 형상으로 존재함으로써 그의 머리의 이러한 이중적 규정에 상응해야 한다. 공동체는 하나님에 의해 인간으로부터 제거된 죽음뿐 아니라 또한 하나님에 의해 인간에게 선사된 생명을 구체화하여 세상에 보여 주고 증언함으로써 그의 선택에 근거한 자신의 규정을 성취한다. 하나님의 온 공동체는—이스라엘과 교회—그의 선택에 근거하여(분명히 그 공동체는 예수 그리스도 안에서 선택받았고, 그것의 두 형상에서 그에 의해서 근거지어지고 성립되고 그의 몸이니) 이 이중적인 규정을 지닌다. 그 공동체가 어디에 살아 있든, 거기서 그 공동체는 자신의 능력에 근거해서가 아니라, 그의 머리로서 그 중심에 있는 분의 능력에 근거해서, 이것의 표출을 위해 섬기게 될 것이다. 곧 사라지고 오는 인간을 표출하고, 죽이고 살리는 하나님의 은혜를 표출함.

선택받은 공동체 전체 내에서 이스라엘의 규정인 특별한 섬김은 옛 인간, 곧 자신의 선택과 따라서 하나님에게 항거하는 인간의 사라짐, 죽음, 제거함에 있어서 하나님의 자비를 칭송함이다. 이스라엘이 예수 그리스도의 부활에서 이루어진 하나님의 약속을 통하여 믿음으로 일깨워짐으로써 자신의 선택에 순종한다면, 하나님의 전체 공동체를 위한 이스라엘의 특별한 기여는, 하나님에게 반항하는 인간은 사라짐에 떨어지고, 그는 하나님과의 화평 속에 불멸의 삶을 받기 위하여 사라져야 하고, 자기 구원을 위하여 그의 사라짐이—하나님이 그의 아들 안에서 스스로 굴복한 사라짐과 더불어—실제로 면제되지 않는다는 것을 비판적으로 상기시킴이다. 교회는 이 기여를 필요로 한다. 예수 그리스도에 관한 교회의 증언과 그 안에서 인간에게 약속된 생명의 미래는 이스라엘의 사신의 배경과 배움 없이는 울려 퍼질 수 없다. 이스라엘의 메시아가 십자가에 달린 분이다. 이스라엘이 없는 교회, 인간의 소멸성, 사라짐, 과거에 대한 기억이 없는 교회, 인간에 내려진 죽음의 심판의 은혜에 관한 인식과 고백이 없는 교회는 그에게 약속된 영원한 생명에 대해서 무근거하게, 그러므로 힘없이 이야기하게 될 것이다. 또한 예수의 부활에 관한 교회의 증언도—만일 그가 모든 육체는 풀과 같다는 것을 더 이상 알려고 하지 않는다면—빈 소리가 될 것이다. 교회는 저 지식의 소급이 없이는 교회로서 한 순간도 존재할 수 없다. 교회에 가장 중요한 것은 이스라엘의 봉사가 그 가운데서 지속되도록 이 명제를 유지하는 것이다.

하나님의 공동체는 그것의 이스라엘 형상으로서 하나님이 그의 영원한 은혜의 선택으로 인간과의 친교를 선택함으로써 선택한 것이 무엇인가를 드러낸다. 하나님은 자신에게는 합당치 않은 것, 자신에게는 적절치 않은 것, 곧 육신의 나약함, 고난과 사망을 인간으로부터 제하기 위해서, 인간을 그 대신 영광으로 입히기 위해서 육신의 나약함, 고난, 사망과 죽음을 선택한다. 이것이 마리아의 아들의 선택에서, 그리고 그를 고려하여 이스라엘을 선택함에서 사건이 된 것이다. 이 백성의 운명에, 이집트에서 그의 고난에서부터 예루살렘의 마지막 멸망에까지, 그리고 그것을 넘어 이날까지도 여전히 거듭 반복되는 이 백성의 희생, 진멸, 파괴에, 이 욥, 뭇백성들 가운데서 이 기이한 하나님의 종의 무능력, 재난과 질병에─이 백성은 하나님의 선택받은 백성이 되기 위해서 적지않이 대가를 치렀다.─하나님이 인간에 대한 그의 자비를 입증하는 극단성이, 그의 자기 헌신의 수수께끼가 반영된다. 이 백성의 곤고의 깊이에는 인간과의 영원한 계약을 위하여 하나님이 자신을 낮추기를 서슴지 않는 깊음이 상응한다. 인간의 필연적인 운명이 무엇인지, 죄가 세상에 들어왔고, 죄와 함께 죽음이 들어왔다는 것이 무엇을 뜻하는지, 또 이 인간을 그의 영원한 아들 안에서 받아들이는 하나님이 누구이며 무엇인지, 인간을 향한 그의 애정이 얼마나 완전한지─이것이 하나님의 공동체가 이스라엘의 형상으로 표출해야 하는 것이다. 이 형상의 하나님 공동체는 하나님의 도움이 없는 인간의 곤궁을, 인간이 거듭하여 붙들고자 하는 자구(自救)에 대한 모든 그의 환상의 허망함, 하나님의 자비의 자족성을 선포한다. 이것은 원래 십자가에서 고난받고 죽은 이스라엘의 메시아를 증언한다. 그리고 이 모든 것을 그의 추종 속에서 증언하는 것이 하나님의 공동체의 임무이다. 이것을 수행하기 위해서 공동체는 이스라엘이 그 가운데서 존속하는 것을 필요로 한다. 만일 세상의 비참함이 이 공동체의 눈에 비치지 않는다면, 공동체는 세상에 살게 하는 하나님의 자비를 올바로 선포할 수 없다. 공동체는 그 비참함을 자기 스스로 참여하는 비참함으로 인식할 때에만 그 비참함이 그의 눈에 들어온다. 이 공동체가 교회일 뿐 아니라 또한 이스라엘임으로써 이 일이 이루어진다. 이스라엘이 믿음으로, 따라서 교회 안에서 자신의 선택에 합당한 규정을 성취하게 될 때에, 이 인식과 더불어 신앙의 확신 외의 모든 확신에 대한 불가결한 경고가 공동체 내에서 살아 있게 될 것이다.

이스라엘이 믿음에 이르고, 교회 안에 들어오며, 교회 안에서 이 특별한 봉사를 행하는 것이, 그에 대한 하나님의 의도, 그의 선택과 함께 그에게 주어진 약속이다. 그러나 하나님은 이스라엘의 순종에 의존하지 않는다고 해서 이스라엘이 불신앙 안에 고집을 부림으로써 이 봉사를 벗어날 수는 없다. 그의 선택에 합당한 결정 안에서 또한, 이스라엘은 그의 불순종 안에서, 불순종과 함께뿐 아니라(그 자신의 재난을 위하여) 그의 순종 안에서, 순종과 함께(자신의 구원을 위하여) 이 결정을 성취해야 하고, 따라서 그의 특별한 봉사를 그런 것으로서 교회 안에서뿐 아니라 교회와 분리되어 성취해야 한다는 것이 결정되었기 때문이다. 이스라엘, 매질을 당한 하나님의 종은 하나님의 입장에 의존하나, 하나님은 이 종의 입장에 의존하지 않는다. 이 종은 어떻든 간에 하나님의 뜻을 수행할 것이고, 따라서 인간의 곤고의 깊이와 하나님의 자비의 깊이를 드러내야 할 것이다. 이것은 어떻든 간에 교회에 위임된 하나님의 공동체의 일에 도움을 주어야 한다. 이것은 그리스도의 몸의 운동으로서 어떻든 간에 그에 관해 증언해야 하고, 어떻든 간에 이스라엘의 선택을, 그러나 이것과 더불어 또한 교회의 선택을 확증해야 한다.

이스라엘이 자신의 선택에 순종한다면, 옛 인간 및 그의 세상의 사라짐에 대한 그의 특별한 증언은 도래하는 하나님의 나라에 대한 온 공동체의 고백에 포함될 것이며, 예수의 부활에 근거를 둔 교회의 희망의 증언을 보완하고, 그것과 함께 울리게 될 것이다. 교회가 그 가운데서 살아 있는 이스라엘을 통해 이 승리가 쟁취되고, 이 진리가 되었고, 거듭 진리가 되는 그 길에 대해 더욱 분명히 상기하게 될수록, 교회는 극복된 고난에 대해, 죽임을 당한 사망에 대해 더욱 알차게 말할 수 있을 것이다. 그러면 교회가 희망의 복음을 올바로 대변하고 선포하기 위해서, 그의 희망을 모든 단순한 이념과는 구별되게 구체적이 되기 위해서, 교회를 십자가의 말씀 곁에 확고히 붙잡는 것이 이스라엘의 영광이 될 것이다.

지금 새로운 인간의 도래가 예수의 부활에서 이미 사건이 되었다. 그리고 예수는 이스라엘의 메시아, 약속된 아브라함의 자손이다. 그러므로 이스라엘은 그 안에서 이미 새롭게 되었고, 죽음에서 생명으로 옮겨졌으며, 그의 희망이(이방인의 희망과 함께) 이미 현재가 되었고, 교회 내에서의 그의 지위와 과제가 그에게 이미 부여되었다. 그의 일시적인, 영원한 평화를 위해 도움이 될 모든 일이 일어난다. 그러나 이스라엘이 전체적으로 이런 그의 지위를 취하고 따라서 옛 것이 사라지고 만사가 새롭게 되도록 하는 일은 일어나지 않는다. 지금 은혜로운 소멸로부터만 이스라엘은 살아서 나올 수 있으며, 실제로 살아서 나올 것이다. 그런데 이스라엘은 이 은혜로운 소멸에 항거한다. 이스라엘은 자기 자신에 반해 육신적 신실함을, 그리고 이 신실함에 상응하는 육신적 희망을 고집한다. 지금 이스라엘은 그가 자기 메시아를 이방인에게 넘겨줌을 통해서 스스로 초래했던 죽음의 심판을 받아들이기를 거부한다. 이스라엘은 그 심판 아래서 메시아가 그의 죄를 위해서 죽었기 때문에 지금 그의 구원을 위해 설 수 있다. 지금 이스라엘은 이스라엘을 멸망으로부터 빼어 내고 새롭게 하고 영화롭게 한 하나님에 반해 그의 존재를 확보하고 방어하고 유지해야 하고 할 수 있다고 생각한다. 지금 이스라엘은 앞을 바라보는 대신 철저히 뒤를 바라본다. 그래서 이스라엘은 하나님의 공동체 내에서 부자연스러운 분리를 일으킨다. 그래서 이스라엘은 방자하게 그리스도의 몸의 분열을 시도한다.

그러나 이 시도는 시도됨과 동시에 좌절되도록 정죄받았다. 이스라엘이 그 자체로 불가능한 일을 원하고 행한다면 이것은 진실로 그의 문제이다. 이로써 그는 자기 자신을 정죄하고 부담을 주고 어둡게 한다. 그러나 이스라엘은 이로써 부활한 예수 그리스도의 백성임을, 그리고 그에게는 감추어져 있으나 그렇기 때문에 초월적인 교회의 주의 백성임을 중지하지 않는다. 예수 그리스도 안에서 영원 전부터 시간 가운데서 결정된 일이 또한 우선 이스라엘에 대해서—불순종하는 이스라엘에 대해서 결정되었다. 모든 일이 새롭게 되었다. 그래서 유대인의 불신앙의 결과는(모든 다른 불신앙의 모범으로써!) 하나님의 자비의 결과들 밖에서가 아니라 그 안에서만 찾아야만 할 것이다. 따라서 이스라엘의 왜곡된 선택은 실제로, 객관적으로, 그가 할 수 있을 때에 그의 왜곡됨 속에서, 저 무력한 시도의 실천 속에서 봉사해야 한다는 것 이상을 의미하지 않는다. 이스라엘은 교회의 증언에 반해서 죄에 뒤따르는 인간의 곤고를, 곧 인간의 한계와 고난을, 그의 사라짐과 그가 처한 죽음을 추상해서 모범적으로 표출해야 하고, 구현해야 한다. 여기서 이 인간의 곤고는 하나님의 자비를 통해 부정되고 인간으로부터 제거된다. 이스라엘은 존경스럽기도 하고 섬찍하기도 한 유물, 기적적으로 보존된 골동품, 인간적 변덕의 현존을 의인화해야 한다. 이스라엘은 뭇 백성들 가운데서 역사적인, 전적으로 미래가 없는 생을 살아야 한다. 그러나 다른 백성들처럼 자기 때를 가졌다가 다시 퇴장하거나 다른 때에 다시 출현함이 없다. 이렇게 이스라엘은 스스로를 처벌한다. 그래서 이스라엘은 하나님의 공동체를 교란시킨다. 그러나 이스라엘은 하나님에게 효과적으로 항거할 수 없고, 이렇게 그의 뜻과 공동체의 일을 섬겨야 하고, 이렇게 그에게 요구된 증언을 이해해야 한다. 회당이 "그는 부활했다!"는 사신을 받아들이려 하지 않고, 할 수 없을지라도, 회당은 더욱 분명하게 "그는 여기에 없다!"를 발언해야 하고, "너희는 죽은 자들 가운데서 살아 있는 자를 찾느냐?"는 물음을 더욱 날카롭게 제기해야 한다. 회당은 그들의 암담한 시간 계산을 고집하면서 모든 것이 새롭게 되었다는 것에 대해 알 수 없다면, 알려고 하지 않는다면, 회당은 옛것이 사라져 갔다는 것을 더욱 분명히 외쳐 증언해야 한다. 회당은 예수가 사라져 갔던 그 시간에 세상을 뒤덮던 암흑에 대해 말한다. 회당은 세상의 특성인 피조물의 신음에 대해 말한다. 이 세상 속에서, 이 세상을 위하여 예수는 죽어야 했다. 이것은 간접적으로—유대의 불신앙을 통해서 중지될 수 없는 교회의 사신에 대비하여—또한 그리스도의 증언이다! 이것이 하나님이 받아들였고 취했던 육신이었고 육신이다! 하나님 말씀을 통해 육신이 벗어나게 된 부패는 이러한 모습이다! 그 육신은 참담한, 그러나 그 참담함 속에서도 유용하고 또한 강력한 증언이다. 회당은 의지에 반해서 이 육신을 벗고, 이로써 이스라엘의 선택을 확증한다. 이 선택은 취소되지 않았다. 아무도, 아무것도 이 선택을 무력하게 만들 수는 없다.

그러나 이스라엘의 하나님이 오직 살리기 위하여 죽인다는 것은 그의 선택과 더불어 이스라엘에 주어진 약속에도 해당된다. 곧 하나님에 반하여 싸우고 그러므로 하나님에 의해 불구가 된 야곱에게 거절되지 않은 축복에, 결국 참는 자 욥에게 감추어지지 않은, 하나님의 '아니' 아래서 그에게 계시된 '그래'에 해당된다. 하나님은 인간의 공로 없이, 공로에 반하여 인간의 최선을 바람에서 이스라엘의 귀감적인 불충함과 배은망덕으로 인해서 흔들리지 않는다. 하나님은 세상의 태초 이전에 인간에 대한 그의 애정을 보였을 때, 인간의 불충함과 배은망덕이 이런 모범적 형상으로 그의 눈앞에 있었던가? 이것이 그로 하여금 처음부터 이 인간의 최선을 바라는 것을 저지했던가? 그리고 예수의 부활에서 또한 우선 그의 백성 이스라엘 중에 모든 병든 자, 사로잡힌 자, 매를 맞은 자들을 위해 일어났고, 분명해진 것, 곧 인간을 하나님의 영광으로 옷 입힘은 이스라엘에서 다시는 철회될 수 없고, 미래로부터 과거로의 시간의 진행을 통해서도 바뀔 수 없다. 여기서 인간은 사라지는 대신 온다. 그리고 여기서 오는 인간은 모든 죽은 자들에 맞서 오는 자, 또한 사망의 백성과 회당에 맞서 오는 자이며, 또한 게토의 거주하는 자들도 자신에게로 그러므로 생명으로 부르는 인간이다. 이스라엘은 그를 저지할 수 없다. 이스라엘은 이 점에서도—여하한 경우든 그가 이행해야 하는 봉사에 관해서도—하나님의 뜻, 결정과 통치에 대해서 무력하다. 이스라엘은 스스로를 저주하고 부담을 주고 슬프게 할 수 있다. 그러나 이스라엘은 그를 위해 구원자가 살아 있다는 사실을 바꿀 수 없다. 이스라엘은 스스로의 선택에 근거해서 그가 당해야 할 고난을 당할 수 있다. 그러나 이스라엘은 무한정으로 고난을 받을 수 없다. 이스라엘은 죽음을 영화롭게 할 수 있다. 그러나 이스라엘은 죽음으로부터 탈취한 능력을 죽음에 반환할 수 없다. 영원한 유대인? 아니다. 그는 그 자신도, 자신의 운명도 영속화할 수 없다. 유대인의 메시아 예수의 죽음과 부활에서 하나님의 자비를 통해, 그의—그리고 그와 같은 유의 모든 인간들의—"영원성"에 한계가 그어졌기 때문이다. 유대인은 먼저는 그에게도 향해졌던 이런 하나님의 자비에 관한 증언이 현존한다는 것에 대해 아무것도 할 것이 없다. 그는 이스라엘의 옛 죄를 또 한번 반복할 수 있고, 그 죄에 대한 처벌을 또 한번 받을 수 있다. 그러나 그는 전적으로 모범이 되는 그의 육신적 존재 자체에 대립되는 하나님의 약속을 거절할 수 없다. 그는 어떤 랍비적 정통주의로도, 어떤 자유주의나 무차별주의로도 더 이상 예수 그리스도의 형제임을 중단시킬 수 없다. 그는 그런 자로서 표현된다.—그런 자로서 모든 다른 것을 통해서보다 더 강력하게 표시된다. 그리고 그는 더 이상 백성으로서 살 수 없고, 다른 백성 가운데서 소멸될 수도 없다. 그는 그런 자로서 죽음을 향해 가는 자, 그러나 또한 생명을 향해 가는 자로 표시된다.

　이스라엘의 선택, 길과는 무관하게 하나님의 한 공동체의 완전한 형상으로서의 교회의 봉사는, 들려진 말씀에 대한 믿음에서, 하나님의 자비를 붙잡음에서 도래하는 하나님 나라를 모든 인간적 고난의 종말로서 증언하고, 오고 있는 새로운 인간 및 그의 영원한 생명을 증언함에 있다. 예수가 그의 부활에서 죽음의 권세를 헛되이가 아니라 즉시 유효하게 분쇄함으로써, 그가 영원한 삶의 증인으로서 홀로 있을 수 없고 즉시 이 생명을 받은 자, 참여자, 공동 증인을 깨우고 모으고 파송함으로써 교회는 유대인과 이방인들 가운데 존재한다. 따라서 교회는 예수의 올려짐을 그의 낮추어짐의 목표로, 그의 왕적 통치를 그의 고난의 목표로, 그의 도래를 그의 사라짐의 목표로 선포한다. 교회는 하나님의 손안에서 그에 의해 받아들여진 인간이 어찌될 것이며, 될 수 있는가를 선포한다. 교회의 사신은 따라서 궁극적인, 결정적인, 하나님의 온 공동체에 주어진 위임의 말이니, 여기에 이스라엘의 특별한 말이 종속되어서 서언으로서 봉사해야 한다. 교회는 이 도움에, 따라서 그 가운데 이스라엘의 지속적 살아 있음에 의존한다. 다시 교회의 존재는 이스라엘의 운명을 성취함이다. 이스라엘은 이 운명에 어떻든 정당해야 한다. 곧 어떤 대가를 치르든 살고자 하나 살 수 없는, 다른 백성들 가운데서 다만 내쫓긴, 멸시당한, 흩어진 가상적 삶을 영위할 수밖에 없는 백성으로서 저주를 당하든, 아니면 오고 사라지는 다른 백성들 가운데서 죽음으로써 불멸을 얻기 위하여 죽어야 했고, 죽을 수 있었던 백성으로서 구원을 얻든 간에. 이 백성이 저 보조자의 역할을 담당하는 자로서 교회 안에서 산다면, 이 백성이 그의 메시아를 믿는다면, 살아서 구원을 얻을 수 있을 것이다.

  공동체의 교회적 형상은, 하나님이 인간을 그의 영원한 은혜의 선택 안에서 자기와의 친교를 위하여 선택함으로써, 인간을 위해서 무엇을 원하는가를 드러낸다. 하나님은 그를 영원 전부터 선택함으로써 그를 영원을 위해 선택한다. 하나님은 그를 은혜 안에 선택함으로써 그를 구원을 위해 선택한다. 하나님이 그를 자기와의 친교를 위해 선택함으로써 그는 자신을 인간을 향해 주어지는 영원한 구원의 보증인, 수여자로 만든다. 하나님은 그를 실제로—그가 하나님이 됨을 중단함이 없이, 인간이 인간 됨을 중단함이 없이—그 자신의 영광으로 옷입힌다. 하나님이 이스라엘을, 그리고 이스라엘 안에서 인간 예수를, 그리고 예수 안에서 유대인과 이방인들 중 많은 사람을 받아들이는 것이 바로 이것이다. 하나님에 의해 선택받은 인간은 하나님에 의해 영원한 구원에 참여케 된 인간이다. 그는 하나님의 공동체가 그의 완전한 교회적 형상으로 드러낼 수 있는 인간이다. 교회는 죽음도 생명에 의해, 지옥도(그 끔직한 현실에서!) 하나님의 사랑하는 아들의 나라에 의해서 포위된다는 것을 드러낸다. 죽음을 하나님의 심판의 상징으로 보려 하지 않고 감수하려 하지 않는 것이(이스라엘의 임무에 따르자면) 헛되다면, 하나님의 자비의 은사인 영원한 생명의 희망 속에서 기뻐하는 대신 죽음 자체를 존경하고 두려워하는 것은(교회의 임무에 따르자면) 더욱 헛되다. 이 모든 것은 명령적으로 증언한다. 우리는 믿음 안에서 교회의 부활한 주의 계시 뒤로는 돌아갈 수 없고, 더 이상 그의 계시를 지나칠 수 없으니, 그의 계시는 오고, 영원히 있는 것의 계시이기 때문이다. 이 모든 것을 증언하는 것은—교회가 그에 의해 깨움을 받고 모아져 있음을 인하여—차라리 교회가 이제 수행해야 하는 과제이다. 교회는 죽음에 직면해서 생명을, 곧 죽음에서 나온, 죽음 안에, 죽음을 넘어 있는 생명을 고백한다. 교회는 사라져 가는 인간에 직면해서 오고 있는 인간을 고백한다. 교회는 다만 이 인간의 도래와 머무름을 증언하면서, 살아 있는 인간 예수 그리스도를 증언하면서, 또한 인간의 사라짐도 증언한다. 교회는 죽음을, 곧 그 권세가 궁극적으로 빼앗긴 죽음을, 생명에 종속되고 봉사해야 하는 죽음을 잘 안다.

공동체가(인간 예수의 주변) 세상에 전달해야 하는 사신이 교회의 사신으로서 그것의 본래적인, 본질적인 형태, 곧 복음의 형태, 모든 기만당하고 권리를 박탈당한 자들, 모든 사로잡힌 자들과 병든 자들, 갈피를 못 잡고 슬퍼하는 모든 자들을 위한 기쁜 소식의 형태를 가지기 때문에 교회는 완전한 형상의 공동체이다. 이런 사신을 가지고 예수 자신이 그를 따르는 자들 가운데 서 있으며, 그는 그의 사람들의 봉사를 통해 선포됨으로써 세상으로 나아가고자 원한다. 이것이 공동체의 안쪽 원과 다른 인간들의 바깥 원 사이에서 지속적으로 전체에 걸쳐서 사건이 되어야 할 일이다. 이 경계선에서 복음이 설교되어야 한다. 그러나 이것이—하나님의 자비의 빛을 비춤—하나님 공동체의 목표라면, 어떤 다른 것이 공동체의 시작의 원리였겠는가? 복음의 교회는 실제로 이스라엘의 처음이자 마지막 운명이며, 따라서 이미 그 중심에서 처음부터 하나님 말씀과 뜻의 위로와 축복, 구원의 능력이 살아 있었으며, 모든 심판과 시련 가운데서도 특별한 조명과 인도에 근거해서 많은 개별자들에 의해서 인식되고 음미되었다. 교회의 특별한 임무, 길, 일 속에서 복음은—온 선택받은 공동체의 임무의 본래적, 본질적 형태로서—이미 법의 영역 안에서, 이미 법의 판결과 위협의 그늘 아래서 선재한다. 이스라엘의 역사 내에서 이미 이런 전역사가 이루어지는 한, 이스라엘은 교회와 더불어 공동체, 그리스도의 몸의 완전한 형상에 참여하며, 또한 이런 보편적인 사명을 가진다.

이스라엘 내에 선재하는, 도래하는 인간의 교회를 통해, 이스라엘의 선택은 또한 적극적으로도 확증된다. 이 교회는 이스라엘의 특별한 운명을 변경하지 못하나, 그것을 조명하고 해명한다. 이 교회는 이 백성에 대한 하나님의 아버지다운 생각이 그의 역사의 처음이자 마지막 의미라는 것을 보여 준다. 이 역사의 상을 그렇게 강력히 지배하는 하나님의 위협과 처벌에 대한 생각도 아버지답고, 욥에게 가해지는 고난을 지시하는 어두운 의도도 아버지답다. 예수 그리스도의 십자가 처형이 그의 부활과의 맥락에서 하나님의 은혜가 됨으로써, 이스라엘의 고난의 역사도 그 중심에서 일어나는 복음의 전역사와의 맥락에서 하나님의 은혜이다. 언제나 이 맥락 속에서 사라지는 인간의 상은 또한 교회에도 현존해야 한다.

이스라엘 내의 선재하는 교회는 하나의 모형 이상일 수 없다. 유대인과 이방인이 함께 부활한 예수를 통해 부름을 받고 복음의 위로와 축복을 받아들임으로써 교회의 현실이 가시화된다. 먼저 위로받고 축복받은 자들은 전체적으로 이스라엘 내에서 적은, 흩어진 소수이다. 그들이 위로받고 축복받았음은 예외 없이 그들의 존재의 잠정적인 부분 동기로서 나타난다. 그들의 보존과 소생에는 다른 자들의 희망 없는 몰락이 적어도 인상깊게 대립한다. 그들은 결국 이스라엘의 역사의 종말이라는 멜랑콜리적 전체 국면 속에서 사라져 가는 듯하다. 실제로 위로받고 축복받은 자로서 한 사람 나사렛 예수만이 남게 된다. 그러므로 정확히 말하자면, 그들의 존재에 의해서 제기되거나 혹은 미결 상태로 남겨진 것은, 다만 죽음에서 생명으로 가는 새로운 인간의 문제이다. 따라서 만일 그 역사가 이 물음의 적극적인 답변으로 끝나지 않는다면, 그 역사가 거기서부터 이해되지 않는다면, 이스라엘의 역사를 그 자체로 납득할 수 없는 것으로 표현해야 할 것이다.

그러나 죽은 자들로부터 예수의 부활에 근거를 둔 교회 안에서 이 문제는 간과될 수 없다. 교회는 그의 믿음을 이스라엘 안에서 보존되고 구원받은 자들의 믿음에서 재인식하지 않는다면, 저들이 품었던 희망이 또한 그들 자신의 희망이라는 것을 보지 못한다면, 교회 스스로는 복음을 믿지 않을 것이다. 이것을 교회는 온 이스라엘의 선택에 대한 적극적 확증으로 받아들일 것이고, 자기 편에서 온 이스라엘을 위한 희망을 자신의 일로 삼지 않을 수 없다. 교회는 이스라엘에 대한 자신의 결속과 의무를 감사하게 인정하면서 유대인 출신 그리스도인을 그들 가운데 가진 것을 기뻐할 것이다. 교회는 자기 운명을 성취하는 이스라엘 외에 다른 것을 원치 않으며, 이스라엘을 향한 하나님의 은혜 외에 다른 것으로는 살려 하지 않는다. 교회가 이스라엘의 회심을 기다린다면, 하나님 공동체의 일원성, 모든 사람을 위해 죽임을 당하고 모든 사람을 위한 생명을 창조한 자의 인격 안에서의 하나님의 자비의 의지에 따라서 사라지고 오고 있는 인간의 일체성을 고백함에 있어서 이스라엘에 앞장서기를 지체할 수 없으며, 지체하지 않을 것이다.

로마서 11장의 주석을 위하여 E. F. Ströter, *Die Judenfrage und ihre göttliche Lösung nach Römer Kapitel 11*(유대인 문제와 로마서 11장에 따른 이 문제의 신적 해법. Bremen, 출판 연도 없음)을 비록 많은 오류에도 불구하고 읽는 것이 유용하다.

우리는 로마서 11:1의 물음, "그러므로 내가 이제 묻는다. 하나님이 그의 백성을 버렸는가?"를 10:18-19의 물음들의 연속편이라고 이해할 수 있다. 유대인의 불신앙과 고백 거부의 원인을 유대인이 듣지 못하고 이해하지 못함에서 찾아야 하는가 하는 물음은, 저기서는 분명히 '아니' 라고 답변되었다. 이 답변의 결과로 10:16a와 10:21에서는 그들이 불순종했고, 불순종한다는 사실 확정으로 소급되었다. 그러나 이 사실 확정은 또 다른 물음을 야기할 수 있었다. 바울이 이 물음을(그가 10:21에서 저 사실을 확정짓는 형태로) 미리 마찬가지로 부정적으로 답변했다는 것은 의심의 여지가 없다. 하나님은 온종일 이 불순종하는 백성을 향하여 그의 손을 내밀었다. 하나님이 이 일을 헛되이 했고, 따라서 이것을 중단했으리라는 것과, 그의 신실함이 언젠가 허사가 되어 어디에선가 종결될 수 있으리라는 생각은 바울의 사고 안에서는 분명 불가능한 상상이다. 즉각적인 답변: "그렇지 않다"(11:1)는 이것을 입증한다. 어쨌든 다음의 물음이 제기될 수 있고, 완벽한 명료성을 위하여 물음이 진술되어야 한다. 곧 저 불순종의 결과로, 이스라엘이 하나님의 신실함을 그리스도 예수를 배척함으로써, 그를 이방인에게 내어 주어 십자가에 못박히게 하는 것으로 대응한 결과, 하나님이 지금 더 이상 이스라엘의 하나님이 아니라 이방인의 하나님이 되었고, 그러므로 이스라엘이 지금 배척받게 되었고, 적절치 않은, 해로운 도구로서 하나님의 결정을 실행함에서부터 배제되어 버렸는가? 그런 한에서 하나님의 결정은 변경되었는가? 어쩌면 확정된바 이스라엘의 불순종은 결국 이러한 이스라엘에 대한 하나님의 의지 변경으로 소급될 수 있지 않겠는가? 하나님이 그를 끝냈기 때문에, 진정으로 진지하게 그로부터 복종을 요구하기를 중지했기 때문에, 이스라엘이 하나님에게는 더 이상 미래가 없었기 때문에, 이스라엘은 잘 듣고 이해할지라도 복종하지 않은 것이 아닐까?

바울이 이런 물음을 "불가능하다!"라는 말로써 끝냈던 것은 어떤 근거에서인가? 바울은—10장과는 달리 지금 분명히—자기 자신에 관해 말한다: "나도 이스라엘 사람이요, 아브라함의 자손이요, 베냐민 지파에 속한 사람이다. 하나님께서는 이미 아신 자기 백성을 버리지 않으셨다."(1b-2a절) 나는 이 증명의 힘을 발언되지 않은 다음 말에서 찾아야 한다고 생각하지 않는다. 곧 나는 이런 이스라엘 사람으로서 그리스도인이 되었고(Lietzmann), 그런 사람으로서 이스라엘이 하나님에 의해 배척받지 않았다는 것을 증언한다. 이것은 물론 진실이다. 그러나 여기에 뒤따르는 성서 인증에서 역시 한 경건한 이스라엘의 개인이 아니라 예언자 엘리야가 등장한다는 사실은, 바울이 자기 자신의 인격을 언급함에서 다시금 자신의 개인적 회심과 그리스도인 됨보다는 사도로서의 자신의 직무를 생각했다는 것을 지시하는 듯하다. 자신의 회심이 다른 사람들의 일반적 회심과는 달리 그가 부활한 그리스도를 직접 만남을 통해 중계되었던 한, 그는 분명히 초개인적인 회심, 그의 회심의 유형적인 의미를(딤전 1:16) 기억하지 않는 것은 아니나 그의 직무를 생각하고 있다. 슈트뢰터(Ströter)는, 바울이 자기 회심을 이런 이유에서 예수 그리스도의 재림과 더불어 일어나는바 믿지 않는 이스라엘의 회심의 예언, 모형, 보증으로, 하나님이 그의 백성을 버리지 않았음에 대한 증거로 이해했다고 추측한 것은 정당했다. 또한 이렇게 회심한 자가 베냐민 지파 사람이라는 것이(그러므로 사사기 20-21장에 의하면 한때 전멸할 뻔하였으나 전멸당하지는 않은 지파의 일원이며, 버림받았으나 어쨌든 선택받은 왕 사울의 지파 일원!) 강조된 것도 분명히 의미가 없지 않다. 그러나 로마서 11:1-2의 강조점은 문맥상 그 자체로 중요한 이 회고담에서 찾아서는 안 된다. 사도직, 저 파송에 근거한 선포의 직무가, 부활한 예수 그리스도에 관한 사신이 바울을, 한 이스라엘 사람, 한 아브라함의 후손, 한 베냐민 지파 사람을 많은 다른 사람들처럼 그 담당자로 삼았다는 것—이것이 그의 염두에 있었음이 분명하다.—다른 사도들도 예외 없이 유대인이었다는 것, 이것이 저 "불가능하다!"에 대한 "실존적" 근거 설명의 결정적인 의미이다. 바울은 하나님이 자기 백성을 배척했다는 것을 인정하기 위해서는, 자기 자신뿐 아니라 무엇보다도(그리고 이것은 전혀 "불가능하다!") 그의 직무, 그의 임무, 그리고 또한 그것의 전체 내용이 부정되어야 한다고 보았다. 그 자신이 이 사도직의 담당자인 한에서, 그 자신의 인격 안에서 바울은 자기 백성을 보고, 이스라엘이 수동적으로뿐 아니라 능동적으로도 현재의 구원 사건, 부활한 예수 그리스도의 일에 참여한다고 본다. 이런 출생을 지녔고, 그것에 대해 특별히 의식하고 있고, 이스라엘 사람이며 심지어 회당 유대인이고 희망에 찬 랍비였던 그가, 지금 교회에 대립하고 있는 다른 유대인들처럼 예수가 십자가에 달리고 또 부활한 후에도 예수의 분명한 적극적인 원수였던 그가, 10절에 서술된 이스라엘의 불순종에 참으로 온전히 참여했던 그가, 주님을 보았고 듣지 않았는가? 그는 주님에 의해서 이방인의 사도가 되지 않았는가? 여기, 곧 그에 의해 완수된바 유대인과 이방인 사도의 연합에, 하나님이 자기 백성을 버리지 않았다는, 하나님이 불순종하는 백성에게 그의 손을 뻗치는 저 날이 아직 지나가지 않았다는 것에 대한 명백한 증거가 있지 않은가? 이 연합에서 교회가 진정으로 이스라엘에게로, 그 편에서는 그렇게 교회로 오려고 하지 않았던 이스라엘에게로 온 것이 아닌가? 새로운 살아 있는 가지가 다시금 죽은 나무 그루터기의 새로운 생명이 되지 않았는가? 하나님은 그가 미리 선택한 백성으로서 바라는 바를, 지금 이 백성에게서 실현한 것이 아닌가? 그래서 우리는 이 참 이스라엘을 고려하여, 하나님의 자비를 통하여, 예수 그리스도 안에서, 또한 이스라엘도 버림받지 않았고 오히려 확고히 붙잡혔으며, 교회의 전단계, 예비일 뿐 아니라 스스로 하나님의 교회, 그의 약속 성취의 자발적인, 의식적인 증인, 이 성취에서 현재화된 완전한 구원의 수령자가 되었다고 말해야 한다. 우리는 바울이 물음 1a절에서뿐 아니라, 부정적인 답변 2a절에서도 시편 94:14의 말을 인용한 것을 주목해야 한다. "주님은 자기 백성을 외면하지 않으시며, 당신의 소유를 버리지 않으실 것입니다. 판결권은 다시 의로운 자에게 올 것이며, 마음이 정직한 사람은 모두 그를 따를 것이다." 그 문맥에서는 이렇게 기록되어 있다. 1a절의 "그럴 수 없다"는 분명히 문맥상 필연적이었다. 적극적인 답변은 저 시편의 말과는 문자적으로 대리될 것이다. 그러므로 바울이 1b절에서 그의, 베냐민 사람의 사도직을 지시함을 통해 행하는 증명은 여기서 독자적으로 생각한 것이 아니라, 이것 자체가 오늘 이스라엘의 미래를 결정하는 모든 일처럼 이스라엘에 주어진 예언의 성취라는 것을 설명하는 데 근거가 된다. 하나님이 미리 이스라엘을 선택함과, 갈라디아서 1:15의 설명에 따르자면 바울에게(다른 베냐민 사람 예레미야처럼!) 수여된 그의 모태로부터의 구별 사이에는 성서의 말씀이 있어서 양자를 확증해 주고 있다. 그러므로 바울은 이렇게 확신에 차서 그의 사도직의 사실로써 이스라엘의 선택의 항구성을 입증할 수 있다.

그러나 그 다음의 말은, 그가 저 물음을 부정하거나 하나님의 신실성에 대한 적극적인 명제를 발언하기 위해서는 1b절에 주어진 근거를 고려할 때 더 많은 증거가 필요하다고 생각한다는 것을 보여 준다. 2b-4절의 진술은 분명히 이번에 발언되지 않은 물음에 답하고 있다. 곧 한 개별자의 존재가, 이 개별자 자신이 그 다수의 존재와 태도에 반하여 이스라엘의 선택을 실제로 드러낸다고 가정한다면, 이스라엘의 선택 자체에 관해서 실제로 증명력이 있을까? 그가 유래한 민족 가운데서의 사도의 고독은 이 백성이 모든 그의 예언자들에게 행했던 운명을 분명히 되풀이함이 아닌가? 그리고 결국은 자신을 파송한 예수 그리스도를 이스라엘이 배척한 것을 확증함이 되지 않는가? 바울은 10:16에서 이사야 53:1을 인용하지 않았던가? "주여, 누가 우리의 전한 것을 믿었습니까?" 그러므로 그는 하나님의 고독을 함께 나누면서 자신의 백성에 대해서 그 백성의 선택의 살아 있는 증거로 서 있지 않은가? 어떻게 그가, 어떻게 그 안에서만, 물론 성취된바 유대인과 이방인 사도의 연합이 그의 백성을 위해서, 하나님이 이 백성을 버리지 않았다는 규칙을 다만 확증하는 하나의 예외 이외의 다른 것을 의미할 수 있겠는가? 아마도 그 당시 이미 이방 그리스도인 내에서는 유대인을 고려해서 이렇게 물었던 것 같다. 후에, 그리고 이날까지 확실히 그랬다. 바울이 직면한 물음은 그리스도인의 반(反) 셈주의 물음이다. 그리스도의 십자가 처형으로써 유대인은 다만 하나님에 의해 저주받은 백성으로 간주되고 다루어져야 한다는 것이 결정된 것이 아닌가? 사도들과 전 교회의 유대적 출신은 부끄러워해야 할 사실이 아닌가, 아니면 무관한 사실인가? 이 물음에 대해 2b-4절에서 엘리야 이야기를 회상함으로써 답한다. 바울은 이것을 회상함으로써 이 물음을 부정한다. 실제로 하나님에 의해서 파송된 그리고 종으로서 하나님에게 충성하는 한 개별자가 이스라엘 내에 존재한다는 것은 실제로, 하나님이 이스라엘을 위해서도 이유 없이 하나님이 되는 것이 아니며, 그러므로 이방인만을 위해서가 아니라 유대인을 위해서도―그리고 이것은 결과가 없지 않으며, 열매가 없지 않으며, 단순히 유일한 사실이 아니니―그의 메시아가 출현하기까지, 메시아와 함께, 그러나 또한 그 사건을 넘어서 이 백성의 하나님이라는 것을, 그러므로 이 백성이 그의 백성이었고, 또 지금도 그렇다는 것을 입증한다. 이것이 엘리야 회상에서 얻어진다. 한 사람 엘리야에 대한 회상은 이미 이스라엘 내에 교회가 있음을 입증한다. 한 사람 엘리야는 한 사람 바울을, 그리고 그가 하나님이 자기 백성을 버리지 않았음에 대한 증거로서 자기 사도직을 지시한 것을 정당화한다. 어느 한에서 이런 회상을 통해서 이것이 일어나는가? "너희는(이렇게 묻는 이방인 그리스도인들) 성서가 엘리야 이야기에서 한 말씀을 알지 못하는가? 그가 하나님께 이렇게 호소하였다. 주님, 그들은 주님의 예언자들을 죽이고, 주님의 제단들을 헐어 버렸습니다. 이제는 나 혼자만이 남아 있는데, 그들은 내 목숨마저 찾고 있습니다! 그런데 하나님께서는 그에게 어떻게 대답했는가? 내가 바알에게 무릎을 꿇지 않은 사람 칠천 명을 내게 남겨 두었다." 이것은 북이스라엘 왕국의 역사 가운데 한 에피소드이다. 이 나라는 다윗 왕조로부터 분열하여 그 성립 때부터, 그리고 그런 나라로서 이스라엘 하나님으로부터 근본적인 배신을 드러냈고, 아합과 이세벨의 통치하에 이런 역사가 그 정점에 도달해 있었다. 이 상황에서 엘리야의 탄식은 분명히 이사야 53:1의 탄식과 평행을 이루며, 동시에 바울도 자기 백성에 대해 제기한 탄식을 너무나 정확하게 바꿔 표현한 것이다. 이 탄식 뒤에 남는 것은 사실, 예외를 확증하는 규칙의 확정이다. 곧 예언자는 자기 백성 가운데서 고독하며, 백성에 의해서 죽기까지 시련과 박해를 당한다. 이로써 하나님 자신에 대한 거부가 이루어지며, 그러므로 이스라엘의 버림은 결정된 일임이 분명하다. 그러나 엘리야의 역사에서 이러한 예언자의 탄식에 하나님의 말씀을 대립시킨 점에서 그 역사는 교훈적이다. 곧 예언자가 자신의 죽음을 원했던 후에, 그가 싸리나무 덤불 아래 누워 잠든 후에, 그러므로 바울이 여기서 대면한 물음이 이끌어 내고 싶어하는 저 결론을 이미 내린 후에, 하나님은 결정적인 점에서 전혀 다르게 말씀한다. 이 다른 것이 하나님의 답변이다: "내가 바알에게 무릎 꿇지 않고 입 맞추지 않은 사람 칠천 명을 내게 남겨 두었다."(왕상 19:18) 이 말의 문맥에서 우선 이 점을 주목해야 한다. 곧 이 말은 하나님 말씀에서 이런 다른 방향을 지시하는 결론으로서, 하나님 말씀 그 자체는 그 주요 내용에서, 곧 하나님 말씀은 예언자로 하여금(왕상 19:15-16) 하사엘을 시리아의 왕으로, 예후를 이스라엘의 왕으로, 엘리사를 자신의 후계자로 기름 붓도록 위임하여 그들이 실제로 이루어져야 할 하나님 백성에 대한 심판을 수행하도록 함으로써, 자기 백성에 대한 예언자의 판단을 확증해 준다. "그러므로 하사엘의 칼을 피하는 자는 예후에게 죽임을 당할 것이고 예후의 칼을 피하는 자는 엘리사가 죽일 것이다." 이스라엘의 다수가 그리고 이 다수 가운데서 이스라엘 자신은 전체적으로 하나님의 진노와 형벌 아래 있다는 것은 저 본문에서 부인되지 않고 주장된다. 그러나 이제 저 본문은 시류에 편승하지 않았고 대배신에 동참하지 않았던 자들로서 하나님이 자신에게 남겨 둔 칠천 명에 대해, 그러므로 하나님의 진노와 형벌의 불길을 통과하여 구출되어야 할 이스라엘 중의 소수에 대해 말한다. 이로써 우선, 예언자는 어쨌든 그 자신이 생각한 것처럼 유일한 예외는 아니며, 하나님과 더불어 홀로는 아니라는 것이 결정되었다. 하나님은 그가 서 있는 곳에 또한 실제로 다른 사람들도 있도록 보살폈다. 그러나 사람들은 물을 것이다. 이 칠천 명은 전체 이스라엘을 위해서 무엇을 입증하는가? 이 칠천 명도 다만, 이스라엘 자신은 버림받았다는 것을 확증하는 것은 아닌가? 그러나 계속해서 읽어보면, 예언자가 우선 현존하는 소수로서 그들로 인하여 위로를 받아야 하는 이 칠천 명은 주목할 만하게도 전체를, 이스라엘 자체를 대표한다는 것을 알게 된다. 칠천 명은 바로 그 다음에 뒤따라오는 이스라엘의 아합과 시리아의 벤하닷 사이의 전쟁의 역사에서 "전체 병사, 모든 이스라엘 사람"(왕상 20:15)이다. 칠천 명은 훨씬 후에(왕하 24:16) 느부갓네살에 의해서 바빌론 포로로 끌려간 예루살렘 장정의 숫자로 언급된다. 그러므로 열왕기상 19:18의 칠천 명의 소수도 확실히 사소한 소수로 간주되어서는 안 된다. 오히려 이 칠천 명은 이스라엘 자신을 대변한다. 불충한 다수가 아니라 그들이! 하나님이 그들을 "남겨 둠으로써", 그는 이스라엘 자신을 확고히 붙들고, 그가 그 백성을 버리지 않았음이 결정되었다. 그러므로 이 칠천 명에 대한 언급으로 위로받는 한 사람 엘리야도(다수에 대한 심판 통고와 더불어 단숨에) 홀로 있는 것이 아니라, 그는 그의 직무 수행자로서 저 칠천 명의 병사에 의해 보이지 않지만 에워싸여 있다. 그는 또한 그의 고독 속에서도 실제로 하나님 앞에서 이스라엘 전체, 이스라엘 자체를 대표한다. 그러므로 바울도 홀로 있는 것이 아니며, 그러므로 그도 증명 불능의 사적 인간이 아니다. 그러므로 그는 하나님이 자기 백성을 버리지 않았음에 대한 유효한 증거로서, 유대인이요 이방인 사도로서의 자신의 존재를 원용할 수 있고 원용해야 한다. 부활한 예수 그리스도가 그의 원수와 박해자들 가운데서 그를 이방인들에게 보낼 자신의 사자로 삼음으로써, 불순종하는 전 이스라엘에 대한, 자기 주를 십자가에 달리게 하고 그를 부활한 후에도 오인하고 배척한 이런 이스라엘에 대한 하나님의 신실함이 드러났다.

그러나 바울은 엘리야 역사의 칠천 명에 대한 회상을 더욱 전개하였다. 그는 이제 잠정적으로―이 문제는 13절에 다시 등장할 것이다.―특별히 자신의 사도직을 더 이상 언급하지 않는다. 오히려 그는 자신이 사도로서 현재도 결여될 수 없는(이것이 분명히 예언의 성취이니) 그 칠천 명에 의해 보이지 않게 에워싸여 있음을 본다. 그래서 그는 말한다: "이와 같이 지금 이 시기에도 은혜로 선택받은 사람들이 남아 있다. 은혜로 된 것이면, 행위에 근거한 것이 아니다. 그렇지 않으면 그 은혜는 이미 은혜가 아니다."(5-6절) 이 말이 단순히 구약성서의 하나님 말씀을 현재의 칠천 명에 적용하는 것만은 아니라는 것이다. 이 말은 물론 이렇게도 적용된다는 것을 말한다. 곧 지금 바울은 분명히 그와 함께 이스라엘에서 나온 다른, 가리고 이스라엘에 여전히 속해 있는 사도들뿐 아니라, 또한 그들의 말을 통하여 실제적으로 교회의 믿음으로 부름받은 예루살렘의 유대인들도 생각한다. 곧 성령 강림절의 저 삼천 명(행 2:41) 또한 그 다음의 오천 명(행 4:4)을 생각한다. 반면 그들의 계속적인 증가는(행 5:14) 숫자에서 아마 의도적으로 어둠에 숨겨지는 듯하다. 그는 이밖에도 당연하게 또한 하나님 말씀을 헛되이 선포받은 것이 아닌, 회당 유대인들 중 거명되거나 거명되지 않은 모든 사람을 생각하는 듯하다. 이것은 "지금 이때에" 메시아의 현재에 남아 있는 칠천 명에 대한 예언의 성취이다. 그러나 바울이 말하는 것은 이런 응용의 범위를 넘어서서 저 하나님 말씀에 대한 일정한 설명과 해석이며, 특별히 "남아 있다"의 설명이다.―그는 이 말을 이미 4절 인용문에서 "나에게"의 첨가를 통하여 강화했다. 이로써 강조점은 이미 거기서 분명히, 하나님이 자기 자신을 위하여 자신의 일에서 저 칠천 명과 함께 무엇을 원했고 행했는가에 놓여졌다. 바울이 저 본문을 기억함에서 염두에 둔 상은 바알에게 무릎을 꿇지 않았던, 그리고 하나님이 그것 때문에 이런 그들의 불굴의 자세를 인정하고 보상하기 위해서 심판으로부터 지켰던 칠천 명의 의로운 자들의 상이 아니다. 오히려 하나님은 자기 자신을 위하여, 자기 목적을 위하여 칠천 명을 남겨 두었으며, 그들을 구별하였고, 이들이 바로(이런 구별의 결과라고 말하고 싶을 것이다.) 저 불굴의 자세를 지켰던 것이다. 하나님의 결정과 규정을 통하여 어쨌든 이미 당시 저 소수가 존재하게 되었고, 다시금 이런 하나님의 결정과 규정에 근거하여 그들이 하나님 앞에서 전 이스라엘 자신을 대표하고, 그가 온 이스라엘의 선택한 신실함의 증인이 된다. 이스라엘 내에서 선택받은 자들은 이스라엘 자신의 선택을 증언한다. 그러므로 "은혜의 선택에 의한 나머지" 개념은 엘리야 역사에서의 칠천 명 개념에 현재 상응하는 것으로서 이해된다. 우리는 이 개념에서 어떤 논리적인 난점을 보게 된다. "은혜의 선택"은 전체적으로 은혜로써 선택받은 백성의 "나머지"와 관련된다고 할 수 없는 듯하다. 그리고 또한 선택받은 백성의 이 "나머지"는 그의 남겨진 것을 특별한 "은혜의 선택" 덕분으로 볼 수 없는 듯하다. 선택받은 백성의 "나머지"는—여기서 우리는 오히려 온 백성의 선택에 상응하는 행동과 행태를 통해 그것에 합당하게 된, 이런 백성 중의 남은 부분을 생각할 수도 있다.—전체에 미친 심판을 벗어나기 위해서 남겨졌다. 그러나 바울은 이스라엘 내의 몇몇 사람의 이런 합당함을 알지 못했다. 오히려 그가 여기서 현재 그리스도를 믿는 유대인에 대해, 그리고 이와 함께 간접적으로 또한 엘리야 시대의 칠천 명에 대해서 실제로 말하는 것은 바로 이것이다. 곧 그들은 그러므로 그들 자신의 합당함을 통해서가 아니라 은혜의 선택을 통해서 이 "나머지"로 정해졌다는 것이다. 그의 생각은 분명히 이런 것이다. 이스라엘 자신이 선택받았다는 것은 물론 은혜이며, 이스라엘에 대한 하나님의 은혜는 처음부터 그의 선택에 있었다. 그러나 이스라엘의 존재에 대한 이런 영원한 근거 규정은 시간 이전 어디엔가 뒤쳐져 있는 것이 아니라 시간 속에서도 언제나 거듭 이 백성의 존재의 근거 규정이 된다. 언제나 거듭 이스라엘에 대한 하나님의 관계는 선택이며 은혜이다. 선택은 은혜이고, 은혜는 선택에서 완수된다. 이스라엘에 대한 하나님의 관계는, 그가 이스라엘 내에서(모세와 엘리야와 같은 그의 개별적인 특별한 종들 및 전권을 받은 자들을 제외하고) 언제나 거듭 대표적인 칠천 명으로 남겨 둔다는 데서 구체적으로 실현된다면, 이것은 "남겨 둠"은 분명히, 이스라엘 자신 전체를 근거지었던 동일한 은혜의 선택의 반복이요 확증이다. 그러므로 신실함, 복종, 인내 등이 그때마다 이 "나머지"를 분명히 구별하기는 할지라도, 여기서는 신실하고 복종하고 인내하는 자들의 "나머지"와 관계되는 것은 아니다. 오히려 이들은 하나님이 자신을 위하여 그의 자유로운 은혜 안에서 이스라엘을 선택했음을 확증하기 위하여 구별하여 모든 다른 사람들 가운데서 구별하여, 곁에 두었던 나머지 사람들이다. 한 사람 엘리야와 칠천 명, 한 사람 바울과 저 다른 그리스도를 믿는 유대인들이 그 안에 "남겨져" 있다는 것은 그들 자신의 공로 때문이 아니다. 거기에 대해서 어떤 권한도 요구할 것도 없고, 그들이 이 나머지가 되기 위해 행하고 동참한 어떤 행위도 없다. 그들이 된 것은 태초의 이스라엘 자신의 선택이며, 전적으로 다만 그들의 하나님의 결정과 규정의 행위이다. 하나님은 오늘이나 당시나 그가 그렇게 행동함으로써 이스라엘의 하나님으로서 자신을—그리고 이와 함께 이스라엘의 선택 자체를!—확증한다. 언제나 거듭 이 나머지는 하나님 앞에서 전체를 대표함으로써, 하나님 편에서 볼 때, 이스라엘의 불순종과 책임에도 불구하고 그의 선택에 관하여 아무것도 상실된 것이 없다면, 이것은 이스라엘의 배신이 결국 그렇게 악하기 때문이거나 혹은 이스라엘 편에서 개별적으로 이스라엘을 정당화하고, 이로써 이스라엘에 대한 하나님의 신실함을 필연적으로 만드는 이러저러한 행위가 행해졌기 때문은 아니다. 분명히 바울은 저 칠천 명의 용감한 행동도, 엘리야 자신의 신실함도, 현재 회심한 유대인의 믿음도, 사도로서의 자기 자신의 믿음과 복종도 이런 정당화하는 하나님에게 책임을 지우는 행위로서 이해하려고 한 것은 아니다. 칠천 명의 "신뢰성"의 선상에서 은혜의 선택의 필연적인 열매로 일어나고, 일어나야만 하는 것은, 이미 그렇기 때문에 "은혜의 선택"을 불필요하게 만들 권리 주장의 내용으로서 고려될 수 없다. 하나님이 이스라엘에서 이 나머지를 자신을 위해 남겨 두고 이 나머지를 통해서 이스라엘 자신을 확고히 붙든다는 것은, 그가 적어도 이 나머지에서 합당성을 발견한다는 것을, 그리고 그 합당성의 근거에서 하나님과 이스라엘과의 관계가 이 은혜의 선택 관계 외의 다른 것이 될 수 있다는 것을 뜻하지는 않는다. 이 나머지를 향한, 그리고 이 나머지 안에서, 나머지와 함께 온 이스라엘을 향한 하나님의 은혜가, 칠천 명의 행위와 합당성과 관련된다면, 그것은 결코 은혜가 아닐 것이다. 그렇다면 이 나머지가 그리고 이 나머지 안에서, 나머지와 함께 온 이스라엘이 자랑할 수 있는 본래적인 귀중한 것, 곧 자유로우며 빚지지 않은, 그러나 또한 무조건적인, 하나님의 선함과 전능에 의해서 보증된 하나님의 은총, 순수하고 이 순수함 속에서 힘있는 하나님의 자비는 아무것도 아닐 것이다. 그렇다면 그의 하나님은 더 이상 아브라함에게 나타났던 옛 하나님이 아닐 것이다. 죽은 자들을 일으키고, 존재하지 않는 것을 존재케 하는 하나님이 더 이상 아닐 것이다. 인간의 호의를 자신의 호의로써 응답하는 그는 자기 스스로 살아 있는, 그런 분으로서 이스라엘의 희망과 위로가 되는 신이 아닐 것이다. 그렇다면 이스라엘에 주어진 약속은 아무것도 아닐 것이며(롬 4:14 참조), 믿음은 거기서 공허해진다. 약속의 내용은 이스라엘에서 나오게 될 자를 통한 하나님의 의의 계시이기 때문이다. 그리고 믿음은 신뢰 속에서 이 약속의 성취를 기다리기를 감행함이다. 하나님의 은혜가 그의 선택받은 자들의 행위에 관련된다면, 그것은 은혜가 아닐 것이다. 왜냐하면 그것은 그렇다면 인간적 의의 행위를 통해 조건 지어지고 제약받고, 그러므로 실제로는 진노가 될 수 있기 때문이다! 그러나 선택받은 자들이 자랑할 수 있는 귀중한 것은 자기 스스로 살아 있는 하나님, 그들을 향한 은혜의 무제약성, 그러므로 무제한성이다. 곧 하나님과 이스라엘과의 관계의 시작, 하나님의 계약의 기초가, 한때 하나님과 아브라함 사이에서 그랬던 것 같이, 그들에게서 되풀이된다. 바로 그렇기 때문에 이스라엘 내의 선택받은 자들은 이스라엘을 대표하며, 하나님은 그들 가운데, 그들과 함께 확고히 이스라엘 자신을, 그리고 그가 그에게 약속한 모든 것을 지킨다. 은혜의 약속이 무엇이며, 이스라엘의 위로와 희망이 무엇인지, 이 자연적인 뿌리로부터 하나님의 아들, 인간의 아들의 기적적인 출생이 무엇이며, 약속과 믿음에 정확히 상응하는 신적 성취의 행위가 무엇인지가 칠천 명에게서 예기치 못하게 드러난다. 그러므로 그들은 이스라엘을 정당화하고, 이로써 이스라엘에 대한 하나님의 신실함을 필연적으로 만드는 인간적 행위의 공로에 대한 증거로서 인증되기에 적합하지 않다. 그들은 이렇게 그들의 행위를 이해하지 않을 것이다. 하나님의 자비를 통해 이스라엘 내에 한 이스라엘이, 곧 그의 행위를 통하여, 그의 "신뢰성"을 통하여, 칠천 명이 옛날과 새로운 시대에 행한 바를 통하여, 엘리야와 바울이 행한 바를 통하여, 그 자신의 선택으로써 온 이스라엘의 선택을 증언하고 확증하는 이런 나머지가 있음이 현실이 되고 실현된다. 이 나머지가 언제나 이스라엘이기 때문이 아니라, 나머지가 이미 이스라엘 내의 교회가 되고, 이미 하나님의 창조적 자비의 작품이기 때문에, 그 작품이 됨으로써, 이 나머지가 온 이스라엘의 선택을 증언하고 확증한다. 하나님의 창조적 자비는 이스라엘에 대해서도 실패하지 않으며, 또한 이스라엘의 불순종과 죄책을 통해서도 제한받지 않는다. 이 나머지는 그 자신의, 이로써 이스라엘의 합당성을 증언하는 것이 아니라 오히려 그는, 온 이스라엘의 불합당성이기도 한 그 자신의 불합당성 속에서도 하나님의 영광과 약속을 이루는 기적적 역사의 영광을 증언한다. 하나님이 자기 백성을 버리지 않았다는 명제를 위하여 엘리야 역사를 회상함을(2b-4절) 통한 증명의 힘은, 바울에게는 의심의 여지없이 5-6절에서의 "나에게 남아 있다"(4절)의 해설에 있다. 하나님이 순수하고 자유로운 은혜로써, 인간의 행위와 합당성을 고려함이 없이 옛 시대와 새로운 시대에 이 나머지를 남겨 둠으로써, 바울 자신이(유대인으로서 이방인의 사도로 자신의 정체성을 지시함으로써 전체 증명이 시작되었다.) 하나님의 공동체를 박해하였기 때문에 사도로 불릴 자격이 없었으나, 하나님의 은혜로써 그가 된 바가 되었기 때문에(고전 15:9-10), 이 나머지는 하나님이 자기 백성을 버리지 않았다는 것에 대한 분명한 증거가 된다. 이 나머지는 이미 이스라엘 내의 교회이고, 옛 시대의 칠천 명 안에 선재하며, 현재에도 유대인들 중에서 부름받은 하나님의 공동체 내에서 존재하며, 그 바울도 이 공동체의 박해자였으나 사도가 되었기 때문에, 이 나머지는 그 증거가 된다. 이스라엘 내의 나머지는 하나님이 자기 백성을 버리지 않았다는 것을 증명한다. 왜냐하면 나머지는 이스라엘에서부터 하나님의 아들, 인간의 아들의 기적적 역사를 증언하고, 그러므로 스스로 이 기적의 역사에 참여하기 때문이다. 이것이 가능해짐으로써—그것이 하나님의 자비로 가능해짐으로써—하나님의 자비는 이전이나 이후나 이스라엘을 향해 있고, 그러므로 1절의 반(反) 셈주의적 물음은 불신앙의 물음이라는 것, 이 물음을 묻는 자는 다만 시급하게 회개하도록 부름받을 수밖에 없다는 것이 입증된다. 엘리야 역사가 그리고 그 배경하에서 바울의 역사가 하나님의 은혜의 선택에 대해 말함으로써(6절에서 설명된 이 개념의 무제약성으로) 이 역사는 하나님의 탁월한 자비를 거역하는 이스라엘의 불순종과 책임을 말하고, 그러므로 이 백성의 선택에서 하나님의 항구성을 말한다.

그것의 현저한 상세함 때문에 두드러진 7-10절 단락의 결론은, 바울이 여기에서 그의 증명의 힘을 본다는 것을 지시한다. 이 단락의 결정적인 내용은 7절에 요약되어 있다. 그러나 8-10절에서 특별히 7c절의 진술을 위해 행해지는 성서 증명은 분명히 빠질 수 없다. Τι οὖν.("그러면 무슨 결과가 생겼습니까?") 새로이 등장한 물음을 표시하는 것이 아니라, 이제 또 무엇인가? 그 다음에 무엇인가? 이전에 말해진 것의 결정적인 내용, 이제 내려져야 할 요약적 결론은 무엇인가? 그 답은 이렇다: "이스라엘이 무엇을 추구하는가"가 9:31과 10:3에서 나온다. 이스라엘은 자기 의를 세우려는 시도를 통해 의의 법을 성취하려고 한다. 이스라엘은 그에게 주어진 계명, 곧 물론 그에게 주어진 약속 아래서 생명의 질서를 발설하는 계명을, 자신을 자신의 선택에 합당하게 만들려는 요청으로, 이로써 약속의 성취를 필연적으로 만들 수 있는, 그리스도를 하늘로부터 끌어내리거나 음부로부터 끌어올릴 수 있는 가능성으로 이해한다. 이스라엘은 자기 능력과 노력을 통하여, 그가 행하는 행위의 진지성과 가치를 통하여 자신의 선택을 확증하고자 한다. 이스라엘은 자기 스스로를 통해 그가 현재 처한 바가 되고자 한다. "이스라엘은 이것을 달성하지 못한다." 10장에서는 그것이 그렇지 않다는 것을 보여 주었다. 곧 이스라엘은 오히려 이 길에서 율법 위반의 죄, 자신의 선택을 의문시하는 죄를 저질렀고, 불순종에 휘말렸음을 보여 주었다. 그의 불순종은 결국 모든 그의 약속의 성취에 대한, 그의 율법의 내용, kelal 로서 하나님에 의해서 그에게 보내어진 메시아에 대한 믿음과 고백의 거부에서 치명적으로 드러났다. 바울은 여기로 더 이상 되돌아오지 않는다. 반면에 10장의 상응하는 명제들에 비하여 새로운 것은 다음의 말이다: "선택이 그것을 얻었다." 우리는 9:30에서 의를 추구하지 않았던 이방인들은 의를, 즉 믿음에 의한 의를 얻었다고 읽었으며, 10:20에서는 하나님이 그를 찾지 않았던 자들에 의해 발견되었으며, 그에 대해 묻지 않았던 자들에게 드러났다고 읽었다. 거기서는 이스라엘에 관해서 지식 없는 하나님에 대한 열심에서부터 결과한 그의 죄책을 확정하는 것이 최종 결론인 듯하다. 11:1-6에서 행해진바 하나님이 자기 백성을 버리지 않았다는 명제에 대한 증거에 따르자면, 이것은, 그러므로 또한 7a절에서 말해진 것은 이스라엘에 관한 최종 결론이 될 수 없다. 그러므로 7b절: 곧 1-6절에 의하면, 10장에서 이방인의 놀라운 발견됨과 발견에 대해 말해진 것에 상응해서, 이스라엘이 일반적으로 추구했으나 도달하지 못한 것에, 선택이 또한 이스라엘에서 실제로 도달했다는 사실이 확정된다. 여기서 "선택" 개념은 물론 옛 시대와 새로운 시대의 칠천 명을 대변하거나 혹은 5절의 "은혜의 선택에 의한 남은 무리"를 대변하며, 그런 한에서 축약어이다. 그러나 바울이 바로 이 축약어를 선택했다는 것은 실질적으로 사소한 일이 아니다. 이스라엘이 일반적으로 추구했으나 도달하지 못한 것에 누가 도달했는가? 실제로 어떤 인간도, 또한 저 나머지의 어떤 사람도, 또한 칠천 명의 신실한 자들도 아니고, 선택, "은혜의선택"(5절), 그러므로 하나님 자신이 그의 의지와 행위로써 그것을 얻었고, 오직 이 선택에 힘입어 얻었으며, 그것을 통해서 또한 칠천 명도 창조되고 구성되고, 하나님을 통해서 모아지고 보호받고 보존되었다. 어떤 인간의 합당성이나 명성도 이 도달의 근거나 결과가 되지 못한다는 것이 이미 이 축약어를 통해서 매우 인상깊게 진술되었다. 이런 표지 아래서 이스라엘 내의 나머지에 대해서, 나머지가 이스라엘이 추구했으나 얻지 못한 것을 얻었다고 말해야 한다면, 이것은 이방인들이 찾으려 하지 않았으나 얻은 것에 대해서 10장에서 언급한 것에 따르자면, 나머지는 하나님 앞에서의 의, 곧 인간에게 믿음 안에서 수여되는 의를 얻었다는 것을 뜻한다. 나머지는 하나님에 의해서 "도달된" 그것을, 하나님이 그에게 드러낸 그것을 얻었다. 10장에서 이스라엘의 추구에 관해서 말하고 있는 것에 따르자면, 그것이란 이 나머지가 실제적인 이스라엘이 되었음을 뜻한다. 나머지는 이스라엘이 헛되이—왜냐하면 왜곡된 방법으로 노력했으므로—되고자 노력한 바가 되었고, 하나님에 의한 선택과 구별에 상응하여 만족시키는 "하나님의 이스라엘"(갈 6:16), "하나님의 투사"이다. 이 나머지 속에서 하나님의 이스라엘 선택은 그것의 인간적 영상(映像)을 찾았다. 그에게서 하나님의 선택은 단순히 저 이방인에게 넘어가지는 않는 반면, 하나님의 선택은 이스라엘을 그것의 원래적인 대상으로서 어떤 의미에서 버렸다는 것이 드러난다. 한편으로 하나님의 선택은 이스라엘의 선택으로서 결코 진지하게 생각된 적이 없었고, 처음부터 다만 저 이방인들을 대상으로 가졌다는 것은 불가능하다. 아니다. 칠천 명의 존재에서 하나님의 선택은 이스라엘의 선택으로 확증된다. 이 칠천 명의 존재에 비추어서 우리는 거꾸로 저 이방인들의 부름을 다만 바로 이스라엘의 선택의 놀라운 깊이와 폭이 계시된 것으로 이해할 수 있을 것이다. 다른 말로 하자면, 이스라엘은 이 칠천 명에게서 권한을 얻는다. 그들에게서 이스라엘의 특별한 부름과 지위가, 지구상의 모든 백성들 가운데서의 이스라엘의 전적 구별이 빛난다. 바로 유대인이라는 것은 이 나머지를 바라볼 때 필연적인 기쁨이고, 정당한 자만이다. 곧 그리스도의 출현 이후에는 이전보다 더 그러하다. 이 나머지는 하나님의 선택이 또한 이스라엘의 선택이며, 본래 우선적으로 이스라엘의 선택이었고 선택이라는 것, 교회를 향한 선택, 그러나 실제로 그의 선택이라는 것을 증언한다. 그러나 선택받은 자들의 무리, 보다 정확히 말하자면, 하나님의 은혜의 선택은 이스라엘에 의해 일반적으로 헛되이 추구했던 목표에 도달했다. 그리고 선택받은 자들은, 찾은 적이 없으나 발견된 백성으로서, 하나님에 대해 묻지 않았으나 하나님이 계시된 백성으로서, 10장에 의하면 저 이방인들이 도달했던 것처럼 그 목표에 도달했다. 그러므로 인간의 의지와 추구가 성공한 어떤 흔적이 없고, 하나님의 자비의 승리만이 이 사건의 내용, 이러한 달성의 힘과 진리이다. 이스라엘이 교회로 온 것이 아니라 교회가 이스라엘에게 온 것이다. 이 나머지에서 이스라엘을 이스라엘 되게 만든 것은 이스라엘 자신이 아니라 하나님이다. 은혜의 행위와 말씀 외에 이 목표에 도달하는 길은 없다. 이 행위, 오직 이 행위를 볼 때 칠천 명은 하나님이 자기 백성을 버리지 않았다는 것에 대한 증거가 된다. 바울에게는 이 명제에, 그러므로 그것의 증명에 모든 것이 걸려 있기 때문에, 이 나머지에서 표현된 이스라엘과 교회 사이의 연속성에 모든 것이 걸려 있기 때문에—바로 그렇기 때문에 모든 것이 그 연속성의 현실에, 바로 그렇기 때문에 또한 모든 것이 이 연속성을 창조하고 보존하는 자비의 배타성에 걸려 있다. 그러므로 그는 지금 이전과 대비하여 계속하여 말한다. "나머지 사람들은 완고해졌다."(7c절) 그리고 하나님이 이스라엘을 완고케 함에 대해 진술되어 있는 것을 지시함으로써(8-10절) 그 이유를 설명한다. 11절 이하를 볼 때, 우리에게 드러나는 것은, "남은 자들"의 완고해짐에 대한 이 명제들이 무엇을 의도하였고, 의도하지 않았는지가 드러난다. 거기서부터 확실해진 것은, 바울이 하나님이 이처럼 완고케 함을 선택받은 백성 이스라엘에게 일어난 구원사의 맥락 속에서 본다는 것이다. 곧 "남은 자들"에게 일어난 일에서 구원사는 중단되지 않았고, 이 사건에서도 지속된다는 것과—구원사는 재난도 포함하기 때문에—구원사는 이 "나머지 사람들"의 재난 역사 속에서도 구원사라는 것이다. 저 완고해짐의 결과로 인한 그들의 잘못 때문에 11절에 의하면 구원은 이방인에게 온다. 그리고 이 나머지 사람들로 하여금 구원의 질투를 하도록 만들기 위해서 구원은 이방인에게 온다. 이것은(12절 이하) 그들의 회심으로써 종결짓고 완성하는 하나님의 영광이 개시되기 위함이다. 그의 영광은 아직은 이방인에게도, 교회에도 일어나지 않았다. 그렇기 때문에 저 완고해짐에서 결과한 그들의 헛디딤, 그들의 실수는 12절에 의하면 그들의 몰락을 뜻할 수 없다. 곧 그들이 하나님에 의해서 포기되었다거나, 그들도 선택받은 이스라엘이 아니라거나, 그들이 선택받은 이스라엘이기를 중단했음을 뜻하지 않는다. 이것은 우리가 7-10절의 이해를 위해서 미리 생각해야 할 점이다.

여기서 하나님이 이스라엘을 완고케 함에 대해 말하고 있는 것은, 그 자체로 볼 때 저 맥락, 이 완고케 함에서도 하나님의 저 탁월한 조치를 아직 분명하게 드러내지는 못하는 듯하다. 여기서 "나머지"에 관해 말해지는 것, 곧 은혜가, 교회가 그들에게 옴으로써 그들이 하나님의 의를 얻고, 따라서 그들 자신이 이미 교회가 되고, 이로써 하나님의 선택을 실현하는 이스라엘이 될 수 있다는 것에 대해서, "나머지", 즉 이스라엘 사람의 압도적 다수는, 그들이 그의 약속을 위하여 완고해졌고, 하나님이 이스라엘에게 하는 말씀에 대해 폐쇄적이 되었으며, 모든 그의 선행에 대해 무감각해졌다는 것을 하나님으로부터 알게 되었다는 것, 그래서 모든 일이 하나님의 뜻대로 그들에게는(파라오처럼 9:17) 파멸이 되었다는 발언이 궁극적으로 대립해 있는 듯하다. "완고해짐"이라는 말이 이것을 말하며, 이 말은 구약성서 인용문(8-10절)에서도 충분히 설명된다. 11절의 물음은 동기가 없지 않은 듯하다. 적어도 이스라엘의 다수에 대해서는 그의 선택이 헛된 것으로, 이 다수에게는 유효하지 않거나 더 이상 유효하지 않은 것으로 규정되지 않겠는가? 적어도 이 다수에 대해서는 하나님이 교회를 위하여 버렸다고 말해야 하지 않겠는가? 또한 칠천 명이 교회에 속한다고 할지라도, 이스라엘의 다수에 대해 말해야 할 것은 이스라엘 자신에게는 말해서는 안 되지 않겠는가? 그러므로 이스라엘 자신에게는, 하나님이 그들을 버렸다고 말해야 하지 않겠는가? 그러나 바울은 "그렇지 않다"로써(11절) 7-10절의 논리를 또 한번 부정한다. 이것은 자세히 관찰하면 이 구절들 속에서 이미 그 이유가 있다. 우선 이 구절들은 문맥 속에서, 그리고 5-6절에 직접 연결해서 읽을 때 분명히, 하나님의 은혜의 선택은 이스라엘 중 나머지를 교회로, 그리고 이로써 이스라엘의 선택을 실현하기 위해서 인도했다는 명제를 강화하기 위한 의미를 분명히 가지기 때문이다. 이 명제는, 하나님이 같은 자유로써 이스라엘 내의 모든 나머지 사람들에게 행한 바를 지시함을 통해 더욱 강화된다. 이스라엘이 자신의 선택에 대해서 아무 공로가 없다는 것, 저 나머지의 존재를 가능하게 필연적으로 만드는 것은 오직 하나님의 자비라는 것—이것은 하나님이 이스라엘 내의 인간들도 버리기도 한다는 것, 즉 하나님이 같은 자유로써 여기서는 이스라엘의 선택의 실현에 참여하도록 하기도 하고, 저기서는 그것을 거부한다는 것, 그가 교회로 들어감을 닫을 수 있고, 바로 이런 일이 실제로 이스라엘의 다수에게 일어났다는 사실에서 분명해진다. 이처럼 일부 사람들에 대한 하나님의 엄중함을 배경으로 할 때, 그의 은혜가 은혜라는 진리가 밝게 빛난다.(6절) 그러나 이로써 그들도 속해 있는 이스라엘의 선택이 주는 위로와 희망이, 이로써 이스라엘의 선택의 근거와 궁극적 확신이 분명히 나타난다! 바로 이로써 그들에게, 그들의 미래를 위해 말해질 수 있는 가장 강력한 것이 분명히 말해진다! 선택받은 백성 내에서 선택받은 자들과 완고해진 자들 사이를 이처럼 대비함으로써, 마치 하나님의 선택받은 자들이 그들이 선택된 것을 자기 자신의 덕택으로 돌려야 한다는 마지막 환상이 사라진다면, 이러한 대비를 통해서 선택하는 하나님의 자유로운 선함이 무엇인지가 드러난다면, 이로써 이미 빛이 또한 완고해진 자들의 어둠 속에도 분명히 비친다. 그들도 이스라엘 사람으로서 어쨌든 하나님의 선택받은 소유가 아닌가? 하나님은 인간의 행위에 근거해서가 아니라 그의 은혜에 근거해서 선택한다. 하나님은 그들을 완고케 함으로써 그들에 대해서도 이런 이스라엘의 하나님이 되지 않는가? 하나님은 자비로운 분이기 때문에 자기 백성을 버리지 않았다는 것이 선택받은 자들에게서 분명해진다면, 이것은 또한, 그가 아직 그들에게서 이것을 분명하게 드러내지 않았고, 드러내려 하지 않았던 자들에 대해서도 해당되지 않겠는가? 왜냐하면 그는 저들, 나머지 사람들에게서 분명하게 드러내고자 했기 때문이다. 오직 나머지 자신, 또한 선택받은 백성 가운데서의 선택만이 이것을 분명히 드러낼 수 있었다! 그가 이렇게 계시하는 것, 다만 이렇게 계시할 수 있는 것은 이스라엘의 선택의 진리가 아닌가? 그것이 이 진리라면, 그가 그들의 완고해짐을 통해 이 계시를 섬기도록 한 저들에게도 도움이 되지 않겠는가? 그러나 여기서도 진술 형식에 주목해야 할 것이니, 즉 바울이 또한 "남은 자들"에 대한 명제(7c절)를 증명하기 위해서 성서(다시 정경 전체!), 곧 이사야, 모세, 다윗으로 하여금 말하게 한다는 사실을 주목해야 한다. 확실히 이것은 우선 하나님이 이스라엘의 다수를 버렸다는 것과, 모순과 항거 가운데 있는 그들의 존재가 칠천 명의 존재처럼 하나님의 역사라는 진술의 무게를 강화해 준다. 이 인용문은 은혜가 은혜라는 것을 분명하게 드러내는 대비를 강화해 준다. 그러나 바울은 성서로부터 자신의 고유한 인식을 특별히 의미심장하게 표현하기 위한 어떤 개념을 얻어내기 위해서, 그리고 이로써 자신의 진술로써 자신을 입증하기 위해서 성서를 펼치는 것은 아니다. 우리는 하나님이 자기 백성을 버리지 않았다는 명제를 증명하기 위해서 이 구약성서 구절들을 인용하는 것이 자명하다고 말할 수 없을 것이다! 바울이 이것을 한다면, 이것은 분명히 그가 전체 구약성서를 예수 그리스도에게서 시작된 구원의 때에 대한 예언으로서, 그리고 이 장들에서 특별히 이스라엘과 교회의 관계에 대한 예언으로 읽기 때문이고, 성서는 그 자신도 속한 것으로 간주하는 칠천 명에 대해서만이 아니라, 또한 현재에 불신의 회당으로서 그와 대립하고 있는 나머지 사람들에 대해서도 그에게 하나님은 자기 백성을 버리지 않았다는 것을 설명하기 때문이다. 그 자신의 명제는(7c절) 이 사실을 재표현하려고 한다. 성서가 하나님의 완고케 함에 대해서 말하는 곳에서 갑자기 시편 94:14를 지나치듯이 말하려 한다면, 성서는 자기 스스로 모순되는 것이 아니겠는가? 완고해짐에 관한 이 말씀들도 그 나름대로 하나님이 자기 백성을 버리지 않았다는 것을 확증하는 것이 아닌가? 그렇다면 이 말씀들을 기억하지 않으려 하는 것이 의미가 있을까? 왜 이 말들을 기억해서는 안 되는가? 이 말들은, 칠천 명의 은혜의 선택에 관해서 말해진 것에 따르자면 미해결 문제로 남게 되는 듯한 사안에 대해서, 곧 다른 사람들에 대해서, 이스라엘 내의 대부분의 사람들에 대해서, 이스라엘 사람이지만 그러나 칠천 명의 대표에 들어가지 못한 사람들에 대해서 특별히 분명하게 말하기 때문이다. 이 칠천 명을 통해서 다만 대표되는 자들은 어찌 되는가? 그들의 지위와 역할은 무엇인가? 여기에 대해서 7c절에서 바울의 자기 표현으로 답변된다: "그러나 나머지 사람들은 완고해졌다." 그러나 바울은 "기록된 바에 따르자면" 이외에 다르게는 이 명제를 이해하려고 하지 않고, 우리도 사실 다르게 이해하려고 할 수 없다. 성서 자체, 즉 예수 그리스도와 그의 때에 대한 예언은 이 명제를 그것이 속해 있는 빛 속에 놓는다. 이 명제는 이 빛에서 이해되어야 하고, 이 빛은 이 명제가 무엇이라 하든 간에, 그것이 1절 내지 시편 94:14와 모순되는 것을 막는다. 이 빛에서 볼 때, 이 명제는 또한 하나님이 자기 백성을 버리지 않았다는 것을 입증하고, 이 명제가 말하는 완고해진 자들을 위해서도 이것을 입증한다.

    7-10절이 그 자체로 고찰할 때, 11장의 분명한 명제에 반대되는 것을, 그러므로 11절의 "그렇지 않다"에 의해서, 그리고 그 뒤를 따르는 설명에 의해서 다시 부정될 수밖에 없는 무엇을 말했다는 것은 하나의 착각이다. 우선 이 구절들이 내용적으로는 다만 9:32 이하에서 이스라엘이 시온에 놓인 바위에 달려가 부딪혀서 쓰러짐에 대해 이미 말한 내용을 바꿔 표현한 것에 지나지 않는다고 일반적으로 말해야 할 것이다. 이 구절들에서 저 부딪혀서 쓰러진 것을 확증한다. 지금은 이 사실을, 9:32에서도 언급하는, 저 자격을 상실한 "나머지 사람들"이 눈멀고 마비되어 함정에 빠졌고, 그들에게는 걸림돌과 형벌이 되었다는 것으로 표현한다. 이 구절에서는 또한, 그들에게 파멸이 되었던 바위가 그들 자신의 구원의 바위가 되었음을 확증한다. 우리의 구절은 다만, 바로 이것이 그들에 대한 하나님의 뜻이라는 것이 분명하게 표현된다는 점에서 더욱 신랄하다: "하나님은 그들에게 깊은 잠의 영을 주었다."(8절) 예수 그리스도의 조상인 다윗 왕이 자기 적에 반해 하는 기도는, 9-10절에서는 외견상 치명적으로 이스라엘 내의 나머지 사람들에 반해 발언되는 기도가 된다. 그러나 우선, 9:31-32와 전체 10장에서 전제되는 것처럼, 하나님 말씀이 객관적으로 또한 그들 가운데서 말해졌고, 들려질 수 있으며, 모든 하나님의 선행의 총괄 개념으로서 "식탁"이 또한 그들 가운데도 세워져 있다는 것이 언제나 전제된다는 것을 간과해서는 안 된다. 그들이 완고해졌다는 사실과 이것이 그들에게 일어날 때의 그 힘은 이스라엘 하나님의 신성에 대해서 증언한다. 그들은 그의 손안에서 있고, 또한 영원히 그 안에 머물러 있다. 11a절의 물음에서 논의를 위해 제기된 바와 같이, 그들에게 일어난바 버림받음은 다르게 보일 것이고, 다르게 이해되어야 할 것이다. 7-10절에서는 이런 것에 대해 언급하지 않는다. 이 나머지 사람들에 대해서 그렇게 엄하게 대했던 하나님은 어쨌든 그들을 엄하게 대하기를 중단하는 일은 일어나지 않았다! 무슨 일이 일어났는가? 8절은 이사야 29:10과 신명기 29:3의 결합이다. "깊은

잠"에 관한 말은 그 문맥에서는 다음과 같다: "너희는 놀라서 기절하여라. 눈이 멀어서 앞을 못 보는 사람이 되어라. 포도주 한 모금도 마시지 않았는데 취하여라. 술 한 방울도 마시지 않았는데 비틀거려라. 주께서는 너희에게 잠드는 영을 보내서, 너희를 깊은 잠에 빠지게 하셨다. 너희의 눈을(예언자) 멀게 하셨고 너희의 머리를(선견자) 가리셨다. 그래서 이 모든 묵시가 너희에게는 마치 밀봉된 두루마리의 글처럼 될 것이다. 너희가 그 두루마리를 읽을 수 있는 사람에게 가지고 가서 '이것을 좀 읽어주시오' 하고 내주면 '두루마리가 밀봉되어 있어서 못 읽겠소' 하고 말할 것이다. 너희가 그 두루마리를 읽을 수 없는 사람에게 주어서 '이것을 좀 읽어 주시오' 하면 그는 '나는 글을 읽을 줄 모릅니다' 하고 말할 것이다."(사 29:9-12) 여기서 또한 "나머지 사람들"(7c절)에게도 모든 것, 곧 두루마리와 예언자, 선견자, 예언과 그것의 성취까지도 준비되어 있다는 것과, 그리고 이 모든 것이 그들에게는 닫혀 있고 감추어져 있고 밀봉되어 있어서 그들이 영리하든 어리석든, 그들이 읽거나 못 읽거나―준비되어 있는 것에 대해서 그들 편에서 준비되어 있지 못하니, 실로 야웨의 뜻과 결정에 따라서 준비되어 있지 못하다는 것을 분명히 본다. 야웨 자신이 그들에게 이런 준비를 하지 못하도록 거절했다는 것, 그가 그들로 하여금 자신에 대해 저 깊은 잠에 빠지게 했다는 것―이것이 그들에게 일어난 일이다. 그러나 우리는 또한 8절에서 인용된 저 다른 문맥의 말도 주목해야 한다: "모세가 온 이스라엘을 불러모으고 그들에게 말하였다. 주께서 이집트 땅에서 너희가 지켜보는 가운데 파라오와 그 신하들 앞과 그 온 땅에서 하신 모든 일을 너희는 똑똑히 보았다. 너희는 그 큰 시험과 굉장한 표적과 기적을 너희의 눈으로 직접 보았다. 그러나 바로 오늘까지 주께서는 너희에게 깨닫는 마음과 보는 눈과 듣는 귀를 주지 않으셨다. 나는 사십 년 동안 광야에서 너희를 인도하였다. 그래서 너희 몸에 걸친 옷이 해어지지 않았고 너희 발에 신은 신이 닳지 않았다."(신 29:2-4) 다시 객관적인 것, 야웨의 신실함과 이스라엘에 대한 배려가 주관적인 것, 곧 이해하는 마음, 보는 눈, 듣는 귀와 대조를 이룬다. 이스라엘에게는 저 객관적인 것이 없다. 하나님은 이제까지도 이스라엘에게 그것을 주기를 거부하였다: "오늘까지도 주지 않으셨다." 바울이 이 마지막 것을 강조함으로써 그는 그것은 언제나 그렇다고 말하려는 것은 아니다. 한때 그러했던 것이 지속적으로 그러하고, 오늘도 그러하다는 것이 예언과 성취의 관계는 아니다. 오히려 "오늘까지도 주지 않으셨다"로써 바울은 분명히 예언에서 인지케 하는 하나님의 조치의 한계를 표시한다. 이런 하나님의 조치는 성취에서 그의 궁극적인 말씀이 되지는 않는다. 저 객관적인 것과 이 주관적인 것은, 양자가 하나님으로부터 옴으로써, 오기 때문에, 지속적으로 이런 대칭 속에 대립하지는 않을 것이다. 그러나 결국 또한 시편 69:23-24(9-10절)에서부터, 저 "나머지 사람들"에게는 하나님의 특별한 선행이 특별히 착각하게 하고, 미혹하고, 비천하게 만드는 계기가 되었고, 되어야 했다는 강력한 발언을 추론할 수 있을 것이다. 그러나 또한 우리는 저 시편이 전체적으로 시련을 받는 이스라엘의 도움의 외침이며, 이 시편이 다음의 말로써 끝맺는다는 것을 몰라서는 안 된다. "보라, 너희 억눌린 자들아, 기뻐하라. 하나님을 찾는 사람들아, 너희들의 심장에 생명이 고동칠 것이다. 주님은 가난한 사람의 소리를 들으시는 분이고 갇혀 있는 사람들을 모르는 체하지 않으신다. 하늘아, 땅아, 주를 찬양하여라. 바다와 그 속에 살고 있는 모든 생물아, 주를 찬양하여라. 하나님께서 시온을 구원하시고 유다의 성읍들을 다시 세우실 것이니 그들이 거기에 머무르면서 그 곳을 그들의 소유로 삼을 것이다. 주의 종들의 자손이 그 땅을 물려받고 주의 이름을 사랑하는 사람들이 거기에서 살게 될 것이다."(시 69:33-37) 그러므로 이 모든 본문은 하나님이 완고케 할 수 있고 실제로 완고케 한다는 것을 말한다. 그러나 또한 이 본문들은, 하나님이 완고케 하지 않고 빛을 비추는 곳에, 그가 자신을 숨기지 않고 자신을 드러내는 곳에서 무엇을 분명하게 하는가를 살핌으로써, 이것을 말한다. 그러므로 이 본문들은 모두, 이 완고케 함의 진지성이 분명히 드러나며, 그러나 또한 이런 하나님의 조치의 잠정성도 부정되지 않는다는 것을 말한다. 예언이 완고해진 자들을 그런 자로서 표현함으로써, 그들에 대한 마지막 말은 아직은 말해지지 않았다. 그러므로 바울도, 이 예언을 발설케 함으로써, 완고해진 남은 자들에 대한 마지막 말을 아직 하지 않은 듯하다.

11절에서 답변되는 물음은 추측컨대 1절의 물음처럼 바울 공동체의 이방인 그리스도인들 가운데서 실제로 제기되었던 것 같다. "그들이 걸려 넘어져 망하게 되었는가?" 그들은 하나님의 계획과 의도에 따르자면, 그들이 저 "얻음"(7절)에서부터, 그러므로 하나님의 이스라엘 선택의 실현으로부터 궁극적으로 배제되고 이로써 선택 자체를 상실하게 되기 위해, 그들이 이스라엘의 하나님에 의해 버림받게 되기 위해 완고해졌고, 그러므로 ─ 9-10절에 의하면 그들 가운데 세워진 은혜의 식탁에서! ─ 멸망하게 되었는가? 바울이 여기서도 "그럴 수 없다"로 답변한다면, 이것은 그에게는 실질적으로, 논리적으로 허용될 수 없고, 부조리하고 신성 모독적인 사고 가능성을 거부함을 뜻한다. 바울은 이 물음에 대한 적극적으로 답변을 어떤 경우에도 앞의 말에서 말하려 하지 않았다. 우리는 앞의 말의 설명에서 이 '불가능하다!'를 이미 예상했다. 하나님이 자기 백성을 버리지 않았다는 것은 바울에게는, 저 나머지 사람들이 완고해졌다는 명제 위에 있다. 그리고 또한 외견상 대립하는 구약성서의 진술들에서도 바울은 다만 이 상위 명제가 확증됨을 발견했다. 바울은 이제 이중적인 변증법으로, 저 완고해진 자들에게서 하나님의 계획과 의도가 무엇인지, 그것의 필연적인 결과가 현실적으로 무엇인지를 진술한다. 저 대다수의 완고한 자들의 실수로 인하여 구원이 이방인에게 오게 되고, 다시 이 사건이 그들, 이스라엘 내의 다수의 완고한 자들을 질투하도록 자극하게 된다. 그들의 잘못이 이방인들에게 구원을 가져왔다. 유대인들이 그들에 의해 거부된 메시아를 이방인에게 내주어 십자가에 달리게 함으로써, 이방인들은 예수 그리스도의 죽음에서 이루어진 하나님의 화해 역사의 도구가 되었다. 유대인들과 함께, 유대인들로 말미암아 이방인들은 또한 이 역사의 열매가 되었고, 하나님의 은혜를 통한 구원에, 이스라엘의 약속의 성취에 동참하게 되었다. 칠천 명의 선택받은 자들이 아니라 이스라엘 내의 대다수의 완고한 자들, 바로 가룟 유다가 이런 방식으로 이스라엘과 비이스라엘 세계 사이의 문을 열고, 그러나 또한 이스라엘과 이방인 사이의 죄의 연대, 그러나 또한 은혜의 연대를 이룩하였다. 유대인에 의해서 버림받은 예수는 그런 자로서(그가 유대인들에 의해 이방인들에게 넘겨짐으로써) 유대인의 그리스도일 뿐 아니라 세상의 구원자이다. 분명히 그렇기 때문에 바울은 사도행전에서(13:46, 18:6, 28:28) 그처럼 강조한바, 유대인 편에서 자신을 배척함으로 인해서 이방인에게로 가게 되었다는 사실을 저 보다 중대한 사건, 예수 그리스도에게 일어난 사건과 평행되는 예증으로 본다. 이방인 그리스도인들은, 그들이 믿지 않는 유대인을 향해 비난할 일, 곧 예수 그리스도에 대한 그들의 자세, 바울 및 그리스도교 공동체에 대해서도 되풀이되는 일이 주목할 만하게도 이사야 2:2-4, 25:6, 예레미야 3:17, 스가랴 2:11, 8:20-21의 성취로서 그들 자신의 구원의 전제가 된다는 것을 고려해야 한다. 유대인에 의해서 넘겨지지 않은 예수는 이방인의 구원자가 아닐 것이며, 또한 유대인에 의해서 거부되지 않은 바울은 이방인의 사도가 아닐 것이다. 하나님은 이방인을 위하여 유대인을 필요로 했다. 하나님은 그들의 실수를 필요로 했고, 그들이 실수를 저지르도록 하나님은 그들을 완고케 했다. 그러므로 그들의 완고해짐은 이방인 그리스도인을 위해서는 결정적으로 구원사에 속한다. 그러므로 슈트뢰터가 정당하게 말한 대로, 그들의 완고함 위에는 독생자를 아끼지 않고 우리 모두를 위해 그를 내어 준 하나님의 사랑의 행위의 후광이 비친다. 그러므로 이방인 그리스도인들은 하나님이 이 완고해진 유대인들을 버린 것이 아닌가 하고 물어서는 안 된다. 하나님이 이 완고해진 유대인들을 그 손 안에 붙잡고 있다는 것은 이방인 그리스도인에게 명백하고, 또 명백해야 할 것이다. 그러나 바울은 같은 문장에서 국면을 바꾼다. 즉 그는 유대인들의 잘못으로 인하여 구원이 이방인에게 왔다는 사실을 하나님의 뜻의 최종 목표로 두지 않는다. 오히려 그는 거꾸로 목적절 "그들로 질투하게 만들기 위하여"로써 이방인에게 이른 구원을 유대인으로 하여금 "질투하게" 만드는 목적을 위한 수단으로 설명한다. 이것은 신랑인 야웨와 신부인 이스라엘 사이에서 이스라엘의 불신실 때문에 야웨로 하여금 질투하게 만들었다는 구약성서의 혼인상을 응용한 것으로서, 바울은 이제 관계는 전도되어 야웨가 교회로 마음을 바꾸었으되, 이스라엘에 대한 불신실 때문이 아니라 이스라엘로 하여금 질투하게 만들어서 다시 신실하게 되도록 하기 위함이라는 것을 말하려 하는가?(Peterson은 이렇게 주장한다.) 어떻든 간에, 바울의 생각은 이렇다. 구원이 이방인에게 옴으로써, 비록 이스라엘이 당분간 그것에의 동참을 어리석은 일이라고 코웃음칠지라도, 그에게 무엇을 주기로 계획되었는가를 이스라엘의 눈앞에 보여 주려 한다. 세상의 구원자가 이스라엘에게 당분간 감추어져 있은 후에, 이스라엘은 세상의 구원자에게서 자신의 메시아를 재인식해야 한다. 저 밖에 있는 무지하고 멸망받을 자들에 대한 하나님의 자비에서, 자신의 하나님이 누구이며, 그가 우선 이스라엘을 위해서 무엇인지를 인식해야 한다. 하나님이 구원을 이방인에게 오게 하고, 유대인들이 저 실수를 저지르게 함으로써, 그들로 하여금 완고해짐을 통해 저 잘못을 저지르도록 유도함으로써, 하나님은 이것을 원한다. 그러므로 하나님은 이로써 그들을 버리지 않았다. 하나님은 오히려 이 완고케 함에서 비로소 바로 그들을 목표로 한다. 이것이 바로 완고해짐을 이미 포기로 간주하고 싶어하는 이방인 그리스도인들이 주목해야 할 점이다. 하나님은 그들을 포기하기는커녕, 오히려 그들 때문에 손은 이방인에게 내밀었다. 바로 구원의 수령자로서 이방인의 존재는, 이 완고해진 유대인들을 부르고, 이로써 그들의 영원한 선택을 확증하려는 의미와 목적을 가진다.

다음에 뒤따르는 12-15절의 내용은 명백하다. 반면 본문에 있는 그대로 각 문장의 순서의 의미를 분명하게 하기는 어려운 듯하다. 즉 12절과 15절은, 12절이 15절의 수사학적 물음에 의해 보다 정확히 규정되고 설명되는 한, 상호 내용적으로 같다. 반면 13-14절은 또한 내용적으로 분명히 11절에 속한다. 따라서 12절은 13-14절에 선행하는 것이 아니라 뒤따라야 할 것이다. 이 부분의 의미 변경을 생각할 수 없으므로, 이 구절은 13, 14, 12, 15절의 순서로 읽은 것이 가능하다.

13절 시작은, 바울이 11절에서 실제로 "이교도"의 문제를 염두에 두었음을 보여 준다. 물론 우선 바울의 말을 듣는 이교도 출신 그리스도인들을 의미한다. 그러나 바울은, 번갈아 5절의 "남은 무리", 7절 "남은 자들"로써 온 이스라엘을 생각하는 것처럼, 이 이교도들을 확실히 전체 이교도 세계의 대표로서 이해한다. 그리스도론적으로, 종말론적으로 이해할 때 교회는 사실 온 이스라엘이다. 칠천 명과 대다수의 완고한 자들, 그리고 온 이교도 세계: 곧 이미 믿게 된 자들과 앞으로 믿을 자들. 그러나 그 배후에는 이제 13절에 여전히 불신앙에 처해 있는 회당과는 현저하게 대립하여 교회로 모여 온, 분명히 거기서 11절의 의미에서 묻고 있는 이교도들이 있다. 그들은 바울을 그들의 사도, 이방인의 사도로 안다. 그리고 바울은 이것을 인정하고, 그들을 인정한다. 어찌 다르게 될 수 있으랴? 바울은 다른 사도들보다 더 극단적으로 그리스도 안에서는 유대인과 이방인 사이에 아무 차이가 없으며, 그리스도의 공동체는 유대인과 이방인으로 이루어진 교회라는 것을 인식했고 말했다. 그는 다른 사도들보다 더 단호하게 여기서부터 결론을 이끌어 냈다. 곧 그는 이교도 선교를 예수 그리스도의 부활과 함께, 성령 강림절의 기적과 더불어 교회에 주어진 과제로 인식하고 일에 착수하였다. 다른 자들과는 직·간접으로 대립되게 그는 이스라엘과 교회의 관계를 오해하는 것에 대항하여, 이방인 그리스도인의 자유를 위하여—율법으로부터의 자유가 아니라. 그것의 개별적인 규정에(그 약속의 성취와 더불어 낡아 버린) 대한 책임으로부터의 자유를 위하여 싸웠다. 즉 저 오판에 따르자면, 교회로 오는 이교도는 우선 유대인이 되어야 한다는 것이다. 그는 이 이방인 사도이고, 이방인 사도이고자 하기 때문에, 그에게는—그는 이것을 9:1-5에서 더욱 날카롭게 말했다.—그가 이스라엘, 이스라엘 내의 저 대부분의 반항하는 자들을 잊고 왼편에 세워 놓는다는 것은 불가능하다. 차라리 그는 이방인 사도로서의 그의 직무의 영광을 "그의 육신", 곧 "육신적으로 자기 친척"(9:3)을 부추겨서 질투하게 만들어 그들도 교회로 오도록 만드는 임무, 그러한 필요에서 본다. 그는 "자기 육신"을 포기하려 하지 않는다. 이것은 피에 대한 충실함이나 "뜨거운 애국심"과는(Lietzmann) 무관하고, 물론 "육신적 그리스도"(고후 5:16) 주위에 "육신적으로 자기 친척"을 모으는 형태로 유대교 선교, 유대인 그리스도교라는 우회로를 거쳐서 자기 백성의 특수 지위를 드러내고자 하는 한 유대인의 손상당한 종교적 자만심과도 무관하다. 그 특수 지위는 그들이 그리스도 안에서 목표에 도달함으로써 그리스도 안에서 이미 끝나 버렸다. 바울은 다른 곳에서(예를 들어 빌 3:2-3) 아주 분명히 이런 그리스도교적 신메시아주의에 반대했고, 또한 여기서 그가 "자기 육신"과의 관계에 대해 말한 것이 바로 반대 방향을 지시한다. 그의 이방인 사도직 "영광스럽게 여김"은 분명히 유대 민족 대신 이교도 세상의 민족을 영화롭게 함에 있을 수는 없다. "순수 자연적 기반 위에서 우리의 정당한 기대와 요구들은 백성으로서 유대인에게 주어진 것에 비하면 다만 영(零)이다."(Ströter) 그들의 자연적인 민족적 기반에 관해서는, 에베소서 2:11 이하에 따르면 이방인 그리스도인에게는 다만, 그가 암담하고 희망이 없다고 증언할 수밖에 없다. 그러므로 사도의 저 "영광스럽게 여김"은 직·간접으로 유대 민족주의를(이것은 모든 잘못된 민족주의 원형이 된다!) 갱신함에 있는 것이 아니라—슈트뢰터는 이런 방향으로 갔고 잘못 이끌었다.—그 자체로 하나님의 선택의 법인 자신의 민족 법에 대한 위반으로부터 동료 유대인들을 이끌어 내어 회개하도록 하려는 데 있다. 그리고 이것이 바로 이교도로 이루어진 교회가 지금 알아야 하는 것이다. 이방인 선교와 이방인 교회는 그 자체로 자기 영광이 없다. 그들은 이스라엘의 영광을 섬김으로써 그것에 참여한다. 이방인 선교와 이방인 교회의 주는 이스라엘의 메시아이며, 이스라엘에 의해서 이스라엘의 실수를 통해서 그는 이교도들에게 넘겨졌고, 그래서 하나님에 의해 그들에게 선사되었다. 이 선물을 전달한 인간이 바울, 이방인의 사도, 스스로 유대인이며 이스라엘의 잘못에 완전히 참여했던 이스라엘 사람이다. 이 선물을 이교도들에게 전달함은 이 선물이 우선 유대인에게서 빼앗겨졌음을 뜻한다. 이 일이 이 사자를 통해 일어났으므로, 이 선물이 이스라엘에 전달된다는 것 외에 다른 무엇을 뜻할 수 있으랴? 이교도들이 이 선물을 소유하는 것을 이스라엘이 봄으로써, 곧 이스라엘 자신의 소유가 다른 사람들의 손으로 넘어가는 순간에 자신의 소유의 가치를 인식해야 함을 통해서 자극받고 유혹을 받아 새로이 이전에는 거부했던 회개를 하도록 부름을 받는다. 이 소유가 다른 사람의 것이 됨으로써 그것이 실제로 이스라엘 자신의 소유가 되기를 중단하지 않았다. 그러므로 세상의 구원자로 선포되고 믿어진 자는 이스라엘의 메시아로 완전히 드러난다. 이스라엘은 세상으로부터 그에게 오는 예수, 멀리서부터 가까이로 돌아오는 예수에게서 자신의 메시아를 재발견해야 하고, 결국 인정해야 하지 않겠는가? 이스라엘에게 이 새로운 제안이 성립됨에서 바울은 이교도들에 대한 그의 봉사의 영광을 보며, 이스라엘의 영광에서—추후로 확증된 유대교의 영광에서가 아니라, 회개의 길에서 도달하게 될 이스라엘의 미래의 영광에서—그는 이방인 선교와 이방인 교회의 영광을 본다.

그러므로 그는 이제, 규칙 중의 예외로서 여기 저기 디아스포라 유대인들에게서 체험한 바와 같이 "그들 가운데 몇 사람"(14절)의 회개와 구원을 이방인 선교사로서, 이방인 교회의 기초자로서의 그의 활동의 본래 목표로 설정할 수 있다. 교회에 이 "몇 사람"이 추가됨으로써, 교회가 유대인과 이교도들로 이루어진 교회가 됨으로써, 교회는 그 자신의 광채를 얻게 된다. 이스라엘의 선택의 목표가 교회이되, 이제 교회는 전적으로 다만 이스라엘과 함께만, 전적으로 그의 미래의 영광에 의존하여, 따라서 저 "몇 사람"의 증인의 임재에 의존해서 그가 된 바가 될 수 있다. 이방인 그리스도인들은 이것을 시인해야 한다. 그들은 어떤 의미에서 다만 이스라엘의 회개의 목적을 위한 수단이 되는 것에 대해 반대해서는 안 된다. 이방인 사도 자신은 이 한 카드에 그의 온 힘을 기울이며, 그 자신의 회개와 부름의 모든 의미를 이 목적에서 본다. 그의 말을 통해서 이교도로부터 믿음에 도달하게 된 자들은 그의 뒤에 처져 있을 수 없다. 그들, 이방인 그리스도인으로서의 존재는 하나님이 이스라엘에 새로운 제안을 제시하는 데 봉사하기 위함이다.—이것이 그들의 세례와 그들의 믿음의 의미이며, 이것이 그들의 구원사적 기능이다. 이 기능이 그들에게 넘겨짐으로써 그들은 하나님에 의해 진지하게 받아들여졌고, 그들이 그 기능을 맡음으로써 그들은 스스로를 진지하게 받아들일 수 있다. 교회가 이 제안이 지시하는 미래로부터 사는 것처럼, 온 교회는 이 제안의 전달자가 됨에서 산다. 그 자신의 희망, 그의 믿음의 목표는 이 제안이 받아들여짐에 달렸다. 회당이 그들의 저항에서 완강하고, 교회 밖에 이스라엘이 있는 한 교회 자신은 완전하지만, 그러나 잠정적인 형태로 되어 있다. 이런 상태가 지속되는 한 교회 자신의 선택은 그에게 어떤 의미에서 낯선 것이다. 그런 한에서 교회는 그 자체의 기반으로부터 아직도 분리되어 있다. 이방인 선교의 속행과, 그렇게 많고 그렇게 큰 이방인 교회들의 영광은 다만 교회의 이런 분리, 이 불완전성을 확증할 따름이다. 교회는 이스라엘의 회개를 기다린다. 이는 언젠가 이스라엘과의 일체 속에서 그 자신의 선택을 그 현실대로 믿을 뿐 아니라 직시할 수 있기 위함이다.

이것이 바울이 12절과 15절에서 점차로 명백한 표현을 써서 말한 것이다. 그는 이 구절들에서 교회와, 특별히 이방인 교회에서 적극적 의미를 지니는 현재의 사정을, 이방인으로 이루어진 교회에 하나님의 축복을 가져오게 될, 교회에 비로소 하나님의 길의 지혜와 선함을 전적으로 계시하게 될, 하나님 공동체의 전체 역사의 최종 목표가 이로써 도달하게 될 저 미래의 사정과 대비한다. 유대인의 잘못으로 인하여 구원이 이교도들에게 왔다는 것이 11절에서 말해졌고, 이로써 거기에서 이 잘못에 대한 모든 이방인 그리스도인의 자만이 배제되었다. 이스라엘 중에서 대다수가 완고해짐은, 하나님이 자기 백성을 버렸음을 뜻하지 않는다. 이 완고해짐에 뒤따르는 잘못이 유대인과 이교도들로 이루어진 교회를 세우는 기초가 되었으니, 어떻게 그럴 수 있으랴? 이제 12절과 15절에서 이런 인식이 수용된다.(매우 축약된 형태로) "그들의 실수는 세상의 부가 되고, 그들의 불참이 이교도들을 위한 부가 된다."(12절) "그들의 버림은 세상과 화해를 이룸이다."(15절) 이것이 이스라엘 내에서 이스라엘과 교회 사이의 현재 사정이다. 잘못, 불참, 버림과 같은 표현에 10장의 모든 고발과 탄식이 다시금 반복되고 요약되고 있다는 것을 주목하라. 이스라엘은 자기 하나님에게 죄를 범했고, 여전히 범하고 있다. 이스라엘은 그에게 주어진 약속의 성취에 우선 참여하지 않고, 그를 자기 소유로 선택한 하나님의 원수로 있는 동안, 이 행위의 결과를 책임져야 한다. 그러나 이스라엘의 선택은 지금, 그의 죄도(하나님이 그에게 이해하는 마음과 보는 눈과 듣는 귀를 주지 않았기 때문에, 하나님이 선함으로 그에게 임재하면서 그에게 자신을 닫았기 때문에, 이스라엘이 행하는 죄) 하나님의 자비의 행위를 수행하기 위함이라는 것에서 확증된다. 이스라엘이 이런 자기 죄를 완수함으로써 하나님의 부요함이 세상의 이교도들에게 부어지게 되는 통로가 열린다. 이스라엘의 약속을 통하여 세상과 화해하게 된다. 곧 세상 대신에 인간이 된 하나님의 아들이 죽음을 당하게 된다. 세상은 마땅히 이 죽음을 당해야 했으나 이 죽음을 통하여 자기 죄로부터 적법하게 사면되었다. 이스라엘의 죄를 통하여 그에게 약속된 사죄가 하나님과 인간 사이의 교환의 능력에 의해서 온 세상이 그 아래 처해 있는 약속으로 드러난다. 지금까지 이 한 백성의 선택의 형태 속에 포함되어 있던 하나님의 선택은 모든 인간이 예수 그리스도를 믿음으로써 자기 자신의 선택으로 인식할 수 있는 선택으로, 유대인과 이교도들로 이루어진 교회의 선택으로 드러난다. 이스라엘의 죄는 하나님의 자유로운 은혜의 인간적 도구로서 이를 계시한다. 이스라엘의 죄는, 그의 메시아가 십자가에서 인내했고 짊어졌고 이로써 제거한 죄이며, 그 안에 온 세상의 죄가 있다. 그 죄 안에! 그가 이교도의 죄로서 인내하고 짊어지고 제거해야 했던 것은 이스라엘의 죄에 다만 추가되었다. 이교도들은 다만 복음 속에 충분히 분명히 이런 의미에서 인지하게 만든바 그의 십자가 처형에 비자발적으로 참여하였다! 그들은 다만 하나의 결정으로서 선택받은 백성의 죄였던 것을 이행했을 뿐이다. 그러므로 이스라엘의 이런 결정, 가룟 유다의 배신은 하나님의 은혜에 대항하는 싸움에서 유대인과 이교도들의 연대로서, 그들에 의해 넘겨지고 살해당한 자의 부활에서의 은혜의 승리에 직면해서 그들의 연대를 또한 근거짓는다. 하나님은 이런 이스라엘의 결정을 통하여 예수를 그를 믿는 모든 자들의 구원이 되게 한다! 어떻게 그가 이 백성 이스라엘(그의 유다!), 이 그의 백성 중의 대다수 완고한 자들을(여기에는 베드로와 모든 제자들도 속한다.) 버렸다는 말인가? 이것이 이방인 그리스도인들이 회당에 대해서 현재에 생각해야 할 점이다. 그들은 이스라엘의 잘못과 그들 자신의 구원 사이의 이런 파악 가능한 맥락에 직면해서 회당을 이미 멸망했다고 간주해서는 안 된다. 그러나 이제 바울은 더 이상의 난해한 문제를 이해할 수 있게 하고 싶어한다. 곧 구원이 유대인들로부터 그들에게, 이교도들에게 온 것은 유대인들로 하여금 "질투하게" 만들고, 회당에 저 새로운 제안을 하기 위함이다. 그들은 유대인의 그릇 결정을 통해서 그들에게 부여된 부(富)가 이로써 저 유대인들의 원래적 소유이기를 중지하지 않은 한에서, 교회 내에서 이 목적을 위한 수단에 지나지 않는다는 엄연한 사실을 깨달아야 한다. 따라서 그 소유는 다시 유대인들의 것이 되어야 하고, 이방인 그리스도인들 자신은 어떤 의미에서 그것의 관리인으로 그 부에 대해 처신해야 하고, 다루어야 한다. 그들이 이렇게 수단으로 봉사해야 하는 그 목적, 곧 교회로의 회당의 귀환은 그들 자신에게도 보다 큰 부를 뜻할 뿐 아니라, 교회 내의 그들의 존재의 궁극적인 적극적 목표는 믿음으로부터 직관으로, 화해로부터 구속(救贖)으로, 시간적 삶으로부터 영원한 삶으로의 전환을 뜻할 것이라는 사실에 비추어 이같이 엄연히 깨달아야 한다. 지금 이미 이교도 세계로 온 부에 상응하는 미래의 것이 무엇이 될 것인지를 여기서 명확히 설명함이 없이, 현재에 있어서 유대인의 "범법"에 대해 12절에 미래로서 그들의 "**완전한 참여**", 그들 자신의 죄로 인하여 야기된 하나님의 은혜에 그들의 완전한 참여가 대립하여 있다. "그들의 '**완전한 참여**'에서 얻어진 저 부요함은 얼마나 더욱 클 것인가!" 반면에 15절의 진술은 분명하다. "그들의 이탈이 세상의 화해가 된다면, 그들을 받아들임은 죽은 자들 가운데서 생명이 아니고 무엇이겠는가?" 그러므로 결정적인 구절에서 불특정한 외침(12절)은 15절의 수사학적 물음에 의해 설명된다. 온 이스라엘의 참여는(교회의 믿음과 구원에) 메시아 임재와 죽은 자들 가운데서 예수 그리스도의 부활에 뒤따르는 온 시대의 종말적 성격을 계시하는 것과 동시에 일어난다. 온 이스라엘이 그의 메시아인 예수를 믿는 믿음 안에서 모일 때 감추어진 것이 드러날 것이고, 예수 그리스도는 그의 영광 중에 모든 그의 천사들과 함께 다시 올 것이고, 죽은 자들이 부활할 것이고, 교회 내의 그리스도의 나라가 새 하늘 아래 새 땅위에서 하나님의 영원한 나라로 그 목표에 도달할 것이다. 그때! 이것이 예수 그리스도의 십자가 죽음으로써 이루어졌고, 유대인과 이교도들의 교회에 의해서 지금 믿어진 화해의 부요함을 뒤따르는 미래의 보다 큰 부(富)가 될 것이다. 교회가 지금은 그것에 대해 다만 예감만을 가지는 영광이 바로 이것이 될 것이다. 왜냐하면 교회는 메시아 시대에, 그러나 아직은 만물의 종말과 새로운 시작의 계시 속에 살지 못하기 때문이고, 아직도 믿음 안에서, 그리고 눈물과 고통과 울부짖음과 고난 아래서, 여전히 죽음의 영역 속에 살며, 아직은 직관 속에, 영원한 기쁨 속에 살지 못하기 때문이다. 그때 예수 그리스도는 극복한 자로 드러날 것이다. 그때 인격적으로 하나님의 자비(그리고 그의 의)가 되는 그는 그의 권한에 속한 심판을 수행할 것이다. 그들이 그를 통하여, 그의 시대에 그와의 관계 속에서 살았던 것처럼, 그때 그를 통하여 모든 죽은 자들이 살 것이다. 그때! 온 교회가 그 그때를 기다린다. 그러나 이 그때는 이스라엘의 "**완전한 참여**"와, 따라서 미래에 있어 회당의 귀환과 동시에 일어나며, 그들의 πρόσλημψις("**받아들임**"), 그들의 메시아에게로 받아들여짐, 메시아의 공동체 속으로, 이 공동체의 신앙 속으로 그들의 받아들여짐과 동시에 일어난다. 이 동시 발생은 우연이 아니다. "죽은 자들 가운데서 삶"은 시작부터 이스라엘 역사가 그 아래 처해 있었던 표징이었다. 우리는 이삭의 탄생과 제사, 이집트에서 이스라엘의 장자들의 구원, 홍해 바다 통과, 아론의 꽃피고 열매 맺는 지팡이(민 17:8-9), 자의에 반해 예언한 요나의 체험, 에스겔 37장의 다시 살아난 죽은 뼈에 관한 유명한 환상을 생각한다. 그에게 약속된 것은, 온 이스라엘이 예수를 믿게 될 그때 교회에서, 세상에서 성취될 것이다. 그러나 바로 이것은 죽은 자들로부터의 부활이라는 신적 기적이고, 새로운 세계의 시작에서 만물의 종말의 계시가 될 것이고, 그러므로 역사적 기대로서 상상할 수 없다. 이 신적 기적에 비추어 이방인 사도에게는, 이방인 선교를 통하여―그리고 교회에 위임되었으니―유대인과 이교도들로 이루어진 교회로서 유대인들을 "질투하게" 만드는 일이 위임되었다. 그러므로 사도나 교회가 회당에 대해서 무엇인가를 강요하고 압력을 행사하고, 여기서 직접적으로 무엇을 "하거나" "달성할" 수 있다는 것은 아니다. 여기서는 전혀 특수한 유대교 선교에 대해 전혀 언급하지 않는 한, 후대에 때때로 유대교 선교를 함에서의 열광주의는 이 구절에서 어떤 근거도 가지지 못한다. 오히려 13-14절을 회고하면서 12, 15절에서 이렇게 말하여야 한다. 이교도 선교와 유대인과 이교도들로 이루어진 교회의 존재 자체가 참 유대인 선교이다. 이것 자체가 저 "**질투를 야기하고**", 이것이 그의 본래 선택한 백성에 대한 하나님의 갱신된, 강화된 제안이다. 이 백성 중 몇 사람을 구원함에서 이방인 선교의 본래적, 궁극적인 의미가 드러난다 할지라도, 이것은 물론 다만 그것의 존재의 불가피한 부수적 효과일 따름이다. 오직 예수 그리스도만이 죽은 자들을 일으키게 될 것처럼, 교회가 아니라 저 취하고 받아들이는 하나님, 재림의 영광 안에 있는 예수 그리스도가 회당을 돌이킬 것이다. 교회는 이 점에서도 다만 교회일 따름이고, 이로써 저 유대인들의 "질투를 야기"할 것이다. 교회가 이 "질투를 야기하지" 못한다면, 자기에게 위탁된 선물을 관리하여 이 "질투를 야기하지" 못한다면, 예수 그리스도를 믿고 고백함으로써 유대인에 대한 저 하나님의 제안이 실제로 이루어지도록 하지 못한다면, 세상의 구원자가 교회의 믿음, 희망, 사랑에서 인지할 수 없을 정도가 되어 유대인들이 그에게서 그들 자신의 메시아를 재인식할 수 없게 된다면, 교회는 교회가 아닐 것이다. 교회는 자기 자신에 충실하고 더욱더 충실해짐으로써, 유대인에 대한 자신의 책임을 인지해야 한다. 그러나 교회는 이로써 유대인에 대한, 그들의 회심에 대한 자신의 책임을 인지해야 한다는 것을 알기를. 교회가 저 "질투를 야기하지" 못한다면, 회당을 받아들이는 것이 교회에는 낯선, 반쯤 혹은 완전히 잊혀진 일, 그가 전혀 염려할 필요가 없는 일이 된다면, 교회가 이런 신적 기적을 더 이상 예견하지 않는다면, 이것은 교회가 전혀 그의 주의 재림을, 산 자와 죽은 자에 대한 그의 심판을 기다리지 않는다는 것에 대한, 곧 그의 믿음이 희망을 결핍했고 그러므로(사랑에서 무력하고) 공허해졌다는 것에 대한, 치명적인 그러나 확실한 징조가 될 것이다. 예수 그리스도의 계시에 대한 희망은(그 안에서 믿음도 살게 되는 것인데) 이 구절에 의하면 이스라엘을 위한 희망과 더불어 서고 쓰러진다. 그러므로 11-15절은 이미 19-22절에서 전개될 권면을 선취하고 있다. 곧 교회는 교회가 되도록 주의하라! 교회가 이미 받은 것은 그가 받게 될 보다 큰 것을 지시한다. 그러나 이보다 큰 것의 도래는 하나님이 이스라엘에게 행할 새로운 일과 동시에 일어난다. 이 새로운 일에서 하나님은 이스라엘에게 한 그의 모든 약속을 실현하고자 한다. 교회가 이보다 큰 일을 기다리지 않고, 그러므로 그것과 함께 온 이스라엘의 눈앞에 있는 새로운 일을 기다리지 않는다면, 교회는 교회가 아닐 것이다. 그러므로 교회가 또한 이스라엘을 위한 책임 안에서 존재하지 않는다면 교회가 아닐 것이다. 이 마지막 생각이 11-15절의 배후에 있다. 이 구절 전체는, 이방인 그리스도인들이 이스라엘의 대다수의 완고함이 하나님이 그들을 버렸다는 것을 뜻한다고 생각하거나 말해서는 안 되는지 그 이유를 들었다. 교회가 그래야 하는 이유는, 교회가 이스라엘의 실수를 통하여 교회를 교회로 근거짓는 모든 것을 받았다는 사실, 교회가 이스라엘의 회심과 함께 교회로서 완성하게 될 모든 것을 기대할 수 있다는 사실이다. 교회가 이스라엘과의 일체성을 이해하는 경우에만 그 자신의 근원, 그 자신의 목표를 이해할 수 있을 것이다. 교회는 그의 이방인 그리스도인들에게서, 하나님이 진정으로 이스라엘을 버렸다면 교회 자신도 하나님에 의해서 버림받았을 것이라는 것을 알아야 한다.

16-18절에서는 11절에 거부된바 이방인 그리스도인의 견해를 두 번째로 반증한다. 이 반증은 비유의 형태로 진행되는바 이스라엘과 교회의 관계를 원칙적으로 분석함으로 이루어진다. 이 장들에서는 처음으로 우리가 이런 분석을 만나게 된다. 그것의 결정적인 결과는 이것이다: 이스라엘의 대다수의 완고함에도 불구하고, 그의 허물에도(11-15절은 특별히 이 문제를 다루었다.) 불구하고, 이스라엘은 하나님의 소유요 역사이고, 교회가 그것 없이는 존재할 수 없는, 이방인 그리스도인이 존재할 수 없는 전제 조건이다. 저 완고해진 자들에 대해서 무엇이라고 말하든 교회, 이방인 그리스도인도 모든 것을 빚지고 있는 하나님의 소유, 역사에 이스라엘은 속한다. 이 통찰에서 얻어지는 결론은 이

것이 될 것이다. 교회가 이스라엘에 대해서, 혹은 이스라엘 내의 저 완고한 자들에 대해 이렇게 생각하거나 말하려 한다면, 교회는 그 이방인 그리스도인들 자신도 하나님에 의해 버림받았다고 생각해야 할 것이다.

이런 결론에 관해서 가장 분명한 비유적 언어들이 이 구절의 시작과 끝에 있다. "뿌리가 거룩하므로 가지도 거룩하다."(16절) 그리고 "네가 자랑하고 싶다면, 네가 뿌리를 지탱하는 것이 아니고 뿌리가 너를 지탱한다는 것을 생각하라."(18절) "거룩한 뿌리"의 비유(사 11:1, 10, 53:2)와 먼저 사용된 "거룩한 맏물로 바치는 빵"의 비유(출 23:16, 민 15:18-19)는 동일한 사물을 표시하는 듯하다. 주석가들은 이것을 족장들로, 혹은 새로이 5절의 "나머지", 옛 시대와 새 시대의 이스라엘 내의 칠천 명으로 이해하는지에 대해 일치하지 않는다. 분명히 둘 다 이해가 가능하다. 그러나 이미 출처인 구약성서에서의 이 비유들은 그것들을 일차적으로, 배타적으로 전자나 후자, 혹은 양자 모두에 관련시키는 것을 허용하지 않는다. 그리고 이런 전제하에서는 후에 상세하게 전개되는 뿌리의 비유는 너무나 강력하다. 그러나 무엇보다도 비유 담화에서 이끌어 내는 결론은 이 전제하에서 설명되기에는 너무나 중대하다. 족장들이나 후대의 칠천 명은 분명히 저 뿌리에 비교해서 다른 가지들 옆의 가지이다. 다른 가지와 달리 베어지지 않고, 저 뿌리에서 자라난 잘라진 줄기에 붙어 있는 그런 가지들. 그런 한에서 이들은 물론 이 뿌리에 속하거나 혹은 16절에서 먼저 사용된 비유에 의하면 맏물로 바치는 빵에 속한다. 뿌리로부터 자라나는 줄기의 모든 가지들에 그 자신의 속성을 함께 나누는 뿌리, 혹은 제물로서의 그것의 속성은 같은 반죽에서 취해진 모든 빵에 주어지는, 맏물로 바치는 빵은 일차적으로 이스라엘의 모든 지체들을 이스라엘로 만드는 그것, 이스라엘의 모든 지체들을 하나님의 선택받은 백성이 되게 하는 그것을 뜻할 따름이다. 그러나 그것은 아브라함에게 주어진 후손의 약속과 이 약속의 성취이니, 이 후손을 통해 모든 백성들이 축복받게 된다. 모든 이스라엘 사람들이 이 후손의 선조 혹은 친척이 됨으로써(이 후손은 전체의 의미, 목표로서 모든 이스라엘 사람들에게 공통적인, 이스라엘 사람으로서의 그들 모두의 생존권을 근거짓는 하나가 됨으로써), 그는 시간적으로 마지막 이스라엘 사람일지라도, 첫 번째 인간으로서, 씨앗, 그들 모두가 유래하였고 자라난 뿌리로서, 혹은(첫 번째 비유는 이 점에서 보다 구상적인데) 이 전체의 반죽에서 취해졌고, 하나님께 바쳐졌고, 모든 다른 빵을 용납될 수 있도록, 먹을 수 있도록 만드는, 맏물로 바치는 빵으로서 이해될 수 있고 표시될 수 있다. 이스라엘의 뿌리, 그의 마지막 사람, 그런 자로서 그의 첫 번째 사람이 되는 자가 "이새의 뿌리"(사 11:10), "다윗의 뿌리"(계 5:5, 22:16), 곧 인간의 아들 예수이다. 그는 그런 자로서 하나님의 말씀이요 아들이고, 하나님의 사랑을 받는 인간이니, 그 안에서 모든 인간에 대한 하나님의 사랑이 영원 전부터 결정되었고, 시간 안에서 사건이 되었다. 비유를 이렇게 이해할 때, (그럴 때에만) 16절에서 맏물로 바쳐지는 빵과 뿌리를 수식하는 중대한, 두 번이나 반복된 형용사 "거룩한"을 이해할 수 있다. 이스라엘의 하나님이 이 백성으로부터 한 예수를 출생시켰고, 그러므로 이 백성의 역사를 이 예수의 유일한 표징, 곧 그의 교회의 존재와 역사의 유일한 전조가 되게 한다는 점에서, 거룩하기 때문에, 곧 하나님이 이 점에서 그의 특성을 갖기 때문에, 맏물로 바쳐지는 빵과 뿌리는 거룩하다. 하나님은 이런 자신의 특성에 대해서 부단히 열정적으로 주의하고 이스라엘에 대한 모든 행위에서 이런 특성을 확증한다. 이 비유를 이렇게 이해할 때에만, 우리는 바울이, 맏물로 바쳐지는 빵 혹은 뿌리가 거룩하다는 이 명제로써 이렇게 어떤 특별한 증명 없이 시작할 수 있고, 이 명제를, 나중에 이끌어 낼 그렇게 중요한 결론들의 전제로 사용할 수 있었다고 이해한다. 그는 분명히 그런 공통적인 것으로서의 온 이스라엘에 대해(그의 거룩함이 이방인 그리스도인에게도, 또한 1절과 11절의 물음과 같은 물음을 제기할 수 있었던 자들에게도 자명하였던) 말한다. 온 교회가 족장들과 저 칠천 명의 특별한 권위에 대해서 확신했을지라도, 이들을 그것을 통해 모든 가지들이 거룩해지고, 그들 자신 모두 그에 의해 지탱되는, 거룩한 뿌리로서 말해지는 것을 들을 때, 이것은 비유대 그리스도인들에게는 자명할 수는 없었다. 그리고 비유를 이렇게 이해할 때에만, 결국, 무엇보다도 16절의 두 귀결문을 그런 식으로 이해하게 된다. 족장 혹은 칠천 명이 거룩하다는 것에서부터는, 차별 없이 온 반죽, 전체 가지들, 이스라엘 자신이 거룩하다는 결론이 전혀 나올 수 없다. 이삭 옆에 이스마엘이, 야곱 옆에는 에서가, 칠천 명 옆에는 "남은 자"들이 서 있다. "거룩하다"는 형용사가 전자들에게 맞는다면, 왜 후자에게는 아닌가? 그리고 바로 이들이 문제이다! 그들이 하나님에 의해서 버림받지 않았다는 사실을 증명하기 위해서, 그들의 전혀 다른 형제들이 거룩하기 때문에 거룩하다고 주장하는 것으로 충분한가? 전자가 후자를 대표한다는 것은 1-11절에서 말해졌으나, 이제 문제가 후자들, 완고한 자들에 대한 특별한 물음인 한, 이들에 대해서는 이렇게 말할 수 없다. 차라리 이제 이들을 특별히 고려해서 이것이 설명되어야 한다. "거룩한 뿌리"가 그들과는 다른 형제들 중 이들 혹은 저들이 아니라, 그들 중 마지막 태어난 형제, 현실로는 처음 태어난 형제를 뜻할 때, 이것이 설명된다. 그의 거룩함에 또한 그들도 실제로 참여하게 된다. 바로 그의 특수성, 하나님이 인격적으로 인간의 모습을 취하고 인간에게 자신을 내어 주는 그 자비가 이스라엘의 하나님의 특수성, 이스라엘의 선택의 특수성, 이 백성 자신에게 주어진 약속의 특수성이다. 이 백성의 특수성은 이 백성 각 개인의, 심지어 가룟 유다의 거룩함이니, 또한 이 백성 중 완고한 자들의, 저 대다수의 거룩함이다. 그들은 언제나 이방신들에게 매달리고, 예언자들을 돌로 치고, 결국 하나님의 아들까지도 잡아서 이교도들에게 내어 주어 십자가에서 죽게 했다. 이 백성의 특수성은 이 특수성을 오해했고, 그에게 철저히 불순종했던 이스라엘에게조차 멸실되지 않았다. 소수의 조명을 받은 자들과 더불어 또한 많은 완고한 자들이, 이삭 옆에는 또한 이스마엘이, 야곱 옆에는 에서가, 모세 옆에는 또한 파라오와 고라의 도당이, 다윗 옆에는 사울이, 엘리야 옆에는 아합이, 참 예언자 옆에는 거짓 예언자들이, 경건한 왕들 옆에는 하나님 앞에 악을 행하는 왕들이, 불가결한 인물들이, 예수와 그의 교회의 징표로 있어야 한다. 그러므로 구약성서 전체를 통해서, 거룩의 광채가 또한 이들 외견상 거룩하지 못한 자들 위에도, 다만 하나님의 진노가 덜어진 자들 위에도 간접적인 빛을 던지지 않을 수 없다. 이와 마찬가지로 우리는 선택받은 자들이 버림받은 자들을 두려움을 가지고 대하는 것을(다윗!) 보는데, 이것은 단순히 비이스라엘, 진공이 있는 것이 아니라, 하나님의 거룩한 백성이 있다는 것을 충분히 말해 준다. 거기에도 있는 거룩한 것은 다른 자들, 선택받은 자들로부터 이들, 버림받은 자들에게 온 것이 아니라, 이스라엘의 뿌리, 이스라엘의 선택의 근원과 목표로부터, 이 기원은 선택받은 자와 버림받은 자들에게 공통적이며 결국 그렇기 때문에 예수라고 불리는 이스라엘의 기원으로부터 온다. 이 뿌리가 거룩하기 때문에 가지들도 거룩하다.

이제 17절도 이해될 수 있고 이해되어야 한다. 우리는 결론에서부터 이 구절을 이해한다: "가지들을 자랑하지 마라!" 이방인 그리스도인들은 이스라엘에 속한 자들 중 하나를 제치고 교회에 속한 것을 결코 자랑해서는 안 된다. 그가 과거나 미래의 이스라엘 백성 중 누구든 간에, 그리고 그것이 설령 가룟 유다일지라도! 그리고 이스라엘 백성 가운데서 무슨 일이 일어났을지라도, 또 일어난다 할지라도! 이 백성 자신이 하나님의 거룩한 백성이라는 것은 확실하다. 하나님이 은혜 속에서, 진노 속에서 대한 이 백성, 그 가운데서 하나님은 축복했고 심판했으며, 빛을 주었고 완고하게 만들었으며, 받아 주었고 버렸으며, 그러나 또한 이 백성을 받아들였고 받아들이기를 중지하지 않았으며, 받아들이기를 중지하지 않을 것이다. 모든 유대인이 하나님을 통하여 거룩해졌으니, 어떤 이교도도, 이교도들 중 아무리 선한 자라도, 이방인 그리스도인도, 그들 중 아무리 선한 자라도 교회에 속해 있음에도 불구하고, 즉 그들도 이스라엘의 거룩한 자를 통하여 거룩해졌고, 이스라엘이 되었음에도 불구하고, 천성적으로 거룩하지 못한 것처럼, 모든 유대인이 이스라엘 내의 한 거룩한 자의 조상, 친척으로서 천성적으로 거룩해졌다. 이스라엘 백성의 모든 지체는 언제나 어떤 다른 백성의 거룩함이 될 수 없는 그런 거룩함에, 곧 그가 마지막이자 첫 번째 인간이기 때문에 예수라 불리는 자연적인 뿌리의 거룩함에 참여하고 있다. 이방인 그리스도인은 예외 없이 모든 유대인에게서 이 거룩함을 존중해야 한다. 설령 이방인 그리스도인이 유대인의 특별한 의미와 행태에 비추어, 예수 그리스도의 교회의 지체로서의 자신의 위치를 비추어 그럴 만한 정당한 동기가 있는 듯 보여도. 그는 그러므로 유대인에 대해 우쭐하기를 중단하게 될 것이다. 물론 그는 그런 동기가 있는 듯하다. 즉 한편으로는 저 거룩한 뿌리로부터 나온 거룩한 가지들 가운데는 잘려질 가지들이 있다. 그들은 한때 저 뿌리에서 자라났다. 그리고 그들이 거기서부터 유래한다는 것은 여전히 진실이다. 그들은 이런 뿌리를 가졌고, 여전히 가지고 있다. 그들은 의심할 여지없이 이 뿌리에 의해 지탱되고 있는 줄기에 속했고, 여전히 속한다. 그러나 이제 그들은 더 이상 이 줄기에 붙어 있는 것이 아니라 그 옆에 잘려서 놓여 있다. 이제 그들은 더 이상 이 뿌리로부터는 자라나지 못한다. 이제 그들은 다만 잘려진 가지에 남아 있는 일시적인 약간의 생명만을 지닐 뿐, 확실히 가까운 장래에 소멸할 것이다. 이것이 이스마엘로부터 현재의 회당에 이르기까지, 비록 그들이 이스라엘 사람이었고 일지라도, 하나님이 이스라엘에 대해 원했고 결국 이스라엘에게서 이루어 낸 것에 대해서는 무용지물이 되었고, 그렇기 때문에 전체적으로 이스라엘 역사의 저 무시무시한 암흑면을 이룰 수밖에 없는, 모든 이스라엘 사람의 실존이다. 이것이 모든 시대의 불순종하고 우상 숭배하는 이스라엘이다. 이것이 이스라엘의 거짓 예언자요 무신적인 왕들이다. 이것이 바리새인들과 율법 학자들이다. 이것이 예수 시대의 대제사장 가야바이다. 이것이 열두 제자들 가운데 가룟 유다이다. 이것이 다만 하나님의 진노를 통해 거룩해진 왼편의 이스라엘이다. 이방인 그리스도인들은 이런 이스라엘을 보면서 이스라엘에 대해 우쭐할 만한 동기가 있는 듯하다. 이제 다른 편으로 저 거룩한 뿌리에서 자라나는 살아 있는 가지가 있다. 그 방식에 참여하고, 그 뿌리에서 자라나는 줄기에 분명히 속해 있으니, 저 잘린 가지에 대해서 말할 수 있는 것처럼, 속해 있을 뿐 아니라 자라나는 줄기에 붙어서 더불어 살고, 그러므로 스스로 성장한다. 이 가지들은 이 줄기로부터, 그리고 뿌리로부터 그 미래를 가진다. 왜냐하면 그 가지들은 거룩한 이스라엘을 인식했고, 그를 믿었고, 그를 통하여 하나님 앞에서 의를 얻었고, 그래서 구원의 희망을 얻었기 때문이다. 이방인 그리스도인은 이런 처지에 있으며, 그래서 이런 면에서도 저 왼편에 있는 이스라엘에 대해서 우쭐할 만한 동기가 있는 듯하다. 이런 착각은 17절에 바울에 의해서 깨진다. 이제 그는 뿌리와 가지의 보편적인 상을 확대한다. 저 한 가지를 자름은 참올리브 나무를 자르는 것이다. 이 나무에 다른 가지들이 존재함은, 돌올리브 나무의 어린 가지가 저 잘린 가지 대신 참올리브 나무에 접붙여졌음을 뜻한다. 오리게네스(Origenes)에서 리츠만에 이르는 주석가들은, 정원사가 참올리브 나무에 돌올리브 가지가 아니라, 돌올리브 나무에 참올리브 가지를 접붙이기 때문에, 이 비유는 원예학적으로 불가능하다고 주장하였다. "바울은 도시의 아들이었고 예수는 시골 출신이었다."고 리츠만은, 사도의 추측컨대 착오를 설명하고 변명한다. 그는 거기서, 이 비유는, 이러한 원예학적 유례가 없음에도 불구하고, 그것이 표현하고자 하는 것을 위해서는 충분하기 때문에, 정상적인 인간 정원사들이 보통 하는 방식을 뒤바꾼 것은 다만 하나님이 이스라엘에 대해서, 유대인과 이교도들로 이루어진 교회를 세움에서 행한 일을 표현하기 위해서 충분하기 때문에, 바울이 의도적으로 이 불가능한 비유를 선택한 것이 아닌가 묻는다. 저 가지들의 절단, 이로써 그 가지들을 지탱하고 살리는 줄기로부터의 분리는 정상적인 방법이 아니다. 왜냐하면 그 가지들은 16절에 의하면 그 뿌리로부터 거룩하기 때문이다. 저 다른 이스라엘, 역사의 저 암흑면이 있다는 것이 어떻게 가능하고 정상적인가? 여기 모든 것이 왜 분명히 하나님의 축복 아래, 하나님의 한결같은 조명을 받으면서 그 목표를 향해 가지 않는가? 모든 이스라엘 사람이 왜 아브라함, 이삭, 야곱과 같지 않은가? [가룟 유다가 왜 사도들 속에 들어 있는가? 현재의 회당과 같은 것이 하나님의 뜻에 따르자면 어떻게 여지를 가질 수 있는가? 또 다른 일도 비정상적인 사건이다. 즉 이교도들이 갑자기 순종하고 믿고 그래서 이스라엘에 대한 모든 약속의 성취를 완전히 누릴 수 있게 되고 그래서 아브라함을 그들의 아버지라 부를 수 있고 불러야 하고, 그래서 자신들의 출신과 이름으로는 이스라엘에 대한 일차적 권한을 가지고, 그것에 대한 유일한 권한을 주장할 수 있는 듯한 허다한 사람들에 반해서 살아 있는 이스라엘이 되었다는 것. 돌올리브는 실제로는 참올리브에 속하지 않는다. 그것이 어떻게 되며, 올리브 나무는 어떻게 되는가? 이것은 불가해한 문제이며, 예수의 비유들에 관해서, 실천적 개연성의 의미에서 현실적 삶과 일치한다고 하는 찬사는 차라리 삼가는 것이 더 좋다고 말해진 것처럼, 그러므로 "도시의 아들" 바울은 원예학에도 불구하고 이렇게 말한다. 이것이 바울이 뿌리와 가지의 비유를 이렇게 놀랍게 확대함으로써 말하고자 하는 것이다. 곧 이스라엘 내에서는 많은 사람들이 무섭게도 끊어지고 잘리는 일이 일어났고, 여전히 일어나고 있다는 것은 참이다. 또한 이방인 그리스도인들이 지금 이스라엘에 속할 뿐 아니라 실제로 참이스라엘이 되었다는 것도 참이다. 이스라엘 내의 많은 사람들이 그들이 되어야 하고 가져야 하는 것이 되지 못하고 갖지 못한 것도 참이다. 또한 이교도들 중 많은 사람이, 그들이 이교도가 아니라 이스라엘 사람인 경우에만 그것을 얻을 수 있기 때문에 그들로서는 본래 될 수 없고, 가질 수 없는 그것이 되었고, 가졌다는 것도 참이다. 그러나 이것은 이방인 그리스도인에게는—바울은 11-22절에서 이 면을 바라본다.—그들이 이스라엘 내의 저 멸망한 자들에 대해 우쭐하거나, 그들이 저들에게 하나님 앞에서 멸망한 자들로서 등을 돌리거나, 그들이 저들을 포기하고 그들 없이 교회가 되기를 바랄 수 있다는 뜻이 아니다. 이것은 불가능하다. 왜냐하면 그들은—이것이 이 주목할 만한 올리브 나무의 비유에 숨어 있으니—저 잘린 자들 대신에 들어갔기 때문이다. 이것이 11-15절의 이스라엘의 잘못으로 새로운 전환으로서 이교도들에게 이른 구원에 대한 사상이다. 곧 이스라엘은 저 잘못으로 인하여 우선 감소되었으며, 모든 저 지체들을 빼앗겼다. 그러나 곧 이교도들 중에서 믿는 자들이 추가됨으로써 완전히 수적으로 보충되었다. 그러므로 이방인 그리스도인들은 어느 의미에서 탈락된 자들의 대행자들이다. 그들은 지금 저들의 집에서 살고, 지금 저들의 기구를 사용하고, 저들의 재산을 관리한다. 그러나 그들은 다만 그들의 대행인이다. 그들은 지금 거기에 이식된 이방인이다. 거기에 더 이상 있지 않은 다른 사람들도 아직은 죽지 않았다. 그들과 저들 사이의 궁극적인 관계 조정은 아직은 이루어지지 않았다. 그들 자신이 지금 저들이 있던 곳에 있다면 이것은 다만 저 개입 덕분이며, 이로써 간접적으로는 그들이 대리하여 들어간 다른 사람들 덕분이다. 그러나 사상의 본래적 초점은, 이런 교환을 통하여 이중으로 불가해한 일이 일어났다는 데 있다. 원래, 천성적 이스라엘은 더 이상 이스라엘의 뿌리로부터 살지 않기 때문에 더 이상 이스라엘로 존재하거나 살지 않으며, 다만 죽음이 뒤따르게 될 저 단절 속에서 살고 있다. 그리고 원래 밖에 있던 자들, 잘린 것이 아니고 본래 밖에 있었던 자들, 돌올리브 나무의 가지들—바로 이들이 지금 안에 있다: "너희는 지금 참올리브 나무의 뿌리에서 공급되는 양분을 함께 받게 된다." 이방인 그리스도인들에게 일어난 이 불가해한 일은 그의 위치 덕분이다. 그런데 이제 그들은 저 위치로부터 벗어나 저 다른 이스라엘에 대해 우쭐하고 싶어한다! 그러한 경향은 싹부터 잘라 버려야 하지 않을까? 사람들이 이처럼 불가해하게 도달한 이런 위치에서 무엇을 자랑하고 판단할 것이 있는가? 천성적으로 거룩한 자들 대신에 천성적으로 거룩하지 못한 자들로서? 완전히 놀랍게도 모든 것을 빼앗긴 자들의 미래에 극도로 긴장 속에 참여함에서 감사 외에 무엇이 남겠는가? 그러나 이제 18절의 이 경고와 훈계에 대한 근거 설명은, 16절로 거슬러 올라감으로써 보다 깊이 들어간다. 이방인 그리스도인은 저 다른 이스라엘에 대해서 누구를 자랑하는 것이 정당할 수 있는가? 그가 이스라엘에 대해서 어느 면에서 실제로 우월한가? 17절에 따르면, 그가 지금 안에, 그러나 저 이스라엘은 밖에 있다는 것과 관련해서는 전혀 없다. 저들은 낮추어지고 그들 자신은 높임을 받았다는 것은 전혀 불가해한 일이다. 바울은 19-22절에서 이 불가해한 교환이 이방인 그리스도인에게, 교회에 실제적으로 적극적으로 의미하는 바가 무엇인지에 대해 되물을 것이다. 그러나 분명히 이방인 그리스도인이 자랑할 어떤 동기가 있다는 것은 아니다. 다만 이방인 그리스도인이 지금 물론 가지고 있는, 그러나 저 이스라엘은 가지지 못한 자랑거리가 있다. 그리고 이것이 그로 하여금 자랑하는 것을 막을 것이다. 곧 거룩한 뿌리가 그를 지탱한다. 저 다른 이스라엘은 그 뿌리로부터 단절되었으니 그러므로 지탱받지 못하고 있다. 그는 메시아 예수를 믿으며, 이는 하나님 앞에서 그 자신의 의를 얻고 구원에 도달하기 위함이다. 그는 그에 의해 지탱받고 있다. 그는 이런 그의 믿음으로 산다. 그는 믿는 그 안에서 죽음의 공포와 위험에 반하여 희망과 미래를 가진다. 그는 그 안에서 지금 이미 하늘의 시민권을 가졌다. 그러나 왼편에 있는 저 이스라엘도 이 메시아 예수를 가졌다. 그는 본래 그의 메시아이고 영원히 그렇다. 그는 이스라엘에게 율법과 예언자를 통해 선포되었다. 그는 유대인으로 태어나 그들 가운데 예루살렘에서 십자가에서 죽었고, 죽은 자들로부터 부활했다. 그러나 이스라엘은 하나님에 의해 완고해졌고, 그렇기 때문에 믿지 않는다. 그리고 그가 믿지 않기 때문에 그의 하나님 앞에서 완전히 불의하게 되었고, 그러므로 희망이 없고, 그러므로 무정하게 다가오는 죽음 앞에서 절망적이다. 그는 이스라엘의 거룩한 뿌리에 의해 지탱되지 않는다. 이방인 그리스도인들은 왼편에 있는 저 이스라엘에 비하여 저 뿌리에 의해 지탱된다는 면에서 자랑거리가 있다. 그러나 그들은 분명히 이 자랑거리를 스스로 말할 수 없다. 분명히 그들은 이 점에서 다만 주만을 자랑할 수 있다. 그들에게는 유리하게, 저들에게는 불리하게 일어난 저 큰 변화가 어떻든, 확실한 것은 그들은 이스라엘의 뿌리로부터 지탱받으며, 그러므로 스스로 그 뿌리를 지탱하는 것이 아니라는 것이다. 그러므로 그들이 여기서 지탱받는 대신에 지탱하는 자라면, 생기를 받는 대신 살리는 자라면, 받는 자 대신 주는 자라면, 오직 그렇다면 그들은 자랑할 수 있고, 저들을 멸시할 만한 동기가 있는 것이다. 그러나 그들은 지탱받는 자이고, 이로써 모든 것이 끝났다. 이제 그들은 이스라엘의 뿌리에 의해, 저 다른 자들도—그들이 지금은 그 뿌리로부터 단절되어 있을지라도—거룩하게 만드는(심지어 이교도인 그들이 결코 거룩해질 수 없는 방식으로 거룩하게 만드는) 거룩한 근원에 의해 지탱되고 있다. 다윗이 하나님에 의해 버림받은, 그리고 그 자신을 박해하는 사울을 여전히 야웨의 선택받은 자요 기름 부음을 받은 자로 인식하고 경배한 것처럼, 이 다른 사람들에게서 이 뿌리의 거룩성을 재인식함이 없이, 이방인 그리스도인들이 어떻게 이 뿌리에 의해 지탱될 수 있고 살 수 있고, 그러므로 스스로 거룩해질 수 있겠는가? "그들에게는(유대인에게) 하나님의 말씀이 맡겨져 있다."(롬 3:2) 그리고 신약성서의 "하나님 말씀"도 예외 없이 유대인에 대한 말씀이다! 예수를 믿음 안에서 가지는 자는 유대인을 가지지 않을 수 없고, 예수의 조상, 친척으로서 그들을 함께 가져야 한다. 그렇지 않다면 그는 또한 유대인 예수도 가질 수 없다. 그렇지 않다면 그는 유대인과 함께 예수 자신을 버리는 것이다. 그러므로 이방인 그리스도인에게 주목과 관심을 가지고 이스라엘 사람을 접하지 말도록 요구한다면, 진정으로 교회의 근거 자체가 문제가 된다.

전체 사상의 흐름은 19-22절에서 불신적인 유대인과 믿음을 갖게 된 이교도들 사이의 관계로부터 결론지어지는바, 후자 쪽에 대한 실천에서 필요한 것을 서술함으로써 끝맺는다. 지금 이 서술은 저절로 훈계, 호소가 된다. "네 생각에 우쭐하지 말고 두려워하라."(20절) "하나님의 선함과 엄격함을 보라."(22a절) 그리고 아이러니의(예를 들어 19절의 "옳도다"에서) 어조와 훈계함에서 위협의 어조는 (21, 22b절) 오인할 수 없다. 우리는 다시 결론을 미리 말한다. 곧 유대인의 잘못을 통해 이교도들에게 구원이 이름으로써, 교회가 유대인과 이교도들로 이루어진 교회로 건립됨으로써, 교회 내의 이 이교도들에게는 일정한 기능이 부여된다. 그들이 이 기능을 올바로 이행한다면, 그 기능의 본성상 믿지 않은 유대인들을 하나님에 의해 포기된 것으로 간주하고 다루는 것이 불가능해진다. 이스라엘의 희망과 불가분리하게 결합되어 있는 교회의 미래는 이것을 배제한다고 11-15절에서 말한다. 그리고 16-18절에서는 교회의 성립, 이스라엘의 권한 속으로 이방인 그리스도인 자신의 들어옴을 말한다. 불신적인 유대인에 대한 저런 입장은 또한 교회의 현존을 통하여, 특별히 교회 안의 그들 자신의, 이방인 그리스도인의 존재를 통하여 불가능해졌다는 것을 19-22절의 결론은 말해 준다.(직접적 훈계 형식으로 들려지는 것처럼) 교회는 믿음에서, 오직 그 지체들의 믿음으로만 존재한다. 곧 그러므로 불신적인 유대인들이 거부했고, 거부하는 결단에서 존재한다. 믿음 안에서, 오직 믿음 안에서만 이방인 그리스도인은 이스라엘에 약속된, 저 불신적인 이스라엘에게서 잠정적으로 박탈된, 그의 불신앙 덕분에 그들에게로 온 구원에 참여하고 있다. 그러나 그들이 믿을 수 있다는 것은 그들에게 보여 준 하나님의 선함의 표시이니, 같은 하나님의 준엄함은 저들을 쳤다. 그래서 그들은 믿음 안에서 이 하나님에게, 실로 그의 선함에 속박되어 있다. 그의 준엄함이 그들을 치지 않았다는 것은 그의 자비의 불가해한 사실이니, 그의 준엄함에 얻어맞은 다른 자들을 볼 때에 하나님의 준엄함에 대한 두려움이 그들에게도 없을 수 없다. 오히려 그들에게는, 이 다른 자들을 봄으로써, 그들이 하나님의 준엄함을 두려워해야 한다는 결론이 나온다. 그러나 그들이 믿음 안에서 스스로 그들에게 주어지는 하나님의 선함에 속박됨으로써, 그들에게는 다만 믿음 안에 머물고, 따라서 그들이 하나님의 선함에 줄곧 의지하고 그래서—23-26절은 이것이 초점이라는 것을 명백히 보여 준다.—불신적인 유대인에 대해서는 동일한 하나님이 지금 그들을 위해 주어지는 불가해한 자비를 또한 이 불신적인 유대인들에게도 선사할 수 있기를 기대하는 것 외에는 없다. 그들이 교회 내에 존재하고 따라서 믿음으로써, 그들은 어떤 다른 기대를 가지고가 아니고 다만 이 기대에 상응하는 태도로써 저쪽을 바라볼 따름이다. 그들은 저 왼편에 있는 이스라엘에 대항해서가 아니라, 이스라엘을 위해서 믿을 따름이다. 그들은(그들 가운데 있는 유대인 그리스도인과 더불어) 이 기대와 태도로써 온 이스라엘을 대리하여 믿어야 한다.

19절은 우선, 바울이 17-18절에서 이방인 그리스도인의 저 우쭐함, 저 자만에 대해 말함으로써 무엇을 지향했는가를 분명하게 하고, 그가 거기서 이스라엘과 유대인과 이교도들로 이루어진 교회 사이의 관계를 근본적으로 분석함으로써 무엇을 반박했던가를 분명히 한다. 1절 물음과 11절 배후에는 이방인 그리스도인의 이론이 있다. "내가 접붙여지기 위해서 저 가지들이 잘렸다." 페터손은(61쪽) 이 문장을 옳게도 "교회 안에서 유대인과 이교도로 이루어진 교회의 신비를 알지 못하는 이교도의, 그에게는 다만 유대교와 그리스도교의 역사적 전후 관계만이 있는 이교도의 전형적인 답변"이라고 했다. 이 말은 실제로 오늘까지 그리스도인들 간에 사용되는 반셈족주의적 논거이다. 곧 유대인들이 예수 그리스도를 십자가에 못박았다. 이로써 이 백성은 하나님의 선택받은, 거룩한 백성이 되기를 중단했다. 그 대신에 이제 유대인과 이교도들로 이루어진 그리스도인 백성이 들어섰다. 교회는 역사적으로 이스라엘을 대치한 것이다. 이스라엘 자신은 교회의 기초, 존재와 더불어 사라진 것이 되었다. 그리고 이스라엘의 과거와 현재에 다수를 이루었던 저 고집 센 인간들에 대해서는, 다만 그들이 밖으로, 하나님에 의해 버림받았다고 말할 수밖에 없다.

"옳도다"(20절)의 아이러니는, 바울이 이 논거의 실질적인 내용을 인정하고 수용하는 것을 배제하지 않고 내포하는 데 있다. 그는 17절에서 저 가지들이 잘리고 그 자리에 이교도들 중에서 가지가 거룩한 줄기에 접붙여졌다는 것을 말했다. 이스라엘로서의 이스라엘은 선택받은 백성, 거룩한 백성이 지금 교회 안에서 계속 살고 있는 한에서, 예수 그리스도의 십자가 사건과 더불어 사라진 것이 되었다. 그러나 이 논거가, 하나님이 자기 백성을 버렸고, 다만 그가 더 이상 그들의 하나님이 아니기 때문에, 그들이 더 이상 그의 백성이 아니기 때문에, 그들을 포기하기 위하여, 이 백성 중 믿지 않는 다수에게 그렇게 행동했다는 것을 입증하기 위해서 사용되는 곳에서 교회의 신비는 얼마나 오인되었는가! 이 논거를 저렇게 사용할 때 완전히—회당에서처럼 완전히—간과된 것은, 예수 그리스도의 부활이다. 이 사건과 더불어 유대인과 이교도들에게 그의 죽음의 의미가 드러나게 됨으로써, 교회로서는 저 논거를 그렇게 사용하려는 것이 불가능해진다. 예수 그리스도의 부활에서, 하나님은 이스라엘의 의지에 반하여, 이스라엘에 대한 자신의 의지를, 세상의 구원자로서의 이스라엘의 메시아임을 선언하고, 그러나 이로써 또한 이스라엘을 고백함으로써, 유대인의 그리스도 배척에 종지부를 찍었고, 이와 함께 유대인 자신의 배척에 종지부를 찍었다. 교회 내에 존재함은 예수 그리스도의 부활의 능력으로, 그 능력 안에 존재함을 뜻한다. 이처럼 전능하게 유대인 배척과 유대인 유기에 종지부를 찍음, 하나님이 이스라엘에 대한 자신의 의지를 스스로 고백함이 교회를 창조했다. 교회 안에 존재함은 믿는 것을 뜻한다. 지금 이스라엘의 다수가 믿지 않고, 저 하나님의 종지부와 자기 고백을 보거나 시인하거나 감수하지 않고, 이스라엘의 모든 죄, 과거, 현재, 미래의 모든 불신앙에도 불구하고 하나님의 약속이 성취된 것에 대해서 눈멀고 귀먹어 있으며, 마치 아무 일도 일어나지 않은 것처럼 불신앙 속에 머물러 있다는 것 때문에 멸망한다. 그렇기 때문에, 이로써 저 가지들이 지금 잘렸다. 예수 그리스도의 부활에서, 부활과 함께, 모세와 예언자들이 이 백성에게 언제나 증언한 바에 대해서 공공연히 결정이 내려졌다. 곧 이스라엘이라는 것은 이스라엘의 거룩한 뿌리와 결합하여 살고 자라는 것을 뜻하고 믿는 것을 뜻한다. 그리고 이것은 이스마엘에서부터 현재의 회당에 이르기까지 일어나지 않은 일이다. 그렇기 때문에, 이로써 그들은 지금 거룩한 가지임에도 불구하고 잘렸다. 그리고 이것이 이교도 출신 그리스도인들에게 일어난 일이다. 곧 그들은 믿는다. 그렇기 때문에, 이로써 그들은 지금 이스라엘의 거룩한 뿌리로부터, 그 뿌리와 함께 거룩하다. 이와 함께 그들은 교회 안에 존재한다. 이로써 그들은 "서 있다." 그러나 그들은 진정으로 믿는가? 그들이 만일 저 논거를 사용한다면, 그들에게 그리스도교적으로 결정적인 이 물음을 제기하지 않을 수 없다.

이 물음은 20b-21절에서 우선 부정적으로 전개된다. 그들이 믿는다면, 그들은 죽은 자들로부터 예수 그리스도가 부활한 능력으로부터, 능력 안에서 믿는 것이다. 예수의 부활에서 이루어진바, 하나님이 유대인의 불신앙을 반박함으로써, 세상의 구원자로 이스라엘의 메시아를 고백함으로써, 유대인에 의해서 인도되고 그들 자신에 의해서 살해된 자를 믿도록 그들을 부르고 일깨우는 사건이 일어났다. 그들은 믿음으로써, 이런 하나님의 행위에 의지한다. 그러나 이런 하나님의 행위는 그들에게 또한 경고한다: "네 생각으로 자만하지 말고 두려워하라!" 예수를 내어 주고 십자가에 못박음에서 이스라엘은 자신의 불신앙적 뜻을 독자적으로 관철하였으나, 이 뜻은 보다 높은 손에 의해서 예수가 죽은 자들 가운데서 일으켜짐을 통해 궁극적으로 종결되었다. 이스라엘은 자신의 하나님 없이, 그의 약속과 법을 고집스럽게 흘려들으면서도 하나님의 백성이 될 수 있다고, 결국 하나님의 궁극적인 개입에 대하여 저항할 수 있다고 생각하였기 때문에, 자기 생각으로 자만하였다. 이스라엘은 자신을 선택한 하나님의 자비에 항거하려는 시도로써 좌초했다. 이것이 예수 그리스도의 부활에서 드러난 것이다. 그러므로 이것이 그리스도인 교회의 믿음에, 또한 이방인 그리스도인의 믿음에도 필연적으로 현존해야 하는 것이다. 유대인의 오만이 질책당하고, 저 가지들이 짤림으로써, 따라서 실제로 이교도들을 위한 길이 열림으로써, 하나님은 단번에—이것도 유대인과 이교도들에게 동시에—자신에 대한 인간의 불신앙과 오만을 이처럼 극단적으로 반박할 수 있고, 그렇게 하기로 결심했다는 것을 계시했다: "하나님이 자연적 가지를 아끼지 않았다면, 너희도 아끼지 않을 것이다." 하나님이 교회의 자연적 줄기, 자기 백성 이스라엘에 이렇게 행했다면, 교회 안에서 이스라엘의 불신앙이 되풀이된다면, 하나님은 교회에 대해서도 이렇게 할 능력이 있고, 이렇게 할 의지가 있을 것이다. 하나님이 자기 은혜를 약속한 그 곳에서, 자신에 대한 모든 인간의 반항의 완전한 무력성을 드러냈다면, 거기서 그의 심판이 철저히 이루어졌다면, 교회로 모인 이교도들에게 일어난 것처럼, 인간이 이런 약속을 되돌아볼 수 없는 곳에서, 은혜가 아무 전 역사도, 연관도 없이 인간에게 이른 곳에서, 유사한 반항에 대해서 어찌 그렇지 않겠는가? 그들이 어떻게 그들의 신앙의 이런 토대에 직면해서 하나님을 두려워하지 않을 수 있겠는가? 그들이 어떻게, 유대인들이 예수 그리스도를 배척함으로써 취했던 것처럼, 그에 대해서 유사한 입장을 취하기를 두려워하지 않을 수 있겠는가? 그러나 그들은 불신적인 이스라엘과의 관계에서 그들의 생각으로 오만하여서, 그들 생각으로는 하나님과 더불어, 그러나 현실적으로는 하나님에 반대하여, 곧 하나님의 자비에 반하여 이 이스라엘과 대립하고자 한다면, 그들도 이런 입장을 취하는 것이 될 것이고, 아하수에로의 운명에—그들은 이것을 하나님의 자비로운 경고로서 직면하게 된다.—곧 떨어질 것이다. 그들은 이로써, 이스라엘이 서 있는 것을 보게 되는 같은 심판 아래 자동적으로 서게 될 것이다. 아니, 보다 더 엄한 심판 아래 처할 것이다. 왜냐하면 그들은 유대인들이 받은 약속도 없고, 저 자연적인 뿌리에 속하여 있지도 않기 때문에 그들은 이 유대인들처럼, 아니 유대인보다 더 엄한 심판을 받을 것이다. "그들의 믿음을 잃은 그리스도인 백성들은 유대인에게는 상상할 수도 없을 정도로 야만화되고 본질을 잃을 것이다."(Peterson, 62) 곧 불신적 이스라엘조차도 유대인으로서 있을 수 없는바, 이교도 본연의 무신의 경지로 떨어진다. 이방인 그리스도인들이 유대인에 대해서 그들 생각이 오만해진다면, 그들의 믿음도 잃는 것이다. 유대인이 아니면서, 그렇기 때문에 초유대적으로, 유대인들이 예수 그리스도를 버렸을 때와 같은 착각에 빠져서, 그들이 그의 선조, 친척인 유대인을 버림으로써, 유대인의 메시아가 세상의 구원자라는 것을 실제로 인정하지 않음으로써, 그를 또 한번 버리는 것이다. 바울은 이방인 그리스도인들에게 너희가 정말로 믿느냐고 묻는다. 부활한 예수 그리스도에 대한 믿음 안에서 너희는 하나님을 두려워해야 한다. 하나님은 예수 그리스도를 일으킴으로써 유대인들뿐 아니라 모든 인간의 오만을 꺾어 버렸다. 하나님은 또한 너희가 오만하여 더 이상 믿지 않게 될 때, 거기서 행한 것처럼 같은 힘으로 너희의 힘을 내리칠 것이다.

    이제 22절에서 같은 그리스도교적으로 결정적인 물음이 적극적으로 제기된다. 하나님이 예수 그리스도의 부활에서 예수에 대한 이스라엘의 악하고 불신적 뜻에 종지부를 찍고, 따라서 그에게 불순종하는 자들에 대해서 저 엄격함을 입증함으로써 불신적 이스라엘 자신을 버려두고, 동시에 교회를 세우는 저 결단을 내림으로써 저 전혀 다른 종지부를 찍었다. 곧 이스라엘의 버림 아래 종지부. 하나님은 예수를 일으킴으로써 이스라엘의 메시아임을 공언했다. 곧 이스라엘에 반하여, 그러나 분명히 이로써 전혀 새로이 이스라엘을 위하여 그를 세상의 구원자로 선언하였다. 하나님의 준엄함뿐 아니라 오히려 하나님의 선함도, 곧 이스라엘의 하나님의 선함과 그러므로 이스라엘에 대한 그의 선함도 부활절 날에 계시된 것이다. 하나님이 그의 조상들과 맺은 계약을 예수의 죽음으로써 봉인하고, 그 계약을 지켰고, 자신의 아들을 내어 줌으로써 이스라엘의 죄를 제거하였고, 위로했고 축복했다는 것이 계시되었다. 물론 이스라엘에 대한 이 하나님의 선함을 대다수 이스라엘 사람들은 예나 지금이나 보지 못하고 인식하지 못하며, 믿음 안에 붙잡지 않으며, 따라서 이 대다수가 이 선함을 이용하지 않고, 따라서 다만 그의 준엄한 심판을 체험할 따름이라는 것이 사실이다. 반면에 이방 세계로부터 온 인간들은 하나님의 선함의 이런 계시를 보고 인식하고 믿고 붙잡고, 따라서 이스라엘의 약속 성취에 참여하고, 따라서 스스로 이스라엘이 된다! 지금 모든 것이 이렇게 불가해하게 현저하게 이루어가기 때문에, 자기 백성에 대한 이스라엘의 하나님의 선함은 지금 이 백성 가운데 소수를 제외하고는, 다만 하나님의 특별한 선택과 약속을 돌이켜볼 수 없는, 지금까지 이스라엘 하나님의 이름과 법을 전혀 알지 못했던 사람들, 신앙과 삶에서 당연히 이 세상의 신들에 매달렸고 추종했고 따라서 세상에서 하나님 없이 살았던 사람들에게 일어나게 된다. 그들은 지금 예수 그리스도의 부활의 능력 안에서, 하나님에 의해 예수의 죽음에서 성취된 죄의 용서를 믿는다. 그들은 지금 하나님의 위로와 축복 아래 있다. 그들은 지금 거룩한 뿌리에서 자라나는 줄기에 접붙여져 있고, 거룩한 가지로서 저 거룩한 뿌리로부터 영양을 공급받는다. 반면에 같은 사건을 통하여 저 많은 이스라엘 사람들에게는 그들을 위해 지정된 영양이 단절되었다. 바울은 이방인 그리스도인에게 이 불가해한 사실을 주시하라고 외친다. 그 결과 그들은 어떻게 되는가? 그들은 그들에게는 불가해하게 향해진 하나님의 선함에 머무르고, 이것에 관한 계시에 의지해야 한다. 더 이상은 그들에게서 요구되지 않는다. 그러나 이것은 그들에게서 요구된다. 그들은 예수 그리스도의 부활을 통해 불가해하게 실제로 그들의 것이 된 그것을 진지하게 여겨야 한다. 그들은 그들에게 주어지는 이스라엘의 하나님의 선함을 거듭하여 받아야 한다. 그들은 오른편으로나 왼편으로 치우치지 말고 이것에 대해 감사해야 한다. 그들은 단순히 믿어야 한다. 믿음 안에서, 믿음으로써 그들은 교회 안에(20절), 그러므로 들어온 자로서 이스라엘 안에 있다. 믿음이 없이는 그들은 다만 쓰러질 수밖에 없다. 저 잘린 가지들의 광경이, 이스라엘의 신인 그들의 하나님이 자기 원수를 어떻게 대하는가를, 들어온 자들인 그들에게도 믿지 않는 것이 얼마나 두려운가를 그들에게 일깨워 주는 한에서만, 왼편에 있는 이스라엘에 대한 하나님의 준엄함은 그들과 관계된다. 그러나 그들이 믿는다! 그러나 그들이 진정으로 믿는가? 따라서 그들은 이스라엘을 선택한 분의 자비를 칭송한다. 그들은 따라서 이스라엘에 대한 선함이 하나님의 선함으로 산다. 지금 그들은 하나님이 자기 백성을 떠났고 포기했다는 것을 어디서 판단하려 하는가? 지금 그들은 저들의 권한과 의무를 이어받았으니, 그들의 세움이 저들의 제거를 뜻한다는 것을 그들은 어디서 안다고 주장하는가? 그들이 어떻게 두 개의 상호 연결되면서 분리된 종교와 세계 사이를 구별하듯이, "유대교"와 "그리스도교"를 모호하게 구별하려는가? 그들 자신이 결단에서 실패함으로써만 ─ 회당도 이 결단에서 실패하는 것을 본다. ─ 오직 그들 자신이 회당이 되고 잘림으로써만, 이스라엘 내에서처럼 교회 내에서 같은 일이 일어남으로써만, 그들은 그렇게 할 수 있다. 믿음으로써, 따라서 이스라엘의 하나님의 선함에서 사는 삶 안에 머무름으로써, 그들은 바로 이스라엘의 모든 지체를 위해 최선을 희망할 수 있고, 따라서 그들의 믿음으로써 실제로 지금은 멸망한 이스라엘 대신에 하나님 앞에 나아갈 수 있고, 그 앞에 머무를 수 있다.

참올리브 나무와 돌올리브 나무의 비유를 통해서 문학적으로 특징 있는 문맥(16-25절) 중간에서 이스라엘의 미래와 희망에 대한 설명이 이방인 그리스도인을 향한 권면으로 전환되는 한, 11장의 내용적 구분은 문학적 구분과 정확히 일치하지 않는다. 이 비유는 23-24절에서도 지배적이다. 또한 훈계는 23절 이하에서도 계속된다. 훈계는 25절에서도 또 다시 분명히 들린다: "그것은 여러분이 스스로 현명하지 않기 위해서." 그리고 직접 화법이 30-31절의 문자 형식이다. 그럼에도 불구하고 23절 이하의 발언의 방향과 내용은 분명히 변했다. 지금 그 다음에 오는 내용은 분명히 11장 전체를 지배하는 물음, 곧 하나님은 자기 백성 이스라엘을 버렸는가?라는 물음에 대한 또 다른 답변이다. 그러나 그 대답이 11-22절처럼 이스라엘에서 교회를 바라보는 것이 아니라, 교회에서 이스라엘을 바라보는 한, 그것은 또 다른 새로운 대답이다. 그 대답은 지금 교회가 다만 하나님에 의해 세워지고 질서지어진 이스라엘과의 관계 속에서만 하나님의 교회일 수 있다는 통찰에서부터, 이스라엘은 하나님에 의해 세워지고 질서지어진 교회와의 관계 속에서만 하나님의 이스라엘이고, 이스라엘일 것이라는 또 다른 통찰로 바뀐다.

우리는 23절에서, 거룩한 줄기로부터 저 거룩한 가지들이 잘림으로써, (이것은 회당의 존재가 보여 주듯이 우선, 현재로서는 쓰라린 현실이다.) 하나님의 궁극적인 결정이 내려지지 않았고, 이스라엘과 교회 사이의 관계 정립이 아직도 이루어지지 않았고, 따라서 교회 안의 사람들은 이 사건을 이스라엘에 대한 하나님의 뜻의 목표와 종말의 계시한 것으로 보아서는 안 된다고 듣는다. 물론 이것은 현재의 악한 상으로서, 이스라엘 역사에서 예로부터 일어났고, 모세와 예언자들에 의해서 분명히 해석되었던 모든 일에 의해서 예언된 바 있다. 곧 여기에는 이스라엘의 거룩한 뿌리, 그의 선택의 본래적 대상인 그의 메시아, 그와 더불어 그를 믿는 자들의 백성, 곧 이교도들 중 많은 사람들, 이 백성 그 자신을 하나님의 선택받은 백성이 근본적으로는 아니고, 따라서 하나님의 자비에 적극적인 몫을 가지지 않는다는 규칙을 예외로서 다만 확증하는 듯한 이스라엘 백성 중 소수가 있다. 저기에는 이스라엘의 다수, 곧 다만 모든 인간의 의지와 행함에 반하여 자유로운 하나님의 자비, 또한 거기서부터 나오는 권한을 드러내기 위해서 선택받았고 그것을 위해 봉사했고, 그 소임을 다한 이스라엘이 있다. 그러나 이제 이런 현재적 상황은 전혀 불변적 성격을 지니는 것은 아니다. 이미 20-22절에서 교회 내의 자신의 처지가 영속적이라는 그릇된 환상을 가져서는 안 된다고 하였다. 사람들은 믿음으로써 거기에 서 있다. 그러나 사람들은 하나님을 두려워하면서 믿는다. 그리고 모든 다른 것에 의지하기를 포기하고 하나님의 선함에 의지하면서 하나님을 두려워한다. 이 지주를 포기한다면 더 이상 서지 못할 것이고, 교회 편에서도 변화가, 악한 쪽으로 변화가 있을 수 있고, 그것이 현실이 될 것이다. 유대인들이 이스라엘의 선택의 의미와 근거로부터 단절되었듯이, 이 지주를 상실한 그리스도인들은 교회의 존재와 생의 근거인 예수 그리스도로부터 "단절된" 것이 분명하다. 기이하게도 20-22절에 따르면, 그리스도인들이 유대인에 대해서 오만하다면, 그들이 마치 그들과 유대인 사이의 상황이 불변적인 것이 되어 단번에 자신들에게는 유리하게, 유대인들에게는 불리하게 결정된 것처럼 생각하여 우쭐한다면, 교회 편에서 악한 쪽으로 변화가 구체적으로 실제 일어날 것이 분명하다는 것이다. 교회 내에서 이처럼 상황은 결정되었다고 믿을 수 있다고 생각하는 자는, 하나님의 자유로운 자비의 결정권에 반기를 드는 것이고, 이로써 교회 밖으로 옆으로 허공 속으로 나가는 것이다. 그는 더 이상 하나님의 선함에 의지하지 않는다. 따라서 그는 하나님을 더 이상 두려워하지 않는다. 그는 더 이상 믿지 않는다. 따라서 그는 더 이상 설 수 없다. 곧 그는 이로써 교회 안에 서기를 중단했다. 그는 소위 말하는 상황 끝과 더불어 교회를 이미 은밀히 떠났다. 그리고 이 일이 일어났다는 것이 조만간에 드러날 것이다. 이것은 단순히 들어온 자들, 이방인 그리스도인들이 주목해야 할 사실이다. 만일 그들이 저 현재 상황 불변성에 대한 환상을 가지고 있다면, 회당에 대해서 저 혁명적인, 저 극도로 위험한 상황 끝을 고집하려 한다면, 그들은 모든 것을 잃을 수밖에 없다. 시간이 지속하는 한, 창조 세계 내에서 참으로 아무것도, 어떤 상황도 결코 불변할 수는 없다. 오직 그들의 창조자요 주인 영원한 하나님의 신실함과 항구성만이 참으로 불변한다. 교회는 다른 어떤 것이 아니라 오직 그에게만 의지하여 확고한 토대 위에 설 수 있다. 바로 그렇기 때문에 교회는 또한 이 하나님이 창조 세계 안에서 그의 뜻을 완수함에서 시간 속에서 이루어야 할 변화와 갱신에 대해서 개방적이어야만 한다. 하나님은 섭리하기를 중지하지 않되, 다시금 거듭 자유로이 섭리한다는 것, 이것은 모든 현재 상황을 능가하는, 경고와 동시에 위로를 주는 근본 진리이다. 그리고 이 진리는, 평화의 끈으로서 또한 교회와 회당 사이의 절망적 분열 위에, 유보 조건으로서 교회 안에 모인 유대인과 이교도들로 이루어진 진정한 이스라엘 위에, 그러나 약속으로서, 또한 가짜가 된 회당의 이스라엘 위에 있다. 절단한 하나님은 또한 접붙일 수 있다. 그는 실제로 거룩한 줄기의 원래 가지들을 잘라내고 그 자리에 야생 가지를 접붙였다. 교회와 회당 사이의 현재 상황은 이에 상응한다. 그러나 또한 하나님은 이미 잘라낸 것을 다시 접붙일 수 있다. 이것은 회당 위에도 서 있는 약속이다. 회당의 불신앙이 아무리 궁극적이라고 생각될지라도, 교회 편에서 볼 때 그렇게 보일지라도, 그 앞에서는 결코 영원한 것이 아니라 시간적으로 제한된 사실이다. 불신앙이 어떻게 영원한 사실이거나 혹은 영원한 사실을 만들어 낼 수 있는가? 이것은 그것의 본질상 불가능하다. 우리는 불신앙이 "특별히" 시간적으로 제한된 사실이라고 말해야 하지 않을까? 영원한 하나님 자신은 이 불신앙의 사실을 필히 간과하니, 비록 인간의 눈에는 감추어져 있을지라도 그 사실의 종말은 이미 하나님의 눈앞에 있다. 영원한 하나님은 불신앙 자체를 끊임없이 부인할 뿐 아니라 모든 극한적인 불신앙의 고집을 끊임없이 부인한다. 그렇기 때문에 또한 이 영원한 하나님에 대한 믿음도 이런 악한 고집의 종말이 있을 것을, 따라서 인간적으로 고려할 때 악의 극복 불가능한 지속 능력을 부정할 수 없는 경우에라도 선한 쪽으로의 변화가 있을 것을 늘 예견해야 한다. 그러므로 바울은 이미 잘린 가지들도 다시 접붙여질 수 있다고 예견한다. 돌올리브 가지에 일어난 일이 그의 눈앞에 있으니, 이교도들이 암흑으로부터 빛으로 나왔고, 이스라엘의 거룩한 뿌리를 통해 양분에 참여하는 일이 불가해하지만 실제로 일어났으며, 그들이 이스라엘의 진정한 선택의 진정한 대상으로서 갑자기 드러났다. 죽은 자들 가운데서 예수 그리스도의 부활의 능력 안에서 이 일이 실제가 되었고 계시되었다. 이러한 교훈에 직면해서 이제 그에게는, 유대인의 불신앙의 지속 능력을, 따라서 이편으로 내려진 하나님의 결정의 궁극성을 믿는 것은 불가능하다. 그들의 불신앙으로 끝날 수 없기 때문에, 또한 이스라엘의 진정한 선택에서 탈락된 자들도 다시 선택받은 이스라엘로 모여질 수 있을 것이고, 이로써 이스라엘로서 이스라엘이 선택되었는지 진정성을 의심할 마지막 근거가 제거될 것이다. 바울은 온 이스라엘의 미래에 대한 이런 전망을 여기서 문제시되는 이스라엘 사람에 대한 어떤 낙관적인 시각을 가지고 그 근거를 설명하는 것이 아니라 하나님의 전능을 지시함으로써 설명한다: "하나님은 그들을 다시 접붙일 능력이 있다." 그러나 다시 바울에게서 하나님의 전능에 대한 이런 언급은 구약성서와 신약성서의 다른 증인들에게서처럼, 마치 그가 하나님의 보편적인 본성의 무한한 잠재성을 원용하고 의지하는 것처럼, 하나님에게 모든 것이 결국 가능해야 한다는 가설에 무계획적으로, 자의적으로 의지하는 것처럼 해석될 수 없다. "만물 회복"(Apokatastasis) 이론의 이름으로 알려진 만물의 궁극적인 구속에 관한 주장은 하나님의 본성의 무한한 잠재력에 관한 이런 가설과 결부해서 인간을 낙관적으로 판단하는 데서부터 그것의 동기와 추진력을 끌어내곤 한다. 바울은 거기서 온 것이 아니고 그러므로 이런 주장을 할 수 없다. 그는 한편으로는 그의 눈앞에 있는, 그리고 로마서 10장에 따르자면 정말로 낙관적으로는 해석하려 하지 않았던, 정말로 멸망한 회당의 인간에 대하여 말하고, 다른 편으로는 예수 그리스도의 부활에서 계시된 하나님의 구체적인 전능에 대하여 말한다. 하나님의 전능은 교회의 믿음의 기적에서 현재화되었고, 그것은 예수 그리스도의 재림에서 궁극적으로 드러나기를 기대해야 한다. 이 인간의 미래에 대한, 이 하나님의 미래에 대한 사상은 여기서, 그리고 다음 내용에서도 믿음의 사상이요, 인간을 과대 평가하지도 않고 하나님의 자유를 침해하지도 않는 구체적 희망의 사상이다. 그러나 이 사상은 바로 이같이 구체적으로 능력과 확실성을 가지며, 구체적으로 사고되고 발언되어야 한다. 이 하나님과 이 인간의 관계를 고려할 때, 하나님은 아무리 신뢰해도 지나칠 수 없고, 이 하나님의 탁월성 및 이 인간 위에 서 있는 약속은 오인될 수 없고, 인간에 대해 절망할 수 없고, 따라서 인간의 불신앙의 지속 능력을 믿을 수 없다. 불신앙을 믿을 수 없다면, 언제나 다만 지금 믿지 않는 자들의 미래의 신앙을 믿을 수 있다.

24절의 하나님의 전능에 관한 명제의 전개는, 문제가 이런 구체적인 그리스도교적 희망 사상에 있다는 것을 보여 준다. 바울의 눈앞에 있는 것, 그리고 그러므로 그에게 미래를 위해서 표준적인 것은 메시아적 현재의 결과이다. 곧 이교도들이 이스라엘로 부름받음과 거기서 나타나는바 그들이 이스라엘의 선택에 참여함.

바울의 눈에는 이중적으로 불가해한 일이 이들 이교도들에게 일어났다. 그들은 본래적으로는 전혀 다른 줄기에, 전혀 다른 뿌리에서 자라난 줄기에 속한다. 그들은 거기에 속할 뿐 아니라 거기서 자라났고 살았다. 그들은 돌올리브 나무에 붙은 가지였다. 그들은 어떤 약속 없는 민족, 백성들의 지체이며, 그런 자들로서 하나님의 선택의 대상이 결코 아니었고, 또한 결코 될 수도 없는 세상의 지체들이었다. 이스라엘 외의 어떤 백성도 하나님의 백성이 아니다. 이스라엘 외의 다른 백성으로부터는 하나님의 아들이 인간으로 나오지 않았다. 어떤 백성도 그런 일을 하도록 예정된 일이 없고, 추후에라도 그런 일을 하도록 예정될 수 없다. 그리고 인간의 구원은, 인간이 된 하나님의 아들과 관계를 가짐에, 그의 동생이 되고, 그 안에서, 그와 함께 하나님의 선택의 대상이 됨에 있기 때문에, 이스라엘 밖에 있는 어떤 인간도 구원으로, 영원한, 살아 있는 하나님과의 친교로 예정되어 있을 수 없다. 그렇기 때문에 구원은 하나님과의 계약에서 유대인에게, 오직 유대인에게만 예정되어 있다. 그러므로 "그리스도는 하나님의 진리를 위하여, 족장들의 약속을 확증하기 위하여 할례의 종이 되었다."(롬 15:8) 그러나 저 이교도들은 유대인이 아니었다. 그들은 본래는, 선택이 없기 때문에 약속과 구원이 기대될 수 없고 그 곳에 속해 있었다. 그리고 이제 자연에 반하여 그들은 저기에서 분리되었고, 그들이 속해 있었고 거기에 붙어 살았던 돌올리브 나무에서 잘렸다. 곧 그들의 이방 종교의 절망적 상태에서부터 분리되었고, 그들의 비이스라엘적 삶의 전적 공허함과 궁핍함으로부터 벗어났다. 이 부정의 부정은 그 자체로서 하나의 기적이다. 그들이 어떻게 스스로 과거의 자신이기를 중단할 수 있었겠는가? 인간이 어떻게 스스로 이교도이기를 중단할 수 있으랴? 아브라함도, 그리고 그와 함께 이스라엘은 스스로가 아니라, 오직 하나님의 선택과 말씀을 통하여 세상의 백성들 중에서 선택되어서 하나님의 아들이자 인간의 아들의 백성으로 올려졌다. 저 자연적인, 그 본래적으로 거룩한 뿌리가 존재하게 되었을 때 발전이 아니라 창조가 일어났고, 자연이 아니라 은혜가 역사했다. 이제 돌올리브 나무로부터 이러한 구별, 절단이 되풀이된다. 지금 땅의 민족들 중에서 이런 저런 민족이 이스라엘 대신에, 혹은 이스라엘 옆에서 선택받은 백성이 되거나, 이런 백성으로 드러난다는 것이 아니다. 이것은 그 자체로 불가능하다. 이스라엘의 선택은 하나님의 아들이자 인간의 아들의 선택을 위하여 일어났기 때문이다. 이 한 분은 그러므로 다른 자에 의해서 능가되거나 구축, 대치될 수 없다. 땅의 여러 민족들 가운데서, 이 선택받지 못한 온 세상 가운데서—그러므로 이 세상이 그런 것으로서 전혀 선택받지 못했다는 것, 여기는 이스라엘 외에는 다른 선택받은 백성이 없다는 것을 확증하면서—이제 새로운 절단이 이루어지고, 자연법이 파괴되고, 부정이 폐기되고, 인간들이 처해 있는 구원 없는 상태에 제동이 걸린다. 여러 민족들 출신의 인간들이 갑자기, 이 민족들의 지체로서, 이로써 이방 민족들의 지체로서 그들에게는 필수적인 규정이었던 것에 의해서 더 이상 규정되지 않게 되었다. 거기에 속한, 구원 없는 상태 속에, 무신의 상태 속에 살고 있는 인간들, 당연하게 불가피하게 그 곳에 있는 인간들이 지금 더 이상 거기에 있지 않고, 거기 자연적인 공허함과 빈곤함에서 빼내어졌다. 아브라함의 역사, 그가 하란으로부터 출발함의 역사가 수천 번 되풀이된다! 그 과정은 실제로 이렇게 이해되었다. 바울이 23절에서 하나님의 전능을 원용할 때 염두에 두었던 것의 이런 첫 번째 면을 보아야 한다. 곧 이교도들이 갑자기 더 이상 이교도들이 아니고, 자신들의 이방 종교의 자연적인, 필연적인 맥락으로부터 빼내어졌고, 예수 그리스도 안에서, 그와 함께 십자가에 못박혀 죽었고 매장되었다는 것은, 그들의 지금까지의 모든 삶의 근본 원리가 되었던 것을 고려할 때 불가해하고 충분히 경배할 만한 사실이다.

그러나 이것은 기적의 한 면일 뿐이다. 네가 "본래의 돌올리브 나무에서부터 잘렸다."는 말 다음에는 네가 "그 본성에 거슬러('네 본성에 거슬러'가 아니라—리츠만에 의하면—참올리브 나무의 본성에 거슬러) 참올리브 나무에 접붙임을 받았다."는 말이 뒤따른다. 다른 편에는 이스라엘이 있었다. 하나님의 선택과 은혜를 통하여 하나님의 아들이자 인간의 아들을 탄생시키기 위한 자연적인 줄기로서 창조되고 보존되고, 거룩한 뿌리에서 자라나서 다른 백성에게는 내려지지 않았던 하나님의 사랑을 받는 계약 백성이 되었다. 분명히 하나님의 사랑은 일단 아버지와 아들의 친교, 따라서 선택받은 인간 예수와의 친교, 따라서 그의 백성과의 친교이며 결코 보편적인 인간 사랑이 아니다. 하나님의 선택받은 한 인간 안에서, 그와 함께 미래 구원의 약속이, 그리고 이 약속에 상응하는 하나님의 축복이 이미 현재에 있다. 그리고 이 모든 일이 여기에, 오직 여기에만 있었다는 것은 자연—은혜로 인해 창조되고 보존된 자연, 그러나 자연—이었다. 그렇기 때문에 모든 백성들로부터 이스라엘의 성별이 있었고, 그렇기 때문에 이 성별을 관철하고 유지하려는 목표를 가지고 그의 모든 율법의 계명들이 있었다. 그렇기 때문에 계약의 표시로서 할례, 곧 이 백성은 저 밖에 있는 자들에게 속하지 않고 하나님의 한 사람이 태어나게 될 그 민족에 속한다는 것을, 이 민족에 속한 모든 남성들에게 확정하는 의식이 있었다. 그렇기 때문에 밖에 있는 자들과의 외적, 내적 혼합에 항거하는 예언자들의 전적인 열심이 있었다. 자연이 된 은혜가 어떻게 불결해지는 것을 충분히 방어할 수 있었겠는가? 이제 메시아 시대의 사건은 바로, 정말로 이 참올리브 나무의 "본성에 거슬러"—저 이교도들이 그들의 본성을 벗어나서 이스라엘에게로, 즉 이스라엘의 메시아에게로 와서 이스라엘이 되는 것, 곧 이스라엘의 모든 장점과 특권에 참여하고, 바로 오직 이스라엘 사람들만이 가졌던 지위를 얻게 되는 데 있다. 이것은 옛날부터 알려진바 유대인이 됨이 없이, 할례받음 없이, 율법의 훈련을 받음 없이 개종하는 방법이 아니라, 유대인과의 관계에서 유대적 삶을 위하여 그들의 이방인으로서의 삶을 포기하지 않고 여전히 이방인으로서 오직 믿음을 통해 이스라엘의 메시아에 결속되어 있고, 이로써 또한 진정으로 이스라엘이 되었고, 모든 그의 약속을 소유하게 되었고, 또한 모든 그의 약속의 성취에 참여하게 되었으니, 곧 미래에 드러나게 될, 그러나 이미 시작되었고 임재하는바, 온 이스라엘에 약속된 구원의 현재에 참여하게 되었다. 그들이 어떻게 여기에 이르게 되었는가? 확실히 "본성에 거슬러", 곧 이스라엘의 거룩한 뿌리의 본성에 거슬러서가 아니라, 지금까지 다만 가능하다고 여겨졌고, 지금까지 실제로 다만 가능하였던바, 그 뿌리에서 자란 줄기의 본성에 거슬러. 이것이 가능하기 위해서는 이스라엘 역사의 목표이자 종말의 개입이 필요했다. 약속된바 이스라엘의 죄의 용서가 예수 그리스도 안에서 성취되기 위해서는 이 일이 필요했다. 또한 이스라엘이 이 계약의 궁극적인 완수에 대해 완고해져서 자신의 메시아를 이교도들에게 내어 주어 살해하는 일이 필요했다. 결국 하나님이 이스라엘을 반박하는 일이 필요했고, 동시에 죽은 자들로부터 예수 그리스도를 일으킴으로써 이교도들을 조명하는 일이 필요했다. 그러므로 "네가 참올리브 나무에 접붙여졌다."는 것이 실현되기 위해 진정으로 하나님의 전능의 불가해한 지혜가 필요했다. 이것이 기적의 다른 편이다. 이것이 이교도들에게 일어난 일이다. "이방인들은 긍휼로 인하여 하나님을 찬양한다."(롬 15:9) 그리고 바울이 23절에서 "저들도 접붙임을 받을 것이다."라고 말했을 때, 이것을 고려했다.

그는 이제 여기에 대해 설명한다. "본래 붙어 있던 이 가지들이 제 나무에 다시 접붙임을 받는 것이야 얼마나 더 잘 되겠는가?" 그러므로 저 미래의 힘은 이미 시작된 발전의 관찰 혹은 논리적 분석에 근거를 둔 추측 혹은 전망의 힘이 아니다. 그는 저 미래를, 그가 참여했던 유대 선교를 전망 있는 것으로 간주함에 근거하여, 또한 아마도 회당 내에서 어떤 희망에 찬 새로운 시작을 알고 있음에 근거하여 저 미래를 감행하는 것은 아니다. 그는 이 미래의 내용을 25절에서 신비라고 부를 것이다. 그리고 이에 상응하여 그것을 24절에서 다만 저 "얼마나 더욱"으로써 설명한다. 바울의 눈앞에는 큰 기적으로 이교도들의 회심의 기적이 있다. 이것에 비하면 유대인의 회심은 사소한 것으로서, 바울은 이보다 큰, 첫 번째 기적의 증인이었고 여전히 증인으로서 유대인의 회심 사건을 예견할 수 있다. 그러나 이교도의 회심이라는 큰 기적은 예수 그리스도의 부활로써 열린 메시아 시대의 사건, 즉 이스라엘에 대한 모든 약속의 성취 사건, 곧 이스라엘의 선택이 궁극적으로 드러나게 된 기적이기 때문에 그는 유대인의 사건을 예견해야 하고, 그러므로 저 미래를 감행해야 한다. 이교도들이 온 세상 끝에서부터 시온 산으로 와서 이스라엘과 함께 경배한다. 곧 유대인과 함께 하나님의 한 백성이 된다는 것이 이스라엘에 주어진 하나님의 모든 약속의 성취이다. 바로 이것이 그의 선택의 계시이다. 이런 일이 전혀 불가해하게 일어났다면, 이스라엘도 거기에 있다는 것, 즉 본래 이스라엘이며 따라서 이방인이 지금 또한 있는 그 곳에 속하는, 이교도들이 지금 달려갈 수 있는 시온 산에 이미 거하는 이스라엘도 거기에 있다는 것은 얼마나 큰일인가? 그렇다면 이스라엘이 부분적으로 거리를 두고 있는 것이 어떻게 궁극적일 수 있으랴? 온 이스라엘이 모이고, 지금 잘려 나간 가지들이 접붙여지는 일이 어찌 곧 이루어지지 않겠는가? 이것은 큰 기적이 앞서 이루어진 후에 중단될 수 없는 후속 현상일 것이다. 이 현상의 불가해성은 그 본질에 있기보다는 그것이 아직 일어나지 않았다는 데 있다.

　　바울은 9:1-5에서, 여기서 출발했다. 이스라엘이 아직 전체적으로 교회로 모이지 않았다는 것은 불가해한 일이다. 그가 거기서 태어난 거룩한 뿌리 안에서 교회는 처음부터 살고 있다. 그리고 그의 특별한 인도와 준비를 통하여 처음부터 교회가 되도록, 그리고 그의 메시아의 계시와 더불어 결국 교회로서 드러나도록, 그의 본래적인, 궁극적인 형상으로서의 교회로 끝나도록 예정되어 있다. 그러므로 24b절에서는 분명히 말한다. 이런 일이 일어난다면, 자연스러운 일이 일어날 것이다. "본성에 따라서 접붙여지는 일", 곧 자연적인 진행이 불가해하게 교란되는 일이 중지될 것이다. 이것이 메시아 시대의 큰 기적이 될 것이다. 곧 이교도들의 부름받음과 회심은 결국 이스라엘에 관한 자연적 질서의 회복을 지시하고 예비하는 데 봉사한다. 이미 지금 이교도들의 선택은 이스라엘의 선택을 명백히 드러낸다. 그래서 이 자연스러운 일, 그의 선택의 확증이 아직은 가시적 사건이 되지 못하고, 이미 일어난 현재의 기적을 통하여 지시되고 예비되었음에도 불구하고 선택의 확증이 아직도 가시화되지 않았다는 것, 그의 선택이 그의 불신앙을 통하여 여전히 은폐되어 있고 의심으로 둘러싸여 있다는 것은 불가해한 일이다. 바울은 11장에서 이런 수수께끼와 대결한다. 곧 그 자신은 이 상황의 모순에 의해 심히 불안해졌고 충격을 받았다. 그 자신은 매 문장마다 이 상황의 엄연한 현실과 씨름을 하고 있으며, 이제 또한 온 힘을 기울여 교회가 이 수수께끼를 독자적으로 제거하려는 것을 막기 위해 노력하며, 교회로 하여금 교회 자신의 선택을 위하여 예수 그리스도의 교회로서 유지하기 위하여 이 불신적인 이스라엘에 대해서도 감사하는 마음과 희망을 견지하게 만들려고 노력하며, 교회로 하여금 이스라엘에 대해서 겸비하고 신실하도록 독려하려고 노력한다.

　　바울은 25a절에서 교회, 무엇보다도 이방인 그리스도인들이 그런 것으로 알아야 하고 인정해야 하는 한 "신비"에 대해 말한다: "형제 여러분, 나는 여러분이 이 신비를 모르지 않기를 바랍니다." 신비는 언젠가 기대되는 이스라엘의 변화에 있지 않고, 그의 선택을 확증하는바 이스라엘의 본성에 상응하여 잘린 가지가 다시 접붙여짐에 있지 않고, 회당이 미래에 교회로 흡수됨에 있지 않다. 이것은 자연에 상응하는 사건, 이교도들의 부름받음과 회심을 통하여 이미 지시되고 예비된 사건, 이중적 관점에서 이런 일과 더불어 확실히 기대될 수 있는 사건일 것이다. 반면에 신비는, 이 사건이 아직도 일어나지 않았다는 것과 바울과 온 교회가 여전히 저 수수께끼와 씨름해야만 한다는 사실의 의미가 은폐됨에 있다. 바울이 이 은폐된 의미, 모든 관점에서 교란적인 "아직 아니"와 "여전히 또한"을 신비라고 부른다면, 그는 이 신비를 다시 한번 다만 우연적인, 따라서 자의적으로 판단되어야 하고 다루어져야 할 세계사적 스캔들과 구별하려 하며, 인간적 지혜와 검증에 전적으로 앞서가고 능가하는 하나님의 결정의 질서로서, 곧 한 이스라엘과 교회를 포괄하는 영원한 하나님의 선택에 근거한 것으로 이해하려 한다. 그는 처음부터 그와 교회가 대결하는 회당의 수수께끼를 이런 의미에서의 신비로 다루었다. 9:6-13에서 하나님이 이스라엘에서 옛날부터 교회를 생각했고 선택했고 그러므로 이스라엘과 이스라엘 사이를 구별했다는 것을, 9:14-29에서 이 구별하는 행위에서 의가 드러났다는 것을, 9:30-10:21에서 여기서 하나님의 자비만으로 충분하다는 것이 드러났다는 것을, 11:1-10에서 교회가 실제로 이스라엘 안에서 살고 있다는 것을, 11:11-22에서 교회는 불신적 이스라엘이 없으면 현재의 교회가 있을 수 없다는 것을 보였을 때, 그는 처음부터 이 "아직 아니" 혹은 "여전히 또"를 하나님의 자비로운 의지로 돌렸다. 이 모든 것은, 모든 면에서 또한 저 거슬리는 사실 배후에 감추어져 있는―분명히 예수 그리스도가 그것의 내용이라면, 교회에 잘 알려져 있는―하나님의 결정에 대한 유일한 지시 외에 무엇이겠는가? 그러나 믿음으로써 접근할 수 있고, 모든 자의적인 해결과 제거를 배제하고, 오히려 경악, 감사, 희망, 경탄과 경배하지 않을 수 없게 만드는 하나님의 결정은 감추어져 있다. 곧 인간의 직관과 사고에 위임된 이 수수께끼는 명백히 해결되지 않고, 따라서 경악과 감사하는 마음으로, 희망 속에 경탄하고 경배하지 않을 수 없고, 따라서 인간은 믿음의 형태로써만이 이 신비를 소유할 수 있다. 그러므로 이스라엘의 회심의 수수께끼 같은 지체에 비추어 분명히 적용되는 "신비"라는 말은 이 세 개의 장(章)의 문제 전체를 포괄한다. 그들이 "스스로 지혜로워지지" 않기 위하여, 자기 자신의 지혜 위에 세우고 이로써 자기 자신 위에 기초를 놓지 않기 위하여, 오히려 33절 이하에 따라서 하나님의 지혜와 지식의 부요함의 심연 앞에서 멈추기 위하여, 바울은 그리스도인들이 이 일에서 하나님의 신비와 대면하고 있다는 것을 알기를 바란다. 우리는 24절에서 이 수수께끼가 또 다시 매우 날카롭게 표현되는 것을 보았다. 곧 불가해한 일, 이교도들이 교회로 부름받고 회심하는 일이 사건이 되었다. 이해할 수 있는 일, 자연스럽고 필연적인 일, 곧 이스라엘의 회심 자체는 아직 없다. 그것은 여전히 미래이다. 이러한 전도(顚倒)는 어째서인가?

바울은 25b절에서, 현재의 회당에서 구체화된 다수의 이스라엘을 완고하게 만들고, 그들을 교회로부터, 이로써 이스라엘의 선택의 열매로부터 격리시키고, 지금 시작된 일이 일어나서 완성되기까지, 곧 "이방인들이 가득" 교회 안에 들어올 때까지, 이 이교도들의 선택이 그들의 부름받음과 회심을 통하여 그 시간적 목표에 도달하기까지, 이스라엘에 주어진 약속의 성취에 참여하는 것을 유예시키는 것이 하나님의 뜻이요 결정이라고 답변한다. "이방인들이 가득"은 모든 이교도 개인들의 숫자적 전원을 뜻하는 것이 아니라―성서에서는 어디서도 이런 자격 없는 전원을 고려하지 않는다.―이교 세계 가운데서 예수 그리스도의 지체로 선택된 사람들 전원을 뜻한다. 골로새서 1:19에 의하면 "충만"이 예수 그리스도 안에 거하고, 그 안에 존재한다. 그는 모든 충만, 전체성, 총체성의 총괄 개념, 척도로서, 또한 선택받은 자들 전체의 총괄 개념이자 척도이다. 그러므로 누가 교회 안에 들어가는 전원에 속하는가는, 유대인과 이교도들에게 있어서는 그에 대한 믿음에 의해 결정된다. 그러나―그리고 이것은 하나님의 결정의 신비이다.―우선 이교도들 전원이 들어와야 한다. 로마서 1:16에 의하면 실질적으로는 "먼저 유대인에게, 그 다음으로 헬라인에게도" 속하는 것이, 일의 실제적 진행에서는 (저 이스라엘의 나머지를 제외하고) 우선 헬라인에게, 그 다음으로 유대인에게 이르게 될 것이고, 되어야 한다. 마지막 사람이 처음이 되고, 처음 사람이 마지막이 되어야 한다.(막 10:31) 집안의 자녀가 쫓겨나서 밖에서 기다려야 하고, 반면 이방인들이 사방으로부터 모여들어서 하나님 나라에서 아브라함, 이삭, 야곱과 함께 식탁에 앉게 된다.(눅 13:28-29) 이에 상응해서 정치적 차원에서는, "이교도들의 때가 완성되기까지, 예루살렘은 이교도들에 의해 짓밟힐 것이다."(눅 21:24)

이스라엘의 역사를 특징짓고 있는바, 이스라엘에 대한 하나님의 행태, 그 가운데서, 그 가운데로부터 교회의 고통스러운 분리, 이스라엘의 부름받음과 운명의 매우 어려운 암흑면, 하나님의 완고케 함과 인간의 불신앙은 26절에 의하면 우연이 아니다. 이 모든 일은 하나님의 변덕이나 자의에 의한 것이 아니다. 그러나 이 모든 것은 이스라엘의 죄와 책임에 의해 설명될 수는 있으나 이것을 그 이유로 제시할 수는 없다. 오히려 그 이유는, 그의 선택받은 자들 가운데서 먼저 부름받은 자들을 유보하고 기다리게 한 것, 그러므로 그들의 눈과 귀와 마음을 수수께끼처럼 닫는 일이 하나님의 선한, 자비로운, 은혜로운 의지에 따르자면 옳고 필연적이라는 데 있다. 회당의 존속의 근거는, 바로 하나님의 이스라엘 선택이 예수 그리스도 안에서의 선택이며, 따라서 그의 자비의 선택이라는 것과, 여기에 필연적으로 또한 이 선택이 실현되는 방법도 일치해야 한다는 데 있다. "그러므로(이런 방법으로) 온 이스라엘이 구원받을 것이다." "온 이스라엘"은 온 유대인 개인 전원을 뜻하지 않는다. 그러나 또한 "온 이스라엘"이 여기서 단순히 "이교도 전원"에 평행해서 유대들 가운데서 예수 그리스도의 선택받은 지체들 전체를 표시하려는 것이라는 것은 개연성이 없다. 오히려 다음에 오는 말 전체는, 문장의 역점이 "이렇게"에, 즉 저 불가해하게 순서를 전도한 것이 하나님의 구원의 올바르고 필연적인 길이라는 것에 있다는 것을 보여 준다. 이스라엘 가운데서 선택받은 자들도(개념의 좁은 의미에서) 실제로 이 구원에 참여할 것이고, 그러므로 자연 질서를 회복함에서 이스라엘의 선택의 진정성을 증언하고 확증하게 될 것이다. "온 이스라엘"은 예수 그리스도 안에서, 그와 함께 하나님에 의해서 유대인과 이교도들 가운데서 선택받은 자들의 공동체, 이스라엘의 거룩한 뿌리와 더불어, 결국 그 뿌리와 함께 결합된, 그것으로부터 영양을 공급받는 온 가지들로, 곧 전체적으로 예수 그리스도와 함께 원래의 줄기를 지속하는 나머지 사람으로 구성되어 있고, 이교도들 가운데서 들어온 돌올리브 가지들과 잘렸으나 결국 다시 접붙여진 가지들로 구성되어 있는 교회이다. 이 "전체 이스라엘"은 지금 교회와 회당의 관계에서 드러나는 것처럼 그렇게 구원받을 것이다. 곧 처음 사람이 마지막이 되고, 마지막 사람이 처음이 될 것이다. 왜 그런가? 왜냐하면 온 이스라엘의 구원은 다만 이렇게만 하나님의 자비의 행위로서 일어나고, 그런 행위로서 특성을 가지기 때문이다.(이 행위를 통해 낮은 자들이 높아지고 높은 자들이 낮아지며, 이 행위 안에서 죄가 용서받고, 인간의 주장은 인정되거나 만족되지 않는다.) 또 이 구원은 이런 전도(顚倒)를 통해 일어남으로써만 하나님의 선택의 결과와 열매가 될 수 있기 때문이다. 하나님의 선택 자체는 하나님의 자비의 결과이다.

우리는 인용문(26b-27절)에서 또한 27절을 간과해서는 안 될 것이다. 이 구절은 예레미야 31:33-34의 본래 문맥에서는 강조해서, "이것이" 그들(하나님의 백성)을 위한 나의(하나님의) 유언적 명령이니, 이는 그들의 죄가 제거될 때 적용될 것이라고 말한다. 곧 26b절은 이사야 59:20에서 인용하여 이렇게 말한다: "시온에서 구원이 이를 것이며, 야곱에게서 불경건한 일들이 제거될 것이다." 이스라엘의 성화와 구원에 관한 하나님의 명령은 그러므로 그들에게 약속된바 시온에서 나오는 구원자의 출현에 있다. 구원자의 기능은 불경건한 일들을 제거하는 것일 것이다. 여기서만 하나님과 자기 백성 사이의 계약이 완성될 것이다. 이제 그러나 이로써 마지막 사람이 처음이 되고, 처음 사람이 마지막이 되는 일이 결정되었다. 구원자가 분명히 바로 멸망한 자들을 받아들이고 그들을 도울 일을 그들에게 행하기 때문에 마지막 사람들이 처음이 될 것이다. 곧 그를 통하여 높여진 자들이 이스라엘이다! 그러나 이 구원자가 행하는 일이 이 일이 행해지는 자들을 멸망한 자들로 표시하고, 그가 그들에게 행하는 일만이 그들을 도울 것이기 때문에 처음 사람이 마지막이 될 것이다. 곧 그를 통하여 낮아진 자들이 이스라엘이다! 그리고 이것이 바로 "예수 그리스도 안에서" 온 이스라엘에 대한 하나님의 "취급 방식"이니, 곧 저 자연적 질서를 전도함에서, 저 불가해한 순서에서, 곧 이교도들이 먼저, 그 다음으로 유대인의 순서에서 필연적으로 표현되는 처리 방식이다. 이교도들은 유대인에 대한 그들의 본래적인 비천함 속에서 시온으로부터 나오는 구원자를 통한 높아짐의 대상이 되기 때문에 앞설 수 있다. 유대인들은 이교도들에 대한 그들의 본래적 높아짐 속에서 같은 구원자를 통한 낮아짐의 대상이 되기 때문에 그들은 뒤따라야 한다. 양자에 행하는 하나님의 자비는 이 차별에서 실현되고 드러난다. 그리고 바로 이렇기 때문에 이 차별이 하나님의 뜻이고, 이 뜻이 교회와 회당의 현재 관계의 수수께끼 속에서 믿고 경탄하고 경배해야 할 신비이다. 하나님이 여기서 걸어가는 길을 보는 자는—교회에 감추어져 있을 수 없는 길—여기서 기이하게 여길 것이나 결국 경악하지 않고, 모든 일이 이렇게 일어나야 할 것임을 고백할 것이다. 교회가 아는 하나님의 모든 길들 중의 길, 그의 근원과 계시 속에 있는 하나님의 결정은 예수 그리스도이다. 그가 시온으로부터 나옴으로써, 그가 또한 이스라엘을 위해서도 헛되이 온 것이 아님이 결정되었다. 그가 시온으로부터 나옴으로써, 그가 온 세상에 온 것임이 결정되었다. 이는 26절에 인용된 말 바로 앞 구절 이사야 59:19가 언급하는 바와 같다: "해 지는 곳에서 주의 이름을 두려워하며, 해 뜨는 곳에서 주의 영광을 두려워할 것이다. 그가 좁아진 강물처럼 올 것이니 주의 영이 그를 인도할 것이다." 그가 "구원자"가 되고, 죄를 제거하는 것이 그의 왕적 직무와 사역이 됨으로써, 저 전도(顚倒)가 일어나도록, 그 앞에서(하나님이 그를 통하여 모든 사람을 자비롭게 여기기 때문에, 모든 사람들이 믿음을 통하여 그에 대한 몫을 얻기 때문에) 부자가 가난한 자로, 가난한 자가 부자로, 선택받은 자가 버림받은 자로, 버림받은 자가 선택받은 자로 서도록 결정되었다. 이렇게 이스라엘의 희망은(교회 내에서 회당의 미래) 그들이 속해 있는 듯한 처음으로부터 만물의 종말로 옮겨진다. 바로 이로써 그 희망이 실제로 세워진다는 것을 주목하라. 그리고 유대인의 장자권, 이스라엘에 대한 하나님의 선택의 본래적 관계는 분명히 바로 이런 전도(顚倒)를 통해서 비로소 유효하게 된다. 유대인들이 본래 처음 사람이 아니라면 마지막이 아닐 것이다. 또한 그들은 결코 마지막 사람이 아니나, 교회로의 들어감에서 제외되는 듯하다. 그러나 그들이 교회와 함께 지금 이미 하나님의 자비의 경륜에 근거해서 사는 것을 바꿀 수 없다. 곧 그들은 아직은 믿음 안에서 살지 않는 것이 아니라, 믿음에 반하여 산다. 그들은 믿음을 확증하기 위해서 믿도록 먼저 선택받았다. 그래서 이스라엘은 교회의 희망 안에서 자신의 희망을 가진다. 교회가 이미 믿는다면, 교회에는 다만 그들의 믿음을 확실한 희망으로 만드는 하나님의 자비의 거대한 경륜만이 있을 뿐이다.

이것이 28-36절이 이 장을 마감하면서 진술하는 것이다. 우선 29절을 보는 것이 가장 좋다. "하나님의 은사와 부름은 취소될 수 없다.(문자적으로: '후회할 수 없다.')" 이 문장은 앞선 28b절의 근거를 설명한다. 28b절은 28절을 대위법적으로 설명한다. 그리고 다시금 29절 문장은 나중에 30-32절에서 전개되고 특수화되는 공리이다. 이 문장은 무엇을 말하는가? 이 문장은 분명히 9:6을 상기시킨다: "하나님 말씀은 폐해질 수 없다." 우리는 저 보편적인 명제를, 그러므로 분명히 이 9장과 10장 전체를 이 말 11:29에서부터 이해해야 한다. 곧 이스라엘 백성에게 주어진 약속과 또한 그들에게 부어지는 능동적인 하나님의 사랑("선물"과 "부름" 개념이 이것을 말한다.), 또한 그의 선택의 근거는 흔들릴 수 없다. 우리는 여기서 로마서 11장의 유명한 결론 구절을 이미 앞당긴 것이다. 하나님의 약속, 하나님의 사랑, 하나님의 선택은 하나님 자신의 항존성에 상관한다. 하나님의 심판 결정(χρίματα)은 이해할 수 없고 그의 은혜의 조치(그의 "길")는 헤아릴 수 없다고 33절은 말한다. 여기서 "이해할 수 없다"와 "헤아릴 수 없다"는 보다 높은 망대에서 판단하는 것이 아니고, 다만 하나님의 역사, 길로서의 그것들에 예속함을 통해서만 정확하게 인식한다는 뜻이다. 그리고 하나님은(34-35절에 의하면) 자기 곁에 어떤 자문관이나 경쟁자를 두지 않는 분이기 때문에 그는 현재 있고 일어나는 모든 일에 앞서 가며, 따라서 모든 일이 다만 그로부터, 그를 통하여, 그를 향해 존재하고 일어날 수 있기 때문에, 그것들은 이해할 수 없고 헤아릴 수 없다. 그러나 하나님의 주권과 전적인 책임에 대한 이런 칭송은 30-32절을 통하여 해석된다. 하나님은 불가해하게, 헤아릴 수 없게 자비를 베푸는 분이기 때문에 그는 우리에게 측량될 수 없다. 그의 자비는 모든 것에 선행하는 그의 뜻이다. 그의 자비는 만물의 시작, 목표, 수단이다. 바로 그렇기 때문에 그의 판결과 길은 우리에게 불가해하고 헤아릴 수 없이 보일지라도 그리고 사실 그러할지라도, 그의 결정과 길에는 어떤 자의도, 우연도, 변덕도, 그러므로 불충함도 없고, 믿을 수 없는 구석도 없다. 그가 분명히 한결 같은 분, 곧 불가해하게, 헤아릴 수 없이 자비를 베푸는 분이기를 중단할 수 없고 중단하지 않는 것처럼, 하나님은 그가 의지하는 모든 일에서 한결같이 의지하고, 그가 행하는 모든 일에서 한결같이 행하기를 중단할 수 없고 중단하지 않을 것이다. 그는 이렇게 자비를 베푸는 자로서 자신의 아들 안에서 인간 예수를, 그리고 그 때문에 이스라엘 백성을 선택했고, 이에 따라서 은혜를 베풀고 불렀다. 그는 헛되이 이렇게 한 것이 아니고, 다만 잠정적으로 행한 것도 아니다. 그는 전체적으로나 개별적으로나 철회하지 않을 것이다. 그렇지 않다면 그는 거짓말쟁이로 비난받을 것이다. 그렇지 않다면 그는 자신의 신성에 대해 착각한 것이 분명하다. 그러나 그가 분명히 신(神)인 이상 자기 자신에 충실해야 하고, 충실할 것이다. 또한 33-36절의 찬양에서 표현이 동일한 최고 존재의 "불가해성, 독자성"과 무관한 것처럼, 29절 문장은 최고 존재의 "불변성"에 관한 자칭 철학의 명제가 아니다. 그러나 29절 문장은 또한 하나님이 자기 백성에게 그들의 특별한 피 때문에, 혹은 그의 율법에 대한 충성 때문에 마땅히 보여야 할 신실함에 대해 절망하는 유대인의 항거 명제도 아니다. 오히려 이것은 죽은 자들로부터 예수 그리스도를 일으킴에서 하나님의 자비의 흔들릴 수 없음을 염두에 두고 대상으로 삼는, 하나님을 이런 그의 행위 가운데서 영원히 신실한 하나님으로 만났고 증거하는, 그리스도인의 희망의 고백이다. "선물"은 예수 그리스도의 죽음에서 완수된 화해의 총괄 개념이며, 부름은 예수 그리스도를 죽은 자들 가운데서 일으킴에서 일어난 이 사건의 계시의 총괄 개념이다. 그러나 이것은 모든 약속과, 하나님이 이스라엘에 보여 준 모든 사랑의 성취이고, 그의 선택의 실현이다. 그리스도의 교회가 하는 것처럼 여기서 작용하고 드러난 하나님의 신실함을 고백하는 자는 이로써 자기 백성 이스라엘에 대한 하나님의 신실함을 고백하는 것이고, 하나님에 의해 이스라엘 백성에게 주어진 것을 인식하고 감사히 받는 자이다. 그리고 그리스도 교회가 하는 것처럼, 이 하나님의 신실함을 그의 희망의 근거로 고백하는 자, 하나님의 자비가 이 취소될 수 없는 사실을 이루었다는 데서부터 그의 온 미래가 오는 것을 보는 자는 이로써 또한 이스라엘의 미래를 희망한다. 곧 하나님이 이스라엘에게 주었던 것이 결국 다른 사람들뿐 아니라 이스라엘 자신을 위하는 일이기를 희망한다. 하나님이 자기 자신에 대해, 즉 자신의 자비에 대해 착각하지 않음으로써, 교회 편에서 이 하나님에 대해 착각하지 않음으로써, 후자가 전자에 의해 배제됨으로써, 또한 세 번째 일, 곧 이스라엘의 미래에 대한 착각도 배제된다. 회당의 존속이 그 자체로, 그리고 교회에게 무슨 의미를 가지든지, 회당은 이렇게 착각하는 데 있어 이유가(이 착각은 교회가 하나님에 대해 착각함과 하나님이 자기 자신에 대해 착각함을 내포할 것이다.) 될 수 없다는 것은 확실하다.

    29절을 통해 오히려 28b절의 인식의 근거가 부정할 수 없게 설명된다. 곧 지금 불신적인 유대인들은 이스라엘에 닥친 선택에 따라서(거룩한 뿌리로부터 거룩하지만 잘린 가지들로서! 16절) 그들의 조상들 때문에 하나님의 사랑을 받는 자들이라는 인식. 만일 그들이 그렇지 않다면 조상들에게 주어진 약속도 성취되지 못한 채로 있을 것이다. 그렇다면 그들 조상의 믿음은 헛된 믿음이 될 것이고, 그들의 조상들도 또한 진정으로 사랑을 받은 것이 아니므로 위로받을 길이 없는 자들이 될 것이다! 이것은 그 시작으로부터 상상할 수 없는, 혹은 상상할 수 없는 미래에 이르기까지 이스라엘의 역사를 고려할 때, 또 모든 현재에서 이 백성의 각 지체를 생각할 때 생각할 수 있는 마지막 말이다. 첫 번째 말이 아니라 마지막 말이다! 그러므로 유대인들의 미래는, 그들의 현재에 대해 무엇이라고 생각하고 말하든 간에 여기서부터 바라보아야 하고 판단해야 한다. 그러므로 바로 교회가 그 자신의 미래를 바라보는 그 지점에서부터. 그러므로 이것은 불신적인 유대인의 현재에 대해서 말할 수 있는 마지막 말이다. 즉 그들은 그들의 존재나 행위 때문이 아니라—그러나 교회도 자신의 현재에 대해서도 이것을 관철시킬 수 없다.—하나님의 신실함 때문에 하나님의 "사랑받는 자"들이다. 하나님은 언제나 우선 사랑하며, 그가, 다시 사랑받지 못하는 때에도 사랑하며, 자신의 아들 안에서 그의 원수를 위하여 자신을 내어 주었다. 그러므로 28a절의 진리는, 이 유대인들이 현재에 복음 선포와의 관계에서 물론 하나님의 원수가(28b절의 평행 개념 "사랑받는 자" 때문에 '하나님의 미움받는 자'로 번역해야 한다.) 된다는 사실을 바꿀 수 없다. 이 판단은 옳을지라도 그들의 선택은 취소될 수 없다는 사실의 틀과 맥락 속에서만 유효할 수 있기 때문에, 이 판단은—그것이 아무리 진지하고 중대할지라도—그들이 지금 교회와 회당 사이의 현재 상황 속에서 물론 그리스도의 십자가에서 성취된바 죄 많은 인간들에 대한 죽음 심판, 하나님 앞에서 높고자 하는 모든 것은 필연적으로 비천해진다는 것, 피조물 자신은 전적으로 자비를 받아 마땅하다는 것을 확증하고 증언한다는 것 이상은 말할 수 없다. 그러나 이 판단은 유대인들에 관하여도 미래를 미리 판단하려 하지 않는다. 교회가 이렇게 판단한다면, 혹은 교회가 회당의 현재를 고려해서 결국 이런 판단에 고착된다면, 교회는 자기 자신에 대해 착각하지 않는 하나님에 대해 착각하게 될 것이고, 이로써 자기 스스로 포기하게 될 것이다. 불신적 유대인들이 11-22절의 진술 전체에 따르자면 "여러분 때문에", 이방 세계를 위하여 복음을 자유롭게 만들어서 구원이 그들로부터 이 세계로 들어가게 하기 위해서(11절), 이교도들에게(25절) 저 우선권을 허락하기 위해서 여전히 저처럼 뒤에 처져 있고 하나님의 미움을 받는 자들이 되었기 때문에, 교회는 자신을 포기한 것이다. 이런 기능을 가진 교회의 이방인 그리스도인들이 지금은 여전히 감추어져 있는 전혀 다른 미래를 향해 가고 있다는 것, 그들이 이런 기능에 의해서 하나님의 미움을 받는 자들로서 지금 이미 하나님의 사랑을 받는 자들이 정말로 되었다는 것이, 그들에게 자명하지 않은가?

그리스도교 공리(29절), 곧 하나님의 은사와 소명이 취소될 수 없다는 것은 무엇을 뜻하는가? 30-32절의 전개에 따르자면 이 공리는, 교회와 회당이 공통으로 가지고 있는, 그러나 또한 그들이 다만 공통적으로만 듣고 받을 수밖에 없는 위로를 내포한다.

인간을 바라볼 때, 태초에는 도처에 인간의 불순종이 있다. 지금 불신적 유대인들보다 앞서 교회로 모인 이교도들은 이것을 생각해야 한다. "너희도 언젠가 하나님에게 불순종했다."(30a절) 그러므로 그들이 앞장서고 그들이 처한 위치에 서게 된 것은 자신들의 복종 덕분이 아니다. 그들은 복종에 의해서 지금 미래와 희망이 있는 그 곳으로 가게 된 것은 아니다. 그들의 복종은, 그들이 거기서부터 앞을 바라보기 위해서 뒤돌아볼 수 있는 흔들리지 않는 토대는 아니다. 그들 뒤에 있는 것은 인간을 바라볼 때, 실질적으로 불신적 유대인 배후에 있는 바로 그것이다. 곧 하나님에 대한 이교도들의 불복종, 그들의 불순종이 유대인의 그것보다 훨씬 소름 끼치는 이유는, 불순종이 그들에게는 자명하고 자연스럽기 때문이었고, 그것이 하나님의 어떤 약속과 법을 통해서도 적어도 교란되지 않았고 중단되지 않았으며, 그것은 그들이 하나님 앞에 처해 있는 진공을 무한히 확증하는 것이기 때문이다. 그들이 교회로 모임으로써 그들의 불순종에 종지부를 찍었다. 이제 그러나 그들이 순종하게 되었다는 뜻은 아니다. 물론 그렇게 말할 수 있다. 그들이 지금 순종하게 되었기 때문이다. 그러나 이것은 다만 그들이 이전에는 불순종했던 하나님에게 자비를 얻은 결과일 따름이었다. 그들이 일어나 시온으로 온 것이 아니라, "구원자"가 시온으로부터 그들에게 왔고, 그들을 그들의 "조상의 방식에 따른 생활"에서(벧전 1:18) 떼어 내서, 그들을 끌어당겨 자신의 소유로 만들고, 그들을 그들이 현재 서 있는 위치에 세웠다. 그러나 그들이 아무 공로 없이 얻게 된 자비의 도구가(30b절) 바로 지금 회당에서 그들과 수수께끼처럼 대결하고 있는 유대인들의 불신앙이다. 또한 만일 구원이 유대인으로부터 유대인의 실수를 통해서, 곧 유대인들을 지금 하나님의 미움을 받는 자들이 되게 한 일을 통하여 그들에게 오지 않았더라면, 그들은 현재의 그들이 아닐 것이다. 어떻게 그들이 지금 자신들을 하나님의 자비의 대상으로—그리고 자비의 도구로 보지 않을 수 있으랴? 그들이 어떻게 자기 자신에게서와 다른 사람들에게서 이 자비의 계시, 하나님의 불가해함과 흔들릴 수 없음의 계시를 인지하지 않을 수 있으랴? 그들이 어찌 여기서부터가 아니라 다른 데서부터 자신의 미래와 다른 사람들의 미래를 바라볼 수 있으랴?

불순종은 거기에도, 불신적인 유대인들에게, 태초에 있었다.(31절) 교회로 모인 이교도들에게서가 아니다. 거기에 과거로서가 아니라 현재로서. 거기서 하나님의 자비에 의해서 가려지거나 제거된 것이 아니라 오히려 하나님에 대한 인간의 본래적인, 근원적인 행태로서 명백히, 숨김없이 드러났다. 유대인들의 불순종은 이교도들의 그것보다 더 소름 끼치는 것이다. 그 이유는 그들의 선택이 계시된 가운데, 하나님과 그들 사이의 계약이 성취되는 가운데 그들이 불순종하였고 불순종하기 때문이고, 그들의 불순종은 그들에게 나타났고, 그들을 위해 십자가에 못박힌 메시아를 버린 것이고, 그러므로 성령에 대한 용서받을 수 없는 죄로서 드러나는 듯하기 때문이다. 그러나 이교도들의 보잘것없는 불순종과 유대인들의 중대한 불순종을 비교하여 전자는 가볍고 후자는 무겁다고 주장하는 것은 분명히 아무 의미가 없을 것이다. 바울은 주지하는 대로 이미 로마서 1-2장에서 이교도들의 죄와 유대인들의 죄를 엄밀히 구별하여 보여 주었다. 불순종은 불순종이고 하나님에 대한 불순종으로서 다만 하나님의 자비에 의해서만 없어질 수 있다. 이교도들에게 일어난 자비의(이것은 바로 이스라엘에게 한 모든 약속의 성취인데) 불가해함과 흔들릴 수 없음은, 거기서 드러나는바 불순종과 뒤따르는 자비에서 아직 드러나지 않은 미래를 위한 법칙을 인식하지 않을 수 없고, 그러므로 현재의 유대인의 불순종을 기정사실화하는 것을 극복하지 않을 수 없다: "또한 그들도 지금 자비를 얻기 위하여 그들이 불순종하게 되었다." 그러므로 뿐만 아니라, 그들의 불순종을 통하여 구원이 이교도들에게 이르기 위하여! 또한 그들 자신도 구원에 참여하기 위하여! 그들도 달리가 아니라 하나님의 자비를 통하여. 이교도들의 과거가 없었던 일이 될 수 없는 것처럼, 그들의 악한 결정은 이미 내려졌고, 그것은 더 이상 철회될 수 없다. 그러나 이교도들의 미래가 또한 유대인들의 미래가 아니라면, 하나님의 자비는 이교도들의 현재가 아닐 것이다. 그리고 이제 여기서 도구가 사용되어야 하고, 사용될 것이다. 이교도들의 불순종이 이 도구일 수 없다. 오히려 그들의 순종은 11절 이하에 따르면, 유대인들의 질투를 일깨우는 것이다. 그러나 다시 여기서도 이교도들의 복종에 대해, 더 이상 유대인의 질투에 대해 언급하지 않는다. 오히려 그들 이교도들에게 일어난 하나님의 자비를 통하여 유대인들에게도 자비가 베풀어져야 하고 베풀어질 것이다. 그들의 존재는 인간 존재와 행위의 모범으로서가 아니라 하나님의 선함의 잔상(殘像)으로서, 하나님의 같은 선함이 원래 주어졌던 자들에게도 다시금 도움을 주는 수단이 되니, 이 수단을 통해 하나님이 유대인들도 긍휼히 여기게 될 것이다. 본문 비평학적으로 확인된 두 번째 "지금"(31절)은 흐름을 교란하는 듯하다. 그 이유는 이 구절에서 언급하는바, 하나님의 자비를 유대인에게 보이는 것은 미래의 일이기 때문이다. 그러나 이교도들에게 보이는 자비는 미래가 아니라 현재의 일이다. 이것, 그리고 따라서 신적 자비의 수단이 유대인들에게도 이미 현재가 됨으로써, 유대인을 향한 저 하나님의 자비의 행위도 진행중이다. 그리스도교 반(反) 셈주의처럼 유대인 문제를 종말론으로 옮겨 버리는 것은(들을 귀가 있는 자는 들을지어다!) 이 주목할 만한 두 번째 "지금"을 통해 불가능해진다. 이스라엘의 희망이 정말로 그와 교회의 희망, 그러므로 미래라는 것은, 하나님의 자비로부터 사는 교회가 이스라엘에 대해 지니는 책임이 이미 온전한 현재가 되었다는 사실을 변경하지 못한다.

그러므로(32절) 모두가 함께 있다. 문제는 다시 무차별적인 총체성이 아니라, 26절의 저 "온 이스라엘"이다. 이들에게 공통적인 것은 인간적 불순종 속에 있음과 하나님의 자비를 받도록 예정되어 있음이다. 하나님은 그들은 과거에 본래적인 불순종 아래 내버려두었으므로 이교도들은 저 불순종 아래 갇혀 있었다.—또한 하나님은 현재에 유대인들의 마음을 완고케 만듦으로써 그들을 불순종에 떨어지게 하여서, 그들은 부자연스러운 불순종 아래 갇혀 있었다. 양자가 하나님에 의해 같은 감옥에 갇혀 있었다! 그리고 확실히 하나님은—감옥이 열리고 다시 양자가 함께 있다.—이교도들로 하여금 자비를 얻도록 예정했으니, 그들이 현재에 여기에 참여하게 되었다. 또한 하나님은 유대인들로 하여금 같은 자비에 미래에 참여하도록 예정하였다. 인간의 불순종이 어디서나 시작에 있었던 것처럼, 하나님의 자비는 종말에 어디서나 있다. 어디서나, 모든 사람을 위하여, 즉 "온 이스라엘"을 위하여, 하나님의 선택의 전 영역에 있다. 하나님의 영광은 그가 자비를 베푸는 분이라는 데 있다.

§35
개인의 선택

하나님과 대립하여 고립된 인간은 하나님에 의해 버림받은 것이다. 그러나 이 인간이 됨은 다만 불경건한 인간 자신의 선택일 따름이다. 모든 각 인간에게 하나님의 공동체는 이 불경건한 자의 이런 선택이 헛되며, 그는 영원 전부터 예수 그리스도에 속하며 따라서 버림받은 것이 아니라 오히려 예수 그리스도 안에서 하나님에 의해 선택받았다는 것과, 그의 왜곡된 선택으로 인하여 그가 마땅히 받아야 할 버림은 예수 그리스도에 의해 담당되고 폐기되었으며, 그는 올바른, 신적 선택으로 인하여 하나님과 함께하는 영원한 삶을 얻도록 선택되었다는 것을 증언한다. 그의 선택의 약속은 그로 하여금 공동체의 지체로서 온 세상에 이런 증언을 전달하는 자가 되도록 정할 것이다. 그리고 그의 버림받음의 계시는 다만 예수 그리스도를 그의 버림을 담당하고 폐기한 자로서 믿도록 정할 따름이다.

1. 예수 그리스도와 약속, 그리고 그것을 받는 자

우리는 결론적으로 하나님의 선택 개념을 이제 또한 개별 인간과의 관계 속에서 정당하게 다루어 보려고 한다.

전통적 예정론은 모든 경향, 모든 뉘앙스에도 불구하고 이 문제로 시작했고, 또한 본질적으로 이것을 넘어가지 못했다. 전통적 예정론은 우리가 지금까지 예수 그리스도의 선택 개념 아래, 공동체 선택 개념 아래 다루었던 모든 것을 은혜의 선택의 문제, 곧 하나님과 모든 개별 인간 사이에 성립하는 사적 관계의 영원한(적극적 혹은 소극적으로 규정된) 질서에 대한 물음에 대하여 다만 변두리의 보충적 문제로 취급했다. 그들이 얼마나 신속하게 이 문제에 접근했는지, 또 그들이 얼마나 당연하게 예정론이란 결국 전적으로 이 문제를 다루는 것이라고 생각했는지는 놀라운 일이다. 그러나 이것은 사실이니, 그렇게 보편적이고 그렇게 오래된 사실이다. 따라서 이것은 거의 내적 필연성의 무게와 권위를 얻을 정도가 되었다.

이렇게 발전된 역사에는 서구의 보편적인 정신사의 흐름이 반영되고 있다. 곧 고대 말에 시작되어 르네상스에 이르러 절정에 도달한바, 인간 개인을 발견하고 그 가치를 평가하게 된 경향으로, 이것이 소위 말하는 근대를 지배했다. 우리가 이런 흐름의 갑작스런 단절의 징후 아래 처해 있는 오늘날, 다시금 여기서 문제가 되었고 문제가 되는 진리 내용을 새로이 기억하고 수용할 때이다. 그리고 우리는 이것을 이 부분, 이 문맥 속에서 행하려 한다. 그러나 이것 때문에 우리가, 이 보편적인 정신사적 운동이 문제성 있는 동기로서 의심의 여지없이, 예정론이 결국 전적으로 하나님과 "개인" 사이의 관계의 영원한 근거를 설정하는 것과 관계한다는 공리를 세움에 있어 함께 작용을 했다는 사실을 먼저 확정하는 것을 못할 이유는 없다.

고전적 예정론의 아버지 아우구스틴이 동시에 그리스도교 자서전이라는 문학적 장르를 발견한 인물이라는 것은 결코 우연이 아니다. 그의 예정론의 열정과 내용은 확실히 단순히 거기서부터 온 것은 아니다. 그러나 또한 단순히 저 흐름,『고백록』의 저 "신과 영혼"의 흐름을 고려하지 않고서는 이해될 수 없다. 이 흐름은 후에 그리스도교적, 세속적 형태로 그처럼 심히 중대성을 얻었다. 아우구스틴의 예정론은 우리가 이전에 본 대로, 하나님의 말씀을 들은 자들 가운데서 어떤 사람들은 믿고, 어떤 사람들은 믿지 않는가 하는 물음에 답한다. 그 답변은 우리에게 하나님이 그의 기뻐하는 대로 어떤 사람들에게는 말하나 다른 사람들에게는 말하지 않는 "아들에게 나아가기 위해서, 아버지 말씀을 듣고 아버지가 가르치는, 육신 감각에서 심히 멀리 있는 학교"(*De praed.* 8, 13)를 지시한다. 각각 개성적 차이가 있는 인간 개인의 신비가 하나님의 예정인 한에서, 이 신비로운 "학교"는 하나님의 예정이다. 어쨌든 아우구스틴의 예정에 대한 정의는 내용상 일반적으로 이렇다. 예정은 은혜의 준비(*De praed.* 10, 19), 혹은 하나님의 은총의 준비이다.(*De dono persev.* 14, 35) 그는 예정을 개별 인간 대신에 "두 나라, 곧 인간들의 집단"에도 적용할 수 있었다. "이 가운데 한 집단은 영원히 하나님과 더불어 지배하도록 예정되었고, 다른 집단은 악마와 더불어 영원한 형벌에 떨어지도록 예정되었다."(*De civ. Dei* XV, 1) 우리는 예정론의 그리스도론적 이해를 위하여 아우구스틴이 기여한 바가 크다는 것 내지는 이런 이해를 촉발한 것을 기억한다.

아우구스틴에 연관해서 토마스 아퀴나스도 예정을 인격적으로가 아니라 사물적으로 "영원 전부터 내려진바, 하나님의 은혜를 통해 시간 안에서 일어나게 될 일에 관한 하나님의 예정"(*S. th.* III *qu.* 24 *art.* 1c)으로서 정의했다. 그가 선택을 적어도『그리스도교 강요』초판에서, 그리고 1542년의 교리문답서에서 일차적으로 교회에 관련시킨 한에서, 그리고 그가 또한 문제를 그리스도론적으로 평가하도록 한 아우구스틴의 권유를 받아들인 한에서, 칼빈에게서도 상황은 여전히 유동적이었다. 그러나 그에게서 또한 결정적인 전환이 가시화된다. 그가『하나님의 영원한 예정론』(1552 *C. R.* 8, 313)에서 예정을 보다 포괄적으로 "하나님이 이것을 통해 온 인류에 대해서, 그리고 개별 인간에 대해서 그들에게 일어나게 될 일을 결정한 것"이라는 말로 표현했다면,『그리스도교 강요』최종판에서 예정 개념은 "그가 스스로 그의 의지에 따라서 각 인간이 어떻게 될 것인가를 결정한 영원한 계획"으로 좁혀졌다. "즉 모든 인간들이 같은 운명으로 창조된 것이 아니라, 어떤 인간들에게는 영원한 생명이, 다른 인간들에게는 영원한 저주가 예정된다. 그러므로 각 사람이 두 가지 목적 가운데 어떤 목적으로 창조되었느냐에 따라서 그가 생명으로 혹은 죽음으로 예정되었다고 말한다."(III, 21, 5) 이로써 개혁파와 루터파, 정통파와 비정통파, 타락 전 예정론자와 타락 후 예정론자, 계약 신학자들과 그 적수들에게서 이처럼 당연성을 얻었던 경향을 언급했다. 칼빈도(예를 들어 신명기 설교에서: *C. R.* 26, 521f.; 27, 46) 그리고 17

세기 교리학자들도 "일반적 선택", 즉 온 백성, 곧 이스라엘 백성의 선택에 대해서 알고 또 말한다. 그러나 주목할 만한 것은, 그들이 이 일회적인 사건을 이런—다만 이런 유(類)를 포괄하는—종(種) 아래 두었다는 것이고, 또 주목할 만한 사실은 이 종으로써, 따라서 이스라엘의 선택이라는 일회적인 사건으로는 신학적으로 실제로 아무것도 시작할 수 없고, 아무 연관도, 아무 설명도 없이(W. Bucanus, *Institut. theol.* 1605 *Loc.* 36, 1, 5f.: A. Polanus, *Synt. theol. chr.* 1609 *col.* 1572f.) "특수 선택, 성도의 예정"으로 계속 서둘러 넘어갔고("이제 우리는 이것에 대해 논해야 한다.") 이것과 이것에 상응하는 유기에서 벗어나지 못했다는 것이다. 또한 다른 면에서는 이 가르침을 심화하는 데 공로를 쌓았던 코케이유스와 같은 인물도 예정의 내용을(그에게서는 영원한 "계약"과 동일한 의미이다.) "하나님은 생명의 상속자들을 선택했고 … 다른 사람들을 유기했고 미워했음"에서 보았다.(*Summa Theol.* 1662 cap. 37, 2) 그리고 또한 고백 문서들도—스코틀랜드 신조는 한 예외이다.—예정의 대상으로서 오른편과 왼편에 있는 개별 인간들에게 이구동성으로, 명백히 관심이 있음이 드러난다. 정통주의에서는 교회론에서 예정 개념을 사용하곤 하였다. 그러나 사람들은 마치 이스라엘도 교회도 없는 것처럼, 다만 개별 인간들만이 예정의 대상으로 고려될 수 있는 것처럼 예정 개념을 사고했고 발전시켰다. 또한 사람들은 아우구스틴을 통해서, 그리고 후대에 코케이유스를 통해서 받은 교훈에도 불구하고 이 맥락에서 일차적으로 예수 그리스도를 생각하는 것에서는 멀어져 갔다! 예정론을 다소간에 집중적으로 일반적인 섭리론과 연결시킴으로써만 시야는 확장되었다. 그러나 사람들이 섭리론을 개별 인간들의 예정으로서의 은혜의 선택에 관한 가르침으로 발전시켰을 때, 하나님의 영원성 사상에서부터 양육된 개인주의는 이런 연결을 통해서 더욱 심화될 따름이었다. 그리고 확실히 또한 선하고 악한 천사의 예정에 대한 개관도(이것의 서술을 통해 예정의 대상론이 보통 시작되었다.) 실제로, 다만 오른편, 왼편의 "일부-일부"의 상을(보다 고귀한 영들의 세계 내에서의 동일한 상의 배경과 더불어서) 계속 심화하는 데 기여했을 뿐이었다.

교회의 예정론의 이런 방향 설정이 확실히 이전의 세속적 개인주의와 무관하지 않은 가운데 성립되었다면, 이것도 확실하다. 곧 이런 방향의 예정론은 교회 내에서 이런 쪽의 경건주의와 합리주의를 예비했던 요소들 중에 속할 뿐 아니라, 또한 그것 없이는 세속적 개인주의의 길을(J. J. 루소와 청년 슐라이에르마허, 막스 슈티르너, 그리고 키에르케고르를 거쳐 입센과 니체에 이르기까지) 생각할 수 없는, 그런 전제 조건들 중 하나이다. 소위 말하는 근대에 이런 경향의 예정론을 아무리 비난할지라도, 아무도 이편에서부터 이것에 이의를 제기할 생각을 하지 않았고, 또한 아무도 그것을 생각할 수도 없었다. 그 이유는 사람들은 개별 인간에게서 하나님의 길의 모든 시작과 종말이, 혹은 심지어 모든 신적 현실의 총괄 개념이 인식되어야 하고 경배되어야 한다는 확신 속에서, 이 예정론이 서구 사람들에게—모든 고대의 신비주의자들보다도 더 날카롭게 그리고 18, 19세기의 예언자들보다 오래 전에—매우 인상깊게 제시한 것에만 너무 지나치게 의존해서 살아왔기 때문이다.

우리는 또한 이 점에서 교의학적 전통에 따르지 않았다. 하나님의 선택 문제는 개별 인간의 선택 문제로 끝나지 않는다. 오히려 전자는 후자를 포함한다. 그러므로 후자는 다만 전자와의 맥락 속에서만 평가될 수 있을 따름이다. 그러나 그것과 전자와의 맥락은 예수 그리스도의 선택 문제, 이스라엘과 교회의 선택 문제와 연관되어 있다. 선택의 문제는 전통적 예정론이 그렇게 신속히, 그렇게 배타적으로 관심을 가졌던 문제를 포함한다. 문제는 하나님과 인간과의 계약을 위한 하나님의 자유로운 사랑의 결정에 있다. 하나님은 이 계약 없이는―아버지와 아들이 성령 안에서 표현할 수 없는 그들의 일체를 원한 것 같이―하나님이고자 하지 않는다. 분명히 아들 안에서 성령을 통한 아버지의 계시, 그러므로 신성의 깊음의 계시는 이 계약의 계시, 예수 그리스도 안에서의 계시와 동일하다. 문제는 예수 그리스도 안에서 하나님의 영원한 자기 헌신, 그의 공동체를 통한 이 사건의 증언에 있다. 이 공동체는 이스라엘의 형태로 하나님이 인간으로 낮아짐을, 교회의 형태로 인간이 하나님으로 높아짐을, 이스라엘로서 죄에 대한 하나님의 정죄를, 교회로서 하나님이 인간의 믿음을 받아줌을, 이스라엘로서 약속을, 교회로서 은혜의 계약의 성취와 이와 더불어 이 온 백성의 칭의와 구원을 나타내고 선포해야 한다. 예수 그리스도 안에서의 이런 하나님의 자기 헌신이 하나님의 결정의 내용을 이룸으로써(이 결정은 모든 결정의 실현뿐 아니라 다른 모든 결정에 앞서고 하나님의 모든 길과 역사의 시작으로서 다른 모든 결정을 포괄한다.), 우리는 하나님의 자기 헌신에서 영원한 이중적인 예정을, 하나님의 은혜의 선택을 간파해야 한다. 예정론의 진수는 하나님이 어떤 사람들은 복락으로, 또 어떤 사람들은 저주로 예정했다는 명제라고 하는 관습법은 여기서부터 공격받을 수 있다. 예정론에서 발설되어야 할 성서적 사실에 비추어, 이 명제도, 그리고 개별 인간의 선택을 다르게 표현하는 모든 교설들도 예정론의 주제로 인정받기에는 너무나 부족하다. 이 특별한 주제는 차라리 예정론 주제의 한 형태이다. 이 형태 외에도 저 다른 것들이 있다. 곧 예수 그리스도의 선택과 공동체의 선택. 이 형태는 "추상적"으로가 아니라 다만 저 다른 형태들과의 연관 속에서만 평가되어야 한다. 이 개인의 선택 문제에서 올바른 명제는, 예수 그리스도의 선택과 공동체의 선택에 대해 말해야 하는 것을 정확히 참작하여 찾아야 한다.

개별 문제들을 다룸에서 순서 문제는 근본적으로 중요한 것은 아니다. 여기서 이런 순서를 택했다면, 이것은 반명제를 명확히 하기 위해서였다. 우리가 전통과 부합해서 지금 끝난 곳에서 시작했더라면, 여기서 필요한 수정을 가하고 그것을 드러내기가 더욱 어려웠을 것이다. 그러나 부정할 수 없는 것은, 곧 개인의 선택으로 시작해서 점점 더 높은 단계로 올라가서 이스라엘과 교회의 선택을 거쳐 예수 그리스도의 선택으로 끝나는 전통을 좇아 순서를 바꾸는 것 자체도 가능하다는 것과, 수정을 가했다면 순서를 뒤집는 것이 또한 바람직할 것이라는 것이다. 다만 개인의 선택이 예수 그리스도의 선택, 하나님의 공동체의 선택과 밀접한 맥락 속에서 진술되어야 한다는 통찰만이 필요한 수정안으로서 근본적으로 중요하다.

우리가 하나님의 선택 문제가 개별 인간의 선택 문제를 포함한다고 말함으로써, 우리는 또한 이 두 번째는 실제로 필연적으로 전자의 영역 속에 속하며 그렇기 때문에 이 맥락 속에서 진지하게 탐구되고 진술되어야 한다는 것을 인정한다. 영원 전부터 예수 그리스도 안에서 결정된 것이 이런 이스라엘과 교회의 증언의 형태로 개별 인간에게도 말해졌고, 그에게 이르고 그와 상관하고 그에게 해당되는 한, 선택하는 하나님이 그의 말씀으로 그 말씀과 함께 선택하는 자와 선택받은 자의 관계 속으로 들어가고, 그의 말씀을 통해서 그를 선택받은 인간으로 만드는 한, 영원 전부터 결정된 것은 구체적으로 각 개별 인간에 대해 결정된 것이다. 각각의 이 인간은 예정받은 자로서, 예정론은 그에 대해서도 필수적으로 말해야 한다. 각각의 이 인간을 하나님은 예수 그리스도의 선택에서, 그리고 이분을 증언하는 공동체의 선택에서 영원 전부터 보았고 인식했고 생각했고 원했고 "예정했다." 하나님의 자기 헌신은 그를 위함이다. 하나님은 그에 대해 심판한다. 하나님은 그에게 자비를 베푼다. 그는 그의 은혜의 선택의 대상이다. 고전적 예정론이 이렇게 부지런히, 이렇게 열심히 개별 인간의 선택에 대해 말한 것은 확실히 잘못된 것은 아니었다. 이 관계를 고려하지 않는다면, 교회의 신론이 말해야 하는, 교회의 신론이 은혜의 선택론으로서 하나님과 인간 사이의 원역사에 관해 말해야 하는 모든 것에 대해서 어떤 말도 정확히 말하지 않은 것이고, 이해하지 못한 것이다. 전통적 예정론에서—이런 관계에 대한 올바른 이해를 손상하면서—그런 것 같이, 우리는 하나님의 은혜의 선택의 이런 관계를 고립시키고 어느 의미에서 실체화해서는 안 된다. 그러나 우리는 하나님의 은혜의 선택을 전적으로 또한 이런 관계 속에서도 이해해야 하고 진술해야 한다.

이 "또한"은 이 세 번째, 마지막 문제군의 의미를 제한하거나 약화시킴을 뜻하는 것은 아니다. 예정은 비본래적으로만, 잠정적으로만 또한 개별 인간의 예정인 것은 아니다. 예수 그리스도의 선택은 그 곁에, 그 밖에 있는 개별 인간들의 선택을 상대화시키지만 그러나 또한 그것의 근거를 이룬다. 그들의 선택은 예수 그리스도의 선택 안에 포괄되어서만이 올바르고 중요할 수 있기 때문에 사소한 것은 아니다. 오히려 예수 그리스도의 선택에서는 그들의 선택이 문제이다. 각자가 자신을 개별적 존재로서 선택된 것으로 이해하기 위해서는 그에게 예수 그리스도의 선택이 증언되고 선포되어야 한다. 하나님의 선택의 원래적인 대상으로서 다른 모든 사람들을 위해서는 타자(他者)가 되는 이 한 인간은, 그가 그들보다 월등한 면을 통해서 하나님의 선택을 빼앗는 것이 아니라, 그가 그들보다 모든 월등한 점이 있음으로써—그는 또한 선택의 원래적 주체이기도 하다.—그는 그들을 위하여 모든 것이 되고, 그들에게 모든 것을 준다. 이 타자 안에서 각자가 스스로 되어야 할 바가 전제되어 있고 보존된다. 반면 그가 없이는 다만 무로부터 와서 무로 돌아갈 수밖에 없다. 예수 그리스도의 원래적 선택에 비추어서 "개인주의"의 "진리의 단편"이 억압받지 않고 오히려 관철되고 유효해진다. 이것은 또한 공동체의 선택에도 해당한다. 이것도 그의 영역 안과 밖에 있는 개별 인간들의 선택을 상대화시키지만 동시에 그 근거를 이루는 한에서 중요하다. 개인의 선택은 공동체의 선택을 통해 중재되고 제약받고 제한됨을 통하여 대상을 상실하지는 않는다. 공동체의 선택은 인간들에게 예수 그리스도를 증언함으로써, 인간들에게 예수 그리스도를 믿도록 부름으로써 공동체는 인간들에게 자신의 선택을 선포한다. 이스라엘에서 태어났고 그로부터 교회가 나오게 된 그분이 살아 있음으로써, 공동체가 부르는, 공동체가 부름을 계속 외칠 수 있는 자들이 그 안에, 그와 함께 살아 있다. 그들의 선택에서만 선택이 공동체에 오직 드러날 수 있고 유효할 수 있다. 이 공동체는 그 지체들에 대해서 어떤 독자적 삶을 살지 않는다. 이 공동체는 그들 안에서 산다. 이 공동체는 예수 그리스도의 선택이 그들에게 중재하는 것을 빼앗지 않는다. 또한 이 공동체는 그들보다 모든 점에서 월등하지만, 그가 가진 모든 것을 그들을 위해 가지며, 그의 모든 것은 오직 그들 안에만 있다. 우리가 "개별자"의 선택을 공동체의 선택의 목표로 이해한다면, "개인주의"라는 "진리의 단편"은 실패하는 것이 아니라 확실한 영광을 얻게 된다.

우리에게는 지금 여기서 분명하게 두 가지 일정한 경계가 설정되어야 한다.

지난 20년간에 점점 분명하게 예수 그리스도의 선택 개념을 세속적으로 흉내낸 것으로 밝혀진 현대적 개념이 있다: 지도자 개념. 지도자는 우선은 일정한, 그 다음으로는 필연적으로 한없이 확장되는 영역 속에서, 결국 다만 세계권일 수밖에 없는 권역 속에서, 은혜의 선택의 충만함을—그가 다른 사람들을 위해서가 아니라 그들 대신에 선택받은 자, 곧 타자가 되는 방식으로—자신 안에 통합하는 개별자이다. 결국 그 옆에는 어떤 개별자도, 어쨌든 선택받은 개별자도 없다. 그의 영역 안에서의 인간 존재의 모든 신비는 그의 신비이다. 이 영역 안에서의 모든 자유와 책임, 모든 전권과 권력이 그에게 속한다. 그는 타자이니, 그를 통해서 그 옆에 있는 다른 사람들의 선택과 더불어 또한 모든 것이, 곧 그들의 고립, 고독의 신비, 자유와 책임, 모든 전권과 권력이 박탈되었다. 그들은 지도자의 결정을 이행하기 위해서 모든 것을 다만 그로부터 얻을 따름이다. 다만 개별자일 따름인 지도자는 많은 사람들 중에서 나와서, 타자로서 그들보다 높아짐으로써 다른 개별자들에 대해서 찬탈자가 된다. 현대적 지도자 개념의 의미에서 선택은, 그것이 예수 그리스도의 선택을 정반대로 뒤집은 것이고, 그것을 희화한 것인 점에서 예수 그리스도의 선택과 상관한다. 서구의 개인주의는 주지하다시피 이 개념 형성에 대해 결백하지 않다. 찬탈자의 야비함, 인간을 살상하는 뻔뻔스러움이 처음부터 그 논리 속에 있었다. 서구의 개인주의가 이런 논리로 갑자기 변해서 부조리로 이끌렸고, 자신에 거슬러 끔찍스러운 반응을 초래했다면, 여기서 우리는, 개인주의가 그리스도교의 선택 개념에 대하여 이미 그 시초부터 처해 있었던 대립상이 다만 드러난 것임을 주목해야 한다. 그리스도교 선택 개념 속에는 한 인간을 위하여 많은 사람의 권리를 박탈하는 일이 예견되지 못했다. 오히려 예수 그리스도가 하나의 선택받은 자 됨으로써 선택이, 그리고 이와 더불어 고립과 고독의 신비가, 이와 더불어 자유와 책임이, 이와 더불어 전권과 권력이 많은 나머지 사람들에게 거부되지 않았고, 오히려 이 타자(他者) 안에서 약속되었다. 그는 이들을 위하여 있고, 그는 그들을 대신하여 하나님의 은혜의 선택의 대상이 아니다. 그는 하나님의 선택받은 자로서 된 바, 가지고 있는 바를 자신을 위해 취하고 지키지 않는다. 그는 전리품을 다루듯이 그것을 다루지 않으며, 오히려 그는 그가 된 바, 가진 바를 많은 사람들에게 계시하고 베풂으로써, 그가 된 바가 되며 가진 것을 가진다. 그의 나라는 병영(兵營)도 아니고, 감옥도 아니고, 오히려 그 안에서, 그와 함께, 그를 통하여 자유로운 자들의 거주지이다. 그는 모든 사람의 종이 됨으로써 모든 사람의 주(主)이다. 세속적 개인주의가 현대적 지도자 개념으로 그 목표와 종말에 도달했을지라도, 그리스도교 선택 개념에서는 저 개념에 의해서는 거의 이해되지 못한 예부터의 관심사가 보존되어 있고, 저 개념 위에 닥친 재앙에 직면해서 미래에도 보존되어 남게 될 것이다.

그러나 또 다른 현대적 개념이 있으니, 이것은 여기서 중요하며, 지금 오인할 수 없이 공동체의 선택을 세속적으로 흉내낸 것이다. 그것의 모방의 특징은, 이 개념은 그리스도교적 원형에 대해서도 말할 수 있는 것처럼 저 첫 번째 것과도 밀접한 관계가 있다는 것이다. 이 개념은 상호 모순되는, 그러나 최근의 발전에서는 점차로 통합되고 상호 습합되는 경향을 보였던 두 가지 양태로 존재한다. 한편으로는 사회적 인민이 있고, 다른 한편으로는 민족 백성이 있다. 공산주의적 의미에서의 선택받은 인간은, 자본주의에 의해 산출된바 일반적인 무산계급화를 통해 이루어진 인민이다.—파시즘의 의미로는 종족, 언어, 역사를 통해 이루어진 민족이다. 두 개념은 전체주의적 국가 개념으로 통합되었다. 여기에 인민, 저기에 민족이 그 국가 안에서 그들의 일체성뿐 아니라 그 본질을 가지며 여기서나 저기서나 국가가 선택의 본래적인 대상이 된다. 전체주의 국가 덕분에 인민이나 혹은 민족의 각 일원들은 다만 어느 때라도 교체될 수 있는, 개인의 권위를 필요로 하지 않는 구성 요소의 삶과 기능을 얻을 따름이다. 국가는 개별자가 그의 특별한 기능으로 무엇을 행하느냐, 혹은 행하지 않느냐에만 관심을 가질 따름이다. 그러나 국가는 개별자가 그 자신으로서 무엇인가, 또 그가 개별자로서 무엇이 될 수 있겠는가에 대해서는 전혀 관심이 없다. 국가 내에서 조직된 대로 전체가, 인민이나 민족이 살기 위해서는, 개인은 어떤 의미에서나 죽어야 한다. 곧 그의 생의 주장과 더불어, 그의 양심, 그의 통찰, 그의 우발적 생각, 그의 필수적 신념과 함께 죽어야 하고, 그리고 결국 육체적으로도 죽어야 한다. 개인이 선택받은 것이 아니고 전체가 그 대신에 선택받았다. 그러므로 이제 또한 여기서 이런 결론이 나온다. 개인은 자신의 비밀도, 자신의 자유도, 책임도, 자신의 전권이나 권한도 없다. 개인은 모든 것을 다만 전체로부터 얻을 수 있을 뿐이며, 그는 전체에 대해서 의무가 있을지라도 전체는 그에게 의무가 없으며, 그는 이 전체 속에서 자신의 것을, 자신의 개체, 자신의 고독을 관철시킬 의무나 책임이 없다. 그것에 대한 책임은 그것에 대한 권한과 함께 그에게서 박탈된다. 그는 다만 예속되고 스스로 예속하면서, 그가 사용당하고 사용하도록 허락하면서 산다. 이 개념은 하나님의 공동체의 선택을 정반대로 뒤집은 것인 한에서만, 공동체의 선택과 상관한다. 지도자 개념이 서구 개인주의의 마지막 결론이라고 할 수 있다면, 전체주의적 인민 국가 내지 민족 국가는, 이 개인주의가 자신에 대해 단순히 피곤해졌고 피곤해질 수 있었다는 사실을 드러낸다. 개인주의는 시초부터 그에게 내재하였던 깊은 내면적 불안정과 무기력을 드러낸다. 개인주의가 비열하게 배신당했을 때, 개인주의는 자신을 표현하고 추천할 만한 시간과 기회가 충분히 없었던가? 분명히 사람들은 그것에 염증이 날 수 있었고, 그래서 그것을 전체주의 국가와 교체하려고 했다! 그러나 하나님 백성의 공동체와 관련해서 그리스도교의 선택 개념은 이러한 피곤의 산물이 아니다. 그리스도교 선택 개념에서 하나님의 선택이 실제로 인간 백성 전체의 선택으로 이해되어야 하고, 개인의 선택이 이 백성의 일원으로 선택하는 것으로 이해되어야 한다면, 개인의 선택은 저 전체의 선택 못지않게 근원적이며 진정한 것이다. 전자는 후자 없이 이루어질 수 없고, 개인은 바로 그의 개인적 선택에서 하나님의 백성 전체의 선택을 인식할 수 있고, 저 전체 속의 일원 됨을 통해서 그 자신의 비밀과 그 선택에서 결정된 모든 것이 그에게서 박탈되는 것이 아니라 오히려 주어지고 또한 지켜진다. 그는 이 백성의 책임을 대행할 권한을 받은 자요 독자적으로 그 책임을 맡은 자이다. 그는 이 백성 안에서 다만 가신(家臣)이 아니라 자유로운 시민이다. 그는 받고 주며 다만 메커니즘 속에서 추진당하고 추진하는 바퀴로서(혹은 한 유기체 내에서 세포로서) 작용하는 것이 아니라 오히려 자신의 주도권을 가지고 일한다. 그는 다만 전체 안에, 전체 가운데 서는 것이 아니라 그의 위치에서 스스로 전체이다. 그는 개별자로서 전체이다. 전체로부터 되는 것이 그 자신으로부터 되는 것이다. 한 사람이 모든 사람을 대표하는 것처럼, 모든 사람도 한 사람을 대신한다. 하나님의 선택의 기초 위에서 "개인"과 "공동체" 사이에는 싸움이 없으며, 양자 사이에는 중재가 필요없고 그러므로 때로는 한 편에서, 그리고 때로는 다른 편에서 지속적인 반응도 없고, 그러므로 또한 오늘 개인주의가 사퇴하는 것도, 또 집단주의적 개혁도 필요하지 않다. 여기서 개체는 "공동체"를 통하여, 오히려 공동체와 함께, 한 선택받은 자, 예수 그리스도 안에 근거를 가지고 그의 약속을 가지기 때문에, 선택의 기초 위에서 "개체"는 영광을 얻게 되고 영광 안에 있을 것이다.

이것이 지금 여기서 필요한 경계 설정이다. 세속적 개인주의가 처음부터 확실히 오해 때문에 그리스도교적 선택 개념을 원용할 수 있었다면, 오늘 번성하는 세속적 권위주의와 집단주의가 같은 일을 시도할 경우 오해는 더 클 것이다. 그것들은 거기서부터 반대에 부닥칠 따름이다.

그러나 우리가 잠정적으로 사용했던 "개별적 인격" 개념은 우리 문맥 속에서는 모호하다. 그러므로 이 개념은, 예수 그리스도 안에서, 공동체 안에서, 공동체를 통해 하나님의 선택의 대상이 되는 자들을 규정함으로써 해명되어야 한다.

인간 집단, 곧 인간적 자연과 역사를 전체적으로 구분한 단위인 가족, 백성, 국가, 사회, 그리고 마지막으로 인류 전체에 대립해서 인간 "개체"가 있다. 하나님과 이 집단 사이가 아니라 하나님과 개별적 인격 사이에서 하나님의 예정의 부호 아래 있는 사건이 이루어진다. 이 "부호" 자체, 곧 하나님의 은혜의 선택이 그들과 관계된다. 예수 그리스도 안에서 이 선택이 내려졌다. 공동체는 선택의 필연적인 중계자이다. 그러나 선택의 대상은(예수 그리스도 안에서! 공동체를 통하여!) 개별 인간들이다. 확실히 개인은 집단과의 관계 속에서, 주어진 규정, 구속, 의무, 난관, 가능성들 속에 처해 있고, 그러나 개인은 이 관계 속에서 책임을 실천해야 한다. 그러나 이 집단 자체는 그런 것이 없다. 예정된 가정도, 예정된 백성들도 없다.―또한 이스라엘 백성도 다만 공동체의 첫 번(지나가는!) 형태로서만 그렇다.―예정된 인류도 없다. 오직 예정된(예수 그리스도 안에서, 공동체를 통하여 예정된!) 인간만이 있다. 모든 사람이 아니라 오직 개인만이 선택받았다. 하나님은 바로 그들, 개인들 속에서 많은 사람들과 모두를, 자연적 역사적 집단을, 인류를 찾고 부르고 축복하고 거룩하게 한다. 그리고 하나님은 그들 안에서 그의 길과 역사의 시초에 많은 사람들, 모든 사람을 사랑했고 찾았고 인식했고 생각했고, 그의 계약의 선행을, 그의 선택의 은혜를 그들에게 돌렸다. 그들은―많은 사람들, 모든 사람들을 위한 약속으로서―예수 그리스도 안에서 공동체의 중재를 통하여 선택받은 인간 백성을 이룬다. 이 백성은 각자 특수성과 고유성을 지닌 순전한 "개인들"로 구성되어 있고, 그러므로 인간의 자연과 역사의 모든 집단에 대립해서 새로운 것이다. 이것은 인간이, 많은 혹은 모든 인간들과 공통적으로 가지고 있는 점에서보다는 그 자신의 고유한 점에서 보다 본래적인, 더 나은 인간이 된다는 데 근거하지는 않는다. 그리고 개인 자신이 많은 인간들, 모든 인간들보다는 하나님에게 더 가깝고 더 사랑스럽고 더 마음에 든다는 데 근거하지는 않는다. 인간 개인을 은혜의 선택의 대상으로 만드는 하나님에게 개인이 가까움은 오히려 전적으로 하나님의 본성과 역사 자체에 근거한다. 하나님 자신은 한 분이며, 모든 그의 길과 역사의 시작이 되는 그의 영원한 아들은 그의 독생자이기 때문에, 하나님은 이 유일한 아들에게 그의 사랑을 온전히(individua) 베풀었기 때문에, 그는 이 유일한 아들 안에서 자신이 인간의 하나님이 되었고, 이 유일한 아들 안에서 인간을 그의 자녀로 삼았기 때문에, 하나님이 인간을 위한 하나님 됨이, 인간을 향한 그의 애정이(시간 속에서, 영원 전부터!) 상관하는 것은 바로 각 개인들, 곧 이러이러한 인간으로서의 개별자들이며, 또한 오직 이 개별자들 안에서만 또한 많은, 모든 인간들과 상관한다. 하나님이 그 자신 안에서 그의 모든 길과 역사의 태초에 예수 그리스도 안에서 한 분이므로, 이것이 결정되었다. 곧 하나님 말씀을 듣는(혹은 듣지 않는) 인간, 그를 믿는(혹은 믿지 않는) 인간, 그에게 감사하는(혹은 감사하지 않는) 인간도 한 인간, 이러이러한 인간, 일정한 이름을 지닌 자가 된다. 가족이나 백성들이나 사회적 집단 내지 인류가 아니라 모든 이런 집단들로부터 나와서—그들에 대해 증언하기 위하여—"개인들"이 하나님 말씀을 듣고 믿도록 부름받고 고백하고 세례받고 교회에 모일 것이다. 예수 그리스도의 선택은 이 "개인들"에 의해서 그들 자신의 선택으로 인식될 것이다. 그리고 그들의 마음속에 성령의 활동, 역사를 통해 그들의 자유로운 인격적 결단에서 공동체의 선택이 그 목표에 도달할 것이다. 이런 면에서 본다면 "개별자" 개념은 우리 문맥에서도 적극적 의미를 지닌다. 이런 면에서 볼 때 그리스도교적 선택 개념은 세속적 개인주의가 시도했던 모든 것보다 더 근본적으로 "개인주의적"이다. 여기서부터 볼 때, 설령 세속적 개인주의가 자신의 관심사를 포기하기를 원한다고 할지라도 그것의 관심사를 보증하는 것은 그리스도교 선택 개념이다.

그러나 "개별자"를 이렇게 바꿔 표현함은 하나님의 예정의 대상으로서의 인간의 성격을 규정하기 위해서는 충분하지 않다. 인간은 한 집단의 소속원으로서가 아니라 "개별자"로서 예정되었다. 그러나 이런 개별성에 의해서, 마치 이 개별성 자체가 그를 예정받은 자로서 나타낼 수 있는 것처럼 그렇게 예정된 것이 아니다. 개별성은 물론 "필수 조건"이다. 그러나 "예정의 근거"는 아니다. 예정이란 또한, 교체될 수 없고, 혼동될 수 없고, 중계될 수 없이 인지되고 의도된 한 사람이 각기 하나님 앞에 선다는 것을 필연적으로 내포한다. 그러나 이런 사실을 확립함으로써 은혜의 선택으로서의 예정은 아직 서술된 것이 아니다. 예정은—그 대상으로서의 인간을 볼 때—예수 그리스도 안에서의 그것의 근원적 사건에 따르자면, 이 사건에 관한 공동체의 증언에 따르자면, 어느 한에서 은혜의 사건이며 따라서 인간에 대한 하나님의 자유로운, 과분한, 동기 없는 선함과 자기 비하의 결정인가? 예정받은 인간의 개별성은 여기서부터 볼 때, 분명히 그가 모든 종류의 집단에 소속됨을 넘어 이러이러한 인간이 되는 특수성과는 다른 무엇임이 분명하다. 개별성은 또한 특수성도 초월함으로써, 그것의 기초 위에서 하나님이 그를 주시하고 생각하고 원하고 사랑하고 선택한다는 사실이 예수 그리스도의 선택과 공동체의 선택에서 유추해서 다만 은혜로서 이해되어야 하는, 그런 특수성임이 분명하다. 그러므로 "개별성" 개념은 예정받은 인간의 표지로서 적절하기 위해서는, 전혀 새로운 차원에서 이해되어야 한다. 곧 이 개념은 그것의 자명한 적극적 의미를 넘어서 소극적 의미로 수용되어야 한다. 이때 비로소 예정받은 인간이 전적으로 은사를 받은 인간임이 드러난다. 예정받은 인간은(예수 그리스도와 공동체의 선택에 따라서) 하나님의 선택 안에서, 선택과 함께 인정이나 확증을 받는 것이 아니라, 오직 은혜로 말미암은 칭의, 용서를 받는 인간이며, 하나님이 기뻐하고 환영하는 그의 삶의 상태를 조건으로 하여서가 아니라, 하나님에게 합당하지 않은, 하나님에 거스르는 삶의 상태가 하나님에 의해 가려지고 뒤바뀌고 새로워짐으로써, 하나님의 선택 대상이 되는 인간이다. 이 인간을 하나님은 권위로써(그의 전능과 자비의, 그의 항존성과 그의 인내의 권위로써) 하나님은 자연적인 '그렇기 때문에!'로써가 아니라, 기적적인 '그럼에도 불구하고'로써 만난다. 하나님은 그를 전적으로 자기 자신을 위해 선택한다. 하나님은 그를 그의 공로, 능력 없이, 그것에 반하여 자신의 계약 동지로 만든다. 예정받은 인간은 성령을 통하여 하나님을 위해 유용하게 된 인간이다. 이렇기 때문에 우리는 "개별성" 개념의 보다 심원한 소극적인 의미를 찾아볼 필요가 있다. 인간의 개별성도 하나님 앞에서 합당치 않고 반항하는 자의 성격을 지니고, 하나님의 은혜를 통한 용서, 전환, 갱신을 전적으로 필요로 함으로써, 집단과의 관계에서 소극적으로 부담을 가질 수 있다는 것과 실제로 그렇다는 것은 또 다른 문제이다. 그러나 어쨌든 이 모든 것이 그것에 본질적이라는 것을 의미하지는 않는다. 저 첫 번째 의미에서의 개별성은 그 자체로, 하나님의 은혜만이(죄인의 사면으로서) 대답할 수 있는 죄는 아니다. 죄는 인간의 예정 "자체"를 은혜의 선택으로 성격 규정할 것이다. 예정이 실제로 그렇다면, 어디서부터? 개별 인간에 대한 용서와 갱신의 필요성은 어디서부터인가? 오직 은사의 형태로만 선택받을 수 있는 그런 인간의 성격은 어디서부터인가?

여기에 대해서 공동체의 증언이 답한다. 예수 그리스도 안에서 부정된 인간의 또 다른 개별성이 있다. 그것은 저 첫 번째 의미에서의 개별성과는 근본적으로 무관하다. 그것은 오히려 다만 저 첫 번째 것을 극단적으로 끌어들이기 위해서 그것을 희화화하고, 왜곡한 것으로서만 이해될 따름이다. 그것은 "개별자"가 유일한 하나님에 의해서 그에게 약속된바 영예와 권위를, 그것을 은혜로 받아들이고 그것에 감사로서 응답하는 대신에, 자신의 본래적인 소유로, 그의 인간적 존재에 내재하는 권한으로, 따라서 하나님에 대한 자신의 권리 청구로서 관철하고 주장하기 원하고 기도함에 있다. 마치 하나님이 그를 주시하고 생각하고 원하고 사랑하고 선택하는 이 일이 자신의 능력과 공로에 근거하는 듯이! 마치 하나님이 이 일을 그 자신 때문에 하는 것이 아닌 듯이! 마치 하나님이 그와 맺은 계약이—은혜의 계약!—저 집단들 중의 하나인 듯이! 그가 동료 인간들 다수, 전체에 대해서(그들에 대한 모든 구속과 의무에도 불구하고)—하나님의 선함을 통해!—자존하듯이, 마치 그가 하나님의 계약 동지로서 또한 하나님에 대해서 스스로 존재할 수 있는 듯이! 이것은 예수 그리스도에 의해서 부정된—그러므로 다만 부정적으로만 이해되고 판단될 수 있는—인간의 개별성이다. 이것은 죄로 인하여, 부패로 인하여 스스로를 고립시키는 것이다. 이것이 인간의 불경건의 본질이다. 바로 인간은 하나님 앞에서 진정으로, 정당하게 한 "개별자"가 될 수 있기 때문에, 그는 다만 "불의하게" 하나님 없이, 하나님에 거슬러 개별자가 되고자 하여 자신의 재난을 초래할 따름이다. 이것을 바라고 기도하는 "개별자"는 하나님에 의해 영원 전부터 버림받은 인간으로서 서고 행동한다. 이 "개별자", 곧 하나님에 대립해 고립된 인간이 되고자 하는 것은 다만 인간 자신의 불경건한 선택일 따름이다. 이로써 그는 하나님의 은혜의 선택에서 배제된 가능성을 선택한다. 하나님의 은혜의 선택 안에서(예수 그리스도 안에서) 인간에게는 이런 개별화는 고려되지 않았다. 그것은 오히려 사탄적 가능성으로서 배제되었고 폐기되었다. 하나님의 은혜의 선택, 예수 그리스도는 하나님의 모든 길, 역사의 시작이기 때문에, 인간은 저 사탄적 가능성으로 되돌아옴으로써, 그가 하나님에 대립해서 자신의 개별화를 선택함으로써, 그 자체로 아무것도 아닌 것을 선택하고, 그의 선택 자체도 아무것도 아니다. 그는 선택할 수 없는 것처럼 선택하고, 선택할 수 없는 것을 선택한다. 그는 마치 자신의 선택에 상응하지 않고 달리 선택할 수 있는 듯이 선택한다. 그는 그의 선택에서 하나님에 의해 제외된 가능성을 선택한다. 그런 한에서 그는 불경건하게 선택한다! 그는 허공을 밟기를 바라고 시도한다. 그는 이렇게 헛된 것을 헛되이 선택하는 불법 행위에서 처음부터, 하나님이 영원 전부터 예수 그리스도 안에서 그에 대해 결정했고, 그를 위해 행한 바에 의해서 반박되고 추월당했다. 이 비행을 저지른 인간, 이 불경건한 인간에게 공동체는 증언한다. 공동체의 증언은, 그가 이 비행을 저지른 자임을 부인하지 않고 확정한다. 그 증언은 그것을 철회할 수 없다. 그 증언은 인간을—각 인간을!—자신의 선택에 의해 하나님에 대립해 스스로 고립했고, 이런 고립 속에서 하나님에 의해 버림받을 수밖에 없는 인간으로서 인식하고 만난다. 그 증언은 그에게 이 선택의 허무함, 그의 욕망과 시도의 공허함을 증언할 수밖에 없다. 그 증언은 그에게 자신의 선택에 반하여 예수 그리스도 안에서의 하나님의 은혜의 선택을 하나님의 모든 길, 역사의 시작으로, 그리고 이로써 그 자신의 욕망과 기도의 공허함을 증언한다. 그는 하나님을 모욕하고, 자신을 파멸시키면서 스스로 고립된 인간, 따라서 하나님에 의해 버림받은 인간으로 행동하고 처신하고 나타내는 데 성공할 수도 있다. 저 인간이 되는 것은 그의 권한에 있지 않다. 왜냐하면 하나님은 예수 그리스도 안에서 자신에게 이것의 모든 결과를 돌렸고, 그러므로 인간에서 미리 제거했기 때문이다. 인간이 저 비행으로써 할 수 있는 것은 다만 저 이미 제거된 것을 실로 실제로, 악하게, 치명적으로 상기하고 재생하는 것일 따름이다. 그러나 그것의 중대한 결과를 수반한 사악한 비행 자체는 무력(無力) 행위 이상일 수 없다. 인간은 이 행위를 수행할 수 있고, 그것을 고집할 수 있다. 인간은 죄인이 될 수 있고, 하나님에 의해 버림받은 인간의 무기력한 표현도 벗어날 수 없는 저 하나님의 심판의 그늘 아래 설 수 있다. 그는 모든 것을 할 수 있다. 그러나 그는 영원 전부터 내려진 하나님의 결정을—이 결정에 의하면 하나님은 인간을 자신에 대립한 고립에서가 아니라, 그의 아들 예수 안에서 주시하고 생각하고 원한다.—취소할 수 없고 돌이킬 수 없다. 인간은 언제나 거짓말을 할 수 있다.(그는 거짓말한다!) 그러나 그는 진리를 비진리로 만들 수 없다. 그는 반항할 수 있다.(그는 그렇게 한다!) 그러나 그는 하나님의 선택을 폐기하는 사실을 행할 수 없다. 그는 하나님 앞에서 피할 수 있다.(그는 그렇게 한다!) 그러나 그는 그를 벗어날 수 없다. 그는 하나님을 증오하고 하나님에게 미움을 받을 수 있다.(그는 그렇게 한다!) 그러나 그는 하나님의 영원한, 그의 증오 속에서도 승리하는 사랑을 정반대로 바꿀 수 없다. 그는 저 고립 속으로 들어갈 수 있다.(그는 그렇게 한다.—그는 생각하고 원하고 행동하고 불경건하다!) 그러나 그는 또한 그의 불경건 속에서도 그가 반박하고자 하는 것, 곧 하나님에 대해 자신을 "개별자"로서 내세울 수 없는 불가능성을 입증해야 한다. 그는 하나님을 버리지만, 하나님은 그를 버리지 않는다. 예수 그리스도에 대한 공동체의 증언은 이것을 아직 모르는 인간—그리고 모든 인간은 이것을 거듭하여 망각한다!—그 자신의 비행의 암흑 속에 거주하는 인간, 그의 오류에서 거듭 자신을 확인하는 인간, 그의 반항에서 거듭 희망에 차 있는 인간, 하나님 앞에서 거듭 도피하는 인간, 하나님에 대한 증오 속에서 거듭 새로이 자신에 집착하는 인간, 자신의 불경건함 속에서 자신을 진지하게 여기는 인간, 버림받은 자를 표출하는, 그런 한에서 하나님의 버림을 감수하는 인간에게 선포된다. 공동체는 그에게, 오류를 범하고 반항하고 도피하고 증오하지 않는 것이 중요한 곳에서 그가 이렇게 한다고 말한다. 그러나 공동체는 또한 그에게 그가 이로써 선택한 것은 예수 그리스도 안에서 영원 전부터 부정되었고 무효화되었기 때문에, 그 편에서는 그 자신의 선택으로써 모든 것을 부정할 수 있으나 결코 하나님의 은혜의 선택을 부정하거나 무효화할 수 없기 때문에, 그가 행하는 모든 일은 헛수고라고 말한다. 바로 이 인간, 비행 가운에 있는 불경건한 자, 버림받은 자임을 방자하게 드러내는 인간이 예정받은 인간이다. 영원 전부터 예수 그리스도 안에서 그의 비행이 헛되다는 것이 결정되었다. 하나님의 선택으로써, 그가 도달할 수 없는 것, 그의 노력으로 얻지 않은 것—또한 그가 스스로 차버린 것, 곧 하나님의 은혜가 그에게 베풀어졌다. 하나님의 은혜가 바로 그, 하나님의 원수에게 그의 적개심에도 불구하고, 그의 비행에도 불구하고 적용된다: 곧 그가 버림받은 자로서 자신을 표현함을 기각함으로써, 그의 죄를 용서함으로써, 불경건한 자를 칭의함으로써. 하나님은 영원 전부터 각 인간을 이런 그의 원수로서 안다. 그리고─공동체의 증언은 이렇다: 하나님은 영원 전부터 굴욕스러운 비참한 고립 속에 있는 그를, 바로 아담의 타락에 참여해 있고, 아담의 자연에 붙잡힌 인간을 주시했고 사랑했고 선택했고, 자신에게로 이끌었다. 우리는 이전에 "이런 각 개별자"라고 말했다. 우리는 이제 보다 정확하게 말한다. 그의 허무한 고립 속에 있는 이런 각 불경건한 자, 하나님의 버림의 팔 속으로 방자하게 달려가고 그것을 감수하는 자─그의 고립이 예수 그리스도 안에서 부정되고 그의 버림이 예수 그리스도 안에서 담당되고 폐기되는 이런 인간. 분명한 것은, "개별자" 개념은 우리 문맥에서 결정적인 이런 부정적 의미로 모든 "개인주의"의 위기와 한계를 뜻한다는 것이다. "개별자"는 경고받았다! 그는 개별자, 불경건한 자일 것이다. 그는 공동체의 증언에 따르면 심지어 그렇게 결정되었다. 그는 그의 개별성의 권위와 권한을─그는 이것을 하나님으로부터 받았는데─하나님에 대립해서 내세움으로써, 그것을 잃었다. 그는 이제 자신의 계획과 계산에 따라서 "개별자"로서 무리에, 곧 "멸망의 무리"에 속한다. 이 무리는 하나님에 대해 고립된 자들의 무리이니, 집단에 대한 자신의 구속, 의무에도 정당하려 하지 않고, 또한 집단 내에서의 자신의 고유성을 지키려 하거나 관철시킬 수도 없다. 불경건한 자는 또한 그의 인간 존재가 능욕당하고 왜곡당하고 파괴당하는 일에 성숙하듯이, 모든 권위주의와 집산주의에 대해서도 성숙하다. 그에게는 다만 실제로 그렇다는 것을 고백하는 것과, 그의 고립은 예수 그리스도 안에서 아무것도 아니고, 버림받은 그에게 같은 예수 그리스도 안에서 하나님의 보다 높고 근원적인 결정에 따르자면 은혜가 약속되었고, 그는 자신을 그 안에서 하나님의 선택받은 자로서 인식할 수 있다는 사실로부터, 그의 권위와 권한의 창조를 오로지 기대할 수밖에 없다.

이것이 선택받은 공동체가(선택받은 인간 나사렛 예수의 주변으로서) 각 인간에게 선포해야 하는 사신이다. 곧 그도 선택받은 인간이라는 약속이다. 공동체는 그의 왜곡된 선택을 잘 안다. 공동체는 그의 불경건을 잘 안다. 공동체 자신이 이 약속을 듣고 믿을 수 있었고, 다시 듣고 믿어야 하는 불경건한 자들로 이루어졌다! 공동체는 지속적으로 또한 그 자신의 일원의 원래적인 불경건을 고려해야 하고 예견할 것이다! 공동체는 각자가 자신의 불경건 안에서 표현하기를 중단하려 하지 않는바, 하나님에 대해 고립된 인간의 영원한 버림받음을 잘 안다. 공동체는, 그가 그의 왜곡된 선택으로 인하여 무슨 대가를 치러야 하는지 잘 안다. 공동체는 그가 어떤 위협 아래 있는지 안다. 공동체는 하나님의 진노, 심판, 형벌을 안다. 하나님에 대해 고립된 인간을 버림이 이렇게 진행된다. 그리고 공동체는, 각 인간이 어쨌든 이 하나님에 대립해 고립된, 버림받은 인간이 되고자 바라고 기도하기 때문에, 각 인간이 어쨌든 마치 이런 버림받은 인간인 듯이 행동하고 처신하기 때문에, 각 인간이 실제로 들어가는 그늘을 잘 안다. 그러므로 공동체는 실제로 인간에 대해 진정으로 안다. 그러나 공동체는 무엇보다 예수 그리스도를 안다. 공동체는 그의 죽음과 부활을 통해 기초가 세워진 공동체, 소유로서 그에게 속한 공동체, 자신의 존재로써 그리스도에 대해 증언하도록 규정받은 공동체, 다른 사람이나 다른 것이 아니라 그리스도를 선포하는 공동체이다. 그러므로 공동체는 예수 그리스도를 아는 한에서만 또한 인간을 안다. 그래서 공동체는 그의 불경건을, 그리고 그 결과로 그를 뒤덮은 유기(遺棄)를 안다. 그러나 공동체는 이것보다 더 큰일을 안다. 공동체는 또한 이것을 다만 저보다 큰일과의 연관 속에서만 안다. 공동체는 이 위협이 어떻게 되었는지, 그것이 어떻게 어디서 수행되었는지 안다. 공동체는 하나님이 그에 대립해 고립된 인간이 받아 마땅한 유기를 그의 모든 길과 역사의 시초에 그가 취한 결정 안에서 스스로 담당했다는 것, 이 결정에 근거해서 정말로 버림받은 유일한 인간은 자신의 아들이라는 것, 하나님의 유기는 모든 다른 인간에게 일어나지 않기 위해서, 더 이상 그들의 문제가 되지 않기 위해서, 이 한 인간에 대해서 철저하게 진행되어 완성되었고, 그 목표에 도달했다는 것을 안다. 모든 다른 인간의 문제는 남아 있다. 그들의 불경건의 죄와 책임—이것은 심각하고 중대하다. 그들의 문제는 남아 있다. 그들 자신이 그들의 불경건에 의해서 자신에게 준비한 존재의 감수(한 사람이 그들을 위해서 고난 받은 것의 그늘에서)—이 존재를 감수해야 하는 것은 매우 쓰라리다. 그들의 문제는 남아 있다: 그들의 유기의 위협을 인지하는 일. 그러나 이 위협이 실천에 옮겨지는 것, 영원한 저주를 감수하는 일, 그들의 불경건에 상응하는 영원한 멸망은 그들의 문제가 될 수 없다. 그들의 욕망과 기도는 그들이 버림받은 자가 되는 것으로 끝나는 한, 공허하다. 바로 불경건한 자의 이런 종말은 그들에게는 이루어질 수 없다. 왜냐하면 영원 전부터 결정된바 불경건한 자 대신에 고난을 받기 위한 하나님 아들의 희생에서 그 종말이 선취되었기 때문이다. 따라서 그것은 그들의 종말이 더 이상 될 수 없다. 이것이 선택받은 공동체가 모든 것을 알지 못하는 불경건한 자들에 대립해 있는 모순이다. 공동체는 그들에게, 그들이 택한 길에 들어서기도 전에 그들이 처한 길이 헛되었고, 그들의 욕망과 기도가 무위로 돌아갔다고 증언한다. 그들은 하고 싶은 대로 선택할 수 있고, 그들이 갈 수 있는 한 갈 수 있다. 그들은 분명히, 그들이 하나님을 버림으로써 그들의 어리석음 속에서 손을 뻗쳐 잡으려 하는, 버림받은 자의 위치와 운명에 도달하지 못할 것이다. 하나님은 그들이 그를 다루듯이, 그리고 따라서 그들이 받아야 마땅한 대로 그들을 다루지 않는다. 이 모순의 계시가 공동체의 기초를 이루었다. 공동체가 어떻게 이 모순을 가지고서가 아니라 달리 어떤 인간을 대할 수 있으랴? 그러나 공동체는 이것 이상을 안다. 공동체는 그러므로 하나님이 인간이 받아 마땅한 유기를 인간으로부터 제거했으며, 그 자신의 아들에게 옮겨 놓아 그로 하여금 인간을 자신에게로 이끌어 오도록 하고, 자신의 영광으로 옷입히도록 한다는 것을 안다. 공동체는 하나님이 그에게 부정적으로만이 아니라, 자신의 유기를 저렇게 제거하는 형태로만이 아니라 적극적으로 그를 선택함으로써, 자비로우며, 이것, 곧 그와의 계약을 위해 그를 선택함이 그가 자신의 아들 안에서 결정한 최초이자 본래적인 것임을 안다. 그는 자기 원수를 사랑한다. 그는 불경건한 자들을 사랑한다. 그들이 불경건하기 때문이 아니라, 그들이 그를 벗어나려 하기 때문이 아니라, 그가 그들을 놓지 않으려 하기 때문이고, 따라서 그들이 그를 실제로 벗어날 수 없기 때문이다. 인간의 일은 아들과의 친교 속에서의 영원한 삶이어야 한다. 십자가에 달리고 죽은 자들로부터 부활함에서 나타난 예수 그리스도의 계시에 따르면 인간은 그렇다. 이것이 선택받은 공동체가 인간에 대해 아는 바이다. 그리고 이것이 공동체가 각 인간에게 증언해야 하는 것이다. 공동체는 인간을 선택하고, 선택받은 자로 만들 수 없다. 공동체는 그가 선택받은 자임을 결코 그에게 계시할 수 없다. 이 둘은 전적으로 하나님의 일이다. 오직 하나님 자신의 선택을 통하여, 오직 이런 그의 행위를 하나님 자신이 계시함을 통하여 공동체가 성립했고 존립한다. 선택받은 자들은 하나님의 자기 희생을 통하여 그렇게 되고, 하나님의 자기 계시를 통하여 그렇다는 것을 안다. 공동체는 하나님의 은혜의 선택의 행위와 계시를 다만 증언할 따름이다. 그러나 공동체는 이 증언을 벗어날 수 없다. 공동체는 예수 그리스도에 관한 사신을 받는 각 인간에게 그의 선택의 약속을 전달함이 없이는 그 사신을 전달할 수 없다. 그의 버림당할 위협을 상기시킴이 없이는 전달할 수 없다.—그러나 이 기억은 다만 저 약속을 선포하고 강조하기 위해서이다! 공동체는, 그것이 어찌되는지, 인간이 그것을 가지고 무엇을 하는지에 대해 권한이 없다. 그러나 공동체는 이 약속에 합당한 자들과 합당하지 않은 자들 사이를 구별할 능력이 없고, 따라서 여기서는 외치게 하고 저기서는 억누를 수 없다. 그것을 듣고 믿는 자들은 하나님의 선택받은 자로서 사는 것이다. 그러나 하나님의 공동체는 그 약속이 들려지고 믿어지기 위해서, 약속을 울려 퍼지게 할 수 있을 따름이다. 이 약속은 울려 퍼져야 하고, 이것은 그것을 알지 못하는 자들이 듣고 믿을 수 있도록 그들에게 들려져야 한다. 바로 이것을 돌보는 것이 세상과 그 자녀에 대한 공동체의 임무이다. 공동체는 세상의 불경건으로 인하여 놀라고 겁을 먹어서는 안 된다. 공동체는 어떤 "경험"에 의해서도, 예수 그리스도에 관한 사신 안에서, 그 사신과 함께 그의 선택의 약속을 거듭거듭 각 사람에게 전달하는 것을 중단해서는 안 된다. 공동체는 예수 그리스도 안에서 정돈된바 선택과 유기 사이의 관계, 약속과 위협 사이의 관계를 우회할 권한이 없다. 공동체는 각 인간의 근본적인 불경건을 잘 안다. 그러나 공동체는 무엇보다도, 예수 그리스도는 하나님의 영원한 결정에 의해서 또한 그를 위해서도 죽었고 부활했다는 것을 안다. 그리고 공동체는 그에게—듣기와 믿음의 호소와 함께, 그러나 그 자신의 들음과 믿음을, 따라서 자신의 선택받음을 예상하면서!—유보 없이 말해야 한다. 예수 그리스도의 자기 계시와 함께 같은 약속이 그 공동체를 선택받은 공동체로 구성하였을 때, 공동체 자신의 들음과 믿음도 선취되지 않았는가? 하나님이 인간 예수 그리스도 안에서 공동체를 만났던 것처럼, 공동체는 또한 "멸망의 무리", 이 세상의 멸망한—약속에 의하면 멸망하지 않은!—자녀들과 만나야 한다. 공동체는 그들 각자에게, 바로 그가 하나님의 은혜의 선택의 대상임을 말해야 한다.

하나님에 대해서 고립된 자들, 예수 그리스도에 관한 사신 속에서, 사신과 함께 그들의 선택의 약속을 듣고 믿는 불경건한 자들, 이들이 하나님의 선택받은 자들로서 산다.

그들이 선택받은 자들이라는 것은 그들의 들음과 믿음을, 그들에게 전해진 약속 그 자체를, 그들에게 저것을 전해 준 공동체의 삶을 초월하는 것만이 아니다. 이것은 한 인간 나사렛 예수를 제외하고는, 그들 자신의 존재처럼 하나님에 의해 창조된 모든 존재, 하나님과는 구별되는 존재를 초월한다. 그들은 삼위일체 하나님의 의지와 결정 안에서 선택받았다. 그러므로 그들은 그들의 삶을 넘어서, 그들의 들음과 믿음을 넘어서, 공동체와 공동체에 의해 전해진 약속을 넘어서 선택받았다. 곧 약속의 근원과 대상 안에서, 육신이 되려고 했고 육신이 된 하나님 말씀 안에서, 그리고 오직 하나님 안에서 선택받았다. 선택받음은 선택받은 자로서 살 수 있는 자들의 삶의 영원한 근거, 영원한 이전(以前) 현실, 영원한 전제이다. 이것은, 선택받은 예수 그리스도가 또한 그들을 선택한다는 것과 동일하다. 그리고 이 일은 그들의 인간적 본성과 그 가능성 안에서가 아니라, 그들의 인간적 역사와 그 진화 속에서가 아니라, 인간적 본성과 그 가능성에 대해서, 그 역사와 그 진화에 대해 일어난다.(인간의 버림받음에 대해서도 상응하는 말을 할 수 있다.)

선택받은 자의 존재와 그의 삶 사이에는 약속을 받음의 사건과 그 결정이 놓여 있다. 그러나 그는 선택받은 자로서 자신의 존재를 위해서가 아니라, 자신의 삶을 위하여 약속을 듣고 믿을 필요가 있다. 선택받은 사람이 모두 선택받은 자로서 사는 것은 아니다. 아마도 그는 아직 선택받은 자로서 살지 않는다. 그는 아마도 더 이상 선택받은 자로서 살지 않는다. 아마도 그는 부분적으로만 선택받은 자로서 산다. 아마도 그는 전혀 선택받은 자로서 살지 않는다. 그가(아직, 더 이상, 부분적으로만, 전혀) 선택받은 자로서 살지 않는 한에서, 그는 자신의 선택받았음에도 불구하고 버림받은 자로서 사는 것이다. 이것이 불경건한 인간의 가능성들이다. 그러나 이제 비참 속에서 비행과 더불어 있는 불경건한 인간이 바로 하나님의 은혜의 선택의 대상이다. 분명히 이 사실이 그 인간 안이 아니라 예수 그리스도 안에 근거되어 있고, 거기서 찾아지고 발견되어야 하는 것처럼, 그 인간이 모든 이런 가능성들을 가지고 실현한다는 것, 그가(잠정적으로, 추후적으로, 부분적으로 혹은 전적으로) 버림받은 자의 삶을 살며, 그의 실제적인 유기의 위협 아래서 산다는 것은 그의 선택받음에 배치되지만, 그러나 이 사실을 무효화시킬 수 없다. 그의 선택도 다만 그에게 주어진 약속으로서만 그에게 돌려질 수 있는 것처럼, (이 가능성을 볼 때) 그의 유기도 같은 의미로 다만 그에 대한 위협으로서만 그에게 주어질 수 있다. 인간의 존재는 어느 편으로나 오직 하나님의 손안에 있을 뿐 아니라, 또한 오직 하나님의 눈앞에 있다. 공동체는 예수 그리스도 안에서 인간의—모든 인간의—존재를 알고 증언한다. 그러므로 공동체는 모든 다른 인간을 고려하면서 그의 유기의 위협, 그의 선택의 약속을 인식하고 증언한다: 곧 예수 그리스도를 통해 무효화된 위협과 예수 그리스도를 통해 유효해진 약속. 인간의 유기의 위협에 대해—그 위협처럼 무기력하게—침묵함이 없이, 공동체는 그의 선택의 약속을 가지고—그 약속처럼 힘차게—그에게 다가간다. 오직 공동체가 은혜와 심판, 사면과 고발, 축복과 저주의 순서를 유지함으로써만, 공동체는 그의 존재와 임무에 부합되게 십자가에 못박히고 부활한 예수 그리스도를 증언할 수 있다. 그러나 그의 선택의 약속과 함께(그의 유기의 위협을 통해 한정되고, 설명되고, 강조되는) 새로운 가능성이 불경건한 인간의 영역 속으로 들어온다: 곧 오류로 선택된, 그 자체로 불가능한, 버림받은 자로서의 삶으로부터 그의 본래적인, 하나님의 선결정을 통해 그에게 지정된 삶으로의 이전, 곧 선택받은 자로서의 삶. 약속이 예수 그리스도에 관한 사신 안에서, 사신과 함께 올바로 전해질 때, 이것이 약속의 내용이다: 곧 예수 그리스도 안에서 너도 버림받지 않았고—그가 너의 유기를 담당했다!—선택받았다. 예수 그리스도 안에서 저런 삶을 살려는 너의 욕망과 기도의 헛됨이 결정되었고, 네가 다만 이 다른 삶을 살 수밖에 없다는 것이 결정되었다. 이것이 공동체가 불경건한 인간에게 전해야 하고, 이 인간이 받을 수 있는, 그가 듣고 믿을 수 있는 약속이다. 들음은, 예수 그리스도 안에서 그에 대한 이런 결정이 내려졌음을 인지한다는 뜻이다. 믿음은, 이 결정을 통해 부닥친 상황을 받아들임을 뜻한다. 불경건한 인간이 듣고 믿음으로써, 듣고 믿는 한에서, 그는 저 이전을 실현한다. 곧 그는 버림받은 자로서의 삶에 등을 돌리고 선택받은 자로서의 본래적인 삶으로 향한다. 이제 버림받은 자로서의 그의 헛된 삶이 예수 그리스도 안에서 그가 선택받음에 대립하여 싸우는 것이 아니라, 오히려 차라리—탁월하게, 압도적으로—예수 그리스도 안에서 그가 선택받음이 버림받은 자로서의 그의 헛된 삶에 대립하여 투쟁 중에 있다는 것이 분명해진다. 이것은 분명해진다. 이 싸움은 은밀하게 객관적으로, 무의식적으로, 마지못해서 언제나 일어났고, 언제나 일어날 것이고, 어느 상황 아래서나 일어난다. 하나님의 선결정이(그 안에서 그가 선택받고 버림받지 않았으니) 효과가 없지 않았고, 없지 않으며, 없지 않을 것처럼 말이다. 그러나 인간이 그의 선택의 약속을 듣고 믿는다면, 그 약속이 그의 구체적인 삶의 내용 중 하나가 된다면—이것이 일어나자마자, 이것이 일어나는 한, 이 싸움은 드러나고 또한 주관적으로도 현실적이 되고, 인간에 의해 의식되고 의지되며, 그의 손에 놓이고, 그것이 나타날 때 그의 눈에도 가시화되고, 또한 그 자신의 인식 대상, 결정 사항이 된다. 이제 그는—그가 약속을 받고 믿는 이후로,

그런 한에서—자신의 불경건에, 따라서 버림받은 자로서의 자신의 헛된 삶에 반하여, 불구하고 선택받은 자의 삶을 산다. 이제 그는 예수 그리스도의 인격과 구별되는 개별적 인간 존재로서, 자신의 의지, 행함과 별도로, 모든 자신의, 타자의 호기심을 떠나서, 예수 그리스도 안에 있는 삶을 산다. 이제 그는, 예수 그리스도 안에서 또한 그의 유기가 버림받았고, 또한 그의 선택이 성취되었음에서 산다. 이제 그는 예수 그리스도가 그를 위해서도 죽었고 부활했다는 것에서 산다. 그는 이제 산다. 자신 아래 깊음 속에서 허무한 것을, 자기 위에 높음에서 중요하고 현실적인 것을, 자신 뒤에서는 영원한 과거로서의 그 모든 결과를 수반하는 하나님에 대립한 그의 방자한 고립을, 자신 앞에는 영원한 미래로서 하나님 앞에서의 그의 의를. 그가 예수 그리스도 안에서 일어난 그의 선택의 약속을 듣고 믿는다면, 그는 이 삶, 오직 이 삶만을 살 수 있고, 살 것이다. 예수 그리스도의 선택에서, 따라서 또한 공동체의 사신 속에서도 그에게 이런 삶이, 오직 이 삶만이 고려되었기 때문이다.

이상이 이 장의 세 번째와 마지막 문제군에 대한 개관이다. 우리는 "개별자의 선택"을 보다 정확히 예수 그리스도 안에서 일어난 불경건한 인간의 선택으로 정의했다. 불경건한 자는 그의 선택의 약속을 듣고 믿음으로써 받아들이는 자로서 선택받은 자의 삶을 살 수 있음에서 선택받은 자로 드러난다. 그러나 이 정의에서 이것이 필요로 하는 궁극적으로 강조하는 바를 지시할 필요가 있다. 이것은 우리가 언어와 문체뿐만 아니라 또한 정의를 위한 탐구와 서술의 의도와 자세를 포기하고 직접적으로—이것은 교의학에서 간접적으로 불가피하다.—설교 및 목회적 훈계의 장르로 넘어갈 때 얻어질 수 있다.

우리가 "개별 인간"을 3인칭으로 말하고, 이로써 독자나 청중에게, 거기서 그 자신이 아니라 어떤 타자를 언급한다고 추측하도록 개방하는 한에서, 하나님의 선택의 대상으로서 "개별 인간"에 대해 말하는 것은 언제나 좀 부정확하다고 느껴질 수밖에 없다. 그러나 이런 마지막 관계에서 예정의 대상은 본래적으로, 정확하게 이해한다면, 이렇게 표현된 자가 이런 표현을 듣거나 읽는 자와는 구별되는 인간인 한에서, "그" 개별자도 아니고, "그" 불경건한 자도 아니고, "그" 약속을 듣고 믿는 자도 아니고, "그" 선택받은 자의 삶을 사는 자도 아니다. 오히려 그는 이런 표현을 듣는 자나 혹은 읽는 자와 동일한 한에서, 이 모든 것이다. 듣는 자나 독자는, 예정의 대상에 대한 정의를 위한 탐구와 서술 전체가 그 마지막 관계에서 모든 정의를 넘어서 그를 향한 언설로 다가옴을 깨달을 때에만, 여기서 언급되는 바를 정확하게 이해할 것이다. 너는 인간이다! 너는 이 마지막 관계에 있어서 예정의 대상이다! 이야기는 너에 관한 것이다. 아니, 예수 그리스도의 선택, 공동체의 선택과 관련해서 또한 개별 인간에 관해 말해야 할 때, 너에게 말해진다. 단순히 이 인간, 그에 대해 말해지는 것은 이 인간이 자기 자신의 존재를 가진 주체가—자신 존재를 가진 주체는 외부로부터 고려되고 숙고되고 논의될 수 있을 것이다.―아닌 한, 현저히 비본래성으로 고난받고 있다. 선택받은 인격의 존재는 예수 그리스도의 존재 안에, 곧 "그리스도와 함께 하나님 안에 감추어져"(골 3:3) 있으며, 이 다른 인격의 존재도 예수 그리스도에 관한 사신 안에서, 사신과 함께 공동체에 의해서 전해져야 할 약속을 통해서 구성되었다. 그러나 이제 선택받은 인격을 구성하는 이 약속은 객체에 대한 어떤 이론이 아니라 주체에 대한 언설이다. 그것은 "가르침"이다. 그러나 "가르침"의 오랜, 진정한 의미에서 이 주체의 청취와 믿음을 요구하는 교훈, 교육이다. 그리고 이 주체의 들음(혹은 듣지 않음), 믿음(혹은 불신앙), 감사(혹은 배은망덕)에서, 어떤 의미로 진리가 그 약속을 통하여 그에게 말해지는가가 결정된다. 그 약속은 그에게(예수 그리스도의 선택에서부터, 선택받은 하나님의 공동체의 위탁으로) 그도 하나님에 의해 선택받은 한 사람임을 말함으로써, 어느 경우든 진리를 말한다. 그러나 그 약속은 이로써―그가 그 약속을 듣고 믿기를 거부함으로써―그에게 다만 그가 자신의 선택에도 불구하고 하나님에 의해 버림받은 자의 삶을 살며, 그의 실제적인 버림의 위협 아래 서 있다는 것을 확증할 따름인지, 아니면 그 약속이 이로써―그가 약속을 듣고 믿음으로써―그에게 그가 자신의 선택에 상응하여 선택받은 자의 삶을 살게 될 것임을 지시할 수 있는지, 여기에 대해서 저 약속의 말에서는 결정되지 않았다. 여기에 대한 결정은, 각 주체가 이 약속에 의해 교훈을 받거나 혹은 받지 않았음을, 곧 그러나 회심하거나 회심하지 않았음을 나타냄으로써, 주체가 그를 향한 언설에 대하여 어떤 입장을 취하느냐에 달렸다. 각 주체는 약속이 인간에 대해 말하는 모든 것을 가진다.―곧 그가 이 개별자라는 것, 그가 모든 개별자처럼 하나님에 대립하여 고립되어 있고 따라서 불경건한 자라는 것, 그의 실제적 유기가 그를 위협하고 있다는 것, 이미 이런 고난과 비참의 위협은 그 자체 안에 그가 들을 수 있고 믿을 수 있음을 내포한다는 것, 곧 그도 예수 그리스도 안에서 선택받았고 멸망하지 않았음을 내포한다는 것, 그리고 그가 이것을 듣고 믿음으로써 선택받은 자의 삶을 살 수 있다는 것. 이 모든 것은 그것이(예수 그리스도 안에 있는 그것의 근원, 곧 하나님의 영원한 말씀에서부터 볼 때, 그리고 그의 선택받은 공동체의 사신으로서) 각 주체가 스스로 내리게 될 저 결정을 목적하는 언설이라는 점에서, 모든 단순한 "언설"과는 상이한 특수한 비중과 정확한 의미를 지닌다. 그 약속은 그 청중이나 독자에게 말한다. 너는 여기서 타자에 의해 말해지는 것을 결코 듣거나 읽을 수 없다. 너는 여기서 관중석에 있는 것이 아니라 무대 가운데 있다. 너를 염두에 두고 있다. 네가 "이" 개별자이다. 너는 하나님에 대해 고립되어 있고, 따라서 불경건한 자이다. 너는 위협받고 있다. 이제 실제로 너는 전혀 다른 규정 아래 있다. 바로 너를 위해 예수 그리스도는 끔찍스러운 결과를 수반하는 하나님의 버림을 철저히 스스로 감당했다. 그러므로 너에게는 하나님의 버림을 감당하는 것이 면제되었다. 그리고 너를 위하여 예수 그리스도는 하나님의 선택받은 인간이 되고, 하나님의 영광으로 옷입었다. 영원한 삶, 하나님과의 친교가 바로 너를 기다린다. 바로 너를 위하여 예수 그리스도가 죽었고 부활했다. 바로 네가 그와 함께, 그를 통하여 선택받았다. 그리고 이제 네 편에서―지금 이 모든 것이 말해진 후에―말하고 행하게 될(혹은 말하지 않고 행하지 않는) 사건에서, 너에게 말해진 것과 더불어 옛 저주가 또 다시 너에게 임할 것인가, 혹은 영원한 축복이 전혀 새로이 너에게 임할 것인가가 결정된다. 네가 지금 말하고 행하는 것(혹은 또한 말하지 않고 행하지 않는 것) 속에서, 그것과 더불어서 너는 네게 말해진 것에 대해 책임을 져야 할 것이고, 어떻든 간에(너의 불경건을 고집하든지 아니면 그것에 등을 돌리든지, 너의 구원을 위해서 아니면 너의 파멸을 위해서) 그것의 진리를 확증해야 할 것이고, 확증할 것이다.

공동체는 자신의 임무를 이렇게―묵시적으로든 명시적으로든 2인칭으로 말함으로써―수행하지 않는다면, 그 임무를 올바로 수행한 것이 아닐 것이다. 그리고 그의 임무가―예수 그리스도에 관한 사신 속에서, 사신과 더불어 각자에게 전해져야 할 약속―그렇게 이해되지 않았다면, 네가 그것을 너에 관한 약속으로, 그 진리를 너에게 지시하는 약속으로 이해하지 않았다면, 그 임무는 이해되지 않은 것이다. 그런 경우 "개별자" 혹은 "불경건한 자"의 선택, 그러나 또한 공동체의 선택과 예수 그리스도의 선택은 분명히 이해되지 않은 것이다. 교의학 자체는―그것은 설교도 목회적 교훈도 아니다.―하나님의 은혜의 선택론의 이 마지막으로 강조하여야 할 바를 지시할 따름이다. 그러나 이 지시는 불가피하다. "선택받은 자"(그리고 "버림받은 자!")에 대해서 3인칭으로 말할 때, 언제나 2인칭은 말해진 것에 대한 궁극적인 생각이요 설명이다.

"인간의 예정은 하나님이 그의 자비와 의의 영광을 알리기 위해서, 자기 형상대로 창조되었으나 자기 스스로 죄에 빠지게 될 인류 가운데서, 일부는 그리스도를 통해 영원히 구원하기로 결정했고 다른 일부는 영원히 비참 가운데 빠지도록 저주하기로 결정한 것이다."(Wolleb, *Theol. chr. comp.* 1626 I cap. 4 § 2, 3)

"고전적" 예정론이 무엇보다도 관심을 가지는 부분에 대해서 우리가 간격을 유지하고 있음이 이 정의에 직면해서 분명해지는 듯하다. 우리는 하나님의 "결정"을 "그리스도를 통한 보존" 앞에, 위에 놓지 않고 동일시함으로써, 이미 시작부터 그것으로부터 멀어졌다. 우리는 영원한 하나님의 결정 개념을―하나님은 자신을 계시하는 분이며 다른 분이 아니라는 규칙에 따라서―그리스도론의 주요 명제들을 통해 해석했다. 곧 신성(神性)과 인간성의 일체성과 상이성, 낮아짐과 높임, 예수 그리스도의 왕적, 제사장적, 예언자적 직무: 우리는 예수 그리스도를 선택하고 선택받은 자로(그 안에서 많은 사람들이 선택받았다.) 그리고 다시금 그를 버리는 자와 버림받은 자로(그 안에서 많은 사람들이 버림받지 않았다.) 이해했다. 그리고 우리는 예정을 예수 그리스도의 선택에서 결정된바 많은 사람의 예정 및 비예정에 대한 증인으로 공동체를 선택한 것으로 이해했다. 이것은 우리가 고전적 예정론에서 문제가 되었던 특별한 문제, 곧 저 많은 사람의 선택(개별자, 불경건한 자, "너의" 선택) 문제를 접근함에 있어 전제된 본질적으로 다른 조건들이다. 예수 그리스도의 선택과는 무관한 하나님의 결정 개념에서는 우선, 그의 임무가(저 정의에 의하면 그렇게 비치는 대로) 많은 사람에게 "그리스도 안에서, 그리스도를 통해" 성취된 것 외에 또한 하나님의 다른 절대적 뜻을 선포하는 데 있는 그런 공동체 표상이 무너진다. 하나님의 결정이 예수 그리스도의 선택과 동일하다면, 많은 사람에 대한 선택받은 공동체의 임무는 전적으로 복음 선포에 있다. 그 복음 안에서 예수 그리스도 안에 있는 각자에게 선택이 약속된다. 그러나 예수 그리스도의 선택과 무관한 저 하나님의 결정 개념과 더불어 다수를(개별자들, 불경건한 자들, 각자 자신) 예수 그리스도의 선택이 아마도 약간은 상관이 있을 수 있으나 또한 상관이 없을 수도 있는 중립적 인간으로 상상할 수 있는 가능성이 또한 사라진다. 저 상상에 따르자면 예정론의 진술은 두 가지 명제로(alios … alios …): 곧 "선택받은 자들"과(그들을 위해서 예수 그리스도는 선택되었고 죽었고 부활했다.) "버림받은 자들"에(그들에게는 예수 그리스도는 전혀 아무런 의미가 없다.) 대한 명제로 나누어져야 할 것이다. 예수 그리스도가 하나님의 모든 길, 역사의 시작이라면, 다수에게는 그에 대한 중립성이 있을 수 없고, 그러므로 어떤 사람에게는 이렇게 말하고 다른 사람에게는 저렇게 말하는 것이 가능하지 않고, 그들을 이렇게 두 부류로 구분함이 불가능하다. 중립성은 선택받은 공동체 및 그의 증언 개념에서부터도 불가능하다. 그 공동체의 증언이 전적으로 복음이라면, 이 복음은 배타적인 것, 이 사람 저 사람에게만 유보되는 것, 오직 이 사람 저 사람만을 진지하게 생각하고 상관하는 복음일 수 없다. 공동체는 "하나님의 자비와 의의 영광"이 "하나님의 영원한 기뻐함"처럼 무명이 아니라 예수 그리스도라 불린다는 것을 알고 생각한다면, 어떤 사람들에게는 불이익을 주고, 다른 사람들은 선호할 권리가 없다. 그에 대한 증언으로서(그리고 하나님의 영원한 결정에 관한 증언) 복음은 필연적으로 공동체가 그것을 가지고 모든 각 사람에게 향해야 하는 하나의 명제로 축약된다. 곧 그 내용은(예수 그리스도의 선택에 의하면) 선택의 자유로운 은혜는 인간에 대한 하나님의 힘있는 결정이고, 그러나 모든 사람이 받아 마땅한 유기는(예수 그리스도의 버림에 의하면) 역시 하나님의 힘있는 비결정이라는 것이다. 하늘이 열리고 지옥이 닫히고, 하나님의 의가 실현되고 사탄이 반박되고, 삶이 승리하고 죽음이 극복되고, 이 약속에 대한 유일한 가능성이고, 그것에 대한 불신앙이 배제된 가능성이 된다. 예정은 예수 그리스도의 선택이기 때문에, 다수와의 관계에서 그것은 다만 이 한 명제로써만, 그것 안에 물론 포함되어 있는 대립 명제들의 불균형에도 불구하고, 그러므로 그것은 이런 전혀 불균형적으로 표현되고 강조된 한 명제로서 모든 각 사람에게 선포될 수 있을 따름이다. 예정은 다만 이런 한 가지 명제로서, 다만 그것의 내적 대립의 관계 속에서만, 그리고 다만 아무도 상관하지 않는 명제로서만 또한 진지하게 믿어질 수 있고 믿어질 것이다.—혹은 진지하게 믿어지지 않는다. 그럼으로써만 그 명제는 너와 나에게 실제로 상관이 있고 해당될 수 있다. 이 명제는 발언되고 들려짐으로써, 실제로 듣는 자와 듣지 않는 자, 믿는 자와 믿지 않는 자, 감사하는 자와 감사하지 않는 자를 구별할 수 있고, 구별할 것이다. 이 명제는 이런 구별을 그러나 예측할 수 없다. 이 명제는 그것에 어떤 프로그램적 필연성을 부여할 수 없다. 이 명제는 고전적 예정론이 "선택받은 자들"과 "버림받은 자들"을 대립시킴으로써 행했던 것처럼, 이런 구별을 원칙적인 것으로 승격시키거나 영속화할 수 없다. 이 명제는 오히려 거듭하여 예수 그리스도를 고려하면서 이런 구별을 항거 아래 거부해야 할 것이다. 이 명제는 믿는 자들에게 그들이 받아 마땅한 유기를, 믿지 않는 자들에게는 그들이 받을 가치가 없는 선택을 선포하고, 양자에게 그들이 그 안에서 선택받고 버림받지 않은 그 한 인간을 선포함으로써 구별된 자들을 거듭하여 함께 부른다. 이 명제는 어떤 경우든—설령 그것이 지옥의 "다수" 가운데서라도—하나님의 은혜의 선택의 명제가 되기를 중지할 때, 스스로 취소할 것이다.

우리가 고전적 예정론의 대변자들의 견해로부터 개별자의 "선택" 개념의 편차에 대해 분명히 하면서도 고전적 예정론의 대변자들의 사상의 몇 가지 점에 거듭하여 주목하려 한다. 곧 그들은 자신의 문맥을 넘어서, 우리가 거기서 이 세 번째 마지막 물음에서 교의학의 이해를 찾으려 하는, 바로 그 방향을 지시하는 주장들을 제기하였다.

1. 우리는 저 다른 예정 이해의 서술에서도 거듭하여 선택받은 자의 선택받음은 그들의 믿음에서, 실로 예수 그리스도에 대한 믿음에서 실현된다는 명제와 만난다. "우리가 믿도록 그는 우리를 선택했다."(Augustin, *De praed.* 19, 38) "그가 원하는 자를 그의 값없는 자비로써 믿도록 선택했고, 그들에게 믿음을 가지는 은혜를 수여했다."(Petr. Lombard. *Sent* I *dist.* 41 D) "하나님이 그의 영을 통해 그가 원하는 자들을 비추어 그들이 그리스도의 몸에 편입되도록 한다는 사실에서가 아니라면, 우리는 어디서 일부 인간들이 은혜로 선택받았다는 증거를 취하겠는가? … 실로 선택은 믿음에 선행한다. 그러나 믿음을 통해서 선택을 알게 된다."(Calvin, *De aet. Dei praed.* 1552 C. R. 8, 318) "믿음은 선택을 뒤따른다. … 선택은 믿음의 동인이다. … 믿음은 선택의 계획을 실천하기 위한 수단이다."(Polanus, *Synt. Theol. chr.* 1609 col. 1580) 이 모든 명제들은 믿음을 어떤 형태로든 선택의 원인으로, 혹은 멜랑히톤의 명제처럼(*Loci* 1559, C. R. 21, 912f.), 선택의 동반 원인으로 보려고 하였던 견해들과 논쟁적으로 대립된다. 그러나 이 명제들은 또한 적극적인 면도 말한다. 곧 선택받은 자들은(그들의 부름받음에 의해 이루어진바 그들의 선택의 시간적인 실현 속에서) 믿는 자들이다. 선택받음이 뜻하는 바는 믿음의 행위, 사건 속에서 가시화된다. "그러므로 하나님의 영원한 선택을 확증하는 특별한 소명이 있어서 이전에 하나님 안에 감추어져 있던 것을 드러내 준다."(Calvin, *De aet. Dei praed.* C. R. 8, 272)

그러나 이제 믿음은—그것은 분명히 인식과 사랑의 행위, 복종과 신뢰의 행위 가운데서 다른 것과 구별되는 인간적 자세로서 현실적이고 가시적이다.—그 본질에서 하나님에 대한(in Deum …) 믿음, 그의 영원한 의지에 따라서 그에게 행동하는 하나님을 통하여 믿는 인간을 규정함, 인간을 하나님을 향하여 세움이다. 믿음은 이런 그것의 근거, 대상이 없는 아무리 현실적이고 가시적인 모습에서라도 아무것도 아닐 것이다. 믿음은 불경건한 자에 대한 하나님의 자비의 약속으로서 예수 그리스도에 근거하며 성령의 역사, 선물로서 이렇게 된다. 믿음은 하나님 자신에 의해 창조된바 하나님 자신을 향해 인간을 개방함이다. 믿음에서 인간은 하나님과 더 이상 경쟁하지 않는, 다만 하나님으로부터만, 하나님과 더불어, 하나님에 따라서 살고자 원할 수 있는 새로운 주체가 된다. 곧 하나님의 은혜로써 불경건에서 벗어났고, 그의 은혜로써 이런 다른 상태로, 곧 하나님 인식의 상태, 하나님에 대한 사랑, 복종, 신뢰의 상태로 옮겨졌다. 이제 선택받은 자의 선택받음은 구체적으로 그의 믿음에서 현실화되고 가시화된다는 것은 옳다. 그러나 믿음의 본질이(그 본질 없이는 믿음은 아무리 현실적이고 가시적인 모습에서라도 아무것도 아닐 것이다.) 인간이 하나님의 은혜를 통하여 일깨워지고 새로운 주체로 태어남에 있다면, 바로 그렇기 때문에 믿음을, 믿음의 자세, 그 모습을 현실적으로 가시적으로 나타내지 않는, 그와는 다른 믿음과 절대적으로 대립시키고 전자를 후자에 대립해서 "선택받은 자"로서, 후자를 전자에 대립해서 "버림받은 자"로 이해하는 것은 가능하지 않다. 어떤 인간이 선택받은 자로서 저 새로운 주체라면, 그는 그런 자로서(오직 예수 그리스도 안에서 그는 그럴 수 있다.) 어떤 의미에서 그의 최선의 자세 속에 있는 자기 자신 위에, 최악의 자세 속에 있는 다른 자들 위에 있다.

그들에 대한 자신의 대립은 거기서부터 볼 때, "선택받음"과 "버림받음"의 대립과 동일하지 않은 상대적인 대립이 된다. 그로 하여금 믿음의 자세를 일깨우고 능력을 부여한 것은 하나님의 은혜이다. 하나님의 은혜가 어떻게 그에 대한 절대적 선호를, 다른 자들에 대한 절대적 불이익을 의미할 수 있는가? 그는 저들이 믿지 않는 자를 믿는다. 그들도 객관적으로는(그가 믿음 안에서 오로지 의존할 수 있는 같은 약속을 통하여) 그를 믿도록 부름받았다. 그가 믿음에 도달함으로써 그에게는 그를 믿지 않는 것이 부조리하고 근거 없는 것으로 밝혀진 것처럼, 그를 믿지 않음은 저들에게는 객관적으로 부조리하고 무근거하다. 그는 믿음에서 그들도 가지고 있는 객관적으로 유일한 가능성을 실현한다. 믿는 자는 다른 자들의 불신앙을 마지막 사실로 인식할 수 없다. 그가 어떻게 그것을 다른 자들의 불신앙으로서 다만 확신을 가지고서 확정할 수 있겠는가? 그는 그의 가능성을 확실히 또한 부인할 수 없다. 그는 불신앙을 그 자신의, 그 배후에 있는 현실로서 안다. 그리고 그는 불신앙을 결코 제거할 수 없다. 그는 믿음은 다만 그 근거, 대상으로부터만 일깨워지며 불신앙은 다만 거기서부터만 제거될 수 있다는 것을 잘 안다. 믿는 자는, 이 사람이 "버림받은 자"라는 추측을 가지고서 믿지 않는 자와 결코 대면할 수가 없다. 그는 불경건한 자의 받아 마땅한, 그리고 불가피한 유기를, 무엇보다도 자신의 유기를 누가 담당했는지 안다. 그가 다른 사람들의 불신앙을, 따라서 그들의 불경건을 안다고 해서, 어찌 그것에 의거하여 다른 사람들을 다만 추측만으로 버림받은 자로 간주할 수 있으랴? 그렇다면 그의 믿음의 본질은 어떻게 되는가? 그 자신의 선택받음은 어떻게 되는가? 우리는 다만 믿지 않는 자들에 거슬러가 아니라, 그를 위하여, 곧 그들 대신에, 그들에게도 유효한 약속을 전함으로써, 믿을 수—본질적으로 믿을 수 있다. 때로는 칼빈도(예를 들어서 고전 1:9 주석, *C. R.* 49, 312) "사랑의 판단"에 대해 말할 수 있었다. 그에 따르면 다른 사람의 "확고한 소명"이 외적으로 인지될 수 있는 경우, "구원으로의 소명"을, 따라서 이런 다른 사람의 선택을 예견할 수 있다는 것이다. 그는 심지어 교회의 출교에 대해 다음과 같이 말할 수 있었다. "선택받은 자들 가운데서 … 그들을 지우는 것, 혹은 그들이 이미 멸망한 듯이 그들에 대해 절망하는 것은 우리의 일이 아니다." 사람들은 최악의 경우라도 "우리가 그들에 대해 현재 보는 것보다 더 나은 것을 미래에 희망하면서" 하나님에게 그들을 맡겨야 한다. "그렇기 때문에 우리는 그들을 위해 하나님께 기도하기를 중단하지 않는다." (*Instit.* IV 12, 9) 도르트레히트 신조 (Dortrechter Artikel III/IV, 15)에는 다음과 같이 되어 있다. "외적으로 믿음을 고백하고 그들의 삶을 개선하는 자들에 대해서는 사도들의 모범에 따라서 최선의 것을 생각하고 말해야 한다. 우리는 마음속을 알지 못하기 때문이다. 그러나 부름받지 못한 다른 자들에 대해서는 있지 않은 것을 있도록 부르는 하나님께 기도해야 한다. 그러나 결코 우리의 성별이 우리 자신 덕분인 듯이 그들에 대해 자랑해서는 안 된다." 불링거의 제2 스위스 신조 18항에는 더 일반적으로 이렇게 말한다. 모든 일에 대해 희망을 가져야 한다. 그리고 지기스문트 신조(Confessio Sigismundi 1614, K. Müller, 841, 49)에서는 이렇게 말한다. "모든 인간은 언제 하나님이 자기 사람들을 능력으로써 부를지 모르고 누가 장차 믿을지 혹은 믿지 않을지 모르기 때문에, 하나님은 그의 시간에 얽매이지 않고 만사를 자신의 기뻐하는 뜻에 따라 수행하기 때문에, 구원의 수단이 사용되는 한, 어떤 사람의 구원도 의심해서는 안 된다." 분명히 감상주의적 비논리성에서가 아니라 실질적 강압 아래 이렇게 말할지라도, 선택에서 결과한 믿음의 본질에서부터 보다 근거가 확실한 것, 보다 중대한 것이 같은 방향에서 말해져야 했다는 것은 의심할 여지가 없다. 한편으로는 사랑의 심판이 있다면, 다른 편으로는 어째서 희망의 심판은 배제되어 있어야 하는가?

2. 고전적 예정론의 기본 요소 가운데는 또한, 선택받은 자들은 오직 하나님의 은혜를 통하여, 또한 버림받은 자의 재난이기도 하고, 그들이 원래 예속되어 있었던 같은 인간의 무능력, 부패에서 벗어났다는 명제가 있다. "우리 인간 본성의 커다란 부패와 왜곡에도 불구하고 몇 사람이 복음을 믿는 것을 그들 자신의 선함에 돌리는 것은 악일 것이다. 오히려 이것에 대해 언제나 하나님께 감사해야 한다." (Calvin, *De aet. Dei praed. C. R.* 8, 300) "오직 은혜만이 구원받는 자를 멸망하는 자로부터 구별한다. 그 근원에서 나온 공통 원인이 그들을 몰락으로 예정된 무리로 자라나도록 만들었다." (Augustin, *Enchir.* 99) "… 그가 그들을 더 이상 공적에 근거해서가 아니라(전체 무리가 죄의 뿌리로 인해 정죄된 때문에) 은혜로 구별함으로써." (*De civ. Dei* XIV 26) 따라서 그들이 부름받기 이전의 상태를 고려해서 선택받은 자에 대해 이렇게 말해야 한다. "그들은 이방인으로 간주된다. … 열방 백성을 부르는 것은 하나님 마음속에 감추어져 있었으므로, 그들에게 저주받은 불결함 외에 어떤 다른 것이 나타났겠는가?" (Calvin, *De aet. Dei praed. C. R.* 8, 337) "당신이 그들을 본다면 아담의 후손임을 인식한다. 온 무리에 공통된 부패의 악취가 그들에게서 난다. 그들이 극도의 절망적인 불경건에 빠지지 않는 것은, 그들에게 타고난 선함 때문이 아니라, 하나님의 눈이 그들의 구원을 감시하고 그의 손을 뻗쳤기 때문이다." 그들에게는—부처(M. Bucer)에 대항해서 이것을 말했다.—그들이 자신의 부름을 위해 처리했을—생래적인 선택의 씨앗이 없다.(Calvin, *Instit.* III 24, 10) 아니, 그들은 "더 선하지도 않고 더 합당하지도 않고, 오히려 다른 자들과 더불어 공통의 비참 속에 처해 있었다." (Dortrechter Artikel I 7) 진정으로 선택의 대상은 "많은 비참한 인간들 중에서 비참한 인간, 그리고 은혜 없이는 생명에 도달할 수 없는 인간이다." (Coccejus, *S. Theol.* 1662, cap. 39, 7) 간단히 말해서, 선택받은 자들은 그들의 선택의 은혜를 떠나서는 버림받은 자는 아니지만 그러나 버림받은 자들 가운데서 버림받은 자들 같으며, 저들의 죄와 책임에 늘 참여하며, 저들과 더불어 자신들도 받아 마땅한 영원한 유기의 위협 아래 있다. 그들이 영원 전부터 버림받은 것이 아니라 선택받았다는 것은 비로소 그들의 부름을 통하여 그들에게 분명해진다. "그리스도에게 오는 자들은, 그들이 아직 하나님의 원수였을 때, 이미 하나님 마음속에서 하나님의 자녀였으며, 그들이 생명으로 예정되었기 때문에 그리스도에게 주어졌다." (Calvin, *De aet. Dei praed. C. R.* 8, 292) 그러나 칼빈이 철저히 강조한 대로(예를 들어 *Instit.* III 14, 9f., 19; 19, 14, 에스겔 주석 11:20, *C. R.* 40, 249 등), 저 일반적인 불경건과 버림받을 가능성의 상태에 대한 기억을(이 기억은 그들 자신의 삶과 행동의 약함과 왜곡됨 속에서도 믿음을 통해 현실적으로 이루어진다.) 망각하는 것은 이런 새로운 상태 속에 있는 그들에게도 불가능할 것이다. 언제나 거듭 선택하고 부르는 은혜를 통해서가 아니라면, 그들은 저 상태로 도로 떨어지지 않을 수 없다! "우리는 선택받은 자들이 성령의 부단한 인도에 의해 언제나 올바른 길을 유지한다고 주장하지는 않는다. 우리는 심지어 그들이 종종 타락하고 방황하고 실수하고 구원의 길에서 거의 벗어난다고 말한다." (Calvin, *De aet. Dei praed. C. R.* 8, 340) "엄청난 죄로 그들은 하나님을 모독하고, 죽어 마땅한 죄에 빠지고, 성령을 슬프게 만들고, 믿음의 훈련을 중단하고, 양심을 심히 손상하고, 때로는 잠시 은혜의 감각을 상실한다." (Dortrechter Artikel V 5)

그러나 만일 그렇다면, 선택받은 자들과 다른 사람의, 다른 사람들과 선택받은 자들의 연대가 어찌 끊어져 있을 수 있는가? 하나님의 눈과 손이 이미 그들을 부르기 전에 그들의 구원을 감찰했음을 통해서? 그러나 그들은 이전처럼 이후에도 그것을 필요로 하지 않는가? 이 같은 일이 저 다른 사람들에 대해서도 일어나지 않는다는 것을 어디서부터 안다는 말인가? 혹은 그들이 이미 그들의 부름받음

이전에 "극단적이고 절망적인" 불경건으로부터 지켜졌음을 통하여? 그러나 이것이 다른 사람들에 비해서 절대적인 탁월함을 의미할 수 없다면, 이로써 의미하는 상대적인 탁월함이 그들이 아닌 다른 사람들에게도 일어나지 않는다는 것을 어디서부터 안다는 말인가? 혹은 그들의 부름과 더불어, 부름 이후로 그들에게서 나타나는 새로운 것을 통하여? 그러나 이 새로운 것은 저 옛것에 대한 현실적인 기억으로 인하여 부담을 지고 있어서, 다른 사람들로부터 절대적 구분하기에는 절대로 충분하지 않을 것이다! 아니, 그러므로 모든 예정론자들은 말한다. 선택받은 자들을 버림받은 자들과 구분하는 것은 결국, 본래, 철저하게 오로지 자유로운, 늘 자유로운 은혜이다. 그러나 문제는 은혜가(선택하고 부르는 은혜, 영원한 은혜, 시간 속에서 계시되는 은혜) 그렇게 선택받은 자와 버림받은 자를 구분하는지, 불경건한 자들과 믿는 자들을 구분하지는 않는지? 믿는 자들은 그들이 하나님의 은혜 없이는 불경건한 자이며, 그런 자들로서 하나님의 유기의 위협을 받았을 뿐 아니라 여전히 받고 있고, 언제나 받을 것이라는 것을 인식할 모든 동기를 가지고 있기 때문에, 그리고 불경건한 자들은 다만 같은 위협 아래 서 있으면서 그들의 선택의 약속에 아직, 혹은 더 이상 귀를 기울이지 않고 믿지 않고 따라서 그렇게 하도록 부름받지 않은 그런 자들로 간주될 수 있기 때문에, 이런 구분에도 불구하고 양자는 결합되어 있는 것이 아닌가? 옛 예정론 영역에서는 바로 이 점에서 그 예정론이 내린 결론과는 전혀 다른 결론을 내려야 했다는 것을 생각해야 한다. 왜 옛 예정론자들은 인간의 심각한 비참함을 보고 거기에서, 이 비참한 인간이 버림받지 않고 멸망당하지 않기 위해서 예수 그리스도가 스스로 담당한 유기가 얼마나 가혹한가를(유기는 인간의 비참 속에 그것의 그림자가 있다!) 통찰하고, 하나님이 불경건한 인간들을 향한 은혜가 얼마나 높고 깊은지, 그의 불경건함이 얼마나 불가능한지, 이 은혜를 인식하고 받는 자들의, 은혜를 기뻐하고 칭송할 수 있는 자들의 믿음이 얼마나 필수적이고, 고귀하고, 또한 얼마나 의무적인지를 통찰하는 열매를 거두지 못하였는가? 어째서 사람들은 하필 "선택받은" 불경건한 자들과 "버림받은" 불경건한 자들 사이에 절대적인 대립의 고랑을 만들어 놓음으로써 이 은혜를 칭송하는 데만 몰두했는가? 우리는 사람들이 하나님의 은혜를 순진한 논리적으로 "우리 주 예수 그리스도의 은혜"로 이해하기를 진지하게 생각하려 하지 않았던 것 외에 다른 이유를 보지 못한다. 바로 그렇기 때문에 우리는 여기에서 전혀 다른 결론을 내려야 한다.

3. 선택론의 교회적-실천적 모습과 미치는 영향을 위해서, 선택받음 및 그와 결부된 선택받은 인간의 은혜는 모든 상황 아래, 아무리 반대적인 상황 아래서도 그에게 보존된다는 명제, "성도의 인내" (견인, 항구성, 하나님의 보존) 명제가 중요해졌다. 누가복음 22:32, 요한복음 10:28-29, 로마서 8:28-39, 고린도전서 1:8, 빌립보서 1:6, 요한1서 3:9, 24, 5:18 같은 중요한 성서 구절, 하나님의 "관대함"과 "신실성", 그리고 그리스도인의 "인내" 개념은 분명히 이 방향을 지시했다. 그 표제에서 이 명제를 예고하는 아우구스틴의 글 『견인의 은사론』에서 우리는 이 명제가 다만, 반펠라기우스적 명제를 일반적으로 반복하는 가운데서(순결, 복종 등과 더불어) 또한 죽음에 이르기까지 신앙의 충성이라는 특수한 덕목도 하나님의 순수한 선물로서, 따라서 하나님의 예정의 일로 표시되는 한에서만 주장되는 것을 발견한다. 그러나 거기서 역시 예정 자체에 대해 내려지는 정의, 곧 예정은 "하나님의 선행을 미리 알고 준비함이니, 이 선행을 통해서 자유롭게 되는 자 모두가 완전한 확실하게 자유롭게 되는 것" (14, 35)이라는 정의는 아우구스틴에게 이 명제가 얼마나 중요했는가를 보여 준다. 여기에 대한 결정

적인 말이 그의 몇 년 후의 글 『질책과 은혜』 안에 있다. "하나님의 매우 분명히 예견하는 질서 안에서 예지되고 예정되고 부름받고 의롭게 되고 영화롭게 된 모든 사람들은—나는 아직 거듭나지 않은 자들도라고 말하지 않는다. 오히려 아직 태어나지 않은 자들이라고 말한다.—이미 하나님의 자녀이며 궁극적으로 멸망할 수 없다."(9, 23) 아우구스틴에 의하면 아무도 그 숫자에 들어간다고 감히 생각해서는 안 된다.(13, 40, *De dono persev.* 1, 1 참조) 그러나 실제로 거기에 속하는 자들에 관해서는 이것이 확실하다. "사랑을 통해 작용하는 그들의 믿음은 실제로 전혀 중단하지 않는다. 혹은 믿음이 중단되는 그런 사람들이 있다면, 그는 이 생명이 끝나기 전에 다시 일으켜질 것이고, 그 사이에 있을 수 있는 모든 죄가 제거된 후에 종말까지 인내하도록 결정된다."(7, 16) "이들 가운데 한 사람이 멸망한다면 하나님은 착각한 것이다. 그러나 하나님은 착각하지 않으므로 그들 가운데 아무도 멸망하지 않는다. 이들 가운데 한 사람이 멸망한다면 하나님은 인간의 죄에 의해 패배당하는 것이다. 그러나 하나님은 아무것에 의해서도 패배당할 수 없으므로 아무도 멸망하지 않는다."(7, 14) 저 아우구스틴의 정의에 연결해서 토마스 아퀴나스도 이렇게 썼다. "예정은 절대로 확실하게 그리고 오류없이 그 결과를 달성한다."(*S. Th.* I *qu.* 23 *art.* 6c) "하나님의 예정에 의해 영원한 삶을 얻도록 예정된 자들은 유보없이 생명 책에 기록되었다. … 그리고 이들은 결코 생명 책에서 지워지지 않는다."(*ib. qu.* 24 *art.* 3c) 예정받은 자는 실제적으로 죽을 죄로 죽을 수 없고 따라서 영원히 멸망당할 수 없다.(*ib. qu.* 23 *art.* 6 *ad* 2)

이 문제를 특별히 강조해서 받아들인 칼빈에게서 새로운 것은, 첫째로 이 문제를 관철함에 있어 선택받은 자의 삶보다는 죽음에 강점을 둔 실천적 자세이다. 나는 많은 구절 중에서 다만 여기에 해당되는 두 구절을 인용한다. "그런 격심한 모욕 가운데서, 그런 허다한 재난 가운데서, 그런 커다란 폭풍과 동요 속에서도 우리 처지의 영속성은, 하나님이 우리의 구원에 대해 결정한 것을 그의 팔의 힘으로써 언제까지나 보호하리라는 데 근거한다. 우리 각자가 자기 자신을 바라볼 때, 염려하지 않을 수 있으랴? 우리 주변에 모든 것이 흔들리고, 우리보다 약한 것은 아무것도 없기 때문이다. 그러나 하늘 아버지는 그의 능력이 닿는 한, 그가 아들에게 준 자들이 멸망하는 것을 허락하지 않기 때문에, 우리의 확신과 우리의 자랑은 근거가 있다. 그는 강하므로, 자신의 선물을 영속적으로 승승장구 보호하는 분으로서 나타난다."(*De aet. Dei praed. C. R.* 8, 275) "모든 선택받은 자들에게 영원한 삶은 확실하다. 아무도 탈락할 수 없다. 폭력에 의해서도, 공격에 의해서도 그는 영원한 삶을 박탈당할 수 없다. 그들의 구원은 하나님의 꺾일 수 없는 능력에 근거한다. … 나는 내 자신이 흔들림을 본다. 내 자신이 가라앉는 듯 보이지 않은 순간이란 없다. 그러나 하나님은 그의 선택받은 자들을 보존하여 그들이 결코 몰락하지 않게 하기 때문에, 나는 허다한 폭풍 속에서도 버틸 수 있다고 굳게 확신한다."(*ib.* 321) 루터파도 칼빈처럼 고백하였다. "그는 확고한 보루로 나의 구원을 확고히 하고자 하였으므로, 그의 영원한 계획 속에서(이것은 결코 잘못되거나 혹은 뒤집어질 수 없다.) 마치 튼튼히 건축된 요새에서처럼 나의 구원을 보호했으며, 그것을 우리 주 예수 그리스도의 전능한 손으로 보호하도록 위탁했다."(*Form. Conc., Sol. decl.* XI 45) 그리고 17세기에도(비록 신중하게 표현했지만), "하나님의 선택은 꾸준하고 불변하며, 하나님의 움직일 수 없는 계획과 믿음의 예견에 따라서 이루어진다. 믿음은 삶의 종말까지 지속될 것이니 영원한 구원으로 선택받은 자들은 그들의 선택에서 떨어질 수도 없고 멸망할 수도 없다."(Quenstedt, *Theol. did. pol.* 1685 III *cap.* 2 *sect.* 2 *qu.* 8 *th.*) 칼빈에게서 새로운 것은 두 번째로 선택받은 자들은 믿음 안에서 자신의 선택받은 것을, 따라서 또한 그들에게 향한 하나님의 은혜의 항구성을 확신할 수 있다는 철저한 전제였다. 우리는 4항에서 이 문제로 돌아갈 것이다.

그리고 그에게서 새로운 것은 세 번째로 소명에 근거해서 한번 일깨워진 선택받은 자의 믿음은 파괴될 수 없다는 것을 분명히 확립한 것이었다. "선택받은 자들의 믿음이 아무리 작고 약할지라도, 결코—그럼에도 불구하고 하나님의 영은 그들에게는 자녀됨의 확실한 담보요 봉인이기 때문에—그의 형상은 그들의 마음에서 지워질 수 없다는 것을 확정지어야 한다."(*Instit.* III 2, 12) 마치 그들은 회의와 염려, 불신앙과 싸울 필요가 없는 것처럼. "그리고 그럼에도 불구하고—얼마나 놀라운가!—믿음은 이런 요동 가운데서 믿는 자의 마음을 지켜준다. … 마치 다윗이 완전히 몰락한 것처럼 보일지라도, 자기 자신을 고발하는 가운데 하나님을 향해 일어서기를 중단하지 않은 것처럼. 그러나 자기 자신의 연약함과의 싸움에서 그의 불안감 가운데서 믿음에서 도피처를 찾는 자는 이미 상당히 승리한 자이다."(*ib*. 2, 17) 이런 확정은 칼빈과 칼빈주의자들로(Quenstedt, *ib. qu.* 7) 하여금 루터파의 반발에 봉착하게 만들었다. 그들은 선택받은 자들에게 실로 "삶의 마지막 시점 혹은 순간에 신실함의 상태"를 임종 순간에 확실히 약속할 수 있었고, 따라서 은혜의 최종적 상실의 가능성을 부정한 반면에, 선택받은 자들에게서도 잠정적이나마 은혜와 믿음의 전적인 상실을 예상한다고 주장했다. 칼빈에 의해 삼중으로 확장한 형태로써 "성도의 인내"론이 몇 가지 개혁파 신앙고백의(1595년 브레멘 신조 제9장, 1619년 도르트레히트 신조 제5절, 1647년 웨스트민스터 고백 제17장) 중요 명제가 되었고, 또한 하이델베르크 교리문답서, 1615년 아일랜드 종교 신조 38항에서도 조금이나마 분명히 언급되었다.

　　이 이론이 도르트레히트 노회에서 선포되었을 때의 가장 성숙된 형태를 당시 거기에 대해 제기된 이의와 함께 놓고 보는 것이 이 이론의 이해에 도움이 된다.—항론파는(1610년 그들의 신조에서, 그리고 결정적으로 노회에 대한 그들의 선언서에서) 이 점에 대해 다음과 같이 피력했다. 하나님은 그리스도 안에서 믿는 자들에게 손을 내밈으로써 그의 은혜로 그들을 강하게 만들었으므로 만일 그들이 다시 타락한다면 그것은 그들의 책임이 될 수 없다. 만일 이런 일이 진정으로 믿는 자들에게 일어난다면—그리고 이 일은 실제 일어난다.—이들은 영원히 멸망할 수 있는 것이고, 다시금 회개하도록 부름을 받을 수 있는 것이다. 믿는 자들은 다만 무지와 연약함 때문에 죄를 범할 수 있고, 그들은 죄로 인하여 하나님의 은혜를 상실할 수 없고, 그들의 모든 죄는 용서받았다고 가르치는 것은 "경건과 선한 풍습에 해로운 것"이다. 이 모든 것은 "육신적 안일함에 창문을 여는 것"을 뜻한다. 자신의 믿음, 자신의 양심이 대상에 관해 확신을 가질 수 있기를! 그러나 미래에 대해서는, 사람들은 경성(警醒), 기도, 경건 훈련을 통해 믿음을 유지할 수 있고, 이것을 행하는 자에게는 하나님의 은혜가 없을 수 없다는 확신만이 있다. 그러나 사람들이 마땅히 그래야 하지만 장차 믿음 안에, 경건 안에, 사랑의 행위에 지속적으로 머무르게 될 것을 어디서부터 알 수 있을지 예견할 수 없고, 또한 그것을 아는 것이 어느 징도 필요한지도 알 수가 없다.—노회는 여기에 대해(*Reiectio errorum* V에서) 반(反) 비판적으로 답변했다. 문제가 되는 견인(堅忍)은 결코 우리의 자유 의지의 문제가 아니다. 견인은 그들의 선택에 근거하여 예수 그리스도의 죽음, 부활, 영원한 중보자의 능력을 통해 선택받은 자들에게 주어진다. 그러므로 하나님은 우리 자신에게 떠맡겨 우리 스스로 돕도록 하는 것만은 아니다. 참으로 믿는 자는 죽을 죄에 떨어질 수 없고, 성령에 거슬러 범죄할 수 없고, "전적으로 궁극적으로" 멸망할 수 없다. 그들에게 향한 은혜의 확실성과 항구성은 하나님의 약속의 항구성에서 결과한다. 이 확신이 육신을 위한 수면제라는 것은 진실이 아니다. 이 확신으로 경솔하게 자위하는 믿음은 의롭게 만들고, 구원을 가져오는 믿음이 아닐 것이다. 중생의 반복은 없고 반복할 필요도 없다. 그리스도는 베드로를 위하여 그의 믿음이 "중단되지 않도록" 한번 기도한 것은 헛된 것이 아니었다.—노회는 적극적으로 다음과 같이 선언한다(제5항): 선택받은 자들도, 아무리 그들 중에서 선한 자일지라도, 믿도록 부름을 받은 후에라도 육(肉) 안에, "죄의 몸" 안에 살고 있으며, 죽을 때까지 하나님 앞에서 겸손하고, 그리스도의 십자가로 도피하고, 성령 및 그의 역사를 통하여 육을 죽여야 할 충분한 동기를 가진다는 것은 진실이다. 그러나 그들은 자신의 능력으로는 이 일을 올바로 행할 수 없고, 따라서 은혜 안에 머무를 수 없다. 하나님은 신실하다. 그는 그들을 자기 은혜 안에 지킨다. 이것은 다윗이나 베드로에게 일어난 것처럼 그도 유혹에 빠지지 않기 위해서 깨어 기도할 필요가 없다는 뜻은 아니다. 이것은 또한 그들이 실제로 하나님에 거슬러, 그들 자신의 양심에 거슬러 중대하고도 위험하게 범죄하지 않는다는 것과, 그런 한에서 은혜의 모든 느낌(sensus)을 상실할 수 있다는 뜻은 아니다. 그러나 이것은 하나님이 그의 성령을 그의 백성으로부터 빼앗지 않으며, 그들을 영원한 파멸에 빠지도록 하지는 않는다는 뜻이다. 그들에게는 거기서부터 그들이 다시 태어난 불멸의 씨앗이 남아 있다. 그들에게는, 하나님이 끊임없이 그의 말씀과 영을 통해서 그들을 새롭게 함으로써 그들이 회개하고 용서를 구하여 용서를 얻고, 은혜를 다시 받고, 그의 자비를 간구하고, 두려움과 떨림으로써 그들의 구원을 더욱 더 열심히 구하는 일만이 남아 있다. 그래서 그들은(그들의 공로와 능력 때문이 아니라 하나님의 은혜로 말미암아) 타락한 자들 가운데서 "궁극적으로" 머물러 있거나, "전적으로" 멸망당할 처지에 있지 않다. "그들 자신을 본다면" 이것은 가능하겠지만, "하나님 편에서는" 그렇지 않다. 하나님의 계획과 약속은 바뀌거나 기만할 수 없기 때문이다. 그리고 그들은 각자가 자신의 믿음의 분량에 따라서 이 모든 일을 하나님의 말씀으로부터 알 수 있다. 그들이 자기 십자가를 지면서, 고백 속에서 확고하게, 하나님의 길에 대해서 주목하면서, 하나님의 선함을 오용하는 것을 두려워하며 설교와 성례전을 올바로 사용하면서, 따라서 그의 일을 그에게서 시작했고 그러나 또한 완성할 하나님 안에서 기뻐하면서, 이 모든 것을 언제나 확신을 가지고, 육적인 안일 속에서 아는 것은 아니라 순진한 두려움 속에서, 기도 속에서 알 수 있다. 모든 도르트레히트 선언과 고백서는 특징 있게 이렇게 결론을 맺는다: "이것은 하나님이 자신의 이름의 영광을 위하여, 경건한 영혼의 위로를 위하여 그의 말씀으로 충만히 계시했고 믿는 자들의 마음에 새겨 놓은바, 참으로 믿는 성도들의 견인과 그들의 확신에 대한 가르침이다. 곧 육이 그들을 붙잡지 못한다. 사탄은 그들을 미워한다. 세상은 그들을 비웃는다. 미숙한 자, 위선자들은 그들을 오용한다. 혼미의 영들이 그들과 싸운다. 그러나 그리스도의 신부는 헤아릴 수 없는 가치를 지닌 보물처럼 그들을 애지중지 사랑하고 그들을 끈질기게 보호한다. 그들이 이렇게 하도록 하나님은 돌볼 것이며, 하나님에 대항하여 어떤 계획도 세워질 수 없고, 어떤 능력도 일어설 수 없다. 유일한 하나님인 그 아버지와 아들과 성령에게 영예와 영광이 영원히 있기를, 아멘."

우리가 이렇게 해석된 명제를 그런 것으로 다만 시인하고 받아들일 따름이라는 것은 분명하다. 항론파는 이에 반하여 상기하고자 했던 것은 영적이 아니고 무력하고 사소한 것이었음은 자명하다. 그것은 중세 가톨리시즘에 대한 빈약한 에필로그이고, 합리주의-경건주의적 신프로테스탄티즘에 대한 보잘것없는 서주(序奏)에 지나지 않았다. 하나님은—"자비의 아버지요 온갖 위로의 하나님(고후 1:3)—기만당하지 않고 패배당할 수 없고 자신과 우리에게 불충실할 수 없기 때문에, 선택으로부터 어떤 근본적인, 영원한 취소란 없고, 그의 선택받은 자들에 대한 하나님의 '그래'는 절대적인 '아니'로 변할 수 없고, 그렇기 때문에 이들은 하나님의 절대적인 '그래'를 귀 속에, 마음속에 간직하면서—

하나님에 대한 인간의 악한 '아니'와 더불어 평화를 유지하는 것이 아니라, 그것에도 불구하고 그것에 대항하여 의롭고 성과 있는 싸움을 싸우면서—믿음 안에서 자신의 선택에 대해서, 따라서 그들의 영원한 구원에 대해서 확신할 수 있고 확실해야 한다. 루터파의 이의도 무익하고 루터에게는 거의 어울리지 않는다. 선택받은 자들의 믿음이 그의 근거인 예수 그리스도로부터 그의 대상인 예수 그리스도 안에서 산다면 그 믿음이 어떻게 전적으로 상실될 수 있는지 이해할 수 없다. 상실될 수 있는 믿음은, 일반적 삶에서 중대한 문제가 될 수 없듯이, "삶의 궁극적 순간에도" 위로받을 만한 것이 될 수 없다. 믿음이 삶에서나 죽음에서나, 우리가—"우리 자신을 보아서가 아니라 하나님을 볼 때", 그의 말씀, 우리 뒤에 있는 그의 결정, 우리 앞에 있는 그의 결정을 신뢰하면서, 그 말씀으로 모든 선한 싸움을 위한 준비를 갖추고—우리의 일에 대해 단순히 때때로 확신을 가지는 것이 아니라 늘 확신을 가지는 것에 있는 것이 아닌가? 우리는 믿음의 항구성을 부인함으로써가 아니고 달리 더 믿음을 싸구려 신앙으로 만들 수 있는가? 그러므로 우리는 확실히 칼빈이 아우구스틴과 토마스를 능가하는 저 형태로 "견인"의 명제를 내세운 것에 대해 그에게 감사하지 않을 수 없다.

그러나 우리는 이 명제가 받아야 마땅한 일반적인 갈채를 받지 못한 것과 그것이 심지어 개혁파 신학과 교회 내에서 급속히 낡아빠진 정통주의 신학의 납득 불가능한, 심지어 의심스러운 필수 요소가 된 것에 대해 기이하게 여길 수 없다. 도르트레히트 100년 후에 베렌펠스(S. Werenfels)라는 한 사람을 일생토록 괴롭혔고, 심지어 일을 할 수 없게 만들어 놓았던바, 자신의 영원한 구원에 대한 고통스러운 불안을 생각해 보라! 저 명제는, 칼빈주의 체계 안에서 의미된 바대로는—추상적으로 저 인간들('버림받은' 자들)에 대립해서 이 인간들을('선택받은' 자들) 지시함으로써—도르트레히트에서, 그리고 이미 칼빈 자신이 만든 안전 장치와 유보 조항에도 불구하고 너무나 논리적이고, 오만 방자스럽고, 위험하게 느껴졌던 것이 아니었는가? 누가 오만, 경솔, 절망에 빠지지 않고서야 도르트레히트 신조 제5항에 서술된 대로 자신의 선택을 아는 그리스도인이라는 주장을 참을 수 있으랴? 또 누가 거의 상상할 수 없는 정도로 냉혹한 마음을 갖지 않고서야, 그들의 버림받음에 근거해서 필연적으로 이 그리스도인의 상태로부터—인간이 정상적으로 살 수 있는 유일한 상태!—배제되었을 다른 사람들에 대한 생각을 견딜 수 있으랴? 우리는 저 "전적으로, 궁극적으로" 인내하는 하나님, 죄와 죽음, 악마에도 불구하고 "전적으로, 궁극적으로" 인내하는 인간에 대한 사상을—이것은 모든 참된 사상 중에서 가장 참된 것이기 때문에—놓고 농담을 할 수 없다. 이 사상은—"경건과 좋은 풍습"에 대한 고려는 전혀 도외시하고라도—신성모독으로 혹은 적어도 전혀 무익한 신학적 사변으로 보이지 않으려면, 철저히 끝까지 사고되어야 한다. 이것이 개혁파 선배들이 하지 않은 것이다. 그리고 여기서 우리는 그들이 당시에 이 사상에서 충분히 성과를 얻을 수 있었으나, 그 시대를 넘어서는 성과를 거두지 못했던 것의 원인을 찾아야 할 것이다. 이 예정론의 핵심 명제를 해설함에서 거의 더 이상 "절대적 결정"이 아니라, 거의 전적으로 예정의 인식 근거를 가지고서, 그리고 따라서 예수 그리스도, 하나님 말씀, 그의 약속 등을 지시함으로써 논증하는 것이 눈에 띈다. 이것은 도르트레히트 신조 5항을, 그 자체만 본다면 거의 공격받을 수 없게, 그 한계 내에서 두드러진 복음의 증언으로 만드는 것이다. 그러나 이 한계를 넘어서, 예정의 인식 근거는 바로 그것의 현실 근거이며, 그의 은혜의 의지를 "전적으로, 궁극적으로" 견지하는 저 선택하는 자는 다시금 예수 그리스도라는 인식에 이르는 발걸음—이 구원을 가져올 자명한 발걸음을 사람들은 걸어가지 않았다. 그의 선택이 우리의 선택이라는 것, 그가 선택하는 자요 선택받은 자이기 때문에 우리의 선택의 은혜와 우리의 믿음은 거기서 시간적으로, 영원히 존립한다는 것--사람들은 모든 오만, 경솔, 절망을 근본적으로 차단하는 이런 전제 조건을 발언하지 않았고, 또한 전제하지도 않았다. 오히려 사람들이 전제 조건으로서 전제한 것은 "절대적 결정"이었다. 곧 하나님의 은혜로써 선택과 버림이 결정되는 것이 아니라, 원칙적으로 헤아릴 수 없는 원리에 따라서 '선택받은 자'와 '버림받은 자'가 구별된다. 분명한 것은, 어떤 사람들에게는 "인내의 선물"을 수여하고, 다른 사람들에게는 거부하는 가능성, 이 세상의 멸망당한 자식들 가운데서도 무책임하게, 개의치 않고 하늘 나라를 향해 질주하는 하나님 백성—이런 외견상으로는 영웅적이나 현실적으로는 부패한, 신빙할 수 없는 하나님 백성의 상은 저 다른 전제로부터 불가능해져 버렸다. 또 분명한 것은, 예수 그리스도의 선택에서 자신의 선택을 인식한 자들이 기뻐할 수 있는 하나님의 신실함, 믿음의 신실함의 전적인 진지성과 전적인 능력을 그것을 아직 알지 못하는 자들에게 약속으로 전할 필요성이 생겼다. 그들에게도 상관하는 약속으로서! 아니면 하나님은 예수 그리스도를 죽은 자들로부터 일깨움으로써, 인간 예수는 그의 기도에서 이들까지도 위해서가 아니라 오직 저들만을 위해서 늘 기도했는가? 예수 그리스도 안에서 일어난 신이자 인간인 분의 인내에서—하나님의 모든 길과 역사의 시초에 결정되었다!—사탄의 지배가 무너졌다는 것은 이들에게도가 아니라, 저들에게만 유효한가? 그는 다만 이들도 위해서가 아니라 저들만을 위해서 버림받은 인간의 치욕을, 선택받은 인간의 영광을 입었는가? 그는 다만 이들도 위해서가 아니라 저들만을 위해서 인격적으로 하나님 나라, "자신을 위한 왕국"인가? 만일 이 선택이—그 위에, 그 뒤에 어떤 "절대적 결정"도 없다!—전적으로 예수 그리스도의 선택이라면, 누가 감히 선택에 관해서 이렇게 말할 수 있었는가? 그리고 그들의 선택의 실제 근거로서, 그리스도를 믿는 자들이, 저 다른 사람들을, 아직 혹은 더 이상 믿을 수 없고, 그러므로 또한 아직 혹은 더 이상 그들을 위해서도 일어난 저 신-인간인 분의 인내로 위로받을 수 없고, 아직 혹은 더 이상 그의 질서 아래서 살 수 없는 자들로 볼 수 있을까? 그러나 믿는 자들은 그들에게도 믿음의 초대가 올바로 효과적으로 도달될 수 있도록 할 의무가 있는 것이다. 그들의 전제로부터 개혁파 선배들은 이런 결론을 내릴 수 없었다. 그래서 "그리스도의 신부"가 "성도의 인내"의 가르침에서 받았던 것은 "무한한 가치의 보물"이었다. 그것을 칭송하기 위해서는 어떤 고귀한 언어도 충분할 수 없다. 이 가르침이 빛날 때 복음 전체도 비로소 빛난다. 그러나 이 교리가 어떤 사람들에게는 처음부터 모든 것을 의미하고, 다른 사람들에게는 처음부터 아무 의미도 없다는 진부한 견해로 압축됨으로써 이 교리는 다만 흐려지고 곧 더 이상 빛을 발할 수 없게 되었다. 이 "처음부터"는 하나님의 은혜와 전혀 상관이 없다.

4. 우리는 또 한번, 개인이 자신의 선택에 대한 인식과 확신이 가능한가 하는 문제에 대해 옛 예정론 신학이 답변한 것을 생각해 보아야 한다.(다음을 참조하라. W. Niesel, *Syllogismus practicus?* in: *Theologie und Geschichte, Festgabe für E. F. K. Müller* 1933, 158f., Heinz Otten, *Calvins theol. Anschauung von der Praedestination* 1938, 54f.)

이 점에서 트리엔트 공회의 입장은 종교개혁자의 견해에 대립된다.(Sess. VI 1547 *Decr. de iustificatione cap.* 12-13, can 15-17, *Denz.* Nr. 805f., 825f.) 트리엔트 공회의 입장은 이렇다. "누가 선택받고 그러므로 종말까지 인내하는 자인지 아무도—특별한 계시에 의하지 않는 한—절대적으로, 틀림없이 확실하게 알 수가 없다. 그러므로 자신의 선택을 아는 것은 결코 믿음에 필수적이라고 표시할 수 없다." 칼빈은 여기에 대해서 답변했다.(*Acta Syn. Trid. 1547 C. R.* 7, 463f.) 바울이 에베소서 1장에서, 그리고 로마서 8장에서 선택에 대해, 그의 독자들이 자신들의 선택에 대해 알 수 있고 알아야 한다는 것 외에 다른 견해를 그렇게 상세히 진술한 것인가? 그리고 고린도전서 2:10, 12, 16에 의하면 하나님의 모든 참 자녀들이 받는 것 외에 어떤 다른 특별한 계시가 있을 수 있다는 말인가? 그러나 이미 아우구스틴과 토마스 아퀴나스는 분명히 각 개인의 선택이 가르쳐지고, 설교되고, 믿어져야 하나, 이런 저런 개인들의 선택에 대한 문제는 근본적으로 미해결된 상태라고 주장했다.

  종교개혁자의 예정론은 이 물음에 대한 적극적인 답변을 설명하기 위해서 오직 한 가지 이유를 언급했는데, 그 이유는 매우 세분화되어 있다. 칼빈에 의하면, 우리가 이미 들은 대로, 그리스도는 "선택의 거울"이다. "내가 선택받았다는 것을 어디서 인식할 수 있겠는가? 피기우스가 그렇게 묻는다면—그리스도는 나에게 천 번의 증언과 같은 가치가 있다. 우리가 그의 몸에 속해 있는 한, 우리의 구원은 이미 하늘에 있는 것처럼, 확실하고 안전한 장소에 있는 것이다." (*De aet. Dei praed. C. R.* 8, 321) 우리가 이 한 증언에 의지하고(*Instit.* III 24, 2), 저 감추어진 샘에서 흘러나오는 "수로"에 의지하고(*ib.* 24, 3), 하나님 자신에게 있는 원본의 필사본에 의지할 때(엡 1:4-5 설교, *C. R.* 51, 281), 하나님의 영원한 결정의 "죽음의 심연" 위로, 곧 사람들이 "조용한 하나님은 만물을 안식케 하며 안식을 직관하는 것이 안식하는 것"(Bernhard von Clairvaux, *In cant. serm.* 23, 16)이라는 사실에 의해서 사는 공간 위로 "안전하고 평화스럽고 또한 즐거운 항해"를 할 수 있다. "다만 믿음이 그리스도에 근거를 둔 후에만 믿음을 뒷받침하는 일들이 일어날 수 있다. 그럼에도 불구하고 믿음은 오직 그리스도의 은혜에 근거한다." (요일 3:14 주석, *C. R.* 55, 339) "비록 믿음이 하나님의 은혜의 모든 방식을 통해 마치 지주를 통해서처럼 강화될지라도, 믿음은 그 기초를 오직 하나님의 자비에 두기를 중단할 수 없다." (*ib.*) 이것은 칼빈에 의하면(*Instit.* I, 7-8 참조) 성서의 권위 문제에서 성서 안에서 말하는 성령의 내적 증언과 성서의 외적 신빙성의 여러 가지 요소들 사이의 관계와 유사하다. 그러나 칼빈은 여기서나 저기서나 이 "지주"를 지시하는 것을 왜곡된 혹은 불필요한 것으로 보았다. 그가 저런 모든 구절에서, 그리고 유사한 구절들에서 또한 선택의 확신의 근거로서 그리스도에 대한 믿음에 대해, 곧 확실히 그리스도와 다른 근거로서가 아니라, 인간이 하나의 반석으로서 그리스도 안에서 안식에 도달하게 되는 그런 인간의 행위, 자세로서 말했던 것을 주목하라. 확실히 그리스도는 믿음의 근원이요 대상인 것 같이, 확실히 그리스도 자신은 믿음을 통해서 믿는 자 안에 거하고 활동하고 믿는 자와 하나가 된다.(*Inst.* III 1, 1; 2, 24 등) 이로써 믿음을 인간의 행위, 행동 방식으로, 그러므로 믿는 자를 그런 자로서, 그러므로 그의 인간적 삶을—믿음 속에 있는 그의 삶, 그러나 믿음 안에 있는 삶—저 한 결정적인 증언의 과도적인, 그러나 그렇기 때문에 불가결한 확증으로 이해하는 것이 불가피해진다. 이 증언이 그 자체 내에 근거를 가지고 있고 참되다는 것은 인간에게—그 자신의 무게를 통하여, 그러므로 예수 그리스도와 성령의 증언의 능력 안에서, 그러나 다시금 바로 그 자신의 결정, 자신의 믿음과 고백, 자신의 상응하는 존재 형태로—확실하다. 그가 그리스도에 관한 증언을 받아들이고, 이로써 스스로—또한 자기 자신에 대해서도!—이 증언의 전달자가 되지 않고서는, 그리스도는 그에게는 자신의 선택의 증인이 될 수 없다. 믿는 자들은 그리스도 안에서 "하나님의 손에서 매일 받는 은총"을 인식한다.(*Instit.* III 24, 4) "그가 너에게 선한 일을 했던 것을 잊지 말라."(시 103:2) 칼빈은 문제의 이 면에 대해서는 매우 유보적으로 말했다. 그는 여기에 대해 어떤 독자적 의미를 부여하려 하지 않았다. 그는 "구원의 확신"은 그 자체로 근거를 가

1. 예수 그리스도와 약속, 그리고 그것을 받는 자

진다고 보지 않았다.(요일 3:19 주석, *C. R.* 55, 341) 그러나 그는 분명히 이 문제의 이 면에 대해서도 말했다. 그는 예수 그리스도에 대한 믿음 속에서 선택하는 하나님이 인간에 하는 역사를 바라보는 것이 허용될 뿐 아니라 필수적이라는 것을 시인할 뿐 아니라 주장했다. "소명(과 선택)은 거룩한 삶에서 확실히 나타난다."(벧후 1:10 주석, *C. R.* 55, 450) 인간의 이런 성결의 증거가 인간이 믿는 자로서 기대 설 수 있는 토대를 제공하지 못할지라도, 그것은 인간에게 "믿음의 강화를 위한 적은 보조 수단"(*C. R.* 55, 341f.), "표적, 징조, 증거"를 제공한다.(*C. R.* 55, 450) "본질적인 것은, 그들이 하나님을 두려워하고 거룩하게 산다면, 이것이 선택의 목표이기 때문에, 이 표적을 통해 하나님의 자녀들이 버림받은 자들로부터 구별된다는 것이다."(*ib.*) 그들의 구원의 근거가 문제라면, 성도들은 그들의 행위에서 드러나는 것을 지나서 오로지 하나님 자신의 선함을 바라볼 것이다. 그러나 "이렇게 튼튼하고 일으켜지고 강화된 양심은 또한 행위를 바라봄으로써 강화된다. 즉 그것이 우리 안에 거주하고 지배하는 하나님의 증언인 한에서 그렇다." 그리스도인의 믿음은 하나님의 자비에 대한, 오직 그것에 대한 신뢰이다. "그러나 우리는 그리스도인의 마음이 자신에게 향한 하나님의 호의의 표적을 통해 이 믿음을 뒷받침하고 강화하는 것을 금하지 못한다. 우리가 하나님이 우리 모두에게 어떤 선물을 수여하는가를 상기할 때, 그것은 우리에게는 어떤 의미에서 마치 우리가 그것을 통해 조명을 받아서 그의 선함의 가장 밝은 빛을 명상하게 되는 하나님 얼굴의 광채와 같으며, 또한 자녀 됨의 영이 우리에게 주어졌음을 증언해 주는 선행의 은사는 더욱 그렇다."(*Instit.* III 14, 18)

나는 오텐(H. Otten)과 니젤(W. Niesel)처럼, 사람들이 후에 "실천적 삼단논법"이라고 칭한 것이 실질적으로는 칼빈의 신학 요소 안에는 이미 들어 있었다는 것을 부인하는 것은 불가능하다고 본다. 그리고 나는 이것을, 그가 이 명제를―그의 전체적 견해의 틀 안에서―관철하려 했고 관철할 수 있다고 생각하는 데 유보적 자세를 고려할 때에도, 그에 대한 비난으로 생각하지는 않는다. 그가 이 부분에서 답변하려 한 문제는 진정한 문제였다. 곧 각 사람에게 예수 그리스도에 대해서 맨 나중에 등장하고 독자적으로 말하지 못하는, 잠정적으로 귀를 기울이는, 그러나 이런 위치와 기능에서 매우 불가결한 마지막 증인은 일단 각자 자신(그가 예수 그리스도에 대한 믿음 안에서의 처지에서, 처지와 더불어)이다. 그의 증언 자체가 그에게 최소한의 확신을 주지 못함으로써 그가 자기 자신으로부터도 확신을 얻지 못한다면, 그가 자기 자신에게 그의 믿음과 더불어, 그의 삶과 더불어, 그의 "행위"와 더불어 확신을 주지 못한다면, 그는 현실적이고 온전한 확신을 주는 예수 그리스도와 성령의 증언도 받지 못할 것이다. 내가 선택받은 자로서 살면서 나는 나의 선택에 대해 확신할 것이고 확신할 수 있다. 이것이 하이델베르크 교리문답서 문항 86의 유명한 구절의 좋은 뜻일 것이다. 거기서는 왜 내가 선한 행위를 해야 하는가에 대한 물음에 대해 세 번째 구절에서 답변한다: "우리가 그 열매로부터 우리의 믿음에 대해 확신할 수 있기 위해서." 그리고 레오 유트(Leo Jud)의 교리문답서(1541)에서 이미―이것은 하이델베르크 문답서의 귀감 중 하나였다.―같은 물음에 대해 답변할 때, 이것은 확고 부동한 것이라고 표시될 수 있다: "여섯 번째로 우리의 선택, 믿음으로의 부름받음, 그리고 구원은 선행을 통해서 우리에게 확실해진다. 거기서부터 의로운, 기쁜 양심과 살아 있는 희망이 뒤따른다. 우리는 이 희망 안에서 기쁘게, 즐겁게 모든 믿는 자에게 그의 행위에 따라서 갚아 줄 그리스도의 재림을 기다린다. 내가 나의 이웃을 돕고 그에게 선을 행하고 그를 사랑한다면, 나는 그것에 의해서 내 믿음이 진실되고, 거짓되거나 위선적이 아니고, 내가 참그리스도인이라는 것을 내면적으로 확신할 것이다. 그

러므로 베드로는 말한다. …"(벧후 1:10)

이 유용할 뿐 아니라 그 위치에서 또한 필요하기도 한 인식이 어떻게, 하나님의 은혜의 선택에 대한 믿음의 일을 그렇게 눈에 띄게 위험하게 만드는 식으로(그래서 이것을 인식할 때, 그것을 발전시키려는 더 이상의 시도를 포기하게 되었다.) 이해되고, 진술될 수 있었고, 실제로 진술되었는가?

문제가 되는 증거는 그 본질상 다만 예수 그리스도의 증언 내지는 성령의 증언일 따름이라는 것, 그러므로 "선행의 은혜"의 증거는 다만 "하위의 보조 수단"으로서, 그것의 기능은 다만 "증거하는 것"으로서 이해될 따름이라는 것, 그러므로 그것은 다만 상대적으로, 독자적으로 말하지 못하는, 다만 포괄적으로 이차적으로 귀기울여야 할 증거라는 것, 또한 그것은 믿음의 증거로 이해되어야 한다는 칼빈의 다짐을 귀담아 듣지 않거나 혹은 더 이상 이해하지 못한 순간에, 칼빈의 권고는 분명히 심각한 결과를 초래할 수밖에 없었다. 칼빈이―그의 전체 견해의 틀 안에서―정리하려고 했고 실제로 전혀 무질서하게 되어서는 안 되는 세 가지 일이 있었다. 첫째로 "행위"의 증거는 첫 번째로 가서 공범 증인의 역할을 담당해서는 안 되었다. 그러나 베자(Th. von Beza)가 "개인적 선택으로 인한 저 치명적인 시련 속에서 나는 어디로 도피해야 할 것인가?" 하는 물음에 답변했을 때 이런 일이 일어났다.(*Quaestionum et responsionum christianus libellus* 1580 qu. I 124, A. Schweizer, *Glaubenslehre der ev. ref. Kirche* 2. Bd. 1847, 529에서 재인용) "거기서 영적인 삶이 확실히 인식되고 우리의 선택이―육신적 삶이 느낌을 통해서 인식되듯이―인식되는 그런 결과로 도피한다. 그러므로 나는 선택받았다는 것을 우선 나의 성화가 시작되었다는 것, 즉 죄에 대한 나의 증오와 의에 대한 나의 사랑에서 인식할 것이다. 여기에 나는 나의 양심을 강화하는 영의 증언을 추가한다." 또한 도르트레히트에서(신조 5항과는 달리, *Reiecto errorum* V 5에서) 우선 "하나님의 자녀들의 고유한 표징"이, 그 다음에 비로소 하나님의 일정한 약속들이 언급되었을 때도 이런 일이 일어났다. 고마루스(F. Gomarus)가 베드로후서 해설에서 1:10을 이렇게 주석했을 때 이런 일이 일어났다. "그것의 참된 열매요 결과인 선한 행위에서 우리는 우리의 믿음이 그것들의 직접 원인임을 인식하고 지시한다. … 그리고 이런 방식으로 우리는 유효한 소명의 확증에서부터 단계적으로 선택으로(저 소명은 그것의 원인으로서 이것에 의존한다.) 올라간다."(*Opera* 1644 II, 439) 그리고 볼렙(Wolleb)이 해설했을 때 이 일이 일어났다. "우리의 선택을 탐구할 때 분석적 방법에 의해서 실행 수단에서부터 우리의 성화에서 시작해서, 결정으로 전진해야 한다."(*Chr. Theol. comp.* 1624 I cap. 4 can. 15) 두 번째로 "행위"의 증거는 믿음으로부터 떼어놓을 수 없다.―마치 이 "열매"가 이 나무로부터 분리되어 그 자체로 고려될 수 있는 것처럼! 이 증거는 믿음의 증거(그리고 예수 그리스도) 내지 성령의 증거에 대해서 경험적으로 스스로 고찰하고 스스로 판단한, 독자적인(어느 정도 "실존적인") 증거로 다루어져서는 안 된다. 그러나 우리가 들은 대로 베자가 "영적인 삶"에 대해 그것이 "마치 육신적 삶처럼 감각으로" 확정될 수 있다고 주장했을 때, 이 일이 일어났다. 또한 볼렙은(a.a.O.) 다음과 같이 이런 식으로 삼단논법을 표명했다. "자기 자신 안에 우리가 죄에 대해 죽고 의에 대해 사는 성화의 은사를 느끼는 자는 누구나 의롭게 된 것이고, 부름받았고 내지는 참된 믿음을 선사받고 선택받은 자이다. 그런데 이제 나는 하나님의 은혜를 통해 이것을 느낀다. 그러므로 나는 의롭게 되었고 부름받았고 선택받았다." 세 번째로 "행위"의 증거는 그리스도의 자기 증언으로부터, 죄의 용서의 약속으로부터, 객관적인 하나님 말씀으로부터 떼어놓을 수 없고, 마치 그 증거가 그 자체 안에 이 결정의 신비를 꿰뚫을 수 있는 능력을 가진 것처럼, 혹은 한편으로 하나님의 결정과 다른 편으로는 인간의 경건 및 도덕 사이에는 통하는 도관과 같은 관계가 이루어지는 것처럼, 그 증거는 하나님의 헤아릴 수 없는 결정과 대립할 수 없다. 그러나 이것이 도르트레히트 신조 I, 12의 진술을 용납하기 어렵게 만든 점이다. 거기에 진술된 대로, 믿는 자들이 그들의 선택의 열매를 "영적인 기쁨"과 "거룩한 희열"로써 인식한다는 것은 여기에 비추어 볼 때 그렇게 자명하지 않다. 여기서—칼빈과는 현저히 구별되게—시도한 대로, 사람들이 주장한 선택의 확신을 결국 이런 식으로 근거를 제시하려고 생각한다면, 어떻게 트리엔트 공회의 가톨릭과 대결할 수 있겠는가? 트리엔트 공회가 그렇게 근거지어진 선택의 확신은 차라리 포기하겠다고 선언했을 때, 그들이 저 개혁파들보다 더 개혁적이 아닌가?

분명한 것은, 첫 번째로 베자, 볼렙, 고마루스, 도르트레히트 신조는 이미 레오 유트에 의해 제시했고 그 다음으로 칼빈에 의해(저 세 가지 점에서 나타난 유보적 자세 아래) 다루어진 문제의 중요성을 인식했고, 그 나름대로 수용하려고 했다. 두 번째로 분명한 것은, 그들은 이 문제를 체계적으로 끝까지 사고해 보려고 했다는 것이다.(그렇기 때문에 일목요연성을 위하여 유명한 삼단논법의 형태로 진술했다.) 세 번째로 무엇보다도 분명한 것은, 그들은 이런 기도에서 칼빈의 신중성이 포기되고, 따라서 선택받은 자의 삶의 자기 증거를 첫 번째 자리로 옮겨 놓았고, 경험적으로 스스로 관찰하고 스스로 판단한 증거로 이해할 수 있었고, 실제로 그리스도의 증언을 독자적으로 대치하는 결과에 도달했다는 것이다. 그들이 여기서 우발적인 실수를 범했는가, 아니면 이렇게 빗나간 견해가 그들과 칼빈에게 공통적인 기본 사상의 틀 안에서 필연적이었던가, 저 칼빈의 안전 장치가 이런 전체적 견해의 틀 안에서 흘려 들려졌던 것이 아닌가, 이해될 수 없었던 것인가 하는 물음은 시급하다.

저 신학자들의 문제 처리로 인한 사태의 발전은 곧 반대에 봉착하였다. 브레멘 신조가(1595) 이 문제에 관한 구절에서(VII 5) 매우 열렬히 다음과 같이 선언한 것은 마치 예비적인 항의처럼 들린다. 곧 사람들은 "큰 유혹"에 직면해서 우리의 예정에 관해서 우리는 "우리 자신 안에서 경험하거나 혹은 발견하는 것에 주목해서는 안 되고, 오히려 하나님 말씀의 확실한, 틀림없는 약속에 주목해야 한다. 우리는 확실히 말씀의 묵상을 통해 능력 있는 성령의 위로가 다시 발견되기까지 모든 의심에 대항해 약속에 굳건히 서서, 우리 자신의 감정, 마음, 의견에 대항해 싸우고 씨름하면서 약속을 우리 마음속에 새기고 숙고하고 되새겨야 한다. … 의학에서, 그리고 사람의 일상 삶에서 경험과 느낌이 먼저 오고, 우리가 참이라고 믿는 것이 다음으로 뒤따른다. 그러나 회심과 하나님에 대한 마음의 신뢰에서 우리는 무엇보다 주님의 말씀에 양보하고 동의해야 하고, 하나님 말씀 안에서, 말씀을 통하여 모든 양심에 거스르는 죄, 의심, 소심함에 대항해 싸우고, 그리고 마가복음 9:24에서 환난 중에 있는 아버지가 '오 주님, 내가 믿습니다. 나의 불신앙을 도와주소서' 라고 외쳤듯이 도움을 구해야 한다. 그때 다윗이 시편 130:5와 115:50, 92에서 그 실례를 보여 주듯이, 성령의 구원하는 움직임, 동요와 더불어 마음의 위로와 기쁨이 점점 회복되어 간다. 그리고 하나님의 영은 모든 낙담하고 유혹받은 그리스도인들에게 잘 알려진 그리스도교 노래로써 훈계한다.

비록 하나님께서 아무것도 원치 않은 것 같아도,
너는 무서워말지라.
주님이 참으로 너와 함께 계시는 때에도
그는 드러나지 않을 것이다.

너는 주님의 말씀을 확실히 믿어라.
그러면 네 마음은 아니라고 크게 말할지라도
너는 두렵지 않으리라.

루터의 황금 같은 말도 이것과 부합된다. "진정으로 그리스도인인 자는 보이지 않는 것을 믿어야 하고, 멀리 떨어져 있는 것을 소망해야 하고, 하나님을 사랑해야 하고, 비록 그가 적대적으로 보일지라도, 종말까지 그가 우리에게 준 말씀에 따라 인내해야 한다." 이렇게 사람들은 칼빈의 유보 자세로써 방어된 입장을 물론 회복할 수 있었다. 그러나 우리는 브레멘 사람들이 거기서 말한 것, 루터와 슈페라투스(Paul Speratus)에게서(이것은 "구원이 우리에게 온다"의 12번째 소절이다.) 인용한 것의 진리와 아름다움 때문에 다음을 간과해서는 안 된다. 곧 칼빈의 진정한 문제와 더불어 베자 등이 이해한 삼단논법의 위험성이 포기되었다. 폴란(Polan, *Synt. chr. Theol.* 1609 col. 1602f.), 그리고 후에 투레티니(F. Turrettini, *Instit. Theol. el.* 1679 L. IV qu. 13)가 문제가 되는 그리스도인의 삶의 증거를 전혀 언급하지 않고 다만 "성령의 내적 증거"만을 말했을 때, 그 다음으로 다수의 개혁파 교의학자들이(예를 들어 Bucan, Waleus, die Leidaner Synopse, Heidan, Burman, van Mastricht) 문제의 존재 자체를 은폐하거나 다만 스치듯이 언급했을 때도 같은 일이 일어났다.

벤델린(M. F. Wendelin)은 중재를 시도하였다. 그는 삼단논법을 다음과 같은 말로써 진술했다. "말씀을 통해 교회와 영원한 생명으로 부름받고 그리스도에 대한 믿음을 선사받은 자는 누구나, 즉 신-인간 그리스도의 공로 때문에 자기 죄를 용서받았다고 믿는 자, 그리고 또한 솔직하고 결코 위선적이지 않은 열심을 가지고서 말씀의 규정에 따라서 하나님을 경배하고 자기 이웃을 사랑하는 자는 영원한 생명으로 선택받았다. 이제 그런데 나는 부름받았고 ⋯ 선사받았고, ⋯ 즉 나는 믿으며 ⋯ 뿐만 아니라 ⋯ 나는 하나님을 경배한다. 그러므로 나는 ⋯ 선택받았다."(*Chr. Theol.* 1634 I, 3,19) 우리는 볼렙이 sentit("그는 느낀다.")와 sentio("나는 느낀다.")를 est("그는 ⋯ 이다.")와 sum("나는 ⋯ 이다.")으로 대치한 것과, 이것을 credit("그는 믿는다.") 및 credo("나는 믿는다.")로 설명한 것, "하나님 경배"를 "믿음"에 종속시키고, 전체를 객관적인 "소명" 및 "말씀을 통한 선물"에 관련지은 것에 주목해야 한다. 그러나 볼렙은 베자 등보다 신중하게 그러나 또한 모호하게 표현함으로써 저들과는 다른 것을 의도했던 것인가? 그는 일반적인 전체 사상의 틀 속에서 다른 것을 생각할 수 있었을까? 또한 그도 그 나름대로 이해한 삼단논법의 결정적인 소전제는 "양심의 검토"에 근거한다는 것과 또한 그것의 결론도 양심의 판단에 근거한다고 분명히 말했다. 그러나 우리는 "양심"을 당시의 개혁파 신학의 표준적인 저서인 아메지우스(W. Amesius)의 『양심론』(1643, I 1, 2)의 이해에 따라서 "사연적 습성"으로 생각된바 하나님의 심판 아래 처한 인간 자신의 처지에 대한 인간의 법정적 판단─인간이 하나님에게 직접적으로 향해 있는 "습성"으로 이해해야 한다. 그리고 "양심의 헤아림"을(I, 8) "인간이 이해하고 판단에 의해 그 자신의 행위를 그 정황과 함께 고려하는 지성적인 성찰 행위"로 이해해야 하고, 이렇게 얻어진 소전제에 근거한, 양심에서 끌어낸 결론을(I, 9) "인간이 그의 행위나 처지에 관계되는 하나님의 법을 자기 자신에게 적용하는 양심의 행위"로 이해해야 한다. 이 행위에서 그 다음으로(I, 10) 양심의 "핑계, 면죄" 내지는 기껏해야 그것의 "승인, 곧 인간의 행위가 하나님을 기쁘게 했다고 선언하는 양심의 행위"가 일어나거나 아니면 양심의 "고발" 및 "정죄"가 생기고, 전자의 유리한 경우에서(I, 11) "자신의 선행에 대하여 만족하는 ⋯ 기쁨"

이 생긴다. 우리가 이런 정의를 염두에 둔다면, 벤델린의 중재 시도가 실패한 것으로 판단해야 할 것이다. 그는 베자 등의 길을 피하려고 신중하게 주의를 했음에도 불구하고, 한편으로는 이 문제의 중요성을 의식하였으나 문제를 정확히 다룸에 있어서 실제로는 칼빈의 신중함을 포기하지 않을 수 없었던 자들에 속했다.

사람들이 딜레마에 빠진 것은 오인할 수 없다. 사람들은 다만 칼빈의 양심론의 명제에("그리스도는 내게 천 가지 증언과 같은 가치가 있다.") 충실하거나, 아니면 그가 제시한 문제점을("선행 때문에 … 드러낸다.") 계속 추궁하든가 선택해야만 했다.—달리 말하자면, 이 칼빈의 문제점을 포기하거나 아니면 그가 문제를 다룸에서 그 신중함을 포기해야만 했다. 칼빈은 이 딜레마가 그를 피했기 때문에, 한편으로는 그의 사고에서 다행히도 앞뒤가 맞지 않게 그리스도론적 시작과 인간론적 결말을 통합할 수 있다고 생각했고, 다른 한편으로는 실질적으로 필요한 물음을 간과하지 않을 수 있다고, 초보적인 자기 칭의론으로 떨어짐을 피할 수 있다고 생각했기 때문에 딜레마에 처하지는 않았다. 칼빈의 제자들은 분명히 이것을—정당하게도—더 이상 생각하지 않았고, 따라서 어떤 사람들은 이렇게, 다른 사람들은 다른 식으로 모두가 그릇된 선택을—어떤 선택을 하든 즐겁지 않은 선택을 하였다. 여기서 선택해야만 했고 그것이 그릇된 선택이었다는 사실이 대가(大家)의 혜안을 벗어날 수 있었다는 것—이것은 사람들이 여기서 늘 봉착해야만 하는 역사적-심리적 수수께끼였다.

딜레마는 실질적으로 모든 참여자들에게 공통적인 근본 사상의 틀 안에서 불가피하다. 칼빈과 그의 모든 제자들에게는, 하나님의 절대적인 결정으로 선택받은, 버림받은 인간들로부터 구별된 인간이 어떻게 그 자신의 선택을 확신하게 되며, 확인할 수 있는가 하는 것이 문제였다. 그리고 이제 그러므로 특별히 이 인간이 어떤 한에서 이 문제에서 자신의 그리스도인의 삶으로써 스스로 증인이 될 수 있는가 하는 것이 또한 문제가 된다. 그의 이웃 사람, "버림받은 자"와 더불어 절대적인 하나님의 순전한 호감에 대립하는, 그래서 선택받은 인간! 이 인간에게 "행위를 고려함으로써" 자신의 선택을 확신할 수 있는 능력이 부가되었고 그것이 허용되었다면, 이것은 무슨 뜻인가? 첫 번째로, 사람들이 이 인간에게 그가 이 "고려"를 끝자리로 보내고 우선적으로 그리스도에게 확고히 의지해야 한다고 요구할 수 있었을까? 그리스도가 다만 숨은 가운데 선택하거나 버리는 하나님의 은혜의 수단이라면, 그리스도가 그에게 어찌 그의 선택에 대한 증인이 될 수 있겠는가? 그리스도 자신이 감추어진 하나님의 선택받은 자라면, 어째서 그 자신이 증인이 될 수 없으며, 그러므로 저 "행위의 고려"가 단순한 "적은 보조 수단"이 아니라, 오히려 자신의 선택에 대한 확신의 첫 번째, 결정적인 발걸음이 될 수 있겠는가? 만일 그리스도가 그렇지 않다면, 그리스도에게 의지하라는 충고는 그에게 어떻게 도움이 될 수 있다는 말인가? 그가 감추어진 하나님의 버림받은 자로서 그리스도와 어떻게 상관이 있겠는가? 두 번째로, 이 인간에게 그로 하여금 확신하도록 이끄는 "고려"가 믿음에서 완성되도록 어떻게 요구할 수 있었겠는가? 그가 자신의 선택을 실제로 믿음 안에서 확신한다면, 이것은 그가 그리스도 안에 있는 자신의 존재를, 그러므로 예수 그리스도 자신을 확신했다는 것을 의미함이 분명하다. 그러나 그가 이로써—그가 절대적 결정 안에서 선택되었으므로—어떻게 자신의 선택을 확신했겠는가? 그가 선택받았다면, 그것을 확신하기 위해서, 믿음을 떠나 "느낌"을 붙잡고 자기 칭의가 뒤따르는 "양심의 탐구"의 길을 걸어가는 외에 다른 무엇이 남겠는가? 세 번째로, 하나님의 은밀한 결정과 저 경험적 방법으로 확정될 수 있는 자신의 은혜의 상태(그 자신의 경건과 도덕) 사이에 신비스러운 일치가 있다는(그리고 궁극적인 동일성!) 생각을 포기하도록 이 인간에게 어떻게 요구할 수 있었겠는가? 어떻게 그 스스로가 하나님의 은밀한 결정의 암흑 속에서 일어난 것을 그처럼 적확하게, 그 자신에게도 그처럼 즐겁게 밝혀 주는 실체가 된다는 "거룩한 만족"을 금할 수 있었겠는가? 이것은 칼빈이, 주목할 만하게도, 문제로 느끼지 못했던 문제들이다. 베자 등은 그것을 느꼈고 그들이 칼빈의 문제점을 무시하려 하지 않음으로써 그들은—아마도 이 점에서 그 결과들을 완전히 의식하지는 못한 듯하다.—보다 가벼운 악으로서 한 신학적 명제를 설정하기를 선택했다. 이 명제의 조야한 인본주의는 종교개혁자들이 그리스도, 은혜, 믿음, 행위 사이의 관계에 대해 인식했다고 믿었던 모든 것을 거의 위험에 빠트렸다. 대부분의 개혁파 신학자들은 저 물음을 그런 것으로 느꼈으나 저 신학적 논리의 길에 빠지지 않기 위해서, 보다 가벼운 악으로 칼빈의 문제 자체를 다루지 않기를 선택했다. 이 선택에는 사람들이 결코 피할 수 없는 필연성이 있었다.

교리의 전반적 수정의 필요성은 분명히 이 부분 문제의 역사에서도 발생한다. 우리가 절대적인 결정 대신 예수 그리스도를 각 선택받은 인간의 선택의 실질 근거로서, 그리고 공동체를 개별자가 존재하게 되는 중재자로서 이해한다면, 칼빈도, 베자 등도 개인의 자기 확신 문제가 실제로 제기되었고 답변되어야 한다는 데서 우선은 정당하다. 개인들 자신은 불경건한 자들이니, 그들은 다만 그리스도 안에서만 선택받았고, 공동체의 중재를 통하여 그러므로 공동체의 중재에 의존하고 있으며, 그들이 예수 그리스도의 증언을 듣고 받아들이고 그들 자신에 대한 증언으로 내세움으로써, 그들의 선택을 거듭하여 믿음 안에서 붙잡아야 한다.("확고히 만든다." 벧후 1:10) 그들은 확신이 필요하다. 그들이 확신해야만 하는 것이 다만 예수 그리스도의 선택일 따름이라면, 그리고 이 일을 행함에서의 힘이 다만 그의 선택에 근거해서 그들에게 주어진 그리스도인으로서의 믿음과 삶의 힘이라면, 예수 그리스도 안에서 일어난 자신의 선택을(그들이—선택받은 자로서 그들의 믿음으로 삶으로써!—자신에게 증인이 되는 방식으로) 거듭하여 확신하는 것이 그들에게는 허용될 뿐 아니라 요청된다. 선택받음은 이 관점에서 바로 자신의 믿음으로 살면서 스스로 자신의 선택의 증인이 되는 것을 뜻한다. 칼빈이 그랬던 것보다 더 강력히 이것을 말해야 한다. 그러나 예수 그리스도가 선택의 실질 근거라면, 베자 등의 이해에 반하여, 그러나 또한 다른 칼빈주의 신학자들의 우려를 제거하기 위해서 칼빈의 신중함을(이것만이 이 맥락에서 견딜 수 있다!) 가지고 다음과 같이 말해야 한다.

첫 번째로, 선택받은 자가 스스로 자신의 선택의 증인이 된다는 것은, 그가 스스로 예수 그리스도의 선택이며, 이 그리스도의 선택에서, 선택과 더불어 자신의 선택을 증언할 수 있다는 것을 뜻한다. 그러므로 거기서 그 자신이 이 증언을 받아들이게 되는 "행위의 고려"를 다만 "그리스도의 행위 고려", 곧 유기로써 위협받고 있는 불경건한 자인 그에게 그리스도로 말미암아, 예수 그리스도를 통하여 약속된 은혜, 곧 그리스도의 구원 행위를 고려함으로 이해할 수 있다. 그는 선택받은 자로서 이 행위의 대상이 될 수 있다. 분명한 사실은, 그 자신이 거기서 이 증언을 전달하는 자요 받는 자로 참여하되, 이 증언의 "작은 보조 수단"으로서만, 그리고 그런 것으로서 다만 그것 자체의 내적 힘에 의해서만 말로 할 수 없는 예수 그리스도의 은혜의 기적으로, 참여한다는 것이다. 그리고 또한 분명한 사실은, 그렇게 참여한 자, 유기로써 위협받고 있는 불경건한 자, 오직 은혜로써 이 증언의 전달자, 수령자가 된 자는, 그 곁에 있는 불경건한 자와의 차이를 절대적 대립으로 이해할 수 없다는 것이다.

두 번째로, 이 증언에 그의 참여, 그러므로 그의 자기 확신은 자기 고찰, 자기 판단과는 상관이 있을 수 없다. 자기 고찰은, 불경건한 자들이 불경건한 자를 고려하는 것 외에 무엇을 의미할 수 있겠는가? 또한 그는 그런 자로서, 삼단논법의 소전제에서 가능한 것으로 전제되는 자기 칭의는 물론이고, 어찌 자기 판단의 능력이 있을 수 있으리요? 자기 고찰과 자기 판단에서가 아니라, 믿음으로써만 그는 저 증언의 전달자, 수령자로 활동할 수 있을 것이다. 곧 그는 예수 그리스도의 선택받은 자가 됨으로써, 그가 자신의 불경건함을 믿음에서 자기 뒤로 하고 그러므로 불경건한 자인 그에게 약속된 예수 그리스도의 은혜를 묵상함에서 삶으로써, 그의 행위가 이 믿음의 행위가 됨으로써, 그러므로 그가 예수 그리스도의 선택에 관하여 자기 스스로 된 바를 통하여 실제로 증언함으로써. 분명한 사실은 삼단논법이 이 과정을 서술하는 데 적합한 형식이 아니라는 것이다. 그러나 무엇보다 분명한 사실은, 만일 그가 그것을 다만 자신에게만 증언한다면, 만일 그가 그것을 자신에게만 증언하면서 또한 그의 "버림받은" 이웃 인간에게는 증언하지 않는다면, 그가 그를 위협하는 유기에 대한 부정이 이 이웃 인간에게도 유효하도록 하기 원치 않는다면, 선택받은 자는 이 증언을 받을 수 없다는 것이다. 만일 거기서 그는 그가 선택받은 자임을 확신하게 되는 믿음의 행위가 즉각, 그리고 무엇보다도 희망의 행위와 이웃 인간에 대한 선포의 행위가 되지 않는다면, 곧 그가 세상 내의 하나님의 공동체의 행위에 참여하는 것이 되지 않는다면, 어떻게 그가 예수 그리스도의 선택받은 자가 되리요?

세 번째로, 선택받은 자가 이렇게 자신의 선택을 확신함으로써, 그는 물론 신비스러운 일치(동일성!)를 인지하게 될 것이나, 그것은 하나님의 은밀한 결정과 그 자신의 경건과 도덕 상태 사이의 일치가 아니라, 예수 그리스도의 선택과 그의 믿음의 실제적 완성 사이의 일치, 곧 그가 그것의 전달자요 수령자(그리고 사자!)가 될 수 있는 그 증언의 내적 힘과, 그가 실제로 자신이 이 증언의 전달자요 수령자(그리고 사자!)가 될 능력이 있음을 발견하는 사실의 기적 사이의 일치이다. 분명한 사실은, 그는 이 일치(동일성!)에 직면해서 자기 자신이 아니라 오로지 "주"만을 기뻐하고, 오로지 이 관계에서 그에게 닥치는 은혜를 기뻐할 것이고—이것은 여기서 발생한다.—또한 그는 이런 그의 기쁨을 약속과 희망으로서 무엇보다도 그의 "버림받은" 이웃 인간, 불경건한 자에게 드러내게 될 것이다. 그가 그것으로 사는 그 말씀을 아직 혹은 더 이상 그 말씀으로 살지 않는 자들에게 전달하는 것이 선택받은 자의 자기 확신의 거룩한 희열이다!

결론을 내리자: 선택받은 자의 자기 확신에 관한 칼빈의 문제는 사실적으로 수용될 수 있고 되어야 한다. 그리고 또한 칼빈이 그 문제를 다룰 때의 그 신중함은 실제로 견지될 수 있고 견지되어야 한다. 고전적 예정론의 틀 안에서 전자는 후자에게 다만 불리하게 작용할 수 있었다. 그리스도론적 근거에 의한 예정론의 틀 안에서는 양자가 동시에 이루어질 수 있고 이루어져야 한다.

2. 선택받은 자와 버림받은 자

개별자를(예수 그리스도 안에서 그의 공동체의 중재를 통하여) 선택받은 자로 만드는 것은 무엇인가?

　일반적인 답변으로 시작하자: 그들을 이렇게 만드는 것은 그들에게 실제로(그들의 개인적인 특성과는 무관하게, 그들의 행동, 태도와는 무관하게) 하나님과 그들 사이의 특별한 관계, 그들과 하나님 사이의 관계의 탁월성이다. 이것에 근거하여, 이 전제에 의하여 그들에게 부여되는 품위, 그러나 또한 그들 자신의 행태와 행위, 결국 그들의 역할과 과제는 그들 주변 세계에서 일정한, 다른 자들의 역할, 과제에 대립해서 결정적인 모습을 갖추게 된다. 그러므로 선택받은 자는 비로소, 곧 그들의 인격을 보아, 어떤 품성이나 공적을 인정하여, 또는 하나님이 그들을 부름을 통해서 그런 자가 되는 것이 아니다. 그들이 특별히 부름받는다는 것은 다만, 그들이 이미 선택받은 자임을 드러내고 확증할 따름이다. 그리고 이것은 그것에 대한 그들 자신의 의식에도 해당되고, 다른 자들이 그것에 대해 알 수 있는 것에도 해당된다. 그들은 선택받은 자라는 것을 자신과 다른 사람들에게, 그들이 선택받은 자에게 부합하는 길을 시작했고 걷는다는 사실로써 입증한다. 그들이 여기서 수행함에서의 그 논리정연함은 그들에게 주어진 역할, 과제를 성취함이며, 이것이 그들의 선택을 드러낸다. 그러므로 그들의 선택은 한 순간도 그들 자신에 의해서나 다른 사람에 의해서나 "추상적으로" 고찰될 수 없고, 다만 그들에 의해서 살아질 수 있을 뿐이고, 또한 다른 자들에 의해서 다만 그들에 의해 살아지는 것으로 관찰될 수 있을 따름이다. 그들의 삶이 다만 그들의 선택의 수행일 따름이라면, 선택의 수행은 다만 그들의 삶일 따름이다. 그들은 그런 자들이다. 피조적 공간에서 아무도, 아무것도 그들에게 탁월성을 수여하지 않았다. 그 탁월성이 하나님과 그들 사이의 사실적 관계에, 그들과 하나님 사이의 사실적 관계에 있듯이, 그것은 또한 오직 하나님 안에 그 근거를 가진다. 곧 예수 그리스도의 선택에서, 선택과 더불어, 그리고 그의 공동체의 중재를 통하여 그들도 선택받았다.

　우리가 성서에서 선택받은 개별자를 살펴볼 경우—오랫동안 그런 자를 찾을 필요가 없다!—우리는 명시적으로 선택에 관해 언급하는, 그러므로 어휘 bachar 혹은 ἐκλέγεσθαι(선택받다)가 나타나는 구절이나 문맥에 집착할 필요가 없는 이유는 선택의 이런 신비에 근거한다. 이 문제가 이렇게 근본적으로 중요하기 때문에 이 문제는 물론 진술될 수 있으되, 그러나 언제나 명시적으로 진술될 수는 없다. 이 문제는 어떤 의미에서 구약, 신약성서 내에서 호흡하는 공기에 속한다. 선택받은 자는 그런 자가 되는 한에서, 곧 그들의 특이한 존재, 삶, 행위로 특이하게 예정되어 있는 한에서 선택받은 것이기 때문에, 그들의 선택받음에 대해 말하는 것보다는 침묵하는 것이 자명하며, 그러므로 성서 안에서 저 어휘들이 사람들이 기대한 만큼 그렇게 빈번히 나타나지 않는다는 것이 설명된다. 우리는 그렇기 때문에 더욱, 성서의 각 장에 거의—보통 암묵적으로—발설되는 이 문제에 주목해야 한다. 성서에서는 도처에, 곧 수수께끼처럼 한 인간의 이름이 등장하여 잠시 머무는 경우에 실제로 개별자의 선택이 문제된다. 이 이름을 지닌 자의 특이한 인간적 삶, 행위, 고난은 다른 사람들과의 관련 속에서 성서적 증언의 이차적 대상과 내용을 이루며, 그래서 그는 스스로 이 증언의 본래적 대상, 내용이 되는 것의 증인이 된다. 이 수수께끼 같은 사실, 곧 바로 이 인간이—때로는 이미 그의 이름을 통하여 의미심장하게 표현된—존재하고 그렇게 존재한다는 것, 이것이 그의 선택받은 사실의 근본 운명이다.

우리는 창세기 4:4에서 주가 아벨과 그의 제물을 기뻐한 것을 읽을 때, 왜 하필 아벨을? 하고 물을 것이다. 그리고 나서 창세기 4:15-16을 계속 읽으면, 그 살인자가 같은 주에 의해 보호받는 저 특별한 경우를 보게 될 때, 왜 가인도 그 나름대로? 하고 묻게 된다. 창세기 5:24에 의하면 아담에서부터 노아에 이르기까지 일련의 족장들 가운데서 하필 에녹만이 하나님 앞에서 행하였고 "갑자기 그는 더 이상 존재하지 않았으니, 하나님이 그를 데려가셨는가"? 하나님이 그들의 창조를 후회하였던 그 비뚤어진 인간 족속 가운데서 어떻게 하필 노아가 "경건하고 그의 동시대인들 가운데서 흠없고, 하나님과 더불어 행한 인간"(창 6:9)이었는가? 하나님은 어째서 노아에 의해서 "셈의 하나님"으로 찬양받고(창 9:26) 그 다음으로 셈 족속의 전체 족보는, 아브라함의 이름이 나타나서 그의 때가 지나가기까지 전체 상을 지배하고 난 다음 이삭과 야곱이라는 수수께끼처럼 등장하는 인물, 출중한 이름에게 자리를 내줄 때까지(창 11:26) 소리 없이 지나치는가? 그 다음으로 어째서 야곱의 아들들 가운데 유다의 이름과 베냐민의 이름이, 그리고 전혀 다른 방식으로 요셉의 이름이 특히 강조되는가? 어디에서—새로운, 창세기에서 거의 예측하지 못한 국면이 열린다.—출애굽기 2:1-2에서 갑자기 "레위 집안 출신의" 모세가, 그 옆에 아론과 여호수아가, 그 후에 사사들이, 각자가 그 나름의 특성을 가지고, 그 다음으로 사무엘, 사울, 다윗, 유명하거나 덜 유명한 예언자들이 기이한 "영"을 지닌 채 등장하는가? 그 영은 하나님 말씀과 함께 그들 각자에게 주어졌으며, 그 말씀은 이제 짐으로 그들 각자에게 부과되었다. 그러므로(느 9:7) 아브라함이(시 106:23), 모세가(시 105:26), 아론이(왕상 8:16, 11:34, 대하 6:6, 시 78:70, 89:4), 다윗이(학 2:23), 스룹바벨이(사 49:7), 예레미야 혹은 포로기의 이름 없는 예언자가—혹은 마지막 허수아비 왕 여고니야가—또한 분명히 하나님의 선택받은 자로 표현되는 경우, 그것은 확증에 지나지 않는다. 이 어휘는 이 구절에서 다만 그것이 나타나지 않는 경우에도 성서에는 자명한 사실에 대해 말해 줄 따름이다. 곧 수수께끼 같은 자유 안에서 이 인물들이 존재하고, 그들의 삶을 완수하며, 다소간의 빛 안에, 어떤 자들은 밝은 빛 안에, 출애굽기의 파라오나 사울과 같은 자들은 또한 깊은 암흑 속에 있으며, 그들 모두는 이 자유 안에서 그들의 자리에서 필연적으로, 그리고 우연히—우연의 필연성 속에서라고 말할 수 있다.—성서적 증언의 대상, 그리고 스스로 증인이 된다. 이 수수께끼 같은 자유는 구약성서 내의 개별자의 선택을 일반적으로 규정하는 것이다.

그리스도의 십자가형 이후 이스라엘의 역사가 계속되지 않고, 교회도 엄밀한 의미에서 역사를 가진 것이 아니라(이미 성취된 모든 시간의 종말의 계시 때까지 인내 아래 지속되는 시간 아래서) 다만 거듭하여 새로워지는 상태를 유지하는 한에서, 우리는 신약성서에서 다른 상을 발견한다. 그러므로 일련의 족장들, 사사들, 왕들, 제사장들, 예언자들은 일련의 그리스도교의 하나님의 사람들로 이어지지 않는다. 그 이유는 아주 단순하게 교회는 원래 열두 사도로 이루어지고 대표된 것으로서 개별적인 "**선택받은 자**"들의 모임이기 때문이다. 그러나 구약성서의 선택받은 자들의 선택이 자유의 수수께끼인 것처럼, 교회 안에서 하나가 된 모든 각 그리스도인의 선택은 자유의 수수께끼이다. 곧 이 자유 안에서 그들이 선택받은 자가 되었다. 이것은, 교회가 이름이 거명된 열두 명의 사도 안에서, 그들에게 말해지고 그들을 통해 선포된 하나님 말씀을 통해서 근거를 얻고, 교회가 원래 그들로 이루어지고 그들에게서 대표되었음에서 드러난다. 특히 사도 바울의 모습, 곧 부활한 예수 그리스도를 통한 그의 개인적 회심 및 그의 개인적 위탁의 강조, 그가 예수 그리스도와 공동체에서 하나가 된 그리스도인들 사이에서 중심을 차지하는 그의 귀감적 위치는 확실히 신약성서 내에서 또한 예수 그리스도의 십자가형 이래 이스라엘의 역사는 더 이상 지속되지 않는다는 사실을 분명하게 하는 기능을 가진다. 신약성서는 더 이상 특별한 하나님의 사람을, 특별한 계시를, 그러므로 또한 특별한 소명과 특별한 선택을 필요로 하지 않는다. 이제는 그를 믿는 모든 사람에게는 옛 계약의 하나님의 특별한 사람들의 특별한 신비가 중요하다. 그리스도인들은 완전히 선택받은 사제, 왕의 세대처럼, 하나님 소유가 된 거룩한 백성처럼(벧전 2:9) 각자가 그의 개인적 선택의 근거에서 존재한다. 각 개별 그리스도인은 아벨, 아브라함, 모세, 다윗, 그리고 모든 예언자들 못지않게 선택받은 자로 있으니, 곧 그는 그의 존재에 특유한 전제와 탁월성을 살고 입증하며, 그의 개인적 예정을 완수한다. 교회 안에 모든 사람이 ἐκλεκτοί, 선택받은 개별자라는 것에 이스라엘과의 차별성이 있다. 그러나 모든 사람이 "선택받은 자들"이라는 것은 이스라엘과 공통적이며, 여기서 그들은 이스라엘에게는 예언이었던 것의 성취 결과로 입증된다.

그러나 무엇이 인간을 선택받은 자가 되게 만드는가 하는 물음은, 이것이 일차적으로 확립된 후에 어느 정도 심화될 필요가 있다. 우리는 그들의 선택을, 그들이 이러이러한 자들로서 그들 특유의 운명을 성취해야 한다는 사실과 동일시했다. 우리는 이제, 이미 필연적으로 암시된 바대로, 이 사실을 해명하기 위해서 우연의 개념도, 필연성의 개념도 충분하지 않다는 것을 강조해야 한다. 하나님은 선택받은 자의 신비이다. 역사적인 노정에서나 혹은 그들의 출현과 현존이 이미 결정되어 있는 역사적 공간 안에서, 그들이 선택받은 자들로서 완수해야 하는 특별한 행로에서, 하나님을 위한 봉사, 곧 하나님의 계시와 화해의 역사를 위하여 봉사하도록 특별하게 예정되었다는 것이 문제이다. 그들의 출현과 현존은 하나님에 의해 결정된 사실이니, 그러므로 그들의 특성은 하나님의 뜻이요 기뻐함이다. 그들이 이러이러한 자들로서 현존한다는 것은 하나님의 뜻과 기뻐함에 일치하며, 하나님의 뜻과 기뻐함 속에서 조치되었다. 그들이 현재의 그러한 자로서 처해 있는 그 자유의 수수께끼는, 하나님이 그의 자유 안에서 이렇게 결정했다는 데서 성립하고 풀린다. 우리는 즉시 이렇게 말해야 한다. 이로써 우선은 다만 수수께끼인 것이 진정한 신비가 된다. 우리가 선택받은 개별자의 본성과 존재를 우선 "그들은 그들이다"라는 말로 표현함으로써, 우리는 그것을 하나님 자신의 본성 및 존재와 현저히 근접하게 했다. "나는 나다" 혹은 "나는 미래에 있을 나다"는 출애굽기 3:14에 의하면 하나님이 스스로를 모세에게 알게 한 이름이기 때문이다. 하나님 외에—혹은 하나님의 뜻에 따라서 피조성 및 그의 피조적 본성의 한계 안에서, 그가 하나님에 의해 선택받았고 즉 사랑받았고, 그와의 계약 안에 받아들여졌고, 이 계약 안에서 살도록 규정되었으므로, 또한 이렇게 불릴 수 있고 불려야 하는 자 외에, 누가 이렇게 불릴 수 있는가? 그러므로 개별자에 대한 하나님의 선택은 그들의 개별성과 고립의 수수께끼에 있지 않고, 그들을 이러이러한 자로 구별짓는 특성에 있지 않다. 오히려 각 사람의 특별한 이름, 개별성, 고립의 신비는 하나님의 선택에 있다. 선택받은 개별자를 구성하고, 그의 이름의 특별성을 부여하는 것은 하나님의 개별성, 고독이다. 하나님이 이런 분이기 때문에 그들, 선택받은 인간들은 이러이러한 사람이다.

아벨, 가인, 아브라함, 이삭, 야곱, 모세, 다윗, 각 예언자는 자기 이름, 인격을 지니고, 자신을 위해서가 아니라 하나님을 위해서 서 있고, "하나님의 이름으로" 살고 말하고 활동한다. 그렇기 때문에 그들은 하나님의 선택받은 자들이며, 그러므로 그들은 그 위치에서 그 나름대로 그런 사람이다. [하나님이]그가 처하고 행한 모든 것에서 자신을 확증하고 자신에게 충실하고, 그러나 그의 모든 속성이나 그의 모든 행위에서 그 자신의 본성을 전적으로 영광 중에 되풀이하는 것이 하나님의 양태이다. 그들에게 본래부터 하나의 장점이 있고, 그것이 또한 그의 전체 삶에서 일관되게 전개되고 영향을 미치는 것이 선택받은 인간의 특성이라면, 그들이 어떤 맥락에서, 어떤 근거에서, 어떤 길로 이런 성격에 도달하는가가 분명한 듯하다. 그들은 하나님의 선택받은 자들, 하나님에 의해서 선택받은 자들이다. 선택받은 자는 그 위치에서, 그 나름대로 그의 존재로써 하나님의 존재의 모상이다. 자신의 선택에 상응하는 그의 삶, 그에게 본래 고유한 장점의 전개와 결과는 실로 매우 일정한 한계와 조건 안에서 이루어진다. 그는 자신의 선택에 근거하여—선택받은 인간 예수 그리스도만이 예외이다.—그의 피조성으로 특징지어지고 한정된 삶, 거기서 하나님의 삶과는 전혀 상이한 삶을 산다. 그래서 그의 선택은 하나님이 이런 내적 주권성에 힘입어 또한 외부로도 절대적으로 모든 주들의 주가 되기 위하여 우월하게 자신을 처리하는 그런 선택과는 다르다. 그러나 우리는 이 맥락에서 특히 신약성서에서 선택받은 인간들이 하나님에게서 그들의 아버지를, 자기 자신에게서 하나님의 자녀를 인식하도록 권유받는 그것이 얼마나 의미 있고 가치 있는가를 간과할 수 없다. 물론 하나님의 본성과 선택받은 인간의 본성 사이에는 가장 밀접한 친근 관계가 있다.(행 17:28!) 우리는 여기서부터, 예를 들어 시편 127:2에 하나님이 보호하는 도성의 주민들이 "그의 사람들"(루터: "그의 친구들")이라고 칭해지는 것과 같은, 혹은 디모데후서 2:19의 신중한 표현을 이해한다. 주는 "그의 사람들"을 안다. 그러나 출애굽기 33:11에서는 또한 이렇게 말한다: "어떤 사람이 그의 친구와 말하듯이, 주는 얼굴과 얼굴을 맞대고 모세와 말한다." 이사야 41:8, 역대기하 20:7, 야고보서 2:23은 하나님의 "친구"라는 표현을 아브라함에게 적용한다. 예수는 요한복음 15:14-15에서, 그의 제자들이 단순한 종들과 달리 그들의 주인, 그의 아버지가 행하는 것을 그를 통하여 경험한 자들로서 그가 그들에게 명령한 것을 행하는 한에서 그의 "친구"라고 부른다. 시편 45:7-8에서 자신의 혼인식을 거행하는 왕을 다음의 말로써 부른다: "당신의 보좌는, 오 하나님 같은 분이여(루터: "하나님") 영원토록 있을 곳이며, 당신의 왕권의 홀은 정의의 홀입니다. 당신은 정의를 사랑하고, 악을 미워하시니, 그러므로 주님, 당신의 하나님께서 당신에게 기름 부어 주셨습니다." 그리고 시편 2:7에서 "너는 내 아들, 내가 오늘 네 아버지가 되었다. 내게 청하여라. 뭇 나라를 유산으로 주겠다. 땅 이 끝에서 저 끝까지 네 것이 되게 하겠다." 인간 심판자에 대한 다가올 심판의 날을 묘사하면서 시편 82편은 이들을 분명히 "신들"이라고 칭하여 6절에서는

이렇게 부른다: "내가 말했다. 너희는 모두 신들이고, 가장 높으신 분의 아들들이다." 그리고 7절에서는 "너희도 사람처럼 죽을 것이고 여느 군주처럼 쓰러질 것"이라고 말하지만, 예수는 요한복음 10:34-35에 의하면 하필 이 말에 대해서 "성서는 폐하지 못한다."고 언급한 것과 그가 거기서 "작은 것에서 큰 것으로의" 추론 형태로 자신이 하나님 아들임을 입증하기 위하여 이 말을 원용했던 것은 주목할 만하다. 우리는 여기서 또한 바울이 아담의 죄로 인해 야기된 죽음의 지배를 예수 그리스도로 인해 확보된바, 그를 통하여 심판 때에 하나님 은혜에 참여하게 된 자들의 미래 삶에서의 지배와 대립시킨, 로마서 5:17을 생각해야 한다. 그리고 디모데후서 2:12에서 "우리가 참으면, 우리도 함께 지배할 것이다." 그리고 요한계시록 20:4에서 "그리고 내가 보좌를 보았는데 그들이 그 위에 앉았고 그들에게 판결권이 넘겨졌다."―그들은 곧 "예수의 증언과 하나님의 말씀 때문에 목이 베인 영혼들과 그리고 짐승이나 그 짐승 우상에게 절하지 않고 그들의 이마와 손에 표를 받지 않은 영혼들인데, 그들은 살아나서 그리스도와 함께 천년 동안 다스렸다." 고린도전서 6:3에서 바울은 그리스도인들이 장차 천사들도 심판할 것이라고 말한다. 어쨌든 이 모든 말에서부터 얻어지는 결론은, 하나님의 선택받은 자들은 구약성서나 신약성서가 그들의 본성을 이해한 바에 따르자면 하나님과 외적, 형식적인 관계에 있을 뿐 아니라, 또한 내적이고 실질적인 관계에 있다는 것이다. 그들은 온전히 하나님에게 의존하며, 피조물로서 전혀 그와는 상이하고, 따라서 오로지 그를 통하여 그들이 되었으며, 하나님의 선택받은 자들로서 이 하나님에게 낯설지 않고, 하나님의 선택받은 자들로서 하나님의 왕적 주권과 어느 정도 근접하며, 그 주권에 일정한 몫을 가진다. 하나님의 선택받은 자는 실제로 피조성 가운데서 하나님의 형상을 나타낸다. 그에게는 그 스스로가 아니라, 그에게 내려진 선택에서, 선택과 더불어 항존성이 부여된다. 그는 이것에 힘입어 필연적으로 이러이러한 인간이며, 하나님 자신이 모든 그의 특성과 역사 속에서도 동일하고 자신에게 신실한 것처럼 그에 상응하는 경로를 완수한다. 그래서 그 안에서, 그가 나타내고, 그를 통해 발생하는 것, 그가 감수하는 것, 그의 도움과 구원인 것 안에서 그의 존재의 특유한 연속성 안에서 하나님의 항존성과 또한 주권, 그리고 그의 의지에 대한 정당한 증거가 이루어질 수 있다. 선택받은 자는―자기 스스로가 아니라 선택받은 자로서 하나님의 진정한 증인이다. 그가 하나님의 계시의 도구로서 하나님과 인간 사이의 화해를 위해 봉사한다면, 그것은 우연이 아니다. 멸망한 세상의 소속원이자 시민인, 다른 인간들처럼 "육"인 그가, 이런 봉사와 직무를 할 능력이 있어서 이 봉사가 그를 통하여 실제로 수행되고, 이 직무가 그를 통하여 실제로 처리된다면 그것은 모순이 아니다. 그는 자신의 선택에 의하여 선택받은 자로서 이런 것을 할 능력이 있다. 그의 선택받음 그 자체는 그에게 부여된바 하나님과의 부합, 하나님 얼굴의 반영이기 때문에, 그런 일을 할 수 있도록 예비됨이다. 인간 존재의 수수께끼는 정말로 하나님 존재의 신비이다. 그렇기 때문에 선택받은 자들은 하나님 앞에서 행하는 자로서 하나님의 기뻐함을 얻은 자들이다. 그들이 그의 사람들, 그의 친구, 그의 자녀들인데, 어떻게 그렇지 않겠는가? 그가 그들을 기뻐함은 그가 그들에게서 자신을 재발견한 것에 근거한다.

  선택받은 인간에게 특유한 하나님과 그들 사이의, 그들과 하나님 사이의 관계의 탁월성은 그들과 다른 인간들 사이의 구별에 객관적으로 상응한다. 이 구별은 바로 그들의 소명이다. 그러나 그들의 소명―성령의 역사!―은, 그들에게 예수 그리스도의 선택이 그들의 공동체의 중계를 통하여 그들 자신의 선택으로 그들에게 선포될 수 있다는 것과, 그들이 예수 그리스도에게서 일어난바 그들 자신의 선택을 믿음 안에서 확신할 수 있다는 것이다. 이 두 가지 가능함이 다른 인간들로부터 선택받은 자들을 객관적으로 구별하는 것이다. 선포와 믿음의 자유로운 사건을 통하여 그들은 다른 사람들에 대해서, 저들이 서 있지 않은 특별한 위치에서 섬기도록 세워졌다. 이것은, 저들이 침묵하는 때 말하고, 저들이 부인할 때 고백하고, 저들이 흔들릴 때 서 있고, 저들이 비방할 때 찬양하고, 저들이 슬퍼할 때 기뻐하고, 저들이 기뻐할 때 슬퍼하고, 저들이 불안할 때 안식하고, 저들이 안식할 때 불안한 것에서 드러날 것이다. 그들은 그들의 소명에 힘입어 타자이며, 그들은 하나님의 온 공동체와 더불어, 그 안에서 저들 가운데서는 이방인이다. 곧 예수 그리스도의 고독의 반복, 모형이고, 그리스도가 세상의 빛임에 근거해서 세상의 빛들이 된다. 분명히 그들이 그 안에서 선택받았고, 그들이 성령의 역사인 저 두 가지 가능성 안에서 그에 의해 그에게로 부름받음으로써 그리스도의 증인이 된다. 선택받은 자들과 다른 사람들과의 구별, 그러므로 그들의 소명은 그들의 선택의 완수, 객관적으로 필연적인 선택의 상응이다. 여기서 어떤 다른 상응이 문제될 수 있으랴? 하나님이 그의 아들 안에서 선택한 자들에게 성령의 선물, 그러므로 저 이중적 가능성, 곧 선포와 믿음이 없을 수 있으랴? 예수 그리스도의 선택이 진리이기 때문에, 그 안에서 선택받은 자들(그들의 소명)의 구별은 진리의 증언이니, 그 외에 제2의 증언은 없다. 인간들에게 예수 그리스도의 선택 안에서, 선택과 함께, 그들 자신의 선택이 선포되고 그들이 그것을 그에 대한 믿음 안에서 확신할 수 있는 거기서, 오직 거기서만—거기서 오직 거기서만 진리는 그것에 상응하는 것을 가진다.—진리는 증거된다. 그러므로 다른 사람들로부터 선택받은 인간들의 구별, 저들 가운데서 그들의 고독과 이방살이는 바로 진리의 증거이다.

바로 이 점이 사람들이 거꾸로 다른 인간들을 선택받은 자들로부터 구별하는 것에 대해서는 말할 수 없는 것이다. 그들에게 저 이중적인 가능성이 없다는 것, 그들이 성령을 가지지 않았다는 것, 그들이 선포와 믿음의 원 안에 있지 않다는 것—또한 그들이 이 모든 제공을 적대적으로 물리친다는 것, 그들의 명시적인 혹은 암묵적인 불경건은 선택받은 자들의 삶처럼 인간 존재의 참된 신비에 객관적으로 필히 상응하지 않는다. 불경건한 삶에 상응함이 있고, 거기서 증거될 수 있는 인간 존재의 참 신비란 없다. 한 인간의 삶의 증거가 이렇다면, 그것은 그릇된 증거이다. 성령을 갖지 못하고 그러므로 부름받지 못하고 불경건하게 산다는 것은 하나님으로부터 버림받은 자의 삶을 사는 사악한, 치명적인, 그러나 무기력한 시도이다. 하나님으로부터 버림받은 자는 그의 죄책 때문에 하나님의 의로운 심판과 판결을 통해 부정되고 물리쳐진 인간, 사탄 및 그의 나라의 불안정한 상태로 옮겨진 인간, 영원한 파멸에 내맡겨진 인간이다. 그는 그 스스로 하나님의 파괴적 적대 자세를 도발하였고 자초했기 때문에 마땅히 당해야 할 바를 당해야 하는 인간이다. 하나님에 의해 버림받은 이 인간이 됨은, 각 인간의 삶에서 불가피하게 그것이 실현될 수 있는 가능성이다. 이 가능성은 예수 그리스도의 선택에서 그 한 인간에게 주어졌고, 그러므로 우리 다른 모든 인간들에게로부터 물러났다. 하나님은 버림받은 자의 삶을 자신의 아들의 삶이 되게 함으로써 우리 다른 모든 자들을 위해 버림받은 자의 삶을 객관적인 불가능성으로 만들었다. 부름받지 못한 자, 불경건한 자의 삶은 이런 객관적인 불가능성으로의 후퇴, 저 이미 성취되고 이로써 처리된 위협에 다시 자신을 내맡기려는 시도이다. 이 시도는 악하고 치명적이고 무기력하다. 이 시도가 하나님은 바로 죄와 책임이 있는 인간을 영원한 사랑으로 받아들였음을 부정하기 때문에 악하고, 이것은 하나님에 대한 유보와 불신과 부정과 증오의 그늘을(그 자체는 모든 인간을 불가피하게 위협할 것이다.) 새로이 불러일으키기 때문에 치명적이고, 이 시도는 인간의 죄책을 그리고 그에 뒤따르는 형벌의 고난을 증언하고 확증할 수는 있으나 버림받은 자, 모든 인간의 죄책과 그것에 뒤따르는 형벌을 담당하는 자는 다만 한 분, 홀로 예수 그리스도라는 사실을 바꿀 수 없기 때문에 무기력하다. 이런 시도를 감행하는 자는 부인할 수 있으나 다만 하나님의 은혜의 선택에 거슬러서만 거짓말할 수 있다.

그러므로 선택받은 자들과 버림받은 자들은 상호 구별된다. 전자는 그들의 삶으로써 진리를 증거하고, 후자는 같은 진리에 거슬러 거짓말한다. 그들은 이미 그런 한에서 한 부류라는 것이 분명한 듯하다. 하나님의 은혜의 선택의 영역 안에, 한 하나님의 손 안에, 그 시작과 원리가 예수 그리스도라 불리는 주권 아래 분명히 선택받은 자들이 처해 있고, 또한 다른 자들도 있다. 전자는 순종하는 자들로서, 후자는 불순종하는 자들로서, 전자는 집의 자유로운 자녀들로서, 후자는 고집스럽고 강요당하는 종들로서, 전자는 하나님의 축복 아래, 후자는 하나님의 저주 아래 있다. 전자가 그들의 진리의 증언으로써 하나님이 원하는 바를 증거한다면, 후자는 그들의 거짓의 증언으로써 하나님이 원치 않는 바를 역시 명료하게 증거한다. 그러므로 양자는 하나님의 뜻과 결정을 계시함에 봉사한다. 이 계시는 그 내용에 따르면 온전히 빛이며, 빛과 그늘이 되지 않고서는 계시일 수 없고, 인식될 수 없을 것이다. 믿는 자들이 진리, 즉 선택받은 인간 예수 그리스도를 증언하고, 이 한 선택받은 자의 삶을 표출하고 반복하고 모사하는 한, 이런 섬김에서 선택받은 자가 "되는" 것처럼, 불경건한 자들은 또한 인간의 유기에 관한 거짓 증언으로써 한 버림받은 자, 예수 그리스도의 죽음을 표출하고 반복하고 모사하는 한, 동일한 섬김에서 버림받은 자가 "된다." 이 한 인간이 선택받은 자요 버림받은 자임으로써, 양자로부터 증거되는 그는 선택받은 자와 버림받은 자들의 주요 머리이며, 그가 원래, 본래적으로 그들의 대리인인 것처럼, 전자는—그러나 그들의 위치에서 그리고 그들 나름대로 역시 불가피하게 후자도 그의 대리인이다.

바로 이처럼 선택받은 자들과 다른 자들이 한 예수 그리스도 안에서 함께 속해 있음으로 말미암아 이제 선택받은 자들에 대해서는 특정한 것을 기억하게 되고, 그리고 역시 이 다른 사람들에 대해서는 특정한 것을 기대하게 된다.

선택받은 자들에 대해서 기억할 것은 이런 것이다: 하나님과 그들 사이의 관계, 그들과 하나님 사이의 관계의 탁월성은 원래, 본래적으로 예수 그리스도의 탁월성이다. 그는 하나님의 아들이요 친구이다. 하나님은 그에게서 자신의 얼굴을 재발견하기 때문에 그를 기뻐한다. 그는 하나님의 신비이니, 다른 자들에게도 이런 탁월함이 주어지는 근거가 여기에 있다. 그 없이는 선택받은 자들도 선택받은 자일 수 없고, 그 없이는 그들은 여느 인간들처럼 버림받은 자들일 수밖에 없다. 하나님을 인간의 원수로 만드는 죄는 또한 그들의 죄이다. 죄지은 인간이 마땅히 받아야 할 것을 받는 것, 곧 하나님으로부터 버림받고 영원히 멸망당하는 것은 그것의 실현이 그들에게도 일어날 수 있는 가능성이다. 불경건한 자들은 그들의 거짓 증거로써 버림받은 자의 실존을 표출하고 반복하고 모사하기를 시도하는데, 그들은 예수 그리스도가 아니라면 저 버림받은 자보다 우월한 것이 없다. 그들은 심지어 불경건한 자들이 제시하는 인간상의 거짓 증거에서 자신을, 곧 예수 그리스도 없으면 될 수밖에 없을 자신의 모습을 다만 너무나 분명히 재인식할 것이다. 그들이 선택받았다는 것은 하나님이 인간을—그리고 또한 그들도—스스로는 다만 버림받은 자(불경건한 자들이 언제나 표출하고자 하는 것!)일 수밖에 없는 인간을 예수 그리스도 안에서 영원 전부터 사랑했고, 자신에게로 이끌었던 덕분이다. 하나님은 예수 그리스도로 하여금 버림받도록 함으로써 그들을 영원 전부터 사랑했고, 자신에게로 이끌었으며, 그들까지 위협하는 유기를 없앴다. 그러므로 그들은 예수 그리스도에 대한 믿음에서 그들의 선택을 완수함으로써, 예수 그리스도 안에서 일어난 그들의 선택과 더불어 그들로부터 제거된 유기를 기억함이 없이는 그들의 선택의 근거를 기억할 수 없다. 그러므로 잠재적으로 버림받은 자들로서—다만 예수 그리스도 안에서만 버림받지 않았다!—그들은 자신을 불경건한 자들과 연대되어 있음을 알아야 하고 고백해야 한다. 그들도 하나님의 진노밖에는 아무것도 얻은 것이 없고, 주장할 수도 없다. 오직 예수 그리스도의 은혜만이 하나님의 자녀, 하나님의 친구로서의 그들의 탁월성의 근거이다. 그러나 그들과 다른 자들 사이의 연대는 또한 그들을 저들과 구별짓는 선까지도 확대된다. 오직 그들의 부름받음을 통하여, 성령의 이중적 역사(役事)를 통하여 그들의 삶에서 선택을 완수하게 된다. 바로 이 실현, 바로 그들의 선택에 객관적으로 필히 상응함, 진리의(예수 그리스도의 선택!) 증인으로서의 그들의 존재는 결코 자명한 것이 아니고, 그들의 본래적인 존재와 더불어서는 결코 주어진 것이 아니고, 또한 전혀 그들의 성향이나 가능성 속에 들어 있지 않다. 그들은 예수 그리스도 안에서 일어난 선택을 스스로 선포할 수 없고, 또한 스스로 이 선포를 믿을 수 있도록 결정할 수도 없다. 양자는 성령을 통하여 가능하고 현실화된다: 선포와 믿음, 그리고 그들을 다른 사람들로부터 구별하는 모든 것. 성령 없이, 그러므로 그들의 소명 없이는 그들은, 그들을 저들로부터 구별하는 모든 점에도 불구하고, 다른 사람들과 완전히 같을 수밖에 없고, 같을 것이다. 소명 없이는 그들도 불경건한 자들이고, 그들의 삶의 증거도 다만 하나님의 은혜의 선택이 이로 말미암아 부인되고 모독당하게 되는 저 거짓 증거일 따름이다. 그리고 실제로 그렇다. 한번도 부름받은 적이 없는 부름받은 자가 없고, 선포를 듣는 자로서 선포가 그들에게 결코 낯설고 알려지지 않았던 자가 없고, 한번도 믿지 않은 적이 없는 믿는 자가 없다. 그리고 그의 선택의 완수가 중단되지 않는 자가 없고, 그의 삶의 긴 노정에서 선포와 믿음의 원 밖에는 있지 않은 자가 없고, 부단하게 그의 원래의 부름받지 않음의 흔적을 드러내지 않는 자가 없고, 어떤 점에서는 불경건한 자들과 너무 유사하게 그의 선택을 부인하지 않는 자가 없고, 그러므로 또한 자신의 소명에서, 또한 성령의 선물에서 예수 그리스도의 사죄하는 은혜 말고 다른 것을 볼 계기를 가지는 자가 없다. 그렇다면 선택받은 자들은 이 점에서도 자신이 불경건한 자들과 연대되어 있음을 알고 고백해야 한다. 그들 사이에는, 이들뿐 아니라 저들에게도 유일한 희망인 예수 그리스도의 십자가가 서 있다. 그들이 이 희망 없이 무엇이었고, 무엇이고, 무엇이 될 것인가는 불경건한 자들에게서 보게 된다. 그들은 큰 거짓의—예수 그리스도는 거짓을 거짓으로 폭로하고, 그것에 대한 형벌을 우리를 위해 당했다.—암흑이 어떤 다른 사람들의 삶 위에보다도 그들의 삶 위에 보다 넓게, 보다 깊게 놓여 있음을 볼 것이다. 그들이 소명 덕분에 자신의 사면을 듣고 받아들일 수 있는 순간에, 동시에 그들 자신의 죄가 가장 큰 죄로 고발당함을 볼 것이다. 바로 그들을 다른 자들로부터 구별하는 것, 저주와 곤궁에서가 아니라면, 믿는 자들이 무엇으로 자신을 인식할 수 있을 것인가? 이 인식을 거부하는 자가 어떻게 성령을 가지랴? 예수 그리스도의 은혜, 오직 그것만이 그의 선택뿐 아니라 그의 소명의 근거라는 것을 알고 거듭 새로이 아는 자가—오직 그만이—성령을 갖는다.

다른 사람들에게서 기대는 이런 것이다: 선택받은 자들의 탁월성을 오로지 가능하게, 현실적으로 만드는 예수 그리스도의 원래적인, 본래적인 탁월성은, 그 진리에 참여하지 못하는 듯한 자들의 실존을 능가하고 포괄하고 조명하는 진리이다. 그들의 삶은 저 거짓 증거를 하기 때문이고, 그들은 분명히 하나님에 의해 버림받은 인간의 삶을 사악하게, 치명적으로, 무력하게 표출, 반복, 모사하는 데 종사하기 때문이다. 우리는 이 국면 때문에, 원래, 본래적으로 예수 그리스도의 탁월성인 선택받은 자들의 탁월성은 또한 이 다른 사람들에게도 해당된다는 것, 곧 그들은 그 탁월성을 자신들의 것으로 인식하고 승인하지 않는 한 그 탁월성을 갖지 못한다는 것을 잊어서는 안 된다. 그러나 그들은 하나님이 우선 그의 사랑하는 아들의 인격에게, 그 다음으로 그의 모든 선택받은 자들에게 제시한 인간상 외에 다른 제2의 인간상을 제시할 수 없고, 오히려 다만 하나의 오로지 참된 인간상을 부정할 따름이다. 그들은 하나님의 은혜의 선택에 치욕을 가져올 것이다. 그러나 그들은 그 은혜를 파기하거나 철회할 수 없다. 그들은 하나님이 죄많은 인간을 그 자신의 아들 안에서 영원 전부터 주시하려 했고, 주시했던 것과는 다르게 그들을 주시하도록 할 수 없다. 그들의 전적으로 악하고 치명적인 시도는 하나님의 의지, 결정에 대해서 무기력하다는 것은, 그들이 저 탁월성을 무조건적으로가 아니라 다만 조건적으로만 결핍되게 할 수 있다는 것, 혹은 적극적으로 표현한다면, 그들은 무조건적으로가 아니라 다만 조건적으로만 "버림받은 자"가 될 수 있다는 것을 뜻한다. 버림받은 자, 하나님의 진노를 본래, 실제로 담당하고 고난받고 없애는 자가 예수 그리스도라 불림으로써 그들에게 한계가 설정되었다. 그들은 다만 잠재적으로만 버림받은 자일 따름이다. 그들은 그런 자로서 행동할 수는 있다. 그러나 하나님의 진노의 칼이 일단 가해진 후에, 두 번째로 그 칼을—그들이 그 칼을 천 번을 받는다고 할지라도—자기에게로 끌어당기는 것은 그들 능력 안에 있지 않다. 그들은 불경건한 자, 거짓말쟁이이다. 그들은 하나님의 진노의 채찍을 벗어날 수 없다. 그러나 이것은 또한 그 나름대로 선택받은 자들에게도 해당된다. 그럼에도 불구하고 선택받은 자들이—예수 그리스도 안에서 일어난 선택 때문에—버림받은 자가 아니라면, 하나님의 채찍을 맞았으나 그의 칼을 맞지 않았고, 멸망하지 않았고, 오히려 불을 통함같이 구원을 받았다면, 또한 이 다른 사람들에게서도—다시금 예수 그리스도 안에서 일어난 선택을 볼 때—그들이 그들의 삶에 직면해서 저 탁월함에서 배제된 자들처럼 보일지라도, 실제로는 하나님의 눈앞에서는 그런 자들이기를 기대해서는 안 된다. 더구나 우리는 이것은 기대되어서는 안 된다고 말할 수 없다. 그러나 우리는 어떤 다른 사람들에 대해서 반대로 말하려고 한다면, 예수 그리스도를 접어두어야 할 것이다. 어쨌든 선택받은 자들은 그들 자신의 선택을 고려할 때, 그러므로 그들의 모든 죄를 떠맡은 한 버림받은 자를 고려할 때, 다른 사람들에게서—그들이 누구든지, 무엇을 원하든 간에—그들 자신의 탁월성은 또한 저들 것일 수도 있다고 기대하는 것 외에 다른 가능성을 가질 수 없다.—우리가 선택받은 자들을 다른 사람들로부터 구별하는 것을, 곧 그들의 소명, 성령이라는 이중적 선물을 생각한다면, 이런 기대의 필연성은 명백하다. 이 구별하는 것, 선택의 완성은 선택처럼 하나님의 뜻이고 역사(役事)이다. 그러나 선택받은 자들이 부름받음으로써 진리를 증언하게 된다! 그리고 거짓 증언은 부름받지 못한 자들, 불경건한 자들의 실존이다! 이 거짓 증언이 저 진리의 증언과 같은 영구성을 갖기를 어떻게 기대할 수 있겠는가? 거짓 증언이 예수 그리스도의 죽음과 부활을 통하여 객관적으로 반박당한 세상 속에서, 그것이 어디에서부터 그럴 힘을 얻을 수 있겠는가? 선택받은 자들의 소명이 하나님의 신비요 기적이라는 사실은 분명히 각 사람을 고려할 때, 그들 자신의 소명 사이의 한계는 객관적으로 극복될 수 없음을, 곧 그에게는 극복될 수 없으나 하나님의 행위로써는 극복될 수 없는 것이 아님을 뜻한다.—선택받은 자, 부름받은 자는 이 행위의 증인이다. 예수 그리스도에 관한 선포를 받아들일 수 있었던 자는 어쨌든 어떤 다른 사람은 그 선포에 도달할 수 없다고 인정하지 않을 것이다. 그리고 스스로 믿음에 도달할 수 있었던 자는 어쨌든 다른 사람은 믿을 수 없을 것이라고 예상하지 않을 것이다. 그가 그들의 유기를 용납할 수 있을지라도—그는 한 버림받은 자가 누구인지를 너무나 잘 알기 때문에, 실제로는 그렇게 할 수 없다.—그들의 불경건을 용납할 수 없다. 예수 그리스도가 어떤 다른 자들을 위해 헛되이 죽었고 부활했다는 것을 그가 어떻게 용납할 수 있겠는가? 그는 그들의 불경건에 직면해서—바로 불경건한 자들을 위해 예수 그리스도는 죽었고 부활했다.—다만 그들의 소명을 기대할 따름이다. 우리는 이것 이상은 여기서 말할 수 없다. 왜냐하면 다른 자들의 소명은 선택받은 자들의 그것처럼 하나님의 일일 것이기 때문이다. 그러나 우리는 다른 사람들의 희망을 (오로지 이 희망에 선택받은 자들도 의존하고 있다.) 부인하려 한다면, 또한 그들을 전혀 이 희망의 빛 안에서 보려 하지 않는다면, 여기서 예수 그리스도를 접어두어야 할 것이다.

그러므로 선택받은 자들에게서 필연적으로 기억할 것, 다른 자들에게서 필연적으로 기대할 것은 이렇게 된다. 선택받은 자들과 다른 사람들을 그들의 전적인 대립에도 불구하고 함께 보아야 하고, 어쨌든 그들의 대립성을 절대적인 것으로 이해해서는 안 될 이유가 성립한다. 바로 그들 양자가 하나님의 절대적인 손 안에 있기 때문에, 그들의 대립은 그의 준엄함에도 불구하고 다만 상대적일 따름이다.

하나님의 모든 길과 역사(役事)의 시작인 예수 그리스도의 선택은 저 기억과 기대를 필수적으로 만들며, 그러므로 선택받은 자들과 다른 자들 사이의 대립의 상대성을 드러나게 만든다. 그러나 예수 그리스도의 선택을 고려할 때 이 대립이 보다 상세하게 진술될 수 있다. 우리는 다수의 개별적 인간들이, 그러한 자로 선택받은 자들, 곧 하나님에 의해서 구별되고, 그들의 소명으로 인하여 다른 사람들로부터 구별된 자들이 있으며, 그들에 대립해서 다수의 개별적 인간들이 있다는 가정에서부터 출발했다. 후자의 선택은 거기에 상응하는 삶이 실천되지 않음으로써 문제시된 것처럼, 거기에 대립하는 삶이 실천됨으로써 부정된 것처럼 보인다. 그러므로 우리는 이 점을 고려해서 그들을 "버림받은 자들"이라고 불러야 할 것이다. 이 가정은 정확하다. 실제로 이런 인간과 저런 인간들, 부름받은 자와 부름받지 못한 자들, 믿는 자와 불경건한 자들, 그러므로 선택받은 자와 외견상 버림받은 자들, 하나님의 백성과 "인류"의 세상 백성이 있다. 성서의 증언에 의하면 인간 역사는 크게, 작게 실제로 이 두 선에서 진행된다. 그것은 이 두 백성이 언제나 새로이 통합되고, 분리되고, 만나는 역사이다. 그러나 우리는 성서의 증언에 의하면 본래적, 일차적 역사, 이 두 백성의 본래적, 일차적 대립은, 이 백성들 자신, "선택받은 자"가 "버림받은 자"와 대립하는 그 곳에서 찾거나 인식되어서는 안 된다는 것에 주의해야 한다. 전자를 후자와 분리시키는 것, 양자를 결합시키는 것은 본래적으로, 일차적으로는 그들에게서가 아니라, 선택받은 자와 버림받은 자가 한 동일한 인격 안에서 상호 대결하고, 상처하고, 서로를 위하여 있는 그 곳에서 현실적이 되고 드러난다.

　선택받은 자가 누구이며 무엇인가는 엄밀히, 정확히 다만 한 예수 그리스도의 인간상에서 추론할 수 있을 뿐이다. 그는 저 특별한 신 관계에 의해서 구별된 인간이다. 그의 삶은 참된 선택의 참된 성취이다. 그에게 본래적으로, 본질적으로 "내가 너를 네 이름으로 불렀다. 너는 나의 것이다!"라고 말해졌다. 그는 많은 다른 사람들 가운데서 그들과 함께 심연 속에서 특별한 위치에, 특별한 길 위에 세워진 자이다. 그를 하나님은 다른 사람들 앞에서, 그들과 구별해서 자기 아들, 친구라고 불렀다. 그는 선택받은 개별자이다. 다른 선택받은 자가 있다면, 그것은 그가 먼저 본래적으로 선택받았음에 의거해서, 그것 때문에, 그것에 힘입어서며, 그들의 선택은 그의 선택에 포함되어 있다. 그리고 또한 부름받은 다른 사람들이 있다면, 먼저 본래적으로 그를 부른, 먼저 본래적으로 그의 하나님인 성령의 친교 속에서이다. 선택받은 자들 자신은 그의 공동체, 곧 이스라엘과 교회, 그의 선택과 부름에 참여하고, 그들의 믿음으로써 그의 선택과 소명을 완성하고 증거하고 확증할 수 있는 자들의 백성이다 우리가 만일 그리스도의 선택을 간과하려 하고 간과할 수 있다면, 모든 다른 사람들을 다만 버림받은 자들로서 이해하고 표시할 수 있을 따름이다. 각 "개별자" 자신은 버림받은 것이라면, 예수 그리스도의 선택 속에는 또한 각 사람의 선택도 포함되어 있지 않은 것이고, 예수 그리스도는 또한 그들의 버림을 그들로부터 제거하여 자신이 담당하도록 선택된 것이 아닐 것이다. 이것이 예수 그리스도가 그 자신의(그러므로 본래적이고 일차적인) 선택의 완성에서 각 개별자를 위하여 행하고자 했고, 행한 것이다. 곧 그는 그 자체로는 다만 버림받은 자에 지나지 않는 개별자에게, 그가 각 개별자에게 합당한 유기를 스스로 담당함으로써, 하나님의 한 선택받은 자, 한 자녀와 친구의 신분을 창출했고, 부여했다. 만일 하나님의 뜻과 행위가 예수 그리스도의 선택과 소명에 있지 않다면, 그는 버림받은 자 외에는 될 수가 없었을 것이다. 그리고 그의 삶이 예수 그리스도의 선택과 소명의 실행, 확증이 아니라면, 그가 예수 그리스도의 영인 성령의 친교로부터, 그러므로 성도의 친교로부터 배제된 자, 곧 소명받지 못한 자, 불경건한 자로 남아 있어야 한다면, 그에게는 버림받은 자의 거짓 삶 외에 무엇이 남겠는가? 그런 한에서 예수 그리스도는 한 선택받은 자가 아니라, 그 옆에, 그 외에 다른 선택받은 자가 없고, 다만 버림받은 자만이 있는 그런 선택받은 자이다. 그리고 그들 모두에 대립해서, 그들 모두가 버림받은 자가 되지 않기 위해서, 그들을 위하여 오직 그만이 선택받은 자, 하나님의 은혜의 선택의 대상이다.

　또한 버림받은 자가 누구이며 무엇인가는 엄밀히, 정확하게 역시 한 인간 예수 그리스도의 상에서만 추론될 수 있다. 그는—그의 선택에 근거하여—하나님의 의로운 심판, 판결을 통하여 그의 면전에서 쫓겨나 영원한 죽음에 넘겨진 인간이다. 그의 삶은 진실로 진정한 선택을 실행함에서 하나님의 진멸하는 적대 관계를 감수해야 하는 그런 자의 삶이다. 그가 그런 자가 되기를 감수한다는 것, 이것이 그가 다른 모든 사람들 가운데서 처해진 위치의 특수성이다. 하나님은 그를, 그의 아들이며 비길 데 없는 친구를 "죄로 만들었다." 그는 버림받은 개별자이다. 또한 버림받은 자들이 있다면, 다만 그만이 실제로 버림받았다는 사실을 사악하게, 치명적으로, 무기력하게 오인하고 무시함에서, 곧 다만 그가 모든 사람을 위해 획득한 의를 의로 남아 있게 하지 않는 불경건에서만 존재한다. 그리고 그들 나름대로 또한 당해야 하는—곧 제멋대로 거짓으로 불러일으킨 하나님의 진노가 다르게는 그것을 가지려 하지 않는 그런 자들에게 뜻하는 고난을—다른 사람들이 있다면, 그 위에 놓여진 저주는 다만 그들이 아니라 그들 대신에 그에게 떨어진 저주의 여운에 지나지 않을 것이다. 버림받은 개별자들 자신은 그가 책임을 진 죄의 증인들이고, 그가 당한 형벌의 증인들이다. 그들의 증언이 그들 자신이 하나님으로부터 버림받음과 멸망당함을 지시하는 듯한 한에서, 결국 다만 거짓일 따름이라면—왜냐하면 본래적으로 현실적으로 하나님에게 버림받음에 처해 있음과, 본래적으로 현실적으로 멸망당함은 그들의 일일 수 없고 예수 그리스도의 일이기 때문에—그들의 증언은 이런 거짓 증언으로서 본래적으로 현실적으로 버림받고 멸망당한 죄인이었던 자 예수 그리스도를(그의 그림자가 그들 위에 있다.) 지시하지 않을 수 없다. 그들은 그들의 전적인 불경건으로 인하여, 그리스도가 자신을 내어주어 제거하고자 했던 왜곡된 상태를 회복할 수 없고, 또한 그리스도가 이런 자기 희생에서 감당한 하나님의 진노의 불길을 다시금 불붙일 수도 없다. 그들은 그들이 범죄한 것으로, 그들이 죄인으로서 감당해야 하는 것으로써 다만, 그리스도가 자신의 선택을 집행함에서 스스로 유기를 받아들임으로써 또한 그들로부터 제거한 유기에 경솔하게, 마지못해 참여하는 자가 될 따름이다. 그들은 객관적으로 실제적으로 그들도 그의 선택의 증인이 되는 것을 막을 수 없다. 또한 그들도 그 없이는 그들이 될 수 없다. 그들은 그가 본래, 일차적으로 된 것을 다만 비본래적으로, 이차적으로만 될 수 있을 따름이다. 그는 선택받은 자인 것처럼, 선택받은 자이면서 버림받은 자이다. 그의 선택에서 볼 때, 그 외에는 버림받은 자가 없다. 모든 버림받은 자의 선택을 위하여 그는 오히려 그들 모두에 대립해서 고독하게 있다. 곧 그들을 위하여 그는 버림받은 자이며(그의 유기에서 하나님의 선택받은 자들로서의 그들을 위한 여지를 마련하면서!), 그래서 하나님의 은혜의 선택의 대상이다. 그러므로 예수 그리스도는 "선택받은 자들"과 "버림받은 자들"의 주, 머리요 증언의 대상이다. 전자는 전혀 다르게, 후자는 전혀 다르게, 전자나 후자나 모두 오직 그 안에서만 그들 본래의 존재를 갖는다. 원래 동시에 선택받은 자요 버림받은 자인 그 안에서, 그들 상호간의 대립이 그 필연성을 갖는다. 그러나 그 안에 그들의 대립의 상대성뿐 아니라, 이것까지도 근거한다: 곧 그들의 전적 대립에도 불구하고 그들은 형제이며, 그들의 실존과 기능에서 상호 연관되어 있으며, 양도될 수 없는, 해체될 수 없는 일체를 이룬다는 것. 예수 그리스도의 선택이 그의 대리적 유기에서 그 목표를 두고 실행되는 것처럼, 거꾸로 그의 대리적 유기가 그의 선택의 확증인 것처럼, 선택받은 자와 버림받은 자들은 상호 대치할 뿐 아니라 상호 나란히, 상호를 위하여 있다. 그들 자신은 예수 그리스도가 아니라 그를 다만 증거할 따름이기 때문에, 선택받은 자들과 버림받은 자들은 상호 상반된 성격의 두 인물로서 대립한다. 그들 스스로는 예수 그리스도가 아니라 다만 그를 증거할 따름이기 때문에, 그들은 그들의 상반되는 성격을 손상하지 않고서도 상호 나란히, 상호를 위하여 있다. 그들은 상호 종속되어 있다. 우리는 버림받은 자 없이 선택받은 자를 보거나 이해할 수 없고, 선택받은 자 없이 버림받은 자를 보거나 이해할 수 없다. 우리는 양자의 주요 머리인 한 인간의 손을 여기서도 저기서도 간과하거나 접어둘 수 없다. 그리고 이 한 인간이 누구이며 무엇인가는 양자 사이의 상이성에도 불구하고 여기서도 저기서도 드러난다. 선택받은 자들은 언제나 적극적인 것, 하나님의 뜻이 목적하는바 하나님의 자비를 증언해야 하는 자들이다. 그리고 언제나 버림받은 자들은 부정적인 것, 곧 하나님이 전능하고 거룩하고 선할지라도 원하지 않는 것, 곧 그의 심판 그 자체를 증언하기 위하여 선택받은 자들 옆에서 가야 한다. 그러나 언제나 양자가 증거하는 것은 한 하나님의 한 의지이다. 언제나 양자는 그들 모두를 포괄하는 계약을 증거한다. 그 계약의 능력은 선택받은 자의 신실함에 근거하지 않지만 그럼에도 버림받은 자들의 불신실함으로 인하여 파괴될 수 없다. 이 계약의 성취는 선택받은 자들 위에 쌓인 축복을 통하여 선포되나, 비로소 예고되며, 버림받은 자들 위에 쌓인 저주를 통하여 부정되는 것이 아니라 새로운 약속의 일이 된다. 바로 그렇기 때문에 이곳과 저곳에서 신실함과 불신실함, 축복과 저주, 삶과 죽음 사이의 관계는, 마치 어떤 사람들만이 전자의 것을 얻고, 다른 사람들은 후자의 것만을 얻는 것처럼, 그렇게 계산될 수 없다. 그렇기 때문에 오히려 쌍방의 인물들의 역할, 행태, 길들이, 그러나 또한 인물들도 교차된다. 그렇기 때문에 선택받은 자들도 그 나름대로 비난받을 만하고, 또한 버림받은 자들도 그 나름대로 칭찬받을 만하다. 그렇기 때문에 선택받은 자들에게도 하나님의 심판이 없을 수 없고, 버림받은 자들에게도 하나님의 선함과 인내의 표시가 없을 수 없다. 그렇기 때문에 선택받은 자들과 버림받은 자들은 아무리 다를지라도 길게 본다면 서로 너무나 비슷하다는 것을 보게 된다. 그러므로 그들은 그들의 기능이 아무리 다를지라도 함께 일할 뿐 아니라 오히려 그들의 기능으로써 상호를 위하여 대신한다. 그들은 이렇게 상호 종속되어 있고, 이렇게 상호를 제약하기 때문에, 선택받은 자와 버림받은 자라는 두 모습의 대립 속에서의 예수 그리스도라는 한 모습이 종종 그것의 대립보다 더 분명하게 드러나게 된다. 선택하고 부르는 하나님이 양자 사이를 갈라놓되, 오직 그, 하나님 홀로 양자에 대립해서, 양자를 위하여 존재하는 분으로 양자를 가른다. 그러므로 아무도 그에 대한 책임에서부터, 그러나 또한 그에 대한 하나님의 책임에서부터 벗어나지 못하고, 그의 선택과 자비에서부터 벗어나지 못한다. 하나님은 인간의 외모를 보지 않는다. 그가 선택받은 자와 함께 한다면, 이것은 그들이 그의 축복에 참여하고 유지하기 위하여 마치 그들의 원수처럼 하나님과 싸워야 한다는 것을 뜻한다. 그리고 이것은 그가 버림받은 자들과도 다른 방법으로 함께하는 것이 아님을 뜻하지 않는다. 하나님이 그의 얼굴을 버림받은 자들 앞에서 감출지라도, 그는 그들의 마지막, 현실적 피난처임을 중단하지 않는다. 그가 그들의 원수라면, 이제 그들과도 함께하는 것은 그의 특별한 방식이다. 그가 높아질 때, 낮아짐을 염려한다. 그가 매를 때릴 때, 떨어지게 내버려두지는 않는다. 하나님에 의한 선택받은 자와 버림받은 자의 구별은, 신랄함과 준엄함 속에서 이것이 간과할 수 없는 곳에, 하나님이 모든 일을 함에서의 시작인 계약을 확증해 주며, 하나님이 이 계약에 형상을 주는 역사(役事)의 도구이며, 말씀이 육신이 됨으로써 하나님이 말씀으로써 자신과 모든 인간들 사이에서 세웠고 극복한 차이의 예언이며, 하나님이 모든 죄인에 반해 자신에게 의를 부여하고 동시에 모든 죄인에게 자신 앞에서 의를 부여하는 그런 은혜의 통고가 있는 곳에 있다. 하나님은 저 차별을 성취함으로써 사랑한다. 그렇게 그는 자신의 아들을 사랑한다. 그렇게 그는 아들 안에서 우리를 사랑한다. 이제 그의 사랑의 본래적 대상은 이 한 인간 외에 다른 "개별자"가 아니라면, 이 한 인간 외에는 아무도 그 사랑의 열기에—하나님의 진노에—삼켜질 수 없다. 하나님의 이 사랑을 그 이중적 모습으로 지시함이 많은 선택받은 자들의, 많은 버림받은 자들의 기능이다. 그들의 상이한 기능에도 불구하고 하나님이 이 한 인간을 사랑했고 그 안에서 그들도 사랑했고 사랑하고 사랑할 것이라는 것으로 살 수 있다는 것—이것이 선택받은 자들이나 버림받은 자들이 함께 처해 있는 가능성이다.

첫 번째의, 근본적인 형태로서의 그리스도 증언은 예언과 통고로서의 구약성서의 그리스도 증언이다. 우리는 이 문제에서 그 증언에 좀더 상세하게 귀를 기울여야 할 것이다.

우리는 다시 창세기 4장에서 출발할 수 있다. 거기서 우리는 하나님이 아벨과 그의 제물을 기뻐 바라본다는 이야기가, 곧(5절) 다른 진술과 대립하는 것을 발견한다: "가인과 그의 제물은 보지 않으셨다." 양자 사이의 차이는 결코 양자를 앞서 구별함에 근거하지 않는다. 그러나 차이는 분명히 본래부터 양자에 대한 하나님의 결정에 있다. 그러나 하나님이 다른 인간과 구별하여 한 개별 인간을 선택함에 대한 이 첫 번째, 분명한 언급은 4-5절에 의하면 아벨은 선택받았고 가인은 선택받지 못했다는 사실에서부터 후자에 대한 절대적으로 부정적인 결론을 내리는 것에 대해 경고한다. 6절에 의하면 그의 제물과 함께 하나님에 의해서 주시되지 않았고 그런 한에서 선택받지 못한 가인은 형제 살인자가 된다. 그는 그런 자로서 그의 양친이—이미 창세기 3:8에 의하면—그러했듯이 하나님 앞에서 숨어야 한다.(14절) 그러나 그렇기 때문에 그가 하나님에게 버림받은 것은 아니었다. 하나님이 그의 목숨을 지켜 주겠다고 한 저 약속에 따르자면, 매우 특별하게 그의 존재도 구별되고 결정된 듯하다. 분명히 아벨을 결정한 것, 하나님이 기뻐하는 그의 제물을 결정한 것이 기이하게도 그의 죽음을(성서 안에서 언급된 최초의 인간 살해!) 위한 결정이 되어 버렸다. 가인이 살도록 결정되었다. 형제 살해자인 그는 13절에 의하면 그가 받을 형벌은 그가 감당하기에 너무나 크다는 것을 안다. 분명히 가인이 아벨에 대해서 그러하듯이, 아벨은 가인과는 전혀 다른, 맞바꿀 수 없는 그의 위치에 그 나름대로 처해 있다. 우리가 다른 인간과 구별되게 한 개별 인간의 선택을 문제 삼는 성서 문맥들을 계속 따라 추적할 때, 어떤 의미에서 이 고전적인 경우를 염두에 두어야 한다. 이제 노아는 주 앞에서 은총을 입었고(창 6:8), "이 세대 가운데서 하나님 앞에 의롭게 보였다."(창 7:1) 이제 셈 족속 중에서 아브람의 이름이 축복의 언어가 된다: "너를 축복하는 사람에게는 내가 복을 베풀고, 너를 저주하는 사람에게는 내가 저주를 내릴 것이다. 땅에 사는 모든 민족이 너로 말미암아 복을 받을 것이다."(창 12:3) 그러나 그렇기 때문에 그는 그의 조국, 그의 친족, 그의 아버지 집에서 떠나야만 한다.(창 12:1) 그러나 이제 이와 함께 상호 엇갈리는 일련의, 혹은 차라리 이중적인 차별화가 시작된다. 처음 태어난 이스마엘이 아니라 이삭과 함께 하나님은 그의 영원한 계약을 세우려 하며(창 17:19, 21), 그러나 이스마엘을 위한 아브라함의 기도가 청허됨으로 이스마엘이 생명을 보존하고 축복받고 번성하게 되지 않는 것은 아니다.(창 17:18, 20) 그리고 비록 이삭의 아들들 가운데 에서가 장남이며 아버지의 사랑을 받을지라도(창 25:24-25), 동생 야곱은(어떻게?라고 묻지 말기를!) 장자권과 아버지의 축복을 받아야 한다. 이것은 다시금(창 27:38-39) 아버지가 야곱을 위해서도 좀더 애매할지라도 그 나름대로 진정 축복할 것을 가졌다는 것을 뜻하지 않는다. 그리고 비록 야곱 자신은 레아보다는 라헬을 더 사랑할지라도, 주는 소홀함을 받은 레아를 임신케 만든다.(그리고 그녀의 아들은 제사장 가문의 조상 레위와 왕조의 조상 유다이다. 창 29:30-31) 그러나 라헬 역시 결국 빈손으로 나가는 것이 아니라—치욕이 그녀에게서 제거된다.—요셉의 어머니가 된다.(창 30:23f.) 요셉은 다른 모든 형제들보다 자기 아버지의 사랑을 받으며(창 37:3), 그의 역사는—그의 형제들보다 그의 은밀한 우월성, 이교도들에게 넘겨짐, 이교도들 가운데서 그의 높여짐과 지배, 그를 쫓아낸 형제들과의 재회, 넘치는 친절함으로써 그가 자기 형제들에 대해서 그의 권력과 부를 사용함—실제로 이스라엘의 미래를 위하여 어떤 레아의 아들들의 역사보다 훨씬 모범적이고, 훨씬 메시아적이다. 그리고 그 다음으로 다시금 요셉의 아들, 그의 조부 야곱에 의해서 양자로 올려진 에브라임과 므낫세 가운데서 특이한(창 48장에서 상세히 서술됨) 선택과 구별이 이루어진다: "그 다음에 요셉은 두 아들을 데려다가 오른손으로 에브라임을 이끌어 이스라엘의 왼쪽에 서게 하고 왼손으로 므낫세를 이끌어 이스라엘의 오른쪽에 서게 하였다. 그러나 이스라엘은 야곱이 그의 팔을 엇갈리게 내밀어서 그의 오른손을 작은 아들인 에브라임의 머리 위에 얹고 그의 왼손을 므낫세의 머리 위에 얹었다. 므낫세는 맏아들이었다."(13-14절) 야곱은 눈이 멀었다. 그러므로 요셉은 그의 잘못을 고쳐 주어야 한다고 생각하고 "아버지의 손을 에브라임의 머리에서 므낫세의 머리로 옮기려고 아버지의 손을 잡고 말하였다. 아닙니다. 아버지! 이 아이가 맏아들입니다. 아버지의 오른손을 큰 아이의 머리에 얹으셔야 합니다. 그러나 그의 아버지는 거절하면서 대답하였다. 나도 안다. 내 아들아, 나도 안다. 므낫세가 한 겨레를 이루고 크게 되겠지만, 그 아우가 형보다 더 크게 되고 아우의 자손에게서 여러 겨레가 나올 것이다."(17-19절) 레아의 아들들도 전혀 다른 차별을 당하게 된다: "나의 맏아들이요, 나의 힘, 나의 정력의 첫 열매이며, 그 영예가 탁월하고, 그 힘이 드높은" 르우벤은 첫째가 되지 못할 것이다.(창 35:22, 49:2-4) 오히려 "유다야, 너의 형제들이 너를 찬양할 것이다. 너는 원수의 멱살을 잡을 것이다. 너의 아버지의 아들들이 네 앞에서 무릎을 꿇을 것이다. 유다야, 너는 사자 새끼 같을 것이다. 나의 아들아, 너는 잡은 먹이로 크게 되었다. … 뭇 백성이 순종할 통치자가 올 때까지, 왕의 홀이 유다를 떠나지 않고, 통치자의 지휘봉이 그의 발에서 떠나지 않을 것이다."(창 49:8-10) 그러나 창세기 38장은 유다와 가나안 여인 수아와의 혼인은, 그의 아들 엘이 다말과의 혼인을 실행에 옮기기 전에 주의 미움을 사서 죽고, 그의 둘째 아들 오난은 형수와의 혼인을 실행하려 하지 않았고 그러므로 그도 주의 미움을 사서 역시 죽었기 때문에, 결국 아무 후손을 얻지 못했다는 것, 그 다음으로 다말은 매우 기묘한 방법으로 그의 시아버지로 인하여 어머니가 되었다는 것, 결국 그녀의 두 아들, 쌍둥이 형제 베레스와 세라의 출산에서 나중에 태어난 베레스가 그의 형보다 먼저 나왔고 그래서 실제로는 맏아들이 되었으니, 그가 곧 다윗의 선조이며 마태복음 1:3, 누가복음 3:33에서 언급된 예수 그리스도의 선조라는 것을 이야기한다! 전승은 거듭 이루어지는바 구별하여 선택함의 원리에 관해서, 뿐만 아니라 이 선택이 인간적으로 정리된 혹은 인간적 편견에 의해 계획된 모든 구별을 관통하고 반박하는 그런 자유에 관해서, 또한 이루어지는 구별의 상대성에 관해서 더 분명할 수 없을 것이다. 곧 저 그때마다 제외된 자들이 사건화된 선택에 의해서 구별되지는 않았지만, 그렇다고 절대적으로 버림받지는 않고 적절하게 계약의 하나님과 적극적 관계 속에 머문다는 사실에 관해서 더 분명할 수가 없을 것이다. 기껏해야 유다의 아들 엘과 오난의 경우에 절대적 유기의 표상이 시사되는 듯하다. 그 밖에는 어디서나 처음에는 불이익을 당한 자들이 그 나름대로 축복받았고, 왼편의 위치에서 역시 하나님의 결정을 성취하는 것이 분명하다.

이제 주목할 만한 사실은, 특별히 다른 인간들로부터 개별 인간의 구별로서의 하나님의 선택의 명료성은 창세기의 족장 설화의 종말과 함께 종결된다는 것이다. 오경의 나머지 역사적 부분과 여호수아, 사사기에서는 저 서로 엇갈리는 이중의 결정이 더 이상 나타나지 않는다. 이스라엘 전체가 이제 "지상에 모든 백성들 앞에서 구별된 것으로" 나타나며(출 33:16), 이집트 백성에게 닥친 환난의 때에 이미 이집트인들로부터 "격막"을 통해 분리된다.(출 8:23) 이스라엘과 다른 백성들 사이의 대립의 상대성의 흔적은 여기서도 없지 않다. 이스라엘 사람들은 롯의 불법적 후손인 모압인과 암몬인들과는 어쨌든 전쟁을 시작해서는 안 된다.(삿 11:15, 신 2:9, 19 참조) 그리고 모압으로부터 또한 이스라엘에 대한 저 마지못한 축복이 발람의 입을 통해 나오고(민 22장 이하), 룻기 1:4, 16, 2:11에 의하면 다윗의 증조 할머니는 모압 여인이다. 에돔 사람, 이집트 사람과의 어느 정도 적극적 관계는 배제되지 않는 듯하다: "너희는 에돔 사람을 미워해서는 안 된다. 그들은 너희의 친족이다. 이집트 사람을 미워해서도 안 된다. 너희가 그들의 땅에서 나그네로 살았기 때문이다! 그들에게서 태어난 삼대 자손들은 주의 공동체에 들어올 수 있다!"(신 23:7-8) 그리고 평소에는 매우 적대적으로 서술된 미디안 족속도 모세의 장인인 이드로라는(출 2:15f., 3:1f., 18:1f., 민 10:29f.) 인물로 인하여 이스라엘의 길과 운명과, 또한 이스라엘의 하나님과도 현저히 가까운 관계가 된다. 결국 평소에는 진멸되어야 할 대상인 가나안 원주민들 가운데서도 어쨌든 여리고의 창녀 라합은(수 2:1f., 6:23 — 마 1:5에서 그녀는 또한 예수의 족보 속에서 언급된다!) "정탐꾼을 화평으로 영접하여 순종하지 않은 사람들과 함께 멸망하지 않았다."(히 11:31) 그리고 그들의 계략에 의해서 기브온 사람들도 저 운명에서 벗어난다: "그날로 여호수아는 그들을 회중을 섬기고 제단 돌보는 종으로 삼아 나무를 패고 물을 긷게 하였다. 그들은 오늘까지 주께서 택하신 곳에서 그 일을 하고 있다."(수 9:27)

이것이 이 문제에 관해서 정경의 역사 이야기에서 얻어낼 수 있는 전부라면, 우리가 창세기에서 그처럼 분명히 구별하여 선택하는 일을 비상하게 웅변적으로 연상케 하는 내용을 레위기의 제사법에서 만난다는 것은 더욱더 주목할 만하다. 두 개의 상이한, 그러나 그 전체 구조로 보아서는 분명히 근접한 제의 규정이 문제된다. 첫 번째로 레위기 14:4-7에 서술된바 나병 환자의 정결 선언함에서 부분적 행위이다. 이 과정에는 제사장이 두 마리의 정결한 살아 있는 새, 거기에 백향목, 심홍색 실, 우슬초를 가져오도록 하는 것도 포함된다. 새 한 마리는 생수 위에서 죽이고 그 피를 오지 그릇에 받는다. 다른 새는 저 재료들과 함께 첫 번째 새의 피 속에 담근다. 그 다음으로 나병에서 깨끗해진 사람에게 이 피를 일곱 번 뿌린다. 그러고 나서 두 번째 새 살아 있는 새는 들판으로 날려 보낸다. 두 번째로는 대화해의 날의 제사에 관한 것이다.(레 16:5-6) 여기서는 두 마리의 염소를 다음의 절차에 따라서 잡는다. 먼저 두 마리의 염소는 "주 앞에", 즉 성막 입구에 세워 놓는다. "그 다음에 아론은 염소 두 마리를 놓고 제비를 뽑아서 주께 바칠 염소와 아사셀에게 바칠 염소를 결정해야 한다. 아론은 주의 몫으로 뽑힌 염소를 끌어다가 속죄 제물로 바치고 아사셀의 몫으로 뽑힌 염소는 산 채로 주 앞에 세워 두었다가 속죄 제물을 삼아 광야로 아사셀에게 보내야 한다."(8절) 15-16절에 의하면 첫 번째 염소의 피를—우선 황소의 피로써 같은 일을 한 후에—지성소에서 일곱 번 궤를 덮는 판자(루터: "은혜의 뚜껑", ἱλαστήριον) 위에와 앞에 그리고 후에는 바깥 제단 위에도 뿌리고, 이로써 속죄를 행하는 것이니, 곧 백성의 더러움과 범법을 가린다. 그러나 두 번째 염소에 대한 절차는 21절 이하에 의하면 다음과 같다: "아론은 살아 있는 염소를 끌고 와서 살아 있는 염소의 머리 위에 두 손을 얹고 이스라엘 자손이 저지른 온갖 악행과 온갖 반역 행위와 온갖 죄를 다 자백하고 나서 그 모든 죄를 그 염소의 머리에 씌운다. 그런 다음에 기다리고 있는 사람의 손에 맡겨 그 염소를 광야로 내보내야 한다. 그 염소는 이스라엘 자손의 온갖 죄를 짊어지고 황무지로 나간다. 아론은 그 염소를 광야로 내보낸다."

제사가 이스라엘의 역사 근저에 놓인, 그리고 그 역사를 그 목표로 이끄는 하나님의 의도에 관한 표적과 증언으로서, 그런 한에서 사건들의 의미 및 역사가 진행되어 온 그 사건들의 연관성에 대한 표적과 증언으로서 이스라엘 역사와 늘 함께하는 것을 본다면(예언자들도 그 나름대로 그러했듯이), 이 두 부분적 행위에 대하여(구약성서의 제사법 일반처럼) 이해한다. 제사 실천에 관한 법칙 및 세부 법들은 제사의 이런 표적과 증언으로서의 성격을 그것의 적법한 형태, 이 백성의 제사에 적절한 형태를 정확히 확립함으로써 드러내고 보장하려는 기능을 가진다.

레위기 14장과 16장에 있는 대로 저 두 가지 부분적 행위를 확정함으로써 어쨌든 다음과 같은 것의 공통적 형태가 드러난다. 그 모습이나 가치에서 비슷한 짐승 두 마리가 전혀 다르게 다루어진다. 한 마리는 이렇게, 또 한 마리는 저렇게 선택함은 레위기 14:15-16에 의하면 전적으로 제사장의 손에 달린 듯하다. 반면 16:8에 의하면 그것들에 대해 제비뽑기를 한다. 선택은 두 경우에서 전혀 헤아릴 수 없는 선택, 하나님 자신에 의한 선택이다. 이 두 가지 행위가 어떤 특별한 의도 및 생각으로 이스라엘의 역사와 함께하는가, 그 행위들이 하나님의 의도의 표적, 증거로서 이 역사의 어떤 특별한 동기를 지시하는가가 이미 이로써 분명해지는 듯하다. 우리는 분명히 이 역사의 특별한 면에 직면하고 있다. 곧 이 역사는 하나님이 이 사람, 저 사람을 구별하고 선택하는 역사이다. 이 선택이 무엇을 의미하는지, 이스라엘의 온 역사가 이런 선택의 역사로서 지향하는 바가 무엇인지를 저 특별한 행위가 증언하고자 하며, 이 특별한 행위에 관련된 율법 규정들은 이 증언을 확정하기 위함이다.

두 종류의 짐승의 실질적 처리는 이것을 더욱 분명하게 한다. 그 처리 절차는 레위기 14장과 16

장에서 공통점이 있다. 한 마리는 사용되고 다른 짐승은 사용되지 않는다. ―혹은 어떤 의미에서 엄숙하게, 필연적으로 사용되지 않는 한에서만 사용된다. 즉 한 마리는 살해되고 다른 짐승은 풀어 준다. 우선은 사용하고 사용하지 않는다, 살해하고 풀어 준다는 것이 무슨 뜻인가를 물어서는 안 된다. 또한 살해된 짐승은 누구를, 풀려난 짐승은 누구를 의미하는지 아직 물어서는 안 된다. 과정 그 자체를 일반적으로 고찰해 보면, 아벨과 가인, 이삭과 이스마엘, 야곱과 에서, 레아와 라헬 등 저 창세기의 이야기를 연상하지 않을 수 없을 것이다. 이스라엘의 역사가 이러한 구별과 선택의 역사인 한에서, 분명히 이런 행위에서 주해된다. 그것의 증언적 성격은 이 행위에 관계되는 율법 규정들에서 확정되어야 한다.

그러나 레위기 14장과 16장은 또한 두 행위가 정결화의 증언에 관한 것이라는 공통점을 가진다. 레위기 14장에 의하면 정결례는 제사장이 의학 전문가로서의 자격으로써 나병 환자의 치유를 확정지음이다. 그리고 정결례는 레위기 16장에 의하면 아론 내지는 대제사장에 의해서 온 백성의 속죄를 확인함이다. 주목할 것은, 행위 그 자체가 정결케 하는 것이 아니라, 이미 일어난, 아직 일어나고 있는, 그리고 다시 일어날 정결 절차를 증언할 따름이다. 사제나 아론이 아니라 하나님이 그 행위의 주체이다. "죄를 용서하는 것은 오직 하나님의 일이다. 그러므로 인간에게는 하나님이 선사한 은혜를 증언하고 선포하는 것 외에 무엇이 남아 있는가? … 그러나 가르침의 직분으로 부름받은 자가 그 나름대로 백성의 더러움을 씻어 주는 일을 못할 이유가 없다. 하나님이 인간의 입을 통하여 발설하는 증언을 받아들이는 한 오직 믿음만이 마음을 깨끗하게 하기 때문에, 우리에게 일어난 하나님과의 화해를 증언하는 종이 우리의 더러움을 제거한다고 생각하는 것은 옳다."(Calvin, 레위기 14장 주석, *C. R. 24*, 325) 우리는 이 행위 자체에 관해서만 아니라 또한 그 행위가 지시하는 것에 관해서도, 그러므로 저 선택 역사에 관해서 이것을 염두에 두어야 한다. 일정한 인간들의 행위와 고난으로서의 그 사건은 이스라엘 백성에 대한 하나님의 의도와 행위를 나타내고 증언한다. 그렇다고 하는 것은, 개별 인간으로서든, 혹은 온 백성으로서든 문제가 되는 정결의 본래적인 대상인 이스라엘 사람은 여기서뿐 아니라 제사법 전체에 의하면 소위 이 정결을 표출하는 행위의 구경꾼에 불과하다는 것, 이 행위는 어떤 의미에서 당사자인 인간을 지나쳐서 저 짐승들에게만 주안점을 둔다는 것에서부터 드러난다. 이 행위는 저 짐승들을 처리하는 데 인간을 염두에 둠으로써, 인간을 향하여, 하나님이 그에 대해 생각한 처리 방안, 그를 이미 처리했고 또한 처리할 방안이 어떤 것인지, 그의 역사의 의미, 결과로서 하나님에 의해 초래되고 계시되고 결국 드러나게 될 것이 무엇인지를 보여 준다. 이 행위는 단순한 비유로서, 인간 자신이 비유로 설명된 그의 역사와 함께, 그의 행위로서가 아니라 하나님의 객관적인, 위대한 행위를 통해 실현되고, 그에게도 도움이 될 것의 증인으로 부름받았고 결정되었음을 확증한다.

그러나 레위기 14장과 16장에서 규정된 행위의 공통적 내용이, 우리가 그 행위들의 내적 상이성을, 두 규정이 동일한 사실을 증언함에서, 내지는 같은 증언을(저 구별하고 선택함의 역사로서의 이스라엘의 역사) 주해하고 해설함에서의 그 상이한 악센트를 주목할 때에만, 비로소 좀더 분명히 이해될 수 있을 것이다. 두 행위에 공통적인바 두 종류의 짐승을 사용하고 사용하지 않음, 살해하고 풀어 줌은 각기 상이한 의미를 갖는다.

레위기 16장은, 두 짐승을 처리함에서 표현된바 백성의 정결화를 이룰 위해 필요한 전제, 여기로 이끄는 길, 이를 위해 사용되는 수단의 관점 아래서 이해한다. 백성의 새로운, 하나님과 화해한 삶의

2. 선택받은 자와 버림받은 자   387

상태가 중요한 것이 아니라 이 백성이 이 상태로 옮겨지기 위해서 화해가 필요하다는 것, 그리고 이런 화해가 실제로 있다는 것이 중요하다. 곧 첫 번째 염소의 죽음과 피가 무엇을 위해 사용되며 도움을 주는가가 아니라, 그것이 실제로 사용되고, 도움을 주어야 하고, 도움을 줄 수 있다는 것이 중요하다. 인간을 위해 결정된, 약속된 정결은 다음을 전제한다.—그리고 이 전제는 하나님의 은혜와 자비를 통해 성취되었으니, 하나님은 지혜로운 전능한 심판자로서 스스로 그것을 염려했다.—곧 인간이 범죄자로서, 인간이 그의 더러움 가운데, 그러므로 그의 진노의 대상으로서 죽어야 하고 죽을 수 있다는 것을 전제한다. 화해의 날에 이루어진 다른 짐승들의 살해, 그러므로 첫 번째 염소의 살해에서 그리고 그 피를 언약궤와 성막에 뿌림에서, 그러므로 지성소를 거룩하게 함에서, 첫 번째 염소를 도살함을 통하여, 그의 피를 뿌림에서 실행된바 그의 목숨을 완전히 내어줌을 통하여 눈앞에 보여 준 것은, 바로 하나님이 인간에 대한 사랑으로 인하여 스스로 조치하고 실행한 이런 그의 유익한 살해됨이다. 이 유익한 고난과 죽음이(이것으로써 그의 깨끗케 됨과 삶의 갱신의 전제 조건이 마련된다.) 그에게 일어나도록 하기 위하여, 인간은 아사셀을 위해서가 아니라, 광야를 위해서가 아니라, 주를 위해서 선택받았으며, 이를 위하여 하나님은 그를 받아들였다. 그는—이것은 하나님의 큰 사랑이다.—그의 피, 곧 그의 부정한 목숨을 완전히 내어줄 수 있다. 그가 이 죽음의 심판의 전적인 자비와 두려움 아래 세워지는 것이 하나님에게로 그를 인도하는 유익한 길이다. 선택받은 자로서 다른 사람들로부터 구별된 자는, 제비뽑기를 통해서 주를 위해 결정된 첫 번째 염소에서 자기 자신을 다시 인식할 수 있고, 인식해야 한다. 곧 하나님은 그의 피를 내어주기 위해서 그를 필요로 하며 원한다는 것을. 그러나 거기서 그 자신을 인식할 수 있다. 그를? 우리는 물어야 한다. 그가 어떻게 그렇게 되는가? 그는 육신이다. 그는 불결한 자이고 범법자이다. 온 백성과 또한 모든 하나님의 선택받은 자들도 하나님 앞에서는, 그들의 죄로 말미암아 하나님에게 속해 있다는 것을 망각한 자들로 서 있다. 이제 하나님 앞에서 멸망한 인간이 실제로 저 제물을 바치기 위하여 있는 그대로 받아들여졌다는 것, 하나님이 진정으로 전적인 멸망 가운데 있는, 자신에게가 아니라 아사셀에게, 광야에 속해 있는 그를 본다는 것, 그리고 하나님이 그를 그런 자로서 심판 아래, 저 생명으로의 길 위에 인간으로 세워놓는다는 것, 바로 여기에 여기서 모사(摸寫)된 하나님의 은혜의 능력이 있다. 그러나 여기에 비유 자체가 재현할 수는 없는 동일성이 있다. 그것은 또한 역사적 모형에서도, 즉 저 구별하고 선택하는 역사에서도 그런 것으로서 드러날 수 없다. 비유뿐 아니라 비유를 통해 표현된 일에는 두 가지가 있어야 한다. 두 개로써 의미되는, 두 개가 대표하는 하나가 이중으로 두 짐승과 두 인간으로 분류된다. 그러므로 지금 비유에서, 화해의 날의 행위에서, 사용될 수 있는 동물 옆에는 사용될 수 없는 동물이—차라리 사용되지 않음으로써 엄숙하게 사용되는 두 번째 동물이 등장한다. 한 짐승의 진실로 은혜와 구원이 넘치는 죽음 옆에는 진실로 절망과 죽음 자체의 총괄개념인 다른 짐승의 삶이 있다. 인간 자신이 하나님을 섬기기에 부적합하고, 그의 피는 무가치하고 그의 삶은 그에게 닥치는 심판을 통해서, 또한 그의 죽음을 통해서도, 악한 것에서 선한 것으로 변할 능력이 없다는 것이 저 두 번째 염소의 처리에서 그 눈앞에 보여진다. 두 번째 염소에게 일어난 일은 그가 즐겁게도 풀려나서 자유로워짐이 아니라 광야 귀신인 아사셀 영역으로 쫓겨남, 실로 비참한 비실존 속으로, 그 자체로는 삶이 아닌 삶 속으로 그를 넘겨줌이다. 두 번째 염소를 처리하면서, 그것을 광야로 내쫓으면서, 너는 본래 거기 속한다!라고 백성에게 말해진다. 거기서부터 너는 취해지고 부름받았으니, 하나님의 은혜가 아니면 거기가 아닌 다른 곳에 결코 있을 수 없고, 죽음의 그늘 아래 있는 이런 삶밖에는 살 수가 없다! 그러나 이제 하나님의 은혜는 너를 거기서부터 이끌어 내었다! 하나님이 암흑에서부터 빛으로, 광야에서부터 약속의 땅으로 이끌어 낸다는 것이 너의 선택받은 조상들 안에서 너에게 약속된 것이고, 이제 그 비유에서, 제물로 바쳐진 첫 번째 염소에게서 드러난 것이다! 거기서 필연적으로 또한 선택받지 못한 자들도 광야, 암흑은 하나님의 은혜가 그의 사람들을 거기서부터 이끌어 낸 장소라는 것의 증인들로서 보아야 한다. 선택받지 못한 자들은 그들의 삶으로써 일차적으로 그들 자신의 죄와 벌을 증거할 뿐 아니라, 각 사람의 죄와 형벌을 증거하며, 이것은 지금 제물로 바쳐지지 않은 두 번째 염소의 머리 위에 놓여져서 그 염소에 의해서 모든 사람 앞에서 밖으로, 그것이 속한 그 곳으로, 그리고 그것이 그 자체의 형벌인 그 곳으로 보내진다: 곧 공동체로부터 먼 곳으로, 광야의 절망 속으로. 깨끗해질 수 없이! 치유받을 자격이 없이! 유익한, 화해를 성취하는, 새로운 삶으로의 길을 열어 주는 희생적 죽음으로 사용될 수 없이! 삶이 아닌 삶을 위해서만 사용될 수 있게! 이것이 두 번째 염소에게 내려진 판결이니, 이것은 그를 쫓아냄으로써 그에게 집행되었다. 그들이(가인! 이스마엘! 에서!) 인간이 자기 스스로 어떠한가, 선택의 은혜 없이는 어떠한가를 구현하는 자들로서, 이 인간의 유일한 가능성과 미래가 무엇인가에 대한 증거로서 선택받은 자들에 대립한 것처럼, 그 염소는 선택받지 못한 자들의 모상이다. 그러나 또한 이 두 번째 염소도 "주 앞에" 세워진다는 것, 그에 대한 처리와 이런 그의 사용불가의 비참한 기록도 화해의 날에 세워진 표적, 증거를 구성하는 요소를 이룬다는 것을 주목해야 한다. 가인은 아벨 옆에 빠질 수 없고, 이스마엘은 이삭 옆에 빠질 수 없다. 언제나 전자를 선택받은 자로 만드는 은혜는 다만 후자에게서만 드러나기 때문이고, 전자, 선택받은 자는 후자, 선택받지 못한 자에게서 거울을 보듯이, 그가 어디서 취해졌고, 그를 거기서부터 끌어낸 하나님이 누구이며, 무엇인가를 보아야 하기 때문이다. 하나님은 그를 본래 거기에 속한 자로서만 거기서부터 여기로 옮겨 놓았다. 선택은 은혜이기 때문에, 사용된 염소에게는 사용되지 않은 염소가 속하고, 희생된 염소에게는 광야로 쫓겨난 염소가 속하고, 선택받은 자에게는 선택받지 못한 자가 속한다. 그러나 그들 모두는 "주 앞에" 세워졌다는 것을 주목하라! 첫 번째 염소를, 주를 위해 선택받은 인간을 위하여서만 이것을 생각하지 말라!

레위기 14장에 서술된 행위는 분명히 반대 방향으로 진행된다. 여기서는 첫 번째 죽임을 당한 새에게서가 아니라, 두 번째 날려 보낸 새에게서, 하나님의 인간 선택에 근거한 정결화에서 무엇이 중요한가를 보여 준다. 인간이 깨끗해지고 새로운 인간이 되기 위해서, 하나님의 진노를 받은 나병 환자의 두렵도록 제한받는 삶으로부터 벗어나고, 공동체로부터의 추방에서 면제되기 위해서, 심판받은 자에게 은혜가 내려지기 위해서, 하나님의 진노에 의해 추방된 자가 다시 받아들여지기 위해서, 그는—이 비유에 의하면 이와 같은 갱신에서 덜 극단적으로 진행되는 것도 아니다.—죽어야 한다. 그의 피는 마지막 한 방울까지 흘려져야 한다. 그의 지금까지의 불결한 삶을 이처럼 완전히 포기함을 통해서만 그의 새로운 깨끗한 삶이 태어난다. 레위기 16장이 첫 번째 염소의 처리에 대해 서술한 것에 상응하여, 살해되어 그 피가 뿌려지고 그 다음 행위를 위해 준비된 첫 번째 새의 처리 과정은, 인간 정결화의 이런 전제에 대해 말한다. 그러나 그 다음 행위, 즉 이 살해와 피 뿌림이 사용되고 봉사하는 그 목적이 중요하다. 즉 이제 두 번째 살아 있는 새가 첫 번째 새의 피에 저 재료들과 함께 담궈지는 것—여기서 어쨌든 백향목과 우슬초는 제일 큰 것과 제일 작은 것의 대명사로서 함께 이것들로써 정결케 되는 대상 전체를 나타낸다. 나병에서 치유된 사람에게는 일곱 번 이 피를 뿌리고 동시에 두 번째 새는 날려 보낸 "들판으로", 곧 들의 표면 위로, 즉 자유로이. 첫 번째 새가 두 번째 새를 정결케 하기 위해 그 목숨과 피를 내어줌으로써, 두 번째 새는 실제로 깨끗하게 되고, 자유를 부여받을 수 있고, 부여받아야 한다. 나병에서 치유된 사람에게도 같은 피를 뿌리면서 그가 이제는 하나님의 진노의 영역에서부터 벗어나서 새로이 공동체의 자유로운 일원이 되었음이 선언된다. "이전에는 제사장의 손안에 두려워 떨던 새가 이제 즐거이 날아갔다."(Chr. Starke, *Synopsis Biblioth. exeg. in Vet. Test.* 1763 vol. 1, 1605) 가이벨(E. Geibel)이 "종달새가 부활절 아침에 위로 날았다. …"라는 노래에서 이 새를 생각했다면, 분명히 이 노래에 대해 제기할 수 있는 많은 이의가 유화될 수 있을 터인데! 이 새는 의심할 여지없이 부활, 인간을 향한 하나님의 은혜, 그에게 선사된 자유, 그에게 다시 주어진 삶, 그의 극단적인 정결케 됨과 갱신을 뜻한다. 이것을 위해서 그는 우선 가차없이 죽어야 한다. 그가? 레위기 16장에서 지시된바 제물로 바쳐진 염소와 사용 불가의 것으로서 바쳐지지 않은 염소의 경우처럼, 살해된 새와 살아 있는 새의 동일성에 대해서는 어떤 비유도 없고, 또한 이스라엘 역사 속에도 어떤 유비도 없다. 레위기 14장의 행위로써 주어진 비유에서나, 이 비유가 지시하는 사건에서나 둘이 있어야 하고, 하나가 둘로(그러므로 두 짐승과 두 인간) 이중적으로 분류되어야 한다. 한 마리의 죽음을 이용하여, 그가 사용되는 목적은 다른 것의 삶이다. 다른 것이 살기 위하여, 한 마리는 죽어야 한다. 이것이 저 선택의 이야기 속에서 구별의 요점이다. 이를 위하여, 오직 이를 위하여 저기서도 각 한 마리의 새가 죽어야 하고, 한 인간이 배제되고 탈락되어야 한다. 다른 인간이 살기 위하여! 그러나 레위기 14장에 의하면 결정적인 행위에 참여하지 않은 것, 그러므로 레위기 16장의 의미에서 사용불가의 두 번째 새가 첫 번째 레위기 16장의 의미에서 사용 가능한 새의 희생이 가져온 유익을 얻는다는 것은, 모든 배제당한 자들, 탈락된 자들에게는 얼마나 위로가 되는가! 전자에게 일어난 것이 그에게 도움을 준다. 두 번째 새는 첫 번째 새의 피에 담궈지고, 그러므로 자신은 손상을 입지 않고서, 첫 번째 새의 죽음을 통해 완성된 정결에 참여함으로써 자유롭게 되고, 나병 환자의 정결이 완성되었고 공동체 내에서 그의 새로운 삶이 시작되었다는 것을 확증하며 증거하게 된다. 첫 번째 새는 사용 불가의 것을 위해서 사용되었다. 선택의 열매를 지니는 자는 여기서 분명히 선택받지 못한 자이다. 지금 가인, 이스마엘, 에서가 레위기 16장에서도 볼 수 있는 것과는 다른 의에 이른다는 것을 어떻게 오인할 수 있겠는가? 분명히 바로 그들이 레위기 14장의 거울에 비추어서 부활의 증인들이다. 오른편 인간에게 주어진 약속이 분명히 왼편에 있는 인간에게서 성취된다. 하나님의 선택에 의해서 높여진 인간은 하나님의 유기에 의해서 낮아진 인간이 높여지기 위하여 죽기까지 낮추어져야 한다. 이 낮아진 인간은 저 높여진 인간이 처해 있는 빛을 드러내기 위한 어두운 그늘로 있을 수 있는 것만이 아니다. 가난한 나사로가 부자의 식탁에서 떨어지는 부스러기 때문에 부자에게 속하는 것처럼, 이 인간은 저 인간에게 속하는 것만이 아니다. 그의 선택을 통해 높여진 자의 부가 무엇인가? 그의 부는 그가 자기 부를 내준다는 것, 그가 자기 목숨과 피를 희생에서 흘린다는 것, 그가 가난하게 된다는 것 말고 무엇인가? 이것을 위해, 오직 이것을 위해서만 그는 사용되었다. 이것이 그의 선택의 위대함, 자랑이다. 그러나 그는 다른 자, 가난한 자가 자신의 가난을 통해서 부유해지기 위해서 가난해진다. 그는 저 인간이 부활하고 살기 위해서 죽는다. 레위기 14장의 거울에서, 첫 번째 새의 피로부터 자유를 얻어 날아오르는 두 번째 새의 표상에서 선택받지 못한 자들에 대한 하나님의 불의의 마지막 흔적이 어디에 남아 있는가? 하나님의 은혜가 선택받은 자들 위에 빛을 발하고 비추기 위해서 선택받지 못한 자들, 배제된 자들, 버림받은 자들이 ─레위기 16장에 의하면─ 그늘 속에 있다면, 레위기 14장은 우리에게, 하나님의 은혜의 빛이 비추고 그것이 흘러 넘치는 곳은 바로 이 그늘, 바로 광야, 바로 아사셀의 나라라는 것을 가르친다. 인간은 레위기 16장의 첫 번째 염소의 상에서 감사하는 마음으로 자신을 선택받은 자로 인식하라. 자기 자신을 넘겨주도록 택함받은 것에 대해 감사하고, 사랑의 진노인 하나님의 진노의 유익한 심판을 받는 것에 대해 감사하며! 오직 선택받은 자만이 그 심판을 받을 수 있고, 받아도 된다. 인간은 역시 감사하는 마음으로 레위기 14장의 두 번째 새의 상에서 자기 자신을 선택받지 못한 자로서 인식하라. 그에게 생명이 결정되었다는 것에 대해 감사하면서. 생명의 고통스러운 탄생을 위하여, 부활을 위하여 저 인간은 선택되었고, 선택받은 자는 죽음으로 가야만 한다!

우리는 두 상이한 본문을 이같이 분석한 다음으로 또 다시 그것들의 내적 맥락과 공통적 내용으로 돌아간다. 두 본문은 인간에 대한 하나님의 뜻과 길에 대해서 말하며, 하나님에 의해서 인간에게는 죽음과 삶이, 먼저 죽음이고 그 다음으로 삶이 결정되었음을 말한다. 죽음은 하나님의 유익한 심판, 인간에 대하여 그의 은혜를 집행함에 필연적인, 그러므로 인간에 대한 사랑을 나타내는 심판이니, 이를 통하여 인간은 깨끗하게 되고, 그 심판을 통과하여 생명으로 인도된다. 죽음은 하나님이 그의 선함으로써 인간에 대하여 원하고, 명령하고, 유효한 것으로 받아들이는 희생이다. 죽음의 이런 명백한 의미에 반하여, 이 본문이 말하는 생명은 모호하다. 그것은 인간의 절망적인 삶, 이 죽음에 합당치 않고, 이 죽음을 통해 마련된 구원에 참여하지 않는 삶일 수 있다. 그러나 또한 이 죽음에 합당하게 된, 그의 구원을 위하여 이 죽음을 통과한 인간의 새로운 자유를 얻은 삶일 수 있다. 그러나 이 본문에서 죽음과 삶은 한 온전한 인간을 의미하며, 하나님과의 친교가 그에게 뜻하는 바를 의미한다. 우리는 두 본문에서 증언되는 이 현실이 완전히 애매모호함을 즉시 깨닫는다. 그 이유는 문제 자체에 있다. 우리는 분명히 여기서 인간에 대한 하나님의 사랑의 역사(役事)로서 언급되는 죽음을 알지 못한다. 이 죽음은 하나님이 인간에게 부여하는 영예요, 인간의 구별함이며 깨끗케 함이니, 여기서 인간의 새로운 보다 나은 삶이 나온다. 우리는, 이 유익한 제물이며, 그것에 의거해서 하나님의 선택받은 자라고 불릴 수 있다고 말해질 수 있는 인간을 알지 못한다. 여기서 인간의 죽음과 인간 자신에게 부가되는 술어들은 죽음뿐 아니라 그 죽음을 당하는 인간까지도, 우리에게 알려진 죽음의 현실, 인간의 현실을 전적으로 초월하는 현실로 만든다. 그리고 이것은 우리 본문에서 서술된 삶에 해당된다. 우리는 현실적으로, 궁극적으로 아사셀의 절망적 영역으로 쫓겨간 인간도, 또한 현실적으로, 궁극적으로 자유롭게 된 인간도 알지 못한다. 우리가 삶으로 아는 것은 그 부정적인 면으로도, 적극적인 면으로도 제한된 현실이다. 어떤 이스라엘 사람도 첫 번째 짐승의 도살에서 직접 자기 자신을 재인식할 수 없었던 것처럼, 아무도 두 번째 짐승의 추방에서, 혹은 풀어줌에서 자기 자신을 재인식할 수 없었다. 이 비유가 증언하는 것은 우리에게 알려진 인간적 현실을 또한 이런 면에서도 초월한다.

이 일 자체의 모호함에서부터 우선, 이 일은 인간에게 실제로 일어날 수 없다는 결론이 나온다. 저 죽음과 삶이 이스라엘 사람들에게 저 제사 행위의 비유 외에 달리 묘사되기에는 너무나 초인간적이며, 그것이 그들 자신에게 요구되고 부과되기에는 너무나 엄청나다. 그리고 또한 선택받은 자와 버림받은 자에 관한 성서의 이야기들도 이 일을 어떤 면으로도 완전하게 표현해 내지 못한다. 저 선택받은 자들과 버림받은 자들의 운명으로 서술되는 것은 결코 우리 본문에서 서술된 죽음, 삶과 일치하지 않는다. 그들의 운명도 그 자신을 넘어서 개별 선택받은 자들과 버림받은 자들 스스로를 통해 결코 성취되지 않는 현실을 지시한다. 그러므로 이 현실은 저 이야기들을 통하여, 그리고 우리 본문에서 서술된 행위들을 통하여 다만 증언될 따름이며, 이 현실은 인간에게는 다만 비유로만 제시될 수 있고, 인간에게는 다만―그리고 저 이야기들과 이 행위들은 이 현실을 위해 봉사한다.―진리의 언어로서, 그에게 감추어진 현실을 계시하는 것으로서 말해질 수 있을 따름이다. 하나님 말씀에서, 오직 이 말씀에서만, 그리고 이 말씀에 대한 믿음에서. 그러나 다만 이 믿음 안에서만 저 죽음과 삶이 인간 자신의 경험이 된다.

그러나 여기에 또 다른 모호함이 있다: 증언된 일의 통일성에 관한 모호함. 우리가 하나님의 은혜의 심판인 죽음, 유익한 희생인 죽음을 안다고 가정하자.(그 희생을 당함은 인간의 순전한 영광, 희망이며, 그 희생의 의미는 이 살해된 인간의 선택함이다.) 또한 우리가 그 삶이 나병으로부터 진정으로 깨끗하여짐을 받고, 아사셀의 나라에 있었으나 자유의 나라에 있게 될 그런 인간을 안다고 가정하자. 그러나 우리가 여기와 저기서 동시에 우리 자신을 어떻게 재인식할 것인가? 인간이 하나님의 은혜를 통해 죽을 수 있다면, 그가 아사셀의 나라에서든 자유의 나라에서든 어떻게 또한 살 수 있다는 말인가? 그리고 그가 하나님의 은혜를 통하여 처음에는 암흑 속에서, 그 다음에는 빛 안에서, 처음에는 절망적인 삶을, 그 다음에는 기쁜 삶을 살 수 있다면, 그가 왜 또한 죽어야 하는가? 어떤 이스라엘 사람이 화해의 제의를 진행할 때 동시에 나병 환자의 성화를 위한 의식을 생각할 수 있었으며, 또 누가 후자 의식과 동시에 전자 제의를 생각할 수 있었는가? 우리가 여기서 한 유일한 현실과, 인간에게 죽음과 삶을 결정한 하나님의 한 은혜와 관계한다는 것―이것은 분명히 이 죽음, 이 삶의 은혜 자체만큼이나 감추어져 있다. 이것은 또 다시, 여기서 증거된 일이 우리에게 알려진 현실을 초월한다는 것을 지시한다. 그러나 이 일의 통일성 또한 모호함에서부터, 이 일은 우리에게는 적어도 두 가지, 정확히 말하면 심지어 네 가지 상으로써 증거되어야 할 필요성이 나온다. 우리는 저 죽음도, 저 삶도 비유에서는 동시에 볼 수 없다. 우리는 여기서 전혀 다른 두 말을 들어야 한다. 우리의 두 본문은 그것들에게서 볼 수 있는바 대립된 시각으로 인하여 전혀 판이하다. 하나가 유익한 죽음으로부터 돌이켜서 그 죽음을 통해서 제거된 파멸적 삶을 지시한다면, 다른 하나는 동일한 위치에서 그 죽음을 통해 획득되고 창조된 새로운 삶을 미리 지시한다. 그러나 또한 이들 비유 언어의 각각은 각각 두 가지 양상에 대해 말하는 것인데, 그중 하나는 유익한 죽음을, 다른 하나는 일부는 멸망한, 옛 삶을, 일부는 획득된 새로운 삶을 증거해야 한다. 선택받은 자들과 버림받은 자들의 이야기들도 저 제사 행위가 우선 지시하는 이 이원성을 넘어서지 못한다. 그리고 이 점에서도 이 이야기들 자체는 다만 증거―저 행위의 반대 증거를 통해 확증된, 저 행위 속에서 어느 정도 반복된 증거라는 것, 그것들도 그 자체를 넘어서 지시한다는 것이 아주 분명해진다. 한 편의 개별자는 이 이야기들 속에서 다만 하나님의 선택받은 자로, 그에 의해 사용되는 자로 서 있고, 다른 편의 개별자는 다만 하나님에 의해 거부된 자로, 사용되지 않은 자로 서 있다. 물론 양자가 중첩되는 일이 생기며, 이로 인하여 관계가 갑자기 전도되는 듯하며, 또한 하나님은 갑자기 이 거부되고 사용되지 않은 자들을 시인한다. 이제 이 이야기의 증언들은 그 자체로 얼마나 유동적인가를, 그리고 선택받은 자들을 성급하게 이 이야기의 이런 인물과, 버림받은 자들을 저런 인물들과 동일시하는 것을 허용치 않는다는 것이 드러난다. 그 이야기들은 이런 유동성에도 불구하고 두 인물의 이야기이며, 언제나 그러하다. 이 이야기들에서 우리 본문에서처럼 같은 악센트를 가지고 하나님이 그 인물들을 각기 상이하게 처리함이 언급되고 있다. 가인은 일단 아벨이 아니며, 야곱은 에서가 아니며, 라헬은 레아가 아니다. 각각 이런 인물에게서 하나님의 선택함이, 그가 현실적으로 구별하며 선택하는 것으로 드러난다. 그러므로 우리 본문의 행위와 관련되는 이야기들은 이 행위 자체와 더불어 잠정적 성격을 함께한다. 그리고 이로써 구약성서는 전체적으로 어쨌든 이 일에서 한 현실에 관한 증언 역할을 하도록 결정된다. 사람들은 구약성서 내에서 적극적으로 그 현실이 구약성서에 의해 증언된 것, 그것의 본래적 대상임을 말할 수 있을 따름이다.

그러므로 우리는 구약성서의 증언의 대상에 관하여 이중의 수수께끼에 직면한다. 우선 그것은 이 제사 행위가 그리고 이것을 통해 주해된바 창세기의 선택 이야기들이 말하는 인간의 죽음과 삶의 모호함에서 비롯한다. 그 다음으로 그것은 거기서 언급되는바 인간의 일원성의 모호함에서 비롯한다. 제사 행위 안에 들어 있는 주해는, 선택의 역사는 저 죽임을 당하고 살아 있는 한 인간에 관한 것임을 분명하게 하면서도, 그 주해는 그의 죽음과 그의 삶의 수수께끼를 제거할 수 없고, 제거하려 하지 않는다. 오히려 선택의 이야기들 속에 이 이중적 수수께끼가 들어 있다는 사실은 제사 행위 속에 있는 주해를 통하여 비로소 명백해진다.

이 사실은 이제 우리를 다음의 결단 앞에 세운다. 구약성서의 증언의 대상은 우리에게 알려지지 않은 것일 수 있다. 그렇다면 이것은 그 대상이 어떤 이유에서든 아직 우리에게 알려지지 않았음을 뜻할 것이다. 곧 그 대상이 스스로를 아직 알리지 않았거나, 혹은 그 대상이 스스로를 알렸으나 우리가 미처 알지 못했거나. 또한 이것은 그 대상이 전혀 존재하지 않으며, 구약성서가 대상이 없으며, 그것의 증언이 허공을 지시하며, 그것의 이야기들과 제사의 비유들이(그리고 또한 구약 예언자들의 구원 및 심판 선포도) 지시하는 곳에는 아무것도 없고, 그러므로 아무것도 볼 수 없고, 어떤 것도 볼 수 없을 것임을 뜻할 것이다. 아니면 구약성서의 증언의 대상은, 그 자신을 사도들에게 그렇게 계시했고 나타낸 바에 의해서 그들이 보고 해석하고 선포한 바와 같은 예수 그리스도의 인격과 동일하다. 이 두 가지 가능성 중에서 결정은 주석적인 것이 아니라, 주석과는 구별되어야 할, 그러나 물론 주석을 통해서 이 일에서 불가피하게 제기되는 신앙의 물음이다. 주석은, 그 답변이 어떤 결과가 되든 이 물음에 답변함으로써 이 일에 최종 결론을(그것은 "불충분" 할 수도 있다!) 내려야 할 것이다.

이 물음이 적극적으로 답변될 수 있다고 가정한다면, 레위기 14장과 16장 그리고 창세기의 선택 이야기들 속에서 예수 그리스도에 대한 예언을, 곧 그에게서 그 의미를 가지며 성취되는 비유와 이야기들을 발견하였던 그리스도교 옛 성서 연구는 정당할 것이다. 우리는 예수 그리스도의 이름을 우선 제쳐두고 그 대신에 이 이름을 발언할 수 없는 구약성서 본문 자체로 하여금 말하도록 하였기 때문에, 지금까지 이런 옛 주석의 예를 추적하지 않았다. 그러나 이런 방식으로 우리는, 이 본문들이 우리를 수수께끼에 직면케 한다는 것과 그 본문들이 언급하는 대상이 모호하다는 것, 즉 구약성서의 인간 사건과 사고 영역 속에서는 찾아질 수 없다는 것을, 그 대상이 인간 현실 일반을, 비록 그것이 하나의 인간적 현실로서 자처할지라도, 어느 면으로나 초월한다는 것을 확인하게 되었다. 우리는 이제 확실하게 말할 수 없을 것이다. 우리가 여기서 수수께끼에 직면하고 있기 때문에, 우리는 구약성서의 증언에 의하면 여기서 그처럼 수수께끼 같은 그것, 수수께끼 자신이며 그 존재로써 또한 그것의 해답이기도 한 예수 그리스도를 알기 때문에, 그가 계시된 신비로서 구약성서 주석이 그 자체로서 본문 속에 있지 않고, 본문에 어느 정도 대립하고 있는 이 본문의 대상과 부닥침으로써 잠정적 결론으로 중단할 수밖에 없는 그 자리에 들어맞기 때문에, 이 본문들은 예수 그리스도에 대한 예언이다. 차라리 이 결론 그 자체는 강제적이지 않다는 것을 인정해야 한다. 왜냐하면 그 미지의 것은(그것의 가시화가 구약성서 주석의 유일한 확실한 결과일 것이다.) 우리가 예수 그리스도에 관해 무엇을 안다고 생각할지라도, 전혀 다르게 풀릴 수도 있고, 아마도 전혀 현실적인 대상이 아닐 수도 있고, 아무것도 아닐 수 있기 때문이다. 예수 그리스도에 대한 믿음의 적극적 결정만이(그를 그로서 확신하는 유일한 형태로서) 이 본문을 예수 그리스도에 대한 예언으로 해석한 옛 구약성서 주석을 정당화할 수 있다. 불신앙을 배제한 믿음의 적극적 결정을 통하여 이런 주석이 이제 물론 가능할 뿐 아니라 심지어 필요해진다. 우리가 어떻게 예수 그리스도를 믿으면서 이 본문에서 그를 재인식해서는 안 되는가? 이 본문이 말하는 대상을 어떻게 무시할 수 있으며, 그 본문의 주석, 즉 그의 대상의 명칭, 곧 예수 그리스도의 이름을 명명하기를 억제할 수 있겠는가? 우리는 그렇다면 믿음의 이런 결정에서, 이런 결정을 알지 못하는, 혹은 이 일에서 보류해야 한다고 생각하는 주석에 대한 편애를 가지는 것이다. 곧 우리가 이 마지막 결론을 말하는 한, 즉 이 본문들이 말하는 것을 표현할 수 있는 한, 그러므로 그 본문의 수수께끼를 확정하는 것으로써가 아니라, 거기서 우리가 만나는 알려지지 않은 것을 표시하는 것으로써 중단해야 하는 것이 아니라, 그 수수께끼 푸는 것으로써 종결할 수 있는 한 그러하다. 우리는 우리가 이로써 무엇을 하는가를 알아야 한다.—사람들은 고대 교회에서는 이것을 언제나 알았는지 물을 수 있다.—그러나 우리는 또한 우리가 아는 것에 따라서 행할 수 있다.

이런 전제 아래서 계속하자. 구약성서의 선택받은 개별자, 구약성서의 이야기와 비유 속에서 그처럼 인상깊게, 그러나 또한 그처럼 상이하게 구별된 자, 분리된 자, 구분된 자는 언제나 예수 그리스도의 증인이다. 그는 유형으로서 그리스도 자신이다. 그, 예수 그리스도는 원래, 본래적으로 선택받은 개별자이다. 반면 모든 다른 사람은 다만 그의 유형으로서, 그의 전형, 모조품으로서, 다만 그에게 속한 자로서, 다만 그의 몸에 붙어 있는 중요한 혹은 사소한, 강한 혹은 약한 지체로서, 다만 그의 백성의 징계받은 혹은 축복받은, 낮아진 혹은 높여진 일원으로서, 이렇게든 저렇게든 오직 그의 증인으로서만 존재할 수 있을 따름이다. 그러나 이런 의미에서 예수 그리스도는 레위기 14장과 16장의 모든 네 짐승이다. 우리는 그 짐승 각각이 이 행위로서 표현된 현실을 나타내기 위해서 그 나름대로 똑같이 중요하고 불가결하다는 것을 보았다. 본문 속에 그 짐승들이 다수라는 것과 이 본문들이 각 두 마리의 짐승에 대해서 그리고 그들에 대해서 본 대로 레위기 14장과 16장에서 그처럼 상이하게 말해야만 한다는 것은, 다만 이 본문들이 예언으로서 성취에 대해서, 그러므로 한 예수 그리스도에 대해서 아직 말할 수 없다는 데 그 이유가 있다. 그리고 같은 의미에서 예수 그리스도는 저 살해되고 살아 있는 인간의 현실의(구약성서의 인간, 그리고 인간 일반의 현실을 그처럼 전적으로 초월하는 현실) 분명한 신비이다. 이 현실이 이 본문들에서 드러날 수 없다는 것은 다시금 다만, 그 본문들이 예언이지만 신약성서의 증언에서 그러하듯이, 성취 그 자체를 증거할 수 없다는 데 그 이유가 있다.

그러므로 레위기 16장에 대한 칼빈의 주석은 정확하다: "두 개의 비유적 형상(즉 제물로 바치는 동물)으로써 의도하는 참된 대상은, 그리스도 안에서 드러났으니, 그 이유는 그는 하나님의 어린양이며(그의 희생으로 세상 죄를 제거했다.) 또한 그가 **속죄양**이 됨으로써 그 안에 있는 아름다움이 사라지고, 그가 인간들에 의해 버림받기 때문이다."(*C. R.* 24, 502) 예수 그리스도의 선택의 의미와 목표는 실제로 여기에 있다. 즉 저 비난받을 수 없고 흠 없는 어린양으로서의 그의 영예와 영광 중에, 세상의 기초가 놓여지기 전에 그의 귀중한 피를 흘리도록 선택받았고(벧전 1:19-20), 많은 사람을 대신하여 그의 목숨을 내어주기 위해서, 그들이 부유할 수 있도록 가난해지기 위하여 선택받았다. 이것이 신성에 의한 예수 그리스도이다. 영원한 아버지의 품에 안식하다가, 하나님의 영광을 위하여, 우리의 구원을 위하여 이 제물이 되고, 이 제물을 바쳐서 그가 우리를 대신함으로써 하나님과 우리와의 화해를 성취하기 위하여, 아버지의 품을 떠나서 우리 육신을 취한 영원한 아들. 그러나 바로 그런 자로서, 바로 이런 화해를 이룩함에서 그는 버림받은 자이며, 버림받아야 한다. 그는 저 두 번째 염소처럼 많은 사람들의 죄를 가져가기 위하여 그것을 자신 위에 짊어져야 한다.(그들이 모든 그들의 죄를 그에게 짊어지게 할 수 있고 해야 하는 것이 그의 교회의 믿음이다.) 곧 큰 치욕 속에서 진영 밖으로(히 13:12-13), 저 밖의 암흑 속으로, 그들이 거기서 왔고 또한 오로지 속해 있는 무(無) 속으로, 그리고 이렇게 극단적으로 많은 사람들에게서 멀리 죄를 가져감으로써 죄는 더 이상 그들의 짐이 될 수 없게 된다. 이를 위하여 그는 우리 육신으로, 그의 인간성에 의하여, 다윗의 자손으로서, 거기서 그가 '다만 나의 하나님, 나의 하나님, 왜 나를 버리셨습니까?' 라고 부르짖을 수밖에 없는 지옥으로 내려감으로써, 버림받은 자가—자기 백성에 의해 이교도들에게 넘겨진 자가—되어야 한다. 실제로, 어디서도 어떤 인간도 하나님에 의해 미리 선택받은 저 어린양의 영광에 참여하지 않고, 어떤 인간도 하나님의 뜻에 따라 인간들에 의해 넘겨진 자의 이 치욕과 버림받음에 참여하지 않는다. 그렇다면 어떻게 한 인간이 동시에 두 가지 일에 참여할 수 있겠는가? 참 하나님이며 참 인간이 완전한 일체를 이루는 그에게서 바로 이것, 저 영광과 이 치욕, 버림받음이 현실, 한 현실이 되었다.

그러나 또한 고대 주석가들이 레위기 14장에서 예언을 발견한 것은 같은 의미에서 정당하다. 이 예언은 로마서 4:25에 의하면 그, 예수 그리스도가 "우리의 범죄로 인하여 넘겨졌고 우리의 칭의를 위하여 일으켜짐"에서 성취되었다. "넘겨짐" 이것은 거기서 첫 번째 새에게, 현실적으로는 인간 예수 그리스도에게 가해지는 기적적인, 깊이 감추어진 영예이니, 그것은 그가 불결하기 때문이 아니라—그는 불결하지 않다. 오히려 불결한 것은 나병 환자, 곧 많은 사람들이고, 그는 이들을 위하여 넘겨졌다.—그가 순종함으로써 그처럼 정결하고, 그렇기 때문에 유용한 제물이기 때문이다. 바로 이런 그의 정결함으로써, 그러므로 그의 복종에 의해 무죄한 인간성으로써 그는 지금 나병 환자를 대신한다. 그는 지금 스스로 나병 환자이고, 나병 환자는 그의 죽음 없이는 깨끗해질 수 없으므로 그는 죽는다. 그러나 죽음을 당한 그가 그 자신의 흘린 피로 뿌려지고, 그가 대신 죽어 준 그런 인간들의 완전한 의와 정결을 계시, 선포함에서 죽음을 자기 뒤로 하는 한에서, 그가 그의 신성의 능력으로, 하나님의 아들로서 다른 인간들로부터 구별되어서, 그들이 그와 함께 새로운 삶에서 걸을 수 있도록(롬 6:4) 죽은 자들 가운데서 부활하는(롬 1:4) 한에서, 바로 그, 오직 그만이 또한 나병에서 치유된 자, 자유로이 날아 올라간 새이다. 여기서도 이것이 맞다. 어떤 인간도 어디서도 그처럼 넘겨지지 않았다.—누군가를 이렇게 넘겨주는 것이 무슨 소용이 있으랴? 아무도 그처럼 올라가지 못했다.—한 인간이 그렇게 올라갈 수 있는 능력이 어디서 올 수 있으랴? 한 인간이 어떻게 동시에 두 가지 일, 즉 저 낮아진 자와 이 높여진 자가 되었으며 혹은 될 수 있으랴? 동시에 참 하나님, 참 인간인 자 안에서 이것, 저 낮아짐과 이 높아짐이 현실, 한 현실이 되었다.

이 모든 것을 레위기 14장과 16장의 주석의 최종 결론이라는 데 반대해야 한다고 생각하는 자는 이 본문의 해설을 위하여 보다 나은 최종 결론을 입증할 수 있어야 하거나, 아니면 그가 그런 것을 알지 못한다는 것, 그러므로 이 본문에서 누구를 혹은 무엇을 언급하는지 결국 알지 못한다는 것을 고백해야 할 것이다. 이 본문은 다만 그것들의 주석에 지나지 않는, 선택 이야기들에 관해서도 이에 상응하는 말을 해야 할 것이다. 저 이야기들이, 이 주석에 의하면 한 현실에 대해, 한 유일한 현실에 대해 말한다면, 저 이야기들 안에서는 불명확한, 평소에 알려진 모든 인간성을 초월하는 인간은(거기서 나타난 이 이중적인 모습 저편에), 한 인간 예수 그리스도, 하나님의 아들이다. 예수 그리스도가 신약성서의 증언에 따라서 지옥으로 내려간 것처럼 지옥에서 올라왔고, 저기 아래서 낮아진 자가 동시에 하나님의 은혜에 의해 사는 자이고, 하나님의 진노를 받은 자가 동시에 세상을 그의 소유물로 주장하는 자이고, 그의 사람들에 의해 오인받고 배척당한 자이며—그리고 이 모든 것은 하나님의 뜻이기 때문이다.—하나님에 의해 선택받은 자가 동시에 하나님에 의해 버림받은 자이니: 곧 그가 선택받았기 때문에 버림받았고, 그가 버림받음으로써 선택받았다는 것을, 우리는 쉽게 부정할 수 없을 것이다. 신약성서의 주석에 따라서 그렇다면, 특이한 이중 궤도로 진행되는 구약성서의 선택 이야기들을 그리스도 예언으로 이해해야 할 것이다. 다른 말로 하면, 그렇다면 우리는 아벨의 유형이나 가인과 같은 전혀 다른 유형에서, 이삭 및 그의 제물의 유형이나 이스마엘 및 그의 추방, 그리고 기적적인 보존이라는 전혀 다른 유형에서, 선택받은 레아의 지파들이나 전혀 다른 라헬의 지파에게서, 이스라엘 백성의 유형이나 배제되었으나 어쨌든 전적으로 배제된 것은 아닌 이교도 백성들의 전혀 다른 유형에서 예수 그리스도를 인식해야 할 것이다. "역시"는 우리가 이 유형에서가 아니라 다른 유형에서는 인식해서는 안 되는 것이 아니라 오히려 각 유형에게서 그의 모습을 인식해야 한다는 점을 배제하는 것이 아니라 내포한다. 이 유형들 중 어느 것도 다른 것과 동일한 증언을 하지는 않는다. 선택받은 개별자들과 선택받지 못한 개별자들, 오른편에 있는 자들과 왼편에 있는 자들의 역사적으로 다양한 모습들은 간과할 수 없으며, 건전한 주석에 의해서 결코 간과되어서는 안 된다. 그 다양성은 결코 평준화될 수 없고, 어떤 정상적 척도에 의해서 단순화되거나 우리 이해력에 안일하게 맞추어져서는 안 된다. 그러나 주석의 마지막 결론은 여기서도 실제로 예수 그리스도가 될 때, 우리가 그를 개별자로 이해할 때(그 안에서 우리는 거기서 모든 사람들이 공동으로 증언하는 것의 일원성과 더불어 또한 거기서 각자의 특별한 개별성이 되는 것을 재발견한다.), 역사적 현상들의 다양성을 가장 잘 보전하고 주목할 수 있다.

다시금 역사적으로 하나님의 상이한 선택의 문제가 날카롭게 드러나는 구약성서의 구절에서 그 문제 및 그 해답을 분명하게 하자. 곧 사무엘서 두 권의 주제를 이루는 사울과 다윗이라는 인물의 대립에 비하면 창세기의 족장 설화에서의 상응하는 모든 내용은 다만 단순한 암시로서 두드러질 따름이다.

구약성서와 이스라엘의 처음의 이 두 왕 이야기로 무엇을 말하고자 하며 증언하고자 하는가에 대한 열쇠는 사무엘상 8장에 서술된바, 한편으로는 하나님과 사무엘 사이의 상의, 다른 한편으로는 사무엘과 백성 사이의 상의에 있다. 구약성서의 사무엘상에서부터 역사 기술에서는 결정적으로 이스라엘의 왕들 내지 왕이 문제이다. 분명히 이전이나 이후나 이스라엘 전체, 열두 지파, 그들의 모든 집안과 개별적 일원들이 문제이다. 여호수아와 사사기는 그들이 약속받은 땅으로 입주한 과정과 거기서 그들이 겪은 일과 행위들을 서술하였다. 그러나 지금 이미 이 전체가 두 개의 이스라엘 왕국으로 분열되는 징조가 나타난 것 같이(사사기 19-21장에 의하면 최초로 전멸을 위협받고, 어쨌든 보존된 베냐민 지파가 모든 다른 지파들과 대치하였고 그 다음으로는[삼하 2:1f., 왕상 11:13, 12:20] 궁극적으로 베냐민과 교대하여 유다가 이 특별한 지위를 대행한다.), 고대 역사에서 모세, 여호수아, 사사들, 사무엘의 지도자적 지위에도 불구하고 그러했던 것 같이, 백성 공동체 자체는 이제부터는 더 이상 하나님과 이스라엘의 만남에서 하나님의 본래적 파트너가 아니라, 오히려 이제는 왕이 그들의 대리자, 머리로서 전면에 등장한다. 그리고 고대 시대의 최후의 저("카리스마적인") 지도자 사무엘의 특별한 임무는 바로 이런 새로운 질서를 선포하고 수립하는 데 있다. 곧 사무엘의 손을 통하여 처음의 두 왕이 기름 부음을(Χριστί) 받는다. 그러므로 그의 전역사를 보고함으로써 사무엘이라는 인물을 특별히 강조하며, 그렇기 때문에 제사장 엘리의 인물과 엘리 집안의 몰락과 사무엘을 대비한다.(삼상 1-4장) 이를 통하여 옛 시대의 종말을 분명하게 표시되어지게 한다. 이것은 사무엘상 8:1-2에 의하면 사무엘의 아들들도 이스라엘이 필요로 한 사사들이 아니었다는 사실을 통해 확인된다. 이집트로부터의 탈출 이후, 사무엘이 첫 번째 왕을, 그리고 곧 두 번째 왕을 기름 부어야 하는 것과 같은 결정적인 사건은 없다. 여기서 전기(轉機)가 마련된다. 이 전기와 이 사건이 어떻게 가능하고 필연적이 되는가에 대해 사무엘상 8장은 보고한다.

우리는 이 장에서 이스라엘에서 인간 왕국의 수립이 하나님의 뜻에 거스르는 것처럼, 왕권 수립이 어리석은 인간 편에서 어느 정도 관철되었고, 하나님에 의해서는 어느 정도 어쩔 수 없이 허용된 것처럼 착각해서는 안 된다. 이것은 분명히 자명하고 철저하게 하나님과 왕 사이에는 지금부터 하나님과 그의 백성 사이의 사건과 관계에 대해 보고해야 할 모든 결정적인 일이 일어난다는 그런 관점의 토대 위에 서 있다는 것은, 전승의 의도가 아니다. 이 새로운 질서는 지금까지 감추어진 하나님의 뜻을 교란, 저지하는 데 있는 것이 아니라 계시하는 데 그 근원을 가지며, 바로 이 계시에 대해서 사무엘상 8장은 언급한다. 확실히 이 계시의 도구, 입은 우선 전적으로 모든 다른 백성들의 관습에 따라서(8:5, 20), 백성에게 법을 말하고, 백성 앞에서 이끌고, 전쟁을 수행해야 할 왕(melech)을(8:20) 가지기 원한 백성의 어리석음이다. 분명히 사무엘이 이 요구를 탐탁치 않게 여긴 것은 정당하며, 심지어 그 자신이 아는 것 이상으로 정당하다. 왜냐하면 그가 생각하듯이, 이런 요구를 하는 이스라엘 사람들은 그를 버린 것이 아니라 하나님을 버린 것이기 때문이다. 그들이 출애굽 이후 언제나 거듭 하나님을 버린 것과 동일한 선상에서.(8:7f., 10:19, 12:17, 19) 그렇기 때문에 확실히 하나님이 사무엘에게 그들의 요구를 받아들이도록 명령할 때, 그들에게는 한 심판이 결정되었고 이루어진다.(8:7, 22, 12:1) "너희는 이제 너희가 선택했고 너희가 바랐던 왕을 가지게 되었다. 보라, 주님이 한 왕을 너희 위에 세우셨다."(12:13) 이런 왕이 가지는 모든 위험한 권리를 가졌다(8:10f.) "너희가 너희 스스로 선택한 왕 때문에 울부짖으면 주님은 너희에게 응답하지 않으실 것이다."(8:18) 사무엘은 그들 자신에 의해 선택되고, 바랐던 왕을 그들에게 줄 것이다. 그의 보다 나은 통찰에 거슬러, 그들의 불경건에 상응하게도. 그러나 이 일은 하나님의 명령과 지시에 따라서라는 것을 간과해서는 안 된다! 사무엘상 9-10장에 의하면 이 왕을 등장시킨 것은 백성의 선택이 아니라 하나님의 선택이다. 하나님은 베냐민 지파 키스의 아들 사울을 선택했다. 나중에 다윗의 경우처럼 사무엘이 아버지의 집으로 인도되어 거기서 그를 찾고 발견한 것이 아니라, 거꾸로 사울이 사무엘에게 가고, 어떤 의미에서 그의 수중에 떨어졌다는 것이 처음부터 특징적이다. 그러나 사울은 이로써 무엇을 하고 있는지 이미 알았는가? 그는 다만 자기 아버지의 당나귀를 찾으러 나섰을 뿐이다. 추첨을 통하여 그는 미스바의 백성 집회에서 미래의 왕으로 결정되었고, "사람들이 그를 찾았을 때 그는 거기 없었다." 그는 자신이 선택한 은신처에서 끌려 나와야 했다.(10:20-21) "주님이 그대에게 기름을 부어 자기 백성 이스라엘을 다스릴 영도자로 세우시지 않았는가? 그대는 주님의 백성을 다스리고 주변을 에워싼 그의 원수들의 손에서 이 백성을 구원해야 한다."(10:1) "그가 나의 백성을 블레셋 사람의 손에서 구해낼 것이다. 나의 백성이 겪은 고난을 내가 보았고 나의 백성의 울부짖음이 내 귀에 들렸기 때문이다."(9:16) 이것은 분명히 사울에 대한 하나님의 적극적 의지이다. 이것은 그를 위한 하나님의 프로그램이며, 그것은 하자가 없다. 그것은 뒤이어 정확하게 성취될 것이다. 사울에 대하여, 하나님이 그의 마음을 바꾸었고(10:9) 하나님의 영이 그 위에 내렸다고(10:10, 11:6, 19:23) 말한 것은 아이러니나 유보 조건 없이 말한 것이다. 그리고 "사울도 예언자들 중에 들어가는가?"(10:12, 19:24)라는 속담은 전승의 의미에서는 분명히 어떤 바보짓에 대해 묻는 것이 아니다. 사울은 실제로 예언자들 중에 들어간다! 그가 선택되던 날에 그를 비웃고 그에게 아무런 선물도 가져오지 않았던 자들은 진정, 사울의 관대함 때문에 다만 목숨이 붙어 있을 수 있는(11:12) 쓸데없는 자들이다.(10:27) 그는 실제로 암몬 사람, 아말렉 사람, 블레셋 사람들을 쳐서 이길 것이다. 이스라엘이 자기 왕에게서 기대할 수 있었던 모든 것을 그는 하나님의 뜻에 따라서 실제로 성취할 것이다. 그리고 그는 이때 전혀 불경건한 자로 처신하거나 입증되지 않을 것이다. 하나님에게 합당하게 제사 드리는 것은 그에게는 너무나 열심히 수행되는 과제일 것이다.(11:15, 13:9, 15:21) 그는 심지어 종교적 엄격성의 경향마저 보일 것이고, 그것 때문에 거의 그의 아들 요나단을 죽이게 할 뻔할 것이다.(14:24, 38f.) 그는 나라에서 죽은 혼을 불러내는 자들과 점치는 자들을 근절할 것이다.(28:9) 그러나 그는 또한 죄를 범한 후 나중에 같은 처지에서의 다윗처럼 솔직하게 자백하고 용서를 구할 것이다.(15:24, 24:17f., 26:21f.) "그리고 사울은 주께 간구했다."—이 말로써 그의 결정적인 타죄에 대한 보고는 끝맺는다.(15:31) 뿐만 아니라 사울은 또한 다윗의 장차 있을 의로운 왕권을 잘 알고 있다는 점을 주목하라. 사울이 다윗을 쫓고 살해하려 함으로써, 그는 더욱더, 본의 아니게, 그러나 실제로 그 사실의 증인이 되고, 이로써 하나님의 궁극적 의도에 대한 예언자가 된다.(18:8, 23:17, 24:21, 26:25) 사무엘이 사울에게 하나님이 그의 손을 그에게서 거두었고, 그의 왕국을 그로부터 취하려 한다는(15:30f.) 것을 통고해야 하는 순간에도 사무엘은 백성 앞에서 사울을 왕으로 존경하기를 소홀히 하지 않는다. 그가 다윗이 아니고 그러므로 그 자신은 의로운 왕이 아니지만, 그에 의해 쫓기고 위협받는 다윗도, 사울이 살아 있는 한, 그를 주의 기름 부음을 받은 자로 인정하고 존경하고 섬기기를 게을리 하지 않는다. 다윗은 사울을 건드리지 않을 것이고 또한 그의 추종자들에게도 이렇게 하는 것을 금할 것이다.(24:7, 26:9f.) 사울은 다윗에 의해서 그가 죽은 후에도 성자처럼 대접받을 것이다. 자칭 사울을 죽인 자가 보복을 당하고(삼하 1:14) 그의 아들 요나단과 함께 성대하게 장례가 치러진다. "길보아의 산들아, 너희 위에는 이제부터 이슬이 내리지 않고 비도 내리지 않을 것이다. 너희 신실치 못한 들판이여, 거기에서 용사들의 방패가, 사울의 방패, 기름 부음 받은 자의 무기가 치욕을 당하였기 때문이다!"(삼하 1:21) "너희 이스라엘의 딸들아, 너희에게 울긋불긋 화려한 옷을 입혀 주고 너희의 옷에 금장식을 달아 주던 사울을 애도하며 울어라!"(삼하 1:24) 그리고 그를 위하여 다윗은 사울의 아들 이스보셋의 죽음을 복수해야 한다.(삼하 4장) 여기서부터 모든 것이 그 기원을 가졌고, 이스라엘의 첫 번째 왕이 어떻게 존재하게 되었는지를 보여 주는 사무엘상 8장을 되돌아본다면, 거기서 이미 저 하나님의 양보의 심판 행위 아래 숨겨진 하나님의 은혜를 이 양보의 취지, 의미로서, 거기서 전적으로 불경건하고 우둔한 백성이 섬겨야 하는 의도로서 오인할 수 없을 것이다. 백성이 거기서 원하고 생각하는바, 곧 백성이 한 통치자, 구원자를 가지려는 것, 한 인간이 그 백성에게 법을 말하고, 그 백성에 앞서 가는 것, 백성을 위해 전쟁을 치르기를 바라는 것은 백성이 모든 것을 원하고 생각하는 것과는 전혀 달리, 백성이 이런 생각을 품고 발설하기도 전에 이미 하나님의 뜻과 생각이었다. 이것은 라마에서 저 날에 사무엘에게는 당연히 그처럼 불만스러운 백성의 울부짖음에서 다만 확인될 수 있을 따름이다. 곧 인간이 그의 왜곡됨을 통하여 하나님의 뜻과 생각을 확증하고 본의 아니게 확인하지 않을 수 없는 것처럼, 그렇게 확인된다. 이스라엘 사람의 왜곡됨은 그들이 한 왕을 요구한 데 있지 않고, 하나님이 그들을 저 날에 라마에서 버린 것은 그것 때문이 아니다. 오히려 하나님이 두려고 한 그리고 그들을 위해 결정한 왕과는 전혀 다른 왕을 요구했기 때문이다. 그들이 요구했고 원했던 것은 하나님의 왕국과는 다른, 하나님의 왕국을 어떤 의미에서 대치하며 대립하는 인간의 왕국, 그들 가운데서 나온 영웅이자 지도자, 그들의 민족적 힘의 대변자, 그들의 민족적 통일의 상징, 그들의 민족적 안전과 희망의 개인적 담보, 그래서 그들 자신이 선택한 남자였다. 이제 주목해야 한다. 그들이 지금 이 사람을 라마에서 아주 단순하게 얻은 것은 아니었다. 사울의 전체 설화는 이에 대해 단호히 반대한다. 이방 민족들의 왕들과는 전혀 다르게, 그러므로 거기 라마에서 언급된 왕의 이념과는 다르게 사울은 자기 길을 간다. 분명히 하나님에 의해 선택받은 자로서, 구별된 자로서, 하나님의 참된 예언자를 통해 진정으로 정당하게 기름 부음을 받은 자로서, 하나님을 위해 바쳐지고 거룩하게 된 자로서, 하나님과의 교제를 추구하고 그의 말씀을 찾는 자로서, 비자발적으로 어느 모로나 하나님의 뜻을 자발적으로 이행하는 자로, 그리고 한때 가인처럼 그래서 하나님이 그에게 결정한 종말까지 아무도 그를 저촉할 수 없으며, 그를 죽인 자는 일곱 배로 보복당하도록 그렇게 구별된 자로서. 분명히 사울도 하나님이 그의 백성의 뜻과 생각에 반하여, 그러나 그의 구원을 위하여 백성을 위해 결정한 왕의 품성을 지닌다. 우리는 사무엘상 8장을 그 다음에 오는 모든 것과 연관지어 읽어보면, 거기 11-17절에서 위협적으로 요약되어 있는바 자기 백성에 대한 왕의 권한 집행이, 왕정(王政)이 이 백성에게 뜻하게 될 큰 압력이 사울의 역사에서도 아무런 중대한 역할을 하지 못한다는 것, 18절에서 예언된바 왕정이 가져올 곤고(困苦)에 대한 백성의 탄식이 사울 통치하에서는 이루어지지 않았다는 것, 혹은 이런 일들이—그것이 실제로 일어났다면, 예를 들어 이후 르호보암 치하에서(왕상 12장)—구약성서의 역사 기술의 주제에 대해서 이 구절에서는 아무 관심을 가지지 않았다는 것을 주목해야 한다. 이런 역사 기술은 사울의 왕정을 단순히 실패로 이해한 것이 아니라 저 위협에 맞서서 그 나름대로 또한 자기 백성에 대한 하나님의 은혜의 표시로 이해한 듯하다. 백성은 그들의 마음대로 왕을 요구함으로써 사무엘의 고별 연설에서(12:16-23) 또 다시 강조된 바와 같이, "큰 불의"를 범했다. 그러나 주가 자기의 이름을 위하여 이 백성을 물리치지 않는 것처럼, 사무엘이 이 백성을 위하여 기도하기를 중단한다면 그도 이 불의를 주에 대한 범죄로 간주하는 것이다. 그러므로 이것은 사울의 왕정이 어쨌든 또한 처해 있는 표지이다. 이스라엘은 이미 그의 이 첫 번째 왕의 치하에서 원했던 것보다는 다른 것, 훨씬 나은 것을 받았다. 하나님은 이미 사울 왕을 통해서 이스라엘의 악을 악으로써 보응하지 않았다. 오히려 그들이 바랐고 이로써 행했던 악 대신 선한 것을 선사했다. 곧 모세, 여호수아, 사사들을 통하여 고대 역사 속에서 통고되었고 예시되었으며, 이제는 인간들의 오만한 생각에 따라서가 아니라 하나님의 사죄 사상에 의해서 드러나야 할 저 왕정의 장점.

그러나 이제 물론 부정할 수 없는 사실은—사무엘상 8장에 비추어, 그리고 그 다음에 오는 모든 내용에 비추어—사울이라는 인물은 그늘 속에 있다는 것이다: 곧 그늘에도 없을 수 없는 저 빛보다는 깊숙이 그늘 속에. 그는 이스라엘의 의로운 왕이 아직 아니다. 한 순간 그렇게 입증될 수 있는 여지가 그에게 허용되고 가능성이 주어지는 듯하다. 사울의 왕정이 형식적으로는 저 "큰 불의"의 도상에서 성립했을지라도, 왕과 백성이 주를 두려워하고 신실하게 온 마음으로 섬길 수 없는 것이 아니다. "그가 너희에게 얼마나 위대한 일을 행했는지 보라!"(12:24) 분명히 하나님이 사울을 선택하여 왕으로 세운 것도 본문의 의미에서는 이 위대한 일에 속한다. 그의 왕정의 의미인 은혜에 의해서 그의 왕국 안에서 이처럼 하나님을 두려워하고 섬기는 일이 새로이 있어야 할 것이다. "너희가 악을 행하면, 너희도 너희 왕도 제거될 것이다."(12:25) 분명히 사울이 그에게 허용된 여지를, 그에게 주어진 가능성을 제대로 이용하는 것이 실제적으로 불가능하다. 그의 왕정이 실제로 멸망의 위협을 받은 저 악을 실현하는 것, 사울이 다만 의로운 왕 다윗의 대리자, 대행자에 불과하다는 것, 그가 결국 몰락하고 이 몰락을 처음부터 예비해야 한다는 것, 이것이 구약성서의 역사 기술자에게는 자명하고 필연적인 것이다. 역사 기술자는 먼저 왕정 수립이 온 백성의 "큰 불의"의 수단을 통해서 하나님이 원한 것으로 이해하는 것처럼, 이것을 역시 하나님이 원하고 지시한 것으로 이해한다. 하나님의 거룩함으로 인하여 모든 인간의 죄에 대하여 승리하는 그의 은혜를 계시함에서 또한 죄에 대한 심판을, 이 경우에는 저 "큰 불의"에 대한 심판을 계시하지 않을 수 없다. 이 면에서 하나님의 은혜를 계시하는 수단은 베냐민 지파의 사울이라는 인물이다. 사울이 개인적으로 범한 죄, 사무엘이 하나님의 위탁에 따라 즉시, 취소할 수 없게, 사울이 자기 왕정을 잃었다는 예언으로써 답변하는 죄는 매우 사소한 죄라는 것, 사람들은 오늘도 사울이 여기서 행한 것에 대해서, 그 반대의 일보다는 당연한 동정과 연민을 억제하려고 한다는 것을 감추어서는 안 된다. 첫 번째로 블레셋 사람과의 전쟁 초기에, 사무엘의 도착이 지연되고 적들은 이미 접근하여 오자 사울 스스로 바치고 끝마친 번제가 문제가 된다. 그 답변: "이제는 그대의 왕조는 더 이상 계속되지 못할 것입니다. 주께서 그대에게 명령하신 것을 그대가 지키지 않았기 때문에 주께서는 마음에 맞는 사람을 찾아서 그를 당신의 백성을 다스릴 영도자로 세우셨습니다."(13:14) 두 번째로는 아말렉 사람에 대한 파문을 철저하게 이행하지 않은 것이 문제이다. 사울은 왕 아각을 살려주었고, 그와 그의 백성은 아말렉 사람에게서 빼앗은 가축들 중에서 좋은 것들을 빼돌렸다. 나중에 아각이 어떻게 죽는지를 들어보자. "그러나 사무엘이 아말렉의 아각 왕을 나에게로 끌어오라고 명령하였다. 아각은 기뻐하며 그에게로 가면서, 죽을 고비는 넘겼다고 말했다. 사무엘이 말했다. 너희 칼에 뭇 여인이 자식을 잃었으니 너의 어머니도 뭇 여인과 같이 자식을 잃을 것이다. 사무엘이 길갈 성소의 주 앞에서 아각을 칼로 토막 내어 죽였다."(15:32f.) 이중적 그늘 아래 있는 이 아각조차도 한 순간 죽음에 대한 승리를—그의 예언자 적수와는 전혀 달리—선포할 수 없는 것일까? 그러나 이것은 그에게 무슨 소용인가? 사무엘이 지금 행한 잔인한 일을 제때에 행하지 못한 사울 왕에게 모든 해명, 변명, 그리고 또한 모든 죄의 고백이 무슨 소용인가? 사울의 행동에 대한 사무엘의 답변, 하나님의 답변은 이렇다.(거기서 일획도 철회되어서는 안 된다.) "주께서 어느 것을 더 좋아하시겠습니까? 주의 말씀에 순종하는 것이겠습니까? 아니면 번제나 화목제를 드리는 것이겠습니까? 보시오. 순종이 제사보다 낫고 말씀을 따르는 것이 숫양의 기름보다 낫습니다. 불순종하는 것은 점치는 죄와 같고 고집을 부리는 것은 우상을 섬기는 죄와 같습니다. 그대가 주의 말씀을 버렸기 때문에 주께서도 왕인 그대를 버리셨습니다."(15:22f.) "그리고 사무엘은 사울 때문에 마음이 상하여 죽는 날까지 다시는 사울을 보지 않았다."(15:35) 사무엘의 이런 고통은 사울이라는 인물 위에 거한 빛에 대해 말할 수 있는 마지막 사건이다. 그러나 이제 이 두 가지 죄에서 본래 사울에 반해 항의될 수 있는 모든 것이 드러날 수 있다는 것을 생각하라. 나중에 그에 관해서, 주의 영이 그를 떠났고, 주가 보낸 악한 영이 그를 괴롭혀(16:15, 18:10) 그를 다윗을 시기하는 자, 미워하는 자, 그리고 한번 이상 그를 거의 죽일 뻔했고, 그로 하여금 실제로 놉의 저 제사장들을 살해하도록 했다고(22:6f.) 말한다면, 다음을 생각해야 할 것이다. 전승의 의미에서 이 모든 것은 더 이상 사울의 죄에 속하는 것도 아니요, 그 죄 때문에 그가 버림받은 것이 아니라, 오히려 이미 이 모든 것은 그의 버림의 결과일 뿐이다. 주의 영이 그로부터 떠났기 때문에, 주가 보낸 악한 영이 그를 괴롭혔기 때문에, 그는 끝까지 미쳐 날뛰었던 것이다. 이때 그는 한번 이상(24:17f., 26:21f.) 다윗에 대한 행동을 유보했고, 죽은 사무엘을 통하여 그에게 거부된 하나님의 말씀을 간절히 듣기를 원했다.(28:15) 그는 결국 자신의 손을 통한 죽음에 의해서(31:4f.)—가룟 유다의 어두운 전조—그의 몰락과 그의 아들들의 몰락에서 그의 경로를 마감하였으며, 그가 죽은 다음 기브온 사람들이 그의 후손들에게 뒤늦은 복수를(삼하 21:1f.) 하기에까지 이른 그의 집안의 철저한 몰락에서(삼하 3:1f.) 이것을 확증한다. 왜 이런 경로인가? 사울의 저런 죄에 비하면 나중에 다윗의 죄는 얼마나 크고도 명백한가! 그러나 사울의 사소한 죄와 그가 왕으로서 버림받음 사이의 대조는, 다윗의 피로 물든 죄와 그의 선택의 요지부동함 사이의 대조와 마찬가지로, 전승에서 확실히 의식적으로 가시화되었다. 사무엘상 8장의 라마에서 있었던 하나님의 결정에서 계시된 왕정은, 그것이 하나님의 심판 없이는 은혜를 받을 수 없는 한, 은혜 가운데 인간들의 모든 불경건과 불의에 대한 하나님의 심판, 진노를 계시하는 한, 그것이 하나님의 은혜의 심판을 계시하는 한에서, 오직 사울에게서 나타나는 그런 모습만을 가질 따름이라는 것이 분명하다.—사울을 옹호하여, 혹은 거슬러 말해질 수 있는 모든 것을 떠나서 분명하다. 사울은 "준수하게 잘 생겼다. 이스라엘 사람 가운데 그보다 더 잘 생긴 사람이 없었고 키도 보통 사람들보다 어깨 위만큼 컸다."(9:2) 그는 이렇게 이 백성이 그 왕에게 기대하는 바에 일치한다. 그는 이렇게 이 백성의 이상을 채워줄 수 있다. 그러나 그런 자로서 그는 죄인이고 몰락해서 죽어야 한다. 이 백성에 대한 하나님의 평화 사상이 드러남으로써, 의로운 왕이 이 백성에게 선사되어야 하기 때문에 이 이상은 이제 파괴되어야 한다. 이런 이상으로 살고 죽기 위해서 먼저 사울이 왕이 되어야 한다. 이런 민족적 왕정을 통해서 의도하였고 원하는 바는, 본래 하나님만의 왕적 통치와 상이한 것일 뿐 아니라 대립되는 것, 적대적인 것이다. "주 너희 하나님이 우리의 왕인데도, 너희는 '안되겠습니다! 우리를 다스릴 왕이 꼭 있어야 하겠습니다!' 하고 나에게 말하였다."(12:12) 하나님에 의해 세워진 왕정, 하나님 자신의 왕정과 경쟁하지 않는 왕정에 대한 '그래'가 드러남으로써, 이 '안 된다'가 꺾여야 한다. 또한 이스라엘 사람의 '안 된다'를 그리고 동시에 하나님의 '그래'를 통한 그것의 분쇄를 나타내기 위해 우선 사울이 왕이 되어야 한다. 하나님이 원하고 세운 왕정의 은혜의 이런 부정적인 면을 나타내기 위하여 사울의 어떤 큰 죄, 드러날 수 있는 개인적인 죄가 필요한 것이 아니다. 그는 다만 백성이 그들의 우둔함으로 왕을 놓고 상상했던 왕, 다만 상상할 수 있는 그런 왕이라는 것을 드러내기만 하면 된다. 그리고 이것은 저 이중적인 타죄에서, 인간의 눈에는 사소하게, 하나님의 눈에는 거대하고 결정적으로 드러난다. 사울이 하나님의 명령에 따라 다른 사람 앞에서, 이 다른 사람의 모습에서, 하나님 앞에서 뒤로 물러서야 했을 때, 그는 스스로 제사를 드리려 하고, 스스로 하나님과 자기 백성 사이의 화해를 대행하려 하고, 스스로 자기 원수에 대한 백성의 행복한 존립의 전제를 마련하려 하고, 이로써 약속의 땅에서 그 백성의 평화로운 삶을 위한 조건을 마련하려 한다. 이제 한 인간이 그 키가 다른 백성보다 머리만큼 더 크고, 하나님의 왕정과의 능동적인 경쟁에서 백성에 앞장선다는 것이, 이스라엘이 그의 왕에게 기대했던 것이고, 사울이 저 사무엘상 13장의 무죄하지만 성급한 행위에서 실현했고 드러냈던 것이다. 그리고 사울은 그와 이스라엘을 둘러싸고 있는 다른 왕들, 다른 민족들의 세계 및 그들의 신들과―비록 그들이 아말렉 사람의 왕의 모습에서 그와는 매우 부정적으로 대립하기는 하지만―그가 이방 세계에 대한 하나님의 뜻을 99% 이행한 후에, 부분적 타협을 맺으려 하고, 약간의 "삶의 방식"을 발견하고자 한다: 곧 전혀 이질적인 존재를 완전히 전멸함으로써 약속된 땅의 성화를 이루어야 한다는 하나님의 명령에 반하여. 이제 한 인간이 그 키가 다른 사람들 머리만큼 더 크고 또한 하나님의 왕정과의 이 두 번째 수동적 경쟁에서, 곧 이방 세계에 대한 약간의 적응과 균등화(adaptation intellectuelle)에서 백성에 앞장선다는 것(이것만이 가나안에서의 생존을 물리적으로나 정신적으로나 가능하게 만드는 듯했다.), 이것은 자기 왕에 대한 이스라엘의 소원에 부합하는 것이었으며, 사울이 사무엘상 15장에서 실천했고 나타냈던 것이었다. 두 가지를 개인적으로는 거의, 혹은 전혀 무죄하다고 할 수 있는 방법으로. 두 가지를 인간적으로는 전적으로 존경할 만한 생각과 태도로써―그러나 두 경우 모두 하나님의 왕정에 대립하여 독자적이고자 한 왕정을, 그 모든 행위에서 저 하나님의 왕정과 경쟁하려는 왕정을, 곧 하나님이 인간적 은혜의 왕정이 아니라 자기 은혜의 왕정을 계시하고 세우기로 결정했고, 또한 세우려 한 그 순간에 몰락할 수밖에 없었던 민족적 왕정을 실천했고, 나타냈다. 사울이 두 경우에서―하나님의 명령에 대한 저 능동적 경쟁과 저 수동적 경쟁에서―이 일을 행함에서 그 키의 척도와 정도 때문에 이스라엘을 대변한 것이 아니라, 실제로 이 일을 행했고, 이스라엘의 왕으로서 대리자로서 행함으로써, 저 죄로 인하여 그는 그것에 대한 정당한 징벌로써 버림을 받고, 하나님의 영이 역시 그로부터 떠나야 하고, 영이 그전에 그에게 임했고 그의 마음을 바꾸어 놓았다면 이제는 악령에게 자리를 내주어야 한다. 그가 범한 저 개인적인 죄, 사소한 죄들은 이것을 분명히 하기에 충분하다. 곧 사울은 이스라엘의 "큰 불의"에 공동 책임이 있다. 죄와 책임, 그리고 저 큰 불의에 대한 징벌이 하나님에 의해서 그에게 내려지고 그의 개인적인 일이 된 것, 그 일이 하나님과 백성 사이가 아니라 하나님과 그 사이에서 판가름난 것은, 그의 왕으로서의 권위, 그의 직무 때문이다. 사울은 이렇게 죄를 짓고 책임 있고 징벌을 받은 이스라엘의 왕으로서 구약성서에서는 결코 빠질 수 없다. 그는 하나님의 은혜의 거룩함을 위하여 필수적이다. 주가 보낸 악령에 의해 미쳐 날뛰고, 이로 말미암아 끊임없이 다윗의 원수, 박해자가 되고, 온 이스라엘의 반항의 화신, 그러나 또한 그것의 내적 불가능성의 화신이 된 사울, 하나님의 진노에 의해 멸망한 사울이 없다면, 또한 하나님의 은혜로 된 이스라엘의 의로운 왕, 다윗도 없을 것이다. 곧 유일한 왕인 주와 경쟁하지 않는 왕, 주의 계명을 지킴으로써 이 유일한 왕의 인간 증인이 될 왕.

　　이제는 구약성서의 역사 기술에서 특이한 인물 다윗을 주목한다면, 우리는 두 가지 상이한 특성들을, 이중적 성격을, 사울 못지않게 그에게서도 상이한 방향을 지시하는 결정을 주목해야 할 것이다. 사울이 분명히 암흑의 자식인 것처럼, 다윗도 분명한 빛의 자식은 아니다. 또한 사울이 다윗의 면을 가진 것처럼 다윗은 사울의 면을 지녔다. 양자에게서 의심의 여지없이 두 가지를, 그러므로 구약성서가 이 전체 상으로써 우리에게 지시하고자 하는 것을 보기 위하여, 또한 그렇게 날카롭게 구별되는 이 두 인물의 전체 상에서 두 인물의 두 가지 모습, 곧 네 가지 모습을 보아야 한다. 그러나 악센트가 사울과는 정반대로, 다윗에게는 다른 데 있다. 사울의 역사가 실제적인 이스라엘의 왕정 수립의 역사라면, 그것이 다윗의 역사 앞에, 옆에, 독자적으로, 독립적으로 존재한다면, 우리는 사무엘상 8장에서 이야기되는바 이스라엘에 인간 왕을 허용하는 사건이 극도로 은폐된 하나님의 은혜의 행위의 의미를, 그리고 단순히 "방기"의 의미를 가지는 것이 아니라는 것(비록 그것이 그럴지라도!), 또한 사무엘상 12:22의 이 사건에 대한 해석, 곧 "주께서는 너희를 기꺼이 당신의 백성으로 삼기로 하셨기 때문에 주께서는 당신의 위대한 이름을 위해서라도 당신의 백성을 버리지 않으실 것"이 정확하다는 것에 대해 진지하게 의심할 수 있고 의심해야 할 것이다. 그러나 우리는 곧 사울의 역사의 시작은 다윗의 역사 없이, 그러나 그 진행에서는 다만 이것과의 관련 속에서만 생각할 수 있고, 실제로 전승되었으며, 그러나 다윗의 역사는 사울의 역사 없이는 전혀 생각할 수 없고 바로 그 시작에서, 그리고 시작부터 사울의 죽음까지, 그리고 그것을 넘어서까지도 사울의 역사와 연관된다는 사실에 직면하여 이것을 의심할 수 없다. 두 인물에 대한 전승은 추측컨대 일단 별개로 존재했다면, 두 전승의 의미는 두 전승이 오늘 우리에게 알려진 본문 속에서 상호 얽히 하나로 이루어짐으로써 비로소 이해되었다. 다윗은 이 전체 상에 따르자면 사울 뒤에 어떤 의미에서 처음부터 서 있었다. "주께서 그대에게 명하신 것을 그대가 지키지 않았기 때문에, 주께서는 달리 마음에 드는 사람을 찾아서 그를 당신의 백성을 다스릴 영도자로 세우셨습니다."(삼상 13:14) "그 전에 사울이 왕이 되어서 우리를 다스릴 때에 이스라엘 군대를 거느리고 출전하였다가 다시 데리고 돌아오신 분이 바로 당신이었습니다. 그리고 주께서 '네가 나의 백성 이스라엘의 목자가 될 것이며 네가 이스라엘을 다스릴 영도자가 될 것이다' 라고 당신에게 약속하셨습니다."(삼하 5:2-3)라고 헤브론에서 다윗을 온 이스라엘의 왕으로 세울 때에 그에게 말했다. 그러나 처음에는, 그리고 실제로는 오랫동안 이렇게 보이지 않는다. 다윗은 이상도 아니고, 가장 잘 생긴 남자도 아니고, 이스라엘의 여느 남자보다 키가 머리만큼 더 큰 남자도 아니고, 사울에 대한 이야기에서처럼(삼상 10:24) 백성들이 보자마자 환호와 만세의 외침이 터져나오게 한 인물이 아니다. 여인들이 저 춤출 때에 그를 가리켜 "사울은 천 명을 죽였고, 다윗은 만 명을 죽였다."고 노래한 것은 자유로운 군사 지도자로서의 그의 대중적 인기를 증언하지만, 아직은 그의 미래의 왕정을 증언하지는 않는다. 이 왕정의 징조 자체는 아직 백성에게는 우선 당분간 감추어져 있었다. 사울을 악령이 괴롭힐 때 음악으로 위로하는 자로서 다윗을 추천한 자는 "보십시오, 제가 베들레헴 사람 이새에게 그런 아들이 있는 것을 보았습니다. 그는 수금을 잘 탈 뿐 아니라 용감한 사람이며 싸울 능력이 있고, 말도 잘하고 외모도 좋으며, 주께서 그와 함께 계십니다."(삼상 16:18) 하는 이런 말로써, 무엇보다도 마지막 말로써 하나님에 의해 선택받은 왕의 특성을 나타낸다는 것을 몰랐다. 그리고 요나단(삼상 23:17), 아비가일(25:28), 사울 자신(24:21), 그리고(사울의 집안에 대한 배신을 하였지만) 사울의 군사령관 아브넬(삼하 3:17)이 그를 가리켜 미래의 왕이라고 말한 것은 예언자적 순간, 영감, 발설이다. 차라리 그의 왕정의 특성은 그것이 우선 당분간 모든 인간의 눈에 감추어져 있다는 것이다. 이렇게 다윗의 왕정이 감추어져 있음에서, 내지는, 사울이 다윗 옆에서 전적으로 빛 속에 설 수 있고 서야 한다는 사실에서, 야곱이 레아보다 라헬을 선호한 일, 레아의 지파 유다보다는 라헬의 지파 베냐민을 선택한 일이 반복된다. 오직 하나님 앞에만—하나님의 편에서 볼 때는 실제로 효과적으로!—갑자기 베들레헴이 등장하고, 유다가 다윗의 인물을 통해 전면으로 나선다. 그 곳으로 사무엘을 파송할 필요가 있다.(삼상 16:1f.) 우선 하나님의 뜻에 따라서 베냐민 지파가 뽑혔고, 그 가운데서 사울이 뽑혔기 때문이다.(10:20f.) 사무엘은 이 첫 번째 선택을 염두에 두면서 말했다: "주가 누구를 뽑았는지 보느냐? 그와 같은 사람이 온 백성 가운데 없다!"(10:24) 그리고 그가 이제 베들레헴에서 이새의 아들들 가운데 서 있을 때, 그가 장남 엘리압을 보면서 그의 생각은 또 한번 사울을 뽑을 때와 같이 관습적인 방향으로 간다: "그는 이 사람이 분명히 이 사람이 주가 뽑아 기름 부어 세우려는 영도자라고 생각했다." 그리고 그는 훈계를 받아야 한다: "너는 그의 겉모습과 큰 키만을 보아서는 안된다. 나는 그를 원하지 않는다. 하나님은 사람이 판단하는 것처럼 그렇게 판단하지는 않는다. 사람은 겉모습만을 보지만 주는 마음을 본다." 그런 식으로 이새의 일곱 아들 모두를 거친 후에야 분명해졌다: "주께서는 이들을 뽑지 않으셨소."—결국 막내아들 다윗이 양을 치다가 불려 왔을 때 사무엘은 말했다: "바로 이 사람이다. 어서 그에게 기름을 부어라."(16:6-12) 이것은 예언자 나단의 장대한 임명 및 약속의 신탁 속에서(삼하 7:8) 다윗 자신에게 또 한번 확인된다: "나는 양 떼를 따라다니던 너를 목장에서 데려다가 내 백성 이스라엘의 통치자로 삼았다." 그리고 이것은 다윗이 골리앗을(삼상 17장) 사울이 준 군장비로 이긴 것이 아니라—그는 그것을 입고는 걸을 수조차 없었다.—양을 치는 목동의 휴대물, 곧 지팡이, 목동의 주머니, 무릿매로써 이긴 사건에서도 볼 수 있다. 바로 이 사람이다! 왜 이 사람인가? 우리는 전승의 의미에서 확실히 답변해야 한다. 바로 그, 이새의 막내아들이 어린 양치기 목동으로서 이스라엘의 위대한 왕이 될 자격이 없기 때문에. 바로 그가 이스라엘이 거기 라마에서 염두에 두었고, 바로 사울의 인물을 통해 성취되었던 그 이상형에는 부합하지 않기 때문에, 그러므로 그는 인간이 인간적인 왕을 선택하는 데 필수적 의도에는 전혀 적합할 수 없었기 때문에. 그러나 이것이 뜻하는 바는, 그는 이런 이상과 현실 때문에 이스라엘을 다스리는 하나님의 왕권이 부정되고 배척되었던 그런 왕은 분명히 아니기 때문에. 혹은 적극적으로 말해서, 그는 하나님이 그의 마음을—그의 생각과 성품이 아니라 하나님 앞에서 그의 실제적인 모습을—본 혹은 살핀 자, 하나님이 시력의 전능, 신적인 눈의 전능함을 통하여 새로이 창조한 자이기 때문에. 양치는 목동이 그런 자로서, 곧 이런 그의 인간적으로 천한 신분과 직업으로 말미암아, 목동으로서 가장 예속되고 가장 비천하고 가장 보잘것없는 일을 이행함으로써만 또한 이스라엘의 목자가 될 수 있었다. 이 사람, 이런 목자를 백성의 어리석은 염원을 성취하도록 허락할 때에 하나님의 은혜로운 생각이었다!

그리고 이제 다윗의 모든 발걸음과 처지를 은밀하게 그리고는 공공연히 선택된, 이스라엘의 의로운 왕으로 이해해야 한다. 물론 그가 우선은 저 긴 숨어 있는 기간을 거쳐야만 한다. 그 자신은 이 기간을 단축하기 위해 손가락 하나 까딱할 필요가 없고, 그는 사울의 정권에 반기를 드는 반역의 길을 택하기보다는 차라리 쫓겨서 남쪽의 이교도들에게로 가서 블레셋 사람을 섬기고(21:11, 27:1f., 28:1f., 29:1f.) 사울의 피를 흘리기보다는 차라리 거듭하여 새로운 죽음의 위협에 자신을 내맡길 필요가 있다. 그는 사울을 주가 기름 부어 세운 자로서 그의 생시에, 그리고 그의 죽음을 넘어서까지도 저 절대적 존경심을 보일 필요가 있다. 이 모든 일은, 그가 인간에 의해 선택받는 것, 그리고 자기 스스로 선택하는 것과 달리 하나님의 선택받은 자이기 때문에, 그가 인간을 통한 자기 확증을 추구한 것이 아니고 다만 실제로—그것이 하나님 자신의 확증이 되는 순간에—발견하고 얻을 수 있기 때문에, 필요하다. 또한 그가 이스라엘의 은혜의 왕권을 지닌 자(실로 그 편에서 보면 하나님에 의해 세워진) 사울에 의하여 죽기까지 쫓겨다녀야 하고, 언제나 다만 기적처럼 그에게 정해진 운명 앞에서 구원받는 것이 필요하다. "나와 죽음 사이는 불과 한 걸음이다."(20:3) "이스라엘의 왕이 독수리가 산에서 메추라기를 사냥하듯이 나의 목숨을 사냥하려고 나섰다."(26:20) 예수가 역시 위로부터 주어진 권세 없이는 행동하지 않는 빌라도에 의해 정죄받은 것처럼 이것은 또한 필연적이다! 죽기까지 고난을 당하고, 이런 고난에서부터 하나님에 의해 구원을 받는 자로서 다윗 자신의 존재로써, 그는 언제나 거듭 고난을 받는, 그러나 또한 언제나 거듭 구원받는 이스라엘 백성의 영도자가 될 것이라는 하나님의 결정을 확인한다. 또한, 주목할 만한 그의 마지막 조치에서도(왕상 2장) 드러나게 될 것처럼, 다윗은 사울에 대해서뿐 아니라 누구에 대해서도 피의 책임을 결코 져서는 안 된다. 즉 그의 인격으로서 하나님에 의해 선택받은 왕임을 이런 면에서도, 곧 자기 원수에게 복수하는 것은 진정으로 하나님에게 달렸다는 사실에서 나타내야 한다. 다윗은 저 기회에 또한 그의 가장 충실한, 그러나 피로 물든 조력자 요압을 추후로 제거하도록 지시하며, 이 요압은 광야에 매장되었다는 것도(왕상 2:34) 이런 맥락에 들어간다. 간단히 말해서, 다윗의 삶은, 당시의 동양의 melek(왕)의 전형적 모습과는 분명한 유사성에도 불구하고 전혀 닮지 않은, 일련의 특징을 필연적으로 보여 준다.

다윗을 전승의 의미에서 선택받은 빛의 인물로(전승은 그를 그런 자로서 서술하려 한다.) 만드는 가장 핵심적인 이야기를 보려 한다면, 그가 하나님과 더불어 처해 있는 저 지속적인 대화를, 저 하나님에게 문의하기를(예를 들어: 삼상 23:2f., 30:8, 삼하 2:1, 5:19 등) 생각해야 할 것이다. 사울과는 달리 하나님은 언제나 거듭 유용한 답변으로써 그의 문의에 상응한다. 저 첫 번째 소개에서(삼상 16:18) 그리고 자주 되풀이 언급되는바, 주가 그와 함께 있다는 것이 그가 왕으로 선택받음을 가장 단순하게, 가장 완벽하게 표현한 말이다. 이것은 이사야 7:14의 메시아 명칭 "임마누엘"의 선취이다. 그리고 확실히 예루살렘으로 언약궤를 운반할 때 저 요란스런 행렬도(삼하 6장에 서술된 것처럼) 이 관점에서 보아야 한다. 이 장면에서 다윗은 온 이스라엘의 가문 앞에서 "노래를 부르며 수금과 거문고를 타며 소구와 꽹과리와 심벌즈를 치면서" "모시로 만든 에봇을 허리에 걸치고 주 앞에서 온 힘을 다하여 힘차게 춤을 추었다."—또한 그의 부인이자 사울의 딸인 미갈이 이런 장면을 보고 다윗을 비웃었기 때문에 자식을 낳지 못했다는 보고도 이 관점에서 보아야 한다. "나는 주 앞에서 춤을 출 것이오! 그대의 아버지와 그의 온 집안이 있는데도 그들을 마다하시고 나를 뽑으셔서 주의 백성 이스라엘을 다스리도록 통치자로 세워 주신 주께 영광이 있기를! 나는 언제나 주 앞에서 춤을 출 것이고 이보다 더 낮아지고 싶소. 내 스스로를 그대가 볼 때 더욱 천한 사람처럼 보이고 싶소. 그래도 그대가 말한 그 여자들은 나를 더욱더 존경할 것이오."(6:21f.) 우리는 선택받은 자의 이런 열광의 분출을, 그리고 이것이 그 자신을 통해 끊임없이, 절대적으로 정당화되는 모습을, 그리고 여기서 드러나는바 다윗의 삶 위에 놓여 있는 법을 주목해야 한다. 곧 그가 자신을 더욱 낮춤으로써, 그가 그의 행로에서—그는 그 나름대로 사울이 그의 죽음을 향해 부단히 달려갔듯이 그렇게 부단히 달려간다.—어느 것에 의해서도 방해받지 않고, 모든 비웃음에도 불구하고, 다만 새로이 거듭 앞으로 나아감으로써 낮아짐과 높아짐. 그리고 이제, 거기서부터 물론 또한, 어떤 의미에서 그늘에서 돌출한 다윗의 인물을 빛나게 하고 더욱 빛나게 만드는 모든 것이 다른 것까지도 필연적으로 만들 것이다. 이미 그의 본질을 처음으로 서술할 때에 그는 "용감한 사람이고 싸울 능력을 갖춘" 자라고 했다.(삼상 16:18) 그러나 그가 수금을 잘 탈 줄 안다는 것, 저 사무엘하 6장에서 볼 수 있는 것처럼, 그가 일종의 하나님의 어릿광대라는 것이, 그의 군사적 용기, 그의 웅변술(여기에 대해서는 나중에는 더 이상 특별히 언급되지 않을 것이다.)보다 여기서 그리고 다른 곳에서도 전승에 더 훨씬 중요한 듯하다. 사울 앞에 선 다윗, 사울을 능가하는 다윗, 그의 전임자요 대행자에 반하여 하나님의 은혜로 말미암은 의로운 왕으로서의 다윗—이것은 모두 사무엘상 16:23의 장면에서 요약되어 나타난다. "악한 영이 사울에게 내리면 다윗이 수금을 들고 와서 연주했고 그때마다 사울에게 내린 악한 영이 떠났고 사울은 편해졌고 좋아졌다." 여기에 또한 두 번째 장면(18:10-11)을 추가할 수 있다. 여기서 사울은 이런 기회에 창을 가져다가 다윗을 벽에 박아 버리려고 하였다. "그러나 다윗은 두 번이나 사울 앞에서 몸을 피했다. 주께서 자기를 떠나 다윗과 함께 계셨기 때문이다." 우리는 첫 번째 장면의 대립이 얼마나 아름답고 위안을 주는지, 그리고 두 번째 장면의 대립이 얼마나 섬찍하리만치 유머스한지, 그리고 양자가 서로를 보완하고 있음을 주목해야 한다! 그리고 전승은 선택받은 자가 칼이 아니라 수금을 손에 들고 버림받은 자 앞에서 정당화되는 것을 보며, 하나님의 은혜로 말미암은 왕이 이스라엘의 은혜로 말미암은 왕 앞에서 승리하는 것을 본다.—지금 그가, 여기서나 저기서나 음악을 연주하는 다윗이 사울에 대해서 하나님의 자비를 구현함으로써, 그가 사울의 죄를, 그러나 또한 그의 무력함을 드러냄으로써! 그렇기 때문에 구약 정경 속 시편의 송가 중에서 적어도 73편이(70인역에 의하면 심지어 85편이다.) 다윗의 것으로 돌려진다는 사실은, 이것이 세부적으로 역사 비평에서 얼마나 정당화될 수 있는가 하는 문제보다 훨씬 흥미롭다. 현존하는 시편의 절반 미만만이 바빌론 포로기 이전에 속하며, 이들 중 극히 소수만이 다윗 시대로 거슬러 올라가리라는 점을 감안한다면—심지어 이들 중에서 하나도 다윗 자신이 지은 시편으로 보기가 어렵다는 점을 감안할지라도, 이 사실은 더욱 분명히, 더욱 크게 말한다. 이스라엘의 제의 공동체는 주를 노래하고 연주하면서, 그들 나름의 비조형적인 방법으로 하나님의 아름다움을 찬양하고 경배하고자 할 때마다, 다윗 시대부터, 그리고 이 시대로부터 멀어질수록, 더욱 의식적으로, 더욱 분명히 이 두 번째, 의로운 왕과 자신이 결속되어 있다고, 동일하다고 생각했다. 이제 이 하나님의 어릿광대는 또한 하나님이 보낸, 무장된 특별한 전사(戰士), 거인 골리앗과의 만남에서 볼 수 있듯이 모범적 전사이다. "너는 칼을 차고 창을 메고 투창을 들고 나에게로 나왔으나 나는 네가 모욕하는 이스라엘 군대의 하나님, 곧 만군의 주의 이름을 의지하여 너에게로 나왔다."(삼상 17:45) "그는 칼도 들지 않고 그 블레셋 사람을 죽였다."(17:50) 우리가 다윗의 모든 군사적 승리에 관해서 계속 읽을 때, 이 사실을 기억해 두어야 한다. 곧 처음에는 사울을 섬기는 군사로(18:5), 그 다음에는 블레셋의 사령관 아기스 밑에서 의용군 혹은 용병대 대장으로서(27:8f.), 그 다음에는, 전승에 의하면 그는 분명히 바로 그날에, 곧 길보아 산 위에서 아말렉 사람을 살려 주었던 사울의 운명이 블레셋 사람과의 전투에서 패함으로써 끝을 보던 날에(30:1f.), 아말렉 사람을 공격하였고(공격하여 진멸함으로써 구약성서에서는 그들을 아무도 더 이상 생각할 수 없게 되었다.), 자기 스스로 조공국 시글락의 성주로서. 그 다음으로, 그가 왕이 된 후, 예루살렘의 정복자로서.(삼하 5:6f.) 결국 그 자신이 블레셋 사람을 꺾은 자로서(5:17f.) 그리고—찬란한 제국주의적 장(章), 사무엘하 8장에 의하면—모압 사람, 에돔 사람, 그리고 다른 주변 부족들을 정복한 자로서. 이스라엘을 위해 싸운 것은 하나님이며, 이스라엘 사람은 전적으로 하나님의 명령에, 전적으로 하나님에게 의지하여 용감하게 칼을 잡고 싸운다는 것은, 출애굽기 17:8-9의 고대 역사 기술에서 이미 본 바와 같이, 모순이 아니다. 다윗의 인물에서 위의 두 가지 사실이 통합되어서, 그에게서 두 가지를 함께 볼 수 있다. 이 두 가지가 전승에 의해 하나로 통합되어 전체 빛은 다윗의 칼에서 나오는 것이 아니며, 용맹스러운 도당(徒黨) 지도자, 이스라엘의 왕 같은 야전 사령관으로서의 그 자신에게 비추는 것이 아니고, 오히려 그 빛은 하나님으로부터 나오고, 또한 하나님을 빛 속에 세운다. 다윗은 자기 백성이 아니라 하나님의 백성인 그 백성의 구원을 위하여 하나님의 전쟁을 수행하는 것뿐이다. 그렇기 때문에 그의 이러한 명성의 면에서 볼 때, 다윗이 야전 사령관으로서 사무엘 2장에서부터 요압 배후로 물러난다는 것, 그는 그의 타죄 설화(삼하 11-12장)의 배경이 되는 암몬과의 전투에서(삼하 10장), 그리고 압살롬의 반란(삼하 15-19장)과 세바의 반란(삼하 20장)을 진압함에 다만 수동적으로만 참여하는 것은, 그의 이전의 능동적인 전투 수행만큼이나 의미심장하다. 전승은 분명히 그에게 대해 두 가지를 말하려 한다: 곧 그는 야웨의 전쟁의 용맹스런 전사이며 또한 전혀 전사가 아니라 오히려 구경꾼에 지나지 않으며, 따라서 그는 세속적 군사주의에서나, 세속적 평화주의에서나 결국 이해될 수 없고 쓸모 없는 자가 될 수밖에 없으며, 수동적인 하나님 신뢰의 설교뿐 아니라 인간이 자기 권리를 스스로 쟁취하고 자기 힘으로 지키라고 하는 자기 신뢰의 설교와도 무관하다. 우리는 결국 주목해야 한다. 그의 군사 활동 중 가장 중요한 것은 예루살렘 정복으로 이것은 그의 활동 중 가장 초라한 것이다. 예루살렘은 지리적으로나 그것의 선행하는 역사로 인하여 특별한 의미를 가질 수 없고, 오히려 공간적으로 변두리에 놓여 있으며, 정치적으로 쇠퇴한 고대 도시 국가였다. 이 도시는 마치 가나안 땅 정복 때까지도 마치 사람들에게 잊혀진 것처럼 정복에서 제외되어 있었고, 사무엘하 5:6-7에 의하면 다윗은 이 도시를 유다를 위해서도 이스라엘을 위해서도 아니라—다윗은 왕으로 등극하기까지 의용군 장수였는데, 또 한번, 그리고 분명히 마지막으로 의용군의 선두에 섰다.—그 자신을 위하여 점령하여 자신의 도시, 다윗 성으로 만들었다. 사울의 사망(삼하 1:1f.) 후가 아니라, 유다 지파가 그를 선출한(삼하 2:4f.) 뒤가 아니라, 또는 온 이스라엘에 의해 그가 선출되고 기름 부음을 받은(5:1f.) 후가 아니라, 비로소 지금, 이 성곽 도시 예루살렘을 정복하고 점령한 후에 다윗은 "주께서 자기를 이스라엘의 왕으로 굳건히 세워 주신 것과 그의 백성 이스라엘을 위하여 그의 나라를 높여 주신 것을" 알았다.(5:12) 그리고 이 제3의 중립적 장소에서부터, 곧 그의 도시 예루살렘에서 거주하고 다스리는 왕으로서 그는 동시에 유다와 이스라엘의 왕이 될 것이다. 그리고 열왕기상 11:13, 32, 36, 14:21, 열왕기하 23:27에서 다윗이 아니라 예루살렘이 하나님의 선택의 본래적 대상으로 분명히 하나님의 이름이 거하게 될 곳으로 언급되는 한에서, 이야기가 진행됨에 따라서 더욱 큰 비중이 이 일에 놓이게 될 것이다. 이 관계는 열왕기상 8:16에 이렇게 기술된다: "내가 예루살렘을 택하여서 내 이름이 그 곳에 거하도록 하였고, 다윗을 택하여서 내 백성 이스라엘을 나스리게 하였다." 예루살렘의 선택과 다윗의 선택의 관계는 분명히, 이스라엘 가운데 하나님의 이름의 거하는 것과 인간 왕으로서 이스라엘을 다스리는 다윗의 주권의 관계와 같다. 다윗은 하나님이 스스로 이스라엘 가운데 거하기를 선택한 것에 의해서 선택되었다. 그는 그의 왕좌 위에서 다만 하나님 자신의 보좌를 지키는 파수꾼일 따름이며, 그래야 한다. 바로 이를 위해 그는 예루살렘을 정복해야 하고, 자기 도시로, 곧 왕도로, 그리고 이로써 하나님의 도성으로 만들어야 한다. 왜냐하면 인간 왕은 하나님이 그의 자리를—지정학자가 아니라 그 자신 스스로 선택한 그의 자리를 이스라엘 안에서 취했다는 것을 증언하기 위해 존재하기 때문이다. 그래서 다윗 왕조의 본래적 영광은 이런 어느 정도 제국주의적인 면에서 보더라도, 그가 아니라 이스라엘의 하나님이 가지고 비추는 영광으로서의 성격을 지닌다. 전승은 이밖에 분명히 또한 다윗에 대해서, 그가 "자기 온 백성에게 공평함과 의로움을 행했다."(삼하 8:15)고 찬양할 수 있다. "야곱의 하나님이 말씀하셨다. 이스라엘의 반석께서 나에게 이르셨다. 모든 사람을 공의로 다스리는 왕은, 하나님을 두려워하며 다스리는 왕은 구름이 끼지 않은 아침에 떠오르는 맑은 아침 햇살과 같다고 하시고 비가 온 뒤에 땅에서 새싹을 돋게 하는 햇빛과 같다고 하셨다."(23:3f.) 드고아의 여인의 입을 통하여 다윗을 칭송한다: "나의 주여, 임금님은 하나님의 천사와 같은 분이시니까, 선악을 가려내실 것입니다."(삼하 14:17) 그리고 "나의 주께서는 하나님의 천사처럼 슬기로우시므로 땅위에서 일어난 모든 일을 다 아실 줄 압니다."(14:20, 19:28 참조) 추측컨대 후대 전승 층에서는(삼하 23:13f.) 알렉산더 대제의 역사에서 거의 문자적으로 유사하다고 알고 있는바, 자신을 위해 충실하고 용맹스러운 사람들에 대한 아량이 넓은 모습까지도 그에게 부여한다. 그리고 그가 운이 좋다는 것(삼상 18:5, 14, 30), 그가 점점 강성해진 것(삼하 8:13), 그가 자기 이름을 떨친 것(삼하 8:13)은 주가 그와 함께한다는 사실과 연관지어 종종 강조된다. 두로 왕 히람의 목수들도 그를 위해서 일을 했다.(5:11) 그러나 우리는 다윗이 이런 모든 면, 곧 의로운 통치, 지혜, 행운, 부귀에도 불구하고 다만 그의 아들 솔로몬이(역시 이런 면에서 일방적으로) 빛나게 될 그 영광의 희미한 전조일 따름이라는 것을 주목해야 한다. 다윗의 왕국은 승리하는 교회의 주의 왕국이 아니라 싸우고 고난받는 교회의 주의 왕국, 곧 승리의 행진이 없지 않으며, 특별히 예루살렘 정복과 언약궤를 그 곳으로 운반함에서 그 절정에 달한 광채가 없지 않으며(삼하 5-8장), 사무엘하 9장에 서술된바 그의 살해된 친구 요나단의 절름발이 아들에 대한 다윗의 신의와 자비 행위는 이 광채에 적절하게, 내적으로 의미심장하게 부합되는데, 다윗의 광채는 뒤로도 사울의 집안에, 그리고 이스라엘 덕분에 왕국의 불행한 군주가 된 사울 자신에게도 비치어야 하고, 이로써 하나님에 대한 큰 불의를 행한 이 백성 전체에도 비치어야 한다. 만일 우리가 이 절정에서 복음서의 변화설화에 상응하는 어떤 것을 찾을 수 있다면, 더구나 분명히 다윗이라는 빛의 인물이 처음부터 그런 인물일지라도, 그리고 그런 것으로 또한 드러남으로써 자기 아들 솔로몬과는 달리 그의 살아 있는, 그리고 죽은 적수 사울과 언제나 관련되어 있다는 것, 이 인물은 다만 이 다른 인물과 함께만, 그리고 또한 거기서부터 그에게로 덮이는 그늘 속에서만 이해될 수 있다는 것을 보아야 하고 말해야 한다. 그의 역사를 이런 관점에서 읽지 않는다면, 솔로몬에게서 보는 것과 같은, 저 직접적인, 분명한, 인간적인 영광은 다윗에게서는 전개되어 나타날 수 없다.

다윗은 또한 사울의 면도 가졌다. 그는 또한 이런 면에서도 다윗이고, 그런 자로서 사울과는 전혀 구별된다. 하나님이 처음부터 끝까지 사울과 함께하지 않았고, 사울이 대표해야 했던 일 때문에 결코 그렇지 않았던 것과는 달리, 하나님이 다윗과 함께한다는 것은, 지금까지 우리가 다루었던바 사울과는 다른 다윗의 면보다는 다윗의 사울적인 면을 더 분명히 지시한다. 그러나 우리는 다윗에게서 실제로 또한, 그의 인격에서 그 모습을 취한 왕국에 주어진 하나님의 은혜는, 죄많은, 스스로는 언제나 저 큰 불의 속에 빠져 있고, 그 스스로는 완전히 멸망한 백성을 향하여 선사된 은혜라는 것을 깨달아야 한다.

우리는 다윗과 요나단 사이의 우정 혹은 계약을 생각함으로써 여기서 가장 인상 깊은 부분을 시작한다. 이 관계가 전승에서 계약의 엄숙한 관점 아래서 이해되고 서술되는 것은 결코 우연이 아니다. 이것은 "하나님 앞에서의 계약"(삼상 20:8), 곧 하나님 자신이 증인으로서 두 파트너 사이에 영원히 서 있으며(20:23, 42), 그들은 이런 전제하에서 상호 간의 신의의 의무를 가지게 되는 그런 약속이다. 이 하나님 앞에서의 계약은 다윗과 요나단 사이에서 맺어졌으며—이것은 다른 계약, 곧 한편에 의해서 거듭 파기된 야웨와 이스라엘 사이의 계약에 직면해서 하나의 약속처럼 작용한다.—그들 양자에 의해서 죽기까지, 그리고 그것을 넘어서 실제로 지켜지고 이행되는 것이다. "요나단은 다윗에게 그의 마음이 끌렸고, 마치 제 목숨처럼 다윗을 아끼는 마음이 생겼다."(18:1, 20:17 참조) 그리고 "나의 형 요나단, 형 생각에 내 마음이 아프오. 형이 나를 그렇게 아껴 주더니! 그대의 사랑은 여인의 사랑보다도 나에게는 더 귀한 것이었소!"(삼하 1:26) 이들의 관계에서 요나단은 먼저 사랑하는 자이며, 다윗은 먼저 사랑을 받은 자임을 주목하라. 요나단은 사무엘상 18:3, 20:8에서 분명히 계약을 맺은 자로, 곧 주도권을 가지고 이런 결심을 했고, 그것에 대한 책임을 진 자로 표현된다. 아버지 사울이 다윗을 미워하고 박해한 것처럼 이 아버지의 아들 요나단은 다윗을 사랑하고 구원한다. 이 아버지의 아들로서 요나단이 아버지의 모든 운명에 동참해야만 하고 따라서 그와 함께 멸망해야 한다면, 주목할 만한 사실은 그는 다윗과의 관계에서 다만 수동적으로 미래의 의로운 왕의 자칭 친구가 아니라, 능동적으로 앞장서서 다윗이 은신하고 박해당하던 어려운 시절에 그의 위로자요 조력자였으며, 따라서 그 자신의 아들이 신의의 보답을 받을 수 있었다는 것이다.

전승은, 버림받은 사울도 죄의 용서 아래에서 보았고, 이해했는데—전승이 죄의 용서를, 그의 아들, 왕세자, 엄밀히 말해서 다윗으로 말미암아 밀려난 자, 그러므로 그의 생존이 미래의 다윗의 왕국에 대해서 심각한, 치명적인 위협이 될 것 분명한 그런 인간에게 이런 관계에서, 이스라엘과의 관계에서 하나님의 자리를 부여했고, 그를 다윗에게 주어진 은혜의 대리인으로 보고 이해한 것을 통해서보다 더 분명히 증언할 수 있었을까? 그리고 전승은 이 죄의 용서의 생명력을, 다윗이 요나단과의 약속을 절름발이 아들 므비보셋에게서, 비록 이로써 사울의 위험한 핏줄을 살려두는 것일지라도, 지켰고 이행했다는 저 사무엘하 9장의 보고로써 보다 더 분명히 증언할 수 있었을까? 여기서 분명히 그의 "어린 아들 미가"(삼하 9:12)를 특별히 언급한 것은 우연이 아니다. 왜냐하면 이로써 문자적으로 저 "나를 미워하는 자들에게는 삼사대 자손에게까지"(출 20:5)라는 약속을 드러내기 때문이다! 다윗은 이렇게 사울과 함께 선택되었다. 저 사람이 하나님의 '아니'를 나타낼 따름이라면, 하나님의 '그래'의 대변자요, 저 사람이 하나님의 저주를 받은 자라면, 하나님의 축복을 받은 자일지라도, 저 사람에 드리운 그늘이 그의 인격과 지위에도 또한 드리우지 않을 수 없다. 요나단이 그에게 "주께서 내 아버지와 함께하셨듯이 그대와 함께하시기를 바라네."(삼상 20:13)라고 말한 것은 또한 이런 면에서도 무의미한 것이 아니다.

여기서 무엇보다도 다윗도 전승의 전체 어조와 일련의 중요한 개인적인 사건들에 의하면, 그의 왕국보다는 사울의 왕국을 일반적으로 규정하는 "아직 아니" 아래 있다는 것을 주목해야 한다. 사울이 다만 "나쁜 편으로" 다윗의 대리자, 대행자일 뿐이라면, 다윗 자신도—"좋은 쪽으로"—결국 다만 사울의 대리자, 대행자일 뿐이며, 사울과 더불어, 그에 의해 증거되는바, 하나님의 은혜의 왕국의 모형, 모사품일 따름이다. 백성이 광야에서 모세 대신 "우리를 앞장서는 신의" 모습을 빚은 사악한 상(출 32:1f.), 즉 사울의 인물을 통해서 또 한번 성취된 저 송아지 상은—이 일에서 아론의 협조가 없을 수 없었듯이, 하나님의 위탁을 받은 사무엘의 협조 아래서—다윗의 인물을 통해서 물론 제거되었고, 다른 보다 나은 상에 의해 대치되었다. 그러나 우리는 그의 수금을 켜고 노래를 부른 다윗이 이미 예언자가 보기에는 백성의 그릇된 우상과 같은 것으로 변하여 간 것처럼 보인다는 아모스 6:5를 생각할 필요는 없다.—또한 역사 전승에서도 다윗의 인물 속에서 하나님의 은혜로 말미암은 의로운 왕의 상 이상의 것을 파악하려 하지 않았던 것이 분명하다. 그의 모습은, 전승이 아주 분명하고 아주 완벽하게 그의 성격에 대해 발언하는 구절에서, 곧 예언자 나단의 저 지명하고 약속하는 담화에 의하면 (삼하 7장) 객관적으로 곧 그 자신의 임무와 그 가능성에 의해 제약받는 모습이다. 다윗은 단독자가 아니다. 이미 그를 사울처럼 기름을 부어 왕으로 세운 사무엘, 그리고 또한 사울 자신, 그리고 그의 아들 요나단은 그 앞에, 옆에서 빠질 수 없는 인물들이다. 그를 위하여 칼을 쓰고, 결국 그것 때문에 몰락하게 되고 광야에 묻혀야만 될 요압은 그 나름대로 빠질 수 없다. 그러나 무엇보다도 주가 함께하는 자로서 다윗이 행하고 경험하고 받게 될 무엇인가가 아니라, 전혀 다른 일, 곧 하나님이 그의 집안을 일으키고, 그의 아들의 왕좌를 튼튼하게 만들고, 영광스럽게 만들 것이라는 것이 그의 생애의 절정에서 그에게 주어진 약속의 내용을 이룬다. 이것이 다윗 자신을 떠나 지시하는, 그 자신을 넘어 지시하는 약속에서 절정을 이룬다는 사실은 그의 한계이며, 이것은 결정적으로 또한 그의 인물의 잠정성, 모형성을 나타낸다. 사무엘하 7:2에 의하면 그 자신은 백향목으로 지은 집에서 살지만 하나님의 궤는 장막 밑에 있다는 것이 그에게는 문제였다. 예언자 나단이 나타나 발설하지 않은 그의 생각을 알고 대답한다: "주께서 그대와 함께하시니, 무슨 일이든지 뜻대로 하십시오."(7:3) 그러나 이제 이 주 자신이 개입하여 나단에게 훈계하고, 그를 통하여 다윗에게 보다 나은 것을 훈계한다. 그, 주가 그, 다윗과 함께한다는 약속은 다윗이—이것이 저 발설되지 않은 생각이었다.—주를 위해 집을 짓지 않아도 변함이 없다. 이 약속은 오히려 그, 주가 그, 다윗의 이름을 "지상에서 위대한 사람들의 이름과 같이" 빛나게 하며, 그를 통하여 자기 백성 이스라엘에게 안식처를 마련해 주는 데서 실현될 것이다. 그러나 무엇보다도(그리고 지금은 모든 일이 미래의 일이 된다.), "주가 너를 위대하게 만들고자 한다. 주가 너를 위하여 집안을 일으킬 것이다. 너의 때가 다하여 네가 너의 조상들과 함께 묻히면 내가 네 몸에서 나올 자식을 후계자로 세워서 그의 나라를 튼튼하게 하겠다. 바로 그가 나의 이름을 드러내려고 집을 지을 것이며, 나는 그의 나라의 왕위를 영원토록 튼튼하게 하여 주겠다. 나는 그의 아버지가 되고 그는 나의 아들이 될 것이다. 그가 죄를 지으면 사람들이 저 자식을 매로 때리거나 채찍으로 치듯이 나도 그를 징계하겠다. 내가 사울에게서 나의 총애를 거두어 나의 앞에서 물러가게 하였지만 너의 자손에게서는 총애를 거두지 않겠다. 네 집과 네 나라가 내 앞에서 영원히 이어 갈 것이며 네 왕위가 영원히 튼튼하게 서 있을 것이다."(7:4-16) 우리는 다윗이 나단을 통해 그에게 전달된 신탁을 듣고 드린 기도에서 이 약속 자체에 의지하는 것, 곧 그가 이 약속으로 말미암아 하나님을 어떤 신도 그와 같은 신이 있을 수 없으며, 그 외에 다른 신이 있을 수 없다고 말하는 것을, 그리고 그가 하나님에게 다만 이 약속을 이루어 줄 것을 간구하며, 그가 이로써 분명히 그 자신에게 그어진 한계를 인정하는 것을 주목하라.(7:18-29) 전승은 그와 그에게 약속된 아들 사이의 이런 대립에 철저히 집착했다. 다윗의 가문을 일으키는 것은 주이다. 바로 그렇기 때문에 주의 집, 성전을 지을 수 있고 지어야 할 자는 다윗이 아니다. 전승은 이런 대립을 때로는(왕상 5:17), 다윗이 치러야 했던 전쟁 때문에 이 역사(役事)를 할 여유를 얻지 못한 것으로 설명하기도 한다. 전승은 때로는 다윗에게 어쨌든 이러한 역사를 할 의도가 있었다고 그를 칭송한다: "네가 내 이름을 기릴 집을 지으려고 마음을 품은 것은 아주 잘한 일이다."(왕상 8:18) 후대의 전승으로 내려오면 심지어, 다윗이 자기 아들에게 이 역사를 위해 필요한 돈과 재료를, 심지어 필요한 인원까지도 준비해 두었다고 보고한다: "금 십만 달란트와 은 백만 달란트를 준비하고 놋과 쇠는 너무 많아서 그 무게를 다 달 수 없을 만큼 준비하고 나무와 돌도 준비하였다. 그러나 네가 여기에 더 보태야 할 것이다. 너에게는 많은 일꾼이 있다. 채석공과 석수와 목수와 또 무수히 많은 금과 은과 놋과 쇠를 능숙히 다룰 줄 아는 만능 기능공들이 있다. 어서 일을 시작하여라. 주께서 너와 함께하시기를 빈다."(대상 22:14-16) 이 후대 전승에 의하면 다윗은 자기 아들에게 심지어 "주의 손으로 친히 써서 준 문자에 근거한" 성전의 모습, 설비, 기구에 관한 성전 모형과 매우 정확한 계획서와 상세한 설계도를 넘겨주었다.(대상 28:11-19) 그러나 어떤 보고도 저 객관적인 한계를 한 치도 벗어나지 않았다. 곧 저런 설명과 세세한 점들은 다만 이 역사가 다윗의 일이 아니라 그 뒤에 오는 자, 그의 아들의 일이라는 사실을 확인할 따름이다. 그는 다만 선구자가 될 뿐이고, 이 역사를 완수할 그의 후계자가 약속되어 있을 뿐이다. 그, 아들은 또한 슬기롭고 의롭고 위엄 있는 자, 승리하는 교회의 왕이 될 것이나 다윗은 아직 그렇지 않다. 약속을 가진 것, 그러므로 이 후계자의 선구자, 이 아들의 아버지가 되는 것이 다윗의 위대함이다. 그의 아들 솔로몬이 이 성전 건축의 역사를 완수할지라도, 그의 지혜와 정의와 영광의 광채에도 불구하고 저 약속의 성취가 아직 아니라 오히려 그 자신도 다만 모형이며, 그 자신을 넘어서 지시한다는 것은 여기서 논란의 여지가 없는 사실이다. 다윗의 편에서 볼 때 아들 솔로몬의 모습은 그 자신의 모습을 보완하고 능가하는 것으로서 불가결하다. 곧 그를 둘러싼 모든 주변의 인물들보다 더 불가결하다. 그를 결국, 결정적으로 그의 전임자의 송아지 상으로부터 떼어놓은 것은 다윗 자신이 아니라 그의 아들이다. 다윗이 아니라 다윗의 아들이 저 이스라엘 사람이 광야에서 만든 우상과 대립하는 크고도 필요한 역사를 행할 것이다. 주가 먼저 다윗을 위해 가문을 일으킨다는 약속에 대한 답변으로서 감사의 역사를 완수하고, 주를 위해 한 집을 짓는 것은 다윗이 아니라 그의 아들이다. 은혜에 마땅히 보답하는 행위, 혹은 감사하기 위한 행위에서 다윗 왕은 자기 백성의 대표가 아니라 다만 자기 아들의 대표가 될 따름이다. 그 아들은 저 보답 행위를 완수하게 됨에서도—그도 물론 비유적으로만—이 백성의 의로운 왕이 될 것이다.

 그러나 또한 다른 것도 이것과 맥락을 같이 한다. 다윗의 역사에서 두 번, 마치 그의 삶이 백성의 삶을 위해 희생되는 것처럼, 마치 그가 자신의 죽음을 통하여 그의 백성을 재난에서 지킬 수 있는 것처럼 보인 적이 있다. 이런 일은 일어나지 않았고, 그는 이 제물로 받아들여지지 않았다. 아히도벨이 압살롬에게 한 조언은, 도주하는 왕을 신속히 떼지어 습격하여 그만을 죽이라는 것이다: "그렇게 되면 내가 온 백성을 다시 당신에게로 돌아오게 할 수 있습니다. 아내가 남편에게 돌아오듯이 백성이 그렇게 왕께로 돌아올 것입니다. 당신께서 노리시는 목숨은 오직 한 사람의 목숨입니다. 나머지 백성은 안전할 것입니다."(삼하 17:3) 그러나 이 조언은 압살롬에 의해 받아들여지지 않고 실행되지 않는다. 그리고 다윗이 지시한 인구 조사에 대하여 하나님이 징계할 때 우리는 다윗 자신의 탄식을 들을 수 있다: "바로 내가 죄를 지은 사람입니다. 바로 내가 이런 악을 저지른 사람입니다. 그러나 이들, 양떼는 아무 잘못도 없습니다. 나와 내 아버지의 집안을 쳐주십시오."(삼하 24:17) 백성을 페스트로 쳤던 천사는 그때 멈추고, 다윗은 주를 위하여 여부스 사람 아라우나의 타작 마당에 제단을 세운다. 그러나 그의 제안을 받아들이지도 않고! 재앙은 이미 광범위하게 일어났다. 칠만 명이 죽었다. 다윗 자신이 먼저 자신에 대한 징벌보다는 이 백성에 대한 징벌을 택하지 않았던가? 그가 아라우나의 타작 마당을 구입한 것이 그가 결국 할 수 있는 모든 것이다. 그 자신의 희생은 이번에도 하나님의 뜻이 아니었다. 그러므로 다윗이 나중에 압살롬을 위하여 탄식한 것도(삼하 19:1) 무의미하다: "나의 아들! 오 압살롬아! 나의 아들! 오 압살롬아! 내가 네 대신 죽었더라면! 오 압살롬아! 내 아들아! 내 아들아!" 다윗이 이처럼 울부짖고 그 대신 차라리 자신이 죽었어야 한다고 한 것은 자연스런 아버지의 사랑이 아니다. 다윗에게는 여기에 약속이, 그러므로 모든 것이 달려 있다. 그는 그의 아들의 죽음과 함께 그의 사명의 모든 것을 잃었다고 생각한 것이 분명하다. 바로 여기서 모든 것이 너무 늦었다. 다윗의 탄식도, 자기 아들 대신 죽었어야 한다는 소원도, 이런 대리 행위, 다윗의 희생이 그를 위해 예비되어 있지 않다는 사실을 바꿀 수 없다. 반면에 주목할 만하게도 이전에는 이와 반대의 일이 일어났었다. 곧 그의 아들, 밧세바와의 간음에서 태어난 아들이 실제로 그를 대신하여, 곧 그의 죄를 징벌하기 위하여 죽었다. 다윗은 이 사건에서 자기 자신에게 사형을 언도했었다: "그런 일을 한 사람은 죽어야 마땅하다!"(삼하 12:5) 그러나 그 자신의 죄를 고백한 것에 대한 응답으로서 나단은 그에게 말한다. "주께서 그들의 죄를 용서해 주실 것입니다. 그러므로 왕은 죽지는 않으실 것입니다. 그러나 그대는 이번 일로 주를 조롱했으므로, 그대에게 태어난 아들은 죽을 것입니다!"(12:13f.) 다윗은 기도하고 울고 단식한다. 또한 여기서도 약속은 흔들린다. 그러나 일은 벌어진다. 아이가 죽는다. 그러나 이 사망 보고에 임한 다윗의 매우 주목할 만한 태도는, 이 전승이 이 죽음을 다윗에 대한 형벌로 또한 동시에 사면으로 파악했다는 것을 보여 준다. 다윗은 아이가 실제로 죽었다는 소식을 듣자 "그는 땅에서 일어나서 옷을 갈아입은 뒤에 경배하기 위하여 주의 집으로 갔다." 그리고 이런 기이한 행동에 대해 다윗에게 묻자 그는 대답한다: "아이가 살아 있을 때에 내가 금식하면서 운 것은 혹시 주께서 나를 불쌍히 여겨 주셔서 그 아이를 살려 주실지도 모른다고 생각하였기 때문이오. 그러나 이제는 그 아이가 죽었는데 무엇 때문에 내가 계속 금식하겠소? 내가 그를 다시 돌아오게 할 수가 있겠소? 나는 그에게로 갈 수 있지만 그는 내게로 올 수가 없소. 그 뒤에 다윗이 자기의 아내 밧세바를 위로하고 동침하니 그 여인이 아들을 낳았다. 다윗이 그의 이름을 솔로몬이라고 하였고 주께서도 그 아이를 사랑하였다."(삼하 12:20-24) 자신의 죽음을 통하여 다윗의 죄를 징계하고, 이로써 다윗의 생존과 저 약속된 아들의 생산 출생을 가능케 하기 위해서만 산 것처럼 보이는 저 다른 아들의 죽음 뒤에 곧 바로 주의 사랑을 받는 자, 약속된 이 아들이 잉태되고 및 출생하는 것을 주목하라! 다윗 자신은 그러나 그의 삶에서 많은 고난을 당해야 한다. 우선 그 자신의 사명 때문에, 그 다음으로 자신의 죄 때문에. 그러나 삶이 사울의 몫이 아닌 것처럼, 대리적 고난 혹은 심지어 죽음은 다윗의 몫이 아니다. 자기 백성을 위하여 혹은 자기 아들을 위하여 제물이 되는 것은 그에게는 언제나 미리 거부되었고 불가능해졌다. 우리는 그가 압살롬을 위하여 슬퍼하고, 밧세바의 첫 번째 아들을 위하여 애도하지만, 그러고 나서 계속 생존하고, 결국 아무 문제없이 "세상 사람이 모두 가는 길을"(왕상 2:2) 가서 자기 조상들과 함께 다윗 성에 묻히는 것을 본다.(왕상 2:10) 그는 이 관점에서—그의 희생은 요구된 듯했으나 받아들여지지 않았다.—창세기 22:12의 이삭, 열왕기상 22:33의 요사밧 왕처럼 같은 법 아래 있다. 요셉이 하나님에 의해 이집트로 보냄을 받은 것은 "당신 후손들의 목숨을 지켜 주시는 것이고 또 당신들 중 많은 사람을 구원하여 살아 남게 하시려는 것이다."(창 45:7) 그러나 요셉 자신의 목숨이 대신 빼앗기거나 그것에 대한 대가로 받아들여지는 일은 없었다. 부지중에 범죄한 다윗의 친구 요나단(삼상 14:43f.)은 사울에 의해 사형 선고를 받았으며, 스스로도 죽을 각오가 되어 있었다. 그러나 백성이 그를 살려주도록 요구해서 그는 당시에는 죽지 않을 수 있었다. 다윗이 여기서 넘어서는 안 되는 한계는 분명히 구약성서의 인간 일반에게, 모든 이런 인물들에게 그어진 절대적 한계이다. 그러나 우리는 여기서부터, 또한 아들에게는 결정된 저 특별한 역할이 그에게는 거부되어 있음을, 다윗의 아들이 그에게 주어진 약속의 화신으로서 동시에 그의 개인적 한계임을 보다 잘 이해한다.

여기서부터 비로소 또한, 전승이 우리에게 이제 또한 다윗의 죄에 대해서 보고하는 것을 평가해야 할 것이다. 우리는 이미 이것을 지적했다. 그의 죄는 사울이 행한 것에 비하여 극악하고 피로 물들었다. 이 죄가 전승의 의미에서 구체적으로 어디에 있는지를 인식하기 위하여 사무엘하 11-12장을 그 문맥에서 정확히 읽어보아야 한다. 『취리히 성서』(Züricher Bibel)의 표제 "다윗의 간음"도, 『루터 성서』(Lutherbibel)의 표제 "다윗의 간음과 살인죄"도 이 사건을 적확하게 나타내지 못한다. 왜냐하면 나단이 행한 처벌의 연설(삼하 12장) 속에는 밧세바에게 행한 간음 자체에는 특별한 비중을 두지 않기 때문이다. 다윗의 죄가 일차적으로 이런 간음의 성격을 실제로 지니기 때문이고, 호세아 등에 의해 이런 성격을 염두에 두고서 서술된바, 야웨와의 관계에서의 이스라엘의 원죄와의 연관성이 외견상 분명하기 때문에 사람들이 이 사건에 특별한 비중을 둘 것을 기대한다. 또한 우리아에게 행한 다윗의 살인도 비난의 대상이다. 그러나 주목할 것은, 그가 그 자신이 결정한 교묘한 방법을 통해 이 죄를 저지르려 하였고, 그가 죄로 이해하는 것을 직접적으로는, 실제로는 범하지 않았다는 것이다. 또한 나단도 "그대는 우리아를 칼로 쳐죽였소."라고 처음에 한 말을 번복한다: "그대는 그를 암몬 사람의 칼에 맞아 죽게 하였소."(12:9) 우리는 나단이 이야기한, 가난한 사람에게서 그의 유일한 양새끼마저 빼앗아 간 부자의 비유에, 그리고 "그대가 바로 그 사람입니다!"로써 선포되는 결정적인 반명제에 주목해야 한다. "내가 너에게 기름을 부어서 이스라엘의 왕으로 삼았고 또 내가 사울의 손에서 너를 구하여 주었다. 나는 네 상전의 왕궁을 너에게 넘겨주었고 네 상전의 여인들도 네 품에 넘겨주고 이스라엘 집안과 유다 집안도 너에게 맡겼다. 그것으로도 부족하다면 내가 네게 무엇이든지 더 주었을 것이다. 그런데도 너는 어찌하여 주를 우습게 여기고 내가 악하게 여기는 일을 하였느냐?"(12:7-9) 여기서 분명한 것은, 다윗의 죄는, 그가 그의 삶의 저 절정에서 자신을 왕으로 세우고, 그를 이런 절정기로 이끌어 준 주를 잊은 것이다. 그는 나중에 아합이 나봇에게 행한 것(왕상 21장) 못지않게 눈이 멀었으며, 그의 손자 르호보암이 행한(왕상 12장) 것보다 더 사악하게, 또한 사무엘하 24장에서 보고된바, 역시 무거운 죄로 간주되는 인구 조사 때의 그 자신보다도 더 나쁘게, 저 이방 민족의 황소 같은 왕들, 자신들에게 유익한 것, 그들의 권한 안에 있는 것은 모두 법이 되는 그런 저 크고 작은 독재자들 중 하나보다 더 사악하게 처신하였다. 사울이 아니라 다윗이 여기서 저 사무엘상 8장의 "왕의 권한"에서 위협적으로 암시된 모든 인간 왕권의 가능성을 실현했으니, 즉 왕이 지켜 주어야 할 백성의 권리를 약탈하였다! 백성의 이상에 상응하여, 이 백성을 파멸로 몰아넣기 위해서 다윗은 아무 준비도 없이 갑자기 자기 자신을 이런 황소 같은 왕과 혼동하였고, 그런 모습을 드러냈다. 이것이 다윗이 바로 주를 멸시한 것이니, 그가 주를 멸시함으로써 곧 하나님이 금한 모든 것, 간음, 절도, 살인, 거짓말을 동시에 한꺼번에 범할 수밖에 없었다. 저 황소 같은 왕에게는 자연스러운 일이 그에게는 전혀 부자연스러운 것이다. 그는 결코 그런 왕이 아니기 때문이다. 그는 하나님의 왕이며, 인간의 은혜로 된 왕이 아니다. 주가 그와 함께한다. 그는 하나님의 왕권을 증언해야 하고, 그의 왕좌에서 하나님의 보좌를 지켜야 한다. 바로 그는 저 "왕의 권한"을 요구할 수 없다. 다윗은 바로 직전에 그에게 하나님의 약속을 전달해 준 같은 사람의 입에서 나오는 저 왜?라는 물음에 대해서 어떤 답변도 할 수 없고,

하지 않을 것이다. 그는 다만 말할 따름이다: "내가 범죄하였습니다." 그는 바로 그 자신인 비유의 부자에 대해 사형 선고를 내릴 수밖에 없다. 그가 사무엘하 11장에 서술된 방법으로 행했던 모든 행위는 그에게는 전적으로 불가능했고, 죽어 마땅하였다. 사실 다윗이 여기서 행한 것은 한때 사울이 이런 방법으로 행했던 일을 훨씬 능가한다. 무거운 죄와 가벼운 죄, 분명한 죄와 미미한 죄를 구별해야 한다면, 다윗은 버림받은 자요, 사울은 선택받은 자일 것이다. 여기서부터 판단한다면, 최소한으로 요구해야 할 것은, 두 사람이 하나님과 동등한 관계 속에 있는 자로서, 근본적으로 그 앞에서 동등하게 취급되어야 한다는 것이다. 양자의 죄 사이의 저 불평등을 숨김없이 표현하는 전승이 전혀 다르게 판단한다면, 우리가 다윗에게서 곧 그의 죄는 징계를 받았으나 용서받았다고 듣는다면, 그 이유가 있다. 물론 우리는 분명히 다윗이 여기서 사울과 아주 근접하여 있음을 본다. 그 자신이 더 이상 평소의 그런 사울이 아니지 않은가를 물을 정도로 근접해 있다. 다윗의 죄가 결정적으로 사울의 인격 안에서 버림받은 이교도들의 왕권을 위해서 그를 사울로부터 구별한 왕권을 포기한 것임을 볼 때, 이 장면에서 두 인물의 내적 연대는 취소할 수 없는 사실이 된다. 이 연대성의 심각성은, 그의 시작에 사울의 최후가 뒤따르듯이, 다윗의 이런 죄에 실제로 가혹하게 뒤따르는 심판에서 나타난다. 저 아이의 죽음은 다만 다윗이 당해야만 하는 형벌의 시작일 뿐이었다. 주가 그의 가문에 재앙을 일으킬 것이라는 것, 그가 우리아에게 은밀히 행했던 일이 그의 하렘의 여인들을 통해 그 자신에게 공개적으로 일어나리라는 것, 칼이 더 이상 그의 집안을 비키지 않으리라는 것을 나단은 그에게 경고한다. 이런 경고는 압살롬의 이야기에서, 그리고 나중에 그의 왕세자들의 사건에서, 예루살렘에서 정시에 그대로 이루어진다. 다윗과 그의 가문에게 다윗이 그 책임이 있는 저 혼돈으로 말미암아 그대로 이루어진다. 그의 역사와 그의 가문의 역사는 이제부터 그 당시 세계의 크고 작은 왕조들의 일반적인 역사상과 다를 바가 없다. 결국 그것은 "바꾸어야 할 것을 바꾸어서" 모든 이런 왕조, 권세 가문의 역사상이다. 밧세바 및 우리아와의 사건은, 다윗이 확실히 사울과는 다른 나무로 만들어졌기 때문에 사울 대신 선택된 것이 아니요, 주가 확실히 그렇기 때문에 그와 함께하는 것이 아니라는 것을 밝히 드러냈다. 이에 상응하여 그의 역사와 그의 가문의 역사는 사울의 역사와는 다르게 형성되지만, 그러나 절대적으로, 근본적으로 다르게 형성되는 것은 아니다. 그렇기 때문에 그 역사는 지금 적어도 유사한 표지 아래 놓이게 된다. 어떤 세속 역사가가 사울의 재앙과 물론 훨씬 오래 끌지만 결국 모든 차이점에도 불구하고 역시 분명한 다윗 가문의 재앙 사이에서 근본적인 차이를 볼 수 있을 것인가? 징벌이 시작되는 순간부터 그도 세속 역사의 한 인물임이 분명하다는 것이 다윗의 죄에 대한 징벌이다. 그도 그 자신의 빛과 함께, 그 인물들 중 누구도 벗어날 수 없는 보다 큰 그늘에 참여한다.

    구약성서의 전승이 다윗의 죄에 대해서 솔직하게 말하고, 그 죄에 대한 징벌을 솔직하게 언급함으로써 그와 사울 사이에는 천양지차가 있다고 보았다면, 우리에게는 이 전승에서 하나님의 선택을 어떻게 이해해야 하고, 어떻게 이해해서는 안 되는가를 또 다시 분명히 하는 외에는 다른 것이 없다. 분명히 하나님의 선택은, 한 인간이 다른 인간에 비하여 죄에 전혀 참여하지 않았다거나 덜 참여했다는 이유 때문에 한 인간을 다른 인간으로 구별하는 것으로 이해되어서는 안 된다. 베냐민과 유다, 그리고 나중에 이스라엘의 열 지파와 유다는 실제로, 이미 거기 광야에서 그리고 다시금 라마 시대에 송아지 상을 자기들의 앞장을 설 신(神), 왕으로 요구하였던 동일한 무리였다. 그러므로 사울과 다윗은 실제로 같은 목재에서 빚어졌다. 동일한 죄 많은 백성의 죄많은 대표들이다. 그들의 작고 큰 죄는 이 사실을 다만 드러낼 따름이었다. 다시금 구약성서의 전승에 의하면 한 인간의 다른 사람 앞에서 선택함은, 하나님이 선택받은 자들을 본성적인 죄성의 미세한 혹은 적어도 큰 발작으로부터 보호함으로써 적어도 간음, 살인, 절도, 거짓말 등과 같은 추악한 범죄가 그들의 일이 되지 않도록 하는 것을 포함하지는 않는 듯하다. 다윗의 은혜는 이런 도덕적 면역과는 아무 상관도 없었던 것 같다. 그리고 다른 사람 앞에서 한 인간을 선택함은 분명히 또한, 그 인간이 온 세상이 받는 심판에서 벗어났음, 그가 세계사 속에서 조만간에, 어떤 방식으로든 모든 사람이 당해야 할 일을—그 자신의 책임으로 인하여도—함께 당하지 않는다는 것을 의미하지는 않는다. 오히려 구약성서의 전승에 의하면 한 인간의 선택은, 다른 모든 사람과 함께, 무엇보다도 또한 그가 선택받음을 통하여 불이익을 당한 자들과 함께 죄인이며, 그런 자로서 자신을 드러내며, 그런 자로서 처벌받는 그런 인간을 구별함이다. 바로 이런 인간이 하나님에 의해서 자기 자신에도 불구하고, 하나님의 뜻의 증인, 그의 은혜의 뜻의 증인으로 만들어지는 것—이것이 구약성서의 진술에 의하면 한 인간의 선택이다. 하나님의 선택은, 하나님이 그와 더불어 무엇을 의도하며, 그렇기 때문에 무엇을 달성하고 행하려 하는가에 따라서 서고 쓰러지며, 그러므로 선택은 다만 설 수 있고, 쓰러질 수 없다. 선택은 인간의 증언과 더불어 서고 쓰러지며, 그러므로 그것은 다만 설 수 있고, 쓰러질 수 없다. 그러므로 선택은 인간의 덕행과 더불어 설 수 없고, 그의 잘못과 더불어 쓰러질 수 없다. 선택은 인간이 다만 조금 범죄함으로써 설 수 없고, 크게 범죄함으로써 쓰러질 수 없다. 선택은 인간에게 위임된 증언에 부합함으로써 설 수 없고, 인간이 그것에 대립함으로써 쓰러질 수 없다. 선택은 하나님의 일이며, 그런 한에서 또한 인간의 일이다. 선하고 악한 그가 누구이건, 무엇이건 간에! 이것을 이해한다면, 다윗의 타죄의 이야기가—사무엘하의 밧세바와의 간음, 혹은 역대기의 인구 조사—사울에 대립하는 빛의 인물로서 그를 서술한 것과는 모순을 이루지 않으며, 오히려 이런 서술에서 불가결하다는 것을 또한 이해하게 된다. 하나님의 은혜로 말미암아 된 왕은 일단 그 자신 속에 독재자 기질을 내포한다. 약간 무해한 증후만이 있는 것이 아니라, 사무엘하 11장에 서술된 것처럼, 그렇게 완전하게, 극단적으로 내포한다. 그는 이런 인간으로서 하나님의 은혜를 받은 왕이며 이런 왕으로 남는다. 이런 인간으로서, 곧 이런 그의 죄성 가운데 전적으로 하나님의 자비와 용서에 의존하는 자로서—하나님이 서 있고 또한 그도 지켜주기 때문에만 설 수 있는 그런 자로서—자신의 궁핍 외에는 하나님께 아무것도 드릴 것이 없는 그런 자로서! 다윗이 이런 인간이라는 것은 그의 선택받음, 그의 왕권, 하나님의 왕권을 증언해야 할 그의 직무를 확증하는 것은 아니다. 사울도 이런 인간이기 때문이다. 그러나 모든 것은 그가 이런 인간이라고 해서 하나님이 그와의, 이런 인간과의 일을 무효화하지 않음, 하나님이 이런 인간으로서의 그와의 일을 오히려 속행함을 통해서 확증된다. 다윗과 이처럼 날카롭게 대립되는 저 "나"(삼하 12:7)가 은혜로써 다윗에 대해 결정하고 조처한 것은 돌이킬 수 없고, 다윗에게 향한 저 치명적인 '왜'를 통해서도 의문시되지 않고 오히려 확증될 따름이다. 하나님이 신실함으로써 다윗의 왕권에서 자신을 영화롭게 하고자 하는데, 그렇기 때문에 그런 한에서 그의 선택은 불변한다. 그렇기 때문에 사울에 반하여 다윗은 이런 인간임에도 불구하고 빛의 인물이다. 곧 다윗의 죄가 저렇게 드러나는 것에 직면하여 그는 사울보다도 훨씬 이런 인간이라고 말할 수 있다. 그렇기 때문에 다윗은 자신의 죄를 고백할 뿐 아니라—사울은 일치하는 상황에서 사무엘에게 역시 그렇게 했다.—그렇기 때문에 그는 용서받는다. 그렇기 때문에 그와 그의 집안에 대한 모든 심판은, 그에게 주어진 약속을 저촉할 수 없다. 그렇기 때문에, 비록 그의 집안이 다윗의 타죄와 더불어 드러난바 모든 육신에 대한 저주를 예외 없이 짊어져야 할지라도, 주는 끝까지 그와 함께, 또한 그의 아들과 함께, 또한 그의 집안과 함께한다. 하나님 홀로 왕이며, 모든 인간 왕은 다만 그의 증인이라는 사실은 그런 한에서 증인의 혼동으로 인하여 더욱 분명해질 따름이다. 그, 증인은 하나님이 그를 통하여, 그에게 분명하게 하고자 하는 것을 불분명하게 만들 수 없다. 그는 그가 거부했고, 그 자신이 무능력한 그런 직무에서 해임되지 않는다. 어째서 아닌가? 그가 독재자가 아니기 때문에 아닌가? 아니다. 사무엘하 11장에 의하면 그도 독재자이다! 그러나 거부하는 자, 무능력자에게도, 독재자에게도 하나님의 섬김으로부터 해임되는 경우는 없다! 다윗이 하나님을 섬김으로써, 그는 그에게서 제거될 수 없는, 그 스스로 또한 제거할 수 없는 저 "지워질 수 없는 품성"을 지닌 자이다. 이것이 그의 타죄 이야기의 특별한 빛 속에서 드러난 그의 선택의 능력이다.

중단하고 되돌아보자. 사무엘상·하의 내용은 하나님의 뜻과 행위를 통해 초래되고 유도된바, 이스라엘 왕정의 수립과 시작의 역사이다. 구체적으로 말하자면, 하나님의 선택에 뿌리를 두고 있는 바, 처음의 두 이스라엘 왕 사울과 다윗의 즉위와 통치 이야기이다. 우리는 이미 구약성서 역사 기술 전체에서 관심과 주제의 변천을 주목했다. 곧 이전에도 모세로부터 사무엘에 이르기까지 지도자들이나 우두머리들이 없었던 것이 아니건만 역사 기술의 관심이 이스라엘 백성 전체에 있었다면, 지금은 왕들을 통해서 지도자, 우두머리들에 관심을 보이며, 지금 이스라엘의 역사는 분명한 왕의 역사가 된다. 이 속에 백성의 역사 자체도 포함되며, 또한 완전히 결속되어 있으며, 그 옆에서 백성의 역사는 어떤 독자적인 존재와 의미를 더 이상 가질 수 없다. 백성의 역사는 이제, 이제로부터 사라지고, 그것은 이제, 이제부터 그때마다의 우두머리, 우선은 사울, 그리고 다윗, 그러고 나서 예루살렘과 사마리아의 다른 왕들의 역사 안에서 존속한다. 이런 추이와 평행하여 또한 다른 추이가 일어난다. 역사 기술이 이전에는 이스라엘 백성 전체에—우선은 광야에서의 그들의 통일에, 그 다음으로는 팔레스틴에서("단에서부터 브엘세바까지") 그들의 공동적인 땅 점령 행위에 관심을 두었다면, 지금은 시선이 실로에서부터 남쪽을 향하고, 정확히 말하자면, 한편으로는 벧엘과 헤브론 사이의 영역으로, 다른 편으로는 요르단 강 하류와 블레셋 왕국의 동쪽 경계선 사이의 영역으로 향한다. 이 영역이 나중에 다시 확장될지라도, 이러한 장면과 보고에서 그 중심은 유지된다. 그리고 이 영역 안에서 역사 기술의 시선이 잠시 베냐민 지파에 머무는 듯할지라도, 시선은 곧(거의 마치 동방에서 온 현자들을 인도하는 별처럼) 유다의 베들레헴으로 옮겨가며, 결국은 예루살렘에 정착한다. 구약성서의 역사 기술이 관심하는 왕국은 유다와 예루살렘의 왕들의 왕국이다. 다만 하나님의 진노 때문에, 다만 저 합법적인 왕국의 배신으로 인하여 나중에 왕국은 분열되고, 패러독스하게도 한 거룩한 일체의 이름, 곧 사마리아의 이스라엘 왕국이라는 이름을 지닌 왕국이 존재할 것이다. 사울의 왕국은 처음부터 그 곳을 지시했고, 이로써 자기 자신을 반박했다. 그러나 하나님에 의해서 그 대신에 세워진, 하나님의 뜻에 적극적으로 부합하는 다윗의 왕정은 예루살렘의 유다의 왕들의 나라이다.

그런 한에서 역사 기술의 의도가 분명하다면, 다른 관점에서는 그것이 매우 모호하고, 모순에 가득하다고 말해야 마땅할 것이다. 그리고 그 모호성은 레위기 14장과 16장에서, 그리고 창세기의 족장 설화에서처럼, 문제의 모호성과 이 문제의 통일성에 근거한다.

우선 문제에 관한 한, 우리는 이 왕들에 대한 첫 번째 이야기의 목표가 예루살렘의 다윗 통치에서 운 좋게 달성된 사실을 고려할 때, 그 역사의 시작을, 즉 라마의 날을 잊어서는 안 될 것이다. 우리는 사무엘에게 전달된바 인간에 의해서 지배되는 이스라엘 왕국에 대한 백성의 소원이 사무엘에 의해서뿐 아니라 하나님에 의해서도 불법적인 소원으로서, 하나님 자신의 왕권을 배척하는 것으로 표현되었으며, 그 다음으로 이루어진 사울의 선출과 즉위는 여기서부터 하나님의 심판의 성격을 지닌다는 사실을 잊어서는 안 된다. 우리는 나중에 사울이 다윗을 통하여 대치될 때에도 그 심판의 성격은 취소되지 않는 것을 경험한다. 실제로 밧세바 설화에서 오히려 다윗이라는 인물을 통하여 사무엘상 8장의 저 "왕의 권한"이 무엇인가가 드러난다. 어떻게 사무엘하 7장에서 다윗에게 약속된바 하나님의 은혜를 강조함은 그에게 주어진 미래를 위한 약속을 강조함이며, 그에게서 의로운 왕권이 실현 성취됨을 강조하지는 않는 것인가? 어째서 약속의 내용은 다윗에게가 아니라, 하나님이 그의 왕국에서 그의 아버지가 되고자 하며 또한 그는 그의 왕국에서 하나님의 아들이 되어야 할 자로서의 그의 아들과 관련이 되는가? 이 모호성은 또한 후대의 왕들의 역사 서술에서도, 곧 솔로몬의 인물을 서술할 때에도, 또한 예루살렘 보좌에 오른 그의 후임자들을 서술할 때도 결코 제거되지 않는다. 그들 가운데서 약 절반만이 그의 조상 다윗의 길을 걸었고, 하나님이 기뻐하는 일을 행했고, 사마리아의 불법적 왕권에 비하여 그들의 합법적 왕권의 차이를, 사울에 대한 다윗의 선택의 차이를 구체적으로 드러내는 그런 왕들로 서술된다. 그리고 이 역사 기술 전체가 결국은 사마리아에서부터 예루살렘까지 들이닥치며 또한 합법적인 왕국, 다윗의 왕조까지도 마감한 대재앙에 관한 보고로써 끝맺지 않을 것인가? 사울의 마지막 자손 므비보셋이 다윗의 식탁에서 먹듯이(삼하 9:10-11), 다윗 지파의 이 왕들 중 마지막 왕 여호야긴(왕하 25:27-28)은 사면과 관용을 받은 명예객으로서 바빌론의 왕 에윌므로닥의 식탁에서 먹지 않는가? 그러나 다윗의 식탁보다는 저 바빌론 왕의 식탁에 앉아야 하는 것이 더 나쁘지 않은가? 더 후대에 관한 전승은 다윗 가문의 스룹바벨의 기능이 곧 다윗 왕국을 회복하고 계속하는 것이라고 말하기를 회피했다. 구약성서의 본문과 정경이 최종 형태를 갖추게 되는 세기에는 예루살렘에 왕이 없었다. 곧 외부 열강의 다소간의 분명한 외국인 총독이나 조공 왕 외에는 권력자가 없었다. 이들의 통치는 구약성서 주제에서는 아무 의미가 없고 따라서 또한 어떤 주목도, 잠정적으로도, 부정적으로도 어떤 주목도 받을 가치가 없으며, 어쨌든 사무엘서의 왕권과는 아무 상관이 없다. 586년 이후 예루살렘에도 더 이상 왕이 없었다는 사실을 부인하거나 재해석하려는 시도는 구약성서 정경 내에는 없다. 고대 왕권에 대한 구약성서의 기술은 이로써 또 다시 수수께끼가 된다. 오해할 여지도 없이 사울과 다윗의 이야기로 알려진 사무엘서의 내용이 어떤 의미에서 바빌론 포로기 이후 공동체에 교회적일 수 있었으며, 역사의 전개 과정 속에서 간과할 수 없게 되어 버린 그것의 내용상의 모호성을 고려할 때, 그 내용이 그 공동체에 어찌하여 자극적이 아닐 수 있겠는가? 여기서 무엇보다 중요한 사울과 다윗 사이의 차이는 완전히 평준화되지 않았는가? 그러나 예루살렘에 있는 왕국도 정말 하나님의 뜻이었던가? 왕국의 도입을 가져온 라마의 심판 행위는, 6세기 이후 목도하게 된 사건의 징조가 아니었던가? 곧 하나님은 예루살렘의 왕국도 원하지 않는다. 그는 근본적으로 이스라엘의 어떤 인간 왕도 원하지 않는다. 이스라엘 왕국의 전체 역사는 순전한 오류의 역사가 아니었던가? 다윗 가문과 왕조의 영원한 존속의 약속은(삼하 7장) 완전히 거짓말로 드러나지 않았는가? 사람들이 저 본문을 위대한 과거에 대한 순전히 역사적 관심에서 혹은 미학적, 낭만적인 기쁨에서 존중하고 정경에 집어넣고 계시서로 읽었다는 것은 거의 믿기가 어려운 듯하다. 그리고 이 본문의 가치 평가는 그것을 율법에 대한 귀중한 종교 윤리적 범례집으로 이용할 수 있었다는 데 근거한다는 추측은, 사람들이 실제로 저 세기에 그리고 또한 후기 유대교에서—그리고 유대교에서만이 아니다!—그것을 대한 태도에는 부합할지도 모른다. 그것들이 어떻게 성립했고 변함없이 정경 속에 편입된 과정에 대한 성명으로서 이것은 충분하지 않다. 그러나 사람들이 이 본문을 읽을 때 어떤 종교적 관심을 가졌던가? 우리는 여기서 분명히 다시금 구약성서 자체의 수수께끼, 곧 한 종교적 공동체가 한 본문 주변에 모였고 수세기 동안 한 본문 앞에 모여 있었다는 사실의 수수께끼에 직면하게 된다. 이 본문의 내용은 그 자체로, 그리고 공동체의 현재와의 관련에서 공동체에는 전적으로 수수께끼였음이 분명하다. 공동체는 그 본문에서 한 오류의—그리고 본문 자체에서 분명하게 시인되지 않았으나 실제로 시인된 오류의—역사만을 발견하고, 그 본문에서 그에 상응하는 속행이 없는 시작의(그 자체로 모순에 가득한 시작의) 역사를 발견하며, 무의미하게 위로 치솟다가 절단된 기둥을—혹은 어쨌든 현재까지 이루어지지 않은 예언을 발견할 따름이다. 이스라엘의 인간 왕의 존재가 하나님의 뜻이라는 것을 공동체는 이 본문에서 확실하게 추론할 수 없었고, 공동체는 열왕기에서 이어지는 이 본문의 연속편에서, 그리고 구약성서에서는 거의 취급되지 않는 후대 이스라엘 백성의 역사적 경험에서도 이것을 추론할 수 없다. 공동체는 이 본문을 종말론적으로 계시로(그것은 그들에게 실제로 그렇다.), 그러므로 예언으로 읽고 이해할 따름이었다. 누구에 대한 혹은 무엇에 대한 예언인가? 이것이 우리가 이 본문이 문제 삼고 있는 일에 직면해서 우리 앞에 놓여 있는 거대한 모호성이다.

그러나 또한 여기서 문제의 통일성에서도 모호성이 있다. 문제 자체가 해명되었고, 라마의 행위가 하나님의 심판 행위로서, 의심의 여지없이 심판의 행위뿐 아니라, 동시에 은혜의 행위로서도 이해되어야 하고, 다윗의 선택을 통해, 주가 그와 함께함을 통해, 그가 통치자로 상승함을 통해, 그리고 결국 그에게 주어진 약속을 통해 그런 것으로 설명되고 확증된다고 가정하자. 그래도 물어야 할 것이 있다. 그의 불행한 선임자는 왜, 어떤 한에서 하나님에 의해 선택받은 자로서, 그 나름대로 하나님을 위해 거룩해진 자로서 표시되었는가? 사울이 어떻게—분명히 하나님의 은혜의 왕—다윗 옆에, 앞에 서게 되었는가? 그는 세겜의 아비멜렉처럼(삿 9:1-2) 찬탈을 통해서가 아니라(그의 시도는 요담의 가시덤불 우화에 의해서 비판적으로 묘사된다.), 혹은 압살롬처럼 혁명적인 반란에 의해서가(삼하 15:7-8) 아니라 매우 정상적으로, 하나님의 지시에 따라서 행동하는 사무엘에 의해 왕으로 부름받고 기름 부음을 받은 합법적인 왕이다. 설령 하나님의 영이 나중에 다시 그로부터 비켜났을지라도, 그 영이 어디에서부터, 무엇을 위해 그에게도 내렸는가? 그가 어떻게 예언자들 가운데 들어갔는가? 우리는 그의 전 존재가 또한 이런 소멸될 수 없는 면과 운명도 지닌 것을 보았다. 사람들은 실로 그의 왕정이 성립하는 과정에서 나쁜 일을 각오했고, 또한 그의 이어지는 운명에 대한 보고에서 실제로 좋지 못한 일을 알게 되지만, 그럼에도 불구하고 그의 인물 위에 그 많은 빛을 발견하고, 그에 대해 비난할 만한 별다른 이유를 발견하지 못하는 데 대해 놀라게 되는 것은 어쩐 일인가? 그리고 사람들은 계속해서 물을 것이다. 북이스라엘의 첫 번째 왕 여로보암에게서 어떤 의미에서 사울의 왕권이 부활하였는데(왕상 11:26-27), 솔로몬의 건축공들 중에서 "유능한 인물"로서, "한 과부의 아들"로서 어느 정도 연민을 가지고 소개되며, 전승에 의하면 실로의 예언자 아히야에 의하여(사울과의 평행점은 거의 강압적이다!) 다음과 같은 말로써 그의 미래의 왕국에 대해 예언함은 어쩐 일인가? "네가 나의 종 다윗이 한 것과 같이 내가 명령한 모든 것을 지켜서, 내가 보는 앞에서 바르게 살면 내가 너와 함께 있을 것이며 내가 다윗 집안을 견고하게 세운 것 같이, 네 집안도 견고하게 세워서 이스라엘을 너에게 맡기겠다."(왕상 11:38) 전승은 하필 이 여로보암에 대해, 그가 솔로몬에 의해서 이집트로 쫓겨갔다가 솔로몬의 사망 후 이집트에서 귀환하여 그의 나라를 세웠다고 보고함으로써, 그로 하여금 왕좌에 이르기까지 의미심장한 길을 걷게 함을 통해서 그를 구별함은 어쩐 일인가? 다윗의 약속의 아들인 솔로몬의 아들 르호보암에게는 하나님의 저 말씀과 더불어 한 경쟁자가 주어졌으니, 르호보암 곁에 다윗 가문 출신이 아닌 왕이 한 지파 외의 모든 이스라엘 지파를 다스리는 왕으로 세워졌음을 주목하라. 여로보암이 저 약속의 조건을 충족하지 못했고, 하나님의 마음에 드는 일을 행한 북이스라엘 왕은 전승에 의하면 이후에도 전혀 존재한 적이 없다는 것은 자명하다. 어떻게 왼편에―다윗에게 주어진 약속과 분명히 비교된다!―저런 약속이 주어질 수 있었는가? 어떻게 이 약속이―본문은 우리에게 어떤 다른 것을 추측할 가능성을 주지 않는다.―진지하게 의도될 수 있었는가? 전승에서 사마리아의 왕들의 합법성이 왜 확실히 암시적으로 그러나 어디서도 명시적으로 부인되지 않고, 그들이 "이스라엘의 왕"이라는 자극적인 칭호 아래 다윗 성에서, 성전에서부터 밀리 살며, 종종 다윗의 봉헌된 후손들과 전쟁을 하는 것이 당연한 것으로 취급되며, 유다의 왕들의 통치기도 역시 당연하게 이스라엘의 왕들의 통치기에 의해서 측정되거나 그 반대로 하는 것인가? 한 마디 말로 해서, 그 나름대로 버림받고 왜곡되고 부패한 길에 있고, 하나님의 진노 아래 있는 자가, 그렇기 때문에 역시 진지하게 또한 하나님의 선택받은 자, 하나님에 의해 선택받은 왕이라면, 하나님에 의해 이스라엘 왕으로 선택받음은 무슨 의미인가? 하나님은 이 왕국으로써 한 가지를 원하는가―그가 원한다고 전제한다면!―아니면 이중적인 것을 원하는가? 하나님이 이 이중적인 것에서 분명히 그 자체 모순적인 것을 원하므로, 그는 도대체 정말 무엇을 원하는가? 같은 물음은 다윗을 행해서도 제기된다. 그는 어째서 하나님의 선택받은 자로서 분명히 사울과는 구별되게 인식될 수 없는가? 사울의 아들이 그에 대항하여 하나님의 동맹에서 저 지도적 역할을 한다는 것은 이야기의 아름다움에도 불구하고 혼란케 하고 불안하게 한다. 또한 혼란스러운 것은, 결국 그 자신에게가 아니라 그의 아들에게, 하나님의 아들이기도 한 왕의 지위가 주어지는 것이다. 또한 혼란스러운 것은, 다윗에게―도대체 왜?―성전 건축이 거부되는 것이다. 그가 타죄함으로써 실제적으로 사울보다도 훨씬 분명한 모습으로 이교도 왕의 상을, 하나님에 의해 버림받은 왕의 상을 실현한 것은 얼마나 혼란스러운가? 나중에 솔로몬에게서 분명히 "영광의 왕"을 보면서 사울에 대한 기억을 완전히 일소하지만, 그러나 그 다음으로 그의 성전 건축, 그의 지혜, 의, 영광에 대한 상세한 보고 다음에 열왕기상 11장에서 완전히 냉정하게, 솔로몬이 늙어서 그의 마음이 더 이상 그의 아버지 다윗의 마음처럼 한결같이 그의 주 하나님에게 향하지 않고 오히려 시돈 사람의 여신 아스다롯, 암몬 사람의 가증스런 우상 밀곰에게 빠졌고, 모압 사람의 혐오스런 우상 그모스를 위하여 예루살렘 동편에 있는 언덕에(올리브 산에!) 제사 동굴을 만들었다고 이야기한다면, 우리는 하나님의 선택에 대해 도대체 어떻게 생각해야 하는가? "그는 자신들의 신들에게 향을 피우고 제사를 드리는 외국인 아내들을 위하여 똑같은 일을 했다."(왕상 11:4-5) 정말로 한결같은 마음이 아니다! 이제 그의 지혜는 어디 갔는가? 그리고 그가 간구했던, 그에게 모든 다른 것과 더불어 주어진 그 지혜로운 마음은 어디 갔는가?(왕상 3:9-10) 그의 아버지에게 주어진 약속에 따르면 그가 하나님 아들이 된다는 약속은 어디에 있는가? 하나님의 선택된 왕을 찾으려는 시선은 분명히 여기서도 안식을 얻지 못한다. 그리고 또한 나중에 다윗의 후손에게서도. 우리가 나중에 르호보암으로 비롯된 시작 다음에, 아사, 요사밧, 나중에 요아스, 아마샤, 아사리야, 요담, 히스기야, 나중에 요시야를(그들 대부분은 긴 통치 기간으로 인하여 다른 왕들로부터 현저히 구별된다.) 하나님 마음에 드는 왕으로서 만나게 되지만, 그들은 모두 다윗을 능가하기는커녕 다윗의 뒷전에 머물러 있으며, 그들의 선은 거듭하여 단절되다가 결국 요시야에 이르러 궁극적으로 끊어진다. 전승에 의해서 이 선(線)한 왕들의 성격과 행위에서 다소간에 감화를 받는다고 할지라도, 이스라엘의 선택받은 왕의 나라는 그들 가운데서 아직 시작되지 않았다는—그들 모두가 사마리아의 저 다른 거침돌이 되는 "이스라엘 왕들"을 그들 곁에, 그들에 대항하여 두었다는 사실은 제쳐놓고—것을 간과할 수 없다. 의문은 이 면에서도 제기된다. 전승이 이스라엘의 왕으로 소개하고, 전승에 의해 분명히 사울의 가문에 대해, 사마리아 왕좌의 지속적으로 단절되는 승계와는 구별되게 선택받은 것으로 표시되는 그의 온 가문이 이제 이 결정에 전혀 부합하지 않는 것으로 드러난다면, 하나님이 이스라엘 왕을 선택함은 어떤 의미인가? 하나님은 이 왕국으로써 한 가지를 원하는가—그가 원한다고 전제할 때!—아니면 이중적인 것을 원하는가? 그가 이런 이중적인 것에서 분명히 그 자체로 모순적인 것을 원하므로, 그는 도대체 무엇을 실제로 원하는가?

이것이 본문이 증언하는 사안의 통일성에 관한 난제들이다. 이것들이 이 사안에 관한 난제들에 또한 추가됨으로써 의문이 생긴다. 이 본문이 포로기 이후 공동체 안에서—본문에 대한 역사적, 미학적, 교육학적 관점이 고려될 수 없다면—어떻게 계시서로 읽혀질 수 있었고, 정경 속에 편입될 수 있었겠는가? 여기서 사람들이 본문을 예언으로 읽고 이해했다는 것 외에 다른 가능성이 진지하게 고려될 수 있겠는가? 본문은 실제로 nebiim(예언서)으로서 정경 속에 편입되었다. 사람들은 이 "역사서"를 예언의 말씀, 비유적 말씀으로 평가했고, 그 전체 내용에 따라서 다만 그렇게 평가할 수 있었다. 그러나 사람들이 본문에서 예언된 것으로 발견한 것은 누가, 혹은 무엇인가? 사람들이 이 본문을 읽을 때 간과한, 혹은 간과하려고 한 대상은 누가, 혹은 무엇이었던가?

이제 우리는 마무리짓기 위하여, 레위기 14장과 16장에서 얻은 성찰을 이 본문에 적용하여 간단하게 반복하는 일만이 남아 있을 뿐이다. 이 본문은 유대인 독자들뿐 아니라 우리에게도 알려지지 않은 대상을 가지고 있는가? 아니면 본문은 어떤 대상을 가지고 있지 않기 때문에 그 자체로 아무것도 아닌가? 아니면 이 물음에 대한 신약성서의 답변, 곧 사도행전 2:25-26의 문맥에서 찾아야 답변이 표준적이고 정확한가? 우리는 저기서 베드로가 시편 16:8-9 구절을("주께서 내 영혼을 하데스에 버리지 않으시며 주의 거룩한 분을 썩지 않게 하실 것이다. 주께서 내게 생명의 길을 알려주시니 ….") 인용하면서, 다윗은 이것을 εἰς αὐτόν, 즉 죽었다가 부활한 나사렛 예수를 가리켜서 말한 것이었다고 설명한다. 이 설명에 대해 나중에 이렇게 말한다: "동포 여러분, 나는 조상 다윗에 관하여 자신 있게 말씀드릴 수 있습니다. 그는 죽어서 묻혔고 그 무덤이 이날까지 우리 가운데 남아 있습니다. 그는 예언자여서 하나님께서 자기의 자손 가운데서 한 사람을 그의 왕좌에 앉히시겠다고 맹세하신 것을 알고 있었습니다. 그래서 그는 그리스도의 부활을 미리 내다보고서 말하기를 그리스도는 하데스에 버림을 당하지 않고 그의 육체는 썩지 않았다 하셨습니다."(행 2:29-31) 우리는 동일 시편 구절에 대한 동일한 해석을 비시디아 안디옥의 회당에서의 바울의 연설에서도 발견하게 된다.(행 13:35-36) 거기서 그것은 이사야 55:3에서 추론한 표제 아래 있다. "다윗에게 신실하게 약속한 거룩한 복을 내가 너희에게 주겠다."(행 13:34) 곧 다윗에게 전달된 예언이 예수의 죽음과 부활에서 성취됨. 그리고 동일한 연설 안에서의 이스라엘 역사에 대한 간단한 개관은 다음의 회상으로 끝맺는다: "그때부터 그들이 왕을 요구하기에 하나님께서 베냐민 지파 사람 기스의 아들 사울을 그들에게 왕으로 주셔서 사십 년 동안 그를 왕으로 섬기게 하셨습니다. 그 다음에 하나님께서 사울을 물리치시고서 다윗을 그들의 왕으로 세우시고 증거하여 말씀하시기를 내가 이새의 아들 다윗을 찾아냈으니 그는 내 마음에 드는 사람이다. 그가 내 뜻을 다 행할 것이다 하셨습니다. 하나님은 약속하신 대로 다윗의 자손 가운데서 구주를 세워 이스라엘에게 보내셨으니 그가 곧 예수입니다."(행 13:21-23) "그리고 우리는 여러분에게 복음, 곧 하나님께서 조상들에게 하신 그 약속을 전합니다. 하나님께서 예수를 다시 살리셔서 우리에게 그 약속을 이루어 주셨습니다."(행 13:32-33) 그러므로 사도 베드로와 바울에 의하면 구약성서 왕의 역사는 대상이 있었다.

그러나 그들이 이 대상으로서 예수 그리스도, 곧 하나님의 뜻대로 빌라도 아래서 죽고 하나님의 능력으로 말미암아 죽은 자들 가운데서 부활한 자를 가리킨다면, 저 본문에 관한 마지막 주석상의 물음은―그 대상에 대한 물음―믿음의 물음과 일치한다고 우리 자신에게 다시 말해야 할 것이다. 곧 우리가 이 대상을 사도들처럼 예수 그리스도의 인격에서 재발견하는가, 아니면 회당처럼 그리스도 이전이나 이후에는 재발견하지 못하는가? 오직 구약성서 본문 자체에 의해서는 이 물음은 분명히 결정될 수 없다. 저 본문 자체에서 얻어지는 것은 저 난제들이다. 물론 우리가 본문 주석에서 저 난제들을 극복할 수 없고 다른 한편으로는 사도들처럼 예수 그리스도는 우리가 중지해야 하는 그 위치에 비상하게 잘 맞는다고 생각을 할 수 있기 때문에, 사도의 답변을 수용한다는 것은 있을 수 없을 것이다. 그래서 사도들도 그들 자신에 의해서 발견되고 선택된 가능성으로서, 유대 성서학에 대한 궁극적인 승리로서 난제에 답변한 것이 아니다. 오히려 구약성서가(눅 24:27-28) 예수 그리스도의 부활에서 이루어진 예언의 성취에서 그들에게 열렸기 때문에, 구약성서의 예언이 이런 성취의 빛에서 볼 때 그들에 의해서 더 이상 이 대상에 관한 연설 외에는 다르게 읽혀질 수 없었기 때문에 그들은 이렇게 생각했다. 우리가 사도들의 결정을 전제한다면―그들이 그렇게 결정하게 된 근거는, 곧 예수 그리스도 안에서의 하나님의 계시를 통해 강제되었으며 그러므로 그 결정은 그리스도에 대한 믿음의 결단으로서 되어진 것이다.―본문이 말하는 선택받은 왕은 곧 예수 그리스도라고 확정함이 저 본문에 대한 주석의 궁극적인 결론으로 물론 가능할 뿐 아니라 또한 필연적이다. 궁극적인 결론으로서! 우리는 지금까지 이 본문의 연구에서도 그의 이름을 발언하지 않았고, 구약성서 세계 안에, 그것의 가능성 안에 머물러 있었으며, 거기서 선택받은 왕에 관해 말한 것을 구체화해 보려고, 끝까지 사고해 보려고 하였고, 그래서 물론 이로써 의미되는 것이 구약성서 세계 안에서, 하나님이 원하는 왕국 자체로서도, 또는 선택받은 왕의 인격으로서도 구체화될 수 없고, 사안 자체도 그것의 통일성도 파악될 수 없다는 결론을 맺게 되었다.―그러므로 결정적인 물음, 곧 하나님은 이 일에서 무엇을 원하며, 그가 그 일을 위해 원하는 자는 누구인가? 물음은 이 본문 자체에서는 분명히 답변될 수 없다는 결론에 도달했다.

사도가 여기서 분명히 말해야 한다고 생각했던 최종적인 말은(복음의 첫 번째 말로서, 그들이 선포해야 했던 신앙의 첫 번째 말로서!) 또한 우리가 말할 첫 번째 말일 수 있고, 필연적으로 그 말이어야 하므로, 또한 우리의 궁극적인 말이 되어야 한다는 전제 아래서, 유대의(혹은 어떤 이유에서든 실제로 유대의) 주석이 얻을 수 없는 빛이 당연히 우리의 주석과 그 결과에 비친다. 여기서도 우리는 이런 전제 아래서 계속한다. 사무엘서의 선택받은 왕도(선택받은 개별자의 특별한 수정된 형태로서) 그의 모든 가능성에서, 그 다양한 인물들의 모습에서 예수 그리스도의 증인이며, 그 자체로 그때그때 다만 그리스도의 원형, 모형일 따름이다. 유형상으로는 그때마다 그 자신이다. 아무런 공통 분모로 약분될 수 없는, 그 자체로 모순이 되는 왕들의 다양한—적어도 둘 혹은, 정확히 말하자면 여기에도 넷—모습이 있다는 사실은, 그들이 예수 그리스도의 인물에서 사건화된 예언의 성취와는 구별되게 예언의 형상임을 나타낸다. 그리고 그들이 통일성을 결여하고, 사안 자체, 곧 이스라엘의 왕권을 하나님이 원하는 질서로서 가시화될 수 있고 파악될 수 있도록 증언하지 못한다면, 이로써 그들은 예언임이 확증된다. 우리는 그들에게서 성취를 찾아서는 안 된다. 예수 그리스도의 왕권은 현실이고, 그들이 증언할 수 있고, 그들이 증언할 수밖에 없는 대상이다. 우리가 이 본문의 문제 전체를 여기서부터 다시 한번 숙고해 보도록 하자.

라마의 날에 세워진 이스라엘의 왕권이 예수 그리스도의 왕권의 원형 내지 모형이라면, 그날에 일어난 하나님의 은혜의 행위가 심판 행위의 성격을 지닌다는 사실은, 유대의 왕, 인간이(하나님은 그를 통하여 은혜의 나라인 그의 나라를 그의 온 백성을 위하여 시작하였다.) 바로 하나님이 그의 온 백성의 죄에 응답함으로써, 그들의 반역에 대하여 의로운 진노를 불태움으로써 배격하고 죽음에 내어준 자라는 사실처럼 그렇게 암담하지만, 그러나 보다 암담하지 않고 다른 한편으로는 그 사실만큼이나 밝다. 모든 인간의 죄를 대리로 짊어지는 자로서, 모든 인간 독재 통치의 대표로서, 하나님에 의해 버림받고 징계받은 자들의 대표로서, 그 앞에서 필수적인 모든 인간의 불의와 불경건을 위한, 결국 다윗에 의해서도 능가될 수밖에 없는 모든 사울적인 본성에 대한 속죄 제물로서 이 인간을—이 인간을 하나님은 그런 자로 바라보면서 그의 오른편에 앉혔고, 자기 보좌 위에 올려놓았고 왕으로 만들었으니, 그의 나라에는 그로 인하여, 그가 오로지 죄를 용서함으로써 행하는 왕권의 능력 때문에 불의한 자도, 불결한 자도 없다.

이스라엘의 왕권이 예수 그리스도의 왕권의 유형이나 원형 혹은 모형이라면, 그것의 특징인 저 지나감과 사라짐 속에서 이스라엘 왕권은 외견상 현재의 성취 뒤에는 곧 미래에 대한 새로운 약속이 되며, 그 속에서 그 왕권 자체는 언제나 미래적인 것이 된다.(사울에서 볼 때 다윗에게서, 다윗에서 볼 때 그의 아들에게서, 그의 아들에서 볼 때 그의 아들들과 손자들에게서, 결국 다만 상징적으로 바빌론 왕의 식탁의 명예석에 앉은 저 마지막 자손, 여고니아에게서 그 왕권이 성취되는 듯하다.) 이런 사실은, 시간이 지속하는 한, 예수 그리스도의 왕권은 화해의 나라로서 약속과 믿음의 문제이며 희망의 대상이라는 사실만큼이나 암담하지만 또한 밝다. 그리스도의 나라는 이 나라의 영광을 그의 어떤 시간 속에서도, 현상 속에서도 다만 섬광처럼 잠정적으로만 드러낼 수밖에 없는 교회의 가시적 형상 속에 감추어져 있다. 교회는 하늘과 땅을 창조하였고, 모든 인간과 만물 위에 존재하는 분의 정권을 대행할지라도, 이 세계의 권세들 곁에서 최선의 경우 관용을 받고, 식객이 될 수도 있고, 기껏해야 한 표징은 될 수 있어도, 그 이상이 될 수는 없다!

이스라엘의 왕권이 예수 그리스도의 왕권의 원형과 모형이라면, 또한 그 왕권이 종말을 고한 것, 공동체가 결국 그 왕국을 역사적인 소여(所與)로서 회고할 수밖에 없다는 사실은, 예수 그리스도의 나라, 화해의 나라가 시간과 더불어, 창조의 현재 상태와 더불어, 함께 한계와 목표를 가진다는 사실만큼이나 암담하지만, 그러나 보다 암담하지 않고 다른 편으로는 이 사실만큼 밝다. "그러나 모든 것이 하나님께 굴복당할 그때에는 아들께서도 모든 것을 자기에게 굴복시키신 분에게 굴복할 것입니다. 그래서 하나님은 만유 중 만유가 되실 것입니다."(고전 15:28) 오직 하나님이 이처럼 만유 중 만유가 됨에서만 예수 그리스도의 왕국도 역사적인 소여로서 "특별히" 시간의 종말과 함께 스스로 완결되어 영원한 왕국이 될 것이다.

하나님에게 버림받은 이스라엘의 왕이, 사울로 불리든 혹은 여로보암이라 불리든 간에, 예수 그리스도의 원형과 모형이라면, 저 버림받은 자도 그 나름대로 하나님에 의해 선택받은 자, 하나님에 의해 거룩해진 자의 표적을 지닌다면, 그도 신적 권한에 의해 자신의 보좌를 취하고 유지한다면, 그가 또한 잘못된 길에 들어서서 몰락하는 가운데서도 위대하지 않은 것이 아니라, 경멸이 아니라, 두려움의 대상으로 보이고, 그의 종말이 어떤 승리의 종결이 아니라 심각한, 필연적인 심판 행위의 일로 보일지라도, 어쨌든 그것은 절대적인 수수께끼가 아니다. 사울은 그렇다면 마땅히, 엄연히 예언자들 가운데 들어간다. 그와 그 다음의 사마리아의 왕들도 버림받았으면서도 하나님의 손에서 벗어날 수 없었다. 왜냐하면 그들은 그들의 끔찍스러운 죄의 구렁 속에서도(그들의 백성의 죄는 바로 그들 자신의 죄이다.), 하나님의 진노의 끔찍스런 암흑 가운데서도(그 암흑 아래 그들의 정권이 있다.) 스스로 죄가 없고 모든 죄 많은 인간들의 머리요 대표로서 인간들의 맨 앞에서, 그들과 하나님 사이에, 곧 범법자가 서 있는 그 곳에, 그러므로 바로 멸망한 자가 서 있는 그 곳에, 바로 인간의 반역이 일어나고 그러므로 하나님의 진노의 벼락이 칠 것이 분명한 그 곳에 스스로 개입한 그 왕을 예언하고 나타내기 때문이다. 하나님의 은혜로 된 왕 이외에 누가 인간의 은혜로 된 불행한 왕 대신에 그렇게 하나님 앞에 설 수 있으며, 그렇게 하나님의 심판을 당하고 소멸될 수 있는가? 하나님의 아들 이외에 누가 이런 두려운 기능으로 인간들의 왕이 될 수 있는가? 바로 이 인간들의 왕에게도, 사울과 그리고 구약성서의 역사 기술 속에 있는 다른 버림받은 이스라엘의 왕들에게 부여된 영예가 없을 수 없다. 바로 이 왕을 바라볼 때, 하나님이 다윗 이전에, 곁에, 이후에 또한 사울과 저 사울식의 다른 왕들에게도 그들의 공간과 일정한 광채를 주었고 허락함으로써, 이중적인 것, 자기 모순적인 것을 원했는가 물을 수 없다. 하나님 은혜의 영광의 후광이 또한 그들 모습 위에도 드리워야 하고, 그들에게서도 볼 수 있어야 한다. 골고다에서 범죄자로 처형당한 자는 분명히 하나님의 버림을 당한 자로서, 이 영광을 지니는 자, 은혜의 왕이다. 빌라도가 "나사렛 사람 예수, 유대인의 왕"을 고집한 것은 정당하였다.("내가 쓸 것을 썼다." 요 19:22) 이렇게 눈이 먼 이교도 빌라도는 이 왕의 구약성서적 원형과 모형에 대해 기록된 것을 아무것도 바꿀 수 없다는 것을 확인해야만 한다.

거꾸로 하나님에 의해 선택받은 이스라엘 왕, 다윗 자신과 다윗의 아들은 그 나름대로 예루살렘의 모든 왕이 예수 그리스도의 원형과 모형이다. 그러나 그렇다면, 우리가 거기서 명료한, 직접 인지될 수 있는, 만족스러운 왕의 상을 전혀 발견하지 못한다면, 요나단과 나중에 다윗의 약속된 자손이 다윗 왕보다 지 특이한 우선권을 가진다면, 다윗 자신이 성전을 지을 수 없다면, 다윗이 사울보다 더 심하게 죄를 지은 듯하다면, 그에게 약속된 아들이 영광의 나라를 가져오자마자 곧 다시 불가능하게 만든다면, 이 나라가 그의 후계자들 아래서도 더 이상 지속되지 못한다면, 어쨌든 이것도 절대적인 수수께끼는 아니다. 우리가 이 상을 예수 그리스도, 곧 그것의 본래적 대상으로부터 주시할 때, 우선 구약성서의 역사 기술 자체가 모든 저 지속적인 동기들을 분명히 드러냈으며, 거기에 대해 어떤 본질적으로 걸려 넘어지지는 않았다는 사실, 곧 구약성서의 선택받은 왕의 상은 부정적인 면을 특별히 부각시켰으나 적극적인 면과 부정적인 면을 어느 정도 균형을 이루도록 하지 않았고, 빛과 어둠으로 균등하게 짜맞추어진 상을 독자에게 제공하려고 생각하지 않았다는 사실을 이해한다. 버림받은 왕이 그 위에 비추는 빛에도 불구하고 버림받은 자이며, 언제까지나 그렇듯이 선택받은 왕은 선택받은 자이며, 언제까지나 그렇다. 그리고 부정적인 것이 억압되고 침묵되지 않으면, 말해지고 지시되어야 할 것은 여기서 부정적인 것이 아니다. 오히려 어떻게 하나님이 다윗이 하는 모든 일에 다윗과 함께하며, 어떻게 다윗이 승리하고 지배자가 되었는가, 그가 어떻게 예루살렘 거리 위에서 주 앞에서 춤추었는가, 하나님이 어떻게 그의 가문을 세울 것을 약속하였으며, 어떻게 실제로 하였는가, 그리고 솔로몬이 주를 위해 어떻게 집을 지었는가, 그리고 그의 지혜와 부가 결국 그의 후손들에게까지도 얼마나 큰지, 언제나 거듭 다윗의 계보에서 왕이 된 자들이 하나님의 계명에 순종하고 축복 아래 있었는가를 이야기한다. 이밖에 모든 다른 것도 또한 이야기되지만 다만 변두리에서, 독자적인 비중 없이 말해질 따름이다.

왕 예수 그리스도가 이 왕들의 역사의 본래적 대상, 주인공이라면, 하나님의 은혜와 인간의 죄, 하나님의 기적과 축복 상태 및 그것의 필연적인 한계, 그의 선함과 신실함의 현재적 현실 및 그것의 역사적 자기 표출의 잠정성은 평형을 이룰 수 없고, 균등하게 대립되어 있을 수 없다. 구약성서의 선택받은 왕의 상에서처럼 두 번째 것은 언제나 첫 번째 것에 의해서 능가되고, 변두리로 밀려나 있어야 한다. 여기서부터 볼 때 저 상에 반영되는 것은, 예수 그리스도의 부활과 올리어짐, 우리 인간성의 나약함 속에서의—그러나 이제 영광을 받은 나약함—그의 영원한 신성의 계시이다. 예수 그리스도가 하나님에 의해 선택받은 이스라엘의 왕이므로, 다윗의 승리와 주권, 솔로몬의 지혜와 부귀, 선한 왕들에 대한 칭송이 저 상에서 거의 분명히 표현되어야 한다. 그러나 전적으로 분명하지 않다! 그러나 저 변두리가 없지 않다! 이 변두리가 있으며, 혼란스러울 정도로 넓어 그 변두리가 간과될 수 없을 정도이고, 그것의 존재로 인하여 사람들이 전체에서 걸려 넘어질 정도이고, 선택받은 왕의 상이 버림받은 왕의 상과 어느 순간에라도 하나로 용해될 정도이고, 역사 기술이 말하고 지시하고자 하는 것에서 혼란에 빠지지 않기 위해서는 그 논리를 충실하게 따라야 할 정도이다.—이것은 구약성서의 역사 기술이 사안 자체가 아니라 상(像)이라는(혹은 여기서 그것이 우리와 만나는 한에서만 사안 자체) 사실에 의해서 제약되는 것 때문만이 아니라 오히려 사안 자체 때문이다. 왜냐하면 사안 자체의 상이 이런 형태를, 또한 이런 변두리를 가져야 하며, 분명히 가져야 하는 것이 그것의 본질이기 때문이다. 이 상의 본래적인, 적극적인 내용이—그것의 대상에서, 예수 그리스도로부터 볼 때—의심의 여지없이 하나님의 선택의 의미와 능력 자체, 하나님의 은혜의 영광을, 그에 의해서 무대에 세워진 인간 백성의 왕의 모습으로 우리 눈앞에 제시할 때, 부정적인 면은—적극적인 것에 밀려났으나 여전히 드러날 수 있고 부인될 수 없으며, 거명되고 인식될 수 있다!—우리에게 하나님이 선택한 자가 누구이고, 그 왕이 그처럼 위대하고 영광스러운 그 백성은 어떤 백성인가를 상기시킨다. 곧 그들은 멸망해야 할 죄인들로서 그로 인하여 의롭다 함을 받고 구원받은 자들이라는 것과, 하나님은 그들의 칭의와 구원을 위하여 그들의 본성을 취했고, 그들과 모든 면에서 동등해져야만 했고, 이 백성의 선두에서 은혜의 왕이 되고, 그런 왕으로서 이 백성을 다스리기 위해 어떤 희생을 감수했는가 하는 것. 물론 우리는 선택받은 왕 때문에 버림받은 왕을 잊어서는 안 되며, 다윗과 솔로몬 때문에 사울을 잊어서는 안 된다. 물론 우리는 그들이 함께 속해 있는 일정한 질서 안에서, 그러나 함께 그들을 보아야 한다! 다윗과 솔로몬은 구렁의 가장자리에 서 있는 것처럼, 죽음에서 구출된 자처럼 우리에게 나타나야 한다. 그렇지 않다면 우리가 그들의 승리와 영광을 어떻게 그런 것으로 이해했겠는가? 우리의 칭의를 위하여 부활한 자가 우리의 범죄로 인하여 넘겨진 자로 보여지고 이해되지 않았다면, 그가 어떻게 보여지고 이해되었겠는가? 은혜의 영광의 후광이 사울의 상 위에도 없지 않다면, 또한 하나님의 진노의 심판의 그늘이 다윗과 솔로몬의 상에도 없지 않다. 하나님은 인간이 된 자기 아들의 왕국을 세우는 것으로 한 왕권을 원하기 때문에, 여기서 이 왕권이, 저기 저 왕권과 마찬가지로 없어서는 안 된다. 하나님이 원하는 것은 이 한 가지이다. 곧 멸망할 죄인을 위하여 넘기어진 인간의 아들로서의 자기 아들의 인격 안에서 죄인을 위해 은혜를 베푸는 일. 어떻게 그에게 십자가 위의 죽음으로 낮아짐의 지옥 가운데서도 영광이 없을 수 있으며, 어떻게 그에게 그가 아버지 오른편에 올리어짐 가운데, 그의 신성의 광채 속에서 치욕과 수치가 없을 수 있으랴? 그의 왕권은 양쪽으로 완벽하며, 바로 이것이 사울의 상에 있는 거침돌이 되는 적극성의 신비이며, 다윗의 상에 있는 거침돌이 되는 소극성의 신비이다. 그들 양자의 설화를 통해 표시된 대상으로서의 그분 안에서 그 두 사람은 한 인간, 곧 특이한 연속 속에 있는, 각자의 특징을 짓는 내적 모순 속에 있는 한 사람에 의해 다른 사람을 극복하는 관계 속에 있는(구약성서에서는 이런 관계 속에서 그들이 대립한다.) 이스라엘의 한 참된 왕이다.

주목하라. 이스라엘 왕권이 예수 그리스도의 왕권의 원형, 모형이라면, 오른편과 왼편에 있는 개별적인 이스라엘 왕이 예수 그리스도의 원형과 모형이라면, 이것은 진정으로, 이로써 구약성서 설화의 걸림돌이 제거되는 것을 뜻하는 것이 아니라, 거꾸로 그 걸림돌이 진지하게 드러나며, 물론 또한 그것이 유익한 걸림돌이 되는 것을 뜻한다. 즉 그 걸림돌은 우리를 역사적인 간격으로부터, 상대적 무해성으로부터, 그러나 또한 모든 낯설음으로부터 움직인다. 그것은 낯설기 때문에 우리를 놀라게 할 수는 있지만, 우리에게 결단을 강요하기 위해서 개인적으로 아무것도 말할 수 없다. 우리는 하나님이 라마의 날에 이스라엘 백성이 그에게 요구한 것에 동시에 '그래'와 '아니'를 말한 것으로 만족할 수 없고, 또한 거기서 새워진 의로운 왕권이 감추어진 일이며, 언제나 그런 것이라는 사실로도 만족할 수 없고, 또한 결국 그 왕권도 끝났다는 것으로 만족할 수 없고—사울의 버림받음으로도 만족할 수 없고, 그가 이제 단순히 하나님에 의해 버림받은 자로 있는 것이 아니라는 사실로도 만족할 수 없고, 다윗의 선으로도 만족할 수 없고, 그가 궁극적으로 분명히 참된 하나님의 왕이 아닌 듯하다는 것으로 만족할 수도 없다. 우리가 사도적 증언의 지시에 따라서 예수 그리스도가 하나님에 의해 선택 받은 이스라엘의 왕이기 때문에, 모든 것이 그래야 한다고 가정한다면, 우리는 저 난제들을 용이하게 해결하는 것이 불가능해진다. 그때 그는, 그때 그에게서 나타난바 멸망할 죄인을 위한 하나님의 은혜는 모든 수수께끼 중 수수께끼가 되고, 우리는 구약성서의 걸림돌을 극복할 수 없다. 왜냐하면 그 걸림돌은 하나님의 계시와 화해 역사를 통해 우리에게 주어진 것이기 때문에 우리는 그 걸림돌을 제거할 수 없고, 다만 우리의 구원을 위해서 이런 역사를 통해 세거된 것을 인식할 수 있을 뿐이다. 우리가 이 본문을 읽을 때의 놀라움은 포로기 이후 공동체가 이 본문을 읽으면서 느꼈을 것이 분명한 놀라움에 비하면 무엇인가? 그리고 우리의 경탄은 또한 사람들이 분명히 사도 시대 교회에서 예수 그리스도 안에서 일어난 성취에 비추어 읽으면서 느꼈을 그 경탄에 비하면 무엇인가? 하나님이 참으로 이런 분, 곧 그처럼 자비로우며 진노하는 분, 그처럼 살게 만들고 죽이는 분, 그처럼 선택하고 버리는 분이라는 사실이 여기 한 유일한 인물 안에서 사건화되었다. 그래서 둘 중 어느 것도 부인할 수 없고, 어느 것도 다른 것으로부터 분리할 수 없고, 또한 하나를 다른 것을 통해서만 이해할 수 있고, 이 한 온전한 자 속에서, 이 한 인간 형상 안에서 다가오는 하나님의 왕적 통치를 인식할 수 있었고, 인식해야만 했다. 우리가 신약성서 주석을 통해 여기에 대한 최종적인 결론을 실제로 감행한다면, 그리스도인으로서 다만 그 내용에 대해 경탄하면서, 구약성서의 왕들의 역사가 수수께끼일 뿐 아니라 놀랍다는 것, 그 역사가 하나님의 은혜의 기적에 관한 이야기라는 것을 보고 파악할 수 있다. 우리가 이 본문을 사도들처럼 그리스도인으로서 경탄 속에 읽는다면, 이 본문이 우리에게는 더 자세히 알려지지 않은 포로기 이전 예언자 집단 안에서 기원하여 착상되고 집필되었으며, 포로기 이후 편집되고 수정되었을 때의 그 놀라움을 연구하고 서술하는 일을 차라리 피하려 할 것이다. "놀라움"은 이런 본문을 집필하고 편집한 자의 심경을 표현하기에는 너무나 약한 개념이다. 그들이 고대 이스라엘 왕권의 성립을 서술하려 했고, 그들이 본 대로 서술하려 했다는 것은 분명하다. 우리는 그들이 자신들의 눈에 분명히 보였고, 그들이 쓴 것을 통해 어쨌든 그의 독자들에게 분명히 제시하였던 그것을 수수께끼로 느끼지 않았다고 상상하기란 어렵다. 그들의 글이 실제로 수수께끼라는 것은 부인할 수 없다. 만약 우리가 그들이 쓴 것이 사실 자체가 실제로 수수께끼의 성격을 지녔다는 것을 가정한다면, 신약성서의 관점에서부터 이 사실에 어떤 수수께끼가 있는가, 그리고 동시에 그것이 얼마나 감추어진, 드러난 신적 진리로써 가득한가를 말할 수 있다면, 그것이 그래야만 했다는 것은 결국 가장 잘 설명된다.

그러나 누군가에게 우리의 "만약"이, 즉 본문에 대한 사도적 주석의 전제가 어떤 이유에서든 맞지 않는다면—그는 사무엘서의 선택받은 왕의 문제에 관해서 보다 나은 해결책을 우리에게 지시하라!

우리는 구약성서에서의 하나님의 선택을 세 번째로 그 자체로 완결된 열왕기상 13장, 곧 여로보암 1세 시대에 유다 출신의 하나님의 사람과 벧엘의 늙은 예언자 이야기의 연구를 통해서 살펴보자. 이 본문은 그 주변과는 다른 자료층에 속하는 듯하며, 아마도 열왕기하 처음에 있는 엘리사 설화와 비슷한 자료층에 속하는 듯하다. 그러나 본문은 한편으로는 본래적인 하나님의 사람과 직업적인 예언자 사이의 관계에 대한, 다른 편으로는 유다와 이스라엘 사이의 관계에 대한 성찰과 인식을 반영한다. 본문은 아모스서의 상황과 현저히 평행을 이루기 때문에 우리가 본문에서—형식에서가 아니라 그 내용에서—이스라엘 예언자의 모습, 두 이스라엘 왕국 사이의 관계에 대한 옛 전승 단편을 발견하는 것이 불가능하지 않다. 이 본문이 어느 시대에 속하든 내용상 의미심장하고 우리 물음에 대해서 많은 교훈을 주기 때문에, 본문으로 하여금 여기서 말하게 하는 것은 가치가 있다. 이것은 다윗 성과 솔로몬의 성전 그리고 거기서 하나님의 뜻에 따라 행해지는 제사의 영역인 유다 출신의 이름 없는 하나님의 사람과 벧엘의 예언자 사이의 매우 감동적이고 다양한 대립에 관한 이야기이다. 벧엘에서는 다윗 가문에서 떨어져 나간 보다 큰 이스라엘의 처음 군주 여로보암이 막 민족적인 사이비 종교를 만들고 제사를 개시하려는 무렵이었다. 이 하나님의 사람과 예언자가 어떻게 한데 속하며, 한데 속하지 않으면서도 결국 한데 속하는지, 그리고 역시 유다와 이스라엘도 어떻게 한데 속하는지 하는 것이 이 장의 주제이다.

첫 번째 부분에서는(1-5절), 유다에서 온 저 하나님의 사람이(아모스처럼, 7:14) 예언자 집단의 소속원이 아니면서 하나님의 명령으로(다시 아모스처럼, 7:15) 벧엘의 성소로 가서 저 제사를 반대하는 심판 예언을 말하는 것에 대해 이야기한다. 그는 여로보암이 세운 제단을 향해 하나님의 말씀을 전달한다. 다윗 가문의 자손 요시야가 언젠가 이 제단 위에서 그 제사장들을 죽이고 사람의 뼈를 그 위에서 불태워 버림으로써 제단을 공개적으로, 궁극적으로 모독하고 더럽힐 것이다. 이 신탁에서 표현되는 것보다 더 신랄하게 벧엘에서 행해지는 하나님 경배의 적법성에 대해 부정하는 것, 더 신랄하게 그것의 미래에 대해 위협하는 것, 거기서 일어나는 것이 예루살렘의 제의와 부합될 수 없음에 대해 보다 신랄하게 표현하는 것, 예루살렘으로부터 정화(淨化)와 보복이 있으리라는 것을 보다 신랄히 강조하는 것(왜냐하면 하나님이 여기가 아니라 저기에 있고, 저기서 '그래'를 여기서 '아니'를 말하기 때문에), 더 신랄하게 다윗의 나라를 위하고 분리된 북왕국에 적대하는 배타적 자세는 생각할 수 없다. 바로 눈앞에 있는 하나님의 표징이 이 말씀의 진실성을 확증할 것이다. 제단에 금이 가고 거기에 놓인 재가 쏟아질 것이다. 여로보암 왕은 그의 불법적인 제사장들을 거느리고 이렇게 선언된 제단가에 서 있고, 그가 스스로 고안해 낸 절기를 위해 소집된 이스라엘 백성 그 앞에 서 있다.(12:32-33) 왕은 제단으로부터 손을 내밀어 하나님의 사람을 가리킨다. 그를 잡아라! 이때 그의 손이 뻣뻣해져서 다시 오무릴 수 없고, 즉시 예고된 표징이 나타난다. 곧 제단이 갈라지고 재가 쏟아진다. 여기까지는 단순히 같은 장소에서 일어난 아모스와 여로보암 2세의 제사장 아마샤 사이에 있었던 충돌을 (암 7:10-11) 상황에 따라 변형한 것이라고 생각할 수도 있다.

  그러나 열왕기상 13장에서 신탁 전달자와 북이스라엘의 종교 후견 왕정과의 충돌은 다만 여기서 본질적으로 문제가 되는 것의 자료, 전제가 될 뿐이다. 우리는 두 번째 부분에서(6-10절) 대립이 잠정적으로 완화된 것을 보게 된다. 그러나 이전에 나타났던 날카로움이 실제로 변한 것은 아니다. 다만 현재로서는 그 대립이 잠시 감추어져 있을 뿐이다. 여로보암은 우선 일어난 사건에 대해 놀라고, 하나님의 사람에게 그의 뻣뻣해진 손을 위해 대신 빌어 줄 것을 간청한다: "제발 그대의 주 하나님께 은혜를 빌어서 내 손이 회복되도록 기도하여 주시오!" 그러자 그대로 되어서 그의 손이 마비된 기적이 실제로 철회된다. 그 결과로 왕은 하나님의 사람을 친절하게 초대한다. 왕은 그를 자기 집으로 부르고, 그에게 먹을 것과 마실 것을 주려고 한다. 왕은 그에게 선물을 주어 보내려 한다. 왕은 제단에 경고를, 하나님의 사람의 말에서 일어난, 그리고 저 갈라짐의 표징을 통해 확증된바 벧엘의 제의 전체가 전적으로 문제시되고 있음을, 또한 그의 왕권 및 왕국의 적법성이 전적으로 문제시되고 있음을 잊었는가? 아니면 왕은 저 하나님의 관용의 표징과 함께 또한 선포된 심판 위협도 폐기되었다고, 곧 그의 제단의 갈라진 틈이 다시 메워지고 더 불길한 미래가 아직 오지 않으리라고 생각한 것일까? 함께 먹고 마시자는 권유는 실제로 이를 지시하는 듯하다. 여로보암이 원하는 것은 그 자신과 하나님의 위탁을 받은 유다 출신의 대언자 사이에 화해하고, 관용하고, 친절히 타협하는 것이다. 그는 자기 스스로는 사람들이 왜 서로 손을 잡을 수 없는지, 예루살렘과 벧엘이 왜 상호 공존할 수 없는지 그 이유를 알지 못한다. 바로 이 때문에 하나님의 사람은 왕의 초대를 거절함으로써 양보하기를 거부한 것이다. 바로 이것이 하나님이 그에게 금지한 것이다. 이것은 여로보암이 그에게 그의 왕국 재산의 절반을 선사한다 할지라도 동의할 수 없는 것이었다. 그에게는 벧엘에서 저렇게 항의를 전달하도록 위임되었다. 그렇기 때문에 그에게는 벧엘에서 한 조각의 빵도 먹어서는 안 되고 또한 저쪽과 이쪽 사이에 최소한의 친교의 표시도 보여서는 안 되었다. 그 반대로 그는 왔던 길과는 다른 길로 고향으로 돌아가야 한다. 그는 이 영토 어느 곳에서도 잠시라도 머물러서는 안 되며, 이곳에서는 저렇게 항거하는 외에는 다른 일을 하기 위해서 이 땅에 조금이라도 되돌아와서도 안 된다. 왕을 위하여 대신 빌어 준 것도 분명히 이런 친교를 뜻하는 것이 아니라 징벌의 기적 자체가 왕으로 하여금 다만 하나님의 사람을 붙잡는 것을 막기 위한 것이듯이, 왕에게 닥친 일이 실제로 징벌의 기적이었다는 것을 그에게 보여 주기 위함일 뿐이다. 대립은 저 유화적인 중간 사건에 의해 은폐되었다. 그러나 하나님의 사람이 나중에 어떻게 처신해야만 했는가 하는 이야기는, 저 대립이 폐기되지 않았음을 지시한다.

본문의 대상은 이런 사태의 전환에서도 아직 드러나지 않았다. 여로보암은 다만 여기서 표출되게 될 갈등에서 전면에 내세운 인물에 불과하였다. 갈등 자체는 세 번째 부분에서(11-19절) 드러난다. 새로운 인물이 지금 등장한다. 한 늙은, 벧엘에 사는 예언자, 그는 유다에서 온 하나님의 사람과는 대조적으로 직업적 예언자들 중 한 사람으로서, 그들의 존재는 이스라엘 고대 역사의 자명한 전제에 들어간다. 이들은 본래적으로, 직접적으로 부름받은 하나님의 사람들에 의해 정당화되면서 동시에 위협받고 있었으며(나중에 후자에게로 예언자의 이름이 넘어갔다.)—그들이 경우에 따라서 진정한 신탁의 전달자, 선포자가 될 수 있었다는 사실을 통하여 정당화되고 동시에 위협받았다. 그러나 신탁의 전달, 선포가 필수적인 것은 아니었고, 이런 신탁의 임무가 예언자로서의 그들의 직업과 기능은 아니었다. 오히려 그들은 아무것도 말할 것이 없을 수도 있었다. 그들은 실제로 거짓 예언자일 수도 있었다. 그들의 평소의 삶에 대해서는 우리가 더 이상 가르침을 받지 못하는 이런 예언자가 지금 유다 출신의 하나님의 사람, 저 신탁의 전달자, 선포자의 이야기에 개입한다. 그가 지금 이 이방인의 말에 대립한 왕의 자리를 인수한다. 그는 제단 앞에서의 장면을 직접 체험하지는 않았고 다만 그의 아들들로부터 그 일에 대해 보고를 받았다. 그러나 그가 저 하나님의 사람이 자기 나라로 돌아가기 위하여 택한 길에 대해 물어본 후 나귀에 안장을 얹고 그 사람을 뒤따라가서, 마침내 그 사람이 상수리나무 아래 앉아 있는 것을 발견하고 자기와 함께 돌아가도록 설득하여 그의 지붕 아래서 먹고 마시자는 이야기를 들을 때, 이것은 그 예언자가 여로보암에게 전달된 거절 의사를(6-10절) 간파했고, 그것을 여하튼 철회시키려고 하는 것 이상도 이하도 아님을 뜻한다. 그는 대국 이스라엘이 유다에 의해 하나님의 이름으로 선포된 거절에서 주저앉아서는 안 되고, 여로보암이 그의 초대로써 추구하려고 했던 예루살렘과 벧엘 사이의 친교, 타협과 관용을 얻어내는 것이 이스라엘로서는 무엇보다 중요하다는 것을 깨달았다. 그는 자기 왕에게 전달된 거절로써는 만족할 수 없다. 그는 어떤 대가로든지 왕을 도와야 하고, 도우려 한다. 곧 유다에서 온 하나님의 사람은 벧엘에서 먹고 마셔야 한다. 그는 이로써, 왕의 마비된 손처럼, 그 곳의 제단에 갈라진 틈, 자신과 북왕국 전체에 내려진 심판 위협으로 끝난 것은 아니라는 표징을 얻으려 한다. 그렇기 때문에 급히 서둘렀고, 그렇기 때문에 긴급히 초대하였다. "나와 함께 집으로 가서 무엇을 잡수십시오!" 그러자 하나님의 사람이 이전에 왕에게 답변한 것처럼 그에게 말하는 것을 듣는다. "나는 할 수 없소!" 그는 해서는 안 되기 때문에 할 수 없다. "주께서 나에게 명하시기를 여기에서는 먹지도 말고 마시지도 말고 온 길로 되돌아가지도 말라고 하셨습니다." 그러므로 벧엘의 예언자는, 만일 그가 예언자가 아니었다면 그러므로 이런 신탁의 문제에서 경험으로 아는 전문가가 아니었더라면, 만일 그가 적어도 이론적으로 저 사람의 논거를 대등한 권위와 힘을 가진 논거로써 대응할 수 있는 가능성이 없었더라면, 이전의 여로보암처럼 동일한 극복할 수 없는 논거 앞에 직면하게 되고 그 역시도 의도가 좌절될 뻔한다. 왕과 백성에 대한 임박한 위험에 대응하고 그러므로 저 식사를 성립시키려고 하는 그의 소망이 다른 생각을 압도했고 그래서 모호한 발설을 감행한다. "나도 그대처럼 예언자요!"—직업적 예언자로서의 자신의 존재의 모호성이 그로 하여금 이러한 모호한 말을 하게 했다.—그리고 그는 거짓말을 감행했다.("그는 그에게 거짓말했다.")

"주께서 천사를 보내셔서 나에게 말씀하시기를 그대를 내 집으로 데리고 가서 먹게 하고 마시게 하라고 하셨소!" 이로써 이야기의 첫 번째 정점에 도달했다. 이제 모든 것이 칼날 위에 있다. 곧 그것을 받은 자가 맹세코 증언한 주의 말씀이 다른 말씀과 충돌하고, 나중의 말씀이 이전의 말씀과 충돌한다. 유다에서 온 하나님의 사람은, 그가 받은 신탁이 예언자가 받았다고 주장하는 것에 의해서 낡은 것이 되고, 수정되었는지를 판단해야 한다. 제단에 대한 경고, 그와 함께 온 이스라엘에 대한 경고, 그리고 이와 함께 다윗의 하나님과 다윗 가문의 단독 통치는 다만 잠정적인 진실, 계시였던가? 하나님이 왕의 마비된 손을 위해 빈 자신의 기도를 들어줌으로써, 여기서 문제가 된 두 왕국의 분열에 관해서도 양해하고 계신가? 이곳과 저곳 사이의 화기애애한 타협이 불가능할 만큼 여기에 은혜, 저기에 심판만이 있었던 것은 아닌가? 다윗의 하나님은 실제로는, 그가 처음에 그렇게 보인 것보다는, 그가 자신에게 그렇게 보인 것보다는 더 관용적이 아니었던가? 그러므로 저 친교의 징표를 세우는 것이 적절하지 않았던가? 벧엘의 예언자의 입에서 나온 "하나님의 말씀"은 크게 그렇다고 말했다.—유다에서 온 하나님의 사람은 그것을 그렇게 받아들였다: "그는 그와 함께 되돌아가서 그의 집에서 먹고 마셨다." 사건 진행에는 어떤 도덕도 없다는 것을 주목하라. 이 늙은 예언자가 노력한 일을 옹호함은 (그것은 오직 거짓을 통해서만 가능할 수 있었다.) 여로보암, 벧엘, 북이스라엘 왕국 전체를 버리는 일에 들어가기 때문에, 이 북이스라엘 영역 전체를 적대하는 하나님의 결정이 이미 내려졌고, 이 결정은 아무리 인간의 의지가 선할지라도 다만 빈 말로써만 부정될 따름이기 때문에, 또한 늙은 예언자의 거짓말도 확실히 본문에서는 비난받을 만하게 보일 따름이다. 다시 유다에서 온 예언자도 자신의 신념 없음 때문에 실패한 것이 아니라, 저 버림받은 영역에도 실제로 예언자가 있었다는 사실 때문에, 거기서 그가 만난 새로운 신탁의 가능성이 실제로 있었고, 그러므로 미리 배제될 수 없었다는 섬찍한 사실 때문에 실패했다. 저 제단 위에서는 단순히 낯선 신이 아니라, 원시적인 송아지 숭배를 복구하는 가운데서라도, 이스라엘의 하나님에게 제물이 바쳐졌다. 선택과 버림의 이런 암흑 속에서 유다에서 온 하나님의 사람은 흔들렸고, 추락했다.

이제 네 번째 부분에서(20-26절) 대이변이 일어나고, 이야기의 두 번째 정점에 도달한다. 즉 거짓말이 진실이 되었다: "그들이 식탁에 앉았을 때 주의 말씀이 그를 도로 데려온 예언자에게 내렸다." 하나님이 자신의 말씀을 실행하기 위해서 그도 이용할 수 있다는 그의 이적적인 직업의 가능성이 실현되었다. 이 예언자가 스스로는 전혀 다른 것을 말하고 대변하려 한 것과는 상관없이, 그가 하나님의 말씀을 전할 수 있는 가능성을 자신의 거짓말로 어느 의미에서 모독하였고, 하나님의 위탁받은 자로서의 자신의 위치를 그전에 망각한 것과는 상관없이—오히려 마치 그가 지금 자신의 거짓말, 그가 그전에 말했던 발언에 대해 책임을 져야 하는 것처럼—역할이 뒤바뀐다. 이전에 진리를 말했던 자는 지금 거짓말쟁이의 입에서 나오는 주의 말씀을 들어야 한다. 곧 그가 주의 말씀에 불순종했으며, 따라서 그 벌을 받아야 한다는 것과, 그가 여로보암 및 그의 제단에 대해서 하나님의 심판을 예언한 모든 것이 유효하며, 이제는 자기 자신에게 그 심판이 내려지게 되었다는 것과, 하나님의 진노의 다음 대상은 바로 지금까지는 충실했으나 이제는 불충실한 주의 사자인 그 자신이 될 것이라는 것: "그러므로 네 시신은 네 조상의 무덤에 묻히지 못할 것이다." 그러나 다른 사람, 거짓말쟁이는 지금 진실을 말하고, 지금 하나님의 사람을 향해 외침으로써 그 자신이 전에는 부정하려 했고 무효화하려 했던 주의 명령을 대변한다. 이로써 그 예언자는 자신이 이렇게 한 것이 평화의 역사를 위해서라고 확신했으나 스스로 그것을 파괴하고, 이 식사에 의해 슬그머니 취한 친교의 제스처가 의미 있었다는 것을 분명히 부인한다. 그것이 하나님의 뜻에 반하여 성립되었는데 어떻게 의미 있을 수 있으랴? 타협의 대변자 자신이 이 타협의 필연성과 권한에 대해 확신하고 있었다면, 이제 그것을 스스로 결렬시켜야 하고, 그것에 대해 고발해야 한다. 이제는 모든 것이 이런 방향으로 진행된다. 유다에서 온 하나님의 사람은 두 번째로 길을 떠나 고향으로 향한다. 그때 그는 사자를 만나 물려 죽는다. 그리고 "길가에 그의 시신이 버려진 채로 있고 나귀는 그 곁에 서 있고 사자도 시신 옆에 서 있다." 기이한 광경이다. 사자가 어째서 그를 죽였으나 나귀와 함께 그대로 두었을까? 한 여행자가 목도한 이 광경에 대해 벧엘의 예언자가 듣고는 그것이 누구이며 무슨 일인지를 곧 깨닫게 된다: "그는 틀림없이 주의 명령에 불순종한 그 하나님의 사람일 것이다. 주께서는 전에 그에게 말씀하신 대로, 그를 사자에게 내주셔서 사자가 그를 찢어 죽이게 하신 것이다." 지금 이렇게 말하는 자는, 자신의 직업을 악용하여 죽음을 당한 자를 미혹하여 그로 하여금 불순종하게 만들었던 바로 그 사람이었다! 그러나 이것은 본문에서는 그리 중요하지 않다. 본문에서는 이 사람이 이 순간에는 다만, 사자가 한 일은 우연히 이루어진 것이 아님을 알고 확증해야 하는 증인으로 존재할 뿐이다. 저 사람이 실제로 하나님의 결정을 배신했다는 것 때문에, 그는 지금 실제로 하나님의 결정에 의해서—여로보암, 벧엘 및 그 제단, 온 북이스라엘에 대한 하나님의 결정에 의해서 함께 변을 당한 것이며, 고압선을 만진 사람처럼 우연히 죽은 것이다. 하나님이 원치 않았고 체결하지 않은 평화를 지지한 대가로 그는 살해되었다. 이것이 벧엘의 예언자 자신에게, 그의 왕과 왕이 대표한 모든 일에 대한 신적인 거부를 상징한다는 것은 말할 필요가 없다. 거기에 시신이 있었고, 거기에 그를 죽인 사자가 있었다. 모든 것이 처음에 하나님의 사람이 말한 대로, 그리고 예언자가 그에 거슬러, 그 자신의 소원과 뜻에 거슬러 확증해야만 했던 대로 되었다. 하나님은 예루살렘과 벧엘 사이의 평화를 결코 원치 않았다. 유다에서 온 사람은 이 뜻에 거슬러, 그 자신이 선택받고 부름받았음에 반하여 행동했다. 그러므로 그는 그가 자신의 임무가 아닌 일, 그 자신의 임무에 거스르는 일을 한 낯선 땅에서 죽을 수밖에 없었다. 그리고 여기서 처형자가 되어야 했던 것은 바로 사자라는 사실은 창세기 49:9, 아모스 1:2, 3:8에 비추어서도 결코 무의미하지 않은 듯하다.

그러나 이야기는 이것으로 끝나지 않고 다섯 번째 부분에서(27-32절) 세 번째 정점을 향해 질주한다. 이제 진정한 예언자가 된 벧엘의 예언 전문가, 곧 지금 참된 하나님의 사람에 적대하여, 그리고 이로써 자기 자신 및 그가 대변한 일에 적대하여 하나님의 말씀을 전했던 거짓말쟁이는 이런 역할 교체로써 만족하지 않는다. 그도 지금 두 번째로 출발하여 재난의 장소로 서둘러 가서, 그에게 이야기한 그대로 모든 것을 발견하고 시신을 벧엘로 가지고 와서, 죽은 자를 위해 곡을 하고 매장한다: "그는 그 시신을 자기 무덤에 안장하고 나서 아이고 내 형제여! 하고 통곡하였다." 그러고 나서 그는 지시한다. 그 자신도 장차 이 죽은 자 옆에 매장되어야 한다: "내가 죽거든 너희는 나를 이 하나님의 사람이 묻힌 곳에 같이 묻어다오. 나의 뼈를 그의 뼈 옆에 두어라. 그가 주의 말씀을 받아서 벧엘에 있는 제단과 사마리아 성읍 안에 있는 모든 산당을 두고 외친 그 말씀이 그대로 이루어질 것이다." 이제 역할이 분명히 또 다시 바뀐다. 유다에서 온 하나님의 사람의 죄와 징벌에도 불구하고 그의 사명, 그러므로 또한 벧엘의 예언자에 대한 그의 권위, 탁월성이 전혀 변하지 않았다. 왜냐하면 이 사람은 그를 경배하기 위해서 그의 시신을 자기 자신의 무덤에 안장한 것만이 아니라, 이로써, 이 죽은 자의 죄와 징벌을 통해 다만 확인된 벧엘의 예언자 또 다시 그 자신의 이름으로 엄숙히 선언한 그 위협이 이루어질 때에 자신을 위해 도피처를 마련하기 위해서이다.

본문이 다시 여로보암의 이야기를 회고하는 이야기의 잠정적인 에필로그 부분에서는(33-34절) 여로보암이 이 사건에도 불구하고 주저하지 않고 "그의 악한 길", 곧 사이비 제의를 계속한다는 것을 보고한다: "이런 일 때문에 여로보암 가문이 죄를 얻었으며 마침내 당에서 흔적도 없이 사라졌다." 이 이야기의 본래적 에필로그는 열왕기하 23:15-20에 비로소 나타난다. 여기서 우리는 요시야가 벧엘의 제단과 그 밖에 사마리아의 성소들에 대한 저 경고를 실현했으며, 이를 위해 묘터를 파서 이런 행위에 필요한 사람 뼈를 찾아냈고, 또한 여로보암 시대의 저 하나님의 사람의 무덤도 발견했으며, 그에 대한 이야기를 듣고 그 무덤을 건드리지 말도록 명령했다는 것을 듣는다: "그래서 그들은 그의 뼈와 사마리아에서 온 예언자의 뼈는 그대로 두었다."

우리는 이 설화가 주는 감동을 생각할 때 도대체 여기서 무엇이 문제인가를 물을 수는 있으나 판단할 수는 없다. 곧 본래적인 하나님의 사람과 예언자 집단 사람 사이의 대결인가, 아니면 유다 왕국과 이스라엘 왕국 사이의 대결인가, 왜냐하면 이 두 문제는 이야기 속에서 상호 얽혀 있어서 사람들은 분명히 이것을 이해하기 위하여 두 가지를 끊임없이 생각해야 하기 때문이다. 예언자 문제가 분명히 전면에 나타난다. 그러나 두 왕국 문제 역시 분명히 부록 이상이다. 열왕기상 13장의 문맥을 고려할 때, 사람들은 오히려 예언자 문제는 다만 왕국 문제를 조명하기 위하여, 그러므로 다만 저 배경을 위하여 서술되었다고 말할 정도이다. 그러나 다시금 저 결정을 포기한다면, 또한 양편을 대표하는 인물 중 어느 쪽이 역사의 승승장구하는 영웅으로 중심에 서는가도 결정할 수 없다. 곧 유다에서 온 사람인가, 아니면 벧엘에서 온 사람인가? 아니면 이들 뒤에 여로보암 왕이라는 죄인인가, 아니면 예언된바 있고 나중에 나타나는 종교개혁자요 보복자인 요시야 왕인가? 왜냐하면 이 두 왕 중 어느 누구도 이 장면에서 빠져서는 안 되고, 한 사람이 다른 사람을 전제하고 보완하고 전면에 나서 있는 두 예언자의 길은 다양하게 교차됨으로써 상호 연관되므로, 본문의 의도는 오인할 수 없다. 곧 양자도 함께 보아야 한다. 그럼에도 불구하고 우리가 여기서 헝클어진 다양한 실들을 주목함으로써 전체를 이해해 보려 한다면, 우선 두 개의 이중적인 상이 풀려 나온다. 오른편의 이중상과 왼편의 이중상.

유다에서 온 사람의 모습 속에 있는, 그리고 그 뒤에 약간 멀리 요시야의 모습 속에 들어 있는 오른편의 이중상, 곧 진정한 다윗 왕조와 왕국의 대표로서 하나님에 의해 위탁받은 참된 예언─혹은 거꾸로, 참된 하나님의 예언의 장소요 전달자로서의 다윗 왕조와 왕국.

우리는 여로보암의 제단에 맞선 유다 출신의 하나님의 사람이 첫 번째 극적인 등장에서, 그리고 그가 나중에 왕의 초대를 거절할 때의 고백에서 적극적인 면을 본다. 그는 나중에 벧엘의 예언자에게도 우선 이 고백을 되풀이하고 고수한다. 여기에 다윗과 예루살렘을 자신의 뜻을 수행하기 위해서 선택했고 부른 하나님의 위탁, 하나님의 합법성과 권위, 하나님의 은혜가 분명하고, 이제 또한 구체적으로, 이 은혜의 뜻의 이면(裏面)으로서, 하나님의 심판이 분명하다. 그의 심판에 따르면, 비록 제단 주변에 모인 이 백성이(특별히 강조해서) "이스라엘"이라고 불릴지라도, 또한 이 백성의 왕이 하나님을 통하여, 그리고 한 하나님의 예언자의 부름을 통하지 않고서는 왕좌에 오르지 못했을지라도, 하나님은 벧엘에서 그에게 바치는 경배를 원하지 않고, 이 제단 주변에 모인 이 백성과 그들의 왕을 원하지 않는다. 왜냐하면 여기서 다윗 가문으로부터 배신과 더불어 또한 하나님으로부터 은밀하고 공공연한 배신이 이루어졌기 때문이다. 여기서 그의 백성이 그의 백성이기를 중지했다. 이런 하나님의 분노를 전달하는 자가 유다 출신의 하나님의 사람이며, 이 이스라엘과 대립 속에 있는 유다의 전 존재이며, 나중에는 종교개혁자요 보복자인 요시야이다. 그렇기 때문에 여로보암의 손이 위협적으로 하나님의 사람을 향해 치켜드는 순간에 마비되어야 한다. 그렇기 때문에 벧엘의 제단이 장차 그것에 닥치게 될 보다 나쁜 일의 징표로서 금이 간다. 그렇기 때문에 결국 이 더 나쁜 일 자체가 뒤따른다. 유다 출신의 하나님의 사람이 대변해야 하는 일의 진행은 중단될 수 없다. 그것이 한때 다윗의 일이듯이 하나님 자신의 일이다. 유다 출신의 하나님의 사람이 우선 자신의 임무에 충실하고 엄격하게 복종하는 자세, 모든 타협을 거부하는 그 비타협적 자세는 이 엄숙한 중단 불가성을 증언한다. 그러나 또한 중단 불가성은, 하나님의 임무가 그의 합법적인 전달자에 의해서 포기되자마자, 곧 그의 상대역인 벧엘의 예언자에게서 새로운 대변인을 발견함에서도 증언된다. 그리고 중단 불가성은 또한, 유다 출신의 사람이 자기 본연의 자신이기를 중단하려 하고, 아마 결코 중단할 수 없었을 때 사자가 등장하여 공격한 데서도 증언된다. 오직 한 가지만이 일어나지 않았다. 그는 사자에게 살해되었으나 잡아먹히지는 않았다. 따라서 그의 시신은 보존되고 매장된다. 곧 다른 사람의 무덤에, 그러나 확실하게 그리고 품위 있게. 나중에 벧엘에 심판이 닥칠 때, 유다에서 온 이 사람의 유해는 보존된다. 그의 뼈뿐 아니라 그의 유해가! 그러므로 그가 대변한 일의 결론이 그의 죄를 통해서뿐 아니라 그의 징벌을 통해서도, 그의 죽음을 통해서, 그리고 그의 죽음을 넘어서까지 입증되었다. 그의 유해는 남는다! 예루살렘과 유다에 대한 하나님의 심판, 그 자체로 한결같은 하나님의 신실함이 결국 그의 일을 대변하는 자가 배신하였을지라도 변함이 없다. 그의 뼈는 적어도 몰락으로부터 보존된다. 진정한 하나님의 사람도—아무리 그의 죄가 무거울지라도—결국 다른 표징 아래 있지 않다. 예루살렘도, 유다도 그의 죄에도 불구하고 다른 표징 아래 있지 않다! 그의 유해, 다윗의 그루터기는 땅위에서 끊어졌을지라도 보존된다. 하나님의 은혜는 변함이 없고, 그의 평화의 계약은 스러질 수 없다. 이 은혜와 이 계약의 강력한 징표는 벧엘에 있는 저 무덤이다.

오른편에 있는 이 상의 부정적인 면은 물론, 여기서 문제가 되는 것은 하나님의 일의 대변자가 결정적인 순간에 그 일의 악한 대변자가 됨, 그가 벧엘에서 온 예언자의 초대에 대한 저 그릇된 결정을 내림으로써 하나님의 일을 포기함에 있다. 신념이 없음이 아니라, 그 자신에 의해 크게 선포되고 알려진 하나님 말씀을 놀라울 정도로 듣지 못함이 이 그릇된 결정의 신비이다. 그가 하나님 말씀을 들을 뿐 아니라 스스로 순종했음에도 불구하고, 또한 이제 말로써뿐 아니라 그의 행위로써, 어떤 타협에도 화해할 수 없는 태도로써 말해야 할 것을 행하지 않는 것이 가능한가? 그가 이 행위로써 시작했으나 중단하지 않는 것이 가능한가? 그가 듣고 스스로 발언한 하나님 말씀을 저울 한 편에, 다른 사람의 입에서 나온 그를 정죄하는 하나님 말씀을 같은 저울의 다른 편에 놓을 수 있는가? 두 번째 것이 첫 번째 것보다 더 무거울 수 있는가? 모든 것은 우리의 설화에 의하면 가능할 뿐 아니라 현실적이다! 벧엘의 제단 앞에서 그의 임무를 수행하고, 왕 앞에서, 그 다음에 예언자 앞에서 선한 고백을 하였던 하나님의 사람이 이제 그의 행위를 통해 모든 것을 마치 없었던 것처럼 부인하고 배신한다. 그가? 이 본문에 의하면 그는 다만 모든 참된 하나님의 사람, 모든 참된 예언자가 분명히 그 가장자리를 걸어가는 그런 나락을 지시할 따름이다. 이렇게 하나님 말씀은 부름받은 전달자에 의해서도 부인될 수 있고, 배신당할 수 있다. 여기서 진정한 예언자만이 부인하는 자, 배신자가 되는 것이 아니라,

그 안에서, 그처럼 다윗과 하나님의 도시 예루살렘도, 그리고 그 안에서 그처럼 유다, 곧 그 가운데 솔로몬이 하나님을 위해 세운 집이 있고, 참 하나님이 거기에 살기를 거절하지 않는 나라도 부인하는 자, 배신자가 된다. 유다에서 온 이 사람이 행하는 것을 온 유다도, 온 예루살렘도 행할 것이다. 유다도, 예루살렘도 그에게 맡겨진, 그가 들었고 크게 선포한 임무와 다른 사람들이 소위 임무라고 말하는 것을 비교할 것이다. 그들은 멀고 가까운 곳에서 들린다고 말하는 천사의 음성을 들을 것이다.─또한 그의 결정도 그릇된 결정이 될 것이니, 그도 관용적이 되어 불순종하게 될 것이고, 결국 스스로 온갖 모습으로 타락할 것이다. 어쨌든 그가 뜻하고 행하는 일에서 북왕국의 그것과 더 이상 구별될 수 없게 될 것이다. 여로보암 아래서, 솔로몬 아래서 일어나는 모든 것은 다윗의 죄에서 이미 시작된 것이 아닌가? 어쨌든 이 모든 것은 모든 중단케 하는 요소들에도 불구하고, 요시야와 그의 종교개혁에도 불구하고 완성될 것이다. 그의 임무가(좋거나 나쁘거나, 혹은 전혀 수행되지 않은) 철회되지 않고 그에게서 박탈당하지 않는 한, 예루살렘과 유다는 언제까지나 그 자신 그대로 남아 있을 것이다. 그러나 저 하나님의 사람이 처음에 거의 눈에 띄지 않게 행한 것처럼, 유다와 예루살렘은 그 많은 왕들을 통해, 그리고 결국 결정적으로 그의 마지막 왕들을 통해, 이 임무와는 놀라울 정도로 모순되게, 주의 마음에 들지 않는 일을 행하게 될 것이다. 그리고 유다에서 온 사자는 반드시 유다를 향해 이빨을 보일 것이고, 저 시온에서부터 들리는 심판의 음성은 하나님의 집을 뒤흔들 것이고, 결국 산산이 부수고야 말 것이다. 하나님의 사람 자신은 그가 듣고 선포한 말씀의 진리로 인하여 죽어야 하고, 예루살렘 자체, 다윗 왕국 자체는 그의 예언자 이사야, 미가, 예레미야가 그에게 선포해야 하는 심판 경고의 진실의 힘에 의해서 몰락해야 한다. 그리고 남은 것은 이 나라에서도 무덤일 것이다. 무덤들, 왕의 무덤, 예언자의 무덤, 그러나 무덤이다. 사마리아가 가져 보지 못한 자랑스러운 기억을 간직한 도시, 그러나 다만 한때의 영광을 다시는 가질 수 없는 폐허의 도시. 그리고 마지막 다윗 가문의 무덤은 그의 조상의 무덤이 아니라 낯선 땅에 있는 무덤일 것이다. 이것이 오른편에 있는 상의 부정적인 면이다.

왼편의 이중상은 물론 전혀 다른 모습을 보여 준다. 부정적인 면이 여기서는 지배적인 것이기 때문에 우선 주목해야 한다. 여기에는 우선 여로보암이 장면의 중심에 있다. 왕은 또한 제사장, "최고 감독"이 되고자 하며, 정치적, 종교적 새 창조의 원조가 될 만한 자격과 외모를 지녔다. 그는 자신에 의해 시작된 그의 왕국의 종교 제도에 따라서 그가 선포한 절기에 그 제단 앞에 어느 정도 신이 들려서 첫 번째 분향 제사를 드렸다. 한 인격 안에 교회 국가와 국가 교회가 있다. 하나님에 의해 버림받은 이스라엘의 죄가 여기서 즉시─우리 본문에서도 특별히 언급되지 않는 송아지 상은 필요하지 않다.─어느 의미에서 적나라하게 드러난다. 하나님이 왜 이 제단과 이 왕좌에, 이 종교와 이 정책에 '아니'를 말하는가는 여로보암에서 첫눈에 분명하다. 그는 "소생한 사울"이며, 그에게 의존하는 백성은 그의 왕 때문에 하나님을 버린 백성이다. 그렇기 때문에 또한 다윗 가문도 버렸다. 그러나 왕이 아니라 벧엘의 예언자는 우리 설화 속에서 이 어두운 영역의 본래적 대변자이다: 곧 유다에서 온 사람의 예언자적 고백과의 대립되는 예언자 직업. 물론 아모스에서처럼 여기서 역할이 할당된 것은 우연이 아니다. 여기에는 제도와 단순한 가능성, 저기에는 하나님의 자유에 근거한 예언의 현실. 제도의 정당성 자체는 이 대립에서 부인되지 않는다. 유다에도 이런 의미에서 예언자가 있었고, 거꾸로 또한 이스라엘에도 하나님의 사람들이 있었다. 그러나 고백은 남왕국의 특징으로 보이고, 직업은 북왕국의 특징으로 보인다. 빛은 물론 남쪽에, 어둠은 북쪽에 있다. 직업적인 nabitum(예언직)에 드리워진 그늘은 북쪽의 민족 국가와 공통적인 것이다. 곧 직업적 예언 활동은 북왕국과 마찬가지로—그 영역에서도 가능한 하나님의 선택은 또한 그의 위기를 뜻하는데, 그 점을 도외시할 때—그 자체로 가나안의 생명 의지, 생명감, 피의 종교, 땅의 종교의 이스라엘적 형태를 대표하는 것이다. 이런 종교는 시내 산과 예루살렘의 하나님의 뜻에 따르자면, 그의 이스라엘의 삶의 형태, 경배 방식이 되어서는 안 된다. 그러므로 이 예언 활동은 북왕국의 왕권과—나중에 또한 상응하는 유다 왕들과도—친근 관계를 가진다는 것은 우연이 아니다. 이 친근 관계는 이 설화 속에서도 특징적이다. 예언자는 하나님의 사람에 대하여 아주 단순히 그의 왕의 요구를 되풀이한다. 그는 벧엘에서 먹고 마셔야 하고, 이로써 예루살렘과 벧엘 사이의, 유다와 이스라엘 사이의 친교의 징표를 세워야 한다. 저 왕국도, 다윗 가문에서 분리된 이스라엘도, 하나님의 계약 밖이 아니라, 그 안에 서 있고 싶어한다. 여로보암은 특별한 방법으로 바로 하나님에 의해 선택받은 이스라엘 백성의 왕이 되고자 하며, 이스라엘의 하나님은 벧엘에서도 경배되어야 한다. 이 설화의 nabi(예언자)도 이렇게 생각한다. 아합 왕과 그 옆에 서 있는 "바알의 승려들"에게서 사건이 된 것처럼, 바로 저 왕국과 이 예언직이 변질될 때 공공연히 가나안적 삶에 동화됨은 필연적이다. 우리는 이 본문에서처럼 가나안의 생명 의지, 생명감의, 종교적으로 규정된 민족주의가 이스라엘적 형태로, 야웨 신앙적 형태로 바꾼 것에 대하여 오로지 관용을 요구하는 경우에 이런 모습을 목격하게 된다. 이 사람이 예언자이기 때문에 그는 일단 왕보다는 북이스라엘 나라와 제의를 신학적으로 정당화할 필요성을 더 잘 안다. 그러나 유다에서 온 사람이 제단에 대해 한 말을 통해 그 정당성은 의문시되었으며, 이제 벧엘에서 그가 먹고 마심을 통해 다시 회복되어야 한다. 그리고 또한 그는 예언자이기 때문에 그는 이 목적에 도달하기 위하여 왕이 시도한 것처럼 단순히 사람과 사람의 대화보다는 더 좋은 방법을 알고 있다: 곧 하나님의 말씀. 하나님 말씀의 선포는 그의 직업상 그에게서 기대될 수 있었고, 그는 자신의 직업의 권위에 의해서 실제로 또한 실시할 수 있다. 이처럼 직업적 예언자는 이스라엘 왕이 할 수 없었던 일을 할 수 있을 것이다. 곧 하나님의 사람을 실제로 성공적으로 유혹하고 타락시키는 자가 된다. 그렇기 때문에 그는 이 설화 속에서 어둠의 나라의 최악의, 본래적인 대변자이다. 그렇기 때문에 여로보암이 행한 것은 이 전문가가 행한 것 옆에서 빛을 잃는다. 이스라엘이 이스라엘이고 그런 것으로서 필연적으로 도래하는, 예루살렘으로부터 그에게 분명히 통고된 심판을 향해 질주하는 것보다, 여로보암 및 그의 모든 후계자의 가증스러운 행위보다 더 나쁜 것은, 다만 우선은 상호간의 관용과 친교를 요구함으로써, 다만 나중에 아합과 요사밧 사이에 성립한 것처럼 저런 성실한 관계를 바람으로써, 사마리아에 의해서 유다도, 예루살렘도 유혹당한다는 것이다.—그러나 이 요청과 이 소원에서, 이런 요청, 소원과 함께 이미 악마에게처럼 유혹당하는 것이다. 곧 저 이스라엘적 형태의 가나안적 삶을 또한 이스라엘의 삶의 형태로 인정하는 것이고 ("나도 당신처럼 예언자요!") 하나님과의 계약 내에서 한 하나님 백성의 삶의 가능한, 정당한 형태로서 인정하는 것이 된다. 벧엘의 nabi(예언자)가 그의 왕과 일치되게, 그러나 왕보다 더 강력하게 이런 요구 사항을 받들어서 우선은 승리로 이끎으로써, 여기와 저기 사이의 친교가 허락되었을 뿐 아니라 하나님에 의해 명령되었다고 그가 마음대로 신탁을 날조하여 전함으로써, 이 신탁이 거짓말임에도 불구하고—그는 바로 이런 신탁을 주관하는 합법적 제도의 합법적 대변자이다.—진리처럼 보임으로써, 하나님의 사람이 그 거짓말에 굴복함으로써(나중에 예루살렘과 유다가 관용의 유혹에 굴복하고 결국 사마리아가 종말을 고한 거기서 역시 종말을 고할 것이다.) 직업 예언자는 이 설화의 진정한 사탄이 된다. 그들이 자신을 문제시하고, 하나님의 심판을 받을 만하게 행한 것이 여로보암과 북이스라엘 온 영역의 죄 가운데에서의 본래적인 죄가 아니다. 이를 통해서 또한 다윗 가문과 그 백성, 예루살렘의 성전, 이스라엘의 약속과 희망이 더럽혀졌다는 것, 이로써 또한 하나님과의 계약 속에 있는 모든 삶의 본질이 형식적으로는 우선 무해하게, 그러나 실질적으로는 처음부터 치명적으로 공격받는다는 것이 본래적인 죄이다. 그러나 이 공격의 도구는 열왕기상 13장에서는 벧엘의 예언자, 이 사마리아의 악한 일을 훨씬 노련하게 대변하는, 그렇기 때문에 더욱 위험한 인물이다. 그렇기 때문에 그는 왼편의 이중상의 이 부정적인 편의 주인공이다.

    그러나 이제 이 상도 이중상이며, 오른편에 있는 상이 부정적인 면을 가진 것처럼, 이것도 적극적인 면을 가진다. 여기서 우선 하나님의 말씀이 오직 미래에 관해서만 말하는 한, 여로보암과 그의 백성에게 시간을 허락하는 한에서, 벧엘의 제단에 대한 준엄한 심판의 말씀에도 불구하고 하나님의 인내를 지시해야 할 것이다: 나중에 벧엘의 예언자의 입을 통해 반복되는, 그리고 그 사이에 일어난 사건을 통하여 첨예화된 말씀 속에서도. 심판의 말씀이 33-34절의 에필로그에 의하면 경고로 이해되지 않았다는 것, 허용된 시간은 따라서 무익하게 흘러가 버렸다는 것은 별개의 문제이다. 그러나 시간은 허락된다. 여로보암과 그의 온 영토는 시간이 있다. 하나님은 먼저 다만 유다에서 온 사람이 제단을 향해 선포해야 하는 말씀의 형태로써, 그리고 제단에 일어나는 표징의 형태로써 심판한다. 하나님 말씀은 여전히 들려질 수 있고, 그에게 귀를 기울일 수 있다. 또한 요나서에 의하면 니느웨 사람들을 위하여 그러했던 것처럼 하나님의 후회가 있다. 벧엘과 나중에 사마리아는 역시 이런 하나님의 인내의 징표 아래 있다. 바로 그렇기 때문에 거기에는 선한 왕은 없지만, 엘리야나 호세아 같은 하나님의 사람이 있고, 그렇기 때문에 또한 그의 예언자들의 단체나 수련원에도 참된 야웨의 증인들이 있고, 아합과 이세벨 시대에 볼 수 있는 것처럼 그들이 박해와 순교를 당하기도 한다. 그렇기 때문에 구약성서의 역사 기술은, 시온의 영역에서 발생한 사건뿐 아니라 이 영역에서 치욕적인 해, 곧 722년까지 일어났던 사건들도 기록하기를 주저하지 않았다. 그렇기 때문에 역사 기술은 엘리야와 엘리사 같은 인물에게는 어떤 다윗 왕국의 왕이나 예언자 같은 인물에 못지않은 공간과 비중을 부여했다. 이것은 마치 하나님 자신이 여기서 여러 세기에 걸쳐 참고 기다리는 것과 같다. 왕의 마비된 손을 치유함은 물론 여기에 속한다. 그가 하나님의 사람에게 폭력을 가하는 것은 저지되어야만 했다. 그러나 그가 이 일을 행하려 한 것은, 그가 이 형벌의 기적이 이루어짐과 동시에 그에게 똑똑히 말해진 것을 다만 들으려고 했다면, 그는 용서받을 수 있었다. 그러나 더 중요한 것은, 벧엘의 예언자에게 일어난 일이다. 곧 이 늙은 죄인이, 설화의 실제적 사탄이 이야기의 진행 속에서 최악의 신학자로부터 참된 하나님 말씀의 전달자가 된다는 사실! 그가 거짓말을 한 후에, 그는 자신의 거짓말에 대해 비난받을 수 있고 받아야 한다. 지금 그는, 자신이 설득하려고 했고, 치명적으로 또한 실제로 설득한 사람이 옳았다는 것을—그에 거슬러, 그러나 이것이 무슨 소용인가?—볼 수 있다! 그리고 그는 저 사람이 더 이상 대변하지 않는 것을 대변할 수 있다. 단순한 직업 예언가인 그가 지금 참된 하나님의 사람의 직무를 인수한다. 이스라엘 사람인 그가 지금 유다와 예루살렘의 일을 위해 대변한다. 엘리야와 호세아의 선구자가 자신의 왕, 자신의 백성과 나라에 맞선 것처럼 그들의 선구자이다. 그가 지금 이런 적대 속에 처해 있지 않다면, "예언직"과 민족 국가 사이의 친근 관계가 이제 해체되지 않는다면, 그가 지금 이전에 숭배했던 것은 태워 버리지 않는다면, 그가 어떻게 하나님 말씀을 전하겠는가? 그러나 이것이 가능하고 현실적이라는 사실은, 그것이 가질 수 있는 모순의 형태에도 불구하고, 이스라엘의 하나님의 은혜를 지시할 뿐 아니라, 본질적으로 현실의 한 단면이다. 하나님의 은혜는 그를 버리지 않을 뿐 아니라 그를 받아들여 사용하며, 또한 벧엘과 사마리아 온 영역에 대해서도 이 영역 안에서 번성하는 죄에도 불구하고, 위협적으로 다가오는 722년에도 불구하고(요시야의 날과 함께) 단순히 끊어지고 상실되지는 않은 것이다. 다윗의 하나님은 이스라엘 집의 잃어버린 양 떼도 잊어버리거나 포기하지 않았다. 이런 이스라엘에 대해서도 예루살렘에 있는 자들에게는 멸시할 이유가 없으며, 이 이스라엘로서도 절망할 이유가 없다. 불경건한 자들도 선택하고 부른다. 다른 것이 있는가? 아브라함의 믿음도 불경건한 자를 의롭게 만드는 하나님에 대한 믿음이 아니었던가? 선택받은 왕 다윗 자신은 그의 타락의 이야기에 따르면 불길에서 끄집어 낸 장작이 아니었는가? 예루살렘에, 유다에 그처럼 자유롭게, 그처럼 기적적으로 멸망한 백성을 받아들이는 하나님의 위로보다 더 나은 것이 있었던가? 이제 이 하나님의 위로가 벧엘의 불행한 nabi(예언자)에게 풍성하게 선사되었다. 너무나 풍성하여 아마도 저 시간에 이 늙은 전문적인 죄인처럼 그렇게 위로받은 자가, 그렇게 참된 예언자가 예루살렘, 유다에도 없었을 것이다. 그는 지금 하나님의 사람을, 그리고 이로써 그의 왕과 그의 백성과 무엇보다도 자기 자신을 하나님 말씀의 심판 아래 세워야 함으로써, 어떤 인간의 어리석음과 사악함을 통해서도 흔들릴 수 없고 철회될 수 없는 다윗의 은혜의 대변인이 된다. 그를 향해 말해지는 모든 것에 주의했다면, 하나님에 의해서 전적으로 변화된 상황 속에서 누가, 무엇이 오히려 그를 위하여, 그러므로 또한 암묵적으로 여로보암과 그의 온 죄 많은 땅, 몰락을 향해 질주하는 영토를 위하여 변호하는지를 진정으로 인지해야 한다! 그가 회개할 용의가 없음에도 불구하고, 그에게 허락된 은혜의 시간을 지체함에도 불구하고, 결국 이루어지고야 말 심판에도 불구하고, 그를 위하여, 그리고 이스라엘을 위하여. 한 가지가 이 예언자의 인물 속에서 분명해졌다. 즉 한 참된 이스라엘의 하나님은 아무리 이스라엘이 그를 오인했을지라도, 완전히 그릇되게 불법적으로 경배했을지라도, 그의 하나님이기를 중단하지 않으며, 하나님의 법, 그러나 또한 그의 약속은 이스라엘에 대해서도 여전히 유효하다는 것. 그, 하나님은 그와 그의 백성 사이의 은혜의 계약의 본질이다. 그렇기 때문에 이 본질은 아무리 유혹하는 자, 유혹받은 자를 통하여, 이스라엘과 또한 유다 자신을 통하여 공격받을지라도, 침해될 수 없다. 그리고 결국 무엇보다도 다음의 결론이 왼편의 상의 적극적인 면에 속한다. 이 이야기에서 인간의 범죄에 대한 당연한 처벌의 목표는 유다에서 온 하나님의 사람을 유혹하려고 했던 여로보암도 아니고(그로 인하여 이스라엘의 죄는 그 본래적 모습을 가지게 되었다.) 그러나 또한 여로보암의 죄를 정당화하였고 저 유혹을 성공적으로 목표로 이끌었던 신학자로서의 예언자도 아니고, 오히려 그가 죄인들이 요청한 대로 그들과 더불어 먹고 마심의 친교를 결국—하나님의 뜻을 거슬러—거절하지 않았던 한에서, 이런 죄에 실제로 동참하였던 하나님의 사람, 즉 여기서 다만 유혹당한 자에 불과한 그 사람이었다. 이 다른 인물, 그만이 하나님의 진노의 벼락을 맞는다. 유다에서 온 하나님의 사람은 사자에 물려 죽는 반면, 여로보암은 손이 치유되어 계속 생존하고 예언자도 적어도 편안히 그의 사후에 대해 유언을 할 수 있다. 그, 주범은 무사히 풀려나고, 심지어 그의 죽음을 넘어서마저 보존된다. 곧 유다에서 온 하나님의 사람의 뼈와 함께 그의 뼈도 심판의 날에 손상되지 않고 보존된다. 이것은 왼편의 상에도 비추는 기이한 빛이고, 또한 그 상에도 분명히 없어서는 안 될 적극적인 면이다.

그러나 이제 마지막으로 또한 오른편, 왼편의 두 가지 상이 상호 처하여 있는 저 특이한 연결 관계를 볼 필요가 있다. 두 가지 상은 상호 더불어 보고, 이해되어야 할 필요가 있다. 양자의 의미는 바로 그것들이 상호 대립하고, 양자가 특징적인 적극적인 형태와 소극적인 형태로 상호 증언한다는 데 있다. 구약성서 역사 기술 전체에서 열왕기상 13장의 설화에 외적으로 부여된 매우 의미심장한 위치를 주목해야 한다. 이 설화는 여로보암과 르호보암 치하에서 왕국 분열에 대한 보고 바로 다음에 오면서 왕국 분열을 어느 정도 설명해 주고, 동시에 그 다음에 오는 모든 내용, 곧 분열된 이스라엘의 두 왕국의 역사와 역시 비로소 시작되는바 직업적 예언자들과 원래적인 예언자들 사이, 다른 한편으로는 거짓 예언자들과 참예언자들 사이의 대립의 역사의 표제 구실을 한다. 다음에 오는 모든 내용이 이미 이 설화에서 예고되고 예시되고 있다! 다음에 오는 이야기 전체는 무엇을 말하게 되는가? 먼저 분명히 하나님이 이집트로부터 광야를 거쳐 가나안 사람의 땅으로 인도하였던 온 백성에 대한 그의 뜻의 통일성에 관하여, 그런 한에서 또한 이 백성의 통일성에 관하여, 그리고 이 백성의 전체 역사, 모든 그의 지파, 모든 그의 왕들과 예언자들의 상호 연관성에 대하여 말한다. 그리고 또한 하나님이 이 온 백성을 자신을 위하여, 즉 그의 봉사, 그의 축복을 위하여 원하며, 그렇기 때문에 이 백성을 거룩하게 하고, 그렇기 때문에 이 백성의 죄를 원하지 않고, 배척하고 끊어 버리는 한, 다른 말로 하자면, 그가 이 백성 가운데서 그의 아들을 사랑하며, 그렇기 때문에 이 약속에 대한 불신실함을 뜻하는 모든 것, 이 약속의 성취로부터 기대하는 대신에 자기 기술과 능력으로 구원을 기대하는 모든 것을 미워하는 한에서, 하나님의 이런 한 뜻의 내적 차별성에 관하여 말한다. 하나님의 뜻 자체의 이런 차별성에서 이스라엘이 파괴되고, 저 왕국 분열이 일어나서, 여기에는 다윗 왕국, 저기에는 사마리아의 민족주의 왕국이 생겨났고, 이와 관련해서 또한 예언직도 원래적인 예언자와 직업적 예언자로, 참 예언자와 거짓 예언자로 분열되었다. 그러나 이 모든 사건에도 불구하고—그리고 이것이 저 다음에 오는 역사에서 드러나게 될 세 번째 사실이니—하나님의 뜻은 온 이스라엘에 대하여 단일하기를 중단하지 않는다. 그의 신실함은 흔들림이 없고, 그의 약속은 열려 있다. 그러므로 이스라엘의 길과 운명에 분열과 대립이 있어야 한다면, 그것들은 자기 스스로를 넘어서 지시하고, 하나님의 뜻의 통일성, 그러므로 또한 이스라엘의 통일성을—종말론적 진리가 되었으되, 바로 그럼으로써 진리가 되었다.—증언해야 하는 한에서만 존재할 따름이다. 분열되지 않은 왕국, 왕권, 예언직은 이전에는 이것을 증언할 수 없었다. 왜냐하면 인간들은 분열되지 않았을 때보다는 분열되었을 때 훨씬 크게 그의 본래적 왕과 예언자로서의 이스라엘의 본래적 근원인 하나님에 대해 말하기 때문이다. 분열에 의하여 이제 또한 진정한 관계가 이스라엘의 역사 속에 존재한다. 그리고 인간들, 곧 백성들, 왕들, 예언자들이 이 관계의 양편에서 이렇게 불완전하게, 보완을 필요로 하며, 고립되어 있고, 절망적인 것으로 나타남으로써, 그들은 진정한 하나님 계시의 참된 계기가 되며, 또한 이스라엘의 존재의 진정한 의미도 계시한다. 이런 풍부한 관계와 계기들이 표제처럼 이미 열왕기상 13장에서 나타난다. 그렇기 때문에 우리는 계속 묻는다. 저 두 가지 이중상이 어느 한에서 서로 속하여 있는가, 그리고 그 이중상들이 어느 한에서 묵묵히가 아니라, 그것의 차별성에도 불구하고 이스라엘에 대한 단일한 하나님의 뜻에 대하여 말하며, 이런 한에서 분열된 이스라엘을 자기 백성으로 만드는 것에 대해서 말하면서 대립하는가.

우리는 또 다시 오른편의 상으로 시작하자. 그 상의 주인공은 유다에서 온 하나님의 사람이다.

유다에서 벧엘로 보내어진 그의 사명은 증언한다. 남쪽의 이스라엘은 그 자체에 근거한, 존재의 권한이 없고, 북쪽의 그릇된 이스라엘에게는 불리하게 자신이 선택받은 것을 기뻐하고 자랑할 수 있는 가능성, 북이스라엘에게로 다시 한번 관심을 가지지도 않고 저 그릇된 이스라엘을 그의 그릇된 길에 내버려두고 부패하도록 할 수 있는 가능성은 없다. 오히려 유다는 북이스라엘에 대해 책임이 있다. 이 스라엘에 대해서 하나님 말씀을 위탁받았다. 그러므로 벧엘에서 유다의 하나님의 사람이 봉착하게 된 관용과 친교에 대한 요구는 처음부터 무의미한 것이다. 분열은 북왕국이 하나님 말씀의 영역에서부터, 그러므로 그의 은혜의 영역에서부터 배제되고 쫓겨났다는 것을 뜻하지 않았다. 분열이 있자마자, 구원이 은혜가 은혜로 받아들여진 곳으로부터, 곧 유다로부터 은혜를 배척한 그 곳에 오기 시작했다. 그리고 이것이 이 유대인들의 존재 권리였다. 그들의 사신, 바로 그들에게—또한 그들을 위해서도 그러나 그들만을 위해서가 아니라, 온 이스라엘을 위하여 주어진 하나님의 말씀. 그가 이 말씀을 가지고 북부로 감으로써만 남부 사람은 그 자신의 선택을 확증할 수 있고, 정당화할 수 있다. 이로써 여로보암과 그의 예언자의 관심사가 어리석게 발설되고 실행되기도 전에 이미 낡은 것이 된다. 하나님 자신은 그의 온 백성의 공동 식사를 오래전부터 전혀 다르게 염려하였으므로, 저 독선적인 식탁 친교는 허사가 될 수 있다. 참 이스라엘과 거짓된 이스라엘 사이의 진정한 친교는, 이들이 상호 간에 어떤 강화 조약을 맺는 데 있는 것이 아니라, 전자가 하나님의 사자로서 후자에게 하나님 말씀을 전하는 데 있다. 말하고 듣는 것이, 여기서 지배하고 승리하게 될 진정한 사랑의 모습이다. 여기서 필요하고 유익한 것은 하나님 말씀을 말하고 듣는 것이다. 이것은 분열을 수반할 것이다. 즉 지금 말하고 들어야 하는 것밖에 다른 도리가 없다. 그러나 분열 속에서도 하나님 말씀이 임재하고, 그의 말을 말하고 들음으로 끝나지 않고 비로소 새로운 시작이 있게 된다는 것이 하나님의 은혜이다. 그러나 참 이스라엘은 거짓 이스라엘과 대화해야 한다. 왜냐하면 거짓 이스라엘의 책임은 그와 무관하지 않기 때문이고, 온 이스라엘을 하나님으로부터 갈라놓은 것은 다윗 가문과 예루살렘 성전에서 갈라진 북쪽 백성에게서 시작되었을 따름이기 때문이다. 유다는 어떤 안전한 높은 곳에서가 아니라, 동일한 곤경의 나락 속에서 오로지 하나님의 값없이 주는 은혜에 의해서만 지탱되면서, 그의 예언자의 입을 통하여 이스라엘에 말을 하며, 그렇기 때문에 이스라엘에 말해야 한다. 즉 그의 유일한 지주(支柱)인 하나님 말씀을 그에게도 말해야 한다. 그러므로 벧엘에서 바란 친교는 이런 관점에서도 오래전부터, 그 곳 사람들이 꿈꾼 것과는 전혀 다르게 존립하였다. 하나님 말씀에 근거를 두고 있고, 공동 책임에서 성립하고, 이미 현존하는 이 다른 보다 나은 친교는 거짓 이스라엘의 존재를, 그러나 또한 참 이스라엘에 대한 심각한 위협을 뜻한다. 중요한 것은 다른 친교가 아닌 바로 이 친교가 양자 사이에 실현되는 것이다. 다른 친교가 아니다. 즉 하나님 말씀이 묵살되고, 공동의 곤경이 부인되는 가운데 이루어진 그런 친교는 아니다. 하나님 말씀을 말하고 들어야 한다. 그러므로 하나님 말씀은 양측이 그것을 소유함으로써 안심하고 상호 만족할지라도 침묵하는 전제가 되어서는 안 된다. 공동의 곤경은 밝혀져야 한다. 곧 그것도 양측이 그것에 근거하여 말하고 들음으로써 상호 대립하는 대신에 상호 간에 양해할지라도 침묵하는 전제가 되어서는 안 된다. 거짓 이스라엘은 이런 침묵하고 부정하도록 권유함으로써 참 이스라엘에게 심각한 위험이 된다. 곧 이런 침묵과 부정에 근거해서 거짓 이스라엘은 계속하여 거짓 이스라엘로 존속할 뿐 아니라, 이것에 근거하여 오히려 참 이스라엘은 자동적으로 거짓 이스라엘이 될 것이 분명하다. 참 이스라엘에 저 거짓 이스라엘에 대한 책임과 주도권이 주어짐에서만, 그가 이것을 인수함에서만 그의 특별한 존재의 권리가 성립한다. 참 이스라엘이 이것을 깨닫지 못할 때, 타자와의 친교를—그리고 자기 자신을 포기한 것이다. 그때 참 이스라엘은, 저 거짓 이스라엘보다 자신을 선택받고 부름받은 백성으로 만든 은혜를 물리친 것이다. 그에게 남는 것은 다만 그를 저 이스라엘과 결부하는 죄책, 다윗의 죄일 따름이다. 다윗의 죄는 그 스스로는 온 이스라엘을 통합할 능력이 없고—하나님 말씀만이 이 능력이 있다.—오히려 이스라엘을 분열시키고자 한다. 그들의 죄책 안에 머물러 있으면서 하나님의 은혜를 물리치면서도 양쪽은 하나가 되지 못하고 필연적으로 갈라져 있을 수밖에 없고, 갈라져 있을 것이다. 오직 하나님이 명령한 사랑만이 통합하는 힘이 있다. 이것이 없으면 오직 적개심만 남는다. 거짓 이스라엘의 존재는 참 이스라엘에게는 그가 이 사랑에서부터 분리될 수 있는 위험을 뜻한다. 그리고 이제 이 이야기는, 여기에 위험 이상의 것이 있고, 거짓 이스라엘은 참 이스라엘을 실제로 유혹하고, 타락시키는 자가 된다는 것을 보여 준다. 이 이야기는 유다에서 온 하나님의 사람이 저 권유에 실제로 굴복하였으며, 그가 이로써 그에게 맡겨진 사명, 그에게 부여된 축복에 합당하지 않게 되었음을 보여 준다. 합당치 않음으로써 그는 죽임을 당할 수밖에 없다. 그가 거짓 이스라엘을 참 이스라엘과 구별하는 일을 행함으로써, 그가 하나님의 은혜를 물리침으로써, 그는 거짓 이스라엘에서 아직 드러나지 않은 사실을 드러내야만 했다. 즉 은혜가 없이 죄책만 있는 곳에는 오직 죽음만이 남아 있고, 이스라엘은 그 곳으로부터 창조된 무(無)로 도로 떨어진다. 그러므로 거짓 이스라엘의 죄책은 참 이스라엘에 복수한다. 죄책은 또한 그의 것이기 때문이고, 오직 하나님의 은혜만이 이 공동의 죄의 심연 위에서 지탱해 주기 때문이고, 하나님의 은혜의 거짓 이스라엘에게도 유일한 희망이기 때문이고, 참 이스라엘은 이 한 가지를 존중해야 하는데 이 한 가지를 포기했기 때문이다. 많이 받은 자에게는 많은 것이 요구된다. 유다에서 온 사람에게는 많이 주어졌으니, 여로보암과 벧엘의 예언자보다 훨씬 많이 주어졌다. 그렇기 때문에 지금 그에게서 그의 목숨 이하는 요구될 수 없었다. 그는 모든 것을 도박하였고, 따라서 그는 모든 것을 잃어야만 한다. 그러나 이것, 곧 거짓 이스라엘이 참 이스라엘을 유혹하고 타락시키는 자가 된다는 것이 아직 이야기의 끝은 아니다. 오히려 이야기는 여기서 계속되어 이 유혹자, 타락시키는 자가 저 사람이 떨어뜨린 깃발을 높이 세워야 하고 세울 수 있다. 거짓 이스라엘 자신이 하나님의 이스라엘이 되기를 중단하지 않았다는 것은, 비록 이스라엘이 지금 전체적으로 이 거짓 가능성, 곧 하나님의 은혜를 물리치는 일을 선택할 수 있는 듯할지라도, 하나님 말씀은 전혀 침묵할 수 없고, 공동의 곤경이 전혀 부정될 수 없다는 것에서 드러난다. 이 사실은 참 이스라엘을 상당히 부끄럽게 하면서도 또한 그에게 큰 위로가 된다. 참 이스라엘에 의해서(그것이 수치와 타락을 가져오기 때문에) 실행되어서는 안 되는 것이, 이제 거짓 이스라엘에 의해서 참 이스라엘에 대항하여, 그러나 분명히 온 이스라엘을 위하여 실행되었다. 진정한 예언자에 대항하여 벧엘의 직업적인, 거짓 예언자는 일어서야 하고 일어설 수 있으며, 이로써 공동의 일을 그리고 또한 유다의 임무도 구출해야 하고 구출할 수 있고, 이로써 파괴된 친교를, 하나님에 의해서 명령된바 양편 사이의 사랑을 다시 회복해야 하고 회복할 수 있고, 또한—그가 생각한 것, 의도한 것과는 달리—희망의 징조를 거짓 이스라엘을 위해서도 다시 세울 수 있고 세워야 하고 세울 수 있다. 그러므로 벧엘의 예언자는 지금 유다에서 온 하나님의 사람 곁에 서 있다. 곧 그의 심판자, 혹은 차라리 구원자. 설령 사자가 그를 죽여야 하고 죽일지라도, 하나님 말씀이 실제로 침묵하지 않고, 공동 책임이 실제로 부인되지 않음으로써 그도 구원받은 것이다. 그의 공로에 의해서가 아니라 하나님의 은혜로써 온 이스라엘을, 또한 유다도 하나님의 백성이 되는 일이 실제로 유다의 배신 가운데서도 보존되고 새로이 살아나게 되었다. 이것이 다윗의 은혜였고, 또한 지금도—사자에도 불구하고!—은혜이며, 그에게 부여된 약속이다. 유다와 예루살렘이 구별될 수 있는 것은 바로 하나님의 신실함 덕분이다! 유다와 예루살렘은 그의 우수성 때문이 아니라, 하나님의 계속되는 역사(役事)에서, 하나님의 보존하고 살게 만드는 능력에서 산다. 그는 이 구별됨에 상응하여 이러한 역사에 봉사해야 한다. 유다가 이 구별됨에 합당하지 않게 되었고, 바로 이 구별됨에 대한 불충성 때문에 먼저 죽어야 하고 사라져야 할지라도, 어쨌든 하나님의 역사는 실제로 계속되며, 이와 더불어 또한 그의 생명은 죽음 가운데서 확증되며 구원받는다. 저 벧엘의 예언자의 말, 곧 나도 당신처럼 예언자요!라는 말이 우선 사칭하는 주장이었고, 거짓말에 지나지 않았고, 말의 기만성을 꿰뚫어 볼 수 없었던 유다에서 온 사람에게는 그가 걸어야만 했던 죽음의 도상에서는 이 말이 조롱처럼 들렸을지라도, 같은 말은 연약함 속에서 승리하는 하나님의 은혜를 고려할 때 위로와 약속에 가득한 말이었다. 나도 당신처럼 예언자요! 당신과 나를 붙잡는 그것은 당신이 서는 것과 쓰러지는 것과는 무관하오! 당신과 나를 구원한 것은 당신이나 내가 예언자이기 때문이 아니라, 하나님이 끊임없이 자기 백성에게 거듭하여 예언자를 보내 주기 때문이오. 그리고 유다에서 온 사람을 위하여 "아이고, 나의 형제여!" 하는 탄식 소리가 다만 죽은 자를 위한 곡성일지라도, 그 속에서는 객관적으로 다음 사실이 발설되어 있다. 그는 거짓 이스라엘 가운데서 그가 형제라 부르는, 그에게 형제가 되는 사람을 가졌으니, 이 사람의 행위와 말 속에서—그것은 하나님의 말과 행위이기 때문에—그의 행위와 말이 그리고 그 자신이 존속하였다. 분명히 이 형제는 그에게 무덤 이상 제공할 것이 없었다. 여기서, 구약성서의 왕과 예언자 이야기 안에서 이 공동의 무덤 외에는 달리 회복된 친교를 가시적으로 완수할 수 없다. 우선은 유다의 것이었던 이스라엘의 무덤은 또한 이스라엘도 받아들이게 된다. 역사적 진행은 이 일의 순서를 전도시킬 것이다. 그러나 어쨌든 이 무덤 속에서 분열되었던 형제들이 통합될 것이다. 그리고 이 무덤 자체와 거기서 통합된 형제들의 유해는 심판을 넘어서까지 존속할 것이다. 유다의 유해를 위하여 이스라엘의 유해까지도. 양자의 파괴되지 않은 유해는 그의 온 백성 이스라엘에 대한 하나님의 신실함의 잠정적 증거가 될 것이다. 이 이야기의 결론에서 한 편에 대한 다른 편의 우위성은 결코 사라지지 않는다는 것, 여기에 참된 이스라엘, 여기에 거짓 이스라엘 식의 평가는 폐지되지 않는다는 것을 주목하라. 유다에서 온 사람은 선택받은 자이고, 벧엘의 예언자는 버림받은 자이기를 중단하지 않았다. 선택받은 자, 버림받은 자로서의 일체성 속에서 그들은 서로 함께, 하나님의 은혜가 떠나지 않는 온전한 이스라엘이 된다. 버림받은 자가 선택받은 자의 사명을 인수함으로써 그를 대신하고, 선택받은 자가 버림받은 자의 형벌을 당함으로써 그를 대신하는 것처럼—그렇게 결국 또 다시 버림받은 자는 자신의 무덤을 선택받은 자의 안식처로 제공함으로써 그를 옹호하고, 선택받은 자는 버림받은 자의 유해를 자기 자신의 유해를 위하여, 자기 자신의 것과 함께 보존하고 지킴으로써 버림받은 자를 옹호한다. 이스라엘의 구별됨과 파송은 이와 같은 것이다. 이렇게 이스라엘의 구별은 그 자신에 의해 배신당하고, 그럼에도 불구하고 이렇게 하나님에 의해서 견지된다. 참 이스라엘에게는 이와 같이 낮아짐과 높아짐보다 무슨 더 좋은 일이 일어날 수 있으랴?

이제 다시 한번 모든 것을 거울에 비추듯이, 왼편에 있는 다른 상에 비추어서 보도록 하자. 왼편 상의 주인공은 벧엘의 예언자이다. 여기서 우리는 처음부터 유기의 영역 안에 있다. 여기에 이스라엘이라는 이름, 이스라엘로서의 자신의 존재 권리를 망각한 이스라엘이 있다. 그는 어느 정도 이미 이교도들 가운데로 쫓겨났고, 그들처럼 여겨짐이 마땅하다. 온 이스라엘의 죄책이 여기서 발발했고, 나병 환자들이 진영에서 격리되어서 자신들만의 슬픈 공동체를 이루듯이, 이 사마리아의 이스라엘은 다윗 왕좌와 하나님의 성전에서부터 단절되어, 자신이 하나님의 계약에 소속됨을 주장하거나 그 권리를 요구함이 없이―그는 그 스스로 이것을 물리쳤다.―하나님의 약속에 참여함이 없이 존재한다. 참 하나님의 백성에게는 혐오의 대상, 위험의 근원이요, 하나님에게는 진노의 대상이요 모독의 근원이다. 사마리아의 이스라엘 왕이 찬탈자, 약속된 다윗의 자손을 가련하게, 모독적으로 모방한 것이 아니고 무엇인가? 그리고 이 땅에 사는 예언자는 명색만 예언자요 추측컨대 삯꾼, 거짓 예언자가 아니고 무엇인가? 예루살렘을 고려할 때 여기에서 볼 수 있는 것은 오로지 상실, 은혜의 상태로부터 떨어져 나옴, 고향을 등진 것뿐이다. 이곳에서 예루살렘으로부터 기대할 수 있는 것이란 오로지 사람들이 자초했고, 이제 받아야만 하는 심판을 확증하는 일뿐이다. 이 이야기의 시작도 이것과 일치한다. 이스라엘의 왕과 백성이 유다에서 온 하나님의 사람을 통하여 듣게 되는 것은, 벧엘의 제단에 대한 위협 속에서, 그 위협과 함께 자기 자신이 "즉시" 버림받는다는 것이다. 이것은 그들이 원한 식탁 공동체를 철저히 거부당함, 극도의 비관용을 통해 강조된다. 그러나 이미 이런 과정 자체는 다른 측면이 있다. 우리는, 예루살렘과 죄많은, 단절된 북이스라엘 사이의 교통은, 후자가 그의 분열을 의식하자마자 실제로 이런 거친 형태로 다시 재개되었다는 것을 이미 보았다. 예루살렘으로부터 북이스라엘을 대한 것은 무관심이 아니다. 어쨌든 그가 처음으로 타락하였을 때 그것에 대한 심판으로 하나님의 은혜가 그에게서 떠나간 것은 아니다. 오히려 그가 은혜의 영역에서 길을 잃었을 때 하나님의 은혜는 다시 그에게 다가왔다. 그에게 있는 책임은 온 이스라엘의 공동 책임이라는 것, 유다는 가지고 있고 이스라엘은 가지지 못한 하나님 말씀은 온 이스라엘을 향한 것이며, 그렇기 때문에 듣는 이스라엘에 의해서 듣지 않는 이스라엘에게 전달되어야 한다는 것―이 이중적인 연대는 이야기의 시작부터 이미 신비이다. 이 이야기는 그의 진노 가운데서도 하나님의 인내를 계시하는 성격을 근거 없이 지닌 것이 아니니, 이미 시작에서―만족스럽지 못한, 황량한 시작―이 멸망한 백성의 종말에 대해서가 아니라 그들에 대한 하나님의 새로운 시작을 이야기한다. 하나님은 때리지만 부수지는 않는다. 그는 회초리로 엄격히 때리지만 칼로 치지는 않는다. 하나님은 사무엘하 7:14에서 다윗에게 아들에 관해 약속한 것처럼 그렇게 아버지 같은 엄격함으로 때린다. 하나님은 하나님이다. 곧 계약 파기자에 대해서도 그 스스로는 계약을 파기하지 않는 하나님이다. 그는 또한 나병 환자들에게도 하나님이다. 이 순간에 하나님이 정결한 자들에게 호의를 베푸는 것은, 다만 하나님이 그들로 하여금 나병 환자들을 위해 봉사하도록 하기 위해서다. 이스라엘의 죄가 무엇인가, 이스라엘이 부당하게가 아니라 정당하게 버림받았다는 것은, 그가 유다에서 온 사람의 임무에 회개함으로써 응답하지 않고, 도리어 그의 부름을 감정을 이용한 간교로써 벗어나려고 초대를 한다는 데서 즉시 드러난다. 이스라엘은 그가 옮기어진 곳에서 건전하게 간격을 유지하며, 하나님 말씀을 들으려 하지 않고 도리어 신속하게 그 간격을 제거하고 독자적으로 평화를 맺으려 한다. 그러나 하나님은 그가 야곱처럼 싸워서 새로이 축복을 받아야 하는 그의 원수이다. 그가 이것을 포기함으로써 그가 참 이스라엘이 아니라 거짓 이스라엘임을 확증한다. 그리고 그의 시도가 우선 성공함으로써 그의 죄는 피처럼 붉게 되고, 하나님의 강한 손이 그에게 분명히 제공하려 한 축복을 스스로 벗어날 뿐 아니라, 유다와 그의 임무를 유혹하고 타락시키

2. 선택받은 자와 버림받은 자

는 데 성공할 것이다. 온 이스라엘은 그의 공동 책임의 구렁텅이로 빠져야만 하는 듯하다. 곧 이로써 은혜와 이와 더불어 온 이스라엘의 희망이 유다로부터 떠나간다. 그러나 이런 상황 속에서 그에게, 그의 거짓말쟁이 예언자에게 기적이 일어난다. 하나님 말씀을 악하게, 배은망덕하게 받는 자가 스스로 공로도 자격도 없이, 그 자신의 의도에 반하여 이 말씀의 전달자, 사자가 된다. 왜냐하면 하나님은 언제까지나 하나님이기 때문이고, 그가 자기 백성, 그의 온 백성 이스라엘을 버리지 않았기 때문이다. 이제 벧엘의 거짓말쟁이 예언자의 인격 안에서 사마리아의 죄많은 나라와 백성이, 온 이스라엘의 죄를 그처럼 악명 높게 드러내는 나라와 백성이, 하나님의 선택받은 자가 부인한 그런 하나님의 구원 사역에 들어가야 하고, 들어갈 수 있다. 그리고 이제 이 암흑의 전 영역이 바로 하나님의 진노가 이전과 달리 실제로 폭발하고, 유다의 사자가 물어 죽이는 이 순간에—그가 진정으로 공동의 죄요, "구체적으로" 우선은 유혹자인 자기 자신의 죄에 대한 형벌을 하나님의 선택받은 자를 통하여 대신 받도록 할 수 있게 된다. 곧 그 선택받은 자는 다만 공동 책임만 있을 뿐이지만, 여로보암과 그의 예언자가 본래 받아야 할 죽음을 당한다. 그는 지금 길에 내버려져 있다. 그는 지금 다른 사람의 무덤에 묻혀야 한다. 반면에 저들은 무사히 풀려날 수 있고, 반면에 벧엘의 예언자에게서 '나도 당신처럼 예언자요!' 라는 자신의 모호한 말이 성취되었고, 반면에 그, 합당치 않은 자가 이제 합당한 자의 대리인으로서 하나님 말씀을 선포할 수 있다. 그는 이제 더 이상 합당치 않은 자가 아닌가? 그는 여전히 그러한 자이다. 우선 하나님에 대해서 그렇다. 곧 이런 임무와 함께 그에게는 어떤 권위가 부여되지 않았다. 하나님은 자신의 권위를 관철했고, 이때 합당치 않은 그의 음성을 사용했다. 다음으로 유다에서 온 하나님의 사람에 대해서 그렇다. 그는 유다에서 온 사람이 그와는 달리 그의 범죄에도 불구하고 스스로 진정한 하나님의 사람이었다는 것과 한 불경건한 자의 몰락을 기뻐하듯이 이 사람의 죽음을 기뻐할 수 없고, 도리어 다윗이 사울과 요나단의 죽음에 대해서 매우 솔직하게 슬퍼했듯이 '아이고 내 형제여!' 라고 탄식하리라는 것을 안다. 그에게 위탁된 말씀이 이 의로운 사람에 대하여 성취되었다는 것, 이 사람이 더 이상 살아 있지 않다는 것은, 그 자신이 저 사람처럼, 그러나 자격도 없는 가운데, 하나님 말씀의 사자가 된 후에, 그에게는 아무런 이득을 뜻하지 않는다. 곧 이것은 자기 자신의 사명을 확증하는 것이 아니라, 이제 그에게, 불합당한 자에게 부여된 직무에 가장 필수적인 보증을 상실함을 뜻한다. 벧엘의 예언자가 그의 입술에 참된 하나님 말씀을 담는다고 할지라도, 하나님 말씀의 본래적인, 원래적인 전달자요 선포자인 유다에서 온 하나님의 사람 없이 무엇인가? 이스라엘은 유다 없이 무엇이며, 사마리아는 예루살렘 없이 무엇인가? 여기가 아니라 저기에 선택, 계약, 약속이 있다! 저기가 더 이상 없다면, 여기서 무엇을 하겠는가? 한 도성의 시민들이 박멸된 때, 그 도성의 거류민은 어떻게 되는가? 버림받은 자가 그의 유기에도 불구하고 하나님의 불가해한 은혜를 통하여 선택받았다면, 이 선택받은 자도 그의 선택에도 불구하고 하나님의 심판 때 버림받은 자로 서게 되기 때문에, 선택받은 자의 판단이 그에게서 박탈되었다면, 그는 무엇에 의지할 것인가? 그가 하나님의 권위를 자신의 불합당함을 통해 모독했기 때문에 하나님의 인내와 은혜의 전령이 탈취되었다면? 그러므로 하나님 앞에서도, 인간 앞에서도 벧엘의 예언자는 결코 승리가 있을 수 없고, 정당화될 수 없다. 그러므로 그는 오히려 (마 27:59-60!) 그가 유다에서 왔으나 죽은 하나님의 사람을 먼저 그 곳에 잠들게 하고, 나중에 자기 자신도 그 곁에서 안식하도록 함으로써 그 자신의 무덤에 도피처를 마련해야 한다. 뼈 옆에 뼈, 유해 옆에 유해—그러나 여기에도 일정한 순서가 있으니, 심판이 닥칠 때 이스라엘의 남은 무리가 유다의 남은 무리를 위하여 보존되고 지켜지게 될 것처럼, 그리고 거꾸로가 아닌 것처럼, 버림받은 자의 유해가 선택받은 자의 유해 옆에, 이스라엘이 유다 옆에 놓이며, 거꾸로가 아닙니다.

우리는 이런 일체성, 파기될 수 없고 전도될 수 없는, 오히려 이 이야기의 결론의 변증법 속에서, 변증법에도 불구하고 확증되는 이런 질서 속에서, 그들은 함께 하나님의 은혜가 떠나가지 않은 온전한 이스라엘을 이룬다는 사실을 확정지음으로써 끝을 맺어야 한다. 곧 그들은 모든 백성들, 온 세상을 향한 하나님의 약속의 전달자이며, 하나님의 참 예언자의 증거이다. 다윗과 사울의 인물이 실로 함께 속하여, 한 몸을 이루며, 함께 이스라엘의 왕을 증거할 수 있고, 그러나 뒤바뀔 수 없고 상호 연관됨 속에서도 동일할 수 없는 것과 일치한다. 그리고 또한 저 제사 의식의 동물 형상들, 두 마리의 염소와 두 마리의 새가 상호 이스라엘에 위탁된 제사 및 제사장 사역을 증거하고 그럼에도 불구하고 각기 두 형상으로, 곧 숫자적으로 혼동될 수도 있는 두 가지일 뿐 아니라, 상이한 운명을 지닌 두 개체로 남아 있는 것과 일치한다.

우리는 또 다시 여기서 이 본문에서 증거되어 있는 현실에 대한, 통일성에 대한 물음을 상세히 전개하기를 보류하고, 짧막한 암시로 만족하기로 한다. 두 물음은 물론 여기서도 제기되었고, 구약성서의 시각 속에서는 다른 경우보다 답변하기가 어렵다. 이 예언자 이야기의 끝 부분에서 무덤이 너무나 인상깊게 보인다. 빈 무덤이 아니라 "겉은 아름다우나, 속은 시체의 뼈와 온갖 오물로 가득한" 무덤이다.(마 23:27) 사람들이 예언자의 무덤으로(마 23:29) 만들고 장식할 수 있었으며, 분명히 실제로 그런 것으로 만들었고 장식하였던 예언자의 무덤이다. 따라서 아주 나중에도 요시야와 그의 수행원들의 눈에 띄었음이 분명하다. 그러나 다만 선택받은 자와 버림받은 자, 합당한 자와 합당치 않은 자, 고백의 예언자와 직업적 예언자, 유다와 이스라엘, 예루살렘과 사마리아가 결국 그들의 일체성, 상이성, 연관성 가운데 함께 잠들고, 사라졌고 있었던(이는 마치 인간의 마지막 인간적 가능성, 기대가 셋째 날에 묻히고 그의 시간이 지났을 때, 잊혀지고 끝나 버리고 마는 것과 같다.) 무덤에 지나지 않는다. 주목할 만한 사실은, 구약성서 가운데서 아마도 매우 인상 깊은, 어쨌든 가장 스케일이 크고 풍부한 이 예언자 설화가 결국 이런 무덤으로 끝난다는 것, 이 이야기의 두 가지 이중적 상 중에서 결국 분명히 적극적인 것으로 남게 되는 것은 바로 이것, 곧 일반적으로 무덤조차도 아끼지 않는 심판에서 공동의 무덤이 보존되었다는 것이다. 마치 묻혀 있는 다른 모든 시신들처럼 끝장나지는 않았다는 듯이! 아니면 다른 시신에게처럼 그들에게는 "모든 육신은 풀과 같고" "모든 풀은 시든다!"는 진리가 해당되지 않는가? 이 이야기가 두 예언자를 결국 같은 무덤에 잠들게 함으로써, 의심할 여지없이 이것은 그들에게도 해당된다는 것을 말한다. 단 이 이야기는 분명히 이 무덤의 보존을, 그러므로 이 두 예언자의 유해에 대해 말하면서 또 무엇인가를 더 말하려 한다. 이사야 40:8에 의하면 이 무엇인가는 다음과 같을 것이다: "그러나 우리 하나님의 말씀은 영원히 서 있다." 우리는 하나님 말씀이 모든 인간의 오른편, 왼편으로 서고 쓰러짐, 쓰러지고 섬을 꿰뚫고서 영원히 있다는 것이 실제로 열왕기상 13장의 처음과 마지막, 진수라고 말할 수 있다. 그러나 이 말씀을 선포하고 들어야 하는 인간, 그의 은혜를 받고 그의 심판을 감당해야 하는 오른편과 왼편의 인간들은 어찌되는가, 그들은 이런 하나님 말씀의 영원한 지속에 참여하는지, 만일 그렇다면 어느 정도나 참여하는지, 이 이야기는 구약성서의 예언자에 대한 보고로서 그 본래의 구약성서적 범위 안에서는 말할 수 없고, 혹은 다만 저 무덤의 보존에 대해서, 그러므로 두 예언자의 남아 있는 유해에 대해서만 이야기할 수 있을 따름이다. 하나님 말씀이 영원히 지속됨, 그리고 이 유해의 존속이 연장되며 그러나 어쨌든 시간적으로 제약받는다는 것은 분명히, 이 유해들이 서로 옆에 놓여 있을지라도 전혀 다르며, 이 두 서로 상이한 예언자의 유해가, 그들에 의해 대표되는 상이한 이스라엘의 두 왕국의 남은 무리들이 언제까지나 그러하듯이, 상호 전혀 다르다. 그들이 영원히 남아 있지 못함으로써, 분명히 하나님 말씀의 영속에 대한 물음도 제기되었고, 미해결인 채로 남아 있다. 따라서 이 이야기를 통해 증언된 것의 현실과 통일성의 문제는 여기서도 제기되었고 해결되지 못하였다. 그러나 또한, 이 이야기의 시야 속에도 예수 그리스도가 들어 있고, 이 예언자 이야기가 중단되는 그 곳에서 부활절 역사가 속행되어야 한다면, 이 이야기는 한 현실적 대상을 지시한다. 곧 우리 육신을 입은 영원히 지속되는 하나님 말씀, 유다 베들레헴 출신의 사람, 나사렛 출신 예언자, 북쪽의 불법적인, 멸망한 백성의 왕이기도 한 다윗의 자손, 하나님의 유기를 담당하기도 한 하나님의 선택받은 자, 자기 스스로 짊어진 다른 사람의 죄로 인하여 죽임을 당한 자, 그를 위하여 죄인들 가운데서 한 증인이 일어나고, 많은 증인들이 일어난 자, 그의 죽음에서 모든 것이 상실되었으나 그럼에도 불구하고 그의 죽음으로써 모든 멸망한 자들의 위로와 피난처가 되었던 그런 자―이 한 사람은 죽어서 묻혔으나 셋째 날에 잊혀지지 않거나 끝장난 것이 아니라 하나님의 능력에 의해 죽은 자들 가운데서 일으켜졌다. 이 이야기에서 결국 다만 죽을 수밖에 없고, 매장될 수밖에 없고, 그들의 뼈로써 당분간 보존될 따름인 두 예언자, 또한 두 이스라엘은 이 한 예언자 속에서 살아 있으며, 그들은 구약성서 범위 안에서는 그들이 결코 살지 못했던, 다만 증거될 따름인 이런 현실에서, 이런 일체성 속에 산다. 그들은 그 안에서 머물러 있으며, 그들에 의해 선포되는 하나님 말씀은 영원히 지속된다.

그렇지 않고 그들이 어디에 머무를 것인가? 열왕기상 13장이 예언이 아니라면 무엇이랴? 그 예언이 예수 그리스도 안에서 성취된 것을 발견할 수 없다면 다른 어디서 예언의 성취를 찾으랴? 이것은 이 연구에서 시사된 결과에 어떤 이유에서든지 만족하지 않은 자들이 답변해야 할 물음이다.

3. 선택받은 자에 대한 결정

그를 구별함에서 실현되고 드러나는 하나님과의 관계의 탁월함은 일정한 의도 안에서 이루어진다. 이것은 그의 삶에 일정한 목표와 일정한 내용이 주어짐을 뜻한다. 그를 부름에서 그의 선택이 실현됨으로써 드러나는 것은, 그의 선택 속에서, 선택과 더불어 그의 삶의 일정한 방향, 내용이 계획되고 성취되었다는 것, 그의 삶의 일정한 의미, 일정한 질서가 우연과 그의 자의에서 벗어나 있다는 것, 모든 것이 그를 선택하는 하나님의 기뻐하는 뜻의 일이라는 것이다. 선택받은 자의 이런 결정은 무엇인가? 그는 무엇을 위해 선택되었는가? 우리는 이제 그것을 물어야 한다.

이 물음에 대한 모든 것을 포괄하며 모든 점에서 결정적인 답변은, 바로 선택받은 자가 어쨌든 예수 그리스도 안에서, 그와 함께, 그에 의해, 그를 위해 선택받은 자라는 것이다. 예수 그리스도로부터의, 그를 향한 결정에 그의 자연적인, 역사적인 결정으로서 일반적으로 고려될 수 있는 모든 것이 속한다. 예수 그리스도 안에서 그는 그이며, 그는 그가 될 것이다. 그리스도 안에서 그는 그의 충만과 그의 한계를 갖는다. 그리스도 안에서 그의 생에 대한 '그래'와 '아니'가 영원 전부터 말해졌다. 그리고 그리스도 안에서 그가 누구이며, 누가 될 수 있는가(그리고 또한 누가 아니며 누가 되지 않을 것인가), 하나님에 의해서 그에게 부과된 개성 혹은 인격은, 그가 그의 선택에 상응하여 성령에 의해 부름받음에서 드러난다. 바로 그의 삶의 고유한 의미, 고유한 질서는, 예수 그리스도가 그를 위하여 있다는 데 근거하며, 또한 거기서 실현되고 드러난다. 바로 예수 그리스도가 그를 위하여 있음으로써, 또한 그 자신의 삶의 목표, 내용이 미리 결정되었고 미리 주어져 있다. 그는 예수 그리스도가 그를 위해 있는 그런 자가 되기 위해서 선택되었다.

　　이 첫 번째 답변 속에 두 번째 답이 포함되어 있는데, 곧 선택받은 자는 어쨌든 예수 그리스도의 공동체 속에, 공동체와 함께, 곧 공동체의 중계를 통해, 그 일원으로 선택받은 자라는 것이다. 그의 메시아 예수 안에서 이스라엘 백성이 선택받았고, 그의 주 예수 안에서 교회가 선택되었다. 그러므로 개별 인간의 선택은 모두 공동체 영역 안에서의 선택, 곧 예수 그리스도의 선택에서 이 영역이 근거를 가지고 그 한계가 정해짐에 근거한 선택, 예수 그리스도의 선택에서 시작된 공동체의 봉사를 통해 중계된 선택, 공동체의 이 봉사에 참여하도록 선택함이다. 그의 선택 안에서, 선택과 더불어 완수되는 바 예수 그리스도를 통한, 그리스도를 위한 개별자의 결정—예수 그리스도는 그의 몸으로서 공동체 안에 살아 있기 때문에 이스라엘을 통한, 이스라엘을 위한, 교회를 통한, 교회를 위한 그의 결정이다. 선택받은 개별자는 하나님의 공동체 안에서, 공동체와 함께 선택됨으로써 그런 자가 되고, 그가 가진 것, 곧 모든 것을 직접 예수 그리스도로부터, 예수 그리스도를 위하여 갖는다. 그러나 그가 예수 그리스도로부터, 그리스도를 위하여 모든 것을 갖기 때문에 성도의 친교 안에서, 그리스도에게 속한 사람들의 봉사를 받음과 속행함에서 모든 것을 갖는다. 각 개별자는 또한 공동체의 일원이 됨으로써만이 그의 사람이 될 수 있으니, 곧 예수 그리스도가 그를 위하여 있음에 상응하여 공동체의 일원들로부터, 그들과 함께, 그들 가운데서 자기 자신의 삶의 특별한 결정을 가짐으로써만 그리스도의 사람이 될 수 있을 정도로, 그리스도에게 속한 사람들은 그, 예수 그리스도로부터 분리될 수 없다.

　　예수 그리스도와 그의 공동체가 선택받은 자의 결정, 삶의 목표, 삶의 내용을 이룬다는 것은 우리의 물음에 대한 단순히 형식적인 답변, 여기에 본래적인, 본질적인 답변이 뒤따라야 하는 답변으로 이해되어서는 안 된다. 오히려 거꾸로 개별자에 대한 결정의 본래적인 내용은 그가 위로는 예수 그리스도를 통해 표시되고 아래로는 이스라엘과 교회를 통해 표시된 완결된 원 안에 그의 생명을 가진 그런 자라는 데 있다고 말해야 할 것이다. 이 원 안에 사는 자의 삶은 하나님의 은혜의 선택에 상응하여 방향을 잡고 정리된 삶이다. 그에 대한 결정은 바로 이 원을 지시할 때보다 더 실질적으로, 더 구체적으로 서술될 수 없다. 만일 이 서술을 설명하기 위해서 무엇인가를 더 말해야 한다면 그것은 근본적으로 다만 이 본질적으로 지시한 것을 확증하고 반복함에 지나지 않는다. 그러나 이 본질적 지시 그 자체가 반복되고 확증될 수 있기 때문에, 처음 두 가지 답변의 노선에서 주어질 수 있는 그 이상의 몇 가지 답변들은 단순히 형식적인 것은 아니다. 곧 선택받은 자는 예수 그리스도에 의해서, 예수 그리스도를 위하여, 그의 공동체를 통하여, 그의 공동체를 위하여 결정되어 있다는 본질적인, 근본적인 사실은 본질적인, 근본적인 해명을 감당할 수 있고, 또 요구한다.

우리는 선택받은 자에 대한 결정은 하나님에 의해 사랑을 받는 데, 그리고 하나님이 그의 불가해한, 아무 공로 없이 주는 선함으로써 영원 전부터 방치하려 하지 않았고 또한 영원토록 방치하려 하지 않는 그런 자로서 사는 데 있다는 명제로 시작할 때, 올바르게 이해된 예언론의 근거와 발단으로 되돌아가는 것이다. 이것이 예수 그리스도 자신에 대한 결정이니, 곧 우리 육신 안에서 영원 전부터 영원토록 하나님의 사랑을 받는 자가 되는 것이다. 이것이 이스라엘과 교회에 대한 결정이다. 그들은 예수 그리스도 안에서 하나님에 의해 사랑받은 자들의 백성, 모임이다. 어떤 선택받은 자도 하나님에 의해 사랑받는 자 이외에 다른 것, 더 나은 것이 될 수 없다. 하나님은 그를 사랑하고자 한다. 그리고 하나님은 그로부터 사랑을 받기를 원한다. 이를 위해 하나님은 그를 선택한다. 그는 하나님이 스스로 원했고 근거를 세운 계약의 파트너로서 존재할 수 있고 존재해야 한다. 하나님 자신은 이 계약의 주(主)요 보증인이며, 이 계약은 하나님의 전능한 신실함을 통해 보장되어 있다. 이것이 무슨 뜻이든 간에, 그것은 사랑, 엄격함, 진노하는 불타는 사랑을, 그러나 사랑을 뜻한다! 그리고 영원한 사랑, 피조성의 한계에 구속되지 않은 사랑, 그의 죄를 용서하는 사랑, 피조물을 창조자의 영광에 참여시키는 사랑! 자유로운 은혜 안에서 허락되고 성취된 이 참여는, 현재적 약속으로서, 바라던 성취로서 선택받은 자의 삶의 방향, 충만, 의미, 질서이다. 이 참여는 그에게 현실적으로 필요한, 그러나 또한 그에게 완전히 충분한 한 가지 일이다. 그는 언제나 거듭, 언제나 새로이 하나님에 의해 사랑받는 자보다 더 위대한 것, 그 이외에 다른 것이 될 수 없다. 그는 또한 그의 육신의 본성을 지닌 하나님의 아들 안에서 사랑받으며, 그의 몸에서, 곧 그 안에서 하나님에 의해 사랑받도록 결정된 많은 사람들과의 친교 속에서 그 일원으로서 사랑받는 자이다.

선택받은 자를 하나님의 사랑의 대상으로 결정함은 의심의 여지없이 그를 구원하도록 결정함이다. 하나님의 영광은—그것에 창조자를 참여시킴은 그의 사랑의 뜻이요 목표인데—하나님의 내면적 완전과 기쁨의 넘쳐흐름이다. 그가 이런 그 자신의 구원의 빛, 물방울을 받아서 그것을 지닌 자로 살기 위해서, 그가 그 안에서, 그와 함께 기빼하기 위해서 하나님은 선택받은 자를 영원 전부터 영원토록 선택하였다. 하나님은 자신의 아들 안에서 자신과 인간의 일체가 되도록 결정함으로써, 그가 아들 안에서 바로 자기 자신을 내어 주고, 인간을 구원하도록 결정하였다. 그리고 죽은 자 가운데서 예수 그리스도의 부활, 그의 천상행, 그러나 이미 그의 생시의 "기적과 표적"은 (그의 영광의 계시로서) 우리에게 그가 그것을 완전 소유하고 있음을 지시한다. 그리고 또한 하나님은 예수 그리스도의 선택에서, 그의 선택과 함께 이스라엘과 교회를, 그의 자기 희생에 대해 감사할 수 있는, 그것 때문에 그를 사랑하고 찬양할 수 있는 그런 자들, 그들에게 구원이 의도되고, 닥치고, 약속된 그런 자들의 백성, 모임으로 선택함으로써 인간을 구원하도록 결정했다. 그러므로 또한 모든 선택받은 개별자 자신은—그가 마땅히 그런 것처럼 그가 인식하든지, 즐기든지, 응답하든지 않든지—축복받은 자이다. 그에게는 아무것도 부족한 것이 있을 수 없다. 그는 선택받은 자로서 하나님에게 감사 외에 드릴 것이 없다. 우리가 하나님이 정해 준 그의 삶의 목표와 내용에 대해 묻는다면, 우리는 모든 것을 이런 단순한 공식으로 표현할 수 있다. 그는 전적으로 하나님의 사랑받는 자, 계약 동지로서 시간과 영원 속에서 즐거워하도록 선택된 것이다. 우리는 어떤 엄격성 때문에 여기서 무언가를 삭감하려 한다면, 잘못 알고 있는 것이다. 우리의 물음에 그 이상 답변하기 위해서 말해야 할 경우에는 어쨌든 이 답변을 내포해야만 한다.

그러나 선택받은 자의 복락이 단순히 받음, 취득함, 소유함으로만 이해된다면, 그의 행복이 그 자체로서 어느 정도 하나님의 내적 완전함과 기쁨의 넘쳐흐름이 정지되는 막다른 골목으로 이해된다면, 사람들이 선택하는 하나님은 선택받은 인간에게 이런 행복을 수여하는 것으로 만족한다고 치부한다면, 분명히 하나님 자신의 복락에 참여하는 것으로서의 선택받은 자의 복락은 잘못 이해된 셈이다. 하나님 자신의 영광은 사랑의 대명사이니, 이 사랑 안에서 하나님은 자신을 입증하며, 자신을 알리며, 자신을 나타내며, 전달하며, 인정 얻어내기를 쉬지 않고, 피곤해 하지 않는다. 그러므로 하나님의 영광은 또한 예수 그리스도의 영광으로서 자기 목적이 아니다. 오히려 이 영광이 이 한 선택받은 자에게 주어지고, 그에 의해 받아들여짐으로써, 그것이 그의 온전한 소유가 됨으로써, 그것은 하나님과 그 자신의 계속적인 행위이다. 그러므로 그것은 이스라엘과 교회의 영광으로서 또한 그것의 선함은 이 백성에게 그것을 즐김으로써 고갈되는 그런 것이 아니다. 오히려 이 백성이 이 영광에서 누릴 수 있는 기쁨은 필연적으로, 이 영광이 이 백성의 행위에서 주효하고 드러난다는 사실과 결부되어 있다. 선택받은 개별자의 영광도 바로 이와 같다. 그는 이 영광을 다만 내재적인 복락으로서가 아니라 초월적 복락으로, 사고의 근거, 동기로서 받을 수 있고, 취득할 수 있고, 가질 수 있다. 만일 그 영광이 그의 사랑, 그의 행위, 그의 역사에 능동적으로 참여함이 아니라면, 인간이 다만 하나님의 영광의 객체로만 머무르며 또한 그것의 주체가 되지 못한다면, 그 영광이 어떻게 신적인 생명에 참여함이 되며, 하나님에 의해 인간에게 허락된 계약의 파트너로서의 일을 수행함이 되겠는가? 선택받은 자가 하나님을 시간과 영원 속에서 완전한 기쁨의 근거로서 필요로 한다는 사실은, 다른 사실, 곧 하나님이 그를 능동적으로 그 자신의 삶, 그 자신의 행위, 그 자신의 역사의 사건 속으로 끌어들인다는 것, 곧 하나님이 또한 그를 필요로 하며, 그가 하나님에 의해서 그의 영광에 봉사하도록 사용되도록 할 수 있다는 사실과 하나이다. 하나님의 자기 희생에 대한 감사에서 이 봉사가 성립하고, 그러므로 선택받은 자의 복락도 여기에 있다. 하나님은 그의 삶에서 감사하도록(그리고 은혜로써, 은혜 안에서 살도록!) 그를 선택한다. 하나님은 그의 삶이 온전한 감사가 되도록 그를 선택한다. 그가 이렇게 감사하고 그의 인격으로 이런 감사가 되는 것이 선택받은 자에 대한 결정이다. 이것을 위하여 하나님은 예수 그리스도의 선택에서, 이스라엘과 교회의 선택에서, 그의 개인적 선택에서 그에게 자기 자신을 허락한다. 그는 감사할 수 있다. 이것이 개별자에 대한 은혜의 선택의 신비이다.

    그러나 감사함은 무엇이며, 그러므로 복락, 그러므로 하나님에 의해 사랑받음은 무슨 뜻인가? 분명히 하나님 자신의 영광, 그의 역사가 거기서 표출되고 모방되는 그런 인간적 존재, 행위 안에서 하나님의 생명에 참여함이다. 그 이상은 있을 수 없다. 감사는 반복되거나 변제될 수 없는, 따라서 다만 거기 상응하는, 그것을 반영하는 답변으로써만 그런 것으로 인정되고 확증될 수 있는 은총에 대한 응답이다. 감사는 이렇게 상응하는 것이다. 그러므로 하나님의 은혜에 대한 선택받은 자의 감사는 다만 은혜에 대하여 상응하는 것이다. 감사는 그런 것일 수 있고 그래야만 한다. 선택받은 인간은 자비로운 하나님에게 상응하도록, 그의 피조적 형상, 그의 모방자가 되도록 결정되었다. 스스로 고안한 신-인간 형상의 모방자가 아니라, 그를 선택하는 자비로운 하나님 자신의 모방자! 그에게는 하나님에 대한 의무가 있다. 그는 하나님에 대해 빚이 있다. 그가 있기 전에 하나님은 그를 자신을 위해 결정했다. 하나님은 그를 모든 자기 결정의 저편에서, 그것을 뛰어넘어서 그를 결정한다. 오직 자비로운 하나님을 모방함에서 그는 자기 자신의 생명을 가질 수 있다. 선택받은 예수 그리스도, 피조물의 화육한 감사는 모든 자의에서 벗어난, 그렇기 때문에 기쁜 그런 표출과 모방의 원형상, 그의 역사의 모방자가 아니고 무엇인가? 그리고 그의 공동체는 그것이 하나님의 은혜를 통해 창조되었듯이 이런 자신의 창조에 대해 알려주고, 자신의 상상과 발상에 따라서가 아니라 그가 있는 바대로, 그가 가지기를 원하는 대로, 그가 공동체에 대해 자신을 입증하였던 그런 창조자로 나타내고 찬양하는 백성, 모임이 아니고 무엇인가? 그러므로 또한 모든 선택받은 개별자도 하나님의 은혜의 선택을 통하여 선택받은 자가 된다. 예수 그리스도의 선택이 그의 공동체의 중계를 통하여 또한 그 자신의 선택이 된다. 그것의 증인이 됨이 그의 결정, 그에 대한 하나님의 의도이다. 그의 존재의 의미와 질서는 바로 이 의도를 실행함에 있다. 하나님의 자비로운 은총은 다만 그에게만이 아니라 그를 통해서 관철되고자 하며, 이로써 그에게서 현실적이고 능력이 있다! 바로 그가 그 은총의 증인으로서 또한 그것의 주체가 됨에서 그것의 현실적 대상이다.

그러므로 선택받은 자는 자비로운 하나님을 섬기며 그의 임무를 위탁받은 자이다. 그가 선택의 결과로서 성령의 역사를 통하여 부름받는다면, 곧 예수 그리스도 안에서 일어난 선택이 그에게 선포될 수 있고 이로써 그가 자신에게 주어진 약속을 믿음 안에서 자기 것으로 만들 수 있다면, 이것은 그의 개인적 소명일 뿐 아니라 동시에 또한 그의 공적인 소명이다. 그의 구원과 그의 복락이 이로써 그에게 열리고 약속되는 것만이 아니라 그가 증인으로서의 자신의 임무, 봉사를 시작하는 것이다. 예수 그리스도가 선택된 하나님의 영광의 전달자로서 공적 인격인 것 같이, 선택받은 공동체의 존재가 그것의 신적 직무의 존재를 이루는 것 같이, 모든 선택받은 개별자의 삶도 그렇다. 하나님이 그를 위하여 계심과 더불어 내면적으로, 불가분리하게 결부된 것은, 그가 하나님을 위하여 존재함이다. 곧 그의 구원과 그의 사용, 하나님의 약속에 대한 그의 믿음과 그 약속을 계속 선포해야 함에 대한 책임, 그의 복락과 하나님의 은혜의 선택의 증인으로서 그의 봉사와 임무 안에서의 복종은 내면적으로, 불가분리하게 결부되어 있다. 그의 복락의 근거인 것, 곧 그의 선택이 예수 그리스도 및 그의 공동체의 선택 안에서, 그것과 함께 일어나는 한에서 그의 선택은 동시에 또한 그의 직무의 목표요 내용이다. 그는 그의 위치에서 그의 선택받음을 위하여, 그러므로 예수 그리스도의 선택과 그의 공동체의 선택을 위하여 영과 능력을 증명하기 위하여, 하나님의 모든 길과 역사의 이런 시작을 자기 나름대로 모든 것 위에 계신 주의 결정으로서, 그 옆에 다른 진리가 없는 그런 진리로서 확증하고 드러내기 위하여 선택되었다. 그는 자신의 연약하지만 온 목소리로 기뻐하도록 선택되었다. 그의 기쁨은 하나님의 은혜의 선택에 근거하며, 하나님의 모든 창조를 통하여 모든 그의 길과 행위에 함께한다. 이것이 그에 대한 결정이며, 이것을 행하는 것이 그의 의무요 빛이다. 그는 이것을 행하지 않는다면 자신의 선택을 의문시하는 것이며, 부인하는 것이다. 하나님이 그에게도 자비로움으로써, 그리고 하나님은 세상의 형상을 지나가게 하고 변하게 할지라도, 그리고 그렇게 하는 가운데서도 세상을 돌아봄으로써, 하나님은 세상이 있기 전에, 그가 세상을 돌아본 그 은혜를 찬양받기를 원한다.

모든 선택받은 개별자는 하나님의 사자(使者)이다. 이것이 그의 임무요 봉사이다. 그는 이것을 위하여 하나님의 은혜의 영광을 표출하고 모방할 수 있다. 그는 이 점에서 감사할 수 있고 따라서 행복할 수 있다. 그는 파송되었다. 예수 그리스도가, 그의 온 공동체의 삶의 의미, 삶의 질서인 은혜의 사도직과 연관해서 은혜의 사도가 되도록 선택되었다는 것에 근거하여, 그는 사도이다. 선택받은 자에 대한 결정은, 그 자신에게 붙여진 빛을 그 스스로 밝히는 것, 그 자신이 받은 하나님의 인간 사랑에 대한 좋은 소식을 계속 전하는 것, 그가 참여한 소명을 모든 다른 사람에 대한 자신의 사명으로 삼는 것이다. 그가 그들과 구별되고 그들이 그와 구별된다는 것, 곧 이 암담한 대립은 이제 그들에 대한 그의 임무의 빛 속으로 들어온다. 그는 그 자신에게도 알려지지 않았던 것처럼 그들에게 알려져 있지 않은 것, 그에게도 다만 그의 소명에 근거해서만 알려질 수 있는 것, 그러나 그것이 그의 소명에 근거하여 그에게 알려지는 것이므로 그가 고백하기를 중단할 수 없는 것을 그들에게 알려야 한다. 그는 그들이 사로잡혀 있고, 그도 만일 진리가 그에게 계시되지 않았더라면 절망적으로 사로잡혀 있을 수밖에 없는 거짓에 대해서 이의를 제기해야 한다. 이 거짓에 항거하는 것이 그에게는 그러므로 삶의 필수 과제가 되어야 한다. 그는 그들에 대하여, 선포와 믿음의 범위 밖에서 있는 그들의 상실한 삶은 예수 그리스도가 없이는 그 자신도 당할 수밖에 없는 유기를 드러낸다는 것을 상기시켜야 하고, 성령의 역사가 또한 그들의 인생 위에 내려진 결정의 결과가 되기를 기대해야 한다. 이런 상기와 기대 속에서 그는 그들에게 말해야 한다. 예수 그리스도 안에서 이루어진 하나님의 은혜의 선택이 그에게 열렸을 때, 그가 어떤 인간의 설득술로써 부름받은 것이 아닌 것처럼(물론 인간의 설득술이 사용되지 않은 것은 아니다.), 그 스스로 다른 사람들을 얻기 위하여, 그들에게도 제공되어 있는 기회를 그들에게 전달해야 하고, 그 자신이 살 수 있는 희망에 그들도 참여하도록 초대해야 한다. 우리는 모든 것이 일차적으로 본래 예수 그리스도 자신의 역사이며, 그의 봉사로 인하여 이스라엘과 교회의 중계적 행위가 된다는 것을 잊지 않는다. 그러나 예수 그리스도 안에서, 그의 공동체로 선택받은 자는 먼저 저 역사의 증인이며, 예수 그리스도와 그의 공동체의 직무에 참여한다. 그는 사자로서의 사명 이상 행할 수 없고, 사자로서의 사명 이상을 행하려고 해서도 안 된다. 그러나 그는 이 사자로서의 사명으로 결정된 것을 피할 수 없을 것이다. 이 사명에 합당하는 것, 그의 삶의 방향과 내용을 이 과제를 통하여 결정하는 것이 그의 영광이요 기쁨일 것이다.

    선택하는 하나님과 선택받은 인간 사이의 차이는 명백하다. 다른 사람을 선택하거나 버리는 것은 선택받은 인간의 일이 될 수 없다. 그는 다만 하나님이 오직 예수 그리스도 안에서 현실적으로 있는바, 행하는 바를 증언하고 표출하고 모방할 수 있을 따름이다. 하나님의 결단을 지시하는 것이 그에 대한 결정이다. 그러나 하나님의 결단은 명백한 결단이다. 그 결단이란 하나님이 인간을 선택하기 위하여, 그 자신의 영광에 참여하기 위하여 죄많은 인간의 필연적인 유기를 스스로 선택하고자 했고 실제로 선택했다는 것이다. 그러나 이것은 선택받은 자가 다른 사람들에게 전해야 하는 증언이 완전히 일정한 질서를 갖추어야 한다는 것을 뜻한다. 곧 그는 그들에게 하나님의 선택과 하나님의 유기를 똑같이 열려 있는 두 가지 가능성으로 제시할 수 있는 것이 아니라, 오히려 그들에게 다만 하나님의 선택을 근본적으로 열려 있는, 하나님의 유기를 다만 근본적으로 배제되어 있는—왜냐하면 하나님의 자기 희생을 통해서 배제되었기 때문에—가능성으로 제시할 수 있을 따름이다. 그는 그들로 하여금 진리를 인식하도록 부르는 것처럼, 자신들의 선택받음을 인식하도록 부를 수 있을 따름이다. 그는 그들에게 하나님의 자기 희생을 통해 배제된 가능성을 실현하려는 시도에 대해, 곧 이런 가능성을 제거한 하나님에 거슬러 거짓말하려는 시도에 대해 경고함으로써만, 자신들의 유기에 대해 인식하도록 호소할 따름이다. 그러므로 그는 마치 선택받은 자가 아닌 것처럼, 하나님의 인간 사랑이 그에게는 해당되지 않는 것처럼, 그의 은혜의 계약이 그를 위해서도 맺어진 것이 아닌 것처럼, 자신의 참된 실존에 반대하는 그의 불경건이 결국 진지하게 다루어져야 하는 것처럼, 그러므로 예수 그리스도 안에서 일어난 하나님의 은혜의 선택을 그에게도 증언하는 것이 무의미하고 불가능한 것처럼, 그렇게 그들 중 어느 한 사람에게도 행동할 수가 없다. 그 자신 스스로는(그는 어떤 선택받은 자처럼, 하나님의 공동체처럼!) 선택받은 자, 하나님 사랑의 대상, 그의 계약 동지가 될 수 없고, 그런 자로서 성령을 통한 부름에 참여할 수 없다는 것을 인식하는 가운데 그와 만나게 될 것이다. 그러나 그는 또한 하나님이 예수 그리스도의 선택 속에서 또한 그를 위하여 영원 전부터 하려고 하고 결정한 바를 그에게 말씀, 행위, 태도를 통하여 증언해야 할, 그러므로 유보, 제약 없이 그에게 복음을 선포하고 아주 진지하게 사랑으로써 그것을 믿도록 권고해야 할 책임을 벗어날 수 없다. 그리고 그는 이 모든 일을 의심과 주저하는 마음 없이 행할 것이며, 하나님의 은혜 속에는 저 인간이—마치 버림받은 자인 것처럼, 예수 그리스도가 그를 위해 버림받은 자가 되지 않은 것처럼!—하나님에 의해서 근본적으로 그의 선택받은 자가 되는 것과 이에 상응하는 부름을 받는 것이 거절당하는 그런 무자비함이 없다는 것을 신뢰함 가운데 이것을 행할 것이다. 이런 인식 속에서 이런 책임과 이런 신뢰 속에서 모든 선택받은 자는 다른 사람들에 대해 자신을 그런 자로서 입증할 것이고, 자비로운 하나님의 사자, 사도가 되며, 이 봉사와 임무 속에서, 하나님의 영광을 이처럼 표출하고 모방함에서, 따라서 그의 결정을 성취함에서 스스로 행복할 것이다.

다른 사람을 선택하는 것은 선택받은 자의 권한에 속하지 않고, 다른 사람을 부르는 것은 그의 권한 속에 있지 않다. 그는 자기 자신도 선택하거나 부르지 않았다. 그러나 이 다른 사람들의 선택과 소명의 신실한, 기쁜, 진지한 증인이 되는 것은—하나님의 권한과는 전적으로 차별됨 속에서!—그의 권한에 속한다. 과제는 정해졌다. 그는 자신의 사신을 받을 자의 합당, 불합당을 물을 필요가 없으며, 그것의 전달에 대해서는 책임이 있으나 그것의 성공에 대해서는 책임이 없다. 바로 이런 한계 속에서 그의 과제는 가능한 과제이다. 곧 거대한 기도가 아니고, 그러므로 비극으로 끝나도록 정죄받은 기도가 아니라 오히려 그가 그것의 일차적인, 본래적인 짐을 감당해서는 안 되는 그런 임무이다. 그리고 그 과제가 물론 인간적 가능성을 전적으로 요구할지라도 그것은 인간의 가능성을 초월하고 뛰어넘지는 않는다. 그 과제가 인간이 줄 수 있는 모든 것을 요구할지라도, 그것은 그 이상을 요구하지는 않는다. 그 과제가 분명히 그에게 자기 자신으로 만족하도록 허락하지 않을지라도, 그 과제는 하나님이 그로써 만족한다는, 즉 하나님이 그가 주어야 한다면 주어야 할 모든 것에 만족한다는 위로로 가득하다. 그러므로 하나님의 은혜의 선택에 관한 증언의 과제는 인간의 과제이니, 이 과제의 성취에서 선택받은 자는 분명히 하나님을 대할 수 없고, 하나님 말씀을 할 수 없고, 하나님만이 할 수 있는 것을 할 수 없으나, 그것을 성취함에서 어쨌든 그는 피조물로서, 그에 의해 사랑받고 선택받은 인간으로서 그에게 주어진 하나님의 일에 참여한다. 그의 봉사의 영광, 그 능력은 그의 주의 영광이요 능력이다. 그러나 이로써 또한 그의 염려 역시 그러하다. 그가 하나님을 섬김으로써 하나님의 은혜로 살 수 있다는 것이, 이 일에 있어 그의 선택받은 인간의 영광이며 능력이다.

이제 우리는 다음 사실을 확정함으로써 최종 결론을 감행한다. 선택받은 자에 대한 결정은, 그의 선택, 소명에서, 선택, 소명과 더불어, 그가 그것을 위해 선택되고 그가 실천해야 하는 봉사 속에서, 봉사와 더불어, 살아 있는 하나님의 화해 행위의 속행이 결정되었고 사건이 되는 데 있다. 모든 개별자의 선택에서, 개별자의 소명에서 그 자체로 완결된바, 예수 그리스도와 그의 공동체의 선택의 원이 세상을 향해 개방되고 확장된다. 혹은 세상을 바라볼 때 세상 속의 지배하는 기만의 암흑 영역 속으로 개입하고, 세상의 불경건한 자기 영광을 퇴치하고, 제약하는 일이 일어난다. 모든 선택받은 자의 존재는 은혜의 나라로서의 하나님 나라를 위하여 은밀하나 실제적인 한계 초월을 뜻한다. 이런 한계 초월이 이루어지는 것, 또 그것이 어디서, 어떻게 사건이 되는가는 하나님의 일이다. 그리고 어떤 목표를 향해 이런 유의(모든 인간의 불합당성에 견주어서) 큰 혹은(많은 인간들에 비교해서) 작은 한계 초월이 이루어지는가, 또 저 원의 궁극적 범위는 어떤 것인가는 하나님의 일이다. 그가 인간 세계 자체와(소위 말하는 만물 회복 이론에 따라서) 일치해야 하고 일치하리라는 것은 하나님의 은혜의 자유를 존경한다면 감행할 수 없는 명제이다. 어떤 권한, 그러므로 어떤 의무도 거기서 결코 도출될 수 없다. 자비로운 하나님이 어떤 한 인간도 선택해야 하고 불러야 할 의무는 없는 것처럼, 또한 온 인간 세계를 그렇게 할 의무도 없는 것이다. 그의 선택과 소명에서 어떤 역사의 형이상학이 나오지 않고, 다만 그것이 예수 그리스도 안에서, 그의 공동체 안에서 사건이 되었다는 것 때문에 그것을 증언할 필요성이 나온다. 그러나 하나님의 자유의 은혜를 감사하며 인식하는 가운데서, 또한 선택과 소명의 원을 궁극적으로 결코 개방되거나 확장될 수는 없다는 명제를 감행해서는 안 된다. 우리는 하나님의 은혜의 선택을 예수 그리스도의 선택으로, 또한 그의 공동체의 선택으로, 또한 개별자의 선택으로서, 그의 자비의 결정과 이외의 다른 것으로 이해할 수 없다. 우리가 하나님의 자비에 어떤 한계를 정하려 하고 그러므로 저 한계 초월에 어떤 종지부를 찍으려 한다면, 우리는 정반대의 의미에서 역사 형이상학을 시도하는 셈이다. 우리는 이 명제나 저 명제를 피해야 하고—그것들은 모두가 그리스도 사신의 명제가 아니라 실질적 내용이 없는 형식적인 결론이다.—한 인간이 선택되고 부름받았을 때마다 옛 인간이 새로운 인간이 되며, 화해받지 못한 세상이 화해받은 세상이 되며, 그런 한에서 은밀한 가운데서 하나님 나라가 이루어지고, 동시에 하나님의 은혜의 선택의 진리에 대해 새로운 증인과 사자가 출현했다는 분명한 인식을 고수한다. 이것은 모든 선택받은 개별자에 대한 높이 평가해야 할 구원사적 결정이다. 그 자신이(하나님의 온 공동체처럼, 인간 예수 그리스도처럼) 인간 세상에 속했고, 여전히 속해 있으며, 그러나 예수 그리스도 안에서 선택받음으로써 그것에서 구별되어 저 봉사, 임무를 통해 세상과 대립함으로써, 승리의 발걸음을—이것이 그에게 의미하는 바를 제외하고—옮겼으며, 진리를 확증하고 되풀이하게 되었고, 온 인간 세상에 대하여 한 새로운 표적이 만들어졌다. 그리고 이 표적은 분명히 한 방향으로, 자비로운 하나님이 권한이 있고, 그를 오인하는 인간은 권한이 없음을 지시한다. 하나님의 자유로운 결정만이 계속 이끌 것이다.—이 발걸음은 이런 계속적인 발걸음을, 동일한 진리를 계속적으로 확증하고 반복함을, 같은 노선에서 계속적인 표적을 믿고 소망하도록 동기와 용기를 준다. 이 발걸음은 인간 세상 안에 감추어진, 하나님의 인간 사랑을, 그의 주 예수 그리스도를, 따라서 자기 자신을 지금 아직 인식하지 못하는 하나님의 백성이 지금까지 드러난 것보다 클 수도 있다는 전제에 동기와 용기를 주며, 세상 속에 이 감추어진, 이 잠자는 하나님 백성을 계속 좇도록 동기와 용기를 준다. 이 백성을 각성시킴에 대한 그것의 공로는 분명히 모든 선택받은 자에 대한 결정이다. 그리고 그는 스스로 세상 가운데서 부르는 자가 되기 위해서 부름받는다. 그의 소명이 어떻게 되는가를 결정하고 아는 것은 그의 능력에 속하지 않는다. 저 원을 개방하고 확장하는 것은 언제나 하나님의 영원한 자유로운 뜻에 상응하는 범위 안에서 일어날 것이다. 하나님이 예수 그리스도 안에서 선택했고 따라서 이렇게 듣고 믿도록 결정한 자들은 언제나 그들의 선택에 대한 선포를 들을 것이고, 언제나 그 선포를 믿을 것이다. 하나님의 은혜로써 실제로 이 백성이 된 그들은 예수 그리스도를 인식하고 고백함으로써 그의 백성으로, 성도의 친교로 등장할 것이다. 그리고 이것은 언제나 하나님의(그리고 예수 그리스도와 성령의) 능력과 행위를 통하여, 언제나 그의 (그에 의해 정해진) 시간에 사건이 될 것이다. 그는 그의 일을 이끈다. 이것이 저 두 명제를 불가능하게 만든다. 그러나 확실한 것은, 선택받은 인간은, 선택의 원, 즉 세상 가운데서 예수 그리스도를 인식하고 고백하는 인간들의 원이 정지되거나 경직되지 않고 개방되고 확대되고 그러므로 성장하고 증가하고 커지기 위해 선택받았다는 것이다. 그가 자신의 선택과 소명으로써 받은 선물 그 자체가 또한, 그를 에워싼 인간 세상에 대하여 폐쇄하지 않고 개방하며, 배제하지 않고 포괄하며, '아니'라고 하지 않고 '그래' 를 말해야 하는 과제라는 것이 확실하다. 그 자신이 분명히 개방되고, 포괄된 인간, '그래' 가 말해진 인간, 곧 하나님의 자유로운 영원한 은혜와 사랑의 '그래' 를 값없이 받은 인간이기 때문이다. 이 '그래' 에 의해, '그래' 안에서 그는 다른 사람들 가운데서 살아야 한다. 그가 그들로 하여금 이 '그래' 를 듣게 함으로써, 자비로운 하나님, 예수 그리스도, 그리고 그의 백성을 표출하고 모방할 것이다. 또한 그가 '아니'를 말함으로써 '그래'를 말할 것이고, 닫음으로써 열 것이며, 배제함으로써 포괄할 것이다. 그는 다른 사람들에게 진노할 수도 있지만 멸시하지 않으며, 분노할 수 있으나 악해지지 않고, 화를 낼 수는 있으나 증오하지 않으며, 손님, 이방인으로 대립할 수 있으나 원수로 대결하지는 않는다. 그는 그들의(자기 자신의!) 원래적으로 멸망되었음의 인식을 포기하지 않을 것이나, 또한 그가 멸망당한 자로서 하나님의 은혜를 만나고 계시를 받아서 그들에 대해 지니고 있는 책임과, 같은 은혜가 그들에게도 향하여 있다는 확신을 포기하지도 않을 것이다. 그는 그들에 대한 봉사에 있어 피곤하지 않으며, 그들에 대한 자기 멋대로의 심판 때문에 그들에 대해 불신실하지 않을 것이다. 하나님이 세상과 화해했다는 것이(고후 5:19), 무엇을 뜻하는가를 결정하고 아는 것은 하나님의 일이다. 그의 일, 선택받은 자의 일은 여하튼 간에 "화해를 위해 봉사함"(고후 5:18)이며, 다른 것이 아니다. 이것이 그가 따라서 살아야 하는 결정이다.

우리는 또 다시 그 성서적 문맥 속에서 선택받은 인간의 삶의 방향, 목표에 대하여 묻고 대답하자. 우리는 여기서 신약성서의 그리스도 증언에서부터 가르침을 받아야 한다.

선택은 구약성서에서도 선택받은 인간의 구별, 차별을 뜻할 뿐 아니라 또한 그를 이런 구별, 차별에 상응하는 삶의 내용으로 결정함을 뜻한다. 그러나 구약성서 영역 안에서 이 삶의 내용을 정확하게 표현하는 것이 가능하지 않고, 모든 인간은 그 나름대로 그 위치에서 하나님 자신이—이스라엘의 하나님, 이 백성의 특별한 역사의 기초자, 인도자, 그러므로 그의 역사의 진행을 일정하게 수정함으로써 이 백성을 대하는 이 하나님의 뜻—그의 삶의 방향과 목표가 되기 위해서 선택받았다는 사실을 확정지음으로써(이 사실은 확실히 내용은 있으나 그러나 더 이상의 설명을 필요로 하므로) 보다 더 분명히 또한 개별 인간의 선택의 목적에 대한 물음을 답변하는 것이 가능하지 않은 듯하다. 그러나 이스라엘의 하나님이 이스라엘에 대하여 무엇을 뜻하는가는 구약성서 자체에서는 추론할 수 없으며, 그의 증언을 통해서는 오히려 점점 더 외견상의 모순으로 인하여 흑암에 감싸이게 된다. 거기서는 지속적으로 하나님의 사랑과 진노, 미래의 구원과 미래의 심판, 이 하나님 백성의 삶과 죽음에 대해 이야기하며, 그리고 전반적으로 전자보다는 후자에 대해서 더 강하게 들을 수 있기 때문이다. 그러므로 하나님의 친구, 종, 자녀가 되는 것, 하나님에 의해서 그를 위해 그렇지 않은 다른 사람들과 구별되어 거룩해지는 것이 개별 인간에게 무엇을 뜻하는지 하는 물음에 대한 답을 구약성서에서 추론하기란 어려우며 불가능해진다. 구약성서의 증언에 의하면 하나님의 진노는 외견상 이스라엘 백성에 대한 하나님의 뜻의 독자적인 방향, 결정적인 방향으로서 그의 사랑에 대립하여 있는 것처럼, 여기서 모든 약속이 처음부터 보다 인상깊은 위협의 그늘 아래, 모든 자비가 하나님의 훨씬 강력한 심판의 그늘 아래 있는 것처럼, 여기서 하나님의 의도가 어쨌든 다만 그것의 이중적인 방향을 인정함에서만 확정지을 수 있는 것처럼, 그렇게 또한 구약성서의 선택받은 자들도 그러하니, 그들의 삶의 의미와 기능은 선택받지 못한 자들, 버림받은 자들과의 대립 없이는 생각할 수 없다. 이들도 그 나름대로 하나님에 의해, 그를 위해서 거룩해졌으며, 이스라엘에 대한 하나님의 심판 의지, 은혜 의지를 섬겨야 하고,

그 나름대로 온 이스라엘의 선택의 대표자로서 또한 선택받은 자들이다. 따라서 선택받은 자들을 보고 이해하고자 하는 자는 또한 다른 사람들, 선택받지 못한 자들, 버림받은 자들을 보고 이해해야 한다. 이것은 곧 하나님에 의해서 선택받은 인간들의 삶의 내용에 대한 명백한 상은 눈으로 볼 수는 없다는 것을 뜻한다. 우리가 구약성서의 증언을 예수 그리스도 안에서, 그의 교회 현실 속에서 나타난 바 성취에 비추어 인식하는 경우에만 구약성서 영역 속에도 그런 인간이 실제로 존재한다는 것을 우리는 그 증언에서 추론할 수 있다. 그런 경우에 물론 필연적으로, 그러나 다만 그런 경우에만! 신약성서의 증언에 의하면 예수 그리스도가 태어나 고난받고 죽고, 죽은 자들 가운데서 일어나고, 하나님 오른편에 앉아서 남아 있는 시간 동안 그의 교회를 통해 그의 지상적 형태를 취함으로써, 처음부터 그의 역사의 모든 단계에서 이 백성 이스라엘에 대한 하나님의 뜻이 무엇인가가 드러난다. 구약성서의 증언이 저 성취에서 참으로 입증됨으로써 그것이 납득할 수 있게 되고, 그 위에 덮였던 암흑이 제거된다. 우리는 그의 뜻을 예수 그리스도로부터 분리할 수 있다면 언제나 거듭 그 속에서 그의 뜻을 보아야 한다. 우리는 이 영역에 일단 놓여진 한계에서부터 더 이상, 하나님의 뜻이 구약성서에 의하면 진정으로 사랑과 진노, 은혜와 심판, 살게 만듦과 죽임에서 상호 모순되고 상호 폐기하는, 그러므로 분명히 인식될 수 없고 결정될 수 없는 뜻이라고 말할 수 없다. 오히려 분노하는 사랑, 그 진노 속에 불타는 사랑, 하나님의 은혜의 필연적 심판, 자기 자신을 위해서가 아니라 살게 만들기 위하여 일어나는 살해가 있다는 것, 이스라엘의 하나님의 뜻은 전능한 자비의 뜻이라는 것이 구약성서 안에서 이런 한계에서부터 보고 이해해야 할 것이다. 우리는 한편으로는 여기서 놀라지 않을 것이며, 다른 편으로는 또한 빛과 어둠이 거기서 불균형적으로 분배되어 있으며, 적은 빛이 거기서 본래 언제나 다만 무서운 암흑의 나라의 가장자리를 장식하는 듯하다는 것 때문에 기만당하지 않을 것이다. 그분 안에서 세상의 모든 모여진 암흑이 그 창조자요 주의 빛을 통해 정복당해야 하는 그런 자로서 예수 그리스도가 이 온 영역 안에서 지시되어야 하고, 그가 한편으로는 이 온 영역 안에서 지시되어야 하되 아직은 거명될 수 없었으니, 어찌 아니 그럴 수 있겠는가? 그러나 신약성서에서 추론될 수 있는바 이스라엘의 하나님의 뜻이 계시됨과 더불어, 그리고 구약성서 영역의 한계에서부터 또한 우리가 선택받은 인간의 삶의 방향, 목표로 언급한 것이 계시되고, 선택받은 자가 무엇을 위해 선택되었는가 하는 물음에 분명히 답변하게 된다. 하나님의 사랑과 진노, 은혜와 심판의 혼란스러운 이중적 상이 이 한계에서부터 볼 때 정돈됨으로써, 또한 상응하는, 역시 혼란스러운 선택받은 자와 버림받은 자의 이중적 상이 정돈되고, 구약성서에 의하면 이들, 곧 이교도들과 이스라엘을, 버림받은 이스라엘과 받아들여진 이스라엘을, 가인과 아벨을, 이스마엘과 이삭을, 에서와 야곱을, 사울과 다윗을, 사마리아와 예루살렘을 상호 분리시키는 듯 보인 울타리가 제거되며, 또한 이제 모든 인간에 해당되는 저주의 그 무한한 심각성이 같은 인간에게 향하는 하나님의 전능한 자비에 종속된 것으로 드러남으로써, 또한 구약성서에서 그렇게 수수께끼처럼 보이는 양자의 상호 연관성이 해명된다.

선택받은 한 인간 예수 그리스도는 신약성서의 증언에 따르면 구약성서 영역의 경계선을 이루며, 그로부터 바라볼 때 구약성서의 증언 자체 위에 있는 덮개가 제거된다.

(1) 예수 그리스도는 가인, 이스마엘, 에서, 사울을 옆에 두고 있지 않다. 그는 이런 경쟁자가 필요 없다. 그의 선택으로서 하나님이 무엇을 뜻하는가, 인간이 무엇을 위하여 선택되었는가, 한 선택받은 자의 삶으로서의 그의 삶의 방향, 목표가 무엇인가는 경쟁자 없는 그 자신에게서 명백하게, 현실

적으로 인식될 수 있다.

(2) 예수 그리스도는 그러나 하나님의 필연적인 유기(遺棄)를 담당하는 것이 그 자신의 일이며, 인간의 죄에 대한 하나님의 응답으로서의 영원한 정죄를 받는 것이 그의, 선택받은 자의 일이기 때문에, 경쟁자가 필요 없다. 그 외에 아무도, 그 옆에 아무도 선택받지 않았다. 누가 선택을 받았든지, 그는 예수 그리스도 안에서 선택받은 것이다. 그러나 또한 아무도—아무도 그 외에, 그 옆에 하나님의 유기를 담당하도록 선택되지 않았기 때문에—그 외에, 그 옆에 버림받지 않았다. 어떤 다른 인간이 받아 마땅한 유기를, 그가 이 인간을 위해서 담당하고 짊어진 사건 외에 다른 곳에서 찾고 발견할 수 있으랴? 그러므로 이 다른 인간이 이 유기를 더 이상 당하지 않을 수 있고, 그의 일이 더 이상 아닐 수 있다. 그러므로 그 외에, 그 옆에는 더 이상 가인, 이스마엘, 에서, 사울이 들어설 여지가 없다.

(3) 그러나 예수 그리스도는 그 인격으로써 자신의 죄로 말미암아 하나님에게서 버림받은 세상의 화해의 현실이며 계시이다. 그러나 이것은 그가 그의 인격으로써 하나님의 버리는 의지 위에 선택하는 의지의 전적인 우위, 선택하는 의지 아래 버리는 의지의 전적 종속임을 뜻한다. 우위와 종속이 문제임을 주목하라. 하나님의 뜻은 또한 세상을 그 죄로 인하여 버리는 뜻이라는 것이 어떻게 예수 그리스도를 통하여 제거되고 부인되겠는가? 그 안에서, 엄밀히 말해서 비로소 그 안에서, 곧 하나님이 그의 인간성으로 자기 스스로 이 유기의 대상, 객체가 됨으로써, 이것이 현실이 되고 드러난다. 그러나 예수 그리스도 안에서 이것으로 끝난 것이 아니라, 그의 유기를 담당하는 동일한 인간 안에서 하나님은 자기 자신을, 그리고 자기 자신과 더불어 이 인간도 영화롭게 만들었다. 온 세상의 죄를 위하여 십자가에서 속죄하는 자를 하나님은 죽은 자들 가운데서 일깨우기를 바랐다. 그가 높은 곳에서 낮은 곳으로, 그리고 다시 높은 곳으로 오르는 길이기 때문에, 하나님의 '그래'를 통한 하나님의 '아니'의 완성, 제약이기 때문에, 예수 그리스도 안에서 하나님의 뜻이 승리한다. 전능한 자비로서 하나님은 그를 자신의 선택받은 인간으로, 자기 자신은 이 인간을 선택하는 하나님으로 나타낸다. 이 전도될 수 없는 길이 예수 그리스도이며 따라서 진리, 따라서 생명이다.

(4) 예수 그리스도는—이로써 우리는 우리 고찰의 목표 앞에 서 있다.—그가 자기 자신을 위해서나 자기 자신 때문에가 아니라 불특정한 많은 다른 인간들을 위하여 하나님의 뜻의 현실, 계시로서, 그의 낮아짐과 높아짐에서, 하나님의 유기를 완성하고 그것을 한정하고 종속시킴에서 존재하는 한에서, 그의 인격으로써 선택받은 인간의 삶의 내용의 현실, 계시이다. 이 다수에 대한 하나님의 전능한 자비의 현실과 계시로서 그는 선택받았으니, 곧 그들의 유기를 담당하기 위해서, 그러나 또한 그것을 극복하고 이로써 자기 자신 안에서 그들 자신의 영원한 선택을 시간 안에서 집행하기 위해서 선택되었고, 또한 그들에게 이런 그들 자신의 선택에 대한 약속과 지표가 되기 위해서 선택되었다. 그러므로 이 많은 사람을 위하여 선택받은 인간 예수 그리스도는 선택받은 자이다.

어떤 많은 사람을 위하여? 우리가 여기서 단순히 모든 인간을 말할 수 없고 불특정한 다수의 인간들을 말해야 한다면, 이것은 예수 그리스도 안에서 현실적인, 드러난 하나님의 뜻을 제약하거나 무력하게 만드는 것은 아니다. 디모데전서 2:4에서처럼 거듭 정당하게 말한 바대로, 이런 하나님의 뜻은 그 의도에서 모든 인간의 구원을 지향할 뿐 아니라 또한 그 능력에서 모든 인간을 구원하기에 충분하다. 고린도후서 5:19와 일치되게 예수 그리스도는 요한복음 8:12, 9:5, 11:9, 12:46에서 세상의 빛이라고 불리고, 요한복음 1:29에서 "세상 죄를 지고 가는 하나님의 어린양"으로, 요한복음 3:16에서 하나님이 세상을 사랑하므로 내어준 아들이고, 요한복음 3:17에 "세상이 그로 말미암아 구원받기 위해 보냄을 받은" 자로, 요한복음 4:42에 "세상의 구원자", 요한복음 6:33(51절 비교)에 하늘로부터 내려와서 "세상에 생명을 주는" 하나님의 빵, 요한1서 2:2에 "우리의 죄를 위한, 그러나 우리의 죄만이 아니라 온 세상의 죄를 위한 속죄 제물", 요한복음 1:9에 "모든 인간을 비추는 빛"으로 불린다. 우리는 이것을 생각할 때, 고전적 예정론의 지시에 따라서 예수 그리스도 안에서 선택받은 자의 개방된 다수를 버림받은 자로서의 다른 모든 인간에 대립하는 폐쇄된 다수로 만들 수 없다. 이런 생각은 예수 그리스도 안에서 현실적이고 드러난 하나님의 뜻의 통일성에서 좌절된다. 이런 생각은 그 대상이 예수 그리스도 자신이고, 그가 짊어진, 그러나 또한 전능하게 제거한 유기 외에 다른 신적 유기를 고려할 수 없음에서 좌절한다. 이런 생각은 예수 그리스도가 깊은 곳으로부터 높은 곳으로, 죽음에서부터 생명으로의 저 돌이킬 수 없는 길이며, 이런 길로서 진리, 하나님 마음의 계시라는(이것 외에는 다른 것이 없으니 우리는 그것 외에 다른 것을 구해서는 안 된다.) 사실에서 좌절한다. 이 생각은 예수 그리스도가, 요한복음 6:37에 의하면, 그에게 오는 자를 배척하지 않을 것이라는 사실에서 좌절한다. 또한 분명히 예수 그리스도 안에서 선택받은 개방된 다수의 인간들을 모든 인간 전체로 만드는 것은 불가능할 것이다. 그것은 우리가 예수 그리스도에게서 세상과 모든 인간에 대한 하나님의 인격적인, 살아 있는, 그러므로 자유로운 뜻과 상관이 있기 때문이다. 그러므로 우리는 예수 그리스도 안에서 현실적이고 계시된 하나님의 사랑의 자유가 아닌 그런 자유는 예상할 수 없고 예상해서도 안 된다. 그러나 또한 그 사랑은 예수 그리스도 안에서 현실적이고 계시된 자유의 일이며, 그것 외에는 어떤 다른 하나님의 사랑을 예상해서도 안 된다. 요한복음에 의하면 이 자유는, 아버지에 의해서 아들에게 주어지고, 아버지에 의해 아들에게 이끌리는 자, 오직 언제나 그런 자만이 예수 그리스도에게 와서 그에 의해 받아들여지도록 역사한다. 그러나 이것은 온 세상과 모든 인간에 대한 하나님의 의도, 그의 능력이 일단 그의, 하나님의 의도이고, 그의, 하나님의 능력이라는 것을 뜻한다. 즉 우리가 그 한계를 자의적으로 좁히거나 자의적으로 확대할 수 없는, 우리가 어떤 방향으로도 처리할 수 없는 그런 의도와 능력이다. 그것을 위해서 인간 예수 그리스도가 선택되었고, 그리스도 안에서, 그와 더불어 선택된 세상, 인간 전체가 어떤 것인가를 결정하는 것은 어디까지나 하나님의 일이다. 우리로서는 이 일에 대해 거듭 새로이 결정하는 것은 어느 경우나 하나님의 전능한 자비임을 알고 생각하는 것으로 충분하다! 예수 그리스도가 온 세상, 모든 인간에 대한 하나님의 전능한 자비의 현실, 계시가 되는 것은, 하나님 아버지가 아들을 통하여, 하나님의 아들 자신이, 아버지와 아들의 성령이 여기서 지금 살아서 활동하는, 그런 거듭 새로운 만남과 행동에서 이루어지는 지속적인 사건이다. 이 만남과 행동 속에서 그는 이러이러한 인간에 의해서 약속과 그 성취에서 인식되고 파악된다! 우리는 그들의 숫자를 완결된 것으로 간주해서는 안 된다. 왜냐하면 우리는 예수 그리스도에게서 그런 제한의 근거를 어쨌든 발견할 수 없기 때문이고, 그는 하나님의 전능한 자비의 현실과 계시로서 죽지 않고 영원히 살아서 통치하기 때문이고, 세상에서, 세상에 대한 저 사건이 그의 주권적 조처의 일이며, 따라서 그의 그때그때의 운동과 방향, 그의 그때그때의 확장, 또한 이 사건이 해당하는 인간의 숫자도 그의 주권적 조처의 일이기 때문이다. 그러나 그렇다고 해서 우리는 그들의 숫자를 모든 인간 전체와 동일시할 수 없고, 저 요한복음에서 가장 중요한 구절로 하여금(3:16) 우리에게 말하게 해야 한다. 곧 하나님이 세상을 이처럼 사랑하므로 자신의 독생자를 주어 그를 믿는 자는 모두 멸망하지 않고 영원한 생명을 얻으리라는 것. 언제나 그를 믿는 자에게는 저 사건이 상관이 있다. 그러므로 그들은 언제나 실제로 세상에 대한 하나님 아버지, 아들, 성령의 주권적 조처의 대상이다. 언제나 그들에게는 예수 그리스도 안에서 하나님의 전능한 자비의 현실과 계시가 허락됨으로써 그들은 그에게서 그들 자신의 선택의 약속을 인식하고 파악하고 받을 수 있다. 그러나 그를 믿는 자들은 모든 인간 일반은 아니며, 인류 전체가 아니며, 언제나 이 전체로부터 구별된 자들이다. 그들은 "세상에서"(요 15:19) 선택받은 자로서 세상 안에 존재한다. 바로 "다수"를 위해 그가 자기 목숨을 "속전"으로(마 20:28) 내어주었다. 곧 이 다수는 마태복음 22:14에 의하면 실제로 언제나 "소수"이다.—나머지 인간들 전체와 비교해서 소수이며, 또한 믿을 수 있는 사람들 가운데서 소수이다. 그는 이들을 위해서도 파송되었으며, 그들에게도 그의 부름이 객관적으로 유효하지만 어쨌든 그가 이들에게 도달하지 못하고, 이들은 그를 믿지 않고 있다. 신약성서는 어디서도 세상이 선택되었다고는 말하지 않는다. 우리는 무리 없이는 이것을 말할 수 없으며, 다만 예수 그리스도의 선택은 세상을 위하여, 곧 그를 통하여 저 사건이 세상에서, 세상에 대하여 일어나기 위하여 일어났다고 말할 수 있다. 이것은 강조해서, 유보 없이 말해야만 한다. 우리가 선택받은 인간의 삶의 의미와 방향에 대해 묻는다면, 우리는 모든 선택의 현실과 선택의 계시의 이 중심에 직면해서, 구약성서에 의하면 이스라엘 역사 속에서 약속된, 신약성서에 의하면 실제로 태어나 죽고 부활한 하나님의 아들, 인간의 아들인 예수 그리스도의 인격에 직면해서 답변해야 한다. 선택받은 인간은 그가 다른 사람을 위해서 존재하는 한에서, 즉 하나님의 전능한 자비가 세상을 향해, 즉 그것을 지금까지 알지 못하는, 그것에 대해서 아직까지 감사할 줄 몰랐던 다른 자들에게도 역시 허락되었고 열린 것이 그에게 근거를 두었고, 그를 통하여 일어나는 한에서 존재한다. 사람들이 예정에 대해 숙고할 때에 이런 쪽에서도 언제나 우선, 결정적으로 예수 그리스도의 인격에 집착했다면, 개별적으로 선택받은 자들의 삶의 내용이 그의 사적 관심사로 이해된 그의 개인적 구원과 복락 및 그것에 속한 모든 일을 조절함으로 끝날 수 없다는 것, 거꾸로 그는 그의 선택에 근거하여 세상에 대한 하나님의 전능한 자비의 역사와 길에서 수동적으로만이 아니라 또한 능동적으로도 참여하기 위하여 구원받고 행복하게 된다는 것, 그러므로 또한 이를 위해서도 이미 선택받았다는 것, 인간을 구원하고 행복하게 만드는 하나님의 전능한 자비는 너무나 크고 선하여서 그가 하나님의 자비를 섬기도록, 다른 사람에게 그 자비를 베풀고 계시함에 봉사하며 그런 한에서 이 다른 사람들 자신을 섬길 수 있도록, 그를 필요로 한다는 것을 인식해야만 했다. 이것이 바로 선택받은 인간 예수 그리스도가 행했고 행하는 일이다. 선택받은 인간이 어떻게—그들 모두는 그 안에서 선택받았다!—다른 일을 할 수 있으랴? 이것이 선택받은 인간에 대한 성서적 개념과 고전적 예정론에 유감스럽게도 처음부터 깔려 있던 개념 사이의 차이이다. 신약성서도 물론 이 인간의 삶을 구원받은 자, 행복하게 된 자의 삶으로, 영원한 생명을 기다리는 자, 결국 받는 자의 삶으로 알고 서술한다. 그러나 교회의 예정론이 이런 결정에서 막다른 골목에 다다르고 정지한 반면, 선택받은 자들이 버림받은 자들과는 달리 결국 "하늘에 올라간다"는 것으로써 그들에 대한 최종 결론이 내려지는 반면, 성서적 관점에서는—인간이 하나님의 영원한 영광을 입는다는 것이 무엇을 뜻하는지에 대한 보다 심오한 이해 속에서—여기서 또 한 문이 열린다. 선택받은 자들은 성서적 이해에 의하면 영원한 생명을 기다리는 자, 결국 받는 자로서 영원한 영광의 상속자로서(그들은 믿음 안에서 그 상속자이다.) 저 임무, 저 봉사를 위하여 세워졌으며, 증인이 되었다.

여기서 종말의 일을 먼저 말하자면, 요한계시록에서 묘사된 대로, 천사들과 자기 목적에 따라 회복된 온 창조물의 합창에 가담하는 장래 에온(Aeon)의 공동체를 생각하라. 요한계시록 4장의 24명 "장로"를 구별하는 것은 물론 흰 옷과 황금 관이다.(4절) 그리고 요한계시록 7장에 의하면 모든 민족, 지파, 백성들, 언어들 가운데서 하나님의 보좌와 어린양의 보좌 앞에 서 있는 허다한 무리를 장식하는 것은 다시 물론 흰 옷과 그들의 손에 든 종려나무 잎이다.(9절) "그들은 다시는 주리지 않고 목마르지 않고 태양이나 그 밖의 어떤 열도 그들을 괴롭히지 못할 것이다. 보좌 한가운데 계신 어린양이 그들의 목자가 되셔서 생명의 샘물로 그들을 인도하실 것이고 하나님께서 그들의 눈에서 눈물을 말끔히 씻어 주실 것이다."(16-17절) 요한계시록 14장에 의하면 그들은 물론 동정을 지킨 자들로서 "사람들 가운데서 하나님과 어린양에게 드리는 첫 열매로 속량을 받았다. 그들의 입에서는 거짓말을 찾을 수 없고 그들에게는 흠잡을 데가 없었다."(4-5절) 그러나 이 영원한 무흠, 의, 복락을 수동적으로 아무런 역할 없이 누리는 것은 도래할 에온에서 목표에 도달하는 이 사람들의 일은 아닌 듯하다. 오히려 우리는 24명의 장로가(계 4:10) 보좌 위에 앉은 분 앞에 엎드려 경배하고, 그 앞에서 그들의 관을 벗고 저 찬미를 부르는 것을 본다. "주님은 영광과 존귀와 권능을 받으시기에 마땅하신 분이십니다. 주님께서는 만물을 창조하셨으니 만물은 주님의 뜻을 따라 생겨났고 또 창조되었습니다." 또한 요한계시록 5:9 이하: 그들은 그가 도살되었고 인간을 하나님을 위해서 속량하였기 때문에 심판관의 책을 열기에 합당한 분에 대한 저 "새로운 노래"를—그 다음으로 수백만의 천사들에 의해, 그리고는 결국 하늘과 땅위에, 땅 아래, 바닷속에 있는 모든 창조물에 의해 화답되고 변형되는 노래를 부른다. 그리고 마지막으로 요한계시록 7:10: "그들은 큰 소리로 '구원은 보좌에 앉아 계신 우리 하나님과 어린양의 것입니다!' 하고 외쳤다." 그리고 그들은 큰 환난에서 나왔고 자신의 옷을 빨아서 어린양의 피로써 희게 만들면서, "그들은 하나님의 보좌 앞에 있고 하나님의 성전에서 밤낮 그분을 섬기고 있습니다."(계 7:15) 그리고 다시 요한계시록 14:2: 그들에게만 배우도록 되어 있는 그 새 노래로써, 많은 물 소리 같기도 하고 큰 천둥 소리 같기도 하고 한편으로는 하프를 치는 사람들의 노랫가락 같기도 한 저 하늘로부터 울려오는 음성을 받은 자들이다. 그들에게는—이것은 모든 이 문맥에서 분명히 드러난다.—바로 그들의 영원한 무흠, 의, 복락과 더불어(그리고 소위 이런 그들의 개인적 천부적 은사의 목표로서) 한 말씀, 한 음성이 부여되었고, 하나님의 새로운 세상 전체에서 이 음성, 이 말씀이 들려지도록 이 음성을 사용하고 이 말씀을 말하라는 임무도 주어졌다. "이들은 어린양이 어디를 가든지 뒤따르는 자들이다."(계 14:4) 이것이 진실이라면 어찌 달리 될 수 있으랴? 그리고 그들의 장차의, 궁극적인 결정이 이런 것이라면, 그들의 현재의 잠정적인 결정이 어찌 달리 될 수 있으며, 그들의 영원한 선결정, 그들의 예정이 어찌 이와 달리 이해될 수 있으랴? 곧 그들은 증인이 되기 위하여 선택되었다. 하나님이 분명히 그들을 "그의 아들의 형상과 같은 모습으로 미리 정하셨으니 이것은 그 아들이 많은 형제들 가운데서 맏아들이 되게 하시려는 것입니다."(롬 8:29) 우리가 예수 그리스도 안에서 선택하는 하나님뿐만 아니라 선택받은 인간을 인식해야 한다는 것을 확고히 염두에 둔다면, 선택받은 인간의 삶의 내용을 통찰하기 위하여 우리가 바라보아야 할 방향은 이것이어야 한다. 곧 그는 증인이 되기 위하여 선택되었다. 그때 또한 신약성서는 우리에게 이 물음에 대한 답변으로써, 교회의 예정론이 말해야 하는 것과는 전혀 다른 것을 말하며 말해야 한다는 것이 분명해질 것이다. 신약성서에 의하면 선택받은 자들은 장래의 세상에서나 이 세상에서나 구원받고 행복할 뿐 아니라 또한 구원받고 행복한 자로서 하늘로부터 울려오는 저 힘찬 음성을 받는 자들이라는 것—이것이 여기서 주목해야 할 차이점이다.

선택받은 자는—우리는 인간 예수 그리스도 안에서, 그와 함께 선택된 다른 인간들에 관해 말한다.—분명히 다만 이 음성을 이차적으로 받는 자, 이차적 증인이라는 것을 우선 말해 두자. 하나님의 전능한 자비의 증인, 그러므로 그의 의지의 현실과 계시는 오로지 예수 그리스도뿐이다. 그들의 기능은 그들이 그로부터 들은 이 음성을 받아서 전달하는 것이다. 그러나 그들이 들은 것은 이것이나 저것이 아니다. 그들이 들은 모든 것은 결정적으로 그들이 그의 말을 들었다는 데 있고, 그 안에 포함된다. 그들이 들은 저 하늘로부터 울려오는 음성은 그 자신이며, 그 위에 혹은 그 뒤에 있는 어떤 높은 것, 단순히 하늘로부터 그를 통하여 왔고 그에게 온 그런 것이 아니다. 그 자신이 하나님의 뜻의 현실, 계시이다. 그 자신이 그가 선포한 하나님 나라이다. 그러므로 또한 그 자신이 이 나라에 관한 복음이다. 그는 아버지의 아들로서 다만 자기 자신에 관해 증언할 수 있고, 그는 하나님이 인간에게 자기 자신에 관해 말해야 할 모든 것 전체를 증언하기 위해서 다른 것은 행할 필요가 없다. 그렇기 때문에 그 안에서, 그와 함께 선택받은 자들은 하나님의 추상적인 의지, 추상적인 하나님 나라를 증언해서는 안 되고, 추상적인 복음을 선포해서는 안 된다. 그가 먼저 이 뜻, 이 나라, 이 복음을 알고 그들에게 전달하여서 그들을 이 일의 독자적 대변인으로 자신으로부터 떠나게 한 것이 아니다. 그들은 이 일의 대변자로서 그의 인격의 영역에서부터 결코 이탈하지 않았다. 오히려 그들의 기능은 이 인격에 속박되어 있다. "너희는 내 증인이 될 것이다."(행 1:8): 곧 전적으로 자기 자신에 관해 증언한 증인의 증인들—도살당한 어린양의 증인들이며 다른 것이 아니다. 그를 넘어서고 그를 지나치는 것, 그에게 반대하는 것은 선택받은 자들로서의 그들의 삶의 내용 속에는 어쨌든 없을 것이며, 그들의 선택을 문제시하게 될 것이다. 그들이 어떻게 하나님의 전능한 자비를 그들의 선택의 근거로 선포하지 않고, 그 안에서 그 선택이 육신적으로 실현되고 계시된 그분을 선포하지 않을 수 있으랴? 그리고 그들이 선택받음에 근거해서 참여하고 확신하는 무흠, 의, 복락을, 그 안에서 선택이 그들에게 약속되었던 그분을, 믿음 안에서 선택에 참여하고 확신하기 위하여 믿는 그분을 선포함으로써가 아니고 어떻게 달리 선포할 수 있으랴? "언제나 내 안에 머물러 있어라. 그러면 나도 너희 안에 머물러 있겠다. 가지가 포도나무에 붙어 있지 않으면 스스로 열매를 맺을 수 없는 것 같이, 너희도 내 안에 머물러 있지 않으면 열매를 맺을 수 없다. … 너희는 나를 떠나서는 아무것도 할 수 없다. 사람이 내 안에 머물러 있지 않으면 그는 쓸모 없는 가지처럼 버림을 받아서 말라 버린다. 사람들이 그것들을 모아다가 불에 던져서 태워 버린다."(요 15:4-6) 이에 상응하여 제4 복음의 서문은 세례자 요한에 관하여, 그리고 그의 인물 아래서 복음서 기자 요한에 관하여, 그리고 그의 인물 아래서 신약성서의 증인 자신에 관하여 말한다. "그는 빛을 증언하려고 왔다. 그 증언으로 모든 사람을 믿게 하려는 것이었다. 그 자신은 빛이 아니었다. 그는 그 빛을 증언하려고 온 것뿐이다."(요 1:7-8) "우리는 모두 그의 충만한 데서 은혜 위에 은혜를 받았다."(요 1:16) 이에 상응하여 바울은 고린도 사람들에게 그들 가운데서 너무 부유하게, 자의식적으로 변해 버린 전혀 다른 그리스도교에 대항하여 자신은 "여러분 가운데서 예수 그리스도 곧 십자가에 달린 분 이외에는 알지 않기로 한"(고전 2:2) 그의 결심을 선포한다. 이 말은, 그가 그들에게 그전에 상기시킨 것에서 이해해야 한다. "형제 여러분, 여러분이 부르심을 받을 때를 생각하여 보십시오. 육신적으로는 지혜 있는 자가 많지 않고 권력 있는 자가 많지 않고 출신이 훌륭한 자가 많지 않았습니다. 그런데 하나님께서는 지혜 있는 자들을 부끄럽게 하시려고 세상의 어리석은 것을 택하셨으며 강한 자들을 부끄럽게 하시려고 세상의 약한 것을 택하셨습니다. 하나님께서는 세상에서 비천한 것과 멸시받는 것을 택하셨으니 곧 잘났다고 하는 것들을 없애시려고 아무것도 아닌 것들을 택하셨습니다. 그것은 아무도 하나님 앞에서 자랑하지 못하게 하시려는 것입니다."(고전 1:26-29, 약 2:5 참조) 그들은 예수 그리스도 안에서 그와 함께 선택받은 자들이고, 전적으로 그 안에서, 그로부터 살아가는 자들로서 가난하기 때문에, 그들은 세상에서도 가난하며, 바로 그렇기 때문에 예수 그리스도 안에 감추어진 부(富)로 말미암아 세상을 이기고 승리할 수 있었다. 선택받은 자로서의 그들의 기능은, 이것이 예수 그리스도에 대하여 이런 전적으로 봉사하는 기능이라는 것과 더불어 일어서고 쓰러진다. 이 기능은 "그가 우리에게 하나님으로부터 오는 지혜, 의, 성화, 구속이 되셨다."(고전 1:30)는 것을 아는 지식에, 언제나 새롭게 이 지식이 허락됨에 달려 있다. 이것이 바로 선택받은 자들의 증언에 관하여, 그들의 기능의 이차적 성격에 관하여 먼저 말해야 할 것이다. 우리는 그들에게 전해진 말씀을 신약성서에 부합해서 예수 그리스도에 관한 말씀 외에 다른 것으로 규정할 수 없을 것이다. 그 외에, 그 옆에는 다른 내용이 없다.

여기서 주목해야 할 것은, 구약성서 안에서 버림받은 자들과의 주목할 만한 상호 연관성 속에서의 선택받은 자들의 삶의 방향, 목표가 무엇인가에 대한 이해가 여기서부터 열린다는 것이다. 곧 여기서부터 이스라엘의 하나님은 그들의 사람의 의미, 방향이라는 저 보편적인 명제가 내용을 얻고 구체화된다. 이것은 결국 그들도 다만 예수 그리스도의 증인으로서, 그 안에서 이스라엘 역사에 설정된 경계의 증인으로서, 그의 대리인, 대행자, 대표로서 이해되어야 한다는 것 외에 무엇을 뜻할 수 있겠는가? 그 안에서 하나님이 세상과 화해했고, 담장이 헐렸고, 적개심이 제거된 그 한 인간이 그 영역 내에서 아직 나타나지 않았고, 아직 거명될 수 없기 때문에, 거기서는 하나님의 사랑과 진노, 선택받은 자와 버림받은 자가 기이하게도 분리되어 대립하고 또한 기이하게도 함께 속해 있으면서 대립하고 있다. 그러나 이 한 인간의 출현과 그의 이름이 저 영역의 한계를 이루며, 저 영역 안에서 일어나는 모든 사건의 목표, 방향을 이루기 때문에, 이 역사상에서 우연과 모순의 허상은 해체되고, 저 인물들의 삶은 허공을 지시하는 것이 아니라 신약성서의 선택받은 자들의 삶과 더불어, 선택하는 하나님의 뜻이 거기서 스스로 자신을 증언한 그런 한 중심을 지시한다. 저 한계에서 볼 때 그들이 그 안에 있는 그 빛 안에서 그들 또한 밝게 되고 또한 그들 자신이 이 빛의 증인이 되고 증인이다. 오직 이 빛 안에서만! 그들이 증언하는 자가 그들에게 먼저 자신에 관해 증언함으로써만. 오직 "내 뒤에 오는 자가 내 앞장을 섬으로써", "나보다 먼저 계신 분"(ὅτι πρῶτός μου ἦν, 요 1:15), 그러나 "먼저 계신 분"의 빛 속에서 그들도 실제로 밝게 되고, 실로 그들도 그의 증인이 된다. 우리가 이런 결론을 표명할 때에 신약성서 영역에서 첫 인물인 구약성서 영역의 마지막 인물, 곧 세례자 요한을 바라보는 것은 결코 우연이 아니다. 우리가 이 관점에서도 구약성서를 이해할 수 있다면 그것은 신약성서의 교훈 덕분이다. 우리의 물음이 신약성서에서 직접적으로 답변되는 한에서, 구약성서에 의해 간접적으로 답변될 수 있다.

그렇기 때문에 우리는 선택받은 개별 인간은, 성서에 의하면 선택받은 인간 예수 그리스도와 유사하게 인간 세상에 대하여 믿음의 사자가 되고, 예수 그리스도 안에서 그 자신의 선택의 근거와 선물인 하나님의 전능한 자비의 증인이 되도록 결정되었다는 것을 확신하기 위하여 이제는 신약성서로 눈을 돌려야 한다.

우리가, 개별 인간에 대한 하나님의 "선택", 혹은 "계획", 혹은 "예정"에 관해 명백히 언급된 비교적 그리 많지 않은 신약성서의 구절들을, 이런 하나님의 결정, 행동의 대상은 어떤 것일까 하는 의문을 가지고 읽을 때, 일반적으로 발견되는 것은 우선 다음과 같다. 선택과 예정은 신약성서에서는 예수 그리스도의 공동체 혹은 교회 안에 있도록 하기 위한 선택 혹은 예정, 즉 그들의 부름받음을 통하여, 성령의 역사를 통하여 이루어진 예수 그리스도와의 친교에 힘입어 자신들 간의 공동체가 되었고, 거기서부터 자신들 간의 공동체로서 유지되는 그런 사람들 가운데 일원으로 존재하도록 하기 위한 선택 혹은 예정을 뜻한다. 하나님은 에베소서 3:11에 의하면 저 영원한 결정을 (πρόθεσις) 예수 그리스도 안에서("우리가 그 안에서 확신을 갖고 그를 믿는 믿음 안에서 담대하게 하나님께 나아간다.") 성취함으로써, 그는 집안 질서(οἰκονμία)를 세운다.(9절) 그 질서의 가시적으로 실현되고 계시된 것이 먼저 "교회"(10절)이니, 거기서 저 확신을 가지고 하나님께 나아가는 자들이 모이고 서로 결속되어 있다. 에베소서 1:3-4에서 하늘에 있는 하나님이 예수 그리스도 안에서 온갖 축복으로써 축복한 자들에 대해 언급하는 것도 이들을 두고 하는 말이다. 곧 하나님은 세상의 기초를 놓기 전에 예수 그리스도 안에서 그들을 선택하여서 그들이 그 앞에서 거룩하고 흠없게 하려 한다. 그리고 분명히 "교회"는, 로마서 8장에서 서술된 대로, 영의 법 아래서 복종과 희망과 무죄 속에 살아가는 "그들" 혹은 "우리"의 대명사이다. 곧 하나님에 의해 "미리 선택되고" 그의 아들의 모습과 같은 모습으로 "미리 정해진" 자들, 또한 그런 자로서 하나님에 의해서 부름받고, 의롭게 되고, 영광을 받는(28-29절) 자들의 대명사이고, 하나님의 사랑으로부터 아무도 아무것도 결코 떼어놓을 수 없는(33-34절) 선택받은 자들의 대명사이다. 데살로니가전서 1:4에 의하면 바울은 그가 상대하는 헬라인들 모두의 "선택"을 알고 있으며, 복음이 말로써뿐 아니라 능력으로, 성령으로 아주 풍성하게 그들에게 이르렀다는 것을 알며(5절), 그렇기 때문에 그는 하나님에게 언제나 그들 모두 때문에, 그들의 믿음, 그들의 사랑, 그들의 희망에 대해 감사할 수 있다.(2-3절) 그들이 선택받은 자들이라는 것, 그들에게 복음이 도달됨으로써 그들이 또한 하나님의 영에 의해서 일깨워지고 축복받았다는 것, 그들이 데살로니가의 그리스도인 공동체라는 것, 이것은 이 구절에 의하면 순전히 유사한 말들이다. 다시금 골로새서 3:12의 훈계, 곧 독자는 충심으로 자비와 친절과 겸손과 온유와 오래 참음을 "옷 입어라"는 훈계는, "그들이 하나님의 **선택함을 받은 사랑받는 거룩한 자들**"로 불릴 수 있다는 데 근거한다. 그리고 이 훈계는 10절 이하에 의하면, 새로운 인간을 옷 입으라는 다른 훈계와 동일한 의미이다. 이 새로운 인간은 자신의 창조자의 형상을 따라 새로워져서 지식에 이르게 되며, "거기에는 헬라인도 유대인도, 할례자도 무할례자도, 야만인도 스구디아인도, 종도 자유인도 없고, 오로지 그리스도만이 모든 것이요 모든 것 안에 있다." 선택, 이 인간에 대한 하나님의 결정, 그의 사랑의 능력으로서 그들의 성화, 예수 그리스도의 공동체, 그 공동체 안에 연합한 자들이 이 공동체에 의해서 결정된 방향 안에서 사는 삶―이것들은 분명히 여기서도 순전히 유사한 말들이다. 요한계시록 17:14에 모든 주들 중의 주가 되는 어린양의 동반자로서, 짐승에 대항하여, 내지 열 왕에 대항하여 전쟁을 하는 자들이 단숨에 "**부름받고 선택함을 받은 신실한 자**"들로 명명될 때 역시 이것이 분명해진다. 그리고 다시 베드로서 1:10에 그리스도인들에게 그들의 소명과 선택을 "공고히 만들도록", 즉 하나님의 약속에 근거한 그들의 믿음 안에서 필연적으로 결정된 것을 모든 일을 통하여 확증하라고 권유할 때도 역시 분명하다. 그러나 "**선택받은 자**"들은 분명히 디도서 1:1과 디모데후서 2:10에서도 유보 없이 공동체와 동일하다. 곧 바울은 첫 구절에서 그의 직무를 그들의 믿음과 그들의 진리 인식을 위해 보내진 직무로 규정했다. 그리고 그는 두 번째 구절에서 그들을 위하여 인내한다고 말한다. 그러나 무엇보다도 여기서 베드로전서를 기억해야 한다. 여기 바로 처음에 소아시아에 흩어져 있는 이방인들 전체를(1:1-2) "선택받은 자"들이라고 부르며, 선택받은 자로서의 그들의 존재는 다음과 같이 규정되면서 전개된다. 그들이 아버지의 "예지"(πρόγνωσις)에서부터 왔다. 그들은 영을 통하여 성화되어 가고 있다. 그들은 예수 그리스도의 피로 인하여 복종하고 정결케 되도록 결정되었다. 그들의 모든 것은 이런 그들의 선택에 의거한다. 그리고 그들의 선택에 의거해서 그들은 모든 것이 된다. 우리는 1:17-18에서 아버지의 저 "예지"가 무엇인가를 분명히 체험한다. 그것의 대상은 세상의 기초가 놓이기 전에 이미 흠 없고 티 없는 어린양이었다. 그의 귀한 피를 통하여 그의 사람들은 그들의 조상으로부터 물려받은 헛된 생활방식에서 벗어났다. 그러므로 이제 그들은 진지하게 "내가 거룩하니 너희도 거룩하여라!"는(16절) 부름을 받게 된다. 그들은 2:4 이하에 의하면 인간들에 의해서 버려졌고, 불신앙에 의해 언제나 거듭 오인받지만 하나님에 의해서 선택되었고, 그러므로 귀중한 살아 있는 돌에게로 왔다. 그들은 그 돌 위에 세워짐으로써 스스로 영적인 집의 살아 있는 돌이다. "선택받은 세대, 왕의 제사장들, 거룩한 백성, 하나님 소유가 된 백성." 그들은 믿지 않는 자들과 구별해서 믿음으로써, 이 모든 명예를 가진다. 이 서신의 모든 훈계와 모든 위로가 이것을 돌이켜 지시한다. 곧 너희는 그리스도인으로서 이 기초 위에 서 있고—거꾸로 너희는 이 기초 위에 서 있음으로써, 너희는 필연적으로 고난과 행위와 희망의 모든 결과를 감수하는 그리스도인들이다. 서신의 끝 부분에서 인사를 할 때(5:13) 이 서신을 보내는 발신 공동체가 (추측컨대 로마 공동체) "바빌론의 함께 선택받은 공동체"라면, 선택과 교회를 이처럼 동일시한다는 것을 간접적으로 확증하는 것이다. 요한2서 1절과 13절에서도 분명히 한 공동체를 "주의 선택받은 교회"로, 다른 공동체를 "선택받은 형제 교회"로 말하고, 그리스도인을 이 선택받은 자들의 자녀로 말한다. 우리가 모든 것을 개관하건대, 다음의 사실 확정이 불가피하다. 신약성서가 하나님의 "선택", 혹은 "계획", 혹은 "예정"에 대해 말할 때, 그것을—결코 예수 그리스도의 선택을 도외시함이 없이 그의 선택 안에서, 그것과 함께—그에게로 부름받고, 그것에 따라서 그를 믿는 자들의 선택으로 이해한다. 우리가 이전의 문맥에서 본 대로, 이스라엘의 선택은 거짓말로 비난받지 않았고 폐기되지 않았다. 그러나 이스라엘의 선택은 예수 그리스도로 인하여 그를 선택함이기 때문에, 그를 믿는 자들의 선택, 교회의 선택이다. 선택받음은 믿음을 뜻한다. 그리고 믿는 자들은 교회이기 때문에, 선택받음은 교회 안에 있음을 뜻한다. 이것은 닫혀진, 돌파될 수 없는 원이다. 어떤 다른 것을 위한, 다른 목적을 선택은 없고, 그것에 근거해서 개별 인간이 말씀을 통해서 믿음으로, 그러므로 믿는 자들의 공동체로, 그러므로 교회로 인도되지 않는 그런 선택은 없다. 선택받은 자로서 그에게 약속되는 것, 그러므로 선택받은 자로서 그로부터 기대되는 것, 그가 하나님으로부터 받는 것, 하나님에 의해서 그가 되는 것은 특별한 선물, 특별한 임무, 특별한 운명이 아니다. 개별 인간에 대한 모든 술어는 오히려 원래 예수 그리스도에게 속한 술어이며, 그 안에서, 그를 통하여 그의 사람들, 그를 믿는 자들에게, 그리고 근본적인 차이 없이 이 믿는 자들 모두에게 원칙적으로 평등하게 속하는 술어이다. 이에 대해서, 선택 개념 혹은 그 동의어들이 단 한 경우 사도 바울에게 적용된 것을 제외하고는(롬 16:13), 개별 그리스도인들에게 적용되며, 그 외에는 일반적으로 그리스도인 "우리" 혹은 "그들" 전체에게 적용된다. 예수 그리스도 안에서 일어난 계시와 그를 믿는 자들의 화해에 근거하여 그의 공동체에 부여되고, 그 공동체로부터 기대될 수 있는 것은 그 나름대로, 그러나 원칙적으로 이 공동체 내의 다른 모든 사람들과 마찬가지로 그에게도 부여되고, 그로부터 기대됨으로써, 선택받은 개별자는 개인으로서 그의 권한을 얻고 발전할 수 있게 된다. 그러나 이 원은 또한 다른 의미에서, 곧 예수 그리스도를 믿는 자들의 공동체 내에서 선택받은 자들과 선택받지 못한 자들을 구별할 수 없고, 선택과 교회는 오히려 상호 일치하는 두 원이라는 의미에서 닫혀 있다. 신약성서에 의하면 공동체 내에 모여 있는 선택받은 자들에 대한 매우 심각한 위협과 위험이 있다. 그러나 "신약성서에서는 결코 그리스도교 공동체로부터의 선택(엘리트)에 대해 언급한 적이 없다."(Schrenk, *ThWB. z. N.T.* IV 185, 6) 그리스도인 "그들" 혹은 "우리" 가운데서 누구도 공공연히 혹은 은밀하게 선택받은 자에 속하지 못한다고 하는 유보적 입장은 나타나지 않는다. 칼빈이 그렇게 한 대로, 선택과 유기가 그리스도교 공동체를 가로질러 간다고 본다면, 어쨌든 이때 전제된 공동체 개념은 신약성서의 개념과는 다른 것임을 분명히 해야만 할 것이다. 이 경우 이 공동체는 고의적이든 고의가 아니든 간에 신약성서에서 조명되지 않은 이스라엘 백성의 상과 혼동한 것이니, 물론 선택받은 자와 버림받은 자의 구별은 이 백성의 특징을 이룬다. 그러나 신약성서의 "교회"의 현실과 계시는 이 상을 바로 잡는다. 신약성서에서는 저 구별이 없다. 분명히 모든 유기를 자신의 죽음으로 담당했고, 자신의 부활에서 그것을 극복한 그분의 선택을 통하여 교회는 구성되었으니, 이는 그에 대한 믿음을 통하여 그의 선택에, 그의 승리에 참여하게 하려 함이다. 그분 안에서 인간의 버림받음이 제거되었고, 그 안에서 인간에게는 그 자신의 선택에 의존하는 것이 허락되었고 명령되었다. 여전히 버림받은 자는 믿지 않으며, 믿는 자는 더 이상 버림받지 않는다. 신약성서의 공동체 안에서 버림받은 자는 나무와 강철의 합성물과 같다. 공동체 내에서 모든 사람이 자신의 "믿음"을 가지고 자신의 "소명"을, 그리고 또한 "선택"을 도박하지 않도록 주의해야 하며, 그러므로 믿음에 대한 물음, 그리고 이와 함께 소명에 대한 물음이 언제나 거듭 제기되고 답변되어야 한다.―그럼에도 불구하고 믿음이 있는 곳에 또한 "소명"이 있고 "선택"이 있으며, 원은 어느 쪽에서도 파괴될 수 없다는 사실은 변함이 없다.

우리는 그러나 우리의 물음을 계속 탐구해야 한다. 선택의 원이 예수 그리스도의 공동체 혹은 교회의 원과 일치한다면, 이 공동체 안에 있음은 무엇을 뜻하는가? 이 공동체의 존재 자체는 무엇인가? 본문에 비추어서 이 또 다른 물음에 대한 답변으로서 우리가 확립할 수 있는 사실은 이것이다. 그리스도교 공동체와 그 안에 있음에 대하여, 포괄적으로 개별 그리스도인의 선택의 의미, 목표에 대하여 말할 수 있는 궁극적인 말은 결코 그 안에서 통합된 자들이 세상, 죄, 죽음에서 벗어나고 의롭게 되고 거룩하게 되고 영원한 삶의 상속자가 되는 것이 아니며, 또한 그들에게 주어진 훈계, 위로의 목표는 결코 차안과 피안에서 그들의 개인적 삶의 목표를 성취함에 있는 것도 아니며, 따라서 교회는 결코 이 성취에 대한 욕구를 만족시키기 위한, 이것에 필요한 수단을 마련하고 사용하기 위한 신적인 기관으로서 이해되어서는 안 된다는 것이다. 오히려 이 모든 일이 공동체 안에서 물론 사건이 되고 현실적이 되고, 선사되고 위탁된다고 할지라도, 그러므로 교회 안에 존재하기 위한 선택은 또한 이런 목표를 가진다고 말할 수 있고 말해야 할지라도, 이 목표는 보다 정확히 볼 때 전반적으로 보다 높은 목표에 종속된다는 것으로 나타난다. 모든 저 자비에 의해 준비되고 힘을 얻고, 모든 저 훈계, 모든 저 위로를 통하여 인도되고, 교회의 주를 위해, 따라서 그분 안에서 실현되고 계시된 바 나머지 세상에 대한 하나님의 전능한 자비를 위해—교회 자체와 교회 안에 있는 모든 개별자는 그 위치에서, 그 나름대로 이 이름을 지니는 자, 이 일의 선포자가 됨을 통해서—봉사할 수 있게 됨에서, 바로 교회는 그의 의미를 가지며, 따라서 교회 안에 있도록 선택받은 자는 그의 개인적 결정을 여기에서 가진다. 로마서 8:29-30의 "황금 사슬"(catena aurea)이 "영화롭게 했다"에서 정점에 도달한다면, "영광" 개념과 빛의 광채 표상과의 필연적인 결합은, 선택의 궁극적 목표가 "영광"의 전달과 더불어 물론 또한 일어나는바, 그 영광을 받은 자들을 높임, 영광스럽게 함, 소생케 함에서 도달되는 것을 배제한다는 것을 생각해야 한다. 오히려 하나님 자신이 자기 자신을 계시할 수 있는 능력에서, 그가 이 일을 행하는 행위에서 영광스러운 것처럼, 곧 그가 다함이 없는 샘의 근원인 것처럼, 그가 거역할 수 없는 그 자신의 완전함의 광채인 것처럼, 그가 그의 독생자에게뿐 아니라 그의 형제들, 그 안에서, 그와 함께 선택받은 자들에게 허락하는바 높임, 영광스럽게 함, 소생시킴이 다른 사람을 위한 계시가 될 것이며, 그에 의해서 영광스럽게 된 자들은 그를 다시금 영광스럽게 할 수 있고 해야만 하며, 바로 이것이 그들 자신의 영광의 목표이다. 우리는 여기서 제일 먼저 마태복음 5:14-15를 생각하게 된다. 여기서는 분명히 요한복음 8:12와 관련 속에서 말한다. "너희는 세상의 빛이다. 산 위에 있는 도시는 감추어질 수 없다. 사람이 불을 켜서 말 아래 두지 않고 등잔 위에 놓는다. 그러면 빛이 집안에 있는 모든 사람에게 비출 것이다. 이처럼 너희의 빛을 사람들 앞에서 비추어서 세상 사람들이 너희의 아름다운 행실을 보고 그들이 하늘에 계신 너희 아버지께 영광을 돌리도록 하여라!" 우리는 에베소서 1:3에서 예수 그리스도 안에서 우리를 위해 주어진 하늘로부터의 축복에 대해 들으며, 4절에서 세상의 기초가 놓여지기 전에 그리스도 안에서 일어난 선택에 대해 읽으며, 5절에서(롬 8:29와 일치되게) "하나님의 기뻐하시는 뜻대로 예수 그리스도로 말미암아 우리를 하나님의 자녀로 예정하셔서." 그래서 우리는 베드로전서 1장을 제외하고 신약성서에서 아마 가장 강한 이 예정론적 문맥의 결론을 간과해서는 안 된다. 이 모든 일은—너희를 위하여 일어났는가? 물론! 그러나 그것은 우리에게 일어나는 은혜의 역사의 근원이다!—그러나 이로써 그의 "은혜를 찬양하기 위해서."(6절) 우리가 에베소서 1:11에서, 모든 것을 그의 뜻의 결정에 따라서 성취하는 분의 계획에 따라 예정된 대로 그분 안에서 우리가 상속자가 되었다고 들으면, 다음 12절에서 다시금 6절보다 더 분명히—분명히 종말 때의 완성되는 공동체의 행위에 비추어서—다음과 같이 말하는 것을 주목해야 한다. 곧 "예수 그리스도 안에 먼저 소망을 둔 우리로 하여금 하나님의 영광을 찬양하게 하기 위하여." 그리고 우리는 에베소서 3:11에서 하나님의 영원한 선택에 근거한 공동체의 존재에 관한 저 분명한 말을 읽을 때, 10절에 의하면 공동체는 자기 목적이 아니라, 하나님의 다양한 지혜가 하늘의 권세와 능력들에 알려지도록 하는 도구가 되기 위해서 존재한다는 사실을 주목해야 한다. 바울은 디모데후서 1:9에서 예수 그리스도 안에서 영원 전부터 우리를 위한 하나님의 "계획"과 "은혜"를 지시함으로써, 디모데가 주님의 증인도, 또 사로잡힌 바울의 증인도 부끄러워하지 않고 복음을 위하여 그와 함께 온갖 고난을 겪어야 한다는 훈계의 근거를 제시하였다. 요한계시록 17:4, 곧 그리스도와 그의 선택받은 자들의 종말 때의 전쟁을 다루는 구절에서 이런 관계는 물론 분명하다. 이것이 골로새서 3:12와 베드로후서 1:10에서는 차라리 배경에 있는 듯해도, 거꾸로 데살로니가전서 1:4-5에서는 아주 명백하다. 거기서 바울은 하나님의 선택에 근거하여 말씀과 영으로써 공동체를 무장함의 의미를 공동체는 주의 뒤를 따르는 자들이(μιμηταί) 되었다는 데서 본다. 그들이 말씀을 많은 환난 가운데서 기쁨으로 받아들임으로써, 그리고 말씀이 다시 그들로부터 나가게 됨으로써, 마케도니아, 아가야, 그리고 그 외의 지역에서 믿음의 "모델"이 되었다.(6-7절) 이것은 역시 베드로전서 2:4-5에도 해당된다. 여기서는 선택받은 백성으로서의 믿는 자들의 저 영광에 대한 묘사는 저 목표 설정에서 정점에 도달한다. "그것은 여러분을 어둠에서 불러내어 그의 놀라운 빛 가운데로 인도하신 분의 업적을 여러분이 선포하게 하려는 것입니다." 그리고 이 서신에서(2:12, 3:1f., 16, 4:16) 외부를 향하여, 이교도들 가운데서 그리스도인의 믿음을 입증하는 것에 큰 비중을 두는 것은 우연이 아니다. 우리가 왜 로마서 16장의 인사할 명단에서 어떤 루포스(Rufus)를 "주 안에서 선택받은 자"로 구별하는 지(13절) 알지 못한다. 그러나 우리는, "선택"에 다수의 "선택받은 자"가 대립한다는 규칙에서 유일한 다른 외견상의 예외, 즉 선택받은 사도 바울이 어떠한가를 더욱 확실히 안다. 그의 선택과 거기서 나오는 모든 것이 그에게 개인적으로 무엇을 뜻하는지는 물론 명백하다. 그는 복음을 모든 믿는 자들을 구원하는 능력으로 선포하고, 그러므로 그 자신이 그것을 체험했다는 것에 근거해서 진실로 부끄러워할 필요가 없는 일로 선포한다.(롬 1:16) 그리고 우리는 고린도전서 9:27-28에서, 그에게도 그가 다른 사람들을 위한 전달자가 되면서 스스로는 버림받을 수 있다는 염려가 없지 않다는 것을 알게 된다. 그러나 바울에게서는, 그의 회심과 그의 그리스도인의 신분, 그러므로 그것의 근거가 되는 선택은, 그 자신이 스스로 차안과 피안에서 하나님의 결정된, 선택과 결부된 자비 행위에 참여함에서 그 목표에 도달하고 성취된다는 것은 말할 나위가 없다.—로마서 9:5를 다시 한번 생각하라! 그러나 아나니아에게 현재까지의 박해자 사울에 관하여 전달된 것은 이것이다.(행 9:15) 그는 그에게로 가야 한다. "왜냐하면 그는 내 이름을 이교도들과 여러 왕들과 이스라엘의 자녀들 앞에 가지고 갈 나의 그릇이기 때문이다." 아나니아는 자신의 임무를 사도행전 22:14-15에 의하면 이런 말로써 진술하였다. "우리의 조상의 하나님께서 당신을 택정하셔서(προεχειρίδατο) 그분의 뜻을 알게 하시고 그 의로우신 분을 보게 하시고 그분의 입에서 나오는 음성을 듣게 하셨습니다. 당신은 모든 사람 앞에서 그분을 위하여, 당신이 보고 들은 것을 증언하는 증인이 될 것입니다." 그리고 그가 사울로서 박해하였던 예수는 사도행전 26:16-17에 의하면 그에게 말했다. "자, 일어나서 발을 딛고 서라, 내가 네게 나타난 목적은 너를 일꾼으로 삼아서 네가 나를 본 것과 내가 장차 너에게 보여 줄 일을 밝힐 증인이 되게 하려는 것이다. 나는 이 백성과 이방 사람들 가운데서 너를 건져내어 이방 사람들에게로 보내서 그들의 눈을 열어 주고 그들이 어둠에서 빛으로 사탄의 세력에서 하나님께로 돌아오게 하고 또 그들의 죄 사함을 받아서 나를 믿는 믿음으로 거룩하게 된 사람들 가운데 들게 하려는 것이다." 그리고 바울이 자신에 대해 서술한 것도 이것에 상응한다. 그는 "그의 아들에 관한 … 하나님의 복음을 위하여 따로 세움을 받은 자"이고(롬 1:1-2), 보다 자세히 말해서 그를 모태로부터 구별하여 은총으로써 부른 하나님은 그가 "그의 아들을 이교도들 가운데 복음으로 선포하게 하시려고"(갈 1:15) 자신의 아들을 그에게 기꺼이 계시하였다. 디모데전서 1:16에 의하면 그는 자비를 얻었으니, 곧 예수 그리스도는 가장 큰 죄인인 그에게—그는 15절에 자신을 죄인들 중에 첫 번째라고 말했다.—그의 완전한 인내를 나타냈으며, 그가 그를 장차 그를 믿어서 영원한 생명에 다다를 사람들을 위한 모범(ὑποτύπωσις)으로서 세웠다. 바울이(예를 들어 고전 15:10f., 혹은 고후 12:9f.) 자기 자신에 대한 하나님의 은혜를 자랑한다면, 우리는 그가 여기서 그의 "감사"가(고전 1:4f., 빌 1:3f., 골 1:3f., 살전 1:2f., 살후 1:3f.) 언제나 그리스도교 공동체에 비추어, 그러므로 사도로서의 그의 행위에 비추어 이루어진 것처럼, 결국 결정적으로 그의 사도직의 은혜를 의미한다는 것을 신뢰할 수 있다. 바울에게서 볼 수 있는바 선택, 은혜, 사도직 사이의 이런 맥락은, 그의 인격과 선택과의 현저한 관계는 현실적으로는, 신약성서에서 선택은 교회 내지 교회 안에 들어가기 위한 선택이라는 규칙을 파괴함을 뜻하지 않는다는 것을 지시한다.

교회 안에 있다는 것은 무엇을 뜻하는가, 교회는 무엇인가는, 예를 들어, 신약성서에서 사도직의 현실로 서술하는 것과 특별히 바울이 자신의 사도직의 현실로 서술한 것에서 인식될 수 있다. 한편으로는 교회가 선택받은 인간 예수 그리스도와 그의 사람들, 즉 그를 믿는 모든 사람들, 그러므로 하나님의 선택의 대상이라면, 교회는 다른 편으로는—지금 예수 그리스도가 어떻게 그의 사람들에게 오며, 그의 사람들이 어떻게 그에게로 오는가를 설명하는 것이 문제인데—제자들의 직무와 행위를 통하여 믿도록 부름받고, 예수 그리스도에게로 인도된 모든 사람들을 포함한(유다가 배신한 후에 맛디아에 의해서가 아니라 바울에 의해서 보완된) 열두 제자 무리이며, 이런 형태로 흩어져 있는 이스라엘의 선택받은 열두 지파 백성(약 1:1)이다. 이것이 우리가 신약 정경의 첫 부분에서 이 일에 있어 얻는 교훈이니, 이 교훈을 통해 선택받은 자의 삶의 내용과 과제에 대해 확정된 모든 것이 비로소 확증되고 분명해진다. 교회는(그리고 따라서 "선택받은 자들의 공동체") 거기에서 일어나는 은혜 안에서, 은혜로써 그에게 전적으로 본질적인 밖으로의 방향, 세상을 향한, 선교로의 방향을 잡는다. 왜냐하면 교회는 사도직에 근거할 뿐 아니라 사도직과 동일하기 때문이고, 교회는 이 근원에서부터, 그리고 그것의 근원과 해체될 수 없이 결부됨으로써 산 위에 있는 저 도시, 등잔 위에 있는 저 빛이 되고 따라서 감추어져 있지 않고 드러나 있기 때문이며, 교회는 본질상 계시의 전달자이기 때문이다. 슈렝크는 복음서는 열두 제자 무리에게서 "온전한 공동체란 무엇인가를 지시한다. 선택의 의미는 그 근원지, 사도 무리에서 전체를 위해 살아 있는 모범으로서 발견된다"(a.a.O. 179, 20f.)고 말하지만, 이것은 나에게는 적어도 분명하지 않다. 왜냐하면 이것은 마치 선택과 사도직의 관계에서(복음서 기자들에 의해 추후 발견된) 사도 무리의 현실을 통한 공동체의 현실의 예증 및 해석을 발견하는 것처럼 들리기 때문이다. 사도 무리가 진정으로 신약성서에서 선택이 뜻하는 바의 "근원지"라면, 거꾸로 선택받은 공동체에 관하여 말할 수 있는 것과 신약성서의 서신 부분에서 공동체에 대해 말하는 모든 것은 본래, 언제나 거듭 사도 무리에 대해 말해져야 할 것, 사도 무리에 해당되는 것을 생생하게 보여 주는 것일 따름이다. 교회는 사도 무리 안에 원래 존재하며 바울의 사도직에서, 이것이 다만 교회가 처음에 존재했다는 것을 뜻할 뿐 아니라, 교회는 스스로를 포기함이 없이는 사도의 행위와 말에서 존재하기를 중단할 수 없다는 것, 교회의 하나됨, 거룩함, 가톨릭성은 그것이 사도적 교회라는 하나의 포괄적 술어와 더불어 일어서고 쓰러진다는 것을 분명하게 할 수 있다. "사도적"이란 한편으로는 교회가 사도의 계속적인 행위와 말을 통해 존재하며—다른 편으로는, 교회는 사도들이 행한 것을 스스로 행하고, 사도들이 그들의 행위와 말의 본성에 의해서 언제나 행하는 것을 스스로 행함으로써 존재한다. 사도들에게 "생명"으로서(요일 1:2) 나타났고 전달되었고 넘겨졌고 명령되었고 선사되었고 위탁된 것 이하, 혹은 그 이상을 포괄할 수 있는 교회의 삶이란 없으며, 교회 내의 삶도 없다. 교회 안에 산다는 것은 저 이중적 의미를 뜻한다. 사도들과 함께 산다. 교회는 이 규범 아래 서 있으므로, 선택과 교회 사이의 맥락은 신약성서의 서신 부분에서 서술된 것처럼 서술될 수 있을 뿐이다.

우리가 사도직을 다루고 있는 공관복음서 구절들을 개관하건대, 즉시 눈에 띄는 사실은, 상호 연관이 있으나 형식적으로나 실질적으로 분명히 구별되는 세 개의 군(群)이 있다는 것이다. 우리는 전반적으로 그들 제자직의 대명사 내지 대표로서, 예수의 다른 제자들 가운데서 선발된 열두 내지 열한 제자의 파송을 만나게 된다. 그러나 먼저 예수 자신의 갈릴리 활동을 서술하는 문맥 속에서, 이 열두 명을 부르는 사건이 전면에 있다. 그 다음에 예루살렘으로 가는 예수의 마지막 행로를 서술하는 문맥 속에서, 예수의 제자 혹은 공동체의 근거, 규범의 가시적 대변자로서의 그들의 본래적 기능이 강조된다. 그리고 마지막으로 부활, 승천을 이야기하는 문맥 속에서, 세상에 대한 그들의 임무가(이것은 다시 예수의 제자 혹은 공동체의 임무이다.) 발설된다. 분명히 예수의 사도들, 곧 보냄을 받은 자들의 파송이 이런 모든 진술의 핵심이라면, 이 세 군은 중첩된다. 그러나 우리는 또한 세 군에서 이 핵심이 진술될 때의 강세의 차이를 간과할 수 없다. 또한 눈에 두드러지는 사실은, 우리가 사도직과 또한 공동체의 통일성 속에서의 차이에서, 후에 그리스도의 삼중직이라고 부른 것과 상응함을 발견한다는 것이다. 곧 첫 번째 단계에서(갈릴리) 예수 그리스도의 예언직을, 두 번째 단계에서(고난의 길) 제사장직을, 세 번째 단계에서(올리어짐) 왕직이 그에 의해 보냄을 받은 자들에게서 이차적으로 속되는 한에서 그러하다. 『하이델베르크 교리 문답서』 문항 32 "그대는 왜 그리스도인이라고 하는가?"에 대해 "내가 그리스도의 이름을 고백하고 나를 살아 있는 감사의 제물로 표현하고 자유로운 양심으로 이 삶 속에서 죄와 악마에 대항하여 싸우고 장차 영원토록 그와 함께 모든 피조물을 지배하기 위하여, 믿음을 통하여 그리스도의 지체가 되었고 그러므로 그의 기름 부음에 참여하였다."라고 대답한다면, 이것은 공관복음서가 이 일에 관하여 언급할 때의 구분에 따라서 사도직을 신약성서적으로 정의하는 것이 될 것이다. 사도직은 그리스도의 지체들이 그의 기름 부음에, 그의 메시아 직무에 능동적으로 참여함이다. 이 참여는 전적으로 은혜이고, 전적으로 선택에 근거하고, 오직 믿음으로써만 일어날 수 있기 때문에, 그것은 본질상 다만 능동적인 참여일 따름이다. 메시아의 직무는, 그것의 지체와 마찬가지로, 여하튼 간에 하나님 아버지에 의해 파견된 자, 곧 하나님으로부터 그의 전권으로, 그에 의해 창조되고 그의 사랑을 필요로 하는 세상 속으로 온 아들의 직무이다. 그렇기 때문에 히브리서 3:1에 예수 자신이 "파송된 자"라고 불리며, 그가 "아버지에 의해 파송되었다"는 것은 요한복음서에서(그리고 여기서 특별히 5-8장에서) 예수가 자신을 자신의 제자들과 유대인에게 알림에서 지배적인 자기 표현이다. 그리고 거기서 또한 분명한 관계와 위임이 발견된다. "아버지께서 나를 세상에 보내신 것 같이, 나도 그들을 세상으로 보냈다. 그리고 그들을 위하여 내가 나를 거룩하게 하는 것은 그들도 진리로 거룩해지게 하려는 것이다."(요 17:18-19) 그리고 부활 사건에서 또 다시 "너희에게 평화가 있기를 빈다. 아버지께서 나를 보내신 것 같이, 나도 너희를 보낸다. 이렇게 말씀하신 뒤에 그들에게로 숨을 내뿜으시고 말씀하셨다. 성령을 받아라!"(요 20:21-22) 사도직은 예수 자신의 파송에 참여함에 있다. 사도직을 가진 자는—그 자신의 의지와 결단에 의해서가 아니라 예수가 그것을 원하고 그들에 대하여 결정했기 때문에, 자신의 능력으로써가 아니라 예수에 의해서 그들에게 주어진 능력으로써, 자의에 의해서가 아니라 실질적으로 형식적으로 그들이 예수에게서부터 받는 그것에 관한 엄격한 지시에 따라서, 예수 자신이 행한 것을 행해야 한다. 혹은 거꾸로, 예수 자신의 행위는 세상에서, 사도들이 그에 의해서 결정되고 전권을 받고 인도된 이차적인 형태의 행위에서 속행된다. 이런 의미에서 그들에 대해서 분명히 말해야 할 것은, 그들은(그리고 그들을 통하여 그들과 함께 온 교회, 모든 그리스도인들은) "그의 기름 부음에 참여하여" 스스로 "그리스도인"들일 뿐 아니라 "그리스도들" 이라는 것이다. 그들은 "거룩한 자로부터 '기름 부음'을 받는다."(요일 2:20, 27 참조) 그가 예언자, 제사장, 왕이고 그들을 자신의 사람들로 만들었으므로, 그들 자신이 예언자요, 제사장이요 왕이다.(벧전 2:9!)

저 공관복음서에서 나타나는 사도직의 구분을 역사적-실천적으로 분석하고 분명하게 만드는 것은 거의 불가능한 듯하다. 우리가 복음서에서 예수 자신과 사도직에 관하여 얻는, 저 세 단계로 구분되는 상은, 확실히 역사적으로 발전된 상으로 이해될 수 없기 때문이다. 만일 그것이 역사적으로 발전된 상이라면, 거기서 언급되는 현실을 세 가지 독자적인, 서로 연속됨으로써 상호 연결된, 그러므로 전체를 개관할 때 상호 연결될 수 있는 부분들에서 보고 이해할 수 있을 것이며, 보고 이해해야만 할 것이다. 저 사도직의 구분은 동일한 현실을 내용적으로 구별함이다. 그렇기 때문에 우리는 이 현실을 이해하기 위하여, 복음서의 결론인 부활 사건에서 우리 눈앞에 제시되는 그 현실의 마지막, 총괄적인 형태에서부터 출발하는 것이 가장 좋다. 이 형태는 선행하는 두 가지 형태를 배제하지 않고 오히려 그것을 포괄한다. 그래서 복음서 기자들 스스로 이 두 가지 선행하는 형태들이 마지막 형태에 의해 감싸인 것으로 보고 이해했다. 누가복음에서, 마가복음 중 진정한 마가의 결론이 아닌 부분에서, 또한 사도행전에서 승천에 직접 선행하는 소위 말하는 선교 명령이 그것이다. 사도행전 1:8의 반복에서 분명히 드러나듯이, 이 명령은 신약 정경의 첫 부분에서 둘째 부분으로 이행하는 다리 역할을 한다. 여기서는 사도들의 말과 행위 자체가 상의 중심에 온다. 주목할 것은, 마태(28:16)는 이 사건을 갈릴리로 이전했고, 이로써 예수의 활동의 원뿐 아니라 사도직의 근거 설정의 원을 어느 의미에서 닫히도록 한 반면, 같은 사건이 누가복음 24:36-37에 의하면 분명히 예루살렘에서 진행되며, 이때 같은 원이 성령강림절 사건과 그 다음에 오는 예루살렘으로부터 이방 세계로 사도들의(정확히 말해서 사도 바울) 출발 개시의 방향으로 열린다는 것이다. 그리고 또한 주목할 사실은, 저 "명령"은 마태복음 28:18에 의하면 예수 자신의 직접적 말씀인 반면, 이 명령은 누가복음 24:46-47에서는 예수가 제자들 가운데 있던 때 그들에게 말한 모든 것은 바로 모세 율법, 예언자, 시편에서 그에 대해 기록된 바가 성취되어야만 했다는 데 있고, 이것을 의미하였다는 설명의 문맥 속에서 찾아야 한다는 것이다. 부활한 자가 그것들의 의미를 드러냈다. 따라서 그들은 성서를 이해했고, 따라서 그들은 그의 죽음, 부활에서 일어난 것이 이미 구약성서에서 기록되어 있음을 깨달았다. 그리고 이 기록된 것에는 또한, 그의 이름으로 죄의 용서를 위한 회개가 "예루살렘에서부터 시작해서" 모든 백성들에게 선포되어야 한다는 것도 들어간다. 이런 성서의 성취에 대한 증인들은 이제 제자가 되어야 한다.—그러므로 이런 의미에서 "나의" 증인.(행 1:8) 우리가 이런 변형을 통해서 받는 실질적인 교훈은 분명히 사람들이 특히 이 변형들 중 첫 번째에 직면하여 당연히 느낄지도 모르는 역사적인 난점보다 중요하다. 실질적으로 두 가지 모두 참되고 또 두 가지 모두 생각해야 한다. 부활한 자의 임무는—마태가 부활한 자를 갈릴리로 이전함으로써 분명히 말하고자 하는 대로—바로 예수가 그의 죽음 이전에 자기 제자들에게 이스라엘에게 전하도록 위탁한 것 이외에 다른 것이 아니라는 것과, 그 임무는 수행될 때 그의 부활에 힘입어 하나님 말씀이 시온으로부터 온 세상에 울려 퍼지게 하는 것이다. 그리고 또한 두 가지 모두 참되고 두 가지 모두 생각해야 한다. 그 임무는 예수 자신이 비로소 줄 수 있었고 주었던 것이며, 그런 것으로서 성취된 성서, 구약성서 전체의 내용이다. 마태와 누가의 보고의 공통적 내용은 다음 요소에 있다. 제자들의 태도는—이것은 여기 복음서의 끝 부분에서 아주 특이하게 나타나지만 그러나 분명히 그러해야 한다.—결정적인 일에서, 예수에 대한 그들의 관계에서 이중적이다. 누가복음 24:37에 의하면, 그가 그들 가운데 나타났을 때 그들은 영을 보았다고 생각했기 때문에 당황하고 놀랐다. 그리고 마태복음 28:17에 의하면, 그들은 그 앞에 엎드렸으나 "몇몇 사람은 의심했다." 이런 서술은 이미 예수의 죽음과 부활 이전에 제자들의 태도로서 우리에게 보고된 것과 정확히 일치한다. 그들은 스스로 그들에 대한 결정을 수행하기에 적합하지 않은 도구이다. 그들이 보냄을 받은 자로서 그가 행한 것을 행할 수 있도록 그와 관계를 얻기 위해서는 예수의 인격 자체가 필요했고 언제나 거듭 필요하다. 복음서 기자들은 사도들을 분명히 또한 이 정점에서도—부활 이후, 사도직이 그것의 원래 소유자로부터 그들에게로 넘어가는 이 엄숙한 순간에—다르게 보거나 이해하지 않았다. 이 인간들에게 실제로 왕의 직무가 넘겨진다면, 이것은 그들이 어떤 왕다운 것이거나 혹은 왕다운 것을 가져왔기 때문은 아니다. 왕 예수는 그들을 왕으로 만들 것이고, 아니면 그들은 전혀 왕이 될 수 없다. 바로 이렇게 그는—그들의 왕적 직무의 충만함을 전달하고 수여하는 자로서—그들에게도 나타난다. 그는 마태복음 28:17에서 그는 진정으로 명령할 권한이 있는 자임을 선포함으로써 그의 명령을 시작한다. "나에게 하늘과 땅의 모든 "권세"(ἐζουσία, potestas)가 주어졌다." 그는 이 권세로써 그들에게 말하고, 그들에게 이런 그의 권세에 참여하도록 명령한다. 언뜻 보기에는 누가 본문에는 이것의 평행절이 없는 듯하다. 그러나 실제로 이것은, 누가에게 스스로 성서의 완성이며 또한 홀로 성서의 해석자인 예수가 자신을 하나님의 권세와 영광을 지니는 자로서 확증하고 입증한다는 데서 발견된다. 이것은 이미 선행하는 엠마오 사건에서(눅 24:13-35) 이렇게 서술되고 있다. 예수가 성서의 내용이자 그것의 계시가 됨으로써, 그는 제자들을 그들이 스스로는 될 수 없는 것, 곧 성서의 내용의 증인으로 만들고, 이로써 자신의 증인으로 만든다. 이제 그들이 이런 증인으로서 수행해야 할 임무는 마태복음 28:19a에 의하면 "모든 민족을 제자로 만들어라." 모든 다른 것, 즉 "가서, 세례를 주고 … 가르쳐라"는 다만 분사구로써 이 주명제에 연결되어 있다. Μαθητεύσατε: 그들을 너희들 자신과 똑같이 제자로 만들라! 너희 자신이 배운 곳에서 그들도 배우게 하라! πάντα τὰ ἔθνη: 모든 민족들, 온 세상의 사람들을! "제자로 만들어라"에서 예수의 활동과 또한 사도들과의 관계의 첫 번째 예언자의 단계가 다시 살아나고 속행되며 확증되는 것을 주목하라. 그리고 거꾸로 거기서 상을 지배하는 선생-제자의 관계는 여기서 그것이 반복됨으로써 심화되고, 자신을 넘어서 고양되고, 한 왕과 그가 위탁한 정부의 인간들과의 관계의 빛으로 옮겨진다. "제자로 만들어라"는 모든 민족들과의 관계에서 이것을 말한다. 곧 예수가 갈릴리에서 선생으로서 그의 제자들에게 말한 예언자적 말씀은 이 제자들의 입을 통해 모든 인간, 온 세상의 선생이 되려는 요구를 주장하고 관철한다. "내가 너희에게 어두운 곳에서 말한 것을 너희는 밝은 곳에서 말하고, 너희가 귓속말로 들은 것을 지붕 위에서 선포하라!"(마 10:27) 처음부터 존립한 이 질서는 그것에 처음부터 내재했던 능력을 발휘한다. 열두 제자들은 예수를 따르도록 부름받았으니, 이것은 그들 자신이 예수의 추종자로서 길을 떠나서(πορεύεσθαι) 모든 백성들에게 나가고, 모든 백성들에 앞장서고, 이로써 그들에게 예수를 따르도록 부를 수 있는 처지가 되기 위함이다. 누가복음 24:27에서 그들에 의해 청취되고 지금 세상에 선포되어야 할 말의 내용이 설명된다. 그들을 통하여 모든 백성들에게 죄의 용서를 위한 회개가 그의 이름으로 선포되어야 하고 명령되어야 한다. 이것이 그들에 의해 선포되어야 할 예수의 이름의 실제적인 내용이다. 죄의 용서를 위한 회개. 그러나 바로 이것은 그의 이름의 선포로부터 분리될 수 없다. 오직 그의 이름에서, 그의 인격의 계시와 현실에서만, 이것이 실제적으로 내용 있는 선포가 된다. 세상으로 하여금 그를 믿도록, 그에 의해서 그들을 위하여 성취되는 회개를 인식하고 인정하도록 권유하고, 이로써 회개하도록 부르는 것이 중요하다. 회개에서 그에 의해 이루어진 죄의 제거가 인식될 수 있고, 세상에도 유효하게 된다. 이것이 마태복음 28:19b에서 분명해진다. 여기서 "제자로 만들어라"는 —첫눈에도 매우 놀랍게도— 일차적으로 "그들에게 아버지와 아들과 성령의 이름으로 세례를 주라"에 의해 설명된다. 그러나 이로써 세상이 사도들로부터 배워야 하는 것은 세례에서 모든 사람에게 열리는 삼위일체 하나님의 자비의 계시와 현실로 가는 길로 표시된다. 세상은 하나님에 의해서 풍성하게 강제적인 권능으로써 이미 그들을 위해 예비되어 있는 은혜의 선물을 인식하고 인정하도록 사도들로부터 배워야 하고, 그들은 세상에 이것을 가르쳐야 한다. 사도들에게 주어진 명령은 전적으로 복음을 선포하라는 명령이다. 복음은 —마태복음 28:19b-20a에서 우연히 바울 서신의 분위기를 재발견할 수 있는 듯하다.— 빈 공간에서, 무형으로가 아니라 세상에서 복음을 듣는 사람들에게 적용되는 형태로 선포되어야 한다. 삼위일체 하나님의 이름으로 세례를 줄 때, 하나님의 은혜의 선물을 저렇게 인식하고 인정하게 될 때, 우리는 필연적으로 처음부터 세상의 사람들이나 사도들도 마음대로 처리할 수 없는 어떤 형식을 τηρεῖν, 확립, 유지, 간수, 수호, 보존하게 된다. 그 형식은 일 자체, 복음 자체와 함께, 그러므로 예수 그리스도, 즉 그에 의해서 그들을 위하여 이루어진 회개를 통하여 그들의 죄를 제거한 그분을 통하여 주어졌다. 그러므로 그가 사도들에게 믿음의 규칙으로서 위탁한 것의 준수, 복음의 해설로서 우연한 형태가 아니라 그것의 필연적인 형태인 적용이 문제이다. 그래서 마태복음 28:19b의 "세례 줌" 뒤에, 옆에 "가르침"(20a)이 나온다. 이렇게 누가복음 24:47에서 분명히 또한 밖에 있는 인간들 자신들에게 요구되는 회개가 그 구체적 방향을 얻는다. 사도들에게 주어진바 이렇게 세례 주고 가르치라는 명령이 내용적으로 전적으로 그렇게 명령한 자와 결속되어 있다는 것, 이 명령은 순전히 이렇게 명령하는 자가 자신을 하나님의 은혜의 명령으로서 알리는 데, 그 자신이 하나님의 은혜의 명령으로서 온 세상에서 들려지도록 보살피는 데 있다는 것을 우리가 여전히 의심한다면, 마태복음 28:20b의 결론은 분명히 우리에게 이런 방향으로 가르치는 것이 분명하다: "보라, 내가 너희와 함께 세상 끝날까지 있겠다!" 이로써 처음이 반박되고 확증된다. 나에게—너희에게 이 임무를 주고 그것과 함께 이 직무를 준 나에게—하늘과 땅의 모든 권세가 주어졌다. 너희는 어느 때라도 내가 너희를 보내는 나의 권위의 능력을 신뢰할 수 있을 것이다. 이런 결론으로써 사도들은 실제로 그의 권위에 힘입어 저 임무를 수행해야 하는 자들로 표시된다: "너희 말을 듣는 자는 내 말을 듣는 것이다!"(눅 10:16) 그러나 이 결론으로써 또한 그들의 모든 "제자를 만듦"은 실질적으로 형식적으로 궁극적으로 그에게 결속된다. 따라서 저 삼위일체 하나님의 이름으로 "세례 줌" 외의 다른 내용, 저 "가르침", 그가 그들에게 위탁한 것을 지키기 위하여 인도하는 일 외의 다른 형식, 그의 이름에 대한 복음 이외에 다른 복음, 다른 법은 그들에게 고려될 수 없다. 그가 그들 곁에 세상 끝날까지 있겠다는 것은 두 가지를 뜻한다. 곧 그들이 그를 세상 사람 앞에서 고백하는 한 그도 세상 끝날까지 그들을 고백할 것이다. 그러나 또한 만일 그들이 자신이 자의적으로 발견한 계시를 위하여 그를 사람들 앞에서 부인하게 된다면, 그도 세상 끝날까지 그들을 부인할 것이다.(마 10:32f.) 누가 설화의 결론에서(24:49) 누가에게 특징적인 성령 강림 사건과 연관지어 이런 식으로 말한다: "보라, 내가 내 아버지께서 약속하신 것을 너희에게 보낸다. 그러므로 너희는 위로부터 오는 능력을 입을 때까지 이 도시(예루살렘)에 머물러 있어라!" 위로부터 오는 능력, 성령은 그의 말과 행위에 내재하는 예수 그리스도의 현재를 통하여 사도직에 대하여 신뢰할 수 있도록 보증해 주고 권위를 부여하고 정당화하며, 그러나 또한 필연적으로 비판한다. 분명히 그 능력은 원래 그의 것이며, 그, 예수 그리스도는 그들에게 이 능력을 준다. 요한복음 20:21에 의하면 이 약속의 성취, 그러므로 성령 강림 사건은 선교 명령과 동시에 일어난다. 공관복음서, 특히 누가에 의하면(행 1:8 참조) 이미 위탁을 받은 사도들은 그들의 임무의 완수를 위해 결정적인 이 약속의 성취를 일단 어느 기간 동안 기다려야 한다. 그러나 "너희는 나 없이는 아무것도 할 수 없다!", 공관복음서의 서술에서 분명한 "그가 원하면 언제 어디서나"가 또한 요한의 가르침인 것처럼, 요한의 서술은 저 "입김을 내쉼"에 대해 말함으로써, 공관복음서의 보도의 알파요 오메가가 되는 이 사실을 강조한다. 곧 예수가 그것을 원하고 그들을 그렇게 만들기 때문에, 그가 스스로 그들의 임무의 내용이 되고, 다시금 스스로 그 임무를 수행하도록 하는 능력이 되고, 그러나 또한 그 일의 기준이 됨으로써 사도들이 사도가 되고, 그들이 가진 것을 갖는다. 그는 왕이기 때문에—언제나 그의 나라를 실현하고 선포함에서, 언제나 또한 그의 나라의 권세로써—그들도 역시 왕이 될 것이다. 그가 이스라엘의 선택받은 왕이기 때문에, 왕이 됨으로써, 그 안에서, 오직 그 안에서만 그들은 그와 함께 다스리기 위해서 선택받았다. 그러나 그들은 그 안에서—우리는 이것이 그들 안에서 온 교회에 해당된다는 것을 생각한다.—그와 함께 다스리기 위해서 선택받았다. 이것은 그에게서 배운, 이제 또한 그에 의해 가르침을 받아야 할, 세상을 향한 말씀의 권능으로써 이루어진다.

우리는 여기서부터 사도직에 관한 복음서 보고의 두 번째 단계로 옮기자. 두 번째 단계는 특히 예수가 갈릴리에서 예루살렘으로 가는 전환점이라는 것에서 외적 특징을 가지며, 내용적으로는 그 문맥에서 세 번의 수난 예고를 통해 특징을 갖는다. 우리가 앞에서 다룬 상과의 연관성은, 수난 예고가 전체적으로 다음의 말에서 절정에 도달한다는 것에서 발견된다: "… 그리고 셋째 날에 그는 일으켜질 것이다." 여기서 사도에게 직무와 임무를 주는 자는, 그가 지금 들어서는 죽음을 향한 길에도 불구하고가 아니라, 바로 이 길 위에서 온 세상의 왕이다. 그는 하늘로 오름에서 왕으로 드러나게 될 것이고, 그로 인하여 이루어진 죄의 제거를 선포하기 위하여 사도들을 파송함으로써 그의 통치를 시작할 것이고, 이 선포를 통하여 세상 끝날까지 그의 통치권을 행사할 것이다. 사도들 편에서는 이런 그의 나라를 인식하고, 이 나라에서 그들 자신의 기능을 인식하는 것이 중요하다. 여기서는 특별하게 사도들이 이 일을 위해 세워짐에 대해서—무엇보다도 마태복음 16장에서, 베드로에게 한 말이 중요하다.—보고하고 확증한다. 이 기간 속에, 예수가 베드로, 야고보, 요한을 높은 산으로 인도하는 사건이 일어난다: "그리고 그는 그들 앞에서 모습이 변하였다. 그의 얼굴은 해와 같이 빛나고 옷은 빛과 같이 희어졌다. 그리고 보라, 모세와 엘리야가 그들에게 나타나더니 예수와 더불어 말을 하였다." 그리고 그들은 "구름 속에서 이는 내 사랑하는 아들이다. 내가 그를 좋아한다. 너희는 그의 말을 들어라 하는 음성"을 들었다.(마 17:1f.) 이 기간 속에 누가복음 10:21-24에 의하면, 다음 사건이 일어난다. 예수가 "성령으로 기쁨에 넘쳐 이렇게 말했다. '하늘과 땅의 주님이신 아버지, 이 일을 지혜 있고 총명한 사람에게는 감추시고, 철부지 어린아이들에게는 드러내 주셨으니 감사합니다. 그렇습니다. 아버지! 이것이 아버지의 은혜로우신 뜻입니다. 내 아버지께서 모든 것을 내게 맡겨 주셨습니다. 아버지 밖에는 아들이 누구인지 아는 이가 없으며, 아들과 또 아들이 계시하여 주고자 하는 사람밖에는 아버지가 누구인지 아는 이가 없습니다.' 예수께서 돌아서서 제자들에게 따로 말씀하셨습니다. '너희가 보고 있는 것을 보는 눈은 복이 있다. 내가 너희에게 말한다. 많은 예언자와 왕이, 너희가 지금 보고 있는 것을 보고자 하였으나 보지 못하였고 너희가 지금 듣고 있는 것을 듣고자 하였으나 듣지 못하였다.'" 누가(12:2-3)는 또한 저 감추어진 것이 필연적으로 드러날 것이라는 말, 지붕 위에서 선포되리라는 말, 그리고 그의 사자들은 하나님 외에 아무도 두려워하지 않게 되리라는 저 약속, 예수의 고백과 부인에 관한 저 말, 박해의 때에 성령의 도움에 관한 말(양자는 그들 가운데 그가 지속적으로 임재하리라는 것을 분명히 언급하는 말이다.), 또한 등잔 위의 빛에 관한 말을(11:33) 이 문맥 속으로 옮겨 놓는다. 그리고 또한 누가에서는(11:27) 이 문맥 속에서, 예수의 어머니를 복이 있다고 말하는 군중 속의 여인에게 예수가 대답한 말이 들어간다: "하나님 말씀을 듣고 지키는 자가 복이 있다." 그리고 누가에 의하면 성만찬 제정에 연결해서 이 순간에 제자들 사이에 불붙은 서열 다툼을 대범하게 무시하고 극복하면서 주가 한 말도 여기에 속한다: "너희는 내가 시련을 겪는 동안에 나와 함께 견디어 온 사람들이다. 내 아버지께서 내게 왕권을 주신 것과 같이, 나도 너희에게 왕권을 준다. 그래서 너희로 하여금 내 나라에 있으면서 내 밥상에서 먹고 마시게 하고 보좌에 앉아서 이스라엘의 열두 지파를 심판하게 하겠다."(눅 22:28-30) 해와 달도 그 빛을 잃고 별들이 하늘에서 떨어질 때, 마침내 인자가 하늘 구름을 타고 와서 자기 자신이 표적이 되고 스스로 증언하게 될 때, 그의 천사들이 그의 명령을 받고 힘찬 나팔 소리와 함께 나가서 선택받은 자들을 이 끝에서 저 끝까지 사방에서 모을 것이다."(마 24:29f.) 그러므로 여기서도 사도직에는, 부활절 사건에서 나타날 빛이 없지 않다. 그리고 우리는 이미 여기, 이 두 번째 단계에서, 곧 부활절뿐 아니라 성금요일, 베드로의 부인(否認), 모든 제자들의 도주, 유다의 배신과 같이 여전히 어두운 미래, 현재까지도 어둡게 하는 미래가 자리잡은 곳에서도 그들을 이 빛 속에서 보아야 한다. 바로 이 빛이 무엇보다도 마태복음 16:13-14의 주요 구절, 곧 가이사랴 빌립보에서의 대화에서도 발견할 수 있다. 이 구절에 의하면 예수는, 분명히 그와 그들 모두의 지금까지의 길을 회고하면서 제자들에게 묻는다: "사람들은 인자를 누구라고 하는가?" 이에 먼저 다음과 같은 대답들이 이어진다. 그는 예언자들 중의 하나, "엘리야, 예레미야, 혹은 다른 예언자 중 하나"라고 한다. 사람들이 예수의 활동의 선행하는 첫 번째 단계의 특수한 성격을 고려한다면, 이것은 결코 그릇된 답변은 아니다. 그들은 초기, 갈릴리 시대에 확실히 잘 알려져 있었던 소문을 되풀이한 것이다. "모두 두려움에 사로잡혀서 하나님께 영광을 돌리며 말하기를 우리에게 큰 예언자가 나타났다 말하고 또 하나님께서 자기 백성을 돌보아 주셨다고 말하였다."(눅 7:16) 그리고 예수가 마태복음 21:11, 46에서 그를 따라다니는 군중에 의해서 "예언자 나사렛 예수"로 소개되었다면, 복음서 기자의 의미로는 이들은 분명히 오류에 빠진 것은 아니었다. 다만 열두 제자의 이름으로 베드로가 고백한 말은(마 16:16) 그 이상으로 인도한다. 어디로? 분명히 예수의 제자들이 비로소 그의 부활 이후에, 그의 특별한 뜻과 명령에 근거하여, 그를 통하여 그들에게 선사된 성령의 통고에 근거하여 실제로 서게 된 그 곳으로, 그들이 이 고백을 크게 외치고, 그 내용을 공개할 수 있었던 곳으로. 저 세 번째 단계에서—그렇기 때문에 여기서는 우선 속삭이지만—크게 외쳐진다: "당신은 메시아, 살아 계신 하나님의 아들입니다!" 예수가 베드로에게 한 답변의(17절) 서두는, 이것이 앞당겨 말하는 것임을 지시한다: "시몬 바요나, 너는 복이 있다. 너에게 이것을 알려 주신 분은 사람이 아니라 하늘에 계신 나의 아버지이다." 아버지의 능력에 의해서 죽음에서 일으켜진 자의 계시, 성령의 통고는, 예수가 메시아라는 고백이 가능해지고 실현되는 곳에서 은밀하게—그러나 바로 은밀하게!—이루어진다. 20절의 침묵 명령도 베드로 고백의 선취적 성격을, 지금 여기서는 여전히 은밀한 그 내용의 성격을 지시한다. 예수는 이 명령으로써 그의 대답을 종결지으며, 이 명령은 다른 복음서 기자들에 의해서 심지어 더욱 날카로운 표현으로("꾸짖었다." 막 8:30) 강조된다. 예수가 메시아라면, 그는 왕이니, 곧 살아 있는 하나님의 아들로서 이스라엘의 왕이고, 그런 자로서 또한 세상의 왕이고, 그러므로 하나의 예언자일뿐 아니라 부활절 사건에서 그의 제자들에 대해 나타나서 그들도 교사, 저 왕적 교사를 만들게 될 그 예언자, 교사이다. 이것이 베드로의 고백 속에 들어 있는바 저 다른 대답들을 극단화한 것이니, 이것 때문에 예수는 이 고백을 한 자, 베드로를 열두 제자 무리의 대변자로서 복이 있다고 칭찬하고, 그의 길의 이 단계에서는 이것을 아직은 공개하지 말도록 당부한다. 왜 아닌가? 분명히 열두 제자 무리에 의해 지금 이미 알려진 그의 메시아성의 신비를 공개하는 것은 일단 아버지와 아들이 특별히 계시할 일이 될 것이기 때문이고, 이 특별한 계시가 일어나게 될 단계는 아직 도달하지 않았기 때문이고, 그의 길의 두 번째, 중간 단계, 그러므로 사도를 불러서 세우는 단계를 거쳐야 하기 때문이다. 그 자신은 이 일이 일어난 그때—그 이전에가 아니라 비로소 그때!—열두 제자들로 하여금 그들의 귀에 속삭여 준 것을 지붕 위에서 선포하도록 할 것이다. 그들은 그의 이런 조치를 기다려야 하고 또한 그의 신비의 계시를 필요로 하는 세상도 기다려야 한다. 요한복음 6:14-15는 이것의 평행절로서 교훈을 주는 바가 많은 듯하다: "사람들은 예수께서 하신 표적을 보고 이분은 참으로 세상에 오시기로 한 그 예언자라고 말하였다. 예수께서는 사람들이 와서 강제로 자기를 모셔다가(ἁρπάζειν) 왕으로 삼으려고 한다는 것을 아시고 혼자서 다시 산으로 물러가셨다." 아무도 그에게 강제를 행사할 수 없고 행사해서도 안 된다. 인간에 의해서 왕이 되거나 사도들에 의해서 자의로 왕으로 불린 예수는 세상에 온 예언자도 아니고, 이스라엘과 세상의 왕도 아닐 것이다. 이런 예수는 결코 예수가 아닐 것이다. 그리고 이 일에서 그의 특별한 전권 없이 행동하는 사도들은 아무리 지식이 풍부하고 고백을 많이 할지라도 사도가 아닐 것이다. 아니면 사도들은 그를 그의 사도로서 포기했거나 그에 대해 등을 돌린 것이 분명하다! 여기서 우리는 예수가 요한복음 6:70에서 베드로 고백에 대해 답변하는 특이한 방식에 주목해야 한다: "내가 열두 명을 선택하지 않았느냐? 그런데 너희 중 한 명은 "악마"이다." 복음서 기자는 여기에 대해 이렇게 주석한다: "그런데 그는 이로써 시몬 가룟의 아들 유다를 두고 하신 말씀인데, 그는 열두 제자 가운데 하나로 예수를 넘겨 줄 사람이었다." 그 열두 제자를 선택한 예수는 그들이 알고 고백한 그의 메시아 신비를 그들로 하여금 선포하도록 전권을 줄 것이며, 그렇지 않으면 그들은 전혀 그런 권한을 갖지 못할 것이며, 그들은 그의 사도로 선택받은 것이 거짓이 될 것이고, 그들은 그들의 선택에도 불구하고, 그들의 인식, 그들의 고백에도 불구하고 다만 악마들일 것이고, 유다가 실제로 그랬듯이 예수를 배신할 수밖에 없을 것이다. 예수가 베드로에게 한 유명한 말씀(16:18-19), 로마 교회의 주석 혹은 이론이 그의 이름을 독자적으로 선포함에서 그의 주에 대립하는 교회의 전권을 끌어내는 이 말씀은 아무 이유 없이 미래 시제로 되어 있는 것은 아니다. "내가 세울 것이다. … 제압하다. … 내가 줄 것이다." 이것은 약속이며, 이 약속과 그 성취 사이에는 예수 그리스도의 십자가가 서 있다. 그는 베드로의 고백에 대해서 저 약속으로 답변하는 순간에 그들을 이 십자가를 향해 가도록 보내는 것이다. 저 약속과 그것의 성취 사이에는 예수의 고난과 죽음뿐 아니라, 그의 제자들, 사도들의 무리, 그리고 베드로의 유혹과 구별이 있고, 또한 사도들은 예수의 신비를 선포해야 할 세상으로부터 진실로 인간적인 연약함에서 구별되지 못한다는 사실, 그들은 이런 선포를 위해서—그들이 행하는 것이 그 반대, 곧 배신이 되지 않기 위해서—예수의 특별한 전권을 필요로 한다는 사실이 드러난다. 세 번째 단계, 부활절 사건에서 우리에게 아주 분명히 다가오는 사태의 이런 면은 이 두 번째, 사도들의 부름과 세움의 중간 단계의 특성이다. 이 단계는 예수의 고난과 죽음의 표적 아래 있듯이 사도들의 유혹의 표적 아래 있다. 이것은 비상하게, 예리하게 마태복음 16:21-22에서 저 약속과 침묵 명령 다음에 직접 고난 예고가 뒤따르는 데서 표현된다. 이 예고에 대해서 베드로는—바로 메시아의 신비를 발언했고 저 약속을 받은 같은 베드로—예수를 제쳐놓고 비난하고, 그의 예고된 길로부터 떼어놓으려 함으로써 그의 완전한 부족함을 증명한다: "그런 일이 당신에게 일어나서는 안 됩니다!" 그 다음에 그는 무서운—요한복음 6:70에서 유다에 대해 말한 것을 너무나 분명히 기억나게 하는—답변을 듣는다: "사탄아, 내 뒤로 물러나라! 너는 나에게 걸림돌이다. 너는 하나님의 일을 생각하지 않고 사람의 일만 생각한다." 그는 그런 다음 다시금 직접 제자들을 향해 말한다: "누구든지 나를 따라오려거든 자기를 부인하고 제 십자가를 지고 나를 따라오라."(16:24) 나 때문에 자기 목숨을 잃는 자는 목숨을 구할 것이다! 그리고 이런 위기 저편에서 인자가 자기 아버지의 영광 중에 올 것이고, 각자에게 그의 "행위"에 따라서 보응할 것이며, 여기 서 있는 몇몇 사람은 살아 있는 동안에 인자가 그의 왕의 영광 중에 오는 것을 보는 일이 실현될 것이다. 이에 상응하여 변모 이야기는(17:4) 다시금 저 산 위에 오두막을 지으려 한 베드로의 어리석음을 강조한다. "당신을 위해 하나, 모세를 위해 하나, 엘리야를 위해 하나." 그리고 나서(17:6) 부활절 사건에서와 마찬가지로 변모한 예수의 모습 앞에서 함께 있던 모든 사도들의 두려움과(간질 발작을 하는 소년을 치유하는 이야기에서, 17:14f.) 다른 모든 사람들의 "작은 믿음"으로 인한(17:20) 그들의 무력함을 강조한다. 두 번째 수난 예고 바로 다음에(17:22f.) 제자들의 물음이 뒤따른다.(18:1f.) "하늘 나라에서 누가 제일 큰 사람인가?" 그 답변은, 어린아이처럼 낮아지는 자, 즉 요한복음 3:3의 의미에서 자기 삶을 전적으로 새로이 시작하는 자가 이 가장 큰 사람이 될 것이라는 것이다. 여기에는 또한 누가복음 9:57-58, 인자의 고향 없음에 대한 말씀과 이 말씀이 그의 추종자에게 뜻하는 위협, 죽은 자로 하여금 그들의 죽은 자를 매장하게 해야 하고 쟁기에 손을 댄 후에는 뒤를 돌아보아서는 안 된다는 그들에게 부과된 의무에 대한 말씀이 들어간다. 여기에는 예수에게 돌아온 칠십 명의 제자들에게 한 말도 들어간다.(눅 10:20) "귀신들이 너희에게 굴복한다고 해서 기뻐하지 말고 너희의 이름이 하늘에 기록된 것을 기뻐하여라!" 여기에는 또한 마리아와 마르다에게, 그의 사람들이 자신들이 좋아하는 대로 그를 위해 행하는 많은 일 대신에 꼭 필요한 한 가지 작은 일에 대한 말씀도(눅 10:41) 들어간다. 그러나 또한 여기에 자신들의 주인을 기다리며 그를 위해 준비하는 종들에 대한 말씀과(마 24:43f., 눅 12:35f., 17:7f.) 열 처녀의 비유도(마 25:1f.) 여기 들어간다. 이것들이 먼저 있지 않고서는 이런 이야기들과 재림과의 관계도 이해될 수 없다. 그리고 여기에 망대를 세우려는 사람의 이야기, 전쟁에 나가려는 왕의 이야기도 들어간다!(눅 14:25f.) 다시 세 번째 수난 예고(마 20:17f.) 다음에 마치 그것이 제일 적절한 답변인 듯이, 세베대의 두 아들의 어머니의 간청이 뒤따른다.(마 20:20f., 막 10:35f. 참조) 이런 간청에 대해서, 예수는 제자들에게 예수가 마시게 될 잔을 자신들도 마실 수 있고, 예수가 받아야 할 세례를 그들도 받을 수 있다는 다급한 맹세 다음에 대답한다. 물론 이런 일은 할 수 있을 것이다. "그러나 내 오른쪽과 왼쪽에 앉히는 것은 내 일이 아니다. 그 자리는 내 아버지께서 정해 놓으신 사람들에게 돌아갈 것이다." 그러나 저 두 형제를 내세운 것이 다른 열 사람을 불쾌하게 만들었을 때, 그들 모두는(마 20:24f.) 그들의 문제가 전부 세상 나라의 지위와 권세에 대한 것이고 예수의 나라의 일이 아니라는 것을 배워야 한다: "너희 사이에서 위대하게 되고자 하는 사람은 누구든지 너희를 섬기는 사람이 되어야 하고, 너희 가운데 으뜸이 되고자 하는 사람은 너희의 종이 되어야 한다. 인자는 섬김을 받으러 온 것이 아니라 섬기러 왔으며 많은 사람을 위하여 자기 목숨을 대속물로 내주러 왔다." 다시금 세상 종말과 재림에 관한 긴 담화는(막 13장과 평행절) 제자들에 대한 훈계와 경고의 표적 아래 있다. 그들은 예루살렘 성전의 화려함에 압도되어서는 안 된다. 왜냐하면 그 성전의 돌 하나도 다른 돌 위에 포개어 있지 않을 것이기 때문이다.(막 13:1f.) 그들은 다른 사람이 그리스도임을 사칭하면서 그들을 미혹하지 않도록 주의해야 한다.(마 24:5) 그들은 이러한 그리스도를 닮은 미혹자들에 의해서 유혹당하게 될 것이니, 할 수만 있다면, 선택받은 자들도 유혹당하게 될 것이다.(마 24:23f.) 그들은 예수의 죽음 다음에 예루살렘에 일어나게 될 대환난과 암흑과의 연관 속에서 유대인과 이교도들 가운데서 박해에 시달리게 될 것이다: "그리고 그 환난의 날을 줄여 주지 않으면 구원받을 사람이 하나도 없을 것이다. 그러나 선택받은 사람들을 위하여 하나님께서 그날을 줄여 주실 것이다."(마 24:22) 이것은 "문 앞에" 박두한 일이니(마 24:33), 이 세대가 살아 있는 동안에 보게 될 일이다.(24:34) 언제? 어떤 인간도 천사도 알지 못하고, 예수 자신도 그것을 모른다고 선언한다. 그렇기 때문에 이 모든 것은 제자들이 다가가는 위기이다. 그렇기 때문에 또 한번 "조심하고 깨어 있어라!" 왜냐하면 너희가 언제 그 일이 일어날지 모르기 때문이다! "그러나 내가 너희에게 말하는 것을 모든 사람에게 말한다. 아버지만이 안다. 그러나 그는 안다. 깨어 있어라!"(막 13:37) 혹은 누가복음 21:36에 의하면, "너희는 앞으로 일어날 이 모든 일을 능히 피하고 또 인자 앞에 설 수 있도록 기도하면서 늘 깨어 있어라." 누가는 성만찬을 제정한 직후에 저 제자들 간의 서열 다툼 및 섬김으로써 위대해질 수 있다는 말씀으로 이 싸움을 해결한 보고를 배열했다. 이 말씀은 그에게는 이미 사도직의 장차의 영광에 관한 저 약속으로 넘어가면서 거기서 여운을 남긴다. 그러나 이것 때문에 누가가 다시금 예수가 베드로에게 말한 것을 보고하지 못하는 것은 아니다.(22:31f.) "시몬아, 시몬아, 들어라! 사탄이 밀처럼 체질하려고 너희를 요구하였다. 그러나 나는 네 믿음이 꺾이지 않도록 너를 위하여 기도하였다. 네가 돌아올 때에는 네 형제를 굳세게 하여라." 또한 누가는 베드로는 담대하게, 예수와 함께 감옥에 갈 수 있고 죽음까지도 따라갈 수 있는 준비가 되어 있다고 선언하며, 이에 대해서 예수가 그에게 답변한 것을 보고한다: "베드로야, 수탉이 오늘 울기도 전에, 네가 나를 모른다고 세 번이나 부인할 것이다." 마태복음 26:30-31에서는 이를 보완해서 같은 문맥에서, 그들이 찬송을 부른 후에, 예수가 충격적인 말을 한 것을 보고한다: "너희 모두가 오늘 밤에 나에게 걸려 넘어질 것이다." 이것은 즉각 나타난다. 그들은 그가 겟세마네에서 시련을 받는 동안에도 단 한 시간만이라도 그와 함께 깨어 있을 힘이 없다.(마 26:40) 그가 그들에게 지금도(눅 22:46) 또 다시 "너희가 어째서 잠들어 있는가? 일어나서 유혹에 빠지지 않도록 기도하라!"고 외친 것은 마치 허공에 대고 말함이 아닌가? 그가 실제로 사로잡힐 때, "모든 그의 제자들은 그를 버리고 도망갔다."(마 26:56) 그리고 베드로는 유다가 그를 이미 배신한 것처럼 그를 실제로 부인했다. 이것이 이 두 번째 단계에서 사도들의 모습이다. 그들은 예수가 그들을 위해 선택한 저 길에 대해서, 그리고 그가 그 길을 끝까지 걸어갈 것이고 가야 한다는 사실에 대해서, 완전히 눈이 멀어 있었다. 게다가 그들이 예수를 어떻게 따라야 하며 섬길 수 있는가에 대해서 완전히 오해하고 있었다. 게다가 그들이 이 추종에서 자신들을 위해서 기대할 것이 무엇인가에 대해서 완전히 왜곡된 생각에 사로잡혀 있었다. 그리고 끝으로 그들이 자신의 깨달음과 결단을 실천해야 하고 그를 실제로 따라야 하는 순간에 실제적으로는 완전히 실패하였다. 그들은 실제로는 그를 따르지 않았다. 그들은 자만하였고, 그들은 다투었고, 잠들었고, 도망하였고, 그를 부인하고 배신하였다. 이것이 사도들 자신이 가이사랴 빌립보에서의 베드로의 고백을 주석한 것이다! 그럼에도 불구하고 "너희는 내가 시련을 겪는 동안에 나와 함께 견디어 온 사람들이다." 누가복음 22:28의 말씀이 정확하다면, 이것을 다만, 마태복음 24:35가 언급하는 하늘과 땅의 사라짐에 사도들도, 그들의 지식과 고백도, 그들의 인내와 신실함도 온전히 같이 하지만 그들에게서 그들에 대해서 "내 말은 없어지지 않을 것"이라는 말씀이 증명된다는 것으로 이해할 수 있을 따름이다. 끝까지 지속되는 것, 언제나 남아 있는 것은 언제나 거듭 그들을 향한 예수의 부름, 곧 깨어 있어라, 기도하라, 겸손하라, 섬기라는 부름이다. 이 부름은 실제로 허공을 향해 외치는 것이 아니다. 예수 자신이 언제까지나 머물며 전적으로 그의 인격의 충분한 행위로써 그들을 위해 변호하기 때문이다.—그가 전적으로 실패하는 사도들을 위해 변호한다! 그가 그들을 위하여 있고, 그들을 위해 지키고, 기도하고, 겸손하고, 섬기고, 고난과 죽음 속에서 십자가를 스스로 지는 것은, 그들을 사도로 부르고 세우는 이 두 번째 단계에서 나타나는 모습의 적극적인 면이다. "그들이 먹고 있을 때에 예수께서 빵을 들어서 축복하신 다음에 떼어서 제자들에게 주시고 말씀하셨다. 받아서 먹어라. 이것은 내 몸이다. 또 잔을 들어서 감사를 드리신 다음에 그들에게 주시며 말씀하셨다. 모두 이 잔을 마셔라. 이것은 많은 사람에게 죄를 사하여 주려고 흘리는 나의 피, 곧 언약의 피이다."(마 26:26-28)

예수가 열두 제자들에게 첫 번째 단계에서 위탁한 사도직이 이제 두 번째 단계의 절정에서 다시 그들로부터 온전히 박탈되고 참 사도인 그 자신에게로 되돌아간 것처럼 보이지 않는가? 그러나 진실은, 이 열두 제자의 선택의 의미와 능력으로서의 사도직은(그리고 그들 안에서 온 이스라엘, 온 교회의 선택의 의미와 능력으로서) 어디서보다 이런 대립에서 가장 분명해진다는 것이다. 이 대립에서 "내가 너희를 위해서"는 오직 효력을 가지는 듯하나 또한 "너희가 나를 위해서"도 이를 통해서 근거 지어진다.—이것은 "가서 … 제자를 삼고 … 세례를 주고 … 가르침"(마 28:18)에서 드러나고 유효하다. 이것은 예수의 십자가의 죽음, 그가 홀로 받은—그의 오른편과 왼편에는 세베대의 아들들이 아니라 두 사람의 범죄자가 있었다!—십자가의 죽음의 계시와 효력과 관계한다. 그 안에서만 오직 하나님 자신이 세상과 화해한 그는, 인간들에게—그를 통하여 하나님과 화해한 인간, 그가 세상에서부터 선택한 인간—이 세상 가운데서 "화해의 봉사"를 위탁할 수 있는 권능을 가진다. 하나님이 그를 통하여, 그를 위해서 실시하고 계시하게 되는 일, 곧 죄를 고려하지 않는 일은 이 인간들의 입 안에 "화해의 말"(고전 5:18-19)이 있기 위해서 필요하다. 바로 이 필요한 일이 사도들에 관한 복음서 보고의 두 번째 단계에서 일어나기 때문에, 일어남으로써—사도들 자신이 화해자, 구원자, 하나님을 계시하는 자가 아니기 때문에, 아님으로써, 그들이 여기서 전적으로 예수 뒤편에 머물러 있고, 그를 완전히 홀로 앞장 서 가도록 하기 때문에, 함으로써—바로 그렇기 때문에 우리는 여기서 그들을 증인으로 부름과 세움의 신비의 중심에 와 있다. 사도들을 망하도록 내버려 둔다는 말은 어디에도 없다는 것을 주목하라. 성만찬 제정이 저 최후까지 잠잠하지 않은 예수의 호소, 훈계, 요청을 통해 해석되고, 특히 베드로가 언제나 거듭 어떻게 경고받고 징벌받고 그러나 또한 지켜지는가를 통해 해석되고, 제자들의 지속되는 하강에 수반하는 모든 일련의 약속과 언약을 통해서(예수의 고난에 뒤따르는 영광과 그것에의 참여에 비추어) 해석될 때, 성만찬 제정은 예수와 사도들 사이의 친교를 강력히 주장하며 확증하여 준다. 성만찬 제정은 갈릴리에서의 그들의 부름과 파송 사건의 "너희가 나를 위해!"를―이것은 "내가 너희를 위해!"를 통해 오해의 여지없이 분명해졌다.―반복한다. 그리고 성만찬 제정은 그들에게 온 세상에 메시아 신비를 선포할 입이 열리며, 그들이 귓속말로 들은 것을 이제 실제로 지붕 위에서 선포하는 일이 가능해졌고, 필연적이 되었다는 것을 말해 준다.

이제 우리는 마태복음 16장의 주요 구절로 되돌아가서, 거기서 열두 제자의 대변인인 베드로의 고백에 대해 무슨 답변이 주어졌는지 이해해 보도록 하자. 우리는 이 "너는 베드로 …"(18절)를 결코 우리가 방금 그 윤곽을 그린 문맥에서부터, 수난 설화에서 절정에 달하는 복음서 보고의 두 번째 부분의 맥락으로부터 해체시켜서 그 자체로 설명하려고 해서는 안 된다. 여기서는 이 베드로가 누구이며 무엇인가가 중요하다. 복음서 기자들이 그를 모든 다른 사도들의 대변자로 부각시키는 것은 의심할 여지가 없다. 왜냐하면 본문에 의해서 언제나 거듭 증언되는 바이기 때문이다. 이것이 다른 공동체의 주교들과의 관계에서 로마 주교좌에 앉은 베드로의 후계자들에게도 해당된다는 것은 해석학적 문제가 될 수 없다. 왜냐하면 신약성서에는 이런 허구에 대해 조금이라도 단서를 주는 본문이 없기 때문이다. 베드로는 마태복음 16장에 의하면 어쨌든 사도 무리 전체의 대변인 이상은 아니었다. 그의 고백은 분명히 "너희는 나를 누구라고 말하는가?"(15절)에 대한 답변이기 때문이다. 그러나 결정적인 사실은, 베드로가 사탄에 이끌려 계속적으로 하강하다가 결국 성급하게 도주하고 부인하는 제자들의 대변자로 언제나 구별된다는 것, 그의 고백이 아무리 참되고 옳을지라도 마태복음 16:20에서 저 질책을 받고 당분간 새로운 지시가 있을 때까지 그의 입으로부터 박탈된다는 것, 그리고 예수에 대해서 그가 취한 독자적인 주도권이 22-23절에서 사탄의 말로 규정되고 거절당한다는 것이다. 만일 대변인을 "사도의 우두머리"로 만들려고 한다면―예수가 제자들의 서열 다툼에 직면하여 이런 카테고리의 적용에 대해 말한 것에 반하여!―우리가 마태복음 16장에서 수난 사건에 이르기까지 그에 관해 듣게 되는 것에 따르면, 그는 무엇보다 이런 면에서도 사도의 우두머리가 되어야 했다. 곧 그는 다른 사람들을 저 하강에서, 그들의 오해와 착각에서, 그의 무력함과 불신실함에서 대표했고, 그들을 인도했다. 그는 이런 의미에서 "사도의 우두머리"로서―그와 함께 다른 모든 사도들도―유혹을 통해서도 예수의 틀림이 없는 신실함에 의해 인도된다. 베드로는 예수가 없으면, 그의 거듭 되는 말씀이 없으면, 그의 대도가 없으면, 그의 대리적 고난과 죽음이 없으면, 그의 길의 목표가 아니라 예수의 길의 목표였던 영광이 없으면 무엇인가? 예수가 그에게서 원하고 기대함으로써 그렇게 된 베드로가 아니라면 베드로는 무엇인가? 예수의 인격, 말씀, 행위에 대하여 스스로 독립하고, 예수의 권위를 자기 자신의 권위로 바꾸는 교회에 대한 어떤 경고가 있다면, "나 없이는 너희가 아무것도 할 수 없다."는 사실을 강조해야 한다면, 그것은 복음서에서는 바로 베드로라는 인물이다. 그가 사도들 가운데 "우두머리"라면, 그는 불에서 끄집어 낸 장작이 아닌 사도가 없다는 것, 사도직의 전권과 영광의 근거는 순전히 한 사도가―베드로가 아니라(고전 15:10) 모든 사도가―하나님의 은혜로써 사도가 된다는 것에 대한 살아 있는 증거로서 그러하다. 바로 이런 객관적으로 결국 그리고 주관적으로도 전적으로 겸비해진 베드로에게―그리고 바로 모든 다른 사도들의 대표, 대변인으로서―마태복음 16:18의 말씀이 선언된다: "이 반석 위에 내가 나의 공동체를 세울 것이고 하데스의 문이 그것을 이기지 못할 것이다." 교회의 반석 같은 기초와 정복 불가함은 분명히 이 사람 베드로 및 그의 동료들의 특별한 성격에서의 확고함이나 신념의 신실함을 뜻하지 않는다. 우리는 그들이 어떠한가를 잘 안다. 복음서의 모든 보고에 의하면, 전적으로 예수가—그만이 시련을 극복한 분이다.—실제로 그들이 시련받을 때 그들 곁에 머물러 있었던 한에서만, 이 사람들은 예수가 시련을 받을 때 예수 곁에 머물러 있었다. 그러나 다만 교회의 반석 같은 기초와 정복 불가함은 베드로와 다른 사도들의 믿음이라는 것을 다만 유보적으로만 말할 수 있을 것이다. 베드로에게 그의 믿음의 대상, 즉 예수 그리스도의 나라를 계시해 준 것은 살과 피가 아니라, 하늘에 계신 예수의 아버지, 예수를 죽은 자들 가운데서 일으킨 아버지가 성령을 통해서 계시해 준 한에서, 그리고 바로 예수가 베드로를 위하여 그의 믿음이 중단되지 않도록 기도하는 한에서 이것은 진실이다. 그러므로 사람들이 "믿음"이라는 말에서 믿음의 대상과 근원, 그러므로 예수 자신을, 십자가에 달리고 부활한 자를(그가 먼저 베드로를 위해 있었고, 이에 근거해서 그 다음으로 베드로가 그를 위해 있다.) 생각하는 한에서, 이것은 진실이다. 그러나 또한, 다만 예수가 실제적인 메시아, 살아 있는 하나님의 아들의 길을 끝까지 걸어갔기 때문에, 그가 그의 죽음에서 그의 나라를 세웠고 취했으며, 그래서 베드로의 고백을 실현했고, 온 세상에 선포할 일로 만들었고, 그것을 이제 본래적으로, 정당하게 사도들의 입에 넣어주었기 때문에만, 베드로와 다른 사도들의 고백도 교회의 반석 같은 기초와 정복 불가함이다. 그러므로 예수가 열두 제자를 그들의 인간적 불충분함에도 불구하고 사도로 결정했고, 그들의 협력 없이, 협력에 거슬러 그들을 사도로 만들었음에 의해서, 교회의 반석 같은 기초와 정복 불가함은 물론 베드로이고, 물론 열두 제자 무리이다. 베드로와 열두 제자의 믿음은 예수가 믿음의 대상, 근원이었음과 그가 자기 자신을 그렇게 만들기를 중단하지 않음에 힘입어 가능했고, 베드로와 열두 제자의 고백은 예수가 베드로의 이 언급하는 대상임에 힘입어, 그를 인식하는 인간들의 주도권에 의해서가 아니라 그의 명령에 따라서 발언됨에 힘입어 가능했다. 이 베드로와 이 열두 제자 무리는—예수에 의해서 성만찬에 그의 살과 피를 받도록 모이고 초대받은 자들—물론 마태복음 16:18의 명백한 발설에 따르자면 예수 그리스도의 교회의 반석 같은 기초요 정복 불가함이다. 이렇게 부름받고, 이렇게 의롭게 되고, 이렇게 준비된 인간들을 통해서 예수 그리스도는 선포된다. 왜냐하면 그는 이렇게, 그와 그들 사이에서처럼, 주고 받음, 지배하고 행함의 이런 상하 질서 관계에서, 이렇게 그들을 통하여 자기 자신을 선포하고, 그러므로 "그의 공동체를 세우기" 때문이다. 그들이 말하고 행하는 것은 19절에 의하면 땅위에서 세상에서 매고 푸는(요 20:23에 의하면, 죄를 사하고 죄를 그대로 두는) 권세를—예수의 권세가 이것을 동반하니, 어떤 다른 권세가 이런 능력이 있으랴?—가진다. 그들이 말하고 행하는 것은 언제나 예수가 그것을 원하고, 스스로 거기서 행하고 결정함에 힘입어 신적인 열쇠의 권세를 가진다. 이 권세를 사용함에서 성직자의 오만과 교만은 예수와 이 베드로, 이 사도 무리가 대립하며 함께함으로 말미암아(함께함에서 그 권세가 근거하고 수여된다.) 근본적으로 불가능하다. 이런 일이 일어나게 될 때 이런 대립과 함께함이 없을 것이고, 그렇기 때문에 이 권세도 근거가 없을 것이고, 수여된 것이 아닐 것이다. 이 권세를 오용할 수 없다. 왜냐하면 이 권세를 오용하는 것처럼 보이는 성직 지상주의는 이로써 다만 그 권세를 이미 잃었거나 전혀 소유하지 못했음을 입증할 따름이기 때문이다. 베드로에게, 그리고 그를 통하여 사도의 무리에게, 그들을 통하여 온 교회에 수여되는 그런 권세를 가질 때, 이 권세는 올바르게 사용되니, 곧 이 권세는 예수 그리스도를 선포함에 있다. 예수 그리스도가 선포되는 곳에, 그 선포 자체가 죄가 풀리고 용서받음이 있으며, 선포되지 않는 곳에 죄가 매이고 그대로 남게 된다. 그러므로 예수 그리스도의 선포는 그것이 이루어지거나 혹은 이루어지지 않는 세상에 대해 위기를 뜻하며, 지속적으로 인간들을 구별한다. 구별은 땅에서가 아니라 하늘에서, 사도나 교회에 의해서가 아니라 하나님의 계획 안에서, 곧 예수 그리스도 안에서 세상에 대해 각기 결정된 것에 상응하는 것이다. 사도들은, 예수가 그들을 위해 자신을 내어줌으로써 스스로 얻은 자들로서 이 결정의 집행인들이다. 그들은 그의 제사장적 직무와 봉사에 의해서 제사장이다. 그들은 객관적으로, 주관적으로 낮지신 자들, 그래서 예수에게 결속된 자들로서, 그에게 전적으로 의지하는 자들로서, 그로부터 그와 함께 살아가는 자들로서 세워졌다. 그들은 성만찬, 그의 살과 그의 피를 받는 자로서 주는 자들이다. 열쇠의 권세는 선교의 권세이다. 마태복음 28:18에서 약속되는 선교의 권세는 성령의 부음을 통하여 제자들에게 실제로 선사되었다면, 19절은 선교 명령이 발설되는 마태복음 28:18을 이미 앞당겨 지시한다. 마태복음 16:18-19의 강조점은 그러나, 베드로와 사도의 무리가 고난 설화와의 맥락을 통해 주어진 의미에 따라서 예수를 섬겨서 그의 교회, 곧 그 자체로 선교 권세를 지니는 주체로서의 교회의 기초를 놓고 보증하도록 해야 한다는 데 있다. 18절은 그들이 반석 같은 기초로서, 파괴될 수 없는 담보로서 그를 섬겨야 한다는 것을 말한다. 교회는 19절에 의하면 세상에 대하여 저 권세를 지니는 주체가 되기 위하여 이렇게 근거가 놓여져야 하고 보증되어야 한다. 따라서 교회의 선포에 대해서 근본적으로 어떤 항거도 어떤 고발도 할 수 없고, 그래서 교회가 자신의 일에 대해 확신할 수 있게 되어야 한다. 이 근거, 이 보증은 예수의 고난의 길에서 비천해진, 같은 고난의 길에서 강하여진 사도들이다. 그리고 이것이 복음서 보도의 이 두 번째 중간 단계에서 사도들로서 그들을 세움의 의미, 목표이다.

사도직은 그 첫 번째 형상에서(갈릴리에서 예수의 활동 기간과 일치한다.) 우리에게 비교적 단순한 관점 아래서 사태를 보여 준다. 우리가 세 번째 단계에서 사도직과 예수 그리스도의 왕권과의 관계로서, 그리고 그의 두 번째 단계에서 사도직과 그의 대제사장직과의 관계로서 알게 된 것은 실질적으로 여기서도 없지 않다. 바로 여기서 우리는 두 번째 단계에 상응하여, 분명히 사도들의 제정에 관해 듣는다. 그리고 우리는 그들의 제정에서 사도들을 성격 규정한 것이 바로 우리가 거기서 예수와의 관계 속에 있는 그들의 위치에 대해 들은 것에 상응하는 것을 보게 될 것이다. 그리고 세 번째 단계에서 그들의 위탁의 마지막 말이 될 것을 바로 여기서 선취함으로써(이 말로써 그들은 예수에 의해서 파송된다.) 두 번째 단계에서 보다 더 분명하게 그들의 파송에 대해, 세상과의 관계에서 그들의 직무의 확장적 성격에 대해 언급된다. 그러나 첫 번째 단계에서는 아직 모든 것이 전개되지 않았고, 두 번째 단계와 세 번째 단계에서 특징적인바 일정한 말과 분명한 윤곽 속에서, 대립 속에서는 아직 드러나지 않기 때문에 모든 것이 아직 감추어져 있다. 십자가와 부활도 이미 거기에 있고, 그에 관해 보고된 모든 것을 이해하기 위해서는 이것이 간과될 수 없고 불가결한 것처럼, 모든 것은 분명히 간과될 수 없게 거기 있다. 그러나 그의 앞으로의 고난과 죽음, 그의 메시아성과 그의 올리어짐이 여기서는 아직 감추어져 있고, 아직은 직접적인 발설과 지시의 대상이 아닌 것처럼, 두 번째 단계에서 현실적이 되고 드러나게 될 사도직에 대한 비판적 정화와 정착화, 그리고 세 번째 단계에서 현실화되고 드러나게 될 사도직의 영광도 아직은 감추어져 있다. 예수 자신이 여기서—비상한, 이 일의 모든 이해를 이미 초월하는—나사렛의 교사요 예언자인 것처럼, 여기서 사도들은 순전히 이 예언자에 의해서 그의 제자로서 추종하도록 부름받은 자들, 이 교사에 의해서 그의 학교로 부름받은 자들이다. 그리고 다만 이런 그들의 부름받음에서부터 또한 그들을 특별한 직무로 세운 일도, 그리고 그들을 잠정적으로 예수에게로 돌아옴으로써 끝나며, 잠정적으로 종결되는 파송의 형태로 이 직무를 수행함이 이해될 수 있고, 중요하게 된다.(두 번째 단계에서는 거꾸로 저 비판적인 정화, 정착에서 완수된바 그들의 제정을 통해서, 그리고 세 번째 단계에서는 그들의 파송을 통하여 그들의 부름이 본래적인 힘을 얻는 듯한 반면에)

사도직이 복음서 보고 전체에서 얼마나 필수적인 부분인가는 이미, 제자의 부름이 세 공관복음서에 의하면, 그러나 또한 요한복음에 따를지라도 예수에 관해 이야기해야 할 사건 중 제일 중요한 것이라는 사실에서 드러난다. 마태에서는 아주 분명하게 예수는 다만 요단 강에서 세례를 받을 때, 그리고 시험받을 때(나중에 성금요일에 그가 홀로 있었던 것에 상응하여!) 우선 홀로 있었다는 것이다. 요한도 이것을 따르고 있다. 그러나 이것은 또한 마가의 상인 듯하다. 그가(1:14) 제자를 최초로 부름에 앞서, 예수는 갈릴리에 와서 하나님의 복음을 선포하기를 "때가 찼고 하나님 나라가 가까이 왔다. 회개하고 복음을 믿어라!"고 보고한다면, 이것은 제자들의 부름에 선행하는 예수의 선포에 대한 종합적 보고라기보다는 그 다음에 오는 모든 사건에 대한 표제로 이해되어야 한다. 다만 누가가 시험 설화 다음에 먼저 나사렛에서의 예수의 선교 시도, 가버나움에서 일어난 몇 가지 치유 사건, 그러고 나서 비로소—베드로의 어로 작업 이야기에 편입되어—첫 번째 제자를 부르는 사건을 보고하는 한에서, 그의 상은 다르다. 그러나 누가에게서도 저 선행하는 이야기들의 서론적 성격은 오인할 수 없다. 따라서 우리는 예수의 활동과 더불어 또한 사도직의 존재도 시작되었다는 명제를 감히 내놓을 수 있다. 우리는 세 공관복음서가 모두 첫 번째 제자를 부른 사건에 대해 말한 것을 고려해서 '사도직'이라고 표현해야 한다. 그러나 우리는 "내 뒤를 따르라"(막 1:17)를 다른 말 "그러면 내가 너희를 사람을 낚는 어부로 만들겠다"와 분리할 수 없다. 예수는 그들을 어떤 특정한 것으로 만들기 위해서 그에게로 오라고 하고, 그를 따르라고 명령한다. 그들 자신이 이미 무엇이 되었는가는 아무런 의미가 없다. 그들이 어부였고 그물을 던졌다는 것은 그들에 관해서 이야기할 수 있는 유일한 일이며, 이것은 누가복음 5:4-5에서 아주 특이하게도 그들이 그의 특별한 명령으로, 그리고 그를 통해 축복을 받고 이 일을 했다는 사실을 통해 설명된다. 그러므로 그들은 지금까지의 직업에서 예수를 따르는 일로 전이함에 있어서 다른 상황에서부터가 아니라 이미 예수로부터, 그의 사명으로부터, 그들이 이 전이함에서 처음으로 직면하는 듯한 그의 기적적 도움의 계시에서부터 온다. 그리고 다시(눅 5:8) 그들이 어째서 예수로부터 옴으로써만 예수에게로 가기에 합당할 수 있는지가 분명해진다: "주여 나로부터 떠나 주십시오. 나는 죄인입니다!" 그들 편에서 부름받음의 근거와 전제는 예수 자신에 의해서 일어난 선택 외에 어떤 다른 것일 수 없다. 이런 통찰은 분명히, 베드로와 안드레, 세베대의 두 아들이 연이어 부름받은 후에 부름받은 제자가 마태(마 9:9f.), 혹은 하필 세리인 레위(마가와 누가)라는 사실을 통해 강조되고 강화된다. 그러나 예수는 그들을 부르면서 그들을 그리스도인으로 만들겠다고 약속하거나, 혹은 그들을 먼저 그리스도인으로 만들고 나서 사도를 만들겠다고 약속하지 않았다. 오히려 그는 즉시, 그들을 인간을 낚는 어부, 즉 사도, 그들에게 주어질 임무를 인간들에게 전달하는 자를 만들겠다고 약속한다. 그 임무란, 어부가 물고기를 찾아서 모으듯이 인간을 찾아서 모으는 일이다. 그러므로 그들이 이제로부터 이 부름에 근거하여 그의 "제자"들로 불린다면, 그가 그들에게 가르쳐야 할 것, 그들이 그에게서 배워야 할 것은 처음부터 그들 자신의 구원과 행복을 위한 사적인 길과 같은 것으로 이해되어서는 안 되고, 처음부터 사신, 곧 그것의 선포자로서 그들이 인간에게 가서 그것을 통해 인간을 찾고 모아야 하는 그런 사신으로 이해되어야 한다. 문제는 진정으로, 개념의 온전한 의미에서 부름에 있다. 곧 예수는 그들을 지금까지의 직업에서 이끌어 낸다. 곧 그는 그들의 직업을 바꾸어서 그들이 이제는 새로운(그들의 지금까지의 본래 직업과의 관계에서) 직업을 찾고 모음에서 얻도록 한다. 오로지 인간을 찾고 모으는 일만이 문제이다. 그러므로 우리는 여기서 모으는 일에 관한 한에서 교회를, 찾는 일에 관한 한에서 이런 그들의 직업의 영역인 세상을 생각하는 것이 가장 좋을 것이다. 이런 그들의 새로운, 본래적인 직업을 배우기 위해서 그들은 그물과 배를 버리고 그를 따랐다. 이 일을 위하여 예수는 그들을 따르라고 부른다. 그는 그들을 부르기 위해서 그들을 선택했다. 신약성서에서 개별 인간의 선택의 의미, 목적이 무엇인가는 여기서만큼 분명하게 드러나는 곳이 있다. 그것은 예수를 통한 개별 인간의 선택이며, 그와 하나가 되기 위한 선택이며, 이와 함께 예수 자신이 그 일을 위해 선택받은 바로 그 일, 곧 많은 인간을 위하여 선포함, 세상에 대한 교회의 과제로써 교회를 형성함, 그러므로 등잔 위에 놓인 빛이 집 안에 있는 모든 사람을 비추기 위한 선택이다. 정확히 말하자면, 선택에 근거하여 사도직으로 부르는 이것이, 복음서 보도의 이 첫 번째 부분이 이 일에 대해서 말해야 하는 전부이다. 우리가 거기서 그 밖에 발견하는 모든 것은 정확히 말해서, 다만 이 근본적 사실을 설명한 것에 지나지 않는다. 곧 예수는 자신의 선택과 부름을 수행함에서 홀로 있기를 원하지 않는다. 그는 다만 그의 행위의 대상을 가지려 한 것이 아니다. 사도들은 물론 또한 우선 어떤 의미에서 그의 행위의 대상이다. 그러나 그는 그들을 선택하고 부름으로써 그런 자로서, 그와 함께 일하는 자로서, 그가 자신의 직무를 함께 나누고자 원하는 그런 자로서 그들을 원한다. 그리고 이 직무는 그의 예언자직이다. 그들이 그의 고난과 그의 영광에 참여함이 없이는 이 예언자직을 그와 함께 나눌 수 없다는 것—확실히 그 자신의 직무는 예언자직일 뿐 아니라 또한 제사장, 왕의 직무이기도 한데—을 복음서의 후반부는 분명히 밝힐 것이다. 그러나 이미 이 첫 번째 부분에서, 그들이 예언자직으로 부름받음을 설명하는 곳에서, 나중의 단계를 지시하고 그것을 어느 정도 선취하는 보고가 나타난다.

　우리는 여기서 무엇보다도 모든 복음서 기자들에 의해서 비교적 독자적으로 보고된 본래적인 열두 제자의 "임명"을 기억해야 한다. 그들이 소명 사건 후에 받은 것은 분명히 약속이었다. 그리고 그들이 부름받음으로써 옮겨지고 들어서게 된 신분은 저 약속의 성취의 전제로서의 제자 및 문하생의 신분이었다. 주목해야 할 것은, 그들은 이 신분을 후에도 버리지 않았고, 복음서 기자들은 "사도" 개념을 후에는 오히려 매우 드물게 사용했다는 것, 그리고 분명히 그런 자들로 만들어지고 외견상 승진한 자들을 거듭하여 마치 아무 일도 일어나지 않은 듯이—그리고 복음서의 세 부분에서 모두 똑같이—"제자"라고 말한다는 것이다. 그러나 이런 사태는 우리에게 또한, 분명히 부름 자체는 어떤 직무로의 임명을(임명은 부름으로써 그 직무로 인도하는 듯하다.) 이미 내포하며, 임명은 부름의 요소로 이해되어야 하고, 그들을 부름에 의해서 주어진 제자 및 문하생의 신분 이상으로, 저 약속을 받는 자로서의 그들의 신분 이상으로 끌어올리는 승진으로 이해되어서는 안 된다는 결론을 내릴 수 있게 한다. 바로 어부들과 세리가 게네사렛 호숫가에서 그것으로 받아들여지고 맡게 된 이 신분은 이렇게 심화될 필요가 없다. 우리는 이 신분 자체는 이 깊이, 곧 사도로서의 그들의 임명을 내포한다는 것을 다만 인지할 수 있을 따름이다. 한 특별한 사건으로서 사도들의 임명에 대해 보고받을 때 그것이 그런 것으로 나타난다. 그리고 우리는 즉시, 임명은 두 번째 단계에서 사도직의 비판적 정화, 정착으로 서술될 것을 앞당겨 지시하는 것이라는 사실을 첨언해야 할 것이다. 그것에 선행하는 모든 사건과 더불어 성만찬의 제정에서 우리는 사도직의 본래적인 제정을 인지해야 할 것이다. 그러나 성만찬 제정과 저 문맥에서 주어지는 사도직의 전체적 상은 이제 이미 그것에 관한 보고의 첫 번째 단계에서, 이 첫 번째 발전되지 않은 형태의 현실 속에서 분명히 볼 수 있다. 마가복음 3:13에서는 예수가 산 위에 올라갔다고 말하며, 누가복음 6:12에서는 그가 기도하기 위해서 산으로 갔고 거기서 밤새 동안 머물렀다고 설명한다. 그 다음의 이야기는 마태복음 9:35-36에 의하면 거꾸로, 예수가 온 마을을 돌아다니며 가르치고 선포하고 병을 고치고, 군중을 보았을 때 목자 없는 양떼처럼 고통을 받고 피곤해 있었다는 보고로써 이어지고 있는 것은 매우 주목할 만하고 교훈을 주는 바가 많다. 예수는 이 광경을 보고서 자기 제자들에게 말했다: "추수할 것은 많으나 일꾼이 적다. 추수하는 주인에게 일꾼들은 그의 추수 밭에 보내 주도록 청하여라!" 상황과 동기에서 이런 모순이 모든 세 복음서에서 뒤따르는 일, 곧 열두 제자의 임명을 어떻게 설명하는지가 분명하다. 여기서는 예수가 고독 속에 오직 하나님과 함께 있고, 저기서는 다시 예수가 고독한 가운데 인간들 및 그들의 고난과 대면하고 있다. 두 보고 중 어느 것이 정확한가 하는 물음은 쓸데없다. 우리가 다만 둘 중 한 보고만을 가지고 있고 그러므로 한 가지 분명한 보고를 가지고 있을지라도, 내용적으로는 하나의 보고를 다른 것으로 보완하고 설명해야 할 것이다. 기도하는 예수, 가르치고 선포하고 치유의 기적을 일으키면서 백성을 돌보는 예수의 이런 이중적인 고독이 필연적으로 가져오는 결과는, 이미 무대에 있는, 그러나 또한 공공연히 드러나고 선포되어야 할 예수의 인간 동역자로서의 사도직의 현실이다. 여기서 하나님에게 기도하고 그가 백성을 보았을 때 슬퍼하는 자는 홀로 있고, 그와 같은 자가 없고, 전적으로 유일회적으로 특이하게 하나님에게서는 인간을 대변하고 인간에게서는 하나님을 대변하는 자이다. 그러나 그는 다시금 이런 그의 유일회성, 특이성 속에서, 이런 그의 이중적 고독 속에서 결코 이유 없이, 헛되이 있는 것이 아니며, 그런 자로서 예언자요, 하나님과 인간 사이의 계약에 관한 좋은 소식을 선포하는 자이며, 사람들이 이 소식을 듣도록 부를 뿐 아니라 또한 이로써 그 소식을 선포함에 능동적으로 동참하도록 부른다. 이것이 지금 세 복음서가 모두 예수는(눅 6:13에 의하면 저 고독한 밤이 지나고 날이 밝았을 때) 자기에게로 제자들을 불렀다고 보고함으로써 증언하는 것이다. 마가복음 3:13에서는 "그가 원한 사람들", 누가복음 6:13에서는 그가 그들을 선택했다고 말한다.—그리고 양자는 분명히, 그들이 그의 제자로서 결정된 바가 되고, 그런 자들로서 드러나고 확증되어야 한다면, 그것은 다시금 그의 결정, 조치였다고 말한다. 그가 자신의 결정과 조치에 의해서 원하고 선택한 것은 열두 제자의 존재이다. 열둘이라는 수는 수학적이 아니라 상징적으로 이해되어야 한다. 이 수는 구약성서와 신약성서에서 이스라엘 백성, 다른 백성들 가운데서 이 백성을 선택하고 부름, 도래하는 메시아, 세상의 구원자의 백성으로서 이 백성의 특수한 성격과 임무를 표시한다. 예수가 부른 제자들 가운데서 "열두 제자를 만들었다"는 것의 의미는, 그가 이런 그의 제자들 가운데서 모든 다른 제자들에 대한 이스라엘 백성의 직무, 소명을 새로이 제정했다는 것이다. 그는 자신의 제자들에게 이스라엘의 직무와 소명을 넘겨주었다. 마가복음 3:14와 16절은 아주 분명하게—마가복음 1:17의 약속에 상응하여—그가 열두 제자를 만들었다(ἐποίησεν)고 말한다. 그가 이스라엘 백성을 "만들었고", 창조했고, 기초를 놓았다고 말해지는 그는 이스라엘의 메시아라는 것이 명시적으로 언급되지는 않을지라도 이 표현 속에 포함되어 있는 듯하다. 이것이 어부들과 세리를 자신에게로 부른 자의 지금 드러나는 행위이다. 곧 이방인들의 갈릴리 가운데서, 이스라엘의 배신과 유기의 고전적인 영역 가운데서 새로운—아니, 오랜, 이제 그 목표에 도달한, 이제 그의 선교를 시작하는 하나님의 이스라엘의 삶이다. 여기 열두 제자의 결정적인 결정 사항은 마가복음 13:14에 의하면 ἵνα ὦσιν μετ᾽ αὐτοῦ, 곧 그들이 그와 함께 있음에 있다. 나중에 마태복음 16장에서 26장 사이에 일어날 모든 일을 여기서 생각하는 것이 얼마나 필요한가는 사도직에 대한 이 첫 번째 포괄적인 규정에서(막 3:14-15) 아주 분명해진다. 나중에 거명되는 열두 사람의 무리의 새로운 형태의(차라리 오랜, 이제 그 목표에 도달한 형태의) 이스라엘은 그와 함께, 예수와 함께 있고, 그의 직무를 그와 함께 나누고, 그의 일을 그와 함께 행함에 그의 결정이 있고, 그의 결정을 성취한다. 마가복음 3:14-15에서 언급되는바 열두 제자로서의 그들의 존재에 대한 두 가지 다른 결정 사항이 이것을 말해 준다. "그들을 보내어 선포하고 악마를 쫓아내도록 하려고." 마태복음 10:1은 그것들 중 두 번째 것, 즉 열두 제자에게 주어진 악마에 대한 권세를 유일한 결정으로 언급한다. 저 고통받고 피곤한 백성 가운데서, 목자 없이 산 위에 흩어진 저 양떼 가운데서 예수는 그들을 불러내어서 그들과 함께 새로운 이스라엘이 되고자 하며, 또한 이 백성 가운데로 그와 함께 그들도 들어가야 한다. 그러므로 옛 것을 새롭게 하고, 더러운 것을 깨끗하게 만들고, 병든 것을 고치고, 사탄의 주권을 꺾는 권세를 그와 함께 소유하고 사용하게 된다. 이 권세는 그 자신 안에 현재하는, 현실적인, 계시된 하나님의 자비의 의도, 권세이다. 그러나 이것은 하나님 나라에 관한 사신의 전령으로서 그들의 사명을 수행함에서 이루어져야 할 일이라는 것을, 마태는, 그가 직접 10:6-7에서 사도의 임명에 관한 보고에 뒤이어 긴 파송 담화를 뒤따르게 함으로써 더욱 인상깊게 말한다. 누가복음 6:13에는 사도 개념에 대한 내용적 설명이 없는 듯하다. 여기서는 다만 예수가 이 열두 제자에게 "사도"라는 이름을 준 것으로 만족하는 듯하다. 그러나 우리가 누가복음 6:17-18을 계속 읽어 내려가면, 무엇이 빠졌는지 즉시 드러나게 된다. 예수가 그들과 함께 산에서 내려와서 군중 가운데 섰을 때, "거기에는 온 유대 땅과 예루살렘과 두로와 해안 지방에서 모여든 백성이 큰 무리를 이루었다. 그들은 예수의 말씀도 듣고 또 자기들의 병도 고치고자 하여 몰려온 사람들이다. 악한 귀신에게 고통당하던 사람들은 고침을 받았다." 그가 그들과 함께 걷고, 그가 그들과 함께 있을 동안, 그들 자신은 선포의 임무를 지닌, 깨끗하게 만들고 고치고 사탄에 대항하여 싸워 승리하는 권세를 지닌 새로운 이스라엘이 된다. 우리가 다음 두 번째 보고 기간에서 예수와 함께 사도들이 일어서고 쓰러짐에 대해 말하게 될 것과의 맥락은 분명하다.

그들이 어떤 의미에서 실제로 그와 함께 가고, 예수가 그들을 어느 정도 자신에 속하는 것으로 간주하는지는 마태복음 12:46-47, 예수의 어머니와 그의 형제들이 문밖에 서서 그와 이야기를 하려고 할 때 그가 말하고 행한 것에서 볼 수 있다: "누가 나의 어머니며, 누가 나의 형제들이냐 하고 말씀하셨다. 그리고 제자들을 손으로 가리키면서(그는 그 주위에 둘러앉은 사람들을 바라보았다. 막 3:34) 보아라, 내 어머니와 내 형제들이다. 하늘에 계신 내 아버지의 뜻을 행하는 사람이 곧 내 형제요 자매요 어머니이다 하고 말씀하셨다." 혹은 마태복음 13:10-11, 씨 뿌리는 자의 비유에 뒤이어 단언조의 말로써, "너희에게는 하늘 나라의 비밀을 아는 것을 허락해 주셨지만, 다른 사람들에게는 그렇게 해주지 않으셨다.(밖에 있는 저들에게는 모든 일이 다만 비유로써만 일어난다. 막 4:11) 가진 사람은 더 받아서 차고 남을 것이며, 가지지 못한 사람은 가진 것마저도 빼앗길 것이다." 그렇기 때문에 예수는 보아도 보지 못하며, 들어도 듣지 못한다는 예언자 이사야의 말이 이루어지기 위해서 그들에게는 비유로 말한다. 인간은 스스로는 하나님에게로 돌아갈 가능성이 없으며, 오히려 하나님이 인간을 실제로 자신에게로 돌이킬 때 이 가능성을 인간에게서 빼앗는다는 절대적인 질서. 이 질서는 예수의 제자들이 그를 통해서 배운, 그러므로 실제로 그 자신과 함께 아는 하늘 나라의 비밀이다. 이렇게 그는 그들을 하나님 앞에서 세상에 대립해서 자신의 고독 속으로 끌어들였다! 여기서 예수가, 마가복음 4:13에 의하면, 그들에게 "너희는 이 비유를 깨닫지 못한다면 너희가 어떻게 모든 비유를 이해하려 하는가?" 하고 말한 것과, 그 자신이 그들에 대하여 이 비유, 곧 하나님 말씀이 인간과 만남의 신비에 대한 비유를 해석해야 한다는 것은 매우 주목할 만하지만 논리적이다. 그는 그들에게 이 비유를 해석한다. 즉 그들을 자신의 편에 세워 이것을 깨닫게 한다. 그들은 이 지식 속에서, 그러므로 하나님과 인간 사이의 그 자신의 위치에서 그의 전령, 그의 권능을 지니는 자가 되어야 한다. 그러나 그들은 언제까지나 전적으로 그 자신에게 의지해야 한다. 5,000명을 먹이는 마가복음 6:30-31의 보고를 읽어 보라. 파송받은 사도들이 예수에게로 돌아와서 그들이 행하고 가르친 것을 그에게 전한다. 예수가 다음과 같이 말했다고 보고한 것은 인간적 염려의 발언으로 생각하기가 어려울 것이다: "너희는 따로 외딴 곳으로 가서, 좀 쉬어라 하고 말씀하셨다. 거기에는 오고가는 사람이 하도 많아서 음식을 먹을 겨를조차 없었기 때문이다." 그래서 그는 그들을 배를 타고 그런 곳으로 떠나가게 했다. 그런데 사람들이 보고서 그 곳으로 그들을 따라갔다.—여기서 마가는 예수가 그들이 마치 목자 없는 양과 같으므로 그들을 불쌍히 여겼다고 보고한다.—그래서 양식 문제가 제기되고 예수는 제자들에게 명령한다: "너희가 그들에게 먹을 것을 주어라!" 그러나 그들은 다만 빵 다섯 덩어리와 물고기 두 마리만 들고 5,000명 앞에 절망적으로 서 있었다. 여기서 그들이 필요로 하는, 예수가 그들을 위해 생각한 안식(ἀναπαύεσθαι)이 어떤 것인지 드러난다. 이제 그 자신이 군중을 푸른 풀밭 위에 100명 씩, 혹은 50명 씩 식탁을 위하여 떼를(συμπόσια) 지어 앉게 하였고, 그가 다음에 한 일은, 주지하다시피 형식에서까지도 성만찬 제정을 선취한 것이다. 그는 빵 다섯 개와 물고기 두 마리를 들고 하늘을 우러러보며 감사하고, 빵을 떼어서 제자들에게 주어 그것을 무리 앞에 놓도록 하였고, 물고기 두 마리를 모든 사람들에게 나누어 주었다. "그리고 그들 모두가 먹고 배가 불렀다." 이것이 사도들의 행위의 시작과 종말에 약속된 "안식", 곧 예수 자신의 행위이다. 그는 사도들 자신이 5,000명에게 제공할 수 있는 적은 것으로 5,000명을 먹였고, 그가 주는 많은 것은 그들에게는 진실로 다만 그들이 줄 수 있는, 전달하고 제공할 수 있는 적은 것의 형태로만 남아 있을 따름이다. 우리는 마가복음 4:35-36의 폭풍 진압 이야기에서, 그리고 더욱 분명하게 바다 위를 걸어가는 예수와 물에 빠지는 베드로의 이야기에서도(마 14:22f.) 그와 그들 사이에서 같은 관계를 발견한다. 그들을 두렵게 만드는 폭풍 속에서도 그들 가운데 잠자는 자가 일어나지 않으면, 당분간 그들로부터 떨어져 있던 자가 파도치는 물 위로 다시 그들에게 오지 않으면, 그들은 확실히 멸망할 수밖에 없을 것이다. 그리고 그들 가운데서 그가 잠자는 것이 그들에게는 걸림돌이 된다. "선생님, 우리가 망하게 되었는데 걱정이 되지 않습니까?"(막 4:38) "선생님, 선생님, 우리가 망하게 되었습니다!"(눅 8:24) "제자들이 예수께서 바다 위로 걸어오시는 것을 보고 겁에 질려서 유령이다! 하였으며, 무서워서 소리를 질렀다."(마 14:26) 이 구절에서나 저 구절에서나 그들을 진정시키기 위해서 "두려워하지 말아라!"는 그의 말씀이 필요하고, 또한 폭풍이 그들을 실제로 삼키지 않기 위해서 그의 임재와 그의 말씀이 필요하였다. 베드로가 마태복음 14:28에 의하면 이 상황에서 다른 사람들과 달리 예수가 행한 것을 본 대로 실제로 한 발을 옮기기를 시도했을지라도, 그는 단 한 발만을 옮겼을 뿐, 다시 주를 바라보는 대신 바람을 보았을 때 곧 빠지기 시작했고, 그래서 그를 붙잡는 주의 손을 통해서만 구원을 받을 수 있었다: "너, 믿음이 적은 자여, 왜 의심하는가?" 그리고 주목할 만한 것은, 이 일에 관한 마가의 보다 짧막한 보고는(6:51f.) "그때 그들은 매우 놀랐다. 그들은 빵의 기적을 깨닫지 못하고 마음이 무디어 있었다." 언제나 그러므로 이렇게―우리는 이렇게 이해해야 한다. 모든 능력으로써―그들에게 저 그들이 임명받은 사도직의 기본 결정이 이루어진다. "그들이 그와 함께한다." 그가 그들과 함께하기 때문에, 함으로써 그들이 그와 함께한다.

그러나 이제 복음서는 우리에게 같은 첫 번째 문맥 속에서 사도들의 부름과 임명 외에 또한 분명히, 특별히 파송에 관하여 이야기한다. 오직 마태복음 10:5-6만이 파송을 임명과 직접 연결시켰다. 그러나 마태도 파송을 독자적 행위로 서술한다. 누가는 열두 제자의 파송(9:1f.) 외에 또한 70인의 다른 제자들의 특별 파송을(10:1f.) 보고함으로써 열두 사도와 교회의 맥락 내지 일체성을 분명하게 보여 주었다. 또한 여기서 열두 제자에게 행한 담화가 제자들 및 교회에게 행한 담화와 상호 중첩되는 것처럼, 누가에서 이 70인에게 주어진 지시는 모두 다른 복음서에서 열두 제자에게 주어진 지시와 동일하다. 우리는 여기서 다만 총괄적으로 기억할 따름이다. 예수가 이스라엘에 의해 버림받은 하나님의 종으로서 그의 길을 아직 다 가지 못했고, 이로써 시작된 이스라엘과 온 세상에 대한 그의 통치를 아직 시작하지 않았고, 드러내지 않았음에 상응하여, 사도의 파송은 여기서 부활 사건에서와는 달리 아직은 그들을 뭇 백성들에게 보냄이 아니라 이스라엘 집의 잃어버린 양들에게 보냄이다.(마 10:5) 사도들은 그에 앞서 달릴 수 없고 그를 뒤따라야 할 것이다. 그렇기 때문에 "이교도의 길로도 가지 말고, 사마리아인의 성으로도 가지 말라."고 엄격히 명령한다. 그러나 그들의 임명 때 그들에게 주어진 결정에 따르면 그들이 해야 할 일은 두 가지일 것이다: "그는 그들을 내보내어 하나님 나라를 전파하고 병을 고치도록 했다."(눅 9:1) "병 고침"이 여기서 사도의 임무의 한 구성 요소라는 것은 필연적으로, 이 첫 번째 문맥 속에서 그 임무가 가진 본래적인 모습에 들어간다. 곧 제자들의 병 고침은 예수 자신의 기적 행위와 같이 예수의 부활에서 단번에 사건이 된 악마 퇴치와 죽음 정복, 그의 메시아성과 그의 왕권, 구약성서의 예언자들로부터 이 예언자와 그의 제자들의 구별됨의 표시, 증거이다. 또한 예수 자신도 부활 이후에는 더 이상 기적을 행하지 않는 것처럼, 필연적으로 그들의 임무에 관한 이 부분도 마태복음 28장의 선교 명령에서 더 이상 되풀이되지 않는다. 마가복음 16:17-18에서 발견되는 선교 명령에서는 그러나 다시 사도들의 치유 활동에 관해 언급하고 있다는 것은, 내용적으로 마가복음 16:9-20의 본문 전체가 복음서의 본래적 부분에 속하는 것이 아니라 이런 구별을 더 이상 이해하지 못한 시기에 속하는 것임에 대한 증거이다. 병 치유가 예수의 부활 이후에는 더 이상 그의 교회의 임무에 들어가지 않는다는 것은, 사도행전이 보여 주듯이, 이런 병 치유가 다음 시기에는 불가능해졌다는 것을 뜻하지 않는다. 또한 사도들에게 주어진 악마와 복음에 대한 권세가 그들에게서와 교회에서 다시 빼앗겼다는 것을 뜻하지도 않는다. 그러나 물론 예수의 부활이 일어난 후 그것은 더 이상 특별히 지시될 필요가 없었고, 모든 병 치유, 깨끗하게 만듦, 악마와 죽음에 대한 모든 승리는 지금 부활에서 완성된 것으로 간주되어야 하고, 믿어져야 하고, 선포되어야 한다는 것을 뜻한다. 마태복음 28:18-19를 고려할 때, 아마도 저 보고의 첫 번째 형태에서 사도들에게 명령된 병 치유는 나중에 그들에게 위탁된 삼위일체 하나님의 이름으로 세례를 베풂에서 합법적으로, 그리고 온전하게 속행되고 성취되었다고 말해야 할 것이다.

우리가 예수가 파송하는 제자들에게 지시한 내용을(이것은 마가와 누가에서는 비교적 산재되어 있으나, 마태복음 10장에는 어느 정도 규범화되어 있다.) 개관할 때, 세 가지 군이 발견된다. 첫 번째 군은 사도들과 교회 안에 있는 사람들을, 인간들 가운데서 자신들의 길을 갈 수 있고, 이 인간들로부터 지지와 도움을 받아서는 안 되는 그런 자들로 표현하고 있다. 그 이유는 그들은 이것이 필요 없고, 인간들에게 사신을 전달하는 자들로서 자유롭고, 자신들의 사신 자체에 의해서 지탱되기 때문이다: "너희가 거저 받았으므로 거저 주어라!"(마 10:8f.) 두 번째 군은(마 10:17f.)—부분적으로 나중의 재림 담화에서와 같은 말로써—사도들과 교회에 속한 사람들에게 기대되는 시련과 박해에 관해 언급한다. 그들은 이런 가운데서도 염려와 두려움으로 압도되어서는 안 될 것이다. 왜 안 되는가? "제자가 스승보다 높지 않고 종이 주인보다 높지 않다. 제자는 자기 스승과 같은 것으로 충분하고, 종은 자기 주인과 같은 것으로 충분하다. 집 주인이 바알세불이라 불린다면, 그의 종들이야 어떠하겠는가?"(마 10:24-25) 그들이 처해 있는 사회가 그들을 정복할 수 없게 만든다! 세 번째 군은(마 10:26-27) 적극적인 면을 말한다. 그들이 당연하게 두려워하지 않는 가운데 필연적인 일이 일어나게 될 것이다. 그들에게는 감추어지지 않은, 감추어진 것이 드러나게 될 것이다. 하나님은 이 일이 일어나기를 원하기 때문에 그들의 머리 위의 머리카락까지도 헤아려진다. 그들이 하나님의 이런 뜻을 행하고, 인간들 앞에서 예수를 시인하기 때문에, 예수는 다시 하나님 앞에서 그들을 시인할 것이다. 하나님의 이런 뜻이 이루어져야 하기 때문에 그들은 감추어진 것의 드러남을 통해서 자신들이 자아내는 분열, 이로 인하여 그들 가까운 주변에서도 겪어야 하는 분열을 두려워하지 않을 것이다. 하나님의 이런 뜻이 일어남으로써, 또한 그들이 받게 될 모든 환대와, 인간들이 그들에게 보여 줄 수도 있는 선함은 그, 예수 자신이 받는 것이고, 상응하는 보답을 받게 될 것이다: "너희를 영접하는 자는 나를 영접하는 것이고, 나를 영접하는 자는 나를 보내신 분을 영접하는 것이다." 마태복음 10장을 읽는 독자는, 사도를 보낸 자와 사도들과의 결속이 더욱 더 이 "담화"의 실질적인 중심으로 들어온다는 것, 그리고 사도 자신, 그들의 행위와 경험에 관하여 그들을 훈계하고 위로하기 위하여 말한 모든 것은 여기서, 곧 그들은 그의 보냄받은 자들이어야 하고 언제까지나 그래야 한다는 데서, 그 의미와 근거를 가진다는 것을 간과할 수 없다. 우리는 이 담화 속에서, 사도로서의 그들의 본래적 직무에 대해서는 왜 근본적으로 전혀 아무것도 들을 수 없는가를 물을 수도 있다. 그 의도는 분명코, 그들의 직무에 대해서는, 그들의 "안식", 모든 그들의 직무의 중심, 근거에 대해 말함으로써 보다 더 분명하게 말할 수가 없다는 것이다. 그들은 하나님 나라를 선포해야 한다.—즉 그들은 하나님을 선포해야 한다. 하나님 자신이 그들과 함께하며, 이에 근거하여 그들이 그와 함께할 수 있으되, 이것은 그들 자신을 위해서가 아니라 그들이 보냄을 받은 인간들을 위해서라는 것이 그들의 파송의 비밀이다. 그리고 이것은 신약성서의 가르침에 의하면 그들 사도직의 모든 비밀이고, 선택받은 자에 대한 결정의 비밀이다.

하나님은 인간을 무엇을 위해 선택하는가? 이 물음에 대하여 신약성서는 사도들의 존재, 곧 그들의 부름받음과 그들의 임명, 그들의 파송을 서술함으로써 대답한다. 교회는 선택받은 자들의 모임으로서 어느 때나 그들의 존재와 행위에서 재인식할 수 있고 재인식해야 한다. 그리고 모든 교회의 일원들의 존재와 행위에서 그 자신의 선택의 의미와 의도를 재인식해야 하고 재인식할 수 있다. 하나님에 의해서 선택받은 자는 예수 그리스도 안에서 선택받았다. 왜냐하면 예수 그리스도는 하나님의 원래적 선택의 대상이기 때문이다. 그는 유일한 선택받은 인간이니, 그 외에는 다른 누구도 선택받을 수 없다. 하나님에 의해 선택받은 자는 예수 그리스도를 통하여 선택받았으니, 예수 그리스도는 또한 하나님의 선택의 원래적 도구이기 때문이다. 하나님의 선택의 대상으로서 그를 통하여, 오직 그를 통해서만 사도들은 선택받았고, 사도적 교회로 모인 인간들이 선택받았다. 그런데 그들에 대한 결정은 무엇인가? 신약성서에 의하면 바로 그들 자신에게 주어진 약속, 언약을 계속 전달하는 것, 그러므로 예수 그리스도의 이름을 듣지 못했고 아직 그를 믿지 않는, 하나님의 예언자, 제사장, 왕으로서의 그의 역사가 그들을 위해서도 일어났으나 아직 도움을 주지 못한 그런 인간들, 그의 주권 아래 있으나 아직은 그를 주로서 인식하지도 고백하지도 못하고 아직 주로서 그에게 감사하지도 못한 그런 세상의 인간들 가운데서 예수 그리스도를 증언하고 선포하는 것 외에 다른 것이 아니다. 그들에게 세례를 줄 임무를 가지고서 세상으로 들어가는 것이 사도들에 대한 결정이며, 사도들로 인하여 교회에 대한 결정이며, 교회 내의 모든 일원, 선택받은 인간들에 대한 결정이다. 하나님은 인간을 선택하여 예수 그리스도의 증인, 그 자신의 영광의 선포자가 되도록 결정한다.

4. 버림받은 자에 대한 결정

예수 그리스도 안에서 일어난 선택에 항거함을 통해서 하나님에 대해 자신을 고립시키는 인간은 버림받은 것이다. 하나님은 그를 위하지만, 그는 하나님에게 적대한다. 하나님은 그에게 자비로우나, 그는 하나님에게 배은망덕하다. 하나님은 그를 받아 주지만, 그는 하나님에게서 벗어난다. 하나님은 그의 죄를 용서해 주지만, 그는 마치 용서받지 못한 것처럼 죄를 되풀이 범한다. 하나님은 그에게 이탈의 책임과 형벌을 면제하여 주지만, 그는 사탄에게 사로잡힌 자로 살아간다. 하나님은 그를 행복하도록, 자신을 섬기도록 결정하지만, 그 인간은 자기 멋대로 자신의 영광을 위하여 기쁨 없는 삶을 선택한다. 이런 그 나름의 방식대로 버림받은 인간도 선택받은 인간과 더불어 존재한다. 그리고 우리가 이 다른 인간, 버림받은 자는 어떤가를 숙고하기를 주저한다면, 선택받은 자에 대한 물음에 대한 답변을 아직 충분히 이해하지 못한 것이다. 하나님은 그에게 무엇을 뜻하는가? 그의 존재도 하나님의 예정의 대상이라면, 그의 존재의 의도, 목표와 내용, 계획된 방향과 성취, 의미, 질서는 무엇인가?

우리가 여기서 전제해야 하는 확정된 사실은, 우리가 버림받은 자에 대한 결정에서는 선택받은 자에 대한 결정과 정의상 전혀 다른 의미로 하나님의 의지와 상관한다는 것이다. 양자를 결정하는 단일한 하나님의 의지는 여기서는 하나님의 전능한, 거룩하고 자비로운 비(非) 의지이다. 한편에서의 영원한 은혜의 계약에 다른 편에서의 영원한 진노의 계약이 상응하지 않고, 예수 그리스도의 나라에는 같은 범위와 크기로, 같은 권위, 품격으로 세워지거나 허락된 사탄의 나라가 상응하지 않는다. 오히려 하나님은 인간에게 영원히 진노하기를 원치 않기 때문에, 그는 그의 모든 길과 행위의 시작으로서, 그리고 인간에 대한 사탄의 지배를 파괴하기 위해 은혜의 계약을 수립했으며, 따라서 그 나라에 예수 그리스도의 나라를 대결시켰고 압도적으로 승리한다. 인간의 유기는 영원 전부터 영원토록, 그러므로 모든 시간 동안 예수 그리스도에 의해서 하나님의 자기 희생의 능력으로써 견디어 내고 따라서 "버림받은" 유기이다. 그렇기 때문에 버림받은 자는 원래부터, 어느 상황에서나 선택받은 자와 전혀 다르게 존재한다. 그는 하나님에 의해 전능하게, 거룩하게, 자비롭게 의지되지 않은 인간이다. 하나님은 그의 비의지에서도 지혜롭고 관용적이기 때문에, 그는 존재하고, 그는 단순히 소멸되지 않았다. 그러나 그는—하나님의 비의지의 대상으로서—선택받은 자와 함께 존재하지만, 그러나 그 옆에, 그 밖에 독자적으로 존재하지 않으며, 그의 존재와 결정이 선택받은 자에 대한 결정과는 별도로 그 자체로 확정되고 관찰되고 설명될 수 있는 그런 제2의 인간으로서 존재하는 것이 아니다. 그는 버림받은 자로서 선택받은 자에 대해 독자적 삶을 가지지 않는다. 그에 적대하여 말해질 수 있는 가장 부정적인 것은 또한 그를 위해 말하는 가장 적극적인 것이다. 그가 어디에서 선택받은 자에 대하여 자신의 삶을 가질 수 있으랴? 그는 다만 하나님의 비의지의 대상으로서만 버림받은 자로 살아간다. 그런 것으로서만 그는 창조와 보존의 은혜에 참여한다. 그리고 그는 또한 그런 것으로서—그가 하나님에 의해 창조되고 유지되는 인간이기를 중단하지 않는 한—영원한 하나님의 은혜의 계약 영역 안에 있다. 그는 또한 그런 것으로서 예수 그리스도의 선택과 그의 나라에 둘러싸여 있고, 그런 것으로서 하나님의 사랑에 압도당한다. 버림받은 자가 마땅히 당해야 하는 대로 하나님의 사랑이 그를 불태우고 소멸시킬지라도, 그 사랑은 여전히—그에 대해서 바로 그럼으로써 하나님의 전능하고 거룩하고 자비로운 사랑으로 남는다. 이 사랑은 선택받은 자의 삶 옆에, 삶 밖에 자신의 독자적 삶을 허용하지 않고 금지한다. 그가 매우 사악하게, 위험하게 위반한 이 사랑은 그를 또한 무력하고, 비실체적인, 그림자 같은 존재로 바꿔 놓는다. 이런 존재는 진리에 대해 항거할 수는 있겠지만, 그러나 실제로는 항거할 수 없고 오히려 자신의 의지에 반하여 진리를 증언해야 한다. 인간은 사탄에 의해 사로잡히고 지배받을 수 있고 스스로 사탄처럼 될 수는 있으나—그리고 버림받은 자는 사탄과 같다.—그는 사탄처럼, 하나님에 의해 창조되고 보존되는 품위 있는 존재로, 적극적이고 독자적인 존재로 자신을 높일 수 없다. 선택받은 자가 진실로 하나님의 모든 길과 역사의 시작으로 예수 그리스도의 선택에 근거하여 존재한다면, 그는 다만 비본래적으로만, 존재할 수 있을 따름이다.(하나님의 지혜와 인내 덕분에)

선택받은 자가 있음으로써 버림받은 자도 존재한다. 오직 선택받은 자만이 버림받은 자를 안다. 그는 동시에 하나님의 비의지의 대상으로서 그의 전적인 비실체성과 그림자 같은 존재 속에, 그러나 이런 그의 고유한 현실 속에 있는 버림받은 자를 알지 않고서는 자기 자신을 선택받은 자로 인식할 수 없고, 자신의 선택을 인식할 수 없다. 그는 무엇보다도 결정적으로 버림받은 자를 그의 원형인 예수 그리스도 안에서, 곧 스스로는 버림받을 수 없지만 모든 버림받을 자를 대신하여 그의 유기를 실제로 감수함으로써 그의 선택을 완수한 자의 인격 안에서 안다. 그, 곧 하나님에 거스르는, 하나님께 배은망덕하는, 하나님을 벗어나는, 이미 용서받은 죄를 다시 저지르고 이로써 사로잡히고 저주받은 인간이 거기 서 있다. 거기에 사탄에 의해 압도되고 스스로 악마처럼 된 인간의 죄와 죽음이 있다. 이 인간이 그의 창조자의 사랑에 항거하여 무엇을 행하고 무엇이 되는가, 이 인간이 어떻게 하나님 면전에 있는가, 하나님의 의로운 심판에서 그에게 합당하고 그가 받을 것이 무엇인가는, 그 진실이 벗겨졌을 때, 그것이 거짓으로 드러나고 폐해졌을 때, 곧 선택받은 자가 또한 버림받은 자가 되려 했고 되었을 때, 모든 다른 인간들에게 합당한 유기가 그들의 몫이 되지 않기 위해서 그의, 유일하게 버림받을 수 없는 자의 몫이 되었을 때, 비로소 그 진실이 드러난다. 거기서 그러므로 그 자신의 선택의 근거 속에서, 근거와 함께, 선택받은 자는 버림받은 자를 인식하고 안다. 선택받은 자 말고 누가, 그가 그 안에서 선택받게 된 그분을 알겠는가? 그러므로 선택받은 자 말고 누가 버림받은 자를 알랴? 그리고 그가 거기서 그렇게 그를 앎으로써, 다음 명제가 불가피해진다. 선택받은 자가 있음으로써, 또한 버림받은 자도 그 밖에, 그 곁에가 아니라 그와 함께 있다. 예수 그리스도 안에, 그러므로 그의 선택의 근거 속에서 선택받은 자는 버림받은 자를 확실히 자신 안이 아니라, 그러나 또한 자신 밖에나 자신 곁이 아니라 자신과 함께한다. 곧 그 자신의, 버림받아 마땅한, 하나님에 의해 영원 전부터 사랑받은, 의롭게 되고 거룩하게 된 존재 속으로 받아들여 함께한다. 이처럼 선택받은 자, 사랑받은 자와 함께함이 아니라면, 버림받은 자가 어디서, 어떻게 존재할 수 있으랴? 선택받은 자는 바로 그 자신이 예수 그리스도 안에서 선택받았기 때문에, 오직 선택받았음으로써만, 버림받은 자를 안다.―그리고 선택받은 자는 무엇보다 자기 자신 안에서, 즉 과거에 있고 현재에 있고, 그러나 또한 언제나 미래에도 있을 그 자신의 불경건 속에서 그를 재인식할 것이다. 그 자신은 그 대신 예수 그리스도가 그를 위해 버림받은 자가 된 그런 인간이다. 그 자신은 이 버림받은 자임이 틀림없다. 더구나, 그 자신은 마치 예수 그리스도가 쓸데없이 죽은 것처럼, 이 버림받은 자의 자리를 취하려 하고, 버림받은 자의 행위를 하려고 하고, 버림받은 자의 심판, 운명을 스스로 받으려 거듭하여 시도하는 인간이며, 마치 하나님의 자기 희생에서 결정되고 완수된 죄의 용서와 더불어 결정되지 않았고 종결되지 않은 듯이, 하나님의 은혜에 대항하는 악하고 치명적이고 헛된 싸움을(이것이 죄의 본성이다.) 새로이 시작하려고 거듭 시도하는 인간이다. 이렇게 그는 버림받은 자를 두 번째로, 예수 그리스도의 유기의 빛 속에서 그가 벗어났고, 그 자신이 언제나 거듭 야기하는 그 자신의 비참으로서 인식하고 안다. 선택받은 자 말고 누가 그를 위해 버림받은 자를 알며, 그의 빛 속에서 그 자신을 따라다니는 그림자를 알랴? 저 인간에 대한 믿음 안에서 그는 옛 인간, 그가 기원한 죽음의 몸, 또한 그가 여전히 맞서 싸워야 하는 불경건 앞에 서 있다. 그가 믿지 않으면, 그가 선택받지 않았으면, 이 그림자도 그를 따라다니지 않을 것이다. 바로 그, 선택받은 자 안에서—오직 그 안에서만 그럴 수 있으니—그는 하나님의 사랑받는 자로서 하나님의 미움을 받는 자를 자신과 함께한다. 곧 자기 자신 안이나 자신 밖이나 자신 곁이 아니라 자신과 함께, 곧 그의 선택받음 안에 함께 받아들여 예수 그리스도의 은혜에 의해 지탱하고 감싸여 함께한다.—그리고 이렇게 그는 버림받은 자를 마지막으로—옛 예정론에서 주장하듯이, 먼저, 무엇보다가 아니다!—다른 자들의 불경건에서, 곧 소름끼치는 왜곡의 온갖 크고 작은 표적에서, 야만성과 궤변에서, 어리석음과 지조 없음에서, 방자함과 경솔함에서, 미신, 이단, 불신앙에서 재인식할 것이다. 그 자신이 사면으로 좁고 넓은 범위에서 이런 것들에 의해 둘러싸여 있다. 모든 것을 가리는 것은 의미가 없다. 그러나 이 모든 것이, 예수 그리스도가 우리 모두를 위해 그것을 우리로부터—또한 이 다른 자들로부터!—제거하기 위해서 담당한 유기의 표적이요 회상물임을 분명히 하는 것은 의미가 있다. 그리고 이웃 사람의 눈 안에 있는 티끌도(우리 눈 안에 있는 들보는 제쳐놓고!) 우리 마음을 아프게 하고 거슬리게 한다는 것을 생각하는 것은 의미가 있다. 왜냐하면 그 티끌은 분명히 전혀 불합당한 것, 그도 휘말려 있는 하나님의 선택과 은혜에 대항하는 싸움에 속한 것이기 때문이다. 우리는 정당하다. 이것은 견딜 수 없는 무질서—예수 그리스도를 통하여 정돈된 무질서이다. 우리는 거듭 이 무질서에 대해 책임이 있다. 그러므로 선택받은 자는 버림받은 자를 세 번째로 다른 자들도 따라다니는 것을 보는 그 어두운 그림자에서 인식하고 안다. 그러나 그가 더욱 분명하게 볼수록, 그는 더욱 분명하게 그도 처해 있고, 그가 처해 있음으로써 이런 그림자를 만드는 그 빛을 보아야만 한다. 선택받은 자에게는 또한 이웃 사람도—예수 그리스도의 선택 영역 속에서 그도!—버림받은 자를 자신 안이나, 자신 곁이나, 자신 밖이 아니라 자신과 함께하며, 매우 모순되게도 예수 그리스도 안에서 결정된 자신의 선택받음 안에 받아들여서 함께한다. 선택받은 자가 이 이웃 사람의 모습에서도 버림받은 자에게 이 함께함의 특이한 현실 외에 어떤 다른 현실을 전가할 수 있으랴?

　버림받은 자에 대한 결정에 대한 물음에 답변하기 위하여, 버림받은 자에게는 이 비본래적인, 비독자적인 함께함 외에 다른 것을 전가하지 않는 것, 그에게 선택받은 자와의(예수 그리스도 및 그 안에서 선택받은 인간과의) 관계 속에 있는 존재 외에 다른 존재를 약속하지 않는 것이 중요하다. 우리는 그의 존재를 하나님 자신에 의해 진지하게 다루어지는 것처럼 그렇게 진지하게 다룰 따름이다. 우리가 그 존재를 사라지고 달아나고 소멸하는 그림자 형상과는 다르게 이해한다면, 그것은 분명히 진지하게 다루는 것이 아니다. 이 그림자 형상은 그런 것으로서 매우 소름 끼치고, 위협적이고, 위험하고, 소멸할 수 있다. 그러나 그것은 하나님이 정해 준 한계 안에서 그러하다. 그리고 이 한계 내에서 그것이 지닌 끔찍스러움보다는, 하나님이 정한 그 형상의 한계를 보는 것이 더 중요하고, 더 시급하고, 더 심각하다.—그러나 그것의 그림자 같은 성격은 하나님이 정해 준 한계이다. 버림받은 자는 예수 그리스도의 인격 안에서 다만 그가 하나님의 선택받은 자요 사랑받는 자로서의 그의 존재 안에 받아들여짐으로써만 존재한다. 곧 이분을 통해서 반박, 극복, 제거됨으로써, 다만 그가 이분을 통해서—그가 그에 의해 받아들여짐으로써—변화되고 버림받은 자로서 살해되고 선택받은 자로서의 거룩하고 의롭고 행복한 삶으로 소생함으로써만 존재한다. 저 인간이 그를 대신함으로써, 그는 그에게 자신의 존재를 주기 위해 그에게서 자신의 독자적인 존재의 권한, 가능성을 빼앗는다. 버림받은 인간은 예수 그리스도와 함께 버림받은 자로서 다만 과거에 있었을 뿐, 이제는 더 이상 있지 않다. 그와 버림받은 자로서의 자신의 독자적인 삶 사이에는 예수 그리스도가 그 대신에 당한 죽음이 있고, 예수 그리스도가 거기서 그에게 선택받은 자로서의 자신의 자리를 양보한 부활이 있다. 그는 다만 과거에 있었던 자로서, 더 이상 존재하지 않는 자로서 자신을 알리고 주장할 따름이다. 그에게서 이것이 아직 제거되지 않았다는 것은 매우 좋지 않다. 그러나 어쨌든 이것은 하나님이 그에게 정해 준 한계 내에서 일어난다. 곧 본래적으로, 독자적으로 현존하는 자의 절대적 힘으로 일어나는 것은 아니다. 이 힘은, 예수 그리스도의 죽음과 부활에서 일어났고, 하나님의 결정과 명령으로 이미 영원 전부터 의지되었고 결정되었던 것을 통해서 그에게서 탈취되었다.—그래서 선택받은 자의 과거, 현재, 미래의 불경건 속에서도 버림받은 인간 자신은 저 사악한, 위험한, 그러나 또한 무기력한 연기(演技)의 대상으로서만, 곧 처음부터 그의 선택(예수 그리스도의 선택)을 통해, 실천적으로 또한 예수 그리스도에 대한 믿음을 통해 부인되고 거짓말쟁이로 폭로되고 실격당함으로써 존재한다. 그에게는 어떤 휴지(休止), 안식, 어떤 정착도 허용되지 않는다. 그가 선택받은 자의 선택을 문제시할 수 있고, 어둡게 하고, 위협할 수 있을지라도 그것을 취소할 수는 없다. 그는 거짓말을 할 수 있으나 다만 복음에 거슬러 거짓말을 할 수 있다. 그는 복음에 자신의 진리를 대립시킬 수 없다. 그는 하나의 진리에 대항하여 아무것도 할 수 없다. 믿음은 겨자씨보다 크지 않을지라도 그를 반박하고 이길 수 있다. 그는 예수 그리스도가 위하여 죽은 그 죄를 재현할 수는 있으나 다시 범할 수는 없다. 그는 예수 그리스도가 그 대신 당한 죽음의 형벌을 비유로 당할 수는 있으나, 멀리서조차 그 형벌을 감당할 수 없다. 그는 예수 그리스도의 부활에서 그에게도 일어난 변화, 생명의 갱신을 부인하고 모독할 수는 있으나, 이로써 그의 삶이 그 아래 놓이게 된 그 표적을 다시는 제거할 수 없다. 선택받은 자의 믿음은 버림받은 자에 대하여, 바로 선택받은 자의 불경건이 나날이 존재와 삶을 주는 듯한 버림받은 자에 대하여 선택받은 예수 그리스도의 우월성을 인정하는 것이다. 선택받은 자의 믿음은(예수 그리스도의 선택에 대한 믿음) 버림받은 자의 존재의 고유성을 부인하고 그것의 과거성을 주장한다. 그러므로 믿음은—예수 그리스도와 함께—이 그림자 형상의 한계이다. 버림받은 인간은 다른 자들의 불경건에서도 이런 그림자 형상으로써만 존재할 따름이다. 선택받은 자는—그리고 오직 선택받은 자만이 버림받은 자를 안다.—그가 그 자신의 불경건에도 불구하고 그것으로 살아가는 그 약속보다, 그가 자기 자신뿐 아니라 다른 사람들도 사로잡혀 있는 것을 보는 저 연기에 더 큰 믿음을 부여할 수는 없다. 그는 이것을 예수 그리스도 안에서 인간에게 베풀어진 은혜에 항거하려는 불행한 시도에 참여하는 것으로서 진지하게 다룰 수 있고 다루어야 한다. 그는 이웃 사람을 고려해서라도 이 항거의 궁극적인 효력과 힘을, 이 시도의 성공을 기대할 수 없다. 그가 자기 자신을 위해 믿는 것, 곧 버림받은 자에 대한 선택받은 예수 그리스도의 우위성을 다른 사람을 위해서도 믿어야 하고 믿을 것이다. 그는 그의 불경건에 대결할 것이다. 그는 그것에 맞서 고백할 것이고, 침묵하지 않을 것이고, 그들의 발설에 저항하고 피하지 않을 것이다. 그는 그들을 두려워하지 않을 것이고 오히려 대항할 것이다. 그러나 그는 그들에게—어떤 형식으로 이 일이 일어나든—실질적으로 오직 복음에 대한 믿음을 가지고 그들에 대항할 것이다. 그의 무기는, 예수 그리스도가 다른 사람들을 위해서도 죽었고 부활했다는 확신일 것이다. 그는 다른 사람에게 버림받은 자를 연기할 마지막 권한을 용인하지 않음으로써 그에게 대항할 것이다. 그는 다른 사람에게도 예수 그리스도의 선택을 그의 삶까지도 지배하는 하나님의 모든 길과 역사의 시작으로서 증언할 것이다. 그가 자신뿐 아니라 다른 사람을 저 어두운 동반자로부터 해방시킬 수 없거나 혹은 사면할 수 없을지라도—이것은 하나님만이 홀로 다른 사람을 위해서 행한다.—그는 어쨌든 다른 사람에게, 그를 위해서도 창조되었고 존립하는 자유를 증언할 수 있고 증언해야 한다. 복음의 빛에서(그리고 오로지 복음 선포만이 선택받은 자에 대한 결정이다.) 버림받은 자는 또한 다른 인간의 모습으로도 물러가는, 도주하는, 사라지는 그림자 형상, 하나님에 의해 분명히 제한된 그림자 형상이다.

이제 그의 특별한 결정도 바로 이런 그의 고유한 본성에 근거한다. 버림받은 자는 선택받은 자에 대한 결정 밖이나 곁에가 아니라 이 결정과 함께 자신에 대한 결정을 가진다. 그것은 선택받은 자에 대한 결정의 의미, 목적을 지시한다. 그것은 후자의 필연적인, 간과될 수 없는, 잊혀질 수 없는 부정적인 이면(裏面)이다. 그리고 그것은 궁극적으로 선택받은 자에 대한 본래적, 적극적인 결정이 시작되는 곳을 지시한다.

(1) 버림받은 자의 몫은 그의 실존의 고유한 현실 속에서 복음의 수취인을 드러나게 하는 것이다. 복음을 알리는 것은 선택받은 자의 몫이다. 버림받은 자는 단순히 소멸되고 사라지는 것이 아니라 하나님의 지혜와 인내 덕분에 그에게 정해진 한계 내에서 다양하게 모습을 취할 수 있으므로, 그는 세상이 하나님의 선택을 필요로 하는 한,

세상과 모든 개별 인간을 대표한다. 그는 죄인으로서, 하나님에 대한 죄인으로서 멸망한 인간이며, 그의 선택과 선택에서 결정된 그의 구원, 보존에도 불구하고 그의 불경건을 통해 언제나 거듭 자신이 그런 인간임을 입증해야 한다. 그를 구원하고 보존하기 위하여 자신의 아들을 통한 하나님의 자기 희생이 필요했고, 그를 구원하고 보존하기 위해서는 이런 자기 희생만이 전적으로 족할 수 있었다. 그의 범죄가 너무나 크므로, 그거보다 더 큰 것은 하나님의 자비밖에는 없고, 있을 수 없으며, 생각할 수 없다. 이 인간이 연기하는 것이 버림받은 자의 삶이다. 이 인간, 실제로 버림받은 자는 예수 그리스도 밖에 다른 인간이 아니므로 그 삶은 다만 그의 연기일 따름이고, 그런 것으로서 거짓이라는 것은 하나의 사실이다. 바로 이런 거짓 연기는 버림받은 자의 삶의 고유한 현실이다. 이런 거짓 연기에서 그는—그리고 이 증언에서 그는 버림받은 자로 "있다."—하나님의 선택이 필요한 인간을 증언한다. 곧 그 자신이 하나님께 등을 돌림으로써 하나님으로부터 돌아섰고, 그의 은혜에서 방자하게 벗어났기 때문에 그에게는 아무 은혜가 없는 인간을, 축복 대신 저주를, 생명 대신 죽음을 선택했고, 이런 왜곡된 선택의 전제 아래서 살아야만 하는 인간을 증언한다. 분명히 이 인간은 하나님의 선택, 예수 그리스도의 선택, 예수 그리스도 안에서 일어난 은혜의 선택을 필요로 하는 인간이다. 이 인간을 위하여, 그를 제거하고 변화시키기 위해 예수 그리스도는 죽었고 부활했다. 선택받은 자는 자기 자신 안에서와 다른 인간들 안에서 이 인간과 대면한다. 진리의 말씀으로서의 복음은 이 인간을 향하며, 그것을 전달하는 것이 선택받은 자에 대한 결정이다. 그에게 좋은 소식을 말해야 한다. 그를 위하여 예수 그리스도의 선택은 선택받은 자를 통하여 표출되고 모방되어야 한다. 스스로가 부름받은 자인 사람은 각각 그의 부름을 위해 봉사해야 한다. 그가 순전한 수취인임으로써, 그가 버림받은 자로서 예수 그리스도의 선택에서부터 온 창조물을 통하여 울리는 저 환호에 아직 동조하지 않고 혹은 다만 어쩔 수 없이 동조함으로써, 그는 이 환호가 허공으로 사라지지 않는다는 사실을 체현한다. 곧 이 환호를 들어야만 하기 때문에 그것을 듣기 위해 기다리는 귀, 순전히 객관적으로 동경하는 가운데 신음하는 피조물, 또한 이 환호의 의미와 목적을 체현한다. 그가 단순한 "듣는 교회"를(ecclesia audiens) 체현함으로써(이것은 이런 추상으로서는 전혀 "교회"가 될 수 없다.), 그는 "가르치는 교회"(ecclesia docens)에 대하여 청취를 필요로 하는 자와 선포하는 자를 전부 포괄하는 총체적인 "교회"를 체현한다. 그가 선택의 순전한 대상, 곧 선택 "이전", 선택을 추상한 선택받은 자, 이런 결정이 없는 선택받은 자를 체현함으로써, 분명히 그는 오해의 여지없이, 은혜, 선택, 은혜의 선택이 무엇인가를 보여 준다. 버림받은 자가 없으면 이것은 간과되거나 잊혀질 수 있다. 이것은 그러나 시간 안에서뿐 아니라 영원토록 간과되거나 잊혀져서는 안 된다. 버림받은 자의 현실적 존재는 이것이 일어나지 않도록 만든다. 십자가에 달리고 죽은 예수 그리스도에 대한 기억은, 그의 선택과 그의 부활에서 그의 선택의 계시가 하나님의 은혜의 선택으로 이해되고 파악되도록 만든다. 선택받은 자에게서 거듭 재연되는 불경건 속에 있는 버림받은 자의 현재는, 그가 자신의 선택받음을 하나님의 선택으로서 언제나 거듭 깨달을 수 있도록 만든다. 그리고 저 다른 사람들 가운데서의 그의 현재는, 어떤 선택받은 자도 망각될 수 없도록 만들고, 그가 받은 은혜가 그들을 위해서도 준비되어 있음을 아직 혹은 더 이상 깨닫지 못한 자들에 대해서 그것을 증언할 의무가 있도록 만든다. 버림받은 자는 이런 것을 하도록 함으로써, 선택받은 자에 대한 결정에 참여한다. 그리고 거기서 그는 그 자신에 대한 결정을 갖는다.

(2) 버림받은 자는 그의 존재의 고유한 성격으로써, 복음을 통하여 부정되고 극복되는 것을 드러내고 드러나 있도록 결정되었다. 그는 "높은 곳에 계신 하나님께 영광!"에 대하여, 그리고 이것과 함께 "특별히 깊은 곳에서 하나님께 영광!"에 목소리와 말을 부여해야 한다. 버림받은 자는 자기 자신, 곧 하나님에 대해 고립된 인간 및 그의 왜곡된 선택, 그리고 심오한 근거와 의미에서 아무것도 말할 것이 없는 인간 외에—그리고 그의 그릇된 하나님 형상에서 가장 심하게—아무것도 증언할 것이 없는 인간이다. 그는 그릇된 자유 안에서, 그릇된 예속 가운데서도 사는 인간이다. 그는 자기 자신을 기만함으로써 기만당하는 인간이다. 그는, 이런 삶을 현실적으로 혹은 가능하게 만드는 것은 그 안에 전혀 없기 때문에, 그는 하나님 앞의 삶에 대해서는 하나님의 자기 희생이 없이는 전혀, 궁극적으로 무용지물이라는 것을 입증해야 하는 한에서만 진리에 참여하는 그런 인간이다. 그는 배은망덕하고 그러므로 불행한 인간이다. 복음에 따르자면 하나님의 은혜의 선택 안에서, 하나님과 인간 사이의 영원한 계약의 수립에서 부정되고 극복된 것이 바로 이 인간이다. 바로 이 인간의 버림을 하나님은 자기 자신의 일로 만들었다. 영원 전부터 하나님의 말씀은 바로 그에게 해당되고, 그를 의미한다. 바로 그를 올바로 해방하고 섬기게 함이 모든 시간 전에 하나님이 결정하고 시간 가운데서 하나님이 실현한 인간 사랑의 행위이다. 복음이란, 그를 위해 거룩한 것에 대한 친교가 있고 성도의 교제가 있다는 것, 예수 그리스도로 말미암아 그의 선택의 능력 안에서 죄의 용서, 육신의 부활, 영원한 생명이 있다는 것이다. 그러나 복음이 이 변두리 혹은 배경이 없다면, 곧 인간이 하나님의 은혜의 선택을 통해서 벗어난 심판, 모든 인간이 그렇게 불려야 하되 하나님의 은혜의 선택으로 인하여 모두가 면한 심판받은 인간이 없다면(복음은 오직 이 배경에서부터 드러날 수 있고, 그것에 의해서 그것의 특성이 드러난다.), 어떻게 복음이 크게 외쳐질 수 있고 구체적이 될 수 있겠는가? 복음을 올바로 선포하고 듣고 믿으려면, 이 심판받은 인간이 부정되고 잊혀져서는 안 된다. 버림받은 자에 의해 연출되는 삶은 이 일이 일어나지 않도록 만든다. 골고다에서 버림받은 자는 어떤 인간이 부활절에 하나님 아버지의 영광을 위하여 일으켜졌는가가 분명해지도록, 곧 그가 실제로 죽었고 다시 살아났다는 것이 명백해지도록 만든다. 각자가 자신의 거울에서 그리고 또한 그의 이웃의 모습에서 인식할 수도 있는 버림받은 자의 날카로운 윤곽

은, 하나님 및 형제와의 친교, 죄의 용서, 부활, 그리고 영원한 생명이—우리가 이 말을 우리 자신에 적용시키든 혹은 다른 사람에게 적용시키든—빈말이 되거나 빈말로 끝나지 않도록 만든다. 버림받은 자가—아무것도 말할 것이 없는 사람, 부정적인 사도—그의 모든 모습으로 이렇게 만듦으로써, 그는 또한 말할 것이 있고, 또한 선택받은 자의에 대한 결정에 몫을 얻고, 또 거기서 진실로 그도 하나님의 결정을 가지지 않는 것이 아니며, 또한 그의 "깊은 곳"에서가—설령 이것이 지옥의 "깊음"일지라도—"깊은 곳에서 하나님께 영광!"이 된다. 그의 특별한 결정을 지닌 버림받은 자가 선택받은 자와 함께하지 않는다면, 선택받은 자의 결정은 어떻게 되겠는가?

(3) 버림받은 자는 그의 존재의 고유한 한계 속에서 복음의 의도를 드러내도록 결정을 받았다. 우리는 지금 버림받은 자의 결정이 지시하는, 선택받은 자의 결정이 시작하는 지점에 서 있다. 버림받은 자의 모습은 전반적으로 물러가는, 도주하는, 사라지는 모습이다. 그는 예수 그리스도의 선택에서 그에 대해 조치됨을 통하여 무력, 비실체성으로 정죄되었고, 영원 전부터 그에 대해 결정되고 시간 가운데서 그를 위해 획득된 현실과 진리의 승리의 단순한 객체가 되었다. 버림받은 자는 미래가 없다. 그는 자기 자신의 주인이 되고자 하는 인간으로서 다만 그 자신에게서 몰락할 따름이다. 그러나 그 스스로는 미래가 없는 인간에게 자신과의 계약에서 미래를 주는 것이 하나님의 은혜의 계약의 의도이다. 그리고 바로 이런 의도로 복음은 말한다. 이 의도를 가지고 하나님과 그의 말씀은 인간을 향한다. 그러므로 그의 말씀은 자기 스스로는 멸망한 인간을 향한다. 바로 그가 전적인 사라짐에 넘겨지고 몰락한 인간이다. 그러나 복음의 의도의 구체적인 모습은 그것의 선포, 그것에 대한 믿음, 선택받은 인간의 부름에 있어 성령의 역사이니, 이 성령의 역사에 그 인간을 복락을 얻고, 감사하고, 증언하도록 한 결정이 그 근거와 그 기원을 가진다. 바로 이런 복음의 구체적인 의도는, 저 그림자적 현실만이 버림받은 자의 존재에 속한 것인 한에서, 버림받은 자의 존재를 통하여 간접적으로, 곧 그림자를 통하여 빛이, 심판을 통하여 은혜가, 죽음을 통하여 생명이 드러나게 되듯이,—그 저편에서는 아무 사건이 일어나지 않거나 아니면 복음의 이런 의도만이 사건이 될 따름인 그런 한계로 드러나게 된다. 버림받은 자에게는 아무것도 남지 않거나 아니면 선포와 믿음이 있다. 골고다에서 버림받은 자에게 아무것도 남지 않거나 아니면 (그리고 이 '아니면'이 그에게 실제로 남는 것이었다!) 부활이 있는 것처럼, 모든 선택받은 자에게는, 그가 버림받은 자가 될 수도 있다는 유혹에 직면하여 아무것도 남지 않거나 아니면 선포의 말씀, 믿음, 그리고 성령의 역사가 있다. 그리고 그는 또한 다른 모든 사람들에게도 아무것도 남지 않거나 아니면 말씀과 믿음이 남도록 주의하고 훈계해야 할 것이다. 그는 골고다에서 버림받은 자의 부활을 앎으로써, 자신과 다른 모든 사람에게도 모든 다른 가능성의 종말 저편에 있는 시작으로서 말씀과 믿음이 남는다는 것을 안다. 거기서부터 그는 하나님이 버림받은 자에게 무엇을 원하는지를 결정적으로

안다. 하나님은 그를 버림받은 자로 원하지 않는다. 오직 그의 비(非) 의지 속에서만 하나님은 그를 그런 자로서 원하지만, 그러나 그의 비의지는 예수 그리스도의 선택에서 결정되고 그의 죽음과 부활에서 일어난 사건에 따라서, 그가(또한 그의 비의지 속에서) 적극적으로 원하는 것, 곧 그의 자비—그의 선택의 자비를 통하여 포용되고 극복되고 가려지고, 그것에 종속되고, 그것을 섬기도록 되었다. 이 자비가 선포에서, 믿음을 통하여 우리에게 드러나게 하는 것, 우리가 이 자비로부터 이 자비에 의해서 살 수 있도록 하는 것은 하나님의 적극적인 의지이다. 이것을 잊어서는 안 된다. 버림받은 자는 전적으로 사멸할 수밖에 없고, 미래가 없음 속에서, 사람들이 이 사실을 잊지 않도록 만든다. 희망이 없는 곳에—그리고 골고다의 버림받은 자, 그러나 또한 우리 자신 안과 다른 사람들 안에 있는 버림받은 자는 희망이 없다.—거기서만 현실적인 희망이 있고, 거기서만 성령의 역사가 시작될 수 있고, 선포가 실제로 청취될 수 있고, 믿음이 실제로 살아날 수 있다. 버림받은 자가—우리는 지금 또 다시 교회에 대한 이스라엘의 봉사를, 이스라엘과 교회의 결속을 생각한다.—선택받은 자에게 이것을 생각하게 만듦으로써, 그도 또한 선택받은 자에 대한 결정에 참여하고, 이 참여에서 그는 자신에 대한 결정을 가진다. 그 결정은, 그가 버림받은 자로서 진리의 선포를 듣고 믿음에 이르러야 한다는 것이다. 그 결정은, 예수 그리스도 및 그의 공동체의 선택에 대한 비자발적인 증인에서 자발적인 증인, 간접적인 증인에서 직접적인 증인이 되는 것이다.

신약성서에서 버림받은 자의 문제가 축약되어 전개되는 인물은 예수를 "배신한" 제자요 사도인 가룟 유다이다. 우리는 즉시 주해를 달자. 신약성서는 버림받은 자를—구약성서에서처럼, 단 훨씬 분명하게—예수 그리스도 자신과는 먼 곳에서가 아니라 아주 가까운 곳에서 찾고 발견하며, 예수 그리스도가 그 속으로 들어온 낯선, 적대적인 세상, 그의 사도들, 교회, 선택받은 자들이 증언하는 대상으로 삼는 세상 어디에선가 찾고 발견하는 것이 아니다. 선택받은 자의 이 대립상은 외부로부터 하나님 나라와 대결하고 도전하는 경쟁자의 상이 아니다. 이 대립상의 존재는 요한복음이 "이 세상의 군주"라고 부르는 존재의 권능, 활동과 밀접한 관계가 있다. 그러나 가룟 유다에게서 나타난 것에 따르자면, "이 세상의 군주"는, 그가 예수 그리스도와 저 먼 곳에 있는 그의 교회에는, 하나님 나라에 전혀 낯선 자로서, 예수 그리스도와 그에 관한 증언에는 외적으로, 어느 정도 "사태의 어려움"을 대표하는 자로서 대립하는 경우처럼, 그렇게 용이하게 단순하게 인식될 수 없고 극복될 수 없다. 그는 또한 분명히 이런 객관적인 적수의 권위, 품위, 권능을 가지지 않는다. 하나님에게 버림받은 인간, "멸망의 자식"(요 17:12)의 존재가 예수 그리스도 및 그의 사도들과 이처럼 아주 가까움으로 말미암아 악마의 위험한 권능과 활동의 친밀성을 드러내듯이, 동시에 또한 그것의 상대성을, 그리고 동시에 그것은 주 자신의 탁월한 능력과 활동의 직접적인 감시와 통제 아래서만, 다만 한 제자요 사도의 행위로써만 전개될 수 있을 따름이라는 것을 드러낸다.

또한 가룟 유다는 의심의 여지없이 제자요 사도이다. 바울이나 요한 못지않게 그들과 같은 부름, 임명, 파송에 참여하였다. 그가 다른 사람들 가운데서 유일하게 예수와 함께 유다 지파에, 다윗 지파에 소속한 한에서 저들보다 오히려 더 그렇다. 열두 제자의 이름을 거명할 때에 그도 분명히 기억하기를 잊지 않는다. 세 공관복음서 중 어느 것도, 가룟 유다가 대제사장과 배신의 약속을 하는 것에 관한 보고에서(막 14:10 평행절) 그리고 나중에 그 약속을 이행하는 것에 관한 보고에서(막 14:47 평행절) 또 다시 특별히 강조하기를 지체하지 않는다: "열두 제자 중 한 사람인 유다." 모든 오해를 예방하기 위하여 요한복음 6:70은 문자적으로 이렇게 말한다: "내가 너희 열둘을 택하지 않았느냐? 그러나 너희 가운데 하나는 '악마'이다. 이것은 시몬 가룟의 아들 유다를 가리켜서 하신 말씀인데, 그는 열두 제자 가운데 하나로 예수를 넘겨 줄 사람이었다." 우리는 복음서들이 예수가 자기 제자들에 관해 말한 것은 그들을 위해 말하고 행한 것, 그들을 통해서 행한 것에 대해 보고하는 모든 사실에서 다음 사실을 생생하게 그려야 한다. 가룟 유다도 거기 있었다. 그도 수동적으로든 능동적으로든 모든 일에 온전하게 참여했다: "그는 우리 가운데 한 사람으로서 우리 직무의 한 몫을 맡았었습니다."(행 1:17) 마가복음 14:18-19는 "나와 함께 먹는 너희들 중 한 사람"이라고 특별히 강조한다. 그리고 누가복음 22:21은 "나를 배신하는 사람의 손이 나와 함께 식탁 위에 있다." 그리고 요한복음 13:18-19는 이미 마가복음 14:18이 암시한 시편 41:10을 보다 강조한다: "나는 내가 택한 사람을 안다. 그러나 '나의 빵을 먹은 자가 나를 배신하였다'고 한 성서 말씀이 이루어질 것이다." 어떤 공관복음서도 예수가 성만찬을 제정하면서 사도들에게 준 것을 유다도 받았다는 것을 부정하지 않는다. 그러므로 만일 요한복음 6장의 결론부에서 유다도 실제로 솔직히 베드로처럼 고백했다는 것을 예수가 부인하려 했다고 추론하려 한다면, 그 구절을 오해한 것이다. "당신은 주님은 영원한 생명의 말씀을 가졌습니다. 우리는 주님이 하나님의 거룩한 분임을 믿고 또 알았습니다."(요 6:68-69) 다만 예수는 64절에 의하면 이 주관적으로 참된 고백이 또한 유다의 입에서도 객관적으로도 진실이라는 것을 물론 부인했다. 유다에 관한 신약성서의 보고는, 그가 참된 사도들 가운데서 하나의 다만 외견상으로만 선택받은 사도가 있었다는 것, 자칭 선택받았다고 추측하는 사람들 가운데 실제로는 버림받은 자도 있었다는 것을 말하지 않는다. 오히려 진정한 사도들 중 한 인간, 실제로 선택받은 자들 가운데 한 사람이 예수의 배신자요 동시에 버림받은 자라는 것을 말한다.

  우리는 무엇보다 신약성서가 가룟 유다에 관해 보고할 때의 그 주목할 만한 침착성에 주목해야 한다. 처음부터 그에 관한 필요한 사실을 솔직하게 확정짓는다. "그는 그를 배신한 사람이었다."(막 3:19) "그는 그를 배신한 자였다."(마 10:4) "그는 그의 배신자가 되었다."(눅 6:16) 약속과 약속 이행에 대하여 그리고 배신자의 최후에 대하여 필요한 언급을 한다. 사도행전 1:15-16에서는 배신자의 사라짐이 나머지 사도 무리에게 무엇을 뜻하는지, 내지 실천적으로 무엇을 필연적으로 만드는지가 확정된다. 그러나 정확하게 말하자면 돌 하나도 유다에게 던지지 않는다. 특이하게도―베다니에서의 기름 부음에 관한 요한복음의 보고에서 암시된 것을 제외한다면―배신자를 그의 성격이나 행동의 일반적인 특징 등을 언급함으로써 처음부터 인지하게 하려는 시도가 이루어지지 않는다. 오히려 그와 그의 행위는 계획에 따른 기능을 가진 계획에 의거한 인물처럼 나타나며, 베드로의 고백이 축복 아래 있듯이, 이 인물은 "인간에 화 있을진저!" 아래 있어야만 했다. 그러나 저 고백에서 베드로에게 특별하게 자랑할 것이 나올 수 없는 것 같이, 여기서도 유다에게는 특별한 부담을 지우지는 않는 듯하다. 다른 사람과 함께 선택되고 부름받은 유다의 전 존재와 행동 위에는 요한복음 6:64에 의하면 탁월한 진리가 있다: "예수는 처음부터 … 그를 배신할 자가 누구인지 알았다." 그리고 예수는 그에게 이렇게 명령했다. "네가 하려는 일을 바로 행하라!"(요 13:27) 유다의 행위를 표현하는 말, 그리고 우리가 지금까지 보통 "배반하다"로 번역한 παραδοῦναι는 본래는 훨씬 약한 의미로 "넘긴다"를 뜻한다. 그리고 유다가 한 일을 정확히 관찰한다면, 사실 "배신"이라는 말의 사용하는 것은 그 말이 의도한 사건을 정확하게 나타내기에는 기술적으로 너무나 복잡한 상념을 자아낸다는 것을 말해야 할 것이다. 유월절 앞의 주간에(막 14:18, 마 26:55에서 분명히 강조되는 대로) 예수는 은밀하게 숨지 않았으니, 그 곳을 발견하기 위해 어떤 "배신자"가 필요하지도 않았다. 대제사장들이 필요로 한 것은 다만 가능한 한 눈에 띄지 않게 체포할 기회를 잡는 것이었다. "백성 가운데 소요가 일어나서는 안 되므로, 절기 중에는 안 된다!"(마 26:5) 그리고 유다는 다만 이런 숙명적인 기회를 알려줄 자로서 역할을 하였다. 그는 예수를 "다만" 넘기기만 하였다. 그가 예수에 대하여 범한 것은 최대가 아니라—우리는 사무엘서의 사울을 생각하자!—최소의 적대적 행동이다. 그는 요한복음 18:3-4에 의하면 다만 구경꾼 역할을 했을 뿐이다. 그리고 공관복음서의 보고에 의하면 유다가 저 유명한 입맞춤 후에 예수를 포리(捕吏)들에게 알려주었을 때, 여기에는 분명히 또 다시, 그가 이 "넘겨줌"이라는 결정적인 조치를 감행할 수 있게 만든 예수와의 밀접한 관계가 드러났다. 여기서 본질적인 것은 다만, 예수가 그의 사람들 중의 한 사람을 통하여, 그의 제자이자 사도들 중 한 사람을 통하여 교회 가운데부터 넘겨졌다. 즉 그 자신의, 하나님의 영역에서부터, 그 자신에 의해서 창조되고 지배되는 자유로운 말과 활동 영역에서부터 끌려 나왔고, 고난 예고에서 이미 오래전에 말한 대로, "인간들의 손에", 대제사장의 손에, 이교도들의 손에—그리고 십자가에 달리기 위하여 이 사람들에게—넘겨졌다는 것이다. 이것이 가룟 유다가 굴린—그러나 다만 굴리기만 한—돌이다. 그는 예수를 대제사장들에게 넘겼다. 이들은 예수를(막 15:1, 마 27:2, 18, 요 18:30, 35, 36) 이교도들에게, 즉 빌라도에게 넘길 것이다. 빌라도는 그를 넘겨 십자가에 매달게 할 것이다.(막 15:15, 마 27:26, 요 19:16) 이렇게 뒤에 이어지는 연결고리의 개체들은 모두 분명히 저 첫 번째 개체보다 훨씬 중요하다. 그런데 유다에 대한 거의 스치는 듯한 언급이 이 연결고리의 첫 번째 개체, 곧 가장 작으나 다음에 뒤따라오는 개체들을 제약하는 개체이다. 그리고 바로 이 첫 번째, 결정적인 장소에서 교회는 그의 메시아를 버리는 이스라엘과, 이 이스라엘과 연대하며 이스라엘과 함께 죄를 범하는 이방 세계와 동일하고, 동일하게 행동한다. 바로 이 장소에서, 결정적인 동작을 하는 것이 예수의 제자요 사도이다. 그 동작이 일어났을 때, 그것은 매우 작은 운동으로서, 다른 뒤따라오는 동작에 비해서 심히 미미하다. 그 동작은 행위자와 예수와의 친교를 실제로 또 다시 증언하고 확인하는 입맞춤으로써 성취된다. 그러나 그것은 이런 동작이다. 유다는 예수를 넘겨주었고, 이로써 예수가 그의 행위를 완수하기 위해 행해야만 했던 결정적인 일, 곧 그의 고난과 죽음이 실현되었다. 우리는 복음서의 유다를 올바로 이해하기 위하여 두 가지, 곧 이 사건의 사소함과 전체적인 결과의 중대성을 보아야 한다. 두 가지가 함께 그에 대한 저 복음서의 보고에 특이한 침착함을 부여한다. 가룟 유다는 전체 복음서의 보고 속에서 우연한 인물이 아니라 필수적인 인물이다. 모든 고난 예고가 원래 유다가 행한 것에 대해 결정적으로 이렇게 말한다: "인자는 사람들의 손에 넘겨지게 될 것이다."(마 17:22) 하나님의 영역으로서의 예수 그리스도의 영역과 열두 사도와 세상 사이에서, 모든 다른 것에 앞서서 또한 이런 관계는 일어나야 한다. 열두 사도들 자신이 한 장소에서—한 결정적인 장소에서, 이스라엘과 이방 세계와 함께 예수에게 범죄했으니, 이것은 그 결과로 예수가 그들과 이스라엘과 세상에 대하여 하나님의 뜻을 완수하기 위함이었다. 인자는 사람들의 손에

("죄인의 손에", 눅 24:7— "죄인에게", 마 26:45) 넘겨져야만 했다. 이 일이 없이는 이들은 그를 실제로 가져야 하고, 가질 수 있을지라도 가지지 못할 것이고, 하나님이 그를 통하여 그들에게 정해 준 것을 받을 수 없을 것이다. 사도직, 열두 사도의 선택의 온 의미가 바로 이 일이 일어나는 것에 달렸다. 그리고 바로 하나님의 계획 안에서 필연적인 일로 결정된 이 넘겨줌의 특별한 요소, 대행자가 사도 가룟 유다이다.

우리는 신약성서가 이 인간의 행동을—그에 대해 보고할 때의 저 침착함을 손상하지 않고서—의심의 여지없이 끔찍스러운 죄책으로 간주하고 판단했다는 사실을 평가하기 전에는, 여기서 열려진 과제를 추적할 수 없다. "인자는 자기에 관하여 기록된 대로(그에게 정해진 대로, 눅 22:22) 떠나가지만, 인자를 넘겨 주는 그 사람에게는 화가 있다. 그 사람은 차라리 태어나지 않았더라면 자기에게 좋았을 것이다."(막 14:21) 예수가 빌라도에게 "나를 당신에게 넘겨 준 자는(당신보다) 더 큰 죄를 지었다."(요 19:11)고 말한 것은 우선 이스라엘의 대제사장, 일반적으로 유대인에게 해당되지만, 그것은 분명히 원래는, 그리고 일차적으로는 넘겨줌의 연결 고리에서 첫 번째 개체를 이룬 자, 유다에게 해당된다. 그는 신약성서에서 큰 죄인이다. 예수는 이것을 증언했을 때 "마음속으로 흔들렸다." "진실로, 진실로 내가 너희에게 말한다. 너희 중 한 사람이 나를 넘길 것이다."(요 13:21) 시몬의 아들 유다로 하여금 예수를 넘겨 줄 계획을 그의 마음에 생기에 한 것은 악마였다.(요 13:2) 그가 실제로 이 일을 실천할 때, 그 속으로 들어간 것은 악마였다.(눅 22:3, 요 13:27) 그래서 유다는 요한복음 17:12에서 "멸망의 자식", 요한복음 6:70에 "악마"라고 불린다. "유다는 그 빵 조각을 받고서 곧 나갔다. 때는 밤이었다."(요 13:30) 바울도 이것을 분명히 연대기적 사실로만 확정짓지는 않았다: "주 예수님이 넘겨지던 밤에 …"(고전 11:23) 요한복음 서문이 예고한 것이 지금 분명히 실현되고 성취되었다: "빛이 어둠 속에 비친다."(요 1:5) "그가 자기 땅에 오셨으나 그의 백성이 그를 맞아들이지 않았다."(요 1:11) 반대로 "맞이하다" 대신 "넘기다"가 예수에 대한 그들의 행위이다. 이런 암흑의 행위가 빛의 정복을(καταλαμβάνειν) 뜻하지 않는다(요 1:5)는 것이 다른 편에 기록되어 있다. 그러나 여기서는 암흑의 행위는 좁은 의미에서 그의 백성의 행위, 사도 유다의 모습으로 나타나는 그의 백성의 행위이기도 하다! 그런데 사도 유다의 죄는 무엇인가? 우선 우리는 요한복음 17:12의 예수의 말씀에 주목하자: "내가 그들과 지내는 동안은 아버지께서 내게 주신 아버지의 이름으로 그들을 지켜서 보호하였습니다. 그러므로 그들 가운데서는 한 사람도 멸망하지 않았습니다. 다만 멸망의 자식만 잃은 것은 성서 말씀을 이루려는 것입니다." 일반적으로 말해서 이것이 뜻하는 바는, 유다는 예수가 선택한 사람들 중에 속한 사람으로서 예수가 그의 선택한 자들 곁에 임재하고 그들을 지키고 보호하는 것이 그에게는 무익하다는 것이다. 예수가 베드로의 발을 씻겨줄 때 말한 바와 같다: "이미 목욕한 사람은 온 몸이 깨끗하니 발밖에는 씻을 필요가 없다. 너희는 깨끗하다. 그러나 다 그런 것은 아니다. 예수께서는 자기를 팔아 넘길 사람을 알고 계셨다. 그러므로 너희가 다 깨끗한 것은 아니라고 말씀하신 것이다."(요 13:10-11) 그러므로 예수가 그들을 사도들로 선택했고, 그들에게 자신의 임재를 선사했고, 그들을 지켜 보호하였으므로, 그들 자신은 완전히 깨끗하다. 그럼에도 불구하고 예수는 그들의 발을 씻어 주어야 하고, 주려고 한다: "내가 너희를 씻어 주지 않으면 너희는 나와 상관이 없다."(요 13:8) 발은 완전히 깨끗한 사람에게서도 더러운 부분이다. 가룟 유다는 바로 완전히 깨끗한 사람들의 더러움, 사도들의 더러운 발을 대표한다. 우리는 여기서 주목해야 한다. 그는 이 더러움을 대표한다. 모든 사도들의 발이 특별히 씻겨야 하기 때문이다. 그리고 우리는 여기서 주목해야 한다. 모든 사도들의 이 지속적인 더러움도, 그들의 발의 더러움도 예수에 의해 실제로 씻겨진다. 그는 베드로의 항의에도 불구하고 그 일에 헌신한다. 그리고 더구나, 예수는 그들도 서로간에 발을 씻겨 주고, 서로간에 남아 있는 더러운 것을 씻어 주는 것이 그들의 의무임을 그들에게 분명히 말한다.(요 13:14) 그러나 특별히 유다는 그들에게 남아 있는 더러움을 지니는 자요 대표하는 자, 곧 예수의 임재, 지킴과 보호가 그가 선택한 자들에게도 무익할 수 있었다는 것을 드러내 주는 인간이다. 모든 사도들의 더러움이 씻겨지고 완전히 깨끗할지라도 여전히 그들의 발을 씻는 것이 필요하다면, 사도들의 더러움을 드러내는 그의 더러움은 무엇인가?

그 답변은 근본적으로 베다니에서 예수의 도유에 관한 요한복음의 보고에서, 즉 거기서 서술되고 있는 나사로의 누이 마리아와 유다의 대비에서 발견할 수 있는 듯하다.(요 12:1-8) "마리아가 매우 값진 순 나드 향유 한 근을 가져다가 예수의 발에 붓고 자기 머리털로 그 발을 닦았다. 온 집안에 향유 냄새가 가득 찼다."(3절) 그것은 순전한 낭비요, 순전히 아낌없는, 이타적인 행위요, 전적으로 겸손한 행위였다. 예수는 나중에(7절) 이 행위를 한 것은 자신의 시신을 미리 경배하고 자신의 죽음을 영화롭게 하기 위함이라고 말한다. 다시금 발, 이 경우 마리아가 이렇게 예수의 발을 위해 낭비하고자 한 것은 결코 무익한 일이 아니었다. 인간으로서 우리의 땅를 걸었고, 그런 한에서 땅의 더러움을 스스로 함께했던 예수, 그의 죽음에서 그 마지막 목표에 도달하게 될 그의 이런 낮아짐 가운데 있는 예수에게 그녀는 이 완전한 헌신을, 가진 것 중에서 가장 귀중한 선물을 바친다. 사도들이 완전히 깨끗하고 예수의 임재와 그의 지킴과 보호가 그들을 위해 무익하게 일어난 것이 아닌 한에서, 마리아의 이런 행위는 사도들의 삶을 표현한다는 것이 분명하다. 그리고 바로 이것, 곧 온 집안이 향유 냄새로 가득 차게 되는 것이 그들의 삶을 통해 세상에서 사건화되어야 할 것이다. 그런데 유다가 그의 항의에 의하면(4절) 이해하지 못한 것, 그 자신이 함께할 수 없고 하려 하지 않은 것이 바로 이 낭비이다. 그는 값비싼 향유가 마리아에 의해 기부되는 것에는 반대하지 않는다. 그러나 그는 이것을 팔면 약 300디나르를 받을 수 있고—자기 자신을 위해서가 아니라—가난한 사람들에게 줄 수 있다고 주장한다. 그는 마리아가 그녀의 행위로써 어떤 의미에서 사도들 자신의 삶의 본보기로 보여 준 헌신을 예수를 위하여 이루어진 순전한 희생이었다고 보려고 하지 않는다. 그가 보기에는 이런 행위로써 순전히 예수의 죽음을 영화롭게 하기에는 너무 부족하였다. 그는 이런 헌신을 하려면, 그것이 결실을 거둘 수 있어야 한다고 보았다. 유익하고 선한 행위가 이런 헌신의 능력과 실천에서 이룩되어야 한다. 헌신은 불이익을 당한 인간, 도움을 필요로 하는 인간을 도와야 하고 그들의 운명을 개선하는 데 도움을 주어야 하고, 그럴 때 의미 있는 헌신이 될 것이다. 유다는 바로 이런 생각 때문에 불결하다. 바로 어떤 의미에서는 무해하게 발설된, 실질적으로는 전혀 악하지 않고 비교적 쉽게 고쳐질 수 있는 이런 생각에서 유다는 나중에는 예수를 "넘겨주었다." 낭비하는 자가 되지 않기 위해 예수에게 헌신하지 않는 자, 예수에게 무언가를 드리기에는 너무 아깝다고 생각하는 자, 그의 낮아짐, 그의 죽음을 영화롭게 하기보다는 어떤 목적이 더 중요하다고 생각하는 자는 불결한 자이며, 자신의 선택에 반항하는 자이며, 스스로 사도가 될 자격이 없게 만들며, 예수를 인간들에게 넘겨서 십자가에 매달도록 해야 하고 할 자이다. 그는 예수에 대한 이런 태도에서, 이런 태도와 더불어 이미 실제로 예수를 넘겨주었다. 그는 이미 이런 태도에서, 이런 태도와 더불어 그들의 손으로 예수를 죽일 수밖에 없는 그런 인간들 중 한 사람처럼 행동하였다. 그는 미리 자신을 이들의 공범으로 만들었다. 유다는 사도의 명단에서 처음부터, 그리고 나중에 거의 그의 이름을 언급할 때마다 규정된 대로, 그가 사도라면, 그는 처음부터 "그를 넘겨 줄" 사도이다. 그는 모든 사도들의 더러움을 지니는 자, 대표하는 자 외에 다른 것이 될 수 없다. 복음서 기자는 이 사실을 6절의 논평을 통해서 가차없이 표현한다: "그는 가난한 사람을 생각했기 때문에 이렇게 말한 것이 아니다. 그가 도둑이어서 돈 자루를 맡아 가지고 있으면서 거기에 든 것을 훔쳐 내곤 하였기 때문이다." 이로써 그가 의심할 여지없이 물욕에 사로잡혀 횡령을 했다면, 요한복음 전체 서술을 보건대, 마리아의 행위뿐 아니라 여기서 외면적으로 규정된 유다의 행동은 자기 자신을 넘어, 예수에 대한 자신의 헌신뿐 아니라 다른 사람의 헌신까지도 후회하고, 이 헌신의 힘을 결국 그가 생각하기에 보다 나은 것을 위하여 사용하고 싶어하는—그리고 예수는 이보다 나은 것을 위해 팔리게 되는데—사도로서의 그의 본질과 기능을 지시한다는 것을 가정할 수 있다. 그는 예수에게 적대하지 않는다. 그는 심지어 그를 위하고 싶어한다. 그는 실제로 그에게 적대함으로써 그를 위한다.—물론 전적으로 그런 것은 아니다. 그는 예수에 대해서, 사도적 추종의 도상에서 본래 결국 나타날 결과를 스스로 결정하기를 유보한다. 추종은 그에게는 자기 목적이 아니라 어떤 목적에 이르기 위한 수단이다. 이 목적은 그에게는 아직 분명하지는 않으나 그는 어쨌든 이 목적에 대하여 결정하도록 조치할 수 있다고 생각하며, 이 목적을 고려하여 예수와의 관계에서 끊임없이 횡령을 감행한다. 그리고 그는 근본적으로, 그의 눈에 뜨인 다른 목적이 아니라, 예수에 대하여 그 자신이 결정하고 조치할 수 있는 이런 자유, "횡령할 수 있는" 이런 자유를 의도하고 원한다. "그는 가난한 사람을 생각했기 때문이 아니다."—선행이 아니라 자신의 행위를, 다른 사람을 위한 도움이 아니라 이런 도움을 위한 자신의 주도권을 생각한다. 그러므로 그는 예수와 다른 사도들에 대해 도둑이 된다. 그러므로 그는 자신을 사도로 만들 수 없다. 그러므로 그는 처음부터 예수를 넘겨 줄 사도이다. 그가 예수를 "맞아준다"면(요 1:11), 그는 예수가 전적으로 의롭다고 인정할 것이고, 그 자신을 조치할 수 있는 자유의 유보를 포기할 것이고, 저 횡령을 포기할 것이다. 그가 이렇게 할 처지에 있지 않기 때문에, 그가 예수를 전적으로 의롭다고 인정할 수 없고, 인정하려 하지 않기 때문에, 그는 그를 이미 불의하다고 보았고, 이미 스스로 그의 원수들의 공범이 되었다. 예수와 그의 원수들 사이에, 전적인 믿음, 완전한 겸비, 아낌없이 줄 것을 요구하는 것 말고 무엇이 있는가? 유다는 그가 취한 위치에서부터 실제로 예수를 넘겨주어 십자가에 매달리게 하고, 이 요구를 철저하게 제거할 따름이다.

또한 공관복음서들도 유다가 돈을 받는 대가로(막 14:10, 눅 22:3f.)—마태복음 16:15에 의하면 은전 서른 개를 받고—그를 넘겨주기로 결심했다고 보고함으로써, 분명히 같은 방향에서 유다의 죄를 이해해 보려고 하였다. 이로써 말해진 분명한 사실은, 예수는 유다에게는 팔릴 수 있는 존재라는 것이다. 그는 예수에 대하여 자신의 자유를 가졌고, 주장했다. 그는 그에게로 행하였다. 그러나 그는 자신을 그에게 결속시키지 않았다. 그는 그에게 자신을 헌신하지 않았다. 그는 그에게 보다 낫다고 여긴 어떤 다른 것 때문에 그를 포기할 수 있었다. 그리고 그가 이렇게 할 수 있음으로써, 그가 이런 보다 나은 것에 대한 자신의 평가를 유보함으로써, 그가 자신을 예수에게 내어 주지 않음으로써, 그 편에서 예수를 내어 줄 수 있었고, 근본적으로 이렇게 행했다. 대제사장이 그에게 제시한 금전적인 약속이나, 혹은 마태복음 26:15에 의하면 유다가 대제사장에게 넘겨주는 대가에 대해 물은 것은 공관복음서의 의미로는 다만 저 사실이 드러나게 되는 계기일 따름이다. 이제 마태복음 26:15에서 은

전 서른 개에 대해 언급한다면, 이로써 그 다음의 숙고를 위한 시야가 열리게 된다. 즉 이로써 스가랴 11:4-17 본문을 암시한다. 두 본문 사이의 관계는 실로 특이하다. 거기서 예언자는(야웨 자신의 현현으로서) 은전 서른 개를 받는 자이다. 예언자는 이 돈을 양을 매매하는 자에게서, 즉 그가(그들에 의해 팔거나 도살하도록 정해진) 이 백성의 불쌍한 양들을 돌보도록 당분간 맡겨두었던 이스라엘 백성의 이기적인 지도자에게서 품삯을 받았다. 그는 돌보는 일을 포기했다: "그때 나는 그들에 대하여 인내심을 잃어버렸고 그들도 나에 대해서 귀찮아했다."(8절) 그는 양을 매매하는 사람에게 말했다: "너희가 좋다고 생각하면 내가 받을 품삯을 내게 주고 줄 생각이 없으면 그만두어라." "그랬더니 그들은 내 품삯으로 은 삼십 개를 주었다. 주께서 내게 말씀하셨다. 그것을 돈궤에 집어넣어라. 그것은 그들이 내게 알맞은 삯이라고 생각하여 쳐준 것이다. 나는 은 삼십 개를 집어 주의 성전에 있는 돈궤에 집어넣었다."(12-13절) 이제 형식적으로 정확히 예언자(그리고 야웨 자신) 대신에 마태복음 26:16-17, 27:3-4에 의하면 유다가 등장한다. 그도 저 양떼의 매매인, 즉 이스라엘 백성의 지도자들을 위해 봉사한다. 그도 그들로부터 삯, 은전 삼십 개를 요구하여 받는다. 그러나 실질적으로는 여기서는 모든 것이 뒤바뀌었다. 그가 이 삯을 받기 위해 행한 일은 그가 도살할 양을 보살핀 데 있는 것이 아니라, 그가—스가랴 11장의 관점에서는 전혀 다른 요소이다.—선한 목자를 넘겨주어 죽게 만드는 데 있다. 유다 자신이, 야웨로 하여금 자기 백성에 대한 인내심을 잃게 만들고, 그들에 대한 보호를 포기하게 하고, 그들을 자신들에게 맡기도록 만든 그 일을 이 자리에서 행함으로써, 그는 야웨를 대신할 수 없다. 유다는—분명히 온 양떼의 대표로서—그 자신이 선한 목자에게서 벗어난, 목자의 노력을 헛수고로 만드는 양이다. 그러므로 그는 스가랴 11장에 의할지라도 아주 분명한 사실을—그리고 이것이 특히 마태 본문이 유다의 죄에 대한 물음에 던져 준 새로운 빛인데—드러낸다. 즉 이스라엘의 불쌍한 양은 결코 다만 제물, 양을 매매하는 자들의 죄 없는 제물은 아니라, 오히려 백성에게는 그들에게 합당한 지도자들이 있었고, 백성은 그들과 연대하여 선한 목자에 대항했다. 예수에 거슬러 어떤 보다 나은 것을 위하여 자신의 자유를 지키려고 하였던 인간 유다는 누구인가? 예수가 팔릴 수 있고, 그러므로 그를 내어주고, 넘길 수 있고, 근본적으로 이미 넘겨 준 인간? 그는 분명히 그의 이름을 공연히 지니고 있는 것은 아니다. 그는 분명히—모든 사도들의 발의 더러움이 무엇을 뜻하는지 여기서 분명해진다.—사도들의 무리 가운데서 유대인을, 다윗과 약속된 다윗의 자손이 나온 지파를 대표한다. 그는 예수에 대해서 저 특이한 방식으로 근본적으로 모든 것을 유보함으로써, 이스라엘이 야웨에 대해서 언제나 행했던 일, 야웨가 영원 전부터 선택한 백성을 버리지 않을 수 없게 만든 그 일을 근본적으로 행한다. 저 마리아가 예수를 만난 것과 같이, 이스라엘은 자기 하나님을 만나지 않았다. 이스라엘은 하나님에게 믿음과 자기 자신을 유보 없이 선사하려 한 적이 없었다. 이스라엘은 언제나 야웨 외에 다른 신들도 섬길 태세를 갖추었다. 그들은 야웨를 언제나 은전 삼십 개로 끝내 버렸다. 그들은 다른 모든 백성들의 종교와 아주 유사하게, 야웨를 위한 제의를 모든 세기를 통하여 형식적으로 계속하기에 충분할 정도로 다만 약간의 야웨 신앙을 보이고, 약간의 제사를 드리고, 율법을 약간 준수하였다. 저 은전 삼십 개는 결국 성전의 지속적인 보수를 위해 그 내용이 쓰이도록 되어 있는 저 돈궤에 집어넣기에 족하였다. 그들은 그에게 목자로서의 신실함에 대한 감사의 표시로 헌신하려 하지 않았고, 이로써 그에게 마땅히 빚지고 있는 일을 거부하였다. 이스라엘이 자기 하나님에게 목자로서의 신실함에 대한 보답으로 감히 내놓으려 한 그 약소한 것, 전혀 부적합한 이 은전 삼십 개는 이제 유다에게 그리고 이스라엘 백성에게 그의 불신실에 대한, 저 마리아와는 전혀 달리 행동하려는 그의 자유에 대한, 예수를 넘김에 대한 대가로 다시 제공된다. 이것이 그들의 일, 그들의 행위이다. 그러므로 그들의 삶은 다만 이것뿐일 따름이다. 이스라엘은 유다의 인격 안에서—그들 자신의 지도자들의 손으로부터!—그들이 하나님에게 빚지고 있던 것 대신에 하나님에게 감히 내놓으려 한 것을 도로 받았다. 저 스가랴 본문이 언급하는 대로, 선한 목자를 통한 이스라엘의 유기는, 전혀 예상치도 못하게 양 매매인에 의해 팔리는 양떼가 아니라 선한 목자 자신이 도살당하기 위해 끌려감으로써 가차없이 실현된다. 이렇게 그의 비(非) 의지, 그의 진노가 그들에 대하여 이루어진다. 스가랴에서 묘사된 "충성"이라는 막대기와 "계약"이라는 막대기를 꺾는 뜻은 이와 같다. 그 자신, 목자는 이제 꺾여져야 한다. 그리고 이스라엘 자신은 그의 도살을 위하여 꺾기 위하여, 그를 넘겨준다. 그것에 대한 그의 대가는 무엇인가? 선한 목자의 보호를 원하지 않았던 이스라엘이 거기서 얻은 것은 무엇인가? 그들이 이 보호를 거부한 후에 남은 것이 무엇인가? 은전 삼십 개, 그리고 그것으로써 자기 하나님을 기만하려고 한 약간의 종교는 보수해야 할 성전을 또 한번 수리하기에는 충분한 금액이었다! 이 은전 삼십 개는 결코 놀라운 일도 아니고, 예기치 못한 운명도 아니었다. 이스라엘이 바로 이 은전 삼십 개를 생각했고, 원했다! 마태복음 26:15에 의하면 유다는 예수를 넘기는 대가에 대해 물었고, 그때 즉시 이 금액이 그의 보는 앞에서 달아져서 그에게 지불되었다. 이 대가를 온전히 의식하면서 그는 그때로부터 예수를 넘길 기회를 엿보았다. 그러므로 실제로 이 은전 삼십 개는 유다가 예수에 대해서 유보하였던 보다 나은 것이었다. 저 마리아의 삼백 데나리온이 그의 판단으로는 너무 많다면, 은전 삼십 개는 단순히 아무 유보 없이 예수에게 돌려지기에는 너무 적지 않았다. 유다가 예수에 대해서 자기 마음대로 조치하고 결정하는 지혜는 이렇게 위대했다. 그 지혜에 대한 대가로 그는 은전 삼십 개를 얻었고, 실제로 그것을 얻기를 원했다! 그와 온 이스라엘, 그 유다와 함께, 그 안에서 유대인들 자신이! 그들은 하나님에 의해 버림받은 에서가 행한 일을 했다. 그들은 눈을 감고서가 아니라 눈을 뜨고서(그러나 그것은 분명히 눈먼 사람의 행동이었다.) 붉은 팥죽 한 그릇을 위하여 자신의 장자권을 팔았다. 그들은 이제—이것은 예수를 넘겨줌에서, 그들이 원했고 사주한 선한 목자의 살해의 결과로 얻어진 직접적 결과이니—이 선한 목자에 의해서 아무 방해받지 않고 자기 마음대로 붉은 팥죽을 먹을 수 있도록 내버려졌다. 그들은 이제 그들의 유대교에서, 그들의 야웨 종교에서 야웨 없이 살고 죽을 수 있다. 그들은 이제 그들의 능력이 닿는 한 하고 싶은 대로 할 수 있다. 그들은 이제 그들의 하나님을 믿지 않고, 순종하지 않고도 하나님 백성이 된 것을 자신들의 장점으로 간주하고, 이 장점 자체를 즐길 수도 있다. "나는 너희를 먹이지 않을 것이다. 죽을 놈은 죽고 망할 놈은 망하여라. 그러고도 남는 것들은 서로 잡아먹어라!" 이렇게 선한 목자는 스가랴 11:9에서 고집스러운 양들, 악한 양 매매인들에게 넘겨 마땅한 양떼로부터 떠나갈 때 말한다. 그리고 그는 지금도, 그들의 죄 때문에, 그들의 원한대로, 그들 대신에 도살당하기 위해서 끌려가기를 스스로 감수하면서, 이렇게 말한다. 그들은 그들이 바랐던 그리고 받아 마땅한 보수를 받았다. 그리고 또한 그들의 형벌이 바로 이 보수로 시작된다. 그가 온 이스라엘과 함께 이 보수를 원한다는 것(이 보수로써 형벌은 시작된다.), 예수는 이런 악한 삶으로써 팔릴 수 있다는 것이 유다의 죄이다. 이 죄에서 분명해진 것은, 예수가 그에게는 아무 이유 없이 사도들에게 임재했고, 그들을 지켰고, 보호했다는 것이다. 그에게서 모든 사도들의 더러움, 특별한 세척을 필요로 하는 더러움이 드러났다.

우리는 그러나 이러한 사고를 속행하기 전에, 신약성서에서 서술된바 최후에 이르기까지의 유다의 특별한 길을 추적해야 한다. 비로소 그의 최후는, 유다가 한 일이 신약성서의 기자들 눈에는 얼마나 끔찍스러운가를 보여 준다. 여전히 스가랴 11장을 염두에 두면서 여기에 대해 보고하는 것은 다시금 마태이다.(27:3f.) 그의 보고는 사도행전 1:18-19의 보고와 비교해서 부분적으로는 모순된다.

우리는 우선 마태복음 27:3에서, 유다가 자신의 행위의 직접적 결과를 보았을 때, 곧 예수가 대제사장들에 의해 정죄되고 빌라도에게 넘겨진 것을 보았을 때 후회했다고 읽는다. 그는 그러므로 개인적으로는 다만 저 첫 번째 조치만을 취하려 했고, 이런 결과는 원치 않았다. 그의 관심, 그의 의도는 예수에 대한 자신의 자유를 과시하는 것, 그가 거기서 얻는 것으로 족했다. 우리는 이스라엘 백성이 야웨에게 결코 적대한 적이 없었듯이 유다가 예수에게 적대하지 않았음을 보았다. 사람들이 실제로 예수에 대해 적대하려 하지 않으면, 다만 그를 위할 수밖에 없듯이, 그렇게 예수를 위할 수 없었다. 그러므로 저 연결고리의 다른 행위들에 대해서, 그리고 그 다음에 뒤따라오는 행위를 고려하여 또한 고리의 첫 번째 행위에 대해서도 책임을 지려 하지 않았다. 그는 빌라도에게 넘기는 데 참여하지 않으려 하였다. 그리고 그는 예수가 이처럼 넘겨지는 것을 보았을 때, 그 자신이 그를 인도(引渡)한 것을 뉘우쳤다. 그는 대가로 받았던 보수를 그것을 준 자들에게 돌려주려 함으로써 첫 번째 인도를 적어도 철회해 보려고 했다: "그는 은전 삼십 개를 대제사장들과 장로들에게 돌려주며 말하기를 '내가 죄 없는 피를 팔아 넘김으로써 죄를 지었소'라고 하였다." 유다의 이 뉘우침, 이 고백, 이런 회복의 시도를 진지하게 여기지 않을 이유가 없다. 여기에 완전한 회개를 위해 도대체 무엇이 결여되어 있는가? "마음의 뉘우침, 입의 고백, 행위의 보속": 나중에 사람들이 올바른 회개의 방법으로서 규정한 모든 것이 여기 있다. 이 회개는 그 나름대로 베드로의 회개보다 더 완벽하지 않은가? 마태복음 26:75에서 우리는 단 한 가지 사실, 곧 베드로가 세 번 부인한 후에 밖으로 나가서 "매우 슬피 울었다"는 사실만을 들었다. 우리는 유다라는 인물을 너무 성급하게 도덕적으로 정죄하는 것을 피하기 위해서 이 점을 명심해야 할 것이다. 우리는 여기서부터 볼 때, 또한 유다가 예수를 넘겨 줄 때의 그 입맞춤에서, 사람들이 종종 생각한 것처럼 순전한 위선으로 볼 수는 없을 것이다. 사도가 어떻게 예수를 넘기는 일을 이런 표시로써가 아니라, 그와의 친교의 마지막 증언의 형태로가 아니라 달리 행할 수 있으랴? 어떻게 사도가 이렇게 행한 것을 곧 후회하지 않을 수 있겠는가? 어떻게 사도가 이런 행위에 대하여 진정으로 뉘우치지 않을 수 있겠는가? 유다는 분명히 저런 형태의 악한 행실로써만이 아니라 또한 뉘우침으로써 사도로서의 그의 인간의 성격을 확증해야 한다. 그러나 복음서에서는 분명히 이 사도의 인물이 아니라 행동을, 곧 그와 예수 사이에 객관적으로 취소할 수 없이 발생한 사건을 문제삼는다. 여기서 무슨 일이 일어났는가? 우리는 그것이 외면적으로는 비교적 사소한 일이었음을 보았다. 사울의 제의적 범죄가 다윗의 간음과 비교되듯이, 유다의 배신은 베드로의 부인과 비교되지 않는가? 여기서 버림받은 자가 선택받은 자보다 차라리 적은 죄인처럼 보이지 않는가? 유다는 제사장이 보낸 포리(捕吏)들이 예수를 눈에 띄지 않게 잡을 수 있는 곳으로 그들을 데리고 갔다. 같은 일은 분명히 다르게도 다른 데서도 일어날 수 있었을 것이다. 그래서 우리는 다만 이것을 확인할 수 있을 따름이다. 그 일은 일단 실제로 그렇게 거기서 일어났다. 그리고 유다가 행할 수 있었고, 거기서 실제로 행한 것을 통해서 예수를 살해하는 동작이 그 목표를 향하여 움직이기 시작했다. 이 자리에는 대제사장도, 빌라도도, 그의 병사들도, 또한 예수를 부인하게 될 베드로도, 도주하는 다른 제자들도 아니고, 오로지 사도 유다가 지렛대를 움직였다. 그의 행위에서 이스라엘은 결국, 자기 하나님을 온전히 섬기지 않고 그러므로 전혀 섬기려 하지 않는 하나님 백성으로 드러났다. 그의 행위에서 양들은 은전 서른 개를 받고 선한 목자를 도살하기 위하여 팔았다. 그의 행위에서 유다 지파는 자신에게 약속된, 그리고 실제로 선사된 메시아를 버렸다는 것을 증언하였다. 그의 행위에서 또한 사도의 무리도 이런 버림에 공동 책임을 지게 되었다. 이것이 바로, 그 자체로 사소한 예수와 유다 사이의 행위에서 취소될 수 없게 일어난 사건이다. 이것은 사무엘상에서 사울에 대해 이야기한 그 자체로 사소한 죄들이, 바로 사울의 왕권은 실제로 야웨의 왕권을 배척하는 것이었음을 증언하는 것과 같다. 그의 행위가 이런 것이었으므로, 유다가 그 다음에 아무리 진지하게 뉘우칠지라도 예수가 이 행위에 대해 말씀한 것을 바꾸어 놓을 수 없었다: "그로 인하여 인자가 넘겨지게 된 그 사람에게 화 있을 것이다!" 그러므로 그는 의도가 아무리 진지할지라도 이 행위에 대하여 어떤 보다 나은 다른 행위로써도 완전하게, 그러므로 실제로는 속죄할 수 없었다. 사울도 자신의 죄에 대한 진지한 뉘우침과 고백, 그리고 심지어 보다 나은 행실이 없었던 것은 아니다. 그러므로 유다는 그가 행한 일을 뉘우칠 수 있었고, 그 일로 인하여 범죄했음을 고백할 수 있었고, 그것을 다시 변상해 보려고 하였다. 그러나 사울과 마찬가지로 그도 이 마지막 것을 이룰 수 없었다. 그렇기 때문에 대제사장들과 장로들이 그에게 그의 뉘우침, 그의 고백, 그의 회복 시도에 대하여 다만 이렇게 답변할 수밖에 없었던 것은 정당하였다: "그것이 우리와 무슨 상관인가? 잘 생각해 보아라!"(4절) 그가 자신을 도울 수 없듯이 그들도 그를 도울 수 없었다. 그 행위의 결과가 이미 그들 자신의 손에서 벗어났기 때문에 그들은 그의 행위를 없었던 일로 할 수 없었다. 저 목표를 향해 가는 전체 동작이 일단 시작되었고, 어떤 누가 사건 진행에 참여하든 사건의 책임은 유다에게 있었다. 그러므로 신약성서의 서술에 의하면 그의 회개는, 청허와 응답으로서 어떤 은혜의 약속이 없는 미해결의 물음으로 남아 있다. 유다의 회개는 그 자신의 행위로는 전혀 완전해질 수 없고, 다만 저 동작이 도달하려는 목표에서부터만, 곧 예수가 온 세상의 죄를 위해, 또한 이스라엘의 죄와 유다의 죄를 위해서도 자신의 죽음으로써 성취한 회복의 능력으로써만 완전해질 수 있다면, 어찌 그런 일이 가능할 수 있겠는가? 그러나 이 회복, 그리고 예수에게서 일어난 온 세상의 죄의 화해를 믿음으로써 완전한, 진정한, 그리고 용납될 만한 회개의 가능성이 열리는 것—그들 자신을 위하여 죄인들의 손에 하나님이 그 자신의 아들을 넘겨줌을 통하여 하나님의 은혜를 이렇게 실현함, 그리고 예수의 부활에서 이런 실현의 계시는 아직 사건화되지 않았고 비로소 저 동작의 진행이 완성될 때에 사건화될 것이다. 그러나 유다는 회개함으로써, 곧 자신의 행위에, 그가 저 마리아와 달리 예수에 대하여 유보하였던 자기 스스로의 결정, 조치의 자유에 의지함으로써 이 사건의 이편에 있었다. 그는 예수를 유보 없이 자신의 주로 삼기를, 그의 죽음을 영화롭게 하기 위해서 자신을 헌신하기를 거절했다. 이런 유보적 자세로써 그는 사도가 되고자 했다. 그의 헌신의 불완전성, 그의 사도직을 실증하는 데에서 내적인 허위성은 필연적으로 그의 회개의 불완전성, 그리고 비현실성과 일치한다. 그의 행위는 저 유보 속에서 예수를 넘겨주는 것으로 끝날 수밖에 없었다. 그러나 그는 이 유보 속에서 이 행위를 회복하는 데까지 나아갈 수 없었다. 유다는 예수의 죽음에서 그 목표에 도달하는 동작을 개시한 것에 대해서만 책임이 있었으며, 이 목표에서부터 그에게도 해당되는 약속에는 참여하지 못했다. 그는 다만 그를 거기로 인도한 자로서, "죄 없는 분의 피를 넘겨 준" 자로서, 거기서부터 고발되고 정죄되는 자로서 예수의 십자가와 대면한다. 그리고 베냐민 사람 사울이 다윗과 대면하고, 예언서의 무수히 긴 고발 목록 속에서 야웨와 대면한 이스라엘의 상황이 서술된 것과 같이, 유다 안에서 그의 지파, 다윗 지파, 온 이스라엘이 예수의 십자가와 대면하고 있다. 전혀 은혜로부터 살려고 하지 않았으므로 은혜를 전적으로 버린 자에게 은혜가 어떻게 올 수 있으랴? 이렇게 은혜를 배척한 자의 회개가 버림받는 회개 말고 무엇이 될 수 있겠는가?

여기서부터, 사도행전 1장의 유다의 최후에 관한 또 다른 보고가 마태복음에서 그처럼 인상깊게 서술된 회개를 언급하지 않을 뿐 아니라 전혀 알지도 못하는 듯 보이는 사실이 설명된다. 유다 자신은 사도행전 1:18에 의하면, 그 동안에 예수에게 일어난 일로 그가 양심의 가책을 받지도 않은 채 "불의한 보수로" 밭을 샀다. 이 점에서 두 보고의 모순은—우리는 양자를 조화를 시킴으로써 이 모순을 제거하려고 해서는 안 될 것이다.—그 자체로 신약성서의 관점에 의하면 유다를 위하여 은혜의 약속이 주어질 수 없고, 진정한 회개는 그에게는 불가능하다는 것을 분명히 말해 준다. 마태에 의하면 그가 이런 관점에서 그처럼 진지하게 원했고 행한 것은 사도행전에서 당연히 무시될 수 있었다. 그가 그의 행위에 대하여 그의 인격으로써 지불하는 것 외에 다른 것은(그 행위를 변제함이 없이), 그의 인격과 또한 그의 사도직의 소멸 외에 다른 것은, 그의 행위 저편에서 그의 흉측스러운 최후 외에 다른 것은—왜냐하면 그의 행위는 예수의 죽음과 부활 이편에서 일어났으므로, 그는 저 마리아와는 달리 이 미래의 화해에 대한 몫을 포기해야 했으므로—기대할 수 없고 실제로 나타날 수 없다. 예수의 말씀에 의하면(마 23:37) 예루살렘이 "원하지 않음"으로써 몰락 외에 다른 것을 기대할 수 없듯이 말이다. 양자의 상호 모순되기는 하지만, 유다의 운명이 어떻게 될 것인가에 대한 양자의 보고는 유다에게 전혀 미래가 없다는 사실에 대한 음울한 유비로 보인다.

마태복음 27:5에 의하면 유다는 열심을 내어 그가 받은 은전 서른 개로 스가랴 11장의 예언자와 같은 일을 행함으로써 어느 정도 회복하려는 시도를 관철시켰다: "그는 성전에 돈을 던졌고 가버렸다." 그러나 분명히 돈을 이렇게 쓰기에는 너무 때가 늦었다. 이스라엘이 야웨를 약간의 종교로 어루만지려고 하였던 때, 이제 거꾸로 예수가 유다에 의해 팔리던 때, 은전 서른 개를 가지고 적어도 지속적인 성전 보수 비용으로, 적어도 이스라엘 내에서 예배의 연속성의 유지를 위하여 무엇인가를 할 수 있었던 때—이런 때는 지나갔다. 성전의 때, 예루살렘의 때, 이 장소에서 특별한 예배의 때, 특별한 백성 이스라엘의 존재의 때는 지나갔다. 유다가 예수를 넘겨줌으로써 이 시간은 끝나기 시작했다. 성전의 지속적인 보수, 마가복음 12:42에 의하면 가난한 과부가 그녀의 동전을 집어넣었던 저 돈궤 속에 계속적으로 헌금을 내는 것은 이제 무의미해졌다. 유다가 약속되고 출현한 이스라엘의 메시아 대신에 그의 몫으로 선택하였던 유대교로서는, 그로써 시작된 메시아의 배척 운동 후에는, 성전과 예루살렘과 하나님의 특별한 백성 이스라엘의 존속을 위하여 아무것도 행할 수 없었다. 성전에 버려진 저 돈과 더불어 뒤에 남은 것은 물론 대제사장과 장로들이 아니었다. "그들은 돈을 취하고 말하기를 이 돈을 성전 돈궤에 넣어서는 안 됩니다. 이것은 피값이기 때문이요라고 했다." 이로써 그들 자신이 그들이 돈을 주어 유다로 하여금 하게 한 행위가 살인 행위였음을 확증한다. 이로써 그들 스스로 간접적으로 자신들 죄를 시인한다. 그러므로 그들은, 스가랴 11장에서 일어난 것과 유사하게 이 행위의 소득이 성전 보수의 목적으로 사용되는 것을 막아야만 한다. 그런데 그들 자신의 해결책은 무엇인가? 그들은 이 돈으로 외국인들, 즉 객(客)으로서 예루살렘 유월절 축제 기간에 체류 도중 죽게 될 디아스포라 유대인들을 매장할 묘지 터로 "토기장이 밭"을 매입한다. 이에 대해서 마태는 이로서 말씀이 이루어졌다고 말한다.(9절) "그리고 그들은 은전 서른 개, 곧 '이스라엘 자손들이 값을 매긴 사람의 몸값을' 받아서 주께서 내게 명령하신 대로 토기장이 밭에 대한 대가로 주었다." 마태는 이 스가랴의 말을 예레미야의 말이라고 한다. 이것이 실수가 아니라 고의라고 할지라도, 스가랴 11:13은 분명히 "토기장이의 밭"이 아니라 성전 보수에 대해 언급하기 때문에, 그 의도는 분명히 히브리 성서에서 필사자의 실수에 기인한 본문 요소와(즉 "토기장이의 밭", 10절) 관련이 있다. "토기장이의 밭"으로서 마태는 한편으로는 "토기장이의 집"(렘 18:1f.), 다른 편으로는 아나돗의 밭 구매를(렘 32:6f.) 염두에 두었다. 우리는 여기서 다시, 비록 많은 오해와 혼동이 있을지라도 성서는 다른 책들이 아무리 정확할지라도 그것들보다 훨씬 많은 교훈을 준다는 것을 지시하는 경우를 발견하게 된다. 여기서는 모든 것이 연관성과 의미로 가득하다. 예레미야가 여기 소개됨으로써 우선 일반적으로 전체 사건의 연관성, 즉 유다의 행위, 대제사장의 행위와 임박한 예루살렘의 멸망과의 연관성이 드러나게 된다. 토기장이의 집에 대한 보고가(렘 18장) 여기에 암시됨으로써 우리는 거기 4절에서 읽을 수 있는 사실에 주목하도록 요청받는다: "그런데 토기장이는 진흙으로 그릇을 빚다가 잘 안 되면, 그가 좋을 대로 그 흙을 가지고 다른 그릇을 빚었다." 그리고 여기서 이스라엘과 특히 유다의 사도직을 생각하게 된다. 분명히 여기서 또한 예레미야 32장이 암시되는데, 거기서는 토기장이가 아니라 예언자가 밭을 매입하는 일에 대하여 언급하고 있다. 밭의 매입은 여기서 분명히 멸망 직전의 예루살렘에 대한 약속의 징표 성격을 가진다: "사람들이 이 땅에서 다시 집과 밭과 포도원을 팔게 될 것이다." 그렇다면 마태는 대제사장이 저 매장터를 매입한 사건에서 분명히 저 약속이 끔찍스럽게도 왜곡됨을 본다. 그 약속의 성취란, 유다의 행위 뒤에, 아들 다윗의 배척 이후에는, 이 행위에 대한 무서운 대가로서 다만 예루살렘에 외국인을 위한 매장터, 즉 그들 자신의 고향에서 객이 된 이스라엘의 자손들을 위한 묘지만이 있을 것이라는 것이다. 생명으로 가득한 성전은 더 이상 없고 오직 무덤 터만이 있을 것이다! 이 모든 일이 스가랴 11장을 넘어 지시할지라도, 스가랴 11장의 마지막 문장(17절)은 바로 유다 및 대제사장, 장로들에 관한 모든 일을 끔찍스럽게도 드러낸다는 것을 부인할 수 없다. "양떼를 버리는 쓸모 없는 목자에게 화가 있을 것이다! 그의 팔과 오른 눈이 상하게 될 것이다! 팔은 바짝 마르고 오른 눈은 아주 멀어 버리게 될 것이다!" 대제사장과 장로들은 유다의 보수를 결정함으로써 유다와 그들 자신과 그리고 이스라엘 자신이 버림받을 것에 대한 판결을 스스로 서명하였다.

사도행전 1장의 보고에 의하면 유다의 뉘우침에 대해서는 전혀 언급이 없고, 대제사장이 아니라 유다가 밭을 산다. 그리고 마태복음 27:8에서 밭을 살 때 그가 치른 돈을 피의 값이라고 한 대신, 여기서는(19절) 신약 문서들 내지 그것의 자료가 집필되던 시기에는 그 밭이 대중 사이에 "피밭"으로 불렸다는 사실은 그 다음에 유다가 자신이 획득한 혹은 소유한 것을 하루도 즐길 수 없었다는 사실과 연결된다. 그 이유는 그가 갑자기 끔찍스러운 죽음을 당했기 때문이다. 사도행전은 여기서 시편 69:26의 성취를 본다: "그의 거주지는 황폐해질 것이고 거기에 사는 사람이 없게 될 것이다." 그리고 시편 109:8에서 이렇게 첨가한다: "그리고 다른 사람이 그의 직무를 취할 것이다." 우리는 사도행전이 의도하는 뜻에서 두 말을 유다와 동시에 이스라엘 백성에게 적용시켜야 할 것이다. 유다는 어리석게도 예수를 넘겨줌을 통하여 획득한 것(밭)과 예수가 그를 사도로 부름으로써 그에게 준 것(ἐπισκοπή)을 함께 잃었다. 그리고 이스라엘은 자신의 메시아를 배척한 대가로—비록 아주 어리석었지만—확보하려고 한 것을(그의 민족적, 종교적인 특별한 삶을 교란당하지 않고 계속 유지하는 것과 장차 세계 지배의 야망), 그 가운데서 메시아의 출현을 통해서 바야흐로 실현되려고 한 것과 (하나님의 진정한 백성으로서의 그의 존재와 온 세상의 백성에 대한 그의 참된 사명의 수행) 더불어 상실했다. 무엇이 남아 있는가? 소유자 없는 밭, 사람 없는 직무, 그것은 이제 다른 사람에게 넘어갈 수밖에 없다. —황무지가 된 도시와 땅, 더 이상 이스라엘 백성의 것이 아닌 신성과 사명, 그것은 이제 모든 다른 백성들의 것이 되어야만 한다. 우리는 이 보고가 마태의 보고와 외면적으로는 일치하지 않으나 실질적인 내용에서는 일치한다는 것을 보게 된다. 유다의 운명이 어떻게 되는가에 대해서는, 양자의 보고는, 가룟 유다뿐만 아니라 유다 지파도, 곧 유다의 체현으로서의 가룟 유다와, 그리고 가룟 유다에서 체현된 유다는 그 자체로 아무 미래가 없다는 것을 확증한다.

마태복음 27:5에 의하면 이 미래 없음은 유다의 자살을 통해 확증된다: "그는 가서 목을 매어서 죽었다." 이 어법은 분명히 사무엘하 17:23을 연상케 한다. 거기서는 다윗의 이전 친구요 고문이었던 아히도벨의 자살에 대해 이야기한다. 아히도벨은 압살롬의 음모와 반란 때에 압살롬 편에 가담했고, 그를 위해 다윗을 살해할 지혜롭고도 위험한 충고를 하였고, 스스로 그 계획을 실천에 옮길 것을 제안하였다. 그런데 다윗에게 충성하며 외면상으로만 압살롬 편에 섰던 후새에 의해 모든 일이 수포로 돌아갔다. "아히도벨은 자기 모략대로 이루어지지 않는 것을 보자 나귀에 안장을 지워서 타고 거기서 떠나 자기의 고향 집으로 돌아갔다. 거기에서 그는 집안 일을 정리한 뒤에 목을 매어서 죽었다. 그는 이렇게 해서 죽어서 자기 아버지의 무덤에 묻혔다." 유다의 모습은 분명히 저 구약성서의 인물을 전도(顚倒)한 것이다. 유다는, 저 구약성서의 인물은 성공하지 못한 일을 성공했으므로 자살했다. 반면 구약성서의 인물은 유다가 성공한 일에 성공하지 못했으므로 자살했다. 사람들은 심지어 이렇게 말할 수 있다. 유다는 아히도벨처럼 자신이 잘못된 패에 걸었다는 사실, 이미 실패하고 몰락할 일에 결부되었다는 사실을 깨달았기 때문에 자살했다. 유다는 아히도벨이 성공하지 못한 일에 성공한 후에, 그가 다윗의 자손을 실제로 죽도록 넘겨 준 후에, 그가 이것으로써 얻은 것이 완전한 무(無)라는 것을 깨달았다. 그리고 아히도벨은 그의 자살을 통하여 분명히, 그는 자신의 음모가 빗나간 후에 다윗의 승리를 확신했다는 것을 증언하기 때문에, 마태는 이런 회상을 통하여, 그의 악한 행위의 성공 다음에 오는 유다의 자살을 적어도 잠정적으로나마 장차 있을 다윗의 자손의 부활에 대한 증언으로도 이해하려고 했다는 것을 말하려 하지 않았는지, 진지하게 물어야 할 것이다. 그의 자살은 물론 그 자체로는 그가 속죄하려고 했지만 할 수 없었던 그의 행위에 대한 심판, 예수의 저 "인간에게는 화 있으리라!"는 발언의 성취로서 그의 인물에 대한 최종적 판결이다. 자살은 이 행위를 범한 인간의 소멸, 사도의 무리가 예수의 죽음에 책임이 있는 이 자리에서 필연적으로 일어날 수밖에 없는 순전한 빈틈의 발생을 뜻하고, (그 안에서 완전한 재창조, 이 한 인간을 다른 인간으로 대치함만이 그것의 존속과 그의 사명의 실현을 보증할 수 있는) 사도 무리, 교회 내에서의 자리 표시를 뜻한다. 유다는 사도로서 교회 안에서 미래가 없다. 교회 안에서는 오직 마리아만이 미래가 있다. 유다는 그녀와는 성격적으로 전혀 달랐으니, 그녀는 그녀 방식으로 사도직을 얻었고 실천했다. 유다는 교회 안에서 과거에 지나지 않는다. 그리고 유다와 더불어 유다 지파, 다윗의 자손을 이교도들의 손에 넘겨준 유다 지파도, 그리고 "원하지 않았던" 예루살렘도 그렇다. 이 유다와 예루살렘은 몰락함으로써 다른 자에게 자리를 내줄 수밖에 없다. 이로써 이 다른 자에게서 자신의 실패로 상실한 삶을—죽은 자들 가운데서부터 일으켜짐으로써!—속행할 수밖에 없다. 유다의 죽음에서 바로 이 심판이 집행되었다. 마태에 의하면 이 심판은 자기 심판이라는 특별한 형태를 가진다. 유다는 사울처럼 자기 손으로 죽는다. 이것은 분명히 예수에 대해 자기 스스로 선택한 자유로운 결정과 조치의 선상에 있다. 이것이 그로 하여금 예수를 넘겨주게 만들었고, 그의 회개가 거부당한 뒤에는 바로 이런 최후, 바로 이 자살로까지 그를 몰고 갔다. 그는 처음부터 자기 스스로의 심판관이 되려고 하지 않았는가? 그는 또한 이 종결 형태에서도, 그의 죽음에서도, 자신의 심판관이 되었다. 그는 자신의 회개가 거부당함에 항거하여 그에게 어느 상황에서라도 다만 주어질 따름인 것을 스스로 취하려고 한다. 곧 최후 심판, 그의 행위에 대한 하나님의 심판과 또한 그의 행위로 인하여 교란된 질서의 회복. 그는 스스로 자신의 삶이 실패였다고 선언하고, 이제 자기 자신의 집행인으로서 자신을 나무에 매달음을 통하여 이것의 회복을 기대한다. 그가 실제로 예수의 죽음에서 일어났고, 그의 부활에서 계시될 하나님과 세상과의 화해의 이편에 있고 움직인다는 사실을 이것보다 더 소름끼치게 확증할 수는 없을 것이다. 그는 또한 그의 행위의 결과로서 물론 당하는 하나님의 심판을 하나님의 자유로운 은혜로 받아들이려 하지 않고, 그러므로 심판을 하나님의 손에서 기대하려 하지 않고 오히려 자신의 손으로 하나님의 심판을 취하려 하고, 스스로 자신에 대해 집행하려 한다. 모든 이전의 범행에 합당한, 그리고 그 범죄의 절정을 이루는 자기 심판의 빛에서 마태는 분명히 유다의 최후에 상응하는 예루살렘과 온 유다의 국가 및 종교의 멸망을 보았다. 이스라엘은 자신의 메시아를 살해함으로써 하나님의 심판이 그의 전 존재에 불가피하게 되었을 뿐 아니라, 오히려 자기 자신에 충실함으로써 결국 자살을 범하기에 이르렀다. 이것이 바로 로마인에 대한 반란에서, 특히 70년도 티투스(Titus)에 대적한 예루살렘의 방어전에서 이스라엘이 행한 일이다. 이스라엘이 더 이상 생존할 수 없었으므로, 스스로—마지막 대제사장의 최후에 대한 보고를 생각하라.—의식적으로 의도적으로 죽음을 택했다. 이 죽음은 자기 죄에 대한 속죄물이 아니라 다만 죄의 마지막으로 마무리한 것이었을 뿐이다.

사도행전 1장은 유다의 자살에 대해 아무것도 모른다. 오히려 유다가 저 밭을 매입한 후에 죽음에 이르게 된 사고에 대해 어두운 말로써 보고한다: "그는 거꾸러져서 배가 터지고 창자가 쏟아졌습니다."(18절) 이 묘사는—이 이야기의 끔찍스러움은 모든 설명을 비웃었으며, 이 이야기는 이후의 민담을 통해서 또한 항간의 요설을 통하여 첨가되기도 하고 일부 유화되기도 하였다.—분명히 다음을 표현한다. 유다는 자기 스스로 몰락하였다. 그는 그 자신의 불가능성 때문에—"배"는 신약성서에서 인간의 가장 중심부이다. 이 중심부가 드러남으로써—치욕스럽게도 멸망했다. 그의 피조적인 존재는 그 자신이 휘말렸던 모순의 끔찍스러움을 더 이상 감당할 수 없었고 그래서 그의 생명은 마치 안전장치를 제거한 수류탄처럼 폭발해야만 했다. 그래서 그는—사도행전 1장은 자기 손을 통해서가 아니라 자기 스스로라고 말한다.—죽어야만 했다. 그러므로 그에 대한 심판이 여기서는 자살로 이해되었다. 여기서부터 또한 예루살렘, 이스라엘에 대한 시야가 열린다. 유다가 행한 일을 행하는 자는 역시 이로써 이 행위를 넘어서 또한 자기 스스로를 불가능하게 만드는 일, 자기 스스로를 심판하는 일을 하는 것이다. 그의 전 존재가 이처럼 터짐으로써 그의 내장이 쏟아진다. 예수를 죽이는 자는 이 일을 넘어서서, 비록 그는 이 개념의 전문적 의미에서 자살자가 되지 않을지라도 자기 스스로를 죽이는 것이다. 이렇게 양자의 보고는 처음에 볼 때에는 형식적으로 모순되는 것처럼 보일지라도 모순보다는 오히려 실질적으로 일치하는 점이나 상호간의 확증해 주는 점이 더 많다.

유다의 죄는 이와 같다. 우리는 어느 관찰 지점에서부터건, 신약성서가 그의 인물을 따라다니며 서술할 때 일반적으로 경악하는 그것이 그 대상에 적합하지 않다고는 말할 수 없다. 실제로 밤의 역사인 이스라엘의 역사로부터, 사도의 무리 가운데서 교회는 나왔던 것이다. 유다는 실제로 사도의 무리 가운데서 이스라엘의 대표로, 교회 가운데서 "멸망의 자식"이요, 사탄이 그 속에 들어간 인간, 악마였다. 따라서 신약성서에 의하면 그가 아무리 진지하게 회개할지라도 그것은 배척을 받았다. 따라서 신약성서에서는 그에게 다만 끔찍스러운 최후만이 있을 뿐이라고 말한다. 의심할 여지도 없이 여기서 우리는 신약성서의 중심에서 버림받은 인간의 문제에 직면한다. 곧 하나님은 그에게 무엇을 원하는가? 하나님은 그에 대해 무엇을 결정했는가? 그리고 이 문제는 신약성서가 선택받은 인간의 문제도 제기했고 답변하였던 같은 중심부에서 제기된다.

우리는 우선 그 중심부로 되돌아와야 한다. 그것은 같은 중심부이다. 우리는 유다가 "열두 제자 중 한 사람"임을 기억한다. "그는 우리 가운데 한 사람이었다."(행 1:17) 그리고 이것은 형식적인 것이 아니다. 어떤 다른 사도들은 예수를 넘겨주지 않았다. 그러나 유다와 다른 사도들은 너무나 밀접하게 함께 속하여 있다. 예수가 그들을 함께(다른 사람들을 유다와 더불어, 그리고 유다를 다른 사람들과 더불어!) 선택했고 부름으로써 그들 사이는 매우 친밀한 관계 속에 있었다. 그들이 그것을 행한 것처럼 혹은 공동으로 행한 것처럼이 아니라, 그들이 할 수 있었던 한, 그럴 가능성이 그들 자신의 가능성인 한에서, 유다가 행한 일은 그들과도 상관한다. 그렇지 않고서야 예수가 "너희 중 한 사람이 나를 넘기게 될 것이다." 하고(막 14:19, 마 26:22) 말한 것에 대해서 그들 모두가 "매우 슬퍼하고" 한 사람씩 차례로(εἷς καθ᾽ εἷς) 각자가(εἷς ἕκαστος) "주여, 나는 아니지요?" 하고 묻는 저 매우 기이한 일이 어떻게 설명될 수 있겠는가? 누가복음 22:23에 의하면 그들은 서로 "그런 일을 할 사람이 도대체 누구인가?" 하고 물었고, 요한복음 13:22-23에서 제자들은 "예수께서 누구를 두고 하시는 말씀인지 몰라서" 서로 바라보았다. 베드로는 예수의 품에 누워 있던 제자에게 물었다. 그러자 예수 자신이 그 대신에 대답한다: "내가 빵 조각을 적셔서 주는 사람이 바로 그 사람이다." 그러고 나서 곧 빵 조각을 적셔 유다에게 주었다. 모든 복음서 기자들이 이 장면에서 긴장하는 것은 분명히 여기에 기인한다. 이 한 사람이 실제로 그 사람이었다. 그러나 다른 모든 사람들도 또한 그럴 수 있고, 역시 그랬을지도 모른다. 그러나 이것은 분명히 베다니에서의 도유에 관한 주목할 만한 전승 형태에서도 발견된다. 아낌없이 낭비함에 대하여 누가 저렇게 항의하였고, 그 300데나리온이면 저 기름을 팔아서 가난한 사람들을 구제하는 비용으로 쓸 수 있을 것이라는 경건한 생각을 발설했던가? 요한복음 12장에 의하면 이것은 유다의 물음이요 생각이다. 이에 관련해서 거기서 유다는 복음서 기자에 의해 그의 의도가 매우 나쁘게 해석되어 도둑이라고 표현되어야만 한다. 그러므로 우리는 요한복음 12장에서 읽을 수 있는 저 도유 설화에서, 유다와 저 마리아의 대비에서 유다의 죄에 대한 물음의 열쇠를 발견했다. 그러나 이제 주목할 만한 사실은, 마가복음 14장의 평행 보고에 의하면 유다가 저 항의를 제기한 사람이 아니라, "그런데 몇몇 사람이 자기들끼리 수군거리며 어찌하여 향유를 이렇게 허비하는가? 하고 말하였다." 그리고 마태복음 26:8에서는 이 "몇 사람"은 아주 단순하게 분명히 "제자들"로 바뀌었다. 요한이 그를 저처럼 분석하기 위하여 유다라고 말한 같은 장소에서! 사람들이 이런 모순에 직면하여 빠질 수도 있는 역사적 혼란은 이 모순에서 얻을 수 있는 교훈에 비하면 실로 사소하다. 여기서 볼 수 있는 문학적인 과정은 상이한 여러 전승들이 상호 작용한 것인데, 또한 마태의 보고는 마가의 보고를 의식적으로 정확하게 서술하려는 것이고(아마도 마가의 언급은 마태의 보고를 의식적으로 불분명하게 하려는 것인가?) 요한의 보고는 마태, 마가가 언급하는 여러 사람을 의식적으로 유다에게로 집중시킨 것을 뜻한다. 아니면 요한의 보고가 원래적인 것이고, 마태와 마가의 것은 그 원래의 것을 일반화한 것인가? 그러나 어찌되었든 간에, 신약성서는 실제로 이 문제에서 이같이 상이한 정보를 제공하고 이로써(신약 정경의 독자가 감출 수 없었고 또한 감출 수 없는 대로) 전반적으로 이렇게 말한다. 유다가 저런 기회에 말한 것은 예수 가까이에 있는 어느 누구라도, 그의 제자들, 그를 배신하지 않을 다른 사람이라도 말할 수 있었다. 혹은 거꾸로, 거기서 어느 누구, 혹은 다른 모든 제자들이 말한 것은 이런 기회에 유다의 말일 수도 있었을 것이다. 신약성서는 유다의 죄의 문제에 대한 열쇠 같은 것을 우리에게 제공하는 바로 그 지점에서, 유다를 다른 사도들과 떼어서가 아니라 함께 보았다. 요한복음 12장에 의하면 유다가 마리아와는 대조적으로 전적인 헌신에 대한 예수의 요구를 결정적으로 회피한 채 횡령과 절도를 일삼으며, 자신의 계획과 계산에 따른 사도적 추종의 의도 아래 자신을 은폐하고 있었다면, 공관복음서에 의하면 제자들이 일반적으로 역시 회피적 자세를 보였고, 저 여인과는 역시 대조적으로 같은 책망을 들을 필요가 있었다: "가난한 사람들은 늘 너희와 함께 있으니 언제든지 너희가 하려고만 하면 그들을 도울 수 있다. 그러나 나는 언제나 너희와 함께 있는 것이 아니다."(막 14:7, 마 26:11) 그들은 거기서 유다와 함께 그들도 그처럼 예수를 배신하는 자가 될 수 있는 지점에, 그를 실제로 이미 배신한 것과 같은 지점에 서 있다. "주여, 저는 아니지요?"라는 물음의 솔직성과 필요성은 여기서부터 납득할 수 있다. 예수가 그들 중 한 사람이 그를 넘기게 될 것이라고 말하였을 때, 그들 각자에게 실제로 물음을 던졌던 것이다. 또한 여기서부터 요한복음 13장의 세족(洗足)도 납득할 수 있다. 곧 유다와는 구별되게 다른 제자들의 얼굴과 손은 깨끗하지만 발은 유다 못지않게 더럽기 때문에, 그들은 발을 특별히 씻지 않고서는 결국 유다와 마찬가지로 역시 더러울 따름이기 때문에, 실제로 예수의 모든 제자들, 그의 제자들에게 예수는 발을 씻어야만 했다. 발에 관해서는, 그들 모두는 유다와 마찬가지로 책임이 있고 고발당했고 깨끗하게 함이 필요하다. 설령 유다가 특별한 의미에서 그렇다고 할지라도, 그는 모든 사도들의 더러운 발을, 즉 교회가 근원적으로 고집스러운, 버림받은 이스라엘과 더불어, 그러므로 세상과 더불어 공동으로 가지고 있는 것을 체현하고 표출하는 한에서만 그렇다. 유다 안에서, 그러나 유다 안에서만이 아니라, 육신적으로 아브라함의 자손인 모든 사도들 안에서, 이스마엘이 이삭에도 불구하고, 에서가 야곱에도 불구하고, 파라오가 모세에도 불구하고, 사울이 다윗에도 불구하고 계속 존속하려 한다. 어떻게 아니 그럴 수 있는가? 하나님 말씀 자신이 이 아브라함의 자손들의 육신을 받아들였다는 것과, 교회가 그 사도적 원형태에서 육신적 아브라함의 자손들로부터 선택되었고 모여졌다는 것이 어찌 진실일 수 있으랴? 예수가 그들을 부르고 선택함으로써, 그가 그들에게(요 17:12) 임재하고 지키고 보호함으로써, 유다까지도 포함하여 사도들 모두가 객관적으로 깨끗하게 되었고, 그들의 머리와 그들의 손은 이미 씻겨졌다. 이것은 곧 예수가 그들을 불러 자신 주변에 모아 놓고 그들을 자신의 행위의 증인으로, 자신의 말씀을 듣는 자들로 만들었음에 있었다. 이것은 그들이 세상에 있는 동안에 세상의 빛이 비추면서 그들에게 다가섰던 그 초월적인 능력에 있었다. 이것은 예수가 그들을 자기 백성이라 불렀고, 자기 백성으로서 그들과 사귐에 있었다. 이것은 예수가 자신과 그들 사이에 저 요한복음 15:5에서 범주적으로 서술한 관계를 수립했음에 있다: "나는 포도나무요, 너희는 가지들이다." 그리고 "너희는 내가 너희에게 말해 준 말로 인하여 이미 깨끗하다."(요 15:3) 이 관계는 깨끗하게 한 것이 그들 중 한 사람, 곧 유다에게는, 요한복음

13:10, 17:12에 의하면 무익하였다는 것, 유다의 얼굴과 손이 실제로 깨끗해지지 않았다는 사실로 인하여 폐기되지 않았고, 그들에게 객관적으로 이루어진 정결이 이것으로 인하여 허위가 되지 않았다. 그리고 베드로가(요 13:9) 예수에게 그의 얼굴과 손도 씻겨 주기를 요청했다면 그것은 잘못이었다. 왜냐하면 이미 그 일은 이루어졌기 때문이다: "목욕을 한 자는 더 이상 씻을 필요가 없다. … 그는 온전히 깨끗하다. 그리고 너희는 깨끗하다 …!"(요 13:10) 그들의 더러움에 대한 객관적인 활동은 바로 예수의 인격 안에서 언제나 이루어진다. 그 활동은 그런 것으로 인식되고 인정되어야 하고, 그런 것으로 문제시되어서는 안 된다. 그리고 요한복음 13:10의(본문 비평적으로는 불확실한) 한정하는 말 "발이 아니면"이 후대인이 설명을 위하여 첨가한 것인지 혹은 (이 말을 "온전히 깨끗하다"와 부합되지 않는다고 여긴) 후대인의 오해로 인하여 탈락되었는지는 궁극적으로 중요하지 않다. 후자가 더 개연성이 있다. 그러나 "그는 더 이상 씻을 필요가 없다"는 저 말에 대한 설명은 전체 문맥으로 볼 때 전자의 경우에도 불가피할 것이다. 객관적으로, 포도나무에 붙은 가지로서 이미 깨끗한 것을 특별히 깨끗하게 함에 대하여 요한복음 15:2는 언급한다. 그리고 거기에서 또한 포도나무에 붙어 있지 않고 그러므로 열매를 맺지 못하는 가지는 잘려질 위험이 있음에 대해서 경고한다. 그러므로 이 일에 관한 보고가, 요한복음에 대한 최근의 해석에서 명석하게 추측하는 대로, 요한복음에 빠진 성만찬 제정에 대한 보고를 대신하는 기능을 가진다면 특별히 깨끗하게 함으로써의 세족, 객관적으로 이미 깨끗한 것을 주관적으로 깨끗하게 함은, 그들이 이미 객관적으로 깨끗하게 씻겨짐처럼 간과되거나 소홀히 여겨져서는 안 된다. 요한복음 13:8에서 베드로에게 말한 것은 오해의 여지가 없다: "내가 너를 씻어 주지 않으면 너는 나와 상관이 없다!" 특별한 세족은 예수와의 친교를 위한 "필수 조건"이다. 이 일이 없으면 베드로도 다만 유다와 친교를, 악마와 친교를 맺을 따름이다. 베드로가 유다와 공동으로 가진 것에 의해서 베드로도 특별히 씻겨져야 한다. 이 점을 이해하기 위하여 13장의 도입 구절을 주목해야 한다. 1절에서, 예수는 세상을 떠나 아버지에게로 갈 시간이 왔다는 것을 알고서, 그가 세상에 있는 그의 백성을 지금까지 사랑했던 것처럼, 이제 εἰς τέλος "끝까지" 그리고 "아주 완전하게" 그들 모두를 포괄하는 사랑으로써 그들을 사랑했다고 한다. 그리고 3절에, 예수는 아버지가 그에게 모든 일을 맡겼으며, 그는 아버지로부터 나왔고 아버지에게로 간다는 것을 알았다고 한다. 자기 백성에 대해 염려하고 자기 자신과 하나님에 대해 생각하는 바로 그 순간에 악마가 유다의 마음속에서 예수를 넘겨줄 계획을 세웠다. 혹은 그의 마음속에 이 계획을 집어넣었다.(2절) 요한복음에 의하면 전적으로 모든 일이 이 한 결정적인 순간에 집약된다. 위로는, 그의 죽음이 다가오고, 그러나 동시에 그의 최후에 상응하여 아버지에게로 올라가는 일이 남아 있다. 아래로는, 유다의 사탄적 가능성의 현실화가 이미 시작된다. 예수 자신 속에는 그의 전적인 능력 충만에 대한 의식과 자기 백성과의 관계에서, 그들을 마지막으로 온전하게 하기 위하여 그 능력을 사용하리라는 의지가 있다. 이 결정적인 순간에 예수는 자기 사람들의 발을 씻어 주려고 한다. 성만찬 제정과의 평행성이 실제로 눈에 띈다. 그러나 여기서 결정적으로 평행되는 것이 무엇인가? 여기서 우리는 베드로의 첫 번째 물음에 대한 예수의 첫 번째 답변에서 출발해야만 할 것이다. "베드로가 예수께 '주님, 주께서 내 발을 씻으시렵니까?' 하고 말하였다. 예수께서 그에게 대답하셨다. '내가 하는 일을 지금은 네가 알지 못하나 나중에는 알게 될 것이다.'"(6-7절) 지금은 아니다. 그러므로 베드로는 지금, 예수가 죽기 전에는, 세족으로써 그에게 이루어질 일에 대한 필요성도 알지 못하고 세족의 능력, 효과도 알지 못한다. 그러나 후에, 곧 예수의 죽

음 후에는, 지금 그에게 감추어진 것이 그에게 드러날 것이고, 그것의 모형이 지금 그에게는 모호할 수밖에 없는 그런 일의 능력과 효과를 알게 될 것이고, 이로써 또한 세족에서 예시된 일의 능력과 효과가 그에게는 얼마나 필요한가를 깨닫게 될 것이다. 세족은 분명히 성만찬과 마찬가지로, 사도들과 온 교회에 예수의 현재와 삶을 넘어서, 그의 죽음을 통하여 중계되고 선사될 일을 선취한다. 곧 이전부터 그들에게 행해 있던 사랑을 그의 죽음에서 강하게 되고 부활에서 드러나고 발휘되는 신적인 권능 충만의 능력으로써 완성하는 일. 그는 지금까지 그들과 함께함으로써 객관적인 관계에서 그들에게 주었던 것보다 더 많은 것을 죽음으로써 줄 것이다. 성만찬에서 예시되고 선취된 것처럼, 그는 그들에게 자기 몸을 먹도록 내주고, 자기 피를 마시도록 내줄 것이다. 그는 자신의 죽음의 대가로 그들에게 자기 자신을 선사할 것이다. 그가 자기 목숨을 내어 줌으로써 그 자신은 그들 안에서, 그들은 그를 통하여 살게 될 것이다. 그는 자기 모습을 죽음에 양보함으로써 허공을 향해 주는 것이 아니다. 그는 자기 자신을 그들에게 준다. 그는 이런 사랑으로 세상 안에 있는 자기 백성을 끝까지 온전히 사랑한다. 의심할 여지없이 이것이 또한 세족에서 예시된 것이다. 세족은 우선 제자들을 모두 놀랍게도 아버지가 그의 손에 모든 것을 맡긴 자의 겸비 행위의 성격을 지닌다. 예수가 그의 사람들에게 빵과 포도주를 분배하는 집주인인 것처럼, 그는 세족에서도 그들의 종이 되었다. 집주인은 성만찬에서 주목할 만하게도, 그가 자기 자신을 내어주고 자기 몸을 부수고 자기 피를 흘리게 될 그런 분으로서 자신을 표시하면서 빵과 포도주를 분배하듯이, 그는 온전히 그들 앞에서 그들을 위하여 자신을 낮추기 위해 아버지가 그에게 수여한 권능의 충만을 사용한다. 그러므로 우리는 세족을 확실히 빌립보서 2:7-8에서부터 이해해야 한다: "그는 종의 형상을 취했다. … 자기 자신을 낮추었다." 그리고 우리는 예수 자신이 여기서 베다니에서 그녀의 가장 귀중한 것을 그에게 아낌없이 사용하는 마리아의 원형으로 나타난다는 것을 주목해야 할 것이다. 그리고 베드로에게 경고하는 말, 곧 그가 예수로부터 이렇게 씻겨지지 않으면 그는 예수와 상관이 없다는 말 속에는, 예수와의 친교는 또한 마리아의 자세를—"필수적 조건"으로서가 아니라 "필연적 결과"로서—필연적으로 초래한다는 사실의 상기가 감추어져 있다. 실로 나중에 제자들이 분명히 그를 그들의 주요 스승으로 고백함에 있어서 서로의 발을 씻어 주도록 분명히 권면받는다. 세족은 예수의 죽음을 불가해하게 자신을 낮춤 속에서 그들의 주로서 그들에게 베푼 봉사로 규정한다. 우리는 그러나 세족 자체에서—그것은 어떤 하나의 종의 봉사가 아니라 다만 이 봉사이다!—종이 된 이 주의 내용적으로 특정한 봉사를 발견한다는 것을 간과해서는 안 된다. 곧 주이자 종인 분만이 행할 수 있는 봉사, 그들이 가장 필요로 하는 봉사. 예수가 그의 임박한 죽음을 바라보면서, 아버지로부터 받은 권능의 충만을 의식하면서, 그 권능을(선취하면서 예시적으로!) 자기 사람들을 "끝까지 사랑하고" 그러므로 그들의 종이 되기 위하여 사용하는 순간에, 유다는 마음속으로 이미 예수를 넘기게 될 길에 들어섰다. 그러므로 그가 이처럼 종으로 봉사할 것을 취하여 실천함으로써, 그의 사람들의 몸에 있는 상처가 예수의 눈에 드러난다. 곧 비록 순전히 그가 그들에게 한 말 때문에 그, 포도나무에 붙어 있는 가지들일지라도, 그를 통하여 이미 얼굴과 손이 씻겨져서 세상 속에 있을지라도(1절), 유다가 분명히 그들과 더불어 예수 자신에 의해 선택받고 그들 가운데 있듯이 그들도 이스라엘의 존재와 그것의 버림받음에 긴밀하게 참여하고 있다는 사실. 저 "끝까지 사랑한다"(ἀγαπᾶν εἰς τέλος), 그의 신적 권능의 충만을 드러내고 발휘하는 가운데 사랑한다는 것이 무엇이며, 그의 죽음이 없으면 무엇이 빠지며, 그의 죽음을 통하여 그들에 무엇이 주어질 수 있는가, 다만 그가 자기 자신을 그들에게 선물로 줌을 통하여 잠재워질 수 있는 그들의 필요한 것이란 무엇인가를 세족은 보여 준다. 유다도 그들 가운데 있기 때문에, 모든 사도들이 "세상 속에" 있다는 것이 무슨 뜻인지가 이 사도의 임재와 행위에서 드러나기 때문에, 바로 그렇기 때문에, 바로 이 더러움 때문에, 그리고 그것을 제거하기 위해 예수는 죽어야만 한다. 그리고 유다에 비추어—아니, 그들 모두가 유다와 공동으로 가진 것에 비추어, 그들의 얼굴과 손을 씻은 자들에게 불가피한 세족은 그의 죽음을 예시하는 것이다. 선택받고 부름받은 사도 유다처럼 선택받고 부름받은 사도 베드로도 예수의 죽음을, 자기 백성을 위해 종으로서 온전하고 궁극적으로 헌신하는 봉사에서 이처럼 자신의 사랑을 완성하는 것을 필요로 한다. 이스마엘과 에서의 본성, 파라오와 사울의 본성은(이 본성은 유다의 인격과 행위에서 항거를 일으킨다.) 유다의 본성이요 그에 못지않게 베드로의 본성이다. 유다에게 일어난, 포도나무로부터 열매 맺지 못한 가지로 잘리게 될 위험은 또한 베드로에게도 닥칠 수 있는 위험이다. 베드로의 부인 설화가 보여 주듯이, 비록 그가 예수를 넘기지는 않았고 다만—그러나 확실하게!—부인했을지라도, 예수에 대하여 자기 발로 서려는 경향은 유다의 경향일 뿐 아니라 베드로의 경향이기도 하다. 베다니의 마리아의 모범은 유다뿐 아니라 베드로에게도 낯설고 새로웠다. 유다에게서 드러나기만 한 사도들 전체의 근본적 취약성을 고려하여, 사도들도 이스라엘이고 이스라엘도 세상이고 그러므로 캄캄한 이 지점을 고려하여, 선택받은 자도 버림받은 자가 되고 그런 자로서 선택받았다는 점을 고려하여, 예수는 그들을 "끝까지 사랑해야" 했고, 그들을 위해 죽어야 했고, 그들을 위해 죽은 자로서 그들의 것이 되어야 했다. 아무도 스스로 회복할 수 없고, 하나님의 의를 위하여 다만 그에게서 이루어진 심판의 전제 아래서만 용서받을 수 있는 죄를 고려하여 예수는 죽어야만 했다. 이미 그들은 깨끗하게 되었음에도 불구하고 그들의 버림은 그들에 대한 심판을 요구했다. 깨끗하게 한 것은 유다의 행위를 객관적으로는 배제했고 금했으나 주관적으로 불가능하게 만들 수 없었고, 유다에게서 보는 대로 또한 헛수고일 수도 있었다. 그들 모두가 유다와 더불어 받게 된 심판을 예수가 자신의 죽음으로써 스스로 감당하였다. 예수는 자신의 선택에 상응하여, 저 마지막으로 자신을 헌신하기까지 버림받은 자를 위하여 섬김으로써, 여기서 다만 이 심판을 감수하는 형태로만, 하나님을 저버린 자들에 대한 신적 유기의 성취 형태로만 가능한바, 깨끗하게 함을 자신의 일로 삼았다. 이것이 바로 세족에서 예시된 실질적인 내용이다. 사도들은 그를 섬김의 근거에서, 그 섬김의 능력에서 그가 옹호하는 자들로 살 수 있다. 그는 그들의 불결함을 대신하여 속죄하고, 그들에게 자신의 깨끗함을 선사한다. 세상을 하나님과 화해시키는 자로서, 왕이요 예언자로서, 또한 자기 자신을 제물로 드리는 대제사장으로서의 이런 직무를 가짐으로써 예수는 교회의 머리이다. 이 교회의 머리 앞에서 베드로와 유다는, 그들이 필요로 하는 것에 관한 한, 한 줄로 평등하게 서 있다. 예수의 죽음을 통하여 그와 그의 사람들 사이의 관계의 주관적인 면이 정리되지 않는다면, 그들은 그들의 본성에도 불구하고 예수의 대리적 죽음을 통하여 새로운 주체로 태어나지 못한다면, 그가 그들을 위하여 내어준 생명의 능력 안에서 이 세상에서 새로운 삶을 살 자유가 그들에게 주어지지 않는다면, 그의 사람들은 모두, 베드로까지도 멸망했을 것이다. "나 없이는 너희는 아무것도 할 수 없다."(요 15:5) 이 말은 유다뿐 아니라 베드로와 다른 사람들에게도 해당된다. 슈타르케(Chr. Starke)가 사도행전 1:15-16에 대해 주석한 것은 그릇되지 않다: "베드로가 자신의 죄에 대해 확실한 용서를 받지 못했더라면, 그는 여기서 이런 말을 하지 않았을 것이다. 그는 한 사람이 달려와서 '베드로야, 너도 유다의 형제이다!' 라고 말할까 염려했어야 했다."(*Syn. Bibl. Exeg. in NT* 2. Bd. 1735) 공관복음서에 따르자면 예수는 빵과 포도주의 표적으로써 성만찬을 예시함에서 그들을 위하여 부수는 것으로서 자신의 몸을, 그들을 위해 흘리는 것으로서 자신의 피를 모든 그의 제자들에게 베풀고 나누어 주었듯이, 예수는 모든 제자들의 발을 씻겨 줌으로써, 예수가 자기 제자들에게, 그의 교회에 줄 마지막 선물을 예시하였다. 다른 모든 것에서 이미 예고된 이 선물이 없었다면 모든 다른 선물은 무익할 것이다.

우리가 '모든 그의 제자들에게'라고 말함으로써, 이 일이 과연, 그리고 어느 정도나 유다를 위해서도 유효하게 이루어졌는가? 하는 의문이 제기된다. 다른 말로 해서, 과연 우리는 성만찬에서, 세족에서 예시된 예수의 죽음의 구원적 의미를 유다에 대해서도 기대할 수 있겠는가? 이 물음은 쉽사리 답변될 수 없다. 한편으로 그는 모든 복음서 기자들에 의하면 여전히 예수 그리스도의 선택받고 부름받은 사도이다. 모든 복음서 기자들은 그로 하여금 성만찬 내지 세족에 참여케 만든다. 유다에게는 죄의 용서가 없었다는 것, 저 행위들에서 예시된 것은 그에게는 어떤 적극적인 의미를 갖지 못했다는 것, 예수는 그, 곧 그의 행위가 다만 베드로와 모든 다른 사도들의 감추인 것까지도 드러나게 만들었던 그를 위해서는 헛되이 죽었다는 것 ― 이것은 말로 할 수 없이 잔인한 명제일 것이다! 예수의 "끝까지 사랑함"이 그에게는, 곧 그의 인격과 행위로써는 다만 예수가 그의 제자들을 그의 죽음 없이는 아직 끝까지 사랑하지 못했다는 것을 나타낸 그에게는 미치지 못하였는가? 누가복음 23:34의 요청이 그를 포함하지 않았는가, 아니면 그에 관해서는 무력했던가? 다시 모든 복음서 기자들은 자기 제자들을 위한 예수의 염려를 증언하는 이 결정적인 최후 발언에도 불구하고, 그로 하여금 그의 악한 일을 실천에 옮기도록 하며, 그에게는 헛된 것이 되었지만 예수가 자기 제자들을 적극적으로 지키고 보호한다는 말(요 17:12)은 필연적으로 그에게도 말해진 마지막 증언과도 관련이 있는 듯하다. 예수의 죽음 이편에서 그의 길이 이스라엘에 의해서 파기된 옛 계약의 영역, 표적 안에서 어느 정도 종결됨으로써 그의 솔직한 회개가 대상을 잃게 될 수밖에 없었다는 사실을 통하여, 거기서 그에게도 증언된 바의 적극적 실현이, 마태와 사도행전에 의하면, 그에게는 이미 불가능해져 버리지 않았는가? 그리고 요한복음 13:27에 의하면 그도 저 마지막 증언을 받음으로써, 그의 행위를 완수하도록 떠밀린 것이 아닌가?: "그가 빵 조각을 받은 뒤에 사탄이 그 속에 들어갔다. 예수가 그에게 말하였다. 네가 할 일을 어서 하여라!"

그러므로 복음서 기자가 말한 의미에서는 한편으로 혹은 다른 편으로 물음에 답변하려는 것은 성급하고 동시에 허용될 수 없다. 이 물음은 차라리 우리가 그 물음을 제기하였던 그 형태대로 답변하지 않은 채 내버려 두어야 한다. 차라리 우리는 여기서 분명히 우선 해결되지 않은 대조적 사실에 직면해야 한다. 여기에서 예수는 그의 교회를 전적으로 염려하며, 이로써 또한 세상을 염려하며, 그의 교회의 봉사를 통하여 세상을 지향하며, 세상과 이스라엘과 그의 교회의 근본적 상처를 철저히 회복시키며, 이로써 그 자신의 선택과 하나님의 아들이자 인자로서의 자신의 온 사명을 완수하고 있다. ― 저기에서 유다는 다만 이 염려의 대상, 저 근본적 상처를 지니는 자, 대표하는 자일 뿐이고, 하나님이 예수 그리스도의 선택에서 받아들인, 하나님이 예수 그리스도의 파송에서 관심을 보인 버림받은 인간일 따름이다. 여기서 예수는 또한 유다를 위하여, 의심의 여지없이 유다를 위하고, 저기서 유다는 예수에게 적대하니, 곧 그를 위하고 그를 위하여 자신을 전적으로 내어 주고, 그의 발을 씻겨 주고, 자신의 부수어진 몸을, 그의 흘린 피를 그에게 베풀고, 자기 자신을 그의 것으로 만드는 그 예수에게 적대한다. 신약성서는 우리에게 이 기이한 위함과 적대의 결과에 대하여 직접적으로 알려 주지 않는다. 실제로 전혀 없다! 그러므로 신약성서는 유다의 회개에서, 이 삶에서 유다가 마침내, 궁극적으로 회심했다는 어떤 필연적인 혹은 개연적인 결론을 이끌어 낼 만한 사실을 우리에게 알려 주지 않는다. 그러나 또한 신약성서는 우리에게 피안에서 그의 회심이 성취되리라는 어떤 전망도 열어 주지 않는다. 또한 신약성서는 이런 회심의 불가능성에 대해서도 전혀 분명하게 말해 주지 않는다. 특이하게도 신약성서는 유다를 절망적인 버림받고 멸망함의 실례로, 시간 속에서뿐 아니라 영원토록 저주받도록 결정된 인간의 화신으로 거명하고 주지시킬 수 있는, 그 자명한 가능성을 전혀 사용하지 않았다. 신약성서는 저 명백한 대조적 사실을 양쪽으로 구분하여 한편으로는 또한 유다에 대해서도 예수 그리스도의 은혜를 한정하지 않고 오히려 그를 바로 이 은혜의 밝은 빛 속으로 옮겨 놓음으로써—그리고 다른 편으로는 신약성서는 유다를 한 마디로도 만물 회복(apokatastasis)의 실례로 삼지 않음으로써, 분명히 예수와 유다 사이의 상황을—예수와 다른 모든 인간들 사이의, 하나님의 인간 선택과 필연적 유기 사이의 이 첨예화된 상황—선포를 위하여 열린 상황으로 서술한다. 유다에게도 (예수가 자기 제자들을 "끝까지 사랑한다"는 사실의 예시로서 성만찬과 세족에서), 버림받은 자인 그에게도 베풀어진 것은 그에 대한 선택의 약속, 그를 지향하고 그를 찾고 발견하는 영원한 하나님의 사랑의 온전한, 조건 없는 약속이다. 그는 이 사랑에 대하여 합당하지 않다는 것을 입증할 수밖에 없고, 그가 버림받음은 바로 그가 전혀 사랑받기 원치 않았고, 그가 하나님의 은혜에 적대한다는 사실에 근거하며, 또한 이렇게 결과가 나타난다. 그래서 어떻게 될 수 있다는 말인가? 이 상황의 결과는 무엇이겠는가? "인자가 올 때, 땅에서 믿음을 발견하겠는가?"(눅 18:8) 유다는 예수와 대조적으로, 이 물음이 얼마나 시급한 물음인가, 선포 상황에서 이 물음이 양쪽에서 얼마나 미해결 상태인가를 보여 준다. 그러나 또한 그는—여기에 또한 예수와 유다가 대조를 이룬다.—약속을 선포받은 인간과 경쟁 속에 있는 그 약속을 통해서가 아니라, 오로지 약속이 인간에게 선포되었고, 인간은 약속을 통해 선포받았다는 사실을 통해서만 만들어진 선포 상황에 이 물음이 포함되어 있다는 것이 무슨 뜻인가를 보여 준다. 이 상황에서, 그러나 오직 이 상황에서만, 버림받은 자가 무엇을 위해 하나님에 의해 정해졌는지가 결정된다. 그러므로 이 상황은 개방적 상황일 뿐 아니라, 여기서부터와 저기서부터 전혀 불균형적으로 결정된 상황이다. 곧 기이할 뿐 아니라 아주 특이하게도 위함과 적대가, 예수 그리스도의 항거할 수 없는 신적 은혜와 이 은혜에 대립하는 인간의—너무나 인간적으로!—확증되고 극복될 수 없는 적대 관계가 대립하는 상황이다. 이 대립은 선포 상황에서 언제나 미결 상태로 남아 있다. 이런 대립 속에 유다는 처해 있고, 이 대립에서 버림받은 인간은 유다에게서 자기 자신을 재발견하게 되고, 베드로는 자신이 유다와 연대되어 있음을 알게 된다. 인간의 완전하고도 궁극적인 버림받음의 물음이 제기될 때마다, 교회와 교회의 각 일원은 이 미결의 대립을 생각해야 한다. 교회는 만물 회복(apokatastasis)을, 그러나 또한 예수 그리스도의 무력한 은혜와 그 은혜에 대한 인간의 과도한 사악함을 설교해서는 안 되고, 오히려 이 대립을 약화시킴이 없이, 그러나 또한 이원론적으로 각기 독자성을 부여함이 없이 은혜의 압도적 능력과 인간의 사악함의 무력함을 설교해야 한다. 예수의 위함과 유다의 적대는 의심할 여지없이 이렇게 대립하고 있기 때문이다. 이로 인하여 유다가 회심하였는지 아닌지 답변할 수는 없지만, 어쨌든 선포 상황은 변함이 없다. 버림받은 인간이 이 상황을, 대립 가운데 있는 관계를 벗어날 수 없으며, 이 질서에서 떨어져 나올 수 없다는 것, 버림받은 인간도 이 상황을 확인하고 그 나름대로 스스로를 거기서 확증해야 한다는 것—버림받은 인간에 대한 이런 신적 결정은 신약성서에 의하면 또한 유다의 인격과 행위에서, 그리고 바로 거기서 아주 명백하다.

그에게 죽음의 적극적 의미가 무엇이든 간에, 우선 확실한 것은, 거기서 모든 사도들의 감추어진 근본적 결함이 드러나게 된 그의 행위를 통하여 그는 사도들이 예수 그리스도의 선택과 은혜를 선포하도록 임명받은 것을 철회할 수 없고 거짓말로 만들 수 없으니, 자기 메시아를 버리고 예수 그리스도의 선택에 근거하여 사도들 안에 새로운 생명으로 일으켜진 이스라엘의 지파들의 단 한 사람에 대해서는 부분적으로도 할 수 없고, 전혀 할 수 없다는 것이다. 그가 그 직무에 임해야 하는 순간 배신하고 자살함으로써 자신의 직무 수행에서 벗어났으나 그런 일을 통하여 교회의 기초에 궁극적인 틈이 생겨날 수 있는 것도 아니다. 또한 사도직과 그것에 근거한 교회가 그의 행위 때문에 "온전한 이스라엘"(롬 11:26)이기를 중단할 수도 없다. 저 불순종이 아무리 강하다고 생각될지라도, 그것은 이런 파괴를 하기에는, 교란하는 것조차 너무나 무력하고, 예수 그리스도의 은혜는 너무나 강하다. 여기서 우리는 바울이 고린도전서 15:5에서 부활한 예수가 "열두 제자"에게 나타났다고—유다는 이 숫자를 채우기 위해서는 더 이상 존재하지 않고 맛디아 혹은 바울 자신은 아직 고려될 수 없는 상황에서—말하는 것이 아무렇지도 않다는 것에 주목해야 한다. 유다의 불순종은 다만 나중에 그를 (자신의 선택과 부름을 부정함에서가 아니라 확증함에서!) 특별한 사도직의 자리를 지키는 자로 전락시키기에만 족하다. 그는 자신의 일을 한 후 다른 사람에 의해 대치되어야 할 것이며, 어쨌든 자신의 행위를 그 본래적 의도대로 착수하여야 했고, 다른 사도들과 더불어 집행해야만 했다. 여기서 또 다시 사도행전 1:15-16의 보고가 이 문맥에서 관계된다. 곧 여기서는 유다 대신 부활의 증인으로, 본래 유다에게 주어졌던 "이 봉사의 몫"의 소유자로 맛디아를 선택하고 추첨하는 사건을 이야기한다. 약 120명이 모였다. 베드로는 그들에게, 유다의 행위와 운명으로써 성서의 말씀이 성취되었으며, 이제 예수가 처음부터 사도들과 함께 데리고 다녔던 자들 가운데서 그를 대치해야 할 필요가 생겼다는 것을 설명한다. 두 사람, 곧 요셉 바사바 유스도와 맛디아가 이를 위하여 (분명히 전체 회중에 의해서) 추천되었다. 그리고 나서 "유다가 자기 직무를 버리고 제가 갈 곳으로 갔으므로" 사람의 마음을 살피는 하나님 자신이 이 두 사람 가운데서 누구를 뽑아서 "이 섬기는 일과 사도의 직무를" 맡기도록 기도한다. 그리고 나서 그들은 두 사람에게 제비를 뽑게 한 결과 "맛디아가 뽑혀서 열한 사도와 함께 사도의 수에 들었다."(συγκατεψηφίσθη) 이 보고는 특이하지만 매우 명료하다. 그런데 여기서 주목할 만한 사실은, 그 서두에 사도들에 대한 이런 보고가 있는 사도행전이 최초의 순교자 스데반의 이야기에서부터(7장) 점점 명료해지기 시작하여 13장부터는 분명하게 사도 바울의 이야기로 된다는 사실과, 바울은 실제로는 유다 대신에 등정한 다른 인물이며, 유다의 남겨진 일을 속행하였다는 것을 거의 오인할 수 없다는 사실이다. 사도행전이 그것을 말하지는 않지만 실제로 이것을 말하려 했는지는 하나의 문제이다. 그러나 사도 무리가 수적으로 충원된 후에 원래의 사도 무리가 베냐민 사람 사울의 인격과 행위에서 근본적으로 본질적으로 사도직을 완성할 수 있는 인물을 발견했고, 예수의 죽음과 부활 후의 처지에 상응하는, 죄의 용서받음에 상응하는 모습을 발견했다는 것을 부인할 수 없다. 이미 그의 회심 전에 그런 자로서 그는 모든 보고에서(행 9:1f., 22:4f., 26:10f.) 특별히 언급된 열심을 가지고, 유다의 유령처럼 그리스도교 공동체의 일원들을, 남자거나 여자거나, 체포하여 예루살렘으로 끌어오는 맹활약을 한다. 구약성서의 베냐민 사람 사울이 다윗을 박해하듯이, 신약성서의 사울은 "하나님의 공동체"를 박해하며(갈 1:13, 고전 15:9) 이런 활약 가운데서—이 활약은 두 번(행 8:3, 22:4) 분명히 "넘기다"라고 표시된다.—예수의 현현과 말씀이 그를 놀라게 만든다: "사울아, 사울아, 어째서 네가 나를 박해하느냐?" 그리고 그에게 특별한 사도의 직무를 위탁한다. 그는 이 일을 염두에 두면서 자신을 사도들 가운데서 "달이 차지 못해서 난 자"(고전 15:8), 가장 적은 자(고전 15:9, 엡 3:8), 예수가 구원하기 위해서 세상에 온 바로 그 죄인들 중에서 괴수(딤전 1:15)라고 표현한다. 복음서의 보고를 아는 자가 그의 독자들 가운데 있었다면 이것은 바로 유다 지파의 유다를 상기하지 않을 수 없을 것이다! 예수에 대하여 유다가 그랬던 것처럼, 사울로서의 바울은 실제로 이제 막 태어난 교회에 대하여 이스라엘의 사악한 눈을 체현한다. 그러나 바울에게서 이 사악한 눈은 잠정적으로 멀게 되고, 그 다음으로 진리를 볼 수 있는 바른 눈이 다시 열린다. 이제 이 사람은 납득할 수 없는 자비를 얻고 주의 넘치는 은혜의 대상이 된다.(딤전 1:13f.) 바울은 하나님의 은혜로 말미암아 사도가 되었으니, 그는 모든 다른 사도들보다 더 많이 일했다.(고전 15:10) 바울은(이제 더 이상 유다의 유령이 아니라, 그의 죄와 치욕으로부터 해방된, 다른 생명으로 옷 입혀져서 새로 태어난 피조물이다!) 그의 결정된 바를 성취하는 이스라엘, 복종하는 새 이스라엘의 화신이 된다. 이교도를 위한, 세상을 위한 빛이 아니라면, 구약성서에서 이스라엘에 대한 결정은 무엇인가? 그런데 이스라엘의 빛은 그의 약속된 메시아의 인격을 통한 그의 약속이다. 이스라엘의 메시아를 이교도들에게 알리는 것이, 사도행전이나 바울의 서신에 의하면 특별한 사도적 직무이다. 그리고 이 사도직은 분명히—악하게 시작된 유다의 행위와 그 자신의 시작을 극단적으로 전도함으로써—그의 행위를 본질적으로 근본적으로 속행하는 데 있다. 바울은, 유다가 그의 뉘우침에 따라 돌이키고 또한 이미 저질러진 일을 철회하려고 한 바로 그 지점에서 속행한다. 곧 유다가 경악하게도 대제사장들과 장로들이 저 악의 연결 고리에서 두 번째 개체로서 행했던 일, 곧 이교도들에게 예수의 내어 주는 일을 완수하되, 더 이상 이스라엘의 소명과 파송에 불신실하지 않고 오히려 신실하게, 더 이상 예수를 죽이기 위해서가 아니라 죽고 부활한 이분의 주권을 온 세상에 수립하기 위해서 예수를 이교도들에게 전한다. 그러므로 유다가 사도직의 제정과 임명을 무효화하거나 파괴하지 못하고 다만 교란할 따름이었으니, 그가 타락하고 사라지면서 열두 사도의 무리 자체가 다시 충원될 뿐 아니라, 더 나아가서 이 정원 밖의 인물에 의해서 마태복음 28:19의 의미에서 참된 사도의 역사가, 즉 이교도들에게 예수를 전하는 일이 비로소 시작된다.

이제 유다가 "합법적으로" 맛디아에 의해 대치되었으나, "실질적으로" 바울에 의해 대치되었다는 것과 그러므로 나중에 그의 직무 박탈이 열두 사도 무리 밖에 있는 자에게 자리를 내주기 위한 조치였다는 것이 무슨 뜻인지 분명히 안다면, 감히 더 이상 생각하지 않을 것이지만 적어도 한 발자국 전진하기를 중단할 수 없을 것이다. 바울은—주저하면서, 거의 마지못해서라고 말할 수도 있다.—그러나 사도행전에 분명히 제시된 상에 의하면 결과적으로, 비록 그가 열두 사도에 비로소 추가되었을지라도, 비록 저 매우 좋지 못한 과거에서부터 벗어나 열두 사도 무리에 추가되었을지라도, 추가됨으로써, 예수의 부활과 신약성서에는 보고되지 않은 열두 제자의 죽음 사이의 기간에서 하나의 사도가 아니라 바로 진정한 사도였다. 그리고 신약 정경의 첫 번째 부분이 예수의 말씀에 의해 지배되고 있음을 기억하게 하면서 바울의 말이 두 번째 부분을 지배하고 있는 한에서, 신약 정경의 전체상은 이것에 부합된다. 뿐만 아니라 예수가 사도들에게 성만찬의 말씀에서 약속했던 것, 그리고 성령의 부음에 대한 보고에 따르면 그들에게 다른 형태로 또 다시 약속된 것이 사도들의 삶에서 실현되었다는 것에 대해서, 곧 그들을 위하여, 그들의 죄를 용서하기 위하여 내어 준 예수의 신-인(神人)적 생명의 현재를 통하여 그들의 인간적 삶을 직접 먹고 마시게 하고, 유지하고, 지배함에 대해서, 우리는 어떤 다른 사도들에게서 그렇게 많은, 그렇게 생생한, 그처럼 친밀한 증언을 거의 들어보지 못한다. 우리가 아는 한에서 어떤 사도도 바울처럼 이렇게 대담하게 논리적으로 예수와의 인격적 친교에 대해 말하지 않았으며—간격을 유지하면서도—이처럼 당당하게 자신의 직무가 예수 그리스도 자신의 직무에 직접 상응한다고 주장하지는 않았다. 이런 바울의 자리를 지킨 자가 예수의 죽음 이전에는 바로 유다였다. 유다의 상이 비록 바울의 상을 물론 다만 부정적으로만 재현할 수밖에 없을지라도, 다만 재현함으로써 유다는 어디에 설 수 있는가? 또한 유다도 그 나름대로, 그 위치에서 다른 사도들 가운데 사도요, 다른 사도들 가운데 거룩한 자요— '거룩하다', 이 개념의 옛 뉘앙스로는 구별된 자, 낙인 찍힌 자, 파문당한 자, 하나님의 저주를 받아서 쫓겨난 자—그리고 예수 자신과 아주 가깝게 근접한 자가 아닌가? 복음서들의 명백한 기록에 따르면, 유다의 버림받음은—그의 책임이 조금도 약화됨 없이—다만 모든 사도들, 온 이스라엘의 버림받음의 계시로, 곧 그로 하여금 이렇게 행동하도록 만들고, 그의 끔찍스런 죽음에서 그 목표를 달성한 사탄의 개입으로 (다른 모든 사도들은 스스로 다른 바가 없고, 어떤 다른 무엇을 받을 만하지 않음에도 불구하고 무사하였던 반면) 간주될 수밖에 없다는 것은 무슨 뜻인가? 아무리 유사하지 않음에도 불구하고, 모든 사도들 가운데서 유다만이 여기서 예수에 대면하여, 그의 곁에 서 있음에서의 유사성을 간과할 수 있을까? 그의 전혀 다른 죽음이 예수의 죽음과는 시간적인 가까움 이상임을 간과할 수 있을까? 대제사장이 말한 "온 백성이 멸망하는 것보다는 한 사람이 백성을 위하여 죽는 것이 너희에게는 더 낫다."(요 11:50)는 유명한 말은 "변경해야 할 것을 변경해서" 다른 사도들과 관계가 있는 유다에 대해서도 말해진 것이 아닌가? "변경해야 할 것을 변경해서" 그는 십자가에 달린 강도처럼(눅 23:41), 오히려 그 이상으로 그의 행위에 합당한 것, 곧 죄의 삯으로서의 죽음(롬 6:23)을 받는다. 그는 진실로 속죄의 죽음을 죽는 것이 아니라, 순종치 않는 자의 전혀 절망적이고 무익한 죽음이 아니라, 죽음에서도 불순종하는 자의 죽음, 죽음에서도 자기 자신을 자신에 대한 심판자로서 주장하는 자의 죽음, 곧 칭의를 얻지 못하고 그러므로 진실로 또한 칭의도 이루고 성취할 수 없는 죽음, 희생이 아니라 다만 형벌일 뿐인 죽음, 그러므로 또한 조명 능력도 없고 생명도 창조할 수 없는 죽음을 죽는다. 다만 그도 예수처럼 다른 사람을 대신하여 죽음을 당했고, 예수는 실제로 모든 사도들의 죄로 말미암은 필연적인 죽음을 향해 홀로 걸어 간 것이 아니라는 유사성만이 남는다. 오히려 그와 함께, 비록 그의 죽음은 아무 능력이 없을지라도, 이 한 사도가 죽음을 향해 걸어 갔다. 곧 이 한 사도의 인격으로 표출되면서, 그처럼 형벌로써—다만 형벌로써!—이스라엘에 의해서 거듭 파기된 옛 계약의 모든 죽은 자들이, 이스마엘과 에서와 파라오, 사울과 아히도벨, 그리고 그와 비슷한 모든 사람들이 걸어갔다. 다만 예수의 죽음의 온전한 빛과 온전한 생명은 이 한 사도의 죽음의 전적인 암흑과는 구별되는 일만이 남아 있다. 이것은 유다에게 남아 있다. 모든 사도들 가운데서 오직 그만이 가진 것은 예수와의 가까움, 예수와의 유사함이다. 그의 행위의 악함과 또한 그의 끔찍스러운 운명은, 그가 이제 예수 안에서 나타난 하나님의 은혜와 직접적으로 대면하게 되고, 여기서 발견될 수 있다는 사실을 바꿔 놓을 수 없다. 이 대립은 폐기될 수 없다. 2세기의 '카인파'와 그런 것처럼, 이 대립은 확실히 적극적인 관계로 바뀌어 이해될 수 없다. 우리에게는 남아 있지 않으나, 이 종파에서 읽혀졌다고 하는 『유다 복음』은 조잡한 불경(不敬) 외에 다른 것을 내포하지 않았을 것이다. 그러나 예수가 그의 부활 후에 그에게 닥치고 그 자신에 의해 성취된 하나님의 인간 선택에 대한 증인으로서 자신 곁에 한 사도를 두었듯이, 그의 죽음 전에 그가 짐지고 없앨 하나님의 인간 유기에 대한 증인으로서 한 사도를 두었다는 것은 신약성서에서 예수 그리스도에 관한 복음에 속한다. 바울이 나중에 전자의 기능을 가지듯이 유다가 후자의 기능을 가진 것은, 그 자신에 대한 결정이 어떠하든지 간에 유다의 몫이다. 우리는 유다와 바울을 염두에 두면서 버림받은 자에 대한 결정을 물을 때, 어느 경우든, 원래 버림받은 자에게 속한 자리를 취하지 않는 선택받은 자가 없다는 것과, 선택받은 자의 행위는 다만 버림받은 자의 행위를 기적적으로 전도한 것일 따름이라는 것을 생각해야 한다. 양자 사이의 중간에, 유다와 바울 사이에 예수 그리스도가 서 있고—누가복음 23:33에 의하면 그는 자신과 함께 십자가에 달린 두 범죄자 사이에 달려 있었다.—유다의 버림받음은 예수가 당한 버림받음이며, 바울의 선택받음은 우선 예수의 선택받음이다. 예수가 없이는 바울이 아니듯이, 그 없이는 유다도 유다가 아닐 것이다. 그런데 여기서 압도하며 도달할 수 없는, 강력한 원형으로서 양자 사이에 서 있는 자가 예수 그리스도라면, 선택받은 자와 버림받은 자 사이의 상황은 여전히 열려 있는 선포 상황이다. 선택받은 자가 이 상황을 만들어 낼 수 없다면 버림받은 자도 또한 이것을 파괴할 수 없다. 다른 사람 대신 자리를 지키는 자, 그래서 사라지도록 결정된 자의 위치 외에는 다른 것이 이 상황에 처한 버림받은 자에게는 돌아갈 수 없다. 그러나 버림받은 자에 관한 한, 예수 그리스도 안에서 일어난 하나님의 기적적인 전도(顚倒) 행위를 통해서 선택받은 자가 언젠가 그의 자리에 서는 것 외에 다른 것이 기대될 수도 없고, 추측될 수도 없다.

그러나 이것으로써 유다에 대해 마지막 말을 한 것은 아니다. 그는 사도직의 제정과 임명을 무위로 만들거나 폐지할 능력이 없다. 사도행전과 예수의 부활 이후 사도직에 대한 신약성서의 증언이 입증하듯이, 이 일은 그보다는 전적으로 강하다. 이 일은 유다 자신을 그의 인물과 행위의 부정적 성격에도 불구하고 나중에 다른 사람을 위하여 자리를 지켜준 자로 격하됨을 통해서라도 사도직을 특출나게 위탁받은 자로 만들 정도로 강하다. 이것이 첫 번째 말이다. 그러나 이것은 아직 전부가 아니다. 이를 넘어서—언제나 이 일의 우월성에, 곧 예수 그리스도의 은혜의 우월성에 근거하여, 그러므로 확실히 유다의 공적에 근거해서가 아니라 그의 의지와 공로에 반하여—예수 그리스도의 선택에 근거한 사도직과 교회의 과제에서 사도 유다의 협력이 있으니, 이것은 분명히 그에게 위탁되었고, 그의 악한 행위에서 실제로 완수되었다.

우리는 이 사실을 분명히 하기 위하여, 신약성서가 그의 행위를 표시한 기본 개념으로 되돌아와야 한다. 즉 그가 책임이 있는 "넘겨 줌", παραδοῦναι 개념. 이 개념은 유다의 행위에 적용할 때 분명히 부정적인, 다만 부정적인 성격만을 가진다. 이 개념은 유다가 사도 무리 가운데서, 이미 모이기 시작한 예수 그리스도의 교회 가운데서 주를 부인하고 포기할 뿐 아니라 그의 원수들에게 넘겨주었고, 그들의 힘에 내맡겨서 그들이 좋을 대로 적대적으로 그를 처리하도록 한 인물이라고 말한다. 유다가 어떻게 해서 그렇게 하게 되었든 이것은 그가 객관적으로 행한 일이다. 우리는 그가 한 연결 고리에서 첫 번째 개체로서, 사도 유다가 첫 번째 인물로 이 일을 했음을 보았다. "넘겨줌"이 뜻하는 바는 마태복음 5:25에 기술되어 있는 것을 발견한다. 한 인간이 한 적대자를 가진다. "네가 그와 함께 길 위에 있는 동안에" 그가 그와 합의하지 못하면, 이 적대자는 그를 심판관에게 넘겨주고(μήποτέ σε παραδῷ), 심판관은 형리(刑吏)에게 넘겨주고, 그는 형리에 의해 갇히게 될 위험이 있다. 혹은 마태복음 18:34에서 한 종이 자기 주인에게 많은 빚을 졌으므로 모든 빚을 탕감해 주었으나 이 종은 자신에게 빚을 진 다른 종을 전혀 다르게 대했으므로 주인은 그 종에 대해 진노하였다. 그때 주인은 그를 형리에게 넘겨주어(παρέδωκε) 그가 빚을 다 갚을 때까지 가두어 두게 하였다. 형식적으로는 저 원수나 혹은 저 주인처럼 유다는 예수에게 대하였다. 마가복음 1:14, 마태복음 4:12에서는 세례 요한을 체포함으로써 생긴 일도 "넘겨줌"으로 서술된다. 바로 세례 요한의 운명을 유다는 예수에게도 당하게 하였다. 마태복음 20:10과, 평행절에 의하면 예수는, 결국에는 그리스도인들이 박해 때에 서로를 "넘겨주게" 될 것이라고 예견했고 예고했다. 유다는 이 일을 한 첫 번째 인간이고, 그것도 예수를 그렇게 할 인간이다. 회심 전의 사울은 그가 체포할 수 있었던 그리스도인들을 "넘겨주었고", 그 다음에 바울이 된 자는 스스로 유대인들에 의해서 이교도들에게 "넘겨졌고"(행 21:11, 28:17), 이전에 베드로가 헤롯에 의해서 그의 군인들에게 넘겨진(행 12:4) 것처럼, 바울도 한 이교도에게서 다른 사람들에게로 넘겨졌다.(행 27:1, 28:16) "넘겨줌"은 이 모든 문맥 속에서 한 자유로운, 혹은 상대적으로 자유로운 인간을 그에게 대해서 좋지 못한 일을 꾀하는 자들에게 인도하거나 혹은 악한 일이 기대될 것이 분명한 자들의 권한에 넘겨주어 가두게 함을 뜻한다. 이전에 예수가 활동하던 자유, 이전에 그가 말하고 행동할 때의 자발성, 그가 하나님 나라를 선포하고 믿음과 회개를 호소하고 그의 메시지를 확증하기 위하여 표적과 이적을 행함에서 그의 자발성은 유다의 이런 행위를 통하여 종결되었다. 예수의 전체 권능은 이제 유다를 통해서 그가 넘겨진 자들의 권능에 의해서 제약받게 되었다. 이제 그는 이로써 그에게 남겨진 제한된 권능으로 만족해야만 한다. 이 제한된 권능은 어느 때라도 영(零)으로 감소될 수 있다. 예수는 그들에 대해서 어떤 반작용도 행사함이 없이 그들의 손아귀 안에 있다. 그는 이제 그들이 그에게 판결하는 대로 당할 수밖에 없다. 그럼에도 불구하고 그가 그들에 대해서 승리하려면, 그가 유다에 의해 이루어진 넘겨짐에 근거해서 우선 그들로부터 당해야 하는 일을 극복함으로써만 승리할 수 있고, 어쨌든 그가 그의 넘겨짐을 통해서 박탈당한 그의 권능을 통해서는 아니다. 우선 그가 완전히 저지당한 하나님 나라 선포는 그러므로 어느 정도 제삼자에 의해서, 높은 데서부터 그의 원수들의 권능과 그 자신의 무력을 극복하고 새로이 시작되어야 한다. 그러므로 그는 자신의 원수들의 힘에 대해 무력한 가운데서 정당화되어야 하고, 그러므로 전적으로 새로운 권능으로 옷 입혀져야만 할 것이다. 이것이 유다가 예수를 통해서 인도된 상황이요, 그가 유다를 통하여 억지로 들어서게 된 전혀 새로운 길이다. 유다의 행위와 더불어, 예수와 그 주변의 인간 세상의 관계는, 세력들의 자유로운 게임, 그것의 주목, 그것의 통찰, 그것의 확신, 그것의 선한 의지를 위한 공개적 싸움이기를 중단했다. 이 싸움을 위해 그에게 도움이 될 수 있는 모든 일에서 그는 이제 꼼짝 못하게 되었고, 매시간마다 그를 침묵시키고, 궁극적으로 제거하려는 위협이(이것은 그를 넘겨줄 때부터 이미 목적했던 바이다.) 증가한다. 이것은 사람들이 미워하는 인간 세력들에 대해 자신이 완전히 안전하고자 할 때마다, 언제나 하는 방식이다. 이 위협은 실행에 옮겨진다. 예수는 유다에 의해서 시작된 넘겨짐이 그 목표에 도달하게 될 때, 그가 넘겨진 자들의 손에 의해 죽어야만 한다. 그러므로 저 제삼자로부터 어떤 다른 결정이 내려지지 않으면, 예수는 헛되이 산 것이 되고, 하나님 나라가 유다 자신에게는 분명히 헛되이 선포되었던 것처럼, 그 선포는 헛수고가 되는 것이다. 하나님 외에는 아무도 유다를 도와서 예수를 무력하게 만드는 인간들의 손에 그를 넘겨주어 그를 마음대로 처리하도록 할 수 없었던 상황, 그를 결국 죽일 수 있고 죽여야만 했던 상황, 더 나가서 그가 다만 하나님의 권능에 호소할 수밖에 없었던 그런 상황으로 예수를 몰고 간 것, 이것이 유다가 양심의 가책을 느낀 점이다. 유다가 이렇게 함으로써, 그는 사도로서의 자기 직무를 다만 그 반대로 왜곡시킨 듯 보인다. 그러나 그도 바로 이 일을 위하여 사도로 선택되었고, 사도로 부름받은 것이다. 곧 예수를 인간들의 권능 아래로 끌고 가기 위해서가 아니라 인간들을 예수의 권능 아래로 끌고 가기 위해서, 예수를 죄인들에게 넘기기 위해서가 아니라 죄인들을 예수에게 넘기기 위해서, "모든 지혜를 사로잡아 그리스도에게 복종케 하기 위해서"(고후 10:5), 그러므로 세상에 예수 그리스도의 자유를 확증하고 영화롭게 하기 위해서, 하나님 나라 선포를 위해 열린 길을 마련하기 위해서. "나에게 하늘과 땅의 모든 권세가 주어졌다." (마 28:18)—그리스도의 왕국은, 예수와 유다의 죽음 후에 드러나게 될 교회의 사도직의 전제가 될 것이다. 그러나 유다가 그의 "넘겨줌"으로써 행한 일은, 누가복음 4:6에 의하면 악마가 자랑할 수 있는 전혀 다른 전제의 암울한 유비처럼 나타난다. 악마가 누구에게든 주려고 한다면, 그에게 이 세상의 모든 "권세"와 "영광"이 넘겨질($\pi\alpha\rho\alpha\delta\acute{\epsilon}\delta o\tau\alpha\iota$) 것이다! 유다는 이 악마의 "양도"와 그러므로 악마의 주권을 그의 넘겨줌으로써 확증하였을 뿐 아니라 또 다시 그리고—그것은 하나님의 아들의 "권세"와 "영광"이 문제되기 때문에, 이제 궁극적으로—입증했다! 그러므로 누가복음 22:3, 요한복음 6:70, 13:2, 27에서 그의 행위를 사탄에 사로잡힌 자의 행위로 표현하는 것은 이유가 없지 않다! 그가 자신의 사도직을 그가 행한 일로써 보다 더 악하게 부인할 수 있었겠는가? 그의 행위가 악마의 큰 기만에 봉사하는 "넘겨줌"이라는 것 외에 또 다른 의미와 내용을 가졌다면, 그것은 그의 뜻과 공로가 분명히 아니었다. 그러나 의심할 수 없는 것은, 그의 행위는 또 다른 의미가 있었다는 것이다. 그것은 곧 유다는 그의 "넘겨줌으로써" 또한 능동적으로 사도직의 적극적인 과제에 참여했다는 것이다.

유다의 행위에 대해 적용된 "넘겨줌"($\pi\alpha\rho\acute{\alpha}\delta o\sigma\iota s$)의 개념은 이 순수 부정적 의미를 가지며, 다른 데서는 전혀 긍정적으로 사도적 직무를 표현, 서술하기 위해서 사용된다는 것은 단순히 언어적인 우연은 아닐 것이다. 곧 사도적 직무는 예수에 관한 정보, 그의 말과 행위, 그의 죽음과 부활에 관한 보고, 그 안에서 나타난바 교회의 존재와 질서에 관한 하나님의 뜻에 대한 지식을, 모든 것을 원래 받았던 최초의 인간들의 손으로부터 신실하게, 완벽하게, 변조 없이, 감축 없이 두 번째 손으로, 원래는 그것을 받지 않았던 다른 후대의 사람들의 손으로 인계함에 있는 한에서 그렇다. 신약성서에서는, 사도들이 이런 "전승"($\pi\alpha\rho\acute{\alpha}\delta o\sigma\iota s$)의 주체가 됨으로써 형식적으로 유대의 율법학자들의 활동처럼 바로 그들의 불순종의 특수한 형태, 그의 하나님에 대한 이스라엘의 전적인 불순종의 마지막 형태가 된 활동을 개시하였다는 사실이 감추어져 있지 않다. 율법학자들이 "옛 조상의 전통"을 고집함으로써, 마가복음 7:6-7에 의하면 이사야 29:13의 위선자에 관한 말이 성취된다: "이 백성은 나를 입술로는 경배하지만 그들의 마음은 나로부터 멀어져 있다. 그들은 인간들의 계명인 교리로 가르치면서 나를 헛되이 경배한다." 그들을 이렇게 탄핵한다: "너희는 하나님의 계명을 버리고($\dot{\alpha}\phi\acute{\epsilon}\nu\tau\epsilon s$), 사람의 전통을 지키고 있다. … 너희는 전통을 지키기 위해서 하나님의 계명을 잘도 버린다($\dot{\alpha}\theta\epsilon\tau\epsilon\hat{\iota}\tau\epsilon$)."(막 7:8f.) "너희는 너희가 물려받은 전통을 가지고($\tau\hat{\eta}\ \pi\alpha\rho\alpha\delta\acute{o}\sigma\epsilon\iota\ \dot{\upsilon}\mu\hat{\omega}\nu\ \hat{\eta}\ \pi\alpha\rho\epsilon\delta\acute{\omega}\kappa\alpha\rho\epsilon$) 하나님의 말씀을 헛되게 한다($\dot{\alpha}\kappa\upsilon\rho o\hat{\upsilon}\nu\tau\epsilon s$)."(막 7:13) 그러므로 유대인의 행위로서 예수 자신에 의해서 실질적으로 하나님의 말씀과 계명의 "버리다, 폐기하다, 헛되게 만들다"로 칭해지는 것이 나중에 그의 사도들의 고유한 기능 형태가 된다는 것은, 매우 주목할 만하고, 그렇기 때문에 간과되어서는 안 된다. 예를 들어 바울은 데살로니가후서 2:15에서 마가복음 7장을 너무나 상기시켜 주는 표현으로써 이렇게 기록하기를 주저하지 않는다: "보십시오, 형제 여러분, 여러분이 구두로나 혹은 편지로 가르침을 받은 전통을 굳게 지키십시오." 이로써 사도들이 처하게 된 위험은 분명하다. 그러나 그들은 이 위험 속으로 들어가야 한다. 예수 자신이 "인간들의 전통"의 저 대상이 되는 것과 한 사람의 손에서 다른 사람의 손으로 전해진 이 전통을 통하여 그의 교회가 세워지는 것이 필요하다. 그는 유다와 유대인들의 넘겨줌을 두려워하지 않는다. 그는 그가 이로써 새로이 들어서게 되는 위험에도 불구하고, 그 위험 가운데서 전해지기를 바란다. 마가복음 7장의 위험은 분명히 지금, 그의 부활 이편에서, 추방된 위험이다. 그리스도가 더 이상 죽지 않는다는 것은(롬 6:9), 그가 죄인의 손에 새로이 넘겨지기 전에도 아무것도 두려워할 것이 없으며, 그가 이제 그러나 이 전승의 수단을 통하여 승리할 것이라는 사실에 비추어 진실이다. 그러므로 넘겨주는 자 유다 및 넘겨주는 유대인들에 대한 저주가 언도되고 성취된 후에, 유다 및 유대인들에 의해서 넘겨진 자의 부활의 능력 안에서 예수에 대한 새로운 의롭고도 유익한 전승이 있다. 그러므로 누가복음 1:1-2에서 복음은 "처음부터 이 일의 목격자요 말씀의 전파자가 된 이들이 우리에게 전해준 대로"(καθὼς παρέδοσαν ἡμῖν) 우리 가운데서 이루어진 일에 대한 "이야기(διήγησις)로서 정의된다. 그러므로 신실한 사도와 유다를 구별하는 주의 "받아들이다"(παραλαμβάνειν)에는(요 1:11) 그가 받은 것을 다른 사람들에 행하는 "넘겨줌"이 상응한다.(고전 11:23, 15:3) 또한 이 "받아들임"은 다시금 이 다른 인간들이 사도적 "전통"(παράδοσις)을 만나게 하는 양태가 된다.(살후 3:6) 로마서 6:17에 의하면 그들은 죄의 노예가 된 후에, 그리고 더 이상 죄의 종이 아닌 지금, 그들에게 사도적 교훈의 형태로 전달된 전통을 통해 결정됨으로써 지금 전적으로 그 객체(παρεδόθητε)이고, 그런 한에서 순종하는 자들로 규정되는 자들이 된다.

그에게 분명히 결정적인 세 문맥 속에서 바울은 전승의 전달자로서의 자신의 특성을 특히 언급했다. 곧 남자 아래 여자의 하위 질서를 다루며, 이 질서 문제 속으로 더 깊이 들어가서 분명히 그리스도와 공동체 사이의 관계를 다루는 고린도전서 11:2에서, 그리고 성만찬의 문제를 다루는 고린도전서 11:23에서, 또 예수 그리스도의 부활에 관한 증언을 다루는 고린도전서 15:3에서는 각각 이것을 언급한다. 바울이 이 일에서 대변해야 하는 것, 그가 그 대변자로서 자신의 독자들에 대해서 행한 것은 바로 전승이었으며, 이것은 그로부터 원래 받은 소식을 그의 손으로부터 그들의 손으로 계속 전달하는 행위였다. 이 사건의 불가피하나 더 이상 분명히 두려워할 필요가 없는 위험 속에서 그가 그것을 그들의 손에 넘겨줌으로써, 그들이 그것을 그의 손으로부터 그들의 손안에 취함으로써 고린도 교회가 생겨났고, 그들은 로마서 6:17에 의하면 죄의 종에서 순종하는 인간이 되었다. 그와 그들 사이에 발생한 전승 행위가 그들을 이렇게 만들었고, 바로 그렇기 때문에 바울은 그와 그들 사이의 계속적인 친교에서 바로 이 행위를 회상하고 지시할 수 있고, 해야 한다. 그리고 바울이 그들에게 말해야 할 모든 다른 것은 다만 저 행위를 더욱 강조하여 반복하는 것일 뿐이고, 그가 사도로서 그들에게 전한 것을 설명하고 적용함에 있을 따름이다. 매우 특이한 사실은, 누가복음 1:1-2와 바울의 구절들을 제외하고는 오직 유다서 3절에만 παραδοῦναι가 사용된다는 것이다. 여기서는 그리스도인들에게 일반적으로 "성도들에게 단번에 전해진 믿음을 위하여 싸우도록" 권면한다. 이 개념을 자신의 사도직에 적용하는 것은 하필 사도 바울임을 주목하라. 그리고 그는 한번, 즉 고린도전서 11:23에서 이 개념을 유다의 배신에도 적용하였다: "나는 너희에게 전한 것을 주로부터 받았으니, 곧 주 예수가 넘겨지던 날 밤에 빵을 취하고 감사하고 떼어서 …." 이 두 가지 의미는 분명히 상호 간에 규정한다. 그러므로 바울은 유다의 그늘 속으로, 유다는 바울의 빛 속으로 들어온다. 유다의 "넘겨줌", 곧 유다와 유대인들이 하나님의 말씀과 계명을 버리고 제거하고 무효화시킴으로써 범하게 된 넘겨줌에 대한 심판을 뒤로 하지 않는 사도의 "넘겨줌"은 있을 수 없다. 그러나 유다와 유대인들이 예수를 넘겨줌으로써 범한 불순종, 불신실의 행위는 예수의 죽음과 부활에 근거해서, 온 세상의 교회를 탄생케 한 사도들의 전달을 통하여 새롭게 되었다. 그 사도들 가운데서 바울은 가장 사소한 자였고, 그는 그들 모두보다 더 많이 일했다.

우리는 이 맥락을 고려해서 이제 유다 자신의 행위에도, 그것이 불신실함 가운데서 신실한, 사도적 전통의 행위를 예시하는 한, 적극적 의미를 실제로 돌려야 하지 않겠는가? 그것은 다만 예수의 왕적 자유에 대한 암살이었던가? 악마에 봉사함으로써 하나님 아들을 저처럼 무력하게 만들고, 죄인의 폭력에 굴복하게 한 것뿐인가? 유다의 생각, 태도, 행위를 고려할 때, 이런 성격 규정에서는 확실히 아무것도 취소될 수 없고, 또한 그런 평가는 약화될 수 없고, 또는 적극적인 평가로 바뀔 수도 없다. 그의 불순종은 한번 순종하지 않은 것이 아니라 순전한 불순종이었다. 그가 행한 것은 마가복음 7장에서의 유대인들의 전통처럼, 하나님 말씀을 버림, 무시함, 무효케 만듦이다. 이 선택받은 사도의 버림받음은 일단 그 자체로 은밀한 선택으로 뒤바뀔 수 없는 버림받음이었다. 만일 우리가 그에게 어떤 감추어진 생각이나 의도가 있었다고 치부하려고 한다면, 그런 것 때문에 그가 마지막 순간에는 어쨌든 근본적으로 의로운 인간으로 이해되어야 한다면, 그것은 순전히 자의적인 생각이요 헛수고일 것이다. 이스라엘의 죄는 이런 은밀한 칭의를 받을 수 없고, 그러므로 또한 유다의 죄 안에서 드러난 다른 사도들의 죄도 마찬가지이다. 인간의 죄 일반은 이런 은밀한 칭의를 자신 안에 내포하지 않는다. 유다의 넘겨줌을 정당화하는 것으로는 그를 개인적으로 의롭다고 하기에는 충분하지 않다. 그러나 우리는 유다의 어떤 생각, 의도를 고려하여 그의 개인적 칭의의 문제에 답변하도록 요청받은 것이 아니라, 오히려 이 문제를 문제로서 남겨두도록 요청받았다. 이 문제에 대해서는 이 일에 권위 있는 심판자만이 답변해야 할 것이다. 이 물음은 예수와 함께 십자가에 달린 왼편의 강도가 오른편의 강도의 말을 통하여, 그리고 오른편 강도에게 선언된 약속을 통하여 직면케 된 문제이니, 우리는 이 물음에 대한 아무런 답변도 받지 못한다. 우리는 그 자체로 정당화될 수 없는 유다의 행위가, 신실한 사도의 행위에서, 그의 후계자 바울의 전달에서 적극적으로 드러나게 된 그런 형태를 실제로 취하기 때문에, 이 물음을 그것이 어쨌든 간에 처해 있는 그 빛 속에 있도록 내버려두어야 한다. 바울도 하필 전달 행위에서 하나님의 은혜로 사도가 된 것이 유다를 정당화시키며, 이 사실은 그의 전달의 적극적 의미이며, 이것이 그의 행위를 그의 선택에 상응하여 사도적 기능으로서 규정하며, 비록 우리는 그의 버림받음 자체를 생각하는 것이 금지되어 있고 금지되어야만 하지만, 이것이 이 버림받은 자의 버림에 대한 그의 선택의 승리를 나타낸다. 다만 그에 의해서 나쁘게 채워진 형식을 전혀 다르게 채워야 할 자를 위한 자리를 지키는 자로서의 그의 특성만이 유다를 정당화한다. 그러나 이 특성은 그를 정당화하고, 바로 이것은 곧 또한 홀로 유대의 전통을 정당화하여 주는 것이고, 불순종하는 이스라엘 전체를 정당화하여 주고, 그의 약속을 성취시켜 주고, 그에게 나타난 하나님의 은혜를 배척하는 이스라엘을 정당화하여 주는 것이다. 이스라엘은 교회 안에서 올바로 성취하게 될 선택받은 하나님 백성의 형태를 가지며 유지한다. 이스라엘은 여전히, 거기서부터 예수 그리스도 자신과 함께 교회가 출발한 뿌리이다. 이스라엘은 예수 그리스도와 그의 교회에서 도래하게 될 사물의 그림자이다. 곧 다만 이것만은 그의 죄와 유기로 인하여도, 또한 예수의 십자가형으로 인하여도, 예루살렘의 몰락을 통하여도 그로부터 빼앗을 수 없다. 유대인들은 하나님의 말씀과 계명을—그것을 버리고 무시하고 무효케 만듦으로써—그럼에도 불구하고 여전히 전달하며, 어쨌든 전하기를 중단하지 않으며, 중단할 수 없으며, 어쨌든 중단해서는 안 된다. 이스라엘은 자신의 저주를 확증함으로써 정당화를 얻는다. 이것이 바로 또한 그의 길의 어둠을 전적으로 밝게 만듦으로써 "영원한" 유대인에게 비치는 빛이다. 바로 이것이 또한 그에게도 개방되어 있는 선포, 그에게도 해당되는 초대, 훈계, 요청이다. 곧 그가 다만 자리 지키는 자이기를 중단하고, 그도 바울처럼 공허한 데서 충만한 데로 돌이키는 일. 그는 회심하지 않은 것도 아니고, 그는 전적인 부정적 성격 속에서도 부정적일 뿐 아니라 긍정적인 인물—어떤 의미에서는 심지어 특이하게도 긍정적인 인물이다.

그러나 우리가 신약성서에 의하면 유다의 "넘겨줌"과 사도의 "넘겨줌" 외에 무엇보다도 양자의 원형으로서 하나님의 "넘겨줌"이 있다는 것을 주목할 때, 이 모든 것이 비로소 분명해질 수 있다. 우리는 비록 양자의 내용적 대립을 통해서 매우 놀라게 될지라도, 하나님의 "넘겨줌" 안에서 양자의 상호 소속성, 하나가 다른 것에 의해서 규정된다는 것을 더 이상 오인할 수 없고, 하나님의 "넘겨줌" 안에서는 양자의 형식적 상응이 실제로 어떤 언어적 우연에 기인할 수 없다는 것이 드러난다. 이것은 실제로 양자의 원형이다. 우선 저 수수께끼처럼 무시무시한 하나님의 "넘겨줌"이 있으니, 하나님은 로마서 1:18에 서술된 불타는 진노로 인간들에게 유다가 예수에게 행한 것과 같은 일을 행한다. 곧 그는 그들에게서 자유를 빼앗고 그들을 무력하게 만들어서 그들을 그들보다 초월적인 권세, 그들의 원수의 힘에 굴복하도록 넘겨주어 이로써 원수가 그들을 다스리고 통제하게 만든다. 이 원수는 누구인가? 사도행전 7:42에서 우리는 읽는다. 하나님은 이스라엘 사람으로부터 돌아섰고, 그들을 하늘의 군대에, 곧 낯선 거짓 신(神)들에게 넘겨주어(παρέδωκεν) 그들을 섬기게 한다. 우리는 로마서 1장에서 세 가지 다른 어법을 발견한다. 하나님은 인간을 "마음의 욕정대로 하도록 더러움에 넘겨주었다"(παρέδωκεν)(24절), "부끄러운 정욕에 넘겨주었다"(26절), "합당하지 않은 일을 하도록 쓸데없는 이성에 넘겨주었다."(28절) 그러므로 이 구절들에 의하면 하나님에 의해 인간들이 그것의 권세에 넘겨지게 되는 그 초월적인 원수는 그들 자신의, 그들 내부에서 시작되는 거기서부터 외부로 터져 나오는 악한 행위이다. 하나님은 그들을 내버려두어서 타락하게 만든다. 이것이 그들에 대한 그의 진노의 역사(役事)이다. 이것이 이 문맥에서 "넘겨줌"이 뜻하는 바이다. 이 넘겨줌에는 에베소서 4:19에서 읽혀지는 것이 포함되어 있다: "그들은 자기 스스로를 악덕에 넘겨주었다." 그리고 또한 베드로후서 2:4에서 서술된 것처럼, 하나님에 의해 이루어지게 될 타락한 천사를 심판에 넘겨주는 일이 포함되어 있다.

로마서 1:18에 의하면 "하늘로부터" 계시된 하나님이 타락하도록 "넘겨줌"과 관련되어 있는 것이, 그것의 지상적인 반영으로서 전문적으로는 분명하지 않은 사건, 곧 바울 서신에서 두 번 일정한 인간을 사탄에게 넘겨줌으로 표현된 사건이다. 두 번 모두 교회 치리의 마지막 행위로서의 일종의 출교와 관련되는 듯하다. 두 번 모두 사도 바울 자신은—물론 하나님의 이름과 위탁으로 행동함으로써—실행의 결정적인 주체이다. 우선 고린도전서 5:1-2 근친 상간자의 경우에는, 바울은 이런 일을 행한 자가 여전히 공동체 가운데서 배제되지 않은 것에 대해 놀라면서, 그 자신은 육신적으로 부재중이나 영적으로는 임재하고 있어서 그가 그들 가운데 있다면("너희와 나의 영이 우리 주 예수의 권능과 더불어 모여 있을 때") 당사자는 "사탄에게 넘겨주어 그 육체는 멸망을 당하고 그 영은 주님의 날에 구원을 얻게 해야 할 것입니다." 그 다음 디모데전서 1:19-20, 디모데는 믿음과 선한 양심을 가져야 한다: "어떤 이들은 선한 양심을 버리고 그 신앙 생활에 파선을 당하였습니다. 그렇게 된 사람 가운데 두 사람이 바로 후메네오와 알렉산더입니다. 나는 그들을 사탄에게 넘겨주었습니다. 그것은 내가 그들을 응징해서 다시는 하나님을 모독하지 못하게 하려 한 것입니다." 그렇게 처벌받은 자들에게서도—어쨌든 공동체로부터 그들을 배제하는 것이 관건이다.—우선 중요한 것은, 그들이 자기 자신에게 내맡겨진다는 것이다. 단 이 일이 여기서는 그들을 사탄에게 넘겨주는 것보다 더 날카롭게 규정된다. 그들은 그들의 행위로써 섬기려 하였고 섬겼던 그 권세에 넘겨지게 될 것이다.—우선 "넘겨줌" 개념의 이런 용법이 주로 바울 서신의 구절들을 통해 증언되고 있다는 점을 주목하자. 그러므로 우리는 본래 움직였던 동일 영역 속에 본질적으로 처해 있다. 하나님은 하늘에서, 사도들은 땅에서 "넘겨준다." 넘겨지는 자들은 일정한 인간들이다. 사도행전 7:39-40에 의하면 그들은 이스라엘의 조상들이니, 그들에게 하나님은 말씀했으나 그들은 하나님에게 순종하지 않았고, 그를 도리어 배척하였고, 그들 마음속으로 이집트를 향하였으므로 황금 송아지를 만들었고, "그들의 손으로 만든 작품을 보고 기뻐했다." 로마서 1:18에 의하면 그들은, 하나님을 알았으나 그럼에도 불구하고 하나님께 영광과 감사를 표하지 않은 이교도들이다. 고린도전서 5:1-2에 의하면 그들은 스스로 자신의 행실을 통하여 묵은 누룩, 그래서 축하해야 할 부활절에는 적합하지 않은 누룩의 악한 찌꺼기로서 입증된 그리스도인들이다. 디모데전서 1:19-20에 의하면 그들은 믿음에서 좌초함으로써 하나님을 모독하는 자가 된 두 명의 그리스도인이었다. 그들 모두의 형벌은, 그들이 "넘겨지는" 것이니 실로 그들의 행위로써 선택한 삶의 모든 결과에 넘겨지는 데 있다. 그들의 형벌은, 그들이 세워진 그 곳에서 넘어질 수밖에 없다는 데 있다. 곧 이스라엘 사람들은 이집트 식으로 걷잡을 수 없는 우상 숭배로 인하여 그들 손으로 만든 작품을 보고 기뻐함에, 이교도들은 그들의 오만한 지혜로 인하여 재갈 풀린 부도덕의 우둔함에, 그리스도인들은 하나님 자녀의 자유를 버리고 사탄의 권능과 지배 아래로 되돌아감에 있다. 이것이 하나님의 진노의 역사이다. 그것은 진지한, 불타는, 파멸케 하는 진노이다. 죄 많은 유다의 "넘겨줌"의 경우와 같이, 여기서도 어떤 식으로든 유보하려 하고, 사건의 비중을 어떤 방식으로든 미화하거나 약화하려는 것은 불가능하다. 유기는—이것이 하나님에 의해 인간에게 일어난 일이기 때문이다.—유기이다. 넘겨줌은 넘겨줌이다. 곧 바울이 그리스도인들에 대한 그의 행위를 주저하지 않고 언급한 대로, 사탄에게 넘겨줌이다. 이 구절들에 의하면 하나님에 의해 인간들이 들어가게 되는 속박은 그 자체로 무제약적이고 한계가 없다. 하나님에 의해서 자기 자신에게 내맡겨진 인간의 그것보다 더 완전한 무력함이 없고, 하나님이 그를 자기 자신에 내맡김으로써 인간이 내맡겨지게 되는 것보다 더 완전한 독재는 없다. 그리고 이로써 성취된바 판결의 정의로움을 의심해서는 안 된다. 그러므로 하나님은 아주 정의롭게 그에게 그가 가진 것을 주지 않았던가? 그러나 또한 이 판결을 나중에 변경하거나, 혹은 그로부터 다른 상위 심판관에게 상소할 수 있는 가능성은 하나님의 판결인 이 판결에서는 고려될 수 없다. 이 심판을 집행함에서 인간에 대한 하나님의 행위는 예수에 대한 유다의 행동과 다음에서 공통점이 있다. 곧 넘겨진 자는 그의 넘겨줌의 필연적인 집행, 중단될 수 없는 집행을 지나서 그가 처하게 된 무한한 무력함에 직면하여, 그가 굴복한 절망적인 압도적 힘에 직면하여 하나님에게 호소하는 것 외에는 넘겨진 자에게는 남은 것이 없다. 이것은 그의 무력함 속에서 저 압도적인 힘 아래서 그에게 필연적으로 닥치게 될 사태에 관해서 하나님의 생각을 바꾸기 위함도 아니고, 또 그를 움직여 판결을 변경하고 심판의 집행을 중단하도록 하기 위함도 아니고, 그가 심판자로서도 또한 그의 하나님이기를 중지하지 말고 또한 그의 하나님임을 입증하도록, 그의 능력이 그를 버림에서도 버림받은 자에 대해서도 능력이 있도록, 또한 그, 버림받은 자도 그의 버림받음 가운데서 그 능력을 보고 그것에 의지하도록, 마지막 말이 또한 그에게도 그의 말씀이 되고 그의 마지막 역사가 그에게도 그의 역사가 되도록 그에게(ex profundis, 구원의 가망 없이 넘겨진 자의 마음속 깊은 곳에서) 호소하기 위함이다. 저 본문에서 분명한 사실은, 하나님이 인간을 넘겨줌은 실제로 인간이 이 마지막 가능성 외에는 다른 가능성이 없는 그런 상황 속으로 인간을 옮겨 놓는 힘을 가진다. 우리는 또 다시 마태복음 5:26을 생각해야 한다: "진실로, 진실로 내가 너에게 말한다. 네가 마지막 동전까지 치르기까지는 거기서 나올 수 없을 것이다." 그리고 마태복음 25:41과 요한계시록 19:9, 20:15, 21:8, 22:15-16의 경고를 생각하라! 심판 집행, 마지막 동전 지불 저편에 있는 마지막 가능성, 아니 차라리 전혀 새로운 가능성은 저 구절들에서도 하나님에 의해서 넘겨진 자들을 위해서 적어도 단절되지 않았거나, 또는 비록 전혀 무한한 깊이와 거리에서라도 전망되고 있다. 이런 전망은, 예수 그리스도를 사탄에게 넘겨주는 것을 다루는 두 구절에서 발견된다. 바울은 고린도전서 5장의 넘겨진 자에 관해서, "육체는 멸망한다"는 것, 심판은 그의 인간적 삶에서 철저하게 끝까지 집행되어야 한다는 것, 그는 멸망한 자라는 것을 말하지만, 그러나 "이것은 그 영이 주님의 날에 구원을 얻기 위함이다."라고 첨언하기를 잊지 않았다. "영"(πνεῦμα)은 바울의 인간론에 의하면(인간 존재의 비가시적인 영적 삶의 요소 "영혼", ψυχή과 혼동해서는 안 된다.) 그리스도인에게 세례와 더불어 선사된 예수 그리스도와의 친교이니, 이 친교에 근거해서 그는 비로소 지금 새로운 주체, 이 현실적인 주체가 되었다. 넘겨진 자의 "육"은 (몸과 영혼의 총괄 개념으로서) 이 넘겨짐의 결과에 예속되었다. 그러나 이 인간의 영이 이 넘겨짐으로써 영락한 것으로 선언하지 않았으며—더구나 이 넘겨짐에 근거하여 미래의 구원에 참여할 수 있음을 선언하였다. 바울은 그의 육은 멸망할지라도 육의 필연적인 멸망을 통해서도 그의 영은 구원을 얻도록 하려는 의도를 가지고 사탄에게 이 인간을 넘겨주었다. 바울은 우선 그가 염두에 두고 있는바 공동체를 깨끗하게 함을 위해서가 아니라, 이 멸망한 그리스도인의 영을 구원하기 위해서는 그의 육은 멸망하게 하지만, 그러나 이로써 이 멸망 저편에서, 참으로 "깊은 곳에서", 주의 날에 그의 영이 구원받도록 하기 위해서 그를 공동체로부터 분리하여 사탄에게 넘겨주는 것 외에 다른 길이 없음을 안다. 보다 약화된 형태로 디모데전서 1:19-20에서는 히메네오와 알렉산더에 대해서 같은 이야기를 한다. 사탄에게 넘겨줌으로써 그들을 징계하는 것은 자체 목적이 아니라, 오히려 매우 진지하게, 아무 유보 없이 이루어지는 것은 "그들을 징계하여 하나님을 모독하지 못하게 하려는 것이고", 그들에게 징계에 근거하여 모독을 중단하는 것 외에 다른 길이 없도록 하기 위함이다. 여기서도 분명히 종말론적 가능성, 주의 날에 있을 구원을 의미하고 있으니, 이런 기대가 징계 자체를 약화시키거나 제거할 수 없지만 그러나 그 한계를 이루며, 따라서 거기에 대항해 인간이 아무런 힘이 없는 사탄의 권능이 주의 권능에서 그 한계를 가지듯이, 그 자체로 무한한 것, 영원한 불도 이 한계 안에 포함되어 있다.

이런 방식으로 넘겨진 그리스도인의 경우에 이 한계가 잘 드러나는 것은 실질적으로 이유가 있다. 사도행전 7장에서 이스라엘의 조상들의 넘겨줌에 관해서는 이런 한계가 없다. 스데반의 연설 전체는 고발 연설로 시작되어 53절에서 이렇게 끝을 맺게 된다. 청중들이 그의 연설을 듣고 흥분한 사실은, 조상들의 넘겨줌은 그들의 손자에게서도 여전히 정당화된다는 것을 냉정하게 또 한번 입증한다. 또한 로마서 1장에서도 우선, 이교도들을 그들의 마음의 정욕에 넘겨줌에 어떤 전환이 생길 수 있는지 알 수가 없다. 현실적으로 사도행전 7장과 로마서 1장은 침묵함으로써—이 구절들은 그 한계의 존립을 또한 분명하게 부인하지도 않는다.—저 한계에 대해 더욱 더 인상깊게 이야기한다. 우리는 그 문맥을 잘 주목해야 한다. 사도행전 7장에서는 청중들의 흥분으로 우선 중단된 스데반의 연설의 실제적인 결론을 주목해야 한다. 이런 흥분이 조상들의 넘겨줌에 대한 말을 명백히 강조하고 확증하는 것이 분명하다. 이때 스데반에 대해 이렇게 말한다: "스데반이 성령이 충만하여 하늘을 쳐다보니 하나님의 영광이 보이고 예수께서 하나님의 오른편에 서 계신 것이 보였다. 그래서 그는 '보십시오, 하늘이 열려 있고 하나님의 오른편에 인자가 서 계신 것이 보입니다.' 하고 말하였다."(55절) 이것은 분명히 사도행전 7장에 의하면 이스라엘에 대한 징계의 한계, 이스라엘에 대한 유기의 집행 저편에 있는 종말론적 가능성이다. 넘겨진 자 자신은 그 한계를 보지 못한다.—그러나 이것은 고린도전서 5장과 디모데전서 1장에도 해당된다.—그러나 스데반은 그 한계를 보았다. 그 자신을 위해서는 약속으로서(그 약속을 가지고서 그는 그후 곧 순교를 당했다.) 그의 앞선 고발 연설의 확증으로서뿐 아니라, 또한 52절에 의로운 자들을 배신한 자, 살인자라 불렸고 또한 그 자신의 살인자가 될 그들을 위해서도 희망으로서의 한계를 보았다. 그 희망에 의해서 또한 그들의 절망적으로 낙인 찍힌 유기까지도 둘러싸여 있는 것이다. 예수가 하나님 오른편에 서 있다는 것, 이로써 실제로 그들에게도 제공되는 것—이것이 하나님에 의해 궁극적으로 성취된 유기의 목적이요, 유기의 무한함의 필연적인 종말이다: "주여, 저들에게 이 죄를 돌리지 말아 주십시오!"(60절, 눅 22:34 비교) 이것이 스데반의 마지막 말이다. 그리고 다시금 로마서 1장에는 이교도들에게 불태우는 하나님의 진노가 누그러진다거나 한정된다는 말은 전혀 찾아볼 수 없다. 그러나 또한 확실한 사실은, 하늘에서부터 계시되는 이 하나님의 진노는 17절 및 로마서 3:20까지의 전 구절과의 맥락에 의하면 그 불타는 듯한 진지함에도 불구하고 어떤 독자적인, 어느 정도 자체적으로 완결된 하나님의 생명 표출이 아니라 그의 정의의 이면이요, 이를 통해서 예수 그리스도를 믿는 이교도들과 유대인들이 자유롭고 의롭다고 선언받는 하나님의 판결의 필연적인 이면(裏面)이다. 이 판결 자체는 물론 파괴적인 결과를 가진다. 그것은 믿음의 자유와 의 밖에 있는 모든 자유와 의로부터 유대인이나 이교도나 모든 인간들을 배제한다. 그것은 인간을 전적으로 심판하고, 그를 완전히 포기하고, 그를 어느 의미에서 믿음에 이르기까지 불태워서 믿는 자인 그에게 자유와 의를 약속하고 선사한다. 그러므로 그것은 진노의 이면을 가진다. 그러므로 그것은 동시에 진노가 계시됨 없이는 드러날 수 없다. 로마서 1:18-3:20의 전체 구절이 이 진노의 계시에 대해 말한다. 이 진노의 계시에서, 하나님이 이방인을 넘겨주었고 내주었고 자기 자신에게 맡겼다는 사실이 계시된다. 그러나 이로써 일어난 일이 하나님의 사랑과는 무관한 것은 아니다. 오히려 그들이 예수 그리스도에 대한 믿음 안에서 살도록 하기 위하여, 곧 ("영이 구원을 받기 위하여", "그들이 더 이상 하나님을 모독하지 않도록 하기 위하여" 그의 불타는 사랑은 인간에게서 그의 사랑에 반대되는 것, 모순되는 것을 모조리 불살라 버린다. 그가 그들을 넘겨주고, 이끌고 자기 자신에게 맡긴다는 것은, 미망에 빠져 있는 그들이 그를 위해서는 더 이상 현존하지 않고 그의 얼굴로부터(믿음의 한 가지 가능성을 제외하고는!) 치워지고, 하나님이 그들을(이 한 가지 가능성을 제외하고는) 더 이상 알기를 원치 않는다는 것을 뜻한다. 하나님은 그들이 믿음 안에서 자유롭고 의로운 자로서 알기를 원하므로, 그들이 다른 방식으로는 알기를 원치 않는다. 그러므로 "넘겨주었다." 그들을 다르게 대하고, 그들에게 이 치워짐을 면제해 주는 것은 하나님의 사랑이 아닐 것이다. 그러나 그들을 이렇게 대하는 것은 진정으로 하나님의 사랑이다. 이러한 그들의 종말에서부터 그는 그들에 대해서 새로이 처음부터 시작할 것이다. 그들이 죽어야만 하는 이 죽음에서부터 그는 그들을 일으킬 것이다. 그들이 벗어날 수 없고 다만 피할 따름인 이 환난, 그것의 불가피성을 확증할 따름인 이 환난에서부터 그는 그들을 즉시 구원할 것이다. 로마서는 3:21-22에서부터, 하나님의 진노의 계시가 실제로 믿음의 이런 종말론적 가능성을 목표한다는 것, 그가 이교도와 유대인들을 준엄하게 넘겨줄 때 실제로는 선한 의도를 가진다는 것에 대해서 말한다. 우리는 로마서 1장의 "넘겨주었다"를 이해하기 위해서 이것을 분명히 염두에 두어야 한다.

그러나 신약성서가(여기서는 물론 다시금 결정적으로 사도 바울이) 하나님 자신에 의해 이루어진 "넘겨줌"에 대해 또 다른, 적극적인 의미로 말하는 것에 눈길을 돌릴 때, 비로소 이 정확한 맥락이 우리의 눈에 드러날 수 있다.

우리는, 예수에 대한 유다의 무례한, 죄많은, 그 자체로 무엇으로도 정당화될 수 없는 넘김은 예수를 다르게 인간들의 손에 넘김과 객관적으로 상응하는 것을 보았다. 이 넘김은 사도적 섬김의 의미, 내용을 이루며 이 넘김으로 인하여 교회는 지상에 세워지고 유지된다. 앞의 넘김에서 악하게 행해진 것이 후자의 넘김에서 보상된다. 저기서 예수가 치욕을 당한 것처럼, 여기서 그는 영광을 받는다. 거기서 그의 자유를 박탈당하고 그의 원수의 폭력에 넘겨진 자의 주권이 증언된다. 그리고 저기서 시작된 것은 여기서 다만 속행됨으로써─전혀 다르게 속행됨으로써!─ 우리는 저기서 범죄한 죄인에 대한 객관적인 칭의를 여기서 만나게 된다. 사도 바울이─회심한 사울 자신도 이전에는 유다처럼 넘겨주는 자였다.─행하는 것은, 사도 유다 및 그의 넘겨줌에 대해서도 사도직의 적극적 과제에 대한 능동적 참여가 단순히 거부될 수 없다는 것을 보여 준다.

그러나 이런 논리가 하나님의 "넘겨줌" 개념에도 유사하게 상응하는 점이 있다는 사실에 근거한다는 것을 보여줄 수 없다면, 그것은 너무 대담한 것이다. 여기서도 신약성서는 하나님이 인간을 포기하고 자기 자신에게, 사탄에게 내맡기는 진노의 넘김에 대해서만 언급하는 것은 아니다. 신약성서가 오로지 그것에 대해서만 말한다면, 우리는, 거기에는 어떤 일정한 한계가 드러난다는 사실, 결국 이 진노의 넘김에 관한 중요한 구절들에서 어떤 형태로든 그렇게 넘겨지고 그러므로 전적으로 멸망한 자의 구원의 종말론적 가능성이 나타난다는 사실에 비중을 둘 용기를 갖지 못했을 것이다. 그렇다면, 만일 유다가 실제로 사도의 "넘겨줌"과 대립하지 않는다면, 사도 유다가 실제로 사도 바울의 빛 안에 있지 않다면, 우리가 사도 유다의 "넘겨줌", 그의 선택과 부름으로써 결국 아무것도 시작할 수 없는 것처럼, 우리는 이 종말론적 가능성을 가지고 어떻게 시작해야 할지를 알지 못할 것이다. 그러나 우리가 여기서 실제적으로 상응하는 사실을 벗어날 수 없는 것처럼, 거기서도 마찬가지이다. 하나님의 "넘겨줌" 개념 안에서는, 본문을 통해 시사된 것처럼, 하나님의 진노의 넘김이 또한 적극적인 관계도 가진다. 이런 진노의 넘김에 대하여 또 다른 하나님의 넘김이 대립하며, 그 의미와 내용은 분명히 종말론적 가능성을 현실로서 근거짓고 입증하고 이로써(우리가 저 진노의 넘김에 대해서 저 본문을 고려할 때 거부할 수 없었던) 빛을 전혀 간과할 수 없는 것으로 만드는 것임을 주목한다면, 위의 사실은 불가피하다. 여기에 하나님의 '아니'가 이해될 수 있는 하나님의 '그래'가 있다면, 저 다른 위치에서, 곧 바울의 넘김과 유다의 넘김 사이의 관계에서 저 적극적인 관계를 보고, 이 관계에 비추어서 유다의 객관적인 칭의를 말하는 것은 너무 과감하지도 않을 뿐 아니라 오히려 필연적이 된다. 신약성서가 저 진노의 넘김을 제외하고서 언급하는 이 다른 하나님의 넘김에서는 하나님 자신이 예수를 넘기는 자가 되며(롬 4:25, 8:32) 혹은 예수가 하나님의 아들로서 자기 자신을 넘기는 자가 된다.(갈 2:20, 엡 5:2, 25) 또한 이 어법에 의하면 유다가 행동한 것처럼 하나님도 그렇게, 그러나 지금 훨씬 유사하게 행동하였다. 이전에는 유다가 예수를 넘긴 것처럼 하나님을 넘긴 것은 인간들이었다. 지금은 하나님이 예수를, 예수가 자기 자신을 넘긴다. 우리는 여기서 분명히 권위, 중요성, 의미에서 다른 모든 것에 앞서가는 넘김을 발견한다. 유다가 예수를 넘기기 전에 하나님이 예수를, 예수가 자기 자신을 넘겼다. 예수가 사도적 전승의 대상이 되기 전에, 하나님이 그를, 그가 자기 자신을 전했다. 하나님의 진노가 이교도와 유대인을 넘기고 포기하고 자기 자신에 맡기기 전에, 그가 그 자신의 아들을 아끼지 않고 우리 모두를 위하여 넘겨주었다.(롬 8:32) 분명코 모든 넘김의 필요, 능력과 의미는, 하나님이 예수의 인격 안에서, 혹은 예수가 하나님의 아들로서 자기 자신을 넘김의 대상으로 만드는 이 첫 번째, 극단적인 넘겨줌에 근거한다. 그러므로 여기서부터가(그것의 특별한 의미를 손상함이 없이) 아니라 다른 데서 어떤 다른 넘겨줌을 이해하는 것은 허용될 수 없다. 모든 다른 넘김은 이 넘겨줌을 회고하거나 혹은 그것을 바라본다. 이 넘겨줌은 여기서 일어난 것에 그 현실이 있다. 이 사건과의 관련 없이 넘겨줌을 해석하려는 것은 불가능할 것이다.

우리는 우선 이런 하나님의 넘겨줌에 관해 언급되고 있는 문맥들의 중요성을 주목하자. 로마서 4:25에서는 아브라함을 모델로 삼아 믿음과 그에게 약속된 하나님의 의를 설명하는 과정의 절정에서 하나님의 넘겨줌에 대해 언급된다. 바울이 말하는바 믿는 자를 의롭게 만드는 믿음은 우리 주 예수 그리스도를 죽은 자들 가운데서 일으킨 자에 대한 믿음이다. 우리의 범법을 제거하기 위해서 예수가 하나님에 의해서 넘겨졌고 그 다음으로 우리를 그의 의로써 옷 입히기 위한 목적으로 무덤에서부터 일으켜졌다. 이런 방법으로 아브라함의 이 하나님은 우리에게 의를 약속하였다. 그러므로 그의 넘겨줌이 하나님이 의로운 심판자로서 우리를 사면하는 것을 방해하는 결정적인 장애물을 치우는 한에서, 하나님에 의한 예수의 넘겨줌은 우리가 믿음에서 받는 적극적인 것을 위한 불가피한 전제 조건을 만들어 준다. 곧 예수의 넘겨줌으로써 우리의 범죄가 제거된다. 로마서 8:32는 사건의 이런 의미를 확증한다. 이 구절은 8장 전체의 그들에게 주어진 생명의 영의 법 아래 사는 그리스도인들의 삶에 대한 서술, 그리고 특별히 그들이 하나님에 앞에서 가질 수 있는 무죄함에 대한 서술(8:29-39)의 절정에 위치한다. 하나님이 그들을 위하는데 누가 그들에게 적대할 수 있으랴? 하나님은 그들을 위한다. 하나님이 그들을 위하여 극단적인 일을 행한 후에, 그가 자신의 아들을 아끼지 않고 그들 모두를 위하여 넘겨준 후에(로마서 1장의 "넘겨주었다"가 여기서 문자적으로 되풀이된다.), 즉 유일한 심판자인 그분이 그들에 대한 모든 고발을 제거하기 위해서 이렇게 넘겨줌으로써(여기서 하나님은 한때 이삭을 제물로 바치려 할 때 아브라함에게 가까이 다가온 것과는 달리 스스로 근접하였다.) 모든 미래의 고발을 처음부터 무의미하게 만들어 버린 후에, 어떻게 그가 그들의 무죄를 입증하고 드러낼 수 있는 모든 일을 베풀지 않겠는가? 그러므로(33절 이하) 누가 그들, 하나님의 선택받은 자들을 고발하려 하며, 고발할 수 있겠는가? 누가 그들을 저주하고 정죄하고 버리겠는가? 대답: 오직 한 사람, 예수 그리스도, 하나님의 넘겨진 아들이 죽었으나 또한 부활하여 하나님 오른편에 있고 거기서 그들을 적대하는 것이 아니라—아무도, 아무것도 그들을 그 사랑에서 떼어놓을 수 없으니, 그들에 대한 이 사랑 안에서—그들을 위하여 변호함으로써, 이 모든 일을 행하고 또한 행했다. 또한 갈라디아서 2:20은 또 하나의 절정으로서 여기서 바울은 그가 "율법으로 인하여 율법에 대해서 죽었다."고, 곧 골고다에서 일어난 율법의 완수에 근거하여, 율법의 고발과 판결에서 자유롭게 되어 하나님을 위해 살게 되었다고 선언한다. 그리스도가 죽음으로써 그를 위해서도 율법을 만족시켰고, 또한 율법에 의해 고발당한 자의 삶으로의 자신의 삶이 종결되고 폐기된 한에서, 그리스도와 함께 그도 십자가에 못박힌 것이다. 그의 현재의 삶은 그 안에 있는 그리스도의 삶, 곧 하나님의 아들을 믿는 믿음 안에(혹은 보다 직접적으로 하나님의 아들에 의해 입증된 믿음의 근거 위에) 있는 삶 외에 다른 것이 아니다. "그는 나를 사랑했으니 나를 위하여 자기 자신을 넘겨주었다." 이런 자기 인도와 더불어, 바울을 근본적으로, 단번에 유효하게, 자유롭게 만든 사건이 일어났다. 이제 이 자유에서부터 율법의 종노릇 아래, 율법의 고발 아래로 되돌아가는 것은 그에게는 금지되어 있을 뿐 아니라 불가능해졌다. 거기에서, 이 넘겨줌과 그 다음에 오는 예수의 죽음 저편에서 새로운 삶, 그가 지금 살아야 하는 유일한 삶이 시작되었다. 다시 예수의 자기 인도에 대해 다루는 문장들이 일정한 권면의 맥락 속에 있는 한, 에베소서 5장의 두 구절은 결국 분명히 빌립보서 2:6-7의 평행절이다. 그리스도인들은 1절 이하에 의하면 "사랑받는 자녀"로서 하나님을 모방하는 자가 되어야 하고, 하나님의 행동에서 그들의 귀감을 취하고, 그러므로 사랑 안에서 살아야 한다: "그리스도가 너희를 사랑했고 너희를 위해 하나님을 위한 선물, 제물로, 아름다운 향기를 내기 위하여 자기 자신을 넘겨준 것에 따라서." 그리고 25절 이하에 의하면, "그리스도께서 교회를 사랑하셨고, 교회를 물로 씻고 말씀으로 깨끗하게 하여서 거룩하게 하고, 티나 주름이나 또 그와 같은 것들이 없이 아름다운 모습으로 교회를 자기 앞에 내세우고, 교회를 거룩하고 흠이 없게 하기 위하여 교회를 위하여 자기를 내주셨던 것 같이" 특별히 남자들은 아내를 사랑해야 한다. 우리는 에베소서의 전혀 다른 사상 세계, 언어 세계 가운데서도 주요 명제는 그리스도론적이요 교회론적이며, 이것이 로마서, 갈라디아서의 주요 명제와 실질적으로 동일하다는 것을 보게 된다.

화해가 근본적으로 인간을 죄로부터 깨끗하게 하는 것에 있어야 하는 한, 하나님과 인간의 화해가 문제이다. 오직 무죄한 자만이 하나님 앞에 설 수 있고, 그 앞에서 의로울 수 있고, 그 앞에서 의로운 자로서 대접받을 수 있고, 의로운 자로서 그를 섬길 수 있다. 그러나 인간은 무죄한 것이 아니고 죄인이다. 그러므로 그는 깨끗하게 함이 필요하다. 또한 그는 자기 스스로를 깨끗하게 만들 수 없고, 이런 그의 정결화가 일어나려면 하나님에 의해 그에게 베풀어져야 하고, 그의 죄가 용서받아야 한다. 이제 이 일은, 하나님이 그리스도를, 그리스도가 자기 자신을 넘겨줌으로써 일어났다. 이로써 그리스도인, 교회가 적극적으로 되어야 할 바, 곧 자녀의 권리, 자유, 믿는 자의 희망, 공동체의 영광을 위한 전제가 만들어졌다. 공동체의 영광이란 공동체가 시간과 영원 속에서 하나님을 영화롭게 할 수 있음에 있다. 이로써, 하나님이 그들을 분명히 자유롭고 의롭다고 선언하였으므로, 하나님과 화해한 자는 이미 지금 여기서 그에게 속해 있고, 하나님 오른편에 있는 그리스도를 통해 하나님 앞에서 변호를 받으며, 그들의 하늘 시민권, 미래를 그의 곁에, 하늘에 둘 수 있음에 대한 전제가 만들어졌다. 그들의 죄가 용서받음 없이는 이런 그들의 높여짐은 불가능할 것이다. 그들이 이런 높여짐을 그리스도의 부활에 의한 높여짐 덕분으로 생각해야 하는 것처럼, 그들의 높여짐의 전제, 곧 그들의 죄가 용서받기 위해서는 그리스도가 낮아짐, 스스로를 낮추는 일이 필연적이었다. 그들의 죄의 용서는, 하나님이 자기 아들을, 그가 자기 자신을 그들을 위하여 "넘겨 주는" 방법에 근거해야만 했다. 우리는 이 개념의 전문적 의미를 지금 다시 시작해야 한다. "넘겨줌"은 외부의 적대적이고 우월한 세력에 대하여 무력하게 내맡겨짐을 뜻한다. 넘겨줌은 능력 있는 자에게 일어나는 자유의 박탈이니, 이를 통해 그의 힘이 파괴될 뿐 아니라 그런 것으로서 파괴되며, 여기서 그에 대해 결정된 것에 굴복하고, 하나님의 보다 높은 권력을 기대하는 것 외에 그에게는 아무것도 남지 않는다. 예수가 유다로 인하여 빼앗긴 자유는 분명히 다만 신적 자유의 한낱 영상에 지나지 않으니, 하나님이 그에게서, 그가 스스로에게서 이 자유를 빼앗았다. 그의 아버지가 아끼지 않았고, 그 자신이 아끼지 않은 하나님의 아들은 다른 인간들처럼 능력이 있는 자뿐 아니라 바로 그 권능자이다. "모든 것이 그를 통하여 되었으니 그 없이는 어느 것도 되어진 것이 없다."(요 1:3) 그는 "신적 형상"으로 존재했다.(빌 2:6) 여기서 넘겨줌이 무엇을 내포하는지 추측할 수 있다. 예수가 유다를 통하여 박탈당한 것은 신적 전능과 자유였다. 그러나 유다를 통해서가 아니라, 먼저 그가 낮아져서 종의 형상을 취하고 인간과 같이 됨으로써 박탈당했던 것이다. 말씀이 육신이 되었다(요 1:14)는 것이 분명코 본래적인, 원래적인 예수의 넘겨줌이니, 그 다음으로 유다가 행한 일 혹은 행하기 시작한 일에서—그러나 요한복음 18:1-12의 서술에 의하면 누가 본래적인 행위자인가?—궁극적으로 그 결과가 나타났다. 인간의 아들이 이런 의미에서 결과적으로 죄많은 인간들의 손에 넘겨져야만 했던 그 이유는, 이 최초의 본래적 넘겨줌에 있다. 이 넘겨줌의 장본인이자 주체는 하나님 자신 혹은 예수 자신이다. 또한 예수가 자신을 낮추어서 십자가에서 죽기까지 복종하였던(빌 2:8) 것의 원인도, 그가 먼저 결정적으로 저 하나님의 형상을 포기하고 인간 종의 형상을 취하였음에 있었다. 전자의 일은 후자의 일을 위해서 일어났으며, 후자는 전자의 결과로써, 그것을 계시하기 위하여 일어났다. 우리는 첫 번째의 본래적인 "넘겨줌"에서 시작하지 않고서는, 이 모든 일의 원인이 되는, 그리고 그 빛 안에 유다도 결국 서 있는 그 적극적인 하나님의 "넘겨줌"을 이해할 수 없다. 우리는 이것을 인식하기 위하여 하늘에서 시작할 수 있을 뿐 아니라 또한 하나님의 영원한 사랑의 결정에서 시작할 수 있다. 그 결정 안에서 아버지가 아들을 보냈고, 아들이 아버지에게 복종하였고, 그 결정 안에서 하나님의 뜻은 하나님이 그 자신을 그의 계약 파트너로 선사함을 통하여 인간으로 하여금 자신과의 친교, 영원한 생명에 참여케 하려는 불가해한 의도 안에서, 아직 창조되지도 않은 인간을—인간 창조도 이 결정에 근거한다.—향하였다. 이런 의도의 성취가 하나님 나라이다. 하나님이 넘쳐흐르는 그의 은혜를 통하여(그는 이것이 필요하지 않으나 그의 영광의 충만한 가운데서 이렇게 하기를 원했다.) 인간에게 이 사랑을 보이고 입증함으로써, 그리고 하나님의 은혜가 이렇게 넘쳐흐름으로써(이 일은 달리 일어날 수도 있었으나 그는 이렇게 일어나기를 원했다.) 그는 자신의 영광을 세운다. 하나님의 영원한 삶의 이런 결정 속에 적극적인 하나님의 "넘겨줌"이 포함되어 있다. 아버지의 보냄과 아들의 복종은 구체적으로 바로 이 적극적인 하나님의 "넘겨줌"일 따름이다. 그러므로 로마서 8:35, 갈라디아서 2:20, 에베소서 5:25에서 명백히 이 일이 하나님의 "사랑"(ἀγαπαν)과 관련지은 것은 이유가 없는 것이 아니다. 이것은 비로소 나중에, 비로소 역사 안에서가 아니라 본래부터, 영원 전부터, 그러므로 또한 필연적으로 역사 안에서도 이렇게 관련된다. 하나님이 인간을 계약 파트너를 만들기 위하여 자신을 선사함으로써 인간으로 하여금 영원한 생명에 참여케 하는 것이 하나님의 뜻이 됨으로써, 거기서부터 하나님 자신의 넘겨줌, 내어 줌, 포기가 결정되었고,

결과하였다. 인간 스스로는, 이런 방법으로 하나님을 계약 파트너로 선사받을 자격도 없고, 능력도 없다. 이렇게 된 것은, 하나님이 자신의 영광을 감추고, 그것의 발현을 포기하고, 오히려 치욕이 영광을 압도하도록 내버려두는 한에서 하나님이 자신의 신적 영광을 포기한 그의 낮아짐에서 결과되었다. 자신의 영원한 아들을 보내는 것이 아버지의 뜻이고, 이런 보냄을 실행함에서 그의 영원한 아버지에게 복종하는 것이 아들의 뜻이라면, 진지하게 온전하게 자기 자신을 인간에게 선사하고 그 자신이 인간, 곧 육, 인간적 불합당함과 무능력을 지니는 자가 되는 것이 진정으로 하나님의 뜻이라면, 이것이 뜻하는 바는, 인간이 굴복한 세력에 대하여 무기력한 상황으로 자기 자신을 넘겨주는 것, 자기 자신을 내어 주어 피조적 삶의 조건에 속박당할 뿐 아니라 또한 인간의 죄의 저주 아래, 그의 죄에 의해 지배당하고 결정된 버림받은 인간의 삶 속으로 들어가며, 그의 본래적, 신적인 존재 방식과는 전혀 반대의 삶에 자기 자신을 내맡기는 것이 하나님의 뜻이라는 것이다. 그는 바로 자기 자신과는 전혀 상반되게 존재하는 인간에게 그의 영원한 사랑을 베풀었다. 그는 바로 그런 인간을 영원한 생명에 참여케 하려 한다. 그는 바로 그를 생각하고 원하고 찾는다. 그는 바로 그와 계약을 맺기로 결심했다. 그가 이것을 원한다면—진지하게 온전하게 그가 이것을 실제로 원한다면—이로써 그는 자기 자신의 넘겨줌을 원하며, 유다가 예수에게 행한 것처럼, 이로써 그는 자기 자신에게 행하려는 것이다. 그리고 그가 실제로 이렇게 행했다는 것이 우리에 대한 그의 온전한 사랑이다. "그는 나를 사랑했으므로 나를 위해 자기 자신을 내주었다."(갈 2:20) 그는 "자기 자신의 아들을 아끼지 않음"으로써(롬 8:32), 자기 자신을 고려하지 않고 우리의 자리를 취했고, 이 자리에서의 존재가 수반하는 모든 것을 받아들였고, 자신의 일로 만들었다. 그는 자신의 신성을 귀중한 것으로 여기지 않고 오히려 그것을 위장하고 감추고 오물처럼 던져 버리고, 스스로 인간성을 취하고 인간들 중의 한 사람, 유대 백성 중 한 사람이 되었고, 이 인간으로서 모든 인간들, 만백성들을 위한 약속이 되었다. 그는 이 제물을 드렸고, 이 선물(엡 5:2), 곧 그의 사랑을 위한 그의 자유의 제물을 바쳤다. 그의 사랑은, 그가 이 사랑이 이 제물을 드리기에 합당하다고 여길 정도로 컸다. 우리는 또한 말할 수 있고 말해야 한다. 그의 자유는, 그가 그 자유를(그것은 그의 사랑의 자유이기 때문에) 저처럼 위장하고, 저처럼 감추고, 저처럼 욕되게 할 정도로 컸다. 하나님은 그의 사랑의 자유 안에서 그처럼 신실하고 꾸준하므로, 그가 그의 넘겨 줌의 행위에서 그랬던 것처럼, 그는 그 자유로 말미암아 자기 자신과 동일하면서도 자기 자신과 전혀 유사하지 않게 될 수 있었다. 그러나 어쨌든 간에, 하나님이 그의 아들 안에서 자기 자신을 우리 상황 속으로, 우리 자리로 넘겨줌으로써, 여기서 특별한 자유 박탈이, 하나님 자신의 자유 박탈이 사건화됨으로써, 우리의 죄의 용서의 근거가 마련되었다. 이것이 아니면 우리는 영원한 생명을 얻을 수 없고, 하나님의 자비의 나라가 세워질 수 없을 것이다. 하나님이 우리 자리에 우리 대신 들어옴으로써 우리를 위해, 우리의 죄를 깨끗하게 만들기 위해, 우리를 이 죄책과 형벌에서 자유롭게 하기 위해서 들어섰다는 것, 이것이 이 넘겨줌의 결과요 의미이다. 저 모든 구절에서 말하듯이, 그는 "우리를 위하여", "나를 위하여" 자기 자신을 넘겨주었다. 갈라디아서 2:20에서 바울이 분명히 율법의 고발과 속박으로부터 자유로운 삶, 그리스도 자신의 삶으로서 그 안에서 그의 삶이 된 이 새로운 삶에 대해 말할 때, 이 사실이 분명해진다. 이렇게, 이 자유의 근거를 마련하고 유지하는 자로서, 이 새로운 삶의 주로서 그 대신 서기 위해서, 바울을 이런 의미에서 그에게 속한 자로 만들기 위해서, 그래서 바울의 삶에 대한 책임과 그 삶의 정결화를 넘겨받기 위해서, 그는 우선 전혀 다른 방식으로 그의 자리로 들어와야만 했다. 이것에 대해 바울은, 하나님의 아들이 그를 위하여 자신을 넘겨주었고 내어 주었다고 표현한다. 또한 모든 그늘과 허물을 완전히 벗어난 교회의 영광에 대해 언급하는 에베소서 5:25에서도 이 사실은 분명하다. 그리스도가 교회를 사랑했고, 교회를 위해 자기 자신을 넘겨준 것에 근거하여 그리스도는 다시금 교회의 형상이다. 그리스도가 인간을 위해서 역사한 모든 적극적인 것, 인간을 위해 그리스도가 현실이 된 것, 그리고 그에 대한 믿음 안에서 그를 위해 유익하게 된 것—이 모든 것은, 그리스도가 먼저 자신을 그를 위해 자기 자신을 넘겨주고, 혹은 로마서 8장에 의하면 그를 위해서 하나님에 의해서 넘겨졌음에 근거한다.

그러나 이 넘겨줌은 하나님에 의해 버림받은 죄인으로서의 인간의 자리에 그가 자발적으로 들어섬이다. 그가 이 자리에서 무엇을 하는가? 먼저 아주 일반적으로 잠정적으로 이렇게 말해야 한다. 그는 그의 현존을 통하여, 그리고 이 자리에서 다른 인간들 가운데서 한 개별 인간의 행위로서의 그의 행위를 통하여 그 자리와 그 주변을 거룩하게 만든다. 다른 예언자들도 행했듯이, 그도 말씀과 표적으로 하나님 나라를 선포한다. 예언자, 제사장, 왕들이 옛날부터 언제나 거듭 그랬던 것처럼, 그는 또 다시 이스라엘을 거룩하게 하고 축복하고 깨우친다. 이렇게 하는 자가 하나님의 아들이기 때문에, 이것이 이미 넘겨줌, 내어 줌, 포기이다. 이것은 이미 그의 영광에 대한 불가해한, 견딜 수 없는 제약을 뜻한다. 예수가 체포되어 십자가에 죽기까지의 삶의 모습으로 보여 준 것 같이, 하나님이 개별 인간의 자리로 들어가서 이 자리에서부터, 그러므로 그 주변에 있는 수백 만의 다른 인간들 가운데서 개별적 인간의 전적으로 제약받고 모든 것이 결정된 삶 가운데서 인간의 일을(그것은 동시에 우리 자신의 일이다.) 우리 곁에서 대신한다는 것—이것이 하나님의 낮아짐, 자기 비하의 완전한 기적이다. 그러나 이 기적이 무엇을 의미하는가는, 우리가 이 예수의 삶이 처음부터 이런 체포당함과 십자가에 달림을 행하여 매진한다는 것과, 그의 삶이 처음부터 그가 사로잡혀 고난당하고 죽어야 함으로써 결국 완전한 암흑이 되는 그 그늘 아래 있었다는 것을 주목할 때 비로소 드러난다. 우리의 자리에서, 그가 취한 한 인간의 자리에서 이제 그에게 일어난 일은 이것이다. 곧 그의 예언, 그가 시작한 역사는 완전히 그의 손에서 박탈되어 파괴되고, 그가 시작한 한 사람의 행위, 모든 사람에게 필요한 이 행위는 그에 의해 거룩하게 되고 축복받고 깨우침을 받은 이스라엘에 의해 배척되고, 그는 바로 그의 역사 때문에 이스라엘의 요구에 따라서 죽음으로 형벌을 받게 된다. 그에게는 이제 완전히 캄캄해진 그의 아버지의 영광에 호소하는 것 외에, 그를 삼키려는 암흑 저편에 있는 그의 재림에 대한 기대 외에는 전혀 아무것도 남은 것이 없다. 바로 그가 인간으로서 죽음의 전적 궁극성에 의해서 완전히 소멸된다. 우리 모두가 그런 것처럼, 우리 자리에서 한 인간으로서의 그의 삶과 기능에 이 일이 일어난다. 살아 있는 하나님의 아들인 그에게, 천사의 군대를 명령할 수도 있으나(마 26:53) 그것을 사용하지 않은 그에게! 그가 우리를 위해 자기 자신을 넘겨준 것은 바로 이것을 위해서다.

바울이 그처럼 강조한 "우리를 위해"와 더불어 분명히 이 넘겨줌이 어떤 의미에서 하나님의 영원한 의지인가.—그리고 어떤 의미에서 하나님의 넘겨줌이 우연이 일어난 것이 아니고 인간의 비극과 같은 것과도 무관하며, 오히려 어떤 운명의 뜻대로가 하나님의 뜻대로 그 일은 일어나야만 했다고 말할 수 있는지에 대한 시야가 열리게 된다. 우리가 예수의 삶에서 시작에서 그의 체포당함, 그의 고난, 그의 죽음에서 완성되는 것을 보게 되는 그런 일이 예수에게 가해짐으로써, 인간에 대한 하나님의 사랑이 그 목표에 도달하려면, 인간이 하나님과의 친교, 영원한 생명에 참여하려면, 하나님과 인간 사이에 일어나야만 했던 일이 일어났다. 예수의 이런 넘겨짐에서, 넘겨짐과 더불어서 하나님은, 인간이 그의 계약 동지가 되고 영원한 생명을 받기에 불합당하고 무능력함에 비추어 필요한 조치를 취했던 것이다. 이 넘겨줌에서, 이 넘겨줌과 더불어 하나님은 인간을 심판, 정죄, 처벌했다. 하나님과 우리 사이에 있는 것은, 그것이 적극적으로 회복되기 전에 법과 정의에 따라서 제거되어야 한다. 예수의 넘겨줌은, 거기서 제거되어야 하는 것이 얼마나 크고 무거운가를 보여 준다. 곧 그 일은, 우리가 더 이상 정죄와 징벌을 당하지 않게 되고, 그래서 우리가 더 이상 그 짐을 지지 않게 되고, 그래서 우리가 하나님이 우리에게 주려고 하는 것을 자유롭게 받을 수 있도록 하나님 자신이 인간이 받아야 마땅한 정죄와 징벌을 스스로 받아들임을 통해서만, 그것이 다만 제거될 수 있다는 것을 보여 준다. 이것이 하나님이 예수의 인격 안에서 행하기로 결정했고, 그가 예수의 인격 안에서 실제로 행한 것이다. 하나님은 그의 전능함 가운데서 이렇게 넘겨질 수 있기 때문에, 그는 이런 자기 비하 가운데서도—이로써 자기 자신이기를 중단하는 것과는 거리가 멀다.—그의 전능함이 승리하도록 할 수 있기 때문에, 그가 이로써 자신을 감추고 암흑과 오물 속으로 들어갈지라도 그의 신성이 더 이상 위축될 수 없기 때문에, 하나님은 이렇게 할 수 있다. 하나님은 이렇게 함으로써 신적으로 행동하였다. 왜냐하면 이로써 인간에게만 신실함을 입증한 것이 아니라 또한 자기 자신에게도 신실하였기 때문이고, 그가 이로써 실증한 자비는 그의 의의 행위이고, 그가 이로써 실천한 의는 자비의 행위이기 때문이고, 이 일에서 모독당한 자요 동시에 고발자, 심판자요 동시에 법인 그에게는 그 일을 그의 처분대로 조치할 자유가 있기 때문이고, 그가 이 일을 조치하기 위하여 우리가 당해야만 하는 것을 스스로 당함으로써 이 자유를 사용했기 때문이다. 그러므로 이 한 개별 인간의 인격 안에서의(그가 하나님 자신의 아들이었기 때문에) 이 한 인간의 넘겨줌에서 사건화되었던 죄책과 징벌의 해방을 모든 사람을 위해서 일어나도록 할 수 있는 온 인류의 주의 권위와 능력 안에서 자기 헌신이 일어났기 때문에, 모든 사람이 그의 소유이고, 더구나 그가 바로 이 한 인간 안에서, 그를 고려하여, 그를 선택함으로써, 그들 모두를 영원 전부터 사랑함으로써, 하나님은 이 일을 행함으로써, 실제로 유익하게, 진정으로 "우리를 위해서", 우리의 유익을 위해서 행동했다. 이처럼 예수의 넘겨줌은 세상을 하나님과 화해시킴에 불가결한 전제이니, 곧 세상을 죄로부터 정결케 함이고, 단번에 세상으로부터 죄를 제거함이고, 죄의 용서, 그리고 하나님 나라로 들어가는 문을 열어 주는 것이다. 이 일은 하나님의 의로운 자비, 자비로운 의에 의해서 이루어졌고, 우리가 하나님 앞에서 다만 사라질 수밖에 없을 때, 그가 우리를 옹호하지 않는다면 우리는 완전히 끝장날 수밖에 없을 때, 하나님이 우리를 옹호함으로써 이루어졌다. 그러므로 바울은 로마서 8:31에서 진정으로 하나님을 두려워하는 마음으로 이의를 제기한다: "하나님이 우리를 위하시면, 누가 우리를 적대할 수 있으리요?" 그에게는 예수의 위로 외에는 이렇게 항거할 다른 이유가 없다. 바로 예수의 위로가 항의하지 않을 수 없게 만든다. 바로 여기서, 이렇게 예수의 넘겨줌에서, 그가 전혀 당해서는 안 되는, 우리가 받아야 마땅한 겟세마네와 골고다의 환난에서, 여기서, 유다가 행한 일의 결과에서 하나님은 우리를 위한다. 바울이 로마서 8장에서 묻는 것처럼 그렇게 묻는 것, 이 넘겨줌으로써 우리의 죄가 용서될 뿐 아니라, 우리가 그 넘겨줌 덕분에 죄의 용서를 받았다는 사실과 우리가 이 넘겨줌에 근거하여 하나님 앞에서 살 수 있게 된다는 사실에 무조건 의지하는 것이 바로 하나님에 대한 두려움—넘겨진 예수에 대한 믿음의 하나님 경외(敬畏)—이다. 인간이 이 사랑에 스스로 차단한다면, 이 근거 외에 다른 것에서 살고자 한다면, 인간은 하나님의 사랑의 영원한 결정에 불순종하는 것이다. 그럴 때 그 인간은, 바울이 말한 것처럼(갈 2:21), 하나님의 은혜를 배척하는 것이다. 그럴 때 그리스도는 헛되이 죽은 것이 되고, 그가 죽음을 통해 우리를 위해 획득한 자유의 선물은 허공에 뜨게 될 것이다. 이 선물에 직면해서, 우리가 우리를 위해서 일어난 일, 곧 하나님이 그리스도 안에서 우리 생명의 소유자, 주인으로서, 그의 교회의 머리로서 우리의 자리에서 지배하며 결정하며 우리를, 곧 우리가 스스로 달리 어떻게 할 수 없을 때, 어느 관점에서든 다만 자기 자신에게 적대하여 행동하고 동시에 하나님 자신에 적대하여 반항할 수밖에 없는 그런 우리를 위하도록 하는 일이 또한 새로이, 진정으로 우리를 위해서 일어날 수 있도록 하는 것만이 정당할 따름이다. 진정으로 결정적으로 중요한 것은, 이런 일이 일어났음을 인정함 가운데서 하나님을 두려워하는 행위이다. 그가 예수 그리스도 안에서 세상의 죄를 씻어 깨끗하게 만들기 위하여, 자신에 대한 인간들의 불합당과 무능력을 제거하기 위하여 자기 자신을 넘겨준 일이 그의 행위의 첫 번째, 결정적인 조치로서 실천되지 않을 때, 하나님 자신과 창조물 사이의 관계를 조정하는 일이 중단되고 교란받는다. 하나님이 예수 그리스도 안에서 자기 자신을 넘겨주고 죄에 대한 심판을 스스로 집행할 뿐 아니라 또한 스스로 자기 자신에게 취하여 감당하여 우리가 죄의 심판을 더 이상 감당할 필요가 없도록 함으로써, 하나님과 인간 사이의 계약의 장애가 제거되었고, 이 계약을 실현하기 위한 길, 그의 자비의 나라를 수립하기 위한 하나님의 길, 영원한 생명에 이르는 인간의 길이 열렸고, 이 길을 열기 위한 모든 필요한 조치가 실제로 완수되었다. 하나님과, 그가 창조한 세상 사이의 질서가 이처럼 조정된 후에는 더 이상 되돌아갈 수 없고, 되돌아가서도 안 된다. 이것이 바로 로마서 8장의 바울의 이의를, 그러나 또한 갈라디아서의 바울의 열정을 필연적으로 만든 것이다. 예수 그리스도 안에서 일어난 하나님 자신의 넘겨줌과 더불어 궁극적인 말은 아니지만, 궁극적인 말에 선행하는 궁극 이전의 말이 말해졌으니, 이 말은 결코 흘려들어서도 안 되고 어떤 핑계 아래서도 바꾸어서도 안 된다.

이같이 바울에게서 확정된 관점에서부터 이제 되돌아가, "넘겨주다"에 관한 기타 용법을 관찰하고, 저 확정된 사실들에서 우리가 얻어야 할 교훈들에 대해 물어 보자.

여기서 우선 분명한 것은, 하나님에 의해서 그의 진노 가운데 "넘겨진" 유대인들과 이교도들에게, 그러나 또한 그리스도인들에게는(그들이 사탄에게 넘겨졌다고 때때로 언급된다.) 어쨌든 하나님의 자기 아들을 넘겨줌으로써 자신이 받은 것 이상으로 나쁜 일은 일어나지 않는다는 것이다. 반대로, 그들이 빼앗긴 자유는, 하나님이 자기 아들 안에서 스스로 포기한 존엄에 비교해서 무엇인가? 그러므로 하나님의 자기 비하에 비해서 그들의 낮아짐이 무엇인가? 하나님이 스스로 동의한 구속에 비하여, 그들의 구속이 무엇인가? 그의 말씀이 육신이 되었고, 모든 육신이 굴복한 악한 세력에 굴복함을 자신의 일로 삼음으로써 하나님이 스스로 포기한 것에 비교해서 그들은 무엇을 잃었던가? 그들도 의심할 여지없이 형벌을 받아야 한다면, 그들의 이 형벌은, 아무리 준엄할지라도, "우리의 범죄로 인하여" 넘겨진 예수 그리스도가 당해야만 했던 것에 의해 처음부터 극복되었고, 어느 정도 미리 가려져 있었다. 형벌의 중함과 준엄함은 그것 자체에 의해서가 아니라 형벌을 당해야 하는 자에 의해 결정적으로 좌우된다. 한 인간에게는 무거우나 견딜 만하게 느껴지는 것도 다른 사람에게는 두렵고 치명적일 수 있다. 여기서 하나님의 아들이 자기 스스로 사탄의 권세에 넘겨지고, 저기서 유대인과 이방인, 고린도의 근친상간자, 히메네오와 알렉산더에게 같은 일이 일어난다면, 그것은 천양지차(天壤之差)와 같은 것이다. 그들에게 그런 일이 일어나고, 그들 자신에게는 중하게 느껴질지라도, 하나님이 영원 전부터 자기 스스로 일어나도록 결정하지 않고 실제로는 자기 자신에게 일어나도록 하지 않은 일은 아무것도 그들에게 일어나지 않는다. 그런데 그 자신은 그 일로 인하여 그들보다 훨씬 무거운 고난을 당한다. 그들은 어느 정도 다만 예수 그리스도의 고난의 서론과 에필로그에서만 고난을 당한다. 인간을 무력하게 다른, 우월한, 적대적인 세력에 본래적, 현실적으로 넘겨주는 일이 그들이 아니라 그의 넘겨줌에서 사건이 되었다. 로마서 8:22-23에 언급된 피조물의 신음과 예수가 십자가 위에서 세상을 하직할 때의 그 신음을 비교하는 것은, 그들의 저주와 예수 그리스도의 저주를 비교하는 것과 같다. 여기서부터 우리는, 직접적으로든 간접적으로든 인간에 대한 하나님의 이런 진노의 행위의 건전한 목적, 의미의 저 종말론적 가능성을 지시하고서는, 어째서 저 진노의 넘겨줌에 대해 말하지 않았는가를 이해하게 된다. 여기서부터 우리는 특별히 로마서 1장에서 인간의 전적인 불경건함과 불의에 대한 하나님의 진노의 계시를 실제로 다만 예수 그리스도 안에서 모든 믿는 자들의 유익을 위하여 이루어진 판결의 계시의 불가피한 이면(裏面)으로서만 이해할 수 있을 따름이다. 이 인간들의 넘겨줌과 그들의 형벌은, 그것이 아무리 진정하고 준엄할지라도, 독자적인 의미를 가질 수 없다. 하나님에 의해서 그의 진노 가운데 넘겨진 이 인간들의 고난은 예수 그리스도의 고난에 비교해서 특별하다고 말할 것이다. 왜냐하면 그것은 그것에 대해 다룬 구절에 의하면 그들 자신에, 그들이 죄에, 사탄에게 내맡기는 것이기 때문이다. 악한 자들에게는 무자비하게도 계속 악하도록 방임함으로써(계 22:11), 악한 자들은 포박당한다. 버림받은 자들이 떨어지게 되는 지옥뿐 아니라 그 곳의 영원한 불, 그 곳에서의 울부짖음과 이를 갊이란 바로, 각 사람이 우둔함과 사악함 가운데 찾았던 것을 발견하고 가져야만 하는 것이고, 각 사람이 잠자리를 편 대로 그렇게 눕게 되는 것이다. 바로 이런 것이 그들이 당해야 하는 영원한 고통, 그들이 떨어지게 된 영원한 죽음이다. 우리는 첫눈에, 예수 그리스도가 오히려 복종 가운데 스스로 낮추어 죽기까지 한 이상 이런 고통을 당한 것이 아니라고 말할 것이다. 그러나 그의 행위와 그의 고난 사이의 이런 명백한 불일치의 결과는 무엇인가? 그가 버림받은 자들이 스스로 초래했고 받아 마땅한 고통, 죽음, 운명 외에 다른 것을 당하지 않았다는 것이 아니라, 오히려 그가 자신의 복종을 통해서 진실로 스스로 초래했고 얻은 이 고통, 죽음, 운명을 그들을 위하여, 이 버림받은 자들 대신에 당했다는 것이다. 우리가 저 불일치에 직면하여 예수의 넘겨줌을 무의미하다고 선언하기를 원치 않으면, 우리에게는 그가 우리를 위해 고난받고 죽기 위해서 넘겨졌다는 이 증언을 받아들이는 것 외에 다른 선택이 없다. "우리를 위하여", 우리가 이것을 믿고 고백한다면, 성서에서 그들에 대한 하나님의 진노의 내림에 대해 언급하는 대로, 그 하나님의 진노를 우리 스스로 받아 마땅한 것으로 인정해야만 하는 이상, 우리는 저 버림받은 유대인들과 이방인들과 더불어, 고린도의 근친상간자, 히메네오와 알렉산더와 더불어 연대되어 있다고 생각해야 한다. 죄 없는 예수 그리스도가 당한 것은 의심할 여지없이, 하나님의 진노에 의해 자기 자신에 방임된 자들의 형벌이었고, 인간이 계속 악하도록 방임됨으로써 스스로 자초하고, 유다처럼 자기 스스로 집행해야만 하는 심판이었다. 사악하지 않았을지라도 예수 그리스도는, 한 인간이 계속하여 악하도록 방임됨으로써 당해야만 하는 것을 당해야 했다. 곧 우상 숭배에 빠진 이스라엘의 고난, 그들 마음의 정욕에 넘겨진 이교도들의 고난, 사탄에 넘겨진 저 그리스도인들의 고난. 이렇게 넘겨진 인간이 들어가야 하는 것에, 이 방기의 결과로 그 스스로 들어가야만 하는 탈출구 없는 곤경 속에 겟세마네와 골고다의 예수가 있다. 그는 이 잔이 그에게서 지나가도록 기도한 후에, 그러나 그 잔을 마셔야 하는 것이 하나님의 뜻임을 또 다시 깨닫고 시인한 후에, 이 잔을 마신다. 우리는 여기에다 즉시 첨언해야 한다. 베드로도, 유다도, 하나님의 진노에 의해 넘겨진 저 다른 사람들도—이렇게 넘겨짐이 마땅한 우리 중 아무도 아니고, 그만이 이 잔을 마신다. 그만이 이렇게 넘겨졌다. 그가 "우리를 위해", 우리 대신 넘겨졌다는 것을 달리 어떻게 진지하게 말할 수 있고, 가치를 가질 수 있으랴? 바로 여기서 결과하는 것은, 저 넘겨진 자들이 어떤 고난을 당했든, 이 넘겨짐을 당해 마땅한 일을 한 모든 자들이 무슨 고난을 당하든 간에, 그들은 예수 그리스도가 당한 것을 당할 필요가 없으니, 예수 그리스도가 그들을 위하여 그 일을 당했다. 즉 그 일은 예수 그리스도의 고난으로 인하여 그들에게는 면제되었다. 하나님은 자신의 아들을 아끼지 않음으로써 이처럼 그들을 아낀 것이다. 우리는 분명히 또한 그들의 형벌, 그들의 고난을 아주 진지하게 다루어야 한다. 그들에게도, 우리에게도 해당되는 심판은 받아 마땅할 뿐 아니라, 또한 실제로 매우 준엄하고 무겁다. 파라오, 사울, 유다, 알렉산더, 히메네오와 같은 인물이 되어야 하는 것은 매우 나쁘다. 지옥으로 위협받고, 지옥에 떨어지도록 정죄당하고 지옥에 떨어지고 이미 바야흐로 지옥행 길에 들어선다는 것은 매우 나쁘다. 그러나 우리는, 실제로 단 한번의 지옥의 확실한 승리를 알고 있으며—이것이 예수의 넘겨줌이다.—지옥이 이렇게 승리한 것은 지옥이 더 이상 누구도 이기지 못하게 하기 위함이라는 것을 조금도 감추어서는 안 된다. 우리는 또한, 예수가 많은 사람들과 더불어서뿐 아니라 많은 사람들을 위해서, 많은 사람을 대신하여, 그를 믿게 될 모든 사람들을 대신하여 지옥의 심연으로 자기를 넘겼다는 것을 부인해서는 안 된다. 복종함으로 자신을 낮추어 범죄자의 죽음을 당한 자, 그의 무죄에도 불구하고 처형당한 하나님의 아들에게 하나님은 "모든 이름 위의"(ὑπέρ πᾶν ὄνομα, 빌 2:9) 이름을 주었다. 그가 행한 일은 선한 일에서나 악한 일에서나, 행동으로서나 고난으로서나, 다른 사람이 행한 일 혹은 행할 수 있는 모든 일보다 절대적으로 우월하며, 또한 하나님에 의해 버림받은 자로서 다른 사람이 당할 수 있는 모든 고통, 모든 죽음보다 절대적으로 우월하다. 예수 그리스도는 하나님에 의해 버림받은 자이다. 그것은 그 안에서 하나님이 자신을 버림받은 자로 만들었고, 유기가 뜻하는 것, 유기가 초래하게 될 것을 전부 스스로 맛보았기 때문이다. 그러므로 우리는 이편에서도 하나님의 진노에 의해서 넘겨진 자들의 지위, 운명을 실제로 독자적인 현실로 간주할 수 없다. 우리는 확실히 그것의 현실성을 전혀 부인할 수 없을 것이다. 우리는 그러나 그것이 예수 그리스도가 자기를 낮춤으로써, 지옥으로 내려감으로써, 그에게 일어난 넘겨줌에 근거해서 얻어진 지위, 운명을 통해서 제약받는 현실임을 인정할 수 있을 따름이다. 그러므로 필연적으로 예수 그리스도에 대한 믿음을 통해서 필연적으로 제약받는다! 예수 그리스도에 대한 믿음 안에서 우리는 다른 사람들에 대한 것뿐 아니라 우리 자신에 대한 결정을 전적으로 그에게 일임하기를 중단하지 않을 것이다. 우리는 예수 그리스도에 대한 믿음 안에서 하나님의 진노에 의해 넘겨진 자들을 멸망했다고 간주할 수 없다. 우리는 하나님이 전적으로 자기 자신에게 내맡긴 자를 알지 못한다. 우리는 다만 그렇게 버림받은 한 인간, 멸망한 인간, 예수 그리스도만을 알 뿐이다. 그는 자기 외에 다른 사람이 멸망하지 않도록 하기 위하여 멸망했다.(그러나 다시 회복되었다.) 그러므로 우리는, 성서에 의하면 하나님의 진노에 의해 넘겨지고 자기 자신과 사탄에게 내맡겨진 자에게 일어난 일을 또한 이편에서도 다만 그들의 구원을 위한 일, 예수의 고난과는 무한한 거리에서 그의 고난에 접근하는 것으로 이해할 수 있을 따름이고, 예수의 죽음에 대한 그 나름대로 끔찍스러운 서곡, 후주(後奏)로서, 그리스도의 죽음의 표적으로, 그러므로 확실히 인간이 떨어진 저주의 표적으로, 그러나 또한 무엇보다도 그가 이 저주로부터 보호받는 은혜의 표적으로 이해할 수 있을 따름이다. 이제 저 진노의 넘김에 대한 한계라는 종말론적 가능성이 이에 관해 다루는 모든 구절들에서 왜 그렇게 중요한 역할을 하는지 분명해지는 듯하다. 분명한 사실은, 그것은 다만 종말론적 가능성으로서만 고려될 수 있다는 것이다. 버림받은 자들의 유기, 그들이 그 아래 처한 심판과 판결은 그 자체로 완전히 고정된, 완결된 사실이니, 그 사실 자체는 바뀌어질 수 없다. 그들은 실제로, 이유가 없지 않게 그늘 속에 있고, 자기 스스로는 이 그늘에서 벗어날 수 없다. 성서는 유다와 같은 무수한 인간에 대해 말하기 때문에, 우리는 그들이 어떤 회개의 가능성도 없이, 구원에 이르는 회개를 실천한 적도 없이 살다가 죽었다고 가정해야만 한다. 그들에게도 빛이, 희망이 있다면, 실제로 다만 종말이 있기 때문이며, 그들의 벗어날 수 없는 감옥도 밖에서부터 에워싸여 있는 그런 한계가 있기 때문이다. 버림받은 자의 지위, 운명에 전적으로 외적으로 대립하는, 그것에 전적으로 새로이 대결하는 이 종말은 그러나 예수의 넘겨줌, 그리고 그 일과 더불어 세상을 위해, 그리고 또한 그들을 위해 일어난, 곧 죄로부터 그들을 정결케 함이다. 하나님이 그들에게 무슨 일을 행하든, 그는 예수의 넘겨줌으로써 자기 자신에게 가했던 일을 그들에게는 확실히 행하지 않는다. 그것은 그가 그들을 위해 이 일을 했기 때문이며, 그들이 세상의 죄를 깨끗하게 만들게 될 심판을 당하여 멸망하지 않기 위함이다. 그들도 하나님이 세상을 위해 행한 일의 빛 가운데 있기 때문에, 그들이 어떻게 되었고 어떻게 될 것인지를 아는 것과 그것에 대해 관장하려는 것은 우리의 일이 될 수 없다. 오직 예수 그리스도 안에 죄의 용서가 근거하고, 오직 그만이 죽은 자들 가운데서 부활한 것처럼, 우리는 우리 자신을 위해, 다른 사람을 위해 오직 그만을 희망의 증인으로 삼는다. 버림받은 자들도 실제로 이 빛 안에 있다는 것을 부인하는 것은, 더구나 우리의 일이 될 수 없다. 우리가 믿음 안에서 우리 스스로 이것을 고백할지라도, 우리가 그들 못지않게 하나님의 진노로 인하여 저 감옥 속으로 넘겨지는 것이 마땅한 짓을 했다는 것을 알 때만, 이런 일이 진지하게 일어날 수 있을 것이다. 그러므로 우리는 다만 저들과 연대함으로써만 이것을 진지하게 고백할 수 있을 따름이다. 우리가 바울의 도전적 물음 "하나님이 우리를 위하시면, 누가 우리를 적대하리요"를 우리의 물음으로 삼으려면, 우리가 바울처럼 그렇게 말함에서의 진정성을 다음 물음에서 검증해야 할 것이다. 곧 우리가 믿음 안에서 생각하고 말하면서, 또한 외견상 혹은 실제로 명백한 유다의 모습을 고려하면서 과연 "하나님이 우리를 위하시면, 누가 우리를 대적하리요."라고 계속 물을 수 있는가? 하나님이 그들도 위한다는 것은 그들을 자기 자신에, 혹은 사탄에 넘겨줌이 우리에게 분명하게 보일수록, 더욱 더 현저하게 된다. 그의 지위, 운명과 그들의 지위, 운명의 유사성이 정비례로—예수 그리스도의 영역과 그들의 영역 사이에는 큰 괴리가 있음에도 불구하고—증거하기 때문이다. 다른 사람에게서, 혹은 우리 자신에게서 유기가 무엇이며, 하나님에 의해 버림받은 인간이 된다는 것이 어떤 심판을 의미하는지가 분명해지면 할수록, 하나님이 우리를 위해 행한 것, 곧 그가 자신의 아들을 우리를 위해 넘겨주었다는 사실에 대한 기억은 약해지는 것이 아니라 더욱 강해진다. 그러므로 우리는 이것이 분명해짐으로써, 다만 우리 자신과 다른 사람을 고려하여 죄인 대신에 일어난 예수 그리스도의 넘겨짐의 종말론적 현실에 의지하도록, 이 사건의 유효성을 고려하면서 버림받은 자의 상실된 상황의 가장자리에서 미래의 구원의 희망을 망각하지 않도록 더욱 강력하게 요청받는다.

우리가 하나님의 적극적인 "넘겨줌"으로부터 사도적 "전승"(παράδοσις)으로 되돌아가면 곧 다음을 깨닫게 된다. 예수에 관한 소식이 그들의 손으로부터 두 번째, 세 번째 사람의 손으로 넘어감으로써, 그들이 이 유익한 전승에 의해서 교회의 기초를 놓음으로써, 사도들이 하는 일도 또한 의심할 여지없이 거기, 하나님 자신의 행위에 기원이 있다. 사도들의 이런 행위는 분명히 전권적 행위이다. 왜냐하면 그것은 독창적인 행위가 아니라 넘겨줌에 그 원형, 모형을 둔다. 하나님은 이 사건에서 자신의 아들을, 자기 자신을 죄인의 손에 넘겨주었다. 죄인에 대한 하나님의 심판과 유기의 모든 암흑이 다만 하나님이 영원 전부터 결정했고, 시간 안에서 성취한 심판과 유기의 불가피한 그림자라면, 또한 죄인들이 다른 죄인들에게 복음을 증언하는 임무와 봉사의 모든 은혜의 빛도 다만 하나님이 자기 자신을 그의 아들의 넘겨줌을 통해서 죄많은 인간을 받아들이려고 하였고, 실제로 받아들인 그 영원한 자비의 광채의 반사일 따름이다. 버림받은 자들의 감옥, 고통이, 예수 그리스도가 당했고 그들을 위해서도 당했던 고난에 비해서 새로운 것, 특별한 것이 아니고 독자적인 현실이 아닌 것처럼, 또한 사도의 유익한 전승도 새로운 것, 특별한 것, 독자적인 현실이 아니다. 이것은 다만 하나님이 신적으로 준 것을 인간적으로 계속 전달하는 것뿐이다. 이것은 생산적인 활동이 아니라 재생산적 활동이다. 사도는 스스로 주가 아니라 다만 한 유일한 주의 종일 뿐이다. 그가 선포하는 것은 그가 고안한 것이 아니고, 또한 스스로 발견한 것도 아니다. 그것은 하나님이 창조하고 제정한 것으로서 사도가 그것을 찾기 전에, 그것을 찾지 않아도, 그가 스스로 그것과 다른 것을 찾고 있는 동안, 그것이 사도를 발견한다. 사도는 하나님의 모형을 인간적으로 반복하고 모방함으로써 우리에게 그것을 선포한다. 곧 예수 그리스도가 하나님에 의해서 넘겨짐에 근거하여 사도는 그를 전달한다. 그는 사도로서의 그의 삶에서 바로 이 넘겨줌에 대한 하나님의 결정과 그 일의 실행에 대한 증인일 따름이다. 우리는 여기서도 말해야 할 것이다. 하나님 자신을 통하여 예수 그리스도가 먼저 일어난 일과 그 다음에 그 결과로 사도들의 봉사를 통해 그에게 일어난 일은 천양지차이다. 다만 이 차이에서 양자는 상호 하나가 된다. 그가 여기서나 저기서나 인간들의 손에, 한 인간의 손에서 다른 인간의 손으로 넘겨진다면, 이것은 다만 하나님 자신이 미리 같은 일을, 저기서 영원 전부터 의지했고 단번에 행했기 때문에, 이것이 여기서도 실현되었다. 하나님의 말씀의 화육 없이 사도의 말이 무엇이며, 화육 사건이 관련되고, 또 화육신 그 내용으로 하는 하나님 행위의 은총 없이 사도의 은혜가 무엇인가? 피조물의 하나님 찬양이 하나님 자신이 그의 아들의 부활의 영광에서 그에게 마련한 찬양에 관계되는 것처럼, 사도들이 그들의 "넘겨줌"으로써 바라고 행하는 것은 하나님 자신이 예수 그리스도를 넘겨줌으로써 영원 전부터 바랐고, 시간 안에서 행했던 것과 관계된다. 그것이 본래적인, 현실적인 "넘겨줌"이다. 그것에서 하나님의 전능한 사랑이 인간을 위하여 효과적으로 향한다. 그것에서 하나님과 인간 사이의 심연 사이에 다리가 놓여진다. 거기에서 하나님은 인간을 찾았고 발견했다. 거기에서 인간이 하나님 앞에서 설 수 있고 하나님과 더불어 살 수 있는 가능성이 마련되었다. 거기에서 하나님과의 계약에서 하나님의 원수 인간을 배제하는 것, 인간이 하나님 앞에 서는 것을 방해하는 요소가 제거되었다. 거기에서 인간의 죄를 정결하게 씻음으로써 하나님 나라로 들어가는 입구가 그에게 열리게 되었고, 영원한 생명에 대한 확실한 희망의 기초가 놓여졌다. 어떤 인간의 손이 교회를 세우기 위해 한 손가락이라도 움직이기 전에, 이미 거기에서 교회의 기초가 놓여졌다. 거기에서 하나님은 우리를 위하여 위험 속으로 들어갔다. 그 자신이 인간이 되고 스스로 인간으로서 다른 인간들 가운데 섞이고, 인간으로서 그들 곁에서 그의 일을 수행할 만큼 인간들과 상관한 것이 어떻게 하나님에게 위험하지 않으며, 그의 영광을 손상시키고 위협하는 것이 아니겠는가? 거기에서 하나님은 인간으로서 다른 인간들에 의해 무력하게 되고, 버림받고, 살해당할 위험에 실제로 굴복하는 것을 자신에게 허용했다. 바로 거기에서 그는 그러나 이러한 위험에 노출되고, 이런 위험에 굴복함에서 인간을 위한, 그들의 유익을 위한, 그들을 구원하기 위한, 영원한 생명의 희망의 기초를 놓기 위한 결정적인 조치를 취함으로써 인간에 대한 그의 선한 의지를 완수했다. 바로 이런 하나님의 넘겨줌이 이제 사도들의 행위에서 반복되고 모방된다. 하나님이 자기 자신을 넘겨줌에서 바랐고 행했던 것은 그에게 진지하므로, 이것은 아무런 이유 없이 일어날 수 없었으므로, 그것은 반복되고 모방되어야만 했다. 하나님이 저 "넘겨줌"에서 말했으므로, 그 메아리는 그의 창조 공간 안에서 끊어질 수 없다. 이 메아리가 사도의 전승이다. 그것은 다만 메아리일 뿐이고 독자적 목소리가 될 수 없다. 신약성서에 의하면 그것은 전혀 다른 영역에서, 성격에서 의심할 여지없이 저 하나님의 넘겨줌의 메아리이다. 그것에서, 사도적 전승 행위에서, 인간들은 인간의 말로 다른 인간들 앞에 하나님의 전능한 사랑이 또한 그들에게도 해당되며, 저 다리가 놓여졌으며, 하나님이 그들을 찾았고 발견했으며, 그들이 하나님 앞에 서고 그와 더불어 살 수 있게 되며, 그것을 방해하는 요소도 하나님과의 계약, 하나님 나라에서 그들을 배제하는 아무런 요소도 하나님과 그들 사이에는 없으며, 그들이 영원한 생명을 희망할 수 있도록 문이 열려 있다는 사실을 진술하기를 감행한다. 그러나 모든 이런 명제들의 추상적인 진리는 그들의 인간적 언어의 내용으로서는 불가능하다. 그런 진리는 그들의 입에서는 추상적일 수 있으나 진리가, 계시가 될 수 없다. 그것은 그들의 입에서 본질도, 힘도 없는 신화나 사변일 것이다. 그렇다면 사도들이 다른 인간들 앞에 제시하는 것은 사실이 아닐 것이다. 그러나 그들의 말의 내용, 그들의 전승의 대상은 분명히 예수 그리스도의 이름이므로, "우리 가운데 이루어진 일에 관한 이야기"가 사실이다. 그들은 사상가로서 말하는 것이 아니라, 예수 그리스도 안에서 그들이 만난 그 말씀의 증인과 종으로서 말한다. 그들은 그 말씀의 요구에 굴복하였다. 그의 이름 안에 포함되어서, 그의 이름에 대한 설명으로서, 그의 역사와 행위에 대한 이야기로서 저 명제들은 진리를 말하되 추상적으로가 아니라 사실로서, 그러므로 계시로서 말한다. 예수 그리스도의 이름 속에 사도들이 인간의 말로써 다른 인간들에게 말해야 하는 것의 능력이 있다. 그들의 말은, 그들이 말하는 그분의 말씀에 의해서 언제나 추월당하고 그러나 또한 지탱되고 조명을 받는다. 그들의 인간적 말은 전적으로 이런 그 대상에서 산다. 신적 전승이 단번에 일어났고, 이제 이런 일정한 인간적 말로써 그 자신의 메아리를 야기함으로써, 야기했기 때문에 사도적 전승은 일어난다. 사도들의 인간적 말이 교회의 기초를 놓는다면, 이것을 이루는 것은 분명히 그들 자신은 아니다. 그들은 하나님이 이미 부른 자들, 그들의 부름의 수단을 통해서 이런 하나님의 부름을 받은 자들만을 부른다. 그들은 그들이 씨를 뿌리지 않았지만 다 익은 곡식을 거두기 위해서, 곧 그들 없이 그들이 있기 이전에 일어섰고 저절로 자란 추수 밭으로 부름을 받은 일꾼들이다. 교회가 영원 전부터, 시간 속에서도 하나님의 넘겨줌의 능력 안에서 이미 일어난 후, 그들은 교회의 기초를 지시한다. 그럼에도 불구하고 또한 그들은 위험 속으로 들어가야 하고, 들어갈 수 있고, 그들의 넘겨줌 안에서 하나님의 넘겨줌이 이런 관점에서도 반복되고 모방되어야 한다. 하나님 자신이 노출되었던 위험, 하나님 자신이 그의 아들 안에서 스스로 받은 고난, 죽음이 반복된다. 마태복음 10:24-25에서처럼 제자들이 스승보다 높을 수 없고, 종이 주인보다 높을 수 없다고 한 모든 말은, 간접적으로 예수 그리스도의 이름을 선포하는 사도들과 다른 인간들 사이에는 엄연한 사실이 개입한다는 것을 입증한다. 하나님에 의해 넘겨진 자의 이름, 그의 신적 본질과 능력을 전하는 자는, 스스로 넘겨진 자가 되고 이렇게 그 나름으로 스스로 하나님이 자기 아들 안에서 자기 자신에게 가한 일의 심각성을 체험하기를 감수해야 한다. 그러므로 바울이 적어도 한번(고후 4:11) 넘겨줌의 개념을 자기 자신에게도, 내지 사도적 직무를 지닌 자에게 적용한 것은 이유가 없지 않다: "우리는 살아 있으면서 '예수를 위하여 죽음에 내맡깁니다.' 그것은 예수의 생명이 우리의 죽을 몸에 나타나게 하려고 하는 것입니다." 그리고 확실히 여기서부터 골로새서 1:24도 이해될 수 있다: "나는 여러분을 위하여 고난받는 것을 즐겁게 여기고 있으며 그의 몸 곧 교회를 위하여 내 육신으로 '그리스도의 남은 고난'을 채워 가고 있습니다." 만일 사도들 자신이 넘겨진 자들이 되지 않았다면, 그들도 섬겨야 할 대상인 자들을 위한 그들의 인간적 임무를 성취함에서 고난받지 않는다면, 그리스도의 남은 고난이란 다만 창조 내에서의 그것의 메아리일 따름이고, 사도들의 봉사가 예수의 삶을 드러낼 수 없는 한 그 봉사에서 그것을 반복, 모방하는 것일 따름이다. 그러나―사람들은 이렇게 물을 수 있을 것이다.―하나님이 그들에게 그 임무를 줌으로써, 그리고 이 임무가 그들에 의해서 수행됨으로써 하나님 자신이 다시금 스스로 내맡길 위험에 비하여, 그들이 들어가야 했던 위험, 그들이 선포했던 분과의 친교에서, 실제로 굴복해야 했던 위험이 무엇인가? 여기서 위협하는 듯 보이는 위험은, 마가복음 7:6-7에서 언급하는 넘겨짐의 위험, 하나님 말씀이 인간의 전승 행위에서 이 인간 주체에 의해 버림받고 기각되고 무효화될 수 있는 위험이다. 하나님의 넘겨준 것이 사도들의 일로서 인간의 전승이 될 때, 그것은 어떻게 되는가? 율법 학자들의 손에서 그것은 어떻게 되었는가? 예수 그리스도가 열한 사도들이나 바울 자신에 의해서 다시금 배신당하지 않으리라고, 마가복음 7장에서 유대인 율법학자들이 심판받았고 여전히 받고 있는 것처럼 그리스도교 신학자들도 같은 심판을 받지 않으리라고 누가 보증할 수 있겠는가? 우리는 신약성서가 사도적 전승에 대해 언급할 때 이 위험을 분명히 극복된 위험, 추방된 위험, 실제로는 존립하지 않는 위험으로 간주한다는 사실, 신약성서가 사도들과 마가복음 7장의 율법학자들 사이에 평행선을 긋지 않았고, 사도들에게서 마가복음 7장의 사건은 반복되지 않았고, 반복될 수 없었다는 사실을 자명한 것으로 전제하고 다루었다는 사실을 인정하기 위하여 이런 물음을 날카로이 제기해야 한다. 비록 신약성서가 사도들의 행위를 오인할 여지없이 저 율법학자들의 행위의 연장으로 서술하였을지라도, 의심할 여지없이 사도들을 저 율법학자들보다 더 높은 수준의 인간들로 보려고 하지 않았을지라도 그러하다. 율법학자들과 사도들 사이에는 그러나 예수의 죽음이 있으니, 그 죽음으로 인하여 하나님은 미리부터 그 위험이 새로운 모습을 취하기도 전에 자신을 위협하는 위험에 대처했다. 그 위험은 한때 사도 유다에게서, 유대교 율법학자들에게서, 이스라엘의 모든 전통에서 그 모습을 취했다. 그것은 예수의 죽음 이후 이런 모습을 더 이상 취할 수 없었고 또한 새로운 모습도 취할 수 없었다. 오히려 그것은 예수의 죽음을 통하여 모습을 잃었으며, 무기력하게 되었다. 그러나 죄많은 인간이(그가 자신의 심판을 완수했고 스스로 취함으로써) 그의 죄로부터 깨끗하게 되었고, 자유롭게 되었고, 그러므로 위험하지 않게 되기 위하여, 하나님은 예수의 죽음에서 위험 속으로 들어갔고, 그 위험에 자발적으로 굴복했다. 죄많은 인간은 하나님이 이처럼 자신을 무장해제함에 대해 하나님에게 항거할 수 없다. 인간은 아마도 그것을 인정하기를 주저할 수도 있다. 그러나 그는 그것을 철회할 수 없다. 그는, 하나님이 그 일을 한번 행한 후, 그를 위하여 넘겨진 하나님의 아들을 두 번째로 자신의 포로로 만들지 않을 것이고, 만들 수 없다. 그는 하나님의 신실함과 이스라엘의 불신실성 사이의 역사, 가롯 유다의 역사, 그 뒤에 오는 겟세마네와 골고다의 역사를 되풀이하지 않을 것이다. 이런 역사의 외견상의 반복은 다만 모습

없는 그림자 놀음에 지나지 않을 것이다. 예수가 승리자라는 것은 취소될 수 없는 사실이다. 이 사실은 결정적으로 그에 관한 소식, 하나님의 자기 인도(引渡)에 관한 소식이 믿어지고 선포되고, 이 선포를 통하여 새로운 믿음이 일깨워질 때, 곧 사도들의 전승 행위에서 가시화될 것이다. 확실히 예수는, 하나님의 넘겨줌은, 이런 반복과 모방에서 죄많은 인간의 손안에 들어온다. 그러나 오직 이런 하나님의 넘겨줌만이 있다면, 그것이 인간에 의해서 인간적으로 반복되고 모방되는 것이라면, 그들의 인간적인 말이 이 대상에서 산다면, 낡은 위험이 극복된 후에는 새로운 형태의 위험은 사도들의 전승에서 문제될 수 없다. 만일 그것이 저 위험을 외견상으로만이라도 다시 드러나게 한다면, 그것은 이미 이것, 사도적 전승이기를, 그러므로 저 대상에서 사는 인간적인 말이기를 중단하는 것이 분명하다. 이런 일은 결코 외견상으로밖에는 더 이상 일어날 수 없다. 하나님이 자기 아들의 넘겨줌에서 승리로 이끌었던 하나님의 일은 그가 스스로 한번 이렇게 위험에 내맡긴 후에는 더 이상 객관적으로 위협받을 수 없다. 사도적 전승의 경우에서처럼, 실제로 그것이(저 넘겨줌에서 승리에 다다른 하나님의 일로서) 죄많은 인간의 손에 놓여졌을 때 그것은 주관적으로도, 다만 외견상으로도, 더 이상 위협받을 수 없다. 그것 자체는 죄많은 인간의 손이 더러울지라도 그 손을 깨끗하게 한다. 그것 자체는 그것을 받고 계속 전하는 인간의 손을 통하여 왜곡될 수 없고, 변조될 수 없다. 그것 자체, 예수에게 일어난 죽음은 더 이상 성서 학자들에 의해서 버림받거나 기각되거나 무효화되지 않을 것이다. 그것은 자기 스스로 증언하고, 자기 스스로 확증하고, 그것이 놓여진, 그것을 붙잡은 죄많은 인간의 손안에서 자기 스스로 방어한다. 여기서 오직 곧 실제로 그것 자체가 인간 행동의 내용과 대상이며, 그것 자체가 죄많은 인간들의 손에 붙들리고 포기되지 않는다는 사실 한 가지만이 중요하다. 사도적 전승은 하나님의 넘겨줌을 인간적으로 반복, 모방함이니, 여기서 죄많은 인간들의 손이 하나님의 넘겨줌 자체를 취하고, 그들이 받은 대로 계속 전한다. 그러므로 신약성서는 그처럼 긴급하게 사도적 전승이 신실하고 순수해야 할 필요가 있음에 대해 말한다. 그것의 신실성, 순수성은 예수의 죽음을 통해 객관적으로 만들어진 처지에 그들이 상응함에 있다. 그것은 사도적 전승이 예수에게 일어난 죽음 밖에는 어떤 다른 내용과 대상을 가져서는 안 된다는 데, 모든 그것의 내용과 대상은 이 한 가지에 포함되어 있어야만 한다는 데 있다. 그 일이 이러한 신실함과 순수함에서 일어난다면, 사도적 전승 행위는 실제로, 그것이 마가복음 7장에서 말하는 유대교 성서학자들의 전통이 되었던 것이 또한 될 수도 있는 위험에서 보호받고 안전하게 될 것이다. 그 일이 이렇게 신실하게 순수하게 일어날 때, 사도들이 한편으로는 그들의 선포로써 인간을 향한 하나님의 은혜의 행위를, 다른 편으로는 이 은혜의 성취를 위해서 필요한 하나님의 자기 비하의 행위를 그들의 고난으로써 반복하고 모방할 수 있음에서 이 행위는 하나님의 넘겨줌과 상응한다. 후자는 전자를 확증하고 증언하기 위해서 이루어진다! 반면에 유다가 저 일에 행한 것은 사도의 전승에서는 반복되어 모방되어도 안 된다. 그렇지 않다면 그것은 사도의 선포, 하나님의 넘겨줌에서 사는 인간의 선포이기를 중단할 것이다. 그 선포의 전달자 유다와 같은 죄많은 인간들임에도 불구하고, 그들이 예수에게 일어난 죽음을 전함으로써 그들의 행위가 유다의 행위의 완전한 전도인 한에서, 그들의 행위가 그의 행위와 관련된다. 그들의 전승의 애용과 대상이 되는 예수에게 일어난 죽음을 통하여, 그들의 행위는 다시는 예수를 배신함이 아니라 사도직의 적극적 의미에 상응하여 다만 그를 영화롭게 하는 일, 곧 요한복음 12장의 베다니의 저 마리아의 행위에서 예시된 바와 같이, 그의 죽음을 영화롭게 함이 될 따름이다. 유다가 '아니'를 말했던 바로 그 곳에서 바울은 '예'를 말한다. 바울도 같은 자리에서 전에는 유다처럼 '아니'라고 말한 후에 '예'라고 말한다. 이 같은 자리가 바로 예수의 죽음이라는 사실이 바울 및 다른 사도들을 유다와 연결시킨다. 그러나 예수의 죽음을 통하여 유다는 바울 안에서 살해되었고, 바울은 그 자신의 과거로부터 깨끗하게 되고 자유롭게 되었으며, 그는 유다가 예수에게 가한 일을, 그 자신의 이전의 "넘겨줌"을 더 이상 할 수 없게 되고, 여기서 더 이상 '아니'를 말하고 인간의 우세를 위하여 예수를 무력하게 만들고자 하는 가능성이 그에게서 사라졌다. "옛 것이 지나갔고, 보라, 새 것이 되었다."(고후 5:17) 옛 것의 사라짐 뒤에, 예수에게 일어난 죽음 저편에서 부활의 능력 안에서 새로운 일로서 오로지 남게 되는 것은 뒤바뀜, 곧 예수의 우월함에 대해 인간을 무기력하게 만듦이다. 사도들의 전승 행위가 바로 인간을 이와 같이 무기력하게 만듦이다. 마가복음 7장의 성서학자들의 위험은 이 자리에서부터, 곧 예수에게 일어난 죽음을 통하여, 하나님의 넘겨줌을(이것을 반복하고 모방하는 것이 바울과 다른 사도들의 과제이다.) 통하여 궁극적으로 척결되었다.

이제 우리는 끝으로 이 중심적인, 결정적인 하나님의 넘겨줌과 연관해서 특별히 유다의 넘겨줌 자체에 대해 무엇이라고 생각해야 하는지 물어보자.

우리는 유다가 무엇을 했는지 보았다. 그는 예수를 하나님밖에는 아무도 도와줄 수 없는 상황으로 몰고 갔다. 그는 이런 그의 행동을 통하여 사도로서의 자신의 직위를 정반대로 왜곡시킨 듯하며, 이로써 전적으로 악마를 섬긴 듯하다. 우리가 그의 행위 자체, 그의 의도, 그의 실행, 그의 결과를 예수의 인간적 역사, 그 자신의 역사의 틀 안에서 본다면, 의심할 여지없이 그가 바로 이런 일을 실제로 했다고 말해야 할 것이다. 그는 하나님 말씀이 육신이 되었고, 인간적 역사, 곧 한 인간의 역사를 다른 인간들 가운데서 가지려고 했고, 가졌다는 그 사실의 궁극적 결과를 드러냈고, 그 마지막 결과를 의식과 의지를 가지고서 성취했다. 그는 그의 행위로써 하나님의 아들인 인간에 대한 다른 인간들의 반응을 성취했다. 그는 바로 이 인간을 정죄했고 이로써 모든 다른 인간들에게 있는 저주의 의로움을 계시했다. 그는 하나님이 자기 아들을 보낸 세상이 바로 사탄의 나라, 피조물의 자유를 남용하는 나라, 그의 창조자의 뜻에 적대하는 의지의 나라, 창조자의 역사에 적대하는 반항의 나라임을 결정적으로 확증했다. 예수를 마침내 살해하기까지 유다 곁에서, 유다 다음으로 모든 사람들이 예수에게 행한 모든 일은 결국 유다가 행한 일에서 기인했으며, 마치 보이지 않는 씨앗이 이미 거기서 자라난 식물 전체를 내포하고 대표하는 것처럼 유다가 행한 일 안에 그 결과가 이미 포함되어 있었으며, 대표되었다.

그러나 우리가 유다의 죄책을 더욱 철저하게, 포괄적으로 표현하려고 하면 할수록, 분명히 그의 의지와 행위는, 이 일에서 그가 바라지 않았고 행하지 않았던 쪽으로, 또한 그가 그 정점에 있다고 볼 수 있는 유대인과 이교도 백성도 바라지 않았고 행하지 않았던 쪽으로 접근하니—분명히 그의 의지와 행위는 하나님이 바라고 행한 쪽, 곧 하나님의 넘겨줌의 사건, 하나님 자신이 여기서 가려고 했고 실제로 갔던 낮아짐 쪽으로 접근한다. 이것은 사탄의 지배에 적대하여 인간 세상에서 인간을 옹호하기 위해서며, 세상이 범한 죄를, 그리고 유다가 세상의 정점에서 범한 죄를 깨끗하게 만들기 위해서이다. 우리는 유다의 죄의 끔찍한 의미를 보아야 한다. 여기에 본래 뱀의 충고에 귀기울이면서 다만 하나님같이 되고자 했고, 다만 하나님 곁에서 신적 인간이고자 했고, 하나님과는 차이가 있는 자신의 명백한 피조성으로 인하여 제약받거나 방해받지 않기를 바랐던 아담이 있다.—여기서 이 아담은 하나님을 공공연히 공격하기 시작했다. 이제 아담은 자신의 주장을 확실히 하기 위해서, 가인이 자신의 동생 아벨에 적대하여 일어났듯이, 하나님 자신에 적대하여 손을 들었으니, 이것은 그를 제거하고 자신의 신적 인간성 안에서 전혀 번거롭지 않기 위함이다. 하나님이 이런 공격을 받으면서도 인간이 스스로 신을 참칭(僭稱)하는 죄로부터, 자기가 신과 유사하다고 생각하는 사악한 망상, 무서운 저주로부터 정화하고 해방시키기 위해서, 그리고 이로써 인간을 그 본래의 형상으로, 자기 아들의 형상으로 회복시키기 위하여, 자기 자신에 대한 이 공격을 영원 전부터 허락하고자 했고 시간 가운데서 실제로 허락했다면, 우리가 이 일에 대해서 무엇이라 말할 수 있겠는가? 바울이 로마서 5:20에서 죄가 번성하는 곳에 은혜가 넘쳐흐른다고, 율법이 인간을 결정적으로 정죄하는 곳에서 하나님에 의해 정죄받은 인간에 대한 하나님의 뜻하는 바에 관하여 알려 주는 복음을 들을 수 있다고 말한다면, 바울은 유다를 고려해서도, 무엇보다도 유다를 고려해서 정당하지 않은가? 우리는 다음을 간과해서는 안 된다. 하나님이 인간 편에서의 공격을 감수하고자 함으로써, 그리고 그가 자신의 전능한 의지에 상응하여 인간을 위하여 실제로 그 공격을 당했기 때문에—그가 이로써 인간이 스스로 하나님과 유사하다고 생각하는 망상으로부터 정화하고 해방하고자 하고 자기 아들의 형상으로 회복하고자 함으로써, 그리고 그가 실제로 이렇게 하였기 때문에—하나님에 대한 공격을 시도해야만 했고, 완수해야만 했고, 인간의 아들이 실제로 넘겨져야만 했다. 그렇기 때문에 유다의 행위는 확실히 어떤 거슬리는 우발사로 이해되어서도 안 되고, 더구나 하나님의 뜻과 행위 밖에 있는 암흑 영역의 현시로 이해되어서도 안 되고, 전적으로(그리고 바로 가장 두드러진 자리에서) 하나님의 뜻과 행위의 요소로 이해되어야 한다. 유다는 자신이 바라고 완수하는 일을 통해서, 하나님이 행하고자 한 일을 행한다. 빌라도가 아니라 바로 그가 "새 계약의 집행인"이다. 그는 예수를 무례하게도 그의 원수에게 양도함으로써, 하나님이 그에게 적대적인 인간을 위하여, 또한 그 자신을 위하여 실행하기로 결정하였고 지금 바야흐로 실행하고자 하는 양도의 집행인이 되었다. 유다가 대제사장들과 행한 것은 더러운 거래였으며, 이 더러움 속에도 하나님이 자기 자신의 아들을 아끼지 않기로 결심한 영원한 계획이 반영되어 있다. 유다는 예수를 체포할 때 그를 둘러싼 제자들 앞에서 바로 배신자의 입맞춤으로써 그를 표시하였으니, 그의 완전한 부정직함 속에도, 여기서 그를 옹호하고자 하는 분의 존재에 대한 멸망한 인간의 감사가 표현되어 있다. 그러므로 먼저 유다에게 한 예수의 "네가 하고자 하는 일을 속히 하라!"는 말씀도 그에 대한 가혹한 심판인 동시에 분명한 명령이다. 이 명령을 통해서 예수는 유다가 계획한 바를 어느 정도 그의 손에서 빼앗았고, 유다가 그에 대해 계획한 바가 실제로 이루어지도록 스스로 조치한다. 그것은 이루어지지 않을 수 없었다. 유다는 예수 곁에서, 어느 의미에서 신약성서에서 가장 중요한 인물이다. 우선 그가, 그리고 사도들 가운데서 오로지 그만이 이 결정적인 자리에서, 하나님의 뜻이었고 복음의 내용이 된 것을 실천함에서 적극적이었기 때문이다. 하나님의 법을 통하여 의심할 여지없이 가장 분명히 정죄받은 그가! 사람들은 그를 볼 때, 신약성서 범위 안에서는 단순히 버림받은 자는 없다는 인식 때문에 완전히 혼란에 빠질 수 있다. 그것은 그가 선택받은 사도들 가운데서 분명히 버림받은 자로서 그리고 다만 그렇게 행동하는 듯 보이기 때문이다. 예수가 하나님에 의해 넘겨진 사실에서 판단하건대 유다의 불가결성을 고려한다면, 이 인간에게 특별한 경배를 돌려야 한다고 믿은 저 옛날의 종파의 견해를 한 순간 잘 이해할 수 있을 것도 같다. 이런 견해는 전혀 다른 자리에서 예수의 어머니 마리아를 경배하도록 이끌었던 사변에 비하여 더 어리석지는 않다. 그렇다면 우리는 적어도 이 명백한 "큰 악당"에(Abraham a Sta. Clara가 말하듯이) 대한 대중적인 혐오심은 유다가 한때 가졌던 기능에 대해서 정당하지 않다고 말해야 할 것이다. 그리고 다웁(Carl Daub, "Judas Ischariot oder das Böse im Verhältnis zum Guten", 1816f.) 같은 인물이 유다에 대해서 "그와 같은 유례가 없는 죄인"으로 거듭 정죄하고 비방함으로써 시작하였다면, 그는 이로써 독일의 관념론이 신약성서의 중심에 대해서 얼마나 무기력하게, 지식 없이 대처했는가를 다만 입증할 따름이다.

그러나 여기서는 경배도 멸시와 마찬가지로 부적합하다. 유다라는 인물의 패러독스는, 새 계약의 집행인으로서의 그의 행동이 전적으로 죄로 물든 행동이고 그런 것으로서 그의 철저한 죄성 안에서 이 집행인의 행동이었다는 데 있다. 올바른 사도적 전승에서는 인간의 "넘겨줌"이 그것의 내용, 대상으로서 하나님의 "넘겨줌"에 관련되는 반면에, 유다가 행한 일에서는 하나님의 "넘겨줌"과 인간의 "넘겨줌"이 구별될 수 없다. 여기 유다, 그의 사도직을 왜곡했고 사탄을 섬긴 사도의 경우에는 양자가 겹친다. 여기에서 인간의 "넘겨줌"이 일어나면서 직접 또한 하나님의 "넘겨줌"도 일어나고, 인간의 "넘겨줌"이 일어나면서 또한 하나님의 "넘겨줌"도 일어난다. 인간의 "넘겨줌"이 다만 명백하게 의식적, 의도적인 죄로 판결되고 신약성서에 의해 죄로 판결되는 곳에서 이렇게 중첩이 이루어진다는 것을 주목하라. 죄는 여기서 의가 되고, 악은 여기서 선하게 되었다. 여기서는 다른 사도들에서처럼, 바울에서처럼 '그래'가 '아니'를 뒤따르는 것이 아니라, 하나님 자신이 '아니'를 여기서 말하고자 하고 말하는 '그래'로 만들기를 기뻐함으로, '아니' 자체가 '그래' 이다. 하나님은 그의 말씀의 성육신의 이 최종적 결과를 바라고 그 자신이 실제로 이런 결과를 끌어내는 장본인이다. 하나님이 인간 예수의 역사로서의 그의 역사의 이런 종말을 바라고 그 자신이 지금 여기서 이런 종말에 이른다. 하나님이 여기서 전적으로 자신을 낮추어 인간이 되었다. 그가 유다와 같은 인간을 통하여, 즉 아담이 바랐고 행한 일의 마지막 결과를 전개, 계시함을 통해서 완전히 무력해졌고 인간 세상에서 지배하는 사탄의 우월한 힘에 완전히 압도되었다. 유례가 없는 죄인 유다가—그의 비견할 수 없는 죄에도 불구하고가 아니라 그의 죄로써—하나님의 뜻이 이루어지기 위하여 결정적인 자리에서 손을 제공하지 않았는가? 여기서는 아무것도 거룩하다고 말할 수도 없고, 아무것도 멸시할 것이 없다. 여기서는 다만 하나님에 대한 인식, 경배, 영광을 돌림만이 합당하다. 이에 직면하여 인간 유다는 그가 한 일과 더불어 거기에서 분명히 방기되어 있으므로, 그에 대한 방어도 불가능하고, 찬양 역시 어리석은 짓이다. 그러나 또한 그에 대한 비난과 정죄는 그와는 전혀 다르게 포기된 자, 즉 하나님이 여기서 행한 것에 의하여 불필요해졌고 추월되었기 때문에, 그에 대한 비난, 정죄는 어리석은 짓이다. 하나님은 자신을 포기함으로써, 물론 포기된 이 인간을 향하기를 기뻐함으로써, 그는 간접적으로뿐 아니라 직접적으로 그의 명백한 버림받음 상태 속에서 바울과 베드로와는 다른 방식으로 종이 되었으니, 곧 화해 역사의 종이 되었다. 그리고 베드로와 바울은 이 역사에 다만 추후에, 그 역사의 증인으로서 참여하였다. 이것이 우리가 유다의 넘겨줌에서 무엇보다도, 결정적으로 염두에 두어야 할 점이다. 그의 인격에 관하여 얻어질 수 있는 결과가 무엇이든지 간에, 이 점은 여전히 유효하다. 이것이 사도직의 적극적 과제에서 유다가 참여한 몫이다. 그것은 사도직의 기초, 하나님의 넘겨줌에 참여하는 것이기 때문에 그것은 특별한 참여이다. 하나님의 넘겨줌은 사도들의 전승의 내용, 대상이기 때문에, 유다 없이는, 그의 행위 없이는 사도적 전승도 없을 것이다! 그러므로 그는—이것이 심지어 근본적으로—그의 의지, 공로에 반하여 예수 그리스도의 선택에 근거한 사도직과 교회의 과제에서 의심할 여지없이 적극적으로 협력하였다. 사도들에게 맡겨진 일의 우월한 힘, 이 일에 봉사하기 위해 그들을 선택하는 그 우월한 힘은 너무나 위대하다. 그 일은 그것을 거부하고, 그것을 배신하고, 사도로 선택받은 것을 부인하고 싶어하는 자들까지도 끌어들여 섬기게 만든다. 그것의 우월한 힘은 그러므로 인간이 이 섬김의 완수를 방해할 수 없을 정도로, 그가 사탄에게 유혹당할지라도 신약성서의 본래적인 사도직을 담당할 자의 자리를 지켜주는 자의 역할보다, 바울의 부정적인 모형보다 더 격하될 정도로 위대한 것만이 아니다. 그 힘은, 예수 그리스도가 양자의 귀감으로서 중심이 되는 곳에서 선택받은 사도 바울이 오른편에 설 때 그가 왼편에 서야 하는 한, 버림받은 자인 그를 그럼에도 불구하고 선택의 범주 안에 붙들어 둘 정도로, 그 힘은 위대하다. 모든 사도들 중에서 그만이 예수와 더불어, 유익한 대속적 죽음은 아니라, 그들 모두가 당해야 마땅한 불순종한 자의 죽음, 그들 모두가 예수의 죽음, 곧 그들 모두를 위해 당한 죄인의 죽음을 기억하면서 또한 언제나 기억하기를 중단할 수 없는 죽음을 죽어야 하는 한에서, 왼편에 서 있는 자인 그를 예수 자신과 대립하게 하고, 그와의 유사성 안에 머물러 있도록 붙들어 둘 정도로 그 힘은 위대하다. 그 힘은 위대한 것만이 아니다. 오히려 그 힘은—우리가 "넘겨주다" 개념이 사용되는 문맥에서 배운 대로—유다, 그 "넘겨준 자"를 하나님의 넘겨줌의(이것이 아니라면 사도들의 전승은 내용과 대상이 없을 것이다.) 인간적 도구로 만들 정도로 위대하다. 유다는 그의 넘겨줌을 통하여 하나님에 대한 인간의 반항의 궁극적 결과에 이르기까지 아담의 타락을 완수했고, 그의 넘겨줌으로 인하여 저 죄인의 죽음을 죽을 수밖에 없었고, 사도로서 다만 저 자리 지키는 자로 격하될 수밖에 없었다. 그 힘은 그의 넘겨줌에 항거하거나 극복하지 않을 뿐 아니라 오히려 그 일을 감수하고, 필요로 하고, 그에게 잠정적인 기능을 줄 뿐만 아니라 저 탁월한, 결정적인 기능을 부여한다.

우리는 여기서부터 유다가 한 일에 대한 변명하거나 정당화하는 방향으로 결론을 내려서는 안 될 것이다. 우리는 신약성서의 분명한 언급을 멀리하지 않으려면, 그의 행위를 죄책 외에 다르게 판단할 이유가 없다. 그리고 이런 판단에서 끝내야 하므로, 우리는 또한 그의 넘겨줌과 하나님의 넘겨줌 사이의 맥락에서부터 그에 대한 결정이 결국 적극적으로 바뀐다는 결론을 이끌어 내지 않도록 주의해야 한다. 우리는 다만, 사도들의 유다는 적극적인 임무에서 배제되지 않았고 오히려 그 임무에 굴복했으며, 이 임무에서 그에게는 저 탁월한 기능이 주어졌을 정도로, 사도들에게 위탁된 일의 우월한 힘은 컸다는 점을 확정하자. 우리는 이 사실을 확정지어야 한다. 그것은 신약성서에 의하면 그의 죄책처럼 이 사실은 오인할 여지가 없기 때문이다.

바로 이것이 분명히 우리가 출발했던 저 주목할 만한 사실, 곧 유다는 신약성서에서 언제나 "열두 제자 중 한 사람"으로 표현되며, 또한 그에게도 분명히 선택 개념이 적용된다는 사실을 궁극적으로 날카롭게 설명한다. 그가 그의 죄책으로써도 결국 사도적 일을 섬기게 되는 저 결과에 이르기까지 그에게서 볼 수 있는 저 일의 우월한 힘은, 그에게도 떨어진 하나님의 선택의 힘이다. 이런 그의 선택은 그의 버림받음을 능가하고 그것을 무색하게 만들고, 그것을 통제하고, 지배한다. 이 유기가 실제로 진정한 유기가 아니기 때문이 아니라, 그런 유기이기 때문에, 우리가—성서적 인물이라면 바로 이 인물에게서—하나님의 유기 외에는 결코 아무것도 발견할 수 없음으로써, 부분적으로만 아니라 온전히, 상대적으로만 아니라 전적으로. 바로 이 전적으로 버림받은 자가 선택받은 자이며, "열두 제자 중 한 사람"이며, 바로 그가 다른 사도들보다 더 결정적인 자리에서, 하나님이 선택하는 자는 바로 이런 봉사를 위해 선택하며, 그가 바로 이 봉사를 위해 선택받은 자임을 증명하고 확증해야 한다. 우리는 처음에, 신약성서의 예정론에서 결정적으로 중요한 사실은 하나님에 의해 버림받은 인간, 선택받은 자의 대립상은 예수 자신에게서 어떤 먼 곳에가 아니라 아주 친밀한, 직접적인, 가까운 곳에서 발견할 수 있다는 것이라는 데 비중을 두었다. 버림받은 자가 그들 가운데 있고, 그도 예수와 함께 식탁에 앉아 있다는 것으로 인하여 선택받은 자들이 두렵도록 위협받는다는 사실이 이로써 아주 분명해졌다. "주여, 나는 아니지요?"라고 예수와 아주 가까운 곳에서도, 선택받은 자들 가운데서도 개별적으로 이렇게 물어볼 수 있다. 그러나 이것을 통해서 또 다른 사실이 더욱 분명해진다. 곧 예수에게 이처럼 가까이 있는 버림받은 자는 예수의 객관적인 적으로서의 권위, 품위, 능력을 가질 수 없고, 오히려 그의 전 존재, 행위가 아무리 악할지라도, 바로 사탄의 권위, 품위, 능력이 그의 배후에 있고, 그를 통하여 역사할지라도, 그의 존재와 행위는 다만 예수로부터 오는 우월한 힘에 의해 능가되고, 무색하게 되고, 통제되는 가운데서만 이루어지고 전개될 따름이라는 것. 그의 공간은 제한된 공간이고, 또한 이 제한된 공간은 예수의 보다 큰 공간에 의해서 사방으로 에워싸여 있다. 그의 악한 행위는 여전히 예수의 구원 행위와 상관적이며, 또한 그것은 이 관계에서 그 자신의 의도에 반하여 결국 적극적 의미를 가지도록 허락해야 한다. 하나님에 의해 버림받은 인간의 대립상은 신약성서에 의하면 어떤 독자적이 아니라 비독자적인 위치, 역할을 가질 따름이다. 이 대립상은 존재하지만 다만 그림자 상으로서만 존재한다. 그것은 선택받은 자와의 관계에서 다만 살해당한 유다가 바울 안에 존재하듯이 그렇게—새 것이 이루어진 후 지나간 옛 것이 다만 지나간 것으로서 존속하듯이—영이 인간에게 주어졌고, 그의 육신보다 강하게 된 후 육신이 존재하듯이, 그렇게 존재한다. 그러므로 "넘기는 인간들"은 예수의 죽음에서 이루어진 하나님의 "넘겨줌"의 우월한 힘 아래서 존재하고, 거기서부터 그들에게 들려오는 선포의 우월한 힘 아래 존재한다. 그들은 베드로전서 3:19에서 서술한 바대로, 그리스도가 그들에게 케리그마를 전하기 위해서 내려갔던 감옥 속의 그 영들로서 존재한다. 그들이 버림받은 자, 감옥 속의 영이라는 것은 진실이나, 또한 그리스도가 그들의 감옥으로 들어갔고 그들이 그의 케리그마의 대상이 되었고 그들에게도 "하나님이 자기 아들을 아끼지 않고 우리 모두를 위해 넘겨주었다!"라고 말했다는 것은 더욱 진실이다. 그들에게 무슨 일이 일어나든지, 그 일은 하나님의 넘겨줌의 우월한 힘 아래서, 이 넘겨줌에 대해 말하는 선포의 우월한 힘 아래서, 이 선포에 의해 개방되어 있을 뿐 아니라 양쪽 힘의 전혀 부등적인 관계 안에서 개방되어 있는 상황 속에서 일어날 것이다.

　　신약성서는 이 예정론, 보다 정확히 말해서 하나님의 버림과 버림받은 인간에 관한 교리에 비추어 자신을 이해했고, 구약성서의 성취, 해설로, 그러므로 특별히 하나님의 선택의 이 이면에 대한 구약성서적 상의 성취, 해설로 이해하였다. 우리는 유다에 관한 주요 구절들에서 모든 것이 구약성서 예언들이 성취된 것으로서만 진술되었음을 부지런히 지시했음을 기억한다. 유다, "넘겨준 자"는 이스라엘의 메시아를 집중적으로 공격함으로써, 바로 선택받은 백성이 자기 하나님에 대해 언제나 행했던 것, 행한 일, 그 백성이 결국 전체적으로 하나님에 의해 버림받은 백성임을 입증하게 된 그런 일을 한다. 구약성서의 버림받은 위대한 자들 모두가(어느 정도 요약적으로) 유다에게서 또 한번 살아나게 된다. 그들은 거기서 이미, 이 선택받은 백성이 진실로 버림받은 백성임을 증언해야만 했다. 곧 이 백성은 이처럼 버림받은 가운데서 선택되었고, 처음부터 그들에게 주어진, 그리고 결코 빼앗긴 적이 없는 하나님의 약속의 형태로만 선택되었고, 결국 한 사람의 인격 안에서 선택되었으니, 바로 그로 인하여 이 백성은 그들의 특별한 삶을 가질 수 있었고 가져야만 했다. 이 백성이(그 안에서 이 백성이 선택받은) 한 인간을 죽이도록 이교도들에게 넘겨준 지금, 유다의 행위에 직면하여 우리는 이 백성의 버림받음, 그들 가운데서 모든 개별 인간이 본보기로서 버림받음의 심각성을 의심할 여지가 없다. 그 인간이 죽었듯이 이 유다는 죽어야 하고, 이 백성이 멸망했듯이, 이 예루살렘은 멸망해야 한다. 이스라엘의 생존권은 사라졌고, 그의 존재는 다만 소멸될 수밖에 없다. 그러나 유다에게서 하나님의 넘겨줌이 인간의 그것을 능가한 것처럼, 이것은 전 이스라엘에도 해당되고, 회고하건대 구약성서에서 더욱 분명해지는 것처럼, 하나님에 의해 선택받은 백성이 버림받은 사건에도 해당된다. 예언자들도 언제나 거듭 증언한 대로 이 버림은 궁극적인 진지성을 가지며, 하나님의 분노의 단호함, 신랄함을 보여 주지만, 그렇기 때문에 하나님의 선택과 더불어 어떤 독자적인 의미를 갖는 것은 아니다. 구약성서의 버림받은 개별자들이 의심할 여지없이 버림받았을지라도, 이스라엘의 약속이 그들에게도 해당되고 상관하며, 그들도 버림받은 가운데서도 그 약속에 몫이 있다는 사실은 변함이 없다. 구약성서에서는 선택받은 자들이 그들과 마주 대하고 있으니, 선택받은 자들 안에 이 약속이 존속하며, 그들은 선택받은 자들로서(그분 안에서 이스라엘은 그들의 버림받은 가운데서도, 버림받음에도 불구하고 선택받았고 언제까지나 선택받게 될) 한 인간의 증인이 된다. 유다가 사도직의 일에 아무 손상도 줄 수 없었고, 그의 버림받음 가운데서 그의 배신을 통해 진정한 사도의 자리를 지키는 자가 될 수밖에 없었듯이, 이스라엘은 하나님에 대한 불충함으로써 자신에게 주어진 약속을 무효화하지 못했을 뿐 아니라 모든 백성에 대한 그에게 맡겨진 사명을 취소할 수 없었고 열매를 얻지 못하게 할 수 없었다. 이스라엘은 예수 그리스도를 배출함으로써 그의 존재의 의미를 성취했고 정당화시켰다. 이스라엘이 약속의 성취에도 불구하고 약속을 배격했기 때문에 사라져야 했다면, 그에게 주어졌고 여기서 성취된 약속과 그에게 위탁되었고 여기서 실천된 사명은 여전히 남아 있다. 유다는 이것을 넘어 그를 넘겨줌으로써, 그의 버림받음 가운데서 능동적으로 신적으로 결정된 예수의 넘겨줌의 실행에 협력해야만 했던 것처럼, 이스라엘은 실제로 예수를 배척함으로써, 예수를 이방인들에게 내어줌으로써, 바울이 로마서 11장에서 지시한 대로 자신의 사명을 능동적으로 확증해야만 했다. 이스라엘에 대한 하나님의 은혜는 실제로, 이스라엘이 그의 은혜에 대해 범죄한 그 불충 안에서, 그 불충에 대해서 우세하였고, 그가 이로써 자초하였고 지금 그에게 이루어져야만 했던 그 심판 안에서 그 심판에 대해서 우세하였다. 구약성서가 그의 역사 서술, 예언의 모든 정황을 통하여, 명백한 현상에 언제나 반하여, (구약성서가 그 사건과 더불어 보고하며 그리고 그것의 성취를 기록한) 허다한 위협에 직면하여 외견상 무의미할지라도 거듭 새로이 이 사건에 고착했을 때, 구약성서는 이 사건을 통하여 추후 정당성을 가진다. 구약성서는 또한, 그들에게 선택받은 자들의 특성을 시인함이 없이는 버림받은 자를 서술하지 않는 한에서, 그리고 다른 편으로는 온 백성의 보편적인 버림받음의 상에 반하여, 버림받음의 상태의 특성이 없지는 않으나 어쨌든 선택받은 자로서의 특성 안에서 분명히 온 이스라엘에 주어진 약속에 대해 증언하는 선택받은 개별자에 대해 언급하는 한에서, 정당성을 가진다. 이스라엘이 결국 사라져야 했을지라도, 다만 유대인과 이방인들로 이루어진 예수 그리스도의 교회에서 첫 번째 부활을 미래의 또 다른 부활의 보증으로 체험하고, 그런 한에서 하나님의 넘겨줌의 은혜에 이미 동참하게 됨으로써만 이 일은 일어났다. 그리고 이스라엘이 예수 그리스도에게 행한 일 이후, 그것이 교회 안에서 새로운 삶으로 소생하지 않는 한, 하나님의 특별한 백성으로서 버림받고 척결된 백성으로 남아 있을지라도, 그는 악한 인간들의 넘겨줌을 통하여 예수 그리스도의 교회가 그것을 통해 창조되고 그러므로 또한 이스라엘 자신을 위하여 희망의 빛이 등잔 위에 놓이게 된 그런 도구가 되었다는 것은 여전히 진리로 남아 있다. 예수 그리스도의 교회가 고백과 더불어 선포하는 하나님의 넘겨줌은 이스라엘의 희망이며, 그의 유기를 어쨌든 넘어서 존속하고 능가하고 무색하게 만드는, 또한 그의 유기를 통제하고 지배하는 그의 선택에 대한 약속이다. 이 넘겨줌에 대한 선포는 이스라엘도 지향한다. 그 선포는 예수 그리스도가 버림받은 이스라엘을 위해서도 죽었다는 것이다. 그것이 어떻게 될지는 하나님의 손안에 있다. 우리가 이 물음에 답변할 수 없을지라도, 버림받은 이스라엘도 어쨌든 선포의 열려진 상황, 동시에 불평등하게 결정된 상황 속에 처해 있으며, 그가 어떻게 될 것인가에 대한 물음은 어쨌든 다만 이 상황 속에서만 제기될 수 있다는 것을 확정해야 한다.

이로써 또한 하나님이 버림받은, 선택받지 못한 인간에 대해 무엇을 바라며 계획하는가에 대한 일반적인 물음에 대하여 필요한 것을 모두 말했다. 그 대답은 이렇다. 하나님은 그가 복음을 듣고 이로써 또한 그도 선택받을 것이라는 약속을 듣기를 바란다. 하나님은 그가 희망을 품고 복음 안에서 그에게 주어진 희망에서부터 살기를 바란다. 하나님은 버림받은 자가 믿고, 믿는 자로서 선택받은 버림받은 자가 되기를 바란다. 그는 그 앞에 버림받은 자로서의 독자적 삶을 갖지 않는다. 그는 그에 의해서 다만 버림받은 자만 되도록 결정된 것이 아니라 오히려 그가 선택받은 버림받은 자라고 말해지고 스스로 말할 수 있도록 결정되었다. 이것이 신약성서의 선택받은 자들이다. 버림받은 가운데서, 버림받은 데서부터 선택된 버림받은 자. 유다는 그들 가운데서 살았으나 또한 바울의 경우처럼 죽임을 당했다. 그들은 믿도록 부름을 받은 버림받은 자들이다. 곧 예수 그리스도의 선택에 근거하여, 그리고 그가 그들을 위하여 스스로 넘겨준 것에 비추어 자신들의 선택을 믿는 버림받은 자들이다.

제 8 장

하나님의 계명

§36
신론의 과제로서의 윤리학

신론의 과제로서의 윤리학은 율법을 복음의 형상으로 설명한다. 곧 그를 선택하는 하나님을 통하여 인간에게 일어나는 성화의 규범으로 설명한다. 윤리학은 예수 그리스도의 인식에 근거한다. 그것은 그가 거룩한 하나님이며 동시에 거룩한 인간이기 때문이다. 윤리학은 신론에 속한다. 그것은 인간을 요구하는 하나님이 이렇게 함으로써 근원적으로 이 인간에 대해 책임을 지기 때문이다. 하나님의 은혜가 인간을 유익하게 구속하는 것이요 책임 지우는 것인 한에서 윤리학의 기능은 하나님의 은혜를 근본적으로 증언함에 있다.

1. 하나님의 계명과 윤리 문제

하나님의 은혜의 선택론과 하나님의 계명론은 각각 하나님과 인간의 계약에 대한 올바른 그리스도교적 개념에서 별개의 요소이다. 이 계약 개념에서 비로소 하나님 개념 자체가 완성된다. 하나님은 예수 그리스도 안에서가 아니면 인식되지 않고 인식될 수 없는 것처럼, 그는 또한 예수 그리스도 없이는 그의 신적 존재 안에서, 그의 신적 완전성 안에서 실존하지 않으며, 그는 예수 그리스도 안에서 참된 하나님일 뿐 아니라 참된 인간이니, 그러므로 이 이름 안에서 결정되고 완수된 인간과의 계약이 없이는 실존하지 않는다. 만일 우리가 하나님을 그와 인간 사이의 계약의 장본인, 주로 인식하지 않았더라면, 하나님을 완전히, 그러므로 전혀 인식하지 못했을 것이다. 그리스도교 신론은, 그것의 대상이 이 하나님이기 때문에, "다만" 하나님만을 내용으로 가지는 것이 아니라 또한 이 하나님이 예수 그리스도 안에서 하나님에 의해 결정되고 기초가 놓여진 계약의 동지가 된 한에서, 또한 인간을 내용으로 가질 수 있다. 우리는 하나님에게 이런 그와 인간 사이의 관계는 본질적이고 불가피하고 양도될 수 없다고 주장함으로써, 하나님의 자유에 너무 다가가서는 안 된다. 그러나 또한 우리는 그의 사랑의 자유로운 결정 이전으로 돌아가려고 할 수도 없다. 이런 결정 안에서 그가 실제로 이런 관계로 들어갔고, 여기서 실제로 그의 본성의 전적인 자비로써 인간에게 향했고, 여기서 그의 본성의 신실함으로써 실제로 인간에게 자신을 종속시켰다. 인간 자신은 확실히 신론에 속하지 않으나, 예수 그리스도, 인간을 향한 하나님의 자비와 신실함은 신론에 속한다. 예수 그리스도가 없는, 인간에 대한 이 자비와 신실함이 없는 신(神)은 다른 낯선 신일 것이다. 그리스도교적 통찰에 따르면 그는 결코 신이 아닐 것이다. 그리스도교의 신 인식의 대상이며 그런 분으로서 유일하게 참되고 현실적인 하나님인 분은 자신과 인간 사이의 계약의 주이고, 확실히 "우리 주 예수 그리스도의 하나님 아버지"이다.

이 계약 개념의 한 가지 요소가 은혜의 선택론, 곧 예정론이다. 곧 하나님이 인간을 위하여 은혜를 베풀고, 그의 주, 보조자가 되기로 스스로 선택하고, 바로 이렇게 함으로써 인간을 자신의 영광의 증인으로 선택한다. 예수 그리스도 안에서 영원 전부터 결정되었고 그 안에서 또한 시간 속에서 성취된 이 선택은 하나님의 뜻의 신비, 곧 하나님의 다른 결정과 행위에 선행하고, 그것을 포괄하는 근본적 신비, 그가 그의 말씀으로써 계시하고, 이 말씀을 믿음으로써 인식, 파악될 수 있는 신비이다. 하나님의 은혜의 선택, 예정을 말하는 자는, 한 마디 말로써 복음의 전 내용, 전체를 말하는 것이다. 바로 그렇기 때문에 은혜의 선택론은 신론에 속한다. 적어도 총괄적으로 직접 복음에 대해 언급하지 않는 경우, 어떻게 하나님에 대해 올바로 말한 것이라 하겠는가?

그러나 저 계약 개념은 은혜의 선택론에서 끝나지 않는다. 이 계약의 파트너는 인간이다. 하나님 편에서 볼 때, 인간이 계약의 파트너로서 이런 하나님과의 관계 속에 놓인다는 것이 무슨 의미인가? 우리는 이미 은혜의 선택론의 결론에서 물어야만 했다. 선택하는 하나님은 그에 의해 선택받은 인간에 대해 무엇을 바라는가? 그리고 우리는 거기서 이런 대답을 발견했다. 곧 하나님은 어떤 경우에든 인간을 지배하고자 하며, 인간으로 하여금 자신을 섬기기를 바라며, 인간이 자신의 역사에 참여하도록 임무를 부과하며, 인간을 예수 그리스도의 증인으로, 그럼으로써 그 자신의 영광의 증인으로 만들기를 바란다. 그러나 이제 우리는 계속하여, 하나님이 인간에게 무엇을 바라는가를 물어야 한다. 그는 그에게 무엇을 기대하며, 무엇을 요구하는가? 하나님의 선택이 결국 인간에 대한 결정, 곧 저렇게 섬기도록 임무를 부과하고 증인의 직무를 행하도록 결정함이라면, 그렇게 하도록 결정된 자가 인간이며, 그러므로 그가 누구이든 간에. 어쨌든 일이나 사물이나 중성자가 아니라 인격이고 인격으로서, 하나님에 의해 자신과 인간 사이에 결정하고 기초가 놓인 계약의 파트너라면, 이제 분명히 선택론으로부터 한 가지 문제가 열린다. 이 문제는 다만 거기서부터만 적법하게 제기될 수 있지만, 또한 선택론에 대해서 독자적인 내용을 가지며, 이 물음의 답변은 선택론에 비해서 특별한 것이어야 한다. 선택은 결국 인간에 대한 결정임으로써, 이 결정에 상응하는 인간의 자기 결정에 대한 물음이 제기된다. 물음! 이것 이상의 것은 잠정적으로 말할 수 없고, 우리는 이렇게 말함으로써 여기서 어떤 답변도, 곧 최소한 오직 하나님의 은혜로 말미암은 인간의 선택, 결정에 관한 명제를 제한하거나 혹은 뒤엎을 수 있는 그런 답변을 끌어낼 수 없다. 하나님이 예수 그리스도 안에서 인간을 위하여 결단했고, 전능한 지혜로써 인간에게 저 결정을 주었다는 기쁜 소식에서 일획도 철회되어서는 안 된다. 그런데 인간은 이런 그에 대한 결정을 통하여 물음을 받고 있다는 것은 자명하다. 곧 그는 이 결정에 어떻게 대처하는가? 이 결정 아래서 그는 어떻게 존재할 것인가? 그렇게 결정된 자로서 그는 누가 될 것이며, 무엇을 할 것인가? 만일 그가 이런 물음을 받지 않는다면, 저 하나님의 결정에 상응하는 인간의 결정이(이 결정으로써 계약 파트너는 하나님 편에서 계약을 수립함으로써 그에게 말해진 것에 대해 답해야 하는데) 없다면, 그것은 그의, 인간에 대한 결정이 아닐 것이다. 하나님이 그를 지배하고자 한다는 것은 분명히 그가 그의 복종을 바란다는 것을 뜻하며, 이로써 그는 복종하도록 요청받고 있다. 하나님이 그를 지배하려고 한다는 것은 분명히 그가 그를 요구한다는 것을 뜻한다. 그래서 그는 이 요구에 부응할 것인가를 물음받고 있다. 하나님이 그의 계약 동지가 됨으로써, 그는 계약의 의미, 내용, 성취를 관장할 수 있는 계약의 주인으로서 필연적으로 인간의 심판자, 그의 존재의 법이 된다. 인간은 이 법에 재어 판단받고, 그는 스스로 이 법에 재어 자기 자신을 판단해야 할 것이다. 그는 이로써 제기된 물음을—그가 어떻게 답변해야 하든—감수하지 않고서는 선택받은 자가 될 수 없으며, 저 계약에서 하나님과 함께 설 수 없다. 하나님은 이 물음으로써 그에게 책임을 지우지 않고서는 그를 자신에게로 이끌 수 없다. 우리는 이 두 번째 물음에 봉착함으로써, 실제로 여전히 하나님의 존재, 본성, 행동의 관찰 영역에서 벗어나지 않는다. 이 물음은 오히려 이 영역 안에서, 곧 신론 안에서 제기된다. 예정론에서 일어난 것처럼, 하나님에 의해서 인간이 결정됨 가운데, 인간이 결정됨으로써, 인간의 자기 결정, 그의 책임과 결정, 그의 복종과 행위에 대한 물음이 제기된다. 그러므로 하나님의 은혜의 무제약적 지배에 대한 인식은 이 물음에 답변함을 통하여 제한될 수 없다. 그러므로 우리가 이제 복음 이외의 다른 것에 대해 말해야 하는 것은 아니다. 그러나 우리는 하나님과 인간 사이의 계약의 주인 하나님의 존재, 본성, 행동은 인간의 존재, 본성, 행동과의 관계를 내포한다. 바로 하나님이 인간에 대해 스스로 책임을 짐으로써 그는 인간으로 하여금 책임지게 만든다. 바로 지배하는 은혜는 명령하는 은혜이다. 바로 복음 자체는 법의 형식과 모습을 갖는다. 하나님의 한 말씀이 곧 복음과 율법이니, 복음과 무관한 법이 아니고, 법이 없는 복음이 아니다. 그 말씀은 그 내용상으로는 복음이고, 그 형식, 모습으로는 법이다. 그 말씀은 먼저 복음이고 율법이다. 그 말씀은, 계약 궤가 시내 산의 돌 판을 내포하듯이 법을 내포한 복음이다. 그러나 그 말씀은 두 가지, 곧 복음과 율법이다. 하나님의 은혜의 계시요 역사로서의 한 말씀은 또한 인간의 자기 결정에 대한 법이고, 또한 앞선 결정이고, 또한 인간의 자유에 대한 주장이고, 또한 이 자유를 사용함에 대한 규정, 판단이다. 하나님의 한 말씀이 그의 은혜의 계시, 역사로서 인간을 조치함으로써 그것은 그에게 또한 걸림돌이 된다. 이를 통해서 인간은 이 조치에 상응하는 미래로 지시받는다. 하나님의 한 말씀은 그의 은혜의 계시, 역사로서 우리에게 상관함으로써 그것은 우리의 존재, 행동과 자신의 그것이 일치됨을 지향한다. "너희 하늘의 아버지가 완전한(문자적으로, 그의 목표를 지향하여 있는) 것처럼, (이에 피조적-인간적으로 상응하여) 너희는 완전하게(문자적으로, 너희 목표를 지향하여 있게) 되어야 한다.(문자적으로, 될 것이다.)"(마 5:48) 복음의 직설법이 유효한 한, 그것을 끝맺는 구두점은 감탄부호가 되고 명령법이 된다. 예수 그리스도 안에서 체결된 하나님과 인간 사이의 계약 개념은 하나님의 은혜의 선택론으로 끝나지 않는다. 은혜의 선택 자체가 인간을 향한 하나님의 계명으로 이해되기를 요청한다. 하나님이 인간에게 향하고 자신을 선사함으로써 그의 명령자가 될 때, 선택하는 하나님을 통하여 선택받은 인간에게 성화 혹은 요청이 일어난다.

예수 그리스도 안에서의 선택은 우리를 위해 자기 자신을 내어준 자의 주권 아래 굴복하기 위하여 구별함을 뜻한다. "살아 있는 우리가 이제부터는 우리 스스로를 위하여 살지 않고 우리를 대신하여 죽으셨다가 살아나신 그를 위하여 살게 하려는 것이다."(고후 5:15) 선택은 이 굴복이 이루어지고, 선택받은 자가 이 굴복을 감수함에서 확고하게(βεβαία) 하고(벧후 1:10), 확증하고, 증명된다. 선택은 이 확증, 증명을 목표하고, "영을 통해 성화됨으로써 구원받음"(살후 2:13)을 지향한다. 우리는 토마스 아퀴나스에게 듣는다.(유보하는 바가 없지 않으나!) "우리는 하나님의 동역자라는 저 말씀에 따라서 (고전 3:9) 그의 지시를 실천하는 한, 하나님은 우리를 통해 지원을 받는다. 그리고 이것은 하나님의 능력이 충분하기 때문이 아니라, 하나님이 중간 원인을 필요로 하기 때문이니, 이는 사물에서 질서의 미를 유지하기 위함이며 그가 피조물에도 원인으로서 권위를 함께 나누어 주기 위함이다."(*S. Theol. I qu.* 23 art. 8 ad 2) 이것이 마태복음 5:48에 따라 이해될 수 있다면, 이것은 다음같이 말하는 것이 옳을 것이다. 하나님의 앞선 결정, 예수 그리스도의 선택에서 영원 전부터, 그러므로 단번에 인간에게 일어난 성화는, 선택받은 자의 삶이 인간의 전적인 문제성, 취약성에도 불구하고 성화의 비유, 그것의 반복, 증언, 인정이 되도록 요청한다. 이런 의미에서 칼빈은 거듭하여 강조했다. "선택의 목표는 삶의 성화이다." (*Inst.* III 23, 12) "선택된 자들에게 있게 될 거룩함은 선택에서 기원을 가진다." (*ib.* 22, 3) 선택은 태양이고 성화는 그 광채이니 ─ 누가 양자를 떼어놓을 수 있으랴?(*Congrég. sur l'élect. ét.* 1551 *C. R.* 8, 107) "하나님이 우리를 선택했다는 것과 지금 우리를 거룩함으로 부른다는 것은 연결되고 분리될 수 없는 일이다. … 그가 결합하고 하나로 만든 것을 결코 분리해서는 안 된다. … 선택은 좋은 열매를 내는 뿌리와 같다."([프랑스어], 에베소서 1:4-6 설교, *C. R.* 51, 270f.)

이로써 윤리학도 교의학 일반의 과제 범위에 속할 뿐 아니라, 신론의 과제에 속한다는 것이 드러난다. 그것이 그렇다는 것은 이미 지금까지 감추어져 있었던 것은 아니다. 이 하나님이 인간의 하나님 됨을 통하여 인간을 향한 요청을 전적으로 들음이 없이, 신 인식이 무엇이며, 그의 신적 존재가 무엇이며, 그의 은혜의 선택이 무엇인가를 누가 알 수 있는가? 이로써 인간의 복종 문제가 제기되지 않는다면 하나님이 어떻게 주로 이해될 수 있겠는가? 그러나 이 묵시적인 것이 이제 명시적이 되어야 하고, 이 자명한 것이 또한 특별히 그 자체로 납득될 수 있어야 하고, 신론은 전적으로 그러해야 하는 것처럼, 윤리학으로 분명히 표시되고, 전개되고, 설명되어야 한다. 그렇지 않으면, 인간의 부주의와 망각 가능성은, 이것이 그렇다는 것과 신론으로서 지금까지 말해진 모든 것이 또한 이런 의미, 곧 근본적으로 윤리적인 사고와 설명의 의미를 가진다는 사실을 너무나 쉽사리 스쳐 지나간다.

우리가 여기서 복음의 형상으로서의 율법을 통하여 우리에게 제시된 교의학의 특별한 과제를 표시하기 위하여 윤리학 개념을 수용한다면, 개념들이 다른 데서 사용될 때 가질 수도 있는 의미를 통해서 우리 자신이 속박되고 구속당함이 없이 여기서 우리의 관심 대상에 그 개념들을 적용할 때, 그 대상으로부터 그 개념들이 얻게 될 그런 의미로 개념들을 사용하기 위해서 우리가 기존의 그런 개념들을 취하는 자유 안에서 이렇게 한다. 이 자유는 교의학에 전적으로 필수적인, 그러나 또한 교의학에 고유한 자유이다. 어떤 개념도 그 자체로는, "윤리학" 개념도 전적으로 보편적이고 그러므로 미리부터 구속력 있는 의미를 갖는 것은 아니다. 어쨌든 그리스도교 교회의 교의학은 어떤 개념도, 윤리학 개념일지라도, 검증 없이(주지하다시피 수학 개념들은 결코 그렇지 않다!), 자체의 의미 부여와 사용에 대한 유보 없이 사용되는 대로 받아들일 수 없다. 그러나—이런 유보 아래서!—"윤리학" 개념을 교의학에서 사용하지 않을 이유는 없다. 우리가 "가설적(γυμναστικῶς)으로" 출발할 수 있는 '윤리학'의 비교적 보편적인 개념은 이런 것인 듯하다. 윤리적 문제는, 인간 행동의 허다함과 다양성 가운데서도 행동 방식, 즉 일정한 부단성, 일정한 법, 규칙, 관습, 연속성이 있음의 근거와 가능성에 대한 문제이다. 그것은 이 부단성의 정확성, 저 법들의 적합성에 대한 물음이다. 그것은 어떤 행동이 한 행동 방식의 일회적 표현, 법의 성취라고 주장할 권한을, 반복될 수 있고 이 규칙성에 의해서 다른 사람의 행동에 모범이 될 수 있는 권한을 부여하는 가치에 대한 문제이다. 소위 말하는 인간 행동의 연속성 안에서 현실적인, 진정한 연속성은 어느 것인가? 모든 유효한 법들 가운데서, 그것들을 넘어 유효한 것은 무엇인가? 소위 말하는 인간 행동의 모든 선(善) 가운데서, 그것을 넘어 선이란 무엇인가? 이것이—비교적 보편적으로 말해서—윤리적 문제이고, 그 답변이—역시 비교적 보편적으로 말해서—바로 우리가 "윤리학"이라고 칭하는 것이다.

"윤리학"은 ἦθος(원래 주거지, 헛간)에서 왔고, "도덕"(mos에서 왔음)과 같은 의미이고, 그 의미는, 관습, 전통, 관례에 관한 이론이다. "철학적 윤리"(Diogenes Laertius)는 도덕적인 것의 원칙을 다루는 철학의 분야이다. 언어 의미에 상응하는 일반적인 정의는 다음과 같을 것이다. 윤리학은 인간의 행동 방식, 인간 행동의 부단성, 법칙들에 관한 학문, 지식, 가르침이다. 그러나 언어적 의미에서 추론할 수 있는 이런 정의는 결코 충분하지가 않다. 인간의 행동 방식, 인간 행동의 법, 규칙, 연속성에 대한 허다한 문제들 중에는, 윤리적 문제 자체와 아직 혹은 더 이상 관계가 없는 것도 있다. 의지 심리학도 인간 행동의 자연법적 범위 안에서 인간 행동의 항구적 요소에 대해 물으며, 도덕 통계학, 관습학, 그리고 넓은 범위에서 문화 형태론은 역사 안에서 자유로이 생성되고 존립하는 인간 행동의 항구적 요소에 대해 묻는다. 실증적 법학은 국가 공동체에 의해 보증되고 재가된 인간 행동의 저 연속성에 대해 묻는다. 그리고 역사 철학은 인간의 의도가 공동적으로, 시간 안에서 변천되고 전개되는 과정 가운데서 나타나는바 인간 행동의 부단한 요소를 묻는다. 윤리학의 과제는, 어디에서 그것을 이해하든지, 이런 학문들의 그것과는 상이한 과제로 이해되어 왔다.

윤리적 혹은 도덕적 문제의 의미에서 윤리성이란 언제나 발견할 수 있는 인간 의지, 행위의 자연법과 행동의 일치와는 다른 것이다. 윤리적 행동이 그런 자연법에 예속될지라도, 그것이 이러한 의존, 일치로 인하여 윤리적 행동인 것은 아니다. 또한 루소(J. J. Rousseau), 포이에르바하(L. Feuerbach), 슈티르너(M. Stirner), 니체(Fr. Nietzsche), 헤켈(E. Haeckel)에 의해 다양하게 주장된 것처럼, 순진하게도 윤리 법칙과 자연 법칙의 동일화는 특이하게도 단순한 서술 형태가 아니라 전적으로 인간 의지와 행동에 대해 명령조로 주장하는 형태로 이루어졌다. 이것은 루소와 니체에게서 바로 정열적인 선포 성격을 갖는다. 도덕 법칙이 자연법으로 끝난다면, 분명히 그것은—객관적일수록 더욱 좋다.—그런 것으로 확정되기만 하면 될 것이고, 확실히 설교할 필요도 없을 것이다. 자연법을 설교할 때, 소위 말하는 도덕법과 자연법의 동일화는 단순한 단언으로 밝혀질 것이고, 양자의 원래적 상이성이 드러날 것이다. 그러므로 도덕적 행동과 자연 사건과의 현저한 일치에도 불구하고 자연법과는 상이한 특수한 도덕법에 대한 문제가 제기될 것이다.

윤리적 문제의 의미에서 도덕성은 어느 정도 보급되어 있고, 지배적인 관습, 관례, 문명, 문화와 인간 행동과의 일치와는 전혀 다른 것이다. 여기서도 일치는 물론 일어날 수 있고, 따라서 회프딩(H. Hoeffding)과 파울젠(Friedrich Paulsen) 같은 윤리학자는 윤리적인 것과 이 개념들의 동일화에 접근할 수 있었다. 그러나 도덕 이론을 완전히 관습학으로 병합시키려는 시도는 진지하게 이루어진 적이 없다. 부도덕한 "관습들"과 "관습"의 도덕적 타파가 윤리학이 불가피하게 고려해야 하는 가능성들임은 결코 진지하게 부인된 적이 없다. 그러나 이것이 뜻하는 바는, 특별한 도덕법에 대한 문제는 역사-형태론적 방법으로 탐구되어야 할 인간 행동의 법칙에서도 개방되어 있다는 것이다.

그리고 윤리적 문제의 의미에서 도덕성이란 기존의 국가법과 인간 행동의 일치와는 다른 것이다. 도덕성은 적법성과는 다르다. 벤담(Jerem. Bentham)이 주장했듯이, 자명한 보편 타당성을 지닌 국가법은, 윤리학이 물어야 하는 저 인간 행동의 부단성의 가장 의미심장한 표현으로 이해될 수도 있다. 거꾸로 코헨(H. Cohen)의 이론에 의하면 도덕성은 자신을 모든 적법성의 내재적 능력으로 이해할 수도 있다. 의심할 여지없이 많은 실증주의 및 관념론적 윤리학자들은 무한 속에서 도덕성과 법의 상호 접근 및 그것들의 만남에 대한 환상 내지 꿈을 가졌다. 그러나 아무도 윤리학과 정치학, 윤리학과 법학을 단순히 동일한 것이라고 주장하려고는 진지하게 생각하지 않았다. 윤리적 문제는 의로운 국가의 법에 대한 문제와는 별도로 특별한 문제이다. 전자의 문제 이후에 비로소 후자의 문제도 제기될 수 있고, 양자의 연관성에 대한 문제도 제기될 수 있다.

결국 어떤 일정한 인간 행동이 어쩌면 발견될 수도 있는 보편적 혹은 특별한 역사적 발전의 법칙과 일치하기 때문에 그 행동이 윤리적 문제의 의미에서 도덕적인 것은 아닐 것이다. 역사 철학이 있을 수도 있고 그러므로 역사적 발전 법칙, 곧 헤겔의 자극을 받아 마르크스(Karl Marx)에 의해 결실을 맺음으로써 선포된 역사적 발전 법칙, 혹은 오늘 신독일 민족주의를 통해 말과 거대한 행실로써 선포되는 역사적 발전 법칙이 있을 수도 있지만, 어쨌든 분명히 이런 법칙을 확정하는 것과 맹렬히 요청받아서 그것을 능동적으로 시인하는 것은 별개의 문제이다. 역사는 이런 혹은 저런 법칙 아래 있을 수 있다. 그러나 왜 이런 법칙을 주장하는 자들은, 역사가 인간들의 노동과 희생 아래, 투쟁과 고난 아래 이루어져야만 한다고 우리에게 보증하는가? 이런 주장은 어디서 오는가? 인간의 의지, 행동의 또 다른 법칙이 여기에 분명히 개입한다. 그리고 이 다른 법칙 자체가 스스로 확고하고 유효할 경우에만, 역사의 소위 법칙에 대해서도 같은 말을 할 수 있고, 이 법칙에 대한 복종의 요구도 권위와 힘을 가질 수 있다. 이 또 다른 법칙의 효력에 대한 문제, 윤리적 문제는 실제로—사람들이 그것을 성급하게 무시하려고 하면 할수록, 그 답변을 성급하게 선취하려고 하면 할수록, 더욱더—미결로 남아 있다.

만일 윤리적 문제를 심리학적, 역사 형태론적, 정치 법학적, 역사 철학적 문제와—이런 문제들 아래 인간 행동의 현실이 물론 놓일 수도 있다.—단순히 통합하려고 한다면, 윤리적 문제는 아직 제기되지 않은 것이거나, 혹은 그 문제를 제기하기를 이미 중단한 것이 분명하다. 주목할 만한 사실은 사람들은 이 통합을 바라지만 이행할 수 없다는 것이다. 특이한 것은, 이 모든 동일화 시도 속에서도 그런 시도가 다만 단정에 지나지 않으며, 윤리적 문제는 다른 문제로 바꾸어 제기될 수는 있으나, 윤리 문제는 여전히 그 원래 언어로 남아 있다는 사실이 너무나 분명하게 드러난다는 것이다. 이 법칙 아래 굴복하기를 감히 요구하려는 의미에서 저 법칙들 중 어떤 것을 유효하다고 선언한다면, 사람들은 의식적이든, 무의식적이든, 어떤 윤리를 전제하고 있는 것이다. 단 이때 분명히 윤리적 검증을 벗어나고, 윤리적 법칙에 대한 물음, 도덕법에 대한 물음, 그러므로 그것의 이름으로 제기된 요청들의 권위와 힘에 대한 물음을 제기하지 않기로 결정했다. 그러나 윤리적 문제는 이런 자의적 윤리, 그것의 요청, 그것에 상응하는 인간 행동에 대해서 개방적이며, 어느 날 또한 다시금 특별히 자신을 위해 제기되고 답변되기를 요구하게 될 것이다. 윤리적 문제, 도덕법에 대한 문제를 제기함은, 저 다른 법칙에 대한 물음을 손상치 않고 이 문제를 특별히 자신을 위해 제기함을 뜻한다. 윤리적 문제는 저 다른 문제들을 초월한다. 곧 그 문제는 인간 행동의 항구적 요소들의 진정성, 정당성, 가치에 대해 묻는다. 그것은 저기서 그 항구적 요소에 대해서 물으나 진정성, 정당성, 가치가 너무나 아무 검증 없이 그 항구적 요소들에 부여되기 때문이다. 윤리적 문제는 저 다른 문제에 근거하여 탐구된 인간 행동의 법칙의 효력에 대해 묻는다. 그것은 선의 법칙에 대해, 저 다른 법칙들의 연관성에 대해, 그리고 그것들과 일치하는바 인간 행동과 이 법칙 사이의 연관성에 대해 묻는다. 그러므로 윤리적 문제는 그 답변이 인간 행동과 저 다른 법칙들 사이의 일치를 선하다고, 그것의 불일치를 악하다고 이해할 수 있도록 만드는 근본 문제를 제기한다. 그 문제의 답변에서부터 또한 거꾸로 저 일치를 악하고 저 불일치를 선하다고 이해하는 것이 필요할 수도 있다. 그러므로 윤리적 문제는 저 다른 문제들에 비해 탁월하게 비판적인 문제임을 뜻한다. 탁월하게 비판적인 이유는, 그 문제가 다만 보편적인 행동 방식에 비추어서만 인간의 개별 행동을 문제삼을 뿐 아니라 선에 비추어서 또한 인간의 모든 일반적인 행동 방식을 문제삼기 때문이다.

그러므로 그리스도교회의 교의학도, 그리고 근본적으로 그리스도교 신론은 윤리학이며 그러므로 윤리적 문제, 인간 행동 및 행동 방식의 모든 소위 말하는 선 안에 있는, 선 위에 있는 선에 대한 탁월한 비판적 문제에 대한 답변이다.

그 문제의 답변에서 우리는 지금 출발해야 한다. 우리는 보다 정확하게, 그것은 그 답변의 증언, 전승, 반복이라고 말해야 한다. 신학도 신론도 그 답변이 아니고, 그 대상, 곧 하나님의 선택하는 은혜의 계시와 역사(役事)가 그 답변이다. 그러나 이것, 하나님의 은혜가 인간을 거룩하게 함으로써, 그것이 인간을 하나님을 위해 요구함으로써, 그것이 그를 하나님의 계명 아래 세움으로써, 그것이 인간의 자기 결정에 선행하여, 하나님의 계명에 복종하도록 결정함으로써, 그것이 하나님의 계명으로 하여금 인간의 과거 행위에 대해 심판하고, 미래 행위에 대해 명령하도록 함으로써, 하나님의 은혜는 윤리적 문제에 대한 답변이다. 윤리적 문제에 대한 이런 답변을 증언하는 것이 그리스도교 신론의 윤리적 과제이다. 그러므로 우리는 여기서 저 보편적인 윤리학 개념의 의미에서 윤리적 문제 자체와는 관계할 수 없다.

우리는 이런 보편적 윤리학 개념의 존재에 대해 놀라지 않는다. 우리는 모든 시대, 모든 지역의 인간들이 선을—사람들이 그것을 얼마나 다양하게 시도하였든 간에—인간 행동의 다양하고 일상적인 연속성과 동일시하는 것으로 만족할 수 없었다는 데 놀라지 않는다. 우리는 선에 대한 문제가 거듭하여 저 다른 법칙성에 대한 물음을 초월하는 특별한 문제로 제기되어야만 했고, 제기되고 있다는 데 놀라지 않으며, 그렇기 때문에 또한 이 문제의 특수성에 대한 다소간의 정확한 인식 안에서, 그러므로 모든 다른 문제에 대한 이 문제의 실제적인 개방성에 다소간에 상응하여 이 특별한 문제에 대해 인간으로서 인간적인 답변을 하려는 다양한 시도에 대해 놀라지 않는다. 우리는 이 모든 일에 놀라지 않는다. 그 이유는 하나님의 은혜의 계시와 역사를 통해서 이 문제는 실제로 불가피한, 비중과 긴급성에서 다른 문제와 비교될 수 없고 다른 문제들의 답변을 통해 진정될 수 없는 인간 실존의 문제로 제기되어 있기 때문이다. 인간은 행동함으로써 인격으로 존재한다. 그러므로 그의 행동의 선, 가치, 정당성, 진정한 연속성에 대한 문제는, 윤리적 문제는 그의 실존, 그 자신의 선, 가치, 정당성, 진정한 연속성에 대한 문제 이상도 이하도 아니다. 이것은 그의 삶의 문제, 그것의 답변으로 그가 일어서고 쓰러지는 문제이다. "존재 아니면 비존재, 이것이 여기서 문제이다." 어째서? 그것은 그 답변 속에서, 그 답변과 더불어 그의 존재 혹은 비존재에 대하여 전적으로 처리하는 권세, 하나님의 권세의 결정이 이루어지기 때문이다. 인간을 영원 전부터 자기 계명 아래 세우는 것이 바로 하나님의 선택하는 은혜이다. 그러므로 하나님의 계명은, 인간이 그것을 알고 있든, 혹은 알려고 하든지 않든지 간에, 원래 기원하며 그가 벗어날 수 없는 진리이다. 인간 실존의 문제로서의 윤리적 문제는 하나님과 인간 사이의 계약의 결정 가운데서, 인간이 은혜의 계시와 역사에 근거하여 그 스스로 답변이 될 그런 문제로서 영원 전에 제기되었다. 그렇기 때문에 이 문제는 이렇게 필연적으로 제기되고, 이렇게 시급하다. 그러므로 이제 또한 이 문제에 답변하려는 모든 가능한 인간적 시도들, 모든 형태의 윤리학이 이렇게 시급하다.

　주목할 만하게도, 인간은 하나님의 은혜에서 유래하고 그러므로 전적으로 원래 저 물음 아래 종속되어 있기 때문에, 하나님은 그가 있기 전에, 세상이 있기 전에, 자신의 계명에 복종하도록 이런 결정을 내림으로써 그를 그처럼 가깝게 자신에게로 이끌었으므로—또한 불가능한 일, 즉 죄가 그에게 가까이 있다. 즉 하나님의 은혜를 통하여 저 물음에 대한 답변이 되는 것으로 만족하는 대신, 오히려 하나님같이 되고자 하고, 스스로(하나님이 하는 것처럼) 선과 악을 알고자 하고, 그러므로 저 답변을 자기 스스로 하려고 한다. 이제 타락의 결과로, 타락의 연장으로 그러므로, 윤리적 문제에 대한 인간적 답변의 시도로서 "윤리학", 심지어 많고 다양한 윤리학들이 성립한다. 이 문제는 하나님의 은혜를 통해 원래 제기된 것처럼 또한 다만 하나님의 은혜를 통해서만, 곧 인간 자신으로 하여금 그 답변이 되게 함으로써 해결될 수 있다. 분명히 인간의 저 오만을 방관하고 이로써 그의 오만의 결과로 필연적으로 몰락하게 하는 것이 영원 전부터 하나님의 뜻이 아니므로, 하나님의 은혜의 계시와 역사는 죄에 대립하는 것처럼, 이 시도들에 대립한다. 하나님의 은혜는 인간이 세운 모든 윤리학에 대해 항거한다. 그러나 그 은혜는 적극적으로 항거한다. 그 은혜는 '아니'를 말하지 않을 뿐 아니라, 오히려 모든 인간적인 답변들을 능동적으로 반박, 극복, 폐기함으로써 윤리적 문제에 대해 자기 스스로 답변함으로써, 인간에게 '그래'를 말한다. 그 은혜는 예수 그리스도 안에서 인간상을(동시에 하나님의 자기 형상이기도 하다.) 계시함으로써 이렇게 말한다. 아담은 이 형상에 상응하여 창조되었지만 그는 범죄했고, 윤리가가 됨으로써 더 이상 그 형상에 상응할 수 없었다. 하나님의 계명을 이룬 인간 예수는 하나님의 은혜를 통해 제기된 윤리적 문제에 대해 답변하는 것이 아니라 하나님의 은혜로서 그 답변이 되었다. 하나님을 위한 인간의 성화, 요구 주장, 인간의 자기 결정에 선행하여 그로 하여금 복종하도록 결정함의 이행, 육신적으로 완수함 가운데 인간에 대한 하나님의 판결과 인간에 대한 명령—이 모든 일이 여기, 예수 그리스도 안에서 사건이 되었다. 선이 여기서 일어난다. 다만 선하다고 자칭하는 모든 것 저편에 있는 비판적으로 이해된 선이 진정으로 여기 있다. 그러나 인간 편에서 헤라클레스처럼 갈림길에서 선과 악 사이에 선택함으로써, 선을 선택함에 근거하여 스스로 선하기 위하여 여기에 선이 있는 것이 아니다. 아버지에게 복종하는 아들이 어떻게 선과 악이 무엇인지 물으려 하고, 결정하려고 할 수 있겠는가? 그 자신이 선한 것으로 선택한 것이 그에게 어떻게 선한 것일 수 있겠는가? 아니다, 그가 하나님의 은혜에 의해 선택받음으로써, 그가 이 선택받은 자로서 선악을 자기 스스로 선택함이 없이 다만 복종에 대해 묻고 스스로 선하기를 바라지 않고 그러므로 그의 행동에서 다만 홀로 선한 하나님의 의지와 계명에 굴복함으로써, 여기서 선이 이루어지고, 여기—예수 그리스도 안에서—윤리적 문제가 답변된다. 이로써 사건화된 것은 모든 인간적 윤리와 구별되게, 그것에 대립하여 신적 윤리이다.

우리는 그것 뒤로, 그것의 증언 뒤로 되돌아갈 수 없다. 그러므로 우리에게는 마치 그 문제가 허공에서 제기된 것처럼, 마치 윤리적 문제 자체가 있는 것처럼, 마치 그 문제가 먼저 하나님의 은혜에 의해서 제기되지 않은 것처럼, 그것이 또한 하나님의 은혜를 통해서 이미 답변되지 않은 것처럼, 윤리적 문제를 인간 실존의 문제로 그렇게 이해하는 것은 있을 수 없다. 우리는 마치 우리가 선의 총괄 개념으로서의 하나님의 계명이 하나님의 은혜를 통하여 선택받은 인간 예수 그리스도에게 선언되었고, 그리고 다시금 하나님의 은혜를 통하여 이 인간에 의해 성취되었음을 모르는 것처럼 행동할 수 없다. 우리는 마치 우리가 이제 다시금 우리 스스로 선이 무엇이며, 그것이 어떻게 우리를 통해서 성취될 수 있는지 물어야 하고 결정해야 하는 것처럼, 마치 우리가 다시 이 물음에 대해 우리에게 옳게 보이는 이런 혹은 저런 답변을 할 수 있는 자유가 있는 것처럼, 그렇게 처신할 수 없다. 선에 대한 물음에 대한 답변으로서 윤리학의 저 보편적 개념이 현존함은 분명히 많은 교훈을 주는 사실이다. 이 사실은 인간을 향한 하나님의 은혜의 진리를 확증하여 주고, 이 은혜를 통해 선에 대한 문제는 원천적으로 제기되어 있으므로, 인간이 실제로 선택에 대한 물음에서 벗어날 수 없고, 그 물음이 다른 문제에 의해서 가려지거나 대치될 수 없다. 그러나 윤리학의 저 보편적 개념은—그 개념이 인간 자신을 통하여 이루어져야 할 저 물음에 대한 답변에 대해 말하는 듯한 한에서—또 다른 사실을 확증해 준다. 곧 인간은 하나님의 은혜를(이것을 통해서 선에 대한 물음은 제기되었고 또한 미리 답변되었다.) 벗어나려고 한다는 사실. 주목할 만하게도 저 윤리학의 보편적 개념은 바로 죄의 개념과 일치한다! 그러므로 우리는 진실로, 이 개념을 주의해서 수용해야 한다. 여기서 우리가 선에 대한 물음을 다시 시작하고 그것에 대해 답변할 수는 있으나, 하나님의 은혜 앞에서 계속적으로 도피하려는 시도는 있을 수 없다. 바로 그렇기 때문에 오히려 이 도피 시도를 중지할 필요가 있을 것이다. 윤리학 개념은, 우리가 여기서 그것을 수용할 때, 인간을 향한 하나님의 은혜의 진리를 확증하는 것 외에 다른 것을 내포할 수 없다. 교의학이, 신론이 윤리학이라면, 이것은 결정적으로 이런 뜻이다. 그것은, 저 신적 윤리학의 증언, 예수 그리스도에게 선언되고 그에 의해 성취된 계명의 내용인 선의 증언이다. 이 선 외에 다른 선은 고려될 수 없고, 혹은 외견상의 다른 선은 모두 다만 이 선에 의존하고 있을 따름이다. 이 선을 인정하는 것이 그것에 대한 물음에 전적으로 선행해야 한다. 선에 대한 물음은 정확히 말해서 다만 그것의 설명(그것의 자기 설명!)이며, 그 이상의 확증(그것의 계속적인 자기 확증!)에 지나지 않을 것이다. 우리가 답변해야 하는 윤리적 문제는 다만 하나님의 계명 및 그 안에서 일어나는 선의 계시를 통하여 우리 인간적 삶, 의지, 행동이 문제시되는 한, 즉 그것의 정확성이 질문되는 한, 그러나 또한 올바르게 되고, 그 가치, 진정성이 검증되고 그러나 또한 가치와 진정성으로 옷 입혀지는 한에서, 열린 물음으로 남아 있을 따름이다.

우리는 윤리학 개념의 이런 변화가 어느 정도까지 영향을 미치는가에 대해 분명해야 한다. 그 변화는 윤리학의 일반적 역사에서부터 볼 때, 이스라엘의 자손들이 팔레스틴으로 들어갈 때 일어났던 것과 같은 일종의 병합을 뜻한다. 팔레스틴 땅에는 오래전부터 그들의 고유한 문화, 종교를 가진 다른 백성들이 가장 오래되지는 않았지만, 어쨌든 오래된 거주권을 가지고 있음을 주장했다. 그들은 여호수아 9:27에 의하면 나무를 패고, 물을 긷는 일꾼으로 그 곳에서 존속하게 되었으나 그들의 문화, 종교는 이스라엘 사람들에 의해 결코 수용되거나 고려되어서는 안 되었다. 그러므로 이스라엘 사람들은 이 백성들의 문화, 종교의 끈질긴 저항을 고려해야 했고, 그들의 존립은 이스라엘 사람에게는 거의 극복할 수 없는 유혹을 뜻할 수밖에 없었다. 이 일에 대한 저 보편적인 개념의 의미에서 윤리학은 다만 하나님의 계명론으로서의 그리스도교 신론과는 다른 것이다. 양자의 관계가 어떠하든지 간에, 저기서부터 그리스도교 윤리학을 적극적으로 인정하는 것, 그리스도교 윤리학을 저것에 연결시키는 것, 그리스도교 윤리학을 통해서 저것을 속행하고, 전개, 풍요케 함은 불가능하다. 여기서는 많은 다른 연설자 중에서 한 연설자가 등장하지는 않는다. 여기서 원래의 보고자가 결론을 말했다.─그리스도교 윤리학에 대해서는 다만 논의되었다! 그 후에는 토론은 더 이상 진행되지 않고, 사람들은 다만 자리를 떠날 수밖에 없다.

우리가 윤리 사상가로서 윤리학의 저 보편적인 개념에서부터 출발해서 그리스도교 신론에서 이루어지는바 하나님의 계명의 증언에 봉착할 때, 여기서 모든 윤리적 물음과 답변의 근거와 목적에 대한 수수께끼 같은 지식에 직면함으로써 자신이 이상한 세계로 옮겨져 있음을 발견한다. 이것은 일반적으로 윤리적 사고와 이해로 간주되는 것을 그 핵심에서 손상시키며, 그리고 우리가 이것을 신론과의 관계 속에서도 침묵할 수 없는 것처럼, 다만 가질 수도 있고 혹은 가지지 않을 수도 있는 그런 것이고, 이것은 계시와 믿음의 카테고리로 서술될 때, 어쨌든 전례가 없는(이것보다 더 나쁘지는 않지만) 요구를 뜻하는 근본적 결정을 전제한다. 윤리학에서 일반적으로 문제가 되는 것, 윤리학이 인간의 행동과 행동 방식을 측정할 때 구하는 척도로서의 율법이나 선 혹은 가치, 그것에 따라서 인간의 행동 방향이 정해지는 그런 율법, 선 혹은 가치, 진리와 선에 대한 지식의 문제, 이 문제는 여기서 그리스도교 신 개념에 내재하는 윤리학에서, 하나님의 계명론에서 아무런 문제가 아니다. 도리어 하나님의 계명이 그의 선택하는 은혜의 형상이기 때문에, 오히려 이 문제는 모든 윤리적 문제와 답변의 출발점이니, 그 출발점은 미리 주어져 있는 것이고, 그런 한에서 전제된 것이요, 그 자체로 확실하고, 어느 것에 의해서도 능가되거나 문제시될 수 없다. 거꾸로, 윤리적 문제에서 일반적으로 문제가 되지 않는 것─혹은 사람들이 비교적 자유로이 간과하거나 미결 상태로 놓아 둘 수 있는 그런 문제, 즉 인간이 윤리적 문제에 답변함으로써 그가 상관하는 물음에 직면한 인간의 현실 상황, 선에 대한 그의 현실적 속박, 선으로부터 그의 현실적 간격, 그리고 이 간격의 현실적 극복(그로부터가 아니라 선 그 자체의 현실로부터) — 이 모든 것이 여기서 시급한 문제, 바로 모든 윤리적 문제와 답변의 목표, 내용이 되는 것이다. 저 근원과 이 목표에 대한 지식에 의해 지배되고 있는 이론, 학문이, 사람들이 저 일반적 개념의 틀 안에서 윤리학으로 이해하였던 것과 무슨 관계가 있는가? 사람들이 여기서부터 출발하여, 여기서 어떤 방식으로든 인간 행동의 선함에 대한 탐구가 문제가 된다는 것을 오인할 수 없을지라도, 이 '어떤 방식으로든'이란, 여기서 이루어진 것과 같은 윤리학의 시도는 본질적으로 이 시도의 부정을 뜻한다는 판단이 거의 불가피한 것처럼 보인다는 말이다. 왜냐하면 선의 미리 주어진, 전제된 총괄 개념으로서의 신 개념에서 출발할 때, 인간을 향한 전적으로 초월적이고 결정적인 계명의 진리에서부터 (현실로서 생각된 진리) 출발할 때, 윤리적 문제는 불가능하고, 거꾸로 하나님의 은혜를 통해 전적으로 심판받은, 전적으로 일으켜지고 올바르게 고쳐진 죄인으로서의 인간에 비추어 윤리적 답변이 불가능하기 때문이다. 이것이 우리가 윤리학 개념을 저렇게 변화시킬 때 기대해야 할, 그리고 직면해야 할 반대이다. 우리는 이런 반대에 저항해야 한다. 우리는 하나님 말씀, 그리고 그것을 신실하게 선포하는 교회의 설교, 그리고 설교와 함께 교의학, 그 교의학 정점에 그리스도교 신론이 모든 다른 것에, 보편적인 인간적 사고와 말에 대해서, 공격당하는 상황이 아닌 공격자의 상황에 있으며, 그리스도교 신론이 윤리적 숙고와 이해의 영역에 들어설 때, 이 땅의 자칭(그러나 다만 자칭!) 원주민의 반대에 대해 놀라는 것은 적합하지 않으며, 신론은 그들을 법정으로 간주하거나 그들에 대해 변명하거나 그들의 질서에 스스로 적응해야 한다고 생각할 필요가 없다는 점을 망각할 수 있다. 마치 이것이 명령되었고 또한 다만 허용된 것처럼 그렇게 행동하려는 유혹을 간파하고 방어해야 한다.

이 유혹은 우선 윤리학자들의 보편적 개념에서부터 가능한, 실제로 제기된 이의를 가지고 변증적으로 대결하도록 권유, 도발함에 있을 수 있다. 변증은 이런 경우 비신학적, 일반적인 인간적 사고와 말의 전제, 방법의 틀 안에서, 그 근거 위에서 신학적-윤리적 문제 제기를 정당화하고 근거지으려는 유혹이 될 것이다.

슐라이어마허가 특별히 그리스도교적 자의식이 아니라, 이것의 저변에 깔려 있다고 하는 보편 종교적 자의식 및 그것의 도덕적 내용 혹은 도덕적 방향이 보편적인, 철학-윤리적 문제제기에서 필수적인 동기라고 주장한다면, 그리고 그가 이로써 그리스도교 윤리학을 적어도 간접적으로 철학적 윤리학의 법정 앞에서 정당화하려고 한다면(*Chr. Sitte*, 29, 75), 이것이 변증이다. 또한 드 베테(De Wette)가 그리스도교 윤리학이 기원하는 계시를 "출현한, 혹은 실현된 이성 … 혹은 완전히 해결된 경건한 삶의 과제"로 표현함으로써 이것을 찬양해야 한다고 생각한다면(*Lehrb. d. chr. Sittenlehre* 1833, 2), 이것도 변증이다. 역시 하겐바흐(K. R. Hagenbach)가 철학적 윤리학은 그리스도교적인 것을 지향하며 여기서 비로소 그것이 완성된다고 주장한다면, 이것도 변증이다. 왜냐하면 하나님 신앙은 저 보편적인 관점에서부터 고찰할지라도 "도덕적 삶의 최고의 새싹"으로 나타나기 때문이다.(*Enzyklopaedie* ¹²1889, 436) 역시 헤르만(W. Herrmann)이 단순히 선의 개념뿐 아니라 인간에 의한 선의 실현을 다루고자 하는 모든 윤리학은 그리스도교가 도덕적으로 해방하는 세력으로 이해되도록 하며, 그러므로 그 절정에서 스스로 그리스도교 윤리학이 되어야 한다고 설명한다면(*Ethik* ⁴1909, 3), 이것도 변증이다. 역시 뷘쉬(G. Wünsch)가 그리스도교 윤리학을 보편 철학적 윤리학에서 예상한 "가치 성향"의 가능성으로, 즉 일정한 "가치 입장"의 긍정으로 이해하려 한다면—즉 "인격성의 형태로 사실적으로 인식된 거룩한 것"은 "초월적인 것에 근거를 둔" 주요 가치이다.—그리고 그가 그것을 동시에 그것의 형식적 기준이 철학적 윤리학의 기준과 동일하므로 추천한다면(*Theol. Ethik* 1925, 59f.) 이것은 변증이다!

여기에 대해 말할 수 있는 것은, 신학적-윤리적 문제 제기를 이렇게 근거를 해설하고 정당화하고자 함에서의 여러 관점들의 상하 종속으로써는 그것이 수행하고자 하는 소기 목적을 실제로는 달성할 수 없다는 것이다. 이 변증은 다만, 사람들이 신학적 윤리학을 일반적 윤리학에 재야 한다는 신념을 진지하게 가진다는 것을 의미할 따름이다. 왜냐하면 일반 윤리학이 신학적 윤리학의 심판자이며, 거기서부터 자신에게도 진리 문제가 제기되며 결정되는 법정임을 인정하기 때문이고—신학적 물음과 답변의 본래적 내용은(혹은 그것을 위한 여지와 같은 것) 보편적인 윤리적 물음과 답변 안에 포함되어 있으며, 거기에 그의 본래적, 원래적 자리를 가지고 있으며, 이 자리는 추구했던 신학적 윤리학의 존재에 대한 법적 근거를 마련하기 위해서 입증되기만 하면 된다는 것을 전제하기 때문이다. 그러나 이렇게 정당화될 수 있는 것, 보편적인 윤리적 물음과 답변의 내용 안에 포함된 것으로 입증될 수 있는 것은 확실히, 자기 계명을 선언하고 성취하는 하나님의 은혜를 문제삼는 고유한 신학적 물음과 답변은 아니다. 종교적 자의식의 도덕적 방향은, "가치 성향" 등은, 하나님의 은혜의 형상으로서의 계명의 증언은 이런 방법으로는 정당화될 수 없다. 이 변증이 성공할 때 자동적으로 그것은 이 대상을 상실한다. 신학적-윤리적 물음과 답변의 기원과 목표를 진정으로 초월한 보편적 원리를 안다고 생각하는 자—아마도 철학자로서, 그러나 또한 정치가로서—신론에 대하여 진리 문제의 심판자로서 등장할 수 있다고 믿는 자에게는 신학적 윤리학 및 그 기원과 그 목표에 대한 물음은 걸림돌이 되는, 경시될 수 있는 시도, 혹은 아마도 위험한 시도가 될 것이다. 그리고 신학적 윤리학은 그것의 걸림돌이 되는 요소들에서 벗어난다면, 그러므로 보편적 원리에 종속된다면, 그런 원리에 따라 측정되고 그것에 따라서 세워질 수 있다면, 더 이상 그런 것이 되지는 않을 것이다. 우리는 다른 데서처럼 여기서, 신학에까지도 인간 지식과 학문의 일에서 무엇이 원리가 될 수 있고 없는가를 구속력 있게 결정할 수 있는 권한을 다른 법정에 인정해서는 안 된다. 우리는 신학 고유의 원리를 그것이 이런 다른 원리에서 판단할 때 가능하거나 혹은 필연적이라는 것을 인정하기 위한 의도로써 해석할 수 없다. 우리는 하나님의 계명을 인간의 영적 삶의 필수적 동기로, 혹은 인간 이성의 실현으로, 혹은 인간을 통해 성취되어야 할 선의 실현으로, 혹은 초월적인 것에 근거를 둔 가치 입장으로 바꾸어 해석할 수 없다. 우리는 전혀 하나님의 계명과 상관하지 않고 그러므로 신학적 윤리학의 시도를 처음부터 다루지 않았다면, 이렇게 할 수 있을 것이다. 하나님의 계명을 듣고 복종하는 자는 왜 그가 복종해야 하는지에 대해 판단할 수 없으며, 그러므로 또 다른 원리의 보다 높은 위치에서 자기 자신을 혹은 다른 사람에게 이런 인간적 의지와 행동의 법칙에 어떻게 이르게 되는지 지시하려고 할 수 없다. 그는 하나님의 계명이 결코 다른 계명에 근거하지 않았으며 그러므로 또한 다른 계명에서 도출될 수 없고, 다른 것에 재어질 수 없고, 다른 것에서부터 그것의 효력이 검증될 수 없다는 것, 인간은 이 계명을 자기 자신에게 말하게 할 수 없고 다만 말해진 대로 받아들일 따름이라는 것을 안다. 그가 신학적 윤리학의 이런 원리를 고안하지 않았다면, 그는 또한 그것을 제거할 수 없고 혹은 다만 감출 수만도 없다. 그가 그것에 걸림돌이 될 만한 것을 주지 않았다면, 그는 또한 그것에서 그런 것을 제거하려고 할 수 없다. 그가 처음에 윤리적 물음과 답변의 근원과 목표와 대결해야 하는 것에 놀랐다면, 그는 또한 다른 사람에게도 자신이 실제로 그것과 대결함을 보고 놀라게 만들지 않을 수 없다. 사람들은 그에게서 많은 것을 요구할 수 있다. 그러나 변증적-신학적 윤리학의 추종자들의 견해에 따르자면 그에게서 요구되어야 할 것이 실제로는 그에게서 요구되지 않았다. 오히려 이것은 그에게 금지되었다. 그 이유는 그가 이 요구를 성취함으로써 신론의 윤리적 과제를 시작하기도 전에 그것을 포기하는 것이기 때문이다.

신학적 윤리학에서의 변증적 학파가 보편적인 도덕적 물음과 답변에 의뢰할 때 생각하는 것은 물론 한 가지 조건 아래서 정당한 것으로 인정될 수 있다. 즉 이스라엘 사람들이 가나안에 들어갈 때 하였던 혹은 하였다고 하는 것처럼, 그렇게 신학적 윤리학이 보편적 윤리 문제의 영역을 합병함에 있어 처신할 때. 그들은 낯선, 그들에게 속하지 않은 땅이 아니라 그들 조상의 땅으로서 가나안에 들어가야 했다. 그 땅은 오래전에 야웨의 것이 아니었던가? 그가 이 땅에서 오래전에 아브라함, 이삭, 야곱과 함께 말하지 않았던가? 그러므로 그 땅은 그들에게 약속된 땅, 야웨의 백성으로서 그들의 땅이 아니었던가? 이것은, 신학적 윤리학은, 원래 결국 하나님의 은혜와 계명과는 무관한, 그것과 상관하지 않는, 그런 한에서 그 자체로 흔들림이 없는 보편적인 도덕적 물음과 답변의 가능성과 현실을 믿는 것을 금해야 한다는 것을 의미한다. 신학적 윤리학은 하나님의 은혜의 역사와 계시를 믿고, 그러므로 윤리 문제 전 영역에 대한 하나님의 계명의 실제적인 지배를 믿는 것이 필연적일 것이다. 그러므로 신학적 윤리학은 인간의 도덕적 본성을, 곧 그에게 고유한 선악에 대한 지식이 있음을 믿지 않을 것이다. 인간은 실제로 신적 계명의 지배 아래 놓여 있는 것이 사실이 아니라면 그런 능력이 있을 것이다. 그러므로 신학적 윤리학은 바로 타락, 곧 인간 스스로 선과 악이 무엇인지 알고자 하는 오만함을 추후로 하나님의 뜻을 행하려는 인간의 본성적 성향으로 바꿔 해석하고, 이에 따라서 그에게 하나님의 계명에 대한 심판자의 권위를 인정하지 않도록 주의할 것이다. 거꾸로 신학적 윤리학은 하나님의 은혜의 계시를 참된 것으로 간주하고, 인간의 실제적 현존에 관한 계시로 간주하고, 은혜의 역사를 능력 있는 것으로, 하나님으로부터 실제로 인간에게 내려진 결정으로 간주함으로써, 인간을—그가 하나님의 계명에 어떻게 처신하고 행동하든 간에—더 이상 하나님에 의해 결정된 존재로, 객관적으로 전혀 그것에 따라 행동하는 존재로서 외에 달리 이해해서는 안 될 것이다. 신학적 윤리학은 인간이 자기 스스로 선과 악이 무엇인지 안다고 믿는 그 오만함에도 불구하고, 그에 대하여 하나님의 계명과는 실제로 무관한 도덕적 물음과 답변을 전혀 인정하거나 신뢰하지 않을 것이다. 신학적 윤리학은 스스로 하나님의 계명을 선포하고 선언함으로써, 이 조건과 전제 아래서 외팅거(Friedr. Chr. Oetinger)가 "상식"으로 칭한 것, 즉 예수 그리스도 안에서 활동하고 계시된 신적 지혜에 의해 모든 인간에게 부과된 진리의 규범에 호소할 수 있을 것이다. 인간에게 고유한, 그에 의해 지배되는 규범이 아니라, 그에게 약속되고 그를 지배하는 인식에 호소할 수 있을 것이다! 이로써 신학적 윤리학은 "자연" 신학을 치명적으로, 불충하게 사용하지—이렇게만 그것은 사용될 수 있다.—않을 것이고, 하나님의 계시에서 오는 신학을 모든 "자연" 신학에 대한 탁월함 속에서 관철시킬 것이다. 계시가 계시이고 그런 것으로 믿어지는 한 그 신학은 당연히 탁월성을 가지게 된다. 그러므로 신학적 윤리학은 저 보편적인 도덕적 물음과 답변으로 되돌아갈 때, 그 물음과 답변이 인간에게—그가 거기에 대해 어떻게 처신하든지—객관적으로 상관하는 하나님의 계명에 그 근원과 그 의미를 가지는 것으로, 하나님의 은혜와 그 계명 앞에서는 피하고자 하는 자에게도 도피처는 없으므로 윤리적 물음은 불가피하다는 것으로, 그리고 계명은 은혜에 대하여 그렇게 엄격하게, 은혜 자신은 그렇게 충실하고 투철하기 때문에 윤리적 물음은 그렇게 엄격하게 제기되는 것으로 이해할 것이다. 이렇게 이해된 보편적인 도덕적 물음과 답변이 어떻게 신학적 윤리학에 대해, 그 자신에 의해 주장된, 하나님의 계명에서부터 얻어질 수 있는 도덕적 인식의 증인이 되지 않으며, 그런 한에서 정당한 대화 파트너가 되지 않겠는가? 신학적 윤리학이 모든 항거에 반하여 알고 확정하는 것처럼, 하나님의 한 말씀이 모든 인간의 도착 상태 가운데서도 객관적으로 선포되고 지배하는 곳에서, 어떻게 듣지 않겠는가? 신학적 윤리학은 이 말씀을 다만 인간의 음성으로써만, 그러므로 착각 속에서 증언하고 설명할 수 있다는 것을 아는 한, 신학적 윤리학이 어떻게 하나님 말씀이 감추어진 가운데서도 능력이 있는 그 곳으로부터 가르침과 교정을 받을 태세가 되어 있지 않겠는가? 신학적 윤리학이 자신의 기원과 목표가 철학적 윤리학자에게 결국 알려져 있지 않다는 철학자의 말을 믿지 않음으로써, 신학적 윤리학이 이 기원과 목표에 대한 철학적 윤리학자의 모든 이의를 진지하게 받아들이지 않고(그 이의가 근거가 없기 때문에, 그것이 진지할 수 없기 때문에) 그에게 하나님의 은혜와 계명이 그에게도 해당되는 것에 근거해서 그를 의연하게 응시하고 발언함으로써, 신학적 윤리학은 그것의 사고 및 언설과 보편적 인간적 윤리 문제와의 지속적 관계가—그 자신의 과제를 손상하지 않고서, 또한 이 면에서 그 과제에도 충실하면서—이루어질 수 있도록 해야 한다. 그러나 이 관계는 변증적으로 이루어질 수 없을 것이다. 이 관계는 저 합병의 정당성의 전제에 근거하며 저 합병의 정당성을 확증함에서 이루어진다. 신학적 윤리학에 의해 공격받는 반대 입장은 그 자체로 동요된 입장임이 분명하며, 그리고 그것에 의해 제기된 반대는 그 자체로 유지될 수 없다. 그러므로 이 관계에서는 신학적 윤리학이 그 자신의 과제에서 이질적 요소를 제거하려는 일은 일어나지 않을 것이다. 이 요소는 거기서부터 볼 때 신학적 윤리학에 필수적이고 특징적인 것이다. 아무리 적법할지라도 합병은 합병이고, 가나안의 원주민과 그들의 문화, 그들의 종교의 평화 조약은 성립하지 않을 것이다. 그러므로 신학적 윤리학은, 스스로 보편적 윤리 문제의 태양에서 자신을 위한 자리를 확보하기 위해서 그것 고유의 근원 및 목표에 대한 물음을 무해한 것으로 만들 수 없다. 신학적 윤리학은 거기서 만나는 반대를 무해하게 만들 수 있고 만들어야 한다.—그것이 예수 그리스도의 죽음과 부활을 통해 이미 오래전에 무해하게 되었음에 근거하여. 그러나 신학적 윤리학은 자기 자신을 무해하게 만들어서는 안 된다. 그것은 자기 자신을 방기하지 않고서는 이렇게 할 수 없기 때문이다. 신학적 윤리학은 전적으로 인간의 윤리적 물음과 답변 일반에서부터 배울 수 있는 모든 것에 대해서 개방적이 됨으로써—거기서부터는 전혀 아무것도 두려워할 것이 없기 때문에 완전히 개방적이다.—그 자신의 색깔을 고백하고, 그 자신의 과제를 성취하는 데 방해받지 않을 것을 결심해야 할 것이다. 심판자로 상정된 보편적 윤리학 앞에서 신학적 윤리학의 근거를 설정하고 정당화하려는 시도는 다만 자신만을 교란하고 파괴할 수 있기 때문에, 이 시도는 중지되어야 하고, 그러므로 신학적 윤리학의 변증적 방향은 그릇되고, 그러므로 변증적 자세는 근본적으로 포기되어야 한다.

신학적 윤리학이 봉착하는 반대로 인하여 생긴 유혹은 그러나 또한 다른—혹은 외견상 다른 모습을 취할 수도 있다. 일반적인 윤리적 사고와 언설에 적응하려는 바람은 일반 윤리학에 대해 신학적 윤리학을 깨끗이 고립시키는 방식으로, 양자 사이에 역할을 적절하게 분담하는 방식으로 시도될 수도 있다. 양자 사이의 관계가 어떠하든 간에 이중적인 윤리적 문제, 곧 "신학적" 문제와 "철학적" 문제가 있고, 양자는 상호 제한하고 접촉하지만 상쇄하지는 않는다는 것을 보여 주려고 시도할 수 있다. 양자 사이의 차이를 평등하게 구획함으로써 신학적 윤리학의 특별한 과제가 정의되고 유지되고, 일반적 윤리학과의 형식적 양립 가능성을 확보하려고 시도할 수 있다.

신학은 어떤 변증에도 불구하고, 어디에서도 그 자신의 자의식을 재발견할 수 없을 정도로, 또 비신학적 윤리학자들의 과제와 행위에 대해서 신학의 독자성, 그것의 간격, 그것의 특성을 입증함으로써 여하튼 신학적 과제 및 신학적 행위의 근거 설정 및 정당화가 입증되지 않을 정도로 자신의 과제 및 그 행위의 특성에 대한 기억을 망각해 버린 것은 아니다. 만일 철학과의 관계에서 필요하다고 여겨지는 변증에서 신학적 윤리학이 철학적 윤리학과 다른 것이 아니고 보편적 윤리학의 특별한 형태에 지나지 않는다고 결론을 내린다면, 그 변증은 너무나 성공한 셈이다. 때로는, 예를 들어 헤르만이 그런 결론으로 나갔을지라도, 분명코 그렇게 결론이 내려져서는 안 된다. 도리어 신학이 자신을 변증적으로 정당화한 뒤에는, 자신이 불필요하지 않고 철학의 단순한 복제품이 아니라는 것을—잘 하든 못하든 간에—지시해야 할 것이다. 선과 악에 대한 보편적 지식에 대해서 특별한 지식, 혹은 더 많은 지식을 가졌다고 주장해야 하고, 또 자기만의 지식을 보다 상세히 정의하도록 시도해야 한다. 이 방향에서 말해진 것은 네 가지 그룹의 사고로 요약될 수 있다.

1. 신학적 윤리학의 특별한 근원을 확정한다. 마이어(E. W. Mayer)에 의하면 소위 그리스도교-종교적 의식을 그런 근원으로 칭하며(*Ethik* 1922, 191), 슐라이에르마허에 의하면 신학적 윤리학의 과제는 "그리스도교적으로 결정된 자의식의 지배에서 성립한 행동 방식을 서술하는 것"으로 정의된다.(a.a.O. 33) 드 베테(a.a.O. 2), 키른(O. Kirn, *Grundr. d. theol. Ethik* 1906, 2), 뷘쉬(a.a.O. 64)는 다른 것을 생각함이 없이, 이 의식 대신 또한 "계시"를 말할 수 있다. 이에 반하여 철학적 윤리학의 근원으로서 드 베테와 마이어는 이성을, 키른은 경험을, 뷘쉬는 이성과 경험을 각각 거명하였다. 어느 경우든 분명코 그리스도교적으로 정의되지 않은 자의식이다.

2. 신학적 윤리학의 특별한 주체를 확정한다. 그것의 자리는 슐라이에르마허가 날카롭게 강조한 대로(a.a.O. 33f.) 그리스도교적 성향을 가진 일원들의 공동체인 교회이다. 뷘쉬에 의하면 신학적 윤리학의 주체는 "회심을 통해 거듭 태어난 인간, 하나님 지식이 조명을 통해 부여된 인간"이다. 그러므로 슐라이에르마허의 분명한 해설에 의하면 신학적 윤리학에는 "보편-역사적 경향"이 결여되어 있다.(29) "그리스도교 도덕론이 명령하는 것은 그리스도인들만을 결속한다. 철학적 윤리학은 보다 보편적인 것을 요구한다. 그것은 철학적 윤리학이 철학적 원리들에 대해(거기서 철학적 윤리학이 도출되었다.) 통찰할 수 있는 모든 사람을 구속하려 하기 때문이다."(a.a.O. 2) 뷘쉬에 의하면 "이성적 인간"은 철학적 윤리학의 주체이다!

3. 신학적 윤리학의 특별한 전제를 확정한다. 하겐바흐에 의하면 그 전제는 "믿는 자 안에서 작용하는 권능으로서의 하나님의 영 혹은 그리스도"에 있다.(436) 혹은 키른에 의하면 "하나님의 영으로 채워진 인격의 생명 에너지"에 있다.(3) 이에 반해서 그는 철학적 윤리학의 전제를 인간의 도덕적, 이성적 자기 결정에서 발견할 수 있다고 믿는다. 뷘쉬에 의하면 철학적 윤리학은 "정언적 명령이 명령하므로 내가 무엇을 해야 하는가?"를 묻고, 신학적 윤리학은 "하나님이 계시므로 내가 무엇을 해야 하는가?"를 묻는다.

4. 신학적 윤리학의 특별한 내용을 확정한다. 하겐바흐에 의하면 그 내용은 "역사적으로 결정된 도덕적 관념들"에, 무엇보다도 "구원자의 인격적 신-인간적 생명관"에 있고, 혹은 드 베테에 의하면

"실증법"에, 혹은 키른에 의하면 "하나님 나라의 이념"에 있다. 한편 하겐바흐에 의하면 철학적 윤리학은 "이성적 존재이고자 하는 모든 인간들에게 유효한 도덕적 인격성의 이념"을 그 내용으로 한다.

 그러나 이러한 차별화 시도는 이전에 언급되었고 논해졌던 두 영역의 종합 못지않게 위험할 것이다. 무슨 일이 일어나는가? 이 일을 진지하게 추진한다면, 특별한 계시 혹은 종교를 통해 결정된 그리스도인의 자의식의 지배 아래서 그리고 상응하는 역사관의 영역 안에서 성립하는 인간의 행동만을 실제로 취급하는 신학적 윤리가 존재한다. 곧 그것의 요구들이 교회의 일원들에게만, 믿는 자들에게만 구속력이 있고, 믿는 자들에 의해—하나님의 영이 그들 안에서 작용하기 때문에—성취될 수 있는 그런 윤리. 그리고 이런 윤리학에 반해서 이것은 추상적으로 이성 아니면 경험에, 혹은 양자에게 환원될 수 있고, 도덕적인 "이념"으로 만족하는 철학적 윤리가 있다. 철학적 윤리학이 보편 타당성을 주장함으로써 말해야 하는 최종적인 말은 인간의 자기 결정이다. 여기에 대해, 신학이 다음에 대해 진지하게 생각할 수 있는가를 물어야 한다. 첫 번째로, 신학이 종교, 계시, 교회, 믿음, 영 등의 개념을 통해 놀랍게도 구별된, 그리고 이성, 경험, 인간의 자기 결정의 영역으로부터 자신을 구별함으로써 매우 협소해진 게다가 불투명한 영역으로 표시되는 그런 영역에 자신을 제한하는 것을 생각할 수 있는가? 두 번째로 신학이 이성, 경험, 인간의 자기 결정 등에 독자적 진리 내용을 인정하고, 자기 가치와 권위를 인정하는 것을 생각할 수 있는가? 신학 자체는—그리스도인의 자의식의 계시와 토로에 관심을 가짐으로써—더 이상 이런 것을 염려할 필요가 없다. 다르게 묻는다면: 하나님의 계시는 진리의 계시인가, 아니면 다만 일정한 종교적 표상과 의무의 근원이며, 이런 것 외에 또한 다른 표상, 의무도 있을 수 있는 그런 것인가? 예수 그리스도의 나라 밖에, 옆에는 또한 어떤 다른 숭배할 만한 나라가 있는가? 신학은 여기서 다만 보편 타당하게 말하는 대신 단순히 비전적으로만 말하는 것으로 만족할 수 있겠는가? 모든 이성, 경험, 자기 결정을 능가하는 윤리적 물음과 답변의 근원과 목표를 자칭 안다고 하는 지식에 있어 신학은 진지한가 그렇지 않은가? 만일 신학이 이 지식에서 진지하다면, 신학이 어떻게 한 순간이라도 이 지식을 결핍한 혹은 전혀 부인하는 그런 윤리학을 진지하게 다룰 수 있으며 관철시킬 수 있는가? 신학은 어떻게 이런 윤리에 대해 휴전 상태로 들어감으로써 그 윤리학을 풀어줄 수 있겠는가? 신학이 어떻게 이 방법으로 그 자신의 존재 권리를 확보할 수 있다고 믿는가? 신학이 다른 윤리에 대해서 이성, 경험, 자기 결정에 그 기원과 그 목표를 가지고 있음을 인정한다면, 그 자신의 대상을 믿는 것인가? 마치 모든 것이 먼저 신학적 윤리학의 영역 안에 있지 않은 듯이! 마치 모든 이런 요소들을 당연한 것으로 받아들이는 것, 선과 악에 대한 인간의 오만한 지식이 정당한 듯이! 마치 예수 그리스도가 죽지 않았고 부활하지 않았던 것처럼! 마치 하나님의 은혜 앞에서 경배드린 후 자기 길을 갈 수 있기나 한 듯이! 마치 신학의 과제가, 이런 차별성을 확정지음으로써 사람들을 자극하고 초대하는 것인 듯이! 신학적 윤리학이 실제로 하나님의 계명과 상관한다면, 분명히 이런 차별화는 거기서 기대할 수 없는 사항에 속한다. 또한 신학적 윤리학에 이런 차별화가 금지되어 있으니, 그 이유는 신론의 윤리적 과제를 시작하기도 전에 그 과제가 포기되기 때문이다.

일반 윤리학에 대해 신학적 윤리학을 차별화하는 것은, 이렇게 이해할 수 있는 경우에만, 즉 그 자신의 신학적 근거에 관하여 분명하지 않은 윤리학에 대해서 다만 잠정적으로(단순히 "가설적"으로 이루어지는) 차별화하는 것이나, 아니면 이런 신학적 근거를 결핍하거나 혹은 전혀 부인하고 따라서 옳지 않고 그릇되고 왜곡된 윤리학에 대해서 궁극적으로 차별화하는 것으로 이해할 경우에만 의미가 있을 것이다. 그런 경우 신학적 윤리학은, 모든 윤리적 진리가—그 진리를 이성적이거나 혹은 역사적, 세속적이거나 혹은 종교적, 교회적이거나 혹은 보편적인 사회 윤리적 진리로 이해하든 간에, 상관없이—하나님 은혜의 계명 안에서 결정되었다는 데서 출발해야 한다. 그것은 이 계명의 선포, 해석에서 그것의 과제를 인식하고 그러므로 하나님의 계시로부터 사고하고 말하면서, 또한 이성과 경험의 목소리로 하여금(자칭 대립된 "철학적" 원칙들이 다른 경우 어떻게 말해지든 간에) 어느 정도 그것의 근원으로부터 발설하도록 해야 한다. 그것은 보편 타당하게 말해야 할 의무에서 결코 면제받을 수 없을 것이다. 그것은 모든 다른 윤리학의 정당한 문제, 관심사, 동기, 주장들을 있는 그대로, 그것들을 검증한 후 그 자신의 탁월한 원리의 빛 안에서 받아들여야 한다. 그것은 다른 윤리학으로부터 전반적으로 자신의 숙고의 자료를 얻을 수 있는 한에서 다른 모든 윤리학에 귀기울여야 한다. 그런 한에서 신학적 윤리학은 다른 윤리학에 대해 부정적으로가 아니라 포용적으로 행동해야 한다. 그러나 바로 포용적이므로, 원칙적으로 비판적이고 협조적이지 않다! 다른 윤리학도 결국 발설하든 안 하든 간에 하나님의 계명 안에 그것의 기원과 근거가 있음을 안다는 것이 드러나는 한, 다른 윤리학이 이 원리와는 상이한 최고 법정 앞에서 자신을 관철하기를 포기하는 한, 다른 윤리학도 실제로 이 원리의 존재와 효력에 대한 증인이 되는 한에서, 신학적 윤리학은 모든 다른 윤리학과 일치할 것이다. 그러나 다른 윤리학이 하나님의 계명으로부터의 자신의 기원을 부인하고 모호하게 하는 한, 하나님의 계명에 대해서 다른 독자적 원리들을 세우는 한, 자율성과 타율성을 선포하고자 하는 한, 신학적 윤리학은 다른 모든 윤리학을 진지하게 다룰 수 없을 것이다. 저 자율성과 타율성은 인간 존재와 행위의 신율(神律)을 문제시하고, 신적 윤리에 대해서 자칭 탁월한 자기 가치를 지닌 인간적 세계관, 생명관을 대비시키고, 하나님 은혜의 계명을 우세한 인본주의 혹은 바바리즘을 통해 퇴치하고자 한다. 그러므로 신학적 윤리학은 다른 윤리학을 저 관점에서는 포용적으로 만나면서도, 이 관점에서는 다만 배타적으로 만날 수 있을 따름이다. 여기서 배타(排他)는, 그것이 다른 윤리학을 이런 관점에서 다만 옳지 않고, 그릇되고, 왜곡된 것으로 간주하고 결코 윤리학으로서 취급할 수 없다는 것을 뜻한다. 신학적 윤리학이 다른 윤리학을 탁월하게 자신 안에 수용하거나 아니면 그것을 이런 방식으로 대함으로써, 은밀히 저 역할 분담 뒤에도 있는 동기를 분명히 포기한 셈이다. 곧 신학적 윤리학은 분명히 더 이상 각자에게 자기 몫을, 즉 자기 자신에게 그리고 다른 윤리학에 각기 특수 과제를 부과하는 것으로 만족하려 하지 않을 것이다. 그런 경우 신학적 윤리학은 윤리학, 즉 다만 비전적인, 특별한 근원에 원용하는, 특별한 방법에 따라 행해지는 윤리학이 아니라, 윤리학 일반의 문제 전체를 다룸에 대한 전적 책임을 스스로 져야 할 것이고, 지게 될 것이다. 그런 경우 신학적 윤리학은 저처럼 과제를 차별화하는 것 저변에 있는 변증의 마지막 자취까지도 포기할 것이다. 그러나 그것의 원리에 비추어, 그리고 이것이 진지하게 다루어지고 신학적 윤리학에 의해 포기되지 않으리라는 전제 아래, 신학적 윤리학에게는 다른 선택은 이미 남아 있지 않다는 것이 분명해진다.

이제 우리는 신학적 윤리학과 다른 윤리학 사이의 관계 규정의 제삼의 가능성을 고려해야 한다. 이 가능성은 역사적으로 실질적으로 의심할 여지없이 가장 큰 주목을 받을 만하다. 즉 이 일에 대한 로마 가톨릭의 견해이다. 우리는 어쨌든, 여기서는 변증적 시도, 차별화 시도의 난점을 통찰했고 가톨릭의 근본적 관념으로 인한 의혹 속에서 운 좋게도 이런 난점은 피할 수 있었거나 은폐되었다는 점을 칭찬해야 할 것이다. 물론 우리는 가톨릭에 대해서 신학을 그것과는 무관한 원리론의 권위와 판단에 넘겨준 것도 또한 신학적 특수 과제에 국한함으로 도피한 것도 비난할 수 없을 것이다. 여기서는 보편 인간적 도덕, 건전한 철학에 의해 대변되는 자연적 도덕이("인간 영혼은 천성적으로 그리스도교적이다.") 아직은 신학적 도덕으로는 아니나 그리스도인의 도덕으로서 결정적으로 요청되고, 또한 신학적 도덕의 그 나름의 평등한 파트너로서 인정되고 취급된다. 신학적 윤리학은 이것에 어떤 우위성을 허락하지는 않을지라도 한 순간도 이것의 음성에 귀기울이기를 중단할 수 없다. 구별될 수는 있으나 분리될 수 없는 두 가지 윤리적 학문, 즉 도덕 철학과 도덕 신학은 상호 연관되어 있고, 상호 간에 전제하며, 상호 보완하며, 가톨릭의 신학적 윤리학자 안에서 근본적으로 언제나 인격적인 일체로 결합되어 있다. 곧 어떤 균형이 아니라 불균형 관계로서 결합되어 있으니, 도덕 신학은 본래 다른 중심을 가진 바퀴의 회전축을 이루며, 이 위치를 결코 잃을 수 없다. 반면 그 자체의 자연적 중심을 지닌 도덕 철학도 이 운동에 함께 참여하게 된다.

상이한, 똑같은 비중의 두 가지 문제 영역이 필히 정해진 순서로 병립해 있다. 동일한 전제 구조의 하부 구조로서의 도덕 철학과 상부 구조로서의 도덕 신학. 도덕 철학은 경험과 역사의 가르침을 받아서, 자연적인, 모든 인간 자신에게 고유한, 그리고 이 기능을 위해서는 적어도 제한적으로 능력 있는 이성의 빛을 통하여 도덕적 행동의 원리들을 인식한다. 도덕 철학은, 논리의 법칙들을 인식하는 것과 같은 의미에서, 도덕적 원리들을 이성의 원리로 인식한다. 도덕 철학은 도덕적 원리들을 인간 존재에 뿌리를 둔 당위로 인식한다. 여기서 만일 도덕 철학이 그 원리들을 확정지음에서 동시에 그에게 쇄도하는 계시의 빛을 통해서 인도받지 않는다면 오류에 지나치게 빠지게 되었을 것이다. 그러므로 도덕 철학은 하나님의 피조물로서의 그의 존재를 통해서 창조자를 영화롭게 하고, 그의 영원한 복락을 준비함에서 인간의 결정을 인식한다. 도덕 철학은 지혜, 정의, 용맹, 절도라는 네 가지 철학적 덕목에서 확증될 수 있는 도덕적 선을 인간의 이성적 본성에 적합한 것으로 인식한다. 그러나 도덕 철학은 이것을 다만 비교적인 선으로, 즉 절대선, 최고선, 선의 이념인 신적 본성에 대해 비교적 선으로 인식한다. 이것과의 친교는 인간 행동의 최종적 목표를 이루는 인간 복락의 근원 및 총괄개념이다. 이에 반하여 도덕 신학은 그것의 인식을 직접 계시의 근원으로부터, 성서로부터, 전통으로부터, 교회의 교리 명제들로부터 끌어낸다. 도덕 신학의 전제는 은혜의 질서 안에서 죄에 빠진 인간을 거룩하게 함과 고양임이다. 그것의 과제는 인간을 실제로 홀로 저 목표로 이끄는 초자연적 도덕성을 진술하고, 적극적인 그리스도교 도덕법과 거기서 추론되는 모든 일반적인, 특수한 의무들을 발전시키고, 그 절정에서 믿음, 사랑, 희망이라는 세 가지 신학적 덕목을 발전시키는 것이다. 그러나 은혜가 물론 인간의 자연적 존재 수준과는 완전히 상이한 보다 높은 삶의 요소라면, 그것을 분배하고 전달하는 효과는 "죄의 교란으로부터 자연을 치유하고 갱신하는 것이며 동시에 하나님과 유사하게 하나님의 자녀로서 자연을 고양함이다."(Jos. Mausbach, *Chr. kath. Ethik in "Kultur der Gegenwart"*, I, 4, 540) 이 갱신을 제어하는 새로운 계약의 법은 "자연법과 적절한 평행"을 이룬다.(523) 한편으로는 "피조물에 근거한 목표와 법칙들의 전개는 이성적 존재에 관해서는 동시에 그들이 개인적 소질을 복된 하나님의 소유물로 발전시킴을 내포하고"(534), 다른 편으로는 "보편적으로 확정되는 원리, 곧 "은총은 자연을 파괴하는 것이 아니라 보조하고 완전케 한다는 것" 은 원죄 이후에서도 인간의 존속을 인정하고, 인간의 칭의 달성과 더불어 그의 도덕적 종교적 성향을 활성화시키며, 은혜의 삶 안에서 자연적 사고와 의지의 도덕적 필연성을 유지해 준다."(540) 이것이 우리의 관심을 끄는 관계의 구조이다! 이것은 이미 고대 교회에서 예고되었으며, 토마스 아퀴나스에 의해 특징 있는 틀 속에 전개되었고, 로마 교회의 신학에 의해 여러 세기에 걸쳐서 점차 세련되게 수정되고, 여러 방면으로 확장되었다. 이것은 그 안에 포함된 오른편, 왼편으로의 모든 자유로운 개별 운동의 가능성과 더불어 "아리스토텔레스와 아우구스틴의 대담한 결합"(527)이었다.

우리는 이것이 어쨌든 매우 탁월한, 그 나름으로 고전적인 해결 시도라는 것을 인정하지 않을 수 없지만, 이 구조를 상응하는 신프로테스탄티즘의 불확실하고 산만한 제안들과 비교할 필요는 없다. 여기서 신 인식이 신학적 윤리학과 모든 다른 윤리학의 한 가지, 동일한, 궁극적인, 본질적인 전제여야 한다는 것이 확립되지 않는가? 여기서 신학적 윤리학이 모든 다른 윤리학과 더불어 저 궁극적 인식에서 기원하지만, 그러나 다른 윤리학과는 비교할 수 없이 훨씬 조명을 받았음으로 인하여, 다른 윤리학으로 하여금 진리의 물음을 질문하고 답변하도록 하는 것이 불가능하고, 그러므로 그것을 통해 제시받고 교정받을 수 없다는 것이 지시되지 않는가? 여기서 저 필연적인 평화 자세와 공격 자세, 곧 그들에게 결여되지 않은 저 전제들의 잔재에 비추어 다른 윤리학을 수용하고 인정하는 것과, 다른 윤리학이 이 전제를 인식하지 못하고 부인한다면 모든 다른 윤리학을 부정하는 것이 나타나지 않는가? 사람들은 첫눈에 실제로, 이 해결을 귀감적인 것으로 간주하려는 유혹을 받는다. 그러나 신프로테스탄티즘과 로마 교회의 해법 사이에서 선택할 경우, 이 문제와 다른 많은 문제에서 후자에게 확실히 우선권을 주어야 하겠지만, 실제로는 그럼에도 불구하고 그것으로도 만족할 수 없을 것이다. 신학적 윤리학의 내용으로서의 하나님의 은혜의 계명은 이런 틀 속에서도 확실히 그 본래의 효력을 발휘할 수 없을 것이다.

가톨릭 교회의 이와 같은 도덕 철학과 도덕 신학의 관계 정립은 자연과 초자연, 이성과 계시, 인간과 하나님의 조화라는 기본 관념에 근거한다.(이 조화는 존재 개념에서 만들어진다.) 이 기본 관념에서 어떻게 은혜가 은혜로서 계명이 계명으로 드러날 수 있는가는 납득하기 어렵다. 이 관념에 의하면 모방하는 인간의 지식은 타락에도 불구하고, 은혜 없이도, 비록 타락 때문에 실제로 오류에 빠지지 않기 위해서는 계시의 은혜를 통한 특별한 조명을 필요로 하기는 하지만, 참된 존재가 될 수 있고 이로써—"존재의 유비"—최고의 본질적인 존재와, 하나님과, 그러므로 최고선과 친교가 가능하고 그런 한에서 그 친교에 참여한다. 타락은 신 인식, 그리고 인간에게 제공된 선에 대한 지식을 실로 어렵게 만들므로, 그 "지식은 자연을 치유하고 고양하는 은총" 없이는 보통, 철저하게 실현되지 않는다. 그러나 타락은 이 지식을 어쨌든 불가능하게 만들지는 않았다. 창조 때에 인간이 하나님을 향하도록 되어 있음의 잔재가 남아 있고, 이것에 의해서 그에게는 신 존재 인식, 일체성, 영성, 인격성에 대한 지식과 또한 하나님에 의해 그에게 제공된 선에 대한 부분 지식이 은혜 없이도 가능하다. 또한 이것에 의해서 또한 그의 의지도 그가 의지해야 할 바에 관련해서 약화되었지만 그러나 죄에 복종하는 종이 되지는 않았다. 이에 근거해서, 이 보존된 "자유 의지"에 근거해서 로마의 교리는 "인간 영혼"을 "그리스도교적 영혼"으로 요구한다. 곧 "은총으로가" 아니라 "자연적으로"—이에 근거해서 자연적 이성의 빛을 도덕 철학의 인식 원리로서 요구한다. 그러므로 타락에도 불구하고 주어지고 설정된 것이 아니라 타락에도 불구하고 보존된, 이 창조 때에 인간이 하나님을, 자연이 초자연을 천성적으로 향하도록 되어 있음은 또한, 자칭 오직 은혜에 근거한, 성서와 교리에서 끌어낸 도덕 신학이 실제로 지향해야 하는 관련점이다. 도덕 철학에 대한 그것의 장점이 무엇이든 간에, 도덕 신학은 다만 저 하부 구조 위의 상부 구조로서만 존재할 수 있을 따름이다. 그것이 저것을 합법화하는 것이라면, 저것은 그것을 지탱해 주는 것이다. 도덕 신학이 특별한 신학적 덕목, 의무에 대해 무엇이라고 말해야 하든 간에, 그것은 하나님의 은혜를 통해 새롭게 창조된 주체를 고려해서가 아니라, 근본적으로 선을 인식할 수 있고 선을 행할 능력이 있으되 하나님의 은혜 없이도 문제가 되는 그리스도인의 행동의 주체가 되는 그런 주체를 고려해서 이렇게 말해야 할 것이다.

　로마 가톨릭 교회의 구조의 이런 전제는 모든 부분에서 받아들일 수 없다. 여기서 사고의 출발점이 되는 존재 형이상학이야말로 그리스도교 신학적으로 사고하고, 은혜와 자연, 계시와 이성, 하나님과 인간을 각기 그 본성에서, 그 현실적 상호 관계에서 파악하고 서술하는 데 전제라는 것은 단호히 부정되어야 한다. 이것들이 이 체계로 종합되는 조화는 절취된 것이다. 저 존재 형이상학이 교회의 근거와 주가 되는 하나님과 무슨 상관인가? 이 하나님이 예수 그리스도 안에서 인간이 되었고, 자기 자신을 계시했고, 세상을 자신과 화해시킨 분이라면, 따라서 하나님과 인간 사이의 관계는 하나님이 인간을 순전한, 자유로운 자비로 받아들인, 인간을 순전한 선함으로써 자신에게로 이끈 그 사건에서, 그러나 궁극적으로는 은혜의 계약의 영원한 결정, 곧 하나님의 영원한 예정에서 성립한다는 결론이 나온다. 신학에서는, 그러므로 신학적 윤리학에서는 피조적 존재와 창조적 존재 사이의 관계 이론이 아니라, 이 하나님의 실제의 이론이, 이 하나님의 행위, 그의 영원한 결정 및 시간 속에서의 실행에 대한 관념, 개념이 문제가 된다. 이 이론이 문제가 되기 때문에, 피조적 존재와 창조적 존재 사이의 관계를 다루는 일, 양자 사이의 "유비"에 관한 이론은 다만 위험한 산만한 일로 판단될 수 있을 따름이고, 여기서부터 저 전혀 다른 이론에 근거하여 얻어진 하늘과 땅의 조화에 대해서, 저 전혀 다른 이론에 근거하여 불가피하게 모든 신학적 개념을 위조하는 것에 대해 경고할 수 있을 따름이다. 그 능력을 처음부터 자연의 능력과 더불어 나누어야 하는 은혜는 더 이상 은혜가 아니다. 곧 그것은 저 하나님의 행위에 대한 관념, 개념 속에서 은혜로, 예수 그리스도 안에 있는 하나님의 은혜로는 재인식될 수 없다. 따라서 피조물의 이성 안에 처음부터 그 파트너를 가진 계시, 피조물의 협력 없이는 전혀 계시일 수 없는 그것은 더 이상 계시일 수 없다. 어쨌든 그 안에서는 하나님이 순전한 선함에서 인간에게 자신을 개방하며, 하나님이 자기 파트너를 인간에게서 발견하고 가지는 것이 아니라 오히려 창조하며, 또한 하나님이 인식되고 있으며 인식될 수 있다는 사실도 그의 자유의 역사가 되는 저 행위 속에서 일어나는 계시는 아니다. 따라서 인간이 처음부터 저 유비에 근거하여, 곧 예수 그리스도의 인간성 안에서, 그러므로 그 자신의 자유로운 결정에 근거해서가 아니라, 전적으로 이성적 피조물로서 그의 형이상학적 본질 안에서 하나님과 관계할 때, 하나님은 더 이상 하나님이 아니다. 곧 그는 어쨌든 자신과 인간 사이의 모든 친교를 영원 전부터 그의 사랑의 의지의 내용으로 만든 그런 하나님이 아니다. 예수 그리스도 안에서의 하나님의 의지와 행위를 인식함에서 얻어지는 은혜, 계시, 신(神) 개념은 로마 가톨릭 교회의 체계 속에서 이 개념들에 부여된 용법에는 전혀 맞지가 않는다. 이 개념들은 그 체계를 파괴한다. 이것이 확실하다면, 또한 죄 개념에도 같은 말을 할 수 있다. 우리는 로마 가톨릭 교회와의 대화에서 차라리 이 소극적인 것에서 출발하지 않는 편이 낫다. 그 이유는 여기에 대해 말할 수 있는 것은 다만 저 적극적인 개념의 빛 안에서만 드러날 수 있기 때문이다. 하나님의 은혜는 예수 그리스도를 고려할 때, 그러므로 저 신적 행위를 고려할 때, 인간에 대한 그의 자유로운 전향이므로, 계시는 신을 인식하는 주체의 창조를 내포하므로, 하나님의 사랑, 오직 그것만이 인간을 하나님에게 향하도록 만들어 주는 것이기 때문에, 우리는 인간에게 은혜와, 계시와, 하나님과 협력할 능력이 있음을 부인해야 하고, 그러므로 하나님이 조처한 저 질서를 인간 자신의 성향으로 재해석해서는 안 되고, 그러므로 저 타락의 순전히 상대적, 양적인 의미와 영향으로 진정할 수 없고, 저 순전히 병든, 순전히 교란된, 순전히 무력하게 된 인간의 본성에 대한 가르침으로 진정할 수 없고, 타락에도 불구하고 보존된 원래적인 신 형상성의 잔재에 관한 이야기로 진정할 수 없다. 그러므로 우리는 로마의 교회에 대해, 그들이 보존되어 있는 자유 의지에 관한 교리로써 죄의 심각성과 하나님에 대한 인간의 처지의 심각성을 그릇 인식하고 위험할 정도로 왜곡시켰다고 비난해야 한다. 그러나 우리가 로마 교회의 잘못된 낙관주의를 비난할 때, 이에 상응하는 염세주의를 내세워서는 안 된다. 오히려 하나님의 선함에 대한 인식이 인간에 대한 그들의 낙관주의적 판단을 불가능하게 만들었음을 보지 못하는지, 그리고 로마 교회가 어째서 은혜, 계시, 하나님에 대해 물을 때에 결국 예수 그리스도를 지나쳐서 존재 형이상학의 높음 혹은 깊음 속을 헤매어 다님으로써 하나님의 선함에 대한 인식을 스스로 폐쇄했는지 물어야 한다. 그들은 존재 형이상학 속에서 저 원래적인 하늘과 땅의 결합을, 저 너무나 아름다운 조화를, 그리고 이 조화 속의 음(音)으로서 또한 창조물로서 파괴되지 않고 하나님을 향해 있는 인간을 발견한다고 믿었다. 우리는 다만 정신이 산만할 때에만 인간에 대해서 저기서 그런 것처럼 이렇게 말할 수 있다.

그렇기 때문에 이런 산만함에서 그들을 다시 일로, 그리스도교의 주제로 되돌아오게 하는 것이, 로마 가톨릭 신학에 대한 개신교의 평화적이고 논쟁적인 중심 과제이다. 바로 이런 산만한 가운데서 로마 가톨릭 신학은 특별히, 하나님의 계명을 관철하고 그러므로 진지한 신학적 윤리학을 제시할 능력이 없다. 존재의 질서 위에 구축된 당위의 질서 자체는 당위의 질서가, 어쨌든 예수 그리스도 안에서, 그의 순수한 선함의 행위로써 세상을 하나님과 화해시키는 신적 행위에서 나타난 것과 같은 신적으로 명령하는 당위의 질서가 될 수 없다. 당위가 존재에 근거해 있다면, 이것은 어쨌든 그 자체에 근거한 것이 아니라 오히려 존재적으로 타자에 종속되어 있고 논리적으로 이 타자로부터 도출되어야 한다는 것을 뜻한다. 당위는 다만 그 위에 있는 상위 질서에 힘입어 명령적일 수 있고, 우리에게는 이 상위 질서로부터 도출됨에 힘입어 비로소 명령적일 수 있다. 그런데 이 상위 질서가 바로 하나님이 그 방식으로 그렇듯이 인간도 그 나름대로 역시 몫을 가지는 존재라면, 인간의 조력, 협조 아래서, 인간의 동의의 전제 아래서가 아니라면, 그것이 어떻게 명령적이 될 수 있겠는가? 저 전제 아래서는, 당위가 인간, 그의 존재와 그의 실존에 대해 전적으로 요구하면서, 그를 전적으로 우월하게 지배하면서, 주장하면서 대립해 있다고, 그것이 그에 대해 주권을 성격을 가진다고, 그것이 하나님의 계명으로서 인간과 만나며 상관한다고 말할 수 없다. 그렇다면 인간에게는 처음부터 하나님의 계명에 대한 제어권, 상의 권한이 보장되어 있다. 당위가 그에게 무엇을 의미하든 간에. 그것은 그에게는 그의 전인격과 상관하는, 무조건 책임 지우는 계명이 될 수 없다. 하나님을 인간에 대한 그의 자비의 결정에 따라서 전적으로, 어떤 예비 물음과 반문의 가능성 없이 예수 그리스도 안에서 주관하는 주로서 이해해야 한다면, 확실히 하나님의 계명이 될 수 없다. 그러나 로마 교회의 신학은 "하나님"이라는 어휘에서 그런 하나님을 이해하는 것이 아니라, 그 자리에 존재의 신 형상, 고대 철학의 신 개념이 있다. 이 신 형상은 이런 귀신 형상들에게 가능한 많은 일을 할 수는 있다. 그러나 그것은 근본적으로 명령할 수는 없다. 그것은 인간 행동에 대해 가차없는, 논란의 여지가 없는 필연성이 될 수 없다. 그것은 인간을 존재인가 비존재인가의 물음 앞에 세울 수 없다. 바로 이 물음은 여기서 오히려 배제된다. 설령 인간이 하나님의 계명을 지키지 않을지라도 존재할 것이고, 심지어 하나님과의 유비에서 스스로 존재할 것이다. 그가 하나님의 계명을 지키면 그는 잘 지낼 것이고, 그렇지 않으면 잘 지낼 수 없을 것이다. 그러나 이것은 결코 생명과 죽음이 걸린 문제가 아니다. 하나님의 예정의, 하나님의 자유로운 선함의 영원한 능력과 엄격함이 계명 뒤에 있지 않다. 하나님이 세상과 화해한 사건의 구속력을 계명은 가질 수 없다.

이 모든 것은 로마 교회의 도덕 철학 및 도덕 신학, 그들의 아리스토텔레스적 덕목론 및 바울적 덕목론에 해당된다. 저 하부 구조로부터 하나님과 인간에 대한 결정적인 오해가 이 도덕론의 전체 건물을 관통하기 때문이다. 로마의 도덕 철학이 자연적 이성의 빛뿐 아니라 계시의 빛을 주목하려 하고, 그러므로 인간의 결정을 처음부터 저렇게 신학적으로 다듬으려고 하는 것이 그것을 더 낫게 만들지 못한다. 또한 로마의 도덕 신학이 직접 계시의 빛에, 다만 부차적으로 또한 저 자연적 이성의 빛에 계속 주목하려고 하는 것은 그것을 더 낫게 만들지 못한다. 여기서나 저기서나, 저기서는 전면에서, 여기서는 배경에서, 계시가 계시로서 전혀 받아들여지지 않고, 이성의 빛이 비록 제한적일지라도 독자적인 조명의 힘으로써 지속적으로 계시와 대립함으로써 모든 것이 망쳐진다. 여기서나 저기서나 하나님의 계명을(다만 전 체계에 대한 다행스럽게도 불철저함으로 인하여) 증언하고 설명할 수 없다. 신학적 윤리학의 시도는 결코 장난거리가 아니다. 이 시도를 제대로 착수하거나—그리고 이것은 다만 그것의 유일한 내용인 하나님의 은혜의 계명의 전제 아래서 그렇다.—아니면 차라리 곧 손을 떼는 것이 좋다. 우리는 신학적 윤리학과 일반 인간적 윤리학 사이의 관계에 관한 로마식 구조에 대해서, 큰 혼란이 생겼고 다만 신학적 윤리학을 가지고 장난한다고 비난해야 할 것이다. 그들은 그리스도교적인 것과 인간적인 것을 너무나 값싸게 함께 더불어 가질 수 있다고 생각한다. 그들은 이런 공유의 목적을 위해 그리스도교적인 것을 비워 버렸다. 그렇기 때문에 우리는 그것의 내재적인 장점들에도 불구하고 그들을 따를 수 없다.

여기서나 다른 데서나 주목할 만한 사실은, 로마의 이론에서 이런 내재적 장점들이—우리는 그것들을 언급했다.—부인될 수 없다는 것이다. 여기서는 신프로테스탄티즘의 신학적 윤리학에서 두드러진 변증적 시도, 고립화의 시도의 큰 잘못을 피했거나 혹은 보이지 않는다. 큰 오류를 피하거나 보이지 않는 이유는, 여기서는 어느 정도 원칙상으로 오류를 범했고 그렇기 때문에 세부적으로는 오류를 범하지 않았기 때문이다. 로마 가톨릭의 신학적 윤리학은, 그것이 은혜, 계시, 하나님에 관한 이해에서 변증적인 한에서, 곧 일반 인간적 사고의 법정 앞에서 그리스도교적 입장을 해명하고 정당화하며 따라서 그리스도교적인 것을 인간적인 것에 치명적으로 동화시키는 한에서, 모든 중계 시도 중에서 가장 현명한 것이다. 그리고 로마의 신학적 윤리학은 그 스스로 평화롭게, 협조적으로 저렇게 역할을 분담하고 이로써 신학적 윤리학으로서의 특수 과제를 확보하기는 하지만 분명히 무해한 것으로 만든 한에서, 가장 현명하다. 신프로테스탄티즘의 신학적 윤리학의 변증적 시도와 차별화 시도에서 보는 것처럼, 로마의 신학적 윤리학은 양편으로 자신을 노출할 필요가 없다. 그 이유는 그것은 거기서 딱하게도 비상구로 드러난 길 위에 처음부터 공식적으로 처해 있기 때문이다. 바로 그렇기 때문에 우리는 신프로테스탄티즘의 신학적 윤리학에 비해 로마의 윤리학에 우월성을 부여할 이유가 없다.

그러므로 로마의 관점에서는 신프로테스탄티즘의 입장을 우월하게 내려다볼 수 있었다. 그 이유는 저기서는 아류적으로 시도되었던 것이 로마에서는 실제로 고전적으로 이루어졌기 때문이고, 저기서는 분명히 아마추어식으로 행해졌다면 로마에서는 대가답게 행해졌기 때문이다. 로마에서는 행하는 것을 알고 있었다면 저기서는 알지 못했고, 전적으로 가톨릭적이고자 하는 것이 아니라 종교개혁의 유산을 특히 철저하게 처리한다고 믿었다. 이것이 바로 이런 일에서 드러나는 신프로테스탄티즘에 대한 로마 가톨리시즘의 지속적 장점이다. 그러나 양자에 있어서 특징적인 것은, 로마에서나 저기서나 실질적으로 같은 일이 벌어졌다는 것이다.

양쪽에 대해 좋지 못한 비방을 한다는 인상을 피하기 위해서, 뷘쉬가 『신학적 윤리학』(1925, 122f.)의 끝에서 "그리스도교적 도덕과 자연적 도덕" 주제에 대해 한 말을 결론적으로 인용하고자 한다.

"1. 만물이 하나님 안에 그 존재의 근원을 가지고 있고 어떤 피조물도 창조자를 부인할 수 없기 때문에, 자연적 도덕, 즉 내재적인 자연적, 인간적 기준에 정향하는 도덕과 그리스도교적 도덕, 즉 신적 본성에 의해 결정된 도덕 사이에는 대립이 존재하지 않는다. 오직 세상과 인간의 순수한 존재는, 죄를 떠나서 그 본연의 모습으로, 그것의 순전한 본성 가운데서 도덕적인 법을 규정해야 한다. 모든 경험적 존재의 저변에 있고 거기서 탈각될 수 있는 순수한 존재는 순수한 자연법의 의미에서 당위적인 존재이다. 그것은 모든 인간에게 접근 가능한 원계시의 수단이다.

2. 그러나 그리스도교 도덕은 예수 그리스도 안에서 일어난 "특수 계시"의 하나님을 지향한다. 그

리스도교 도덕은, 가치를 괄호로 묶음으로써 언제나 관념론적 도덕이 되는 자연적 도덕을 자기 아래 포괄하며 내용적으로 그것을 넘어선다. 그것의 특수성은, 그것이 자연적 도덕을 신적으로 인가하고 또한 그 계명들을 창조를 통해 실현된 하나님의 의지의 표현으로 인식하고, 또한 그것은 세상의 현존에 대해서뿐만 아니라 또한 하나님의 존재에 대한 경외를 요구한다는 데 있다. 그것은 하나님에 대한 인간의 입장, 곧 하나님과의 특별한 관계, 곧 창조자에 대한 피조물의 관계, 혹은 자비로운 하나님에 대한 사면을 받은 죄인의 관계, 절대적 경외, 사랑, 감사의 관계에 상응하는 입장을 요구한다."

이 글이 씌어졌던 마르부르크(Marburg) 사람들은 이것이 차라리 뮌스터(Münster), 파더보른(Paderborn), 혹은 프라이부르크(Freiburg)에서 씌어졌더라면 더 나을 뻔했다는 것을 몰랐다.

우리가 이렇게 경계선을 그은 후, 교회 교의학의 윤리 문제 및 다른 윤리 문제와의 관계는 대략 다음과 같이 서술될 수 있다.

하나님이 인간의 주로 이해되었다면, 이로써 또한 인간 복종의 문제가 제기된 것이다. 복종의 문제는 그런데 인간 행동의 문제이다. 그런 한에서 교의학은 여기서 윤리적 문제와 만나게 된다. 윤리적 문제 자체는 교의학의 관심사일 뿐 아니라, 또한 교회의 문제일 뿐 아니라 또한 인간의 보편적 문제, 즉 철학, 정치, 교육의 문제이며, 의식적이든 무의식적이든, 피상적으로 제기되고 답변되든 근본적으로 제기되고 답변되든 간에, 각 인간의 문제, 인간 실존의 문제이다. 인간으로 실존한다는 것은 행동함을 뜻한다. 그리고 행동함은 선택함을, 결정함을 뜻한다. 올바른 선택이란 무엇인가? 나는 무엇을 해야 하는가? 우리는 무엇을 해야 하는가? 이 물음 앞에 각 인간은 객관적으로 놓여져 있고, 이 물음에 대해 또한 각 인간은—그가 물음을 물음으로써 어떻게 검증할지라도—실제로 지속적으로 답변한다. 우리가 인간을 선택하는 하나님에 대한 인식에서 출발하여 이 물음을 받아들이기 때문에, 이것은 처음부터 형태가 변화되고, 이 때문에 이것은 다른 경우 일반적으로 윤리적 문제로 간주한 것과는 구별되므로 다른 출발점에서 제기되는 윤리적 물음과 답변으로 되돌아오는 것은 실제적으로 불가능할 수밖에 없다. 그것의 출발점으로서 하나님의 은혜의 선택에서 출발하는 윤리적 물음과 답변은 모든 다르게 출발한 것에 반해서 전체적으로나 부분적으로나 특수한 것이고, 언제나 새롭게 될 수밖에 없다. 우리가 시작하는 것은 인간 행동에 대한 물음, 인간 실존 자체에 대한 물음이다. 그러나 이 물음은 우리에게는 곧 인간의 복종에 대한 물음이다. 우리는 인간을 선택하는 하나님에 대한 인식에서부터 출발함으로써, 하나님의 계명 아래 있지 않은 인간 행동을 알지 못하고, 하나님의 계명에 답변하지 않고, 하나님의 계명에 대한 복종 혹은 불복종의 성격을 지니지 않은 인간 실존을 알지 못한다. 우리는 자유로운 행동, 즉 하나님의 계명에 대한 결정을 면한 행동, 그것에 대해 중립적인 인간 행동을 알지 못한다. 그렇기 때문에 또한 선과 악에 대한 자유로운 물음도 없다. 이런 의미에서는 우리는 윤리적 문제를 받아들일 수 없다. 이런 의미에서 윤리적 문제를 선과 악에 대한 자유로운 물음으로 받아들이고자 하는 신학적 윤리학에 대해 우리는, 그것이 바로 이로써 자기 고유한 주제, 자신의 문제를 이미 첫 걸음부터 포기했다고 말할 수 있을 것이다. 이런 의미에서의 윤리적 문제가 없고, 혹은 다만 불의 때문에, 다만 인간에 대한 하나님의 주권을 알지 못하는 혹은 알려고 하지 않는 불신앙의 오해에 의해서만 이런 의미의 윤리적 문제가 있을 뿐이다. 신학적 윤리학은 이 오해 속으로 다시 떨어져서는 안 된다. 이 오해는 신학적 윤리학이 중지해야 할 경계선이다. 선과 악에 대한 물음은 하나님의 결정 안에서, 예수 그리스도의 죽음과 부활을 통해서 단번에 결정되었고 처리되었다. 신학적 윤리학은 이미 내려진 결정으로 되돌아갈 수 없다. 신학적 윤리학은 이 결정을 실제로, 유효하게 내려진 결정으로 받아들일 수 있을 따름이다. 그것은 이 결정을 다만 증언하고 확정하고 묘사할 수 있을 따름이다. 그것은 신학 일반처럼 사물의 근거를 탐구하는 것에는 관심이 없다. 그것은 다만 모든 사물이 가진 근거를, 그리고 그런 것으로 실제로 드러난 근거를 증언할 수 있을 따름이다. 그것은 다만 모든 사물의 이런 드러난 근거에 대해 가능한 한 개방적일 따름이고, 그것의 증언에서 가능한 한 신실하고 온전할 수 있을 따름이다. 그러나 그것은 그 근거가 발견되어야 하고 드러나야 하는 것처럼 행할 수 없다. 그것은 이 근거에 대해 묻고, 그 근거를 자신의 물음과 답변의 내용으로 하고자 하는 윤리학과 함께할 수 없고, 그런 윤리학의 물음과 답변을 자기의 것으로 삼을 수 없다.—이런 물음과 답변이 추후로 자신의 노선으로 돌아오고 추후로 또한 자칭 그리스도교 윤리학으로서 묻고 답변한다 할지라도 그렇게 할 수 없다. 처음부터 그렇게 한 경우에만 이 노선에서 움직일 수 있다. 신학적 윤리학은 처음부터 이 노선에서 움직여야 한다.

　이것은 첫 번째로 우리가 선의 현실 자체, 선의 총괄개념으로서 하나님의 계명의 현실을 단순한 가능성으로 다룰 수 없다는 것을 뜻한다. 우리는 하나님의 계명 속의 선의 현실, 혹은 선의 총괄 개념으로서 하나님의 계명의 현실을 먼저 문제삼은 후에 문제 해결의 형태로 그것을 시인할 수 없다. 우리는 또한 잠정적으로 선이란 전혀 존재하지 않는다고, 혹은 선이 하나님의 계명 외에 다른 것에서 있을 수 있다고 예상할 수 없다. 우리는 잠정적으로 선을 우리의 선택의 대상으로 삼을 수 없다. 우리가 이렇게 한다면, 우리가 그것에 결국 갈채를 보낼지라도, 그것은 더 이상 선이 아닐 것이다. 사람들은 오직 복종 안에서만, 즉 선택에서만 이 선을 선택할 따름이다. 사람들은 선택받은 자로서 다만 이 한 가지 선택만을 할 수 있기 때문에 다른 선택권이 없다. 그의 가능성은 하나님의 현실로서의 그의 현실 안에 포함된 것으로 인식되고 파악되어야 한다. 이 현실은 모든 가능성을 자체 안에 포함하거나 아니면 불가능한 가능성으로 배제한다. 신학적 사고는 윤리적 문제를 받아들이는 한에서 현실에 결부된 사고이다. 이 사고는 다만 한 가지 이 현실에서 시인되고 결정된 가능성만을 파악한다. 그러므로 이 사고는 다른 가능성의 벌판 위에서 방황할 수 없다. 이 가능성은 현실이기 때문에, 신학적 사고는 이 가능성을 더 이상 단순한 가능성으로 다룰 수 없다. 이 사고는 이 가능성을—잠정적으로도—추상할 수 없다. 이 사고는 이 가능성을 보다 높은 관점 아래 묶어 놓을 수 없다. 신학적 사고는 거기서부터 가능성을 조망하고 검증하고 평가하고 이에 근거해서 시인하고 파악할 수 있는 그런 높은 관점이 없다. 신학적 사고는 마치 하나님이 없는 것처럼, 하나님이 예수 그리스도 안에서 자신을 계시한 자가 아닌 것처럼, 그가 실제로 이 일을 했는지 그리고 그가 이로써 무엇을 했는지 비로소 연구해야 하는 것처럼, 행동할 수 없다. 신학적 사고가 윤리적 문제를 수용함으로써, 그래서 잠시 인간의 모든 윤리적 사고의 대열 속으로 들어가서 올바른 인간의 행동에 대해 묻고 답변한다. 이때 신학적 사고는, 이 보편적 물음은 인간이(객관적으로 각 인간 자신) 하나님의 계명과 대면하고, 하나님의 계명이 객관적으로 그에게도 해당되며, 인간은 다만 그렇기 때문에 (그렇기 때문에 물론 필연적으로) 올바른 인간의 행동을 물을 수 있다는 데 근거를 가진다고 전제한다. 신학적 사고는 인간과 윤리적 문제를 처음부터—저 대화 시작 전에—여기서부터 이해하고, 그 자신의 물음과 답변을 여기에 맞춤으로 저 대열에서 다시 빠져나온다. 신학적 사고는 그 대열과의 연대를 확증하는 동안에도 그것에 물음과 호소로서 대립한다. 신학적 사고는 이 전 대열에 대해 평화적, 논쟁적으로, 인간에게는 '무엇이 선한지 말해졌다'는 지식, 즉 이로써 자기 스스로 이것을 말하려는 것이 금지당하고, 그에게 말해진 것을 순전히 신실하게 되풀이하도록 명령받았다는 사실을 주장한다. 신학적 사고는 이것을 윤리적 의식, 이해라고 말한다. 신학적 사고는 스스로 이것을 찾지 않았음을 주목하라. 신학적 사고는 자의로 이 특수 과제를 선택하거나 자신에게 부과하지 않았다. 신학적 사고는 그 고유의 방법으로 다만 자신을 알렸다. 그 이유는 그것이 성립하기 오래전에 그것의 대상이 스스로 자신을 알렸고, 그것이 원하는 것 가운데서 오직 이것만, 곧 자기 본성에 대한 학문적 관심, 그러므로 물론 자신의 본성에 적합하고 그런 한에서 특유한 학문적 절차를 요청하기 때문이다. 신학적 사고는 이 대상에서 벗어날 수 없다. 신학적 사고는 이 대상에 대한 적극적 학문이며, 따라서 그 본성에 결부되어 있기를 중단할 수 없다. 그런데 이 대상의 본성은 무엇보다도 선의 현실 자체, 선의 총괄 개념으로서 하나님의 계명의 현실이 그것에는 아무 문제가 아니기를 요청하며, 윤리적 문제를 이 현실에서부터 제기된 것으로 인식하기를 요청한다.

그러나 신학적 윤리학의 이런 방향 결정은 두 번째로 다음을 뜻한다. 신학적 윤리학은 인간의 올바른 행동에 대해 물으면서, 하나님의 현실을 따라서 말씀과 역사를 증언하고 해석하기를 중단할 수 없다. 신학적 윤리학은 그것의 시각과 주제를 바꿀 수 없다. 그것은 인간의 올바른 행동에 대해 물음으로써 은밀한 가운데 그리스도인을 직설법적 혹은 명령법적으로 서술하는 것, 그리스도인의 실존을 경험론적으로 혹은 관념론적으로 서술하는 것이 될 수 없다. 신학적 윤리학은 하나님 말씀에 등을 돌리고, 기분 전환을 위해 하나님 말씀을 듣는 인간이 과연 어떻게 될 것인가를 살필 수 없다. 신학은 또한 윤리학으로서 하나님의 말씀과 역사에 대한 인식이며 서술이다. 사람이 어떻게 그리스도인답게 인간의 올바른 행동에 대해 말할 수 있겠는가? 우리는 이런 관점에서 방황할 수 없고, 우리는 어떤 인간, 아마도 우리 견해로 모범적인 그리스도인, 혹은 이런 저런 인간형, 아마도 우리에게 특별하게 역사와 현재 속에서 이런 저런 그룹 혹은 사조 안에서 그리스도인의 삶의 모습을 명백히 대변하는 이런 혹은 저런 모습에 집착할 수 없다. 하나님의 계명에 대한 복종이 인간의 올바른 행동이라면―우리는 이런 혹은 저런 개별적인 혹은 보편적인 인간의 모습을 복종으로 내세울 수 있는 결정적 근거가 있겠는가? 우리가 어떤 권위로써 그것을 규범으로 내세울 것인가? 그리고 만일 이 복종을 서술함에서 그리스도교적 자의식과 같은 것이―설령 이 자의식이 그의 일에 대해 확신하고 객관적으로 이렇게 정화되었을지라도―발설된다면, 거기에 대해서 무엇이라고 말해야 하는가? 선의 실현으로, 그리스도교적 복종의 규범으로 내세울 수 있는 그리스도교적 삶의 이상형을 어떤 의미에서, 어떤 권한으로 초안 잡을 수 있는가 알기 어렵다. 우리가 어디서 그런 이상형을 얻을 수 있으랴? 그리고 어떤 권위로 우리는 이것이 하나님의 선택에 상응하는 삶의 모습이라고 주장할 수 있겠는가? 사람들은 이런 방법으로 어떤 다소간에 남의 시선을 끄는 법을 발견하거나 생각해 낼 수 있을 것이다. 그리스도교 윤리는 실제로 종종―모든 다른 윤리학과 유사하게―이런 법 수립에 경악하였다. 이런 경우 분명히 그리스도교 윤리학은 하나님의 계명에 대해 말하지 않았다. 이 경우 윤리학의 과제는 신론의 과제로서 분명히 이해되지 않았다. 이런 길에서 법으로 드러나는 것은, 이런 혹은 저런 상을 발견했거나 고안한 자들이 얻을 수 있는 만큼의 크거나 작은 권위를 가질 수 있고, 이런 발견된 혹은 고안된 상들이 가질 수 있는 만큼의 권위를 가질 수 있으나, 더 이상의 권위를 가질 수는 없다. 즉 설령 발견하거나 혹은 고안된 상들 자체가 아름답고 인상적일지라도 결코 신학적 권위를, 결국 구속력 있고 책임을 지우는 권위를 가질 수 없다. 하나님의 계명에 대해, 이와 함께 선의 실현에 대해, 인간의 올바른 행동에 대해, 방황하면서 말할 수 있는 것이 아니라 오로지 스스로 자신을 하나님의 계명에 속박함으로써만 말할 수 있다. 윤리학의 인식이 하나님의 말씀과 역사를 지향하고 이런 방향을 고집할 때, 하나님의 은혜의 인식으로 시작해서 하나님의 은혜 인식이기를 중단하지 않을 때, 윤리학은 하나님의 계명에 대한 속박 안에 머무르게 된다. 윤리학이 선과 악에 대한 독자적인 지식을 전개하기를 스스로 거부한다면, 그것이 어떻게 발견된 혹은 고안된 그리스도교적 복종의 상에 집착하려 할 수 있겠는가? 마치 이것이 새로운, 자칭 그리스도교적 형태로서 다시금 이런 독자적 지식이 아닌 것처럼 말이다. 윤리학이 무엇이 선한 것인지 인간에게 말해졌다는 데서 출발한다면, 그것이 어떻게 이 말해진 것에 집착하는 외에 다른 것을 할 수 있으며 다른 것을 바라겠는가? 그러나 인간에게 말해진 것은 예수 그리스도 안에서 일어났고 계시된 하나님의 은혜의 선택의 말씀과 역사이다. 이 하나님의 말씀과 역사 자체는 또한 인간의 성화, 하나님의 법의 수립과 계시이다. 인간의 의로운 행동이 무엇인가는 전적으로 하나님의 의로운 행동 안에서 결정되어 있다. 그것은 예수 그리스도 안에서 결정되어 있다. 그는 선택하는 하나님이요 동시에 선택받은 인간이다. 하나님이 그의 인격 안에서 의롭게 우리에게 행동함으로써 같은 인격 안에서 인간이 우리를 위해 의롭게 행동했다. 하나님이 같은 인격 안에서 인간을 심판했고, 자기 형상으로 회복시킴으로써 그의 인격 안에서 인간이 하나님의 형상으로 자신을 회복했다. 우리는 이 한 가지 상 외에 다른 상을 필요로 하지 않는다. 다른 하나님상도, 다른 인간상도, 다른 인간의 의로운 행동상도, 다른 복음도, 다른 법도 필요로 하지 않는다. 우리는 예수 그리스도의 한 상 안에서 우리를 하나님과 화해케 하고 우리를 조명하고 위로하는 복음뿐만 아니라, 또한 모든 다른 법, 스스로 발견되거나 혹은 스스로 고안된 법들과는 달리 현실적으로 구속하고 책임 지우는 법도 얻는다. 신학적 윤리학은 이 법에 집착한다. 그것은 은혜의 윤리학이거나 신학적 윤리학이 아니다. 은혜—예수 그리스도 안에 있는 하나님의 은혜—안에서 또한 하나님의 계명이 세워졌고 이루어졌고 세워지고 이루어진 계명으로서 계시되었다. 그러므로 "복종하다", "의롭게 행동하다", "선을 실현하다"는 어느 경우든 하나님의 은혜의 계시에 복종함, 예수 그리스도 안에서 하나님의 은혜를 만난 인간으로서 살아감 외에 다른 것을 뜻할 수 없다. 교의학이 윤리학이 될 때, 오히려 그것의 윤리적 내용을 드러낼 때, 어떤 시각과 주제의 변화도 일어날 수 없다. 이때 윤리학은 덜 그런 것이 아니라, 전적으로 하나님의 말씀과 역사의 인식에서, 예수 그리스도의 인식에서 살아야 한다. 그러므로 윤리학은 이제 예수 그리스도와 예수 그리스도 안에서 은혜로 받아들여진 인간으로 그의 관심을 분할하는 데로 넘어갈 수 없다. 윤리학은 먼저 예수 그리스도에 대해 묻고, 그 다음으로 또 다시 특별히 이 인간에 대해 물을 수 없다. 예수 그리스도의 빛 자체는 "모든 인간을 비추는"(요 1:9) 빛이고, 인간에게 떨어지는, 인간을 비추고 밝히는 빛이다. 예수 그리스도의 은혜 자체, 오로지 그것만이 그 안에서 본래 인간이 그의 현실을 가지는 그런 현실이다. 하나님 말씀은 인간을 향하고, 그를 위해서 하나님의 역사가 일어났으니—우리가 여기서 믿음 안에서 그 말씀을 파악했고, 자신에 연관시킨 그리스도인을 생각하든 혹은 아직 이것을 행하지 않은 세상 안의 인간을 생각하든지 상관없이—이 인간은 이 말씀과 역사에 따르면 스스로를 위해 존재하는 것이 아니다. 그는 결코 독자적인, 독자적으로 고찰될 수 있는 주체가 아니다. 예수 그리스도의 죽음과 부활에 따르자면—그가 그것을 알고 믿든 안 믿든 간에—그가 자기 자신에 속하고, 자기 자신에게 맡겨졌고, 자기 발로 섰다는 것은 전혀 진실이 아니다. 그는 예수 그리스도에게 속하여 그를 머리로 하는 몸에서 한 지체가 되어야 하고, 또한 교회의 주인 그는 세상의 주이며, 따라서 또한 아직 혹은 더 이상 그를 믿지 않는 자들의 주이기도 하다. 예수 그리스도가 존재함으로써 그는 존재한다. 그는 이 주체의 술어로 존재한다. 즉 이 주체 안에서 인간에 대해 결정되고 실현된 것이 그에게도 해당된다. 그러므로 이 주체와 그와의 관계에서 그를 향한, 그에 대해 유효한 하나님의 계명이 성립한다. 그러므로 그에 대한 이 주체의 행동은 우리가 물어야 하는 인간의 의로운 행동이다. 모든 인간을 고려하여 이 주체의 정의에 인간이 참여하는지 물었고, 그 자신의 추상적인, 내재적인 정의에 대해 묻지 않았다. 이 주체, 예수 그리스도에게 일어난 하나님에 의한 성화, 이 주체, 예수 그리스도를 통해 이루어진 인간의 자기 성화에 대해서 물었으나, 우리에 의해 다른 사람들에게 실증되고 입증되어야 할 자기 거룩함에 대해서는 묻지 않았다. 우리가 무엇을 해야 하는가를 물을 때, 그에 대해 물어야 한다. 그 안에서 이런 우리의 물음이 답변되었고, 우리 인간에게 요청된 복종이 이미 행해졌고, 하나님의 선택에 상응하는 선의 실현이 이미 온전히 사건화되었으므로, 우리는 다른 사람들에게 실제로 아무것도 첨가할 것이 없고, 우리 행위로써 다만 이 사건을 확증할 따름이다. 교회 교의학의 윤리적 문제는 인간 행위가 예수 그리스도의 은혜에 대한 찬양인가 그리고 어느 한에서 그런가 하는 물음에 있을 따름이다. 이 삶의 중심, 예수 그리스도 안에서 내려진 결정을 향한 시선에서 해리된 인간 고찰, 저 찬양에 대한 물음을 추상한 선과 안에 대한 물음은 신학적 윤리학에서는 고려될 수 없다. 신학적 윤리학은 인간의 성화가 어느 한에서 예수 그리스도 안에서 일어났는가를 묻는다. 그것은 그러므로 이 사건에 필연적으로 상응하는 인간의 찬양에 대해 묻거나 아니면 신학적 윤리학이 아니다. 그것은 은혜의 빛 안에 실제로 놓여진 인간의 행동에 대해 묻는다. 분명한 사실은, 그것은 또한 이런 방향 결정을 하고 거기에 고착함으로써 모든 다른 윤리학과의 관계에서 매우 특이한 길을 걷는다는 것이다. 그것은 이런 자신의 특성을 부끄러워해서는 안 된다. 그것은 처음부터 끝까지 이 길을 걸음에서 당황해서는 안 된다. 그것의 대상의 본성이 이 길을 요구한다. 그것은 이 길에 신실하느냐에 비례해서 그의 일을 잘할 수 있다.

  이 자리에서, 신학적 윤리학 외에 다른 비신학적 윤리학이 합법적이고 가능한 것으로 인정될 수 있는가 하는 문제가 제기된다.
  이 문제가 엄밀히 이해되려면, 이 문제는, 이 고대 후기의 속담의 생각처럼, 인간이 자기 자신에 대해 발(發)할 수 있고 발해야 할 최고의 궁극적인 명령으로서 "네 자신을 알라"가 있는가가 되어야 한다. 그러므로 인간이 자기 스스로에게 무엇이 선한지 말할 수 있는 그런 자기 성찰, 자기 이해, 자기 책임이 있는가? 그러므로 선의 행위는 하나님의 계명에 대한 복종, 구체적으로 예수 그리스도의 은혜에 대한 찬양 자체와 다른 무엇인가? 하나님의 계명에 대한 복종은, 그 복종이 아마도 인간이 그것의 의미, 필연성에 대해 자기 스스로 알아야 하는 그런 선행의 개념 안에 포함되어 있기 때문에 다만 그런 한에서만 선한가? 분명한 사실은, 이렇게 이해된 물음은 부정되어야 한다는 것이다. 신학적 윤리학은 이런 자기 성찰, 자기 이해, 자기 책임의 정당성, 능력에 대한 믿음에, 하나님의 계명에 대한 복종이 아닌 선행 자체에 대한 믿음에 다만 단호한 불신앙만을 대립시킬 수밖에 없다. 신학적 윤리학은 이 믿음을 진지하게 다루지 않음으로써, 즉 이 믿음을, 다만 그 믿음 자체가 무시하거나 부정하는 전제 아래서만, 즉 이 믿음도 자기 의지 없이, 자기 의지에 반하여 하나님의 계명의 효력에서 왔고 그것을 증언해야 한다는 전제 아래서만 승인함으로써 즉시 이 믿음을 무력화시켜야 한다. 이 믿음은 자기 자신을 주장하는 정당성과 능력을, 신학적 윤리학이 윤리적 문제에 대한 답변의 정당성, 능력을 발견했고, 언제나 새로이 찾기를 중단하려 하지 않는 바로 거기서 빌었거나 빼앗았다. 비신학적 윤리학이 그 자체에 근거를 둔, 자기 자신을 발견하고 자기 자신을 선포하는 인도주의를 그 내용으로 하고자 하는 한, 신학적 윤리학은 바로 인도주의로서의 이 인도주의 성격을, 그러므로 윤리학으로서의 이런 이 윤리학의 성격을 부정해야 할 것이다. 곧 이 윤리학이 종교적인, 자칭 그리스도교적인 관심과 입장에 대한 다소 친근한, 이해력 있는 고찰을 내포하는 경우에도 그렇다. 예수 그리스도의 인도주의 외에, 거기서 사건이 된 하나님의 은혜에 대한 자발적, 혹은 비자발적 찬양 외에 다른 인도주의는 없다. 예수 그리스도의 은혜 및 그것에 대한 자발적, 혹은 비자발적 확증과 동일하지 않은 선의 실현은 없다. 하나님의 계명에 대한 복종이 아닌 선은 없다. 또한 예수 그리스도의 복종, 혹은 그것을 적극적, 소극적으로 영화롭게 함이 아닌 하나님의 계명에 대한 복종이란 없다. 엄밀하게, 역사적으로 진정으로 이해된 "네 자신을 알라"는 그러나 예수 그리스도의 복종, 그것을 영화롭게 함으로 이끌지 못한다. 그것은 엄밀하게, 역사적으로 진정으로 하나님의 계명에 항거하도록 권고하는 것으로만 이해될 따름이다. 곧 이 항거는 아마 추후에 또한 하나님의 은혜를 인간의 자기 성찰, 자기 이해, 자기 책임의 대상으로, 인간의 자의식의 특별한 내용으로 삼으며, 따라서 슐라이에르마허가 그리스도교 변증가로서 관념론자들 가운데서 고전적 방법으로 시도했듯이, 다른 것 외에 이 자의식에 또한 종교적인, 아마도 심지어 자칭 그리스도교적 내용을 부여함으로써 더 나아지지는 않는다. 일단 인간의 자아로 시작된 것은 하나님 및 그의 계명에 대한 인식으로 끝날 수 없다. 그러나 이와 함께 또한 현실적인 삶의 상황 속에 있는 현실적인 인간의 인식으로서도 끝나지도 않는다. 엄밀하고 역사적으로 진정한 의미에서의 "네 자신을 알라", 그리고 이 명령법을 확증함에서 착안되고 개발된 윤리학은 예수 그리스도의 죽음과 부활을 통하여, "그리스도 탄생 이후" 불법적인 것으로 불가능한 것으로 드러났다. 윤리학이 언제나 거기서부터 오는 한, 그 배경에서 언제나 자아의 신격화 혹은 자기 자신에게 주어진 답변에 대한 신격화, 혹은 스스로 시도된 물음의 신격화가 이루어지는 한, 기껏해야(그것이 무신론적이기를 선호하지 않는 한) 인간을 하나님으로부터 이해하는 대신에 하나님도 결정적으로 인간으로부터 이해하려 하는 한, 이 윤리학은 신학적 윤리학으로부터 정당한 것으로 가능한 것으로 간주될 수 없다. 그 윤리학은 저 "선의의" 해석 외의 다른 것을 거기서 기대할 수 없다. 그리고 그 윤리학은 그 자기 스스로 이해하는 것과는 다르게(혹은 더 낫게) 이해되는 것을 감수해야 한다.

그것의 자기 성찰, 자기 이해, 자기 책임이 처음부터 하나님 말씀에 대해 다소 불분명할지라도 선행하는 지식에 의해 제고(提高)되고 결정되고 이끌리는 그런 윤리학은 물론 전혀 다를 것이다. 그런 윤리학은 그러므로 인간의 의로운 행동에 대하여 물음으로써 스스로 마지막 해결의 말을 말하기를 포기할 것이다. 배경에서 저 신격화의 잘못을 범함이 없이, 인간의 자아에서부터 혹은 인간 자아 안에 궁극적 현실이 있음을 주장함이 없이, 선의 원리와 현실을 인간 속에서 찾고 발견함이 없이, 직접 스스로 신학적 윤리학은 아닐지라도 인간의 존재, 행동의 불확실성, 문제성에 대한 문제를 제기하는 윤리학, 즉 인도주의의 한계를 알며, 인도주의를 절대적인 것으로 다루지 않고 그러므로 그것에 대해 정당하고 그것을 섬기려는 윤리학을 생각할 수 있다. 모든 이교도의 윤리학의 궁극적인 최고 승리가 그렇듯이, 또한 이 윤리학은 간접적으로 인간 행동이 복종임에서 행위의 선함을 볼 것이다. 간접적으로 그 윤리학은 인간을 그 자신으로부터, 그리고 그가 직면하는 요청의 주인이 되려는 시도, 그 요청을 자신의 요청으로 바꿔 해석하려는 시도로부터 돌아서게 할 것이다. 간접적으로 또한 이 윤리학은 책임에의 부름이니, 인간이 책임 안에서, 자신이 은사를 받았으므로 요청받고 있다는 것, 그 자신이 요청받은 것을 언제나 빚지고 있고 그러므로 용서받을 필요가 있으며, 그가 성화 받음으로써 거룩한 자이기를 꿈꾸지 않으며 자랑할 수 없다는 것을 인식하고 고백해야 한다. 간접적으로 또한 이 윤리학은 예수 그리스도의 은혜에 대한 부름이요 찬양일 것이며, 따라서 오로지 하나님에게만 영광을 돌리는 것일 수 있다. 그러므로 이 윤리학은 침묵 속에서 "네 자신을 알라"를 이미 그리스도교적으로 해석하고 실증하였다. 이런 윤리학에 비추어 문제는 당연히 긍정적으로 답변되어야 할 것이다. 실제로 신학적 윤리학 외에도 이런 윤리학을 위한—단순히 엄밀하지 않은 의미에서 "그리스도교적"이라 말한다.—여지가 있다. 이 윤리학은 신학적 윤리학과 공통된 출발점, 기초, 목표를 가진다. 그러나 이 윤리학이 신학적 윤리학과 구별되는 점은, 그것이 모든 것을 직접 드러내지 않거나 혹은 다만 때때로 직접 드러낸다는 것, 그것이 어떤 명백한, 특별한 근거 제시를 포기하고 인간의 생의 문제를 사실적으로 다룸으로써 그리스도교의 신 인식이 그것의 전제이며, 그것이 실제로 이 인식에서 왔다는 것을 지시하는 것으로 만족한다는 것에 있다. 이 윤리학은 성서에 그리고 교회의 설교에서 증언된 하나님 말씀을 들은 한에서, 내지는 실제로 모든 인간에 대한 그 말씀의 통치의 흔적을 드러낸 한에서, 그리고 인간 삶을 일정하게 파악하고 진술함으로써 이 들은 것이 열매를 맺게 하는 한에서, 이 윤리학은 어느 정도 신학과 그리스도인의 삶 자체 중간에 있는 셈이다. 그러므로 우리는 이런 윤리학을 학문적 모습으로 만나기를 거의 기대할 수 없을 것이다. 그것이 학문이 되려면 그것은 원칙적이 되어야 하고, 그것의 전제 자체를 가시화하고 발전시켜야 할 것이다. 그러면 그것은 스스로 신학적 윤리학이 될 것이다. 신학적 윤리학이 아닐지라도, 이런 "그리스도교적" 윤리학의 존재를 여기저기서 언급하는 것은 우리의 과제가 될 수 없다. 우리는 페스탈로치(H. Pestalozzi)의 평생 업적과 같은 현상을 유보적으로 생각하지 않을 수 없다. 사람들은 이런 윤리학이 고트헬프(Jeremias Gotthelf), 발자크(H. de Balzac), 디킨스(Charles Dickens), 토스토예프스키, 톨스토이, 폰타네(Theodor Fontane), 골즈워디(John Galsworthy)의 소설 속에서 다소 분명하게 논리적으로 그리고 상호 간에 상이하게 진술되었다고 생각할 수 있다. 사람들은 이 윤리학을—그리스도교의 역사적 영역 일반 속에서만이 아니라!—고대와 근대의 정치, 사회관에서, 그리고 자명하게 또한 철학적 윤리학자들의 사상 속에서도 추적해 보려고 할 수 있다. 그런데 모든 이런 비신학적 윤리학의 시금석은, 그것이 과연 어느 정도나 그것의 원칙에 대해 질문받는 것을 감수하며, 과연 어느 정도나 그것의 발설되지 않은 전제들이, 만일 발설된다면, 신학적 윤리학의 전제들과 동일한 것으로 입증될 수 있는가에 있다. 그러나 명시적인 신학적 원칙은 모든 사람의 일이 아니므로, 이런 윤리학에 대해서 실제적으로 이런 시금석을 적용하는 것이 불가능하다면, 이렇게 하는 것이 실제적으로 필요치 않다는 것으로 만족할 수 있고, 만족해야 한다. 그 이유는 하나님의 지혜와 인내 덕분에, 또 인간의 불철저성 덕분에, 그것들의 그리스도교적 전제들이 드러날 수 없는 경우, 혹은 보다 자세히 탐구해 보면 심지어 거의 그리스도교적 전제를 만나기 힘든 경우에도, 그리스도교적 통찰과 결론들이 실제로 존재하는 것이 실제적으로 가능하기 때문이다. 사람들이 거기에 대해 물어 보면 거기에 대해 거의 만족스럽지 못한 혹은 불만족스러운 답변만을 할 수 있고, 이교 혹은 유대교 교리로서 거부되어야 할 답변만을 할 수 있는 그런 사람들이 그리스도교적 전제에서 살고 있으며, 심지어 그것을 옹호하고 선포한다. 그렇기 때문에 한 인간이 실제로 아는 것에 집착하고, 그가 유감스럽게도 알지 못하고 그의 우둔함 때문에 부인하지 못하는 듯한 것은 집착하지 않는 것이 바람직하다. 이런 윤리학의 불분명하게 혹은 아마 분명히 우려할 만한 전제들을(바울이 사도행전 17:28에서 했던 것처럼) 침묵 속에 보완하고 교정하고, 기타 거기서 그것이 실제로 가르치는 바를 배우는 것은 그것의 독자 혹은 청중의 일이 될 것이다. 그러나 이런다고 아무것도 바뀌지 않으며, 오히려 이로써 "원칙적으로"―그리고 우리에게는 이것이 중요하다.―모든 올바른 윤리학은 다만 그리스도교 윤리학일 따름이며, 그리스도교 윤리학이 학문적으로 말하려면 신학적 윤리학과 구별될 수 없다는 것이 확증된다. 따라서 우리는 우리의 물음에 대해, 결국, 엄밀히 말해서, 학문적 형태로는 오직 한 가지, 신학적 윤리학만이 있다고 답변할 수 있을 따름이다.

2. 신학적 윤리학의 길

신학적 윤리학, 교회교의학의 요소로서의 윤리학이 무엇이며 무엇을 바라는가는, 그리스도교 신론에서, 보다 정확히 말하자면 예수 그리스도 안에 있는 하나님의 선택하는 은혜의 인식에서 결정된다. 이 윤리학의 근거 설정은 신론에 함께 속한다. 그 이유는 인간을 요구하는 하나님은 바로 이로써 근원적으로 자기 스스로 인간에 대해 책임지도록 하며, 하나님은 인간에게 계명을 줌으로써 인간의 자기 계명 아래 세우며, 자기 스스로 그 계명의 권위를 위하여, 그러나 또한 그것의 성취를 위하여 개입함으로써 우리가 즉시 또한 그의 계명에 대해 말하지 않으면 하나님 자신에 대해 완전하게 말하지 않는 것이 되기 때문이다. 바로 그리스도교의 신론에서, 보다 정확히 말해서 예수 그리스도 안에 있는 하나님의 선택하는 은혜의 인식에서 또한 신학적 윤리학의 특별한 길이, 그것의 특별한 형태의 물음과 답변이, 그것의 기본 개념의 획득이 결정된다. 그것의 정당성에 대해서는 여기서뿐 아니라 어디서라도 이 윤리학이 관련을 가져야 할 그 일이―그것을 통해 서술되어야 할 그 일이 결정한다. 그런데 신학적 윤리학의 일은, 하나님이 그의 계명을 통해 우리를 책임지도록 만듦으로써 우리를 위해 떠맡은 책임이다. 그것의 일은 예수 그리스도 안에 있는 하나님의 말씀과 역사이다. 그분 안에서 인간의 의로운 행동이 이미 일어났고, 따라서 다만 우리의 행동을 통한 그것의 확증만을 기다릴 뿐이다.

이 일에 비추어 우리는 우선, 신학적 윤리학은 보편적인 인간적 윤리학, 철학적 윤리학 위에 세워져야 하고, 여기서부터 출발해야 한다는 전제에서 출발하려는 모든 시도들을 추종하기를 포기해야 할 것이다. 하나님의 계명과 윤리적 문제 자체 사이의 관계를 우리가 개략적으로 진술하여 규정한 바에 따르자면, 그리스도교-도덕적인 것에 독자적으로 대립하는 보편-도덕적인 것은 없다. 따라서 전자를 후자에 종속시키고, 전자를 후자 위에서 세우고, 전자를 후자로부터 나오도록 하는 것은 불가능하다.

우리는 로마의 윤리학의 길뿐만 아니라, 또한 슐라이에르마허와 드 베테, 그리고 근대인 가운데 헤르만(1. *Natürlich-sittliches Leben und sittliches Denken*, 2. *Das christlich-sittliches Leben*), 헤링(Th. Haering, 1. *Die christliche Sittenlehre und ihre Gegner*, 2. *Die christl. Sittenlehre in ihrem inneren Zusammenhang*), 키른(O. Kirn, 1. *Ethische Prinzipienlehre*, 2. *Systematische Darstellung des christlich-sittlichen Lebens*), 마이어(E. W. Mayer, 1. *Moralphilosophie*, 2. *Morallehre*), 뷘쉬(G. Wünsch, 1. *Das Wesen des Sittlichen*, 2. *Das Wesen des christlich Sittlichen*) 그리고 다른 사람들이 택한 길도 따를 수 없다. 일에 대해서가 아니라 일에서부터 반성하는 사고는 이런 길로 나갈 수 없다.

그러나 다시 일에 비추어 우리는 또한 교의학은 하나님 및 그에 대한 믿음과 상관하지만 윤리학은 인간 및 그의 삶과 상관한다는 전제에서 출발해서 연역하고 구분하는 모든 시도로부터 거리를 취해야 할 것이다. 이런 구분은 신학적 윤리학의 본래적 기원 및 목표에 대한 물음은 곧, 인간이 자신의 삶의 형성에 관하여 제기하고 답변을 원하는 다양한 문제들에 의해 가려진다는 데서 보복당한다. 하나님의 계명에 대해서 모든 숙고의 본래적인 주제, 틀이 되는 것이 바로 이런 인간적 삶의 문제들이다. 이때 인간을, 그리고 또한 인간의 문제를 먼저 포괄적으로 문제삼는 하나님의 계명이 어떻게 참으로 발설될 수 있으며, 발설되겠는가? 만일 교의학과 윤리학 사이의 장면 교체에서 그리스도교적인 것에서 모든 발언의 주체로서의 그것의 본래적 위치를 갑자기 빼앗는다면, 만일 그리스도교적인 것이 하나님을 믿는 인간의 술어로서 이해된다면, 그것이 어떻게 정당화될 수 있겠는가? 그리고 그것이 정당화되지 않는다면 신학적 윤리학이 자신의 과제에 대해 어떻게 정당할 수 있겠는가? 이 물음은 만족스럽게 답변될 수 없으므로, 우리는, 그것과 윤리학 일반과의 우려할 만한 관계를 제쳐놓고서라도, 통상적인 신학적 윤리학에 동의할 수 없다.

신학적 윤리학은 슐라이에르마허의 총명한 사상에 의하면 교회의 치리, 집안의 훈육을 통해서, 또한 국가에서 일어나는 것과 같은 "정화하는" 행동, 혼인에서 그리고 확대하여 교회 안에서 일어나는 것과 같은 "확산하는" 행동, 그리고 마지막으로 교회의 예배에서, 사교적 모임에서, 예술과 유희에서 일어나는 것과 같은 "표현하는" 행동에 대해서 말해야 한다. 호프만(J. Chr. v. Hoffmann, *Theol. Ethik* 1878)에 의하면 하나님과의 관계에서, 교회에서, 가정에서, 국가에서, 그리고 사회에서의 도덕적 행동에서 실증하는 그리스도교적 성찰이 문제이며, 헤르만에 의하면 그리스도인의 삶의 성립과 전개에 대한 물음이 중요하며, 키른에 의하면 한편으로는 그리스도인의 인격성을 성립, 전개하는 것, 다른 편으로는 공동체 내에서 도덕성을 확증하는 것이 문제이며, 헤링에 의하면 인격으로서의 그리스도인의 새로운 삶과 인간의 공동체 환경 속에서 그리스도교적 본질이 문제이며, 마이어에 의하면 도덕적 의지 상태, 다양한 활동 형태와 공동체 내에서 도덕적 행동의 양태, 그것의 질서와 구조, 그리고 끝으로 그것의 결과, 곧 하나님 나라가 문제이며, 뷘쉬의 불투명한 구분에 의하면, 1. 하나님의 본성, 2. 도덕성에 미친 하나님 경험의 결과, 3. 그리스도인의 성격, 4. 산상 설교의 윤리학이 속하게 될 "몇 가지 남은 문제들"이 문제이다! 의심의 여지없이 슐라터(A. Schlatter, *Chr. Ethik* 1914)의 길이 독창적이고 힘이 있다. 그에게서는 네 가지 플라톤의 덕목, 곧 정의, 진리, 행복, 능력이 의지, 인식, 감정, 생명의 교제와 관련되어서, 연구와 진술의 도식이 된다.

    모든 이런 구분에 대해서, 그것들이 신학적 윤리학의 일에서가 아닌 다른 데서 획득되었고 신학적 윤리학의 유익을 위해서 외부로부터 추가된 것이 아니었다고 이의를 제기해야 한다. 인간 행동에서 비판적 동기, 건설적 동기, 유희적 동기를 구분해야 한다는 것은 확실히 슐라이에르마허의 매우 세련된 관찰이다. 그러나 이렇게 구별함으로써 어느 정도나 그리스도교적 행동 자체도 파악되었고 재해석되었는가? 그리스도인의 삶의 사실이 우리를 (헤르만과 키른) 그것의 성립 및 전개 문제에 직면케 하거나 혹은 (호프만) 성찰과 행동의 대립에 직면케 한다는 것은, 확실히 그 나름대로 옳고 중대하다. 그러나 이런 구별이 그리스도인의 삶에서도 의미가 있는가, 또한 모든 자의적 삶의 형태에 비추어서도 구별될 수 없는가? 예를 들어 호프만, 마르텐젠(Martensen), 헤링, 키른, 마이어에게서 다소 드러나는 대로, 개인 윤리와 사회 윤리의 특히 자의적인 구별은 그 자체로 가능하고 의미심장한 것으로 간주될 수도 있다.(슐라터는 여기에 대해 주목할 만한 반론을 제기했다, a.a.O. 53f.) 그러나 여기서 그리스도교적 행동은 인간 행동 일반의 특수 경우이며, 인간 행동에서 개인과 공동체의 상관 관계가 구성적이라면 그것은 그리스도교적 행동에 대해서도 마찬가지라는 것이 자명하게 전제된다는 것을 마땅히 말해야 할 것이다. 그리고 슐라터가 그리스도교의 덕목론을 의지, 인식, 감정, 생명에서 연역한 것이 리츨 학파의 좀 고리타분하고 형식적인 구분에 비하여 확실히 신선하게 들리기는 하지만, 그것에 대해서도 물어야 한다. 어느 높은 곳에서 온 권한으로 인간 행동에 대한 규정을 플라톤으로부터 넘겨받아서 그리스도인의 행동을 서술하는 도식으로 사용하는가? 이런 모든 연역과 구분은, 같은 방법에 의해서(그것의 정확성을 일단 무조건 전제한다면!) 개념들을 다르게 규정함으로써 그리스도교 윤리학뿐 아니라 불교적, 공산주의적, 인지학적(人智學的) 윤리학도 연역되고 구분될 수 있는 한에서, 분명히 우려할 만하다. 이렇게 해서 얻어지고 정해진 개념들에서는 신학적 윤리학에서 문제로 삼는 그 특별한 일에 대한 적합성이 결여된다. 그 개념들은, 신학적 윤리학의 형태가 해당 윤리학자의 판단이나 재능에 맡겨져 있는 것을 전제한다. 따라서 그것들은 인간 행동의 선함을 그리스도교적으로 이해하는 데 기여하지 못하며, 오히려 그것을 그리스도교적으로 규정함으로써 그렇게 될 것이다. 그러나 그리스도교적인 것을 해설하기 위해서는, 인간 행동의—깊이 이해되었을지라도—개념의 틀로써는 결코 말할 수 없는 일들을 말할 필요가 있는 것이 아닐까? 인간 행동의 선함을 그리스도교적으로 이해하기 위해서는 그리스도교 본유의 이해의 길, 그러므로 신학적 윤리학의 특징적인 형식 자체가 불가결한 것이 아닌가? 우리가 슐라이에르마허에서 슐라터에 이르기까지 두드러진 자명성으로 분명히 다른 것으로도 인도할 수 있는 그런 길을 택하고 걷는다면, 이 일에 대한 그리스도교적 이해가 심히 축소되는 것은 불가피하지 않을까? 교의학과 윤리학을 원리적으로 구분하는 것은 분명히 여기서 좋은 열매를 맺을 수 없다. 이 구분을 통해서 통상적인 관점 및 주제의 변화가 있게 되는데, 그렇다면 인간 행동의 문제가 모든 사물의 척도, 모든 탐구와 진술의 틀을 형성할 것이 분명하다. 그렇다면 저 연역과 구분에서처럼—일정한 자의에 의해서, 지금은 이 길을, 지금은 저 길을 택함으로써—인간이 제기할 일정한 문제들을 가지고 있다는 것이 전제되고 있음이 분명하다. 곧 그가 어떻게 그리스도인이 될 수 있겠는가? 그런 인간으로서 성향을 가지고 있을 뿐 아니라 또한 행동한다는 것은 무슨 뜻인가? 그리스도인의 의지, 인식, 감정, 생명은 어떤 것인가? 그의 행동이 그리스도교적임을 전제할 때 그의 삶의 욕망과 문화적 노력은 어떻게 되며, 경제, 국가, 교회, 혼인, 가정, 예술, 학문은 어떻게 되며, 그의 노동과 그의 휴식은 어떻게 되는가? 그렇다면 신학적 윤리학은 실제로 선포된 하나님의 계명에 대한 결정에서 제기되지 않은, 그러므로 책임 행위에서 전혀 제기되지 않은 이런 물음들에 대해 답변해야 한다. 신학적 윤리학은 인간의 물음에 답변함으로써 인간에게 무엇인가를 말해야 할 것이다. 그러나 인간이 현실적으로 물음받은 자이며, 실제로 말해질 수 있는 한 가지가, 그에게 선포된 계명에 대한 그의 결정 행위와 더불어 인간 자신을 통해 말해져야 하며, 신학적 윤리학이 다만 인간은 그의 행동으로써 모든 경우에 답변해야 하고, 그에게 선포된 하나님의 계명에 대해 답변해야 한다는 사실을 상기시키고 강조함에 있다. 여기에서 무엇인가가 맞지 않는다. 확실한 것은, 이미 언급된 저자들에게서 충분히 그랬던 것처럼, 인간의 물음에 답변하는 이런 윤리학의 틀 안에서도, 심오하고 진실하고 진지하고 유익하고 숙고를 불러일으킬 만한 말들이 충분히 말해졌다는 것이다. 그러나 또한 확실한 것은 이런 윤리학은 그들의 관계, 그리고 실제로 인간에게 선포된 하나님의 계명에 대한 인간의 관계에 대해 베일을 쳤다는 것이다. 그래서 사람들이 그것을 일단 보았다면 견딜 수 없는 것으로 인식하게 될 것이다. 신학적 윤리학이 왜 인간이 하나님의 계명을 통해 문제시되었음에 근거하여 그의 문제를 스스로 제기하는 대신, 외부로부터 문제를 제기하도록 하는 정보 센터의 입장으로 완전히 넘어가야 하는가? 신학적 윤리학이 이런 입장에서 아무리 심오하게, 진실하게, 진지하게, 유익하게 진술할지라도, 그것은 처음부터 구석에서, 즉 현실적인 인간 행동과의 연관성 없이 말한 것이며, 사람들은 그것을 결단으로의 부름으로 듣지 않거나 혹은 다만 비신학적 발단에도 불구하고 그렇게 들을 따름임이 분명하지 않은가? 신학이, 그러므로 또한 신학적 윤리학이 계시에서, 성서에서, 교회의 선포에서 증언되는 하나님 말씀에 관한 학문이라면, 인간은 그것의 명제들에 대해 물음을 받은 자가 되어야 하며, 신학은 그 명제들과 더불어 인간의 물음에 대한 답변하는 자가 되어서는 안 된다. 인간에 의해 요구된 하나님 말씀이 아니라, 인간을 그 편에서 요구하는 하나님 말씀이 그것의 대상이다. 즉 하나님 말씀으로 시작하고자 하는 인간이 아니라, 인간으로서(확실히 인간의 행동의 모든 문제성 속에 있는, 그러므로 그의 활동의 전 범위 속에 있는 인간으로서!) 무엇인가를 시작하고자 하는 하나님 말씀이 그 대상이다. 그러나 이것은 이런 활동들 내지 그리스도교가 이 활동의 실행을 위해 행해야 하는 기여가 그것의 주제가 된다는 뜻이 아니다. 이런 활동들에서부터 그것이 그 과제를 부과받을 수 있고, 말해야 할 바를 연역하고 구분할 수 있고, 그것의 기본 개념들을 얻을 수 있는 것이 아니다. 이로써는 그것은 인간 행동의 문제에 비추어 행해야 할 바를 할 수 없다. 그러므로 그것이 교의학과 윤리학 사이에서 관점과 방법의 교체를 중단한다면, 그것이 인간 행동 자체가 아니라 하나님의 계명을 통한 그것의 요청을, 예수 그리스도 안에서 이루어진 그의 성화를, 그러므로 인간에 대한, 인간을 위한 하나님의 행동을 그것의 중심 개념, 그것의 출발점, 종점이 되게 하고, 그렇기 때문에 또한 하나님 말씀을 향하여 발걸음을 옮기며, 자기 스스로 선택한 방향으로 하나님 말씀을 놓지 않을 때에만, 그것은 인간 행동이 일단 처해 있는 빛 안에서 처음부터 그것을 봄으로써만 이렇게 할 수 있다.

우리가 우선 윤리학의 근거에 대해 묻는다면, 첫 번째 과제로 제기되는 것은, 하나님 말씀을 이해하고 그것을 인간을 거룩하게 하는 계명으로서의 그의 성격 안에서 우리 자신의, 인간의 주체, 요구로 진술하는 것이다. 우리는 여기서, 이 신론의 마지막 장에서, 특별히 이 윤리학의 근거를 다룬다.

인간 행동의 선함은, 하나님이 인간에 대해 행동함에서 그의 선함에 근거한다. 그런데 하나님은 그의 말씀을 통해 인간에게 행동한다. 그의 말씀은 모든 선의 총괄개념이며 충만이다. 그 이유는 하나님 자신이 선하기 때문이다. 그러므로 인간이 하나님 말씀을 듣고 이 말씀을 듣는 자로 행동하는 한, 그는 선하게 행동한다. 듣는 자로서의 이 행동에서 인간은 복종적이다. 복종이 어째서 선한가? 복종은 들음에서 오고, 그것은 듣는 자의, 곧 하나님 말씀을 듣는 자의 행동이기 때문이다. 하나님의 담화가 선하고, 하나님 자신이 선하기 때문에 그것은 선하다.

우리는 이렇게 말할 수도 있다. 그가 하나님에 의해 책임을 맡게 된 자로서 행동하는 한 인간은 선하게 행동한다. 하나님에 대한 책임 가운데 행동한다는 것은 구속되어 행동한다는 것을 뜻한다. 우리 자신의 답변, 자발적 답변이 하나님이 우리에게 말한 것에 대한 것인 한에서만 우리 행동은 자유롭다. 답변으로서 그것은 구속받고 있다. 이런 구속 가운데서 그것은 선한 행동으로 일어난다. 그러므로 그것의 선함은 어느 경우든 그것의 책임성에 있다. 책임적 행동은 선하다. 그 이유는 하나님의 담화, 하나님 자신이 선하기 때문이다.

우리는 또한 이렇게도 말할 수 있다. 인간이 그리스도인으로 행동하는 한, 그는 선하게 행동한다. 그리스도인이란 하나님이 예수 그리스도 안에서 그 자신을 받아들였고, 영원한 말씀으로서의 예수 그리스도 안에서 그에 대해 결정이 내려졌고, 그가 시간 속에서 말해진 하나님 말씀으로서의 예수 그리스도를 통해 그와의 계약을 맺도록 부름받았음을 아는 자임을 뜻한다. 그가 이것을 앎으로써, 그가 예수 그리스도와의 이런 대립, 함께함을 통하여 하나님에 의해 "심판받음"으로써, 그의 행동 역시 "심판받은" 행동이 된다. 이 "심판받음"에 그의 선함이 있다. 그러므로 그의 선함은 이 대립과 함께함에서 온다. 예수 그리스도 안에서 영원하고 시간적인 사건이 된 하나님의 말씀이 선하고, 하나님 자신이 선하기 때문에 그의 행동은 선하다.

이것은 윤리적 문제에 대한 가장 원칙적이고 단순한 형태로서의 신학적 답변이다. 이것이 신학적 윤리학의 총체요 총괄 개념이다. 윤리적 문제에 대한 이런 신학적 답변의 특징은, 그 답변이—또한 인간 행동의 선함에 대한 물음에 답변함으로써—인간을 본래 하나님의 말을 듣는 자로 이해한다는 데 있다. 따라서 그 답변은 그의 행동의 선함에 관해서는 다만 그로부터 눈을 돌려 하나님의 말씀, 하나님 자신을 지시할 따름이다. "본래"란 하나님의 영원하고 시간 속에서 시간이 된 은혜로부터, 하나님에 의해 결정되었고, 그에 의해서 세워진 이제 어떤 반대, 어떤 부정에 의해서도 다시는 철회될 수 없는 그의 은혜의 통치로부터를 뜻한다. 우리가 인간을 여기서부터 이해함으로, 이해하기 때문에, 우리는 그의 행동의 선함에 관하여 긍정적으로 답변해야 하되, 우리가 인간으로부터 눈을 돌려 하나님 말씀, 하나님 자신을, 구체적으로 말해서 하나님의 계명을, 명령자로서의 하나님을 지시함으로써 답변해야 한다. 인간 행동의 선함은 하나님의 명령에 의해 결정되어 있음이다. 우리는 이 명령, 이 결정되어 있음이 어떠한가를 좀더 자세히 고찰해야 할 것이다. 그러나 어쨌든 우리는 선함을 다만 인간 행동의 결정되어 있음에서만, 따라서 다만 이 결정성을 창조하는 하나님의 명령에서, 명령자 하나님 자신에서만 찾을 수 있을 따름이고, 결코 인간 행동 그 자체에서 찾을 수 없다. "오직 하나님밖에 누구도 선하지 않다."(막 10:18) 그런데 우리는 이것이 복음서의 한 명제임을 잘 이해해야 한다. 그러므로 선의 추상적 초월성을 확립하는 것이 아니다. 우리가 이 명제를 받아들임으로써 인간 행동의 선함에 대한 물음을 거부하거나 포기하지 않은 것이다. 바로 이 명제로써 우리는 이 물음을 받아들인 것이다. 바로 이 명제는 그 물음에 대한 긍정적 답변이다. 인간에게 자비로운 하나님은 복음서의 오직 선한 하나님이기 때문이다. 그는 초월적 존재가 아니고 또한 선의 초월적 존재도 아니다. 그는 영원 전부터 스스로 인간을 향하고 스스로 인간에 대해 책임을 지도록 결정하였다. 그는 인간에 대한 그의 이런 자기 결정에 근거하여 행동했고, 여전히 행동한다. 그리고 바로 이런 그의 자기 결정 속에서, 이런 그의 행동 가운데서—인간을 배제하지 않고 오히려 포용함으로써—하나님은, 그만이 홀로 선하다. 그는 인간에 대한 그의 자비의 영원한-시간적 행위 속에서 선하다. 그는 예수 그리스도 안에서 그렇다. 우리가 인간 행동의 선함에 대하여 물을 때 하나님의 명령, 하나님 자신을 지시한다면, 우리는 어떤 신을 지시하는 것이 아니라 이 하나님, 복음서의 하나님을 지시하는 것이다. 이 하나님을 지시하는 것보다 이 물음에 대한 보다 적극적인 답변은 없다. 그 이유는 이렇게 함으로써 인간으로 눈을 돌리게 하기 때문이다.

　이 하나님의 명령이 사건이라는 것과 어느 정도 사건인가를, 신학적 윤리학은 제일 먼저 지시해야 하고 근본적인, 모든 것을 포괄하는 명제로서 전개해야 할 것이다. 이것이 우리가 여기, 신론의 범위 안에서 직면하고 있는 특별한 윤리적-교의학적 과제이다. 우리는 신학적 윤리학의 지배적 원리, 하나님의 성화하는 계명을—우리가 하나님을 다만 행동하는 하나님으로만 인식함에 상응하여—하나님의 행동, 그리고 따라서 한 사건, 존재하는 현실이 아니라 생성하는 현실로 이해해야 한다는 사실에 아무리 비중을 두어도 부족함이 없을 것이다. 우리가 이 현실을 이렇게 보지 않으면, 그것을 전혀 보지 못한다. 우리가 그것을 보편적 이론의 안전한 항구로부터 보려고 한다면, 그것을 보지 못한다. 우리가 어떤 존재를 통찰한다고 믿고 이 존재에서 이런 저런 당위를 추론할 수 있는지, 어느 정도나 할 수 있는지를 묻는다면, 이 현실을 보지 못한 것이다. "하나님의 계명이 있다"는 명제는 우리가 상관하는 사태를 매우 불충분하게 표현한 것이 된다. 우리는 이 명제를 부정해야 할 것이다. 아니다, 하나님의 계명이란 "있지" 않다! "있는" 것 자체는 하나님의 계명이 아니다. 오히려 하나님이 계명을 주고 자신이 우리에게 명령자가 된다는 것이 사실이다. 하나님의 계명, 하나님 자신이 자신을 인식하게 하고, 그가 이렇게 함으로써 그는 청취되며 인간은 책임을 지게 되고, 그는 예수 그리스도와 대립하고 함께하게 되며, 그의 행동에 저렇게 결정된다. 하나님의 계명은 인간 행동의 선함에 결정이다. 그것은 하나님의 행동으로서 인간 행동에 선행한다. 전혀 정지되지 않고 생성하는 이 현실, 전혀 보편적이 아니라 매우 특별한 이 현실에 근거하여 신학적 윤리학은 윤리적 물음에 답변하려 한다. 그것의 이론은 전적으로 이 실제의 이론이다. 이 이론이 일어나기 때문에, 이 이론이 이 실제에 대한 관심에서 벗어날 수 없기 때문에, 신학적 윤리학은 이 실제를 관찰하는 가운데 그 개념들을 형성한다. 그리스도교 교회의 근거를 이루는 것이 하나님 말씀의 실제이니, 이것에 비추어서 교회 내에서 믿고 복종하고, 이것에 비추어서 신학 전체가 그 존재 권한과 그 존재의 필요성을 가진다. 하나님이 인간에게 그의 계명을 줌으로써, 그 자신이 인간에게 명령자가 됨으로써, 그는 인간을 자신을 위해 요구하고, 그에 대해 결정을 내리고, 인간에 대한 심판이 이루어진다. 그리고 바로 이로써 그는 인간을 성화하고, 하나님 자신인 선한 것이 인간 존재의 영역 속으로 들어온다. 하나님의 계명을 이 요구, 이 결정, 이 심판으로 이해하는 것은 그러므로 우리의 첫 번째 과제, 우리의 현재 상황 속에서 해결해야 할 과제가 될 것이다.

이런 근거를 전제하면서, 교회교의학의 후반부의 문맥 속에서 어느 정도 하나님의 이 계명이 실제로 인간을 지향하는가를 세부적으로 분명히 밝혀야 할 것이다. 하나님 말씀은 또한 그의 계명으로서 창조 행위, 화해 행위, 구원 행위 속에서의 그의 진리와 현실에 대한 말씀이다. 우리는 또한 그의 말씀이 주 예수 그리스도의 나라를 자연의 나라, 은혜의 나라, 영광의 나라로서 계시한다고 말할 수도 있다. 우리는 또한 그의 말씀이 하나님의 시간 전 영원, 동시적 영원, 시간 후 영원을 드러낸다고 말할 수도 있다. 우리는 또한 그의 말씀이 우리에게 우리가 하나님을 위해 결정되어 있음, 우리가 그와 관계함, 우리의 완성의 목표가 그 안에 있음을 설득한다고 말할 수도 있다. 그의 말씀은 또한 하나님의 계명으로서 이런 삼중적 의미, 내용을 가진다. 하나님의 계명 개념은 창조자 하나님의 계명, 화해자 하나님의 계명, 구원자 하나님의 계명 개념을 내포한다. 이 세 개념은, 신학적 윤리학을 통하여 그 윤리적 내용이 설명되고, 반복 정리되어야 할 교의학의 기본 개념과 동일하다. 이 개념들은 은혜로써 인간을 자신과 계약을 맺도록 선택하는 하나님의 행위를 간략하게 나타내며, 이로써 또한 그가 그것을 통하여 인간을 자신을 위하여 거룩하게 만드는 그 계명을 나타낸다. 물론 여기서는 그리스도교의 한 가지 진리, 통찰의 세 부분, 혹은 세 단계를 말할 수 있는 것이 아니라, 도리어 삼위일체론에서처럼 이 세 개념으로 세 번 하나의 전체를 말해야 한다. 여기서 예수 그리스도는 그 안에서 일어난 화해의 지배적 중심에서부터 또한 창조와 구원의 전제요 총괄 개념이기도 하다. 오직 한 하나님만이 있듯이 하나님의 한 계명만이 있다. 그러나 한 하나님 자신이 부요하고 다양하듯이, 또한 그의 한 계명도 자체적으로 다양하고 그것을 인식하기 위해서는 한 길이 있다. 우리가 저 세 개념을 강조할 때, 우리는 하나님의 계명의 이 내적 다양성을, 그것을 인식하기 위한 이 길을 생각한다. 우리는 묻는다. 하나님 말씀 안에, 하나님 말씀에 따라서 사는 인간, 즉 예수 그리스도 안에서 하나님에 의해 선택되었고 받아들여진 인간, 그런 자로서 또한 하나님의 계명을 받는 인간은 누구이며 무엇인가? 우리는 이 인간을 다윗과 아담의 아들인 예수 그리스도 자신의 인격에서 발견한다. 그는 하나님의 형상으로 결정되고 창조되었으나 그 다음에 인간의 죄를 지는 자이며, 그것 때문에 심판받은 자이며, 그리고 바로 이 심판에서 이 심판과 더불어 하나님의 아들로서 사랑받는 자, 확증된 자이며, 마지막으로 부활함으로 하나님 오른편에 앉음으로써 하나님 형상을 실현하고 계시하고 하나님의 영광 속으로 올리어진 자이다. 인간 예수 그리스도의 이 삼중적 결정에서 우리는 저 세 개념의 뿌리를 인식한다. 그리고 이제 우리가 인간 일반을 그리스도의 인간성에서부터 이해할 때, 우리는 그를 하나님의 피조물로, 하나님에 의해 사면받은 죄인으로, 도래하는 하나님 나라를 상속할 자로 이해해야 한다. 우리가 우리 자신을 어떤 인간 이념의 거울에서가 아니라 모든 진리의 근원인 하나님 말씀의 거울에서 인식하는 한, 우리는 우리 자신을 이 관계에서 인식하는 것이다. 그리고 심리학 혹은 사회학에서 차용한 보증되지 않은 개념의 틀 안에서가 아니라, 이 관계에서 얻어진 개념의 틀 안에서 또한 우리의 성화도, 또한 하나님 계명의 요구, 결정, 심판의 의미도 이해되어야 한다. 이 삼중 관계 속에서 우리는 우리 자신이 하나님의 계명 아래 놓여 있음을 인식한다. 그러므로 우리가 신학적 윤리학의 진술의 주어는 아니지만 그러나 술어가 되는 것이 성화된 인간이라고 말한다면, 우리는 어떤 일반적인, 추상적인 인간 개념이 아니라 구체적-그리스도교적 인간 개념을 전제하는 것이다. 그는 하나님의 피조물이다. 그는 은혜를 받은 죄인이다. 그는 하나님 나라의 상속인이다. 그는 이 모든 자로서 하나님의 계명을 받는다. 이 모든 관계에서 하나님의 명령은 그의 행동의 선함의 원리이다. 하나님의 한 온전한 계명이 이 삼중적 관계를 가진다. 한 온전한 인간이 하나님 말씀 안에서, 그 말씀에 따라 사는 것처럼, 이 삼중적 관계 속에 있다. 우리는 교의학의 주요 개념의 연관성, 독자성, 또한 총체성에 상응하여 윤리학에서도 다른 두 관계에 대하여 한 관계를 고립시킬 수 없고, 우리는 어떤 것도 조직적으로 선호할 수 없고, 또한 어떤 것도 조직적으로 불이익을 줄 수 없다. 오히려 우리는 각각을 다른 것과의 연관 속에서 이해해야 하고, 각각을 그것의 독자성 안에서, 그것의 총체성 안에서 이해해야 할 것이다.

그리스도교 윤리학의 역사는 창조, 화해, 구원에서, 자연, 은총, 영원한 영광에서 출발하고 거기에 상응하여 일방적으로 치우친 사고들 사이의 허다한 논쟁에 대해 말한다. 이 논쟁 밑바닥에 깔려 있는 운동은 필연적이다. 그러나 성화의 다양한 관계들 중 한편을 위한 작용과 반작용, 또 다른 쪽을 위한 작용과 반작용은 필연이 아니고, 오히려 그것이 역사적으로 볼 때 종종 아무리 중요했을지라도 근본적으로 위험하다. 우리는 그 논쟁들을 역사적으로 의미심장한 것으로 이해해야 하고, 그것의 관심사를 주목하고 숙고하고 수용해야 할 것이다. 그러나 우리 편에서는 그 논쟁에 휘말리지 않도록 주의해야 하고, 여기서 필연적이고 가능한 관점들 중 어느 하나 혹은 다른 것을 받아들이고 다소 간에 절대화하는 경직성과 열광주의를 피해야 할 것이고, 그럼으로써 역사로부터 배워야 하고, 역사에 대해 정당해야 할 것이다.

또한 여기서는 이 세 관점을 조직적으로 일체화할 수는 없다. 그 이유는 하나님의 명령을 결코 그 자체로 인식할 수 없고 다만 그것의 관계성 속에만 인식할 따름이기 때문이고, 하나님의 다양성은 분명히 그의 일체성 속에서 스스로 해체되지 않는 것처럼 그의 일체성은 그의 다양성 속에서 자신을 상실할 수 없기 때문이다. 오히려 하나님은 경직된 일원성 속에서 죽어 있는 것이 아니라 그의 삼위일체적 본성의 다양성, 그의 내면적 완전성의 다양성, 또한 그의 말씀과 역사의 다양성 속에서 살아 있는 것에 상응하여, 우리는 또한 그것의 관계를, 일단 걸어야 하고 그 위를 걸음으로써 다만 그의 일체성도 드러날 수 있는 그런 길 위의 단계들로서 이해하고 주장하려 시도함으로써, 그의 명령을 인식해야 할 것이다. 그러므로 한 체계를 조망하는 것이 아니라—이런 저런 관점에서부터가 아니며 또한 이 한 관점을 능가하는 제4의 장소에서부터도 아니다.—하나님의 내면적 삶에 맞추어서 이 인식의 길을 끝까지 달리는 것, 이 인식 운동의 완수가 특별한 신학적 윤리학의 나중 과제가 될 것이다. 여기서는 실제로 하나님의 명령이 어느 정도 인간을 향하고 있는가, 인간에 대한 하나님의 결정이 그의 명령에서 어느 정도 일어나는가를 지시하게 될 것이다. 신학적 윤리학은 교의학이 그것의 주요 개념을 통해 지시된 길 위에서 실행한 운동을 똑같이 반복하는 것이 된다. 단 한 가지 차이는—차이는 내용적으로나 방법적으로가 아니라 순수 사실적이고 실천적이다.—거기서는 하나님의 계명으로서의 하나님 말씀의 성격에 대해, 인간의 요청받음에 대해 특별한 관심을 갖고 묻는다. 그렇기 때문에 일반 윤리학이 여기 신론의 마지막 장을 이룬 것처럼, 윤리학은 교의학의 각 부분마다 마지막 장으로서 진술되는 것이 가장 좋다.

§ 37
하나님의 요구로서의 계명

하나님이 예수 그리스도 안에서 우리에게 자비롭기 때문에, 그의 계명은 그것이 제기될 때 우리에게 힘을 가지는 요구로서, 우리가 우리 모든 행위에서 하나님의 행위가 의롭다는 것을 인정하도록 요청하며, 우리가 이런 그의 요청에 자유롭게 복종하기를 원한다.

1. 하나님의 요구의 근거

Mihi Deo adhaerere bonum est. "하나님에게 집착하는 것이 나에게 선이다." 모든 다만 절반쯤 진지한 의도를 가진 윤리학이 의식적이든, 무의식적이든 이 명제를 지향한다면, 왜 이것이 선인가 하는 물음, 곧 하나님의 요구의 근거에 대한 물음에서 의견의 대립이 있을 것이다. 하나님은 왜 인간에 대해 권한을 그러므로 요구권을 가지는가? 그는 어디서 인간에 대한 권세를 가지는가? 인간은 왜 그에게 복종해야 하는가? 왜 하나님이며 다른 법정이 아닌가? 하나님이 인간에 대한 요구권을 가진다는 것, 인간의 행위가 그 아래 있는 계명은 실제로 하나님의 계명이며, 제일 먼저 그리고 궁극적으로 우리에게 하나님에게 집착하도록 명령한다는 것은, 이것이 그 자체로 진실로서 확고하다면, 저 '어째서'에 단호한 '그러므로!'가 대립됨을 통하여, 인식론적으로 어떤 다른, 상반된 주장들과는 구별되어야 할 사실이다. 인간이 바로 하나님에 대해 지시받고 하나님에게 묶이게 되는 이 '그러므로'는 어떤 것인가?

이렇게 말할 수 있다. 하나님은 만물 위에, 만물 속에 있는 능력이며, 존재하고 생성하는 만물 안에서 통치하는 필연성이다. 우리는 이 필연성의 존재와 작용을 예감하고 경험하며, 우리는 또한 이 필연성을 사고할 필요가 있는 것으로 인식해야 하고, 인간은 분명히 이 필연성에 예속되어 있고, 필연성에 굴복하는 것이 그에게는 가장 최선이다. 그 이유는 그것은 불가피하고, 그는 이런 굴복에서 벗어날 수 없으며, 그가 그것에 굴복하려 하지 않는다면 다만 스스로 자신에게 고통을 줄 따름이고, 이로서 그의 실제적인 예속 상태를 바꿀 수 없기 때문이다. 이제 하나님은 실제로 또한 이 능력이다. 그에 대한 복종은 실제로 또한 그의 초능력에 대해 굴복함이다. 그러나 이것으로는 우리의 복종에 대한 그의 요구의 궁극적이고 결정적인 근거를 아직 말하지 않았다. 행성들이, 떨어지는 돌이, 살아 있고 죽어가는 짐승이, 온 우주 가운데서, 그 경로에 얽혀 있는 인간의 내적, 외적 운명까지도 만물 속에, 만물 위에 있는 능력인 하나님에게 예속되어 있고 이 예속에서 벗어날 수 없다면, 이 모든 것으로써는 아직 하나님의 요구의 근거, 이 요구에 대한 인간 복종의 근거를 말하지 않았다. 인간은 어떤 능력에 의해서—그것이 그에 대해서 절대적인 초능력일지라도—지배받고 결정됨으로써는 아직 인간으로서 도달하지 않았고 아직 영향받지 않았고, 아직 실제로 그에 대한 요구의 인정, 이 요구에 대한 복종을 의미할 이런 굴복을 강요받은 것이 아니다. 능력으로서의 능력에 인간으로서의 인간이 자유롭게 대립해 있다. 인간은 그것에 굴복할 수 있고 그것에 의해 파멸될 수도 있다. 그러나 그는 그것에 대해 복종할 의무가 없고, 아무리 초월적인 능력일지라도 그에게 복종하도록 강요할 수 없다. 아무리 위풍당당할지라도, 아무리 유능할지라도, 능력으로서의 능력은 신적 요구권이 없다. 비록 자신이 몰락하는 가운데서라도, 능력으로서의 능력에 대해 자기 자신을 유보하는 것은 인간의 가능성이 아니며, 그의 권한, 그의 권위를 주장하는 것이 아닐 뿐 아니라, 오히려 그가 인간으로서 그의 존재로써 성취해야 할 책임이다. 바로 하나님에 의해 요구된 인간, 바로 그에게 하나님이 너무나 강하고, 하나님에 의해 정복된 인간은, 그가 그의 본연의 자유 안에서 하나님을 위해 결정되어 있으며, 그 본연의 자유 안에서 스스로 하나님을 위해 결정했다는 사실을 통하여 떨어지는 돌과 구별될 것이다. 그가 스스로 하나님을 위해 결정함으로써, 그는 모든 능력으로서의 능력에 복종하는 것에 반대하기로 결정했다. 그렇게 함으로써만 그는 전능한 하나님의 능력에 굴복하였고 예속되어 있다. 이 결정에서 출발하는 자는 자유를 안다. 그는 모든 "권세들에도 불구하고 자신을 보존할" 것이다. 그는 여기서 그의 예정을 실현한다. 능력으로서의 능력은 결코 그의 복종의 근거가 될 수 없다. 그 이유는 이 요구가 전능자 하나님의 요구임에도 불구하고 그것은 그에 대한 요구의 근거가 아니기 때문이다.

슐라이에르마허의 이론의 불만족스러운 점은 이런 쪽에서 요구와 복종의 본성에 대한 그릇된 인식에 있다. 그의 이론에 따르면 그리스도교를 포함한 모든 종교는 "절대적 의존 감정"의 개념이라는 공통 분모로 환원될 수 있다는 것이다. 우리는 또한 비그리스도교적 종교도 실제로 이 공통 분모로 환원될 수 있는지 의문이다. 설령 그렇다고 하더라도, 이로써는 바로 이 관점 아래서는 실제로 그렇듯이, 모든 종교의 가치와 의미가 인간의 가치와 인권의 관점에서부터 부정되었는지가 설명될 따름이다. 그러므로 모든 종교가 이런 근거를 가지는 한, 절대적 의존 감정의 한 양태인 한에서, 저 관점에서부터 부인되고 반박되고 거부되어야만 한다는 것이 입증된 셈이다. 종교가 이 기초에 근거하는 한, 인간 본성에 대한 폭력 행위이다. 이 행위는 어떤 인도주의적 차원에서만이 아니라 그리스도교적 통찰에 의하면 관용되어서는 안 되며 저지되어야 한다. 왜냐하면 이런 종교는 모든 자의, 독재를 수립함에, 또한 하나님에 대한 가장 철저한 불순종에 문을 열어주는 것이기 때문이다. 또한 그리스도교 신앙도 절대적 의존 감정의 특별한 결정 외에 다른 것이 아니라면, 이로써 그리스도교 신앙도 종교에 대한 인간의 깊은 곳에 근거한 회의에서 예외가 될 수 없다는 것이 확증될 뿐 아니라, 또한 이 회의는 근본적으로 또한 그리스도교 신앙에 대해서도 타당하며, 인간성의 이름으로 또한 그리스도교 신앙에 대해서도 항거해야 한다는 것이 확증될 것이다. 슐라이에르마허의 인도주의가 결국 하나님에 대한 인간의 관계에 대한 비인도주의적 관념으로 절정에 달하며, 바로 인도주의의 이름으로 그의 종교 이론에 대해 항거해야 한다는 것은 매우 특이한 일이다. 그러나 사실이 그렇다. 프로메테우스는 일단 제우스에 대해 정당했다. 스토아가 그 자신의 "운명" 이론에 자유롭게, 불요불굴 입증되어야 할 인간 정신과 감정의 무격정 이론을 대립시킨 것은 정당했다.

"세상이 힘없이 무너진다면 무너진 것들이 두려움 없는 자에게 떨어질 것이다."

그리고 괴테가 모든 진부하고 전혀 그리스도교적이 아닌 그리스도교, 그리고 모든 일상적인, 세속적 어리석음에(하르낙[A. v. Harnack]이 특히 사랑한) 다음의 고백을 대비한 것은 정당했다.

오라! 당신에게 약속하고자 한다
깊은 고통에서 구원을
들보와 기둥을 부술 수 있으나
자유로운 마음은 그럴 수 없다
영원한 생이 살아 있다
그것은 곧 온전한 인간이다
그 안에 욕망과 열정이 움직인다
아무도 그것을 억누를 수 없다.

이 모든 것이 옳게 말해졌고 이것은 오늘은 어느 때보다도 큰소리로 말해져야 한다는 것은, 인간에 대한 하나님의 현실적인 요구의 진정한 근거를 인식할 때 비로소 또한 이해될 수 있다. 그리스도교 신앙에도 불구하고가 아니라, 그리스도교 신앙의 빛에서 저 이교도들에 대해 말한 것처럼, 이 모든 것이 정당하다는 것, 이 모든 것이 모든 종교적 감정에 반해서 덜한 것이 아니라 훨씬 더욱 분명하게 말해져야 한다는 것이 확정되어야 한다. 하나님의 요구의 근거는, 하나님이 인간을 정복하고 분쇄하고 진멸할 수 있음에 있지 않다. 하나님은 모든 것으로도 인간을 복종하도록 강요할 수 없으며, 그는 실제로 단 한 인간도 강요하지 않았다. 그가 인간에게 강요하는 것은 인간의 복종이 아닐 것이다. 하나님이 인간을 강요함으로써 인간에 대한 그의 요구는 무근거할 것이며, 그는 지옥 가운데서도 부인되고 경멸받을 것이다.

더 나가서 하나님은 영원한 선 자체, 선의 본성이며, 이 인간 자신이 인간으로서 본래 하나님에 참여하는 한, 그가 그 자신을 위하여 어떤 의미와 정도에서 선을 의지하고 행하려 하며, 그래서 또한 하나님을 향한 도상에 있고 따라서 본래 하나님을 의지하도록 되어 있는 한에서, 하나님은 인간을 자신을 위해 요구한다는 것을 말할 수 있다.

사실 하나님은 영원한 선이며, 그는 인간을 요구함으로써 그 자신이 그런 자임을 입증하고, 인간에게 자기 자신에 참여하도록 허락한다. 그러나 우리는, 이것이 사건이 되는 요구의 근거에 대해, 하나님이 스스로를 인간과, 인간을 자기 자신과 이런 관계에 놓음에서 어떤 품위와 권위로써 그렇게 하는지에 대해 묻는다. 그가 영원한 선이라는 것은 이 관계에서 이 요구에 대한, 인간의 복종에 대한 결정적인 근거가 아니다. 그 이유는 인간이 하나님에, 그러므로 선에 참여한다는 것이—이것은, 이 요구에서 사건이 되는 것으로 이해되어서는 안 된다.—인간은 자기 자신 안에서 신적 선을 발견하지 못하고, 이 선을 그의 피조성의 한계 안에서 의지하고 행하려 하지 않고, 따라서 결코 본래 하나님을 향한 도상에 있지 않고 결코 자기 자신 때문에 하나님에게 의지하도록 떠밀리거나 강요받지도 않는다는 사실에 대립되는 단순한 주장이기 때문은 아니다. 본래 그에게 있는 것은 오히려 하나님과 같이 되고자 하는 욕망("동경")이다. 그는 이 욕망 때문에 하나님의 본질적 선에 참여하지 않을 뿐더러 오히려 그것에 대해 자기 자신을 차단한다. 그렇다면 이것이 어떻게 그에 대한 하나님의 요구의 근거가 될 수 있으랴? 그가 이 욕망 가운데서 의지하고 행하려 하는 것은 그의 피조성의 한계를 극복하려는 것이다. 따라서 그가 처해 있는 길은 하나님에 대항하는 전투의 길이다. 영원한 선인 하나님과 인간 사이에는 하나님 편에서의 경멸과 인간 편에서의 질투의 관계는 성립할 수 있으나, 그러나 하나님 편에서의 요구와 인간 편에서의 복종의 관계는 성립할 수 없다.

우리는 무기력하게 하나님의 유사성을 갈망하며 그것을 위해 노력하는 인간들, 그리고 이 인간들에게 차갑게 그들의 한계를 지적하는 신들을 묘사한 헬라의 비극 작가들이 플라톤이나 모든 플라톤주의자들보다 더 깊이 통찰한 것이 아닌가를 물어야 한다. 플라톤에게서는 한편에는 영원한 선의 절대적 초월성에 대한 인간의 항거가, 그것을 취하고자 하는 인간의 욕망, 다른 편에는 이런 시작에 대한 신의 진노가, 궁극적으로 선한 것은 무한한 것에서 반영되고 재인식되듯이 원래 존재하는 선은 평화롭게 유한한 것에서 반영되고 재인식되는 상호간의 "참여"로 재해석된다. 이런 변형의 조화가 부정하게 달성되었다는 것은, 이 변형의 틀 속에서는 신의 진정한 요구의 근거를, 인간의 진정한 복종의 근거를 입증하는 것이 가능하지 않다는 데서, 이런 범주는 이런 변형에 낯설며 언제나 낯설 것이라는 데서 드러난다. 우리는 여기서부터 비극 작가들의 세계로 돌아와서 적어도 실제적인 균형, 혹은 오히려 불균형을 목도하고 이로써 또한, 신의 요구에 대한 근거는, 신이 영원한 선으로 인식됨으로써도 아직 드러나지 않았다는 것을 보다 분명히 보게 될 따름이다.

그러나 결국 하나님은 "내가 최고의 선으로 선택한" 자족적인 존재 외에 다른 것이 아니라고 말할 수 있을 것이다. "당신은 홀로, 온전하게, 내밀하게, 순수하게, 영혼과 마음과 정신을 만족시키는가?" 하나님에 대한 인간의 적개심은 극복할 수 없는 궁극적 현상인가? 이 적개심에도 불구하고 이 적개심 가운데서, "우리 마음이 당신 안에 안식하기까지 불안하다"는 것이 참이 아닌가? 이 적개심도, 또한 아담의 타락도 이 점을 증언하는 것이 아닌가? 적개심은 결국 인간이 "나에게 최고 선"인 하나님을 "선택함"으로 바뀔 수 있으며, 바뀌어야 하지 않는가? 그리고 객관적으로(그리고 언젠가는 또한 주관적으로도) 하나님 홀로 인간을 만족시킬 수 있음으로써, 또한 인간에 대한 하나님의 요구도 실제로 근거를 가지게 되지 않겠는가? 인간은 하나님 없이는, 그에게 복종하지 않고서는 살아갈 수 없기 때문에 그는 그에게 복종해야 한다. 이제 확실히 인간은 복종 없이는 살 수 없다. 분명히 하나님은, 하나님만이 홀로―그에 대한 모든 적개심에 대해 초월하며, 적개심에도 불구하고―자족적 존재이기 때문이다. 하나님이 우리를 자신을 위해 요구함으로써 또한 우리에게 자기 자신을 통해, 자기 자신 안에서 온전한 만족을 주는 것이 진실이다. 그러나 이제 우리는 여기에 우리에 대한 그의 요구가 근거한다고 행각하지 않도록 주의해야 한다. 하나님과 인간 사이의 관계는 결정적으로 하나님이 인간을 만족시키는 분이며, 그는 인간에게 그런 분으로서 계시하며 인간에게 그런 분으로서 인식될 수 있으며, 인간은(그 편에서 이런 만족을 갈망하고 만족을 하나님 안에서 발견하였음에 근거하여) 그 편에서 하나님을 선택할 수 있다는 데 있다면, 이 관계 속에서는 다만 인간이 그가 선택한 하나님에게 먼저 제기한 요구의 틀 안에서, 요구에 근거해서만 하나님의 요구가 있을 따름이다. 그러므로 모든 하나님의 요구는 결국 이 인간의 요구의 성취의 확증, 조건일 따름이며, 이 요구는 초대의 성격을 가질 수 있을 따름이다. 그러므로 확실히 이 요구는 요구로서 그 자체 안에 근거하지는 않는다. 우리는 결국 우리 자신을 보존하기 원하기 때문에, 원하는 한에서 하나님에게 의지한다.

오늘 하나님을 최고 선으로 선택하는 인간이 내일은 전혀 다른 선을 선택하고자 할 수도 있다. 그렇다면 하나님의 요구는 어디에 남아 있는가? 하나님의 계명이 또한 약속이라는 것, 그것의 이행이 열매를 맺고 보상을 받는다는 것은 여기서 물론 간과되어서는 안 되고 부인되어서도 안 된다. 그러나 우리는 그것의 이행이 이런 결과를 가지며, 그것의 이행이 복락, 하나님과의 친교와 더불어 인간의 삶의 문제에 대한 답변을―그것의 유일한 답변을―가져다준다는 데서 그의 요구의 근거를 찾을 수 없고, 찾아서도 안 된다. 하나님의 계명은(그것의 이행은 이런 약속을 가진다.) 이 요구의 정당성, 능력을 이해하기 위해서는, 그 자체적으로 인식되어야 하고, 그의 요구는 신적 근거를 가진 것으로 이해되어야 한다.

우리가 믿을 수 있는 것은 하나님이며, 그만이 우리를 부르기에 우리는 그의 말을 들을 뿐 아니라 복종해야 한다.―그는 우리에게 명령함으로 우리는 모든 자유 가운데서 그의 명령의 권세를 인정해야 한다. 그의 명령은 그 요구가 효력을 가지며, 우리 자신 스스로 요구받음을 발견하기를 우리에게 요구한다. 우리가 묻고 있는 이 의무의 능력은 실제로 믿을 수 있음의 능력이다.

이 의무, 그러므로 하나님의 요구의 정당성과 사실적 근거는 우리가 믿는다는 데서 시작되지 않으며, 그것에 의해 제약받거나 한정되는 것이 아님을 잘 이해해야 한다. 주지하다시피 한 원이 있다. 루터는 즐겨 이것에 대해 말했다. 하나님과 믿음, 믿음과 하나님은 모두가 "함께" 속한다. 여기서 하나님은 인간을 위해 있으며, 인간은 하나님을 위해 있을 것이다. 여기서 하나님의 신성은 인간을 위해, 인간의 인간성은 하나님을 위해 사건이 된 하나님에 대한 믿음의 특별한, 직접적인, 개인적인 만남, 운동의 빛과 능력 속으로 들어온다. 이 원에는 또한, 하나님의 요구가 특별히 인간에게 선포되고, 인간은 이 요구를 특별히 듣는다는 것도 들어간다. 그러나 우리는 이 요구의 근거, 정당성에 대해, 하나님의 계명이 저 원 안에서 선포되고 청취될 때의 위엄에 대해 묻는다. 이 위엄 자체는 그 원 안에서 작용하지만, 그러나 그 속에 포함되어 있지 않다. 따라서 그것은 다만 위엄일 따름이고, 따라서 하나님의 계명은 어떤 의미에서 하나님이 인간과 특별히 만나고 인간이 특별히 하나님에 의해 요청받음을 통하여, 이 위엄을 획득하기를 기다려야 한다. 또한 저 원에서 능력 있는 것으로 입증되는 믿음의 근거 자체는 저 원 밖에 있다. 또한 이것이 어떤 인간을 위한 특별한 사건이 되기 전에, 이것이 실현되기 전에, 하나님과 인간 사이의 특별한 관계에서 하나님 자신은 이미 먼저 하나님이며, 실로 우리를 위한 하나님이다. 이런 특별한, 직접적인, 개인적인 만남, 운동의 빛과 능력이 위로부터 이 원 속으로 떨어진다. 그것은 언제나 그 자체로 빛과 능력이며, 또한 이 원 안에서도 그렇다. 그렇기 때문에 여기서 그것은 밝은 빛이며, 그러므로 그것은 여기서 항거할 수 없는 능력이다. 그것은 그러나 여기서 일어나는 일에 구속받지 않으며, 그것에 한정되어 있지 않다. 하나님의 계명의 위엄도 마찬가지이다. 그것은 믿음의 각성, 일깨움이 아직 있지 않은 곳에서도 위엄이다. 거기서, 오직 거기서만 위엄은 그런 것으로 인식된다. 그 위엄이 그런 것으로 인식되지 않은 곳에서도 위엄은 유효하고 존립한다. 그럼에도 불구하고 우리는 그것을 우리가 믿을 수 있는 하나님의 위엄으로서 결정할 때 가장 잘 정의하는 것이다.

여기서 그것은 위엄이 아닌 모든 것과 구별된다. 능력으로서의 신성, 본질적 선으로서의 신성, 우리가 거기서 만족을 발견하는 신성—이 모든 것은 우리가 믿을 수 있는 하나님은 아니며, 따라서 우리를 실제로 요구하는 하나님도 아니다. 참된 하나님의 본성 일반이 그가 우리가 믿을 수 있는 하나님이라는 사실을 통해 결정되고 특징지어지는 것처럼, 또한 그의 요구의 탁월성과 권위, 그 근거와 정당성도 그렇다. 우리가 하나님을 믿을 수 있음으로써, 그의 요구는 그가 우리에게 한 불가해하고도 측량할 수 없는 선물에서부터 결과하는 의무의 위엄과 권위로 우리와 대면한다. 하나님은 우리에게 자신을 선사했다. 그는 우리 위에서 능력이 있는 것만이 아니다. 그는 본질적 선만이 아니다. 그는 우리의 완전한 만족인 것만이 아니다. 그는 우리에게 자신을 주었다. 그는 우리에게로 자비롭게 얼굴을 돌렸다. 그는 자신을 우리 것으로 만들었다. 그는 그의 신적 선함으로써 채우면서 우리를 위해 개입했다. 그는 그의 온전한 신성 가운데서 우리를 위한다. 그는 우리 없이도 존재할 수 있음에도 불구하고 우리 없이 존재하기를 원하지 않았고, 원하지 않는다. 그는 우리에 대해 적대함이 정당함에도 불구하고 우리에 대해 적대하기를 원치 않았고, 원하지 않는다. 이것이 우리가 믿을 수 있는 하나님이다. 설령 우리가 아직, 혹은 더 이상 그를 믿지 않을지라도, 이것이 그런 하나님이다. 우리는 그를 믿을 수 있음으로써, 이 할 수 있음이 우리에게 열리고, 우리가 그를 사용함으로써, 그를 이런 하나님으로 인식한다. 그러나 그는 이 사건 이전에, 이 사건 넘어, 우리가 이 사건에서 얻는 모든 지식 이전에, 지식 넘어 여전히 언제나 이런 하나님이다. 그는 한, 참된 하나님으로서 이런 하나님이다. 그 옆에는 다른 신이 없고, 모든 신들은 아무것도 아니다. 그가 이런 하나님이라는 사실에서부터 비롯하는 것은, 그의 요구의 탁월성과 권위, 그 근거와 정당성, 그의 계명의 유효성, 모든 다른 계명의 헛됨, 우리가 그를, 그의 계명에 구속되어 있음의 자유이다. 또한 거기서 비롯하는 것은 바로 그의 의지에 대한 복종의 절대 특별한 의무이다.

모든 것이 예수 그리스도 안에서 실현되었다. 율법은 완전히 복음 안에서 결정되었다: 복음 옆에, 밖에 있는 제2의 것, 복음에 선행하거나 혹은 복음에 뒤따라오는 이질적인 것이 아니라, 오히려 복음 자체가 우리에게 향하는 요구이고, 그것이 우리를 향한 요구의 형태를 가지는 한에서 복음 자체. 우리가 그것에 복종하지 않고서는 실제로는 들을 수 없는 복음. 예수 그리스도는 우리가 하나님에 의지하여 믿을 수 있는 근거, 빛과 능력이 내주하는 말씀, 우리를 움직여 이것이 일어나도록 만드는 능력이기 때문이다. 그 자신이 복음이다. 예수 그리스도 자신이, 그 안에서 하나님이 우리에게 자기 자신을 선사하고자 하는 본질적 의지의 결정이요 수행이다. 이것이 우리가 믿을 수 있는 하나님의 은혜이다: 예수 그리스도 안에서 영원한 말씀이 육신이 되었고, 하나님이 하나님이기를 중단함이 없이 우리와 같은 인간이 되었고, 그가 자신의 신성과의 혼합되지 않으나 해체될 수 없는 일체성 속으로 우리의 인간성을 받아들였다는 것. 그 인간성은 우리 죄를 인하여 어두워졌고 파괴되었으며 따라서 죽음의 서주에 떨어졌으니, 이것은 인간성의 능력이나 품위나 혹은 다른 무엇 때문이 아니라 그 자신이 그것을 기뻐하고, 그 자신의 불가해한 자비 때문이었다. 이것이 하나님의 은혜이다: 우리 인간성이 더 이상 홀로, 더 이상 자기 자신에 내맡겨져 있는 것이 아니라, 그것이 예수 그리스도 안에서 하나님의 신성 속으로 받아들여졌고, 그것이 그것 안에서 고양되었고, 깨끗하게 되고, 하나님의 형상으로 변모한 것. 이것이 이 하나님의 은혜이다: 진정으로 우리의 모든 인간성이 어떤 빈 공간 안에 불특정한 장소에서 방황하지 않고 예수 그리스도의 인간성, 따라서 하나님 자신의 인간성과 이웃하고, 그것과의 형제적인 교제 속에 있음이다. 우리는 예수 그리스도 안에서 우리의 인간성을 위를 향하여 열려 있는 것으로, 위로부터 조명을 받고, 정화되고, 보존되고, 지탱되는 것으로 볼 수 있고, 하나님에 의해 버림받지 않았고 오히려 그 자신을 긍정하듯이 모든 것을 꿰뚫는 사랑 안에서 긍정되는 것으로 볼 수 있다. 이런 관점은 단순한 이론이나 환상이 아니고, 단순히 도덕적 귀감이 아니라 이렇게 사랑받음에 대한 우리의 자세에 있어 아무 유보 조건 없는, 우리 자신의 공로나 행위를 고려치 않는 우리 인간 존재의 진실이다. 이것이 이 하나님의 은혜이다: 그 자신이 예수 그리스도 안에서 우리 육신을 취함으로써 우리 대신 육신에 대한 심판과 형벌을 떠맡았으니, 이것 없이는 우리가 그에게로 올라가는 것은 불가능하다. 그 자신은 우리의 오만함과 불경건을 포기하였고, 알렸고, 우리에 거슬러 자신의 의를 관철하였고, 필히 죽어야 할 우리의 독선을 자기 자신의 죽음에서 감당하고 실천하였다. 그 자신이 우리를 위하여 믿음의 위대한 행위를 완수했으므로 우리에게는 더 이상 완성할 것이 없으며, 우리는 우리 믿음으로써 다만 그의 행위를 바라보고, 그것에 우리의 박수 갈채를 보내고, 그것을 따르고, 우리의 믿음으로써 그것을 다만 확증할 따름이다. 그리고 이것이 하나님의 은혜이다: 그가 우리를 위해 행한 참된 회개의 약속은 비로소 성취될 것이고 따라서 아직 이루어지지 않은 것이 아니라 이미 성취되었다. 죽음에 떨어진 우리의 육신이 예수 그리스도 안에서 하나님에 의해 받아들여졌다면 이것은 무의미한 일이 아니었으니 이로써 진정으로 그와 우리의 칭의, 영광스럽게 되는 일이 완성되었기 때문이다. 우리 죄인들은 예수 그리스도가 죽은 자들 가운데서 부활하는 사건에서 이미 의로운 자로 드러났으므로 자기 믿음으로 살 수 있게 되었으니 죽음도 그를 중지할 수 없었고 따라서 우리도 중지할 수 없다. 그의 생명은(그리고 그의 생명은 우리 생명!) 죽음을 삼켜야 했고 삼켰다. 우리는 그 안에서 죽음 가운데서 부활과 영원한 삶 외에 다른 미래를 가질 수 없다. 이 하나님의 은혜가 우리 인간 존재에 대해 결정하고 이미 결정했다. 하나님의 은혜에 의해 인간 존재가 결정되었다면, 인간 됨은 무엇을 의미하는가? 이것은 분명코, 하나님이 그에게 자비로우며, 그를 자신의 것으로 삼는 가운데서 살고 죽는 인간이 됨, 하나님이 위하여 개입하고 행동하는 그런 인간이 됨, 그의 인간성을 위하여 예수 그리스도가 하나님의 뜻에 따라서, 하나님의 이름과 위탁으로, 하나님의 전적인 지혜와 능력 충만 안에서, 스스로 하나님 앞에 서는 그런 인간이 됨이다. 그렇게 하나님 앞에 섬으로써 그는 전적으로 그를 통해 가려져 있고, 전적으로 그의 무기력 가운데 죽임을 당했고, 전적으로 자의에 의해서 살아 있는 제물로 바쳐졌고, 또한 전적으로 거룩하게, 전적으로 영광스럽게 만들어졌다.

"나는 예수 그리스도와 함께 십자가에 못박혔습니다. 이제 사는 것은 내가 아닙니다. 그리스도께서 내 안에서 사시는 것입니다. 내가 지금 육신 안에서 사는 것은 나를 사랑하셔서, 나를 대신하여 자기 몸을 내주신 하나님의 아들을 믿는 믿음 안에서 사는 것입니다."(갈 2:19-20) 내가 하나님의 아들에 대한 믿음 안에서, 그에 대한 나의 믿음 안에서 산다는 것은, 그 자신, 곧 하나님의 아들이 먼저 나를 위해 믿었다는 데 그 근거를 가진다. 곧 그가 믿음으로써 내가 그를 우러러 볼 수 있고 그러므로 실제로 다만 그 뒤를 따르는 일만이 남게 되었다. 이 뒤를 따름이 나의 믿음이다. 그러나 내가 믿음 안에서 뒤따른 분을 통하여 믿음의 위대한 역사가 이미 일어났다. 즉 이미 내가 믿기 전에 언제나, 내가 더 이상 믿지 않는 때에도 언제나, 그는 진정으로 우리의 믿음의 "시작자요 완성자"(ἀρχηγὸς καὶ τελειωτὴς)이다. 그러므로 우리 믿음의 모든 시작과 재시작은 그 안에 유일한 접촉점을 가지며, 이것보다도, 차라리 믿음의 소생의 유일한 근거를 가진다. 유일한 그러나 또한 진정으로 결정적이고 필연적인 근거를! "가장 높으신 분의 보호 아래 앉아 있고 전능자의 그늘 아래 머무르는 자가 '주님은 나의 피난처, 나의 요새, 내가 소망하는 나의 하나님!' 이라고 말한다."(시 91:1-2) 믿은 자는 믿을 수 있고 이렇게 한다. 그는 믿음으로써 성도의 교제 안에 있고, 그는 죄의 용서를 받았고 받으며 받을 것이며, 그는 육신의 부활과 영원한 생명을 향해 잘려간다. 그의 믿음은 세상을 이긴 승리이다. 그러나 믿음이 이 승리라는 것은 그에게 있는 것이 아니라, 오로지 그가 믿는 자, 그의 믿음을 그가 믿는 그분에게 있다. 그의 믿음은, 우리를 위해 한 인간으로 태어났고, 우리를 위해 죽었고, 우리를 위해 부활했고, 우리를 위해 하나님의 영광 중에 다스리는 주 예수 그리스도가 또한 그의 피난처, 그의 요새, 또한 그의 하나님, 곧 그가 그 아래 있는 보호막, 그가 그 안에 거하는 그늘이라는 데 있다. 그런데 그는 믿을 수 있고, 이 할 수 있음이 바로 그의 믿음을 능력 있고, 요지부동하고, 극복될 수 없게 만드는 것이다.

이제 우리는 우리를 향한 그리고 객관적으로 모든 인간들을 향한 요구의 근거와 정당성에 대한 물음에 답변할 수 있다. 그것은 우리가 믿을 수 있는 하나님의 요구이니, 하나님은 예수 그리스도 안에서 우리에게 자비로움에서, 자비로움으로써 우리의 주가 되고, 우리 복종을 요구하는 분이다. 이것이 그의 계명의 위엄이니, 우리는 우리의 자의, 우리의 오만, 우리의 불안, 우리의 우둔함과 사악함 가운데서 그 위엄으로부터 도피하지만 그러나 벗어날 수 없다. 하나님의 계명이 그의 뜻에 대한 모든 인간적 이론과 생각의 베일을 찢어 버리고 자기 자신을 분명하게 알리는 곳에서만, 그가 자기 자신을 은혜로서, 이와 더불어 그의 진리 안에서 드러내는 곳에서만, 우리는 하나님의 계명을 찾아야 한다. 우리는 베들레헴, 가버나움, 디베랴, 겟세마네, 골고다, 아리마대 요셉의 정원에서 일어난 사건에서만 그 계명을 찾아야 한다. 이 사건에서 하나님은 자기 계명을 선포했다. 우리가 여기서 그 계명을 들을 때, 그것은 우리 앞에서 근거를 가지고 합법화된다. 우리는 하나님이 우리와 더불어, 우리에게서 바라는 바를, 그가 우리를 위해 행한 일에서 다만 배울 수 있어야 한다. 그때 우리에게 그의 의지의 위엄이 드러난다. 그의 계명이 위엄 안에서 있고 그 위엄 안에서 우리에게뿐 아니라 또한 그것을 여기서 찾지 않는 자들에게도, 또한 외견상 그것을 찾지 않는 자들에게도, 또한 그릇되게도 다른 곳에서 그것을 찾았다고 생각하는 가난한 자들에게도 유효하다. 하나님은 예수 그리스도 안에서 우리에게 자비로움으로써 우리를 부르며, 우리에게 명령하고,

우리를 요구한다. 이로써 다른 모든 요구들은 그의 요구 옆에서 침몰한다. 모든 다른 요구가 만일 효력을 가지고자 한다면 그것은 다만 그의 요구의 한 형태일 따름이다.

예수 그리스도 안에 있는 하나님의 은혜는 인간에 대한 그의 권위의 선포요 수립이다. 그 은혜는 그를 어디서, 어떻게 발견하는가? 은혜는 그를 아담의 상태에서, 그러므로 한편으로는 하나님이 온 창조물 가운데서 자신의 형상으로, 즉 그 자신의 존재의 거울로, 반영으로 결정한 피조물의 상태에서, 그리고 다른 편으로는 이 인간 자신이 스스로를 하나님과 동일하고자 결정함으로써 인간에 대한 결정을 왜곡한 죄인의 상태에서 발견한다. 예수 그리스도 안에 있는 하나님의 은혜는 저 첫 번째 상태의 회복이요 두 번째 상태의 부정이다. 은혜 속에서 하나님은 자기 자신을 인간에 대한 결정을 완성하고 성취함을 목표하는 창조자임을 주장한다. 그는 인간과 화해하고, 이로써 구원의 성격을 가지게 될 저 완성을 향하여 인간을 이끌어 감으로써 자기 자신을 주장한다. 이로써—불가해하게, 그러나 확실히 계획에 어긋나지 않게—사건화되는 것은 영원 전부터 결정된, 인간에 대한 하나님의 무한한 은덕이다. 하나님이 이로써 인간에 대해서 주장하는 것은 그 자신의 영광, 그의 권위, 그의 위엄이다.—그리고 우리는 이것을 주목해야 한다. 하나님은 자신이 조롱당하지 않으며, 그 자신의 영광을 다른 신에게 양도하지 않으며, "그가 계획했고 그가 가지고자 하는 것은 결국 그 목표와 목적에 도달할" 것이라는 사실을 예수 그리스도 안에서의 은혜로써보다 더 분명하게는 과시하고 선포할 수 없을 것이다. 하나님이 우리에게 자비롭다는 것은 그가 유연하다는 뜻이 아니라 그가 여전히 강하며, 인간에 대한 그의 주권, 그의 의도는 벗어날 길이 없다는 것을 뜻한다. 바로 그의 은혜를 인식함은 이런 그의 주권을 인식함을 뜻한다. 그리고 분명히 그의 은혜를 받아들임은 바로 이런 그의 주권, 즉 그에 대한 복종의 의무를 인정함, 그에게 복종함을 뜻한다. 그의 능력을 표상하거나 혹은 선의 이념으로서의 그를 표상하거나, 혹은 자족적 존재로서 그를 표상함으로써 우리가 그에게 복종하게 되는 것이 아니다. 그의 은혜의 인식이 이렇게 만든다. 그 이유는 우리가 여기서 그의 원래적인 자기 계시와 상관하게 되고, 하나님은 여기서 우리가 그에 대해 고안해 낸 어떤 것, 우리가 그러므로 또한 벗어날 수도 있는 어떤 것과 혼동될 수 없고, 그는 여기서 오히려 전능자로서, 인격적 선으로서, 그 밖에는 다른 만족이 있을 수 없는 자로서 그에 대한 우리의 모든 사고, 그에 대한 우리의 모든 자의와 대결하고, 우리를 구속함으로써 모든 회피와 도피가 불가능해지고, 따라서 우리는 실제로 그 앞에서 변명하고 책임을 져야 한다.

그렇다는 것은 우리는 즉시, 무엇보다도 예수 그리스도의 인격 속에서 보게 된다. 그의 인격 안에서 하나님의 은혜는 우선, 원래적으로, 모든 다른 인간들을 위해서 모범적으로 사건화되었다. 예수의 인간적 인격을 하나님에게 구속하는 것보다 그의 인격을 보다 강하게 규정하는 것은 없다. 예수의 인격 자신은 인간을 어떤 신성한 것에, 어떤 보다 높은 것에 마술적으로 구속하는 힘은 없다.(이런 신성하고 고차적인 힘을 섬김으로써 인간은 우주의 노예가 되거나 아니면 종종 동시에! 스스로 우주를 마법으로 다스리는 주인으로 자처한다.) 그의 구속은 전적으로 자유로운, 그러나 또한 온전한 구속이다. 그 구속은 이 인간이 하나님 안에서 "하늘에 계신 우리 아버지"인 부를 인식하고 소유함으로써 이루어졌다. 여기서 하나님은 그에게 "온전하다." 그리고 바로 이 하나님은 예수에게는 권위를 가진다. 그는 그의 요구에서 벗어나는 것이 아니라 전적으로 굴복하였다. 그는 바로 그에게 복종한다. 이것은 운명적 힘에 굴복함이 아니요 자기 스스로 세워진 규정에 굴복함도 아니다. 이것은 하나님에 의해 자유로운 호의에서 받아들여진 자, 그리고 바로 그렇기 때문에 너무나 깊이 하나님의 위엄에 놀라고, 바로 그렇기 때문에 전적으로 하나님의 처분에 맡겨진 자의 복종이다. 이것은 자유로운 하나님에 대한 자유로운 인간의 복종이다. 바로 그렇기 때문에 이것은 의로운 복종이다. 하나님의 요구의 근거와 정당성은 여기서 완전히 분명해지고, 이로써 또한 그에 대한 인간의 상황도, 이로써 또한 저 요구의 효력도, 바로 이로써 또한 이 요구에 대해 정당해야 할 필요성도 분명해진다.

그러므로 우리는 신약성서에서 예수와 하나님의 뜻과의 관계에 대해 읽는 모든 것을 다음 사실에서부터 이해해야 한다. 곧 이 인격에서 인간적 모습을 취한 것이 하나님의 은혜이며, 예수는 이 관계에서 어느 의미에서 다만 하나님이 그처럼 자비로움에 대해 응답할 따름이다. 이런 의미에서 "당신의 뜻이 이루어지기를!"이 주기도문 안에 들어 있으며, 또한 "너희를 위해 주었다!"가 실현되기 전의 순간에 이 말이 겟세마네의 기도 속에서 다시 나타난다. 하나님은 자비롭고 그의 은혜가 그의 지배이므로, 예수는 자신이 "하늘에서 내려온 것은 나의 뜻을 행하기 위해서가 아니라 나를 보내신 분의 뜻을 이루기 위해서"임을 알았다.(요 6:38, 5:30 참조) 그러므로 그를 보낸 자의 뜻을 행하는 것이 그의 양식이다.(요 4:34) "내가 그가 나에게 준 것 중에서 하나도 잃어버리지 않고 최후의 날에 일으키는 것이 나를 보낸 분의 뜻"이다.(요 6:39) 그가 이해하는 하나님의 뜻은, 그가 행하는 것에서부터, "우리를 현재의 악한 세상에서부터 구원하는" 뜻으로 간파해야 한다.(갈 1:4) 그의 뜻은 우리를 "아들의 신분으로 자기 곁으로 받아들여서 … 그의 은혜의 영광을 칭송하게 함"에 있다.(엡 1:5) 그의 뜻은 우리의 "성화"에 있다.(살전 4:3, 히 10:10 참조) 그의 뜻은 우리가 만사에 감사하는 것에 있다.(살전 5:18) 이 하나님의 뜻은 예수가 행한 "죽기까지 복종"에서도 반영된다.(빌 2:8) 그의, 한 사람의 복종을 통하여 "많은 사람이 의롭게 된다."(롬 5:19) "멜기세덱의 서열을 따른 영원한 제사장"으로서 그는 "육신으로 있을 때에 자기를 죽음에서 구원하실 분께 큰 부르짖음과 많은 눈물로써 기도와 탄원을 올리셨습니다. 하나님께서 예수의 경외심을 보시고서 그 간구를 들어주셨습니다. 그의 경외하는 마음 때문에 하나님께서 그의 간구를 들어주심을 얻었습니다. 그는 아들이지만 고난을 당하심으로써 복종을 배우셨습니다. 그리고 완전하게 되신 뒤에 자기에게 복종하는 모든 사람에게 영원한 구원의 근원이 되시고 하나님께로부터 멜기세덱의 서열을 따라서 대제사장으로 임명을 받으셨습니다."(히 5:6-10)

그러나 이제 바로 예수 그리스도에게서 드러난 것은 하나의 모범으로서 하나님의 뜻에 대한 인간의 관계 일반에도 적용된다. 하나님이 인간으로부터, 인간에 대해 무엇을 원한다면, 인간의 뜻이 하나님에 의해 요구된다면, 그것은 일단 하나님으로서 인간을 초월하는 자만이 할 수 있는 것, 무계획적으로 자의적으로 처리한 것이 아니다. 도리어 하나님이 인간으로부터 인간에 대해서 원하는 것은, 하나님이 우리를 위해서, 우리에 대해서 행하고자 하고, 이미 행한 일과 더불어 일어서고 쓰러지면, 그것 안에서, 오직 그것 안에서만 드러난다. 예수는 하늘의 아버지이며, 우리의 구원을 원하고 우리 구원과 더불어 그 자신의 권위를 원하는 분인 하나님에게 복종한다. 그리고 바로 하늘의 아버지로서, 우리의 구원을 원하는 자로서 하나님은 그의 아들 예수 그리스도 안에서 우리 모두의 주가 되고, 우리가 그에게 복종하기를 원한다. 하나님의 은혜는 하늘에서 결정되었고, 땅에서 이루어져야 했고, 선포되어야만 했다. 이것은 우리가 아담의 경외심 없음과 오만함에서 벗어나서 하나님을 경외하고, 그의 말씀을 듣고, 그의 뜻을 행하도록 하기 위함이다. 은혜가 사건이 되고 계시가 됨으로써 언제나 율법이 수립된다.

바로 이것이—특히 신명기의 서술에 의하면—구약성서 율법 제정의 법적 근거이다. "이스라엘아, 우리가 하는 말에 귀를 기울여라. 오늘 너희는 주 너희 하나님의 백성이 되었다. 그러므로 너희는 주 너희의 하나님께 순종하고 오늘 우리가 너희에게 명한 그의 명령과 규례를 지켜라."(신 27:9) "오늘 너희는 너의 주를 하나님으로 모시고, 그의 길을 따르며, 그의 규례와 명령과 법도를 지키며, 그에게 순종하겠다고 약속하였다. 주께서 너희에게 약속하신 대로 오늘 너희를 주님의 소중한 백성으로 받아들이고, 그의 모든 명령을 다 지켜야 한다고 선언하셨다. 주께서는 그가 지으신 모든 백성보다 너희를 더욱 높이셔서, 너희가 칭찬을 받고 명예와 영광을 얻게 하시고 또 말씀하신 대로 너희를 주 너희 하나님의 거룩한 백성이 되게 하실 것이다."(신 26:17-20) "나중에 너희의 자녀가 주 너희의 하나님이 너희에게 명하신 훈령과 규례와 법도가 무엇이냐고 너희에게 묻거든 너희는 자녀에게 이렇게 일러주어라. 옛적에 우리는 이집트에서 파라오의 노예로 있었으나 주께서 강한 손으로 우리를 이집트에서 이끌어 내셨다. 그때에 주께서는 우리가 보는 데서 놀라운 기적과 기이한 일로 이집트의 파라오와 그의 온 집안을 치셨다. 주께서는 우리를 거기에서 이끌어내시고 우리의 조상에게 맹세하신 대로 이 땅으로 우리를 데려오시고 이 땅을 우리에게 주셨다. 주께서 우리에게 이 모든 규례를 명하여 지키게 하시고 주 우리의 하나님을 경외하게 하셨다. 우리가 그렇게만 하면 오늘처럼 주께서 언제나 우리를 지키시고 우리가 잘 살게 하여 주실 것이다. 우리가 주 우리의 하나님 앞에서 그가 우리에게 명하신 대로 이 모든 명령을 충실하게 지키면 우리는 의로운 자가 될 것이다."(신 6:20-25) 우리는 조용히 말할 수 있다. 이것이 성서적 윤리의 근거, 하나님의 요구의 정당성에 대한 물음에 대한 성서의 답변이다. 그것의 명령법은 공공연히 혹은 은밀히 (그러나 일반적으로는 공공연히!) 그것의 직설법을 지향한다. "나는 내 자신의 것이 아니요 나의 신실한 구원자 예수 그리스도의 것이다." 이 직설법은 언제나 하나님과 인간 사이에 이루어진 계약의 배경에서 유효함으로써, 언제나 하나님은 구원하고 부르고 돕고 해방하고 구속함으로써, 언제나 그는 그의 영광을 (인간에게 구원이 이르도록 함으로써) 크게 함으로써, 거기서부터 내려오는 요구의 무게에 의해서 인간은 하나님에게 복종하도록 부름을 받게 되고, 하나님의 율법을 선포하게 된다. 이것은 구약성서의 토라뿐 아니라 사도 서간문의 권면과 모세 십계명, 그리고 예수가 산상 설교에서 모세 법을 해설한 것에도 해당된다. 하나님의 요구는 홀로 있지 않다. 그것은 결코 추상적으로 선포되지 않는다. 그것은 첫 번째로서 은혜의 사건이나 선포에 선행하지도 않으며 두 번째로 그것들을 뒤따르지도 않는다. 오히려 그것은 언제나 은혜의 형태, 모습, 의상이다. 그것은 언제나—저 신명기 구절들에서 보듯이—은혜의 실현, 은혜의 약속의 은폐된 반복이다. 거꾸로 하나님의 은혜도 결코 홀로, 은폐되지 않고서는 존재하지 않는다. 도리어 그의 은혜 자체는 하나님이 그에게 자비롭다면 하나님 자신, 그러므로 그의 존재와 행위를 생각하며, 자비로운 하나님을 인간의 주로서 존경하고 사랑하고 경외하도록 인간의 주의를 요청하는 호소이다. 복음을 믿는다는 것은 선구자 요한의 입으로뿐 아니라(막 1:4), 또한 예수 자신의 입으로도(막 1:15) 회개를 행함을 뜻한다. 그렇기 때문에 또한 사도의 사신은(롬 1:5) 단순히 믿음을 요구하는 것이 아니라 이방인들의 믿음의 복종을 요구한다. 그러므로 또한 이 사신을 거부함은 결정적으로 불순종으로 규정된다.(롬 10:21, 11:30, 15:31) "너희는 어찌하여 주여 주여 하면서 내가 너희에게 말하는 것을 행하지 않는가?"(눅 6:46) 반석 위에 세워진 집과 모래 위에 세워진 집에 관한 충격적인 비유에 의하면(마 7:24-25) 한 인간의 선택 혹은 유기를 결정하는 것은 예수의 말을 실행했는가 안 했는가에 달렸다. 우리는 성탄절의 신비, 예수 그리스도의 십자가와 부활을 또한 계명으로 이해함이 없이는 올바로 이해할 수 없다. "우리가 하나님의 계명을 지키면 이것으로 우리가 그분을 참으로 알고 있음을 알게 됩니다. 하나님을 안다고 하면서 그분의 계명을 지키지 않는 사람은 거짓말쟁이요 그 사람 속에는 진리가 없습니다."(요일 2:4f.) 계시된, 선포된, 인간에게 제공되고 인간에게 해당되는 복음으로서 예수 그리스도 자신은 언제나 율법의 옷으로 입혀져 있고, 계명의, 하나님의 명령의 구유, 강보에 싸여 있다. 이 형상 없이는 믿을 수 없고 가질 수 없으며, 이 형상으로, 오로지 이 형상에서만 힘이 있고 참되다. 그러므로 바울은 율법을 매우 진지하게 거룩하다고 하였고, 그것의 계명을 거룩하고 의롭고 선하다고 하였다.(롬 7:12) 그렇기 때문에 그는 율법이 약속에 반한다는 주장에 항의한다.(갈 3:21) 그렇기 때문에 그는 율법이 우리의 생명을 위해 주어졌다고 말한다.(롬 7:10) 그렇기 때문에 그는(마 5:17-18 산상 설교의 유명한 말씀에 부합하여) 믿음의 선포는 율법을 폐하는 것이 아니라 세우는 데 도움을 준다고 선언한다.(롬 3:31) 그렇기 때문에 그는 자기 자신을—그리고 잘 이해한다면 이방인 사도로서의 자신의 특성 안에서—"그리스도의 율법 안에 사는 사람"으로 표현한다.(고전 9:21) 그렇기 때문에 그는 오직 율법을 실행하는 자만이 의롭게 될 수 있다고, 가설적으로가 아니라 솔직하게 말할 수 있다.(롬 2:13) 구약성서의 그리스도 사신에서 특징적인바, 하나님의 법에 대한 칭송, 율법이 명령될 때의 그 진지성은 신약성서의 그리스도 사신에서도 중단되지 않는다. 이것은 무슨 뜻인가? 예수 그리스도 안에서 단번에 이루어진 율법은 참으로 구속하는 법이다. 여기서부터 자명하다. 교회가 자신의 존재, 자신의 삶, 자신의 자세로써 하나님의 법, 그의 계명, 그의 물음, 그의 훈계, 그의 고발을 그 자신의 공간, 영역 안에서, 그러나 또한 외부를 향하여, 하나님의 법에 의해 객관적으로 진정으로 요청받은 세상, 국가, 사회에 대하여 드러나게 하고 파악될 수 있게 하지 않는다면, 교회는 그리스도의 교회가 아닐 것이다. 그것을 선포함이 교회의 과제가 되는 사도신조의 세 조항에 의하면, 삼위일체 하나님의 은혜에 관한 사신 자체는 인간에 의해 실행되어지기를 바라는 하나님의 뜻에 관한 예언자적 증언이요, 인간들의 모든 오만과 혼란, 경외심 없음과 방자함을 적대하는 증언이다. 그 선포가 그런 것이 아니라면, 그것은 전혀 이런 사신이 아닐 것이고, 교회는 교회가 아닐 것이다. 그런데 물론 교회는 다만 이 사신의 모습, 형태로만 하나님의 법을 선포할 수 있을 따름이다. 하나님의 뜻과 계명에 관한 모든 이야기는, 아무리 그것이 진지할지라도, 목표를 가지고 적용되는 복음의 선포가 아니라면 교회가 필요로 하지 않는, 교회 밖에서 언제라도 떠들어 댈 수 있는 한갓 요설(饒舌)에 지나지 않는다.

하나님의 은혜가 하나님의 행위와 결정으로 선포될 때 율법의 수립이 합법적이 되고, 권위와 힘을 가지고 일어나며, 또한 확실히 힘을 얻고 효력을 발휘할 것이다. 하나님은 은혜로써 우리의 비참을 선행으로 도왔고, 동시에 그의 명예를 보존했고, 이로써 자신을, 우리를 명령할 능력을 가진 주로서 입증, 증언했다. 우리는 그에게 복종할 의무가 있다. 율법 수립, 복종의 호소가 하나님 말씀의 계시와 선포에서 주제가 되는 것을 거부당할 때 실패하는 것은 아니다. 하나님 법의 수립이 실제로 성서에서도 거부당한 것처럼, 주제가 되는 것을 거부당할 때에만 그것은 비로소 그것에 합당한 효력을 가지게 될 것이다. 하나님의 요구, 법이 독자적인 신적 현실, 진리로서 간주되고 취급되는 곳에서 하나님 말씀의 이런 면은 다만 공허하게, 무력하게, 믿을 수 없는 것으로 발설될 따름이다. 그럴 때 분명히 어떤 자의적으로 과시되는 인간적 진지성이 하나님의 법 자체에 고유한 진지성을 대치하게 될 것이다. 그럴 때 확실히 또한 말씀을 선포하고 해석함에서 어떤 가능한 자의나 혹은 어떤 우연한 선의라도 내용적으로 왜곡시킬 것이다. 그럴 때 확실히, 여기서 논하는 자유로운 인간의 복종을 요청하는 것은 자유로운 하나님이 아니다. 그럴 때 하나님의 자칭 요구는 인간에 대해서 신적 근거를, 어떤 신적 정당성을 가지지 못하고, 따라서 진정한 하나님의 요구가 아니라는 데서 전반적으로 결함이 있을 것이다. 이 요구의 신적 근거, 신적 정당성은 오직 예수 그리스도 안에만, 오직 은혜 안에만 있다. 그 안에서 하나님이 인간의 주이다.

선에 대한 물음, 인간이 무엇을 해야 하는가에 대한 물음에 대해서 많은 답변이 있다. 이 물음에 대한 어떤 답변이 능력을 가진다는 것, 그것은 실제로 부르고 획득하고 설득한다는 것, 그것이 인간을 가르치고 관심을 끌 뿐 아니라 선을 행하도록 유도한다는 것은, 그런데 그 답변의 진지성, 그 무게, 그것의 단호성에 달려 있지 않다. 오히려 그 답변은 근거를 가질 때만 진지하게, 무게 있게, 단호하게 주어질 수 있다: 인간이 그의 자유를 원용하거나, 또는 자신의 연약함을 원용함으로써, 혹은 무엇보다도 결국 그가 자기 자신을 이로써 선에 대한 물음이 물론 해결되지만 그러나 또한 죽게 되는 그런 답변으로 이해할 수 있음으로써, 그 답변에 대해 유보하지 못할 만큼 확고한 근거를 가질 때. 그렇기 때문에 어떤 점에서, 어떤 의미에서 모든 절반쯤 진지하게 생각한 윤리학은 그것이 표현하는 윤리적 요청을 신적 요구로서 나타내고 진술함으로써, 윤리적 요구의 근거로서의 하나님을 지시하여 왔다. 그러나 여기서는 하나님을 일반적으로 지시함으로써, 또한 어떤 일정한 신 개념을 특별히 지시함으로써도 충분하지가 않다. 윤리적 요구의 근거, 즉 인간을 부르고 그를 획득하고 설득하며, 그로 하여금 선을 행하도록 유도하는 윤리적 요구의 근거가 되는 하나님은 인간에 대해 권위를 가져야 하며, 또한 인간이 자신의 자유 혹은 연약함으로 도피하고, 그 자신의 자칭 선과의 동일성 속으로 도피하는 것을 차단할 수 있는 힘, 또 그를 실제로 자신을 위해 또한 선행을 위해서 요구할 수 있는 힘을, 곧 인간이 자신에 의해 요구된 선을 실제로 그에 의해 요청된 것으로서 행하고 기꺼이 행하도록 인간을 요구할 수 있는 힘을 가져야 한다. 그러나 어떤 일반적인 혹은 특별한 신 개념으로써는 이 권위는 아직 나타나지 않았다. 이것은 우리가 윤리적 요구의 근거가 되는 하나님을 우리가 믿을 수 있는 하나님, 예수 그리스도 안에서 우리에게 자비로운 하나님으로 이해함으로써 일어난다. 그는 하나님이기를 중단함이 없이 인간에게 자신을 내어 주고, 그래서 인간을 자신의 것으로 삼은 하나님이다. 그는 인간에게 자신을 통해 선을 행했고, 그래서 이로써 인간 영역 속으로 선을 가져다 준 하나님이다. 그는 그 자신이 인간이 되었고, 그런 분으로서 복종을 요구했을 뿐 아니라 스스로 복종함으로써 인간을 부른 하나님이다. 그는 선을 행함으로써 선에 대해 말했고—자기 자신을 우리를 위해 내어줌으로써 자기 자신에 대해 말했다. 여기에서 이렇게 그는 하나님이다. 여기에 그의 위엄이 있고, 여기에서 그가 인간에 대하여 자신의 권위를 주장하고 확증한다. 하나님 자신이 율법을 실행하는 분이기 때문에, 실행자임으로써, 하나님이 자신이 명령한 것을 스스로 주었고 실현했고 성취했음에 근거해서만 비로소 명령하기 때문에 율법은 유효하다. 하나님이 예수 그리스도 안에서 우리를 사방으로부터 에워싸고 그의 손을 우리 위로 뻗치고 있기 때문에 율법은 유효하다. 하나님은 예수 그리스도 안에서 스스로 인간이 됨으로써 바로 우리의 인간적 자유를 자기 자신을 위해 요구했기 때문에 율법은 유효하다. 하나님 자신이 예수 그리스도 안에서 우리를 위해 인간이 된 후에 바로 우리의 인간적 연약함을 위해 더 이상 변명할 수 없게 하였으므로 율법은 유효하다. 우리가 예수 그리스도 안에서 나타난 하나님의 선함을 우리 자신이 가지고 있다고 생각하는 선과 더 이상 혼동할 수 없기 때문에 율법은 유효하다. 그러므로 우리가 지시할 수 있는 하나님은 다른 모든 신들과 다르게 권위를 가진다. 그러므로 그는 그에 의해 제기된 윤리적 요구의 현실적 근거이다. 그러므로 그는 인간을 자신을 위해 요구할 수 있는 권한을 가진다.

신학적 윤리학은 그것이 '신율적' 윤리학이고, 선의 계명을 하나님의 계명으로 이해함에서 그 특성을 가지지 않는다. 바로 이런 것은 다른 윤리학에서도 진지하게, 강조점을 가지고서 이루어진다. 그러나 그것의 특성과 장점은 예수 그리스도의 이름에 있다. 이 이름으로써 신학적 윤리학은 신적 요구의 근거, 정당성을 진술할 수 있다. 신학적 윤리학이 이런 장점을 유지하기 위해서 아무리 열심히 조심해도 지나치지 않을 것이다. 만일 신학적 윤리학이 이 장점을 상실하게 된다면, 아무리 진지하게, 무게를 가지고, 단호하게 선의 계명을 옹호할지라도, 그것을 회복할 수 없을 것이다. 우리는 하나님의 요구의 근거와 정당성에 대한 문제를 먼저 제기하고 해명해야 한다. 왜냐하면 이것은 모든 그 다음 것의 시금석이기 때문이다. 우리는 자비로운 하나님의 근거와 정당성, 예수 그리스도의 이름의 근거와 정당성 외에 다른 근거와 정당성을 가지고 계속 사고하거나 말할 수 없을 것이다. 이 길로부터 벗어난 모든 발걸음은 무근거한 것으로의 발걸음이 될 것이다. 우리는 이런 발걸음을 감행할 수 없을 것이다. 우리는 처음부터 여기서 일반적으로, 특별히 하나님의 계명에 대해서 무엇을 말할지라도 복음은 율법의 능력으로서 말해진 모든 것에서 드러나 있어야 한다는 기준에 굴복한다.

2. 하나님의 요구의 내용

"사람아, 무엇이 선한 일인지, 주께서 너에게 요구하시는 것이 무엇인지도 이미 너에게 말씀하셨다. 곧 공의를 실천하며 자비를 베풀며 겸손히 네 하나님 앞에서 행하는 것이다."(미 6:8) 이것이 우리가 그런 것으로 인식하고 전개해야 하는 진리이다. 우리는 하나님이 우리를 요구함으로써 우리에게서, 우리와 더불어 무엇을 원하는가를 묻는다. 우리는 하나님이 우리를 자신을 위해 요구한다는 사실을 확정짓는 것으로 머무를 수 없다. 이것은 진실이다. 그러나 이 진리의 근거와 정당성이 비로소 밝혀져야 하는 것처럼 또한 하나님이 우리를 요구한다는 것, 우리가 하나님에 의해 요구받은 자로서 살아야 한다는 것이 무슨 의미인가도 해명되어야 한다. 인간이 하나님의 요구를 어디서, 무엇에서 발견하는가를 인간이 자신의 계산과 자의에 따라서 결정하고 처리할 수 있다면, "하나님에 의해 요구받았다"는 것이 무슨 의미인가?

앞의 진술에 의하면 우리에게 향한 그의 요구의 내용을 처리하는 것은 우리가 믿을 수 있는 하나님, 자비로운 하나님, 예수 그리스도 안에 있는 하나님이다. 하나님의 요구의 내용은 전반적으로 이 하나님이 그의 요구에 대한 모든 근거, 정당성을 가지고 있다는 데서 비롯한다. 그의 계명이 어떤 다른 근거와 다른 정당성을 가지지 않는 것처럼, 그의 계명은 또한 이 근거, 정당성으로 주어진 것 외에 어떤 다른 내용을 가지지 않는다. 거기서 비롯하는, 거기서 이미 존재하는 신적 요구의 내용은 우리의 자의로부터 안전하다.

우리는 율법이 은혜의 형상임을 보았다. 하나님의 은혜가 실현되고 계시됨을 통하여 그는 인간을 요구한다. 그의 사랑은 명령한다. 그러나 율법은 은혜의 우연한 형상이 아니다. 은혜는 이런 의복이나 저런 의복을 입을 수 없다. 하나님의 사랑은 우리에게 이렇게도 저렇게도 명령할 수는 없다. 명령하는 하나님의 권위가 그가 하나님이고, 그런 분으로서 형식적으로 우리 위에 있고, 그러므로 우리에 대해 명령할 권한이 있다는 데 있지 않은 것처럼, 또한 그의 명령은 이런 일 저런 일을 이행하도록 명령하는 공허한 적극성은 아니다. 바로 그렇기 때문에 그것은 또한 우리가 그것을 어떻게 채우고 우리가 어떤 특수한 방식으로 하나님에게 복종할 것인지 우리의 자의에 맡겨질 수 없다. 하나님의 요구 자체는 없다. 언제나 다만 하나님의 구체적인 요구만이 있을 따름이다. 언제나 하나님의 은혜가 그것들 안에서 표출되기 때문에, 표출됨으로써 하나님의 구체적인 요구가 있다. 언제나 예수 그리스도 안에 있는 하나님은 그런 요구를 함으로써 자신을 위해 우리를 갖기를 자신에게로 우리를 부르기를 원하는 분이다.

바로 하나님의 은혜는—그것이 어디서 실현되고 계시되든 간에—목적론적 힘을 가진다. 실제로 그것은 하나님이 우리에게 선하다는 데서 다하지 않으며, 오히려 언제나 그가 우리에게 선함으로써 그는 우리에 대해 선한 의도를 가지고 있고, 그가 우리에게 선한 의도를 가지고 있음으로써 우리의 선이다. 하나님이 인간과 맺은 계약에서 실현되고 계시되는 은혜의 목표는 인간을 자신의 형상으로, 그러므로 영원한 생명 안에서 자신과의 친교를 위해 회복함이다. 어떻게 그의 은혜가 어떤 의미에서 그 자체 안에서 선회하고, 그 자체 안에서 다할 수 있겠는가? 이것은 하나님이 자기 아들을 육신으로 보내기로 영원 전부터 결정했고, 그러나 그는 아들을 시간 안에서 실제로 육신 안으로 보내기를 중단해야 했다는 것을 뜻할 것이다. 가현설적으로 이해된 그리스도가 영원히 세상 위를 떠돌고, 따라서 그의 신-인(神人)으로서의 영광에도 불구하고 세상에 대해 언제까지나 무익한 것처럼, 은혜는 영원히 인간 위에서 떠돌 것이고, 결코 그에게 현실적으로 부여되는 은혜, 그의 은혜가 되지 못할 것이다. 이제 하나님의 아들은 육신으로 들어왔고, 그 안에서 하나님의 은혜는 현실적 인간의 은혜가 되었다. 그 은혜가 실현되고 계시되었으며, 하나님과 인간 사이의 계약이 세워졌다고 말하는 것이 바로 이것이다. 그러나 이 계약이 세워질 때 인간은 이로써 그를 위해 결정된 미래의 목표에서 걸리게 된다. 은혜는 자신의 결정에 상응하는 인간의 운동, 방향이다. 그러므로 은혜는 인간을 이유 없이 발견하는 것이 아니라, 일정한 방법으로 인간에게 행동하기 위해서 인간을 발견한다. 인간은 이렇게 하나님의 은혜에 의해 발견됨으로써 그는 하나님의 요구 아래 들어온다. 그리고 하나님의 이 요구는 바로 그에 대한 이 판결 외에 다른 것이 될 수 없다. 즉 하나님의 은혜는 그에 대해 정당성을 가지며, 그의 삶 속에서 작용하고자 하며, 작용하여야 한다. 그것의 "목적"은 유효하다. 인간이 아담의 자녀로서 스스로 정한 "목적"은 무효이며, 그의 삶의 모든 다른 "목적"들은 다만 이것에 종속될 따름이다. 그의 행동은 저 걸림돌에 의해 움직여지고 지시받은 행동이어야 한다. 그는 자신에 대해 내려진 하나님의 근본 결정에서 출발함으로써, 자기 결정을 하는 자기 자신의 주인이 아니다. 그가 행하거나 하지 않는 모든 세부적 일은 저 하나님의 근본 결정에 의해 예정되었다. 그의 모든 세부적 일들은 언제나 이 하나님의 근본 결정을 인간적으로 확증함의 성격을 지니게 될 것이다.

우리는 은혜의 이 목적론적 성격에 관해 말해야 할 것을 거의 문자적으로 마태복음 5장의 마지막 유명한 구절에서 발견하게 된다. 여기에서 하늘의 아버지의 "완전함"(은혜의 "완전함")은, 그가 모든 사람에게 골고루 비와 햇빛을 허락하며 또한 그의 원수까지도 사랑한다는 데서 드러난다. 이로써 그의 은혜를 인식하고 받는 자들이 세리들도 행하는 것과 구별되는 특별한 점은, 그들도 자기 원수를 사랑하며 따라서 하늘 아버지처럼 "완전"하다는 데 있어야 하고 "있을 것"(ἔσεσθε)임이 표현되었다.

이 은혜의 목적론적 능력의 구체적 모습이 예수 그리스도 자신이다. 우리는 인간 예수 그리스도 안에서 하나님의 요구의 근거와 정당성, 곧 인간에게 순수한 선함으로써 향하는 하늘 아버지의 뜻이 드러났음을 보았다. 예수가 하나님의 이런 뜻에 순종함으로써 그는 또한 하나님이 당연하게 우리로부터 받기를 원하는 바를 지시한다. 예수는 인간에 대한 하나님의 근본 결정을 구현한다. 이런 근본적 결정 안에서 또한 인간에 대한 이런 결정이 주어졌으니, 인간은 이 결정에 따라서 그에게 약속된 미래를 지향하고, 이 미래를 향하여 움직인다. 예수는 모든 인간에게 주어진바 영원한 삶을 위한 동기이다. 그는 하나님이 모든 인간에게 제기했고, 언제나 거듭 제기하는 요구이다. 예수가 살아 있고 통치하고 승리하기 때문에, 승리함으로써 인간에게 무엇이 선하고, 주가 인간에게 무엇을 요구하는지 말해졌다.

모든 인간, 그러므로 그를 믿는 자들에게, 그러나 또한 아직 혹은 더 이상 그를 믿지 않는 자들에게 말해졌다. 예수에게서 구현된 이런 요구 속에 포함되지 않은 하나님의 요구란 없다. 복음이 또한 율법이듯이, 예수는 또한 하나님의 은혜요 그것의 형상이기도 하다. 바울은 "모든 이성을 그리스도의 복종 아래 사로잡는 것"이 그의 직무라고(고후 10:5) 말했을 때 그가 무엇을 말했는지 알았다. 모든 이성에게는 무엇보다도, 그리고 궁극적으로 다만 이 복종만이 있을 따름이다. 이 법은 결국 모든 이성보다 위에 있고, 그리스도인들은 이 사실을 알고 이 법을 알아서 지키며, 예수의 계명을 준수함을 통해서만 다른 사람들과 구별된다.(요 14:15, 21, 15:10, 요일 3:22)

예수가 살아 있고 통치하고 승리함으로써 우리에게 요구되는 것에 우리는 의지해야 한다. 그러나 모든 사람은 바로 여기에 무엇보다도, 그리고 궁극적으로 묶여 있다. 다른 모든 요구들은 아무리 하나님의 이름으로 제기될지라도, 다만 잠정적으로, 그리고 구속당함이 없이 그 요구들을 받아들일 따름이고, 이로써 오류에 빠질 위험이 없지 않다. 모든 다른 요구들이 측정되어야 할 기준은 이것이다. 그것들도 간접적으로 예수의 삶, 예수의 통치, 예수의 승리를 선포하는가? 만일 그렇지 않다면, 만일 그것들이 반대의 것을 선포한다면 그것들은 확실히 왜곡되었고, 우리가 이것을 의식한다면 우리는 확실히 다만 허물어진 양심으로써 그 요구들을 받아들이는 것이다. 하나님이 우리에게 원하는 것은 그가 우리를 위해 원하고 행한 것과 동일하다. 하나님은 예수를 원한다. 이로써 그는 우리에게 자신의 요구를 향한다. 이로써 그는 우리를 자신을 위해 요구한다. 이 일을 이렇게 명료한 표현으로 눈앞에 제시하는 것은 좋다. 이것이 부분적으로 뜻하는 바에 대한 모든 설명은 다만 언제나 새로이 이런 단순한 표현으로 환원될 수 있고, 진리의 이 단순한 모습에서 나오는 빛을 필요로 한다. 예수의 이름 자체는 하나님의 요구의 내용, 하나님의 법의 진수의 표현이다. 마치 그 자신이 이 진수가 아닌 것처럼, 그가 다만 하나의 그릇, 우리가 이 진수를 발견하기 위해서 먼저 열어야만 하는 껍질인 것처럼 그를 지나쳐 가려고 하는 자는 인간에게 무엇이 선인지 말한 것을 확실히 듣지 못한 것이다. 하나님에 대한 복종은 언제나 예수에게 복종하는 것이다.

친첸도르프(Nikolaus von Zinzendorf)가 집중적으로 강조해서 이 사실을 거듭하여 말한 것은 적절하였다. 그는 세속화된 정통주의와 계몽주의에 반대해서뿐 아니라, 또한 당시의 경건주의의 도덕적-신비주의적인 모호한 자세에 반대해서도 이렇게 말했다. 그는 이로써 종교개혁적 통찰뿐 아니라 신약성서의 통찰을 다시 등잔 위에 놓았다. 그가 이것을 말함에 있어서의 바로크식 스타일에 대해 기이하게 생각할 수 있고, 그가 일정한 루터적 관념에 사로잡혀 충분히 보편적으로 말하지 않았다고 이의를 제기할지라도, 그는 이렇게 확실히, 크게, 인상깊게 이것을 말했던 당시의 극소수의 인물 중 한 사람이었음을 높이 평가해야 한다.

예수에게 복종한다는 것은 실제로는 하나님에게, 즉 무엇을 고안해 내고 꾸며낸 신이 아니라 내밀한 본성 가운데 존재하는 신, 자비로운 하나님, 우리가 믿을 수 있는 하나님에게 복종한다는 것을 뜻한다. 바로 예수는 실제로 탁월한 요구로서 우리 앞에 있는 하나님의 요구이며, 동시에 다만 기꺼이 이행될 수 있거나 혹은 결코 이행될 수 없을 정도로 엄격한 요구이다. 그것은 우리에 대한 요구로서 우리 마음을 요구하고, 따라서 실제로 그것의 이행은 우리 자신을 하나님의 뜻과 부합되게 만든다. 우리가 하나님의 뜻을 이행함에서, 예수를 사랑하고, 따라서 그의 계명을 지키는 것보다 더 높고 더 깊은 것은 없다. 그 이유는 그 계명들이 그의 것이기 때문이고, 우리는 그의 계명을 지키지 않고서는 그를 사랑할 수 없기 때문이다. 우리가 이것을 행할 때 확실히 하나님의 뜻을 성취한다. 그리고 사람들이 예수를 더 이상 혹은 아직 알지 못할 때라도 언제나 이 행위의 노선에서, 이런 행위의 의미에서 일어나는 것, 언제나 이 행위의 양태를 내포하며 이로써 실제로 예수가 살아 있고 통치하고 승리한다는 것에 대한 증언이 되는 것은, 확실히 하나님의 뜻의 성취이다. 하나님의 뜻은 언제나 교회 밖에서도 이루어졌고, 교회로서는 부끄럽지만 교회 안보다는 밖에서 종종 더 낫게 이루어졌다. 이것은 인간의 본성적 선함에 근거해서가 아니라, 예수가 죽은 자들로부터 부활한 자로서 하나님 오른편에 앉아 있으며, 그의 이름이 아직 혹은 더 이상 알려지지 않았고 칭송되지 않은 곳에서도 자기 종들을 가진 온 세상의 주가 실제로 되었기 때문이다. 교회는 우리에게 말해진 것에 대한 의식 속에서 살 수 있다. 교회는 모든 인간에게 유효하고 참된 것을 의식하도록 인간들을 부를 수 있다. 예수가 살아 있고 통치하고 승리함으로써 하나님은 인간을 요구한다.―다른 어느 것보다도 이것이야말로 진실이며 유효하다는 것을 깨달을 때, 교회의 의무와 과제는 얼마나 위대한가!

여기서 관계되는 결정적인 신약성서 개념은 추종이다. "그리스도께서 여러분을 위하여 고난을 당하심으로써 여러분이 그의 발자취를 따르게 하시려고 여러분에게 모범을(ὑπογραμμός) 남기셨다."(벧전 2:21) "나를 섬기고자 하는 자는 나를 따를 것이며 내가 있는 곳에 나의 종도 있을 것이다."(요 12:26) 이 개념이 채워져 있는 몇몇 구절들이 있다. 예수를 뒤따른다는 것은 마태복음 10:38 및 평행절에 의하면 "그의 십자가를 지는 것"을 뜻하며, 마태복음 16:24 및 평행절에 의하면 "자기 자신을 부인하는 것"이고, 마태복음 19:27에 의하면 "모든 것을 버리는 것"이며, 예수를 뒤따르고자 하였으나 분명히 추종할 수 없었고 따라서 바른 의지를 갖지 않았던 저 세 사람에 대한 누가복음 9:57-58의 보고에 의하면 모든 다른 것으로부터 돌이켜 오로지 그를 향해야만 하는 극단적인 자세를 뜻하며, 베드로전서 2:21-22의 문맥에 의하면 악을 악으로써 갚지 않고 오히려 악을 선으로 갚음으로써 박해를 당함을 뜻한다. 요한복음 8:12에 의하면 예수를 뒤따르는 자는 어둠 속에서 행하지 않고 생명의 빛을 가지게 된다는 약속을 받는다. 그러나 모든 이런 표현들로 이루어진 내용들의 의미에서도 결정적인 것은 이 개념이 절대적으로 사용된 저 다른 구절, 즉 "추종"이 뜻하는 바가 분명히 예수의 뒤를 따름이라고 설명되어 있는 구절들이다. 이 개념이 가진 저 모든 의미들도, 오로지 예수에 의해서만 제기되었고 그것들이 상기시키는 듯한 모든 일반적인 것, 즉 세상 도피, 금욕, 윤리적 엄격주의 등과 거의 혹은 전혀 상관이 없는 요구에 대해 말한다. 우리는, 그의 십자가를 진다, 자신을 부인한다, 모든 것을 버린다, 자기 원수를 사랑한다 등의 말이 무엇을 뜻하는지 깨달아서, 거기서부터 예수를 따른다는 것이 무엇을 뜻하는지를 깨달을 수는 없다. 오히려 예수 추종이 무엇을 뜻하는지 깨달아서 또한 저런 의미들을 깨달을 수 있을 따름이다. 예수가 자기 제자들에게 나를 따르라! 명령함으로써 그들을 제자로 삼았으니, 이 말의 단순하지만 그러나 측량할 수 없는 의미는 그들이 그와 함께하고, 그의 곁에 머물러 있고, 그가 어디를 가든 그와 함께 길을 가야만 한다는 것이다. 무엇을 위해서? 분명히 우선은 실제로 다만 거기 있기 위해서, 그가 말하는 모든 것을 듣고, 그가 행하는 모든 일을 보기 위해서, 따라서 그의 말을 듣고 보는 증인이 되기 위해서이다. 이 개념이 마태복음 4:25 등에서 예수를 차라리 때때로, 잠정적으로 지지했던 백성에게 적용되는 경우에도 이것은 다른 의미를 가질 수 없다. 이 모든 사람들에게서 "추종"은 분명히 거기에 있음, 예수 곁에, 그의 주변에 있음을 뜻한다. 이런 단순한 현존은 그들의 삶에 대해서 다음에 설명되는 온갖 중대한 결과를 가진다. 이 현존에서는, 그들이 일반적으로 처해 있는 모든 다른 관계들을, 그들이 인간들, 사물, 상황에 묶여 있는 모든 속박들을 느슨하게 하고, 제한하고 뒤흔드는 의무가 완수된다. 이 현존을 통하여 그들은 또한 시련을 받고 걸러진다. 거기 있고자 하는 모든 사람이 실제로 거기에 있기를 원하는 것은 아니다. 실제로 거기에 있기를 원하지 않고 또한 거기에 있을 수도 없는 자들은 외견상 시작한 후에, 혹은 그들이 다만 외견상 시작하기 전에 추종을 중단해 버린다. 예수가 있는 곳에 있기를 원함은 누가복음 14:28-29에 의하면, 망대를 세우고자 하는 사람, 혹은 전쟁터에 나가고자 하는 왕의 결심과 비교될 수 있는 결심을 뜻한다. 예수가 있는 곳에 있고자 함은 저 전적인 요구에 내맡김, 그의 십자가를 지는 것, 자기 자신을 부인하는 것, 모든 것을 버리는 것, 자기 원수를 사랑하는 것을 뜻한다. 왜 모든 것인가? 그 이유는 다만 예수가 거기 있고, 이 요구가 예수로부터 나오기 때문이고, 그가 이런 요구에 굴복했음에서 주이고, 하늘 아버지의 뜻에 따라서 이 요구가 암시하는 모든 일을 행하는 순종하는 종이기 때문이다. "내가 있는 곳에 나의 종도 있을 것이다." 사람들은 필연적으로 이 요구로 암시되는 사건 속으로 부름받아 끌려들어감이 없이는 예수 곁에 있을 수 없다. 사람들은 예수의 지배 아래 들어가지 않고서는 그가 말하는 것을 들을 수 없고, 그가 행하는 것을 볼 수 없다. 그의 지배는, 예수가 그의 아버지의 뜻에 순종한 것에 따라서 이런 종의 신분에, 이런 요구에 굴복함에 있다. 이런 그의 종의 신분이 그의 주권이다. 그 이유는 그는 바로 여기서 그의 순종으로써 하나님의 은혜를 체현하고 선포하기 때문이다. 바로 이로써 그는 "전권"(ἐξουσία)을 가지며, 율법학자들처럼 말하지 않고(마 7:29), 그의 가르침은 어떤 처세술이나 세상을 개선하는 프로그램이 아니고, 그의 삶은 자신의 가르침을 이행하기 위한 모범이 아니고 오히려 순전히 인간에 대한 신적 행동의 사건이다. 따라서 상황에 따라서 이것 저것을 그로부터 배우고 취하고 편리하지 않은 것은 내버려두기 위해 그의 곁에 있을 수 없다. 오히려 사람들이 그의 곁에 있음으로써, 곧 현실적으로 그의 곁에 있으려 하지 않고, 있을 수 없는 자들이 배제되든, 아니면 그들이 그에게 속하기 때문에 그의 곁에 있기를 원하며, 있을 수 있는 자들이 받아들여지게 된다. 여기서 그의 삶이 뜻하는 요구는—그것이 하나님 자신의 요구이기 때문에—저 다른 사람들에게도 향한 것이고, 그들에 대해서도 유효하다. 아마도 그들이 오늘 원하지 않고 할 수 없는 것을 내일 원할 것이고 할 수 있을 것이다. 그리고 아마도 오늘 원하고 할 수 있는 자들은 내일 더 이상 원하지도 할 수도 없을 것이다. 나를 따르라!는 명령은, 그것에 의해 일어나거나 일어나지 않은 것과는 상관없이 선포되고, 거기 있고, 효력을 가진다. 그 명령에 따라서 언제나 무엇인가 일어날 것이고, 무엇은 일어나지 않을 것이다. 그러나 이 명령에 대해서는 중립이 없다. 지금 원하지 않고 할 수 없는 자들에게는 절망이 없고, 그러나 또한 지금 원하지만 할 수 없는 자들은 안심할 수가 없다. 이 명령이 선포되고, 거기 있고, 유효하다는 것은 중요한 사실이고, 흔들릴 수 없다. 어떤 인간도 하나님이 원하는 것을 이행하지 못했고 또 이행하지 못할지라도 그의 뜻을 헤아릴 수 있는 강철 서판(書板)으로서 이 명령은 선포되었고, 거기 있고, 유효하다. 이 명령이 선포되고, 거기 있고, 유효함으로써 예수는 살아 있고, 다스리고, 승리하며, 그것이 인간과 어떤 관계를 가지든, 무엇이 선한지가 인간에게 말해진다. 다른 곳이 아니라 예수 곁에 있는 것이 선하다. 그 이유는 바로 거기에서 하나님 자신이 우리에 대해 선하기 때문이다. 우리는 다른 곳에 있을 수도 있고, 우리 스스로 하나님을 위해 선하고자 원할 수도 있다. 그러나 우리가 어떻게 이런 독자적인 길로 오류에 빠지지 않겠는가? 우리가 잘한다고 생각함으로써 하나님 자신이 우리를 위해 걸어갔던 확실한 길에서 벗어나고자 한다면, 우리는 필연적으로 헤맬 수밖에 없다. 우리 행위에는 우리에 대해 정해진 저 목표에 따라 방향 제시하는 그 목적론적 능력을 우리는 가지고 있지 않다. 우리는 죄인으로서 우리 자신의 왜곡된 목적을 가졌으니, 우리 자신의 삶의 모든 다른 개별적 "목적"들이 그것 때문에 왜곡될 수밖에 없다. 종교 역사 안에서 언제나 일어난 것처럼, 우리는 확실히 우리가 스스로 하나님을 위해 하고자 하는 일로써 왜곡된 것밖에는 행할 수 없다.

그러나 예수는 이 목적론적 능력을 가졌다. 암흑 밖에, 생명의 빛 안에 행함이 있으니, 신약성서에서 예수를 뒤따름에 대해 언급한 것은 바로 이 행함을 뜻한다.

이제 우리는 은혜의 목적론적 형상이 하나님 백성의 삶, 곧 구약성서의 약속에 따라서 이스라엘의 삶, 신약성서의 선포에 따라서 교회의 삶이라고 말한다면, 어떤 다른 것, 제2의 것을 말하는 것이 아니라 동일한 것을 다시 말하는 것이다. 예수는 하나님의 은혜의 지혜와 전능 덕분에 홀로 자체를 위해 존재하는 것이 아니라 언제나 많은 형제들 가운데서 맏아들로서, 예언된 이스라엘의 왕으로서, 계시된 그의 공동체의 머리로서 존재한다. 그의 사람들은 자기 공로와 능력으로써가 아니라 예수를 통하여, 그로 말미암아, 그의 백성으로서 모든 인간을 위한 하나님의 은혜의 전달자요 또한 모든 인간에 대한 하나님의 요구의 전달자이다. 그들 가운데서 예수의 이름이 알려져 있고, 그들이 그를 율법의 총괄 개념으로, 하나님이 우리에게 행하고자 하고 우리가 행하기를 바란 선의 충만으로서 믿고 선포하고 찬양할 수 있는 한에서, 그들은 그런 자들이다. 그리스도의 나라는 이스라엘과 교회의 영역보다 더 크다. 그러나 이 영역 안에서, 다만 이 안에서만 세상 나라가 악마의 나라가 아니고 그의 나라임을 믿고 인식한다. 그들이 그들의 행위로써 본래 누구에게 도움을 줄 수 있으며, 그들의 행위로써 오로지 누구를 섬길 수 있는지, 이 영역에서부터 모든 인간들에게 말할 수 있고, 말해야 한다. 하나님이 자기 아들을 내줌으로써 그가 그의 순종을 통하여 다스리고 살고 통치하고 승리하게 함으로써, 그는 또한 이 영역을 창조했다. 즉 그의 이름이 모든 그의 주민들이 그것으로 살아가는 약속과 선포의 대상이 되는 영역, 모든 다른 것들 가운데서 그의 도래를 통하여, 그의 왔음을 통하여 역사적 영역이 창조되었으니, 이것은 하나님의 은혜와 인간에 대한 하나님의 요구가 시간과 공간 안에서 영속적인 자리를 가지기 위함이요, 그 안에서 언제나 현재하는 하나님이 또한 그의 특별한, 구체적인 현재를 가지기 위함이다. 이 영역은 그것의 기원이자 그것의 중심을 이루는 예수가 없으면 아무것도 아니고, 그 안에서 살아가는 백성은 아무것도 아니고, 아무것도 할 수 없다. 그러나 예수가 그것의 기원이자 그것의 중심이 됨으로써 그를 통하여 이 영역도 존립하고, 그와 함께 그의 백성도 산다. 그리고 인간에게 말한 선한 것이 무엇이며, 주가 그 백성에게 요구하는 것이 무엇인가를 묻는다면, 지금 우리는 이 백성의 근거가 세워졌고 존재할 수 있음을 통하여 우리에게 요구된 것에 집착해야 한다고 마땅히 굴종하는 가운데서, 확실히 답변할 것이다. 이 백성의 생명의 법은 하나님의 법이다. 하나님이 이 백성을 원하고 창조함으로써 그는 그 백성에게 무엇을 원하는지, 모든 인간에게 무엇을 원하는지를 말한다. 하나님의 계명은 그가 이스라엘에, 교회에 준 계명이다.

미가 6:8에 의하면 선한 것이 무엇인지에 대해 들은 인간은 인간 자체, 인간 일반이 아니라 이스라엘인, 이스라엘 백성이다. 그러므로 그에게 요구된 것, 즉 의를 실천하고 자비를 베풀고 그의 하나님 앞에서 겸손하게 행하는 것은 보편적이고 자연적인 인간의 의무의 편람이 아니라 십계명처럼, 하나님이 이 이스라엘 백성을 자기 백성으로 선택하고, 자신을 이 백성의 하나님으로 선택함을 통하여 선포되고 세워지고 관철되는 요구의 요약이다. 이를 위하여 신명기 10:12-22를 비교해 보라: "이스라엘아, 지금 저 너희의 하나님이 너희에게 원하시는 것이 무엇인지 아느냐? 주 너희의 하나님을 경외하며 그의 모든 길을 따르며 그를 사랑하며, 마음을 다하고 정성을 다하여 주 너희의 하나님을 섬기며 너희가 행복하게 살도록 내가 오늘 너희에게 명하는 주 너희 하나님의 명령과 규례를 지키는 일이 아니겠느냐? 그렇다. 하늘과 하늘 위의 하늘, 땅과 땅위의 모든 것이 주 너희 하나님의 것이다. 그런데 주께서는 오직 너희의 조상에게만 마음을 쏟아 사랑하셨으며, 많은 백성 가운데서도 그들의 자손인 너희만을 오늘 이처럼 택하신 것이다. 그러므로 너희는 마음에 할례를 받고 다시는 고집을 부리지 말아라. 이 세상에는 신도 많고 주도 많으나 너희의 주 하나님만이 참 하나님이시고 참 주님이시다. 그분만이 크신 권능의 하나님이시요 두려운 하나님이시며, 사람을 외모로 판단하시거나 뇌물을 받으시는 분이 아니시며, 고아와 과부를 공정하게 재판하시며, 나그네를 사랑하셔서 그에게 먹을 것과 입을 것을 주시는 분이시다. 너희가 나그네를 사랑해야 하는 것은 너희도 한때 이집트에서 나그네로 살았기 때문이다. 주 너희의 하나님을 경외하고 그를 섬기며 그에게만 충성을 다하고 그의 이름으로만 맹세하여라. 너희가 찬양할 분은 너희의 하나님뿐이니 너희가 본 대로 그분은 너희에게 크고 두려운 일들을 하여 주신 하나님이시다. 너희의 조상이 이집트로 내려갈 때에는 모두 일흔 명밖에 되지 않았지만 주 너희의 하나님은 이제 너희를 하늘의 별과 같이 많게 하셨다." 야훼는 이스라엘을 자기 아들, 자신의 첫 번째 아들이라고 불렀다.(출 4:22, 렘 31:9, 호 11:1) "너희는 사람이 자기 자녀를 훈련시키듯이 주 너희의 하나님도 너희를 훈련시키신다는 것을 마음속에 새겨 두어라."(신 8:5) 야웨가 이 백성을 자기 백성으로 창조했고 이에 따라서 그들에게 대했음에서 야웨는 이스라엘에서 거룩하고, 이스라엘이 그에게 거룩해야 한다는 그의 요구도 거기에 근거한다.(레 19:1) 그렇기 때문에 그가 이 백성에게 요구하는 어떤 것도 일반적인 것이 아니고, 오히려 이 백성이 그 덕분에 삶을 가지게 된 상황 속에서 아버지로서 모든 그의 삶을 특별히 정리하는 것이다. 그렇기 때문에 거기에는 어떤 인간이 자기 자신에 대해서 혹은 역시 어떤 다른 신이 다른 백성에게 요구할 수 있는 그런 우발적이고 자의적인 것은 없다. 거기에는 추상적인 종교적 규례도, 추상적인 법적 규범도, 추상적인 도덕법도 없다. 그렇기 때문에 오히려 하나님이 원하는 모든 것은, 그가 그의 사람들에게서 바라는 그런 것의 정확한 표현이고, 하나님이 먼저 이 인간들을 위해 행했던 "위대하고 두려운 일들"에 대해 정확히 상응하는 것이다: "나는 너희를 이집트 땅, 종살이하던 집에서 이끌어 낸 주 너희의 하나님이다."(출 20:2, 신 5:6) 십계명 중 어느 것도, 다른 종교적 규례, 법적 규범, 도덕법 중 어느 것도 그 자체를 위해 있지 않으며, 이 상위 명제와 해리될 수 없고, 이 상위 명제로부터 그것의 특수한 내용을 받지 않은 것이 없으며, 모든 것이 하나님에 의해 이집트로부터 팔레스틴으로 인도된 백성의 삶의 법 외에 다른 것이 아니다. 이 백성이 그러하므로, 이 백성이 하나님에 의해 이룩된 저 "위대하고 두려운 일들" 없이는 존재할 수 없으므로, 이 백성이 바로 이 행위 덕분에 그의 삶을 영위하기 때문에, 자기 하나님의 계명을 지켜야 할 의무와 책임이 있다. 그리고 이 계명들의 각각은 또한 내용적으로도 다만 이 사실만을 반영하고 확증한다. 이스라엘은 이 백성, 하나님의 이런 행위를 통해 창조되고 지켜진 백성이다. 너는 해야 한다!는 말은 이스라엘은 해야 한다는 뜻이며, 이스라엘이 해야 하는 모든 것은 다만 이스라엘이 무엇인가를 명령법으로 바꿔 표현한 것일 따름이며, 이스라엘이 하나님을 통해서 된바, 하나님과 더불어 되어야 할 바를 어느 의미에서 다만 반복하는 것이다. 그런데 이스라엘은 약속의 백성이고 따라서 처음부터 그에게 약속된 아들의 백성이다. 이 아들의 이름으로 모든 세대가 축복받아야 한다. 그의 도래하는 그러나 이미 현재하는 왕을 고려해서, 그리고 그로 인하여 이스라엘 자신이 하나님의 아들이라 불리며, 하나님에 의해 선택받았고 창조되었고, 이 특별한 백성으로 다스려진다. 그로 인하여 이 백성은 존재하고, 그의 삶으로써 하나님의 법을 받았고, 하나님에 의해서 저 특별한 방법으로 요구되었다. 그로 인하여 오직 이 백성에게만 주어졌고, 오직 그에 의해서만 실천이 요구된 이 법은 그 모든 구성 요소에 있어서 객관적, 보편적인 의미를 갖는다. 그 이유는 결국 이스라엘이 그 법을 지키고 이행하기 위해서 행한 모든 일이 불순종으로 드러나게 된 후에는 이 도래하는 아들이자 왕이 그 법을 지키고 이행할 것이기 때문이다. 인간이 자신을 요구하는 하나님에 대해서 언제나 뒤쳐져 있을 뿐 아니라 불의하다는 사실이, 선한 것이 무엇인지 말하여진 인간에게서, 백성에게서, 이스라엘에게서 분명하게 드러나야 한다. 바로 이와 함께 또한 이 인간은 그에게 되어진 약속에서, 오로지 이 지키고 실천하게 될 그에게 약속된 자에게서 산다는 사실이 드러난다. 그리고 바로 이로써 이 인간은 현실적으로 요구되었다. 이 백성이 그 약속된 자가 인간의 신적 해방자이고 해방자가 행할 바에 대한 몫을 가질 수 있다는 것과, 그의 영역 안에서, 이집트로부터의 탈출과 팔레스틴으로의 진입이 예고하는 "위대하고 두려운 일들"의 영역 안에서 살 수 있다는 것—이것을 예시하는 것이 이스라엘에 대한 하나님의 저 위대한 모든 행위들의 의미이다. 이것이 이스라엘이 기뻐할 수 있는 은혜이다. 이스라엘은 그의 전적인 불순종에도 불구하고 기대 속에서, 그리고 그에게 되어진 약속에 의지함으로써 하나님의 신실함의 행위 현장에 있을 수 있다. 이 행위는 예수에게서 분명히 드러날 것이고, 이미 먼저 그의 전 역사 속에서, 비록 그 중심은 감추어져 있을지라도, 그의 영역, 그의 빛과 능력 범위를 가졌다. 바로 여기서부터 또한 이스라엘에 대한 하나님의 요구는 시작부터 분명히 선언되었고, 그것에 대한 온갖 불순종에도 불구하고—위협과 실제적인 심판이 없지는 않으나, 또한 약속의 갱신도 없지 않았고 또한 도움과 축복이 실제로 나타나지 않은 것이 아니다.—유지되어 있는 것은 납득할 만하다. 분명히 하나님의 약속이 실행될 것처럼, 또한 이 백성에 대한 하나님의 신실함 역시 영원하다. 이 신실함이 영원히 머무르는 것처럼, 이 하나님의 법도 영원히 남고, 또한 이 법은 서판 위에, 책 속에 세대에서 세대로 이어질 것이고, 분명히 거듭하여 엄숙하게 낭독되고 청취될 것이다.(신 31:10f., 수 8:34f., 왕하 23:2, 느 8:1f.) 인간의 신실함에는 축복이, 그 법에 대한 인간의 불신실에는 저주가 있다. 그러나 결국 전반적으로 볼 때 인간의 불신실이 더 중하고, 따라서 저주가 이루어져야 함에도 불구하고 한 신실한 자가 이스라엘의 전 역사의 목표, 종말이 됨으로써, 또한 여기서 이스라엘이 하나님의 요구 아래 행하고 행하지 않는 것이 드러나고, 이 백성이 언제까지나 하나님에 의해 요구된 백성이라는 사실과 하나님이 그에게 자신의 뜻을 증언하기를 중단하지 않는다는 사실은 별개이다. 그리고 이 후자의 사실은, 하나님의 말씀에 대한 백성의 응답을 어떻게 생각하고 말해야 하든 간에, 유효하다. 그의 불순종이 완전히 노출되고, 완전히 자신의 불신실함이 입증된 가운데서도 이 백성은 법을 가졌고, 이 법은 그에게 주어졌으며, 이 백성은 그 법의 흔들릴 수 없는 효력으로 인하여 구별되고 지켜졌으며, 이 백성은 하나님의 뜻을 언제나 거듭 기억하였으며, 그 법을 통해 그에게 부과된 의무에서 결코 벗어나지 못했으며, 이 백성에게는 이 의무에서 벗어날 가능성이 없다. 이 백성이 이렇게 구별된다는 사실이 거의 혹은 전혀 중요하지 않을 수는 있지만, 그래도 이 백성이 이 의무 아래 있다는 사실로 인하여 이 백성에 부여된 명예는 남아 있다. 이 백성은 여전히 이 의무를 지니는 자이며, 따라서 그의 허물에 반하여, 그의 전적인 불합당성에도 불구하고 이 요구의 신비인 은혜를 지니는 자이다. 율법의 백성으로서의 유대 백성의 자기 자랑은 그들의 전적인 우둔함과 왜곡됨 가운데서도 전혀 무근거한 것은 아니다. "마지막 때에 주의 성전이 서 있는 산이 모든 산 가운데서 으뜸가는 산이 될 것이며 모든 언덕보다 높이 솟을 것이니, 모든 민족이 물밀 듯이 그리로 모여들 것이다. 백성들이 오면서 이르기를 '자 가자! 우리 모두 주의 산으로 올라가자. 야곱의 하나님이 계신 성전으로 어서 올라가자. 주께서 우리에게 주의 길을 가르치실 것이니 주께서 가르치시는 길을 따르자' 할 것이다. 율법이 시온에서 나오며 주의 말씀이 예루살렘에서 나온다. 주께서 민족들의 분쟁을 판결하시고 뭇 백성 사이의 갈등을 해결하실 것이다."(사 2:2-4) 주가 이스라엘에게 요구하는 것, 즉 정의를 실천하고 자비를 베풀고 그의 하나님 앞에서 겸손하게 행하는 것은—바로 이것이 하나님이 이 백성을 위해 행했던 "위대하고 두려운 일들"에 상응하는 것이니—객관적이고 보편적인 의미, 즉 모든 인간에 대한 하나님의 요구의 의미를 은밀하게, 처음부터 은밀하게 가졌고, 그리고는 자기 뒤를 따르라는 예수의 부름에서 또한 공공연히 얻었다. 그의 요구가 인간의 죄를 통하여 반박되거나 폐기될 수 없다는 것이, 언제나 불충하고 언제나 불순종하지만 그러나 언제나 하나님 율법을 지니는 자로서 확증되고 구별된 이스라엘 백성의 역사를 통하여 전형적으로 드러났다. 하나님의 약속과 하나님의 계명이 있고, 죄많은 백성 이스라엘 가운데서 유효한 것처럼, 하나님의 요구는(이것은 그의 은혜의 형상일 따름이다!) 시간과 공간 안에서 영속적인 자리를 가진다. 이 자리에서 언제나 거룩하지 못한, 하나님의 성화를 최고로 필요로 하는 백성이 철저하게 불합당함 가운데서도 그들의 거룩하고 자비로운 하나님과 대면하게 될 것이다. 이 자리에서 주가 자기 백성에게 친절하고 그의 선함이 영원히 지속되기 때문에 주께 감사하는 것 외에 다른 가능성이 없을 것이다. 그러나 그의 불신실, 그의 불순종 때문에 이 감사 외에 다른 것이 남아 있지 않은 인간에게, 백성에게도 언제나 하나님의 요구가 향하고 있다. 이것은 그를 부끄럽게 하기 위함이고, 또한 그를 구별하기 위함이며, 하나님 앞에서의 그의 불의를 드러내기 위함이고, 또한 그의 전적인 불의 가운데서 그에게 지시하고, 그에게 이 백성이 오직 하나님의 은혜로 살 수 있다는 것을 증언하기 위하여, 그러나 또한 실제로 하나님의 은혜로 산다는 것을 증언하기 위함이다. 그리고 하나님의 요구가 바로 이 자리를 가짐으로써 그것은 또한 주변 세계에도 모든 인간에 대한 하나님의 요구로서 크게 외쳐진다. 하나님의 요구를 지니는 자, 선포하는 자는 하나님의 위대한 행위에 참여함을 통해 거룩해지고, 이스라엘에게 약속된 자로부터 가르침을 받고 징벌을 받고 훈육되고 제약당하고, 안식 가운데서도 불안해 하고 불안 속에서 안식을 얻고, 언제나 거듭 훈계를 받는 그런 거룩한 자일 따름이다. 이런 훈계받는 백성의 존재를 통하여 하나님은 모든 인간들에게 말하고, 하나님은 모든 인간들에게 그가 그들로부터 원하는 바를 말한다. 이 일이 실제로 일어나기 위해서, 이 백성이 빛과 소금이 되도록 정해진 대로 실제로 소금과 빛이 되기 위해서 예수가 그들 가운데 있어야만 한다.

그런데 바로 예수가 이 백성 가운데 있다. 이것이 신약성서의 교회에서 이스라엘에 대한 약속의 성취와 더불어, 이스라엘 자신의 존재와는 구별되게 어둠에서 빛으로 드러난 일이다. 성서가 교회를 하나님의 요구의 시공(時空)적 자리로, 하나님의 지시가 나오는 시온으로 묘사한 것은, 이스라엘에 대한 묘사와는, 구약성서를 전적으로 지배하고 있는바 인간들의 불신실과 불순종에 대한 하나님의 고발이 지금 완전히 침묵하고, 그 고발이 이제는 단순히 경고하는 회상이 되었다는 것으로 말미암아, 구별된다. 그것은 이 고발이 이제 그 대상이 없어졌기 때문은 아니다. 그런데 이 고발은 예수 그리스도에게서 그 본래적 대상을 발견했다. 고발에 필수적으로 따르는 심판이 그에게서 성취되었다. 하나님의 계명은 다만 그를 통해 준수되고 성취된 계명으로 이해될 따름이고, 선포될 수 있다. 이제 그의 계명은 이렇게 유효하고, 권위를 가진다. 그것의 내용은 그에게, 예수 그리스도에게, 모두가 그를 근거와 내용으로 하는 믿음, 소망, 사랑으로써 정당하게 대하는 것이다. 오직 감사만이 중요하다는 사실, 이 구약성서의 신비가 이제 예수 그리스도의 백성인 교회에서 공공연해졌다. 이 감사하는 자들이 불신실하고 불순종하는 인간들이라는 사실은 이제 더 이상 특별히 강조할 필요가 없다. 이것은 이제 예수의 십자가 죽음에 대한 회상 속에서 그들의 감사의 당연한 전제이다. 그들이 그런 불신실하고 불순종하는 자들로서 옛 계약의 완전히 멸망한 백성과 함께 실제로 감사할 수 있고, 이로써 하나님의 계명을 지키고 성취할 수 있다는 것—언제나 예수와의 관계 속에서, 언제나 그의 뒤를 따름 가운데서—이것이 신약성서의 삶의 질서의 새로운 점이다. 이 질서는 하나님 백성의 삶의 법 외에는 달리 이해될 수 없다. 또한 이 질서는 미가 6:8이나 혹은 신명기 10:12 이하 혹은 십계명에 비하여 실질적으로 새로운 내용을 가질 수 없다. 이 질서는 다만 구약성서의 율법이 요구한 모든 것이 언제나 처해 있었으며, 그 요구가 예수의 출현과 더불어, 그의 죽음, 그의 부활과 더불어 그 안에서 드러나게 된 그 관계를 해명하고 결정할 따름이다. "사랑하는 여러분, 내가 새 계명을 여러분에게 써 보내는 것이 아닙니다. 나는 여러분이 처음부터 가지고 있는 옛 계명을 써 보냅니다. 그 옛 계명은 여러분이 처음부터 들은 그 말씀입니다. 나는 다시 여러분에게 새 계명을 써 보냅니다. 이 새 계명은 그분에게도 참되고 여러분에게도 참됩니다. 그것은 어둠이 지나가고 참 빛이 벌써 비치고 있기 때문입니다."(요일 2:7-8) 새로운 계명은 이렇다. "너희가 서로 사랑하여라. 내가 너희를 사랑한 것 같이 너희도 서로 사랑하여야 한다."(요 13:34) 새로운 것은 예수 자신이다. 그러나 확실히 예수가 약속된 자이며, 그로 인하여 이스라엘에 율법이 주어졌다면, 예수 자신은 옛 것이다. 언제나 하나님은 자신을 위하여 한 백성을 원하고 창조함으로써, 그는 또한 그가 인간으로부터 원하는 바를 선언하고, 그의 법을 세운다. 그러므로 이 백성은 그의 연약성에도 불구하고가 아니라 연약함 가운데서도 인간에 대한 하나님의 요구의 증인이 될 수 있고, 되어야 한다.

그러나 예수 그리스도의 인격 안에서, 그의 인격과 더불어, 그의 백성의 삶 안에서, 삶과 더불어 제기된 하나님의 요구는 무엇을 의미하며, 무엇을 뜻하는가? 하나님의 은혜는 인간에게 계명이 됨으로써 무엇을 목표하는가? 하나님의 요구가 우리에게 계시되는 자리, 즉 예수와 그의 사람들을 확고히 바라볼 때, 우리는 다만 이렇게 확정지음으로써가 아니고서는 요약적으로 답변하기가 어려울 것이다. 하나님의 요구에서는 인간의 행위가 하나님의 행위를 정당한 것으로 받아들이는 행위가 되고, 언제나 그런 것이 되는 것이 문제이다.

하나님의 요구를 통하여 우리에게 증언되는 것이 하나님의 은혜이다. 하나님의 은혜는 하나님과 인간 사이의 계약을 바라고 창조한다. 그러므로 그의 은혜는 인간으로 하여금 이 계약 안에서 살도록 정한다. 그의 은혜는 그것을 하나님의 상대로 결정한다. 그러므로 그의 은혜는 인간의 행위를 하나님의 행위에 상응하도록, 적응하도록, 같은 모습을 가지도록 결정한다. 하나님이 이 계약을 어떻게 원하고 창조할 수 있으며, 인간이 이 계약 속에서 어떻게 살 수 있으며, 하나님이 인간에게 어떻게 인간에 대한 결정 없이 자비로울 수 있는가? 인간과 인간의 행위가 하나님의 형상이 그런 것으로서 하나님 내지 그의 행위와는 전혀 다르게 바로 그와 그의 행위를 나타내는 거울, 그 안에서 하나님이 자기 자신과 그의 행위를 재인식하는 거울이 되는 것이 문제이다. 인간에 대한 이런 결정에서 하나님과의 평화가, 그 앞에서의 정의가, 그의 거룩함이 있다. 그리고 그것이 그에게 약속된 영원한 생명이다. 영원한 생명은 하나님 자신의 생명이며, 하나님 자신의 생명과 같은 모습을 가진 피조물의 생명이다. 하나님은 자신과 인간 사이의 계약을 세움으로써, 그가 인간에게 자비로움으로써 인간의 피조적 삶, 인간의 존재와 행위, 그의 사고, 말과 행실이 이런 동일한 형상을 가지기를 원한다. 하나님은 우리에게 자비로움으로써 이것을 원하고, 예수를 원하고, 예수가 그 가운데서 왕 노릇하는 백성을 원함으로써 이것을 원한다. 그리고 그가 예수를 보냈고, 우리를 위해 예수를 내주었고, 다시 우리를 위해 높이었고 영화롭게 했고 그가 예수 안에서, 그와 함께 자기 백성을, 이스라엘과 교회를 예수에 대한 믿음의 자리로서, 그에 대한 증거로 선택했고 창조한 것이 하나님의 행위이다. 그러므로 어떤 경우든 우리에게 요구된바 우리의 행위가 하나님의 행위와 동일한 모습을 갖추기 위해서는 여기에 맞추어야 한다. 어떤 경우든 이것을 반영하는 것이 인간에 대한 결정이다. 하나님과 인간 사이의 사실적 관계를 이루는 것은 오로지 은혜의 계약이다. 인간은 오로지 자비로운 하나님의 상대자로 정해져 있다. 그가 하나님의 자비를 받는 그런 자가 되어야 하고, 그런 자로서 사고하고 말하고 행동해야 한다는 것 외에 어떤 다른 요구가 이 상대자에게 고려될 수 있으며, 어떤 다른 요구를 인간이 도대체 의식할 수 있겠는가? 하나님이 자비롭다는 것은 하나님의 행위이며, 인간은 자신의 행위로써 이 행위에 상응해야 할 의무가 있다. 인간은 그의 행위가 하나님의 은혜를 반영하고 모방하는 한에서 하나님 내지 그의 행위의 형상이 된다. 인간은 하나님의 은혜로 살고, 바로 이로써 하나님의 은혜를 위해서, 그의 피조적 삶에서 그 은혜를 영화롭게 하기 위해서 사는 한에서, 하나님 앞에서 의롭고 거룩하고 영원한 생명의 도상에 있다. 반면에 죄는 분명히 이 정의와 거룩함의 포기 외에 다른 것일 수 없고, 영원한 생명으로 가는 열린 그러나 유일한 길인 이 길로부터 벗어남이다. 그런데 하나님의 은혜는 예수 그리스도 내지 그의 백성의 삶이다.

우리는 무엇을 해야 하는가? 우리는 이 은혜에 상응하는 일을 해야 한다. 우리는 예수 그리스도 내지 그의 백성의 삶에 답변해야 한다. 우리는 우리의 행위로써 이 은혜에 대해 변명해야 한다. 이 은혜를 통해서, 오직 이 은혜를 통해서만 우리는 요청받고 있다. 그것에 대해서, 그것에 대해서만 우리는 책임이 있다.

이것은 바울의 담대한 발언의 문맥에서(엡 5:1) 아주 분명하게 드러난다: "그러므로 여러분은 사랑받는 자녀답게 하나님을 본받는 사람들이 되십시오." 바울은 다른 구절들에서(고전 4:16, 11:1, 살전 1:6) 그리스도인들에게 그 자신을, 사도를 "모방하는 자"가 되라고 권고한다. 그는 데살로니가전서 2:14에서 데살로니가 공동체에서 이루어지고 있는바 예루살렘 공동체의 고난의 길을 모방하는 것에 대해 언급하였다. 그는 고린도전서 11:1에서 자기 자신을 "그리스도를 모방하는 자"로 표시했다. 에베소서 5:1의 보다 강력한 발설에서는, 이 모든 것이 말하고자 하는 바가 분명히 드러난다. 그는 거기서(엡 4:31f.) 그리스도인들로 하여금 모든 악독, 모든 격정, 모든 분노, 모든 소란, 모든 비방, 모든 악의를 버리고, 하나님이 그리스도를 통하여 그들의 죄를 용서해 주었듯이 서로 친절히 하고, 서로 불쌍히 여기고, 서로 용서하도록 호소한다. "그리스도가 여러분을 사랑했고 우리를 위해서 하나님 앞에 향기로운 예물과 제물로 자기 자신을 내어준 것 같이" 그들은 이런 하나님을 모방하는 자가 되어야 하고 그러므로 사랑 안에서 행해야 한다. "모방"은 분명히 엄밀히—하나님을 다르게 모방하는 것이 고려될 수 없다.—그리스도 안에서 계시되고 효력이 나타난 우리 인간에 대한 하나님의 자비로운 행동과 관련된다. 이 행동은 우리에게 주어진 법이다. 우리와 우리의 전체 행동은 이 법에 구속되어 있으며 거기에서 재어진다. 우리는 이 법에 따라 방향을 정해야 한다. "우리를 비춰 주는 태양인 우리 주 예수 그리스도에게서 우리에게 일어난 은혜를 우리가 저녁과 아침, 낮과 밤에 생각해야 하지 않는가? 우리는 그가 우리를 구원으로 이끌기 위해서 그의 영의 밝음을 우리에게 비추게 한다는 것을 인식하지 못할 만큼 그렇게 우둔해야 하는가? 하나님의 자비가 아니라면 어떻게 이런 일이 일어나는가? 하나님이 이 현재의 삶에서 우리를 유지함에 있어 우리에게 이루어지게 하는 은혜를 본다면, 우리는 그의 선물로써 양육받을 가치가 있는가? 아니다. 그러나 이 모든 일이 우리 주 예수 그리스도를 통하여 우리에게 선사된다. 그러므로 우리가 자나 깨나, 마실 때나 먹을 때나, 쉴 때나 일할 때나, 모든 일에서 어디서나 하나님이 우리에게 행한 자비를 알고 또 그 자비를 기억하는 것이 필요하고 또한 우리가 이것을 꾸준히 훈련할 필요가 있다. 또한 우리가 하나님에게 기도할 때도 이 은혜가 언제나 우리 목전에 있어야 한다. 우리가 우리 주 예수 그리스도 안에 있는 그의 값없는 선함을 통하여 인도받지 않았다면 그리고 그가 우리의 잘못을 용서하지 않았다면, 우리가 어떻게 그와 개인적으로 대화하고 모든 우리의 걱정과 근심을 그의 품에 털어놓고 그를 심지어 우리 아버지라고 부를 수 있겠는가? 우리가 이 모든 것을 생각하지 못한다면 우리는 너무나 어리석고 둔하다."(프랑스어, Calvin, 에베소서 4:31-32 설교, C. R. 51, 664) 바울은 자기 자신을 그리스도의 모방자로, 혹은 데살로니가 사람들을 예루살렘 사람의 모방자로 표시할 때도, 혹은 그가 자기 자신을 모방하도록 권고할 때에도 예수 그리스도 안에서의 하나님의 이런 자비로운 행동 외에 다른 것을 염두에 두지 않았음은 명백하다. 또한 그리스도인들이 박해받을 때에 악을 악으로, 비난을 비난으로써 응보하는 대신에 축복을 유산으로 받도록 부름받은(3:8f.) 자로서 축복하도록 권유하는 베드로서 3:13에서도 다른 것을 염두에 두지 않은 것 같다. "여러분이 선(아마도 남성, 그러므로 그리스도 혹은 하나님)에 있어서 '열심 있는 자'(다른 읽기 방법: '모방자')가 된다면 누가 여러분에게 악을 행할 수 있겠는가?" 그들이 오직 주 그리스도만을 그들 마음속에 거룩하게 간직한다면 그들은 아무것도 필요치 않고, 아무도 두려워할 것이 없다.(3:14f.) "그것이 하나님의 뜻이라면 여러분이 악을 행하는 것보다 악을 당하는 것이 더 낫다. 그리스도께서도 한번 죄로 인하여 죽으셨으니, 여러분을 하나님에게로 이끌기 위해서 의로운 자가 불의한 자들을 위해 죽으셨다." (3:17f.) 베드로전서에서 이렇게 결정적인 역할을 하는(2:21-22 참조) 고난에서 그리스도를 모방하는 것의 필요성은 분명히, 그리스도의 고난이 우리를 위해 일어났다는 데 근거한다. 확실히 이 은혜가 우리에게 나타난 것처럼, 고난은 우리에게 나타난 하나님의 은혜의 계시요 현실이며, 그런 것으로서 우리의 동일 형상을 요청한다. 갈라디아서 6:1도 여기에 속한다: "각 사람은 다른 사람의 짐을 져야 한다! 이렇게 함으로써 여러분이 그리스도의 법을 성취할 것이다." 로마서 15:2도 여기에 속한다. "우리 각 사람은 이웃의 마음에 들게 행동하며 유익을 주고 덕을 세우기 위하여 살아야 한다. 그리스도께서도 자기 좋을 대로 살지 않았다. 이는 성서에 기록된 대로, '주님을 비방하는 자의 비방이 내게도 떨어졌다' 한 것과 같다." 골로새서 3:13도 여기에 속한다: "한 사람이 다른 사람에게 비난할 일이 있더라도 서로 용납하여 주고 서로 용서하여 주십시오. 주께서 여러분을 용서하신 것과 같이 여러분도 서로 용서하십시오." 마지막으로 무엇보다 빌립보서 2:3-4의 문맥도 여기 속한다. 거기서는 일치에 대한 훈계와 다른 사람의 일을 자신의 일보다 위에 놓는 겸손에 대한 훈계는, 그리스도인들은 "그리스도 안에 있고" 그들에게 필히 규범적인 자세를 가지고 살라고 호소로써 설명된다. 즉 그가 자신의 신성을 주장하는 대신 자신의 영광을 포기하고 인간 종의 모습을 취하여 이 모습 안에서 죽기까지 하나님에게 순종하는 그런 자세이다. 그는 이런 자비로운 낮아짐의 근거 위에서 다음에 비로소 높여졌고, 새로이 영광을 받았다. 우리를 위해 종이 된 이분은 그 앞에 모든 사람이 무릎을 꿇고 입으로 주임을 고백해야 하는 그런 분이다. 우리의 행동이 그의 행동을 닮아 가는 것이 우리에게 요구된 바이다.

그런데 하나님의 은혜와 똑같은 모습을 갖추고, 예수 내지 그의 백성과 같은 모습을 갖추도록 요청받음은 무엇을 뜻하는가? 하나님이 이런 그의 구체적인 행위에서 그것의 대상, 척도라면 하나님에 대한 우리의 책임은 무엇인가?

우선 여기서는 인간의 신격화 혹은 그리스도화 같은 것, 같은 수준에서의 동일 형상성과는 무관하다는 것을 확정하자. 여기서 고려될 수 있는 상응은 하나님과 인간 사이에 "무한한 질적 차이"가 폐기됨을 뜻할 수 없고, 뜻하지 않을 것이다. 그러므로 하나님과 인간 사이의 분명한, 폐기될 수 없는 대립 속에서 책임, 그러므로 상응의 문제이다. 하나님의 형상을 드러냄의 문제이며 그러므로 인간 모습에서 제2의 하나님을 창조하는 것이나 인간적 형상을 신적 형상 속에 혼합하거나 변화시킴의 문제가 아니다. 피조물 자체의 영원한 생명의 문제이다. 우리에게 요구된 행동이 무엇이든 간에 그것은 우리의, 인간적 행동이 될 것이다. 그것은 하나님의 위대한 행위를 증언하고 확증해야 할 것이다. 그것은 그것을 속행하거나 반복할 수 없을 것이다. 그것은 계약 관계에 머무를 것이며, 그러나 하나님과 인간 사이의 동일화는 이루어지지 않는다. 하나님의 위대한 행위는 인간의 행위에 대해서 언제나 그런 것으로, 오로지 그런 것으로만 남아 있을 것이다. 예수 그리스도는 다스릴 것이고, 인간은 그에게 굴복할 것이고, 양자는, 비록 그와 그를 모방하는 인간들 사이의 긴밀한 친교 가운데서도, 친교에도 불구하고 언제까지나 별개의 일로 남아 있을 것이다. 더 이상의 그리스도는 없을 것이다. 제2, 제3의 그리스도가 "내가 그이다!"라는 약속과 요구를 가지고 오지는 않을 것이다. 마가복음 13:5, 마태복음 24:5에 의하면 오직 미혹하는 자만이 자신에 대해 이렇게 말할 것이다. 하나님의 백성은 은혜의 나라의 모범적 형상으로서 다른 인간 세계에 대해서 특별한 백성으로 남을 것이다. 이스라엘 옆에 다른 제2의 선택된 백성은 설 수 없을 것이다. 일회적인 것은 일회적이며, 간격은 유지될 것이다. 언제나 선은 아무리 선한 자들에게도 계명과 금지의 일, 훈계, 경고, 명령, 지시의 일로 남아 있도록 되어 있다. 완성의 나라에서도 이 관계는 지속될 것이다. 우리는 그때 "얼굴과 얼굴을 맞대고 보게" 될 것이다. 이 대립으로 인한 모순과 고통은 그때 제거될 것이다. 눈물과 고난과 탄식과 죽음은 그때 더 이상 없을 것이다. 또한 우리는 그때 어떤 신들도, 확실히 신 자신도 아닐 것이다. 우리가 지금 여기서 어떤 신들이 아닌 것은 말할 것도 없고!

앞에서 인용된 신약성서의 구절들은 모두 하나님 내지 그리스도의 모방이 이루어지는 일정한 행위, 행동 방식에 대해 언급한다. 그것들은 모두 마태복음 5:48과 같은 노선에 있다. 선한 자와 악한 자에게 똑같은 호의를 베푸는 하늘 아버지의 특별한 목적 지향에 우리의 행동도 상응해야 한다. 곧 서로 기꺼이 용서해 주고, 서로 자비롭게 대하며, 각자가 상대방의 짐을 져 주고, 이웃이 좋아하는 대로 살고, 믿음을 박해하는 자들에게도 한결같이 선하게 대하고, 자신의 일이 아니라 다른 사람의 일을 염두에 두는 겸손함과 원수까지도 사랑하는 자세가 필요하다. 그러나 이런 요청들이 규정되었을 때 또한 그 한계도 나타난다. 분명히 인간은 이런 요청에 의해서 하나님의 특권을 스스로 탈취하고, 그의 일에 개입하도록 권유받은 것은 아니다. 인간은 이 모든 계명을 이행함으로써 자기 이웃의 "자비로운 주"가 될 수는 없다. 예수 그리스도가 행한 일을 그는 자신을 위해서도, 다른 사람을 위해서도 할 수 없을 것이다. 이 일, 즉 우리 죄에 대한 보속이 "단번에" 일어났다는 것을, 히브리서뿐 아니라 베드로전서(3:18)도 강조했고, 바울은 완전한 그리스도 친교, 그리스도 모방을 선포하는 자로서 이것을 어느 구절에서도 간과하거나 불분명하게 말한 적이 없다. 우리는 자신을 위해서나 다른 사람을 위해서나 하나님이 우리를 위해 행한 선한 일을 할 수 없다. 우리는 이 선에 상응해야 하고, 할 수 있다. 우리는 우리가 해야 할 일의 귀감을 그에게서 찾고 발견할 수 있으며, 찾고 발견해야 한다. 우리가 지금 하는 일은 언제나 다른 것이 되고, 그것은 우리의 피조적 행위가 되고, 지금 여기서 또한 언제나 우리의 죄로 인하여 제약된, 왜곡된 행위가 될 것이다. 우리의 행위가 저 귀감에 대한 경외 가운데서 일어나는 한, 그것에 저 귀감이 주어져 있는 한, 그것은 의롭고 거룩하게 될 것이다. 그러나 우리의 행위 그 자체를 볼 때 그것의 내적 내용에 대해 묻고 탐구하는 한, 확실히 불의하고 거룩하지 못할 것이다. 하나님의 은혜에 상응해서, 상응해서만이 모든 그의 행위가 선한 행위가 된다. 이 행위가 이렇게 상응함에서 선하게 됨으로써 이 행위는 스스로 이 상응에서 해리되지 않을 것이고, 내재적 선을 요구하지 않을 것이다. 로마서 8:33에 의하면 하나님의 선택받은 자들에 대해서는 고발이 있을 수 없고, 로마서 8:1에 의하면 그리스도 예수 안에 있는 자들에 대한 정죄가 있을 수 없기 때문에, 이들은 그들이 그것을 그들 자신의 선, 그들이 산출하고 실천한 선이라고 주장하고, 하나님의 선함과 다만 조금이라도 잠시만이라도 경쟁하게 함으로써 그들의 행위의 자유, 따라서 실제적 선함을 상실하지 않도록 주의할 것이다. 바로 이렇기 때문에 이 선함은 "공적"의 성격을 가질 수 없다. 하나님이 그리스도를 통하여 자기 주위에서 행한 일을 인간이 자신의 주위에서, 그리고 또한 아무 주장 없이 순종적으로 행한다는 것이 인간에 대한 하나님의 요구의 내용이다. 이 요구가 인간이 행할 수 있는 것 이상을 요구하거나 신뢰하지 않음으로써, 그것이 은혜의 요구로 언제까지나 남아 있음으로써, 그것은 단순하면서도 진지하고 단호하고 피할 수 없다. 이 요구는 인간 자신이 창조자, 화해자, 구원자가 되기를, 그가 은혜를 소유하고 처리하고 베풀기를 요구하지 않는다. 그것은 다만 인간이 그 은혜를 증언하기를, 그러나 물론 그것에 상응하는 일정한 행위와 행동 방식으로써 증언하기를 요구한다. 이 요구의 계명은 무겁지 않다.(요일 5:3) 그 이유는 그것은 날카롭게 인간을 향하여 있으되 인간의 능력의 정도를 능가하지 못하며, 다만 인간의 능력을, 다만 그 능력만을 실제로 움직이기 때문이다. "내 멍에는 부드럽고 내 짐은 가볍다."(마 11:30) 이 멍에를 매라는 권유가 "모두 내게로 오라, 수고하고 무거운 짐 진 자들아, 내가 너희를 쉬게 하리라!"는 권유와 동일하다는 것을 아무리 생각하여도 충분하지 않을 것이다. 이런 하나님이 주는 안식에 대해서 말하지 않는 요구 혹은 인간에게 이런 신적 안식을 스스로 마련하라는 요구는 확실히 하나님의 요구가 아닐 것이다!

그러나 이것이 인간에게 요구된 하나님의 은혜와의 동일한 모습이다. 곧 그의 행위는 그가 하나님의 자비로운 행위를 의로운 것으로 받아들임으로써 결정되어야 한다. 사람들은 하나님의 요구의 내용을 표시하기 위해서 이런, 혹은 이 노선에 있는 가능한 한 단순한, 외견상 무미 건조하고 구속력 없는 표현을 선택하는 것이 제일 좋다. "의롭다고 받아들이다" 대신에 "인정하다", 혹은 "시인하다", 혹은 "유효하게 하다", 혹은 "의지하다"라고 말할 수도 있다. 여기서 중요한 것은 로마서 7:14에 따라서 율법을 "영적인 것"으로 이해하고, 혹은 8:2에 따라서 "생명의 영의 법"으로, 즉 은혜와 복음의 모습으로, 그러므로 그의 요구와 성취의 단순함, "용이함" 안에서 이해하는 것이다. 자비로운 하나님이 그를 위해서 하는 것을 의롭다고 인정하는 자는 의로운 일을 하는 것이다. 인간은 의로운 일을 하도록 부름을 받음으로써, 자비로운 하나님이 의로운 일을 한다는 것에 의지하도록 일차적으로, 결정적으로 부름받았고, 오로지 부름받고 있다. 인간이 오직 자비로운 하나님이 의로운 일을 한다는 것을 인정하기만 하면, 인간이 하는 것은 언제나 의로운 것이 된다. 그리고 만일 그가 이 사실을 인정하지 않는다면 그것은 결코 그리고 조금이라도 의롭지 않을 것이다. 하나님 법의 아주 높지만 그러나 또한 아주 직접 가까움, 아주 신랄하지만 그러나 또한 아주 달콤함, 아주 엄격하지만 그러나 또한 매우 부드러움은, 그것이 결국 우리에게서 오직 이것을 원한다는 데 있다. 즉 우리는 우리가 행하는 것을, 하나님이 자비 가운데서 우리를 위해 행하는 것을 의로운 것으로 받아들이는 자로서 행해야 한다.

"의롭다고 받아들이다"는, 마치 우리가 하나님의 행위를 통해 모욕당하고 비하된

2. 하나님의 요구의 내용 627

것처럼, 마치 우리가 그것에 대해 저항하고 방어해야 하는 것처럼, 마치 우리가 그 행위에 대해 어떤 욕망이나 혹은 어떤 의무에서 방어해야 하는 어떤 중대한 이유가 있는 것처럼, 하나님의 행위에 대한 모든 적대 관계를 제거함을 뜻한다. "의롭다고 받아들이다"는 또한, 마치 우리가 거기에 대해 아무것도 모르는 것처럼, 그것이 우리와 아무 상관이 없는 것처럼, 그가 그것을 자신을 위하여 혹은 어떤 다른 사람들을 위하여 행한 것처럼, 그가 그것을 바로 우리를 위해, 나를 위해 행하지 않은 것처럼, 마치 우리가, 내가 그가 행하는 것에 의해 영향을 받지 않은 것처럼, 결정되지 않은 것처럼, 하나님이 행하는 것에 대한 모든 무관심, 모든 냉담함의 제거를 뜻한다. 마치 우리가 그것 옆에, 그것 밖에 다른 모든 것을 의롭다고 인정할 수 있는 것처럼, 우리가 우리의 행위에서 다시금 이런 혹은 저런 법정에 방향 설정하는 것을 선택할 수 있는 것처럼, 우리가 하나님의 자비로운 행위를 의롭다고 받아들임으로써 이 법정에, 이 규범에 얽매이지 않고 자유롭게 다만 그것에 대한 순종하는 것처럼, "의롭다고 받아들이다"는 마지막으로 하나님의 행위에 대한 모든 자신의 탁월함과 자의성의 제거를 뜻한다. 그리고 모든 것에 앞서서 모든 일 가운데서 이것을 행했고 행하고 거듭 행할 자로서 살고 행동한다는 것은, 화평한 마음으로, 혹은 차라리 기쁘게 참여함으로써, 또한 그에게 순종하려는 불타는, 배타적인 바람 속에서 하나님의 행위와 대면하는 것을 뜻한다. "하나님의 행위를 의롭다고 받아들이다"는 이런 행위 가운데 있는 하나님을 온 마음으로, 온 정성과 모든 힘으로 사랑함을 뜻한다. 그만큼 요구한다는 것이 하나님의 계명의 단순함, 용이함을 바꾸어 놓지는 않는다. 오히려 그것이 하나님의 계명으로서 우리를 요구함으로써, 우리를 하나님과 결속시키는 것은 그의 계명의 단순함과 용이함이니, 우리가 그를 사랑할 수 있고, 그는 또한 자신의 행위 가운데서 진정으로 전적으로 사랑받기를 원한다.

"내 아들아, 나에게 네 마음을 주어라, 그리고 내 길이 네 눈에 들게 하여라." 이 말은 유감스럽게도 잠언 23:26의 정확한 번역이 아니라 다만 루터의 말로 인용될 수 있을 따름이다. 그러나 바울은 골로새서 3:1-2에서 그리스도와 함께 부활한 자들에게 그리스도가 하나님 오른편에 있는, 그 편에 있는 것을 찾도록 권유할 때에 실질적으로 같은 것을 말한다. "지상에 있는 것이 아니라, 저편에 있는 것을 생각하라!" 거기, 저편에, 그들의 생명이 그리스도와 함께 하나님 안에 감추어져 있다. 거기서 하나님이 그들을 위해 행동한다. 그러므로 거기에 그들 자신의 행동의 규범과 원칙이 있으니, 곧 우리가 거기에서 일어나는 것을 발견하고 보고 주목하고 인정하기를 바라며, 또한 하나님의 행위가 우리가 행위에 의해서 평화롭게 기쁘게 기꺼이 확증되기를 바란다. 그밖에―예를 들어 골로새의 거짓 교사의 "가르침"처럼―우리를 요구하려고 하는 모든 다른 것은 지상적 법정으로서 이런 주목과 인정, 확증을 받을 가치가 없을 것이며, 따라서 실제로 규범적이 될 수 없다. 그 이유는 그것은 결코 신적 규범이 될 수 없기 때문이고, 하나님은 이런 요구의 배후에 있지 않기 때문이다. 하나님이 그 배후에 있고 따라서 구속력 있는 요구는 "저편에" 있다. 그런데 "저편에"는 어떤 천상적 능력이나 영적 능력이 없고, 그리스도가 하나님 자신의 내뻗은 움직여진 팔로서, 인격적인 하나님의 은혜 행위와 은혜의 역사로서 "저편에" 있다. 그러므로 "저편에" 있는 것을 "찾고" "생각한다"는 것은 그리스도를 찾고 생각하며, 따라서 이렇게 행하는 자, 그 안에서 일어났고 일어나는 하나님의 은혜의 행동, 은혜의 역사를 마음속으로 의롭다 인정하고, 하나님의 이런 길을 기꺼워하는 자로서 살아감을 뜻한다.

우리는 무엇을 해야 하는가? 그들이 자기 자신에게 속하지 않고 그러므로 그들의 삶이 그들 손안에 그들의 처분대로 맡겨져 있는 것이 아니고 오히려 예수 그리스도 안에서 하나님의 소유물이 되었다는 것을 우리는 의로운 일로 받아들여야 하고, 그것을 의로운 일로 인정하는 그런 자로 살아야 한다. 우리의 삶이 자비로운 하나님의 전혀 다른 손안에 이처럼 객관적으로 양도되고 위탁되었다는 것에 대해서, 자기 자신에게 속하고자 하며, 그가 소유한 가장 원초적인 것, 즉 자기 자신을 부인하거나 양도하지 않으려 하는 자, 그에게 이런 일을 하는 자를 강도나 원수로 간주하고자 하는 자의 적개심이 언제나 일어날 것이다. 게다가 그를 받쳐 주는 손을 보지 못하고, 그에게 베풀어지는 호의를 인식하지 못하고, 이것이 그의 행위에 미치는 영향을 이해하지 못하는 자의 무관심이 있을 것이다. 또한 그가 이로써 들어가도록 지시받은 공간 옆에는 언제나 그가 움직일 수 있는 다른 공간들이 열려 있음을 보는 자의 독선이 있을 것이다. 이제 우리는 이 모든 것에 반하여 하나님의 소유가 되는 것을 의로운 일로 받아들여야 한다. 어째서, 그리고 어떻게? 다른 것이 아니라 바로 이것, 즉 하나님의 소유가 된다는 것이 인간에게 좋고, 인간에게 가장 좋은 것임을 인식함이 없이는, 우리는 예수 그리스도 안에서 하나님의 은혜의 행위, 은혜의 역사를 보지 못하기 때문이다. 우리 자신 안에 있는 저 반대의 온 바다가 아무리 깊을지라도 그것은 예수 그리스도 안에서 이미 고갈되어 버렸다. 우리가 우리의 삶에 대해 어떻게 생각하고 그것을 어떻게 시작하든 간에, 우리의 삶은 그와 함께 이미 "하나님 속에 감추어져" 있으니, 우리의 반대의 모든 위험한 우둔함에 거슬러 감추어져 보호되고 있다. 그 안에 저 인간의 양도, 위탁이 이미 사건화되었고, 인간을 뒤덮게 될 하나님의 영광이 이미 공공연한 현실이 되었다. 그와 함께하는 우리의 삶을, 우리 자신의 반대에 거슬러 그런 것으로 받아들이고 인정하고, 우리의 행위가 이 받아들임에 의해 조명받고 다스려지게 하는 것이 우리가 해야 할 일이고, 이것이 우리에게 요구된바 자비로운 하나님에 우리의 행위를 똑같은 모습으로 맞추는 것이다.

우리는 무엇을 해야 하는가? 우리는 하나님이 언제나 우리와 자비롭게 만날 따름이며, 우리의 공로 없이, 공로에 반하여, 우리가 받아 마땅한 것은 죽음뿐이라는 것이 드러날 때마다 우리의 비참을 도와주는 분이라는 것을 의롭다고 받아들여야 한다. 다시금 여기에 하나님과 함께 차라리 동등하고자 하며 대등한 위치에서 교제하고자 하는 자, 그의 상의에 함께 협력하고자 하고 그의 행위에 참여하고자 하는 자, 오로지 자비에 의해 사는 것이 그에게는 너무나 부족하고 모독적인 그런 자의 적개심이 일어난다. 또한 하나님의 자비가 그의 마음에 닿지 않는 자, 하나님이 그에게 자비롭기 위해 어떤 대가를 치렀는지 아직 혹은 더 이상 헤아리지 못하는 자, 하나님의 자비로 인하여 죽음에서 구원받았다는 것이 무슨 뜻인지 아직 혹은 더 이상 헤아리지 못하는 자의 무관심이 일어난다. 또한 하나님의 자비와 자기 자신이나 혹은 다른 사람들의 관심사와 주장의 가치, 정당성 사이에서 그들의 시선과 의도가 분열을 일으키는 자들의 독선적 태도가 있다. 이 모든 자세에 반하여 우리는 하나님의 무근거한, 다만 그 자신 안에 근거한, 그 자신 안에 확고히 근거한 자비에 의해서만 살 수 있다는 것을 의롭다고 받아들여야 한다. 어째서 그리고 어떻게? 그것은 우리가 하나님의 인격적 은혜의 행동과 은혜의 역사인 예수 그리스도 안에서 오직 이것, 바로 죄많고 멸망한 인간—우리 자신(우리의 죄와 멸망은 그가 스스로 취하고 떠맡은 것이기 때문이다.)—그리고 바로 이 인간, 바로 죽어 마땅한 죽음에서 일으켜진 우리 자신, 인간적 능력이 아니라 하나님의 능력을 통하여, 자연적 발전 과정 속에서가 아니라 자유로운 기적 행위를 통하여 일으켜진 우리 자신을 발견할 것이기 때문이다. 하나님의 이런 길에 대해서 우리가 제기하고자 하며 실제로 제기하는 모든 단호한 반대, 오로지 자비에 의해서만 살아야 함에 대한 우리의 모든 불만은 무엇을 뜻하는가? 그것을 외치게 하라! 그러나 그것에 대해 하나님 편에서 이미 오래전 제기한 반대도 그것과 대결하게 하라! 하나님이 우리의 반대와 이미 부딪쳤고, 그것에 한계와 목표를 설정했다는 것을 간과해서는 안 된다. 우리의 이의는 이미 하나님의 행위에 의해서 처리되었다. 우리는 여전히 거듭 그것에 대해 제기하는 소란 가운데서도 저 사건을 인정해야 한다. 우리의 행위에는 이 인정의 모든 부호가 결여되어 있지 않다. 이것이야말로 하나님의 자비로운 행위에 우리의 행위를 같은 모습으로 맞추는 것으로서 우리에게 요구된 것이다.

우리는 무엇을 해야 하는가? 우리는 하나님이 우리의 의(義)임을 의롭다고 받아들여야 한다. 우리의 육체적, 정신적 욕망과 쾌락 저편에, 우리의 땅에 얽매임과 우리의 거인(巨人) 지향 저편에, 우리의 허물과 우리의 덕행 저편에, 우리의 선한 행위와 우리의 악한 행위 저편에 언제나 그가 우리의 의이다! 이 "의"와 이 "저편"에 거슬러 여전히, "그"가 아니라 "나"를 말하고 싶어하는 적개심, 이 전환이 이루어지지 않는 한 우리가 안개 속을 헤맨다는 것을 보지 못하는 무관심, 이 전환이 적어도 잠정적으로, 부분적으로 거듭하여 무효화할 수도 있는 독선이 꿈틀거린다. 그가 자신의 것이 아니라 하나님의 소유이며, 자신의 공로로 사는 것이 아니라 하나님의 자비에 의해 살아야 한다는 사실에 반하여 인간이 마음에 두고 있는 모든 반대는, 확실히 인간은 실제로 "야웨는 우리의 의"이며(렘 23:6, 33:16) 우리가 자신의 의를 견줄 수 없다는 것을 깨달을 수 없고, 깨달으려 하지 않는다는 사실에 초점이 모여진다. 이런 반대에서 벗어난 그리스도교는 아직 없었고, 결코 없을 것이다. 오히려 이런 반대에서 벗어났음을 자랑하고

자 한 세리의 바리새이즘은 이 반대가 취할 수 있는 모든 형태 중에서 가장 악한 것일지도 모른다. 그러나 우리는 우리의 반대에 대립하여 하나님의 행위를 의롭다고 받아들이도록 요구받고 있고, 또 하나님의 행위에 근거하여(한 순간도 이것을 도외시할 수 없다!) 우리가 행할 바를 행하도록, 확실히 의로운 일을 행하도록 요구받는다. 거기에 대한 우리의 반대가 어떠하든간에, 우리는 하나님이 우리의 의라는 것을 의롭다고 받아들여야 한다. 어째서 그리고 어떻게? 또 다시 그 이유는 이것이 하나님의 은혜의 행동, 은혜의 역사 안에서, 예수 그리스도 안에서 일어났기 때문이다. 그 안에서 하나님은 우리를 위해 그를 죄인으로 만들었으나 또한 우리보다 앞서 그를 영광스럽게 일으킴으로써 심판했다. 그 안에서 우리는 무죄이며 의롭다고 선언되었다. 그 안에서 "그", 하나님이 우리 대신 형벌을 받았고 그러나 또한 보상을 받았다: 나의 형벌과 나의 보상. 그 안에서 하나님의 의는 나의 피안, 그러나 진정으로 나의 피안이 되었다. 이 결정에 대한 우리의 불평 불만이 우리에게 무슨 소용이며, "그"를 나로 바꾸고 피안을 다시금 차안으로 바꾸려는 우리의 모든 기술이 무슨 소용이 있겠는가? 하나님을 통하여 우리를 위해 일어난 일에 적대하여 우리가 무엇을 할 수 있으며, 무엇을 할 것인가? 우리는 그것이 우리에게 맞는지 질문받지 않았고, 따라서 우리가 그것으로 무엇을 시작하려는지 질문받지 않았다. 우리에게는 예수 그리스도 안에서 이 일이 시작되었다. 즉 하나님은 우리의 항거에도 불구하고, 우리의 반대에도 불구하고 자신을 우리의 의로 만들었다. 우리가 이것을 의로운 일로, 우리가 움직이는 '예'와 '아니오'보다 위의 것으로서 받아들인다는 것, 우리의 행위가 저 하나님의 행위 아래에, 그 틀 안에서 이루어진다는 것—이것이 우리에게 요구된바 하나님의 은혜의 행위에 우리 자신을 같은 모습으로 만들어 가는 것이다. 이것이 모든 인간에 대한 하나님의 요구의 내용이다.

 우리는 지금 간단히 다음같이 요약할 수 있다. 하나님이 우리에게, 모든 인간에게 바라는 것은 우리가 예수 그리스도를 믿어야 하는 것이다. 그처럼 믿지는 않으나—그는 하나님이고 우리는 인간이므로, 우리는 이렇게 할 수 없을 것이다.—그를 믿고, 그 안에서 실현되고 계시된 하나님의 행위를 믿어야 한다. 하나님의 행위를 의로운 것으로 받아들이고, 인간이 하나님의 행위를 의롭다고 받아들인다는 전제하에서 모든 일을 행하는 것이 믿음의 본질이다. 그렇기 때문에 믿음에 대해서, 우리가 믿음 안에서, 믿음을 통하여 하나님 앞에서 의롭게 된다고 말할 수 있고, 말해야 한다. 사도는 인간이 무엇을 해야 하는가라는 물음에 대하여, 결국 그들이 믿어야 하고 예수 그리스도를 믿어야 한다는 것 외에 다른 답변을 알지 못했다. 이 물음에 대한 신학적 윤리학의 모든 답변은 어느 경우에든 다만 이 명령법을 바꿔 표현하고 확증하는 것일 따름이다: "그리스도가 계신 그 곳에서 찾아라!"

3. 하나님의 요구의 형태

우리는 하나님의 요구의 형태를, 하나님의 계명이 인간과 만나고 그것이 그에게 전달되고, 그것이 그에게—이 특별한 개념은 이제 또한 조명받고 설명되어야 한다.— 요구가 되는 양태와 모습으로 이해한다. 우리는 지금 인간이—하나님의 법의 근거와 내용에 상응하여—어떻게 이 요구의 수령자, 수신자가 되는가에 대해 묻는다. 우리는 그것의 특유한 계시 방식에 대해, 혹은 그것의 수령자, 수신자인 인간을 바라보면서, 그것이 그의 요구를 요구할 때 인간에게 요청하고 스스로 창조하는 특별한 청취에 대해 묻는다. 하나님의 계명이 이 관점에서 다른 계명들보다 탁월한 점은 무엇인가?

하나님의 계명 외에, 그 나름대로 역시 청취와 복종을 요청하면서 인간에게 접근하는 다른 계명들도 있다.

우리는 자연 세계와 역사 세계의 모든 대상들이 그 존재와 현존 속에서 우리에 의해, 순전히 자기 자체를 위하여 주목받고 관찰되고 연구되고 이해되기를 원하는 한에서, 한 계명을 내포하고 발설한다고 말할 수 있다. 그것이 그 자신의 특수한 삶과 존재 방식 안에서 우리의 대상이 됨으로써, 즉 우리와 대립하고 그것이 하나의 물음을—아마도 또한 많은 물음을—우리에게 제기하기 때문이다. 이 물음은 우리의 답변을 기다린다. 즉 우리가 그것을 알고 인식하고, 그것을 그것의 특수한 존재와 본성 안에서 인정하기를 기대한다. 우리는 모든 대상 세계의 연구와 이해의 전제로서의 수학과 논리학의 공리가 계명이라고 말할 수 있다. 그러므로 적어도 일시적으로 또한 인간 인식의 일정한 결과들, 즉 직관적인 파악 이해 내지 이해적 직관의 방법으로 획득된 자연과 역사, 본질과 구조, 피조적 존재의 형태 변화의 일정한 상들, 피조적 사물들의 근거와 맥락에 관한 일정한 구체적인 가설들과 관습들은 이런 이성적 계명의 성격과 역할을 취할 수 있다. 이런 것들은 거의 수세기, 혹은 수천 년을 통하여 깊이 새겨졌으므로 그것들의 상대성을 이 시대의 인간들은 거의 의식할 수 없다. 마치 이런 상들이—그러나 그것들은 이렇지 않다.—스스로 인간 인식의 대상의 질서 혹은 내적 요소들의 질서에 속하는 것처럼, 마치 사람들이 완전한 바보처럼 보이지 않고서는 그것들로부터 벗어날 수 없는 것처럼, 마치 모든 지성적 정직성이 이것들, 이 상들을 존경하는가에 달려 있는 것처럼, 이런 상들은 거의 혹은 전적으로 동일한 범주적 진지성을 가지고 그것들을 고려하여 줄 것을 요구하였다. 그러나 언급된 것보다 인간 의지의 결정에 더 분명히 관련지어진 계명들이 있다. 주지하다시피 삶을 위해 반드시 필요한 것들이 있다. 우리가 먹고 마시고 따뜻하게 입고 자야 하는 것으로부터 시작해서, 우리의 삶이 존엄성과 명예를 가지는 것에 이르기까지. 우리 모두를 위해서 있는 듯한 유익과 안락의 계명이 있다. 그것들은 우리에게 긴급하게, 모든 다른 계명을 뛰어넘어 탁월하게 말할 수 있다. 교육 혹은 관습을 통해서 우리의 크거나 작은 삶의 범주 안에서 암묵적인 타협에 근거하여 우리에게 강제된, 혹은 우리가 자신의 통찰에 근거하여 우리 자신에게 부과한 신중, 주의, 고려에 대한 계명이 있다. 누군가 자기 자신과 다른 사람을 위하여, 혹은 온 백성을 위하여, 혹은 그의 온 동시대인을 위하여 발견했다고 믿는 소위 "시간의 계명"이라고 하는 것이 있다. 그것을 발견하기 위해서 일종의 영감이 필요하며, 그것을 효과적으로 선포하기 위해서 어쨌든 매우 큰 목소리가 필요할 것이다. 이것을 하고 저것을 하지 말라는 계명이 있다. 이것은 황제 아우구스투스(Augustus)가 반포한 저 성공적인 계명처럼, 주변에서 이런 일을 하는 전권을 가진 누군가 일단 공포함으로써 간단히 계명이 된다. 아무도 반포하지는 않았으나 일정한 상황 속에서 마치 황제 아우구스투스가 반포하게 한 것처럼, 확고하고 지속적인 계명들이 있다. 그리고 또한 지속적이지는 않으나, 마치 그것이 적어도 순간적으로는 영원한 계명인 것처럼 일정한 상황에서, 일정한 때에 너에게 혹은 나에게 그렇게 자명한 계명들도 있다. 이렇게 인간과 인류는 모든 그들의 신분과 역사적 상황 속에서 많은 계명들 아래 있다.―그 계명들은 다소간에 자명하고 강제적이며, 그것들은 다소간에 분명히 받아들여지고 체험된다. 그러나 모든 것이 그 나름대로 명령적이며, 모든 것이 많은 적든 간에 주의와 모방을 요구하며, 모든 것이 어떤 형태로든 우리 의지에 상응하는 결단을 목적하며, 분명히 모든 것이 하나님의 계명과는 다르다. 인간에게 말을 하는 그 계명의 특수한 양태가 지금 우리의 문제이다.

아무것도, 이 다른 계명들 중 하나를 하나님의 계명으로 간주하고, 하나님의 계명으로 내세우고, 그것이 신적 계명의 권위와 품위가 부여된 것으로 보고, 혹은 다른 사람들에게 이런 권위를 부여받은 것으로 내세우고, 자신과 다른 사람들 앞에서 그것에 무게를 부여하는 것보다 더 쉬운 것은 없는 듯하다. 하나님의 계명의 요구는 그것의 특별한 형태를 손상치 않고 실제로 언제나 이런 다른 요구의 의상을 입게 된다. 자기 문제를 지닌 한 대상, 사고의 필요의 강제, 저 가설 혹은 관습들 중 하나, 보다 고차적인, 그러나 또한 원초적인 생의 필요, 그 자체로 다만 인간적인 소원 혹은 매우 인간적인 지혜의 필요인 듯 보이는 필요, 여기 혹은 거기서부터 오는 호소, 인간이 자기 자신을 향해 외치는 부름은 현실적으로 저 모습으로 감추어져 있는 하나님의 계명일 수 있고, 그러므로 그것에 상응하는 권위와 위엄에 진정으로 참여할 수 있다. 그런데 이런 모든 의상 아래서 하나님의 계명의 본래적 형태는 어떤 것인가? 그렇기 때문에 인간과 인류가 하나님의 계명 아래 있다는 것을 말할 수는 없지만 그들이 항상 그 아래 처해 있는 많은 다른 계명들 가운데서 그것이 탁월하게 구별되는 표지는 무엇인가?

우리가 하나님의 계명의 근거와 내용에 대하여 물을 때 따랐던 노선에서 계속적으로 사고한다면, 여기서는 다만 한 가지 답변만이 있을 따름이다. 하나님의 계명이 모든 다른 계명으로부터 구별됨에서의 그 형태, 어떤 다른 계명의 형태 안에서도 그것의 신비가 되는 특별한 형태는, 그것이 허락, 일정한 자유의 허용이라는 데 있다. 우리는 여기서 누가 명령하고, 누가 여기서 이루어지는 명령을 명령적으로 만드는지 안다. 그것은 우리가 주로서 믿을 수 있고, 우리에게 자비로운 하나님이다. 그는 자기 자신을 우리를 위해 내어줌으로써 우리가 평화 속에, 기쁨으로 그 앞에서, 그와 함께 살 수 있도록 하는 한에서 자비롭다. 그리고 우리는 여기서 우리에게 명령된 것을 안다. 우리는 하나님이 우리를 위해 행한 것을 의롭다고 인정하는 자로서 살아야 한다. 우리는 우리에게 베풀어진 그의 은혜에 반대되지 않고 오히려 상응하는 일을 해야 한다. 우리는 예수 그리스도를 믿어야 하고, 우리가 이 믿음 안에 살아감으로써 의로운 일을 해야 한다. 이 명령자의 계명은 허락이며, 바로 이 점에서 그것은 근본적으로 궁극적으로 모든 다른 계명들과 구별된다.

우리는 다른 저 계명들에 대해서는, 그것들이 허용, 해방, 방면이며, 그것들이 우리에게 자유를 허락한다고 말할 수 없다. 그것들의 명령은 오히려 전반적으로 감금하는 것, 구속하는 것이며, 질곡을 씌우는 것이다. 이 다른 계명들 각각은 많은 권세, 주권, 권력들 중 한 가지를 드러나게 한다. 이런 것들은 인간의 자유를 조이고, 그것들 자체의 신성을 핑계로 해서, 참으로 인간의 최선을 위해서 그로 하여금 평화롭게, 기쁘게 거리를 활보하는 것을 허용하지 않으려 한다. 모든 다른 계명들은, 어느 쪽에서부터 인간이 방해받고 참견당하고, 침범당하는 것, 그가 어느 편에서부터—그가 자기 자신에 계명을 부과하기 시작할 때 가장 최악인데—교란되고 시달림받는 것을 뜻한다. 그것들은 모두 인간에게 어떤 형태로든 불신을 말한다. 즉 인간을 자유롭게 풀어주는 것은 위험할 것이다. 그를 자유롭게 해주면 분명히 자기 자신과 다른 사람에게 다만 재앙만을 초래할 것이다. 그것들은 여러 면에서 인간에게 불안을 주입한다: 정신적 고독에 대한 지성적 불안, 실패에 대한 삶의 불안, 그 자신의 가능성에 대한 도덕적 불안, 자신의 무기력에 대한 정치적 불안. 그것들이 그에게 이런 불안을 일깨운다. 그것들이 그에게 이런 불안을 불어넣는다. 그것들이 그를 이런 불안 속에 붙들어 둔다. 그들의 명령은 본질적으로 금지령, 즉 모든 가능한 허용의 거부이다. 이를 통하여 다른 명령의 영역은 하나님의 계명의 나라와 분명히 구별된다. 여기에서 또한 소위 말하는 모든 자칭 신적 계명들도 자신을 드러낸다. 그러나 그것들이 오해와 불안의 저 영역을 창조하고, 회복하고, 유지함으로써 또한 하나님의 진정한 계명에 대한 오해도 자신을 드러낸다.

하나님의 계명은 인간을 자유롭게 만든다. 하나님의 계명은 허락한다. 바로 이렇게 그것은 명령한다. 그것이 "구체적으로" 언제나 저 다른 계명들의 모습을 가질지라도, 가지면서도, 그러므로 그것도 너는 해야 한다! 너는 해서는 안 된다!고 말할지라도, 말하면서도, 그것이 경고하면서, 교란하면서, 억제하면서, 구속하면서, 책임을 지우면서 인간을 방해할지라도, 방해하면서도, 그것은 허락한다. 하나님의 계명과 다른 계명들이 같은 일을 할지라도 그것은 결코 동일하지 않다. 하나님의 계명이 우리와 어떤 옷을 입고 만나든 그것의 근거와 내용에 상응하여 언제나 일정한 노선에서 우리를 자유롭게 할 것이다. 그것은 인간을 강제하지 않을 것이고, 오히려 인간이 그 아래 처해 있는 강제의 문을 부술 것이다. 그것은 불신이 아니라 신뢰로써 그와 만날 것이다. 그것은 그의 불안이 아니라 그의 용기에 호소할 것이고, 그에게 불안이 아니라 용기를 고취할 것이다. 우리가 본 대로 계명은 하나님 은혜의 모습, 우리로부터 저주를 빼앗고, 우리를 자기 자신으로 이끄는 하나님의 개입이기 때문이다. 그것은 그리스도의 부드러운 멍에요 가벼운 짐이다. 그것 자체는 다른 멍에, 다른 짐과 혼동될 수 없고, 그것을 우리에게 부과함은 전적으로 우리의 안식을 뜻한다. 하나님은 우리에게 그의 계명을 줌으로써 우리에게 안식을 준다. 하나님의 모든 저 다른 계명들에 대한 저주 아래 있으면서도 안식을 얻지 못한 인간은 하나님에게 순종하는 인간이 아니라 불순종하는 인간이다. 즉 그의 하나님의 형상을 이루고, 그러므로 하나님의 은혜에 따라서 같은 모습을 이루도록 한 결정에 따라서 사는 대신에 유혹에 굴복했고, 굴복하는 인간, 그의 구원을 위하여 그에게 금지된 선악을 아는 나무의 열매를 먹고 그릇되게도 스스로 하나님과 같아진다고 우쭐하는 인간이다.

불경건의 이런 행위, 죄는 인간의 파멸이다. 그것은 그를 즉시 직접적으로 모든 저 계명의 안식 없는 영역으로 이끄는 것이다. 그는 이제 선과 악을 구별할 수 있다. 그는 이것을 할 수 있고 해야만 하는 자이다. 이제 그가 움직이고 멈추어 있는 그의 온 우주 안에서 선과 악이 구별되어 있고, 사방에서 그는 Sic et Non, "명령과 금지"를 만난다. 모두가 상호 간에 대립한 가운데서도, 그때와 장소에서 극도로 그를 불안하게 하며, 그를 습격하고, 그를 붙들고, 그를 이 방향으로 저 방향으로 몰아대고, 그를 때로 여기 때로 저기서 중지시킨다. 그의 눈은 이제 열려 있다. 그러나 불면증을 가진 사람처럼 고통을 받는다. 이제 그는 선택해야 하고, 결정해야 하고, 도처에서 판단해야 하고, 요구들의 무한한 원시림을 헤치고 한 길을 개척하려고 시도해야 한다. 그는 한 가지보다 다른 것에 우선권을 준다. 그는 어떤 가치 체계의 도움으로, 어떤 다른 것보다 만족시켜야 하고 만족시킬 수 있다고 믿는 그런 계명의 작은 체계를 이룩한다. 그러나 그 자신이 선택한 것을 만족시킬 수 없고, 그것들은 더욱 탐욕스럽게 그에게서 더 많은 것을 요구한다는 것을 간과할 수 없고—또한 그가 방치하고 도외시한 것들이 여전히 남아 있고, 은밀하게 혹은 공공연히 역시 그에게로 손을 뻗치고 그를 요구한다는 사실을 간과하거나 저지할 수 없다. 그는 결코 모든 요구를 만족시킬 수 없을 것이고 또한 단 하나의 요구도 만족시킬 수 없을 것이다. 이것이 불경건한 인간 아담의 하나님과 유사함이다. 그는 하나님의 은혜에 만족하지 않음으로써 무엇보다도 하나님에 대해 정당하려 하지 않았다. 인간이 죄지음으로써—하나님에게 죄지음으로써(그리고 이것이 유일한 현실적인 죄, 모든 죄 가운데 죄이다.), 마치 쫓기는 들짐승이 사냥개에 내맡겨지듯이, 그는 세상이, 삶이, 인간들이 그에게 원하는 것, 무엇보다도 그 자신이 지속적으로 자기 자신에게 원하는 것에 내맡겨져 있다. 그가 창조자, 주 노릇하는 것이 성공할지도 모른다. 그러나 그는 창조자와 주가 될 수가 없고 그러므로 신성한 창조자요 주로부터 벗어나서 창조된 세계의 노예, 무엇보다도 자기 자신의 노예가 되는 것 외에는 그에게 다른 선택이 남아 있지 않다. 하나님의 계명은 참으로 주지하다시피 죄인을 괴롭히는 계명들에 비하여 전혀 다른 계명이다. 그것은 참으로 이 모든 지옥의 광풍의 총괄 개념이나 최상급과 같은 것이 아니다. 그것은 참으로 그것의 강도가 아직 무한히 증폭된다는 것을 뜻하지 않는다. 인간은, 낙원 추방 사건에 의하면, 어떻게 이 지옥의 광풍 속으로 떨어졌는가? 그가 하나님의 계명에 복종함으로써가 아니라—하나님의 명령은 그에게 이런 시련을 면게 하려고 했다.—오히려 그가 이탈함, 그가 이 명령에 대한 복종에서 떨어져 나감으로써 그리고 이와 더불어 하나님과 유사하게 됨으로써 파멸의 구렁텅이로, 많은 계명의 영역으로 떨어짐으로써 그렇게 되었다. 그 많은 계명들은 인간에 대하여 권위와 권능을 가져야 하고, 인간 자신은 하나님에 적대하여, 하나님의 은혜로 사는 대신에 자신의 권위와 권능으로 자기 자신을 감싸기를 바란다.

그러나 자비로운 하나님의 계명은 인간을 이 안식 없는 영역에서부터 이끌어 낼 것이다.

하나님의 계명도 확실히 이것은 하고 저것은 하지 말라! 하고 말한다. 그러나 이것을 하라!는 말은 하나님의 입에서는 다른 것을 뜻한다. 이유는 어떤 내적 혹은 외적 음성이 지금 또한 이것을 너로부터 원하기 때문이 아니고, 이것은 우주 혹은 인간의 자연과 구조 속에 근거한 필요성에 따라서 전적으로 그렇게 되어야만 하기 때문이 아니라, 오히려 너는 이로써 다시 내 은혜에 의해서 살 수 있을 것이기 때문이다. 너는 이것을 함으로써, 너의 유기가 예수의 십자가상의 죽음에서 버림받았고, 네 죄가 그로 인하여 용서받았음을 입증할 수 있기 때문에, 이것을 하라! 네가 예수 그리스도 안에서 하나님의 형상으로 새로이 태어났기 때문에 이것을 하라! 너는 이 자유 안에서 선택받았고 부름받았으니, 이 자유 안에서 이것을 행하라! 그 이유는 너는 이 자유 안에서 이것을 할 수 있고 오직 이것만을 할 수 있기 때문이다. 다른 이유에서가 아니라 바로 그렇기 때문에, 이것을 하라! 너는 이것을 해도 좋다! 그리고 이것은 하지 말라! 그것은 거기서 다시금 너로 하여금 이것을 위험하게 혹은 무섭게 느껴지게 하는 외적 혹은 내적 음성이 들리기 때문이 아니고, 또한 너에게 이것을 허락하지 않고 너에게 이것을 싫어하도록 하는, 어떤 이유에서든 이것을 바라지 않는 어떤 권세가 하늘이나 땅에 있기 때문이 아니다.—아니다, 이것을 해서는 안 되는 이유는, 이것은 아담의 타락의 속행이고, 이것은 너에게 베풀어진 은혜에 상응하지 않고 모순되기 때문이고, 네 자신이 아니지만 사로잡힌 자만이 이것을 해야 하고, 자유인인 너는 이것을 해야 할 필연성에서 면제되었기 때문이다. 네가 예수 그리스도의 부활에서 이미 의롭고 영광스럽게 되었고, 그를 통하여 바로 네 앞에 놓여 있는 이 가능성에서 실제로 단절되었음을 통하여 진정으로 면제되었다! 하나님의 계명은 이렇게 말한다.

하나님의 계명은 언제나 구체적으로 말한다. 낙원 설화에 의하면 이미 그것은 이렇게 했다. 시간이 지속되는 한, 그리고 시간과 더불어 하나님이 창조한 세상과 우리 자신의 삶의 이 모습이 지속되는 한, 다른 계명들이 언제나 구체적으로 말하듯이 하나님의 계명도 그럴 것이다. 그러나 그것은 다른 계명들과 혼동될 수 없다. 그것은 허락이며, 우리를 사면하고, 그것과 더불어 언제나 안식일이 시작된다는 데서 다른 계명들과 구별된다. 안식일은 우리가 스스로 취한 선과 악에 대한 판정관직에서 벗어남이니, 이 직무를 수행할 때 우리 자신의 심판 외에는 다른 것을 기대할 수 없다. 하나님의 계명은, 우리 편에서 하나님이 예수 그리스도 안에서 친절하다는 것을 인정하고, 우리를 우리 자신 그대로 인정하는 것 외에 우리에게서 아무것도 원하지 않는다. 그것은 우리가 우리에게 하나님의 은혜로써 우리 자신이 되어도 좋다는 허락을 사용하고, 따라서 모든 다른 외적, 내적 요구들의 지옥 같은 공격에 적대하여 하나님이 신실함을 통하여 우리에게 허락한 보호를 버리지 말고, 아담이 행한 것을 다시는 행하지 않고, 다시는 스스로 주 노릇을 하지 말고, 이로써 아무 도움도 없이 무저항 상태가 되지 않는 것 외에는, 우리에게서 아무것도 원하지 않는다. 하나님의 계명은 우리에게 자유롭기를 명령한다. 어떻게 달리 될 수 있겠는가? 계명은 다만 하나님의 복음의 형태이다. 이에 따르면 우리는—우리 자신을 통해서나 우리 안에서가 아니라, 예수 그리스도를 통해서, 그 안에서—자유롭다. 이것이 하나님의 계명을 특징짓는 것이고, 모든 다른 계명들로부터 상대적으로뿐 아니라 절대적으로 구별하는 것이니, 여기에는 하늘과 땅의 차이가 있다.

마태복음 22:1-14에는 하늘 나라에 거창하고도 시급하게 초대하는 이야기가 있다. 그 초대받은 자들은 초대를 악하게 받아들이고 결국 심지어는 전하는 자들을 학대하고 살해하는 행위로 반응하며, 그래서 그 초대받은 자들을 징벌한 후에 다시금 거리 교차로에 서 있는 자들, 선하거나 악한 자들을 초대하게 된다.(10절) 초대, 한 잔치, 혼인 잔치에 초대받았다는 것은 단순히 비유가 아니라 중요한 사건이다. "내 황소와 살진 짐승들을 잡아서 모든 준비를 마쳤다."(4절)(많은 주석자들이 부당하게도 삭제된) 나타나기는 했으나 혼인 예복을 입지 않은 한 사람에 관한 이야기는(11절 이하), 결국 중요한 것은 잔치에 부름받았으되 여기서 상이하게, 따라서 엄숙하게 복종하고, 나타나지 않는 자는 순종하지 않고 나타나려 하지 않은 자처럼 초대를 거절하고 조롱한 셈이다. 하나님의 계명에 기꺼이 순종하지 않음은 순종이 아니니, 그 이유는 하나님의 계명 자체는 엄숙한 초대이기 때문에 결정적으로 그렇다. 그러므로 잔치에 초대받은 자들은—예수의 제자들은 요한의 제자들이나 바리새인들과 달랐다.—신랑이 그들 가운데 있는 동안에는 금식할 수 없다.(막 2:19) 그러므로 요한복음 3:29에 의하면 또한 세례 요한도 자기 자신을 예수 아래 낮추면서, 신부를 차지하지 못했지만 신랑의 친구로서 그의 음성을 기뻐한다고 고백한다. 그러므로 고린도후서 13:11에, 그리고 특별히 빌립보서에는 (2:18, 3:1, 4:4) 모든 사도적 훈계를 요약하는 말로서 "기뻐하라"가 나타난다. 무엇보다 기쁨으로써, 하나의 당위로서(그것의 진지성은 근본적으로 그것이 허락된 것이라는 데 있다.) 행하지 않는다면, 바울이 그리스도인들에게 요구한 것이 어떻게 올바로 행해질 수 있겠는가?

야고보서처럼 복음을 그렇게 분명하게 줄기차게 처음부터 끝까지 인간에 대한 하나님의 요구의 관점 아래서 진술하는 신약 문서가 없다. 바로 여기서(1:22f.) 인간은 말씀을 듣고 쉽게 망각하는 자가 되지 말고, 말씀을 올바로 듣고 실천하는 자, 이 말씀의 내용을 이루는 행위를 실천하는 자가 되어야 한다는 지배적인 요청을 이렇게 설명한다. "자신의 본래의 얼굴"을 거울 속에서 들여다보고 그 다음에 떠나가서 자신이 어떻게 생겼는지 잊어버리는 사람과 같아서는 안 된다. 오히려 그는 "자유를 주는 완전한 법을 잘 살피고" 그 안에 머물러 있으면서 말씀을 실천하는 자가 되고 그러므로 "그의 행위로써 복을 받도록" 해야 한다. "꾸부리다"는 표현은 누가복음 24:12(?), 요한복음 20:5, 11에서 예수의 무덤을 꾸부려서 들여다보고 비어 있음을 발견한 자들에게 사용된 것과 같으며, 또한 베드로전서 1:12에서 예언자들과 사도들에 의해 공동체에 선포된 것을 보고 싶어하는 천사들에게 사용된다. 자유를 주는 법인 "완전한 법"이 저 거울에 비춰지고 그 안에서 사람들이 자신의 본래의 얼굴을 관찰한다면, 이것은 분명히 인간이 듣고, 그것을 올바로 듣는 자로서 마땅히 실천해야 하는 하나님 말씀 속에서 자기 자신의 또 다른, 본래적인 얼굴을 발견하고, 자기 자신이 행하는 바를 바로 자유 안에서 행할 수 있고, 행해야 하며, 결국 자기 자신의 삶을 기꺼이 살 수 있고, 또한 살 능력이 있다는 것을 발견하게 됨을 뜻한다. 바로 하나님 말씀이 그에게 이런 상을—일단 그것을 본 자에게는 망각될 수 없다.—제시함으로써, 그것은 "완전한" 법, 사람들이 듣는 즉시 실천하지 않을 수 없는 법이 된다. 또한 이 법에 대한 복종 가운데서의 행위는 자유인의 행위이며, 그런 한에서 복된 행위가 될 것이다. 그러므로 또한 야고보서 2:12(행위가 없을 수 없는 믿음에 대한 유명한 강변 바로 앞에 있다.)에서 이렇게 말한다. "자유를 주는 법을 통해 심판받아야 하는 사람들처럼", 하나님 말씀에 따라 사는 자유인으로서 그 말씀에 대해 책임을 져야 하는 사람들처럼 "말하고 행동하시오." 우리가 야고보서의 지시가 모두 이 공통분모를 향해 있음을 보지 못한다면, 그 지시들을 분명히 이해할 수 없다.

그러므로 우리는 야고보서에서부터 직접 갈라디아서, 로마서, 요한복음서와 같은 외견상 다른 사고 구조를 관찰할 필요가 있다. 야고보서에서는 "자유를 주는 법"으로서의 하나님의 계명에 대하여 말한 것이 보다 폭넓게, 보다 시급하게 나타난다. 우리는 그것들을 내적 맥락 속에서 제일 잘 고찰할 수 있다. 명제는 여기서도 분명하다. "아들이 너희를 자유롭게 만들면 너희는 의롭고, '본질적으로' (ὄντως) 자유롭다."(요 8:36) "자유를 위하여 그리스도가 우리를 해방시켰다."(갈 5:1, 2:4 참조) "형제들아, 여러분은 자유를 위하여 부름받았다!"(갈 5:13) "예수 그리스도 안에 있는 생명의 영의 법은 너희를 자유롭게 했다."(롬 8:2) "너희가 내 말 안에 머무른다면, 너희는 '진실로'(ἀληθῶς) 내 제자가 되고 진리를 알게 되고 진리가 너희를 자유롭게 할 것이다."(요 8:31f.)

[요한복음 8장] 33절에 의하면, 인간을 자유롭게 만드는 복종으로의(복종은 자신의 자유를 사용함에 있다.) 부름을 유대인들은 이해하지 못한다. 그 이유는 그들이 아브라함의 자손으로서 자신을 자유롭다고 여기고 결코 종으로 생각하지 않기 때문이다. 34절에 의하면 예수는 그들에게, 죄를 행함은 어느 경우에든 자유롭지 못하고 종이 됨을 뜻한다고 확정지음으로써 답한다. 로마서 6:17, 20에서도 죄인은 죄의 종이라고 말한다. 인간이 죄인으로서 행하는 것은 자유 안에서 행하는 것이 아니라 극도의 부자유 가운데서 행하는 것이다. 우리는 그것을 원하지만 그러나 우리가 행하는 것은 우리가 할 수 있는 것, 본성적으로 원하는 것이 아니라 우리가 해야만 하는 것이다. "그것을 행하는 것은 내가 아니라 내 안에 거주하는 죄이다."(롬 7:17, 20) "나는 그것을 알지 못한다", 그렇다, "나는 그것을 원치 않는다."고 바울은 로마서 7:15-16에서 거듭하여 말한다. 내가 그럼에도 불구하고 실제로 그것을 행한다면, 그것은 비본래적인, 부자유한 의지 때문이다. 이것이 자신의 말 안에 머물고, 진실로 그의 제자가 되고, 그래서 진리를 인식하라는 예수의 부름에 순종하지 않는 인간의 처지, 즉 하나님의 계명에 대한 오만불손한 처지이다. "내가 여러분에게 말한다. 상속자가 미성년인 동안에는 그는 모든 것에 대해 주인일지라도 종과 전혀 구별되지 않는다."(갈 4:1) 죄인은 실제로 "세상 요소들의 종" (στοιχεῖα τοῦ κόσμου, 갈 4:3)이다. 그가 이런 종으로 받는 삶은 치욕과 죽음이다.(롬 6:21f.) "그는 영원히 집 안에 머무르지 못한다." 요한복음 8:35에는 이 상태에 관해 말할 수 있는 모든 것이 요약

되어 있다. 그는 안에 있고 거기 속하지만 그러나 영원히 국외자이고 이방인이고, 집의 재물에 대해 전혀 몫이 없다. 그래서 바울은 이 죄인이 이렇게 종으로 섬기고 종의 신분이 된 것을 가리켜 율법 아래 굴복한 사람으로 묘사하였다. 곧 율법은 그에 대하여 하나님의 법으로서의 요구를 가지고 대립하여 있으며, 실제로 그 내면의 은밀한 본질에서 하나님의 법이지만 그러나 그 형상과 결과에서는 확실히 "죄와 죽음의 법"이다.(롬 8:2) 복음과 믿음 외에는, 그러므로 나사렛 예수로부터 나오는 복종에의 부름 외에는 오직 이 법만, 그러므로 또한 오직 종살이와 종의 신분, 그리고 거기 수반되는 모든 결과만이 인간에게 남아 있다. 저 미성년의 상속자는 거부할 수 없이 "후견인들과 집의 관리인들" 수하에 있으며(갈 4:2), 하나님이 그에게 배치한 "교사"(갈 3:24f.) 아래 있다. 교사는 그러나 사람들이 이 구절에서 너무나 실천적으로 해석하는 것처럼, 그를 "그리스도에게로" 이끄는 것이 아니라, 하나님의 진노의 반응을 드러낸다. 즉 "그리스도의 때까지", 곧 그리스도의 부름을 통하여 그에 대한 복종 안에서 상속자로서 성년이 되었음을 선언받기까지, 자유인이 되기까지 인간에게는 감금과 감시가 언도되어 있음을(갈 3:23, 롬 11:32) 드러낸다. 이것을 떠나서는, 이것이 일어나기 전에는, 이것이 배제된 경우라면 언제나 율법은, 그 자체로 하나님의 거룩하고 의롭고 선한(롬 7:12) 법은, 로마서 7:7-8에 서술한 대로 인간에게는 파멸을 가져올 수 있다. 인간은 복음과 믿음 없이도 이 법 아래서 하나님과 관계한다. 그러나 갈라디아서 6:7-8에 의하면, 조롱받지 않으며, 인간으로 하여금 자신이 씨뿌린 것을 가차없이 거두도록 하는 하나님과 관계하게 된다. 죄는 율법을 오해하고 오용하는 인간의 행위이다. 죄는, 인간에게서 하나님의 은혜에 만족하는 것 외에 아무것도 원하지 않는 하나님의 계명에 직면하여 인간이 하나님과 같이 되고자, 하나님에 대해 자신을 깨끗하게 하고자, 자신을 정당화하고자, 자신을 거룩하게 하고자, 스스로 영화롭게 되고자 하는 자신의 욕망(ἐπιθυμία)의 속삭임에 굴복함에 있다. 인간이 이런 그의 욕망에 귀를 기울이고 복종함으로써 본래 죽어 있던 죄가 살아나고, 로마서 7:9-10에서는 큼직할 정도로 명료하게 말한 대로, 인간은 이미 죽었다. 인간은 죄인이 되고, 하나님 앞에서 죄인이 되고, 하나님의 심판에 떨어진다. 하나님이 금지한 모든 것이 금지된 이유는, 근본적으로, 본성적으로 이 한 가지가 금지되었기 때문이다. 하나님에 대하여 우리 자신을 자랑하고자 하는 욕망의 행위, 하나님의 은혜만으로 충분하다는 데 대한 우리의 혐오 행위. 모든 악은, 우리가 행하는 것을 이 욕망 가운데 행하는 데 있다. 그리고 이렇게 오용된 법은 우리에게 다만 죽음만을 가져올 뿐이고, 다만 우리에게 감금과 감시의 고통만을 가져오고, 우리를 아버지의 집과 그의 모든 재산에서 제외시키도록 할 따름이고, 언제나 이 사실을 확증할 따름이다. 율법은—이 오용된 법, 오용의 결과로 치명적인 결과만을 가져온 법—우리 안에 죄가 거주함으로써 우리가 지속적으로 원치 않는 것을 하며(롬 7:14f.), 또한 선이 우리 안에 있지 않아서 우리는 본래 행하려고 하는 바를 하지 못하고, 우리가 원하지 않는 것을 여전히 한다는 것을(롬 7:18f.) 말하고 계시해야 한다. 율법은 우리를 지금 이렇게 분열시킬 수 있다. 이 모순이 죄의 삯인 죽음이다.(롬 6:23) 이것은 몸은 살아 있으되 죽는다는 뜻이다. 이것이 사방에서 우리를 강박하는 계명들의 지옥 같은 광풍 속에서의 삶이다. 이것들에 대해서는 피할 길이 없고, 우리는 이것들을 부분적으로나 전체적으로나 만족시킬 수 없다. 만물의 창조자요 우리의 합법적인 명령자인 하나님으로부터 그 계명들은 권위와 강제성을 얻었으나, 그것들이 그 기원과 진리를 가지는 하나님의 은혜의 계명으로부터 분리됨에 따라서, 그것들은 "세상의 요소"의 해체된, 고립된, 부분적으로 왜곡된 형상을 취했다. 바울이 예수 그리스도에 대한 믿음을 통한 칭의를 새로이, 율법 행위의 성취 시도를 통한 자기 정당화와 연결시키고 개선하고자 하는 시도를 중단하도록 날카로이, 시급히 훈계함으로써, "세상의 요소들"의 전적으로 치명적인 지배, 작용에 대해 갈라디아인들에게 경고하려 하였다. "나는 비참한 인간이로다! 누가 나를 이 죽음의 몸에서 구원할(ῥύεσθαι) 것인가?"(롬 7:24)

한 가지는 확실하다. 인간은 이 죽음의 몸에서부터—죄와 죽음의 법 아래 있는 삶에서부터—스스로 벗어날 수 없다. 여기서는 다만 구원받음만이 있고, 진정한 생명에 근거한 삶만이 있다. 중요한 것은 우리가 무엇이며, 우리가 무엇이 될 것인가에 대한 문제는 이 현실에 직면하여 다시는 제기될 수 없다는 것이다. 이 죽음의 몸으로부터 앞으로 나가는 길이 있으니, 우리가 아직 걷지 않았고, 걷지 않을 것이나 예수 그리스도가 우리를 위해 단번에 걸어간 길이기 때문에, 그 길에서 뒤를 돌아보아서는 안 된다. 이것이 갈라디아서의 대공격의 내적 필요성이다. 저 구원받음이 바로 "자유"이니, 이것을 위해 그리스도가 우리를 해방시켰다. 그것은 죄로부터의 자유, 정확히 말하자면, 종살이와 종의 신분으로부터의 자유이다.(롬 6:18, 22) 지금까지 말한 바에 따르면, 이것은 바울에게서는 결정적으로 다음을 의미해야 하고, 분명히 다음을 의미한다. 즉 죄인에게는 다만 죄의 법이며(즉 그의 죄에 의해 오용된 법, 동시에 그를 죄인으로 폭로하는 법) 죽음의 법(즉 그를 죄인으로 처벌하는 법)일 따름인 법으로부터의 해방. 자유는 소극적으로 분명히 이 법으로부터의 분리를 뜻한다.(롬 8:12) "여러분은 율법 아래 있지 않고 은혜 아래 있다."(롬 6:14) 이 자유를 정당하게 나타내기 위해서 곧 이 적극적인 점을 첨언해야 한다. 그것은 인간이 스스로 소원했던 그 섬김, 신분을 위한 새로운 자유이다. 바로 저 법 대신에—"생명의 영의 법"으로서—은혜가 들어온다. 바로 저 법을 대신하여, 그러므로 저 법을 극단적으로 배제함 가운데, 예수 그리스도 안에서 양자가, 소극적인 것과 적극적인 것이 이미 사건이 되었다. 우리는 언제나 예수 그리스도 안에서 이것이 우리를 위해서도 사건이 되었고 유효하다는 것을 발견할 것이다. "때가 찼을 때, 하나님이 자기 아들을 보내어, 여인에게서 낳게 하시고, 율법 아래에 놓이게 하셨습니다. 그것은 그가 율법 아래 있는 자들을 속량하려 하심이고, 우리로 하여금 아들 대신에 받아들여짐을 얻게 하시려는 것입니다."(갈 4:4)

바울은 로마서 7:1-6에서 같은 통찰을 보다 상세하게 다른 비유를 사용하여 전개한다.(충분히 고려되지 않은 사실인데, 이것은 이 장의 주명제로서 그 다음의 진술은 다만 예증을 위한 반명제에 지나지 않는다.) 우리가 율법에서—저 죄와 죽음의 법—벗어나고 면제되었다는 것, 이 법이 우리에게는 끝났다는 것을 이 구절들은, 그리고 7장 전체가 지시하려 한다. 로마서 6:14는 다음 명제를 이미 선취했다. 예수 그리스도의 죽음과 부활에도 불구하고, 우리가 그의 이름으로 세례를 받았음에도 불구하고, 우리가 그를 믿음에도 불구하고, 이 율법은 거듭하여 죄를 소생시키고 살아 있게 하고, 우리를 죄인으로 고발하고, 죄의 종으로 구별하고 처벌하고, 우리의 성화, 그러므로 또한 하나님과의 화해까지도 무효케 만들고, 결국 우리를 위해 이루어진 하나님의 결단과 역사를 거짓말로 만들 수 있는 것은 아니다. 로마서 6장이 보여 주듯이, 하나님이 우리와 함께 걸었던 길에서는 후퇴란 없다. 율법은—특히 로마서 7장에서는 이것을 지시한다.—곧 죄의 이 고유한 "권세"는(고전 15:56) 하나님이 이런 그의 길에서 우리를 위해 행한 것으로 인하여 더 이상 권세를 갖지 못한다. 죄인이("옛 인간", 6:6) 살아 있는 한, 율법은 인간을 다스린다.—5절에서 율법의 지배에 대한 묘사를 주목하라. 율법은 죄의 욕망을 일으키며(7-13절) 그것이 낳는 것은 죽음의 열매이다.(14-23절) 2절에서 시작되는 비유에 의하면, 마치 남편이 살아 있는 한 여인은 남편에게 얽매어 있는 것 같이, 나는 이 죄많은 인간과 그를 구속하는 율법에 얽매어 있다. 여인이 그 남편의 죽음을 통해 자유롭게 되듯이, 나는 저 죄많은 인간이 죽음으로써 자유롭게 되며, 또한 그를 지배하는 율법으로부터 해방된다. 3절에 의하면 저 죄많은 인간의 죽음이 없으면 이런 자유는 없다. 나는 저 죄많은 인간의 삶을 통하여 죄와 죽음에 붙들려 있으니, 죄와 죽음으로부터 벗어나려는 나의 모든 기도는 나를 더욱더 깊이 죄에 빠져들게 만든다. 구약성서가 그의 하나님에 대한 이스라엘의 가중적 간음이라고 묘사한 우상 숭배와 행위적 의로 이끌 따름이다. 그러나 저 죄많은 인간이 죽음을 통하여 합법적으로 자유롭게 될 수 있고, 죄와 죽음의 법에서 실제로 벗어날 수 있다. 그때에는 과부가 합법적으로 다른 남자와 혼인할 수 있는 것처럼, 저 법 대신 다른 법이 들어올 수 있다. 바울은 4절에서, 바로 이것이 예수 그리스도의 이름으로 세례받은 자의 경우라고 말한다. 6:2-3에 의하면 그들의 "옛 사람"은 골고다에서 예수 그리스도가 죽음과 더불어 함께 죽었다. 이 죽음은 그들이 자유를 얻게 하기 위하여 수동적으로가 아니라 능동적으로 일어났으니, 곧 그들을 위해 죽었고 또한 그들을 위해 부활하여 살아 있는 다른 자에게 속할 수 있는 자유이다. 그들은 저 옛 관계에서 풀려나서 이 새로운 관계 아래 놓이게 되었으니, 저 옛 사람을 지배하던 율법에는 더 이상 굴복하여 있지 않다. 저 지배 영역 내에서의 그들의 삶은 예수 그리스도의 죽음과 더불어 과거가 되어 버렸다.(5절) 주체 아담이 감금과 감시 아래 있었으니, 그것을 멋대로 제거하는 것은 그들의 일이 아니었다. 이제 그 감금과 감시가 제거되었다. 주체 예수 그리스도는 저 주체를 대신했고 배제했다. 이와 함께(6절) 또한 오용되고 왜곡되고 시련과 멸망이 된 법, 아담이 굴복했고 일생 동안 굴복해야만 했던 법, 아담 안에서, 아담과 더불어 우리도 또한 굴복할 수밖에 없는 법이 대치되었고 배제되었다. 그리고 바로 이 법 대신에―그리고 여기에서 "영의 새로운 존재 안에서 섬김"이(6절) 시작되었고 실현된다.―곧 "문자의 옛 존재", 즉 저 법의 지배, 효력, 작용이 중단되는 곳에서 시작되는 존재 안에서. 이것이 "이 죽음의 몸"(7:24)으로부터의 구원이며, 이것이 "은혜 아래 있음"(6:14)이며, 이것이 하나님의 아들을 통한 해방에서 실현된 인간의 올바른 자유, 곧 율법으로부터의 자유(요 8:36)이다. 이렇게 해방받은 자가 여전히 "육 안에" 살고 있다면, 이것은 로마서 8:5-6에 의하면, 그들은 육 내지 율법 아래 예속되어 있는 저 옛 인간과 여전히 대결하고 있다는 것을 뜻할 따름이며―이것은(롬 8:5, 8, 9) 그들의 존재가 여전히 육 안에 있다는 것을 뜻하지는 않는다. 그들의 존재는 그들의 해방에 근거하여 더 이상 아담 안에 있는 존재가 아니라 그들의 해방자인 예수 그리스도 안에 있는 존재이다. 그리스도에 대하여 육의 의지는 다만 죽은 자의 신뢰할 수 없는, 쓸모 없는 의지일 따름이며 또한 이 죽은 자를 다스리는 율법의 권세도 어떤 힘을 발휘할 수 없다.

그러므로 이 해방의 결정적인 결과는, 해방받은 자에게는(롬 8:1) 어떤 κατάκριμα, "정죄"도 없다는 것이다. 그는 정죄받지 않은 자로 살 수 있다. 그가 이렇게 할 수 있다는 것은 로마서 8장에 의하면 그에게 요구되고 요청된 모든 것을 해야 한다는 것의 온전한 총괄 개념이다. "죄 많은 육신과 똑같은 모습으로" 보냄을 받은 하나님의 아들이(롬 8:3) 정죄당했고, 그 안에서, 그와 더불어 그에게 속한 사람들의 육신, 곧(은혜에 의지하도록 율법은 그에게 명령했건만) 은혜를 스스로 배척함으로써 하나님의 법을 바꾸고 위반하려고 하는 경건하고 도덕적인 육신이, 죄가 그 안에 거하는 그들의 자연으로서 정죄당했다. 율법을 인간적 자기 정결화, 자기 칭의, 자기 성화의 규범으로 왜곡시킨 죄인 아담 자신이 정죄당했다. 죽은 자들 가운데서 부활한 예수 그리스도에 속함으로써 "생명의 영의 법" 아래, 즉 은혜의 법으로서의 그것의 본래적 본성 가운데 새로이 계시되었고, 죄를 통하여 왜곡됨에도 불구하고 새로이 효력을 가지게 된 하나님의 새로운 법 아래 있는 인간은 정죄받은 것이 아니라 예수 그리스도의 저 정죄당함을 인하여 사면되었다. "여러분은 진리를 알게 될 것이고 진리가 여러분을 자유롭게 할 것이다." 하나님의 법이 스스로 죄와 죽음의 법의 저 오용된, 부패한, 치명적인 모습에서 해방됨으로써, 이 사건과 더불어, 이 사건 속에서 해방받은 인간, 예수 그리스도에게 속한 인간도 이 법이 그에게 초래할 수밖에 없고, 그 자신이 종식시킬 수 없는 곤궁에서 이미 풀려났다. 그는 로마서 8:12-13에 의하면 복종 속의 삶, 로마서 8:17-18에 의하면 희망 속의 삶, 로마서 8:28-29에 의하면 무죄 속의 삶이 될 그런 삶을 향하여 출발하였다. 바울은 로마서 8:14에서 영의 ἄγειν, "역사"(役事)를 가리켜서 골고다 사건에서 시작된 이 삶으로의 돌파라고 부른다. 영은 갈라디아서 4:6에 의하면 하나님 자신의 아들의 영이며, 로마서 8:15에 의하면 아들된 자, 곧 그에게 속한 자들의 영이다.—그러므로 "종살이"(δουλεία)의 영이 아니다. 이 영이 울부짖는다.—혹은 우리가 이 영 안에서 스스로 아바, 아버지!(갈 4:6, 롬 8:15)라고 울부짖는다는 것은 전적으로(롬 7:6에 의하면 우리는 이 섬김을 위하여 해방되었으니) 섬김의 원형태, 기본 형태이고, 그러므로 분명히 하나님의 계명의 원형태, 기본 형태이다. 결국 그들의 아버지를 다시 발견했고, 결국 그에 의해 발견된 자녀, 결국 모든 "후견인과 집 관리인", 결국 "학교 교사" 그리고 결국 불순종의 본질적 세력, 결국 죄의 핵심 혹은 중추 신경을 벗어나게 된 자녀, 자녀들의 부르짖음이야말로 하나님의 계명이 우리에게 요구하는 것이다. 우리는 로마서 8장(28-39절)의 결론이 장의 서두로, 그리고 이와 더불어 로마서 7장의 문제, 로마서 6장의 문제로 돌아가는 것을 주목해야 한다. 하나님이 우리를 위하므로 아무도 아무것도 우리를 적대하지 못한다는 것이(31절), 우리로 하여금 6:1에 의하면 죄에 머무르는 것을 불가능하게 만들고, 6:12-13에 의하면 죄를 섬김에서부터 의에 복종하는 데로 넘어오지 않을 수 없게 만드는 이유이다. 그리고 하나님이 우리를 위함으로써 아무도 아무것도 우리를 적대할 수 없다는 것은 바로 우리가 정죄받지 않았다는 것, 즉 죄와 죽음의 법이 폐지되었고, 세상 요소들의 지배가 분쇄되었다는 것을 뜻한다. 우리는 해야만 하는 것이 아니라 할 수 있다. 우리의 할 수 있음이 우리의 해야 함이다. 그러므로 바울에게는 율법으로부터의 자유는 갈라디아서의 전체 어조에 따라서뿐 아니라, 로마서 6-8장의 분명한 체계적 맥락에 따르자면, 하나님이 요구하는 복종에 대한 잠정적인 결정만은 아니다. 물론 그것은 어떤 보다 높은 진보된 단계의 복종, 다른 곳에서 즉 어떤 율법성에서, 어떤 의무에서 시작해야 할 복종에 대한 특별한, 위험한 결정도 아니다. 율법 자체는 오히려, 바울이 아니라 야고보가 정의한 대로, "자유를 주는 법"이다. 그리고 그것이 자유를 주는 법으로 이해될 때에만 그것의 "목적", 그 의도, 그것의 총합, 총괄 개념은 이해될 수 있다. 그것을 달리 듣는 자는 야고보의 분명한 진술에 의하면 결코 율법을 행할 수 없다. 부분적으로도 할 수 없고, 전체적으로도 할 수 없다! 그것이 자유를 주는 법으로서 우리 앞에 있지 않다면, 그래서 우리 자신이 그것 앞에 멈추어야 한다면, 우리의 할 수 있음이 요구되지 않았다면, 결국 다시 발견된 아버지를 향한 자녀들의 울부짖음이 우리에게 요구되지 않는다면, 우리의 무죄에 호소하지 않는다면, 우리가 무죄한 자들로서, 곧 하나님이 위하는 자로서, 그러므로 아무도 아무것도 적대할 수 없는 자로서 움직여지는 것이 아니라면—그것은 하나님의 계명이 아니라 오히려 다만 우리의 죄에 상응하는 하나님의 진노의 법, 부패되고 부패할 법일 따름이고, 그렇다면 우리는 복종하려는 모든 시도에도 불구하고 다만 저 간음의 죄를 범할 따름이고(롬 7:3), 다만 더욱더 깊이 불순종으로 빠져 들어갈 따름이다. 야고보서 1:22에 의하면 말씀을 실천하는 자는 오로지 자유로우며 즐거운 실천자이다. 그것은 이 말씀의 내용, 하나님의 요구의 의미는, 그것이 우리에게 복음으로서 자유와 기쁨을 약속함으로써 율법으로서 같은 자유와 기쁨을 우리로부터 가지기를 바라는 데 있기 때문이다. 하나님의 계명 자체의 성격에 대한 모든 지식, 또한 그것에 대한 모든 복종은 갈라디아서 5:1의 직설법과 명령법 사이의 맥락을 인식함에 달렸다. "자유를 위하여 그리스도가 우리를 해방시켰으니, 이제는 여러분은 굳게 서서, 다시는 종살이의 멍에를 메지 말아야 합니다!"

바로 그리고 무엇보다도 하나님의 계명과 다른 계명들과의 차이, 허락으로서 그것의 특성이 그것의 진지성과 그것의 엄격함을 인식케 한다. 하나님의 계명은 명령적이다. 그것은 우리에게 자유롭도록 명령함으로써 권위적으로 명령한다. 그리고 그것은 우리를 자유롭게 함을 통하여 자신을 관철하고 복종을 초래한다. 그것은 우리에게 주어진 하나님의 허락이므로, 그것은 우리가 우리 자신에게 주는, 우리가 다른 곳에서 얻어오는, 다른 곳에서 우리에게로 온 어떤 허락의 확증이 아니다. 다른 계명들이 있듯이, 이런 다른 허락도 있으니, 실로 이 다른 계명들과의 내적 맥락 속에서 있다.

우리는 끊임없이 우리 자신에게 모든 가능한 것을 "허락한다." 즉 결정과 행동 방식, 언어와 행위를 허락하며, 이런 것에서 우리는 자신이 자유롭다고 여기고, 우리는 자칭 기꺼이 이것들을 행하며, 이런 것을 즐겁다고 생각한다. 저 다른 계명들 중에서, 우리에게 그 멍에를 부과하면서 자신을 추천하지 않는 것이 없다. 즉 그것의 성취는 우리의 자유의 특별한 확증이며, 그 자유는 우리에게는 어떤 특별한 욕망과 결부되어 있거나 혹은 어떤 혐오하는 것을 피하는 것과 결부되어 있기에 우리는 근본적으로 그것이 우리에게 바라는 바를 기꺼이 행하려 한다. 그러므로 또한 실제로 저 다른 계명들을 이행함에 어느 정도 소위 말하는 자유와 기쁨의 의식, 느낌, 감정과 결부되어 있지 않은 인간 행동이란 없다. "여자가 보니, 나무의 열매가 먹음직하고 보기에도 좋고 탐스러웠다."(창 3:6) 그러므로 여인은 뱀으로부터 허락을 받았으며, 인간은 자기와 함께 있는 여인이 허락한 것을 자기 자신에게 허락했다. "인간은 말했다. 당신이 내게 짝지어 준 여자가 내게 나무의 열매를 주었습니다. 그래서 내가 먹었습니다. 그러자 주 하나님은 여인에게 말했다. 네가 무엇을 했느냐? 여인이 대답했다. 뱀이 나를 유혹해서 내가 먹었습니다."(창 3:12f.) 순전히 허락만이 지배적인 듯하다. 인간은 하나님의 은혜를 포기하기를 자신에게 허락한다. 그는 선과 악을 아는 자가 되고, 그러므로 선과 악에 대한 판정자가 되고, 그러므로 하나님과 같게 되기를 자신에게 허락한다. 인간은 분명히 자신의 타락에서 특히 자유롭고 기쁘다고 믿는다.

하나님의 계명이 어떤 진정한 허용, 자유, 기쁨에 그것의 금지를 대립시킴으로써가 아니라, 그것이 진리를 드러냄으로써, 그것이 자칭 허용, 자유, 기쁨을, 인간을 이런 가면 아래 종으로 만든 다른 주와 독재자의 기만으로 폭로함으로써, 그 계명의 허용은 이 모든 것을 취소한다. 하나님의 계명은 인간이 배격한 하나님의 은혜를 새로이 제공함이다. 하나님의 계명은 인간이 진정으로 자유롭기를 바란다. 그 계명은, 인간이 그에게 있는 실제적인 허용을 사용하기를 바라며, 그가 자신의 진정한 자유로 돌아가기를 바라며, 그가 외견상으로가 아니라 행함에서 진정으로 기뻐하기를 바란다. 인간의 자의는 허용, 자유, 기쁨과 무관하다. 그의 자의로 인하여 인간은 모든 기만을 당하고, 자기 자신을 기만하고, 자기 자신이 자유롭고 기쁘다고 여길지라도 종의 신분으로 종살이를 한다. 그가 속해 있지 않고, 그를 창조하지 않은 다른 주와 독재자의 법이 그를 억압하고 괴롭힌다. 저 낯선 주는 그의 운명과 상관이 없고, 그에게 명령할 것도 허락할 것도 없으며, 그를 섬기는 경우 인간은—그의 의식, 그의 느낌, 그의 감정이 어떠할지라도—결코 자유로울 수 없고, 기쁠 수 없으며, 오히려 이런 의식 속에서 착각할 따름이다. 하나님의 계명은 인간에게 주어진 진정한 허락이고, 이런 허락을 발설함으로써 이 베일을 찢어 버린다. 바로 이로써 그것은 진지하고 엄격하며, 구속하고 책임을 지운다. 어떤 다른 계명보다도 진지하고 엄격하다. 하나님의 계명은 인간의 자의에 대립한다. 그것은 인간에게 진정으로 자유롭고 기쁘도록 허락하지 않기 때문이 아니라, 거꾸로 그에게 이것이 하나님에 의해서 허락되었기 때문이며, 그가 자의대로 자유롭거나 기쁠 수 없기 때문이다. 하나님의 계명은 인간이 자신에게 허용하는 것, 혹은 자기 자신에게 허락하려 하는 것, 다른 곳에서부터 자기 자신에 허락하려고 하는 것에 대해 항거한다. 그렇게 하는 이유는, 이 허락이 다만 그가 예속해 있는 종살이를 드러내는 것일 따름이기 때문이다. 하나님의 계명은 그가 처해 있는 낯선 주의 지배에 대항하여, 진정으로 그 자신에 속한 허락을 그에게 다시 줌으로써 항거한다.

하나님의 계명은 깊이, 철저하게 그를 불안하게 하고 놀라게 만들며, 그를 공격하고, 그와 싸워 이긴다. 원수처럼 그렇게 할 수 있는 것이 아니다. 원수는 그를 외부로부터 압박할 수 있으나 그는 그로부터 피할 수 있고, 원수로부터 양보를 받아낼 수도 있고, 원수와 협정을 맺을 수도 있고, 결국 평화롭게 양해할 수도 있으니, 자유롭게, 기쁘게 그들의 뜻을 따른다고 상상할 수 있다. 하나님의 계명이 인간에게 초래하는 불안과 경악, 공격과 승리는 극단적이다. 왜냐하면 그것은 우리의 진정한, 최고의 친구의 계명이기 때문이고, 그것은 어떤 의미에서 배후로부터 우리 편으로 오기 때문이고, 그것은 우리의 자칭 자유와 기쁨을 종지부를 찍음으로써, 우리가 우리 자신에게 허락하는 모든 것에 대항하여 위엄 있게 내면으로부터 우리에게 말하기 때문이고, 그것은 우리에게 허용이며, 허락된 것만을 우리가 행하기를 바라기 때문이고, 다른 것은 모두 허락되지 않은 것이고 다만 강제일 따름이기 때문이다. 우리는 이런 강압 아래 있지 않다. 우리는 그 강제에 복종하도록 구속되어 있지 않고 또 그럴 의무가 없다. 자유와 기쁨 안에서 그것에 복종하는 것은 모든 자기 기만 중 가장 최악의 것이다. 그러므로 하나님의 계명은 진정한 허락으로서 우리를 모든 다른 계명의 지배로부터, 또한 우리의 탐욕과 욕망으로부터 떼어놓는다. 그것은 우리를 위하여 편을 들어줌으로써, 우리가 결국 처해 있는 타자의 지배로부터 등을 돌리도록 우리를 위해 옹호함으로써 이렇게 한다. 그것은 우리에 대한 하나님의 결정을 언도함으로써(그 결정이란 우리가 그에게 속해 있고, 그가 우리의 창조자로서 우리에 대한 그의 요구는 거역할 수 없다는 것이다.), 그것은 우리에게서, 우리가 결국 자기-현실적으로 우리 자신의, 우리의 운명에 상응하는-결정 안에서 행동하기를 요구한다. 이렇게 그것은 우리와 만난다. 즉 그것이 우리 발로 스스로 서도록 함으로써 만난다. 그것은 우리가 우리 자신과 적대하는 한에서만 언제나 우리와 적대한다. 모든 다른 계명의 지배 아래서, 그러므로 우리 자신의 탐욕과 욕망의 지배 아래서, 우리가 우리 자신에게 허락할 수 있다고, 허락해야 한다고 생각하는 가운데서 우리는 진실로 우리 자신을 적대한다. 하나님의 계명은 바로 이런 자기 투쟁과 자기 파괴에 대항한다. 이것이 그것에 고유한 날카로움과 필연성을 부여한다. 이것 때문에 우리는 그 계명으로부터 벗어나서 모든 다른 계명에 대해 피할 수 있는 곳으로, 곧 우리 자신 속으로 물러날 수가 없다. 다른 요청, 명령도 이것처럼 진지하고 엄격할 수 없고, 자기 자신에게로의 퇴각이 단절될 정도로 가까운 곳에서 인간을 강요할 수 없다. 우리가 그것에 대해 간격을 취하는 것이 불가능할 정도로, 우리가 그것의 요구에 굴복하면서 사고하고 말하고 행하는 모든 것 뒤에서, 그 안에서 우리 자신에 머물거나 혹은 거듭하여 우리 자신에게로 돌아오는 것이 불가능할 정도로, 어떤 대상이나 어떤 공리도, 우리에게 계명이 될 수 있는 어떤 가설이나 관습도, 어떤 삶의 필요도, 어떤 사회적 법도, 어떤 양심의 명령도 우리에게 그처럼 가깝게 접근할 수 있는 능력은 없다. 오히려 모든 다른 계명의 본성상 우리는 그것들에 직면해서 거듭하여 우리 자신에게로, 선과 악에 대한 우리의 판정관 직무로 되돌아와서 그것들에 복종하거나, 아니면 미래에 부분적으로 혹은 전적으로 불순종하든지 해야 한다. 하나님의 계명 밖에서는 우리의 유일한 가능성인 종살이가 있고, 종의 신분 안에서는 다만 노예적인 굴종만이 있다. 이것은 유보 아래서의 복종, 어쩌면 도달할 수 있고 혹은 제공될 수도 있는 기회를, 아마도 언제나 생각할 수 있는 기회를, 명령된 것과는 무관한 독자적인 행위와 활동의 기회를 엿보는 복종이다. 인간 삶의 과정이나 인간 관계의 체계는, 그것들이 하나님의 계명에 의해 질서 잡혀 있지 않은 경우 우리 자신이 또한 복종하지 않을 수도 있다는 유보 아래서의 노예적 복종에 근거한다. 하나님의 계명 외의 어떤 다른 계명도 인간에게 이 유보를 적어도 내면화하는 것을 금할 수 없다. 우리의 사회적, 개인적 삶의 그물처럼 얽혀 있는 조직도 이런 전제 아래서는 영속적일 수 없으며, 언제나 거듭 그것의 내면적 모순에서-이것은 저 유보에 근거하여 그 현실성을 상실할 수 없다.-와해될 수밖에 없는 것은 놀라운 일이 아니다. 하나님의 계명은 이 유보를 불가능하게 만든다. 그것은 이 유보만이 나올 수 있는 곳, 즉 우리 자신으로부터 온다. 그것의 핵심은 언제나 선과 악의 판정관으로서의 인간을 면직시킴에 있다. 그것은 인간이 자기 자신에게 주었고, 주고자 하는 모든 불순한 허락에도 불구하고 하나님의 은혜로 살도록 허락한다. 이 허락에 대하여 유보할 수 있는 가능성이 어디에 있는가? 하나님의 계명의 의미인 인간을 위한 그의 극단적인 편파에 직면하여 인간이 어떻게 또 다시 자기 자신을 위하여 편을 들 수가 있으랴? 인간이 진정한, 포괄적이고 철저한 허락을 충분히 받고 그것을 사용할 수 있는 때, 그가 어떻게 자기 스스로 허락할 수 있겠는가? 그에게 진정한 자유와 기쁨이 약속되어 있는데 그가 어떻게 자유와 기쁨을 바랄 수 있겠는가? 인간은 하나님의 계명 앞에서 도피할 수 없다. 그 이유는 그것이 우리와 대면함과 동시에 즉시 우리 자신 뒤에 서기 때문이다. 그것이 하나님의 일을 이끌면서, 동시에 또한 우리 자신의 일을 받아들인다. 그것이 하나님의 결정을 수행하면서 동시에 또한 우리 자신의 결정을 요구한다.─거기서만 도피가 가능할 것이다. 이것이 그것의 진지성과 엄격함이니, 다른 모든 계명들이 아무리 엄숙하게 가차없이 보일지라도 그것의 진지성과 엄격함에서 다른 계명들은 그것을 능가할 수 없다. 그것이 인간에게 자유를 명령함으로써, 그것이 인간에게 바라는 순종을 통하여 인간을 자유롭게 함으로써, 그것이 하나님의 은혜의 계명이 됨으로써, 그것의 진지함과 엄격함은 무조건적이다. 하나님의 은혜의 계명으로서 그것은 자기 스스로 구원하고자, 깨끗하게 하고자, 의롭게 하고자, 성화하고자 하는 인간을 앞지르고, 이 목적을 위해 그가 다른 계명들에 굴복하려는 것을 앞지르고, 그러나 또한 그가 이 목적을 위해 자신에게 허락하고자 하는 것을 앞지르고, 무엇보다도, 결정적으로 자기 자신에게로 퇴각하는 것, 선과 악에 대한 판정관직을 계속적으로 수행하려는 것을 앞지른다. 그는 하나님이 그를 위한다는 것을 알아야 하고, 그것을 의지해야 한다. 그는 하나님이 위하는 자로서 살아야 한다. 하나님의 계명의 구체적 내용이 무엇이든 간에 그것은 하나님이 인간에게 바라는 것이다. 하나님이 그에게 바람으로써, 그를 전적으로 문제삼는다. 즉 그가 다른 계명을 이해함으로써 혹은 그가 자기 자신에게 여러 가지로 허락한 바를 사용함으로써 행했고, 행하는 이것 저것이 아니라, 바로 하나님의 은혜 없이 행하려고 하는 인간 자신, 선악을 판단하고 하나님과 같이 되려고 하는 그 자신을 문제 삼는다. 그리고 하나님은 이것을 그에게 바람으로써 그를 전적으로 가지려 한다. 즉 저 다른 계명을 통해 그에게 부과된 이런 저런 복종 행위가 아니라, 이런 저런 자의적인 허락을 포기함이 아니라, 복종하는 자로서의 그 자신, 그러므로 자의 그 자체를 포기하는 것을 바란다. 하나님이 우리를 위한다는 것이 인간 자신을 구속하고 무조건적으로 책임지운다. 그러므로 인간이 스스로 자기 자신을 위하려 하는 모든 가능성을 배제한다. 하나님이 인간을 위함으로써 그는 자기 스스로를 위함의 자리에서, 진정으로, 현실적으로 그를 위할 수 있는 자를 통하여 해방되었으며, 자기 자신을 위하려는 염려와 두려움에서 벗어났다. 그러므로 하나님의 계명에서부터 오는 것은, 하나님이 그를 적대하는 것이 아니라 그를 위한다는 사실에 직면한 인간을 위한 극단적인 허용 외에는 다른 것이 있을 수 없다는 사실이, 하나님의 계명에 상응하는 의무의 근거를 이룬다.

우리는 신약성서에서 그처럼 지배적인, 염려하지 말고 두려워하지 말라는 명령을 기억함으로써 그것의 자유적 성격에 근거한 하나님의 계명의 진지성과 엄격함의 무조건성을 분명히 할 수 있다. "살면서 염려하지 말라!"(마 6:25) "내일의 일을 위해 염려하지 말라!"(마 6:34) "너희가 어떻게 말할까, 무엇을 말할까 염려하지 말라!"(마 10:19) "아무것도 염려하지 말고 모든 일에 오직 기도하고 간구하고 감사하면서 하나님 앞에 여러분이 바라는 바를 말하시오!"(빌 4:6, 고전 7:32 참조) "여러분의 모든 근심을 그에게 맡기시오. 그가 여러분을 돌아보기 때문입니다!"(벧전 5:7) 우리는 너는 두려워 말라(혹은 너희는 두려워 말라)는 또 다른 명령을 더욱 빈번히, 시급하게 만나게 된다. 사가랴(눅 1:13), 요셉(마 1:20), 마리아(눅 1:30), 들판의 목동(눅 2:10)은 그들에게 기이한 상황에서 예고된 메시아의 탄생에 대해서 두려워해서는 안 된다. 시몬 베드로는 메시아가 그에게 나타나 고기잡이의 기적을 보여 준 것에 대해 두려워해서는 안 된다.(눅 5:10) 제자들은 호수의 폭풍 가운데서 그들에게 메시아가 나타난 것을 보고(막 6:50), 그리고 산 위에서 그의 변화된 모습을 보고 두려워해서는 안 된다. 빈 무덤가의 여인들은 그의 부활을 보고 두려워해서는 안 된다.(마 28:5, 10) 밧모 섬의 예언자 요한은 주가 영광 중에 나타난 것을 보고 두려워해서는 안 된다.(묵 1:17) 그러므로 또한 사도들도 그가 떠나는 것을 보고 두려워해서는 안 되고(요 14:1, 27), 적은 무리는 그들이 적다고 해서 두려워해서는 안 되고(눅 12:32), 공동체는 몸만을 죽일 수 있는 박해자를 두려워해서는 안 되고(마 10:26f.), 종말의 때의 끔찍한 일을 두려워해서는 안 되고(막 13:7), 야이로는 이미 승리한 죽음에 대해 두려워해서는 안 되고(막 5:36), 바울은 고린도에서의 그의 임무를 두려워해서는 안 되고(행 18:9), 항해에서 사망의 위험을 두려워해서는 안 되고(행 27:24), 그리스도인들은 세상 정부의 대행자들을 두려워해서는 안 된다.(롬 13:3) "하나님은 우리에게 두려움의 영을 준 것이 아니라 능력과 사랑과 절제의 영을 주셨다."(딤후 1:7) 하나님은 "우리 조상 아브라함에게 맹세하셨으니, 우리를 원수들의 손에서 건져 주셔서 두려움이 없이 거룩하고 의롭게 주님을 섬기게 하셨다."(눅 1:73) "여러분은 또다시 두려움에 빠뜨리는 노예의 영을 받은 것이 아니라 자녀로 삼으시는 영을 받았습니다. 그래서 우리는 그 영으로 하나님을 아빠, 아버지라고 부릅니다."(롬 8:15) "사랑에는 두려움이 없습니다. 완전한(τελεία) 사랑은 두려움을 내쫓습니다. 두려움에는 형벌이 있습니다. 두려워하는 사람은 아직 사랑을 완성하지 못한 것입니다."(οὐ τετελείωται ἐν ἀγάπῃ, 요일 4:18)

이렇게 강한 어조로 금지된 걱정과 두려움은 분명히, 인간이 걱정하고 두려워함 가운데서 믿음과 희망 속에서 그의 길을 가는 대신, 그에게 다가오는 위협을 바라봄으로써, 또한 이 위협을 통해 그에게 일어나는 온갖 상념 때문에—마치 이것이 그에게 재앙이 될 것을 아는 것처럼—괴로워하고 주저하는 사실에서 만나게 된다. 두 개념의 상호 관계는, 걱정은 어떤 의미에서 작은 두려움이지만, 작은 두려움은 큰 걱정을 나타낸다는 것이다. 걱정은 분명히 비교적 궁극 이전의 개관할 수 있는 일, 미래의 외적 삶의 형태 문제와 관계된다. 걱정하는 자는, 앞으로 나아가기 전에, 그가 본래 위하여 살고자 한 목표를 위해 계속 살기로 결심하기 전에, 미래의 불확실성에 대해서 미리 자신을 보호하고자 한다. 걱정하는 자는 이렇게 말한다. "먼저 살아라, 그러고 나서 철학하라!" 또한 그는 근본적으로 두려워한다. 그는 손을 이미 쟁기에서 떼었다. 그는 본래 해야 할 것을 미루었고, 진정으로 진지하게 그것과 함께하지 않고, 비본질적인 것에 의해 동요되고 요구된다. 그는 본질적인 것이 그 권리를 얻기 전에, 비본질적인 것이 먼저 조정되어 있어야 한다고 믿고 주장한다. 그러나 그는 결코 두려워한다는

3. 하나님의 요구의 형태   647

것을 인정하지 않을 것이다. 그는 본질적인 것을 "다만" 미룰 따름이다. 그는 "철학하는 것"은 좋은 일이며, 다만 그 순간에는 시기적으로 적절치 않다고 선언할 것이다. 그 이유는 그 순간에는 "사는 것"이 더 시급하기 때문이다. 그는 걱정함으로써 작은 두려움을 가지며, 그는 다만 이런 형태로 두려워하기 때문에 그가 실제로 적지 않게 두려워한다는 것을 스스로 감춘다. 두려움에서는 대립이 보다 심각하다. 두려움의 대상은 신약성서에서는 무엇보다도 예수 자신, 곧 그의 기적과 부활의 영광 가운데 있는 예수이다. 그리고 그것과 기이하게도 내면적으로 관계되는 것으로서, 소위 말하는 결정적 성격의 일정한 현상들이다. 즉 공동체에 대한 세상의 전적인 초능력, 거꾸로 공동체의 보잘것없음과 무력함, 거듭하여 등장하는 율법의 위협, 죽음. 두려움은 자칫 다음의 지식에 의해 흔들리는 것이다. 나는 할 수 없을 것이다.—나는 영광스럽게, 두렵게 내게 다가오는 것에 직면하여 내가 되어야 하는 바가 될 수 없고, 해야 할 일을 할 수 없을 것이다. 나는 존립하지 못하고 사라질 것이다. 이런 미래의 일이 나에게는(적극적이든 소극적이든) 단순히 너무나 엄청날 것이다. 두려움은 자칫 어떤 패배를 선취함이다. 두려워하는 자는 또한 걱정한다. 또한 그의 삶에서 사건화되어야 할 본래적인 것이 되지 못하고 행할 수 없도록 자신을 정죄한다는 의미에서, 그는 미래를 결정하고, 미래에 호소하면서 자기 자신을 결정한다. 또한 그는 일어나야 할 일을 연기한다. 그러나 은밀하게 걱정이 뜻하는 항복이 두려움 자체에서 드러나고 현실화된다. 두려움은 큰 걱정, 현실화된 결정적인 형태의 걱정이다. 두려움은 포기이니, 주지하다시피 거기서는 앞으로의 전진이 더 이상 있을 수 없다. 두려워하는 자는 또한 앞에 임박한 일과 대결하여 승리하려는 생각을 포기하였다. 그는 앞에 임박한 일을 잘 알며, 그것의 초능력을, 자신의 무력함을 잘 안다. 따라서 그는 만일 어떤 의도를 가질 수 있다면, 다만 이 임박한 일과 만나는 것을 피할 생각만을 하게 된다.

걱정과 두려움은 분명히 그것들이, 공통점에서나 그것들의 차이, 그들의 내적 맥락에서 신약성서가 자유로 표현한 것, 우리가 하나님의 계명을 통하여 인간에게 주어진 허락으로 표현한 것의 정반대 것이다. 미래의 재앙의 가능성에 의해 위협받고 있는 자는 이 가능성을 먼저 대처하기 위해서 그의 삶의 진행을 보다 좋은 날로 연기해야 하거나, 혹은 그 삶을 속행하기를 포기해야 한다고 생각한다.—그는 어쨌든 자유롭지 않고, 그의 삶의 근거로서 어떤 허락도 가지지 않는다. 그에게는 저 미래를 바라보는 시선은—그것이 내일을 위한 빵, 혹은 예수 그리스도, 혹은 이 종말점을 통해 표시된 사슬의 중간 고리를 향하여 있든, 미래를 바라보는 이 시선을 통하여 잠정적으로 혹은 결정적으로 정지되어 있든, 어떤 경우에든, 그가 바로 현재에—우리는 실제적으로 언제나 현재 안에 살고 있다!—자유롭지 않다는 것을 뜻한다. 그는 잠정적으로나 혹은 결정적으로 본질적이지 않은 것을 향하여 있고, 저 본질적인 사랑을 향해 나가지 않았다. 도리어 그는 적은 두려움에서, 혹은 큰 걱정 안에서, 다만 강제와 충동의 결과로서만 이해될 수 있는 것, 결코 그에게 주어진 허락의 결과로서는 이해될 수 없는 일을 행한다. 그가 허락을 가진다면, 그는 걱정하지 않을 것이고, 두려워하지 않을 것이다. 그에게 걱정과 두려움을 주입하는 것은 확실히 제거된 것이 아니다. 신약성서가 걱정과 두려움을 금지할 때 그것은 인간적 걱정, 두려움의 대상의 존재, 우리 미래의 실제적인 불확실성, 한편에서의 예수 그리스도의 위엄, 그리고 그것의 반대로서 그의 사람들의 완전한 포기를 부정하려 생각하지는 않는다. 그러나 인간은 포로가 아니라면, 종이 아니라면, 그가 허락을 받았다면, 그는 그 앞에 임박한 일에 대해 결코 걱정과 두려움으로 대할 수 없다. 오히려 그는 그것과의 실제적인 대립을 내버려 둘 것이며, 그는 그것이 불가능하다고 생각하지도 않고, 또한 그것을 선취하느라고 시간을 낭비하지도 않고, 그것들에 대해 미리 자기 자신을 보호하지도 않는다. 그가 다른 자세를 취함으로써 자유롭지 않다. 그의 존재, 사고, 말과 행실은, 그가 인정하든 안 하든 간에 종의 그것이다. 이런 걱정과 두려움의 종살이에 대항하여 신약성서에서 하나님의 계명은 걱정하지 말라! 두려워하지 말라!고 명령한다. 복음과 율법의 구분은 이 두 가지 명령법에서는 전적으로 불가능한 듯하다.

한편 분명한 사실은, 여기서 명령된다는 것, 인간이 그에게 자연스럽게, 자명하게 보이는 것에 대립하여 그가 언제나 거듭 바라고, 선과 악에 대한 심판자 역할을 하려는 지속적인 유혹 가운데서 언제나 거듭 바라야 하는 것에 반해서, 하나님에 의해 금지되고, 그 자신에 불합당한 성향, 자세를 떠나도록 명령받는다는 것이다. 우리는 하나님이 여기서 인간을 대하는 진지함과 엄격함의 무조건성을 간과하고 단순히 이 두 가지 명령을 일종의 충고나 제공으로 이해한다면, 인간이 거기에 대해 자기 입장을 유보할 수 있다고 생각한다면, 이 명령을 잘못 이해한 것이다. 여기서 도끼가 나무 뿌리에 놓여진다. 여기서 분명히 미래에 대하여, 자기 자신에 대하여 자의대로 결정하는 인간이—걱정하고 두려워하는 자가 이렇게 한다.—문제가 된다. 극단적인 회심은 여기서 그에게 요구된다. 다만 전적인 순종 아니면 전적인 불순종만이 이 걱정하지 말라! 두려워하지 말라!에 대해 가능할 따름이다.

여기서 또한 분명한 사실은, 이로써 명령되는 것은 실질적으로 인간의 해방이다. 이것은 이 명령이 선포되는 모든 문맥에서 분명히 드러난다. 인간이 여기서 부름받게 되는 장소는 현실적으로 어떤 아름다운, 바람직한 장소가 아니다. 따라서 이 금지를 통해서 그는 기쁜 어떤 일이 금지당하는 것이 아니고, 어떤 나은 것 대신 어떤 나쁜 것이, 어떤 쉬운 것 대신 어떤 어려운 것이, 어떤 가까운 것 대신에 어떤 먼 것, 낯선 것이 된다고 불평할 수 있다. 걱정과 두려움 속의 삶보다, 이 태도에 의해 결정된 현재보다 더 나쁘고, 어렵고, 낯선 것이 무엇인가? 그리고 걱정과 두려움 없는 삶, 이런 태도로부터 벗어난 것으로 특징지어지는 현재보다 더 낫고, 쉽고, 가까운 것이 무엇인가? 걱정 속에 보내는 현재는 "철학하는 것"이 아닌가?(이것에 대해 "삶"에 단연 우선권을 주어야 한다.) 그리고 우리가 "삶"에 실제로 우선권을 준다면, 그것 또한 "철학하는 것"이 아닌가?(그것에 대해서 걱정 속의 "삶"은 차라리 "죽음"이다.) 두려워하는 자가 두려움 자체를 선취된 패배보다, 불확실한 나쁜 미래의 현재를 미래 자체보다 더 두려워해야 하지 않을까? 그러므로 그는 두려워하지 않는 것이 더 낫지 않을까? 자유는 지금—미래의 위험이 무엇이든 간에—첫 번째로 시급한, 어느 경우에든지 고려되어야 할 관심사가 아닌가? 인간은 지금 실제로 계명에 복종하고 걱정하지 않고 두려워하지 않는다면, 모든 악을 상실하고 모든 선을 획득하지 않겠는가? 자기 자신을 위해 존재하고자 하는 것은 구원이 아니라 재앙이며, 계명은 우리를 이 재앙에서 해방한다. 이렇게 그것은 복음으로 가득하고, 은혜로 가득하고, 인간에 대한 하나님의 친절함으로 가득하다. 이렇게 그것은 무조건적이니, 그것에 대해서는 순종과 불순종 사이 외에 제3의 것은 없고, 그것은 또한 우리가 걱정과 두려움 가운데 자의대로 행하는 것과는 구별되게 기꺼이 행할 수 있는 일을 행하라는 유일한 초대이다. 여기에 실제로 보기에도 아름답고 탐스러운 나무가 있다!

그리고 여기서부터 그 계명은 그 무조건성의 근원을 가진다. 왜냐하면 그것은 우리가 생각하고 의지하는 것과는 반대로 우리가 기꺼이 행할 수 있고, 실제로 기꺼이 행할 일을 하도록 우리에게 명령하기 때문이다. 바로 그렇기 때문에 그 계명에 대한 모든 핑계나 변명은 다만 타당하지 못하고 무기력할 따름이다. 우리가 그 계명을 어기면, 우리가 계속하여 걱정하고 두려워한다면, 우리는 확실히 그것이 허락으로서 명령이라는 것을 흘려들은 것이고, 하나님이 우리를 위하기 때문에 아무도, 아무 것도 우리를 적대할 수 없다는 것, 우리의 하늘 아버지가 우리가 필요로 하는 것을 알기 때문에 걱정해서는 안 된다는 것, 그가 우리를 돌보기 때문에 우리의 걱정을 그에게 맡겨야 한다는 말을 흘려들은 것이고, 우리의 심판자로서 오로지 두려워해야 할 예수는 우리를 일으키고 회복시키는 분이라는 것, 지금이나 미래에 어떤 시련도 어떤 재난도(하나님을 사랑하는 자에게는 만물이 선을 위해 협력한다는 로마서 8:28의 규칙에서 제외된 시련) 있을 수 없다는 것을 흘려들은 것이다. 그것을 흘려듣는 대신, 계명이 우리에게 주는 허락을 듣는 자가 어떻게 계명 앞에서 도피하겠는가? 그가 어떤 위치에서 계명을 자신으로부터 떼어놓을 수 있는가? 그가 하나님의 계명에 대한 복종 안에서가 아니라면 어떻게 달리 위로와 피난처를 발견할 수 있겠는가? 그는 불순종하면서도 헛되이 위로와 도피처를 구하며, 계명에 대한 불순종 가운데 필히 이것들을 배격하고 있다. 계명이 우리에게 이렇게 가까이 다가오기 전에는, 그것이 우리에게 복음과 허락으로서, 걱정하지 말라! 두려워하지 말라!는 하나님의 계명으로서의 성격에서 드러나기 전에는, 계명에 대한 위선적 항거와 반역은 중지될 수 없다.

이제 신약성서의 다른 분명히 윤리적인 두 개념에 의해서—이제는 이렇게 분명히 적극적인 내용을 가진 두 개념에 의해서—동일한 사실을 분명하게 하는 것이 도움이 된다. 인간에 대한 하나님의 요구가 한 말로 요약되어야 한다면, 그것은 한편으로는(요한 서신에서 지배적인 것인데) 우리가 머물러야 한다는 것이고, 다른 편으로는(바울에게서 지배적인) 우리가 서 있어야 한다는 것이다.

요한복음 6:56, 15:4에서, 마치 포도가 열매를 맺기 위하여 나무 줄기에 붙어 있어야 하는 것처럼, "내 안에" 머문다, 혹은 요한1서 2:6, 3:24, 4:13에서 "그 안에", 예수 그리스도 안에 머문다는 집약적 표현이 있다. 또한 "빛 속에 머문다"(요일 2:10), "영원히 머문다"(요일 2:17), "하나님 안에 머문다"(요일 4:15f.) 등이 있다. 이 머무름은 그러나 구체적으로 "하나님의 은혜 안에"(행 13:43), "그의 친절 안에"(롬 11:22), 믿음 안에(행 14:22, 골 1:23, 딤전 2:15), 그리스도의 가르침 안에(요이 9), 사도들의 가르침 안에(행 2:42), 각자가 부름받은 특별한 처지 안에(고전 7:20), 형제 사랑 안에(히 13:1) 머무름으로 이루어진다. 다른 한편으로는 "주 안에"(살전 3:8), "은혜 안에"(롬 5:2, 벧전 5:12), "복음 안에"(고전 15:1), "믿음 안에"(고전 16:13) 혹은 "믿음을 통하여"(롬 11:20), 영의 일치 속에(빌 1:27), 사도적 전통 안에(살후 2:15), 그리스도인이 종말 때의 시련에 대항할 수 있도록 무장을 갖춤 속에 "서 있다"는 표현이 있다.(엡 6:14)

두 개념의 실질적인 상호 연관성은 분명하다. "머무르도록" 그리고 "서 있도록" 부름받은 그리스도인들은 예수 그리스도 안에서 그들에게 주어진 것, 그리스도와의 삶을 통하여 그의 공동체 안에 주어진 것에서 가능성을 가진다. 이 가능성을 사용하는 것, 차라리 이 가능성을 실현시키는 것이 그들에게 요구되는 모든 것의 핵심이다. 이로써 그들에게 요구되는 모든 것의 실행도 확실히 결정되었다. 그들이 이로써 놓여지게 된 위치와 토대 위에서, 그들이 할 일과 하지 않을 일에 대해, 그러므로 그들 자신의 결정에 대해 미리 결정되었다. 그들은 거기서 하나님의 요구에 복종할 것이고, 그들의 행함과 행하지 않음을 통하여 그의 요구에 부합할 것이다. 그들이 머무르는 위치, 그들이 서 있는 토대는 동일하다. 즉 여기서나 저기서나 주, 은혜, 믿음, 사도적 선포가 중요하다. 그리고 그들이 바로 이 위치에 머무르고, 그 곳을 떠나지 않고, 이 토대 위에 서 있고, 그러므로 그것을 다른 것과 혼동함으로써 헛디디거나 굽히지 않고, 쓰러지거나 의기소침하지 않는 것이 중요하다.

요구의 진지함, 엄격함, 절대성, 극단성은 두 가지 형태의 호소에서 오인할 수 없다. "서 있다"는 것은(고전 16:13과 엡 6:14 문맥을 생각하라.) 직관적으로나 개념상으로 의심의 여지없이 적극적인, 분명히 남성적인 결단, 자기 실증, 행동을 요구한다. 그러나 또한 첫눈에 보기에 단순히 수동적인 "머무름"도 제멋대로의, 변덕스러운 자의와는 반대로, 복종에의 호소, 그러므로 명령으로서 분명히 오해될 수 없음으로써 청중을 사로잡는다. 저 위치, 토대와 함께 주어진 가능성은 거기에 있는 자에게는 법이다. 그에게 이 가능성이 주어졌다. 그들의 삶 안에서 그것이 실현되어야 한다. 그의 행함과 행하지 않음에서 그것의 영광이 실현되어야 한다. 그것이 그들에게 주어짐과 더불어 그는 이 일이 이루어짐에 대해 책임이 있다. 그것이 그에게 복종 외에 다른 가능성을 허락하지 않을지라도, 그의 순종의 가능성 안에서 그 자신은 그것을 실현해야 하고, 그 자신이 그것의 실현의 능동적 증인이 되어야 한다. 겸손, 사랑, 이타주의, 그리고 다른 모든 그리스도교적 덕행, 고백, 신실, 믿음의 견인, 희망의 기쁨이 그리스도인들에게 전적으로 의무임을 뜻하고, 그들의 빛을 비추라는 명령의 이행이니, 그 자체로 비상한 것이 아니라 다만 그들에게 정상적인 것이다. 그럴지라도 이 위치에서, 이 토대 위에서 불가피하게 필연적으로 일어나야 하는 일이 행해지는 것은 다만 그들의 의지, 그들의 결정된 행위의 '그래'와 '아니오'를 통해 실현될 수 있을 따름이다. 이 머물러라!와 서 있어라!에서 전혀 낯선 위엄을 갖춘 새로운 존재의 공격과 동요가 반복된다. 이 새로운 존재는 그들을 부르고 세례를 줌으로써 단번에 그들의 옛 사람 속으로 들어왔고, 옛 사람을 단번에 낡게 만들었고, 정복하였다.

이 요구의 동요와 공격, 신적 율법으로서의 그것의 성격은, 그것이 실질적으로 걱정과 두려움에 대한 경고 못지않게 인간이 자신에게 선사해야 하고 수락해야 할 해방에 대해 말한다는 데 근거한다. "머물러야" 하는 자는 분명히, 그가 속한 고향에, 그가 자유롭게 호흡할 수 있고, 그가 필요한 모든 것이 사방에서 제공되는 그 곳에 이미 있으며, 그렇기 때문에 다른 삶의 가능성을 조용히 포기할 수 있다는 말을 듣는다. 삶의 현실을 아직 발견하지 못한 자는 다른 삶의 가능성을 실험해야만 한다. 그러나 그는, 머물러야 한다고 말을 듣는 자는 이 현실을 발견한 것이다. "그리스도 안에" 있음은 삶의 도상에서 많은 단계들 중 하나, 또 다른 길을 살피고 계속 걸어가는 것이 좋고 필요한 그런 단계가 아니다. 그 이유는 그것들은 다만 단계일 따름이고, 모든 관점들의 상대성으로 인하여(레싱에 의하면 오직 하나님을 위해서만 있는 저 진리를 고려할 때) 다른 관점들과 비교하고 또한 교체하는 것이 바람직한 그런 관점이 아니기 때문이다. "그리스도 안에" 있는 자는 오히려 이미 시간 안에 있고(시간 안에서 머물러 있는 것은 실제로는 없다.) 영속적인 것 안에 있으니, 그 안에서 또한 머무는 것은 자명하다. 여기서부터 계속 찾으려고 하는 자는 찾는 데 성공한다면 다만 새로이 여기로 되돌아올 따름이다. 다른 가능성은 다만 찾기 자체를 위한 어리석은 추구일 따름이며 혹은 비참한 추구일 따름이니, 어떤 이유에서든 결코 발견에 성공할 수 없다. 영속적인 것이 있기에 우리가 머무를 수 있는 곳에 머물러야 한다는 의무는 모든 불필요한 일탈, 우회뿐만 아니라 또한 저 어리석음, 저 비참을 우리에게 면제해 준다. 이것은 명령, 해방, 요구가 됨으로써, 분명히 초대요 허락이다. 그것은 우리를 깊이 풀어

줌으로써 우리를 구속한다. 그것은 우리에게 자유를 줌으로써 우리에게 책임을 지운다. 우리는 불순종하려 함으로써 이 자유를 도박에 걸고 즉시 상실할 수도 있다. 자유는 다만 이 계명에 대한 복종을 통해서만 획득하고 유지할 수 있을 따름이다. 그리고 "서 있어야" 하는 자는 분명히, 그가 설 수 있는 토대와 기초 위에, 즉 수렁의 진흙 위에, "에스컬레이터"(프랑스어) 위가 아니라 단단한 땅위에 서 있다고 말을 듣는다. 그가 실제로 비틀거리고 구부리고 쓰러지고 눕고 기껏해야 기는 것을 택해야 할 것인가? 우리가 이것을 선택할 수 없고 설 수 있는 전제가 주어졌다면, 우리가 이 전제를 실현하고 따라서 서야 한다고 말을 들을 때, 어떻게 기꺼이 말을 듣지 않을 수 있으랴? 쓰러지고 눕는다는 것은 병들고 죽는 것과 매우 흡사하다. 소위 정신 과학자들에게는 귀중한 "처지"라는 말은 실제로 다만 "나쁜 의미"로, 다만 우리가 이것을 분명히 치명적인 것으로, 본래 눕는 대신에 서 있어야 하는 인간, 사회적 그룹, 모든 백성들의 의심스러운 "뒹굴고 있음"으로 표시하려 할 때에만 인간적 관계, 상태에 적용되어야 한다. 건강함과 삶은 서 있음을 뜻한다. 그리고 정직한 인간으로서 눕기보다는 차라리 서 있는 자에게는, 너희가 할 수 있고 해도 좋기 때문에 서 있어라! 서 있어라!는 명령이 무엇보다도 기쁜 소식이 되어야 한다. 신약성서의 στήκετε 혹은 στῆτε("일어서라")는 확실히(엡 5:14 참조) "죽은 자의 부활" 때의 나팔 소리(고전 15:52)와 직접적 관계가 없지 않다. 이것은 예수 그리스도의 부활과 더불어 그리스도인에게 허락되고 명령된 나중의 서 있음을, 그리고 또한 그 자신의 부활을 선취함 가운데 그에게 허락되고 명령된 잠정적인 서 있음을 명령한다. 그것이 그에게 허락됨으로써 해방과 풀어줌이 명령되고, 그것이 낯선, 주의 율법으로 그에게 다가옴으로써, 옛 인간의 어리석은 소망에 엄밀히 역행함으로써, 진정한 위로가 명령된다. 이 두 개념에 의하면, 율법을 복음과 어떻게 분리할 수 있으며, 율법을 복음에서부터 해석함이 없이 율법 자체를 힘차게 선포하고 설명할 수 있는지 납득할 수 없다. 하나님이 무엇인가를 우리로부터 바라거나 바라지 않는 것이 아니라, 하나님이 우리를 적대하지 않고 우리를 위한다는 것이 먼저이니 이로써 또한 이 개념을 통해 요구되는 것, 즉 우리가 "머물러야 하고" "서 있어야" 하는 것이 엄숙한 무조건적인 요구가 된다.

당위는—현실적인 명령의 당위—허용을 뜻한다고 우리는 첫 번째로 확정지었다. 그 다음으로 허용은—신적 명령의 본래적, 가장 깊은 형태인 허용—당위를 뜻한다. 이것이 드러나는 신약성서 구절들은, 왜 그것이 그런가, 왜 그것이 그렇고 달리 말할 수 없는지에 대한 결정적인 이유가 드러나는 지점 부근까지 전체적으로 이미 우리를 인도했다. 우리는 이제 우리의 두 명제를 확립하기 위해서 이 점을 파악해야 한다.

여기서 신적 요구의 형태로 서술되어야 하고, 그 자체로는 오히려 무법주의로 끝날 수 있는 율법주의에 대해 방어되어야 할 것은, 권위와 자유를 동일화하려는 시도로서 다른 것과 구별되는 윤리적 원칙이 아니다. 의로운 당위가 참된 허용이고, 의로운 허용이 참된 당위라는 것은 계명의 보편적 개념에서, 또한 하나님의 계명 개념에서는 결코 연역될 수 없는 명제들이니, 당위와 허용이 모두 똑같이 정당성을 얻을 수는 없을 것이다. 이 두 명제가 진공에서 설정되고 상호 연관지어지려면, 어떤 납득할 만한 것이 나오려면, 당위 개념이나 아니면 허용 개념이 허술해질 것이고, 전자나 혹은 후자가 그 본래적 진지성을 상실하고 허용을 통해 당위가 제약받거나, 아니면 거꾸로 당위를 통해 허용이 제약받을 것이다. 권위와 자유를 동일화하는 것은 그 자체로 불가능하다. 신적 계명이 허락으로서 요구하고 복음으로서 율법이 되는 그런 형식의 현실은 원칙적으로 파악될 수 없다. 원칙적으로 정의하고 구성할 때 사람들은 언제나 율법주의로 빠지거나 아니면 무법주의로 빠지게 된다.

우리는 신적 요구의 형태를 인식할 때나 그것의 근거 및 내용을 인식할 때나, 은혜는─하나님의 계명의 성화하는 은혜─은혜라는 사실을 추상할 수 없다. 하나님이 우리에게 그의 계명을 주고 우리를 그의 계명 아래 세우는 것이 은혜이다. 하나님은 이로써 그가 우리를 자신을 위해 가지고자 한다는 것을 증언하고 확증한다. 한편으로는 여기서부터 이 계명의 당위는 허용이며, 이 허용은 그것의 본래적 당위라는 저 두 명제가 나온다. 다른 편으로는 여기서부터, 모든 다른 명령들과 달리 하나님의 계명의 형태에서 특징적인 권위와 자유의 일치가 약속으로서, 그리고 다만 그런 것으로서─그러므로 다만 믿음 안에서만─우리에게 드러나고 현재적이 된다는 사실이 결과한다. 그리스도교 윤리학의 명제들은 그리스도교 교의학의 명제이다. 그러나 이것은 그것의 진리적 내용이 교의학의 모든 다른 명제들의 내용들처럼 하나님 말씀 안에 내포되어 있고, 근거하고, 다만 그 말씀 안에서만 인식될 수 있고, 바로 하나님 말씀 안에서, 따라서 믿음 안에서만 거듭하여 찾아야 하고, 붙잡아야 한다는 것을 뜻한다. 그것의 진리는 정신적인 것, 즉 성령의 현재와 역사 안에서 열려지고 작용하는 진리이다. 이것은 하나님의 계명의 근거를 하나님의 자비 안에서 인식함에 해당된다. 이것은 우리가 하나님의 자비로운 행위를 의롭다고 받아들이는 요구로서 그것의 내용을 인식함에 해당된다. 이것은 또한 특별히 저 두 명제로 표현된 하나님의 계명의 형태에 대한 인식에도 해당된다. 하나님 말씀을 듣지 않으려 하고, 그의 약속의 근거, 대상을 보려 하지 않는 자는, 믿음에서 우러나온 저 신뢰와 복종 안에서는, 저 겸손한 사랑 안에서는 그 말씀을 향하지 않는 자는 저 두 명제에서 표현된 것처럼 그렇다는 것을 보거나 이해하지 못할 것이다. 아무도 믿음 밖에서, 따라서 하나님 말씀 밖에서, 따라서 자기 자신 안에서, 그의 양심, 사고, 의지, 혹은 감정 안에서, 어떤 특별한 체험 안에서, 어쩌면 그가 하나님의 계명과 저런 일치를 이루게 되는 어떤 지점을 발견할 것을 기대해서는 안 된다. 곧 이 계명에 따르자면 당위가 그에게는 단순히 허용이 되고, 이 계명의 크나큰 허용이 당위가 되는 그런 일치. 믿음 밖에서, 즉 하나님 말씀 자체 밖에서는 우리는 확실히 언제나 한 편으로는 율법주의 상태에, 즉 허용이 아닌 당위 아래 있음을 발견하거나, 아니면 다른 편으로 무법주의 상태, 즉 당위가 아닌 허용 아래 있음을 발견한다. 우리를 양쪽의 나락으로부터 보호하는 양자의 일치의 구체적 진리는 하나님 자신의 은혜의 진리이니, 그것은 그런 것으로서 언제나 그 약속에서 인식되고 포착되기를 바라며, 우리에게 주어진 약속으로서 우리의 성화가 된다. 우리가 약속을 상실한다면, 우리가 그것 대신 어떤 의미에서 우리 자신에게 의지한다면, 우리가 더 이상 하나님의 계명의 성화하는 은혜를 하나님의 은혜에 합당하게 추구하지 않고 수용하지 않는다면, 우리는 우리 자신의 허용과 당위에 대해 다만 환상을 가질 따름이니, 그것들의 성격은 속히 은밀하게 혹은 공개적으로 드러날 것이며, 그것들은 다만 환멸이나 더 나쁜 환상으로 끝나 버릴 따름이다. 하나님 말씀을 귀에서 놓지 않고, 약속의 근거와 대상을 눈에서 떼지 않고, 믿음에서 피곤해지지 않고, 계명의 영적 본성을(롬 7:14, 8:2) 지속적으로 기억하는 것이 삶에 필수적이다.

시편 40:7-8처럼 자신에 대해 이렇게 말할 수 있는 인간은 누구인가? "내가 여기 있습니다. 내가 해야 할 것이 율법 책에 있습니다. 나의 하나님, 내가 주의 뜻을 행하기를 기뻐합니다. 주의 법을 내 마음에 간직하고 있습니다." 확실히 후기 유대교 공동체의 한 인물이 자신에 대해 이렇게 말했다. 그러나 그가 익살스런 오만과 자기 착각에서 말한 것이었다고 가정하지 않는다면, 어떤 차원에서 그가 생각하고 있으며, 어떤 감추어진 의미에서, 특이하게 자기 자신을 떠나서 어떤 먼 곳, 높은 곳을 지시하면서 이렇게 말한 것일까? 몇 구절을 더 읽어보자. "오 주님, 당신의 자비를 나에게서 거두지 말아 주십시오. 당신의 친절과 신실함은 나를 언제나 지켜주실 것입니다. … 내 죄가 나를 덮쳤습니다. 나는 볼 수가 없습니다. 나의 죄가 내 머리털보다 더 많기에 내가 낙심했습니다."(11-12절) 그리고 17절 결론을 읽어 보자. "오 주님, 나는 불쌍하고 가난합니다. 나에게 속히 와 주십시오! 당신은 나의 도움이요 나의 구원자시니, 나의 하나님, 지체하지 말아 주십시오." 그러므로 우리는 저 가정을 거의 받아들일 수 없을 것이다. 시편 기자는 거기서 자기 자신에 대해 말했으되, 분명히 그는 자기 자신이 아니라 다른 곳을, 즉 그가 기도의 대상으로 여기는 그 곳을 바라보면서 자기 자신에 대해 말했다. 저 말들에서 거의 문자적으로 암시되는 것은 종말 때의 새로운 계약에 대한 약속이다. 이것은 예레미야 31:31-32를 통해 우리에게 잘 알려져 있다. 그때—하나님이 저 새로운 계약을 세우게 될 때, "나는 나의 법을 그들의 깊은 곳에 놓을 것이고 그들의 마음속에 새길 것이다." 예레미야 32:39의 "다른 마음", 에스겔 11:19, 36:26에서 약속된 "새로운 영", 온전히 하나님의 은혜의 역사를 통해 살아 있고 활동하며 다시금 하나님의 은혜와 말씀을 통하여 이스라엘 사람에게 약속된 미래의 자아가 분명히 저 구절들에서 발언하는 장본인이다. 거기서 말하는 자는, 바울이 로마서 2:13-14에서 모든 저 약속들의 성취로 표현한 것처럼 율법을 실천하는 백성이 될 저 종말 때 백성의 일원으로서 말하는 것이다. 그러므로 바울은 자기 자신에게 율법이 되는 저 이교도들의 인격으로(ἐν τῷ κρυπτῷ Ἰουδαῖος, 마음에 영적 할례를 받은 자로서, 롬 2:29, 신 30:6, 렘 4:4) 말한다. 그 이유는 율법의 행위가 그들의 마음에 새겨져 있기 때문이고, 이런 다른 마음, 이런 새로운 영을 받은 자로서 스스로(φύσει) 율법을 성취하고, 따라서 그것을 실천한 자로서 하나님 앞에서 의롭다 함을 받았기 때문이다. 시편 기자가 저쪽을 바라보면서 거기서부터 자기 자신에 대해 말할 때, 그는 비로소 자기 자신에 대해 이렇게 말할 수 있고, 말해야 한다. 시편 110:3에 의하면(번역이 정확하다면) 온순한 백성은 종말 때의 제사장적 왕의 술어들 중 하나이며, 따라서 이스라엘 사람들이 한때 장막을 위하여, 그리고 성전을 위하여 그들의 재물을 바침에서의 자발성이 강조되는 몇 구절들도, 그것의 구체적인 내용을 손상함이 없이 본질적으로 종말론적으로 이해되어야 한다. "마음이 감동되어 스스로 그렇게 하기를 원하는 모든 사람"(출 35:21), "그들은 한결같은 마음으로 주님을 위하여 바쳤다."(대상 29:5f.) 이 모든 것에 상응하여 또한 하나님의 자녀들의 자유로운 삶은(롬 8:15, 갈 4:6) 분명히 그들의 마음속에 보내어진 영의 역사로, 내용적으로는 아바, 아버지!라는 저 부르짖음으로서 표현된다. 이렇게, 이 부르짖음에서 그들은 종이 아니라 자녀들이 되고, 그런 자들로서 그들의 아버지 앞에서, 아버지와 더불어 살 수 있다. 이렇게 부르짖는 자들은—사람들은 본의 아니게 시편 40장의 결론을 생각한다.—분명히 성령의 역사를 제외하고 자기 자신에 관한 온갖 환상에서 벗어나서, 자기 자신을 떠나서 다른 곳을 바라본다. 계명을 통한 그들의 성화는 분명히, 그들이 그들 자신의 공적이라고 주장할 수 있는 체험과 업적의 능력 안에서는 이루어지지 않을 것이다.

그러나 계명의 당위와 허용이 하나가 되는 그것의 영적 본성은 예수 그리스도 안에서 일어난 성취에 있다. 계명의 영은 하나님의 자녀를 해방시키는 영이니, 그것 자체는 의로운 복종이다. 그의 복종에서 우리는 하나님의 계명과 다른 계명의 차이가 무엇인지를 간파해야 한다. 그의 복종 안에서, 복종과 더불어서, 하나님의 계명이 다른 계명들과 달리 우리에게 무엇을 뜻하는가 결정되었다. 우리는 그의 복종을 저 두 명제로 서술할 수 있을 뿐 아니라 또한 서술해야 한다. 그, 오직 그만이 이 명제들의 정확성에 대한 결정적 근거이다. 예수가 행하는 것에서 모든 것이 허락, 자유, 자발성이다. 하나님의 뜻은 그 자신의 뜻이다. 그것을 행함은 그가 살아가는 양식이다. 그는 아버지의 아들이기 때문이다. 오로지 그를 바라봄으로써, 오직 그에 의해 획득되고 확증된 의에 근거하여 우리는 같은 아버지의 자녀라고 불릴 수 있고, 자녀가 될 수 있다. 그러므로 그는 자유인, 자기 스스로 율법에 굴복한 자이다. 다시금 다만 그를 바라봄으로써, 그가 세운 자유의 권리를 수호함으로써 다른 사람들도, 우리들도 자유인이라 불릴 수 있고, 자유인이 될 수 있다. 예수는 하나님 자신처럼 자유롭다. 그 이유는 그가 하나님의 자유로운 사랑의 결정, 의지를 완수하는 분이기 때문이다. 하나님은 자유롭게 인간에게 향하였고 인간과 결합했으며, 이 자유 안에서 이 계약 행위가 예수를 통해 성취되고, 예수는 최초의, 다른 사람을 위해서 기초적인, 규범적인 계약 동지의 삶을 살고 있다. 분명히 하나님은 인간에 대한 그의 자비에서 진지하며, 인간의 구원을 위하여, 그 자신의 영광을 위하여 인간을 전적으로 원하며 그의 마음을 원한다. 분명히 이 한 사람 안에서 하나님은 다른 사람들 위에 그의 손을 얹게 되었으니, 그는 자발적으로, 기꺼이, 기쁘게 순종하며, 계명을 실행하는 자, "온 마음으로" 겸손한 자이다.(마 11:29) 그러므로 예수가 행하는 모든 것은 그가 그것을 하는 방식에 의해 뒤덮이고 비추인다. 그는 그에게 명령된 것이 허락되고, 그에게 허락된 것만이 명령된 그런 분의 "권위"로써 행한다. 그리고 예수의 이 복종은, 모든 자유의 충만인 영원한 하나님 자신의 본질 안에서의 영의 끈에 의한 아버지와 아들의 일치의 밝은 반영이다.

시편 40:8-9의 주체가—사람들이 이것을 역사적으로, 개념적으로 어떻게 해석하든간에—자신의 이름으로 말하지 않는다면, 저 구절들은 생각할 수 있는 주체가 없다고 말해야 할 것이다. 그러나 예수가 행한 모든 것이 또한 진정한 복종, 실제적인 굴복, 굴종이며, 즉 하나님의 보좌에 인간이 스스로 앉는 것이 아니라 명백히 하나님과의 관계에서 하나님의 종, 노예로서 섬김이며, 하나님이 명령하고 인간이 굴복하는 사건, 따라서 그 반대가 불가능한 사건이다. 고대 교회가 단일의지론 논쟁에서 예수의 인격 안에서 하나님의 의지와 인간적 의지의 구별과 대립을 고수할 때 그들은 무엇을 했는지 알았다. 고대 교회는 겟세마네의 사건, 시련 사건을 고려하여 이렇게 결정했다. 즉 그 사건에서는 예수가 자유 안에서 복종한 것은 실제적 복종임이 분명해진다. 그는 "복종을 배웠다."(히 5:8) 그의 허용은 자의가 아니라, 그가 자신을 단련하기 때문에 시련 속에 처해 있는 자의 허용이다. 그의 자유는 하나님의 "정돈되지 않은 권력"의 무의미한 표상에 상응하는 것이 아니라, 저 하나님의 실제적인 자유와 전능인 "정돈된 권력"의 표상에 상응한다. 그는 하나님처럼 자기 스스로가 법인 자의 자유 안에 살았고, 그는 스스로 이 자유를 살았다. 이 자유 안에서 하나님은 영원 전부터 자기 스스로를 속박했고 자기 자신을 위하여, 우리를 위하여 책임을 졌다. 그는 독재자적 권위가 아니라, 정상적인 권위로, 그러므로 파괴적인 권위가 아니라 호의적인 권위로 살았다. 그는 하나님이 결정하고 세운 계약을 실행하는 자이듯이, 그의 행보는 분명히 이 첫 번째, 오로지 참으로 거룩한 계약에 의해 규제되었다. 그는 하나님이 무질서의 신이 아니라, 평화의 신임을 계시했고 확증했다.(고전 14:33) 이렇게 그는 계명을 이행했다. 그의 허용과 그의 당위 양자는 분리되지 않으면서 혼동되지 않았다. 바로 이렇게 계명을 이해함에서 그는 하나님의 은혜의 약속의 근거요 대상이다. 그는, 우리가 이 계명의 형식을 물을 때, 즉 다른 명령들과 구별되고 특징을 이루는 점을 물을 때, 우리가 의지해야 하는 바로 하나님 말씀 자신이다.

하나님의 계명의 본성이 영적이라는 것은, 그것이 우리에게 이념으로서, 어떤 당위의 이념으로서도, 어떤 허용의 이념으로서도 또는 양자가 결합된 것의 이념으로서도 아니고, 예수 그리스도의 인격 안에서 성취된 현실로서 다가온다는 것을 뜻한다. 이 인격 자체는 신적 요구의 근거, 내용일 뿐 아니라 또한 그것의 형식이다. 이 인격 안에서, 오로지 이 인격 안에서만 권위와 자유가 동일화되었다. 이 인격에서부터, 그것과 우리와의 관계에서, 우리와 그것과의 관계에서 이 동일화는 우리에게 요구되는 것에서 규범적이다. 하나님이 이 인격 안에서 우리에게 행하고, 우리를 받아들이고, 우리와 더불어 영원한 계약을 맺고 봉인함으로써 이 동일화가 우리에게 규범적이 된다. 이 인격 안에서 우리에 대한 신적 요구가 제기되고 유효케 되고 관철됨으로써 그렇게 된다. 그것이 진리가 없다면, 그것이 우리의 현실적 삶에 도달하지 못하는, 우리의 현실적 삶에 유효하지 않은 구조라면, 그것이 이 인격 안에서 우리와 만나지 않는다면, 그것은 규범성을 가질 수 없다. 그러나 그것은 실제로 이 인격 안에서 우리와 만남으로써 우리와 상관하고, 우리를 향한 하나님의 계명의 형태이다. 그 이유는 이 인격이 우리에 대립해서 스스로 서 있는 사적 인격이 아니기 때문이고, 그의 임무와 그의 역사가 단순히 그 자신의 삶의 영역까지가 아니라 모든 인간의 삶에 미치기 때문이고, 이 인격이 하나님 앞에서 모든 다른 각 인간의 인격을 위해서 개입하기 때문이고, 우리 모두는 이 인격의 임무와 역사에서 우리 대신 하나님의 뜻이 성취되었음을 인식해야 하기 때문이고, 우리 모두는 본래 우리 자신이 아니라 이 인격에 속하기 때문이고, 우리의 임무와 역사는 다만 이 인격을 통해 성취된 것을 우리 자신의 삶에서, 삶과 더불어 인정하고 시인하고 따라서 우리가 저 인격에 속한다는 것을 확증함에 있기 때문이다.

여기에서 관련되는 강력한 구절이 디도서 2:11-12이다. "모든 사람을 구원($\sigma\omega\tau\eta\rho\iota\sigma\varsigma$)하시려는"—이 인격이 가지는 보편적 성격을 주의하라. 구원이 있다면, 모든 인간에게는 바로 이 인격 안에서!—"하나님의 은혜가 나타났습니다."—즉 이것은 이 인격이니, 그 인격 안에서 하나님은 인간과 영원한 계약을 맺었다. 이 본문이 고대 교회에서 성탄절 서신으로 이용되었던 것은 당연하였다. "그 은총은 우리를 교육하여($\pi\alpha\iota\delta\epsilon\acute{u}o\upsilon\sigma\alpha\ \dot{\eta}\mu\hat{\alpha}\varsigma$)"—그러므로 은혜 및 이 인격에 선행하거나 혹은 나중에 뒤따르는 어떤 요소가 우리를 교육하는 것이 아니다. 은혜 그 자체, 곧 저 인격 안에서 구현된 은혜가, 우리를 지배하는 윤리적 원리이며(이 원리에 따라서 우리는 우리 자신을 판단해야 한다.) 우리를 성화하는 계명이다. "불경건함과 속된 정욕을 버리고"—이 교육이 철저하지 않고 단호하지 않다고 걱정하는 것은 적절하지 않다. 우리가 자기 스스로 서서, 이 전권을 가진 인격으로 육화되어 우리와 만나는 분 대신에 그의 전권에 힘입어 우리를 현실적으로 지배하는 추상적 원리와 상관한다면, 이런 걱정은 적절할 것이다. 여기에, 그 인격 안에 현실적인, 포괄적인 "원리"가 있고 따라서 그의 "교육"의 결과는 끼어 들어온 거짓된 타락의 "원리"에 대한 원칙적인 거부, 부정, 결별이니, 이 원리의 원래적 형태는 하나님의 은혜로부터 우리 자신의 소외당함이며, 그것이 발전될 때 우리 자신이 우리 자신의 자의에 의해서 지배당하는 것이다. 여기서, 그 안에서 골고다의 십자가상에서 아담의 죽음을 통하여 하나님과 우리 사이의 평화의 여지가 마련되었다. "지금 이 세상에서 신중하고 의롭고 경건하게 살게 합니다."—이를 위하여 은혜는 우리를 교육시키며, 저 인격이 우리에게서 우리의 것, 즉 우리의 모든 거짓을 빼앗아갈 뿐 아니라 오히려 하나님의 것, 즉 하나님의 아들의 모든 지혜, 의, 거룩을 주고, 그가 우리를 위하고 우리를 위해 변호함으로써, 우리가 그에게 속하고 그가 그의 소유, 그의 지체인 우리와 교제함으로써, 모든 것을 우리에게 주는 한에서, 저 인격은 우리를 교육한다. "또 그것은 우리로 하여금 복된 소망을 갖게 합니다. 곧 위대하신 하나님과 우리의 구주이신 예수 그리스도의 영광이 나타나기를 기다리게 합니다. 그리스도께서는 우리를 위하여 자기 몸을 내주셨습니다. 그것은 우리를 모든 불법에서 속량하시고 깨끗하게 하셔서 선한 일에 열심을 내는 당신의 백성이 되게 하시려는 것입니다."(딛 2:13-14) 분명히 이 결론은 나타난 은혜의 또 다른 교육 목표에 대해 말하지는 않는 듯하다. 정확히 말해서 이 구절은 다만 이런 교육 목표에 대해서만 말하였다. "우리가 … 살기 위해서", 우리가 그 인격의 영역 안에, 그것의 질서, 효력 아래 있기 위해서, 그러므로 그것과 더불어 있기 위해서. 그 인격이 우리에게 이것을 바라고, 우리에게 이것을 성취시키며, 먼저 언급한 소극적인 것($\dot{\alpha}\rho\nu\eta\sigma\acute{\alpha}\mu\epsilon\nu o\iota$)은 이 적극적 목표에 대해 다만 전제되거나 부차적일 따름이다. 그러나 13-14절의 결론은 은혜가 저 부정의 배경에서 우리를 교육하는 이 특별한, 의롭고 경건한 삶은 어디에 있는가를 명시적으로 서술한다. 그것은 기대, 긴장된 바라봄, 동경 속의 삶이니, 그 대상은 바로 저 인격, 예수 그리스도이다. 지금 그에 대해(그러므로 우리를 교육하는 은혜에 대해서) 결정적인 것을 말한다. 이것은 우리가 이미 앞서 주시해야만 한다. 그는 "우리를 위해 자기 몸을 내주셨습니다", 즉 그는 그의 임무와 역사(役事), 그의 복종을 통하여 우리를 대신하였다. 그의 복종은 그가 우리 대신 불경건한 인간, 세상 욕망에 내어준 인간의 죽음, 아담의 죽음을 당했고, 그가 부활함에서 우리 대신 하나님이 우리에게 약속한 지혜, 의, 거룩함으로 옷 입혀졌다는 데 있다. 우리에게, 하나님이 우리에게 약속한 것을 중계하기 위해서, 하나님이 우리에게 거부한 것을 우리에게서 빼앗아가기 위해서 그는 자기 몸을 우리를 위해 내주었다. 그는 하나님의 영원한 뜻에 의해서, 시간 안에서 성취된 그 뜻에 따르자면 공적인 인격이니, 그의 실존과 삶은 우리의 삶에 편입되었고 종속되었으며, 그의 의는 우리의 의를(우리의 불의의 악한 의) 몰아내고 대치하였으니, 즉 그의 죽음을 통하여 몰아냈고, 그의 부활을 통해 대치했다. 그를 통하여 우리는 "모든 불법으로부터 속량받았고" 다시금 그를 통하여 적극적으로 "그의 소유된 백성으로 깨끗하게" 되었다. 우리가 그를 "우리의 위대한 하나님이자 구원자"로 기다림으로써, 우리가 그를 "우리의 복된 희망"으로 삼음으로써, 우리는 은혜의 교육 목표인 의로운 삶을 살고, 하나님의 계명을 통한 성화 속의 삶을 산다. 이 삶은 '기다림'이며 희망이다. 그 이유는 예수 그리스도와 우리, 우리와 그와의 일치의 영광은 우리가 여기 지금 살고 있는 동안에는, "이 세상"(12절)이 우리의 순종의 공간을 이루는 동안에는 감추어져 있고 드러나지 않으며, 믿음에는 현재적이고 확실하지만 직관될 수 없기 때문이다. 저 삶을 위한 우리의 교육은 진행중이며 따라서 완성되지 않았다. 또한 은혜는 언제나 새로이 주어지며, 우리에 의해 받아들여지기를 원한다. 그러므로 또한 저 삶은 은혜로부터, 은혜로써 언제나 거듭하여 배워야 하고 실천되어야 한다. 그가 거룩하기 때문에 하나님의 계명에 의한 성화가 필요하지 않은 인간은 없다. 계명은 거룩하고, 그런 것으로 또한 인간을 거룩하게 만든다. 예수 그리스도의 현현, 즉 그를 통하여 우리를 위해 일어난 사건의 출현, 그와 함께하는 우리의 삶이 영원한 삶으로 드러남, 우리 자신의 나타남(요일 3:2)은 아직 이루어지지 않았다. 여전히 우리는 고린도전서 13:12에 의하면 "거울을 통하여 수수께끼처럼" 본다. 그러므로, 그런 한에서 교육하는 은혜 아래서의 우리의 삶은 기다림이다. 그러나 우리가 예수 그리스도의 현현 및 그와 함께 사는 우리의 삶을 기다리는 것은 그의 실재를 제약하지 않는다. 우리는 지금 여기서 감추어져 있는 것의 드러남을 기다린다. 그러나 지금 여기서 우리가 이런 은폐 속에 살아가는데, 이런 가운데서도 이 삶의 실재성과 의미, 능력, 진리와 효력은 전혀 상실되지 않는다. 일어난 것은—우리를 위해 일어난 것은 일어난 것이다. 이로써 우리에게 요구된 것은 요구된 것이고, 이로써 우리에게 주어진 것은 우리에게 주어진 것이다. 우리가 이런 기대 속에 있음으로써 더 이상 엄격하게, 더 이상 친밀하게, 더 이상 완전하게 요구받을 수 없다. 그리고 우리는 이 기대 속에서 이미 풍부하게 선사받음으로써, 더 이상 풍성한 선사를 받을 수 없다. 이 기대 속에서 예수 그리스도는 이미 지금 그 자신으로도, 또 우리를 위해서도 있는바 모든 것이니, 이 기대는 형식이다. 그가 우리를 위함과 더불어 또한 우리가 그를 위함, "그의 소유된 백성"으로서의 우리의 삶이 지금 여기서 실현될 수 있고, 즉 그의 실제 속에서 실제로 우리에 의해 인정될 수 있는 그런 형식이다. 그의 출현을 기다림 속에서 우리는 "선한 일을 위하여 열성을 낼" 것이다. 이 세상 속에서의 신중하고 의롭고 경건한 삶이 믿음 속에 사는 우리의 삶이다. 이로써 그 삶이 예수 그리스도의 현현에 대한 기다림이라는 것이 결정되었다. 그러나 바로 이로써 또한 그 삶은 그를 통해 결정되고 지배받는, 그러므로 그에 의해 실제로 요구된 삶이라는 것이 결정되었다.

하나님의 계명을 다른 명령들과 구별하는 문제는 결국 예수 그리스도를 다른 주들, 그리고 결정적으로는 각 사람이 자기 자신에 대해서 되고자 하는 그런 주와 구별하는 문제로 첨예화된다. 그의 인격은 하나님의 계명의 충만이다. 하나님은 우리가 그 안에서 살고, 그 안에서 모든 인간들을 위해 나타난 은혜를 받아들이고, 은혜를 사용하기를 바란다. 하나님은 우리가 그의 소유가 되기를 바란다. 하나님은 우리가 그를 믿기를 바란다. 만일 이 구별이 우리가 그 옆, 그 외에는 다른 주를 가질 수 없고, 특별히 우리 자신의 주로서 대립할 수 없고, 그 옆, 그 외에는 어떤 다른 자에게 믿음을 줄 수 없는 바로 이 인격을 구별하는 것으로 끝나지 않는다면, 하나님의 계명을 모든 다른 명령들과 구별하는 것은 다만 잠정적이고, 그 자체로 불확실한 진실성과 능력을 가질 따름이다. 만일 예수 그리스도의 허용과 당위, 그에게 고유하고 그의 학교에서 배울 수 있고 실습할 수 있는 허용과 당위가 아니라면, 모든 허용은 공허하고, 결국 다만 우리 자신의 멸망을 가져올 무법주의일 따름이고, 또한 모든 당위는 역시 공허하고 다시금 우리 자신의 멸망을 초래할 율법주의가 된다. 그러므로 그의 부름을 통하여 우리가 모든 것으로 부름받지 않는다면, 우리는 걱정도 두려움도 버릴 수 없고, 머무를 수도 없고, 설 수도 없고, 따라서 자유로우며 동시에 복종할 수도 없다. 하나님의 요구는 모든 다른 요구들과 다르게, 그것을 통해서 우리가 예수 그리스도의 소유로서 요구되고, 그것을 통해서 우리가 그를 믿도록 요구되는 것이다. 그러므로 이 일이 우리에게 일어나는가 아닌가, 우리가 이 일을 시인하는가 시인하지 않는가에 따라서, 우리의 허용이 신적 계명의 허용이며, 우리의 당위가 그의 당위인가, 우리가 하나님의 계명과 상관하는가 아니면 다른 것과 상관하는가가 결정된다.

하나님의 계명이 우리에게 요구하는 복종은 예수 그리스도를 위한 그의 결정이다. 어느 경우든 모든 개별적 결정은 이 결정의 특별한 모습, 반복, 확증이다. 그러므로 하나님의 계명은 이렇게 전적으로 어떤 다른 것과 혼동될 수 없게, 일정하게 구속함으로써 다른 명령들과 구별된다. 그것이 우리를 어떻게 구속하든─외견상 다른 명령들과 조화를 이루며, 이것들과 외견상 똑같거나 유사하여 혼동될 수 있다.─그것은 모든 의무를 통해서 단 한 가지를 목적한다. 우리의 삶이 바로 이 구속에 의해서 풀려난 자유로운 삶이 되도록 그것은 우리를 구속하려 한다. 그러므로 우리를 구속하는 모든 것은, 그것이 우리를 구속하는 특정한 일로써 우리를 동시에, 무엇보다도 예수에게 구속하고, 그에 대해 책임을 지우고, 그에 대해 책임을 지움으로써 우리를 자유롭게 만드는 데서 하나님 말씀에의 구속으로 인식될 수 있다. 그것이 이렇게 한다면 우리는 하나님의 계명과 상관하는 것이다. 이렇게 하지 않으면 그것은 하나님의 계명에 거역하는 것이다. 그것이 이렇게 한다면 우리는 그것에 순종할 의무가 있고, 이렇게 하지 않으면 우리는 그것에 절대 순종할 의무가 없다.

하나님의 계명은 이 일정한 인격, 예수 그리스도와의 관계에서 우리의 복종을 요구하기 때문에 그것은 "인격적"이다. 우리를 일정한 인격과의 관계에서 우리에게 복종하도록 지시하는 한, 인격적 성격을 가진 다른 명령들도 있다. 또한 하나님의 계명도 의심할 여지없이 이런 저런 다른 인간들과의 관계에서 복종의 요구를 내포한다. 그러나 그것이 우리에게 어떤 다른 인격들을 지시하든, 그것이 이런 저런 인격에 대한 우리의 순종을 요구할지라도, 그것은 결국 언제나 이 한 인격에 대한 순종을 지시함을 통하여, 그것이 우리에게 "주 안에서" 복종을 요구함을 통하여, 다른 명령들과 구별된다. 우리가 그들에게 "주 안에서" 복종하지 않는다면, 우리는 비록 그들에게 복종할지라도 이 복종을 요구하는 하나님의 계명에 복종하지 않는 것이다. 그리고 우리가 우리에게 요구된 저 다른 인격들에 대하여 "주 안에서" 복종할 수 없고 그러므로 저 인격에 대한 복종 안에서 복종할 수 없다면, 우리는 하나님의 계명에 대한 복종 안에서 복종할 수 없을 것이고, 그렇다면 필히 사도행전 5:29의 유명한 규칙, 즉 "인간보다는 하나님에게 더 순종해야 함"이 저들에 대한 절대적 불순종의 형태로 관철될 것이다. 하나님의 계명의 인격적 성격은 이 한 인격의 이름에 묶여 있다. 하나님의 계명이 우리를 요구함으로써, 그것이 모든 다른 이름, 모든 다른 의를 파괴하기 위해서가 아니라, 물론 이 한 이름과 그의 유일한 의를 통하여 그것들을 죽이고 살게 만들기 위해서, 이 이름을 우리 자신의 이름과 모든 다른 이름보다 높이고, 그의 의를 우리 자신의 의와 모든 다른 의보다 높인다. 이것이 신적 심판의 심각성과 신적 자비의 깊이에 상응하는 것이다.

이제 그러나 하나님의 계명은 이렇게 이해된 이런 그것의 인격적 성격에 의해서 진정한 결단을 요구한다. 어떤 다른 계명도 이렇게 할 수 없다. 모든 다른 명령들은 일정한 관계 속에서, 일정한 태도와 행동을 위하여 우리를 요구한다. 다른 관점에서는 그것들은 우리를 중립적으로 내버려둔다. 또한 다른 모든 인간들도 우리를 이런 제약 속에서만 요구할 수 있을 따름이다. 또한 하나님의 계명은 나를 이런 제약 속에서 요구한다. 또한 하나님의 계명은 나로부터, 이것 저것을 하지 말기를 바란다. 그러나 하나님의 계명은 이 제약 속에서도 다른 명령들과 구별된다. 무제약적이고 그것이 요구하는 이 모든 것과 더불어 내 자신을 요구함으로써, 즉 내 자신을 예수를 위하여, 내 자신이 이 이름과 그의 의 아래 굴복하기를 요구함으로써, 다른 명령들과 구별된다. 내가 이 이름과 그의 의에 굴복해서 살 수 있다는 것은 그것이 내게 준 큰 허용이며, 그것이 가져온 큰 해방이다. 하나님의 계명은 나에게 이 이름 및 그 의에 대해 의무를 지우도록 한다. 그리고 이 의무는 모든 태도와 행동을 뛰어넘어서 내 자신에게로 뻗친다. 이 의무는 이것 저것을 의지하거나 혹은 하지 않음으로써, 모든 것, 내 삶 전체를 요구한다. 이 의무는 "내가 나의 것이 아니요, 나의 신실한 구원자 예수 그리스도의 것임"을 능동적으로 인정하기를 요청한다. 이 의무는 나의 삶을 그가 머리가 되는 몸에 붙은 한 지체의 삶으로서 요구한다. 이 의무는 모든 특별한 복종의 문제와 함께 나로 하여금 그를 통해서 이미 답변된 나의 존재적 물음을 직면케 한다. 이 의무는 나로 하여금 내가 예수 그리스도와 함께 죽고 부활했음을 상기시킨다. 이 의무는 나로 하여금 이런 그의 죽음, 이런 그의 삶이 나의 삶이 되도록 설득한다. 이 의무는 예수에 대한 나의 복종을 요구함으로써, 내가 예수에게 속한 것을 전제한다. 그러므로 이 의무는 나를 복종과 불순종이 마치 두 가지 가능성인 듯이 그것들 중 선택하게 하지는 않는다. 이 의무에 직면해서 내게 남게 되는 불순종은 다만 완전한 부자연, 내 자신의 존재를 통해서(즉 예수 그리스도 안에서 내 삶의 물음에 대하여 답변됨을 통하여) 배제된 불가능성일 따름이다. 하나님의 계명이 요구하는 복종이 다만 전적인, 근본적인, 내면으로부터 나의 모든 존재, 행위를 결정짓는 복종일 따름인 것처럼, 또한 그것에 대한 불순종도 마찬가지이다. 하나님의 계명에 대해서는 중립이란 없다. 또한 어떤 의견의 중립도 없다. 오히려 하나님의 계명은 사도적 표현에 따르자면 결정적으로, 우리가 일정한 "의견을 가지는" 것을 요구하며, 따라서 모든 다른 의견을 배제하며, 모든 다른 의견을 적대심, 불순종으로 표시한다. 우리는 저 이름과 그의 의를 다만 시인하거나 혹은 부정할 수밖에 없다. 우리는 다만 우리가 예수 그리스도 안에서의 존재가 될 따름이며, 아니면 되지 않고자 할 따름이다. 그 안에서 우리에게 내려진 결정은 너무나 극단적이고 포괄적이어서, 우리는 그것을 우리의 결단으로써 피할 수 없고, 우리가 우리의 결정으로써 시인하거나 부정하고 혹은 전혀 아무 답변도 하지 않을 수 있는 것이 아니다. 그것은 영원한 예정이기 때문에, 그것은 하나님의 모든 길과 역사의 시초에 결정된 우리를 선택함이고, 따라서 그것은 우리에게 현실적으로 유일한 가능성이고, 이 가능성에 반해서 불순종은 현실적으로 불가능하고 제3의 길이 없기 때문에, 우리가 어디로 피할 수 있겠는가? 혹은 하나님이 바라는 것과 하나님이 바라지 않는 것 사이에, 그가 예수 그리스도의 선택 안에서, 선택과 함께, 우리의 존재와 삶으로서 선택한 것과 그가 이로써 영원 전부터 버린 것 사이에 제3의 것이 어떻게 있을 수 있겠는가? 어떤 다른 계명도 우리를 이 양자택일 앞에 세우지 못한다. 하나님의 계명만이 이렇게 하며, 이런 그것의 진정한 결정적 성격을 통하여 다른 명령들로부터 구별된다. 하나님의 계명 자신이 다른 명령들과 같거나 유사하게 들리는 경우에도 이런 진정한 결정적 성격을 지닌다. 하나님의 계명은 우리와 만남으로써, 전적 복종의 행복 외에는 실제로 오직 불순종만을 남겨 놓는다. 순종이 행복하듯이 불순종은 전적으로 끔찍스럽고, 제2의 가능성이 아니라, 아담의 죄의 불가능성이니, 아담은 예수 그리스도 안에서 이미 죽었고, 이미 의를 섬기기 위해서 살아났다.

    그러나 다시금 그것의 인격적 성격에 의해서, 계명을 통해 요구된 결정은 다만 기쁨의 결정이 될 따름이다. 어떤 다른 명령도 여기서는 배타적일 수 없다. 다른 명령들에 대해서는, 우리가 그것들에 기쁘게 혹은 즐겁지 않게 복종하는가 하는 물음은 상관이 없거나 이차적이다. 그것들이 즐거운 복종을 배제하지 않을지라도, 또한 그것을 요구하지 않을 수도 있다. 또한 하나님의 계명도 때로는 이것, 때로는 저것을 요구하면서 외견상 이 물음과 상관하지 않는 듯 보인다. 그러나 착각해서는 안 된다. 하나님의 계명은 결국 결정적으로 이 물음과 상관한다. 우리는 이 계명에 기쁘게 복종함으로써만 큰 일에서나 작은 일에서 언제나 이 계명에 복종하는 것이고, 우리가 즐겁지 않게 복종한다면 결코 복종하지 않은 것이다. 하나님의 계명이 우리에게, 우리 자신이나 다른 사람이 아니라 예수 그리스도에 속해 있음을 상기시킴으로써, 그것이 이 사실을 확증하기 위해서 우리 행위와 삶의 증거를 요구함으로써, 그것은 우리에게 큰 기쁨을, 우리가 들을 수 있는 것 중 가장 좋은, 가장 밝은, 가장 위로가 되는 소식을 선포한다. 우리가 하나님의 계명을 이렇게 듣지 못한다면, 우리가 그것에 일치하여 복종하지 않는다면, 그것이 요구하는 대로 예수를 위해 결단하지 못할 것이다. 또한 계명에서도 이 일치는 겉으로는 깊이 감추어져 있듯이, 우리의 복종을 통한 이런 일치는 겉으로는 감추어져 있을 수도 있다. 그러나 일치가 계명에서 실질적으로 없을 수 없듯이, 그것은 우리의 복종에서도 실질적으로 없을 수 없다. 참으로 그 자체로 저주요, 암흑인 것은 우리가 지도록 명령받은 십자가가 아닐 것이다. 그리고 우리가 그것을 진정으로 마지못해서 억지로 진다면, 우리는 실제로는 그것을 전혀 지지 않는 것이다. 단호한 양자택일, 하나님의 계명을 통해 요구받은 결정은 또한 여기서도 관철된다. 우리의 결정에 앞서는 하나님의 결정에 의하면 달리 될 수가 없다. 예수 그리스도에 대한 영원한 예정과 선택 행위(하나님의 계명은 결국 이 예정과 선택으로 환원된다.), 곧 하나님의 모든 길과 역사의 이 시초는 그의 "기뻐함"의 행위이며, 따라서 그의 기쁨의 행위이고, 이에 상응하여 시간 안에서 이 일을 수행할 때 하늘 군대의 환호를 받는다. 우리가 하나님의 계명을 통하여 부름을 받은 결정 안에서, 결정과 함께, 하나님의 기뻐함에 대한 반향, 천사들의 환호가 일어나지 않을 수 없다. 이것이 일어나지 않는다면 우리의 결정이 상관하고 복종해야 하는 하나님의 결정은 우리 결정과 무슨 공통점이 있겠는가? 허용이 없는 모든 당위는 신적 당위가 될 수 없다면, 그런 허용은 어디에 있으랴? 아무도 그에게 요구된 것을 기쁘게 주도록 강요받을 수 없다면, 또한 하나님도 즐겁지 않게 주는 자를 사랑하도록 강요될 수 없고, 그의 계명이 가지는 성격은 다만 이것일 따름이다. 즉 그것을 기꺼이 행하거나, 아니면 전혀 행하지 않는 것이다.

하나님의 계명에 요구된 결단의 인격적 성격에 힘입어, 결단은 그것의 특별한 진정성과 기쁨 속에서 언제나 새로이 반복될 수 있고, 반복될 필요가 있으며, 확증될 수 있고, 확증될 필요가 있다. 물론 다른 명령들도 일정하게 반복될 수 있고, 반복될 필요가 있으며, 확증될 수 있고, 확증될 필요가 있다. 그러나 모든 다른 명령들의 반복, 확증은 그 한계가 있다. 그 이유는 때로는 그것들이 그 내용상 다만 개별적인, 시간적으로 한정된 행위만을 목표하기 때문이고, 때로는 그것들이 일단 확립된 후 더 이상 새로운 결단이 필요 없는 태도와 따라서 관습을 목표하기 때문이다. 하나님의 계명의 반복과 확증의 가능성과 또한 필요성은 무한한 것이다. 그것이 일정한 행위와 태도, 행동과 관습을 목표할지라도, 이런 것을 넘어서 우리가 예수를 위해 결단하는 것을 목표하며, 바로 이러한 그의 본질에서 하나님의 계명이 요구하는 결단은, 반복되고 확증될 수 있는 것, 반복되고 확증되어야 할 그런 것이다. 계명은 영원하기 때문에, 즉 모든 시간 이전과 모든 시간을 넘어서 유효한 하나님의 뜻과 결정의 선포이기 때문에, 시간 속에는 계명이 결여된 순간, 계명이 채울 수 없는 순간, 우리가 계명으로 채워질 수 없고 채울 필요가 없다고 간주해야 할 그런 순간이란 없다. 계명이 결여되어 있는 순간은 모두가 엄격한 의미에서 잃어버린 시간의 순간이다. 즉 하나님의 인내를 통하여 우리에게 주어졌으나 하나님의 인내가 우리에게 준 목적을 위해서 사용되지 못하는 순간이다. 한편의 잃어버린 삶이니, 삶을 살 만하게 만드는 것 안에서의 삶이 아니기 때문이다. 하나님의 요구는 우리를 예수에 묶어 놓기 때문에 하나님의 계명은 영원하고, 이렇게 함으로써 그것은 은밀히 우리 삶의 모든 시간을 채운다. 우리와 이 인격과의 관계에 대한 물음은 중단이 없이 언제나 새로이 우리에게 제기된다. 우리가 언제 우리 자신에게 속해 있다는 환상 속에 살지 않았던가? 언제나 우리가 이 환상에서 벗어나서 우리가 예수에게 속해 있다는 것을 기억함이 필요없게 될 것인가? 하나님의 계명의 요구가 이런 부름의 능력을 실제로 가졌으며, 그것이 실제로 중단되지 않는다는 것은 우리에게 좋은 것이다. 그가 거듭하여 부르지 않으면 우리에게는 다만 잃어버린 시간, 잃어버린 삶만이 있을 것이다. 그렇다면 우리가 언제, 어디서 그 인격에 대하여 거부하지 않으며, 그가 요구한 결단에서 물러나거나 회피하지 않을 것인가? 그러나 그는 거부하지 않는다. 그는 이런 형태로 거듭하여 우리 앞에 선다. 그는 이런 형태로 하나님의 영원한 의지에, 그의 유익한 은혜에 우리를 묶어 놓는다. 그는 우리의 불신실함에 비해 하나님의 항존적인 신실함을 가졌다. 우리는 하나님의 계명의 형식의 이 특징을 결코 잊어서는 안 될 것이다. 즉 그 계명은 예수의 인격에 우리를 구속하는 것으로서 언제나 현존하면서 우리에게 주어진 시간 전체를 에워싼다.

이제 결론적으로 부유한 제자의 이야기(막 10:17-31 및 평행절)를 고찰하는 것이 하나님의 계명의 형식에 대한 궁극적인, 결정적인 그리스도론적 규정을 강조함에 도움을 준다.

이 이야기는 아주 완전하게 신적 요구의 형식을 서술한다. 곧 그것은 예수의 인격으로 세워진 살아 있는 하나님의 계명이 이 인격에 대한 인간의 참된, 기쁜, 계속적인 결단을 목표하고, 이로써 하나님의 단일하고도 온전한 의지의 성취를 목표한다는 것을 지시한다. 그것은 이 요구를 감당하지 못한 부유한 청년의 모습에서 이 사실을 소극적으로 지시하며, 그 요구에 복종한 예수의 제자들에게서 적극적으로 이 사실을 지시한다.

심판관의 권위와 권능의 영역 안에, "예수 그리스도의 나라" 안에, 그에게서 구현되고 세워진 살아 있는 하나님의 계명으로 재어볼 때, 양자, 즉 부유한 자와 제자들, 불순종하는 자와 복종하는 자가 있다. 또한 부자와 불순종하는 자도! 그렇다는 것을 그는 특별히 분명하게 지시한다. "그는 달려가서 그 앞에 무릎을 꿇었다."(막 10:17) 어디로? 무엇을 위하여? 어떤 생각과 의도를 가지고? 물음에 답은 없으나, 분명히 그는 그렇게 했다. 사람들이 그것에 불복하는 때도 여전히 질서로서 존립하는 그 질서에 순응했다. 이로써 그는 제자들 곁에 섰다. 이로써 그는 그들에게뿐 아니라 자신에게도 유효한 계명이 무엇인가를 증언한다. 그는 나중에(막 10:22) 떠남으로써 이 증언을 철회할 수 없고, 무력화시킬 수 없다. 그리스도의 나라에서는 아무도 떠날 수 없다. 그 나라는 불순종하는 자의 나라와 그 주민들까지 포용한다. "그는 슬퍼하면서 떠났다." 그가 순종할 수 없어서 슬퍼함으로써, 그는 또 다시 그에게도 유효한 하나님의 계명이 무엇인가를 증언하고, 그가 불순종함 가운데서도 다른 곳이 아닌 그리스도의 나라에 있다는 것을 증언한다. 한 단체에서 탈퇴하거나 제명될 수는 있지만, 그리스도의 나라에서, 저 질서가 세워지고 유효한 공동체에서는 탈퇴하거나 제명될 수 없다. 이것은 그의 불순종의 죄책의 완화를 뜻하지는 않는다. 도리어 이것은 그것을 분명하게 만든다. 또한 이것은 분명히 그의 불순종 가운데서도 그에게서 빼앗아갈 수 없는 희망을 나타낸다. 그는 순종하지 않은 다음에도 여전히 복종할 수 있는 기회가 언제나 그에게 주어져 있다. 마가복음 10:17에 의하면 그가 예수에게 던진 물음은 이렇다. "선한 선생님, 내가 무엇을 해야 영원한 생명을 얻겠습니까?" 따라서 그는 현재의 시간적인 사라지는 삶을 불확실하게 소유하고 향유하는 것을 넘어서서 영원한 삶, 그 자체로 항존적인 삶, 사방에서 드러난 이 삶의 문제성에 대립하는 진정한 삶을 얻는 것이 인간에게는 필요하다는 것을 확신하고 있다. 그는 또한 인간이 이 영원한 삶을 얻기 위하여 현재의 지나가는 삶 속에서 어떤 일정한 것이 되어야 하고 행해야 한다는 것을 확신한다. 그러므로 그의 물음은 이렇다. 그가 상속자가 아니라면 누가 이 유산을 얻을 것인가? 내가 자신을 상속자로 실증하고 확증하기 위해서 무엇을 해야 하는가? 그리고 그는 결국 이런 물음을 가지고 예수에게 가야만 한다는 것을 확신했다. 그리고 그는 그 물음에 스스로 답변할 수 없었으며, 예수 외에 다른 사람이 그에게 답변하리라고는 기대할 수 없었다. 이 모든 것은 우선 그가 예수에게로 달려가서 그 앞에 무릎을 꿇음으로써 행한 증언에 의해서 확증된다. 이 모든 일로써 그는 그가 처해 있는 질서의 유효성을 확증한다. 예수 안에서 인간은 저 미래를 가지며, 따라서 현재에 대해서 저 과제를 가진다. 그리고 예수는 그에게 이 과제에 대해 알려 줄 수 있는 자이다. 분명히 예수 안에서 하나님과 인간 사이의 계약이 체결되었으니, 이 계약은 하나님의 모든 길과 역사의 시초이며 따라서 그 아래서 피조물 전체의 삶이 진행되는 객관적인 법을 이룬다. 그러나 그에 대하여, 그를 위하여 이 모든 것이 필연적으로, 객관적으로 유효하다면, 인간이 예수와 맺는 관계는 어떤 것인가? 그에 대하여, 그를 위하여 객관적으로 유효한 것이 이 관계에서 참이 될 것인가, 아닌가? 그것이 복종으로 실현될 것인가, 아니면 불순종으로 실현될 것인가? 그가 영원한 삶을 필요로 하는 인간으로서 처신할 것인가? 그래서 그가 그것을 얻기 위하여 필요한 것, 즉 예수가 그에게 명령한 것을 정확히 실천할 것인가? 이것이, 인간이 그리스도의 나라에 객관적으로 속해 있음을 그의 물음으로서 증언함으로 인간이 직면하게 되는 비판적 물음이다.

이 문제가 지금 현실적이 되었다는 사실은 예수가 그에게 먼저 답변한 것에서 드러난다. "너는 왜 나를 선하다고 하느냐? 하나님 한 분 외에는 아무도 선하지 않다."(막 10:18) 칼빈의 설명은 정확한 듯하다. "만일 내가 하나님으로부터 온 것을 깨닫지 못한다면, 네가 나를 '선한 선생'이라고 부른 것은 잘못이다. … 그는 실로 복종하고자 하는 어떤 정열로 가득찼다. 그러나 그리스도는 그가 하나님이 말하는 것을 듣기 위해서 보다 높이 오르기를 원한다."(마가복음 10:18 주석, *C. R.* 45, 537) 자신의 삶에 대한 그의, 예수의 판단을 요구하는 자는 바로 하나님의 판단을 야기하는 것이다. 그 인간은 이것을 의식하는가? 그는 이 판단을 들을 각오가 되어 있는가? 그는 이것을 위해서 그에게 왔는가? 선한 인간 교사의 가르침이 아니라 신적 교사의 가르침을 들을 준비와 각오가 되어 있는가? 사람들은 인간 교사의 가르침을 듣고 나중에 언제나 그것이 과연 그가 말한 대로인가를 검증할 수 있고 검증해야 하며, 이 검증 후에 결국 자신의 판단에 근거하여(물론 교사의 판단을 통해 촉발되었고 풍부해졌지만) 결단하고 행동하게 된다. 그는 예수에 대하여 그렇게 할 수 없다. 예수는 그런 "선한 교사"가 아니다. 그의 물음이 다만, 한 인간 교사에게(어쩌면 그들 중 가장 선한 교사에게) 던질 수 있는 그런 물음을 의미한다면, 그는 올바른 사람에게 오기는 했지만, 이 올바른 사람에게 올바르게 온 것이 아니다. 그가 예수에게서 들을 말은 모든 추가적인 물음을 종결짓는 말, 모든 그 자신의 검증을 배제하는 말이 될 것이다. 그리고 그는 그가 그 말에 복종하느냐 복종하지 않느냐에 따라서 일어서고 쓰러질 것이다. 그러므로 이런 방식으로 예수 그리스도는 그의 나라에서, 즉 하나님이 그 안에서 계약을 맺는 인간의 영역 전체에서 주가 된다. 그가 부를 때 하나님이 부르는 것이고, 인간이 그와 만남으로써 하나님, 그 외에 다른 신이 존재하지 않는 한 분 하나님을 만난 것이다. 그렇기 때문에 이런 그의 나라에서 인간에게 제기되는 결단의 물음, 은밀하고 그때그때 돌연히 드러나는 물음은, 그가 한 분 하나님이 요구하는 복종, 그가 한 분 하나님에 대해 의무가 있는 복종을 통하여 그와 만날 것인가 혹은 아닌가이다. 이 결단의 물음이 그에게 드러났다는 것을, 그가 처한 객관적 질서에 영광을 돌렸고, 그의 물음을 가지고 예수에게 왔다는 것으로써 그는 증언했다. 그가 어떻게 될 것인가, 그가 들어섰고, 그가 지금 실제로 서 있는 빛 속에 어떻게 설 것인가?

마태복음 19:16에 의하면 그의 물음은 약간 다르다: "선생님, 내가 영원한 생명을 얻기 위하여 어떤 선한 일을 해야 합니까?" 목표, 길 그리고 이 길에 대한 올바른 정보에 관하여 질문자가 전제하는 객관적 확신은 마가의 보고와 동일하다. 다만 선의 개념이 여기서는 질문을 받는 "선생" 대신 행위 개념과 결부되어 있다. 그 행위의 올바른 형태에 대해서 그는 선생으로부터 가르침을 받고자 한다. 이에 따라서 예수의 답변도 달라진다: "너는 어째서 나에게 선한 일을 묻느냐? 한 분만이 선하다." 그러나 답변의 요점은 동일하다. 네가 나에게 선한 일에 대해 묻는다면 너는 하나님, 즉 선한 유일한 분 앞에서 선한 것이 무엇인가를 묻는다는 것을 알아야 한다. 네가 나에게 선한 일을 물음으로써 너는 심판자의 보좌 앞으로 나오는 것이니, 그의 판결에 대해서는 어떤 상위 법정에 상고할 길이 없다. 그리고 내가 너에게 이 물음에 답변함으로써, 너는 내가 해야 하는 선한 일에 대해 너 자신이나 다른 사람에게 더 이상 물을 것이 없도록 답변을 얻게 된다. 너는 이 판결을 들으려는가? 너는 그것이 발언되고 네가 들은 후에는 스스로 검증하고 결정하는 모든 유보가 불가능해지는 그런 답변을 들을 각오와 준비가 되어 있는가? 너는 내게 향한 선한 일에 관한 질문으로 이 말씀을 요청했고, 이로써 처음부터 하나님 앞에서의 너의 의, 혹은 불의에 대해 결정했다는 것을 아는가?

그리고 다음으로 "계명들"을 지시한 것과, 그가 어려서부터 그것들을 모두 지켰다는 부자 청년의 대답은, 그가 이제―그가 이제 들어선 빛 속에서―엄숙히 받아들여야만 하는 이 말씀의 고지에 대한 준비요 동시에 그것을 지연시키는 것이다. 계명에 대한 지시가 실제로 이 말씀의 고지를 초래하는 한, 그리고 이 지시에 대한 부자의 반응이 그가 실제로 불순종하고 있고 따라서 저 지시를 통하여 예수와 하나님에 의해 정죄받았다는 것을 증거하는 한에서, 그것은 준비이다. 이 말씀의 고지가 저 지시 속에 이미 감추어져 있고, 그러므로 또한 부자의 실제적인 불순종이 그것에 대한 반응으로 은폐됨 가운데 일어나는 한에서, 그것은 지연시킴이다. 예수는 그에게 또 다시 이 지시로써 외견상 어떤 새로운 것을 말하지 않는 듯하고, 그 자신은 아직 이 지시에 근거해서, 나중에 그런 것처럼, 자신의 불순종을 시인하고 떠나갈 만한 이유가 없다. 이미 이루어진 하나님의 판결은, 부자와 예수 사이에서 외견상 심지어 부자에게 유리하게 속행되는 듯 보이는 대화 속에 여전히 감추어져 있다. 예수가 그에게 계명에 대한 지시를 통하여 중요한 행위라고 표시한 것을 그가 모두 행했고, 행한다고 맹세한 후에, 그에게 이렇게 말하는 것을 무엇이 막을 수 있겠는가? 너는 영원한 생명을 얻을 것이다. 그 이유는 네가 그것에 이르는 올바른 길 위에 있기 때문이다. 너는 그것에 대한 전망, 권한, 희망을 가진 자가 살아야 하는 것처럼 살고 있다. 그에게 왜 이렇게 말할 수 없는가? 외견상 전망이 있게 진행되는 계명에 대한 대화가 어째서 다만 하나님의 판결의 드러남에 대한 준비일 따름인가? 부자는 이 판결의 선포에 내맡겨졌고, 은밀히 지금 이미—그에게는 불리하게—언도되었다.

예수는 마가복음 10:19에 의하면 그가 대면하는 저 심판관에 대한 저 경고를 다음의 말로써 강조한다: "너는 계명들을 알고 있다." 그러므로 너는 네가 호소한 심판관이 거기에 따라서, 너의 행실이 그것에 일치하는지 혹은 일치하지 않는지에 따라서 너를 심판할 법을 알고 있다. 마태복음 19:17에 의하면 이 부분에서 예수의 답변은 이렇다: "네가 생명에 들어가려거든 계명을 지켜라!" 말의 핵심은 여기서나 저기서나 동일하다. 앞의 이야기에 의하면 하나님과 상관하는 그 남자는 하나님, 이스라엘의 하나님, 은혜와 자비의 하나님이—그 자신이 하나님의 영역 안에 있다고 자신의 물음으로써 증언했다.—그에게 바라는 것을 다만 기억하기만 하면 된다. 그는 이 하나님이 그의 계명에 따라서 그에게 바라는 바를 실행해야 한다! 그가 이것을 행하고 계명을 통해 그에게 금지된 것을 중지함으로써, 그는 생명, 영원한 생명으로 이르는 길에 있다. 그러므로 이 지시는 우선 두 가지를 확증한다. 질문하는 자는 하나님의 계명을 들을 수 있는 범위 내에 있다. 그가 문제를 가지고 예수에게 옴으로써 그는 실제로 그가 물은 것에 대한 대답을 이미 들었다. 그리고 바로 하나님의 계명을 들을 수 있는 범위는 그가 물음을 던지는 상대의 권위 및 권능의 영역이다. 물음을 받은 자와 질문하는 자에게 잘 알려진 한 분 하나님은 둘이 아니라 한 분이다. 그러므로 그는 질문하는 자에게 대답함으로써 근본적으로 실질적으로 다만 그가 이미 그에게 말한 것을 반복할 따름이다. 그가 그에게 계명을 지시함으로써 이렇게 한다. 그는 그가 영원한 생명을 얻기 위하여 해야 할 바를 그에게 이미 말했다. 그러므로 질문하는 자는 이런 전망, 이런 요구, 이런 희망을 가진 자의 삶이 어떠해야 하는지를 잘 안다. 그는 예수 그리스도에게 오기 전에 그의 나라에 이미 있었다는 것은 근거가 없지 않다.

마태복음 19:18에 언급된 부자의 중간 질문 "어떤 계명입니까?"는, 하나님의 계명이 그 자체로 질서가 있는 것이고, 율법에는 외면과 내면, "형상"과 "목적"(롬 10:4)이 있고, 상이한 계명들 속에, 즉 하나님의 단일한 계명을 상이하게 선포함 속에는 이런 계명 혹은 저런 계명이 다소간에 드러나거나 또는 감추어져 있다는 것을 주목하게 만든다. 그것은 십계명 전체도 아니고, 그러나 여기서 예수가 부자에게 "계명"을 지시할 때 발설한 것은, 전체 율법을 요약하는 이중 계명, 즉 하나님과 이웃에 대한 사랑의 계명(막 12:29f.)도 아니다. 마가복음 10:19에서 열거한 것은 오히려 소위 말하는 "두 서판"의 계명들이 전위되고, 축소되고, 확대된 것이다. 간음하지 말라! 살인하지 말라! 도둑질하지 말라! 거짓 증언하지 말라! 빼앗지 말라! 네 부모를 공경하라! 그리고 마태복음 19:19는 레위기 19:18에서 추가되었다: "네 이웃을 내 몸같이 사랑하라!" 계명들을 선택하고 조합한 것은 분명하다. 부자에게 잘 알려진 하나님의 계명을 외면적으로 그에게 제시한다.—외면적으로도 그것이 구체적인 행동과 중지를 요구한다는 것을 볼 수 있다. "첫 번째 서판"의 계명들도 "두 번째 서판"의 하나님의 구체적 모습을 배제하지 않고 포함하듯이, 이런 형태들 속에 하나님을 무엇보다 사랑하고 두려워하라는 계명, 그의 형상을 만들지 말고 형상에서 그를 경배하지 말라는 금지령, 하나님의 이름과 그의 안식일을 거룩하게 지키라는 계명이 포함되어 있지 않은 것이 아니다. 신약성서의 의미에서 먼저 하나님을 사랑하지 않고서는 이웃을 사랑할 수 없으며, 또한 이웃을 사랑하지 않고 하나님을 사랑할 수 없다. 이런 하나님의 계명의 통일성 속에도 예수 그리스도의 인격의 신비가 반영되고 있다고 말할 수 있고, 말해야 한다. 즉 영원한 말씀과 우리의 육신과의 통일, 하나님의 아들과 다윗 및 마리아의 아들과의 통일. 한편으로 계명을 듣고 준수함에서의 진정성은, 다른 편으로 이것이 또한 전체적으로 행해지는가에 대한 시험이 된다. 이 본문은 이런 시험과 관계한다. 인간이 하나님을 어떻게 대하는가, 그가 하나님을 모든 것보다 사랑하고 두려워하는가에서, 그가 영원한 생명에 이르는 길에 있는지가 결정되고, 이미 결정되었다. 그가—이것이 그가 스스로 내맡긴 시험의 구체적 모습이다.—인간 교사 나사렛 예수의 음성에서 한 분 하나님의 음성을 듣고, 그에 따라서 복종할 것인가? 이것은 그가 영원한 생명을 얻기 위하여 해야만 할 일이다. 그러나 그렇기 때문에 지금 두 번째 서판의 계명들, 하나님의 계명의 외적인 면, 이웃과의 삶에 관계되는 면이 그에게 제시된다. "너는 계명들을 알고 있다."—그것들은 너의 동료 인간들과의 관계에서 구체적으로 행하느냐 행하지 않느냐의 장(場)에서 너에게 주어지는 것이다. 이 장에서 네가 나와 상관하고, 나의 인격을 통해서 이웃과 상관하면서, 너는 그 계명들과 다시 만난다. 네가 그 계명들에 상응하여 되어야 할 바가 되고 행해야 할 바를 행하라. 그러면 너는 이로써 하나님에게 영광을 돌린다는 것을 입증할 것이고, 따라서 영원한 생명의 상속자가 될 것이다! 20절 부자의 대답: 그가 어려서부터 이 모든 계명을 지켰다는 것은 물론, 내가 앞으로도 그것을 지키기를 기대하며, 그럴 각오가 되어 있음을 뜻할 것이다. 예수가 그에게 이 계명을 반복하는 것 외에 더 이상 할 말이 없다면, 그의 대답은 질문자에게는, 그가 걸어왔고 계속 걸으려고 생각한 길 위에서 힘을 얻었고 확증을 얻었음을 뜻한다. 그는 그 길을 계속 끝까지, 바로 이 길이 영원한 생명에 이르는 길이라는 확신 속에서 걸어갈 것이다.

이것이 그 다음을 보면 의심할 여지없이 그가 들은 대답을 오해한 것이라고 할지라도, 어쨌든 질문한 자가 저지른 실수를, 그가 저렇게 다짐함으로써(20절) 자기 자신과 예수를 주관적으로 기만했음과, 그가 현실적으로는 모든 저 계명들을 위반한 자임에도 불구하고 위선자처럼 혹은 어리석게도 거룩한 자인 척한 데서 찾아서는 안 될 것이다. 실제로 이것은 그의 경우였을 수도 있다. 그러나 우리의 본문에 의하면 예수는 이런 것에는 전혀 관심이 없다는 것을 보여 준다. 그가 저 계명에 따라서 마땅히 해야 할 모든 것을 지켰다는 것, 그가 간음, 살인, 절도, 강도, 중상 및 자기 부모에 대한 불경에 대해 조심했고, 앞으로도 조심할 것이라는 사실은 여기서나 저 종들의 이야기에서나(눅 17:10), 마치 그렇게 한 것처럼, 아무 이의 없이 인정된다. 그는 하나님의 계명을 염두에 두었다. 그는 최선의 지식과 양심에 따라 계명이 명한 것을 실천했고, 금하는 것을 하지 않았다. 그와 하나님의 계명과의 관계는 그 자신으로부터 볼 때, 계명의 외형적 모습을 볼 때 정상이다. 그는 하나님의 계명이 그에게 바라는 대로 이웃과 만난다. 그는 자신에게 아무 비난할 것이 없으며, 다른 사람들도 당연히 그에게 비난할 것이 없다. 마태복음 19:21에 의하면 그는 이렇게 물어 볼 권한이 있다: "또 무엇이 내게 부족합니까?" 하나님의 계명을 지키는 일이라면, 또한 나에게 무엇이 요구될 수 있으며, 내가 또한 무엇을 해야 하는가? 그가 이제 예수 자신에게 왔고, 그 앞에 무릎을 꿇음으로써 자신의 신뢰할 만한 답변을 궁극적으로 입증하지 않았는가? 그럼에도 불구하고 이 모든 것은 오히려 착각이며, 더 나가서 불순종 가운데 있음을 선언한 것이다. 그는 불순종 가운데 예수에게 왔고, 또한 그런 가운데 예수를 떠날 것이다. 그가 아는 계명을 그는 실제로는 알지 못하는 것이다. 그는 계명을 지키면서도 실제로는 그것을 지키지 않았다. 그는 예수에게로 왔지만 실제로는 이미 그 곁을 지나갔다. 그는 그의 나라에 살고 있다. 그는 그 나라의 질서를 알고, 그가 그 질서에 마땅히 존경을 표해야 함을 안다. 그는 이것에 존경을 표하지 않을 수 없다. 그는 어린 시절부터 이렇게 했고, 지금도 모든 형태로, 결정적인 자리에서 예수에 대하여 이렇게 했다. 그런 한에서 그에 대해 아무 이의를 제기할 수 없다. 그는 최선의 양심을 가질 수 있다.—그러나 그가 하나님의 계명으로 하여금 자신의 행위를 결정하도록 하면서 자기 자신을 결정하도록 하지 않으며, 자기 자신을 그것에 굴복하려 하지 않는 한 불순종하는 자로서의 양심을 가질 따름이다. 그런 자는 객관적으로 하나님의 계명 아래 있고, 또한 이것을 주관적으로 인정하고 인정하려고 하지만 이 모든 것에도 불구하고 언제나 반역하는 자이다. 그러나 바로 모든 저 계명들, 바로 저 두 번째 서판의 계명들은 그것의 외면성 속에서, 이웃과의 삶과의 전적인 관련 속에서, 그 자신을 요구한다. 계명들이 그를 외적으로 구속함으로써 내면적으로 이렇게 한다. 그것이 그에게 이웃을 지시함으로써 그에게 하나님을 지시하려 한다. 저 계명들은 그에게 할 것과 하지 말 것을 요구함으로써 그가 어떤 일정한 무엇, 즉 하나님의 계약의 파트너가 되도록 요구한다. 하나님은 그의 이웃과 그의 관계에 대한 모든 저 지시를 통해 그를 시험함으로써 그가 자기 이웃을 사랑하기를 원한다. 그가 예수, 그가 살고 있는 나라의 왕에게 속하는 것이, 그가 지금 예수에게 기꺼이 바치려고 하고, 준비가 되어 있는 복종의 의미, 진실이 되어야만 한다. 그가 이 존재, 사랑, 소속에서 멀다는 것은 나중에 드러날 것이다. 그가 이런 것과는 거리가 멀게 됨으로써, 자기 자신 편에서부터, 이 계명들의 외적 모습을 볼 때 자신의 행위를 자랑함이 부당하지는 않지만, 계명을 성취하는 그의 행위는 그가 그렇게 생각한 것, 즉 하나님이 요구한바 영원한 생명을 얻을 자의 행위가 아니라는 것이 분명하다. 마치 계명의 외적 모습이 계명 전체인 듯이, 계명 자체인 듯이, 그가 계명 전체, 계명 자체를 듣고 복종하기만 한다면 스스로 판단하고 자유롭고 의롭게 말할 수 있는 한 장소를 가지게 되는 듯이, 그가 계명의 외적 모습을 자기 자신 편에서 보고, 자기 자신 편에서 판단하고, 그 다음으로 당연히 자유롭게 의롭게 말한 것이 그의 불의이다. 그가 최선의 지식과 양심에 따라서 그것의 외적 모습, 거기에서 그에게 규정된 할 일과 하지 말아야 할 일을 준수함으로써, 그는 두 번째 서판의 계명 속에 있는 하나님의 명령의 뜻에서 벗어났다. 예수가 이 계명을 엄숙히 반복함에도 불구하고 그는 하나님의 이 명령의 뜻을 만나지 못했다. 이것이 19-20절 계명에 관한 중간 대화에 감추어져—은밀하지만 이미 드러나 있다.—있으나 이제 드러나게 될 불의이다.

그 다음에 오는 이야기(21a절)는 실로 놀랍다. 여기서는 물론 기대하였던 것과 달리 질문하는 자가 자신을 율법 실천자로 여김으로써 범한 위선을 생생하게 폭로하지는 않는다. 오히려 기대하지 않게도 "예수는 그를 바라보았고 사랑했다"고 말한다. 칼빈처럼(해당 구절 주석, *C. R.* 45, 540f.) 이 중대한 "그가 그를 사랑했다"를 약화시켜서, 하나님이 아리스티데스(Aristides)와 파브리치우스(Fabricius)를 그들의 시민적 덕행 때문에, 따라서 세상의 "공동 선"을 위하여 사랑했듯이 예수가 그를 사랑했다는 식으로 해석하는 것은 있을 수 없다. "그에게는 정의, 평등, 절제, 지혜, 신뢰, 신중에 근거하여 인류의 보존이 중요했기 때문이다." 그리고 또한 슈타르케(Chr. Starke)처럼 설명해서도 안 될 것이다. 적어도 그는 유년기를 큰 악덕으로 더럽히지 않았고, 존경할 만한 삶을 살았고, 그가 어떻게 구원에 도달할 수 있는지를 배우려는 열심을 보였기 때문에 그에게는 사랑받고 칭찬받을 만한 점이 있었다. 동일 저자의 이런 추측은 훨씬 낫다. 더구나 우리가 니고데모에게서 읽은 것처럼 나중에 드러나게 될 여러 가지 점을 그에게서 예수는 보았을 것이다.(*Syn. Bibl. Ex. in NT,* 1. Bd. 1733, 912) 그러나 여기서 어째서 "사랑"이 갑자기 평소와는 다른 것을 나타내어야 하는가? 이 인간은 그의 자칭 계명을 준수했다고 주장함으로써 예수에게 그렇게 하지 못한 반면, 예수는 불순종하는 자에게 바로 이렇게 했다. 즉 그는 그를 사랑하고, 그를 자신에게 속한 자로 여기고, 그 없이는 있으려 하지 않고, 그는 스스로 그를 위하려고 한다. 예수가 이런 불순종하는 자를 위하지 않고 누구를 위한다는 말인가? 하나님이 영원 전부터 이런 사람이 아니고 누구를 사랑했는가? 하나님은 이제 그에 대한 판결을 선고해야 하고, 선고할 것이다. 이 판결을 통하여 그는 불순종하는 자로 선언되고, 그것에 근거하여 그는 스스로 예수로부터 떠나감으로써 그런 인간임을 증언해야만 한다. 그러나 하나님은 그를 미워함으로써, 이렇게 하는 것이 아니라, 그에 대해 무관심하지 않고 오히려 그를 사랑함으로써 이렇게 한다. 율법이 복음의 형식이라는 것, 율법을 통하여 우리에게 선포된 심판이 하나님의 은혜의 모습이라는 것은, 역시 같은 비중으로 죄인의 폭로가 뒤따를 것이지만, 이 "그를 사랑했다"에서 자명하다. 예수가 그에게 부족한 것을 말함으로써 그를 사랑하며, 그를 자신을 위하여 소유하기를 바란다. 질문하는 자에게 부족한 것은, 바로 그가 그의 행하거나 행하지 않는 그 자신을 의도하고 바라는 것이 아니라 다만 그의 행함과 행하지 않음만을 의도하고 바라는 그런 율법을 존경하고, 그것에 자신을 재고 있다는 사실을 깨닫지 못하고, 파악하지 않으려 한다는 것이다. 이 율법은 하나님의 법이 아니다. 예수 그리스도의 인격 안에서 세워지고 생생하게 그 앞에 서 있는 하나님의 법은 그를 의도하고 바란다. 법을 주는 자, 그가 상관하는 한 분 하나님은 그 없이는 존재하고자 하지 않으며, 그와 더불어 계약을 맺었고, 그를 자신의 계약 동지로 삼았고, 따라서 그에게 그런 자의 사랑을 요구했다. 그에게 요구된 것은, 그가 자기 자신을 사랑하게 하라는 것이다. 이것이 바로 그가 감당하지 못하고 불순종한 요구이다. 이제 그는 그 요구를 위반한 자로 드러날 것이다. 그러나 이로써 이 요구는, 그의 심판자가 그의 친구요 도움을 주는 분이라는, 그에게도 향한 기쁜 소식의 모습이기를 중단하지 않는다. 그는 예수가 그에게 바라는 것에 대해서 실패할 수도 있다. 그가 나중에 그런 것처럼 그는 떠나갈 수도 있다. 그러나 그가 예수 그리스도의 나라를 파괴하거나 그로부터 벗어날 수 없듯이, 그는 다음 사실을 또한 포기할 수 없는 것으로, 그가 일단 들어선 빛의 필수적 구성 요소로 무효화시킬 수 없다. 곧 복음서들이 예수가 그 인간에게서 어느 정도나 "여러 가지"를 보았는지 모른다는 것을 우리에게 보여 줄 이유가 없이, 예수가 반역자, 실패자, 도망자로서 나중에 다시금 암흑 속으로 떨어지게 될 그를 사랑했다는 것. 예수가 그를 사랑했다는 것, 이것은—그가 행하거나 행하지 않은 것과는 무관하게—우리가 그를 위해서 집착할 수 있는 유일한 것이다. 그러나 누가 도대체 그를 위하여, 혹은 다른 사람을 위하여 보다 나은 것에 집착할 수 있겠는가?

　예수의 사랑의 모습은 물론 그에게 부족한 것, 그가 행한 것 가운데서도 아직 행하지 못한 것을 하라고 명령함, 지시이다: "한 가지가 네게 부족하다."(21b절) 그 뒤를 따라오는 것은 질문한 자에 대한 오래전에 예고된 판결 언도이다. 그가 이 한 가지를 하지 않았고, 하려고도 하지 않음으로써 그는 자기 자신을 하나님 앞에 선 자로, 그의 심판대 앞에 선 자, 불의한 자, 영원한 생명으로 이끄는 길 외에 다른 길을 가는 자로 나타낸다. 이로써 마태복음 19:21에서 강조된 대로, 그는 율법의 "목적"에 이르지 못했다. 그러나 우리는 우선 이렇게 지시한 것을 적극적으로 이해해야 할 것이다. 지금 발설되는 하나님의 말씀은 그것을 거역하는 자를 정죄하면서, 그것을 받아들이는 자를 의롭다고 한다. 그것은 계명으로서 온전한 제공이며, 그것에 복종하지 않는 자에 대해서도 역시 그렇다. 질문하는 자에게 부족한 것은 예수가 가진 것, 실로 또한 그를 위해서 가진 것의 충만이다. 그 충만함으로써 예수는 그를 사랑하면서 그를 위해 개입하고자 한다. 그리고 그가 지금 이 부족한 것을 만회하도록 권고받는다면, 이 만회는 다만, 그가 예수의 충만함, 그를 위해서도 준비되어 있는 하나님의 충만함을 자신에게 흘러 넘치도록, 자신을 위해 오도록 내버려 둠에 있다. 예수 안에서 그를 위해 준비되어 있는 것에 대해 그가 준비되어 있지 않다는 것이 그의 죄이다. 그러나 그가 이 기회를 놓쳤다는 것보다는 어떤 기회가 여기서 그에게 제공되는가에 더욱 주목하는 것이 좋을 것이다.

　그에게 부족한 것이 무엇인지 이제 드러난다.(21c절) 하나님의 계약 동지가 되는 것, 이웃을 사랑하는 일, 예수에게 속하는 것이 그에게는 부족하다. 그러나 이것은 개념적으로 이론적으로가 아니라, 구체적으로 그의, 특별한 존재에 초점을 맞추어서 인격적으로 그에게 부족한 것으로 표시된다. 비로소 지금 우리는 간접적으로 그가 부자임을 알게 된다. 그리고 22b절에서는 이것이 직접적으로 언급되기도 한다: "그는 많은 재산을 가졌다." "가서 네가 가진 것을 팔아서 가난한 사람들에게 주라.─ 그러면 네가 하늘에 보화를 얻을 것이다. 그리고 와서 나를 따르라!" 이것이 판결 선고이다. 이것이 영원한 삶을 얻을 자의 삶에서 부족한 것이다. 이것이 그가 인식하지 못한 모든 계명들의 본질이요 목표이다. 그는 자칭 계명을 준수함으로써 이 계명을 만족시켰다고 믿었다. 이것이 그가 예수에게 와서 무릎을 꿇었을 때도 하지 못한 일이다. 그, 율법 위반자에게 화 있으리라! 그러나 우리는 판결 선고가 초대와 지시의 형식을 가졌다는 것을 간과하지 않는다. 그가, 그 인간에게 부족한 것을 말함으로써, 그를 위해서도 있는 충만함에 이르는 문을 열어 주었다. 가라! 팔아라! 주어라! 나를 따르라! 이것이 그에게 제공된 유일한 기회요 가능성이며, 이 기회는 놓칠지라도 그에게 남아 있다. 그가 이 모든 명령에 불순종할지라도 이 기회는 그 인간을 따라온다. 그는 구원의 말씀이─해석된 하나님의 계명, 그 본질과 목표에서 계시된, 그러므로 그를 폭로하고 파멸시키는 계명의 모습으로─가까이 있지 않다고, 그것이(롬 10:8) 그의 마음과 그의 입술에 놓여지지 않았다고 불평할 수 없을 것이다. 그가 하나님의 심판 아래 세워짐으로써 그에게 은혜가 일어났다. 그러므로 우리는 무엇보다 잊지 않는다. 예수가 그를 사랑함으로써 그는 그에 대하여 이렇게 판결을 내렸고, 궁극적으로 이 구원의 지시를 그에게 주었다. 그는 그를 찾음이 없이, 그를 자신을 위해 바람이 없이는 그를 정죄하지 않으며, 그는 그를 위해 개입하고 책임을 짐으로써 그를 정죄한다. 그리고 그가 그에게 하는 명령은 구원의 명령이며, 영원한 생명의 상속자로서 살아야 하지만 이렇게 살지 못하는 자에게는 참으로 위로가 된다. 그 이유는 그것은 명령으로서 동시에 하나님이 그를 위해서 이미 행한 것이 그에게 속하며, 그가 그것을 사용하려고만 한다면 그에게 도움이 된다고 하는 지시령이기 때문이다. 예수의 이 말씀의 실질적 내용은 분명히 세 가지이다. 네가 가진 것을 팔아라! 가난한 사람들에게 주어라! 나를 따르라! 세 복음서 기자들 모두가 이 세 가지 요구의 전승에서 일치한다. 누가복음 18:22에서는 첫 번째 것이 모든 것의 첨가에 의해 강화된다. 그러나 그는 다만 마가와 마태의 표현들에서도 분명히 들어 있는 의미를 발설한 것뿐이다. 우리는 이 세 가지 요소들 중 어느 것도 간과해서는 안 되고 그들 중 어느 것도 다른 두 가지를 위해 생략해서는 안 된다. 확실히 그것 각각을 예수가 그 사람의 물음에 답하면서 말했던 그 한 가지, 모든 것을 나타내는 것으로 이해해야 한다.

그가 가진 것을 팔아야 한다, 곧 그 자신을 포기해야 한다는 것은, 그에게 부족한 것은, 그가 하나님의 계약 동지로서 살 수 있고 살아야만 하는 자유임을 나타낸다. 그가 알고 있고 지켜야 한다고 생각하는 두 번째 서판의 계명들이 이 첫 번째 관점에서 그에게 바라는 것은, 이웃과의 관계의 장에서 실증되어야 할 것으로서 그를 자신과의 계약을 맺도록 선택하고 부른 은혜롭고 자비로운 하나님에게 전적으로 매임이다. 그러므로 그에게 부족한 것은 첫 번째 서판의 특별한 의미에서의 복종이다. 그가 저 하나님에게 전적으로 매어 있는 자, 하나님의 은혜와 자비에 의해서만 살아가는 자로서 이웃을 대한다는 것은, 두 번째 서판의 계명들이 그에게 바라는 것이다. 그렇게 사는 자로서 그는 살인하지 않고, 간음하지 않고, 도둑질하지 않을 것이다. 그 계명들은 그가 그의 이웃과의 관계에서 진정으로 온전히 자유롭기를 요구한다. 하나님에게 전적으로 얽매임을 통하여 해방되고, 모든 다른 신적 권세, 혹은 신과 유사한 권세들로부터 해방되고, 따라서 이웃에게 의로운 행위를 위하여 자유롭게 된다. 그가 이 자유 안에 있지 않다면, 그는 헛되이 이 계명들을 지키려 노력하게 될 것이다. 그는 이 계명들을 잘 알지만 전혀 알지 못하는 것이다. 그는 그것을 성취하기 위한 일을 한다. 그러나 그것들이 본래 그에게 요구하는 것을 중지하면서, 그가 하나님 외에 다른 주와 권세에 대한 고려 때문에 사로잡혀 있고 얽매어 있으면서, 그가 어떻게 그것을 성취할 것인가? 이렇게 사로잡힌 자는, 설령 파리 한 마리도 죽이지 못한다고 할지라도 살인자이며, 그가 어떤 여자도 주시하지 않았을지라도 간음한 자며, 그가 다른 사람의 지푸라기 하나도 취하지 않았을지라도 도둑이다. 이렇게 사로잡힌 자는 아무리 깨끗할지라도 불결하다. 예수가 그에게 가진 것을 팔아야 한다고 요구함으로써, 그로 하여금 하나님에게 얽매이고 이로써 모든 다른 주로부터 자유롭기를 바란다. 그러나 그는 그렇지 않다. 그는 그의 "많은 재물"에 사로잡힌 자이다. 그가 가진 것이, 바로 하나님이 그를 전적으로 소유하고자 하는 식으로 오히려 그를 소유한다. 그의 많은 재물들의 독자적 생이 보존, 간수, 증식에 대한 내재적 욕구와 더불어 그를 지배한다. 맘몬의 손아귀가 그들로 하여금―그가 가진 것, 실제로는 그를 소유한 것의 독자적 생이―하나님의 계명이 미칠 수 없게, 사용될 수 없게 만든다. 그러나 단순히 맘몬은 또한 그의 주이기 때문에, 그에게 또한 두려움과 사랑, 또한 신뢰와 희망을 주입하고, 또한 복종을 그에게 요구함을 통해 작용한다. 모든 다른 신들의 계명들은 인간이 그들 외에 또한 맘몬 혹은 다른 유사한 주의 계명에 굴복하는 것을 용인할지라도, 인간을 자신과 계약을 맺도록 선택하고 부른 은혜롭고 자비로운 하나님의 계명은 이런 나눔을 용인하지 않는다. 그 이유는 이 하나님은 다른 주들 곁에서 주이기를 용인하지 않기 때문이다. 하나님은 그가 그렇지 않기 때문에, 그가 모든 주의 주, 유일한 주이기 때문에 용인하지 않는다. 그의 은혜와 자비에 의해서, 그와의 계약에서만 전적으로 살 수 있거나, 그것이 아니면 전혀 살 수 없다. 그의 계명들 외에 다른 계명을 받아들이지 않는 자만이 그의 계명을 지킨다. 그 이유는 그는 그 외에 다른 주를 존경하거나 경배해서는 안 되기 때문이다. 그 외에 다른 주를 존경하고 경배하는 자는, 설령 그가 계명의 성취를 위해 모든 일을 행할지라도 이 다른 주에게 사로잡힌 자로서 모든 그의 계명들을 범하는 것이다. 부자는 자신의 재산을 포기해야 한다는 예수의 요구는 분명히 바로 이것을 목표한다. 그는 진리에 상응하여 그의 다른 주들, 맘몬, 자신의 많은 재물의 독자적 생에서 자유롭게 되어서 이런 해방된 자로서 하나님의 계명을 성취해야 한다. 그가 많은 재물을 가지고 있는 한 그것들이 그를 소유한 것이고, 그것들이 그를 소유한 한 하나님은 그를 소유할 수 없고, 소유하기를 바라지 않고, 그는 하나님의 계명을 범할 따름이고, 그는 영원한 생명의 상속자가 될 수 없을 것이다. 그는 생명의 길을 걷기 위해서는 부자로서의 그는 죽어야 하고—그는 죽고 사라져야 할 것이다.—가난해져야 한다. 그가 이것을 원치 않기 때문에 그는 헛되이 이 길에 대해 묻고, 그는 이런 물음을 갖고 헛되이 예수에게 온 것이다. 혹은 헛되지 않은가? 이제 그에게 그가 알고자 하는 것이 말해졌다. 이제 그는 무엇이 문제인가를 안다. 이제 그는 다만 손을 뻗기만 하면 된다. 이제 그는 어쨌든 비록 사로잡힌 몸이지만, 더 이상 방비 없는 포로는 아니다. 이제 그의 감옥의 문이 활짝 열렸다. 예수가 그에게 이 절대적인 요구를 제시하면서 그를 사랑했다. 네가 가진 것을 팔아라! 예수가 그의 가진 것을 아꼈더라면 그를 사랑하지 않았을 것이다. 그는 그에게 하나님의 구원하는 말씀을 유보하지 않음으로써, 그가 이 말씀을 듣는 것을 허락함으로써, 큰 기쁨을 선포하였다.

그가 가진 것을 팔아서 얻은 돈을 가난한 사람들에게 주어야 한다는 것이 두 번째 요소이다. 그에게 부족한 것이 이로써 적극적으로 이웃에 대한 사랑으로 표시된다. 이웃 사랑은 두 번째 서판 계명들의 취지이다. 그것들이 그에게 바라는 것은, 그 계명들이 그에게 금하는 것을 하지 않음으로써 어떤 것을 하기를 바란다는 것이다. 즉 그는 은혜롭고 자비로운 하나님의 계약 동지로, 따라서 자유로운 인간으로, 하나님이 그 자신과 만나듯이 이웃 인간과 만나야 한다. 이제 하나님은 무한히 부유한 바로서 그와 만난다.—하나님의 집의 보화에 비하여 그 자신의 "많은 재물"이 무엇인가?—그리고 이 하나님이 가진 것을 그와의 계약 속에서 실제로 그에게 내주었으니, 곧 가난한 그에게 맡겼다. 이렇게 하나님은 인간의 다른 주들과는 다르게, 맘몬과는 다르게 행동한다. 맘몬이 주는 모든 거짓 선물들은 다만 인간으로 하여금 거듭하여 자기 자신을 섬기도록 만든다. 하나님은 부유하기에 자기의 소유를 선사하면서도 반대 급부를 바라지 않고, 인간으로 하여금 이로써 자신을 섬기도록 만들지 않고 오히려 그를 자유롭게 한다. 그리고 바로 이 점에서 인간은 자기 이웃에 대해서 하나님을 모방하는 자가 되어야 한다. 하나님이 그에게 주었고 거듭하여 주는 것에 비하면, 그가 이웃에게 줄 것이 무엇이겠는가? 이제 그는 이 적은 물질을 그 자신이 받은 것에 대한 적은 확증으로서 주어야 한다. 확실히 이 적은 것보다도 적은 것은 이것을 확증함에 충분하지 않을 것이다. 인간이 자기 자신을 사랑하는 그 사랑에 비하면, 이웃에게 줄 수 있는 사랑이 무엇인가? 이제 그의 이 적은 사랑, 그러나 이 사랑을 전적으로 그 이웃에게 주는 것은, 그에게는 더 이상 가능하지 않으며, 더 이상 그에게 요구되지 않기 때문에, 그에게는 너무나 지나치지 않을 것인가? 그가 가진 것을 줌으로써—그러나 이것보다 많게도 혹은 적게도 아니다.—그는 하나님의 계명들을 이룰 것이다. 그 계명들은 이 일이 이루어지기를 목표한다. 즉 인간이 낯선 주로부터 해방된 자로서 자유롭게 되고, 하나님이 자신에게 대하는 것처럼, 자신의 존재의 주어진 한계 속에서, 그러나 이 한계 속에서 제약받지 않고 자기 이웃을 대해야 한다. 곧 하나님이 그를 위하여 존재하고 그에게 자신을 맡기듯이, 그도 자기 이웃을 위하여 존재하고 그에게 자신을 맡겨야 한다. "가난한 자들에게 주어라!" 그리고 이로써 그것이 너를 소유하는 대신, 네가 그것을 소유한다는 것을 입증하라! 이로써 너의 자유를 입증하라! 하나님을 너의 해방자로, 네 자신을 이 해방자의 증인으로서 입증하라! "그러면 너는 하늘에 보화를 가질 것이다."라는 첨가문을 주목하라! 이렇게 부유한 청년의 죽음은 공허한, 무의미한 죽음이 아니다. 그가 가난해짐은 그의 헐벗음을 뜻하기는커녕 그의 현실적인, 진정한 부유해짐이다. 그는 일단 가진 것을 가져서는 안 된다고 원칙적으로 요구되지는 않는다. 오히려 그는 그것을 가질 수 있고, 올바로 가질 수 있다는 것이 그에게 지시된다. 그가 저 자유를 입증하는 가운데 가진 것을 내어줌으로써, 그는 그것을—맘몬이 그에게 다만 허위로 기만할 수 있는 것과는 달리—참으로 소유할 수 있는 그런 소유물로 바꾸어야 한다. 하나님이 그의 선함의 무한한 부(富)로써 행하는 것을 그가 가진 적은 것으로 행한다면, 이로써 그는 이 하나님과 친교를 맺는 것이다. 이로써 그는 그의 유산이 그에게 확실하다는 것, 그가 기대하는 영원한 생명이 그의 것이라는 확증을 받는다. 그때 그는 그가 가진 것을 소유할 뿐 아니라 참된 소유권자가 된다. 그때—즉 그가 그것을 가난한 자들에게 주었을 때—그는 더 이상 빼앗길 수 없다. 그러나 그가 그것의 소유권자가 되기 위해서 그는 가진 것을 저렇게 변화시켜야 한다. 즉 그것을 주어 버려야 하고, 부자로서의 죽음을 벗어나서는 안 되고, 가난해짐에서 벗어나서는 안 된다. 그가 이것을 원치 않기 때문에 불순종했고, 영원한 생명으로 가는 길에서 멀어졌고, 그 길에 대해 묻는 것이 그에게 도움이 되지 않고, 또한 이 물음을 가지고 예수에게 오는 것이 그에게 도움이 되지 않는다. 그는 가지고 있는 것을 주려고 하지 않음으로써 하나님의 종이 아니다. 그러나 그가 가진 어떤 것이 아니라 모든 것을 가난한 자들에게 주라는 권고—그리고 이와 함께 모든 계명들의 진수, 목표가 그에게 이제 제시되었다. 그가 지금까지 하나님의 계명, 그러므로 구원을 주는 말씀을 몰랐고 지키지 않았다면, 그것이 그 앞에 이제 밝히 드러났고, 확실히 그에게 지금 가까이 다가와서 그의 물음이 답변되었다. 그는 이제 지시를 받았다. 그가 영원한 생명을 얻기 위하여 무엇을 해야 하는지를 곧 알기 위하여, 이웃과 더불어 사는 삶, 그의 손 안에 자유롭게 놓여 있는 재물을 바라보기만 하면 된다. 그리고 예수가 그에게 이렇게 지시함으로써 그를 사랑했다. 이로써 그는 그에게서 그의 소유를 빼앗으려 하지 않았다. 그는 오히려 그에게 속하지 않으나 하나님의 자녀로서 그에게 속한 것을 그에게 주려고 했다. 그는 그가 실제로 이것을 가지기를 바랐다. 그는 그가 하늘에 보화를 얻기를 바랐다. 그는 모든 다른 주들에 반하여 그를 도와 자기 권리를 얻도록 한다. 이것을 위하여 그는 그에게 그처럼 준엄하게 요구하여, 그가 가진 모든 것을 팔아서 가난한 사람들에게 주라고 한다. 그가 그를 덜 엄하게 압박했다면 그는 그를 사랑하지 않은 것이다. 그가 그에게 그처럼 엄하게 압박함으로써 그에게 큰 기쁨을 선포했다.

예수의 한 가지 요구의 세 번째 요소 혹은 세 번째 형식은, 그가 와서 예수를 따라야 한다는 것이다. 이 세 번째 형식에서, 비로소 여기서 앞의 두 가지 형식도 그것들의 비중을 상실함이 없이 분명해진다. 그 부자가 영원한 생명을 얻기 위하여 무엇이 요구되었는가? 그가 예수에게 속한 사람이 되라고 요구된다. 그가 그에게 나와서 그 앞에 무릎을 꿇은 것은 잘한 일이었다. 그러나 그는 예수에게 충분히 다가가지 않았고, 실제로는 그에게 접근하지 못했다. 그는—이것이 그에게 향한 요구에서 세 번째 형식이 뜻하는 바이다.—그에게로 가서 그의 곁에 머물고, 그로부터 더 이상 떠나가지 말고 장차 그의 행보를 예수의 행보에 맞추어야 한다. 그 자신의 독자적 운동 대신에 이런 새로운 운동이 시작되어야 한다. 나를 따르라! 이것이야말로 또한, 결정적으로 질문하는 자가 추측컨대 알고 있고, 추측컨대 이행한 두 번째 서판의 계명들에 대한 해석이다. 그 계명들이 인간에게 요구하는 하나님을 위한 자유는 예수를 위한 자유이다. 그리고 그것이 요구하는 이웃을 위한 자유는 또한 예수를 위한 자유이다. 그것들은 하나님과 인간을 지향함으로써 참 하나님, 참 인간을 지향한다. 그리고 여기 예수의 인격 안에서, 참 하나님, 참 인간이 하나님의 계명을 받는 자, 듣는 자와 대결한다. 예수는 하나님과 함께, 하나님의 아들로서, 우리가 그가 홀로 주임을 인정하기를 기다린다. 그리고 그는 우리의 이웃인 가난한 사람들의 형제로서, 우리가 이 주는 선하다고 증언하기를 기다린다. 그 사람이 가진 것을 팔아서 하나님을 위하여 자유롭게 되어야 한다는 것과, 그리고 그가 그것을 가난한 자들에게 주고 이로써 이웃을 위해 자유롭게 되어야 한다는 요구는 그가 와서 예수를 따라야 한다는 마지막 요구에서 그 의미와 능력을 얻는다. 예수 추종의 삶이 이웃에 전적으로 얽매어 있는 저 하나님의 계약 동지의 삶인 한에서, 예수 추종은 저 이중적 자유의 확증이다. 예수를 따른다는 것은 이렇게 양면적으로 하나님의 계명을 만족시킴을 뜻한다. 그리고 이 양면적으로 하나님의 계명을 만족시킨다는 것은 필연적으로 예수를 뒤따름을 뜻한다. 그리고 바로 이것이 그 사람에게는 부족하다. 그의 많은 재물의 요구에 사로잡혀, 재물들이 그에게 요구하는 대로 그것들을 유지, 간수, 증식하는 데 골몰하여 그는 자신의 길을 계속 가려 한다. 그리고 그는 이웃을 만남에서 자유를 증언해야 함에도 불구하고 재물들의 요구 때문에 할 수가 없다. 그가 이런 자기 운동 가운데서 양면으로 부자유스럽다는 것을 보고도 깨닫지 못한다. 그는 스스로 자유라고 간주하는 이 부자유 안에서 또한 예수를 통해서 교란당하기를 원치 않는다. 예수의 말씀이 이 사태를 드러냄으로써 그가 영원한 생명에서 배제되었다는 사실을 계시하는 심판의 말씀이 된다. 그러나 그 말씀은—이제 이 세 번째 형식에서 결정적으로—영원한 생명이 그를 위해서도 존재하고, 찾아질 수 있고, 발견될 수 있는 그런 방향을 그에게 언급한다. 그 말씀은 이 세 번째 형식에서 명령이면서 동시에 제공이다. 예수가 그에게 자신을 따르라고 부름으로써, 그에게 바로 자기 자신을 제공하며, 바로 그가(그들의 정상에, 대신에 예수 스스로 서 있는) 그 사람들에게 속해야 한다고 제의하며, 바로 그 자신이 그의 시간적이고 영원한 미래에 대한 책임을 스스로 져야 한다고 제의하며, 그러므로 바로 그 자신의 자유에 참여하도록 제의한다.

 우리가 이제 22절에서 부자가 자신에게 주어진 말씀, 그에게 전해진 계명에 대한 설명을 듣고 놀라서 슬픔에 잠겨 그 곳을 떠났다는 것을 알게 된다면, 이것은 분명히 그에게 말해진 것이 하나님의 보좌로부터 그를 정죄한다는 통고였다는 것을 확증한다. 그는 완전히, 분명히 계시되고, 권위 있게 해석된 형태의 하나님의 계명을 감당할 수 없었다. 그는 자신에게 요구된 계명 이행에 접근하기는커녕 감히 생각하려 하지 않음으로써, 계명에 직면하여 불합당하고, 무력하고, 멸망당한 자가 되었다. 그에게 요구된 것은 그에게는 엄청나게 너무나 많고, 너무나 컸다. 그는 가진 것을 팔 수가 없었다. 그는 맘몬의 지배 내지 그것의 명령에서 자유로울 수 없었다. 그는 가난한 사람들에게 가진 것을 줄 수 없었다. 그는 스스로 영원히 부유한 하나님의 선에 대한 증인이 될 수 없었다. 그는 예수를 따를 수 없었다. 그는 그 자신의 삶의 자체 운동을 중지할 수 없었고, 감사의 운동으로 바꿀 수 없었다. 그는 이런 일을 할 위인이 못되었다. 그는 이렇게 할 수 있는 자가 아니었다. 그는 불순종했다. 그가 어떻게 순종하려 할 수 있겠는가? 그는 그에게 명령되고 제공된 자유를 위하여 자유롭지 못했다. 따라서 그에게 제공된, 영원한 생명의 상속자가 될 기회는, 실제로는 다만 존재가 생성의 전제로서 그에게서 없어졌기 때문에 그가 그렇게 될 수 없었다는 사실이 드러난 기회일 따름이었다. 그는 다만 이 사태 앞에서 경악할 따름이었다. 그는 그가 왔던 길, 즉 영원한 생명에 이르는 길과는 다른 길로 다시 떠날 수 있을 따름이었다. 그러므로 그는 슬퍼하면서, 즉 그가 만났던 하나님의 영광에 도달할 수 없는 먼 곳에, 낯선 곳에 처해 있음을 슬퍼하며, 그 영광에 비하여 그 자신의 무능함과 불충분함에 대해 슬퍼하며, 하나님의 뜻과 그 자신의 뜻 사이의 대조에 직면하여 슬퍼하면서 떠나갔다. 그가 느끼고 표현했을 모든 슬픔은 다만 이런 대조에 직면한 무한히 현실적인 슬픔의 그림자일 따름이었다. 그의 발 앞에 열린 것은 하나님과 죄에 떨어진 인간, 죄인으로서 하나님과 대결하는 인간 사이의 관계의 전적인 불가능성의 나락이었다.

그러나 이것이 우리가 이 사람에 대해 들을 수 있는 마지막 말일지라도, 이 사건을 다만 소극적으로만 보고 이해하는 것은 좋지 않을 것이다. 처음에 확정한 것을 기억해 보자. 이 사건이 진행되는 장은 예수 그리스도의 나라이다. 부자는 물음을 가지고 예수에게로 옴으로써뿐 아니라, 이제 슬픔에 차서 그로부터 떠나감으로써도 예수의 주권과 위엄을 증언하였다. 그는 불순종의 상태 속에서도 그와 관계를 가지며, 관계를 유지한다. 우리는 그가 불순종의 상태에서 예수에게로 와서 불순종의 상태로 되돌아감을 본다. 그는 예수에게서, 그러므로 하나님의 계명에서 좌절하였다. 그에게 부족한 것은 하나님의 충만함이었고, 그는 이제 그것을 고백해야 했다. 예수는 전적으로 하나님에게 매였으므로 모든 다른 권세, 주권으로부터 자유로운 자임을 뜻한다. 예수는 그가 가진 모든 것과 더불어서 부유한 하나님의 선함의 증인으로서 가난한 자들에게 내맡긴 인간임을 뜻한다. 오로지 예수 안에서, 예수를 통하여 다른 인간이 예수의 추종자가 될 수 있고, 될 것이다. 그가 예수에 대하여 가난한 부자, 타자에 의해 결정되고 지배받는 자, 많은 재물을 가진 자라는 것, 그가 많은 재물을 가졌으나 한 가지, 즉 예수의 충만함만은 가지지 못했다는 사실이 그를 정죄하며, 그를 영원한 생명에서 배제하며, 이것이 그 발 앞에 있는 저 내면적 불가능의 나락이며, 이것이 그로 하여금 하나님의 계명에 대하여 불순종하는 자, 슬퍼하는 자로 만든다. 그 이유는 하나님의 계명은 이제는 "기뻐하라!"이기 때문이다. 예수의 충만함을 가진 자는 하나님의 계명을 이행하며 기뻐할 수 있고, 기뻐해야 한다. 아무리 많은 재물을 가졌을지라도 예수의 충만을 가지지 못한 자가 어떻게 기뻐할 수 있겠는가? 많은 재물은 그에게 부족한 것을 확증할 따름이며, 따라서 그의 불순종을 확증할 따름이고, 따라서 그의 슬픔을 새로이 더 하게 만드는 것 외에 무엇을 뜻할 수 있겠는가? 그러나 이것이 그에게 부족하기 때문에, 그가 이제 불순종하는 자로 폭로되었다는 것, 그리고 슬픔에 차서 되돌아갈 수밖에 없다는 것은, 결코 그가 이제 포기되었음을 뜻할 수 없다. 그에게 계속해서 무슨 일이 일어났는지 알지 못하지만, 분명히 그에게 부족한 것, 예수의 충만은 그를 위해서, 그와 같은 가난한 부자를 위해서도—그리고 바로 그런 인간에게도—여전히 남아 있었다는 것은 안다. 우리는 기억한다. 예수는 그에게 저 판결을 언도하면서 그를 사랑했다. 이것은, 그가 그를 정죄하면서 또한 그를 위해서, 정죄받은 자를 위해서도 전적으로 존재하고 있다는 것, 그가 그의 심판자로 또한 그의 친구요, 조력자로 남아 있다는 것 말고 무엇을 의미하겠는가? 그의 나라—이 사랑하는 자의 나라는 하나님의 뜻과 인간의 뜻, 하나님과 죄인들, 하나님의 영광과 그것에 직면한 인간의 불합당함, 무력함, 타락상 사이의 나쁜 대립까지 포용한다. 그의 나라는, 그의 충만, 세상이 존재하기도 전에 하나님이 세상을 사랑하였던 그 사랑의 충만이 오해받고 부인되고 배척당하는, 인간 실존의 내면적 불가능성의 나락을 포용한다. 그가 이 나락의 심연에서가 아니라면 어디에 그의 나라를 세웠는가? 이 나락 속에 빠지면서 인간은 거듭하여 예수와 부딪치며, 그의 멸망을 원하지 않고, 그의 무기력의 모든 능력에도 불구하고 멸망을 관용하거나 허용하지 않을 분을 예수 안에서 거듭하여 발견할 것이고, 가질 것이다.

하나님의 계명이 예수의 인격 안에서 인간과 대립하는 그 총체성에 의하여 살해한다는 것이, 부자의 이야기 안에서 드러난 인간적 불순종에서 드러나고, 부자가 슬픔 속에 떠나간 사실에서 드러난다. 하나님의 계명이 살해하면서 이 총체성에 의하여 살게 만들기를 중단하지 않는다는 것을 23절 이하는 보여 준다. 여기서 예수는 자기 제자들과 대립한다. 곧 명령하는 자가 그의 명령에 복종하는 자들과 대립한다. 그들은 베드로의 반박되지 않는 말에 의하면(28절) 모든 것을 포기했고, 그를 따랐다. 그러므로 그들은 부자가 하지 못한 일을 했다. 저 부자는 저 총체적인 요구의 선포에 의해 불의한 자로 드러났고 정죄받은 반면, 그들은 그 요구를 만족시켰다. 그러므로 그들은 30절에서 그들에게 확증된 대로 영원한 생명으로 가는 도상에 있다. 예수가 그들을 "바라보았다"고 두 번이나(23절과 27절) 강조해서 보고된다. 이것은 자기 사람들을 바라보는 눈초리, 즉 그들이 그의 사람임을 아는, 어떻게 왜 그들이 그의 사람인가를 아는 눈초리이다. 바로 그렇기 때문에 그것은 실로 배타적인 눈초리, 지금 슬퍼서 떠나간 자로부터 시선을 돌린 눈초리가 아니다. 오히려 지금 말해지는 것에 의하면, 그는 그의 사람들을 지나서, 그들을 통하여 이 떠나간 자 쪽을 향하여 바라본다. 하나님의 한 말씀이 지금 순종하는 자와 불순종하는 자를 갈라놓을지라도 그 말씀은 두 구성 요소로 해체되지 않으며, 복종하는 자에게도 여전히 심판의 말씀, 불순종하는 자에게도 여전히 약속의 말씀이다. 그리고 바로 이 분할될 수 없는 온전함 안에서 그 말씀은 지금 예수에 의해 그의 사람들에게 전달되고 위탁된다. 예수가 자신과 부자 사이에 이루어진 사건 후에 제자들에게 말해야 하는 것은, 바로 이 부자와 같은 인간은 그의 많은 재물로 인하여 하나님 나라에서 배제되어 있다는 것, 그래서 그가 하나님 나라에 들어갈 수 없다는 사실이 아니다. 오히려 부자가 그 나라에 들어가기가 "어렵다"는 것이ㅡ낙타가 바늘 구멍으로 들어가는 것보다 어렵다.ㅡ마가복음 10:23-25에서 두 번이나 강조해서 그들로 하여금 생각하게 만든 것이다. 인정받은 바대로 그들이 행한 일, 즉 계명 준수 앞에 난관의 높은 산이 대치한다. 그들이 보기에 부자는 이 산에서 좌절했다. 그는, 그 자신의 결단에 의해, 예수의 확증하는 말씀에 따라 이 산을 극복하거나 제거할 수 있는 위인이 아니었다. 그렇다면 그들, 제자들은 이것을 할 위인들이었는가? 이 자명한 결론은 예수에게서도, 그들에게서도 얻어지지 않고, 예수의 확정은 그들에게 전적으로 기쁨과 만족을 주지 못한다는 것이 특이하다. 그들이 기쁨과 만족을 가질 수 없는 이유는, 저 부자가 하지 못한 일을 함으로써 그들이 저 난관의 산을 이미 극복했기 때문이다. 어째서 또한 그들도 "놀라야" 하며(24절) "더욱 놀라야만" 하는가(26절)? 26절에서 그들이 "누가 구원을 얻을 수 있겠습니까?"라고 물어야만 한다면, 그들이 가질 수 있는 선한 양심의 안식은 어디에 있는가? 마치 모든 사람이 어떻게 구원을 얻을 수 있는지 알지 못하는 것처럼, 마치 그들이 이것에 필요한 일을 스스로 하지 못하고 따라서 할 능력이 없는 것처럼, 그것은 확실히 어렵고 배은망덕한 일일 것이다. 부자에게 요구된 것, 그리고 그들 자신이 그들 나름대로 행한 것을 행한다는 것은 극단적인 결단과 매우 자유로운 뜻이 필요할 것이다. 그러나 여기서 이처럼 놀랍도록 어려운 것, 그들 눈앞에 있는 듯한 그 불가능한 것이ㅡ그것을 바라보면서 비록 그들은 순종할지라도, 그렇게 놀라서 물으며, 따라서 그들의 구원에 대한 염려에서 저 불순종하는 자와 연대해야만 한다.—어디에 있는가? 그들의 경악, 그들의 물음은 또한 복음서 기자의 견해로는 완전히 적절했다는 것이 확실하다. 그들이 부자에게 향한 요구, 그의 실패, 비록 그들이 그것을 지켰을지라도, 하나님 계명 이행의 큰 난관에 대한 예수의 단언을 듣고 놀랐다는 것은 정상이다. 마치 그들 자신이 그런 것에 대해 처음 들은 것처럼, 그들이 예수를 따르기 위해 버린 모든 것이 그것들의 가치와 필요성을 보이면서 여전히 그들 앞에 있는 것처럼, 그들을 붙잡고 그에게 순종하는 것을 방해하는 것처럼 말이다. 예수와 부자 사이에 일어난 일은 복음서 기자의 견해로는 분명히 또한 그들, 순종하는 자들에게도, 무엇이 복종인가, 복종의 걸음이 얼마나 위대한가를 전혀 새로이 놀랍게 지시했다. 이 걸음은 일단 시작한 후에는 전적인 난관 속에서도 거듭하여 행해져야만 한다. 복종하는 자들이 언제나 저 불순종의 심연의 가장자리에 있다는 것, 이 심연이 그들 발 밑에도 있다는 것이, 그들이 지금 순종하는 자들로서 불순종하는 자 곁에 있음으로써 그들에게 분명해졌다. 그리고 이 사실이 그들, 제자들에게 드러났다는 것, 그들이 실제로 하나님의 계명에 대해서는 불순종하는 자들과 연대함을 고백해야만 했다는 것이 23-31절에 의하면 이 이야기의 의미이다. 그렇기 때문에 그들은 놀랐다. 그렇기 때문에 그들은 "누가 구원을 받을 수 있습니까?"라고 물었다. 부자가 하지 못한 것을 그들이 했다는 것은 저 계시를 중단시킬 수 없고, 그들로 하여금 저 고백을 하는 것을 막을 수 없다. 그들은 예수, 하나님의 계명에 대해서 저 부자와 같은 곤경에 처해 있다. 그들이 하나님 나라에 들어가는 것도 그들에게는 낙타가 바늘 구멍으로 들어가는 것보다 어렵다. 그들, 복종하는 자들이 구원받는 것도 예수의 말씀(27b절)에 의하면 인간에게는 불가능하다. 그리고 오로지 하나님에게서만 모든 일이—또한 그들의 구원과 그들의 구원으로 이르는 길로서 그들의 복종도—가능하다는 것, 따라서 그 곳을 떠난 불순종하는 자에게도 희망이 되는 것은 또한 그들의 희망이다. 모든 문맥의 축을 이루는 것은 바로 27절의 말씀이다. 어떤 인간이 구원을 받는 것은 인간의 능력에 속하는 일이 아니라 하나님의 능력에 속한 일이다. 아무도 자신의 능력에 근거해서는 구원을 받을 수 없다! 모든 사람은 하나님의 능력에 근거하여 구원을 받을 수 있다. 하나님이 양자, 순종하는 자와 불순종하는 자를 함께 이것을 통찰하도록, 명령하는 하나님에 대한 그들의 이런 처지를 인식하는 쪽으로 몰고가는 것이 바로 하나님의 요구의 형태이다. 그 요구가 선포됨으로써 우리에게 원하고 여하튼 간에 달성하는 것은, 바로 우리가 복종하든 복종하지 않든 간에, 우리 자신을 통해서가 아니라 오로지 하나님의 능력, 그의 자비의 능력을 통하여서만 우리가 도움을 받을 수 있어야 한다는 것이다. 이 요구는 이처럼 극단적이고, 그것은 우리를 극단적으로 사로잡고 구속한다. 본문에 의하면 하나님의 요구는 부자가 할 수 있는 것에 근거할 때 그에게 불가능한 일을 그에게 요구한다. 우리는 보았다. 계명의 본질을 이행함에 부족한 것은 예수의 충만함 속에서 사는 삶, 하나님을 위하고 이웃을 위한 자유이다. 오직 이 자유 안에서만 그는 복종할 것이고, 복종할 수 있다. 그러나 바로 이 자유가 그에게는 부족하다. 그는 예수가 아니다. 그는 다만 많은 재물을 가진 인간이고, 그런 자로서 이 자유를 누릴 능력이 없다. 그는 하나님의 계명에 다만 불순종할 따름이다. 그는 영원한 생명에 이르는 길을 걷기는커녕 그 길로 들어설 수조차 없다. 그가 이렇게 하기 위해서는 자신과는 다른 인간이 되어야만 한다. 현재의 그로서는 그 길에서 배제되었다. 누가 스스로 현재의 자신과는 다른 인간이 될 수 있는가? 인간에게는, 인간의 능력에 근거해서는 이것은 불가능하다. 인간적 능력은 이 가능성을 포함하지 않는다. 인간이 하나님 나라에 들어가기 위해서 필요한 일을 하기 위해서 현재의 자신과는 다른 인간이 스스로 되는 것보다는, 낙타가 바늘 구멍으로 들어가는 것이 차라리 가능할 것이다. 그러나 이것은 또한 그가 하지 않은 일, 하지 못한 일을 한 자들로서, 영원한 생명으로 이르는 길에 있는 자들로서, 복되다고 칭찬받아야 할 자들로서 저 부자와 대조를 이루는 예수의 제자들에게도 해당된다. 그들 자신의 능력에서 볼 때 저 부자에게 부족한 것은 그들에게도 부족하다. 그들에게도 예수의 충만함, 하나님과 이웃에 대한 그의 자유는 없다. 또한 그들도 그것을 받아들일 그릇, 소질, 포용력이 없다. 그들은 예수가 아니다. 그들도 현재의 처지로서는 하나님의 계명에 불순종할 따름이며, 영원한 생명에 이르는 길을 잃을 따름이다. 그들도 현재의 처지와는 다른 인간이 스스로 될 수 없다. 저 부자 앞에 놓여 있는 난관의 산은 그들 앞에도 놓여 있다. 본문에 의하면 이것이 그들이 새삼스러이 발견한 것이다. 누가 구원받을 수 있겠는가? 아무도 구원받을 수 없다. 또한 그들도 구원받을 수 없다. 부자에 대한 판결, 그에게 한 가지가 부족하다는 사실 확인은 직접 그들에게도 해당된다. 하나님의 자비의 전능이 아니면 그들도 멸망할 수밖에 없다. 그러나 하나님이 인간에게 요구하는 그것이 인간에게는 불가능한 것으로 표현됨으로서는 아직은 완전히 표현된 것이 아니다. 인간은 아니나 하나님은 할 수 있음에 근거하여, 인간들에게 불가능한 것은 하나님에게는 가능하다.—그리고 이제 또한 인간 자신의 능력에 의해서가 아니라 하나님의 능력에 의하여 가능하게 된다. 그리고 예수의 제자들이 이런 하나님의 능력에 대한 증인이 될 수 있다는 것 때문에 그들은 부자보다 탁월하고 앞서 있으며, 바로 이 점이 복종하는 자와 불순종하는 자의 차이점이다. 그들은 실제로 모든 것을 버렸고, 예수를 따랐다. 어떻게 이런 일이 일어났을까? 그들은 저 부자처럼 적게 가진 것, 그러나 하나님의 선물, 은사로서 그들에게 맡겨진 것을 사용했다. 그들은 저 부자 못지않게 그들에게도 부족한 것이 예수 안에 그들을 위해서도 있음을 인식했고, 요구했고, 붙들었다. 그들은 부자의 포용력보다 작지 않은 자신들의 포용력을 고려하지 않고서 예수의 충만을 자신들의 충만으로 삼았고, 그들 자신의 것이 아닌 그의 자유를 그런 것으로 인정했고 사용했다. 그들은 예수가 아니지만, 그의 말씀에 의거해서 그를 의지했고, 따라서 실제로 스스로 다른 인간이 됨이 없이, 예수의 다름을 자신들을 위해 표준을 삼았고, 그러므로 실제로 자신들과는 다른 인간으로 살았다. 이런 겸비, 혹은 이런 과감성 속에서—오히려 이 겸비 혹은 이 과감성이 그들에게 허락하고 명령한 은혜에 근거해서, 그들에게는 불가능한 일이 가능하게 되었다. 그들에게? 아니, 그것은 그들에게 가능한 일은 결코 아니었다. 그것은 언제까지나 하나님에게만 가능한 일이었다. 그러나 하나님에게만 가능한 일이 이런 인식, 이런 신뢰, 이런 겸비 혹은 과감성 속에서 그들에게 가능해졌다.—우리는 지금 또한 단순하게 말할 수 있다. 그들은 믿음 안에서 복종했다. 그들은 예수가 그들을 위하여 복종했다는 것을 진실로 받아들였다. 그들은 그들 자신의 능력으로는 불순종할 수밖에 없는 자들이었으며, 그런 자들로서 그와 더불어 그의 복종을 따름으로써 복종하게 되었다. 그들은 믿었다. 즉 그들은 그의 능력이 자신에게 덧붙여지고 그들 자신의 능력을 그의 능력으로 덮는 것을 감수했다. 그들은 그의 능력의 그늘과 보호 아래 살기를 기도했다. 그의 능력의 그늘과 보호 아래 사는 삶이 그들의 복종, 즉 모든 것을 버리고 그를 따라갈 각오와 준비 자세였다. 그들이 영원한 생명에 이르는 길에서 이렇게 다만 복종하였기 때문에 불순종하는 자에 대한 판결은 또한 그들에게도 해당된다는 것이 분명하다. 그들이 이 자유 없이, 이 그늘과 보호 없이는 복종하는 것이 불가능하다는 것과, 그들 자신이 이 그늘과 보호 밖에서는 불순종할 수밖에 없다는 것이 그들 눈에—다른 사람의 불순종에 비추어서—분명해졌을 때, 저 겸비 혹은 과감성 속에서 그들에게 부가된 예수의 자유를 붙잡았고, 그의 능력의 그늘과 보호 아래, 하나님의 능력의 그늘과 보호 속에 들어선 그들이 어떻게 놀라지 않을 수 있겠는가? 그들이 어떻게 스스로 다른 사람이 되었다고 생각할 수 있으며, 현재의 처지와는 다른 인간이 되려고 생각하며, 그러므로 어떻게 그들의 능력과 업적에 근거해서 그들에게 해당되는 저 판결 앞에서 안전하다고 생각할 수 있겠는가? 하나님의 계명 이행에 필요한 한 가지가 그들에게 부족하지 않다면, 그것은 그들이 스스로 그것을 갖고 완수하기 때문이 아니라 다만 예수 안에 그것이 그들을 위해 있기 때문이며, 그들이 그것을 그에 대한 믿음 안에서 이것을 시인했기 때문이다. 그리고 바로 그들이 이렇게 다만 이렇게 복종하고 영원한 생명에 이르는 길 위에 있기 때문에 또한 이것이 분명해진다. 즉 그들은 불순종하는 자, 부자와 달리 받아들인 사면 판결과 그들이 부자와 달리 그 안에서 살 수 있는 희망과 신뢰를 자기 자신과만 연관지을 수 없고, 부자에 반하여 그것을 자신을 위해 유보할 수 없다. 그들이 부자와 함께 인간에게 가능한 모든 일에 대한 심판 아래 있다면, 또한 부자는 그들과 더불어 하나님에게 가능한 것의 약속 아래 있다. 하나님에게 가능한 일에는 그들 자신의 현재의 복종뿐 아니라 부자의 미래의 복종도 포함되며, 영원한 삶에 대한 그들 자신의 상속권뿐 아니라 부자의 상속권도 포함된다. 예수의 충만함이 그들, 불순종하는 자들을 위해 있다는 것에 의해서 그들이 참으로 산다면, 그들은 또한 같은 충만함이 그 부자를 위해서도 있다는 사실에 의지하여서만 이 다른 불순종하는 자를 바라보고, 그에게 말할 따름이다. 그들 자신의 계명 이해의 순전히 그들이 그들에게 부가된 예수의 자유를 사용하고, 따라서 그들 자신의 능력보다 위대한 하나님의 능력을 사용함에 있다면, 그들이 어떻게 이 계명을 위반한 이 인간 혹은 어떤 다른 인간에 대해서, 그가 아직은 그에게도 허락되었을지라도 사용하지 않았다는 것 외에는 이 자유가 그를 위해 남아 있다고 판단하지 않겠는가? 그들에게 은혜, 그들 자신의 무능력을 가리는 신적 능력의 은혜가 있었고, 있다면, 이 무능력자에게도, 그들 자신처럼 무능력한 모든 다른 사람에게도 어찌 이 은혜가 없겠는가? 어떤 불순종하는 자일지라도, 인간이 하나님의 자비에 맡겨진 자가 되기를 인간에게 요구하는 하나님의 계명의 철저한 권위와 효력에서 벗어날 수 없다. 그리고 사실이 그렇다는 것은 복종하는 자에 의해서 다른 인간에게 은폐될 수 없고, 자신의 유익을 위하고 다른 사람의 불이익을 위하도록 할 수는 없다. 오히려 이 사실을 아는 자들이 모르는 다른 사람들에게 증언하고 말해야만 한다. 이것을 위해서, 오직 이것을 위해서는 그들이 다른 사람들보다 낫고 탁월하다. 제자들이 하나님의 은혜로 말미암아 현재의 그들이 되고, 그들이 행하는 일을 할 수 있고, 사도들, 곧 인간에게는 불가능하지만 하나님에게 가능한 일을 선포하는 자가 된다는 것, 이것이 그들이 부자보다 탁월하고 구별됨의 의미이니, 이것은 그들이 증인이 된 사건 속에서 드러난 바와 같다.(오해할 여지없이 이 이야기의 부자와 제자들 사이의 관계 속에는 교회와 이스라엘 사이의 관계, 그러나 또한 하나님의 온 공동체와 그것을 둘러싼 인간 세상 사이의 관계가 반영되고 반복된다!) 복종하였고, 영원한 생명에 이르는 길 위에 서게 됨으로써 그들은 모든 인간 앞에서, 그들이 될 수 있고 할 수 있는 것은 또한 모든 인간에 대한 하나님의 뜻이라는 것과, 그들이 그것에 의해 살고 있는 가능성은 모든 인간을 위해서도 사용될 수 있도록 준비되어 있다는 것을 증언한다. 오직 믿음을 통해 구원받음으로써 그들은 아직 구별되지 못한 모든 인간 앞에서, 이 구별은 또한 모든 인간에 대한 결정이기도 하며, 각 인간은 그의 불순종의 심연 속에서도 여전히 이렇게 결정되어 있다는 것을 말해야 하고, 말할 수 있다. 그런 한에서 예수가 제자들을 자기 사람들로, 복종하는 자들로 바라보면서, 동시에 부자, 불순종하는 자, 그리

3. 하나님의 요구의 형태   679

고 그와 비슷한 자들을, 하나님의 계명의 작용 범위 안에 있고 결코 거기서 벗어날 수 없는 자들로 바라보았다.

이 이야기를 종결짓는 예수와 베드로 사이의 대화(막 10:28-31)는 31절에서 의미심장한 말로 끝을 맺는다: "많은 사람들이 먼저 된 자가 나중 되고 나중 된 자가 먼저 될 것이다." 예수와 부자 사이의 사건, 그리고 예수와 제자들 사이의 사건은 제자들에게도 심판 위협을 뜻하고, 부자들에게도 약속을 뜻한다는 사실이 이 결론의 말에서 분명해지는 듯하다. 이 모든 일이 벌어졌고, 이 모든 일이 증언한 그리스도의 나라의 기본 전제가 또 한번 어떻게 관철되는지 주목해야 한다. 구원받은 자와 멸망한 자, 안에 있는 자와 밖에 있는 자, 참여한 자와 참여치 않은 자에 대해서가 아니라, 동일 영역 내에서 심각하지만 그럼에도 불구하고 절대적인 것은 아닌 차이에 대해서, 즉 처음과 나중에 대해서 언급한다. 그러므로 이 영역 내에서 그 주민들, 거주자들 가운데서 한 부류와 다른 부류, 지금은 복종하는 자와 지금은 불순종하는 자들의 처지와 판단에 있어 매우 극단적인 변화의 가능성에 대해서 말한다. 제자들이 어쨌든 스스로의 능력이 아니라 그들에게 주어진 신적 능력 덕분에 복종함으로써 지금 처음이 되고, 부자는 그의 인간적 무능력 때문에 지금 마지막이 된다면, 전자는 유리하고 후자는 불리하다면, 양자가 모두 두 가지 전제를 공유하고 있을지라도, 전자와 후자의 관계는 양자에게 유효한 전제에 근거하여 뒤바뀔 수 있다. 곧 지금은 마지막인 부자가 그에게서도 박탈되지 않았고, 그에 의해 사용될 수 있는 신적 능력에 근거하여 처음이 될 수 있으며, 지금은 처음인 제자들이 그들 자신의 무능력, 신적 능력에 저항하는 무능력에 의하여 마지막이 될 수도 있다. 로마서 11:14-15! 제자들과 부자 사이에 벌어진 가시적인 상황은 안정된 것이 아니고 절대적인 것이 아니다. 하나님의 계명만이 안정적이고, 예수만이 그 나라의 왕으로서 절대적이다. 그 나라에서는 양자가 존재하며, 양자는 하나님의 자비에 대해서 책임을 지며, 그 자비 앞에서 도움을 필요로 한다.

저 결론적 단언이 관련되고 있는 예수와 베드로 사이의 대화(28-30절)는 제자들의 높은 탁월성을, 그러나 또한 그들에 대한 큰 위협을 드러낸다. 곧 첫째로서의 그들의 지위, 그러나 또한 그들이 실제로 첫째로부터 나중이 될 수 있는 가능성. "우리는 모든 것을 버렸고 당신을 따랐습니다!" 이 말은 베드로가 28절에서 인간에게는 가능하지 않으나 하나님에게는 가능하다는 말에 응하여 적절하면서도 동시에 적절하지 않게 답변한 말이다. 제자들이 실제로 하나님에게 가능함에 근거하여 인간에게는 불가능한 일을 했으므로 적절하였다. 그러나 이 발설이—마태는 그것을 확실히 정당하게 이해했다.—기이하게 일어나는 염려를 표현하는 한에서 부적절하였다: "우리는 어떻게 되겠습니까?" 하나님에게 가능한 것에 대한 믿음에서, 따라서 제자들을 부자로부터 구별하는 복종에서부터 이 염려는 설명될 수 없고, 다만 그들이 불리하게도 부자와 공통적으로 가지는 것, 곧 그들 자신의 불순종, 부자의 불순종과 함께 드러나고 정죄받은 불순종에서 설명될 수 있다. 이 염려에 의하면 그들이 모든 것을 버리고 예수를 따름에서의 복종은 즐거운 복종이 아니었다. 이 염려에 의하면 그들은 믿음 안에서 전진했으나 동시에 그들이 예수를 따르기 위해 버렸던 모든 것을 뒤돌아보았다. 그렇다면 그들이 어떻게 진정으로 모든 것을 버렸는가? 그렇다면 그들이 어떻게 부자와 달리 예수를 진정으로 따랐으며, 신적 계명의 본질을 만족시켰는가? 그렇다면 그들이 어떻게 자신들이 부자와 더불어 그들이 행한 일에도 불구하고, 진지하게, 전적으로 문제가 되어 있음을 보지 않을 수 있었겠는가? 그렇다면 그들이 어떻게 부자가 지금 실현한 가능성, 첫째 대신 마지막이 될 수 있는 가능성에 의해 위협받지 않을 수 있겠는가? 그는 슬퍼서 그 곳을 떠났다. 그러나 그들은, 이 염려스런 물음에 의하면, 슬퍼서 그 곳으로 왔을 때 무엇을 했는가? 이 물음에서, 하나님의 계명에 대해서 무엇이 인간에게는 가능하고 불가능한가는, 먼저 부자에게서도 드러나지 않는 것처럼 제자들에게서 드러나지 않는다. 예수가 그들에게 28절 이하에서—위로하면서, 그들의 염려를 어느 정도 진정시키고 흩어 놓으면서—자신과 복음 때문에 집과 형제, 자매, 어머니, 아버지, 자녀, 밭을 버린 자는 이미 이 세상에서, 박해 가운데서 버린 것에 대해 백 배나 보상을 받고, 다시금 미래의 나라에서 영원한 생명을 받을 것이라고 말한다면(그리고 그는 마태복음 19:28에 의하면 이 약속을 그들의 사도적 직무를 지시함으로써 강조한다. 그 직무에 의해서 그들은 하나님 백성의 열두 지파를 심판하게 될 것이다.), 사람들은 여기에 들어 있는 그들 자신에 대한 위협의 암시, 이로써 그들에 반하여 발설된 심판의 위협을 간과해서는 안 된다. 그 때문에 모든 것을 버리고 그를 따른 자들은 미래의 세상에서 영원한 생명을 확신할 뿐 아니라 이 세상에서도 아무것도 잃은 것이 없는 자들이다. 그 이유는 그들은 모든 잃어버린 것을, 잃어버린 것만큼이 아니라 그들이 전에 갖지 못하였고, 달리는 받지 못할 것을 백 배로 다시 받을 것이기 때문이다. 그들은 이미 이 세상에서 가장 부유하고 가장 현실적인 보상을 향해 가는 자들이다. 그들은 인간적인, 물질적인 가치와 재물에서 가질 수 있고 바랄 수 있는 모든 것을 충만히 가질 것이다. 그들은 온순한 자들로서 마태복음 11:29에 의하면 그들의 영혼의 안식을 얻을 것이고, 마태복음 5:5에 의하면 영원한 생명뿐 아니라 땅을 상속받을 것이다. 그들이 그런 인간들인가? 이것은 이 약속 속에 감추어 있는 매우 비판적인 물음이다. 그들이 이런 약속을 갖고 그것과 함께 살아가는 자들인가? 그들은 모든 것을 버리고 그를 따름으로써 복음을 그들의 삶과 죽음을 위한, 그들의 몸과 영혼을 위한 기쁨의 사신으로 듣고 받아들였던가? 그들은 불순종 대신 하나님에 대한 복종을 선택함으로써 실제로 보다 나은 것, 최선의 것을 선택했는가?(이 복종이 사실 그런 것이다.) 그들이 이렇게 했다면, 그들이 어떻게 우리는 어떻게 되겠습니까 하고 탄식하고 물을 수 있으며, 어찌 어느 정도 후회스럽게 그들이 포기한 것을 되돌아볼 수 있겠는가? 복종하는 자란 포기함으로써 얻는 자이고, 적은 것을 잃음으로써 무한히 더 많은 것을 받는 자라면, 이렇게 되돌아볼 수 있는 자가 어떻게 복종하는 자이겠는가? 그들이 이렇게 뒤돌아볼 수 있음으로써, 또한 슬프게 거기를 떠난 부자보다 단 한 걸음 앞서 있는가? 그들은 지금 이미 그와 함께 그리스도의 나라에서 나중 된 자들 가운데 있지 않은가? 그리고 그들은 언제라도 부자에 의해 추월당할 수 있고, 그가 그들 대신 첫째가 될 수 있지 않은가? 그러나 이 물음과 더불어 제자들에게 해당되는, 그들에 대한 심각한 위험을 드러내는 심판 위협이 전적으로 예수가 제자들에게 주는 약속에 의해 가려지고 위장되어 있다는 것은 물론 우연이 아니다. 그리고 이 위협의 심각성과 비중은, 그것이 이렇게 위장되어 간접적으로 그들에게 해당된다는 데 있다. 28절의 베드로의 말과 29절 이하의 예수의 대답 사이에는 매우 간접적인 관계만이 성립한다. 분명히 제자들이 스스로 (인간에게 가능하고 불가능한 것의 한계 안에서) 드러낸 자신들의 본질과 또 다른 본질, 자유로운 자비로운 가능성 안에 근거한 본질, 예수를 통하여 그들 자신의 본래적인 새로운 생명으로서 그들에게 부가된 본질, 즉 그가 그들 안에서 보며, 그들의 자기 표출에도 불구하고 여전히 발견하는 본질 사이에는 완전한 균열이 일어난다. 염려와 반 후회 속에 그들이 잃어버린 것을 되돌아보는 베드로와 제자들은 분명히, 예수가 지금 마치 아무 일도 일어나지 않은 것처럼, 그와 복음 때문에 모든 것을 버렸던 자들로서, 그리고 그런 자들로서 저 백 배의 일시적인 보상과 영원한 보상을 받기에 합당하고 또 그

보상을 확신하는 자들로서 대하는 사람들이 아니다. 예수는 베드로의 말이 지시하는 대로 언제나 저 다른 사람들임을 모르는가? 그들이 예수를 통해서 새로워졌음을 같은 말로 모호하지 않게 부인했다는 것을 모르는가? 그는 그것을 분명히 안다. 바로 이 말에 그는 그들에게 긍정적으로 대답한다. 그러나 그는 어느 정도 그들을 위하여 그들과 함께 저 심연 위로 걸어감으로써, 그가 그들을 자기 스스로를 통하여 된 인간에서 벗어나 그들이 그를 통하여, 그와 더불어 있는 인간이 되게 함으로써, 이렇게 한다. 그가 그들을 무로부터 사도들로 불렀고 여기서 침묵 속에서 이루어지는 일을 "만들었다"(막 3: 14, 16)는 것은 창조적인 선한 행위의 반복이다. 그리고 이 행위에 근거하여 그들은 이제, 저 염려하는 물음에 따르자면 진정으로 그들의 모습이 아닌 인간으로서 대해진다. 그들에게는 저 물음의 전제에 모순되는 삶이 부여된다. 그들은 이제 모든 것을 잃었고, 그를 따름으로써 저 온전한 일시적인 행복과 영원한 행복을 확신하며, 따라서 결코 염려할 수 없는 자들이라고 표시된다. 이렇게 그들은 위로받는다는 것을 주목하라. 예수가 그들의 거의 감추어지지 않은 타락에 직면하여 새로이 그들에게 구원자 예수가 됨으로써, 그가 그의 자유로써 새로이 의롭게 그들의 부족을 위해 개입함으로써 그들이 위로받는다. 이렇게 그는 그들의 염려를 진정시키고 흩어 놓는다. 이렇게 하지 않고서는 불가능하며, 그들은 여전히 심연의 저편에 있을 것이다. 그들이 모든 것을 잃은 후에는 그들의 염려는 자연스러울 뿐 아니라 무한하고, 극복될 수 없을 것이다. 그들이 어떻게 거기서 떠날 수 있겠는가? 예수가 염려를 스스로 취함으로써 그것은 제거된다. 그리고 그가 그들을 위해 개입함으로써 그가 그들에게 주는 약속은 힘이 있고 효과적일 것이다. 그 약속은 그 자신의 영광의, 그의 감추어진 그러나 현실적인 나라의 반사이기 때문에, 그들을 위해, 그들 위에 비친다. 그 자신이 그의 큰 자유 안에서 하나님과 인간들을 위하여 자기 목숨을 내어줌으로써—죽은 자들 가운데서 부활하여 하나님 오른편에 앉음으로써—비할 바 없는 신적 광채 속에 그것을 다시 얻는 것처럼, 그들은 그가 행한 모든 일이 그들을 위해 행한 것이므로 영원한 생명을 얻는다. 그리고 그 자신이 여기서 지금 이미 육신 안에 감추어진 그의 존재의 은밀함 속에서 실제로 그의 나라의 모든 의와 기쁨을 소유하고 있는 것처럼 그들도 그 안에서, 그와 더불어, 그의 모든 것이 또한 그들의 것이 됨으로써 그것을 소유한다. 이와 다르게 말한다면, 29절 이하의 약속은 "박해 가운데"(30절) 있는 교회의 삶에 부합되지 않는, 매우 기이한 "신기루" 이상이 될 것이다. 예수가 그의 제자들에게 말한 것이 그 자신이 그의 사람들을 위하여 행하는 바의 역동에 의해 성취되었기 때문에, 그의 약속은 현실성, 명료성, 진리가 충만하고, 그러므로 그것은 위로의 약속, 염려를 부정할 뿐 아니라 파괴하는 약속이다. 바로 그런 것으로서 그 약속은 분명히 제자들에게만이 아니라 슬프게 거기를 떠난 부자에게도 향하여 있다. 이것이 본문의 의미라는 것은 마가(그리고 누가) 보도에서 분명히 드러난다. 단 예수의 답변은 베드로가 "우리가 모든 것을 버리고 당신을 따랐습니다."라고 한 말에 간접적으로, 보편적인 진술로써 대립한다. "집과 형제 자매 … 를 버린 자는 백 배나 보상을 받게 될 것이다." 이것이 모든 염려하는 자, 부자유스러운 자, 여전히 심연의 저편에 서 있는 자를 위한, 인간에게는 가능하고 불가능한 것을 통해 얽매어 있는 자들을 위한 보편 타당한 답변이므로, 예수가 이 얽매인 자들을 위하여 행하는 것이 이 답변의 결정적 요소이므로, 이 답변은 제자들뿐 아니라 거기를 떠난 부자에게도 해당된다. 부자는 하나님의 계명뿐 아니라 또한 그것의 의미인 하나님의 약속에서, 그가 어떻게 행동하든 간에—설령 그가 가장 깊은 지옥까지 피할지라도—벗어날 수 없을 것이다. 제자들은 예수가 그들을 위하여 말하고 행한 것을 부자 내지 그와 유사한 인간을 위하여, 예수가 그들에게 그럴 의무가 없음에도 불구하고 지치지 않고 말했듯이, 계속하여 말하기를 중단할 수 없을 것이다.

부자에게는 분명하게 진술된 희망이 남아 있다: "나중 된 자가 먼저 될 것이다." 그러나 또한 우리는 예수가 말하는 것이 그럼에도 불구하고가 아니라 이 말씀이 전적으로 약속에 가려지고 위장되어 있기 때문에 심판의 말씀으로 실제로 제자들에게도 해당된다는 것을 이해한다. 그들이, 저 베드로의 말에 따르자면, 서 있는 그 곳에 머물러 있다면, 어떻게 하나님의 고발이 그들에게 도달할 수 있으며, 그들이 그의 계명의 위반자로서 책임을 질 수 있겠는가? 인간이 현재의 인간과는 다르게 되는 것이 가능하지 않다면, 그들이 어떻게 염려하면서 의롭다 함을 받거나 혹은 책임을 면하겠는가? 그러나 그들은 새로운 존재에 근거해서 말씀을 받음으로써, 하나님에게 가능한 일이 그들에게 이루어진 자들로서, 고발당하고 정죄당한다. 그들에게 이 새로운 존재는 다시 온갖 형태로 약속되고 부가된다. 이것, 그리스도의 은혜는 옛 존재에 대한 공격이다. 그들은 저 염려의 발언에 의하면 옛 존재로 되돌아가려 하였거나, 이미 되돌아갔다. 이것이 그들로 하여금 책임지게 만들고, 변명할 수 없게 만들고, 분명히―그렇지 않다면 이 이야기는 복음서 안에 있지 않을 것이다.―고백하고 회개할 수 있게 만든다. 이것은 회개하고 후퇴하고 자신의 후회를 후회하라는 권고이다. 그들이 누구이며, 그들이 누가 될 수 없으며, 그들이 어디에 속하며, 그들이 어디에 속할 수 없는가가 말해진다. 부자에 관한 이야기는 우리에게 여러모로, 신적 본질이 하나님의 계명을(그의 불신실에 항거하면서 또한 그의 불신실로 인하여 그가 떨어지는 심판을 극복함으로써) 듣는 인간을 예수의 인격에 묶어 놓는 데 있는 한에서 신적 계명 안에 있는 하나님의 항존적인 신실함을 보여 준다.

§38
하나님의 결정으로서의 계명

하나님이 예수 그리스도 안에서 우리에게 자비로움으로써, 그의 계명은 우리 행위의 성격에 대한 주권적인, 일정한, 선한 결정이다. 즉 우리는 그 결정에서 언제나 출발하며, 그 결정 아래 언제나 서 있고, 언제나 그 결정을 향해 간다.

1. 하나님의 결정의 주권성

하나님의 계명은 "요구" 개념으로 표현할 수 있는 것 이상이다. 우리는 이 개념의 한계를 넘지 않고서는 하나님의 계명을 또한 요구로 표현할 수 없었다. 요구는 밖으로부터 인간에게 다가온다. 하나님의 계명도 이렇게 한다. 심지어 우리는 인간이 하나님의 계명을 통해서보다 더 엄격하게 "외부로부터" 접촉되고 말을 듣게 될 수 없다고 말해야 할 것이다. 그러나 모든 다른 요구가 본질적으로 인간의 내밀한 곳에 저촉하지 않고 변화시킴 없이 내버려둔다고 한다면, 하나님의 계명은 그것의 특별한 효력으로써 인간에 접근하기 때문에 인간은 그 요구를 통하여 이전과는 전혀 다른 인간이 된다. 하나님 말씀의 요구가 아닌 어떤 요구는 정당하거나 정당하지 않은 요구, 가능하거나 불가능한 요구, 필수적이거나 구속력 없는 요구일 수 있다. 그리고 그 요구가 전자인가 후자인가에 대해 요구받은 자가 다소간에 스스로 결정할 권한이 있다면, 하나님의 계명의 요구는 이런 자유의 여지를 남겨놓지 않는다. 그것은 본성적으로 정당하고 가능하고 필수적인 요구로서, 요구받은 자는 그것을 받아들임과 동시에 그것에 대한 책임을 지며, 그것에 직면해서 어떻게 처신하든 간에, 결코 요구받지 않은 자처럼 그것을 피할 수 없다. 다른 요구들이 요구받은 자의 복종 혹은 불순종을 통해 "처리"될 수 있음에 그 한계가 있다면, 하나님의 계명은 복종이나 불순종에 의해 결코 "처리"될 수 없다. 오히려 그것은 복종하는 자나 불순종하는 모든 인간을 요구함으로써 인간이 그 요구에 속하게 되고, 그것에 의해 표시됨을 의미한다. 이로써 아무도 거부할 수 없게 자격이 부여된다. 하나님의 계명은 우리가 보통 인간에 대한 요구로 표시하는 모든 것을 넘어 그에 대한 발설이다. 하나님의 계명은 그를 한 요구 아래 세울 뿐 아니라, 이렇게 함으로써 하나의 결론 아래 세운다. 하나님의 계명은 그가 그것에 상응하여 결정하도록 요구할 뿐 아니라, 이렇게 요구함으로써, 인간이 그것에 상응하거나 혹은 그것에 반대하여 결정함으로써, 인간에 대한 하나의 결정이다. 그리고 인간에 대한 요구, 결론, 결정으로서 하나님의 계명은 인간을 접촉하고 변화시키고 표시하고 자격을 부여한다. 우리는 이제 특별히 사실의 이 측면을 추적해야 한다.

하나님이 예수 그리스도 안에서 우리에게 자비롭다는 것은 우리 전 존재에 대한, 우리가 행하거나 행하지 않음에 대한 하나님의 결정이다. 이것이 우리에 대한 하나님의 뜻이다. 곧 이런 뜻에 의해서 그는 영원 전부터, 그리고 시간 가운데서 우리로 하여금 그에게 속하도록, 우리가 그의 영광에 참여하도록 개입하였고, 스스로 그것에 대하여 책임졌다. 이것이 우리의 시간의 어느 순간에나 우리에 대한 하나님의 뜻이다. 이 뜻의 증언이 하나님의 계명이다. 그것은 우리의 복종, 즉 하나님이 원하고 보증하는 대로 우리의 삶이 그에게 속하여 있는 삶이 되기를, 우리의 뜻과 우리의 행실을 통해 그의 위대한 사랑의 찬양으로서 증언하기를 요구한다. 우리의 복종, 우리의 뜻, 우리의 행실이 우리를 하나님에게 속하도록 창조하고 만드는 것이 아니다. 그러므로 이렇게 창조하고 만드는 것은 하나님의 계명이 우리에게 요구하는 것이 아니다. 오히려 하나님의 계명이 하나님이 우리와 더불어 바라고 우리를 위해 행하는 것의 증언인 것처럼, 그것은 우리에게 우리의 뜻과 행실을 통한 증언을 요구한다. 이 증언은 우리를 향한 은혜에 대한 확증이며, 우리가 이런 그의 은혜를 통하여 우리가 되었다는 것을 능동적으로 인정하는 것이며, 그가 우리에게 준 것에 대한 우리의 증언의 응답이다. 그런 한에서 하나님의 계명은 요구이다. 우리가 본 대로, 예수 그리스도 안에 있는 하나님의 은혜는 하나님의 계명 안에서 우리를 향한 요구의 근거요 내용이며, 구별하는 형식이기도 하다. 그러나 그 은혜는 이뿐만이 아니며 또한 하나님의 계명은 요구만이 아니다. 우리가 하나님의 뜻에 의하여, 이 뜻에 상응하는 그의 행위에 의하여 하나님에게 속한다는 것은 무슨 뜻인가? "우리"는 하나님 앞에 존재로서, 의지하고 행동하면서 존재하는, 우리 시간적 생명만큼이나 길고 혹은 짧은 일련의 결정의 모험 속에서 존재하는 인간들이다. 하나님의 계명들의 요구는 이런 우리의 결정 전체를 그리고 개별적인 결정을 목표한다. 이런 우리의 결정 속에서 우리가 하나님에게 속하여 있다는 것을 증언해야 한다. 그러나 우리의 결정들이 하나님의 요구 아래 서 있다면, 이것은 더 나가서 다음 사실을 내포한다. 즉 그 결정들은 하나님의 뜻과 행위에 재어지며, 하나님의 뜻과 행위가 앞선 결정이며, 그 결정을 통해서 우리의 결정들이 그의 위대한 사랑의 증언이며 칭송인가 아닌가를 질문받게 된다. 하나님의 계명 안에 있는 그의 뜻이 그 자체로 우리의 능동적 인정을 요구하는 선함이므로, 그것은 동시에 우리 행위의 선과 악의 기준이며, 우리 행위는 그를 통하여(영원 전부터 시간 가운데서 그러므로 우리 시간의 매 순간에) 책임을 지게 된다. 우리가 의지하고 행하는 것을 통해서 그의 뜻에 상응하거나 혹은 하지 않는다. 우리는 그에게 우리의 뜻과 행위에 대하여 증언하거나 혹은 그것을 거부한다. 우리는 하나님의 위대한 사랑을 찬양하거나 아니면 그것을 모독한다. 이것이 우리 삶에서 선과 악을 구분하는 것이다. 그리고 바로 하나님이 예수 그리스도 안에서 우리에게 자비로움으로써, 이 구별이 이루어진다. 우리에 대한 이런 그의 뜻과 이런 그의 행위가 우리 삶의 각 순간의 법이요, 우리의 전체 삶의 법이다. 그는 또한 우리의 삶의 주이기 때문에 우리는 그에게 속하고, 우리가 있기도 전에 그에게 속했고, 그에게 언제까지나 속할 것이기 때문에 결코 다른 누구에게도 속하지 않으며, 우리 자신에게도 속하지 않기 때문에 그는 우리의 법이다. 우리의 과거, 현재, 미래는 우리가 그에게 의로운가 아닌가에 전적으로 달렸다. 그리고 우리가 그에게 의로운가 아닌가, 그러므로 일어서느냐 쓰러지느냐는 우리의 일이 아니라 그의 일이니, 곧 영원 전부터 하나님의 뜻 안에서 그리고 시간 가운데서 하나님의 행위 안에서 내려지고 발언되었고, 우리 시간의 각 순간에 다시금 내려지고 발언되는 앞선 결정의 일이다. 우리가 바라고 행하는 것은 하나님의 이 발언에 종속되고 그것의 계시를 기다린다. "우리는 모두 그리스도의 심판대 앞에 나서야 합니다. 그래서 각 사람은 선한 일이든지 악한 일이든지 행한 모든 일에 따라 … 보응을 받아야 합니다."(고후 5:10) 우리가 지금 여기서는 아직 그 앞에 나서지 않았지만 그리스도의 심판대는 이미 열렸고, 우리가 선한 일이든 악한 일이든 어떤 일을 했고, 하고, 할 것인지에 대해서는 이미 거기서 지금 결정되어 있다. 우리는 이미 헤아려졌고 재어졌다. 우리는 헤아려지고 재어진다. 우리는 헤아려질 것이고 재어질 것이다. 이것은 하나님이 예수 그리스도 안에서 우리에게 자비롭고, 바로 이 것이 하나님의 모든 길의 시작이며, 따라서 또한 우리 자신의 시작이라는 데서 확정되어 있다. 이것이 우리를 위한 하나님의 결정이기 때문에 그것은 또한 우리에 대한 그의 결정, 곧 우리 자신의 모든 결정이 종속되어 있는 앞선 결정이다. 이제 그의 은혜의 증언인 하나님의 계명은 동시에 우리가 빛 속에서 행하는가 어둠 속에서 행하는가, 우리가 일어서는가 쓰러지는가에 대한 오류 없는 기준의 증언이다. 하나님이 그의 계명에 따라서 우리를 소유하고자 하고 이미 가짐으로써, 그는 또한 어떤 우리를 소유하고자 하며, 이미 소유하는가를 안다. 그는 그의 계명에 따라서 우리의 주이면서 또한 우리가 의지하는 법이다. 우리가 그의 법을 기억하든 망각하든, 그 법에 대해 묻든 그것을 포기할 수 있다고 믿든, 그 법을 인식하고 준수하든 혹은 그것이 우리에게 멀고 낯설든, 우리가 그것을 인식하고 준수한다고 믿는 모습으로 그것에 순종하든 혹은 거역하든 간에, 이 모든 일 가운데서 우리가 생각해야 할 것은, 우리에게 이것저것, 크고 작은 것을 요구하는 자체가 아니라, 그것을 요구함으로써 또한 우리가 그 앞에 선하든 악하든, 어떤 인간으로 서 있으며, 그에게로 왔으며, 그의 의지에 입장을 취했는가에 대해 결정한 자의 현재가 중요하다는 것이다. 하나님의 계명은 하나님의 요구, 명령, 지시, 위임으로서 동시에 우리 삶 전체의 위기요 동시에 우리 삶의 각 순간의 위기이다. 그에 대한 우리의 자세는, 그것이 어떠하든 우리의 자세이기 때문에, 언제나 또한 우리에 대한 하나님의 자세, 일정한 입장을 포함한다. 곧 그것은 어떤 의미에서 이 하나님의 입장의 수행이다. 우리는 우리의 자세에서, 하나님이 우리에게 그의 계명을 줌으로써 하나님에 의해 인식되는 자로 드러난다.

이것이 계명이 증언하는 하나님의 결정의 주권성이다. 그의 결정은 우리 자신의 결정의 자유를 진실로 폐기하지 않는다. 바로 우리 자신 스스로 결정함으로써 그것의 성격에 대해 하나님 편에서 결정한다. 우리의 결정은 그의 계명을 통해 요구되며, 거기에 재어진다. 바로 우리 자유의 사용은 하나님의 앞선 결정, 곧 우리가 자유를 사용한 것이 의로운가 아닌가, 그것이 그가 우리에게 요구한 증언인가 아닌가 하는 물음에 대한 결정에 따른다. 우리가 자유를 사용하는 가운데 우리는 우리가 하나님 앞에서 무엇인가를 고백하며, 우리는 그에 의해 근본까지 관찰되고 있다. 우리 자유를 사용하는 가운데 우리는 그의 의로운 판단을 어느 방식으로든 수행해야 한다. 우리 자신의 자유로운 결정에는 그의 계명의 임재 가운데 우리가 대면하고 있는 하나님의 주권적인 결정이 관계한다.

그러므로 우리가 참으로 진지하게 관계하는 문제는, 하나님의 계명에 비추어 우리가 우리의 삶이 저 중단 없이 우리에 의해 의지되고, 우리 자신을 통해 이행되는 결정들의 연속이라는 사실을 통해 직면하고 있는 문제이다. 거기서부터 우리 길 전체 및 그 개별적인 부분들의 방향에 대하여 검증할 필요가 생기고, 우리가 이전에 행한 것과 우리가 나중에 행해야 할 것과의 연관 속에서 우리가 현재 직면하고 있는 선택에 관하여 연구할 필요성이 생긴다. 만일 우리가 선택함과 동시에 또한 하나님이 선택한다면, 즉 우리가 선택하는 것의 성격을—선한 선택 혹은 악한 선택으로서, 복종 혹은 불순종으로서 그것의 성격을—결정한다면, 우리는 이런 선택과 더불어 어떻게 될 것인가? 계명이 있다. 그것과의 관계에 따라서 우리의 선택이 선하거나 악할 것이고, 우리는 복종하거나 불순종할 것이다. 하나님이 그것에 대해 결정할 것이다. 그는 영원 전부터, 예수 그리스도 안에서 시간 가운데서 그것에 대해 결정했다. 그러나 그렇기 때문에 그는 우리 시간 속에서, 그리고 우리의 모든 시간 속에서, 그러므로 또한 우리가 지금 향해 가는 결정의 순간에도 결정할 것이다. 그러나 바로 우리의 결정에 대하여 그는 결정할 것이다. 그리고 바로 그의 계명 속에서 그의 이 결정은 우리의 이전의 길에서 우리를 기다린 것처럼, 또한 우리의 나중의 길에서 우리를 기다릴 것처럼, 우리의 결정을 기다린다. 그러므로 우리가 우리에게 주어진 하나님의 계명을 어떻게 이해하면서, 어떻게 그의 결정을 향해 나가야 할 것인가? 그의 판결에 대하여, 선과 악 사이의 구별에 대하여 어떻게 준비 태세를 가지고? 우리가 재어지는 기준에 직면하여 어떤 상태에서? 우리가 이 시험을 피하려 한다면, 우리의 의지와 행동의 각 순간에서 동시에 다음 순간을 위한 우리의 의지, 행동에 대해 준비하는 문제에 몰두하지 않는다면, 현재 순간에서 우리의 의지와 행동이 이런 문제에 의해서, 어제, 오늘, 내일의 연관 속에 있는 우리 삶의 책임성에 대한 지식에 의해서 유지되지 않고 고무되지 않는다면, 하나님의 결정의 주권성을 분명히 고려하지 않는 것이다. 하나님의 결정이 만일 단계적으로 우리가 처해 있었고, 있고, 있을 기준으로, 우리를 지금 여기서 이미 선하거나 악한 자로 관찰하고 있는 심판대로 간주되지 않는다면(비록 우리가 거기서부터 삶의 결정 전체에서 통찰되는 바가 지금 여기서 아직 드러나지 못할지라도), 그 주권성은 분명히 처음부터 경멸한 것이다. 우리가 저 결정에 굴복함, 그리고 이로써 우리가 하나님의 계명에 복종함은 어쨌든, 거기서 결정될 것은 우리 자신의 결정임을 아는 자로서 저 결정을 바라봄으로써 시작된다. 그러므로 이런 우리 자신의 자유로운 결정은 거기에서부터 처음부터 의문시되며, 따라서 우리가 그것을 향해 갈 때 먼저 검증받을 필요가 있다. 우리는 그것을 이렇게 먼저 검증하지 않고서는 그것을 감행할 수 없다. 우리는 어제 하나님의 판결 아래 선 것처럼 오늘도 그 아래 섬으로써, 내일도 어떤 상황에서든 다시 그 아래 서도록 요청받는다. 우리가 원하고 행하는 바가 이런 자기 검증 속에서 이루어진다는 것—우리가 이전에 원했고 행했던 것을 회고할 때, 그리고 지금 밟아야 할 혹은 밟아서는 안 될 선 안에서의 의지와 행위를 전망할 때, 그리고 다음 일 혹은 오히려 우리가 이 다음 일과 더불어 향해 가는 판결에 대한 준비 가운데—이것이 하나님의 계명 안에서 우리의 결정을 기다리는 하나님의 결정에 대한 우리의 적절한 태도이다. 그것은 단순한 이론 혹은 명상과는 무관하다. 그것은 한 선택, 결정과 다른 선택, 결정 사이에 있는 공허한 순간을 이루지 않는다. 그것은 오히려 모든 선택, 결정에 속하며, 그러므로 각 순간의 실천에 속한다. 우리 삶이 우리 자신의 결정에서만이 아니라 개별적으로나 전체적으로 하나님의 결정 아래서 일어나고 결정의 계시를 향해 가는 한, 그것은 각 순간을 지나간 순간, 미래의 순간, 그리고 동시에 우리 삶 전체에 맞춤이다. 그것은 하나님의 입장과 결정이 그것에 대하여 탁월하다는 것 때문에 불필요해지는 것은 아니다. 하나님의 결정은 우리의 결정과는 무관하다. 그것은 결코 우리 자신의 자세와 결정에 의해 선취되거나 강요될 수 없다. 우리가 이러이러한 조치를 감행할 때의 준비 자세가, 이런 조치의 순간에 우리를 기다리고, 우리의 조치와 더불어 우리에 의해 이루어질 하나님의 판결에 대한 처방이 될 수 없다. 진실로 영원이 시간을, 그의 거룩하고 의로운 지식과 의지가 우리의 죄많고 왜곡된 지식, 의지를 능가하듯이, 하나님의 결정은 우리가 어떻게 하든 간에 우리의 결정을 능가한다. 진실로 우리가 결정함으로써 우리 자신의 심판자가 되는 것이 아니라 하나님의 판결 아래 서게 되고, 판결을 수행할 것이다. 그리고 우리가 우리의 다음 결정을 향해 가면서 행하는 자기 검증도 마찬가지이다. 그러나 또 다시 우리 자신의 자유로운 결정은 선과 악에 대한 하나님의 결정이 관계하는 것이며, 그런 것으로서 하나님이 판단하기에 좋거나 혐오스럽고, 그의 사랑을 칭송하는 것이거나 모독하는 것이다. 우리 자신은 결정을 통해 하나님의 이런 결정을 수행하는 자이다. 하나님의 인격은 우리의 인격에 대해 입장을 취하며, 하나님의 인격은 우리 인격에 알려지지 않은 것이 아니라 오히려 예수 그리스도 안에서 잘 알려져 있다. 우리에게 잘 알려진 이 인격 안에서의 그는, 우리에 대하여, 우리의 의지와 행위에 대하여, 우리의 결정에 대하여 결정하게 될 계명이다. 그가 우리에 대하여 전적으로 탁월하다면, 우리가 우리 스스로를 아는 것보다 훨씬 더 잘 그는 우리를 안다면, 그리고 우리가 철저한 자기 검증에서 헤아릴 수 있는 것보다 훨씬 더 잘 그가 우리에게 바라는 것을 안다고 할지라도, 어쨌든 그는 맹목적인 운명이나 변덕스러운 악마가 아니다. 우리가 지금 행하는 조치와 더불어 다음 조치로 향해 갈 때, 우리가 어떻든 우리의 다음 발걸음을 준비하는 가운데서 그의 결정을 향해 나가고, 그의 결정 아래 언제나 서 있었고, 지금도 서 있다. 우리가 이 준비가 우리에게 상관이 없는 것처럼, 우리가 무관심하게 준비할 수 있는 것처럼, 마치 우리가 아무것도 모르고 할 수 없는 것처럼, 마치 그것을 준비로서 진지하게 생각하는 것은 쓸모 없는 것처럼 자신을 설득하고 그에 따라 행동한다면, 우리는 그를, 동시에 우리 자신을 조롱하는 셈이다. 우리가—우리의 의지와 행위 가운데서, 우리 자신의 결정 가운데서—전지 전능한 하나님과 인격적으로 관계한다면, 이것은 우리를 방해할 수 없고, 오히려 분명히 우리 스스로 성찰하고 고백할 근거와 부름이 되고, 우리가 지금 다음의 조치에 비추어 뜻하고 행함 가운데, 행함과 더불어 우리 자신이 우리가 무엇을 할 것인가를 물어야 할 긴급한 동기가 되며, 그 다음으로 우리가 이에 따라서 뜻하고 행함 가운데서, 행함과 더불어, 하나님의 판단에 구속력은 없지만,

그러나 우리가 이 판단에 굴복하고, 그것에 의해 판단받고, 심판받을 각오와 준비 속에 이 물음에 답변해야 할 동기가 된다. 자기 자신을 그의 뜻과 행위의 심판자로 여기는 자의 오만과, 그러므로 하나님의 심판을 염려하려 하지 않는(왜냐하면 그는 그것을 바꿀 수 없기 때문) 자의 그릇된 겸손 사이에는 제3의 것, 즉 그 자신이 아니라 하나님만이 그의 심판자라는 것을 아는 자의 책임성이 있다. 그는 하나님이 자기 심판자이기 때문에 그의 전 의지와 행위 가운데서 하나님을 기억하고, 그를 눈앞에 두고 거듭하여 자신을 시험하는 속에서 그를 통한 시험을 향해 나가야 할 모든 이유를 가지고 있다.

우리는 신약성서의 어군 δόκιμος, δοκιμή, δοκιμάζειν의 사용을 고찰함으로써 이 사실을 설명해 보자. 이 용법은—모든 것은 하나님이 예수 그리스도 안에서 우리에게 자비롭다는 지배적인 전제 아래서—1. 인간의 존재, 의지, 행위에 대한 하나님의 시험, 판단, 결정의 우월성, 2. 이 우월한 하나님의 결정 아래 있는 것이 바로 우리 자신의 결정들이라는 사실, 3. 우리가 저 주권적인 결정과 계속적으로 만날 것을 준비함 가운데서 단계적으로 이 결정을 수행할 필요성을 조명해 준다.

δοκιμάζειν은 『70인역』에서 bachan의 번역으로서, 무엇보다도 하나님이 인간에게 행하는 시험, 탐구, 인식, 그리고 결론을 생각하게 한다. 이것은 예레미야 11:20, 17:10, 20:12에 의하면 우리의 생각과 마음에 관계되며, 시편 139:1-2에 의하면 인간이 앉거나 서 있을 때도, 걷거나 누울 때도, 어떤 길에서도, 어떤 생각과 말로써도 이것을 벗어날 수 없는 것이다. "내가 당신의 영 앞에서 어디로 가며, 내가 당신의 얼굴을 피하여 어디로 가리요?"(시 139:7) 여기서 의로운 자는 자신이 하나님과, 하나님이 자신과 더불어 계약을 맺고 있으며, 그가 간구하는 것은 짐이 아니라 하나님의 은혜의 증거, 확증임을 안다. "하나님, 나를 살펴보시고 내 마음을 알아주십시오. 나를 철저히 시험해 보시고 내가 걱정하는 바를 알아주십시오. 내가 고통받을 길을 가고 있지나 않은지 나를 살펴보시고 영원한 길로 나를 인도하여 주십시오."(시 139:23f., 26:2 참조) 사람이 그를 벗어날 수 없는 것이 아니라 벗어나려 할 수 없다는 것 때문에 하나님의 "시험", 하나님의 계명의 결정은 저 양날로써 영과 영혼, 골수와 뼈를 꿰뚫는 칼, 히브리서 4:12에서 서술된 바와 같이, "마음의 생각과 뜻의 심판자", 고린도전서 3:13에서 각자의 행위를 근본적으로 검증하게 될 불이 된다. 바울은 데살로니가전서 2:4에서 그 자신의 복음 선포에 비추어 하나님이—저 구약성서의 관점과의 일치가 분명하다.—우리 마음을 살피면서 우리의 행위를 시험한다고 말한다. 하나님의 시험에 통과하는 자, 그러므로 그 앞에서 "인정받은" 자, 생명의 꽃다발을 받는 자는, 야고보서 1:12에 의하면 그들의 뜻과 행실로써 하나님을 사랑하는 자이다. 하나님의 "시험"의 대상은 이것이 적극적인 결과를 가진다면, 하나님의 시험을 통과한다면, 인간의 δοκιμή 혹은 인간의 δοκίμιον, 즉 인간을 하나님이 자비를 베풀고 하나님의 계약 동지가 되는 자로 확증함이다. 그가 그런 자가 되고 그런 자로 행동함, 그의 마음이 본래 다른 일이 아니라 이 일에 있고, 이런 그의 마음에서 그의 의지와 행위가 나오는 데서 확증된다. 절대적으로 그리고 본래적으로 말해서, 오로지 신적 심판자만이 바로 이런 시험과 판단을 할 능력이 있다. 그는 우리 행위와 동시에 우리 자신, "인간의 감추어진 것"(롬 2:5, 16)이 나오는 마음을 본다. 그리고 바울은 자신이 보기에도 다른 사람이 보기에도 선한 행위를 실행함으로써 "내가 다른 사람들에게 전달자가 되면서

도" 그럼에도 불구하고 하나님 앞에서 "인정받지 못할" 수 있다는 것을 잘 안다.(고전 9:27) 우리는 스스로 시험을 통과한 자가 될 수 없다. 그러므로 이것은 우리 자신이 주장할 문제가 될 수 없다. 이로써 우리는 스스로를 우리 자신의 심판자로 세울 수 없다. "참으로 인정받는 사람은 스스로 자기를 내세우는 사람이 아니라 주께서 내세워 주시는 사람이다."(고후 10:18) 그러므로 바울은 고린도후서 13:3-4에 의하면, 고린도인들로부터 그리스도가 자신 안에서 말씀한다고 하는 "인정받음"에 관해 질문을 받는 것으로 만족해야 했으며, 그들에게 이것을—하나님만이 이것을 보고 안다.—지시할 수 없었다. 그는 그들에게 그리스도 자신이 약함 가운데—또한 그의 "인정받음"도 하나님뿐 아니라 다른 사람의 눈에 감추어져 있다.—십자가에 달렸고, 그러나 하나님의 능력으로 살아 있고, 그들, 고린도인들 가운데서도 강하다는 것으로 답변한다. 그, 바울이 그들 앞에 약하게 보이고, 그들에게 그의 행위와 말의 "인정받음"을 보여 줄 수는 없지만, 그래도 그는 그리스도 안에서, 그리스도와 더불어 하나님의 시험을 신뢰하며, 그에게 부여된 하나님의 능력에 힘입어서 결국 그들 앞에서도 "인정받은 자"로서 서게 되기를 희망한다. 그들 자신은 그들의 믿음을 스스로 검토해 보아야 한다. 그때 그들은 자신들이 "인정받지 못한" 것이 아니라면, 그들은 또한 그들을 대하는 데 전혀 자신을 방어하지 않는 그도 "인정받지 못했다"고 판단하거나 취급하려 하지 않을 것이다. "우리는 여러분이 악을 저지르지 않게 되기를 하나님께 기도합니다. 이것은 우리가 합격자임을 드러내려 함이 아니라 우리는 실격자인 것처럼 보일지라도 여러분만은 옳은 일을 하게 하려고 함입니다."(고후 13:7)

그러나 인간이 스스로 시험에 합격할 수 없다는 것, 이 구절이 보여 주는 대로, 그가 결코 다른 사람 혹은 자기 자신에 대하여 합격을 주장할 수 없다는 것은, 그가 시험에 통과될 수 있다, 즉 하나님의 의로운 판결을 통하여 약속받음으로써 그 자신이 그의 의지와 그의 행위에서 그것을 이루어야 하고, 그 자신이 그의 행위에서, 행위의 모든 부분에서 스스로를 입증해야 한다는 것을 배제하지 않는다. 그러므로 "인정받음"은 전적으로 그리스도교적 권면의 대상, 그리스도교적 직설법과 더불어 언제나 또한 발설되는 명령법의 내용이다. 홀로 하나님만이 보는 인간의 마음 자세가 올바르다는 것이, 그의 행실에서, 이 세상 가운데서 믿는 자로서 그의 행동에서 드러나야 한다. 이 세상에서는 보지 않고 믿는 것이 중요하고, 믿음의 삶은 그러므로 포괄적 의미에서 환난, θλῖψις를 뜻한다! 그리스도인들이 어떻게 자신을 입증할 수 있을까, 즉 그들이 하나님의 심판 아래 있으니 하나님의 감추어진 판결을 그들의 의지와 행위에서 어떻게 수행할 수 있을까? 바울은 고린도후서 8:2에서 마게도냐인들에게, "많은 환난의 시련 속에서" 그들의 기쁨이 넘쳐흘렀다는 것과 극심한 가난이 넘쳐흘러서 깨끗함(ἁπλότης)이 풍성했다고 칭찬하였다. "환난의 시련"은 무엇을 뜻하는가? 로마서 5:3-4에 의하면 사탄의 적대적인 시련으로서의 환난과의 싸움에도 불구하고, 싸움에서의 시련뿐 아니라 풍성함으로 넘쳐흐르는 가난이라는 말이(고후 8:2) 말해 주듯이, 환난에 따른, 환난에 의해 야기되고 초래된 시련을 뜻한다. 환난이 인내(ὑπομονή)를 낳고, 인내가 시련을 낳고, 시련은 희망을 낳는다는 것을 아는 가운데 그리스도인들은 이것을 자랑해야 하고, 자신을 행복하다고 여겨야 하고, 환난 속에 있음을 찬양해야 한다. 희망은 치욕을 당할 수 없다. 그 이유는 확증된 자로서 희망하는 자는 필연적으로 그들 마음 속에 성령을 통하여 하나님에 대한 사랑이 주입된 자들이며, 그런 자들로서 두려워하지 않고 다만 희망을 가질 따름이기 때문이다. 그들은 시련 속에 희망하는 자가 되며, 이 구절에 의하면, 시련 체험은 인내 속에, 즉 믿음의 끈질기고 고집스러운 집착에서, 예수 그리스도와의 친교 속에서 믿음의 근거와 대상에 직면하여 확고히 섬으로써 이루어진다. 그리고 이 집착과 확고한 자세는 그리스도인들이 환난과 가난 속에 있는 덕분이다. 곧 이것은 그리스도의 상황의 모방이기 때문이다. 예수 그리스도가 그들을 부름은 그들을 이 상황으로 옮겨 놓음, 그들이 그로 인하여 환난을 당해야 함을 뜻한다. 그들이 이 상황 속에서 믿음의 인내를 통하여 자신을 입증하는 것이 이 부름에 대한 그들의 필연적인 응답, 그들이 필히 감사 속에 해야 할 응답이다. 그들이 이렇게 응답함으로써 그들은 틀림없이 희망을 품은 자로서 계속 전진해야 한다. 오직 인내하지 못하는 자, 그러므로 시험에서 실격한 자들만이 두려워할 수 있고, 두려워할 것이다. 그들은 환난을 당한 자로서의 그들의 상황 속에서 그들에게 선포되는 그리스도의 부름에 복종하지 않고, 따라서 그들 마음에 하나님의 사랑이 주입되지 못한 자로서 입증될 자들이다. 주목할 것은, 야고보서 1:2-3에 의하면 이 사실은 동일한 전제 아래서, 같은 결과를 가지지만 또한 거꾸로 볼 수도 있고, 서술될 수 있다는 것이다. 그리스도인들이 많은 시련 속에 빠지는 것을 순전한 기쁨으로 여기는 것은 여기서 "여러분의 믿음에 대한 시련"이 인내를 가져오며, 인내 속에서 인간의 행위가 올바른 복종, 하나님의 계명의 뜻에 부합하는 복종이 된다는 사실 인식에 근거하여 일어나야 한다. 인내가 여기서 분명히 믿음에 뒤따르는, 그리고 믿음을 계시하는 행위의 연속성, 결론 이상으로 이해되었다. 그것은 분명히 믿음의 인내로서 로마서 5:4의 의미에서 이 확증의 전제 내지 양태이며 또한 믿음의 확증의 결과이다. 인정받음(δοκιμή 혹은 δοκίμιον)은 믿음의 "인내"에 근거하며, 혹은 행위의 "인내"에서 드러난다. 이것은 하나님이 자비를 베푸는 자, 예수 그리스도 안에서 하나님의 계약 동지가 되었고, 내맡겨진 환난, 많은 시련을 통하여 그런 자로 입증되는 그런 자의 처지에 있으며 인내함이다. 베드로전서 1:6-7에 의하면 그리스도인들은 그들에게 닥친 시련을 기뻐해야 한다. 그 이유는 이 상황에서 그들을 기다리는 것, 그들의 내면적으로 자라나는 것은 바로 "너희 믿음의 확증"이기 때문이다. 이것은—그것은 그들을 위해 선언되는 하나님의 판결을 인간이 수행하는 것이기 때문에—"(역시) 불을 통해 정련되어야 할 없어질 금보다 훨씬 귀하다." 우리 자신의 확증을 인식하고 확정하는 것이 본래 결국 하나님의 지식과 판단의 일이라고 해서, 우리 자신에게 요구되고 수행되어야 할 이 확증이 상대적으로 드러나는 것이 불가능한 것은 아니다. 고린도후서 2:9에서 바울은, 고린도인들이 복종을 통해 스스로 확증했는지 알기 위해 그들에게 글을 썼다고 설명한다. 고린도후서 8:8에 의하면, 그는 그들의 사랑의 진정성을 필히 확증하기 위하여 예루살렘 교회를 위한 헌금 문제를 다룬다. 그리고 고린도후서 9:13에 의하면 이 봉사에서(헌금에서) 확증하는 가운데 그들은 하나님을 찬양해야 한다. 그는 고린도인들에게, "여러분 가운데서 인정받은 사람들이 밝히 드러나기 위해서"(고전 11:19) 그들 사이의 분열이 있어야 한다고 말한다. 그는 디모데에게 스스로 "하나님께 인정을 받는 사람", 즉 진리의 말씀을 올바로 분배할 수 있는 건실한 일꾼으로 열심을 내도록(딤후 2:15) 권면할 수 있다. 또한 그는 빌립보인들에게, 즉 한 아이가 아버지에게 하듯이 디모데가 그와 함께 복음의 사역을 섬김을 보면서 "여러분은 그의 인품을 알고 있다"고 말할 수 있다.(빌 2:22) 그는 로마의 그리스도인, "그리스도 안에서 인정받은 사람" 아벨레에게 문안하게 할 수 있다.(롬 16:10) 그는 그리스도를 올바로 섬기는 자는 하나님이 기뻐하는 자이며 "인간들에게 인정받은 자"라고 말할 수 있다.(롬 14:18) 반면 이교도들은 그들의 불경건한 행위를 통하여 하나님이 그들을 "부적절한 마음"에 내어 주었다는 것을 드러낸다고 말한다.(롬 1:28)

그러나 이교도들이 하나님의 시험과 심판을 통과할 수 없고 버림받았다는 것은 이제 같은 구절에서 그들 자신이 "하나님을 인식하기를 거부하였다"와 결부된다. 그들의 판단은 하나님을 알지 못한 자들의 판단이었다. 따라서 하나님은 그들의 행위에서 그들 눈에 보이지 않으며, 이런 그들의 행위는 다만 왜곡된 행위일 따름이었다. 여기서 우리는 동사 δοκιμάζειν 용법으로 이끌린다. 이 말은 하나님 자신이 그리스도인들의 행위를 시험함에 비추어, 하나님 면전에서 자신들이 스스로 행하는 시험을 뜻한다. 그들이 하나님 앞에서 굴복하는 시련, 그들이 그들의 행위를 통해 제시하도록 권고받는 확증에는, 세 번째로 그들이 미래의 행위에 비추어(그것은 하나님에 의한 확증에 굴복하기 때문이고, 그것은 그들에게 요구된 확증이어야 하기 때문에) 받아야 할 시련이 상응한다. 우리가 우리의 행위로써 직면하는 하나님의 시험을 통과하려면, 그러므로 우리의 행위가 합격된 자의 행위가 되어야 하고 그렇게 보이려면, 그것은 하나님의 뜻을 행함이어야 한다. 그것이 그런지에 대해 하나님만이 그가 정한 때에 결정할 것이다. 그러나 우리의 행위는 하나님의 뜻을 행함이거나 아닐 것이다. 바로 여기서 현재에 우리의 행위와 더불어, 우리의 미래 행위에 관한 하나님의 뜻에 대해 물을 필요가 있다. 우리가 그럴 처지에 있는가? 로마서 1:28에 의하면 이교도들은 분명히 그렇지 않다. 그리스도인들에 대해서는 이렇게 말할 수 있다. "마음을 새롭게 함으로 변화를 받아서, 하나님의 선하시고 기뻐하시고 완전하신 뜻이 무엇인지 분별하도록 해야 한다."(롬 12:2) 분명히 그들은 예수 그리스도를 믿으며, 성령을 받았고, 하나님을 안다. 그들에게 하나님은 명령자로 임재하고, 그러므로 그들은 그의 의지의 통고로서 그들의 뜻에 대하여 일정한 간격을 두고 대립하는 그의 계명이 그들의 미래의 행위와 어떤 관계가 있으며, 그들의 미래의 행위가 그 계명과 어떤 관계가 있는가를 물을 수 있을 것이다. 이 이중적인 문제를 다루는 것이 δοκιμάζειν 개념의 세 번째 의미이다. 이것은 하나님이 예수 그리스도 안에서 자비를 베푸는 인간에게는 가능하고 필수적이다. 바울은 이미 이스라엘인에게 두 가지를 분명히 약속했다. "율법으로 가르침을 받아서 옳고 그른 것을 분별할 줄 아는 자"(롬 2:18), 그가 율법을 통하여—그것의 목적은 로마서 10:4에 의하면 그리스도이다.—교훈을 받음으로써 그는 그 앞에 놓여 있는 가능성을 시험할 수 있으며, 그가 이교도들과 달리 이것을 한다는 것은 의심할 여지가 없다. 문제는 다만, 그가 여기서 율법의 목적을 도외시하고 따라서 올바른 시험을 행하지 않는가에 있다. 그리고 이 문제의 대답은 물론 부정적이다. 그러나 그리스도인들에게는 바울은 확신을 가지고 기도할 수 있다. "여러분이 가장 좋은 것이 무엇인가를 분별할 줄 알게 되어서 그리스도의 날을 맞이하기에 순결하고 흠이 없게 되기"를, 예수 그리스도를 통하여 의의 열매로 가득차서 하나님에게 영광을 돌리고 찬양한다.(빌 1:10f.) τὰ διαφέροντα는 무엇을 뜻하는가? 확실히 "그때마다의 상황에서 중요한 것"이다.(W. Grundmann, *ThWB z. NT*, II 263, 13) 그러나 그때마다의 상황에서 무엇이 중요한가? 그때마다의 상황에 어느 정도 내재적인 필요성이나 "시간의 명령"이 중요한 것은 아니다. 따라서 시험의 능력과 실습은 일종의 낌새, 징조, 예감, 때의 요구에 대한 감각에 있는 것이 아니다. 그때마다의 상황은 우리 자신의 육신적 본성과는 별도로 언제나 또한 온갖 마성에 의해 지배되고 있다. 그러므로 이것에 대한 개방성은 하나님의 뜻에 대한 개방성과 거의 무관하다. "중요한 것"의 시험을 언급하고 있으며, 그것의 필요성에 대한 본능적 감각을 언급하는 것은 아니다. 전적으로 하나님의 계명 속에 들어 있는 주권적 결정이 그때마다의 상황과 연관을 가지며, 그것 위에 있으며, 유효하다. 그리고 이런 행위나 또 다른 행위, 그리고 제3의 행위가, 이 상황에서 우리에게 어떻게 보일지라도, 하나님과 어떻게 관계되며, 하나님의 계명이 이런 우리의 행동 가능성과 어떻게 관계되는지를 검토해야 한다. 그러므로 τὰ διαφέροντα는 그때마다의 상황 속에서 이런 우리의 다양한 행동 가능성이며, 중요한 것, 우리가 물어야 할 것은, 우리가 그 상황과 하나님의 계명 사이의 관계가 적극적이며, 로마서 12:2에 의하면 이런 혹은 저런 방향에서 우리의 행위가 "선한 것, 하나님께 기꺼운 일, 그의 의도에 부합되는 것"이 되리라는 확신 속에서 그것들 중 이런 혹은 저런 가능성을 붙잡을 수 있는가 그리고 또한 붙잡아야 하는가 하는 것이다. "빛의 자녀로서 행하라. 빛의 열매는 완전한 선, 의, 진리에 있기 때문이다." "주께서 기뻐하시는 일이 무엇인지를 분별하시오." (엡 5:8f.) 빛을 가진 자들이—그리스도인들은 빛을 가졌다.—그들의 행위 안에서, 행위로써 빛의 필수적인 결과를 얻는다는 것은 그때마다의 상황의 적극적인 신적 의미이다. 따라서 선과 의와 진리에 대한 심판자인 주에게 무엇이 기꺼운 일이며, 따라서 우리에게 즐거운 일인가가 중요하며, 그것을 물어야 한다. 그것의 객관적, 주관적 조건 속에서 상황을 분석하는 것처럼 절실한 체계적인, 혹은 직관적인 분석도 이 시험을 대치할 수 없다. 그것은 전적으로 이런 분석 저편에서 시작된다. 그것은 "중요한 것"이 그 내재적 가치 혹은 무가치 속에 우리 앞에 놓여 있음을 전제한다. 데살로니가전서 5:21에서는 심지어 "모든 것"이라고 한다. 그러므로 "모든 것을 분간하고 좋은 것을 굳게 잡으시오"라고 말하며, 그러므로 모든 상황 분석과는 달리 하나님의 뜻에 대해 물어야 하는 시험이 시작된다.(그의 판단은 우리 앞에 놓인 다양한 가능성 속에 있지 않고 우월하게 이것들 위에 있다.) 그리고 κατέχειν, 우리의 앞선 결정에 따르자면 주에게 기꺼운 일을 붙잡는 일의 목표에 대하여 고려하기 시작한다. 이에 대하여 하나님의 앞선 결정은 언제나 유보되어 있으니 우리는 겸손하게 이 점을 생각한다. 요한1서 4:1에서 "사랑하는 자들아, 어느 영이든지 다 믿지 말고, 그 '영들이 하나님께로부터 왔는가를 시험해 보시오. 거짓 예언자가 세상에 많이 나타났기 때문입니다.'"라고 말할 때, 그때마다의 상황의 마성에 대해 경고하는 것이며, 윤리적 성찰과 단순한 상황 분석 사이의 차이에 대해 언급한 듯하다. 또한 바리새인들에 대한 예수의 말씀 "너희는 땅과 하늘의 기상을 분간할 줄 알면서 왜 이때는 분간하지 못하는가?"(눅 12:56)에서 예수는 정상적인 역사 의식에 반하여 그들의 일방적인 자연 관찰을 나무라는 것처럼, 그들이 (W. Grundmann, a.a.O. 263, 23) "하나님이 인도하는 역사의 진행을 주목하지 않았음"을 비난한 것은 아닐 것이다. 그들이 분간할 줄 모르는 "이때", 그들이 마태복음 16:3 및 평행절에 의하면 구별할 줄 모르는 "때의 징조"는 물론 다른 모든 때와 전적으로 구별되는 메시아의 때를 나타낸다. 그리고 그들이 받는 비난은, 그들이 모든 상황 분석에는 능숙하지만, 메시아의 때에 나타난 하나님의 뜻에 대한 문제에는, 비록 그들이 로마서 2:18에 의하면 율법의 교훈을 받았음에도 불구하고, 적절한 주의를 기울이지 않았고, 따라서 그들이 할 수 있으며, 마땅히 해야 할 "시험"을 미루었다는 것이다. 이런 그들의 결함의 이면은 적극적인 악, 즉 마가복음 8:31, 누가복음 9:22, 17:25의 고난 예고에서 말한 것처럼, 장로들, 대제사장들, 그리고 율법학자들, "이 세대 사람들"이(거기서 바리새인들은 이들을 대표한다.) 그리스도를 "버릴"(ἀποδοκιμάζειν) 것이라는 사실로 나타날 것이다. 마태복음 21:42에 의하면 시편 118:22의 말이 성취될 것이다. "건축하는 자들이 버린(ἀπεδοκίμασαν) 돌이 주춧돌이 되었다." 인간의 모든 "시험"의 한계와 그것을 과대 평가함에 대한 경고, 이 돌을 주춧돌로 높인 하나님의 판단에 의해 그것이 능가될 수밖에 없는 필연성은 이 "기각"에서 드러난다. 그리스도인들에게 명령된 "시험"은 하나님의 계명과 우리의 행위 사이의 관계 문제와 거꾸로 우리의 행위와 하나님의 계명 사이의 관계 문제로서 이중적이거나 또는 이중적 방향을 가진다는 것은, 바울이 고린도후서 13:5에서 "자기 스스로를 검증하라", 갈라디아서 6:4에서 "각 사람은 자기 행실을 살피시오"라고 말할 수 있는 데서 드러난다. 특별히 주의 만찬에 참여하는 것에 관하여 그는 주목할 만하게 권면하였다. "사람은 자기 스스로를 검증할 것이다." 그러고 나서 빵을 먹고 포도주를 마셔야 한다!(고전 11:28) 지금 분명히 자기 시험에 대해 언급하고 있다면, 이것은 실질적으로 하나님의 뜻을 구분하는 것과 다른, "중요한 것"의 구별과는 다른 것이 아니다. 이미 "중요한 것"은 그때마다의 상황 속에서 인간 자신의 행동 가능성들이며, 그 가능성들을 실천에 옮김에서 인간이 하나님의 뜻에 대해 어떤 관계를 가지며, 하나님의 뜻이 인간에 대해 어떤 관계를 가지는가가 시험의 대상이다. "자신을 시험한다는 것"은 그러므로 자신의 심판자와 만남에 대해 준비를 갖춤을 뜻한다. 주의 만찬에 비추어 자기를 시험하도록 권면한다면, 이것은 방자하고 무질서한 성만찬 의식에 대한 경고일 뿐 아니라 동시에 매우 실질적인 의미를 가진다. "시험"을 통해 이루어지게 될 준비 자세가 무엇인가는 모든 행동 중의 행동인, 그리스도의 육신과 피의 친교에 인간이 공개적으로 엄숙하게 참여하는 일에 대한 준비 태도에서 대표적으로 드러난다. 고린도후서 13:5에서도 "여러분은—누가복음 12:56의 저 바리새인들은 율법의 가르침을 받은 이스라엘 사람으로서 알아야 함에도 불구하고 알지 못한다.—예수 그리스도가 여러분 안에 계시다는 것을 모릅니까?" 하고 말한다. 모든 그것의 지체로서의 "시험"은 결국 이런 목표를 가진다. 즉 하나님이 이 행위에 참여하도록 인간을 권유하고, 주의 식탁에서 그를 기대하는 하나님의 선한 뜻인 성만찬의 행위에 부합하는 자기 검증. 자기 심판자를 위해 준비한다는 것은, 그리스도의 육신 및 피와 친교함 가운데 있고, 이 친교에서 먹고 마심을 기대하고 거기서, 그것 안에서 자신의 생명을 가지는 인간이 됨을 뜻한다. 그런 사람은 예수 그리스도를 자신의 주라고 부르고 또한 예수 그리스도는 그들을 자신의 사람이라 부른다. 이런 준비 자세 가운데서 성만찬은 옳게 거행되고, 여기에서 그리스도의 몸으로서의 공동체, 그것의 각 지체들이 부단히 새로이 이룩되어 간다. 바로 성만찬에 대한 이 준비 자세 속에는 우리 행실의 심판자에 대한 모든 준비 자세가 원형적으로 요약되어 있으며, 따라서 모든 "시험"은 바로 이 "자신을 시험하는 것"에 요약되어 있다. 우리가 여기서 자신을 검토한다면, 언제 어디서나 자신을 검토한다. 우리가 여기서 검토하지 않으면 우리는 전혀 자신을 검토하지 않는다. 그리고 우리 자신에 대한, 우리 행동에 대한 검증, 하나님의 뜻, "중요한 것", 때와 그 징조에 대한 검토는 언제나 다만 이 검증, 즉 예수 그리스도가 우리와 어떤 관계에 있고, 우리가 예수 그리스도와 어떤 관계에 있는지, 우리가 그의 존재에 힘입어, 그의 죽음과 부활에 힘입어, 그의 말씀에 따라서 그의 영의 능력 안에 있는지, 바울이 고린도후서 13:5에 아주 단순히 표현한 대로, "우리가 믿음 안에 있는지" 자신에게 묻는 자기 검증을 반복하고 변형한 것에 불과하다. 우리가 믿음 안에 있다면, 하나님은 우리 마음이 깨끗하고 우리 행위가 흠이 없다고 발견할 것이고, 우리에게는 그가 우리에게 약속한 우리 행실의 확증이 없지 않을 것이다! 그러나 우리는 믿음 안에 있는가, 혹은 우리가 주춧돌이 된 돌을 버린 자들 속에 끼게 될 것인가? 이것이 모든 윤리적 검증의 대상이 되는 문제이다.

책임 개념은 우리에게 하나님의 주권적인 결정에 직면한 인간적 상황을 가장 정확하게 인식하도록 서술한다. 우리는 책임적으로 산다. 즉 우리의 존재, 의지, 행함과 하지 않음은, 우리가 의식하든 않든 간에, 우리에게 하나님의 계명으로서 말하는 하나님의 말씀에 대한 지속적인 답변이다. 즉 그것은 하나님의 계명으로서 우리 앞에, 우리

위에 있는 규범과의 관계 속에서 지속적으로 일어난다. 그러므로 이 규범과 상응하는가에 대해 지속적으로 묻는다. 그것은 이 물음에 대한 지속적인 응답이다. 인간은 자기 자신에게 속하지 않는다. 그는 빈 공간 속에 존재하는 것이 아니다. 그는 다른 사람의 자의, 또는 자신의 자의에 맡겨져 있지 않다. 예수 그리스도는 참 하나님, 참 인간으로서 하나님의 모든 길과 역사의 시작이기 때문에, 그가 그것을 알고 원하든 않든 간에, 하나님과 결속되어 있고 대면하여 있으며, 그의 뜻, 말씀, 명령에 굴복하며, 하나님의 계약 동지로서의 그의 존재를 실현하도록 정해져 있다. 그는 인간임으로써 객관적으로 실제적으로 그가 받은 이런 결정에서 재어지며, 객관적으로 실제적으로 그것의 실현 가능성에 대해 질문받고 있다. 이것이 그의 책임이다. 그리고 그는 그의 존재, 의지, 그가 행하고 행하지 않음과 더불어, 불가피하게 지속적으로 책임을 지게 되며, 지속적으로 고백할 필요에 처한다. 어느 정도나 그가 진정으로 하나님의 계약 동지인가? 어느 정도나 그가 이런 그의 본래적이고 본질적인 상태를 실현하는가? 어느 정도나 그가 그것을 명예롭게 만드는가, 혹은 치욕스럽게 만드는가? 그가 이것을 의식하고 그러므로 부합되는 반성이 그의 존재, 의지, 행함과 하지 않음을 따라다니는 것, 그가 예수 그리스도를 믿도록 부름받고, 이 부름에 복종하면서 또한 그것을 고백하고, 자기 자신에 대해 책임을 진다는 것은 이차적인 문제이다. 일차적이고 결정적인 문제는, 그가 의식하든 않든 간에 하나님에게 지속적으로 응답하는 것, 그의 존재, 의지, 행함과 하지 않음이 객관적으로 실제로 그리고 언제나 새로이, 그리고 결국 그의 삶 전체에 관하여 하나님에게 질문을 받고 하나님에게 고백하는 것이다. 여기에 인간 삶의 상황의 심각성이 있다. 곧 그의 상황이 책임적이라는 것, 즉 그것이 그 전체적 성취에서, 개별적으로나 전반적으로나 어떤 경우에든, 우리는 그것을 그런 것으로 이해하든 않든 간에 책임이라는 것. 지금 우리는 책임을 져야 한다. 우리는 거듭거듭 책임을 져야 하고, 결국 우리의 전체 삶, 우리에게 주어진 시간 전부가 우리의 존재, 의지, 행함과 하지 않음에 의해 채워진 결과 하나의 책임일 것이다. 우리가 여기서 직면하는 것은 하나님의 우월한 결정이기 때문에, 의심할 여지없이 우리 상황의 심각성은 우리의 시간적 존재의 종결로써, 따라서 책임으로서의 그것의 성격이 총체적으로 실현되고 또한 우리에게도 드러나게 됨으로써 비로소 시작되는 것이 아니다. 오히려 우리의 개별적인 결정, 그러므로 모든 책임 자체는 또한 우리가 삶 전체로써 하나님 앞에서 지는 총체적 책임의 선취이다. 이 책임 속에서 우리는 시간적 삶의 종결과 더불어 우리의 심판자 하나님 앞에 서게 될 것이다. 그것이 외견상 적음에도 불구하고 저 큰 책임 못지않게 중대하다. 그것의 시간적 제약성 속에서, 그것은 영원한 하나님 앞에서의 책임이기 때문에, 지금 여기서 이미 종말론적 의미에서의 책임이다.

  책임 개념은 엄밀히 본래적으로 이해할 때, 다만 그리스도교 윤리학의 개념일 따름이다. 그것만이 인간의 현실적인, 본래적인 대상을 안다. 그것만이, 인간은 근본적으로 홀로, 그러므로 전혀 현실적인, 본래적인 대답을 할 수 없으리라는 가능성을 배제한다. 오직 그것만이 인간이 답변해야 할 의무가 있는 그런 대상을 안다. 그 이유는, 그것은 그에 대해 우월하고, 그에게 불가피하게 책임을 지우는 대상이기 때문이다. 그리고 또한 그것만이, 이 대상과 인간 사이의 관계란 그의 존재, 의지, 행함과 하지 않음이 필연적으로 그리고 어느 경우에든—따라서 또한 그 자신의 통찰과 판단과는 무관하게—그의 책임을 행위화하는 것이며, 따라서 객관적으로 실제로 책임적 행위가 되는 그런 것으로 안다. 따라서 오직 그것만이 이와 더불어 주어진 인간 삶의 상황의 심각성을 안다. 모든 비그리스도교적, 즉 그리스도론적 근거가 없는 인간 삶의 이해는 아마도 인간에 대한 일정한 요구 개념으로 발전하지만 그것의 구속력을 분명하게 하지 못하고, 이로써 현실적인 본래적인 책임의 개념에, 우리가 처해 있는 부단한 책임의 이해에는 도달하지 못할 것으로 드러난다. 하나님과 인간 사이의 계약의 은혜 속에 이루어진 하나님의 우월한 결정에 대한 지식, 하나님이 예수 그리스도의 인격 안에서 영원 전부터 세웠고, 시간 속에 드러낸 계명에 대한 지식이 없는, 사람들은 책임성과 책임에 대해서 언제나 다만 약하게 생각하고 말할 것이니, 이것은 이 개념들의 무게에 비해 적절하지 못할 것이고, 결국 그것들을 해체하고 부인할 수밖에 없다. 그러나 그리스도교 윤리학은 오직 그리스도인들에게만, 즉 책임 의식이 있고, 객관적으로 실제로 책임을 지는 인간에게만 제한할 수 없을 것이다. 만일 하나님과 인간 사이의 은혜의 계약이 모든 그의 길과 역사의 시작이며, 따라서 그 계약에 근거한 인간의 삶의 상황은 각 인간의 상황이라는 것을 알지 못하고 예견하지 못한다면, 그것이 어떻게 그리스도교 윤리학이랴? 그러므로 그리스도교 윤리학은 모든 인간이 책임이 있고, 두려운 책임적 행위에 결부되어 있다고 볼 것이다. 그가 자기 자신에, 혹은 어떤 권세나 세력에 혹은 그의 자의에 내맡겨져 있다는 것, 그가 다른 주를 가졌거나 혹은 주를 가지지 않았다는 것, 그가 다만 자기 자신에게만 혹은 이런 저런 다른 주에게만 책임을 진다는 것, 그가 다만 부분적으로만 혹은 그가 지금 여기서 아직 완전히 책임지지 못한다는 것을—어떻게 사실을 약화시키든—그리스도교 윤리학은 믿지 않을 것이고, 받아들이지 않을 것이다. 어떤 근거로 혹은 어떤 실제적 태도로써 그가 자신의 책임 없음을 변호하든 간에, 그것은 어떤 인간도 안식하도록 내버려두지 않을 것이다. 그리스도교 윤리학은, 하나님의 우월한 결정을 앎으로써 그것은 각 인간, 믿는 자와 불경건한 자의 신비를 알며, 바로 믿음의 이름으로 또한 복종을, 불경건에 대한 경고로서 또한 믿는 자들에게 그의 삶의 신비의 계시, 즉 삶의 책임과 그것이 실제로 책임 속에 있다는 것을 증언하는 것, 이것이 그것의 과제이다.

이제 책임 개념은 윤리적 반성, 우리의 존재, 의지, 행함과 하지 않음, 하나님의 계명과 우리의 삶 사이, 우리의 삶과 하나님의 계명 사이의 관계에 대한 검토란 무엇인가를 보여 준다. 그것은 우리가 책임적이며, 객관적 실제적으로 책임 속에 있다는 사실에 대한 우리의 입장에 있다. 그러므로 그것은 우리가 이 사실을 알고, 우리가 우리 상황에 관해 알고 있음을 전제한다. 그러나 우리가 하나님의 은혜의 계약에 관한 사실을 듣고 믿음 안에서 붙잡음으로써만 우리는 우리 상황에 대해 현실적으로 본래적으로 알 수 있다. 그리스도인은 인간의 책임에 대해 알며, 그가 객관적으로 실제로 지속적으로 책임 속에 있으며, 하나님의 우월한 결정 앞에 고백해야 한다는 충격적인 사실을 안다. 그렇지 않고 누가 이것을 알랴? 저 사신 없이, 그것에 대한 믿음도 없이 그 누가 이것을 스스로 알랴? 그러므로 그리스도인만이 이 사실에 대한 진정한, 진지한 입장을 취할 수 있다. 또한 그는 저 사신을 받음으로써 모든 다른 인간에 대하여 저 사신의 증인이 되지 않을 수 없다. 그는 믿고, 믿음 안에서 저 입장을 취하면서, 또한 이 믿음 안에서 이런 그의 입장이 또한 모든 다른 인간에게도 필요하고, 명령된 것임을 전제하지 않을 수 없고, 모든 사람들이 사로잡혀 있는 책임이 또한 모든 사람으로 하여금 입장을 취하도록 부른다는 것을 전제하지 않을 수 없다. 저 사신을 듣고 그것을 믿는다는 것은 모든 인간에게 해당되는 결정이다. 그러므로 우리의 책임과 더불어 주어진 상황에 대한 지식이 모든 인간을 기다린다. 그러므로 또한 이 지식을 통해 요구되는 입장은 실질적으로 그리스도교의 특수한 문제가 아니라 보편적인 인간에게 필요한 것이며, 그런 것으로서 그것은 그리스도인들을 통하여 아직 혹은 더 이상 그리스도인이 아닌 자들에 대하여 주장되어야 한다. 저 사실에 대한 입장을 취한다는 것은 분명히, 우리의 존재, 의지, 행위는 책임이 있는 하나님의 계명에 비추어서 우리의 존재, 의지, 행함과 하지 않음이 어떠했으며, 어떠하며, 어떠할 것인가를 물음을 뜻한다. 우리가 어느 정도나 이것으로써 하나님의 계명에 대하여 책임을 졌으며 책임을 지며 책임질 것인가? 우리가 이로써 저 결정적인 법정이 선고하는 어떤 판결 아래 있었으며, 있으며, 있을 것인가? 이 물음은 우리 상황을 통해 책임으로서 요구되는 윤리적 반성의 물음이다. 우리의 존재, 의지, 행함과 하지 않음, 따라서 우리의 실제적 책임은 우리의 참여 없이 부근에서 혹은 먼 데서 우리를 스쳐 지나가는 낯선 사건이 아니라, 우리가 그 주체가 되고, 우리 자신이 거기서 스스로 책임을 져야 함으로써 이 물음이 우리에게 제기된다. 우리 자신은 그러므로—하나님의 결정의 주권성을 손상하지 않고서—우리가 그것에 대해 어떻게 책임지려는가에 대해 미리 결정하도록 요청받고, 부름받는다. 그러므로 이 문제는 그때마다 우리 앞에 놓여 있는 우리 삶의 다양한 가능성들 사이에서 선택함이 정당한가, 선한가에 대한 물음이며, 우리 삶을 통해 언제나 굴복하였고 굴복하며 굴복하게 될 하나님의 계명, 그의 결정에 비추어서 우리 삶이 정당한가, 선한가에 대한 물음이며, 우리의 길이 전반적으로 또한 모든 그것의 개별적 동작에서 하나님이 판단하기에 선한가 악한가를 고려하면서 우리 길의 방향에 대한 물음이다. 우리가 이런 물음을 가지고 하나님의 판단을 바라볼 때, 그것은 실질적으로 이 판단을 받아들일 준비 자세에 대한—우리의 존재, 의지, 행함과 하지 않음의 준비 자세—물음이 된다.

우리가 무엇을 할 것인가? 우리의 행동이 이 물음을 통해 질문되는 것에 대한 앎 속에 일어난다면, 우리가 우리 행동으로써 하나님 앞에서 완수하는 책임은 동시에 그 앞에서 우리 자신의 고백을 뜻할 것이다. 그렇다면 그것은 하나님이 거룩한 것 같이 거룩한 자의 행동일 것이다. 그렇다면 하나님의 뜻은, 우리 삶에서 우리 자신이 그를 우리 것으로 만들고, 따라서 하나님이 바라는 것과 같은 것을 바람으로써 우리 스스로 그것을 성취하는 방식으로 이루어질 것이다. 우리의 결정은 그렇다면 하나님 자신의 결정과 평행해서, 그런 한에서 실질적으로 동일하게 내려지는 것이다. 윤리적 반성은 그렇다면 쓸데없을 것이다. 그러나 또한 하나님의 계명 자체도―우리 자신이 말하는 것과는 달리―쓸데없을 것이다. 하나님과 우리 사이의 계약의 중보자인 예수 그리스도도 그렇다면 쓸데없을 것이다. 그렇다면 하나님이 신실하게 이 계약을 지키듯이, 우리는 스스로 이 계약을 신실하게 지킬 것이다. 그러나 이제 우리는 그런 거룩한 자들이 아니다. 이제 하나님과 인간 사이의 관계는 하나님의 뜻과 우리의 뜻이 평행을 이루고 부합하는 관계가 아니라, 만남의 관계, 대립과 화해의 관계이니, 여기서 하나님의 뜻이 앞서고 인간의 뜻은 뒤를 따라야 하며, 전자가 지배하고 후자는 굴복해야 한다. 이제 우리의 행동 자체는 개별적으로나 전체적으로나 하나님 앞에서 우리의 정당화를 의미할 수 없다. 이제 우리의 행동은 우리가 무엇을 해야 하는가에 대한 지식에서 이루어지지 않는다. 인간이 독선적으로 선악에 대한 알려고 함, 인간이 하나님과 유사하고자 하는 욕망, 자기 스스로 하나님과 화해하고 하나님의 은혜를 필요로 하지 않은 인간의 삶은, 오히려 타락이다. 타락은 인간을 하나님으로부터 분리시키며, 이로써 그가 부정하고자 하는 것, 즉 하나님과 인간 사이의 계약의 성격이 은혜의 계약임을 확증한다. 이제 예수 그리스도는 이 계약의 중보자로서 필요하다고 입증되었고, 계명은 인간의 결정에 대한 하나님의 우월적 결정으로서, 없어도 무관하다는 주제 넘는 주장을 통하여 오히려 필요한 것으로 입증되었다. 이제 "구원이 은혜와 순전한 선함에 의해 우리에게 이르렀고", 이제 그러므로 우리에게 내재할 뿐만 아니라 외적으로도 나타났다. 이제 우리의 성화는 우리의 일이 아니라 하나님의 일이다. 이제 우리의 삶이 하나님의 계명과 만나고 대면하는 것이 매우 필요하다. 이제 우리는 그러므로 하나님의 계명에 대하여 물어야 하고, 우리가 무엇을 해야 하는가를 물어야 하되, 그것에 대한 답변이 준비되지도 않았고, 실제로 우리 자신에게 답변할 수도 없다. 우리가 예수 그리스도의 죽음과 부활을 통하여 우리를 위하여 마련되고 준비된 구원을, 그러므로 그의 거룩함을 신뢰하고 성심껏 우리가 무엇을 해야 하는가를 물을 수 있다는 것―이것이 하나님을 위하여 우리를 성화하는 신적 역사이고, 우리가 우리 행위로써 완수해야 하는 책임에 대한 올바른 준비 자세이다. 우리가 진지하게 이렇게 묻고, 이 물음을 고집하며 계속하여 묻는 것, 우리가 하는 행동에 이 물음이 따르게 하는 것, 이 물음에 의해 결정되고 지배되게 하는 것이, 우리의 책임성, 실제로 완수된 책임에 걸맞은 입장이다. 우리 안에 있는 것이 아니라 우리 위에 있는 규범으로서의 하나님의 계명에 대해 묻는 것이 우리에게는 중요하다. 우리가 그것에 대해 물음으로써 우리는 그것을 존중하고 인정한다. 우리가 그것에 대해 물음으로써 그것에 복종한다. 우리의 행동이 그것에 대한 물음에 의해 결정되고 지배됨으로써 그것은 또한 복종하는 행동이 된다. 결코 자칭 그 규범을 안다고 주장함에 의해서가 아니다. 오히려 자칭 그것을 안다고 주장하는 것과, 이런 지식에 의해 우리의 행동에 신적 유사성을 부여하려는 시도는 즉시 자동적으로 예수 그리스도로부터 배반하는 것이며, 우리가 살아가는 하나님의 은혜를 부정하는 것, 따라서 불순종으로 다시 떨어지는 것이다. 우리의 책임성의 사실에 대한 입장으로서의 윤리적 반성, 그리고 우리의 심판자 하나님과의 만남을 위한 우리의 준비 자세로서의 책임은 다만 솔직한 겸손의 행동일 따름이다. 이 겸손은 우리가 무엇을 해야 하는지 알지 못하고, 진정으로 쉬지 않고 묻는다. 우리는 이 물음을 분석한다.

1. 우리는 무엇을 해야 하는가? 이 무엇?이 진지하게 의도된 것이라면, 우리 자신 혹은 다른 사람들이 우리에게 모든 것!이라고 대답할 수도 있는데, 우리가 이렇게 묻는 모든 순간에 이 대답이 새로이 문제시된다. 확실히 이 문제는 이로써 단순히 제거되거나 일소되지 않는다. 우리는 결코 백지가 아니며, 따라서 또한 그렇게 될 수도 없고, 되어서도 안 된다. 우리가 하나님의 계명에 따라 어떻게 행동해야 하는가를 겸손히 묻는 것은 또한, 우리가 하나님의 계명의 학교에서 언제나 출발하고 또한 확실히 헛되이 이 학교에 있는 것이 아니라는 것, 우리가 저 물음을 제기할 때는, 우리는 하나님의 계명이 우리에게 바라는 것이 무엇인가에 관하여 다소간에 근거 있는 가설과 신념을 가지고 있다는 것을 이성적으로 인정하는 것이다. 우리가 이 모든 것을 망각하는 것은 확실히 윤리적 반성의 좋은 전제가 아닐 것이다. 윤리적 문제의 무엇?이 진지하게 제기될 때, 모든 이것!이라는 대답이 폐기되는 것은 아니지만 문제시된다. 우리가 그때마다 답변하고, 그런 한에서 이미 알고 소유한 것은 가설과 신념 이상일 수 없다는 것, 그것은 하나님의 뜻과 계명을 아는 것이 아니라는 것, 우리가 결코 이미 하나님의 우월한 결정과 평행을 이루거나 그것에 부응하는 것이 아니라 이 결정이 하나님의 은혜로서—예수 그리스도의 죽음과 부활에서 우리를 위하여 마련되었고 준비되었으니—우리에 의해 간구되고 질문되어야만 한다는 것, 이것이 바로 모든 다른 것의 전제로서 저 무엇?이라는 물음이 초래하는 것이다. 그것은 하나님의 선함이—또한 우리를 성화하는 그의 역사의 선함도—매일 아침 새롭다는 것을 뜻한다. 그것은 그가 우리를 거듭 있는 그대로 받아들이려 하며, 따라서 무엇이 하나님에게 기꺼운 일인가에 관한 우리의 가설과 신념 전체와 더불어, 우리의 행실 전체와 더불어, 즉 우리가 그의 계명에 대해 행한 모든 것, 우리가 그의 계명에 대해 이미 이전에 물음으로써 그의 계명이 우리에게 뜻한 모든 것과 더불어 우리를 받아들이려 한다는 것을 뜻한다. 그것은 그러나 그가 우

리를 이 모든 것과(우리는 이것이 매우 필요할 것이다!) 더불어 지금 다시금 은혜 속에 받아들이려 한다는 것을 의미한다. 우리가 진지하게 우리가 무엇을 해야 하는가?를 묻는다면, 무엇?은 물론 우리가 우리 자신을 기뻐하지 않는 것, 우리가 우리의 지금까지의 행위의 연속성에 비추어 대답을 선취하지 않고 무엇?의 가면, 핑계 아래 은밀하게 "내가 이미 선한 길에 있다는 것을 고려할 때 내가 어떻게 계속하여 이 길을 걸어갈 수 있는가?"라고 묻지 않는 것을 뜻한다. 그것은 우리의 행한 최선의 행위, 우리가 생각한 가설과 신념 중 가장 거룩한 것을 놓고서 "우리는 후회하며 마음으로 슬퍼한다."고 고백하는 것을 뜻한다.— 곧 우리를 지금까지 지탱하고 지배하는 하나님의 은혜가 아니라, 우리가 가장 선한 행위 속에서도 저 가장 거룩한 가설과 신념을 품으면서 하나님의 은혜를 대한 방식에 대해서 말이다. 우리가 우리의 방식을 후회하지 않는다면, 우리는 우리 자신에 만족하면서 하나님의 은혜와 계명 아래 있는 우리의 지금까지의 길을 되돌아본다면, 우리가 어떻게 진실로 정직하게 물으면서 하늘을 앞을 바라볼 수 있겠는가? 우리가 무엇을 해야 하는가?라는 물음이 진지하다면, 우리는 그들이 이미 아는 모든 것에도 불구하고 무지한 자로서, 하나님의 교훈과 회심을 전적으로 필요로 하는 자로서 하나님을 향해 나아간다. 우리는 그때 우리의 과거와 현재의 결정의 정당성과 선함에 대해서 안다고 생각하는 모든 것, 모든 좋은 규칙들과 공리들, 우리가 지금까지 그 아래 처해 있었고, 지금 다시 처해 있는 모든 내적, 외적 법칙성과 필요성을, 우리의 다음 결정을 염두에 두면서 일단 괄호 속에 유보할 준비가 되어 있다. 그것들 중 어떤 것도 어제 유효한 것처럼 오늘도 다시 효력을 가지기를 주장할 수 없다. 그것들 중 어떤 것도 하나님의 계명을 우리 자신의 지식과 삶의 혼탁해지고 기만적인 프리즘으로 굴절한 것 이상이 될 수 없다. 우리가 무엇을 해야 하는가라고 진지하게 묻는다면, 이로써 우리 자신의 지식과 삶 자체에 대한 공격이 개시되었다. 우리는 새로이 하나님의 은혜의 위대한 가능성을 받아들임으로써 우리 자신의 지식과 삶이 새롭게, 다르게 될 수 있다. 이때 우리는 이미 완전한 개방성이 우리에게 새로이 필요하다는 것을 인정한 것이다. 그때 우리는 이미 우리가 이런 개방성 속에 전진하기를 원한다는 것을 고백한 것이다. 그때 이 개방성은 이전에 이루어진 교훈과 회심의 과거로서 우리 뒤에 어딘가에 머물러 있을 수 없다. 오히려 이전의 교훈과 회심에 대한 기억은, 그것이 진정한 것이었다면, 우리에게는 같은 동작을 반복하라는, 우리의 인식과 삶의 새로운 출발을 다시 인정하라는 촉구가 된다. 그러나 우리는 진정한 이전의 교훈과 회심을 되돌아봄으로써, 이 회심 속에 당시 분명히 지연된 것을 만회하기 위하여, 우리에게 현재 주어진 시간 속에서 당시보다 더욱 진지하게 되고, 당시보다 더욱 완전히 개방적이려는 준비를 갖추고, 당시보다 더욱 비판적으로 자신에게 진정으로 무엇을 해야 하는가?를 묻는 것이 긴급히 필요할 것이다. 우리의 삶 안에서의 하나님의 은혜의 연속성, 그리고 그것에 대한 우리의 복종의 연속성은, 오로지 우리가 윤리적 반성에 의해서 오늘 이루어질 인식과 삶의 새로운 출발의 훈련을 거부하지 않음을 통해서만 유지된다. 한 결정에서 다른 결정으로 꾸준하게 스스로를 확증하고, 자기 스스로 발전되는 인간 삶의 연속성은 다만 불순종의 연속성일 따름이다. 모든 개별적 인간의 삶 속에 교회의 삶을 지배하는 법칙이 반복된다. 즉 교회가 과거에 구속되지는 않지만 연결되어서 마치 오늘 그것이 처음으로 일어난 것처럼 오늘 성서를 탐구하며, 오늘 그것에 방향을 맞출 때 그것의 전통에 충실하고, 모든 시대의 교회와의 일치가 실현되며, 반면에 교회가 매 시대마다 성서에서 새로이 출발하는 대신 그의 과거에 사로잡힌다면 교회는 병들고 죽는다. 마찬가지로 모든 개별 인간이 그가 받은 세례를 모든 새로운 날에 대한 표적으로 삼는다면 자기 자신에게, 그가 유래한 하나님의 행위의 역사에 대해 충실하다. 반면에 그가 새로운 날, 하나님의 선함을 통하여 그에게 선사된 날을 이전에 받은 교훈과 회심의(그것이 아무리 철저할지라도!) 표적 아래 두려고 하는 순간부터 병들고 죽을 수밖에 없다. 어떤 안정의 법칙이 아니라 필요한 반복과 갱신의 법이 영적 성장, 우리 삶의 영적 연속성의 법이다. 바로 이 법을 준수함에서 우리는 이 개념의 성서적 의미에서 인내(ὑπομονή), 즉 또한 자신의 자유를 사용하기를 중지하는 것이 아니라 오히려 그의 자유를 중단 없이 영속적으로 소유하고 사용하는 하나님의 항구성에 상응하는 인내를 실행한다. 따라서 무엇?이라는 윤리적 물음을 통해서, 그러나 또한 우리가 안다고 믿는 모든 이것!이라는 대답이 저울 위에 놓여지고, 도가니에 던져지지 않을 수 없다. 그것이 이전의 윤리적 반성과 시험에서 진정으로 기원했다면, 이것은 그것에 덜 해로울 것이며, 그것은 다시 그 가치를 입증할 것이다. 그러나 그것이 이 시험을 통과하지 못한다면, 우리가 하나님의 계명에 대해 물으면서 어제와는 다른 이것?을 오늘 추구해야 할지라도, 저 계명에는 아무 불의가 미치지 못한다. 그것에 오늘 불의가 일어난다면? 우리는 하나님의 계명에 대해 물으면서 오늘도 오류를 범할 수 있다는 것 때문에, 한때 시인한 이것!, 한때 파악한 가설과 신념을 포기하고 다른 것으로 대치할 수도 있다는 것 때문에 상처를 받지 않는가? 우리는 확실히 그것 때문에 상처를 받는다. 우리는 확실히 어제 우리가 그랬던 것만큼 혹은 더욱 중대한 오류를 오늘 범할 수 있다. 그러나 반복과 갱신의 법이 윤리적 반성의 법으로 유효하다면, 우리가 오늘 잘못했을지라도 내일 혹은 모레 새로운 교훈과 회심에 대해 개방하고, 오늘의 오류로 되돌아올 기회를 가지게 될 것이며, 아마도 또한 오늘 어제의 이것!을 부정했다면 이것을 다시 정당화할 기회를 가지게 될 것이다. 우리의 인식과 삶이 하나님의 계명과 진정으로 대면함으로써 우리가 "무엇을 해야 하는가?"라는 솔직한 물음을 통해서—교회의 삶에서는 다르게 될 수 없는 것처럼—우리가 이전에 배척한 이것!, 이전에 거부한 전통을 새로이 존중해야만 하는 결과에 종종 이르지 않겠는가? 그 이유는 그 전통이 하나님의 계명을 통하여 실제로 새로운 빛 속으로 던져졌기 때문이다. 진리를 문제 삼는 자는 오늘 사려 없이 새로운 진리에 자신을 개방하면서 옛 진리를 염려할 필요가 없다. 또한 어떤 사람이 옛 진리를 보존하기 위하여 염려하듯이 또 다른 사람이 동경하는 새로운 진리를 발견하려고 걱정할 필요는 없다. 그러나 우리는 진리를 문제 삼아야 하며, 옛 진리를 유지하거나 새로운 진리를 발견하는 것, 우리의 동경과 우리의 염려의 정당성을 문제 삼아서는 안 된다. 진리 자체가 완전한 개방을 요구한다. 진리 자체에 대해서 근본적인 보수주의자도, 또 근본적인 혁신주의자도 바람직하지 않다. 우리가 염려하는 옛 것은 지속되며, 우리가 동경하는 새로운 것은 그것이 합당하다면, 도래한다. 또한 그것이 합당하지 않다면 옛 것은 사라지고 새로운 것은 오지 않는다. 우리가 무엇을 해야 하는가?라는 물음은 우리의 염려 혹은 우리의 동경의 문제가 아니라 다만 지속되거나 도래하기에 합당한 것에 대한 문제일 따름이다. 그리고 그런 것으로 합당한 것은, 우리가 지속되거나 도래하기에 합당하다고 여기는 것 저편에서 언제나, 우리의 가설과 신념 저편에서 언제나 어제, 오늘, 내일 우리가 직면하는 하나님의 계명이다. 우리가 진지하게 "우리가 무엇을 해야 하는가?"라고 물음으로써, 우리는 무지한 자들로서 하나님에 대해 의식하며, 그의 영원한 눈이 우리의 존재, 의지, 행함과 하지 않음을 주시한다는 것을 고백한다. 우리는 신뢰하면서 그의 손안에 우리의 모든 것을 있는 그대로 맡긴다. 우리는 그것을 그에게 의탁한다. 우리의 무엇?이 진지하게 이것을 의미한다면, 우리는 또한 그것에 대해 물으면서 하나님의 계명의 명령을 받는다. 우리의 존재, 의지, 행함과 하지 않음은 이 명령에 대해 물음으로써 하나님의 계명을 지향하며, 그의 계명에 복종하며, 하나님의 계명을 통해 거룩해진다. 우리의 무엇?이라는 물음이 진지할수록, 그것은 더욱 진지하게 하나님의 우월한 결정에 대한 우리의 지식을 의미한다. 이것을 의미한다는 것은 중요하다. 그렇다면, 우리 행실 자체가 문제시될 것이고, 바로 이것은 우리가 허공 어느 곳이 아니라 하나님의 계명과 직면하고 있으며, 실제로 그를 찾으며, 그의 명령에 따라 무엇을 해야 하는가를 물었음에 대한 증언이다. 즉 하나님의 계명이 우리에게 계시되었으므로 우리가 그것을 잘 안다는 것에 대한 증언이다.

2. 문제는 우리가 무엇을 해야 하는가?이다. 이 문제는 우리가 지식 자체를 위해서 알고 싶은 것, 혹은 알아야 할 것을 묻는 것이 아니다. 그것은 진리에 대해 묻되, 그러나 우리가 추구하는 진리가 아니라 우리를 찾고 있는 하나님의 진리에 대해 물으며, 우리를 요구하며, 우리를 구속하며, 책임을 지우는 그의 계명의 진리에 대해 묻는다. 그 진리는 우리의 행위의 규범이기 때문에 우리가 그것을 알아야만 한다. 우리는 우리가 주목할 뿐 아니라 준수함이 마땅한 것, 우리가 들을 뿐 아니라 복종함이 마땅한 것에 대해 묻는다. 우리의 반성이 진지한 반성이라면 우리가 해야 하는 것에 대해 묻는다. 이것이 하나님의 계명과의 만남을 준비하는 자세가 진정한 것인가를 재는 두 번째 기준이다. 우리가 어제처럼 오늘도, 그리고 내일도 다시 그 아래 서게 될 선과 악에 대한 하나님의 우월한 결정은, 그의 요구에 따라서 우리가 무엇을 해야 하는가와 관계한다.

그러므로 우리는 당위에 대해 물어야 한다. 확실히 이것은 우리 자신이 의지해야 하는 것에 대해 물어야 함을 뜻한다. 우리 자신, 우리의 의지, 우리의 자유롭고 기쁜 의지는 어떤 경우든 더불어 요청된 것, 따라서 당위에 속한다. 우리가 하나님의 계명의 요구에 따라서 마땅히 해야 하는 것을 우리가 의지하지 않는다면, 우리가 자유롭게 기쁘게 의지하지 않는다면, 우리는 결국 하나님의 요구에 복종하지 않는 것이다. 따라서 당위에 대한 우리의 물음에서는 어느 경우든 우리가 무엇을 의지하는가, 실로 자유롭고 기쁘게 의지하는가가 중요할 것이다. 그러나 우리가 당위를 의지해야 하되 실로 자유롭고 기쁘게 의지해야 한다는 것이 당위를 당위로, 하나님의 우월한 결정으로 만드는 것은 아니다. 우리가 하나님의 결정의 요구를 우리의 의지로 자유롭고 기쁘게 만족시킬 때만 그 결정을 듣고 복종한다는 것이, 우리가 그 결정에 대해 책임을 지고, 우리 행동이 책임적이 된다는 것은 아니다. 하나님의 계명이 이것을 요구한다는 것이, 우리가 본 대로, 하나님의 계명을 모든 다른 요구들과 달리 그의 요구로 만든다. 그리고 우리가 그의 요청에 이렇게 순응함이 모든 다른 복종과 구별해서 그것에 대한 우리의 복종의 성격을 규정한다. 그러나 우리는 지금 묻는다. 무엇이 하나님의 계명을 모든 다른 결정에 대해 우월한 결정이 되게 하는가? 무엇이 불순종과 구별해서 그것에 대한 우리의(자발적으로, 자유롭게, 즐겁게 행하는) 복종을 규정하는가? 무엇이 우리가 행동으로 완수하는 책임을 우리가 하나님을 기쁘게 하는 그런 것으로 규정하는가? 우리가 이런 것에 대해 물을 때―그리고 이것은 윤리적 반성의 문제이다.― 우리는 하나님을 기쁘게 하는 일, 우리의 복종을 복종으로, 하나님의 계명을 우월한 결정으로 만드는 것은 우리의 의지가 한 당위에 직면하고 굴복한다는 데―그 반대는 아니다!―있다는 사실을 고려해야 한다. 그러므로 "우리가 무엇을 해야 하는가"라는 윤리적 물음은, 만일 그것이 은밀하게 혹은 공공연히 "우리가 무엇을 하려 하는가"를 의미하게 된다면, 진지하게 제기된 것이 아니다. 우리가 스스로 행할 수 있고, 우리가 이미 현존하고 그 나름대로 주목할 만한 우리 자신의 의지의 요구에 따라서 행할 수 있고, 우리 스스로, 우리 의지로 설정할 수 있는 목표에 대한 책임감에서 행할 수 있다.―그것은 물론 진정한 책임이 아닐 것이다! 이런 목표는 통상―다양하게 결부되고 혼합되어서―우리에게 편안하고, 우리에게 유익하고, 우리에게 귀중하게 보일 수도 있다. 우리에게 즐겁게 보이는 것, 우리가 필요하다고 여기는 것, 그리고 더 나가서 우리가 참되고 선하고 아름답다고 여기는 것은 그 나름대로 역시 당위로 나타날 수 있고, 명령법의 형태로 나타날 수도 있다.

우리 의지가 설정한 이런 목표들이 객관적 문제들과 결부되어 있으며, 그런 것들을 지시한다는 것은 말할 나위가 없다. 따라서 그것들을 단순히 불신하거나 등한시해서는 안 된다. 그리고 예로부터 유포되었고 새로운 형태로 거듭 등장하는 철학적 윤리의 방향이(소위 말하는 쾌락주의, 공리주의, 혹은 행복주의, 소위 말하는 "가치 윤리") 도덕적 문제의 서술을 이런 목표 위에서 구축하려고 한다면, 그리스도교 윤리학은 여기에 대해서 칸트 및 칸트 학파의 유명한, 전적으로 부정적인 입장을 취하지 않도록 주의해야 한다. 당위가 하나님의 계명의 내용으로 이해되어야 한다면, 그것을 특별한 의미에서 편안하고 유익하고 가치 있는 것으로 이해하는 것을 단순히 거부할 수 없을 것이다. "그가 네 마음이 바라는 것을 네게 준다"(시 37:4), 그가 "네게 좋은 대로 너를 지킨다", 그리고 그가 우리에게 그의 계명을 줌으로써 이렇게 한다는 것은 또한 그 위치에서 잘 이해할 때 참되며, 그리스도교 윤리학에서 또한 발설되고 존중되어야 한다. 그러나 물론 칸트가 당위 개념은 편안하고 유익하고 가치 있음의 개념으로는 결코 도달할 수 없다는 것을 밝혀낸 점에서 그는 정당하며, 이 점에서 그는 그리스도교 윤리학의 포기할 수 없는 과제를 발설하였다.

우리는 묻는다: 우리는 무엇을 해야 하는가? 우리는 이 물음을, 우리에게 즐겁고 필요하고 혹은 또한 참되고 선하고 아름답게 비치는 것에 대한 물음, 이런 행위의 가치에(그것이 아무리 높다 하더라도!) 대한 물음과 혼동되지 않도록 해야 한다. 이 마지막 물음을 아무리 진지하게, 심오하게 표현할지라도, 우리가 여기서 분명히 무엇을 바라는가에 대해, 즉 최고의 가치로서 최고의 존재를, 최고 존재로서 최고의 가치를 가지는 것, 우리의 관점에 근거하여 바람직하게 보이는 것에 대해 묻고 있다는 사실을 바꿀 수 없다. 그러나 우리는 우리 자신에 대해서, 따라서 또한 최고의 존재, 최고의 가치, 최고로 바람직한 것에 대한 우리 자신의 주장에 대해서도, 우리의 결정이 하나님의 계명의 우월한 결정에 굴복하는 한, 책임져서는 안 된다. 오히려 우리는 이런 주장과 더불어, 거기서 얻어지는 목표 설정과 더불어 하나님의 계명에 대해 어떻게 책임질 것인가, 우리가 이런 주장을 하고 이런 목표를 설정하는 자들로서 하나님의 계명에 따라 선한 자로 설 것인가 혹은 악한 자로 설 것인가, 이것이 문제이다. 우리가 편안하고 유익하고 가치 있다고 여기는 것은, 우리가 마땅히 해야 하는 것의 진리로서 우리에게는 그렇게 중요할 수 있다. 그러나 우리는 그것을 다만 제약된—즉 우리 자신을 통해 제약된—의미에서 진실된 우리의 의무로 이해하고 주장할 수 있을 뿐이다. 우리 자신이 그런 것으로 이해하고 느끼고 직관하고 체험하고, 이에 근거하여 주장하고 맹세함으로써가 아니라면, 무엇으로 소위 편안하고 유익하고 가치 있다고 하는 것이 우리에 대해 정당화할 수 있는가? 그것의 명령이 우리 자신이 그것에 줄 수 있는 것 말고 무슨 권위와 능력을 가질 수 있는가? 어떤 명령, 계명이 우리 자신, 우리 생명을(우리가 살아야 할 유일한 것) 요구하는 권위와 능력을 가지고자 하고, 더 나가서 이것은 우리의 삶의 선 혹은 악에 대해 결정하는 심판자가 되고자 한다면, 그 명령은 보다 더 나은 것으로 입증되어야 하지 않겠는가? 내가 복종해야 하는 명령이 있다면, 이것은 극단적인 의미에서 외부로부터 나에게로 다가와서 나를 또한 내면적으로 요구해야 한다. 우리의 행위 위에 계명이 있다면, 그것은 결국 내가 진리, 선, 아름다움에 대한 나의 직관, 경험, 느낌, 감각에

근거하여 내 자신에게 부여한 명령일 수는 없다. 오히려 그것은 낯선 명령, 타자의 명령으로서 내게 다가와야 하고, 그런 것으로서 나에게 요구해야 한다. 내가 그 내용을 내 자신의 계명으로 삼기를 요구해야 한다. 당위가 있다면, 이것은 내 자신의 의지의 산물일 수 없다. 그것은 내 스스로 의지할 수 있는 것 전체를 밖으로부터 접촉하고, 나를 무조건적인—내 자신에 의해 제약되지 않은—진리로 구속하고 책임을 부과해야 한다. 그것은 내가 그것에 권위와 능력을 부여함으로써가 아니라, 그 자체로, 자체를 통하여 그러한 권위와 능력을 가져야 한다. 그것의 정당성에 대한 의문이 나의 입에서, 머리에서, 마음에서 없어지고, 내가 나의 이해, 직관, 체험 속에서 그것의 근거를 모색함으로써 그것의 권위와 능력에 대해 확신하려는 생각을 하지 않고, 그것이 근거 있는 것으로 입증될 수 있는지를 더 이상 생각할 수 없음에서, 그것은 나에 대해서 정당화된다. 그것은 거꾸로 그것에 대한 나의 정당성에 대해 물음으로써, 즉 내가 그 앞에서 정당화될 수 있는지, 내가 그것을 만족시킬 수 있으며, 그 앞에 설 수 있는지를 물음으로써 나에게 대해 정당화된다. 내가 내 자신에게 무엇인가를 요구하는 것이 아니라 내가 내 자신에게 요구할 수 있는 모든 것과 더불어 요구받고 있다는 것, 이것이 당위 개념의 진지한 의미이다.

이런 당위 개념에 도달하지 못한다는 것 때문에 사람들은 모든 고대의, 근대의 행복주의에 대해 유보적일 수밖에 없다. 물론 칸트 이후의 추이를 염두에 두면서, 행복주의에 이렇게 날카롭게 대립하는 칸트의 법, 의무, 명령, 또한 "자유"의 윤리에서 그것의 표현에 만족할 수 있을 정도로 분명한 당위 개념에 도달했는지 물어야 한다. 우리가 당위를, 그것의 가장 형식적 자유 안에서도 전적으로 우월하게 우리의 의지에 대립하는, 지속적인 결정의 내용으로 볼 때, 우리는 진지하게 무엇을 해야 하는가를 묻게 된다. 결정이란 우리가 그것에 박수갈채를 보냄으로써, 그리고 이것이 가장 자발적으로 자유롭게 기쁘게 일어날 때, 결코 우리의 결정이 될 수 없고, 따라서 그것의 권위와 능력은 결코 우리의 결정에 기인하는 것이 아니라 그 자체에 기인한다. 당위의 개념과 현실의 그리스도론적 근거를 염두에 둘 때에만(칸트의 윤리학은 이것과 거리가 멀었다.), 당위가 그렇다는 것이 분명해지고, 행복주의적 해석으로 후퇴하는 것에서 보호받는다.

예수 그리스도가 하나님의 뜻을 이루고자 우리를 위해 죽고 부활함으로써, 다른 한 사람의 입에서 나온 진정하고 참된 당위, 계명과 명령이 모든 그것의 주장, 설정된 목표와 더불어 우리의 의지에 대립하여 등장한다. 따라서 그가 우리의 주와 머리가 됨으로써 우리는 우리 자신에 속하지 않고 그에게 속하며, 따라서 우리 자신을 위해서가 아니라 그를 위해 살아야 한다. 이것이 바로 하나님이 우리에게 책임지도록 하는 것이다. 그리고 바로 이로써 우리는—모든 의지와 구별해서—우리 스스로 하나님에 대해 책임질 의무가 있다. 이것이 우리의 모든 결정에 대한 우월한 결정이다. 이것이 무조건적인, 그 자체에 근거를 둔 진리, 그것 앞에서의 우리의 정당성을 물음으로써 스스로 정당화하는 진리이다. 이것이 우리의 욕망과 탐욕, 우리에게 편안하고 유익하고 가치 있는 것을 극도로 승화시킨 것들, 또한 진, 선, 미에 대한 우리의 이념 그 자체로 완결된 원에 대한 근원적인—근원적으로 사고될 뿐 아니라 실제로 근원적인—초월이다. 그러나 이것은 또한 우리의 구원, 즉 하나님이 우리에게 즐겁고 편안하고 참되고 선하고 아름다운 것으로 약속한 모든 것을 포함한다. 반면에 행복주의의 정당한 관심도 억제되거나 도외시될 필요는 없다. 이것은 전적으로 우리를 향한 요청이니—우리 자신이 우리에게 요구하고 요청하고 바라는 것을 넘어—우리 자신의 유익을 위하여 우리를 향한 요청이다. 따라서 우리 자신이 우리에게 요구할 수 있는 모든 것은—아무리 낮은 것이나 아무리 높은 것이나—우리 자신이 요청받는 자가 됨으로써 정당화된다. 예수 그리스도의 인격, 역사, 주권 안에 근거하고 계시된 당위가 이 개념의 엄격성을 성취함으로써, 그것이 명목상으로만이 아니라 실제로 '정언적' 명령이므로, 그것은 동시에—그리고 여기서 칸트적 명령과는 달리—그에게 복종하는 것은 최고의 의무일 뿐 아니라 또한 최고의 선행이라는 것을 드러낸다. 자기 의지로 주장하고 목표를 설정하던 인간이 하나님의 자유롭고 탁월한 의지의 선함을 통해 접촉되고, 조명받고, 고양되며, 그는 자신에게 합당하지 않으나 다른 영원한 생명을 약속받으며, 그리고 그가 하나님의 계명에 직면하여 이미 그의 삶 속에서 단계적으로 그 생명을 향해 나아갈 수 있다. 그가 어떻게 자신에게 이런 약속을 할 수 있으랴? 하나님의 계명과 우리를 위해 나타난 예수 그리스도의 인격 안에서, 그의 역사, 그의 주권 안에서 현실화된 그것의 당위가 이렇게 한다. 이 당위에서 구체화된 은혜에 의존하는 것이 영원한 생명에 이르는 길이다. 그리고 다시금 우리가 무엇을 해야 하는가를 진지하게 물음으로써, 우리는 이미 우리 자신의 의지에 얽매여, 우리 자신의 이념과 목표 설정에 사로잡혀 있는 인간이며 따라서 우리 삶의 정당화, 칭의를 매우 필요로 한다는 것을 고백한다. 우리는 하나님에게 낯설지 않다. 그 이유는 그는 분명히 우리에게 낯설지 않고, 그의 의지를 우리에게 계시하려 했고, 예수 그리스도는 그의 인격, 그의 역사로써 우리를 위해 개입하고, 우리도 그의 주권 영역 안에 있기 때문이다. 그렇지 않다면, 우리는 어떻게 우리가 복종해야 하는 진정한, 현실적인 당위, 명령에 대해 물을 수 있겠는가? 우리 스스로 우리가 무엇을 의지하는가를 인식할 수 있으나, 우리가 무엇을 해야 하는가는 인식할 수 없다. 우리가 무엇을 해야 하는가를 물을 때, 이로써 우리는 당위가 우리에게 낯설지 않고 이미 당위 속에 있으며, 하나님의 계명이 우리에게 이미 말해졌고, 우리가 들었다는 것을 고백한다. 우리가 이것에 대해 진지하게 물음으로써, 우리의 결정이 하나님의 우월한 결정에 종속된 것으로 이해했다. 이때 우리는 우리 자신을 하나님에 의해 인식된 자들로 인식했다. 이때 우리는 우리 자신을 그의 손에 믿고 맡겼다. 우리의 물음이 진지하다면, 우리는 물음과 동시에 하나님의 계명의 명령을 받으며, 우리의 존재, 의지,

행함과 하지 않음은 하나님의 계명에 따라 방향이 정해진다. 우리의 결정의 일로서의 우리의 존재, 의지, 행위는 하나님의 계명을 필요로 한다. 우리가 진지하게 묻는 것이 중요하다. 우리가 이렇게 한다면, 그러므로 우리가 우리의 의지로써 현실적인 당위와 진지하게 대결한다면, 우리가 하나님과 상관하고 그에 대해 묻는다는 증거는, 그가 우리에 대해 물었고, 그가 우리에게 그의 계명을 계시했고, 주었다는 사실에 근거한다.

3. 우리가 무엇을 해야 하는가? 윤리적 반성의 진정성의 세 번째 범주는, 우리가 무엇을 해야 하는가에 대해 과연 진지하게 묻는가이다. 문제는, 그것이 선하든 악하든, 인간의 존재, 의지, 행함과 하지 않음이 하나님의 우월한 결정 아래 있음에 비추어 우리의 존재, 의미, 행위에 관한 것이다. 문제는 하나님의 계명 속에 감추어진 인간 결정에 대한 심판에 있다. 그러나 여기서 언급하는 인간적인 것은 인간이며, 인간은 우리 자신이다. 우리는 하나님의 결정에서 유래하고, 지금 그것의 대상이 되고, 거듭하여 그것의 대상이 될 주체이다. 우리는 존재하며 의지하며 행하고 중단한다. 하나님의 계명은 우리와 상관한다. 즉 그의 무한한 약속, 그러나 또한 그의 두려운 경고도 우리와 상관한다. 우리는 하나님의 계약 동지이다. 그러므로 우리가 그의 계명을 만남에 대한 준비 자세에 대해 물음은 이렇게 되어야 한다. 우리가 무엇을 해야 하는가? 여기서 두 가지 경계 설정이 필요하다. 첫 번째 경계는 이 물음이 '사람들이 무엇을 해야 하는가?'가 될 수 없다는 것이다. 어떤 누군가의 행위가 아니라, 우리 자신의 계명의 당위에 부합하는 행위, 우리 자신에 대해 질문되고 있다. 은혜의 선택의 물음이 결국, 결정적으로, 우리 자신이 예수 그리스도의 선택에 대한 믿음 안에서, 인간에 대한 하나님의 예정에 상응하여 감히 살 수 있다는 것으로 답변되어야 하는 것처럼, 윤리적 물음은, 인간이 하나님의 계명과 만남에 비추어 필요한 반성을 우리 자신의 일로 삼음으로써 답변되어야 한다. 우리가 이렇게 하지 않고 윤리적 물음이 "사람들"이 무엇을 하는가에 대한 물음으로 처리될 수 있다고 믿는 한 모든 윤리는 환상이 되고, 대상을 잃게 된다. 우리가 단순히 "사람들"이 무엇을 하는가를 묻는다면, 혹은 그릇된 객관적 자세로 "무엇이 행해져야 하는가"를 묻는다면, 우리는 언제나 방관자가 될 따름이며, 근본적으로 단순히 어떤 다른 사람이 해야 할 것에, 혹은 또한 우리 자신의 구경꾼으로, 아직 나타나지 않았으나 아마도 언젠가 있을 경우에 우리 자신이 행해야 할 것에 관심을 가질 따름이다. 이때 우리는 실제로 이런 식으로 방관자적이 되고, 우리의 inter-esse(관여)가 성취된 사실임을 아는 대신, 한가로이 이것저것에 "관심"을 가지게 되리라는 개연성이 매우 크다. 그러나 이것은 우리의 진정한 inter-esse와 상관이 없다. 그러나 윤리적 문제에서는, 누군가 어떤 가설적 경우에 무엇을 해야 하는가가 중요한 것이 아니라, 우리 자신이 지금 주어진 삶의 처지에서, 우리가 과거에서 미래로 걸어나감에서 무엇을 해야 하는가가 중요하다. 인간 일반이, 어떤 인간이, 또는 우리 자신이 어떤 가능한 상황

속에서, 우리 삶 전체를 대표하는 우리의 현재 현실 속에서 하나님의 계명을 통하여 선하다고 혹은 악하다고 판단받는가 하는 것이 문제이다. 하나님의 우월한 결정 안에서 이 물음에 대한 답변이 주어지는데, 우리가 결정을 내림으로써 그 물음의 답변을 기다려야 하며, 이 답변에 대해 준비해야 한다. 우리는 이 물음에 직면하여, 우리를 사로잡는 물음 앞에서 오른쪽이나 왼쪽을, 곧 인간의 일반적 존재, 삶을, 이런 저런 다른 사람들의 삶과 욕구를, 어떤 현실적 상황이 아니라 상상의 상황 속에 있는 우리 자신을 바라볼 여지도 시간도 없다. 오른쪽, 왼쪽으로 우리 자신과 동일하지 않은 인간을 바라보는 것은 역사적으로, 심리적으로 인간을 고찰함에서 어느 정도 타당성을 가질 수도 있으나, 그것이 결실을 맺으려면 일정한 한계가 있다. 윤리적 반성에서는 오른쪽 왼쪽을 바라보는 것은 결코 중요하지 않다. 우리 삶이 하나님 앞에서 지금 선하거나 악하게 드러나는 것처럼 우리 삶 전체가 우리 자신에게 결국 선하거나 악하게 드러나게 될 때까지, 우리의 존재, 의지, 행함과 하지 않음에 대한 판단이 이렇게 저렇게 내려졌고 지금 내려지고 내려질 것이라는 것이 분명해질 때에만, 우리는 선과 악을 안다. 중요한 것은 책임이다. 책임은 인간 일반, 이런 저런 인간들, 우리의 현실적인 상황과는 다른 상황 속에 있는 우리 자신에게 위임될 수 없다. 우리 자신이 지속적으로 책임을 지고 수행하는 자인 것처럼, 우리 자신이 지금 질문받고 대답해야 하는 자들인 것처럼, 그렇게 책임이 간주되고 고려될 수 없다. "아무도 그를 대신할 수 없다", 오히려 우리 자신이 부름받았고, 우리 자신이 우리 자신의 삶의 이념과 그림자 같은 상상에서 벗어나야 한다. 우리 자신이 변명해야 한다. 우리 자신이 무엇을 해야 하는가?를 물음으로써 하나님의 계명의 이것!에 대해 개방하고, 우리 자신의 가설과 신념을 상대화할 것인가, 또 우리 자신이 무엇을 해야 하는가?라는 물음으로써 우리의 의지 및 그것이 설정한 모든 목표를 그의 계명에서 우리와 만나는 하나님의 의지와 대결하도록 할 것인가, 이렇게 이중적으로 제약받고 결정되는 것이 우리에게 옳은가, 우리가 우리 자신의 행위에서 이 제약과 결정을 고려하여 어떤 선택을 할 것인가, 이것이 저 단순히 역사적, 심리적 문제와 구별되는 윤리적 문제이다. 하나님의 은혜가 우리와 개인적으로 관계하고 또한 하나님의 계명도 우리에게 개인적으로 주어졌듯이, 윤리적 문제는 우리의 개인적 문제이다. 이것이 여기서 필수적인 경계선이다. 또 다른 경계는 문제가 우리가 무엇을 해야 하는가?이며, 내가 무엇을 해야 하는가?가 아니라는 것이다. 첫 번째 문제는 두 번째 것을 배제하지 않는다. 그것은 심지어 두 번째 것을 실제로 포함할 때에만 진지하게 제기될 수 있다. 그러나 또한 중요한 것은 두 번째 문제가 첫 번째 것에 포함된 것으로 이해된다는 것이다. 하나님의 계명 앞에서의 주체, 또한 윤리적 반성의 문제가 언급하는 주체는 나지만, 우리 안에 포함된 나이다. 나는 하나님의 계약 동지이나 나의 하나님은 우리 하나님이다. 나는 하나님의 계명을 들을 수 있고, 들어야 하지만, 그의 계명은 모든 사람에게 해당되고, 하나님의 의지는 모든 사람에게 작용한다. 나는 책임져야 하지만 우리 모두가 그 앞에 나서야 하는 심판대 앞에서다. 나는 선한가 악한가를 결정하는 판결을 향해 가지만, 나 홀로가 아니라 언제나 많은 사람들 가운데서다. 내가 결코 홀로 있지 않고 않을 것이라는 사실은 내가 내 행위를 검토할 때에도 간과하거나 망각할 수 없다. 내가 앞서 결정할 때에도(거기서부터 나는 하나님의 결정을 향해 나아간다.) 이 사실을 잠정적으로나 추후로가 아니라 처음부터 구성적 요소로서 고려해야 한다. 하나님의 계명이 목표하고, 하나님의 계명을 통해 그렇게 하도록 부름을 받는 순전히 개별적인 일이 내게 말해질 때, 나는 이 일을 내 자신을 위해서가 아니라 오히려 많은 인간들, 아마도 모든 사람들과 공동으로, 연대하여 가진다. 그러나 이렇게 함으로써 떠나지 못하고 곧 다시 되돌아오는 일상적 삶에서—내가 결정의 순간에 그리고 또한 그에 상응하는 반성의 순간에 이미 뒤로 하면서도 여전히 속하여 있는 삶에서 벗어날 때, 비로소 나는 무엇을 해야 하는가에 대하여 진지하게 물을 수 있다. 문제는 실질적으로 언제나 우리가 무엇을 해야 하는가?라야 한다. 확실히 나는 어떤 자연적 혹은 역사적 집단의 단순한 모델로서가 아니라—그러나 또한 소위 인격이라고 하는 것으로서가 아니라, 또한 개체와 특수 경우로서가 아니라, 오히려 이러이러한 인간으로서, 즉 하나님에 의해 사랑받는, 그러므로 그의 하나님에 대해 책임지는 이러이러한 계약 동지로서 요청받았고, 책임이 있고, 책임을 완수한다. 나에게 해당되는 요구는 나만을 위해서가 아니라 보편적으로 유효하다. 그리고 나는 보편적으로 유효한 요구를 나에게 해당되고, 내게 유효한 것으로 이해해야 한다. 내가 이렇게 하지 않는다면, 나의 개인적 독자성, 나의 특징, 나의 특이한 경우, 내 상황의 특별한 구조에서 벗어나지 못한다면, 나는 하나님의 계명의 존재가 나에게 뜻하고 초래하는 위기에 대해 자신을 보호할 수 없을 것이다. 어느 누가 결국 어떤 관점에서든 특이한 상황 속에 있지 않는가? 누구의 경우가 결국 진정으로 특수한 경우가 아니겠는가? 누가 자신의 삶의 특수성을 표현함으로써 하나님의 계명의 무조건적 진리를 조건적인 진리로 만들려 하고, 그것에 대해 개방하는 것이 필요함에도 불구하고 다만 부분적으로만 개방하려는 유혹을 받지 않겠는가? 또한 윤리적 문제를 다만 개인적으로 제기하는 자는 이런 가능성을 이용하려 하고, 하나님의 계명의 요구와 심판 앞에서 자기 자신을 예외로 주장하고 싶어할 개연성이 지배적이다. 그리고 이것은 일어나서는 안 될 일이다. 만인에게 해당되는 하나님의 계명이 특별히 나를 염두에 두고 나에게 도달한다는 사실은, 내가 그것을 나의 특성에 의해 제약된 것으로 다루어야 하고, 내가 그것의 보편 타당성에 적대하고, 내 자신을 보호할 수 있음을 의미하지 않는다. 또한 여기서도 우리는 칸트에게—즉 그가 도덕적인 것을 "보편적인 입법 원리에 적합한 것"으로 규정한 것에—귀를 기울여야 한다. 바로 나의 문제가 진지하게 제기된다면 그것은 나의 인격과 나의 상황의 특수성을 고려해서 다만 우리가 무엇을 해야 하는가?가 될 따름이다. 이것은 우리가 이런 가장 자명하고 외견상 존중할 만하게 보이기 때문에 가장 효과적인 보루, 즉 다른 사람들과 다르다는 핑계를 포기하고 계명의 위기에 자신을 내맡겼음을 의미한다. 이것은 특별한 나에게 해당된다. 그러나 특수한 인간 나에게, 하나님의 계약 동지 가운데 있는 나에게 해당된다. 그리고 그것이 이런 특성, 특수 상황 속에 있는 나에게 적응해야 하기 때문이 아니라, 내가 그것에 적응해야 하기 때문에 그것이 나에게 도달하고, 해당된다. 내가 그것을 결정하는 것이 아니라, 그것이 나의 실제적 생의 현실의 특수성을, 그것이 내게 요구하는 복종의 특수성을 결정한다. 그러나 우리가 여기서 하나님의 계명의 그리스도론적 근거를 기억하지 않는다면, 또한 윤리적 문제의 "우리"는 올바로 이해될 수 없고, 서술된 두 가지 측면에서 진지하게 취급될 수 없다. 윤리적 문제의 "우리"는 자격 없는 "우리"가 아니라, 고도로 자격을 갖춘 "우리"이다. 그들이 그것을 알고 믿든 믿지 않든 간에, 그들에게 이것에 근거하여 말할 수 있든지 없든지 간에, 혹은 이것이 아직 혹은 더 이상 그렇거나 않거나 간에, 예수 그리스도 안에서 하나님의 계약 동지로 선택되고, 바로 이로써 하나님의 계명 아래 세워진 자들이다. 무자격한 "우리"—소위 인류라고 불리는 것의 보편적인 "우리" 혹은 어떤 특수 집단의 특별한 "우리"는 두 가지 서술된 측면에서 무책임성으로 도피하는 것에 대한 안전 장치를 의미할 수 없다. 우리는 왜 이런 "우리" 가운데서 우리 자신이 결정되며, 한정되며, 따라서 저 구경꾼의 자세에서 벗어나야 하는가? 개별자는 이런 "우리"에 대해서 정당하게 자신의 예외적 경우를 주장하지 않겠는가? 예수 그리스도 안에 있는 "우리"는 우리를 무조건적으로 윤리적 문제가 언급하는 주제로 만든다. 예수 그리스도 안에서 선택받고 부름받고, 의롭게 되고 거룩하게 된다는 것은, 그것에 대해 그가 자신을 유보하고 간격을 둘 수 있고, 저 역사적, 심리적 구경꾼의 여유를 가지고 관심을 보이는, 그런 인간에게 부가된 술어만이 아니다. 예수 그리스도 안에 있음은 그를 통해 창조된 새로운 피조물이 됨을 뜻하며, 그의 몸의 지체로 그에게 속한다는 것을 뜻한다. 우리는 그렇거나 아니면 전혀 그렇지 않다. 그러므로 우리는 다만 스스로 믿을 따름이거나 아니면 믿지 않는다. 그러나 우리가 믿는다면 하나님의 계명 앞에서 우리의 책임은, 그 본성상 그런 것처럼, 우리 자신의 책임이 되고, 또한 우리의 윤리적 반성은 엄밀한 의미에서 우리 자신의 일이 된다. 그리고 예수 그리스도 안에 있는 "우리" 속에 그 개념에 상응하여 모든 "내"가 포함되어 있다. 그리스도 안에서는 예외가 없고, 풍성하고 많은 특별한 은사가, 그의 한 몸에 속한 여러 지체들의 삶의 다양함이 있다. 그러나 우리 자신의 특성, 특수 상황 때문에 그의 주권이 제약받지 않으며, 우리의 특성이(설령 이것이 아무리 특별할지라도) 한 분 주의 유일성과 경쟁하는 일은 없다. 내가 믿는다라고 말할 때 우리는 예수를 "믿는다"고 말할 수 있고, 내가 "믿는다"고 말할 때, 나는 "우리가 믿는다"의 온전한 책임성을 가지고 이것을 말한다. 공동체의 한 영의 무제약성에 또한 예언자들과 방언자들의 무제약성이 재어진다. 그 이유는 그들의 영이 성령이라면 바로 공동체의 한 영일 따름이기 때문이다. 그러므로 내가 계명에 대해 마땅히 바쳐야 할 복종은 그것이 우리 모두에게 요구하는 복종에 재어진다. 그러므로 예수를 믿는 자격 있는 "우리"는 저 두 경계에 대해 안전하다. 그러므로 이 "우리"가 하나님의 우월한 결정에(그것에 관련해서 우리가 윤리적 문제를 제기해야 하는데) 상응한다. 우리는 다른 "우리"에 대해 이렇게 말할 수 없다. 언제나 윤리적 문제의 "우리"가 진지하게 이해될 때, 이렇게 된다. 그 이유는 질문하는 자는 그리스도 나라의 질서에서 벗어날 수 없고, 그들은 저 자격 있는 "우리"의 자취를 부인할 수 없기 때문이다. 우리는 여기서 다음 사실을 확정지음으로써 끝맺으려 한다. 곧 우리가 무엇을 해야 하는가?라는 물음을 서술된 이중적 의미에서 진지하게 제기함으로써, 우리가 하나님의 계명을 알고 있다는 것을 언제나 고백했고, 우리는 하나님의 계명을 알고, 그것이 우리를 위해 존재했고, 그것이 우리를 위해 계시되었다는 것을 고백했고, 이렇게 문제 제기되어야 하는 윤리적 반성은 무익하게 끝날 수 없다. 윤리적 문제의 "우리"가 두 측면에서 진지하게 의도되었다면, 그것은 예수 그리스도 안에 있는 "우리"이다. 그때 우리의 질문은 진정으로 하나님의 우월한 결정에 대한 물음이 된다. 그때 우리가 무엇을 해야 하는가를 알기 때문이 아니라, 질문함으로써 하나님이 우리를 안다고 실제로 고백한다. 우리가 질문함으로써 그의 의지와 명령에 굴복하고 우리의 행동은 그의 계명을 통하여 방향을 얻는다. 우리가 진지하게 묻는 것이 중요하다. 그러나 우리의 물음의 "우리"가 저 이중적 의미에서 진지하게 의도된다면, 우리 자신이 진지하게 하나님의 계명에 대해 묻고 있음의 증인이다.

4. 우리가 무엇을 해야 하는가? 우리가 진정으로 무엇을 해야 하는지를 스스로 물어야 하는 자들인가를 특별히 확인하는 것은 불필요한 일이 아니다. 또한 이것은 자명하지도 않다. 우리가 무엇을 하는가?라는 물음은 호기심의 물음, 유희적 지식욕의 물음, 단순히 이론적인 관심의 물음일 수도 있다. 그리고 호기심을 갖는다는 것은 확실히 저주스러운 일이 아니라 어떤 의미에서는 칭찬할 만하다.

호기심은 모든 학문의 강력한 동기이다. 또한 인간 행위는 의심의 여지없이 정당하게 고귀한 호기심의 대상이, 실천 자체는 이론의 대상이, 우리의 inter-esse(관여)는 우리의 "관심"의 대상이 될 수 있다. 우리는 또 다시 역사와 심리학의 과제 혹은 출발 과제를 기억한다. 여기에는 넓은 의미에서 통계학이나 사회학 같은 학문 영역도 들어가야 한다. 이 호기심이 그 탐구에서 무제약적이라면, 즉 그것이 모든 그 탐구 영역 저편에서 제기되는 윤리적 문제를 알지 못한다면, 혹은 ―더 나쁜 것은― 그것이 그 자체의 탐구를 윤리적 문제와 혼동하고 자신을 윤리학으로 간주하려 한다면, 그것은 잘못된 것이다. 윤리학도 물론 이론이다. 그러나 그것은 단순한 호기심을 ―설령 이것이 고귀한 것일지라도― 뒤로 한 이론, 즉 단순한 호기심에서 출발하여 다양한 방법으로 가능한 인간 행위에 관하여 묻고 답변한 후에는 우리가 무엇을 해야 하는가를 묻고 알고자 하는 이론이다.

"우리"를 통해서뿐 아니라 "당위"를 통해서도 "행위"는 여기서 모든 단순한 고찰에서 벗어난다. 우리는 우리에게 명령된 것을 단순히 알고자 할 수 없으며, 그것이 우리에게 순전한 대상이 될 정도로 그것과 간격을 유지할 수 없다. 우리에게 순전한 대상이 되고 따라서 저 거리에서 우리와 대치하는 것, 우리로 하여금 그것에 대한 지식으로 만족하고 따라서 그것에 대한 단순한 지식을 추구하는 탐구자로 만족하도록 허락하고 명령하는 것은 그 자체로 분명히 우리에게 명령된 것이 아니다. 설령 그것이 아주 심오한 견해 혹은 순전한 이념일지라도 그렇다. 이제 여기서 중요한 것은, 윤리적 반성 자체가 이미 윤리적 행위, 즉 계명에 굴복한 우리의 존재, 의지, 행함과 행하지 않음의 한 국면, 혹은 차라리 모든 이런 국면에 대한 특별한 결정이라는 것이다. 윤리적 반성은 모든 앞선 결정을 회고하며, 뒤에 올 결정을 전망하면서 우리의 결정에 수반하는 인식이다. 인간 행위가 자체 인식에 의해 수반되고 있다는 점에서, 그것은 식물과 동물의 삶이, 그리고 온 자연이 진행되는 행위들과 구별된다. 완전한, 반성된 의식과 소위 무의식이라고 하는 것의 상이한 형상—이것은 그러나 의식이기를 중단하지 않는다.—사이에서 많은 형태로 수반되는 것들이 있다. 그러나 인간이 인간으로 살아가는 한, 단순히 이 인식은 중단되지 않는다. 우리 행위가 우리의 인식에 수반됨을 통하여 우리 자신은 우리 행위의 주체, 행위자가 된다. 이것을 통하여 우리 행위는 책임이 된다. 우리의 행위가 이 수반되는 의식에서 추상될 수 없듯이, 이 수반 의식은 행위에서 추상될 수 없다. 우리 묻고 있는 계명은 우리가 그 아래 처했고, 처해 있고, 처해 있을 계명이다. 우리가 계명에 관련하여 묻는 것은, 우리의 심판자였고, 심판자이고, 심판자가 될 분에 대해 묻는 것이다. 그러므로 우리는 언제나 또한 우리 자신에 대해, 즉 우리가 이미 행한, 지금 진행 중인, 그리고 미래에도 계속될 계명을 통한 판결에 대해 묻는다. 우리는 그러므로 그것을 우선 거리를 두고 관찰하고, 그 내용에 대해 확인하고 그 다음으로 그것에 대한 판단을 형성하고, 그 다음으로 그것에 대해 입장을 취하는 식으로 계명에 대해 알려고 할 수가 없다. 우리는 나중에 제기되는 무엇인가를 할 것인가, 그리고 우리가 그 다음으로 이것을 할 것인가 저것을 할 것인가? 등의 물음에 답변하기 위한 자료를 마련하려는 의도에서 지금 우리에게 명령된 것에 대해 물을 수는 없다. 우리가 이런 분할, 이런 분할된 행위를 할 수 있는 시간, 순간, 시간 속의 중립적 지점이란 없다. 또한 내가 지금 외견상 비로소 하나님의 계명에 대해 물음으로써 나는 이미 그와 일정한 관계 속에 행동하며, 나는 이미 복종하거나 불순종한다. 그리고 내가 지금 행동하면서 나는 어떤 의미에서 내 이전의 전체 행동을 요약하며, 내 미래의 행동을 선취한다. 그러므로 내가 나의 다음 결정과 관련하여 이전의 결정을 검토할 때, 이론적으로만 지금 숙고해야 할 미래의 결정과 관련하여 계명의 위기 속에 있는 것이 아니라, 또한 실천적으로 지금 내려진 나의 결정과 관련하여, 내가 묻고 있는 계명의 위기 속에 있다. 그리고 지금 내려진 나의 결정은 나의 모든 이전의 결정들의 계속이다. 좁은 의미에서 우리의 "행위"만이 윤리적 물음에서 문제 삼는 우리의 행위가 아니다. 또한 우리의 하지 않음, 또한 우리의 무위(無爲)도 어느 경우든 우리가 묻는 계명 아래 있다. 우리의 행함과 하지 않음뿐 아니라, 또한 우리의 행함과 하지 않음을 준비하는 우리의 의지도 계명 아래 있다. 행함과 하지 않음은 또한 우리의 의지와 의지하지 않음이다. 그리고 우리의 의지만이 하나님의 계명 아래 있는 것이 아니라 무엇보다도 먼저 우리의 존재가 계명 아래 있다. 우리 자신이 무엇인가를 의지하고 의지하지 않으며, 행하고 행하지 않는다. 그러나 우리의 존재는 우리가 의지하고, 행하고 행하지 않음 저편에 추상적으로 존재하는 것이 아니라, 우리 존재(우리 자신)는 그것 안에 있다. 따라서 우리는 윤리적 문제가 제기될 때, 완전히 빈틈없이 닫힌 원과 상관한다. 그 원 자체가 하나님의 우월한 결정의 대상이다. 그것 자체가 하나님에 대한 우리의 책임이다. 그것 자체가 저 하나님의 결정 속에서 이렇게 혹은 저렇게 판단된다. 이 닫혀진 원 속에서 진행되는 우리의 삶은 분명히 우리의 인간적 삶이며(식물이나 동물의 삶이 아니다!), 윤리적 물음을 동반한다. 이 물음은 내가 행하는 단계마다 내가 행하는 것을 문제 삼아야 하고, 그러므로 어느 단계에서도 단순한 관찰이거나, 단순히 사실을 확립하거나, 단순한 해명이 될 수 없다. 그것은 내가 과거, 현재, 미래의 삶의 상황의 결정적 성격에 대해 분명히 알아야 함을 뜻한다. 그러나 이것은 이 사실에 대해 분명히 알기 위해서가 아니라 이런 명료함 속에서 살기 위해서, 내 모든 결정에 있어(내가 지금 이전의 결정을 요약하고 미래의 결정을 선취한다!) 나의 결정이 예속되고 책임을 지는 하나님의 결정에 대비하기 위함이다. 우리가(저 이중적으로 정의된 "우리"의 의미에서) 해야 할 의무를 (진정한 의무와 우리의 의지의 저 정확한 대립에서) 행함 혹은 하지 않음 속에 선의 무조건적 진리가, 나에 대한 무죄 판결 혹은 정죄 판결로 감추어져서 현존한다. 바로 여기에서이며, 따라서 나의 행함 혹은 하지 않음 밖에, 혹은 위에 있는 어떤 공간 속이 아니고, 내가 결정함이 없이, 나의 관찰, 사실 확립을 통하여 스스로 결정함이 없이, 단순히 관찰하고 확정할 수 있는 어떤 곳이 아니다. 우리가 무엇을 해야 하는가?라는 물음이 진지하게 제기될 때, 이미 우리 행위에 대한 검토의 전제를 책임적인 것으로 만든다. 그것은 관습에서 윤리로 후퇴할 수 없음을, 차라리 윤리 자체가 이미 좋든 나쁘든 관습임을 뜻한다. 또한 이 모든 것은, 우리가 우리 자신의 삶을 책임 있는 존재, 의지, 행함과 하지 않음의 자체적으로 완결된 원으로서, 이론과 실제의 불가 분리의 관계로 필히 이해하도록 만드는 것은 우리 모두의 결정의 규범으로서의 하나님의 우월한 결정이라는 사실을 기억할 때에만 비로소 깨달을 수 있다. 그리고 하나님의 우월한 결정은 하나님이 수립했고, 예수 그리스도의 죽음과 부활에서 봉인된 하나님과 우리 사이의 계약의 현실과 동일하다. 하나님의 의지와 계명의 단순한 이념만이 중요하다면, 우리 행위의 선과 악에 대한 우리의 인식과 그것의 실천 사이를 구별할 수 있어야 하고, 우리의 현실적인 결정을 떠나서 중립적인, 결정 없는, 무책임한 공간이 있어야 할 것이고, 관습이 아닌 윤리가 가능할 뿐 아니라 근원적으로 필요하게 될 것이다. 이러한 이념에 대하여 우리는 책임이 없고, 우리가 그것을 책임을 요청하는 법정으로 인식하고 인정할 때 비로소 책임이 있다. 이론과 실제의 분리가 이루어질 때 그 과정은 이념에 대해 정당화된다. 하나님의 의지와 계명, 우월한 결정을 이념으로 생각할 때, 윤리적 반성에서 언제나 거듭 저 과정으로 되돌아갈 것이다. 즉 진지한 윤리적 반성은 이루어질 수 없을 것이다. 그러나 이 개념에서 하나님과 인간 사이의 저 계약의 구체적 현실이 아니라 이념만이 우리에게 보이고, 예수 그리스도의 인격, 행위, 통치가 우리 눈앞에 분명히 나타나지 못한다면, 우리 행위의 규범으로서의 하나님의 우월한 결정 개념은 결코 성취되지 않은 것이고, 우리의 시야 속에 들어오지 못할 것이다. 예수 그리스도의 인격 안에서 영원한 말씀이 우리의 육신을, 인간 존재를 총체적으로 자신과 일체를 이루기 위하여 받아들였고, 그래서 그의 공동체에서, 그러나 또한 감추어진 가운데 온 우주에서 머리가, 그러므로 또한 우리 자신의 머리가 되었다. 그의 역사를 통하여 인간의 모든 이기적 존재가 죽음에 내준 바가 되었고, 하나님을 위한 존재로서 다른 새로운 삶으로 일깨워졌다. 그의 통치를 통하여 인간이 하나님에 대하여 유보할 수 있는 장소, 독자적으로 자기 자신에 대해 결정하려고 할 수 있는 곳, 우리의 윤리적 중립주의의 모든 보루와 도피처가 파괴되고 폐지된다. 우리는 한 이념을 간과하듯이 그를 간과할 수 없다. 그에게서 실제로 현실화된 하나님의 결정은 우월한 결정으로서, 그것을 통하여 우리 행위와 더불어 무엇을 해야 하는가에 대한 물음도 책임적인 결정으로 규정되며, 이것을 통하여 우리가 또한 마지막의 저 중립적 도피처에서, 스스로 관습이고자 하지 않는 윤리에서부터 쫓겨나며, 그것을 통하여 우리는 하나님에 의해 전적으로 요구받음으로써, 그에 의해 전적으로 사로잡힘으로써 전적으로 해방된다. 윤리적 반성이 고귀한 호기심의 유희 이상일 때, 그것이 언제나 학문적 진지성을 넘어 삶의 진지성을 가질 때, 그리고 그 삶의 진지성에 의해 또한 학문적 진지성도 가질 때, 윤리적 반성은 거기서부터 그 진지성을 갖는다. 예수는 이유 없이 승리자, 왕이 아니다. 이론과 실제는 하나님이 그 안에서 영원 전부터 사랑했고, 그가 그 가운데서 승리자, 왕으로 부활한 인간 세상에서 분리될 수 없다. 그리스도의 교회만이 왜 그것들이 분리될 수 없는지, 왜 하나님의 뜻과 계명이 단순한 이념으로 취급되기를 허락하지 않는지, 왜 윤리가 모든 단순한 호기심 저편에서 출발할 필요가 있는지를 알고 고백한다. 그러나 이런 연관성, 이런 필요성을 명시적으로 고백하는 것 외에 또한 다른 고백도 언제나 있다. 우리가 무엇을 해야 하는가?라는 물음이, 행위 개념에서 고유한 진지성을 가지고 제기될 때, 언제나 그것에 대한 실제적인 고백이 있다. 이렇게 할 때, 설령 인간이 하나님의 계명을 그런 것으로서 더 이상 혹은 아직 이해하지 못할지라도, 설령 그가 이방인으로서 예수 그리스도 안에 세워지고 계시된 계명과 대결할지라도, 인간은 그것에서 멀지 않다. 그가 진지하게 우리가 무엇을 해야 하는가?라고 묻는다면, 이로써 그 앞에서 모든 후퇴와 중립주의가 불가능한 그런 법정에서 그 자신이 질문받고 있음을 증언하는 것이다. 그 이유는 그것은 최고 법정, 엄밀한 의미에서 유일한 재판 법정이기 때문이다. 그가 하나님을 모를지라도 하나님은 그를 안다. 그러므로 하나님은 그에게 윤리적 반성을 요청하고, 이로써 그의 일정한 한계 안에서 그의 계명에 따라 행동 방향을 정하도록 만든다.

이 분석을 결론으로서 또 한번 "우리가 무엇을 해야 하는가?"라는 물음은 사도행전 2:37-38에 의하면 성령강림절 설교를 들은 자들이 베드로와 다른 사도들에게 제기한 물음이라는 것을 기억하는 것이 좋을 것이다. 이것은 우리에게 우리 자신이 이 물음을 제기해야 하고, 그러나 우리 자신에게 질문해서는 안 된다는 것을 뜻한다. 우리는 하나님에게, 그러나 우리에게 자기 계시에 관해 증언한 하나님에게, 곧 우리는 성서에 의해 제기된 물음으로서의 이 물음을 다시 하나님의 계시에 관한 증언인 성서에 대해 제기해야 한다. 우리의 모든 결정 위에 있는 하나님의 우월한 결정이 예수 그리스도 안에서 실제로, 객관적으로 우리와 대결한다는 것, 이것이 우리가 본 대로 윤리적 반성의 모든 기준들 중의 기준이다. 그러나 예수 그리스도가 그의 사도들, 이스라엘과 교회의 형상으로서의 그의 공동체의 근거를 이룬 증언 전체로부터 분리될 수 없다. 우리는 그의 증인의 말을 들음으로써 그의 말을 듣는다. 하나님의 우월한 결정으로서의 계명은 그들의 증언에서 거듭 찾아야 하고, 확실히 언제나 발견할 수 있다. 우리는 그러므로 거기서 어떤 형태로든 한 가지 답변을 얻게 될 때, 놀라서는 안 될 것이다: "회개하라, 그리고 여러분 각자는 죄를 용서받기 위해 예수 그리스도의 이름으로 세례를 받아라. 그러면 성령의 선물을 받을 것이다."

2. 하나님의 결정의 확정성

우리는 하나님의 우월성, 그의 결정의 우월성에 대해 말함으로써, 하나님의 계명은 최고 심판자의 피할 수 없는 판결임을 분명히 하려고 했다. 그러나 하나님의 결정 개념, 그리고 그것에 상응하는 인간의 책임 개념은, 우리에게 하나님 말씀이 주어졌고, 구체적으로 내용이 명확하게 정해졌다는 관점 아래서 특별히 고찰될 필요가 있다. 그래서 그것은 우리의 최고의 심판자의 피할 수 없는 판결이고, 우리의 결정의 선과 악에 대한 하나님의 결정이다. 그러므로 우리는 그에게 책임이 있다.

하나님이 예수 그리스도 안에서 우리에게 자비롭다는 것은 우리로 하여금 복종하도록 전적으로 요구함이며, 또한 우리의 결정한 선택에서 선과 악에 대한 전적으로 결정함을 뜻한다. 그러므로 이것은 우리에게는 우리의 전적인 책임을 뜻한다. 예수 그리스도 안에서 하나님의 사랑은 우리 전체를 의도하고 찾고 원한다. 예수 그리스도 안에서 이루어진 화해 역사는 우리의 인간 삶 전체와 관계된다. 그러므로 또한 하나님의 사랑 내지 그 역사에 대한 우리의 감사는 다만 온전한 것일 따름이다. 우리는 하나님의 결정이 우리의 모든 결정에 대한 우월함 가운데 우리의 모든 삶의 행위와 대립하고 심판한다는 것을 분명히 함으로써, 이미 하나님의 계명, 우리의 책임의 온전성 문제를 건드렸다. 그러나 우리에게 여기서 완전히 분명해지기 위해서 한 차원이 부족한데, 그것을 고려함이 없이는 하나님의 계명의 온전성, 또한 그것의 우월성의 온전성, 또한 우리의 책임의 온전성, 그리고 또한 윤리적 반성의 본질에 대한 이해가 불완전할 수밖에 없다. 곧 그것은 하나님의 계명이 우리의 모든 결정에 대해 하나님의 사법적 결정으로서 온전하게, 즉 구체적으로, 내용상 명확하게 우리에게 주어졌다는 것이다. 그것은 모든 우리의 결정에 대하여 특별한 명령, 그때마다의 순간에 그때마다의 상황에서 우리의 결정에 특별히 상관하는 구체적인 개별 명령이다. 예수 그리스도 안에서 우리에 대해 이루어진 결정의 발본성, 하나님의 거룩함과 자비, 편재와 영원의 절대 진지성, 그가 예수 그리스도 안에서 우리에게 향했고 향하는 사랑과 또한 자유의, 인내와 또한 전능의 철저한 에너지는, 그의 계명을 다르게 이해하지 않기를, 적어도 친밀하게 집중적으로 이해하기를 허락한다. 우리가 그 아래 처해 있었고 있고 있을 하나님의 계명, 우리가 책임져야 했고 지금 책임져야 하고 책임져야 할 계명은 하나님의 "특별한, 가장 특별한 의지", 그의 "구체적인, 가장 구체적인 명령"이다. 거기서 하나님은 우리와 가깝고, 자신을 위해 우리를 거룩하게 만들고, 우리를 자신에게로 이끌고, 우리의 주가 되고자 하고, 우리를 자신의 사람들로 삼고자 한다. 그 안에서 그는 우리의 심판자이고, 복종 혹은 불순종을 결정하고, 우리의 결정의 선과 악을 결정한다. 그 안에서 우리는 우리의 믿음, 사랑, 희망에 대해 질문받는다. 그러므로 진실로 특별한 것, 구체적인 것, 개별적인 것, 진실로 유일무이하게 정해진 것은, 사람들이 쉽게 생각하듯이, 우리 시간 속의 순간, 그것의 내적, 외적 조건 그 자체는 아니다.

우리는 기억한다: 시간은 원래 이러이러한 시간들의 충만으로 결정된 것이 아니라, 하나님의 영원이 모든 시간의 충만이고 그러므로 또한 우리의 매 순간의 충만임을. 공간은 그 자체로 무한히 다양한 공간들을 가지는 것이 아니라 하나님의 편재 속에서, 혹은 하나님의 원래적 공간성 안에 근거하고 있다. 따라서 창조 세계 속에 많은 공간들이 있고, 각 공간은 하나님 자신, 공간의 주요 소유자가 그것들을 다양하게 설정하고 의지함에 상응하여 자기 특성을 지닌다. 피조물, 그 자연, 그 역사의 다양성이 원래적인 다양성이 아니라, 도리어 먼저 유일한 하나님 자신이 다양하고, 영원히 풍성한 신이기 때문에, 그의 피조물 속에서 그의 풍성함에서 나온 한 단편으로서 다양성과 풍성함이 있다. 또한 시간, 공간 속에 우리의 인간 개체성과 생명성, 우리의 인격의 신비, 우리의 가능성과 결정의 우발성이 원래적인, 본래적인 개별성, 생명성이 아니다. 우리가 그런 것으로 알고 있고 소유한 것은 다만 우리 하나님의 개별성과 생명성에서 피조된 잔영, 그의 인격의 자유, 그의 의지와 행동의 우발성, 그의 특별한 은혜, 자비, 인내에서 피조된 잔영이다. 이것들은 그의 영원한 본성이니, 우리가 존재하지 않

고, 온 세상이 존재하지 않고, 이런 것들 안에서 그는 창조가, 주로서 세상을 향하고 세상 속에서 그의 계약 동지인 우리에게 향하고자 한다. 그러므로 특별한 것, 구체적인 것, 개별적인 것, 유일무이하게 정해진 것의 영광은 하나님의 것이며 우리의 영광이 아니다. 우리가 하나님의 피조물, 자녀로서 그 영광에 참여하는 한, 우리가 그것을 하나님의 영광으로 인정하고 찬양할 수 있는 한, 그것은 우리의 영광이 될 수 있다. 그러나 그것은 결코 하나님의 영광에 대립해서 우리의 영광으로 요구될 수 없고 관철될 수 없다.

우리는 하나님의 계명을 일반적인 규칙으로 이해하고 그 효력을 시인하면서도 그것의 적용, 즉 그것의 구체적인 실행을 우리 판단과 행동의 문제로 간주함으로써 그것에 대해 우위를 확보해서는 안 된다. 만일 그렇다면 한 인간 심판관이 법의 일반적인 규정을 경우에 맞추어 특별히 적용함으로써—그것은 그의 재량이다.—판결을 내리듯이, 계명에서 일반적으로 말하고 규정하는 것을 특별히 개별적으로 수행하는 일은 비로소 우리 자신의 결정으로 실현될 것이다. 그러므로 하나님의 계명은 보편적 규범일 뿐 아니라 동시에 개별적 경우에 대한 일정한 규정, 규범이기 때문이고, 그것은 법이자 동시에 적용하는 심판자이기 때문에 모든 인간 법과 비교될 수 없다. 하나님이 일반적으로뿐 아니라 또한 특별히 하나님인 것처럼, 아무리 특별한 영광도 그의 영광인 것처럼, 그의 계명도 그렇다. 그의 계명은 진실로, 우리가 우리의 행동을 통하여 내지 우리의 행동을 동반하는 윤리적 반성의 판단을 통하여 일정한 내용을 부여해야 할 그런 빈 형식이 아니다. 그것은 진실로 특수한 것이 다른 데서부터 비로소 추가되어야 할 보편적인 것이 아니다. 하나님의 계명은 내용과 형식, 보편적인 규정과 구체적인 관계가 그 안에서 둘이 아니라 하나가 됨으로써 온전하다. 우리 결정에 대해 우월하게 판결하는 하나님의 결정은 정해진 결정이다. 이것이 뜻하는 바는, 일정한 견해, 의도로써 모든 것을 예견하고, 우연이나 우리의 자의에 조금이라도 내맡기지 않는 의지를 가지고 하나님은 자신의 계명의 요구와 판결로 우리와 대결한다는 것이다. 매 순간 우리에게 주어지는 하나님의 계명은 언제나 그것의 내적, 외적 양태가 특별히 정해져 있는 단 하나의 가능성이다. 따라서 그것은 언제나 단 하나의 결정, 우리가 그것을 수행함에서의 모든 사고와 말과 운동을 포괄하는 결정이다. 그것이 우리와 만날 때, 아무것도 내면적으로나 외적으로나, 분명히 확인될 수 있는 우리의 행동 실천에서나, 우리 의도의 상대적 신비에서나, 우연에도 우리 자신에게 맡겨져 있지 않다. 오히려 그는 어떠한 가시적 혹은 불가시적 부분에 이르기까지도 우리에게서 다른 것이 아니라, 바로 이것을 바라며, 우리가 정확하게 그가 원한 것을 행하는가 안 하는가에 따라 우리를 재고 판단한다. 우리의 책임은 우리에게 이렇게 주어진 계명에 대한 책임이다. 그리고 윤리적 반성은, 우리가 이렇게 주어진 계명, 즉 우리에게 현실적으로 주어진, 그러므로 온전히, 구체적으로 채워진, 내용적으로 정해진 계명에 대해 책임이 있었고 있고 있을 것이라는 것을 고백하는 것이다.

우선 분명한 것은, 계명의 무조건적 진리 개념은 그것의 확정성을 고려하지 않을 때 불완전하게 파악될 따름이고 혹은 전혀 파악될 수 없다는 것이다. 계명을 다만 보편적인, 내용상 불명확한 규범과 규칙으로 이해하고, 그것의 진리와 효력을 우선 그 자체로 통찰하고 인정하려 하지만—저 통찰과 인정에 근거하여—그 규정을 이렇게 혹은 저렇게 적용 내지 실행하는 것이 우리의 행동을 통해 선택되고 성취될 수 있다고 본다면, 그런 견해는 이런 계명 개념에 정당하지 않을 것이다. 이런 보편적으로 유포되어 있는 이런 견해에 의하면, 좀더 정확히 규정되어야 하겠지만, 우리의 행동이 이런 보편적인 규칙 아래 있고, 어쨌든 이 규칙에 상응하는 형식을 가져야 한다는 지식과 신념을 가져야 한다. 그러므로 우리에게—일반적으로가 아니라 지금 여기서, 이 순간에 일정하게—명령된 것, 그러므로 우리가 그 형식의 합법성을 전제하면서 해야 할 바를 정하는 것은 우리의 일이어야 할 것이다. 저 합법성을 준수한다면, 우리는 어떻게 행동하든 간에 선한 행동을 한다고, 즉 우리에게 명령된 것을 한다고 확신할 수 있을 것이다. 이 견해에 따르자면 어떤 진지하다고 일컬어질 수 있는 계명이 관계하는 결정적인 것, 즉 계명을 통해 결정되는 우리의 행동에는 아직 도달하지 못했고 오히려 포기되었으며, 우리는 전제된 보편적인 요구와의 관계에서 그 행동의 합법성을 판단해야 한다는 것이 분명하지 않은가? 내용상 계명을 통해 정해지지 않은 우리의 행위는 필히 우리가 바라는 바를 행함이 아닐까? 그렇다면 우리가 그것을 또한 당위적 행위로 간주함이 정당하기 때문에, 그것은 더욱더 고려해야 하지 않을까? 우리는 이 계명에 대한 우리의 복종의 과정을 기껏해야 이렇게 이해할 수 있다. 우리는 저 보편적인 규칙에 의해 부과되는 당위를 통해 우리의 의지가 제약받고, 어느 정도 통제되고, 그런 한에서 규정되도록 하였다. 그러나 보다 심한 경우, 우리는 우리 자신의 의지의 판단과 요구를 도덕적 형식 개념의 빈 그릇 속에 부어넣었고, 그래서 그것에(우리가 지금 이러이러한 것을 원하는 것을 넘어서) 도덕적 요구의 형태와 권위를 부여했다. 우리는 우리 자신을 심판자로, 즉 저 법의 해석자로서 정당화했고, 구체적인 경우에 우리 자신의 의지를 선하다고 간주했다. 보편적이고 형식적인, 추상적인 계명은 실제로 정확히 말해서 결코 계명이 아니다. 계명은 어느 경우든 먼저 그 자체로 청취되고 이해되고 인정받기를 원하며, 그러고 나서 그것은 이런 인식과 승인에 근거해서 계명이 될 수 있고, 그 다음으로 특별한 경우에 해석과 응용이 필요하며, 비로소 이런 해석을 통해(그것은 또한 우리의 일이어야 하는데) 계명 같은 것이 될 수 있다. 여기서는 현실적 계명에 대하여 복종하는 자 혹은 불순종하는 자의 판단이 너무나 결정적이다. 그러므로 우리는 이런 "계명"에서 인간을 향한 요구와 현실적인 계명이 인간에게 내린 판단을 재발견할 수 없고, 그것을 진지한 의미에서 "계명"이라고 부를 수 없다. 그것의 진리가 이렇게 제약받고 있는 계명은 그것이 무엇을 뜻하든 간에 계명은 아니다! 계명—엄밀한 의미에서 하나님의 계명은 인간에 대한, 그에게 온전히 주어진 요구이니, 그 내용에 대해서 인간은 마음대로 할 수 없고, 그러므로 그의 판단과 사고에 따라 구체적으로 채울 수 없다. 한 계명은 요구이며, 단순히 요구 형태에 대한 이론적 설명이 아니다. 그러므로 계명은 내용상 일정하게 채워져서, 매 순간의 결정의 내적, 외적 내용을 포괄하면서, 매 순간에 우리에게 요구되는 모든 것의 총화로 우리에게 다가온다. 계명은 해석을 필요로 하지 않는다. 그 이유는 그것이 자체적으로 미세한 데까지 궁극적으로 해석되었기 때문이다. 이런 것이 계명일 경우에만, 그것은 우리를 향한 물음으로서, 우리의 행위로—매 순간 일정하게 정해진 내용을 가진 행위로—답변을 요구하는 물음이라는 것이 분명하다. 그때 비로소 계명은 우리가 매 순간 주었고 주고 주게 될 답변과 구별되며, 우리의 행위는 우리 자신의 의지를 단순히 반복하고, 확증하고, 판단하는 것과 구별된다. 그때 비로소 우리는 타자 앞에, 탁월한 명령자와 심판자 앞에 책임을 지게 되고, 복종하거나 혹은 불순종하게 된다. 그때 비로소 우리의 책임 문제는 우리가 우리 자신과 일치하느냐 혹은 일치하지 않느냐의 문제, 우리 자신이 발견하고 세운 표준에 대해 신실한가 혹은 불신실한가의 문제와는 다른 것이 된다. 이것으로써, 이 문제가 그 자체로 중요하고 관심 있는 문제일 수 있다는 것은 부정할 수 없다. 그러나 그것은 확실히 윤리적 문제는 아니다. 우리에게 특별하고 구체적이고 개별적인 것, 일회적으로 정해진 행위가 요구됨으로써, 그러므로 우리의 현실적 행위가 요구되고 판단됨으로써 윤리적 문제는 시작된다. 그러므로 우리는 우리에게 요구된 특별한 것에 대해 질문받으며, 그것은 그 특수성 속에서도 우리의 자의에 맡겨지지 않고 하나님의 결정 사항이 된다.

"선의 이념"은 일정한 하나님의 결정일 수 없다. 확실히 또한 선의 이념, 완전한 정의 개념, 그러므로 인간의 의지와 행위의 도덕성 개념도 있다. 이 개념은 완전한 존재 개념과도 동일시될 수 있고, 거기서부터 인간에게 요구되는 것, 그에게 명령된 것의 총괄 개념으로 이해될 수 있다. 선의 이념은 우리의 존재의 근거를 무조건 이룰 뿐 아니라 또한 우리의 의지와 행동을 무조건 요구하며, 우리의 의지와 행동을 무조건 결정하는 현실 규범 내지 규범 현실에 대한 생각이다. 의심의 여지없이, 하나님의 계명 개념은 이 사상과 어느 정도 일치되는 듯하다. 하나님의 계명 개념도 이 극도로 옳은 것, 그러므로 도덕적인 것을 우리에게 요구된 것으로 이해한다. 그 이유는 그것은 가장 고귀한, 본래적인 존재이며, 이것 이상, 즉 모든 존재의 근원이기 때문이다.—우리는 말한다. 그것은 하나님 자신이고, 우리가 존재에, 그것의 근원에 참여함은 하나님의 피조물로서의 우리의 삶은 우리가 그의 성품, 그 자신의 본성을 통하여 우리에게 규정된 의로움과 도덕성을 만족시킴에 달려 있기 때문이다. 그러나 하나님의 계명 개념과 저 사상 사이의 동일성은 다만 외견상 그럴 뿐이다. 즉 전자는 우리가 생각한 규범이 아니며, 우리 자신의 의지와 행동의 관점을 변증법적으로 발전시키고 심화함으로써 획득하고 설정한 규범이 아니고, 분명히 외부로부터 우리에게 주어지고 우리와 대립하는 규범을 나타냄을 통하여 후자와 구별된다. 하나님의 계명 개념은 인간 편에서는 이해할 수 없는 사실, 즉 그가 그 자신의 주가 아니고, 그가 그 아래 처해 있는 주권을 자기 스스로 생각해 내고 규정하고 이로써 자신이 복종하고자 하는 법을 스스로에게 부여하는 일이 그의 능력 안에 있는 것이 아니라, 그가 한 주를 모신다는 것에 대한 개념이다.(우리를 다스리는 그의 주권은 그 자신의 인격 안에 근거를 두고 있고 그를 통해 한정되고 결정되며, 그의 법은 우리가 발견해야 할 사안이 아니라 그 자신이 계시할 일이다.) 하나님의 계명 개념은 선의 이념과 구별되며, 그것의 생각할 수 있는 가장 성숙한 모습으로도, 인간에게 말해지고, 이로써 그에게 요구된, 그를 요구하고 심판하는 선의 개념이다. 그러나 하나님의 계명은 결정되었고, 각 인간 삶의 매 순간 그 현실에서 구체적으로 채워진 반면에, 선의 이념은 분명히 다만 인간 자신이 생각했고 숙고했고 설정한 것처럼, 그렇게 경우에 따라서 자신의 기분과 계산에 따라서 그것의 내용을 채우고, 따라서 그가 또한 구체적으로 그 자신의 주와 명령자가 되는 식으로만 그에게 계명이 될 수 있다는 데서 차이가 드러난다. 이제 우리는 언제나 구체적으로 의지하고 행동하고자 한다. 우리는 저 전제에 의하면 어떻게 우리 자신의 명령자 외에 다른 것이 될 수 있으랴? 어떻게 하나님의 결정의 대상이 될 수 있으랴?

그러나 이제 관념론적 법론 및 자유론에서의 소위 "정언적 명령"이라고 하는 것도 마찬가지이다. 그것이 형식적 순수성 안에서 이해된다고 전제하자.(칸트 자신은 그것을 형식적 순수성 안에서 도덕 법의 무조건적으로 구속하는 성격을 특징짓는 것으로 이해하려고 했다.) "네 행동 방식의 원리가 일반적 입법 원리가 될 수 있도록 행동하라!" 그리고 또한 이 공식은 그것이 적어도 인간 공동체와 그것의 유지를 당위로 본질적인 요청으로 관철시키려는 듯 보이는 한에서 순수하게 형식적인 것이 아니라 실질적이라는 것을 인정하자. 또한 칸트의 공식이─칸트 이후 사람들이 이것을 다소간에 성공과 실패를 거듭하며 시험을 했다.─이렇게 혹은 저렇게 다른 내용으로 확장될 수 있음을 예상하자. 이 공식은 좌우간 그것이 본래 의도한 형식적 빈약함 속에서나, 혹은 그것에 부여될 수 있는 보다 실질적 내용 속에서나 어쨌든, 다만 인간이 만나는 명령의 현실을 추상한, 명령 이념을 위한 공식일 따름일 것이다.─그것이 명령의 카테고리 자체를 표시하고 조명하고 재표현하고, 그것을 모든 요구, 의지, 노력들로부터 구별하는 한에서 정언적이다.(이런 것들은 다만 명령일 수 있는 것을 재표현한 것과 부합하지 않기 때문에 명령일 수 없다.) 그러나 저런 공식이나 혹은 유사한 공식은 그 자체로 명령일 수 없고, 관행적인 의미에서(그러나 원래 칸트적인 의미에서는 아니다.) "정언적"일 수 없으니, 즉 전적으로 요구하며 구속하면서 인간에게 다가올 수 없다. 따라서 그가 이 공식에 복종해야 하거나 복종할 수 없다. "정언적 명령"은 결코 이런 것으로서 명령일 수 없다. 그것은 누군가 이 공식이 아니라 이 공식에 부합함으로써, 그런 것으로서 입증된 현실적인 명령을 듣고(저 공식이 아니라) 이 현실적인 명령에 굴복하거나 굴복하지 않음으로써 비로소 명령이 된다. 그것은 다른 사람이 어디에선가 이러이러한 인간에게 다가가서 이 공식을 반복하는 대신 적합하게 해석하고 응용하여, 이러이러한 일정한 삶의 처지 혹은 삶의 문제 속에서 이것을 행하고 저것을 해서는 안 된다고 말할 수 있는 용기와 권위를 가짐으로써 비로소 명령이 된다. 하나의 요구가 보편적이고 추상적이고 형식적으로 머무는 한, 그것의 해석과 응용이 그것을 듣는 인간에게 맡겨지는 한, 그것은 아직 명령이 아니라 기껏해야 명령에 대한 이성적 발언과 진술이다. 칸트가 그의 명령으로써 실제로는 명령 자체를 표현하려 하지 않고, 기껏해야 무엇이 현실적 명령으로 이해될 수 있는가를 지시하려고 했다는 것은 그의 자랑거리에 속한다. 그는 그의 엄격한 형식주의 속에서(그가 의도한 만큼 그렇게 엄격하게 이것을 관철할 수 없었을지라도) 자칭 그를 개선했다고 하는 자들과는 달리, 그의 공식 중 하나가 현실적인 도덕 명령, 현실적으로 인간과 상관하며, 인간을 요구하고 심판하는 명령을 대신할 수 있는 것처럼 생각하지는 않았다. 우리가 명령 자체와 상관할 때 그것은 결코 "이렇게 행동하라"가 아니라, 오히려 "지금 반복될 수 없는 유일한 상황 속에서, 이 순간에 네 삶의 처지에서 이것을 행하고 저것은 하지 말아라"가 된다. 그 이유는 이 행함과 하지 않음이 명령의 일반적 형식에 부합한다는 것을 발견했기 때문도 아니고, 네가 지금 네 자신의 심판자로서 저 법을 네 자신과 네 경우에 적용하고, 네 계산과 네 기분에 따라서 지금 이 행함과 하지 않음을 통해 이 법에 부합하게 될 것이고, 그러므로 네 현재의 행동방식의 공리를 보편적 입법의 원칙으로 관철시키고, 그것에 대해 책임질 수 있다고 결론을 내리기 때문도 아니다. 그 이유는 내가—내 자신과 상이하고 인격적으로 대립하는 다른 내가 여기서 명령 개념에서 전적으로 불가결하다.—너에게 명령하기 때문이고, 내가 너에게 이것을 명령할 수 있는 권한과 권세를 가지기 때문이고, 네가 나의 명령을(단순히 그것이 나의 명령이란 이유 때문에) 주목하고 모방할 의무가 있기 때문이고, 네가 내 의지를 행하거나 하지 않음에 따라서 일어서고 쓰러지기 때문이다. 우리가 명령과 상관한다면, 우리에게 요구되는 것을 정하는 것, 구체적으로 정하는 것은 우리의 일이 될 수 없다. 그때 명령은 그 자체로 내용을 갖는다. 그때 그것은 이미 나를 위하여, 나의 경우를 위하여, 이 현재 순간에 나의 이런 처지를 위하여 해석되었고 적용되었다. 나는 나 스스로 거기서 아무것도 더하거나 뺄 수 없다. 그때 나는 내가 복종할 것인가 불순종할 것인가 외에는 질문받지 않는다. 즉 내 해석에 대해 질문받는 것이 아니라, 다만 내가 알고 있는가에 대해, 그리고 그 인식에 근거하여 실제로 내가 이미 받은 일정한 해석을 인정하는가에 대해 질문받는다. 명령된 것의 형식적인 보편적 규정들은—또한 칸트의 명령보다 더욱 실질적 구체적인 것에 접근하는 것들도—또한 실질적이나 보편적인 규칙, 그러나 해석을 필요로 하는 규칙의 모습을 지닌 그런 것들도 언제나 다만 실제로 선포되는 명령 자체를 상기시키고 지시할 따름이다. 그것들이 다르게 이해된다면, 그것은 인간으로 하여금 선한 것을 선하다고 인정하고 그래서 선한 것이 현실적 명령으로 그에게 다가와서 그와 대결하고 그의 인식, 그의 실제적 인정을 그에게 요구하고, 그러므로 그의 결정이 복종과 불순종 사이의 결정이 되도록 하는 대신 자기 자신을 선하다고 생각하고, 자신에게 선한 것을 부여하려고 하는 환상으로 이끌 따름이다.

또한 사람들이 양심을 인간이 도덕적 결정에서 그것에 대해 책임지고 복종하거나 불순종하는 법정으로 주장하려고 하는 경우에도 마찬가지이다. 양심은 하나님의 말씀, 우리에게 선언되는 계명의 전달자가 될 수 있는 한, 우리가 (하나님이 우리와 더불어 말하고자 하는 바에 근거하여) 하나님과 더불어 아는 자가(συνειδότες, conscientes) 될 수 있는 한에서, 양심은 우리의 자의식 전체이다. 우리에게 선언되는 하나님의 말씀과 계명은 우리가 이것이 될 수 있다는 약속이다. 그러므로 양심 개념은 (성령에 상응하며, 육신 및 영혼과 구별되는 인간의 "영" 개념처럼) 정확히, 진지하게 말하자면, 인간론적 개념이 아니라 종말론적 개념에 속한다. 우리 삶과 예수 그리스도의 삶의 불가분리성에 비추어, 그러므로 예수 그리스도 안에 있는 우리의 유산과 소유이며, 우리에게 비로소 선사되는 완전한 것에 비추어, 오직 이 빛에서 양심, 우리의 자의식은 우리의 의지와 만나는 하나님의 의지, 그의 요구와 그의 심판의 기관으로, 그런 한에서 우리가 선에 참여하는 기관으로 이해될 수 있고, 그렇게 칭해질 수 있다. 바로 전적으로 저 약속에서 사는 양심, 전적으로 저 맥락에서, 전적으로 믿음 안에서, 오직 믿음 안에서만 저 약속을 가질 따름인 양심은 결코 독자적인 "신의 목소리"로 이해될 수 없고, 그러므로 하나님의 말씀, 계명보다 위에 있거나 옆에 있는 것이 아니라 다만 아래 있는 것으로 볼 수 있을 따름이다. 양심은 하나님의 계명을 들으면서 그것을 안다. 그것은 하나님의 계명의 증인됨으로써 우리 자신에 대해 계명을 관철시킨다. 하나님의 계명은 양심을 통해서가 아니라 양심에 계시되고 주어지며, 따라서 계명은 비로소 양심을 통하여 명료성을 얻는 것이 아니다.(계명이 명료함 가운데서만 현실적인 계명이 될 수 있다면.) 계명이 우리에게 주어졌고, 그것이 우리에게 내용상 일정하게 주어졌다는 것이 계명의 힘이며 권위이다. 그러므로 양심은 마치 계명이 그 자체로 공허하고 비로소 내용을 채울 필요가 있는 것처럼 그렇게 해석하거나 적용해서는 안 된다. 그러므로 우리의 양심에서 심판자로 세워지는 것이 아니라 우리가 굴복하는 심판에서 증언으로 세워질 따름이다. 그러므로 양심은 우리에게 다만, 계명이 우리에게 생각할 수 있는 한 일정한 형태로 말해졌고, 우리가 이 일정한 형태로 선포된 계명에 대해 변명해야 한다는 사실을 상기시키고 지시할 따름이다. 바로 양심은—그것이 하나님의 계명을 통해 더 많이 각성되고 더욱 명료하게 계명을 선언하게 할수록—하나님의 계명을 우리 자신이 바라는 조항으로 바꾸는 것에 대해 경고할 것이다. 바로 양심은 계명이 그 자유를 보존하고, 우리 삶 전체에 대해 총체적인 계명으로 남아 있도록 한다.

이제 마지막으로 우리가 하나님의 뜻과 나라 개념 혹은 하나님의 영광, 정의, 혹은 사랑 개념을 "선의 이념" 혹은 "정언적 명령"처럼 형식적인 규범 개념으로 이해하고, 따라서 우리 자신의 계산과 의견에 따라 우리의 해석으로 그 내용을 채우는 것이 필요하다고 선언하려 한다면, 그것은 최악의 오용이 될 것이다. 마치 저 개념들이 우리가 상상하고 생각한 개념들인 것처럼, 그러므로 그것들이 또한 규범 개념들이 되려면, 물론 우리의 숙고를 통해 그 내용과 구체성을 부여해야 하는 것처럼! 사실 하나님의 계명에서, 그리고 그의 계명의 결정에 굴복한 우리의 의지, 행함과 하지 않음에서는 하나님의 뜻과 나라, 그의 영광, 정의, 사랑이 중요하다. 그러나 인격적으로 살아 있고 따라서 직접적으로, 구체적으로 말하고 행동하는 하나님 개념을 우리는 모든 것으로 표현했다. 그리고 우리가 우리를 요구하고 심판하는 하나님의 계명의 총화인 그의 뜻과 나라, 그의 영광과 정의, 사랑을 다만 하나의 도식으로 이해하려 한다면, 그래서 하나님 자신은 다만 방관자로서 훈계하고 위로하고 끝에 가서 보상과 징벌을 분배하면서 그것의 수행을 구경한다면, 그리고 그것을 다만 어떤 하부 구조를 가진 공식으로 이해한다면, 그래서 우리의 특별한 경우에 적용됨을 통하여 비로소 그 내용이 채워져야 한다면, 우리는 하나님 개념을 어찌 진지하게 다루었다고 할 수 있겠는가? 저 엄숙한 신 개념이 구체적으로 우리에게 요구하는 것이 우리 자신의 자의에, 우리의 자유 의지에 위임되어 있다면, 하나님의 계명이 어찌 우리에 대해서 무조건적인 진리가 될 수 있으랴? 어찌 그것이 우리에 대해 구속력을 가질 수 있으며, 우리를 요구하고 심판할 수 있으랴? 실제로 모두가 하나님의 계명의 표제이기도 한 저 개념들은 순전히 상이한 명칭이며, 인격적으로 살아서 그의 피조물의 모든 공간, 모든 시간을 다스리는 하나님의 본성의 다양한 완전성을 나타낸다. 이 개념들이 어떻게 신인 협동설 표상과(이 설에 의하면 우리는 결국 분명히 하나님의 계명의 주요 지배자가 되는데) 부합하고, 그것을 정당화할 수 있으랴? 그것들에서 특별한 선(善) 대신에 다만 선(善) 일반이 예시되어 있다고 보는 것이 어떻게 가능하며, 하나님의 계명을 하나님의 뜻과 나라, 영광, 정의, 사랑을 섬기고 만족시키라는 요청, 내용적으로 채워진 계명, 아주 "구체적인 명령"으로 이해하는 것이 가능하겠는가?

바로 이렇게 분명히 확정됨 가운데서 계명은 무조건적이며, 우리로 하여금 복종과 불순종 사이에서 선택하는 외에 다른 여지를 허락하지 않는다. 그것의 무조건성은, 매 순간, 내가 처해 있는 모든 관계 속에서, 우리의 의견과는 무관하게 그것이 이렇게 저렇게 선포된다는 것, 하나님이 매우 진지하게 이러이러한 것을 나에게 바란다는 데 있다. 그러므로 나의 행동에 대한 하나님의 결정은, 하나님이 그의 계명을 해석하고 적용함에서 나의 선택과 결정을 추후로 승인하거나 혹은 부인하고, 보상하거나 혹은 징벌함에 있지 않다. 마치 그의 계명이 다만 일종의 제안이나 프로그램인 것처럼, 그래서 내가 내 기분과 의견에 따라 그것의 틀 안에서 이렇게 혹은 저렇게 움직여야 하고, 나의 판단에 따라 하나님을 기쁘게 하거나 그렇지 않게 하는 것처럼. 도리어 그의 계명이 모든 다른 가능성들을 배제하고 어떤 일정한 것만을 나에게 바라고 기대하는 한, 그래서 그것이 나에게 주어졌고, 그것에 대한 나의 관계가 내 자신의 결정 사항이 됨으로써 또한 나에 대한 판단이 처음부터 결정되었고 선언되어 있는 한에서(즉 나는 그의 계명이 내게 바라고 기대하는 것을 행하거나 혹은 하지 않을 것이며, 이에 따라서 하나님을 기쁘게 하거나 혹은 그렇지 못하며, 그의 보상을 받기에 합당하거나 혹은 징벌을 받게 될 것이다.), 나에 대한 하나님의 결정은 하나님의 계명 자체 안에서 이미 이루어졌다. 그러므로 거꾸로 하나님의 계명에 대한 나의 인간적 결정은, 선한 것이 이것인가 저것인가, 계명이 나에게 이것을 원하는가 혹은 저것을 원하는가, 따라서 내가 이것을 해야 하는가 저것을 해야 하는가 하는 물음에 대해 결정함에 있지 않다. 이런 물음은, 그가 그의 말씀과 계시로써 만사에 대해 이미 결정했고, 우리의 과제가 다만 그가 계시로 우리에게 말한 것을 정확하게 숙고함에 있을 때, 하나님이 존재하는가, 그는 누구 혹은 무엇인가, 우리가 그에 대해 어떻게 무엇을 생각해야 할 것인가 하는 물음처럼 의미 있고 적절할 것이다. 도리어 나의 인간적인 윤리적 결정은, 내가 내 행동으로 구체적인 모습으로, 노골적으로 내게 다가오고 직면하는 계명에 부합하는가, 내가 그것에 복종하는 자인가 불순종하는 자인가, 내가 나의 선택됨(예수 그리스도의 선택!)에 상응해서 믿는 자로서 혹은 불경건한 자로서 그것과 만나는가이다.

하나님이 그의 계명을 실제로 온전하게, 분명하게, 일정하게 주었고 주며 줄 것인가 하는 의심은 무익하다. 따라서 우리에게는 복종적인 자세가 아니면 불순종의 자세만이 가능하며, 현실적으로 하나님의 계명이 무엇일까를 탐구하는 것은 우리에게 위임되지 않았다. 그러므로 하나님의 계명이 우리에게 분명히 주어졌으므로 우리가 그것에 대해 분명히 책임이 있는가 하는 의심도 무익하다. 이런 항변이 무익한 이유는, 객관적인 사실을 흔들어 놓으려 하기 때문이다. 즉 하나님은—실로 그의 말씀 가운데 존재하는 하나님, 그의 아들 안에서 자신을 우리에게 내어주었고, 다시금 그의 아들 안에서 만왕의 왕인 하나님—세상과 또한 모든 인간에 임재하고 가까이 있으며, 그래서 명령자, 심판자로서 인간의 발걸음과 생각의 사소한 것까지도 그의 눈앞에 있기 때문이다.

하나님이 자신을 우리에게 주었고, 우리의 주가 됨으로써, 그는 우리에게 또한 계명을 주었다. 우리가 그의 백성이듯이 그가 우리의 주이기 때문에 그는 우리에게 또한 그의 계명을 준다. 우리가 그의 백성이기를 중단하지 않는 것처럼 그는 우리의 주이기를 중단하지 않음으로써 그는 또한 우리에게 계명을 주기를 중단하지 않을 것이다. 우리가 분명히 그 외에 다른 누구에게 속할 수 없듯이, 우리는 그 계명을 들을 수 있다. 문제는 그가 말하는가가 아니라 우리가 듣는가이다. 이로써 우리는 다시 우리가 복종하는가 불순종하는가, 우리가 믿는가 믿지 않는가의 물음에 직면케 된다. 우리가 들음으로써, 우리에게 말해진 것을 인식함으로써 복종, 믿음이 시작되고, 듣지 않음, 인식 없음으로써 불순종, 불경건이 시작된다. 하나님의 계명이 그 특성대로 온전하게, 명료하게, 일정하게 우리 앞에 있거나 아니면 우리가 그것들 중에서 우리에게 하나님의 명령인 것처럼 보이는 것을 찾고 정할 수 있다고 생각하도록 다양한 가능성의 구름에 감싸여 나타난다면, 우리는 하나님의 계명에서 판단되고 심판받는, 하나님을 기쁘게 하거나 그렇지 않은 결정을 이미 내리고 있다. 이런 생각은 이미 그 자체로 우리의 불순종과 불신앙의 행위이니, 그것에 직면하여 로마서 12:2에 의하면 오직 한 가지 도움만이 있으니, 곧 우리의 생각을 새로이 함을 통한 "변신", 회개, 복종과 믿음으로 전향이다. 믿음의 복종에서 분명히 저 올바른 "시험"에 이르게 될 것이니, 이것은 하나님의 뜻이 이것인가 저것인가를 연구하는 것이 아니라, 우리의 행위로 우리에게 알려진 하나님의 뜻에 부합하려는 준비를 하고 있는지를 검증하는 데 있다.

그러나 하나님의 뜻이 우리에게 분명하게 알려져 있지 않거나 혹은 충분히 알려져 있지 않다는 항변은 다만 무익한 것이 아니라 음흉하다. 그 이유는 이것은 분명히 난관을 미덕으로, 핑계로 삼으려는 것이기 때문이고, 하나님이 가까이 임재하여 있는 자들인 우리에게 정확히 말해진 것을 정확하게 들으려 하지 않으면서 그것을 어쩔 수 없는 일이라고 주장하고, 이것에 근거하여 독자적으로 우리 행위의 다양한 가능성들 가운데서 선택하면서, 하나님의 뜻을 맞추지 못할 경우 미리 책임을 면하기 위해서 우리가 선에 대해 독자적으로 묻는 자칭 중립주의로 후퇴할 수 있기 때문이다. 이 중립주의로의 후퇴는 이미 그 자체로 우리의 왜곡된 결정의 시작, 불순종과 불신앙의 행위이다.

우리는 외견상 타당하게 보이는 항변이 창세기 3:1에 의하면, 인간이 의심할 여지없이 가능성의 구름에 직면한 것이 아니고, 하나님의 계명의 해석과 응용을 통해, 그에게 요구된 것 배후를 살펴야 한다고 지시받은 것이 아니고, 오히려 "구체적인, 아주 구체적인 명령", 즉 그가 일정한 나무, 선과 악을 알게 하는 나무 열매를 먹어서는 안 된다는 명령에 직면했을 때, 처음으로—뱀에 의해—제기되었음을 간과해서는 안 될 것이다. 계명이 저 구체적인 모습으로, 노골적으로 시급하게 우리에게 다가올 때, 우리는 실제로 하나님의 뜻이 숨겨져 있기 때문에 우선 그것이 무엇인가를 탐구하고 확인해야 한다고 하는 핑계로써 언제나 그것을 피하려는 경향을 지니고 있다.

이런 항변의 무력함과 또한 음흉함을 의식하는 것이 적절할 것이다. 따라서 우리는 하나님의 계명은 언제나 우리에게 구체적인 내용으로 주어지는 계명이며, 우리가 우리 자신의 이성과 판단에 따라 필요한 권위와 효력을 부여해야 하는 어떤 일반적인 요청이 아니라는 것을 진지하게 고려해야 할 것이다.

우리는 사실이 그렇다는 것, 그의 계명에서 우리를 요구하고 심판하는 하나님의 결정이 일정한 결정이라는 것을 주장해야 한다. 그 이유는 성서의 증언에 의하면, 그러므로 우리에 대한 그의 참된 관계, 그에 대한 우리의 참된 관계에 대한 하나님의 계시의 증언에 의하면 바로 그렇기 때문이다. 그러므로 구체적으로 성서에서 인간에게 명령하고 여기서 우리는 이렇게 구체적으로 우리에게도 명령된다는 것을 배워야 한다. 더구나 성서를 통하여 우리는 구체적인 계명에 대한 증언을 얻어야 하고, 우리는 이것과 만나고 또한 대립한다. 성서는 우리에게 낯선 주가 아니라 우리 자신의 주에 대해, 죽은 주가 아니라 살아 있는 주, 명령자, 심판자에 대해 증언한다. 성서가 우리에게 하나님의 은혜를, 모든 인간적 불경건, 포기, 절망을 능가하는 하나님의 진리로 증언하고 알리는 것처럼, 성서가 언제 어디서나 참되었고 참되고 참될 것, 즉 하나님의 신실함이 우리의 불신실보다 더 위대하다는 것을 크게 선포하는 것처럼, 성서는 또한 우리에게 하나님의 뜻과 계명을 또한 믿지 않는 자와 불순종하는 자들에게까지 유효한 질서로 증언한다. 그들도 객관적으로 이 질서에 굴복하고 있고 책임이 있으며, 이 질서는 그들에게는 그들의 무력함과 음흉함 때문에만 새롭게 보일 따름이다.

하나님이 모든 사람들에게 말했고 말하고 말할 것이기 때문에 모든 사람들이 그들의 왜곡된 결정에 대해 변명할 수 없다는 것은 성서의 증언을 통해서 드러났다. 성서가 증언되는 영역 안에서, 즉 성령을 통하여 믿음과 복종으로 부름받은 하나님의 공동체 안에서, 그러므로 이스라엘과 교회 안에서, 즉 예수 그리스도가 자기 증언을 하고 예언자들과 사도들의 음성으로 그의 메아리가 울려 퍼지는 공간에서 저 항변은 폭로되고 헛된 것으로 입증된다. 성서의 증언이 선포되고 받아들여질 때, 사람들은 저 항변이 기만이라는 것을 알고, 인간에 대해 안다. 즉 그가 진실로 어떤 상황 아래서든 하나님의 온전한, 분명한, 일정한 계명과 대결한다는 것, 그가 안개 속에 있다고 생각하고 그리고 실제로 이런 생각 속에 있다면 그것은 그의 책임이라는 것—그가 자신에게 법을 주고 스스로 그것의 해석자로 자처하고자 함으로써 이런 잘못 가운데 불순종한다는(그에게 일정하게 주어진 하나님의 계명에 대해 불순종한다!) 것을 안다. 스스로 주인이 없다고 생각하는 세상에 대해 진정한 주를 증언하는 성서의 증언에 근거하여, 사람들은 법이 없다고 주장하며 따라서 자율적이고 자신에 대한 심판자인 양 선택하고 결정하는 인간은 거짓말쟁이라는 것을 알 수 있다. 그가 하나님에게 버림받은 자의 역할을—물론 자기 자신에게도 매우 위험한 일이지만—잘못 연기할 수 있을 따름인 것처럼, 또한 불경한 자의 역할을—역시 나쁜 일인데—잘못 연기할 수 있을 따름이다. 예수 그리스도가 선택받음을 통하여(세상의 죄를 짊어지는 하나님의 어린양으로, 그리고 모든 권세와 세력들이 굴복하는 영광의 주로) 인간은 처음부터 반박되었고 질책당함으로써 두 가지 역할을 행한다. 이런 사실은 예수 그리스도의 현현에서, 죽음과 부활에서 온 세상의 자연스런 그러나 그릇된 증언에 반대하여 단번에 계시되었다. 그리고 신·구약성서는 이 계시를 증언한다. 우리가 이 증언에 의지함으로써 이교도의 공허하고 모호한 신적 계명론에 온전하고 일정한 계명론을 대조한다. 이것이 그리스도교의 반명제이다. 그러나 이것은 그것이 다만 그리스도인들에게만 참되고 유효하다는 것을 뜻하는 것이 아니다. 오히려 이것은, 그것이 모든 인간들에게 보편적으로 참되고 보편적으로 유효하다는 것을 뜻한다. 이것은 어떤 경우에든 이 사안에서 모든 오류, 모든 불순종에 대립되어야만 한다.

우리는 성서의 증언에 비추어서 하나님의 계명의 확정성에 대해서 확신하고자 할 때, 두 가지 사실을 구별해야 한다. 1. 하나님의 계명은 성서 자체에서 언제나 구체적인 명령이라는 것, 2. 성서에서 이루어지는 구체적인 명령은 그것의 직접적 수신자가 아닌 우리에게도 관계되는 하나님의 계명으로 이해되어야 한다는 것.

우리가 첫 번째 명제로써 답변하는 문제는, 좁은 의미에서 주석적 문제이다.

사람들은 성서 내의 하나님의 계명에 대하여 물을 때 관습적으로 너무나 빨리, 어쨌든 너무나 일방적으로 일정한 문맥들을 생각한다. 즉 거기서(여기 매우 신속하고 일방적인 해석에 따라서) 일련의 보편적인 종교적-도덕적-법적 규칙들, 그런 한에서 시공을 초월하여 유효한 법률집과 같은 것을 대한다고 생각한다. 그러나 이 구절들이 어떻게 해석되어야 하든, 하나님의 계명에 관한 성서의 증언에 따라 성서 윤리라고 칭할 수 있는 것을 다만 이 문맥에서만 찾는 것은 확실히 자의적이다. 하나님의 계명이 무엇이며, 그것이 이 특별한 문맥 속에서 무엇을 뜻하는가는 우선 오히려 이것이 속한 보다 큰 문맥에서 추론되어야 한다. 그러나 하나님은, 성서에 의하면, 사람들이 저 시공을 초월한 규칙들을 발견한다고 믿는 곳에서만 명령하는 것이 아니다. 오히려 우리는(이 특별한 문맥에 대한 해석 문제는 우선 제쳐 두고) 하나님이 인간과 행하는 모든 교제는 그의 은혜의 계약 사건 과정 속에서(이것은 성서의 증언의 본래적 내용이며 대상을 이룬다.) 지속적으로 신적 계명, 금지, 명령, 지시의 형태로도 이루어진다는 것을 주목해야 한다. 사람들은 저 특별한 문맥들을 제외하고 또한 성서의 나머지 내용도 윤리로 가득하다는 것을 인식하지 못한다면 숲의 나무를 보지 못하는 것이다. 물론 사람들이 관습적으로 "계명"과 "윤리"로 이해하는 것, 곧 보편적인 원칙을 성서에서 발견하지 못한다. 물론 하나님은 저 역사의 주로서 어떤 보편적인, 시공을 초월하여 유효한 인간 행동의 규정들에는 거의 관심이 없는 듯 보이며, 다만 인간의 일정한 특수한 행위, 실천, 태도에만 관심을 가지는 듯하다. 곧 하나님은 인간에게 이것을 행하고 이것을 하지 말라고 요구하는 식으로(아버지가 자식에게, 또는 주가 종에게 요구하듯이) 매우 단순하게, 직접적으로 관심을 가지는 듯하다. 이제 이 계명들을 일반화하지 못하고, 시공을 초월하여 유효한 원칙으로 바꿀 수 없는 한에서 이 계명으로는 아무것도 시작할 수 없다. 그것의 내용은 일단 구체적으로 이러이러한 인간에게, 이러이러한 상황에서 적용된다. 그 내용은 하나님이 그에게 이러이러한 상황에서 무엇을 바라고 혹은 무엇을 바라지 않는 것에 있다. 우리는 이 계명들을 있는 그대로 두어야 한다. 그것들이 직접 저 역사에 속한 것이 분명하다면, 우리는 그것의 역사적 특수성과 일회성을 시인해야 한다. 하나님이 바라는 것, 또한 인간으로 하여금 능동적으로 참여하기를 바라며, 인간의 존재, 의지, 행함과 하지 않음을 요구하는 모든 것이 개별적인, 구체적인, 일정한 사건으로 이루어진 저 역사의 과정이다. 그러므로 또한 하나님의 명령은 다만 이 개별적이고, 구체적이며, 일정한 계명일 따름이다. 보편적 규칙만이 계명일 수 있다는 강박 관념에서부터 해방되어야 한다. 현실적으로 보편적인 규칙은 계명이 아니라는 사실을 이해해야 하고, 이것이 하나님의 계명에 관한 성서의 증언이라는 사실에 대해 개방적이어야 한다. 즉 계명은 우리에게 하나님을, 자기 자식이나 종들에게 그의 은혜를 계시하고 실현하는 과정에서 "여기서 지금" 일정한 무엇을 명령하고 금지하는 아버지로, 주로 증언한다. 인간은 요구받은 것을 계산하거나 판단하는 것은—계명이 어떤 보편적인 규칙에 있다면, 그것은 허용되고 필요할 것인데—불가능하며, 따라서 인간에게 제기되는 문제는 다만 그가 듣고 복종하느냐의 문제가 될 따름이다.

우리는 우선 사실 증거로서 다음을 염두에 두어야 한다. 즉 오경은 십계명의 첫 번째 진술(출 20:1f.) 그리고 그 다음에 따르는 다른 규정들에 이르기까지 보편적 원리로 재해석할 수 있는 요소를 포함하지 않는다. 창조 이후, 타락 이전에 최초의 인간을 향한 첫 번째 계명은(창 1:28) 특별하고 구체적이었으며, 그것의 무조건성 속에서 일회적이고 반복될 수 없는 것이었다: "생육하고 번성하여 땅에 충만하여라. 땅을 정복하여라!" 같은 명령은 나중에 타락과 대홍수 이후에(9:1f.) 노아에게 선언될 때에 다른 것이 된다. 이 계명에 2:16-17에 이미 언급한, 진실로 모든 도덕을 포괄하면서도 그러나 전혀 원칙적이지 않고 매우 특수한 계명 내지 저 나무 열매를 먹는 것을 금하는 명령이 뒤따른다. 여기서는 특이하게도 인간이 선과 악이 무엇인지 스스로 알고, 이 지식에 근거하여 자기 자신이 심판자가 되는 것을 금한다. 그러나 이 지식이나 이 심판을 금지하는 것이 아니라 이렇게 되지 않도록 하기 위해서, 도덕적으로는 별로 중요하지 않은 것처럼 보이지만 저 나무 열매를 먹는 일을 금지한다. 그리고 매우 사실적으로 제시되고 선언된 금령을 위반했을 때 모든 죄의 모범이 되는 첫 번째 타락이 성립한다. 그 다음으로 분명한 하나님의 계명은(6:14f.) 노아에게 방주를 만들라고 하는 매우 정확한 지시이다. 그 다음의 계명은 아브라함에게 한 명령이다: "너는 네 조국과 친척과 너의 아버지의 집을 떠나서 내가 보여 주는 땅으로 가거라."(12:1) 그 다음에는(13:14f.) 역시 아브라함에게, 미래의 정복을 사방에 알리기 위한 표적으로서 가나안 땅을 통과하도록 권고한다. 15:9에는 계약 수립 때에 세세한 제사 규정들이 나온다. 즉 우리가 아는 다른 종교-도덕적 계명들은 전혀 언급되지 않는 것이 특이하다! 16:9와 21:12, 18에는 이삭과 이스마엘 사이의 관계 정리에 관한 지시가 나오고, 17:10에는 할례에 관한 지시가, 17:15에는 사라의 이름 변경에 관한 명령이, 19:12에는 롯에게 소돔을 떠나라는 명령이, 아비멜렉에게 사라를 방면하라는 명령이(20:7), 아브라함에게 이삭을 제물로 바치라는 지시가(22:2f), 26:2에는 이삭에게 가나안에 머물라는 지시가, 31:13에는 야곱에게 가나안으로 돌아가라는 명령이, 46:3에는 야곱에게 이집트로 내려가라는 명령이, 출애굽기 3:5에는 모세에게 불타는 가시덤불 앞에서 그의 신을 벗으라는 명령이, 4:3-4에는 모세에게 파라오 앞에 나서라는 명령이, 4:19에는 모세에게 이집트로 돌아가라는 명령이, 4:27에는 아론에게 모세를 영접하라는 명령이, 6:13에는 그들 두 사람에게 맡겨진 파라오에 대한 임무가 나오고, 그리고 7-10장에는 이 임무가 개별적으로 반복되고 전개되며, 12:2-3, 43-44, 13:1-2에는 유월절 식사가 제정되고, 첫 번째로 태어난 것을 성별하는 것이 나오고, 14:1, 15에 갈대 바다를 통과할 때의 지시가 나오고, 16:4에 만나를 모을 때의 규정이 나오고, 17:5-6에 광야 바위에서 모세에게 지시한 것이, 19:12-13, 21-22에는 시내 산을 함부로 범접함에 대한 경고가 나온다. 이것들은 매우 주목할 만하다. 그러므로 하나님이 인간들에게 이 본문의 증언에 의하면 명령하면서 대면할 때, 그들에게 이것을, 즉 순전히 우연적인, 혹은 그 필연성 속에서도 역사적으로 볼 때 다만 우발적으로 파악될 수 있는 행동 및 행동 방식을, 전적으로 현장에서 실천되어야 할 복종 행위를, 순수한 결정을 원한다. 그 결정의 의미에 대해 전혀 논란할 수 없는 이유는 그것들이 결코 어떤 보다 고차적인 법을 지시하지 않으며, 그것의 의미는 하나님이 이렇게 결정했고, 그에 따라서 말씀했다는 데 내포되어 있으니, 따라서 인간의 결정은 하나님의 결정을 다만 따르거나 혹은 따르지 않을 따름이기 때문이다. 그러나 그 응용에 관해서 논란할 수 있고, 그 구체적인 내용을 필요로 하는 보편적인 규칙은 이 본문에서는 나타나지 않는다. 그것에 대해 불쾌하게 느끼는 자는 그렇게 느끼라! 그러나 그것에 대해 불쾌하게 느끼는 것이 의미가 있는가? 그렇기 때문에 그것들이 하나님의 계명에 대해 아무것도 말하지 않는가? 그것들이 말하는 바 그대로, 하나님의 계명은 모든 다른 계명들과는 달리 그것이 요구하는 일정한 내용에서 선의 계명이라는 것, 그것이 언제나 일정한 것을 요구하기 때문에 논란할 수 없다는 매우 특별한 사실을 말하지 않는가? 그리고 쉽게 볼 수 있듯이, 이런 지시들은 구약성서 전체를 꿰뚫고 지나간다. 출애굽기 20장부터 성문화된 계명들을 제외하면, 하나님은 끊임없이 모세와 아론과 온 백성에게, 그리고 나중에 모든 카리스마적인 지도자들과 대표들에게 이러이러한 것을 명령하며, 언제나 거듭 구체적인 결정을 그들에게 명령을 통해 지시한다. 그리고 의심할 여지없이, 이런 구체적인 조처들은 구약성서가 그 모든 구성 요소를 통해 증언하고 선포하고자 하는 계약 역사 과정의 성격을 드러낸다.

신약성서의 경우도 다르지 않다. 예를 들어 마태복음에서 우리는 다시, 보편적인 원칙을 선포한 것이라는 통상적인 해석이 가능한 산상 설교와 다른 담론들과 담론군을 당분간 접어놓는다. 우리는 1:20에서 하나님이 천사를 통하여 요셉에게 마리아를 취하도록 명령하고, 2:13에서 그녀와 어린 아기를 데리고 이집트로 피신하도록 명령하고, 2:20에서 거기서 돌아오도록 명령하는 것을 들을 때, 분명히 족장 설화의 분위기를 느낄 수 있다. 여기서부터 예수 자신의 뜻을 표명하는 것이 권위적이다. 우리가 듣는 첫 번째 의지 표명은 3:15에 요단 강에서 세례를 받아야 할 필요성에 대한 것이다: "우리가 모든 의를 이루는 것이 합당하다." 4:19에서는 베드로와 안드레에게 그물을 버리고 그에게 오라고 명령한다. 8:3-4에서는 매우 독특하게 나병 환자에게 말한다: "내가 원한다. 깨끗해져라!" 8:13에서는 가버나움의 중대장에게 말한다: "가라! 네가 믿은 대로 너에게 이루어지라!" 이것은 9절에서 중대장이 자기 자신에게 말한 것과 부합한다: "나도 상관을 모시는 사람이고 내 수하에 부하들을 거느리고 있습니다. 내가 이 부하에게 가라! 하면 그는 가고, 저 부하에게 오라! 하면 그는 옵니다. 또한 내 종에게 이것을 하여라! 하면 그는 합니다." 8:22에는 제자로 부름을 받은 자가 그전에 아버지를 장사지낼 수 있도록 해달라는 소원에 예수의 지시가 정확하게 대립한다: "나를 따르고, 죽은 자로 하여금 죽은 자를 장사지내게 하여라!" 예수는 8:32에서 귀신들에게 돼지들 속으로 들어가도록 명령하고, 21:19에서는 무화과 나무에게 다시는 열매를 맺지 말도록 명령한다. 9:6에서는 반신불수 환자에게 침대를 들고 자기 집으로 돌아가라고 명령하고, 9:9에서는 마태에게 세관을 떠나 그를 따르라고 명령한다. 그는 9:24에서 야이로의 집에서 슬퍼하는 자들을 몰아낸다. 그는 9:30에서 맹인이었으나 고침을 받은 자에게 일어난 일을 알리지 말도록 지시하고, 16:20에서는 제자들에게 누구에게도 그가 그리스도인 것을 말하지 말도록 지시한다. 그는 10:5-6에서 그가 파송한 사도들에게 그들이 도중에 만나는 다른 사람들에 관하여 아주 구체적으로 지시한다. 그는 11:4에서 사로잡힌 세례 요한에게 그의 행위에 관하여 전달할 사자를 보낸다. 그는 12:13에서 손이 마른 사람에게 말한다: 네 손을 펴라! 그는 14:16에서 제자들에게 말한다: 그들에게 먹을 것을 주어라! 그는 14:29에서 베드로에게 배를 떠나 자기에게 오라고 명령하고, 17:17에서 몽유병에 걸린 소년을 자기에게 데리고 오라고 명령한다. 그는 16:23에서 베드로에게, 사탄아, 물러가라! 호통친다. 17:7에서는 산 위에서 변모한 자신을 보고 엎드린 베드로, 요한, 야고보에게 일어나고 두려워하지 말라고 명령한다. 부유한 청년은 그가 가진 것을 팔아서 가난한 사람들에게 주어야 하고(19:21), 바리새인들과 헤롯 당들은 22:21-22에 의하면 세금을 내야 하고, 그러므로 황제의 것은 황제에게 주어야 한다. 21:2-3에서 제자들의 임무는 다만 암나귀와 그 새끼를 풀어서 예수에게 가져오는 것이다. 26:26-27에서 만찬에서는 받아서 먹고 모두 마시라고 말한다. 그 다음에 겟세마네 동산에서 앉아 있어라!(26:36), 나와 함께 깨어 있어라!(38절), 깨어 기도하라!(41절), 일어나서 가자(46절), 그리고 결국 베드로에게 "네 칼을 칼집에 넣어라!" 하고 말한다.(52절) 그 다음 28:10에서 새로이 권위 있게 명령한다: "두려워하지 말라! 가서 내 형제들에게 갈릴리로 갈 것이며 거기서 나를 보게 될 것이라고 전하라." 이상 열거된 것은 주목할 만하다. 여기에다 다른 복음서들과 사도행전, 그리고 또한 다른 방식으로 서신들에서도 더 추가될 수 있다. 예수는 제자들 및 다른 사람들과 직접 교제하면서 이렇게 말했고, 이렇게 명령했고, 금지했다. 우리가 이런 진술들을 도외시한다면 마태복음은 무엇이며, 복음서 자체는 무엇인가? 중대한 인식과 결정이 이 지시들에 걸렸다. 그것들 중 어느 것도 없어도 무관하거나 무의미한 것이 없다. 사람들은 그것들이 인간이 의지하거나 의지할 수 없는 범위, 인간적인 영역 일반을 넘어서는 것을 놀라움을 가지고 바라본다. 어쨌든 오경의 하나님의 계명들처럼 그것들은 모두가 그 자체로 우연적이고, 역사적으로 볼 때 우발적이고 시공에 묶여 있고, 일회적이고, 각 발언은 왜 예수는 이것을 요청하고, 왜 이것이 일어나야만 하는가? 하는 물음을 촉발한다. 또한 종교적-도덕적 원칙에 대해 묻는 자는 여기서 아무것도 발견하지 못하고, 도리어 이런 것을 암시하는 듯한 예수의 다른 말들을 찾아야 한다. 그런 자는 복음의 내용인 살아서 행동하는 예수의 인격을 도외시하는 것이다. 그는 예수의 명령이 무엇인가는, 바로 우리가 분명히 그의 주권과 관계하는 곳에서, 그 자신이 모든 보편적인 원칙 대신 그의 의지로 서 있는 곳에서, 그리고 그가 그의 주권을 이렇게 구체적으로 사용하는 것을 보게 되는 곳에서 배워야 한다는 것을 간과하는 것이다. 그가 명령할 때 그렇게 이루어진다. 사람들은 그의 명령에 이렇게 복종한다. 그러므로 그의 명령의 본질은 여기서 드러난 바와 같다.

성서 내의 하나님의 계명에 관하여 물을 때, 우리가 명령하는 하나님이자 주가 직접 역사하는 것을 보며, 그리고 또한 복종하거나 불순종하는 인간이 직접 상응하는 행위에 종사하는 것을 볼 수 있는 그러한 직접적인 명령들을, 무엇보다도 신·구약성서의 모든 부분에서 풍부하게 인용할 수 있다는 것은 물론 부인하기 어렵다. 성서 윤리학의 결정적인 원칙으로서 다음 사실을 배워야 하지 않겠는가? 곧 하나님은 일차적으로 원칙과 보편적인 규칙의 형태로서가 아니라, 이런 개별적이고 구체적인, 확고한 명령과 지시로써 명령하며, 따라서 또한 인간에게 요구하는 것은, 이런 원칙과 규칙들을 스스로 생각하고 그것을 응용하여 선과 악을 결정하라는 것이 아니라, 오히려 거듭 특별히 무슨 일을 행하고 혹은 행하지 않는 것을 하나님의 정한 바대로 따르라는 것이다. 한 가지 확실한 사실은, 이런 역사상(歷史像) 및 그것의 내용적으로 우연적이고 우발적인 것처럼 보이는 역사적 지시에 대하여 고찰할 때 특별하게도 이런 지시를 내리는 자에 대하여 관심을 가지지 않을 수 없게 된다는 것이다. 실질적인 상황과 조건이 중요하기 때문에, 일반적인 관점이나 이념 중 어느 것도 우리에게 주어지지 않기 때문에, 우선 무엇보다 확실하게 전면에 드러나는 것은, 그의 말씀에서 능력 있고, 말씀으로 처리하는 하나님의 손, 말씀에서 드러나는 하나님의 뜻, 그리고 거기서 직접적으로 인간적 인격처럼 그러나 인간과는 달리 무엇도 대항할 수 없는 위엄을 가지고 등장하는 하나님의 탁월한 인격이다. 하나님의 계명에서는 하나님의 인격, 그의 행동과 계시, 하나님 자신과 관계한다는 것을 우리는 이 역사상에서 배워야 한다. 우리가 십계명이나 산상설교를 일상적으로 저 역사상에서 분리하고 그것을 거대한 성서적 역사상의 구성 부분으로서 고찰하지 않는다면, 이 사실을 여기에서 확실히 배우지 못할 것이다. 이런 명령들에서 드러나는 모든 인격적 만남에서 인간적 결정에 표준이 되는 신적 결정이 내려진다. 그, 하나님이―신약성서에서 예수―필요하고 옳고 유익한 것에 대한 그의 탁월한 지식을 가지고 앞장서며, 그것을 발설하며, 인간에게 그것을 그의 결정으로 제시한다. 또한 인간은 이것을 그런 것으로 인정하고 실천해야 한다. 그리고 주로서의 하나님의 유일무이성은 그가 뜻하고 명령하는 것의 특수성에서, 이 하나님과 대립하는 인간에게 행하도록 혹은 하지 말도록 명령되는 것의 구체성에서 반영된다. 계명은 특별한 결정이고 조치이며 또한 이 특별한 명령자의 특별한 계시이다.―이것이 이 역사상에서 얻어진다. 그러나 이것은 계명 개념을 해체하는 것이 아니라 강화하는 것이다. 계명 개념을 명령하는 하나님의 인격과 분리하는 윤리, 신적 질서를 세우는 자의 인격적 의지보다 인간적 질서를 만들거나 발견하는 것에 더 관심을 가지는 윤리는 저 역사상에 거의 혹은 전혀 근거를 둘 수 없다. 그러나 이것은 차라리 우리가 무엇보다 저 역사상을 지향하라는 권유일 것이다. 이런 윤리의 진지성과 가치는 매우 문제가 크다. 진정하고 공격받을 수 없고, 그 자체로 근거가 있는 확실한 질서가 있다면, 그것은 인간을 초월한 질서를 잡는 자의 살아 있으며 부정할 수 없는 현재와 조치에 근거하는 것이 분명하다. 이 질서는 이 윤리적으로는 얻을 것이 없는 듯 보이는 성서 본문 속에서 이렇게 우리와 대면하고 있다.

그러나 이제 이 본문에서 증언된 바와 마찬가지로 계명의 징표로서의 신적 인격, 그 권위, 자유를 지시함으로써 모든 것이 다 말해진 것은 아니다. 거기서 드러나는 하나님의 명령이 우발적이고, 역사적이고, 시공에 묶여 있고, 구체적이며 추상적이 아니라는 사실은, 그것이 우연하다는 것, 그것이 실질적으로 무의미하다는 것과 같은 뜻은 아니다. 이 하나님의 인격은 정해진 인격이며, 그 확정성, 그 의지의 성격에서, 그 의도의 방향에서 전혀 감추어져 있지 않고 오히려 드러나 있고, 알려져 있는 인격이다. 이 하나님이 결정하는 것은 단순한 변덕이 아니며, 그가 인간에게 행하거나 혹은 하지 말라고 지시하는 것은 그의 힘이 곧 법인 독재자의 무법적인 발상이 아니다. 우리가 이미 본 대로, 하나님과 인간 사이의 관계는 언제나 명령과 금지의 형태로도 진행된 것으로서 그의 은혜의 계약의 역사이며, 하나님이 영원 전부터 그의 아들 안에서 인간에게 향한 사랑을 실현하고 실천함의 역사요, 은혜의 선택 결정을 적용함이다. 하나님은 신실하고 한결같다. 그는 이 은혜의 선택의 신이다. 성서적 증언의 대상인 사건에서, 그러므로 그의 명령에서는 전능한 하나님이 좋아하는 대로 인간적, 피조물적 가능성을 단순히 시험하는 것이 아니다. 우리가 그들 덕분에 성서 본문과 정경을 가지게 된 자들, 곧 구약과 신약성서의 증인들, 이스라엘과 교회의 모습으로 나타난 공동체는 여기에서 한 길과 한 계획을 보았다. 여기에서 우리는 저 증언을 듣는 자, 독자로서 모든 것이 잘 숙고되어 있음을 언제나 예상할 수 있고, 예상해야 한다. 개별적인 사건들이 속해 있는 길과 계획을 세부적으로 추적하고 살피고 지시하고 재고하는 것이 우리에게 용이하지 않고, 혹은 당장은 가능하지 않은 경우에도 그렇다. 그러므로 하나님의 뜻과 결정, 명령과 금지의 의미에 대한 물음은 저 역사상을 고찰할 때 억제되거나 배제되어서는 안 된다. 그러나 그의 명령과 금지 속에 들어 있는 하나님의 뜻에 대해 물어야 하고, 물론 명령과 금지에서 보편적인 인간적 의미를 물어서는 안 된다. 그가 명령하고 금지하는 것의 본래적인 내용으로서 그의 의도와 행동을 염두에 두어야 하고, 가능하다면 이해해야 한다. 그런데 신·구약성서가 증언한 은혜의 계약 역사에서 보는 그의 의도와 행동은 자비이니, 자비 때문에, 자비로써 하나님은 예수 그리스도의 인격 안에서 인간을 자신에게로 이끌며, 자비 안에서 인간의 죄에 대한 의로운 심판을 이루기 위하여 스스로 인간이 됨으로써 인간이 깨끗하고 자유롭고 행복하도록 하며, 인간을 죽음에 내어줌으로써 인간이 새로이 참되게 생명에 이르도록 한다. 이것이 은혜의 계약의 명백하고도 포괄적인 의미이며 내용이니, 이것은 신·구약성서가 증언하는 하나님의 모든 명령과 금지의 성격을 드러내며, 그것의 본래적 근거이다. 하나님은 그의 자비로 인하여, 따라서 예수 그리스도로 인하여, 그를 통하여 이스라엘과 교회의 모습으로 된 그의 공동체, 곧 이중적 예정에 상응하는 이중적인 증언과 임무를 지닌 이 한 백성을 원한다.

그 이중적인 증언과 임무란 양면적으로 한 예수 그리스도를 선포하는 일에 해당된다. 곧 한편으로는 그의 죽음을 선포하며, 다른 편으로는 그의 부활을 선포하고, 한편으로는 하나님이 그 예수 그리스도 안에서 스스로 받아들인 인간의 유기를 선포하고, 다른 편으로는 하나님이 역시 그 안에서 인간에게 베푼 인간의 선택을 선포한다. 인간 나사렛 예수의 주변으로서의 이 한 백성, 이 이중적인 백성의 역사, 한 인간의 증인, 그러므로 온 세상을 위한 하나님의 자비에 관한(그 자비를 겪는 자가 이 백성 가운데서 나오고 거기서부터 이 백성이 나오는 근원이 되었다.) 증인으로 이 백성을 준비하고 인도함의 역사—이 역사는 은혜의 계약의 역사이니, 신·구약성서 전체의 관심은 그 주요 부분에서 이런 역사를 향하고 있다. 그리고 이 역사의 흐름 속에서 이제 또한 우리가 특별히 관심을 가지는 명령과 금지가 이루어진다. 우리가 이것을 이해하려면, 이 역사뿐 아니라 명령하는 하나님의 인격을 추상해서는 안 된다. 오히려 우리는 이 역사에서 이 인격을, 이 인격에서 이 역사를 언제나 염두에 두어야 하고, 따라서 이해해야 한다. 곧 하나님은 저 본문들에 의하면 이 매우 특별한 것을 원하기 때문에 지금 바로 이것을 인간에게 원하며, 특별히 명령하고 금지한다. 즉 그의 은혜의 계약의 실현을, 그 자신의 아들 안에서 그의 사랑의 대상으로서의 인간을, 그러므로 모든 사람을 위한 종말과 새로운 시작으로서 한 인간의 죽음과 부활을, 그러므로 이스라엘과 교회를, 그러므로 그들을 증인으로 준비하고 인도함을 원한다. 하나님이 이것을 원하고 행한다는 것을 성서는 증언하며, 또한 성서가 하나님의 계명을 증언함으로써 이것을 증언한다. 의심의 여지없이 저 역사는 성서의 주제요 내용이기 때문에, 성서는 인간의 행함과 하지 않음에 대한 하나님의 결정에 관하여 바로 이것만을 증언할 따름이다. 곧 하나님은 인간 행위가 저 역사에 부합되고, 그 의도에 종속되고, 그 흐름에 연결되기를 원한다. 하나님은 인간이 그가 선택한 백성으로 부름받고 모여져서 증언의 임무에 참여하기를 원한다. 하나님은 그 자신이 예수 그리스도 안에서 되고, 원하고, 행하고 행하지 않은 특별한 일을 통해 요청받은 특별한 것이 되고, 그것을 원하고 행하고 하지 않기를 원한다. 바로 이 특별한 것, 따라서 어떤 보편적인 도덕적 공통분모로 환원될 수 없는 것이 저 역사상에 의하면 하나님이 인간에게 요구한 것의 의미요 내용이다. 만일 성서가 저 소위 역사적 윤리라고 말하는 것의 형태와는 다르게 사실을 진술한다면, 따라서 성서가 하나님의 뜻을 인간의 숙고와 결정에 근거하여 그 내용이 채워져야 할 보편적인 원칙을 수립하고 선포하는 것으로서 서술한다면, 성서는 그것의 본래적 주제와 내용에서 얼마나 거리가 먼가! 성서는 이렇지 않다. 성서는 하나님을 언제나 이러이러한 것을 하고, 언제나 특별한 무엇을 요구하는 아버지, 혹은 주로 서술한다. 성서가 만일 다르게 서술한다면, 만일 그것이 인간이 시간의 공간 속에서, 그의 상황 속에서, 저 역사에서 그에게 주어진 몫을 담당하도록 요구하는 대신 인간에 대해 다르게 요구한다면, 그것은 성서가 아니요 함무라비(Hammurabi) 법전이나 혹은 솔론(Solon)이나 모하메드의 율법일 것이다. 그것에 내재하는 어떤 보편적인 진리에 의해서가 아니라, 그것이 신적 근거를 갖고 신적으로 구현된다는 특별한 진리에 의해 이 요구는 인간이(은혜의 계약의 역사 속에서) 행해야 할 선을 표시한다.

우리가 일단 창세기와 출애굽기에서 인용된 구절들을 되돌아볼 때, 거기서 분명히 인식할 수 있는 것은, 하나님의 명령과 금령은 일정한 선을, 즉 하나님의 은혜의 계약의 역사라는 선을 가지고 있다는 것이다. 이 명령과 금령은 언제나 어디서나 특별히 부각되지는 않는다. 그러나 이 역사의 모든 결정적인 전환점에서, 한편으로는 하나님의 우월한 주도권을 분명히 드러내고자 하고, 다른 편으로는 하나님이 인간을, 그의 역사에 능동적으로 참여하는 자로서의 인간을 염두에 두었다는 것을 분명히 드러내고자 하는 곳에서는 그것이 강조되었다. 죄의 가능성을 아직은 예상하지 않는 것처럼 보이는 명령, 예를 들어 생육하고 번성하라!, 그리고 선악을 아는 나무에 관한 금령에서 그렇다. 즉 하나님의 은혜는 인간들이(창 1:22에서 바다와 공중에서 사는 짐승들에게 말한 것처럼) 문제없이, 논란 없이 살기를 바라되 그 자신의 심판자로 살기를 바라지는 않는다. 인간이 이 계명을 위반함에도 불구하고 그리고 그 결과에도 불구하고 하나님이 그에게 신실하다면, 노아에게 방주를 지으라고 명령한 사건이 보여 주듯이, 노아는 자기 스스로 고안한 기술로부터 구원을 기대하는 것이 아니라 다만 정확한 하나님의 명령을 엄밀히 준수함으로부터 구원을 기대할 수 있을 따름이다. 그리고 지금 저 생명의 계명은 하나님의 인내의 표적으로서 분명히 반복되어야 하고, 지금부터 이 표적 아래, 이런 유보하에 그 명령에 복종해야 한다. 그리고 분명히 노아의 방주에서—창세기 편집자들이 의도한 대로—예시되었던 하나님의 신실함이 아브라함과의 계약에서 구체화된다면, 인간의 앞장섬은 분명히 고려될 수 없고, 하나님의 은혜의 계약이 부각되기 위해서는 필히 모든 특별한 명령들이 수반되어야 한다. 아브라함의 역사는 이런 명령들로 치밀하게 일관되며, 또한 이삭과 야곱의 역사도(덜 치밀하기는 하지만) 이런 명령들로 일관된다. 이스라엘이 이집트로부터 탈출하는 사건, 그러므로 모세의 역사는 분명히 이런 역사의 전환점을 이루며, 모세는 모든 그의 결정적인 활약이 직접적인 하나님의 명령을 수행하는 것으로 그 성격이 드러남을 통하여 종교-정치적 지도자상과 혼동될 수 없다.(물론 그렇게도 보이겠지만) 그리고 이스라엘 백성 자신은 스스로를 돕는 것이 아니라 하나님의 도움을 받았다는 것은, 또한 그들의 움직임이 직접적이든 간접적이든,(모세의 입을 통하여) 하나님의 명령을 통하여 인도받는 데서 드러난다. 하나님은 인간에게 이런 명령을 내림으로써 인간과의 계약을 실현하고, 인간은 이 명령을 받음으로써 그것의 실현을 체험한다. 이런 직접적인 인도 아래서 백성 공동체는 성립되고, 여기서 또한 예수 그리스도가 나올 것이다.

또한 우리가 예를 들어 마태복음에서 들은 바에 따르자면, 교회는 예수 그리스도로부터 나온 또 다른 형태의 공동체로 구성된다. 예수의 생부(生父)인 요셉에 대한 지시가 어느 정도 이스라엘의 운명에 종지부를 찍고 또한 정점을 이룬다면, 예수 자신의 명령들은 모두가 다소간에 분명히 메시아 임재의 두 단계 내지 그리스도론의 두 중요 명제, 즉 예수의 낮아짐과 그의 높아짐, 그의 선택의 감추어짐과 드러남, 많은 사람들을 위한 죄의 용서를 위한 그의 고난과, 많은 사람들을 위한 생명 수여자로서의 그의 통치를 반영한다. 예수가 명령하고 금지한다면, 이것은 그가 그의 메시아성을 드러내고, 그가 인간들로 하여금 전적으로 받는 자로서 혹은 다시금 전적으로 스스로 일하고 주는 자로서 그의 제사장적 직무에, 혹은 그의 왕적 직무에 참여케 하고, 부른다는 것을 뜻한다. 언제나 그의 인격이 문제이며, 그의 인격이 중요하기 때문에, 다가오는 하나님 나라의 일이 중요하며, 이중적 형태의 은혜의 계약의 신비를 계시하는 것이 중요하다.

신·구약성서에서 하나님의 인격, 하나님의 일이 그처럼 중요하기 때문에, 또한 하나님의 명령과 금지는 신·구약성서에서 언제나 특별하고, 언제나 구체적으로 정해져 있다.

이제 하나님의 계명이 특별한 역사적 정황과는 무관하게, 많은 인간들에게 유효한 보편적인 표현으로 드러나는 특별한 성서적 문맥 속에서 그것이 위에서 진술한 역사적 의미와는 얼마나 다르게 이해되어야 하는지 알 수 없다. 확실히 그런 문맥들이 있으며, 우리는 이 본문들이 그 주변에서 분리될 수 있다면 혹은 그것들이 성서 및 정경 전체의 보다 큰 문맥에서가 아니라 다르게 우리에게 전달되었다면, 그것들이 원칙과 규칙을 지시하는 것처럼, 하나님의 계명을 그런 원칙 및 규칙으로 이해하는 것처럼 해석하는 것이 가능할 것이다. 그리고 확실히 우리가 이 특별한 본문들을 그 역사적 맥락에서 이해해야 하는지, 아니면 거꾸로 그 역사적 맥락을 그 본문에 대한 어떤 일반적인 도덕적 해석의 견지에서 이해해야 하는가 하는 의문이 제기된다. 그리스도교 교회와 신학은 공개적으로든 은밀하게든 후자 쪽을 행했고, 본문을 별도로 고찰했고, 내지는 그것의 역사적 맥락을 단순히 이 본문에 붙어 있는 별로 중요하지 않은 혹은 무의미한 군더더기로 해석하거나 아니면 본문의 실례로 해석하려고 시도하였다. 그리스도교는 이 본문들에서 마치 윤리적 원리, 선한 행동, 태도와 악한 행동, 태도를 구별하기 위한 일정한 규범이 제시되며, 이로써 선한 것은 명령하고 악한 것은 금지되는 것처럼, 마치 이 원리들이 여기서 자기 비중을, 독자적 의미를 가지는 듯, 그리고 이 원리들에서 하나님의 계명과 의지, 하나님이 인간에게 제시하는 선을 발견할 수 있는 것처럼 해석하였다. 이런 해석은 그것의 어떤 명료성 때문에 물론 환영을 받았다. 그러나 이 해석에 의하면, 인간이 하나님을 떠나서 선의 총화로, 법으로 이해하는 것에서 형식적으로 유추하여 하나님의 계명을 이해할 수 있었다. 그리고 이런 전제 아래서 이 본문에서 선한 것으로 서술된 것에서, 사람들이 본래 선하다고 간주하는 것을 많이 발견할 수 있었고, 그리고 그 나머지를 적어도 일정한 해석과 응용을 통하여 실질적으로도 재발견할 수 있었다. 그 다음으로 사람들은 이렇게 이해된 본문들에서 성서의 증언 전체의 진수를 인식한다고 믿었고, 성서의 나머지는 이것에 의해 설명되고 평가되어야 했다. 그러므로 이 본문들의 역사적 맥락을, (본문을) 근본적으로 교란시키는 단순한 군더더기로 간주해야 하는가, 아니면 거기서 발견한 원리들의(그리고 사람들이 이 원리에서 성서의 증언의 진수를 발견했다고 믿었다.) 실례로 높이 평가하고 중시해야 하는가 하는 문제는 이차적이었다. 역사적인 난점을 보다 분명히 느꼈을 때는 전자가, 이 난관을 극복할 수 있다고 믿었을 때는 후자가 더 자명하게 보였다. 그러나 이 해법 전체가 결코 건전한 주석에 의하지 않았다고 말할 수 있다. 그 이유는 그 해법이 그 발단에서 자의적 행동에 근거하기 때문이다. 이 본문들에서 일반적으로 알려진 것을 재인식한다고 믿었기 때문에 본문들을 그 맥락에서 고립시키고, 해석학적으로 그 맥락보다는 본문에 우위를 부여한 것은 자의적 행동이다. 구약성서뿐 아니라 신약성서에서도 저 본문들의 소위 이차적이라고 말해지는 맥락 속에서 드러난 성서의 주제가 윤리적 원리의 선포와는 다른 것이라는 사실을 사람들은, 사람들이 어떻게 생각하든, 객관적으로 결코 부인할 수 없다. 저 해법을 결정하는 자는 적어도, 성서에 대립하여 자신에게 치명적인 자유를 허용한다는 사실을 명백히 할 필요가 있다. 그리고 만일 그 자신이 성서를 원용한다면, 그가 미리 자신의 편리에 따라 적응시킨 성서를 호소하는 것임을 그에게 상기시켜야 할 것이다. 사람들이 성서 전체의 주제를—사람들이 거기에 대해 관심을 갖든 말든, 그것에 대해 어떻게 생각하든 간에—염두에 두고 있다면, 저 해석학적 근본 문제에서는 미리 결정할 사항이 있을 따름이다. 곧 저 특별한 본문 맥락에서도 이 주제가 중요하다는 것, 그러므로 거기서 언급하는 하나님의 명령과 금지는 실질적으로 성서 나머지에서와 같은 의미를 가진다는 것, 그러므로 이 본문들에서도 역사적으로, 구체적으로 이해되어야 하고, 보편적으로도, 시공을 떠나서도 이해될 수 없다는 것을 기대할 수 있다.

이 본문들도 분명히 하나님이—혹은 신약성서에서 예수가—한 인간 혹은 여러 인간에 대한 요구로서 말한 것을 증언하여 준다. 이 점에서 이 본문들은 다른 본문들과 구별되지 않는다. 그것들은 역시 하나님이 계명을 전달하는 어떤 역사적 계기를 지시하거나, 적어도 하나님의 계명의 계시 혹은 하나님의 지혜의 조언의 계시를 듣고 다른 사람에게 전달한 한 인간을 지시하는 점에서 또한 다른 본문들과 구별되지 않는다. 그것들은 또한 분명히, 전적으로 하나님의 뜻, 말씀, 행위를 통해 선택되고, 성별되고, 모여진 공동체 영역과 관계한다는 점에서 다른 본문들과 구별되지 않는다. 그러므로 계명은, 이들 본문의 진술에 의하면, 그 자체로 저 하나님의 은혜의 역사의 맥락 속의 한 특별한 단계를 이루며 실질적으로 다만 이 맥락 속에서만 이해될 수 있는 사건이다.

이 본문들의 특징은, 1. 그 증언에 의하면 계명이 불특정한 인간들을 향해 있는 듯 보이고, 2. 따라서 계명이 내용적으로 일정한 인간들의 일정한 행동에 관심을 가지는 것이 아니라, 일반적으로 모든 인간들의 일정한 행위 가능성에 관심을 가지는 듯 보인다는 것이다. 만일 이 이중의 현상이 단순히 가상이 아니라면, 물론 이 본문에서는 보편적인 원칙 같은 것이 하나님의 계명으로 선포된다고 말해야 할 것이다. 그러나 이 현상은 우리를 기만한다. 우리가 이 본문에서 물론 하나님의 계명의 집합, 개요를 발견함으로써 이런 착각이 생길 수 있다. 많은 광선이 렌즈의 초점에 모여지듯이 혹은 많은 선들이 한 케이블 안에 모여지듯이, 구약성서에서 백성에게, 신약성서에서 공동체에 향해 있는 이런 포괄적인 요구들 속에 많은 특별한 계명들이 통합되어 그때그때 한 말씀으로 발언된다. 하나님이 보통 개별 인간에게 향함에서 그 긴급성과 직접성을 부인하거나 혹은 나중에 약화시키는 것, 이러이러한 인간에 대한 그의 개인적인 발설을 누구에게나 해당된다거나 혹은 해당되지 않는다고 느낄 수 있는 일반적인 말씀과 바꾸는 것은 확실히 이 포괄적인 요구의 의미와 목적은 아니다. 이 구절들에서 선포되는 포괄적인 요구들의 의도는 개별 인간을—백성 혹은 공동체의 일원으로서 이 그의 특성 안에서—놓아 주는 것이 아니라 특별히 힘차게 붙잡는 것이다. 또한 그 의도는 확실히 하나님이 이것 저것을, 구체적인 개별적 결정을 요구하는 명확성을 해소하고, 그 대신에 갑자기 추상적인 규칙을 세우는 것이나 혹은 단순한 관점을(그것에 의거해서 개별 인간이 그 다음으로 스스로 어떻게 복종해야 하는지 결정할 수 있는) 제시하는 것이 아니다. 하나님이 개별 인간에게 바라는 모든 것이 이 포괄적인 요구들에서 자기 백성 혹은 자기 공동체에 대한 그의 뜻으로 선포되고, 따라서 이에 근거해서 이 백성, 이 공동체의 일원들에 대한 그의 뜻으로 선포됨으로써 하나님의 말씀의 구체성이 소멸되는 것이 아니라 오히려 정확히 고려하건대 보다 강화된다. 그러므로 하나님이 개별 인간에게 말씀하고 인간에 의해 받아들여지기를 바라는 그 특별한 사건들을 불필요한 것으로 보고 대치하는 것은, 이 구절들에서 증언되는 율법 선포의 취지가 아니다. 오히려 이런 율법을 선포함으로써 하나님은 저 모든 개별적인 발언의 주체로서, 이런 특별한 발언으로 의무를 부과하는 명령과 금지를 내리면서 개별 인간과 대면하는 권능과 권한을 가진 자로서 자신을 알리고 선포한다. 그 이유는 그가 개별 인간이 속해 있는 백성 혹은 공동체의 주이기 때문이다. 그러므로 개별 인간은 그의 소유이며, 그의 권한과 요구 아래 예속되어 있다. 그 구절들은 그와 그의 통치에 대해서, 모든 다른 주들과 다른 그의 본질과 본성에 대해 말하며, 그의 백성 혹은 그의 공동체의 구성에 대해, 그리고 이로써 거기에 속하는 모든 인간의 전제 조건과 특성에 대해 말한다. 이 포괄적 요구들은 하나님이 자신에게 속한 개별 인간에 대해져야 하며, 그러나 또한 그에게 속한 개별 인간이 하나님에 대해 져야 하는 의무를 상기시킨다. 그것들은, 그들에게 하나님이 속하고, 그들이 하나님에게 속해 있는 모든 인간들, 이 백성 혹은 이 공동체를 이루는 모든 개별 인간들에게 어느 의미에서 해당한다. 하나님이 불특정한 신이 아닌 것처럼 그들도 불특정한 인간들이 아니라, 은혜로운 친교의 선택을 통하여 하나님이 스스로 그들과 특별히 결부되어 있고, 그들이 특별히 하나님과 결부되어 있는 이러이러한 인간들이며, 그들은 이런 친교의 일원이며, 따라서 이 친교는 그들에 대한 개인적인 은혜의 선택이기도 하다. 이 포괄적인 계명들은 하나님의 일을 위하여 개별 인간을 요구함으로써 그의 참된 개체성을 구성한다. 그것들은, 하나님이 또한 그 인간을 현재의 모습 그대로 전 생애에 걸쳐 항상 요구할 것임을 예견하게 하고, 그것에 대해 준비하게 한다. 하나님이 이 율법 선포의 사건들에서 말하는 것처럼, 그는 항시 어느 경우라도 모든 개별 인간에게 거듭 말할 것이고, 지금 이 선포의 대상이 되는 인간은 항시 어느 경우라도, 그가 누구든 하나님과 대면할 것이다. 하나님은 모든 개별 인간들에게 언제나 거듭 말할 것이다. 내가 거룩하므로 너희는 거룩해야 한다! 그들은 이 율법 선포에서, 그의 거룩함과 따라서 그들에게 요구되는 거룩함이 언제나 어느 경우에라도 그들 각자에게 무엇을 의미하게 될지를 배워야 할 것이다. 그러므로 그들은 율법 선포를 들어야 하고 언제나 거듭 들어야 한다. 그러므로 그것은 세대에서 세대로 되풀이 선포되어야 한다. 이것은 그들이 항시, 어느 경우라도 그들 각자에게 말하는 하나님의 말씀을 올바로 듣기 위함이고, 그들이 국외자로 그와 대립하지 않기 위함이고, 그의 음성, 선한 목자의 음성을 다른 음성과 혼동하지 않기 위함이다. 그러므로 이 포괄적 계명들은 어떤 의미에서 하나님이 공적으로 엄숙하게 자신에게 자격을 부여하는 것이며, 이것과 동시에 하나님이 더불어 말하기로 결정했고, 자신의 말을 들으라고 부른 자기 사람들에게 공적으로 엄숙하게 자격을 부여하는 것이다. 이것들은 하나님과 인간의 교제가 무조건, 시급하게, 직접적으로 어느 경우라도 이루어지는 그 배경, 양편에 주어진 전제 조건들, 곧 하나님의 명령과 금지의 특별한 사건의 틀, 하나님과의 현실적인 만남의 틀, 은혜의 계약 역사 속의 사건들의 틀을 이루는 여러 가지 신적인 속성과 인간적 제약들을 지시한다. 그것들은 이 사건들을 다른 사건들과 구별한다. 그러므로 우리가 이런 계명들을 발견하는 본문들은 하나님이 시간적, 공간적 제약과 한정 속에서 그의 사람들에게 선언하는 명령 외에 별개의 어떤 특별한 계명들에 대해 말하는 것이 아니다. 그것들은 차라리 명령하는 하나님 자신과 동시에 하나님에 의해 책임을 부여받는 인간에 대해 말한다. 그것들은 하나님과 인간, 인간과 하나님이 어떻게 결속되어 있는지를 보여 준다. 다른 본문들이 하나님과의 직접적인, 구체적인 만남, 하나님의 일정하고 특별한 명령과 금지를 진술하는 가운데 드러내는 것처럼, 그들은 실제로 상호 결속되어 있다. 그것들은 이 결속 자체를 선포한다. 그러므로 그것들은 저 다른 본문들 곁에서 불가결하다. 그러므로 그것들은 또한 저것들과 더불어 하나를 이룬다. 그러므로 그것들이 증언하는 하나님의 계명은, 저 율법 선포들도 형식상 분명히 일정한 역사적 사건으로 서술되듯이, 다른 본문들 못지않게 역사적이다. 오히려 우리는 여기서 하나님의 계명의 집약된 역사적 형상, 근본적 역사성을 대면하고 있다고 말할 수 있고, 말해야 한다.

우리는 십계명의 예에서 이 사실을 분명히 보고자 하는데(Alfred de Quervain, *Das Gesetz Gottes*, 1935-1936 참조), 십계명을 평가하기 위해 여기서 우선 무엇보다, 그것의 본래적, 원래적인 선포는 개인적으로, 즉 하나님과 모세 사이의 직접적 만남에서 이루어지는 행동이며, 여기서 백성의 무리는 엄중한 경고 아래 접근이 금지되는 행동이라는 것을 주목해야 할 것이다. 하나님이 인간과 더불어 말한다는 것은 출애굽기 19장 이하, 신명기 5장에서 매우 특별하고 위험한 일로 그려지는데, 번개, 천둥, 나팔 소리, 나머지 백성이 다만 조심하고 두려워해야 하는 그런 현상이 수반된다. 하나님과의 만남, 하나님과 더불어 대화할 만한 인간은 하나님 자신에 의해 그런 자로 부름받고 능력을 갖춘 인간으로서 구별되어야 한다. 그런 인간이 모세이며, 이 본문에서는 오로지 모세만이 그런 인간이다. 그는 백성의 대표로서 이 백성의 삶의 질서를 위해 정해진 계명을 받는다. 그는 출애굽기 32:15-16에 의하면 두 개의 돌판 양면에 새겨진 계명을 받는다. "돌판은 하나님의 작품이었고, 글씨는 하나님이 돌판 위에 새겨 넣은 글씨였다." 그것을 받을 자격이 있는 최초의 인간으로서 모세는 그것을 백성에게 전달해야 한다. 그러나 이것은 백성에게는 너무 직접적인 듯 보이고, 사실 좌절되었다. 모세가 산에서 돌아오기 전에, 백성이 율법을 받기 전에, 백성은 황금 송아지 상을 만들어 죄를 범했고, 이 사건에 직면하여 "그의 진노가 폭발하여 그는 손에 들고 있던 돌판 두 개를 산 아래로 내던져 깨뜨려 버렸다."(출 32:19) 백성이 결국 받게 된 것은 출애굽기 34:4, 28에 의하면 모세 자신이 깎아서 새겨 놓은 전혀 다른 돌판이 될 것이다. 그러므로 모세에 주어진 명령은―오로지 그만이, 어떤 사람이 친구와 이야기하듯이 야훼와 얼굴을 맞대고 이야기한 인간이다.(출 33:11)―처음부터 백성에게 주어지고 백성이 받은 계명과는 구별되고 대조를 이룬다. 그것의 계시가 앞에서는 하나님과 모세 사이의 전적으로 특별한 사건이었으나, 나중 사건은 저 계시를 증언하는 사건이라는 사실이 전체 문맥을 통해 아주 명백해진다.

그러나 우리는 십계명이 출애굽기의 신명기의 서술에 의하면(출 34:28, 신 5:22, 10:4) 다만 일련의 보다 특수한 지시와 규정들 가운데서 정점을 이룬다는 것을 계속 주목해야 한다. "그 후에 모세가 내려와서 백성에게 주의 말씀과 법규를 모두 전하니 온 백성이 한 목소리로 주께서 명하신 모든 말씀을 지키겠다고 대답하였다. 그때 모세가 주의 모든 말씀을 기록하였다."(출 24:3f.) 이것은 십계명은 모세에게 계시되고, 모세가 백성에게 증언한 삶의 질서, 법 질서, 제사 질서의 맥락에 속한다는 것을 뜻한다. 이런 상세한 법규들과 지시들은 부분적으로―그러나 다만 부분적으로만―십계명에 대한 주석처럼 읽혀져야 한다는 것, 저것들은 아마도 십계명의 원래적이고 가장 오래된 모습이었으리라는 것, 거꾸로 십계명은 저것들에서 발췌해 낸 요약문으로 이해되어야 하리라는 것은 별개의 문제이다. 확실한 사실은, 십계명이 저것들과 마찬가지로 진지성과 무게를 가지고 있고, 저것들이 다만 십계명과 더불어서만 이해될 수 있고 평가될 수 있다는 것이다. 이것은 또한, 모세에게 계시되었고 이스라엘 백성에게 증언된 십계명은 이 백성이 자기 하나님 앞에서, 하나님과 더불어 사는 삶을 구체적으로 영위하기 위한 지시의 일부로서 의미를 가진다는 것을 뜻한다. 이런 지시들이 구약성서의 나머지 역사서, 예언서, 기타 문서들에서 특별히 주목받았고, 그래서 그것들을 그 문맥으로부터 분리시킬 필요가 있었다고는 말할 수 없다. 그리고 또한 그것들이 비로소 해석을 통해 채워져야 하고, 온갖 상이한 해석이 가능한 백지와 같은 것이라고 말할 수 없다. 오히려 십계명은 그 문맥에 의해 해석되었다. 이 형식적으로, 보편적으로 진술하는 것처럼 보이는 지시들, 다양하게 적용될 수 있는 것처럼 보이는 지시들은 매우 정확하게 규정되어 있으므로, 예를 들어 살해 금지를 고의적인 살인 및 살상과 다른 것으로 이해하는 것이 불가능하고, 간음 금지를 한 남자와 제삼자의 부인 사이의 음행과 다른 것으로 이해하는 것은 불가능하고, 이웃에 대한 거짓 증언 금지를 악의로 그릇되게 법정에 고발하는 것과 다른 것으로 이해하는 것은 불가능하다. 여기서 또한 생각할 것은, 모든 것이 백성 동료들 사이에 관계된다는 것이다. 우리는 모든 것을 이런 일에 의해서 이해할 수 없고, 그것들이 그 문맥에서 분명히 진술하는 것에 따라서 말하고자 하고, 사실 말하는 것에 의존해야 할 것이다.

우리가 주목해야 할 세 번째 사실은, 십계명은 정확히 관찰할 때, 직접적인 명령이 아니라 전적으로 금령들, 혹은 차라리 한계 설정을 내포한다는 것이다. 하나님의 선택과 그것에 의해 제약받은 선택받은 자의 지위가 그런 것처럼, 하나님의 거룩함과 그것에 의해 제약받은 인간의 성화는 바로 한정, 구별, 배제를 뜻한다. 또한 안식일에 관한 계명, 그러나 또한 부모에 대한 존경에 관한 계명도 그 문맥에서 이런 의미를 갖는다. 곧 일정한 영역이 한정되어 있으되 그러나 내면적으로는 아니다. 따라서 이 영역 안에서 일어나야 하는 일을 표시하고 서술하지는 않는다. 분명히 이런 것에 관한 지시는 전혀 다른 차원에 속하고 십계명 내지 그것과 연관되는 법과 관련해서는 논란될 수 없다. 오히려 거기서 결코 일어나서는 안 되는 일, 확실히 다만 하나님의 뜻에 반해서만, 따라서 인간의 타기되어야 할 행동의 형태로서만 일어날 따름인 일을 표시하고 서술한다. 여기서 삶의 지시, 법규, 제사 규정을 받는 백성의 일원에게는 그의 하나님 야웨, 이스라엘을 이집트에서 구원한 신 외에는 또 다른 신을 가진다는 것은 불가능하다. 그에게는 이 하나님의 형상을 만들어 그것으로 그를 숭배하는 것은 불가능하다. 그에게는 그의 하나님의 이름을 속된 목적을 위해 오용하는 것은 불가능하고, 하나님이 안식한 날에 역시 안식하는 대신 일하는 것은 불가능하고, 그렇기 때문에 자기 부모를 공경심 없이 대하는 것은(나중에 설명되는 것처럼 부모를 때리거나 저주하는 것) 불가능하고, 살인하는 것은 불가능하고, 다른 사람의 혼인 관계를 파괴하고 이로써 자기 이웃의 후사(後嗣)의 적법성을 위협하는 것은 불가능하고, 훔치는 것은 불가능하고, 중상 모략하는 것은 불가능하고, 이교의 신을 찾는 것은 불가능하다. 무슨 일이 현실적으로 일어나야 하는가는 별개의 문제이다. 그러나 무슨 일이 일어나야 하든지, 언제나 이 한계 안에서 일어나야 한다. 어떠한 경우든 모든 불가능한 일 중 어떤 것도 일어나서는 안 된다. 이 한계를 통해 배제되지 않은 많은 다른 일도 구체적으로 일어나서는 안 된다. 그러나 이 한계를 통하여 배제된 것은 결코 일어나서는 안 된다. 앞의 네 계명은 하나님이 어느 경우라도 자기 백성에 의해서 어떻게, 무엇으로 숭배되어야 하는가를 말하며, 뒤의 여섯 계명은 하나님이 어느 경우라도 자기 백성을 어떻게, 무엇으로 상호 간의 살상, 그러므로 자기 자신의 파괴로부터 보호하는가에 대해 말한다. 모든 계명들이, 하나님이 자기 백성과 더불어 행동하며, 또 그의 백성이 하나님 앞에서, 하나님과 더불어 행동해야 하는 범위를 분명히 구획한다. 그것들은 일정한 영역을 지시한다. 십계명에 뒤따르는 보완하는 부연 설명문들도 다만 이 영역 지시를 보충 설명할 따름이다.

실로 그것은 매우 실질적인 영역 지시이다. 사람들은 거기서부터 관여하는 두 파트너에 관하여 충분히 추론할 수 있다. 우리는 자기 스스로를 유일무이하고 비교할 바 없는 신으로 입증한 하나님으로부터 그가 이 백성의 주요 조력자이며, 이 백성을 자기 소유로 삼았다는 말을 듣는다. 이런 자유롭고, 동시에 사랑하는 하나님으로서 그는 하늘이나 땅의 어떤 피조물과도 비교될 수 없고, 인간의 상상력이 만든 형상과 혼동될 수 없다. 그는 우월하고, 그의 이름은 모든 다른 이름 위에서 거룩하고, 어떤 이름과도 함께 불릴 수 없다. 바로 이런 우월한 하나님으로서 그는 자기 백성을 위하여 지상에 공간을 마련한다. 즉 그는 자기 백성에게 주고자 하는 땅에서 수천 세대에 이르기까지 그 백성에게 은혜를 베풀 것을 약속한다. 상징적으로 모든 노동일이 그 자신의 거룩한 날을 향하여 가듯이, 하나님은 자기 백성의 온 역사가 그의 일이 완성되는 날을 향하여 달려가도록 한다. 그리고 분명히 언제나 최악의 것을 기대할 수밖에 없는 인간으로서의 이 백성은 하나님에 대한 잘못, 상호간의 잘못에 대해 경고받고 제지를 당해야 한다. 그들은 본성적으로(하이델베르크 교리문답서 문항 5) 하나님과 이웃을 미워하는 경향이 있다. 그러나 이제 하나님이 그들과 친교를 맺었고 그들을 자기 소유로 삼음을 통해서 그들은 경고받고 제지당하고 보호받는다. 따라서 그들은 그 앞에서, 그와 함께 그러나 또한 이웃들끼리 살 수 있으며, 따라서 약자는 강자로부터 보호받으며, 따라서 무력한 자들에게도 권리가 주어지고, 그러므로 이 백성은 자기 파괴와 소멸로부터 보호받게 된다. 이렇게 십계명은 그 범위가 다른 법들을 통해 보완되고 부연 설명된다. 십계명 자체가 한 사건, 이스라엘 역사의 기초적인 사건이므로, 이 백성의 전 역사 혹은 차라리 이 백성에 대한 하나님의 행동의 역사, 그의 통치 아래 있는 이 백성의 역사 프로그램을 발전시키며, 묵시적으로는 그의 선택받은 공동체, 즉 이스라엘에서 예비되었고 예고되었으며, 이스라엘로부터 결국 나온 교회의 전 역사의 프로그램을 전개한다. 그렇기 때문에 십계명이 그리스도교 교리 문답 교육의 주제로 채택된 것은 부당하지 않고 정당하였다. 십계명은 모든 시대에 유효한 하나님의 은혜의 계약의 기본 법규이다. 참 하나님, 이 계약의 기초자요 주가 인간에게 명령하고 금지한 모든 것, 명령하고 금지할 모든 것은 십계명 안에 들어 있는 그가 결정하고 의도한 모든 프로그램의 틀 안에서의 명령과 금령이다. 모든 그의 명령과 금령에서는, 저 십계명 안에서 요약되고, 저 다른 법령들을 통해 설명되어 하나님과 인간 사이의 중보자의 첫 번째 모델로서의 모세에게 계시되었고, 모세에 의해 이스라엘 백성에게 증언된 것처럼, 하나님 자신은 그렇게 인간에 의해 숭배되고, 인간을 그렇게 보호하기를 원한다. 참 하나님의 행위는 어느 경우라도 여기서 구획된 경계선을 통하여 온갖 다른 주의 행위로부터 구별되고, 하나님 앞에서, 그와 함께 사는 인간의 삶은 온갖 다른 인간적 삶의 가능성으로부터 구별된다. 단 여기서 이 하나님의 행위의 틀과 프로그램, 그리고 이에 상응하는 인간의 삶의 프로그램, 그러므로 하나님과 인간 사이의 현실적 역사의 프로그램 이상의 것, 다른 것을 발견하기를 기대해서는 안 된다. 하나님은 여기에 언급된 한계 내에서만 명령하고 금지할 것이다. 그런데 그의 명령과 금지는 단순히 이 계명들을 반복하고 응용한 것은 아닐 것이다. 그러므로 마치 이것들 속에 하나님이 인간에게 복종을 요구하고, 그러므로 그의 생명과 죽음에 결정하게 되는 지시가 모두 이미 들어 있는 것처럼, 이 계명들을 인위적으로 해석하는 것은 의미가 없을 것이다. 이로써 하나님이 근거를 놓고 정리한 자신과 인간 사이의 관계를 정립하는 것과, 하나님이 이 관계에서 인간에게 주었고, 여전히 주게 될 구체적인 지시는 별개이다. 우리는 이 지시가 어떤 것이며, 어떻게 되어 있는지를 십계명에서 혹은 보완되고 부연된 율법에서 추론해서도 안 되고, 다른 성서 역사에서 추론해야 하고, 이러이러한 인간에게 이러이러한 상황에서 향한 모든 저 구체적인 복종 명령 구절들에서 추론해야 한다. 우리는 출애굽기 19장 이하에서 산 위에서 하나님과 모세 사이의 직접적인 대화에서 추론해야 할 것이다. 율법 계시 자체는, 이런 지시 형태로 그의 사람들과 대하는 자가 누구인지, 그리고 이 지시를 그분의 지시로 받을 수 있는 자들이 누구인지를 선포한다. 이런 지시 사건은 모세에게만 계시된 것이다. 그는 백성이 이런 지시를 받는 것에, 이런 사건 형태로 진행되는 은혜 계약의 역사에 대비하기 위해, 백성에게 받은 계시를 증언해야 한다. 나중에 (출 23:20-22) 백성에게 분명히 말한다: "보라, 이제 내가 너희 앞에 한 천사를 보내어 길에서 너희를 지켜 주며, 내가 예비하여 둔 곳으로 너희를 데려가겠다. 너희는 삼가 그 말에 순종하며, 그를 거역하지 말아라. 나의 이름이 그와 함께 있으므로, 그가 너희의 반역을 용서하지 않을 것이다. 너희가 그의 말에 절대 순종하여 내가 명하는 모든 것을 따르면, 내가 너희의 원수를 나의 원수로 여기고, 너희의 대적을 나의 대적으로 여기겠다." 그리고 이에 따라서 이스라엘의 전 역사는 확실히 율법 계시를 통해 예시된 틀 안에서 진행되지만—그러나 이 틀 자체가 장면은 아니다. 그 이유는 장면은 율법 자체 안에 예상되지 않은 하나님의 명령과 금지, 인간의 복종과 불순종의 특별하고 구체적인 행위에 있기 때문이다. 백성이 저 천사에게 복종하고 모세의 살아 있는 음성과 나중에 예언자의 살아 있는 음성을 (적어도 이 개념의 넓은 범위에서) 그리고 따라서 하나님 자신의 살아 있는, 결코 완전히 침묵하지 않는 음성에 귀를 기울이는 것에 이스라엘의 모든 구원이 걸려 있고, 백성이 이렇게 하지 않는 것에 그의 파멸이 걸려 있다. 백성이 이렇게 하지 않을 때, 율법을 소유하고 지키는 것이 무슨 도움이 되겠는가? 백성이 천사에게 복종하지 않는다면, 율법에 대해, 그 문자에 대해서, 그러나 또한 아무리 문자를 준수할지라도 그것이 주어졌을 때의 그 정신과 또한 그 취지와 목적에 거슬러 얼마나 잘못하는 것인가! 백성은 율법을 통해 그 천사의 말에 대비해야 하고, 율법은 천사의 직무, 권위에 대해 증언해야 한다. 마치 인간이, 율법을 통해 그를 자기에게로 부른 하나님의 음성에 기꺼이 순종하려 준비하고, 또한 율법을 통해 구별되는 인간, 이런 주에게 책임지는 인간이 되려고 기꺼이 준비하는 것처럼, 자기 스스로 율법을 지킴으로써 순종적이며 의롭다고 간주하고 약속의 성취를 스스로 초래하고자 할 때, 율법은 얼마나 오용되었으며, 바울이 지시한 의미에서 죄의 도구가 되었는가? 십계명을 지킴은 그것을 통해 표시되고 구획된 공간 속으로 들어가고, 율법 선포를 통해 예고된 하나님의 일정한 금지와 명령의 이 공간에서 대기하는 것, 여기서 고려될 수 있는 이 유일한 공간에서 그의 음성에 언제나 거듭 복종하는 것을 뜻한다. 이렇게 하는 자는 의롭고 살게 될 것이다. 이렇게 하지 않는 자는, 비록 그의 행함과 하지 않음이 율법이 정한 한계를 통해 정확하게 정해져 있을지라도, 십계명과 온 계명을 범하는 것이다. 그 이유는 살아 있는 하나님에 대한 살아 있는 복종을 하지 않는다면, 그는 실제로는 계명들을 통해 지시된 공간에 서 있지 않는 것이기 때문이다.

우리가 예를 들어 마태복음이 서술한 소위 말하는 예수의 산상 설교를 관찰할 때, 이런 사실은 더욱 분명하게 드러난다.(여기서 이 문맥에서 자명한 Eduard Thurneysen, *Die Bergpredigt* 1936 참조) 이 본문을 그 주변과의 연관 속에서, 즉 나머지 마태복음 전체의 문맥 속에서 읽어야 한다는 해석학적 기본 규칙이 본문에도 해당된다면, 먼저 확실한 사실은, 그것의 내용을 결정적으로 구약성서의 예언의 성취로서 예수 자신의 인격 안에서 가까이 온 하나님 나라에 대한 특별한 언급에서 찾아야 한다는 것이다. 이것은 산상 설교에도 해당되고 또한 마태복음의 다른 큰 담론에도 해당된다. 그런데 산상 설교에서 이 언급의 특성은, 지금 예수도(한때 하나님이 모세에게 한 것처럼) 포괄적인 적극적, 소극적 지시의 형태로써 공간을, 즉 그가 자기 사람들과, 그가 부른 자들 및 또한 부르게 될 자들과 함께 있는 공간, 그가 그들을 배려하고 그들을 다스리는 공간을 구획하는 데 있다. 그것은, 예수가 와서 임재하므로, 저 제칠일, 모든 날들 중의 날이 개시되었으므로, 하나님 나라가 가까이 왔다는 사실이 선포되고 청취되고 유효하게 되는 공간이다. 산상 설교는 이 안식일의 삶의 질서를 포괄한다. 그런 한에서 그것은 십계명에서는 아직 드러나지 않은 새로운 차원에서 십계명과 교차한다. 위에서 아래로, 즉 하늘에서부터 땅으로 일어난 사건이라는 전제 아래서 산상 설교는, 십계명에서는—이 사건을 기대함 가운데—아직 감추어져 있는 사실, 즉 하나님 자신이 몸소 자신과 인간 사이에 세운 계약을 자기 스스로 신실하게 지킬 뿐 아니라 또한 인간을 위하여 스스로 실천하며, 그 조건 안에서 성취한다는 것을 드러낸다. 하나님 공동체의 삶의 질서가—산상 설교도 이런 것이며, 그런 한에서 실제로 그것은 다만 십계명 및 구약성서의 계명 전체의 반복이며 확증이다.—다음 사실의 빛 안에 들어

온다. 즉 산상 설교는 하나님 편에서 기초되었고 선포되었고 따라서 인간의 구원을 위해 성취되었으니, 즉 산상 설교가 준비시키고 호소하는 복종이, 이스라엘 백성이 모세 및 예언자들과의 싸움에서 확실히 복종을 보여 주지 못한 이후, 메시아를 언제나 배척하였고 지금 궁극적으로 배척하는 이 백성을 위해서, 그리고 또한 모든 인간들을 위해서 이스라엘의 메시아에 의해 입증되고 실천되었다는 것. 하나님 공동체의 삶의 질서가 이 사실의 빛 안에서, 인간이 그들을 위해 행해진 복종에 의존하고, 이로써 그들에게 보여 준 은혜를 사용하고, 그들이 스스로 그들의 종이 된 그들의 주, 그들에게 보여 준 이런 섬김에서 그들의 주가 된 예수와 함께 살 수 있는, 그런 범위를 설정하는 것 외에 어떤 다른 것이 될 수 있겠는가? 산상 설교는 이 빛 속에 들어온 삶의 질서에 관하여—그것은 실질적으로 율법으로 진술된 것과 다른 것이 아니다.—이야기한다. 산상 설교가 유대적인 율법 이해를—불순종의 이해!—공격하고 전복한다는 것은 진실이다. 그러나 이것은 어떤 의미에서 다만 부수적으로 일어났다. 이 이해가 그릇되고 불순종의 이해라는 것은 다만 이스라엘의 역사 전체에서 얻어진 자명한 교훈을 확증한 것뿐이다. 그러나 보다 참된 것은 다른 것이니, 곧 하늘 나라의 보다 나은 의가 계시되었으니, 이것을 통해서 인간의 불순종이 드러나되 곧 궁극적으로 효과적으로 가려지기 위해서 드러나며, 이것을 통해 인간이 숨쉴 수 있고 존립할 수 있는 공기가 그에게서 박탈된다. 또한 제칠일, 마지막 날이 지금 시작되었고, 그러므로 그들은 그들의 시간, 세상의 엿새, 노동의 엿새를 다만 임대하여 임시적으로 가지고 있고, 그날들의 종말은 이미 이르렀고, 그들은 다만 종말의 때의 동시대인으로서 살 수 있을 따름이라는 사실에 비추어서, 산상 설교는 인간의 삶을 정리한다는 것도 진실이다. 그러나 이것도 어떤 의미에서 다만 부수적으로 일어난다. 이것도 이 질서의 내용과 의미를 이루는 것은 아니다. 그 이유는 옛 에온의 종말과 새 에온의 시작이 산상 설교에서 선포된 질서의 핵심을 이루는 것이 아니라, 오히려 예수가 종말이자 시작이라는 것, 그 안에서, 그 안에서 임박한 그 나라의 현실 안에서 종말과 시작이 이루어졌다는 사실이 핵심을 이룬다. 그가 하나님과 인간 사이의 중보자로서 그의 봉사에 의해 다스린다는 것이, 종말의 때의 시작 및 종말과 더불어 필요한 일들을 확정하는 것보다 더 진실되고, 이것이야말로 또한 이러한 확정에 그 본래적인 무게, 특징적인 진지성을 부여하는 것이다. 또한 산상 설교의 지시들이 객관적으로 일정한 인간적 삶의 문제들 및 그것에 대한 그릇되거나 혹은 옳은 해답—곧 삶과 혼인의 보존, 맹세와 정의 문제, 원수 문제, 자선, 기도, 단식의 문제에 관심을 가지는 듯 보인다는 주장도 참되다. 그러나 간과해서는 안 될 것은, 이것들은 다만 부수적으로만, 실례로서만 다루어진다는 것이다. 십계명에서처럼, 여기서도 소극적인 것이 적극적인 것을 압도하고, 여기서도 근본적으로 다만 한계가 그어질 따름이므로, 이런 지시들에서 그리스도인의 삶의 상을 조합한다는 것은 불가능한 일로 입증되었다. 그것들이 제공하는 상은 실제로 이런 시를 내린 자의 상이고, 그에게서부터 그것들로 접촉된 삶의 문제들에, 그러나 그뿐만이 아니라 또한 예수와 대면한 인간들 전체에 비추어지는 빛의 상이다. 산상 설교는 우리에게 예수의 인격에 대해, 곧 이 인격의 문제에 대해 주목하게 하고자 한다. 모든 인간적 행동에서 원래적으로 궁극적으로 문제가 되어야 하는 것은 바로 이 문제이다.

또한 산상 설교는 무엇보다 결정적으로 공고, 선포, 서술, 프로그램이다. 또한 그것의 명령들은 무엇보다 결정적으로 위치 지시, 기초 설정의 성격을 가진다. 그리고 거기서 지시되는 장소, 거기서 놓여지는 기초는 그 나라, 예수, 새로운 인간이다. 그리고 이것은 세 가지 다른 것이 아니라 삼중으로 동일한 것이다. 그 나라는 예수 안에 있는 새로운 인간이다. 예수 자신은 새로운 인간의 나라이다. 새로운 인간은 나라를 가져오는 자, 전달자 예수이다. 산상 설교가 삼중으로 동일한 사실을 말함으로써, 그것은 은혜의 계약의 완성에 대해, 이와 함께 율법, 십계명의 목표에 대해 말한다. 즉 십계명으로써 이스라엘에게 예정되었고 약속된 곳, 그러나 예정되었고 약속되었으나 아직 주어지지 않은 곳에 대해 말한다. 신약성서 전체와 마찬가지로 산상 설교는 그 곳을 주어진 장소로 표시하고 서술한다. 십계명이 인간이 하나님 앞에서, 하나님과 함께 어디에 서야 하는가를 말한다면, 산상 설교는 인간이 하나님의 행위를 통해 이미 거기에 섰다고 말한다. 십계명이 서언이라면, 산상 설교는 어떤 의미에서 추신이다. 은혜 계약의 역사는 그 목표와 종말에 이르렀다. 그러므로 그 역사는 교회의 역사에서 더 이상 계속되지 않으니, 교회 역사의 시작에 산상 설교가 서 있다. 시간은 예수 그리스도의 죽음과 부활 이후에는 더 이상 계속되지 않기 때문이다. 시간은 이런 그의 중심에서부터 다만 그 정해진 목표를 향해 달려갈 따름이다. 시간은 이 중심을 얻음으로써 그것의 종말이 정해져 있다. 교회는 이 끝나가는 시간, 그것의 정해진 종말, 이미 드러난 종말을 향해 달려가는 시간 속의 공동체이다. 즉 은혜의 계약 자체는 이 시간 속에서 더 이상의 역사를 가질 수 없고, 이 시간 속에서는 다만 그것의 완성된 현실에 의해, 그 현실 안에서 사느냐 혹은 살지 않느냐, 하나님이 궁극적으로, 단번에 인간을 위해 행한 일을 인정하느냐 혹은 인정하지 않느냐, 감사하느냐 혹은 배은망덕하느냐, 하나님이 단번에 인간에게 준 자유 안에 사느냐 혹은 그가 인간에게 궁극적으로 거부했고 이로써 궁극적으로 그에게는 부적합하게 된 부자유 안에 사느냐 하는 것이 문제일 따름이다. 추신으로서, 완성된 은혜의 계약의 문서, 종결된 그것의 역사의 문서로서 산상 설교는 교회라는 새로운 모습으로 등장한 하나님의 공동체에 주어진 자유, 그리고 그것을 통해 세상 전체에 선포되어야 할 자유를 표시하고 서술한다.

 산상 설교는 하늘 나라의 공시로서 다음 사실을 말한다. 즉 여기 땅위에서, 시간 속에서, 그러므로 인간의 모든 크고 작은 세력 영역, 그리고 하나님으로부터 이탈한 인간을 통치하고 괴롭히는 사탄의 세력 영역과 인접한 곳에서, 하나님은 이의의 여지없이, 불요불굴하게 그의 통치를, 그의 은혜의 왕국을, 그의 영광의 보좌를 세웠으니, 그의 나라는 저 모든 세력 영역을 능가하고, 그 영역들이 아무리 반항할지라도 이 나라에 속해 있고, 또한 섬겨야 한다. 이 나라의 구체적인 존재를 통해서 그들의 반항에 대한 전투가 통고되었을 뿐 아니라 이미 승리가 통고되었다. 이것은 장기의 '장군!'에 비교될 수 있다. 이때 패배한 적수는 이것을 중단할 만큼 이성적이 아니라면, 정말로 더 이상 빠져나올 방도가 없는지 잠시 숙고할 것이다. 이미 패배한 적수가 사실 이렇게 비이성적인 한, 장기는 계속될 수 있는 것처럼 보이고, 하늘 나라는 아직 오지 않았고 이제야 가까이 온 것처럼 보이며, 인간의 삶의 공간에서 미래에나 일어날 것처럼 보인다. 산상 설교는 슬퍼하는 자에게 그들이 위로를 받을 것이고, 유순한 자에게는 그들이 땅을 소유할 것이고, 의에 굶주리고 목마른 자들에게는 그들이 배부르게 될 것이라고 말함으로써(마 5:4f.), 이런 치명적이고 중대한 허상에 대응한다. 산상 설교는 결정적이고 포괄적인 일을 미래 시제가 아니라 현재 시제로 말함으로써 이것이(적수가) 단순한 허상이라는 것을 증언한다.(5:3, 10) 곧 영적으로 가난한 자에게 하늘 나라가 그들의 것이며, 의로 말미암아 박해받는 자들에게도 하늘 나라가 그들의 것이라고 말한다. 선포를 듣고 믿는 자는 세상과 인간의 상황 전체가 앞으로 변화할 것이 아니라, 이미 현실적으로 급격히 변화하는 것을, 신들의 황혼을, 사탄이 하늘에서 번개처럼 추락하는 것을 본다. 그들은 이런 변화에 근거하여 살기 시작한다. 그들은 약속을 통해 그들에게 약속된 것을 소망함으로써 이미 그것을 가졌다. 하늘 나라가 그들 곁에 임박했다는 것을 깨달음으로써 이미 그 시민으로 부름받았고, 그 나라의 권리와 의무에 참여하며, 이미 적극적으로 그날을 선포하는 데 가담한다. 그렇기 때문에 너희는 땅의 소금이다! 너희는 세상의 빛이다!(5:13-14) 그들은 그들의 증언을 통하여 이미 도래하고 이미 도래한 하늘 나라의 대표들이다. 그러므로 산상 설교의 새로운 인간은 아름다운 꿈도 아니고, 단순한 하나님의 약속도 아니다. 하나님의 약속은—이것도 큰 것이다.—십계명의 이스라엘인이다. 그러나 산상 설교의 새로운 인간은 현재의 현실이다. 새로운 인간은 예수가 있음으로써, 그러나 자기 자신만을 위해서가 아니라 그 나라의 전령, 사자, 가져오는 자로, 그 나라에 대해 "권위"(ἐξουσία)를 가지고 말하는(7:29) 자로 있음으로써, 또한 그가 이 "권위" 안에서 다른 진정한 인간들에게 말함으로써 현실이 된다. 그 이유는 그 나라는 그의 의이고, 그 안에서 그 나라가 모든 인간 영역에 접근하는 일이 일어났기 때문이다. 그가 이렇게 함으로써, 그가 그들에 의해 청취되고 믿어짐으로써 그 나라가 현실이 되고, 지금 여기서 이미 저 허상에 대항하여, 저 현상을 단순한 허상으로 들추어냄으로써 하늘 나라에서의 삶이 존재한다. "내 말을 듣고 행하는 자는 그의 집을 반석 위에 짓는 지혜로운 자와 같다."(7:24) 인간이 자기 스스로는 확실히 되지 못하고—구약성서 전체의 증거에 의하여 그리고 이스라엘이 나타난 메시아에 대한 태도에 의하면—될 수 없는 것이 바로 이런 지혜로운 집 짓는 자, "축복받은 자"(5:3f.), 또한 땅의 소금과 빛이다. 그는 예수의 말을 듣고 행함으로써 이런 자가 된다. 인간의 삶 자체는 산상 설교에서 서술된 것 같지는 않다. 어떤 인간이, 5:21-22에 암시된 것처럼, 보다 나은 의(義, 5:20)의 상태에, 십계명과 다른 율법을 현실적으로 이행할 수 있는 처지에 있으랴? 진정으로 경건한 인간, 자선을 베푸는 인간, 기도하고 단식하는 인간의 상(6:1f.), 혹은 진정으로 탐욕스럽지 않고 따라서 진정으로 걱정이 없는 인간의 상(6:19f.), 혹은 이웃을 판단하는 데서 진정으로 해방된 인간의 상이(7:1f.) 어떤 인간에게, 그 자신의 사람의 처지에 비하여 새로운 것, 진정으로 다른 새로운 인간의 상이 아닐 수 있으랴? 옳다. 우리는 결코 이렇지 못하다. 그리고 이스라엘 백성이 십계명을 준수하지 못한 악명 높은 사실에 직면하여, 이런 상들을 실현하도록 노력해야 한다는 식으로 산상 설교의 명령을 이해하는 것은 완전히 어리석은 짓이다. 그러나 이 명령에서 중요한 것은, 거기서 전개되는 새로운 인간의 상은 허상이 아니라 현실이며, 우리에 의한 현실이 아니라 우리를 위한 현실이라는 것, 우리가 이 모든 것을 예수의 말로 듣고 행해야 한다는 것, 우리가 우리의 전혀 다른 삶을 예수를 통해 조명받도록 해야 한다는 것이다. 산상 설교는 우리가 저 어두운 본문이(우리 자신의 삶!) 예수 안에서 나타난 하나님의 은혜를 통해 아주 기적적으로, 예기치 않게 해석되는 것을 감수할 것을 요구한다. 불행한 너희가 행복하다! 범법자요 악행하는 너희가 의롭다! 너희 위선자들이 정직하다! 돈과 재물에 탐욕을 품고 그것에 대한 걱정에 사로잡힌 너희, 네 이웃을 맹목적으로 심판하는 너희가 자유롭다! 이 모든 것이 어떻게? 너희 삶에 대립하는 말씀, 그러므로 너희 삶을 사로잡고 중단시키고 구출하고, 너희 사람을 그 창조자의 의도대로 해석하는 말씀을 통하여, 내가 너희 가운데 있음으로써, 위로부터 수직적으로 너희 이런 삶 속으로 비치는 빛을 통하여 내가 너희에게 이것을 말한다! 그러므로 너희에 의해서가 아니라 나에 의해서, 내가 너희를 정죄하면서 또한 사면함으로써, 내가 너희를 심판하면서 또한 받아줌으로써, 내가 너희를 살해하면서 또한 살게 함으로써. 새로운 인간의 삶은 예수를 통하여 해석된 삶이고, 이제 이 해석 속에서 살아가는 인간의 삶이다. 예수의 말을 들음에 의해서만 새로운 삶을 살 수 있다면, 따라서 인간이 오직 이 순간에 새로운 인간의 삶을 살 수 있기 위해서 끊임없이 자기 자신을 넘어서 바라볼 수 있다면, 확실히 그것은 희망 속의 삶이다. 그러나 이런 전망 속에 실로 현재하는 새로운 인간이 있다는 것을 보아야 하고, 말해야 한다. 그러나 인간은 여기서 어떤 불특정한 미래를 바라보는 것이 아니라 그의 유일하고 현실적인 미래로서의 예수를 바라본다. 바로 이 미래는 현재 없는 미래가 아니고, 성취 없는 약속이 아니다. 확실히 그의 나라, 그의 말씀이 선포하는 하늘 나라가 영원한 하나님 자신의 나라이며, 확실히 이 하나님이 신실하다면, 그의 말씀은 내일이 아니라 오늘 이미 진리이다. 이것이 산상 설교에서 서술된 위치의 한 면이다.

산상 설교는 예수의 자기 표시로서 다음 사실을 말한다. 은혜 계약의 주, 따라서 입법자 자신, 이 계약에서 삶의 통치자요 정돈자가 몸소 인간의 이웃 및 모든 인간 영역의 이웃이 됨으로써 그 나라와 새로운 인간이 출현했다. 이로써 계약은 완성되었고, 그의 역사는 종결되었으며, 이 일이 일어남으로써 남아 있는 시간은 그 종말을 향해 가는 단순한 시간 소멸이 되었다. 이스라엘에 주어졌던(그 장소에서 하나님의 살아 있는 음성이 예언자들을 통해 청취되었다.) 율법은 발생한 변화에 상응하는 새로운 위치 지시를 통해 폐기되지 않았다. 이것이 5:17-18에서 아주 분명히 언급된다: "너희는 내가 율법이나 예언을 폐하기 위해서 온 줄로 생각하지 말아라. 나는 폐하러 온 것이 아니라 이루기 위해 왔다." 모든 것이, 저 이미 이루어진 완성을 확증해야 할 모든 것이 이루어질 때까지는 율법의 요타(Jota) 하나 또는 일 획도 사라져서는 안 된다. 산상 설교가 옛 법을 새로운 법으로 대치하고 은혜 계약에 관하여 옛 것과는 상이한 또 다른 위치를 지시하려고 하는 것은 아니다. 위치는 다르지 않다. 그러나 옛 것은 다르게 표현되었다. 곧 지금 입법자가 산 위에서, 하나님이 백성을 멀리 한 것과는 달리 그의 율법을 받아야 할 자들, 그의 제자들을 멀리 하지 않고 오히려 자신에게로 부르고, 그의 입을 열어서 하나님이 모세에게 마치 자기 친구처럼 말하듯이 그들과 이야기하는 한에서 그렇다.(5:1f.) 모세가 시내 산에서 가져온 것은 그 나라, 새로운 인간이 아니었고 그 약속이었다. 즉 은혜 계약의 역사가 그 나라와 새로운 인간을 향해 달려갈 공간을 구획한 것이다. 반면에 예수의 제자들이 이 다른 산 위에서 받았고, 그들을 통해 교회가 받는 것은 전적으로 현실적인 그 나라와 새로운 인간이다. 그들에게 약속된 것은 의(義)의 법이 아니라 의 자체이기 때문이다. 그것은 그 나라의 의(6:33), 보다 나은 의이니, 이것이 없이는(5:20) 아무도 하늘 나라에 들어갈 수 없고, 그 의에 굶주리고 목마른 것은 (5:6) 그러므로 생각의 문제가 아니라 인간 삶을 가장 현실적으로 결정짓는 것이다. 인간이 그것을 알고 원하든지 않든지 간에, 모든 인간은 이 의에 예속되어 있고, 그 의로 말미암아 박해당하고 고난 받지 않고서는 아무도 그 의에 참여할 수가 없다.(5:10) 그 의는 6:33에 의하면 모든 계명의 완성이요, 그런 한에서 그것 자체가 계명이다. 그러나 우리가 그 의 자체가 계명을 구체화하는 명령자라고 이해하는 한에서만, 이렇게 말할 수 있다. 의는 구약성서와 신약성서에서는 이념 혹은 법으로 이해되는 성질과 상태가 아니라, 인격 표상과 뗄래야 뗄 수 없는 행위와 행동이니, 이 행동에 의해서 왜곡된 상태가 교정되고 회복되고 정상화되며, 자신의 왜곡성 아래서 고난받아야 했던 자들이 도움을 받는다. 보다 정확히 말하자면, 그것은 불의가 승리한 곳에서 의로운 구원자로서 의를 선포하고 이루는 심판자가 전권으로써 선언하고 관철하는 판결이다. 산상 설교의 명령에서는 이런 의가 문제이다. 거기서는 의를 통해, 하나님의 엄격한, 현실적인 의를 통해 정돈되는 삶을 요구한다. 주지하다시피 산상 설교의 명령은, "그러나 나는 너희에게 말한다. …"라는 표현에 의해서 거기에서 일정한 한계를 범하는 것에 대한 금지로서 매우 특정하게 의도되고 발설된 모든 것을 보편적인 것으로 높이고, 거기서 외형적인 인간 삶의 모습과 연관되는 모든 것에 인간의 내적인 실존, 따라서 그의 총체적인 실존으로의 방향을 부여하는 한에서, 구약성서의 율법과 직각을 이룬다. 하나님은 살인을 비로소 금지하는 것이 아니라(5:21f.) 이미 모욕적인 말을 금지하며, 다른 사람의 고발을 알면서도 개의치 않는 것을 금지한다. 그는 비로소 간음을 금지하는 것이 아니라(5:27f.) 이미 다른 사람의 아내를 탐욕을 품고 바라보는 것을 금지한다. 그는 비로소 거짓 맹세를 금지하는 것이 아니라(5:33f.) 인간의 비진실성의 표본으로서 모든 서약 자체를 금지한다. 그는 질서를, 폭력에 의해서 관철될 필요가 없는 질서를 명령한다.(5:38f.) 그는 이웃에 대한 사랑을 명령하지만, 그러나 가장 먼 곳에 있는 자, 그러므로 원수까지도 이웃으로 인식하는 그런 사랑을 명령한다.(5:43f.) 하나님의 의에 의해 정리된 인간 삶에서는 이렇게 될 것이고, 이렇게 되어야 한다. 이 의는 엄격하고 완전하다. 그리고 이제 그것을 듣고 행하는 자를 축복하는, 그들을 지혜로운 건축자, 땅의 소금과 빛으로 만드는 예수의 말씀은 이 의를 확립하는 것이고, 따라서 모든 다른 의에 대립하여, 인간 영역에서 의의 상태로 간주되는 모든 것, 이런 대립에서 다만 불의 상태로 나타날 수밖에 없는 모든 것에 대립하여 이러한 의의 상태를 만드는 것이다. 그것을 들은 자에 의해 실행되는 예수의 말씀 자체가 의이고, 따라서 그것이 하나님의 계명을 통해 특별하게뿐 아니라 보편적으로, 외적으로만 아니라 내적으로도, 따라서 총체적으로 제약받고 있는 인간의 실존을 선포함으로써, 모든 불의를 당하는 자에게는 큰 도움이 된다. 예레미야 31:33의 인간, 하나님이 그의 법을 그의 마음에 놓고 그의 가슴에 새겨 넣은 인간은 분명히 이스라엘인이다. 예수가 인간에게 "네가 이 인간이다" 하고 말하고, 그가 예수로 하여금 이것을 말하게 함으로써 예수의 말을 받아들이고, 예수의 말씀에 의지하여 살기를 감행함으로써 그가 의를 만나고, 사탄이 그에게 입힌, 그가 자신에게 입힌 불의가 제거되고, 그 자신이 의인이 된다. 진리의 말씀인 이 말씀의 은혜가 그를 그렇게 만든다. 십계명에서 하나님이 자기 백성과 함께 행동하고자 하고 행동하게 될 장소를 지시하는 가운데 약속된 은혜와 달리, 이 말씀의 은혜는 진정한 은혜이다. 이 은혜로 하나님은 몸소 그의 약속을 입증하였고, 자기 백성을 찾았으며, 몸소 자기 백성을 이 장소로 이끌어 세웠다. 그러므로 이 말씀의 은혜는 인간에게 일어나는 의(義), 인간에 의해 확증되어야 할 의, 그 나라의 보다 나은 의이다. 그러므로 그것은 율법학자들과 바리새인들이(5:20) 아무리 잘 알고 선하게 의지할지라도 그들이 말하는 의보다 낫다. 그것은 그 나라의 의다. 그 이유는 그것은 바로 입법자요 심판자의 행위와 선물이기 때문이고, 그것은 그에 의해 능력으로써 창조되고 수여되었으며 그에 의해 그것이 약속된 자들에게는 진정한 생(生)의 의이기 때문이다. 의에 굶주리고 목마른 자들은—그리고 이것은 객관적으로 모든 인간들인데—그가 그 의를 창조하고 수여함을 통해서 배부르게 될 것이다.(5:6) 그는 율법을 이루기 위해 왔기 때문이다.(15:17) 그러므로 그의 입 속의 법은 구약성서의 율법과 직각을 이룬다. 그러므로 인간의 삶을 정리하는 하나님의 법의 엄격성과 완전성은, 그가 구약성서의 법에 대립하여 "그러나 나는 너희에게 말한다"라고 말함을 통해 드러난다. 예수가 율법을 이루기 위해 왔기 때문에, 하나님의 법의 엄격성과 완전성이 이렇게 드러내는 것은 그 자체로서 진정한—약속되었을 뿐 아니라 성취된 은혜의 행위이다. "성취", πληρῶσαι는 마태복음 전체에서, 그러므로 여기서도 구약성서가 예언과 약속으로서 지시했던 것을 행하고 실현함을—오직 예수만이 이것을 할 수 있고 행한다.—뜻한다. 예수의 인격 안에서 이스라엘 백성이 십계명 및 율법 전체를 통해 그들에게 지시된 장소로 들어가고 취한다. 이것이 예레미야 31:31의 "새로운 계약"의 새로운 것이다. 곧 어른이건 아이건 이스라엘이 그 주를 알게 될 것이다. 이 백성은 조상들과 맺은 계약을 통해, 십계명을 통해 주를 알도록 권유받았고, 이전부터 한 형제가 다른 형제에게 주를 알도록 권유해야만 했다. 이렇게 권유할 필요도 없이 독자적으로 주를 아는 일이 예수 안에서 온 이스라엘을 위하여 사건이 되었으며, 현실이 되었다. 그는 율법을 이루기 위해 왔다. 십계명의 전반부에 의하면 하나님에게 마땅히 돌려져야 하는 명예를 그는 하나님께 돌렸고, 그는 인간을 유지하고 보존했으니, 십계명의 후반부는 바로 이것을 요구하고 있다. 그는 십계명 및 다른 율법의 온 예언을 그의 인격에서 실현했다. 그의 인격에서 그것은 온 이스라엘을 위해 성취되었고 실현되었다. 그는 산상 설교에서, 예레미야 31:34에 새로운 계약론의 전제로서 언급되는 것이 완성되었음에서 출발한다: "내가 그들의 죄를 용서할 것이고 그들의 죄를 기억하지 않을 것이다!" 그러므로 그는(6:9) 그의 제자들을 대표하는 자신의 이름으로 그것을 간구하기를 감행하고, 그의 기도를 그들의 입에도 넣어 준다: "하늘에 계신 우리 아버지!" 그렇기 때문에 "우리에게 오늘 우리의 일용할 빵을 주십시오!"라고 간구한 후에(6:11) "너희가 목숨을 위하여 무엇을 먹을까, 무엇을 마실까 염려하지 말아라!"(6:25) 하고 명령한다. 그렇기 때문에 "우리의 죄를 용서해 주십시오!"(6:12) 하고 간구한 후에 "너희는 하나님과 맘몬을 섬길 수 없다."는 객관적 사실을 확인한다.(6:24) 그렇기 때문에 예수는(7:17) 선한 나무로서 선한 열매를 맺는 그런 인간을 예견할 수 있고, 그러므로(5:16) 그 빛이 사람들 앞에 비출 수 있고 비춤으로써 사람들이 그들의 선한 행실을 보고 하늘에 있는 그들의 아버지를 찬양하게 되는 그런 인간을 예견할 수 있다. 그러나 여기서 잘 이해한다면, 7:23에 의하면 이런 열매와 행실의 선함은, 예수가 이런 열매를 맺는 자, 이런 행실을 하는 자를 아느냐에 전적으로 달렸고, 여기서 인간이 지은 집이 폭풍우 속에 버티느냐 버티지 못하느냐의 문제는, 7:24-25의 비유에 의하면 이 인간이 그의 말씀을 실행하는 자인가 행하지 않는 자인가에서 전적으로 결정된다. 그러므로 산상 설교가 요구하는 의는 그것을 요구하는 자와 분리될 수 없다. 그것은 그의 의이다. 그 의는 인간이 여기서 이룩하는 것의 위대성과 광채에 있지 않다. 그는 7:21에 의하면 예언자처럼 말할 수 있고, 마귀를 몰아낼 수 있고, 많은 능력을 보일 수 있고, 예수를 알지 못하는 자, 그런 자로서 "규정상" 율법에 위배되는 것을 행하는 자들에게 속할 수 있다. 의는 또한 동일 구절에 의하면, 인간이 예수를 주라고 부르고, 그가 행하는 것을 그의 이름으로 행한다고 주장하는 데 있지 않다. 그는 이것을 할 수 있고, 예수를 알지 못하는 자들, 따라서 무법자들에게 속할 수 있다. 모든 것이 이 "나는 너희를 알지 못한다"에 달렸고, 예수 자신에게 달렸다. 요구된 의는(마치 이 법이 그의 법, 그가 이룬 법이 아니라 다른 법인 것처럼, 그가 리쿠르크(Lykurg)나 솔론 같은 입법자인 것처럼, 법이 그 안에서 모든 사람을 위해 이루어졌다는 의미에서 그가 입법자가 아닌 것처럼) 약속을 독자적으로 붙들려는 데, 독자적으로 율법을 성취하려는 데 있는 것이 아니라는 것이 중요하다. 따라서 그에게 구속당하는 외에 다른 속박이 있을 수 없고, 다른 속박이 이것을 대치할 수 없고, 따라서 모든 다른 속박은 이 한 가지 필수적으로 하나님의 법에 구속당하는 것과 대결하게 된다. 이런 속박이 없을 때, 인간은 7:15-16에 의하면 필수적으로 거짓 예언자, 양의 탈을 쓴 늑대, 아무리 아름답게 보일지라도 나쁜 열매만을 맺을 수밖에 없는 게으른 나무가 된다. 산상 설교에서 인간에게 요구되는 의는 객관적으로, 예수가 그를 자기 제자로 아는 데 있고, 주관적으로는 그가 실제로 그의 제자인 것, 즉 예수가 심판 때(7:1) 시인하는 그의 백성, 심판 때 정죄받지 않고 자비를 얻게 될(5:7) 무리에 속하는 데 있다. 예수가 인간의 삶과 행위를 시인하는 것이나 또는 인간이 예수를 고백하는 것이 아니고, 예수가 인간을 시인하는 것이 인간의 의를 결정한다. 차라리 인간은 예수가 그를 시인함을 통하여 그가 선택되었다는 것, 그러므로 예수 안에서 나타났고 작용하는 하나님의 은혜를 고백함이 마땅하다. 그런데 바로 이런 진정한 고백 자체가 은혜다. 그 내용에 의지하는 자는 아무도 그것을 자랑하려 하지 않을 것이다.("주여, 주여, 우리가 … 하지 않았습니까?") 그러므로 산상 설교는(5:3) 영적으로 가난한 자, 즉 영에 의해 스스로 가난한 자임을 설득당한 자들에 대한 축복으로 시작된다. 그들은 완전히 궁핍하고 무력하나 그들을 축복하는 자 안에서만 부유하고 강하다. 온몸의 빛인 "순수한 눈"(6:22), 하나님을 보리라는 약속을 받은 "깨끗한 마음"은(5:8) 예수의 결정과 판결에 만족하는 자, 이 결정을 통해 그에게 약속된 삶을 살기로 한 자의 현실 그 이하도 그 이상도 아니다. 이렇게 한다는 것은(7:13f.) 좁은 문으로 들어가는 것, 좁은 길로 걷는 것을 뜻한다. 저 "순수한 눈"과 저 "깨끗한 마음"을 가지는 것보다는 다른 모든 것이 자명하고, 예수의 결정과 판결에 맡기려 하고, 따라서 안심하고 저 영적으로 가난한 자들의 무리 편에 서고 고백하려는 자의 현실보다는 다른 모든 것이 더 자명하다. 스스로 약속을 붙잡으려 하는 오만, 율법을 스스로 이루려고 하는 망상, 자기 스스로 건강하다고 여기고 따라서 의사가 필요 없다고 생각하는 병자의 그릇된 착각은 인간으로 하여금 이 좁은 문을 거듭 지나치게 만들 것이다. 여기서 길이 갈라진다. 여기서 산상 설교에서 요구한 의에 이르거나 혹은 이르지 못한다. 여기에서, 죄인이 의인이 되며 그런 자로서 생명에 이르는 도상에 있으며, 의인이 죄인이 되며 그런 자로서 멸망에 이르는 도상에 있다. 산상 설교의 모든(이루어진!) 약속과 그것의 모든 경고는 이 한 장소, 영적으로 가난한 자의 이 좁은 문, 이 좁은 길에 집중된다. "그 길을 발견한 자는 적다", 반면에 많은 사람들이 넓은 문, 넓은 길로 다닌다. 모든 사람을 위하여 율법을 성취한 한 인간의 유일성이 이런 소수와 다수의 관계에 반영된다. 요구된 의가 그 한 사람의 의이므로, 그 한 인간 스스로 그가 요구한 의이므로, 따라서 그 의는 본질적으로 이런 매우 특별한 것이므로, 어찌 안 그럴 수 있으랴? 이 한 분이 위하는 그런 사람의 삶은 언제나 다만 불더미에서 끄집어낸 장작의 삶과 같다. 이런 인간의 삶을 살 수 있다는 것, 예레미야 31장의 새로운 이스라엘 사람, 새로운 인간, 즉 하나님 앞에서, 하나님과 함께 살 수 있는 장소를 지시받기만 하는 것이 아니라 그 장소에 들어가 취한 인간이 된다는 것이 은혜요 선택이다. 산상 설교가 예수의 설교이고, 그의 인격을 신적인 의, 그 나라를 지니는 자, 가져오는 자, 전령으로 지시함으로써 바로 이 은혜, 이 선택을 선포한다. 이것이 산상 설교가 이룩한 위치 지시의 두 번째 관점이다.

　이제 산상 설교는 새로운 인간을 지시하는 가운데 다음 사실을 말한다. 예수를 통하여 보다 나은 의, 그 나라의 의에 대한 말씀이 그에게 주어지는 하나님의 은혜의 말씀으로 선포됨으로써 새로운 인간이 탄생되었다. 이렇게 부름받은 자, 이렇게 부름받고 이렇게 사는 자가 새로운 인간이다. 그 나라가 예수의 인격 안에서 그에게 다가옴으로써 그는 다른 인간이 되었다. 이 변화는 그가 예수 안에서만, 저 다가옴 속에서만 의식하고 자랑할 수 있는 것이다. 참으로 경건한 자에 대한 서술에 따르자면(6:4, 6, 18) 이 변화는 모든 인간의 눈에도, 또한 자기 자신의 눈에도 숨겨져 있으나 그것은 현실적인 변화이다. 예수의 결정과 판결은 헛되이 이루어지지 않는다. 예수가—그 홀로—하나님의 영광을 위하여, 인간의 구원을 위하여 자신의 복종으로 율법을 성취하는데, 그들도(그가 그들을 위해 이 일을 했으니) 참여한다. 그 본래 불순종하는 자들이 그의 복종의 행위를 통하여 요구받았고 붙잡힘을 당했다. 임박하는 나라의 낯섦이 그들에게는 너무나 초월적이고 효과적인 현실이므로, 그들에게 외형적으로만 남아 있거나 다만 그들 위에 존재하는 것만이 아니다. 오히려 그들이 그 나라에 참여하고, 그것이 그들의 것이 되고, 예레미야 31장에 말하듯이 그것이 그들 내면에 놓이고, 그들 마음속에 새겨진다. 하나님이 인간에 대한 그의 은혜 계약의 역사를 완성함에서 인간을 향한 발걸음은 인간 내면을 향한 발걸음이니, 이로써 그는 인간의 주가 된다. 그렇기 때문에 산상 설교는—이 완성의 빛에서 인간의 상태를 서술하고 재서술하기를 중단함이 없이, 곧 이 상태를 정확히 서술하고 재서술함으로써!—인간에게 주는 교훈이고, 가르침, 훈계, 훈련이며, 모든 "너희는 해야 한다!"와 "너희는 하지 말아야 한다!"는 그 자체로 강조된 명령의 힘을 지닌 강력한 명령들로 진지하게 의도된 것이다. 이들 명령을 대면한 인간, 이 명령과 만나고 이 명령에 의해 결정된 인간은 새로운 인간, 곧 그의 제자들 가운데 있는 예수, 그의 추종자들 가운데 있는 예수, 그가 언급한 은혜의 말씀을 듣고 행하는 자들 가운데 있는 예수, 예수 자신이며, 그가 선포한 그 나라의 보다 나은 의를 인식했고 붙잡은 자들 가운데 있는 예수, 그러나 그들 가운데 있는 예수, 그들에게 그가 이행한 율법의 성취에 대한 몫을 주고, 그의 손에서 그들이 이 몫을 취하게 한 예수이다. 그들이 땅을 차지할 것이므로, 그들은 축복받아야 할 온순한 자들이다(5:5), 그들은 자비를 얻을 것이므로 그들은 자비롭다(5:7), 그들은 하나님의 자녀라 일컬어질 것이므로, 화평케 하는 자들이다.(5:9) 그들이 죄가 용서받기 때문에 그들에게 죄지은 자들을 용서한다.(6:12, 14) 그들은 심판에서 정죄받지 않으므로 그들은 또한 다른 사람을 정죄하지 않는다.(7:1) 그들은 자신들이 재어지는 자로 잴 것이다.(7:2) 따라서 새로운 인간의 새로움이란 확실히 그가 창출한 선도 아니고, 또한 그에게 전달되거나 혹은 주입된 선도 아니고, 오히려 하나님 나라에 가까이 있는 그의 새로운 상태에서, 예수와의 만남에서 순전히 그 자신에게 약속되고 전가된 선이다. 그런데 이 새로움 자체가 명령의 온전한 의미와 능력을 가지는 것이다. 확실히 첫눈에 보기에도 매우 보편적인 도덕적 규칙을 상기시키는 7:12의 말씀도 여기에 속한다: "너희는 무엇이든지 남에게 대접받고자 하는 대로 너희도 남을 대접하여라." 그리고 "이것이 율법과 예언이다."라고 첨언한다. 그 생각은 당연하다. 이것이 지금 약속이 성취됨으로써 권위 있게 해석된 율법과 예언의 의미이다. 이것이 율법과 예언이 지시한 새로운 인간의 행위이다. 좁은 문에 대한 말씀 바로 앞에 있는 발언은 칸트의 정언적 명령이나, 혹은 사람이 이웃에게 기대하는 바대로 이웃을 대접하라는 권고와는 상관이 없다. 예수는 어떤 불특정한 인간들에게가 아니라 자기 제자들에게, 그에 의해 부름받은 자들에게 이렇게 말했다. 그러나 이 사람들은 다른 사람이 그들에게 무엇을 주기를 바랄 수 있는가? 분명히 이 한 가지, 곧 그들은 자신들이 이미 받았고, 나날이 먹는 빵처럼 거듭하여 필요한 자비와 용서의 사자, 증인으로서 다른 사람을 대해야 할 것이다. 그들이 이미 받았고 거듭하여 받고자 하는 것을 스스로 다른 사람에게도 주어야 한다. 그들이 다른 사람에게서 받고자 하는 증언을 그들 자신도 다른 사람에게 유보해서는 안 된다. "받기 위해 주는 것이 아니라", "주기 위해 받는 것"이 은혜 계약의 역사의 목표와 종말에 서 있고, 자기 메시아의 임재를 통하여 거듭 태어난 이스라엘의 삶의 "황금률"이다. 이 백성의 사람들은 그들의 원수를 사랑하고 그들을 위해 기도한다. 그 이유는 그들이 이렇게 함으로써만 하늘에 계신 아버지의 자녀로(5:44) 성장할 수 있기 때문이다. 그들의 보상은 비할 수 없으므로, 그들은 세리나 이교도들처럼 자신들을 사랑하는 자들을 사랑하고, 오직 그들 형제에게만 인사하는 것으로 만족할 수 없다.(5:45f.) 그들은 선한 자나 악한 자에게 태양을 뜨게 하고, 의로운 자나 불의한 자에게

비를 내리게 하고, 만사를 주관하는 "완전한"(τέλειος) 아버지를 하늘에 가졌기 때문에, 그들도 "완전할"(τέλειοι) 수 있고, 은혜의 증인으로서 만사에 관심을 가져야 한다. 감추어진 것까지 보는 하늘에 계신 그들의 아버지가 보상하므로, 그들은 다른 보상, 곧 인간으로부터 받는 보상을 기대하거나 획득할 필요가 없다. 그렇기 때문에 그들의 행위를 본 다른 사람들로부터 칭찬받기 위해서 자선을 행하거나 기도하거나 단식하지 않을 것이다. 그렇기 때문에 그들은 이 모든 일을 자기 자신을 위해서 혹은 차라리 하나님을 위해서 행할 것이다.(6:1-18) 그들은 영구히 남는 보물을 하늘에 모으고 있기 때문에 썩어 없어질 재물을 모으려는 수고로 자기 육신을 소모케 할 수 없다.(6:19f.) 그들은 맘몬이 아니라 하나님인 한 주를 가졌으므로 하나님과 맘몬을 동시에 섬길 수 없다.(6:24) "그러므로(διὰ τοῦτο) 나는 너희에게 말한다. 너희 목숨을 위하여 염려하지 말아라!"(6:25) 하나님은 참새보다, 들판의 백합보다(그는 물론 진정으로 이것들도 돌본다!) 그들을 더 잘 돌보기 때문에, 그는 그들이 필요로 하는 것을 잘 알고 잊지 않기 때문에, 그들은 다만 그 나라와 그의 의를 구하기만 하면 된다. 그들이 이렇게 할 때 다른 모든 것도 덧붙여서 받을 수 있다.(6:26-34) 그러므로 정확히 본다면, 거기서 요구되는 놀라운 것이 모두 어떤 의미에서 의무적인 반대 급부의 성격을 갖는 것은 아니다. 물론 새로운 인간의 선한 행위를(하이델베르크 교리 문답처럼) 감사의 행위로 이해할 수 있고 이해해야 할지라도, "감사"(εὐχαριστία) 자체를 하나님이 준 첫 번째 기초적인 "선물"(χάρισμα), 그의 "은혜"(χάρις)의 행위로 이해해야만 한다. 직접적으로 선물 자체, 즉 하나님의 자비와 용서, 하나님의 자녀 됨과 모든 차원에서 효과적인 위로, 하늘 나라로 부름받은 자들의 풍성한 보상은(이 선물에 비로소 뒤따르며 실질적으로 그것과 구별될 수 있는 어떤 것이 아니라) 새로운 인간을 향한 요구이다. 이 새로운 인간은 이 요구의 주장 아래 있지 않다면, 그가 이 요구를 자기 것으로 삼지 않는다면, 전혀 살아 있는 것이 아니다. 그것은 그가 그런 것으로서 전혀 포기하거나 부정할 수 없는 그 자신의 삶의 요구이다. 그가 그것을 거부하려 한다면, 그것에 부합하려 하지 않는다면, 그것은 자살이다. 개들에게 줄 수 없는 거룩한 것, 돼지에게 던져 줄 수 없는 진주에 관한 말씀도(7:6) 이런 노선에 속한다. 이 말씀은 심판에 대한 말씀과 끊임없이 간구하고, 찾고, 두드림에 관한 말씀 사이에 있다. 하늘 나라의 신비를 부주의하게 공개함에 대한 경고로서 이 말씀은 여기에서는 아무 의미가 없으며, 산상 설교뿐 아니라 복음서 전체에서 이물질이다. 이런 공개는 제자들에게 위험할 수 있다는 이유 때문에 예수 자신은 다른 데서는 거기에 대해 경고하지 않았다. 그러나 이 말씀이 새로운 인간의 자살에 대해 경고한다면, 이 말씀은 의미 있고 중요하다. 그의 자살이란 그가 심판받지 않고 자비를 얻는 때에 심판하는 것이다. 비록 그가 저 "완전한" 자를 아버지로 가질지라도 자기를 사랑하는 자들만을 사랑한다면, 혹은 하나님이 그를 돌보는 일을 책임졌음에도 불구하고 이교도들처럼 걱정한다면, 그는 자살하는 것이다. 이로써 그는 거룩한 것을 개에게 주는 셈이고, 진주를 돼지에게 던지는 셈이다. 이로써 그는 스스로를 생명의 위험에 빠뜨리는 것이다. 이로써 그는 또 다른 삶의 질서, 곧 하나님 나라에서 멀리, 은혜 밖에 있는 삶의 질서 혹은 차라리 무질서 아래로 되돌아가는 것이기 때문이다. 그는 저 악한 종과(18:32f.) 같다. 거룩한 것이 더 이상 그런 것으로서 효과가 없을지라도, 진주가 그 가치를 잃어버린다 할지라도 그는 놀라서는 안 된다. 은혜는 은혜로서 체험되어야 하며, 그렇지 않다면 은혜가 아니다. 산 위에 있는 도시와 말 아래 있는 등불에 대한 말씀은(5:14f.) 확실히 이와 관련해서 의미심장하다. 새로운 인간은 7:7-8에 서술된 바를 행함으로써 살며 그 생명을 유지한다. 그는 모든 인간 아버지와 비교할 수 없게, 좋은 것을 요구하는 자들에게 줄 준비가 되어 있는 아버지를 하늘에 두었다. 이것이 하나님의 자비로 살아가는 인간에게 주어진 위치이다. 그 자신의 삶의 요구의 직접적인 성취는, 그가 자비를 사용함, 그가 아버지에게 바라는 것을 구하고 두드리고 찾고, 즉 새로운 인간이기 위해서 거듭거듭 이미 받았고 언제나 새로이 받아야 하는 자비를 구하는 데 있다. 그가 이렇게 행함으로써 그는 거룩한 것을 확실히 개에게 주지 않을 것이며, 그가 처해 있는 은혜의 질서 아래 보존되어 있을 것이며, 모든 저 요구들과 연결되어 있는 모든 약속이 제때에 실현될 것이다. "구하는 자마다 얻을 것이며, 찾는 자마다 발견할 것이며, 두드리는 자에게 열릴 것이다." 모든 일을 행하는 자는, 하나님이 잘못하지 않는다는 것을 파악할 수 있고, 더구나 그 자신은 그의 모든 결함에도 불구하고 아무 잘못도 행하지 않을 것이라는 사실도 깨달을 수 있다. 구하고 찾고 두드림으로써 그는 확실히 하나님의 뜻을 행할 것이다. 그는 구함, 찾음, 두드림을 중지함으로써 하나님의 뜻을 그르칠 따름이다. 이 구함, 찾음, 두드림이 필요하다는 것, 이 구함, 찾음, 두드림이 사건이 될 때에만 비로소 하나님의 뜻, 은혜의 삶의 질서, 나라의 의가 이루어진다는 사실은, 예수에 의해 부름받은 자가, 첫 번째 날처럼 언제나 거듭 예수 자신을, 그를 위해 이루어진 율법의 성취를(5:17) 필요로 한다는 것, 즉 그러나 그가 예수와의 관계를 떠나서는, 아버지가 그의 아들 안에서 그에게 행하고 주는 것을 떠나서는 실제로 바리새인들 및 이교도, 세리들과 다를 바가 없다는 사실을 분명히 상기시킬 따름이다. 그가 제 발로 스스로 설 때 분명히 곧 율법주의 혹은 무법주의를 위하여 개에게 거룩한 것을 줄 것이다. 그의 감사는 그때 곧 배은망덕으로 바뀔 것이다. 그때 그의 행위의 선함은 곧 사라질 것이다. "나 없이는 너희가 아무것도 할 수 없다." 예수가 그의 제자들에게 기도를 가르치는 구절이(6:9f.) 산상 설교의 중심을 이루는 것은 이유가 없지 않다. 예수와 그의 제자들과의 관계 전체가(그들에게는 하늘 나라의 구원을 주는 가까움이 이 관계에 달려 있다.) 그가 그들을 위해 기도함으로 나타나고, 거기서 완결된다고 말할 수 있다. 그리고 이것은 곧 그가 그들과 더불어 기도하고, 그들에게 자신과 함께 기도하도록 명령한다는 것을 뜻한다. 산상 설교가 예수의 청중들로 하여금 스스로 제 발로 서게 한다는 것, 또 그 지시들이 예수가 행한 것과의 경쟁 속에 그들 스스로 완수해야 할 행위를 지향한다고는 말할 수 없다. 그러나 또한 이런 지시들이 전반적으로 이렇게 비상하다는 것을 숨겨서는 안 되고 또한 거기 대해 기이하게 여겨서도 안 된다. 그것들은 인간들에게 예수와 더불어 기도하고, 따라서 그와 함께 저 은혜의 질서 아래 들어서고, 이것을 다시는 떠나지 않도록 호소하는 것을 목표하는데, 어찌 안 그럴 수 있으랴? 다른 사람들처럼 스스로는 죄인인 자들에게 예수에 의해 약속되고 보여진 새로운 삶은, 그들 자신의 행동에 반영되어 아주 비상하게 나타나고, 저 좁은 문, 저 좁은 길을 분명히 상기시킬 정도로 충분히 새롭다. 사람들은, 5:21-48의 예에서 표현된바 구약 율법을 극단화시킨 요구들이 율법적으로, 즉 문자적으로 우리에 의해 성취되어야 할 규정으로 의도된 것이 아니며, 따라서 그렇게 이해되어서는 안 된다는 것을 너무나 크게, 너무나 확실하게 말했다. 어느 시대나 거듭하여 소위 열광주의자라고 하는 자들이 있어서 산상 설교의 저 요구들을 문자적으로 이루어야 할 법으로 이해했던 것은 좋다. 여기에 있는 것들은 다만 실례에 지나지 않는다는 것은 진실이다. 그러나 이 실례에서 바로 예수 그리스도의 은혜, 가까이 다가오는 하늘 나라의 은혜가 온 인간을 전적으로 요구한다는 사실을 분명히 해야 한다는 것도 역시 진실이다. 또한 이렇게 이해된 율법을 실제로 이루는 자는 오직 예수뿐이며, 모든 다른 인간은 다만 예수가 그를 위해 복종함을 통하여 복종하도록 부름을 받은 자일 따름이라는 것도 진실이다. 그러나 여기서 극단화된 구약 율법의 요구들이 예수에 의해 이루어짐을 통해서, 그의 제자들 가운데서, 간접적으로는 온 인류 가운데서 선언되었고 수립되었다는 것도 역시 진실이다. 이 사실에서 출발한 불안은 사실적이고 논란될 수 없다. 이 불안에 자신을 폐쇄한 자, 혹은 그것과 대결함으로써 더 이상 불안하지 않은 그런 자가 어떻게 예수와 함께 기도할 수 있으랴? 이 극단적인 요구들은 불가피하게 비상한 가능성들을 지시한다. 그것들 중 한 가지라도—그것이 눈을 뽑고 오른손을 자르라는 요구(5:29), 혹은 오른뺨과 왼뺨을 때리라는 요구(5:39)일지라도—이것이 예수를 통해서만 성취되었고, 따라서 우리에 의해서는 더 이상 성취될 수 없다는 것, 우리가 여기서 다만 예수로부터 거리가 얼마나 크며 우리의 죄가 얼마나 큰가를 읽거나 혹은 들을 따름이라는 사실을 들어서, 우리 모두에게는 무효하다고 선언하는 것은 좋지 않을 것이다. 이런 견해에 의하면 나머지 산상 설교에서도, 그리고 나머지 복음에서도 너무나 많은 것이 실제적으로 무시될 수 있다! 이런 요구들은 산상 설교 및 다른 나머지 복음서의 요구들처럼 우리를 실제로 예수에 대한 우리의 위치에 세우며, 우리 앞에 한 거울을 놓는다. 우리는 우리의 죄, 그와 친교하기에 불합당함을 분명히 깨달아야 한다. 그렇지만 그것들은 우리를 결코 그런 자로 놓아두지 않으며, 우리가 그런 자로 있는 것으로 만족하도록 허용하지 않으며, 오히려 우리를 죄인으로서, 그러나 예수가 위하여 기도하고 자신과 함께 기도하도록 권유한 그런 인간들로서 요구한다. 그 요구들은 불순종하는 자의 복종을 원한다. 불순종하는 자는 그들 능력의 정도, 한계에 호소함으로써 이 요구를 벗어날 수는 없다. 주 예수가 그들 대신에 할 수 있고 행하는 것이, (그들 자신의 삶의 모습도 거기에 맞추어져야 하는) 그런 상(像)의 중심에 들어서는 순간, 그들 능력이 얼마나 되는가는 흥미 없는 문제가 된다. 마치 은혜로 우리에게 주어지는 비상한 것이 이제 우리의 척도에 의하면 정상적인 결과를 가질 수 있는 것처럼, 하나님의 은혜를 농락해서는 안 된다. 은혜 자신이 무엇이 그 영역에서 정상적인가를 주관한다. 그러므로 우리는 저 요구들이—그것의 성취가 우리에게 가능하든 혹은 불가능하게 보이든—예수의 말씀을 듣고 행하려는 자에게 그 문자적 의미로 가능하고 필연적일 수 있는 행동 방식을 나타낸다는 것을 받아들여야 한다. 그 요구들은 예수 안에서 작용하고 드러나는 하나님의 자비가 인간을 공략하는 것이 과격한 공격이라는 것을 분명히 보여 준다. 각자가 이 공격이 그와 그의 삶에 뜻하는 특별한 일에 대해 각오해야 할지라도, 아무도 너무나 심오한 저 평계로써 그것에 대해 미리 자신을 폐쇄할 권리는 없다. 새로운 인간의 존재는 산상 설교가 5장뿐 아니라, 6장, 7장에서 공략하는 것에 무방비로 대처하는 것, 우리가 다음 사실을 예견하는 것에 달렸다. 곧 인간이 하나님에 대하여—곧 신약성서의 자비로운 하나님에 대해—복종토록 요구받는 영역은, 우리가 우리 스스로(이 자비로운 하나님 자신에게 영광을 돌림이 없이) 생각하고 가지고 싶어하는 것보다는 언제나 약간 크다. 이것이 산상 설교에서 지시된 위치의 세 번째 국면이다.

요약해 보자. 산상 설교도 모든 면에서 볼 때, 위치 지시요 기초 설정이다. 하나님이 인간을 효과적으로, 궁극적으로, 즉 그 자신의 아들의 인격 안에서 은혜의 계약 영역 속으로 옮겨 놓음으로써 인간과 맺은 계약의 영역을 구획했다는 새로운 관점, 그리고 저 율법을 새로운 빛 속으로 가져오는 관점 아래서, 산상 설교는 형식적으로는 구약성서의 율법에 평계하여, 그리고 내용적으로는 이 율법을 해체함이 아니라 확증함으로써 하나님 공동체의 삶의 조건들을 서술한다. 산상 설교의 요구들 속에 반영되는 것은 나라의 사건, 예수 인격의 사건, 새로운 인간의 사건이다. 구약성서의 율법도 이 사건을 지시하기 때문에, 그것의 요구들, 십계명 속에 기록된 하나님 공동체의 삶의 조건들은 산상 설교의 요구들에 의해 해체되는 것도, 구축되는 것도, 폐기되는 것도 아니다. 하나님 공동체는 이 사건에 대한 지시, 그리고 그것의 성취에 대한 선포를 필요로 한다. 그 공동체는 교회로서 메시아 탄생에서 사는 것처럼, 또한 이스라엘 안에서, 이스라엘과 함께 메시아 강림에 대한 기대 속에 산다. 그러나 그 공동체가—그리고 이것은 신약성서 증언의 새로운 점이다.—강림에서만이 아니라 또한 탄생에서도 살 수 있음으로써, 구약성서 증언의 해체되거나 구축되거나 폐기되지 않은 하나님의 요구들은 그들에게서 새로운 차원을 얻게 되고 극단화된다. 이것이 십계명과 달리 산상설교의 특징을 이루는 것이며, 이렇게 됨을 통하여 십계명이 비로소 효력을 가지게 된다. 하나님의 법이 은혜로부터, 은혜와 더불어 사는 삶을 요구한다는 것이 십계명과 달리 산상 설교에서 신적 요구의 목표뿐만 아니라 근원을 드러낸다. 산상 설교가 십계명과 다르게, 십계명보다 많이 요구하는 듯 보이는 모든 것은 이런 차이에 근거하며, 십계명에서도 증언되어 있지만 아직은 드러나 있지 않고 숨겨져 있는 사실, 즉 나라, 예수 인격, 새로운 인간의 사건, 하나님의 은혜의 계약 영역 안에서의 인간의 진정한 실존의 계시를 반영한다. 이스라엘이 십계명은 받았지만 산상 설교는 받지 못한 한, 이 사실의 숨겨짐 때문에 실패했다. 이 사실이 계시됨 없이 하나님의 법의 결정적인 요구가 인간에 의해 오해받았고 왜곡되었다. 이스라엘 역사가 보여 주는 바와 같이, 인간이 은혜로부터, 은혜와 더불어 살라고 요구된 삶을 그 자신의 자의적인 행위로 대치함으로써(이런 행위를 통해서 그는 은혜를 조달하고 얻고자 한다.), 약속에서 사는 삶을 자신의 계획과 자신의 능력에 따라서 그 약속을 성취하려는 시도로 대치함으로써, 하나님의 법은 인간에 의해 실제로 범해지고 짓밟혔다. 이런 오해를 반박하기 위해, 이런 왜곡을 제거하기 위해, 따라서 하나님의 법을 유효하게 만들기 위해, 즉 그 법을 실제로 모방하고 복종하기 위해서, 약속이 현실적으로 성취되었음을 지시하는 것 이상이 필요하고, 현실적인 성취 자체가 필요하다. 모세의 입과 증언에 의해서가 아니라 이스라엘의 메시아 입과 증언에 의해 율법은 이런 능력을 얻고 가진다. 인간이 모세의 입과 증언을 통해 받는 것은 실제로—그가 선포한 법 때문이 아니라, 모세가 다만 모세이고 아직 예수 그리스도가 아니며, 중보자의 증인이며 아직 중보자가 아니라는 단순한 이유 때문에—하나님의 법에 대한 그의 반대를 드러낼 따름이다. 그리고 이스라엘 역사가 보여 주는 대로, 실제로 이런 반대가 객관적으로 일어날 것이나, 반대하는 자에게는 감추어져 있을 것이다. 그들은 그들 자신의 반대와 모순되지 않을 것이다. 그들은 자신들이 율법을 범하고 위반한 것을 그것의 진정한 성취로 계속하여 간주할 것이다. 그들은 그 법에 대한 자신들의 책임을 더욱 크게 만들 것이다. 그들은 자칭 율법에 대한 충성심 때문에 메시아를 오인하고 배척할 것이다. 오로지 메시아만이, 그의 죽음과 부활만이 율법을 성취할 것이다. 곧 율법을 실현된 삶의 질서로 몸소 보여 줄 것이며, 이로써 자기 백성을 깨우치고, 죄의 용서를 하나님과 함께하는 그의 삶의 실제적인 출발로 드러낼 것이다. 그러므로 이 삶은 율법을 짓밟지 않고, 파기하지 않고 준수하고 성취함 가운데 사는 삶으로서 본질과 내용을 얻게 된다. 마르틴 부버(Martin Buber)가, 산상 설교의 예수는 "음성이 울려 나왔던 산 위의 구름 속으로 되돌아가려 한다."고 비난하고, "그것이 인간 질료 속으로 들어오기 전에 있었던 그대로의 하나님의 원래 의도를, 율법의 원래적 무조건성을 투시해 보려고 한다."고 비난한 것은, 그가 생각한 것 이상으로 정당하다. 그가 예수에게 이것을 비난한다면, 그가 이것을 지금은 당시처럼 원래의 순수한 분위기에서 호흡할 수 없을 백성에 대한 "잔인함"으로 판단한다면, 그는 물론 착각한 것이다.(E. Gaugler, Das Spätjudentum, in: *Der Mensch und die Religion* 1942, 288에서 인용) 신바리새적 유대인, 산상 설교의 요구들이 메시아적 사건의 반영이라는 사실을 추상하고, 그 요구들을 읽고 이해해야 한다고 생각하는 모든 사람들은 이렇게 착각할 수밖에 없다. 그에게 잔인함으로 비치고 비칠 수밖에 없는 것은 현실적으로는 산상 설교 및 산상 설교자의 자비이다. 그 이유는 그 요구들 속에서 구름 속에서 울려 나오는 음성이 드러났고, 그것과 더불어 "원래의 순수한 분위기 속에 호흡할 수 있는" 백성이 나타났기 때문이다. 바로 이 백성을 산상 설교는 묘사한다.

우리는 우리가 지금껏 숙고한 것의 주요 흐름으로 돌아가자. 이로써 산상 설교는 십계명과 마찬가지로 하나님 공동체의 삶이 실제로 진행되는 사건, 하나님과 인간의 친교가 실제로 이루어지는 사건들을 대신할 수 없다는 것을 말했다. 산상 설교에서 예수는 그 주변에 있는 인간들에 개별적이고 구체적인 지시들을 내리며, 바울이 예수의 이름으로 자기 공동체에 발설하는 구체적 결정과 명령들을 지시한다. 십계명 및 다른 모든 모세 법으로 인하여 저 천사들의 음성, 인도가 불필요한 것이 되지 않듯이, 산상 설교로 인하여 신약성서에서 공동체, 사도들, 그리고 다른 일원들이 성령에 의해 인도되고 이끌리는 것으로 서술되는 모든 사건이 불필요한 것이 되지는 않는다. 공동체와 그 일원들이 이제 권위 있게 해석되었고 유효하게 된 하나님의 법을 소유하고 있음에도 불구하고, 그것에 복종하고 안 하는 문제에서 자기 자신 내지는 그들 자신이 법 해석 내지 적용에 방임되어 있는 것은 아니다. 구약성서의 역사서와 예언서 부분에 의하면 메시아 출현으로 이끄는 은혜 계약의 역사로 진행되었고, 또 진행되어야 하고, 모든 변천 운동들이 구약 율법에서 선취되지 않았듯이, 하늘 나라, 예수 인격, 새로운 인간의 선포에서 결정적인 구체적인 행동 및 행동 방식은 산상 설교에서는 선취되지 않았다. 산상 설교 및 산상설교에 비할 만한 신약성서의 다른 부분들에서의 하나님의 법 선포와 성령의 부음 및 성령의 지배 아래서의 삶은 별개의 문제이다. 산상 설교에서 일어난 것은 분명히 십계명과의 모든 차이에도 불구하고 하나님 공동체의 삶이 이루어지고, 그 공동체가 성령에 의해 지배받게 되는 그 영역을 구획하는 것이다. 확실히 산상 설교는 그 나라, 예수의 인격, 새로운 인간을 그 공동체에 약속된 것만이 아니라 하나님에 의해 창조되었고 부여된 삶의 질서로 드러내는 것처럼, 산상설교에서 그 공동체가 하나님의 은혜 계약의 영역 안에서 살도록 정해져 있을 뿐 아니라 살아야 할 뿐 아니라 살 수 있고 실제로 살게 될 백성이라는 것, 그들이 성령을 받을 것이고 성령에 의해 지배받게 될 것이라는 사실이 말해졌고 결정되었다. 이 조건 아래 있는 그 공동체의 삶 자체는 그러나 이런 선포에 의해서는 아직 살아진 것이 아니다. 오히려 이 선포를 통해 이 공동체에 주어진 것은 이 공동체의 삶이 그 안에서 살 수 있고 살아야 할 토대, 근거, 부동의 틀, 현실적인 질서이다. 이 공동체의 삶에서는 확실히 어떤 상황에서라도, 산상 설교에서 증언된 근본 사건이 되풀이되고 확증되는 그런 사건들이 중요하다. 이 영역에 속해 있는 인간들에게 향한 요구들의 범위는 확실히 여기서 묘사한 것 이상으로 크거나 작지는 않다. 그들은 오로지 여기서 적극적, 소극적으로 재표현된 복종만을 행할 용의가 되어 있을 것이다. 성령이 그들을 어디로, 무엇으로 인도할 것인지 여기서 그들에게 제시된다. 그것이 하나님의 뜻이라면, 그의 명령과 금지가 얼마나 날카롭게, 깊이 그들 삶에 개입할 것인지에 대해서 그들은 여기서 수집된 계명과 금령을 통해서 각오해야 한다. 그들은 여기서 드러난 대로, 예수 그리스도의 죽음, 부활과 재림 사이에 있는 메시아 시대를 사는 인간의 삶의 정도를 초과해서도 안 되고 미치지 못해서도 안 될 것이다. 그 이유는 명령하고 금지하는 하나님, 이 시간의 주는 어느 경우에라도 율법이요 동시에 입법자로, 율법의 성취자로 자신을 드러낸 분일 것이기 때문이다. 성령이 산상 설교의 말씀을 되풀이하고 확증하고, 설명하고 적용함에 의해서 그들을 진리로, 한 진리에서 다른 진리로 이끌어감에서, 그들은 성령의 음성을 인식해야 할 것이고, 온갖 다른 영들의 음성들로부터 구별해야 할 것이다. 그러나 산상 설교의 말씀을 반복하고 확증하고, 설명하고 적용함, 그러므로 한 진리에서 다른 진리로 걸어감은 그들 자신의 일이 아니라 성령의 일일 것이다. 성령이, 그리고 성령 안에서 주가, 그리고 주 안에서 하나님이 인간을 실제로 어떻게 다스릴 것인가는 십계명에서처럼 산상 설교에서도 예시되어 있지 않다. 신·구약성서의 다른 부분에서 그것에 대한 증언을 추론해야 할 것이다. 만일 산상 설교가 그 제시된 노선에서 언제나 새로운, 특별한 복종에 관한 지시로 이해되지 않는다면, 산상 설교는 그것이 분명히 의도하는 "생명의 영의 법"(롬 8:2)으로서는 잘못 이해된 것이다. 사람들이 산상 설교에 의해 제시된 노선에 따라 엄격히, 하나님이 모든 인간에게 각자의 때에, 각자의 특별한 상황에 따라 요구하는 특별한 복종 행위를 기꺼이 할 준비가 되어 있음으로써만, 곧 그것에 의해 표시된 자리에 세워지고, 따라서 그것의 요구에 순응하는 외에 다른 선택의 여지가 없음을 받아들임으로써 산상 설교에 복종할 수 있다. 확실히 그것이 표시한 자리에서 일어나는 것은 신약성서의 증언이 의미하는 대로 선일 것이며, 다른 곳에서 일어나는 것은 확실히 악일 것이다. 그러나 우리는 거기서 선한 목자의 음성을 인식하고 다른 음성과 구별하는 것을 배움으로써, 그의 음성 자체를 새로이 들어야 할 것이니, 이것은 구체적으로 이 선함, 이 악함이 무엇인지, 하나님의 뜻이 무엇인지 듣기 위함이다.

만일 십계명과 산상 설교가 보편적인, 구체적으로 정해지거나 채워진 계명의 표현으로 해석될 수 있는 듯 보이는 그런 성서 본문들의 잘 선택된, 고전적인 예라면, 이런 현상은 기만적이며, 성서의 증언은 보편적 도덕적 원리로서의 하나님의 계명을 알지 못한다는 것이 밝혀졌다. 성서의 증언이 아는 것은, 하나님이 명령과 금지로써 인간과 대립하는 영역 설정과 틀, 이렇게 하는 하나님의 자기 결정, 이런 일을 당하는 인간에 대한 결정, 하나님이 인간의 행동에 대해 일정하게 긍정과 부정을 말하는 관계의 지시, 그의 현실적 삶에 해당되는 하나님의 지시를 들을 수 있고, 실제로 듣기 위해 이미 알고 있어야 하는 지시들로서 하나님의 계명들의 요약이다. 그러나 분명히 또한 이 본문들의 요구들은 어떤 불특정 다수의 인간들을 향하는 것도 아니고, 내용적으로 단순히 보편적으로 일정한 인간의 행동 가능성에 관심을 갖는 것도 아니다. 오히려 그것들은 은혜의 계약과의 관계 속에 있는 인간의 행동을 지향하는 한, 그 계약의 역사에 속하며, 그 목표에 속한다. 따라서 그 요구들은 하나님이 인간에게 이런 관계 속에서 명령하고 금지할 구체적이고 개별적인 행동을 지향한다. 그것들은 하나님을 은혜의 선택의 주체로, 인간을 그 객체로 결정한다. 하나님을 그의 공동체, 곧 이스라엘 및 교회의 몸의 주요 머리로, 인간을 그 몸의 지체로 결정하며, 하나님을 예수 그리스도의 아버지로, 인간을 그의 형제로 결정한다. 그것들은 인간에 대한 하나님의 구속을, 하나님에 대한 인간의 구속을 달리 표현한 것이다. 그것들은 마음을 개방하도록 준비케 하는 것이니, 마음의 개방은 자기 목적이 아니며, 다만 언제나 새롭고 특별한 복종에서 확증되고 실현되어야 할 것이다. 그러므로 십계명이나 혹은 산상 설교 같은 본문들은, 성서의 하나님 계명 개념이 역사적 현실 개념이라는, 다른 많은 성서 본문들에서 추론할 수 있는 인식을 반대하는 것이 아니라 변호한다. 그 본문들은 하나님과 인간 사이의 친교의 성서적 상에서 빠질 수 없다. 그 이유는 그것들이 어떤 의미에서 그것의 성격, 그것의 전제와 의도들을 분명하게 드러내기 때문이다. 구약성서에서 계약의 천사, 예언자의 신적 음성, 신약성서에서 성령은 이름 없는, 모습 없는 신비가 아니라, 십계명과 산상 설교에서 드러나는 그런 모습을 지닌 신이다.

그러므로 이 본문들에서 또한 하나님과 더불어 관계를 맺는 인간은 일정한 모습으로 드러난다. 이것이 이 본문들을 분명하게 만드는 것이다. 그러므로 그것들이 어떻게 이 하나님과 이 인간 사이의 친교가 생명 있는, 지속적인, 항상 새로워지는 친교임을 가릴 수 있으랴? 이 사실을 오인한 것은 성서 이후의 유대교, 그리고 유감스럽게도 또한 성서 이후의 그리스도 교회였다. 그들은 저 하나님의 구체적인 명령과 금지에 대한 모든 진술들을 간과해야 한다고 믿었고, 그 대신에 모세 법에서, 그리고 "새로운 법"으로 이해된 산상 설교에서 더욱 열심히 역사와는 먼 거리에서 수립된 보편적인 도덕 규칙의 의미에서의 하나님의 계명을 간파해야 했다. 여기서나 저기서나 성서에서 이렇게 이해된 하나님 계명을 보충 설명하는 모든 첨가문에 의해서 생생하게 유지하고 사용할 수 있게 만들어야 한다고 믿었고, 이로써 실제로는 그것의 신적 성격을 언제나 박탈했다는 것은 우연이 아니다. 사람들은 이미 저 근본적 오해에 의해 하나님 계명을 인간 계명으로 만들었다. 여기서나 저기서나 사람들은 하나님 계명을 모든 인간 계명처럼 다른 인간 명령들의 구름으로 둘러싸고 감싸고, 자칭 강하게, 그러나 실제로는 무력하게 만들지 않을 수 없었다.

우리가 이런 주석적 고찰에 근거하여 성서의 하나님 계명이 언제나 구체적인 계명임이 입증된 것으로 가정하면서, 이제 우리의 두 번째 명제로 대답했던 물음으로 향하자: 즉 성서에서 이루어지는 구체적인 하나님의 명령은 우리와 상관하는 하나님의 계명으로 이해되어야만 한다는 것. 주석적 고찰에 이제 조직 신학적 고찰이 따라야 한다.

성서는 하나님의 계명에 대해 말한 것에 관해서는, 하나님의 뜻, 행위, 계시에 대한 증언이다. 다른 인간들, 성서 저자들은 우리들, 그들의 독자들과 청중들에게, 하나님은 다른 인간들, 성서 이야기의 인물들에게 이렇게 명령하고 금지하면서 대결했다는 것을 증언한다. 이런 사정에서 우리가 출발해야 한다. 이 사정은 이렇게 요약될 수 있다. 즉 우리는 성서를 통하여, 특정한 하나님이 특정한 시간에 특정한 인간들과 친교를 맺었으니, 하나님은 그들과 맺은 은혜의 계약의 달성과 실현을 고려하면서, 그리고 나중에 이 사건을 회고하며 이 사건과 관련해서, 따라서 그 자신의 행위와의 관계 속에서 일정한 행동, 행동 방식을 명령하고 금지했다. 이 명령의 확정성, 이 인간들의 특정성은, 이 하나님이 주체요 이 인간은 그의 영원한 은혜 계약의 객체라는 사실에서 비롯한다.―더 구체적으로 말하자면, 곧 이 하나님과 이 인간이 예수 그리스도의 인격 안에서 상호 연결되어 있다는 데서 비롯한다. 하나님의 명령과 금지의 시간의 정해져 있음, 이 명령과 금지의 정해져 있음은, 이 하나님이 이 인간들과 함께 은혜의 계약의 종결을 향해 가는 역사 속에서, 그리고 이 종결 뒤에 따르는 역사 속에서 가고자 하였고, 실제로 갔던 길에서 비롯한다. 성서는 우리에게, 그때 거기서 그랬다는 것을 증언한다. 그러나 성서는 우리에게 지나간 사실에 대한 관심에서, 연대기처럼 사건을 전달할 필요성에서 증언하는 것이 아니라, 심판대 앞의 증인처럼 증언한다. 그것의 발언은 우리의 판단을 위해서이며, 그러므로 발언된 것에 대한 우리 자신의 결정과 입장을 고려하면서 그것의 진실성에 대한 우리의 동의, 승인을 요구한다. 성서는 하나님의 뜻, 행위, 계시가 거기서 그때만이 아니라 오늘 여기서 우리 자신에게 무엇을 뜻하는가를 우리에게 환기시키기 위해서 하나님의 계명에 대해 말한다. 성서는 증언으로서 우리 자신의 인지를 요구할 뿐 아니라 믿음을 요구하며, 저 사건의 증언으로서 거기서 그때 그랬다는 것을 인정할 것을 요구할 뿐 아니라 여기서 오늘도 그렇다는 것을 인정하기를 요구하며, 하나님의 계명에 대한 증언으로서 하나님이 저 다른 인간들에게 명령했고 금지했던 것을 실질적으로 우리에게도 명령하고 금지한다는 사실을 인정할 것을 요구한다. 성서는 우리가 하나님의 계명, 그것의 선포, 그것의 이해, 그것에 대한 우리의 상황에 관해서는 저 인간들과 동시적이고 동일한 처지에 있기를 바라며, 우리가 하나님의 계명에 관해서는 저 다른 인간들의 동지가 될 것을 바란다. 우리가 성서의 이런 뜻에 순응하는가의 여부는 별개의 문제이다. 그러나 우리는 그 본문들이 이런 의도와 생각에서 그 독자들과 청중들을 위해 착상되고 기록되는 것이 성서의 뜻임을 부정할 수 없다. 한 증인의 신빙성에 대한 주장이 받아들여지는가, 아니면 기각되는가는 그의 상황에 달렸다. 그러나 우리는 그가 증인이기 때문에 이런 주장을 일단 제기하는 것을 부인할 수 없다. 그가 말하는 것은 그가 이렇게 주장하는 것과 잘 분리될 수 없다. 그리스도 교회는(그것의 존재가 없이는 교의학도 없고 그리스도교 윤리도 없다.), 이 주장이 받아들여질 수 있고, 성서의 증언은 참 증언으로 받아들여질 수 있다는 것을 예상한다. 이런 아래서 우리가 계속 사고해야 할 것이다. 언제나 이런 전제 아래서 우리는 하나님의 결정의 확정성 문제에서 처음부터, 하나님의 계명이 보편적인 규범, 비로소 인간에 의해 구체적으로 채워져야 할 행동 규범으로 이해되어야 한다는 상념으로부터 벗어나야 한다.

우리는 이제, 어떻게 이런 전제에서부터 상반된 인식, 즉 하나님의 계명이 또한 우리에게도 언제나 구체적으로 정해지고 채워진 요구라는 인식에 이르는가를 보여 주어야 한다. 성서가 하나님의 계명에 관한 특수한 증언을 함에서 정당하다면, 하나님이 인간에게 일정한 지침과 원칙을 선사하고, 그러나 인간이 이런 규범에 대해 어떤 견해를 가지든 그에게 위임한다고 생각하고, 그를 우리의 삶과 인간 삶 일반의 주로 간주하는 것은 착각이다. 만일 우리가 인간을 이렇게 홀로 내맡겨진 자로 간주하고, 우리가 그로 하여금 이렇게 내맡겨진 상태에서 자기 스스로 하나님의 규범의 해석자요 하나님의 법에 얽매어 있을지라도 자기 자신의 심판자가 될 필요가 있고, 그럴 능력이 있다고 간주한다면, 우리는 또한 우리 자신에 대해 착각하는 것이다. 성서가 말하는 하나님의 뜻, 행위, 계시가 우리에게도 상관하고 우리에게도 규범이 된다면, 하나님과 인간 사이의 친교가 성서에서 서술된 바와는 다르게는 이루어질 수 없다면, 성서가 그것의 이 친교에 대한 진술 중심에 놓는 것, 즉 은혜 계약의 종결, 예수 그리스도의 인격 안에서 하나님의 은혜 계약의 실현이 바로 하나님과 인간 사이의 친교라면, 그 밖의 모든 것이 다만 이 친교를 예비하는 것이거나 혹은 그것의 부록을 이루는 것이라면, 하나님과 인간에 관한 저런 관념은 불가능한 것으로 드러난다. 그렇다면 하나님은 우리에게 멀지 않고 가깝다. 곧 하나님은 그의 공동체의 살아 있는 주요, 공동체에 대해 전체적으로만이 아니라 그 일원들 모두에게 영원하게, 그러므로 또한 일시적으로도 신실하고, 공동체에 관심을 보이다가 다시 그들을 자기 자신에게 내맡기지 않으며, 그들에게 자비를 보이다가 다시 그들로 하여금 자기 지혜로써 스스로 결정하도록 내맡기지 않으며, 오히려 그들에게 다가가서 실제로 온전히 그들과 동행한다. 그리고 또한 인간은 이 하나님에게 멀지 않고 가깝다. 즉 인간은 현실적으로 실제적으로 그의 공동체, 이스라엘, 혹은 교회에 속한 자이고, 이 몸에 부름받은 혹은 부름받아야 할 지체이며, 그에 대한 믿도록 해방된 혹은 해방되어야 할 자이다. 성서는 우리에게 분명히 증언한다. 이것과 다른 규정 아래 있는 하나님은 존재하지 않고, 이것과 다른 규정 아래 있는 인간은 존재하지 않는다. 모든 다른 신(神)과 모든 다른 인간은 우리의 상상의 산물이니, 성서에서 증언된 양자의 현실에 의해 반박되고 해소된다. 그리고 또한 도덕적 일반 규범으로서의 하나님 계명은 존재하지 않거나 혹은 하나님의 진정한 계명의 그림자, 희화(戲畵)로서만 존재할 따름이다. 이런 것은 다시 우리 상상 속에만 있으며, 성서에서 증언된 하나님의 계명의 현실에 의해 반박되고 해소된다. 하나님의 현실적인 계명은, 성서에서 십계명과 산상 설교에서 하나님과 인간 사이에 명령과 금지, 복종과 불순종의 사건에서 일어나는 것과 같은 모습을 지닌다. 하나님의 계명이 요구하는 선은, 모든 도덕 규범에서 전제하는 바처럼 보편적인 선 자체가 아니라, 하나님이 지배하는 은혜의 계약 역사 및 후역사의 선, 하나님의 영원한 은혜 계약의 선, 예수 그리스도의 이름을 지닌 선이다. 하나님과 인간이 빈 공간이 아니라 일정한 장소에서 대립하듯이, 인간에 대한 하나님의 결정, 인간에 대한 그의 심판, 그리고 그것의 척도로서 그의 계명은 필연적으로 저 역사 및 이후 역사의 맥락 속에 있다. 하나님이 이 역사와 이후 역사에서—그리고 여기서나 저기서나 예수 그리스도 때문에—뜻하고 행하는 것은 선이다. 따라서 인간을 향한 그의 계명의 선함(계명을 통하여 하나님은 인간을 그의 의지와 역사에 참여하도록 전달자가 되도록, 대상과 증인으로 부른다.), 이 역사 및 후역사의 선함은 이 역사 및 이후 역사와 결코 분리될 수 없다. 성서의 증언에 의하면, 하나님이 명령하는 경우 어떤 인간적 행동 이념을 성취하는 것이 문제가 아니라, 언제나 그의 계약의 수립 및 선포와 연관해서, 약속되고 임박한 그의 나라와 연관해서 행동함이 문제이고, 형식적으로 선 자체를 행함이 아니라 언제나 실질적으로 이 일을 섬김 속에서 어떤 임무 혹은 부분적 임무를 실천함이 문제이다. 인간은 성서에서 이해된 하나님의 계명에 따르자면 언제나 아브라함이나 모세 혹은 다윗처럼, 베드로나 바울처럼, 가버나움의 중대장처럼, 혹은 부유한 청년처럼 저 크고 작은 희망의 운동 혹은 감사의 운동을, 기대하는 혹은 성취된 환희의 운동을, 저 종 혹은 아이의 봉사를 수행해야 할 것이다. 이것이 선한 이유는 하나님 공동체의 삶의 행위로 그 일원들 가운데서 필요하고, 참 이스라엘,

참 교회의 표현으로서 필요하기 때문이고, 그것의 실천은 이 백성 및 그의 일의 시간적 실존에 속하며, 따라서 하나님이 정해 준 과제이기 때문이다. 이 일에 동참하는 것이 임무요 과제일 따름이기 때문이다. 그리고 이 임무, 따라서 각 인간이 일정한 시간에 일정한 처지에서 해야 할 일은, 그것이 크든 작든 간에, 누구도 허공에서 붙잡지 못하고, 누구도 스스로 자신에게 규정하거나 부과하지 못한다. 여기에는 추측할 것도 없고, 자기 스스로 지혜롭게 결정할 것도 없다. 여기서는 이 일에서 오로지 능력 있는 입법자와 심판자 자신이 처리하고 결정할 것이다. 큰일에서나 작은 일에서나 문제가 되는 그 일 자체가 여기에서 감추어지지 않는 것처럼, 그가 누구며, 그에게 종속되어 있고 그에게 복종해야 하는 인간이 누구인가는, 우리가 성서의 증언을 통해 부름을 받게 되는 성서적 관계와 사건에서 유추하여 감추어질 수 없다. 여기서 하나님 편에서는 아무것도 감추어져 있지 않다. 무엇이 선한 것이며, 주가 인간에게 무엇을 요구하는지 인간에게 아주 분명하게 말해졌다. 따라서 인간에게는 오직 복종 아니면 불순종만이 남아 있고, 그의 복종에 관해서 마음대로 추리하거나 자의대로 의지할 여지가 없다. 하나님은 성서의 증언에 의하면, 인간과 함께 만나는 장소에서 언제나 인간에게 이러이러한 것을 바라며, 또한 성서의 증언에 의하면 인간은 언제나 복종 속에서 이러이러한 것을 해야만 한다. 반면 모든 다른 것은 불순종일 따름이다.

그런데 성서가 하나님의 계명에 대해 증언한 것이 정당하다면, 그리고 우리가 이 증언을 받아들여야 한다면, 우리가 하나님이 또한 우리에게 어떻게 명령하고 금지하는가에 대해 어느 정도 이론적으로 가르침을 받기만 하는 것은 아니다. 여기서 또한 성서는 우리에게 명령하고 금지하는 하나님에 대해, 우리 자신에 대해, 그에 대한 우리 자신의 입장에 대해, 그리고 결국 무엇보다도 그의 명령과 금지가 언제나 일정한 구체적인 결정이라는 사실에 대해 근본적으로 지침을 준다. 하나님은 이 결정 안에서 입법자로, 심판자로 우리와 대하고, 우리의 결정은 이 결정에 맞추어져야 하고, 그것에 의해 측정되며, 우리 자신은 그것에 무엇을 보태거나 뺄 권한이 없다. 그러나 이것이 전부는 아니다. 성서는 우리에게 하나님의 계명에 대해 가르치고 방향을 제시할 뿐 아니라, 우리에게 그것의 계시를 증언하고 중계한다. 성서는 우리에게 하나님이 어떻게 요구하는가를 말할 뿐 아니라, 무엇을 요구하는가를 말한다. 성서의 음성, 그것이 증언하는 말씀과 계명의 음성은 우리가 매 순간 결정할 때마다, 무슨 일을 행할 때나 하지 않을 때마다 관계하는 하나님의 신비, 하나님의 지침, 하나님의 판단이다.

물론 우리는 성서를 모든 다양한 인간들의 온갖 삶의 상황에 신기하게 관련되어 있는 온갖 조언, 지시, 명령들을 수집한 일종의 신기한 목록이나 창고로 간주해서는 안 된다. 그러므로 우리가 이런 직접적인 신호에 귀를 기울이고 조사해야 하고, 가능한 한—이미 그렇게 했듯이—마치 복권이 들어 있는 상자처럼 그것에 자문을 구해야 하는 것처럼 생각해서는 안 된다. 우리가 그 내용의 역사적 특이성을 어떻게 간과할 수 있으랴? 어떻게 그들의 현실적 관계의 통일성을 해체할 수 있으며, 어떻게 그것을 세속화할 수 있으며, 그것들이 현실적으로 증언하는 하나님의 특정한 구체적인 계명을 그르칠 수 있으랴? 그것들이 우리 인간, 시간, 그리고 발전과 형성의 충만함 가운데 있는 삶과 갖는 현실적인 관계성의 놀라운 부(富)는 그 내용의 모든 부분들의 통일성에 있다.

성서는 그 맥락 속에서, 그러나 또한 그것의 모든 부분에서 우리 위에서 명령하는 주 하나님의 존재를 증언한다. 성서는 그의 통치 행위, 역사(役事) 가운데 있는 하나님의 존재를 증언하고, 그의 은혜 계약을 수립하고 유지하고 확증하는 그의 역사를 증언한다. 그의 이런 역사를 수행하는 주는 성서의 말씀이다. 성서의 증언을 받아들이는 자는 이 역사와 동일한 말씀의 진리 아래 굴복한다. 그리고 이 말씀을 받아들이지 않는 자도 실제로—허리를 굽히지 않을지라도—이 말씀의 진리 아래 있다. 이런 역사를 완수하는 이 주는 온 세상의 주이며—그가 그렇게 인식되든 아니든, 사랑받든 아니든, 존경받든 아니든 간에—어느 때나, 어떤 삶의 처지에나 현존하며, 큰일에서나 작은 일에서나 입법자, 심판자, 보응자로서 공공연히 또는 숨어서 인간과 대립하는 만인의 주이다. 그의 역사를 완수하는 주 하나님, 이것이 성서의 음성이며 증언이다. 성서가 이것을 객관적으로 선포함으로써 하나님이 어떻게 우리에게 명령하는가를 말해 줄 뿐 아니라, 하나님이 무엇을 명령하는가를 실제로 말해 준다. 이런 역사를 완수하는 이 주 자신이 하나님의 계명이다. 그리고 그가 하나님의 계명이기 때문에, 계명이므로, 이 계명은 구체적이고 정해져 있고, 어떤 순간이라도 모든 인간의 모든 행동을 목표하고 있다. 그러므로 허다한 무시간적, 비역사적인 하나님의 의지 천명 및 지시들로 찢기고 해체된 복권 상자가 아니라, 그 내용상 역사적 통일성을 갖는 성서는 윤리적 원리의 근원, 규범, 심판자이며, 그 말씀은 명령의 말씀으로(단순히 윤리적 교훈도, 단순히 윤리적 원리의 모음도, 단순히 윤리적 사례 모음으로도 아니라!) 이해되어야 하고 평가되어야 한다. 역사적 일체를 이루는 행위를 완수하는 주 하나님은 만인 위에서, 만인을 위해 부유하며, 모든 속에서, 그 존재의 시간적 다양성 속에서, 모든 것에 대해 계획과 의도를 가지고 있다. 그리고 그는 살아서 행동하고 말하는 가운데 부유하다. 그가 그들에게 현존하고, 살아서 그들과 대결하며, 행동하고 말함으로써 구체적인 명령의 말씀이 이루어진다. 그런데 그의 역사 가운데 있는 하나님의 현실의 계시가 성서적 증언의 의미와 내용이라면, 우리는 이런 명제를 피할 수 없다. 즉 성서 자체가 이 명령의 말씀이다. 성서 자체는 규범을 가르치고 표현할 뿐 아니라, 실례를 줄 뿐 아니라 오히려 지시하고, 결정하고, 우리에게 이러이러한 것을 명령하고 금지함으로써 우리로 하여금 책임지게 만든다. 성서가? 확실히 추상적인 의미에서 성서도 아니고, 성서의 저자들, 곧 모세도, 예언자들도, 마태도, 바울도 그들의 이름으로가 아니라, 그들 모두가 증언하는 하나님이. 그러나 이 하나님은 그들이 그에 대해 증언하지 않더라도 이렇게 한다. 이 하나님은 그들이 증언에 의하여 계시된 현실 안에서 이렇게 한다. 그들에 의해 증언된 주로서의 하나님은 그의 역사를 완수하고 그의 은혜의 계약을 수립하고 유지하고 확증함에서 이렇게 한다. 고려될 수 있는 모든 증인들 가운데서 성서 홀로 하나님의 계시, 그러므로 그의 말씀과 행동을 증언한다. 그러므로 이 하나님과 성서, 그의 명령과 성서의 명령은 실제적으로 분리될 수 없다. 성서의 추상적인 권위가 없다면 또한 하나님의 추상적인 권위도 없다. 성서가 하나님의 말씀의 증언이고 따라서 하나님 말씀이라면, 또한 모든 살아 있는 하나님의 말씀은 성서를 통해 우리에게 증언된 외에 다른 것이 될 수 없다. 그러므로 우리는 성서의 증언을 통해, 우리가 먼저 표현한 것처럼, 성서에서 하나님과 인간 사이의 관계 및 사건과의 유비로 부름받고 옮겨지게 될 뿐 아니라, 성서의 인간과 동시적이 되고 동일하게 되도록 초대받을 뿐 아니라, 그들이 하나님의 명령을 들은 것처럼 그 명령을 듣도록 초대받는 것만이 아니다. 도리어 그들과 더불어 말했고 행동했던 하나님은, 그들의 증언에 따르자면 또한 우리의 하나님이다. 그러므로 그들에게 주어졌고 그들이 들은 계명은 바로 우리에게 주어지고 우리가 들어야 할 계명이며, 그들의 임무는 바로 우리의 임무이다. 그들은 우리가 아니고, 그들의 시간 또한 우리의 시간이 아니고, 그들의 상황은 우리의 상황이 아니다. 그런 한에서, 아래쪽에서 볼 때, 모든 것은 다르고, 하나님은 거기서 그때 그들에게 말한 것처럼 오늘 여기서 우리에게 말해야 한다. 그러나 우리에게 주어져야 하고 우리가 들어야 할 하나님의 명령은, 그것이 거기서 그때 단번에 선언된 후에, 형식적으로나 실질적으로나 그들에게 주어졌고, 그들이 들은 명령과 다른 것이 될 수 없다. 십계명과 산상 설교, 그리고 성서의 다른 명령들, 그리고 또한, 신·구약성서에서 하나님이 이러이러한 인간들과 이러이러하게 말하는 모든 개별적인 일정한 지시들은, 우리와 간접적으로만이 아니라 직접적으로 상관한다. 즉 이것은 그것들이 우리에게 실천 가능한 것으로 보일 수도 있도록 재해석되고 응용된 후가 아니라, 그것이 역사적으로 형성된 그것의 일회적인 모습 그대로 우리와 상관한다. 그것들은 우리에게—분명히 전혀 다른 상황 아래서—아브라함, 베드로, 가버나움의 중대장, 혹은 이스라엘 사람이나 고린도의 공동체가 아니라, 거기서 그때 하나님의 말씀을 들은 자들처럼 행동하기를 촉구하며, 그들에게 주어진 명령이 우리의 전혀 다른 시간과 상황 속에서, 지금 여기서 우리에게 주어진 명령이 되도록 촉구하며, 따라서 전적으로 그들과 함께, 그때 거기서 하나님 앞에 세워진 그들의 자격으로 하나님의 은혜 계약의 역사와 그 후편에 우리 스스로 참여하도록 촉구하며, 우리의 임무 혹은 부분적 임무를 새롭고 특수한 임무로서가 아니라 그들에게 주어진 임무를 되풀이하고 확증하는 것으로 받아들이고 수행하도록 촉구한다. 우리는 그때 거기서 은혜 계약의 성취를 향해 이끌렸고, 거기서부터 유래한 이스라엘의 존재 내지는 이스라엘 속에 감추어져 있는 예수 그리스도의 교회의 존재를 넘어설 수 없다. 하나님의 백성은 언제나 새로이 모든 그 일원들 가운데서, 그 지체들의 모든 생 가운데서도 바로 이 백성, 언제나 거듭 아브라함과 베드로일 따름이다. 그들은 저 일회적인 역사와 그 이후에서 그 자신의 역사를 체험할 것이며, 따라서 그들에게 주어진 구체적인 명령과 금지 속에서 그들 자신에게 주어진 명령과 지시를 재발견할 수 있다. 그러므로 성서의 증언은 하나님 계명의 시간적 형상, 곧 우리가 그 시간성을 벗겨내야 하고, 거기서부터 영원하고 따라서 우리에게도 유효한 모습을 끌어내어야 할 그런 형상과 관계하는 것이 아니고, 그 시간적 형상 속에 영원하고 우리에게도 유효한 내용을 가지고 있으며, 우리의 전혀 다른 시간과 상황 속에서 우리가 듣고 경배하기를 바라는 그런 하나님의 계명과 관계한다. 우리는 그것을 그렇게 받아들일 때, 하나님의 계명의 구체성과 확정성을 염려할 필요가 없다. 우리가 다만 그것에 귀를 기울일 때, 그것이 우리를 부르는 곳으로 우리 스스로를 부를 때, 우리가 또 한번 그때 거기서 그 명령을 받은 자들처럼 말을 전해 들을 때, 우리가 그 명령을 다만 우리에게 주어진 것으로 받아들이려 할 때, 하나님의 명령은 영원히 부유하고, 그의 영원한 부 속에서 살아서 말하는 하나님의 말씀으로서 그 자체 안에, 그리고 우리에게도 이런 구체성을 가지며, 그리고 우리에게도 인지될 수 있도록 이런 구체성을 가진다. 이런 사정을 통찰하기 위해서는, 우리가 그것을 받아들이고 성서의 증언을 진정으로 시인하는 것이 중요하다. 우리가 이렇게 한다면 명령은 확실히 구체적으로, 일정하게 채워져서 우리 앞에 있게 된다.

우리가 이것을 하고자 한다는 것을 전제했다. 우리는 그리스도 교회와 또한 우리가 여기서 하나님의 계명을 이해하기 위해 제시한 모든 것도 성서의 증언이 진리를 말한다는 사실에 근거한다는 것을 지시했다. 우리는 여기서 끌어낸 결과에서 이 전제가 얼마나 자명하지 않은가를 분명히 볼 수 있을 것이다. 우리가 그리스도 교회로 알고 있는 것만이, 또한 자신을 그리스도인으로 간주하는 우리만이 이런 전제를 진지하게, 완전하게 이루었다고 말할 수는 없고, 그런 결과로서 저 사실에 대한 통찰이 우리에게 자명하다고 말할 수는 없다. 소위 그리스도 교회라고 하는 것과 소위 그리스도인이라고 하는 우리는 의심할 여지없이, 마치 성서의 증언이 진리를 말하지 않는 것처럼, 그것이 "너는 인간이다!"라고 말하는 것을 진지하게, 문자적으로 받아들여서는 안 되는 것처럼, 우리가 하나님의 계명이 우리에게 무엇을 바라는가라는 물음에 대답하기 위해 성서에서 이루어진 명령과 금지 외에 모든 가능한 음성에 귀를 기울여야 하는 것처럼 상당히 그렇게 살고 생각하고 있다. 따라서 여기서 끌어낸 결론은 우리에게 기이한 패러독스처럼 느껴질 수밖에 없다. 우리는 여기서 보고하고 확정하는 것으로 만족해야 한다. 즉 저 전제가 진지하게 의도된 것이고 유효하다면, 또한 이 결론도 유효하다. 즉 하나님의 계명은 성서에서 증언된 모습으로 우리와도 상관하는 구체적이고 정해진 명령이며, 가르침, 규칙, 실례일 뿐 아니라 우리가 여기서 오늘, 언제나 도처에서 상관하는 요구 자체이다. 그러나 이 사실의 진실성은, 우리가 그 인식의 전제를 진지하게 완전하게 성취한 후 그 진리를 인식하는 데 달려 있지 않다. 우리는 성서의 증언이 도달하지 못한 소위 이교라고 하는 교회 영역밖에 있는 세상이 이런 통찰을 할 능력이 없다고만 예상해서는 안 된다. 우리는 또한 무엇보다 이런 통찰이 교회와 우리 그리스도인들에게(아무리 선한 그리스도인일지라도) 상당히 막혀 있다는 것을 예상해야 한다. 그 이유는 우리가 그것에 필요한 전제를 결코 진지하게, 완전하게 이룬 적이 없었고, 우리가 성서에 대한 복종이 뜻하는 것을 한번도 충분히 철저하게 실현해 본 적이 없기 때문이다. 우리는 이러저러한 의미에서, 아마도 좋은 의미에서 성서를 하나님의 권위 있는 말씀으로 간주한다. 우리는 그러나 어떤 의미에서 마치 그렇지 않은 것처럼 계속하여 살고 생각한다. 우리가 계속하여 일어나는 하나님의 확정적인, 구체적인 계명과 직면한다는 사실을 매우 드물게 그것도 피상적으로만 의식하는 것은 놀라운 일이 아니다. 그러나 그 일의 진실성에 대해 결정하는 것은 우리의 의식도, 교회의 의식도 혹은 세상의 의식도 아니다. 그것의 진리에 관해 우리가 아무리 그것을 잘 안다고 하더라도 결국 그 지식은 무엇인가? 하나님이 우리의 모든 행위의 입법자요 심판자라는 것은, 우리가 거듭하여 이 진리에 대할 때마다 끔찍스런 무지와 무사려성 때문에 그것을 알지 못하고 생각하지 못할지라도, 진실이다. 우리가 그것을 알고 그것을 생각하기 때문이 아니라, 그가 그의 명령을 그의 은혜 계약의 역사와 그 후 역사에서 단번에, 그리고 또한 우리와 우리의 시간과 우리의 삶의 상황을 위해서도 발언했기 때문에 우리는 하나님의 정확하고 정해진 명령과 금지 아래 있다. 믿는 자든 믿지 않는 자든, 의로운 자든 불의한 자든, 구원받은 자든 멸망당한 자든 간에—예수 그리스도 안에서 일어난 은혜 선택의 특수한 의미에서는 언제나 양자로서—우리가 예수 그리스도의 죽음과 부활의 사실을 통하여 이 계약에 둘러싸여 있는 것처럼, 우리는 또한 그의 살아 있는 계명에 의해 둘러싸여 있으되, 공기 없는 중립적인 공간 없이 밀접하게 싸여 있다. 이 계명을 통해 그는 우리를 그의 계약 파트너로 거룩하게 만들고, 자기에게로 이끌고, 따라서 복종하도록 부르고자 한다. 우리가 그 계명에 대해 어떻게 행동하든 간에, 성서의 인간, 하나님의 인격과 행위, 그의 엄격함과 자비의 본래적인 증인들에게 일어난 것처럼, 그렇게 우리는 우리를 둘러싸고 있는 계명, 우리의 온 삶을 동반하는 계명에 직면하고 있고, 책임져야 한다.

3. 하나님의 결정의 선함

우리는 "선"을 의로움, 친절함, 유익함의 총괄 개념으로 이해한다. 즉 이런 세 가지 의미를 하나로 통합하고 있다. 우리가 이 세 가지 중에서 둘 혹은 한 가지 의미만이라도 제거한다면, 선에 대해 진지하게, 진정으로 말할 수 없다. 단순히 의롭기만 하고 친절하거나 유익하지 않은 것은 선하지 않다. 단순히 친절하기만 하고 유익하거나 의롭지 않은 것은 선하지 않다. 의롭거나 친절하지 않은 것은 유익하지 않다. 하나님과 하나님의 계명은 이 개념의 온전한 의미에서 선하다. 곧 진정으로 본래적으로 선하다. 우리는 성서에서 하나님이라 일컬어지는 것에 대해, 그의 계명이라 일컬어지는 것에 대해 말한다. 그 요소 중 하나라도 배제함으로써 선 개념을 해체함은 또한 하나님 및 그의 계명 개념의 해체를 초래할 것이고, 거꾸로 이 하나님 및 그의 계명 개념의 해체는 선 개념의 해체를 초래할 것이다. 그것은 이 두 개념은 동의어이기 때문이다. 즉 하나님 및 그의 계명은 선하고, 선한 것은 하나님 및 그의 계명이다. 이 사실이 강조되어야 하는 이유는, 하나님 및 그의 계명 개념은 선 개념보다 전적으로 우위에 있고, 선한 것은 하나님 및 그의 계명의 완전성의 술어이고, 하나님 및 그의 계명은 의로움, 친절, 유익함의 총괄 개념이기 때문이다. 하나님의 결정으로서의 계명은 개념의 이런 포괄적인 의미에서 친절한 결정이다. 하나님은 계명으로 인간에 대해 결정하면서, 의를 수립하고, 적절한 일을 하고, 질서를 창조한다. 그러나 여기서 그를 움직이는 것은 인간에 대한 그의 친절, 그의 호의이다. 그가 이로써 의도하고 성취하는 것은 인간의 유익, 그의 구원, 자신 앞에서의 그의 생명과 그의 영원한 기쁨이다. 인간이 하나님의 계명에 직면함으로써 그는 이 포괄적인 의미에서 친절한 하나님의 결정과 대한다. 하나님의 결정은 그 우월성과 그 확정성을 손상하지 않고, 오히려 그것의 참 우월성과 확정성 가운데서도 하나님의 친절함에 대한 결정이다. 하나님의 은혜의 선택의 선포처럼, 그의 결정이 올바로 선포될 때 그것은 복음이요 기쁜 소식이다. 그것을 전달하는 자는 다른 자들에게 선한 것, 최선의 것을 말해야 한다는 것을 생각해야 한다. 그리고 그 선포를 들을 수 있고, 올바로 듣는 자는 감사할 계기를 가진다. 그 이유는 그에게 선한 것, 최선의 것이 말해졌기 때문이다. 그러나 하나님의 계명이 어떻게 선포되고 어떻게 받아들여지든 간에, 객관적인 사실은 이것임을 생각해야 한다: 계명은 하나님의 친절한 결정이다. 거기서 인간에게는 어떤 불의도, 그러나 또한 어떤 가혹한 일도, 재앙도 일어나지 않는다. 거기서 하나님은 인간을 적대하는 것이 아니라 온전한 영광 가운데 인간을 위한다. 인간들의 계명 선포와 인간들의 들음을 통해서 생긴 편견과 오해를 극복하고, 그 계명은 본질적으로 하나님 입에서 나온 것일 뿐 아니라 의심할 여지없이 그의 은혜의 선택과 은혜의 계약의 도구라는 것, 그의 이름이 예수 그리스도라 불린다는 것, 그것은 예수 그리스도의 탄생, 생애, 그의 죽음과 부활, 모세와 예언자, 복음서 기자, 사도들에 의해 증언된 계시 외에 다른 것이 아니라는 것을 거듭 생각할 때, 이 객관적인 사실을 염두에 두어야 할 것이다. 하나님의 계명에는 그것이 아무리 불완전하게 선포될지라도, 그리고 그것이 또한 불완전하게 청취될지라도 이 본질이 남아 있고, 그 배후에는 어떠한 경우라도 이 객관적인 사실이 있다. 즉 그것은 하나님의 친절에 대한 결정이다. 그러므로 그것은 복종으로의 호소이며 그것에 대한 불순종이 의미하는 것은 그것의 끔찍한 불가능성에서 확정되고 드러날 따름이다. 그러므로 우리 행동과 하지 않음에 대한 규범과 기준은 하나님의 친절의 계명에 따라서 우리가 우리 자세를 가다듬고, 언제나 하나님의 친절의 계명에 의해 우리 자신이 재어지고 판단될 것이다.

우리는 하나님의 결정으로서의 계명 개념에서 지금까지 종종 언급했던 이 요소를 또 다시 강조한다. 그 이유는 이 결정의 우월성 및 확정성 개념에서 필수적인 궁극적 명료성을 부여하는 것이 적합하기 때문이다. 우리는 인간에 대립하는 하나님의 특수성뿐 아니라 하나님에 대립하는 인간의 특수성을 필히 강조하는 가운데, 하나님의 계명의 우월성 및 확정성에 대해 말해야만 했다. 우리는 하나님의 역사 일반, 그리고 특별히 하나님의 계명을 고찰할 때 적절하지 못한 보편적 진리 및 보편적인 유효성(이런 것은 하나님의 의지 및 계명과는 무관할 것이다.) 개념에 대해 이런 특성을 구별해야만 했다. 하나님이 인간에게 명령과 금령을 내릴 때, 하나님은 특별하게 홀로 인간과 대립한다. 그리고 또한 인간이 하나님의 계명과 금령을 받아야 할 때, 그는 하나님과 특별하게 홀로 대립한다. 하나님이 인간에게 책임지게 만들 때, 그러므로 하나님이 인간에게 실제로 책임지게 만들 때, 이런 일이 일어난다. 이것이 의미하는 바는, 특별히 하나님의 결정의 확정성을 고찰할 때 우리에게 명백해졌다. 하나님이 인간에게 계명을 줄 때마다 특별하게 인간을 생각하고 발견하고 만난다. 그는 인간으로 하여금 많은 가능성들 가운데서 어떤 규칙에 의해 결정하고 선택하도록 하지는 않는다. 오히려 그는 인간을 일정한 필요성 앞에 세운다. 곧 인간은 복종함으로써 의롭게 되고, 불순종함으로써 불의하게 될 것이다. 이런 특별한 필요성은 인간에 대한 하나님의 우월하고 정해진 뜻이다. 그러나 여기서 하나님의 결정의 선함을 다시 기억하는 것이 중요할 것이다. 그것은 하나님과 인간 사이의 특별한 만남의 신비요 진리이다. 그것은 아무리 강조해도 지나치지 않는 그것의 특별성과 단독성을 특징짓는다. 그것은 특별성, 단독성을 고립과 우연으로부터 구별한다. 곧 하나님과 인간의 만남에서 의심할 여지없이 고립과 우연 속에 이루어지는 것이 아니니, 고립과 우연은 여기서 실제로 일어나는 것의 희화(戲畵)일 따름이다. 바로 하나님의 계명의 선함은 보편적인 것, 즉 이 특별한 것 속에 있는 하나님의 보편적인 진리요, 보편적으로 유효한 것이다. 하나님이 그의 명령과 금령 속에 친절하다는 것은 언제 어디서나, 모든 인간에게 어떤 상황에서나 중요하다. 그 이유는 그의 모든 명령과 금령의 포기될 수 없고 변함없는 본질이 여기 있고, 그의 친절은 그의 본성이기 때문이다. 하나님은 그의 친절함에서 부유하기 때문에 그의 명령과 금령은 동일한 모습이 아니고 언제나 특별하며, 그러므로 다양하다. 그는 그의 친절함에서 부유하기 때문에 그의 특별하고 다양한 명령과 금령 속에서 평화의 끈으로서 이 보편적인 것이 존속하고 살아 있고 작용한다. 이 보편적인 것이 특별한 것으로 하여금 개별적이고 우연적이 되는 것을 금하고, 다양성으로 하여금 흩어지고 분열되는 것을 허용하지 않고, 오히려 그것을 단일한 전체로서 총합하고 연결한다. 하나님이 그의 결정의 우월성, 확정성, 특별성과 단독성 가운데 무엇을 원하고 요구하든 간에, 그는 의를 사랑하고, 친절하고, 유익한 것을 원하고 성취한다. 예수 그리스도 안에서 이루어진 영원한 결정을 실현함에서 그는 바라는 것을 바라며, 요구하는 것을 요구한다. 그는 그의 은혜 계약의 역사 및 그 이후 역사를 이루는 그의 행위들 속에서 이것을 바라고 요구한다. 우리가 하나님의 계명의 우월성과 확정성을 이 문맥 속에서 이해하므로, 우리는 그것의 특별성에 대해 말한 것을 아무것도 철회하지 말아야 한다. 지금 우리는 이 특별한 것이 구별하나 분리시키지 않으며, 결합시키고 통합함이 없이는 구별하지 않는다고 설명해야 한다. 하나님의 계명은 그것이 저 특별한 성격을 지님으로써 개별적 상황 속에 있는 개별 인간들에 대한 모순되는 개별적인 지시들의 혼돈으로 해체되지 않는다. 그러므로 하나님의 계명을 전달받은 인간들은 상호 낯설고 대립하는 개별자들의 혼돈으로 나누어지는 것이 아니다. 만일 그럴 경우, 이들 각자는 명령하는 하나님을 그의 이웃과는 전혀 다르게 대할 것이다. 그러므로 개별 인간의 존재는, 그 안에서 그가 아무 연관 없이 모순 투성이로 하나님을 대하는 그런 상이한 시간적인 삶의 혼돈으로 분해되지 않는다. 자의적으로 정해진 자의적인 하나님이 현실적 하나님이라면, 그리고 그의 변덕을 실행함이 그의 현실적 명령이며 금지라면, 그럴지도 모른다. 사람들은 이런 허구와 여기서 얻어지는 그릇된 결론에 대해 언제나 경계해야 할 것이며, 현실적인 하나님의 계시에 비추어 거듭하여 그가 누구인가를 확인해야 할 것이다. 현실적인 하나님과 그의 계명은 선하다. 이것은 그의 결정의 우월성과 확정성에 대한 모든 가능한 오류의 종말이다. 그것이 그의 친절함의 결정이므로 그것은 혼돈스럽지 않고, 친교를 근거짓고 창조한다. 이 친교는 하나님이 어제, 오늘, 내일, 여기와 저기서, 이런 인간, 저런 인간에게, 이런 상황, 저런 상황 속에서 바라고 요구하는 모든 것의 내적 연관이며, 이 친교는 그의 계명을 듣고 받아들이는 모든 자들 사이에, 또한 이렇게 하지 않는 모든 자들 사이에서 내적 연관이며, 또한 각 인간 자신의 존재의 내적 연관이다. 하나님의 선함은 그가 거기서 부유한 한 가지 것이므로, 그것은 또한 거기서 인간에게 선포되는 그의 계명이 특별하고 상이한 한 가지 것이다. 또한 그가 각 인간에게 그의 계명으로써 특별히, 그러므로 그들 모두에게 공통으로 말해야 하고, 그들 모두가 공통으로 들어야 하는 한 가지, 보편적인 것이며 또한 각 인간에게 하나님이 그의 길의 상이한 단계에서 명령하고 금지해야 하는 모든 것 안의 항구적 요소가 되는 한 가지 것이다.

1. 하나님과 그의 계명이 개념의 온전한 의미에서 선하기 때문에, 마치 하나님의 계명이란 상이한 인간들이 상이한 시간과 상황 속에서 일정한 하나님의 인도와 지도를 받는 데 있거나 혹은 그것으로 끝나는 것처럼, 그 계명이 각 인간의 개별적인 삶의 필요, 삶의 욕망, 삶의 느낌과 매우 긴밀히 연관지어지거나 혹은 결국 동일시될 수 있는 것처럼, 그렇게 그 계명은 그 자체로서 분해될 수 없다. 우리 자신의 내면의 음성에 유사하거나 혹은 심지어 동일한 것은 어쨌든 하나님의 계명이 아니다. 그 이유는 배타적

으로 이러이러한 인간을 구속하는 그 분해된 요구들에 대해서는, 설령 개념상 그것들을 그것 자체의 생의 요구로부터 구별하려 할지라도, 그 요구들이 선의 개념을—아마도 예외적으로 그것들이 우리에게는 매우 친절하게 들릴 수는 있을지라도—작게라도 성취한다고 말할 수 없기 때문이다. 바로 그렇기 때문에 하나님의 계명은 또한 이런, 저런 시대의 인간들을 위한 계명, 이런 저런 민족을 위한 계명 이런 저런 사회 계층을 위한, 이런 저런 삶의 영역을 위한 계명으로, 예를 들어 다양한 종교적 계명, 개별 도덕적 계명, 경제적 계명, 학문적 계명, 예술적 계명, 정치적 계명으로 분해될 수 없다. 우리가 계명을 이 다양한 영역에서 유용한 것으로 밝혀지고 확증된 법, 규정, 공리, 실제, 관습, 그리고 합의로 이해하려 한다면, 이런 계명들이 있고, 이 다양한 계명들 사이에 심각한 모순들이 있다는 것을 부인하지 못할 것이다. 그러나 하나님의 계명이, 때로는 친절과는 무관한 의를 요구하고, 때로는 유익과는 무관한 친절을 요구하고, 때로는 의와는 무관한 유익을 요구하는 그런 정도로 다양성이 있고 모순들을 내포하고 있는 것은 아니다. 우리가 모든 이런 전문적인 서랍 속의 지혜를 실제적으로 불가피하다고 간주한다면, 그것에 대해 스스로 책임져야 한다. 그런 지혜는 하나님의 계명에 그 근거를 가지는 것이 아니다. 그것은 오히려 하나님의 계명에 의해 필연적으로 제한되고 상대화된다. 어느 시대와 장소, 어느 민족과 영역에서라도 사람들은 하나님의 계명이란 그 개념의 온전한 의미에서 선하다는 점에서 그것을 인식한다. 바로 그렇기 때문에, 계명은 하나님에 대한 우리의 관계와 다른 인간들과의 관계, 우리의 자연적 존재와 은혜 아래서의 우리의 존재, 우리의 외적 내적 삶, 교회 안에 있는 우리의 처지, 국가 내의 우리의 처지에 상관하는 것을 고려할 때, 그것은 분해될 수 없다. 우리는 그것을 그리스도 계명과 자연적 질서로 분리할 수 없다. 오히려 하나님의 계명은 그 구체적인 내용에서 다양하게 보일지라도, 여기서나 저기서나 동일하다. 한 분 하나님 자신에게서 무엇을 보태거나 뺄 것이 없는 것처럼, 그의 선함에 아무것도 보충할 것이 없고, 또한 아무것도 삭감할 것이 없다는 데서 하나님의 계명으로 인식될 수 있다. 우리는 그것을 그의 선함의 계명으로 듣거나(설령 그것이 발사 명령이라고 할지라도) 아니면 그것에 전혀 귀를 기울이지 않는다.(설령 그것이 설교 명령이라고 할지라도) 우리는 일치 속에(일치 속에서는 그것은 여러 가지 가능한 차원에서 언제 어디서나 참되고 유효하다.) 그것에 복종하거나, 아니면 전혀 복종하지 않는다. 우리는 사랑하거나 사랑하지 않으며, 감사하거나 감사하지 않는다. 여기서 근원적인 분리, 현실적 대립이 시작된다. 그것은 하나님에게, 우리에게 요구된 것에 있지 않다. 언제 어디서나 요구되는 것은, 우리가 그의 선함에 의해 회개하는 것이다.

우선 로마서의 권면의 장을(12:1-15:13) 살핌으로써, 이 계명의 통일성을 실증해 보자. 바울이 로마 공동체, 그 일원들, 상황, 문제들을 일부는 알았고, 일부는 알지 못한 듯 보이기 때문에, 이 장의 명령과 지시들이 데살로니가서, 고린도서, 그리고 목회 서신들의 많은 구절들에 비교될 수 있는 직접적인 권면으로, 혹은 산상 설교처럼 로마의 그리스도인들이 실현해야 할 그리스도인의 삶을 위한 보편적인 장소 및 질서 지시로 이해되어야 할지는 확실히 결정하기는 어렵다. 그리스도인들의 정치적 책임에 관한 구절이나(13:1-7) 공동체 내의 "약한 자들"에 대한 "강한 자들"의 자세에 관한 전체 구절은 매우 직접적이고 특별한 지시로 이해될 수 있는 반면, 본문의 나머지 내용은 하나님의 계명을 간접적으로 표현한 저 다른 발언들에 근접한다. 그것의 구별은 우리 문제에서는 중요하지 않다. 확실한 것은, 바울은 이 장들에서, 한 그리스도 공동체의—이제는 바로 이 공동체의—일원들이 할 것과 해서는 안 될 것에 관한 하나님의 뜻과 계명을 강조하기 위해 그가 염두에 둔 것을 충분하지는 않지만, 그래도 매우 자세하게, 폭넓게 진술하였다는 것이다. 그리고 이제 먼저 확실한 것은, 그가 훈계(παράκλησις) 형식으로 주목하게 하고 지시하고자 하는 이 삶에 필수적인 요소들이 그에게는 유일하고 분리될 수 없는 일체를 이룬다는 것이다.

우선 우리는 바울이 여기서 말해야 하는 것의 외적 통일성을 주목해야 한다. 12:3에 의하면 그는 분명히 "여러분 가운데 있는 각 사람"에게, "하나님이 주신 믿음의 분량에 따라서 각 사람"에게 향한다. "각 사람은 그 자신의 마음에 확신을 가져야 한다."(14:5) 그러나 그들 각 사람은 또한 이웃의 유익을 위해, 전체의 덕을 세우기 위해 도움을 줌으로써 이웃을 기쁘게 할 의무가 있다.(15:2) 각 사람은 하나님의 심판대 앞에서 변명해야 할 것이다.(14:17) "인내심과 위로를 주시는 하나님께서 여러분이 그리스도 예수를 본받아 같은 생각을 품게 하시고 한마음 한 입으로, 하나님 곧 우리 주 예수 그리스도의 아버지께 영광을 돌리게 해주시기를 빕니다."(15:5f.) 그러므로 확실히 공동체의 누군가가, 바울이 하나님의 계명으로 선포하는 것을 회피하기 위해서, 자기에게는 다른 계명이 유효하고, 그는 이러저러한 관점에서 다른 질서와 필요성 아래 있고, 그러므로 바울이 말한 것에 의해서는 복종하도록 부름받지 않았거나 혹은 부분적으로만, 특별한 관점에서만 부름받았다고 변명할 수가 없다. 12:6에 의하면 한 은혜의 선물로서 여러 가지 은사들이 있고, 공동체의 한 몸에 여러 지체들이(그들의 개인적 위치에서 다양한 임무를 지닌 개별 그리스도인들) 있는 것처럼, 다양성이 있으되 여기서 유효한 하나의 계명 내에서만 다양성이 있고, 이 하나의 계명에 대해서만 다양한 복종이 있다. 그러나 바울이 공동체, 그리스도인들에게 주장한 것 외에 또한 다른 인간들과 영역들을 위한 유효한 하나님의 다른 뜻과 계명의 존재와 관련성을 고려한다는 것은 확실히 아니다. 공동체를 위해서 계명인 것은 하나님의 계명이다. 그리스도인들이 12:2에 따르자면 생각의 새로워짐을 통해 변화되어 입증해야 하는 것—그들이 그 앞에 서야 하는 법정은 하나님의 뜻, 곧 선함, 그의 마음에 드는 것, 완전함이다. 이 지나가는 옛 에온의 형상은 분명히 그들에게도 다른 사람들에게도 권위적, 규범적 의미가 없다. 그것에 적응하는 것은 다른 사람들에게나 그들에게나 "합리적인", 사실에 부합하는 예배가 아니다. 그들에게 요구되는 것은 합리적인 예배이다. 그들이 12:9에 따르자면, 집착해야 하는 것 외에 다른 선이 없고, 그들이 혐오해야 하는 것 외에 다른 악이 없다. 그들은 12:9에 의하면, 그 본성에 의해서 모든 인간들에게 그런 것으로 입증되고 추천될 수 있는 선한 일을 염두에 두어야 한다. 그들은 12:21에 의하면, 악을 선으로 극복해야 한다. 훈계가 정치적 책임을 요구하는 것이 될 때, 그리스도인 청취자들을 한순간이라도 망각함이 없이, 명백히 모든 인간을(πᾶσα ψυχή ⋯) 향한 지시로 승격된다. 바울은 이 일에 대해 말하기 위해서 특별한 그리스도의 훈계를 뛰어넘을 필요가 없고, 그는 이것을 하기 위해서 특별한 자연법에 호소할 필요가 없다. 그리고 외견상 보편적인 인간적 훈계로부터 외견상 특별한 그리스도의 사랑의 계명으로(13:7-8) 돌아감으로써, 여기서 두 개의 상이한 영역 사이에 있는 듯 보이는 차이가 분명히 의도적으로 소거되는 것을 주목해야 한다. 곧 국가 질서와 그 수호자에 대해 아무 빚도 져서는 안 되며, 하나님의 제정에 따라서 그들에게 속한 것은 어느 경우라도 그들에게 주어야 한다는 요구에ㅡ"조세를 바쳐야 할 이에게는 조세를 바치고, 관세를 바쳐야 할 이에게는 관세를 바치고, 두려워해야 할 이는 두려워하고, 존경해야 할 이는 존경하십시오."(13:7)ㅡ이어서 관점이 거의 혼란스러울 정도로 교체되면서, 그러나 바울에게는 필연적인 귀결로서 다른 요구가 나온다. 즉 그리스도인들은 상호 사랑하는 데 그들의 책임이 있음을 간파하고 이행해야 한다. 즉 그들은 사랑 안에서 상호 교회를 세우고 유지하고, 이로써 율법 전체를 이루어야 하고, 이로써 또한 세상에서 그리스도인임을 확증하고, 하나님이 제정한 국가 질서에 대한 그들의 책임을 근본적으로, 다만 두려움 때문만이 아니라 하나님의 뜻을 앎에 근거하여(διὰ τὴν συνείδησιν, 12:5) 인지해야 한다. 그러므로 또한 14:1-15:13에서 전개된 바와 같이, 공동체 내에서 "약자"에 대한 "강자"의 관계 형성에 관한 관점은 (14:9), 그리스도가 산 자와 죽은 자의 주라는 사실에 근거하고 있으며, 그리고 다시(14:10f.) 이사야 49:18에 따라서 우리 모두가 그의 심판석 앞에 나서야 할 것이라는 사실로써 근거지어진다: "나는 살아 있다고 주가 말씀하신다. 그리고 모든 사람이 내 앞에 무릎을 꿇고 모든 혀가 하나님을 찬양할 것이다." 그리고 바울이 공동체 내의 "강자"와 "약자"의 관계를 결론에서(15:7) 분명히 유대 그리스도인과 이방 그리스도인 사이의 관계 및 이스라엘과 이방 세계 사이의 그것과 비교함으로써 그는 찬양조로 다음 결론에 도달한다. 여러분은 그러므로 그리스도가 하나님의 영광을 드러내려고 여러분을 받아들인 것과 같이 여러분도 서로 받아들여야 한다. 그리스도께서 이스라엘의 약속을 이루기 위해서 할례를 받은 사람의 종이 되었고 또한 이교도들의 주가 되었으니, 이것이 하나님의 자비는 이스라엘에게 준 약속의 의미이기 때문이다. 그리스도 안에서 모든 사람은 하나님에게 감사하고 영광을 돌리게 하려고 선택받았고 부름받았으므로 공동체에서는 모든 사람이 서로를 받아 주어야 한다. 우리는 바울의 훈계의 외적 형식에 비추어, 비록 이러저러한 경우 그것의 모습이 다양하게 나타나는 것은 분명할지라도 계명이 분해, 해체되었다고는 말할 수 없다.

  하나님의 뜻이 그 모습의 다양성에도 불구하고 하나라는 것은, 우리가 바울의 훈계의 내적 근거에 주목함으로써 훨씬 분명해진다. 여기서 바울이 공동체에 하나님의 뜻과 계명을 선포하는 것에 대한 표현은 παρακαλεῖν(12:1), 훈계와 동시에 위로를 뜻한다는 것을 강조해야 할 것이다.(15:5 참조) 그들의 문제이기도 한 인간 존재의 절망적 상태에 직면하여 바울은 그들에게 훈계한다. 그리고 그는 그들을 위로하고, 그들의 믿음을 굳건하게 하기 위하여 그들을 훈계하고, 그들에게 믿음 안에서 살도록 호소한다. 그는 "하나님의 긍휼히 여김을 통하여" 그들을 훈계한다. 그러므로 그는 그들의 이성, 통찰, 자유에 호소하는 것이 아니고 그들 자신의 선함에 호소하는 것도 아니고, 그들이 이미 알고 있는 하나님의 선함에 호소한다. 하나님이 바울의 말대로 그들에게 바라는 것이, 그의 선함 안에 그 근거와 의미, 그 권위와 구속력을 가진다. 즉 그들은 하나님의 자비를 경험했고, 알고 있는 자들이다. 그들은 주가 얼마나 친절한가를 느꼈고 맛보았다. 거기서부터 그들은 이미 훈계를 받았고, 거기서부터 모든 훈계의 근거를 증언하면서 바울도 그들을 훈계하고자 한다. 사람들은 여기서 확실히 12:1-2와 로마서 11장의 결론과의 연관성을 주목해야 할 것이다. 곧 11:30-31에서는 그리스도인들이 믿지 않는 유대인들과 함께 하나님의 약속의 불변성에 근거하여 오로지 하나님의 자비에서 살 수 있고, 그의 자비에서 또한 실제로 살 수 있고 살아야 하는 그런 자들로서 자신을 인식해야 한다는 것이 진술되었다. 예수 그리스도의 사도로서, "나에게 주어진 은혜에 힘입어서"(12:3) 바울은 이 일에서도 또한 그리스도교 윤리가로서 발언한다. 그러므로 그는 지금 다른 과제에 착수하고, 새로운 원리, 특별한 방법을 사용하는 것은 아니다. 그가 로마서 전체에서 말해야 할 한 가지, 복음은 또한 바울이 지금 하나님의 계명으로 선포하게 될 이것을 뜻한다. 복음이 진정으로 선포되고 올바로 청취되는 곳에 또한 훈계가 있고, 또한 하나님의 계명의 선포와 청취가 있을 것이다. 오직 복음 안에서만 하나님의 계명은 올바로 선포되고 청취될 수 있다. 이 관점에서 로마서가 윤리적 측면에서 훈계로서, 결코 외부를 향해, 이교도들과 유대인들에 대해 충분히 언급하면서도 양자에게 말하지 않으며, 오히려 그것의 윤리는—잘 이해하건대, 그것의 보편적으로 의도되고 보편을 지향하는 윤리—전적으로 복음에 이미 순종하는 곳을 향하고 있다는 것은 주목할 만하다. 이 복종을 삶의 복종으로 재해석하고 설명하는 것이 그것의 의도이다. 14:1-15:13의 특별한 훈계가 사람들이 기대한 것처럼 균등하게 믿음에서의 "강자"와 "약자"에 대한 훈계가 아니라, 오히려 15:7까지 압도적으로 "강자"에 대한 훈계로서, 약자에 대해서 강자들이 지켜야 할 규칙을 진술하는 것으로 진행된다는 괄목할 만한 사실도 이런 노선에 속한다. 약자들이 이 훈계를 통해 깨달아야 하는 거의 모든 것은 다만 암시적으로만 언급되었고, 본문에서 다만 간접적으로만 추론될 수 있다. 하나님의 자비에 호소하는 것이 가능한 경우에만 하나님의 계명은 크게, 구속력을 가지고 선언될 수 있다. 저 "믿음에서 약자"의 경우 그렇게 보이는 것처럼, 이것이 분명하게 가능하지 않음에 비례해서, 훈계는 물론 효력을 정지하는 것은 아니지만, 침묵한다. 그것을 듣는 것은 믿는 자, 실로 믿음에서 강자의 특권이다. 믿음의 강자들이 그것을 필요로 한다는 것은 주목할 만하다. 그리고 그들이 다른 사람들에 비하여 훈계에 주목해야 할 의무가 있다. 사도가 "내게 주어진 은혜에 힘입어서" 행해야 할 훈계의 핵심은, 그것을 듣는 자들이(12:1) "그들의 몸을(즉 그 어떤 요소, 그 어떤 가능성과 기능도 유보하지 않고 그들의 온 인격을) 하나님이 기뻐 받으실 살아 있는 거룩한 제물로 내놓아야 한다."는 것이다. 그의 인격이 살아 있는 거룩한 선물, 하나님이 기뻐 받으실 제물이고, 그런 것으로 하나님에 의해 요구된다는 것이 인간에게 알려질 때에만, 이 요구는 분명히 의미 있는 것으로 인식될 수 있을 따름이다. 이것은 결코 자명하지 않다. 인간이 하나님에게 바쳐지기에 적합하고 기뻐할 만한 제물로 고려되며, 그가 이 제물을 바치기 위한 사제로 합법화되고 부름받았다는 것, 이것이 오로지 예수 그리스도 안에서만 실현된 인간 실존의 진리이다. 그, 예수 그리스도만이 이성적인 예배, 하나님과 인간 사이의 현실적인 관계에 객관적으로 상응하는 예배의 행동하고 인도하는 주체, 바치며 바쳐진 주체이다. 비록 이 예배 외에는 다른 이성적인 예배가 없을지라도, 이 예배에 참여하는 것은 모든 사람의 일은 아니다. 이 예배에 참여하는 것은 오로지 예수 그리스도를 믿는 자, 즉 그를 자기 주로 알고 그의 인격과 역사에 확신을 둔 자, 그의 이름으로 세례받고, 그의 성령에 참여하고, 그러므로 자기 위치에서 그의 직무와 임무에 참여할 준비가 되어 있고, 그럴 능력이 있는 자만의 일이다. 예수 그리스도를 믿는 자들, 이 믿음에서 강한 자들이 그의 의가 그들의 불의를 위해, 그의 거룩함이 그들의 거룩하지 못함을 위해, 그의 생명이 그들의 죽음을 위해 개입한다는 것을 앎으로써, 그들이 13:12에 따르자면 빛의 병기를, 13:14에 따르자면 주 예수 그리스도 자신을 옷 입음으로써 그들은 저 요구와 상관하는 자들이니, 그 요구를 성취함이 그들의 삶에 필수적이며, 그들에게 이것이 요청될 수 있다. 그들의 고귀함은 그들로 하여금—모든 백성이 할 의무가 없는 일을 하도록 의무를 지우는 것이 아니라 모든 백성이 해야 할 의무가 있기 때문에, 그들 가운데서 어쨌든 보편적인 책임의 표적으로서 이루어져야 하는 일을 행하도록 의무지운다. 그들은 그리스도의 죽음과 부활의 증인으로서 그들의 삶을 통해서, 하나님 나라가 가까이 왔으므로 이 세상의 형상은 사라진다는 것을 증언해야 한다. 그들은 이 세상의 형상에 적응하지 않음으로써(12:2), 세상에 대항하여 하나님의 뜻에 대해, 무엇이 선하고 무엇이 하나님을 기쁘게 하고 완전한가를 물음으로써, 이렇게 해야 한다. 우리는 13:11에서 훈계를 받는 자들의 믿음을, 거기서 그들이 유래한 역사로서 ($\dot{\epsilon}\pi\iota\sigma\tau\epsilon\acute{\upsilon}\sigma\alpha\mu\epsilon\nu$) 회고하고 있는 것과 거기서부터 이 역사에 의해 결정된 그들의 미래를($\dot{\alpha}\pi o\theta\acute{\omega}\mu\epsilon\theta\alpha$, $\dot{\epsilon}\nu\delta\upsilon\sigma\acute{\omega}\mu\epsilon\theta\alpha$, $\pi\epsilon\rho\iota\pi\alpha\tau\acute{\eta}\sigma\omega\mu\epsilon\nu$) 전망하는 것을 주목하라. 이 역사와 이 미래 사이에서 그들은, 밤과 아침 사이에 잠자는 많은 사람들 가운데서 일깨워진 자들과 같다. 그들이 잠을 잔 후에(저들에 앞서 파수를 서야 하는 자로서!) 일어나고, 낮이 아직 오지 않았지만 이미 대낮처럼($\dot{\omega}\varsigma$ $\dot{\epsilon}\nu$ $\dot{\eta}\mu\acute{\epsilon}\rho\alpha$) 행해야 한다. 그들 뒤에서 모든 밤의 세력들이 그들이 깨어난 후 비록 그들의 눈과 모든 지체들을 누를지라도, 이미 과거지사가 되어 버렸다. 그들은 그리스도가 그들을 받아들였다는 것을 안다.(15:7) 이제 그들에게는 서로 받아주는 것 외에 남는 것이 없다. 그들은 살아 있으나 죽으나 주에게 속해 있으므로 더 이상 스스로 살고 죽을 수 없다는 것을 안다.(14:7f.) 따라서 이 믿음에서 강한 자로 그들의 행함과 하지 않음은, 올바로 이루어질 때, 어쨌든 하나님에 대한 감사($\epsilon\dot{\upsilon}\chi\alpha\rho\iota\sigma\tau\acute{\iota}\alpha$)의 행위가 되어야 한다는 것이다.(14:6) 그들은 어쨌든 성령 안에서 그리스도를 섬겨야 하고, 이로써 하나님을 기쁘게 해야 하고, 이로써 인간들 앞에서 스스로 그리스도인임을 입증해야 한다는 것을 안다.(14:18) 따라서 그들은 하나님 나라를 어쨌든 자기 멋대로 먹고 마시는 자유에 있는 것이 아니라, 성령의 의와 평화와 기쁨에서 보고 찾아야 한다.(14:17) 사도의 전체 훈계는 그러므로 결국 기도로 넘어갈 수 있다.(15:13) "희망의 하나님이 믿음 안에서 여러분을 모든 기쁨과 모든 평화로써 채워 주시기를, 그래서 여러분이 성령의 희망과 능력으로 넘치기를 빕니다." 바울에게는 이렇게 희망으로 "넘침", 이 희망에서 오는 기쁨, 평화가 중요하다. 그는 그의 독자들이 분명히 예수 그리스도에 대한 믿음에 도달한 것처럼, 이 희망을 가지고 있음을 알고 전제한다. 그들이 공허하지 않고 이 희망으로 가득 차 있기를 바라며, 그들이 행함과 하지 않음에서 하나님의 선함을 인식하고 있기를 바라는 것이 그가 그들에게 향하는 훈계, 명령의 내적 통일성을 이루는 것이다. 이런 내적 통일성 안에서 또한 그의 외적 통일성도 근거하며, 또한 이 본문의 의미에서 여기서 진술된 것 외에 확실히 다른 하나님의 계명이 없다는 사실도 근거한다.

2. 하나님의 계명은 선하기 때문에, 그것은 인간에게 요구하는 모든 다양성에도 불구하고 그들 사이를 통일시킴을 뜻한다. 사람들은 공동적으로 인정된 도덕적 원리와 원칙들이 인간들을 실제로 통합시켰던 것을 아직 보지 못했다. 반대로 그들이 해석을, 개인적인 해석을 권면함으로써 그것을 적용할 때 이런 개인적인 해석을 필요하게 만듦으로써, 그것들의 수립은 언제나 은밀히 원심적인 효과를 가진다. 그것들은 독선, 보다 나은 지식, 여러 "관점", 명예욕, 열심, 분열, 당파 형성을 초래한다. 사람들이 자신들이

공통적으로 하나님의 우월하고 확정된 결정 아래 있음을 인식하는 한에서 자신들이 상호 같은 처지에, 같은 토대 위에 있음을 보고 아는 곳에서 도덕적 공동체는 성립한다. 하나님의 현실적인 계명이 두세 사람을 요구하고 심판하는 곳에서 이것은 다르게 일어날 수도 있다. 그들이 아무리 서로 다를지라도 그것에 의해 요구되고 심판받는다는 것이 그들을 필히 하나로 통합하고 그들을 결속시킨다. 그들이 서로를 계명의 올바른 성취자로 존경할 수 있다는 사실이 자명하지 않다고 할지라도, 신뢰의 문제가 그들 사이에서 매우 진지하게 제기될지라도, 한 인간이 다른 사람의 선함을 먼저 믿고, 그를 신뢰하고, 도덕적 원칙에 대한 그의 해석을 신뢰하는 경우에처럼, 이 문제가 풀릴 수 없는 것이 아니다. 현존하는 모든 상이점 위에는 아르키메데스의 점이 있고, 이 상이점들 속에, 위에 있는 일치성에 대해 묻는 것이 가능하고 필요하다. 하나님의 현실적인 계명은 어느 경우라도—그것을 듣는 곳에서, 그리고 객관적으로 또한 그것을 불완전하게 듣거나 혹은 전혀 듣지 않는 곳에서—모든 인간의 주가 가진 자유를 계시함이다. 그러나 이 자유가 계시되는 곳에서는, 이 주의 심판 아래 함께 처해 있는 자들이 서로를 심판하는 것은 객관적으로 가능하지 않다. 오히려 거기서는 서로 주를 위해 자유롭게 자신을 내어놓고, 그래서 이 자유 안에서 실제로 서로를 위할 수 있는 객관적인 가능성, 필요성이 생긴다. 이 주의 하나됨은 그의 종들 서로 간의 일치에서 그 상응점을 발견할 수 있고, 발견해야 한다. 그리고 계명을 듣는 곳에서 이 객관적인 가능성, 필요성은 주관적인 현실이 될 것이고, 이런 상응은 어떤 역사적인 모습을 갖출 것이다. 곧 인간들은 각자에게 주어진 계명의 구체적인 모습의 다양성으로 인하여 아무리 서로 멀리 있을지라도 함께한다. 그때 상호 간의 신뢰와 친교가 있다. 한 인간이 다른 인간에게 너무 가까이 감이 없이, 한 인간이 다른 사람 자신의 특별한 책임을 부정하고 박탈함이 없이 공동 책임이 성립한다. 그러나 하나님의 계명이 저 개념의 완전한 의미에서 선하기 때문에 그러하다. 하나님의 계명은 인간으로 하여금, 그 자신의 개인적, 직접적인 책임에서 벗어나고 그것의 요구에 직면해서 그의 주변의 의견과 결정의 우세한 힘에 굴복하기를 허락하지 않는다. 하나님의 계명은 인간을 언제나 직접적인 복종의 자유 속으로 옮겨 놓을 것이다. 그러나 다시금 하나님의 계명은 그에게 친교 안에서의 자유 외에 다른 자유를 허락하지 않을 것이다. 그것은 그로 하여금, 그것이 또한 겨냥하는 다른 자들과의 연합을 파괴하고, 그들과의 상대적인 싸움에서 절대적인 싸움으로 넘어가는 것을 허락하지 않는다. 만일 서로 간에 경쟁하여 의와 우정과 유익을 구해야 하고, 이런 추상에 근거하여 상호 절대적인 싸움을 해야 한다고 생각한다면, 그것은 하나님의 계명 탓이 아니라 언제나 그 청중 탓이다. 언제나 다만 한 계명, 그 개념의 완전한 의미에서 선한 계명을 올바로 듣기 위한 상대적인 싸움만이 가능하고 필요하다. 우리는 우리 자신에게도 또한 다른 사람에게도 이 싸움을 면제할 수 없다. 그런데 이 싸움은, 하나님의 계명 자체가 절대적인 평화의 계명이고, 오직 평화를 위해서만 투쟁할 수 있다는 인식 속에서만 올바로 수행될 수 있다. 하나님의 계명을 듣고 그것에 복종한다는 것은, 어떤 경우에든 친교로의 도상에 있음을 뜻한다. 우리가 그렇지 않고 어떻든 간에 상반된 도상에 있다면, 우리는 확실히―어떤 명분하에 이 일이 이루어지든 간에―하나님의 계명과 대립하고 충돌하게 될 것이다. 인간들이 하나님의 선함의 계명인 그의 계명 자체와 투쟁하느냐 혹은 평화 속에 있느냐에 따라서 인간들 사이에 현실적인, 원칙적인 분리가 시작된다. 분리는 하나님에게, 우리에게 요구된 것에 있지 않다. 우리가 하나님의 선함에 따라서 스스로 선해야 한다는 것은 언제 어디서나 요구되는 것이다.

바울은 그가 로마서에서 훈계한 자들을 첫 번째 문장에서(12:1) 형제들이라고 불렀고, 그 다음으로 이 명칭은, 특별히 그들 사이의 차이를 언급하는 곳에서 되풀이된다. 이 표현은 여기서나 다른 곳에서나, 예수 그리스도가 우리의 맏형이므로 하나님은(그의 명령과 금령을 우리는 기억해야 한다.) 우리 아버지라는 사실을 상기시킨다. 그들이 형제로 불림으로써 훈계받은 자들은 처음부터 공동의 자리에 세워진다. 그들 사이의 구별 혹은 구별을 인정하는 것은 그들이 들어야 할 훈계의 본 뜻일 수는 없다. 그들 중 어떤 사람이 다른 사람을 심판하거나 멸시하는 것은, 만일 양자가 모두 믿음 안에 산다면, 결코 있을 수 없다.(14:10) 형제가 다른 형제 앞에 걸림돌을 결코 놓지 않을 것이니, 즉 그의 행동을 통해서 아버지 하나님, 그의 아들 예수 그리스도와의 친교에서 그를 배제하고 제거한다고 위협하지 않을 것이고, 그가 그를 "슬프게 하지" 않을 것이니, 즉 그의 특별한 믿음에서(그에게서 유일한 믿음!) 그를 혼란스럽게 하지 않을 것이다. 사도의 훈계를 통해 강조되어야 할 계명이 각 개인에게 무엇을 뜻하든 간에 확실한 것은, 그것이 유일한 백성을 통해서 형제들이 이루어야 할 제사 행위(12:1), 한 개별 인간의 사적 문제가 아닌 저 예배에 참여함을 뜻한다. 여기서는 아무도 하나님의 이름으로 다른 사람과 경쟁할 수 없고, 오직 공동으로 행동할 수 있을 따름이다. 모든 사람들이 아무리 서로 다를지라도, 이 에온의 형상에 대하여 저항해야 하고, 그들의 감사를 새롭게 함으로써 하나님의 뜻에 자신을 맞추어야 한다.(12:2) 그렇기 때문에 사도의 특별한 훈계는(12:3) 이런 경고로 시작된다. 즉 아무도 스스로 마땅히 생각해야 할 바 이상으로 생각하지(ὑπερφρονεῖν) 말 것이고, 오히려 모든 사람은 하나님이 각자에게 나누어 준 믿음의 분량에 따라 신중하게 생각해야 한다. 지나치게 높이 오르는, 부적절한 생각이란 분명 한 인간이 그에게 주어진 믿음의 분량을 절대적으로 정하고, 그래서 다른 사람의 믿음과 경쟁하고자 하는 그런 것이다. 신중함이 그 자신의 믿음 안에서, 그러나 또한 다른 사람의 믿음 안에서, 오로지 유일한 의로운 믿음을, 즉 그것의 근거와 대상을 재발견하고, 그것에 의해서 엄밀히, 다른 믿음이 아니라 그 자신의 믿음의 근거, 대상을 재발견하며, 그의 믿음 안에서 다르게 믿는 자들과 더불어 사는 자의 자세이다. 그와 다른 사람의 차이의 현실은 14:1-2에 의하면 강한 믿음과 약한 믿음 사이의 심각한 차이에 근거할 것이다. 그러나 이 경우 이 현실이 어떤 절대적으로 공동체를 분열하거나 파괴할 근거를 제공하지는 않을 것이다. 상대적인 싸움도 다만 절대적인 평화를 위해서만 수행될 따름이다. 그러나 이 경우에 대해 바울은 나중에 말할 것이다. 우선 12:4-5에 의하면, 모든 믿는 자들이(강한 자나 약한 자) 속해 있는 하나의 나누어지지 않은 그리스도의 몸은

3. 하나님의 결정의 선함 773

많은 다양한 지체들을 가지고 있고, 하나의 나누어지지 않은 은혜가—믿음이 강한 자뿐 아니라 믿음이 약한 자들에게도—그들의 믿음 안에서 다양하다는 것을 생각해야 한다. 인간의 소질, 기질, 성향의 다양함이 사람들을 분리시켜 놓을 따름인 반면에, 지체와 은혜의 선물의 다양함은 사람들을 통합시킨다. 바울은 이 일에 대해 확신하므로, 12:6-7에서 사람들이 기대하는 대로 저 인간의 다양성에 대해 말할 때, 분리시키는 것을 배후로 그리고 결합시키는 것을 전면으로 놓도록 훈계하는 것이 아니라, 거꾸로 각 인간에게 자기 생명력을 소진하지 말고 그에게 부여된 은사를 진지하게 철저히 사용하도록 권면한다. 각자는 하나님의 뜻을 통하여 그에게 주어진 것을 완전히 사용해야 한다. 그에게 부과된 임무를 관철해야 한다. 그를 부르는 주의 자유에 근거하여 그가 살아야 할 자유 안에서 그는 12:3에서 말한 의미대로 공동체를 파괴하지 말고 세우도록 신중하게 살 것이다. 그리스도의 몸의 지체인 그에게 은혜의 선물로 주어진 것, 즉 예언의 말, 혹은 사랑의 봉사, 혹은 가르침, 혹은 훈계, 혹은 선사, 혹은 다스림 혹은 자비, 이 모든 것은 서로 싸울 수 없고, 이 모든 것으로 자기 자신을 섬기는 것이 아니라(그가 자신의 욕망과 탐욕대로 산다면, 그렇게 행했을 것인데) 공동체를 섬기며, 공동체의 모든 사람을 섬기며, 공동체와 모든 다른 사람들을 넘어 공동체가 책임을 지고 있는 세상을 섬기며, 공동체와 세상 양자의 주가 되는 분을 섬긴다. 모든 것 속에서, 모든 것과 더불어 그는 확실히 저 이성적인 예배의 공동체 행위에 참여할 것이다. 12:9-21에는 헐겁게 연결된, 거의 전적으로 짧은 형용사 및 분사 구문들로 이루어진 일련의 지시들이 따른다. 그 가운데 어떤 하나도 개별 인간의 사적 삶에 관계되는 것이 없음을 주목하라. 오히려 전체적 진술은 형식적으로는 정확히 말하자면 눈에 띄지 않게 은사에 관한 구절과 연결되고, 내용적으로도 순전히 다른 사람들과의 공동 생활로서의 그리스도인의 삶을 위한 지시를, 즉 우선(12:9-13) 그리스도인 상호간의 공동 생활, 그러고 나서(12:14-21) 그들을 둘러싸고 있는 비그리스도교적 주변 세계의 인간들과의 공동 생활에 관한 지시를 포함한다. 여기서 국가 질서에 순응하라는 훈계는(13:1-7) 의미심장한 위치를 얻는다. 그리고 율법 전체를 포괄하는 사랑의 계명을(13:8-10) 강조함으로써(사랑을 통해 세상 안에서 교회는 세워지고, 이로써 하나님이 명령한 일이 행해진다.), 이 진술 전체는 의미심장하게, 12:9의 시작에 상응하여 종결된다. 또한 여기서는 분명히 온 세상 앞에서 그것의 공개성을 강조함 가운데 저 공동체 행위를 서술한다. 사랑 개념 속에(12:9) 분명히 여기서 바울이 요구한 그리스도인의 행위 전체가 포함된다.—국가 권세에 대한 그들의 관계에 관해 말한 것을 포함하여! 교회를 세우는 사랑은 진실할 때 "위선적이지" 않고, 그것이 하나님의 사랑의 증거가 되고, 교회의 각 지체는 자기 자신을 하나님 사랑의 대상으로 인식할 수 있을 때 그 사랑은 진실되다. 바로 이 사랑은 이웃에 대하여 지혜가 될 것이니, 즉 이웃에게서 만나는 악을 부인하고 또한 그 이웃에게서 만나는 선을 시인할 수 있을 것이다. 그 사랑은 이 지혜 안에서, 12:10에 의하면 친밀한 형제 사랑이 될 것이다. 즉 사랑 안에서 사람들이 자기 자신이나 다른 사람을 생각하는 것이 아니라, 친밀하게 다른 사람들과 함께 공동의 주를 생각하며 찾고, 그렇기 때문에(12:11) 자기 자신의 자유와 책임을 포기하지 않고 형제에게서 기꺼이 맏형의 대리자를, 그러므로 공동의 아버지를 보며, 따라서 그 형제에게 우선권과 명예를 허락할 것이다. 성령에 의해 일깨워지고 성령의 인도에 따르는 이 사랑의 열심은 식지 않을 것이고, 그 불은 꺼지지 않을 것이고(아 8:7), 그의 봉사는(주를 위한 봉사로서) 중단되지 않을 것이고, 그 희망은(12:12) 기쁨이 없지 않을 것이고, 그의 인내는 시련 속에서도 꺾이지 않을 것이고, 그의 기도는 막히지 않을 것이고, 성도들의 필요한 것(12:13), 즉 주를 섬기기 위한 온 공동체의 삶을 등한시하지 않을 것이다. 그러므로 이 모든 것과 더불어, 이처럼 각 인간을 온전히, 중단 없이, 그러나 보다시피 완전히 실질적으로 요구하는 형태로 사랑은 공동체 안에서 살아 있다. 그러므로 사람들은 여기서 저 이성적인 예배에서 더불어 있다. 어떤 인간이 다른 인간을 개인적으로 애호하는 것은 확실히 배제되지 않으나, 사랑으로 서술되는 것에 의해서 또한 필연적으로 요구되고 있는 듯 보이지는 않는다. 이 그리스도교적 사랑은 최고의 객관성의 의미와 능력, 진지성과 자유, 무한함과 한계를 가진다. 그러므로 그것은 참되고 인내할 능력이 있다. 고린도전서 13:8에 의하면 그 사랑은 결코 중지할 수 없고, 어떤 센티멘털로 변질될 수 없고, 또한 지치지 않고, 무관심, 거리낌, 분열로 왜곡될 수 없다. 그것은 온 정열을 요구하므로, 그 자체가 정열은 아닌 그 사랑은 영구성, 힘, 권위를 가진다. 그것의 운동과 정지는 자연이 아니라 은혜에 근거하며, 그 안에 모인 인간들의 개인적 욕구에 근거하는 것이 아니라 공동체 및 그 주의 직무, 과제에 근거하며, 사람들에 대한 존경심이 아니라 하나님에 대한 두려움에 근거한다. 혹은 거꾸로 은혜에 사로잡히고 새로워진 자연에 근거하며, 공동체 및 그 주를 섬기도록 세워져 있는 개인적인 필요에 근거하며, 하나님에 대한 두려움으로 창조된 인간들에 대한 존경에 근거한다.

그리고 이것이 그리스도인들이 고린도전서 13:8-10에 의하면 세상에 대해 결정적으로 빚지고 있는 것이다. 즉 그들은 이 세상에서 사랑해야 한다. 저 사랑이 그것의 깊이와 철저함 속에서, 그것이 가져오는 모든 기쁨과 슬픔과 더불어, 정열과 혼동될 수 없는 그 모든 열성 안에서 그리스도인들 가운데서 살아 있음으로써, 교회가 세워지고 그러므로 하나님이 요구한 선한 행위가 내적 그리스도인 무리 안에서 일어날 뿐 아니라, 모든 사람을 위하여, 온 세상을 위하여 이 무리를 창조하고 유지함과 더불어 일어난다. 모든 개별 그리스도인은 저 현실적으로 사랑하는 자로서 이 선한 행위에 참여한다. 그는 이로써 모든 이웃에 대해 빚지고 있는 것을 줄 것이다. 그것의 형성과 보존을 향해 모든 것이 지향하고 있는 교회의 특별한 친교는 어떤 절대적인 구별을 뜻하는 것이 아니라, 보다 포괄적인 친교를 근거짓는다. 교회는 이 에온의 형상에 대해 항거함으로써(12:2) 이 세상의 형상에 집착하는 인간들에 적대하는 것이 아니라 그들을 위할 따름이다. 그러므로 교회는 그리고 교회 내의 모든 개별 그리스도인은 교회와 그들을 개인적으로 위협하는 박해에 대해 저주가 아니라—마치 여기서 한 당파가 다른 당파와 적대하는 것처럼—축복으로 답변할 따름이다.(12:14) 그리스도인들 자신이(롬 5:10) 아직 원수였을 때 하나님과 화해한 것처럼, 다른 사람들이 그들의 원수일 때, 그들은 "화해의 섬김"(고후 5:18)에 착수하고 실행해야 한다. 그들이 그들로 하여금 자신들의 길을 가게 하고, 그들은 그들의 그리스도인으로서의 길을 감으로써는 확실히 그들을 "축복할" 수 없다. 그들은 다른 사람들, 저 밖에 살고 있는 자들과 더불어 기뻐하고, 그들과 더불어 슬퍼하고, 그들과 더불어 함께함으로써, 저들에게 닥친 시련에 대해 답변함으로써만 확실히 그들을 축복할 수 있다. 그들 자신의 그리스도인으로서의 삶을 포기하고 상실함으로써가 아니라 그것을 확증함 가운데, 즉 공동체의 일치와 그 과제를 통해 결정된 노선을 속행함으로써(τὸ αὐτὸ εἰς ἀλλήλους φρονοῦντες, 12:16) 그들을 축복할 것이다. 그리고 이 노선은 그들이 높은 곳을 향한 특별한 욕망에(12:3 참조), 이 세상의 형상의 특징을 나타내며 세상의 자녀들이 집착하고 있는 것에, 곧 하나님을 모방하고자 하는 충동에 동참하지 않는 데 있다. 오히려 그들은 세상 안에서, 예수 그리스도 안에 있는 하나님의 은혜가 그들 자신을 발견한 그 자리에, 곧 그 자신의 지혜와 능력에 의해 아무것도 이루어진 것이 없음을 아는 인간성의 비천함 속에 있을 것이고, 인간에게서는 아무것도 기대할 것이 없고 하나님에게서만 모든 것을 기대할 수 있는 곳에서, 모든 하나님을 모방하고자 하는 욕망에 대항하여 인간의 인간성을 고백하는 곳에서, 언제나 함께 기뻐하고 함께 슬퍼할 것이다.(12:16) 바로 여기서 12:3에서 중요한 개념 φρονεῖν이 다시 등장하고 첨가된다면: "스스로 지혜 있는 체하지 마시오." 우리는 은사의 수여와 올바른 사용에 관하여 기억하게 된다. 그리스도인들은 비그리스도교적 환경 가운데서도 언제나 ταπεινά, 사소한 일들, 덜 두드러지고, 덜 대중적인 가능성에 이끌릴 것이고, 소수의 편에, 모욕받고 천대받는 자들 편에 서게 될 것이다. 그 이유는 그들 자신이 다만 은혜를 통해서 그들이 되었으며, 바로 은혜를 통해서 그 나름대로 각자 은사를 받았고, 자신들끼리 단결하여 있기 때문이다. 그들은 바로 이런 자세로, 은혜를 선사받은 자로서, 그러므로 겸비한 자로서 일치 단결하여서 적대적으로 저항하는 주변 세계를 향해 나가며 혹은 오히려 사제답게 그 편에 선다. 이런 자세로 그들은 그들의 적대자에—마치 한 당파가 다른 당파에 대하듯이—악을 악으로 보응하거나 세상적 오만을 그리스도교적 오만으로 대응하는 것이 아니라, 모든 인간들 앞에서—이것이 인식되든 아니든 간에—객관적인 선, 만인의 공동체 일을 위하여 개입할 것이다. 오직 자기 자신을 지혜롭다고 여기지 않는 자만이 이렇게 할 수 있다. 그들은 은혜의 지혜를 알기 때문이다. 그러나 그들은 이렇게 할 수 있다. 그들은 어떤 경우라도 이렇게 한다. 하나님의 평화의 선물을 받아들인 자들로서(롬 5:1) 그들은 모든 인간들에 대해서—그리고 주로 그들의 적대자들에 대해서—스스로 살아 있는, 절대적으로 정직하고 결코 철회될 수 없는 평화의 선물이다.(12:18) 그것이 어떻게 될 것인가는 그들의 손과 능력에 달려 있지 않다. 그들에게 주어진 가능성의 한계 안에서, 그들은 이 보편적이고 절대적인 평화의 선물 외에 다른 것이 되려고 할 수 없다. 그들에게 불의가 가해질 때, 그들은 자신의 일로 싸울 수 없고(12:19) 그러므로 자신의 권리를 구하려고 할 수 없다. 그들은 하나님의 사랑을 받는 자들로서, 하나님이 이 목적을 위해서 세운 국가 질서 아래 그들이 종속하는 형태로가 아니라면 하나님의 진노를 증언하는 데 종사하지는 않는다. 그 이유는 그들은 그것이 이루어질 것을 알기 때문이고, 그들은 그리스도인으로서 13:1-2에 따르자면 또한 제자리에서, 하나님이 원하는 올바른 방식으로 그것이 이루어지도록 돌볼 책임이 있다는 것을 알기 때문이다. 그들이 이 책임에서 벗어나지 않음으로써, 그들이 하나님의 진노에 그 자리를 줌으로써, 하나님의 진노를 알 뿐 아니라 또한 그것이 그의 사랑이 불타는 것임을 아는 그리스도인들로서 동시에 이 자리를 넘어선다. 공동체와 모든 그리스도인의 임무는(12:20) 국가의 임무를 포함하므로 국가의 임무를 오인하지 않으며, 같은 것을 같은 것으로 응보하는 대신 같은 것을 다른 것으로 대응하는 데 있고, 그러므로 그의 평화의 선물을 받지 않는 인간을 자기 원수로 간주하거나 인정하지 않고, 심각하게 받아들이지 않고, 그가 끝까지 원수로 남도록, 다시금 그의 원수가 되도록 허락하지 않음으로써 그 "원수"와 싸우고 극복함에 있다. 그는 정치 질서의 틀 안에서, 그리고 무질서에 대항하는 그것의 필연적인 투쟁 안에서도 그의 원수가 되지 않을 것이다. 그는 또한 이 질서의 틀 안에서, 그것의 신적 의도를 성취함에서 그를 적대하는 것이 아니라 그를 위할 것이다. 그는 그를 궁핍한 자, 굶주린 자, 목마른 자로 취급하고, 그를 먹이고 마시게 하고 궁핍한 자가 필요로 하는 것을 그에게 베풂으로써 그를 정복하고 "그의 머리에 숯불을 쌓을 것이다." 그리스도인의 굴하지 않음, 악에 대항하는 항거는 바로, 그리스도인이 평화를 제안함에서 결코 혼란에 빠지지 않고(12:21), 결코 악에 의해 정복당하지 않고, 악을 악으로 응보하려는 유혹에 넘어가지 않고, 악을 선으로 극복하는 길에서 따라서 원수와 함께 친교하는 길에서 벗어나지 않는 것이다. 그는 원수가 아니라 악에 대해 친교를 거부한다. 그리고 그러므로 그는 원수와 함께 이것을 추구한다.

 13:1-7의 유명한 구절은 세상에 대한 그리스도인의 관계에 관한 이 기본 규칙에서 예외가 되지 않는다. 이 구절은 아무도 저 규칙을 준수하면서 보편적인 혼돈의 발생을 두려워해서는 안 된다고 말한다. 세상에 드러나는 악에 대한 하나님의 반대는, 사람들이 공동체의 평화의 제안을 아직 혹은 더 이상 청취하지 않고 받아들이지 않는 곳에서도 진정으로 정당화되도록 한다. 그렇기 때문에 그리스도인들은 악한 자들에 대항하는 싸움에서 특별한 당파를 형성할 필요가 없다. 그들은 악한 자에 대해서 굴하지 않고 친교의 길에 들어서야 하고, 그 길을 가야만 한다. 왜냐하면 하나님은 그들의 자의에 오래전부터 대항했고, 그들이 흔들지라도 열 수 없도록 그들의 길에 빗장을 질렀기 때문이다. 왕이요 통치자인 아들이 모든 권세들 위에 있고, 강력히 다스림으로써, 예수 그리스도의 아버지 하나님이 공동체 밖 세상 속에 또한 세웠고 굳건하게 한 질서를 통해서 악한 자들은 실제로 억제되고 있다. 그리스도인들은 그의 보호 안에 있고, 공동체는 자유로이 악을 선으로 보응한다. "내게 하늘과 땅의 모든 권세가 주어졌다."(마 28:18) "당신은 그에게 모든 육신을 다스릴 권세를 주셨습니다."(요 17:2) — 또한 올바른 정치적 권세까지도. 그렇기 때문에 공동체의 특수한 의무는 또한 올바른 정치적 권세를 인정하는 데까지 미치고, 그의 특수한 과제는 그 권세를 실행함에 대한 책임에 동참하는 데까지 미친다. 모든 사람은—공동체 내의 모든 사람이 하나님의 자비에 근거하여!(12:1)—그 권세에 맹목적으로 비판 없이 굴복해서는 안 되지만(바울은 ὑποτάσσεσθαι, "굴복"을 말할 때 이것을 의미하지 않는다.) 굴복하고 순응해야 한다. 국가 질서 자체는 하나님으로부터 온 것이며(13:1), 국가 질서가 있는 곳에서는 언제나 그것은(그것이 부분적으로 무정부주의 혹은 전제 정치인 한에서가 아니라, 그것이 합법적인 질서인 한에서) 하나님에 의해 제정된 것이다. 따라서 거기서 벗어나려 하고 그것에 대항하고자 하는 자는 하나님의 명령에, 그의 아들의 왕적 통치에 항거하려는 것과 같다.(13:2), 인간들이 하나님의 은혜에 어떤 여지도 주지 않는 곳에서도, 그러므로 또한 그의 은혜의 빛이 아직 비칠 수 없으므로 그의 진노의 그림자가 퍼져야 하는 곳에서도, 그것은 인간들의 공동 생활을 보장하기 위한 하나님의 명령이다. 객관적으로 또한 그의 진노에도 그의 은혜가 없지 않다. 여기서 하나님의 은혜가 그의 진노의 형태로 존재한다는 사실은, 국가 질서가 칼의 질서요 강제의 질서, 공포의 질서라는 데서 드러난다. 국가 질서는 이 세상의 형상을 특징지우는바 저 자연적인 인간이 하늘까지 도달하려 하는 욕망의 파괴적인 힘을 예견하며(12:16), 아직 새로워지지 않은 모든 생각의 공격적이고 폭발적인 결과를 예상한다.(12:2) 인간은 이런 생각 속에서 자신을 지혜롭다고 여긴다. 거기서 필연적으로 일어날 것이지만, 하나님은 인간들이 이런 상태 속에서 상호 파멸시키는 것을 바라지 않는다. 하나님은 또한 로마서 1:24, 26, 28에 따르자면 그들 자신의 욕망에 내맡긴 인간들을 그대로 내버려두지 않았다. 하나님은 그들이 욕망에 따라 행동하는 것을 막았다. 하나님은 인내한다. 하나님은 인간들에게 그의 은혜를 알 수 있는 시간을 주고자 한다. 하나님은 또한 그의 공동체에도 그의 은혜를 선포할 시간을 주고자 한다. 하나님이 세상과 그의 공동체에 그의 은혜를 알 시간을 주고자 하는 것이, 국가 질서 안에서, 국가 질서에 대한 그의 뜻이다. 그것이 칼의 질서, 강제의 질서, 공포의 질서이어야 한다는 것은, 하나님이 그것에 준 이 목적의 본질에 속한다. 사람들이 하나님의 은혜를 아직 인식하거나 찬양하지 않고 또 아직 순종하지 않는 곳에서는 오직 칼만이, 오직 강제만이, 오직 공포만이 지배할 따름

이다. 은혜를 선포하고 인식할 시간과 자유를 갖는 것만이 문제가 되는 경우, 인간들의 삶이(하나님의 은혜에 반하여) 은혜 없는 삶이라는 전제하에서 그들의 공동의 삶을 가능하게 만드는 것만이 문제가 되는 경우, 은혜 자체는 은혜 없는 질서의 모습을 취해야 하고, 유지해야 한다. 예수 그리스도 안에서 이미 극복되었고 폐기된 이 세상의 모습에 상응하는 이 은혜 없는 질서가 바로 국가 질서, 물리적 힘의 위협과 행사를 통해 세워졌고 수호되는 법 질서이다. 왜 그 질서에서 벗어나거나 저항해서는 안 되는가? 그 이유는, 이 은혜가 이 세상의 모습에 여전히 얽혀 있는 인간과도 관계되고 그들에게까지 미치는 한, 또한 이 은혜가 인내로써 지키고 보호하는 성격을 지니고 있는 한에서, 그 질서는 은혜 없음에도 불구하고 은혜의 나라의 모습이기 때문이다. 가까이 다가오는 하나님 나라에 상응하여 친교에 이르는 전혀 다른 길 위에 있는 그리스도인들은 하나님의 은혜를 또한 이 은혜 없는 모습 속에서도 재인식해야 한다. 그들은 그들과 세상에 아직 시간과 자유를 허락하고자 하는 하나님에게 배은망덕할 수 없다. 그들이 하나님의 저 명령을 인정하려 하지 않는다면, 그들은 스스로를 지혜 있다고 여기는 자들일 것이다. 그러므로 사도는 그리스도인들에게 국가 질서에 순응하고 예속하도록 권면한다. 그들은 이로써 그들의 특별한 임무, 하나님의 은혜를 인식함에 상응하는 친교에 이르는 특별한 길을 포기하지 않는다. 하나님이 이 세상의 모습에 얽매어 있는 인간들에게 이런 질서를 줌으로써, 하나님 자신처럼 그들도 그 모습에 적응하지 않는다. 하나님이 이 질서를 주는 것은 그것이 예수 그리스도 안에서 이미 극복되고 폐기된 후, 세상의 모습을 확증하기 위해서가 아니라, 오히려 그것의 전적인 제거를 예비하기 위해서다. 같은 의미에서 그리스도인들은 이 질서에 순응하고 예속되어야 한다. 가장 문자적인 의미에서 이 질서는 잠정적인 질서요, 궁극적으로 계시되어야 할 인간사의 질서에 선행하고, 그 질서를 예비하는 질서이다. 그러나 그것은 그런 것으로서 또한 하나님의 질서이다. 곧 그것도 한 나라, 한 주권, πολίτευμα를 나타내는 데서 그렇게 인식될 수 있다. 그리고 이 질서도 선, 즉 의와 우애와 유익을 만들거나 선포하지는 못하지만—그것이 국가 질서이고 그 반대가 아닌 한—인간들의 공동 생활을 보존하고, 공동체의 존재를 무의미하게 만들 수밖에 없는 파괴로부터 지켜 줌으로써, 그것의 선포와 인식을 수호하고 외적으로 가능하게 만든다는 데서 하나님의 질서로 인식될 수 있다. 그리스도인들은 국가의 칼의 질서, 강제의 질서, 공포의 질서에서 하나님의 질서를 인식하기 때문에, 그들 자신은 비(非) 정치적이거나 반(反) 정치적이 될 수 없고, 이 질서에 대해 적대적이거나 국외자가 될 수 없고, 무관심하거나 냉담하게 바라볼 수 없다. 그들이 친교에 이르는 길을 떠남으로써만, 즉 그들이 스스로 하나님의 계명의 청취자, 전달자, 실천하는 자, 선포자, 그리스도의 나라의 시민이기를 중지함으로써만, 그들이 스스로 하나님의 인내를 바랄 수 없으리라는 망상 속에서 그들까지도 붙잡는 하나님의 은혜를 저버리고자 할 때, 그들은 이렇게 할 수 있을 것이다. 그들이 그리스도인이기를 중지하지 않는다면, 하나님 자신이 인내하는데, 그들이 참을성이 없을 수 없을 것이다. 그때 그들은 그들의 이성적인 예배가 하나님 자신의 뜻과 역사에 상응하여 정치적인 예배의 모습을 가져야 한다는 것과, 그 예배가 또한 인간사의 저 잠정적이고 은혜 없는 질서의 존속과 삶에 참여함에 있다는 것을 이해할 것이고, 실천적으로 깨달을 것이다. 국가 권력은 13:4에서 분명히 "하나님의 일꾼"(διάκονος θεοῦ)으로 표시되며, "하나님의 일꾼"(λειτουργοὶ θεοῦ, 13:6)으로서 권력을 지니는 자, 집행자, 통치하는 자, 위임받은 자이다. 하나님의 위임을 받아서, 그리고 그의 명령으로 하나님을 섬길 때, 그리스도인들은 항거할 수도 없고 또는 수동적으로 방관할 수도 없다. 그들은 13:5에 설명된 대로 은혜 없음의 관점에서부터, 이 질서를 12:19에 언급한 하나님의 진노의 공간의 질서로 간주할 수만은 없다. 그들은 페스트나 지진의 발발에―하나님의 진노의 다른 표적으로서―굴복해야 하듯이, 그렇게 그 질서에 굴복할 수만은 없다. 그들은 국가의 존재 아래서 고난당하려고만 할 수 없다. 오히려 그들은 "양심 때문에" 국가에 순응하고 예속되도록, 즉 이 은혜 없는 질서 안에서 하나님의 자비로운 의지를 인식하도록 명령받는다. 그들은 이런 자유롭고 자발적인 복종의 모습으로 국가를 대하며, 이 질서를 정직하게, 능동적으로, 완전히 시인하도록 명령받는다. 그들은 하나님의 것을 하나님에게 바치면서 또한 황제의 것, 즉 국가 질서를 유지하고 관철하기 위해서 필요한 것, 그리고 그들에게 개인적으로 요구되는 기여(13:6f.), 그러므로 이 질서의 존립을 위한 책임을 함께 지는 일을 황제에게 돌리며, 결코 유보할 수 없다. 바로 그들은 시민으로서 사고하고 행동할 때 자신이 무엇을 하는지 안다. 바로 그들은 모든 일을 진지하게 행할 능력이 있고, 그렇게 부름받았다. 여기서 그들에게는 중요한 것은 우연적인 계기나 개인적 기호의 문제가 아니라 예배이다. 그러나 또한 그들은 이 일의 한계, 잠정성을 안다. 그러므로 또한 그들은 이 일에 참여하기 위해 필요한 합리성을 가졌고, 국가 질서와 국가 질서라는 의상 속에 감추어져 있는 무질서의 모든 형태를 구별하기 위해 필요한 솔직성과 용기를 가졌다. 그들은 황제가 자신을 이해하는 것보다 더 잘 황제를 언제나 이해할 것이며, 황제에게 바쳐야 할 것을 황제가 그에게 요구하는 것보다 언제나 더 잘 바칠 줄 알 것이다. 그들은 인간보다는 이 질서의 설립자, 보증인으로서 하나님에게 더 복종함으로써 이 질서의 틀 안에서 인간에게 올바로 복종할 것이다. 그들은 아주 진지하게 시민이 될 것이다. 왜냐하면 그들은 단순히, 우선 시민이 되는 것도 아니고 마지막으로 시민이 되는 것도 아니기 때문이고, 그들은 빌립보서 3:20에 하늘에 그들의 "시민권"(πολίτευμα)을 가졌기 때문이고, 그들의 예배는 정치적 예배로 끝나 버리지 않고 이것을 포함하기 때문이고, 그리스도인으로서의 그들의 사고와 행동은 그들의 정치적 사고와 행동을 포괄하고 능가하기 때문이다. 그들이 국가 질서에 순응하고 예속함으로써, 그리스도인으로서의 그들의 특별한 길이 중단되는 것이 아니라 오히려 그 길을 걷는 것이다. 그들은 또한 이와 함께 12:21에 따르면 악을 선으로 극복하기를 계속할 것이다. 하나님 자신이 이 질서를 세우고 유지하면서 사랑하기를 중지하지 않고, 오히려 특별하게 계속하는 것 같이, 그들도 또한 사랑하기를 계속할 것이다. 교회는 은혜를 선포함과 더불어 국가의 은혜 없는 질서 가운데서 계속 살며, 이 질서와 대결하지 않고 오히려 그것의 궁극적인 의미와 목적을 드러냄으로써 그것의 존재를 궁극적으로 정당화시키며, 바로 그렇기 때문에 그것을 능가하고, 바로 그렇기 때문에 그것의 내재적인 목표에 구속받지 않고, 국가의 가능성과 권한이 끝나는 곳에서 시작하며, 그렇기 때문에 그 자신의 삶을 산다. 우리는 바울이 이 문제를 발설하는 문맥, 즉 선행하는 구절 12:14-15에서, 또한 이미 언급한 13:8-9의 구절에서, 또한 그가 지금 특별한 그리스도인의 길에, 그리고 그 길의 정치적 성격에, 그리고 다시금 특별한 그리스도인의 길에 대해서 말한 이행구에서, 바울이 저 정치적인 부분으로 등장시킨 것을 그의 훈계 속에 있는 어떤 이물질로 이해하려 하지 않는 것을 본다. 그리스도인 공동체가 그 자체의 삶을 삶으로써 그리스도교적 사랑의 행위가 이루어진다. 그러나 그리스도인 공동체의 자체적 삶은 이런 정치적 차원도 가진다. 그의 삶이 이런 차원을 가지지 않는다면 그것은 친교에 이르는 모든 길 중의 길이 아닐 것이다. 여기서 전적으로 중요한 것은 이 삶이 그리스도인 공동체의 삶으로서 언제나 지속되는 것이다.

그리스도인의 삶, 그리스도인의 사랑은 또한 이 차원을 가진다. 그것은 12:14에 서술된 것처럼,

비그리스도교적 주변 세계에 대해서 형성된다. 그것은 하나님의 인내를 고려하면서 그리스도인들이 또한 국가 권력의 행위에 참여하기를 요구한다. 이 훈계의 의미와 능력은, 교회가 교회로 머물러 있는 것에 달렸고, 따라서 12:9-10에 서술된 대로 그리스도인들이 그들의 주의 일을 위하여 공동으로 펀드는 일이 거듭하여 사건이 되는 것에 달렸고, 따라서 그리스도인들이 서로 사랑하며, 12:3-4에 서술된 대로, 친교 행위가 중단되지 않음으로써 율법 전체를 이루는 것에 달렸다.(친교 행위는 공동체에 계시되었고 그들에 의해 인식된 은혜를 통해 이 모든 개별 그리스도인들에게 부여된 은사에 근거하여, 그 한계 안에서 가능케 되었고, 일깨워진다.) 중요한 것은 13:10-11에 의하면 그리스도인들이 잠자는 많은 사람들 가운데서 진정으로 잠에서 깨어나서 일어난 저 무리가 되는 것이다. 저 무리가 상호 간의 친교에 이르는 길에 있지 않다면, 그들이 주변 세계와의 관계에서, 국가의 삶에 참여함에 있어서야 어떠하겠는가? 그리스도인의 친교는 모든 다른 친교의 진수이니, 그리스도인의 친교란 12:9-10에 따르자면 그리스도인들이 평화의 제안을 가지고 그 주변 세계에 대해서 추구해야 하는 것일 뿐 아니라, 그들이 13:1-2에 따르자면 국가 시민으로서 평화의 제안이 아직 들어가지 못했으며, 하나님의 인내하는 뜻에 따라서 인간의 공동 생활을 파괴하기 위해서가 아니라 그것을 유지하기 위해서 평화의 제안이 선포되어야 하는 곳에서 확증해야 하는 것이다. 그리스도인들이 그렇고 그렇게 사랑하고, 사랑함으로써 하나님의 계명을 이루는 것은, 그들이 서로 사랑함에 달렸다. 14:1-15:13의 대결론부에서는 분명히 로마의 공동체 생활의 특별한 난관을 염두에 두면서 모든 친교의 이런 본질에 대해 다루고 있다. 12:3-4에 서술한 대로, 한 은혜의 다양한 선물이 있는 것만이 아니다. 이 은사에 직면하여, 거기에 나타난 대로, 계명은 각자가 그에게 주어진 은사를 완전히 사용함으로써 그리스도의 거룩한 한 몸의 거룩한 지체의 삶을 살아야 하며, 각자는 자기 위치에서, 자기 영역 위에서 스스로 전체를 대표하고, 이로써 신중하게 다른 모든 사람들과 전체를 섬겨야 한다는 것이다. 또한 저 다양한 은사에 관계없이 은혜를 받는 것도 다양하고 그러므로 또한 모든 사람에게 요구되는 복종의 형태에도 인간에 따라서 다양하다. 그런 사정이 공동체의 성격을, 바로 이 세상의 형상이 극복되고 폐기되었을지라도 여전히 그들 위에 세력을 가지고 있다는 것에 의해 제약받는, 잠정적인 공동체로서 규정한다. 이런 이유로 공동체는 동일한 전제에 근거하는 국가 질서와의 연대에서 벗어날 수 없다! "믿음이 약한 자들"이 있고(14:1) "강한 자"가 그들과 대립한다(15:1)는 사실은, 공동체에 계시되었고 공동체에 의해 인식된 은혜에 의해서, 예수 그리스도와 그의 성령에 의해서는 이해될 수 없고 설명될 수 없다. 바울은 공동체의 지체들 간에 있는 이런 다양성을 근거짓거나 정당화한 것이 아니라, 국가 질서의 전제, 즉 세상 안에서 여전히 존속하고 있는 악의 현실처럼, 단순히 확정지었다. 그러므로 그는 이 다양성을 공동체의 특별한 부로서 찬양한 것이 아니다. 그는 그것을 삶의 표시 같은 것으로 평가하지 않았다. 그는 다만 그것을 예견했고, 그것이 단순히 제거되거나 소멸될 수 없기 때문에, 그것에 대해 어떻게 대처해야 하는가를 지시할 따름이다. 그는 또한 이 관점에서—즉 공동체가 은혜를 인식하고 또한 그리스도인의 인간성의 프리즘 속에 은혜의 현재하고 작용함에 비추어서—은혜에 인내의 차원을 전가했고, 이에 상응하여 그리스도인에게는 그들의 사랑도 서로 간에 인내해야 하고, 저 다양성에 직면하여 중단되어서는 안 된다는 것을 요구했다. 우리는 바울이 문제가 되고 있는 저 인간적으로 제약된 차이에 대해 중립적으로 대하지 않고 강자와 약자 사이에서 중립을 지키지 않는 것을 주목해야 한다. 이 구절의 전체 어조에 따르면, 그가 복음의 사도로서 소위 "강한 자"라고 불리는 자들이 실행한 가능성을 그 자체로 더 낫다고 간주하는 것은 분명하다. 그러나 공동체 밖에 있는 세상이 그리스도 나라의 밖이 아니라, 국가 질서의 모습으로 그 나라 안에 있다고 보는 것처럼, 그는 더 나은 강한 믿음에 참여하지 않는 그리스도인들을 공동체 밖에 있는 것이 아니라, 공동체 안에 있는 인내하고 그 나름대로 존중되어야 할 그리스도교적 삶의 모습으로 본다. 그는 공동체, 구체적으로는 저 보다 나은 강한 믿음의 대표들은 다른 사람들의 약한 믿음을 똑같이 정당한 가능성으로 인정해야 한다는 것이 아니고, 또한 단순히 이 약한 자들을 인내해야 한다는 것이 아니라, 오히려 그리스도가 우리 모두를 받아 준 것 같이 그들을 받아 주고($\pi\rho o\sigma\lambda\alpha\mu\beta\acute{\alpha}\nu\epsilon\sigma\theta\alpha\iota$), 그들을 불러서 자신 곁에 두고 그들의 약함을 받아 주어야 한다고(15:1) 말한다. 여기에—저 대립과는 상관없이—그들의 보다 나은 믿음보다 더 나은 것이 있고, 여기 이 대립에 직면하여 그리스도인들에게 요구되는 선이 있다. 그것은 다만 예수 그리스도 자신의 선일 따름이다. 그는(14:9) 죽은 자와 산 자의 주이며(그는 강한 자와 약한 자의 주이기도 하다!), 그는(15:3) 자기 자신이 아니라 하나님을 모독하는 자들의 모욕을 받아주는 자로서(믿음이 강한 자들도 여기에 속한다!) 이웃을 기쁘게 하기 위하여 살았고, 그는(15:7f.) 이스라엘의 약속을 성취함으로써 또한 이교도들이 찬양하는 하나님이기도 하다.(그러므로 그는 또한 강한 자와 약한 자에 의해 함께 찬양받기를 원한다!) 이 계명에 굴복함에 의해서, 공동체와 그리고 공동체 내에서 믿음이 강한 자들은 저 차이의 현실에 대해 입장을 취해야 하고, 계명이 하나인 것처럼, 또한 공동체가 행해야 할 복종이 그 형태의 모든 심각한 다양성에도 불구하고 언제나 하나라는 사실에 대해 책임지게 된다. 그들은 약한 자들보다 더 나은 은사를 받지 않았다. 그들이 은사를 더 낫게 받았다는 사실이 그들을 약자들과 분리시킬 수 없고, 오히려 그들을 저들과 결속케 한다. 그들의 보다 나은 것이 선한 것에—바로 예수 그리스도의 선함에—적대한다면 몰라도. 공동체 밖에 있는 세상 속의 그리스도 나라의 모습으로서의 국가 질서에 대하여 그리스도인들이 항거하거나 무관심하는 것이 있을 수 없듯이, 이런 일은 있을 수 없는 일이다. 여기서나 거기서나 오직 주에게 복종하는 것이 중요하다. 실제로 주에게 복종하며, 이런 보다 나은 형태 혹은 최선의 형태 아래서라도 주에게 불순종하지 않음에서 인간의 보다 나은 복종 내지 최선의 복종이 평가된다. 주에게 복종하는 자는—믿음이 "강한" 자는 우선 무엇보다도 이것을 요청받는다.—14:1에 의하면 "그들의 생각에 대해 시비함"에 이르지 않도록, 즉 약한 자들의 특별한(덜 나은) 견해 때문에, 그들이 믿음에서 자신을 지켜야 한다고 믿는 특별한 원칙과 관습 때문에 공동체의 분열이 일어나지 않도록 주의해야 한다. 이런 견해를 가진 약한 자는 다른 사람을 심판해서는 안 된다. 그러나 무엇보다도 이런 견해를 가지지 않은 강한 자는 다른 사람을 경멸해서는 안 된다. 왜 안 되는가? 그 이유는 하나님은 어떤 인간이라도 받아 주었기 때문이고(14:3), 두 종은 각자 그의(보다 나은 혹은 덜 나은) 믿음으로써 한 주를 섬겨야 하고, 각자는 주를 자신의 심판자로 여기고 또한 자신에게 자비를 베푸는 자로 믿기 때문이다. 하나님이 그들을 함께 받아 주었고, 그들의 신실함이나 불신실함을 그의 자비에 따라서 심판하고 결정하기에(14:5), 그들이 서로를 배척할 수는 없다. 그가 그의 문제를 완전히 확신하면서 자기 길을 갈 수 있는가는 각자에게 달렸다. 14:6-12에 의하면 각자가 행하는 일을 하나님에 대한 감사하는 마음에서 행하고, 자신을 위해서가 아니라 주를 위하여 행한다면, 이렇게 행할 수 있다. 이 기준에서 각자는 재어진다. 이 기준에 재어 볼 때, 보다 약하고 지원을 필요로 하는 믿음을 지닌 그리스도인이 의롭다 함을 얻는 것처럼, 보다 낫고 보다 자유로운 믿음을 지닌 그리스도인이 정죄받을 수도 있다. 누가 이 시험을 감히 받고자 하며—공동체 안의 아무도 이렇게 하지 않을 수 없다. 모든 인간은 주에게 감사하며 주를 위해 일을 하는지 질문받는다.—감히 다른 사람을 여전히 심판하고 여전히 경멸하려 하겠는가? 그가 이렇게 질문받으면서도, 심판하거나 경멸할 만한 동기가 있는 그런 인간과 함께, 공동체 내의 모든 사람들의 주가 되고 또한 공동체 안에 있는 모든 인간들에 대해 오로지 의로운 분 앞에 무릎을 꿇는 것 외에 다른 일을 할 수 있을까? 전적으로 심판하거나 경멸하고자 하는 인간들은 이로써, 그들이 하는 일이 하나님에 대해 감사하는 마음에서 하는 것이 아니고, 주를 위해 행하는 것이 아니라는 것을 입증하지 않는가? 그들이 어떻게 완전한 확신을 가지고 이것을 행할 수 있겠는가? 그들이 완전한 확신 속에서 그러므로 하나님에게 감사하는 마음에서, 주를 위하여 그러므로 그들이 심판하거나 경멸할 만한 동기가 있는 그런 자들과 더불어 함께 굴복하는 자세로 이것을 행한다면, 이것은 14:13-14에 의하면 그들에게 불가능해진다. 그 이유는 다른 적극적인 과제, 즉 형제에게 걸려 넘어지지 않게 하는 것, 형제를 믿음에서 혼란스럽게 하지 않는 것(그 믿음이 더 낫거나 덜 하거나 간에), 그가 믿음으로써 행하지 않을 것이므로 그에게 죄가 될 따름인 일을 행하도록 하지 않는 것이(14:23) 그들에게 시급해지기 때문이다. 각 사람은, 자신의 믿음에 따라서(그것이 더 낫거나 덜 하거나 간에) 은혜를 받은 자로서 걸어가야 할 길을 다른 사람도 엄격히 지켜야 한다고 생각해야 한다. 이것이야말로 아무도 벗어날 수 없는 적극적인 과제, 다른 사람을 심판하고 경멸하려는 생각을 구축하는 과제이다. 만일 어떤 사람이 자신의 권리를 행사해서 다른 사람을 불순종하도록, 곧 다른 사람으로 하여금 다만 불순종 가운데 행할 수밖에 없도록 만든다면, 아무도 다른 사람에 대한 어떤 객관적인 권리를 핑계 삼을 수 없다. 어떤 객관적인 권리를 핑계 삼아, 누군가(14:15) 사랑으로 행하지 않을 수는 없으며, 그리스도가 위하여 죽은 형제를 파멸로 몰고 갈 수 없다. 그는(14:16f.) 다른 사람과 공동으로, 그러므로 다른 사람의 믿음을 고려하여 그 자신의 보다 나은 믿음과 길의 선함을 지키는 것이 아니라, 하나님 나라의 선함을 수호해야 한다. 그는 자기 자신의 객관적인 권리를 주장하고 관철함보다는 평화를, 공동체를 공동으로 세우는 일을 고려하는 것, 그러므로 다른 사람의 믿음을 고려하는 것에 절대 우선권을 주는 데서 그의 믿음이 보다 낫다는 것을 드러낸다. 바로 믿음이 강한 자가 이것을 할 수 있다. 그리고 그는 저 보다 높은 관점에서 이것이 명령되었다면, 이렇게 할 의무가 있다. 객관적으로 의로운 자는, 사랑의 길, 공동체를 공동으로 세우는 길을 포기함이 없이는, 하나님의 역사를 파괴함이 없이는 이렇게 행할 수 없다면, 자기 권리를 관철하고 주장하는 것을 포기할 수 있고, 할 수 있는 자이다.(14:20f.) 강한 자는 약한 자의 약함을 인내할 뿐 아니라 그것을 자기 것으로 삼으며, 약한 자들과 함께 약할 수 있음으로써 약하게 되는 것이 아니라 오히려 그의 강함을 확증한다. 강한 자는 바로 그의 강함 때문에(15:1) 이렇게 할 의무가 있다. 그는 그의 강함 때문에 자기 이웃을 위하여 살 의무가 있다.(15:2) 즉 이웃을 기쁘게 하기 위함이 아니라, 이웃을 위하여, 그의 구원을 위하여, 그의 믿음을 유지하기 위하여, 그래서 공동체를 세우기 위하여 이루어져야 할 일을 이웃을 위해 행해야 한다. 믿음이 오로지 강하게 철저하게 예수 그리스도를 향해 있고, 믿는 자의 삶이 오로지 그에 의해서 양육되면 될수록, 이렇게 되지 않을 수 없다. 예수 그리스도는(15:3) 자기 자신을 위해 산 것이 아니라, 오히려 그의 신적 형상을 포기하고 종의 형상을 취했으며, 인간과 같이 되었고, 하나님을 모독하는 자들의 모독을 스스로 받아들였기 때문이다. 이러한 그의 행위에 상응하는 것이 공동체에서 강한 믿음이다. 그의 행위에 상응하지 않는다면, 그 믿음이 어찌 강하며, 어찌 그것이 믿음이겠는가? 성서의 증언에 따르자면, 그 믿음이 살아 있는 하나님의 전능한 자비 안에서 우리 모두를 위해 겸비해진 자를 의지함으로써(15:4f.) 그 믿음은 그리스도를 믿으며, 그를 통해 살아가는 모든 인간들의 하나 됨을(이것이 이 상에 부합한다.) 긍정하지 않을 수 없다. 그런데 이 상에서 믿음이 강한 자와 약한 자들은 처음부터 그렇게 결속 단결되어 있어서 강한 자는 약한 자의 짐을 지고 약한 자를 옹호해 주어야 한다. 이 거울에서 자기 자신을 직관하면서 믿음이 강한 자들은 자기 자신을 위해 살지 않으며, 그들의 믿음의 강함을 자신을 위해 쓰는 것이 아니라 공동체 내에서만, 따라서 믿음이 약한 자와 함께, 그러므로 그들을 경멸함이 없이(설령 저들이 그를 심판할지라도!), 그러므로 그들의 약함을 고려하면서 하나님을 찬양하고자 한다. 이런 믿음의 일치 안에서, 그리고 그들이 빛을 발해야 할 세상 안에서 이 참된 믿음으로 하나님을 찬양함으로써, 공동체가, 강한 자와 약한 자가 함께 받아들여진 것처럼, 그들 모두가 이처럼 받아들여짐 없이는 결코 존재를 가질 수 없고, 이처럼 받아들여짐에서 하나 됨과 모든 것을 가지는 것처럼, 그들은 서로를 받아 줄 것이다.(15:7) 예수 그리스도가 유대인의 메시아로서 하나님의 신실함을, 바로 그렇기 때문에 세상의 구원자로서 하나님의 자비를 드러내고 실현하지 않았다면, 그리고 한 선택받은 백성과 많은 선택받지 못한 백성들 가운데서 한 백성을 이루어 내지 않았다면(15:8-12), 로마 공동체에서 강한 자와 약한 자는 무엇이랴? 예수 그리스도가 거기서―그는 십자가에서의 죽음을 대가로 치르고서 이 일을 했다.―극복한 빛과 어둠의 대립에 비하면 강자와 약자의 대립이 무엇인가? 바울의 훈계는 15:5-6에서 그리고 다시 15:13에서 기도로, 대도로 넘어가는 것은 주목할 만하다. 따라서 15:13에서는 이 결론부의 특별한 내용을 더 이상 특별히 언급할 필요가 없다. 이 결론부에서 특별히 훈계된 것이 이루어지기 위해서는, 오직 사도의 기도와 그것의 청허만이 필요하다. 즉 하나님의 계명을 들음으로써 그리스도인들은, 또한 그들 가운데서도 그 계명을 잘 듣는 경우와 그렇지 못한 경우가 있다는 전제하에서, 친교에 이르는 길로 이끌릴 것이고, 이 길 위에 머물게 될 것이다.

3. 하나님의 계명은 선하기 때문에 그것은 또한 모든 개별 인간들을 그 안에 통합시킨다. 대립과 모순, 혼돈이 여기서도 위협한다. 인간이 자기 자신과 일치하지 못하기 때문에 우리는 서로 일치하지 못한다. 인간에게는 삶의 내적 항구성과 연속성이 부족하기 때문에 인간들 상호 간에 친교가 이루어지지 못한다. 그러나 그가 자기 자신과, 그리고 다른 사람과 일치할 수 없다면, 이것은 하나님의 계명 탓이 아니라 인간 탓이며, 그의 복종 때문이 아니라 그의 불순종 때문이다. 바울은 로마서 7:7-8에서 죄의 본질적인 역사(役事)는 바로 하나님의 계명을 그릇 해석하고 오용하는 데 있고, 죄인이 계명을 통하여 자기 자신을 의롭게 되고 거룩하게 되는 대신, 계명을 핑계 삼아 자기 자신을 정당화하고 거룩하게 하고자 하는 것이라고 서술하였다. 또한 그는 7:13-14에서 인간이 이로써 죄에 넘겨지게 됨으로 야기된 존재의 갈등, 즉 한편으로는 그가 원하지 않는 일을 행하며, 다른 편으로는 그가 원하는 일을 하지 못한다고 서술한다. 그가 이 길에서 노력하는 여러 가지 시도들, 그가 계명에 역행하는 시도에 의해 붙잡으려고 하는 여러 가지 가능성들, 이 여러 가지 시도들에 의해 제약받는 그의 삶의 여러 가지 단계들은 순전히 이 한 가지 불행한 주제의 변형에 지나지 않을 것이다. 즉 그것들은

거듭하여 이런 그의 내적 갈등을 확증할 따름이다. 그는 자기 자신에 적대하지 않고서는, 자기 자신과 대결하고 싸우지 않고서는 홀로 존재할 수 없다. 그렇기 때문에 그는 자기 홀로 있는 것보다 더 두려운 것이 없다. 그리고 이 두려움 속에서 그는 외부로, 다른 사람에게 관심을 돌리고, 그들에게 자기 자신, 즉 자신의 갈등 외에는 줄 것이 없다. 그는 그 갈등을 자신과 다른 사람 사이의 갈등으로 만듦으로써 이 갈등을 피하려고 할 것이다. 그리고 그가 이 일에 성공할수록 그는 더욱더 갈등을 피할 수 없을 것이다. 이 모든 것은 우리가 하나님의 계명을 조롱할 수 없다는 것과, 그것이 "생명의 영의 법"으로 드러나고 받아들여지지 않을 때 "죄와 죽음의 법"으로(롬 8:2) 작용할 수밖에 없다는 것을 분명히 드러내는 한에서만 하나님의 계명과 상관한다. 그것이 스스로 계시함에서 나타내고 청취되고 받아들여지는 율법은 분열시키는 것이 아니라 통합시킨다. 율법은 인간 자신을 내면적으로 통합시키며, 또한 그를 밖으로도 통합의 일꾼, 사자(使者)로 삼는다. 모든 도덕적 원칙에 대해서는 오직 반대의 말을 할 수 있을 따름이다. 그것들은 계명을 오해, 오용함에 쓰여질 도구이며, 계명을 통해 배제된 "탐욕"의 도구, 절대로 치명적이고 하나님에 의해 금지된 인간의 자기 정당화, 자기 성화 시도의 도구이다. 그것들은 아무리 절대적인 것처럼 보일지라도 모두가 모호하고 방언같다. 그것들은 언제나 거듭 다른 것에 의해 보완되고 대치되어야 한다. 그것들은 세워지고 인정받고 적용되면서 언제나 거듭 반대를 야기한다. 인간은 이런 원칙들을 통하여 언제나 거듭 그가 원하지 않는 것을 행하며, 원하는 것을 행하지 못한다는 것을 확증할 따름이다. 그렇기 때문에 그것들은 모두 자기 때가 있다. 그러므로 그것들은 인간 삶에 항구성과 연속성을 가져올 수 없다. 그러나 하나님의 선한 계명은 이렇게 한다. 그것은 저 대립 저편에 있는 하늘에서부터 이 대립에 얽혀 있는 인간에게로 향한다. 그것은 어떤 경우라도 그가 자기 자신의 주가 아니라고 말한다. 그것은 그 자신의 삶의 시도의 오류와 어리석음에 대해서, 어쨌든 하나님이 그를 위하며 우월한 권능으로써 오직 이 한 가지, 즉 그가 그 계명에 따라 삶을 살 수 있고, 살기를 요구한다는 것을 내세운다. 그것은 어쨌든, 그가 자기 정당화와 자기 성화를 위해 시도할 수도 있는 모든 일이 그 자체로 아무것도 아니며, 그러므로 또한 거기서 결과하는 자기 자신과의 불일치도 아무것도 아니고, 그러므로 그가 자기 자신으로부터 도피하면서 주변에 유포해야 한다고 생각하는 불화는 근본적으로 아무것도 아니라는 것을 말해 준다. 하나님의 계명은, 하나님이 평화가 없는 그를 받아들인 평화의 진리 속에 그를 세운다. 그로 하여금 모든 이성보다 더 높은(빌 4:7) 이 평화 속에서, 그에 의해 지켜지고 보호받으며 살 수 있게 한다. 하나님의 계명, "생명의 영의 법"은 그에게 자기 자신과의 모든 갈등 저편에서, 평화 속의 이 삶을 제공한다. 그것은 그를, 즉 자기 자신과의 불일치를 자기 뒤로 함으로써 자유롭게 된 인간을 자기 자신과 통합시키려 한다. 그것은 그의 삶이 방향을 가지며, 온전하기를 바란다. 그것은 그를 자신에 대한 지배로부터 해방시키고 하나님의 지배 아래 옮겨 놓음으로써, 그의 삶에 이 방향을, 이 온전함을 창조하고 정한다.

로마서 12-15장의 훈계를 이런 관점에서 고찰하는 것이 바람직하다. 그 훈계는 또한 이런 의미를 가지고 있다. 그것은 공동체의 삶 속에서, 삶과 더불어 또한 개별 그리스도인들의 삶을, 그리고—그리스도인의 인격에서 예언자적으로 예시하면서—개별 인간 일반의 삶을 하나의 공통 분모로 환원한다. 그것은 모든 개별자들을 공동체의 한 가지 일을 중심으로 모으고, 그들의 사적 생활 자체를 자칭 염려하지 않는 것처럼 보이면서, 개별자 자신을 진지하게 여긴다. "여러분의 몸"은 12:1에서 분명히 하나님에게 바쳐야 할 살아 있는, 거룩한, 그를 기쁘게 할 제물로 요구된다는 것이 여기서 중요하다. 분명코 로마서 8:10-11에서 언급하는 이 몸은 죄로 인하여 죽었으나, 그리스도 예수를 죽은 자들로부터 일으킨 자가 또한 그들 안에 거주하는 영으로 말미암아 그들, 곧 "여러분의 죽은 몸"을 살게 만들 것이다. 죽을 것이 하나님의 계명을 통하여 요구받음으로써, 분명코 그에게 주어진 희망, 곧 불멸을 옷 입게 될 그의 운명에 비추어 고찰되고 다루어진다. 아직 그것은 이렇게 하지 않았다. 바울이 로마서 7장에서 "이 죽음의 몸"에 관해서(7:24) 말한 모든 것이 그에 의해 말해져야 한다. 그 몸은 저 내적 갈등 속에 있지만, 그러나 이미 그 몸은 살아 있는 것으로 요구되었고, 저 제물로 인정받았다. 이미 자기 자신과의 갈등은 지나간 것, 낡은 것이 되었다. 이미 인간이 마치 저 갈등 속에 있지 않는 것처럼, 그를 단일한 전체로서 바라보고 그에게 말한다. 이미—그리고 이것이 12:3-4에서 그를 특별히 비추는 빛이니—불화하는 그에게, 좁은 범위에서나 넓은 범위에서, 공동체나 세상 속에서 그리스도의 몸의 독자적인 지체로서, 성령의 특별한 선물을 받은 자, 지니는 자로서, 평화의 일을 위해 섬기도록 위탁하고 요구할 수 있다. 지금 그의 내적 불화는 어디로 갔는가? 그것이 단순히 소멸되었고 제거되었다는 것은 로마서 7-8장에서나, 여기서나 바울의 생각이 아니었다. 로마서 12-15장에서 훈계받는 그리스도인들은 분명히 천사도 아니고 성자(聖者)도 아니다.(성자를 자기 자신과의 갈등이 단순히 중지되어 버린 그런 인간으로 이해해야 한다면) 오히려 모든 제물을 위해 요구되는 것은, 바로 그들의 죽어 없어질 인격, 즉 로마서 7장에 서술된 죽음에 내맡겨진, 의지와 선행 사이의 저 치명적인 대립에 내맡겨지고 이로써 몸과 영혼 사이의 분리에(이것이 죽음이다!) 내맡겨진 그들의 인격이다. 그들이 살아 있고 거룩하고 하나님을 기쁘게 한다면 이것은 확실히 다만 그들 안에서 성령이 거주하기 때문이고, 이 영이 예수를 죽은 자들로부터 일으킨 자의 영이기 때문이고, 죽은 자들로부터 예수의 부활은 또한 그들의 희망이기 때문이다. 사람들이 이것을 간과하려 한다면 그들은 불화에서 벗어나지 못한 것이고, 이 불화는 이전이나 이후나 또한 그리스도인들의 특성을 가장 잘 드러내는 것이라고 말해야 할 것이다. 그렇지 않다면 어떻게 그들에게 여전히 훈계가 필요할 수 있는가? 그들에게는 이전이나 이후나 호소해야 한다: "이 세상을 본받지 말아라! 마음을 새롭게 함으로써 변화되어라!"(12:2), "어둠의 행실을 벗어 버리고 빛의 갑옷을 입자"(13:12), "주 예수 그리스도를 옷 입고, 정욕을 채우려고 육신의 경향을 좇지 마시오!"(13:14) 로마서 7장에 서술된 대로 무력함과 오만 속에 있는 인간과 여전히 상관한다는 사실은, 한때 아우구스틴에게 중요했던 13:13의 말에 따르자면 분명한 듯하다. 즉 이 말에 따르자면 "호사한 연회와 술취함, 음행과 방탕, 싸움과 시기"는 "단정하게 낮에처럼" 행함과는 부합될 수 없다. 원시 그리스도교 공동체의 삶의 현실이 영적이었다고 하는 순진한 생각은 주지하다시피 평행절이 없는 이 구절에 의해서 교정되어야 할 것이다. 그것의 세속화로 인하여 종종 거칠게 비난받은 후대 교회 못지않게, 그리스도인들을 볼 때 모든 것이 세속적이다. 오히려 우리는 그리스도인의 세속성이 여기서 보다 극단적으로 드러나지 않았으며 또한 거명된 것이 아닌지, 그리고 후대 교회의 실제적인 잘못된 세속화는 오히려 그리스도인으로서의 그 일원들의 인간성이 훨씬 잘 가장할 수 있다는 데 있는 것이 아닌지 물을 수 있다. 이것은 확실하다. 여기서 극단적인 훈계가 필요하다. 훈계의 처음이자 마지막 말은 그리스도인들이 주 예수 그리스도를 "옷 입어야" 한다는 것이니, 분명히 그들은 그리스도인이 될 만한 계기를 우선 무엇보다 가지고 있고, 그렇게 하도록 초대되었고, 권유받고 있다. 그러나 다음 사실은 놀랍다. 즉 이런 초대와 권유에서 죽은 자들로부터 예수가 부활한 현실과 세속적인 그리스도인들 가운데 성령의 거주하는 현실, 그러므로 현재적인 진리로서 그들에게 주어진 확실한 희망의 현실을 진지하게 고려한다는 것과, 그들이 언제나 새로이 취해야 할 그리스도인으로서 그들의 새로운 신분을 먼 곳에 있는 이상적인 목표가 아니라 그들 삶의 주어진 전제로 간주한다는 것이다. 인간이 사도적 훈계의 대상이 됨으로써 인간의 내적 부조화를 위해 일어나는 일은, 그것이 보다 고차적이고 본질적인 현실의 전제 아래, 괄호 안에 놓인다는 것이다. 그는 그것에서부터, 즉 절대적인 평화의 근원과 토대의 탁월성에 의해서 원칙적으로 의문시되고 공격받으며 정복당한다. 그리스도인이 그리스도의 몸의 한 지체이며 성령을 받는 자가 됨으로써 그 인간의 부조화는, 곧 바울이 7:25에 서술한 바대로, 단순히 제거되거나 소멸되는 것이 아니라 상대화되는 것이다. 그리스도의 몸의 일체성과 더불어 또한 그것의 모든 지체들의 일체성이 요구되고, 성령의 일원성과 더불어 또한 그 은사를 받은 자들의 내적 일체성이 요구된다. 그들이 내적으로 대립하고 갈등 속에 있을지라도, 이 몸의 지체들로서의 삶을 삶으로써, 그들 각자가 자신에게 부여된 선물을 12:3-4에 요구된 바대로 신중하게 사용함으로써, 그들은 이미 이 갈등 저편에 있다. 예언하고 섬기고 가르치고 위로하고 선사할 수 있는 자는 이렇게 하면서, 그 자신의 갈등 안에서가 아니라 갈등 저편에 산다. 자신의 갈등 속의 삶은 그를 부르고 임무를 주는 자에 의해 과거사가 되었다. 그는 자기 임무를 수행함으로써 이 갈등 속의 삶을 다만 과거사로 다룰 수 있을 따름이다. 사도가 13:12 이하에서 직접적으로 이 갈등을 언급하고 있다면, 사도의 훈계는 이렇게 되는 것을 목표로 삼는다: "육신 안에 있는 사람은 하나님을 기쁘게 할 수 없다. 그러나 하나님의 영이 여러분 안에 있다면 여러분은 육신 안에 있지 않고 영 안에 있다."(롬 8:9) 이런 인식을 체득하고, 육신에 대한 성령의 또 다른 유익한 싸움을(갈 5:17) 싸워야 한다는 것이 로마서 12-15장에 감추어져 있지 않다. 내적 갈등 속의 삶은 실제로 과거사로 다루어져야 한다. 그것은 제거되고 매장되어야 한다. 갈라디아서의 명령이(5:16, 25) 유효하다: "영 안에 행하고 육신의 욕망으로 하여금 그 목적을 이루게 하지 말라!" "우리는 영 안에 살고 있으므로, 또한 영의 길을 걸어가자!" 그런데 주목할 만한 사실은, 사도의 훈계가 여기서나 다른 데서나 대부분 간접적으로만 이 갈등을 지시한다는 것과, 그것이 주로 이 갈등을 적극적으로 폐기하는 것을 지향하며, 로마서 12:3-4에 말한 대로, 저 갈등에서 원칙적으로 자유롭게 되고, 갈등을 극복하기 위해서 인간들로 하여금 그리스도의 몸의 지체로서 영을 받은 자로 살도록 요구한다는 것이다. 공동체와 성령의 일체성 속에서 각 사람은 다만 그의 믿음의 분량에 따라서(12:3), 그리고 온 공동체의 믿음에 상응하여(12:6) 해야 할 바를 해야 한다! 그때 틀림없이 공동체와 성령의 일체성은—그가 어떤 갈등 속에 처해 있든 간에—미시적으로 볼 때 그의 개인적 일체성으로 되풀이되고 확증되고 관철되게 될 것이다.

같은 문제는 또한 12:9-10 문맥에서도 다루어진다. 각 사람이 공동체의 삶 속에 초래하고 공동체의 일원으로서, 12:14-15에 의하면, 또한 세상에 대해 확증해야 하는 것은 사랑이며, 따라서 그 자신의 내적 불화의 폭발이 아니라는 것은 여기서도 물론 확실하고 명백하게 전제되고 있다. 우리는 여기서 공동체 내에서, 그리고 세상에서 그리스도인의 공동 생활로서 서술된 것에서부터 사도가 이 인간들에게 어떤 내적 상태를 요청하는지, 그가 그들에게 훈계하면서 어떤 것을 전제했는지 간파해야 한다. 사도가 여기서 권고하는 모든 것을 그들이 행함으로써, 그들은 그들 자신의 불화를 어떤 경우라도 뒤로 하게 될 것이고, 어떤 경우라도 또한 개인적으로 평화 안에 살고 행동할 것이다. 우리는 이 구절들에서 그려진 그리스도인의 삶의 상에서 특징적인 그 일을 위해 그들이 안식 없이 붙잡혀 있음을 말했다. 분명히 이 안식 없는 상황은 그리스도인들 및 인간들 상호 간의 친교에 도움을 줄 뿐 아니라, 또한 각 개별 인간들 상호 간의 내적 일체를 위해 도움을 준다. 이렇게 동참하도록 부름받은 자, 여기서처럼 책임을 위탁받은 자에게는 분명히 그의 내적 갈등의 전체 영역이 적어도 희미하고 창백하고 무의미해질 것이다. 그는 비록 그것을 완전히 벗어나지는 못했지만, 더 이상 의지와 실천 사이의 대립 속에 살지 않는다. 그는 이 대립을 한편에서 혹은 다른 편에서 풀거나 억제하고자 하는 희망 없는 과제에 더 이상 종사하지 않거나 혹은 다만 부수적으로만 종사할 것이다. 그는 더 이상 그럴 시간이 없다. 그는 다른 일에 관여한다. 그에게 갈등이 있거나 없거나 그의 소명과 과제가 있다. 그리고 이로써 그는 사도의 견해에 의하면 틀림없이—아무리 그가 병들었을지라도—치유 도상에 있고, 간접적으로 이 갈등을 폐기하고 매장하기에 이른다. 본래적으로 의미 있고 중대한 대립들은 지금 그의 인격 자체를 위협하고, 그것을 "죽을 몸"으로 분명히 표현하는 대립과는 전혀 다른 것이다. 그는 지금 12:9에 서술된 대로, 사랑에서 비판적일 수 있고, 선과 악을 구별할 수 있다. 그는 지금 12:12에 의하면 희망, 환난, 기도의 변증법 속에서 희망을 품고 움직일 수 있다. 그는 지금 12:15에 따르자면 자기 자신을 거의 이해하지 못하는 이 세상의 자녀들과의 그리스도교적 연대 속에서, 그들에 대한 연민 속에서 그들의 기쁨과 슬픔에 참여할 수 있다. 그의 내면 속에서의 갈등이 아무리 클지라도 이런 일이 진지하게 일어날 때, 이에 비한다면 그 갈등이 무엇인가? 그가 그리스도인으로서 어쨌든 전혀 다른 동기에 의해 움직여진다는 사실로 말미암아 그것이 적어도 억제되며, 그 중요성이 적어도 감소되지 않는가? 다시금 12:14-15의 훈계는 간접적으로, 그러나 더욱더 분명히 그리스도인이 외부를 향해 살면서 내면적인 치유 과정 속에 있다는 사실을 암시한다. 분명히 이 구절의 어조에 따르자면 그가 외적 시련과 박해의 모습으로 봉착하는 악으로 하여금 그를 이기도록 허용할 수 없고 오히려 악을 선을 통해 이길 것이라는(12:21) 사실을 통해서만이, 그의 내면적 기쁨은 강력히 전제되고 동시에 주장되고 실증될 수 있을 따름이다. 그가 이 승리의 인간인가? 그가 이웃에게서 온갖 형태로 그것에 봉착할 때, 필연적으로 재발견하고 대항하여 싸워야 하는 것은 그 자신의 원수가 아닌가? 지금 그 자신의 구원받지 못한 인간성이 필연적으로 다시 드러나지 않겠는가? 바울은 로마서 7장을 망각하지 않았고, 13:12-13에서 분명히 로마서 7장의 진실을 기억함에도 불구하고 이 문제를 전혀 그런 것으로 인식하지 않는 듯하다. 그리스도의 몸의 지체로서, 성령을 받은 자로서의 그리스도인의 존재와 임무는 그에게는 하나의 사실이기 때문에, 바울은 아무것도 은폐하지 않았다. 곧 이 사실로 말미암아 모든 인간이 자기 내부에 가지고 있는 원수는 이처럼 제약받고 억제되고 무해하게 되어서, 그의 외부의 원수를 그 자신의 내적 갈등의 분출시킴으로써 그를 원수로 취급하는 대신에, 당당하게 그의 바깥의 원수를 먹이고 마시게 하고, 따라서 그의 적개심을 무시하도록 권고받을 수 있다. 12:18에 의하면 불화한 인간이 행할 수 없는 일을 행할 수 있는 가능성이 있으니, 즉 그의 힘이 닿는 한(τὸ ἐξ ὑμῶν) 모든 인간과 더불어 평화를 맺고, 모든 인간에게 전쟁이 아니라 평화를 가져올 가능성이 있다. 인간 스스로는 확실히 가질 수 없는 이 가능성을 그리스도인들은 가졌으니, 그들 스스로가 아니라 그리스도인으로서, 그들이 그리스도인이 되고 거듭하여 되도록 훈계받음을 통해서—그리고 τὸ ἐξ ὑμῶν, 그들에게 당당하게 요구될 수 있는 것을 그들이 할 수 있는 능력이 있는 한에서, 이 가능성을 가지고 있다. 불화하는 그들이 평화를 이룰 수 있고 이루어야 한다.

그들이 실제로 그들의 불화에도 불구하고 자기 자신 안에서도 평화를 이루지 못한다면, 어떻게 밖으로 그럴 수 있으랴? 그러므로 모든 정신 분열, 두 영역의 분리, 고찰 방법의 분리, 모든 이원론적 신화와 모든 이중적 기준 설정에 대립하여, 그리스도인으로서의 책임과 시민적 책임을 하나로 환원하고, 그리스도인의 책임 자체를 시민적 책임이라고 선언하고, 시민적 책임을 그리스도인의 책임으로 이해하는 관점 아래서 국가에 관한 구절을(13:1-7) 평가해야 할 것이다. 바울의 훈계로서 극복된 관점은(즉 그리스도인에게 일종의 이중적 삶이 있다고 말할 수 있으니, 그에게 저기서는 선한 것을 여기서는 악한 것으로 간주해야 하고, 저기서 악한 것을 여기서 선한 것으로 간주해야 하는 관점) 다만 인간이 자기 자신과 더불어 처해 있는 갈등의 특별한 반영에 불과하다. 바울이 이 일에 대해 전혀 다르게 말함으로써, 그가 그리스도인들이 어떤 상황 아래서도 확증해야 할 사랑을 진술하는 과정에서 그것을 발언함으로써, 그는 이것을 분명히 이 질병에서부터 보고 이해한 것이 아니다. 그는 분명히 그리스도인들에게 이 관점에서 그들의 내적 통일을 호소했으니, 곧 내적 통일을 위해서 그들은 여기서 당연히 문제되는 두 상이한 영역에서도 신실해야 하며, 자기 자신과 더불어 하나를 이루고, 이중적 존재의 삶을 영위할 수 없고, 동일한 선을 유지하고, 두 개의 서로 모순되는 방법을 사용할 수 없게 된다. 주목할 만한 사실은, 사람들이 이 구절을 언제나 거듭 인간 삶의 외적 분열을 정당화하기 위해서, 또 그것을 가능하면 신 개념에까지 적용하기 위해서 사용했다는 것이다. 이 분열은 인간의 내적 분열에서가 아니면 전혀 설명될 수 없다. 바울은 이 구절에서 어떤 말로도 이 분열을 확증한 것이 아니고 오히려 그리스도인의 내적 평화의 이름으로 부정했고 거부했다.

동일한 전제 아래서 14장과 15장의 훈계도 발설된다. 공동체 내에서 강한 자와 약한 자 사이의 분쟁의 결과로서 하나님의 일이 파괴되어서는 안 된다.(14:20) 그 이유는 그리스도인들 자신은 서로 함께 "평화의 일과 덕을 세우는 일"을 구하고 원할 처지에 있고, 또 그렇게 하도록 부름받았기 때문이다. 이를 위하여 그들은 "각자가 자기 마음에 확신을 가지도록"(14:5) 하라는 권고를 받아들이기만 하면 된다. 그 자신의 확신에 의해서 그들은 필연적으로 감사하며, 주를 섬기는 행위를 하게 되고, 따라서 다른 사람들과 친교를 유지할 수 있게 된다. 그가 실제로 이렇게 할 것인가? 각자가 자기 자신과 더불어 처해 있을 뿐 아니라, 보다 나은 믿음을 가진 자와 덜 나은 믿음을 가진 자 사이의 저 갈등의 폭발적 효과를 고려해야만 하는 것이 아닐까? 바울은 분명히, 그리스도인 자신에게는 불가능한 사실에 비추어서, 이런 사실을 고려하지 않았거나 혹은 다만 한정적으로 그렇게 했다. 그가 호소하는 인간은 여기서도 온전한 인격이며, 따라서 당당하게 그의 신념에, 그리고 이로써 그의 친교 정신에 호소할 수 있다. 그리스도인을 이렇게 특별하게 판단할 수 있는 근거와 권리는 12장과 13장보다는 14장과 15장에서 더 분명해진다. 그리스도인은 누구인가? 그는 14:7-8에 의하면 실제로 자기 자신을 위해 살거나 죽는 것이 아니라 오로지 죽으나 살아 있으나 주에 속해 있는 자이다. 거기에 죽음도, 그러나 생명도 있고, 거기에 불화도, 그러나 평화도 있으며, 그러나 모두가 같은 손에서 나오며, 거기에 모든 것이, 지나간 옛 것과 도래하는 새로운 것이 한 주의 주권과 통치 아래 있다. 이 한 주의 통치 아래서 그리스도인은 그리스도인이 되고, 통일을 발견한다. 그는 이 주권 밖에서는 이 통일성을 결여할 따름이다. 평화 없는 자인 그는 사방으로 절대적이고 공고한 평화에 둘러싸여 있다. 그에게 외적으로도 평화를 전달하는 자가 되도록 요구하는 것은 지나친 일이 아니며, 근거가 없는 것이 아니다.

§39
하나님의 심판으로서의 계명

하나님이 예수 그리스도 안에서 우리에게 자비로우므로 우리를 심판한다. 그는 그의 아들로 말미암아 우리를 자기 백성으로 대하고자 하기 때문에 우리를 심판한다. 그는 그의 죽음에서 우리의 행위 전체를 범법으로 정죄하고, 그의 부활을 통하여 우리를 의롭다고 선언함으로써 우리를 심판한다. 그는 우리를 그의 지배 아래서 영원한 삶을 위하여 자유롭게 하기 위해서 심판한다.

1. 하나님의 심판의 전제

하나님의 계명이 우리에 대한 하나님의 요구이며 동시에 우리에 대한 하나님의 결정인 것은 이유가 없는 것이 아니다. 그렇게 정해진 계명은 이념이 아니라 사건이다. 하나님의 요구와 하나님의 결정은 인간에 대한 하나님의 행동이다. 그런데 이 사건의 의미와 성격은 인간에 대한 하나님의 심판이다. 하나님의 요구와 결정에서, 그 요구와 결정과 더불어 인간에 대한 하나님의 판결이 선언되고 성취된다. 우리는 이 사건에 대해서, 하나님의 명령과 더불어 이루어진 인간에 대한 하나님의 조치와 계획에 대해 말해야 한다. 우리는 하나님의 심판 개념으로써 어떤 의미에서 신론 내에서 하나님의 모든 길과 역사의 시초에서의 은혜의 선택의 영원한 결정 개념의 반대 극에 도달한다. 하나님의 계명 속에 내포된 그의 심판은 시간 속에서 이 결정의 모든 실현, 모든 계시의 총괄 개념이다. 하나님이 인간을 그의 계명에서 심판함으로써, 그가 인간과 함께, 그를 위해서, 그에게 바라는 것이 이루어진다. 그런데 이 사건은 실질적으로 화해와 동일하다. 그러므로 우리는 신론의 이 마지막 관점에서부터 그리스도교적 진리 전체의 중심을 이미 조망한다. 이 중심은 또한 교회 교의학 전체의 중심이기도 하다. 하나님은 세상과의 화해를 원하고, 그의 계명을 통한 인간에 대한 심판을 바랄 뿐 아니라 실현시키는 분으로 이해됨으로써 신 개념은 완성된다. 이 중심에서의 그의 이 행위에서, 길과 역사 속에서 그는 하나님이다. 분명한 사실은, 우리는 여기서 신론의 마지막 한계에 처해 있다는 것이다. 하나님의 어떻게 그의 길과 역사 속에서, 그의 이 길과 역사의 중심에서 하나님이 되는가는, 교회 교의학의 보다 큰 맥락 속에서 비로소 독자적으로 이해될 수 있고 전개될 수 있다. 우리는 여기서 다만 간단하게 그가 그렇다는 사실의 윤곽만을 확정할 따름이다. 이렇게 확정하려는 목적을 가지고 스케치하는 것은 완전성을 위해서뿐 아니라, 그 일 자체 때문에 여기서 불가결할 것이다.

우리는 지금 하나님의 계명, 그의 요구, 그의 우월한, 확정된, 선한 결정을 분명히, 특별하게 시간적, 역사적 사건으로 이해한다. 곧 이 사건에서 하나님은 인간에게 명령하면서, 그가 인간을 위해, 인간에게 바라는 바를 관철함으로써 인간과 함께, 그에게 행동하는 주로서 인간과 만난다. 이 사건의 의미와 성격은 필연적으로, 인간이 하나님에 의해 심판받으며, 인간의 존재가 하나님에 의해서 그의 전적으로 능력 있고 힘 있는 주로, 지성적으로, 언어적으로뿐 아니라 실제적으로 평가되고 헤아려지고 판단된다는 것, 즉 하나님 앞에 있는, 하나님과의 관계 속에 있는 그의 현실적인 처지에 대해서 실제로 조치되고 계획된다는 것이다. 인간은 하나님이 그에 대해 계명을 관철함으로써, 그를 심판함으로써 그런 존재로 드러나는 분이다.

우리가 하나님의 은혜의 선택과 하나님의 계명 사이의 연관성에 근거하여, 그리고 지금까지 하나님의 계명에 관해서 말한 모든 것에 의거해서 이 사건에 관하여 내려야 할 첫 번째, 근본적인 결론은 분명히 이것이다. 즉 이 심판이 어떻게 진행되든, 인간이 이 심판에서 무엇으로 드러나든 간에, 그가 이 심판에 근거하여 실제로 무엇이 되든 간에, 확실한 사실은, 하나님은 이 심판에서 그를 받아들이며, 하나님이 그를 자기 백성으로 대하고자 하기 때문에 그를 심판한다는 것이다. 인간은 그의 척도로 잴 때 설 수 없고, 그의 저울에 놓일 때 너무 가벼우며, 그의 심판 아래 놓일 때 필연적으로 정죄받을 수밖에 없을 것이다. 그가 그의 저울에 놓이고 그의 척도로 재어지고, 그의 심판에 굴복한다는 것은, 여기서 어떤 경우라도 적극적으로 전제되고 고려되어야 할 사실이다. 하나님의 심판대 앞에 나타나도록 부름받고, 그에 대한 하나님의 조치와 계획을 받아들이도록 요구받고, 그가 하나님 앞에 나설 때 현재의 자신과는 다른 모습이 되거나 혹은 스스로 다른 모습이 될 능력이 없을지라도, 그는 무엇보다 먼저, 하나님이 그를 자기 백성으로 간주하고, 그를 자신과 친교하도록 받아들였고, 그를 하나님의 영역에 속한 자로, 그의 소유로 간주하고 대한다는 사실을 인식하도록 부름받았다.

하나님은 실제로, 인간의 그의 집안 식구이고, 그의 백성의 일원이고 그의 나라의 시민임을 전제하기 때문에, 하나님의 심판은 의미 있고 가능하다. 하나님은 그의 계명에서 인간과 만남으로써, 하나님은 그에게 해명하도록 요구한다. 하나님은 인간을 그런 자로 책임지게 한다. 하나님은 그를 그의 척도, 그의 길, 그의 판단의 온전한 의로써 심판한다. 그가 재어질 수 없고 헤아려질 수 없고 그를 통해 판단될 수 없다면, 그의 계명이 어떻게 그에게 심판이 될 수 있겠는가? 그의 존재가 그의 계명에서 관철된 하나님의 뜻과 아무 연관이 없다면, 그에게 어떻게 이 연관에 호소할 수 있으며, 어떻게 하나님의 뜻에 의해서 또한 정죄되고 버림받고 저주받을 수 있으랴? 현실적인 진노는 분명히 다만 원래적인, 본래적인 사랑에 근거해서만 가능하다. 하나님의 계명에서 인간에게 이루어지는 심판이 무엇을 의미하든 간에, 그것은 또한 인간에 대한 하나님의―진노하는, 불타는, 소멸시킬지라도―사랑의 표시이다. 인간이 그에게 낯설고 냉담하다면, 어떻게 이 만남이 이루어질 것이며, 또한 아무리 부정적일지라도 그 결과가 어떻게 설명될 수 있겠는가? 그 만남이 이루어진다는 것, 하나님이 명령자로서 인간의 길에 개입한다는 것, 인간 존재가 하나님의 계명과의 대면이 될 수 있다는, 어떤 경우라도 하나님이 우리 없이가 아니라, 우리가 누구이든 무엇이든 간에, 우리와 함께하며 그 자신이 어떤 경우라도 "우리와 함께하는 하나님", 임마누엘이고자 한다는 것을 뜻한다.

그러므로 하나님의 계명을 듣는다는 것은 우선 결정적으로 하나님이 우리의 하나님이며, 우리는 그의 이스라엘, 그의 교회임을 듣는다는 것을 뜻한다. 이것이 계명이 우선 결정적으로 말하는 적극적인 면이다. 즉 이 계명이 향하는 인간은 하나님에 속한 자, 그의 족속에 속한 자, 그의 백성에 속한 자, 그의 나라에 속한 자이며, 그렇기 때문에 이것이 무엇을 의미하든 간에 그는 하나님의 계명에 굴복하고 판단됨으로써 인정받고 선택받고 사랑받는다. 계명의 이 원래적인 '그래'를 듣지 않는 자는 전혀 그것을 듣지 않는 자이다. 또한 이 '그래'를 듣는 자는 계명이 그에 대해 행한 심판에서 이미―그 계명이 그에게 확실히 선포한 저주를 뚫고, 이미 용서의 길에, 이미 계명의 의도인 복종의 길에 놓여져서―의롭다 함을 받은 것이다. 계명 속에 있는 하나님의 심판의 전제는, 하나님이 무엇보다 우선 자기 자신을 인간에게 구속하고, 그러므로 인간을 자기 자신에게 구속함에 있고, 곧 그러므로 그를 자신의 심판대 앞에서 책임지게 하고, 그러므로 그가 인간과 명령자로 만날 때 그가 하는 대로 인간에 대해 조치하고 처리함에 있다. 그의 사랑은 그의 심판 전에, 그 위에, 그러므로 또한 그 안에서도 살아 있고 지배한다. 그의 심판은 또한 필연적으로 그럴 수밖에 없는 불가피한 진노의 심판으로, 그의 사랑의 도구이다. 계명은 이 사랑의 약속이다. 계명이 인간에게 주어지고 그에 의해 받아들여지는 곳에서 사랑의 역사가 이루어진다. 하나님의 계명이 인간에게 말해짐으로써, 그가 하나님의 사랑받는 자임이 그에게 말해진다. 인간이 그에게 말해진 하나님의 계명을 들음으로써, 그가 그 계명에 복종함으로써, 그는 그 자신의 결단 이전에, 그가 여기서 하나님의 종으로서 하나님의 무익한, 불신실한, 배신적인 종으로 드러나기 전에, 그가 하나님의 용서를 받기 전에, 그가 새로 복종하라는 그의 부름을 듣고 받아들이기 전에, 이미 하나님의 사랑을 받은 자로 행동한다. 하나님의 계명이 인간에게 주어짐으로써 그의 결정, 그의 임무, 그의 과오, 그의 칭의와 회개의 궁극적이고 본래적인 의미에 대해서 그 계명에서 미리 결정되었으니, 곧 계명 자체가 그의 사랑의 결정이라는 것이 입증되고, 하나님은 인간에게 명령함으로써 그를 자기를 사랑하는 자로 부른다. 하나님의 계명을 듣는다는 것은, 이런 그의 선결정을 듣는 것을 뜻한다. 하나님의 계명에 복종함은 이런 그의 선결정에 복종함을 뜻한다. 인간이 이 결정을 듣고 그가 이 결정에 복종한다면, 하나님의 사랑을 받는 자로 행동한다면(이런 인간으로서 그는 하나님의 명령에서 어떤 경우라도 부름받는다.) 그는 하나님의 심판에서, 설령 그가 하나님의 계명을 통해서 그렇게 심하게 저주받을지라도(그리고 이 일은 확실히 일어날 것인데) 하나님의 사랑받는 자로서 이겨낼 것이고, 그는 어떤 경우라도 그렇게 행동할 것이니, 또한 그에게 닥친 심판은 다만 그가 하나님에게 속한 인간임을 확증할 따름이다. 인간이 이 선결정을 들으려 하지 않고, 그것에 복종하려 하지 않음으로써 그는 모든 것을 위험에 빠뜨릴 수 있고, 계명의 심판을 두려워해야 할 것이다. 하나님의 사랑과 그의 사랑의 인식, 그러므로 그의 계명 때문에(그것이 청취되고 준수되어져야 하는 대로 청취되고 준수될 때) 설령 하나님의 진노를 두려워해야 할 모든 이유가 있을지라도, 하나님의 심판을 두려워해서는 안 된다. 하나님의 계명은 인간을 심판하면서도 인간의 성화를 원한다. 즉 그것을 하나님이 그를 자기 소유로 삼고자 한다는 것을 말한다. 그 계명을 듣는 자는 그가 하나님에게 낯설고 냉담하다고 말할 수 없다. 그는 오히려 우선 무엇보다도 하나님이 그에게 주어졌고, 그를 진지하게 여긴다고 생각해야 할 것이다. 즉 하나님은 인간의 의지와 그 자신의 의지가 부합되는지에 대해, 그 앞에서 인간의 의에 대해 그에게 물을 수 있을 정도로 진지하게 여긴다. 여기서 그의 답변에 대해 이루어질 심판의 엄중함 때문에 그는 하나님이 그에게 주어졌고, 그를 진지하게 여겼다는 사실에서 착각해서는 안 된다. 다만 그는 하나님이 더 이상 이렇게 하지 않을 수 있으며, 그가 하나님에게는 낯설고 냉담한 자가 될 수 있다는 사실을 두려워해야 할 것이다. 하나님의 계명은 그에게 이렇게 두려워할 어떤 계기도 주지 않는다. 그 계명이 그의 심판과 더불어 그를 심하게 압박할수록 그만큼 두려워할 이유가 덜하다. 이 심판에서 그를 압박하는 극단적인 '아니'는 그에게 무엇보다, 하나님이 인간을 그렇게 심하게 엄격하게 저 부합 여부를 물음으로써 하나님이 그를 얼마나 염려하는지, 어떤 기대를 그에게 걸고 있는지 분명하게 드러낼 것이다. 그는 하나님이 그와 다르게 만나기를 바랄 수 있을까? 그의 준엄함이 약화됨은, 그가 그를 덜 사랑한다는 것을 의미하지 않는가? 그는 하나님이 실제로 이 준엄함으로 그를 심판하는 것에 대해 기뻐할 것이다. 그 준엄함은 바로 그의 사랑, 신실함, 그의 은혜, 마음에서 우러난 자비의 척도 외에 다른 것이 아니다.

하나님은 그의 아들 예수 그리스도 안에서 우리에게 모든 것, 자기 자신과의 직접적 친교를 선사함으로써 우리를 심판하고, 그러므로 우리에게 아무것도 선사하지 않는다. 하나님은 그 안에서 우리를 심판한다. 그 안에서 그는 그렇게 엄격하게, 가차없이 우리를 다루어야 한다. 예수 그리스도 안에서 그는 인간을 영원 전부터 자기 백성으로 선택했고, 그의 영역에서 살도록, 그의 백성의 일원이 되도록, 그의 소유가 되도록 선택했다. 그 안에서 하나님은 우리를 그 자신에게 구속하기 전에, 우리가 우리 자신을 그에게 구속하기 전에, 자신을 우리에게 구속했다. 우리가 스스로 결단하기 전에, 우리가 우리 자신을 그의 종으로, 그의 무익한 종으로 인식하기 전에 그가 우리의 죄를 용서하고, 우리에게 새로운 복종을 호소하기 전에 하나님은 예수 그리스도 안에서 우리를 위해 결정했다. 영원한 아들 안에서 그는 우리를 영원 전부터 영원토록 자신의 자녀로 인식했다. 그 안에서 그는 우리를 사랑했고, 우리는 그의 사랑받는 자이다. 이 "그 안에서"가 유효하기 때문에, 예수 그리스도 안에서 드러난 진리는, 명령하는 하나님이 본래부터 명령을 받는 자를 위한다는 것이기 때문에, 하나님의 사랑은 단순히 하나님의 심판의 이념적인, 개념적으로 파악되어야 할 전제가 아니라 현실적인 전제이다. 예수 그리스도 자신은 하나님의 영원한 결정 안에서, 시간 가운데서 내려진 하나님의 선결정이니, 우리는 하나님의 심판대 앞에 나설 때 이미 여기서부터 온다. 그는 우리가 하나님과 인간의 관계, 그것의 근거, 항구성, 의미에 관하여 의지해야 할 형상이다. 그 자신이 우리에게 무엇보다 먼저 우리가 하나님의 사랑을 받는 자로 살아야 하고, 그 앞에서 책임져야 한다는 것을 말해 주는 계명이다. 그 자신이 인격적으로, 하나님이 인간에게, 모든 인간에게 영원 전부터, 시간 속에서 관심을 돌린 사랑의 행위이다. 그 안에서 하나님은 우리를 진지하게 여김으로써 우리에게 심판을 면제하지 않고, 우리에게 아무것도 선사할 수 없고, 우리는 그의 측정, 저울질, 판단의 엄중함을 경험하지 않을 수 없다. 만일 하나님이 우리와 다르게 만나기를 바란다면, 우리는 그로부터 분리될 것이다. 하나님이 실제로 하는 대로 그렇게 그가 우리와 만난다는 것을 우리가 시인하고 받아들임으로써 그의 뒤를 따른다. 그는 우리가 하나님의 심판에 들어가면서 우리가 가지고 가는 약속이다. 그는 우리가 그로 말미암아 두려워할 필요가 없는 토대이다. 우리는 예수 그리스도를 고려할 때 우리가 하나님에게 낯설고 냉담할 수도 있다는 사실을 결코 두려워해서는 안 된다. 그리고 이것이 우리가 두려워할 수 있는 유일한 사실이라면, 대체 무엇을 두려워할 것이 있는가? 더구나 인간이 예수 그리스도를 고려하므로 하나님의 심판에 들어감을 기뻐하지 않을 수가 없다. 예수 그리스도는 이 길에서 우리를 앞장섰다. 그의 계명 속에 있는 하나님의 심판은 본래, 우선 그의 인격에서 현실이 되었고, 직관되어야 한다. 우선 본래적으로 그는 하나님의 계명에 직면한 인간이다. 우선 본래적으로 그는 이러한 직면에서 인간에게 닥쳐야 할 일을 스스로 받아들였다. 우선 본래적으로 그는, 인간이 하나님에게 낯설고 냉담하게 될 수 있다는 사실에 직면할 때 두려워할 수 있고, 또한 실제로 두려워할 수밖에 없는 저 자리로 들어섰다. 그러나 바로 예수 그리스도가 이 자리로 들어섬으로써 이 일은 일어나지 않았다. 그리고 그는 여기서 그의 계명의 심판이 자신에게 이루어지도록 함으로써, 그는 하나님에게 낯설고 냉담한 자로서가 아니라 그의 사랑받는 아들로 대우받았다. 그것은 그런 일이 자신에게 일어나도록 한 자에 대한 하나님의 전적인 호의이다. 이 일이 일어났을 때 모든 천사의 합창이 울려 퍼졌다. 이 사건은, 이 일이 일어나도록 한 자에게는 영원한 영광으로 가는 과정이었다. 하나님의 계명으로 계명을 통해 심판받은 자는—이 심판의 모든 난관과 치욕은 저 영광에 의해 가려졌다.—하나님 아버지 오른편에 있다. 어떤 빛나는 왕이 있다면, 그는 바로 이 심판받은 자이다. 어떤 행복과 기쁨을 기대할 수 있다면, 바로 그에게서, 그와의 친교에서 기대할 수 있다. 그리고 하나님의 계명은 우리를 자신과 친교를 맺도록 부른다. 우리가 하나님의 계명을 들으면서, 바로 이것, 즉 우리가 그에게 속할 수 있다는 것을 들을 수 있다. 즉 우리가 그에게 속한 자들로 살고, 그러므로 기뻐하고, 이 심판받은 자의 친교를 가지라는 권유를 받아들이는 것—바로 이것이 하나님의 계명에 복종함을 뜻한다.

우리는 이것을 특별히 설명해야 한다. 하나님의 심판의 전제를 이해하기 위해서는 이 일에 대한 이해가 다른 것 못지않게 중요하다.

하나님이 인간과 더불어 원하고 인간에게 바라는 것을 그는 우선, 본래적으로 우리 다른 인간들에게가 아니라, 우선 본래적으로 예수 그리스도 안에서 결정했고, 실행에 옮겼고, 드러냈다. 그는 영원 전부터 사랑받고, 하나님의 영원한 결정 안에서 인간을 위하여, 우리를 위하여 위임을 받은 아버지의 독생자이다. 그리고 그는 하나님의 영원한 결정 안에서, 그리고 이에 따라서 하나님의 말씀과 역사를 통해 시간 속에서 하나님의 은혜를 통해 선사되었고 요구된 인간의 아들이다. 인간에 대한 하나님의 뜻이 무엇인가를 그는 아버지의 품에 있을 때 먼저 들었고, 인간에 대한 하나님의 명령이 무엇인가를 그는 원래 들었고, 마음에 품었다. 우리가 그것에 대해 알고 있는 것을 그의 증언을 통해 알게 되고, 우리가 그의 증언을 받아들임으로써 그것을 안다. 이제 우선 무엇보다도 그 안에서, 인간이 하나님의 계명에 직면함이 인간에 대한 하나님의 심판이 되고, 곧 이 주와 이 종들 사이의 관계에서 이렇게 측정되고 저울질되고 판단된다. 인간은 하나님 앞에서 그의 의에 대해 질문받으며, 이렇게 질문할 권한과 능력을 가진 자, 인간에게 이런 측량할 수 없는 일에 대해 질문하도록 하는 권한을 부여한 자에 의해 질문 받는다. 하나님과 인간 사이의 만남은 이런 성격, 즉 심판 행위의 모습을 가진다는 것은 그러므로 어떤 신 개념이나 인간 개념에서 귀결되는 것이 아니다. 이것은 예수 그리스도 안에서 이루어진 대로, 인간을 무한히 비천하게 하고 동시에 무한히 높이는 하나님과의 만남의 현실이다. 이것이 그의 증언의 내용이다. 이것은 우리가 그의 증언을 받아들임으로써 우리에게 지식이 된다. 그러나 또한 그 안에서 이 사건이 이루어졌으며, 그의 증언에 또한 바로 이 사실, 곧 인간이 이 심판에서 실제로 멸망했으며, 즉 그의 존재, 그의 행위, 그의 결정은, 하나님이 그에게 기대하고 바라는 것, 그의 계명을 통해 그에게 요구되는 것에 의해 재어 볼 때, 불의한 일, 하나님의 의도에 대한 반대와 항거이며, 따라서 하나님의 진노를 도발하는 행위라는 사실의 인식이 근거한다. 우선 본래적으로 우리의 인격으로가 아니라, 우선 본래적으로 예수 그리스도의 인격으로 인간은 하나님의 계명의 심판 아래 처해 있으니, 그는 하나님의 진노보다 더 나쁜 일, 즉 그가 하나님에게 낯설고 냉담하다는 것, 하나님이 그에게는 무익한 그 인간을 더 이상 염려하지 않으리라는 사실로 위협받는다. 그, 예수 그리스도는 '나의 하나님, 나의 하나님, 왜 나를 버리셨습니까?' 하는 물음이 진정한 물음이 될 수 있었고, 되어야만 했던 그런 인간이다. 그는 하나님이 그의 영원한 결정 속에서 그에게 그의 계명을 줌으로써 이 계명의 위반자로 판단했고, 따라서 그의 의로운 분노 속에 버렸던 인간, 저 완전한 타기(唾棄)로써 실제로 위협했던 인간이다. 아담도 그랬고 우리도 그렇다는 것은, 하나님의 결정 속에서, 그리고 골고다의 사건에서 먼저 예수 그리스도에게서 실현되었다는 사실에 비추어 진실이다. 예수 그리스도 안에서 하나님은 그의 뜻과 계명에 대한 우리의 관계에서 아담과 우리 모두를 알았고, 아담과 우리 모두에게 이 인식에 부합하는 판결을 선언했고 성취했다. 그 안에서 그는 아담과 우리 모두를 죽음으로 정죄했고, 죽음에 내어주었다. 그러나 그에게 일어난 심판에서 이 판결, 그리고 그 집행은 그의 심판 전체가 아니고, 그의 의의 마지막 말이 아니다. 바로 이 심판에서 하나님의 진노와 인간의 정죄는 인간이 버림받게 됨을 뜻하지 않는다.(이 버림받음은 물론 여기서 위협적이고 십자가상의 예수의 저 물음은 바로 이것에 대해 물었다.) 그러므로 인간은 하나님에게 낯설고 냉담한 자가 됨을 뜻하는 것이 아니다.

　그리고 이것이 전부가 아니다. 예수 그리스도가 당하는 하나님의 계명의 심판은 이런 버림을 뜻하지 않는다. 오히려 하나님은 예수 그리스도에게 이 심판을 행함으로써 이 심판받는 자를 자기의 선택받은 자로, 영원히 사랑받는 자로 대하고 처리한다. 오히려 여기서 행해지는 인간에 대한 정죄와 타기는 사랑의 표현, 행위이다. 이 사랑에서 그는 이 인간을 영원 전부터 그리고 또한 시간 속에서도 사랑했고, 자신에게 이끌었다. 오히려 이 심판은 하나님의 영원한 은혜의 선택의 형상이며, 시간 속에서 그것을 효과적으로 실행함이다. 오히려 하나님과 인간 사이의 이 싸움이 예수 그리스도에게서 전적으로 인간에게 불리하게 끝남으로써, 인간에게 필연적이고 인간을 위하여 하나님이 원하고 성취한 화해, 즉 하나님과 세상과의 화해가 결정되고 시작되고 사건이 된다. 이로써 인간의 성화가 하나님을 위해 이루어지기 때문이다. 그가 하나님의 계명을 하나님의 심판으로 경험하고, 하나님의 심판을 그 자신의 정죄, 형 집행으로 경험함으로써 그가 하나님에 소속됨이 가능케 되고, 현실이 된다. 이로써 그는, 하나님이 그에게 뜻하는 바를 위해, 즉 그가 영원히 하나님과 함께 살 수 있기 위해서 자유롭게 된다. 이로써 하나님이 그에게 바라는 바가 이루어진다. 예수 그리스도 안에서 이 일이 일어났으니, 곧 하나님이 그의 아들 안에서 그의 진노를 당하고 정죄받고 죽어야 할 인간, 범법자, 죄인이 되기 위해서 자기 자신을 내줌으로써 일어났다. 영원한 아버지와 영원한 아들 사이에, 그리고 이에 근거하여 하나님과 인간 사이에, 예수 그리스도 안에서 질서, 곧 여기서 인간이(범법자, 죄인이지만, 이제 그런 자로 살해되고 제거되었다.) 하나님 앞에서 살 수 있는 질서가 세워진다. 이 질서는 하나님의 계명에 의해 인간에게 성취된 심판에 있다. 그러므로 하나님의 계명에 대한 복종, 저 질서의 유지는, 이로써 인간에 대한 하나님의 선한 뜻이 사건이 되기 때문에 인간이 이 판결에 굴복하고, 그가 기꺼이 제거되고 살해되는 것에 있다. 예수 그리스도가 이렇게 복종함으로써, 그는 선택하고 성화하는 하나님 자신이며, 동시에 선택받고 성화된 인간으로 행동한다. 그가 이렇게 복종함으로써—아버지에 대한 아들의 복종과 동시에 하나님에 대한 인간의 복종—그는 성령 안에서 아버지와 아들 사이의 평화의 끈으로 행동하고 하나님과 인간 사이의 중보자로 행동하고, 화해—그러나 하나님이 인간과 화해하는 것이 아니니, 그런 것은 불필요하기 때문이다.—인간이 하나님과 화해함을 성취하였으니, 이것은 오로지 이 복종의 실행에서만 가능하다. 주목해야 할 점은, 우선 본래적으로 예수 그리스도는 하나님의 선택받은 자, 거룩하게 된 인간이므로, 우선 본래적으로 그가 이렇게 복종했다는 것이다. 원래적인 무흠함의 상태 속에 있는 아담도 아니고, 영원한 무흠, 의, 행복의 상태 속에 있도록 예정된 우리도 아니고, 바로 그가 이렇게 했다. 오히려 아담의 무흠, 우리의 무흠은, 다만 하나님에 의해 버림받고, 그의 진노를 겪고, 하나님의 계명에 따라 심판받고 살해된 예수 그리스도가 진실로 이 위협에 노출되고, 저 물음을 제기할 뿐 아니라, 하나님에 의해 버림받음에 근거해서 가능하고 실현될 수 있다. 예수 그리스도가 하나님의 심판을 당할 때 무죄했고, 더구나 거기서 복종했고, 하나님의 진노의 대상이면서 그의 최상의 호의의 대상, 그의 뜻과 계명의 성취자였기 때문에, 아담과 우리의 무죄는 가능했고 실현되었다. 그러므로 이에 의거해서 불순종 안에 있는 아담과 우리의 상태가 먼저 아담과 우리의 상태가 아니라 하나님의 불가해한 지혜와 자비에 의해 먼저 그 자신의 아들의 상태가 된 것처럼, 아담과 우리에게도 복종의 상태가 있다.

우리의 자리, 우리에게 주어진 자리는 이 인간이 스스로 선택했고, 그가 그것을 위해 선택된 자리이다. 우리의 선택과 성화는 그 안에서 결정되었고 이루어졌다. 우리를 위해 그는 버림받도록 선택된 인간, 하나님의 진노의 심판을 통해 거룩해진 인간이 되었다. 하나님은 우리를 그 안에서 먼저 사랑했고, 자기에게로 이끌었으며, 그 안에서, 그와의 계약 속에 살도록 결정했고, 그 앞에서 영원한 삶을 살도록 결정했다. 그가 우리에게 자기 아들을 형제로 줌으로써 그는 우리를 자기 자녀로 만들었다. 그가 그를 이스라엘의 메시아, 교회의 주요 머리로 세움으로써 우리를 그의 이스라엘로 만들었다.

그리고 그는 그 안에서 영원 전부터 우리를, 그의 심판 앞에서 통과할 수 없는 자, 오직 그의 진노의 심판을 통해서만 성화될 수 있고 구원받을 수 있는 자, 그러나 우리 스스로 이 진노의 심판을 견디어 낼 용의도 없고 능력도 없는 자, 그와 자기 자신 사이에서 스스로 중보자가 될 수 없는 그런 자로 선택했다. 우리는 마땅히 버림받아야 함에도 불구하고 그는 그 안에서 우리를 버리지 않았다. 그는 그 안에 버림받은 자들인 우리를 또한 그 안에서 선택했고, 그에게 행해진 진노의 심판을 통하여 거룩하게 했고 구원했다. 또한 우리에게 온전한 사랑이 베풀어졌으니, 이 사랑으로 하나님은 모든 세상의 시작 이전에 그의 결정에 따라, 그에게 이루어질 심판을 고려하면서 이 한 분을 사랑했다. 그리고 그가 실제로 그에게 이 심판을 행하면서 사랑했다. 아버지의 품속에 있는 하나님의 영원한 아들은 이런 사랑을 필요로 하지 않았다. 그는 그 자신이 영원 전부터 아버지를 사랑했던 그런 사랑을 이미 받았고 누렸기 때문이다. 그러나 우리는 그 사랑을 필요로 했고, 그것이 부족했다. 만일 하나님이 우리를 사랑하지 않는다면, 그리고 저 온전한 사랑으로 사랑하지 않는다면, 즉 아버지가 아들을, 그리고 아들이 아버지를 사랑한 그런 사랑으로 사랑하지 않는다면, 우리는 아무것도 아닐 것이다. "그는 우리에게 모든 일을 했다." 예수 그리스도 안에서 모든 일이 우리와 상관한다. 우리와 세상이 하나님과 화해함은, 예수 그리스도가 하나님에게 복종했고 진실로 무죄했으며, 그가 인간의 죄책을 짊어졌고, 그 죄를 짊어지고 하나님 앞에 섰으며, 하나님의 심판에서 그것을 위해 속죄함에서 이루어졌다. 그리고 하나님의 심판이 우리에게도 이루어지는 한, 그 심판이 본래, 먼저 우리에 대해서가 아니라 그에 대해 이루어졌다는 것이 그 심판의 전제이다. 우리에게 중요한 것은 우리가 그에게 매달리는 것, 그가 하나님에 의해 정죄받고 버림받으며, 그가 본디오 빌라도 밑에서 고난당했고 십자가에 달렸고 죽었고 매장되었고 지옥으로 내려갔던 그 암흑 속으로 우리가 들어가는 것이다. 우리에게 중요한 것은 우리가 그가 당한 심판에 굴복하는 것, 우리가 그의 버림에 의해 선택받은 자, 성화된 자가 되는 것, 우리가 저 저주를 듣고 저주에 굴복하는 것을 감수하는 것이다. 저주는 그에게 선언됨으로써 우리에게 선언되었다. 그러나 이와 함께 사랑의 약속, 하나님의 호의의 약속도 선언되었다. 그는 하나님에게 버림받는 언저리에서 그 사랑 호의의 대상이었으니, 그 이유는 하나님이 그를 우리를 위해 버리기 원치 않았고, 실제로 버리지 않았기 때문이다. 우리에게 중요한 것은, 그의 선택과 성화에 우리 자신의 참여함을 알고, 우리 자신을 그의 선택과 성화에 참여하는 자로 인식하고, 그것 때문에 또한 우리의 정죄와 버림이 이미 그 안에서 성취된 것으로, 그의 죽음을 그가 이미 당한 것으로 받아들이는 것이다. 우리는 하나님의 계명이 우리에게 또한 심판이 됨으로써, 그의 계명에서 실제로 먼저, 그의 계명을 이룬 자 안에서 또한 우리에게도 향한 그 하나님의 사랑을 인식해야 한다. 우리는 그의 근본적인 명령으로 이 말을 들어야 한다. 하나님과 화해하라! 오직 그 안에서 하나님과 화해한 자가 되어라! 하나님의 계명이 우리를 심판할지라도, 그를 심판하는 것과 다르게 심판할 수는 없다. 즉 우리는 멸망하도록, 그러나 또한 멸망에서 구원에 이르도록 정죄받으며, 죽도록, 그러나 또한 죽음에서 생명에 이르도록 정죄받으며, 버림받도록, 그러나 선택받은 자를 구원하는 버림을 위해 정죄받을 것이다. 그리고 우리가 예수 그리스도 안에서 하나님의 집안 식구, 백성의 일원, 하나님의 날의 시민이며 그런 자로서 우리가 심판에 들어간다는 것이 위로가 되는 전제이니, 이 전제에서부터 우리는 하나님의 심판으로 들어가는 전제요, 우리가 심판 가운데 가지고 가는 확실한 약속이다. 예수 그리스도는 심판의 전제요, 예수 그리스도는 자신을 그런 자로서 심판 가운데 확증할 약속이다. 그러므로 두려움이 없고, 그러므로 하나님의 심판에 들어간다는 전망에도 불구하고 오직 기쁨만이 가능하다. 그러므로 우리가 두려움 없이, 예수 그리스도에게 속하는 자들의 기쁨 안에서 그를 향해 갈 때에만, 우리는 계명의 심판에서 확실히 설 수 있을 것이다.

2. 하나님의 심판 수행

인간이 하나님의 계명과 직면하는 결과는 우선, 그가 반박할 수 없이, 철저히 그 계명의 위반자로 입증된다는 것이다. 그는 하나님의 계명도 알지 못하고, 자기 자신도 알지 못하고, 또한 하나님의 계명이 바로 그를 의도하고 그에게 해당된다는 것도 알지 못하고, 그것이 그에게 주어졌으며 그에 의해 준수되어야 한다는 것도 알지 못하고, 그는 이 사실을 부인하려 하고, 자기 자신이 하나님의 계명의 위반에 대해 무죄라고 선언하고자 한다. 계명의 모든 위반의 본질, 인간이 범법자라는 사실의 증거는, 결정적으로, 그가 거듭하여 이것을 부인하고 있고, 자기 자신에 대한 고발과 판결에 대해 변명하고 무죄임을 선언하려고 하는 것이다. 이것이 모든 죄 중의 죄이다. 우리가 범법자임을 부인하고 그것을 변명하고 정당화하려는 이것이 하나님이 증오하는 모든 것 중에서도 가증스러운 것이다. 바로 여기서 우리는 (하이델베르크 교리문답 문항 5) 우리가 하나님과 우리 이웃을 사랑해야 함에도 불구하고 그들을 미워하는 본성의—우리가 아담과 더불어 가지고 있는 왜곡된 인간 본성의—경향을 따른다. 우리가 범법자로서 핑계할 수 없고 정당화될 수 없다는 것을 인식하고 고백할 때만, 우리는 하나님과 우리 이웃을 사랑할 수 있을 것이다. 우리가 하나님의 계명에 직면할 때, 우리는 하나님과 이웃을 사랑하지 않고 오히려 저 우리 본성의 경향을 따르고, 자신을 변명하고 정당화하려는 본성의 유혹 속에서 다만 하나님과 이웃을 미워할 따름인 그런 인간들로 발견된다. 우리는 실제로 육신적 능력으로, 하나님의 계명과 자기 자신을 알려고 하지 않고, 하나님의 계명이 바로 우리와 상관한다는 것을 알려고 노력하지 않는 자들이다. 그러나 하나님의 계명은 영원히 유효하고, 우리 자신은 우리 그대로이고, 하나님의 계명은 우리에게 주어져 있다. 그러므로 하나님의 심판이 이루어짐에서는 중단이 없고, 그것을 중단하려는 인간의 모든 시도는, 이 심판에서 이루어질 정죄, 즉 우리는 죄인이라는 판결이 불의한 것이 아니라 의롭다는 것을 확증할 따름이다. 우리는 범법자이다. 우리는 하나님이 우리에게 바라고, 우리와 더불어 하고자 하는 것을 위해 무익하다. 우리는 그를 위해 상실되었으며, 우리가 그를 위해, 그 앞에서 무엇이 되는가가 중요하기 때문에, 실제로 상실되었다.

우리는 앞에 있는 두 절의 내용을 고려하면서 이 통찰의 근거를 제시하고 발전시킨다. 우리는 하나님의 계명의 요구를 이행하고 만족시키는 자들이 아니다. 우리는 하나님의 계명 안에서 우리에게 결정된 바의 근거 위에 서 있는 자들이 아니다. 우리는 계명을 지키거나 성취하지 않으며, 따라서 우리가 처해 있는 그의 심판은 우선 우리에 대한 정죄일 따름이다.

우리는 하나님의 요구의 근거를, 하나님이 우리에게 자비로우며 우리는 그를 믿을 수 있다는 데서 찾거나 발견하지 않는다. 우리는 특이하게도, 우리의 최선을 원하고 행하는 하나님, 그의 요구는 현실적인 근거, 현실적인 강제적인 권위를 가지는 이 하나님과 차라리 상관하지 않기를 원하며, 그를 최고의 권력, 최고의 권위, 무엇보다 최고의 가치의 총화로 재해석하려 한다. 그럴 경우, 우리는 그의 요구에 대하여 우리 자신의 요구를 관철시킬 수 있고, 그것을 결국 전적으로 우리 자신의 요구의 총괄 개념으로 이해할 수 있게 된다. 이렇게 그의 요구의 근거에 우리의 행위, 우리의 자세가 대립한다면, 우리가 어째서 하나님의 계명을 지켜야만 하는가? 또한 우리는 하나님의 요구의 내용을, 우리가 하나님의 자비로운 행위가 우리를 위함이라는 것을 인정하도록 요구받는 데서 결코 찾고 발견하지 않는다. 우리는 율법을 결코 그의 은혜의 모습으로, 따라서 우리의 삶을 그의 은혜에 상응하여 형성하라는 요구로 존경하지 않는다. 그러나 우리는 하나님이 자비를 베푸는 그의 소유물로서, 그가 그들의 의가 되는 그런 자로서 살고 행동하지 않는다. 우리는 하나님의 이 명백한 뜻에 대해서 매우 적대적이며 무관심하고 자의적이고 냉정하다. 우리가 이 한 가지, 현실적으로 우리에게 요구된 것을 원하지 않으면서, 어떻게 우리가 하나님의 요구에 따라 그것을 원할 수 있고 원해야 한다는 핑계하에서 모든 것을 바라는가? 그러나 우리가 하나님의 계명의 본래적인 내용을 간과하고 지나치고자 한다면, 분명히 그 계명을 준수하고 성취하는 것은 생각할 수 없다. 더구나 우리는 하나님의 계명이 다른 모든 계명과 달리 하나님의 은혜를 통해서 하나님의 사랑받는 자인 우리에게 허락된 자유를 사용하도록 우리에게 명령함에서 실제로 하나님의 요구의 차별적인 형식을 찾거나 발견하지 않는다. 우리는 그에게 복종할 수 있는 자로서 그에게 복종하지 않는다. 그의 계명은 우리에게 기쁨 안에서 걱정 없이 두려움 없이 살라고 명령하였건만, 그렇게 살도록 허락받은 우리는 기쁨, 걱정 없음, 두려움 없음에서 그의 진지함, 그의 엄격함을 인식하지 못한다. 우리는 세워진 자리에 머무르지 않고, 우리는 세워진 그대로 서 있지 않다. 우리는 그의 계명 속에 있는 하나님보다 계명을 더 잘 안다고 믿는다. 우리는 우리 자신의 심판자로서 선과 악에 대해 결정할 수 있는 자유를, 언제나 거듭하여 하나님의 자녀의 자유보다 더 유익하다고 생각한다. 우리는 하나님의 계명이 가차없이 우리 자신에게도 요구하는 것에 대해 항거하고 반항한다. 우리가 그것이 다른 사람, 혹은 우리 자신에 의해 세워진 무기력한 인간의 계명인 것처럼 그렇게 그것을 다룬다면, 우리가 그것을 어떻게 지키고 이해할 수 있겠는가? 간단히 말해서, 우리가 하나님의 계명의 요구를 들어 보았는가? 그것이 이런 요구를 제기하고 이런 근거, 이런 내용, 이런 형식을 가지며, 이에 따라서 복종, 어떤 복종이 아니라 바로 이런 복종을 요구한다는 사실을 우리가 진지하게 인정하는가? 언제, 어디서 우리가 이런 복종을 했는가? 우리가 언제, 어디서 그 본성에 따르면 분할될 수 없고 어떤 삭감도 용납하지 않는 그것에 어긋나지 않으랴? 우리가 언제, 어디서 그 요구가 일단 제기되고 관철됨을 통해 우리가 직면하게 된 그 양자 택일에서 실패하지 않으랴? 이 요구에 대해 의로운 자가 어디 있는가? 그것이 제기되고 관철됨으로써— 그리고 우리는 일단 이 사실에 대해 의심할 수는 있으나 그 사실을 바꿀 수는 없다.— 우리는 범법자로 입증되며, 우리가 이 증거를 오인하고 의심하고 부인함으로써 이중, 삼중으로 범법자가 된다. 그 이유는 우리는 이로써 이 증거를 확증하는 것이고, 우리는 또 다시 계명을 위반하는 것이기 때문이다. 계명의 요구는 제기되고 관철됨과 더불어 이 위반 사실이 드러난다.

우리가 하나님의 계명과의 만남에서, 만남과 더불어 우리에게서 성취되는 하나님의 결정에서 사정은 이렇다. 이 결정의 우월성에 직면하여, 곧 우리의 모든 존재와 행위가 하나님의 계명을 통해서 책임적인 것으로, 그것에 대해 실제로 일어나는 책임과 행위로 표시된다는 사실에 직면하여, 우리는 누구이며 무엇인가? 우리가 우리의 존재와 행위로써 하나님이 우리를 위해, 우리와 더불어 뜻하는 바에 부합되는 것, 곧 그의 계명에서 우리에게 드러냈고 알게 한 뜻을 순종하고 이행했음을 제시해야 하는 이 대화에서 우리가 무엇을 제시할 수 있겠는가? 여기서 우리에 대해 결정하는 자와의 만남에 대한 어떤 진지한 대비가, 이 만남에서 생기는 우리의 전 존재의 문제에 관한 어떤 근본적인 윤리적 숙고가, 이런 의문은 제거될 수 없고, 우리가 이 의문에 대해 우리 자신을 보호하고 구원할 수 있는 그런 보루는 없다는 사실을 깨닫는 것으로 끝나지 않을 수 있으랴? 그 이유는 하나님의 뜻이 그의 책임 때문이 아니라, 우리 책임 때문에, 곧 우리가 오류와 어리석음, 사악함 속에서 그를 찾기 때문에 우리에게 알려지지 않았으므로, 우리 자신이 그에 대해서 미리 우리의 의로써 자신을 방비할 수 없고, 더구나 우리는 우리가 이런 준비에 근거하여 이 의를 실제로 드러낼 수 있다고는 상상할 수조차 없기 때문이다. 그러나 우리가 이렇게 하지 않는다면, 하나님의 우월한 결정 안에서 우리는 누구이며 무엇인가? 이제 우리는 바로 하나님의 결정에 대한 우리의 책임성과 의무에 직면해서 실제로 여전히 도피하고 있고, 우리는 결코 진실로 그것에 대해 대비하고 있지는 않다. 우리가 언제 어디서 이 일에서 정직했는가? 우리가 언제 어디서 하나님의 뜻에 대해 진지하게 물었던가? 우리가 그 뜻을 이루는 데서 얼마나 멀리 있었는가? 우리는 실제로 하나님의 계명에서 우리에 대해 우월하게 결정된다는 사실은 바뀔 수 없는 그 자리에 서 있다!

또한 만일 모든 일반적인 원칙이 전혀 하나님의 계명과 무관하고 그것에 대한 자칭 복종이라고 하는 것이 우리가 하나님에 대해 마땅히 해야 할 복종이 전혀 아니라면, 하나님의 결정의 확정 사실에 직면하여 우리는 어떠한가? 만일 우리에게 명령된 선함이 우리에게 제시된 많은 가능성들 가운데서 우리가 선택할 문제요, 이러이러한 보편적인 규칙을 해석하고 적용하는 문제라면, 우리는 이런 선택, 해석, 적용을 가능한 한 정직하게 그리고 가능한 한 선한 의도에서, 선한 양심을 가지고 이행하는 것으로 만족할 것이다. 우리가 하나님의 계명에 대해 이런 능력을 가졌다면, 우리는 스스로 또한 이 의도를 승인할 수 있을 것이다. 그러나 하나님의 계명은 모든 가능성들 가운데서 언제나 단 한 가지, 이러이러한 것만을 의도하고 원한다. 우리의 복종은, 우리에게 정확하게 주어진 하나님의 규정에 인간적으로 부응하는 것으로서 정확하게, 구체적으로 이러이러한 것을 행함에 있다. 나는 하나님의 계명을 이루기 위해서 밤낮을 하나님의 친구로 보내고, 밤낮 그의 입에 매달리고, 밤낮 그의 지시에 귀를 기울이는 자가 되어야 할 것이다. 다시 나는 하나님 편에서 그의 은혜에서 그렇게 가까우며, 그렇게 신실하게, 꾸준히 우리와 함께 말하고, 또한 우리는 그의 말을 신실하게, 정확하게 들을 수 있고, 따라서 그에게 복종할 수 있다는 것을 의심할 수는 있으나, 그 사실을 변경할 수는 없다. 그러나 우리는 이렇게 하지 않는다. 만일 우리가 예외적으로 명백히 이렇게 할 것을 계획할 때조차, 언제 어디서 하나님의 계명을 정확히 들을 것인가? 그 일이 예외적으로 일어난다면, 곧 우리가 하나님의 계명을 듣는 일이 언제나 다만 잠정적인 일이라면, 우리가 어떤 의미에서 특별한 계기에만 그의 지시를 듣기 위해 하나님에게로 달려간다면, 그러나 우리가 우리의 삶을 전반적으로 하나님의 친구로서(이것이 우리에게 마땅하건만) 보내는 것이 아니라, 모든 다른 가능한 다른 친교 영역에서 보낸다면, 우리가 어떻게 이 일이 유용하게 일어나기를 기대할 수 있겠는가? 그리고 만일 우리가 또한 이런 관점에서 하나님의 계명을, 즉 그 계명이 지금 여기서 우리에게 바라는 특별하고 구체적인 일에서 도피해야 한다면, 만일 우리가 근본적으로 하나님의 계명을 실제로 "우리의 발을 비추는 등불"로 삼기를 거부한다면, 우리가 근본적으로 끈질기게 어떤 세상적, 혹은 그리스도교적 율법적 의, 즉 어떤 자의적인 자기 의를 추구한다면, 어떠한가? 우리는 이렇게 하고 있다! 그러나 우리가 질문받은 우리의 현실적인 의, 하나님 앞에서의 의는 어디에 있는가? 그것은 거듭 더러워진 천 외에 다른 것일 수 있는가?

결국 하나님의 계명이 그의 선함의 계명이고, 그것이 모든 사람으로 하여금 모든 관점에서 의롭고 친절하고 유익한 일을 하기를 원한다는 사실에 직면하여, 우리는 그 계명 앞에 어떻게 서 있는가? 이 하나의 보편 타당한 계명에 상응하여, 그 계명이 겨냥하고 있는 인간들의 일치된 방향은 어디에 있으며, 그것에 대한 복종이 필연적으로 초래해야 할 그들 서로 간의 일치는 어디에 있는가? 우리는 이것과는 전혀 다른 계명에 굴복하고 복종해야 하는 것처럼 보이지 않는가? 우리가 우리 자신의 영역에서나 다른 사람 영역에서, 인간 존재의 크고 작은 범위 안에서 우리의 행위와 행하지 않음으로 산출하는 것은 다시금 계명에 상응하는 선함 대신에 악함, 불의, 불친절, 해로운 일이며, 따라서 크고 외적인 일에서 불화, 작고 내적인 일에서뿐 아니라 크고 외적인 일에서 온갖 갈등이니, 하나가 다른 것에 의해 제약되고, 하나가 다른 것을 야기하지 않는가? 우리가 하나님의 결정의 우월성과 확정성을 이렇게 부인했으므로 어쩔 수 없다. 그러나 우리가 실제로 그것의 핵심에, 가장 단순한 내용, 곧 그것이 우리를 선함으로 결정하는 것이라는 사실에 얼마나 다르게 대처하는가! 우리는 다른 재료로 만들어졌고, 다른 법에 따라 사는 존재요, 계명으로 그들에게 주어진 하나님의 존재와 비교함을 견디지 못하는 듯한 존재요, 이 빛에 옮겨 놓고 이 공기에 옮겨 놓을 때 육지에 올라온 물고기처럼 다만 몰락할 수밖에 없고, 뜨거운 화덕 위의 눈처럼 해체될 따름인 존재이다. 여기서 계명으로부터의 도피는 우리의 행태를 다른 것과 구별하는 본질적 특징이다. 우리는 여기에 대해 많은 말을 할 필요가 없다. 그 이유는 이 현상이 실제로 알려져 있고 종종 진술된 바 있으며, 우리는 선을 그런 것으로 알고 혹은 쉽사리 인식하지만(우리가 이렇게 함은, 우리가 하나님에게 어떻게 하든 간에, 하나님이 그의 계명에서 우리를 인정함으로써 그의 가까움을 입증해 준다.) 우리는 근본적으로는 선을 사랑하지 않음은 물론이고 시인하지 않으며, 우리에게는 악함이 선보다는 그 암흑 속에서 훨씬 더 자명하고, 그 부자연 속에서 훨씬 자연스럽다는 명백한 사실보다는 그 반대의 것, 즉 악함이 우리에게 훨씬 가깝기 때문이다. 우리가 어떻게, 계명에 상응하여 선함을 다른 사람의 일이 아니라 우리 자신의 일로 다루며, 그러므로 상호 간의 친교 안에서, 그것이 분명히 우리에게 바라는 내적인 평화 속에서 충심으로 복종하는 자로 계명에 외적, 내적으로 복종하게 되는가? 누가 그것의 결정에 순응하는가? 이 결정에 따르자면 우리는 이 친교와 일치 안에서 그것에 직면해야 한다. 이 물음에 우리는 하나님의 계명의 결정 앞에 설 수 있는 자라고 답변하기가 어렵거나 불가능하다면, 우리는 우리의 결정에서 계명의 결정에 저렇게 철저하지 못하게 다르게 직면하고 있고, 우리는 자신이 저 결정에 대해서 죄인으로 드러난다는 사실 인식이 불가피하다면, 하나님의 심판의 수행은 우리에게 가시화될 수 있으며, 우리는 이 심판에서 멸망한 존재이며, 하나님이 우리에게 바라는 바에 재어볼 때 실제로 그에게 무용지물이라는 사실을 확신할 수 있을 것이다. 하나님이 왜 진노하는가 하는 물음은 우리에게 불필요하며, 또한 그가 그의 얼굴을 우리에게서 돌리리라는 위협은 우리에게 전혀 이해될 수 없는 것이 아닐 것이다.

그러나 우리는 착각해서는 안 된다. 하나님의 심판이 이루어질 때, 모든 저 물음은 답변될 수 없고, 우리는 하나님의 계명을 통해 범법자로 드러난다. 우리가 하나님 앞에서 불의하다는 인식을 입증하고 전개하기 위해 걸어가는 길은, 우리가 하나님의 요구와 결정에 직면하고 있음을 깨닫고, 우리가 이 물음, 이 결정에 대해 어떻게 대하는가를 우리 자신에게 거듭하여 묻고, 우리가 이 물음에 대해 이 심판을 분명히 통과하기 어렵거나 통과할 수 없다고 답변하는 것이다. 모든 다른 답변이나 이 답변에 대한 모든 반대는 그것의 정확성을 확증하거나 강화할 뿐임을 분명히 함으로써, 이 답변을 먼저 확고히 하는 것이 또한 옳고 필요하다. 그 이유는 계명은 우리가 그것을 있는 그대로 받아들이는 것 이상의 것을 요구하지 않기 때문이고, 우리는 그러므로 그 고발을 받아들이지 않음으로써 가장 심하게 계명을 범하며, 우리가 죄인임을 부인하는 것이야말로 모든 죄 중의 죄이기 때문이다. 우리는 그러나 이 일을 이렇게 궁극적으로 예리하게 이해할 때, 이 답변과 그것에 이르는 모든 길이 그 자체로 확실한 것이 아니라, 다만 하나님의 심판이 실제로 그의 계명에서 일어난다는 사실을 통해서 확실해진다는 사실을 분명히 해야 한다. 하나님의 심판의 성취는 하나님과 인간 사이의 사건이며, 따라서 우리가 계명과 직면하는 것을 진술하기 위해 거기서 얻어지는 물음에 대해 그리고 그것의 실험적 답변에 대해 말했던 모든 것이 이 사건에 대한 진술이라고 주장할 수 있고, 이 사건에 비추어 논란될 수 없는 것이라고 주장할 수 있다. 이 사건을 떠나 그것이 논란될 수 없는 것은 아니다. 우리가 하나님 앞에서 불의하다는 명제는, 하나님에 의해 실제로 그렇다는 것이 드러난다는 것에 의해서, 즉 하나님이 우리를 실제로 불의하게 만들므로 우리가 실제로 그에 의해 불의한 자가 된다는 사실에 의거해서 증명된다. 우리는 저 심판에 직면하는 현실을 눈앞에 그려보고, 저 물음을 제기하고 또한 다소간에 분명히 이 물음이 답변될 수 없거나 다만 부정적으로만 답변될 따름이라고 전제하고 확신함으로써는 아직 그렇다고 할 수 없다. 그런 사실에 의해서는 우리는 아직 필히 우리 자신을 하나님에 의해 불의하게 된 자로 인식하지는 못한다. 하나님의 심판이 실제로 그의 계명에서 이루어지는 것이 아니라면, 우리는 결국 저 명제에 반대할 수 있으며, 은밀하게든 공공연하게든 분명하게 반대한다는 사실을 간과할 수 없다. 요구와 결정으로서의 하나님의 명백한 계명 개념에서부터 결국 어쩔 수 없이, 우리는 그 위반자로서 처벌받을 수 있고 멸망한다는 판결을 받아들여야 한다. 인간이 하나님의 계명의 위반자라는 사실을 진지한 의미에서 인식하고 고백하는 자는 또한 오히려, 이런 인식과 고백은 하나님과 인간 사이의 상황을 분명하게 지시함으로써, 그렇게 날카롭게 제기된 물음을 통해, 그리고 거기에 대한 의미심장한 답변에 의해 초래되거나 강요될 수 없다는 사실을 알아야 한다. 하나님 자신의 행동이 이런 지시의 대상으로 드러나고, 자기 스스로 드러내고, 자기 스스로 말하고, 이로써 또한 저 지시, 저 물음과 답변을 설득력 있게 만들고, 우리가 하나님 앞에 불의하다는 사실 외에 다른 결과를 우리에게 실제로 남기지 않음을 통해 이 모든 것이 뒷받침되고 입증되지 않는 한, 그렇다. 하나님 자신이 행위로써 입증하지 않는 한, 이 일에서 인간의 어떤 훌륭한 증거도 거듭 반박될 수밖에 없다. 인간의 범법은 그처럼 멀리 갔고, 인간은 범법자로서 일단 이런 현실에 도달했다. 그의 범법 사실은 너무나 절망적이어서, 실제로—하나님이 사실을 입증하고 그를 막지 않는다면!—그가 계명에 직면함에 대해 말할 수 있는 것, 그것에 비추어 물어야 하고, 그것에 대한 가장 명백한 대답으로 주장되어야 할 모든 것을 그는 경청할 수는 있으되, 그가 하나님 앞에서 아무런 의가 없다는 것을 근본적으로 의식하지 않는다는 것을 거듭하여 자기 자신에게 설득하고, 또한 다른 사람들에게도 확신시키지 않을 수 없다. 은혜는 계명의 신비이며, 이 신비를 고려함이 없이는 그의 요구, 그의 결정이 얼마나 엄격하고 극단적인가를 이해할 수 없고, 또한 우리가 계명에 의해서 전적으로 불의하게 된다는 것을 인식할 수 없다. 이 신비를 고려하지 않는다면, 맹인이 색깔에 대해 말할 수 없듯이, 하나님의 계명의 심판에 대해 말할 수 없다. 인간이 일단 자신을 계명의 위반자로 인식해야 한다는 요청으로는, 이렇게 하려 하지 않는 것은 부정직하고 진지하지 못하고 피상적이라는 비난으로는 우리는 저 반대를 분명히 침묵시킬 수 없을 것이다. 착각해서는 안 된다. 결국 그 자체로 결정적인 증거도 직접적으로 적용될 수 있는 방법도 없다. 저 반대는 하나님의 심판 자체를 통해서가 아니고서는 달리 해결되지 못했다. 만일 맹인이 색깔에 대해 말할 수 있다면, 그는 맹인이 아니라 볼 수 있는 자이다. 누군가에게 인간의 모든 자기 정당화를 포기해야 한다고 요구할 수 있다면, 은혜의 신비를 이미 깨달았음이 분명하다. 그가 그에게 하나님의 요구, 결정 앞에 설 수 없다는 것을 인식하고 고백한다면, 그의 범법은 이미 용서되었고, 그는 범법자로서 이미 무죄 선언을 받은 것이다. 어떤 충고도, 설득도 그를 이렇게 하도록 만들 수 없다. 아무도 자기 자신을 그리고 다른 사람을 이렇게 만들 수 없다. 이것은 하나님의 심판이 인간에게 이루어짐으로써 일어난다. 이것은 인간이 하나님의 아버지다운 징계를 받음으로써 일어난다. 그 징계는 그의 은혜의 신비를 계시하고 이로써 그의 계명의 심각성과 엄격성을 계시함에 있다. 우리는 범법자이고, 우리 모두는 빗나갔고 무능하며, 하나님의 백성은 언제 어디서나 멸망한 자들로서 스스로 자신을 정당화하지 않고 오로지 하나님의 칭의로써만 살 수 있는 백성이라는 명제를 실제로 이해하는 자는, 이 모든 것을 염두에 둘 것이며, 그러므로 우리가 처했고, 처해 있고, 처하게 될 심판을 지시하는 것은, 이 심판이 실제로 하나님의 말씀과 행위를 통해 우리에게 이루어질 때에만, 오직 그것이 사건이 됨으로써만 힘이 있다는 것을 알게 될 것이다. 그는 이 사건이 그에게나 다른 사람에게나 하나님의 증거 행위임을 알 것이다. 그러므로 지금까지 하나님의 심판에 대해 말한 모든 것의 능력으로서의 하나님의 증거 행위에 대해 말해야 한다.

예수 그리스도의 죽음은 하나님의 이런 증거 행위이다. 그것은 심판의 수행이다.

그것은 기적이니, 그 사건이 우리가 죄인이라는 사실의 진실성에 대해 오로지 결정할 수 있고 실제로 결정했다. 예수 그리스도의 죽음에서 하나님과 인간의 대결, 그의 계명과 인간의 존재 및 행위의 대결이 단번에 가시화되었고 실현되었다. 이 한 인간의 영원한 선택에 근거하여, 그가 인격적으로 하나님과 연합함에 근거하여, 그리고 이 한 인간, 그 자신의 아들의 인격 안에서 하나님이 우리 모두에 대해, 우리를 위해 행동하려고 뜻한 바에 근거하여, 여기 하나님이 인간 앞에, 인간이 하나님 앞에 섰으며, 여기에 하나님과 인간이 함께 마주 하고 있다. 하나님이 이 인간과 만나고 함께함은 그가 우리 모두를 사랑했고 사랑하고 사랑하게 될 그 사랑의 결정, 행위와 상관한다. 그리고 하나님의 사랑은 모든 다른 사람의 대표로서 이 한 인간에게서 어떤 사랑할 만한 것을, 하나님이 시인하고 환영하고 찬양하고 그가 기뻐할 만한 아무것도 발견할 수 없으니, 곧 인간의 내면적인 선한 부분도, 어떤 고차적인 노력도, 상대적인 완전함일 수 있고 그것 때문에 그가 하나님에게 의롭고 용납될 수 있는 그런 불완전한 복종도 발견할 수 없다. 인간이 하나님 아들의 인격으로 자기 아버지 앞에 서는 경우가 아니라면, 어디서 인간이 하나님 앞에 자신을 자랑할 것이 있고, 핑계할 것이 있고, 정당화할 수 있겠는가? 우리 안에—혹은 우리 중의 어떤 사람들 속에—감추어져 있는 선도 여기에서 드러나지 않겠는가? 분명히 여기서 단 하나의 증거도 우리에게 유리하지 않다. 오히려 이 한 인간의 선택, 바로 하나님 자신의 아들을 통해 모든 인간을 대신함은 전혀 다른 진리를 드러낸다. 이제 바로 예수 그리스도는 우리 모두의 이름으로 바로 우리의 죄, 우리의 계명 위반을 드러내고 지시해야 한다. 이제 인간은 그의 인격 안에서 불충한 자, 반역자, 하나님의 원수, 적대자로 서 있으며, 하나님 또한 그를 그런 인간으로 만날 따름이다. 이제 이 인격 안에서 그에게 심판이 이루어지고, 그는 바로 이 인격 안에서 고발되고 정죄되고 버림받는다. 이 한 의로운 자가 우리의 이름으로는, 우리를 위해서는 아무런 의를 제시할 것이 없다. 이 한 의로운 자는, 우리의 불의를 고백하고, 우리 범죄에 따라오는 일시적 파멸과 영원한 파멸의 잔을 남김없이 마심으로써 우리를 대신하여 의로울 수 있고, 우리를 위해 순종할 수 있다. 그가 우리를 위해 이런 일을 했다는 사실만이 우리 다른 사람을 변호한다. 우리는 주목해야 한다. 이런 일이란 우리의 잘못을 고백하고 시인함이다. 그것은 우리의 죄책을 짊어짐이다. 그것은 우리에 대한 하나님의 의로운 진노를 감당함이다. 하나님이 자기 아들을 우리에게 형제로 줌으로써 우리를 위해 이런 일을 했다. 그가 우리 죄를 우리 대신에 고백했고 속죄했기 때문에, 우리 다른 사람들에게는 다만 우리 죄가 용서받는 일만이 남아 있다. 이것이 하나님의 심판 수행이다. 그리고 이것이 우리의 반대에 대해, 우리의 범법 부인의 목소리에 대해 하나님이 현실적으로 반대하는 길이니, 우리 자신은 범법자이기 때문에 스스로 그 목소리를 침묵시킬 수 없다. 이것이 그의 은혜의 신비를 드러냄에서 하나님의 아버지다운 징계이니, 이것이 이루어지고 또한 자신에게 닥칠 때 아무도 이것을 피할 수 없다. 우리는 어쩌면 우리가 하나님과의 현실적인 만남을 가정하는 형태로 우리에게 행할 수 있는 모든 자기 심판을, 하나님의 계명, 그 요구, 그 결정과의 관계에서 우리 처지에 대한 모든 이론적인 판단을 피할 수 있을 것이다. 그것이 배후에 있고, 우리의 자기 심판에 심각성과 그 스스로는 얻을 수 없는 힘을 주는 하나님 자신의 심판, 실제적인 심판이 아니라면 그렇다. 하나님의 심판이 그것에 힘을 주지 않으면, 저 이론적인 판단에도 불구하고 우리는 우리 자신을 언제나 거듭 빠져 나오려 하고, 거듭 변명하고 자신을 정당화할 것이고, 천배로 반박당할 저 부정하는 목소리는 거듭 제기될 것이다. 심판자 자신이 범법자라면 심판이 어떻게 무기력하지 않을 수 있으랴? 법과 조서와 증인 심문이 분명히 그에 대해 적대적이고, 변호인의 진술이 무익하다 할지라도, 그가 어떻게 자신을 유죄라고 선언할 수 있으랴? 예수 그리스도의 죽음에서 이루어진 하나님의 현실적인 심판을 우리는 피할 수 없고, 피하지 않을 것이다. 그 이유는 우리가 자기 심판에서도 아무리 최선의 상황에서라도 거의 재현하기 어려운 것이 우리와 하나님과의 만남이기 때문이다. 예수 그리스도 안에서 하나님은 단번에 우리를, 우리가 생각하는 오늘과 내일의 자신의 모습을 모두 떠나서(우리가 우리 자신을 다소간에 정직하게, 철저하게 스스로 판단함으로써) 현재의 모습 그대로 발견했다. 영원 전부터 하나님의 선한 뜻은, 예수 그리스도 안에서 우리를 주시하고, 그가 그와 함께 행동함으로써 우리와 함께 행동하며, 따라서 우리를 현재의 우리 모습 그대로 그 안에서 발견하고, 그를 심판함으로써 우리를 심판하는 것이기 때문이다. 하나님의 선한 뜻은 예수 그리스도 안에서 우리에게 우리의 머리와 대표를 주고, 하나님과 그의 인격과의 관계에 우리와의 전적인 관계를 근거지우고 정돈하며, 따라서 또한 우리의 존재의 진리를 그의 존재에서 드러내는 것이다. 이 일이 일어남으로써, 영원 전부터 그리고 하나님이 그 안에서 시간 가운데서 행한 일에서 우리가 예수 그리스도 안에서 하나님의 사랑을 받는 자, 인식되는 자가 됨으로써, 우리가 아무리 자신을 심판할지라도 우리의 모든 자기 심판은 하나님의 심판에 절대로 예속되어 있다. 그러므로 우리가 그와의 만남을 재구성하는 것은 다만, 그 자신이 그의 사랑하는 아들의 인격 안에서 의지했고 초래했던 인간과의 만남의 반영일 따름이다. 우리는 이 만남에서 진실로 우리 자신이다. 그리고 우리는 이 만남에서 처한 현실의 진리 앞에서 도피할 수 없다. 이 진리의 음성 앞에서는 부인하는 음성, 범법자의 음성으로서의 내 음성은 침묵해야 한다. 하나님 및 그의 계명과 우리의 관계에 관한 모든 무기력한 이론을 실제의 강력한 이론, 즉 우리와 하나님과의 현실적 관계에 관한 이론이 대신한다. 그리고 우리가 빠져나갈 수 있는 무기력한 자기 심판을, 우리가 유죄라고 선언해야 하고 선언하게 될 그런 강력한 자기 심판이 대신한다. 그 이유는 우리 자신은 범법자로서 다만 하나님의 판결을 스스로 되풀이할 따름이며, 그것에는 선한 의미에서나 악한 의미에서 아무것도 보탤 것이 없기 때문이다. 저기 골고다의 십자가에 한 인간이 달려 있다. 그는 그의 이름으로, 그의 인격으로 나를, 나의 이름과 나의 인격을 하나님 앞에서 대표하고, 또한 그의 이름과 그의 인격으로 나의 이름, 나의 인격을 가진 나에 대해서 하나님을 대표한다. 따라서 하나님이 나와의 관계에서 말해야 할 모든 것은 원래 본질적으로 그에게 말해진 것이고, 따라서 내가 이 관계에서 하나님에게 말해야 할 모든 것은 원래, 본질적으로 그에 의해 말해졌으며, 따라서 다만 하나님과 그 사이의 대화에서 말해지는 것을 듣고 되풀이하는 일만이 나에게 남아 있다. 이 대화에서 나는(예수 그리스도의 인격으로) 범법자, 잃어버린 아들로 불리며, 나는(또한 예수 그리스도의 인격으로) 다른 범법자, 잃어버린 아들로 고백하게 된다. 부인하는 목소리는 이 대화에서 사실 나올 수 없다. 그리고 아버지와 아들 사이의 대화는 예수 그리스도의 죽음에서 나와 더불어, 나에 의해서―하나님 앞에서 나의 대변자인 그의 인격 안에서, 나와 더불어, 나에 의해서―수행되기 때문에, 내가 이 하나님의 대화, 하나님의 심판에 직면해서 피할 수 없는 자기 대화, 자기 심판에서도 부정하는 목소리는 더 이상 소리를 낼 수 없다. 나는 저 하나님의 대화를 듣는 자로, 저 대화에 참여하는 자로 어떤 변명을 듣거나 입에 담는 자가 아니다. 하나님이 나와 함께 행했고, 그가 나를 찾고 발견한 골고다의 십자가 위에서 죄인으로 발견되었고, 그렇게 불린다. 나는 거기서 자신이 그런 자임을 발견했고 고백했다. 나는 거기서 말해졌고 고백된 것에 아무것도 추가할 것이 없고 뺄 것도 없다. 죄 중의 죄, 범법 중의 범법, 곧 내가 죄인이 아니라고 주장하는 것이 거기에서부터 내게 불가능해진다. 그것은 문자 그대로 예수 그리스도와 함께 십자가에 못박혔다. 그것은 다만 죽을 따름이다. 거기서 나의 죄, 즉 내가 벗어날 수 없고, 내가 결코 인식하거나 고백할 수 없는 죄가 실제로 죽었다는 것을 인정하는 것만이 나에게 남아 있다. 하나님이 내 대신에 그의 사랑하는 아들에 대해 그의 판결을 선언하고 수행함으로써, 그리고 이 아들이 내 대신 그것을 받아들임으로써, 그 죄가 거기서 죽지 않으면, 나는 그 죄가 거듭 소생하는 것을 보게 될 것이고, 또 내가 스스로 소생시킬 것이다. 하나님이 우리에게 그의 계명을 주는 것이, 바로 이로써 이루어지는 하나님의 심판 수행이다. 곧 하나님이 예수 그리스도 안에서 우리에게 자비로움으로써, 그가 이 사랑하는 아들을 우리의 머리와 대표로 줌으로써, 그가 그를 통해 우리에게 말하고, 우리로 하여금 그를 통해 자기 자신에게 말하게 함으로써, 그가 그의 성령을 통해 이 아들과 우리가 하나가 되도록(이렇게 하도록 그는 우리를 영원 전부터 결정했으니) 만듦으로써, 하나님은 우리에게 계명을 준다. 저 하나님의 대화가 그 안에서 이루어지고 또한 저 하나님의 심판이 골고다의 십자가에서 집행되는 그 성령 안에서, 또한 두 가지 사건이 우리의 이름으로 그리고 우리 대신에 이루어지며, 우리는 실제로 거기에 참여하고, 우리는 예수 그리스도에 대한 믿음으로 부름받고, 그와 우리의 일체성을 인식하도록 일깨워지고, 따라서 하나님과의 만남에 참여케 됨이 또한 참이다. 이 만남에서 우리가 죄인이라는 인식과 고백을 회피할 수 없고, 이 만남에서 우리는 이 인식과 이 고백을 또한 더 이상 피하려 하지 않으며, 오히려 하나님 앞에서 불의한 자로 살 준비가 되어 있으며, 우리는 늘 이것을 인식하고 이것을 고백하는 데서, 그리고 이런 처지에서 벗어나려는 어떤 시도 외에는 어떤 다른 것도 두려워하지 않음에서 모든 선한 것을 기대한다.

이제 분명한 사실은, 우리의 범법이 그것을 통해 명백히 드러나게 된 그 하나님의 실제적인 심판 수행, 예수 그리스도의 죽음에 대한 지시도 지시 이상이 될 수 없다는 것이다. 우리는 또한 이것을 다만 인간적 언어로 지시할 따름이며, 따라서 이것이 지시하는 사건을 스스로 야기하거나 제시하거나 실현할 수 없다. 이 일에서 오로지 결정할 수 있는 것은 하나님의 증거 행위이니, 그것은 자명하게 또한 이 궁극적인 숙고에 의해서 만들어지거나 대치될 수 없는 것이다. 우리가 이 숙고에서 보아야 할 것을 우리가 보도록 성령이 스스로 말하지 않는다면, 하나님의 은혜의 신비는 철저한 숙고, 이 궁극적 지시를 통해서도 열릴 수 없다. 이 신비의 계시는 실제로 성령의 일이며, 우리 영의 일이 아니다. 그러나 이것은 우리가 처음에 시작했던 숙고만큼이나 이 궁극적 지시를 불필요하게 만든다. 그것은 우리의 현재의 관심사인 인간의 죄책이 우리가 우리 자신과 행하는 대화에서, 그리고 우리가 우리 자신에게 행하는 심판에서 인식될 수 있는 것이 아니라, 심판 가운데서 하나님의 은혜로서, 우리가 고려해야 할 모든 일 못지않게 우리에 대한 하나님의 행위라는 사실을 상기시키며, 이 인식 자체는 하나님의 은혜에 대한 인식의 포기할 수 없는 구성 요소임을 상기시킨다. 이 인식은 오직 기도에서만 실제로 성취될 수 있다. 기도에서 우리가 지금 지시한 것이 진실이 된다. 즉 그 평계가 아무리 자명할지라도, 우리가 평계를 아무리 열심히 찾을지라도, 우리가 그리스도의 죽음에 직면하여 변명을 중지해야 한다. 어떤 인간도 진실로 기도하면서 자기 자신을 정당화하려고 하지 않았다. 모든 인간은 진실로 기도하면서, 이렇게 할 수 없다는 것을 안다. 우리가 진정으로 기도한다면, 우리가 억제할 능력이 없는 그 부정의 음성은 확실히 소리를 낼 수 없다. 우리는 그때 예수 그리스도를 통해 인간에게 내려진 하나님의 판결을 들을 수 있고, 또한 예수 그리스도가 단번에 이행한 인간의 범법과 비참에 대한 고백을 우리도 말할 수 있는 처지에 있게 된다. 우리는 그를 믿는다. 우리가 기도함으로써 성령의 역사는 전적으로 이루어진다. 그리고 이 궁극적 지시의 의미요 가치는, 곧 이것이 우리의 항변에 대한 하나님의 효과적 반대, 모든 자기 의에 대한 해체가 돌이킬 수 없게, 극단적으로 일어나는 지점을 지시한다는 것이다. 이 지점은 멀지 않고 도달될 수 없는 곳이 아니므로, 우리는 기도할 수 있고, 기도 가운데 믿고, 믿음으로써 예수 그리스도의 죽음에 참여하고, 이 참여에서 잃어버린 아들들의 삶과 다른 삶을 과거지사로 할 수 있다.

그러나 우리는 이 모든 것으로 하나님의 심판 수행에 대해 다만 첫 마디 말을 했을 뿐이다. 이것은 최종적인 말이 아니며, 다만 두 번째 말과 더불어서만 여기서 말해져야 할 모든 것을 이룬다. 우리는 또한 먼저 이 두 번째 말을 기억하지 않고서는 저 첫 번째 말의 진실성을 수용할 수 없었다. 우리는 하나님이 심판에서 우리에게 의를 만들어 선사하려 하고, 예수 그리스도 안에서 우리에게 무자비한 것이 아니라 자비롭다는 사실에서부터만, 우리가 하나님 앞에서 불의하다는 사실을 통찰할 수 있을 따름이다. 그의 사랑의 베풂에서 그는 그 자신의 아들의 인격 안에서 우리를 범법자, 행악자로 정죄하게 된다. 이 정죄가 우리에게 해당되지만 예수 그리스도의 인격 안에서 우리에게 해당되며, 따라서 우리에게는 우리 죄를 용서받는 일만 남게 됨으로써 우리는 무죄하다고, 의롭다고 선언된다. 이 정죄는 이렇게 우리와 상관된다. 이렇게 이해할 때 이 정죄는 우리로 하여금 우리가 죄인임을 인식하도록 강요한다. 예수 그리스도 안에서 우리 죄가 용서받음은 우리에 대한 하나님의 심판이며, 오직 사죄의 계시만이 우리의 죄를 드러낸다. 우리 죄가 오로지 본래적, 궁극적 현실이 되는 그 곳에서만 죄는 우리 눈앞에 불가피하게, 필연적으로, 항거할 수 없게 드러난다. 그러나 이제 우리는 특별히, 하나님의 심판이 우리 죄의 용서에서 혹은 적극적으로 우리의 칭의에서 수행된다는 사실에 주목해야 한다.

하나님의 계명이 우리에게 주어짐으로써, 우리가 행하고 행하지 않는 것은 여러 가지 의미와 척도에서, 그러나 근본적으로, 전체적으로 배신, 이탈, 반역으로 입증된다. 내가 하나님의 계명에 재어 볼 때 선이 아니라 악을 행한다는 것, 나의 생각, 말, 행위로 하나님 앞에서 결코 의롭지 않고 언제나 불의하다는 것은 그리스도교적 관점에 따르자면 참된 말이지만, 그러나 궁극적인 말이 아니라 궁극 이전의 말이다. 궁극적인 말을 할 수 있고, 영원한 사실을 창조할 수 있고, 즉 내가 행한 일을 통하여 하나님의 결정을 이행할 수 있는 나의 소명, 나의 능력, 나의 권한, 나의 권리─이것은 하나님의 계명을 통해 그의 심판이 내게 수행됨으로써 거부되었다. 오직 하나님의 계명을 아직 알지 못하는 자, 그의 심판에 아직 굴복하지 않은 자만이, 마치 그가 제2의 신(神)인 것처럼 영원한 선택을 할 수 있다고 믿는다. 그렇다면 그는 실제로 우리 자신의 선택에 달려 있는 저주 아래 고난당해야 할 것이고, 그것을 영원한 저주처럼 짊어져야 할 것이다. 그러나 이것은 불신앙의 오류이다. 하나님의 계명의 심판을 통해 인간에게 약속되는 것은 일정한, 그러나 그 자체로 한정된 자기 인식이다. 우리가 모든 행위에서 범법자라는 인식은 자기 인식으로서 반박할 수 없고 폐기할 수 없는 진리이니, 우리는 이 진리와 더불어 살아야 하고, 이 진리를 포기함은 확실히 우리의 평화에 도움을 주지 못할 것이다. 오직 이 자기 인식만이, 인간이 하나님 앞에 있는 모습, 언제나 거듭 처하게 될 처지, 그가 하나님에 의해 찾아지고 발견된 그런 처지에 부합한다. 이 처지를 부인함은 하나님의 은혜를 부인함을 뜻할 것이다. 하나님의 은혜는 오로지 자기 스스로 범법자인 그런 자들과만 상관하며, 그 은혜의 계시는 오직 자신을 범법자로 인식하고 고백하는 자들과만 상관한다.

그러나 인간을 하나님이 그를 거기서 찾고 발견하는 그런 상태에, 그것에 부합하는 자기 인식에 붙들어 두는 것은 자비로운 하나님의 뜻이 아니고, 그의 계명의 취지도 아니다. 하나님은 거룩하나 인간은 거룩하지 못하고, 그는 의로우나 인간은 의롭지 못하다는 이런 대립에서 그는 머무를 수 없다. 그의 심판은, 그와 우리 사이의 이런 사태가 드러남으로써, 그가 우리에게 그것을 고백하도록 강요하고, 그가 이에 상응하여 우리와 함께 행동함으로써 종결되는 것이 아니다. 이런 일은 그의 의로운 진노를 수행함에서 그가 우리를 그의 앞에서 배척한다는 것, 즉 그러나 영원한 파멸에 넘겨준다는 것을 뜻할 따름이다. 그가 우리에게 계명을 줌으로써, 그가, 그에 의해 선택받고, 사랑받고, 자비를 얻은 자들인 우리와 함께 심판을 받는다. 그는 우리를 그의 계약 동지로 진지하게 여김으로써 그는 여기서 실제로 일어난 것처럼 우리와 함께 행한다. 그의 신실함은 영원하므로 우리의 불신실은 여기서 드러나야 하고, 우리 자신에 의해 확증되어야 한다. 그러나 그가 어떻게 거기서 중지할 수 있으냐? 그에 대한 우리의 불신실이 궁극적인 말이라면 그의 신실함은 어디에 있는가? 만일 우리의 불의가 그에 대해서 자기를 주장하도록 허락되었고 가능하다면, 그의 의가 어떻게 신적 의(義)이겠는가? 만일 우리가 상응하는 자기 인식 속에서 우리 자신을 절대화할 수 있다면(마치 우리가 그런 자기 인식을 스스로 부여하고 조달한 것처럼, 마치 그것이 하나님의 은혜의 행위가 아니요 기도에서가 아니라면 전혀 실현될 수 없지 않은 것처럼), 우리는 어떤 타이탄들인가! 인간이 하나님의 심판에서 판단되는 대로 계명의 위반자라는 것과, 같은 인간이 범법자가 되기 이전에 하나님의 사랑의 대상이었다는 것은 전혀 별개의 사실이다. 그는 하나님의 심판에서 정죄받은 자이고, 여전히 정죄받으면서도 그 사랑의 대상이기를 중단할 수 없다. 그리고 인간이 자신을 범법자로 인식함이 불가피하고 또한 분명히 포기될 수 없다는 사실과, 하나님이 그를 인식함은 전혀 별개의 사실이다. 이 인식은 또한 그의 자기 인식의 진리도 포함하지만, 그러나 이 진리에서 끝나는 것이 아니라 오히려 그것을 능가한다. 하나님의 인식에서 인간은 범법자일 뿐 아니라 하나님의 선택받은 자, 사랑받는 자로서 여전히 그의 계약 동지이며, 그의 약속을 소유한 자이다. 이것은 현실적으로 별개의 사실이기 때문에, 우리는 인간이 범법자라는 지적을—아무리 그것을 반박할 수 없게, 철저히 지시되었을지라도—그것의 궁극적인 결론으로서가 아니라 인간이 하나님의 계명과 대면한 첫 번째 결과로 이해할 따름이다.

우리는 이 대립에서 실제로 우리 자신의 모습과는 다른 무엇이 된다. 우리는 이 대립에서 우리가 확실히 우리의 자기 인식을 속행하거나 연장하거나 심화함으로써 확립할 수 없는 또 다른 특성을 가진다. 이 특성은—우리가 그것을 소유하거나 혹은 우리 스스로 조달했음에 의해서—우리가 하나님에게 나아갈 수 있는 그런 자격과는 무관하다. 그것은 그러나 우리의 실제적인 속성이니, 우리가 하나님의 계명에 의해 판단받을지라도 그런 것으로서 견지되고 효력을 가진다. 그것은 또한 우리가 자신을 필연적으로 죄인으로 인식함을 통해서도 부정될 수 없고, 다만 확증될 따름이다. 하나님이 우리를 범법자로 아는 것을 넘어 우리를 그 특성 안에서 안다. 우리는 우리 자신을 이 특성 안에서 알지 못하지만, 하나님은 우리를 이 특성 안에서 안다. 곧 우리의 불신실한 특성에도 불구하고 그는 그의 신실을 약속했고, 신실을 지킨다. 이 특성 안에 있는 우리가 심판에서 의롭게 되며, 의롭게 되었다. 같은 심판에서 우리는 우리의 다른 특성에 근거하여 완전히 불의한 자로 서 있으며, 거기서 우리는 자신의 정당화를 위해 한 가지라도 답변할 것이 없고, 아무것도 내세울 것이 없다. 우리는 어떤 대가를 치르더라도 우리 자신의 행위와 그 가치, 우리가 스스로 살아온 삶에 대한 판결을 벗어날 수 없다. 우리는 그러나 또한 저 첫 번째 판결이 다만 포함되어 있는 또 다른 심판을 벗어날 수 없을 것이다. 우리의 행위가 하나님 앞에서 전혀 무가치하고, 우리의 삶이 그 앞에서 완전히 상실된 것이 사실이다. 그러나 우리가 이런 결론을 넘어 그의 판결을 경청하기를 거부함으로써 우리는 또한 하나님의 의에서 벗어나게 되는 것이다. 우리가 물론 불가피하고 그 나름대로 제거할 수 없는 자기 인식의 결과, 즉 우리가 범법자라는 사실에 머무르려 한다면, 우리가 하나님 앞에서 자신을 그런 자로서 절대화하려고 한다면, 이것은 자기 정당화의 궁극적인, 최악의 모습을 뜻할 것이다. 마치 우리가 행하는 바로써―그러므로 하나님 앞에서 죄인으로 행하는 바를 통해 영원한 선택을 했고, 영원한 선택을 할 수 있는 처지에 있었던 것처럼! 마치 우리가 이로써 우리와 하나님과의 관계에서 영원한 사실을 창조한 것처럼! 외견상 가장 정직하고 가장 심오한 겸비는 여기서 쉽사리 가장 극단적인 오만이 될 수 있으니, 이것은 우리가 하나님의 계명을 통해 우리에게 이루어진 판결을 전혀 받아들이지 않았고, 우리가 이 판결에 부합하여 우리 자신을 인식하지 못했다는 것을 드러낼 따름이다. 우리가 진정으로 우리 자신을 인식했다면, 우리가 우리 자신을 이런 자기 인식에서 아는 것과는 다르게 하나님이 우리를 아는 것에 대해서 거부해서는 안 된다. 우리가 진정으로 우리 자신을 인식했다면, 그가 홀로 우리에게서 보고 발견한 특성에 근거하여, 모든 우리의 저주스러운 특성을 문제삼지 않고, 그가 우리에게서 보고 찾고자 하는 자기 자신의 선함에 근거하여 우리를 죄가 없고 의롭다고 선언하고, 우리의 죄를 용서하고, 우리를 그의 사랑하는 자녀들로 대하고 말하는 것에 대해 저항해서는 안 된다. 그가 우리에게 말하고, 우리를 다룸으로써 하나님의 심판이 이루어지는 것처럼, 우리가 이것을 받아들임으로써 우리의 죄에 대한 참되고 필연적인 회개는 이루어진다. 우리가 우리의 죄에 고착한다면, 하나님이 우리의 죄에 대해서와는 다르게 우리를 주시하고 판단할 수 있다는 사실을 고려하지 않으면, 우리는 전혀 회개하지 않은 것이고, 우리에 대한 판결을 전혀 받아들이지 않은 것이다. 그는 우리의 죄를 보면서도 실제로는 우리의 죄를 간과하며, 그 죄를 간과함으로써 우리에 대한 궁극적이고 결정적인 판결을 선언할 수 있으니, 우리는 이 판결에 마땅히 굴복해야 한다. 내가 그것을 거부하려 한다면, 나는 그의 처음 말에도 굴복하지 않은 것이다. 하나님은 이 말씀에서 의롭다. 즉 그는 이 말씀으로써 우리에 대한 그의 권리를 관철하고, 사탄이 우리에게 대해 가지고 싶어하는 권리에 대항하여, 그리고 사탄에 유혹되어 우리 자신이 우리 자신에 대해 가지고 있다고 믿는 그릇된 권리에 대항하여, 하나님은 이 말씀으로써 자신의 권리를 주장한다. 그리고 하나님은 이로써 사탄의 그릇된 권리와, 사탄에 유혹되어 우리 자신이 주장하는 그릇된 권리에 대항하여, 그 앞에서 우리에게 권리를 창조한다. 그는 우리 자신에게는 알려지지 않은, 그러나 그에게는 잘 알려져 있지만 우리 자신에 의해 부정되었고, 우리에 의해 상실되었지만 그러나 그의 뜻에 따라서 파괴될 수 없는 그의 자녀, 계약 동지로서의 특성 속에서 우리를 주시하며, 우리를 그런 자로서 죄 없고 의롭다고 선언한다. 우리에 대한 칭의는 우리의 공로 없이, 우리의 공로에 반하여, 그러나 최고의 현실적인 의 안에서 이루어진다. 그 칭의는 우리의 범법에 대해 유연하게 대함으로써, 그것을 개의치 않음에서 일어나는 것이 아니다. 오히려 우리의 범법이 분명히 그런 것으로 직시되고 다루어짐으로써, 하나님이 우리의 범법에 구속되어, 그에 대한 우리의 불신실함 때문에 그의 신실함을 포기하도록 강요받는 것이 아니라, 오히려 이런 그의 신실함을 확증함에서 우리의 칭의는 일어난다. 그러므로 우리의 칭의는 사죄 아래, 우리의 죄를 의식적으로 참작하지 않고 관철시키지 않음 가운데 일어난다. 그러나 우리의 칭의는 우리의 죄에 대항하는 하나님의 결정적인 행위로, 그의 계명을 어김에 대한 그의 강력한 항거로 심각하게 일어난다. 그가 우리를 거기에 내버려두지 않음으로써, 우리를 죄인으로서 알고 그것을 확증하지만, 그러나 진지하게 다루지 않고, 우리의 죄에도 불구하고 그가 계획한 대로, 그가 바라는 대로 우리를 다루기를 계속함으로써 그는 가장 효과적으로 우리의 계명 위반에 항거한다. 하나님의 심판에서 우리에 대한 칭의의 객관적인 의미는 이것이다. 곧 하나님이 우리의 죄를 통하여 방해받거나 중단되지 않고 자기 길을 걸으며, 그가 우리에 대해, 곧 우리에 대립해서만 아니라(그는 물론 이렇게도 한다. 그러나 이것이 전부라면, 그것은 인간의 편파적인 의이며 모든 당사자 위에 있는 최고 심판자의 의는 아닐 것이다.), 우리와 더불어 자신의 의를 유지하고, 그러므로 우리의 불의를 드러내고 징계하는 형태로가 아니라 의를 통해 불의를 제거하는 형태로 그의 의를 유지한다. 하나님은 자기 자신을 위해서가 아니라 우리와 더불어 의롭고자 하며, 그는 불의를 그런 것으로 드러내지 않고 오히려 제거하고자 하므로, 심판에서 우리의 사면, 우리의 죄의 용서가 계명이 우리에게 말해야 하고, 여기서 기억해야 할 궁극적이고 결정적인 말이다. 죄의 용서받음은 죄가 간과되고 망각되고, 계명에 의해 더 이상 고발되지 않는다는 뜻이 아니다. 죄가 용서받았음은 그것이 우리의 자기 인식에서 전혀 죄가 아니고, 우리가 전혀 회개할 필요가 없다는 뜻이 아니다. 그의 죄를 인식하지 않고 고백하지 않는 자, 죄가 그의 마음을 아프게 하지 않는 자, 계명의 고발 아래 처해 있지 않은 자, 그가 행하는 일에 대해 하나님 앞에 져야 할 책임, 인간의 모든 확신을 뒤흔드는 책임을 유념하지 않는 자는 사죄를 받지 못한 것이고, 하나님의 심판에서 죄 없고 의롭다고 선언받지 못한 것이다. 우리가 용서받았다는 것은, 우리가 하나님의 계명에 의해 고발되었으며 고발당하고 고발당하게 될지라도, 하나님이 우리를 거기에 빠져 있게 하지 않음을, 우리가 어제는 고발당한 자, 정죄된 자였으나 오늘은 그 앞에 서고 내일, 그리고 우리의 종말까지 언제나 그 앞에 서게 될 것임을, 언제까지나 그의 자녀들이 되고, 그의 자녀의 온전한 권리를 얻게 되는 것을 뜻한다. 용서받은 죄는 현실적 죄를 뜻하는데, 여기서 하나님은 우리의 죄성, 우리의 어리석고 사악한 의도와 행위가 아니라―거기에 따르는 어떤 선한 잔재도 아니고, 또한 불완전한 복종이나 혹은 그런 것을 비교적 완전케 한 것도 아니고―먼저 자기 자신을, 우리에 대한 그의 사랑을, 그가 서약한 계약을, 그의 신실함, 그리고 그것에 의해서, 그가 영원 전부터 아는 대로 우리 자신을 바라보고 관철한다. 용서받은 죄는, 그것이 그 자체로는 왜곡되었고, 오로지 우리 자신의 회개와 뉘우침이 아니고서는 고려될 수 없지만, 그에 의해 받아들여지고, 그의 탁월한, 자의적이 아니라 의로운 호의, 자유롭고 아버지다운 호의에 의해 선하게 되는 우리의 존재와 행위이다. 그것이 선한 이유는, 그가 우리의 죄성, 우리의 어리석음과 사악함을 그 앞에서 효력을 나타내도록 허락하지 않고, 우리의 본래적인 존재, 본성으로 인정하지 않고 스쳐 지나가며, 그가 우리를 눈처럼 희게 보기 때문이고, 우리가 이것에 의해서, 그의 존재와 지식의 창조적 진리 안에서, 우리가 그의 판결에서는 피같이 붉게 되었고 언제나 그렇게 될지라도 실제로 또한 눈처럼 희게 되기 때문이다. 용서받은 죄는, 우리가 악하고 언제나 악을 행하지만 하나님이 우리를 자기 백성으로 여기고, 우리의 존재와 행위를 그 앞에서의 전적으로 진정한 복종, 진정한 의로 받아주는 한에서, 우리의 존재와 행위이다. 그러므로 죄의 용서, 칭의는 현실적으로, 죄인을 총체적으로 극단적으로 받아줌이며, 따라서 죄인이 변명하거나 자신을 정당화함이 없이 하나님의 심판대 앞에 가지고 나타나야 하는 그 존재와 행위의 총체적, 발본적인 전환과 변화를 뜻한다. 하나님은 우리를 의롭게 함으로써 악을 선으로 재해석하는 것은 아니다. 하나님은 진정으로 알레고리적으로 해석하지 않는다. 그리고 하나님은 우리의 죄를 용서함으로써 악한 것을 선하다고 하지는 않는다. 하나님은 거짓말을 하지 않기 때문이다. 하나님은 그의 전능한 자비에 의해서, 그리고 그가 선악 자체에 대한 주요 심판자이기 때문에, 그 자체로 악한 것을 선하게 만들고, 그 자체로 병든 것을 건강하게 만들고, 그 자체로 비참한 것을 영광스럽게 만들고, 그 자체로 죽은 것을 살게 만든다. 머리에서 발 끝까지 악한 존재로 우리는 심판대 앞에 나오고, 다시금 머리에서 발끝까지 선하게 되어 심판대를 떠난다. 하나님의 한 심판에서 우리는 "언제나 죄인이자 언제나 의인"이다. 죄의 용서는 이 두 가지 술어가 상호 배척하는 것이 아니며, 또한 변증법적으로 대칭을 이루는 것도 아니고, 오히려 전자에 비해서 후자의 비중이 우월한 상태를 이루는 것이며, 그 결과는 뒤바뀔 수 없으며, 하나님이 결코 선을 악으로 만드는 것이 아니라 악을 선하게 만드는 것이며, 그러므로 "언제나 의인"이 여기서 들어야 하고 생각해야 할 두 번째, 궁극적인 말씀이 됨을 뜻한다. 이것이 하나님의 심판에서의 은혜이다. 우리가 전적으로 두려워해야 할 때 우리는 또한 위로받으며, 그래서 그 두려움이 아무리 심각하고 근거가 있는 것일지라도 두려움을 뒤로 하고 하나님이 우리의 존재와 행위를 불가해하게 전환시키고 변화시킬 것이라고 위로받을 것이다. 하나님의 계명은 우리에게 심판이 됨으로써 우리를 이 방향에 놓는다. 율법이 복음의 형상임이 사실이라면, 달리 될 수가 없다.

우리는 이제 또한 여기서 이 점을 강조하고 부각시켜야 한다. 즉 이 모든 것은 하나님의 심판의 사건과 수행에서 진실이니, 강력하고 필연적이고 확신을 주는 진실이다. 우리는 다시 이 사건을 재구성해 보았다. 하나님의 심판 행하는 것 자체는 별개의 일이다. 그만이 홀로 사건을 정확하게 재구성하는 것에 강력한 진실성을 부여할 수 있다. 우리의 재구성이 정확하다고 가정하자. 하나님은 그의 계명의 참되고 의로운 심판에서 그의 신실성에 의해, 그의 은혜 계약의 법에 의해, 그의 자비의 정의에 의해 판단하며, 따라서 우리를 그의 백성으로, 아무도 그의 손에서 빼낼 수 없는 자들로, 그러므로 그가 우리의 범법을 정죄함으로써 그에게 의로운 자들로 판단하며, 그러므로 우리의 악한 존재와 행위를 선하다고 판단하고, 우리의 왜곡된 행위를 그 앞에서 의로 판단한다. 그러나 우리는 이 들어보지 못한 명제가―하나님의 심판에서 죄인의 칭의에 관한 가르침―그 자체로 명료하고 스스로 말한다고 말할 수는 없다. 그 명제가 지시하고, 그것에 의해 재구성된 사건이 이렇게 하는 것이며, 이 명제 자체가 이렇게 하는 것은 아니다. 이 명제는 하나님의 증거 행위에 의해서만 입증된다. 우리의 첫 번째 명제, 곧 즉 인간이 하나님의 심판에서 범법자로 드러난다는 것처럼 그 명제는 반박당할 여지가 있다. 두 명제가 모두 하나님의 은혜에 대해 말하는 것을 아는 자가 또한 이것을 또한 인정해야 할 것이다. 하나님 자신만이 하나님의 은혜에 대해 말할, 모든 이의와 모든 오해가 배제된다. 죄인의 칭의론보다 더 반박당할 여지가 많은 이론이 있을까? 그리고 이것보다 더 위험천만하게 시인될 수 있는 이론이 있을까? 사람들이 그 이론을 하나님의 실제적인 심판 수행과의 관계를 떠나서 이해하려 할 때, 그것을 시인하든 거부하든 간에, 그릇 이해할 수밖에 없다. 여기서 색깔에 대해 말하려면 먼 눈이 열려져야 한다. 여기서 그것에 대한 이의와 그것에 대한 오해가 진정으로 배제되려면, 실제적 심판 수행에 대한 하나님의 증거 행위가 스스로 말해야 한다. 칭의론 자체는 이것을 하지 않는다. 그러므로 우리는 또한 여기서 특별히, 여기서 다만 하나님의 기적으로만 이해될 따름인 이 하나님의 증거 행위를 기억해야 한다.

예수 그리스도의 부활은 이 하나님의 증거 행위이다. 그것만이 우리가 죄인으로서 하나님 앞에서 의롭다 선언받는다는 진실을 결정한다. 그것은 이 명제에 대한 이의와 또한 그것에 대한 오해를 침묵시킨다. 이 사건에서 인간과 하나님의 대면이 이루어졌고, 그 목표에 도달했으니, 곧 죄인이―그의 죄 때문에 하나님에 의해 정죄되고 처벌받은 인간—같은 하나님에 의해 무죄라고, 의롭다고 선언되고, 그 앞에서 의로운 자의 온전한 영광으로 옷 입혀지고, 그래서 그가 떨어진 죽음에서 벗어나게 되었다. 그리고 이 인간은, 그가 우리의 죄를 짊어졌고, 우리의 죄를 짊어진 자로서 우리 대신 하나님 앞에 섰고, 그러므로 우리를 위해 하나님의 판결과 형벌을 받았다는 의미에서 유죄였다. 그는 우리의 머리와 대표로서 유죄였고, 우리 죄 때문에 죽었다. 그리고 우리의 머리와 대표로서 그는 죽은 자들 가운데서 일어났고, 저 판결을 뛰어넘어 하나님에게 칭의를 얻었고, 그가 낮아진 후에 올려져서 하나님 오른편에 앉았다. 그가 확실히 거기서 우리의 머리와 주라면, 그는 여기서도 그렇다. 확실히 "보라 인간이로다!"(Ecce homo!)가 거기서 유효하다면, 그리고 우리가 범법자라는 결론에 대한 모든 이의를 배제한다면, 확실히 여기서도 그 말은 모든 이의에도 불구하고, 우리의 칭의의 진리에도 불구하고, 이 진리에 대한 모든 오해에도 불구하고 유효하다. 예수 그리스도의 부활은, 하나님이 그의 사랑하는 아들에 대한 신실함에서 그런 것 때문에 오류에 빠지지 않음을, 이 분은 그러므로 그의 사랑하는 아들이기를 중지하지 않음을, 그가 골고다에서 모든 인간의 현실적인 죄책을 짊어지고 그 앞에 서 있음을, 인간이 하나님의 계명을 어긴 자로서 당연히 당해야 할 바대로 하나님이 그에게 행한다는 것을 드러낸다. 아버지는 그의 신실함에서 아들을 거기에 세웠고, 아들은 거기에 세워짐으로써 아버지의 신실함에 부응하였다. 그리고 바로 우리를 위해 아버지는 그를 거기에 세웠으며, 또한 우리를 위해서 아들은 거기에 세워졌으니, 그러므로 그가 고난당한 일에서, 그가 행한 것에서, 그에 대한 정죄와 칭의에서 그가 당한 일에서, 그의 이름은 우리의 이름을, 그의 인격은 우리의 인격을 대표하고 내포한다. 이제 예수 그리스도의 부활이 순전히 아들이 굴복한 심판에서도 관철되는 아버지와 아들의 신실함의 계시라면, 그것은 또한 우리에 대한 심판에서도 관철되는 신실함의 계시이기도 하다. 곧 우리에게 해당되고 우리가 받아야 하는 심판에서도 우리가 실제로 하나님의 선택받은 자, 사랑받는 자이기를 중단하지 않으며, 하나님이 사탄에 대항해서, 우리 자신에 대항해서 그의 의를 주장하고 관철하되, 우리에게는 그렇게 함이 마땅하지만 그의 얼굴을 우리로부터 돌리고, 우리를 포기하는 것이 아니라 오히려 우리에게 그의 얼굴을 돌리고, 사탄에 대항하여, 우리 자신에 대항하여 우리의 생존권을 보호하고 존중한다는 사실의 계시이다. 그는 거기서 넘겨준 자, 곧 그의 아들을 죽은 자들 가운데서 일으킴으로써 아들에게 그렇게 행하였다. 그는 우리의 주요 머리인 그 안에서 우리에게 이렇게 행하였다. 그는 그를(롬 4:25) "우리의 범죄를 고려하여 넘겨주었고 우리의 칭의를 고려하여 그를 일으켰다." 하나님이 자기 아들에게(그리고 그 안에서 우리에게) 내린 판결은 실제로는 칭의론에 내포된 이중적인 성격을 가진다. 그 판결은 우리의 범법과 동시에 우리의 칭의에 대해 말한다. 예수 그리스도 자신에 대한 판결로서, 이 판결의 원래적 모습에 비추어 우리는 칭의론에 대해 이의를 말하거나 그것을 오용할 수 없을 것이다.

이 가르침이 그에 관해 이런 기적적인 일을 말하는 듯 보이는 하나님은 누구인가? 그가 이 계명의 범법자에게 신실하다면 그리고 심지어 그를 무죄라고 의롭다고 선언한다면, 그는 여기서도 자기 자신에게 신실하다. 그 이유는 그는 예수 그리스도 안에서 또한 저 범법자에게 신실함을 약속했고, 또한 그를 정죄함과 버림은 그의 머리이자 대표자의 인격 안에서 정확하게 이루어졌고, 이 일이—우리를 위해서가 아니라 우리의 머리이자 대표를 위하여—일어난 후에, 자기 자신에 대해서, 그리고 우리에 대해서, 그가 우리를 사랑한 그 사랑 때문에 우리를 모든 정죄와 버림에서 벗어나 그에게 의롭고 마음에 드는 자들로 받아주어야 할 의무를 가지기 때문이다. 우리에게—예수 그리스도 안에서—곧 그 안에서 선택받은 우리, 우리 죄를 그가 스스로 담당하고자 한 죄인인 우리에게, 그의 복종의 의로 말미암아 의로운 자인 우리에게 합당한 일이 일어났다. 우리가 "마땅히 받아야" 할 것이 우리에게 주어졌음을 어떤 의미 있는 방법으로도 말할 수 없을 것이다. 예수 그리스도가 우리를 위해 행한 복종에 대하여 그가 받은 삯은—곧 우리의 해방, 칭의, 화해—그가 아들로서 아버지에게 복종하므로, 공로가 아니라 아들의 것이기도 한 그의 보화 가운데서 아버지가 거저 베풀어 준 것이다. 그리고 우리가 이런 그의 삯을 받을 수 있다는 것은 우리의 공로로 이해될 수 없다. 하나님의 의를 입증하기 위해서는, 우리가 그의 심판에서 실제로 우리가 마땅히 받아야 할 것, 곧 의롭고 정당한 것을 받았으니, 즉 예수 그리스도 안에서 우리의 범법에 상응하는 정죄와 유기를 받았고, 예수 그리스도를 통해 그 안에서의 우리의 선택에 상응하여 칭의를 받았고, 자녀로 용납되었다는 것으로 충분하다. 하나님이 우리를 그 자신의 아들 안에서 사랑했고 선택했고, 우리의 범법을 고려해서뿐 아니라 우리의 칭의를 고려하여 그를 악한 일에서나 선한 일에서나 우리의 머리요 대표로 결정했음이 하나님의 순전히 자유로운 자비라면, 우리의 죄의 용서는 하나님의 자유로운 자비의 행위이다. 그러나 하나님의 이런 자비 행위는, 그런 것으로 중단되지 않고 부정되지 않는 법적 행위의 형태로 이루어진다. 우리의 죄가 현실적인 죄이고 그런 것으로서 용서받을 수 없다는 것은 진실이다. 그러나 우리의 죄는 하나님에 대한 현실적인 죄로서, 하나님 자신이 그의 아들 안에서 그가 우리를 영원 전부터 사랑한 그 사랑에 의해서, 우리를 위하여 중보함으로써, 그가 우리 죄의 현실에 상응하여 우리의 정죄와 버림받음을 자기가 짊어지고, 결국 이런 그 자신의 대리 행위의 능력에 상응하여 우리의 죄의 책임과 형벌을 우리에게서 면제함으로써 용서받을 수 있다. 그는 이로써 불의한 심판자가 아니라 매우 의로운 심판자로 행동한다. 하나님이 그 지식 속에서 우리에 의해 악하게 행해지고, 그 자신에 의해서 악하다고 선언되고 표시된 것을 선한 것으로 보고 받아들이고, 그것을 현실적으로 선으로 뒤바꾸고 변화시킬 수 있는 것은 무슨 지식인가를 묻는다면, 이렇게 답변해야 한다. 이것은 예수 그리스도라 불리는 영원한 말씀, 즉 모든 그의 길과 행위의 시작에 있는 말씀 안에서, 그 말씀을 통해 그가 모든 사물을 짊어지고, 그가 사탄,

악, 죄, 아담의 타죄와 각 개별 인간의 개별적인 죄에 영원 전부터 탁월하게 대치하는 그 말씀 안에서 진리에 대한 전능하고 거룩한 지식이다. 그는 이 말씀 안에서 모든 것에 영원 전부터 '아니'라고 말했고, 그럼에도 불구하고 인간에게 '그래'라고 말했다. 골고다에서 일어난 일이 진실로 일어난 것처럼, 그가 우리의 죄 자체를 보고 증오하며, 우리를 죄인으로 정죄하고 버린다는 것은 진실이다. 그러나 아리마대 요셉의 뜰에서 일어난 일이 골고다 사건에서 아직 감추어져 있었던 것을 드러내듯이, 그가 우리의 죄를 인정하지 않고 그것을 허위라고 선언하고, 실제로 능력으로써 그의 진리로 대치하는 것은 또한 진실이고, 심지어 저 정죄와 버림에서 예고되고 죄인의 칭의에서 드러나는 진리 자체이다. 하나님은 우리를 바로 예수 그리스도라 불리는 그의 영원한 말씀 안에서만 우리를 인식하고 알았다. 우리는 하나님의 심판하는 계명을 결국 우리를 향한 사면 선언으로 들음으로써 하나님의 이 한 말씀을 듣고, 그러므로 모든 지식의 총괄 개념으로서 하나님의 지식 안에서 우리가 누구며, 우리의 존재와 행위는 무엇인가를 듣는다.

그리고 하나님이 그에게 단순히 신실함을 맹세했고, 어느 경우라도 그것을 지킬 것이며, 그에게 관심을 가지고 있어서 어느 경우라도 그의 범법에도 불구하고 자기 백성으로 여기는 인간은 누구인가? 그는 하나님이 영원 전부터 바로 그의 사랑하는 아들 안에서 인식했고 알았고, 그 안에서 사랑했고, 선택했던 인간이니, 하나님은 그 안에서 그를 통해, 그를 위해 살도록 정해준 그분을 머리와 대표로 인간에게 주었다. 이 인간 자신은 예수 그리스도와 마찬가지로 하나님의 신실함, 변할 수 없는 관심을 확신한다. 그리고 이것이 바로 부활절의 계시이다. 이 인간에 대해서는 사탄, 악, 그 자신의 죄에 대적하는 하나님의 권리가 없다. 인간이 떨어진 죽음에도 불구하고 인간 자신의 생존권이 드러나고 변호되는 것과는 다르게, 하나님은 그의 권리를 옹호하고 관철한다. 이 인간의 일은 실제로 하나님 자신의 일이다. 그는 자기 자신을 확실히 도울 수 없는 인간, 그러나 예수 그리스도 안에서 힘있게, 결정적으로 도움을 받은 인간, 하나님에게 확실히 자신의 죄밖에는 아무것도 내세울 것이 없는 인간, 그의 치욕과 벌거벗음이 그의 머리이자 대표인 예수 그리스도의 의에 의해 덮여지는 인간이다. 그는 그에게 적대하는 자신의 죄를 넘어 실제로 그에게 하락된 사죄만이 자기 자신을 위해 선포되도록 함으로써 하나님에게 의롭고 마음에 드는 인간이다. 사죄에서 하나님 자신의 아들이 그를 위해 변호한다. 이제 그의 죄와 책임은 있는가? 그가 그에게 허락된 사죄에 의해 살지 않고, 그가 하나님의 아들로 하여금 자신을 위해 변호하게 하지 않고, 오히려 다시금 자기 자신을 위해 발언하려 하고, 자신의 죄를 고백하지 않으려 하고 변명하고, 자신을 정당화하려고 하는 한, 그가 있는 곳에 그 죄와 책임도 남아 있다. 거기에 그의 죄와 책임이 남아 있다! 아무도 그것을 오래 찾을 필요가 없다. 그는 거듭하여 이 길 위에서 자기 자신을 발견할 것이고, 그가 이 길 위에 있는 한, 그의 죄와 책임도 그 모든 무게로 그를 짓누를 것이다. 그가 이 길을, 모든 배반의 사악한 길을 열심히 걸어가려 할수록 더욱 무겁게 짓누를 것이다. 하나님의 아들이 그를 위해 죄가 되었다는 사실을 그가 다시금 인식하게 될 때, 이 일과 더불어 그에 대해 제기되는 치명적인 고발을 다시 들을 때, 그가 하나님의 아들의 음성이 자신을 위해 변호하는 것을 들을 때, 그는 확실히 이 길을 더 이상 걸을 수 없을 것이다. 그가 부활한 자의 음성을 들음으로써 책임을 느끼고, 그가 이 음성을 듣는 자로 남게 될 책임을 지게 되었다. 그는 하나님의 심판에서 그런 자로서 진지하게 다루어졌다. 그리고 그는 지금 바로 자신을 그런 자로서 진지하게 여겨야 한다. 이 책임 외에 다른 책임이 없다는 사실 외에 다른 심각한 것이 없다. 모든 다른 진지함은 경박함이며, 영원한 멸망을 희롱함이다. 이 진지함은 우리에게 요구된 현실적인 삶의 진지성이다. 이 진지함 안에서 인간은 영원한 멸망의 가능성에 대해 등을 돌릴 수밖에 없고, 이것은 오로지 그에게 허락된 사죄에 의해서만 살려고 하는 자의 진지함이다. 하나님이 저 물론 기적적인 심판에서 주시하는 인간의 저 속성은 우리에게 이제 전혀 감추어져 있을 수 없다. 하나님은 우리 자신에게는 알려지지 않은 삶의 주체이니, 그의 모든 술어는 우리의 자기 인식이 진정한, 올바른 것이라면 우리가 우리 자신에게 돌려야 할 술어와는 전혀 다른 것이다. 우리가 "예수가 살아 있고, 그와 함께 나도 살아 있다"는 사실을 염두에 둔다면, 우리에게 알려지지 않은 술어, 우리에게서 발견할 수 없고 입증될 수 없는 인간 삶의 새로운 주체는 패러독스가 아니라, 매우 자명하고 당연한 진리이다. 이 인간의 알려지지 않은 속성은, 그가 영원 전부터 어떤 자의 독선에서가 아니라, 그 자신의 아들 안에서 하나님과 대립하며, 그가 먼저 자신의 이름 아래서가 아니라 예수 그리스도의 이름 아래, 먼저 그의 인격 안에서가 아니라 예수 그리스도의 인격 안에 존재한다는 것이다. 그리고 그 안에 있는 새로운 인간의 존재는—그가 그것을 자기 자신 안에서 관찰하고 추구하고 확정지으려 하는 한, 그에게 감추어져 있으니—그가 하나님 아들에게 영원히 속해 있음 속의 존재, 예수 그리스도 안의 존재이며, 따라서 그로서는 전혀 불가해한 그의 삶의 새로운 술어는, 그것이 예수 그리스도의 술어이기 때문에 근거가 확고하고 실제적이다. 또한 예수 그리스도가 저주와 죽음을 벗어나 부활함으로써 그 술어들을 부여받은 자로, 오히려 그런 것을 원래, 본래적으로 담당하는 자로 드러남으로써 그 술어들이 우리에게도 드러났다. 그는 우리의 머리요 대표로 드러났으니, 따라서 그것을 또한 나의 술어로 발견하기 위해서 다만 그를 바라보기만 하면 되고, 따라서 만일 내가 저 속성을 가지고 있다는 것, 내가 저 내게 불가해한 속성을 가진 새로운 인간이라는 것을 인정하려 하지 않는다면, 나는 그를 거짓말쟁이로 비난해야 한다.

　우리가 칭의론에서 비난하고자 하는, 하나님과 인간 개념의 해소될 수 없는 대결은 어디에 있는가? 우리가 그것의 책임으로 돌린, 거룩한 하나님과 거룩하지 못한 인간 사이의 견딜 수 없는 가까움은 어디에 있으며, 하나님의 계명을 모호하게 했다는 것이 어디에 있는가? 우리가 그것을 어떤 인간적으로 편협하게 이해하는 대신, 본래대로 그리스도론적 관점에서 폭 넓게, 깊게 이해한다면, 칭의론은 모든 비판에 대해 정당화 되고, 곧 강력하고 설득력 있는 진리가 된다. 그리고 이런 넓이와 깊이에서 이해할 때 그것은 확실히 또한 달갑지 않게 동의한다는 오해의 소지를 주지 않을 것이다. 만일 예수 그리스도의 인격 안에서의 심판 수행에 직면하여, 그가 수락했고 이로써 모든 인간에 대해 제기된 고발에 직면해서 하나님의 심판을 언제나 거듭 두려워하지 않는다면, 우리가 어떻게 우리 스스로 하나님의 심판을 향해 두려움 없이 다가갈 수 있으랴? 만일 심판을 벗어났고, 죽음에서 부활한 하나님의 아들의 자유 안에서가 아니고 다른 데서 자유를 찾고 발견하려 하는 자는, 자유로울 수 없고—그가 자유를 도덕적 자유로 이해하든 혹은 부도덕적 자유로 이해하든 간에—죄의 노예일 것이다. 그가 하나님에 의해 자유롭게 되는 것과는 다른 방식으로 자유로울 수 있다고 믿는 자는 하나님 안에서 자유롭지 않을 것이다. 그가 실제로 자유롭게 된다면, 그것은 오직 예수 그리스도의 은혜라는 것, 그리고 우리가 자의, 독선 때문에 어느 날, 어느 시각이라도 추락할 수 있는 심연의 변두리에서 이것이 일어났다는 것, 그리고 직접 파멸로 이끄는 모든 자기 변명, 자기 정당화의 길에서 벗어나기 위해서, 우리는 살아 있는 하나님의 나라에서 우리의 머리요 대표인 그를 거듭하여 필요로 한다는 것을 알지 못하는 자는, 자유롭지 않을 것이다. 자기 자신이 언제나 거듭 이 길에 빠질 수밖에 없는 인간, 예수 그리스도의 이름과 인격 밖에서는 조금이라도 자기 완전성을 추구하려는 인간임을 알지 못하는 자는 완전할 수 없을 것이다. 예수 그리스도 안에서 일어난 바대로, 심판에서의 인간의 칭의는 어떤 근거 있는 비판에서는 온갖 형태의 완전주의 혹은 방종주의의 오해를 받을 수 없다. 그것은—그것은 하나님의 실제적인 심판 수행이 된다.—언제나 오른편에서나 왼편에서나 언제나 자신을 변호할 것이다.

그러나 또한 여기서 이렇게 첨언하는 것이 좋고 필요할 것이다: 곧 칭의가 그런 것이라면, 예수 그리스도 자신 안에서 우리의 칭의가 우리 자신에게 말한다면. 또한 여기서 결정적인 말을 하는 예수 그리스도의 부활에 대한 지시는 다만 하나의 지시일 따름이다. 우리는 여기서 사건 자체를, 그리고 그것에 대한 증언을 표출할 수 없다. 우리는 그리스도론적으로 말함으로써 아직 신학 영역을 떠나지 않았고, 모든 신학이 다만 지시할 따름인 하나님의 행동 영역을 아직 밟지 않았다. 우리는 부활절 신비를 숙고했다. 그런데 성령은 부활절에—하나님의 영원한 결정이 드러날 때—아버지와 아들 사이에서 시간 가운데 일어난 사건의 신비이다. 만일 이 신비가 침묵하지 않고 우리와 함께 말한다면, 그래서 이 신비가 우리에게 드러나고, 그래서 예수 그리스도 안에서 우리의 칭의가 실제로, 이의 없이, 오해의 여지없이 우리 자신에게 말한다면, 그것은 같은 성령의 역사이다. 그러므로 이 궁극적인 지시와 숙고는, 만일 모든 신학이 그 자체를 넘어가지 않는다면, 그것이 부활의 신학이 되지 않는다면, 구체적으로 기도가 되지 않는다면, 신학은 아무리 편협함에서 벗어나 폭과 깊이를 얻기 위해 노력할지라도 그 자체로 무기력하다는 것을 상기시켜만 한다. 기도에서, 부활절의 신비인 성령의 역사가 기도하는 자들에게 일어난다. 기도에서 그들에게 이 신비가 열린다. 기도에서 그들은 예수 그리스도와 함께 부활한 자로 산다. 우리는 죄인의 칭의 명제에 대한 이해가 아무리 진지하게 확장되고 심화될지라도 부활한 그리스도의 신비가 진정으로 열리기를, 그러므로 이 명제에 대한 이의가 참으로 해체되기를, 이 명제에 대한 오해가 불가능해지기를 기대해서는 안 된다. 불결한 자에게는 모든 것이 불결하다. 우리는 모든 것을 다만 이 명제 자체가 기도가 됨으로부터 기대할 따름이다. 그렇다면 우리는 분명히 저 열림, 저 모든 이의의 해체, 모든 오해의 불가능해짐을 헛되이 기다려야 하는 것은 아니다. 기도에서 또한 이 명제도 참된 것이 된다. 그 누구도 기도함으로써 죄인의 칭의 및 하나님과 인간에 관한 그것의 전제가 모순된다고 보지는 않았다. 그는 진정으로 기도함으로써, 그는 죄인이 하나님의 사랑하는 자녀로 그의 아버지 앞에서 설 수 있고, 그와 더불어 교제할 수 있다는 진리 속에서 아무 이의 없이 살고 있다. 그리고 그 누구도 기도함으로써, 이 명제를 오해했거나 오용했거나 그 반대로 왜곡시키지 않았다. 곧 그는 진정으로 기도함으로써 그것을 올바로 이해했고, 그것을 올바로 사용했고, 우리가 이 진리의 분위기 안에서 감행할 수 있고 감행해야 할 일을 감행했고, 이 진리의 분위기 안에서 불가능하고 배제된 일을 중지했다. 성령의 역사는 진정으로 기도하는 곳에서 일어난다. 성령의 역사는 죽은 자들로부터 예수 그리스도의 부활의 능력이며 따라서 하나님이 죄많은 인간을 칭의하는 능력이다. 우리는 기도함으로써 진리를 위한 결단을 수행 중에 있으니, 그 진리는 칭의론이 아니라 칭의 자체이다. 한 인간이 기도하는 곳에서 진리는 진정으로 궁극적으로 자기 자신을 위해 변호한다. 결정이 하나님으로부터 내려지는 이 지점을 지시하는 것은 바로 그리스도론적 칭의 해설의 의미이다. 결정이 여기서 내려지는 한, 칭의는―지금은 오직 이것만을 말해야 한다.―믿음에 의한 칭의이다. 오로지 믿음만이 실제로 그 진리를 파악하는 한, 예수 그리스도에 대한 믿음 자체가 그 진리 안에 사는 것인 한, 칭의는 오로지 믿음에 의한 것이다.

3. 하나님의 심판 의도

하나님이 인간을 자신을 위해 소유하기를 바라는 것이 하나님의 심판의 전제이다. 그가 그 앞에서 불의한 인간에게 의를 마련하고, 자기 자신에 거슬러 의를 선사함이 이 심판의 수행이다. 그리고 이것이 이 심판의 목표요 의도이다. 곧 인간이 이 심판에서부터 나오는 자가 되는 것, 그가 그의 계명을 통해 심판받는 자가 되는 것이다. 하나님은 그를 바로 그런 자로서 소유하고자 한다. 인간은 바로 그런 자로서 하나님과의 계약 속에서 살 수 있고, 살아야 한다. 이 하나님의 심판 의도에 대해, 따라서 그것을 통해 하나님이 인간을 심판하는 계명의 의도에 관해, 지금 특별히 말해야 한다.

하나님의 심판 수행은 헛되이 일어나지 않는다. 이것은, 그가 바라는 것을 알고 행하고 달성하는 하나님에게만 해당되는 것이 아니다. 이것은 인간을 선택하고, 인간과 더불어 행동하고, 그와 계약을 맺은 하나님에게 해당된다. 그러므로 이것이 하나님에게 해당됨으로써 인간에게도 해당된다. 하나님의 심판에서부터 나온 인간은 거기로 들어가는 자와 같은 자가 아니라 다른 인간이다. 이제 하나님의 계명의 심판은 인간의 삶의 모든 날, 매 시간의 신비이다. 인간은 언제나 거듭하여 하나님의 심판에 들어가고, 그 심판에서 나오고 있다. 그가 거기에서 나오는 한, 그는 과거의 그가 아니라, 언제나 거듭하여 다른 인간이다. 그는 거듭 심판을 받으면서, 모든 현재 속에서 그가 새로운 존재가 되는 미래―그가 이 삶을 사는 한, 언제나 과거가 되는 미래 속에 산다. 곧 그는 그가 다가가는 다음 시간, 다음날의 새로운 심판에 대한 기대 속에 산다. 그는 또한 언제나 저 미래 속에 산다. 또한 그가 거기서 나오는 심판은 헛되이 일어난 것이 아니다. 그가 또 다른 심판을 향해 나아가면서 어떻게 그것을 사용한다 할지라도, 그 심판의 전제인 하나님의 은혜는 분명히 그에게 헛되이 주어진 것이 아니었다. 하나님의 의도 자체는 확실히 그에게 성취되었다. 그는 더 이상 이전의 그가 될 수 없다. 하나님의 계명의 효과, 그에게 닥친 정죄와 면죄 선언의 능력은 확실히 실패하지 않았다. 그가 그것을 어떻게 시작하든 간에 그는 그를 사랑했고, 자기 자신을 위해 소유하고자 한 하나님 앞에 섰다. 그는 법법자로, 원수로 하나님 앞에 섰고, 하나님은 현혹되지 않는 자, 자기 자신의 권리와 또한 그의 권리를 침해당하게 하지 않는 자, 그의 신실함을 관철하는 자로 그 앞에 섰다. 인간이 이것을 망각하고 멸시할 수 있다는 것은, 참으로, 진정으로, 어떤 경우라도, 이것이 일어난 이후와 이것이 일어나기 전에, 그가 다른 인간이라는 사실을 바꿀 수 없다. 하나님과 그 사이에 새로운 질서가 만들어졌고, 이 새로운 시작에 상응하는 질서가 세워졌다. 저녁과 아침이 새로운 날이 되었다. 새로운 날이 가져올 것은 다른 일이다. 그러나 그것은 새로운 은혜의 날이다. 밤과 아침을 예수 그리스도의 죽음과 부활에 관련시키, 옛 인간을 벗어 버리고 새로운 인간을 입는 것에 관련시켜 교회에서 불리는 아침 찬송가는 실제적인 사실을 정확하게 서술하고 있다: "매일 아침 주의 은혜와 큰 성실함은 새롭고, 온종일 끝이 없으며, 누구나 의지할 수 있다." 우리가 거기서 나온 하나님의 심판의 성취된 목적은 언제나 거듭 우리의 미래의 결정적인 법을 이루고, 모든 새로운 날, 시작되는 매 시간 우리에게 주어지는 삶의 공기이다. 우리는 언제나 심판의 미래 속에 살고 있으니, 거기서 우리는 고발당하고 정죄받으며, 그러나 또한 사면되고 의롭다 함을 받는다. 그리고 그 이상의 일에 대한 결정적으로 준비해야 할 것은 확실히, 우리가 이 법을 인정하는 것, 이 법을 효력을 가지도록 하는 것이다. 새로이 저녁과 밤이 된다면, 우리가 하나님의 심판에 곧 다시 서게 된다면,

이것은 확실히 우리가 우리의 아침 찬송을 전혀 부르지 않았거나 혹은 유감스럽게도 우리가 다른 것을 더 중시하였기 때문에 그 찬송을 부르기를 중단한 것과 연관이 있다. 그러나 우리는 아침이 되었다는 것, 우리가 이 하나님의 아침에서 나왔다는 것을 바꿀 수 없고, 우리 뒤에 놓여 있는 하나님의 활동을 바꿀 수 없다. 우리에게 일어난 낮아짐과 올리워짐은 그럼에도 불구하고 일어났고 취소될 수 없다. 우리가 받는 초대, 허락, 훈계는 그럼에도 불구하고 유효하다. 그럼에도 불구하고 하나님의 심판 속에서 그의 은혜는 우리에게 작용한다.

우리가 그것을 어떻게 시작하든, 우리가 거기에 대해 어떻게 태도를 취하든 간에 우리는 하나님의 계명을 통해 심판받았다. 그리고 앞의 항목에서 발전시킨 개념의 의미에 의하면, 이것은 우리가 하나님의 은혜에 의해 살도록 지시받았다는 것을 의미한다. 우리는 어리석음과 사악함 속에서 하나님의 계명에서 언제나 거듭 벗어나려 하고, 이로써(이런 의지는 우리를 그렇게 이끌어 갈 따름이니) 자포자기, 파멸케 되는 자들임이 드러났고 확증되었다. 그리고 땅의 세력도, 그리고 무엇보다도 우리 자신의 힘도 우리가 추락함에서 구원할 수 없을 때, 우리는 이런 우리의 의지에도 불구하고 포기되지 않았고 오히려 우리를 위협하는 심연 위에서 붙들림을 받았고 지탱되고 있다. 우리는 하나님 앞에 죄인이며, 우리가 그렇다는 것은 일단 하나님의 사죄의 높은 의에 의해 가려졌다. 우리가 심판받은 자라는 것은, 하나님의 심판이 목적하는 의도가 아니라, 성취되었고 실현된 의도이다. 바로 이에 의해서 하나님은 우리를 다시금 주시할 것이고, 우리에게 다시 말할 것이다. 우리는 바로 그런 자로서 하나님의 계명을 통해 거룩하게 되었고, 하나님은 우리를 그런 자로서 다음 시간에, 다음날에 진지하게 다룰 것이다. 우리가 그런 존재라는 것은 단순히 우리의 존재의 문제, 조건이 아니다. 오히려 우리의 존재에 언제나 이미 주어진 성격, 하나님의 심판에 의해 우리 존재가 변화되고 새로이 취하는 방향은, 우리가 실제로 그런 자라는 것이다. 그리고 바로 거기서부터 또한 우리 존재의 진정한 문제와 조건이 주어진다. 거기서부터 매일, 매 시간 우리 심판받은 자에 대한 하나님의 심판의 실현된 의도가 우리에게 무엇을 의미할 수 있는가, 곧 이 도래하는 시간에 하나님의 은혜에 의해 산다는 것이 무엇을 의미할 수 있는가를 물을 수 있다. 우리가 하나님의 은혜에 의해 산다는 것을 망각하고 소홀히 하는 순간에, 이 삶의 방법에 대한 모든 물음, 우리의 존재의 문제와 조건은, 우리가 아무리 진지하게 그것을 제기하고 파고들지라도 무의미하게 될 것이다. 우리는 바로 이로써 이미 하나님의 계명을 망각한 것이고 간과한 것이며, 그렇다면 확실히 또한 즉시 위배한 것이다. 우리는 하나님의 계명에 의해 심판받았다는 것, 따라서 이로써 마련된 법적 근거를 지시받는다는 것, 따라서 하나님의 은혜에 의해 살고 있다는 것을 염두에 두어야 할 것이다. 이 한 가지 외에 우리는 하나님의 계명에 대한 복종 속에서 다른 것을 알려고 하지 않을 것이다. 바로 이 한 가지에 대한 존경심에서 모든 다른 물음이 따라야 할 것이다.

우리는 하나님에 의해 심판을 받은 자로서, 그의 은혜에 의존하는 자로서 실제로 객관적으로 믿음으로 부름받은 자들이다. 실제로 객관적으로, 믿음이 복음 설교를 통해 이미 우리에게 선포되었는가에 관계없이, 그리고 우리가 이 선포에 대해 어떤 입장을 취했는가에 상관없이. 믿음은 우리가 이것을 알든 모르든, 받아들이든 받아들이지 않든 간에 상관없이 하나님의 심판을 통해 객관적으로 우리에게 요구된 것이다. 복음 설교는 이것이 객관적으로 그렇다는 것을 선포하고 지시할 따름이다. 그리고 우리가 복음 설교에 입증을 취한다면, 우리는 이것이 객관적으로 그렇다는 것, 곧 우리는 하나님의 심판을 통해 특징지어지고, 변화받고 확립된 우리의 삶을, 다만 믿음 안에서만 살 수 있을 따름이라는 것에 대해서만 입장을 취할 수 있을 따름이다. 믿음은 하나님의 심판과 은혜에 정확하게 상응하는 것이다. 믿음 안에서 우리는 심판받은 자라는 것, 혹은 우리는 하나님의 은혜에 의해 살도록 지시받았다는 것을 인정한다. 그러므로 믿음 안에서만 이 현실이 우리에게 무엇을 뜻하는가를 의미심장하게 물을 수 있고, 우리 삶의 문제와 조건을 의미심장하게 주시하고 다룰 수 있다. 믿음이 없이는, 따라서 하나님의 심판을 통해 실제로 객관적으로 우리에게 선포된 부름에 부응하지 않고서는, 저 날의 아침에서부터 이 하나의 요구를 듣고 귀에 담아두지 않고서는, 우리는 저 날의 현실에 결코 부응할 수 없고, 우리에게 저 현실이 가지는 의미를 묻는 모든 물음이 다만 허공을 향한 물음이 될 따름이다. 그의 심판에서의 하나님의 은혜는 어느 경우에라도, 복음 설교를 통해서 선포되었든 않든, 청취되었든 않든 간에, 믿음을, 즉 우리가 심판을 실천적으로, 우리의 존재와 행위 안에서 시인하기를 요청한다. 믿음이란, 하나님으로부터 우리에게 의롭게 일어났다는 것을 인정함을 뜻한다. 믿음이란, 이 일으켜진 하나님의 의가 의롭다고 받아들임을 뜻한다. 믿음이란, 하나님에 의해 심판받은 자로서, 하나님이 자기 소유로 만들었던—이 심판에서 일어난 대로, 하나님이 그를 그렇게 낮추고 그렇게 높임으로써 자신이 영광을 받게 되었다.—그런 자로서 하나님 앞에서, 하나님과 더불어 사는 것을 뜻한다. 모든 크고 작은 죄, 의식적이고 무의식적인 죄, 현저하고 미미한 죄는 우리가 이렇게 하지 않음에 있고, 우리가 어디서 왔는지, 하나님이 우리에게 무엇을 했는지를 실제로 망각하고 있는 자세에 있다. 그러므로 모든 죄는 불신앙에, 아마도 또한 불신앙의 특별한 형태로서 미신 혹은 그릇된 신앙에 있다. 복음 설교를 통해 분명히 믿음으로 부름을 받고, 믿음을 고백하는 그리스도인들의 죄만이 아니라, 실제로 객관적으로 하나님의 심판 수행을 통해 지속적으로 믿음으로 부름받는 온 세상의 죄는 불신앙에 있다. 이것은 하나님의 심판의 의도를 부정하고 모호하게 함이다. 그러므로 불신앙은 그 자체로 무기력한 행위이다. 바로 이 무기력 속에서 그것은 실로 치명적이다. 그 이유는 불신앙은 새로운 보다 중한 심판을 초래하기 때문이다. 불신앙은, 그것이 유래한 심판을 회고함 가운데 심판이 하나님의 은혜의 심판임을 분명히 알지 못하거나, 혹은 오히려 망각했거나 소홀히 했을 경우, 이 심판이 다시금 하나님의 은혜의 심판이 될 것을 어떻게 알겠는가? 그런데 믿음은 우리가 유래한 하나님의 은혜의 심판을 망각하지 않고 소홀히 하지 않음, 그의 의도를 부정하거나 모호케 하지 않는 것을 뜻한다. 그가 행하는 바로써 이 심판을 주목하는 자는 믿는 인간이다. 더구나 그의 행위로써 증언하는 자(하나님이 이 심판에서 그 자신에게 증언했음에 의거해서), 그의 행위로써 하나님과 인간들과 모든 천사들 앞에서 그것을 드러내는 자는 믿는 인간이다. 믿음 안에서 인간은, 그가 하나님의 계명의 심판에서 구경꾼, 청중으로 거기에 있는 것만이 아니라 그가 그 대상임, 그가 이 심판에서 고발당한 자요 사면받은 자였고, 그런 자로서 거기서 나왔다는 것을 확증한다. 우리는, 삶에서 분리될 수 있는 단순히 이론적인 믿음이 다만 하나의 부조리일 수 있음을 본다. 곧 그것은 믿음에서 분리될 수 있는 삶의 표상처럼 부조리하다. 심판받은 인간의 실존이 하나님의 심판의 의도라면, 인간이 그 심판을 인정함은 분명히 어떤 그의 실존 전체와는 구별되어야 하거나, 혹은 거기서부터 해체되어야 할 관념, 혹은 확신에 있는 것이 아니라─마치 그가 다만 심판의 구경꾼 혹은 청중인 것처럼─도리어 그의 삶의 총체적 형성에 있을 따름이다. 따라서 믿음은 다만 그의 전체적 존재와 행동의 결정일 따름이다. 이것은 실로 일차적으로, 결정적으로 그의 인식의 결정, 그러나 그의 인식의 결정으로서─그렇지 않다면 이것이 어떻게 참될 수 있으랴?─그의 삶의 결정, 따라서 믿음의 복종이 될 것이다. 그리고 믿음이 자신을 결코 인간의 자의, 능력, 권한 속에서 수행된 기도로, 결코 인간의 독창적인 혹은 보상받을 만한 행위로 이해하지 않는다면, 그것은 하나님의 부름에 대한 응답이며, 믿음은 우리가 하나님의 은혜에 의해 살도록 지시받았음에 부응하려 하고 모방하려 할 따름이다. 믿음은 하나님의 자비에 의해 창조된 법적 근거를 인정하고 증언함이니, 이 근거 위에서 모든 행위는 다만 감사의 행위일 따름이다.─믿음 자신이 바로 성령의 기적 선물로서만 이해된다면, 이것이 믿음이 그의 존재와 본성은 하나님의 심판에서 정죄받고 버림받았으며, 그것의 죄성은 용서받은 인간의 의식적인 단호한 행위로 이행되어야 한다는 사실을 바꿀 수 없다. 바로 이 행위로써 인간은 자기 자신을 넘어가서는 안 되며, 그러나 하나님의 심판에서 그는 유래했으므로, 하나님에게 자리를 돌려야 한다. 또한 이 행위 자체는─우리의 행위로서의 믿음!─죄가 없지 않다는 것이 참일지라도, 이로 인해서, 은혜가 그것을 요청하므로 우리가 이 행위를 중단할 이유가 없다. 하나님의 은혜에 의지함으로써 우리에게는 다른 선택이 남아 있지 않기 때문에 우리는 '그래'의 응답을 지체할 수 없다. 우리가 하나님을 믿음으로써, 또한 이 행위는 확실히, 또한 우리 믿음은 용서를 필요로 할 것이다. 우리는 믿음 안에서 하나님이 우리의 불신앙을 도와주기를 부르짖고 간구할 따름이다. 그러나 이것은 우리가 하나님의 심판에서 우리의 성화의 사실을 통해 하나님을 믿도록─선하든 나쁘든, 강하든 약하든, 어떤 경우라도 믿도록─어떤 경우라도 부름받았다는 사실을 바꾸어 놓을 수 없다. 우리는 어떤 가장된 겸비 속에서 하나님에게 우리 믿음을 유보하지 않고,

믿기를 두려워하지 않으며, 오히려 담대히 감행함으로써, 우리는 하나님의 용서가 최후의 말씀이라는 사실을 인정하고 증언할 것이다. 그의 믿음은 확실히 언제나 나쁘고 약한 믿음일 것이기 때문에, 믿기를 거부하는 자가 어떻게 하나님의 은혜에 의해 살 수 있겠는가? 믿는 인간이 아니라, 그가 믿을 수 있고 믿어야 하는 하나님이 믿음을 인간에게 닥치는 심판에 대한 응답의 거룩한 역사로 만든다.

이제 하나님의 심판에 감사하는 마음으로 응답하며, 따라서 그의 의도에 부응하는 믿음의 본성이 무엇인가를 해명하고자 한다면, 믿음은 어쨌든 그것의 근본적, 원초적 형태에서 바로 회개 행위, 즉 매 새로운 날 아침에 상응하는 전향 행위 외에 다른 것이 아니라는 사실에서 명백하고도 동시에 완전한 인식이 얻어진다. 하나님의 심판에서 나오는 자가 맞이하는 새로운 날의 특징은, 그의 죄가 그런 것으로 인식되고, 그것이 그에게 용서되었다는 데 있다. 이날의 빛에서 행하고 따라서 믿는다는 것은 분명히, 우리의 용서받은 죄가 죄로 인식되고, 우리의 인식된 죄가 그런 것으로 용서받았다는 것을 실천적으로 시인함을 뜻한다. 이것을 실천적으로 시인하는 자는 회개하고 돌이킴, 곧 불순종으로부터 복종으로 돌이킴이다. 이것은 바로 하나님이 그에 의해 심판받은 인간에게 바라는 바이다.

1. 인간은 오직 용서받은 죄만을 죄로 인식하고, 그것이 죄라는 것을 안다. 인간이 사죄 없이 그가 조금이나마 알 수 있는 것은 그의 오류, 잘못, 악덕일 것이다. 그는 죄를 죄로, 하나님에 대한 반란으로, 그의 계명 위반으로 알기 위해서는 용서를 알아야 한다. 분명히 죄는 이런 관점에서 회개 시편에서 진술된다. 하나님에 의해 의롭다 함을 받은 자, 오직 그런 인간만이, 그의 행위는 자기 자신을 통해 의롭다 함을 얻은 것이라는 생각의 잠에서 깨어났다. 회개를 후회, 자기 고발, 통탄과 같은 것으로, 인간이 자기 자신을 실제적으로 끝냄, 그것에 상응하는 앎, 또한 이 지식에 상응하는 자세로 이해해야 한다면, 회개로 이끄는 것은 하나님의 선함이다.(롬 2:4) 내가 하나님과 나의 이웃을 사랑하지 않는다는 것, 내가 이로 인하여 치명적인 책임을 짊어지고 동시에 치명적인 곤경에 빠지고, 더 나가서 내가 스스로 언제나 거듭 최선의 노력 가운데 이 길을 걸으리라는 것, 아무도 아무것도 나를 강요하지는 않지만 나 스스로는 그것을 다르게 생각할 수 없다는 것, 내 죄책과 내 곤경이 아무리 나를 짓누를지라도 내 스스로는 진지하게 달리 원할 수 없기 때문에, 내 자신은 스스로 그것들로부터 벗어날 수 없으리라는 것, 나에게는 나의 범죄를 취소할 수 있는 아르키메데스적 점이 없고, 나는 내 자신을 통해 불안에서 벗어날 수 있는 어떤 자력을 가지고 있지 않다는 것—이 모든 것을 나는 하나님의 은혜를 체험함으로써 비로소 경험한다. 그 죄를 용서받지 못한 죄인은 그가 이 모든 것을 알지 못하고, 그가 이 모든 것을 인정하고 이것을 인정함에서 산다는 것을 전혀 생각하지 못함에서, 그 죄를 용서받은 자들과 구별된다. 그는 자기 자신을

위해 많은 것을 내놓을 것이 있다는 점에서 언제나 구별될 것이다. 반면에 로마서 7장의 바울의 고백과 같은 고백은 거기서 말하는 자의 바리새이즘이 극복되었음을 지시할 뿐 아니라, 또한 그의 죄의 용서가 그에게 드러났고, 그가 헛되이 하나님의 심판에 들어가지 않았기 때문에 이 일이 일어났다는 것을 지시한다. 비슷하게 주기도문의 다섯 번째 기도는 의심할 여지없이—예수 자신이 그렇게 기도하는 첫 번째 사람이므로—다만 용서의 충만함에서만 이해할 수 있고, 기도할 수 있다. 그리고 또한 "주여 자비를 베푸소서!"(Kyrie eleis!)는 성탄절 찬송가 "그대, 예수 그리스도는 칭송받을지라!"의 매 절 끝에보다 더 좋은 자리를 가질 수 없다. 누구라도 사죄를 구할 수 있다.—누가 나쁜 양심보다 차라리 선한 양심을 가지지 않을 것인가? 그리고 상실한 자로서 하나님에 의해 받아들여졌고 구원받았음을 아는 자만이 하나님의 자비와 용서를 호소할 수 있다. 그렇지 않다면 그가 어디서 자비와 사죄를 필요로 한다는 것을 알겠는가? 그렇지 않다면 그가 어디서 하나님에게 호소할 수 있고, 호소해야 한다는 것을 알겠는가? 오직 은혜가 허락되었다는 지식이 주는 깊은 안식에서부터만 우리가 그것을 필요로 한다는 깨달음이 주는 진정한 불안이 나올 수 있고, 거꾸로는 아니다. 복음을 추상한 율법이 아니라 복음만이 우리로 하여금 우리의 범법을 인식하고, 범법자로서의 우리의 죄책을 진지하게 받아들이고, 마치 불의를 당한 것처럼 거기에 대해 항거하는 대신에 불법에 뒤따르는 곤경을 우리에 대한 의로운 처벌로 받아들이도록 요청한다. 우리가 이 요청에 굴복하는 것, 저 불안을 거부하지 않는 것, 우리의 죄를 용서해 달라는 간구를 중단하지 않고 저 성탄절의 "주여 자비를 베푸소서!"를 억제하지 않는 것, 우리가 용서받았기 때문에 언제나 용서를 필요로 하는 자로 생각하고 말하고 행동하는 것—이것은 우리가 거기서 나온 하나님의 심판을 통하여 우리에게 요구된 믿음의 본질 가운데서 가장 중요한 점이다. 믿음이란, 하나님이 우리와 더불어 새로이 시작하려 하고, 실제로 이미 새로 시작했기 때문에 우리는 끝났다는 것을 인정함을 뜻한다. 믿음이란, 크고 작은 일에서 언제나 거듭 기도하며, 우리의 죄를 용서해 줄 것을 간구할 수 있다는 데서부터만 모든 필요한 것을 보고 듣는 것, 모든 통찰과 경험, 모든 능력과 인내를 다만 기대하는 자로 행동함을 뜻한다. 믿음이란, 우리에게 선사된 하나님과의 평화를 위하여 하나님이 그와 함께하는 것 외에는, 결국 인간이 혼자인 싸움을 수락하고 착수함을 뜻한다. 이 싸움에서 그는 하나님이 그에게 주는 무기 외에는 결국 다른 무기가 없고, 또한 하나님이 그의 가장 악한 원수가 아니라 친구라는 사실을 매일, 매시간 하나님의 자유로운 은혜로 받아들이고 용납하고 간구해야 한다. 믿음이란, 우리가 한 순간이라도, 조금이라도 그 외에 다른 데서 의지할 데를 구할 때, 하나님 자신이 우리에게 즉시, 필연적으로 준비할 시련을 응시하는 것을 뜻한다. 믿음이란, 하나님의 신실함을 기억하면서 자신의 불신실에 항거함을 뜻하며, 언제나 거듭 우리 자신이 이런 안개를 만들어 내는 자이며, 우리 자신이 시련을 초래하고, 하나님을 낯선 존재로 만드는 자임을 깨달음 안에서 언제나 거듭 안개를 꿰뚫고 그에게로 달려감을 뜻한다. 하나님은 그로부터 멀리하려고 하는 자들에게는 물론 낯선 존재가 되지만, 그들이 그의 심판에 상응하는 삶, 따라서 회개 속의 삶을 시작하려 할 때, 하나님 자신은 그들에게 그렇게 되기를 원하지 않는다. 믿음은 이 삶이 어떤 특별한 것이 아니라 우리에게 적절하고 자연스러운 삶인 한, 회개 속에서의 삶이다. 우리의 삶을 변혁하고 갱신함은, 우리가 모든 자기 권위와 능력을 죽음에 적절히, 자연스럽게 포기함 속에서 삶을 살려고 하는 데 그 근거와 신비스러운 본성을 가진다. 우리가 언제나 하나님의 심판에서 나오는 한, 우리가 이 죽음 저편에서 진정으로 살 수 있기 위해서, 저 심판에 의해 진정으로 이 죽음에 넘겨지는 한, 그것은 우리에게 적절하고 자연스럽다. 우리의 삶이 회개 속에 놓일 때, 그 자체로 죄많은 우리의 존재와 행위는 복종의 행위, 하나님을 기쁘게 하는 선한 행위를 지향한다. 선한 행위는 어떤 상황에서라도 회개의 행위, 우리의 죄를 인식함 가운데, 하나님의 자비를 호소함 가운데 행해지는 행위, 곧 그것이 우리가 스스로를 돕는 행위가 아니라 결국 내면적으로 하나님의 도움을 바라는 기쁜 탄식이기 때문에 우리를 돕는 행위이다. 우리의 존재와 행위에서 이것 말고 다른 선함이 있을 수 없다. 그러나 이것, 하나님의 자비 외에 다른 희망을 가지지 않은 멸망한 백성의 선함이 우리의 행위에 확실히, 어떤 경우라도 약속되어 있다. 그리고 멸망한 죄인의 이런 확실히 선한 행위가 하나님의 심판의 의도이다. 이 의도에—하나님 편에서 볼 때는 이미 성취되었고, 실현되었으니—비추어서 우리는 매시간, 매일의 특별한 역경에도 불구하고 담대히 살아갈 수 있을 것이다: "각자는 그것에 의지할 수 있다."

2. 인간은 죄로 인식된 죄에 대해서만 그것이 용서되었음을 안다. 죄에 대한 깨달음 없이는 그것은 인간에 의해 오류나 잘못, 혹은 악덕으로 간과되거나 망각될 수도 있다. 그러나 하나님은 간과하거나 망각하지 않는다. 하나님은 안다. 어떠한 상황하에서라도 확립되어야 할 질서는 간과되거나 망각될 수 없다. 우리 죄를 아는 하나님의 용서만이 이렇게 할 수 있다. 그러므로 우리가 우리의 죄에 대한 깨달음에서 벗어나려고 한다면, 하나님의 용서를 회피하고 도피하려는 것이다. 하나님의 사면 선언을 들을 때, 어떤 경우라도 또한 하나님의 정죄도 듣게 된다. 그러므로 하나님의 정죄를 듣는 곳에서만, 하나님의 면죄 선언도 들을 것이다. 우리의 범죄가 용서받는다는 것은, 그러므로 하나님의 계명이 우리에게 더 이상 지시되지 않음을 뜻할 수 없고, 오히려 그것이 이제 비로소 올바로 지시됨을 뜻한다. 마치 존재와 행위의 왜곡됨으로 끝날 수 있는 듯, 이 왜곡됨이 궁극적인 필연성에 근거하는 듯, 거기에 대해서는 아무런 약초도 소용이 없는 듯 생각하는 사고의 잠에서 깨어난 자는 하나님으로부터 의롭다 함을 받은 자이다. 하나님이 인간에 거슬러 그의 의를 세우지 않았던가, 그리고 그가 공로 없는 인간을 의롭게 함으로써 인간에게 스스로 의를 부여하지 않았던가? 심판에서 그의 칭의가 저 소

위 필연이라고 하는 것에 대한 유일한 하나님의 도전, 전투 행위가 아니었던가, 그는 이 심판의 최종 판결로써 우리의 범죄를 필연적이지 않은 것으로 선언하지 않았으며, 극복될 수 없는 듯 보이는 그것의 요구가 모든 관점에서 허위라고 선언하지 않았던가? 죄의 인식이란, 우리가 우리의 자기 인식의 틀 안에서 그것의 극복에 대해 전혀 아무것도 인식하지 못하며, 우리가 우리 자신을 거듭하여 바라서는 안 되는 것을 실제로 바라고, 모든 거짓 필연성에 대해 언제나 새로운 힘을 부여하는 그런 자로 발견한다는 사실에 호소하려 하는 것인가? 우리가 하나님의 심판에서 들은 것에 따르자면, 그 필연성은 허위인가 아닌가? 하나님이 우리의 죄를 용서함으로써, 그것을 시인했는가 부정했는가, 환영했는가 배격했는가? 우리가 우리 자신 안에 어떤 능력 혹은 무기력이 있는지 인식할 수 있느냐가 아니라, 하나님이 이 일에서 우리의 전적인 능력과 무기력 속에 있는 우리에 대해서 무엇을 말했고 결정했는가 하는 것이 문제이다! 하나님은 우리가 죄로부터 사면되었음을 선언함으로써, 하나님은 정당했는가 혹은 부당했는가? 이 사면 선언이 유효한가 아닌가? 하나님의 심판에서 우리에게 선포된 판결에, 이 판결의 궁극적이고 결정적인 판결에 진정으로 굴복한다면, 우리는 분명히 이로써(그리고 이것은 우리에게 요청된 우리 죄에 대한 성과 있는 인식이다!) 우리의 죄에 적대해서 하나님의 선한 뜻이 유효하며, 또한 우리의 삶에 대해서도 탁월한 효력을 지니며, 죄가 우리를 지배하는 능력이 부정되었으며, 따라서 우리에게는 죄에 의해 지배받게 되는 무기력함이 거부되었다는 진리에 굴복하는 것이다. 하나님의 심판에서 한 인간이 칭의를 받음은 이 인간에 대해 하나님이 주권을 수립함을 뜻한다. 그의 주권 수립은 그의 죄의 자칭 필연성에 대항하여 주권적으로 거부함에서, 그리고 죄에 머물러야 하고 머무를 수 있다는 그의 주장을 항변할 수 없이 반박함에서 이루어진다. 내 죄가 용서되었다면, 이것은 내가 하나님의 주권에 굴복함, 구체적으로 내가 하나님에 의해서, 그가 자기 백성으로 간주하고 이로써 그의 뜻을 행할 수 있도록 실제로 객관적으로 자유로우며, 그렇게 하도록 부름받은 그런 자로 인식되었고, 인정되었음을 뜻한다. 내가 이런 인식과 인정 가운데서 하나님을 따르지 않고, 내가 나의 자기 인식에 근거하여 나에 대한 그의 보다 나은 지식에 항거하며, 내가 죄인으로서 그의 뜻을 행할 능력이 없음을 여전히 핑계한다면, 그런 회개는 과연 어떤 것인가? 하나님의 심판에서 나의 죄가 용서되었다는 것과, 내가 내 자신을 아는 것보다 하나님이 나를 다르게, 보다 잘 안다는 것과, 그가 이런 나의 감추어진 특성 안에서, 나의 자기 인식으로는 알려지지 않은 특성 안에서 나를 진지하게 다루었고, 거기서부터 내 곁에 섰고, 내 편을 들어 주었고, 거기서부터 나를 불렀고, 자유롭게 했다고 내게 말한 후에, 이런 주장은 별로 의미가 없다! 내가 그의 말씀에 의해 그를 정당화하는 것이 나에게 요구된 나의 죄 인식이다. 내가 그를 정당화하지 않는다면, 나는 이로써 또한 내게 허락된 사죄를 멸시하고 거절하는 것이다. 그렇다면 나는 외견상 진실된 것처럼 보이는 가운데서 매우 진실되지 못한 것이다. 내게 요구되는 진실성은, 내가 자신 안에서는 전혀 이 '예'를 스스로 발언할 능력이 없음을 발견할지라도, 하나님의 말씀, 하나님이 내게 말한 '그래'를 받아들임에 있고, 내가 스스로 내 자신을 인식할 수 없을지라도, 하나님이 나를 인식하고 인정한 지혜 이상으로 내 자신을 높이려 하지 않음에 있다. 이처럼 진실되게 수행될 때 믿음의 회개는 필연적으로 전향이 되어야 한다. 그러므로 믿음은, 그것의 본성의 다른 면을 볼 때, 우리가 하나님의 면죄 선언을 통해 옮겨진 자유 안에서 돌이킴을 뜻한다. 믿음은, 우리 자신이 선한 일에서나 악한 일에서나 우리 자신에 대해 가질 수 있는 모든 생각과 확신으로부터, 진리를 향해 돌이킴을 뜻한다.(우리는 하나님의 판결에 따라서 진리 안에서 하나님 앞에 선다.) 믿음이란, 우리가 우리의 존재와 행위에 부여하고 싶어하는 영리함과, 능력 충만 안에 있는 우리 자신의 행위의 불순종으로부터, 하나님의 주권 아래서 이루어지는 행위의 복종으로 돌이킴을 뜻한다. 믿음이란, 우리 행위의 죄성을 그대로 방치하고 싶어하는 나태함으로부터(마치 그것이 영원한 필연인 것처럼), 하나님의 선한 뜻만이 영원한 필연성을 가지며, 따라서 또한 우리 행위에 의해 경배받기를 원한다는 깨달음에서 오는 기쁨과 준비 태세로 돌이킴을 뜻한다. 믿음이란, 자비를 받은 자에게 적합한 위치로 돌이킴을 뜻한다. 그러므로 믿음은 선하고 하나님에게 즐거운 일을 행할 수 있고 행할 새로운 인간의 탄생과 삶이다. 믿음은 하나님의 칭의를 붙잡고 시인함이다. 믿음은 우리가 칭의가 일어난 것으로 받아들이는 진실한 자세이다. 우리가 그것을 받아들임으로써 새로운 인간이 태어난 것이다. 그는 오직 선한 행위만을 할 수 있을 따름이고, 그에게는 하나님의 뜻에 대한 기쁨과 사랑이 적절하고도 자연스러우며, 그가 호흡하고 먹고 마시면서, 그의 마음의 감추인 곳에서 그리고 그의 이웃과의 모든 관계에서, 교회의 일원, 국가의 일원으로서, 모든 삶의 단계에서 그리고 모든 삶의 처지에서 확실히 하나님이 기꺼이 보는 것만을 행할 것이다. 이 새로운 인간과 그의 행위가 하나님의 심판 의도이다. 우리가 확실히 하나님의 심판에서 온 것처럼, 매 새로운 시간 속으로 걸어가는 모든 발걸음마다 확실히 이런 하나님의 의도 아래 서 있음과, 이 의도가 하나님에 의해 언제나 이미 성취되었고 실현되었음을 알아야 한다. 믿음이란, 확실히 우리가 그에 의해 심판받은 자인 것과, 우리에 대한 하나님의 의도가 이미 성취되었고 이미 실현되었음에 대해 실천적으로 '예'라고 말함을 뜻한다. 아침은 이미 왔다. 문제는 오직 사람들이 이 시작된 아침에서 살 수 있음 같이 그렇게 사는 것이다.

하나님의 심판의 의도는 인간의 성화, 즉 그에게 확정되었고 약속된 영원한 삶을 위하여 그를 준비시키고 훈련시킴이다. 영원한 삶은 그의 전적 피조성 안에 있는 인간에게 하나님 자신의 영광을 덧입힌 생명, 곧 공공연히 드러난 사랑의 대상으로서의 생명이다. 하나님은 이 사랑 안에서 하나님 자신과 인간 간의 친교에서 그에게 선사한 자유, 공공연히 드러난 그 자유를 소유함 가운데 그에게 향했다. 영원한 삶은 하나님과 함께 사는 인간의 해체될 수 없는, 파괴될 수 없는, 중단될 수 없는, 무제약적인 삶, 하나님에게 있는 투명성 속의 삶이다. 이 투명성 속에서 하나님은 자기 자신을 보며, 또한 그를 언제나 보았으며 지금 보고 있으나, 그러나 인간은 지금 여기서 하나님과 자기 자신을 아직 볼 수 없다. 영원한 삶은 이 투명성에 부응하여 하나님의 기쁨에 참여함 속에 사는 인간의 삶이니, 이 기쁨에 참여함은 언제나 그의 삶의 의미였다. 그것은 이미 지금 여기서 그를 기다리며, 그를 위해 예비되어 있고, 그것 안에서 그는 지금 여기서 아직은 기뻐할 수 없으며, 혹은 시간적 삶의 심각한 취약성 속에서 그리고 그 삶의 문제성 있는 일시적 기쁨 안에서 기뻐할 수 있을 따름이다. 영원한 삶은 하나님 및 모든 그의 천사들의 삶과 일치되는 인간의 삶이며, 또한 모든 선택받은 자들의 나머지 공동체의 삶과 일치되는 삶이다. 곧 하나님은 이 일치 속에서 세상을 창조하기 전에, 모든 그의 길과 역사의 시작인 그의 말씀 안에서 그를 인식했고 바랐을 때, 그가 인간을 보았고 원했다. 이 일치 속에서 하나님은 그를 여기서 지금 보며 원하며, 이 일치 속에서 그는 그 자신으로부터 완전히 감추어져 있다. 하나님은 인간을 그의 형상으로 정함으로써, 인간으로 하여금 하나님을 영화롭게 하는 섬김에 완전히 참여하도록 이끌었다. 하나님을 영화롭게 함은, 지금 여기서 이미 과제를, 지금 여기서 다만 제기되기만 했고 미해결된 삶의 과제를 이룬다. 이것은 언젠가 거기서 완전히 해결되어 그의 삶의 현실로 드러나게 될 것이다. 인간이 "그로부터, 그를 통하여, 그에게로"(롬 11:36) 이 영원한 삶을 가지는 것, 이것이 하나님이 인간에 대해 의무를 가지는 계약에서 하나님의 의도, 하나님이 인간으로 하여금 자신에 대해 의무를 가지게 하는 계명에서 그의 의도, 하나님이 인간에게 계명을 줌으로써 인간을 굴복시키는 심판에서의 그의 특별한 의도이다. 역사 안에서, 저 계약의 성취에서 일어나는 모든 것, 따라서 또한 계명의 확립, 또한 하나님의 계명과 더불어 인간에게 이루어지는 심판은 영원한 삶의 선물의 시간적 전단계, 잠정적인 모습이다. 그러므로 하나님이 그의 계명으로 언제나 성취되었고, 언제나 실현된 의도는, 곧 인간이 그에 의해 심판받은 자로서 실제로 문자 그대로 "영원의 아침 햇살" 속에서 거듭거듭 새로운 시간, 새로운 날을 시작할 수 있다는 것이다. 그러므로 믿음에서는—믿음이 이 심판을 시인하는 것, 그 결과를 받아들이는 것인 한—진정으로, 문자 그대로 영원한 삶을 그 시간적 모습으로 붙잡고 소유하는 것이 중요하다. 이미 서술한 대로 옛 인간의 죽음, 새로운 인간의 탄생이라는 이중적 의미에서 믿음은 우리가 하나님의 계명의 심판을 통해서 생겨난 사태를 인정하는 것인 한, 진정으로, 문자 그대로 영원한 삶을 위하여 우리가 시간 속에서 준비하고 훈련하고 거룩하게 함이다. 영원한 삶은 우리에게 여기서 지금 오직 감추임 속에서만 현존할 따름이다. 그러나 바로 이 감추임 속에서, 계명을 통해 우리가 성화되는 가운데서, 하나님의 심판에서, 그 심판에 '예'라고 말하는 믿음 안에서, 그 영원한 삶은 우리에게 현재한다. 하나님 앞에 있는 우리의 현실적인 상태 및 우리의 현실적인 실존의 계시는, 비록 그것이 지금 여기서 아직 드러나지는 않았을지라도, 이미 지시되었고 유효하다. 영원한 삶은 이미 우리의 시간적 삶의 신비이다. 우리는 여기서 지금 아직은 영원한 삶을 살지는 않는다. 그러나 우리는 지금 여기서 이미 영원한 삶을 위해 해방되었다. 우리가 유래한 하나님 심판의 모든 행위는 이 자유의 제공이며 자유의 역사(役事)이다. 그리고 우리가 하나님에 의해 심판받은 자로서 살기 위해 헌신하는 모든 믿음의 행위는 이 제공을 받아들임이며, 이 역사의 결과이며, 우리가 이 자유 속으로 실제적으로 들어감이며, 영원한 영광으로 들어가는 큰 궁극적인 발걸음의 잠정적인 모습이며, 영원한 투명성, 영원한 일치, 우리가 그 일을 위해 선택받은 영원한 봉사이다. 저 아침 햇살의 빛 속에서, 그것에 직면해서 모든 삶의 부분은 그런 것으로서 아직은 그 성취된 것이 감추어져 있지만, 이미 성취된 약속의 일부분이다. 이 약속 아래서 우리의 삶 전체가 서 있고, 이 약속은 언제나 우리 자신에 의해 그런 약속으로 인식되고 붙잡히기를 기다린다. 우리에 대해 이런 적극적 의도를 가지고 있는 하나님은 우리에게 명령하고, 우리에게 요구한다. 우리는 하나님의 심판을 벗어날 때처럼 새로이 심판 속으로 들어오면서, 이것을 염두에 두어야 한다. 그는 지배하기 위해서, 명령하기 위해서, 심판하기 위해서 명령하는 것이 아니다. 그는 이런 정해진 의도를 가지고 있다. 그는 자신을 위해 우리를 거룩하게 함으로써 영원한 삶을 위해 우리를 거룩하게 만든다. 그는 그 자신의 영광을 위하기 때문에 우리의 최선을 바란다. 그는 우리의 주가 되기 때문에, 그 자신이 우리의 희망이다. 그는 우리를 매 순간, 매일 죽게 함으로써, 우리에게 이것을 믿음 안에서—믿음의 완전한 회개 속에서—용납하도록 요청하고 허락하고 명령함으로써, 우리를 영원한 죽음에서 구출하고, 우리를 먹이고 마시게 하면서 영원한 삶을 허락한다.

  그러나 이제 우리는 여기서 이 인식의 현실적인, 오직 가능한 근거에 대해서, 이와 더불어 그것의 본래적, 본질적 의미를 분명히 해야 한다. 만일 하나님의 심판의 의도가—그의 심판의 전제처럼, 그의 심판 수행처럼 그렇게—스스로 자기 자신을 위해 변호하지 않는다면, 만일 이 일에 대한 우리의 증언이, 이 일이 먼저 자기 스스로 증언했고 그러므로 또한 제일 먼저 자기 자신을 증언할 것이라는 사실에 근거하지 않고 그것과 관련될 수 없다면, 우리는 하나님의 심판의 의도에 대해서 너무 과감히, 너무 적극적으로, 너무 확신에 차서 말한 것이다. 우리는 인간의 성화, 그의 실존을 하나님에 의해 심판받은 자의 일로서, 이미 완성된 사실, 객관적으로 실제적으로 이루어진 사실로서 표현했다. 우리는 믿음을 다만 이 사실을 통해 요청된, 이 사실에 부응하는 인간의 답변으로 이해했다. 우리는 이 사실 자체를 영원한 삶을 위하여 인간을 일시적으로 해방시킴, 인간에게 영원한 삶을 살 수 있는 능력을 줌으로 이해했다. 우리가 이 사실을 둘러볼 때, 모든 것이 미결 상태가 아닌가? 하나님에 의해 심판받은 자, 죄인으로 확증되었고, 그의 죄에도 불구하고 죄를 벗어나 의롭다고 선언받은 인간, 그런 자로서 회개의 부름을 받은 인간, 그런 자로서 "영원의 아침 햇살" 속에 서 있는 인간은 어디에 있는가? 인간은 저 아침 햇살을 받으면서 담대히, 단호하게, 나는 이런 인간으로서 하나님의 심판에서 나왔고, 이 사건의 법에 따라 실제로 출발했고, 실제로 살 수 있다는 확신 속에서 새로운 날, 새로운 시간을 향해 전진할 수 있다. 나는 내 자신을 어떤 의미에서 믿을 수 있으며, 하나님에 의해 심판받은 자로서의 나의 처지를 믿을 수 있는가? 내 자신이 회개의 부름을 받고, 옛 사람의 죽음과 새로운 인간의 삶으로 옮겨짐을 보게 되는 나는 누구인가? 그리고 내 자신에게 영원한 삶의 약속이 되어야 하는 나는 누구인가? 내가 내 자신에 관련해서 저 사실에 의지하고, 저 사실에 의해 살려고 한다면, 나는 최악의 환각에 사로잡히는 것이 아닌가?

우리는 분명히 이 문제를 제기하기만 하면 그 답을 가지고 있다. 우리는 성화가 하나님이 이미 성취하고 실현한 의도임을 말함으로써 확실히 우리 자신에 관하여, 그러나 일정한 관계 속에서 우리 자신에 관하여 말했다. 우리가 이 관계를 추상하려 한다면 우리는 지금 물론 환각에 빠진 것이다. 그렇다면 모든 것은 미결 상태로 있을 것이다. 의심할 여지없이 하나님의 의도는 우리와 우리의 삶과 상관한다. 의심할 여지없이 우리에 대해서 이 의도는 헛된 것이 아니라 우리에게, 우리를 위해서 성취되었고 실현되었다. 그러나 우리는 그것은 하나님의 의도로서 하나님의 심판에서 성취되었고 실현되었음을 생각해야 한다. 우리가 그것을 올바로 이해하려면, 그것이 하나님의 의도로서 그의 심판에서 우리에게 말하게 해야 하고, 따라서 그것으로 하여금 스스로 말하도록 해야 한다. 그것은 그런 것으로 존립하고 유효하며, 우리가 그 의도에 대결하려 하고, 그것에서 벗어날 수 있다고 보는 모든 환상에 대립하여 진리이다. 그리고 그것 자체가 스스로 말함으로써, 그것은 우리에게 또한 그런 것으로 드러나야 한다. 그러므로 우리가 우리 자신의 삶에서, 우리에게 알려진 우리 삶의 내적, 외적 사실들, 제약, 관계 아래서 이 사실을 찾는 것은 전혀 불가능하다. 우리가 지금 여기서 살고 있는 삶은 저 한 확정된 관계로부터 분리될 때, 성화된 삶, 영원한 삶을 위해 자유롭게 된 삶, 하나님의 심판에서 나온 삶이 결코 아니다. 그러므로 또한 우리가 이 우리 자신의 영역, 시야에서 체험하고 경험하고 인식하는 것 자체는 심판받은 삶, 이 심판에서 해방된 삶이 될 수 없다. 우리는 우리 자신이 하나님 앞에 있는 자라고 보지 않으며, 우리 자신을 통하여서 볼 때는 우리는 하나님에 의해 선택받은 자들이 아니다. 우리는 우리의 삶, 그리스도인으로서의 삶의 모든 우여곡절 속에서, 헛되이 현실적으로 성화되기를, 성화가 확고하게, 취소될 수 없이 완성되기를 추구할 것이다. 우리가 거기서 보게 되는 것은 온갖 시도와 단편들, 온갖 미완성의 시작, 그러므로 그 자체로 매우 문제성이 있는 시작들, 저녁의 황혼과 새벽의 여명과 같은 온갖 어스름일 것이다. 이것들은 우리의 성화를 입증하기보다는, 하나님의 의도에 따라서 우리가 하나님의 심판에서 나오지 못했음을 말해 주며, 따라서 하나님의 계명을 통해 우리가 성화된다는 사실을 반증할 것이다. 우리가 우리 자신 안에서 우리의 성화로 인식하는 것이 언제, 어디서 우리의 자기 성화

시도가 아닌가? 그런 자기 성화는 우리에게 금지된, 하나님의 계명에 대항하는 싸움의 일부가 될 것이다. 언제, 어디서 우리가 저 믿음의 회개를 이행함으로써, 우리가 거기서 체험하고 경험하고 행함 가운데 저 사실이 우리에게 계시됨으로써 우리가 새로운 믿음으로 부름받았던가? 언제 어디서 우리가 자신에게 믿을 만한 존재가 됨으로써 우리가 우리 자신의 증언, 우리 자신의 내적, 외적 행위의 증언에 근거하여 믿을 수 있게 되는가? 자신이 이런 일을 할 수 있다고 믿는 자, 그러므로 그의 회심과 거듭남, 그의 생애의 요소로서 하나님 앞에서, 하나님과 더불어 행한다고 믿는 자, 그의 경험 영역에서의 소위 "영적 현실"에 이런 신빙성과 증거 능력을 부여하고, 이에 의해서 자기 자신에 대한 믿음 안에서 살려고 하는 자는 물론 그의 집을 모래 위에 세우는 것이고, 최고의 황홀경과 최악의 환멸 사이에 선풍적이면서도 또한 위험스러운 교체가 이루어지는 그네 놀이를 하는 것이다. 거기에는 옛 인간의 죽음과 새로운 인간의 삶을, 그러므로 영원한 삶을 위하여 인간을 준비시키고 훈련시키는 일은 확실히 기대할 수 없다. 그러므로 확실히 우리는 주가 얼마나 친절한가를 느끼거나 볼 수 없다. 그러므로 우리는 그에 대해 전혀 묻지 않았다. 그러므로 우리는 그의 심판 의도를 아직 스스로 말하도록 하지 않았고 따라서 확실히 아직 이해하지 못했다. 그러므로 우리는 아직 의롭게 되지 못했다. 그러므로 우리는 하나님의 심판에 뒤따르는, 그의 심판을 통해 정해진 날, 시각, 시간에 부합해서 살지 않는다. 그러므로 우리는 언제나, 마치 하나님의 심판에서의 그의 의도에 의해서가 아니라, 어떤 인간적인, 우리 자신에 의해 우리 자신에게 행해지는 심판에서의 인간적 의도에 의해서 우리 시간이 정해진 것처럼 그렇게 산다.

우리는 우리의 시간을 규정하는 우리의 성화 사실이, 그런 것으로서 입증되어야 하고 그것을 필요로 하기 때문에, 우리의 인지와 승인에 의해서 하나의 사실이 되고, 그런 것으로서 의미심장하게 되기를 기다리는 사실인 것처럼, 그것을 찾아서는 안 되고 찾을 수도 없다. 우리의 인지와 승인은, 그것이 사실이라는 것, 그것이 그런 것으로 의미심장하고 힘 있고, 그런 것으로서 자기 스스로를 통해 드러날 수 있다는 것에 의해서만 이 사실에 대해 정당할 수 있다. 우리의 성화가 그렇지 않다면 어떻게 신적인 사실, 따라서 그 자체로 신빙할 수 있고, 증거 능력이 있는 사실이 될 수 있으랴? 그것이 사실이며, 그런 것으로서 의미심장하고 능력이 있다는 것을 확신하기 위해서는 먼저 피조적인 사실들을—그 자체로 혹은 다른 관점에서—살펴야 할 것이다. 우리는 신적인 사실들을 먼저 살펴서는 안 된다. 우리는 그것에 먼저 사실성, 의미, 능력을 부여할 수 없다. 우리가 그것들을 이렇게 다루려 한다면 오인하고 부인하게 될 것이다. 그것들은 거기에서 그런 것으로서 유효하고, 이에 의해서 우리는 그것들과 그 능력 자체를 인정하고 받아들여야 한다. 하나님의 계명을 통한 우리의 성화에서는—정확히 말하자면, 그리고 옳게 이해하자면—우리가 스스로 모든 내적, 외적으로 발견할 수 있는 모든 것을 저편에서 그 스스로 말하는 신적인 사실과 상관한다. 이 사실이 스스로 말하지 않는다면, 혹은 이렇게 하더라도 우리가 듣지 않는다면, 하나님의 심판 의도에 대해서 실제로는 다만 추측, 견해, 그리고 어쨌든 기대만을 발언하는 것일 따름이다. 그렇다면 우리는 우리가 근본적으로 그 사실을 알지 못한다는 것을 인정해야 할 것이다. 그렇다면 우리는 하나님이 우리에 대해 바라는 바에 관해서 근본적으로 암흑에 처하게 될 것이다. 그렇다면 하나님의 심판의 실제적인 수행은 우리에게는 나중에 가서 의심스럽게 될 것이고, 또한 그 전제도 다시금 불확실해질 것이다. 모든 것에 대한 지식과 확실성은, 우리가 하나님에 의해 심판받은 자가 된다는 것에 달려 있다. 그리고 우리가 이 자리에서 확실성을 가지지 않는다면, 그러므로 우리가 그랬던 것처럼 담대하게, 적극적으로, 확신에 차서 말할 수 있지 않다면, 하나님의 계명 자체, 우리에 대한 그의 요구, 우리에 대한 그의 결정은 다시금 암흑 속으로 빠질 것이다. 곧 여기서 하나님의 계명의 결정 아래, 그것의 실제적인 역사(役事)를 회고함 가운데, 그것의 요구에 직면해 있는 우리는 도대체 누구인가를 보고 찾는 것이 문제가 된다. 그러나 이제 우리는 이 자리에서 버려진 것이 아니다. 하나님의 계명은 이 자리에서 특별히 크게 분명히 스스로 말한다.

우리는 우리 자신의 성화 사실을 찾을 필요가 없다. 그것은 우리가 서 있는 토대, 우리가 에워싸여 있는 지평, 우리가 호흡하는 공기이다. 그것은 우리의 삶의 생명이다. 그것은 우리 손에 닿지 않고 감추어져 있다. 그 이유는 그것은 우리가 마음대로 처리할 수 없는, 그러나 능력으로써 우리를 주관하며, 우리 손에 닿으며, 우리에게 알려져 있는 삶의 모든 요소들과는 전혀 경쟁이 될 수 없는 신적인 현실 속에서 현재하기 때문이다. 그것은 우리가 아는 범위 안에 있지 않다. 그것은 그 빛이 없이는 우리의 지식이 결코 그 한계성 속에서 가능하지 않은 그런 지혜이기 때문이다. 우리는 그것을 처리할 능력이 없다. 그 이유는 그것을 통해 우리의 모든 능력이 창조되고, 그것 없이는 우리 모든 능력이 무력함이 되는 그런 전능함이기 때문이다. 그것은 우리가 찾고 발견하고 연구할 수 있는 사실 중의 하나로 존재하는 것이 아니다. 그 이유는 우리가 거꾸로 우리의 삶에서 그것에 의해 통찰되고 발견되고 탐구되기 때문이다. 그것은 구명될 수 없다. 그 이유는 그것 자체가, 우리가 구명할 수 있는 것을 구명함에서 우리가 출발하는 근거이기 때문이다. 하나님의 계명을 통한 인간의 성화는, 그것을 통해 삶이 구성되고, 우리 삶에 현실성과 본질, 연속성을 부여하는 그런 관계 속에서 일어난다. 그것은 그렇게 자신을 증언하고 자신을 설명한다. 어떤 다른 것이 우리에게 말하기 전에, 우리가 우리 자신과 함께 말할 수 있기 전에, 그것은 우리와 함께 말한다. 그것은 언제나 위로부터의 음성으로 말한다. 그렇기 때문에 우리는, 설령 그것이 우리 자신의 내밀한 최선의 자아의 음성일지라도, 그리고 그리스도인으로서 우리의 진정한 경험의 음성일지라도, 그것이 어떤 아래로부터의 음성으로 말하는 것을 듣기를 기대하는 것은 헛된 일이다. 그렇기 때문에 그것은 또한 어떤 다른 음성에 비할 데 없이 훨씬 크게, 날카롭게 말한다. 곧 그것이 다른 모든 음성 옆에서 조용히, 들리지 않는 듯 보이면서도 크게, 저것들과 구별되게 외부로부터, 멀리서 오는 것처럼 보이면서도 날카롭게 말한다.

　이런 특이한 방식으로 우리에게 말하는 것은 선한 목자의 음성이다. "나는 내 양을 알고 내 양도 나를 알며, 내 아버지가 나를 아는 것처럼 나는 아버지를 안다."(요 10:14-15) 예수 그리스도는 하나님의 심판의 전제, 그것의 수행인 것처럼, 우리의 성화의 완성된 사실, 하나님의 심판에서 성취되고 실현된 의도이다. 우리는 지금 마지막으로 하나님의 은혜의 선택론의 기본선, 그리스도교 신론 전체의 기본선인 하나님의 계명론 전체의 기본선에 다다랐다. 하나님의 계명론으로서의 윤리학, 따라서 하나님에 의해 인간에게 일어나는 성화에 대한 가르침으로서의 윤리학은 예수 그리스도의 인식에 근거한다. 그것은 다만 예수 그리스도의 인식으로서만 성취되고 전개될 수 있을 따름이다. 우리는, 하나님의 계명이 우리에게 드러났고, 우리가 그것이 예수 그리스도 안에서 세워지고 성취된 계명으로서 참되고 현실적이고 유효하다는 사실로 언제나 거듭해서 되돌아감으로써만 하나님의 계명의 요구, 결정, 심판을 단계적으로 서술할 수 있었다. 우리는 이 명제로 시작했으니—그, 예수 그리스도는 거룩한 하나님이자 동시에 거룩한 인간이다. 그의 인격 안에서 하나님은 명령하고 인간은 복종한다. 우리가 특별히 본 바로는, 그의 인격 안에서 하나님의 계명은 하나님의 심판이 되고, 따라서 그의 계명에서 인간에게 제기한 하나님의 요구는 그의 법이 되고, 그의 계명 속에 있는 바대로 인간에 대한 하나님의 결정은 그것의 목표가 된다. 그의 인격 안에서 인간에게 말하는 하나님의 자비로운 '그래', 그의 계명의 의미요 내용인 이 '그래'는 하나님을 향한 인간의 감사하는 '예'와 부응한다. 그러므로 하나님의 계명은 인간의 복종과 부응한다. 그의 인격 안에서 인간의 죄가 정죄되고 죄인이 의롭다고 선언을 받는다. 그의 인격 안에서, 그의 죽음과 부활에서 하나님은 인간을 거룩하게 만들고, 인간은 하나님에 의해 성화되며, 영원한 삶을 위해서 자유롭게 되고, 능력을 갖추게 된다. 그의 인격 안에서 이 감추어진 것이 이미 드러났다. 곧 그는 이미 우리가 성화를 통해 지향하고 있고, 준비되었고, 훈련받고 있는 삶, 곧 그의 아버지의 영광 속에 있는 영원한 삶을 산다. 바로 이 예수 그리스도는 그러나 다른 인격들 옆에 있는 한 인격이 아니며, 따라서 우리의 성화는 그리스도 안에서 실현된 성화를 떠나서 새로운 특별한 문제를 이루는 것이 아니다. 도리어 그의 인격, 하나님의 아들의 인격, 따라서 하나님 자신은 하나님의 자비롭고 의로운 뜻에 의하면 인간적 인격, 우리 모두의 머리요 대리자이다. 그 안에서 하나님은 모든 인간 인격을 영원 전부터 직시했고, 하나님이 그를 심판함으로써, 그가 하나님에 의해서 심판받음으로써 모든 인간 인격에 대한 심판이 이루어졌다. 그는 태초에 하나님 곁에 있었던 말씀이다. 그렇기 때문에 그는 모든 인간에게 해당되는 말씀이다. 그렇기 때문에 그는 하나님을 위하여, 영원한 삶을 위하여 우리를 확고하게, 취소될 수 없게 거룩하게 함이다. 그렇기 때문에 우리의 성화 사실은 이의의 여지없이, 도달할 수 없는 높은 데서, 그렇게 친밀하게 말한다. 그것은 그의 성화이기 때문이다. 그렇기 때문에 이 사실은 모든 다른 사실과 달리, 신적으로 현존하는, 신적으로 지혜로운, 신적으로 전능한 현실의 성격을 가진다. 그렇기 때문에 그것은 우리 삶의 선결 과제이니, 그것을 부정함으로써 우리는 우리 자신의 삶을 부정해야 할 것이고, 그것을 포기함으로써 우리 자신이 상실된다. 우리는 오직 그와의 관계 속에서만 우리 자신이 되기 때문에, 우리는 우리 인간적 삶의 현실, 본질, 연속성을 그에게 빚지고 있기 때문에, 예수 그리스도는 우리 자신의 삶의 생명이기 때문에, 그는 우리의 성화이다.

사실이 이렇다는 것을 우리는 예수 그리스도에 대한 믿음을 통해서만 확증할 따름이다. 따라서 우리는 이것을 창조하거나 또한 보완할 수도 없다. 그에 대한 우리의 믿음은 그가 우리의 성화이며, 그 안에서 완성되었다는 사실에 아무것도 추가할 수 없다. 우리의 믿음은 사실이 그렇다는 것을 다만 확증하고 받아들일 따름이다. 이 일이 일어나는 것, 우리가 이 한 가지 점을 인정하는 것, 우리가 그의 성화에(그것 없이는 우리는 아무것도 아니다.) 참여하는 것, 우리가 그의 제자로 사는 것, 즉 옛 사람의 죽음과 새로운 인간의 탄생으로서의 회개에서 사는 것—이것은 물론 자체적으로 근거지어지고 스스로 말하는 사실을 통하여, 선한 목자의 음성을 통하여 우리에게 요청된 것이다. 이 요청을 이해하기 위해서는, 그가 요청한다는 것과 그의 음성은 우리를 회개하도록 부르는 음성이라는 것을 우리가 알고 구별하는 것이 중요하다. 그것은 어떤 피조물의 음성이나 어떤 인간의 음성도 아니요, 물론 우리 자신의 음성도 아니다. 다른 어떤 음성도 우리를 회개하도록 부를 수 없다. 어떤 다른 음성도 우리에게 믿을 만하지 못할 것이다. 어떤 다른 음성도 우리로 하여금 불순종의 상태에서부터, 복종의 상태로 옮겨 놓을 수 없다. 어떤 다른 음성도 우리의 마음을 얻을 수 없다. 그리고 하나님의 계명에서는, 우리에게 이미 일어난 성화를 마음으로부터 받아들이는 것이 중요하다. 예수 그리스도의 음성은 거룩한 하나님 자신의 음성이니, 그는 우리를 소유하기를 바라고, 우리를 영원한 삶을 위해 자유롭게 만들고, 그 삶을 위해서 준비를 갖추기를 원한다. 그러나 그 음성은 예수 그리스도의 음성으로서 또한 단순히 요청하고 약속하는 하나님, 따라서 우리로부터 멀고 낯설게 대립하고 있는 신(神)의 음성이 아니다. 우리가 어떻게 이 음성을 들을 수 있는가? 우리가 어떻게 한 편으로는 그것에 대한 의심과 주저, 다른 편으로는 그것에 대한 오만한 확신 사이에서 방황하는 데서부터 벗어나올 수 있겠는가? 그것은 거룩한 하나님의 음성으로서 동시에 성화된 인간의 음성, 즉 우리 대신에, 우리를 위해, 우리의 머리와 대표로서 성화된 인간의 음성이다. 그는 실제로 우리 자신의 이름으로 우리에게 말할 수 있고, 우리는 그의 이름으로 우리 자신과 말함으로써 그의 음성을 들을 수 있다. 이 음성은 우리의 믿음을 요청하고 우리로 하여금 회개하도록 부른다. 이런 권위로서, 이런 고귀함과 이런 친근함을 가지고 우리와 더불어 말한다. 여기서 우리에게는 탁월하게, 강력하게 복종이 요구되고, 자연스럽게, 자명하게 우리는 복종한다. 우리는 여기서 이처럼 철저하게 결단을 하도록 부름받으며, 불순종을 선택하고, 그럼에도 불구하고 믿음과 회개를 거부하는 것은 우리에게 절대적으로 불가능하게 된다. 우리가 여기서 말해지는 음성을 통해서 결단에 직면하게 될 때, 우리에게는 다른 선택의 여지가 없다. 차라리 저 사실에서 출발하는 요청, 예수 그리스도의 요청은, 복종의 선택 외에 다른 선택을 우리에게서 차단하라는 것이다. 우리가 그 음성을 듣는다면 그것은 확실히 그렇다. 우리가 어떤 다른 음성을 듣는 한에서만 우리는 선과 악 사이에서 선택할 수 있다고 상상할 수 있다. 다른 자가 아니라 그가 우리를 부른다는 것을 알고 구별한다면, 우리는 불순종과 복종 사이에서 선택할 여지가 없고, 우리가 결단에 직면할 때 우리의 결정은 내려진다. 그러므로 불순종, 불신앙, 참회하려 하지 않을 여지가 전혀 없으며, 우리에게는 전적으로 배제된 가능성이며(악이 하나님에게 그런 것처럼), 우리가 우리 밑에, 우리 뒤에 남겨둘 따름인 치욕거리가 된다. 우리가 복종함으로써 한 가지 일을 한다. 우리는 이 일을 위해 자유롭게 되었으니, 즉 우리가 실제적인 자유 안에서 홀로 행할 수 있는 일이다. 우리는 오직 부자유 안에서만 불순종일 수 있을 따름이며, 불순종은 선택이 아니라, 진정한 자유 안에서 아직은 혹은 더 이상 선택할 수 없는 자의 무능력이다. 예수 그리스도의 부름은 그렇게 위엄 있고 신랄하기 때문에―우리가 우리를 부르는 것이 그임을 알고 구별함으로써―그 부름을 들을 때 항거할 수 없다. 즉 그 음성은 우리로 하여금 불신앙이 될 수 없는 믿음으로, 우리가 중단할 수 없는 회개로, 파괴될 수 없고 불신앙으로 변질될 수 없는 믿음으로 부른다. 이 항거할 수 없게 일깨워지고 그러므로 파괴될 수 없이 존립하는 믿음과 믿음의 회개는 의로운 믿음, 우리의 성화 사실을 확증하고 받아들이는 믿음이다. 이 믿음 안에서 우리는 거룩하고, 곧 하나님을 위해, 영원한 삶을 위해 거룩해졌다. 이 믿음 안에서 우리는 하나님의 심판의 의도인 심판받은 자의 삶을 산다. 이 믿음 안에서 예수 그리스도는 예수 그리스도 자신이 우리 안에서 산다. 그는 그의 지체들의 머리요 그를 따르는 자들에게 "믿음의 시작자"이다. 우리가 그의 죄가 인식되었으되 용서를 받은 인간, 그렇기 때문에 궁극적으로 치욕을 당했지만 또한 궁극적으로 제 발로 서게 되는 인간의 삶이 회개임을 진술함으로써, 우리는 이 믿음에 대해 말했다. 우리는 이 믿음에 대해서, 양편으로 믿음의 확신에 대해서, 그 행위의 선함에 대해서, 하나님이 거기서 발견하는 만족에 대해서 아무리 담대하게, 적극적으로, 확신 있게 말할지라도 충분하지 않다. 믿음은 그 대상, 인간의 성화로서의 예수 그리스도에게만 전적으로 영광을 돌리려는 믿음, 오로지 그의 부름에 대한 응답으로서, 그의 부름에 의해 전적으로 온전히 살려고 하는 믿음이다. 예수 그리스도에게서 볼 때는 오로지 이 의로운 믿음, 이 항거할 수 없이 일깨워진 믿음, 그러므로 파괴될 수 없이 존립하는 믿음만이 생각할 수 있고 가능하다. 만일 믿음을, 우리가 두려워야 할 모든 동기를 가졌음에도 불구하고 아무도 아무것도 두려울 것이 없다는 확신 외에 다른 것으로 진술하려 한다면, 우리는 예수 그리스도로부터 눈을 돌려야 할 것이고, 따라서 참된 믿음도 없이 믿음에 대해 말해야 할 것이다.

예수 그리스도가 우리를 부르고, 우리가 그의 부름을 들을 때, 그는 우리에게 그의 거룩한 영을 준다. 이로써 그와 우리의 관계에서 그 자신과 아버지 사이의 관계가 되풀이된다. 그때 아버지가 그를 알고 그가 아버지를 알듯이, 그는 우리를 알고 우리는 그를 안다. 이런 반복 속에 사는 자는 성령 안에서 산다. 예수 그리스도가 믿음을 통해 우리 안에서 살아 있다는 것, 그가 우리와 함께 우리가 그와 함께 연대하고 하나가 되며, 따라서 우리의 복종이 필요하고, 우리의 불순종이 불가능하게 되는 것, 이것이 우리에 대한 성령의 선물, 역사(役事)이다. 그리고 바로 예수 그리스도의 부름을 통해 항거할 수 없게 일깨워지고 파괴될 수 없이 주어진 믿음 안에서 사는 삶은 영 안의 삶, 신적인 "담보"를 소유한 삶, 따라서 부활과 영원한 삶에 대한 확신 속에서 사는 삶, 즉 우리가 영원한 삶을 지향하고 준비하고 훈련받은 삶이다. 이런 관점에서 또한 우리는 그렇게 실제로 한 것처럼, 하나님의 심판의 의도에 대해서 담대하게, 적극적으로, 확신 있게 말할 수 있다. 회개의 삶이 성령 안에 사는 삶이기 때문에, 우리는 우리의 영의 삶을 성령의 삶과 혼동하거나—우리의 경험 혹은 행위에 근거해서—신뢰할 수 없고 정당화될 수 없는 사물에 신뢰를 두지 않도록 주의해야 한다. 그러므로 우리는 하나님의 자녀, 즉 하나님의 한 아들을 통해서 아버지에 대해서 그의 형제의 위치와 권리를 얻게 된 자들이라는 성령의 증언을 받은 그런 자들로서, 겸손하게 그러나 용기를 가지고 영적인 삶을 살기 위해 더욱 기쁘게 준비해야 할 것이다. 이런 관점에서 우리의 성화 사실을 제한함은 가능하지 않다. 우리는 이런 관점에서, 우리가 예수 그리스도 안에서 하나님에 의해 거룩한 자로 받아들여졌음을—오직 받아들여졌으되, 실제로 받아들여졌다!—더욱 잘 이해할 수 있다. 이런 관점에서 우리는 우리에게 주어진 삶이 회개에, 따라서 기도에 의한 참회에 있음을 다시금 깨달을 따름이다. 그러므로 우리는 회심하여 하나님의 부름에 귀를 기울이며 응답하고, 감사와 경배와 기도로써 그를 다시금 부르게 된다. 이로써 우리가 받아들여졌고 거룩하게 되었음을 확증한다. 이로써 우리는 우리에게 주어진 자녀 권한을 사용하고, 동시에 우리에게 부과된 자녀로서의 의무를 이행한다. 이로써 우리는 하나님이 성취한 사실에 직면하게 되었음을 확증하고 받아들인다. 이로써 우리는, 아침이 되어 새로운 날을 맞이한 자로 행동한다. 예수 그리스도 안에 있는 우리 마음속에, 우리 입술에 주어진 모든 기도는 저 완성된 사실에서부터 오는 자들의 기도, "성도의 공동체"에 의해 기도되는 기도이다. 그리고 우리가 이 기도를 이 공동체 안에서 함께 기도할 때, 우리에게 이렇게 기도하도록 가르치는 분 자신이 그의 영으로, 우리를 위해, 그의 아버지 앞에서 우리를 위해 중보하며, 그 자신이 우리가 헛되이 기도한 것이 아님에 대한 보증인이다. 그 자신의 아들의 말을 듣고 청허하는 아버지는 그 안에서, 그를 위하여 또한 우리의 말을 듣고 청허할 것이다. 그러므로 그의 은혜를 칭송함에, 우리 성화의 사실을 진지하게 여김에서 어떠한 유보도 있을 수 없다.

우리는 여기서 아무리 사실주의적으로 생각하고 말해도 지나치지 않으며, 하나님의 은혜를 아무리 찬양해도 충분하지 않다. 여기서 위협적일 수도 있는 어떤 육신의—아무리 경건한 육신일지라도!—자랑도, 주의 기도가 되는 기도에서 우리가 지치지 않고 기도 자체의 은혜를 위하여 거듭하여 기도하고, 영을 받은 자로서 거듭하여, 그러나 즐거이 탄식한다는 사실에서 좌절하게 될 것이다.

오라, 창조자 영이시여!

찾아보기

1. 성서 구절

창세기

1장	732
:22	732
:28	726
2:16f.	726
3장	137
:1f.	723
:6	642
:8	382
:12f.	642
4:4	369
:4f.	382
:13f.	382
:15f.	369
5:24	369
6:8	383
:9	369
:14f.	726
7:1	383
9:1f.	726
:14	115
:26	369
11:26	369
12:1	383, 726
:3	383
13:14f.	726
15:6	234
:9	726
16:9	726
17:5	234
:7f.	115
:10	726
:15	726
:18-21	383
18:10f.	233
:12f.	233
19:12	726
20:7	727
21:12	233, 726
:17-20	236
:18	726
22:2f.	727
:12	411
:16	115
25:23	235
:24f.	383
26:2	727
27:38f.	383
29:30f.	383
30:23f.	383
31:13	727
35:22	383
36장f.	236
37:3	383
38장	384
45:7	411
46:3	727
48:13f.	383
:17-19	383
49:2-4	383
:8-10	384
:9	429

출애굽기

1장f.	732
2:1f.	369
:15f.	384
3:1f.	384
:5	727
:14	206, 237
4:3f.	727
:19	727
:22	221, 618
:27	727
6:13	727
7-10장	727

8:8 · 239	34:4 · 737	:14f. · 221
:12 · 239	:28 · 737	23:7f. · 384
:23 · 384	35:21 · 654	26:17-20 · 607
:28 · 239		27:9 · 607
:30 · 239	레위기	29:1-4 · 299f.
9:15f. · 239		30:6 · 653
:27f. · 239	14장 · 388, 389, 392, 393, 394, 415, 419	:12f. · 265
:33 · 239		31:10f. · 619
10:16-18 · 239	:4-7 · 385	32:21 · 278
12:2f. · 727	:15f. · 385	
:43f. · 727	16장 · 388, 389, 392, 393, 394, 415, 419	여호수아
13:1f. · 727		
14:1 · 727	:5f. · 385	2:1f. · 384
:15 · 727	:8 · 385	6:23 · 384
16:4 · 727	:15f. · 385	8:34f. · 619
17:5f. · 727	:21f. · 385	9:27 · 384, 563
:8f. · 405	19:1 · 618	
18:1f. · 384	:18 · 666	사사기
19장f. · 736, 739		
19:12f. · 727	민수기	9:1f. · 417
:21f. · 727		11:15 · 384
20장 · 727	10:29f. · 384	19-21장 · 396
:1f. · 726	15:18f. · 308	20-21장 · 289
:2 · 618	17:8f. · 306	
:5 · 408	22장f. · 384	룻기
23:16 · 308		
:20-22 · 739	신명기	1:4 · 384
24:3f. · 737		:16 · 384
32:1f. · 408	2:9 · 384	2:11 · 384
:13 · 115	:19 · 384	
:15f. · 737	5:6 · 618	사무엘상
:19 · 737	:22 · 737	
:32 · 28, 220	6:20-25 · 607	1-4장 · 396
33:11 · 371, 737	8:5 · 221, 618	2:6 · 206
:16 · 384	10:4 · 737	8장 · 395, 396, 398, 412, 416
:19 · 237	:12ff. · 618, 621	:1f. · 396

:5 ········· 396	:22f. ········· 400	26:9f. ········· 397
:7f. ········· 396	:24 ········· 397	:20 ········· 404
:10f. ········· 396	:30f. ········· 397	:21f. ········· 397, 400
:11-17 ········· 398	:32f. ········· 397	:25 ········· 397
:18 ········· 396, 398	:35 ········· 400	27:1f. ········· 403
:20 ········· 396	16:1f. ········· 403	:8f. ········· 405
:22 ········· 396	:6-12 ········· 403	28:1f. ········· 403
9:2 ········· 400	:15 ········· 400	:9 ········· 397
:16 ········· 397	:18 ········· 402, 404	:15 ········· 400
10:1 ········· 397	:23 ········· 405	29:1f. ········· 403
:9f. ········· 397	17장 ········· 403	30:1f. ········· 405
:12 ········· 397	:45 ········· 405	:8 ········· 404
:19 ········· 396	:50 ········· 405	31:4f. ········· 400
:20f. ········· 397, 403	18:1 ········· 408	
:24 ········· 402, 403	:3 ········· 408	**사무엘하**
:27 ········· 397	:5 ········· 405, 407	
11:6 ········· 397	:8 ········· 397	1:1f. ········· 406
:12 ········· 397	:10 ········· 400	:14 ········· 397
:15 ········· 397	:10f. ········· 405	:21 ········· 397
12:1 ········· 396	:14 ········· 407	:24 ········· 397
:12 ········· 400	:30 ········· 407	:26 ········· 408
:13 ········· 396	19:23f. ········· 397	2:1f. ········· 396, 404
:16-23 ········· 398	20:3 ········· 404	:4f. ········· 406
:17 ········· 396	:8 ········· 408	3:1f. ········· 400
:19 ········· 396	:13 ········· 408	:17 ········· 402
:22 ········· 402	:17 ········· 408	4장 ········· 397
:24 ········· 399	:23 ········· 408	5-8장 ········· 407
:25 ········· 399	:42 ········· 408	5:1f. ········· 406
13장 ········· 401	21:11f. ········· 403	:2f. ········· 402
:9 ········· 397	22:6f. ········· 400	:6f. ········· 405, 406
:14 ········· 399, 402	23:2f. ········· 404	:11 ········· 407
14:24 ········· 397	:17 ········· 397, 402	:12 ········· 406
:38f. ········· 397	24:7 ········· 397	:17f. ········· 405
:43f. ········· 411	:17f. ········· 397, 400	:19 ········· 404
15장 ········· 401	:21 ········· 397, 402	6장 ········· 404, 405
:21 ········· 397	25:28 ········· 402	:21f. ········· 404

7장 ··············· 416	열왕기상	열왕기하
:2f. ··············· 409		23:2 ··············· 619
:4-16 ··············· 409	2장 ··············· 404	:15-20 ··············· 430
:8 ··············· 403	:2 ··············· 411	:27 ··············· 406
:14 ··············· 440	:10 ··············· 411	24:16 ··············· 292
:18-29 ··············· 409	:34 ··············· 404	25:27f. ··············· 69, 416
8장 ··············· 405	3:9f. ··············· 418	
:13 ··············· 407	5:17 ··············· 409	역대기상
:15 ··············· 407	8:16 ··············· 369, 406	
9장 ··············· 407	:18 ··············· 409	1장 ··············· 236
:10f. ··············· 416	11장 ··············· 418	22:14-16 ··············· 410
:12 ··············· 408	:4f. ··············· 418	28:11-19 ··············· 410
10장 ··············· 406	:13 ··············· 396, 406	29:5f. ··············· 654
11장 ········ 413, 414, 415	:26f. ··············· 417	
11-12장 ············ 406, 412	:32 ··············· 406	역대기하
12장 ··············· 412	:34 ··············· 369	
:5 ··············· 411	:36 ··············· 406	6:6 ··············· 369
:7 ··············· 414	:38f. ··············· 418	20:7 ··············· 371
:7-9 ··············· 411	12장 ··············· 398, 412	
:9 ··············· 412	:20 ··············· 396	느헤미야
:13f. ··············· 411	:32f. ··············· 426	
:20-24 ··············· 411	13장 ····· 426, 430, 434, 436,	8:1f. ··············· 619
14:17 ··············· 407	443	9:7 ··············· 369
:20 ··············· 407	:1-5 ··············· 425	
15:7f. ··············· 417	:6-10 ··············· 426, 427	시편
15-19장 ··············· 406	:11-19 ··············· 427	
17:3f. ··············· 410	:20-26 ··············· 428	2:7 ··············· 371
:23 ··············· 508	:27-32 ··············· 429	:8 ··············· 128
19:1 ··············· 411	:33f. ··············· 430, 434	8:5 ··············· 114
:28 ··············· 407	14:21 ··············· 406	16:8f. ··············· 419
20장 ··············· 406	19:15f. ··············· 291	19:5 ··············· 276f.
21:1f. ··············· 400	:18 ··············· 291, 292	26:2 ··············· 688
23:3f. ··············· 407	20:15 ··············· 292	30:6 ··············· 243
:13f. ··············· 407	21장 ··············· 412	37:4 ··············· 703
24장 ··············· 412	22:33 ··············· 411	40:7f. ··············· 653
:17 ··············· 410		

40:8f. ········· 655	**아가**	:10 ········· 115
:11f. ········· 653		55:3 ········· 115, 419
:17 ········· 653	8:7 ········· 773	59:19 ········· 325
41:10 ········· 497		:20 ········· 325
45:7f. ········· 371	**이사야**	62:8 ········· 115
69:23f. ········· 300		63:9 ········· 121
:26 ········· 507	1:8f. ········· 252	65:1 ········· 278
:29 ········· 28	:9 ········· 251, 252	:2 ········· 280
:33-37 ········· 300	2:2-4 ········· 301, 620	
78:70 ········· 369	7:14 ········· 404	**예레미야**
82:6f. ········· 371f.	9:7 ········· 115	
89:4 ········· 369	10:20-25 ········· 252	3:17 ········· 301
91:1f. ········· 604	:22f. ········· 251	4:4 ········· 653
94:14 ········· 290, 299	11:1 ········· 308	11:20 ········· 688
100:3 ········· 66	:10 ········· 308	13:31f. ········· 653
103:2 ········· 360	25:6 ········· 301	17:10 ········· 688
:11f. ········· 243	28:16 ········· 261, 269	18:1-10 ········· 242, 507
:14 ········· 139	29:9-12 ········· 300	20:12 ········· 688
105:26 ········· 369	:10 ········· 299	22:24-30 ········· 69
106:23 ········· 369	:13 ········· 522	23:6 ········· 629
109:8 ········· 507	:16 ········· 243	31장 ········· 748
110:3 ········· 653	40:8 ········· 442	:9 ········· 221, 618
:4 ········· 115	41:8 ········· 371	:31 ········· 746
115:50 ········· 363	42:1 ········· 131	:33f. ········· 325, 745
:92 ········· 363	:6 ········· 132	:34 ········· 746
118:22 ········· 261, 692	45:23 ········· 115	32:6f. ········· 507
127:2 ········· 371	49장ff. ········· 69	:39 ········· 653
130:5 ········· 363	49:7 ········· 369	:40 ········· 115
139:1f. ········· 688	:8 ········· 132	33:16 ········· 629
:7 ········· 688	:18 ········· 768	50:5 ········· 115
:23f. ········· 688	52:7 ········· 273, 274	:25 ········· 245
	53:1 ········· 274, 275, 290, 291	
잠언	:2 ········· 308	**에스겔**
	:9f. ········· 132	
8:22f. ········· 108	54:7f. ········· 243	11:19 ········· 653
23:26 ········· 627	:9 ········· 115	16:60 ········· 115

18:23 ········· 206	학개	:3f. ········· 742, 743, 747
32:39 ········· 653		:4f. ········· 742
36:26 ········· 653	2:23 ········· 369	:5 ········· 680, 748
37장 ········· 306		:6 ········· 744, 745
:26 ········· 115	스가랴	:7 ········· 746, 748
		:8 ········· 747
다니엘	2:11 ········· 301	:9 ········· 748
	3:2 ········· 252	:10 ········· 742, 744
7:13f. ········· 115	4:6 ········· 69	:13f. ········· 743
	8:20f. ········· 301	:14f. ········· 464, 749
호세아	11:4-17 ········· 502	:16 ········· 746
	:8 ········· 502	:17 ········· 265, 750
1:3-9 ········· 250	:9 ········· 503	:17f. ········· 608, 744
2:1 ········· 250	:12 ········· 502	:20 ········· 743, 744, 745
:1-3 ········· 250	:13 ········· 507	:21f. ········· 743, 745
:23 ········· 250	:17 ········· 507	:21-48 ········· 750
:25 ········· 250		:25 ········· 520
11:1 ········· 221, 618	말라기	:26 ········· 527
		:27 ········· 745
요엘	1:2f. ········· 235	:29 ········· 751
		:33f. ········· 745
3:5 ········· 270	마태복음	:38f. ········· 745
		:39 ········· 751
아모스	1:3 ········· 384	:43f. ········· 745
	:5 ········· 384	:44 ········· 748
1:2 ········· 429	:20 ········· 646, 727	:45f. ········· 748
3:8 ········· 429	2:13 ········· 727	:48 ········· 556, 625
4:11 ········· 252	:20 ········· 727	6:1f. ········· 743
6:5 ········· 409	3:15 ········· 727	:1-18 ········· 749
7:10f. ········· 426	:17 ········· 115	:4 ········· 747
:14f. ········· 425	4:1-11 ········· 137	:6 ········· 747
	:12 ········· 521	:9f. ········· 746, 750
미가	:19 ········· 727	:11 ········· 746
	:25 ········· 615	:12 ········· 746, 748
5:3 ········· 115	5장 ········· 613	:14 ········· 748
6:8 ········· 611, 617, 621	:1f. ········· 744	:18 ········· 747

:19f. ……… 743, 749	:17f. ……………… 486	:6 ………………… 474
:22 ………………… 747	:19 ………………… 646	:7 ………………… 728
:24 …………… 746, 749	:23-25 …………… 675	:14f. ……………… 474
:25 ……… 646, 746, 749	:24f. ………… 486, 541	:17 ………………… 728
:26-34 …………… 749	:26f. ………… 486, 646	:20 ………………… 474
:33 ………………… 744	:27 ………………… 469	:22f. ………… 474, 498
:34 ………………… 646	:32f. ……………… 470	18:1f. …………… 474
7:1f. ……… 743, 746, 748	:38 ………………… 615	:32f. ……………… 749
:6 ………………… 749	11:4 ……………… 728	:34 ……………… 520f.
:7f. ……………… 749	:17 ………………… 128	19:16 …………… 664
:12 ………………… 748	:27 ………………… 120	:17 ………………… 665
:13f. ……………… 747	:29 …………… 654, 680	:18 ………………… 665
:15f. ……………… 746	:30 ………………… 626	:19 ………………… 666
:17 ………………… 746	12:13 …………… 728	:21 …………… 669, 728
:21 ………………… 746	:31f. ……………… 222	:27 ………………… 615
:23 ………………… 746	:46f. ……………… 483	:28 ………………… 680
:24f. ……… 608, 743, 746	13:10f. …………… 483	20:10 …………… 521
:29 …………… 616, 743	14:16 …………… 728	:17 ………………… 474
8:3f. ……………… 727	:22f. ……………… 484	:20f. ……………… 474
:9 ………………… 727	:26 ………………… 484	:24f. ……………… 475
:13 ………………… 727	:28 ………………… 485	:28 ………………… 457
:22 ………………… 728	:29 ………………… 728	21:2f. …………… 728
:32 ………………… 728	15:17 …………… 745	:11 ………………… 472
9:1f. ……………… 485	16장 ……………… 471	:19 ………………… 728
:6 ………………… 728	:3 ………………… 692	:42 ………………… 692
:9f. …………… 480, 728	:13f. ……………… 472	:46 ………………… 472
:24 ………………… 728	:15 …………… 477, 501	22:1-14 ………… 636
:30 ………………… 728	:16f. ……………… 472	:14 ………………… 457
:35f. ……………… 482	:18f. ……… 477, 478, 479	:21f. ……………… 728
10장 ……………… 486	:20 ……… 473, 477, 728	23:27 …………… 442
:1 ………………… 483	:21f. ……………… 474	:29 ………………… 442
:1f. ……………… 485	:22f. ……………… 477	:37 ………………… 506
:4 ………………… 497	:23 ………………… 728	24:5 …………… 475, 625
:5f. …………… 485, 728	:24 …………… 474, 615	:22 ………………… 475
:6f. ……………… 483	17:1f. …………… 471	:23f. ……………… 475
:8f. ……………… 486	:4 ………………… 474	:29f. ……………… 472

:33f. ……………… 475	:10 ……………… 646, 728	9:24 ……………… 363
:35 ………………… 476	:16 ………………… 468	10:17 ……………… 663
:43f. ……………… 474	:17 ………………… 469	:17-31 ………… 662f.
25:1f. ……………… 474	:18 ……………… 468, 476,	:18 …………… 592, 663
:34 ………………… 122	479, 522, 776	:19f. ……… 665, 666, 667
:41 ………………… 527	:18f. ……………… 486	:20 ………………… 666
26:5 ………………… 498	:19 ……………… 469, 479	:21 …………… 667, 669
:8 …………………… 510	:19f. ……………… 470	:22 ……… 663, 669, 673
:11 ………………… 511		:23 ………………… 675
:15 …………… 501, 503	마가복음	:23-25 …………… 675
:16f. ……………… 502		:23-31 …………… 676
:22 ………………… 510	1:4 ………………… 608	:26 ………………… 675
:26f. ……………… 728	:14 …………… 480, 521	:27 …………… 675, 676
:26-28 …………… 476	:15 ………………… 608	:28 …………… 675, 680
:30f. ……………… 475	:17 …………… 480, 482	:28-30 …………… 679
:36 ………………… 728	2:17 ………………… 138	:28-31 …………… 679
:38 ………………… 728	:19 ………………… 636	:29 ……………… 680f.
:40 ………………… 475	3:13 ………………… 482	:30 …………… 675, 681
:41 ………………… 728	:14 …………… 482, 681	:31 ………………… 324
:45 ………………… 499	:16 …………… 482, 681	:35f. ……………… 474
:46 ………………… 728	:19 ………………… 497	12:29f. …………… 666
:52 ………………… 728	:34 ………………… 483	:42 ………………… 506
:55 ………………… 498	4:11 …………… 28, 483	13:1f. ……………… 475
:56 ………………… 475	:13 ………………… 484	:5 …………………… 625
:75 ………………… 504	:35f. ……………… 484	:7 …………………… 646
27:2 ………………… 498	:38 ………………… 484	:14f. ……………… 483
:3f. …………… 502, 504	5:36 ………………… 646	:37 ………………… 475
:4 …………………… 505	6:30f. ……………… 484	14:7 ………………… 511
:5 …………… 506, 508	:50 ………………… 646	:10 …………… 497, 501
:8 …………………… 507	:51f. ……………… 485	:18f. ………… 497, 498
:9 …………………… 507	7장 ……… 523, 524, 542, 544	:19 ………………… 510
:10 ………………… 507	:6f. …………… 522, 542	:21 ………………… 499
:18 ………………… 498	:8f. ………………… 522	:47 ………………… 497
:26 ………………… 498	:13 ………………… 522	15:1 ………………… 498
:59f. ……………… 441	8:30 ………………… 473	:15 ………………… 498
28:5 ………………… 646	:31 ………………… 692	:38f. ……………… 249

16:9-20 ········· 485	:56 ········· 692, 693	:46f. ········· 468
:17f. ········· 485	13:8 ········· 246	:47 ········· 470
	:28f. ········· 324	:49 ········· 470

누가복음

요한복음

1:1f. ········· 523	14:25f. ········· 474	
:13 ········· 646	:28f. ········· 616	1:1 ········· 109, 110, 111
:30 ········· 646	15:7 ········· 138	:1f. ········· 108, 110, 112,
:73 ········· 646	:32 ········· 138	114, 116, 122, 131, 161
2:10 ········· 646	17:7f. ········· 474	:2 ········· 111, 112, 124
3:33 ········· 384	:10 ········· 666	:3 ········· 110, 112, 532
4:6 ········· 522	:25 ········· 692	:4 ········· 110, 125
5:4f. ········· 480	18:8 ········· 516	:5 ········· 110, 499
:8 ········· 480	:22 ········· 670	:7f. ········· 459
:10 ········· 646	19:10 ········· 138	:9 ········· 110, 456, 583
6:12 ········· 482	21:24 ········· 324	:10 ········· 110, 112
:13 ········· 482, 483	:36 ········· 475	:11 ········· 499, 501, 523
:16 ········· 497	22:3 ········· 499, 501, 522	:14 ·· 109, 110, 136, 221, 532
:17f. ········· 483	:21 ········· 497	:15f. ········· 111, 460
:46 ········· 608	:22 ········· 499	:16 ········· 459
7:16 ········· 472	:23 ········· 510	:18 ········· 110
8:24 ········· 484	:28 ········· 476	:19 ········· 111
9:1 ········· 485	:28-30 ········· 472	:29 ········· 245, 455
:22 ········· 692	:29 ········· 115	3:3 ········· 474
:35 ········· 131	:31f. ········· 475	:16 ···· 39, 128, 136, 455, 456
:57f. ········· 474, 615	:32 ········· 354	:17 ········· 128, 456
10:16 ········· 470	:34 ········· 528	:29 ········· 636
:20 ········· 474	:46 ········· 475	:35 ········· 119
:21-24 ········· 471	23:33 ········· 520	4:22 ········· 221, 222
:35f. ········· 474	:34 ········· 515	:34 ········· 119, 606
:41 ········· 474	:35 ········· 131	:42 ········· 456
11:27 ········· 472	:41 ········· 519	5-8장 ········· 467
:33 ········· 472	24:7 ········· 499	5:19 ········· 119
12:2f. ········· 472	:12 ········· 636	:21 ········· 128
:32 ········· 646	:13-35 ········· 469	:26 ········· 119
:35f. ········· 474	:27f. ········· 420	:30 ········· 119, 606
	:36f. ········· 468	
	:37 ········· 469	

6:14f. ······················· 473
　:33 ···························· 456
　:36 ···························· 119
　:37 ···························· 456
　:38 ···························· 606
　:39 ······················ 96, 606
　:44f. ·························· 119
　:51 ···························· 456
　:56 ···························· 649
　:64 ···························· 497
　:65 ···························· 119
　:68f. ·························· 497
　:70 ······· 473f., 497, 499, 522
8:12 ················ 455, 464, 615
　:31f. ·························· 637
　:33f. ·························· 637
　:35 ···························· 637
　:36 ······················ 637, 640
　:56f. ·························· 115
9:5 ······························ 455
10:14f. ························· 834
　:28f. ·························· 354
　:34f. ·························· 372
11:9 ···························· 455
　:50 ···························· 519
12장 ······················ 510, 543
　:1-8 ··························· 500
　:6 ······························ 501
　:26 ···························· 615
　:34 ···························· 115
　:46 ···························· 455
13:1 ······················ 512, 513
　:2 ··············· 499, 512, 522
　:3 ······························ 512
　:6f. ···························· 512
　:8 ······················ 499, 512

　:9 ······························ 512
　:10f. ······················ 499, 512
　:14 ···························· 500
　:18 ···························· 119
　:18f. ·························· 497
　:21 ···························· 499
　:22f. ·························· 510
　:27 ··············· 498f., 515, 522
　:30 ···························· 499
　:34 ···························· 621
14:1 ······················ 119, 646
　:6 ······························ 119
　:10 ···························· 119
　:15 ···························· 613
　:21 ···························· 613
　:27 ···························· 646
　:28 ···························· 119
15:1f. ·························· 119
　:2 ······························ 512
　:3 ······························ 511
　:4 ······························ 649
　:4-6 ··························· 459
　:5 ··············· 119, 511, 514
　:10 ···························· 613
　:14f. ·························· 371
　:16 ···························· 119
　:19 ········ 119, 146, 147, 457
16:18f. ························· 473
17:1-5 ·························· 119
　:2 ······················ 119, 776
　:5 ······························ 116
　:6 ······························ 119
　:9 ······························ 119
　:10 ···························· 119
　:12 ···················· 496, 499,
　　　　　　　　　　511, 512, 515

　:18f. ·························· 467
　:24 ··············· 119, 120, 131
18:1-12 ························· 532
　:3f. ····························· 498
　:30 ···························· 498
　:35f. ·························· 498
19:5 ···························· 132
　:11 ···························· 499
　:16 ···························· 498
　:22 ···························· 422
20:5 ···························· 636
　:11 ···························· 636
　:21f. ······················ 467, 471
　:23 ···························· 478

사도행전

1장 ······················ 506, 507
　:8 ··············· 459, 468, 471
　:15f. ··············· 497, 514, 517
1:17 ······················ 497, 510
　:18f. ··············· 504, 506, 509
　:19 ···························· 507
2:14f. ·························· 222
　:21 ···························· 270
　:23 ···················· 116, 131
　:25f. ·························· 419
　:29-31 ························ 419
　:37f. ·························· 714
　:41 ···························· 292
　:42 ···························· 649
3:12f. ·························· 222
4:4 ······························ 292
　:8f. ···························· 222
　:12 ···························· 113
　:27f. ···················· 116, 131

5:14 ………………………… 292	28:16 ………………………… 521	4:1 …………………………… 235
:29 …………………………… 659	:17 …………………………… 521	:3 …………………………… 233
7장 ……………………… 517, 527	:23 …………………………… 222	:9-25 ………………………… 234
:1f. ………………………… 222	:28 …………………………… 301	:14 …………………………… 294
:39f. ………………………… 526		:16 …………………………… 235
:42 …………………………… 525	**로마서**	:19 …………………………… 233, 248
:52 …………………………… 528		:25 ……………………… 242, 394, 530
:53 …………………………… 528	1장 ……………………… 528f., 530, 537	5:1 …………………………… 775
:55 …………………………… 528	1-2장 ………………………… 329	:2 …………………………… 649
:60 …………………………… 528	1:1f. ………………………… 465	:3f. ………………………… 689
8:3 …………………………… 518	:4 ……………………… 133, 394	:4 …………………………… 690
9:1f. ………………………… 517	:5 …………………………… 608	:10 …………………………… 774
:15 …………………………… 465	:13-16 ……………………… 277	:17 ……………………… 265, 372
10:38 ………………………… 138	:16 ……………… 223, 239, 324, 465	:19 …………………………… 606
12:4 ………………………… 521	:17 …………………………… 528	:20 …………………………… 545
13장 ………………………… 517	:18f. ………………… 245, 525, 526	6장 ……………………… 639, 641
:21f. ………………………… 420	:18—3:20 …………………… 528	6-8장 ………………………… 641
:32f. ………………………… 420	:24 ……………………… 525, 776	6:1 …………………………… 641
:34 …………………………… 419	:26 ……………………… 525, 776	:2 …………………………… 237
:35f. ………………………… 419	:28 ……………… 525, 690, 691, 776	:2f. ………………………… 640
:43 …………………………… 649	2:5 …………………………… 688	:4 …………………………… 394
:46 …………………………… 301	:9f. ………………………… 223	:5f. ………………………… 639f.
14:22 ………………………… 649	:13f. ……………………… 608, 653	:9 …………………………… 523
17:28 ……………………… 371, 587	:14f. ………………………… 262	:12f. ………………………… 641
:5 …………………………… 222	:16 …………………………… 688	:14 ……………………… 639, 640
:6 …………………………… 301	:18 ……………………… 691, 692	:15 …………………………… 237
:9 …………………………… 646	:26f. ………………………… 262	:17 ……………………… 523, 637
19:28f. ……………………… 208	:29 …………………………… 653	:18 …………………………… 639
21:11 ………………………… 521	3:2 …………………………… 313	:20 …………………………… 637
22:1f. ………………………… 222	:4 …………………………… 237	:21f. ………………………… 637
:4f. ……………………… 517, 518	:6 …………………………… 237	:22 …………………………… 639
:14f. ………………………… 465	:20 …………………………… 528	:23 ……………………… 519, 638
26:10f. ……………………… 517	:21f. ………………………… 529	7장 …………… 639, 641, 784, 786
:16f. ………………………… 465	:25f. ………………………… 245	:1-6 ………………………… 639f.
27:1 …………………………… 521	:29 …………………………… 223	:2 …………………………… 639
:24 …………………………… 646	:31 ……………………… 265, 608	:3 …………………………… 640f.

:4 640
:6 641
:7 237
:7f. 638, 782
:7-13 639
:10 608
:11f. 265
:12 ...... 608, 638
:13f. 782
:14 ...... 626, 653
:14f. 638
:14-23 639
:15f. 637
:17 637
:18f. 638
:20 637
:24 ...... 639, 640, 784
:25 785
8장 360, 534, 536, 640
:1 ...... 184, 625, 640
:2 ...... 626, 637, 638, 653, 754, 783
:3 640
:5f. 640
:8f. 640
:9 785
:10f. 784
:12 639
:12f. 641
:14 641
:15 ...... 641, 646, 654
:17f. 641
:22f. 537
:28 28
:28f. 72, 461, 641
:28-39 ...... 354, 641
:29 ...... 59, 128, 458, 464
:29f. 464
:29-39 530
:30 ...... 28, 96, 101
:30f. 177
:31 535
:32 ...... 530, 533
:33f. 461, 530, 625
:35 532
9장 28, 326
9-11장 ...... 27, 164, 204, 219f.
9:1f. 220
:1-5 ...... 220f., 223, 232, 263, 303, 322
:2 237
:3 303
:4f. 221, 247
:5 ...... 221, 223, 232, 465
:6 ...... 232, 234, 247, 326
:6f. 232, 233, 236, 240
:6-13 ...... 237, 323
:7 233
:7-10 235
:8f. 233
:10-13 ...... 235, 238
:11 ...... 28, 234f.
:12 235
:13 ...... 235f., 238
:13-29 246
:14 ...... 236, 250, 260
:14-29 ...... 236, 250, 323
:15 ...... 237, 240, 246
:15f. 238
:15-17 240
:16 ...... 85, 238, 241, 262
:17 297
:17f. 238, 241
:18 ...... 240, 241, 242, 244, 246, 248
:19 ...... 241, 242, 244
:19f. 182
:19-21 244
:20 ...... 35, 36, 133, 242, 243
:20-22 ...... 241, 242
:21 ...... 146, 147, 246, 247
:22f. 146, 245, 246, 247, 249, 250
:22-24 ...... 242, 244, 246, 260
:23-25 247
:23 ...... 245, 247, 248, 269
:24 ...... 223, 249, 250, 251, 252, 260
:25f. 249, 250
:25-29 250
:27-29 ...... 247, 251
:29 252
:30 ...... 260, 261, 295
:30f. 261
:30-33 262
:30—10:3 271
:30—10:21 ...... 250, 323
:31 ...... 264, 265, 274, 295
:31f. 299
:32 ...... 261, 264, 299
:32f. 261, 265
:33 274
10장 279, 280, 289, 295, 296, 297, 299, 305, 319, 326
:1 ...... 220, 263, 264
:1-21 262
:2 ...... 261, 263
:2f. 265, 277, 278

1. 성서 구절

:3 .... 263, 295
:4 .... 264, 665, 691
:4-13 .... 264, 271, 272
:5 .... 265, 268, 271
:6 270
:6f. 265, 266, 268
:6-8 .... 267, 271
:7 269
:8 .... 266ff., 271, 669
:9 268
:9-13 ..... 268, 270, 273, 274
:10 .... 268, 271
:11 .... 269f., 273, 274
:12f. 269
:13 .... 270, 273, 274
:14f. 271, 272, 275, 276, 277
:15 .... 272, 273, 274, 276, 278
:16 .... 270, 273, 274, 275, 280, 288, 290
:16f. 274
:17f. 274, 275, 276, 277
:18 .... 277, 278, 279
:18f. 288
:18-20 276
:19f. 277, 278, 279, 280
:20 .... 280, 296
:21 ..... 271, 276, 280, 288, 608
11장 279, 288, 299, 322, 326, 549
11:1 .... 220, 237, 248, 288, 299, 301, 309, 314
:1f. 289, 290
:1-6 296

:1-11 .... 309, 323
:2-4 .... 290, 295
:4 295
:5 .... 21, 296, 302, 308
:5f. 292, 295, 298
:6 298
:7 .... 296, 297, 298, 299, 300, 301, 302
:7-10 .... 295, 297, 298, 299
:8 299
:8-10 .... 295, 297
:9f. 300, 301
:10 289
:11 .... 237, 278, 297, 298, 299, 301, 302, 303, 304, 307, 309, 314, 328
:11f. 297, 329
:11-15 .... 307, 311, 313
:11-22 .. 311, 317, 323, 327
:12 .... 297, 305, 306
:12f. 297
:12-15 .... 302, 304
:13 .... 292, 302
:13f. 306
:14 304
:14f. 679
:15 .... 305, 306
:16 .... 308, 309, 310, 311, 327
:16-18 .... 307, 313
:16-25 317
:17 .... 309, 310, 311, 314
:17f. 314
:18 .... 308, 311
:19 314
:19-22 .... 307, 311, 313

:20 .... 314, 317, 649
:20f. 315
:20-22 318
:22 .... 316, 649
:23 .... 317, 320, 321
:23f. 317
:23-26 313
:24 .... 319, 322, 323
:25 .... 317, 322f., 328
:26 .... 324, 329, 517
:26f. 325
:28 327
:28-36 326
:29 .... 96, 326, 327, 328
:30 .... 328, 608, 768
:30f. 317
:30-32 328
:31 329
:32 .... 84, 240, 329, 638
:33 326
:33f. 323
:34f. 326
12:1f. 768, 769, 772, 776
:1—15:13 .... 766, 784, 785
:2 .... 691, 692, 723, 767, 770, 772, 774, 776, 784
:3f. 767, 769, 772, 773, 774, 775, 779, 784, 785
:4f. 772
:5 768
:6f. 767, 773, 785, 786
:9f. 767, 773, 779, 786
:9-21 773
:10 773
:11 773
:12 .... 773, 786

:13 ······················· 774
:14f. ············ 774, 778, 786
:14-21 ··················· 773
:16 ············· 774, 775, 776
:18 ··················· 775, 787
:19 ··················· 775, 778
:20 ························ 775
:21 ········ 767, 775, 778, 786
13:1 ························ 776
:1f. ······················ 775
:1-7 ················ 767, 773,
     777, 778, 779, 787
:2 ························ 776
:3 ························ 646
:4 ························ 777
:6 ························ 777
:6f. ······················ 778
:7f. ······················ 768
:8f. ······················ 778
:8-10 ···················· 773
:10f. ····················· 779
:11 ······················· 770
:12f. ······ 769, 784, 785, 786
:13 ······················· 784
:14 ················· 769, 784
14:1 ······················· 779f.
:1f. ······················ 772
:1—15:13 ··· 768, 769, 779
:3 ························ 780
:5 ··················· 767, 787
:6 ························ 770
:6-12 ····················· 780
:7f. ················· 770, 787
:9 ··············· 223, 768, 780
:10 ······················ 772
:10f. ····················· 768

:13 ······················· 772
:13f. ····················· 781
:15 ······················· 781
:16f. ····················· 781
:17 ··················· 767, 770
:18 ··················· 690, 770
:20f. ················· 781, 787
:23 ······················· 781
:30 ······················· 780
15:1 ·················· 779, 780
:2 ··················· 624, 767, 781
:3 ··················· 780, 781
:4f. ······················ 782
:5f. ················· 767, 768, 782
:7f. ········ 768, 769, 770, 780
:8 ························ 320
:8-12 ····················· 782
:9 ························ 321
:13 ··················· 770, 782
:16-24 ···················· 277
:31 ······················· 608
16장 ······················· 465
:10 ······················· 690
:13 ··············· 462, 465, 650

고린도전서

1:4f. ······················ 465
:8 ························ 354
:18 ······················· 239
:24 ······················· 239
:26-29 ···················· 460
:30 ······················· 460
2:2 ························ 459
:10 ······················· 360
:12 ······················· 360

:16 ······················· 360
3:9 ························ 556
:13 ······················· 688
4:7 ························· 53
:16 ······················· 623
5장 ························ 527
:1f. ······················ 525
:18f. ······················ 476
6:3 ························ 372
7:20 ······················ 649
:32 ······················· 646
8:6 ························ 268
9:21 ······················ 608
:27f. ················· 465, 689
11:1 ······················ 623
:2 ························ 523
:19 ······················· 690
:23 ··················· 499, 523
:28 ······················· 693
13:8 ······················ 773f.
:8-10 ····················· 774
:12 ······················· 657
14:33 ····················· 655
15:1 ······················ 649
:2 ························ 624
:3 ························ 523
:5 ························ 517
:8 ························ 518
:9f. ················· 295, 518
:10 ··················· 477, 518
:10f. ····················· 465
:20 ······················· 112
:28 ······················· 421
:31 ······················· 608
:52 ······················· 651
:56 ······················· 639

16:13 ················· 649

고린도후서

1:3 ···················· 357
　:20 ····················· 26
2:9 ···················· 690
4:4 ···················· 112
　:6 ···················· 221
　:11 ··················· 542
5:10 ·················· 684
　:15 ··················· 556
　:16 ··················· 303
　:17 ··················· 544
　:18 ············· 453, 774
　:19 ········ 102, 453, 455
8:2 ···················· 689
　:8 ···················· 690
9:13 ·················· 690
10:5 ············· 522, 613
　:18 ··················· 689
12:9f. ················· 465
13:3f. ················· 689
　:5 ··············· 692, 693
　:7 ···················· 689
　:11 ··················· 636

갈라디아서

1:4 ·············· 120, 606
　:13 ··················· 518
　:15 ············· 290, 465
2장 ··················· 277
　:4 ···················· 637
　:8 ···················· 276
　:19f. ················· 603

　:20 ······ 120, 530, 531, 532, 533
　:21 ··················· 536
3:9 ···················· 128
　:12 ··················· 265
　:21 ··················· 608
　:23 ··················· 638
　:24f. ················· 638
4:1 ···················· 637
　:2 ···················· 638
　:3 ···················· 637
　:4 ·············· 112, 639
　:6 ·············· 641, 654
　:11 ··················· 542
　:21-31 ················ 234
5:1 ·············· 637, 642
　:13 ··················· 637
　:16 ··················· 785
　:17 ··················· 785
　:25 ··················· 785
6:1 ···················· 624
　:4 ···················· 692
　:7f. ··················· 638
　:16 ··················· 296

에베소서

1장 ··················· 360
　:3f. ············· 28, 461, 464
　:3-5 ·················· 115
　:4 ······ 73, 78, 85, 101, 124, 128, 130, 164, 464
　:4f. ···················· 72
　:5 ············ 59, 464, 606
　:6 ···················· 464
　:9 ···················· 115

　:9-11 ················· 116
　:10 ··················· 112
　:11 ·········· 28, 72, 122, 464
　:12 ··················· 464
　:23 ··················· 112
2:11f. ·················· 303
　:12 ··················· 249
　:14-16 ················ 249
　:18 ··················· 249
3:6 ···················· 249
　:8 ···················· 518
　:9 ·············· 112, 461
　:10 ········ 116, 249, 461, 464
　:10f. ··················· 72
　:11 ······· 116, 128, 461, 464
4:19 ·················· 525
　:31f. ·················· 623
5:1 ·············· 531, 623
　:2 ············ 120, 530, 533
　:8f. ··················· 692
　:14 ··················· 651
　:25f. ······ 530, 531, 532, 534
6:14 ············· 649, 650

빌립보서

1:3f. ·················· 465
　:6 ···················· 354
　:10f. ·················· 691
　:27 ··················· 649
2:3f. ·················· 624
　:6f. ············ 136, 531, 532
　:7f. ············· 120, 513
　:8 ············ 120, 532, 606
　:9 ···················· 538
　:10 ··················· 113

:11 268	2:4 688	디도서
:18 636	:14 623	
:22 690	3:8 649	1:1 462
3:1 636	4:3 606	:2 121
:2f. 303	:18 606	2:11f. 122, 656
:5 248	:21 692	:12 657
:20 778		:13f. 656
4:3 28	데살로니가후서	
:4 636		히브리서
:6 646	1:3f. 465	
:7 783	:9 116	1:2 112
	2:13 ...... 28, 556	:3 112
골로새서	:15 ...... 523, 649	2:11 ...... 128, 132
	3:6 523	3:1 467
1:3f. 465		4:12 688
:9 19	디모데전서	5:6-10 606
:15 ...... 73, 112, 117		:8 ...... 120, 655
:15f. 108	1장 528	6:13 115
:17 112	:13f. 518	7:16f. 115
:18 112	:15 ...... 465, 518	:27 120
:19 ...... 19, 112, 115, 323	:16 ...... 289, 465	9:14 ...... 115, 120, 131
:23 649	:19f. 526, 527	:26 116
:24 542	2:4 ...... 84, 455	10:10 606
2:2f. 112	:6 120	11:31 384
:9 ...... 17, 112	:15 649	12:2 133
3:1f. 627		:1 649
:3 348	디모데후서	:12f. 394
:10f. 461		
:12 ...... 461, 464	1:7 646	야고보서
:13 624	:9 ...... 116, 464	
	2:10 462	1장f. ...... 636f.
데살로니가전서	:12 372	1:1 466
	:15 690	:2f. 690
1:2f. 461, 465	:19 371	:12 688
:4f. 461, 464		:22f. 636, 642
:6f. 464, 623		2:5 460

1. 성서 구절

:12 ······ 637	461, 464, 556	유다서
:23 ······ 371	2:4 ······ 525	
	3:9 ······ 84	3 ······ 523
베드로전서		
	요한1서	요한계시록
1:1f. ······ 462		
:6f. ······ 690	1:1 ······ 108	1:17 ······ 646
:12 ······ 637	:2 ······ 466	3:5 ······ 28
:16 ······ 462	2:2 ······ 456	4:4 ······ 458
:17f. ······ 462	:4f. ······ 608	:10 ······ 458
:19f. ······ 394	:6 ······ 649	:16 ······ 458
:20 ······ 116, 131	:7f. ······ 621	5:5 ······ 308
2:4 ······ 462	:10 ······ 649	:9f. ······ 458
:4f. ······ 465	:17 ······ 649	7:9 ······ 458
:9 ······ 28, 370, 468	:20 ······ 467	:10 ······ 458
:12 ······ 465	:27 ······ 467	:15 ······ 458
:21f. ······ 615, 624	3:2 ······ 657	:16f. ······ 458
3:1f. ······ 465	:22 ······ 613	13:8 ······ 116, 131
:8f. ······ 623	:24 ······ 354, 649	14:2 ······ 458
:13 ······ 623	4:1 ······ 692	:4f. ······ 458
:14f. ······ 623	:13 ······ 649	17:4 ······ 464
:16 ······ 465	:15f. ······ 649	:8 ······ 28
:17f. ······ 624	:18 ······ 646	:14 ······ 461
:18 ······ 625	5:3 ······ 626	19장 ······ 111
:19 ······ 548	:18 ······ 354	:9 ······ 527
4:16 ······ 465		:13 ······ 109, 111
5:7 ······ 646	요한2서	20:4 ······ 372
:12 ······ 649		:12 ······ 28
:13 ······ 462	1 ······ 462	:15 ······ 28, 527
	9 ······ 649	21:8 ······ 527
베드로후서	13 ······ 462	22:11 ······ 537
		:15f. ······ 527
1:10 ······ 361f., 366,		:16 ······ 252, 308

2. 인명과 고유명사

가우글러 Ernst Gaugler 752
게르하르트 J. Gerhard 83f., 94, 99
고마루스 Franz Gomarus 50, 59, 81, 141, 362f.
고트샬크 Gottschalk 29, 36, 241
고트헬프 Jerem. Gotthelf 586
골즈워디 John Galsworthy 586
괴테 Wolfgang von Goethe 110, 597
국제 칼빈주의 신학대회 Congrès international de théologie calviniste (1936) 170, 205, 209
그레고리 Gregor von Rimini 29
그로프 Rudolf Grob 206
그룬트만 Walter Grundmann 691f.
나우데우스 Philipp Naudaeus 141
녹스 John Knox 98, 170
니케아 회의 Niceanum 95
니젤 Wilhelm Niesel 100f., 359, 361
니체 Friedr. Nietzsche 332, 558
다웁 Carl Daub 546
도르트레히트 노회 Synode von Dordrecht 30, 80, 83, 85, 87, 125f., 141, 144, 160, 352f., 356ff., 362f.
둔스 스코투스 Duns Scotus 208
드 베테 Wilh. Martin Leberecht De Wette 564, 569, 588
디오게네스 Diogenes Laertius 557
디킨스 Charles Dickens 586

레이덴 신학 촬요 Leidener Synopsis pur. Theol. 98, 126, 145, 364
레토 신조 Confessio Rhaetica 100
루소 J. -J. Rousseau 332, 558
루터 Martin Luther 26, 29, 34, 73, 76, 78f., 80, 83, 86, 88f., 95, 141, 208, 331, 358, 364, 627
뤼티마이어 Markus Rütimeyer 82
르세르프 August Lecerf 206
리츠만 Hans Lietzmann 261, 265, 273, 275, 289, 303, 310f., 321
리쿠르크 Lykurg 746
릴리에 J. Rilliet 207
림바하 Phillipus von Limbach 30
마르크스 Karl Marx 558
마르티니 Matthias Martini 81f.
마스트리히트 Petrus v. Mastricht 91, 128, 147f., 154, 364
마우스바하 Joseph Mausbach 573
마이어 E. W. Mayer 569, 588f.
마이어 Wolfgang Meyer 82
마코비우스 Joh. Maccovius 141, 155
멜랑히톤 Philipp Melanchthon 73, 96f., 99, 351
모리 Pierre Maury 170, 208
밀턴 John Milton 25
바르트 Peter Barth 100, 205, 208f., 211f.
바이어 Joh. Wilhelm Baier 100

2. 인명과 고유명사

발레우스 Anton Walaeus 98, 126, 364
발자크 Hon. de Balzac 586
베렌펠스 Samuel Werenfels 31, 241, 358
베른하르트 Bernhard von Clarvaux 360
베버 Max Weber 25, 50
베자 Theodor Beza 50, 91, 141, 362ff.
벡 Sebastian Beck 82
벤담 Jerem. Bentham 558
벤델린 Markus Fr. Wendelin 91, 364f.
벨기에 신조 Confessio Belgica 98
보나벤투라 Joh. Fidanza Bonaventura 58
볼렙 Joh. Wolleb 59, 91f., 126, 148, 349, 362f.
뵈트너 Loraine Boettner 25, 49ff., 59
부데우스 Joh. Franz Buddeus 100
부르만 Franz Burmann 91, 128, 141, 152, 364
부버 Martin Buber 752
부카누스 Wilhelm Bucanus 100, 141f., 332, 364
불링거 Heinr. Bullinger 74, 78, 98, 352
뷘쉬 Georg Wünsch 565, 569, 578, 588f.
브라이팅거 Joh. Jakob Breitinger 82
브레멘 일치신조 Consensus Bremensis 82, 94, 356, 363
비치우스 Hermann Witsius 98
솔론 Solon 746
슈렝크 Gottlob Schrenk 129, 131, 463, 466
슈바이처 Alex. Schweizer 129, 141, 362
슈타르케 Chr. Starke 389, 514, 668
슈타포르트의 책 Staffort'sches Buch 98
슈트뢰터 E. F. Ströter 288f., 302f.
슈티르너 Max Stirner 332, 558
슈페라투스 Paul Speratus 364
슐라터 Adolf Schlatter 111, 589
슐라이에르마허 Friedr. Schleiermacher 332, 564, 569, 588f., 597f.
스위스 2차 신조 Confessio Helvetica post. 74, 78, 98, 352
스코틀랜드 신조 Confessio Scotica 75, 98, 170, 332
아르미니우스 Jakob Arminius 80, 82
아르미니우스파 항론파 참조
아메지우스 Wilhelm Amesius 364
아브라몹스키 Rudolf Abramowski 208
아브라함 Abraham Sta. Clara 546
아우구스틴 Augustin 26, 28f., 52f., 73, 75, 121f., 132-135, 171, 185, 241, 331f., 351, 353ff., 358, 360
아일랜드 종교신조 Irische Religionsartikel 27, 91, 356
아타나시우스 Athanasius 122f., 125, 171
알팅 Joh. Heinrich Alting 91
에른스트 프리드리히 폰 바덴-두르라하 변경 방백 Markgraf Ernst Friedrich von Baden-Durlach 98
오르투이스 G. Oorthuys 206
오리게네스 Origenes 310
오텐 Heinz Otten 50, 54, 59, 100, 141, 359, 361
왈도파 신조 Waldenser Bekenntnis 98
외팅거 Friedr. Oetinger 567
웨스트민스터 신조 Westminster Confession 50, 91, 356
유트 Leo Jud 361
이시도르 Isidor von Sevilla 29
일치신조 Konkordienformel 27, 33, 74, 355
입센 Henrik Ibsen 332
잉글랜드 성공회 39개 신조 100
지기스문트 신조 Confessio Sigismundi 352
찬 Theodor Zahn 109, 111
츠빙글리 Huldrych Zwingli 29, 58, 94f., 141
친첸도르프 Nikolaus Zinzendorf 614
카인파 519
칸트 Immanuel Kant 34ff., 708, 719f., 748

칼로프 Abraham Calov 100
칼빈 Joh. Calvin 25ff., 29f., 33f., 36f., 49f., 52f., 58f., 62, 74ff., 79ff., 83, 88, 95-101, 142, 146, 158, 160f., 185, 205f., 208f., 241, 331, 351-353, 355f., 358f., 362-365, 386, 393, 556, 623, 663f., 668
칼케돈 회의 95
케르뱅 Alfred de Quervain 736
코케이유스 Joh. Coccejus 98f., 115, 125, 127f., 152, 171, 332, 353
코헨 Hermann Cohen 558
코호 J. Conrad Koch 82
쾨니히 J. F. König 99
크벤슈테트 Andreas Quenstedt 33, 83ff., 88, 99, 355
키에르케고르 Sören Kierkegaard 332
키른 Otto Kirn 569f., 588f.
테르슈테겐 Gerh. Tersteegen 127
토마스 아퀴나스 Thomas von Aquino 29, 32f., 58f., 73, 78, 92, 120f., 125, 128, 133f., 159f., 208, 211, 331, 355, 358-360, 556, 573
톨스토이 Tolstoi 586
투레티니 Franz Turretini 91, 144-146, 148, 364
투르나이젠 Eduard Thurneysen 740
틸 Salomon van Til 91
파울젠 Friedr. Paulsen 558
페스탈로치 Heinr. Pestalozzi 586
페터손 Erik Peterson 246, 249, 265, 273f., 314, 316
페트루스 롬바르두스 Petrus Lombardus 29, 351
페트루스 순교자 Petrus Martyr 98
펠라기우스 Pelagius 88, 133, 147
포이에르바하 Ludwig Feuerbach 558
폰타네 Theodor Fontane 586
폴라누스 Amandus Polanus 33, 59, 91, 125f., 148, 332, 351, 364
프랑스 신조 Confessio Gallicana 98f., 101
프랭클린 Benjamin Franklin 127
플라톤 Plato 589, 599
필로 Philo 110
하겐바흐 K. R. Hagenbach 564, 569f.
하이다누스 Abr. Heidanus 91, 141, 143, 146, 152, 364
하이델베르크 교리문답 Heidelberger Katechismus 96, 150, 356, 361, 467, 738, 797
항론파 Remonstranten 30, 80ff., 87, 89, 125, 141, 144, 146, 155, 356
헤겔 Georg Wilh. Fr. Hegel 558
헤르만 Wilhelm Hermann 565, 588f.
헤켈 Ernst Haeckel 558
헤링 Theodor Haering 558, 588f.
호프만 J. Chr. Hoffmann 588f.
회프딩 Harald Hoeffding 558

3. 개념

가톨릭교회 572ff.
    선택의 확신 363
    승계 477ff.
    윤리 572ff.
    전통 50
    존재의 유비 574
    죄 개념 382
감사 183f., 203, 242, 447f., 749
개별자 54ff., 64f., 148f., 151f., 156, 158, 214, 330ff., 337f., 379
    개별화 340f.
    개별자와 공동체 334, 336, 342f., 444, 461f., 709f., 784ff.
    믿음 344ff.
    약속 342f., 345
    예수 그리스도 334, 339ff., 443f.
    유기 340f., 345, 379
    집단들 337ff.
개신교 정통주의 59, 80f., 83ff., 88f., 91ff., 95, 98, 125f., 128, 141ff., 150, 331
개인주의 331f., 335f., 342
거듭남 635, 827, 829, 832
결정 (하나님의) 18-23, 26-34, 36, 39-43, 45, 51f., 55ff., 59f., 62ff., 66, 72, 75, 77-89, 107f., 112ff., 116ff., 120-126, 128-132, 134ff., 138ff., 142-153, 155f., 158f., 165, 167, 169-178, 181ff., 185-212, 216, 227, 229, 252, 285, 289, 293, 300, 319, 323, 325f., 333, 339, 341ff., 345, 349f., 532, 553-556, 560, 567, 575, 577, 580, 591-595, 602, 605, 609, 612f., 622, 630, 644, 654, 660ff., 678, 682-688, 691-698, 701-708, 710, 712, 714ff., 718f., 722, 724, 727-731, 754, 756ff., 763ff., 771, 788-794, 796, 799-804, 808, 819, 833f.
예정의 결정? 198ff.
절대적 결정? 84-89, 113f., 117f., 121, 127, 129, 134, 149, 151, 155, 158, 160, 174-177, 184f., 200, 205, 209, 241, 365f., 444, 490, 492
경배 45, 163, 173, 175, 203, 221, 기도 참조!
계명 553ff., 560, 564, 566f., 581f., 591f., 617
    개체성 706ff.
    결정의 성격 659f., 722
    교육 656
    구체화 612, 715, 724ff., 753, 756f., 764f.
    권위 596ff., 631ff.
        신적 능력? 596f.
        신적 선함? 598f.
        최고의 선? 599f.
        신의 은혜 605ff.
    내용 611ff. 추종 참조!
    명령들 631f., 658f., 664ff., 764
        시간의 명령 691f.

첫 번째와 두 번째 서판 669ff.
믿음 600f., 632f., 652
삼중적 형태 594f.
선의 이념? 718
성령 753f.
성서 724ff.
　　도덕적 원리 726ff., 754
　　질서 730
　　신적 명령 730ff.
　　십계명 726, 733ff., 752, 760
　　산상 설교 740ff., 760
　　역사적 현실 755
　　증언 755ff.
신적 결정 682ff.
신적 요구 596ff.
심판 788ff.
약속 652, 680
양심 720f.
역사적 성격 726ff.
영원한 계명 662
영적 본성 655ff.
온전성 714ff.
요약 733f.
　　영역 지시 738, 741
위반 724, 797
은혜 560, 564, 582, 622f., 624, 652, 763, 788f., 803
인격성 613f., 655, 658ff., 712f., 741
정당화 704f.
통일성 765ff.
통합 770ff.
평화 783
허락 642ff.
형태 631ff.
계몽주의 160
계시 18, 65, 79, 90, 105f., 107ff., 118f., 121, 131, 167, 173ff., 191, 196, 240, 268, 278, 286, 304f., 316, 332, 456, 560ff., 570, 575
　　구약과 신약성서에서 통일성 166, 216, 218ff., 453
　　기적 32, 248, 252, 280f., 295, 320, 803, 813
　　표적 68, 245, 321
　　세계사 19, 59, 67, 151, 202
　　신(神) 내적 근거 110, 121, 192
　　신비 118, 167, 173, 174f., 202f., 211f., 246, 313f., 322f.
　　역사 19, 107, 151, 156, 192ff., 218, 259, 370, 730, 744
　　질서 20, 24, 36, 46f., 167, 174, 192, 204, 211, 238, 242, 263f., 274f., 729, 740, 795
　　예언 273f., 279f., 292, 298ff., 549
계약 19ff., 26, 52, 68, 115, 117, 119f., 127-131, 136f., 139, 151, 156, 173, 179ff., 183, 185, 210, 218, 221-224, 234f., 237, 249, 253f., 257, 263, 269, 282, 294, 316, 321, 325, 328, 331ff., 337, 339f., 344, 370, 381-384, 407f., 431, 433ff., 440f., 445f., 450, 482, 487f., 494f., 503, 515, 519, 532f., 535f., 540, 545f., 553ff., 560, 573, 575, 591, 593, 607, 612, 621f., 624, 653-656, 663f., 667-671, 673, 688f., 694f., 697, 706ff., 712, 716, 725ff., 732f., 735, 739f., 742, 746, 748, 751-757, 759f., 762f., 765, 795, 809, 811ff., 819f., 829
　　계약의 역사 730f.
　　새 계약 746
결정론-미결정론? 58
고백 249, 260, 267ff.
공간 108
공동체 19f., 23, 28, 56, 67, 95ff., 214ff., 253, 281, 342, 447, 463, 617, 709, 731
　　그리스도의 몸 132, 169, 217, 281, 283, 287, 617

3. 개념   861

봉사 215, 223f., 229, 253, 281ff.
선물 770f.
세움 773f., 781
원시 공동체 784
이중적 형태 216ff., 281
인간성 254
잠정성 214
정치적 예배 777
존재 617
통일성 215, 288, 772
공리주의 703
교의학 50, 102, 556, 559f., 564
  교의학과 윤리 24, 556, 559f., 583, 587f., 593ff., 653
  교의학과 주석 48
  그리스도론 94f.
  삼위일체론 595
교회 65, 96ff., 116, 151, 167f., 202f., 213ff., 228ff., 246, 257, 302f., 314, 332, 379, 461f., 617
  가시성 52ff.
  경배 222
  교회와 세상 19, 54, 214f., 277, 282, 286f., 344f., 463f., 615, 774
  국가 776ff.
  근원 217f.
  믿음 217ff., 220, 257ff., 312ff.
  복종 221
  봉사 228ff., 257ff., 285ff.
  선교 214f., 277f., 302f., 463ff.
  설립 539f.
  성서 15f., 165ff., 756, 769f.
  소명 230
  유대 그리스도인 231, 246, 253, 288, 303
  유일성 625
  이방 그리스도인 246, 260, 290, 301ff.

이스라엘 224, 229, 232f., 257, 260, 263, 281f., 303ff., 370, 498
  이스라엘 내 선재 231f., 259, 287, 291ff.
  찬양 224, 226, 246
구속(救贖) 93, 103, 165, 305, 319
국가 337, 775ff.
  전체주의 국가 336
  권위주의 337
그리스도교 자서전 331
그리스도론 선택론, 교의학, 예정론 참조
그리스도인의 삶 766ff.
  두려움? 646ff.
  머무름 649ff.
  사랑 773ff.
  서 있음 649ff.
  염려? 646ff.
  예수 추종 203, 267, 282, 615ff., 672f., 677ff.
  인내 700f.
  자기 검증 685ff.
  자유 647f.
  증언 696
  책임 693ff.
  확증 688ff.
기도 140, 196, 212, 606, 782, 807f., 818f., 837f.
넘겨줌 520ff.
  교회 전승 49
  사도적 봉사로서 522, 539f.
  신적 행위로서 525ff., 540ff.
  유다의 행위로서 498, 524, 544
  유대적 전통 524
능력
  무능력 211
  무한한 능력 62
  신의 능력 202, 596
  악의 힘 156f.
  예수 그리스도의 능력 166

만물 회복 325, 451, 516
믿음 34f., 39, 52, 97, 140f., 173f., 175f., 184ff., 194, 200, 203, 213, 215f., 218f., 247, 253, 257ff., 264ff., 306, 346, 351, 462, 490f., 600ff., 630, 677, 819, 822ff., 835
  결단 195
  대상 134
  시련 690, 826
  신 신뢰 177
  확신 97, 129
루터주의 27, 33, 49f., 73f., 78, 83ff., 121, 331
반(反) 셈주의 223, 254, 290, 295, 313, 329
버림받은 자
  가룟 유다 496ff.
  결정 487f., 492ff.
  봉사 374
  선포 516ff., 550
  존재 488ff.
  증인으로서 374, 379, 494ff., 519
  한계 491ff.
변증 564, 569, 572
복종 43, 184, 194, 217, 555, 579, 582f., 605, 613f., 620ff., 637, 641, 658ff., 675f., 686, 758, 762, 772, 780f., 800, 823, 835
  기쁨 702
  두려움과 염려? 646ff.
  들음 213, 215f., 253, 276, 581, 724, 800
  머무름과 서 있음 649ff.
  봉사 640
  불순종 40, 184, 661, 668, 724, 750, 835f.
부름[소명] 119, 201ff., 219, 228, 244, 247ff., 260, 315, 319, 372, 376
불경건 340, 342f., 373, 377, 488f., 634, 724
사도직 28, 220, 248, 267, 273f., 276f., 289, 369, 448, 466f., 471-487, 496ff., 520, 540, 678
  기능 467, 522

부름 467, 481, 486
선포 469
예수 제자 305, 675ff.
임명 481ff.
임무 467f.
증언 468
직무
  왕직 469ff.
  제사장직 474ff.
  예언자직 479ff.
사랑 773ff.
  예수 사랑 668f.
  원수 사랑 775
  이웃 사랑 667, 671f.
사죄 47, 184, 226, 228, 321, 531, 539, 812f., 815f., 824f.
삼위일체 33, 38f., 77, 84, 86, 90, 93f., 98, 118, 123, 125, 135, 151, 165, 202, 333, 654, 795
선(善) 186, 557, 560f., 579, 591f., 609f., 617, 625, 663, 684, 732, 757, 763ff., 800
  선의 이념 718
선포 17, 48f., 228ff., 271ff., 285ff., 342, 452, 550, 608f.
  불신앙 275
  파송 272f., 276
선택─은혜의 선택 참조!
선택론
  교의학적 위치 90ff.
    교회론 95ff., 215
    구속론 95f., 215
    섭리론 58ff., 92, 332
    죄론 142ff., 170
    중심 교의? 91
    창조론 91, 94
    화해론 94ff., 98f.
  구원의 확신 50, 185, 359

그리스도론 72ff., 86, 95, 118ff., 132, 165f., 170ff., 349
근거 49ff., 64, 71, 105
   가치와 유용성 49f.
   경험? 51ff.
   신의 전능? 57f.
기능 104ff.
도덕 127, 176, 185
문제 순서 333
복음적 성격 23ff., 38ff., 75, 86ff., 105, 350
비전적-지혜? 30
신비주의 127, 163, 176
언설로서 347ff.
의미 47f.
인간론? 55ff.
주석 28, 48, 54, 165, 168ff., 206
주제 332f.
필연성 71
선택받은 자
   개인으로 선택받은 자 463
   결정 443ff., 487ff., 554
   복락 446ff.
   봉사 372, 447ff., 555
   소명 372, 375, 380, 444, 449
   선택받은 자와 버림받은 자? 380ff., 463, 488f.
   선택받은 자와 교회 461ff.
   선택받은 자의 삶 345
   신비 370f., 447
   죄 375
   증언 372ff., 447ff., 457ff., 554
   직무 448
   탁월성 368ff.
   표지 451f.
섭리 58ff., 92, 94f.
성령 115, 118, 132, 175, 247f., 270, 372, 379, 471, 495, 754, 785, 807f., 818, 837f.

새로운 인간 461, 741ff., 817, 829
신의 자녀 118, 135, 139, 247, 371, 375, 641, 654
성만찬 476f., 482, 693f.
성서
   계명 724f., 758, 760
   계시 758f.
   권위 15, 168, 759ff.
   선택 개념 27f., 105, 213f., 368, 382ff., 453ff.
   성서 내 신 17, 65f., 71, 105, 164
   성서 내 인간 67ff., 71, 164
   예언 274ff., 291
   진리 761
   통일성 290, 298f., 301, 759
   하나님 말씀 166ff., 759
   하나님의 자기 계시 61f., 65f.
성화(聖化) 44, 169, 201, 248, 308f., 553, 560, 583, 593, 620, 657, 697f., 784, 791, 828
세례 470, 700
세상 20f., 39f., 103, 107, 172, 187, 190, 453, 464, 617, 779, 787
   본성 40
   신비 202
시간 108, 167, 171, 175, 200, 202f., 205, 238, 256, 715
신론 15ff., 64, 90f., 103f., 148, 162, 215, 553f., 559
신율(神律) 195ff., 201
신 인식 16f., 19f., 65f., 102, 106f., 112, 164ff., 172, 174f., 189
   감추어진 신? 163, 176
   계시 65, 172, 175
   물음, 진정한 176
   믿음 175ff., 218
   복종 38
   주체 17f.

지성의 희생? 36, 174
확신 175
신인 협동설 212f.
신정론 106, 137, 143, 152f., 156ff., 186f., 488
신프로테스탄티즘 80, 83, 122, 357, 578
신학 16f., 569f., 581
  대상 72
  자연 신학 151, 160, 567
    인간론 55, 57, 151f.
    철학 164, 169
실천적 삼단논법 127, 361ff.
심판 (하나님의) 42, 46, 107, 122, 136ff., 157, 181f., 189, 213ff., 218, 224ff., 229f., 241, 245, 255, 280f., 315, 346, 540, 668, 684, 788ff., 803ff.
아버지 (하나님) 20, 38, 115f., 119, 129, 135, 192, 532
악(惡) 106, 137, 179ff., 187ff., 195, 211, 775, 786
악마 106f., 137ff., 155, 180, 195, 373, 488, 497, 510, 521f., 617
약속 213, 215ff., 233f., 246f., 253f., 255f., 258, 263, 342ff., 680
영원한 생명 167, 187f., 624, 828ff.
  계시 560ff., 580
  그리스도교 윤리 584f., 694f.
  근거 591ff.
  당위 개념 704ff.
  도덕 757, 771, 783
  성서 759
  신론 556, 587
  신율적 윤리? 610
  신의 말씀 581f., 591, 693ff.
  신적 윤리 561
  신학적 윤리 564ff.
  실존성 560, 562, 579, 706ff.

예수 그리스도 인식 834
  윤리성 557f.
  윤리적 문제 623f.
  윤리적 반성 695ff.
  이론과 실천? 710ff.
  인간 594
  정의 557f.
  증언 559
  진리 611, 652, 700ff., 712
  질서론 729
  책임성 591, 693ff.
  철학적 윤리 557ff.
  행동 규범 697ff.
영화롭게 함 157, 201ff., 445ff., 471, 828f.
예수 그리스도
  감사 135
  고난—십자가 참조!
  구약성서에서 217, 231, 264, 382ff.
  그리스도의 나라 104, 286, 306, 487, 570, 594, 617, 674, 678f., 779
  기도 140, 196, 212, 606, 750, 838
  낮아짐 190, 196, 285, 531
  높아짐 190, 196, 285, 531
  대리 137f., 374, 530ff., 603, 630, 657, 751, 792f., 795, 804, 834
  머리 20, 66, 105, 112, 121, 124, 130f., 132, 140f., 169, 215, 223, 244, 277, 281, 713, 814, 818
  메시아 196, 216, 259, 266f., 270, 282, 291, 304
  명예 194
  믿음 603
  버림받은 자 343, 374, 377, 379, 488ff., 538
  복종 118, 135ff., 196, 606, 613, 654f., 657, 750
  부활 140f., 178, 189f., 194, 216f., 226, 229f.,

240f., 246f., 255, 257f., 268f., 277, 282f., 285, 287, 305f., 314ff., 343, 445, 491, 603, 608, 657, 814ff.
삼중직 140
선택받은 자 19f., 38f., 64ff., 107ff., 129ff., 161, 163, 169, 173, 191, 358, 378, 445, 454f.
성육신 181, 532
수육(受肉) 178, 193f.
승천 190, 445
신성 19, 39, 70, 108ff., 116f., 129, 140, 173, 182, 193, 268, 532, 654
신의 형상 136, 447
신-인간성 19, 107, 116, 121, 123, 130, 161, 166, 170, 173, 178, 190f., 217, 560, 834
십자가 131, 135f., 178, 184, 189, 192, 196, 216, 225ff., 230f., 281, 287, 305, 474ff., 534, 608
예언자 441ff., 473, 479ff., 534
왕 141, 196f., 286, 421f., 469ff., 534, 713, 793
이름 16ff., 65f., 71f., 109, 116, 162, 164, 166, 193, 213, 469, 611, 617, 659
인간성 19, 57, 66ff., 109, 116, 129, 134f., 156, 178, 222, 254, 282, 534, 561, 594, 602, 605, 736, 794
자유 654, 674
재림 169, 289, 307
제사장 120, 140, 534
주권 196, 336, 615, 658ff., 713
죽음 249, 255, 343, 491, 603, 657, 803ff.
중보자 107, 121, 215, 697
지도자? 308ff.
창조 112, 129, 213
예정론 (고전적) 25ff., 49ff., 53ff.
　개인주의 331ff.
　경험 51f.
　교의학적 위치 90
　그리스도교 신학? 38f.
　그리스도론 72ff., 132ff., 164ff.
　선택받은 자의 수 408f.
　선택의 확신 50
　성도의 견인 354f.
　신론 36
　예수 그리스도, 선택의 거울 74f., 77f., 124, 129f., 171, 360
　예수 그리스도, 선택의 기초 80ff., 126
　예정에 관한 불안 241
　예정의 주체와 객체 161ff.
　유기 184f.
　이중 예정 188, 191
　일반 결정 59
　절대적 결정 117ff., 200, 241, 349ff.
　해석학 168ff.
우주 284, 305ff., 319
유기(遺棄) 28f., 39, 46, 54, 56, 136ff., 141, 145f., 165, 177f., 179, 181ff., 188f., 204, 218, 239, 245f., 250f., 298, 314, 330, 343f., 450, 487ff., 635, 795
비유기 184ff.
유대교 196f., 214, 217f., 220, 223f., 226f., 235, 237, 245f., 250f., 256, 260, 263, 267ff., 283, 289, 296, 301ff., 330, 524, 620, 755, 770
율법 234, 261, 264ff., 295, 303, 320, 607, 617f., 637ff., 743
　거룩 608
　무법주의 652, 658
　성취 266ff., 608f., 618, 655ff., 697, 744ff.
　영의 법 626, 637, 641, 653ff.
　율법과 복음 23f., 43f., 145, 287, 553ff., 602, 607, 636, 668, 685, 705, 744, 798
　율법주의 651ff., 658
　죄의 법 638ff., 783

지배 639f.
은혜 21ff., 32, 39f., 42, 75, 105ff., 108, 114, 134f., 139, 191, 228, 251, 294, 320f., 342f., 602, 605, 611f., 658, 684f., 698, 745, 821
은혜의 선택
  개념 21f., 38, 116, 161
  객체 54ff., 65, 68ff., 115, 118, 123, 130ff., 154, 161ff., 191, 194, 214, 333
  생명의 책 28
  선택으로서 22f., 38f., 66ff., 107ff., 232f.
  신비 33ff., 43, 102, 162ff., 167, 173f., 554
  영원 171ff., 184, 200
  은혜로서 21f., 24, 32f., 39, 75, 105, 114, 119, 132, 135f., 139, 157, 191, 212, 236, 251, 292, 294, 337f., 350f., 451
  이중 선택 29f., 178, 186ff., 215, 333
  이중적 방향 343ff., 450, 453ff.
  인간 집단 337
  주체 17f., 39, 62ff., 79, 89, 115, 118ff., 161ff., 191, 214
  현실성 201ff.
이교(異敎) 50, 52ff., 70, 164, 174f., 216f., 220, 234, 247ff., 269, 277f., 283f., 289, 295f., 301ff., 329, 518, 691, 762
  백성들 248f., 277, 284, 308
  본디오 빌라도 249
이스라엘 27f., 65ff., 97, 202f., 213ff., 220ff., 246, 253ff., 281ff., 288f., 332, 369, 379, 462, 502f., 524, 549, 588f., 732f.
  거룩 308f.
  경배 221
  교회 224ff., 230, 244, 253, 257f., 270, 276, 285, 289f., 298, 454, 552, 620f.
  남은 무리 291ff., 308
  믿음 218, 224, 235, 255, 257, 281f.
  복종 224ff., 253f., 282, 620
  봉사 224ff., 245, 295, 384ff.
  불순종 226, 253f., 276, 279, 283, 289ff., 295, 315
  약속 221, 262f., 282, 294, 308, 318, 321, 619
  예수 그리스도 262f., 267, 294f., 308, 382ff.
  예언 425ff.
  완고 297f., 304, 309
  위로 252, 287, 294
  율법 221, 234, 261, 264f., 274, 295, 384ff.
  제사 385ff.
  죄책 262, 267, 279
  회개 222, 245
이신론 199
인도주의 585f.
인문주의 83
일원론 143, 150
자율 194ff., 201
정언적 명령법 703ff., 719
정적주의 205
죄 41, 47, 103f., 105f., 138, 142ff., 156, 170f., 178f., 189f., 194, 212, 217, 264f., 266, 301, 304f., 375, 377, 489, 494, 498ff., 524, 575, 620, 634f., 638, 669, 725, 783f., 802, 806, 816f., 824
  성령을 거역하는 죄 329
  원죄 170
  죄 인식 106, 803f., 807, 826ff.
  타락 136, 138, 142ff., 152f., 155, 159, 170, 181f., 186ff., 547, 567, 635, 697, 723f.
죽음 106f., 137, 139f., 179, 183f., 188, 198, 283, 285f., 520, 603, 638f.
증언
  공동체의 증언 214ff., 223ff., 256, 330, 333, 339ff.
  교회의 증언 224ff., 244, 260, 281f., 334, 344f.
  버림받은 자의 증언 373f., 493ff.

3. 개념 867

　　사도의 증언 111, 468
　　선택받은 자의 증언 373, 449
　　성서의 증언 17, 61, 65, 105, 262, 714, 724f., 754
　　신의 자기 증언 15, 65f., 253f., 256
　　유대교의 증언 255f., 284
　　유대 그리스도인의 증언 231
　　이스라엘의 증언 224ff., 244, 255, 263, 283, 334
증인 21, 23, 111, 156, 164, 186f., 196f., 216, 221, 239, 244, 253, 285, 293, 696, 755
지옥 40, 106f., 181, 286, 538
집단주의 337, 342
　　가정 337f.
　　백성 336f., 338f.
　　인민 336, 342
창조 23, 94f., 103f., 108, 114, 135f., 140ff., 151f., 156, 157f., 165, 167, 191, 193, 196f., 201, 211, 320
　　부(富) 707
　　예수 그리스도 94, 137, 140, 165, 594
　　은혜 106, 135
　　죄 145, 153
　　찬양 106, 186, 493
천사 110, 136, 277, 332
칭의 139ff., 182, 190, 201, 229, 241f., 246, 253, 603, 808
칼빈주의 27, 49f., 60, 74, 78, 80, 83, 88, 124, 127, 148, 154, 159, 206, 358, 366
　　신칼빈주의 49, 205ff.
쾌락주의 700
타락전 예정론 59, 141-161, 171, 331
타락후 예정론 59, 141-144, 146-155, 159ff., 171, 331
펠라기우스주의 88f., 125, 133, 147
피조물 31f., 41ff., 55, 130, 135f., 153, 180, 182f., 186, 195, 269, 605
하나님
　　거룩 187, 221
　　낮아짐 21, 32, 55, 136f., 532
　　마음 229
　　명예 138, 180, 224, 716
　　본성 18, 28, 34, 39, 62, 65, 107, 150, 164f., 186, 188, 237f., 242, 601
　　부(富) 715
　　불변성 202
　　사랑 18, 21, 39, 90, 137, 156ff., 181f., 188f., 190, 193f., 215, 229, 321, 351, 528f., 553, 790f., 804
　　생명 192, 197ff.
　　선함 763ff.
　　신과 세상 19, 39, 58, 63f., 171
　　신과 인간 19f., 77, 174f., 194, 202, 211
　　신성(神性) 32, 63, 129, 178
　　신실함 139, 200, 256, 280, 288f., 292, 814
　　영광 21, 23, 50, 136, 143, 155f., 171, 174, 183, 186ff., 190, 216, 221, 228, 243f., 246f., 257, 286, 446, 759
　　영원 24, 97, 103, 105, 167, 169, 172, 200, 203, 205
　　유일성 172, 338, 341, 729
　　의(義) 28, 35, 37, 46f., 138, 142f., 145, 149f., 162, 172, 183f., 190, 204, 236ff., 251, 260, 264, 294, 446, 629ff., 815
　　의지 18, 32, 34, 43, 156, 161ff., 173f., 178, 182, 187ff., 195f., 203, 224, 229, 244f., 281, 288, 299, 607f., 613f., 683
　　이름 237
　　인내 245f., 488, 776
　　자기 헌신 114f., 136, 178f., 192f., 213, 281, 333, 343, 601
　　자비 46f., 142f., 149f., 157, 162, 172, 173,

　　　　183, 228ff., 244, 259, 261f., 275, 328f., 456,
　　　　628, 715, 730f.
　　자유　22f., 24, 37, 41ff., 62, 90, 162, 172, 194,
　　　　202, 215, 233, 451, 553
　　전능　24, 42, 57f., 319, 321
　　존재　203
　　주권　22, 63
　　지혜　162, 172, 173, 189, 193, 196f., 228, 246,
　　　　293, 296, 307
　　진노　136f., 181, 188, 230, 234, 245, 379, 488,
　　　　525f., 536f., 655, 774, 790
　　항존성　171, 200, 236, 295, 700
　　행위　17f., 94, 102ff., 108, 113, 120, 150,
　　　　164ff.
　　후회　206
하나님 나라　140f., 167, 175, 190, 195f., 283,
　　285, 306, 451f., 486, 532, 534, 625, 741ff.
하나님 말씀　16f., 49, 107ff., 122, 133, 166f.,
　　178, 194, 202f., 232, 246, 256, 265f., 277, 287,
　　556, 591, 675, 816
합리주의　331
행복주의　704ff.
행위의 의(義)　255, 295
화해　94ff., 102ff., 114, 137, 164, 180ff., 190f.,
　　226, 304ff., 451, 531ff., 795ff., 815
회개　241, 246, 504f., 603, 608, 723, 810, 812,
　　824ff.
회심　289, 322, 700, 832
희망　169, 242, 283, 304, 307, 319

■옮긴이

황정욱

서울대학교 문리대 독문학과(B. A.)
한신대학교(M. Div.)
Kirchliche Hochschule Wuppertal(Dr. Theol).
현, 한신대학교 교수

저서
    『칼빈의 초기 사상 연구』 I, II(한신대학교 출판부)
    『예루살렘에서 장안까지』(한신대학교 출판부)
    『기독교사상사』 I, III(공저/대한기독교서회)
    『교회교의학』 IV/3-2(대한기독교서회)

역서
    『종교개혁과 정치』(한스 숄/기독교문사)